U0922169

长株潭试验区年鉴 2012

CHANGZHUTANSHIYANQUNIANJIAN

湖南省长株潭两型办
湖南省长株潭智力办 编纂

湖南人民出版社

图书在版编目（CIP）数据

长株潭试验区年鉴·2012 / 湖南省长株潭两型办，湖南省长株潭智力办编纂. —长沙：湖南人民出版社，2013.1
ISBN 978-7-5438-9135-7

I. ①长… II. ①长… III. ①城市群—湖南省—2012—年鉴
IV. ①Z526.4

中国版本图书馆CIP数据核字（2013）第017105号

长株潭试验区年鉴·2012

编 著 者 湖南省长株潭两型办 湖南省长株潭智力办 编纂
责任编辑 李雄伟 吴向红
装帧设计 张国雄

出版发行 湖南人民出版社［http://www.hnppp.com］
地　　址 长沙市营盘东路3号
邮　　编 410005
经　　销 湖南省新华书店

印　　刷 湖南湘财印务有限公司
版　　次 2013年1月第1版
　　　　 2013年1月第1次印刷
开　　本 889×1194 1/16
印　　张 53.25
彩　　插 80P
字　　数 1600千字
书　　号 ISBN 978-7-5438-9135-7
定　　价 398.00元

营销电话：0731-82683348 （如发现印装质量问题请与出版社调换）

《长株潭试验区年鉴（2012）》

编　辑　说　明

一、为全面翔实系统地记录长株潭“两型社会”综合配套改革试验区建设的历程，为我省“两型社会”建设提供具有史料价值、实用价值和收藏价值的信息资料，并向省内外充分展示长株潭“两型社会”综合配套改革试验区建设的成果，按照省委主要领导的指示，决定编纂《长株潭试验区年鉴》。

二、《长株潭试验区年鉴（2012）》是记载长株潭综合配套改革试验区 2011 年全面工作的一部年鉴。《年鉴》坚持以邓小平理论和“三个代表”重要思想为指导，深入贯彻科学发展观，以省委省政府推进长株潭改革试验区建设的战略部署和各项举措为主线，以长株潭改革试验区努力实现“三个率先”的工作为重点，以全省推进“两型社会”建设的成果为主要内容，力求全面客观地反映长株潭综合配套改革试验区 2011 年的大事要事、热点亮点。它可以为社会各界了解和研究长株潭试验区“两型社会”建设提供翔实资料，为长株潭试验区相关单位和部门开展工作提供经验范例，为各级领导推进“两型社会”建设提供决策参考。

三、《长株潭试验区年鉴（2012）》共分为特别聚集篇、综合篇、方案设计篇、总体成果篇、核心区域篇、辐射区域篇、全省带动篇、示范区片篇、相关部门篇、政策法规篇、创建活动篇、对外合作篇、研究宣传篇、数据统计篇、形象彩页篇等十五个部分，各个部分的主要内容是：

特别聚焦篇：以图文并茂的形式展示全省 14 个市州“两型社会”建设的概貌。

综合篇：用纪实的形式反映中央领导对湖南“两型社会”建设的关怀，中央及有关部委支持长株潭试验区的有关文件，记录 2011 年省委推进“两型社会”建设的重要决策和省领导有关“两型社会”建设的会议讲话和重要言论；以编年记事的形式记录 2011 年推进“两型社会”建设的有关活动。其中，专门的决策文件和会议讲话全文录入，其他文件和言论中的相关内容摘要录入。

方案设计篇：着重反映对长株潭试验区“两型社会”建设的相关方案设计，录入 2011 年批准发布的总体方案、专项方案和市级方案。

总体成果篇：从总体的角度，以条目的形式反映 2011 年长株潭试验区“两型社会”建设的重要事件和主要成果。

核心区域篇：从区域的角度，反映作为长株潭试验区核心区域的长沙市、株洲市、湘潭市 2011 年“两型社会”建设的成果。以综述的形式反映其“两型社会”建设整体情况，以条目的形式记录其“两型社会”建设在资源节约利用、生态环境保护、基础设施建设、城镇规划建设、两型产业建设、两型技术产品、社会建设管理等方面的具体成果。

辐射区域篇：从区域的角度，反映作为长株潭试验区辐射区域的衡阳市、岳阳市、常德市、益阳市、娄底市2011年“两型社会”建设的成果。以综述的形式反映其“两型社会”建设整体情况，以条目的形式记录其“两型社会”建设在资源节约利用、生态环境保护、基础设施建设、城镇规划建设、两型产业建设、两型技术产品、社会建设管理等方面的具体成果。

全省带动篇：从区域的角度，反映作为长株潭试验区带动区域的邵阳市、张家界市、郴州市、永州市、怀化市、湘西自治州2011年“两型社会”建设的成果。以综述的形式反映其“两型社会”建设整体情况，以条目形式记录其“两型社会”建设的具体成果。

示范区片篇：从区片的角度，反映长株潭试验区五个示范区、十九个示范片2011年“两型社会”建设的成果。以综述的形式反映其“两型社会”建设整体情况；以编年记事的形式记录2011年推进“两型社会”建设的有关活动。

相关部门篇：从部门的角度，以工作总结的形式反映省直有关部门2011年参与和服务长株潭试验区“两型社会”建设的情况。

政策法规篇：分为省级政策法规、运行实施文件、市级政策规定三个层次，记录2011年在推进长株潭试验区“两型社会”建设的过程中形成的政策法规。其中，专门的省级政策法规和运行实施文件全文录入，其他文件中涉及的内容摘要录入，市级政策规定以辑目的形式录入。

创建活动篇：录入2011年发布的省级创建标准，选择录入一批企业、园区、城镇、农村、机关、学校的创建方案和创建典型。

对外合作篇：从省部合作、省际合作、国际合作三个层面，以条目的形式反映2010年湖南在“两型”社会建设过程中与中央部委、兄弟省市以及其他国家、地区和国际组织开展合作的情况。

研究宣传篇：介绍2011年发表的关于湖南“两型”社会建设的理论研究成果和对策研究成果，重要成果全文录入，其他成果摘要介绍。录入中央和湖南媒体2011年关于湖南“两型”社会建设的重要宣传报道，介绍湖南关于“两型”社会建设的主要学术活动。

数据统计篇：介绍长株潭试验区主要经济指标以及在全省经济社会发展中所占比重，反映长株潭试验区节能减排、能源消费等方面的有关数据统计。

形象彩页篇：以图文并茂的形式反映2011年我省“两型”社会建设中有关部门和单位的重要成绩及宝贵经验，展现这些部门和单位通过“两型”社会建设焕发的新的风采。

四、《长株潭试验区年鉴（2012）》由省长株潭两型办和省长株潭智力办联合组织编纂，省长株潭智力办负责日常工作。由于《年鉴》编纂是一项复杂的系统工程，涉及面广，内容繁多，加之时间较紧及编者水平有限，书中疏漏之处在所难免，诚请广大读者批评指正。

编　者

二○一二年十一月

《长株潭试验区年鉴（2012）》编纂委员会

陈玉明　株洲市两型办主任
汤光强　湘潭市两型办主任
康　强　衡阳市两型办主任
周文健　岳阳市两型办主任
王新春　益阳市两型办主任
万建中　常德市两型办主任
杨金含　娄底市两型办主任
张　毅　金霞经济开发区工委书记、金霞片区负责人
刘　震　益阳东部新区工委书记、管委会主任
吴建峰　常德德山片区柳叶湖旅游度假区管委会主任
杨英杰　湘潭市人民政府秘书长、市政府办党组书记，湘潭易家湾、昭山片区工委书记
谢振华　湘潭县委书记、湘潭易俗河片区工委书记
罗孝贵　娄底水府片区万宝新区管委会书记
梁立坚　娄底水府片区东部新区管委会书记
罗　伟　株洲石峰区委书记、株洲清水塘片区工委书记
曾义国　衡阳白沙片区工委书记、管委会主任
孔玉成　长沙市望城区委常委、常务副区长，望城区铜丁片区负责人
唐　智　长沙县安青片区负责人
吴奋发　岳阳市屈原管理区常务副区长、屈原营田片区负责人
吴铁坚　湘阴县界头铺片区金龙新区管委会主任
任伯均　汨罗市新市片区管委会主任

《长株潭试验区年鉴（2012）》编辑人员

主　　编：徐湘平　郑昌华

执行主编：郑昌华

副 主 编：刘怀德

编辑人员：特别聚焦篇：曾迎红　吴　方

综　合　篇：郑昌华　王召辉

方案设计篇：赵　旭

总体成果篇：郑昌华　柴若柳

核心区域篇：蒋立华　李传荣　旷重林

辐射区域篇：丁　毅

全省带动篇：曾迎红　吴　方

示范区片篇：曾迎红　吴　方

相关部门篇：曾迎红

政策法规篇：赵　旭

对外合作篇：田　辉

创建活动篇：曾迎红

研究宣传篇：杨贤成　郑昌华

数据统计篇：赵　旭

形象彩页篇：王　颜　刘　恒

目录

综合篇

方案设计篇

总体成果篇

核心区域篇

辐射区域篇

全省带动篇

示范区片篇

相关部门篇

政策法规篇

对外合作篇

创建活动篇

研究宣传篇

数据统计篇

形象彩页篇

两型社会建设重点推进全省带动成效显著

2011年，湖南全力实施“四化两型”战略，加快推进试验区改革建没和全省“两型社会”建设。推进工作有新的举措，“两型”产业有新的发展，“两型”理念普及有新的拓展，示范创建催生一批新模式，城乡环境面貌有新的改善，核心带动作用有新的显现。长株潭3市GDP总量从2007年的3462亿元，增长到2011年的8321亿元，占全省经济总量比重由37.9%上升到42.2%。长株潭试验区带动湖南省实际利用外资居中部地区第一，入湘世界500强企业由2007年的44家增加到119家。在长株潭试验区的带动和引领下，湖南省经济总量从2007年的9145亿元，上升到2011年的19635亿元，居全国第9位；2011年湖南省工业增加值达8083亿元，居全国第9位；全省7大战略性新兴产业实现增加值增长31.1%，高新技术产业增加值占规模工业增加值的比重达到了33%。2011年长沙、常德荣获“全国文明城市”称号，株洲由全国10大污染城市转变为现代工业文明为特征的生态宜居型城市，湘潭跻身全国园林城市。同时，全省“两型社会”建设推进大会确定了第二阶段的总体思路，以试验区建设带动全省“两型社会”建设的成效开始显现。

2011年3月，习近平同志视察湖南的时候，对湖南的“两型社会”建设给予了高度评价，他说：“长株潭城市群‘两型社会’建设，你们抓得早，抓得主动，抓出了效果，走出了一条自己的路子，希望继续把推进‘四化两型’作为转变经济发展方式的重要抓手，坚持先行先试，为全国提供借鉴和经验。”

▲ 2011年3月22日，习近平同志考察长株潭两型社会展览馆

湖南省委研究部署

2011年8月4日，湖南省“两型社会”建设推进大会在长沙召开，会议总结长株潭“两型社会”试验区第一阶段工作，研究部署第二阶段改革建设。中共湖南省委书记、省人大常委会主任周强，省委副书记、省长徐守盛在会上分别发表重要讲话。

周强强调，抓“两型社会”建设就是抓科学发展，一定要大胆改革创新、义无反顾前行，一心埋头苦干，以长株潭“两型社会”试验区改革建设为龙头带动，全面推进全省“两型社会”建设。一要更加注重转方式调结构，大力推进新型工业化、农业现代化和信息化，构建起科技含量高、环境污染少、综合效益高的“两型”产业体系。二要更加注重改革开放，大力推进体制机制创新。改革要重点在深化和拓展上下功夫，着力在资源环境、土地管理、财税、投融资、行政管理改革等方面取得新突破；开放要重点在提升和创新上下功夫，进一步提升经济开放水平，创新开放机制与方式，通过深化改革、扩大开放破解难题。三要更加注重节能环保，大力推进生态环境建设。强力推进节能减排、环境保护和生态建设，进一步完善主体功能区规划，完善法规政策体系、绩效考核办法和利益补偿机制，尤其要保护好昭山生态绿心、湘江、洞庭湖这“一心”、“一脉”、“一肾”，切实走出一条绿色发展道路。四要更加注重统筹兼顾，大力推进城乡区域协调发展。加快推进新型城镇化，实施差异化发展战略，实现共同繁荣发展。五要更加注重改善民生，让“两型社会”建设成果惠及全省人民，把以人为本、执政为民的要求贯穿于“两型社会”建设全过程，认真贯彻落实《保障和改善民生实施纲要》，以“两型社会”建设的实际成效造福于民。六要更加注重示范引领，以试验区建设带动全省“两型社会”建设。及时总结、完善和推广试验区创造的好经验，在全省形成积极探索、勇于创新、优势互补的良好局面。

湖南省“两型社会

试验区第二阶段建设——“两型社会”建设推进大会

徐守盛指出，3年多来，湖南肩负国家赋予的先行先试责任，大力推进长株潭试验区改革建设，探索了一条符合实际情况的发展路子，构建了一个吸引各类改革创新要素的巨大平台，打造了一个带动和引领全省科学发展的强力引擎。下一步，要进一步发挥长株潭核心增长极的辐射带动作用，促进全省协调同步推进“两型社会”建设。要充分发挥规划的统领作用，对照“两型”要求审视和完善规划，让群众长久得到实惠。特别要按照层次分明、重点突出、城乡统筹、科学发展的原则，做好城关镇、中心镇、行政村三个层次的乡村建设规划。编制规划要有前瞻性，管长远、管全局，实施规划必须分步进行，区分轻重缓急，决不能不顾实际地铺摊子、上项目。要抓住群众反映强烈、要求迫切的重要工作，集中力量办好几件大事。要始终突出项目带动，认真梳理、充分利用各项政策、各个渠道的资金，着眼长远，合理确定项目实施的节奏和力度，积极支持各类市场主体参与“两型”建设。要更加注重资源能源集约高效利用和环境保护，更加注重项目后期管理和持续使用，确保经得起群众、实践、历史的检验。长株潭要真正成为全省“两型社会”建设的龙头。在资源节约、环境友好、社会管理、城市建设、市场运作等方面出经验、出模式，率先推动产学研联合创新，率先建立现代产业体系，率先探索建立有利于城乡居民增收的利益分配机制，为全省“两型社会”建设探路子。要推动城市文明、现代理念向农村扩展，加快体制机制创新，为城乡统筹发展做样板。

会上，环长株潭城市群8市（长沙、株洲、湘潭、衡阳、岳阳、常德、益阳、娄底）负责人分别发言，交流了“两型社会”建设工作经验。

长沙市两型

长株潭两型社会建设改革试验区获批以来，长沙市坚持先行先试、敢闯敢试、边干边试，取得了阶段性成效。

一、注重顶层设计，开创了两型理念统筹发展的工作格局。以国家试验为坐标，以两型理念为指引，以转型发展为目标，高起点、高标准设计建设蓝图，制订了“1+13”的改革方案、三年行动计划等改革建设方案，明确提出了“率先建成两型城市”的奋斗目标和重点任务，形成了衔接配套的规划体系。

二、注重先行先试，发挥了大河西先导区的示范带动效应。长沙市从大河西先导区率先破题，以世界眼光、国际水准、现代理念规划和建设先导区。三年多来，以“六纵八横”道路为骨架的基础设施建设，以梅溪湖、洋湖、滨江新城为重点的片区开发，以坪塘产业退出和岳麓山景区提质为代表的环境整治，以五大园区为支撑的两型产业发展，以行政管理、土地管理创新为龙头的体制机制改革，以“一镇五村”为示范的城乡一体化发展，使先导区成为两型社会建设改革的开拓者。

三、注重体制创新，推进了重点领域和关键环节的改革。长沙市围绕促进两型社会建设抓改革，建立落后产能淘汰、生态环境补偿、生产污染治理和资源节约激励机制，率先自主探索区域落后产能整体退出，率先推出整套环境经济政策，率先开展排污权交易，率先推进能源节约的综合性管理，率先探索并向全国推广“五大节地模式”。围绕健全现代市场体系抓改革，建立农村土地交易平台，盘活土地要素资源；创新金融机构和融资手段，建设多层次金融资本市场；持续举办全国性科

▲ 长沙市鼓励公共资源集中建设，共同使用。图为推行热电联产的长沙天宁热电有限公司场景

▲ 作为全国首批节能与新能源汽车示范推广试点城市，长沙市正着力建设绿色交通体系

▲ 长沙市开展了土地综合整治试点。图为岳麓区莲花镇综合整治项目场景

▲ 长沙市生态居住区实现“三分三改”，建设“三池三园”。图为该模式示意图

社会建设概貌

▲ 2011年，全市城市污水处理率达到92.7%,空气优良率达到93.42%。图为洋湖再生水处理厂场景

▲ 2011年，全市坚持城乡一体化发展之路。图为宁乡县金洲镇关山村村貌

▲ 2011年，长沙市不断推进产业结构调整和转型升级。图为浏阳再制造产业基地生产场景

▲ 2011年，全市广泛开展两型示范创建工作。图为芙蓉区浏正街藩后街社区推广免费自行车租借

交会，激活了技术市场和人才资源。围绕城乡一体化抓改革，推进农村土地管理、人口户籍、社会保障、农村金融四项制度创新，城乡医疗保障率先实现全面并轨，新型农村养老保险试点全面实施。围绕提升行政效能抓改革，推进审批流程再造，长沙市行政许可项目精简46%，审批时限压缩30%以上，公共资源交易和公共资产管理创造了典型经验。

四、注重转型发展，探索了加快转变发展方式的科学路径。按照两型要求大力调整产业结构，淘汰高耗能高污染产业，发展高端产业和新兴产业，加快园区经济集约化发展，高新技术产业增加值占GDP的比重三年提升4个百分点，文化创意等现代服务业进一步突显特色优势。推动城市建设向绿色低碳模式转轨，推进绿色建筑、绿色社区、绿色市政、绿色轨道和清洁交通体系建设，生态宜居城市风貌日益显现。推动环境治理向城乡一体覆盖转变，实施城乡污水垃圾收集处理、重点污染源退出和水源地保护、工业污染整治、畜禽污染治理、流域生态修复等工程，使城市污水处理率达到92.7%以上，城市空气质量优良率达到93.4%，城乡生态环境发生显著变化。

五、注重协调推进，形成了合力共建两型社会的良好态势。市委、市政府高度重视，成立了长沙市两型社会建设综合配套改革领导小组，加大经费投入，制定了绩效考核、联席会议等制度，形成上下衔接、部门协作、统一高效的工作体系。在全市开展了十大类“两型示范创建活动”，全市两型意识不断增强，两型氛围不断浓厚，形成了以点带面、点面结合的推进局面。

全国生态文明试点区——大河西先导区梅溪湖实景

株洲市两型

▲ 在株洲市国家卫生城市授牌仪式上，郭开朗为株洲授牌

株洲市围绕“打造示范区、建设新株洲”的主题和“保二争一、科学跨越”的要求，把建设两型社会作为落实科学发展观的具体体现，大胆先行先试，争当两型社会建设排头兵，圆满完成了各项工作目标，取得了阶段性明显成效。由一个“全国十大空气污染城市”变成了“国家卫生城市”，成功摘除了2003年和2004年连续两年被戴上的“全国十大空气污染城市”的黑帽子，2009年创建成为了“国家卫生城市”，国家环保模范城市通过省评。由一个曾经出现资源外流的城市变成了“中国十大最具投资价值城市”，成功创建为中国优秀旅游城市、国家园林城市，并拿到了全国文明城市的“入场券”。

▲ 北汽第一批整车下线

一是天变得更蓝了。全市烟尘、工业粉尘排放量大幅下降，其中2010年比2007年分别减少了37146.5吨、29825.9吨，下降了74.3%、83.7%；SO2排放量2011年比2007年减少了39684吨，下降了46.2 %。四年来，空气质量良好率均超过92%，最高值达到97.7%，比2007年提高了11.1个百分点。

二是水变得更清了。2011年工业废水排放量比2007年减少1406.5万吨，下降了16.5%；城市污水集中处理率为88.52%，比2007年提高了16.5个百分点；完成化学需氧量减排项目174个，“十一五”期间累计减少了6400吨，削减了8.93%；镉、砷“十一五”期间分别累计减排了1.30吨、9.49吨，超额完成省里下达的减排目标；工业企业废水实现100%达标排放；湘江水质持续保持三类标准；市区饮用水源水质达标率、水功能区达标率均达到100%。

▲ 公共自行车

三是地变得更绿了。2011年城市绿化率达到50%，比2007年提高了12.6个百分点；人均公共绿地面积达到14.3平方米，比2007年增加3.8平方米，高出全省平均水平65%以上；全市森林覆盖率达61.5%，高出全省平均水平4.4个百分点，在全国排名第八，全省排名第二；在国家发改委、国土资源部、农业部等部委的大力支持下，批复同意将株洲市城区34.41平方公里重金属污染土地变性治理和生态修复。

▶ 株洲航空城启动仪式

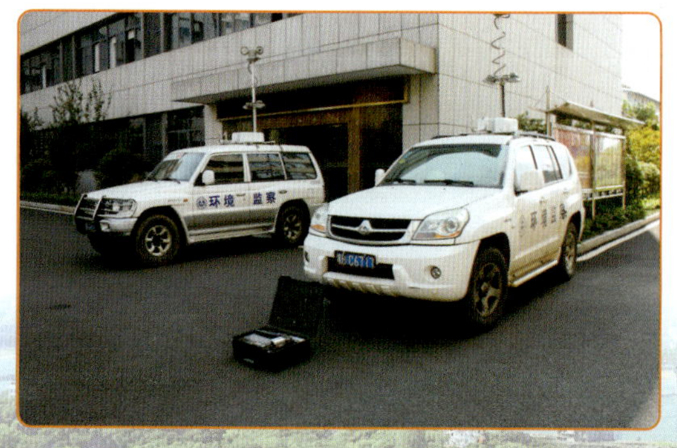

▲ 数字环保现场执法

社会建设概貌

四是城市变得更美了。全面改造了城市主干道，一次性改造完成了小街小巷，将电线、电缆全部入地，拆除临街防盗窗，安装空调格栅，粉刷临街建筑物，清理美化房顶；建成了一批鲜花街、盆景街等特色街道；建设了体育中心、东湖立交、神农山等亮化精品，形成“点、线、面”和谐统一的靓丽夜景；打造了神农城、湘江风光带等城市新地标，城市品位大幅提升，城市美誉度显著提高。

五是资源利用变得更节约了。2011年全市单位GDP能耗在2007年的基础上累计下降35.83%；单位规模工业增加值能耗比2007年下降50.29 %；单位GDP用水量比2007年下降了52.32%，其中，工业用水量下降达47.68%，工业废水重复利用率达87%以上；工业固体废弃物综合利用率为83%；农用地集约经营稳步提升，全市耕地流转集约率超过35%，高于全省平均水平12个百分点，居全省第一。

六是经济发展变得更快了。2011年GDP达到1564.2亿元，比2007年增长1.1倍多；财政收入达到175.4亿元，增长1.2倍；社会消费品零售总额达到502.6亿元，增长1.5倍；固定资产投资达到849亿元，增长1.9倍。株洲综合实力稳居全省第二，中部非省会城市排名由第8位上升到第1位，全国城市排名由2009年82位上升到2010年61位。醴陵、攸县连续四年稳居全省“十强县”，醴陵跻身全国县域经济“百强”、中部“十强”。

七是人民生活变得更幸福了。2011年城镇居民人均可支配收入、农民人均纯收入分别达到22490元、9040元，比2007年增长55.07%、79.22%，增幅分别高于全省平均水平19.35、37.66个百分点；零就业家庭动态就业援助100%；在全省率先实施城区城乡低保统筹，保障线标准由2007年的170元提高到370元，城区最低工资标准由每月530元提高到1020元；养老保险实现城乡全覆盖，城镇医疗保险覆盖率稳定在95%以上，农村新型合作医疗参合率达96.72%；连续三年获得“长安杯”，连续四年获评全国综治工作先进地市。

数字城管探头

整齐划一的电动环保公交车

云龙方特

云田社区节能样板房

株洲湘江风光带一角

湘潭市两型

▲ 2011年7月23日，省委书记、省人大常委会主任周强一行来潭视察长株潭城市群生态“绿心”保护工作

▲ 2011年4月23日，在周强、徐守盛等领导的见证下，湘潭昭山示范区与江苏国信集团、九华示范区与红星美凯龙家居集团的代表，作为湘苏经济合作暨重大项目签约仪式的第一轮项目代表上台签约

▲ 2011年12月31日，省市领导启动电子球为湘江风光带主题雕塑揭幕

▲ 2011年12月14日，时任市委副书记、市长史耀斌给湘潭水府示范区授牌

根据省委、省政府的统一部署，在省两型办的大力支持和指导下，在全市人民的共同努力下，湘潭市两型社会改革建设工作取得了实质性进展。2011年，全市GDP和财政总收入分别达到1120亿元和101亿元，增长14.4%和33.5%；完成固定资产投资650亿元，增长36%，增速居全省第一；城镇居民人均可支配收入和农村居民人均纯收入分别达20614元、9502元，增长13.8%和21.6%；全市万元GDP综合能耗下降3.9%以上，万元规模工业增加值能耗下降12%，实现了“十二五”的良好开局。

各项改革纵深推进，编制出台了《湘潭市资源节约型和环境友好型社会建设综合配套改革事

社会建设概貌

▲ 陈三新为九华定位："和谐园区 滨江新城 两型示范"

▲ 陈三新深入高新区开展调研

项推进办法》和八大工程建设方案；示范区建设取得重大突破，工业总产值、财税收入占全市的比重提高到了三分之一，湘潭水府示范区正式挂牌成立，九华示范区成功晋升为国家级经济技术开发区；全面部署和推进了湘潭市两型社会建设第二阶段工作任务，明确了"建设两型社会，实现两个率先"主题；重大项目取得突破，湘江风光带河东城区段建成通车。

2012年，湘潭市将坚持全市两型社会改革建设第二阶段总体指导思想，力争在城乡统筹、产业升级、示范区建设、两型创建等重点领域和关键环节取得新突破，率先实现城乡统筹发展，为建设幸福湘潭添砖加瓦。

▲ 2011年12月31日上午，湘潭湘江风光带河东城区段正式通车

▲ 2011年12月31日，湘潭沿江风光带河西城区段开工仪式现场

衡阳市两型

▲ 2011年8月19日，富士康（衡阳）工业园正式入驻衡阳，省委书记周强，富士康总裁郭台铭，省长徐守盛等参加项目奠基仪式。图为动土起基现场

▲ 2011年8月22日，富士康与省政府签署了《关于共同推进“两型”产业富湘云合作计划》会谈纪要，与衡阳市签署了《关于支持富士康科技集团科技项目落户衡阳的备忘录》。图为签约现场

长株潭两型社会建设改革试验区获批以来，衡阳市认真贯彻中央、省决策部署，奋力推进“四化两型”建设，两型社会建设形成了在示范创建上有成果，在两型产业上有发展，在基础设施建设上有建树，在生态环境上有亮点，在城乡统筹上有成效，在改革创新上有突破的良好局面。

一、示范创建活动加快推进。首批省级16个“两型”示范创建工程项目和单位加快提升，衡阳“两型社会”建设30个先进典型模式得到大力推广，其中16个经典模式被纳入《湖南省“两型社会”建设模式目录集》。同时，创建新一批省级“两型”示范项目和单位。

二、两型产业快速发展。大力培育战略性新兴产业，积极发展循环经济，衡阳松木工业园循环化改造实施方案已获国家发改委审批通过，列入国家级第一批循环化改造示范试点名单，建滔化工入选国家首批工业循环经济重大示范工程。强力推进农业现代化。推进农村土地流转，加快粮食规模化生产。大力发展生态农业，实现了产业效益和生态效益两赢。深化服务业改革试点。作为国家首批、全省唯一的国家服务业综合改革试点区域，服务业规模不断扩大，2011年全市实现服务业增加值600.63亿元，增长13.2%，占GDP比重34.4%。

三、基础设施建设加速推进。“1189综合交通体系”逐步完善，南岳机场建设全面开工。全面推广沼气、太阳能、液化气等清洁能源应用。大力开展民生型水利，友好型水利和节约型水利建设。在市区实行差别水价，逐步形成节约用水的成效机制。“数字衡阳”加快建设，首次采用“企业投资建设、政府购买服务”的合作模式，依托中兴网信云计算、云技术服务平台，实现“互联互通、信息共享”。县域城镇建设路网、防洪堤、垃

石鼓书院

社会建设概貌

圾处理、棚户区改造等项目加速建设。

四、生态环境日趋优美。节能减排全面推进，加快湘江流域综合治理，开展万家企业节能低碳行动，以衡阳列入全国第三批再生资源回收体系建设试点城市、国家餐厨废弃物资源化利用和无害化处理试点城市为契机，加快再生资源回收体系建设，大力推进餐厨废弃物综合利用、垃圾污水处理。全面推进农村环境连片综合整治，力争三年内扭转“脏、乱、差”的局面。

五、城乡统筹加快发展。在城区成立专门经办机构，采取个人缴费、政府补贴、集体补助等方式，全面启动中心城区城镇和农村居民社会养老保险工作。获得农村饮水安全工程建设资金2．02亿元，其中，中央预算内资金和省配套资金共1．69亿元，计划在全市新建农村饮水安全集中供水工程53处，解决41．8万农村人口的饮水安全问题。

六、重点改革推进顺利。推进财税金融体制改革，适度放宽行业准入标准，扩大投资领域，鼓励社会资本以多种方式参与“两型”社会建设。推进土地管理体制改革，严保耕地红线，开展城乡用地第二轮增减挂钩工作，引导零星分散的农户向中心村或农村新社区集并。推进城乡统筹改革，逐步建立城乡统一户籍管理制度，推进城乡人口合理有序流动。推进现代服务业改革，促进服务业与工业平等享受水、电、气同价政策。合理下放服务项目审批权限，放宽审批条件，减少服务业发展限制。

▲ 衡阳华菱钢管有限公司隶属湖南华菱钢铁股份有限公司，系全球大型无缝钢管生产企业，中国第二大专业化无缝钢管生产企业。图为正在被制作的无缝钢管

▲ 特变电工是中国输变电行业的龙头企业，掌握世界输变电行业的核心关键技术，变压器产量位居中国第一，世界第三。图为特变电工研制的800kV级世界最大容量的变压器

特变电工全景

岳阳市两型

2011年，在省委、省政府的正确领导下，在长株潭两型工委的大力支持下，岳阳市扎实推进两型社会建设综合配套改革试验工作，各项工作取得了新的成效。

1、基础设施全面改善。交通方面，随岳高速公路、S202二期、S306华容段、荣鹿公路、长江大道一期等竣工通车；5条高速公路、炼化一体化公路、芙蓉大道北拓工程（湘阴段）等项目加快推进；S207平江段、澧溪港码头二期等项目前期工作全面展开。水利方面，钱粮湖、麻塘垸堤防加固、水库除险加固、灌区续建配套等一批水利项目加快实施。公共设施方面，完成276个行政村配网改造、11.3万农户低电压整治和12.8万户中心城区居民智能化用电改造。完成火车东站、邕园西路、岳阳大道沿线、金鹗东路、巴陵广场和南湖广场周边亮化改造，实施95条小街巷提质改造。

2、两型产业加速发展。一是产业升级加快。炼化一体化、催化剂新基地等一批重大产业项目建设进展顺利；中小企业“提档升级”行动成效明显，韶峰建材、新泰化肥等实现关停，中南科伦、同联药业完成搬迁。二是产业集聚加快。生产要素不断向优势产业、重点园区集中，园区工业增加值已占全市规模工业增加值比重40%左右。三是循环经济发展加快。汨罗的再生资源产业园、污水处理厂、垃圾消纳场等一批循环经济项目顺利推进；云溪精细化工园初步形成了工业催化裂化、高分子材料加工等六条循环经济产业链，实现了企业与企业之间产业循环组合、“三废”综合治理、能源梯级利用。

3、城乡环境显著改观。城市公共文明指数测评进入全国地级市前

▲ “清洁家园”总动员仪式在万庾的黄山村举行

▲ 农村饮水安全工程

▲ 汨罗市屈子祠正门

▲ 岳阳烟草物流园奠基仪式

社会建设概貌

▲ 恒阳石化码头及液罐区工程开工典礼

▲ 汨罗市屈子祠屈原碑林

30名，荣获创建全国文明城市“提名奖”，华容获“全国文明县城”，湘阴县被评为全省城乡环境卫生整洁行动十佳县。全市共完成91个减排工程，城区空气质量优良率达90.1%；城市环境综合整治定量考核全省第一，城镇生活垃圾无害化处理率达37%；100个村纳入环境卫生整洁行动试点，全市“四清”率达到10%，“四改”率达到15%；完成123家畜禽养殖场污染整治；新建1.43万口沼气池和2.8万座农村卫生厕所。

4、改革创新进展顺利。一是推进节约集约用地和土地管理改革。实行土地成片收储、规模开发，近两年全市新增城镇建设用地8000多亩。二是加快投融资体制改革。加强融资平台建设，成立了市城建投、教建投、港建投、交建投、国资公司、土地储备中心和旅游发展公司7大投融资平台；创新融资方式，运用综合信用总量、与金融机构合作成立基金、BT、BOT等方式融资。三是深化行政管理体制改革。在全省率先建立部门行政许可职能集中行使和建设工程项目联合审批、联合验收制度，全面推行投资项目审批代办和一票制收费，推进政府决策、办事流程和绩效考核三个方面的制度。

5、片区建设扎实推进。城陵矶临港产业新区水、路、管、电“四网”建设加快推进，安置小区一、二期工程建设基本结束。汨罗新市片区强力推进“循环经济—城市矿产”项目建设，完成“城市矿产”第一批工程建设，积极申报“城市矿产”第二批工程建设。屈子文化园建设完成初步规划。湘阴界头铺片区轻工产业园正式开园，漕溪港码头开发及物流园建设挂牌运作。屈原片区营田镇生活垃圾无害化处理、推山咀码头等项目进展顺利。

▲ 南湖公园

铁山水库

常德市两型社会建设概貌

常德市坚持以“四化”为核心，大力开展节能减排，积极培育新兴产业，努力改善城乡环境，在“两型”社会建设的大道上不断前进。2011年，全市实现地区生产总值1811亿元，比上年增长14.1%，三次产业结构由上年的18.8：45.9：35.3调整为16.3：49.1：34.6。

产业结构调整深入推进。2011年年完成规模工业总产值1700亿元，增长40%，工业经济综合效益指数居全省第1位。万元规模工业增加值能耗0.83吨标准煤，下降10.1%；化学需氧量排放强度1.66千克，下降58.2%；二氧化硫排放强度6.25千克，下降33.2%。高新技术产品产值增长30%，新增4件中国驰名商标。现代农业建设成效显著，“三品一标”认证总数达到615个，规模农产品加工企业达到360家。现代服务业支撑能力进一步增强。旅游项目“双十工程”加快建设，商贸、物流、通信、休闲等消费不断扩大，完成全社会消费品零售总额544亿元，增长16%。

现代城乡建设成效显著。实施了城镇污水处理设施建设三年行动计划，建成投产污水处理厂8座，日处理污水能力达到17万吨；建成垃圾标准无害化处理设施2座，另有7座城市生活垃圾处理场在建；成功创建全国文明城市，国家节水型城市、无障碍城市成功授牌，国家卫生城市、国家园林城市、全国交通管理模范城市成功保牌。城区空气质量优良率由上年的89.6%上升到90.3%。以“镇村同治”方式推进镇村同步规划、环境同步治理、产业同步发展、设施同步建设，共建成10大示范片、

▲ 常德将“两型”知识渗透课堂

▲ 常德汉寿县坡头镇群英渔民新村

▲ 常德理昂再生能源电力有限公司

▲ 常德两型创建示范村——鼎城区石板滩镇毛栗岗村

常德城市道路建设效果图

▲ 常德金健米业牧场

▲ 常德市农田水利配套齐全的高产稳产田

▲ 常德石门县有机茶园

▲ 常德市装备制造业发展缩影

400多个示范点。新建通乡通村公路1140公里，新解决34万农村人口的饮水安全问题，新建户用沼气池1.7万口。开展清洁水源、清洁田园、清洁家园工程，启动了市到县城主干道沿线环境综合整治。

生态保护力度持续加大。加强重要水域和湿地保护，整治规范沅水、澧水河道采砂和砂石市场秩序，开展市民关心的噪音、油烟、粉尘、机动车尾气等污染治理，水环境和空气质量保持稳定。加强农村面源污染和畜禽集中养殖污染治理，扩大饮用水源保护和禁止投肥养殖范围，压减珍珠养殖面积5.3万亩，禁控水域水质继续好转。沅水、澧水水质维持在国家地表水Ⅲ类标准和Ⅱ类标准之间，水质功能区达标率为100%。加强植树造林和生态林保护，新造林25万亩，实施生态林保护550万亩。

改革创新不断实现突破。通过整合资源，注入优良资产，先后搭建了城建投、经建投等6家融资平台；推动万福生科成功上市，打破了十多年没有企业上市的沉闷局面；武陵农村商业银行挂牌营业，成为全市第一家地方商业银行；全省首个棉花期货交割库银华物流落户德山。产学研结合领域拓宽，科技成果转化力度加大，年专利授权量达到820件，成为国家科技进步先进市。建立5大产学研合作联盟，全市规模企业共建立企业技术研究中心121个、联合实验室23个。启动城乡建设用地统筹改革试点，实行拆旧区与建设用地的置换，有效缓解了建设用地指标严重不足的矛盾。

常德经开区工业园一角

益阳市两型社会建设概貌

▲ 益阳高新区成功晋升国家级高新区

▲ 惠普IT软件服务外包项目奠基仪式

▲ 汇盛科技年产780万片薄膜晶体管液晶显示模组技术改造项目

▲ 湖湘情生态农业科技示范园

益阳作为长株潭城市群都市区，正以走“两型社会”发展之路，引领着绿色跨越之旅。益阳科学发展和后发赶超，因绿色益阳而加速推进，经济发展活力和成长性充分显现，人民群众生活不断改善，整体实力和核心竞争力不断上升。

——发展绿色产业。益阳发展绿色产业的主力军是新型工业产业，现代农业和现代服务业。新型工业化作为富民强市、后发赶超的第一推动力，益阳打出了一系列漂亮的组合拳，“转方式、调结构”，催生出一大批新能源、新材料、先进制造、电子信息等高新技术产业，“两型”活力进一步增强，绿色产业释放着强劲地发展动力，创造了一个益阳经济发展的奇迹，2011年，全市工业总产值突破1000亿元，实现工业增加值341亿元，其中规模工业增加值332亿元，增长22%，增速在全省各市州中稳居首位。大力发展现代农业，打造特色支柱龙头产业，重点培育龙头企业和绿色品牌。全市共有国家级农业产业化龙头企业4个，省级龙头企业31个，市级龙头企业242个；开发无公害、绿色、有机食品500个以上；全市产值过亿的绿色农产品加工企业达到40个，实现农产品加工增加值达95亿元。益阳加快发展“新型工业化适配型现代服务业”，积极培育服务外包，大力发展现代物流，促进文化产业与现代服务业、旅游业的融合发展。以文化产业为核心的鱼形山两型社会示范区的《总体规划》、《土地利用规划》等项层设计全部完成，开发建设已进入省级战略层面，成为全省“十二五”重点推进的13个项目之一。

▲ 和谐恬静——清溪村

▲ 山青水秀的益阳新城区

——建设绿色生态。益阳得天独厚的生态环境，是支持益阳长远发展的基础，也是后发赶超的最大优势。加快创建国家森林城市，中心城区连续四年开展“十万棵树进城”活动，改造和新建社区公园4处，街头绿地40处，抓好中心城区主次干道以及国省干道的绿色通道建设，着力加强“一环三区六园二带”的造林绿化。全市森林覆盖率达到54.38%，城市建成区绿化覆盖率达到39.41%，绿地率达到38.12%。2011年10月，益阳市成功入选联合国杰出绿色生态城市。山青水秀的生态环境，已经成为益阳经济社会发展一张最闪亮的名片和最具竞争力的指标。

——培育绿色文明。全市人民共同行动，从点滴做起、从我做起，实现绿色梦想。全市深入开展两型示范单位创建，加大绿色文明宣传力度，倡导绿色的生产、生活、消费方式，大力创建“两型”示范机关、园区、企业、学校、小城镇、村庄、社区、家庭、门店、建筑。2011年，市特殊教育学校、虎形山社区、沧水铺镇、万子湖村、清溪村、益阳东部新区管委会、龙源纺织、沅江纸业、新兴管件等15个项目和单位被确定为省级“两型”示范创建项目和单位。珍惜每一滴水，节约每一度电，绿色出行，纸张双面用，垃圾分类处理……这些绿色的消费方式，注定将成为人们的自觉行动，一种全民参与的绿色文明正在悄然发声。

▲ 生态旅游度假区——柘溪库区

▲ 南洞庭国际湿地风光

娄底市两型社会建设概貌

▲ 城区一角

▲ 2-2污泥高效发酵热干堆肥示范项目—堆肥生产车间

娄底自2009年6月被省委、省政府批准纳入两型社会建设改革试验区以来，市委市政府高度重视，完成了高规格的顶层设计，率先成为全省第一个编制两型产业发展规划的地级市。特别是2011年以来，在全省“四化两型”的总体方针指导下，在省委省政府的正确领导下，在省两型办的关心和支持下，按照统一部署，娄底两型社会建设进展顺利，各项改革试验有序推进。

▲ 涟源市理污水第一期工程

一、综合实力显著增强

2011年实现生产总值837.86亿元，增长13.0%。其中，第一产业完成增加值122.84亿元，增长3.6%；第二产业完成增加值466.93亿元，增长16.8%；第三产业完成增加值248.09亿元，增长11.0 %。三次产业结构由上年的14.7：53.8：31.5调整为14.7：55.7：29.6。固定资产投资累计完成425.25亿元，增长35.1%。财政总收入完成71.63亿元，增长27.0%；一般预算收入39.56亿元，增长31.8%。

▲ 涟水公园太阳能路灯

二、项目建设进展顺利

全年施工项目1281个，增长20.6%；新开工项目916个，增长26.0%；投产项目855个，增长17.6%。争取国家和省定项目98个、资金80.58亿元。列入全省“三个一”行动计划的29个在建项目完成年度计划任务的125%；列入“项目建设年”活动的101个重大项目完成年度计划任务的80.3%。潭邵高速连接线提前通车；国产实业、三一新材料一期、三泰轧辊、创高铝业、太和金属、文昌科技等重大工业项目投产，发展基础进一步夯实。

三、示范建设速度加快

万宝新区，完成了万宝新城城市概念性设计与核心区城市设计等顶层设计，引进了半固态铝

▲ 紫鹊界梯田

▲ 双峰县城市污水处理厂

▲ 新化梅山龙宫

▲ 炉观坝375水厂每小时处理120m³水量的反应斜管沉淀池

基复合材料流变生产线、仙女寨悠活五星级酒店等项目，完成了甘桂路、大井路等路基工程，仙女大道、高丰路等相继开工建设。东部新区，完成了控制性详规和城市概念设计，金华车辆试投产，绿色动力科技园平基扫尾，汽车板电工钢项目完成土地平整。水府庙国家湿地公园列入国家湿地保护补助试点单位。冷水江市统筹城乡发展整体推进新农村建设试点工作有序推进，35个先行推进村的“六个一体化”建设成效显著，成为全省统筹城乡发展的典范。

四、生态环境明显改善

锡矿山地区砷碱渣无害化处理、双峰县原坳头山磺矿历史遗留污染综合治理一期、涟源市原冶金建材总厂遗留含重金属废渣综合整治等项目已开工实施。全市万元GDP能耗指标值（吨标准煤/万元）和单位规模工业增加值能耗指标值（吨标准煤/万元）由2009年的2.414、4.51分别下降到2011年的1.821、3.0，下降幅度之大居全省首列。主要污染物5项指标均超额完成省下达的年度减排目标任务，其中化学需氧量削减1385吨、氨氮削减340吨、二氧化硫削减36781吨、氮氧化物削减1800吨、铅削减0.11吨，与2010年比，削减比例分别为1.86%（年度任务为1%）、3.85%（年度任务为1.11%）、27.89%（年度任务为12%）、2.49%（年度任务为0.69%）、3.06%（年度任务为2.34%）。

五、人民幸福指数显著提升

全市城镇化率达到37.5%，城镇居民可支配收入16937元，农民人均纯收入3951元。基本药物制度已实现全覆盖，所有基本药物纳入医保报销范围。城区公众对城市环境保护满意率为75.12%，比2010年的72.95%提高了2.17个百分点。城市空气质量优良率为97.81%。全市森林覆盖率达到48.15%，集中式饮用水源水质达标率为100%，地表水水功能区水质达标率为100%。

邵阳市两型

▲ 宝庆电厂已经建成投产

▲ 南山风电

▲ 邵阳双清区宝庆科技新城大坡岭双龙紫薇园

邵阳市辖12个县（市）区，总人口806万，总面积2.1万平方公里，为湖南省的第一人口大市和第二面积大市。同时，邵阳作为生态大市，是全省西南生态屏障，在全省两型社会建设中发挥重要作用。2011年，全市上下按照“四化两型”战略部署，在省两型办的精心指导下加快产业建设、基础设施建设、生态文明建设和社会事业建设，推动经济社会科学发展、和谐发展、加快发展。

一是“两型”资源凸现优势。邵阳市是湖南四大重点林区之一，主要林业指标居全省第二位。全市林业用地1935万亩，湿地面积326万亩，森林蓄积量5803万m^3，森林覆盖率57.04%，松木和毛竹蓄积量均为全省第一。野生动植物资源十分丰富，有稀有木本植物200多种，古老孑遗植物36种，受国家一二级保护的珍稀动物有36种。全市共有自然保护区23个，其中国家级2个，省级2个。有国家级森林公园3个，省级森林公园4个。全市生态公益林面积达772.37万亩。绥宁县有“中国竹子之乡”、“三湘林业第一县”之誉；隆回县获“国家绿化模范县”和“中国金银花之乡”称号；邵阳县被命名为“中国油茶之都”。

二是“两型”产业发展来势看好。以生态旅游资源为支持，以崀山世界自然遗产地为龙头，整合打造包括南山、云山、黄桑在内的生态休闲游、民族风情游为特色的生态文化旅游圈，隆回荣获中国最佳民俗风情旅游名县称号，洞口溪被批准为国家级森林公园，湘窖酒业被授予国家3A景区。武冈市列为省级历史文化名城，新宁县建成湖南旅游强县；以农产品加工企业为龙头，南山奶粉、洞口奶糖、开口笑酒、李文食品、雪峰蜜桔、

社会建设概貌

崀山脐橙、隆回“三辣”、邵东黄花、武冈卤菜和邵阳茶油等加快发展，桔橙、果蔬、烟叶、药材和生猪、肉牛、山羊、水产等种植业和养殖业都有较大发展。

三是“两型”建设工程项目稳步推进。积极争取并实施了长江中上游防护林工程、生态能源林建设工程、生态公益林补偿工程、退耕还林工程、岩溶地区石漠化治理工程、油茶林低改项目、小流域治理工程等国家林业和水保重点项目。建设污水处理厂、生活垃圾卫生填埋场等城市环保设施，11个污水处理项目负荷率75%以上。生活垃圾无害化处理率90%以上，极大地改善了生态环境。2011年，整治污染力度进一步加大，取缔关闭高污染和高能耗企业63家，万元规模工业增加值能耗降低11%，年度节能减排任务全面完成。同时，邵阳市有宝庆科技工业园、湘窖酒业、雪峰种业、德润蓝昆四个单位获批为全省“两型”示范创建单位。

四是“两型”城市建设步伐加快。用生态理念指导城市建设，把城市建设融入自然生态系统之中。引导工业向园区、城乡结合部转移，逐步构筑城区以第三产业为主、工业园区以第二产业为主、城市外围以生态农业为主的格局。按照“山水园林城市”的定位，注重人文景观与自然景观的协调，树立城市森林、生态景观的理念，加快了公共绿化、道路绿化和庭院绿化的步伐。绥宁、新宁、城步、洞口、武冈、隆回6县市被列为全国生态示范县市建设试点，其中新宁、绥宁两县已通过验收，被国家环保部命名为“国家级生态示范县”，隆回、洞口、城步、武冈等4县市生态示范创建工作，也取得了突破性进展。

▲ 邵阳市将创建省级园林城市作为五城同创的基础工程

▲ 邵阳市区风景

▲ 邵东生态产业园

湘窖全景

张家界市两型

▲ 张家界市委机关节能改造示范

张家界市以农村山地绿化为依托，以中心城区城市绿化为中心，以主要交通干线通道绿化为框架，努力构建城乡一体绿化新格局。生态乡镇、生态村的创建工作也在紧锣密鼓地开展。在春意盎然的氛围中，张家界市从城区到景区，从乡镇到农村一步一景，一派无山不绿、有水皆清、四季花香、城在林中、人在画中的人与自然和谐共处、经济社会与生态环境协调发展的兴旺景象。

生态环境：全面保护

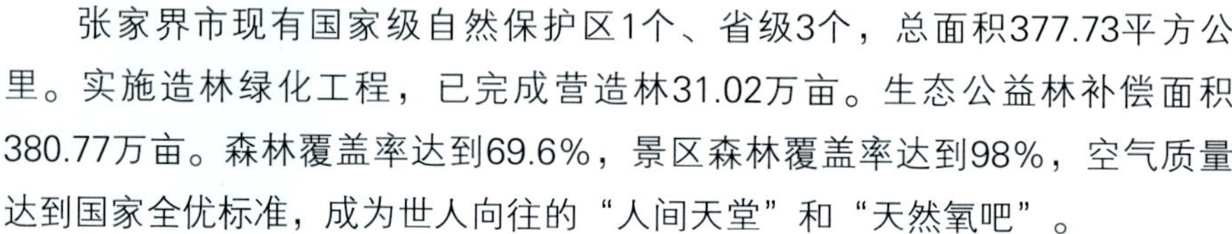

张家界市现有国家级自然保护区1个、省级3个，总面积377.73平方公里。实施造林绿化工程，已完成营造林31.02万亩。生态公益林补偿面积380.77万亩。森林覆盖率达到69.6%，景区森林覆盖率达到98%，空气质量达到国家全优标准，成为世人向往的“人间天堂”和“天然氧吧”。

▲ 张家界市节能减排工作会议

张家界市始终坚持保护生态环境视为经济社会发展的生命线，作为谋发展、转方式、调结构、搞建设、求富强的工作底线。结合产业结构调整和技术改造，关闭取缔了能耗高、污染重、破坏资源与环境的“十五小”企业近40多家，取缔城区及景区燃煤锅炉266台、粘土砖厂10余座，关闭石灰窑80余座。对天门山景区周围的滥挖乱采镍钼矿及冶炼行业进行了集中综合整治。与此同时，加大城市环保基础设施投入，开展医疗废水污染、城市噪声环境整治专项行动，并逐步制度化。

▲ 张家界市人民医院热水回收利用

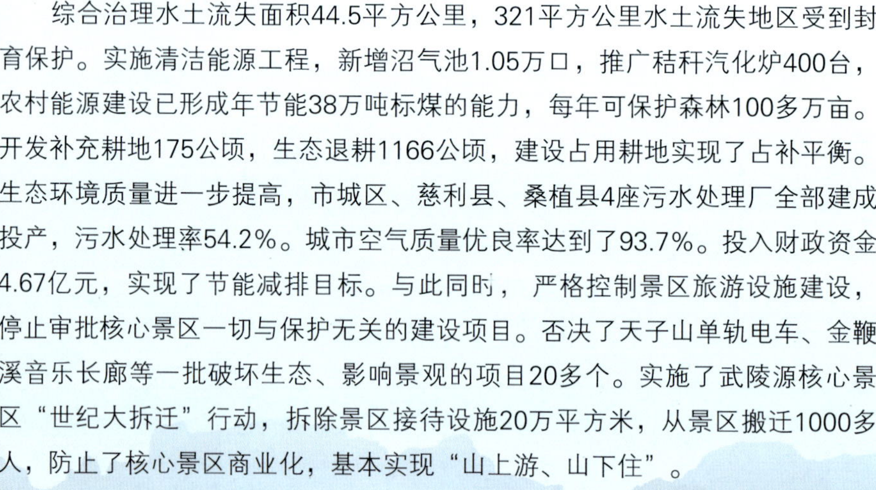

综合治理水土流失面积44.5平方公里，321平方公里水土流失地区受到封育保护。实施清洁能源工程，新增沼气池1.05万口，推广秸秆汽化炉400台，农村能源建设已形成年节能38万吨标煤的能力，每年可保护森林100多万亩。开发补充耕地175公顷，生态退耕1166公顷，建设占用耕地实现了占补平衡。生态环境质量进一步提高，市城区、慈利县、桑植县4座污水处理厂全部建成投产，污水处理率54.2%。城市空气质量优良率达到了93.7%。投入财政资金4.67亿元，实现了节能减排目标。与此同时，严格控制景区旅游设施建设，停止审批核心景区一切与保护无关的建设项目。否决了天子山单轨电车、金鞭溪音乐长廊等一批破坏生态、影响景观的项目20多个。实施了武陵源核心景区“世纪大拆迁”行动，拆除景区接待设施20万平方米，从景区搬迁1000多人，防止了核心景区商业化，基本实现“山上游、山下住”。

▲ 桑植污水处理场日处理污水2万吨

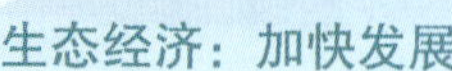

生态经济：加快发展

▲ 生态农村建设

张家界坚持开发独具特色的生态产业，坚持念“绿”字经、走特色路。

社会建设概貌

生态旅游蓬勃发展，建设了一批具有旅游功能的观光农业、生态农业和农家乐项目。目前，张家界市有休闲农业企业182家，其中五星级休闲农庄4家、四星级2家。

生态工业稳步推进。加强了工业园建设，工业污染散乱布局逐步得到解决，新增工业企业入园率达35%。关停土法生产砖瓦、石灰窑113座。巨日水泥等10家企业被列入环境友好试点企业，慈利水泥二厂等6家企业编制了循环经济发展规划，14家企业开展了清洁生产审核，爱依斯电站等3家企业启动了ISO14000环境管理体系认证。

生态农业初见成效。张家界市"三品"认证总数已达89个，其中无公害农产品55个、绿色食品27个、有机食品7个。国家地理商标产品1个。认定无公害农产品产地146.72万亩，绿色和有机食品基地9.5万亩。

生态城市：初具雏形

近5年，张家界市新增城市建成区面积2.4平方公里，城市人口达到20万，城市城镇化率由33.5%上升到38.5%。新建城市绿地18.7万平方米，绿化覆盖率、人均公共绿地面积已超过省级园林城市标准。改造供水管网40.9公里，新增安全饮水人口10.25万人。城市主要街道管线入地工程正有条不紊地推进。站场建设正在推进，已完成市中心汽车站改造。配套建成了道路沿线公交候车亭和公厕及垃圾中转站。慈利县、桑植县的污水处理厂已建成试运行，结束了张家界市县级城市没有污水处理厂的历史。空气环境质量优良率达92.1%；武陵源景区森林覆盖率达98%，负氧离子达到每立方厘米8~12万个，是一般城市的几十倍。

目前，张家界市已建成国家级生态乡镇2个、生态村2个，省级生态乡镇18个、生态村74个，市级生态村200个；省级绿色学校8所、市级绿色学校18所；8家市级绿色酒店和4家绿色小区。武陵源国家级生态示范区已通过省级验收，被列入建设省可持续发展实验区。永定区汨水溪村、武陵源区铁厂村、慈利县国太桥乡的5个村、桑植县干洞村等被确定为国家环境综合整治试点村。

▲ 城区一角

▲ 人间仙境（天子山景区实景）

▲ 农村垃圾转运站

▲ 农村沼气池

鸟瞰城区

郴州市两型社会建设概貌

2011年，郴州市全面贯彻省委、省政府决策部署，以“两型社会”建设作为加快转变发展方式的方向和目标，以郴资桂“两型社会”建设示范点为重点，以改革促发展，在全市掀起了“两型社会”建设新高潮，取得了明显成效。

一、聚集“两型”产业

以国家级湘南承接产业转移示范区申报、建设为契机，大力承接产业转移。积极推进郴州有色金属产业园区申报省级、国家级高新技术产业园，按照“园区一体、一区三园、退二进三”的原则，进一步理顺郴州经开区管理体制，拓展发展空间。新引进转移型企业405户，台湾工业园、富士工业园、华润三九国家级技术研发中试基地、三一重工等重大项目落户郴州。培育战略性新兴产业，实施产业转型“三年行动计划”，大力培育电子信息、先进装备制造、新材料、生物医药、新能源、节能环保、文化创意等7大新兴产业。全市工业增加值占生产总值的比重比上年提高2个百分点，高新技术产业增加值占生产总值的比重比上年提高2.5个百分点，园区规模工业增加值增长26.8%，占全市规模工业增加值的比重提高3个百分点。推进传统产业的“两型”化，对有色金属、化工、建材、食品、药品实行科技化、信息化改造。

▲ 陈肇雄调研郴州两型社会建设

▲ 湖南(郴州)台湾工业园揭牌仪式

▲ 湖南首个风电场——郴州仰天湖风电

▲ 郴资桂两型社会示范带节能项目——风光互补路灯系统

二、统筹“两型”城乡

推进城乡规划一体化，郴资桂-郴永宜“大十字”城镇群规划纲要加紧编制，市城区控制性详规和专项规划的覆盖面扩大，县城总体规划修改、修编和重点镇总体规划编制有序推进。加大城乡建设力度，市中心城区完成城市基础设施投资98亿元，城区道路和背街小巷提质改造基本完成，“351111”工程加快实施，建成区面积扩大到68平方公里；数字城管平台基本建成并投入试运行；城市生活垃圾处理率、空气质量达标率、饮用水水源地水质达标率均达100%，县城、小城镇和新农村建设加快推进，郴州大道全线通车，郴州至桂阳城际公交开通。新农村建设有序推进，建成省级新农村示范村6个、市级88个。

三、共建“两型”生态

先后编制完成了《郴州市生物多样性保护

▲ 人间天上一湖水——东江湖

▲ 西河尾砂库区上建成沙滩公园

▲ 郴州大道建成通车

▲ 省两型示范创建企业——郴州市晶讯光电公司

▲ 燕泉河

▲ 五里牌两型示范产业园明亮的路灯

规划》、《郴州市中心城区水系水景专项规划》和修编了《郴州市城市绿地系统规划》等园林绿化专项规划，勾勒出了一幕以“一圈两环、蓝脉绿网、十山十湖”为主体内容的城市大园林生态圈。组织开展“绿城攻坚”活动，人工造林210万亩，全市森林覆盖率64.05%，城区绿化覆盖率38.12%、绿地率35.89%、人均公共绿地面积9.99平方米，城市品位大幅提升，获评湖南省文明城市和中国最佳管理城市。农村环境连片整治成效明显，5个乡镇获评全国环境优美乡镇，汝城县在全省率先基本实现县域公路通道绿化全覆盖。江湖流域保护迈上新台阶，燕泉河整治基本完成，积极推进郴江河整治，东江湖保护力度进一步加大，人居环境不断改善，“林中之城、休闲之都”的期盼正在变成现实。

四、探索“两型”机制

领导层面，市里成立了以市委书记任顾问，市长任组长，有关市级领导任副组长，市直有关部门和郴州大道沿线4个县市区政府、郴州高新区和郴州经开发区等单位主要领导为成员的领导小组。协调层面，组建了市两型办，安排全额事业编制8名。示范带区域内各县市区、园区都按要求设立了领导小组及其办公室，配备了工作人员。顶层设计方面，市发改委牵头编制的郴资桂两型社会示范带建设规划纲要及综合配套改革方案原则通过市政府常务会议审议通过。专项规划由市直相关单位分别负责编制，部分专项规划已经完成编制起草工作。围绕“两型”生产、生活、消费主题，组织实施“两型”示范创建工程，初步建立了市申报“两型”示范创建工程项目和单位信息库，其中高斯贝尔、晶讯光电、台湾工业园和飞机坪社区等4个创建项目及单位被列为省级示范。两型社会建设的调度督促机制和信息共享机制初步建立，对规划编制、项目建设、体制改革等重点工作实行定期调度和通报。

永州市两型

按照省委省政府全力推进“两型社会”建设的战略部署，永州市深入贯彻科学发展观，坚持以调结构、转方式为主线，以扩大投入为动力，以项目建设为抓手，狠抓各项工作落实，经济社会发展不断迈上新台阶。

科学发展开创新局面。2011年全市地方生产总值完成940亿元，比上年增长13%；规模工业增加值完成260亿元、比上年增长22%，总量是2006年的4.2倍；社会消费品零售总额完成290亿元、比上年增长19%；财政总收入完成70.5亿元、比上年增长31.7%；新型工业化强力推进，规模工业企业达到666家，其中产值过亿元企业150家，装备制造、农产品加工和矿产品加工三大百亿产业形成，电子信息、光伏、生物医药等新兴产业来势看好。农村经济持续较快发展，粮食生产连续五年丰收，现代烟草农业建设成效明显，农产品加工全省领先，国家和省级农产品加工龙头企业发展到31家，获得“中国名牌产品”2个、“中国驰名商标”4个、国家地理标志保护产品1个，市现代农业科技示范园晋升为国家农业科技园区和国家农业产业化示范基地。城乡消费持续旺盛，文化旅游产业加速融合，商贸物流、新型消费业态、房地产等发展较快。节能减排扎实推进，关停和改造污染企业642家，建成污水处理厂11个、垃圾处理场9个，省定节能减排任务全面完成。“绿色永州”建设取得明显成效。

城乡建设展现新风貌。2011年完成固定资产投资593亿元，其中年度投资5亿元以上项目9个、1亿元以上项目65个、5000万元以上项目203个。洛湛铁路建成通车，湘桂复线路基工程基本完工，铁路总里程达到461公里，新增244公里；邵永、道贺高速建成投运，高速公路已建在建488公里，二级公路新建在建796公里；永州机场通航能力逐步提升。中心城区一体化步伐加快，永州大道建成通车，生态新城建设加速推进，中心城区建成区面积拓展到60.1平方公里、城区人口达到55万人，县城和中心镇建

▲ 帝王广场

▲ 城市滨江广场夜景

▲ 百里平湖

社会建设概貌

▲ 锦绣潇湘

▲ 湘江一景

▲ 永州城市新貌

▲ 湘桂复线正在铺轨

设迈出新步伐，全市城镇化率达到37.4%，比2006年提高7.2个百分点。农村基础条件大幅改善，改造新建农村公路1.58万公里，完成98座水库除险加固，新解决107万人口饮水安全问题，新开发整理耕地56万亩。涔天河水库扩建工程奠基，水库移民后扶工作取得实效。能源信息建设全面加强，新增水电装机76万千瓦，建成110千伏以上变电站24座、500千伏变电站2座，新增供电容量548.6万千伏安，行政村通电话率和互联网开通率分别达到90.6%和62.3%，广播电视综合覆盖率达到96.5%。

改革开放焕发新活力。国企改革稳步推进，医药卫生体制改革全面推进。国家基本药物制度在全市基层医疗卫生机构实现全覆盖，蓝山“10+100”新农合模式成效显著。开放战略扎实推进。承接产业转移取得突破，湘南承接产业转移示范区批复设立，推动永州进入国家发展战略层面。招商引资成果丰硕，全年内联引资到位资金203.5亿元，同比增长23.3%。实际利用外资4.6亿美元，增长18%。加强了与知名企业及有关部门的合作，先后与北控水务集团、中交集团、五矿集团、神华集团、中科院等签订了战略合作协议。对外贸易日益活跃，全年完成进出口总额1.8亿美元，增长53%。

社会事业取得新进步。一是就业形势良好。全年城镇新增就业5.48万人，失业人员再就业2.56万人，新增农村劳动力转移就业6.04万人。创业扶民工作成效明显，被省政府确定为首批创建“创业型城市”。二是社会保障力度加大。社会保险扩面任务超额完成，“五项保险”参保人数达495.2万人次，城镇职工医保实现市级统筹。全市新农合平均参合率达98.2%。三是民生设施不断完善。市中心医院、市应急指挥中心、市体育馆、舜德小学等项目竣工投入使用，农村卫生体系与社区医院建设、市中医院、文化遗址保护等项目进展良好。解决了25万农村人口安全饮水问题，完成廉租房8260套，建设经济适用房386套。公租房竣工1296套，城市棚户区改造项目开工707套。

河东新区

怀化市两型

怀化市紧紧抓住贯彻落实“四化两型”战略这一重大契机，大胆改革创新，主动破解难题，有效地推动了全市经济社会又好又快发展。

一是产业结构调整步伐不断加快。按照两型理念，加快推进产业结构优化升级，初步形成了竹木、粮油、果蔬、中药材、畜禽等五大优势农产品产业链，农业产业化龙头企业发展到128家，实现销售收入133亿元。商贸物流、文化旅游等产业建设取得突破。实施商贸物流重点项目20个，河西商贸物流园区的物流总收入保持了20%以上的增长。大力发展文化旅游产业。

二是循环经济发展取得阶段性成效。出台了一系列政策措施，着力构筑上下链接、相互循环的循环产业体系，鼓励企业建立循环经济联合体，实现内部工艺间能源梯级利用和物料循环利用。市政府着力打造循环经济产业链，同时，建立完善了以资源有偿使用、生态环境补偿、节能减排约束、绿色GDP考核评价为重点的绿色发展保障机制，为加快循环经济发展提供了有力支撑。

三是自主创新能力不断提升。一批具有自主知识产权的品牌和企业集中落户怀化，怀化工业园跃升为国际生态工业园示范基地，成为“湖南省十大最具投资价值产业园区”。创新科技投融资体制，加大科技投入，设立科技创业投资引导基金，推进技术创新体系建设。科技进步贡献率提高到45%，科技综合实力在全省排名前进两位。

四是生态创建取得明显成效。坚持把环境保护与经济发展、改善民生结合起来，大力实施“碧水、青山、蓝天”保护工程。2011年10月，国家环保部正式命名怀化市为第七批“国家级生态示范区”，成为湖南省首个荣获此项殊荣的地级市。建立了企业耗能动态管理制度,重点企

▲ 生态工业园规划方案汇报会现场

▲ 公共机构节能启动仪式

▲ 怀化市夜景

社会建设概貌

▲ 高椅古村

▲ 通道万佛山

业能耗水平持续下降，全面完成了省里下达的节能减排任务。同时下发了《关于切实加强生活饮用水地表水源保护工作的通知》，制定和完善了全市突发饮用水源环境事件应急处置预案，怀化城区水环境质量和人居环境明显改善，城市品位不断提高；推进绿色消费示范项目，努力营造绿色消费良好的社会环境，推行了政府强制采购节能产品制度。

五是体制机制创新深入推进。开创了怀化证券市场融资的先河，积极开展土地管理体制创新，建立了全市统一的土地有形市场，实现了土地的“五统一”管理、实现了国有土地占补动态平衡；出台了《怀化市中小河流整治管理办法》、《怀化市城市建筑垃圾管理办法》、《怀化市城区城市生活垃圾管理办法》、《怀化市城镇污水处理运行监督管理办法》、《怀化市环境污染、生态破环应急预案》等一系列制度和措施，并成立了环保110执法队，开通了环保110热线，强化了环保工作管理；邀请国家和省发改委有关专家，就怀化市“十二五”规划编制、怀化“两型社会”建设等重大问题、重大项目开展战略咨询和研究。深入推进城市管理体制改革，构建了“大城管”机制，建立了以街道、社区为主体的城市综合管理工作体制。

▲ 自行车绿色出行

▲ 龙津风雨桥

锦绣大地

湘西自治州两型

湘西自治州各级部门按照州委“三三四四”发展思路，大力推进“五大建设”，全面完成了各项目标任务，实现了“十二五”良好开局。

农业基础得到加强。狠抓各项惠农政策和工作措施的落实，大宗农产品稳定增长。粮食生产又获丰收，产量83.7万吨。狠抓椪柑培管、营销、加工，完成品改低改18万亩，柑橘产量80万吨。新扩茶园2.3万亩，茶叶产量1960吨，市场价格好于以前。大力推进烟叶新区开发和现代烟草农业示范建设，收购烟叶58.6万担。畜牧水产规模化养殖不断扩大，各类规模养殖大户突破8千户。产业化水平进一步提高，新增州级以上龙头企业17家，农产品加工业销售收入增长22.3%。农业生产组织化程度提高，新增农民专业合作社136个，成员达到5.03万人。

新型工业化迈出新步伐。加快矿业整合步伐，花垣锰锌整合基本完成，重组了东方矿业公司、三立集团等一批骨干企业，启动了15万吨高纯电解锰生产线等一批重大项目。大力推进工业园区建设，湘西经济开发区工业总产值、财税收入分别增长63%和108%，花垣、泸溪、保靖等县工业园区建设有新进展。一批骨干企业不断壮大，年销售收入过亿元企业达到50户。其中酒鬼酒公司销售收入近12亿元，税收3亿元，均实现翻番。切实加大工业投入，力争尽快形成新的经济增长点。全州10个投资过亿元、50个投资过千万元的技改项目全部启动，完成技改投资46.6亿元，增长

▲ 极富民族风情的湘西凤凰古城旅游胜地

▲ 跨峡谷跨度创世界第一的矮寨大桥顺利建成通车

▲ 里耶古城成功入选首批国家考古遗址公园立项名单

▲ 湘西吉首乾州新区夜景

社会建设概貌

▲ 湘西非物质文化遗产园揭牌仪式

▲ 湘西经济开发区内正在建设中的现代化厂房

▲ "古丈毛尖"、"保靖黄金茶"两大核心品牌带动湘西茶产业绿色发展

43.2%。引进外矿、电价补贴等工作有新突破。全年实现工业增加值126.1亿元，增长12.6%，增速较上年加快7.6个百分点。其中规模工业增加值107亿元，增长12.7%，增幅较上年提高8.3个百分点。

服务业快速发展。在旅游等生活性服务业稳定增长的同时，物流等生产性服务业蓬勃发展。旅游业高速增长。凤凰旅游龙头作用进一步增强，十大旅游提质项目加快实施，5A级景区创建和"申遗"工作稳步推进。芙蓉镇景点圈一批旅游项目启动建设，老司城保护开发工作有序推进。乾州古城对外开放，湘西非物质文化遗产园成功揭牌。里耶古城和老司城成功入选首批国家考古遗址公园立项名单。"百千万"特色民居保护工程完成1881栋。旅游环境整治力度加大，行业规范管理和服务水平明显提高。全年接待游客1486万人次、实现旅游收入77亿元,分别增长18.4%和21.1%。信息产业快速发展，邮电业务总量增长15.2%。房地产市场稳定发展，投资增长14%、施工房屋面积增长15.8%、商品房销售面积增长4.8%。积极落实扩大消费政策措施，促进消费持续稳定增长。全年实现社会消费品零售总额137.7亿元，增长17.7%。其中批发、零售、住宿、餐饮分别增长13.2%、18.3%、22.5%和14.6%。消费升级步伐加快，汽车、家电零售额稳步上升。销售家电下乡产品21.7万台件，销售额6.5亿元，获得国家补贴6163万元。

▲ 州政府大力引进扶持的现代农业科技示范田

沱江美景

综合篇

春润三湘

——习近平在湖南考察纪实

春雨绵绵，草长莺飞。3月的湖南，到处是一派欣欣向荣的景象。

3月20日至23日，在全国“两会”刚刚闭幕不久，中共中央政治局常委、中央书记处书记、国家副主席习近平来到湖南，在省委书记、省人大常委会主任周强，省委副书记、省长徐守盛陪同下，就如何深入贯彻落实全国“两会”精神、加快转变经济发展方式、加强和创新社会管理、加强和改进党的建设，进行实地调查研究。

在湘潭、株洲、长沙等地，习近平深入企业、农村、社区，一路风尘仆仆，一路真情涌动，把党中央的亲切关怀带到三湘大地，激励湖南7000万干部群众抢抓发展新机遇、描绘发展新宏图。

“对毛主席等老一辈无产阶级革命家最好的纪念，就是继承好、发扬好他们开创的伟大事业，把中国特色社会主义事业不断推向前进”

韶峰巍巍，松柏青翠，春雨蒙蒙，故园春色正好。

20日中午，一下飞机，习近平就不辞辛劳赶赴韶山，向毛泽东同志铜像敬献花篮，参观毛泽东同志故居。

这已是习近平第三次来韶山。1966年和1997年，他曾两次踏上这片红色的土地，感受伟人情怀。

此刻的毛泽东广场上，花如潮，人如海。毛泽东同志铜像巍峨耸立。

2004年初，党中央、国务院把韶山作为全国爱国主义教育示范基地“一号工程”来建设。韶山连续5年跻身全省县域经济发展“十强”行列，正全力打造“红色韶山、生态韶山、富裕韶山、文明韶山、幸福韶山”，以“红色圣地、发展热土”的新形象展现在世人面前。

习近平缓步走过毛泽东广场，登上台阶，在花篮前驻足凝视后，神情庄重地走上前去，仔细整理花篮上的红色缎带。

习近平带领大家一起向毛泽东同志铜像深深三鞠躬，表达对一代伟人的无限敬意和怀念。随后，他绕行一周，深情瞻仰毛泽东同志铜像。

广场上的群众认出了习近平同志。掌声、欢呼声此起彼伏。习近平微笑着向群众挥手致意，走到群众中间，和大家亲切交谈。

下午，习近平来到毛泽东同志故居参观。从堂屋到厨房，从放农具的杂物间，到摆着陈旧木床的卧室，习近平看得十分仔细，不时长久驻足，神情肃穆。他深情地对大家说，中国出了个毛泽东，这是韶山的骄傲，湖南的骄傲，全国人民的骄傲，中华民族的骄傲。没有毛主席，就没有新中国，也就没有我们现在的大好局面。要努力把毛主席家乡建设得更加美好，让韶山人民过上更加幸福、安康、富裕的生活。

考察中，习近平还前往宁乡县花明楼和湘潭县乌石镇，向刘少奇同志、彭德怀同志铜像敬献花篮，并参观刘少奇同志、彭德怀同志故居。

“我们这一代人是在毛泽东思想教育培养下成长起来的，今天我们对毛主席等老一辈无产阶级革命家最好的纪念，就是继承好、发扬好他们开创的伟大事业，把中国特色社会主义事业不断推向前进……”

习近平对老一辈无产阶级革命家的深情厚意，让湖南的干部群众深受感动和教育。

“以自主创新引领带动，坚持在发展中促转变，在转变中谋发展，做到好字当头”

创新湖南，后劲勃发。

“十一五”期间，湖南突破328项关键核心技术和共性技术，研发出重点新产品568个，涌现出了“天河一号”超级计算机、A型地铁车辆等一批重大科技成果，5年获国家科技奖励106项，居全国第5位，发明专利授权量连续3年居中西部第一位，三湘大地处处涌动着自主创新的热潮。

怎样通过自主创新，加快转变经济发展方式，实现“十二五”时期开好局、起好步，是习近平十分关心的问题。

在南车株洲电力机车研究所有限公司，永磁驱动电机、高速试验列车牵引变流器、7200kW牵引变流器、风电变频控制器及整机，一系列具有国内领先水平的技术及产品集中展现了公司的科技创新能力，让习近平感到十分满意。

习近平说：“实现‘十二五’时期良好开局，关键是要把科学发展的主题和加快转变经济发展方式这条主线贯穿于经济社会发展的全过程，以自主创新引领带动，坚持在发展中促转变，在转变中谋发展，做到好字当头。”

在湖南青苹果数据中心有限公司，偌大的车间里，近千张电脑桌整齐地排列。年轻的小伙子、小姑娘们正在各自的电脑前紧张忙碌着。

习近平走进车间，和大家一一握手，详细了解公司的生产流程。看到一张张发黄的旧报纸、一份份年代久远的文献资料，在他们的手下重新焕发青春，习近平十分高兴。

他说："把文献数字化并进行整理，这是一项基础性工作。你们用高科技手段，对历史文献、精神文化产品进行整理传播，这是一个很有市场前景，具有经济和社会效益的产业，有关部门应高度重视，给予大力支持。"

走进国防科技大学计算机学院，习近平亲切看望慰问了教职员工，听取了"天河一号"超级计算机系统情况介绍，并殷切寄语大家继续勇攀世界科技高峰，为国家在"十二五"期间技术创新再上一个新水平，为国防建设、经济社会发展作出新贡献。

"特别注重科技在企业发展中的重要作用，特别注重培养科技人才，特别注重提高自主创新能力；都拥有具有核心竞争力、在国内外处于领先地位的关键技术……"在湘电集团有限公司、南车株洲电力机车有限公司、中联重工科技发展股份有限公司等企业考察时，习近平归纳这些企业都有几个共同的特点。他欣慰地说："湖南在自主创新方面取得很大成绩，希望大家再接再厉，再创辉煌。"

"长株潭城市群'两型社会'建设，你们抓得早，抓得主动，抓出了效果，走出了一条自己的路子，希望继续探索，为全国提供借鉴和经验"

3年前，长株潭城市群获批全国资源节约、环境友好型社会建设综合配套改革试验区。短短3年时间，长株潭城市群核心增长极作用显现，3市GDP占全省的43%。湖南已开始在长株潭地区探索一条人与自然和谐相处的可持续发展之路。

漫江碧透，春风吹拂橘子洲。22日下午，习近平登上橘子洲头，考察长株潭"两型社会"展览馆。

"国家战略"、"顶层设计"、"阶段成果"、"未来展望"，习近平逐个参观四个展区，详细询问展览馆设计、布局，了解长株潭"两型社会"建设的昨天、今天和明天。

走出展览馆，习近平叮嘱湖南的同志：长株潭城市群"两型社会"建设，你们抓得早，抓得主动，抓出了效果，走出了一条自己的路子，希望继续把推进"四化两型"作为转变经济发展方式的重要抓手，坚持先行先试，为全国提供借鉴和经验。

湘江是湖南的母亲河。历经3年时间的综合治理，湘江沿江61公里防洪堤和72公里沿江景观带已初具规模，"东方莱茵河"美景轮廓初显。

习近平来到株洲市的湘江风光带，实地考察湘江综合治理工程。从清水塘治理，到风光带景观建设，习近平问得十分仔细。他叮嘱株洲市负责同志，株洲市要在"十二五"时期实现顺利开局、切实转变发展方式，必须从抓好生态建设、节能减排上入手，希望你们在湘江流域治理方面能够取得更大的成绩。

株洲云龙示范区是长株潭"两型社会"试验区五大示范区之一，重点发展以花木产业为依托的观光农业。

习近平一行走进云龙示范区的云田社区花卉培育基地，乡亲们便簇拥了过来。大伙争相告诉习近平，云田社区以花木种植为主导产业，有各种基地3万多亩，2010年实现销售收入1.3亿元。

习近平关切地询问："现在村里年轻人留在家里的多吗？"

"多！原来都是到外面去打工，现在都回到家里当老板了。"社区党支部书记易仕林自豪地回答。

习近平高兴地说，这说明社会主义新农村建设很有奔头。

"'两型社会'不能光有现代城市、现代工业，还要有现代农业。没有农村的小康也就没有全面的小康。这条路你们已经走出来了，要坚定地走下去！"

"社会管理的本质是服务人民群众，要充分尊重人、理解人、关心人，以人民群众利益为重，以人民群众期盼为念"

长沙市积极推进流动人口、社会治安、特困人群、社会组织、虚拟社会等管理创新；衡阳市在市、县两级成立党委群众工作部；洞口县在村一级设立群众工作站……

近年来，我省不断加强和创新社会管理，探索和积累了一大批好的经验和行之有效的好方法。

22日上午，习近平特地来到全国文明社区示范点——长沙市岳麓区咸嘉新村社区了解社会管理创新情况。

社区党总支书记刘焕鑫介绍，根据辖区流动人口多，管理难度大的特点，社区组建了党员平安志愿者，开展"零发案"院落竞赛。党员平安志愿者佩戴红袖章，包片分栋轮流执勤，除上街轮流巡逻外，还负责辖区看门守栋和看楼护院，及时处置不稳定因素，调解邻里纠纷。活动开展以来，社区刑事案件和治安案件大幅下降，发案率下降45%。

从社区的"雷锋超市"、"民情联络室"，到"人民调解室"、"协会活动室"，习近平看得十分仔细。他说："社会管理的本质是服务人民群众，要充分尊重人、理解人、关心人，以人民群众利益为重，以人民群众期盼为念，寓社会管理于为群众服务之中，努力实现管理与服务的有机统一。"

"老人家，今年高寿？"

"我79啦！"

"退休前在哪个单位工作？"

"在望城县供销社"……

在社区老党员王平山家中，喝着浓郁湖南特色的豆子芝麻茶，习近平与王老拉起了家常。

"我对社区很满意，这里不仅环境好，治安工作也很好，没有什么刑事案件发生。"王平山告诉习近平："社区和谐，党员有责，作为一名老党员，有责任、有义务协助党和政府管理好社区、服务好社区。"

习近平听了感慨地说，在与王老的谈话中，深深感受到一位基层老党员的思想觉悟、政治素质，社区要充分发挥好这些老同志、老党员的作用，让他们用自己的经历和体会来引导教育青少年、提升居民素质，为社区管理发挥余热。

在湘期间，习近平充分肯定了我省在加强和创新社会管理中的积极探索，尤其是在保障和改善民生方面取得的成绩。

他说，湖南从2004年起，连续七年抓为民办实事工程，集中解决了一大批重点民生问题。今年2月，又出台了《湖南省保障和改善民生实施纲要》，重点实施八大民生工程，着力推动保障和改善民生工作长效化、常态化、制度化。这些好的经验要不断总结推广，在实践中不断加以完善。

“抓民生之本，应民生之急，解民生之忧，真心实意为群众谋利益，扎扎实实为群众办实事。”习近平嘱咐陪同考察的湖南党政负责同志，民生情怀溢于言表。

“努力把基层党组织建设成为推动科学发展、带领群众致富、密切联系群众、维护群众稳定的坚强堡垒”

深入开展创先争优活动、扎实推进基层党组织建设，是习近平此次考察的重点之一。

在湖南这片红色土地上，创先争优活动正在15万多个基层党组织、352万多名党员中蓬勃展开。

20日下午，习近平来到韶山村党总支，深入了解基层党组织开展创先争优活动情况，参观中共韶山特别支部展室，并与韶山村党员群众代表亲切座谈。

韶山村党总支书记毛雨时向习近平介绍，在创先争优活动中，他们通过党组织履职尽责创先进，党员立足岗位争优秀，党组织负责人示范引领作表率，把党员身份亮出来，接受社会监督，发挥党员先锋模范作用。

“这个做法好，有韶山特色。”习近平认真倾听，对此予以充分肯定。

利用网络特长对韶山村集团网进行运营维护、虚心向农民学习、走访致富创业典型……大学生村官、韶山村党支部书记助理朱乐，谈起两年来的“村官”生活，觉得自己过得忙碌而又充实。

“我也曾是一个知识青年‘村官’，那是我最难忘的经历，也是一生最宝贵的财富。”习近平充满感情的话语，打动了在场的每一个人。

回忆起自己当年在基层工作的情景，习近平说，大学毕业生到基层工作，这样的经历非常难得。要坚持和农民群众打成一片，在服务群众、服务新农村建设的实践中提高素质、提升境界，实现自己的人生价值。

习近平在座谈时指出，创先争优活动是党的建设的一项重要的、经常性的工作。要把创先争优活动作为加强党组织自身建设的动力，切实解决基层党建中存在的突出问题，更好地发挥基层党组织的战斗堡垒作用，共产党员的先锋模范作用，努力把基层党组织建设成为推动科学发展、带领群众致富、密切联系群众、维护群众稳定的坚强堡垒。要以改革创新精神，全面加强党的思想建设、组织建设、作风建设、制度建设和反腐倡廉建设，以优异成绩迎接中国共产党成立90周年。

在23号上午召开的湖南党政干部座谈会上，习近平希望湖南各级党组织和广大党员干部，发挥“心忧天下，敢为人先”的湖湘精神，抓住国家实施中部崛起战略的机遇，以更加奋发有为的精神，不断开创湖南改革发展新局面。

（原载于2011年3月24日《湖南日报》）

在中部崛起中实现新跨越

——李克强在湖南考察纪实

金秋的湖南，一派丰收的喜人景象。

10月10日至11日，中共中央政治局常委、国务院副总理李克强来到湖南考察调研。一路深情叮嘱，一路寄望殷殷。李克强把党中央、国务院的亲切关怀带到三湘大地，给全省干部群众以巨大的鼓舞和信心。

两天紧凑的行程里，李克强在省委书记、省人大常委会主任周强，省委副书记、省长徐守盛的陪同下，先后来到湘西土家族苗族自治州和长沙市，深入山乡村寨、企业车间和科研单位，谈发展，话民生，谋未来。他希望湖南深入贯彻落实科学发展观，认真贯彻落实党中央、国务院的决策部署，继续发挥自身优势，深入实施扩大内需战略，统筹环长株潭城市群建设和武陵山经济协作区集中连片扶贫开发，推进结构调整和民生改善，把“十二五”这盘棋开好头、打好基础，推动全省创新发展、转型发展、和谐发展，在中部崛起中实现新跨越。

“再获新突破，创造新奇迹”

稻浪翻滚，沉甸甸的稻穗寄托着沉甸甸的希望。

10日下午，李克强专程来到位于长沙的国家杂交水稻工程技术研究中心，看望“杂交水稻之父”——中国工程院院士袁隆平，了解杂交稻研究情况。

就在20多天前，袁隆平院士的超级稻第三期目标亩产900公斤高产攻关喜获成功。李克强走上前去，紧握住袁隆平的手，亲切地称他为“袁先生”，向他表示祝贺。李克强说：“袁先生，您是‘国宝’啊，您作出的巨大贡献，不仅属于中国，更属于全世界、全人类！”

顺着田埂，李克强和袁隆平走进稻田，一起俯身仔细察看颗粒饱满的稻穗。从水稻育种技术到国家科技攻关计划，从研究成果转化、推广到科研队伍建设，两人谈兴甚浓。

“为了亩产900公斤这个目标，我们把‘良种、良法、良田’结合起来，努力7年，获得了成功。”年过八旬的袁隆平院士脸上写满了激情与自信。

“亩产900公斤的超级稻什么时候能普及呢？”李克强关切地询问。

“大概两年就可以做到。”袁隆平语气十分坚定。

“那太好了！你们的突破性工作事关人人，不仅有助于解决中国人的吃饭问题，而且体现了中国人的聪明才智，是对人类发展的贡献。”

“我现在是81岁，我希望在90岁的时候，实现亩产1000公斤的梦想！”

听到这里，李克强说，实现农业大发展，必须走创新之路。要用现代技术改造农业，用现代设施装备农业，用现代流通支持农业，在工业化、城镇化深入发展中同步推进农业现代化。

他勉励袁隆平院士："不断提高粮食单产水平，既能使农业增产，农民的钱袋子鼓起来，又能保障有效供给，增强市场信心，为稳定物价提供基础。袁先生在保障粮食安全方面所作的贡献，不光有'里子'，还有'面子'，帮我们中国人挣足了面子。希望您在90岁时实现这个梦想，在100岁时还能再获一次新突破！国家会全力支持您的工作。"

深情的祝福里传递着温暖和关怀，袁隆平脸上笑开了花，现场响起热烈的掌声。

19世纪的《申报》，已经有了可供查询的电子版。这一奇迹的创造者，就是湖南省青苹果数据中心有限公司。

7000平方米的办公区内，1000多名员工正将各种各样的纸质报刊变为电子报刊。李克强走进公司大生产车间，了解企业产品，询问生产流程。

员工们兴奋地簇拥到李克强身边，李克强勉励他们："把传统文化资源和现代信息技术结合起来的创新之举，能够催生新产业、引领新需求，希望青苹果常青、常在！"

"湖南的创新意识、创新能力和创新动力很强，希望你们再获新突破，创造新奇迹！"一路上，李克强反复强调，要统筹发展传统产业和新兴产业，推动研发与应用结合、科技与产业融合，加快发展先进制造业、高技术产业，积极发展文化产业，提升服务业比重和水平。

"办更多雪中送炭的实事好事"

带着对农民兄弟的深深牵挂，沿着蜿蜒山路，10日下午，李克强一路颠簸走进大山深处的凤凰县都里乡古双云村。

这是一个地处武陵山区的边远贫困村寨。踏着青石板路，李克强在村里挨家挨户访民情——

在村民龙光金家，李克强关切地询问他家里几亩地，粮食够不够吃，土砖房什么时候开始改造；走进在建的村卫生室，李克强详细了解基本药物配备和药品价格，要求切实保障基层医疗的软硬件设施和基层医务工作者的收入，确保老百姓能够享受到及时、优良的公共医疗卫生服务……

在农家屋场上，李克强与乡亲们围坐一起，话起了家常。

"村里有多少人"、"引水灌溉方不方便"、"搞了什么特色产业"……李克强一边问，一边给乡亲们出主意，共同谋划村里的发展。

村民龙国付告诉李克强，初中毕业后，自己就开始学种烤烟、做小生意，目前收成还不错。李克强接过话头："我也烤过烟呢！"大伙都笑了。

正说话间，龙国付的手机突然响起，他忙着要关手机。李克强连连摆手："你可千万别关，说不定是生意上门了，耽误不得。做生意能把经济搞活，让大家生活都好起来。"

村民们还告诉李克强，这些年村里出了3个大学生，村民麻金芝的女儿今年考上了大学，但交学费还有困难。

李克强当即叮嘱当地负责同志，"要马上帮助解决学费的问题，这个事一定要落实好"。

接着，李克强又对麻金芝说："孩子考上大学不容易，要让孩子好好上学、安心上学，学好本领才能帮助家庭脱贫致富。"

座谈中，李克强说，农村和欠发达地区，是全面建设小康社会的难点，也是扩大内需的潜力所在。要从切实解决城乡群众的教育、住房、医疗、社保等基本民生问题入手，办更多雪中送炭的实事好事，促进收入分配结构优化，努力实现民生改善、内需扩大、经济发展的良性循环。

"有政府的帮助和大家的自力更生，乡亲们的日子一定会越过越好！"李克强深情地说。

"让困难群众住得安心、放心"

困难群体的住房问题牵动着李克强的心。在湘考察期间，李克强出席了保障性安居工程质量和分配管理工作座谈会，还在11日上午专程来到长沙市岳麓区诚兴园小区，看望慰问廉租房住户。

诚兴园是一个廉（公）租房与农民保障房共建的小区，2009年动工，目前已建成8栋600户廉（公）租房。走进小区，只见花木葱茏、环境幽雅，小学、幼儿园、超市等一应俱全。

"住进来多久了？住得舒不舒服？房屋质量怎么样？"李克强与小区居民亲切交谈，详细询问小区运营与管理情况。

长沙市负责同志介绍，长沙很多保障性住房项目像诚兴园一样，把拆迁安置房和公共租赁房的建设结合起来，既增加了失地农民的收入，又盘活了房屋资源，节约了财政投入。李克强称赞，"这是个好办法"。

在小区接待中心，两位年轻人郭瑜、包克喜正咨询如何申请保障性住房。李克强走上前去，和他们交谈起来。郭瑜大学毕业后在长沙工作了3年，每月租房要花500多元，希望申请到公租房。衡阳籍小伙子包克喜则希望能买上经济适用房。"安居才能乐业。"李克强祝福他们早日住上舒适的房子，圆自己的住房梦。

65岁的刘雪华老人一个月前从棚户区搬进了诚兴园的新居，一室一厅的房子装修得十分温馨。李克强饶有兴趣地参观了老人的新居，与老人一家围坐沙发上亲切话家常。

老人告诉李克强，这套50多平方米的房子一年租金只要1200元，十分实惠。小区环境很好，还有电梯，有了这样的生活心满意足。李克强说，"低收入家庭买不起房子，政府应该提供廉租房。老百姓有房子住，就有了生活的新希望"。

考察中，李克强反复强调，保障性安居工程建设既是重大民生工程，也是重大发展工程，是拉动内需，推动经济社会平稳发展的重要手段。要保质保量地推进保障性安居工程建设，切实把这项促发展、惠民生的工程实施好，通过公平分配使更多低收入群众受益。

"看到令人欣喜的新变化，三湘大地展现了更加广阔的发展前景"

"十一五"期间，湖南各项主要经济指标在"十五"的基础上实现总量和均量翻番。今年以来，全省经济继续保持良好发展态势，上半年全省生产总值同比增长13.4%。

"再次来到湖南，看到了令人欣喜的新变化，三湘大地展现了更加广阔的发展前景。"考察期间，李克强对湖南的工作给予充分肯定。

李克强充满感情地说，党中央、国务院对湖南高度重视，十分关心。近年来，在以周强同志为班长的中共湖南省委的领导下，全省干部群众齐心协力，共同奋斗，推动湖南经济、政治、文化、社会建设以及生态文明建设和党的建设迈上了新台阶。湖南认真贯彻落实党中央、国务院的决策部署，从自己的实际出发，不断创新发展思路，在推动科学发展、加快转变经济发展方式，尤其是建设"两型社会"等方面取得了新的成就。

"深入实施扩大内需战略，推进结构调整和民生改善"

着眼湖南未来发展，李克强强调要深入实施扩大内需战略，推进结构调整和民生改善：

——统筹城乡发展，加快经济结构总体调整。湖南是农业大省，在推进新型工业化、城镇化和农业现代化协调发展过程中，有着巨大潜力。要把统筹城乡和区域发展作为调结构扩内需的重要载体，加大对中西部地区的支持力度，增强自我发展能力，在扩大开放的条件下，进一步扩大内需，拓展发展空间。

——强化科技支撑，增强经济发展内生动力。湖南是人口大省，也是教育科研大省，要通过创新，明确主攻重点，加强基础研究，突破核心技术，通过人力、智力资源的发挥，把人口的压力转化为发展的资源，推动经济步入创新驱动、内生增长的轨道。

——精心办好重大民生工程。加大民生工作力度，是调整收入分配结构、促进经济社会协调发展的重要方面，是各级政府的基本职责所在。义务教育、基本医疗、中低收入住房困难群众住房问题，都是重大的民生工程、发展工程。湖南要精心组织，用心去做，下真功夫把这些实事办实、好事办好，为全国创造新经验。

周强代表省委、省政府表示，党中央、国务院对湖南的高度重视和亲切关怀，令全省人民深受感动。湖南将深入贯彻落实科学发展观，坚持城乡统筹，强化科技支撑，不断增强经济增长的内生动力，精心办好各项民生大事，加快推进科学发展、富民强省。

随同李克强来湘考察的中央有关部门负责同志有：李立国、谢旭人、姜伟新、尤权、肖捷、穆虹、宁吉喆等。

陪同考察的省领导有：梅克保、杨泰波、陈润儿、刘力伟、徐明华、韩永文等。

（原载于2011年10月12日《湖南日报》）

家国情深动三湘

——贺国强在湖南考察纪实

初夏时节，三湘大地，万木葱茏，生机勃发。

5月7日至11日，中共中央政治局常委、中央纪委书记贺国强来到湖南，在省委书记、省人大常委会主任周强，省委副书记、省长徐守盛等陪同下，围绕加快转变经济发展方式、加强基层党风廉政建设进行考察调研。

这是2003年以来，贺国强的第四次湖南之行。贺国强十分关心支持家乡的建设发展，牵挂家乡的人民。

从南岳之巅到洞庭之滨，从企业到社区，从城市到乡村，一路看，一路听，一路寄望，一路叮咛。贺国强把党中央、中央纪委的亲切关怀带到了三湘大地，把对家乡的深情带到了湖南人民心间。

"你们转变经济发展方式取得了显著成效，这一仗打得漂亮！"

作为加快转变经济发展方式的关键环节，科技进步和自主创新是贺国强此行关注的重点。

巴陵石化公司和长岭炼化公司，都是中国石化旗下的大型企业。10日上午，贺国强考察两家企业时，给他们归纳了几个共同的特点——"扎根岳阳多年"、"为湖南工业发展立下了汗马功劳"、"依靠科技进步求发展取得了很大成绩"……

巴陵石化自主开发的生产工艺技术，拥有授权专利199项，特种环氧树脂等新特产品填补了国内空白；即将迎来建成投产40周年的长岭炼化，坚持走内涵发展之路，共实现技术革新和科研项目3000多项。

听完企业负责人的介绍，曾经在化工战线工作多年的贺国强感慨地说，早些年，国外很多先进技术，要么不卖给我们，要么要价很高。这些年通过自主创新，我们的技术领先了，规模做大了，希望大家继续努力，用智慧和双手绘就更加美好的蓝图！

掌声中，长岭炼化公司职工给贺国强送上了亲手编织的中国结，表达他们对这位资深化工人的敬意。

南车株洲电力机车有限公司被誉为"中国电力机车的摇篮"，自新中国成立以来已持续60年实现盈利。

成就这一"奇迹"的背后源动力，正是企业坚持不懈地深化改革和技术创新。拥有自主知识产权的新一代交传电力机车和高速客运动车组，就是在该公司试制成功。

7日下午，贺国强来到南车株机。一走进企业车间，工人们就兴奋地围拢过来，向他报以热烈的掌声。"欢迎贺书记回家乡！"一声声问候饱含着家乡人民的深情厚意。

"哈萨克斯坦、乌兹别克斯坦等国家最近订了我们几十台机车，大家周末都在加班赶工。"企业负责人向贺国强报喜。

贺国强高兴地说，我们的电力机车装备经过几十年的发展，已经达到了国际一流水平，希望大家再接再厉、精益求精，为国家铁路事业快速发展作出新的更大贡献！

贺国强还来到江南机器（集团）有限公司、湘电集团和湖南红太阳光电科技有限公司，详细了解企业生产经营情况，共谋发展大计。

在机器轰鸣的车间里，在繁忙的生产线旁，贺国强与工人们亲切交谈。从工艺流程到生产订单，从技术攻关到市场营销，贺国强问得十分仔细。

一路行来，贺国强欣慰地说，在各级党委、政府的领导下，在大家的共同努力下，你们转变经济发展方式取得了显著成效，这一仗打得漂亮！希望湖南继续加快推进科技进步和自主创新，加快科技成果向现实生产力转化，增强核心竞争力，增创发展新优势。

“以长株潭‘两型社会’试验区建设为龙头，切实推动又好又快发展”

橘子洲头碧波翻涌、绿意融融，湘江一路北去。

11日上午，贺国强走上橘子洲，一幅美丽的“两型”画卷徐徐展现——

曾经常年被水淹的破旧房屋，已经被音乐喷泉、古亭长廊取代；和煦的阳光洒落在毛泽东青年艺术雕塑上，风华正茂的伟人气概，令橘子洲头涌动一股蓬勃的朝气。

“长株潭城市群‘两型社会’综合配套改革试验区建设已经取得了重要的阶段性成果！”听完介绍，贺国强说，只有把“两型”要求贯穿经济社会发展的全过程和各方面，湖南才能为中部地区乃至全国的“两型社会”建设作出示范。

橘子洲上，今年3月刚刚建成的长株潭两型社会展览馆，是全国首家以资源节约型和环境友好型社会建设为主题的展览馆，这引起了贺国强的浓厚兴趣。

展览馆运用大量声、光、电等科技手段，集中展示了湖南推进“两型社会”建设的重大思路、举措和成果。湖南省长株潭两型办负责人告诉贺国强，展馆建设本身也体现了大量的“两型”元素——安装了目前世界上最先进的绿色空调系统，利用湘江的水资源，采用江水源空调技术；馆内照明采用半导体LED节能照明、太阳能光伏和风电发电；厅内布局了两个大型显示屏，实时显示着湘江重点断面水质和长株潭空气质量状况……

“这是‘两型社会’建设的闪亮窗口。”贺国强满意地说，湖南要坚持以长株潭“两型社会”试验区建设为龙头带动，切实推动经济社会又好又快发展。要把建设“两型社会”作为实现科学发展的突破口和着力点，作为加快转变经济发展方式的主攻方向和战略目标，切实推动经济社会发展走上全面、协调、可持续发展的轨道。

橘子洲头“中流击水”，岳麓山下“实事求是”，岳阳楼上“先忧后乐”……敢为人先的湖湘儿女正满怀豪情，在“两型社会”建设的征程中阔步前行。

在长沙岳麓山下的天马山“两山一湖”综合治理工程现场，昔日建筑陈旧、环境喧杂、遍地垃圾的旧景，已“显山、露水、透绿”；在君山岛，古树参天、斑竹茂密，一层层茶园就像一条条碧绿的玉带点缀在洞庭湖中……这些，吸引了贺国强长久驻足。

“要把加强生态建设和环境保护作为‘两型社会’建设的重要支撑。”一路走来，贺国强对随行的湖南同志说，建设“两型社会”，是党中央、国务院交给湖南的历史重任，既要金山银山，又要青山绿水，湖南要为全国探索更多的“两型”经验。

“把基层党风廉政建设抓紧、抓好、抓出成效，进一步密切党同人民群众的血肉联系”

在株洲市，有一个全国知名的廉政反腐教育基地，叫做“桥头堡”。7日下午，贺国强来到了“桥头堡”，依次参观了“历史之境、廉政之规、覆车之鉴、株洲之为”4个展区。

大量的文字、图片、视频信息，突出了廉政建设主题。廉政展区、知识讲座、现身说法，使“桥头堡”成为党员干部接受警示教育的好场所。

一座触摸即鸣的仿铜雕警钟吸引了贺国强驻足。他神情严肃地走上前去，轻轻触摸警钟，警钟发出悠长的钟声，同时向地面投射光影，播放出腐败分子的忏悔视频。株洲市纪委负责人介绍，这种设计是运用多媒体技术，将钟声与忏悔声、画面相结合，体现了“警钟长鸣”的理念。

“这个廉政反腐教育基地不错，让人耳目一新。”贺国强说，反腐倡廉，思想教育是根本。要用好“桥头堡”这个资源，切实把基层党风廉政建设抓紧、抓好、抓出成效，进一步密切党同人民群众的血肉联系，为推动又好又快发展提供有力保证。

“基层组织建设好，一把手要带好头。不虚夸来不浮报，又真抓来又实干……”

7日下午，衡阳市衡山县福田铺乡白云村活动室内，一台皮影戏正在上演。贺国强和村民们围坐在一起，饶有兴致地欣赏起来。

近年来，白云村全面落实党务、村务、财务“三公开”，建设了公开栏，对村民提出的监督意见，村支两委及时公开回复。有问有答的公开栏，密切了党群干群关系，化解了农村社会矛盾，促进了经济发展。村里的皮影艺人们就此推出了“老皮影新唱词”。琴声灯影里，形象生动的皮影演出，配上具有浓郁时代气息的唱词，引来掌声、欢笑声一片。

一曲唱罢，贺国强起身走到了幕布后面，拉着年近8旬的皮影老艺人王冬林的手说，您老的唱词形象生动，通俗易懂。我们抓农村党风廉政建设，就是要以促进农村改革发展稳定和维护农民利益为重点，坚决纠正损害农民利益的突出问题，建立健全农村党风廉政建设的长效机制，为社会主义新农村建设提供有力保证。

在湘期间，贺国强还来到韶山，向毛泽东同志铜像敬献花篮，参观毛泽东同志故居，与基层干部群众一道缅怀伟人丰功伟绩，并与韶山村党员群众座谈。

“党的十七大期间，贺书记专程来到湖南团看望党代表，还特别叮嘱大家记得夜里添衣。”韶山村党总支书记毛雨时一见到贺国强，就温暖地回忆起来。

“老毛是连续三届的全国党代表，这些年我一直惦记着你。”贺国强笑着向随行的同志介绍起这位“老朋友”。他说，在建党90周年的前夕来韶山缅怀伟大领袖毛主席，看望父老乡亲们，听听大家对基层党组织建设有什么好意见、好建议。

在贺国强饱含深情的开场白感染下，大家纷纷打开了“话匣子”——

“中央实施‘一号工程’建设以来，韶山近一半家庭添置了小轿车”；“结合开展创先争优活动，我们重点抓了勤俭节约和村级财务公开，群众打心眼里信任村干部”；

"去年村里组织党员向毛主席铜像集体宣誓，承诺为我们办好10件民生实事，现在基本上都兑现了"……

"我来给大家当翻译。"贺国强担心北京来的同志听不懂乡亲们的方言，每每说到精彩的地方，他就把大家的发言"翻译"成普通话。

贺国强说："韶山是毛主席的家乡，我们要始终牢记、深切缅怀和大力弘扬毛泽东同志等老一辈革命家的光辉业绩、崇高品格和伟大精神，一定把基层党组织建设好，特别注重党风廉政建设，清清白白用好每一个'铜板'，为百姓办好事办实事，把韶山建设得更加繁荣，让人民群众生活得更加幸福！"

贺国强还到长沙县瞻仰了杨开慧故居，向杨开慧烈士墓敬献了花篮；赴衡阳市蒸湘区联合新村社区考察了党风廉政建设及社会管理创新工作。

"我自上大学开始，离开湖南已经整整50年。50年来，无论走到哪里，我对养育自己的三湘四水、对家乡的父老乡亲始终怀着深厚感情，也一直关注着家乡的发展和变化。"考察中，贺国强动情地说，再次回到家乡，三湘大地呈现出政通人和、干事创业、风正劲足的良好局面，当前湖南已站在新的历史起点，面临难得机遇，希望湖南各级党委、政府按照中央的要求，进一步解放思想、扎实进取，不断开创改革开放和社会主义建设的新局面。

（原载于2011年5月13日《湖南日报》）

全国现代农作物种业工作会议在长召开

——回良玉出席并考察湖南种业发展情况

5月9日，国务院在长沙召开全国现代农作物种业工作会议，全面部署加快推进现代农作物种业发展各项工作。中共中央政治局常委、国务院总理温家宝近日就我国种业发展作出重要批示，强调我国是农业大国，加快农作物种业发展是建设现代农业、保障国家粮食安全的战略选择，是实施科技兴农、转变农业发展方式的重要途径。要着眼于保障农业长期稳定发展，加快制订发展规划，推进自主创新，强化政策支持，加大投入力度，创新体制机制，完善法律法规，着力提高我国种子产业发展水平。要加强种子市场调控，严格质量监管，确保农业用种安全。中共中央政治局委员、国务院副总理回良玉出席大会并实地考察湖南种业发展情况。

回良玉强调，国以农为本，农以种为先。各地区、各有关部门要认真贯彻落实《国务院关于加快推进现代农作物种业发展的意见》，坚持依靠自主创新，坚持发挥企业主体作用，坚持产学研相结合，坚持扶优扶强，把发展现代种业作为建设现代农业的战略举措，把良种培育作为农业科技创新的首要任务，把提高种子企业核心竞争力作为做大做强种业的关键支撑，把建立产学研联盟、促进育繁推一体化作为整合种业资源的重要切入点，努力建立与我国农业大国地位相适应、具有国际先进水平的现代种业体系，为推动农业稳定发展、农民持续增收，为保障国家粮食安全、促进经济社会又好又快发展提供有力支撑。

湖南省委书记、省人大常委会主任周强在会上致辞。中央农村工作领导小组副组长田成平，农业部部长韩长赋，湖南省委副书记、省长徐守盛出席大会并陪同考察。

湖南是农业大省，也是种业大省。全省粮食、经济作物等种子植物种类达5000多种，约占全国总量的1/7。近年来，湖南省大力推广产量高、品质优、抗逆性强的良种，良种对粮食增产的贡献率达到42%。水稻、辣椒、柑橘、茶叶、西瓜等作物的育种研究均居全国领先水平。

当天上午，回良玉和与会代表一道，先后走进隆平高科麓谷中心、长沙县春华镇万亩早稻高产创建田和国家杂交水稻工程技术研究中心现场考察。在隆平高科麓谷中心，回良玉了解到，这里是我国目前最大的杂交水稻种子产业基地，可储藏各类农作物种子数量4000万公斤以上。他称赞隆平高科是我国种业发展的领军企业和"亮点"企业，要进一步搞活机制体制，发挥带动作用，不断做大做强，让亮点更"亮"。在国家杂交水稻工程技术研究中心，袁隆平院士告诉回良玉，超级稻研发在实现亩产800公斤的第二期目标上，正在向亩产900公斤的第三期目标迈进。回良玉握着袁院士的手，深情地说，"您是我国粮食产业的领军人物，祝您健康长寿，为中国种业发展、粮食安全作出更大贡献"。回良玉说，湖南是我国种业大省，以袁隆平院士为首的杂交水稻科研团队在全国和全世界很有声誉。湖南省委、省政府高度重视"三农"工作和种业发展，认真贯彻落实中央"三农"工作精神，精心组织和实施粮食稳产增产行动，现代农业和种业发展态势良好。在湖南，有典型可看，有经验可学。

下午的大会由韩长赋主持。回良玉发表了重要讲话。

回良玉指出，新中国成立以来，在党和政府的坚强领导下，经过广大农业科技人员和农民群众的长期艰苦努力，我国在优良品种培育和推广应用方面取得巨大成就，为提高农业综合生产能力、保障农产品有效供给作出了重要贡献。但目前我国种业仍处于初级发展阶段，农作物育种创新能力、种业产业集中度、种子市场监管能力仍然较低，品种多乱杂、企业多小散、种子假冒伪劣等问题仍然突出，种业面临的国际竞争非常激烈，对此必须高度重视、积极应对。

回良玉强调，发展现代农作物种业是一项艰巨复杂的系统工程，要加强统筹协调、突出重点任务、把握关键环节。一要着力提升科技创新能力，支持科研教学单位的科研成果、育种资源、研发人才向种子企业流动，积极开展联合攻关，加快培育一批具有重大应用前景和自主知识产权的突破性优良品种。二要着力提升企业竞争能力，推动企业兼并重组，对优势企业给予重点扶持，加快打造一批现代种业集团。三要着力提升供种保障能力，加大种子生产基地建设投入力度，强化种子生产收储扶持政策，加强种子储备调控体系建设，保证良种供应数量充足、质量安全、价格合理。四要着力提升市场监管能力，加强种子市场准入管理和监督检查，健全种子管理机构和队伍，强化行业自律。

回良玉要求，各地区、各有关部门要把加快推进现代农作物种业发展作为一件大事、要事来抓，努力实现传统种业到现代种业的飞跃。要强化规划指导，抓紧编制全国现代农作物种业发展规划，分作物、分区域、分阶段提出发展目标、方向和重点，明确任务和措施。要强化政策扶持，抓紧把中央出台的各项支持政策细化、实化、具体化。要强化改革创新，全面推进种业科研、生产、经营和管理各个环节的改革。要强化协作配合，形成支持种业发展合力。

周强在致辞中说，全国现代农作物种业工作会议在长沙隆重召开，这是我国农作物种业发展史上一次具有里程碑意义的重要会议，是促进农业长期稳定发展、保障国家粮食安全的重大举措。改革开放以来，湖南农作物种业取得长足发展，为提高农业综合生产能力，保障农产品有效供给提供了有力保障。此次会议在湖南召开，为我们学习兄弟省（区、市）先进经验，促进种业发展提供了宝贵机会。我们将以此为契机，深入贯彻《国务院关于加快推进现代农作物种业发展的意见》的精神，认真贯彻落实温家宝总理的重要批示精神和回良玉副总理的重要讲话精神，充分用好会议成果，把握机遇，发掘优势资源，加大投入和扶持力度，强化科技支撑，健全服务体系，培育市场主体，努力把湖南现代化农作物种业发展成为具有区域特色的优势产业和基础产业。

中央有关部门和各省、自治区、直辖市人民政府及发展改革、科技、财政、农业部门负责人，各计划单列市人民政府和新疆生产建设兵团负责人，部分骨干企业、农科院校负责人和部分院士、专家参加了会议。农业部、国家发改委、科技部、财政部，以及吉林省农科院、中国种子集团、隆平高科负责人在会上作了发言。

省领导杨泰波、陈润儿、徐明华、袁隆平出席会议或陪同考察。

（原载于2011年5月11日《湖南日报》）

围绕主题主线　提升自主创新能力

——刘延东考察湖南自主创新情况

7月16日至17日，中共中央政治局委员、国务委员刘延东来到我省长沙、衡阳等地考察。她强调，要深入贯彻落实胡锦涛总书记“七一”重要讲话精神，围绕科学发展主题和转变经济发展方式主线，深化科技体制改革，推进国家创新体系建设，促进政产学研用紧密结合，强化企业技术创新主体地位，提升我国自主创新能力。

刘延东在省委书记、省人大常委会主任周强，省委副书记、省长徐守盛的陪同下，深入科技园区和高新技术企业、学校、基层文化单位，实地考察我省“两型社会”建设、科技创新、战略性新兴产业发展、科教文化事业发展等方面情况。

刘延东十分关心我省“两型社会”建设推进情况，刚刚抵湘，就来到长株潭两型社会展览馆考察。

湘江浪涌，碧波翻腾，展馆充分利用丰富的湘江水资源，采用了目前世界上最先进的绿色空调系统——江水源空调系统，馆内墙上悬挂的电子显示屏上，实时显示着湘江重点断面水质和长株潭空气质量状况，半导体LED节能照明、太阳能光伏和风力发电、智能能源管理系统等一应俱全，整个展馆无处不在闪动着“两型”之光……刘延东详细了解我省在推进“两型社会”建设中进行的积极探索、取得的阶段成果以及未来发展思路，对我省近年来大力推进“两型社会”建设取得的成绩给予充分肯定。希望湖南紧紧抓住“十二五”发展机遇，继续努力，改革创新，扎实奋斗，努力为全国“两型社会”建设创造经验。当得知展览馆开馆4个多月来，已经吸引了3万多人次前来参观后，刘延东十分高兴，她希望展览馆不断总结经验，推出更多新成果、新内容，真正成为湖南推进“两型社会”建设的展示窗口、教育基地、交流平台。

企业自主创新情况是刘延东关注的重点。她先后来到湖南红太阳光电科技有限公司、中联重工科技发展股份有限公司考察。红太阳光电科技有限公司以开发建设太阳能光伏制造装备为核心，是我国少数几个拥有光伏全系列生产能力的企业之一。2004年落户长沙高新区以来，实现了跨越式发展，今年1至6月已实现销售收入15亿元。中联重科多年来坚持以自主创新推动发展，创造了自成立以来年均增长速度超过60%的“奇迹”，迅速成长为我国工程机械制造领军企业。刘延东与企业职工、科研人员亲切交谈，详细了解科技研发、产品营销等情况。“一定要把自主创新摆在重中之重的位置，继续发扬优良传统，坚持创新驱动的发展模式。”刘延东要求企业进一步加大研发投入，注重把原始创新、集成创新和引进消化吸收再创新结合起来，探索产学研用结合的体制与机制，努力造就更多拥有自主知识产权的高端项目，使产品从区域领先，到国内领先，再到世界领先，真正打造具有国际影响力的一流企业。

考察中，刘延东还专程来到衡阳市岳云中学看望师生员工。岳云中学由中国近代著名教育家何炳麟等人于1909年创办，是一所颇具光荣传统的百年名校，培养了革命先驱杨开慧、李启汉，科学家李薰、钟训正，文学家丁玲等一大批佼佼者。刘延东饶有兴致地参观了学校校史展览馆、图书馆、教学楼，她殷切寄语学校教职员工继承和发扬优良传统，甘为人梯，教书育人，行为世范，在教育的改革、发展、创新方面探索新经验，培养更多优秀人才，为中国教育事业发展作出自己的贡献。

刘延东此行还考察了耒阳蔡伦现代农业科技园和蔡伦纪念园。

国务院副秘书长江小涓，教育部副部长、党组副书记杜玉波，科技部党组副书记、副部长王志刚，省领导杨泰波、陈润儿、路建平、郭开朗、陈肇雄等陪同考察。

（原载于2011年7月18日《湖南日报》）

创先争优要服务科学发展　造福人民群众

——李源潮在湖南考察纪实

4月8日至10日，中共中央政治局委员、中央书记处书记、中央组织部部长李源潮来到我省，就创先争优活动和市县乡换届工作进行考察调研。他强调，要紧紧围绕实现“十二五”发展目标，深入开展创先争优活动，推动科学发展，促进社会和谐，服务人民群众。

李源潮先后在省委书记、省人大常委会主任周强，省委副书记、省长徐守盛等陪同下，来到岳阳、湘潭、长沙等地，深入农村、社区、企业，调研创先争优活动和市县乡换届工作开展情况，了解基层党组织建设、企业转型发展、“两型社会”建设情况。

“公开承诺，领导点评，党员互评，群众参评。这一套办法好，很实在，很管用”

岳阳市岳阳楼区鹰山社区拥有“全国文明社区示范点”、“全国文化先进社区”、“全国五一劳动奖状”等多项殊荣，社区以“服务群众、方便群众、造福群众”为主题，创先争优活动开展得有声有色。

社区党总支书记聂淑鹰介绍，在创先争优活动中，社区党总支按照省委的统一部署，每个党员都要公开承诺，而且兑现的情况要接受领导点评，党员互评，群众参评。

李源潮一边翻看党员的公开承诺书，一边称赞道：“党员公开承诺，领导点评，党员互评，群众参评。这一套办法好，很实在，也很管用。”

岳阳楼区的梅溪乡，把乡党委换届与创先争优活动有机结合起来，做到“两促进、两不误”，受到群众的广泛好评。李源潮来到梅溪乡，详细了解乡党委的换届工作。

“换届选举总共有多少党代表参加？”

“党委委员是等额选举还是差额选举？”

“你觉得你们这次换届选举有哪些成功经验？”

“我认为一是要宣传发动好，统一党员思想；其次是要起草一个好的工作报告，把乡里过去的成绩讲充分、讲实在，把当前面临的形势和机遇讲清楚，讲明白，把未来发展的目标任务讲透彻、讲具体；再次是要严肃纪律，倡导一种好风气。”

……

不知不觉中，李源潮与梅溪乡党委书记李和平等人的座谈进行了一个多小时。

“好，你们搞得不错！”李源潮对梅溪乡的换届选举工作给予充分肯定，勉励大家努力奋斗，把工作报告中的任务落实好，把老百姓的利益发展好、维护好。

“三联三为推三好，四看四评促四新。”在长沙县黄花镇黄龙新村，在村支书职位上一干就是34年的王再德，用一副对联向李源潮汇报了村里开展创先争优活动的特点。

从党员承诺书到群众评议结果，从党务公开到党员思想政治学习，从党员管理台账到村里集体经济发展……李源潮问得仔细，王再德答得认真。

“希望你们通过深入开展创先争优活动，让群众过上更加美好幸福的生活。”李源潮鼓励道。

“鼓励企业职工立足本职岗位，争科学发展之先”

企业是经济发展的主体，社会就业的载体。湖南企业创先争优活动开展得怎么样？李源潮先后来到湘潭电机集团股份有限公司、长沙中联重工科技发展股份有限公司、拓维信息系统股份有限公司，了解企业生产经营、党组织建设情况。

在“我国电工产品的摇篮”——湘潭电机，职工们最引以为自豪的就是，50多年来，企业先后研制开发了我国第一台套重大新产品1100多项，其中100多项重大装备填补了国内空白，为我国重大装备国产化作出了突出贡献。

李源潮兴致勃勃地参观了公司的产品展示。在风电车间，一块写有“贺启强标准操作法”的牌子引起了李源潮的注意。

“什么叫贺启强标准操作法？是不是以职工的名字来命名的？”

“是的，这是我们在创先争优活动中推出的一个新举措，以职工的名字来命名职工创新成果。”

贺启强是一名今年才23岁的年轻职工。创先争优活动开展以来，他虚心学习、用心钻研、勇于创新，在工作中摸索总结了一套风电定子绝缘包扎方法，既有效解决了工人在包扎中手法各异、随意性强，绝缘包扎后绝缘性能不稳定的问题，同时使得绝缘包扎后外观整齐一致。目前，这一操作方法已作为湘电职工的培训教材。

“这个举措有创意，体现了企业的特点。”李源潮听后十分高兴，他说：“在企业，就是要让大家争科学发展之先，创社会和谐之优。湘电集团，有雄厚的科研实力，有自身的文化底蕴。要选准一到两个主要产品，实现规模化生产，使企业效益最大化。”

在中联重科，李源潮对企业自1992年创立以来，以年均60%以上的增长速度，创造了中国工程机械行业的一个又一个奇迹予以充分肯定。在拓维信息系统股份有限公司，李源潮勉励企业积极发展新业态，拓宽新领域，开辟新市场，创造新辉煌。

“希望湖南先行先试，大胆探索，为全国‘两型社会’建设创造经验”

作为中部省份，湖南如何节约资源、保护环境，建设“两型社会”，这是李源潮考察中关注的重点。

洞庭之美，是湖南人民的骄傲；洞庭之治，则是历届省委、省政府的头等大事。

“近年来，我省一方面投入大量资金，加大堤防建设力度，确保百姓生命财产安全；另一方面，对湖区234家排污不达标的造纸企业果断进行关停，使洞庭湖水质明显变好，江豚重现。与此同时，从2008年起，我省启动洞庭湖区专业捕捞渔民解困工程，使4.5万长期漂泊在水上的渔民上岸定居……”

在洞庭湖的君山岛上，听了水利部门的介绍，李源潮深情地说：“在我国整体缺水的情况下，洞庭湖是难得的宝贵资源，一定要按照平安洞庭、生态洞庭、民生洞庭、活力洞庭的要求，把洞庭湖管好、用好、保护好。”

废旧电视机、冰箱、空调、汽车……一度是人们烫手的山芋，然而随着循环经济的发展，他们却成为抢手的“城市矿产”。

李源潮来到汨罗万容电子废弃物处理有限公司，在车间的生产线上，但见一件件废旧的电子产品被粉碎后，其中的杂铁、电缆线、塑料、铜粉、玻璃碴等一一分离。公司负责人高兴地告诉李源潮，通过变废为宝，公司去年就实现产值5000万元、利税800多万元。

李源潮称赞道：“开展电子废弃物处理，既保护了环境，又创造了经济价值，可谓一举多得，希望公司进一步加强废旧物资回收网点建设，不断做大做强。”

长株潭“两型社会”综合配套改革试验区建设第一阶段任务已经完成，效果怎样？4月10日上午，李源潮来到位于长沙橘子洲的“两型展览馆”进行实地考察。

从“国家战略”到“顶层设计”，从“阶段成果”到“未来展望”，李源潮逐个参观4大展区，详细询问展览馆设计、布局，了解长株潭“两型社会”建设的昨天、今天和明天。

他说：“‘两型社会’建设已经取得明显阶段性成果，希望你们先行先试，大胆探索，为全国提供更多更好的经验。”

4月10日下午，李源潮在长沙召开座谈会。周强汇报了湖南经济社会发展及创先争优活动、市县乡党委换届工作情况，部分党组织负责人作了发言。李源潮充分肯定湖南近年来经济社会发展所取得的成就。他说，“十一五”时期，是湖南经济发展最快、城乡面貌变化最大、人民群众得实惠最多的时期之一，全省的综合实力迈上一个大的台阶。在“一化三基”战略思路的基础上，进一步明确了在“十二五”时期要推进“四化两型”建设，科学发展目标和思路非常明确。当前，湖南干部群众精神状态很好、创先争优活动开展很扎实、换届工作进行很顺利，党的建设工作扎实、成效明显，湖南在科学发展、和谐发展、又好又快发展的道路上迈出了新的步伐。这些成绩的取得，是省委、省政府坚决贯彻落实党中央、国务院决策部署，是在以往好的工作基础上，团结带领广大干部群众开拓创新、扎实工作的结果。

李源潮强调，创先争优活动是推动各项工作的有力抓手，希望湖南紧扣科学发展、富民强省主题，组织基层党组织和党员深入创先争优，扎实开展“四化两型先锋行”和“惠民服务先锋行”活动，为实现“十二五”发展目标提供动力和保证。

考察期间，李源潮一行还冒雨来到韶山，向毛泽东同志铜像敬献花篮，瞻仰了毛泽东同志故居和毛泽东遗物馆。他说，要以中国共产党成立90周年为契机，学习弘扬老一辈无产阶级革命家为国为民的革命精神，加强党的干部思想品德建设，激励党员干部创先争优、为民奉献。

中央组织部秘书长邓声明等陪同考察。省领导胡彪、梅克保、黄建国、许云昭、于来山、杨泰波、杨忠民、陈润儿、李微微、路建平、郭开朗、陈肇雄、李江、刘力伟、韩永文、武吉海、王晓琴等分别参加调研或出席座谈会。

（原载于2011年4月11日《湖南日报》）

深化交通节能减排　发展低碳运输体系

——韩启德来湘调研低碳发展与交通节能减排工作

2011年3月25日至28日，全国人大常委会副委员长、九三学社中央主席韩启德率调研组来湘，调研“低碳发展与交通节能减排”工作。韩启德指出，要加强规划、创新机制，深化交通节能减排，发展低碳运输体系。九三学社中央副主席赖明陪同调研。

3月27日上午，调研组听取了我省“低碳发展与交通节能减排”工作汇报。近年来，我省注重发展绿色交通运输，积极研究和推广高效环保、环境友好的交通运输技术，推动新能源和清洁车辆的开发应用，落实交通行业环境保护措施，积极发展可再生能源，在交通运输结构性、技术性和管理性节能方面取得一定成效。到2010年底，已基本形成了以“一纵三横”高速公路为主骨架，7条国道和64条省道为主干线的公路网络，基本形成了以洞庭湖为中心、湘资沅澧四水干流为主干的航道网络。大力推广交通行业信息化和智能化建设，加快现代信息技术和组织管理技术的集成应用，运输生产效率和行业节能水平持续提高。省政府向调研组建议，由国家设立节能减排专项资金，完善节能政策法规和标准规范体系，建立健全政府监管体系，扩大低碳交通运输体系城市试点范围，进一步推动交通节能工作。

韩启德指出，要用前瞻性的眼光，加强交通发展战略规划，抓住长株潭城市群“两型社会”建设契机，建立适应产业布局、城市布局的综合交通体系。韩启德充分肯定了我省“十二五”期间低碳交通运输发展目标和思路。他指出，“逐步提高公路水路网络化水平、着力构建综合运输体系、大力推进智慧交通建设”等发展思路，符合湖南实际情况，很有战略眼光。下一阶段，要进一步完善交通管理体制机制，要坚持政府主导作用，重视发挥市场机制的基础性作用。要推动交通节能减排领域内的科技创新，在全社会培育交通节能减排意识，倡导低碳节能的生活时尚。

3 月 26 日下午，韩启德出席了“九三・娄底经济科技合作协议”签字仪式，并会见了九三学社湖南省委负责人。韩启德勉励九三学社湖南省委发挥自身优势，积极为地方经济发展提供智力和人才支撑，推动娄底市经济转型和产业结构调整。

在湘期间，韩启德一行还分别赶赴衡阳、湘潭、长沙、株洲等地实地调研。听取了衡阳市“低碳发展与交通节能减排”工作情况汇报，考察了湘潭电机股份有限公司、湘潭河西中心港、长株潭“两型社会”展览馆、湖南大学新能源汽车实验室、威胜电子集团有限公司、长沙霞凝港、株洲城市公共交通和综合运输体系建设、株洲湘江航电枢纽等。

省领导周强、徐守盛、杨泰波、李江到住地看望了韩启德，李微微、蒋作斌和老同志卢光琇等分别陪同调研，韩永文代表省政府作工作汇报。

（原载于 2011 年 4 月 3 日《湖南日报》）

关于同意湖南省长株潭城市群为国家级信息化和工业化融合试验区的复函

工信部信函〔2011〕177 号

湖南省人民政府：

《湖南省人民政府关于请将长株潭城市群列为全国信息化和工业化融合试验区的函》（湘政函〔2011〕43 号）收悉。现复函如下：

一、同意湖南省长株潭城市群为国家级信息化和工业化融合试验区。

二、请你省结合长株潭城市群的实际，统筹协调，突出重点，加强组织领导，加大资金支持力度，大力推动信息化和工业化深度融合，切实推动落实好试验区实施方案。

三、请你省相关主管部门按照试验区工作要求，每年第一季度向我部报送试验区年度工作计划，每半年向我部报送工作进展情况。

四、试验期限自 2010 年至 2012 年。

工业和信息化部

二〇一一年四月二十六日

财政部、国家发展改革委关于开展节能减排财政政策综合示范工作的通知

财建〔2011〕383 号

北京市、吉林省、浙江省、江西省、湖南省、深圳市、重庆市、贵州省财政厅（局）、发展改革委：

根据《国民经济和社会发展第十二个五年规划纲要》，为进一步推动节能减排工作，促进经济结构调整和经济发展方式转变，“十二五”期间，财政部、国家发展改革委决定在部分城市开展节能减排财政政策综合示范，通过整合财政政策，加大资金投入力度，力争取得节能减排工作新突破。为做好相关工作，我们选定了北京市、深圳市、重庆市、浙江省杭州市、湖南省长沙市、贵州省贵阳市、吉林省吉林市、江西省新余市等 8 个第一批示范城市，并研究制定了《节能减排财政政策综合示范指导意见》，现印发给你们。请你们加强组织领导，按指导意见要求抓紧制定具体实施方案，上报财政部和国家发展改革委。

附件：节能减排财政政策综合示范指导意见

财政部

国家发展改革委

二〇一一年六月二十二日

附件：

节能减排财政政策综合示范指导意见

一、指导思想和基本原则

（一）指导思想

以邓小平理论和“三个代表”重要思想为指导，深入贯彻落实科学发展观，以城市为平台，以整合财政政策为手段，以加快体制机制创新为动力，从产业低碳化、交通清洁化、建筑绿色化、服务集约化、主要污染物减量化、可再生能源利用规模化等方面全面开展城市节能减排综合示范，发挥示范带动作用，促进发展方式转变，推动“十二五”节能减排目标实现，加快建设资源节约型、环境友好型社会。

（二）基本原则

一是坚持节能减排与发展经济相结合。以节能减排为抓手，大力淘汰落后产能，严控高耗能、高排放行业过快增长，推广先进节能环保技术产品，改造提升传统产业，发展现代服务业和战略性新兴产业，促进产业结构优化升级和人居环境改善，增强可持续发展能力。

二是坚持政府推动与机制创新相结合。加强政府对节能减排工作的组织领导，创新工作体制，充分发挥财政资金的引领带动作用；完善有利于节能减排的市场机制，吸引社会资金加大节能减排投入，加快构建节能减排长效机制。

三是坚持重点突破与整体推进相结合。优先选择节能减排潜力大、投入少、见效快的重点行业、重点企业进行突破，同时要统筹规划，全面推进工业、建筑、交通运输和全社会的节能减排工作。

四是坚持政策激励与目标约束相结合。加强对试点城市的财政支持，积极引导试点城市深入推进节能减排工作；同时要强化责任目标考核，加强监督检查，促进试点城市为完成全国节能减排目标多做贡献。

二、总体目标和主要任务

（一）总体目标

在示范城市树立绿色、循环、低碳发展理念，加快构建政府为主导、企业为主体、市场有效驱动、全社会共同参与的推进节能减排工作格局，实现工业、建筑、交通运输等领域能效水平大幅提高、低碳技术广泛推广、可再生能源规模化应用、主要污染物排放量显著减少、服务业加快发展、合同能源管理等市场化机制逐步健全，使试点城市节能减排工作走在全社会前列，可持续发展能力显著增强。

（二）主要任务

围绕产业低碳化加大产业结构调整力度。坚决淘汰落后产能和设备，支持重点企业实施节能技术改造，大力推广应用先进节能环保技术和设备，提高重点行业产业集中度和先进生产能力比重。提高高耗能、高排放行业准入门槛和主要耗能产品能耗限额水平，强化节能、环保、土地、安全等指标约束。加快发展战略性新兴产业和服务业，提升优化产业结构。

围绕交通清洁化改造城市交通体系。在城市公共服务领域大力推广使用节能与新能源汽车，鼓励私人购买低排放和新能源汽车，配套建设新能源汽车充电站等基础设施。大力发展公共交通运输体系，倡导绿色出行，鼓励公交优先和各种公交便利化。

围绕建筑绿色化推动建筑节能。积极发展绿色建筑，政府办公建筑、学校、医院、大型公共建筑、保障性住房、棚户区改造等逐步强制执行绿色建筑标准。新建建筑严格执行节能强制性标准。北方采暖区城市全面推进既有居住建筑供热计量及节能改造，实施“节能暖房”工程；推动夏热冬冷、夏热冬暖地区既有居住建筑，以及公共建筑节能改造。达到节能50%强制性标准的既有建筑基本完成供热计量改造，并同步实行按用热量计价收费。推进公共建筑节能，加强节能监管体系建设，深入推进建筑能耗统计、能源审计、能效公示及能耗监测。

围绕集约化加快发展服务业。支持现代物流以及金融、科技、咨询、信息、服务外包等高端生产性服务业发展，着力打造服务业聚集圈（带）或聚集园区，促进现代服务业功能聚集，形成辐射广、功能强的现代服务业空间布局，实现规模化、产业化发展。围绕居民消费结构升级以及城镇化要求，大力发展社区服务、家政服务、再生资源回收利用等面向民生的服务业；规范提升传统服务业，拓展传统服务业的发展空间和专业门类。

围绕主要污染物减量化促进城市环境质量改善。建设完善的城镇污水处理设施配套管网，改造污水治理设施，提高污水收集率、处理率和回用率。科学制定生活垃圾分类办法，建设完善的垃圾收运处理体系，全面实现生活垃圾无害化处理。大力推进电力、钢铁、水泥等行业的脱硫脱硝。大力发展循环经济，引导和支持生产、流通和消费等领域废弃物减量化、资源化和再利用，形成循环经济的生产生活模式。

围绕可再生能源利用规模化优化城市能源结构。采取综合配套措施，推进太阳能、风能、生物质能、地热能等可再生能源的综合应用示范。充分利用公共建筑和开发区、工业园区屋顶，集中建设太阳能发电系统；大力推广太阳能热水、地热能在建筑上规模化应用，积极推进光电建筑一体化应用。有条件的区域建设以智能电网为载体、“发输用”一体化、可再生能源为主的分布式电力系统。

三、组织实施和政策保障

（一）组织实施

1. 示范城市政府要高度重视，加强领导，成立专门领导机构。示范城市财政部门、节能减排主管部门要明确职责，密切配合，及时跟踪掌握试点情况，扎实推进相关工作。

2. 示范城市要按照指导意见的要求，在深入调研、科学论证的基础上，编制执行期为三年的综合示范总体实施方案和产业低碳化、交通清洁化、建筑绿色化、服务集约化、主要污染物减量化和资源化、可再生能源利用规模化六个方面的具体实施方案。总体实施方案应包括示范城市经济社会发展基本情况、能源消费和主要污染物排放情况、节能减排总体及分阶段量化目标（单位GDP能耗、碳排放强度和主要污染物减排等）、主要措施、管理体系、资金概算和政策保障等内容。具体实施方案的编制提纲详见附1—6。

3．示范城市要将实施方案及相关材料报送财政部和国家发展改革委，财政部、国家发展改革委会同有关部门组织专家进行评审后批复实施。

4．财政部、国家发展改革委与示范城市所在省（自治区、直辖市）政府、示范城市政府签署示范协议，明确目标，落实责任。

5．示范城市根据实施方案将年度实施项目报财政部、国家发展改革委等相关部门备案，国家发展改革委等相关部门根据现有制度办法对项目进行审核。财政部根据批复的实施方案、项目审核情况、工作进展情况，分类、分批、分次拨付资金。

6．示范期结束后，财政部、国家发展改革委等部门组织对试点效果进行评估和验收。

（二）政策保障

1．现有支持节能减排和可再生能源发展的各项政策优先向试点城市倾斜，对符合条件并列入实施方案的项目按现有政策给予支持。

2．对列入实施方案但现有政策没有覆盖的项目，中央财政根据项目投资、地方投入和节能减排效果等情况给予综合奖励。已经享受政策支持的项目，综合奖励不再重复安排。

3．示范城市所在省级政府和本级政府要安排一定资金，专项用于城市节能减排综合示范。

附：1．产业低碳化实施方案编写提纲（略）

2．交通清洁化实施方案编写提纲（略）

3．建筑绿色化实施方案编写提纲（略）

4．服务业集约化实施方案编写提纲（略）

5．主要污染物减量化实施方案编写提纲（略）

6．可再生能源和新能源利用规模化实施方案编写提纲（略）

国家发展改革委办公厅、财政部办公厅、住房城乡建设部办公厅《关于同意北京市朝阳区等33个城市（区）餐厨废弃物资源化利用和无害化处理试点实施方案并确定为试点城市（区）的通知》

发改办环资〔2011〕1669号

当前，由“地沟油”、“垃圾猪”等餐厨废弃物引发的各类食品安全问题备受社会关注，成为影响人民群众生命健康的一大难题。推动餐厨废弃物资源化利用和无害化处理作为发展循环经济，建设资源节约型和环境友好型社会，保障食品安全，提高城市生态文明水平的重要内容，有利于从源头斩断“地沟油”回流餐桌和餐厨废弃物直接饲养畜禽等非法利益链，变废为宝、化害为利，实现社会效益、环境效益和经济效益的统一。

2010年7月，国务院办公厅下发了《关于加强地沟油整治和餐厨废弃物管理的意见》（国办发〔2010〕36号），要求各地、各部门开展“地沟油”专项整治，加强餐厨废弃物管理，切实保障食品安全。各地在执法过程中对“黑作坊”、“黑工厂”等非法利益链进行了打击，但是由于没有建立起完善的收运处理体系，餐厨废弃物和废弃油脂缺乏安全、有效的处理渠道。

为实现疏堵结合，建立餐厨废弃物处理的长效机制，国家发展改革委、财政部、住房城乡建设部会同环境保护部、农业部以城市为单位，启动了餐厨废弃物资源化利用和无害化处理城市试点工作。经过各地推荐和专家评审，各试点城市（区）的实施方案规划了完善的餐厨废弃物收集、运输、处理和利用体系，提出了废弃油脂、固形物和液体的一体化统筹解决方案，探索餐厨废弃物资源化利用和无害化处理的治本之策。确定北京市朝阳区等33个城市（区）为餐厨废弃物资源化利用和无害化处理试点城市（区），具体名单详见附件。随发《关于推进餐厨废弃物资源化利用和无害化处理试点工作的承诺书》，各试点城市（区）人民政府与国家发展改革委、财政部、住房城乡建设部签订，保证实施方案中确定的新增餐厨废弃物资源化利用量，承诺建立完善的餐厨废弃物回收、运输、利用体系，建立健全有关法规制度和政策机制，加强监管，严厉打击非法收运餐厨废弃物的行为，加强舆论宣传，引导社会公众广泛参与。

各地要强化对“地沟油”整治的具体措施，各试点城市（区）人民政府要承诺统筹餐厨废弃物和废油脂的一体化处理，规范“地沟油”的收运、处理和利用，坚决防止“地沟油”回流餐桌，保障食品安全。试点工作的顺利开展将为全国其他城市（区）的餐厨废弃物资源化利用和无害化处理提供经验和借鉴。

附件：餐厨废弃物资源化利用和无害化处理试点城市（区）名单（第一批）：

国家发展改革委办公厅
财政部办公厅
住房城乡建设部办公厅
2011 年 7 月 12 日

附件：餐厨废弃物资源化利用和无害化处理试点城市（区）名单（第一批）：

北京市（朝阳区）、天津市（津南区）、河北省石家庄市、山西省太原市、内蒙古自治区鄂尔多斯市、辽宁省沈阳市、吉林省白山市、黑龙江省哈尔滨市、上海市（闵行区）、江苏省苏州市、浙江省嘉兴市、安徽省合肥市、福建省三明市、江西省南昌市、山东省潍坊市、河南省郑州市、湖北省武汉市、湖南省衡阳市、广西壮族自治区南宁市、海南省三亚市、四川省成都市、重庆市（主城区）、云南省昆明市、贵州省贵阳市、陕西省宝鸡市、甘肃省兰州市、宁夏回族自治区银川市、青海省西宁市、新疆维吾尔自治区乌鲁木齐市、大连市、宁波市、青岛市、深圳市

国家发展改革委关于设立湖南省湘南承接产业转移示范区的批复

发改地区〔2011〕2188 号

湖南省发展改革委：

报来《关于请求设立湖南省湘南承接产业转移示范区的请示》（湘发改〔2011〕28 号）收悉。经研究，现批复如下：

一、湘南地区包括衡阳、郴州、永州三市，是湖南省改革开放的先行地区，具有区位条件优越、资源要素丰富、产业基础和配套能力较好等综合优势。建设湘南承接产业转移示范区，有利于顺应国内外产业转移新趋势，为中部地区科学有序承接产业转移探索新途径、新模式，发挥典型示范和辐射带动作用，推动湘南地区经济社会又好又快发展。根据《中共中央国务院关于促进中部地区崛起的若干意见》（中发〔2006〕10 号）和《国务院关于中西部地区承接产业转移的指导意见》（国发〔2010〕28 号）精神，同意设立湖南省湘南承接产业转移示范区。

二、示范区建设要坚持以科学发展观为指导、深入实施促进中部地区崛起战略，进一步解放思想、创新体制、优化环境，以科学承接、互利承接、绿色承接为导向，以体制机制创新为动力，着力优化空间布局，促进产业集聚发展，推进产业园区转型升级；着力突出产业承接发展重点，加快构建现代产业体系；着力提升基础设施保障能力，优化产业发展环境；着力加强资源节约和环境保护，实现人与自然和谐发展；着力深化区域合作，推动区域一体化发展，积极推进湘南地区新型工业化、新型城镇化、农业现代化和信息化进程，加快资源节约型和环境友好型社会建设，努力把湘南地区建设成为中部地区承接产业转移的新平台、跨区域合作的引领区、加工贸易的集聚区和转型发展的试验区。

三、示范区由你省负责建设和管理。要切实加强对示范区建设的组织领导，明确工作责任，完善工作机制，科学编制示范区规划并认真组织实施，研究制定具体实施方案和专项支持政策，落实示范区建设的各项任务，有关重大政策和建设项目需按规定程序另行报批。要注意研究新情况、解决新问题、总结新经验，推动承接产业转移工作规范、有序、健康发展。

国家发展改革委
二〇一一年十月六日

国务院关于《湘江流域重金属污染治理实施方案》的批复

由于国务院批复原件涉及机密文件，故仅收录新闻媒体对于批复的公开报道。2011 年 3 月 17 日的《湖南日报》对相关情况报道如下：

国务院近日已正式批准《湘江流域重金属污染治理实施方案》（以下简称《方案》）。据了解，这是迄今为止，全国第一个获国务院批准的重金属污染治理试点方案。《方案》编制工作于 2009 年 7 月正式启动，国家成立了以国家发改委为组长单位，环境保护部、湖南省政府为副组长单位的编制领导小组，《方案》编制历时一年半，先后多次征求国家 18 个部委和湘江流域 8 市政府及有关部门的意见。《方案》涉及湘江流域长沙、株洲、湘潭、衡阳、郴州、娄底、岳阳、永州 8 个市，明确了株洲清水塘、湘潭竹埠港、衡阳水口山、长沙七宝山、郴州三十六湾、娄底锡矿山、岳阳原桃林铅锌矿等 7 大重点区域，提出了民生应急保障、工业污染源控制、历史遗留污染治理 3 大重点任务，规划项目 927 个，总投资 595 亿元，规划期限 2011—2020 年。经过治理，力求 2015 年铅、汞、镉、砷等重金属排放总量在 2008 年基础上削减 70% 左右，并通过 5—10 年的时间基本解决湘江流域重金属污染重大问题，成为全国重金属污染治理的典范。

中共湖南省委、湖南省人民政府贯彻落实《中共中央国务院关于加快水利改革发展的决定》的实施意见

湘发〔2011〕1号

《中共中央国务院关于加快水利改革发展的决定》（中发〔2011〕1号，以下简称《决定》），从全局和战略高度深刻阐明了水利在治国安邦中的重要地位和作用，明确提出了今后一个时期水利改革发展的指导思想、基本原则、目标任务和政策措施，是我国水利改革发展史上的纲领性文件。我省是水利大省。历届省委、省政府高度重视水利工作，组织和带领广大干部群众坚持不懈治水兴湘，全省水利事业取得了巨大成就，为促进经济社会持续健康发展、保障人民生命安全发挥了重要作用。但必须看到，水情仍然是我省重要省情，水患仍然是我省心腹大患，季节性缺水和局部水质差仍然是影响我省经济社会发展和人民生活质量的突出问题，水利设施薄弱仍然是我省基础设施的明显短板。随着工业化、城镇化深入发展，全球气候变化影响加大，我省水利面临的形势更趋严峻，增强防灾减灾能力要求越来越迫切，强化水资源节约保护工作越来越繁重，加快扭转农业主要“靠天吃饭”局面的任务越来越艰巨。我省是全国水利改革试点省，全省各级党委、政府要认真学习宣传、坚决贯彻落实《决定》精神，采取更加有力的措施加快水利改革发展步伐。

一、水利改革发展指导思想和基本原则

指导思想。以邓小平理论和“三个代表”重要思想为指导，深入贯彻落实科学发展观，积极践行中央新时期治水方针和可持续发展治水思路。围绕推进“四化两型”建设、促进富民强省、全面建设小康社会，把水利建设作为基础设施建设的优先领域，把严格水资源管理作为加快经济发展方式转变的战略措施。大力推进安全水利、民生水利、生态水利，不断深化水利体制机制创新，加快建立人水协调的现代水利体系。

基本原则。一要坚持民生优先。把保护人民生命安全放在第一位，着力解决群众最关心最直接最现实的水利问题，推动民生水利新发展。二要坚持统筹兼顾。注重兴利除害结合、防灾减灾并重、治标治本兼顾，促进流域与区域、城市与农村水利协调发展。三要坚持人水和谐。顺应自然规律和社会发展规律，合理开发、优化配置、全面节约、有效保护水资源。四要坚持政府主导。发挥公共财政对水利发展的保障作用，形成政府社会协同治水兴水合力。五要坚持改革创新。加快水利重点领域和关键环节改革攻坚，破解制约水利发展的体制机制障碍。

二、水利改革发展目标任务

通过5~10年的努力，从根本上扭转水利建设明显滞后经济社会发展的局面。长沙市城市防洪标准达到200年一遇，其他地级城市防洪标准达到或超过50年一遇，洞庭湖区重点堤垸、县城防洪标准达到20年一遇以上，洞庭湖区蓄洪堤垸、中小河流、重要河段和重要集镇防洪标准达到10年一遇；全面完成全省病险水库和病险水闸除险加固任务；基本建成山洪地质灾害防御体系；全面完成城镇供水设施提质改造，解决城镇人口和2100万农村人口饮水安全问题，基本实现村村通自来水；抗旱防灾减灾能力显著提高，满足特大干旱时人畜饮水需求；建成水资源合理配置和高效利用体系，全省年用水总量控制在336亿立方米以内，其中地下水开采总量控制在21亿立方米以内；万元国内生产总值和万元工业增加值用水量下降50%；新增和恢复灌溉面积154万亩，改善灌溉面积618万亩，农田灌溉水有效利用系数提高到0.55以上；全省主要江河湖泊水功能区水质达标率提高到75%以上，饮用水源保护区水质达标率不低于98%；基本建立最严格水资源管理制度；基本建立水文水资源和水土保持监测站网体系；水利信息化水平明显提高，基本形成工程运行信息管理体系、水利应急管理体系、安全监督体系、科技创新体系、工程质量监督体系和水行政综合执法体系；水利人才队伍建设和科技创新能力全面加强，水利公共服务能力和可持续发展能力显著提高，初步实现水利现代化。

三、水利建设重点

1. *加快洞庭湖治理*。提高洞庭湖区综合防洪排涝能力，解决洞庭湖区枯水期水资源和水生态问题。重点加强洞庭湖区重要堤垸堤防加固、重要内湖和撇洪河整治及蓄滞洪区达标建设，全面完成《洞庭湖区治理近期实施方案》任务；加大四口河系整治力度，建设平原水库，疏浚垸内湖泊和沟渠，加快实施松滋口建闸等工程，构建可调控的江河湖库水网体系；新建一批大、中型灌区、灌排泵站，不断完善湖区灌排体系；加强洞庭湖区水利血防工程建设。

2. 全面完成病险水库和病险水闸除险加固任务。2013年前，完成国家规划内重点小Ⅰ型病险水库除险加固和新出险及存在遗留问题的大中型病险水库除险加固。2015年前，全面完成小Ⅱ型病险水库除险加固，基本完成大中型病险水闸除险加固。2020年前，全面完成中小型病险水闸除险加固。建立全省水库大坝安全监测与运行管理系统，2015年前覆盖全部大中型水库，2020年前覆盖全省所有重点小型水库。

3. 加快四水流域防洪工程建设。进一步完善全省防洪规划，加快湘、资、沅、澧四水防洪体系建设步伐。加快涔天河、金塘冲、宜冲桥、犬木塘等一批流域控制性防洪枢纽工程建设，加强防洪控制性工程和非工程措施建设，形成较为完备的湘、资、沅、澧四水流域防洪体系。

4. 加强中小河流治理和山洪地质灾害防治。加快列入国家规划的330条中小河流重要河段治理，加快山洪地质灾害避让措施和非工程措施建设，形成覆盖全省的山洪地质灾害预警信息发布体系。

5. 加强农田水利建设。加快推进小型农田水利重点县建设，在抓好现有37个重点县规模集约建设的同时，争取新增一批重点县列入国家规划。抓紧大型灌区续建配套与节水改造以及大型灌排泵站更新改造。大力推广农业节水灌溉新技术。支持小水窖、小水池、小塘坝、小泵站、小水渠等“五小水利”工程建设，重点向革命老区、民族地区、边远地区、贫困地区倾斜。大力开展骨干山平塘清淤扩容和沟渠疏浚。完成洞庭湖区千万亩基本农田田间水利设施配套改造。

6. 全面提高城乡供水安全保障能力。2012年前，解决列入国家原有规划的426万农村人口饮水安全问题。“十二五”末，基本解决国家新增规划的1525万农村居民和208万农村学校师生饮水安全问题。积极推进适度规模的集中供水工程建设，力争2013年前基本实现乡乡（镇镇）通自来水，2015年前80%的行政村通自来水，2020年前村村通自来水。建立农村饮水安全工程良性运行机制，划定水源地保护范围，加强对水源和出厂水水质保护与监测。农村饮水安全工程建设用地和供水用电实行优惠政策，对建设、运行给予税收优惠。实施城镇供水水质保障和设施改造规划，切实解决工程性缺水、水质性缺水问题，确保供水水质达到国家标准要求，供水保证率显著提高。

7. 加强水生态保护建设。大力加强水土流失综合治理，加强重要生态保护区、水源涵养区、江河源头区、湿地的保护。实施农村河道综合整治，大力开展生态清洁型小流域建设。强化生产建设项目水土保持监督管理。建立健全水土保持、建设项目占用水利设施和水域等补偿制度。

8. 加强农村水电建设。大力推进水电新农村电气化县建设、小水电代燃料工程建设和农村水电配套电网改造。加大农村水电监管力度，全面推进农村水电安全分类管理及年检工作。

9. 加快水文气象和水利信息化建设。加强水文气象基础设施建设，扩大覆盖范围，优化站网布局，着力增强重点地区、重要城市、地下水超采区水文测报能力，加快应急机动监测能力建设。以水利信息化带动水利现代化。加快水利信息监测站网建设，建设覆盖全省的水利信息采集监测网络，建立涵盖各类水利工程特征数据、业务报表数据、实时监测数据及自然空间地理等数据中心。加大信息公开力度，建设涉水事务网上办理电子窗口和一站式协同办公平台。

10. 加强科研能力建设。整合科技资源，完善水利科技运行机制，提高水利科技管理效率和水平。在关键领域取得更多的基础研究成果和具有自主知识产权的技术发明，推广转化一批具有重大开发前景的科技成果。培养一批水利科技创新型人才。加强水利科研基础设施建设，重点建设好省级水利科研试验基地，加快科技创新平台建设。加大水利科技投入，从同级财政相关水利资金中按一定比例安排资金专项用于水利科教建设。

四、建立稳定多元和持续增长的水利投入机制

1. 加大公共财政对水利的投入。多渠道筹集资金，力争今后10年全社会水利年平均投入比2010年高出一倍。发挥政府在水利建设中的主导作用，将水利作为公共财政投入的重点领域。各级财政要进一步加大对水利的投入，投入总量和增幅要有明显提高。进一步提高水利建设资金在全省固定资产投资中的比重。各级财政要设立农田水利建设专项资金，纳入预算管理使用，逐年增加投资规模。2011年起，各级财政从土地出让收益中提取10%专项用于农田水利建设。延长水利建设基金征收期限，进一步拓宽来源渠道，扩大收入规模，确保基金全部用于水利建设和工程管理维护。完善水资源有偿使用制度，合理调整水资源费征收标准，拓宽征收范围。有重点防洪任务和水资源严重短缺的城市从城市建设维护税中划出一定比例用于城市防洪排涝和水源工程建设。各级财政、水利、审计部门要加强对水利规费筹集、拨付和使用情况的监督检查，促进水利规费依法征收并有效利用。

2. 加强对水利建设的金融支持。综合运用财政和货币政策，创新投融资机制，引导金融机构增加水利信贷资金。公益性和准公益性水利建设项目，可采用项目法人承贷、财政贴息等办法筹集建设资金。加强与国家开发银行、农业发展银行等金融机构的协作，在风险可控的前提下，积极开展水利建设中长期政策性贷款业务。进一步增加农田水利建设的信贷资金，积极开展水利项目收益权质押贷款等多种形式融资。积极争取条件成熟的水利企业上市融资或发行大型水利基础设施建设债券，探索发展大型水利设备的融资租赁业务。鼓励和支持发展洪水保险。提高水利利用外资的规模和质量。

3. 广泛吸引社会资金投资水利。鼓励符合条件的政府融资平台公司通过直接、间接融资方式，拓宽各级水利投融资渠道，积极稳妥推进经营性水利项目进行市场融资。鼓励通过收购、兼并、产权置换等方式盘活、重组水利资产。采取自然人参股或引进战略投资者的方式，广泛吸引社会资金参与水利建设。按照“统一规划、分工协作、连片推进”的要求，统筹协调各类涉水专项资金，集中用于农田水利设施建设。在统一规划的基础上，进一步完善“一事一议”筹资筹劳制度，规范奖补程序，加大财政奖补力度，多筹多补、多干多补，充分调动农民兴修农田水利的积极性。各级财政要在预算中安排“一事一议”财政奖补资金。完善农村水电增值税和水利工程耕地占用税政策。对装机容量为5万千瓦以下（含5万千瓦），属于增值税一般纳税人的县级及县级以下的小型水力发电单位，可选择按简易办法依照6%征收率计算缴纳增值税；对企业从事国家重点扶持的水利等公共基础设施建设项目的所得，自项目取得第一笔生产经营收入所属纳税年度起，实行“三免三减半”优惠政策。

五、实行最严格的水资源管理制度

1. *建立用水总量控制制度*。确立水资源开发利用控制红线，抓紧制订并尽快实施湘、资、沅、澧四水以及洞庭湖水量分配方案，建立取用水总量控制指标体系。加强相关规划和项目建设布局水资源论证工作，国民经济和社会发展规划以及城市总体规划的编制、重大建设项目的布局，要与当地水资源条件和防洪要求相适应。严格执行建设项目水资源论证制度，对擅自开工建设或投产的一律责令停止。严格取水许可审批管理，对取用水总量已达到或超过控制指标的地区，暂停审批建设项目新增取水。对取用水总量接近控制指标的地区，限制审批新增取水。加强地下水管理和保护，尽快核定并公布禁采和限采范围，逐步削减城市规划区地下水开采量，维持地下水合理水位。强化水资源统一调度，协调好生活、生产和生态环境用水，完善水资源调度方案、应急调度预案和调度计划。有条件的地区开展建立水权制度和水市场试点。

2. *建立用水效率控制制度*。确立用水效率控制红线，坚决遏制用水浪费，把节水工作贯穿于经济社会发展和群众生产生活全过程。修改完善《湖南省用水定额》。逐步实现对取用水的实时监控，对达到一定规模的用水户实行重点监控。严格限制水资源不足地区建设高耗水型工业项目。严格落实建设项目节水设施与主体工程同时设计、同时施工、同时投产制度，加强制度落实的监督管理。加快实施节水技术改造，全面加强企业节水管理，建设节水示范工程，普及农业高效节水技术。抓紧制定节水强制性标准，尽快淘汰不符合节水标准的用水工艺、设备和产品。

3. *建立水功能区限制纳污制度*。确立水功能区限制纳污红线，修改完善《湖南省水功能区划》，从严核定水域纳污容量，严格控制入河湖排污总量。各级政府要把限制排污总量作为水污染防治和污染减排工作的重要依据，明确责任，落实措施。对排污量超出水功能区限制排污总量的地区，限制审批新增取水和入河湖排污口。建立水功能区水质达标评价体系和水质监测预警预报体系。依法划定饮用水水源保护区，建立完善饮用水水源安全应急机制。加快建立水生态补偿机制。

六、加快水利发展体制机制创新

1. *加快水资源管理体制改革*。强化城乡水资源统一管理，对城乡供水、水资源综合利用、水环境治理和防洪排涝等实行统筹规划、协调实施，促进水资源优化配置。完善流域管理与区域管理相结合的水资源管理制度，建立事权清晰、分工明确、行为规范、运转协调的水资源管理工作机制。进一步完善水资源保护和水污染防治协调机制。逐步建立健全市县乡三级水务统一管理体系。加快实施湘江流域管理，逐步推进资水、沅水、澧水流域和洞庭湖管理。推行农业水价、水利工程非农业水价以及工业和服务业水价改革。逐步推行城市居民生活用水阶梯水价制度。

2. *加快水利工程建设和管理体制改革*。促进建设管理专业化、市场化和社会化机制建设，加快水利建设市场主体诚信体系建设。积极稳妥推进非经营性政府投资项目采用代建制管理，引导经营性水利工程积极走向市场，完善法人治理结构，实现自主经营、自负盈亏。全面完成全省水利工程管理单位体制改革任务，在水利工程管理单位定性、定编、定员和人员分流的基础上，落实人员经费和维修养护经费，将其纳入同级财政预算，建立水利工程维护管理投入的长效机制。

3. *健全基层水利服务体系*。以乡镇或小流域为单位，健全基层水利服务机构，按规定核定人员编制，经费纳入县级财政预算。

七、加强组织领导

1. *落实各级党委、政府责任*。各级党委、政府要站在全局和战略高度，切实加强水利工作，及时研究解决水利改革发展中的突出问题。认真执行防汛抗旱、饮水安全、水资源管理、水库安全管理行政首长负责制。严格实施水资源管理考核制度，将水资源管理纳入各级政府绩效考核内容。各地要结合实际，认真落实水利改革发展各项措施，确保取得实效。各级水行政主管部门要切实增强责任意识，认真履行职责，抓好水利改革发展各项任务的实施工作。各有关部门和单位要按照职能分工，尽快制定完善各项配套措施和办法，形成推动水利改革发展合力。把加强农田水利建设作为农村基层开展创先争优活动的重要内容，充分发挥农村基层党组织的战斗堡垒作用和广大党员的先锋模范作用，带领广大农民群众加快改善农村生产生活条件。

2. *大力推进依法治水*。建立健全水法规体系，抓紧完善水资源配置、节约保护、防汛抗旱、农村水利、水土保持、流域管理等领域的地方法规。全面推进水利综合执法，严格执行水资源论证、取水许可、水工程建设规划同意书、洪水影响评价、水土保持方案等制度。加强河湖管理，严禁建设项目非法侵占河湖水域。加强防汛抗旱督察工作制度化建设。健全预防为主、预防与调处相结合的水事纠纷调处机制，完善应急预案。深化水行政许可审批制度改革。科学编制水利规划，完善全省流域、区域水利规划体系，加快重点建设项目前期工作，强化水利规划对涉水活动的管理和约束作用。做好水库移民安置工作，落实后期扶持政策。

3. *加强水利队伍建设*。适应水利改革发展新要求，全面提升水利队伍素质，切实增强水利勘测设计、建设管理和依法行政能力。支持大专院校、中等职业学校水利类专业建设。大力加强水利科研勘测设计、水文水资源和水利教育及技能人才队伍建设。大力引进、培养、选拔各类水利人才，完善人才评价、流动、激励机制。加强水利教育培训工作，定期对水利干部职工进行综合培训和专业培训，培育一支高素质水利行政管理和技术干部队伍。

中共湖南省委、湖南省人民政府关于印发《湖南省保障和改善民生实施纲要（2011—2015年）》的通知

湘发〔2011〕5号

各市州、县市区委，各市州、县市区人民政府，省直机关各单位：

现将《湖南省保障和改善民生实施纲要（2011—2015年）》（以下简称《纲要》）印发给你们，请认真贯彻执行。

保障和改善民生，是坚持以人为本、执政为民的根本体现，是深入贯彻落实科学发展观、构建社会主义和谐社会的内在要求，是加快经济发展方式转变、推进“四化两型”建设的重大任务。制定和实施《纲要》，是我省贯彻落实党的十七大和十七届五中全会精神的创新性举措，对于进一步加强民生工作，全面提升民生质量和水平具有重大意义。《纲要》明确了我省“十二五”期间保障和改善民生的指导思想、基本原则、总体目标、重点任务和保障措施，是今后五年我省保障和改善民生的行动纲领。全省各级党委、政府和各部门要从践行党的根本宗旨、推进科学发展富民强省、实现全面建设小康社会宏伟目标的高度，充分认识《纲要》的重大意义，切实抓好《纲要》的贯彻落实。一是全省各级各部门的主要负责同志要加强领导，把群众呼声作为第一信号，把保障和改善民生作为全部工作的出发点和落脚点，切实担负起贯彻执行《纲要》第一责任人的责任。二是各级各部门要对八大民生工程进行分解细化，每年制定落实《纲要》的年度实施意见，明确年度目标、实施办法和配套措施，将任务分解落实到责任部门和责任人，一级抓一级，层层抓落实。三是加强对《纲要》贯彻落实情况的督促检查和绩效考核，做到年初有实施方案、年中有进度报告、年底有考核结果，确保《纲要》得到全面有效贯彻落实。四是加大对《纲要》的宣传力度，广泛动员社会力量参与民生事业建设，并注意及时总结、推介保障和改善民生的经验、做法和典型，使各领域各方面的民生事业广泛深入地扎实推进。

中共湖南省委
湖南省人民政府
2011年2月26日

（注：实施纲要见方案设计篇）

中共湖南省委、湖南省人民政府关于进一步扩大开放加快发展开放型经济的决定

湘发〔2011〕6号

为深入贯彻落实科学发展观，进一步扩大开放，加快发展开放型经济，推进“四化两型”和“四个湖南”建设，促进经济发展方式转变，实现经济社会又好又快发展，特作出以下决定。

一、充分认识进一步扩大开放加快发展开放型经济的重要性和紧迫性

实行对外开放，是推进现代化进程的必由之路。改革开放以来特别是进入新世纪以来，全省上下着力深化改革，不断扩大开放，对外经贸和国内合作快速发展，开放型经济发展取得了显著成绩。但从总体上看，我省对外开放的水平还不高，利用外资和对外贸易总量还不大，参与国际竞争的能力还不强，影响我省经济发展的资源、资金、人才、技术、管理等要素存在结构性短缺，一定程度上制约了我省经济又好又快发展。当前，进一步扩大开放，加快发展开放型经济面临十分难得的机遇。经济全球化深入发展，世界经济结构加快调整，全球经济治理机制深刻变革，科技创新和产业转型孕育新突破。我国工业化、信息化、城镇化以及市场化、国际化深入发展，经济结构战略性调整加快，沿海产业转移加速。经过“十一五”的发展，我省经济实力大幅提升，发展基础全面夯实，国家促进中部地区崛起、长株潭城市群“两型社会”综合配套改革实验区建设的支持力度持续加大，全省区位、资源、市场以及交通等基础设施方面的比较优势更加凸显，进一步扩大对外开放、发展开放型经济的条件更加充分。站在新的历史起点上，只有抢抓机遇，把握主动，进一步扩大开放，加快发展开放型经济，才能更好地利用国内国际两个市场、两种资源，为加快发展广辟空间，增强动力；才能更加有效地参与国际国内经济技术合作与分工，抢占制高点，分享世界经济发展和科技创新的成果，加快推进科学发展和经济发展方式转变。全省各级各部门一定要把进一步扩大开放，加快发展开放型经济作为一项事关发展全局重大而紧迫的战略任务，抢抓机遇，乘势而上，以更开放

的胸怀、更宽广的视野、更有力的措施、更扎实的工作，坚定不移地以开放促改革、促创新、促发展，全面开创我省对内对外开放新局面。

二、加快发展开放型经济的指导思想和总体目标

1. 指导思想。以邓小平理论和“三个代表”重要思想为指导，深入贯彻落实科学发展观，围绕科学发展主题和加快转变经济发展方式主线，树立“开放崛起”新理念，通过思想大解放推动大开放，通过改革创新促进大开放，以环长株潭城市群、大湘南承接产业转移示范区和大湘西武陵山经济协作区为重点，以县域开放型经济为基础，以产业园区为主阵地，进一步拓展开放空间，扩大开放领域，优化开放环境，提高开放水平，加快开放型经济发展，为推进“四化两型”建设，加快科学发展和富民强省步伐奠定更坚实的基础。

2. 总体目标。通过努力，使我省经济外向度大幅提升，国际竞争力显著增强，基本形成内外联动、区域协调、安全高效的开放型经济体系。到“十二五”末，实现全省外贸进出口总额达到500亿美元，年均增长27%以上；实际利用外资达到100亿美元，年均增长15%以上；利用省外境内资金达到4000亿元，年均到位资金增长20%以上；对外工程承包和劳务合作5年累计完成营业额100亿美元以上，对外直接投资中方合同额5年累计达到50亿美元。

三、全面提升开放型经济发展规模与水平

1. 强力推进招商引资。把招商引资作为发展开放型经济的重中之重。全面开放投资领域，凡是法律法规以及国家宏观调控政策和产业政策未明令禁止的领域一律开放，鼓励投资和并购。重点围绕我省“十二五”规划和七大战略性新兴产业，加强招商项目库建设，增强招商选资的针对性。既要重点招进龙头企业和大项目，引进跨国公司和战略投资者来湘设立区域总部、营运中心、采购中心、研发中心和结算中心，又要注意吸纳中小企业和产业配套项目，切实提高利用外资总体水平。既要有效组织全省性的大型招商活动，更要注重有针对性的小规模招商活动。采取产业链招商、中介招商、网络招商、以商招商等多种方式，有重点地在境外设立招商代表处，建立境外湖南人网络，广开招商引资门路，推进招商信息国际化、招商引资产业化、招商运作机制多元化和招商队伍专业化。到“十二五”末，力争来湘投资的世界500强企业达到100家以上、国内500强企业达到300家以上。

2. 加快外贸扩总量转方式。着力扩大外贸总量，加快转变外贸方式，切实提高外贸质量，实现进出口均衡发展，服务贸易与货物贸易协调发展。保持陶瓷、烟花、钢材、有色、茶叶、生猪等传统产品出口优势，提升质量，做大做强。抓住世界和沿海产业加速转移的契机，大力发展加工贸易，做大外贸总量。把优化外贸结构作为转变外贸发展方式的主攻方向，通过外贸发展方式的转变，增加外贸出口总量。优化外贸主体结构，扶持一批具有自主知识产权、自主出口品牌的大型外贸集团，培育一批“专精新特”的中小外贸企业。优化外贸商品结构，实施科技兴贸战略，提高出口产品的技术含量、附加值和品牌竞争力，支持工程机械、汽车及零部件、轨道交通设备等机电产品以及电子信息、新材料、新能源和生物医药等高新技术产品出口。优化贸易结构，加快发展服务贸易，扩大旅游、国际运输、建筑等传统服务贸易出口，大力支持软件、数据处理、技术服务、文化、中医药等有比较优势的服务出口。优化外贸市场结构，巩固和扩大香港、欧美、日韩等传统市场，大力拓展台湾、东盟、中东、南美、非洲等新兴市场。增加先进技术设备、关键零部件、能源资源进口，提高我省装备制造水平，解决能源、资源短缺的问题。到“十二五”末，在货物贸易出口中，机电产品出口占比提高到50%以上，高新技术产品出口占比提高到20%以上。加工贸易进出口占货物贸易进出口总量的比重提高到25%以上。

3. 加强对外投资与合作。坚持“走出去”、“引进来”相结合，鼓励和引导我省企业参与国际、区域合作，实施企业国际化战略。鼓励和引导省内优势行业和企业建立海外生产基地、产业园区，开展海外资源、专利技术、著名品牌和商业网络跨国收购，境外上市，构建多元、稳定、安全的境外资源、技术、资金等要素供应和营销网络体系，实现从产品国际化到组织国际化再到要素国际化的跨越。鼓励企业积极参与国家援外项目招投标，拓展国际工程承包市场，带动我省设备、技术、服务、劳务输出。加强对“走出去”企业的项目信息、政策咨询、法律支持、金融保障等综合服务，引导对外投资合理布局和境外有序竞争，增强企业风险掌控能力。进一步发展省际合作、省部合作、省校合作，巩固和扩大同央企对接合作的成果。充分发挥国际商会和全国异地湖南商会在对外合作中的重要作用。

4. 注重引进海内外先进技术、管理和人才、智力资源。引进海内外先进技术、管理和人才、智力资源，是实施科教兴湘、人才强省战略的重大举措。着力引进对我省支柱产业有重大支撑作用的科技成果，强化引进消化吸收再创新，重大科技专项可实行国际合作攻关。努力搭建产业发展的技术平台，鼓励企业采用国际标准，支持企业参与国际和国家标准制订，加入国际技术联盟，积极争取国际和国家标准化技术机构落户我省。借鉴吸收国际先进管理经验，提升我省企业管理、社会管理的科学化、国际化水平。组织实施“百人计划”、领军人才计划等重点人才工程，重点引进创新型研发设计人才、开拓型经营管理人才、高级技能人才等专业人才。完善引进人才来湘工作、鼓励留学人员来（回）湘创业的政策措施，制定鼓励引进高层次紧缺急需人才的奖励资助办法。积极推动科研院所、高校的境内外交流合作。支持有条件企业兼并重组境外研发机构，建设高水准的国际联合研发基地。

5. 加快现代服务业开放发展。以长沙国家服务外包示范城市、衡阳国家服务业综合改革试点城市为依托，积极承接服务外包，创建一批国家级软件出口、数据处理、动漫游戏、文化创意等服务外包基地，大力培育和引进一批服务外包领军企业和知名品牌。大力发展现代物流业，做大做强我省制造业物流、农产品物流等特色物流产业，着力培育具有国际竞争力的现代物流企业，加快发展第三方物流企业，积极引进境内外大型物流企业。努力扩大金融开放度，积极引进外资银行、保险公司、证券公司、投资银行、私募基金等各类金融机构，推动城市商业银行与境内外战略投资者合作。大力发展会展经济，提高我省会展业国际化水平。推进城市公用事业、房地产、信息咨询、会计审计、设计研发、评估、律师等现代服务业开放发展。到“十二五”末，服务贸易占对外贸易比重达到20%以上。

6. *着力提升旅游产业国际化水平*。充分发挥旅游业在扩大开放、拉动内需中的重要作用，大力提升旅游业实力和国际化水平。坚持以国际化水准打造世界旅游品牌，努力将长沙、张家界建成国际旅游目的地，优先将韶山、南岳、凤凰、崀山、岳阳楼、炎帝陵等建成国际旅游精品景区。积极创新旅游业发展体制机制，引进一批知名旅游企业集团和管理公司，支持有实力的旅游企业到国内外投资，推进旅游资本国际化和旅游管理国际化。努力开拓国内外旅游市场，争取境外游客人次有较大幅度增长。

7. *全方位拓展开放领域*。努力推动开放由经济领域向社会、文化等领域拓展，统筹利用各类涉外资源，全面开展对外交流合作，促进人员往来。培育新兴文化业态，鼓励和支持广播影视、新闻出版等文化产业走向世界，不断扩大湖湘文化的国际影响力。建设好国际汉语言文化传播湖南基地。积极探索社会管理领域的对外开放。稳步开放教育、医疗、体育等社会事业，有效利用国际教育、医疗、体育资源，支持创办中外合资合作医院和学校，建立体育资源国际共享机制。鼓励和推动外国政府、国际机构、友好城市、商贸组织、跨国公司、国际中介机构和国际风险投资机构等来湘设立代表处或办事机构。

四、大力拓展开放型经济发展的有效途径

1. *把承接产业转移作为重要抓手*。抢抓全球范围内产业转移的重大机遇，进一步发挥国家加工贸易梯度转移重点承接地、省级重点承接县、试点县和示范园区的作用，科学制定承接产业转移规划，促进产业合理布局。发挥我省区位、资源和人才优势，增强配套功能，提升我省承接产业转移的吸引力和集聚力。及时掌握产业转移动态，对那些投资额大、带动力强、关联度高的战略性项目和核心企业，实行高层推动、高位对接、特事特办，促进企业抱团转移和集群发展。

2. *优化开放区域布局*。加快环长株潭城市群开放开发，长株潭“两型社会”试验区要率先扩大开放，成为全省扩大开放的先导区、示范区，依托国家级高新区、经开区和产业转移承接基地，努力打造具有国际竞争力的装备制造业基地、重要的机电产品出口基地、战略性新兴产业基地和具有国际影响的文化创意中心。加快发展临港、临空经济，将岳阳临港区打造成长江中游的重要国际港口、物流中心和国家级保税港区，发挥其在我省对外开放中的桥头堡作用；加快黄花国际机场开放建设步伐，积极争取开通更多的航线和航班，加快发展航空货运；争取将金霞保税物流中心升级为长株潭综合保税区。充分发挥大湘南区位优势，重点对接粤港澳地区、北部湾经济合作区和中国—东盟自由贸易区，争取成为国家级承接产业转移示范区。加快大湘西地区开放开发，培育壮大旅游、生物医药、食品加工、生态农业、省际边贸物流等具有特色优势的开放型经济，主动融入武陵山经济协作区开放发展。

3. *加快县域经济开放发展*。各县市区要抢抓重大发展机遇，创新开放开发思路，从实际出发，依托资源优势，大力加强招商引资，不断提高县域经济的开放水平。要把鼓励外商投资现代农业、发展资源性产品深加工和开拓国内外市场作为县域开放型经济的重要内容。承接产业转移的试点县、重点县要发挥招商引资的政策优势，发展加工贸易，努力扩大外贸出口，当好县域开放型经济发展的排头兵。着力建设一批产业特色突出、出口规模较大、外向度较高的开放型经济强县市区。省、市州要在政策资源、招商渠道、人才培训、客户信息等方面为县域经济开放发展提供强力支持。

4. *突出园区开放的主阵地作用*。进一步创新园区体制机制和管理模式，积极探索直管、托管、代管、共建和一区多园、多区一园等多元化模式，探索跨省跨国联合开发、委托战略投资者和跨国公司成片开发等多元化开发机制，使园区真正成为开放型经济发展的主要载体。加大培育和引进龙头企业力度，打造一批主业突出、外资来源地相对集中的特色园区，推进园区产业集聚发展和特色发展。进一步加大对园区的投入，加强产业配套，完善园区设施，增强承载能力。“十二五”期间，新增一批国家级园区，建成一批国家级和省级外贸转型升级示范基地和出口加工区。

5. *建设开放式的现代物流体系*。加快全省公路、铁路、机场、港口等综合交通枢纽建设，促进多种运输方式零距离换乘和无缝对接，形成货畅其流的现代立体交通体系。加强物流网络规划和建设，建设一批功能齐全、规模较大、外向度高的综合物流园区、物流中心和配送中心，重点建设长株潭、郴州、衡阳、岳阳、怀化等区域物流节点，加强与物流中心配套的基础设施建设，促进综合运输通道与大型物流中心的对接。全面发展江海、铁海、陆海等多式联运、陆路口岸运输和国际快件业务，鼓励“五定班列”承运企业增开班列，切实降低物流成本。鼓励和支持沿海海运企业和港口仓储企业为我省企业提供多层次的货物集散、装卸、仓储、包装、加工、配送、集装箱等港口综合物流服务。积极培育现代物流服务市场，建立健全物流公共信息平台，尽早形成高效、快捷、低成本的现代物流体系。

6. *加快构建口岸大通关体系*。加强口岸基础设施和配套服务设施建设，完善口岸功能，增加口岸作业区，加快电子口岸实体平台建设，实行信息资源共享。支持具备条件的市州、县市区设立检验检疫、海关办事机构，争取在长沙、岳阳、衡阳建设出口加工区或综合保税区，更好地发挥郴州出口加工区平台作用。加强跨区域口岸协作，推广“属地申报、口岸验放”快速通关模式，实行24小时预约通关制度和对重点进出口企业的个性化通关服务，对进出口诚信企业实行检验检疫绿色通道和直通放行制度。简化商务人士出入境手续，扩大企业因公出国（境）直通车范围。完善全省口岸大通关协调机制，强化口岸、海关、检验检疫、边防、金融、外汇、税务、交通运输等部门之间的协作，着力构建高效率、低成本、可预见的大通关体系，实现投资贸易便利化。

7. *有效搭建开放平台*。加快各类开放平台建设，整合教育、文化、卫生、体育、旅游、外事侨务、对台、外宣、会展等资源，充分发挥它们在对外交流交往、发展开放型经济中的作用，形成和完善促进我省开放型经济发展的平台体系。着力打造1—2个规模化、常态化、吸引力强的国际性、国家级的经贸和会展平台，增强招商引资活动的集聚效应和规模效应。支持市县、园区和企业参与境内外各类经贸活动，积极有效地举办各种招商引资活动。

五、完善开放型经济发展的政策支持体系

1. *加大财税支持力度*。设立“湖南省开放型经济发展专项资金”，各市州、县市区也要设立专项资金，纳入年度财政预算。其他相关专项资金，都要向开放型经济发展倾斜。充分发挥税收杠杆作用，用足用好相关税收优惠政策，努力争取我省有更多重点产业、特色产业列入国家税收优惠的产业目录。对外省已认定的高新技术企业、资源综合利用企业转移到我省落户的，经确认，资格有效期内继续给予相应的税收优惠。加快出口退税进度。对由市州、县市区分级承担的增量部分出口退税，通过以奖代补方式由省级财政统筹解决。

2. *加大金融支持力度*。认真落实各项贸易融资政策，进一步改善金融服务。各商业银行对内资、外资企业流动资金贷款要提高办事效率，加快审贷速度。积极搭建银企对接融资平台，支持符合条件的企业开展境外借款、境内外上市或通过私募股权等手段扩大直接融资规模。加大对中小企业进出口信贷、保险的支持力度。组织省内相关企业和项目，积极申报中国进出口银行境外投资专项优惠信贷。推动跨境人民币结算和跨境人民币对外投资工作，促进贸易投资便利化。允许符合条件的企业实行外汇资金集中管理，为企业外汇收支提供避险服务。

3. *切实保障土地供应*。对鼓励类的外商投资项目，尤其是七大战略性新兴产业和产业振兴实施方案确定的十二项产业项目，要依法优先保障用地。改进建设用地审批方式。打破所有制、地域、投资者身份等限制，在土地使用权、探矿权、采矿权等方面实行国民待遇，公平竞争。

4. *强化人力资源保障*。加快培养熟悉世贸规则、掌握涉外法律、了解先进科技、精通外语的开放型人才群体，重点培养一批企业领军人才和创新团队，大胆使用具有开放意识、创新精神和专业能力的高素质人才，努力造就一支具有全球化视野和国际水平的公共管理人才队伍。充分利用海外和沿海发达地区优质资源，加大对各类人才有针对性的培训和锻炼力度。加强全省人才资源市场建设和外国专家基地建设，为促进人才合理流动提供有效公共服务。大力发展职业技术教育，加快培养适用型、应用型、急需型技术人才，培训大批各类熟练技术工人。帮助企业解决用工问题，协调处理劳资关系。

六、形成加快开放型经济发展的强大合力

1. *加强组织领导*。各级党委、政府尤其是党政主要负责人要把发展开放型经济工作列入重要议事日程，认真研究制定规划和政策，抓好对重大事项、重要政策的协调、督办，及时解决开放型经济发展过程中的矛盾和问题。省里成立发展开放型经济领导小组，由省长任组长，省委、省政府分管领导任副组长，相关部门主要负责人为成员，领导小组办公室设在省商务厅。省委、省政府每年召开一次扩大开放的工作会议。市州、县市区也要建立相应的领导机构，形成全省上下齐心协力促开放的强有力领导机制。

2. *健全统筹协调机制*。健全对外开放“信息共享、环境共建、问题共商、工作共抓”的多部门协同机制，建立部门联席会议制度、重大项目和重大活动会商制度、“走出去”风险防范机制和境外突发事件应急处置机制，及时召开对外开放工作调度会，统筹研究解决开放型经济发展中的新情况新问题，统筹调度和督促各项工作进程，加强配套管理与跟踪服务，有效推进招商引资、项目建设、市场开拓、风险规避等工作。

3. *大力优化开放环境*。全省广大干部群众要牢固树立“环境是第一竞争力”的观念，努力营造高效率、低成本、无障碍的开放环境。加快推进法治湖南建设，完善涉外地方性法规，严格依法行政和公正司法，建设公开、公平、公正、可预期的法治环境。大力实施《湖南省行政程序规定》，加强政府自身改革，转变政府职能，精简审批事项和审批程序，抓紧建设省、市、县三级政府互联互通的电子政务和电子监察系统，提高办事效率和服务水平，大力优化政务环境。加快诚信体系建设，规范市场经济秩序，加强知识产权保护，营造各类投资者公平参与竞争的市场环境。加快推进国际社区、国际超市、国际学校、国际文化体育俱乐部等配套设施建设，满足境外在湘人员的物质文化生活需求，营造引得进、住得下、过得好的工作和生活环境。进一步加大环境整治力度，完善优化投资环境评价体系，切实维护投资者合法权益。

4. *营造浓厚开放氛围*。充分利用海内外各类媒体全方位宣传湖南，提高湖南的知名度和影响力，增强我省对外开放的吸引力。将开放型经济理论和业务知识纳入各级干部培训的重要内容，努力增强广大干部群众的开放意识，大力营造解放思想、扩大开放、加快发展的浓厚氛围。

5. *建立完善考评制度*。建立对市州、县市区以及相关园区开放型经济工作评价和激励机制，完善招商引资、承接产业转移、外贸进出口、外经合作等指标体系，并纳入政府绩效评估体系。省政府根据本决定出台具体的政策措施。各级各部门要结合实际制定切实可行的实施办法。

中共湖南省委、湖南省人民政府关于支持湘潭率先统筹城乡发展实现韶山率先富裕的意见

湘发〔2011〕9号

湘潭是毛泽东同志的故乡，地处长株潭“两型社会”建设综合配套改革试验区核心区。党中央、国务院和省委、省政府高度重视湘潭特别是韶山的发展。为建设好毛泽东同志故乡，现就支持湘潭率先统筹城乡发展，实现韶山率先富裕提出如下意见：

一、支持开展城乡统筹综合配套改革，率先实现城乡居民共同富裕

1. *支持湘潭按照推进城乡规划、基础设施、公共服务、产业发展、生态环境、管理体制一体化的总体要求，科学编制湘潭率先统筹城乡发展和韶山率先富裕的各项规划。*着力创新制度，率先建立有效覆盖城乡的基础设施体系、城乡均等化的公共服务体系和以城带乡的城乡发展协调机制，把湘潭建设成为全省城乡统筹综合配套改革示范区。支持韶山建设城乡一体化发展示范城市，重点支持韶山城乡重大基础设施建设、农村环境治理、小城镇建设、生态保护、水利建设、土地整治等。

2. *完善城乡一体的交通基础设施体系。*加快湘潭与长沙、株洲对接的城际路网建设，加快湘潭干线公路改造，实施农村公路通组工程，基本形成国省干线与县乡村道干支相连、设施完善、覆盖城乡的道路网络体系。重点支持潭衡西高速、宁乡至韶山（湘乡）等高速公路，韶山至湘乡、武广高铁株洲站至沪昆高铁韶山站连接线等干线公路，通畅工程、连通工程等农村公路，湘潭客运中心站等客货站场，湘潭港易俗河港区一期工程等水运项目建设。支持韶山率先实现乡村公路“户户通”。支持韶山核心景区外环公路建设。

3. *创新城乡土地管理制度。*优先保障湘潭率先统筹城乡发展、实现韶山率先富裕建设用地需求。按照与国有建设用地同地同权的原则，探索建立城乡统一的建设用地市场，推行集体建设用地管理改革，健全集体土地承包经营权流转市场。加大对湘潭土地综合整治的资金支持。

4. *建立城乡统筹的就业和社会保障制度。*在湘潭率先实行城乡一体的就业规划、就业政策和创业政策，加大对农村劳动力转移就业培训、创业带动就业、职业介绍服务、就业援助等政策、资金扶持力度。加快新农保制度试点步伐，积极开展城镇居民社会养老保险试点工作，加快实现新农保和城镇居民社会养老保险制度在湘潭市的全覆盖。加强城镇居民医保和新型农村合作医疗制度的有效衔接，逐步探索药品、医疗服务设施、诊疗项目目录、支付标准、医疗服务协议管理等方面的统一。建立城乡统筹的住房保障体系，进一步加大对新建廉租住房、公共租赁房、经济适用住房等保障性住房以及城市和国有工矿棚户区改造项目的政策、资金支持力度。加大对湘潭建设全国社会救助示范城市的支持力度，积极探索社会救助的新体制，实现城乡低保户、农村五保户保障水平高于全省平均水平。建立健全以居家养老为基础、社区服务为依托、机构养老为补充的养老服务体系。加快民生项目建设，将韶山福利中心、湘潭市第六人民医院作为全省养老示范项目，给予重点支持。支持湘潭开展困难群众重特大疾病救助试点工作。

5. *加强城乡医疗卫生服务体系建设。*加大对县级医疗机构、城市社区卫生服务机构、农村乡镇卫生院、村卫生室的投入力度，完善基层医疗卫生服务机构的服务功能；提高省级财政对湘潭开展基层公共卫生服务的经费补助比例；支持湘潭精神卫生中心、卫生监督机构、区域卫生信息平台和全科医生培训基地等项目建设。

6. *加快推进城乡教育均衡发展。*支持湘潭在全省率先完成城乡中小学合格化（标准化）建设任务；增加城乡中小学义务教育经费投入；支持湘潭发展学前教育，加快建设城乡公办幼儿园；支持湘潭高素质技能人才培训基地建设。

7. *加强城乡计划生育服务体系建设。*加大对县级计划生育服务站、乡级计划生育服务所、村级计划生育服务室的投入力度。支持湘潭计划生育公共服务网络基础设施、计划生育信息化建设。

二、支持发展“两型”产业，推动“两型社会”建设

8. *加快千亿园区和千亿产业建设。*重点扶持湘潭国家高新区、九华示范区两个千亿园区建设，支持打造湘潭精品钢材及深加工、现代商贸物流两个千亿产业集群。在重大项目布局上，支持湘潭加快结构调整，培育发展先进装备、新能源、电子信息三大战略性新兴产业，改造提升精品钢材及深加工、汽车及零部件、食品三大传统优势产业，加快形成产业集群。在重大项目建设上，加大对湘潭国家高技术产业基地和国家高技术产业服务基地的政策和资金支持；支持湘潭创建国家级新能源示范城市；支持湘潭开展老工业基地城市试点工作；加快推进九华—荷塘现代综合物流园、九华物联网示范基地建设。省战略性新兴产业专项引导资金、新型工业化专项引导资金、产学研结合专项资金、高新技术引导资金、承接产业转移引导资金、开放型经济发展专项资金、农业产业化专项资金、技术改造资金、中小企业发展专项资金等省管各类专项资金要对湘潭符合国家和省产业政策的重大项目给予重点支持。

9. *大力发展文化旅游产业。*将湘潭列为全省旅游综合改革试验区，支持湘潭创建全国红色旅游综合发展示范区。支持湘潭以韶山核心景区、湘乡东山旅游景区和湘潭市城区红色旅游景区为重点，大力发展红色旅游文化，充分发挥爱国主义教育基地的功能和作用。支持湘潭创建全国文

化产业示范区，加快九华文化创意产业园、白石艺术城等文化产业基地建设。长株潭“两型”产业投资基金、省文化旅游产业专项资金等要加大对湘潭文化旅游的支持力度。

10. 推进现代农业发展。支持具备条件的县市区申报现代农业示范区。加大对湘潭农业产业化及龙头企业的扶持力度，推进地方优势特色产业发展。加强农田水利等农业基础设施和农业科技推广服务体系建设，提高农业机械化、信息化水平。支持湘潭加快农产品现代流通体系建设，加大对湘潭作为国家农产品现代流通综合试点城市建设的政策和资金支持。支持湘潭加快实施农村环境整治工程和农村清洁工程，推进农村改水、改厕和沼气池建设。

11. 加强生态环境建设。加快推进湘潭全国节水型社会建设、国家可再生能源建筑应用、国家再生资源回收网络体系等试点工作，在项目、资金等方面加大支持力度。支持湘潭节能减排重点项目建设，建立淘汰落后产能机制，对淘汰企业给予相应补贴，重点支持竹埠港地区重金属污染治理。支持湘潭湘江湾循环经济示范区创建省级、国家级循环经济示范区。支持湘潭锰矿按照国家资源枯竭型矿区生态补偿等政策建设湘锰矿山地质公园。支持湘潭在韶山、长株潭昭山“绿心”开展生态补偿试点。支持韶山永泉科技园的产业升级。

12. 支持湘潭中小企业上市融资，对进入省重点上市后备企业资源库且具备上市条件的企业，省扶持企业上市引导资金给予重点支持。

三、支持韶山加快发展，实现韶山率先富裕

13. 支持韶山优先开展省内重要试点工作，重点支持韶山开展全省社会管理创新试点，建设社会管理创新示范城市。支持韶山建立以居民信息为基础，以民情民生为重点，以社会管理服务为核心的综合管理平台；推进韶山城乡治安防控一体化建设，打造数字景区、城区；加强社区基础设施和服务平台建设，提高基层组织服务水平。

14. 支持韶山公共文化设施和公共文化服务体系建设。加强城市建设和管理，深入开展群众性创建活动，提升市民文明素质，促进城乡精神文明建设同步发展，着力把韶山建设成为全国文明城市、全国文明风景旅游区。

15. 支持韶山爱国主义教育示范基地建设。切实抓好毛泽东同志纪念馆改扩建工程、毛泽东遗物馆陈列内容调整，优化毛泽东故居、毛泽东广场、滴水洞等景区周边环境，提升核心景区品质；建设毛泽东思想研究院、韶山干部学院；支持开展红色题材影视、演出、展出、出版、拍摄等文学艺术创作活动；支持中共韶山特别支部历史陈列馆等红色景点建设，将韶山村、韶源村等建设成为全国农村基层党支部建设示范基地。支持韶山开展系列大型红色文化活动，丰富爱国主义教育内容。

16. 加快推进纪念毛泽东同志诞辰120周年项目建设，把湘潭纪念毛泽东同志诞辰120周年重点项目纳入省重点工程，并逐项安排建设资金。逐步加大对韶山市财政转移支付力度。

四、加强组织领导，完善工作机制

17. 将韶山爱国主义教育基地“一号工程”建设协调领导小组调整更名为支持湘潭率先统筹城乡发展、实现韶山率先富裕协调领导小组，负责相应的组织领导工作。省政府常务会议或省委常委会议每年听取一次支持湘潭率先统筹城乡发展、实现韶山率先富裕工作推进情况汇报，研究解决重大问题。省直相关部门要按照本《意见》要求，研究支持湘潭、韶山经济社会发展的具体措施。湘潭市要继续发扬自力更生、艰苦奋斗的精神，切实加强组织领导，完善工作机制，明确工作责任，制订实施方案，加强与国家、省直有关部门的沟通衔接，扎实工作，努力开创经济社会发展的新局面。

2011年7月31日

中共湖南省委、湖南省人民政府关于加快长株潭试验区改革建设全面推进全省“两型社会”建设的实施意见

湘发〔2011〕15号

为深入贯彻党的十七大和十七届三中、四中、五中、六中全会精神，全面落实《中共湖南省委湖南省人民政府关于加快经济发展方式转变推进“两型社会”建设的决定》（湘发〔2010〕13号），现就加快长株潭试验区改革建设，全面推进全省“两型社会”建设，提出如下实施意见。

一、充分认识重大意义

加快长株潭试验区改革建设，全面推进全省“两型社会”建设，是贯彻中央决策部署，走有别于传统工业化和城镇化科学发展之路的具体体现；是顺应当今国内外发展趋势，实现绿色发展，抢占新一轮发展制高点的必然选择；是全面推进“四化两型”建设，破解能源资源和生态环境瓶颈制约，构建“两型”生产方式、消费模式和产业体系的战略举措；是为全省及全国“两型社会”建设探索路径、积累经验、作出示范的迫切需要。长株潭“两型社会”建设试验区获批以来，全省各级各部门认真贯彻中央决策部署，按照国家批复的试验区改革总体方案和城市群区域规划要求，坚持以发展引改革，以改革促发展，扎实推进试验区的规划、建设、改革、管理等各项工作，高起点、高标准完成了试验区顶层设计，布局和建设了一批重大基础设施和产业项目，启动和推进了十项重大改革，加大了生态环境建设力度，建立健全了组织领导、政策支持

和工作推进体系，圆满完成了试验区改革建设第一阶段的目标任务，长株潭试验区越来越成为湖南一张闪亮的名片、国内外广泛关注的焦点、全省科学发展的重要引擎，成为全省争取国家支持、吸引生产要素的重要平台，带动和促进了环长株潭城市群、湘南地区及湘西地区的发展，为全省转方式、调结构积累了宝贵经验，为全省“四化两型”建设凝聚了强大的发展动力、提供了坚实的基础支撑。全省各级党委、政府必须不断适应新形势、新任务、新要求，进一步增强责任感和紧迫感，不断解放思想，狠抓工作落实，加快推进长株潭试验区改革建设和全省“两型社会”建设。

二、进一步明确指导思想和工作目标

1. 指导思想。深入贯彻落实科学发展观，以“两型”为发展目标，以“四化”为实践途径，以综合配套改革为突破口，更加注重转方式调结构，更加注重改革开放，更加注重节能环保，更加注重城乡区域统筹，更加注重改善民生，更加注重示范引领，以“八大工程”为载体，努力实现“两型社会”建设与经济社会融合互动发展，走出一条综合试验、统筹推进的新路子，务实推进新阶段长株潭试验区改革建设和全省“两型社会”建设。

2. 主要目标。长株潭试验区各项改革纵深推进，在资源节约、环境友好、产业优化、科技创新和土地管理等体制改革方面取得显著成效，基本形成比较完善的“两型社会”建设制度保障体系和新型工业化、农业现代化、新型城镇化、信息化的促进机制。环长株潭城市群基础设施保障水平全面增强，科技进步对经济发展的贡献率大幅上升，初步形成节约资源和保护环境的产业结构、增长方式和消费模式。到2015年，长株潭试验区单位地区生产总值能耗比2007年降低35%，城市空气质量达标率为93%以上，饮用水源达标率为98%，化学需氧量、二氧化硫排放量分别比2007年削减23%、12%，城镇化率达到70%；环长株潭城市群人均地区生产总值达到4.8万元，资源环境主要指标达到全国先进水平，城镇化率高于55%，初步成为具有湖湘特色、国际影响的现代化生态型城市群。全省三次产业结构由2010年的14.7:46:39.3调整为2015年的9.5:48.5:42，单位地区生产总值能耗和二氧化碳排放量相对2010年下降16%和17%，主要污染物排放进一步下降，森林覆盖率稳定在57%以上。

三、加快构建“两型”产业体系

1. 推动“两型”产业发展。积极实施“两型”产业振兴工程，着力构建科技含量高、资源消耗低、环境污染少、综合效益高的“两型”产业体系。推进传统产业高新化发展。支持钢铁、有色、石化、建材等原材料工业，轻纺、食品等消费品工业，工程机械、轨道交通等装备制造业，广泛应用先进适用“两型”技术进行改造提升，增强新产品开发能力和品牌创新能力，着力向研发、设计、品牌、服务等增值环节延伸，向高新化、集约化、清洁化和循环化方向发展。加强长株潭国家和省级“两化”融合试验区建设，实施企业信息化“登高计划”，推进物联网、云计算等新技术的研发应用，制订物联网产业发展规划和实施方案，积极创建长株潭国家级物联网新型工业化产业示范基地。建设数字湖南地理信息空间系统。以推进农业现代化为目标，加快转变农业发展方式，大力发展节约型农业、生态型农业、效益型农业和科技型农业，组织实施《全国新增1000亿斤粮食生产能力规划（2009—2020年）》，建设省会城市“菜篮子”产品重点县。建设现代农业示范区，支持长沙县、浏阳现代农业科技产业园、屈原管理区国家现代农业示范区建设，争创一批国家现代农业示范区。推进先进装备制造、新材料、文化创意、生物、新能源、信息、节能环保等战略性新兴产业规模化发展，建立技术创新、投融资服务、共性技术服务支撑平台，突破一批先进适用新技术、新产品、新工艺，培育一批成长性好、科技含量高、竞争能力强的“两型”产业龙头型、科技型、创新型企业，建设一批创新能力强、创业环境优、特色突出、集聚发展的“两型”产业基地，加快形成先导性、支柱性“两型”产业，成为带动经济结构调整和发展方式转变的先导力量。突出发展壮大生产性服务业，扩大提升生活性服务业，拓展新领域、发展新业态，推进规模化、集约化、品牌化、网络化经营，加快现代物流业、金融服务业、信息服务业等生产性服务业以及金融商务、服务外包、总部经济、会展经济等业态发展，建设一批在中部具有区域优势的现代物流中心。

2. 加快自主创新步伐。坚持把加强自主创新作为“两型社会”建设的中心环节，以企业为主体、市场为导向、重大创新平台为支撑，加强产学研用结合，大力推进原始创新、集成创新和引进消化吸收再创新，努力在“两型社会”建设重点领域、关键环节和核心技术上取得突破。搭建重大科技支撑、技术研发、科技资源共享和区域创新服务等科技创新平台，突出亚欧水资源研究和利用中心、中科院湖南技术转移中心等平台建设，加快完善技术创新体系、知识创新体系、区域创新体系和创新服务体系，依托重点园区、高校、科研院所和企业，加强国家和省部级实验室、企业研发中心、工程技术研究中心、博士后工作站建设，组建混合动力汽车、光伏、风电等产业技术创新联盟，建设一批科研成果转化和产业培育基地、科技企业孵化器。对接国家重大科技专项，组织实施电动汽车电池、新药创制等重大科技专项，把握“两型”技术创新需求，集中实施重大攻关项目，形成一批“两型”技术成果，推广转化为高端产品。加快国家综合性高技术产业基地建设，支持一批高水平的科技创业、创新示范和高新技术产业发展基地建设，建立创新激励和成果保护机制，鼓励企业和科研人员以技术、专利、商标等非货币资本参与分配，进一步加强创新型人才的引进、培养和使用，完善人才政策，加强创新团队建设。到2015年，长株潭试验区国家级创新平台达50个左右，省部级科技创新平台达300个，科技进步对经济增长的贡献率超过55%，每万人口发明专利拥有量达1.6件。

3. 优化产业发展布局。立足发挥区位交通、特色资源、产业基础、科教人才等比较优势，大力实施差异化发展战略，科学规划和确定区域“两型”产业发展方向，以发展特色“两型”产业培植区域产业竞争优势。着力将长株潭城市群建设成为全国重要的先进装备制造业基地、电子信息等高技术产业基地、文化创意产业基地、建筑节能与绿色建筑示范基地、国内知名的旅游目的地、可再生能源建筑应用示范推广重点区域、中部重要的现代服务业中心；将岳阳建设成为中南地区重要的石化工业基地和区域物流中心；将常德建设成为全省重要的农产品生产、加工和先进制造业配套基地；将衡阳建设成为全省综合制造产业基地、区域性物流中心和现代服务业示范城市；将益阳建设成为全省新能源基地和长株潭产业拓展承接基地、特色农产品加工基地；将娄底建设成为全省重要的能源原材料供应及先进制造业配套基地和区域性物流中心。重点建设长株潭工程机械、汽车及电动汽车产业基地，长沙、株洲航空航天产业园，株洲、湘潭轨道交通产业基地，着力将现代装备制造业打造成主营业务收入过万亿的巨型产业。突出长沙、株洲、湘潭、益阳高新区，岳阳、常德、宁乡经开区，以及长沙国家生物产业基地等国家级园区发展，加快提升省级开发区发展水平，加快形成以长株潭为核心，以岳阳—长株潭—衡阳、长株潭—益阳—常德、长株潭—娄底等三条产业经济带为骨架，以多点分布的重要开发园区为载体的产业梯度发展格局。到2015年，环长株潭城市群“两型”产业增加值占城市群GDP的比重达70%左右，基本形成与城市群资源环境相适应的新型产业体系和产业发展布局。

四、大力推进体制机制创新

1. 建立健全资源环境管理体制机制。强化资源环境综合管理，完善主体功能区规划，建立健全绩效考核、利益补偿机制。逐步推广资源有偿使用制度，推进节约水、电、煤、油、气等资源性产品的价格激励机制改革，逐步实施居民用水、电阶梯价格和非居民超定额用水、电累进加价制度，完善污水处理和生活垃圾处理收费制度。推进湘江等流域综合治理机制创新，建立以出入境水质状况为依据的生态补偿标准体系，形成流域上下游地区政府基于水量分配和水质控制的合作机制。推动实施“绿色信贷”、“绿色贸易”和“绿色保险”等环保措施，建立生态保护重点地区的森林生态效益区域补偿机制。建立排污权交易制度和省级排污权交易中心。建立新能源更新价格机制，理顺石油、煤炭、电力等传统能源与太阳能、天然气、沼气等新能源的价格比价关系。推进资源环境执法体制改革，探索建立环境公益诉讼制度。建立健全资源环境管理等领域的公众参与机制。

2. 推进土地管理体制机制创新。坚持以创新节约集约用地的体制机制为重点，建立工业园区和工业用地预申请制度，强化土地使用投入产出的门槛约束机制和检查机制，探索产业用地租售并举的多元化供应方式。创新土地利用规划和计划管理模式，探索节约集约用地的新型城市化发展模式，健全土地和矿产资源节约集约利用考评指标体系，实施差别化供用地政策，推进征用地制度、国土资源有偿使用制度改革。深化农村土地管理改革，探索建立市场化的农村土地使用权流转制度，实行耕地和基本农田保护有偿调剂、跨区域统筹制度，创新新增耕地指标的交易方式和平台。规范城乡建设用地增减挂钩，探索城乡共享土地增值收益的办法和机制。探索省内跨区耕地占补平衡机制。推进农村集体建设用地流转、宅基地确权、土地担保质押、户籍改革、农民变市民、城市和农村建立统一的土地流转市场等改革。探索改革农村产权制度，开展农村土地、山林、宅基地、住房等各类产权确权工作。推进农村土地整理复垦和整治，拓展新的用地空间。

3. 创新财税与投融资体制机制。完善财政转移支付制度，深入推进财政“省直管县”改革，探索建立横向财政转移支付制度。深化财税体制改革，探索开展环保税试点，改革资源税制度。探索建立城市群财税利益协调机制，重点消除城市群在统筹基础设施、产业布局、城乡建设、生态环境保护等方面的体制障碍。推进投资体制改革，规范发展政府融资平台，完善和规范融资性担保体系。加强市场化运作，建立促进“两型社会”建设的要素价格体系，壮大“两型社会”建设投融资平台，优先支持“两型”企业直接融资，积极扩大企业债券、中期票据、私募股权融资规模，鼓励和吸引各类社会资本、银信资金投入。注重培育上市后备资源，推动更多企业在境内外上市融资。促进金融改革与创新，设立区域性国有金融控股集团，建立OTC市场，争取环长株潭城市群国家级高新技术产业园区进入“新三板”扩大试点范围。发挥各类投资银行、投资基金和产业基金的作用，组建“两型”产业投资基金，发展创业投资基金、私募股权基金、小额贷款公司、村镇银行、担保公司、信托公司等，积极争取股份制商业银行和保险公司等金融机构在长株潭布局区域性中心，创建金融租赁公司、消费信贷公司，打造区域性金融中心。大力推进知识产权质押贷款试点工作。

4. 深化行政管理体制改革。深化行政审批制度改革，进一步规范精简行政审批事项，优化审批流程，深化集中审批、并联审批和网上审批，提高审批效能。不断完善“两型社会”建设重大事项集体决策、专家论证、社会参与相结合的决策机制，增强公共政策制定的透明度和公众参与度。全面贯彻实施《湖南省政府服务规定》，突出政府职能转变，加大政务主动公开力度，编制和完善“两型社会”建设信息公开指南和目录，重点推进“两型社会”建设的规划编制、重大项目建设等领域的公开。探索建立“两型社会”建设公共服务平台和办事服务平台，提高服务的便捷性和时效性。

5. 提升对外开放与合作水平。着力构建全方位、多层次的对外开放新格局。拓展开放空间。加强国际经贸交流与合作，统筹对内对外开放，深化央企对接，强化部省共建，加强与东盟、泛珠三角、台湾、长三角以及长江沿线、高铁沿线等区域合作，全面落实已经签署的部省合作和省际战略合作框架协议，加强基础设施、产业、市场对接。引导企业有序开展境外投资，扩大能源资源开发利用和环境治理合作。提升全社会开放度，在扩大经济领域开放的同时，扩大社会各领域的开放，构建全方位多层次的对外开放新格局。提升开放水平。加强外资投向引导，扩大“两型社会”建设利用外资规模。更加注重招商选资，积极抢抓承接产业转移的机遇，着力引进战略投资者和高端产业。加强与国内外大公司、大集团和高等院校、科研机构的对接合作，引进国内外资金、技术、人才等资源要素和先进经验。创新开放机制。加快转变外贸增长方式，培育省级国际服务外包示范区和具有国际资质的服务外包骨干企业，支持城市群保税加工业和保税物流业发展，加强口岸大通关建设，加快电子口岸实体平台建设，提升湖南国际电子商务平台功能。建立“两型社会”统一招商平台和协调机制。积极探索推进整体开发、委托开发、直接托管、共建园区等合作，通过BOT等形式，吸引国内外各类投资主体进入。转变外贸发展方式，优化进出口市场结构和产品结构，扩大传统优势产品、高新技术产品和高附加值产品出口，着力培育具有国际竞争力的主导产业、外贸企业和出口品牌，鼓励进口关键设备、技术和重要资源。到2015年，形成3—5个年销售收入过100亿美元的本土跨国公司。

五、切实加强资源节约利用和生态环境保护

1. *加强资源节约*。大力推广农民集中居住、农用地规模集约经营、城市土地立体开发、存量建设用地盘活有效利用等节地模式。贯彻实施《中共中央国务院关于加快水利改革发展的决定》和我省的实施意见，推进节水型社会建设，着力培育水权交易市场，实行区域总量控制和定额管理相结合的用水管理制度。加快矿产资源整合，健全矿产资源开采“三率”考核体系。提高资源综合回收利用率，支持工业和建筑废弃物利用、可再生能源规模化利用。大力发展循环经济，重点支持汨罗国家城市矿产示范基地、长沙（浏阳、宁乡）国家再制造示范基地建设，积极引导企业、园区、区域形成效益显著、特色鲜明的循环经济发展模式。

2. *突出节能减排*。健全完善节能减排激励约束机制和监督管理机制，着力推动节能减排的标准化、信息化、市场化。实施节能减排全覆盖工程，以推广节能减排在线监管为突破口，以技术节能和管理节能为重点，以标准指引、价格引导等为支撑，运用合同能源管理等方式实施一批节能减排示范项目，实施“万家企业节能行动”，突出抓好工业节能“511”工程。推进建筑节能、交通节能，引导商业和民用节能，推广绿色建筑示范工程和可再生能源建筑应用，加强办公建筑和大型公共建筑用能管理，推进公共建筑和新建建筑节能监管体系建设，逐步开展既有建筑节能改造，打造清洁节能交通体系，推广新能源公交，科学规划公交路网结构，推广宾馆酒店新型智能节电管理改造等做法。重点实施产业节能等工程，大力开展能效水平对标达标活动，切实降低综合能耗。加快降碳、低碳和碳捕捉技术研发。建立健全政策法规、考核评价、行业标准、技术服务、投融资服务和执法监督体系，严格执行固定资产投资项目能评制度，积极开展节能量交易和碳交易试点。积极培育节能服务公司和节能服务市场。抓好长沙国家节能减排财政政策综合示范工作，支持株洲、湘潭积极申报国家节能减排示范城市。

3. *加大环境保护*。按环境容量调整工业布局，严格新建项目的环境准入制度，切实加大落后产能淘汰力度。强化城市环境保护，加强自来水水源监测和污染源监管，加强城镇污水管网、污水处理厂和生活垃圾无害化处置设施建设和管理，推广污水处理回用，到2015年，全省设市城市污水处理率达90%以上、生活垃圾无害化处理率达100%。加大扬尘治理、机动车尾气污染防治、城市噪声污染控制等力度。加强农村环境保护，扎实推进农村环境连片整治，全面推广长沙县、攸县等地农村环保的经验，推进养殖场污染综合治理，加强集中供水和分散式生活污水、生活垃圾收集处理等工程建设。合理布点垃圾收集处理项目，积极推广先进适用的垃圾分类收集、运输、处理方式。

4. *强化生态建设*。坚持保护优先和自然恢复为主，加快建设绿色湖南，重点实施“一心（长株潭绿心）、一脉（湘江）、一肾（洞庭湖）”保护工程。通过专门立法，加强长株潭绿心保护，建立生态补偿机制，进一步明确补偿的标准、规模、范围，严格按照规划划分禁止开发区、限制开发区、控制开发区，对区域内湿地、山林、水面、河谷等生态系统进行保护和修复。加强湘江流域综合治理，以控制沿江地区项目准入和开发强度为重点，着力实施《湘江流域重金属污染治理实施方案》以及水污染综合整治新的行动计划，以湘江流域坪塘、清水塘、竹埠港、水口山等工业区治污为重点，实施重金属污染治理、流域截污治污、城市洁净、农村面源污染治理、生态修复等工程；以长沙月亮岛、株洲空洲岛、衡阳东洲岛等提质为重点，推进湘江生态经济带建设。巩固洞庭湖污染治理成果，调整环湖产业结构，加快洞庭湖保护立法步伐，落实《洞庭湖国家级生态功能保护区建设规划》。在全省加强重点生态功能区保护和管理，着力抓好封山育林、退耕还林、退田还湖等生态环境修复工程和生态林工程建设，提高森林碳汇功能，加大对生态风景名胜区、饮用水源、生态敏感区的保护，以生态创建带动城乡绿化，构建区域生态环境安全体系、区域环境保护联动机制、生物入侵预警预防机制、“四水”流域治理问责机制。

六、促进城乡区域协调发展

1. *推进区域协调发展*。按照“四化两型”战略的要求，充分发挥和扩大“两型社会”建设的政策效应，加快推进长株潭试验区建设步伐，辐射带动环长株潭城市群和全省发展。环长株潭五市要在产业发展、跨区域重大基础设施建设、要素市场平台搭建、示范区建设等领域，加强与长株潭地区的对接与合作，推进“两型社会”改革建设。统筹兼顾湘南地区、湘西地区“两型社会”建设工作，制订“两型社会”建设实施方案和总体规划。按照“两型”要求，立足本地基础，湘南地区着力建设承接产业转移示范区，湘西武陵山区突出集中连片扶贫开发，不断缩小区域发展差距，实现共同繁荣发展。

2. *推进城乡统筹建设*。坚持以建设“两型”城镇为载体，把社会主义新农村建设纳入“两型社会”建设总体规划，推进城乡在“两型社会”建设中共同发展。突出体制机制创新，总结推广各地好的经验做法，加快建立城乡规划、城乡基础设施、城乡产业发展、城乡公共服务、城乡要素市场、城乡社会管理一体化的制度保障。突出“两型”城乡规划建设，构建市、县城、中心镇、乡、村层次清楚的城乡规划体系，在做大做强中心城市的同时，切实抓好县城的扩容提质，规划建设一批特色小城镇，加大社会主义新农村建设力度，按照资源节约、环境友好的要求推进交通、供水、污水处理、垃圾处理、可再生能源利用等基础设施建设。推动城市资本、技术与农村资源相结合，广泛开展“万企联村、共同发展”活动，提升城镇产业聚集功能。突出产业支撑，提升城镇产业聚集功能，增强以工补农、以城带乡的能力，构建合理的城乡产业分工体系。

突出城乡结合部建设管理，大力开展专项整治，推动城市文明、现代理念向农村扩展，促进城乡结合部健康有序发展。重点推进攸县、韶山市、冷水江市、汉寿县、嘉禾县等城乡一体化示范县建设。

3. 推进综合交通体系建设。按照“一体规划、突出两型、统筹协调、适度超前”的要求，着力打造以轨道交通为主轴、以水能充分利用为重点、以公路和其他交通方式为支撑、各种交通网络无缝衔接的“两型”综合立体交通网。加快高速铁路建设，力争沪昆客运专线湖南段如期建成通车，推动构建长沙高铁枢纽，启动长沙—福州（厦门）客运专线前期研究。完成湘桂、娄邵、石长等铁路扩能工程，新建怀邵衡、黔张常、常岳九、岳吉、荆岳铁路，构建铁路骨干网，启动靖永郴、桂郴赣、安张衡铁路前期工作。加快推进环长株潭城市群760公里城际轨道交通线建设，建成长株潭线、长益常线、长浏线，适时启动长岳线、株衡线、潭娄线项目前期工作。大力推进环长株潭城市群交通一体化，加快核心区城际干道网、高速公路网建设，实现城市群内相邻市之间全部以高速公路连接，所有县市区30分钟内上高速公路，相邻县市区之间全部以二级以上公路连接，提升公路网络的内联外达功能。利用既有道路，规划建设长株潭三市内环线。推进湘江长沙综合枢纽和湘江2000吨级航道建设工程，打造以长江、湘江和沅水为主通道的航运体系，加快岳阳、长株潭、常德、衡阳等港口规模化、专业化建设。重点启动黄花机场飞行区东扩工程，把黄花机场加快打造成为区域性国际航空枢纽机场；推进衡阳、岳阳机场建设和常德桃花源机场扩建工程，适时启动株洲和娄底通用机场建设。

4. 推进能源、水利、通信等设施建设。按照“两型”要求，着力增强能源保障能力。依托岳阳、长株潭管道枢纽，构建覆盖城市群中等规模以上城市的油气运输管道网络体系。重点支持分布式能源系统建设，科学发展核能、风能、生物质能等。加快智能电网建设，以长沙特高压交流枢纽站和湘潭直流枢纽站为依托，打造500千伏双环网。加快新一轮农村电网升级改造工程，5年内基本建成安全可靠、节能环保的新型农村电网。推进户用沼气建设，推广太阳能、地源热能建筑一体化应用。加快建设安全水利、民生水利、生态水利。加强水土流失治理，突出农田水利、中小河流和山洪地质灾害治理、水资源配置工程等重点薄弱环节建设，加快农村安全饮水、病险水库和水闸除险加固、大型灌区和泵站改造等民生工程建设，重点推进洞庭湖治理、涔天河水库扩建等工程建设，抢抓湖南省作为全国水利改革综合试点省的机遇，加快推进全省水利改革，力争用3年左右时间，逐步建立完善的水资源管理体制机制、稳定多元和持续增长的水利投入机制、科学有效的水利工程建设管理体制、服务高效的基层水利服务体系。加快长株潭“三网融合”试点，建设新一代移动通信、下一代互联网、数字电视等信息网络设施，率先建成高速信息城域网。加快国家超算长沙中心、“呼叫中心”、“数据中心”等信息平台建设。推进物联网、云计算等新技术的研发应用。逐步完善政务、企业、电子商务、经济与科技、社会公共服务等一体化信息服务系统。加强国际通信网络设施建设。

七、着力改善民生

1. 推动社会事业发展。认真贯彻落实《湖南省保障和改善民生实施纲要（2011—2015年）》，加快推进以改善民生为重点的社会建设，大力推进扩大就业、医疗卫生、文化和社会保障等民生工程，建立比较完整、覆盖城乡、可持续的基本公共服务体系。实施促进就业的财政、税收、金融、外贸等政策，推进创业型城市建设，完善人力资源市场体系，统筹做好城镇新生劳动力就业、农村富余劳动力转移就业和失业人员再就业，“十二五”期间，力争城镇登记失业率控制在5%以内，全省城镇净增就业人数300万人以上，新增农村劳动力转移就业300万人以上。深化医疗卫生体制改革，积极稳妥推进公立医院改革，优化配置医疗卫生资源，实现城乡居民人人享有优质的基本医疗卫生服务，建立统筹城乡、保障基本医疗、满足多层次需要的医疗保障体系。推进以养老保险为重点的社会保障体系建设，发展普惠型老年社会福利事业。完善住房保障体系建设，大力推进保障性住房建设。加快国家教育综合改革示范区建设，完善人力资源市场体系，健全完善覆盖城乡的职业教育培训制度和“9+2”免费教育培训制度。加大公共文化服务体系、服务工程建设，重点深化公益性文化事业单位改革，推进经营性文化事业单位转企改制。深化户籍制度改革，有序放宽户籍限制，实施进城农民工安居乐业工程。“十二五”期间，全省累计实现500万农村人口市民化。建立完善被征地农民社会保障制度，规范被征地农民社会保障资金管理。

2. 创新优化社会管理。切实加强和完善社会管理格局，强化党委、政府社会管理职能，强化各类企事业单位社会管理和服务职责，引导各类社会组织、人民团体和广大群众参与社会管理。加快社会管理体制机制改革，完善公共治理结构，健全矛盾调处、诉求表达、权益保障和利益协调机制，加强社会矛盾源头治理。建立健全重大工程项目建设和重大政策制定的社会稳定风险评估机制。加强基层社会管理和服务体系建设，健全新型社区管理和服务体制，探索“社区管理社会化”，推行村（居）事务准入制度，构建社区资源共享机制和社区综合治理机制，积极稳妥推进村改社区工作。积极构建公共安全体系，健全食品药品安全监管机制和安全生产监管体制，完善社会治安防控体系，完善应急管理体制。创新治安管理与城市管理、市场管理、行业管理等有机结合的新模式。创新流动人口、社会组织和虚拟社会管理。抓好综治信访维稳中心工作机制建设，推进人民调解与司法调解、行政调解、综治工作、信访工作的紧密结合，建立化解矛盾纠纷新机制。

八、突出示范引领

1. 推动示范区改革发展。坚持以“两型”为主题，以体制机制创新、基础设施建设、产业布局优化和发展为重点，推行部省共建、省市共建、市企共建、中外共建等模式，大力推进大河西、云龙、昭山、天易、滨湖五大示范区和郴资桂示范带等建设，努力把示范区打造成为加快经济发展方式转变的引领区和新的核心增长极。着力构建“两型”主导产业。坚决淘汰高能耗、高排放、高污染的项目和产业，严格把好产业和企业准入“门槛”，率先形成以“两型”产业为核心，高新技术产业和优势传统产业相互促进的示范区现代新型产业体系。力争到2015年，每个示范区形成“两型”主导产业。大力推进基础设施建设。按照基础先行、功能配套、资源共享、集约高效的原则，加紧建设一批道路、供水排水、能源供应、信息传输、污水垃圾处理、标准厂房等基础设施项目。推广运用“两型”理念、技术、产品，打造“两型”基础设施建设集中展示区。加强环境保护和整治。重点推进大河西先导区坪塘生态修复和污染治理工程，提升岳麓山、常德柳叶湖等景区的生态旅游和服务功能；推进云龙示范区清水塘地区战略性改造；切实保护昭山示范区“绿心”资源，打造国际水平的生态经济区和高端服务区；加快建设天易示范区株洲湘潭两市的绿色空间隔离廊道；加快实施滨湖示范区松洋湖生态治理工程。创新示范区工作机制。建立益阳鱼形山等“两型”特色区域中心建设的综合协调机制，发挥示范带动作用。全面推进示范区统计工作，建立示范区总体统筹调度、目标任务和风险评估、工作纠偏和年度考核评价等机制。

2. 实施“两型”示范创建工程。开展以“两型”产业发展、城乡建设、生态文明建设、改革创新、对外开放、民生发展等为重点的“两型”示范工程建设，以及以“两型”生产、生活、消费等为重点的“两型”示范单位创建活动，在新型工业化、农业现代化、新型城镇化、信息化建设中全面体现“两型”要求，通过规划设计创新、政策支持、项目建设、宣传教育等综合手段，率先形成好的思路、机制和做法，加强总结推广，带动全省“两型社会”建设。到2015年，形成200个左右示范作用较强的示范单位以及100个“两型”建设模式。开展“两型”技术产品示范推广活动，搭建示范推广平台，出台“两型”技术产品推广目录，积极研究开发和遴选一批“两型”技术产品在试验区乃至全省推广。组织开展“两型”技术产品进万家活动。探索建立面向“两型”技术产品的区域性和全国性中心市场。

3. 推进“两型”评价指标体系和标准化建设。建立完善“两型社会”建设评价指标，逐步形成“两型社会”建设的统计体系，及时发布相关数据和评价指数。加快建立发展规划、项目建设“两型性”审查和认定制度。依托“两型”示范创建工程等工作，逐步形成“两型”建设标准，纳入湖南省地方标准系列。积极开展“两型”企业、“两型”技术产品等认证工作，建立标识认证体系。探索建立领导干部资源环境离任审计制度和企业“两型”审计制度，以及“两型”工作报告和实绩评估制度。

九、强化和完善保障措施

1. 进一步加强组织领导。坚持和完善“省统筹、市为主、市场化”的领导体制和推进机制，长株潭试验区党工委和管委会要强化职能和手段，突出加强对试验区改革建设的统筹、组织、协调、督查、服务。各市州担负“两型社会”建设主体责任，要进一步完善工作机制，充分发挥主观能动性和创造性，涉及“两型社会”建设的重大事项，应积极主动加强与长株潭试验区党工委、管委会及有关部门的对接。省直各部门要立足自身职能职责，主动做好政策引导、项目申报、平台搭建、标准制定、示范创建、宣传教育等工作，加强协调沟通，形成共同推进“两型社会”建设的联动机制。建立对各市州、各部门主要负责人“两型社会”建设重点工作完成情况的述职评价制度。建立科学的“两型社会”绩效考评机制，明确问责主体，落实责任追究制度，把加快经济发展方式转变、推进“两型社会”建设的目标和要求具体化，转化为可考评的指标，并纳入各级领导班子和领导干部考核评价体系，加强督查落实。

2. 发挥规划统领作用。把规划作为“两型社会”建设的综合性、全局性、基础性工作。完善和提升各专项规划，实现规划的全覆盖，按照主体功能区规划的要求，推进经济社会发展规划、土地利用规划、城市总体规划、投融资规划“四规统一”，编制湘江科学发展规划、水府庙水库流域保护规划等跨区域重大规划，推进城市群区域规划、长株潭绿心地区总体规划、综合交通体系规划、系统性融资规划、生态建设规划等专项规划实施。加快制订各市州“两型社会”建设发展总体规划和相关专项规划，完成环长株潭城市群八市总体规划修编，出台示范片区总体规划及控制性详细规划和改革建设实施方案。加强各规划间、各区域间的对接，突出环长株潭城市群规划的整体性，完善八市规划局长联席会议制度。强化规划的权威性，突出抓好《湖南省长株潭城市群区域规划条例》、《湖南省人大常委会关于保障和促进长株潭城市群“两型社会”建设综合配套改革试验区工作的决定》的贯彻落实，出台《湖南省长株潭城市群区域规划条例实施细则》。建立项目规划审核、重大规划衔接、规划动态管理和规划否决等制度，强化规划执法，严肃查处违规行为。

3. 强化政策法规支持。省直各部门要围绕“两型”产业发展、“两型”城市建设、“两型”农业、城乡统筹、生态建设、社会管理等重点领域，从激励“两型”、约束“非两型”的角度，抓紧研究出台相关政策措施。尽快出台支持试验区改革建设尤其是示范片区的支持政策，制定完善土地利用、产业发展、投融资、资源环境、招商引资、简政放权等方面的配套政策，加快形成保障有力的政策体系。加大省级财政支持力度，从2012年起将“两型社会”建设专项资金列入财政预算。省各类财政专项资金都要适当向“两型社会”建设集中投放。鼓励地方设立相应专项资金。建立完善政府“两型”采购制度，加大对“两型”产品、技术、产业、标准等发展和推广的引导支持力度。认真贯彻《法治湖南建设纲要》，颁布实施《长株潭生态绿心保护条例》，适时制定出台《长株潭城市群“两型社会”综合配套改革试验促进条例》，加强执法和监督工作，为推动试验区建设和全省“两型社会”建设提供法治保障。

4. 加大宣传教育力度。出台“两型社会”建设宣传教育纲要，拓展宣传渠道，采取媒体报道、课题研究、专题活动、形象展示等多种形式，加强“两型社会”建设宣传报道，将“两型”教育纳入各级党委中心组学习内容和干部培训机构教学计划，纳入基础教育、职业教育和在职教育体系，扎实做好长株潭“两型社会”展览馆提升工作，形成全方位、多层面的宣传教育格局，在全社会营造共建共享的浓厚氛围。

附件：加快长株潭试验区改革建设全面推进全省“两

型社会”建设重点工作责任分工

附件：

加快长株潭试验区改革建设全面推进全省“两型社会”建设重点工作责任分工

一、加快构建“两型”产业体系

1. 推动“两型”产业发展

——推进传统产业高新化发展，支持钢铁、有色、石化、建材等原材料工业，轻纺、食品等消费品工业，工程机械、轨道交通等装备制造业应用先进适用“两型”技术进行改造提升。（省经信委、省发改委、省国资委、省科技厅、相关市州政府等负责）

——加强长株潭国家级和省级“两化”融合试验区建设，实施企业信息化“登高计划”，推进物联网、云计算等新技术的研发应用，制订物联网产业发展规划和实施方案，积极创建长株潭国家级物联网新型工业化产业示范基地。（省经信委、省国资委、省科技厅、省商务厅、相关市州政府等负责）

——建设数字湖南地理信息空间系统。（省国土资源厅牵头）

——组织实施《全国新增1000亿斤粮食生产能力规划（2009—2020年）》，建设省会城市“菜篮子”产品重点县。建设现代农业示范区，支持长沙县、浏阳现代农业科技产业园、屈原管理区国家现代农业示范区建设，争创一批国家现代农业示范区。（省农业厅牵头）

——推进先进装备制造、新材料、文化创意、生物、新能源、信息、节能环保等战略性新兴产业规模化发展，建立技术创新、投融资服务、共性技术服务支撑平台，加快形成先导性、支柱性“两型”产业，成为带动经济结构调整和发展方式转变的先导力量。（省经信委牵头）

——加快现代物流业、金融服务业、信息服务业等生产性服务业以及金融商务、服务外包、总部经济、会展经济等业态发展，建设一批在中部具有区域优势的现代物流中心。（省发改委、省经信委、省商务厅、省交通运输厅、省政府金融办、相关市州政府等负责）

2. 加快自主创新步伐

——搭建重大科技支撑、技术研发、科技资源共享和区域创新服务等科技创新平台，突出亚欧水资源研究和利用中心、中科院湖南技术转移中心等平台建设，加强国家和省部级重点实验室、企业研发中心、工程技术研究中心、博士后工作站建设，组建混合动力汽车、光伏、风电等产业技术创新联盟，建设一批科研成果转化和产业培育基地、科技企业孵化器。（省科技厅、省发改委、省经信委、省教育厅等负责）

——对接国家重大科技专项，组织实施电动汽车电池、新药创制等重大科技专项，把握“两型”技术创新需求，集中实施重大攻关项目，形成一批“两型”技术成果，推广转化为高端产品。（省科技厅牵头）

——加快国家综合性高技术产业基地建设，支持一批高水平的科技创业、创新示范和高新技术产业发展基地建设，建立创新激励和成果保护机制，鼓励企业和科研人员以技术、专利、商标等非货币资本参与分配，进一步加强创新型人才的引进、培养和使用，完善人才政策。（省发改委、省科技厅、省经信委、省人力资源和社会保障厅等负责）

3. 优化产业发展布局

——着力将长株潭城市群建设成为全国重要的先进装备制造业基地、电子信息等高技术产业基地、文化创意产业基地、建筑节能与绿色建筑示范基地、国内知名的旅游目的地、可再生能源建筑应用示范推广重点区域、中部重要的现代服务业中心；将岳阳建设成为中南地区重要的石化工业基地和区域物流中心；将常德建设成为全省重要的农产品生产、加工和先进制造业配套基地；将衡阳打造成为全省综合制造产业基地、区域性物流中心和现代服务业示范城市；将益阳建设成为全省新能源基地和长株潭产业拓展承接基地、特色农产品加工基地；将娄底建设成为全省重要的能源原材料供应及先进制造业配套基地和区域性物流中心。重点建设长株潭工程机械、汽车及电动汽车产业基地，长沙、株洲航空航天产业园，株洲、湘潭轨道交通产业基地，着力将现代装备制造业打造成主营业务收入过万亿的巨型产业。（省发改委、省经信委、省商务厅、省旅游局、省交通运输厅、省农业厅、相关市政府等负责）

——突出长沙、株洲、湘潭、益阳高新区和岳阳、常德、宁乡经开区，以及长沙国家生物产业基地等国家级园区的发展，加快提升省级开发区发展水平，加快形成以长株潭为核心，以岳阳—长株潭—衡阳、长株潭—益阳—常德、长株潭—娄底等三条产业经济带为骨架，以多点分布的重要开发园区为载体的产业梯度发展格局。（省发改委、省科技厅、相关市州政府等负责）

二、大力推进体制机制创新

4. 建立健全资源环境管理体制机制

——强化资源环境综合管理，完善主体功能区规划，建立健全绩效考核、利益补偿机制。（省发改委、省绩效办、省财政厅等负责）

——逐步推广资源有偿使用制度，推进节约水、电、煤、油、气等资源性产品的价格激励机制改革，逐步实施居民用水、电阶梯价格和非居民超定额用水、电累进加价制度，完善污水处理和生活垃圾处理收费制度。（省物价局、省发改委、省住房和城乡建设厅、省水利厅、省经信委、湖南电监办等负责）

——推进湘江等流域综合治理机制创新，建立以出入境水质状况为依据的生态补偿标准体系，形成流域上下游地区政府基于水量分配和水质控制的合作机制。（省环保厅、省水利厅、省财政厅等负责）

——推动实施“绿色信贷”、“绿色贸易”和“绿色保险”等环保措施，建立生态保护重点地区的森林生态效益区域补偿机制，建立排污权交易制度。（省财政厅、省环保厅、省商务厅、省物价局、人民银行长沙中心支行、湖南银监局、湖南保监局等负责）

5. 推进土地管理体制机制创新

——建立工业园区和工业用地预申请制度，强化土地使用投入产出的门槛约束机制和检查机制，探索产业用地租售并举的多元化供应方式。创新土地利用规划和计划管理模式，探索节约集约用地的新型城市化发展模式，健全土地和矿产资源节约集约利用考评指标体系，实施差别化供用地政策，推进征用地制度、国土资源有偿使用制度改革。（省国土资源厅、各市州政府等负责）

——深化农村土地管理改革，探索建立市场化的农村土地使用权流转制度，实行耕地和基本农田保护有偿调剂、跨区域统筹制度，创新新增耕地指标的交易方式和平台。规范城乡建设用地增减挂钩，探索城乡共享土地增值收益的办法和机制。探索省内跨区耕地占补平衡机制。推进农村集体建设用地流转、宅基地确权、土地担保质押、户籍改革、农民变市民、城市和农村建立统一的土地流转市场等改革。探索改革农村产权制度，开展农村土地、山林、宅基地、住房等各类产权确权工作。推进农村土地整理复垦和整治，拓展新的用地空间。（省农办、省国土资源厅、各市州政府等负责）

6. 创新财税与投融资体制机制

——完善财政转移支付制度，深入推进财政“省直管县”改革，探索建立横向财政转移支付制度。（省财政厅牵头）

——深化财税体制改革，探索开展环保税试点，改革资源税制度。探索建立城市群财税利益协调机制，重点消除城市群在统筹基础设施、产业布局、城乡建设、生态环境保护等方面的体制障碍。（省财政厅、省国税局、省地税局等负责）

——推进投资体制改革，规范发展政府融资平台，完善和规范融资性担保体系。加强市场化运作，建立促进“两型社会”建设的要素价格体系，壮大。“两型社会”建设投融资平台，优先支持“两型”企业直接融资，积极扩大企业债券、中期票据、私募股权融资规模，鼓励和吸引各类社会资本、银信资金投入。（省发改委牵头）

——促进金融改革与创新，设立区域性国有金融控股集团，建立 OTC 市场，争取环长株潭城市群国家级高新技术产业园区进入“新三板”扩大试点范围。发挥各类投资银行、投资基金和产业基金的作用，组建“两型”产业投资基金，发展创业投资基金、私募股权基金、小额贷款公司、村镇银行、担保公司、信托公司等，积极争取股份制商业银行和保险公司等金融机构在长株潭布局区域性中心，创建金融租赁公司、消费信贷公司，打造区域性金融中心。大力推进知识产权质押贷款试点工作。（省政府金融办、湖南银监局、省发改委、人民银行长沙中心支行等负责）

7. 深化行政管理体制改革

——深化行政审批制度改革，进一步规范精简行政审批事项，优化审批流程，深化集中审批、并联审批和网上审批，提高审批效能。（省审改办牵头）

——全面贯彻实施《湖南省政府服务规定》，突出政府职能转变，加大政务主动公开力度，编制和完善“两型社会”建设信息公开指南和目录，重点推进“两型社会”建设的规划编制、重大项目建设等领域的公开。探索建立“两型社会”建设公共服务平台和办事服务平台，提高服务的便捷性和时效性。（省政务公开办、省政府法制办、相关市州政府等负责）

8. 提升对外开放与合作水平

——加强与东盟、泛珠三角、台湾、长三角以及长江沿线、高铁沿线等区域合作，全面落实已经签署的部省合作和省际战略合作框架协议，加强基础设施、产业、市场对接。引进国内外资金、技术、人才等资源要素和先进经验。（省发改委、省商务厅、省国资委、省科技厅、省人力资源和社会保障厅、省经协办、省台办、省贸促会等负责）

——加快转变外贸增长方式，培育省级国际服务外包示范区和具有国际资质的服务外包骨干企业，支持城市群保税加工业和保税物流业发展，加强口岸大通关建设，加快电子口岸实体平台建设，提升湖南国际电子商务平台功能。（省商务厅、省政府口岸办、长沙海关、湖南出入境检验检疫局等负责）

——注重招商选资，着力引进战略投资者和高端产业。建立“两型社会”统一招商平台和协调机制。积极探索推进整体开发、委托开发、直接托管、共建园区等合作，通过 BOT 等形式，吸引国内外各类投资主体进入。（省商务厅、省经协办、省贸促会、相关市州政府等负责）

三、切实加强资源节约利用和生态环境保护

9. 加强资源节约

——推广农民集中居住、农用地规模集约经营、城市土地立体开发、存量建设用地盘活有效利用等节地模式。（省国土资源厅、省农办、相关市州政府等负责）

——贯彻实施《中共中央国务院关于加快水利改革发展的决定》和我省的实施意见，推进节水型社会建设，着力培育水权交易市场，实行区域总量控制和定额管理相结合的用水管理制度。（省水利厅、省物价局等负责）

——加快矿产资源整合，健全矿产资源开采“三率”考核体系。（省国土资源厅牵头）

——支持工业和建筑废弃物利用。（省经信委、省住房和城乡建设厅等负责）

——大力发展循环经济，重点支持汨罗国家城市矿产示范基地、长沙（浏阳、宁乡）国家再制造示范基地建设，积极引导企业、园区、区域形成效益显著、特色鲜明的循环经济发展模式。（省发改委、相关市州政府等负责）

10. 突出节能减排

——健全完善节能减排激励约束机制和监督管理机制，着力推动节能减排的标准化、信息化、市场化。实施节能减排全覆盖工程，以推广节能减排在线监管为突破口，以技术节能和管理节能为重点，以标准指引、价格引导等为支撑，运用合同能源管理等方式实施一批节能减排示范项目，实施“万家企业节能行动”，突出抓好工业节能“511”工程。推进建筑节能、交通节能，引导商业和民用节能，推广绿色建筑示范工程和可再生能源建筑应用，加强办公建筑和大型公共建筑用能管理，推进公共建筑和新建建筑节能监管体系建设，逐步开展既有建筑节能改造，打造清洁节能交通体系，推广新能源公交，推广宾馆酒店新型智能节电管理改造等做法。重点实施产业节能等工程，大力开展能效水平对标达标活动，切实降低综合能耗。

（省发改委、省经信委、省国资委、省住房和城乡建设厅、省交通运输厅、省旅游局、省环保厅、省商务厅等负责）

——加快降碳、低碳和碳捕捉技术研发。（省科技厅牵头）

——建立健全政策法规、考核评价、行业标准、技术服务、投融资服务和执法监督体系，严格执行固定资产投资项目能评制度，积极开展节能量交易和碳交易试点。（省发改委、省经信委、省财政厅、省环保厅、省住房和城乡建设厅、省机关事务管理局、湖南质监局、各市州政府等负责）

——积极培育节能服务公司和节能服务市场。抓好长沙国家节能减排财政政策综合示范工作，支持株洲、湘潭积极申报国家节能减排示范城市。（省财政厅、省发改委、相关市政府等负责）

11. 加大环境保护

——按环境容量调整工业布局，严格新建项目的环境准入制度，切实加大落后产能淘汰力度。（省环保厅、省经信委、各市政府等负责）

——强化城市环境保护，加强自来水水源监测和污染源监管，加快城镇污水管网、污水处理厂和生活垃圾无害化处置设施建设和管理，推广污水处理回用。（省住房和城乡建设厅、省发改委、省环保厅、省水利厅等负责）

——加大扬尘治理、机动车尾气污染防治、城市噪声污染控制等力度。加强农村环境保护，扎实推进农村环境连片整治，全面推广长沙县、攸县等地农村环保的经验，推进养殖场污染综合治理，加强集中供水和分散式生活污水、生活垃圾收集处理等工程建设。合理布点垃圾收集处理项目，积极推广先进适用的垃圾分类收集、运输、处理方式。（省环保厅、省农办、省发改委、省住房和城乡建设厅、各市州政府等负责）

12. 强化生态建设

——重点实施“一心（长株潭绿心）、一脉（湘江）、一肾（洞庭湖）”保护工程。加强长株潭绿心保护，严格按照规划划分禁止开发区、限制开发区、控制开发区，对区域内湿地、山林、水面、河谷等生态系统进行保护和修复。（相关市政府、省林业厅、省住房和城乡建设厅、省环保厅、省财政厅、省政府法制办等负责）

——实施《湘江流域重金属污染治理实施方案》以及水污染综合整治新的行动计划，以湘江流域坪塘、清水塘、竹埠港、水口山等工业区治污为重点，实施重金属污染治理、流域截污治污、城市洁净、农村面源污染治理、生态修复等工程；推进湘江生态经济带建设。加快洞庭湖保护立法步伐，落实《洞庭湖国家级生态功能保护区建设规划》。（省发改委、省环保厅、省财政厅、省经信委、省住房和城乡建设厅、省农业厅、省水利厅、省国资委、省有色金属管理局、相关市政府等负责）

——抓好封山育林、退耕还林、退田还湖等生态环境修复工程和生态林工程建设，构建区域生态环境安全体系、区域环境保护联动机制、生物入侵预警预防机制、“四水”流域治理问责机制。（省林业厅、省环保厅、省水利厅、各市州政府等负责）

四、促进城乡区域协调发展

13. 推进区域协调发展

——加快推进长株潭试验区建设步伐。环长株潭五市要在产业发展、跨区域重大基础设施建设、要素市场平台搭建、示范区建设等领域，加强与长株潭地区的对接与合作，推进“两型社会”改革建设。统筹兼顾湘南、湘西地区“两型社会”建设，制定“两型社会”建设实施方案和总体规划。湘南地区着力建设承接产业转移示范区，湘西武陵山区突出集中连片扶贫开发。（省长株潭试验区管委会牵头）

14. 推进城乡统筹建设

——建立城乡规划、城乡基础设施、城乡产业发展、城乡公共服务、城乡要素市场、城乡社会管理一体化的制度保障。（省农办牵头）

——构建市、县城、中心镇、乡、村层次清楚的城乡规划体系，抓好县城扩容提质，规划建设特色城镇，加大社会主义新农村建设力度，按照资源节约、环境友好的要求推进交通、供水、污水处理、垃圾处理、可再生能源利用等基础设施建设。推动城市资本、技术与农村资源相结合，广泛开展“万企联村、共同发展”活动，提升城镇产业聚集功能。（省住房和城乡建设厅、省农办、省交通运输厅、省委统战部、省工商联、各市州政府等负责）

——突出城乡结合部建设管理，大力开展专项整治，推动城市文明、现代理念向农村扩展，促进城乡结合部健康有序发展。推进攸县、韶山市、冷水江市、汉寿县、嘉禾县等城乡一体化示范县建设。（省住房和城乡建设厅、省农办、相关市州政府等负责）

15. 推进综合交通体系建设

——加快高速铁路建设，力争沪昆客运专线湖南段如期建成通车，推动构建长沙高铁枢纽，启动长沙—福州（厦门）客运专线前期研究。完成湘桂、娄邵、石长等铁路扩能工程，新建怀邵衡、黔张常、常岳九、岳吉、荆岳铁路，构建铁路骨干网，启动靖永郴、桂郴赣、安张衡铁路前期工作。加快推进环长株潭城市群760公里城际轨道交通线建设，建成长株潭线、长益常线、长浏线，适时启动长岳线、株衡线、潭娄线项目前期工作。（省发改委、省财政厅、省重点办、相关市州政府等负责）

——大力推进环长株潭城市群交通一体化，加快核心区城际干道网、高速公路网建设，实现城市群内相邻市之间全部以高速公路连接，所有县市区30分钟内上高速公路，相邻县市区之间全部以二级以上公路连接，提升公路网络的内联外达功能。利用既有道路，规划建设长株潭三市内环线。（相关市政府、省交通运输厅、省重点办等负责）

——推进湘江长沙综合枢纽和湘江2000吨级航道建设工程，打造以长江、湘江和沅水为主通道的航运体系，加快岳阳、长株潭、常德、衡阳等港口规模化、专业化建设。（省交通运输厅、省重点办、相关市政府等负责）

——启动黄花机场飞行区东扩工程，把黄花机场加快打造成为区域性国际航空枢纽机场。推进衡阳、岳阳机场建设和常德桃花源机场扩建工程，适时启动株洲和娄底通用机场建设。（省机场管理集团、省重点办、相关市政府等负责）

16. 推进能源、水利、通信等设施建设

——依托岳阳、长株潭管道枢纽，构建覆盖城市群中等规模以上城市的油气运输管道网络体系。支持分布式能源系统建设，科学发展核能、风能、生物质能等。加快智能电网建设，以长沙特高压交流枢纽站和湘潭直流枢纽站为依托，打造500千伏双环网，加快新一轮农村电网升级改造工程。推进户用沼气建设，推广太阳能、地源热能建筑一体化应用。（省发改委、省经信委、省电力公司、省农办、相关市州政府等负责）

——突出农田水利、中小河流和山洪地质灾害治理、水资源配置工程等重点薄弱环节，加快农村安全饮水、病险水库和水闸除险加固、大型灌区和泵站改造等民生工程建设，重点推进洞庭湖治理、涔天河水库扩建等工程建设。（省水利厅、相关市州政府等负责）

——加快长株潭"三网融合"试点，建设新一代移动通信、下一代互联网、数字电视等信息网络设施，率先建成高速信息城域网。加快国家超算长沙中心、"呼叫中心"、"数据中心"等信息平台建设。推进物联网、云计算等新技术的研发应用。逐步完善政务、企业、电子商务、经济与科技、社会公共服务等一体化信息服务系统。加强国际通信网络设施建设。（省通信管理局、省广电局、省经信委、省发改委、省重点办、省科技厅、省商务厅等负责）

五、着力改善民生

17. 推动社会事业发展

——实施促进就业的财政、税收、金融、外贸等政策，推进创业型城市建设，完善人力资源市场体系，统筹做好城镇新生劳动力就业、农村富余劳动力转移就业和失业人员再就业。（省人力资源和社会保障厅、省财政厅、各市州政府等负责）

——深化医疗卫生体制改革，积极稳妥推进公立医院改革。建立统筹城乡、保障基本医疗、满足多层次需要的医疗保障体系。推进以养老保险为重点的社会保障体系建设，发展普惠型老年社会福利事业。（省发改委、省卫生厅、省人力资源和社会保障厅、各市州政府等负责）

——完善住房保障体系建设，大力推进保障性住房建设。加快国家教育综合改革示范区建设，完善人力资源市场体系，健全完善覆盖城乡的职业教育培训制度和"9+2"免费教育培训制度。加大公共文化服务体系、服务工程建设，重点深化公益性文化事业单位改革，推进经营性文化事业单位转企改制。深化户籍制度改革，有序放宽户籍限制，实施进城农民工安居乐业工程。建立完善被征地农民社会保障制度，规范被征地农民社会保障资金管理。（省住房和城乡建设厅、省人力资源和社会保障厅、省教育厅、省委宣传部、省文化厅、省公安厅、各市州政府等负责）

18. 创新优化社会管理

——强化各类企事业单位社会管理和服务职责，引导各类社会组织、人民团体和广大群众参与社会管理。（省民政厅、省公安厅等负责）

——加快社会管理体制机制改革，完善公共治理结构，健全矛盾调处、诉求表达、权益保障和利益协调机制，加强社会矛盾源头治理。建立重大工程项目建设和重大政策制定的社会稳定风险评估机制。（省综治办、省公安厅、省人民检察院、省高级人民法院、省司法厅、各市州政府等负责）

——加强基层社会管理和服务体系建设，健全新型社区管理和服务体制，探索"社区管理社会化"，推行村（居）事务准入制度，构建社区资源共享机制和社区综合治理机制，积极稳妥推进村改社区工作。（省民政厅、省公安厅、省财政厅、各市州政府等负责）

——积极构建公共安全体系，健全食品药品安全监管机制和安全生产监管体制，完善社会治安防控体系，完善应急管理体制。（省安监局、省食品药品监督管理局、省质监局、省卫生厅、省公安厅等负责）

——创新治安管理与城市管理、市场管理、行业管理等有机结合的新模式。创新流动人口、社会组织和虚拟社会管理。抓好综治信访维稳中心工作机制建设，推进人民调解与司法调解、行政调解、综治工作、信访工作的紧密结合，建立化解矛盾纠纷新机制。（省住房和城乡建设厅、省公安厅、省司法厅、省综治办、省信访局、各市州政府等负责）

六、突出示范引领

19. 推动示范区改革发展

——淘汰高能耗、高排放、高污染的项目和产业，把好产业和企业准入"门槛"，每个示范区形成"两型"主导产业。（相关市州政府等负责）

——推广运用"两型"理念、技术、产品，打造"两型"基础设施建设集中展示区。（省发改委、省交通运输厅、省住房和城乡建设厅、相关市州政府等负责）

——加强环境整治，重点推进大河西先导区坪塘生态修复和污染治理工程，提升岳麓山、常德柳叶湖等景区的生态旅游和服务功能；推进云龙示范区清水塘地区战略性改造；切实保护昭山示范区"绿心"资源，打造国际水平的生态经济区和高端服务区；加快建设天易示范区株洲湘潭两市的绿色空间隔离廊道；加快实施滨湖示范区松洋湖生态治理工程。（相关市政府负责）

——创新工作机制。建立益阳鱼形山等"两型"特色区域中心建设的综合协调机制，发挥示范带动作用。全面推进示范区统计工作，建立示范区总体统筹调度、目标任务和风险评估、工作纠偏和年度考评等机制。（省长株潭试验区管委会、省统计局、相关市政府等负责）

20. 实施"两型"示范创建工程

——开展以"两型"产业发展、城乡建设、生态文明建设、改革创新、对外开放、民生发展等为重点的"两型"示范工程建设，以及以"两型"生产、生活、消费等为重点的"两型"示范单位创建活动，在新型工业化、农业现代化、新型城镇化、信息化建设中全面体现"两型"要求，通过规划设计创新、政策支持、项目建设、宣传教育等综合手段，率先形成好的思路、机制和做法，加强总结推广，带动全省"两型社会"建设。（省长株潭试验区管委会牵头）

——开展"两型"技术产品示范推广活动，搭建示范推广平台，出台"两型"技术产品推广目录，积极研究开发和遴选一批“两型”技术产品在试验区乃至全省推广。组织开展“两型”技术产品进万家活动。探索建立面向“两型”技术产品的区域性和全国性中心市场。（省科技厅、省发改委、省经信委、省环保厅、省商务厅、省国税局、省地税局、各市州政府等负责）

21. 推进“两型”评价指标体系和标准化建设

——建立完善“两型社会”建设评价指标，逐步形成“两型社会”建设的统计体系，及时发布相关数据和评价指数。加快建立发展规划、项目建设“两型性”审查和认定制度。（省统计局、省长株潭试验区管委会等负责）

——逐步形成“两型”标准，纳入湖南省地方标准系列。（省质监局、省长株潭试验区管委会等负责）

——积极开展“两型”企业、“两型”技术产品等认证工作，建立标识认证体系。（省经信委、省科技厅、省住房和城乡建设厅、省质监局等负责）

——探索建立领导干部资源环境离任审计制度和企业“两型”审计制度。（省审计厅负责）

七、强化和完善保障措施

22. 进一步加强组织领导

——建立对各市州、各部门主要负责人“两型社会”建设重点工作完成情况的述职评价制度。建立科学的“两型社会”绩效考评机制，明确问责主体，落实责任追究制度，把加快经济发展方式转变、推进“两型社会”建设的目标和要求具体化，转化为可考评的指标，并纳入各级领导班子和领导干部考核评价体系，加强督查落实。（省委组织部、省人力资源和社会保障厅、省绩效办、省监察厅、省委督查室、省政府督查室等负责）

23. 发挥规划统领作用

——完善和提升各专项规划，推进经济社会发展规划、土地利用规划、城市总体规划、投融资规划“四规统一”。编制湘江科学发展规划、水府庙水库流域保护规划等跨区域重大规划。（省发改委、省经信委、省国土资源厅、省住房和城乡建设厅等负责）

——推进城市群区域规划、长株潭绿心地区总体规划、综合交通体系规划、系统性融资规划、生态建设规划等专项规划实施。（省长株潭试验区管委会、省发改委、省环保厅、省交通运输厅、国家开发银行湖南省分行、省林业厅、省国土资源厅、省水利厅、省住房和城乡建设厅、省旅游局等负责）

——制定各市州“两型社会”建设发展总体规划和相关专项规划，完成环长株潭城市群八市总体规划修编，出台示范片区总体规划及控制性详细规划和改革建设实施方案。（各市州政府负责）

——加强各规划间、各区域间的对接，完善八市规划局长联席会议制度。（省长株潭试验区管委会、省住房和城乡建设厅等负责）

——抓好《湖南省长株潭城市群区域规划条例》、《湖南省人大常委会关于保障和促进长株潭城市群“两型社会”建设综合配套改革试验区工作的决定》的贯彻落实，出台《湖南省长株潭城市群区域规划条例实施细则》。建立项目规划审核、重大规划衔接、规划动态管理和规划否决等制度，强化规划执法，严肃查处违规行为。（省政府法制办、省长株潭试验区管委会、各市政府等负责）

24. 强化政策法规支持

——围绕“两型”产业发展、“两型”城市建设、“两型”农业、城乡统筹、生态建设、社会管理等重点领域，从激励“两型”、约束“非两型”的角度，抓紧研究出台相关政策措施。尽快出台支持试验区改革建设尤其是示范片区的支持政策，制定完善土地利用、产业发展、投融资、资源环境、招商引资、简政放权等方面的配套政策，加快形成保障有力的政策体系。加大省级财政支持力度，从2012年起将“两型社会”建设专项资金列入财政预算。省各类财政专项资金都要适当向“两型社会”建设集中投放。鼓励地方设立相应专项资金。（省长株潭试验区管委会、省发改委、省财政厅、各市州政府等负责）

——建立完善政府“两型”采购制度，加大对“两型”产品、技术、产业、标准等发展和推广的引导支持力度。（省财政厅、省长株潭试验区管委会等负责）

——认真贯彻《法治湖南建设纲要》，颁布实施《长株潭生态绿心保护条例》，适时制定出台《长株潭城市群“两型社会”综合配套改革试验促进条例》，加强执法和监督工作，为推动试验区建设和全省“两型社会”建设提供法治保障。（省政府法制办、省长株潭试验区管委会等负责）

25. 加大宣传教育力度

——出台“两型社会”建设宣传教育纲要，加强“两型社会”建设宣传报道。（省委宣传部、省长株潭试验区管委会、省教育厅、省广电局、各市州政府等负责）

——将“两型”教育纳入各级党委中心组学习内容和干部培训机构教学计划，纳入基础教育、职业教育和在职教育体系。（省委组织部、省委党校、省教育厅和各市州党委、政府等负责）

——扎实做好长株潭“两型社会”展览馆提升工作。（省长株潭试验区管委会牵头）

中共湖南省委、湖南省人民政府关于印发《数字湖南建设纲要》的通知

湘发〔2011〕17号

各市州、县市区委，各市州、县市区人民政府，省直机关各单位：

现将《数字湖南建设纲要》印发给你们，请认真贯彻落实。

中共湖南省委

湖南省人民政府

2011年12月23日

数字湖南建设纲要

建设数字湖南，充分利用信息技术，高效开发信息资源，推动信息化和新型工业化、农业现代化、新型城镇化深度融合、共同发展，是建设绿色湖南、创新型湖南和法治湖南的基础和支撑，是全面推进“四化两型”建设，加快建设全面小康，加快建设“两型”社会的客观要求和必然选择。为深入贯彻落实党的十七大及十七届三中、四中、五中、六中全会和省第十次党代会精神，充分发挥湖南优势，提升国民经济和社会发展信息化水平，加快推进数字湖南建设，制定本纲要。

一、数字湖南建设的指导思想、基本原则和总体目标

1. 指导思想

以邓小平理论和“三个代表”重要思想为指导，深入贯彻落实科学发展观，以加快转变经济发展方式为主线，以改革创新为动力，着力构建新一代信息基础设施，增强信息化发展的支撑能力；着力推动信息化与新型工业化深度融合，构建现代“两型”产业体系；着力建设便民高效的电子政务，促进社会管理创新和基本公共服务均等化；着力推动信息技术与文化产业融合发展，促进文化产业和文化事业大发展大繁荣，加快推进国民经济和社会发展各领域信息化，提升全民信息化水平，统筹推进数字湖南与绿色湖南、创新型湖南、法治湖南建设，为加快建设全面小康，加快建设“两型”社会提供重要保障。

2. 基本原则

统筹规划，科学发展。遵循规律，明确思路，坚持规划先行，做好顶层设计。统筹资源和项目，推动城乡、区域、行业协调发展，打破条块分割，推动集约建设，促进共建、共享、共用。加强分类指导，强化目标考核和绩效评估。

融合创新，加快发展。推进信息技术和信息资源的有机融合，推进信息化与产业、应用的深度融合，推进信息化与新型工业化、农业现代化和新型城镇化的全面融合，促进技术创新、业务创新、体制机制创新、管理创新和商业模式创新。

民生为先，全面发展。以人民群众的迫切需求为导向，推动教育、医疗卫生、劳动就业与社会保障等民生相关领域信息化优先发展，带动全社会各领域信息化全面发展，推动城乡基本公共服务均等化，加强社会管理创新，提高公共服务能力。

政府引导，市场驱动。加大政策扶持和财政投入力度，抓好规划实施和项目建设。坚持应用和需求导向，规范市场行为，建立政府投资和市场融资相结合的多元投融资机制，引导全社会力量参与建设。

开放合作，安全可控。加大开放合作力度，加强与跨国公司、中央企业、民营企业等信息产业企业和高等院校、科研院所等信息技术研发机构的合作，加大资金、人才与技术的引进力度。强化信息安全责任制度，健全网络与信息安全保障体系，切实维护网络空间的国家安全和利益。

3. 总体目标

到“十二五”末，覆盖城乡的下一代信息基础设施建成，信息化与工业化深度融合，信息产业成为先导性支柱产业，信息技术在政治经济社会文化各领域得到广泛应用，信息化发展水平总指数达到0.8以上，数字湖南基本建成，对全省经济发展和“两型社会”建设的支撑和推动作用明显增强。

——新一代信息基础设施完备升级。建成全省统一的地理空间框架和地理信息公共服务体系。国家超级计算长沙中心建成。全省光纤网络实现T级出口，城区光纤入户、农村光纤到行政村。全省城乡实现3G网络覆盖，县级以上城市逐步实现无线网络全覆盖。长株潭城市群“三网融合”率先取得突破，逐步向全省推广。县级以上城市有线广播电视网实现数字化，逐步实现双向化。

——信息产业实现跨越发展。产业规模突破4000亿元，增加值率超过30%，信息产业增加值占全省地区生产总值的比重达到4.8%以上，成为先导性支柱产业。形成十条百亿产业链、十个百亿产业集群和十个百亿龙头企业，实现一百项信息技术成果产业化，新上一千个重点项目，完成两千亿元投资，涌现一万个新业态主体，新增一百万个就业岗位。物联网、云计算等新一代信息技术产业形成一定规模。

——信息化与工业化深度融合。信息化对经济转型升级的支撑带动作用明显增强，信息技术在企业研发设计、生产制造、产品流通、企业管理等业务环节得到广泛应用。电子商务和网络营销广泛开展，全省电子商务交易总额得到重大突破。全社会物流总费用占地区生产总值的比例下降到18%以下。“两化融合”综合指数达到0.7，进入深

度融合阶段。

——农业农村信息化水平大幅提升。信息化与农业现代化融合向纵深领域推进，信息技术对现代农业决策、管理和服务支撑能力明显提升，建成国家农业农村信息化示范省。湘农服务热线、农信通、供销通和信息田园等信息服务逐步覆盖全省全部乡镇，重要农产品逐步实现电子标签管理，农业农村信息化总体水平显著提高。林业、水利资源监管、灾害监测预警能力明显增强。

——电子政务体系完备和应用普及。全省统一的电子政务网络形成并不断向基层延伸，为加强和创新社会管理提供支撑。基于云计算的电子政务信息共享和业务协同框架建成，信息资源得到有效利用，电子政务支撑政府科学决策、依法行政、公共服务和应急指挥救援的能力得到大幅提升。政府网站在线服务能力明显增强，信息公开、在线办事、政民互动得到普及并富有成效。电子政务的公众认知度、使用率和满意度得到显著提高。

——民生和社会事业信息化水平显著提高。社会事业和公共服务各领域信息化服务体系基本建成，逐步实现办事出行"一卡通"、居家生活"一键通"、学习工作"一网通"、在线服务"一点通"。"大医保"系统建成，医疗保健卡、电子健康档案和电子病历逐步覆盖城乡居民。现代远程教育网络覆盖全省所有学校，"新农保"覆盖所有农业人口，全国统一的社会保障卡、惠民"一卡通"得到广泛应用。

——数字文化实现繁荣发展。数字文化资源共享平台建成，传统文化产业得到改造提升，新兴文化产业蓬勃发展，现代文化产业体系形成。一批公益性文化信息基础设施建成，形成覆盖广泛、技术先进的现代文化传播体系。网络文化发展实力得到显著增强，互联网监管机制完善，形成和谐网络文化发展环境。

二、大力推进信息基础设施建设

4. *加快建设新一代信息基础设施，增强信息化发展支撑能力*。积极发展新一代综合信息网络，加快推动电信网、广播电视网和互联网的融合发展和信息共享。推进城乡宽带网络发展，实施光网城市建设和农村电话、广播电视、宽带"村村通工程"，大力推进无线城市建设，实现主要城市宽带无线网络全覆盖。加快推进全省统一的地理空间框架建设，建立覆盖全省的三维地心测绘基准体系、全球卫星导航综合服务系统、全省地名地址数据库、高精度数字高程模型库和地理省情监测和统计分析平台，完善地理信息公共服务与应用体系。加快国家超级计算长沙中心等重大项目建设，推动云计算中心、云服务中心、灾备中心、呼叫中心等信息服务中心及平台建设。加快以人口、法人单位、地理空间等为核心的国家基础信息库建设。

5. *积极推动公共基础设施智能化，提升经济社会发展保障能力*。大力推进各类传感设备、无线通信设备和控制设备在交通、电网、水利、环保与安监等领域重要部件及关键节点的安装布局和广泛应用，增强公共设施的感知能力。加强对城市重点区域、公共设施和地下管线的实时监控，推动将物联网应用纳入全省公共基础设施建设规划。加强公共设施管理服务一体化，建设全省统一的智能交通、智能电网、水利、环保与安监等管理信息系统，整合全省公共设施信息资源，推进监控系统、决策系统、应急处置系统建设，实现对公共设施的精细化管理及高效利用，提高全省公共设施的整体管理水平、抗风险能力和在经济社会发展中的支撑与保障能力，形成现代化基础设施体系。

三、大力推进经济领域信息化

6. *大力推动信息化与工业化深度融合，构建现代"两型"产业体系*。加快利用信息技术改造提升传统产业，深化信息技术在企业研发设计、工艺流程、生产装备、过程控制及物料管理等各环节的广泛应用和全面渗透，建设"数字企业"。加快耗能设备和工艺流程的信息化智能化改造，加强对高能耗、高物耗、高污染行业的监督管理。利用信息技术改造提升煤矿、非煤矿山、危险化学品和烟花爆竹等高危行业企业安全生产条件，促进安全生产。推进信息技术与新技术、新材料、新产品、新工艺的融合创新，培育发展战略性新兴产业，提高产业竞争力和影响力。积极发展面向中小企业的研发设计平台和各类综合性信息化服务平台，加快推进信息技术在生产性服务业和生活型服务业中的普遍应用与融合创新，提升服务能级和水平。充分利用国家移动电子商务试点示范省建设的新机遇，建成面向各行业的全国性移动电子商务综合应用服务平台，推动网上供销社、快乐购等各类电子商务平台建设，促进创新驱动型电子商务发展。

7. *加速培育新一代信息技术产业，形成国民经济新的增长极*。着力打造新型显示、太阳能光伏、电池及储能材料、轨道交通、软件和信息服务等十条百亿产业链，在国家级、省级电子信息产业基地和园区内培育十个百亿产业集群和十个百亿龙头企业。加快推进下一代互联网、物联网、云计算、智能终端、三网融合、数字家电等领域技术研发和应用，实现一百项信息技术重大成果的产业化。着力抓好一千个投资过千万元的重点项目建设，推动北斗卫星导航系统产业化和"两型"产业富湘云合作计划，促进战略性新兴产业加速发展。加快推进互联网经济发展，培育一万个新业态主体。大力支持集成电路设计、工业软件、嵌入式软件、新兴网络应用软件、信息安全软件和行业应用软件的研发和应用。引导信息系统集成服务向产业链前后端延伸，大力发展信息服务外包产业，推动信息服务业发展。大力优化产业发展环境，着力承接产业转移，促进信息产业实现跨越发展，形成可容纳百万人就业的国民经济新的支柱产业。

四、大力推进政务领域信息化

8. *加快发展集约效能型电子政务，提高行政效率和公共服务能力*。整合各部门的专用传输网络，完善电子政务外网和内网，扩展电子政务网络的覆盖范围。加强统筹规划，建立和完善"三库一平台"，大力推进电子政务资源共享与业务协同，建立完善信息资源目录体系、交换体系、数据采集、更新、管理及共享机制，建设基于云计算的数据共享和服务平台，鼓励开展跨部门跨领域的应用系统建设。完善电子政务公共服务体系，发挥门户网站信息公开、在线办事、政民互动的平台和窗口作用。推动政务信息资源向社会开放，促进政府信息公开。推动电子政务服务向街道、社区和乡镇、村延伸，创新服务模式，丰富服务内容，提高人民群众幸福指数和对政府的满意度。大力建设全省统一、完善的电子政务安全保障体系和集约化的灾备与恢复系统，切实提高网络信息安全的应急保障能力。

9. *加快建设社会管理综合信息系统，加强和创新社会管理。*广泛运用互联网、物联网、云计算等现代信息技术，搭建各类社会服务管理信息化平台，逐步建成全面覆盖、动态跟踪、联通共享、功能齐全的社会管理综合信息系统，形成社会管理信息共享机制。以平安城市建设为重点，推动公共场所视频监控全覆盖，建设社会治安动态视频监控系统，提高视频监控的应用实效。加强公共安全和应急管理信息系统建设，提高重点领域安全生产水平，预防各类事故的发生。建立食品药品质量追溯信息系统，加强食品药品检验检测和安全监管。建立健全公共突发事件和灾害应急监测预警信息系统，提高应对各种灾害和突发事件能力。建立健全互联网服务管理机构，不断增强重大突发事件和群体性事件的网上舆论引导能力。加强互联网技术和信息安全技术研发，提高对网络有害信息的监测预警能力，依法严厉打击网络违法犯罪活动，净化网络环境。

五、大力推进社会领域信息化

10. *着力推进民生领域信息化，实现基本公共服务均等化。*积极发展现代远程教育和网络教育，建设优质教育资源库及共享服务平台。加强学校信息化建设和教学科研设施共享，推广基于共享服务平台的每人“一空间、一终端”的学习模式。加快建设各级政府卫生信息平台、医院信息平台和社区卫生信息平台，建立居民电子健康档案和电子病历，完善疾病和公共卫生事件直报和疾控管理信息系统。推进“大医保”信息系统建设，全力构建以个人健康信息为中心的卫生智能化体系。加快建设覆盖城乡、全省统一规范的人力资源和社会保障信息网络服务体系，建立全省统一的社会保险信息系统和人力资源管理系统。积极推动各类民生信息服务向街道、社区和乡镇村延伸。完善面向农村的就业和社会保障服务，以及面向残障人士的信息无障碍服务。加快惠民“一卡通”等便民信息系统建设，构建全面共享的民生服务体系。

11. *全面统筹推进城乡信息化建设，提升农业现代化和新型城镇化发展水平。*抓住国家农村农业信息化示范省建设的机遇，大力推进城乡信息基础设施一体化，加强涉农信息技术与产品开发，加快涉农信息资源整合，深化和普及农民、农业、农村信息化应用。健全农业农村信息综合服务体系，实施农村信息化民生服务工程，促进城乡公共服务均等化。积极推动涉农电子商务平台建设，发展农产品电子商务。推进林业资源监管系统和综合营造林管理系统建设。加快推进城市网络基础设施共建共享，建设光网城市和无线城市。着力推动数字城市和智慧城市试点建设，提高城市管理水平，大力鼓励支持建设数字社区、数字家庭。加快数字城市地理空间框架建设，推进空间、人口、法人、自然资源、宏观经济基础信息资源库和资源管理中心建设，构建覆盖全市统一的电子政务网络和办公服务平台。构建社区综合管理和服务平台，多渠道服务社区居民。建设面向家庭的电子社区网络，开展电子政务、网上购物、网上教育等各类便民信息服务，建设智慧家居。

六、大力推进数字文化大发展

12. *大力发挥信息技术优势，推动数字文化繁荣发展。*深化信息技术普及应用，促进传统文化产业改造提升，加快发展创意设计、数字媒体、数字出版、动漫游戏等新兴文化产业，构建现代文化产业体系。推进信息技术与湖湘文化的融合发展，促进数字内容与新型终端及互联网服务相结合，鼓励商业模式创新，加速数字内容产业化，壮大数字内容产业，增加相关产业文化和科技含量，大力推动中国联通阅读基地建设，培育文化产业骨干企业。大力支持公益性信息资源开发利用，建设一批数字内容素材库，推进文化信息资源的整合共享。推动数字图书馆、数字档案馆、数字博物馆、数字艺术馆、数字科技馆和数字文化馆等公益性文化信息基础设施建设。充分利用数字技术、网络技术，加快各种传统文化资源的数字化和多终端传播，构建覆盖广泛、技术先进的现代文化传播体系，提高公共文化产品和服务的数字化、网络化水平。积极引导消费，拓展文化市场。

13. *大力加强互联网管理，推动网络文化繁荣发展。*利用互联网、移动互联网等先进信息技术，大力推动网络游戏、网络动漫、网络音乐、网络影视等网络内容建设，促进网络文化发展，增强文化产业的总体实力。充分发挥文化资源优势，大力支持红网等重点新闻网站、综合性网站和特色网站发展，支持培育壮大一批网络文化领军企业。大力倡导开发健康网络文化产品，坚持先进文化的正确导向，营造和谐网络文化发展环境。提升互联网行业创新能力，抢占网络传播制高点，延伸拓展产业链，增强核心竞争力。积极推进互联网法制建设，加强互联网行业管理，健全完善互联网管理机制和工作流程，提高网络文化管理效能。加大互联网信息服务和接入服务管理力度，加强对微博客、即时通信、社交网站等的引导和管理，规范网上信息传播秩序。加强技术保障手段建设，建立新技术新业务网络与信息安全评估机制。打击利用网络制作传播淫秽色情、低俗信息等违法犯罪活动，切实维护网络安全。

七、加强对数字湖南建设的领导和保障

14. *加强组织领导。*成立由省人民政府省长任组长的湖南省数字湖南建设领导小组，与湖南省信息化工作领导小组两块牌子，一套班子，统一领导和指挥数字湖南建设工作，负责研究、决策和部署推动数字湖南建设的重大战略和重大项目实施，协调解决数字湖南建设中出现的重大问题，建立促进科学发展的数字湖南建设工作考核奖励制度和绩效评估指标体系。领导小组下设办公室，承担领导小组的日常工作，协调、监督数字湖南重大项目建设，对数字湖南建设工作及重大项目进行考核评估。根据数字湖南建设各专项工作需要，经数字湖南建设领导小组同意，可设立有省委或省人民政府分管领导任组长的专项工作领导小组，统一归口数字湖南建设领导小组管理。明确省、市州、县市区在数字湖南建设中的事权关系，理顺各部门对本系统、本行业的信息化建设与管理职能，加强配合，形成统筹协调、分工合理、权责明确的工作推进机制。成立数字湖南专家咨询委员会，与湖南省信息化专家咨询委员会一套班子，合署办公。建立信息化重大事项决策机制，完善公众参与、专家咨询、风险评估、合法性审查和集体决策的决策程序，实现科学决策、民主决策和依法决策。

15. *完善信息化法律法规和政策体系。*加快推进信息化法规政策体系建设，修订出台《湖南省信息化条例》，适时制定和完善信息基础设施建设、信息产业发展、信息资源开发利用、数字湖南工程建设、信息技术推广应用和信息安全保障等相关的配套政策，保障数字湖南建设健康有序开展。各地各部门各行业要立足实际，从解决当前最紧迫、最突出的重大问题入手，编制实施相应的专项规划和方案。省直各职能部门要结合各自职能，加大执行力度，明确工作任务，在政策制定、项目安排、资金保障、体制创新、人才队伍建设等方面抓紧抓好各项任务的落实。

16. 深化投融资体制改革与创新。认真落实国家鼓励和支持信息产业、信息化发展的相关政策，加大财政投入，确保各级地方配套建设资金落实到位。设立省信息化专项引导资金，并逐年增加预算投入，支持信息化重点项目建设。从战略性新兴产业专项资金、新型工业化引导资金、科技资金以及各行业部门专项资金中，安排适当比例资金，加强整合，统筹管理，集中用于支持数字湖南的重点项目建设。强化共建、共享、共用，提高公共投资效能。引入社会资本，拓宽融资渠道。建立与国际惯例和市场经济接轨、适合数字湖南建设发展需求的投融资新机制，建立多元化的风险投资体系和高效的风险投资运行机制，确保建设资金足额投入。积极引入风险投资公司，引导企业开发好前期项目，与风险资金进行无缝对接。发挥市场导向作用，鼓励民营资本进入，发挥本地优惠政策和市场需求优势，积极培育本土企业。通过发布规划、特许经营、担保补贴、贷款贴息、政府采购等措施引导企业和社会各方参与各类项目的投资、建设、运营和服务。

17. 建立工作考核与项目管理制度。数字湖南建设领导小组及其办公室要加强对省直部门和市州的工作考核与评估，并依照有关规定进行奖惩。财政性投入和公共性建设项目要符合数字湖南规划和顶层设计，各专项子规划和方案，重大信息化项目立项、投资要报数字湖南建设领导小组审查。各级信息化主管部门会同有关部门，加强财政投资和公共性信息化建设项目的统一审核管理，建立健全项目立项前置审查、预算审核、建设监理、竣工验收和运维管理等制度。加强项目规划设计和项目绩效考核，提高投资效率，充分利用现有基础，防止重复建设，构建科学合理的项目综合绩效评估体系。建立信息化发展统计、监测统计报告和规划实施目标分级责任制度，把数字湖南建设工作作为各级党政领导干部贯彻落实科学发展观考核的重要内容。

18. 健全信息化标准和知识产权体系。各相关主管部门要研究制定满足信息化项目建设、推广应用和运行管理等环节需要的标准和规范，推动各部门、各系统之间数据交换、资源整合和信息共享，实现互联互通，减少重复投资。在金融IC卡标准、移动支付标准、物联网标准、电子政务标准等国家标准、行业标准基础上，逐步建立数字湖南应用标准体系，并建立相应的监督落实机制。大力推进电子政务信息平台、电子商务服务平台、信息资源开发利用、社区和城市终端信息服务、信息安全技术与应用等领域标准规范制定工作。完善知识产权管理和服务体系，建设知识产权信息服务平台，提供多层次、个性化的知识产权应用服务。积极推进知识产权保护和交易平台建设，发展网上技术交易市场，保护知识产权，促进市场繁荣。

19. 强化信息安全保障。建立全省统一、完善的电子政务安全保障体系和以密码技术为基础，以身份认证、授权管理、责任认定为主要内容的网络信任体系。推广电子签名的应用，整合数字证书资源，逐步实现“一证多用”、“一证通用”。加强信息系统设计、建设、验收、运维全程信息安全风险评估，落实信息安全风险评估和等级保护制度。加快建设网络和信息安全事件监控和防御体系，强化网络空间治理，制定信息安全总体实施规范和不同行业的应用指南，建立信息化安全责任体系。积极推动经济领域信息安全保障工作，建设集约化的灾难备份与恢复系统，促进统一的灾备中心建设。完善安全防范机制，定期进行常规性安全检测，对突发性的安全事件制订应急预案。完善网络安全规章制度，强化网络安全责任制和责任追究制，切实提高网络信息安全的应急保障能力。

20. 加强信息化人才队伍建设。鼓励省内高校、企业与国内外知名大学、研究机构和跨国公司合作办学，加速培育一批高水平信息化人才。加强职业技术学院建设，鼓励厂校合作，加快技能型人才培养。吸引高端人才来湘创业，重点引进一批掌握先进信息技术、重大科研成果和拥有知识产权的领军人才和创新创业人才。建立信息化人才分类指导目录，制定职业技能标准体系，强化岗位资格认定，完善人才激励机制，鼓励知识产权、技术才能等生产要素参与收益分配。完善留学人员创业优惠政策和人才服务市场机制，促进人才的合理流动和人才资源优化配置。加强信息化人才的岗位设计，在各级政府及其部门、企业和机构全面推行首席信息官制度，提高对信息化复合型人才的吸引力，形成人尽其才、才尽其用的用人环境。

21. 加强宣传培训和总结推广。通过各种形式，广泛宣传数字湖南建设的意义和理念，营造良好的社会氛围，形成全社会对数字湖南建设的共识，激发全社会的积极性、主动性和创造性，引导全社会力量参与数字湖南建设。加强人才培训基地建设，拓宽培训渠道，创新培训模式，广泛开展面向全社会的信息化知识与技能的培训和普及。大规模开展专业领域和政府部门管理人员的信息化培训，加强对进城务工人员、城镇失业者、老年人、残障人士等社会群体的信息化培训，提高公众的信息化意识和信息技术应用能力。组织开展以数字湖南为主题的推广活动，综合运用媒体报导、网上展示和博览会等形式，大力宣传各地各领域各行业的成功经验和有效做法，全面推进数字湖南建设。

中共湖南省委关于成立中共湖南省长株潭“两型社会”建设综合配套改革试验区工作委员会的通知

湘委〔2011〕16号

各市州委，省委各部委，省直机关各单位、各人民团体党组（党委）：

为了加强长株潭“两型社会”建设综合配套改革试验区党的工作，完善试验区党的领导体制，统筹推进长株潭“两型社会”建设，省委研究决定，成立中共湖南省长株潭“两型社会”建设综合配套改革试验区工作委员会，作为省委的派出机构，其主要职责是：贯彻执行党的路线、方针、政策和省委省政府的决议、决定，协调落实省委省政府关于长株谭“两型社会”建设的重大决策，研究制定长株潭“两型社会”改革发展的相关政策，指导推进长株潭“两型社会”建设；统筹协调跨区域的重大建设项目，对“两型社会”建设中的重大问题进行调查研究，促进“两型社会”的体制机制创新；负责本机关和所属单位党组织的思想建设、组织建设、作风建设、制度建设和反腐倡廉建设。具体职责由成立后的党工委进一步调研提出后，报省委审定。

中共湖南省委

2011年4月27日

中共湖南省委办公厅、湖南省人民政府办公厅关于落实湘发〔2011〕6号和湘政发〔2011〕8号文件精神省直单位职责分工的通知

湘办发〔2011〕28号

省直机关各单位：

为加强组织领导，明确工作责任，推动我省开放型经济又好又快发展，经省委、省政府同意，现就《中共湖南省委湖南省人民政府关于进一步扩大开放加快发展开放型经济的决定》（湘发〔2011〕6号）、《湖南省人民政府关于印发〈加快发展开放型经济的若干政策措施〉的通知》（湘政发〔2011〕8号）中明确的重点工作分工如下：

一、全面提升开放型经济发展规模与水平

（一）强力推进招商引资

1. 全面开放投资领域，凡是法律法规以及国家宏观调控政策和产业政策未明令禁止的领域一律开放，鼓励投资和并购。重点围绕我省“十二五”规划和七大战略性新兴产业，制定《湖南省招商引资产业指导目录》，对鼓励类重大项目优先给予财税、金融、土地、人力资源、投资服务等方面的支持，优先列入省重点工程。加强招商项目库建设，对项目进行专业策划包装推介，提高项目质量和成功率。（省发改委、省经信委、省商务厅、省经协办、省重点办。列第一位的为牵头单位，其他单位为责任单位。下同）

2. 重点引进龙头企业和大项目，引进跨国公司和战略投资者来湘设立区域总部、营运中心、采购中心、研发中心和结算中心，实行跟踪联系服务，“一事一议”给予支持。同时，注意吸纳中小企业和产业配套项目。（省商务厅、省经信委、省国资委、省经协办、省贸促会）

3. 组织全省性的大型招商引资活动，注重有针对性的小规模招商引资活动，完善招商活动成果统计制度和办法。采取产业链招商、中介招商、网络招商、以商招商等多种方式，有重点地在境外设立招商代表处，建立境外湖南人网络，广开招商引资门路，推进招商信息国际化、招商引资产业化、招商运作机制多元化和招商队伍专业化。（省商务厅、省台办、省经信委、省政府外事侨务办、省政府各驻外办事处、省经协办、省贸促会）

（二）加快外贸扩总量转方式

1. 优化外贸主体结构。扶持一批具有自主知识产权、自主出口品牌的大型外贸集团，培育一批“专精新特”的中小外贸企业。支持企业建立境外营销网络、通过参加各类国际性展会开拓国际市场，鼓励和支持有出口意向的企业积极开展国际贸易业务。（省商务厅、省经信委、省农业厅、省贸促会）

2. 优化外贸商品结构。实施科技兴贸战略，提高出口产品的技术含量、附加值和品牌竞争力，支持工程机械、汽车及零部件、轨道交通设备等机电产品以及电子信息、新材料、新能源和生物医药等高新技术产品出口。保持陶瓷、烟花、钢材、有色金属、茶叶、生猪等传统产品出口优势，提升质量，做大做强。加强知识产权保护，支持培育湖南省国际知名品牌，促进产品、技术、专利出口。

（省商务厅、省发改委、省科技厅、省经信委、省农业厅、省知识产权局、省贸促会）

3. 优化贸易结构。大力发展加工贸易，积极承接境内外加工制造业的转移，加快出口加工区、保税物流园区建设，鼓励和引导产业转移企业积极开展加工贸易，重点支持发展先进装备制造、信息产业、生物医药、新材料、新能源和环保节能产业的加工贸易，引导加工贸易向产业链高端发展。加快发展服务贸易，扩大旅游、国际运输、建筑等传统服务贸易出口，大力支持软件、数据处理、技术服务、文化、中医药等有比较优势的服务出口。（省商务厅、省发改委、省科技厅、省经信委、省住房和城乡建设厅、省交通运输厅、省文化厅、省卫生厅、省旅游局、省贸促会）

4. 优化外贸市场结构。巩固和扩大香港、欧美、日韩等传统市场，大力拓展台湾、东盟、中东、南美、非洲等新兴市场。（省商务厅、省台办、省政府外事侨务办、省贸促会）

5. 大力发展电子商务。加快建设“湖南省国际电子商务平台”和“湖南省出口商品供货库”，免费提供一般会员服务和培训。加强电子商务推广，对企业进行免费培训，支持企业使用国际知名第三方电子商务平台增值服务。加快发展移动电子商务。（省商务厅、省经信委、省贸促会）

6. 制定实施《湖南省外贸转型升级示范基地培育方案》，支持建设高新技术、战略性新兴产业和机电、农轻纺、花炮、陶瓷、苎麻、湘绣等优势特色产业出口基地。加强长沙、株洲、湘潭科技兴贸出口创新基地建设，积极争取一批出口基地认定为国家外贸转型升级示范基地，支持创建国家新型工业化产业示范基地和战略性新兴产业基地。（省商务厅、省科技厅、省经信委、省农业厅）

7. 扩大进口。完善和运用进口贴息、进口信贷以及进口信用保险等进口促进政策，着重引进先进技术和管理，增加先进技术设备、关键零部件、能源资源进口，提高我省装备制造水平，解决能源、资源短缺的问题。（省商务厅、省科技厅、省财政厅）

（三）加强对外投资与合作

1. 鼓励和引导省内优势行业和企业建立海外生产基地、产业园区、研究开发机构，开展海外资源、专利技术、著名品牌和商业网络跨国收购，境外上市。鼓励企业积极参与国家援外项目招投标，拓展国际工程承包市场，带动我省设备、技术、服务、劳务输出。建立对外劳务合作服务平台，加强对劳务输出企业的监管和服务，对国家和省级确定的劳务外派基地给予支持。（省商务厅、省科技厅、省经信委、省农业厅、省政府外事侨务办、省外汇管理局）

2. 建立健全“走出去”服务支持体系。加强对“走出去”企业的项目信息、政策咨询、法律支持、金融保障等综合服务，引导对外投资合理布局和境外有序竞争，增强企业风险掌控能力。加强安全预警，支持企业开展贸易救济申诉和积极应对国际贸易摩擦。支持企业积极参加境外资产和出国（境）人员的保险服务。支持企业在境外遭受税收歧视时申请启动税收协商调解程序。简化企业商务人员出入境手续，扩大企业因公出国（境）“直通车”范围。（省商务厅、省经信委、省公安厅、省政府外事侨务办、省政府金融办、省国税局、省外汇管理局）

3. 进一步发展省际合作、省部合作、省校合作，巩固和扩大同央企对接合作成果。充分发挥国际商会和全国湖南商会在对外合作中的重要作用。（省经协办、省教育厅、省商务厅、省国资委、省政府各驻外办事处、省贸促会）

（四）注重引进国内外先进技术、管理和人才、智力资源

1. 着力引进对我省支柱产业有重大支撑作用的科技成果，强化引进消化吸收再创新，重大科技专项可实行国际合作攻关。（省科技厅、各相关单位）

2. 努力搭建产业发展的技术平台，鼓励企业采用国际标准，支持企业参与国际和国家标准制订，加入国际技术联盟，积极争取国际和国家标准化技术机构落户我省。（省质监局、省科技厅、省经信委、省农业厅）

3. 组织实施“百人计划”、领军人才计划等重点人才工程，制定实施《湖南省开放型经济发展专业人才培养引进计划》，重点引进创新型研发设计人才、开拓型经营管理人才、高级技能人才等专业人才。完善引进人才来湘工作、鼓励留学人员来（回）湘创业的政策措施，制定鼓励引进高层次紧缺急需人才的奖励资助办法。（省人力资源和社会保障厅、省委组织部、省教育厅、省科技厅）

4. 积极推动科研院所、高校开展境内外交流合作。支持有条件的企业兼并重组境外研发机构，建设高水准的国际联合研发基地。（省科技厅、省教育厅、省经信委、省商务厅）

（五）加快现代服务业开放发展

1. 积极承接服务外包，创建一批国家级软件出口、数据处理、文化创意等服务外包基地，大力培育和引进一批服务外包领军企业和知名品牌，鼓励服务贸易企业获取相关国际资质认证。加快服务外包工作室、公共服务平台等服务外包载体建设，建好服务外包专业园区。支持服务外包企业和专业培训机构开展服务外包人才岗前培训。（省商务厅、省经信委、省文化厅）

2. 大力发展现代物流业，做大做强我省制造业物流、农产品物流等特色物流产业，着力培育具有国际竞争力的现代物流企业，加快发展第三方物流企业，积极引进境内外大型物流企业。（省发改委、省经信委、省农业厅、省商务厅）

3. 努力扩大金融开放度，积极引进外资银行、保险公司、证券公司、投资银行、私募基金等各类金融机构，推动地方法人金融机构与境内外战略投资者合作。（省政府金融办、省台办、省商务厅、省外汇管理局）

4. 大力发展会展经济，提高我省会展业国际化水平。培育会展品牌，加强会展场馆及配套服务设施建设，培育和引进专业化的会展服务企业。（省贸促会、省商务厅）

5. 推进城市公用事业、房地产、信息咨询、会计审计、设计研发、评估、律师等现代服务业开放发展。（省发改委、省科技厅、省司法厅、省财政厅、省住房和城乡建设厅、省商务厅）

（六）着力提升旅游产业国际化水平

1. 坚持以国际化水准打造世界旅游品牌，努力将长

沙、张家界建成国际旅游目的地，优先将韶山、南岳、凤凰、崀山、岳阳楼、炎帝陵等建成国际旅游精品景区。（省旅游局、省住房和城乡建设厅、省交通运输厅）

2. 积极创新旅游业发展体制机制，引进一批知名旅游企业集团和管理公司，支持有实力的旅游企业到国外投资，推进旅游资本国际化和旅游管理国际化。支持旅游企业在境外设立分支机构和开展旅游宣传促销活动，努力开拓国内外旅游市场，争取境外游客人次有较大幅度增长。（省旅游局、省商务厅、省政府外事侨务办）

（七）全方位拓展开放领域

1. 培育新兴文化业态，鼓励和支持文化艺术、动漫游戏、广播影视、新闻出版等文化产业走向世界，不断扩大湖湘文化的国际影响力。建设好国际汉语言文化传播湖南基地。（省委宣传部、省教育厅、省文化厅、省广电局、省新闻出版局、湖南广播电视台）

2. 积极探索社会管理领域的对外开放。稳步开放教育、医疗、体育等社会事业，有效利用国际教育、医疗、体育资源，支持创办中外合资合作医院和学校，建立体育资源国际共享机制。（省发改委、省教育厅、省卫生厅、省体育局）

3. 鼓励和推动外国政府、国际机构、友好城市、商贸组织、跨国公司、国际中介机构和国际风险投资机构等来湘设立代表处或办事机构。（省政府外事侨务办、省商务厅、省贸促会）

（八）深化区域经济合作

1. 强化区域经济合作机制。全面落实已签署的省际战略合作框架协议，积极参与区域经济协作。大力推动跨省产业合作园区建设，加快实施省级园区经济技术协作工程。（省经协办）

2. 实施“湘品出湘”工程。鼓励湖南异地商会建设湘商营销网络，组建湘商营销联盟和省内企业产业技术创新联盟，推动湘菜、湘酒、湘茶、湘瓷、湘绣等传统湘字品牌开拓国内市场，提高新兴优势产业的市场份额。（省经协办、省农业厅、省商务厅）

3. 积极引导湘商回湘创业。在有条件的市州创建湘商创业示范基地，引导湖南异地商会和湘商参与合作共建。加强湖南异地商会专业分会建设，支持其与省内相关特色专业园区开展合作。鼓励湖南异地商会为会员企业回湘投资提供担保服务。（省经协办）

二、大力拓展开放型经济发展的有效途径

（一）把承接产业转移作为重要抓手

1. 进一步发挥国家加工贸易梯度转移重点承接地、省级重点承接县、试点县和示范园区的作用，科学制定产业转移承接规划，促进产业合理布局。加强加工贸易转移重点承接地、承接产业转移重点（试点）县的基础设施、公共服务平台和配套能力建设。加快建设国家级湘南承接产业转移示范区。（省商务厅、省发改委、省财政厅、省环保厅、省经协办）

2. 及时掌握产业转移动态，对那些投资额大、带动力强、关联度高的战略性项目和核心企业，实行高层推动、高位对接、特事特办，促进企业抱团转移和集群发展。（省商务厅、省经信委、省国资委）

（二）优化开放区域布局

1. 加快环长株潭城市群开放开发，努力将长株潭“两型社会”试验区打造成具有国际竞争力的装备制造业基地、重要的机电产品出口基地、战略性新兴产业基地和具有国际影响的文化创意中心。（省发改委、省委宣传部、省经信委、省环保厅、省商务厅、省文化厅、省长株潭“两型”办）

2. 加快发展临港、临空经济，将岳阳临港区打造成长江中游的重要国际港口、物流中心和国家级保税港区，发挥其在我省对外开放中的桥头堡作用；加快黄花国际机场开放建设步伐，积极争取开通更多的航线和航班，加快发展航空货运；争取将金霞保税物流中心升级为长株潭综合保税区。（省发改委、省财政厅、省交通运输厅、省商务厅、省政府口岸办、长沙海关、湖南出入境检验检疫局、省公安边防总队）

3. 充分发挥大湘南区位优势，重点对接粤港澳地区、北部湾经济合作区和中国—东盟自由贸易区，建设好国家级承接产业转移示范区。加快大湘西地区开放开发，培养壮大旅游、生物医药、食品加工、生态农业、省级边贸物流等具有特色优势的开放型经济，主动融入武陵山经济协作区开放发展。（省发改委、省经信委、省农业厅、省商务厅、省旅游局、省经协办）

（三）加快县域经济开放发展

鼓励外商投资现代农业、发展资源性产品深加工和开拓国内外市场，不断提高县域经济的开放水平。发挥承接产业转移试点县、重点县的政策优势，发展加工贸易，努力扩大外贸出口。着力建设一批产业特色突出、出口规模较大、外向度较高的开放型经济强县市区。在政策资源、招商渠道、人才培训、客户信息等方面为县域经济开放发展提供强力支持。（省商务厅、省发改委、省经信委、省人力资源和社会保障厅、省农业厅、省经协办、省贸促会）

（四）突出园区开放的主阵地作用

1. 进一步创新园区体制机制和管理模式，积极探索直管、托管、代管、共建和一区多园、多区一园等多元化模式，探索跨省跨国联合开发、委托战略投资者和跨国公司成片开发等多元化开发机制。加工贸易梯度转移重点承接地、承接产业转移重点（试点）县的省级开发园区，可在符合城乡规划和土地利用规划的周边区域兴办项目区，纳入园区总体规划，享受园区相关政策。（省发改委、省科技厅、省国土资源厅、省环保厅、省住房和城乡建设厅、省商务厅、省经协办）

2. 加大培育和引进龙头企业力度，打造一批主业突出、外资来源地相对集中的特色园区，推进园区产业集聚发展和特色发展。（省发改委、省台办、省经信委、省环保厅、省商务厅、省经协办）

3. 制定促进产业园区体系建设的政策措施，加大对园区的规划指导和政策扶持。进一步加大对园区的投入，加强产业配套，完善园区设施，增强承载能力。（省发改委、省经信委、省财政厅、省环保厅、省住房和城乡建设厅、省商务厅、省经协办）

4. “十二五”期间，新增一批国家级园区，建成一批国家级和省级外贸转型升级示范基地和出口加工区。对市县基础好、发展前景广、带动能力强的园区，通过审批其发展规划，确定为省级工业集中区，纳入省级开发园区统一管理，落实省级园区优惠政策。（省发改委、省科技厅、省经信委、省国土资源厅、省环保厅、省住房和城乡建设厅、省商务厅、省经协办）

（五）建设开放式的现代物流体系

1. 加快全省公路、铁路、机场、港口等综合交通枢纽建设，促进多种运输方式零距离换乘和无缝对接，形成货畅其流的现代立体交通体系。（省发改委、省经信委、省交通运输厅）2. %加强物流网络规划和建设，建设一批功能齐全、规模较大、外向度高的综合物流园区、物流中心和配送中心，重点建设长株潭、郴州、衡阳、岳阳、怀化等区域物流节点，加强与物流中心配套的基础设施建设，促进综合运输通道与大型物流中心的对接。（省发改委、省经信委、省交通运输厅、省商务厅）

3. 全面发展江海、铁海、陆海等多式联运、陆路口岸运输和国际快件业务，鼓励“五定班列（轮）”承运企业增开班列（轮），切实降低物流成本。（省政府口岸办、省交通运输厅、省商务厅、长沙海关、湖南出入境检验检疫局）

4. 鼓励和支持沿海海运企业和港口仓储企业为我省企业提供多层次的货物集散、装卸、仓储、包装、加工、配送、集装箱等港口综合物流服务。积极培育现代物流服务市场，建立健全物流公共信息平台，尽早形成高效、快捷、低成本的现代物流体系。（省商务厅、省发改委、省交通运输厅、省政府口岸办）

（六）加快构建口岸大通关体系

1. 加强口岸基础设施和配套服务设施建设，完善口岸功能，增加口岸作业区，加快电子口岸实体平台建设，实行信息资源共享。整合大通关核心流程和相关物流商务服务信息，实现口岸各有关部门数据共享和联网申报、联网核查、联网作业，与中国电子口岸及其他地方电子口岸实现互联互通。加快应用项目开发，为企业进出口通关提供“一卡通”、“一站式”服务。（省政府口岸办、省商务厅、省国税局、长沙海关、湖南出入境检验检疫局、省外汇管理局、省公安边防总队）

2. 支持具备条件的市州、县市区设立检验检疫、海关办事机构，争取在长沙、岳阳、衡阳建设出口加工区或综合保税区，更好地发挥郴州出口加工区平台作用。（省政府口岸办、省编办、省发改委、省国土资源厅、长沙海关、湖南出入境检验检疫局）

3. 加强跨区域口岸协作。落实省署、省局、省际相关合作备忘录的各项措施，推进跨区域口岸通关合作和“无水港”建设，推广“属地申报、口岸验放”快速通关模式，加快实施检验检疫直通放行制度，积极推进“产地检验、口岸出单”的出口通关模式和“口岸转检、属地报检”的进口通关模式。（省政府口岸办、长沙海关、湖南出入境检验检疫局、省公安边防总队）

4. 完善全省口岸大通关协调机制，强化口岸、海关、检验检疫、边防、金融、外汇、税务、交通运输等部门之间的协作。（省政府口岸办、省交通运输厅、省商务厅、省地税局、省政府金融办、省国税局、长沙海关、湖南出入境检验检疫局、省外汇管理局、省公安边防总队）

5. 优化通关服务。全面实行24小时预约通关制度，逐步推行“5+2”工作制和24小时通关服务。积极推进海关分类通关改革。对进出口诚信企业实行检验检疫“绿色通道”和直通放行制度，积极推荐符合条件的企业出口免验，引导企业充分利用普惠制和自由贸易区政策扩大出口，为出口企业申领原产地证书提供便捷服务。争取实现张家界航空口岸外籍人员落地签证和台胞落地签注。（省政府口岸办、省台办、省公安厅、省政府外事侨务办、长沙海关、湖南出入境检验检疫局、省公安边防总队）

（七）有效搭建开放平台

1. 整合教育、文化、卫生、体育、旅游、外事侨务、对台、外宣、会展等资源，着力打造1—2个规模化、常态化、吸引力强的国际性、国家级的经贸和会展平台，增强招商引资活动的集聚效应和规模效应。（省商务厅、省经协办、省贸促会）

2. 支持市县、园区和企业参与境内外各类经贸活动，积极有效地举办各种招商引资活动。（省商务厅、省台办、省经协办、省贸促会）

三、完善开放型经济发展的政策支持体系

（一）加大财税支持力度

1. 设立“湖南省开放型经济发展专项资金”。其他相关专项资金，都要向开放型经济发展倾斜。（省财政厅、省商务厅）

2. 充分发挥税收杠杆作用，用足用好相关税收优惠政策，努力争取我省有更多重点产业、特色产业列入国家税收优惠的产业目录。（省财政厅、省地税局、省国税局）

3. 对外省已认定的高新技术企业、资源综合利用企业转移到我省落户的，经确认，资格有效期内继续给予相应的税收优惠。（省科技厅、省经信委、省财政厅、省地税局、省国税局）

4. 加快出口退税进度，对由市州、县市区分级承担的增量部分出口退税，通过以奖代补方式由省级财政统筹解决。（省财政厅、省商务厅、省国税局）

（二）加大金融支持力度

1. 进一步改善金融服务。各商业银行对内资、外资企业流动资金贷款要提高办事效率，加快审贷速度。积极搭建银企对接融资平台，支持符合条件的企业开展境外借款、境内外上市或通过私募股权融资等手段拓宽融资渠道，有效提高融资规模。（省政府金融办、省商务厅、人民银行长沙中心支行）

2. 加大对中小企业进出口信贷、保险的支持力度。组织省内相关企业和项目，积极申报中国进出口银行境外投资专项优惠信贷。（省政府金融办、省财政厅、省商务厅）

3. 优化外汇管理和服务。允许符合条件的企业实行外汇资金集中管理，推动企业开展“出口收入存放境外”业务。完善服务外包、物流运输、旅游、境外工程承包等领域的外汇收支管理，增加旅游景区外币代兑点。加大对省内保税区、出口加工区等特殊监管园区的外汇政策支持。深化进口付汇核销制度改革。推动跨境人民币结算和跨境人民币对外投资工作。（省外汇管理局、省政府金融办）

（三）切实保障土地供应

对鼓励类的外商投资项目，尤其是七大战略性新兴产业和产业振兴实施方案确定的十二项产业项目，要依法优先保障用地。改进建设用地审批方式。打破所有制、地域、投资者身份等限制，在土地使用权、探矿权、采矿权等方面实行国民待遇，公平竞争。（省国土资源厅）

（四）强化人力资源保障

1. 加快培养熟悉世贸规则、掌握涉外法律、了解先进科技、精通外语的开放型人才群体，重点培养一批企业领军人才和创新团队，大胆使用具有开放意识、创新精神和专业能力的高素质人才。充分利用海外和沿海发达地区优质资源，加大对各类人才有针对性的培养和锻炼力度。（省人力资源和社会保障厅、省委组织部、省教育厅、省商务厅、省政府外事侨务办）

2. 加强全省人才资源市场建设和外国专家基地建设，为促进人才合理流动提供有效公共服务。（省人力资源和社会保障厅）

3. 大力发展职业技术教育，加快培养适用型、应用型、急需型技术人才，培训大批各类熟练技术工人。帮助企业解决用工问题，协调处理劳资关系。（省人力资源和社会保障厅、省教育厅、省商务厅）

四、形成加快开放型经济发展的强大合力

（一）加强组织领导

各级党委、政府尤其是党政主要负责人要把发展开放型经济工作列入重要议事日程，认真研究制定规划和政策，抓好对重大事项、重要政策的协调、督办，及时解决开放型经济发展过程中的矛盾和问题。省委、省政府每年召开一次扩大开放的工作会议。（省委办公厅、省政府办公厅）

（二）健全统筹协调机制

健全对外开放“信息共享、环境共建、问题共商、工作共抓”的多部门协同机制，建立部门联席会议制度、重大项目和重大活动会商制度、“走出去”风险防范机制和境外突发事件应急处置机制，及时召开对外开放工作调度会，统筹研究解决开放型经济发展中的新情况新问题，统筹调度和督促各项工作进程，加强配套管理与跟踪服务，有效推进招商引资、项目建设、市场开拓、风险规避等工作。（省商务厅）

（三）大力优化开放环境

1. 严格依法行政，确保公正司法，建设公开、公正、可预期的法治环境。（省委政法委、省政府法制办）

2. 大力实施《湖南省行政程序规定》，加强政府自身改革，转变政府职能，精简审批事项和审批程序，抓紧建设省、市、县三级政府互联互通的电子政务和电子监察系统，提高办事效率和服务水平，大力优化政务环境。（省政府办公厅、省监察厅、省政府法制办、省政府经济研究信息中心）

3. 全面实行收费公示，执收单位要对所有合法收费公开收费项目、标准、依据，严格执行收费标准。（省物价局）

4. 制定实施第二期《湖南省社会信用体系建设规划》，加快建立企业法人和自然人信用档案。（人民银行长沙中心支行、省政府金融办）

5. 完善《湖南省城市投资环境综合评价办法》，定期对各市州、园区投资环境开展综合评价。（省商务厅、省优化办）

6. 加快推进国际社区、国际超市、国际学校、国际文化体育俱乐部等配套设施建设，满足境外在湘人员的物质文化生活需求，营造引得进、住得下、过得好的工作和生活环境。（省政府外事侨务办、省台办、省教育厅、省人力资源和社会保障厅、省住房和城乡建设厅、省商务厅）

（四）营造浓厚开放氛围

1. 充分利用海内外各类媒体全方位宣传湖南，提高湖南的知名度和影响力，增强我省对外开放的吸引力。（省委宣传部、省商务厅、省广电局）

2. 将开放型经济理论和业务知识纳入各级干部培训的重要内容，努力增强广大干部群众的开放意识，大力营造解放思想、扩大开放、加快发展的浓厚氛围。（省委组织部、省委党校、省人力资源和社会保障厅、省商务厅、省直机关党校）

（五）建立完善考评制度

建立对市州、县市区以及相关园区开放型经济工作的评价和激励机制，完善招商引资、承接产业转移、外贸进出口、外经合作等指标体系，并纳入政府绩效评估范围。（省人力资源和社会保障厅、省商务厅、省统计局、省优化办、省经协办）

中共湖南省委办公厅、湖南省人民政府办公厅关于加快工业转型升级促进环长株潭城市群“两型社会”建设的意见

湘办发〔2011〕37号

为加快工业转型升级，促进环长株潭城市群“两型社会”建设，经省委、省人民政府同意，提出如下意见：

一、深刻认识加快工业转型升级促进环长株潭城市群“两型社会”建设的重要意义

1. 加快工业转型升级促进环长株潭城市群。“两型社会”建设是落实国家发展战略的迫切需要。环长株潭城市群作为“两型社会”建设试验区，肩负着率先形成有利于资源节约、环境友好新机制，积累传统工业成功转型新经验，形成城市群发展新模式的重要责任。推进以工业为重点的产业转型升级，构建结构优化、技术先进、清洁安全、

附加值高、吸纳就业能力强的现代产业体系，有利于为探索加快工业转型升级促进“两型社会”建设积累经验。

2. 加快工业转型升级促进环长株潭城市群“两型社会”建设是加快转变经济发展方式的根本途径。尽管我省新型工业化已取得显著成效，但能源资源短缺和环境承载力不强已成为加速推进新型工业化的瓶颈。推进工业转型升级，推动传统产业改造提升，培育发展战略性新兴产业，加快形成以高端化、集群化、集约化和生态化为特征的“两型”工业体系，有助于实现工业结构的转型升级，推进经济增长方式由粗放到集约、由外延扩张到内涵提升转变，促进环长株潭城市群经济快速稳定健康发展。

3. 加快工业转型升级促进环长株潭城市群“两型社会”建设是增强城市群竞争力的必然选择。环长株潭城市群是我省经济社会发展的核心增长极，也是我国中部地区重要的经济板块。作为一个新兴的城市群，与国际国内发达的城市群相比，环长株潭城市群在经济发展水平等方面还存在较大差距。着力推进工业转型升级，促进产业的合理布局，加快结构调整，提升产业发展的规模、质量和效益，促进生态环境保护和综合配套功能提升，增强城市群的长远竞争力和核心竞争力，有利于将环长株潭城市群建设成为中部崛起的重要增长极，全省新型工业化、新型城镇化和新农村建设的引领区以及具有国际品质的现代化生态型城市群。

二、指导思想、基本原则和主要目标

4. 指导思想：以邓小平理论和“三个代表”重要思想为指导，深入贯彻落实科学发展观，全面推进“四化两型”建设，坚持走新型工业化道路，立足环长株潭城市群现有基础和优势，加快工业转型升级，形成以战略性新兴产业为先导、优势特色传统产业为支柱、生产性服务业为支撑的产业发展新格局，把环长株潭城市群建设成为全国“两型社会”建设的示范区，为我省科学发展、富民强省作出新贡献。

5. 基本原则

———突出规划引领。遵循产业发展内在规律，加强产业布局、资源配置等方面的整体统筹，推动协同合作，实现有序发展。加强产业之间与产业内部统筹，促进协作配套、错位发展，延伸产业链，提升整体竞争力。

———突出创新驱动。强化自主创新，推动原始创新，集成创新和引进消化吸收再创新，加强技术集成和联合攻关，掌握一批关键核心技术及相关知识产权，加强科技创新团队建设，造就一批科技领军人才，培育一批高科技龙头企业，抢占科技经济发展制高点。

———突出集约集聚。引导各类技术、资源、要素向优势产业集聚，引导同类企业向优势园区集聚，引导同类产业向优势区域集聚，形成规模效应和集聚效应。优先支持最有基础、最有条件的优势领域、优势产业、骨干企业和重点产品率先突破，促进产业集聚和规模扩张，增强辐射带动作用。

———突出绿色低碳。坚守生态环境、节能减排等“底线”要求，加快低碳技术的推广应用和低碳产业发展，优化能源结构，提高能源利用效率，坚持集约节约利用资源，深入推进节能减排和淘汰落后产能，推动工业向低能耗、低污染、低排放方向发展。

6. 主要目标：按照“两型社会”建设的要求，完善有利于资源节约、环境友好和绿色增长的体制机制。加快构建运行质量效益提升、自主创新能力增强、产业组织结构改善、“两化”融合水平提高的现代产业体系，促进产业发展由粗放向集约转型，产业结构由低端向高端升级。

三、重点任务

7. 推进传统产业高新化发展。大力促进信息化与工业化深度融合，广泛应用先进适用技术、信息技术改造提升传统产业，促进初级产品向精深加工产品转变，低附加值产品向高附加值产品转变，低技术含量产品向高技术含量产品转变，促进传统产业“两型”化发展。改造提升原材料工业，坚持控制总量，转变发展方式，推进钢铁、有色、石化、建材等产业结构调整和节能降耗，促进原材料工业发展由主要依靠产能扩张带动向主要依靠优化结构、提高质量和增加附加值转变，由主要依靠矿产资源消耗向主要依靠提高资源利用效率、技术进步和管理创新转变。做大做强装备制造业，加快装备工业关键技术突破，鼓励重点企业加快技术改造，着力推动装备制造业高端化发展。加快调整消费品工业，积极促进轻工、食品、纺织、医药等产业提质升级，提高产品附加值、档次和水平。大力发展电子信息产业，推进电子信息产品制造业与软件和信息服务业发展，进一步做大产业规模，提升产业水平。

8. 推进战略性新兴产业规模化发展。加快把环长株潭城市群建设成为重要的战略性新兴产业创新基地和生产制造基地。围绕先进装备制造、新材料、文化创意、生物、新能源、信息、节能环保等重点领域，积极推进产学研合作，大力开展核心技术攻关、原始创新和引进消化吸收再创新，努力突破一批前沿性、关键性、基础性和共性技术，支撑战略性新兴产业加速发展壮大。充分发挥大企业在培育发展战略性新兴产业中的主体作用，支持一批成长性好、科技含量高、竞争能力强的龙头型、科技型、创新型企业，开展发展战略创新、自主技术创新、商业模式创新，加快在各个重点领域培植一批龙头骨干企业，带动战略性新兴产业尽快形成规模优势。以省级及以上园区以及“两型社会”改革建设五大示范区十八片区为主要载体，在环长株潭城市群加快培育一批创新能力强、创业环境优、特色突出、集聚发展的国家级和省级新型工业化产业示范基地，促进战略性新兴产业集群集聚发展。

9. 推进生产性服务业集约化发展。围绕推进新型工业化的战略目标，加快发展现代物流、金融等生产性服务业。以综合物流园区—专业物流中心—物流直达配送结点的模式发展现代物流业，逐步将环长株潭城市群建设成为我国现代物流基地。大力发展金融业，吸引国内外银行、保险、证券、信托、基金等各类金融机构落户环长株潭城市群，大力发展具有市场和资源优势的专业化金融服务机构。加快发展科技服务业，推进科研和技术服务机构的专业化、社会化、市场化进程。积极发展商务服务业，引进国内外知名的会计、法律、咨询、评估等中介企业，促进一批中介服务机构向国际化方向发展。

10. 推进工业绿色低碳发展。全面推进“四千工程”建设，大力开展“两型”企业、“两型”园区、“两型”

产业试点，加快湖南工业向“高、精、尖、特”方向发展。将推进节能减排、发展循环经济、促进清洁生产摆在突出位置，深入开展环境资源交易、污染责任保险、绿色信贷等方面探索实践，依托项目建设和试点示范，引导企业由末端治理向预防为主转变，实现经济效益和环境效益的双赢。

11. 推进城市群区域协调发展。以环长株潭城市群区域规划为指南，突出优化“两型”产业布局，立足区位交通、特色资源、产业基础、科教人才等比较优势，大力实施差异化发展战略，引导国家和全省重大产业项目在环长株潭城市群优先布局。依托五大示范区十八片区，开展“两型”园区试点，加快环长株潭城市群国家级和省级新型工业化产业示范基地、“两化”融合试验区、综合性高技术产业基地和“三网融合”试点地区建设。发挥长株潭城市群的龙头作用，增强其核心增长极功能和辐射带动能力，形成先进装备及高技术产业基地、综合交通物流中心。加快环长株潭城市群岳阳、常德、益阳、娄底、衡阳经济发展，形成农产品生产供应基地、能源原材料基地、先进装备及高技术产业配套基地。

四、政策措施

12. 加强规划引领。积极实施“两型”产业振兴工程，选择一批“两型”产业重大项目，优先列入省“四千工程”项目库和全省重点推进的300个传统产业提质升级项目和100个战略性新兴产业项目。制订和发布环长株潭城市群工业“两型”化导向目录，科学规划和确定区域“两型”产业发展方向，明确鼓励发展产业、限制发展产业和退出产业。进一步调整投资结构，严格投资管理、提高市场准入门槛，坚决遏制部分行业过剩落后产能盲目发展，严控高耗能、高排放行业的低水平重复建设。建立健全落后产能退出机制，采取政策引导、经济补偿等机制，支持环长株潭城市群工业产业结构调整。加快淘汰高耗能行业的落后生产能力、工艺装备和产品，集中关闭破坏资源、污染环境和不具备安全生产条件的企业。

13. 鼓励自主创新。加强产业技术创新规划的引导，推动行业技术进步和转型升级。强化企业在技术创新中的主体地位，引导和支持各种创新要素向企业集聚，大力推进以企业为主体的技术创新体系建设。鼓励和支持企业创新平台建设，积极培育国家级企业工程技术研究中心、技术中心和国家级企业重点实验室，探索省级工程（技术）研究中心、企业技术中心“省市共建”新模式。组织开展省级技术创新示范企业认定，充分发挥创新示范企业在“两型”产业建设中的示范作用。突出核心技术原始创新，围绕战略性新兴产业，重点突破一批关键共性技术。发挥环长株潭城市群科教优势，促进产学研合作，鼓励和支持优势企业申报国家和省重大科技专项，加快推进科技成果转化。

14. 推进节能减排。狠抓重点用能工业企业节能管理，实施能源审计，开展能效对标达标。推进工业燃煤锅（窑）炉、电机系统节能、工业余热余压利用、能量系统优化等重点节能工程（项目）建设。严格实行工业固定资产投资项目节能节地评估和审查制度，工业领域所有新建、改建和扩建的固定资产投资项目未经过节能评估和审查的一律不得核准和备案，对超过用地定额标准的不予立项。推进工业企业清洁生产，全面实行工业企业清洁生产审核，从源头和生产全过程预防和减少污染物产生。推进“两型”企业创建，强化“两型”企业示范作用，以示范带动区域和行业内的企业“两型”化，实现资源优化配置和高效利用。推进工业固体废弃物的综合利用，发展机电产品再制造，形成完整的再制造产业体系，建立工业园区和企业循环经济发展模式，加快环长株潭城市群污水垃圾处理设施建设并逐步向重点乡镇延伸，完善管网配套，开展湘江流域垃圾填埋的整治。完善节能技术服务体系，培育工业合同能源管理专业机构，推进工业企业合同能源管理，加强工业企业节能监察工作。推进现有燃煤火电机组全面实施脱硫，20万千瓦以上燃煤机组实施烟气脱硝工程。钢铁行业烧结机、有色冶炼和35吨以上工业锅炉全面实施烟气脱硝工程，新型干法水泥生产线全部实施低氮燃烧。对造纸行业现有废水处理实施提标改造，对化工、印染、食品加工行业废水进行深度处理。以《湘江流域重金属污染治理实施方案》、《湖南省“十二五”重金属污染防治规划》为依据，全面开展重金属污染综合防治工作。

15. 增加产业投入。发挥现有省级财政专项资金作用，引导各级财政专项资金和各类社会资金投向环长株潭城市群。鼓励地方政府设立专项资金，加大对“两型”产业振兴的支持力度。对符合“两型”标准并经认定的“两型”企业，支持优先上市融资，或通过兼并、收购等形式重组上市、借壳上市。支持“两型”企业通过发行短期融资券、中期票据、企业债、增发配股等直接融资。鼓励“两型”中小企业集合发债。按国家有关规定落实环长株潭城市群企业享受引进技术设备免征进口关税、国家支持发展的重大技术装备进口关键零部件免征关税和进口环节增值税等优惠政策。

16. 强化要素保障。按照有利于产业集聚发展和节约、集约用地的原则，优先保障“两型”企业用地需求。强化生产要素配置，优先保证“两型”企业重点项目煤、电、油、气、运等重要生产要素的供给。大力发展现代物流业，引导社会资源围绕“两型”产业，建设一批以重点产业、集群、园区为依托的专业物流园和物流企业，逐步完善物流、配送等服务功能。

17. 促进“两化”融合。抢抓环长株潭城市群入列国家首批“三网融合”试点地区的机遇，大力发展新型通信信息产业，形成初具规模的“三网融合”全业务产业链，加快智能电网、物联网、云计算应用、“两化”融合、地理信息系统、智慧城市发展步伐，推动湖南进入发展智慧经济的前沿高地。以嵌入式系统、工业软件、数控、工业传感器及信息系统为突破口，重点推进钢铁、装备、有色、石化、建材等传统产业信息技术改造，加快发展汽车电子、数控系统、工业软件、信息服务、物联网等新兴产业。在提高制造业专业化水平的基础上，大力发展研发设计、电子商务、现代物流等生产性服务业，促进生产性服务业与制造业互动融合发展。

五、组织保障

18. 完善工作机制。由省经信委牵头，建立工作协调机制，各相关部门要按照职责分工，加大政策和资金支持力度，形成工作合力。

19. 强化人才支撑。大力实施人力资源开发工程，制定实施全省“两型”产业人才培养和引进计划，提供多层次、全方位的人才支撑。

20. 优化发展环境。强化服务意识，对列入规划的“两型”企业重点项目给予重点保护，提供“一站式”服务，提高办事效率。进一步优化执法环境，规范执法行为，加强执法监督，为加快工业转型升级促进环长株潭城市群“两型社会”建设创造良好环境。

省直有关部门、各市州要根据本意见的要求，抓紧制定实施方案和具体政策措施。

中共湖南省委办公厅、湖南省人民政府办公厅关于表彰经济强县市和县域经济发展先进县市区的决定

湘办发〔2011〕45 号

2009—2010 年，全省各级各部门坚持以科学发展观为指导，认真贯彻落实党的十七大精神，加速推进新型工业化、农业现代化、新型城镇化和信息化建设，全省县域经济持续快速发展，呈现总量扩张、质量趋好、效益提升、民生改善的良好态势，涌现了一批经济实力强、发展速度快、发展质量好的县市区。省委、省人民政府决定，授予长沙县、浏阳市、望城区、宁乡县、醴陵市、冷水江市、耒阳市、湘潭县、攸县、资兴市、汨罗市、华容县、邵东县、常宁市、衡东县、衡南县、永兴县、桂阳县、沅江市、岳阳县“2009 年度经济强县市”称号，授予中方县、株洲县、苏仙区、芷江侗族自治县、湘阴县、衡阳县、北湖区、炎陵县、慈利县、韶山市“2009 年度县域经济发展先进县市区”称号；授予长沙县、望城区、浏阳市、宁乡县、醴陵市、冷水江市、资兴市、耒阳市、攸县、汨罗市、桂阳县、邵东县、永兴县、湘乡市、华容县、常宁市、岳阳县、澧县、株洲县、沅江市“2010 年度经济强县市”称号，授予鼎城区、洪江市、零陵区、会同县、道县、君山区、芷江侗族自治县、津市市、冷水滩区、韶山市“2010 年度县域经济发展先进县市区”称号。对经济强县市和县域经济发展先进县市区各奖励 20 万元。

希望受表彰的县市区珍惜荣誉，再接再厉，保持县域经济持续健康稳定发展。各级党委、政府要全面贯彻党的十七大和省第十次党代会精神，加快推进“四化两型”建设，构建“四个湖南”，统筹城乡发展，积极推进社会主义新农村建设，推进县域经济又好又快发展，为加快富民强省步伐、夺取全面建设小康社会新胜利而努力奋斗。

中共湖南省委办公厅、湖南省人民政府办公厅关于撤销湖南省承接产业转移发展加工贸易领导小组和湖南省发展服务外包领导小组成立湖南省发展开放型经济领导小组的通知

湘办〔2011〕47 号

各市州委，各市州人民政府，省直机关各单位：

因工作需要，省委、省人民政府决定成立湖南省发展开放型经济领导小组。原湖南省承接产业转移发展加工贸易领导小组和湖南省发展服务外包领导小组撤销，其职责并入省发展开放型经济领导小组。现将领导小组组成人员名单通知如下：

组　长：徐守盛　省委副书记、省人民政府省长
副组长：梅克保　省委副书记
　　　　陈叔红　省人大常委会副主任
　　　　武吉海　省政协副主席
成　员：盛茂林　省人民政府秘书长
　　　　龚文密　省委副秘书长
　　　　王光明　省人民政府副秘书长
　　　　孔和平　省委外宣办主任
　　　　冯　波　省台办主任
　　　　黄志军　省发改委副主任
　　　　陈湘生　省教育厅副厅长
　　　　贺修铭　省科技厅副厅长
　　　　谢超英　省经济和信息化委员会主任
　　　　胡旭曦　省公安厅副厅长
　　　　李利君　省监察厅副厅长、省优化办主任
　　　　欧阳煌　省财政厅总经济师
　　　　彭崇谷　省人力资源和社会保障厅厅长
　　　　颜学毛　省国土资源厅副厅长
　　　　郑　粟　省环保厅副厅长
　　　　王芳柏　省住房和城乡建设厅纪检组组长
　　　　李晓希　省交通运输厅总经济师
　　　　邹永霞　省农业厅副厅长

刘　捷　省商务厅厅长
雷鸣强　省文化厅副厅长
肖祥清　省政府外事侨务办主任
张美诚　省国资委副主任
杨德光　省地税局副局长
刘国湘　省工商局局长
蒋新祺　省质监局局长
谢跃进　省广电局副局长
张世平　省统计局局长
杨光荣　省旅游局局长
张志军　省政府金融办主任
李　沛　省贸促会会长
徐双荣　省政府口岸办主任
毛七星　省经协办主任
皮本固　省国税局副局长
李文健　长沙海关关长
龙新平　湖南出入境检验检疫局局长
王地宁　人民银行长沙中心支行副行长、省外汇管理局副局长
王　果　中国银行湖南省分行副行长
郭　群　省公安边防总队总队长

领导小组办公室设在省商务厅，刘捷同志兼任办公室主任。

今后，领导小组成员工作如有变动，由相应岗位人员自然递补，并由领导小组办公室报省委办公厅、省人民政府办公厅备案，省委办公厅、省人民政府办公厅不再行文。

中共湖南省委办公厅
湖南省人民政府办公厅
2011 年 8 月 22 日

会议讲话

在全省“两型社会”建设推进大会上的讲话

省委书记、省人大常委会主任　周　强

（2011 年 8 月 4 日）

这次全省“两型社会”建设推进大会，是在长株潭试验区改革建设进入关键时期召开的一次重要会议。省委、省政府高度重视长株潭城市群“两型社会”综合配套改革试验区建设和全省“两型社会”建设，昨天召开省委常委会专题研究部署了相关重大事项，并决定成立试验区管委会，此前试验区工委已经成立，试验区工委和管委会作为省委省政府的派出机构和协调机构，将进一步加强试验区建设的领导力量和组织保障。这次会议的主要任务是，认真总结试验区第一阶段工作，安排部署试验区第二阶段改革建设，进一步提高认识、激发活力，加大工作推进力度，以试验区改革建设为龙头带动，全面推进全省“两型社会”建设，努力开创长株潭城市群“两型社会”综合配套改革试验区和全省“两型社会”建设新局面。刚才，守盛省长讲了很好的意见，要求很明确，肇雄同志作了全面系统的工作报告，我都完全同意。请大家认真抓好贯彻落实。

长株潭“两型社会”试验区获批 3 年多来，全省各级各部门认真贯彻中央决策部署，按照国家批复的试验区改革总体方案和城市群区域规划要求，扎实推进试验区的规划、建设、改革、管理等各项工作，高起点、高标准完成了试验区顶层设计，布局和建设了一批重大基础设施和产业项目，启动和推进了十项重大改革，加大了生态环境建设力度，建立健全了组织领导、政策支持和工作推进体系，圆满完成了试验区改革建设第一阶段的目标任务，实现了重大突破，取得了重大成就，产生了重大影响。通过长株潭试验区改革建设和促进带动，环长株潭城市群“两型社会”建设取得新进展，“两型”农村、“两型”园区、“两型”产业建设亮点纷呈，对接长株潭、建设“两型社会”的积极性、主动性进一步增强，思路更加明确，措施更加具体。全省“两型社会”理念日益深入人心，社会共识广泛形成，“四化两型”建设全面推进，转方式调结构步伐明显加快，各级干部领导和推动科学发展的能力不断增强。通过 3 年多的改革建设，长株潭试验区越来越成为湖南一张靓丽的名片，越来越成为国内外广泛关注的焦点，越来越成为全省科学发展的重要引擎，越来越成为我省争取国家政策支持、吸引人才和资金的重要平台，也为我省转方式调结构积累了宝贵经验，提供了重要示范。这些成绩的取得，是党中央、国务院高度重视、亲切关怀的结果，是国家各部委、中央企业大力支持的结果，是长株潭三市及环长株潭城市群各市开拓进取、真抓实干的结果，是省直各部门和全省各市州统筹协调、通力配合的结果，也是社会各界共同参与、积极支持的结果。长株潭城市群“两型社会”综合配套改革试验区领导小组及其办公室做了大量工作，取得了明显成效。开展长株潭试验区改革建设的这 3 年，是全省发展最好最快的时期之一。2008 年我省 GDP 过万亿元，今年我省 GDP 将接近两万亿元，到明年可确保过两万亿元，从一万亿元到两万亿元将只用四年时间。这 3 年也是全省生态环境建设成效最显著、城乡环境质量最优良的时期之一。节能环保指标全面达标，全省空气质量优良率、“四水”和洞庭湖水质达标率等重要指标全面提升。经济实现又好又快发展，生态环境建设不断加强，这正是科学发展观在我省的生动体现。实践充分证明，中央设立长株潭“两型社会”建设综合配

套改革试验区的决策是完全正确的；试验区建设是湖南发展的重大历史机遇，是湖南抢占制高点、争创新优势，提高长远竞争力和核心竞争力的有力抓手和重要平台；建设“两型社会”不仅不会影响经济发展，而且可以提高经济质量，是实现又好又快发展的科学路径。全省干部群众普遍认为，长株潭“两型社会”综合配套改革试验区建设完全符合中央精神和湖南实际，强有力地带动和促进了全省的发展，“两型社会”建设的引领作用充分显现。

关于下一步的工作，守盛、肇雄同志讲得很全面、很明确。这里，我强调三点意见。

一、适应新形势新要求，进一步增强加快推进“两型社会”建设的责任感和紧迫感

长株潭试验区第一阶段任务的顺利完成，标志着全省“两型社会”建设已进入纵深推进的新阶段。立足新的起

点，适应新形势新任务，我们必须进一步统一思想，提高认识，切实增强加快试验区建设、推进全省“两型社会”建设的责任感和紧迫感。

1. *这是贯彻中央决策部署和中央领导重要指示精神的具体体现*。建设“两型社会”，是党中央、国务院审时度势作出的重大战略决策。党的十六届五中全会首次提出建设资源节约型、环境友好型社会，把建设“两型社会”确定为国民经济和社会发展的一项战略任务。党的十七大把建设“两型社会”放在工业化、现代化发展战略的突出位置，强调要走生产发展、生活富裕、生态良好的文明发展道路。党的十七届五中全会明确提出把建设资源节约型、环境友好型社会作为加快转变经济发展方式的重要着力点。国家“十二五”规划首次把“两型社会”建设单独成篇进行部署，在规划的24项具体指标中，资源环境指标有8项，占到三分之一。胡锦涛总书记在“七一”重要讲话中强调三个“加快”，即加快经济结构战略性调整，加快科技进步和创新，加快建设资源节约型、环境友好型社会。在前不久召开的中央水利工作会议上，胡锦涛总书记指出，水利改革发展是转变经济发展方式和建设资源节约型、环境友好型社会的迫切需要。国家设立长株潭城市群“两型社会”建设综合配套改革试验区，就是希望我们积极探索“两型社会”建设路径，加快经济发展方式转变，走出一条有别于传统工业化和城镇化的科学发展之路。今年以来，温家宝、贾庆林、习近平、贺国强、刘延东、李源潮、张德江等中央领导同志到湖南视察指导，“两型社会”建设都是其关注的重点，都对长株潭试验区改革建设给予了充分肯定，要求我们紧紧抓住长株潭试验区建设这个龙头带动，把建设“两型社会”作为实现科学发展的突破口和着力点，作为加快转变经济发展方式的主攻方向和战略目标，努力推动湖南经济又好又快发展，为全国“两型社会”建设探索经验、作出示范。我们要认真贯彻落实中央决策部署和中央领导同志的重要指示精神，扎实做好试验区改革建设各项工作，全面推进“两型社会”建设，完成好中央赋予湖南的重大使命，决不辜负中央领导同志的殷切期望。

2. *这是顺应当今国内外发展趋势、抢占新一轮发展制高点的必然选择*。从国际看，国际金融危机以来，全球经济结构正经历深度调整，特别是随着全球气候变化和资源短缺的日益加剧，世界范围内经济增长方式、人类生活方式和消费方式正面临着全新的变革，节约资源能源、保护生态环境、实现绿色发展日益成为全球的共识，低碳技术、绿色经济将成为推动世界经济可持续增长的新引擎。美国推出了绿色能源环境气候一体化的振兴经济计划，欧盟实施“绿色发展战略”，日本等国也迅速跟进，都试图在新一轮的发展中抢占先机，占领国际经济竞争制高点和国际道义制高点。从国内看，近几年国家着眼于东中西部地区协调发展，设立了一批综合配套改革试验区，批复了一系列区域发展规划。各区域都紧密结合实际，力争在相关领域率先突破，赢得先机，领先一步，抢占制高点，呈现出你追我赶、不甘落后的强劲发展态势。对湖南来讲，长株潭试验区建设及全省“两型社会”建设就是我们参与新一轮竞争的重要抓手。把这张牌打好了，我们才能抢占制高点，把握主动权。这几年我们争取到的一系列重大政策支持，包括长株潭通信一体化、“三网融合”试点、“两化融合”示范区、“十城千辆”节能与新能源汽车示范推广应用基地等，都得益于此。我们一定要顺应国内外发展趋势，加快长株潭试验区建设和全省“两型社会”建设，在新一轮发展中赢得湖南的优势，赢得湖南的地位。

3. *这是全面推进“四化两型”建设的重大举措*。全面推进“四化两型”建设、加快建设“四个湖南”，这是我省当前和今后一个时期发展的基本方略。在“四化两型”建设中，“两型”引领“四化”，“四化”推动“两型”，两者相辅相成、相互促进。加快“两型社会”建设是全面推进“四化两型”建设的必然要求，是发挥湖南生态优势、破解能源资源和环境瓶颈制约、推进可持续发展、增强发展竞争力和吸引力的重要举措。湖南目前正处于加快“四化”建设的重要时期，发展不够和发展不优的矛盾并存，面临加快发展和优化发展的双重任务，这个省情决定了我们将在较长时期内面临着能源、资源和环境的瓶颈制约。比如电力问题，高峰时段缺口达到20%，这种紧张局面在短期内难以改变。破解这个难题既要从供给上下功夫，通过买煤买电、加快电源点建设等多种手段增强电力供应，也要从需求侧着手，狠抓节能降耗，倡导“两型”用电。节托降耗的潜力很大，要提倡全社会走“两型”的路子，广泛推广工业节能、建筑节能、生活节能，通过生产方式和消费模式的深刻变革节能挖潜。只有这样，才能满足全省经济社会发展，尤其是人民群众的生活需要。充分利用能源资源和环境约束形成的倒逼机制，加快经济结构调整和发展方式转变，构建有利于资源节约、环境友好的生产方式、消费模武和产业体系，是湖南发展的战略选择。我们一定要从推进“四化两型”建设，加快科学发展、富民强省的战略高度，把“两型社会”建设摆在更加重要的位置，下更大的决心、采取更强有力的措施，着力在“加快”上下功夫，在“率先”上见成效。

4. *这是全面完成试验区改革建设目标任务的迫切需要*。目前长株潭试验区已经进入改革建设纵深推进的第二阶段。根据改革总体方案和区域规划，这一阶段的主要目标任务是，要在资源节约、环境友好、产业优化、科技创新和土地管理等体制改革方面取得显著成效，形成比较完善的“两型社会”建设制度保障体系和新型工业化、农业现代化、新型城镇化、信息化促进机制，基本完成城市群基础设施建设和重点环保综合治理项目，初步形成资源节约和环境保护的产业结构、增长方式和消费模式，同时在单位地区生产总值能耗、高新技术产业增加值占GDP的比重、城镇化率等具体指标上也要有明确的要求。要按期圆满完成第二阶段各项目标任务，任务很重、要求很高、时间很紧。长株潭试验区改革建设能否顺利实现既定的目标，第二阶段是重中之重，十分关键。必须再鼓劲、再动员，以背水一战的勇气攻坚克难，一项一项地推进各项改革建设任务，力争取得更大成果，更好地发挥龙头带动作用，真正为全省及全国“两型社会”建设探索路子、积累经验、作好示范。

二、着力抓重点、抓关键，加快推进试验区改革建设和全省“两型社会”建设

未来五年，是长株潭试验区改革建设的关键时期，也是全省“两型社会”建设全面推进的时期。要按照中央要求和省委、省政府的决策部署，着力抓好重点领域和关键环节，进一步加大工作力度，深入推进长株潭试验区改革建设和全省“两型社会”建设。

1. *更加注重转方式调结构，加快构建“两型”产业体系*。发展“两型”产业是建设“两型社会”的物质基础和重要支撑。要突出主题主线，加快推进转方式调结构，着力构建“两型”产业体系。要大力推进新型工业化，加大自主创新力度，着力突破制约战略性新兴产业发展的关键技术、核心技术和共性技术，大力培育和发展战略性新兴产业，提升产业竞争力，促进战略性新兴产业实现规模扩张和集聚集群发展。要以技术改造为重要途径，广泛运用先进适用技术改造提升传统产业，深度推进“两化”融合，促进传统产业向“两型”化、高端化、品牌化发展。要大力推进农业现代化，加强农业先进技术研发、推广和服务，大力发展现代农业，稳定粮食生产，提高农业规模化、集约化、产业化水平。要大力推进信息化建设，统筹信息技术创新、应用和管理，推动信息产业发展，推进“三网融合”，运用现代信息技术和科技手段推动现代服务业发展，充分利用好长沙国家超算中心等重大成果，为“数字湖南”建设提供支撑。要着力做大做强文化、旅游等优势产业，加快发展物流、金融、信息服务等生产性服务业。力争通过几年的努力，基本构建起科技含量高、环境污染少、资源消耗低、综合效益高的“两型”产业体系。

2. *更加注重改革开放，大力推进体制机制创新*。改革开放是“两型社会”建设的根本动力。无论是转方式、调结构，还是建设“两型社会”，都要通过深化改革开放，创新体制机制来实现和保障。当前，试验区改革建设已进入纵深推进阶段，更要下大力气推进改革开放。改革要重点在深化和拓展上下功夫。既要注重点上的突破，更要注重面上的推广；既要注重解决问题本身，更要注重解决引发问题的体制机制等深层次矛盾和问题。要认真总结已有的经验，用足用好中央赋予的先行先试的权利，把改革创新作为试验区建设的关键环节，在新的起点上进一步大胆地改、大胆地试，深化重点领域和关键环节改革，着力在资源环境、土地管理、财税、投融资、行政管理改革等方面取得新突破，在改革创新上积累经验、提供示范。开放要重点在提升和创新上下功夫。要进一步提升经济开放水平，抢抓新一轮产业转移重大机遇和发展良机，更加注重招商引资。要提升全社会开放度，在扩大经济领域开放的同时，扩大社会各领域的开放。要创新开放机制与方式，积极探索和推进整体开发、委托开发、直接托管、共建园区等开放合作新模式，加强与国内外各类投资主体的合作，积极利用BT、BOT等多种形式破解资金紧张的难题。要继续深化改革扩大开放，进一步解放思想，转变观念，大胆创新，敞开大门，欢迎国内外投资到湖南来。

3. *更加注重节能环保，大力推进生态环境建设*。环境友好是“两型社会”的本质特征和内在要求。当前，环境问题越来越被人们所关注，不仅是重大的发展问题，还是重大的民生问题。长株潭作为“两型社会”试验区，湖南作为长株潭试验区所在，人民群众、社会各界对生态环保的要求更高、期望更高，必须下大气力抓出成效。要把生态环境建设摆在更加突出的位置，加大节能减排和生态环境建设力度，切实走出一条生产发展、生活富裕、资源高效利用、生态环境良好的绿色发展道路。要大力推进节能减排。大力实施节能减排全覆盖工程，以推广节能减排在线监管为突破口，以实现技术节能和管理节能为重点，抓好工业、建筑、交通运输等重点领域的节能减排，提高资源能源的综合利用效率，切实降低综合能耗。要强力推进环境保护。加快城镇污水管网、垃圾处理设施的规划和建设，推广污水处理回用，加快重点流域水污染治理、大气污染治理、重点地区重金属污染治理和农村环境综合整治，控制农村面源污染。要宣传推广好攸县等农村环保工作的典型，大力推进农村环境整治和保护。要强力推进生态建设。加强重点生态功能区保护和管理，着力推进重大生态修复工程，大力开展植树造林，提高森林碳汇功能，实现生态资源的永续利用，加快建设绿色湖南。要完善主体功能区规划，完善法规政策体系、绩效考核办法和利益补偿机制，引导各地按照主体功能区定位推进发展。环长株潭城市群及全省“两型社会”建设，一项重要任务、一个显著标志就是保护好“一心”、“一脉”、“一肾”。“一心”、“一脉”、“一肾”没有保护好，湖南的“两型社会”建设就没有说服力。“一心”就是昭山生态绿心。要严格按照规划，保护好昭山绿心，保护绿心的湿地、山林、水面、河谷等生态系统。“一脉”就是湘江。湘江流经全省8个市，流域人口与经济总量占到全省的近60%和76%，把湘江治理好，具有全局性的重大意义。无论是上游还是下游、干流还是支流，都要切实负起应尽之责，共同保护湘江。我们要看到，明年长沙湘江航电枢纽建成后，长株潭城市群将成为一个库区城市群，这是在全国、全世界都很独特的城市资源。湘江之美，到时将会更加大气磅礴。如果我们把湘江保护和污染治理好了，就有可能成为“东方莱茵河”。但如果环境治理不到位，继续向湘江倾泻污水，那湘江就可能成为一江臭水。所以，环保的任务更加繁重，形势更加严峻，对我们搞好湘江污染治理、生态建设和环境保护提出了新的更高要求。要把重金属污染治理作为突破口、把产业转型作为主攻方向、把湘江生态经济带建设作为重要支撑、把统一规划和立法作为重要保障，以强有力举措推进湘江流域综合治理。湘江重金属污染治理得到了国务院的高度重视和国家有关部委的大力支持，是国家批复的唯一一个针对一个流域的重金属治理规划，相关各市州和省直有关部门一定要高度负责地搞好衔接、抓好落实。湘江流域目前正在制定综合规划以及旅游等专项规划，要在规划引领下加快建设。要把湘江风光带建设好，一期规划160公里，目前长株潭三市已建成100多公里，还将在一期规划基础上达到260多公里，同时沿湘江规划一批古镇、名镇。随着一批标志性建筑和重大项目建成、一批古镇名镇的布局建设，湘江两岸未来将发生巨大的变化，将成为湖南一道靓丽的风景线，极大提升长株潭三市和全省的竞争力，极大改善城乡居民的生活环境。“一肾”就是洞庭湖。洞庭湖治理在全国引起广泛关注，这几年环湖各市采取有效措施，收到了明显成效。要进一步巩固洞庭湖污染治理成果，调整环湖产业结构，加强生态修复，保洞庭湖一湖清水。未来五到十年是我省水利建设的重大机遇期，要紧紧抓住和用好这个机遇期，切实加强水利、航道等基础设施建设，把“四水”和洞庭湖治理好。

4. *更加注重统筹兼顾，大力推进城乡区域协调发展。*城乡区域协调发展是“两型社会”建设的重要内容和目标，要充分发挥和扩大“两型社会”建设的政策效应，以试验区改革建设带动环长株潭城市群发展，优化提升环长株潭城市群发展水平。要加快推进新型城镇化，在做大做强中心城市的同时，切实抓好县城的扩容提质，规划建设一批具有地域特色和产业集聚力的小城镇，引导更多的农村人口向城镇转移。要大力推进城乡一体化，加大新农村建设力度，探索建立城乡规划、城乡基础设施、城乡产业发展、城乡公共服务、城乡要素市场、城乡社会管理一体化的体制机制，以制度保证推动城乡共同发展，逐步缩小城乡差距。要实施差异化发展战略，通过政策支持和体制机制创新，积极支持湘南地区建设承接产业转移示范区，支持湘西武陵山区集中连片扶贫开发，加大对革命老区、民族地区、库区、边远山区和林区发展的支持力度，缩小区域发展差距，实现共同繁荣发展。

5. *更加注重改善民生，让“两型社会”建设成果惠及全省人民。*建设“两型社会”的目的，就是要让人民群众生活得更好、幸福指数更高。要始终坚持发展依靠人民、发展为了人民、发展成果由人民共享，把以人为本、执政为民的要求贯穿于“两型社会”建设全过程，以“两型社会”建设的实际成效造福于民。要牢牢扭住经济建设这个中心不动摇，坚持科学发展、加快发展，提升发展的质量和效益，为保障和改善民生、提高城乡居民收入奠定坚实基础。要认真贯彻落实《保障和改善民生实施纲要》，着力抓好就业、社会保障、基本公共服务等重点民生工作，加快构建覆盖城乡、比较完善、更高水平的社会保障体系，不断提升公共服务水平。要顺应人民群众过上更加美好生活的新期待，不断为民生工作注入新的内涵，更加注重抓好生态环境建设，抓好食品药品安全，抓好安全生产和社会治安综合治理，更加注重维护社会公平，努力创造更加安心、舒心、放心的生活环境。

6. *更加注重示范引领，以试验区建设带动全省“两型社会”建设。*坚持示范引领是“两型社会”建设的一条重要经验。要充分发挥长株潭试验区的引领带动作用，为全省“两型社会”建设提供示范。对长株潭试验区创造的、实践证明行之有效的好思路、好做法和好经验，省直各有关部门要及时加以总结、完善和推广，扩展到环长株潭城市群及全省，推动全省“两型社会”建设。长株潭试验区工委和管委会要充分发挥职能，推动全省“两型社会”建设。全省各地在学习借鉴长株潭试验区经验做法的同时，要善于从本地实际出发，围绕“两型社会”建设目标，积极探索，勇于创新，形成自己的特色，形成互相学习、优势互补、共同提高的良好局面。

三、进一步加强组织领导，强化保障措施

建设“两型社会”是一项庞大的系统工程，又是一项开创性的事业，必须要以强有力的举措来保障和推进。

1. *要进一步解放思想、转变观念。*各级领导干部一定要深入学习领会胡锦涛总书记“七一”重要讲话精神，切实增强责任感和忧患意识，抢抓机遇而不可丧失机遇，开拓创新而不可因循守旧。机遇稍纵即逝，湖南加快发展、科学发展，等不起、慢不得，一定要抢抓机遇，坚持科学发展、好字当头、又好又快，坚持聚精会神搞建设，一心一意谋发展。“两型社会”建设本身就是一次发展理念的更新，发展方式的转变。可以说，没有思想的大解放，就没有长株潭试验区的成功获批，就没有试验区今天的阶段性成果。“两型社会”建设推进越深入，越要解放思想，更新观念，与时俱进。要牢固树立抓“两型社会”建设就是抓发展的理念，把“两型社会”建设作为科学发展观的生动实践和有力抓手，坚定不移地加以推进。要牢固树立生态文明理念，走绿色发展、可持续发展道路。要发扬敢为人先、敢闯敢试的精神，不等不靠，不观望不徘徊，勇于担当，大胆改革创新，义无反顾前行。改革创新总会有坎坷，难免有失误。要支持创新，宽容失败，鼓励先行者，敬重改革者，在全社会营造良好的改革创新氛围。

2. *要坚持以科学规划为引领。*要把规划置于“两型社会”建设的综合性、全局性、基础性工作来抓。试验区要进一步完善和提升各项专项规划，实现规划的全覆盖，其他各市州要加快制定“两型社会”建设发展总体规划和相关专项规划。要加强各规划间、各区域间的规划对接，特别是环长株潭城市群各城市间规划要有效对接。在这方面，试验区工委和管委会要积极发挥作用，加强统筹协调，做好服务工作。要强化规划的权威性，规划一经确定就要刚性管理、严格执行，做到一张蓝图绘到底，真正以规划指导建设。

3. *要进一步完善体制机制和政策法规体系。*要进一步坚持和完善“省统筹、市为主、市场化”的领导体制和推进机制。为充分发挥省统筹的作用，加快推进试验区改革建设，省委、省政府成立了长株潭试验区党工委和管委会。设立试验区党工委和管委会，不是要取代三市和省直部门的职能，主要是加强对试验区建设的统筹、协调、管理、监督和服务。全省各级各部门特别是长株潭三市，要立足全局、服从大局，支持试验区党工委和管委会工作。

要进一步加强部门间的协调沟通，尤其是在制定政策、出台措施时要主动沟通、相互支持，形成部门之间共同推进“两型社会”建设的联动机制。要加大政策支持力度，着力围绕“两型”产业、“两型”城市、“两型”农业、生态环保建设、体制机制创新、社会管理等方面，抓紧研究出台支持“两型社会”改革建设的相关政策。要认真贯彻《法治湖南建设纲要》，加强地方立法、执法和监督工作，为推动试验区建设和全省“两型社会”建设提供有力的法治保障。

4. *要进一步加大宣传教育力度。*这是加快试验区改革建设和全省“两型社会”建设的一项重要的基础性工作。要广泛、系统、深入地总结试验区改革建设三年来取得的重大成果和成功经验，为试验区第二阶段建设和全省“两型社会”建设提供有益指导和借鉴。比如长沙新河三角洲“人车分流”节地模式、黎托片区武广新城立体开发节约集约用地模式、株洲清水塘34．4平方公里的土地变性，都得到了国家有关部委的高度肯定，在全国引起了广泛关注。对这些好的做法和经验，要认真总结、加以推广。要加大环长株潭城市群“两型社会”试验区建设的整体推介和宣传力度，着力打造海内外知名的“两型模式”示范品牌，进一步发挥好试验区的品牌效应。我们引进的很多项目都得益于这个品牌效应，特别是在引进世界500强等战略投资者方面，起到了重要作用。要积极争取中央以及国家各部委的政策支持，继续做好对接央企工作，抓好已签订协议的落实，同时继续利用好这个平台，用足用好先行先试政策，争取国内外资源更多的集聚。要大力宣传“两型”理念与知识，生动、深入地做好宣传工作，让“两型社会”建设落实到每个单位、每个家庭，使“两型”理念更加深入人心，成为每个公民的自觉行动。

同志们，“两型社会”试验区建设是国家赋予我们的重大历史使命，是发展所需、责任所在、人心所向。我们一定要认清形势、抢抓机遇，创新进取、真抓实干，加快推进长株潭试验区建设和全省“两型社会”建设，抢占制高点，提升竞争力，推动湖南在新的起点上科学发展、又好又快发展。

在长株潭城市群“一条例一决定”执法检查生态绿心地区重点抽查工作汇报会上的讲话

省委书记、省人大常委会主任 周 强

(2011年7月22日)

今天，省人大常委会长株潭城市群“一条例一决定”执法检查组到昭山就绿心保护进行执法检查。刚才看了昭山风景区后山、仰天湖，听了中建集团的项目介绍，耀斌、剑飞、王群、汉栋同志汇报了有关绿心保护和执法检查的情况，肇雄、叔红、力峰、雅瑜、莲玉同志讲了很好的意见，我都赞成。我这里强调几点意见。

一、省人大常委会这次执法检查扎实深入、富有成效

省委、省政府高度重视生态绿心保护。在长株潭“两型社会”试验区建设顶层设计和国务院批复的规划当中，生态绿心都占有重要地位。今年3月，习近平副主席视察湖南的时候，对湖南“两型社会”建设给予了充分肯定。习副主席指出，湖南保护昭山这个绿心，50年后将在全国、全世界都有重要影响。无论从长株潭试验区改革建设来讲，还是从推进全省“两型社会”建设来讲，昭山生态绿心都是一个重要标志。近年来，三市在贯彻实施“一条例一决定”、保护绿心方面做了大量工作。这次省人大常委会“一条例一决定”执法检查，目的就是进一步推动“两型社会”建设，加强绿心保护。省人大常委会对这次执法检查高度重视。2月11日省人大常委会第91次主任会议以来，执法检查工作抓得很紧、抓得很实。8位主任会议组成人员带队深入一线实地开展执法检查，做了大量的工作。蒋作斌同志通过这次执法检查还形成了一个很好的调研报告。省长株潭两型办、省直有关部门和长株潭三市非常重视、积极配合。这次执法检查，应该说起到了很好效果。一是促进了长株潭绿心地区生态保护。通过执法检查，总结了成绩和经验，更重要的是发现和查找了问题和差距，明确了方向。二是推动了“一条例一决定”等法规的贯彻实施。执法检查开展以来，三市积极开展自查迎检，有力促进了“一条例一决定”等法规的贯彻实施。三是促进了“两型社会”理念的深入人心。通过执法检查，进一步推动“两型”理念深入人心。我们现在到各地调研，都能感到“两型”理念已深入人心。“十一五”期间，湖南GDP增长年均14%，财政收入增长21%以上，是发展最快的时期之一。而且这期间，湖南生态环境保护取得的成就也是最为明显的。昨天湖南卫视报道，湘资沅澧四水除了澧水最近受汛情影响外，水质都是优质。长沙空气质量优良率去年连续4个月达到100%，今年上半年为95.74%，全省各市州府所在地城市空气质量优良率达到96.3%。这是非常了不起的成就。我们要十分珍惜这个成就。随着“四化两型”战略的推进，湖南的生态环境将越来越好。到明年10月长沙湘江航电枢纽建成后，长株潭将成为“库区城市群”，那会非常漂亮。但是水位抬高成湖以后，对水质的要求就更高了，如果向湘江排污，那就可能成“臭水湖”，所以这对我们工作的要求也更高了。四是形成了重要决策成果。通过这次执法检查，省人大常委会要形成执法检查报告，提出对策建议，这些为省委、省政府推进长株潭试验区第二阶段改革建设、加强绿心保护，将提供重要的决策依据。

二、认真总结绿心保护工作成绩，清醒认识存在的问题

加强生态绿心保护，将其建设成为长株潭三市的“公共客厅”，是长株潭城市群“两型社会”试验区改革建设的一个重要环节和标志，意义十分重大。省委反复强调，各级领导干部要多做打基础、利长远的事情，不能只顾眼前，把眼前的资源用完，而不管子孙后代，更不能把所有的环境都污染了。前天省委常委扩大会强调，湖南一定要坚持科学发展，科学发展是解决湖南一切问题的“总钥匙”，要旗帜鲜明地坚持科学发展，多做打基础、利长远的事情。保护好湖南的青山绿水、保护好长株潭生态绿心，这就是打基础、利长远的事情。我们建设法治湖南，也是打基础、利长远的事情。我们要通过提高制度的竞争力、环境的竞争力等来促进和保障湖南的发展。另外，我们做任何事情，都要对湖南人民、对子孙后代、对历史负责。我们有责任把昭山等生态绿心保护好，要对我们的子孙后代负责。如果没把湘江治理好，没有把生态绿心保护好，将要愧对历史，愧对子孙后代。长株潭试验区获批几年来，在省委、省政府的领导下，省人大加强监督，省政协履行民主监督，省市县真抓实干，全社会形成合力，长株潭试验区建设、生态绿心保护工作取得了很大成绩，总结起来有这几方面：一是思想认识有很大提高。广大干部群众对推进“两型社会”建设有了较高的认识和理解，对加强生态绿心保护的认同感和责任感增强。现在很多干部群众都知道这个生态绿心，大家都为之感到自豪。二是相关法规政策体系基本形成。省委省政府多次专题部署，出台了一系列政策文件，省人大颁布“一条例一决定”，都明确把生态绿心保护作为试验区建设的重中之重。三市及有关部门也相应出台了配套文件，基本形成了保护生态绿心的政策法规体系。三是“绿心”保护规划已经启动。生态绿心规划已经在审批当中，一定要形成高水平的规划。四是产业结构调整取得成效。尤其是围绕绿心保护，加快产业结构调整，三市在这方面都做了大量工作，按照主体功能分区管理，大力调整产业结构，促进“绿心”的保护。五是生态建设和治理修复取得了成效。这五个方面的工作应予以充分肯定。

在肯定生态绿心保护工作取得的成绩的同时，我们也要看到绿心保护存在的差距和问题。省人大常委会的专题调研报告反映的问题是很客观的。在绿心保护工作中存在的突出问题，主要体现在：一是思想认识还有差距，认识还不到位。一些同志求发展的愿望很强烈，考虑开发比较多，考虑保护不够。二是体制机制不健全，尤其是利益补偿机制不健全。利益补偿机制非常重要，利益补偿机制不解决，地区间收入差距太大，老百姓不满意，即便是立了法，问题也解决不了。省市将来在财政转移支付当中，一定要建立财政转移支付机制，从源头上解决这个问题。当然，还要加强体制机制创新。正如大家所讲，让绿心地区居民全部搬迁异地安置不大现实，但可相对集中居住，通过组建一些股份制公司，让当地群众参股、集体入股，既保护绿心生态，又保护居民利益。总言之，要把老百姓利益保护好，让老百姓享受到生态绿心保护的成果。加强生态绿心保护，一方面要解决机制问题，另一方面要严格执法、健全法制，两头都要抓，从源头上治理。三是整体空间不完整，包括现在路网分割得比较严重。这当中很多也是历史形成的，但今后绝对不能再无序分割了。四是开发建设不合理。为什么说现在从空中俯瞰绿心不是很好看？一个是规划问题，一个是分割问题。今后绿心地区建设包括仰天湖项目，一定要高起点，做成“两型社会”示范性工程。

三、进一步统一思想，提高认识

1. 加强城市开放空间保护是世界现代城市群发展的一条成功经验。世界各国有很多成功的范例。比如荷兰的兰斯塔德城市群在城市之间留了一大片农业地区，建设绿色缓冲区、空间分隔，形成了一个分散式生态型的绿色大都市群，成为世界田园城市的典范。将来大家可以去兰斯塔德城市群看看，确实是非常漂亮。我们长株潭城市群中间有绿心，包括一些农田，湘江也非常美。大家一定要形成共识，在加快发展中，决不能牺牲我们的环境，长株潭三市要齐心协力，加快完善补偿机制，切实把生态绿心保护好。

2. 加强生态绿心保护是推进“四化两型”、建设绿色湖南的必然要求。生态绿心是我们独特的优势和亮点。为什么现在投资商风生水起争着来开发，因为大家都认识到这个地方是个宝地。但越是这样，我们越要保护好。我们把绿心保护好了，其他地方就可以得到更多的投资开发。绿心地区禁止开发或限制开发，反过来会促进绿心外围地区升值，促进这些地区集中投资开发，所以这些地区集中投资形成的税收、财政往绿心地区转移支付也是应该的。湖南推进“四化两型”战略，建设“绿色湖南”，推进长株潭“两型社会”试验区建设及全省“两型社会”建设，关键要保护好“一心”即长株潭生态绿心、“一脉”即湘江这条动脉、“一肾”即洞庭湖。长沙航电枢纽建成后，长株潭城市群将成为“库区城市群”，那会很漂亮，绿心很漂亮，再加上洞庭湖也很漂亮。我在这次省委常委扩大会上讲，湖南到2012年GDP过2万亿元是毫无疑问的。到“十二五”末，湖南经济总量达到3万亿的时候，我们保护好了湖南的青山绿水，那么湖南的吸引力、竞争力会大大增强。所以，我们要坚持两手抓，一手抓发展，一手抓保护好湖南的青山绿水。

3. 加强生态绿心保护是长株潭城市群“两型社会”建设的重要标志。我们推进“两型社会”建设、推进长株潭试验区改革建设，一个很重要的标志，就是要把绿心保护好、把湘江保护好。否则，“两型社会”建设就落空了。

4. 保护好生态绿心是对湖南的未来负责、对湖南人民和子孙后代负责。前面讲了，我们干任何事情，都要对历史、对未来、对人民负责。如果在我们手里把昭山这个地方给全部破坏掉了，若干年后，我们的后人将会指责我们，说这些人太没有眼光了，太不负责任了。我们在绿心保护这个问题上，一定要统一思想、提高认识，要下定决心，采取有力的措施，甚至是“壮士断腕”的气魄。大家回想一下，2007年，我们启动城镇污水处理设施建设三年行动计划，当时很多同志意见不一致，认为每个县搞个污水处理厂太超前了。当时我们提出“要背水一战”。通过几年干下来以后，成效很好，而且得到了国家的支持，对湘江流域治理起到了重要作用。所以，在绿心保护这个问题上，也要有“背水一战”、“壮士断腕”的气魄，来保护好我们的绿心。

四、进一步加大生态绿心保护工作力度

省委、省政府高度重视，省人大常委会这次执法检查效果很好。要以这次执法检查为契机，对照发现和查找的问题，认真抓好整改落实。下一步，要进一步做好这几方面工作。

1. 要抓紧出台《长株潭城市群生态绿心地区总体规划》。省长株潭两型办已经做了很多工作，有关方面要抓紧审查、修改完善、尽快出台《绿心规划》。8月初省委、省政府将召开“两型社会”建设推进会议，作进一步的研究部署，希望大家认真抓好贯彻落实。

2. 要加大生态建设、治理和修复力度。这个方面要完善政策、健全机制，加大工作力度。

3. 要加快推动产业转型升级。进一步优化绿心地区产业布局，重点发展高新技术产业、高端服务业、战略性新兴产业，加快现有产业的技术改造和转型升级，推动向高端化、两型化和高新化发展，高污染、高耗能的产业绝对不能搞。

4. 要着力创新管理体制机制。包括对绿心保护区域的领导干部政绩考核机制、生态补偿机制等，都要不断地创新完善，促进绿心地区生态保护工作的落实。

5. 要抓示范项目带动。抓示范与高起点的规划紧密相关。中建仰天湖项目也好，昭山晴岚项目也好，一定要建成示范工程，体现“两型”理念、环保理念、生态理念、和周边环境山水相融的理念，争创世界一流水平。长沙梅溪湖规划设计很好，理念很先进，要借鉴。

6. 要继续发挥各级人大及其常委会在生态绿心保护中的作用。加强试验区建设、生态绿心保护，各级人大可以发挥很大的作用。要通过进一步加强人大立法，严格督促检查，发挥人大代表监督作用，为推动长株潭试验区建设、生态绿心保护提供坚强的法制保障。

7. 要把保护绿心和“两型社会”建设结合起来。长株潭“两型社会”试验区党工委、管委会和三市，要通过“两型社会”建设、长株潭城市群的建设，为保护绿心创造良好环境。对禁止开发区、限制开发区、控制开发区要严格执行功能分区管理。绿心之外地区发展好了，我们就有更多的资金来保护绿心，实现绿心保护和“两型社会”建设良性循环。

总之，加强生态绿心保护意义重大、责任重大。我查了一下有关历史资料，更加觉得责任重大。1917 年毛主席游览昭山时曾经说过“人之心力与体力合行一事，事未有难成者”。意思是说，集中心力和体力去做一件事，就没有克服不了的困难。毛主席高瞻远瞩，在将近 100 年前就看出昭山是块宝地，而且讲到了心力和体力合一。这是伟人的嘱咐和希望。三市要齐心协力，按照省委、省政府的部署，人大加强监督，共同保护好我们这块宝地，保护好长株潭生态绿心。我相信，只要大家统一思想、提高认识、齐心协力，一定能够实现我们的目标，完成我们的任务。

在全省“两型社会”建设推进大会上的讲话

省委副书记、省长　徐守盛

（2011 年 8 月 4 日）

（根据录音整理）

这次大会，是以长株潭试验区推动“四化两型”建设向纵深发展的重要会议，目的是总结前段“两型社会”建设经验，全面部署当前和下阶段工作，为我省“十二五”乃至更长时期的可持续发展奠定坚实基础。刚才，肇雄同志深入总结了试验区第一阶段改革建设情况，并对第二阶段的工作作出全面部署安排。等会，周强同志将发表重要讲话，就全省“两型社会”建设，作出全面部署。大家要认真学习，深刻领会，结合各自发展实际，狠抓落实。

2007 年 12 月，国家批准设立长株潭试验区，我省从此获得了加快发展的重要战略支点。三年多来，我们把试验区作为富民强省、科学发展的重要载体，作为促进和带动全省改革创新的巨大平台，取得有目共睹的成效，得到党和国家领导人的充分肯定。概括起来，主要有三个方面。一是探索了一条符合湖南实际的发展路子。我们切实担当起国家赋予的先行先试责任，以解放思想为先导，统筹推进试验区改革建设各项工作。在充分总结第一阶段经验的基础上，深化提升“一化三基”战略，明确提出建设“四化两型”。这是全省上下形成的共识，更是全省广大人民群众的共同期盼。二是构建了一个吸引各类改革创新要素的巨大平台。我们大力推行试点示范，开展基础设施建设债券融资，一批重大工程、重大项目得到国家大力支持；国内外投资者纷纷看好长株潭发展前景，世界银行评估长株潭“是中国中部地区最具爆发力的区域”。可以说，经过第一阶段的改革建设，长株潭的承载能力进一步增强，开放发展的活力进一步凸显。三是打造了一个带动和引领全省科学发展的强力引擎。2010 年，长株潭经济总量占全省的 41．9%，环长株潭城市群八市地区生产总值达 12558．8 亿元，占全省的 78．3%，核心增长极的辐射带动效应充分显现。

今天，我们召开全省“两型社会”建设推进大会，就是要进一步发挥长株潭核心增长极的辐射带动作用，促进全省协调同步推进“两型社会”建设。下面，我谈四点意见。

一、“两型社会”建设要充分发挥规划的统领作用

规划是推进“两型社会”建设的“龙头”，是统领和协调全省上下建设“两型社会”的纲领。纲举才能目张，才能统领全局。各地要牢牢树立规划意识，从长远和全局出发，将“两型”理念和要求贯彻到经济社会发展规划之中，坚决维护规划的严肃性、权威性，不能因班子换届和领导人变更而影响“两型社会”建设总体规划的实施。

（一）对照“两型”要求审视规划。目前，各地的“十二五”规划都已开始实施。这些规划，对未来五年的发展思路、奋斗目标和实现路径，已分部门、分产业、分领域进行细化、量化，都经过科学论证，集中了各方智慧，体现了科学发展的内在要求，也符合当地发展实际。以“两型”要求审视规划，并不是将现有的规划推倒重来，而是要在实施过程中，用“两型”标准检验规划的实施效果，看发展思路是否融入了转型发展、创新发展、科学发展的要求，看实际效果是否体现人民群众共享发展成果，看项目开发是否兼顾经济效益、生态效益和社会效益，看要素配置是否体现资源节约、环境友好。

（二）突出“两型”理念完善规划。规划必须遵循发展规律，要有前瞻性，管长远、管全局，一次性规划到位，一管若干年，体现以人为本。具体把握三点：第一，要遵循发展规律。包括自然规律、经济规律和社会主义市场规律等。遵循自然规律，就是要充分了解当地的水、土、地形、气候、物产资源等自然因素，有针对性地选准项目和产业。遵循经济规律，就是要讲究投入产出、讲效益，有多大财力就办多大的事，决不能搞“形象工程”，决不能不切实际。遵循社会主义市场规律，就是要尊重供求关系，充分利用市场机制办事，发挥市场配置资源的基础性作用。比如，我省很多地方生态脆弱，一旦破坏，就很难恢复。编制和完善规划时，就要把生态环境保护建设放在首位，发展符合生态保护要求、切合当地资源特色的产业。第二，要坚持创新发展、和谐发展、可持续发展。要在促进科技与经济融合、构建科技创新体系、提高科技成果转化率上下功夫。要更加注重发展低碳经济、循环经济，在节地、节材、节水、节能、环保等方面，制定操作性强的规划。比如城市规划，要科学测算人口、土地、粮食、产业、就业、城市基础设施承载能力等因素，统筹安排土地、水资源和生产力布局，杜绝贪大求洋、盲目扩张。第三，要体现以人为本。任何规划都要以实现好、维护好、发展好人民群众的根本利益为出发点和落脚点。规划的编制完善，既要让群众眼前利益得到保障，又要确保长远生计不受影响，让群众长久得到实惠。

（三）着眼“两型”目标加快实施规划。规划是为了实施，要一点一点抓落实。第一，要坚持分步实施。长株潭以及全省各地的规划，作为“十二五”规划，起码要管五年。我们在实施的时候，就要围绕规划确定的目标，制定具体计划，分步组织实施。比如，建设试验区规划的“八大工程”，从现在开始，就要将建设任务落实到年度、明确到相关单位、任务到具体市县，加强督促考核，一步一步落实。第二，要区分轻重缓急。规划要有前瞻性，必须分步实施。凡事都应有轻重缓急、眼前长远之分，期望五年甚至一年内，就将几十年都没有办成的事一口气做成，是不现实的，也是不可能的。事实证明，急功近利、急于求成，往往只能顾及短期效应，无法支撑长远发展。据我所知，各地的“十二五”目标都很宏伟，项目很多，要办的事情就更多，这些都反映出各地加快发展的积极性，也是全省人民求好、求快、求富的迫切愿望。我们不能就因此“眉毛胡子一把抓”，要理性思维、切合实际，决不能不顾实际地铺摊子、上项目。必须坚持量力而行，量入为出，根据本地的财政状况和发展实际，抓住影响和制约发展的重大问题，抓住群众反映强烈、要求迫切的重要工作，集中力量办好几件大事。这样踏踏实实地干，才能真正体现科学发展观的应有之义。第三，要强化协调配合。规划即法，一经制定，就要强化协同，一以贯之、一抓到底。要切实提高规划执行力，以规划来整合资源、统一步调。各地在上项目、搞建设时，要将“两型”建设和区域规划要求作为重要标准，搭建规划管理协调平台，建立区域性重大项目的联合审批和规划否决机制，实行严格监督、目录管理和审批把关。还有一项十分重要的规划，就是县以下的乡村建设规划。对此，我认为有四句话的要求，即层次分明、重点突出、城乡统筹、科学发展。这里，我说明一下“层次分明”。这就是在县或者区，要做好三个层次的规划。首先，要对县城，也就是城关镇进行规划。要结合新一轮城镇化和城乡发展趋势，测算未来几年能增加多少人口，要扩容多大面积，主导产业是什么等等，在此基础上科学修编城关镇规划。第二，要对县城以下的中心镇进行规划。上一轮乡镇机构改革中，许多地方已经撤乡并镇。现在就是要根据城关镇的服务半径，做好中心镇规划，使中心镇的建设和县城遥相呼应，烘托县城。第三，要做好乡村统筹联动的规划。全省有四万多个村，水、路、电、通讯等服务都必须到行政村。如果没有规划，想怎么建就怎么建，是不行的。比如，有些山头上，只住了少数几户人家，如果修路通电，提供其他公共服务，成本就会很高。要科学修编规划，严格按规划实施，确保新一轮的建设真正符合科学发展、统筹城乡的要求。再如，教育规划布局的调整问题。现在一个行政村都有一所小学，但有的学校一个班只有几个学生，既造成了资源浪费，又给配置师资力量带来困难，必须给予适当调整，否则很有可能带来新的问题。又如，农村的宅基地问题。一些老百姓建了新房后，旧的宅基地并没有收回，致使一户人家同时占有几个宅基地。这也是浪费有限的土地资源。这都需要我们脚踏实地一步一步向前推进。只有这样，“两型社会”建设的基础才能更加扎实，才能渗透到千家万户，才会有群众基础。这些方面，长株潭三市要走在前面，千方百计做好引导工作。

二、“两型社会”建设要始终突出项目带动

根据中科院最近公布的《中国科学发展报告 2011》，我省 GDP 质量排名全国第 22 位，与总量的排名相差 12 位。这说明，我省这种投资拉动型经济的投入产出比还不是太高，项目的质量和效益整体水平比较低。必须在提高项目开发质量上下功夫，按照建设“两型社会”的要求，结合本地区发展的阶段性、区域性特征，选准项目、建好项目。

（一）认真梳理、充分利用各项政策、各个渠道的资金，加大“两型”项目推进力度。

目前，国家出台了很多政策措施，为不同地方建设“两型社会”提供了支持和条件。全国 31 个省、市、自治区，每一个地方国家都有支持的政策措施。比如，前一段时间云南就下发了一个文件，要建成面向东南亚的桥头堡，要在云南建设若干个和东盟对接的商贸基地和开发基地。我们要“捷足先登”，主动和“桥头堡”对接，发展开放型经济。再如，在国家级园区发展高新技术产业，就可以同时到国家发改委和科技部争取支持，其中用于国防的，还可到国家国防科工局申请资金。关键是要将国家资金配套的要求搞清楚，并选准呈报的项目。目前，我省各市州已获得一些国家级“牌子”，国家可给予各有侧重的支持政策。例如，株洲市是全国可再生能源建筑应用示范城市、国家数字化城市管理试点城市、全国地市级高等职业教育综合改革试点城市、全国公立医院改革试点城市等，分别可以从财政部、住建部、教育部、卫生部等部委争取试点资金。各地一定要认识到，不能争来“牌子”就“万事大吉”。一方面，“牌子”就是责任，国家对我们都有相应的资金配套等要求，要算好自己的进出账。另一方面，要全面加强与国家相关部委的对接，深入了解、科学测算不同政策可以给予的项目、资金支持，确定符合中央要求的项目。各地要对可享有的各项政策资金支持，作一次全面梳理，做足整合的功夫，为“两型”社会建设提供强有力的支撑。现在国家制定的一些政策，到了基层执行起来难度很大，尤其是地方资金配套不上去。这就需要整合资金，但整合又可造成专款不能专用，究竟应该怎么办？我想可以搞一些局部试点，只要能促进生产力的发展，只要是有利于老百姓的事，只要不乱来，就可以试着干。国家的政策设计上是科学的，也照顾到方方面面，但是在一些特殊区域，特别是财政严重入不敷出的区域，我们可以做一些试点。比如廉租房的产权处置，究竟怎样比较妥当？究竟怎样才能调动各方面筹措资金的积极性，就可以在局部地区试点。

（二）着眼长远，合理确定项目实施的节奏和力度。我在回顾我省发展历史时，切实感受到，历届省委省政府结合湖南基础差、底子薄的实际，坚持“握紧拳头保重点，集中力量办大事”，建成了一批事关长远、带动全局的大工程、大项目，为我省这些年的发展奠定了坚实基础。加快推进“两型社会”建设，同样要突出重点、聚集优势、集中攻关。项目、资金都不能“撒胡椒面”，不能把有限的资金用来盲目铺摊子、扩规模，只图统计数字好看。要坚持更高的“两型”标准，根据规划和现实条件，合理确定项目实施的节奏和力度。如在城乡统筹方面，要合理确定试点村组，集中资金办几件利长远、惠民生的实事。再如，通村公路的建设，与其让一些地方路通了质量不高，钱花了群众不满意，不如适当收缩建设里程，以更高质量、更长使用时间服务好“三农”。要建设就必须建设到位，干一件成一件，干一件像一件。比如罗马，有条街道铺的石头还是清代从湖南进口的，当时是什么样现在还是什么样。而我们现在有些道路，还没有走一两年就要重来，造成资源浪费，这是不符合“两型”要求的。今后，要按照建设“两型社会”对项目实施的要求，更加注重资源能源的集约高效利用和环境保护，更加注重项目的后期管理和持续使用，确保质量优良、安全可靠、群众满意，经得起历史、实践和人民群众的检验。

（三）积极支持市场主体参与项目建设。“两型社会”建设，政府固然是主导，但必须发挥好市场主体作用，善于运用市场机制调动要素资源。例如。今后五年全省预计完成10万亿元投资，其中环长株潭城市群就达7万亿元，在经济形势复杂、不确定因素增多、信贷规模受到控制的情况下，我们怎么办？还是得从市场、从社会多方筹措资金，运用多元化手段拓宽融资渠道。第一，要鼓励民间资本参与项目建设。至今年6月底，全省金融机构本外币贷款余额同比少增76亿元，许多项目特别是续建项目的资金紧张。这就要开发有效益、有市场、有前景的项目，让民间资本积极参与，保障建设资金的需要。第二，要鼓励资本与科技结合。我省在自主创新领域有自己独特的优势，但应用科研成果转化率不高。2010年只达到80%，尤其本土转化率只有67%。这些成果必须走向市场，与资本结合，才能发挥作用。有关部门要在这方面认真研究，出台具体措施，支持资本与科研技术的融合发展。第三，要为市场主体提供服务。主要是政策与信息两个方面。要在提高市场准入门槛的基础上，鼓励各类市场主体进入“两型”产业，让其享有“国民待遇”。要加强信息服务，及时根据国家政策调整产业发展目录并定期公布，让各类投资者找到投资机会。

三、长株潭要真正成为全省“两型社会”建设的龙头

长株潭聚集全省65%的大中型企业、90%的科研人员和80%的科研成果，理应率先发展，在探索“两型社会”建设路子、产业发展、转型创新发展、城乡统筹、城市建设与管理等方面迈出实质性步伐，形成溢出效应，真正成为辐射带动全省的动力策源地。

（一）为全省“两型社会”建设探路子。试验区最大的优势是先行先试，肩负的重任也是探索形成经验。要贯彻国家批准我省设立试验区的文件精神，按照“两型”要求，加快改革步伐，重点突破，率先形成有利于资源节约、环境友好的体制机制。当前的关键，就是要在资源节约、环境友好、社会管理、城市建设、市场运作等方面出经验、出模式。在改革方面，长株潭三市要进一步解放思想，加大力度。首先，是农村土地流转、宅基地整治等方面的改革。只有节约集约用地，才能把有限的资源“套”出来，解决用地指标等若干问题，让老百姓真正得到实惠。第二，是水利改革。我省是全国水利改革试点省，有5个方面的改革，即水资源管理体制、水利投融资体制、水利工程建设与管理、基层水利服务体系、水价改革。长株潭要先行先试。其次，是工业方面的改革。我省60—70%的大中型企业集中在长株潭地区。工业企业改革如何进一步完善、配套、深化，建立起现代法人制度，长株潭要加强探索。当然，我不是说把“两型社会”作为一个筐，什么都往里面装。再次，是三产业改革，全国很多地方已经启动，我们今年一定要启动。要探索排污权和碳排放权的有效结合，有偿使用。比如，长沙市探索形成了五种新型节地模式，其中新河三角洲模式开发强度提高40%，武广客运南站模式节地率达40%。我们要立足这一基础，作进一步探索，形成集约节约用地降耗的“湖南模式”。我们只有大胆试和闯，才能创出经验和路子来。

（二）为转型创新发展当先锋。长株潭产业发展有基础、有优势，具备转型创新发展的条件。湘江水污染整治三年行动计划取得初步成效，重金属污染专项治理得到国家支持，变性污染土地34.4平方公里，重金属削减率达50%以上。特别是，长株潭已成为全国首批六个综合性高技术产业基地之一。2010年三市第二产业增加值占全省的比重达50.3%，工业化率达57.3%，高新技术产业增加值占GDP的比重达到17.4%。可以说，第一阶段的建设已为转型创新发展打下较好基础。下一步，在转方式方面，要增强自主创新能力，率先推动产学研联合创新。在促进科技与经济融合、构建产学研用体系、提高科技成果转化率等方面下功夫，尽快突破一批核心关键技术，形成一批具有自主知识产权的科技成果和科技企业。比如，我省的工程机械首屈一指，但底盘、重卡、液压装置还是制约着我们的发展，完全可以有重点地把这些引进来，在长株潭区域引进消化吸收。在产业发展方面，要率先建立现代产业体系。推动传统产业向研发、设计、品牌、服务等增值环节延伸，向高新化、集约化、清洁化和循环化方向发展；进一步明确三市战略性新兴产业的发展重点，从项目、政策、资金等方面加强引导和支持，有选择、有重点、有分工地发展，形成规模和集群效应。在保障和改善民生方面，要率先探索有利于城乡居民增收的利益分配机制，形成可持续保障和改善民生的长效机制。

（三）为城乡统筹发展做样板。早几天，我在望城调研时说过，要在全省培育出更多城乡统筹发展的示范点，这个点可以是村，可以是乡，如果能扩大到一个区乃至一个市，那就更好，这样就能对全省起到示范和带动作用。我认为，无论是村、乡，还是县、市的示范点，首先应该在长株潭地区产生。而且这些示范点上的经验是可复制借鉴的，是可持续的，是城乡居民可受惠的。第一，要认真总结经验。近年来，长株潭三市在城乡统筹发展方面做了大量卓有成效的工作，取得一系列突破性进展，涌现出一批示范村。比如，宁乡县关山村、望城区光明村，还有株洲高塘村、湘潭韶山村，就是典型代表。下一步，就是要在面上推广，实现由点到面的突破。第二，要做好城乡结合部建设管理这篇大文章。城乡结合部，不仅是城市和乡村的对接点，还是社会管理的重点和难点，非法地沟油作坊、违章建筑和刑事治安案件等大多集中在这些区域，是最容易出问题、出乱子的地方。各级各部门必须痛下决心、协同作战，大力开展专项整治，推动城市文明、现代理念向农村扩展，促进城乡结合部健康、有序发展。第三，要在农民工市民化方面迈出实质性步伐。很多农村居民都工作、生活在城市，为城市建设和发展作出了重要贡献。但是，在就医、就学、社保、住房等方面还与城市居民有很大差别。长株潭流动人口最多，这个问题最为现实。必须加快体制机制创新，努力构建城乡居民平等享受基本公共服务的长效机制，让制度的阳光普照每一位城乡居民，送到每一位应该享受的城乡居民的心坎上。

（四）为全省城市建设和管理作示范。建设“两型”城市，长株潭要做到“软硬结合”、“内外兼修”、“上下并重”。“软硬结合”，就是要建设良好的“硬”环境和“软”环境。现在，长株潭以交通网络为代表的基础设施加快完善，长株潭半小时、环长株潭八市90分钟通勤圈正在加快建设。最关键的是要在管理、维护上，探索出管用、有效的经验，比如交通，城市越大，拥堵越厉害，市民出行很不方便，期待政府早日解决这个问题。“两型”城市应更便捷民生，更方便市民衣食住行，才符合“两型”要求。“内外兼修”，就是要在塑造城市外在形象的同时，更加注重城市品格的培育。我省14个市州都有上千年的历史，都应有自身独特的城市品貌。长株潭的历史人文积淀更加深厚，要探索在现代条件下，焕发古城新貌、新风的城市建设路子。“上下并重”，就是要同等重视城市地面建设与地下设施的建设。城市地下设施建设相对落后，难以满足现代城市发展的需要，也必然造成重复建设和浪费。现在有些地方的城市建设，就是反复“挖坑”，症结就在于缺乏统筹和长远的考虑。长株潭，特别是长沙，望城县改区后，城市发展空间已拓展将近一倍，一定要为长远计、为子孙谋，确保地上、地下同步规划建设，满足长远发展的需要。

四、“两型社会”建设是推动全省科学发展的重大系统工程

实现资源节约、环境友好，是全省全方位概念，必须多方协同、区域联动、综合施策，增强工作的整体性、协调性和针对性。

（一）加强组织领导。“两型社会”建设是各市州、各部门、122个县市区的共同事业。省级层面，要从战略和全局高度加强谋划，统筹协调重大决策制定、重大利益调整、重要资源配置、重大项目部署等方面的工作。市州层面，要担负“两型社会”建设主体责任，充分发挥主观能动性和创造性，立足长远，服从大局，优势互补，形成合力。例如，对于跨区域、跨市州的项目，可以在“省统筹”的前提下，建立协调各方的联动工作机制，实现共同开发、共同建设、共同受益。省直各部门要立足自身职能职责，谋大局、抓大事，主动做好政策引导、项目申报、平台搭建、标准制定、示范创建、宣传教育等工作。长株潭三市要积极主动，全力以赴支持长株潭试验区管委会开展组织协调和管理工作。

（二）强化区域协同。建设“两型社会”，我们已基本明确长株潭、环长株潭五市、其他六市的总体格局。这样一项重大系统工程，不可能一蹴而就，各地必须牢固树立“一盘棋”思想，立足自身发展基础，找准“两型”建设定位。尤其要结合国家主体功能区划分和我省区域发展“三大块”思路，把“两型社会”建设与区域协调发展、城乡统筹发展有机结合起来，形成核心辐射、区域联动、整体推进的格局。核心辐射，前面讲了，就是要发挥长株潭的“龙头”作用，增强其核心增长极功能和辐射带动能力。区域联动，就是各区域要明确自身的发展方向和重点，不能一哄而上，而要有重点、有步骤、有层次地上。例如，发展战略性新兴产业，长株潭已具备一定实力和优势，其他地区有的有一定基础，但大部分只是解决“有”和“无”的问题，不能盲目攀比、跟风而上，要脚踏实地把现有产业发展好，做好提质升级文章。整体推进，就是要在全省铺开，决不能因为发展任务重，就回避“两型”的要求。科学发展，就是要求资源节约和环境友好，二者是统一的。只是各地条件不同、基础不一，可以有所侧重。关键是要制定出实事求是的降耗标准，既保持一定的发展速度，又确保“两型社会”建设每年都取得新的进步。

（三）强化能源等要素保障。发展越快，资源环境瓶颈制约就越突出。我省经济发展势头强劲，城乡居民电力需求增加，我们面临的电力紧张，不是迎峰度夏、迎峰度冬，而是迎峰度全年。例如，“十一五”期间，我省在完成节能减排任务的前提下，全社会用电量年均增长11.7%。这就要求我们在建设“两型社会”时，科学测算资金、土地、能源、环境、人才等要素，把构建强有力的保障体系，作为一项系统工程来抓。就能源来说，第一，积极发展新能源。目前我省水火电装机比为42：58，水能资源开发已超过90%，水电基本无潜力可挖。接下来的重点，应该放在核能、风能、生物质能等方面。要对全省作通盘考虑，根据各区域发展需要，科学布局能源点建设，使新能源成为我省能源保障体系中的重要一环。第二，保障电煤供应。“十一五”期间，我省每年外调电煤在1100—1700万吨之间。可以想见，将来用电量增加，电煤用量也会随之增加。这就要从挖掘省内产能、省外调煤和增强运力三个方面着力，作出长远安排，确保电煤持续稳定供应。电煤任务要分解到市州，确保电煤供应。第三，扩大省外购电。这是一条最有效的保障路子。各有关部门要加强与有关国家部委和省份沟通衔接，提高省外送电能力。第四，引导全社会节能。强化节约意识，出台鼓励节能的政策措施，大力发展绿色建筑，依法推进建筑节能、交通节能，引导商业和民用节能，让节能成为习惯、成为自觉行动，从源头上降低能耗总量。

（四）营造良好氛围。前不久，我到地市调研，就感受到自行车“绿色出行”等方式，既能方便群众，更能让群众践行“两型”生活方式。要通过一些有效途径，机关干部带头做起，让群众自觉体验“两型”，让群众意识到“两型”就在身边，就在每个人的一举一动上。只有如此，“两型”才会深入人心，家喻户晓，才能成为推动科学发展、转型发展、创新发展的原动力。

同志们，胡锦涛总书记指出：“在当代中国，坚持发展是硬道理的本质要求就是坚持科学发展。”建设“两型社会”是我省学习实践科学发展观的实际行动，我们一定要坚定信心，开拓进取，求真务实，为实现科学跨越、富民强省努力奋斗。

在全省“两型社会”建设推进大会上的总结讲话

省委副书记　梅克保

（2011年8月4日）

这次全省“两型社会”建设推进大会开得很好，达到了预期目的。上午，肇雄同志作了一个很好的工作报告，周强书记、守盛省长分别作了重要讲话，系统总结了过去三年来我省“两型社会”建设取得的成绩，科学研判了当前面临的形势，全面部署了今后一个时期的任务。三位领导的讲话是这次会议的主要精神，对于推进全省“两型社会”建设具有重要的指导意义。刚才，环长株潭城市群八市汇报了第一阶段的进展情况，感觉各地推进“两型社会”建设的信心足、力度大、经验多、效果好，充分发挥了示范带动作用。这次会议是在我省“两型社会”建设向纵深发展的关键时刻召开的一次重要会议，会议对“两型社会”建设的定位有新的提升，目标有新的要求，工作有新的部署，进一步统一了思想，鼓舞了人心，明确了任务，必将对我省深入推进“四化两型”和“四个湖南”的建设产生重大而深远的影响。下面，我就贯彻落实这次会议精神，加快推进全省“两型社会”建设，强调三点意见。

一、认真学习领会会议精神，凝聚深入推进“两型社会”建设的共识共为

这次会议既是一次总结成绩、交流经验的大会，也是一次研判形势、凝聚共识的大会，更是一次展望未来、部署任务的大会，标志着全省“两型社会”建设已进入纵深推进的新阶段，必须进一步深化认识、坚定信心、加大推进力度。全省上下要认真学习、深刻领会这次会议精神，迅速把思想和行动统一到省委省政府的决策部署上来。

第一，要充分肯定取得的成绩，进一步坚定推进“两型社会”建设的信心和决心。肯定成绩，有利于鼓舞士气、提振信心、推动工作。这次会议对过去三年来全省“两型社会”建设的成绩予以了充分肯定。一是充分肯定了“两型社会”建设对推动我省科学发展的重大贡献。开展“两型社会”建设试验的这三年，是全省发展最好最快的时期之一，是全省生态环境建设成效最显著的时期之一，也是城乡环境质量比较优良和最稳定的时期之一。二是充分肯定了“两型社会”建设对推动我省科学发展的重大作用。三年来的实践充分证明，试验区建设是湖南发展的重大历史机遇，是湖南抢占制高点、争创新优势的有力抓手，是湖南科学发展的重要引擎。三是充分肯定了全省上下为推进“两型社会”建设所作的不懈努力。三年来所取得的成绩，是长株潭试验区及环长株潭城市群开拓进取、真抓实干的结果，是各级各部门统筹协调、通力配合的结果，是社会各界共同参与、积极支持的结果。三年来的实践充分证明，中央设立长株潭“两型社会”建设试验区的决策是完全正确的，我省的“两型社会”建设是富有成效、大有可为的，全省上下对“两型社会”建设是衷心支持、积极参与的，只要我们充分凝聚各方面力量，沿着既定的方向和目标前行，就一定能够将“两型社会”建设向纵深推进。

第二，要准确把握当前面临的形势，切实增强推进“两型社会”建设的责任感和紧迫感。准确研判形势，历来是我们做好工作的前提和基础。这次会议科学分析了我省“两型社会”建设面临的新形势新要求，指出深入推进试验区建设和全省“两型社会”建设，是贯彻中央决策部署和中央领导重要指示精神的具体体现，是顺应当今国内外发展趋势、抢占新一轮发展制高点的必然选择，是全面推进“四化两型”建设的重大举措，是全面完成试验区改革建设目标任务的迫切需要。各级各有关部门一定要与时俱进深化思想认识，主动适应新形势新要求，切实增强工作责任感和紧迫感，全力投入到加快长株潭试验区建设、推进全省“两型社会”建设的伟大实践中来。

第三，要紧紧围绕会议确定的目标任务，努力开创全省“两型社会”建设新局面。深入推进“两型社会”建设，关键在于落实目标任务。这次会议进一步明确了深入推进长株潭试验区改革和全省“两型社会”建设的目标、原则、主要任务、工作措施，提出要坚持“六个结合”、实施“八大工程”，特别是周强书记提出了“六个更加注重”的工作要求，守盛省长提出了四个方面的工作意见，为我省深入推进“两型社会”建设指明了努力方向。各级各有关部门一定要紧扣目标任务，结合自身实际，抓好任务分解和责任落实，着力在深化、细化、具体化上下功夫，以得力的举措、过硬的作风、扎实的工作，努力开创试验区改革和全省“两型社会”建设新局面。

二、切实强化工作措施，确保深入推进“两型社会”建设取得更大进展

贯彻落实这次会议精神，必须坚持规划引领、突出龙头带动，紧紧围绕全省“两型社会”建设的目标任务，把握重点领域和关键环节，加大工作力度，出台务实举措，确保深入推进“两型社会”建设取得更大进展。

第一，要强化政策支持。加快推进“两型社会”建设，应当用好用活用足国家赋予的先行先试权，采取特殊的政策予以倾斜支持。一方面，要充分利用好部省合作这个平台，积极争取国家政策支持。目前，我省已与39个国家部委签订部省合作协议，各有关部门要充分发挥各自的主观能动性，加强工作衔接，将合作协议中已有的相关政策落到实处。同时，要认真研究试验区改革建设中存在的亟需国家层面解决的问题，形成政策建议，提请国家出台相关支持政策。另一方面，要加快完善省级层面的扶持政策。为更加有力、有效地推动“两型社会”建设，省委已经成立长株潭试验区工委，作为省委的派出机构；昨天，省委常委会议又研究同意设立长株潭试验区管委会。今后，试验区工委、管委会要进一步加强统筹能力建设，组织协调相关部门，充分整合各方资源，逐项研究具体支持政策，尽快完善推进“两型社会”建设的政策体系，为长株潭试验区跨越式发展和全省“两型社会”建设提供重要支撑。

第二，要突出项目支撑。加快长株潭试验区发展，推进全省“两型社会”建设，归根结底要落实到项目上。抓住了项目，就抓住了关键，抓住了要害。试验区要按照“规划工程化，工程项目化”的思路，科学谋划一批重点工程和重大项目，加强项目前期准备工作，抓紧与国家和省“十二五”规划对接。要大力推进交通、水利、能源等基础设施项目建设，进一步提升试验区发展的基础设施承载能力。要加快推进先进制造、新能源、新材料、电子信息、文化创意等产业项目建设，致力培育发展战略性新兴产业，进一步增强试验区发展的内生动力。要按照主体功能区要求，支持生态环保项目建设，加强建设项目的“两型”性审查把关，坚决不搞“两高一资”项目，切实提高试验区的可持续发展能力。要全力支持以保障和改善民生为重点的社会发展项目建设，促进城乡基本公共服务均等化，让改革发展成果惠及广大群众。要通过实施一个个看得见、摸得着的工程和项目，确保试验区改革建设各项目标任务落到实处。

第三，要加大资金投入。推进试验区改革和全省“两型社会”建设，资金投入是保障。一方面，要切实强化财政资金的引导作用。运用省“两型社会”建设引导资金，对“两型”示范创建工程建设等方面给予重点支持，充分发挥其“四两拨千斤”的效应，撬动社会资金的参与。另一方面，要积极搭建和完善投融资平台。进一步开阔视野、开动脑筋，更加注重发挥市场作用，利用“两型”产业投资基金、创业风险投资基金等各种融资平台，拓展银行金融机构、资本市场等多种融资渠道，广泛吸引社会资金投入“两型社会”建设。与此同时，要切实加强资金监管，确保管好、用好，真正用到刀刃上、用在关键处，使其在试验区改革建设中发挥最大综合效益。

第四，要深化改革开放。改革开放是推进“两型社会”建设的必由之路。要坚持以思想大解放推动大改革、大开放，为“两型社会”建设注入强大活力。一方面，要深化全方位改革。充分利用长株潭试验区先行先试政策，全面推进经济、政治、文化、社会等各领域改革，重点在土地管理、资源节约、环境保护、产业发展、科技创新、城乡统筹等方面敢闯敢试，率先突破，切实走出一条有别于传统模式的工业化、城市化发展新路，为全国“两型社会”建设积累经验。以长株潭试验区改革建设带动全省深化改革，着重推进资源和要素市场、财税和投融资体制、垄断行业和国有企业、行政管理体制等重点领域和关键环节的改革，不断破除制约“两型社会”建设的体制机制障碍。另一方面。要实行更加积极主动的开放战略。积极承接产业转移，加强与央企对接和部委共建，加强与“泛珠三角”、北部湾经济区、“长三角”和中西部地区等区域合作，大力引进战略投资者，加快“走出去”步伐，不断提升开放型经济发展水平，最大限度地汇聚各种资源、凝聚各方力量加快我省“两型社会”建设。

第五，要加强示范引领。试验区改革建设的一条重要经验就是坚持示范引领，以点带面，推进工作。在这方面，可以“三管齐下”。一是突出项目示范。在生产、生活和消费等领域，选取一批短时间内能够建成并产生重要示范作用的项目，加强指导、支持和培育，尽快形成“可学、可比、可看”的示范模式，迅速在全省推广。二是强化单位示范。大力开展“两型”企业、“两型”园区、“两型”社区、“两型”乡镇等示范单位创建活动，充分发挥其示范带动效应，在全社会营造一种抓“两型”、促“两型”的浓厚氛围，使“两型”理念深入人心、“两型”创建蔚然成风。三是注重标准引领。积极开展“两型”标准的认证工作，尽快形成覆盖生产生活的全方位“两型”标准体系和技术规范，加大宣传教育和推广普及力度，使“两型社会”建设有标准可依、有规范可循。

三、加强组织领导，形成深入推进“两型社会”建设的强大合力

“两型社会”建设是一项庞大的社会系统工程。贯彻落实这次会议精神，必须加强组织领导，充分调动各方面的积极性，形成推进“两型社会”建设的强大合力。

第一，长株潭要在纵深推进上下功夫，充分发挥龙头带动作用。长株潭城市群是“两型社会”建设的试验区，必须始终走在全省前列，充分发挥龙头带动作用。要深入推进试验区综合配套改革，认真组织实施第二阶段的改革建设，加大工作力度，加快工作进度，着力在重点领域和关键环节取得重大突破，为转型发展当先锋，为城乡统筹做样板，为“两型”建设出经验。特别是各个示范区要突出先行先试，把目标要求与本地实际结合起来，创造性地开展工作，努力探索符合本地实际、各具特色的发展新路子，为全省探索经验、作出示范。

第二，其他市州要在全面展开上下功夫，尽快掀起建设热潮。“两型社会”建设是全省全局性的工作，不仅仅是长株潭三市和环长株潭五市的事情，各地都必须迅速行动起来，把推进“两型社会”建设作为实施“四化两型”战略的重要内容抓紧抓好。大湘南、大湘西地区也要积极抢抓对接和融入长株潭城市群的机遇，抓紧制定“两型社会”建设规划。要认真学习借鉴长株潭地区推进“两型社会”建设的成功经验，结合实际，注重实效，精心部署和组织实施。要坚持“四化”与“两型”统筹安排，区域与区域之间协调互动，尽快在全省掀起推进“两型社会”建设和改革的热潮。

第三，省直各部门要在倾力支持上下功夫，切实形成推进合力。建设“两型社会”，是省直各部门的光荣使命和应尽责任。省直各部门要抓紧制定具体的贯彻实施方案，明确工作任务和时间进度，推动自身工作任务落实。特别要在政策、项目、资金及能源保障等方面加大支持力度，确保工作整体推进。要切实强化省直各部门之间的协调配合、相互支持，形成部门之间共同推进“两型社会”建设的联动机制。省长株潭试验区工委、管委会要加强对试验区改革建设的统筹、协调、管理、督查和服务，力求实现资源配置的最优化、综合效益的最大化。

同时，“两型社会”建设也离不开社会各方面的关心、支持和参与。要加大宣传教育力度，进一步解放思想、更新观念，努力营造上下齐心、各界努力、人人参与“两型社会”建设的浓厚氛围。要以搭建平台、开展活动、完善考核为抓手，把“两型社会”建设任务落实到每个单位、每个家庭、每个公民。要在全社会倡导节约、环保、文明的生产方式和消费方武，让节约资源、保护环境成为每个社会成员的自觉行动。

同志们，深入推进全省“两型社会”建设，既是形势发展的要求，也是中央的政策导向，更是群众的热切期盼。我们要坚决贯彻落实省委、省政府的决策部署，求真务实，开拓进取，不断推动全省“两型社会”建设取得新的更大进展，让全省人民过上更加美好的生活，向全国人民交上一份满意的答卷！

在“一条例一决定”执法检查省长株潭两型办调研座谈会上的讲话

省人大常委会党组副书记、副主任　李　江

（2011年4月29日）

今天和执法检查组的同志一起到省长株潭两型办，听取你们关于长株潭城市群“一条例一决定”贯彻实施情况的汇报。听了以后，感受很多、启发很大。感到中央批准我们长株潭城市群“两型社会”建设试验区以来，短短的两三年时间，做了很多工作，全省上下对长株潭“两型社会”建设的认识在不断提高。规划设计方面做了大量工作。除了整体规划以外，还有很多专门的规划。刚才正宪同志汇报了“两型社会”建设的一些标准。什么是“两型社会”，已经细到了乡村、社区、学校。根据我这两三年的调查了解，长株潭三市和其他五市的“两型社会”的建设，确实取得了很大的成绩。应该充分肯定。特别令人欣慰的是，刚才湘平同志和正宪同志的汇报，体现了省长株潭两型办的水平。尽管现在还面临一些问题，但是至少省长株潭两型办看问题看得很清楚，建设“两型社会”的指导思想非常明确，头脑非常清醒。

今年，长株潭城市群“两型社会”建设进入第二阶段。省委明确要求，要集中力量抓好长株潭城市群“两型社会”建设，推动改革取得实质性进展。根据省委要求，省人大常委会作出了开展长株潭城市群“一条例一决定”执法检查的决定。这是省人大常委会今年工作的重中之重。省委书记、省人大常委会主任周强同志还作了具体指示。下一步怎么走？特别是“一条例一决定”执法检查怎样进行？刚才听了各位同志的建议，很受启发，谈几点意见：

一、关于思想认识问题

“两型社会”建设，任重道远。一定要统一方方面面的思想认识。一是要进一步解放思想。长株潭城市群综合配套改革试验区的建设，是改革开放三十年来，改革进入深度区域的又一次思想解放。现阶段“两型社会”建设，最重要的是被赋予宝贵的改革试验的权力。这是国家对我们最大的信任和支持。这一“权力”，意味着“机遇”。实际上是一种思想的大解放、观念的大变革、工作的大创新。因此，我们要登上新一轮思想解放的制高点，克服传统的等靠要的思维定式，把先行先试当做最大的资本，抢抓机遇，乘势而上，推动经济社会又好又快发展，以成功的实践赢得国家支持。

解放思想，总体上来讲是在实践中不断深化的。但是，离我们希望的程度可能还有较大的差距。早期的概念，基本上是长株潭融城的概念。即便2006年向国务院申报，当时也只是想搞个平台，并没有明确提出“两型”试验区，只是提出城市群。所以说认识是有一个过程的。现在能达到省长株潭两型办认识程度的还不多。中央领导同志习近平和李源潮来了之后，讲得非常深刻。他们站在战略的高度，甚至是站在中国今后前途命运的高度、人类命运的高度来看这个问题。美国3亿人口，消耗了全世界将近40%的能源。中国的人口数据，昨天发布了：大陆地区13.39亿，加上台湾、港澳地区，共有13.7亿，是美国人口的4倍多。如果说中国要按美国现在的模式达到它的人均消耗水平的话，全世界现有的资源还不够。最近新闻媒体频频报道了环境污染的问题、资源紧缺的问题。江苏省“十二五”期间，缺电1500万千瓦，浙江省缺电1000万千瓦。现在江苏、浙江，全国各地电力都非常紧张，拉闸限电，不断地给我们敲响了警钟。我们再不能按传统思维定式去考虑问题了。

二是要进一步提高对转变经济发展方式的认识。不能打着“两型社会”试验区这个牌子，还走传统的发展路子。现在有一种观念，还想走改革开放初期，珠江三角洲发展的路子，或者是以前的沿海发展的路子。我对这个理念是不认同的。我们很多乡，好像都要搞个工业开发区。这个行不行啊？是不是工业化就意味着到处都搞工业？欧美国家都已经实现工业化，你真正看得见的工厂还是有限的。它很多地区并没有工业。拉斯维加斯有什么工业？夏威夷有什么工业？但是你不能说美国没有实现工业化吧？我们现在很多同志观念中间，传统的发展理念没有改变。

要转变经济发展方式。今后工业化的发展，不是量的提升，而是质的提升的问题，是经济发展方式转变的问题。现在，国家工业品的产量，钢铁已经占了全世界的一半以上，年产六、七亿吨。我们国家主要工业品的产量，基本上除了石油以外，一般都占世界上的30%、40%、50%。耗费的资源已经很多了。前一些年我们到广东参观珠三角的东莞。东莞实际范围就是过去县级市的范围，有些电子产品已经占了世界市场份额的60%、70%、80%。如果全国各个县都想复制这种发展模式，哪来那么多原材料给你生产？哪来那么大的市场容量？所以，转变经济发展方式的认识，是长株潭城市群，乃至全省“两型社会”建设的先决条件。

三是要进一步统一各方面的看法。看法不一致，很多事情难办。你要这样，他要那样。加上我们现在的考核评价机制也不太健全，有些同志搞短期行为，认为搞“两型社会”好多年，都不见得体现GDP的数据增长，而搞一个厂子，马上就能安排多少人就业，交多少税。要随着“两型社会”建设的推进，让思想认识在实践中不断地提升、不断地统一。要通过各种渠道大力宣传。这一次执法检查的过程，也是学习和统一思想认识的过程。包括人大常委会的同志。要通过这次执法检查，加上媒体宣传配合，把思想认识统一到“一条例一决定”上来。今天，媒体的同志也来了一些。我希望新闻报道要改进。一般性报道可以少报，实质性的内容多报一些。要着眼于怎样提高全省人民特别是各级领导干部的思想认识。你们的报道需要创新，希望你们围绕“两型社会”多做鼓动工作。

二、关于省长株潭两型办工作中的几个具体问题

（一）要在顶层设计，具体的是在规划和设计上下功夫。省长株潭两型办的职能，规划设计应该是一个重要的部分。长株潭城市群超越了行政区划，还加上“5”，有八个地级市。如果没有省里一个机构来统筹进行顶层设计、规划的话，肯定搞不好。这几年你们的工作做得不错，超乎了我的意料。正宪同志刚才告诉我，那么多的规划，已经制定或者正在制定。下一步要继续努力。为什么这个任务主要由你们承担呢？有两条理由：（1）你们专门从事“两型社会”建设。考虑这个问题比较多，研究这个问题比较多，甚至到外面参观考察也比人家多。你们本身的理念走在了前面。搞了这么久，应该说你们是我们省“两型社会”专家型的人才了。（2）你们比较超脱。没有地方的利益，没有部门的利益。所以这项工作只能由你们管。下一步，应该把有关规划标准的制定进一步抓紧。这不仅是省委、省人大、省政府对你们的要求，也是国家对你们的要求。中央既然批了两个省，湖南和湖北，作为试验区，就是要先行先试。最终要指导全国的“两型社会”建设。国家发改委也希望拿出东西来。那么，牵头搞好这种设计，搞好规划，应该是省长株潭两型办重要的任务，也是湖南省“两型社会”建设的光荣任务。

（二）要大力争取“两型社会”建设先行先试的政策。要积极争取“两型社会”建设先行先试的政策。既然是先行先试，就必须要打破常规、有所突破。我希望通过这次执法检查，能够把你们认为需要的改革的一些权力赋予你们。能够希望省里给的，就省里给。希望国家下放权力的，或者允许你们先行试验的东西，可以总结起来之后向中央汇报。当然，法律法规已赋予的权力和责任，一定要落实到位。

（三）要进一步完善体制机制。从这两三年的试验结果来看，体制机制方面有哪些不顺？哪些是成功的？哪些是需要调整的？我们在这次执法检查当中，想充分听取你们的意见，也听听市里的意见，听听有关部门的意见。我们好好地研究研究。“一条例一决定”所规定的权责，省长株潭两型办是否落实到位，或者根据实际需要，是否要使这个机构有更大一点权力才行？比如：规划审批权方面、执法检查监督权方面？等等。人大检查只是大的方面。你们要主动加大督促、检查力度，发现问题、指出问题、督促整改。要用好“一条例一决定”规定的权力。当然有些权力的行使，也可以通过人大和政府其他部门。

三、几点要求

（一）执法检查要抓重点。“两型社会”建设涵盖了很多内容，涉及经济、社会发展的很多方面。我们不可能面面俱到去检查。抓住“一条例一决定”实施过程中存在的一些主要问题、重大问题，通过国家权力机关执法检查来收集、归纳、反映。刚才好几个同志提到了“绿心”的问题。这是一个重大的问题。长株潭“两型社会”建设一定要把“绿心”这个问题解决好。“绿心”的问题和湘江环境治理问题、湘江风光带建设，再就是整个实施一体化过程中的一些重大问题，包括基础设施、轻轨、环线和已经实行的银行、通讯的联网、银行结算等等这些问题。都是应该抓住的一些重点问题。一次执法检查不可能解决所有的问题，但是带普遍性的、重大的问题，要作为执法检查的重点，予以督促解决。

（二）要认真总结经验和不足，边整边改。刚才听了汇报，有很多经验值得总结推广。比如：创新投融资体制机制，组建融资平台，打造资金“洼地”，就比较好地体现了“一条例一决定”关于“市场化”的原则，解决了融资难的问题。同时，也要通过检查，发现问题，总结提高。要看看我们执行法律法规还有哪些差距，现行法律法规的施行还有哪些空白和不足。如：对法律法规执行到不到位，对发展机遇抓住没抓住，等等。这些重要情况都会进入审议报告的内容。要通过执法检查的方式，运用正、反两个方面的经验教训，加深对条例、决定本身的理解，准确把握法律法规，广泛地宣传法律法规，正确地执行法律法规，主动纠正问题，提高依法行政水平。

（三）要抓好落实。这次执法检查，是我省依法推进“两型社会”建设的一个重要部署。要督促各级领导干部亲自抓，亲自过问。省长株潭两型办处在重要的工作协调地位，做了不少出色的工作。办公室工作层面的协调职能，也是一种领导的艺术。上行要对国家有关部委，平行要对省直各相关厅局、下行要对“3+5”城市群。协调得好，才能准确施行法律法规。省人大常委会开展执法检查，是对省政府工作的大力支持，是对“两型社会”建设的强力推动。省人大常委会“一条例一决定”执法检查组办公室和省两型办，都承担着大量的协调工作任务。你们要率先学好法律法规，深化对法律法规的理解，加强沟通协调，保障各项工作落实到位。我们执法检查报告的意见和建议，要向省委、省政府汇报、通报，要落到实处。执法检查搞完之后，要向省委常委扩大会作详尽的汇报。要把长株潭“两型社会”建设这些年来所做的工作充分地体现出来，肯定成绩。对现在存在的问题，也要把它摆出来。我们的建议也提出来。

总而言之，希望通过执法检查，进一步推动和促进长株潭“3+5”城市群以及全省的“两型社会”建设。希望我们共同努力，把执法检查的过程，变为普及“两型”知识的过程，变为提高全民“两型”意识的过程，变为长株潭“3+5”城市群乃至全省加快“两型社会”建设的过程。

在长株潭城市群“一条例一决定”执法检查报告审议意见交办会上的讲话

省人大常委会党组副书记、副主任　李　江

（2011年11月7日）

刚才，汉栋同志宣读了审议意见，肇雄同志、作斌同志、报翔同志作了重要讲话，对做好整改工作发表了很好的意见，我都赞成。下面，我再讲几点意见。

一、充分认识交办审议意见的重要意义

首先，这是继续推进全省两型社会建设的重要举措。建设两型社会试验区，是中央交给湖南的一项重任。近几年，党和国家领导人来我省视察工作，都非常关注两型社会建设，在给予充分肯定的同时，也提出了更高的要求。目前，第一阶段的任务已经圆满完成，两型社会建设正进入纵深推进的新阶段，任务将更加艰巨，困难会更大。省人大常委会组成人员在审议执法检查报告时提出了很多重要的建议，对推进我省两型社会建设具有很好的指导作用。将审议意见面对面进行交办，既表明了人大持续跟进的一种态度，也体现了对这项工作的重视。希望通过这种方式，进一步支持和督促省政府及其相关部门继续推进全省的两型社会建设。

其次，这是更好地贯彻实施监督法的要求。对法律法规实施情况进行检查，发现问题，提出意见，是监督法赋予各级人大常委会的一项重要职权，也是人大常委会依法开展监督工作的一种重要方式。省人大常委会按照监督法的要求，将常委会组成人员的审议意见进行交办，省人民政府根据审议意见对影响我省两型社会建设的一些问题进行整改，是贯彻落实监督法的需要，也是尊重法律的体现。徐守盛省长多次和我说，希望省人大常委会加大对政府和相关部门的监督工作力度。他讲，“你们监督得越有力，对我们的工作就越是支持。”我们都是为了一个共同的目标，只是因为职责不同，分工不同。下一步省人大常委会在实施监督法、加强对政府和有关部门的监督方面，力度会更大。

第三，这是充分运用执法检查成果，解决实际问题的需要。这次执法检查在大家的共同努力下取得了很好的成效。下一阶段，关键就是看省政府及相关部门整改的情况如何。整改得好，这次执法检查就比较圆满。如果整改不到位，成果不能充分运用，成效就要大打折扣。因此，必须站在全局的高度，认识到对审议意见指出的问题进行整改是整个执法检查工作的重要组成部分，丝毫不能懈怠。

二、前一段执法检查工作为进一步整改打下了较好的基础

开展执法检查以来，我省召开了全省两型社会建设推进大会，各级各部门统一了思想，提高了认识，切实增强了建设两型社会的紧迫感和责任感。在高起点编制了长株潭城市群区域规划的基础上，编制了生态绿心地区总体规划、水资源开发利用等专项规划方案，并且积极推进规划的落实。黄花机场新航站楼、湘江过江隧道等一批重大项目顺利建成。五大示范区、18个示范片区、八大工程建设正在有序实施。试验区改革发展的基础进一步夯实。

这些都是全省各级党委、政府高度重视、统筹协调的结果，是省政府及有关部门努力工作、积极配合的结果，是各级人大和政府通力协作、真抓实干的结果，也是社会各界共同参与、大力支持的结果。这其中也有在座各位领导同志的一份贡献。我们一定要把这种好的工作措施和工作势头保持下来，延续到下一阶段的工作中去。

三、落实好审议意见，继续推进我省的两型社会建设

刚才，作斌同志对审议意见指出问题的整改工作提出的具体要求，大家一定要高度重视，深刻领会，认真落实。

一是要继续解放思想，勇于开拓创新。建设两型社会试验区是中央赋予我们的重大使命，没有先例可以参考。我们看准了，就要大胆地去试、大胆地去闯，敢于突破一些条条框框。现在，转方式、调结构，解放思想、勇于创新，尤为重要。我们要开辟一条有别于传统方式的新型工业化发展道路，为全国出经验、出标准。省人大常委会主任会议在讨论这个问题的时候，认为既然是两型社会试验区，一定要有改革创新的精神，要进一步解放思想，勇于探索。但是，这个创新和探索不等于乱闯乱试。原来我们的审议意见讨论稿上有一句话，要建立容错和试错免责评价机制。后来大家说这个怕引起歧义，所以这次的稿子上没有了。我们说鼓励先行先试，指的是体制机制方面的创新，而不是说规定不能闯的禁区、不能突破的红线也容错。那是不行的。比如"绿心"就不能动。如果对"绿心"也允许容错机制，那就麻烦了。

二是要突出整改重点，抓住关键环节。建设两型社会是一项复杂的系统工程，在试验过程中肯定会遇到很多问题。一定要从关键的问题入手，抓住事物发展的主要矛盾，才能事半功倍。执法检查报告和审议意见中的很多建议，我认为抓住了关键。比如长株潭生态绿心问题，周强书记多次实地查看并强调要保护好，就是这次整改的一个重点。比如清水塘企业搬迁、湘江流域重金属污染治理问题，关系到沿岸人民群众的饮水安全、生活质量，也是必须认真整改的问题。再比如规划问题、先行先试问题，都牵涉到方方面面，省人民政府及其相关部门一定要花大力气、下苦功夫，解决好，落实好。两型社会建设是一个全新的课题，没有现成的模式可以借鉴，很多问题经过探索逐步比较明朗，但是不少问题还要进一步探索。在省人大常委会审议发言的时候，我也谈了些意见。我说两型社会建设谈环境友好比较多，谈资源节约不太多。比如说规划，我打个比方，现在有的单位每天上下班中间相隔那么远，路上不知道要跑多少公里，要消耗多少汽油，要浪费多少时间，这就是个宏观规划的问题。再比如说节能降耗，重工业太重，轻工业的比例过低，三产业比例小，肯定万元GDP的能耗就重。假如我们把轻工业搞上去，把信息数字化搞上去，万元GDP的能耗自然会降下来。信息产业的能耗非常低。这里不仅有个微观节约的问题，还有个宏观规划的问题、宏观经济结构调整的问题。再比如说，长株潭将来的饮水安全怎么解决？长沙搞了株树桥水库作为第二水源，但是按长沙现有人口计算，它的水量顶多只能解决五分之一的人口需要。将来长沙城区还要扩大，人口还要增加。今后长沙、株洲、湘潭的饮用水安全问题，光靠湘江治理恐怕是不行的。湘江重金属治理，我看没有一个长期的过程也是不行的。这些课题要好好地研究。

三是要着眼长远发展，破解体制难题。体制是深层次的问题，制约事物发展的方向，影响到两型社会建设的发展速度。这次执法检查很深入、很扎实，但是想通过一次执法检查解决所有的问题也不现实。这就要求省人民政府及其相关部门在执法检查报告和审议意见所提问题的基础上，认真归纳总结，举一反三，深入分析查找问题的内在原因，找出带有普遍性、规律性的解决方案，从体制机制层面加以整改。这样，更有利于两型社会的长远发展。国务院批准长株潭和武汉城市圈两个地区作为两型社会建设的试验区，对我们来说既是机遇，也是压力和挑战。任务非常光荣和艰巨。希望省政府和有关部门，在以往所做工作的基础上，通过这次交办会，进一步加大各方面的工作力度，真正把我们长株潭城市群两型社会建设提高到新的水平，开创新的局面，为湖南乃至全国的两型社会建设作出更大的贡献。

在长株潭城市群"一条例一决定"执法检查电视电话动员会上的讲话

省委常委、常务副省长　于来山

（2011年3月25日）

刚才，叔红主任对《湖南省长株潭城市群区域规划条例》和《湖南省人大常委会关于保障和促进长株潭城市群"两型社会"建设综合配套改革试验区工作的决定》（以下简称"一条例一决定"）执法检查工作作了周密安排，希望省直有关部门、环长株潭城市群各级政府及其有关部门，按照省人大常委会的要求，抓好工作落实，认真接受执法检查。下面，我讲三点意见。

一、要高度重视这次"一条例一决定"执法检查工作

省人大一直以来都对长株潭城市群"两型社会"试验区的改革建设给予了极大的关注和支持，2008年7月，在长株潭城市群"两型社会"试验区获批后的仅半年时间，省人大常委会即出台了保障试验区改革建设的决定；随后根据实际工作的需要，对《长株潭城市群区域规划编制条例》进行了及时修订，最终以《区域规划》为"纲"，以城市群综合交通等14个专项规划、18个片区规划为"目"，纲举目张，基本形成了高起点、多层次、全覆盖的区域规划体系，为长株潭城市群试验区改革建设工作的法制化、规范化奠定了很好的基础。

“一条例一决定”颁布以来，在各级党委和政府的正确领导下，环长株潭地区、省直有关部门认真宣传贯彻，依法开展工作，努力把长株潭城市群试验区改革建设作为富民强省的重大机遇和践行科学发展观的重大使命，以“两型社会”建设作为加快转变发展方式的方向和目标，试验区全面完成了第一阶段各项目标任务，长株潭和环长株潭地区发生了巨大的变化。2010 年，环长株潭城市群实现 GDP12560.17 亿元，增长 15.2%，总量是 2007 年获批前的 1.8 倍，比重提高了 3.3 个百分点；与 2007 年相比，城市群第一产业所占比重降低 6.1 个百分点，工业化率、城镇化率和高新技术产业增加值占 GDP 的比重，分别提高了 6.5 个、2.4 个和 3.4 个百分点，财政收入增加了 1.8 倍，城乡居民收入分别增加了 1.4 倍和 1.5 倍。

总的来看，各级政府和有关部门在贯彻实施“一条例一决定”中做了大量工作，试验区步入了科学发展、率先发展的轨道，“两型”理念逐步深入人心，省与国家、省与各市形成的强大合力前所未有，改革的深度和广度前所未有，城乡“两型”建设的力度和一体化发展的速度前所未有，人民群众对“两型社会”建设充满信心和期待。但我们也清醒地认识到，长株潭城市群试验区在三年“两型社会”建设和改革的探索中，仍存在不少困难和问题，特别是与城市群试验区第二阶段的形势和任务的客观要求相比，我们的工作还有很多不适应的地方。

针对这些困难和问题，省人大常委会决定开展“一条例一决定”执法检查，对前三年来长株潭城市群试验区“两型社会”建设的工作进行全面监督检查。这对于我们进一步总结“两型社会”建设经验，提高依法行政水平，进一步用好试验区这个重要平台，引导和督促各级各部门深入实施“四化两型”战略，认真解决“一条例一决定”实施中的重点、难点问题，推动长株潭城市群加快融合、科学发展，都具有十分重要的意义。省直有关部门和城市群各级政府及其有关部门一定要从贯彻落实科学发展观、加快推进“四化两型”建设的战略高度，从全面依法行政、依法履行职责的高度，切实增强实施贯彻“一条例一决定”的责任感和紧迫感，进一步统一思想，提高认识，认真搞好此次执法检查工作。

二、要准确把握“一条例一决定”执法检查的重点内容

省人大常委会已明确了这次执法检查的主要内容，省直有关部门和城市群各级政府要对照要求，突出重点，进一步抓好试验区各项工作。要通过这次执法检查，推动长株潭和环长株潭地区各项工作的开展，推动长株潭城市群的加快融合，推动长株潭和环长株潭地区科学发展，进而推动全省的加快发展。

一要不断完善“两型社会”建设推进机制。长株潭“两型社会”建设改革试验区获批之后，省委常委会议研究确立了“省统筹、市为主、市场化”的基本工作原则，目前，“高层推动、部省合作、省市互动、部门联动、社会参与”的试验区工作推进机制已经初步形成。各级政府各有关部门要以人大执法检查为契机，把完善“两型”工作推进机制建设、构建“两型社会”基本制度，摆在十分重要的工作位置。重点是坚持省统筹，突出市为主，推进市场化，加快建设体现“两型”特色的试验区政策法规保障体系，强化“两型社会”的指标化、标准化建设，深化部省合作和与央企的对接，引导社会各界高度关注和积极参与“两型社会”建设。

二要加快形成区域规划体系。长株潭城市群区域规划体系的建设，历经酝酿探索、顶层设计、专项规划编制与提升、市域总体规划与片区总体规划的编制、市域规划体系建设与示范区详细规划编制等多个阶段，较好地发挥了规划的龙头作用。要按照执法检查的要求，一手抓规划编制，一手抓规划管理。要抓紧出台《长株潭城市群区域规划编制条例实施细则》，强化长株潭生态绿心地区保护，健全城市群规划局长联席会议制度，探索建立省直相关部门联合审批长株潭区域内重大影响项目制度。

三要大力发展“两型”产业体系。“两型社会”建设，重点和难点在于产业的高端化、绿色化、低碳化。长株潭试验区开展“两型社会”建设三年来，十分注重以产业为支撑，引领经济发展方式转变，努力优化产业布局，不断壮大“两型”产业规模。要进一步发挥先进制造产业的优势，不断提高工程机械、轨道交通装备产业、汽车及零部件、电站和输变电设备等优势产业的发展水平；进一步培育高新技术产业基地的特色，强化研发和产业配套，促进生物医药、新材料、风能发电等特色高新技术产业蓬勃发展；进一步推动传统优势产业集群发展，全线拉通陶瓷、花炮、烟草、食品加工等传统产业的产业链，平稳发展石化、有色金属、钢铁等基础产业集群。

四要深化体制机制创新。长株潭两型试验区贵在先行先试、大胆探索。要紧扣国务院批复的长株潭试验区改革试验总体方案，围绕率先形成有利于资源节约和环境友好的新机制，率先积累传统工业化成功转型的新经验，率先形成城市群发展的新模式“三个率先”的总体要求，坚持改革创新、先行先试，坚持全面统筹、协调发展，坚持因地制宜、区域特色，力争在资源节约、环境保护、土地管理、投融资、财税、城乡统筹、行政管理等领域的改革取得实质性突破。

三、要切实做好“一条例一决定”执法检查的迎检工作

按照省人大常委会的统一安排，这次执法检查分为组织发动和自查，重点检查和情况综合、研究审议，整改落实，跟踪检查四个阶段。根据这一部署，各级政府、各有关部门要以严肃认真的态度，虚心接受人大常委会的检查，主动做好自查和迎检的各项工作。

一要强化领导，落实责任。今天的动员会后，各级政府、各有关部门要把迎接“一条例一决定”执法检查纳入当前工作的重要议程，明确分管领导，组织专门力量，搭建工作班子，细化责任分工。要按照省人大常委会的要求，根据执法检查方案的部署，按照各自职责，精心组织、周密安排好本地区、本系统各个阶段的工作，力求把工作做深、做细、做实，讲求实效，不搞形式、不走过场。

二要认真自查，搞好整改。各级政府、各有关部门要借执法检查的东风，对自身工作进行认真的梳理和回顾，及时发现工作中存在的问题和不足；要主动沟通，积极配合，及时向省人大常委会、地方人大常委会及其相关机构汇报迎检工作进展情况；要针对发现的问题，认真查漏补缺，及时整改到位，努力完善自身工作。

三要加强引导，推动工作。各级政府、各有关部门在迎检工作中，要十分注重发现在贯彻落实“一条例一决定”、推动“两型社会”建设中的正反两个方面的典型，通过总结推介成功经验，发挥示范效应；通过追究严重违法行为，总结经验教训，提高工作水平。要十分注重营造良好的舆论环境，宣传好“一条例一决定”，鼓励和引导全社会支持参与“两型社会”建设，努力把执法检查的过程变为普及“两型”知识的过程，变为提高全民“两型”意识的过程，变为长株潭和环长株潭地区加快“两型社会”建设的过程。

同志们，搞好“一条例一决定”执法检查，意义重大，任务艰巨。我们一定要按照这次会议部署，精心组织，扎实工作，为加快长株潭城市群“两型社会”建设作出新的贡献。

在全省“两型社会”建设推进大会上的讲话

省委常委、长株潭试验区工委书记　陈肇雄

（2011年8月4日）

这次全省“两型社会”建设推进大会，是省委、省政府决定召开的一次重要会议。会议的主要任务是总结长株潭试验区第一阶段改革建设的工作成绩，分析面临的形势和任务，进一步统一思想、明确目标，研究部署新时期全省“两型社会”建设工作。稍后，周强书记、守盛省长将作重要讲话，大家一定要认真学习领会，切实抓好贯彻落实。下面，根据会议安排，我先讲四点意见。

一、充分肯定三年来试验区改革建设取得的突出成绩

长株潭试验区获批三年多来，在省委、省政府的正确领导下，在省“两型社会”建设领导协调委员会及办公室的推动下，在来山、作斌、湘平同志的组织协调下，在全省各级各部门，特别是环长株潭各市的艰苦努力下，试验区第一阶段改革建设工作取得了突出成绩，为第二阶段改革发展打下了坚实的基础。

1. *建设规划体系基本形成*。一是突出规划引领。加强顶层设计，高起点编制了长株潭城市群“两型社会”综合配套改革总体方案和区域规划，以及10个专项改革方案、14个专项规划、18个示范片区规划、87个市域规划，构建了全方位、多层次的建设规划体系，明确了“两型社会”建设的行动路线图。二是强化规划管理。省人大出台了“一条例一决定”，加强区域规划编制、实施和监督管理，初步建立了试验区空间动态管理系统，为“两型社会”规划的实施提供了法制保障。三是狠抓规划落地。探索实现经济社会发展规划、城市总体规划、土地利用总体规划和融资规划“四规合一”的有效途径，编制了一批市、县改革建设实施方案和各类下位规划，以及生态绿心地区总体规划、水资源开发利用、城镇生活垃圾无害化处理等专项方案，把“两型社会”建设目标任务细化成具体可操作的实施方案、政策措施和建设项目。

2. *重大工程建设顺利推进*。一是全面启动了示范片区建设。大河西、云龙、昭山、天易、滨湖五大示范区18个示范片区建设进展顺利，正在成为环长株潭地区新的经济增长点。二是加快推进了基础设施建设。武广高铁建成通车，黄花机场扩建工程竣工投用，芙蓉大道、红易大道、长株高速等一批跨区域重大项目顺利建成，长株潭三市通信并网升位、统一区号成功实现，城际铁路长株潭线开工建设，三网融合试点有序推进，试验区改革发展基础进一步夯实。三是切实加强了生态环境建设。湘江流域综合治理取得实质性进展，湘江水污染整治和全省城镇污水治理三年行动计划取得明显成效，湘江风光带建设世行项目顺利推进。长沙社区环境综合整治工程荣获联合国“人居环境良好范例奖”，株洲由全国十大重污染城市转变为生态宜居城市，湘潭通过“三整四化”跻身国家园林城市行列。

3. *重点领域改革取得实质进展*。以项目化管理方式全面推进十大体制机制创新，在重点领域和关键环节的改革上取得了实质性进展。一是建立了资源节约价格杠杆调节机制。实行绿色电价，试行分质供水和阶梯式水价，出台民用建筑节能条例，实施大型公共建筑节能监控和改造。二是积极探索环境保护的市场化运作机制。实施环境污染责任强制性保险试点，对流域内51个市县实行省级财政生态补偿，创造了农村环保自治模式和“户分类、村收集、乡中转、县处理”的垃圾分类处理模式。三是建立了土地管理考核评价体系。将园区土地使用效率纳入新型工业化考核指标体系，制定了市州政府土地管理和耕地保护责任目标考核办法，建立了城乡统一的土地流转交易市场。四是积极创新城乡统筹发展模式。加快统筹城乡规划，大力推进城乡基础设施对接，促进城乡公共服务均等化，保障失地农民利益，形成了“两转变一纳入”、“两退出两获得一保留”、“四变三集中”等模式。

4. *产业“两型化”发展成效显现*。加速推进新型工业化，着力推进传统产业高新化、“两型”产业规模化、特色优势产业集群化发展，“两型”产业发展步伐不断加快，工业经济呈现出“规模扩大、效益提升、结构优化、后劲增强”的良好发展态势。一是培育了一批骨干企业和优势产业。大企业、大产业、大园区、大集群战略成效明显，中联重科、南车时代、湘电集团等优势企业实力不断增强，工程机械、轨道交通、新能源等优势产业规模迅速壮大。二是引进实施了一批重大产业项目。着力扩大央企对接和承接产业转移，大力引进战略投资者，大飞机起落架、千亿轨道交通设备等一批重大产业项目相继开工建设，试验区要素集聚效应日益凸显，发展后劲明显增强。三是突破了一批关键共性技术。突出提升自主创新能力，突破了新能源汽车、轨道交通高速机车交流技术、大型盾构设备研制及产业化、5兆瓦海上风力发电机组等一批关键核心技术，推广了一批示范效应明显的“两型”技术和产品，科技进步对经济增长的贡献率进一步提升。

5. 科学有效的推进机制初步建立。一是确立了“省统筹、市为主、市场化”的推进机制。成立了高规格的领导协调委员会，建立了专门研究试验区工作的会议机制、联席会议制度；组建了试验区投融资平台，确立了市场化的改革建设推进机制。二是完善了政策和标准体系。制定出台了财政扶持、产业引导等一系列配套政策措施，率先编制了“两型社会”建设评价指标体系，出台了“两型”产业等标准，制定了绿色建筑评价等地方技术标准，建立了节能减排标准体系。三是加强了部省共建合作关系。与39个部委、74户中央企业建立了合作关系，在试验区布局实施了50多项改革试点，形成了国家部委聚焦试验区改革的新局面。试验区先后被列为全国新型工业化产业示范基地、“两化”融合试验区、综合性高技术产业基地和三网融合试点地区等，搭建了试验区改革发展的重要平台。四是形成了全民参与的浓厚氛围。切实加强舆论引导，积极推进科学评价考核，广泛宣传“两型”知识，大力倡导“两型”消费理念，营造了“两型社会”建设的浓厚氛围。

二、科学把握“两型社会”建设面临的难得机遇

“两型社会”建设本质上是发展理念的创新、发展方式的转变，是实现经济社会现代化的重要途径。推进“两型社会”建设意义重大，是科学发展观在湖南的具体实践；是破解湖南发展资源环境瓶颈，实现可持续发展的客观需要；是形成政策洼地、加快经济社会发展，实现后发赶超的客观需要；是优化美化生存环境，切实改善民生的客观需要。当前，湖南“两型社会”建设正面临难得的发展机遇。

一是全球性的经济结构调整为“两型社会”建设提供了良好的外部环境。面对全球气候变化和资源环境瓶颈的制约，世界范围内经济增长方式、人类生活和消费方式正面临一次全新的变革，节约资源能源、保护生态环境、发展低碳和绿色经济已经成为全球的共识和竞争的焦点，国际经济格局正在发生重大变革。我省人才优势突出，科教基础在全国和中部六省排位靠前，有能力抢抓变革机遇加快经济社会发展。当前，长株潭试验区已经显现出人才聚集效应，有利于我们发挥科教优势，吸引更多的高新技术、高端人才和先进管理经验，加快推进“两型社会”建设。

二是国家加快实施区域协调发展战略为“两型社会”建设提供了有力的政策支持。“十二五”期间，国家将着力实施区域协调发展总体战略和主体功能区战略，加快构筑经济优势互补、主体功能定位清晰、国土空间高效利用、人与自然和谐相处的区域协调发展格局，为中西部地区后发赶超提供了有力的政策支持。充分利用“两型社会”建设先行先试的政策优势，有利于形成政策洼地，促进经济社会科学跨越发展，在中部地区率先崛起。

三是经济社会的持续快速发展为“两型社会”建设提供了坚实的基础支撑。经过改革开放30多年来的快速发展，特别是近年来的科学跨越发展，我省经济社会发展已进入加速发展阶段，经济总量已经突破万亿元大关，连续三年跻身全国前十位。综合经济实力的显著增强，以及试验区获批三年多来取得的重大工作进展，为加快推进“两型社会”建设提供了有力的基础支撑。

四是“四化两型”战略为“两型社会”建设提供了科学的目标指引。顺应国内外发展大势，立足湖南发展的阶段性特征，落实科学发展要求，加快发展方式转变，省委、省政府作出了推进“四化两型”的战略抉择。坚持“两型”引领、“四化”带动，理清了新型工业化、新型城镇化、农业现代化和信息化与“两型社会”建设的内在联系和有机统一，为加快“两型社会”建设明确了方向和目标。

五是人民群众的热切期盼为“两型社会”建设提供了强大的发展动力。进入新的历史时期，人民群众求发展、求富裕、求和谐的愿望日益强烈，喝上干净水、呼吸上清洁空气、吃上放心食物的要求更为迫切。试验区建设三年多来，广大人民群众对“两型社会”建设逐步形成了共识，充满着热切的期盼，为加快“两型社会”建设凝聚了强大的发展动力。

三、突出综合配套改革，努力实现“两型社会”建设与经济社会融合互动发展

“两型社会”建设是一项探索性很强的复杂工程，涉及经济社会发展的各个方面，需要各级各相关方面从不同的工作领域、不同的工作层次共同努力、合力推进。目前，我省“两型社会”建设已经进入纵深推进阶段，加快推进“两型社会”建设还有许多深层次的问题需要研究，许多深层次的工作需要探索，许多深层次的体制机制障碍需要突破。“两型社会”建设第二阶段推进工作将继续按照国务院批复的总体要求，即努力实现。三个率先”（率先形成有利于资源节约、环境友好的新机制；率先积累传统工业化成功转型的新经验；率先形成城市群发展的新模式）、形成“四个示范”（全国“两型社会”建设的示范区；中部崛起的重要增长极；全省新型工业化、新型城市化和新农村建设的引领区；具有国际品质的现代化生态型城市群）、探索“十大创新”（资源节约、环境保护、产业优化、科技创新、土地管理、投融资、对外开放、财税、城乡统筹、行政管理等体制机制创新）、走出“六条新路子一（新型城镇化规划与发展、新型工业化、资源节约与环境友好、综合基础设施建设、城乡统筹、体制机制创新等新路子），落实2010年8月省委、省政府《关于加快经济发展方式转变，推进“两型社会”建设的决定》精神，坚持以综合配套改革为突破口，努力实现“两型社会”建设与经济社会融合互动发展，走出一条综合试验、统筹推进的新路子，务实推进新阶段“两型社会”建设各项工作。

1. 把建设“两型社会”与构建现代产业体系结合起来。构建现代产业体系，既是“两型社会”建设的重要支撑，也是“两型社会”建设的先导力量。要加快构建符合“两型”要求的现代产业体系，促进经济结构由低端向高端转型、发展方式由粗放向集约转变。一是推进传统产业高新化发展。大力促进信息化与工业化深度融合，广泛应用先进适用技术、信息技术和“两型”技术改造提升传统产业，增强新产品开发能力和品牌创建能力，促进传统产业的“两型”化发展。以推进农业现代化为目标，大力发展节约型农业、生态型农业、效益型农业和科技型农业，加快转变农业发展方式。二是推进战略性新兴产业规模化发展。围绕先进装备制造、节能环保、电子信息等战略性新兴产业，突破一批先进适用新技术、新产品、新工艺；培育一批成长性好、科技含量高、竞争能力强的“两型”产业龙头企业；建设一批创新能力强、创业环境优、特色突出、集聚发展的“两型”产业基地；加快形成先导性、支柱性“两型”产业，使之成为带动经济结构调整和发展方式转变的先导力量，成为支撑“两型社会”建设的持久动力。三是推进现代服务业集约化发展。坚持生产性服务业和生活性服务业发展并重，拓展新领域、发展新业态、培育新热点，推进规模化、集约化、品牌化、网络化经营，加快壮大现代服务业产业规模，提高现代服务业发展水平。

2. 把建设“两型社会”与统筹城乡区域发展结合起来。促进城乡、区域良性互动和协调发展，是转方式、建“两型”的重要工作之一。一是突出区域协调发展。按照实施“四化两型”战略要求，全面加快推进长株潭“两型社会”建设核心试验区的步伐，高度重视环长株潭5个城市的“两型社会”建设工作，统筹兼顾湘南地区、湘西地区的“两型社会”建设工作。二是突出城乡统筹发展。坚持以建设“两型”城镇为载体，把新农村建设纳入“两型社会”建设总体规划，促进资源在城乡之间优化配置、人才在城乡之间合理流动、产业在城乡之间有序转移，完善农村基础设施建设，提高农村公共服务水平，加快形成城乡一体发展的长效机制，推进广大农村地区的“两型社会”建设。三是突出优化“两型”产业布局结构。要立足发挥区位交通、特色资源、产业基础、科教人才等比较优势，大力实施差异化发展战略，科学规划和确定区域“两型”产业发展方向，着力培育区域特色优势，以发展特色“两型”产业培植区域竞争优势，以优化“两型”产业布局结构带动区域经济互动发展。

3. 把建设“两型社会”与加强生态文明建设结合起来。生态资源丰富、生态环境良好，是湖南最大的优势、最大的财富、最大的潜力，也是推进“两型社会”建设的良好条件和重要基础。一是突出生态资源保护。坚持保护优先和自然恢复为主，继续实施重大生态修复工程和生态林工程，加大对生态风景名胜区、饮用水源、生态敏感区的保护力度，统筹推进城乡绿化，提高森林碳汇功能，实现生态资源的永续利用。二是加强生态环境治理。全面加强节能减排工作，积极推广节能减排新技术新产品，抓好工业、建筑、交通运输等重点领域节能。强化固定资产投资项目节能评估审查和影响评价，探索排污权、碳排放权有偿使用和交易试点。重点抓好湘江流域重金属污染治理。切实加大落后产能淘汰工作力度，坚决关闭影响生态文明建设的排污设施和落后生产工艺设备。三是提升生态文明水平。“两型社会”是一种以人与自然和谐共生为特征的发展方式和文明形态。要宣传普及“两型”发展理念，加快形成“两型”消费模式，大力培育“两型”文化，积极倡导健康、文明、科学的现代生活方式，提升全社会的生态保护意识和文明素养，为“两型社会”建设创造良好的社会氛围。

4. 把建设“两型社会”与推进改革创新结合起来。“两型社会”建设本身是一项开创性的事业，必须以先行先试的改革精神来推进，需要有体制机制的全面创新和科学技术的全面进步作保障。要突出创新驱动，坚持把建设“两型社会”与建设创新型湖南结合起来，着力推进重点领域和关键环节改革，大力开展关键和核心技术攻关，激活“两型社会”建设的内生动力。一是进一步加大体制机制创新力度。支持先行先试，纵深推进各项改革试验，率先在体制机制上实现突破、创造经验，发挥示范效应带动整体推进。以推进“十大领域”改革为重点，突出解决资源节约、环境保护、城乡统筹、产业发展、基础设施建设、行政管理等方面的问题，加快健全土地、资本、劳动力、技术、信息等要素市场，着力构建有利于“两型社会,,建设的体制机制。二是进一步加快自主创新步伐。坚持把增强自主创新能力作为“两型社会”建设的中心环节，以企业为主体、以市场为导向，加强产学研合作，大力推进自主创新、集成创新和引进消化吸收再创新，努力在重点领域、关键环节和核心技术上取得突破，掌握一批重要的自主知识产权和核心技术。加快完善技术创新体系、知识创新体系、区域创新体系和创新服务体系，多渠道、多层次搭建公共技术服务平台，支持建设一批高水平的科技创业、创新示范和高新技术产业发展基地。三是进一步加强创新型人才培养。时代的发展已将区域竞争的核心由物质资本转向人才资源。“两型社会”建设是一项宏伟的事业，需要宏大的创新型人才队伍作支撑。要进一步完善人才政策措施，加强创新团队建设，切实加大对创新型人才的引进、培养和使用力度，为“两型社会”建设提供有力的人才保障和智力支持。四是进一步创新优化社会管理。要加快社会管理体制机制改革，完善公共治理结构，健全矛盾调处和利益协调机制，建立重大工程项目建设和重大政策制定的社会稳定风险评估机制，加强社会信用体系建设，着力创新优化社会管理，在维护社会稳定、促进社会和谐前提下加快推进“两型社会”建设。

5. 把建设“两型社会”与扩大对外开放结合起来。“两型社会”建设不是孤立的、封闭的，而是联系的、开放的，既要最大限度地发挥自身优势、激发内生动力，又要统筹利用好国际国内两种资源、两个市场。一是拓展开放空间。加强国际经贸交流与合作，统筹对内对外开放，深化央企对接，强化部省共建，加强与泛珠三角、长三角和中部地区等的区域合作，构建全方位多层次的对外开放新格局，加快推进“两型社会”建设。二是提升开放水平。创新招商引资模式，加强外资投向引导，扩大“两型社会”建设利用外资规模。加强与国内外大公司、大集团和高等院校、科研机构的对接合作，吸引国内外资盒、技术、人才等资源要素和先进经验，在更广范围、更宽领域、更高层次上加快“两型社会”建设。三是打造开放合作平台。加快长株潭试验区全国新型工业化产业示范基地、

"两化融合"试验区、综合性高技术产业基地和"三网融合"试点地区建设，推动各类产业园区的绿色化、集约化、"两型"化发展。

6. 把建设"两型社会"与切实改善民生结合起来。建设"两型社会"是经济社会领域的一场深刻变革，必然带来利益格局的调整，必须坚持发展依靠人民、发展为了人民、发展成果由人民共享。一是加快推进以改善民生为重点的社会建设，大力推进扩大就业、医疗卫生和社会保障等民生工程。二是加快构建城乡居民收入增长、劳动报酬增长与经济增长相协调的长效机制。三是建立完善体现特色、比较完整、覆盖城乡、可持续的基本公共服务体系。确保"两型社会"建设为民、富民、惠民目标的实现，让广大人民群众最大限度地享受改革发展带来的实惠。

四、强化推进措施，加快工程建设，开创"两型社会"建设工作新局面

全省"两型社会"建设推进大会的召开标志着我省"两型社会"建设已经进入了一个新的发展阶段。各级各部门要进一步把思想统一到省委、省政府的决策部署和周强书记、守盛省长将作的重要讲话精神上来，努力创新发展理念，转变发展方式，强化推进措施，加快工程建设，立足新的起点，扎实推进"两型社会"建设工作。

1. 突出强化"六项措施"

纵深推进"两型社会"建设，需要各级各相关方面从不同工作角度，着力强化"两型社会"建设的重点工作。

一是强化规划体系建设。按照试验区改革建设总体要求，积极借鉴国内外先进经验，加快完成环长株潭城市群跨区域、跨行业和重点地区等规划的编制，积极推进市、县改革实施方案和各类专项规划、下位规划的编制，逐步形成全覆盖的规划体系。突出抓好城市群规划与各市规划、总体规划与专项规划的对接，科学指导和统筹推进"两型社会"建设。抓好"一条例一决定"的贯彻落实，严格长株潭生态绿心等重点地区及区域性项目的规划管理，协调推动相关规划的实施，增强规划的约束力。

二是强化体制机制创新。加强对国家战略性新兴产业、区域发展等政策措施的研究和对接，争取更多的政策支持。以法治湖南建设为契机，结合试验区改革实际，瞄准现实问题加强研究，制定完善土地利用、产业发展、投融资、资源环境等方面的配套政策，加快形成保障有力的政策法规体系。加快研究制订长株潭"两型社会"试验区促进条例等相关地方性法规，从法制层面为"两型社会"建设提供更加有力的保障。

三是强化重点项目管理。坚持以大项目带动大发展，深入实施重大项目带动战略，在"两型"产业发展、基础设施建设、示范片区建设、湘江流域综合治理、节能减排、城乡统筹、"三网融合"等领域加快组织实施一批重点项目。开展"招商选资"，根据"两型"要求开发和建设项目，对已经建成的和正在实施的项目要切实评估项目实施效果。提高准入门槛、投资强度和投入产出比。协调推进"两型"重大项目特别是跨区域"两型"重大项目的实施。

四是强化典型示范创建。科学确定重点示范创建领域，集中支持建设一批"两型"示范工程，在生产、生活、消费等领域全面发挥示范效应和带动作用。大力实施"两型社会"建设样板工程、"两型"技术产品推广工程、"两型"示范单位创建工程，围绕新型工业化、新型城镇化、新农村建设，深入开展"两型"示范创建活动，带动形成"两型"生产方式、"两型"消费模式、"两型"生态环境。

五是强化外引内联服务。着力落实与国家部委和中央企业的已签协议，推动签署一批新的省部、央企合作共建协议，完善和细化合作内容，将合作共建任务落实到具体的项目和资金。进一步扩大与央企、国际金融机构、外国政府、跨国公司和国际财团的合作。加快组建长株潭"两型"产业投资基金及其管理公司，搭建市场化融资平台以及试验区国际国内交流合作平台，充分利用国际国内两个市场、两种资源推进"两型社会"建设。

六是强化宣传教育普及。将"两型"宣传教育纳入宣教工作整体部署，发挥我省作为传媒大省，媒体资源丰富的优势，采取媒体报道、课题研究、专题活动等多种形式，加大对"两型社会"建设理念、决策部署、重大意义、中心任务、重点工作等多方面的宣传报道，形成全方位、多层面的宣传教育格局，在全社会营造共建共享的浓厚氛围。

2. 加快建设"八大工程"

"八大工程"是长株潭试验区第二阶段的重点工程，涵盖了试验区"两型社会"建设的主要领域，是对第二阶段目标任务的项目化、具体化部署。各级各相关方面要进一步明确责任、落实措施，扎实推进"八大工程"建设。

一是实施"两型"产业振兴工程。把实施"两型"产业振兴工程作为构建现代产业体系的重要抓手，加快用高新技术、先进设备和现代工艺改造优化传统产业，加快发展新能源、新材料、生物医药、节能环保、文化创意等战略性新兴产业，重点提升长沙、株洲、湘潭、益阳高新区和岳阳、常德、宁乡经开区等国家级园区发展水平，带动产业结构优化升级和发展方式加快转变。

二是实施基础设施建设工程。按照"一体规划、突出两型、统筹协调、适度超前"的要求，加强交通、水利、能源、生态、信息和城市设施建设，构建布局合理、功能完备、安全高效、集约利用、统筹协调的现代化基础设施体系。加快推进"七纵七横"核心区城际干道同、"二环六射"高速公路网和"一纵两横半环"城际铁路网，以及高铁、机场、港口、河道建设，着力构建便捷、安全、高效的综合交通体系。加大城镇基础设施建设力度，增强城镇产业和要素承载功能，形成"布局合理、功能完备、特色鲜明、承载力强"的城市基础设施体系。

三是实施节能减排全覆盖工程。以节能减排在线管理为突破口，深入开展"万家企业节能行动"，逐步推广合同能源管理，促进建筑、交通、商业、民用等领域的节能推广，在全国率先形成节能减排考核评价、行业标准、用能标准和设计规范等系统管理的体制机制。积极探索排污权、碳排放权有偿使用和交易试点，着力推动节能减排的标准化、信息化、市场化。

四是实施湘江流域综合治理工程。积极构建湘江、洞庭湖为主体的区域生态环境安全体系，建立区域协调统一的环境保护联动机制、洞庭湖区和湘江生物入侵预警预防机制、湘江治理问责机制。坚持以保护饮用水源安全为主要目标，实施湘江流域水污染综合整治新的行动计划，推进重金属污染治理、流域截污治污、城市洁净、农村环境污染治理、生态建设等工程建设，加大生态补偿力度和环保执法力度，促进两岸生态修复。

五是实施示范区建设推进工程。坚持以体制机制创新、基础设施建设、产业布局优化和发展为重点，推行部省共建、省市共建、省企共建、中外共建等模式，进一步加快五大示范区和十八个示范片区建设步伐，努力把示范区打造成为加快经济发展方式转变的示范区、引领区和新的核心增长极。

六是实施城乡统筹示范工程。加快实现城乡规划全覆盖，协调城乡产业布局，统筹城乡建设用地，推动城市道路、供水、污水和垃圾处理、园林绿化等基础设施向农村延伸，统筹城乡就业、养老、医疗、最低生活保障制度和社会救助体系，加快土地流转和户籍制度改革，促进农民向市民转变，以“两型”村镇建设带动新农村建设。

七是实施综合交通运输一体化工程。加快长株潭三市城际公交一体化运营、公共交通资源共享、城乡公交一体化、同城公用事业缴费一卡通及千道站场等建设，实现三市公交出行同城同享。加快长株潭城际铁路、核心区城际干道等重大项目建设，建设完善的公共交通枢纽。

八是实施“三网融合”和“数字湖南”建设工程，抢抓长株潭城市群入列国家首批“三网融合”试点地区的机遇，大力发展新型通信信息产业，形成初具规模的“三网融合”全业务产业链，加快智能电网、物联网、云计算应用、“两化融合”、地理信息系统、智慧城市发展步伐，推动湖南进入发展智慧经济的前沿高地。

3. *切实做好“四项基础工作”*

“八大工程”既是试验区改革建设纵深推进的重点工程，也是“两型社会”建设的先导工程。各级各相关方面务必要进一步细化措施、扎实工作，确保各项建设任务真正落到实处。

一要编制工程实施方案。按照“八大工程”建设要求，各有关方面要结合自身实际，按要求编制工程建设实施方案，把“八大工程”建设的有关内容，作为部省合作的重点，加强与中央对口部委信息对接、政策对接、项目对接和资金对接。同时，还要加强与市县的工作对接，形成纵向到底、横向到边、上下联动、协同配合、齐抓共管工作格局。

二要突出工程项目化管理。按照工程项目化的要求，把“八大工程”细化分解，全面落实到具体项目。要加强项目储备，建立“八大工程”项目库，对入库项目优先给予支持。建立高效协调的项目建设服务体系，形成项目推进的统筹、协调、服务机制，促进项目推进、管理的有序化和规范化。

三要加强工程市场化运作。推进“八大工程”建设，市场化运作至关重要。要面向国内外市场，开发、策划、包装一批起点高、成长性好的“两型”项目。要引导推进市场化投融资，创新市场化运作方式和项目化管理模式，积极运用产业投资基金、创业投资基金等工具，加强财政性专项资金引导，撬动国内外资金投入项目建设。

四要加大工程组织实施力度。坚持把“八大工程”作为“两型社会”建设的工作重点，实施严格的目标责任管理。对列入“八大工程”的项目，实行重点调度、重点服务，确保取得实质性成效。

同志们，“两型社会”建设使命光荣，责任重大，任务艰巨。我们一定要严格按照省委、省政府的决策部署要求，认真落实周强书记、守盛省长本次会议重要讲话精神，进一步增强责任感、紧迫感和使命感，开拓进取，真抓实干，攻坚克难，奋力开创“两型社会”建设新局面，为推进“四化两型”、加快富民强省作出新的更大贡献，向全省人民交出一份满意的答卷！

在长株潭城市群“一条例一决定”执法检查报告审议意见交办会上的讲话

省委常委、长株潭试验区工委书记　陈肇雄

（2011 年 11 月 7 日）

今天的“一条例一决定”执法检查报告审议意见交办会，既是一次整改工作的交办会，也是一次工作再鼓劲、再动员会，充分体现了省人大常委会对我省两型社会建设的高度重视。刚才，汉栋同志宣读了“一条例一决定”执法检查报告审议意见，作斌、报翔同志分别就“一条例一决定”执法检查工作讲了很好的意见。等会，李江同志还将作重要讲话。请大家一定要认真学习领会，抓好贯彻落实。下面，我讲三点意见。

一、“一条例一决定”的贯彻实施对我省两型社会建设意义重大

“一条例一决定”的出台为我省两型社会建设提供了重要的法制保障。长株潭两型社会建设综合配套改革试验区获批以来，省人大对试验区改革建设高度关注、大力支持。2008 年 7 月，省人大常委会出台了《关于保障和促进长株潭城市群两型社会建设综合配套改革试验区工作的决定》；2009 年 9 月，修编了《湖南省长株潭城市群区域规划条例》。“一条例一决定”的出台，为全省两型社会建设提供了有力的法制保障。

“一条例一决定”的贯彻实施有力推动了我省两型社会建设。自“一条例一决定”颁布实施以来，全省各级各部门认真贯彻落实，积极开展工作，坚持把两型社会建设作为践行科学发展观的重大使命和富民强省的重大机遇，作为转方式、调结构的重要目标和着力点，精心组织、周密部署，在强化顶层设计，突出规划引领、基础设施支撑、产业结构优化、环境污染整治等方面着力，规划体系建设、重大工程项目推进、重点领域改革、产业“两型化”发展等方面成效显著，顺利完成第一阶段改革建设任务。

“一条例一决定”专项执法检查为破解我省两型社会建设实践中的难题提供了重要契机。今年以来，省人大开展“一条例一决定”专项执法检查，有力地推动了“一条例一决定”等法规的贯彻实施，推动体制机制改革创新取得了新进展，促进了“两型”理念进一步深入人心，促进了“省统筹、市为主、市场化”推进机制的进一步形成，为破解两型社会建设遇到的难题，深入推进全省两型社会建设，提供了有力保障。

二、对照“一条例一决定”，科学分析我省两型社会建设面临的困难和问题

“一条例一决定”是我省两型社会建设的重要地方性法规，对我省两型社会建设起着重要的保驾护航作用。以此次专项执法检查为契机，对照“一条例一决定”，结合我省两型社会建设实践，要清醒地认识到，全面推进两型社会建设仍有一些困难和问题亟待解决。

一是思想认识需要进一步统一。各方面对什么是两型社会、要不要建设两型社会、能不能建设两型社会、如何建设两型社会等方面的认识还没有完全统一；对抓“两型”就是抓发展，就是抓科学发展，就是抓加快发展，部分同志还存在疑虑；还需进一步普及“两型”知识，推广“两型”生产方式，倡导“两型”消费模式，营造“两型”浓厚氛围，厘清当前与长远、局部与整体、速度与质量等关系。

二是体制机制需要进一步理顺。两型社会建设事关经济社会发展全局，需要强有力的体制机制保障。探索综合试验、统筹推进的新路子，有必要按照“省统筹、市为主、市场化”的工作原则，进一步构建“整体有序，局部自主”工作格局，完善两型社会建设的管理体制机制，加强规划、政策、项目、资金等方面工作的统筹协调力度。

三是资源配置方式需要进一步调整。我省产业结构偏重化特征明显，产业发展对资源能源的依赖程度较高。需要加快调整资源配置偏重化的配置方式，加快构建支持“两型”产业发展、限制非“两型”产业发展的资源配置机制，改变我省产业结构偏重化的局面，促进两型社会建设。

三、贯彻实施“一条例一决定”、加快推进我省两型社会建设下一步要做好的几项重点工作

各级各相关部门要紧密围绕“四化两型”战略部署，结合厅局自身工作职能，认真落实省人大审议意见，进一步抓好“一条例一决定”的贯彻实施，加快推进全省两型社会建设。具体来讲，要做好以下六个方面的具体工作。

一是要进一步统一思想认识。要把全省的思想统一到“四化两型”的战略部署上来，统一到全省两型社会建设推进大会精神上来，统一到周强书记、守盛省长的重要讲话上来，进一步增强推进两型社会建设的主动性和自觉性，坚持“六个更加注重”，努力实现两型社会建设与经济社会的融合互动发展，把“两型”发展理念贯穿于经济社会发展的各个方面，加快形成全覆盖的规划体系。

二是要进一步理顺体制机制。要用体制机制的改革创新作保障，以推进“十大领域”改革为重点，着力推进重点领域和关键环节的改革创新，突出解决资源节约、环境保护、城乡统筹、产业发展、基础设施建设、行政管理等方面存在的突出问题，探索建立有利于两型社会建设的体制机制，加快形成协同推进体系。

三是要进一步完善政策体系。要积极争取国家层面的政策支持，用足、用好、用活国家赋予的先行先试政策，组织开展重大问题研究和重大政策制定，争取早日制定出台土地利用、产业发展、投融资、资源环境等方面的配套政策，构建鼓励支持“两型”化发展、约束限制非“两型”化发展的政策法规体系，形成湖南两型社会建设的政策“洼地”。

四是要进一步推进项目建设。要按照试验区改革建设总体方案要求，在“两型”产业发展、基础设施建设、示范片区建设、湘江流域综合治理、节能减排、城乡统筹、三网融合等领域研究确定和组织实施一批重大项目；要加强跨区域重大项目的协调和管理，构建试验区重大建设项目的联合工作机制，推动建立高效协调的服务体系；要坚持“规划项目化、项目工程化”的思路，进一步明确目标责任，加强政策扶持，切实推进重大工程项目建设，确保两型社会建设尽快见到成效。

五是要进一步加强外引内联。要统筹利用好国际国内两种资源、两个市场，进一步提升对外开放水平，加强国际经贸交流与合作，加快承接产业转移，深化央企对接，强化部省共建，构建全方位多层次的对外开放新格局；要加强投融资平台、国际国内交流平台、项目建设平台等平台建设，吸引国内外资金、技术、人才等资源要素和先进经验，在更广范围、更宽领域、更高层次上加快推进两型社会建设。

六是要进一步营造发展氛围。要加强对社会各界参与两型社会建设的组织引导，进一步普及“两型”知识，弘扬“两型”理念，宣传“两型”政策，倡导“两型”消费，培育“两型”文化，形成符合两型社会要求的文化氛围、消费方式、生活习惯，努力形成全社会共同关心、支持和参与两型社会建设的浓厚氛围。

“一条例一决定”对于推进我省两型社会建设意义十分重大。长株潭试验区工委和省两型办将认真贯彻落实“一条例一决定”，进一步发挥统筹、协调、组织和服务职能，积极与有关厅局和市州对接，努力形成工作合力，推进相关问题的解决，加快我省两型社会建设。

加大节能减排　推进绿色发展

——摘自在新型工业化座谈会上的讲话

省委书记、省人大常委会主任　周　强

（2011年2月17日）

我们必须积极抢抓机遇，科学应对挑战，坚持新型工业化“第一推动力”不动摇，推动全省新型工业化迈上新的台阶。

1. *调整优化产业结构，推动产业转型升级。*党的十七届五中全会明确提出，“十二五”时期，必须以加快转变经济发展方式为主线，坚持把经济结构战略性调整作为主攻方向。应该看到，在相当长时期内我省工业结构调整仍然是经济结构调整的重中之重。要瞄准国内外同行业的先进水平，认真组织实施重点产业调整振兴计划，深入实施“四千工程”，促进装备制造、钢铁、有色、石油化工等传统优势制造业向“两型化”、高端化、品牌化发展。以资源型产业为基础，以深加工产业为增长点，深度转化资源，提高产品附加值，变矿产资源优势为矿产资源加工优势，实现低附加值向价值链的高端产业提升。对我省的有色产业，发改委、经信委等有关部门和企业，要一个产品一个产品进行研究。湖南是有色大省，湖南有色去年之所以产值能到300亿，很大程度上就是因为我们在有色资源上是有话语权的。但是，怎么样把我们的潜力和优势充分发挥出来，需要我们对每一个有色产品进行深入研究，把产业链延长，附加值提高。钨、锑、铟、钼，这些稀有金属都有很大潜力。钢铁要继续走深加工之路，石化我们要搞石化基地，不仅炼油，还要延长产业链。锰价下跌给我们带来了机遇，我们可以把锰业整合，提高集中度。在推动重工业高新化的同时，加快发展轻工业，走轻重工业协调发展之路。大力实施战略性新兴产业发展规划，强化政策支持，加快战略性新兴产业规模扩张和集聚集群发展。落实促进服务业发展的各项政策措施，加快壮大生产性服务业规模，全面提高现代服务业对新型工业化支撑带动水平。

2. *加强园区建设，推进产业集聚集群发展。*产业集群是工业快速发展的重要途径，是现代产业发展的趋势。加速推进新型工业化，要以园区建设为载体，以产业聚集集群为支撑。按照“产业基地、核心园区、配套园区”的发展模式，引导形成以国家新型工业化产业示范基地和千亿园区为核心，省级新型工业化产业示范基地和园区为重点，县市园区为配套的产业集群格局。依托基地、园区建设，围绕提高本地配套率，着力培育一批产业特色突出、专业分工合理、协作配套完善、创新能力强的现代产业集群。充分发挥核心企业龙头带动作用和大中小企业集聚功能互补作用，优化园区企业之间的协作配套体系。大力推进中小企业加快发展，支持有条件的中小企业进入战略性新兴产业和现代服务业领域，支持中小企业与大型企业开展协作配套。进一步抓好政策落实，放宽市场、产业准入门槛，为非公经济和中小企业发展营造良好政策环境。要大力发展现代服务业，解决配套问题，尤其是现代生产性服务业，以降低成本，促进产业集群，促进新型工业化的发展。

3. *加快自主创新，推进产学研紧密结合。*加快科技进步、提高自主创新能力是转变工业发展方式的关键环节。要进一步完善以企业为主体、市场为导向、产学研紧密结合的技术创新体系，加快科技成果转化，推动工业发展由要素驱动向创新驱动转变。集中实施一批重大科技专项和工程，加快建设一批国家级、省级科技创新平台和技术服务平台。认真落实支持企业创新的政策，鼓励企业不断增加研发投入。要创新产学研结合机制和模式，突破产学研结合投融资瓶颈，完善产学研结合服务机制，引导企业与各类专业科研机构和高校围绕关键技术和重大技术瓶颈开展联合攻关，促进高新技术成果产品化、产业化。这方面我们有优势，比如国防科大，就是取之不尽的宝藏。我们依托天河一号建立了全国第三家超算中心，为我们发展信息产业、互联网、云计算、信息化提供了巨大的支撑平台。

4. *扩大开放合作，大力承接产业转移，充分利用国内外“两个市场”、“两种资源”。*坚持对外开放与对内开放并重、“走出去”与“引进来”并重、进口与出口并重、引资与引智并重，支持企业在更广领域配置资源和要素。紧紧抓住国际制造业加速转移和国内沿海地区加工贸易转移的重大机遇，善于把自身的优势和投资者的优势有效对接起来，找准互利共赢的结合点，扩大承接产业转移规模，进一步加大与央企对接力度。大力引进战略投资者，吸引更多的跨国公司区域总部、营运中心、研发中心等落户湖南。努力扩大工业品的出口规模，优化出口工业品结构。增加先进技术、关键零部件、国内短缺资源进口，以进口促出口。着力培育本土跨国公司，按照市场导向和企业自主决策原则，引导各类所有制企业有序开展境外投资和劳务合作，形成以境外工业园区为平台的“走出去”新格局。

5. *加大节能减排力度，推进绿色发展。*要高度重视节能减排工作，努力降低资源、能源消耗。在产业政策上，要优先支持建设节能降耗项目以及环境保护产业项目。大力推进清洁生产和循环经济，抓好试点企业和园区的试点工作。继续推进落后产能的淘汰，通过运用经济、法律以及行政手段，解决落后产能中能耗高、污染重和质量差的问题。以推进长株潭“两型社会”试验区改革建设为重要抓手，加快推进湘江流域综合治理，建设以低碳排放、再循环为特征的工业体系，推动形成资源节约、环境友好的生产方式、生活方式和消费模式。

6. *推进信息化与工业化的深度融合，提高工业信息化*

水平。以信息化支撑和促进新型工业化，大力推动信息化与工业化融合，是加速推进新型工业化的战略重点。要抓住物联网、新一代移动通信、下一代互联网起步发展，信息产业升级换代和网络经济快速发展的重大机遇，统筹信息技术创新、应用和管理各个环节，推动信息产业跨越发展。引导企业在设计、研发、生产、管理等过程中广泛应用先进信息技术，深入推进装备制造等传统行业信息化改造，大力推动长株潭和省级“两化融合”试验区建设。

以上强调的几项重点工作，最关键的是要落实到狠抓项目建设上。抓工业关键是要抓项目，抓住了项目就抓住了经济发展的“牛鼻子”。对各级政府和部门来讲，就是要抢抓机遇，狠抓落实，主动服务，包括一些工程技改项目，需要省委、省政府出面的，我们一定出面，与中央企业总部协调，推动他们加大在湖南的投入，支持项目的建设。要建立滚动发展的项目库，筛选新型特征明显、骨干支撑作用强的大项目、好项目。要进一步转变政府职能，深化行政审批制度改革，简化项目审批程序，提高办事效率。加强对项目建设的调度，及时协调解决融资、用地、电力能源等方面的矛盾。进一步加强银政、银企合作，支持更多的企业在境内外上市融资，构建多元化的项目建设融资渠道。我经常讲，只要创新思路，融资难的问题是可以解决的，上市融资、银行贷款，再加上省内各种产业基金，有多种渠道可以融资，关键是要有好的项目。要进一步加快研究制定各地区的配套工作机制，加大项目落实力度，加速推动我省新型工业化，加快实现富民强省步伐。

以转型创新发展为核心全面推进新型工业化

——摘自在全省加速推进新型工业化工作会议上的讲话

省委副书记、省长　徐守盛

（2011年2月25日）

经过几十年的发展，我省新型工业化既有量的积累，又有质的大幅提升，具备从量的积累到质的突破，实现提速跨越的基础和条件。但我们更要看到，我省工业经济发展仍处于打基础阶段，工业经济发展方式还较为粗放。适应全省“十二五”经济社会发展的需要，我们既要脚踏实地，立足我省现有的基础和条件，更要放眼长远，紧扣科学发展主题、转变发展方式主线，以转型创新发展为核心，加快建立结构优化、技术先进、清洁安全、附加值高、吸纳能力强的现代产业体系，以创新、质量、品牌、服务获得高附加值；以节能减排降耗，提高资源节约和集约利用水平等降低成本。当前，要重点抓好五个方面：

一是优化工业结构。一直以来，我省工业结构性矛盾突出，低技术含量、低附加值产业比重过大，总体上仍处在价值链的中低端。产业集中度不高，2010年，全省规模工业38个大类行业中，还没有一个行业的比重达10%，千亿企业还是空白；重化工产业比重偏高，我省化工、有色、冶金等6大高耗能行业增加值占全省规模工业增加值的比重达34.9%。结构不优，一方面，消耗了本就不多甚至不可再生的资源，造成更多的低水平竞争，使工业效益上不去；另一方面，占用有限的环境容量，社会效益难以显现。这迫切要求我们把结构调整摆在更加突出的位置。产业布局上，要加大产业振兴规划实施力度，加快工业区域布局，引导资源、技术、要素向优势产业集聚，做大做强装备制造、汽车、冶金、有色、石化等有比较优势的产业。企业发展上，要加快培育大企业大集团，通过加快推进省内企业的联合、与央企的联合、与国内外大企业的联合，培育壮大一批大企业大集团，使之成为能够影响、辐射、带动相关产业发展的龙头。产品结构上，要加快工业产品结构调整，加大新产品研发力度，开发具有自主知识产权、附加值高的产品，增强产品的市场竞争力。

二是推动自主创新。工业技术进步是各行各业进步和发展的基础。必须把增强自主创新能力，作为加速推进新型工业化的中心环节。后金融危机时代，世界科技创新风起云涌，许多发达国家力图在重大科技成果研发和应用上率先突破，率先形成新的生产力，抢占未来发展制高点。我省在科技发展和自主创新领域有自己独特的优势，整体科技水平在全国排前10位，拥有52名在湘院士和一批国家和省级重点实验室、工程研究中心。2010年，全省攻克82项产业关键技术，取得专利授权超过1.3万件。这是我们开展自主创新，提高新型工业化发展水平的良好前提。当前的关键是要抓平台建设，加快构建以企业为主体、市场为导向、重大创新平台为支撑、产学研用相结合的自主创新体系，尽快打造一批重大企业创新平台，促进科技成果向现实生产力转化。要抓创新能力建设，以企业为自主创新主体，瞄准新型工业化的薄弱环节和关键领域，尽快突破一批核心技术和重大关键技术，尽快形成一批具有自主知识产权的科技成果，为工业发展提供引领和支撑。要抓创新资源整合，依托重点园区、高校、科研院所和企业，加快构建产业技术创新战略联盟，建设一批科研成果转化和产业培育基地、科技企业孵化器。要抓创新氛围建设，支持学校开展创新教育和培训，引导企业建设创新文化，形成支持创新、宽容失败的良好社会氛围。

三是促进工业集聚发展。产业集群发展是现代经济发展的必然趋势，能够有效促进创新、合作和技术外溢，降低生产和交易成本。实践证明，推动企业向园区集中，发展各具特色的产业园区，是工业经济实现集群发展、集聚发展、集约发展的成功路子。据测算，企业在园区内发展，不仅可节省公共设施投资10%，节约土地15%，降低治理污染费用5%，还可以形成产业规模，提高市场竞争力和影响力。这方面无论在国外，还是在国内都有大量的成功案例。这几年我省之所以能够在工程机械、轨道交通、钢铁有色、食品加工等领域具有一定的发展优势，关键就在于注重集聚发展，加强工业园区建设，形成了一批在全国乃至世界上具有竞争力的产业集群。下一步，要进一步推动工业向园区集中，按照工业园区化、园区工业化的思路，依托工业园区抓产业集群，引导企业向园区聚集，走土地集约、生态环保、布局集中的发展路子。要合理布局工业园区，避免“镇镇设园、村村冒烟”，加快构建以国家级园区为引领、省级园区为重点、市县园区为配套的产业园区体系，提升园区集聚发展能力。最近，省里正在把《“十二五”规划纲要》中的项目与各个市州进行对接。在对接过程中，省里要把好关口，严格控制“两高一低”、产能过剩的项目，并从战略层面对市县开发区配套、财税体制改革等方面作进一步思考和研究。要继续推进“四千工程”，壮大机械、有色等千亿产业，培育一批千亿企业，发展工程机械、汽车及零部件、石油化工、有色金属等千亿产业集群，着力建设具有国际国内先进水平的重大产业基地。

四是积极承接产业转移。这几年，我们一直强调要抓的重大机遇之一，就是国外及沿海产业加速向内地转移的机遇。可以说，我们湖南在这方面，抓得比较好、比较紧，也抓出了较大成效。去年的加工贸易额达到17.9亿美元，“十一五”期间年均增长25.1%，有力促进了工业经济的对外开放，迅速提高了全省工业发展水平。但是，我们也要看到，相比邻省如江西省，我们还是有差距的。去年，江西的加工贸易额达到48.9亿美元，已超过我省。我们必须突出开放带动，主动对接珠三角，积极承接产业转移，不断拓展我省产业发展空间。要注重承接技术密集型和资本密集型产业，注重承接产业链关键环节和价值链核心环节的项目，加快建立与珠三角等沿海发达地区互补的产业结构。要加强平台建设，着力抓好郴州、岳阳、益阳、永州、衡阳、常德6个重点承接地和一批重点承接县、试点县、承接园区建设，提高产业承接能力。要以建设长株潭服务外包基地为重点，培育形成一批省级国际服务外包示范区和具有国际资质的服务外包骨干企业，不断提高工业经济的外向度。

五是坚持与资源环境相协调。这是建设“绿色湖南”的基本要求。研究表明，人均GDP超过5000美元时，对工业来说，环境保护和资源利用压力前所未有。据初步统计，2010年，我省单位GDP能耗为1.17吨标准煤/万元，其中工业消耗量占68.55%。“十二五”时期，我省人均GDP将向6000美元迈进，这就要求我们必须坚持以生态文明理念引领工业发展，更加注重资源节约和环境保护，改变以破坏环境、浪费资源为代价的粗放型发展方式，避免走先污染后治理的老路，走出一条依靠科技进步、延长产业链条、降低资源消耗、优化生态环境的新型工业化道路。要大力发展生态主导型工业，把生态文明理念贯穿于工业生产的各个环节，使我们的生产方式，既有利于生态保护，又有利于经济健康发展。当前，人们的环保意识逐步增强，因环境保护问题而引发的一些群体性事件也呈上升趋势。全省上下一定要统一思想认识，坚决杜绝污染环境、不能持续发展、为今后发展带来隐患的项目。

转变经济发展方式　加快建设两型社会

——摘自在中国共产党湖南省第十次代表大会上的报告

省委书记、省人大常委会主任　周　强

（2011年11月18日）

全面推进“四化两型”建设，加快实现全面小康目标

今天的湖南已经站在了一个新的起点上，展现出更加广阔的发展前景。未来五年，是全面建设小康社会的关键时期，是加快经济发展方式转变、推进两型社会建设的攻坚时期，也是可以大有作为的重要战略机遇期。当前，世界经济形势复杂多变，但和平、发展、合作仍是时代潮流，经济全球化深入发展的趋势没有改变，科技创新和产业升级正孕育新的突破，国际资本和产业加速转移；国内经济面临的新情况新问题不少，但经济发展长期向好的趋势没有改变，经济发展方式加速转变，产业加快转移，中部崛起面临新的机遇；我省正处在工业化、城镇化快速发展阶段和结构转型升级时期，虽然前进道路上还有不少困难，但发展的势头强劲，多年形成的发展能量蓄势待发，新的竞争优势正在形成，进一步发展的潜力巨大。这些表明，我们既面临着严峻的挑战，更面临着难得的历史机遇，必须因势利导，抢抓机遇，乘势而上，坚定不移加快发展步伐，坚定不移加快发展方式转变，努力在新一轮发展的时代潮流中赢得主动、赢得优势、赢得未来。

未来五年的总任务是：坚持以科学发展富民强省为主题，坚持以加快转变经济发展方式为主线，坚持以人为本、执政为民，全面推进“四化两型”建设，加快建设全面小康，加快建设两型社会，努力在中部崛起中实现新跨越。确定这一任务，是时代发展的必然要求，是全省人民的共同愿望和根本利益所在，是我们这一代湖南人必须担当的政治责任。

加快建设全面小康，就是要努力在中部地区率先实现全面小康目标。按照这一要求，要努力实现“六个更加”：经济发展更加科学，发展速度保持全国前列，人均生产总值达到全国平均水平，经济结构进一步优化，科技投入大幅增加，科技创新综合能力进入全国先进行列；民主法制更加健全，民主进一步完善，法制进一步完备，法治湖南建设取得重大进展，基层民主不断发展；社会更加和谐，社会事业加快发展，社会管理全面加强；文化更加繁荣，文化事业加速发展，文化产业进一步壮大，社会文明程度和公民道德素质全面提升；环境更加优美，绿色湖南建设取得明显进展，城乡生态环境质量明显改善，生态宜居水平明显提高；人民更加幸福，努力实现居民收入增长和经济发展同步、劳动报酬增长和劳动生产率提高同步，人民生活大幅改善，生活质量稳步提高，幸福感明显增强。

加快建设两型社会，就是要在全国率先走出一条两型社会建设的路子。要把两型社会的理念、目标、方法全面融入全省经济社会发展的各个方面。全面完成长株潭城市群两型社会试验区改革建设第二阶段的目标任务并向第三阶段推进，引领带动全省各地在资源节约、环境友好、产业优化、科技创新和土地管理等重点领域和关键环节先行先试、率先突破，为全国发挥示范作用。全省生态文明观念牢固树立，资源利用效率大幅提高，能源消耗强度和二氧化碳排放强度大幅降低，主要污染物排放总量明显减少，国家下达的节能减排目标全面完成，湘江治理取得明显成效，资源节约和环境友好各类指标进入全国先进行列。

全面推进"四化两型"建设，是实现未来五年任务的总战略。基本思路是：以建设资源节约型、环境友好型社会为方向和目标，以推进新型工业化、农业现代化、新型城镇化和信息化为基本途径，着力调整经济结构、加快自主创新、推进节能环保、深化改革开放、保障改善民生，努力实现优化发展、创新发展、绿色发展、开放发展、人本发展，加快建设绿色湖南、创新型湖南、数字湖南、法治湖南，争做科学发展排头兵。

"四化两型"建设是历届省委发展战略的继承和发展，是立足我省发展的阶段性特征、顺应国内外发展大势，在全球经济结构大调整和科技大发展中抢占未来发展制高点的必然选择，是对历史机遇的准确把握和对时代挑战的科学应对。"四化两型"建设体现了科学发展观的内在要求，体现了主题与主线的有机统一，体现了加快发展与加快转变的有机结合，是科学发展观在湖南的具体实践。推进"四化两型"建设，本质是加快科学发展，关键是转变经济发展方式，根本目的是创造全省人民更加幸福美好生活，归根结底是要走出一条符合湖南实际的转型发展、科学发展道路，实现全省经济社会的又好又快发展。

"四化两型"建设是湖南未来的希望之路。只要我们坚定地沿着这条路子走下去，不动摇、不徘徊、不折腾，一步一个脚印，一环一环紧扣，我们的任务就一定能如期完成，我们的目标就一定能如期实现，三湘大地就一定会焕发出更加绚丽的光彩！

转变经济发展方式，推动经济又好又快发展

加快实现全面小康，最重要、最根本的是加快经济发展。必须始终坚持以经济建设为中心不动摇，牢牢扭住发展第一要务不放松，实现发展速度、质量与效益的统一，奋力推动经济发展迈上新台阶。

1. *大力推进新型工业化，建设现代产业体系。*加快推进新型工业化是现阶段我省现代化建设的中心任务。坚持把新型工业化作为第一推动力，实行发展战略性新兴产业与改造提升传统产业"两手并重"，先进制造业与现代服务业"双轮驱动"，新型工业化、农业现代化、新型城镇化、信息化"四化联动"，加快构建具有湖南特色、富有核心竞争力的现代产业体系。大力发展先进装备制造、新材料、文化创意、生物、新能源、信息、节能环保等战略性新兴产业，推动战略性新兴产业规模扩张和集聚集群发展。加速推进"四千工程"，促进传统优势产业向两型化、高端化、品牌化、集群化发展。加快发展现代服务业，大力发展生产性服务业，全面提升生活性服务业，培育发展新兴服务业，推进服务业规模化、品牌化、网络化经营。推动旅游与文化等相关产业融合发展，加强旅游精品项目建设，壮大旅游支柱产业。引导产业集群发展，着力培育大企业、大产业、大集群、大园区、大品牌，发展拥有国际知名品牌和核心竞争力的大企业。大力支持中小微型企业发展，促进中小微型企业转型升级，走"专精特新"的发展道路。加强产业园区建设，把产业园区建设成为新型工业化的示范区、经济转型升级的先行区、现代产业的集聚区。

2. *大力推进农业现代化，建设社会主义新农村。*始终把解决好"三农"问题作为全局工作的重中之重。以保障粮食安全、增加农民收入、实现可持续发展为目标，以推进农业规模化、集约化、产业化、标准化、机械化为重点，加快转变农业发展方式，提高农业现代化水平，建设农民幸福生活的美好家园。实施粮食高产增效工程，建设全国重要的粮食生产基地，提高农业综合生产能力。推进农业结构战略性调整，大力发展现代高效农业，建设一批现代农业示范基地和示范园区。实施农产品加工业振兴计划，发展农产品加工集群，提高农产品加工转化率和附加值。加强农业科技创新和推广应用，全面推进现代农业基础设施建设，加强农产品物流体系建设，健全农业综合服务体系，强化农村金融服务，夯实农业农村发展基础。大力扶持发展农民专业合作组织，提高农民的组织化程度。构建农民培训体系，着力培养造就有文化、懂技术、善管理、会经营的现代农民。认真落实强农惠农政策措施，加大强农惠农力度。加强村镇布局规划和村庄整治，全面提高乡村规划建设水平，大力发展农村社会事业，提高农村公共服务水平，有序推进新型农村社区建设，努力建设美好宜居新农村。进一步加快贫困地区经济社会发展，加大扶持力度，以武陵山区、罗霄山区为重点，以湘西自治州为主战场，打好新一轮扶贫开发攻坚战，加快贫困地区群众脱贫致富步伐。

3. *大力推进新型城镇化，统筹城乡发展。*新型城镇化是现代化建设的重要驱动力。坚持走资源节约、环境友好、经济高效、社会和谐、大中小城市和小城镇协调发展、城乡互促共进的新型城镇化道路，构建科学的城镇体系。坚持以大城市为依托，着力提升长株潭城市群发展水平，充分发挥长株潭城市群的核心辐射作用和省会长沙的龙头带动作用，加快市州中心城市和省际边界地区中心城镇发展，积极发展小城镇。坚持以城市群为主体形态，在重点做大做强环长株潭城市群的同时，培育发展一批区域性城市群。加快县城和中心镇扩容提质，支持有条件的县城和中心镇逐步发展成为中小城市。加强城市规划，凸显城市人文个性和特色，提升城市品位和发展质量。强化城市管理，完善城市功能，大力发展城市公共交通，改善市民出行环境，预防和治理“城市病”。深化户籍制度改革，把符合落户条件的农业转移人口逐步转为城镇居民。进一步健全以工促农、以城带乡的长效机制，大力推进城乡规划、产业布局、基础设施建设、生态环境保护和公共服务一体化，构建新型城乡关系，促进城乡互动发展、共同繁荣。农民工是“四化两型”建设的重要生力军，要高度重视和热情关心农民工，采取有效措施逐步解决他们在城镇的就业和生活问题，促进农民工融入企业、子女融入学校、家庭融入社区，切实维护农民工合法权益，保障他们享有更好的公共服务。

4. *大力推进信息化，建设数字湖南。*坚持把推进信息化作为抢占发展制高点、提升长远竞争力的重要手段和覆盖现代化建设全局的重大战略举措来抓。大力发展信息产业，推进信息化与工业化深度融合，加强长株潭和省级“两化”融合试验区建设，促进信息技术在传统产业的推广应用，提高工业信息化水平。推动“三网融合”，加快发展云计算和物联网，推进智能交通、智能电网、智慧城市建设，构建信息技术公共服务平台，提升软件服务、网络增值服务等信息服务能力，提高信息化建设的整体质量和效益。坚持以集约共享为方向，推广信息技术在经济社会各领域的深度应用，积极推进党务、政务、商务、生产、生活、社会管理的信息化。认真抓好国家农村信息化示范省试点工作，提高农村信息化水平。

5. *大力推进科教兴省，建设创新型湖南。*创新是转变发展方式、提升核心竞争力的关键所在。创新的核心是科技，基础在教育，根本在机制，关键在人才。全面落实中长期科技、教育、人才规划纲要，大力推进科教兴省，建设教育强省和人才强省。加快科技体制改革，着力构建以企业为主体、市场为导向、产学研结合的技术创新体系。加大财政对科技投入的力度，鼓励企业加大研发投入，支持创新型企业上市融资，培育和发展创业风险投资，形成多层次、多渠道、多元化的科技创新投融资体制。实施一批重大科技专项和重大科技工程，突破制约产业发展的核心关键技术，形成一批拥有自主知识产权、市场竞争力强的高端品牌和产品。进一步整合科技资源，依托重点园区、高校、科研院所和企业，通过体制机制创新和政策项目引导，积极推动协同创新，加快科技创新创业和技术服务平台建设，加快科技成果向现实生产力转化，大幅提高科技进步对经济增长的贡献率。加快高水平大学和重点学科建设，全面提升高等教育质量和创新水平。坚持尊重劳动、尊重知识、尊重人才、尊重创造，健全人才评价、选拔、使用和激励机制，加大各类人才特别是创新型人才和高技能人才的培养、引进和使用力度，广纳各方人才，大胆使用人才，以良好的环境吸引、留住和用好人才，促进各类人才特别是高层次创新型人才和青年人才脱颖而出，造就新的湖湘人才群，构筑中部人才高地，形成人才辈出、人尽其才、才尽其用的生动局面。

6. *实施区域发展总体战略，推动区域经济协调发展。*加快环长株潭城市群城市提质和产业升级，统一规划区域内资源开发、产业布局、设施配套和市场建设，创新合作机制，优化资源配置，促进环长株潭城市群率先发展、融合发展，建成中部乃至全国重要的经济增长极和具有国际品质的现代化生态城市群。加快建设洞庭湖生态经济圈。推动湘南加速崛起，以国家级承接产业转移示范区建设为契机，以开放开发为抓手，进一步加强与粤港澳、北部湾经济区和东盟对接合作，在更大规模、更高水平上开创承接产业转移的新局面。以武陵山片区区域发展与扶贫攻坚试点为契机，加大大湘西开发开放力度，加强基础设施建设，发展特色产业，加强生态建设和环境保护，建成全国扶贫攻坚示范区和国际知名生态文化旅游区。实施主体功能区规划，优化国土空间开发格局。

发展壮大县域经济是促进城乡区域协调发展的重要着力点。坚持因地制宜、分类指导，支持各地充分发挥资源优势和比较优势，大力发展县域特色产业。支持劳动密集型产业、农产品加工业以园区为载体，向县城和中心镇集聚，提高县域工业化和农业产业化水平。推进扩权强县改革，扩大县域发展自主权，加大对县域经济发展的政策扶持力度，优化县域发展环境，增强县域经济发展活力，重点培育一批特色鲜明的经济强县，争取更多的县进入全国百强县行列。

7. *加强基础设施建设，加快形成现代化基础设施体系。*按照适度超前、优化布局、完善网络、综合提升的要求，加快构建现代化的基础设施体系，全面提升支撑保障能力。加强交通基础设施建设，着力构建高效、便捷、安全的综合运输体系。加快电网、电源点、输送通道、储备基地建设，优化能源结构和能源布局，破除能源瓶颈制约，强化能源安全保障，构建安全、稳定、经济、清洁的现代能源供应体系。加强水利基础设施建设，构建防洪、排涝、防灾、灌溉、供水配套完善的现代水利体系。把项目特别是重大项目建设作为重要抓手，实施“三个一”行动计划，努力扩大投资总量，优化投资结构，提高投资效益，充分发挥投资对经济社会发展的重要支撑作用，增强投资对调整结构、扩大就业、改善民生、促进消费的带动能力，促进投资消费出口协调拉动经济增长。

8. *深入推进改革开放，增强发展的动力和活力。*改革是实现又好又快发展的动力源泉。全面推进经济、政治、文化、社会各方面特别是重点领域和关键环节的改革，加快形成有利于科学发展的体制机制。深化行政管理体制改革，切实转变政府职能，努力建设服务型政府。加快财政体制改革，扩大公共财政覆盖面，健全财力与事权相匹配的财政体制。加快投融资体制改革，积极引进各类金融机构来湘设点、开展业务，培育壮大地方金融机构，大力发展资本市场。深化要素市场化配置改革，建立完善土地、技术、人才和劳动力等要素市场，提高资源配置效率。加快资源和要素价格形成机制改革，推动形成反映市场供求关系、资源稀缺程度和环境损害成本的价格机制。继续调整和完善所有制结构，深化国有企业改革，鼓励非公有制经济加快发展、转型升级。深化社会领域体制改革，促进社会事业发展和基本公共服务均等化。深化农村综合改革，建立健全土地承包经营权流转市场，促进土地经营权依法自愿有偿流转，加强农村现代流通体系建设。

扩大开放是内陆地区加速崛起的必由之路。积极实施开放崛起战略。推进外贸扩总量转方式，促进进出口均衡发展、服务贸易与货物贸易协调发展，提高经济开放度。抓住国内外产业转移的机遇，继续大力承接产业转移，优化投资环境，着力引进战略投资者，提高利用外资的质量和水平。鼓励和引导省内优势行业和企业积极有序开展跨国并购、境外工程承包、劳务合作和设立境外工业园区。努力扩大开放领域，加强社会、文化等领域的对外交流合作。拓展和深化与东亚、东盟和欧盟各国的经贸合作，加强与港澳台、泛珠三角、北部湾经济区、长三角和中部地区等区域合作，实现互利共赢、共生崛起。以更加开放的思维、更加广阔的胸襟、更加高远的眼光，学习借鉴境外一切先进的管理方法和技术，学习借鉴先进地区和兄弟省市区一切好的经验和做法，不断提高开放发展水平。

加快建设两型社会，提高生态文明水平

建设两型社会是转变发展方式的重要着力点，是创造美好幸福生活的重要内容。必须把两型社会建设摆到更加突出的位置，建设绿色湖南。

1. *以长株潭试验区建设引领带动全省两型社会建设。*强力推进长株潭两型社会试验区第二阶段的改革建设，加速实施以两型产业振兴为主导、以两型项目建设为重点的八大工程，加快形成改革突破、科技创新、生态建设、两型产业和民生保障等五大支撑体系，努力实现率先形成有利于资源节约、环境友好的新机制，率先积累传统工业化成功转型的新经验，率先形成城市群发展的新模式的目标，带动和促进全省发展方式转变和两型社会建设。

2. *大力发展两型产业。*两型产业是两型社会建设的重要标志。抓紧建立健全两型产业的体制和技术支持体系，严格资源承载力和环境容量两大边界限制，优化企业布局。坚持环保优先，严格环境准入，切实做到新上产业项目不放松环保要求，承接产业转移不降低环保门槛，扩大产业规模不增加排放总量。大力发展绿色环保产业，积极发展太阳能、沼气、风能和生物质能等新能源产业，加强节能降耗新技术、新工艺的引进、研发和应用，创建两型产业技术研发和推广应用的公共服务平台，加快形成两型技术体系和生产体系。

3. *强化能源资源节约，大力发展循环经济。*落实节约优先战略，推进节能节水节地节材，提高能源资源利用效率。加快淘汰落后产能，推进重点行业和用能大户节能技术改造，推广先进节能技术和产品，推行合同能源管理。实施重点节能减排工程，抓好工业、建筑、交通运输等重点领域节能减排。加强耕地保护，厉行土地集约节约利用。加强水资源节约，推进水利综合改革，建设节水型社会。加强矿产资源保护性开发和高效利用。以提高资源产出效率为目标，推行循环型生产方式，促进资源循环利用、再生利用产业化。加快建设一批循环利用模式的产业园区，重点抓好国家和省级循环经济试点，加快推进资源型城市经济转型。

4. *加强环境治理和生态建设。*以解决饮用水不安全和空气、土壤污染等损害群众健康的突出环境问题为重点，加大综合治理力度，明显改善环境质量。加强湘江流域综合治理，以重金属污染治理为重点，实行全流域、全方位、多功能综合整治，建设美丽繁荣的湘江生态经济带。切实保护好东江、柘溪、五强溪、江垭等重要水源地，确保洞庭湖及湘资沅澧四大流域的水环境、水生态安全。加强农村环境综合整治，加大农业面源污染防控力度，有效防止城市和工业污染向农村转移。青山绿水是我省巨大优势和巨大财富，要像爱护眼睛一样保护好。加强对林地、湿地、风景名胜区及生态脆弱地区的保护和修复，大力植树造林，巩固提高退耕还林成果和森林覆盖率，提高森林碳汇功能，维护生物多样性，构建生态安全屏障。以绿色、环保、生态为主题，创建一批宜居城市、宜居城镇、宜居乡村。让人民群众喝上干净的水、呼吸上清洁的空气、吃上放心的食物。

5. *健全完善有利于节约能源资源和保护环境的制度和机制。*抓紧制定和完善保护环境、节约能源资源、促进生态经济发展等方面的地方性法规规章。加强资源环境执法，推进资源环境执法体制改革，创新执法方式，依法推动和保障两型社会和生态文明建设。建立生态补偿机制，逐步在饮用水源保护区、自然保护区、重点生态功能区、矿产资源开发和流域水环境保护领域实行生态补偿。完善资源环境有偿使用制度，建立多元环保投融资机制，全面推行主要污染物排污权交易。建立健全两型社会和生态文明建设综合评价体系，完善考评机制。培育文明健康消费方式，开展两型社会创建活动。

加快推进新型城镇化　提高生态文明水平

——摘自在省委经济工作会议上的讲话

省委书记、省人大常委会主任　周　强

（2011年12月28日）

关于明年经济工作的重点任务

1. *着力扩大有效需求，增强自主增长能力。*保持经济平稳较快发展，扩大消费是基础，稳定投资是关键。从湖南的情况看，稳增长首先必须抓关键、稳投资。明年将进入"十二五"投资高峰期，必须着力抓好项目建设，保持投资稳定较快增长。要全力推进"三个一"行动计划，抓好一批在建续建项目，积极创造条件新开工一批重大项目，抓紧启动大托铺机场搬迁，规划论证洞庭湖生态经济圈建设和保护、衡邵干旱走廊治理等重大后备项目，争取有更多项目进入国家“笼子”。要着力优化投资结构，加大对基础设施、改善民生、“三农”、水利、节能环保、自主创新、战略性新兴产业等领域的投资，提高投资质量和效益。要进一步激活社会投资，认真落实鼓励和引导民间投资的各项政策，支持民间投资进入铁路、市政、能源、社会事业等领域。要进一步推动银政银企合作，积极争取银行信贷支持，扩大信贷总量，调整信贷结构，确保信贷平稳增长。要大力推动资本市场发展，支持企业境内外上市和上市公司再融资，支持私募股权投资基金规范发展，加快社保基金、保险资金入湘步伐。要优化金融发展环境，规范民间融资行为，有效防范金融风险。

消费是拉动经济增长最稳定最持久的动力。要合理增加城乡居民特别是低收入群众收入，提高中等收入者比重，努力提高居民消费能力。要完善促进消费的政策，加强城乡市场流通体系建设，改善城乡消费环境，让群众方便消费、放心消费、安全消费。要稳定推进汽车、商品房、家电消费，大力推动文化、旅游消费，积极促进健身、养老、家政等服务消费，培育新的消费热点。要创新消费产品和消费服务，创造新的消费需求，发展新的消费业态。

2. 调整优化产业结构，构建现代产业体系。坚持把推进产业结构调整作为加快经济发展方式转变的重要途径，深入实施重点产业调整振兴计划，着力构建特色鲜明、竞争力强的现代产业体系。要加快推进新型工业化，深入实施“四千工程”，培育发展战略性新兴产业，改造提升传统产业，发展壮大特色优势产业，构建多点支撑的产业发展新格局。要着力扶持企业发展，落实结构性减税政策，突出做大做强一批过千亿、过百亿的骨干企业，支持中、小、微型企业蓬勃发展，形成千帆竞发、百舸争流的生动局面。要加强产业园区建设，提升园区产业层次，增强园区综合配套服务功能，促进产业集群发展。要加快创新型湖南建设，加大科技投入，整合科技资源，加快实施重大科技专项，推进协同创新和科技资源开放共享，促进产学研结合，提高科技成果转化率，着力在增强自主创新能力方面取得新突破。要坚持生产性服务业与生活性服务业并重、现代服务业与传统服务业并举，促进服务业发展提速、比重提高、水平提升。大力推动信息化与工业化深度融合，加强“两化融合”、“三网融合”、长沙超算中心、智慧城市、智能交通等项目建设，扩大农村信息化试点，加快发展信息产业，加快数字湖南建设步伐。

3. 加强“三农”工作，推进农业现代化。“三农”工作事关经济社会发展全局。要进一步巩固农业基础地位，全面落实强农惠农富农政策，健全农村发展体制机制，促进农业增产、农民增收、农村发展。要着力增加农产品供给，毫不放松地抓好粮食生产，切实保护农民种粮积极性，实施国家新增千亿斤粮食产能工程，抓好蔬菜、生猪等主要农产品生产，加快推进新一轮“菜篮子”工程建设。要大力加强农业现代园区建设，抓紧实施农产品加工振兴计划，着力抓好一批标准化农业生产基地，培植一批农业龙头企业和知名品牌。要坚持科教兴农战略，加强农业重大技术创新，大力推进以良种繁育为重点的农业生物工程和农产品精深加工重大技术攻关，健全基层农技推广服务体系。要抢抓国家大兴水利和我省水利改革试点机遇，加快启动建设一批重大水利工程，新建一批高标准农田，加强防汛抗旱重点工程建设，严格落实耕地保护制度，提高农业综合生产能力和防灾减灾水平。要深入推进社会主义新农村建设，着力加强农村基础设施建设和公共服务，抓好饮水安全、道路建设、电网改造、环境整治和农村危旧房改造，改善农民生产生活条件。认真落实中央新10年扶贫开发纲要，以武陵山片区和罗霄山片区为重点，以湘西自治州为主战场，切实加大扶贫开发力度，不断提高“两不愁、三保障”水平。

4. 扎实推进“两型社会”建设，提高生态文明水平。要全面推进长株潭城市群“两型社会”综合配套改革试验区第二阶段改革建设各项工作，加快实施基础设施建设、“两型”产业振兴、节能减排全覆盖、湘江流域综合治理、示范区建设、城乡统筹示范、综合交通运输一体化、“三网融合”和数字湖南建设等八大工程，深入推进资源节约、环境保护、土地管理、投融资、行政管理等重点领域和关键环节的改革，力争取得新的重大突破。要认真总结和推广长株潭试验区的实践经验，带动和促进全省“两型社会”建设。要强力推进节能减排工作，严格目标责任和管理，完善节能减排工作机制，完善评价考核机制和奖惩制度，强化节能减排政策引导，加强重点领域节能减排和生态保护。巩固洞庭湖污染治理成果，加强湘江流域重金属污染治理、重点流域水污染治理和农业面源污染治理，加强城镇污水垃圾处理设施建设和运营管理，开展农村环境综合治理。深入开展万家企业节能低碳行动，大力发展绿色节能建筑，积极开展循环经济示范行动，加强“城市矿产”示范基地、餐厨废弃物利用试点和再制造示范基地建设，全面推行清洁生产。加快发展节能环保产业，促进绿色低碳发展。探索建立生态补偿机制和生态环境共建共享机制，加强生态建设和环境保护，积极创建全国生态省。

5. 加快推进新型城镇化，促进城乡区域协调发展。城镇化是扩大投资、促进消费的重要渠道，是新时期经济增长的重要发动机。要坚持走新型城镇化道路，继续做大做强长株潭城市群和区域中心城市，大力支持县城和中心镇发展，促进不同规模和类型城镇科学布局、合理分工、功能互补、集约发展。完善城镇基础设施体系，加强和改进城市管理，提高公共服务水平，提高城镇综合承载能力。放宽中小城市落户条件，促进农村劳动力就近转移，着力解决好农民工特别是新生代农民工融入城镇的问题。

要统筹推进区域协调发展。抓住我省三大区域全部纳入国家区域发展战略的机遇，以主体功能区规划和区域政策为杠杆，推动区域经济协调互动发展。环长株潭城市群要在转型发展、创新发展上下功夫，加快产业升级和体制创新，优先发展现代服务业、先进制造业、高新技术产业，努力提高经济发展质量，增强在全省经济发展中的支撑作用和对其他地区的辐射带动作用。湘南地区要加快开放开发步伐，大力推进国家承接产业转移示范区建设，加强综合交通体系和社会化服务体系建设，加强与粤港澳、北部湾经济区和东盟对接合作，努力成为全省新的经济增长极。湘西地区要抓住武陵山片区区域发展与扶贫攻坚试点的机遇，深入实施新一轮扶贫开发，着力在加强基础设施建设、培育特色优势产业、加强生态建设和环境保护等方面下功夫，不断缩小与全省平均水平的差距。加大对革命老区、民族地区、库区水淹区、边远山区、林区、少数民族地区高寒山区的扶持力度。抓紧研究洞庭湖生态经济圈发展规划，支持岳阳城陵矶临港新区加快发展。

要加快县域经济发展。继续推进扩权强县改革，完善财政省直管县体制。统筹推进县域城乡规划、产业布局、基础设施建设、生态环境保护和公共服务一体化，构建县域经济发展新格局。大力发展县域特色产业，培育发展一批特色鲜明的经济强县。

6. *着力深化改革，不断扩大开放*。要深入推进重点领域和关键环节各项改革，加快构建有利于科学发展的体制机制。深化财税体制改革，完善县级基本财力保障机制，推进营业税改征增值税、房产税、消费税、资源税和环境保护税改革。深化投融资体制改革，深入推进农村信用社改革，积极培育面向小型微型企业和“三农”的金融机构，完善促进民间投资体制。继续调整和完善所有制结构，突出推进国资监管体制改革和国企改革，鼓励非公有制经济加快发展。深化农村改革，抓好集体林权制度配套改革，促进农村土地自愿、有序、合理流转，鼓励发展农民专业合作社，健全农村社会化服务体系。深化文化体制、行政管理体制、价格体制和收入分配体制改革。

要大力推进开放崛起战略，提升开放型经济水平。推进外贸扩总量、转方式，巩固骨干企业、传统市场和优势品牌，深度开掘新兴市场，培育新的外贸增长点，保持外贸稳定增长。大力推进招商引资和承接产业转移，全面深化区域经济合作和与央企对接合作，创新招商模式，着力引进战略投资者，提高招商质量和效益。鼓励和引导优势行业和企业“走出去”开展境外并购、投资合作、工程承包、劳务合作、设立工业园区，拓展国际市场，带动工程机械、装备制造出口。

7. *切实保障和改善民生，提高人民生活水平*。要坚持富民优先，深入实施《湖南省保障和改善民生实施纲要》，加快推进重点民生工程建设，继续开展为民办实事。实施更加积极的就业政策，扶持就业容量大的现代服务业和小型微型企业发展，加强对高校毕业生、农村进城务工人员、城镇就业困难群体和退役人员的就业指导、培训和扶助，深入推进创业带动就业和创业型城市创建工作。完善各类社会保障体系，实现新型农村合作医疗保险和城镇居民养老保险全覆盖，进一步提高城乡低保、五保供养、困难群体救助水平，保障低收入居民生活。推动义务教育均衡发展，加快发展城乡学前教育，部署实施农村义务教育学生营养改善计划，加强校车安全管理等工作。继续推进医药卫生体制改革，加快县级公立医院综合改革试点步伐，不断完善公共卫生服务功能。实施文化惠民工程，深化公益性文化事业单位改革，推动文化资源向基层、农村倾斜。扎实推进保障性住房建设，鼓励支持中小户型、中低价位的普通商品住房建设，促进房地产市场健康发展。坚持综合施策，完善价格监管，保持物价总水平基本稳定，认真落实最低生活保障、失业保险标准与物价上涨挂钩联动机制。

8. *加强和创新社会管理，维护社会和谐稳定*。要认真落实中央关于加强和创新社会管理的各项决策部署，深入推进省委、省政府《关于加强和创新社会管理的意见》的实施，健全党委领导、政府负责、社会协同、公众参与的社会管理格局。加强社会矛盾隐患排查和风险评估，畅通信访渠道，妥善解决群众合法合理诉求，坚决纠正损害群众利益行为，从源头上预防和减少社会矛盾。要严格落实安全生产责任制，切实抓好矿山、交通、消防、建筑施工、食品药品、烟花爆竹、化工等重点领域和学校、商场、车站码头、娱乐休闲等场所安全监督，全面排查和消除安全隐患，有效防范和坚决遏制重特大事故发生。加快建立社会信用体系，建立健全守信激励、失信惩戒制度。加强社会治安防控体系建设，严厉打击各类违法犯罪活动，不断提高人民群众的安全感幸福感。扎实做好新形势下的群众工作，创新群众工作方式方法，提高群众工作针对性和实效性。

抢抓时机转方式调结构

——摘自在省委经济工作会议上的讲话

省委副书记、省长　徐守盛

(2011年12月28日)

握紧拳头保发展重点，抢抓时机转方式调结构

收拢五指，形成拳头，引导生产要素向创新聚集，不断增强发展的协调性和可持续性。

(一) 要促进工业转型创新发展。第一，改造提升“两符三有”传统产业。机械装备，重在核心部件的自主研发和零部件配套；钢铁有色，重在高性能产品开发，推进清洁生产和资源高效利用；石化，重在配套延伸和改造升级，加快发展精细化工、煤化工、新能源化工和化工材料装备；食品，重在创品牌、上规模，提高龙头企业带动能力；轻工，重在调整产业、企业、产品结构，支持优势企业创品牌、拓市场。第二，加快培育战略性新兴产业。在技术上，要立足自主创新，抢占产业链高端环节。在布局上，要有选择、有重点、有步骤、有目的地培育一批适应市场需要、拥有核心技术、机制灵活的优势企业。第三，增强自主创新能力。把创新贯穿到技术、制度、管理和工作方法等各个层面。主要是在整合创新资源、增强企业创新主体地位、强化创新的市场导向等方面着力，开发一批满足产业转型升级需要、适应市场需求的新产品、新工艺、新技术。当前，要把投资与创新结合起来，突出抓好产学研用相结合的协同创新，形成集成、协同创新优势。第四，发展壮大县域工业。坚持特色发展，集中力量发展具有比较优势的主导产业；坚持配套发展，围绕支柱产业和大型企业，向上下游拓展配套；坚持集聚发展，引导企业向工业园区集中，坚决防止“村村点火、镇镇设园”。

（二）要提高农业现代化水平。主要抓好三个方面：第一，稳定粮食等主要农产品生产。力争粮食总产稳定在600亿斤以上；扶持蔬菜、生猪生产，建设城镇专用菜地和蔬菜产业化基地，提高标准化、规模化种养水平。第二，发展富民农业。农业并非弱势产业，只要有规模、有品牌，坚持走产业化的路子，采取“农户＋基地＋龙头企业＋市场经营运作”的模式，做到利益共享、风险共担，就会增效增收。第三，做好新农村建设和农民工进城两篇大文章。完善城乡统一的建设规划，加强农村山、水、林、田、路的整治，推进生态环境和社会管理的城乡同治。有条件的地方，要探索改革户籍管理制度，为进城农民工解决劳动报酬、子女就学、公共服务、住房租购、社会保障等方面的实际问题。

（三）要加快两型社会建设。正确处理好经济发展、结构调整和节能减排的关系，确保老百姓喝上干净水，呼吸上新鲜空气，吃上安全食品。第一，加快推进长株潭试验区第二阶段改革建设。主要以两型示范区为抓手、“八大工程”为载体、两型产业为支撑、体制机制创新为重点，率先探索建设两型社会的指标体系，特别要落实节能、节水、环保产品消费政策，从每个人、每个企业、每个机关做起，形成全社会投身两型建设的良好氛围。第二，坚决完成节能减排任务。当前，我省节能减排形势严峻，四项主要污染物减排完成量均低于全国平均水平，其中氮氧化物排放不降反升。明年的节能减排工作，要坚决实现还清旧账、不欠新账的目标，对没有完成任务的地区，实行区域限批。第三，加强生态环境保护治理。加大治山、治水、治污力度。治山，要健全生态补偿机制，推进封山育林、植树造林、退耕还林，建设水源涵养林和沿江生态林，推进石漠化治理。治水，要实施最严格的水资源管理制度，加强饮用水源保护区整治，扎实开展河道采砂、水上餐饮专项整治。治污，要加快污水收集管网建设、重点行业的污染深度治理和工艺技术改造，推进农村面源污染、农村污水垃圾、畜禽养殖污染整治。同时，抓好地质灾害防治和矿山生态环境恢复治理。

（四）要统筹区域协调发展。从总体上谋划环长株潭、湘南、大湘西地区协调发展，促进区域发展总体战略与主体功能区建设相结合。长株潭地区要突出新型工业化和新型城镇化，加快人口和产业聚集，进一步增强核心增长极作用。洞庭湖生态经济圈要加快出台具体的措施和办法。湘南地区要突出开放开发，加快开放型经济发展，重点发展加工贸易、资源精深加工和现代农业。大湘西地区要突出生态保护，走绿色发展、可持续发展路子。

（五）要全面启动新一轮扶贫开发。落实国家新十年扶贫开发纲要，继续将湘西自治州作为全省扶贫攻坚主战场，积极开展武陵山片区区域发展与扶贫攻坚试点，协调推进罗霄山区扶贫开发。坚持开发式扶贫与农村社会保障两手抓，促进扶贫开发与农村低保有效衔接，稳定实现扶贫对象不愁吃、不愁穿。促进扶贫开发与新农村建设相结合，推动水、电、沼气、路、房和环境治理“六到户”。实施精细化扶贫，把扶贫政策和资金落实到具体项目、落实到每一家农户，促进专项扶贫与行业扶贫、社会扶贫相结合，形成扶贫攻坚的强大合力。

重要言论

【周强在湘潭考察调研时强调：抢抓机遇　乘势而上】　春节长假过后的第一个工作日，省委书记、省人大常委会主任周强赶赴湘潭，深入园区、企业、工地，考察调研重点项目建设情况，看望慰问奋战在一线的干部职工。周强强调，全省各级各部门要以只争朝夕、时不我待的紧迫感，抢抓机遇、乘势而上，狠抓项目建设，加快转方式调结构，全面推进“四化两型”建设，加快建设“四个湖南”，实现经济社会又好又快发展，为“十二五”开好局、起好步。

湘潭九华示范区内的中国兴业太阳能（湖南）产业园，拥有国家级光伏建筑一体化生产基地、太阳能电池及组建基地、光伏光热联产组建基地等新能源重点项目，预计2011年6月投产，2015年园区将实现产值50亿元。周强来到这里详细了解园区建设进度、技术研发、市场拓展等情况。当得知该园区已被授予全国“太阳能光伏发电集中运用示范区”后，周强十分高兴，要求园区负责人以“光伏建筑一体化”等项目建设为载体，做大做强园内龙头企业，进一步完善产业链，充分发挥集群效应和示范效应，不断增强竞争力，抢占新能源产业未来发展制高点。

周强随后来到江麓重工科技九华研产基地、湖南恒润高科有限公司。这两家企业都从事工程机械研制、生产，但各具特色，江麓重工已形成塔吊、压路机、施工升降机等三大系列工程机械产品，恒润高科主要生产高速公路路面综合养护车、道路清扫车等产品。通过走差异化发展的路子，两家企业在市场上赢得了广泛认可。周强来到生产车间，与企业负责人、技术人员深入交流。“我们基地预计5年内将实现产值过5亿元，相当于再造一个新江麓”、“恒润商标获得了全国驰名商标，目前公司正在进行股改，争取在2011年年底实现上市”……大家争先恐后地把一个个好消息告诉省委书记。当了解到企业订单增加，用工增加，产品供不应求时，周强说，订单和用工情况是企业发展的晴雨表，说明企业面临着难得的发展机遇，工程机械产业是湖南的支柱产业，未来的发展潜力巨大，要以项目建设促推传统产业转型升级，加快经济结构调整，进一步提升我省优势产业的竞争力。要着力搞活机制，不断增强自主创新能力，集中优势力量实施重大攻关项目，进一步丰富和完善产品类型，同时，要充分发挥资本市场作用，促进金融资本与创新要素有效对接。

2010年正式开工的长株潭城际铁路正在如火如荼的建设之中，周强来到湘潭段工地，看望在春节期间一直坚守工地的建设工人们。重庆籍工人老陈与十多个老乡正在挖掘机旁紧张施工，他们放弃了春节回家与亲人团聚的机会，从大年三十一直忙碌到现在。周强握着老陈的手动情地说："你们为建设湖南作出了贡献，你们辛苦了，湖南人民不会忘记你们。今天特地来看望大家，也给你们老家的亲人们捎去诚挚的祝福！"他嘱咐工地负责人，要切实关心工人们的生活，为他们创造更好的工作、生活条件；要严格按照施工进度抓紧抓好工程建设，保质保量完成各项任务。

周强听取了湘潭市、九华示范区的工作情况汇报。他指出，过去的一年和"十一五"时期，湘潭市按照省委、省政府的决策部署，求真务实，开拓进取，奋发拼搏，实现了发展速度、质量和效益的有机统一，全市综合实力迈上新台阶，城乡面貌发生巨大变化，发展环境不断优化，城市吸引力不断增强，党的建设进一步加强，为全省经济社会实现又好又快发展作出了贡献。周强强调，2011年是"十二五"开局之年，全省各级各部门要深入贯彻中央精神，按照省委九届十次全会、省委经济工作会议和省"两会"的部署，以只争朝夕、时不我待的紧迫感，抢抓机遇、乘势而上，狠抓项目建设，加快转方式调结构，全面推进"四化两型"建设，加快建设"四个湖南"，实现经济社会又好又快发展。要以项目建设推动"四化两型"建设、推动转方式调结构，把"四化两型"建设、转方式调结构落实在具体项目上。要以项目建设带动城乡居民收入的增加，吸引更多人流、物流、资金流，集聚更多优势资源，大力推动各项社会事业发展。要切实加强对项目建设的领导，把经济工作落实在一个个项目上。要千方百计为项目建设创造良好环境，切实解决项目建设中遇到的实际困难和问题，加大资金、用地、能源资源、人才等方面的保障力度，确保一个一个项目抓落实。要通过深化改革开放推进项目建设，充分发挥长株潭城市群"两型社会"建设先行先试的政策优势，进一步下放审批权限，精简审批事项，转变政府职能，大力发展电子政务，提高办事效率，不断完善有利于转型发展的体制机制；进一步扩大开放，引进更多战略投资者，大力承接沿海和国际产业转移，保持当前良好的发展势头。要深化创先争优活动推进项目建设，把深入开展创先争优活动与项目建设紧密结合起来，充分发挥基层党组织的战斗堡垒作用和广大党员的先锋模范作用，为项目建设的顺利推进提供坚强保障。

【李微微在全省统战部长会议上要求："同心同行"助推"四化两型"】 2011年2月15日，全省统战部长会议在长沙召开。省委常委、省委统战部部长李微微出席会议并强调，要紧扣"四化两型"建设，深入开展"与党同心"、"与'十二五'同行"的"同心同行"主题活动，扎实推进三大行动，更好地发挥统战优势助推"四化两型"、富民强省。

李微微指出，全省统战工作要扎实开展增进政治共识行动，抓住中国共产党成立90周年、辛亥革命100周年重大契机，加强统一战线思想教育和政治引导，激发统一战线成员爱党爱国、建功立业。要扎实开展助推科学发展行动，着眼"十二五"时期开好局、起好步，充分调动各种资源，进一步深化和拓展统一战线服务湖南科学发展"五大平台"，助推"四化两型"建设、助推对外开放、助推和谐社会建设，促进我省经济社会转型发展。要扎实开展强基固本行动，通过强化理论创新、推动联点交友、建设人物数据库、推进信息化建设、健全体制机制，不断增强统战干部队伍的创造力、凝聚力和战斗力，提升统战工作科学化水平。

李微微强调，服务"十二五"开局起步关键在于提升工作科学化水平。要抓准拓展工作品牌的切入点，紧紧围绕主题主线，精心规划品牌战略，优化已有品牌，培育新的品牌，引导、推动广大统一战线成员投身"四化两型"、科学发展主战场。要把握创造工作优势的着力点，彰显特色，勇于跨越，善于集成，形成核心竞争力，发挥独特作用。要抓住提升工作水平的关键点，开拓思路，建强队伍，创新载体，运用监督，推动新发展、大发展。

【周强徐守盛撰文　推进绿色湖南建设】 （2011年3月12日）今年是国际森林年，今天是全国植树节。过去30多年来，全省广大干部群众认真贯彻五届全国人大四次会议《关于开展全民义务植树运动的决议》，自觉履行公民植树义务，积极投身生态建设，努力改善环境，取得了丰硕成果。到2010年底，全省森林覆盖率达到57.01%，森林蓄积量达到4.02亿立方米，城市绿化覆盖率达到36.59%，人均公共绿地面积8.47平方米，三湘大地呈现出绿意盎然、林木葱茏的秀美景象，打造了湖南亮丽的"绿色名片"。当前，我省正处在工业化和城镇化加速发展阶段，面临的资源环境约束日益突出，良好的生态环境对经济社会发展起着越来越重要的作用。让群众喝上干净水、呼吸上新鲜空气、吃上放心食品，是坚持以人为本、执政为民的内在要求，是各级各部门义不容辞的重大责任。全省上下要以务实作风和有力举措，掀起新一轮植树造林热潮，通过大力植树造林，促进"绿色湖南"建设。

大力植树造林、建设"绿色湖南"，是我省加快经济发展方式转变，推进"四化两型"建设的重要内容。省委省政府在深刻总结过去行之有效经验的基础上，根据科学发展观的要求，立足湖南发展的阶段性特征，把握国内外发展趋势，作出了全面推进"四化两型"建设的重大战略决策。提高生态文明水平、建设"绿色湖南"，是"四化两型"建设的重要组成部分。植树造林是建设"绿色湖南"的重要途径，是建设森林、湿地、流域、城市等生态系统和维护生物多样性的基本手段，能提高资源环境承载力，有效维护国土生态安全、能源安全、物种安全、淡水安全，改善当代人的生存发展条件，为后代留下生存发展空间；能促进形成节约能源资源的产业结构、增长方式和消费模式，实现生态、经济、社会效益的统一；能体现人类对自然的尊重和关爱，强化人们的绿色意识和生态环境保护意识。植树造林是一个与自然协同的过程，历时长久，任务艰巨。全省尚有近2000多万亩荒山迹地需要造林，2200多万亩石漠化地区需要治理，3000多万亩中幼林需要抚育，3600多万亩低产低效林需要改造，城镇绿化相对于全国平均水平存在差距，城乡人居环境有待进一步改善，生态建设的成效主要体现在远离城市的山区林区，难以满足城乡居民日益增长的生态需求。我们必须站在推进科学发展富民强省的高度，顺应全省人民过上更好生活的新期待，高度重视和大力开展植树造林，加快发展林业生产，推进城乡绿化，努力建设人民群众幸福生活的美好家园。

大力植树造林、建设“绿色湖南”，是一项涉及全社会各部门各单位和每个公民的公益事业，需要广大干部群众积极参与。自开展全民义务植树运动以来，党和国家领导人每年带头履行法定义务。胡锦涛总书记在去年参加首都义务植树时强调指出：“开展全民义务植树活动，对于改善环境质量、建设生态文明、应对气候变化、推动科学发展，都具有重要意义。我们要持之以恒地把这项活动开展下去，动员全社会为建设祖国秀美山川作出不懈努力，为广大人民群众创造一个优美宜居的生活环境。”保护和建设生态环境人人有责，每一个适龄公民都有植树造林的义务。我们要按照中央的决策部署和要求，做到全省动员，全民动手，全社会办林业，全民搞绿化，把方方面面的力量动员起来，形成多主体、多层次、多形式的造林绿化格局。

大力植树造林、建设“绿色湖南”，必须切实加大工作力度。全省各级党委政府要认真落实领导干部任期造林绿化、森林保护目标责任制和部门绿化分工负责制。各级绿化委员会要按照“湘林杯”林业建设目标管理考核的要求和义务植树属地管理原则，建立健全义务植树登记考核制度和激励机制。各级绿化部门要根据当地实际科学制定统筹推进城乡绿化的规划，突出特色，整体推进，着力构建起以森林、绿地和湿地为重点的城乡一体化绿色生态系统。继续实施好退耕还林、防护林、生态公益林和城边、路边、水边绿化等生态建设工程，形成以项目开发为主导的工作格局。以公园、街道两侧、办公场所和住宅小区空地为重点，搞好城镇社区的绿化，探索立体绿化和屋顶绿化。以农村庭院、河塘沟渠和公共区域绿化为重点，搞好村庄绿化。以城乡居民交通要道为重点，搞好各类道路绿化。坚持科学造林，抓好绿化种苗质量，推广先进科技成果和实用技术，搞好森林经营，提高造林绿化的质量和效益。加大城乡绿化成果保护力度，强化全民义务植树的法制意识，严格执行《森林法》、《环境保护法》等法律法规，坚决制止乱砍滥伐、毁林开垦、乱占绿地等行为，巩固生态建设成果。

大力植树造林、建设“绿色湖南”，是一项功在当代利在千秋的长期任务，是我们艰巨而光荣的历史使命。全省广大干部群众要用心植绿，精心护绿，用实际行动推动我省生态文明建设，为2011国际森林年作出应有贡献。

【胡彪要求：宣传“两型”理念　共建“两型社会”】

2011年3月25日，省政协主席胡彪来到长沙橘子洲，考察了长株潭“两型社会”展览馆。他要求，充分发挥展览馆的作用，宣传好“两型社会”建设的战略决策和理念，展示好湖南省“两型社会”建设的成绩和经验，在全社会形成共建“两型社会”的合力。

长株潭“两型社会”展览馆是全国第一个以“两型社会”建设为主题的专题馆，4天前正式开馆。展览馆布展情况如何？怎样进一步在全社会传播和树立“两型”理念？牵挂着胡彪的心。在省长株潭两型办主要负责人陪同下，胡彪先后来到“国家战略”、“顶层设计”、“阶段成果”、“未来展望”等展区，参观了相关的文字、图片、影音、实物和模型，详细了解国务院设立长株潭“两型社会”试验区的战略决策、湖南进行的探索和取得的成果，畅想未来“两型社会”建设的美好愿景。昭山示范区的规划图前，胡彪说，昭山是长株潭城市群的“绿心”，要坚持局部服从全局，当前服从长远，做到低密度、高品位、保护性开发。在节能减排在线管理运营平台前，胡彪驻足良久。他叮嘱有关负责人，把加强节能减排工作、发展循环经济作为一项事关全局的综合性系统工程来抓，坚持从我做起、从身边做起、从小事做起，尤其要注重从源头上控制能源消耗和环境污染。

胡彪一行还亲身感受了展览馆内的融入触摸屏、LED、发光地图、电子翻书、虚拟驾驶、3D弧幕影院等现代技术。

胡彪指出，在省委、省政府高度重视下，省长株潭两型办用了3个月时间筹划建成“两型社会”展览馆，展馆内容丰富、全面，办得很好，应给予充分肯定。下一步要加大宣传力度，让更多的干部群众都来观看展览、接受教育，进一步宣传“两型”理念，展示“两型”成果，激发大家参与“两型”社会建设的热情。

【陈润儿对长沙市加快城乡一体化发展步伐提出要求】

“十二五”开局之年，城乡一体化迈进了一个新的实施阶段。2011年5月7日，省委常委、市委书记陈润儿主持召开长沙市推进城乡一体化发展工作会议。他强调，要运用试点经验、实现重点突破，切实加快城乡一体化发展步伐。

2009年，长沙市委全会通过的城乡一体化发展纲要，启动了试点阶段重点抓镇村示范，确立了长永片区、金洲片区、莲花片区、京珠片区4个示范片区，布局了10个示范镇、100个示范村。5月5日—6日，陈润儿与张剑飞分别率考察组对长沙市16个示范镇村现场观摩。

陈润儿说，城乡一体化已经成为转变经济发展方式的一大抓手和强大动力。思路决定出路，实干才有实效。城乡一体化发展能够有今天这样一个局面，这样一份成就，凝聚了长沙市上下的智慧和力量，饱含了基层同志的辛劳和汗水。特别是示范镇村积极探索、努力争先，从战略全局出发，从操作层面突破，取得了成效，积累了经验，发挥了以镇带村、以点带面的示范作用。

就如何切实加快城乡一体化发展步伐，陈润儿提出，要用城乡一体化发展的战略来统揽农村工作全局，要坚持把加快城乡一体化发展作为谋划农村工作的根本要求，真正做到谋划的视野更开阔、推进的措施更有力、领导的协调更到位。

陈润儿说，要按城乡一体化发展的目标来提高农村发展水平推进城乡一体化。发展是解决农村问题的治本之策，也是提高农村发展水平的根本出路。“十二五”期间，长沙要把推进城乡一体化发展与转变经济发展方式有机地统一起来，在更高层次谋划、更广领域推进，推进城市和农村统筹协调发展。一是要抓好城乡发展规划。规划先进，引领的是前进的步伐；规划落后，导致的是最大的浪费。要按照推进城乡一体化发展纲要的要求，精心组织，科学谋划，尽快制定城乡一体发展的总体规划，真正把经济社会发展规划、土地利用规划和城市总体规划“三规”统一起来。二是要创新土地管理制度。不解决土地问题，农村的发展、城乡一体化的实现，就没有途径和动力。既要在宅基地的整理上做文章，解决好投入的问题；又要在责任地的流转上做文章，解决好效益的问题；还要在生产地的调整上做文章，解决好优势的问题。三是要加快农村城镇建设。城乡一体化重点在农村，动力在城镇，城镇既是一个节点，也是一个平台，还是一个网络。推进城乡一体化发展，必须加快城镇建设。城市功能的辐射要以城镇为载体，产业人口的集聚要以城镇为平台，公共服务的保障要以城镇为网络。四是要提供公共服务保障。按照促进生产要素向农村流动、社会保障向农村覆盖、公共服务向农村延伸、现代文明向农村辐射的要求，认真、切实提供公共服务。

陈润儿提出，要以城乡一体化发展的要求来推进农村设施建设。要着眼城乡一体化发展对基础设施的新要求，强化薄弱环节，着力优化结构，突出加强农村基础设施这个短板，把基础设施建设和社会事业发展的重点放到农村，全面提升市域基础设施的网络化、现代化水平，以城市基础设施向农村延伸来推动经济要素向农村流动、公共服务向农村覆盖、现代文明向农村辐射。一是要突出农村设施建设重点。农村基础设施建设是一项系统工程，要牢牢抓住农村设施建设中的薄弱环节，加快城乡对接延伸，深入实施以农村公路通达、电网改造、安全用水、环境整治、教舍修缮为重点的“五大工程”建设，实现城市设施与农村设施并重发展、生产设施与生活设施同步建设。二是要统筹农村设施建设项目。要把农村设施项目建设与城乡一体化发展结合起来，与改观农村整体面貌结合起来，与增强农村发展后劲结合起来，与提高农民群众生活水平结合起来，加快建设和启动一批农村设施建设重点工程。三是要加大农村设施建设投入。要毫不动摇地坚持工业反哺农业、城市支持农村和多予少取放活的方针，坚决落实中央“三个重点、三个确保”的要求，不断加大对农村基础设施建设的投入。

【陈肇雄要求：立足新起点　务实推进“两型社会”建设】　2011年5月9日，省委常委、长株潭试验区工委书记陈肇雄赴两型办，调研长株潭“两型社会”试验区建设工作。他要求科学把握发展规律，主动适应形势变化，努力创新工作方式，在新的起点上务实推进“两型社会”建设。

长株潭“两型社会”试验区获批3年多来，第一阶段的目标任务已全面完成。基本形成了比较科学的规划体系，启动了五大示范区和一批重大基础设施、生态环境治理项目建设，推进了土地管理、生态补偿、产业退出、财税、金融、科教等领域的体制机制创新。长株潭地区还先后被列入全国新型工业化产业示范基地、“两化”融合试验区、综合性高新技术产业基地和三网融合试点地区等，为加快“两型社会”建设打下了良好的基础。

陈肇雄参观了位于橘子洲的长株潭“两型社会”展览馆，听取了长株潭两型办的情况汇报。他充分肯定长株潭两型办成立以来所做的工作。他说，“两型社会”建设是实现湖南可持续发展的必然要求，培育湖南省综合竞争优势、破解发展瓶颈、切实改善民生，都要求我们加快“两型社会”建设。当前，加快湖南省“两型社会”建设正面临难得的发展机遇，近年来经济社会的持续快速发展为“两型社会”建设提供了有力支撑，后金融危机时期全球性经济结构的加速调整，为“两型社会”建设创造了良好的外部环境，长株潭试验区获批3年多的成功探索为“两型社会”建设打下了坚实的工作基础。陈肇雄指出，加快“两型社会”建设要以综合配套改革为突破口，务实推进“两型社会”建设。把加快建设“两型社会”与转方式调结构、促进城乡区域协调发展、建设创新型湖南、优化社会管理、转变发展理念结合起来。

陈肇雄要求两型办主动适应工作内容和工作方式的转变，继续发挥好“两型社会”建设推动者、实践者的作用，进一步创新工作思路、明确工作重点、落实工作措施、强化工作合力，为务实推进“两型社会”建设做出新的更大的贡献。

【胡彪赴株洲郴州督办重点提案时强调：提高提案办理实效　服务“四化两型”建设】　2011年5月16日至18日，省政协主席胡彪率省直有关部门负责人赴株洲市、郴州市，就省政协十届四次会议的部分重点提案进行督办。胡彪强调，按照“三心一建设”的工作思路，新时期提案工作要坚持围绕中心、服务大局、提高质量、讲求实效的方针，创新提案办理方式，努力提高办理实效，使提案工作紧紧围绕湖南省“四化两型”建设大局，更加贴近党委、政府中心工作，更加贴近基层实际，更加贴近广大群众意愿。

2011年以来，省政协创新提案办理方式，从省政协十届四次会议上收到的提案中选取了13件重点提案，由省政协领导带队赴各相关市州重点督办。

驻株洲市省政协委员提交的《支持湖南华强文化科技产业基地打造成中南地区旅游目的地》的提案，建议加快华强文化科技产业基地用地指标审批进度、加大资金支持力度等。督办座谈会上，省直有关部门与提案人，就华强项目发展中遇到的有关问题进行了面对面协商，并承诺给予全力支持。胡彪指出，华强项目符合中央和省委、省政府大力发展文化旅游科技产业的精神，对提升湖南文化创意产业水平具有重要意义。希望各相关部门认真办好提案，把华强项目作为全省重点文化旅游产业项目来打造，不断增强经济辐射力和文化影响力。

东江湖流域是湖南不可替代的战略性水资源地和重要生态屏障。驻郴州市省政协委员的提案建议，建立东江湖流域生态保护补偿机制，化解开发与保护的矛盾。督办座谈会上，省直相关单位负责人就提案办理情况作了汇报，并就具体问题作出了答复、说明。胡彪指出，东江湖生态保护对于湖南“两型社会”建设具有重要意义，要把保护好东江湖水资源摆在第一位，不管难度有多大、任务有多重，都不能松懈。省直各个部门要认真研究提案中所提出的问题，要在各自职能范围内，尽量给予支持和倾斜。

督办中，胡彪对株洲、郴州两市经济社会加快发展、社会管理不断创新、城市面貌日新月异、人民生活不断改善给予充分肯定，对各相关单位的提案办理工作给予肯定。他指出，提案是履行政协政治协商、民主监督、参政议政职能的重要形式，是人民政协一项具有全局意义的工作，要从党和国家事业发展全局的高度，从党和政府形象和威望的高度，充分认识做好提案办理工作的重要意义。认真办好委员提案，真正办出实效，为促进湖南的经济社会发展作出新的贡献。

胡彪还考察了株洲的云田社区新农村建设示范基地、北汽株洲基地、神农城和郴州的裕后街改造项目、五岭广场等。

【陈肇雄要求务实推进长株潭“两型社会”建设】 2011年5月19日，省委常委、长株潭试验区工委书记陈肇雄在长沙主持召开长株潭“两型社会”试验区建设工作座谈会，要求务实推进长株潭“两型社会”建设。长株潭3市主要负责同志及省直有关部门负责人参加会议。

会议传达学习了中央领导同志近期在湖南考察时关于湖南“两型社会”建设的重要讲话精神，研究如何适应形势发展变化，在新的起点上务实推进长株潭“两型社会”试验区建设工作，并就长株潭“两型社会”建设综合配套改革试验区组织协调机构的组建等相关问题听取各方意见。与会人员踊跃发言，积极献策。

陈肇雄指出，习近平、贺国强和李源潮等领导同志近期来湘调研考察期间，对湖南“两型社会”建设工作给予了充分肯定，省委常委会组织了专题学习研讨。中央领导同志在讲话中对长株潭“两型社会”试验区建设的下一步工作提出了明确的指导意见、寄予了殷切期望，坚定了我们搞好长株潭“两型社会”试验区建设的信心，希望大家在下一步的工作中认真学习、深刻领会。

陈肇雄在讲话中充分肯定了长株潭“两型社会”建设第一阶段工作取得的重大成绩。要求长株潭3市和省直各有关部门把思想和行动统一到省委的决策部署上来，适应新的形势变化，全面贯彻落实党中央、国务院相关会议和文件精神，努力加快发展方式转变。把国家批准的“两型社会”试验区“先行先试”的政策用好、用足，广泛学习吸收国内其他试验区的经验和做法，创新工作思路，转变工作方式，搞好省部之间、省市之间、厅局之间、厅局与市州之间和市州之间相关规划、政策、项目与资金的对接，形成推进“两型社会”建设的强大工作合力，把“两型社会”建设的要求融入到经济社会各项工作中去，为务实推进下一阶段“两型社会”建设工作，实现湖南科学跨越发展作出新的贡献。

【梅克保强调：深入推进银企合作　加快培育发展战略性新兴产业】 2011年6月2日，湖南省战略性新兴产业发展银企合作洽谈会在长沙举行。会上，22家金融机构与有关企业现场签订了50个项目贷款合同和合作协议，承贷资金485亿元。省委副书记梅克保在会上强调，“兵马动，粮草要先行”。只有积极搭建平台，深入推进银企对接，实现新兴产业与金融资本的良性互动，才能为战略性新兴产业蓬勃发展注入强劲动力。湖南省经济和信息化委员会党组书记、主任谢超英介绍了全省战略性新兴产业发展规划和重点项目建设情况。

梅克保提出：围绕发展战略性新兴产业加强银企合作，是深入贯彻中央和省委决策部署，加快转方式、调结构和新型工业化发展的一项重要基础工作。全省各级各部门、省内重点企业和金融机构要统一思想，深化认识，扎实做好银企对接工作，促进金融资本与新兴产业的良性互动，为经济社会又好又快发展注入强大动力。

梅克保要求：进一步深化对加强战略性新兴产业银企合作的认识。第一，加强银企合作，是实现经济又好又快发展的重要保障。“十一五”时期，湖南省坚持把新型工业化作为富民强省第一推动力，相继实施了“一化三基”和“四化两型”战略，经济实力大幅提升，经济总量晋级“万亿元俱乐部”，连续三年位居全国第十。这些成绩的取得，既来自于企业作出的直接贡献，也与各类金融机构的支持密不可分。到2010年末，全省金融机构各项贷款余额达11520亿元，全年新增贷款2005亿元，为历史同期次高水平。其中工业贷款余额2877亿元，比年初新增362亿元。通过加强银企合作，一批科技含量高、市场潜力大、带动能力强、综合效益好的企业获得了宝贵的发展资金，由小变大、由弱变强，不仅为加速推进新型工业化积蓄了力量，也为促进金融业的持续健康发展奠定了基础，形成了经济金融互动互促的良性循环。第二，加强银企合作，是发展战略性新兴产业的重要支撑。加快培育发展战略性新兴产业，既是抢占未来科技制高点、把握发展主动权的战略需要，也是转变发展方式、调整经济结构的根本途径。但战略性新兴产业在发展之初，风险高，投入大，特别需要各方面支持尤其是金融支持。到2015年，湖南省要实现7大战略性新兴产业增加值突破5000亿元的目标，需要大批项目予以支撑，需要大量资金予以保障，但光靠企业自筹难以做到。在战略性新兴产业发展需要资金、银行需要好项目的背景下，深入推进银企对接，实现新兴产业与金融资本的良性互动，更显迫切和重要。第三，加强银企合作，是推进金融机构与企业共同发展的重要途径。在市场经济发展中，银行和企业双方是“鱼水相依、共存共荣”的关系。银行机构的发展壮大离不开与企业的密切合作，企业的发展壮大也离不开银行机构的大力支持。两者都必须主动适应经济社会发展的新形势、中央和省委省政府培育发展战略性新兴产业的新导向，在与时俱进、深化合作上下功夫。从宏观调控政策看，各金融机构和各企业只有紧紧围绕这一大方向开展合作，才能实现各取所需、共同发展。从湖南实际看，我们仍处于工业化中期阶段，欠发展是我们最大的省情，加大投入、优化结构、扩大总量仍然是全省今后发展的主题。各地各部门、各企业、各金融机构必须紧紧围绕战略性新兴产业发展和区域经济“扩量增效”，继续做好银企合作这篇大文章。

梅克保强调，要切实提高战略性新兴产业银企合作的实效性。当前，省内外战略性新兴产业发展千帆竞发、不进则退，各地各有关部门和单位必须抢抓机遇、应对挑战，把握关键点，提高执行力，确保银企合作取得实效。第一，不断拓宽参与面。这是提高银企合作实效性的重要前提。从金融机构层面讲，不仅各大商业银行要参与，各类投资担保公司、小额贷款公司、财务公司、创投和风投公司也要积极参与；要各展所长、各尽其力、各得其所，推动形成共同支持战略性新兴产业和企业发展的良性机制。从企业层面讲，不仅要重视大企业，也要关注、支持一批发展潜力大、市场前景好、带动能力强的中小企业。特别是在当前银根日趋紧缩的形势下，加强对中小企业的金融支持显得尤为紧迫和重要。因此，各金融机构支持新兴产业发展，要把主要精力放到培育、引导中小企业的成长壮大上，尽心竭力地为其做好金融服务工作。第二，切实增强针对性。这是提高银企合作实效性的关键环节。加大金融机构对战略性新兴产业的扶持，既需要有总量扩张的概念，也需要有结构优化的意识；不能撒“胡椒面”、“捡到篮里都是菜”，必须择优确定投入的重点方向、重点领域和重点企业。要把目光转向与湖南省7大战略性新兴产业、与全省产业结构优化升级息息相关的科技攻关、技改项目、园区建设和中小企业发展上来，合理配置信贷资源，把有限的资金用在“刀刃”上。特别是2011年要重点抓的202个项目，投资数额大，带动能力强，对持续推动战略性新兴产业取得突破性进展具有重要意义，各级金融机构一定要高度重视和全力支持，加快信贷投放进度，做好相关服务工作，促进项目尽快建成投产。第三，努力提高履约率。这是保障银企合作实效性的根本途径。从以往银企对接活动的情况看，湖南省银企签约实际履约率还比较低。综合分析，大体有四个方面原因：其一，签约银行放贷权责有限，在对企业支持上力不从心，向上争取力度也不够。其二，企业项目还没有做到银行可以放贷的深度，加之缺乏有效担保，银行不敢放贷。其三，部分银行“重授信、轻兑现”，合作项目缺乏确定性和操作性。其四，相关部门对签约授信后的跟踪、指导、考核做得不到位，导致部分项目中途“夭折”。针对以上问题，政府、银行、企业都要从自身入手，认真反思整改，做好具体工作，创造足够条件，千方百计提高履约率。

梅克保强调，要建立健全战略性新兴产业银企合作的长效机制。加强战略性新兴产业银企对接合作是一项长期任务，既不可能一蹴而就，也不可能一劳永逸。政府有关部门、金融机构和广大企业要顾大局、谋长远，坚持互利共赢，加强协同配合，着力构建银企合作长效机制。第一，政府部门要在搭建合作平台和创造良好环境上下功夫。要建立健全由政府相关部门组成的联席会议制度，协调资金融通、金融服务、债权维护等方面的问题，并就深化银企合作有关工作进行研究部署。各成员单位要各司其职，密切协作。各级经信委要切实加大牵头协调力度，做好企业生产经营、资金需求情况的调度汇总。各金融工作办、人民银行、银监局要加强窗口指导，引导银行机构加大对战略性新兴产业重点企业的信贷投入。各级财政部门要负责调配财政间歇资金的使用，在必要时向企业提供“续贷过桥资金”。特别是对签约项目，省经信委、人民银行要加强调度，积极协调解决有关问题。第二，金融机构要在转变经营理念和优化金融服务上下功夫。各金融机构要转变观念、拓宽视野，牢固树立“企业发展我支持，地方发展我受益”的理念，在支持产业重点项目建设、支持地方经济社会发展中寻找商机。各商业银行要彻底转变“皇帝女儿不愁嫁”的计划经济观念和“零风险”信贷意识，建立健全有利于增加信贷投放的工作机制；要不断创新金融服务产品，优化贷款结构，在继续支持大型企业发展的同时，积极开拓客户市场；特别是对有市场、有效益、有信用但暂时经营困难的中小企业，要主动提供帮助，给予差别化、个性化的金融服务。各类投资担保公司、小额贷款公司、财务公司要发挥自身优势，主动为企业申报项目出主意、辟通道，千方百计帮助中小企业缓解融资难问题。第三，广大企业要在提高自身素质和加快项目进度上下功夫。要解决银行“授信难”、企业“贷款难”问题，归根结底必须靠企业自身。作为市场主体，企业要把争取银行信贷资金支持的着力点放在强素质、树形象上，加强内部管理，改善产品结构，增强盈利能力，不断提高企业的资信度、诚信度，增强金融部门投放信贷资金的信心。要认真研究本行业、本企业的发展战略和规划，及时提出符合国家产业政策、成长性好、有市场前景的优质项目，为金融部门向上级银行推荐争取贷款创造条件。同时，在贷款到位后，各企业要狠抓项目建设进度管理，在确保工程质量的前提下尽可能缩短建设时间，从而提高信贷资金的使用效益。

【于来山要求以项目建设大力推进“四化两型”建设】 2011年6月22日，省委常委、常务副省长于来山深入郴州市调研。于来山强调，各级领导干部要牢牢树立以项目建设推动科学发展的理念，通过抓投资、抓项目，大力推进“四化两型”建设。

于来山先后考察了郴州大道（原郴资桂大道）改扩建工程、资兴青岛啤酒（郴州）公司易拉罐生产线、郴州有色金属产业园区（郴州出口加工区）、建设中的郴州国际会展中心等项目。郴州大道改扩建工程是郴州市推进“郴资桂一体化”发展战略的重点工程，全长约60公里，双向八车道。于来山全线察看了该路后，非常高兴，他叮嘱郴州市主要负责人，要全力以赴推进，继续把该路打造为郴资桂“两型社会”示范带建设的标志性工程。在郴州有色金属产业园区台湾工业园，当地负责人介绍说，园区总建筑面积30万平方米，已有台达电子、华磊光电等15家台资企业入驻，于来山表示，省里将全力支持该园区建设发展。

在认真听取郴州市经济社会发展情况汇报后，于来山说，这几年是郴州市发展最好最快的时期，通过抓项目建设，郴州发生了巨变。他指出，湖南的发展归根结底靠投资、靠项目。各级各部门都要认真贯彻落实周强书记年初在湘潭考察重大项目时的讲话精神，牢牢树立以项目建设推动科学发展的理念，通过项目建设推动“四化两型”建设，推动发展方式转变，带动城乡人民生活水平改善，实现社会和谐稳定。他强调，一个领导干部，为官一方、发展经济，最根本、最关键的就是一个“变”字，就是要使这个地方大变、快变，变富、变强、变美。“变”靠什么？靠项目。项目是实施变化的重要抓手，要通过抓项目，抓一个项目成一个项目来体现我们的发展变化。尤其在2011

年银根紧缩的大气候下，我们更要抓住项目建设不放松，更要把我们的精力放在抓项目上，通过大项目建设推动经济社会大发展、大繁荣。

【陈肇雄就加快推进“两型社会”建设进行部署】 2011年7月21日，长株潭试验区工委召开书记扩大会议，研究部署“两型社会”建设重点工作。省委常委、长株潭试验区工委书记陈肇雄主持会议，他要求进一步提高认识，科学把握建设目标，突出建设工作重点，加快推进“两型社会”建设。

“十二五”期间，湖南省“两型社会”建设已进入到纵深推进的关键阶段，长株潭试验区工委作为省委的派出机构，着力加强“两型社会”建设的统筹、组织、协调、服务职能，促进相关建设工作的落实。

陈肇雄指出，“两型社会”建设是科学发展观在湖南的具体实践，是湖南实现科学跨越发展的重要途径，是经济社会可持续发展的客观要求。要进一步提高对“两型社会”建设重要性、规律性的认识，把“两型社会”建设融入到经济社会发展的各个方面，科学把握“两型社会”建设的目标任务，加速构建“两型”产业体系，建设“两型”城市、“两型”村镇，发展“两型”农业，加快生态文明建设，完善“两型社会”建设的体制机制。他强调，要按照“规划项目化，项目工程化”的总体思路，推进重点工程建设，开展典型示范创建，完善支持政策体系，创新体制机制，特别是要加强政策、规划、项目的对接，加大外引内联工作力度，完善激励约束机制，充分调动各方面积极性和创造性，广泛吸纳省内外建设资源，加快推进湖南省“两型社会”建设。

【周强强调加快推进长株潭“两型社会”试验区建设】 2011年8月3日，省委书记、省人大常委会主任周强主持召开省委常委会议，研究部署加快推进长株潭“两型社会”试验区建设有关工作。

长株潭“两型社会”试验区获批3年多来，按照党中央、国务院的要求和省委、省政府的部署，试验区建设取得了重大成就、重大突破，产生了重大影响：高起点、高标准完成了试验区顶层设计，基本形成了规划体系和改革建设的行动路线图；初步形成了高层推动、部省合作、省市互动、部门联动、社会参与的工作推进体系；大力推进改革创新，形成了节约集约用地、农村环保、流域治理、城市群绿心保护等一批在全国颇具影响的模式；基础设施建设和生态环境保护得到加强。

会议指出，建设“两型社会”是湖南认真贯彻落实科学发展观、加快经济发展方式转变的重大举措，在全面推进“四化两型”建设、加快科学发展的进程中，长株潭“两型社会”试验区发挥着重要的示范作用。要认真总结、系统梳理试验区建设中积累的经验，进一步统一思想、提高认识、明确方向，加大力度推进试验区第二阶段各项改革建设任务。当前，既要看到我省发展面临的一系列重大历史机遇，又要清醒地认识到日趋激烈的区域竞争带来的巨大挑战，抢抓机遇、克难攻坚，用好试验区这块“金字招牌”，充分发挥试验区的示范带动作用，统筹推进环长株潭城市群、大湘南承接产业转移示范区和大湘西武陵山经济协作区的协调发展，为推动全省科学发展注入强大动力，为全国“两型社会”建设探索新路子。

会议强调，要抓紧完善试验区建设推进机制。一要加强统筹兼顾。要适应新形势和新要求，通盘研究部署全省“两型社会”建设，在深化试验区改革建设的同时，将先行先试取得的成果在更大范围内推广。要把“两型社会”的理念、目标、方法全面融入全省发展方式转变、城乡区域统筹发展、社会管理优化、对外开放、“四个湖南”建设等各个方面。要注重综合配套机制建设，发挥顶层设计的指导作用，强化改革的整体性、协调性，加强各主体在规划、政策、项目、资金等方面的对接。二要加强平台建设。充分利用试验区的政策平台，发挥先行先试的政策优势，建设好投融资平台，大力推进市场化运作。要利用国际国内交流平台，在更大范围内聚集海内外资金、人才、技术、管理等要素。要利用项目平台，策划、推介、实施一批重大项目。三要加强示范引领。尽快建成一批可看、可学的示范工程，出台全覆盖的“两型”标准和技术规范，加强宣传引导、营造浓厚氛围，提升长株潭“两型社会”试验区在国内外的影响力。

【陈肇雄谈湖南“两型社会”建设下一阶段改革重点】 陈肇雄发表《深化体制机制创新 加快“两型社会”建设》文章，提出湖南省“两型社会”建设已经步入纵深推进阶段，对体制机制改革创新提出了新的更高要求。如何针对第一阶段推进过程中遇到的问题，按照第二阶段改革建设的需要，充分利用先行先试的政策优势，推进综合配套改革，加快构建符合“两型社会”建设要求的体制机制，是湖南省“两型社会”建设必须首先解决的关键问题。

根据第二阶段“两型社会”建设对体制机制改革提出的新要求，湖南省委确立了继续坚持“省统筹、市为主、市场化”的工作原则，突出综合配套改革，强化省“统筹、组织、协调、服务”职能，以构建现代产业体系、实现城乡区域协调发展、加强生态和环境保护、创新优化社会管理等为重点，进一步加大体制机制改革创新力度，着力在五个方面下功夫：一是在推进科学决策上下功夫。围绕“四化两型”战略，立足将“两型”要求贯穿到经济社会发展的全过程和各领域，构建科学决策机制，从决策上引领和保障“两型社会”建设的正确方向。二是在实施统筹协调上下功夫。加强组织建设，增强“两型社会”建设推进机构的执行力。三是在支持部门履行职能上下功夫。围绕建设责任、服务、法治、廉洁政府，支持省直各厅局切实履行行政管理职能，创造性地开展工作。四是在发挥市州主体作用上下功夫。立足各级互促共建，支持市州将经济社会发展的总体规划与“两型社会”建设的目标任务结合起来，使市州真正成为“两型社会”建设的责任主体和实施主体。五是在形成合力上下功夫。培育“两型”文化，宣传“两型”理念，营造“两型”氛围，充分调动社会各方参与的积极性。

【徐守盛强调：坚持不懈推进节能减排　加快“数字湖南”建设】 2011年10月12日，省长徐守盛主持召开省政府常务会议，传达学习中共中央政治局常委、国务院副总理李克强在湘考察调研时的重要讲话精神，研究“十二五”节能减排、“数字湖南”建设、流浪未成年人救助保护等工作。

徐守盛要求，全省各级各部门要按照省委统一部署安排，认真学习贯彻李克强副总理在湖南考察调研时的一系列重要指示精神，全面贯彻落实科学发展观，深入实施扩大内需战略，统筹城乡发展，强化科技支撑，推进结构调整和民生改善，推动全省创新发展、转型发展、和谐发展，在中部崛起中实现新跨越。要保质保量地推进保障性安居工程建设，切实把这项促发展、惠民生的工程实施好，通过公平分配使更多低收入群众受益。

会议原则通过《湖南省“十二五”节能减排综合性工作方案》。会议指出，“十一五”期间，湖南省全面完成国家下达的节能减排目标任务，但全省节能减排工作距离“四化两型”建设的要求和人民群众的希望仍然有较大差距。全省上下务必进一步加强对节能减排极端重要性的认识，上下一致，同心协力，坚持不懈地深入推进节能减排工作，不断促进结构优化升级和环境质量改善，让老百姓喝上干净水，呼吸上新鲜空气，吃上安全的食品。各级各部门要加强组织领导，强化目标责任，节能减排目标任务是铁任务、硬指标，只能千方百计完成任务，不允许讲条件、讲价钱。要突出工作重点，严格限制“两高一资”行业，加快淘汰落后产能，推动结构调整；深入推进重点单位、重点领域节能减排；以项目为载体抓好节能减排工作，大力实施节能减排重点工程，加快推进湘江流域重金属污染治理；增强全民节能减排意识。要健全体制机制，强化制度创新，用经济手段促节能，以法律手段促减排，使节能减排成为每个用能主体的自觉行为。

会议原则通过《数字湖南规划（2011—2015年）》。会议指出，“数字湖南”是“四个湖南”的重要内容，是实施“四化两型”战略的重要基础。各级各部门要加强规划引导，从解决当前最紧迫、最突出的重大问题入手，编制实施相应的专项规划和方案。要突出建设重点，突出信息基础设施建设，突出信息化和工业化深度融合，夯实“数字湖南”的技术物质基础。以便民、利民、惠民为根本出发点，突出推进民生领域基本服务信息化，加快构建面向企业和公众的综合性公共服务平台，提高人民幸福指数。加强组织领导，建立信息化重大事项决策机制。

【周强要求汇聚各方力量推进“四化两型”建设】 省委“迎接党代会，迈向新征程”问政于民问需于民问计于民活动自启动以来，开局良好，进展顺利，运转有序。2011年10月14日，省委书记、省人大常委会主任周强对活动作出重要批示，要求通过“三问”活动，将全省各方面的力量汇聚成推进“四化两型”建设的洪流。

9月15日以来，“三问”活动在三湘四水如火如荼地展开，“三问”活动社会反响强烈，全省各地和在外地工作的不少湖南籍的党员、干部和群众，踊跃来信来函，积极提供意见和建议，为湖南的未来发展积极献计献策。截至10月14日16时，累计收到各类信函22268件，其中收到信函1312件，收到在线提交和电子邮件8649件，收到短信12307条，接待来访309人次。

周强对“三问”活动简报第7期做出批示，批示中说，“‘三问’活动办公室工作很有成效，‘三问’活动正在深入进行，越来越多的干部和群众通过信函、网络、手机，为湖南省实现‘科学发展、富民强省’目标，推进‘四化两型’战略，保障和改善民生提出了很多好的意见和建议，请认真研究吸纳，通过‘三问’活动，将全省各方面的力量汇聚成推进‘四化两型’建设的洪流。”

【胡彪强调以项目建设为抓手推进新型工业化】 2011年10月12日至14日，省政协主席胡彪深入湘潭、衡阳、永州三市工业园区、企业调研时强调，要以项目建设为抓手，在项目建设上争取新突破，深度推进新型工业化。

全省推进新型工业化正如火如荼。工业园区、企业在重大项目建设及生产经营方面情况如何，是胡彪此次调研的重点。

在江麓机电科技有限公司，企业负责人介绍，公司现有厂区面积已无法满足未来发展需求，近期将实施政策性整体搬迁，在九华示范区建设总投资200亿元、占地4300亩的江麓军民融合高端装备制造产业园。胡彪对当地负责人说，这个项目规模大，发展前景好，要为项目建设提供便利条件，促进高端装备制造产业发展。位于永州祁阳工业园的湖南凯盛鞋业有限公司有员工3500余人，月产NIKE品牌系列运动鞋30万双，生产车间一片繁忙。胡彪详细询问员工待遇和生活情况，离开该公司时，还不忘叮嘱企业负责人要更加善待员工。在衡阳瑞达电源有限公司、湖南共创光伏科技有限公司等新能源企业调研时，胡彪指出，煤炭、石油等传统能源供给逐渐枯竭，应对能源危机迫在眉睫。只有大力发展风能、太阳能、生物质能等新能源，才能突破能源瓶颈，打造新的经济增长点。

松木工业园、白沙洲工业园、祁阳工业园、吉利汽车、衡阳富士康……一个个园区走来，一家家企业调研，胡彪细细看，认真听，频频问，深入了解项目建设及生产经营情况。每到一处，他都叮嘱当地负责人，要更加关心支持企业发展，为企业营造良好发展环境。

胡彪强调，项目建设是新型工业化的重要载体和抓手。要按照推进“四化两型”战略的要求，加大项目建设力度，力争新型工业化在项目建设上有新的突破。各地要突出区位特色和地方特色，把握国际和沿海地区产业转移的重大机遇，充分利用国内外“两个市场”、“两种资源”，多引进好项目、大项目。要瞄准战略性新兴产业、特别是新能源产业，以新能源产业项目建设为突破口，促进湖南战略性新兴产业的发展，推进全省新型工业化进程。

【徐守盛在省政府常务会议上指出：完成减排任务不允许讲条件】 2011年10月，徐守盛省长主持召开省政府常务会议，原则通过《湖南省“十二五”节能减排综合性工作方案》。

会议指出，“十一五”期间，湖南省全面完成国家下达的节能减排目标任务，但全省节能减排工作距离“四化两型”建设的要求和人民群众的希望仍然有较大差距。全省上下务必进一步加强对节能减排极端重要性的认识，上下一致，同心协力，坚持不懈地深入推进节能减排工作，不断促进结构优化升级和环境质量改善，让老百姓喝上干净水，呼吸上新鲜空气，吃上安全的食品。

徐守盛要求，各级各部门要加强组织领导，强化目标责任。节能减排是铁任务、硬指标，只能千方百计完成，不允许讲条件、讲价钱。要突出工作重点，严格限制“两高一资”行业，加快淘汰落后产能，推动结构调整；深入推进重点单位、重点领域节能减排；以项目为载体抓好节能减排工作，大力实施节能减排重点工程，加快推进湘江流域重金属污染治理，增强全民节能减排意识。要健全体制机制，强化制度创新，用经济手段促节能，以法律手段促减排，使节能减排成为每个用能主体的自觉行为。

会议还原则通过了《数字湖南规划（2011～2015年）》。会议指出，各级各部门要加强规划引导，从解决当前最紧迫、最突出的重大问题入手，编制实施相应的专项规划和方案。

【周强出席中部论坛时提出：湖南将夯实“两型”社会建设生态基础】 2011年10月，省委书记、省人大常委会主任周强在山西省太原市举行的中部论坛上发言时指出，湖南省将着力加强节能减排和生态环境建设，加快建立“两型”产业加快建立“两型”产业体系，夯实“两型”社会建设的生态基础。

中部论坛以“深化全面合作、加快转型跨越、促进中部崛起”为主题。周强在题为《推进“两型”社会建设加快转型跨越发展》的发言中说，在党中央、国务院的领导下，“十一五”的5年，是中部崛起战略深入推进的5年，也是中部地区科学发展取得新的显著成就的5年。周强说，在中部崛起战略的引领推动下，湖南与中部各省一样，经济社会发展进入了历史上最好最快的时期之一。

周强指出，当前，湖南省正处于工业化、城镇化中期阶段，加快发展和加快转变发展方式的任务十分繁重。湖南省从省情实际出发，充分利用长株潭城市群建设全国“两型”社会综合配套改革试验区的机遇，坚持以建设“两型”社会作为加快经济发展方式转变的方向和目标，把加快发展和加快转变发展方式统一于建设“两型”社会这一实践之中。湖南省将加快推进“四化两型”、“四个湖南”建设，着力推进经济结构调整，加快建立“两型”产业体系；着力加强节能减排和生态环境建设，夯实“两型”社会建设的生态基础；着力推进长株潭试验区改革建设，以试验区建设带动全省“两型”社会建设；着力扩大对外开放，为“两型”社会建设注入强大动力；着力建设法治湖南，为“两型”社会建设提供有力保障；着力保障和改善民生，让“两型”社会建设成果惠及全省人民，努力实现发展速度、质量和效益的统一，努力实现立足现实基础、加快当前发展与着眼长远发展、提升长远竞争力的统一。

【梅克保在调研时强调：科学应对当前严峻形势加速推进新型工业化】 2011年10月31日至11月1日，省委副书记梅克保带领省直有关部门负责人，就加速推进新型工业化、优化园区发展环境、加强党风廉政建设等工作，深入益阳市调研。他强调，要正确把握当前宏观经济形势，科学应对全省工业发展面临的严峻形势，确保全年工业经济发展目标任务完成。

在益阳国晶硅业公司，梅克保详细询问年产1万吨多晶硅项目的进展。企业负责人介绍，该项目已完成90%的设备材料订货，力争在明年年底前形成稳定的生产能力。梅克保说，光伏产业前景广阔，企业要注重新技术的运用，解决有害物质排放问题；省直有关部门和益阳市要给予企业更多支持。桃江县金沙重机公司与中联重科等知名企业签订了合作协议，年产40万吨优质型材深加工生产线刚刚试产成功。梅克保勉励企业做大做强，形成核心竞争力。在益阳市公安局交警支队，梅克保、许云昭要求公安干警进一步加强党风廉政建设，提高办事效率，为群众提供更优质的服务。梅克保一行还来到资阳区的长春工业园、宇晶机械公司、森华林业公司，桃江县的南方水泥公司、新兴机械公司、县政务中心等地调研。

梅克保听取了益阳市工作情况汇报，对该市近年来在项目建设、产业发展、城市建设和党的建设等方面取得的成绩给予充分肯定。他说，总的来看，当前湖南省工业运行情况是好的，但也面临着发展速度放缓、物价上涨压力加大、资金供应紧张、能源供应短缺等突出问题，要完成全年工业发展目标，任务非常艰巨。要保持清醒头脑，深入分析形势，着力解决问题。

梅克保强调，当前加速推进新型工业化，要重点抓好四项工作：一是加速推进产业转型升级。要着力改造传统产业，推进信息化与工业化融合；积极培育新型产业，扶持一批龙头产业；坚持创新发展，注重科技成果转化和产业配套。二是高度重视区域协调发展。要加强对区域发展战略的研究，当前要重点研究洞庭湖区总体发展战略，要在产业布局、发展规划、民生改善等方面统筹城乡发展。三是着力破解发展瓶颈。要积极发展新能源，多途径拓展融资渠道，研究集约、节约用地的不同模式，大力发展职业教育，突破能源、资金、土地、用工等瓶颈。四是加大投资和扩大消费。要千方百计加大投资力度、多上好项目，想方设法扩大消费，抢占市场。

【陈肇雄要求把“两型”理念贯穿园区建设和管理各方面】 2011年11月14日，全省召开建设两型工业园区推动两型经济发展现场交流会。全景式展现湖南工业园区转型发展、跨越发展之路，探索“两型”工业园区发展的新路径，掀起“两型”工业园区建设新高潮。省委常委、长株潭试验区工委书记陈肇雄在会上讲话。

陈肇雄提出，工业园区是区域经济发展的龙头，是对外开放、招商引资的重要载体，是发展高新技术产业、促进产业集群集聚发展的重要平台，也是当前“两型社会”建设的主战场。推动园区“两型化”发展，是顺应现代经济发展规律的必然要求，是符合国家政策支持方向的正确选择，是实现区域经济又好又快发展的必由之路，对加快我省“两型社会”建设，加快经济发展方式转变具有十分重要的现实意义。园区的“两型化”发展是一项系统工程，需要我们把“两型”理念贯穿到园区建设和管理的各个方面，突出重点，综合施策。构建“两型”产业体系。要按照资源节约和环境友好的要求，坚定不移地推进新型工业化，走园区发展“两型化”道路。要根据现有产业基础，不断提质改造传统产业，促进传统优势产业“两型”化、高端化、高新化发展。要加快培育战略性新兴产业，大力推动工业化与信息化深度融合，着力提升自主创新能力，加速构建科技含量高、环境污染小、资源消耗低、综合效益好的“两型”产业体系。强化体制机制创新。要大胆先行先试，以推进“十大领域”改革为重点，着力推进重点领域和关键环节的改革创新，突出解决资源节约、环境保护、城乡统筹、产业发展、基础设施建设、行政管理等方面存在的突出问题，加快健全土地、资本、劳动力、技术、信息等要素市场，探索建立有利于园区“两型化”发展的体制机制。完善园区规划体系。要牢牢树立规划意识，从长远和全局出发，将“两型”理念贯彻到园区发展的规划之中，坚决维护规划的严肃性、权威性。要用“两型”标准审视规划，不断完善提升园区发展规划，积极推进园区总体规划、土地利用规划、产业发展规划、融资规划等数规合一。要用“两型”要求检验规划，规划要体现转型发展、创新发展、绿色发展，即科学发展的方向，体现人民群众共享发展成果的期望。加强外引内联服务。要始终突出开放带动，进一步提升对外开放水平，加强经贸交流合作，加快承接产业转移，构建全方位多层次的对外开放新格局。要加强投融资平台、项目建设平台等平台建设，吸引国内外资源要素和先进经验，加快推进园区“两型化”发展。要注重“招商选资”，提高准入门槛、投资强度和投入产出比，在积极支持市场主体参与建设的同时，兼顾经济效益、生态效益和社会效益。加大政策支持力度。要用足、用好、用活国家赋予的先行先试政策，积极探索制定出台土地利用、产业发展、投融资、资源环境等方面的配套政策，构建鼓励支持“两型化”发展、约束限制非“两型化”发展的政策体系。要贯彻落实好省委、省政府关于园区发展和“两型社会”建设的一系列政策，贯彻落实好周强书记，徐守盛省长在全省“两型社会”建设推进大会上的重要讲话精神，加大“两型”园区建设的支持力度，引导资金、人才、技术等资源要素加快向“两型”园区流动。

【徐守盛强调：加快发展湖南水运　为“四化两型”建设作出更大贡献】　2011年12月2日，全省水运工作会议在长沙召开。省委副书记、省长徐守盛强调，要抢抓水运发展重大机遇，为子孙后代办几件实实在在的大事，为“四化两型”建设作出更大贡献。交通运输部副部长徐祖远讲话。副省长韩永文作工作报告。

为贯彻落实《国务院关于加快长江等内河水运发展的意见》和省第十次党代会精神，湖南省对水运发展作了全面部署：用20年的时间，投入约1700亿元，到2030年建成畅通、高效、平安、绿色的现代化内河水运体系。到2020年，基本建成以长江为依托，洞庭湖为中心，“一纵五横十线”为骨架的高等级航道网；全省水路货运量占总货运量的比重达20%左右。

徐守盛指出，水是生命之源、发展之源、和谐之源，加快发展水运是建设“四化两型”的必然选择。当前，内河水运发展已上升为国家战略，水运发展的春天已经到来，我省水运发展面临前所未有的机遇。要本着科学发展、对人民负责的态度，科学合理开发利用水资源，让湖南的水运发展优势在新的历史条件下发挥更大作用。

徐守盛强调，加快湖南水运发展，要遵循自然规律、经济规律和社会主义初级阶段的市场规律，突出“四个结合”。一要与建设“四化两型”结合起来。自觉将水运的基础设施建设、水运事业发展和水运体制改革，纳入“四化两型”建设的总体布局之中，在航道疏浚、港口扩容、码头建设、水运市场培育等方面，自觉根据“四化两型”建设进程，安排项目、启动项目。二要与水资源综合开发利用结合起来。统筹处理水运发展与防汛抗旱、水电开发、生态保护的关系。三要与全省生产力布局结合起来。坚持开放式发展水运，主动对接产业发展，科学谋划铁水、公水联运，既适度超前，又不造成浪费。生产力布局要发挥水运优势，引导园区、产业和企业，尽量临港沿江环湖布局。四要与综合运输体系建设结合起来。确保水运与公路、铁路、航空、管道的协调配合、无缝对接。

徐守盛强调，促进湖南水运发展，要把握五个着力点，一是抓好规划衔接和落实。要牢牢树立规划意识，严格执行规划。特别是航道、航电枢纽、港口、码头建设，必须统一规划审批，分区域布局，不能一哄而上。二是统筹开发建设水运项目。要突出重点、集中攻关，航道建设以湘江和洞庭湖为重点，港口建设以长沙港、岳阳港等主要港口为重点。尽力而为、量力而行，合理确定项目实施的节奏和进度，提高项目投资的综合效益。加强项目前期工作，简化审批程序，提高前期工作效率。三是理顺全省水运管理体制。要创新机制，把分散于各部门的权力、资金集中起来，在水运发展联席会议制度下统一开展工作，牵头单位要真正负责，各部门必须各司其职，相互协调、相互配合。四是建立稳定投入机制。坚持“取之于水，用之于水”，凡是河道产生的收入，都要安排一部分用于水运发展。引导社会投入，加强与金融机构合作，引导各类社会资本参与水运建设。五是加强市场主体建设。加快调整运力结构和港口结构，推动传统港航企业升级改造。

徐守盛强调，加快湖南省水运发展，是事关全省经济社会发展的大事，是建设“四化两型”的重要组成部分，必须得到全社会的广泛支持。要强化责任意识，周密安排部署，加强人才队伍建设。遇到问题不推诿，要上下一致，齐心协力，共同解决。要狠抓当前水运工作，突出抓好水上交通安全整治和河道采砂整治，全面梳理和认真研究水运发展政策，扎实细致地推进各项工作。

徐祖远说，湖南水运发展条件得天独厚，要把加快水运发展摆在更加突出位置。交通运输部将指导湖南做好规划编制工作，支持岳阳城陵矶港、湘江长沙综合枢纽、航道改扩建等水运重点项目建设，大力推进水运结构调整，加强水运安全管理，共同推动湖南水运发展。

【陈肇雄提出：实施“八大工程”　开创“两型社会”建设新局面】　“八大工程”是试验区改革建设的重点工程，包括：

“两型”产业振兴工程。把实施“两型”产业振兴工程作为构建现代产业体系的重要抓手，加快用高新技术、先进设备和现代工艺改造优化传统产业，加快发展新能源、新材料、生物医药、节能环保、文化创意等战略性新兴产业，重点提升长沙、株洲、湘潭、益阳高新区和岳阳、常德、宁乡经开区等国家级园区发展水平，带动产业结构优化升级和发展方式加快转变。

基础设施建设工程。按照“一体规划、突出两型、统筹协调、适度超前”的要求，加强交通、水利、能源、生态、信息和城市设施建设，构建布局合理、功能完备、安全高效、集约利用、统筹协调的现代化基础设施体系。加快推进核心区城际干道网、高速公路网和城际铁路网，以及高铁、机场、港口、河道建设，着力构建便捷、安全、高效的综合交通体系。加大城镇基础设施建设力度，增强城镇产业和要素承载功能，形成“布局合理、功能完备、特色鲜明、承载力强”的城市基础设施体系。

节能减排全覆盖工程。以节能减排在线管理为突破口，深入开展“万家企业节能行动”，逐步推广合同能源管理，促进建筑、交通、商业、民用等领域的节能推广，在全国率先形成节能减排考核评价、行业标准、用能标准和设计规范等系统管理的体制机制。积极探索排污权、碳排放权有偿使用和交易试点，着力推动节能减排的标准化、信息化、市场化。

湘江流域综合治理工程。积极构建湘江、洞庭湖为主体的区域生态环境安全体系，建立区域协调统一的环境保护联动机制、洞庭湖区和湘江生物入侵预警预防机制、湘江治理问责机制。坚持以保护饮用水源安全为主要目标，实施湘江流域水污染综合整治新的行动计划，推进重金属污染治理、流域截污治污、城市洁净、农村环境污染治理、生态建设等工程建设，加大生态补偿力度和环保执法力度，促进两岸生态修复。

示范区建设推进工程。坚持以体制机制创新、基础设施建设、产业布局优化和发展为重点，推行部省共建、省市共建、省企共建、中外共建等模式，进一步加快五大示范区和十八个示范片区建设步伐，努力把示范区打造成为加快经济发展方式转变的示范区、引领区和新的核心增长极。

城乡统筹示范工程。加快实现城乡规划全覆盖，协调城乡产业布局，统筹城乡建设用地，推动城市道路、供水、污水和垃圾处理、园林绿化等基础设施向农村延伸，统筹城乡就业、养老、医疗、最低生活保障制度和社会救助体系，加快土地流转和户籍制度改革，促进农民向市民转变，以“两型”村镇建设带动新农村建设。

综合交通运输一体化工程。加快长株潭三市城际公交一体化运营、公共交通资源共享、城乡公交一体化、同城公用事业缴费一卡通及干道站场等建设，实现三市公交出行同城同享。加快长株潭城际铁路、核心区城际干道等重大项目建设，建设完善的公共交通枢纽。

三网融合和数字湖南建设工程。抢抓长株潭城市群入列国家首批三网融合试点地区的机遇，大力发展新型通信信息产业，形成初具规模的“三网融合”全业务产业链，加快智能电网、物联网、云计算应用、“两化融合”、地理信息系统、智慧城市发展步伐，推动湖南进入发展智慧经济的前沿高地。

大事纪要

一月

1月5日，徐守盛主持召开专题会议，研究进一步推进省属国有企业改革工作，陈肇雄出席会议。徐守盛指出要进一步深化省属国企改革，打好省属国企改革攻坚扫尾战。

1月6日，徐守盛主持召开座谈会，征求14个市州长对《湖南省国民经济和社会发展第十二个五年规划纲要》（草案）的意见建议。于来山出席。

1月15日，周强会见来湘与郴州市进行合作对接、项目签约的中国建筑材料集团有限公司董事长、董事局主席宋志平等央企和省外企业负责人。杨泰波参加会见。

1月17日，周强、梅克保、陈肇雄、甘霖和戴尔全球财税总监阿·保罗出席湖南省人民政府与美国戴尔公司合作框架协议签字仪式。

1月24日，周强视察长株潭两型社会展览馆建设现场，指出展馆的主题是两型社会改革建设，主体是长株潭，主线是湘江。于来山、杨泰波、陈润儿等省领导以及厅局负责人陪同视察。

1月26日，湖南省人民政府召开全省城镇污水处理设施建设三年行动计划总结表彰大会。湖南近3年新建污水处理项目个数、新铺管网长度、新增处理能力均排名全国第一，成为国内第六个实现县城以上城镇污水处理设施全覆盖的省份。

二月

2月11日，周强、徐守盛、韩永文和中国保监会党委书记、主席吴定富，主席助理陈文辉出席中国保监会与湖南省人民政府共建长株潭“两型社会”改革试验区合作备忘录签字仪式。按照合作备忘录，双方将积极推进长株潭城市群保险改革创新，支持长株潭区域金融中心建设，保险资金投向长株潭“两型社会”改革试验区、保险职业教育中心和保险业信息平台建设等，构建体系健全、功能完善、创新活跃、运行健康的区域保险市场体系。

2月15日，周强主持召开湖南省委常委专题办公会议，听取湖南省国土资源厅关于数字湖南地理空间框架建设情况的汇报。梅克保、杨泰波、陈肇雄、杨维刚出席。周强在会上强调，要抢抓机遇，集中力量，加快数字湖南地理空间框架建设步伐，大力推进数字湖南建设，推进“四化两型”建设和全省经济社会又好又快发展。

2月17日，周强与省内企业家代表座谈，了解各家企业发展走势，听取对进一步加快推进新型工业化的意见和建议。梅克保、杨泰波、陈肇雄、陈叔红出席。

2月17日，中共湖南省委、省政府出台《贯彻落实〈中共中央国务院关于加快水利改革发展的决定〉实施意见》（湘发〔2011〕1号）。

2月25日，湖南召开全省加速推进新型工业化工作会议。徐守盛、梅克保、陈润儿、路建平、陈肇雄、陈叔红、王晓琴和中南大学党委书记高文兵出席。徐守盛在会上指出要牵住新型工业化这个发展的“牛鼻子”，以转型创新发展为核心全面推进新型工业化，全力打造富民强省“第一推动力”。

2月23日至3月1日，周强率团到美国考察访问，落实胡锦涛主席对美国访问重要成果，配合完成中央总体外交任务，出席美国全国州长协会冬季年会和中美省州长论坛交流机制启动仪式，并就进一步加强湖南与美国各州在经济、科技、教育、文化、金融保险、汽车制造、工程机械和风电等领域的合作进行了交流。

三月

3月1日，湖南省人民政府办公厅印发《关于编制长株潭试验区改革建设“八大工程”（2011—2015年）的通知》，部署“八大工程”实施方案编制工作。

3月1日，徐守盛、路建平出席湖南文化体制改革和文化产业发展领导小组会议。徐守盛指出要攻坚克难，勇于突破，进一步深化重点领域和关键环节改革，以只争朝夕的精神推进文化体制改革和产业发展。

3月3日，徐守盛、陈肇雄和国务院国资委副主任邵宁、中国诚通集团董事长马正武、总裁洪水坤出席湖南省人民政府与中国诚通控股集团有限公司在北京举行的战略合作协议签约仪式，深化在纸业、物流、贸易等领域的合作。

3月4日，徐守盛、陈肇雄在北京出席株洲市“两型社会”建设汇报会。

3月5日，梅克保、肖雅瑜、武吉海出席湖南省保护母亲河千万青少年绿色承诺行动启动仪式。

3月7日，徐守盛、于来山在北京就湖南经济社会发展特别是农业农村发展有关问题与国家发改委副主任杜鹰会谈。

3月9日，湖南省人民政府与国家电网公司在北京就推进湖南经济社会发展，加强电力供应保障举行会谈。徐守盛、陈肇雄与国家电网公司总经理、党组书记刘振亚出席。

3月11日，湖南省人民政府与国务院国资委在北京就深化国企改革，进一步推动湖南与央企对接合作举行会谈。徐守盛、陈肇雄和国务院国资委主任、党委书记王勇，国务院国资委副主任黄丹华出席。

3月13日，湖南省人民政府与科技部在北京就充分发挥科技创新的重要支撑引领作用，推动湖南经济社会又好快发展举行省部合作第五次工作会商会议。全国政协副主席、科技部部长万钢，周强、徐守盛，中南大学校长黄伯云和科技部副部长张来武出席。

3月17日，徐守盛和国家发改委副主任解振华出席在长沙召开的全国发展改革系统资源节约和环境保护工作会议。

3月17日，《湘江流域重金属污染治理实施方案》已获国务院批准，为全国第一个获国务院批准的重金属污染治理试点方案。

3月18日，湖南省人民政府批准实施《长株潭城市群两型社会建设综合配套改革试验区产业发展体制改革专项方案》（湘政函〔2011〕57号）。

3月19日至20日，国家发改委副主任解振华、财政部副部长张少春到湘潭、株洲调研湘江流域重金属污染情况并听取湖南省人民政府关于湘江流域重金属污染治理工作的汇报。韩永文全程陪同，于来山出席汇报会。

3月20日至21日，于来山和国家发改委副主任解振华到长沙调研节能减排工作并出席长株潭“两型社会”展览馆开馆仪式。

3月22日，中共中央政治局常委、中央书记处书记、中华人民共和国副主席、中共中央军事委员会副主席习近平视察长株潭两型社会展览馆。习近平在视察结束时指出，长株潭城市群“两型社会”建设，你们抓得早，抓得主动，抓出了效果，走出了一条自己的路子，希望继续把推进“四化两型”作为转变经济发展方式的重要抓手，坚持先行先试，为全国提供借鉴和经验。

3月25日，省人大常委会在长沙召开了长株潭城市群“一条例一决定”执法检查电视电话动员会议，对执法检查工作进行了全面部署安排。省人大常委会副主任李江主持会议并作重要讲话。省人大常委会副主任、执法检查组组长陈叔红、省人民政府常务副省长于来山出席会议并分别作了重要讲话。

3月25日至28日，全国人大常委会副委员长、九三学社中央主席韩启德率调研组来湘考察。在湘期间，到衡阳、湘潭、长沙、株洲等地调研低碳发展与交通节能减排工作并听取湖南相关情况的汇报。

3月28日，湖南省发改委、省长株潭两型办举办《长株潭城市群生态绿心地区总体规划》听证会。湖南师大朱翔教授等15名听证代表参加听证会。听证代表认为，绿心地区保护是长株潭城市群“两型”社会建设的关键所在，规划应重点突出生态环境保护。

3月30日至4月1日，徐守盛率湖南省政府代表团到澳门出席2011年澳门国际环保合作发展论坛及展览，并分别会见了澳门特别行政区行政长官崔世安、中央人民政府驻澳门联络办公室主任白志健。

四月

4月1日，周强就推进信息化在长沙调研。周强指出要适应新形势新情况，进一步加强规划、突出重点、共享资源，加强宽带网络基础设施建设，加快推进三网融合，推动网络信息业务的广泛应用，大力发展网络经济，加快建设数字湖南，全面提升全社会信息化水平。

4月6日，湖南正式启动排污交易权试点工作，将在长沙、株洲、湘潭三市的化工、石化、火电、钢铁、有色、医药、造纸、食品、建材等九个行业开展化学需氧量、二氧化硫等主要污染物的排污权有偿使用和交易，株洲电厂、长沙电厂、株洲冶炼集团与湖南省排污权交易中心签订了“主要污染物排污权交易合同”。

4月7日，中共湖南省委下发《关于成立中共湖南省长株潭两型社会建设综合配套改革试验区工作委员会的通知》，陈肇雄担任工委书记。

4月8日至10日，中共中央政治局委员、中央书记处书记、中央组织部部长李源潮来湘考察。周强、徐守盛全程陪同，胡彪、梅克保、黄建国、许云昭、于来山、杨泰波、杨忠民、陈润儿、李微微、路建平、郭开朗、陈肇雄、李江、刘力伟、韩永文、武吉海、王晓琴陪同考察或出席座谈会。

4月11日至14日，甘肃省委书记、省人大常委会主任陆浩，甘肃省委副书记、省长刘伟平率党政代表团来湘考察。在湘期间，召开两省经济社会发展情况交流会并签署了《湖南甘肃两省送电框架协议》。李微微全程陪同，周强、徐守盛、胡彪、于来山、杨泰波、陈润儿、郭开朗、李江和国家电网公司总经济师孙佩京陪同考察或出席交流会。

4月12日，湖南省两型办、湖南省质监局召开标准发布会，发布了《行政机关综合能耗、电耗定额及计算方法》等五项节能与减排地方标准。

4月19日至21日，周强、徐守盛率党政代表团到浙江杭州、东阳、义乌等地考察并出席湘浙两省经济社会发展情况交流会暨两省战略合作框架协议签约仪式、湘浙经济合作暨重大项目签约仪式。胡彪、许云昭、杨泰波、刘莲玉参加考察。

4月22日至24日，周强、徐守盛率党政代表团到江苏南京、苏州、昆山、无锡等地考察并出席两省经济社会发展座谈会暨关于加强苏湘两省战略合作框架协议签约仪式、湘苏经济合作暨重大项目签约仪式。胡彪、许云昭、杨泰波、刘莲玉参加考察。

4月27日，梅克保主持召开座谈会，就编制“十二五”时期“数字湖南”规划和《加速推进“数字湖南”建设的意见（讨论稿）》征求专家学者和省直单位的意见建议。

4月28日，周强、于来山、韩永文和国务院大型企业监事会主席石大华，中国中铁股份有限公司副总裁、总工程师刘辉出席长沙空港城启动暨人民路空港城段建设工程开工仪式。

4月29日，省人大常委会副主任李江、陈叔红、蒋作斌一行赴省长株潭两型办调研“一条例一决定”贯彻实施情况，听取了省长株潭两型办主任徐湘平、副主任徐正宪同志关于长株潭城市群“一条例一决定”贯彻实施情况的汇报。

五月

5月4日至6日，文化部部长蔡武、工业和信息化部部长苗圩、新闻出版总署副署长蒋建国率中央文化考察调研组来湘调研湖南文化产业发展情况。路建平全程陪同，周强、徐守盛、梅克保、郭开朗陪同考察或到住地看望。

5月6日，周强、徐守盛、陈肇雄和国防科技大学校长张育林、副校长庄钊文，中国兵器工业集团公司总经理张国清，副总经理杨卓、曾毅出席中国兵器江南机器集团麓谷高新技术园启用仪式。

5月11日，中共中央政治局常委，中央纪律检查委员会书记贺国强视察长株潭两型社会展览馆。贺国强指出，两型社会展览馆是“两型社会”建设的闪亮窗口，建设“两型社会”，是党中央、国务院交给湖南的历史重任，既要金山银山，又要青山绿水，湖南要为全国探索更多的“两型”经验。

5月11日，《湖南省人民政府服务规定》出台，10月1日起施行。这是中国首部全面规范政府服务行为的省级政府规章，也是继《行政程序规定》、《规范行政裁量权办法》后，湖南法治政府建设的又一重大举措。

5月13日至14日，黄建国、蔡力峰到衡阳出席第四届“湖湘三农论坛”，会议围绕“两型社会”建设与县域发展的主题，展开了广泛而深入的探讨。

5月15日，梅克保、杨忠民、蔡力峰、刘力伟、武吉海出席湖南省科技活动周开幕式并观摩第四届湖南科技博览会。

5月18日，由湖南省长株潭两型办、湖南日报社、中国摄影展览中心联合举办的“两型湖南”全国摄影大展颁奖典礼在长沙举行。经过近半年的征集、初评和专家评审，有108幅作品获奖，其中《穿越大湘西》、《起航》获得金质收藏奖。

5月21日，周强、黄建国和科技部副部长张来武出席湖南省国家农村信息化科技示范省建设试点工作领导小组第一次会议。周强在会上指出湖南正处于“四化两型”建设和“四个湖南”建设的关键时期，一定要抓住国家农村信息化科技示范省建设试点的重大历史机遇，加快“数字湖南”建设，提高全省经济社会信息化水平，为全国推进农村信息化探索经验与模式。

5月21日至31日，路建平率湖南省新闻文化代表团到加拿大、美国访问，考察两国新闻传播和文化产业发展情况，拓展湖南与两国新闻文化的合作交流。

5月26日至27日，陈肇雄到张家界考察“两型”社会和产业发展情况。

5月31日至6月4日，中共中央政治局常委、全国政协主席贾庆林来湘考察。胡彪全程陪同，周强、徐守盛、梅克保、黄建国、许云昭、于来山、杨泰波、陈润儿、陈肇雄、谢勇、刘力伟、武吉海等陪同考察或出席汇报会。

六月

6月2日，梅克保、陈叔红、韩永文、武吉海出席湖南省战略性新兴产业发展银企合作洽谈会，会上，22家金融机构与有关企业现场签订了50个项目贷款合同和合作协议，承贷资金485亿元。

6月2日，交通运输部综合规划司与湖南省交通厅、长株潭三市政府举行项目执行协议签字仪式，包括战略规划和政策研究、交通发展项目试点，研究中国城市群生态综合交通发展战略规划及政策等，优化长株潭综合交通一体化实施方案，选择长沙黎托和大河西综合客运枢纽开展试点。

6月7日，经报请湖南省人民政府同意，湖南省长株潭两型办下发《关于同意设立郴资桂省级“两型社会”建设示范点的复函》（湘两型函〔2011〕14号）。

6月7日，湖南省人民政府出台《关于加快推进三网融合试点工作的意见》（湘政发〔2011〕15号）。

6月8日，中共湖南省委发文任命陈君文、陈三新、张剑飞、胡衡华、徐湘平、刘捷兼任中共湖南省长株潭“两型社会”建设综合配套改革试验区工作委员会副书记。

6月9日，陈肇雄出席湘潭国家高新技术产业区与上海国际集团（香港）有限公司联手共建湘潭高新区“千亿园区”合作协议签字仪式，并会见了上海国际集团总裁邵亚良。

6月10日，省人大常委会长株潭城市群“一条例一决定”执法检查组召开会议，听取省人民政府和省直有关部门贯彻实施“一条例一决定”的情况汇报。省人大常委会党组副书记、副主任、“一条例一决定”执法检查组组长陈叔红，省人大常委会副主任刘莲玉，“一条例一决定”执法检查组全体成员出席了汇报会。

6月12日至15日，省人大常委会副主任刘莲玉率长株潭城市群“一条例一决定”执法检查组赴娄底市重点抽查。检查组听取了娄底市人大常委会、市人民政府和冷水江市人民政府贯彻实施“一条例一决定”情况汇报，召开了座谈会，开展了问卷调查，实地走访了娄底市经济开发区、万宝新区和冷水江城乡统筹发展整体推进新农村建设等项目。

6月15日，国务院正式同意益阳高新技术产业开发区升级为国家高新技术产业开发区，益阳高新区成为湖南第四个国家级高新区。

6月16日，湖南省长株潭两型办与湖南省人民政府新闻办联合召开新闻发布会，以省长株潭两型办文件发布试行“两型”产业分类、园区、企业、县、镇、农村、机关、学校、医院、社区、村庄、家庭等12个“两型”标准。

6月18日至20日，陈肇雄到新疆维吾尔族自治区出席新疆2011产业转移系列对接活动。

6月20日至22日，省人大常委会党组副书记、副主任陈叔红率长株潭城市群“一条例一决定”执法检查组赴长沙市重点抽查。检查组听取了市人大常委会、市人民政府有关情况汇报，召开了部门负责人座谈会，实地考察了光明村、关山村、果园镇、远大住工、远大可持续建筑、万容科技、生活垃圾分选中心、青苹果数据中心、北辰三角洲、湘江世纪城、福元路湘江大桥、洋湖垸湿地公园和先导区规划馆。

6月21日至22日，按照省人大常委会的统一安排，省人大常委会党组副书记、副主任李江同志率长株潭城市群“一条例一决定”执法检查组赴株洲市重点抽查。执法检查组听取了株洲市人大常委会、市政府及相关部门贯彻实施长株潭城市群“一条例一决定”情况的汇报，实地考察了华强文化产业园、株冶污水治理项目、智成化工污水处理设施、清水塘循环经济园、时代新材、湘江风光带、栗雨工业园、南车集团、北汽株洲分厂、神龙城广场、市规划展览馆等，体验了城市自行车低碳出行，开展了问卷调查。

6月21日至22日，按照省人大常委会的统一安排，由省人大常委会副主任谢勇率领长株潭城市群“一条例一决定”执法检查组对益阳市进行了重点抽查。听取了益阳市人民政府和益阳东部新区管委会的情况汇报，召开了市直有关部门和人大代表、政协委员座谈会，实地考察了益阳东部新区建设情况。

6月22日，国家财政部、国家发改委印发《关于开展节能减排财政政策综合示范工作的通知》，在部分城市开展节能减排财政政策综合示范，以城市为平台，加大各项节能减排财政政策整合力度，加快体制机制创新。长沙位列首批8个示范城市之列。

6月27日，省人大常委会副主任蔡力峰率长株潭城市群“一条例一决定”执法检查组赴省水利厅重点抽查。省水利厅党组副书记、副厅长詹晓安向检查组汇报了实施“一条例一决定”、水利建设规划编制、湘江流域综合治理、水资源节约机制建立的有关情况。

七月

7月4日，省人大常委会副主任肖雅瑜率长株潭城市群“一条例一决定”执法检查组赴省科技厅重点抽查。检查组听取了省科技厅贯彻实施“一条例一决定”、加强产学研结合创新、构建区域创新体系、创新科技成果转化机制和科技支撑“两型社会”发展等方面的情况汇报，参观了国家数字媒体平台和工业设计平台。

7月6日，徐守盛、陈肇雄和马来西亚交通部部长江汉作、中国南车股份有限公司董事长赵小刚到株洲出席首批出口马来西亚城际动车下线仪式。

7月10日，国家超级计算长沙中心第一期百万亿次“天河一号”主机系统建成开通，面向社会提供计算服务。这是我国继天津之后，第二个投入实际运行的国家级超算中心。

7月12日，国家发改委、财政部、住房和城乡建设部联合下发《关于同意北京市朝阳区等33个城市（区）餐厨废弃物资源化利用和无害化处理试点实施方案并确定为试点城市（区）的通知》，衡阳市被列为餐厨废弃物资源化利用和无害化处理试点城市。

7月13日至14日，周强、杨泰波到郴州、永州调研新型城镇化推进情况和承接产业转移工作，考察了烟叶生产基地、特色农业产业化企业。

7月14日，陈肇雄到益阳就工业经济发展与“两型社会”建设进行调研。

7月14日，《长株潭城市群核心区空间开发与布局规划（2008—2020年）》获湖南省人民政府批准（湘政函〔2011〕182号）。

7月19日，长沙黄花国际机场新航站楼正式投入运行，第二跑道建设工程同时启动，机场进一步向区域性国际航空枢纽发展。

7月22日，长株潭城市群作为国家级“两化融合”试验区正式授牌。工信部副部长杨学山，陈肇雄出席。此前，国家工信部发出了《关于同意湖南省长株潭城市群为国家级信息化和工业化融合试验区的复函》。

7月22日，省委书记、省人大常委会党组书记、主任周强同志率省人大常委会长株潭城市群“一条例一决定”执法检查组到长株潭生态绿心地区重点抽查。检查组实地考察了昭山晴岚项目和中建健康养生示范城项目，并在昭山乡政府召开了“一条例一决定”执法检查汇报会，听取了省长株潭两型办关于长株潭生态绿心保护情况的汇报以及长株潭三市关于贯彻实施“一条例一决定”、保护生态绿心情况的汇报。

7月24日至25日，陈肇雄到岳阳就民营经济发展与“两型社会”建设进行调研。

7月28日，周强、于来山、陈润儿、郭开朗、蔡力峰、谭仲池到望城区丁字镇出席湖南省农网改造升级工程启动仪式。

八月

8月3日，中共湖南省委常委会专题研究两型社会建设问题。会议强调，加强统筹兼顾，加强平台建设，加强示范引领。会议同意组建长株潭试验区管委会，召开全省两型社会建设推进大会，设置专项资金。

8月4日，全省“两型社会”建设推进大会在长沙召开，会议总结长株潭“两型社会”试验区第一阶段工作，研究部署第二阶段改革建设。会议指出试验区建设已实现了重大突破，取得了重大成就，产生了重大影响，发挥了重大效应，提出了下阶段“6668”的工作思路（六个更加注重，六个结合，六项重点工作，八大工程）。周强、徐守盛讲话，胡彪出席。梅克保作总结讲话，陈肇雄作工作报告。

8月5日，湘江重金属污染治理启动仪式选在株洲清水塘重金属工业污水处理厂举行。为推动湘江重金属污染治理目标任务的完成，湖南成立了“湖南省重金属污染和湘江流域水污染综合防治委员会”。周强宣布湘江流域重金属污染综合治理全面启动，湘江流域八市政府向徐守盛递交了目标责任状。

8月5日至6日，陈肇雄就两型产业发展和“两型社会”建设情况到郴州调研。

8月8日，省人大常委会副主任蒋作斌率长株潭城市群“一条例一决定”执法检查组赴省国土资源厅重点抽查。省国土资源厅党组副书记、副厅长颜学毛向检查组汇报了实施“一条例一决定”、构建规划体系、保障发展用地需求、加强耕地保护、规范矿业权管理等方面的情况。

8月8日，《长株潭城市群生态绿心地区总体规划（2010—2020年）》获得湖南省人民政府批准（湘政函〔2011〕195号）。

8月17日，梅克保、李微微、陈肇雄、蔡力峰、何报翔出席全省非公有制经济发展经验交流暨表彰大会。

8月22日，亚欧水资源研究和利用中心成立仪式暨第一届亚欧水资源合作研讨会在长沙举行。周强会见了老挝、匈牙利、比利时等18个亚欧国家的嘉宾。

8月23日至24日，徐守盛到北京分别与国家发改委主任张平，交通运输部部长李盛霖，国家发改委副主任、国家能源局局长刘铁男就进一步加强湖南“十二五”期间交通、能源等基础设施建设，推动湖南又好又快发展进行会谈。韩永文出席。

8月26日，周强、梅克保、杨泰波、陈肇雄和中国五矿集团公司党组书记、总裁周中枢，党组成员、副总裁李福利出席在长沙举行的永州市人民政府与中国五矿集团公司战略合作框架协议签署仪式。

8月30日，徐守盛、陈肇雄出席“携手共进，实现湖南工程机械产业新跨越”座谈会，中联重科、三一重工、山河智能等工程机械行业的60家企业聚集一堂，共同探讨如何应对极其复杂的经济形势，努力实现新一轮跨越式发展。

九月

9月4日，周强在郴州就“四化两型”、“四个湖南”建设，深化对台交流合作等问题接受海峡两岸媒体的联合采访。

9月8日，湖南省人民政府与中石油签署《“气化湖南工程”战略合作框架协议》，举行“气化湖南工程”启动暨湘潭—娄底—邵阳天然气管道开工仪式。周强、徐守盛和中国石油天然气集团公司总经理蒋洁敏出席。“十二五”期间，中石油将在湘新建30条天然气支线管道，长度1600多公里，管道气化57个县（市、区），将增加湖南天然气供应量，2015年供气规模达到65亿立方米/年。。

9月9日，梅克保、路建平、陈肇雄到株洲出席全省战略性新兴产业项目建设推进大会。

9月13日，湖南省委副秘书长徐宏源和湖南省长株潭试验区工委副书记、省长株潭两型办主任徐湘平主持召开会议，专题研究绿心保护工作，落实长株潭三市、相关部门责任分工等问题，形成《关于保护长株潭城市群生态绿心协调会议的会议纪要》。

9月15日，徐守盛、韩永文出席在长沙举行的2011中国创业投资暨私募股权投资高峰论坛。周强会见了与会嘉宾。

9月18日至22日，徐守盛率团到江西考察。在赣期间，出席了第七届泛珠三角区域合作与发展论坛暨经贸洽谈会开幕式和泛珠三角区域合作行政首长联席会议，在第七届泛珠三角区域合作与发展高层论坛上发表主题演讲。

9月19日至24日，全国人大常委会委员、全国人大环资委副主任委员曹伯纯，全国人大环资委副主任委员王鸿举，全国人大常委会委员、全国人大环资委委员马福海，全国人大环资委委员张洪飚率金国人大环资委调研组来湘考察。在湘期间，到长沙。岳阳、郴州就湖南贯彻实施《循环经济促进法》、发展循环经济情况进行调研，并在长沙召开座谈会。

9月21日，陈肇雄和中国电子信息产业集团有限公司党组书记、董事长芮晓武出席长沙中电软件园开园仪式。

9月25日，国务院正式批准湘潭九华工业园区升级为国家级经济技术开发区。

9月25日至26日，周强到山西出席中部论坛太原会议并作题为《推进“两型社会”建设 加快转型跨越发展》的发言，会后巡视了中部投资贸易博览会湖南展馆。

9月26至29日，省十一届人大常委会第二十四次会议听取和审议长株潭城市群“一条例一决定”执法检查报告。省委书记、省人大常委会主任周强同志作了重要讲话。他指出，检查长株潭城市群“一条例一决定”贯彻实施情况，是2011年省人大常委会监督工作的重中之重。

十月

10月6日，国家发改委正式批复同意设立湖南省湘南承接产业转移示范区。湘南承接产业转移示范区包括衡阳、郴州、永州3市，土地面积5.71万平方公里，覆盖34个县（市、区）。

10月10日至11日，中共中央政治局常委、国务院副总理李克强来湘考察。周强、徐守盛、杨泰波、刘力伟全程陪同，梅克保、陈润儿、徐明华、韩永文陪同考察或出席座谈会，李克强希望湖南继续发挥自身优势，深入实施扩大内需战略，统筹环长株潭城市群建设和武陵山经济协作区集中连片扶贫开发，推进结构调整和民生改善，把“十二五”这盘棋开好头、打好基础，推动全省创新发展、转型发展、和谐发展，在中部崛起中实现新跨越。

10月10日起，为推进“四化两型”战略，湖南派出88名干部，组成低碳与城市可持续发展、“两型社会”建设、新型工业化与信息化、科学发展与领导力提升四个班，分赴美国、德国、新加坡进行近一个月的专题培训。

10月14日，湖南省人民政府批准实施《长株潭城市群两型社会建设综合配套改革试验区基础设施共建共享及体制机制改革专项方案》（湘政函〔2011〕250号）。

10月17日，国家发改委、国家林业局发出通知，同意在包括湖南在内的7省开展全国国有林场改革试点，为全国国有林场改革发挥示范和带动作用。

10月17日，湖南省人民政府与交通运输部在北京就进一步深化部省合作、加快湖南水运发展举行会谈。徐守盛、韩永文和交通运输部党组成员、副部长徐祖远出席。

10月21日至24日，中共中央政治局委员、中央书记处书记、中央宣传部部长刘云山来湘考察，周强、徐守盛、杨泰波、路建平、郭开朗全程陪同，胡彪、梅克保、黄建国、许云昭、陈润儿、陈肇雄、何报翔、李友志陪同调研或出席汇报会。刘云山对于湖南大力推进“四化两型”、四个湖南建设，加快转变经济发展方式，着力保障和改善民生，扎实推进长株潭“两型社会”试验区建设给予高度评价。

10月24日，梅克保、许云昭、武吉海出席全省优化园区发展环境工作座谈会，会议总结了全省优化园区发展环境工作成效，交流了经验，部署了下一步工作。

10月25日，周强会见“东方莱茵河 湖南两型梦”2011海外华文媒体高层聚焦湖南活动参访团。路建平参加会见。

10月25日，《光明日报》刊登周强的调研文章《转方式的重要目标和着力点》，强调坚持把推进“两型社会”作为转变经济发展方式的目标和着力点，走出一条具有湖南特色的转型发展、科学发展路子。

10月26日至27日，于来山和国家发展和改革委员会副主任彭森，广东省委常委、副省长肖志恒到南岳出席2011中国价格论坛（湖南）。

10月27日，周强会见来湘出席长株潭“两型社会”试验区金融发展与创新论坛暨中国证券法学研究会2011年年会的中国法学会党组书记、常务副会长刘飏。杨泰波和中国证券法学研究会会长、中央财经大学法学院院长郭锋参加会见。

10月29日，号称“湘江第一隧”的长沙营盘路湘江隧道正式通车，将有效缓解过江交通压力，推动省会沿江建设和跨江发展战略。周强、徐守盛、胡彪等省领导出席。

10月30日，温家宝总理对湖南省人大常委会调研组关于《攸县城乡同治、创新管理的经验和做法值得推广》调研报告批示：“要把农村环境整治作为环保工作的重点，摆在突出的位置。攸县城乡同治的经验值得重视，请农业部、环保部参考研究。攸县的经验材料可由国办转发各地参阅”。

十一月

11月3日，梅克保、许云昭、路建平、陈肇雄、蔡力峰、武吉海出席湖南省第九次党代会以来“加速推进新型工业化十件大事”揭晓典礼。

11月4日，梅克保、陈肇雄出席湖南省培育发展战略性新兴产业专家委员会成立仪式。

11月7日，省人大常委会召开长株潭城市群“一条例一决定”执法检查报告审议意见交办会，向省人民政府交办省十一届人大常委会第二十四次会议关于长株潭城市群“一条例一决定”执法检查报告的审议意见。

11月9日，周强、徐守盛、梅克保、陈肇雄和神华集团董事长、党组书记张喜武，神华集团副总经理、中国神华总裁凌文，神华集团副总经理韩建国、王品刚出席湖南省人民政府与神华集团公司战略合作框架协议签约仪式。根据协议，“十二五”期间，神华集团将在湘投资300亿元左右，合作共建煤炭储备（中转）基地、电力及其他相关产业项目，加大对湖南省电煤的保供力度。

11月14日，“湖南省建设两型园区推动两型经济发展现场交流会”在宁乡经开区成功召开，陈肇雄、蔡力峰出席并做重要讲话。

11月16日，中共湖南省委、湖南省人民政府下发《关于加快长株潭试验区改革建设全面推进全省两型社会建设的实施意见》（湘发〔2011〕15号），为第二阶段阶段加快两型社会建设明确了行动路线图。

11月17日，徐守盛和中国工程院秘书长白玉良出席在长沙举行的全国第一次药物基因组学学术大会开幕式。

11月18日，中国共产党湖南省第十次代表大会在长沙召开。周强代表中国共产党湖南省第九届委员会作报告，提出未来五年我省将全面推进“四化两型”建设，加快建设全面小康，加快建设两型社会，努力在中部崛起中实现新跨越。

11月25日至26日，四川省委书记、省人大常委会主任刘奇葆率四川省党政代表团来湘考察。在湘期间，到长株潭“两型社会”展览馆、中联重科调研，到韶山向毛泽东铜像敬献了花篮，并召开湖南·四川两省经济社会发展情况交流会，周强、梅克保、陈润儿、李微微、陈肇雄陪同考察，徐守盛、于来山出席交流会。

11月28日，省两型办组织省直部门和专家进行2011年省“两型”示范创建工程综合审查，以两型性、示范性、推广性为标准，在全省遴选出201个创建项目和单位，涵盖园区、企业、城乡、学校等多个领域。

11月29日，民营经济发展与“两型社会”建设报告会在长沙召开，陈肇雄出席并作重要讲话，徐湘平主持报告会。本次报告会是2011中国（湖南）民营经济投资洽谈会暨海内外华商湖南行系列活动之一。

十二月

12月2日，中共湖南省委办公厅、湖南省人民政府办公厅下发《关于加快工业转型升级促进环长株潭城市群“两型社会”建设的意见》（湘办发〔2011〕37号）。

12月6日，省委书记、省人大常委会主任周强主持召开省委常委会议，听取省人大常委会党组关于检查长株潭城市群“一条例一决定”贯彻实施情况的汇报。会议充分肯定了省人大常委会2011年开展的长株潭城市群“一条例一决定”执法检查取得的成果。会议认为，“一条例一决定”对湖南的两型社会建设起到了强有力的法制保障作用，执法检查对两型社会建设发挥了重要的推动作用。

12月9日，全省公共机构节能工作会议召开，“十二五”时期将创建100家节约型示范单位，带动全省公共机构节能。

12月10日，以“两型社会”建设纵深推进为主题的第八届长株潭经济论坛暨《长株潭城市群蓝皮书（2011）》首发式在长沙召开。活动由省委宣传部、省长株潭两型办支持，湖南长株潭城市群研究会、省社会科学院联合主办。省人大常委会党组副书记、副主任陈叔红出席并致辞。

12月14日，湖南省与铁道部在北京就加快铁路建设和铁道事业发展举行会谈。周强、徐守盛、韩永文和铁道部党组书记、部长盛光祖，副部长胡亚东、陆东福出席。

12月15日至17日，全国政协原副主席、中国工程院主席团名誉主席徐匡迪与中国工程院院长周济率调研组来湘，就中国特色城市化道路发展战略研究及长江中游城市群发展进行调研。期间，实地考察了长株潭三地的城市规划和产业发展、布局等，为九华示范区升级为国家级经济技术开发区授牌。

12月19日至20日，湖南省委经济工作务虚会召开，会议主旨是贯彻落实中央经济工作会议和省第十次党代会精神，围绕全面推进“四化两型”建设，分析2011年全省经济形势，研究2012年全省经济工作。

12月20日，在全国精神文明建设工作表彰大会上，长沙、常德两市获得全国文明城市荣誉称号，其中长沙市列省会、副省级城市第一，常德市列全国地级市表彰名单第二。

12月29日，长株潭两型社会展览馆2011年度荣誉馆员座谈会在橘洲客栈举行，张萍教授等十名观众成为首批荣誉馆员。12月10日，长株潭两型展览馆接待人数已突破10万人。

12月30日，省委常委、省委组织部部长郭开朗来到长株潭试验区工委，通报省委关于长株潭试验区工委主要领导调整的决定，陈肇雄、张文雄出席并讲话。张文雄指出，长株潭工委将全力在规划、政策、法规、环境、标准等方面为各市州特别是长株潭3市提供服务，当好参谋部、协调部、服务部。

方案设计篇

湖南省贯彻落实《促进中部地区崛起规划》实施方案（全文）

根据《国家发展改革委关于印发促进中部地区崛起实施意见的通知》（发改地区〔2010〕1827号）精神，结合我省实际，制定本实施方案。

一、总体要求和发展目标

（一）总体要求

以邓小平理论和“三个代表”重要思想为指导，深入贯彻落实科学发展观，坚持改革开放，创新体制机制，转变发展方式，提升经济整体实力和竞争力。全面推进“四化两型”建设，坚持以建设“两型社会”作为加快经济发展方式转变的目标和着力点，以新型工业化、农业现代化、新型城镇化、信息化为基本途径，着力调整经济结构，加快自主创新。进一步调整产业结构，积极承接产业转移，大力推进新型工业化；立足省情，重点发展战略性新兴产业；优化空间布局，构建新型城镇体系；推进新农村建设，实现城乡统筹发展；发展低碳经济，加强生态建设和环境保护；改善民生，促进和谐社会建设；加速“两型社会”示范区建设，实现全省经济社会全面、协调、可持续发展。在推进策略上，坚持整体规划、分步实施，坚持立足当前、筹划长远，坚持协调发展、重点突破，坚持市场导向、政府调控，坚持因地制宜、发展特色，坚持机制创新、开放合作，坚持民生为本、和谐发展。

（二）发展目标

1. 经济发展。力争“十二五”期间全省地区生产总值年均增长10%以上，到2015年总量达到2.5万亿元左右，人均地区生产总值力争接近全国平均水平。全社会固定资产投资年均增长20%以上，五年累计完成投资10万亿元，社会消费品零售总额年均增长18%以上，到2015年，达到1.2万亿元以上，消费对经济增长的贡献率提高到50%以上，进出口贸易总额达到300亿美元，地方财政一般预算收入达到1800亿元以上。

2. 结构调整。到2015年全省三次产业结构调整为9.5:48.5:42。战略性新兴产业和高新技术产业增加值占全省地区生产总值的比重分别达到20%和25%左右。非公有制经济占经济总量的比重提高到60%以上。全省城镇化率超过50%，城市群辐射能力进一步增强，首位度进一步提高，长株潭三市地区生产总值占全省的比重达到45%以上，“3+5”城市群地区生产总值占全省的比重达到85%以上。

3. 资源环境。全省单位地区生产总值能耗五年累计下降16%，二氧化硫和化学需氧量排放总量累计减少8%，氮氧化物和氨氮排放量减少10%，铅排放量减少10%，单位地区生产总值二氧化碳排放量累计减少17%，万元工业增加值用水量控制在80立方米以下，城镇生活垃圾无害化处理率达70%，生活污水处理率达75%，全省森林覆盖率稳定在57%以上，生态公益林8800万亩，城市建成区绿地率达到36%左右，城乡生态环境明显改善。

4. 社会发展。到2015年全省总人口7180万人，人口自然增长率控制在7‰以内。五年累计新增城镇就业300万人，新增农村劳动力转移就业300万人，城镇登记失业率控制在5%以内，高中阶段毛入学率达到90%，城镇居民人均可支配收入和农民人均纯收入年均增长10%以上，民生支出占财政总支出的比重超过60%，公共产品供给能力进一步提升，以养老服务为主的适度普惠型社会福利服务体系全面建立。面向城乡全体居民、服务主体多元、服务功能比较完善的社区服务体系基本建立，基本实现城乡社区服务设施、服务项目和服务网络的全覆盖，村（居）民自治制度进一步完善。

5. 科技创新。全社会科技研发经费支出占地区生产总值比重提高到2%，地方财政科技拨款占地方财政支出比重稳定在2%以上。专利授权量年均增长10%以上，授权发明专利占授权量的30%以上，科技进步对经济增长的贡献率超过55%。高新技术产业比重达25%左右。建设一批国家级科技创新平台、国家级企业技术中心和省级企业技术中心，基本建立具有湖南特色的自主创新体系。

6. 基础设施。到2015年全省高速公路通车里程达到7200公里以上、铁路营运里程达到5500公里。将长沙黄花国际机场打造成区域性国际航空枢纽。电力装机容量达到4100万千瓦、清洁能源占比超过30%。“一湖四水”流域防洪保安、农田灌溉等体系基本形成，水资源综合利用能力进一步提升，灌溉用水有效利用系数提高到0.49以上。重大气象灾害监测预警系统初步建成，探索并完善地质灾害易发区的地质灾害调查评价与防治机制。完善公共文化基础设施，提高公共文化产品与服务的供给能力。

二、加快推进粮食生产优势区域布局

结合全省粮食生产现状，编制实行《〈全国新增1000亿斤粮食生产能力规划〉实施方案》，落实中央对中部粮食主产区的各项优惠政策，加大农村金融、保险、财税等对粮食主产区的支持力度，加速完善粮食生产基础设施，以粮食主产县、环洞庭湖优质水稻基地、湘东湘南湘西粮食生产区为重点，将我省建设成为中部地区粮食生产基地。确保粮食播种面积稳定在7800万亩以上，2015年全省粮食总产量3100万吨，2020年突破3500万吨。

（一）提高粮食综合生产能力

1. 实施优质粮食生产区建设工程。大力推进基本农田建设工程，建设一批高标准优质粮田，作为永久性基本农田加以严格保护。加强优质水稻品种选育与推广，重点发展优质食用籼稻，建设良种繁育基地、机插育秧与推广示范基地，大力发展双季稻生产。优化粮食布局，丰富粮食品种。巩固42个粮食主产县建设成果，快速推进环洞庭湖优质水稻基地建设，因地制宜地加速建设湘中东、湘南、湘西粮食生产区。

2. 稳定粮食播种面积。严格执行耕地保护制度，确保到2015年，全省耕地保有量不低于377万公顷，基本农田保护面积不低于323.53万公顷，并根据不同区域发展状况，将指标分解至市州、县市区、乡镇，明确责任。贯彻落实中央惠农政策，进一步提高农民种粮积极性，确保粮食播种面积不减少，稳定粮食生产。

3. 提高粮食生产的科技含量。重点开展水稻优质、高产育种研究的攻关，加大病虫害生物防治、生态控制和安全高效用药技术研究，尽快研制一批植物源农药、微生物农药、昆虫激素等新型高效农药。将农技推广网络建成为县有农技推广中心、乡镇有农技推广站、村有农技服务点、自然村有示范户的“纵到底、横到边”的农技推广网络，加大新技术、新品种、新成果的推广力度，提高科技对粮食生产的贡献率。

4. 加强农田水利设施建设。突出抓好农田水利设施建设，加强主要排灌设施的更新改造和水毁工程的修复。加大病险水库的除险加固力度，搞好大型灌区的续建配套及农业供水终端渠系改造。推进钱粮湖垸等22个蓄洪垸的堤防加固和安全工程、河流疏浚与治理工程建设，构建综合防洪减灾体系。建设四水堤防、山丘城市防洪、重大水库加固扩容、重要河道整治等防洪工程，提高农业生产的防灾减灾能力。

（二）加快农业结构调整

1. 改造提升传统优势农业。打造洞庭湖油菜主产区和衡阳盆地、湘西北油菜传统产区，并向湘南扩展，大力推行油菜“双低化”工程，提高油菜品质的竞争力。集中力量抓好洞庭湖、衡阳棉花主产区建设，确保棉花种植面积在240万亩以上。在全省建立5—10个面积在2000—3000公顷左右的高品质棉花生产基地，力争在2015年高品质棉花生产基地达到6.67万公顷。按照区域化、基地化、商品化、产业化发展方向，力争到2015年将蔬菜种植面积发展到1800万亩，产量达到3500万吨左右。继续扩大柑橘产业优势，巩固全国柑橘大省的位置，以省粮油集团盛节节高公司为龙头，适度发展高附加值的鲜食与果蔬加工以及具有季节优势和地方特色的水果种植。以打造完整的生猪养殖与加工产业链条为目标，重点扶持37个生猪主产县和319国道生猪优势产业带建设，扶持天心集团、新五丰等企业大力发展种猪和生猪业务，完善和壮大产业链。充分利用湖泊、河流、水库、水塘等水域资源，在洞庭湖区建设商品鱼基地，丘陵地区发展山塘养殖，城市郊区发展休闲渔业。

2. 培育壮大特色农业。走专业化分工、机械化耕作和社会化服务发展道路，重点扶持湘西北和湘南地区烟叶生产。遵循向山区集中的原则，建设湘西、湘南、湘东山区全省茶叶主产区。加强杜仲、金银花等中药材基地建设。促进洞庭湖地区苎麻生产。重点推广湘黄鸡、东安鸡、临武鸭、炎陵白鹅等特色家禽品种，打造优质家禽基地及环洞庭湖水禽养殖基地。以湘西北为重点，发展蚕桑生产。

3. 积极发展新兴农业。加大生物育种技术研究的力度，促进新兴生物产业发展。开发利用草山草坡和秸秆资源，大力发展节粮型草食动物产业，优先扶持肉牛、湘东黑山羊、湘北马头山羊、湘西南江黄羊，湘南草场奶牛养殖区。抓好洞庭湖区杨树、湘南地区桉树、湘中地区楠竹等速生丰产林基地和浏阳河花木带建设。

（三）提升农业产业化经营水平

1. 培育农业产业集群。加强对长株潭城市群、京广线沿线地区、环洞庭湖区和湘西特色农产品主产区和产能集中区支持，重点打造食品加工、烟草工业、中药材加工、服饰材料加工四大产业集群，争取全省2015年农产品精深加工率达50%以上，形成4～5家过100亿元的龙头企业，10家过50亿元，30家过10亿元的大型龙头企业，全省农产品精深加工整体水平得到明显提升。

2. 推进农村土地集约化经营。推进农村土地整治，完善土地流转机制，促进土地向种粮大户和粮食生产企业集中，以扩大生产规模，降低生产成本，增强市场竞争力。建立土地流转补贴制度，对流转土地经营权的农户给予一定的经济补偿。

3. 构建现代粮食物流中心。建设一批粮食储备和中转物流设施，实施农户科学储粮专项。到2015年，初步构建跨省跨区的粮食物流通道，完善重要物流节点，基本实现粮食流通“四散化”（散装、散卸、散储、散运）和整个物流环节的无缝化连接，成为国家中部地区粮食中心物流节点。形成“一个中心、五大节点、百家骨干”的物流网络格局，即以金霞物流园为中心，以岳阳、怀化、衡阳、常德、郴州5个城市为节点，以100个重点物流企业为骨干，加快形成全省统一开放、方便快捷、运转高效的现代粮食物流体系。

（四）完善农村基础设施

1. 实施农村安全饮水工程。优先保证高氟、高砷、血吸虫等原因形成的饮水不安全人口的安全饮水，重点解决好农民群众饮用苦咸水、严重污染水以及局部地区严重缺水的问题和水库移民、少数民族和农村学校的饮水不安全问。

2. 加快农村交通道路建设。争取2015年实现全省建制村通畅率达到100%，完成所有县道砂路、乡镇通达线上油返砂段的改建，基本完成通往经济发达的小城镇、重要经济干线以及网络化作用显著的乡道沙路改建。

3. 推进农村能源建设。实施农村电网改造，实施小水电代燃料建设，推进无电地区的电力建设。重点推广沼气及其综合利用技术和生活污水净化处理技术，太阳能热水、采暖、干燥技术和生物质气化、固化及其综合利用技术，逐步淘汰农村原煤燃料。

4. 营造农村人居环境。推进城乡公共服务一体化进程，在有条件的地区构筑城乡一体的生活垃圾处理、给排水、公共交通网络。积极推进村庄整治，实施“乡村清洁工程”，一乡一镇整体推进。认真抓好造林绿化和森林保护，加快林业生态体系和林业产业体系建设。进一步改善农村生产生活条件，实施农村信息化工程。继续实施扩大农村危房改造试点，建设“万村千乡”市场，新建、改造一批农家店和农村商品配送中心。

三、能源原材料基地建设

（一）能源建设

1. 煤炭。加大对全省现有煤炭资源的整合力度，做好中小矿井的整合改造及煤矿兼并重组工作，提高综合利用水平。支持湘煤集团加快煤炭资源整合，提高煤炭资源综合利用水平，打造我省能源保障的主平台。革新采矿技术，提高采矿机械化水平和资源回收利用率，综合利用有工业价值的共生矿产，实现煤炭安全生产和可持续利用。加大煤炭资源勘查力度，集中力量做好大矿山深边部、矿产储量表上已有储量但需进一步工作的井田、区段以及预测级别高、开发条件好的预测区的重点勘查工作，增加煤炭后备资源。加强煤炭战略储备，积极开拓省外煤炭供应渠道，与陕西、山西、河南、贵州等煤炭资源丰富省份建立统一协调的购煤机制。适度控制火电规模，大力发展新能源，加大对煤矿区生态环境的保护力度。

2. 石油天然气。加快完善配套管网建设，合理引导油气消费，同时要积极争取国家重点油气管道的布局和建设。加快西二线省内配套湘潭—娄底—邵阳、衡阳—郴州等长输管道项目建设，以及重点县、市管道建设，争取西气东输三线主干线贯穿湖南，配套建设其他气源，力争到2015年实现“气化”全省十四个市州的目标。积极推进省内油气田的勘探工作，加快洞庭湖区域、衡邵盆地、张家界等地油气勘探前期工作，争取在“十二五”期间达到相当规模的深度勘探。充分利用我省便于向西南纵深辐射的区位优势，利用长江内河大吨位运输的便利条件，积极争取国家在省内（长沙或岳阳）布局首批内陆地区石油战略储备基地。

3. 电能。加快发展核电，适度建设火电，深度开发水电，因地制宜发展新能源，补充输入外部能源。加强输电通道建设，加快推进荆门至长沙交流1000千伏（双回）特高压线路、长沙1000千伏变电站和酒泉至湖南直流±800千伏线路及变电站等主干电网通道建设，配合向家坝至上海、锦屏至江苏、溪洛渡至浙西等3条过境直流±800千伏线路建设；稳步推进宝庆电厂至长阳铺、长沙特高压至星沙（双回）、株洲电厂至株洲南、自治州至牌楼、桃花江核电、宝庆电厂、株洲攸县电厂等大型电源的送出通道，进一步提高电网资源优化配置能力。加强农网升级改造，重点强化各市州10千伏及以下配电网建设，进一步拓宽电力市场，惠及广大农民群众。大力发展新能源产业。争取中核桃花江核电站项目2011年开工建设。争取中电投小墨山核电站项目纳入国家核电发展中长期规划，争取“十二五”开工建设。加快邵阳南山、益阳漉湖风电场建设步伐，筹备建设郴州鲁荷金、涟源龙山、宜章太平里、岳阳君山、怀化雪峰山、娄底大熊山、常德目平湖等风电场项目，力争2015年风电装机规模达到200万千瓦。适当发展能源作物种植，培育生物柴油、工业乙醇等其他工业燃料产业，加快生物质电厂建设，重点支持湘潭、长沙、株洲、岳阳、常德、益阳、衡阳、娄底等垃圾发电厂和南县、临澧、双峰、隆回、安仁、茶陵、汉寿、邵阳、衡阳等县生物质电厂建设，改造一批自备电厂、热电联产和常规小火电厂，由燃煤改为燃用生物质原料。依托现有光伏产业优势，实施屋顶发展计划和金太阳示范工程，重点在政府机关、学校、医院、宾馆等公益性建筑建设屋顶太阳能并网光伏发电系统，在道路、公园、车站等公共设施照明中、在无电地区推广使用风光互补电源。

（二）原材料基地建设

1. 钢铁。依托华菱集团做好钢铁产品结构优化，加快高新技术含量和高附加值钢材产品开发和生产。一是加大精品钢材产业集群建设，重点发展湘钢宽厚板及优质高线加工集群、涟钢薄板及加工集群、衡钢钢管及加工集群，建设中南地区乃至全国的精品钢材生产和出口基地。加快汽车板、取向硅钢、5米宽厚板和无缝钢管等一批重大项目建设。鼓励各钢铁企业错位发展，形成特色鲜明、竞争力强的产品系列。加快淘汰300立方米以下高炉和20吨以下转炉、电炉等产能。

2. 有色金属。支持湖南有色控股集团、金鑫黄金集团加大省内资源整合，提高有色金属精深加工水平，延伸产业链，提高产品附加值。加大有色金属矿产资源勘查、矿业秩序整治和资源优化配置力度，提高资源综合利用和循环利用水平，增强资源保障能力。在采选和冶炼环节，鼓励采用先进适用技术、工艺和装备，强化节能降耗减排，坚决淘汰落后产能。重点发展锌、铅、硬质合金、钨、钼、锑及其深加工产品，加快发展铋、稀土元素、砷等精细化工制品，使有色金属深加工产品产量占比达到50%。重点发展长沙、常德、株洲、衡阳、郴州五大有色金属精深加工产业集群，壮大产业力量。重点支持湖南有色控股集团、晟通科技集团、金鑫黄金集团、金龙国际铜业、湘投金天集团、宇腾有色等骨干企业的发展。延长有色金属加工产业链，提高采选冶及深加工的装备水平和技术含量，尽快建成“湖南有色金属新材料深加工研发和推广中心”。

3. 石化。加快建设长岭30万吨SBS扩建工程及技术改造工程，提高原油深加工能力，重点发展高附加值精细化工产品。依托巴陵石化、长岭石化等大型企业，打造岳阳石油化工、株洲基础化工、衡阳盐化工以及长沙精细化工产业四大石化产业集群，延伸焦化、磷、氟、盐化工产业链。发展高浓度基础性肥料和高效复合肥，开发新型农药中间体和高效低毒低残留农药品种。

4. 建材。以结构调整和技术革新为主线，大力发展节能环保型建材。构建以长沙为中心的湘东北水泥生产基地，以湘潭、益阳、娄底为中心的湘中水泥生产基地，以郴州、永州为中心的湘南水泥生产基地和以常德为中心的湘西工业水泥生产基地四大优势水泥产业带，提升水泥产业整体实力。稳步推进新型干法水泥生产基地建设，扩大粉煤灰、煤矸石综合利用新材料及节能保温新型墙体材料市场份额，逐步淘汰技术工艺落后、产能较低的小水泥厂。加强对基础材料制造、建材综合利用和协同处理技术、太阳能发电与建材及一体化技术、新型墙体材料应用等技术的重点攻关，推进建材产业的整体升级。

四、现代装备制造业和高新技术产业基地建设

（一）大力发展装备制造业

1. 工程机械。以三一重工、中联重科、山河智能为龙头，推动工程机械产业向智能化、环保化、模块化和标准化方向发展，形成以混凝土输送泵、隧道岩石挖掘机、静力压桩机、汽车起重机为主导，从零部件到整机生产的工程机械产业链条。加快发展智能环保型建筑及路面施工、起重运输、路面养护、非开挖施工、沥青路面养护再生设备等整机产品以及港口工程机械、土方机械、高原型工程机械、军事工程机械、矿山工程机械等特种产品，加强液压传动、大功率发动机、综合控制系统等关键零部件核心技术的研发和应用，开发专用柴油机、高品质传动部件、重型车桥、大型回转支承、柱塞液压马达、液压泵和“四轮一带”等工程机械产品。

2. 风电装备。整合全省风电资源，以湘潭风电产业园、株洲风电产业园为核心，以湘电集团、株洲电力机车研究所、株洲南车电机公司等整机制造企业为骨干，以多兆瓦级风电机组、兆瓦级高压风电机组及关键零部件为核心，推进风力发电机组及机械传动、电器控制、电气电子、复合材料等相关产业的规模化发展，打造国内最具市场竞争力的风力发电装备产业集群。

3. 汽车。支持骨干整车企业做大做强，实施整车带动战略。支持关键品种上水平、上规模，加大轿车、新能源汽车和关键零部件发展。支持长丰汽车、湖南吉利汽车等自主品牌轿车和株洲南车时代等新能源汽车做大做强，加快汽车研发、零售和售后服务等汽车服务业发展，支持中联重科和三一重工等专用汽车做大做强。积极扩大汽车消费，支持省产汽车稳定生产，开拓市场。

4. 轨道交通设备。以轨道交通机车整车、城市轨道交通装备及关键零部件产业为重点，加快推进现代轨道交通装备制造业由设备研发制造向工程总承包设计和核心部件两个高端拓展。着力抓好株洲产业基地和湘潭产业基地建设，以株洲高新区田心科技园为平台，以株洲电力机车有限公司、株洲电力机车研究所、株洲车辆厂为龙头，整合相关资源，建设株洲电力机车产业基地；以湘潭电机集团公司为龙头，依托其国家重大技术装备国产化基地，在湘潭建设国内一流的电气成套装备、车辆成套装备、通用装备制造基地。

5. 船舶。强化政府主导作用，推进专业化重组与协作。积极开展造船工业研发，鼓励企业与高等院校、科研院所共同投资参股组建船舶制造技术中心，加速科技成果的转化和产业化。以市场需求为导向，加快构筑优势配套产品研发平台，选择部分重点产品，集中力量开展技术引进和国产化研制。

（二）促进高新技术产业发展

1. 电子信息产业。培育壮大太阳能光伏产业、软件产业、消费类整机产品、新型显示器件和半导体照明等辐射力强、集聚效应明显的产业集群。支持汽车电子、工程机械电子、电力电子、医疗电子发展，加快发展网络经济、三网融合增值服务、物联网等新兴业态，建设移动电子商务产业园区和创新基地，培育新的增长点。围绕电子政务、电子商务、城市信息化，发展应用软件产业。支持多晶硅、太阳能电池等光伏产业的技术和产品创新，建设光伏产业示范工程。通过培养一批龙头企业来壮大电子信息产业，支持以长丰汽车集团为龙头，大力发展汽车电子产业发展，培育应用电子产业新的增长点。支持以湖南电子信息产业集团、中国电子科技集团公司第四十八所等大力发展多晶硅、太阳能电池等光伏产业的技术和产品创新，建设光伏产业示范工程。依托省内技术和人才优势，加快承接产业转移，建立一批电子信息产业特色基地和园区，做大做强省级电子信息产业园，加速产业集聚。

2. 生物产业。培育生物医药和生物育种产业，重点发展具有技术与产业优势的现代中药、有机农业，创新药物、生物制造、生物环保和生物能源等产业，建设长沙国家生物产业基地，辐射带动怀化、岳阳、衡阳三大配套区域。建立产业发展激励机制，完善投融资体系，推进龙头企业通过兼并、联合等方式进行重组，培植一批规模大、成长性好、创新能力强的企业或企业集团。以春光九汇为依托，大力推进中药超微饮片产业化。支持凯铂制药等企业建立包括抗感染药、心血管药物等在内的新药创制体系，加大自主创新能力，提高产业化水平和市场占有率，将湖南建设成我国特色鲜明的重要的生物产业增长极。

3. 民用航空产业。以大型客机和商用飞机发动机的设计、研发和生产为重点，以航空电子、航空材料、机载设备的设计、研制和生产为支撑，建设湖南民用航空产业基地。推进一批有条件的企业集团，在特殊合金、碳纤维、发动机叶片、机内外涂料、飞机轮胎、阻燃材料等配套方面重点突破。加快推进中小企业对接民用航空高新技术产业化配套的进程。围绕大型客机、商用飞机发动机等研制计划，促进科研院所、配套企业与民用航空重大项目承担企业的协调与对接，构建民用航空产业产学研合作平台。

4. 新能源汽车产业。以汽车电池、混合动力大巴整车设计与制造、电控系统、混合动力发动机控制技术、车用永磁电机、动力模块等产业为重点，大力发展混合动力系统总成、驱动电机及控制系统、高性能动力电池、动力总成模块、汽车电子控制系统、燃油喷射系统、汽车自动变速器总成等7类关键部件。以长株潭成为全国首批电动汽车示范区为契机，加快标准化电池充电站等相关配套设施建设，大力推广绿色交通，形成以电动汽车整车为主导、以驱动电机和高性能动力电池为基础、以匹配合理的动力系统总成为支撑的新能源汽车产业格局。

（三）以高新技术和先进适用技术改造传统产业

1. 食品加工。以生物技术、信息技术、新材料应用技术、节能节水技术、综合利用技术改造提升食品加工业；重视食品质量安全，逐步建立与国际接轨的食品质量标准体系；明确粮食加工、畜禽肉类加工、果蔬罐头加工、食用植物油加工、水产品加工、精制茶加工等一批重点行业技术改造主攻点，积极开展食品资源综合利用，促进食品工业持续、健康、快速发展。

2. 家电制造。加速技术升级和产品换代，培育和发展以远大直燃机有限公司、华良（中意）电器有限公司等主机企业和以暮云工业园家电配套生产企业为重点的家电制造业集群。加强与世界先进电器公司的技术合作，吸引欧美世界级制造商、国内顶级品牌制造商将生产能力向湖南转移。拓展银行信贷投资，积极协调金融机构对家电制造业进行重点支持，优先推荐发行股票或债券，开辟多种融资渠道。推进重大行业共性技术创新和改造，在企业融资和贷款贴息等方面进行重点支持。

3. 纺织服装。依托环洞庭湖区的棉、麻原料优势，培育壮大常德棉纺、益阳棉麻等产业集群；以株洲雪松和岳阳洞麻为依托，大力发展原料、纺织、织造、针织、染整等各个环节的联合开发优势，提高我省麻纺服装及家用纺织品等在国内外市场的占有率和品牌美誉度。发挥湘南区位优势，积极承接沿海纺织工业转移，建立蓝（山）宁（远）道（县）沿海纺织工业转移带；以株洲服饰市场群为中心，支持株洲芦淞、醴陵船湾、长沙城区、宁乡县等地服饰产业发展，使纺织成为全省新型工业化的支柱产业之一。依托益鑫泰等骨干企业，重点开发高支、多种纤维混纺、交织、色织等高附加值产品。支持符合条件的企业发行企业债券或以信托方式融资，鼓励国有或国有控股的中小企业信用担保机构对纺织企业提供融资担保。

4. 造纸。发挥竹木、芦苇等资源优势和造纸技术优势，推进林纸一体化。依托泰格林纸、恒安纸业等骨干企业，发展高档胶印书刊纸、白卡纸、高档包装纸和纸制品等深加工产品。实施怀化木浆、永州包装纸及常德、益阳林浆纸等项目，构建国内一流的林浆纸一体化产业链。加大政策扶持力度，严格行业准入制度，坚决淘汰能耗高、污染大，效益差的低档产品。加大环保投入力度，以优良的工艺技术、环保新装备的运用以及清洁生产改造等措施，进一步减少污染物的排放总量。

五、综合交通枢纽建设

（一）加快铁路网建设

结合国家中长期铁路网规划，突出沪昆客运专线湖南段的建设。扩大路网覆盖面，加快荆州至岳阳、衡阳至井冈山、怀化至邵阳至衡阳等地区开发性新线建设。建设长沙—株洲（湘潭）线、长沙—益阳—常德线、长沙—浏阳、长沙—岳阳、株洲—衡阳、湘潭—娄底等城市群城际铁路系统。充分利用武广客运专线开行岳阳、长沙、衡阳间城际列车。

（二）完善公路干线网络

结合《国家高速公路网规划》和《湖南省高速公路网规划》，推进高速公路建设，确保到2012年，形成覆盖全省、快速畅通的高速公路网络，实现全省90%以上县城可在30分钟内上高速公路。以厦蓉高速汝城至道县段、包茂高速吉首至通道段、二广高速澧县至蓝山段、杭瑞高速岳阳至常德段、京港澳高速湖南段复线、泉南高速界化垄至茶陵段等高速公路为重点，积极推进其他省际和城市群城际高速公路建设，完善全省高速公路网络。注重路网改造，提高干线公路技术等级，加强省际断头路建设，推进县乡公路网畅通工程。

（三）加快机场建设

加快推进长沙黄花机场改扩建工程和飞行区东扩工程建设，打造区域性国际航空枢纽，提升长沙机场在全国民用机场布局规划中的地位。积极实施张家界、常德、永州、怀化机场改扩建工程，加快跑道、站坪、航站楼建设和改造，改造提升货运、导航、通信、供电、给排水、消防等相关设施。规划建设衡阳、岳阳、邵阳、娄底机场，做好项目的相关选址和前期工作。

（四）提高航道运输能力

加强主要河流航道建设，结合长江干流和主要支流河道综合整治工程，重点实施好长江航道湖南段航道疏浚、湘江衡阳至城陵矶2000吨级航道改扩建等工程，提高通航能力。推进长沙霞凝新港三期、岳阳城陵矶（松阳湖）新港区、湘潭港铁牛埠港区二期、株洲港铜塘湾港区一期等工程建设，将长株潭港口群和岳阳港打造为省级航运的中心。加快湘江长沙和衡阳土谷塘航电枢纽工程建设，启动洞庭湖岳阳综合枢纽前期工作，完善电站、泄水闸、船闸、坝顶路桥等设施。

（五）推进现代物流设施建设

加快铁路、公路、水运、航空和管道等基础设施建设，加强各种运输方式之间的中转衔接；加强仓储设施建设和改造升级，支持设立钢铁、粮食等期货交割库；加快物流信息基础设施建设，推进无线宽带等设施建设。鼓励企业技术创新，推进重要创新产品的推广与应用。规划建设湖南金霞、长沙空港、株洲石峰、湘潭九华、岳阳城陵矶港、怀化鹤城、衡阳白沙、郴州湘南国际等省级物流园区；推进物流资源交易平台建设，积极发展电子商务和网上交易。鼓励大型专业批发市场和物流企业以网络为载体，以资源交易、信息发布和衍生服务为主要手段，以建设区域性物流市场为目标，引导生产企业和商贸企业推广供应链管理和智能化、自动化管理模式。

六、"两型社会"建设及省重点地区发展

（一）培育城市群增长极

1. 打造"一心双轴双带"发展格局一心。长株潭三市结合部的生态绿心地区，是"两型社会"建设的窗口；双轴，长株东线重点发展轴、长潭沿湘江重点提升轴，是城市和产业一体化建设的综合廊道；双带，包括北部东西综合发展带、南部东西优化发展带，是城镇和产业聚集发展的复合走廊。

2. 奠定"一区三圈一带四轴"结构的大发展时空。一区，以长沙市为中心的长株潭城市群整合周边具有功能与空间一体化发展潜力的市州、县市区城乡空间，构建交通与功能高度一体化的长株潭大都市区，打造环长株潭城市群（3+5）强大的区域中心；三圈一带，分别以常德市、岳阳市、衡阳市、娄底市为核心，整合周边具有功能与空间一体化发展潜力的县市区城区，发展常德市、岳阳市、衡阳市三个城市圈和娄底城市带；四轴，即长沙—常德、长沙—岳阳、长沙—衡阳、长沙—娄底四条对外轴线。

3. 培育产业集群。结合"两型社会"建设要求，重点培育高新技术和节能环保优势产业集群。以长沙高新区、长沙经开区、株洲高新区、湘潭高新区为依托，重点发展新材料产业集群；以湘潭高新区、湘潭风电产业园、株洲风电产业园、长沙光伏产业园为依托，重点发展新能源产业集群；以长沙高新区、长沙经开区、株洲高新区为依托，重点发展电子信息产业集群；以株洲高新区、长沙航空工业园为依托，重点发展航空航天产业集群；以长沙生物医药产业基地、隆平高科技园、长沙高新区、浏阳生物医药产业园区为依托，重点发展生物医药产业集群；以湘潭九华工业园、株洲栗雨工业园、长沙雨花工业园为依托，重

点发展汽车及零部件产业集群；以长沙经开区、长沙高新区为依托，重点发展工程机械产业集群；以株洲田心高科技园、株洲董家塅高科技园为依托，重点发展轨道交通产业集群。

4. 建设绿心式生态型城市群。以湘江为联结长株潭三市的生态纽带，整合沿岸的生态资源和历史文化资源，共同开发山水景致秀美、文化内涵丰富的滨江风光带；建设和保护好长株潭城市群生态绿心，长株潭三市建成区保持足够的生态隔离空间，长沙城区与株洲、湘潭城区之间保持16～18公里的生态绿地间隔，株洲城区与湘潭城区之间保持8～10公里的生态绿地。力争到2015年区域森林覆盖率达到55.7%，2020年区域森林覆盖率达到56.0%。

（二）加快沿长江经济带发展

1. 提升我省在长江经济带中的地位。依托区位优势，以岳阳市为门户，加强与长三角和长江上游地区的经济协作。发挥长江水运优势，加快沿江铁路和高速公路建设，构建综合运输体系，提高物流聚散能力和整体综合实力，逐步提升我省在长江流域开发开放中的战略地位。

2. 加快区域经济一体化发展。依托长江黄金水道，主动承接上海、江浙产业的梯度转移，吸引东部地区产业、资金、技术和人才入湘，加快经济结构调整和产业升级；抓住国家促进东部地区开放、实施西部大开发、振兴东北老工业基地等战略机遇，在东中西联动发展中推进区域经济一体化发展。

3. 加强岳阳门户功能建设。以国内外产业和资本转移为契机，依托长江黄金水道，承接长三角经济圈辐射，紧密融接长株潭和大武汉两个城市群，在更大范围、更广领域和更高层次上参与经济技术合作和竞争。

（三）提升京广经济带水平

1. 推动“一点一线”地区加快发展。依托京广交通大动脉，以长株潭三市为中心，促进包括岳阳、长沙、株洲、湘潭、衡阳、郴州等6市在内的“一点一线”地区协同发展。充分发挥长株潭地区的引擎作用，以京广线为轴，推动岳阳市积极对接武汉城市圈，推动衡阳、郴州、永州三市加快对接珠三角，促进省内南北部经济协调发展。

2. 加大湘南地区开发开放力度。加强湘南地区与“长三角”、“闽三角”、“南贵昆”的经济联系和合作，促进区域间优势互补、紧密协作、共同发展，进一步拓展与东南沿海及东南亚积极合作的新格局。发挥湘南地区出境方便、运输成本较低的优势，主动接受粤港澳辐射，以产业承接为重点，加快与粤港澳全方位的对接和融合，推动区域间生产要素合理流动和优化配置。

（四）扶持民族地区和贫困地区发展

1. 加大财政转移支付力度。加强对落后地区的教育、医疗等社会事业的投入，提高贫困阶层的生活质量，缩小不同地区和不同阶层居民在社会公共事业方面的差距。拓宽对贫困地区的补贴途径，提高补贴标准，综合利用财政、价格、利率等分配工具，进一步发挥财政政策缩小收入分配差距的作用。用法律手段约束各行政主体的分配行为，确保政府转移支付政策的实施。

2. 加大扶贫开发力度。强化地方各级政府扶贫职责，认真落实各项扶贫措施，加大扶贫投入，完善扶贫机制，实行扶贫整村推进。整合扶贫资源，继续实施区域协作扶贫、驻村扶贫和对口帮扶。加快革命老区、民族地区、库区经济社会发展。加强对贫困子女的教育扶助，防止贫困代际传递。

3. 加强贫困地区基础设施建设。继续抓好国省干道改造。加快建设张花、龙永、永吉及包头至茂名湖南段高速公路和若干连接线。加快省际公路建设，重点推进G209湘西段、城步至贝子河、慈利至石门等公路建设。建设和改造沅陵至张家界、S306慈利至通津浦等旅游公路。加快县际及通乡、通村公路建设。做好沅水、舞水、酉水等航道改造，加强沅陵码头配套设施建设。加快区内铁路货站的改造，建设渝怀铁路东延和张家界至黔江铁路。

4. 加速推进特色产业发展。依托丰富的矿产资源、生态资源和生物资源，振兴湘西民族工业，着力培育壮大湘西烟酒业、矿产品加工业、医药食品业。推进产业园区建设，打造招商平台，重点抓好吉凤工业园和其他县市工业园区建设，培育一批工业小区。

（五）支持重点旅游景区发展

1. 提升发展水平，发挥红色旅游综合效益。以长株潭为核心，构建“大湘东、大湘西”两大重点发展片区，依托湘潭—长沙—岳阳、长沙—湘潭—株洲（茶陵、炎陵）、湘潭—长沙—益阳—常德—张家界—吉首、长沙—湘潭—娄底—邵阳—怀化、长沙—湘潭—衡阳—永州—郴州五条红色旅游发展纽带，进一步完善韶山毛泽东故居、宁乡刘少奇故居、湖南第一师范旧址、湘潭东山学校旧址、湘鄂赣革命纪念馆等六十个红色旅游精品景区建设，充分发挥红色旅游的“四大工程”（政治工程、文化工程、富民工程、民心工程）和“三大效益”（整治效益、社会效益、经济效益）的作用。

2. 着力品牌创新，打造精品线路。建设九大国际旅游精品，即：长沙市、张家界市建成国际旅游目的地城市，韶山、南岳、凤凰、岳阳楼、崀山、炎帝陵、舜帝陵建成国际旅游精品目的地景区。培育十大国内旅游著名品牌，即：永州柳子庙—阳明山、岳阳汨罗屈子祠龙舟文化旅游区、怀化洪江古商城—芷江、娄底曾国藩故居、梅山龙宫—紫鹊界梯田、常德桃花源—柳叶湖、湘西芙蓉镇景点圈、郴州东江湖—莽山、益阳茶马古道、株洲云峰湖。打造十条精品旅游线路，即：湘西生态民俗风情精品旅游线、湘东武广高铁精品旅游线、湘南寻根祭祖精品旅游线、湘东红色文化与休闲精品旅游线、湘中大梅山文化精品旅游线、湘北环洞庭湖生态文化度假精品旅游线、伟人故里“红三角”精品旅游线、湖湘文化精品旅游线、山水奇观精品旅游线、湘江生态旅游精品线。

七、节能减排及湘江流域环境治理保护

（一）提高资源综合利用和循环经济发展水平

1. 提高水资源利用综合效益。实行最严格的水资源管理制度，全面落实水资源管理的各项法律、法规和政策措施，严格执法监督，切实提高水资源管理能力和水平。推进节水型城市试点。积极发展节水高效农业，以提高灌溉水的利用率、单方水的产出率和单位降水量的生产能力为核心，加强用水管理和水的优化调度。以改进地面灌溉技术为重点，提高水分利用率和水分生产效率。加强城市供水体系建设，加大城市供水管网建设和维护力度，加大城市供水设施建设改造，提高供水安全可靠性、经济合理性。到2020年，长株潭核心区日供水达到340万吨，其中长沙市区179万吨/日，株洲市区84万吨/日，湘潭市区77万吨/日；核心区的再生水回用量达到65万吨/日。

2. 积极发展循环经济。调整能源结构，大力发展生物质能、风能、太阳能、地热能等清洁可再生能源，建立安全可靠、清洁高效的能源支撑保障体系。结合长株潭发展实际，逐渐降低煤炭在能源总消耗中的比重，2011～2015年期间，实现节能500万吨标准煤；加速核电建设步伐，力争桃花江核电站建设完工、小墨山核电站建设全面启动；抓紧建设一批天然气储配站，协调落实全省管输天然气气量指标，到2020年，长株潭地区天然气供气量达到25亿立方米，争取全省14个市州全部开通管输天然气。加大节能减排力度，加快城市产业结构调整，大力发展低碳经济和绿色经济，逐步改变生产生活方式，努力实现国家设立的2020年单位国内生产总值二氧化碳排放量比2005年下降40%～45%的目标。

（二）加强生态建设与保护

1. 加强水土流失综合治理。将山区作为水土流失治理的重点。坡度大于25°的山地，完全退耕还林、还草，实行封山育林，水土流失的重灾区实施生态移民工程；对于15°～25°的坡地，大量种植保水保土能力较好的经济林和其他农作物，并修建必要的水利设施，承载降水的同时，对作物进行灌溉，确保减少或不发生水土流失；对于15°以下的平原地区，积极发展高效农业，重点做好防涝排水工作，并制订相应的政策措施，确保水土保持工作落到实处。

2. 加大洞庭湖综合治理和生态修复的力度。兴建保护生态水利工程，扩容补枯，保证和补充洞庭湖环境水量，逐步恢复洞庭湖水天一色的自然风光。引江济湖，在上荆江南岸距太平口10km的杨家脑建设水闸，在湖北宛市分洪区开挖5～10km的渠道，引水入虎渡河或松滋东支。在湘、资、沅、澧四水中上游修建或扩建水库，每年多调蓄洪水50亿立方米，对洞庭湖冬枯季节实行调水补枯。深挖河湖，改善洞庭湖天然湖泊调蓄功能。

3. 加大洞庭湖湿地保护力度。严格执行生活污水和工业废水排放标准，实行污染物总量控制，对排污超标单位依法责令限期整改并予以处罚。积极发展绿色农业，减少农业面源污染；强化恢复湿地生态功能，建立珍稀鸟类、珍稀濒危水生动物栖息与繁衍地以及湿地景观等自然保护区，建立双退垸生态功能恢复保护区；严格监管措施，巩固退田还湖、平垸行洪的治理成果；针对洞庭湖生物多样性保护方面的重大问题，各相关部门建立部门间的沟通和联系机制，采取联合整治行动。

4. 加大风景名胜区保护工作力度。加快风景名胜区体系规划编制步伐，强化规划监督，加大资金支持力度，着力提升全省风景名胜区总体规划、详细规划覆盖率。加强国际合作交流，积极培育世界遗产项目。

（三）加大湘江流域综合治理力度

1. 建立综合治理机制。争取湘江流域列为国家大江大河治理重点，加大对湘江流域治理重大项目的支持力度；加强对湘江流域水污染防治投融资政策、流域水污染防治价格和税费政策等研究，加快跨流域、跨地区水污染治理制度设计步伐。

2. 加强监控体系建设。加强湘江流域的环境监控，加快建设重点排污口全天候视频监控系统，开展流域水生态功能区划、水质目标管理、水环境监测、预警和水污染防治综合决策等技术研究，构建流域监控体系。

3. 建立生态环境补偿机制。开展生态补偿试点，重点建立湘江流域水源保护区、长株潭“绿心”保护区等区域的生态补偿与污染赔偿机制。

4. 加强防洪基础设施建设。加大湘江上游地区水土保持力度，新扩建一批水库，增加防洪库容，确保城市防洪安全。到2015年，新建、加高防洪堤506公里，其中湘江干流200年一遇标准防洪堤36.2公里、100年一遇标准防洪堤141公里、50年一遇标准防洪堤100公里。

（四）加大湘江流域专项治理力度

1. 重金属污染治理。分区域有针对性地治理重金属污染。加强对郴州临武县、汝城县、北湖区和苏仙区等有色采选集中地区的综合治理，力求恢复有色采选集中地区生态环境；加大对衡阳水口山地区冶炼企业整治力度，关闭违规作业和污染严重的小冶炼企业；落实湘潭岳塘和竹埠港地区化工、颜料、冶炼等重污染产业退出计划，鼓励发展资源消耗低、环境污染少的机械制造、电子信息等产业；推进株洲株冶等含重金属废水的深度处理，改造完善排污系统。

2. 水污染防治。采取水陆并重的综合整治方案，完成湘江流域水污染的综合治理，到2012年实现工业废水稳定达标排放，垃圾资源化率超过30%，湘江水质基础保持在Ⅱ类以上；突出湘江流域支流水污染防治重点，加强对蒸水、郴水、渌水、涟水、侧水、孙水、浏阳河、捞刀河、沩水下游江段的治理，控制粪大肠菌群、总磷、氨氮、石油类、挥发酚、重金属等污染物的排放。

八、社会事业发展

（一）优先发展教育事业

1. 努力推进基础教育健康协调发展。实施“湖南省九年义务教育万校标准化工程”，重点改造农村中小学危房；推进基础教育资源共建共享，继续高标准高质量“普九”，逐步化解农村“普九”债务；实施“农村中小学教师素质提升工程”、“农村中小学家庭经济困难学生资助扩面工程”，使每位农村适龄儿童和少年接受小学到高中教育；加快发展学前教育，推进农村公办幼儿园建设工程，支持普惠性幼儿园建设，解决入园难问题；加快寄宿制学校建设，解决好农村留守儿童受教育问题。

2. 提高高等教育质量。支持中南大学、湖南大学、湖南师范大学等争创国内一流大学，引导各类高校科学定位，特色发展；大力发展研究生教育，开展研究生教育创新工程，提高研究生培养质量；制定并实施“湖南省高等教育教学改革与质量提高计划”，初步建成全省优质教学资源库和服务体系；整合和建设一批国家级、省（部）级重点实验室及工程研究中心，推进大学生科技创新平台建设，打造一批实验、实训新基地；完善科技创新体系，加强科技创新公共平台建设，实施知识产权战略，鼓励推进原始创新。

3. 发展具有湖南特色的职业教育。实施职业教育服务能力提升计划，设立职业教育对接产业发展专项引导资金，重点支持国家和省级示范职业院校建设，打造一批国内一流的特色专业；大力推行校企合作，支持学校与企业联合建设实训实习基地，通过选聘、引进、培训等措施，切实加强专业课教师队伍建设，改革课程设置，调整教学内容，提升职业教育品质；切实加强职业院校人才培养，基本形成技术、知识和复合技能型人才的培养机制，实行学历文凭与职业资格证书并重的制度，积极试行学分制和弹性学习制度，促进学生特别是在职人员半工半读、分阶段完成学业；发挥职业院校的资源优势，积极参与“国民信息技能教育培训行动计划”、“千万农村劳动力素质培训工程”和企业职工培训，全面提高劳动者素质。

4. 加快构建学习型社会。开展创建学习型社区、机关、企业和家庭等活动；实施社区教育网络建设工程，加快形成县市区、街道（乡镇）和社区（村）三级社区教育网络，力争5年内城市社区教育普及率达到80%、农村达到50%；建立学校教育、学前教育、职业培训、休闲教育、老年教育等公共教育资源平台，通过远程教育网络对外辐射服务，逐步建立同级各类教育学分互认制度。

（二）繁荣文化体育事业

1. 推进公共文化体育服务体系建设。推进基层文化体育工程，增加农村文化体育建设资金投入。加快推进省级公共文化设施建设，重点建设一批能体现湖南特色的标志性文化设施，重点抓好7大文化建设工程。全面完成各市州艺术馆、图书馆等文化广场和文化设施的建设。全面完成乡（镇）、街道综合文化站的建设，全省90%的行政村、社区完成文化活动室的建设。大力发展社区（村）、学校、机关企事业单位体育事业，充分发挥行业体育协会、共青团、妇联、工会等组织作用，推动群众体育健康发展。全面完成文化信息资源共享工程建设，形成以省级分中心为核心，市州、县市、区级支中心为骨干的服务网络。深入开展高雅艺术鉴赏、演艺惠民和送戏下乡活动，实行政府补贴、低票价运行模式。启动和基本完成新一轮文艺表演团体流动舞台车的配送或更换工作。鼓励社会力量兴办公益性文化事业。

2. 加强文化遗产保护和传承。积极争取国家投资，对城头山、铜官窑、宁远文庙、南岳忠烈祠、炭河里、里耶古城、老司城、舜帝陵、龙兴寺等大遗址、古建筑进行抢救保护。进一步完善毛泽东、刘少奇、彭德怀、贺龙、杨开慧故居和湘鄂川黔根据地旧址及湘南起义旧址群等景区基础设施，充分发挥红色旅游资源的教育作用。做好省级名城、名镇和风景名胜区的保护工作，重点抓好洪江古商城、道县濂溪故里、永州周家大院、岳阳县张谷英村、江永县上甘棠村等保护、管理和利用。加强非物质文化遗产传习馆（所）建设，积极推进武陵山区土家族苗族文化生态保护试验区建设，完善国家、省和县三个层级的文物史迹体系，组建湖南博物院和湖南文博（联盟）集团，建立一个覆盖全省的全新高效公共文化服务体系。新建一批现代化博物馆，鼓励发展特色博物馆，积极扶持民办博物馆，形成门类齐全，布局合理，具有湖南特色的博物馆体系。

3. 加快发展文化体育产业。重点支持传媒、演艺、美术、会展、体育等文化产业发展。推动动漫游戏产业振兴基地、数字媒体技术产业化基地和广电中心建设。促进演出、电影发行放映和文化创意企业发展，形成以产业集团为骨干、各类中小型文化企业共同发展的文化企业群。提高文化娱乐市场档次，扩大旅游市场规模，培育体育健身市场，培养湖南自主文化体育品牌，加快文化体育基础设施建设。

（三）增强基本医疗和公共卫生服务能力

1. 加强公共卫生服务体系建设。科学编制省“十二五”医疗卫生发展规划。促进基本公共卫生服务均等化，确保基本公共卫生服务覆盖城乡居民。加强食品药品监管，加大卫生监督执法力度。建设覆盖城乡的食品污染物、食源性疾病以及其他食品安全风险的检测体系并制定实施检测计划。提高公共卫生服务能力，有效应对传染病与突发公共卫生事件，做好重大传染病和血吸虫病的防控工作，重点推进洞庭湖区血吸虫防治工程，加强职业病防治工程的实施，提高农民工职业病防护意识。

2. 进一步完善医疗服务体系。加快农村卫生基础设施建设，尽快普及人口集中村（社区）卫生室。充实医疗卫生装备，重点为区县级疾控中心配齐检验、检测和冷链运转设备。加强基层卫生队伍建设，建立卫生人才向基层卫生服务机构流动的激励机制。实施卫生信息化建设工程，建立三级卫生信息网络。建设城市社区卫生服务体系，开展并推广县级城区社区卫生服务试点工作。认真抓好医保政策进社区的试点和推广工程。建立健全以社区卫生服务中心（站）为主体的社区卫生和计划生育服务网络。加强对社区卫生服务的监督管理，保证服务质量。

（四）千方百计扩大就业

1. 建立促进就业长效机制。将公共就业服务经费纳入财政预算，建立稳定的免费就业服务和就业培训补贴资金投入机制。加强就业服务信息化建设，建立健全就业登记和失业登记制度，建立劳动力就业失业预警制度和劳动就业管理公共服务信息系统。建立困难群体再就业的长效帮扶机制，依托街道社区劳动保障工作平台，加大公益性岗位开发力度，创建再就业基地，实现就业援助制度化。建立创业带动就业机制和政策扶持、创业服务、创业培训“三位一体”的工作机制。创建创业型城市，建立创业孵化基地，完善小额担保贷款办法，认真落实有关优惠政策，放宽创业准入条件。

2. 大力促进农民工就业。将农民工就业培训纳入职业技能培训范围，通过公开招标选择具备培训条件的职业院校、技工学校、就业培训中心、行业培训机构、民办培训机构、企业培训组省政府文件29织等阵地，运用各种培训资源和各部门力量，组织开展技能培训，提高农民工就业能力。在各级人才市场开辟农民工服务通道，加快乡镇就业指导信息中心建设，建立技能培训、管理、信息服务合作体系。在农民工务工集中地区，加快建立农民工综合服务中心。

（五）提高社会保障水平

1. 完善基本医疗保障制度。扩大医保覆盖面，到2015年基本医疗保险覆盖全省常住居民。提高基本医疗保险筹资标准和保障水平，基本医疗保险全部实现门诊统筹。改进医疗保障服务，逐步实行按人头付费、按病种付费、总额预付等复合型结算方式。积极探索政府购买医疗保障服务方式，委托具有资质的商业保险机构经办各类医疗保障管理服务。

2. 健全基本养老、失业、工伤、生育保险制度。努力扩大参保范围。把符合条件的私营、个体劳动者和灵活就业人员逐步纳入养老保险覆盖范围，到2012年形成基本养老保险、补充养老保险、个人储蓄养老保险相结合的多层次养老保险体系。积极推进各类企事业单位、个体工商户、进城务工人员参加工伤、失业、生育保险，实现有稳定劳动关系人员的工伤保险全覆盖。完善失业保险制度，逐步提高保障水平，发挥失业保险保障基本生活、促进再就业作用，健全工伤补偿、工伤预防和工伤康复相结合的工伤保险体系。积极开展新型农村社会养老保险试点。

3. 加强社会救助体系建设。逐步提高社会救助保障水平，进一步提高城乡低保救助标准，五保供养标准要达到当地村民平均生活水平，争取城乡低保和五保供养补助标准达到全国平均水平；完善城乡医疗救助制度，推行定点医疗机构即时结算医疗救助费用的办法，探索开展重特大疾病医疗救助工作；健全临时救助制度，确保各项社会救助水平与经济社会发展水平相适应。

4. 加快推进普惠型福利事业发展。加快社会福利服务设施建设，推进社会福利社会化改革，建立以政府基本保障为基础和福利服务提供社会化的社会福利保障体系，逐步形成居家养老为主、机构养老为辅的养老福利格局，形成政府宏观管理、行业自律、机构自我发展、社会广泛参与的社会福利管理体制和运作机制，为老年人、孤残儿童、残疾人提供更加优质的福利服务。

九、强化实施保障措施

（一）加强组织领导和责任分工

在高度重视规划落实工作的基础上，切实加强组织领导、强化责任分工。把规划实施方案的落实纳入重要议事日程，成立由省政府相关职能部门参加的方案实施专项领导小组，负责方案实施的相关事宜，协调、解决方案实施中出现的重大问题，及时总结规划实施的相关经验和做法，对各省直部门和地市的规划落实工作进行督查、考核、评估。并由省发改委制定具体分工方案，把任务分解后明确牵头部门。各市州、县市区要明确责任、密切配合、形成合力，结合本地区实际，切实做好实施方案的落实工作。加强与中部其他省份的联动，建立中部六省行政首长联席会议制度，成立政府工作协调小组，积极与国务院有关部门衔接建立重大专项工作和重大项目建设的紧密合作机制，共同推进规划实施。

（二）加大政策支持力度

。积极拓展政策支持范围和领域，对体现湖南特色、符合《规划》方案要求的能源原材料、汽车、装备制造、高新技术等产业发展，以及交通、水利等基础设施工程建设在规划编制、重大项目布局、项目审批、税收减免、土地供应等方面给予优先考虑，并适当放宽条件、降低门槛。完善财税支持政策，在城乡基础设施建设、农业发展、“两型社会”建设、节能环保、战略性新兴产业发展、能源原材料基地建设等领域遴选一批重点项目，积极争取中央财政的支持，加大省级财政投入规模，强化政府投资引导和扶植。

（三）完善投融资体系

在加大政府财政投入力度的同时，努力拓展融资渠道，建立多元化的资金支持体系和金融发展体系。完善金融服务体系，包括引进金融机构，发展地方金融机构，比如将符合条件的农村信用社改制为农村商业银行，扩大村镇银行试点和小额贷款公司试点，建立金融控股集团，规范发展融资性担保机构等；发展多层次资本市场，包括推进符合条件的企业在主板、中小板、创业板上市，境内、境外上市，培育股权投资机构，设立创业投资基金，设立并运作两型产业投资基金，建立大宗商品期货交割库；开展金融服务创新，包括创新信贷担保方式，扩大农业保险试点和责任保险试点等；大力推进社会信用体系建设，完善“湖南省信用信息系统”，扩大信用信息共享与应用，加强中小企业信用体系建设，健全守信激励和失信惩戒机制，深入开展金融创安活动，加大信用宣传力度，逐步形成诚实守信的社会氛围。

（四）建立健全监督评估机制

建立《规划》方案实施的监督评估机制，各有关单位和部门要分年度对本部门、本地区落实《规划》方案情况进行统计、跟踪检查和评估，及时发现问题，并及时向《规划》方案实施领导小组报告。《规划》方案实施领导小组分年度对《规划》指标完成情况进行跟踪监督考核，定期组织开展评估，全面分析检查《规划》方案实施效果及各项政策措施落实情况，及时提出评估改进意见，促进《规划》目标的实现。

（五）积极推进重点项目建设

充分发挥项目建设在保障《规划》方案落实，促进社会经济发展上的积极作用，大力推进《规划》实施方案确定的重点领域和关键项目建设。各主要项目负责单位或部门要根据方案实施要求，及时研究部署相关工作，明确项目实施目标，合理安排项目建设时序，准确测算资金需求，明确资金来源，加强项目监督管理，做好相关保障工作，确保项目建设顺利推进。

“两型”示范创建工程实施方案（全文）

实施“两型”示范创建工程，是深入推进“四化两型”战略、以试验区建设带动全省“两型社会”建设的重要举措，是发展“两型”产业、推动城乡建设模式转型的重要抓手，是培育“两型”文化、形成“两型”生产生活方式和消费模式的重要载体。为加快推动全社会贯彻“两型”理念、执行“两型”规划、推广“两型”技术、使用

"两型"产品、开发"两型"能源、总结"两型"经验、形成"两型"示范、建设"两型社会",根据省委、省政府《关于加快经济发展方式转变 推进"两型社会"建设的决定》(湘发〔2010〕13号)文件和全省"两型社会"建设推进大会精神,制定本实施方案。

一、指导思想

深入贯彻落实科学发展观,紧紧围绕实施"四化两型"战略,坚持"两型社会"建设与产业发展、城乡建设、生态文明建设、改革创新、对外开放、民生发展等相结合,试点示范与总结推广相结合,自主创建与引导创建相结合,重点实施"五个一批"(实施一批"两型"示范工程项目,认证一批"两型"示范单位,推广一批"两型"技术产品,形成一批"两型"标准,提升一批"两型"典型模式),力争一年全面启动,三年取得成效,充分发挥长株潭的引领带动作用,促进环长株潭五市协调发展,带动全省"两型社会"建设。

二、工作目标

一年全面启动,通过一年的努力,"两型"示范工程项目加快实施,"两型"示范单位创建活动深入开展,在生产、生活、消费领域的示范带动效应初步体现。

三年取得成效,到2013年,基本形成省委、省政府统一领导,省长株潭试验区工委、管委会综合协调,有关职能部门牵头实施,省、市通力合作,"两型"示范创建工程顺利推进,全社会崇尚"两型"生产、生活和消费,推广、使用"两型"技术产品蔚然成风的良好态势。

三、主要任务

(一)着力创建一批"两型"示范工程

按照可看、可学的原则,从以下重点领域进行培育:

1. "两型"产业发展示范。促进产业"两型"化发展,加快新型工业化、农业现代化和信息化建设步伐。

2. "两型"城乡建设示范。通过交通清洁化、用水集约化、新能源利用规模化、建筑绿色化,推动城乡建设"两型"化,加快新型城镇化建设步伐。

3. "两型"生态文明建设示范。加快生态修复保护和环境治理,促进主要污染物减量化、资源化、无害化处理,加快生态环境质量的改善。

4. 深化改革创新示范。推进资源节约和环境友好、土地管理、财税、金融、行政管理等体制机制创新,构建促进"两型"建设的制度体系。

5. 扩大对外开放示范。拓展开放空间,提升开放水平,创新开放机制,构建全方位、多层次的对外开放新格局。

6. 保障民生发展示范。推进扩大就业、医疗卫生、文化和社会保障等民生工程,创新优化社会管理,使"两型"更好的普惠民众,营造"两型"社会建设的浓厚氛围。

(二)深入开展"两型"示范单位创建活动

在认真总结前一阶段各市"两型"示范单位创建工作的基础上,各级各部门紧紧围绕"两型"生产、生活、消费的主题,深入开展"两型"示范单位的创建活动,在经济社会发展的各领域、各行业形成一批"两型"特征明显、示范带动力强的先进典型,营造"两型"示范创建的良好氛围。

四、实施程序

(一)启动创建

省直有关部门根据各自职能,确定具体的示范工程和示范单位类别,制定各自的实施方案和年度工作计划,明确总体目标、创建重点、评价标准、认定办法、保障措施等,报省长株潭试验区工委、管委会备案,组织各市开展创建工作。各市政府负责在本市范围内组织开展"两型"示范创建活动。(省直部门职责分工见附表,支持表中所列主要责任单位以外的部门组织所主管领域开展示范创建活动)

(二)组织申报

各市每年年初遴选一批符合国家政策和经济社会发展规划、已经开工建设或具备开工条件、"两型"特征突出、能够发挥较高示范作用的工程项目,和市级"两型"示范单位,向省直有关部门申报。

(三)指导建设

省直各责任部门组织对各市申报的示范创建工程项目、示范创建单位进行初审,确定"两型示范创建项目"和"两型示范创建单位";指导和支持各创建项目和创建单位完善"两型"化建设实施方案,依据方案进行建设。

(四)评审表彰

省直各责任部门年底组织有关部门对各自领域的"两型示范创建项目"和"两型示范创建单位"进行评审,经省长株潭试验区工委、管委会会同省直有关部门进行综合审查后,统一上报省政府批准,分别授予"湖南省两型示范工程"和"湖南省两型示范单位"称号,并予以表彰奖励。对示范创建工作中表现突出的部门、申创单位,通过授予先进组织单位、创建先进单位等形式表彰奖励。

五、保障措施

(一)加强组织领导

全省"两型社会"示范创建工作在省委、省政府的统一领导下,省长株潭试验区工委、管委会加强统筹、协调、组织、服务和督促,由省直有关职能部门、市政府共同实施。省直各责任部门要根据总体要求,负责组织实施各自主管领域的创建活动,建立健全情况调度、政策引导、资金支持、考评奖励、命名授牌等工作机制。各参与部门要积极配合做好相关工作。各市要结合本地实际,精心组织实施。

(二)强化政策配套

省直有关部门要立足职能,把"两型"示范创建工程作为推动改革建设的重要平台,出台具体的支持政策措施,全面支持"两型"示范创建工程建设。要通过部省合作渠道,推动国家部委布点相关试点示范项目,争取中央的政策和资金支持。省"两型社会"建设专项资金对"省两型示范工程"和"省两型示范单位"予以奖励和补助,对先进组织单位、创建先进单位等进行表彰。省直有关部门管理的现有各类专项资金,适当向相关示范工程、示范单位倾斜。

(三)推广"两型"技术产品

将"两型"技术产品推广,作为实施"两型"示范创建工程的技术支撑。相关职能部门要加强"两型"技术产品的供求对接，发布“两型”技术产品推广目录，加强综合性政策扶持；有计划地扶持一批重点“两型”技术研发、推广及产业化试点示范项目；实施“两型”技术产品惠民活动。

（四）强化宣传引导

及时总结提升“两型”示范创建工程建设中好的做法、经验和成果，形成一批推广模式。省内媒体要发挥优势，组织系列主题活动，大力加强宣传、教育、推广，积极营造争创示范工程、争当示范单位的良好氛围。

附表：“两型”示范创建工程重点任务职责分工一览表

附表：

“两型”示范创建工程重点任务职责分工一览表

一、“两型”示范工程项目

领 域	主要责任单位
产业发展	省经信委、省发改委、省科技厅、省农业厅等
城乡建设	省住房和城乡建设厅、省农办、省发改委、省交通运输厅、省水利厅等
生态文明建设	省环保厅、省发改委、省住房和城乡建设厅、省林业厅等
改革创新	省农办、省发改委、省经信委、省国土资源厅、省财政厅、省环保厅、省监察厅、省政府金融工作办等
对外开放	省商务厅、省台办、省经协办、省贸促会等
民生发展	省人力资源和社会保障厅、省发改委、省卫生厅、省文化厅、省公安厅、省民政厅、省食品药品监督管理局、省广电局等

二、“两型”示范单位

主 题	主要责任单位
“两型”生产	省发改委、省经信委、省国资委、省科技厅等
“两型”生活	省直机关工委、省农办、省住房和城乡建设厅、省民政厅、省教育厅、省旅游局等
“两型”消费	省商务厅、省工商局、省妇联等

湖南省“十二五”节能减排综合性工作方案（全文）

一、总体要求和目标

（一）总体要求。以邓小平理论和“三个代表”重要思想为指导，深入贯彻落实科学发展观，坚持降低能源消耗强度、减少主要污染物排放总量、合理控制能源消费总量相结合，形成加快转变经济发展方式的倒逼机制；坚持强化责任，健全法制，完善政策，加强监管相结合，健全有效的激励和约束机制；坚持优化产业结构、推动技术进步、强化工程措施、加强管理引导相结合，大幅度提高能源利用效率，显著减少污染物排放；进一步形成政府为主导、企业为主体、市场有效驱动、全社会共同参与的推进节能减排工作格局，确保完成“十二五”节能减排责任目标，加快推动“四化两型”建设。

（二）主要目标。到2015年，全省万元地区生产总值能耗下降到0.983吨标准煤（按2005年价格计算），比2010年的1.17吨标准煤下降16%，比2005年的1.472吨标准煤下降33%；“十二五”期间，实现节约能源3100万吨标准煤。2015年，全省化学需氧量和氨氮排放总量（含工业、生活、农业）分别控制在124.4万吨、15.29万吨以内，比2010年的134.1万吨、16.95万吨分别减少7.2%（其中工业和生活排放量减少7.0%）、9.8%（其中工业和生活排放量减少9.8%）；二氧化硫和氮氧化物排放总量分别控制在65.1万吨、55.0万吨以内，比2010年的71.0万吨、60.4万吨分别减少8.3%、9.0%。重金属铅排放总量控制在46.0吨，比2010年的54.04吨减少15%。

二、强化节能减排目标责任

（三）分解落实节能减排指标。综合考虑各市州经济发展水平、产业结构、节能减排潜力、环境容量及产业布局等因素，将全省节能减排目标合理分解到各市州、各行业。各市州要将省政府下达的节能减排指标科学合理地分解落实，明确县市区政府、有关部门和重点单位的责任。

（四）健全节能减排统计、监测体系。加强能源生产、流通、消费统计，建立和完善建筑、交通运输、公共机构能耗统计制度以及分地区、单位地区生产总值能耗指标季度统计制度，完善统计核算与监测方法，提高能源统计的准确性和及时性。基本建立全省重点单位节能减排在线监测平台。修订完善减排统计、监测和核查核算办法，统一标准和分析方法，实现监测数据共享。加强氨氮、氮氧化物排放统计监测，建立农业源和机动车排放统计监测指标体系。继续做好全省和各市州单位地区生产总值能耗、主要污染物排放指标公报工作。

（五）加强目标责任评价考核。完善节能减排考核办法。坚持市州目标考核与行业目标评价相结合，落实五年目标与完成年度目标相结合，年度目标考核与进度跟踪相结合。市州年度节能减排目标原则上与全省目标同步，市州人民政府每年要向省人民政府报告节能减排目标完成情况，有关部门每年要向省人民政府报告节能减排措施落实情况。强化考核结果运用，省人民政府每年组织开展市州人民政府节能减排目标责任评价考核，考核结果向社会公告，并将节能减排目标完成情况和政策措施落实情况纳入政府绩效评估体系。

三、调整优化产业结构

（六）抑制高耗能、高排放行业过快增长。严格控制高耗能、高排放和产能过剩行业新上项目，进一步提高行业准入门槛，强化节能、环保、土地、安全等指标约束，依法严格节能评估审查、环境影响评价、建设用地审查、工业产品生产许可证审查，严格查处越权审批、分拆审批、未批先建、边批边建等行为，依法追究有关人员责任。严格控制高耗能、高排放产品出口。

（七）加快淘汰落后产能。抓紧制订重点行业“十二五”淘汰落后产能实施方案，将任务按年度分解落实到各市州。完善落后产能退出机制，指导、督促淘汰落后产能企业做好职工安置工作。各级财政在争取中央资金支持基础上，加大本级财政资金安排力度，统筹支持各地淘汰落后产能工作，加大对经济欠发达地区支持和奖励力度。完善淘汰落后产能公告制度，对未按期完成淘汰任务的地区，严格控制国家、省投资项目建设，暂停对该地区重点行业建设项目办理核准、审批和备案手续；对未按期完成淘汰的企业，依法吊销排污许可证、生产许可证、安全生产许可证、停止供应生产用电；对虚假淘汰行为，依法追究企业负责人和地方政府有关责任人员的责任。

（八）推动传统产业改造升级。严格落实《产业结构调整指导目录》。加快运用高新技术和先进适用技术改造提升传统产业，促进信息化和工业化深度融合，重点支持对产业升级带动作用大的重点项目和重点污染企业搬迁改造。根据国家《加工贸易禁止类商品目录》，严把加工贸易准入门槛，促进加工贸易转型升级。合理引导企业兼并重组，提高产业集中度。

（九）调整能源结构。进一步提高水能利用效率，在做好生态保护和移民安置的基础上，合理有序开发剩余水能资源，适度发展抽水蓄能电站。大力发展石油天然气，加快推进页岩气勘探前期工作。优化发展火电，实施“上大压小”、“以大代小”，进一步提高煤耗低、容量大、性能好的大机组比重。在确保安全的基础上加快开工桃花江核电站，大力发展生物质能利用，适度发展风能、太阳能和地热能等可再生能源，加强湖南电网与省外联网输送的通道建设，提高外省入湘电力输送能力。到2015年，全省非化石能源占能源消费总量比重达到11.4%。

（十）促进服务业和战略性新兴产业发展。到2015年，服务业占国民经济的比重比2010年提高2.7个百分点；战略性新兴产业增加值占地区生产总值比重达到20%左右。

四、实施节能减排重点工程

（十一）实施节能重点工程。实施锅炉窑炉改造、热电联产、电机系统节能、能量系统优化、余热余压利用、节约和替代石油、建筑节能、绿色照明等节能改造工程，以及节能技术产业化示范工程、节能产品惠民工程、合同能源管理推广工程和节能能力建设工程，形成3400万吨标准煤的节能能力。

（十二）实施污染物减排重点工程。逐步推进镇区人口3万人以上的重点乡镇污水处理设施建设。到2015年，全省各县市区全部具备污水处理能力，重点建制镇基本具备污水处理能力。全省新增污水日处理能力459万吨，新建配套管网1.3万公里以上，城市污水处理率达到80%以上，污泥无害化处理率达到50%以上，污水再生利用率达到10%，形成化学需氧量和氨氮削减能力15万吨、1.5万吨。组织实施畜禽养殖场污染治理工程。对80%以上的规模化畜禽养殖场和养殖小区配套建设固体废物和废水贮存处理设施，实施废弃物资源综合利用，形成化学需氧量和氨氮削减能力6.2万吨、1.0万吨。组织实施工业企业脱硫脱硝工程，重点推进燃煤电厂、钢铁烧结机、有色冶炼、工业锅炉的脱硫，形成二氧化硫削减能力6.2万吨；重点推进燃煤电厂、新型干法水泥脱硝，形成氮氧化物削减能力17.7万吨。组织实施工业企业废水处理和提标改造工程。重点推进造纸、印染、化工、食品加工行业的废水处理及提标改造，形成化学需氧量削减能力2.5万吨。加快全省生活垃圾处理设施项目建设进度，实现到2015年底，全省县以上城镇生活垃圾无害化处理率达到90%，垃圾渗滤液达标排放并符合污染减排核查指标要求。建立减量化、资源化、无害化相衔接的生活垃圾收运网络，2015年底完成县城周边区域30公里范围内城镇中转设施建设。同时，加快存量垃圾场的污染治理，积极开展城乡垃圾统筹处理试点。通过城乡统筹、实施共享、以城带乡的方式，改善全省城镇及农村环境。

（十三）实施湘江流域重金属污染治理工程。组织实施重金属综合防治工程，到2015年，全省涉重金属产业结构进一步优化，工业污染源得到全面治理和控制，工业废水、废气重金属年排放量在2007年的基础上分别削减23%、22%，全省国控、省控水质监测断面重点重金属污染物指标基本达标。以株洲清水塘、湘潭竹埠港、衡阳水口山、郴州三十六湾、娄底锡矿山、长沙七宝山、岳阳原桃林铅锌矿为重点区域，以民生应急保障、工业污染源控制、历史遗留污染治理为重点任务，全面实施湘江流域重金属污染治理工程。出台《湘江流域重金属污染治理项目建设中央预算内资金管理办法》，强化对工程质量和建设资金的监督管理。到“十二五”末，实现湘江流域涉重金属企业数量和重金属排放量均比2008年减少50%，湘江干流水质实现稳定达标，环境质量得到改善。

（十四）实施循环经济重点工程。实施资源综合利用、废旧商品回收体系、“城市矿产”示范基地、再制造产业化、餐厨废弃物资源化、产业园区循环化改造、资源循环利用技术示范推广等循环经济重点工程，建设5个资源综合利用示范基地、5个废旧商品回收体系示范城市，3个城市矿产示范基地，1个再制造产业集聚区，5个城市餐厨废弃物资源化利用和无害化处理示范工程。

（十五）多渠道筹措节能减排重点工程资金。节能减排重点工程所需资金主要由项目实施主体通过自筹资金、向金融机构贷款、募集社会资金等方式解决，对符合条件的项目，积极争取中央资金支持。省、市州财政应安排一定的资金予以支持和引导。市州和县市区政府要切实承担城镇污水处理设施和配套管网及配套中转站建设的主体责任，严格城镇污水处理费征收和管理。

五、加强节能减排管理

（十六）合理控制能源消费总量。建立能源消费总量控制目标分解落实机制，制定实施方案，把总量控制目标分解到市州政府和主要行业，实行目标责任管理，加大考核监督力度。将固定资产投资项目节能评估审查作为控制地区能源消费增量和总量的重要措施。建立能源消费总量预测预警机制制度，跟踪监测各地区综合能源消费总量和高耗能行业用电量等指标，对能源消费总量增长过快的地区及时预警调控。在工业、建筑、交通运输、公共机构以及城乡建设和消费领域全面加强用能管理，切实改变敞开口子供应能源、无节制使用能源的现象。

（十七）强化重点用能单位节能管理。依法加强年耗能5000吨标准煤以上用能单位节能管理，开展“万家企业节能低碳行动”，落实目标责任，实行能源审计制度，开展能效水平对标活动，建立健全企业能源管理体系，争取国家能源管理师制度试点。实行能源利用状况报告制度，加快实施节能技改，提高能源管理水平。每年组织对“万家企业节能”目标完成情况进行考核，公告考核结果。对未完成年度节能任务的，强制开展能源审计，限期整改。省属企业接受所在地区节能主管部门的监管，争当行业节能减排的排头兵。

（十八）加强工业节能减排。重点推进电力、煤炭、钢铁、有色金属、石油化工、化工、建材、造纸、纺织、印染、机械、食品加工等行业节能减排，明确目标任务，加强行业指导，推动技术进步，强化监督管理。发展热电联产，推广分布式能源，开展智能电网试点。推广煤炭清洁利用，提高原煤入洗比例，加快煤层气开发利用。实施工业和信息产业能效提升计划，推动信息数据中心、通信机房等基站节能改造。“十二五”期间，我省单位工业增加值能耗下降18%以上。实行电力、钢铁、造纸、印染、水泥等行业主要污染物排放总量控制和全口径核查核算。新建燃煤机组全部安装脱硫脱硝设施，现役燃煤机组必须安装脱硫脱硝设施，不能稳定达标排放的进行更新改造，烟气脱硫设施要按照规定取消烟气旁路。单机容量20万千瓦及以上燃煤机组全部加装脱硫脱硝设施。钢铁行业全面实施烧结机烟气脱硫，新建烧结机配套安装脱硫脱硝设施。石油石化、有色金属、建材等重点行业实施脱硫改造。新型干法水泥窑2013年前实施低氮燃烧技术改造，配套建设脱硝设施。

（十九）推动建筑节能。制定并实施绿色建筑行动方案，从规划、法规、技术、标准、设计等方面全面推进建筑节能。新建建筑严格执行建筑节能标准，提高标准执行率。在大型公共建筑和保障性住房等领域，积极推行房屋建筑工厂化生产。加大既有建筑节能改造力度，积极实施门窗改造、外墙保温、屋顶绿化等外围护结构节能改造和空调、电梯、供配电、照明等设备节能改造。推进可再生能源与建筑一体化应用，推广使用新型节能建材和再生建材，继续推广散装水泥，加快淘汰实心黏土砖。实行建筑使用全寿命周期管理制度，寿命期内建筑原则上不得拆毁。加强城市照明管理，严格控制过度装饰和亮化。

（二十）推动交通运输行业节能减排。加快构建综合交通运输体系，优化交通运输结构。积极发展城市公共交通，科学合理配置城市各种交通资源，有序推进轨道交通建设。深入开展“车、船、路、港”企业低碳交通运输专项行动，推动公路甩挂运输，全面推行不停车收费系统。开展机场、码头、车站节能改造。继续实行财政补贴政策，加快淘汰老旧汽车、机车、船舶。基本淘汰2005年以前注册运营的“黄标车”，全面实施第四阶段机动车排放标准，在长沙市等重点城市和地区逐步实施第五阶段排放标准。在2012年前全面推行机动车环保标识管理，建立和完善机动车排气检测系统，加快提升车用燃油品质。“十二五”期间，全省交通运输综合能耗比2010年下降10%，机动车氮氧化物排放下降8%。

（二十一）加强公共机构节能减排。公共机构新建建筑实行更加严格的建筑节能标准。加快公共机构办公区节能改造，开展节约型公共机构示范单位创建活动。推进公务用车制度改革，严格用车油耗定额管理，提高节能与新能源汽车比例。建立完善公共机构能源审计、效能公示和能耗定额管理制度，加强能耗监测平台和节能监管体系建设。“十二五”期间，以2010年能源资源消耗为基数，2015年人均能耗下降15%，单位建筑面积能耗下降12%。

（二十二）推动商业和民用节能。在零售业等商贸服务和旅游业开展节能减排行动，加快设施节能改造，严格用能管理，引导消费行为。宾馆、商厦、写字楼、机场、车站等要严格执行夏季、冬季空调设置标准。在居民中推广使用高效节能家电、照明产品，鼓励购买节能环保型汽车，支持乘用公共交通，提倡绿色出行。减少一次性用品使用，限制过度包装，抑制不合理消费。

（二十三）促进农业和农村节能减排。加快淘汰老旧农用机具，推广农用节能机械、设备和渔船。推进节能型住宅建设，推动省柴节煤灶更新换代，开展农村水电增效扩容改造。发展户用和大中型沼气，加强运行管理和维护服务。治理农业面源污染，加强农村环境综合整治，实施农村清洁工程，80%以上的规模化养殖场和养殖小区配套建设废弃物处理设施，鼓励污染物统一收集、集中处理。积极推进农村散户“四格式处理池”等分布式、低成本、易维护的污水处理和“分类减量、上户收集、村民自治、政府补助、公司运营”的垃圾处理模式。推广测土配方施肥，鼓励使用安全农药，大力推广有机肥，促进循环农业发展。

六、大力发展循环经济

（二十四）加强循环经济宏观指导。研究提出进一步加强发展循环经济的意见。编制全省循环经济发展规划，指导市州做好规划编制和实施工作。推广循环经济典型模式，建立健全循环经济统计评价制度。

（二十五）全面推行清洁生产。重点围绕主要污染物减排和重金属污染治理等突出环境问题，全面推进农业、工业、建筑、商贸服务等领域清洁生产示范，从源头和全过程控制污染物产生和排放，降低资源消耗。实施清洁生产示范工程，推广应用清洁生产技术。

（二十六）推进资源综合利用。加强共伴生矿产资源及尾矿综合利用，建设绿色矿山。推动煤矸石、粉煤灰、工业副产石膏、冶炼和化工废渣、建筑和道路废弃物以及农作物秸秆综合利用、农林废物资源化利用，大力发展利废新型建筑材料。废弃物实现就地到消化，减少转移。加快资源再生利用产业化。重点加快汨罗国家“城市矿产”示范基地、长沙经开区“城市矿产资源开发装备制造基地”、浏阳和宁乡再制造产业基地建设，扶持一批工程机械、汽车零部件、家电等废旧资源回收与再制造示范企业。规范全省资源综合利用认定管理工作，进一步提高资源综合利用率。加快建设城市社区和乡村回收站点、分拣中心、集散市场“三位一体”的再生资源回收体系。促进垃圾资源化利用。建立健全城市生活垃圾分类回收登记制度，完善分类回收、密闭运输、集中处理系统。鼓励开展垃圾焚烧发电和供热、填埋气体发电、餐厨废弃物资源化利用。大力推进衡阳、长沙、娄底等餐厨废弃物资源化利用和无害化试点。

（二十七）全面推进节水型社会建设。坚持灌溉农业与雨水农业并重，推广节水灌溉农业。加快重点用水行业节水技术改造，提高工业用水循环利用率。加强城乡生活节水，深入开展节水型城市和单位创建活动，推广应用节水器具。推广再生水、矿井水等非传统水资源利用。抓好常德市国家节水型城市试点工作。到2015年，实现单位工业增加值用水量比2010年下降30%。

七、加快节能减排技术开发和推广应用

（二十八）加快节能减排共性和关键技术研发。加大对节能减排科技研发的支持力度，支持节能减排科技创新平台建设和省节能减排科技服务中心建设，完善技术创新体系。继续推进节能减排科技专项行动，组织高效节能、废物资源化以及分散污水处理、农业面源污染治理等共性、关键和前沿技术攻关。

（二十九）加大节能减排技术产业化示范。实施节能减排重大技术与装备产业化工程，重点支持稀土永磁无铁芯电机、半导体照明、低品位余热利用、地热和浅层低温能应用、生物脱氮除磷、烧结机烟气脱硫脱硝一体化、高浓度有机废水处理、污泥和垃圾渗滤液处理处置，废弃电器电子产品资源化、金属无害化处理等关键技术与设备产业化，加快产业化基地建设。

（三十）加快高效节能减排技术推广应用。重点推广能量梯级利用、低温余热发电、先进煤气化、高压变频调速、干熄焦、蓄热式加热炉、吸收式热泵供暖、冷蓄冷、螺杆膨胀机、高效换热器，以及干法和半干法烟气脱硫、膜生物反应器、选择性催化氮氧化物控制等节能减排技术。加强与有关国内外组织在节能环保领域的交流与合作，积极引进、消化、吸收先进节能环保技术，加大推广力度。

八、完善节能减排经济政策

（三十一）推进价格和环保收费改革。深化资源性产品价格改革，推行居民用电、用水阶梯价格。进一步完善电力峰谷分时电价办法。深化供热体制改革。继续对能源消耗超过国家和地区规定的单位产品能耗（电耗）限额标准的企业和产品实行惩罚性电价，对高耗能行业实行差别电价。严格落实燃煤电厂烟气脱硫脱硝电价政策。进一步完善污水处理政策，研究将污泥处理费用逐步纳入污水处理成本问题。改革垃圾处理收费方式，加大征收力度，降低征收成本。

（三十二）完善财税激励政策。加大省财政节能减排专项资金投入力度，加快重点工程实施和能力建设，加强节能产品推广、节能减排宣传等工作，强化财政资金的引导作用。国有资本经营预算要继续支持企业实施节能减排项目。市州政府要加大对节能减排的投入。推行政府绿色采购，完善强制采购和优先采购实制度，逐步提高节能环保产品比重。完善和落实资源化综合利用、可再生能源发展、促进节能服务产业发展的税收优惠政策。

（三十三）强化金融支持力度。加大各类金融机构对节能减排项目的信贷支持力度，鼓励金融机构创新适合节能减排项目特点的信贷管理模式，开展排污权抵押贷款试点工作，引导各类创业投资企业、股权投资企业、社会捐赠资金对节能减排的投入。提高高耗能、高排放行业贷款门槛，将企业环境违法信息纳入人民银行企业征信系统和商业银行信息披露报告中，与企业信用等级评定、贷款及证券融资联动。推行环境污染责任保险，重点区域涉重金属企业应当购买环境污染责任保险。建立银行绿色评级制度，将绿色信贷成效与银行机构高管人员履职评价、机构准入、业务发展挂钩。

九、强化节能减排监督检查

（三十四）健全节能减排政策法规。加快出台我省实施节约能源法、环境保护法、循环经济法、清洁生产促进法等实施办法，研究制订《湖南省节能监察条例》等节能减排行政法规。

（三十五）严格节能评估审查和环境影响评价制度。把能源消费总量、污染物排放总量指标作为能评、环评审批的前置条件，对年度节能减排目标未完成、重点节能减排项目未按目标责任书落实的地区和企业，实行阶段性能评、环评限批。对未通过能评、环评审查的投资项目，有关部门不得审批、核准、批准开工建设，不得发放生产许可证、安全生产许可证、排污许可证，金融机构不得发放贷款，有关单位不得供水、供电。加强能评和环评审查的监督管理，严肃查处各种违规审批行为。能评审查费用由节能审查机关同级财政安排。

（三十六）加强重点污染源和治理设施运行监督。严格排污许可证管理。强化重点流域、重点地区、重点行业污染源监管，适时发布主要污染物超标严重的国控、省控企业名单。列入国家重点环境监控的电力、钢铁、造纸、印染、水泥等重点行业的企业要安装运行管理监控平台和污染物排放自动监控系统，定期报告运行情况及污染物排放信息，推动污染源自动监控数据联网共享。加强城市污水处理厂监控平台建设，提高污水收集率，做好运行和污染物消减评估考核，考核结果作为核拨污水处理费的重要依据。对城市污水处理设施建设严重滞后、收费政策不落实、污水处理厂建成后一年内实际处理水量达不到设计能力60%，以及已建成城市污水处理设施但无故不运行的地区，暂缓审批该城市项目环评，暂缓下达建设资金。加强城镇生活垃圾运营监管，严格各项操作规程、验收标准和程序，确保渗滤液达标排放。对焚烧发电项目，要加强烟气的达标检测，防止造成环境污染。对垃圾处理设施建设进度严重滞后、渗滤液不能稳定达标排放、收费政策不落实、建成后不按标准运行的，暂缓审批该城市项目环评，暂缓下达建设资金。

（三十七）加强节能减排执法监督。各级政府有关部门要组织开展节能减排专项检查，督促各项措施落实，严肃查处违法违规行为。加大对重点用能单位和重点污染源的执法检查，加大工业产品生产许可证企业证后监管力度，加大对高耗能特种设备节能标准和建筑施工阶段标准执行情况、党政机关办公建筑和大型公共建筑节能监管体系建设情况，以及节能环保产品质量和能效标识的监督检查。对严重违反节能环保法律法规、未执行淘汰落后产能违规使用淘汰设备。虚标能效标识、未按要求运行的，实行公开通报或挂牌督办，限期整改。严格实行问责制，对行政不作为、乱作为的，由监察机关按照管理权限依法依纪追究有关责任人员的责任；对构成犯罪的，依法移交司法机关处理。

十、推广节能减排市场化机制

（三十八）加强节能发电调度和电力需求侧管理。加强节能发电调度和电力需求侧管理，坚持区别对待、有保有限，将有序用电与节能降耗、促进发展方式转变相结合，确保城乡居民生活用电，确保医院、学校、金融机构、交通枢纽、农业生产等涉及公共利益和国家安全的用电，优先保障战略性新兴产业、服务业和能耗低、污染少的优势产业合理用电需求。重点限制高能耗、高排放和产能过剩企业用电。改革发电调度方式，电网企业要按照节能经济原则，优先调度水电、风电、太阳能发电、核电以及余热余压、煤气层、填埋气、煤矸石、垃圾和生物质等发电上网，优先安排节能、环保、高效火电机组发电上网。建立厂网合同电量优化机制和流域梯级水电站电量优化机制。开展发电权交易，实施“以大代小”替代发电。电网企业要及时、真实、准确、完整地公布节能发电调度信息，电力监管部门要加强对节能发电调度工作的监督。

（三十九）加快推行合同能源管理。引导专业化节能服务公司采用合同能源管理方式为用能单位实施节能改造，落实财政、税收和金融等扶持政策，重点扶持国家备案的节能服务公司。鼓励节能服务公司通过兼并、联合、重组等方式，实行规模化、品牌化、网络化经营，形成一批拥有知名品牌、具有较强竞争力的大型节能服务企业。培育第三方节能量审核评估机构。

（四十）推进排污权和碳排放权交易试点。在长株潭主要污染物排污权有偿使用和交易试点的基础上，推进全省主要污染物排污权有偿使用和交易。建立健全排污权交易市场，研究制定排污权有偿使用和交易试点的指导意见。开展碳排放交易试点，建立自愿减排机制，推进碳排放权交易市场建设。

（四十一）推行污染治理设施建设运行特许经营。总结燃煤电厂烟气脱硫特许经营试点经验，完善相关政策措施。鼓励采用多种建设运营模式开展城镇污水垃圾处理、工业园区污染物集中治理，确保处理设施稳定高效运行。实行环保设施运营资质许可制度，推进环保设施的专业化、社会化运营服务。完善市场准入机制，规范市场行为，打破地方保护，为企业创造公平竞争的市场环境。

十一、加强节能减排基础工作和能力建设

（四十二）加快节能环保标准体系建设。按照“两型社会 ”建设要求，在国家相关标准基础上，研究制（修）订和完善重点行业单位产品能耗限额、产品能效和污染物排放等强制性地方标准，以及建筑节能标准和设计规范，提高准入门槛。制定和完善环保产品及装备标准。建立满足氨氮、氮氧化物控制目标要求的排放标准。

（四十三）强化节能减排监督管理能力建设。建立健全节能管理、监察、服务“三位一体”的节能管理体系，加强政府节能管理能力建设，完善机构，充实人员。建立健全省、市、县三级节能监察体系，配备监测和检测设备，加强人员培训，提高执法能力，继续推进能源统计能力建设。推动落实重点用能单位按要求配备计量器具，推行能源统计数据在线采集，实时监测。建立国家城市能源计量中心（湖南），开展城市能源计量建设示范。加强减排监管能力建设，推进环境监管机构标准化，提高污染源监测、机动车污染监控、农业源污染监测和减排管理能力，建立健全省、市州、县市区减排监控体系。推进节能、环境监察机构的标准化建设，加强人员培训和队伍建设。

十二、动员全社会参与节能减排

（四十四）加强节能减排宣传教育。把节能减排宣传纳入社会主义核心价值观宣传教育体系以及基础教育、高等教育、职业教育体系。组织好全国节能宣传周、世界环境日等主题宣传活动，加强日常性节能减排宣传教育。新闻媒体要积极宣传节能减排的重要性、紧迫性以及各级政府采取的政策措施和取得的成效，宣传先进典型，普及节能减排知识和方法，加强舆论监督和对外宣传，积极为节能减排营造良好环境。

（四十五）深入开展节能减排全民行动。抓好家庭社区、青少年、企业、学校、军营、政府机构、科技、科普和媒体等十个节能减排专项行动，通过典型示范、专题活动、展览展示、岗位创建、合理化建议等多种形式，广泛动员全社会参与节能减排，要发挥职工节能减排义务监督员队伍作用，倡导文明、节约、绿色、低碳生产方式、消费模式和生活习惯。

（四十六）政府机关带头节能减排。各级政府机关要将节能减排作为机关工作的一项重要任务来抓，健全规章制度，落实岗位责任，细化管理措施，树立节约意识，践行节约行动，做节能减排的表率。

附件：1、“十二五”各市州节能目标（略）

2、“十二五”各市州化学需氧量排放总量控制计划（略）

3、“十二五”各市州氨氮排放总量控制计划（略）

4、“十二五”各市州二氧化硫排放总量控制计划（略）

5、“十二五”各市州氮氧化物排放总量控制计划（略）

6、“十二五”各市州铅排放总量控制计划（略）

7、“十二五”节能降耗省直部门主要工作职责（略）

8、“十二五”污染物减排省直部门主要工作职责（略）

长株潭城市群生态“绿心”地区总体规划（2010—2030）（节选）

（一）规划范围

生态“绿心”地区位于长沙、株洲、湘潭三市结合部，规划面积522.87km^2。

（二）总体发展战略

1. 基本思路

以科学发展观和“两型社会”建设为指导，实施生态优先与城乡统筹发展战略，通过构建景观生态格局和生态服务功能，合理调整空间布局，强化生态“绿心”地区的文化休闲、旅游功能，努力建设成为长株潭三市的生态公共客厅和具有国际品质的都市“绿心”。

2. 规划目标

建设成为“生态文明样板区、湖湘文化展示区、‘两型社会’创新窗口、城乡统筹试验平台”，最终打造成具有国际品质的都市生态“绿心”。

3. 功能定位

长株潭公共生态服务客厅、城市群生态空间建设样板、生态资本创新利用示范窗口。

4. 发展规模

用地规模：规划至2020年，总建设规模控制在80.92km^{2}以内，其中各功能组团的城市建设规模控制在55.71km^{2}以内；乡村社区建设规模控制在8.85km^{2}以内；风景名胜区和森林公园的服务用地控制在4km^{2}以内，其他区域对外交通用地占12.36km^2。

人口规模：规划至2030年，总人口规模55万人。

5. 空间发展战略

高端占领，主动保护。实现从“被动生态保守”到“主动生态保护”、从“单一自然生态系统保护”向“复合生态系统保护与发展”的转型，设置产业进入门槛，调整产业结构，用高端低碳的一三产业占领生态“绿心”地区。

创新发展，整体提升。创新产业发展模式，构建高端低碳产业体系，加强生态“绿心”地区与长株潭产业的互动，综合提升各组团功能；创新土地利用模式，优先建设生态基础设施（尤其是生态枢纽），确保生态安全以及优质多样充足的生态服务。

资源整合，城乡统筹。以“两型社会”建设和新农村建设为契机，重点挖掘与整合区域自然生态资源、土地资源、旅游资源、水资源、基础设施资源、社会设施资源和历史文化资源，构建城乡一体的生态保障体系、产业体系、公共服务设施体系、基础设施体系、劳动就业体系和社会管理体系，促进生态“绿心”地区经济、社会、人口、资源与环境的可持续协调发展。

6. 发展策略

总体策略：遵循“生态优先、高端占领、城乡统筹、转型创新、‘两型’建设”原则，转变发展方式，调整产业结构和用地结构，优化人口结构，整合生态空间结构，创新利用生态资本，引导重大综合生态项目落户，以期提供强劲的生态服务功能、有效的生态服务功能、鲜明的生态文明示范功能。将生态“绿心”地区打造成为具有鲜明地域特色和国际品质的城市群公共生态客厅、生态资本创新利用示范窗口。

生态发展策略：遵循生态优先原则以及生态导向开发理念，优先建设生态枢纽、生态基础设施以及生态文明；充分发挥并整合生态空间要素的生态服务作用；构建斑块—廊道—基质的网络化景观生态格局；加强生态基础设施建设，实施生态修复。将生态“绿心”地区建设成为一个人与自然、人与人、人与社会和谐相处、良性循环、全面发展、持续繁荣的社会—经济—自然复合生态系统。

文化发展策略：全面推进文化品牌战略，构筑生态“绿心”地区创新发展的厚重文化平台；适度开发历史文化资源，弘扬湖湘文化特色，利用周边伟人故里、始祖文化等人文历史资源，大力发展文化旅游产业，实现历史文化与现代文化相互交融，塑造地域特色和文化品位；倡导生态文化、创造现代文化、融合世界文化、彰显湖湘文化，实现文化多元化。

产业发展策略：设置产业进入门槛，用高端低碳的一三产业占领生态“绿心”地区；重点发展生态旅游业、文化创意产业、休闲产业、现代服务业等“两型”产业为可持续发展提供有力的经济支撑；用好用足优势资源，把旅游产业定位为支柱产业，通过旅游的乘数效应，提升生态“绿心”地区整体经济、形象和吸引力。

（三）生态保护与利用

1. 景观生态格局

以山脉水系为骨架，森林绿地为主体，农田、湿地为支撑，防护林、溪渠为纽带，构建“一心四带多廊道多斑块”的网状生态空间结构。

“一心”：以昭山风景名胜区、东风水库森林公园、石燕湖森林公园、嵩山寺植物园和九郎山森林公园为核心。

“四带”：湘江生态带、浏阳河生态带、坪塘—昭山—石燕湖—五一仙人水库生态屏障带和梅林桥—法华山—石燕湖—跳马生态屏障带。

“廊道”：主要交通干道生态廊道、溪谷生态廊道、河流生态廊道。

“斑块”：丘陵森林公园斑块、生态农业示范区、花卉苗木基地、农田等。

2. 生态服务功能

生态“绿心”地区的生态服务功能主要有生态屏障、固碳释氧、调节气候、水源涵养、水土保持、生物多样性保护、生态休闲七大生态服务功能。完善生态“绿心”地区生态系统，保障城市群生态安全，促进产业生态转型，营造生态景观，弘扬生态文化。

3. 生态空间管制

遵循“生态保护优先”原则，规划将生态绿心地区划分为禁止开发区（面积为262.21km^2）、严格限制开发区（面积为155.24km^2）、一般限制开发区（面积为47.36km^2）和建设协调区（面积为58.06km^2），对不同分区实施不同的空间管制。

（四）空间布局

1. 空间结构

在生态优先理念的指引下，以满足生态安全格局为前提，实施周边式、组团状开发空间布局，形成“一心、四带、六团、多点”的空间整体结构。

“一心”：主要由以昭山风景名胜区、东风水库森林公园、石燕湖森林公园、嵩山寺植物园和九郎山森林公园等生态敏感区组成的生态核心，发挥着生态枢纽的引擎作用。

“四带”：指湘江风光带、浏阳河风光带、坪塘—昭山—石燕湖—五一仙人水库生态屏障带和梅林桥—法华山—石燕湖—跳马生态屏障带。

“六团”：指暮云、昭山、洞井—跳马、柏加、五一仙湖以及清水塘六个特色功能组团及城镇。

“多点”：指8个乡村中心社区，22个乡村一般社区，多个生态景观休闲片区。

（五）产业发展规划

1. 产业准入

重点发展能迅速提升国际知名度、具有较强竞争力、资源高效利用、科技含量高、附加值高、低消耗、低污染、温室气体“零排放”的产业类型，重点配套现代服务业。

优化发展现代农业，推进绿色农业发展，培植生产绿色农产品、特色农产品和经济作物，促使向生态农业转型。

适度发展对空间环境、交通区位高标准要求的高新技术研发及孵化、低密度生态宜居房地产等产业，充分运用现代科技改造、升级传统产业，争取达到绿色环保标准。

禁止发展污染工业、劳动密集型产业、高能耗产业、高密度房地产等。

2. 产业体系

主导产业为：生态旅游业、文化创意产业、休闲业。

支柱产业为：现代服务业、高新技术产业和现代农业。

适度发展产业为：生态宜居房地产。

（六）旅游发展规划

1. 旅游定位

以“文化、生态、养生、休闲”为主题，以湖湘文化之旅，生态观光之旅，休闲度假之旅，“两型”体验之旅为特色的生态旅游度假区。

2. 旅游总体布局

规划形成“两带、五区”的空间布局结构。

“两带”：湘江风光带、浏阳河园艺博览带。

“五区”：中部生态旅游区、南部森林旅游区、跳马—柏加农旅区、暮云水乡旅游区、昭山湖湘文化旅游区。

（七）基础设施规划

1. 构筑方便快捷的区域交通网络

加强长株潭三市区域交通对接，规划形成“一横三纵”的高速公路网络（即沪昆高速、长潭西高速、京港澳高速、长株高速）、“一横一纵”的快速交通结构（即规划的南横线和现状的芙蓉大道）和“一横三纵”的铁路干线，结合黄花航空港、湘江构筑集航空、水运、铁路、公路于一体的立体化交通网络。

2. 构筑城乡一体化的综合交通系统

建设暮云至跳马到柏加、云田至昭山的公路，完善省、县、乡级道路系统，将自成系统组团交通网络融为一体。形成快慢分离、动静结合、层次清晰的综合交通网络，树立绿色交通理念，实施优先发展清洁能源公交，大力发展环保节能交通工具，配套绿色交通服务设施。

3. 构筑城乡一体化的市政基础设施网络

按照“共享共建”的原则，规划建设3座水厂，5座污水处理厂，1座500KV变电站，3座220KV变电站，3座110KV变电站。

（八）环境保护规划

严格控制工业及农业面源污染，生态“绿心”地区的整体环境质量进一步提高，各功能片区、乡镇和农村的污水全部处理后达标排放、垃圾进行无害化、资源化处置，实现环境、经济、社会的协调发展，实现城乡环境清新、优美、安静、适宜的目标。环境保护定量目标：污水处理率、垃圾处理率、烟尘有效控制率、固体废弃物处理率、环境噪声达标率均为100%。

（九）生态建设规划

突出生态优先的理念，坚持生态保护与生态修复相结合，以生态建设和生态修复为重点，大力推进生态森林、生态农业、生态村镇和生态廊道建设，建立以亚热带常绿阔叶林为主，针阔混交林为辅的植物群落，恢复自然水系、湿地和植被，新建和修复生态溪谷、生态廊道；形成湖泊（水库）—江河—湿地—森林—绿地构成的复合生态系统。

（十）新农村建设

按照“以城带乡、城乡互动”的发展要求，采取规模农业型、公司农户型、都市农庄型、三产复合型四种产业组织模式以及新村建设型、产业基地+农户型和独户农庄型三种空间组织模式，实施就地（就近）城镇化型、搬迁型、缩小型和聚居型四种居民调控方式，统筹区域城乡发展，实现城乡融合共生。

（十一）“两型”指标体系与“两型”特色

遵循“三和”（人与人和谐共存，人与经济活动和谐共存，人与环境和谐共存）“三能”（能复制、能实行、能推广）原则，构建经济发展、环境友好、资源节约、社会和谐4大类50项“两型社会”建设指标体系。

遵循“在大都市周边生态本底良好地区以生态保护优先、城乡统筹发展、高端占领、组团疏散、产业转型创新为重点的复合生态系统规划”的先进理念；创新“3S技术并用、3平台协同建设、3环节环环相扣”的规划编制模式；构建涵盖经济发展、环境友好、资源节约、社会和谐的“两型”指标体系；凸显发展定位、生态保护与建设、空间结构、土地利用、产业布局、综合交通与新农村建设七方面的“两型”特色；示范生态保护与建设、低碳产业、绿色交通、新农村建设四方面的“两型社会”建设新成就。

《湖南省保障和改善民生实施纲要（2011—2015）》提出要加强人居环境建设，把改善人居环境作为建设“绿色湖南”、实现绿色发展的重要内容

《湖南省保障和改善民生实施纲要（2011—2015）》的制定是为了全面贯彻落实党的十七大、十七届五中全会精神和《中共湖南省委湖南省人民政府关于加快经济发展方式转变推进“两型社会”建设的决定》（湘发〔2010〕13号）的部署，旨在进一步加强民生工作，全面提升民生质量和水平。《纲要》提出了保障和改善民生的总体要求，须实施的八大民生工程和强化保障措施。

《纲要》在阐述实施八大民生工程的安居宜居工程时提出要加强人居环境建设，把改善人居环境作为建设“绿色湖南”、实现绿色发展的重要内容，加强生态建设和环境保护。提高城乡绿化水平，加大封山育林、植树造林和生态公益林保护力度，巩固退耕还林成果，深入开展全民义务植树，引导城乡居民搞好社区绿化、四旁绿化、庭院绿化，增加城市公园和绿地。到2015年，全省森林覆盖率稳定在57%以上，城市建成区绿化覆盖率达40%左右。切实加强人居环境的防洪安全建设，全面完成小Ⅱ型病险水库除险加固，基本建成山洪地质灾害防御体系，完成列入国家规划的330条中小河流治理。推进城乡生态环境保护与整治，加大重点区域地质灾害防治力度，以着力解决危害群众健康的突出环境问题为重点，抓好工业污染、城市污染、重点流域污染和农村面源污染防治，加强城镇污水、生活垃圾和工业固体废弃物处理设施建设和运行管理，进一步改善空气、水体和居民区环境质量。开展环境模范城市、环境友好社区创建活动。积极倡导公众绿色消费，推行文明、节约、绿色、低碳的生活方式和消费模式。结合新农村建设，推进农村环境连片综合整治示范工作，继续实施农村清洁工程，通过大中型沼气工程建设，加大对大型畜禽养殖场粪便污染治理力度，大力推进农村改水、改路、改厕、改圈，开展农村清洁家园、清洁田园、清洁水源、清洁能源工程建设，推行废水排放集中处理，采取“村组收集、乡镇转运、县市区处理”的办法，集中处置农村垃圾，全面改善村容村貌。

长株潭城市群两型社会建设综合配套改革试验区产业发展体制改革专项方案（全文）

根据省人民政府《关于印发〈长株潭城市群资源节约型和环境友好型社会建设综合配套改革试验总体方案〉的通知》（湘政发〔2009〕4号）文件精神，结合长株潭城市群两型社会建设综合配套改革试验区产业发展实际，制定本方案。

一、指导思想

以科学发展观为指导，按照产业分类管理的原则，创新产业发展体制，推进科技创新、产业聚集、结构优化，提高资源综合利用水平，减少污染物排放，形成以传统优势产业为基础、战略性新兴产业为先导的产业新格局，走出一条有别于传统模式的工业化发展新路。

二、基本思路

以体制创新为主线，以两型产业发展为切入点，运用两个手段（市场和计划），紧扣三个层面（产业组织、产业运行机制、产业管理方式），统筹五个关系（区域间关系、城乡间关系、城市间关系、产业间关系、产业与环境间关系），创新五个机制（产业导向机制、产业集聚机制、产业融合与创新机制、产业协同机制、产业治理机制），实现六大推进（产业集群化、发展方式集约化、产业创新持续化、区域产业协同化、外向协作开放化、产业治理多元化）。

三、主要目标

充分发挥和强化市场机制的基础性作用和宏观调控的引导作用，进一步提高产业发展环境的市场化程度，创新有利于提高资源配置效率、优化产业结构的体制机制，初步形成资源节约型和环境友好型产业发展的政策支持体系，为大力发展两型产业提供有力的体制与制度保障。到2015年，初步形成产业空间布局合理、区域分工明确、资源配置效率较高的产业发展新格局，拓宽长株潭城市群产业发展空间，奠定建设两型社会的产业支撑基础。到2020年，建立起有利于建设两型社会的产业支撑体系，产业结构合理，战略性新兴产业增加值占规模工业增加值的比重超过30%。

四、主要任务

在产业组织与产业结构方面，重点培育两型产业、战略性新兴产业和绿色产业，提升两型产业、战略性新兴产业和绿色产业在长株潭城市群产业结构中的比重，达到优化产业结构的目的；在产业运行机制方面，重点推进长株潭城市群产业融合与产业创新，强化产业协同效应，以集聚发展方式优化产业布局，实现区域与三次产业的联动；在产业管理方式方面，坚持市场运作与政府适度干预相结合，重点建设长株潭城市群产业共同治理机制。

（一）以培育两型产业为切入点，建立两型产业发展导向机制，实现产业结构的优化与升级

1. 做好产业发展规划，依法、理性引导产业升级。加强对两型产业发展的战略性研究，确定包括“两高一资”企业退出机制在内的两型产业发展思路。做好产业布局规划，围绕两型产业龙头企业的打造，积极培植产业链，立足于产业链竞争模式建立两型产业竞争优势。

2. 建立支撑两型产业发展的政策导向机制。建立促进两型产业发展的激励机制，通过投资、财税、政府采购、节能环保标识等手段，支持节能环保等两型产业发展。建立限制高能耗高污染行业的约束机制，严把市场准入门槛，将能耗作为固定资产投资项目审核的强制性门槛，有效抑制高耗能、高污染、低附加值产业的盲目发展。建立以两型产业发展为导向的资源配置机制，整合各类产业发展资金，加大对两型产业的扶持力度，推进信贷资金向两型产业倾斜，制定支持两型产业发展的差异化产业政策。

（二）以技术创新为突破口，健全产业融合与创新机制，推进产业发展方式的转变

1. 加强产学研的互动，突出节能、环保技术的研发与应用。进一步强化企业在创新主体中的核心地位，着力培育和提升两型产业的科技支撑能力。加快建立产学研战略联盟，组建两型产业共性技术研究平台。引导长株潭城市群高校、科研机构面向市场、面向企业，推进科研院所加快转制，逐步形成产权多元化、经营专业化发展体系，引导科研人员面向企业转化科技成果，支持高校科研机构联合企业共建国家级和省级科技创新平台，鼓励有条件的科研院所进入重点产业、行业开展技术创新项目攻关研究。大力发展中介服务体系，支持有条件的科研院所转为科技中介服务机构，推动科技中介服务向技术集成、产品设计、工艺配套以及指导企业建立治理结构、完善经营机制等服务领域拓展。大力推进节能减排科技支撑行动，突出节能、环保技术的研发，组建一批国家工程实验室和国家重点实

验室，积极推动以企业为主体、产学研相结合的节能减排技术创新与科技成果转化体系建设。加大科技成果转化尤其是中间试验的投入力度，积极拓展融资渠道，引导金融部门为科技成果转化提供贷款融资服务。

2. 以产业融合为平台，促进现代服务业的发展。大力发展生产性现代服务业，以“综合物流园区—专业物流中心—物流直达配送结点”为模式发展现代物流业，逐步把长株潭城市群建设成为我国连接东西、沟通南北的现代物流基地。以长沙为核心，大力发展金融业，打造全省乃至中部地区的金融中心，吸引国内外银行、保险、证券、信托、基金等各类金融机构落户长株潭城市群，大力发展具有市场和资源优势的专业化金融服务机构。加快发展科技服务业，推进科研和技术服务机构的专业化、社会化、市场化进程。积极发展商务服务业，引进国内外知名的会计、法律、咨询、评估等中介企业，促进一批中介服务机构向集团化方向发展。加快发展信息服务业，以电信网、计算机网、有线电视网“三网”融合为依托，以软件和信息系统集成为重点，做强信息技术服务业。建立促进文化创意产业发展的新机制，把长株潭城市群打造成为全国文化创意产业发展高地。

3. 整合产业创新的多维模式，加快产业创新体系的构建。依托长株潭城市群科教优势和长株潭城市群的五个国家级高新区（开发区）、长株潭城市群综合性国家高技术产业基地、长株潭国家高新技术产业带，建立基于研发产业集群的组织创新体系，构建以人才为支撑、以企业为主体、产学研相结合的研发产业集群，建立设施完备的孵化基地和配套的风险投资机制，形成项目、研究、资金、归口四位一体的研发产业循环体系和动态组织层次网络。构建以两型产业、高新技术产业为支撑和生产性现代服务业为重点的结构创新体系，形成以产业可持续发展为目标的技术创新体系。

4. 转换产业开发和发展模式，促进经济发展方式转变。立足于新型工业化和新型城镇化带动战略，突出节能、环保技术的产业化应用，突出两型产业的优先发展战略，突出两型社会的建设目标，实现长株潭城市群经济发展方式从粗放型、城乡分离型向集约型、包容性增长的城乡结合模式转变，从高消耗、高污染、生存型向资源节约型、环境友好型转变。

（三）以整合区域资源为核心，建立城市群产业协同机制，促进产业开放与协作

1. 合理确立长株潭城市群的城市功能与产业定位。着力提升长株潭城市群的集聚与辐射功能，形成“3+5”城市功能区。“3”包括长沙、株洲、湘潭三个城市组团，打造城市群的核心增长极，形成先进装备及高技术产业基地和综合交通物流中心，并高起点、高标准地把长沙建设为具有国际化品位的城市群形象窗口城市，以文化、休闲、商贸、科教、金融、信息、都市工业为主的功能区。“5”包括环洞庭湖的岳阳、常德、益阳和湘中的娄底、湘南的衡阳，打造城市群次级城市中心和经济发展腹地，形成农产品生产供应基地、能源原材料基地、先进装备及高技术产业配套基地。

2. 立足核心企业与产业配套，推进产业协同发展。按照“总体规划引领、产业创新主导、机制创新支撑”的思路，培育打造核心企业，加强产业配套，促进技术融合、产品与业务融合和市场融合，推进长株潭城市群产业协同发展。

3. 强化产业的纵向与横向联系，促进产业的关联与互动。积极鼓励和推动城市群产业间战略联盟的制度创新，在相关联的产业之间构建多种形式的股权式、契约式的战略联盟关系，强化长株潭城市群产业间的纵向与横向联系，为产业创新提供优良的信息交流机制，加强产业间的关联。

4. 建设产业科技支撑平台体系，实现资源共享。以高等院校、重点实验室为载体的科学研究平台，形成一批具有自主知识产权的重大科技成果，增强原始性创新能力。以企业技术中心、工程实验室、工程技术中心、工业设计平台等为重点，实施产业技术研发平台专项，加强产业关键技术和核心技术的研发。以生产力促进中心、科技成果转化基地、科技企业孵化器、留学人员创业园为重点，实施科技成果转化平台重大专项，增强科技成果转化能力。建立以技术产权交易所、科技风险投资机构、技术检测与评价机构、科技中介服务机构为主体的科技创新服务平台，提高科技产业化服务能力。建立以大型科学仪器设备、科学数据系统、网络科技环境、技术标准体系等为主要内容的公共科技基础平台，加强科技信息资源的增值开发与共享服务，为各类科技创新机构和科技创新人才提供有效的公共科技资源服务。

5. 融入全球价值链体系，促进产业国际化发展。加强与世界一流的跨国公司合资合作，吸引资金和先进技术，吸引跨国公司在长株潭城市群内设立研发中心、采购中心、管理中心。鼓励有条件的企业集团到国外投资，积极参与国际竞争，推进产业发展融入更大区域乃至全球产业价值链。

（四）以优化产业空间布局为目标，建立产业集聚发展机制，推进产业集群的培育和发展

1. 制定工业布局规划，创新产业空间布局。结合长株潭城市群各自功能与产业定位特点，加快编制城市群工业布局规划。在不同的城市功能区之间，制定并完善跨城市、跨功能区、跨部门之间的产业转移政策、财政分配政策和生态补偿政策等区域协调政策体系来规范和协调区域利益分配，优化产业空间布局，推进产业集聚发展。

2. 运用产业升级、调整和转移等手段，推动两型产业发展。对实现技术升级、产业调整达标的企业给予相应的财政和税收优惠政策，对规定期限内仍然不能通过技术升级和产业调整达标的企业或产业给予一定的限制，依法对企业或产业进行合并重组或实施整体退出。

3. 以产业园区为载体，构建现代产业体系。以产业园区为载体，大力发展两型产业，建立资源节约型、环境友好型的现代产业体系。

（五）以构建服务型政府为动力，建立产业综合治理机制，创新产业发展环境

1. 完善产业治理机制。成立以城市群政府产业政策合作为基础的产业治理平台，建立长株潭城市群产业治理机制。形成长株潭城市群产业一致经营、利害均沾的经济共治环境，打破城市群之间因行政区划导致的行政壁垒及行

政壁垒导致的经济壁垒，形成一种合力协议方式的解决机制，最终形成长株潭城市群的产业治理共管机制，突破现行条块管理体制的限制，在国土资源、建设、环保、水利、科技等各个职能领域推行产业的区域性管理。

2. 坚持市场运作与政府的适度干预相结合。加快政府职能转变，建设服务型政府。按照建设责任政府、服务政府、法治政府、廉洁政府的要求，着力推进政企分开、政资分开、政事分开、政社分开，将政府的主要职能切实转变到经济调节、市场监管、社会管理和公共服务上来。合理设定经济调节目标，进一步健全经济调节体系，进一步减少和规范行政审批，加强战略规划和预测预警，更多运用经济和法律手段调节经济运行。

五、保障措施

1. 建立协调机制，形成改革合力，共同推进改革。

2. 建立监督机制，检查改革进展情况，落实各项改革任务，推动改革工作顺利进行。

3. 建立考评机制，定期开展方案实施评估工作，检查实施效果及各项政策措施落实情况。

长株潭城市群环境同治规划（2010—2020年）（全文）

一、规划背景

长株潭城市群地处我国中南部的湘江下游，是我省的政治、经济、文化中心，是全省产业最集中、经济实力最强、科技水平最高、最具活力与发展潜力的地区，也是我省环境污染较为严重的地区和全省环境保护工作的重中之重。自确立长株潭经济一体化战略以来，各级政府高度重视经济一体化过程中的环境保护工作，“九五”、“十五”、“十一五”均制定并实施了环境同治规划，取得了较好的效果。2007年12月，长株潭城市群被批准为全国资源节约型和环境友好型社会建设综合配套改革试验区，其环境保护工作进入了新的起点，有了新的要求。

依据国家发改委《关于批准武汉城市圈和长株潭城市群为全国资源节约型和环境友好型社会建设综合配套改革试验区的通知》（发改经体〔2007〕3428号）精神，按照国务院批复的《长株潭城市群资源节约型和环境友好型社会建设综合配套改革试验总体方案》的要求，以科学发展观为指导，我厅编制了《长株潭城市群环境同治规划（2010—2020）》。本规划立足建设适应“两型社会”建设的环境保护体制机制，加快推进环境保护工作三个历史性转变，着力解决区域内的重点环境问题，实现环境质量的明显好转，指引规划期内的环境保护工作。

（一）环境现状及变化趋势

自实施长株潭经济一体化战略，特别是2007年12月被国家批准为全国资源节约型和环境友好型社会建设综合配套改革试验区以来，各级政府高度重视环境保护工作，做了大量卓有成效的工作，在区域经济高速发展的情况下，长株潭城市群八个地市环境质量基本保持稳定。

1. 水环境

2009年与2005年相比，废水量排放有所减少，除氨氮增加幅度较大，汞稍有增加外，COD、镉、铅、砷、六价铬等污染物的排放量均有显著减少。长株潭城市群工业废水污染物排放主要集中在造纸、化工、冶金三个行业，占8市废水污染物总量的80.5%。

2005年8市所有36个监测断面功能区断面达标率为91.7%，2009年8市所有49个监测断面功能区达标率为85.2%，较2005年下降6.5%。2009年，岳阳市、益阳市饮用水源水质较好，无论是多因子评价还是单因子评价均达到了100%，除长沙外，其他各市饮用水源水质都稳中有升。

在8市49个水质监测断面中，2009年达到Ⅱ类水质标准的断面有15个，占30.6%；达到Ⅲ类水质标准的断面有26个，占53.1%；属于Ⅳ类水质的断面有5个，占10.2%；属于劣Ⅴ类水质的断面3个，占6.1%。影响城市群河流水质达标的污染物主要有氨氮、总磷、化学需氧量和石油类等。详见附表1。

2. 大气环境

2009年与2005年相比，长株潭城市群工业废气排放量虽有较大增加，但二氧化硫、烟尘和工业粉尘排放量均有明显下降。

2009年，8市环境空气污染仍以扬尘和煤烟型为主，主要污染物为可吸入颗粒物（PM10）和二氧化硫（SO2）。空气质量达标城市增加，可吸入颗粒物污染和二氧化硫污染有所减轻。2009年除株洲、岳阳外其他6个城市空气质量达到国家空气质量二级标准，比2005年增加了4个。8市空气质量优良率除岳阳、常德较2005年略有下降外，其余6个城市均有提高，其中长沙、湘潭、益阳提高幅度明显，8市空气质量平均优良率达到93.5%，比2005年提高7.9%。酸雨污染仍旧呈现分布范围广，降水pH值低，酸雨频率高的特征。8市普遍受到酸雨污染，2009年平均酸雨频率为58.1%，较2005年下降10.2个百分点。详见附表2。

3. 声环境

长株潭城市群城市道路交通声环境质量较好，无重度污染和中度污染城市。除衡阳外，其他7个城市区域环境噪声均达到国家标准。

4. 固体废弃物排放和土壤环境

长株潭城市群工业固体废物2009年产生量较2005年增加近四成，工业固体废物排放量减少较多，工业固体废物综合利用率增加了21.3个百分点。相比2005年，2009年危险废物产生量增加两倍以上，但全部不排放。8市设市城市和县城生活垃圾清运量为578.7万吨，无害化处理量305.7万吨，简易填埋273.0万吨。详见附表3。

随着工业污染的加剧和农用化学物质种类、数量的增加，长株潭城市群土壤重金属污染严重，尤其是长株潭三市表层土壤中镉、铬、汞、铅等元素平均含量明显高于全省及全国平均值。城市群近年来开始重视土壤污染防治，

2007年启动了株洲新马村重金属污染土壤修复工程，对株洲清水塘地区重金属严重污染的34.41平方公里的土壤报请国务院批准同意调整了使用功能。

5. 生态环境

长株潭城市群整体生态环境良好，但也存在局部地区生态环境恶化的现象。8市行政区范围内，益阳和常德2个市级行政区生态环境质量评价为优秀，其余6个为良好；25个县级行政区为优秀，14个为良好，优于全省平均水平。但随着城市化进程的不断加快，生态环境承受的压力也越来越大，甚至在局部地区出现了生态环境恶化的现象。

8市加强了森林公园、自然保护区、风景名胜区、生态脆弱区和重要水源地等生态敏感区的建设和保护。8市内，现已成立各级风景名胜区9个，森林公园55个，自然保护区29个（湿地类型保护区8个），湿地公园5个。

同时，8市加强了生态示范区建设。已有25个县市区通过创建国家级生态示范区验收，95个村获得“省级生态村”称号，10个乡镇获得“国家级生态乡镇”（2010年以前为“全国环境优美乡镇”，后更名）称号，41个乡镇通过“国家级生态乡镇”省级验收。

（二）主要环境问题及原因

1. 饮用水源安全隐患依然存在

长株潭城市群除岳阳市、浏阳市等少数几个城市以水库水为饮用水源外，绝大多数城镇以地表水为饮用水源。而城市群内聚集着大量的城镇和工业区，以致纳污水域与饮用水水源水域交错；部分重点工矿区地下水、地表水污染问题十分突出，部分饮用水源地存在重金属超标现象；加上日趋严重的农业污染，严重威胁到饮用水源安全。

2. 城市空气污染较重，酸雨现象更加明显

长株潭城市群工业废气排放量占全省的70.5%，废气中重金属污染物排放主要来自有色冶炼和化工企业，排放总量大，污染范围广。同时，城市群是全省机动车保有量增长最快和城市建设最活跃的地区，加上部分城市位于气流交换地区，不利大气污染物扩散，致使8个地级城市二氧化硫平均浓度超过全省均值10%，少数几个城市年均值超过国家二级标准，有时还会出现“灰霾”天气。降水pH年均值范围低于5.6的城市占87.5%。

3. 产业结构与布局不够合理，环境风险大

长株潭城市群装备制造业、冶金和化工等行业产值占工业总产值的比重为72.7%，高于全省52.9%的平均水平。8市重污染行业比重较大，2009年全省废水排放量，化学需氧量、氨氮、汞、镉、铅、砷、六价铬、二氧化硫等污染物排放量前三位的企业均位于8市之内。同时，在长期的经济发展中，各市大多只考虑自身发展，导致重复建设产业较多，结构趋同。如长沙、株洲、湘潭三市产业结构相似系数都在0.76以上。产业结构偏重与布局不合理相互作用，使区域内污染问题更加复杂，特别是一些工业企业周边地区的土壤、地下水、河流底泥的重金属严重超标，形成了较大的环境风险。

4. 农村环境污染问题日趋严重

近几年来，农村环境问题日趋严重，一是随着农业产业化的推进，大量施用化肥、农药，大量使用农膜导致的污染；二是农民生活方式的改变导致村镇生活垃圾污染问题日趋突出；三是规模化畜禽养殖所带来的农村环境污染加剧，全国253个生猪调出大县，8市内占有26个，其中排名前6的生猪调出大县中，8市占有4个；四是一些工艺、技术落后、污染严重的企业，产能向农村转移。

5. 环保基础设施建设不适应两型社会建设要求

长株潭城市群区域环保基础设施建设相对滞后。截至2009年底，8市建成投运的污水处理厂共有46座，设计处理能力达到264.5万吨/日，理论处理率为51.6%，但管网设施不配套和运行经费得不到保障，实际处理率和处理效果都大打折扣。只有城市主城区的生活垃圾基本实现了无害化处置，城乡结合部的垃圾清运没有纳入统一清扫范围，县（区）垃圾无害化处置设施大都处于建设和规划阶段。危险废物和医疗废物处置设施建设严重滞后于国家的要求，只有株洲、常德、岳阳和益阳的医疗废物集中处置厂投入了运行。

6. 环保监管能力仍然比较薄弱

现行环保体制下的环保综合监管能力不强，难于履行真正意义上的统一监督管理职能，不适应“两型社会”建设的环保监管要求。县级环保队伍参差不齐、农村环境监管几近空白，环境监测、监察装备水平落后，监测自动化程度低，不能及时准确捕获环境信息，难以说清环境质量现状，环境突发事件应急设备和核与辐射设备不足。当环境保护与经济发展、局部利益与整体利益在短期内存在不一致时，环保部门的执法监督职能仍会在部分地方受到牵制。

二、指导思想和基本原则

（一）编制依据

1.《中华人民共和国环境保护法》等相关法律法规；

2.《国家发展改革委关于批准武汉城市圈和长株潭城市群为全国资源节约型和环境友好型社会建设综合配套改革试验区的通知》；

3.《国务院关于批准长株潭城市群两型社会建设综合配套改革试验总体方案和区域规划的通知》；

4.《湖南省人民政府办公厅关于提升<长株潭城市群区域规划>有关事项的通知》；

5.《湖南省“十一五”环境保护规划（2005－2010）》；

6.《长株潭城市群区域规划（2008－2020）》；

7.《长株潭城市群生态建设规划》；

8.《长株潭城市群两型社会建设水利规划》；

9.《长株潭城市群两型社会建设综合配套改革试验区环境保护体制机制改革专项方案》。

（二）规划范围和期限

1. 规划范围

本次规划提升以长沙、株洲、湘潭三市行政辖区为规划范围，约28000平方公里，其中重点规划范围为长株潭城市群核心地区8448.18平方公里；拓展到周边的岳阳、益阳、常德、娄底和衡阳五市99600平方公里，人口4000多万。

长株潭城市群核心地区的空间范围涵盖长沙、株洲、湘潭市区，望城县全境，浏阳市、醴陵市、韶山市、湘乡

市、宁乡县、长沙县、株洲县、湘潭县、赫山区、云溪区、湘阴县、汨罗市、屈原管理区的一部分，总面积 8448.18 平方公里。详见附表 4（略）。

2. 规划期限

本次规划基准年为 2009 年，规划年限为 2010 年 – 2020 年，近期：2010 年 – 2015 年；远期：2016 年 – 2020 年。

（三）指导思想

紧密围绕“两型社会”建设的各项要求，全面落实科学发展观，坚持以人为本，以环境承载力为基础，以逐步实现城市建设生态化、人与社会和谐化、环境管理规范化、环境保护优化经济发展为目标，以构建体制、消减总量、改善质量、防范风险为着力点，突出全面治理重治本、综合治理重机制、资金投入重实效和环境设施建设重统筹，为建设“两型社会”和全面小康社会奠定良好的环境基础，探索建设环境友好型社会的有效途径。

（四）基本原则

1. 以人为本、科学发展

坚持科学发展观为统领，从公众对环境的基本需求出发，以确保饮用水源安全、改善大气环境空气质量为重点，切实解决与人民群众相关的突出环境问题，防范环境风险，促进社会和谐协调发展。

2. 统一规划、同步治理

对区域内的工业布局、产业政策、污染防治、环境监管作出统一的规划。坚持上下游互动、水陆同步、省市县联手，公共治理与企业治理结合。

3. 突出重点、全面推进

突出水体重金属污染防治，全面推进水体有机污染、生物污染和空气扬尘、二氧化硫、氮氧化物等其他污染防治，开展土壤污染修复示范；突出清水塘、水口山、下摄司和竹埠港、坪塘地区污染治理，兼顾其他地区的污染控制；突出有色、冶金、化工行业的污染控制，加强其他行业工业污染、城市生活污染、农业面源污染控制。

4. 因地制宜、集成创新

综合考虑长株潭城市群的经济社会发展、空间布局、环境保护、“两型社会”建设等特征，先行先试，大胆创新，探索建立高效的环境监管机制，合理的环境经济政策，先进的环境技术体系，顺畅的环境矛盾化解途径。

三、规划目标和指标

（一）规划目标

1. 近期目标

到 2015 年，符合资源节约和环境友好要求的产业结构、增长方式和消费模式初步形成。主要污染物排放总量得到控制，区域环境质量得到改善，环境安全得到保障。

2. 远期目标

到 2020 年，主要污染物排放量得到有效控制，区域环境污染问题得到解决，城市和农村环境质量全面改善，资源利用效率和可持续发展能力得到进一步增强，基本形成生态良性循环、人与自然和谐相处的城市群。

（二）规划指标

1. 环境质量指标

自规划实施之日起到 2010 年、2015 年、2020 年，长株潭城市群各项环境质量指标都要得到稳步提升。详见表 3—1。

2. 污染物控制指标

（1）总量控制指标

近、远两个规划期内，规划区内主要污染物排放量要逐步得到削减。依照《湖南省“十二五”环境保护规划（2010 – 2015）》、《湖南省“十二五”环境保护规划（2015 – 2020）》，完成总量控制任务。

（2）污染控制指标

近、远两个规划期内，规划区内的污染控制水平显著提升。到 2015 年，工业废水处理率、工业废水达标排放率、工业二氧化硫达标排放率、工业烟尘达标排放率、城市生活垃圾无害化处理率、城市生活污水集中处理率、工业重复用水率、工业固体废物综合利用率分别达到 97%、95%、95%、96%、80%、85%、94%、95%；到 2020 年，工业废水处理率、工业废水达标排放率、工业二氧化硫达标排放率、工业烟尘达标排放率、城市生活垃圾无害化处理率、城市生活污水集中处理率、工业重复用水率、工业固体废物综合利用率分别达到 100%、100%、100%、100%、90%、95%、98%、98%。详见表 3—1。

表 3—1　规划指标一览表

指标类别	指标名称	单位	2009 年	2010 年	2015 年	2020 年
环境质量指标	饮用水源保护区水质达标率	%	97.2	97.5	98	99 以上
	城市空气质量二级以上天数	天	321	320	340	360 天以上
	城市地表水功能区达标率	%	88. 4	94	98	100
	区域环境噪声达标率	%	64.0	71	83	95
	森林覆盖率（核心区）	%	40.8	55.5	55.7	55.8
污染控制指标	工业废水处理率	%		94	97	100
	工业废水达标排放率	%	92. 0	92.5	95	100
	工业二氧化硫排放达标率	%	91.9	92	95	100
	工业烟尘排放达标率	%	92.5	93	96	100
	城市生活垃圾无害化处理率	%	52.8	60	80	90
	城市生活污水集中处理率	%	41.6	54	85	95
	工业重复用水率	%	88.1	90	94	98
	工业固体废物综合利用率	%	91.6	92	95	98

四、主要任务

（一）进一步加强水污染防治

1. 优先保障饮用水源安全

饮用水水源保护区内禁止设立排污口。在一级保护区内禁止建设与供水设施和保护水源无关的项目，禁止从事可能污染饮用水水体的活动，拆除或关闭与供水设施和保护水源无关的项目。在二级保护区内禁止建设向水体排放污染物的项目和设立装卸垃圾、油类及其他有毒有害物品的码头，逐步置换饮用水源二级保护区内的工业用地。加强备用水源建设，严格保护东江、株树桥、官庄、铁山水库、水府庙等重要水源，水源保护区内建立10—50米的防护林带。

加强饮用水水源和供水水质的监控，完善饮用水水源污染事故应急预案，完善环保、水利、交通、卫生、供水等部门的安全联动预警机制，水利、交通部门搞好枯水期水资源调度，保障上游水库的基本下泄流量，卫生部门要加强对自来水的卫生监督，供水行政部门要加强制水管理，环保部门加强水源监测和污染源监管，确保饮用水源安全。

2. 全面推进湘江污染综合整治

加快完善并全面实施《湖南省湘江流域生态环境综合治理规划》，全面实施《湘江流域水污染综合整治方案》，重点解决衡阳水口山（含松江）、株洲清水塘、湘潭下摄司和竹埠港地区的环境污染问题。以有色金属冶炼渣料的管理和废水治理为重点，加快水口山有色金属集团废水、废渣处理，加大水口山、松江地区冶炼企业整治力度，关闭手续不全和污染严重的小冶炼企业。以进一步削减排污总量、霞湾港水变清为总目标，改造完善排污系统，加大清水塘地区污染综合治理力度；株洲冶炼集团股份公司完成废水深度处理和废水、废渣综合利用；取缔关停工业区及其周边污染严重的小型企业，搬迁污染严重的大中型企业或者污染严重的工艺装置、生产线、产能，实施霞湾港底泥沉积重金属污染治理。湘潭岳塘、竹埠港地区以产业结构调整为重点，落实化工、颜料、冶炼等重污染产业退出计划，完成湘潭钢铁有限公司水资源综合利用等污染治理项目，进一步削减排污总量。

以实施《湘江流域重金属污染治理实施方案》为契机，大力度全面推进湘江流域污染防治，力争到2020年基本解决湘江流域重金属污染问题。

3. 强化工业水污染防治

严格涉重金属企业进入，引导并促进企业走集约化、规模化道路，淘汰落后、污染严重的工艺和设备。大力推进企业进园区，推动同类型废水集中治理。推行清洁生产，提高工业用水重复利用率，完成一批重点水污染治理工程，降低单位工业产值废水和水污染物排放量。加强环境监管，尤其是加强对小型企业和重金属排放企业的环境监管，严查非法排污企业。

4. 加快城市生活污水处理设施建设

按期完成《城镇污水处理设施建设三年行动计划（2008—2010）》，至2010年，长株潭城市群内设市城市和县城新建成污水处理厂63座，新增处理能力277万吨/日，城市生活污水集中处理率均达到或超过70%。要实现污水处理厂从重建设到重运营的转变，加快城区排水管网改造步伐，提高污水收集率，所有污水处理厂要安装在线监测装置，确保污水处理厂的正常运行。鼓励中水回用。各地区加强污泥处置，污泥处置规划要纳入地方城镇污水处理设施建设规划，应综合考虑污泥泥质特征、地理位置、环境条件和经济社会发展水平等因素，因地制宜地确定污泥处置方式，防止二次污染。

（二）进一步加强大气污染防治

1. 进一步优化能源结构和布局

加大能源消费结构调整力度，降低煤炭在一次能源中的使用比例，扩大天然气使用区域、领域和使用量，加强风能、太阳能、地热、生物质能等新型能源开发，积极发展核电，提高清洁能源比重。接入天然气的城市主城区要淘汰燃煤锅炉，其他城市严格控制新增燃煤锅炉等大气污染源，确保城市规划区范围内不建设大气污染较严重的项目。合理布局新建电厂，除适当建设热电联供机组外，城市的城区和近郊区、环境空气质量不达标的地区严格限制新建燃煤电厂，长株潭核心区不再规划建设新的燃煤电厂。

2. 强化工业污染防治

强化电厂脱硫设施的管理，确保脱硫设施正常运行。启动并推进电厂全面推行低氮燃烧技术。已建电厂全部安装低氮燃烧器，推广采用烟气脱硝技术，新建火电厂要配套建设脱硝设施。切实控制电站锅炉、工业锅炉等固定源的二氧化硫和氮氧化物排放。全面推进钢铁、有色、化工、建材等行业的二氧化硫、烟尘、粉尘等大气污染综合治理。

3. 控制颗粒物污染

大力治理粉尘污染。重点治理水泥行业的粉尘污染，发展4000吨/日以上的新型干法水泥，到2010年全面淘汰落后的立窑生产线，长株潭核心区原则上不再规划新建、扩建水泥厂。市区范围内，强制使用散装水泥、商品混凝土，控制水泥使用过程的扬尘污染。

严格控制烟尘、细颗粒物污染。控制建筑施工、道路交通等扬尘污染，加快道路、广场和其他城市空地的绿化和硬化速度。所有燃煤电厂、工业锅炉要安装烟尘净化装置，规模以上、位于敏感区和群众反映强烈的餐馆要安装油烟净化器。

4. 加强机动车排气污染防治

大力开发和使用新能源汽车，力争到2012年公交、出租车中压缩天然气、电动汽车、混合动力汽车等新能源汽车的比重达到15%，到2015年达到50%。鼓励使用小排量汽车。使用较高的汽车尾气排放标准，强化在用车管理，加强机动车年检，尾气不达标、噪声超标的车辆不得上路。加强新车环境监管，凡未列入尾气达标车型目录的车辆不得在湘销售。

（三）进一步加强噪声污染防治

1. 加强建筑施工噪声防治

加强对建筑施工单位的监督管理，从源头削减施工噪声。施工单位应合理选择施工机械、施工方法、施工现场，尽量选用低噪声设备，并在施工期应经常对施工设备进行维修保养，避免由设备性能减退使噪声增强现象的发生。

施工单位应给在声源附近的施工人员配备防噪声耳罩。施工单位应合理安排人员，使他们有条件轮流操作，减少接触高噪声时间。对于大于 100dB（A）的施工机械，应合理安排施工时间，禁止夜间施工。

2. 加强市内交通噪声防治

重点控制高噪声车辆（轨道车辆、载重汽车、大型客车等）的噪声辐射水平。重点解决公共汽车刹车噪声问题，加强刹车片材料的检测和维护保养等。推广采用高效排气消声器以减少排气噪声，采用低噪声路面、优化轮胎结构（花纹）设计以减少轮胎路面噪声。在地面交通线路和相邻噪声敏感目标之间设立声屏障。严格控制机动车辆鸣笛和其他音响信号装置噪声。大型车辆运输应避开沿途居民的休息时间，避免运输噪声对居民的影响。

3. 加强文化娱乐场所噪声防治

文化娱乐场所经营者必须采取有效措施，使其边界噪声不超过国家规定的噪声排放标准，并应当限制夜间经营时间。禁止在居民楼内新建、扩建、改建产生环境噪声污染的各类经营场所。产生噪声污染的文化娱乐场所，应当对设备进行合理布局，采用低噪声设备，改进工艺，采取吸声、消声、隔声、隔振和阻尼减振等治理措施，实现噪声排放达标。

（四）进一步加强固体废物污染防治

1. 加快工业危险废物和医疗废物处置步伐

2011 年底前，必须建成衡阳危险废物处置中心并投入使用，力争建成长沙危险废物处置中心。区域内产生危险废物的单位，应按国家规定的要求处置危险废物；无法自行处置或处置不符合规定的，必须依法送往具有危险废物经验资质的单位处理处置。加强对已建成医疗废物处置中心的监管，确保正常运行，未建成医疗废物处置中心的城市必须在 2010 年底前建成，或强制将医疗废物送临近处置中心处置。

继续推进历史堆存铬渣无害化处置。原长沙铬盐厂堆存铬渣、湖南铁合金集团堆存铬渣、原衡阳松梅冶炼厂堆存铬渣应分别在 2010 年前、2011 年前、2013 年前完成无害化处置，并尽快开展土壤修复工程。加强对尾渣库的安全管理。强化对危险化学品的监管。

2. 加大固体废物综合利用

强化源头控制管理，推行工业固体废物产生单位清洁生产审计，促进企业加强技术改进、降低能耗和物耗，减少固体废物产生。加强对工业固体废物的回收利用，防止综合利用过程中的二次污染。拓展资源化利用途径，提高工业固体废物综合利用率，重点推进煤矸石、粉煤灰、冶金和化工废渣、尾矿的大宗工业固体废物的综合利用。建立生产者责任延伸制度，以万容科技有限公司为龙头，完善再生资源回收利用体系。通过分拣、剔除或粉碎建筑垃圾中的废弃物，加工制造成各种规格的钢材、木材或建材制品；通过人工拆解和机械拆解分拣，对电子废弃物进行综合处理，实现废旧电子电器的规范化、无害化综合利用。

3. 提高生活垃圾无害化处理水平

积极推进生活垃圾的分类收集，建立健全鼓励生活垃圾分类收集的政策措施和制度规定，建设垃圾分类收集的设施和管理体系。完成一批重点垃圾处理场项目建设。对于有机物含量较高的厨余垃圾，利用生物转化法即利用微生物的新陈代谢作用，实现垃圾的稳定化、无害化，同时进行资源的回收利用。到 2020 年长株潭地区新增生活垃圾无害化处理能力 3900 吨/天，达到 9347 吨/天。高度重视垃圾渗滤液的处理，逐步对现有的简易垃圾处理场进行污染治理与生态恢复，消除污染隐患。

（五）进一步加强农村和生态环境保护

1. 推进农村环境综合整治

按照“清洁家园、清洁水源、清洁田园、清洁能源”的原则，开展农村环境连片综合整治示范，“以点带面”推进农村环境综合整治。重点对农村饮用水水源地保护、生活污水和垃圾处理、畜禽养殖污染和历史遗留的农村工矿污染治理、农业面源污染和土壤污染进行整治。采用“村收集、乡镇中转、市县处理”的模式治理农村生活垃圾污染。大力发展农村沼气，鼓励发展太阳能等清洁能源。到 2015 年，环境问题突出、严重危害群众健康的村镇基本得到治理，农村环境监管能力明显加强，农村环保意识明显增强。到 2020 年，农村环境明显改善。

2. 加强农村土壤污染防治

充分利用全国土壤污染现状调查成果，建立土壤环境质量评价和监测制度，开展污染土壤修复示范。关闭、搬迁企业必须做好原厂址土壤修复工作，对持久性有机污染物和重金属污染超标耕地实行综合治理；污染严重且难以修复的耕地应依法调整用途。严格控制主要粮食产地和菜篮子基地的污水灌溉，加大对菜篮子基地的环境管理，确保农产品安全。

3. 加大农业种养业污染控制

大力发展现代农业和节约型农业，推广测土配方施肥和生物防治病虫害等适用技术，减少农药化肥施用量、农膜使用量，防治农业面源污染，大力推广秸秆综合利用。长株潭核心区原则上不得新建、扩建规模化畜禽养殖场。搬迁或关闭位于水源保护区、城市和城镇居民区等人口集中地区的畜禽养殖场。引导畜禽养殖业走生态养殖道路，提高畜禽养殖业清洁生产水平及废弃物资源化利用水平。积极开展规模化养殖污染整治，到 2015 年，200 头以上的规模化养殖场的污染得到治理。

4. 构筑良好的区域生态屏障

以山脉、水系为骨架，以山、林、江、田、湖等为要素，综合自然、历史人文等因子的空间分布，构建“一心、一带、多廊道、多斑块”的网状生态结构。加强长株潭交界绿心功能区林地的保护和建设，完善城市群核心区“绿肺”生态功能。结合湘江生态风光带的建设，构建具有明显生态良性循环特征、景观环境优美的生态带。强化重要生态功能区、天然湿地生态系统建设，新建谷山自然保护区、团头湖湿地白鹭保护区等 11 处自然保护区、湿地保护区。

优化城市人居环境。重点建设湘江两岸的园林绿化体系，保护和建设长株潭永久性绿化隔离带，强化三市内部绿化体系。积极开展国家和省级园林城市、园林县城、园林式小区、园林式单位创建活动。在城市中心区合理布局大、中、小型绿地，确保每 500 米距离建成一处具有一定规模的公共绿地，搞好城市干道、街巷和水系绿化，逐步建立环城绿带、绿色走廊、大型绿地、郊区森林相配套，平面绿化与立体绿化相结合的城市绿化系统。

5. 加强物种资源保护和安全管理

开展物种资源调查。建设物种资源的数据库、种质库和基因库。建设物种资源就地、迁地和离地保护设施。建立物种资源进出口查验制度，强化外来物种和转基因生物体的生态影响监控、安全防治和应急机制。

（六）进一步加强核与辐射环境监管

1. 完善放射性同位素与射线装置管理

进一步加强放射性同位素与射线装置生产、使用和销售的安全许可和监督，完成辐射安全许可证的换发。建设对放射源实施全寿期跟踪的放射源管理信息系统。实现废弃放射源的安全收贮。

2. 加强放射性污染防治

以桃花江核电站建设为契机，提高核电设施监管水平。完成放射性暂存废物库扩建工程。积极推进核工业遗留放射性废物治理。开展对铀矿冶和伴生放射性矿放射性污染现状调查、评价与污染防治的监管。

3. 提高电磁辐射污染防治水平

加强电磁辐射环境影响评价，优化电磁场的空间分布，合理布局场源建设，防止人口稠密区的电磁辐射污染。

4. 加强核与辐射环境监管能力建设

建设一支专业齐全、业务能力强、执法水平高、与事业发展相适应的核与辐射安全监管队伍。省市核与辐射环境监管机构得到充实和加强，县级环保部门要有专职人员负责。省市两级核与辐射监测能力建设达到国家标准化建设要求。

（七）加速建设先进的环境保护监管体系

1. 先进的环境监测预警体系

按照队伍专业化、装备现代化要求，推进各级环境监测站标准化建设。整合环保系统和其他各种资源，依托省、市、县三级环境监测站，建设环境质量监测、污染源监测和核与辐射环境监测相结合，常规监测、监督性监测、应急监测相互协调，人工监测与自动在线监控相互补充的环境监测体系，解决环境监测监控功能分散、数出多门、重复建设、资源共享度低等问题，实现“体制顺畅、数据准确、方法科学、管理规范、网络健全、传输及时、人员精干”的要求，全面反映生态环境质量状况和变化趋势，及时跟踪污染物排放的变化情况，准确预警和及时响应各类环境突发事件，满足长株潭城市群两型社会建设的需要。建立统一的环境报告和发布制度，及时发布各类环境状况信息。

2. 先进的环境执法监督体系建设

提高环保执法装备水平，推动环保执法队伍标准化建设。突破环境执法障碍，强化执法效能，形成程序规范、监管有力的环境监察机制。完善排污申报登记制度，全面实施排污许可证制度，逐步实现依证监管、持证排污、按证交费。全面掌握危险化学品使用单位、一类污染物产生排放单位等可能突发环境风险的企业情况。对违反环境影响评价和“三同时”制度的建设项目和超标排污企业，由环境保护行政主管部门责令停止建设或停产。公开企业环境信息，把环境诚信记录纳入商业、外贸、金融机构等综合诚信体系之中，使企业的环境行为接受市场监督。

3. 先进的环境事故应急体系

完善全省环境突发事故应急监测网络及指挥中心建设，各市州要建立相应的环境应急指挥系统。在环境监测机构健全环境监测网络，实现实时监控的基础上，建立统一领导、分级管理、功能全面、反应灵敏、运转高效的环境应急综合指挥系统。

4. 先进的环境信息系统

建设数字环保工程，构建国家、省、市、县四级传输网络，实现与环保部、各市（州）县（区）环保局、各相关单位及环境监测站点互联互通、信息资源共享，提高全省环保系统的管理水平和应急响应能力。

5. 先进的社会公众参与和监督机制

加快环境信息的公开化、社会化建设，完善环境信息公开平台，让社会公众充分了解环保工作。积极扩展公众参与平台和渠道，鼓励和组织社会公众广泛参与环保工作。建立健全公众社会监督机制，逐步完善社会公众举报投诉、信访、听证制度，环境影响评价公众参与制度，新闻舆论监督制度、公民监督参与制度。

五、保障措施

（一）着力推进功能分区，实现分类管理

1. 推进形成主体功能区

《长株潭城市群区域规划（2008—2020）》特别提出了对于禁止开发区域和限制开发区域的相关规定。禁止开发区域主要包括各类保护区、水域、郊野公园、生产防护绿地、特殊绿地等城市群绿色生态空间。在禁止开发区域，应当设立明显标志。在禁止开发区域内，不得进行除景观保护、文化展示等用途以外的项目建设，除兴建与保护需要直接相关的建筑之外，不得兴建其他建筑。限制开发区域主要包括基本农田保护区、乡镇人民政府所在地、农村居民点、湘江两岸河堤背水坡脚向外水平延伸一百米以内地区等城市群边缘型空间。在限制开发区域内，应当发展绿色无污染农业，依法保护基本农田，不得兴建除农业综合开发、土地整理和村镇建设等项目以外的一般产业项目。近中期建设的重点地区为“一带五区”：即湘江生态经济带和大河西、云龙、昭山、天易、滨湖五大示范区。

综合空间的生态适宜评价、现有城镇建设开发强度分析、资源禀赋和环境容量，充分考虑生态保护、资源合理开发利用、社会经济可持续发展的需要，将城市群核心区分为禁止开发地区、限制开发地区、重点开发地区和优化开发地区四类主体功能空间，以此作为建立生态网络和引导空间有序发展与合理布局的基本依据。

禁止开发地区。包括饮用水水源保护地、自然保护区、森林公园、湿地公园、重点公益林区、坡度25度以上的高丘山地、著名风景区、泄洪区、滞洪区、重要湿地、相对集中连片的基本农田保护区等。主要分布在核心区西部、北部山地丘陵集中区、湘江及其主要支流水体、绿心地区高丘山地等。

限制开发地区。包括基本农田保护区以外的各类宜农土地、坡度在15~25度之间丘陵山地、生态脆弱地区等。资源环境承载力较弱，关系城市群整体生态安全格局，分布在城市群组团之间，呈斑块状分布的区域。

重点开发地区。重点开发区域是指资源环境承载能力较强、经济和人口集聚条件较好的区域。包括长沙黄花、黄兴、榔梨、含浦、坪塘、雷锋、白箬、夏铎铺地区，株洲市的天元、云龙、白井、南洲、黄泥坳地区，湘潭河东、易俗河、九华、楠竹山地区，益阳沧水铺，岳阳界头铺等。

优化开发地区。优化开发区域是指国土开发密度已经较高、资源环境承载能力开始减弱的功能区域。包括城市群八市市府所在地建成区及经济较发达（进入全省经济前20或30强）市县的县城建成区。

生态绿心地区。长株潭生态绿心地区位于三市交界的三角地带，是长株潭城市群的“绿肺”。绿心规划区北至长沙绕城线及浏阳河，西至长潭高速西线，东至浏阳柏加镇与镇头镇行政交界处，南至湘潭县梅林桥镇。总面积522.87平方公里。

2. 实行环境分类管理

在优化开发区域，坚持环境优先，优化产业结构和布局，大力发展高新技术，加快传统产业技术升级，把提高增长质量和效益放在首位，率先完成排污总量削减任务，做到增产减污，切实解决一批突出的环境问题，改善环境质量。

在重点开发区域，坚持环境与经济协调发展，科学合理利用环境承载力，加快推进工业化和城镇化，加快环保基础设施建设，严格控制污染物排放总量，做到增产不增污。积极推动五个试验区的建设：大河西示范区重点发展机械制造、新能源、电子信息，辐射带动益阳、常德等地区。云龙示范区重点发展先进制造业和临空产业，清水塘依托循环经济试点发展新兴产业。昭山示范区建设生态宜居新城。天易示范区重点发展机电制造、加工、环保、现代物流等产业。滨湖示范区建设长株潭产业转移承接基地、再生能源产业基地、绿色农产品生产加工基地、健康休闲服务基地。

在限制开发区域，坚持保护优先，合理适度开发，发展休闲旅游的轻污染或无污染的特色优势产业，加快建设重点生态功能保护区，确保生态功能的恢复与保育，逐步恢复生态平衡。

在禁止开发区域，坚持强制性保护，依据法律法规和相关规划严格监管，严禁不符合主体功能定位的开发活动，控制人为因素对自然生态的干扰和破坏。

在生态绿心地区，创新发展绿心，探索生态资本利用的新方式。把绿心地区作为长株潭“空间整合关键、功能提升依托、三市联系纽带”，引导低消耗、高产出、无污染及对交通、环境高度敏感的高端产业进入，建设精品型高端服务区，重点发展生态旅游、园艺博览、休闲度假、商务娱乐等城市功能，适度发展文化创意、高新技术研发、企业孵化与创业服务等产业功能，成为利用生态资本的示范窗口。

（二）加快经济结构调整，转变经济发展方式

1. 确定区域发展方向

加快产业“两型化”，推进新型工业化。发挥科技创新的先导示范作用，依靠产业结构调整、自主创新和信息化，加快新型工业化进程，重点发展先进制造业、高新技术产业和现代服务业，提升基础工业，发展现代农业。

坚持突出优势、错位发展。长株潭以先进制造业、高新技术产业、生产性服务业为主导产业，岳阳以石化工业为主导产业，衡阳以综合制造业为主导产业，常德以农产品深加工为主导产业，益阳以新能源工业和休闲旅游业为主导产业，娄底以能源、原材料工业及配套工业为主导产业。

构建娄底、衡阳原材料工业与长株潭先进制造业之间的上下游关系，长株潭核心区不再新建火电厂，在周边地区发展火电、水电以及风电、核电等新能源，为长株潭提供强大的能源支撑。将烟草、食品工业引导至常德、湘潭，农产品物流和商贸产业调整至湘潭、衡阳、常德，将湘钢的扩建调整与岳阳、娄底的钢铁产业调整相结合，将株洲的石化工业部分调整至岳阳。

2. 严格环境准入

严格执行国家制定的有色、铁合金、焦化、电石等行业准入条件。限制高耗能产业外延扩张，禁止发展高污染产业，鼓励发展资源能源消耗低、环境污染少的机械制造、电子信息、生物制造等工业产业，大力发展第三产业。制定《产业环境准入指导目录》，针对敏感区域、重污染行业设置高于国家产业政策和环境保护政策的准入门槛，建立以规划、国土、环保为约束条件的投资审批体制，严格执行环境影响评价、污染物排放总量控制和排污许可证制度，确保环境准入政策严格实施。

3. 加快污染产业、企业退出速度

整合现有工业园区，建立产业退出机制。严格执行国家和湖南省的产业政策，结合产业结构调整，坚决淘汰落后生产能力、落后生产工艺和落后产品。大力推广清洁生产、清洁工艺和循环经济模式，提高能源和其他资源利用效率。综合运用经济、法律和必要的行政手段，通过取缔、关停、淘汰、并转、退二进三、改造等方式，做好“两高”、“五小”企业的退出工作。结合区域实际，定期制定《长株潭城市群产业强制退出计划》，分批公布技术落后、污染严重的生产工艺、设备、产品和企业淘汰名录，强制淘汰规模不经济、污染严重的涉镉、涉砷及其他重金属企业（生产线）。按照控制总量、淘汰落后、加快重组、提升水平的原则，对大中型企业予以产业调整、升级，提升产品结构，降低消耗，减少污染。加快对长沙坪塘、株洲清水塘、湘潭竹埠港地区的污染企业退出步伐。各级政府积极制定产业布局调整相对应的配套政策，扎实推进相关政策、资金落实到位。

4. 加快推进循环经济

大力发展循环经济，构建以循环经济为特色的“两型”产业体系。

微观层次。城市群内企业普遍推行清洁生产，对污染物排放超过国家和地方标准或总量控制指标的企业，以及使用有毒有害原料或者排放有毒物质的企业，要依法实行强制清洁生产审核。开展“有毒物排放清单”试点工程，使用、产生有毒物质的重点企业必须制订排放削减计划。推动化工、冶金、建材等行业污染物“零排放”试点示范工程。强化环境管理，积极引导企业开展ISO14000环境管理体系、环境标志产品和其他绿色认证，主要行业的重点企业、重点出口生产企业全部通过ISO14000认证。

中观层次。依托汨罗、清水塘等国家循环经济试点，以工业园区、农业产业园为重点，以企业之间、产业之间的循环链建设为主要途径，以实现资源在不同企业之间和不同产业之间的最充分利用为主要目的，建立入园企业的经济和资源环境综合控制要求，形成以二次资源的再利用和再循环为重要组成部分的循环经济机制。

宏观层次。优化工业布局，调整产业结构，推行以循环经济为核心的经济运行模式，探索建设长株潭循环经济城市群。推广秸秆的集中利用和有效还田，化肥、农药、农膜的减量化使用，建立农村内部循环体系。以城镇为中心进行整体规划，有效处理生活垃圾、污水与乡镇企业污染。建立城、镇（区）、村总体循环体系，优化三者间物质交换，农村进入城市的农产品尽可能初级加工处理，产生的垃圾就地还田。

5. 着力发展低碳经济

着力开发低碳或无碳新能源，加快发展太阳能、生物质能、核能等清洁新能源，实现能源高效利用、清洁利用。在市场机制基础上，通过制度框架和政策措施的制定及创新，形成明确、稳定和长期的引导及鼓励，推动提高能效技术、节约能源技术、可再生能源技术和温室气体减排技术的开发和运用，促进整个社会经济朝向高能效、低能耗和低碳排放的模式转型。

（三）多途径增加环保投入，实施一批重点项目

按照“质量—总量—项目—资金”的原则，通过增加环保投入，实施一批项目，实现排污总量的削减和环境质量的改善。

1. 多途径增加环保投入

（1）积极争取国家资金

抓住国家加大节能减排等公共领域投资力度的机遇，在产业退出、城市环境基础设施建设、节能减排、农村环保、生态建设、环境监管能力建设等方面筛选一批重点项目，做好项目前期工作，落实配套资金，争取国家资金。其中要以湘江流域重金属污染治理专项为重中之重。

（2）加大各级财政投入

省市县各级政府要按照国务院国发〔2005〕39 号文的要求，将环保投入列入本级财政支出的重点内容并逐年增加投入，重点增加对湘江污染治理、农村环境保护、减排及环保产业发展的投入。

（3）扩大银行贷款

努力搭建服务平台，促进银企合作，银政合作，争取更多的政策性贷款和商业性贷款。安排财政贴息，引导银行资金投向环境保护设施建设。

（4）进一步加大招商引资

继续鼓励社会资本参与城市污水处理、垃圾处理等城市环境基础设施的建设和运营。通过建立有利于环境治理的价格、税收、信贷、贸易、土地等政策体系，鼓励社会资本参与企业污染防治设施和环境监控设施的建设和运营。

2. 实施一批重点项目

结合长株潭城市群环境同治治理目标，规划共安排重点项目 491 个，总投资 672.5 亿元。其中，工业污染治理项目 285 个，总投资为 187.6 亿元；城市污水处理项目 61 个，总投资为 170.5 亿元；城市垃圾处理项目 53 个，总投资为 35.0 亿元；医疗与危险废物处理项目 5 个，总投资为 11.5 亿元；重要生态功能区保护项目 32 个，总投资为 111.7 亿元；区域环境综合整治与生态保护项目 41 个，总投资为 126.8 亿元；农村小康环保行动项目 7 个，总投资为 27.1 亿元；环境监管能力建设项目 6 个，总投资为 1.7 亿元；全民环境宣传能力建设项目 1 个，总投资为 0.6 亿万。

（四）完善环境同治体制机制，创新环境保护政策

1. 建立健全环境同治机制

建立党委政府统一领导，环保部门统一监督，各部门分工负责，省、市、县齐抓共管的环境同治机制。在继续发挥八市环境保护主管部门作用的同时，建立区域性环境管理协调机构，统一协调八市的环境管理。开展乡镇环境监管机构建立的试点工作，逐步完善农村环境监管体系。各市之间建立环境保护联席会议机制，区域环境污染联防联控长效机制，跨界生态环境协商处置机制。形成事故共防，污染共治，环境共保，设施共建，成果共享的良好合作局面。

打破行政区域的界限和障碍，实行流域统筹综合治理。同时，制定切实可行的流域治理目标责任制和省界断面水质考核制度，促使地区之间共同采取行动，联合治污。实行区域环境监察和监督管理合作。推动双边或多边合作，共同建设一批区域治污工程。实施中心城区污水处理一体化管理，实现资源共享。成立空气质量保障工作协调小组，完善区域联防机制，继续大力推进区域空气污染联防联治。

2. 强化目标责任考核机制

政府主要领导和有关部门主要负责人是本行政区域和本系统环境保护的第一责任人，要切实承担对所辖区内环境质量的责任。发挥绩效考核的导向作用和推动作用，引导领导干部树立科学的发展观和正确的政绩观。将辖区环境质量特别是出境水环境质量、资源消耗强度和污染排放强度纳入发展评价体系，纳入领导班子、领导干部政绩考核的重要内容。健全评价考核指标体系，对资源环境主要指标实行目标管理，定期进行考核，公布考核结果。强化全过程环境监理，施工期环境监理实行总监负责制，派专业环境监理人员进行现场监督检查，全过程控制。建立环境保护问责制，对因决策失误造成环境事故、严重干扰正常环境执法的领导干部和公职人员，严肃追究责任。

在管理方面，继续实行污染物排放浓度控制和总量控制相结合的管理办法。根据环境保护目标、污染物排放量和环境容量，适时修订污染物排放标准，适时制定污染物控制总量。相关城市在污染物排放总量、行政区交界断面的环境质量方面应建立严格的目标责任制。

3. 创新环境经济政策

（1）推进主要污染物排污权交易

在长沙、株洲、湘潭地区开展二氧化硫、氮氧化物、化学需氧量、氨氮等主要污染物排污权有偿使用和交易试点，并适时在城市群范围内推广。主要污染物排污权有偿使用费按事业性收费管理。有偿使用费征缴标准和交易价格由省价格行政主管部门会同有关部门核定。严格按照地方非税收入收缴管理制度纳入财政预算，实行“收支两条

线”管理。征缴的有偿使用费用于主要污染物排污权收购、主要污染物排污权交易平台建设、交易机构日常运转、环境污染治理、环保监管能力建设等。交易资金专款专用，不得挪作他用。主要污染物排污权有偿使用和交易在长沙、株洲、湘潭三市的化工、石化、火电、钢铁、有色、医药、造纸、食品、建材等行业先行试点。取得成功经验并经省政府批准后，可逐步向城市群范围内的工矿企业，工业园区、城镇污水处理厂以及民间组织等推广。

（2）建立生态补偿机制

按照“谁开发谁保护、谁破坏谁恢复、谁受益谁补偿、谁排污谁付费”的原则，创新流域水质考核模式，出台地方法规，在湘江流域重点在绿心地区的禁止开发区中开展生态补偿机制和政策试点，探索成熟经验后，再逐步推广。

（3）扩大环境责任保险试点范围

在现有基础上，完善环境责任保险制度，扩大保险范围，到2010年，长株潭三市重污染企业纳入环境责任保险范围，2015年规划区内其他重污染企业全面纳入保险范围，鼓励其他污染企业参加投保。

（4）建立有利于环境保护的价格形成机制

完善排污收费，全面落实污染者付费制度。全面征收并逐步提高城市生活污水、生活垃圾、危险废物和医疗废物处理处置费及放射性废物收储费，保证治理设施和收储设施正常运行。推行水电价格改革试点，开展阶梯式水价改革试点，落实差别电价政策，完善分时电价办法。严格落实燃煤电厂烟气脱硫电价政策，制定脱硝电价政策。对可再生能源发电、余热发电和垃圾焚烧发电实行优先上网等政策支持。

（5）试点开征环境税

根据财政部、国家税务总局和环保部的部署，按照环境税税制设计方案及征管体系建设方案中设计的环境税的征收模式，积极参与环境税开征试点。

（6）其他环境经济政策

探索和完善运用绿色信贷、绿色采购等其他各种有效的环境经济政策。

（五）依靠科技进步，发展环保产业

1. 大力促进环保科技创新

围绕污染防治和生态保护，开展污染防治新技术和新工艺的研发、推广应用。充分利用大专院校和科研院所的技术力量，加大环保科技研究力度。以“湘江水环境重金属污染整治关键技术研究与综合示范”为依托，重点开展重金属污染底泥、重金属污染土壤、含重金属废水污染治理、含重金属废渣污染治理等技术的研究创新，为重金属污染控制与治理重大技术攻关项目提供技术支撑。开展湖泊富营养化研究，积累富营养化防治、河流休养生息的技术和管理经验。开展流域环境容量与生态承载力等战略与理论研究，开展流域上下游之间生态补偿机制的研究，为流域水污染防治和水环境保护提供决策支持。

2. 积极促进环保产业发展

以市场需求为导向，以科技创新为先导，以体制创新为动力，以结构调整为主线，以提升产业技术水平、提高自主创新能力、创新产业经验模式和规范产业市场为核心，加大资金和政策扶持力度，大力发挥产业基地的孵化作用和骨干企业的带动作用，全面提高我省环保产业的整体实力和核心竞争力，将环保产业打造成我省新的支柱产业和经济增长点。

大力发展环保设备（产品）制造业、资源综合利用产业、环境服务业、洁净产品制造业，建设一批环保产业重点园区，扶持一批环保骨干企业，打造一批环保名牌产品。

（六）强化环保人才队伍建设，确保环境监管落实到位

1. 贯彻党管人才的方针

充分发挥党的领导核心作用，发挥思想政治优势、组织优势和密切联系群众的优势，把握人才工作的正确方向，明确人才工作的发展目标，调动一切积极因素，开发人才资源，对人才工作情况进行综合、有效分析和评价，及时通报情况。各级政府特别是环保局要把环保人才队伍建设工作提上重要议事日程，加强人才工作机构和人才工作队伍建设，不断提高人才工作队伍的实践创新能力和组织协调能力，努力建设一支相对稳定、素质较高的人才工作队伍，围绕环保事业发展对人才的需求，以提高人才素质为中心，遵循人才成长规律，重点加强建设系统内的党政领导与机关管理人才，行政执法人才和专业技术人才队伍的建设。

2. 搭建环保交流平台

建立人才资源信息采集体系，积极做好信息服务工作，建立人才统计制度，掌握人才队伍基本情况，了解资源总量和结构情况，完善人才统计指标体系，及建立专项调查制度，加强人才统计分析，注重人才信息平台建立，逐步实现环境保护人才信息全省联网，从而不断加强环保专业技术人才队伍建设的交流与协作。

3. 加大队伍建设投入力度

坚持把能力建设作为人才资源开发的主题，突出重点，加大资金投入和人才队伍的培养力度，从整体上提高人才队伍的素质和竞争力。把培训规划作为重要环节，明确培训重点、时间、步骤、要求，并保证工作经费。要把人才的培养经费纳入年度预算，建立人才发展专项资金，用于培养和引进高层次专业技术人才，紧缺人才和奖励有突出贡献的优秀人才。

4. 加强专业技术人员培训

各级环保部门要紧密结合环境保护发展目标和任务，以岗位培训为主线，多层次、多渠道、多形式开展培训工作。通过机制的建立，对人才队伍进行培训和接受终身教育，促进人才队伍建设的发展。积极推进执业资格制度，逐步完善建设系统重要岗位从业人员准入与执业的管理，对检测、环境工程等重要岗位全面实行准入注册管理，把从业人员职业资格作为资质审查的重要内容，有效保证执业与从业人员的素质，提高服务质量。强化各类高学历人才的培训，鼓励和有计划地安排在专业技术岗位工作的人才，参加相应专业的培训和学历教育，更新知识或取得更高层次的学历。

（七）加强宣传教育，推动公众参与

1. 增强全社会生态文明意识

加强对领导干部的环境教育和培训，不断增强各级干

部和广大群众的环境意识。充分发挥舆论引导和监督作用，大力宣传环境保护的方针政策和法律法规，公开曝光环境违法行为。抓好环保基础教育、专业教育、社会教育和岗位培训。不断增强广大群众的环境意识，全方位、多层次推广适应建立资源节约型、环境友好型社会要求的生产生活方式。组织志愿者及举办公益型的环保生态营活动向社会介绍生态环境、垃圾废物处理以及绿色社区、低碳生活等方面的情况，推广环保意识、分享国内外的环保资源和先进经验让民众认识到环保的重要性，加大民众对环保事业的认知度。

2. 扩大公众环境知情权

加强环境信息政府网站建设，充分利用网络、电视、报纸等媒体及时发布环境质量、环境管理等信息。继续推行政务公开，实行环境保护政策法规、项目审批、资金分配、案件处理等政务公告公示制度。依法推进企业环境信息公开，开展上市公司的环境绩效评估和环境信息公告，特别对环境风险企业实行分类公开。

3. 完善公众参与环境保护机制

大力普及环境科学知识，倡导绿色消费、绿色办公和绿色采购，广泛开展绿色社区、绿色学校、绿色家庭等群众性创建活动，充分发挥工会、共青团、妇联等群众组织、社区组织和各类环保社团及环保志愿者的作用。加强信访工作，充分发挥12369环保热线的作用，拓宽和畅通群众举报投诉渠道。聘请环保社会监督员，协助开展环保监督管理工作。完善公众参与的规则和程序，采用听证会、论证会、社会公示等形式，听取公众意见，接受群众监督，实行民主决策。探索公众环境满意度测评进入行政绩效考核新途径。

附表1　8市水污染物及水环境状况（略）

附表2　8市大气污染物排放及环境空气质量状况（略）

附表3　8市固体废弃物排放及土壤环境状况（略）

附表4　长株潭城市群核心区具体范围（略）

附表5　长株潭城市群（2010—2020）环境同治重点建设项目表（略）

湖南省城市工业灾害防治工作方案（全文）

为切实增强城市工业灾害防治能力，保障人民群众生命财产安全，促进工业化、城市化协调发展，推动平安湖南、和谐湖南建设，制定本方案。

一、城市工业灾害防治的重要性和紧迫性

城市工业灾害是指在工业化、城市化进程中形成的城市工业危险源和安全隐患，以及由此引发的财产损失、人员伤亡、环境污染事故，如火灾、爆炸、泄漏、中毒、辐射、污染、采空区和高层建筑物坍塌等灾害事故。城市是区域政治、经济、文化中心，人口集聚，生产经营单位集中，各类生产要素汇集。有效控制城市工业危险源，消除城市安全隐患，确保城市安全发展、科学发展、和谐发展，事关改革发展大局，事关社会和谐稳定，事关人民群众根本利益。由于历史原因，我省城市高危行业、涉危企业分布广泛，安全基础薄弱，城市工业危险源和安全隐患多，由此导致的生产安全事故和突发性灾害时有发生。特别是随着我省工业化、城市化的加速推进，城市高危行业、涉危企业急剧扩张，大量基础建设项目、城市公共设施项目集中实施，城市新的危险源和安全隐患不断衍生，发生群死群伤灾害事故的可能性增大。全省各级各部门各单位要高度重视城市工业灾害的严重威胁和巨大危害，切实增强做好城市工业灾害防治工作的紧迫感、责任感和使命感，采取有效防范措施，避免发生群死群伤灾害事故。

二、总体要求和目标任务

城市工业灾害防治的总体要求：以科学发展观为指导，牢固树立以人为本、安全发展的理念，认真落实“安全第一、预防为主、综合治理”的方针，坚持政府主导、规划先行、部门监管、企业负责、社会参与，强力打非治违，深化隐患治理，优化产业结构，加强应急保障，有效防范和坚决遏制各类城市工业灾害事故发生，促进城市安全科学发展。

目标任务：到2012年底，基本建立全覆盖的城市工业灾害防治责任体系，全省城区内非法违法和违规违章行为得到有效遏制，城市工业重大危险源得到有效监控，突出安全隐患得到初步治理，城市工业灾害事故明显减少；到2015年，建立比较完善的城市工业灾害人防物防技防体系，城市工业重大危险源得到全面监控，重大安全隐患得到全面治理，城市居民防灾抗灾意识明显增强，城市防灾抗灾能力明显提升，基本杜绝恶性城市工业灾害事故。

三、防治领域和工作重点

危险化学品、民用爆炸物品和烟花爆竹：城市及其周边3公里内的危险化学品、民用爆炸物品和烟花爆竹生产、经营、储存、使用、处置单位，危险货物运输车辆、船舶等；

城市工业管线：输送油、气和其他化工产品的管线，以及受到城市工业管线内危险化学品泄漏、渗透威胁的地下水沟、通道和地下工程等；

城镇燃气设施：城镇燃气门站、气化站、混气站、灌装站、供应站、调压站、储配站、市政供气管网、加气站等；

特种设备：锅炉、压力容器（含各类气瓶）、压力管道、电梯、起重机械、客运索道、大型游乐设施和场（厂）内机动车辆等；

建设项目施工和运行管理：城市建筑、地铁、轻轨、隧道、桥梁、人防工程等施工工地；

供水供电和排水排污设施：城市自来水厂、加压站、供水管网，发电厂、输变电站、供电管网，以及排水、排污设施及管网等；

地质灾害：土地的金属污染、城市地下水的污染、城市不同层位的地下水贯通、地面沉降、城区边坡滑坡等；

辐射：城市工业放射源、核放射源等；

雷击：城市工业企业、建筑物及塔类设备等；其他可能形成危险源或隐患的设施、设备和场所。

四、工作步骤

1. 宣传发动（2011 年 8 月至 9 月）。层层动员部署，营造舆论氛围，全面启动城市工业灾害防治工作。

2. 排查摸底（2011 年 10 月至 12 月）。各级各有关部门全面排查本辖区、本行业（领域）城市工业危险源和安全隐患，分级、分行业（领域）建立城市工业危险源、安全隐患档案和电子信息库。

3. 制订防治方案和治理规划（2012 年 1 月至 6 月）。各级各有关部门在排查摸底的基础上，科学制订本地区、本行业（领域）城市工业灾害防治方案及高危、涉危工业布局调整规划。

4. 综合治理（2011 年 8 月至 2012 年 12 月）。一是组织开展严厉打击城市非法违法和违规违章行为专项行动。各级政府统一组织，相关部门联合行动，在城市组织开展严厉打击非法违法和违规违章行为专项行动，重点打击危险化学品、民用爆炸物品、烟花爆竹、特种设备、建筑施工、道路交通等行业（领域）以及人员聚集场所的非法违法和违规违章行为，应予处罚的严格依法处罚，应予取缔的坚决依法取缔。二是深入开展城市工业危险源和安全隐患排查治理行动。全面排查城市各类企业、机关事业单位、人员密集场所存在的重大危险源和安全隐患，逐一落实治理责任、措施、资金、时限和方案，确保治理到位。三是建立健全人防物防技防体系。分级建立城市工业灾害监控网络，对可能发生突发性或累积性工业灾害的危险源、安全隐患，全面落实监控人员、手段和设备，严密监控并及时预报、预警。城市建成区重大危险源和重点监管危险化学品储罐、装置、场所全面实施在线监控、自动报警、自动控制，危险化学品生产储存装置要完成三级防控体系建设。四是加强城市应急管理能力建设。完善城市政府、机关事业单位、各类企业应急预案，加强应急指挥协调平台和专业队伍建设，加强紧急避险场所和设施建设，定期组织开展应急演练，提高应对突发灾害事故的能力。

5. 考核评估（2013 年上半年）。2012 年一季度和 2013 年一季度，各市州、县市区人民政府组织考核评估组，对所属部门、下级政府开展城市工业灾害防治工作进行阶段性考核评估。省人民政府分别于 2012 年第二季度和 2013 年第二季度组织对各市州、部分县市区和中心城镇城市工业灾害防治工作进行检查。

6. 巩固提高（2013 年至 2015 年）。巩固前段城市工业灾害防治成果，全面实现城市工业灾害防治目标，分级建立城市工业灾害防治长效机制。

五、保障措施

1. 加强组织领导。城市工业灾害防治实行行政首长负责制，各级政府及相关部门主要负责人为第一责任人，分管负责人为直接责任人，其他班子成员实行“一岗双责”。省人民政府成立城市工业灾害防治工作协调领导小组，指导、统筹、协调、督促全省城市工业灾害防治工作。各级各有关部门成立城市工业灾害防治工作协调领导小组，各有关企事业单位要成立专门机构，负责本地区、本部门、本单位城市工业灾害防治工作。

2. 强化源头治理。科学制订城市产业发展规划，关、停、并、转危险性大、能源资源消耗大、生产工艺落后的企业，加快淘汰和收缩高危产业，推动危险化学品、烟花爆竹、民用爆炸物品等高危行业企业向园区集中，大力发展高新技术产业和第三产业，特别是生产性服务业，优化城市产业结构，推动城市产业升级。各级各有关部门要按照各自职责严把安全关，认真执行项目立项、土地和资源审批、安全生产等行政许可制度和产业政策，严格市场准入。督促各类企事业单位严格执行安全设施“三同时”（安全设施与主体工程同时设计、同时施工、同时投入使用）制度。各项建设项目纳入“三同时”制度管理，有关部门要严把审查验收关。原则上城区内不得新建危险化学品等高危行业项目。

3. 加大资金投入。各级政府要加大用于城市工业灾害防治的财政投入，引导城市高危产业优化升级和涉危企业关停并转，支持有关企事业单位开展城市工业灾害防治，尤其要确保历史遗留的城市工业危险源和重大安全隐患按期治理到位。各级发展改革、国资、经济和信息化以及住房和城乡建设、交通运输、国土资源、环境保护等部门，每年在资金安排上对城市工业灾害防治重点项目要给予重点倾斜支持。城市工业企业要安排专项资金，用于安全隐患治理和危险源监控。

4. 严格考核考评。根据城市工业灾害防治总体规划，分年度将城市工业灾害防治目标任务分解落实到政府各有关部门和企事业单位，层层签订责任状，实行逐月通报、及时警示、年度考核制度。将城市工业灾害防治考核结果作为政府工作绩效考核、安全生产年度考核和文明城市（单位）评选的重要依据。严格责任追究，对不认真履职、防治不力、失职渎职导致发生城市工业灾害事故的，依法严肃追究相关责任人和责任单位的责任。制定城市工业灾害评估指导意见，组织专家定期对城市工业灾害危害程度进行评估，实行分类管理。

5. 加强宣传教育。充分发挥各类媒体的宣传作用，采取切实有效的措施，大力宣传城市工业灾害防治知识，增强城市居民防范事故、应急处置和紧急避险的意识和能力。及时发布城市工业灾害相关信息，正确引导舆情，确保城市社会和谐稳定。

附件：1. 湖南省城市工业灾害防治职责分工

2. 湖南省城市工业灾害防治工作协调领导小组成员名单

附件 1：

湖南省城市工业灾害防治职责分工

全省城市工业灾害防治实行各级人民政府统一领导、分级负责的责任制。市州、县市区、乡镇人民政府为责任主体，所属各部门各单位分主要负责人负总责。

市州、县市区、乡镇人民政府：建立完善领导责任制，将城市工业灾害危险源和隐患排查监控防治任务落实到具体部门和单位，做到任务到人、责任到人，组织开展城市工业灾害群测群防、监控预警、搬迁转产和隐患治理等各项工作。落实城市工业灾害防治资金，将城市工业灾害防治资金列入年度财政预算，确保城市工业灾害得到及时排查、监控和治理。

安全生产监督管理部门：承担城市工业灾害防治工作协调领导小组办公室工作。在同级政府及城市工业灾害防治工作协调领导小组的部署下，督促检查政府相关部门和下级人民政府开展城市工业灾害防治工作，将防治工作开展情况纳入安全生产工作的重要内容实施严格考核。负责督促城市危险化学品、烟花爆竹等工业企业的灾害防治，督促有关单位对危及城市安全的工业灾害危险源和隐患进行排查、检查和监测，参加城市工业企业、重大建设项目选址审批，对安全评价机构对城区内工业建设项目的安全评价行为进行监管。

应急管理部门：负责协调和督促检查下级政府的城市工业灾害应急管理工作，指导下级政府城市工业灾害应急体系、应急信息平台建设，参与研究城市工业灾害应急管理政策、法规和规划，协调指导重大城市工业灾害的预防预警、应急演练、应急处置、调查评估、信息发布、应急保障和应急指挥救援等工作。

发展和改革部门：制定本级国民经济和社会发展规划应有城市工业灾害防治内容；在产业规划时，提出有关城市工业政策措施，鼓励和支持采用先进工艺技术，限制和淘汰工艺技术落后的城市工业建设项目；在审批或上报城市工业建设项目可行性研究报告时，督促建设单位在项目实施过程中进行安全评价，并有相应的城市工业灾害防治措施。

商务部门：负责监督大型商场、大型市场、成品油经营场所和大型商务活动的城市工业灾害防治工作。

经济和信息化部门：负责在核准城市工业技改项目时，要求建设单位提供环境评价、安全评价报告和主管部门意见；备案城市工业技改项目时，视项目具体情况要求建设单位提供环境评价、安全评价报告和主管部门意见；根据国家产业政策提出城区工业企业产业结构调整意见；会同有关部门组织、协调城市工业灾害事故应急救援物资、设备的生产与调运。

教育部门：负责督促有关单位对危及城市教育、培训单位的工业灾害进行防治，禁止危险物品车辆进入校区；负责督促学校在实验工厂生产经营和课题研究中落实城市工业灾害防治措施；在制定教学计划、编写教材时将城市工业灾害防治知识和基本技能教育列入其中，纳入学校的日常教育教学内容，并开展城市工业灾害防治宣传教育；指导各级各类学校建立城市工业灾害防治责任制，落实城市工业灾害防治措施。

科技部门：负责督促所属科研院所城市内实验装置威胁城市安全的灾害隐患排查、监测和治理；将城市工业灾害专项规划纳入科学技术发展总体规划，并组织实施，安排城市工业灾害防治科研、推广资金，指导、协调、支持城市工业灾害防治重大技术的研究、开发与示范。

公安部门：负责城市工业灾害的公共安全防范；负责爆炸物品等危及城市工业灾害的防治；负责剧毒化学品、爆炸物品、烟花爆竹、易制毒化学品的购买、运输和烟花爆竹燃放等环节的安全管理；负责侦查城市工业灾害防治中的非法生产经营危险物品等案件。

监察部门：负责对相关部门履行城市工业灾害防治职责进行行政监察，按照干部管理权限对违纪行为及有关人员进行查处。

卫生部门：督促监督检查医疗卫生机构灾害防治工作；负责化学品毒性鉴定工作；负责城市工业灾害事故应急救援中的医疗救护工作。

民政部门：负责划定城市防灾避难场所，根据同级政府的安排做好事故灾难救援相关工作。财政部门：负责将城市工业灾害防治经费列入本级财政预算，为城市工业灾害危险源和隐患的排查、应急处置、城市工业灾害防治能力建设等提供经费保障，并对经费使用情况进行监督管理。人力资源和社会保障部门：指导将城市工业灾害防治纳入有关职业（工种）劳动用工培训内容，在组织制定培训计划、编写培训教材时，将城市工业灾害知识和基本技能等内容列入其中；指导、监督有关职业培训机构将城市工业灾害纳入教育、培训内容；对从事相关职业的作业人员，会同有关部门、行业组织开展职业技能鉴定；全面落实城市工业企业参加工伤保险。

国土资源部门：负责由工业工程建设引发的地质灾害防治组织、协调、指导和监督工作，督促由工业工程建设引发的地质灾害危险源和隐患的排查、勘察和处理；负责因城市工业灾害防治而搬迁转产的工业企业用地安排。对未进行安全评价、没有取得主管部门行政许可或者未考虑建设用地条件的城市工业建设项目，不得批准使用土地。环境保护部门：负责督促城市工业企业污染的防治；督促有关单位对危及城市环境的污染风险源和隐患进行排查、监测和治理；在审批城市工业建设项目时，严格执行“三同时”（环保设施与主体工程同时设计、同时建设、同时投入生产运行）制度；督促三级防控体系措施的落实；安排专项资金用于环境污染重点项目工业灾害的治理。

住房和城乡建设（规划）部门：负责城市房屋建筑和市政基础设施施工以及城镇燃气、供水排水的工业灾害防治工作；在组织编制城市总体规划时，应有城市工业灾害防治内容；在进行城市规划区内建设项目选址和发放建设项目规划许可证时，要求建设单位提供经相关主管部门审查通过的安全评价报告；组织审查城市建设项目初步设计时，应把建设单位落实城市工业灾害防治的措施纳入审查内容；发放施工许可、质量安全监督和竣工验收备案时应依法审核、查验建设、施工、监理落实项目的工业灾害防治措施情况，对达不到要求的，坚决予以纠正；组织有关单位对发现危及城市安全的工业灾害危险源和隐患进行排查和科学处理，对非法违法建设活动予以制止和查处，并依法拆除存在工业灾害威胁的违法建设项目。交通运输部门：负责城市内道路运输（含城市公共交通及站场、汽车站场）、水上交通及港口、码头对城市安全构成危险的灾害危险源和隐患进行排查、监测和治理；在汽车站场、港口、码头的规划、勘察、设计、施工等环节检查督促落实工业灾害防治措施；负责危险物品运输车船安全条件和资质的审查、监管及安全措施的落实。

文化部门：负责监督检查博物馆、文物保护单位、图书馆、文化馆、剧院等单位的灾害防治工作，督促指导所属单位排查和消除安全隐患，加强安全管理。配合有关部门督促、指导文化市场、文化娱乐场所等公众聚集场所的灾害防治工作。

国有资产监督管理部门：负责督促对城市国有企业工业灾害隐患进行排查、检查，落实企业工业灾害防治资金、措施、监测人、责任人，建立监测系统和监测网络。

广播电影电视部门：负责组织落实政府及城市工业灾害防治工作协调领导小组确定的安全生产宣传任务；组织广播电台、电视台等新闻媒体配合政府及有关部门开展城市工业灾害防治教育和重大宣传活动。

质量技术监督部门：负责督促有关单位和部门对危及城市安全的特种设备工业灾害进行排查、监测、检验检测和整顿治理。

旅游部门：负责督促有关单位对危及城市旅游的工业灾害进行防治。协同有关部门指导、检查、监督旅游景区和旅游星级饭店、旅行社的灾害防治工作。配合有关部门监督检查特种旅游项目、大型游乐设施及旅游安全防范措施的落实。

气象部门：负责开展城市工业灾害气象预警预报，负责城市工业企业、建筑物、塔类设备等的防雷监管工作、负责施放气球的安全管理工作，并为应急处置及时提供天气预报信息。

电力监管部门：负责督促有关电力企业对所辖变电站等威胁城市安全的工业灾害危险源和隐患的排查、监测与治理；在组织城市电力项目设计、建设中，督促建设单位进行安全评价并落实相应的工业灾害防治措施。

人民防空部门：负责人民防空工程的工业灾害防治，督促指导辖区内单位人防工程的工业灾害防治；配合划定城市工业灾害紧急避难场所。消防部门：负责城市火灾的预防工作，负责以抢救人员生命为主的城市工业灾害的应急救援工作。

其他部门在各自职责范围内做好城市工业灾害的防治工作。

附件2：

湖南省城市工业灾害防治工作协调领导小组成员名单

组　长：刘力伟　省人民政府副省长

副组长：刘尧臣　省人民政府副秘书长、省安监局局长

王抗美　省公安厅副巡视员

易继红　省住房和城乡建设厅总工程师

胡建新　省交通运输厅副厅长

姚　斌　省环境保护厅总工程师

成　员：张银桥　省发展和改革委员会副主任

万铁辉　省经济和信息化委员会副巡视员

陈曙光　省委教育工委副书记

罗亚军　省科技厅副厅长

易迪武　省纪委执法监察室主任

周建忠　省民政厅副巡视员

王新国　省财政厅副厅长

吕兴元　省人力资源和社会保障厅副厅长

尹学朗　省国土资源厅副厅长

吴宜彪　省商务厅副厅长

雷鸣强　省文化厅副厅长

方亦兵　省卫生厅副厅长

卢光祖　省国有资产监督管理委员会总经济师

谢跃进　省广播电影电视局副局长

王　践　省质量技术监督局纪检组长

尚　斌　省旅游局副巡视员

陈晓元　省气象局党组副书记

张　渝　湖南电力监管专员办副专员

何其雄　省人防办副主任

陈金辉　省公安消防总队副总队长

罗建军　省政府应急办主任

协调领导小组办公室设在省安监局，刘尧臣同志兼任办公室主任。

长株潭城市群两型社会建设综合配套改革试验区基础设施共建共享及体制机制改革专项方案（全文）

基础设施是经济社会发展的保障。在长株潭城市群区域内实施基础设施的合理布局和共建共享，对于实现资源优化配置、节约高效具有重要意义。共建共享体制机制是长株潭城市群实现基础设施共建共享的基本条件。进一步突破行政区划约束，解放思想，大胆创新体制机制，推进长株潭城市群基础设施共建共享是落实科学发展观，适应“两型社会”建设要求的重要举措。根据省政府办公厅湘政办明电〔2007〕225号文件精神，制定本方案。

一、改革目标和原则

（一）改革目标

以邓小平理论和“三个代表”重要思想为指导，全面落实科学发展观，紧紧抓住国家促进中部崛起的政策机遇，围绕建设资源节约型和环境友好型城市群发展目标，进一步解放思想、深化改革、扩大开放，力争经过10年的努力，不断消除各种体制机制障碍。通过体制机制改革，统筹规划、合理布局的机制基本建立；统一高效、精简科学的管理体制基本健全；共建共享利益协调机制基本形成；有利于资源节约和环境保护，有利于基础设施持续发展的价费机制基本完善；能够满足基础设施建设需求的多元化投融资机制基本建立。

（二）改革原则

一是服务发展原则。以有利于提升区域核心竞争力和环境竞争力、有利于促进基础设施体系从基本适应转向适度超前，从数量扩张转向量与质并重，从为经济发展配套服务转向引导促进经济发展转变为目标，推进改革。

二是资源节约原则。以有利于减少对水土等自然资源占用、有利于建设过程成本费用控制和有利于基础设施管理、维护成本降低为目标，推进改革。

三是环境友好原则。以有利于进一步增强基础设施对可持续发展能力的支撑作用，减少基础设施建设对生态环境造成的负效应、有利于建设生态园林城市群为目标，推进改革。

四是城乡统筹原则。以有利于加强农村地区基础设施的建设和完善、有利于网络化的城乡基础设施规划和布局、有利于城乡各类基础设施项目在“点、线、面”上有机结合为目标，推进改革。

五是先行先试原则。以充分发挥各市、各职能部门作用为工作手段，大胆创新、先行先试，推进改革。

二、主要内容

（一）五大改革

以实现共建共享为目标，以推进“交通同网、能源同体、信息同享、生态同建、环境同治”为重点，针对基础设施规划、建设、管理、运营等环节中具有全局性、紧迫性、突出性的体制机制矛盾，重点推进规划体制、管理体制、共建共享机制、融资机制和价费机制等五大改革。

1. 规划体制改革。

按照统一、分级、协调、高效原则，在不削弱现有三市和省直有关部门规划职能的前提下，理顺各级各类基础设施规划部门之间、基础设施各专项规划和城乡建设规划之间，以及规划编制、审核、修正和实施过程各环节、各方面的管理关系，形成统一协调、分级有序、保障有力的规划管理组织机构体系。对于重大框架性、统领性规划，实行统一管理体制，对于具体性、个体性较强的规划，实行分级管理体制。

按照科学化、民主化、法制化要求，建立健全规划运行机制。建立规划协商编制机制，对各类基础设施规划编制进行协商编制；建立规划联合审核机制，对各类基础设施规划进行联合审核；建立规划执行监管机制，定期对规划执行情况进行检查监督，对未能依法执行规划的，提请有权机关进行责任追究；建立执行部门信息反馈制度，明确其权责、反馈渠道和方式；建立规划修编制度，确需对规划进行修改调整的，修编部门应充分论证修改调整理由，在按规划管理办法审议通过后，按照法定程序进行修改调整。

制定长株潭城市群基础设施规划编制管理办法，对长株潭城市群各类基础设施规划的地位、性质、体系、内容、功能、时间、编制程序、编制主体、审批、颁布、实施、评估、调整以及各规划之间的关系等作出明确规定。各类共建共享规划应报请省人民政府批准，运用法律手段保障规划的执行和实施，提高规划的权威性和约束力。

2. 管理体制改革。

按照“小政府，大社会”的发展要求，推进基础设施领域政企、政资、政事、事企、政府与中介机构分开，转变政府职能，从根本上改革不合理的政府管理模式，逐步实现政府角色由基础设施的直接提供者转向促进者。确需政府投资提供的公益项目与服务，以政府有偿委托为主进行市场化运作。

按照精简、统一、效能和决策、执行、监督相协调的要求，以“同一管理对象的同一事项交由一个部门管理，同一性质的不同事项交由一个机构协调处理”为原则，科学规范基础设施领域行政管理部门职能，理顺分工，推进政府机构改革，实现机构职责的科学化、规范化和法定化。

按照现代企业制度要求，分类改造基础设施公用企业，建立富有活力的、符合现代企业制度要求的企业经营机制。按照分类改革原则，改革公用事业单位管理体制。除非营利的公益性单位仍保留事业单位体制外，对其他公用事业单位根据其职能和赢利性质分别改革为政府部门、企业和市场中介组织，或予以撤销。

以有利于促进经济一体化、提高管理效率、调动各方积极性为目标，打破行政区划限制，积极探索以经济区域为对象的管理新体制，率先在基础设施领域实现行政管理一体化。

3. 共建共享机制改革。

建立基础设施建设统筹机制，实现基础设施项目建设中的城乡、部门、行业、地区统筹。根据各类基础设施项目的不同经济社会属性和行政隶属关系，以遵循国家相关法律法规为基础，以利益机制为纽带，以统一协调管理为保证，构建互惠互利、互助互赢的共建共享机制，形成持续稳定的共建共享关系。在具有收费机制的区际性经营性和准经营性基础设施领域，创造条件，积极推进经营主体一体化，以市场一体化经营机制推进共建共享。经营性项目建立合理的财税分成机制；准经营性项目建立合理的财政补贴分摊机制，促使经营主体获得行业平均利润率；在不具有收费机制的区际性非经营性基础设施领域和其他难以市场化经营的领域，积极探索“分建、共享、分管”和“共建、共享、共管”相结合的多元化机制。

在大型科学仪器、数字资源、教育设施、医疗设备、文化体育设施等资源性基础设施领域，积极打破地域、行业和单位界限，建立规划统筹化、建设一体化、资源社会化的建设和使用制度，并建立投资者受益、使用者付费和管理者获补偿的利益共享机制。

4. 融资机制改革。

积极构建基础设施多元化投融资主体结构。积极鼓励和引导非公有资本和各类社会资本以独资、合资、合作、联营、项目融资等国家允许的方式投资基础设施产业，构建以市场为主，政府为辅的多元化投融资主体结构。对部分收费不能弥补其建设运营成本的项目采取财政补贴或权益补偿等方式提高其可经营性。建立基础设施项目周边土地溢价征收机制，对基础设施项目进行外部性溢价补偿融资。

在风险可控前提下，支持基础设施企业开展多样化融资。鼓励和支持有条件的基础设施企业进入资本市场直接融资，通过上市融资、企业债券、中期票据、短期融资券、保险资金、项目融资、融资租赁、资产重组、股权置换、资产证券化等方式筹措发展资金。鼓励金融机构开发基础设施金融产品，开展集合融资。建立长株潭基础设施产业投资基金。

构建灵活高效、可持续的基础设施公共融资机制。完善财政投入保证机制，保证公益性基础设施投入增长与财政增长成正比上升。建立三市城市群基础设施统一的财政投融资平台，用于长株潭城市群间基础设施共建共享。完善公共融资机制，争取政策开展长株潭市政债券融资。

5. 价费机制改革。

以市场调节为主导，市场调节和政府调控相结合，建立和完善公用事业价格形成机制，对自然垄断、技术垄断和行政性垄断公用事业业务，根据“公平合理、切实可行”的要求，建立有政府、企业、消费者共同参加的价格协调机制，实行政府定价或者政府指导价，并充分尊重市场调节的主导，发挥市场调节价格的基础性作用。

以有利于促进资源节约和环境保护，有利于提高社会分配效率，有利于提高企业效益和经营效率为目标，统筹兼顾，形成能够反映资源稀缺程度、资源成长、资源枯竭后退出成本和环境治理成本的价格体系。对国家限制发展的高耗能、高污染企业，依法实行约束型的价格政策。以推进城乡统筹、三市统筹为目标，建立价格统一、管理统一的公用产品和服务价格体系。

积极创新价格监管方式，加强对公用事业产品和服务价格及成本的有效监管，尤其是要加强对垄断行业的价格监管，强化成本约束，促进公平竞争。

（二）六大领域建设

1. 交通建设。

（1）以长株潭交通基础设施一体化为发展目标，着力打造三市立体交通体系。区内交通网络，以高速环线、长株潭“3+5”城际铁路、湘江防洪景观道路、三市过江通道等为重点，按照城市道路标准修建长株潭城际间道路，实现与三市城市道路无缝连接，建设快速便捷，充分满足三市人员出行和物流需求的交通网络；对外交通网络，以武广客运专线、沪昆客运专线、京珠高速东线、潭衡西线、湘江干流航道、国省干线公路和铁路提级、长沙航电综合枢纽、长沙霞凝港区、黄花机场扩建等为重点，建设以长株潭城市群为中心，辐射岳阳、常德、益阳、娄底、衡阳等周边城市的一小时交通圈层，全面打通接受珠三角、长三角辐射，并辐射全省和国家中西部地区的通道；公共客运交通，加快构建由快速路网、主干路网、配套路网和公共枢纽站场等组成的城市交通基本格局。

（2）积极探索有利于共建共享的建设机制和运营机制。对城市群轨道交通、一体化公共交通、湘江干流航道建设等难以区分责任边界的项目，建立跨区域经济实体或事业实体，采取股份制形式或事业单位制进行统一建设和运营。对湘江防洪景观道路、高速环线、国省干线公路等易于区分责任边界的项目，根据实际情况建立“分建、共享、分管”和“共建、共享、共管”相结合的投资建设和运营机制。

（3）建立和完善有利于共建共享的政策机制。对准经营性项目，每年由三市财政按一定比例出资进行补贴，促使其市场化运行；非经营性项目按照项目建设的公共责任分别进行财政投入；经营性项目建立合理的财税分成机制。

（4）积极探索有利于共建共享的跨市管理机制。突破现行条块管理体制的制约，依托现有交通监管机构，成立新的区际公共交通监管协调机构，推进城市群智能交通和公交一卡通工程，统一运营服务规范和标准，实现三市区际公共交通运营一体化管理。

（5）统一三市区际、市内交通价费。对三市往返公交车辆，一律享受城市公交价费优惠减免政策，统一实行公交票价。规范涉及三市交通运输的驾驶员培训、车辆维修、照牌制作、港运装卸和站务服务等收费，统一明确价格（收费）标准。

2. 电网建设。

（1）建设满足长株潭经济社会需求发展的智能坚强电网。协调城乡电网发展，加强跨区送电项目和500千伏电网建设，完善长株潭主网架，加强跨区送电项目和500千伏电网。基本完成农村中低压配电网改造，提高电网供电能力和供电质量，促进城乡一体化。

（2）建立电网建设和国民经济社会发展、城市建设、国土利用等之间的规划协调机制，实现各类规划共建共享，确保变电站建设用地和电力线路走廊及电缆通道用地需求，促进电网规划根据发展需要滚动调整。

（3）积极改善电网建设环境。为电网建设的报建、征地、拆迁等工作开辟绿色通道，简化手续，提高办理速度。建立电网公司与城建、交通等职能部门协调机制，积极解决电网建设过程中出现的各种问题。

（4）加大实施峰谷分时、丰枯和季节性电价力度，扩大实行范围。加强价格调节与导向功能，实施有利于烟气脱硫的电价政策，对淘汰、限制类项目和高耗能企业，实施差别电价政策，对能耗超过国家和省规定的单位产品能耗标准的企业和产品，实施惩罚性电价政策。以保障公平、提高效率、增进企业竞争力为原则，逐步调整销售电价分类结构，减少各类用户电价交叉补贴。鼓励可再生能源发电以及利用余热余压、煤矸石和城市垃圾发电，实行分类电价政策。

3. 信息化建设。

（1）着力推进三市统一信息平台建设，实现信息网络同享。大力推进国民经济信息化，积极推进电子政务、社会信用、文化信息资源等公共系统互联互通和资源共享，加强信息数据标准化建设。加强信息技术教育，提高国民信息技术应用能力。积极推进通信网、有线电视网和计算机网络“三网融合”，加强网络安全建设，推进长株潭互联网交换中心建设，推进城市安防电子监控设施建设，加大社区、农村信息化建设力度，支持开展城域无线网络试点。

（2）积极探索行业管理体制改革。省通信管理局、省广播电影电视局和省经信委协调合作，共同推进信息领域的资源共建共享工作。由省通信管理局牵头组织，大力推进基础电信企业在通信基础设施建设、使用与维护方面的共建共享。

（3）积极推进三市广电资源融合，以市场化手段加快三市广电网络资产融合和集中运营。

（4）构建各电信运营商通信管道资源统一规划、统一建设、集约利用机制，探索以主导运营商为主体的管道资源建设运营模式。加强城市建设与电信管道建设的规划协调。积极推进住宅小区通信信息布线的资源共享，方便用户使用，避免重复建设。

4. 生态建设。

（1）积极建设国家生态园林城市群。到2020年，城市建成区人均公园绿地面积、绿地率、绿化覆盖率、综合物种指数和本地植物指数、核心区森林覆盖率、退化土地恢复率、生态园区土地国有化率、交通附属设施绿化美化合格率、江河两岸宜绿化地段绿化率等指标达到规划目标。

（2）制定长株潭生态保护建设规划，且与城市群区域规划、土地利用规划相衔接。

（3）积极探索统一的生态建设管理体制。对分散在三市各职能部门的核心区郊野林业、水土保持、城市绿化、城市园林、风景名胜区、生态廊道、铁路公路及水系绿化等生态建设管理职能进行整合，形成职能统一、层级有序、精简有效的管理体制。清理和废止不符合生态建设发展要求的法规和政策，探索建立和完善生态建设专业技术服务和执法监管机制，为核心区生态建设提供专业技术支撑和服务，加强湿地和生态公益林保护。

（4）推进生态专用基地建设。以生态园区为重点，通过设立自然保护区、风景名胜区、森林公园等多种形式，切实加大对昭山绿心等特殊生态用地的保护力度，建设生态专用基地。对生态专用基地内的林业用地，除国家和省批准的交通、能源、水利、军事等重大工程项目建设外，任何部门不得办理林地占用、农用地转用等审批手续，任何单位和个人不得改变其用途，用于非林业建设。

（5）建立多元化生态建设投融资机制。通过加大公共财政投入、建立生态建设专项基金、提高生态收费标准、拓宽城市绿化收费渠道、提取生态廊道建设费、加强资源费征收、健全生态环境破坏经济赔偿制度、加强社会融资、发展生态旅游等方式，保证生态建设资金需要。

（6）完善生态公益林地补偿机制。以林地潜在经济价值为参照，建立覆盖全部生态公益林的、森林生态效益补偿标准普遍提高的差别补偿制度。建立和完善公益林保护管理协议制度，促进森林绿地和生态环境保护。

（7）严格实行城镇绿线绿章管理制度，制定实施城市异地绿化补偿收费办法，推进城市园林绿化发展。

5. 城镇建设。

（1）积极推进城镇给排水、燃气、公共管沟、生活垃圾处理、城镇防洪等设施建设，建立和完善市政公用事业财政投入和补贴机制。加强现有水厂及供水管网改造提质、备用水源和湘江水环境治理等项目建设，提高水质性缺水应急能力。加强城镇污水集中处理厂、污水管网、工业废水处理工程的建设和运营监管，在有条件的乡镇和较大规模的乡镇建设污水处理工程，保证城镇污水集中处理率、污染物去除率和工业废水达标排放率达到规划目标；加强高中压调压站、储配站、燃气管网、汽车加气站等项目建设；统一规划建设地下公共管沟；加强垃圾转运设施、大型综合处理设施、现有设施改造、农村垃圾收集处理等项目建设，启动长株潭城市群固体废弃物综合处理和综合利用产业园区建设。

（2）推行水务一体化建设。有效整合三市防洪、排涝、蓄水、供水、节水、污水处理及回用等设施和资源，实现三市涉水事务的统一、系统、综合管理。

（3）建设清洁、环保、安全、可靠的燃气供应体系。整合三市燃气资源及配送体系，形成一体化的燃气资源配送、储备体系以及一体化的燃气科研和安全保障机制。

（4）创造条件推进垃圾处理市场化，新建项目试点实行特许经营，现有垃圾处理设施运营进行市场化改革试点。按照收集与处置环节分开独立运营原则，改革垃圾处理设施运营机制。

（5）积极实行城市土地整体开发制度。对旧城改造和新区建设，建立和推行区块地段整体征收、整体规划、整体建设的土地开发制度。

（6）推进水资源、污水处理和垃圾处理收费制度改革。加快推行阶梯式计量水价等有利于节水的计价制度，对国家产业政策明确的限制类、淘汰类高耗水企业实施惩罚性水价，制定支持再生水、雨水开发利用的价格政策，合理确定各类用水的水资源费标准，加大征收管理力度，在审核供水企业运营成本、强化成本约束基础上，合理调整城市供水价格，认真落实全省统一的污水处理费征收标准；按照“污染者付费”原则，推进垃圾处理收费制度建设，促进生活垃圾处理设施项目的市场化运作，探索以价格机制引导可回收和不可回收垃圾的分类收集。

（7）推进以水土保持为主的生态清洁小流域综合治理工作，实现区域水质水环境良好目标。加强城乡开发建设水土保护监督预防，形成三市统一的监管体系。

6. 社会事业建设。

（1）以全民共建共享、基本公共服务均等化为目标，建立适应发展需要的社会性基础设施服务体系。教育和科技，加强综合性中小学实践教育基地、职业教育实习实训基地、职业教育顶岗实习基地、综合性农民工和城镇再就业培训基地、高等教育实践教学基地、科技成果转化共享平台、科技资源共享平台、高校数字资源共享平台等设施建设；卫生，加强医疗废弃物处理中心、公共卫生服务信息平台等设施建设；文化体育，加强城乡社区、新建住宅小区、沿江风光带、公园等区域文化体育配套设施建设；广播电视，推进三市有线电视网络融合、综合性无线发射基地、移动媒体广播、下一代广播电视网络、手机电视试验平台、影视节目生产基地等项目建设。

（2）建立三市大型科学仪器、数字资源、教育设施、医疗设备、体育设施等资源性基础设施统筹规划建设制度，实施统一规划、统一建设，实现集约利用和共同发展，防止重复建设。

（3）建立健全资源性设施共享机制。以财政资金全额出资或部分出资的，以“共建、共享、托管”为主要模式，由建设单位进行托管，使用单位向托管单位支付一定的管理费用，部分出资的增付一定的设备折旧费；以建设单位资金全额出资的，以“分建、共享、分管”为主要模式，使用单位向托管单位支付一定的管理费用和设备折旧费；通过财政共享服务奖励基金等方式建立共享奖励机制。

（4）建立和完善企业、医院等企事业单位学生顶岗实习制度。支持和鼓励三市企业、医院等企事业单位接纳高等院校学生顶岗实习。对接纳学生顶岗实习的企事业单位给予一定的补贴。

(5) 改革职业院校人才培养模式，建立三市职业院校同类专业相对统一的评价标准，探索建立三市职业院校同类专业课程互通互选机制。

(6) 进一步完善财政保障机制，逐步实现新农合与城镇居民医保在筹资标准、补偿政策和保障水平上的统一。在三市推行同级医疗机构诊疗结果认同。

(7) 建立和完善三市突发公共卫生事件应急统一处置机制，实现在省级卫生行政部门统一协调下的三市公共卫生资源的统一调度。

(8) 建立三市大型体育赛事共办机制。依托三市现有体育场馆设施，以长株潭城市群为统一品牌合作开展各类大型体育赛事，实现体育资源优势互补，提高资源利用效率。

(9) 积极探索三市广电行政管理体制改革。按照“存量不变、增量集约”的发展思路，将分散在三市广电部门的一体化建设相关管理职能合并进行统一管理，实现统一规划、共同投入、集中管理。

(10) 扩大电视领域对外开放，根据国家相关规定，鼓励具备条件的民间资本、境外资本进入广电一体化市场。

(11) 建立三市大型文化节会、赛事、活动的共办互动机制。充分发挥三市现有的文化资源优势，依托各地大型文化场馆设施和文化队伍，围绕春节等传统节日和国庆等重大节庆广泛开展丰富多彩的文化活动。共同承接举办具有区域特色、国际影响的大型文化赛事、节会，不断提升城市群文化魅力，扩大区域影响力，提高国际知名度。

三、配套措施

(一) 强化组织保障

1. 完善省长株潭“两型社会”试验区建设管理委员会职能，强化其统筹、组织、协调、服务等职能配置。

2. 创新长株潭三市党政联席会议交流合作机制。联席会议要立足高远，弱化行政区概念，形成全方位、多层次联动的交流合作机制，不断创新相互合作与协作的形式和方法。着重解决合作中的具体、重大问题，特别是如何创新体制机制，制定具有前瞻性、切合实际的政策和目标，在引导合理分工、建设跨区域的基础设施、加快社会事业发展等方面，真正起到指导作用。三市部门之间及与省直相应部门联动，大力推进三市社团组织之间、专家学者之间和新闻媒体之间的联动，形成多层共进的推进机制。

(二) 完善法规政策

全面落实《湖南省长株潭城市群区域规划条例》、《湘江长株潭段生态经济带开发建设保护办法》等。严格执行《湖南省水功能区划》及《湖南省湘江流域水污染防治条例》。控制排污总量，建立湘江长株潭段横断面控制标准，加强湘江流域一级生活饮用水地表水源保护。依据《物权法》，对基础设施如地下管网的产权，进行明晰界定。出台相关规定，针对长株潭三市生活垃圾的清扫、收运、处理和处置各环节进行规范。加强生态建设立法。制定《长株潭城市群城市绿化管理条例》、《长株潭城市群全民义务植树条例》等生态建设法规。

(三) 优化经济环境

1. 大力改善投资环境。对长株潭城市群基础设施项目，提前开展前期工作，优先布局建设项目，优先安排建设资金，对重大建设项目，适时纳入省级重点工程项目管理，优先争取进入国家规划和项目计划。对符合条件的项目，开通绿色通道，快速审批，属省批准的建设用地，对经审查合格或补正补充完备的用地报件，省国土资源厅要在正式受理后15个工作日内形成审核意见。长株潭三市市场要素、产品和服务自由流动，各类市场主体平等对待。

2. 着力扩大对外开放。鼓励国外资本参与长株潭城市群的基础设施建设，允许外商依照有关规定投资电信、广播电视和中介机构，支持外资企业参与国有企业和其他所有制企业的嫁接、改造和重组，加大长株潭城市群一体化项目利用国外贷款的力度，积极做好世行贷款湖南长株潭城市发展项目第二期的工作。

3. 统一长株潭城市群招商引资、土地、价费、产业、环境保护等方面的政策。

数字湖南规划（2011—2015年）（全文）

——湖南省国民经济和社会发展信息化“十二五”规划

“数字湖南”是充分利用信息技术，高效开发信息资源，推动信息化和新型工业化、新型城镇化、农业现代化的深度融合和共同发展，把湖南打造成现代产业发达、社会管理创新、公共服务便捷、民众生活惠益、人与自然和谐的“两型社会”。“数字湖南”是湖南省国民经济和社会发展信息化的阶段性目标，是未来“智慧湖南”发展的必由之路。加快推进“数字湖南”建设，是大力推进“四化两型”战略实施的重要抓手，是“绿色湖南”、“创新型湖南”和“法治湖南”建设的基础和支撑，是提升我省综合实力和现代化水平的客观要求和必然选择。根据《2006—2020年国家信息化发展战略》、《国民经济和社会发展信息化“十二五”规划》、《湖南省国民经济和社会发展第十二个五年规划纲要》等，制定本规划。

一、发展现状与面临形势

(一)“十一五”期间发展成效

1. 信息基础设施建设取得明显进步。全省长途光缆线路从15.8万公里增加到31.4万公里，固定电话用户数达1077万户，固定电话普及率达16.8部/百人，移动电话用户数突破3257万户，移动电话普及率达50.8部/百人。长株潭城市群固定电话并网升位，通信资费下调50%。IPv4

地址总数从193万个增加到583.8万个，互联网宽带接入用户从134万户增加到374.5万户，增长187%，互联网用户普及率27.3%。有线电视用户从429.5万户增加到640.5万户，广播电视综合覆盖率达96.4%。长株潭地区成为国家第一批三网融合试点地区。国家超级计算长沙中心启动建设。信息安全设施基本完备，湖南省数字认证服务中心建成。信息网络正在成为社会新的公共基础设施。

2. 信息产业持续快速发展。全省信息产业年均增长23.8%，其中电子信息产业年均增长31.1%。2010年，全省电子信息产业销售收入和电信业务收入达到1117亿元，其中电子信息产业销售收入807亿元，规模以上信息产业占全省GDP的比重为2.5%。电子信息产业在5个国家级高新技术产业开发区、经济技术产业开发区和12个省级电子信息产业园区内集聚发展。太阳能光伏产业形成规模，太阳能电池制造设备居全国第一，电池片产能居全国第四。软件产业连续7年领先中部六省，原创动漫蓬勃发展。2010年，湖南省移动电子商务用户规模超过350万户，月平均交易额超过2亿元，用户规模和月交易金额居全国第一。国防科技大学先后取得了“天河一号”超级计算机、高性能CPU、北斗卫星导航关键设备等一批标志性的信息技术科研成果。

3. 电子政务建设初见成效。覆盖全省的电子政务内外网络、网上政务服务和电子监察系统初步建成，形成了省、市、县三级统一的政务服务平台，全省行政许可、非行政许可和办事服务事项实现了集中管理、实时督导和全程监督。全省地理空间框架建设取得阶段性成果，人口数据库实现全省覆盖，法人单位信息数据库、企业信用信息数据库基本建成，应用范围有序扩大。“金”字工程完成阶段性建设任务，社会信用信息系统基本建成，应急指挥省级平台一期工程建设完成，有效支撑经济社会发展。基层党建信息系统覆盖4万多个行政村。政府网站体系基本形成，省、市、县三级政府门户网站拥有率达到100%，在线服务能力不断增强。电子政务标准体系初步成型，出台实施了湖南省电子政务外网平台技术规范和应用规范等标准。

4. 社会信息化应用逐步展开。全省数字文化信息资源容量达15000G（千兆），居全国前列，共享服务体系初步形成。90%的高等院校和76%的普通中学建成校园网，中小学校基本实现“校校通”。90%的县级以上医疗机构建有医院信息系统，新型农村合作医疗业务实现全程计算机管理，80%以上定点医疗机构实现住院补偿即时结报。城镇职工养老、医疗、工伤、失业、生育保险和新农保工作实现全程信息化，社保“一卡通”开始实施。射频识别（RFID）技术、全球定位（GPS）技术等先进信息技术在交通、邮政和物流领域得到广泛应用，城市公交IC卡基本普及。全省安全生产、环境保护、数字监管和应急管理等领域信息系统基本建成，全省598家国控重点污染源企业逐步实现自动监控，污染源普查系统覆盖23万个污染源。

5. 信息化与新型工业化、新型城镇化、农业现代化融合互动发展。信息化与工业化融合取得初步成效。推广了装备制造、钢铁有色、石油化工等11个重点行业的信息化解决方案，组织了250家利用信息技术改造和提升传统产业试点，有效推动了产业结构调整和优化升级。大型骨干企业的信息技术应用持续深入，信息管理和业务系统进入应用集成阶段，中小企业信息化服务体系开始建立。农业农村信息化的支撑和促进作用日益明显，全省90%的县市区和33%的乡镇设立农业信息服务机构。农村党员干部远程教育实现了行政村全覆盖。“农信通”实现乡村全覆盖，用户数超过300万，居全国第八位，2010年全省农产品网上交易额达到30亿元。城市信息化有力推动新型城镇化建设，“三网融合”社区试点建设开始启动。交通电子监控和城区派出所电子监控覆盖率达到80%。率先在全国建成林木测土配方信息系统。

6. 信息化发展环境进一步优化。制定实施《湖南省信息化条例》，促进全省信息化规范发展。2010年，省委省政府明确提出“加快推进信息化，建设数字湖南”，将信息化和“数字湖南”建设上升到全省经济社会发展的战略高度。我省先后获批“国家移动电子商务试点示范省”、全国金融IC卡推广应用试点和“国家农村信息化示范省”。长株潭城市群先后获批国家“两型社会”综合配套改革试验区、“三网融合”试点地区和国家级“两化融合”试验区，为全省信息化发展提供了良好的政策环境和应用空间。区位地理经济、科技人才资源和经济要素资源等优势越来越突出，信息化宣传普及工作进一步加强，公众的信息化知识和技能得到普遍提高。

（二）问题和挑战

与国民经济和社会发展信息化要求相比，信息基础设施相对落后。全省地理空间框架体系尚未建成，统一性、权威性、通用性急需加强；信息孤岛还普遍存在，信息资源开发、管理和利用水平还有待提高；宽带接入和互联网的普及率较低，第三代移动通信网和无线宽带网络在连续覆盖方面有待加强，云计算产业刚刚起步。

与两型产业发展目标相比，信息产业实力相对较弱。信息技术自主创新能力不强、层次不高，抢抓产业发展机遇的能力亟待提高。“两化”融合程度较低，范围较窄，对中小企业和服务业发展支撑效果不明显。信息技术在推动资源配置、提高产业效能、推进结构调整、促进节能减排等方面的作用还有待加强。

与“法治湖南”和服务型政府建设要求相比，电子政务的支撑能力不足。跨部门业务协同能力较弱，网上政务服务虚拟大厅开始上线运行，但联合审批等业务尚未普及。行政许可网上办理率不高，在线公共服务水平偏低。电子政务对规范政府行为、提高行政效率，推动依法决策、科学决策、民主决策的支撑作用还不明显。

与国民经济和社会发展信息化建设保障要求相比，信息化管理体制和协调机制还不适应发展需求。信息化宏观管理体制机制尚未完全理顺，信息化在经济社会发展中的战略地位还未确立。信息化推进协调机制相对乏力，条块分割和各行其是的格局还普遍存在。政府、企业和公众在共同推进“数字湖南”建设的协同机制还有待完善。

（三）潜力与机遇

1. 新一轮信息技术革命推动信息产业大发展。以无线宽带、新一代移动通信、下一代互联网、物联网、云计算为代表的新一轮信息技术革命，已经成为全球共同关注的焦点。信息技术的不断创新和广泛应用，催生出一系列新技术、新产品、新业务，推动信息产业转型升级，驱动全球信息产业的新一轮繁荣。新一代信息技术涵盖面广、渗透性强、应用领域多，与传统产业结合的空间大，在经济发展和产业结构调整中的带动作用将远远超出行业范畴，成为促进各行业发展的倍增器，推动一大批传统产业的改造升级和新兴产业的培育发展。

2. 工业化、城镇化快速推进拓展了信息化发展空间。全省已步入工业化中期加速发展和新型城镇化快速发展的新阶段，推进信息技术在经济社会各领域、各行业的应用普及和深化将大有作为。经济发展方式的转变和经济结构的调整迫切需要信息技术推动传统产业的改造提升、支撑带动战略性新兴产业的培育发展。大量新兴城镇的崛起和城镇规模的扩大，人民群众对更好生活的追求，推动信息技术在教育、科技、医疗、交通、安全、社区和家庭等社会领域的广泛应用。信息化在推动经济社会发展的同时，也为自身带来了更多的发展机遇和广阔的应用空间。

3. 我省具备承接全球信息产业大转移的比较优势。当前，硬件、软件、网络和服务加速融合，新的信息产品和服务需求不断衍生，全球产业分工、产业转移和产业升级步伐不断加快，信息技术的研发、生产、应用和服务等环节从发达国家和地区向发展中国家转移，从国内沿海发达地区向中西部地区转移的趋势更加明显。我省具有承接珠三角、长三角产业梯度转移的区位优势，以及相比沿海地区较低的土地资源、人力资源、交通物流等经济要素成本优势，拥有较强的科技研发能力和一定规模的信息人才队伍。近年来，我省在信息产业基础、园区载体和服务配套体系建设水平不断提升，进一步彰显了在承接信息产业转移方面的优势。

4. 国家和省一系列重大战略带来前所未有的发展机遇。《2006—2020 年国家信息化发展战略》和大力推进信息化和工业化融合、三网融合、培育和发展战略性新兴产业等政策，为信息化持续快速发展指明了方向。随着国家促进中部崛起战略和省委省政府“四化两型”战略的部署实施，全省经济发展进入加速转变期，产业结构进入加速调整期，公众需求进入加速扩张期，社会发展进入重要转型期，经济社会持续快速健康发展为“数字湖南”建设奠定了物质和技术基础，为信息化应用提供了广阔的市场空间。信息技术的广泛深入应用必将为转变经济发展方式、调整经济结构、转变政府职能、提升公共服务水平提供坚实有力的支撑和保障，信息化发展的内生动力将更加强劲。

二、指导思想、基本原则和建设目标

（一）指导思想：以邓小平理论和“三个代表”重要思想为指导，深入贯彻落实科学发展观，围绕富民强省和“两型社会”建设的战略目标，以加快转变经济发展方式为主线，以改革创新为动力，抢抓机遇，总体部署，创新模式，加快发展，推动信息化与工业化深度融合，着力构建新一代网络基础设施，增强信息化发展的支撑能力；着力改造提升传统产业和培育发展战略性新兴产业，构建现代两型产业体系；着力建设便民高效的电子政务，促进民生改善和基本服务均等化；着力促进社会管理信息化，提升公共服务能力和全民信息化水平，推进国民经济和社会发展各领域信息化，加快建设“数字湖南”，为迈向信息社会奠定基础。

（二）基本原则

1. 统筹规划，科学发展。遵循信息化发展规律，坚持规划先行，统一思路，做好顶层设计。统筹全社会资源，推动城乡、区域、行业协调发展，按照大系统推进思路，重点突破，分步实施，打破条块分割，推动集约建设，促进资源和项目最大程度的共建、共享、共用。加强分类指导，明确任务，落实项目，强化目标考核和绩效评估。

2. 融合创新，加快发展。加强产学研用良性互动，推进信息技术和信息资源的有机融合，推进信息化与产业、应用的深度融合，推进信息化与新型工业化、新型城镇化、农业现代化的全面融合，以信息化实现科学、高效、动态的资源配置，促进技术创新、业务创新、体制机制创新、管理创新和商业模式创新，推动新一代信息技术在国民经济和社会各领域的全面覆盖和集成应用，加快构筑现代“两型”产业体系和智能化基础设施。

3. 民生为先，全面发展。以人为本，以需求为导向，以应用促发展，以便民、利民、惠民为根本出发点，推动教育、医疗卫生、劳动就业与社会保障等民生相关领域信息化优先发展，带动全社会各领域信息化全面发展，加快缩小数字鸿沟，构建惠及全民的信息服务体系，推动城乡基本公共服务均等化，提高社会管理和公共服务能力。

4. 政府引导，市场驱动。加强政府引导，加大政策扶持和财政投入力度，以应用为导向，建设运营管理相结合，力求实效，抓好规划实施和项目建设。建立政府投资和市场融资相结合的多元投融资机制，创造市场需求，规范市场行为，促进网络、技术、产业、应用良性互动。培育信息化建设主体，完善互利共赢、安全高效的市场运作体系，激发全社会积极性、主动性和创造性，引导全社会力量参与建设。

5. 开放合作，安全可控。加大改革开放力度，增进与国际、国内信息化交流，加强与跨国公司、中央企业、民营企业和高等院校、科研院所的合作，完善政府、中介机构、企业等不同层面的合作机制。加大资金、人才与技术的引进力度，推动信息产业加快发展和信息技术广泛应用。正确处理安全与发展的关系，积极防御，趋利避害，健全网络与信息安全保障体系，切实维护网络空间的国家安全和利益。

（三）建设目标

到“十二五”末，覆盖城乡的新一代信息基础设施建成，信息化与工业化深度融合，信息产业成为先导性支柱产业，信息化发展水平总指数达到 0.80，“数字湖南”基本建成，对全省经济发展和“两型社会”建设的支撑和推动作用明显增强。

1. 新一代信息基础设施完备升级。建成全省统一的地理空间框架和地理公共服务体系、城乡一体无缝覆盖的网络体系和先进适用的云计算服务平台。全省固定宽带接入用户超过 1000 万户，其中光纤接入用户超过 300 万户，光纤网络实现 T 级出口，城区 100M 入户、农村光纤连接到行政村。3G 网络覆盖城乡，用户数达到 2300 万，下一代互联网（IPv6）全面商用，长期演进技术（LTE）商用起步。长株潭城市群率先实现“三网融合”，总结经验后在全省全面推广县级以上城市有线广播电视网实现数字化，80%实现双向化。国家超级计算长沙中心和云计算服务平台建成。应急通讯保障能力显著增强。

2. 信息产业实现跨越发展。产业规模突破4000亿元，增加值率超过30%，软件和信息服务业收入占信息产业收入比重超过20%，信息产业增加值占全省地区生产总值（GDP）的比重达到4.8%以上，成为先导性支柱产业。形成十条百亿产业链、十个百亿产业集群和十个百亿龙头企业；实现一百项信息技术成果和专利产业化；新上一千个重点项目，完成两千亿元投资，涌现一万个新业态主体，新增一百万个就业岗位。物联网等新一代信息技术产业形成一定规模。

3. 信息化与工业化深度融合。信息化对经济转型升级的支撑促进作用明显增强，信息技术在企业研发设计、生产制造、产品流通、企业管理等业务环节得到广泛应用。在规模企业中，办公自动化（OA）、计算机辅助设计（CAD）、企业资源计划（ERP）和计算机集成制造系统（CIMS）得到普及应用，制造业主要行业大中型企业关键工序数控化率达到80%中小企业开展电子商务和网络营销，全省电子商务交易总额突破5000亿元，移动电子商务平台交易额突破1000亿元。全社会物流总费用占地区生产总值的比例下降到18%以下。“两化融合”综合指数由0.4提高到0.7，进入深度融合阶段。

4. 农业农村信息化水平大幅提升。信息化与农业现代化融合向纵深领域推进，对现代农业决策、管理和服务支撑能力明显提升，农业农村信息化总体水平从现在的20%提高到40%，农业农村综合信息服务体系覆盖全省所有农户，“12316”湘农服务热线、农信通、供销通、信息田园等信息服务覆盖所有的乡镇，农产品网上交易额达到500亿元，实现电子标签管理的重要农产品达50%。覆盖全省的林业资源监管、营造林综合管理和灾害监控与应急等系统基本建成，对林地、湿地、生物多样性、森林防火、有害生物的动态监测与监管能力明显提高。建成完善的山洪地质气象灾害监测预警系统，对山洪地质气象灾害的预警信息发布能力明显增强。

5. 电子政务体系完备且应用普及。覆盖全省统一的电子政务网络形成并且不断向基层政府延伸，省、市两级政务部门主要业务信息化覆盖率达100%，县级政务部门主要业务信息化覆盖率超过70%。基于云计算的电子政务信息共享和业务协同框架建成，信息资源得到有效整合、开发和利用，社会信用、综合治理、市场监管、社会保障等重大业务协同应用取得实效，电子政务支撑政府科学决策、依法行政、公共服务和应急指挥救援的能力得到大幅提升。政府网站在线服务能力明显增强，信息公开、在线办事、政民互动得到普及并富有成效。电子政务的公众认知度、使用率和满意度得到显著提高。

6. 民生和社会事业信息化水平显著提高。社会事业和公共服务各领域信息化服务体系基本建成，逐步实现办事出行“一卡通”、居家生活“一键通”、学习工作“一网通”、在线服务“一点通”。“大医保”系统建成，全省医疗保险实现异地就医即时结算，“新农保”覆盖所有农业人口，医疗保健卡和电子健康档案覆盖80%城乡居民，电子病历覆盖80%的医院。数字文化资源共享平台建成，省级文化信息资源总量达到30000G（千兆）以上。现代远程教育网络覆盖100%的学校，网上个人学习空间拥有率超过50%，农村中小学基本实现远程互动和多媒体教学。劳动就业公共信息服务覆盖率达到100%，全国统一的社会保障卡持有人数达4000万，惠民一卡通用户数达到2000万，在主要城市形成“一卡通用、一卡多用”的数字化民生服务体系。全社会信息化应用广泛深入，数字生活丰富多彩，公众信息化素质和消费水平明显提高。

三、主要任务

（一）加快构建新一代信息基础设施，增强信息化发展支撑能力

按照夯实基础、适度超前的原则，紧密结合国家重大试点工程建设要求，加快推进全省统一的地理空间框架建设，积极发展新一代综合信息网络，加快实现网络宽带化、泛在化和融合化，推进新一代信息基础设施的基础性、先导性、创新性应用，为“数字湖南”的快速发展奠定坚实基础。

1. 加快推进地理空间框架建设。建立覆盖全省的三维、高精度、动态、地心测绘高水平基准体系和全球卫星导航综合服务系统，加快推进全省地名地址数据库和高精度数字高程模型库建设，建设地理省情监测和统计分析平台，形成“一网一库一平台”的全省地理空间框架，不断完善地理信息公共服务与应用体系，努力提高地理信息公共服务装备水平，充分开发利用地理信息资源，为各行业提供高精度、实时有效的空间位置服务，全面提升公共服务水平。

2. 加快推进宽带网络基础设施建设。以光纤宽带和无线宽带通信为重点，积极发展新一代互联网、广播电视网、移动通信网络建设，开展新一代移动通信网络试点，努力构建统一高效的泛在网络。加快推动长株潭城市群“三网融合”试点建设，实现三网融合和信息共享。推进城乡宽带网络发展，实施城市光纤进楼入户，农村光纤到行政村，加快推进“自然村通电话”、“行政村通宽带”和“广播电视村村通”工程。大力推进无线城市建设，提升无线网络的覆盖面和传输效率，推动泛在信息网络连接的扩展和延伸。

3. 加快推进基础性、公共性信息基础设施建设。加快国家超级计算长沙中心重大项目建设，提升自主创新能力及科技创新水平。推动云计算中心、云服务中心、灾备中心、呼叫中心等信息服务中心及平台建设，完善以云计算和云服务为主的基础性、公共性信息服务体系，提高公共信息服务能力。加快以人口、法人单位、地理空间等为核心的国家基础信息库建设，提高信息资源开发及利用能力，拓展相关应用服务。

（二）大力推动信息化和工业化深度融合，构建现代“两型”产业体系

按照重点突破、示范带动的原则，大力推进国家级、省级“两化融合试验区”建设，重点围绕改造提升传统产业、积极培育发展战略性新兴产业、加快发展生产性服务业，着力提高信息技术支撑融合发展的能力，加快新型工

业化步伐，促进工业结构调整和优化升级，构建现代“两型”产业体系。

1. 大力推进应用信息技术改造提升传统制造业。全面提升装备制造、钢铁有色、石油化工、建材、轻工等工业领域的信息化应用水平，推进企业信息化水平评价体系建设。深化研发设计、工艺流程、生产装备、过程控制及物料管理各环节信息技术应用和全面渗透，推动生产装备与生产过程数字化、智能化、网络化改造。推进企业管理信息系统的无缝衔接及综合集成，切实提高企业生产效率、产品质量和管理水平，实现研发设计、业务流程和商业模式创新发展，促进制造业服务化转型。

2. 大力推进应用信息技术促进节能减排。加快钢铁有色、石油化工、煤炭、电力、建材等行业的主要耗能设备和工艺流程的数字化、网络化和智能化改造，加强对能源资源的实时监测、精确控制和集约应用，形成低消耗、低排放、可循环、可持续的绿色生产方式。利用信息技术加强对高能耗、高物耗、高污染行业的监督管理，建立主要污染物排放自动监测和固体废弃物综合利用信息管理系统，完善污染治理监督管理体系。

3. 大力推进应用信息技术培育发展战略性新兴产业。大力提升先进适用信息技术在先进装备制造、新材料、文化创意、新闻出版、生物、新能源、信息和节能环保等战略性新兴产业中的应用水平。推进信息技术与新技术研发创新的融合，突破共性关键技术和配套技术，大幅提升企业创新能力。加大信息技术在资源整合、技术改造、市场培育和创新平台搭建中的应用，提升战略性新兴产业的竞争力和影响力。

4. 大力推进中小企业公共信息服务体系建设。建设面向中小企业的研发设计平台，提供工业设计、虚拟仿真、样品分析、检验检测等软件支持和在线服务。加快研发和推广适合中小企业特点的企业管理、信用管理、电子支付、物流配送、身份认证等关键环节的集成化信息系统和服务。建立并完善一批面向中小企业和产业集群的知识产权、技术推广、管理咨询、融资担保、人才培训、市场拓展等综合信息化服务平台。

5. 大力推进应用信息技术发展现代服务业。加快推进现代物流行业信息化建设，发展物流信息服务业，全面提升物流配送的能级和水平，降低物流成本。大力推进工业设计专业园区和工业设计公共服务平台建设，推动推动信息技术在金融、邮政、旅游、休闲娱乐、住宿、餐饮、社区和家政服务等服务业中的普遍应用与融合创新，提升服务能力和品位。推动大型企业电子商务和第三方电子商务服务平台发展，深化移动电子商务在工业和生产性服务业领域的应用。

（三）积极推动公共设施智能化转型，提升经济社会发展保障能力

按照统筹规划、集约建设、资源共享、保障安全的原则，促进物联网技术在公共基础设施的创新应用，构建人与物、物与物互联的智能信息基础设施。加快电网、交通、水利、环境、资源、安全生产等重点领域基础设施的数字化、网络化、智能化转型，实现战略基础设施的精确管理和高效运行，全面提升资源利用效率，为经济社会发展提供保障。

1. 提升公共基础设施感知能力。大力推进各类传感设备、无线通信设备和控制设备在交通、电网、水利、环保与安监等领域重要部件及关键节点的安装布局和广泛应用，加强对城市重点区域、公共设施和地下管线的实时监控，增强公共基础设施的感知能力，推动将物联网应用纳入全省公共基础设施建设规划。

2. 建设公共设施管理信息系统。加强公共设施管理服务一体化，建设全省统一的交通、电网、水利、环保与安监等管理信息系统，整合全省公共设施信息资源，推进监控系统、决策系统、应急处置系统建设，实现对公共设施的精细化管理及高效利用，提高全省公共设施的整体管理水平及抗风险能力，全面提升公共设施在经济社会发展中的支撑与保障能力。

（四）着力推进民生领域基本服务信息化，提高人民幸福指数

围绕“两型社会”建设目标，深化信息技术在文化教育、新闻出版、医疗卫生、人力资源和社会保障、食品安全、公众出行等公共服务领域的应用，加快构建面向企业和公众的综合性公共服务平台，着力解决公众最关心、最直接、最现实的问题，努力提升公共服务水平，促进基本公共服务均等化。

1. 推进网络教育的普及应用。整合、开发和引进各类优质教育资源，发展现代远程教育和网络教育，加强优质教育资源库建设，推广空间教学及共享服务平台应用，遴选名师精品网络课程，促进优质教育资源普及、共享和均衡发展，缩小地区间教育水平差距。加强学校信息化建设和教学科研设施共享，创新数字文化和网络教育发展模式，开放公共教育资源，构建面向全民终生学习的平台环境，推广基于共享服务平台的每人“一空间、一终端”的学习模式，增加公众受教育机会。

2. 推进文化信息资源共享体系建设。加强公益性文化信息基础设施建设，推动数字图书馆、数字档案馆、数字博物馆、数字艺术馆、数字科技馆、数字文化馆和数字农家书屋建设。加强公共文化信息资源开发，建设一批数字内容素材库，加快推进文化信息资源的整合共享。规范网络文传播秩序，引导网络文化创作实践，全面建设积极健康的网络文化。加快各种传统文化资源的数字化和多终端传播，提高文化信息服务水平。

3. 推进公共卫生信息服务体系建设。加快建设省、市州、县市区政府卫生信息平台、医院信息平台和社区卫生信息平台，促进互联互通，提升医疗信息化服务水平。整合公共卫生、医疗服务、医疗保障、基本药物制度和综合管理五项功能及应用，构建完善卫生信息服务体系。建立居民电子健康档案和电子病历，完善疾病和公共卫生事件直报和疾控管理信息系统，实现个人数字健康服务和数字化医院管理、防控处置、绩效监测。推进“大医保”、“新农合”信息系统建设，促进医疗、医药和医保业务联动和信息共享，构建以个人健康信息为中心的卫生智能化体系。

4. 推进劳动就业和社会保障综合信息服务体系建设。加快建设覆盖城乡、全省统一规范的劳动就业和社会保障信息网络服务体系，完善就业信息发布、需求预测、跟踪

监测和失业预警功能。推动跨地域的社会保障信息共享服务，完善社会保险关系的转移接续、异地居住退休人员管理、参保人员异地就医和结算等服务。统筹城乡协调发展，推动信息服务向街道、社区和乡镇村延伸，加快全面覆盖和完善农村劳动力转移就业、养老保险、社会救助、社会福利、最低生活保障、住房保障、慈善事业等农村就业和社会保障服务，以及面向残障人士就业和社会保障的信息无障碍服务。

（五）加快发展集约效能型电子政务，推动服务型政府和“法治湖南”建设

紧紧围绕服务型政府和“法治湖南”建设目标，加强政府信息资源的整合和有效利用，推进信息共享和业务协同，优先支持文化教育、医疗卫生、人力资源和社会保障、人口基本管理、食品安全和药品监管、审计等关键领域业务系统建设和深化应用，完善重点领域的社会监督，提高市场监管能力，建立应对突发事件的网络联动机制，不断提高各级政府的社会管理能力和公共服务水平。

1. 整合政务网络信息资源。按照云计算框架，整合各部门的专用传输网络，完善电子政务外网和内网，扩展电子政务网络的覆盖范围，建设电子政务灾难备份中心。建立和完善信息资源目录体系和交换体系及数据采集、更新、管理和共享机制，整合各部门、各领域信息资源。推进跨部门、跨地区、跨层级信息共享和业务协同。加强基于云计算的数据共享和服务平台建设，促进政府部门信息共享和业务协同，实现宏观经济调控、城乡社会管理、应急指挥的快速处置和统一调度。

2. 提高政府在线服务水平。以公民和企业为中心，完善电子政务公共服务体系建设，发挥门户网站信息公开、在线办事、政民互动的平台和窗口作用，加强政务信息公开和社会监督。鼓励开展跨部门跨领域的应用系统建设，支持城市管理、应急指挥、安全生产、社会治安、食品安全、电子监察和电子口岸等重点领域和关键业务系统建设，推动政务信息资源向社会开放，促进政府信息公开，提高政府办事效率和公共服务水平。

3. 提升电子政务为基层服务能力。充分利用现有的电子政务基础设施，抓住国家推进三网融合发展机遇，推动电子政务服务向街道、社区和乡镇村延伸。创新服务模式，丰富服务内容，提升电子政务服务于政府内部能力，提高政府内部的办公效率；提升服务于地方经济能力，增强为企业服务水平，改善经济发展环境；提升服务于社会公众能力，提高社会服务效率，增加服务透明度，提高人民群众幸福指数和对政府的满意度。

（六）加速培育新一代信息技术产业，形成国民经济新的增长极

围绕培育和发展战略性新兴产业，大力支持新一代信息技术的研发、创新，突破关键技术，尽快提升产品制造和信息服务供给能力，扩大产业规模。深化新一代信息技术在经济社会各领域的应用，推动新一轮信息产业快速健康发展，形成新的经济增长极。

1. 加速培育新一代信息技术产业。围绕新一代信息技术的发展与应用，加快技术创新和产业化步伐。加快射频识别（RFID）、智能传感、智能终端和新一代平板显示等关键元器件及智能仪器设备的研发和产业化。推动物联网技术在重点领域的应用试点示范。加强云计算服务平台建设，构建云计算公共服务体系，创造云计算需求，培育云计算市场，推动云计算体系架构、计算资源虚拟化控制和海量数据存储处理技术产业化。

2. 加快发展电子信息产品制造业。着力扩大电子材料与元器件、消费电子、光伏、平板显示等产业群规模，重点推进 LED、集成电路、汽车电子等应用电子产业群建设。加大自主创新力度，推动产学研结合，加强行业整合，培育龙头企业，推动电子信息产品制造业向高端、高质、高效发展转变，提升电子信息产品智能化水平。

3. 加快发展软件和信息服务业。大力推进集成电路设计、工业软件、嵌入式软件和各类应用软件的研发和应用。提高软件和信息技术服务企业的综合集成能力，引导信息系统集成服务向产业链前后端延伸，推动设计咨询、集成实施、运行维护等信息服务向高端化发展。大力发展通信增值服务业和移动互联网应用产业，推动产业链快速健康协调发展。大力发展信息服务外包产业，积极承接国内外软件和信息技术服务产业转移。

4. 加快发展数字内容产业。推动信息技术与湖湘文化融合发展，鼓励数字出版、数字教育、数字视听、数字游戏、数字动漫、移动内容、网络服务、内容软件等数字内容的原始创新，积极培育数字内容产业骨干企业。加快培育网络传媒内容和手机传媒内容新业态，加快培育数字内容品牌，重点建设中南国家数字出版基地。积极培育新型数字内容产品消费模式和消费模式，加快建立新型数字内容产品物流模式，拓展数字内容产业链，做大做强数字内容产业。

（七）全面统筹城乡信息化建设，提升新型城镇化和农业现代化发展水平

按照以工促农、以城带乡的原则，加快统筹城乡信息化建设步伐。大力推动数字城市建设，积极开展智慧城市、智慧社区建设，提高城市管理能力、综合竞争能力和居民生活质量。完善农村信息基础设施和农村综合信息服务体系，加强涉农信息资源开发利用，推动信息化与现代农业的融合，促进农业发展方式转变，提高农业农村信息技术应用水平。

1. 全面推进农业农村信息服务体系建设。大力推进农村信息化基础设施建设，促进城乡信息基础设施一体化。加强涉农信息技术与产品开发，加快涉农信息资源整合，建设涉农信息资源公共服务平台，深化和普及农民、农业、农村信息化应用。健全农业农村信息综合服务体系，实施农村信息化民生服务工程，加强队伍建设，开展多形式、全方位信息服务，促进城乡公共服务均等化。发展农产品电子商务。推进林业资源监管系统和综合营造林管理系统建设。

2. 大力推进数字城市建设。推进光网城市、无线城市建设和物联网应用，加快推进城市网络基础设施共建共享。推进城市统一集中的空间、人口、法人、自然资源、宏观经济基础信息资源库和资源管理中心建设，构建覆盖全市统一的电子政务网络和办公服务平台，提高城市管理和公共服务信息化水平。全面推行网上办公、行政权力网上公

开透明运行和行政审批在线办理。加快惠民“一卡通”等便民系统建设，构建全民共享的数字化民生服务体系。

3. 积极开展智慧社区建设。加快电子政务向社区延伸，推动跨部门信息资源共享，开发面向社区的综合管理与服务系统，促进工商管理、税务征管、房屋租赁等管理系统之间的对接和协同。加快社区信息化建设，构建社区综合管理和服务平台，多渠道服务社区居民。建设面向家庭的电子社区网络，开展电子政务、网上购物、网上教育等各类便民信息服务，建设智慧家居。

四、重点工程

（一）宽带湖南与无线城市建设工程

大力推进电信网、互联网和广播电视网“三网融合”，以建设新一代互联网、新一代移动通信网、新一代广播电视网为重点，发展多种形式的宽带接入网络，提高网络间的信息交互能力。开展光网城市、无线城市建设，宽带村通工程建设，实现城市光纤到楼入户，农村光纤到行政村，城市无线宽带网络全覆盖，城乡移动通信网络全覆盖，高速公路、国道等重点领域宽带网络全覆盖。在长株潭地区积极开展长期演进技术（LTE）试点和规模商用。鼓励利用先进通信技术建设无线城市群，支持围绕重点行业和民生工程建设无线城市应用平台，实现移动政务、移动商务、移动民生等无线网络服务。加强互联网、移动通信网络、无线宽带网络之间的无缝衔接和高度融合，提高网络的利用效率。推进现有网络向下一代互联网基础设施平滑升级和物联网基础设施建设，推动交互式网络电视（IPTV）的规模应用，构建宽带、泛在、融合、安全的新一代网络体系。

（二）地理空间框架建设工程

省国土资源部门牵头，各相关部门密切配合，建立和完善地理实体数据、影像数据、地图数据、地名地址数据和三维景观数据等面向公共服务的地理实体数据库和各专题数据库。建设一纵两横的信息服务动脉和三类服务节点，完善地理信息服务网络。以地理空间信息为基本载体，嵌入社会公共信息，构建全省统一的地理信息公共服务平台，实现各种资源的有效管理和共享。建设国土资源动态监测体系，开展城乡土地利用动态监测、基本农田保护监测、矿山储量动态监测、重点地区矿山生态环境监测、地质灾害易发地区监测等工作。围绕社会各界对地理空间信息的迫切需求，大力开发社会公众地理信息查询平台及网络发布系统。依托国家超级计算长沙中心，开展地理信息存储管理和公共服务等关键技术攻关和开发，提供深层次的专业地理信息服务。构建覆盖全省的地理空间框架和统一、标准、权威的地理信息公共服务平台，实现不同系统的互联互通与资源共享。

（三）国家超算长沙中心与云服务平台建设工程

采用“政府主导、军地合作、省校共建、市场运作”的模式，建设集“科技研发、技术创新、公共服务、人才培养”于一体的国家超级计算长沙中心。依托技术优势，推动云计算关键技术研发和产业化，支持“政务云”、“公共云”、“私有云”等重点领域的云计算和云服务平台建设。创新商务模式，探索向农业、气象、水利、市政、交通运输、环保和统计等部门，钢铁有色、装备制造、汽车、生物医药等工业企业，金融、保险、证券、电信、数字媒体、游戏动漫和信息服务外包等商业用户，高等院校、科研院所等单位提供技术先进、灵活高效、标准统一、安全稳定、高度共享的一体化硬件设施、开发平台和软件产品服务窗口，满足日益增长的城乡管理、地理信息、社区服务、工业设计、软件开发和科学研究等领域的需求。

（四）国家长株潭“三网融合”试点建设与推广工程

以广播电视和电信业务双向进入为重点，推进有线电视网络整合和数字化改造，组织实施分区域、分阶段、多方式的业务和网络融合试点工程，构建新一代信息网络基础设施，全面推进共建共享、互联互通和业务融合。加大内容资源开发和业务创新，大力发展交互式网络电视（IPTV）、手机电视、互联网视频、网络教育等“三网融合”业务，普及数字音视频广播、数字点播、信息服务、互联网接入等数据传输业务，通过多种途径、多种模式提供语音、数据、图像等综合多媒体的通信业务。加快“三网融合”的体制机制创新和技术业务标准建设，探索建立适应“三网融合”的运营模式和市场体系，构建保障“三网融合”规范有序的体制机制，推进网络建设、业务应用、产业发展和监督管理等各项工作协调发展。

（五）重点行业“两化”融合推进工程

促进重点行业节能减排。重点推进钢铁有色、石油化工、电力、建材、造纸等高耗能高污染行业生产设备和工艺流程的数字化和智能化改造，提高资源利用率和生产效率，提升生产过程自动化和智能化水平，减少废物排放，提高清洁生产和资源循环利用水平。鼓励企业建立能源管理系统，实现能源管理、调度、计量的数字化、网络化和智能化，提高企业节能成效。加大面向高能耗、高物耗、高污染行业的节能降耗、减排治污信息技术的研发支持和应用推广力度。

提升装备制造智能化水平。重点围绕工程机械、轨道交通、新能源汽车等装备类制造业企业，大力推动信息技术在产品研发设计、生产流程、售后服务等关键环节中的应用，提升装备制造业的技术水平，提高产品与服务附加值，增强装备制造业的核心竞争力。加快虚拟制造、网络制造等新兴制造技术的研发与应用，实现生产模式的转型与升级。应用信息技术推进企业内部物流与上、下游企业及社会物流的集成，加强产品制造与售后服务两个环节的紧密结合，提升装备产品售后服务能力和制造业整体效益，推动装备制造业从生产型制造向服务型制造转型升级。

（六）中小企业信息化公共服务平台建设工程

按照“政府推动、社会参与、企业使用、市场化运作”的模式，整合行业协会、信息服务商、行业专家等各方面资源，实现资源共享。通过多种模式建设、引进和完善工业设计公共服务平台、中小企业创新服务平台、第三方电子商务应用平台和物流公共信息服务平台等一批面向区域、重点行业、产业链的中小企业信息化公共服务平台，为中小企业网站建设、信息咨询、产品设计、检测和质量认证、知识产权、物流管理、电子商务、客户关系管理、协同办公、教育培训等信息系统建设和运行维护提供“一站式”技术支持与服务。引导中小企业通过平台开展信息化应用，降低中小企业信息化应用成本，提高中小企业创新能力和竞争力。

（七）现代服务业信息化融合发展工程

充分利用物联网等现代信息技术，大力推动现代物流业信息化发展，提升物流基础设施信息化水平，建立完善行业性、区域性公共信息服务体系，加强跨行业物流信息资源共享以及物流企业与制造企业的业务协同，推动物流配送标准化、规范化建设以及电子商务与物流信息化集成发展，全面提升物流配送的能级和水平，降低物流成本。大力推动数字化工业设计、为代表的工业数字设计创意服务业、以产品包装设计和建筑装饰设计为代表的视觉数字设计业，提升发展品质和设计水平。大力发展以软件和集成电路设计、商贸流通、空间地理信息服务和电子商务为代表的现代服务业。推进旅游资源与智能化技术、特色文化创意相融合，加快数字景区和数字旅游建设。依托国家级移动电子商务试点示范省项目，加快推进移动电子商务产业园区、运营基地和全国性移动电子商务综合应用平台建设，推动手机支付在购票、公共事业缴费、便民小额消费、农村商贸等民生服务领域深度应用。

（八）重点领域基础设施智能化工程

交通设施智能化。大力推进传感技术、无线射频识别、无线通信技术、全球定位系统等信息技术在公路、铁路、航空、水运和港务等领域的应用，建设交通运输信息化支撑体系和路网管理、道路运输、水运港航、安全应急、公众服务、市场诚信等系统，构建智能交通体系，实现高速公路、特大桥梁、长大隧道等重要基础设施运行状态、环境、气象等要素的监测感知和客、货、交通工具等要素的智能识别、智慧控制、调度管理和应急响应。加快推进城市公交客运智能化、出租汽车服务管理系统和电子不停车收费（ETC）系统的建设与规模化应用，推动各种运输信息系统间、智能交通运输体系和物流服务体系间的互联互通，提升综合交通运输体系的智能化水平。

电力设施智能化。大力推进现代先进的传感测量技术、信息通讯技术和控制技术与物理电网高度集成，实现电力设备远程监控、电力设备运营状态监测和电力智能调度，建设新型智能电网。充分整合发电、输电、变电、配电和用电等各个环节的信息资源，实现电力流、信息流和业务流的融合，根据太阳能发电、风电等可再生能源发展需要，建设具有自动平衡各类能源并网发电和最优化输配能力的智能电网调度体系，加快建设坚强可靠、经济高效、清洁环保、透明开放、友好互动的现代电网。

水利领域智能化。依托先进传感器、视频监控、3S技术、通信技术、大规模存储技术和智能数字采集技术，加强水系统监测监控、水安全预警指挥、水资源配置调度、水交通运行保障、水行政协同服务，建设布局合理、功能齐全、动态监测、信息共享和科学决策的可管理、可监控、可调度的水利智能应用体系。扩展全省水利信息网和视频会议系统覆盖范围，建成省、市州和县市区水利数据中心，增强防汛抗旱、水文测报、水资源管理和应急处置能力。

环保设施智能化。推动物联网技术、3S技术在资源、能源和环境监测中的应用，建立环境、资源监测系统和节能减排监控信息平台，实现对土地、矿产、森林和水资源等基础性资源的全程动态监测，对重点污染源、环境质量和生态保护重点区域的实时监控、自动报警和远程控制。完善环境基础数据库建设，构建环境数据中心，建立环境预警与指挥系统，提高环境保护的预警、决策、应急和执法能力。

安监设施智能化。充分利用传感器、无线射频识别、移动通信技术实现对水、火、瓦斯等重大危险源的识别与监测，建设和完善安全监测网络系统、公共安全预警系统、重大危险源管理系统、重大隐患评估预警系统、安全生产管理系统等应用系统，大力推进数字矿山建设。对重点企业、部位及其周边环境的实现视频监控，推动应急监控视频系统与相关业务系统的集成。

（九）惠民“一卡通”工程

按照“政府主导、市场运作、统一规划、有序推进”的原则，采用先进成熟的网络通信技术、计算机技术和智能卡技术，构建高效多用的城市级“一卡通”运营管理平台及电子支付体系。跨行业整合公共服务领域的社会资源，促进“一卡通”在公众出行、社会保障、医疗卫生、公共服务、休闲娱乐、文化生活等领域的广泛应用，为市民提供公用事业缴费、小额消费支付等方便、快捷、安全的服务。采用“成熟一个行业，整合一个行业”的稳步发展模式，创新经营方式，加快构建“一卡通”信息管理平台，逐步推进城市间“一卡通”的互联互通。

（十）教育文化资源共享与开发利用工程

大力推动数字化学习和数字化教育，实现所有教育机构上网，全省教育系统在职人员和高中阶段及以上学校学生每人拥有一个网络学习空间。推动数字化学习教育云服务体系建设，实现以个人空间为基础的教育资源共建共享，构建覆盖各级教育行政部门和各级各类学校的教育网络资源云服务平台。提高科研设备网络化应用水平，推动数字化图书资源的开发和普及，促进大型实验设备和图书资源的共享应用。加快数字校园、数字图书馆、数字档案馆、数字博物馆、数字艺术馆、数字科技馆、数字文化馆和数字农家书屋建设，建立公益性综合文化信息共享平台。加速推进中南国家数字出版基地建设，大力开发面向新闻出版、文化体育、医疗卫生、科技教育等公共文化领域的数字内容产品，发展数字内容产业。提升数字动漫、网络游戏、电子竞技等行业研发能力，加强产业链整合，推动动漫与网络游戏业发展。

（十一）医疗卫生与社保就业信息化服务工程

加快建设覆盖城乡的以县市区为单元、以个人电子健康档案为基础的卫生信息平台、以电子病历为核心的医院信息平台、以基本公共卫生服务项目为主体的社区卫生信息平台、以疾病防控监测和应急处置为重点的公共卫生信息平台、以新型农村合作医疗为保障的农村医疗服务和医疗救治资源平台，建立面向乡镇卫生院、村卫生站、社区卫生服务站的远程医学教育和远程会诊系统。推动医疗、医药和医保的业务联动和信息共享，构建以个人健康信息为基础的全省卫生智能化管理服务体系，为全省居民提供连续、全面、可靠的智能化卫生信息服务。

建设省、市两级劳动保障数据中心和全省就业监测信息平台、招聘信息公共服务平台、应届高校毕业生就业服务平台和异地务工信息服务平台，实现就业服务与就业管理的全程信息化。加快推进就业失业信息管理系统和社会保险信息管理系统的整合，建设全省统一的人力资源与社会保障综合性服务平台，为参保单位及个人实现异地办理、网上查询、电子申报等服务，为政府部门业务办理、公共服务、基金监管和决策支持提供支撑和保障。大力推广标准统一、功能兼容的“一卡通”，做到城乡居民“人手一卡”。以人口信息为基础，建立跨地区就业和社保信息交换平台与结算中心，实现就业和社保异地共享信息、异地续接和异地实时结算。

（十二）食品药品安全信息化管理工程

建立统一的食品安全信息综合管理服务平台。加快建设覆盖全省的食品安全信息监测网络，实现食品生产加工流通环节、企业资质和产品质量全程电子监管。以物联网技术为基础，建设农产品质量安全追溯与监管系统。建设全社会共同参与的食品安全信息网络，收集和发布食品安全的相关信息，向生产、加工、经营和消费者提供有关质量、安全、标准、品牌、市场等信息。建立食品安全信息中心，对食品安全信息进行分类、筛选，综合分析和监测，对食品安全状况做出评价和预警。建立食品生产经营主体登记档案信息系统和食品生产经营主体诚信分类数据库，广泛收集食品生产经营主体准入信息、食品安全监管信息、消费者申诉举报信息等，完善食品生产经营主体诚信分类监管制度。

建立统一的药品电子监管网络平台，充分运用现代信息技术，加快建设联通全国、覆盖全省的药品电子监管网络，实现药品全品种、全过程的电子跟踪和监管。建立健全药品安全警示信息平台，建设覆盖全省的药品不良反应监测网络体系，完善不良反应信息资料数据库，对药品安全状况作出评价和预警。建立健全诚信体系管理信息平台，完善药品生产、经营企业质量信息，提升医药经济发展水平。建设药品安全综合信息数据中心，提高药品监管数据统计与决策辅助数据分析能力，为各级政府和商务、卫生、质监、食品药品监管等部门供数据共享服务和决策支持服务，为社会公众提供药品信息检索、监管码查询、真伪鉴别等服务，保障人民群众用药安全。

（十三）电子政务资源共享与服务提升工程

按照“互联互通、资源共享、智能互动、协同服务”的原则，整合电子政务网络，规范政务基础信息的采集和应用，建设全省统一的信息资源目录体系、交换体系和政务云计算数据中心，形成多层次、跨部门、跨领域信息资源开发和共享机制。推动单一系统共享向多系统共享转变，以人口、法人单位、地理空间等基础信息资源开发利用为基础，整合公安、人力资源和社会保障、工商、税务、环保、国土资源、人口等部门信息资源，推进资源共享与业务协同应用，构建完善的信息资源目录及数据采集、更新、管理、共享及业务协同运行机制。建立统一的电子政务云计算数据中心、云服务平台集互联网门户、语音门户和无线门户于一体的政府网站服务体系。以省级集中模式，建设全省政府无线门户网站群系统，实现政府服务“一网式、一站式”管理。以城市为单元，建设统一的市政服务热线系统，实现行政审批和网上办事“一门式、一话式”受理办理。

（十四）信息产业发展壮大工程

以电子信息产业园为依托，重点发展面向新一代宽带通信网络和网络新应用的通信系统及终端、网络设备、视听产品、计算机等数字整机，特种计算机、显示设备、通信指挥系统等军民两用产品，新型显示器件、太阳能电池、电力电子、电池材料与电池等产品，提升产业规模。鼓励支持LED新光源、集成电路等新兴产业和汽车电子、医疗电子、金融电子等应用电子产品的研发和产业化。推进传感网络、射频识别等物联网技术发展，培育物联网产业链上游产品制造企业，积极推进物联网技术在各领域的广泛应用，壮大物联网产业规模。

面向工程机械、轨道交通、智能电网设备、数控装备等机电一体化高端产品，大力发展嵌入式软件、工业行业应用软件，打造装备电子和工业软件产业链。鼓励支持面向移动互联网、物联网、三网融合等应用领域开展新型软件研发。大力发展信息化咨询、规划、实施、维护和培训等增值服务，积极推动信息系统运行维护服务外包，支持信息化外包服务业发展。依托国家超级计算长沙中心，推动构建各类云服务平台，带动云计算服务业、移动互联网、新一代移动通信终端、云计算终端、云存储、在线应用软件、动漫游戏等产业发展，大力推动云计算产业发展壮大。

（十五）智慧城市建设试点示范工程

充分利用物联网技术、无线宽带网络和新一代信息网络技术，构建无处不在、全面覆盖和充分感知城市各部件的智能网络。整合平安城市视频监控、智慧城管等公共服务信息资源，实现城市的城市安全的统一监控和数字化管理。大力推进数字城市建设，建成一批成熟的面向民生、环保、城市服务、能源、文化、公共安全等领域的智慧应用系统，提升城市管理水平和应急指挥能力。积极开展长株潭地区智慧城市建设试点，探索智慧交通、智能物流、智能家居、智能医疗、智能环保等系统建设模式。建设社区综合信息服务平台，提供文化娱乐、教育培训、医疗救助、社会保障等便民服务，利用手机和互联网实现对家庭的远程监护、控制、安全防范和管理。

（十六）农业农村信息化服务提升工程

大力推进国家农村信息化示范省建设，加强农业信息基础设施建设、农业信息资源开发和农业信息关键技术产品研究和推广应用。按照政府主导、社会参与、资源整合、多方共建的原则，加快农村基层信息服务站（室）和信息员队伍建设，以乡镇村为节点、县为基础、省为平台，建立农村综合信息服务体系。加快“12396”星火科技信息共享服务平台建设，推进农村科技信息服务共享。加强农业农村生产生活环境监测预警、农产品质量安全追溯、农作物病虫害和动物疫病综合防治远程会诊、农业资源安全管理和全省耕地数据管理平台等信息系统建设，推进农业决策和管理智能化，监管全省耕地面积。推动长株潭地区、洞庭湖区、湘南丘陵地区和湘西山区等四个基本示范区建设，开展“三网融合”、现代农业、农村民生等领域的综合应用示范，实现城乡信息平等和城乡统筹发展。推动农产品交易平台的建设和应用，促进农村邮政、供销社和移动电子商务发展。推进乡镇及村政务管理和综合服务建设。

建设以全省林业基础地理信息数据库和林木测土配方

信息系统为核心的“数字林业”平台，加快构建覆盖全省的林业资源监管系统、综合营造林管理系统、林业灾害监控与应急系统和林业电子政务体系。以物联网技术实现温度传感、护林员定位、温室控制、厂区监管、森林气象站、古树保护和候鸟迁徙观测系统，提高林业资源监管、综合营造林管理、林业灾害监控和应急管理能力。将全省森林、湿地、野生动植物等基础性林业资源数据落实到山头地块，细化到千家万户，形成信息全方位辐射、应用多领域拓展、服务各层次跟进的林业信息化格局。

建设山洪地质气象灾害监测预警平台，构建覆盖全省山洪地质气象灾害易发区的建成预警系统和山洪地质气象灾害预警信息发布系统。通过预警信息短信、预警信息接收机、农村广播系统等手段，提高山洪地质气象灾害的监测、预警和应急管理能力。大力推动为农民提供气象灾害预警信息、农业气象服务信息、农业气象适用技术信息、农村气象科普宣传和培训等服务。加强农村地区手机短信平台、气象预警广播和农村预警接收终端系统的建设，推进重大气象灾害预警信息手机全网发布。

（十七）信息安全保障工程

建设全省统一、完善的电子政务安全保障体系。建设和完善以密码技术为基础，以身份认证、授权管理、责任认定为主要内容的网络信任体系。推广电子签名的应用，整合数字证书资源，实现“一证多用”、“一证通用”。加强信息系统设计、建设、验收、运维全程信息安全风险评估，落实信息安全风险评估和等级保护制度。加快建设网络和信息安全事件监控和防御体系，强化网络空间治理，制定信息安全总体实施规范和不同行业的应用指南，建立信息化安全责任体系。积极推动经济领域信息安全保障工作，建设集约化的灾难备份与恢复系统，促进统一的灾备中心建设。完善安全防范机制，定期进行常规性安全检测，对突发性的安全事件制定应急预案。完善网络安全规章制度，强化网络安全责任制和责任追究制，切实提高网络信息安全的应急保障能力。

五、保障措施

（一）强化组织领导与协调推进机制

组建以省领导为组长的湖南省“数字湖南”建设工作领导小组，统筹领导“数字湖南”建设工作。领导小组负责研究、协调、决策和解决“数字湖南”建设中出现的重大问题，建立符合科学发展的信息化发展绩效评估指标体系。领导小组下设办公室，承担领导小组的日常工作，负责具体组织实施或牵头协调、监督“数字湖南”建设的重大项目及相关工作。建立“数字湖南”建设联席会议制度，统筹协调各部门对本系统、本行业的信息化建设与管理职能，推动资源共享与深化应用。明确省、市州、县市区政府在信息化建设中的事权关系，形成统筹协调、分工合理、权责明确的信息化推进工作机制。成立“数字湖南”专家咨询委员会，建立信息化建设重大事项决策机制，完善公众参与、专家咨询、风险评估、合法性审查和集体决策的决策程序，实现科学决策、民主决策和依法决策。

（二）完善信息化法律法规和政策体系

加快推进信息化法规政策体系建设，修订《湖南省信息化条例》，适时制定和完善与信息基础设施建设、信息产业发展、信息资源开发利用、“数字湖南”工程建设、信息技术推广应用以及信息安全保障等相关的配套政策，保障“数字湖南”建设健康有序发展。加强信息化共性技术规范和基础性、关键性规范研究，完善信息资源共享标准体系，充分发挥标准的宏观导向作用。各级各部门各行业要立足本地区、本部门、本行业发展实际，按照“数字湖南”规划确定的发展目标、思路和主要任务，从解决当前最紧迫、最突出的重大问题入手，编制实施相应的专项规划和方案。省直有关部门要结合各自职能，加大规划的执行力度，明确工作任务，在政策实施、项目安排、资金保障、体制创新、人才队伍建设等方面抓好落实。

（三）深化投融资体制改革与创新

落实财政政策，加大政府投入。认真落实国家鼓励和支持信息产业、信息化发展的相关政策，落实各级地方配套建设资金。整合国家和省用于支持信息产业、信息化建设的专项资金和所有部门用于信息化建设的资金，以及战略性新兴产业专项资金、新型工业化引导资金、科技资金等用于信息化建设的财政性资金，加强统筹管理，集中用于支持信息化重点项目建设，强化共建、共享、共用，提高公共投资效能。设立信息化专项资金，用于支持“数字湖南”的重点项目建设。引入社会资本，拓宽融资渠道。建立与国际惯例和市场经济接轨、适合“数字湖南”发展需求的投融资新机制，建立多元化的风险投资体系和高效的风险投资运行机制，确保建设资金足额投入。积极引入风险投资公司，引导企业开发好前期项目，与风险资金无缝对接。发挥市场导向作用，鼓励民营资本积极进入，培育本土企业发展。通过发布规划、特许经营、担保补贴、贷款贴息、购买服务等措施引导企业和社会各方参与各类项目的投资、建设、运营和服务。

（四）建立工作考核与项目管理制度

财政性投资和公共性建设项目要符合“数字湖南”的总体规划和顶层设计，各信息化建设专项规划，重大信息化项目立项、应报省“数字湖南”建设工作领导小组决策。各级信息化主管部门会同有关部门，加强财政投资和公共性信息化建设项目的统一审核管理，建立健全项目立项前置审查、预算审核、建设监理、竣工验收和运行维护管理等制度。加强项目规划设计和项目绩效考核，提高投资效率，充分利用现有基础，防止重复建设，构建科学合理的项目综合绩效评估体系。建立信息化发展统计、监测统计报告和规划实施目标分级责任制度，把规划实施工作作为各级党政领导干部贯彻落实科学发展观考核的重要内容。

（五）健全信息化标准和知识产权体系

各相关主管部门要研究制定满足信息化项目建设、推广应用和运行管理等环节需要的标准和规范，推动各部门、各系统之间数据交换、共享和资源整合，实现互联互通，减少重复投资。在金融IC卡标准、移动支付标准、物联网标准、电子政务标准等国家标准、行业标准基础上，逐步建立数字湖南应用标准体系，加强数字湖南系统的标准化、规范化建设，并建立相应的监督落实机制。大力推进电子政务信息平台、电子商务服务平台、信息资源开发利用、社区和城市终端信息服务、信息安全技术与应用等领域标准规范制定工作。完善知识产权管理和服务体系，建设知识产权信息服务平台，提供多层次、个性化的知识产权应用服务。积极推进知识产权保护和交易平台建设，发展网上技术交易市场，保护知识产权，促进市场繁荣。

（六）加快信息化人才队伍建设

鼓励省内高校、企业与国内外知名大学、研究机构和跨国公司合作办学，加速培育一批信息化高水平人才。加强职业技术学院、人才培训基地的建设，大规模开展专业领域和政府部门管理人员的信息化培训，鼓励厂校合作，加快技能型人才培养。吸引高端人才来湘创业，重点引进一批掌握先进信息技术、重大科研成果和拥有知识产权的领军人才和创新创业人才。建立信息化人才分类指导目录，制定职业技能标准体系，强化岗位资格认定，完善人才激励机制，鼓励知识产权、技术才能等生产要素参与收益分配。完善留学人员创业优惠政策和人才服务市场机制，促进人才的合理流动和人才资源优化配置。加强信息化人才的岗位设计，在各级政府及其部门、企业和机构全面推行首席信息官（CIO）制度，提高对信息化复合型人才的吸引力，建立人尽其才、才尽其用的用人环境。

（七）加强宣传培训和典型示范

通过多种形式广泛宣传“数字湖南”建设的意义和理念，营造良好的社会氛围，形成全社会对“数字湖南”建设的共识，激发全社会的积极性、主动性和创造性，引导全社会力量参与“数字湖南”建设。拓宽培训渠道，创新培训模式，广泛开展面向全社会的信息化知识与技能的培训和普及。依托各类群众组织和团体，加强对进城务工人员、城镇失业者、老年人、残障人士等社会群体的信息化培训，提高公众的信息化意识和信息技术应用能力。组织开展以“数字湖南”为主题的推广活动，积极学习国内外先进经验，大力宣传各地区、各领域、各行业和企业的成功经验和做法。积极通过媒体、网上展示和博览会等形式扩大推广范围和深度，做好“数字湖南”经验的总结和推广工作。

长株潭城市群核心区空间开发与布局规划（2008—2020）（节选）

（一）规划范围

长株潭城市群核心区面积共计8448.18km^2。由于考虑到浏阳市区、岳阳市云溪区以及屈原管理区与城市群核心区主体部分相距较远，因此以上部分不纳入本规划范围，即核心区研究区域土地总面积为8088.22km^2。

（二）核心区空间发展战略及目标

空间开发战略：东优西进，提北强南，连城带乡，治江保绿。

战略任务：构建三大战略格局：“一主两副环绿心”组团式城镇发展战略格局、“一心、一带、多廊道、多斑块”生态安全战略格局、“以园兴区”的农业区域化发展战略格局。

规划目标：

——发展方式基本转型。建设低投入、高产出，低消耗、少排放，能循环、可持续的国民经济体系和资源节约型、环境友好型社会。从远期目标上，要发展高新技术产业和生产性服务业，实现产业的基本转型。从近期手段入手，着力改造高消耗、高污染的企业，对重化工业进行传统技术改造和升级。

——空间结构优化。核心区开发强度控制在31.27%，城镇用地空间控制在1000km^{2}左右，农村居民点占地面积减少到48km^{2}左右。耕地保有量维持在1914km^2，其中基本农田不低于1637km^2。绿色生态空间扩大，其中湖泊、湿地面积有所增加。

——空间利用效率提高。城市空间每平方千米生产总值提高250%，人口密度控制在每平方千米12000人。单位面积耕地粮食和主要经济作物产量提高15%以上。

——城乡区域差距缩小。核心区内人均生产总值最高地区和最低地区差距缩小到1.4倍，城镇居民人均可支配收入缩小到1.2倍，农村居民人均纯收入缩小1.25倍，人均财政收入缩小到1.3倍左右。基本实现城乡和区域间基本公共服务均等化。

——生态环境明显改善。生态建设和环境保护取得明显成效，生态系统稳定性增强，水、空气、土壤等生态环境质量明显改善。风景名胜区、自然保护区、森林公园等各类核心区面积控制在10%以上，森林覆盖率稳定在47%左右，水土流失治理率控制在95%以上，城市逐步实现生态化、园林化，城市空间人均拥有公共绿地面积达12.5m^2。主要污染物排放总量得到有效控制，工业废水处理率达到100%，城市生活污水处理率达到95%以上，城市空气质量达标率达到93%，湘江及其支流区域进一步得到综合治理，水质逐步好转，农村面源污染得到有效治理。

（三）优化开发区

划区范围：指长株潭三市市区的老城区产业功能区，是三市人口与生产要素高度集中，发展受到环境承载力限制的城市地区。包括长株潭三市待改造的旧城区、重金属污染区、废弃厂矿、闲置地、低效用地区域。具体见表1：

表1 长株潭城市群核心区优化开发区一览表

行政区	具体范围
长沙市	芙蓉区城区、东岸乡；开福区城区；天心区城区；雨花区城区
株洲市	荷塘城区；芦淞城区；天元城区
湘潭市	雨湖区城区、先锋乡；岳塘区城区

功能定位：调整、置换城市产业职能，对现在过度集中的功能进行疏导，加快老城区的旧城区改造；积极转变老城区经济发展方式，着力提高自主创新能力，提升参与区域分工与竞争的层次，进一步集聚人口，建设成为长株潭城市群以及全省经济社会发展的龙头，中部省份最重要

的创新区域，有全国影响力的经济区，湖南省规模最大的人口和经济密集区。

发展方向：优化空间结构、优化发展方式、优化产业结构、优化基础设施布局、优化生态系统格局。

重点优化地区：长沙河东中心老城区、株洲河东老城区、湘潭老城区。

（四）重点开发区

划区范围：指今后本地区工业化和城镇化的重点区域，也是承接限制开发和禁止开发区域的人口转移，支撑本地区经济发展和人口集聚的重要空间载体。主要包括核心区内的市区、县城和重点建制镇规划区、高新技术开发区、园区以及已有发展基础的地区。具体见表2：

表2　长株潭城市群核心区重点开发区一览表

行政区	具体范围
长沙市	岳麓区（岳麓区城区、含浦镇、雷锋镇、坪塘镇、天顶乡、东方红农场）；开福区（捞刀河镇、新港镇、青竹湖镇）；雨花区（洞井铺镇、黎托乡）；天心区（大托镇）；长沙县（黄花镇、黄兴镇、朗梨镇、暮云镇、星沙镇、干杉乡）；望城县（高塘岭镇、白箬铺镇、丁字镇、黄金乡、铜官镇、星城镇）；宁乡县（城郊乡、历经铺镇、夏铎铺镇、玉潭镇）
株洲市	荷塘区（明照乡）；芦淞区（五里墩乡）；石峰区（石峰区城区、龙头铺镇、云田乡）；天元区（马家河镇、群丰镇）；株洲县（渌口镇、白关镇、雷打石镇、三门镇、仙井乡）；醴陵市（醴陵市区）
湘潭市	岳塘区（板塘乡、荷塘乡、双马镇、易家湾镇、霞城乡）；雨湖区（鹤岭镇、楠竹山镇、长城乡、护潭乡、昭潭乡）；湘潭县（易俗河镇、响水乡、河口镇、姜畲镇、石潭镇、云湖桥镇、响塘乡）；湘乡市（湘乡市区）；韶山市（清溪镇）
岳阳市	汨罗市（城郊乡、城关镇；汨罗镇、新市镇）；湘阴县（界头铺镇、袁家铺镇、静河乡、文星镇）
益阳市	赫山区（沧水铺镇、衡龙桥镇）

功能定位：加强各类园区建设，主动承接沿海发达地区的产业转移。加快推进新型工业化进程，提高自主创新能力，积极发展优势产业，培育壮大优势企业，基本形成以“两型”产业为核心的新型产业体系。加快新型城市化发展步伐，扩大城市规模，完善基础设施，促进产业集群发展，成为支撑省内经济发展、人口集聚的重要空间载体和城市群发展的主要增量空间。

发展方向：统筹城市空间、促进人口集聚、加快产业发展、完善基础设施、保护生态环境。

重点发展地区：五大“两型”示范区、星马新城、株洲河西新城区、湘潭河东新城区、其他重点发展城镇。

（五）限制开发区

划区范围：分为两种类型。一是生态地区；二是农业地区。长株潭城市群核心区限制开发区域是今后需要加强生态修复、环境保护和农业基地建设的区域，是适度发展与限制开发区域主体功能不冲突的特色经济、并引导超载人口逐步有序转移的区域。具体见表3：

表3　长株潭城市群核心区限制开发区一览表

类型	行政区	具体范围
生态型限制开发区	长沙市	岳麓区（莲花镇、雨敞坪镇）；长沙县（安沙镇、北山镇、春华镇、果园镇、青山铺镇、跳马乡）；望城县（茶亭镇、东城镇、桥驿镇）浏阳市（柏枷镇）
	株洲市	荷塘区（仙庾镇）；株洲县（南阳桥乡、洲坪乡、姚家坝乡）；醴陵市（板杉乡、枫林市乡、均楚镇、神福港镇、石亭镇、仙霞镇、新阳乡）
	湘潭市	岳塘区（昭山乡）；湘潭县（梅林桥镇）；湘乡市（龙洞乡、育段乡）；韶山市（如意镇、韶山乡、如义乡）
	岳阳市	汨罗市（古培镇）；湘阴县（白泥湖乡、六塘乡、玉华乡、樟树镇）
农业型限制开发区	长沙市	望城县（靖港镇、格塘乡、乔口镇、乌山镇、新康乡）；宁乡县（金洲乡、青华铺镇）；浏阳市（永安镇）
	湘潭市	湘潭县（杨嘉桥镇）湘乡市（东郊乡）韶山市（银田镇）
	岳阳市	湘阴县（石塘乡）

生态型限制开发区

功能定位：是保障我省乃至全国生态安全的重要区域，建设生态湖南的重要载体，实现可持续发展的重要生态功能区。

发展方向：修复生态环境，提供生态系统产品，增强水源涵养，加大水土保持，抵御洪涝干旱灾害，维护生态多样性。

农业型限制开发区

功能定位：是我省农产品生产供给的主要地区，国家重要的粮食生产基地，保护食物安全的重点区域。

发展方向：稳定粮食作物播种面积；大力发展现代农业、休闲农业和观光农业；加强农田水利基础设施建设；加强耕地保护；加强农业环境保护和监测。

开发管制导则

———严格控制开发强度，逐步减少农村居民点占用的空间，腾出更多的空间用于保障生态系统的良性循环。城镇建设与工业开发主要布局在资源环境承载能力相对较强的特定区域，禁止成片蔓延式扩张。原则上不再新建各类开发区和扩大现有工业开发区的面积，已有的工业园要改造成为低消耗、可循环、少排放、零污染的生态工业园。

———在现有城镇布局基础上进一步集约开发、集中建设，重点规划和建设资源环境承载能力相对较强的中心城镇，提高综合承载能力。引导一部分人口向其他区域转移，一部分人口向区域内的中心城镇转移。加强对生态移民点的空间布局规划，尽量集中布局到中心城镇，避免新建孤立村落式的移民社区。

———加强中心城镇的道路、供排水、垃圾污水处理等基础设施建设。在条件适宜的地区积极推广清洁能源，努力解决农村能源需求，在有条件的地区建设一批节能环保的生态型社区。健全公共服务体系，改善教育、医疗、文化等设施条件，提高公共服务供给能力和水平。

———在不损害生态功能的前提下，因地制宜地适度发展资源开采、旅游、农林牧产品生产和加工、观光休闲农业等产业，积极发展服务业，保持一定的经济增长速度和财政自给能力。

———保持生态系统的完整性，控制新增公路建设规模，必须新建的，应事先规划好动物迁徙通道。在有条件的限制开发区域之间，要通过水系、绿带等构建生态廊道，避免成为“生态孤岛”。

（六）禁止开发区

划区范围：主要包括各类保护区（自然保护区、文物保护区、水源保护区、湿地保护区、有严重地质灾害的地区等）、水域（湘江、部分洲岛及其他河流湖泊）、郊野公园（森林公园、动植物园和度假区）、“绿心”地区、城市公园、生产防护绿地以及特殊绿地（地质地貌区、泄洪区、滞洪区等）、25度坡度以上区域、基本农田等。面积为3892.99km^2，占核心区总面积的48.13%。

功能定位：保护自然文化资源的重要区域，点状分布的生态功能区，珍贵动植物基因资源保护地、农产品生产的核心区。防灾减灾，确保流域安全的重要区域。

管制导则

———对禁止开发区设立保护标志（界碑）。禁止各类工矿建设，同时发展森林公园和旅游用地，建设成为以生态、旅游、会展为主，辅以低密度高档住宅的城市生态屏障区。

———保护野生动植物的生长、栖息地。依据规划区内的湿地、林区、浅丘群中的动植物资源及规划的环境功能要求，依特殊地形划定永久性生态保护区。

———严格控制基本农田转变用途，严禁擅自毁坏、闲置和荒芜基本农田；加强基本农田基础设施建设，开展农田整理，防止土地污染和地力衰退。

———沿江禁止安排新上污染环境的产业，沿江现有污染严重的企业应逐步搬迁；禁止任何形式的侵占河道，禁止非法开挖河堤；禁止采用爆破等破坏性的可能危及河道安全的方式进行渔业或者其他作业。

———严格控制建设规模，充分利用现有建设用地和闲置地，确需扩大的，应当首先利用非耕地或劣质耕地。

———易引起水土流失的山地丘陵区严禁开垦。避免因破坏山区植被，而引起土地沙化、水土流失、气候变化等生态环境恶化所带来的自然灾害。

———保留位于长株潭城市群相向发展地区的耕地，利用先进的农业技术对其进行生态工程建设，发展绿色旅游农业。发挥耕地的生产、生态、景观美学等多重功能，最终将三市相向发展的“绿心”地区建设成“集生态涵养、旅游、会展、度假、保健、文化、科研、居住于一体的综合性生态绿心，以及城市绿色屏障区”。

（七）监测评估

———开展国土空间监测管理，检查各地主体功能定位落实情况，包括城市化地区和城市规模、农业地区基本农田保护、生态地区生态环境改善等情况。

———由核心区主体功能区规划、市县空间开展规划组成的核心区国土空间规划，是国土空间监测管理的依据。国土空间动态监测管理系统由核心区主体功能区规划编制工作领导小组办公室牵头建设，各有关部门共同参与管理。

———国土空间动态监测管理系统以国土空间为管理对象，主要监测城市建设、项目动工、耕地占用、地下水开采、矿产资源开采等各种开发行为对国土空间的影响以及水面、湿地、林地、草地、自然保护区、蓄滞洪区的变化情况等。

———加强对地观测技术在国土空间监测管理中的运用，构建遥感和地面相结合的一体化对地观测体系，全面提升对国土空间数据的获取能力。

———充分利用现有电子政务建设成果，加快建立有关部门和单位互联互通的地理空间信息基础平台，跨部门整合全省基础地理框架数据，促进各类空间信息之间测绘基准的统一和信息资源的共享。

———转变对国土空间开发行为的管理方式，从现场检查、实地取证为主逐步转为遥感监测、远程取证为主，从人工分析、直观比较、事后处理为主逐步转为计算机分析、机助解译、主动预警为主，提高发现和处理违规开发问题的反应能力及精确度。

———建立由发展改革、国土、建设、科技、水利、农业、环保、林业、地震、气象、测绘等部门和单位共同参与，协同有效的国土空间监测管理工作机制，各有关部门要根据职责，对相关领域的国土空间变化情况进行动态监测，探索建立国土空间资源、环境及生态变化状况的定期会商和信息通报制度。

———空间信息基础设施应根据不同区域的主体功能定位进行科学布局，根据不同的监测重点建设相应的监测设施，如重点开发区域要重点监测城市建设、工业建设等，限制开发区和禁止开发区域要重点监测生态环境、基本农田的变化等。

长株潭城市群工业布局规划（2010—2020）（节选）

（一）长株潭城市群产业空间布局思路

1. 产业发展思路

坚持走新型工业化道路，促进结构调整和产业升级，进一步加大技术改造力度，增强自主创新能力，促进信息化与工业化深度融合，推进节能降耗减排，提高资源综合利用水平，加快构建低投入、高产出，低消耗、能循环，少排放、可持续的工业发展模式，形成以战略性新兴产业为先导、优势特色制造业为支柱、生产性服务业为支撑的产业发展新格局，使长株潭城市群成为湖南在中部地区崛起的重要战略支点。

2. 基本原则

坚持科学发展原则，坚持发挥区位优势原则，坚持区域分工协作原则，坚持主体功能区规划原则。

3. 空间布局思路

——深化产业定位，突出主导优势。确定各城市的产业分工，深化产业定位，突出产业优势。

——带状优化发展，坚持集群布局。发挥重要交通枢纽的辐射作用，实施产业带状发展。依据产业链要求，将存在相互依存关系的产业实施集群布局。

——注重高新引导，实现空间拓展。注重高新技术产业的布局和发展，释放产业发展的资源空间。

（二）主要目标

巩固和提升城市群的产业集聚能力，形成发展方向清晰、产业特色明显、竞争优势突出、区域分工明确、空间布局合理、园区功能明确、支撑保障有力、发展运行高效、集聚效应明显的工业布局，到2015年，长株潭城市群规模工业增加值占全省比重提高到85%左右。

（三）重点任务

1. 促进传统产业转型升级

一是发展壮大装备制造业。做大做强工程机械、汽车及零部件、轨道交通、风电装备、输变电装备等优势装备产业，培育壮大新能源、节能环保、航空等新兴装备产业，着力发展通用化工装备、冶金有色矿山装备、轻纺行业机械装备等特色装备产业。坚持高起点规划、高标准建设，将长株潭城市群打造成为国家工程机械、轨道交通和汽车生产基地。二是改造升级原材料工业。加快钢铁深加工、有色金属深加工、石油化工、盐卤化工等原材料行业改造提升，推动资源型产业向精深加工发展。鼓励推动钢铁、有色、化工、建材等行业企业淘汰落后和兼并重组，提升原材料行业竞争力。提升行业技术装备水平，支持行业装备向自动化、信息化、清洁化发展。三是优化提升消费品工业。加快纺织服装、食品、造纸、家电、卷烟、烟花爆竹、陶瓷等传统优势产业提质升级，充分发挥资源优势，提高产品附加值，提高产品档次和水平。促进纺织服装和苎麻产业发展，将长株潭城市群打造成为中西部地区服装生产基地和家纺产品生产基地。

2. 培育发展战略性新兴产业

（略）

（四）长株潭城市群工业空间结构布局

长株潭城市群的产业空间发展结构为：一心（“绿心”）、二圈。

“绿心”——区域：三市的结合地带。产业重点：生产性服务业和生活性服务业。

两圈——包括紧密圈和外围圈。其中“绿心”和内圈构成中心核。

——紧密圈区域：是距长株潭城市群核心区外围40km左右范围内的城镇组成的长株潭城市圈。产业重点：培育发展工程机械、轨道交通、汽车及零部件、新能源装备、有色深加工、电子信息、新材料、生物医药、食品加工、烟草、陶瓷、烟花、物流业等产业。

——外围圈区域：是距长株潭城市群核心区外围100km左右的城市组成的城市圈。产业重点：培育发展装备制造、钢铁深加工、有色深加工、化工、新能源、新材料、电子信息、食品加工、生物医药等产业。

长株潭城市群产业空间布局坚持突出优势、错位发展。长株潭以传统优势产业、战略性新兴产业、生产性服务业为主导产业；岳阳以石化、造纸为主导产业；衡阳以无缝钢管及深加工、输变电、汽车零部件、生物医药为主导产业；常德以装备制造、食品加工、烟草、生物医药为主导产业；益阳以新能源、新材料、船舶为主导产业；娄底以能源、精品薄板及深加工、有色深加工、新材料、汽车及零部件为主导产业。

湖南省“十二五”经济技术协作发展规划（节选）

为继续深入开展经济技术协作，促进区域经济一体化、加快开放型经济发展，全面推进“四化两型”建设，根据《湖南省国民经济和社会发展十二五规划纲要》要求，制定本规划。

一、主要目标

（一）内联引资。全省引进省外境内到位资金累计突破10000亿元，年均增长速度达到18%。新引进中国500强等战略投资者100家，新开工投资过10亿的战略合作项目100个。

（二）战略合作。到2015年，省际政府全面合作协议达到15个以上，经协主管部门间协议达到20个以上。积极参与和承办“珠洽会”、“中博会”等重大经贸活动，重点参与“西洽会”“西博会”、“哈洽会”等重大经贸活动。促进省校、校企、银企、校会合作。继续组织市州、县市区、园区以不同形式参与省际区域经济技术协作，支持省内各主体功能区根据需要开展不同层次和不同主题的协作。

（三）市场开拓。依托全国湖南异地商会网络，建立健全湖南产品湘商营销网络。在全国各省区市（含省会城市、副省级城市）建立湖南产品湘商营销中心，重点支持500家以上规模经销企业，到2015年，销售湖南产品1000亿元。以各类投资贸易洽谈会为平台，鼓励省内企业开拓国内市场，推销湖南产品，完善营销网络，为湖南转型升级发展提供市场内需支持。同时鼓励我省优势企业对外投资，取得我省产业发展所需要的资源，带动湖南产品、技术、人才、劳务的输出。

（四）湘商发展。加强湖南异地商会建设，在现有异地商会中加强专业（行业）分会建设，以专业分会发展推动省内专业特色园区建设。继续办好湖南经济合作洽谈会暨湘商大会。“十二五”期间，湘商回湘和引导来湘投资到位资金力争突破3000亿元，培育10个以上产值超百亿元的湘商回湘创业示范基地。

（五）产业协作。落实省际战略合作协议，建立省际产业协作区。注重战略引资对优势产业巩固提升、战略性新兴产业培育发展的外源支持作用，促进产业规模壮大和效益提升。依托湖南异地商会网络，发挥8大湘商协作区作用，利用现有开发区以及新建园区，围绕机械制造等10大特色产业合作共建50家以上专业园区和特色园区。以产业协作园区为抓手，推动省际产业对接，优化省内产业布局。

（六）对口支援。进一步深化对三峡库区湖北省兴山县的对口支援，全面推进怀化托口库区对口支援工作，继续做好皇市、碗米坡库区移民对口支援后续工作。联合相关部门做好援藏、援疆工作。承担援助任务的市州和省直有关单位援助三峡库区公益性项目资金不少于3200万元，帮助库区引进经济合作项目不少于5个，资金不低于2.5亿元。全省援助托口库区公益性项目资金不少于8000万元。

二、"十二五"经济技术协作的主要任务

（一）扩大内联引资。"十二五"期间，湖南内联引资工作的重点是抓住我国经济发展方式转变和产业结构调整的有利时机，通过招商引资促进湖南产业结构调整，推动产业升级。积极引进先进制造业、现代服务业、战略性新兴产业和高新技术产业，聚集资金、技术、信息、人才等发展要素。积极利用现代网络手段开展网上招商，安排专人及时在政府门户网、红网、泛珠合作网、政府招商网等网络平台上发布招商信息，加强与港澳和沿海地区投资商的网上沟通联络。充分利用"中博会"、"珠洽会"、"湘商大会"和各类投资贸易博览会等平台进行项目推介，提高招商引资实效。着力培育和发展招商引资中介机构，不断改进招商方式，大力发展以商招商、产业链招商和企业并购等多种招商形式，提高招商引资的专业化水平。加强区域投资研究，完善战略投资者客户库。积极组织国内客商考察与交流，跟踪投资意向，掌握投资动态，强化合作项目开发与储备。落实鼓励政策，促进战略投资，积极引进国内外战略投资者，包括世界500强、中国500强企业公司总部和研发中心、采购中心到我省投资兴业。为客商提供良好的政策环境和信息交流、政策咨询、项目融资、投诉处理等方面的具体服务。简化和优化办事程序。降低企业运营成本，鼓励企业增资扩股。建立重大项目跟踪服务制度，对投资3亿元人民币或5000万美元以上且符合国家产业政策的项目，当地政府商务（招商）局、经协办等有关部门要联合成立项目跟踪服务小组，及时协调解决项目实施过程中遇到的问题。

（二）加强战略合作。积极推动湖南与兄弟省市间的区域合作。针对东部、中部、西部地区的不同情况，因地制宜制定合作方针。与东部地区省市的战略合作，突出招商引资、承接产业转移和市场开拓。与中部省市的战略合作，主要是共同争取中央中部崛起的政策支持。与西部省市的战略合作，重点通过对口支援、产业转移和剩余产能转移，扩大湖南对西部地区的经济辐射，加大湖南稀缺资源储备。加强与周边省份不同主体功能区之间的合作。

1. 深入推进与珠三角地区的合作。积极利用泛珠三角区域经贸合作机制，以武广高铁开通运行为契机，主动对接珠三角地区，积极打造珠三角产业转移的承接基地，农副产品的供应基地，人才和劳务的输出基地，度假、休闲、旅游基地。结合自身比较优势和资源、环境承载能力，以产业园区为载体，加强在制造业、加工业等方面的产业合作，积极承接珠三角地区的产业转移。以大型农业产业化龙头企业为依托，发挥我省在农业领域的优势，大力发展生态农业、创汇农业、绿色农业、旅游休闲农业，开发有机农产品，做好区域化布局，形成专业化生产，做好珠三角地区的米袋子、菜篮子工程。

2. 不断拓宽与长三角地区的合作领域。把握产业梯度转移规律，化被动承接为主动对接，积极创造条件，加大对苏、浙、沪等省市的招商引资工作力度，广泛吸引该地区大企业集团、民营企业和上市公司来湘投资兴业。加强与长三角地区合作平台载体建设，积极参与经协活动，不断拓宽合作领域，利用沪昆高铁、浙赣铁路和长江黄金水道的交通便利条件，参与长三角地区商品大流通。构建统一高效的跨区域市场体系，遵循市场经济规律，走市场化与可持续发展之路，最大限度消除生产要素、产品、产业跨区域流动的制度与非制度障碍。

3. 加大与环渤海地区的合作力度。重点突出与央企的合作和科技教育合作。环渤海地区近年来经济发展迅速，产业升级较快，产业转移趋势明显，科技力量雄厚，客户资源（尤其是央企资源和外企驻京总部资源）丰富，湖南与其产业互补性强，对接点多，能有效对接世界先进产业和技术，加快湖南新型工业化和"两型"社会建设进程。全面加强长株潭"两型"社会综合改革配套试验区与滨海新区配套综合改革试验区的合作与交流。在继续发展和巩固与北京的经济协作交流的基础上，大力加强与天津、山东、河北、辽宁等省市的合作交流。重点加强科教、技术方面的合作，进一步提升我省科技实力。进一步完善对接央企的合作机制，加快央企在湘合作项目的建设进度。

4. 加强与中部地区的合作，促进共同发展。深度把握中部发展现状，共同争取中央政策支持。加强毗邻地区往来，着力打造交通节点，共同创建和谐的发展环境。根据国家对中部地区的定位及各省省情，发展以明确产业定位为核心的经济技术合作。湖南将重点建设现代装备制造基地、高新技术产业基地、原材料基地和交通运输枢纽。加大中部六省在基础设施建设、交通、旅游、商贸物流等领域的合作。加大长株潭城市群与武汉城市圈、中原城市群、皖江城市带等中部城市群之间的合作交流，实现共同崛起。

5. 高度重视与西部地区的合作。重点通过对口支援和产业转移，积极参与西部大开发，发展以资源利用、市场开拓为特色的经济技术合作。高度重视与西部地区的合作与交流，充分利用西部资源与市场，做大做强我省企业，鼓励有实力的湘企西进扩张，培育优势企业新的业务增长点，满足我省经济可持续发展要求。重视西洽会、西博会、青洽会等平台，推进互补性合作，积极开展与重庆、四川、贵州等省市的合作交流，实现互利共赢。

6. 继续深化与台湾地区的合作。密切关注两岸经济合作框架协议的后续协商和实施，用好两岸经济合作新政策，拓展新的合作领域和空间。抓住转变经济发展方式这一主线，促进在湘台资企业转型升级，扩大和开辟大陆市场。按照全面推进"四化两型"建设的要求，加强湘台在新型工业化、新型城镇化、农业现代化和信息化方面的合作。

7. 促进省内各区域合作。在重大项目、重要的原材料供销、流通体系建设、基础设施对接、生态环境共建等方面加强宏观调控、行政协调和区域合作，鼓励省内要素在各区域间有序流动，避免恶性竞争。按照主体功能区建设的要求，加快形成主体功能定位清晰、经济优势互补、国土空间高效利用、基本公共服务均等、人与自然和谐相处的区域发展格局。“十二五”期间，突出环长株潭城市群建设、省内发达地区对接湘西、湘南承接珠三角产业转移、洞庭湖治理与发展等协作发展主体和主题市区。鼓励有关市州、县市区加强与外省毗邻地区的合作交流。支持参与武陵山经济协作区、武汉经济协作区、长江沿岸中心城市经济协作区、湘桂黔渝毗邻地区经济技术协作区、“红三角”区域经济圈、环南岭经济合作圈等区域经济合作组织，通过交通网络建设、旅游、产业发展、市场开拓等领域的协作，进一步提升合作效果。积极鼓励市县发展诸如友好城市结对、区域发展论坛等多种形式的区域合作，进一步提升开放水平。

（三）推动产业协作，优化经济结构。围绕改造提升我省优势传统产业，做好经济协作工作。以产业振兴为纽带，突出区域资源特色和产业基础，在规模扩张、技术改造、结构调整、科技创新上组织协作，搭建推进产业集聚发展的平台。充分发挥商（协）会、技术中介服务机构、高等院校、科研院所、企业的优势，推动校、企、会、所间开展技术转让、成果转化、课题研究、共建技术开发中心、共办科技实体等方面的协作，搭建产学研合作平台，提高产业科技含量，提升核心竞争力。加快引进步伐，针对珠三角、长三角、环渤海等重点区域，大力开展产业招商、专题招商、园区招商，引进一批战略新兴产业项目。充分发挥经济技术协作职能作用，助推战略性新兴产业规模扩张和集聚集群发展，助推科技成果转化和企业自主创新，努力培育一批战略性新兴企业。加强支撑服务，围绕提高战略性新兴产业项目承载能力开展协作，引进相关配套项目，为企业研发、设计、包装、仓储、营销、检验等做好服务。积极引导战略新兴产业领域企业实施跨省、跨行业、跨领域协作，投资原材料、产品深加工基地和研发中心，扩大省外市场，提高企业知名度。抢抓武广、沪昆高铁给湖南经济发展和产业升级带来的新机遇，着力引进一批金融、物流、会展、创意、电子商务等现代服务业项目，做大做强现代服务业。拓展服务业新领域，发展新业态，培育新热点，推进规模化、品牌化、网络化经营。全面推进信息化、物联网合作。建立服务业发展和合作的信息交流共享平台；深化交通运输和物流合作，消除地区封锁，建立无障碍商贸流通渠道，联动发展连锁经营、电子商务、会展等新兴产业；积极开展信息、金融、科教等服务领域合作；建设人才交流服务平台，逐步实现各区域人才流动、资质互认等政策的对接。加强与农产品输出目的地的协作，与主要农产品销售地建立定期会商机制，使供需双方及时了解农产品生产信息、质量安全信息、市场需求信息，建立农产品供应的长期稳定合作关系。利用湖南农业发展基础雄厚的优势，积极引进一批生态高效农业、生物农业、设施农业、农产品精深加工业项目，积极引进促进产业转型升级的战略投资者。加强农业科技合作，加快转变农业发展方式，提高我省农业综合生产能力、抗风险能力、市场竞争能力。大力引进农业产业化龙头企业，建立农业产业化龙头企业合作机制，加强与央企、中国500强企业、行业100强企业合作对接，鼓励支持农业龙头企业到省外建设基地、加工销售产品。重点围绕特色农业，优新种子种苗，先进种养加工技术等，广泛开展交流与合作。促进农业科技合作与交流，鼓励联合开展科学研究、科技开发和人力资源开发。在市场准入、原产地保护、品牌管理、农业生产资料监管、农产品质量安全检测、农业环保、动植物防疫等领域开展合作。加强农业信息交流，实现农业信息网络互联互通，办好农业会展，使之成为推动农业招商引资、农产品展示和交易的窗口。

（四）促进市场开拓，拓展发展空间。通过建设湖南产品湘商营销网络，实施“湘品出湘”工程，提高湖南产品国内市场份额，提升湖南品牌的市场地位。“十二五”期间，依托湖南异地商会网络，进一步发挥湘商和湖南异地商会宣传湖南、投资湖南、服务湖南、营销湖南的作用，建立政会企联手、点线面联合、产供销联动，集信息、销售、服务于一体，高效实用的全国湘商营销网络。省内组建中小生产企业联盟，省外依托湖南异地商会建设湖南产品拓展中心，支持商会会员营销企业和其他营销企业扩销湖南产品。建立和完善湘商营销信息平台、服务网络和激励机制。通过湘商营销网络，扩大湖南名优特产品和高新技术产品国内市场销售额和占有率，引导相关生产企业及时获取市场信息，主动适应市场变化，科学调整产品结构，进而自觉融入全省产业结构调整大局。积极支持湖南企业加大开拓国内市场力度，通过建设信息平台和湘商营销网络为企业开拓市场提供服务。鼓励企业参加国内大型经贸展会，展示湖南名优特新产品。积极鼓励湖南企业对外投资，扩大生产经营规模，推动湖南产品和要素输出。

（五）支持湘商发展。以“团结湘商、宣传湘商、服务湘商、发展湘商”为目标，大力打造湘商品牌，健全湖南异地商会网络，进一步发挥湘商和湖南异地商会促进我省经济社会发展的积极作用。

1. 加快商会建设步伐。引导湖南异地商会加强自身建设。商会要建立科学规范的法人治理结构，明确会员代表大会、理事会、监事会的职责，规范服务标准和流程，成为自我约束、自我服务、自我发展的独立法人。建立健全商会评价激励机制，加强商会管理，打造一批影响力较大的湖南异地商会。完善以省级商会和商会协作区为骨干，覆盖全国、面向全球的湖南异地商会组织网络。在现有异地商会中加强专业（行业）分会建设。加强全国湘商协作区建设，形成湘商协作网络，搭建交流联谊平台，增进商会互动，共享社会资源，促成企业联合，实现协同发展，更好地服务广大湘商。

2. 充分发挥商会作用。通过商会向会员企业宣传国家有关法规政策，传达政府意见要求；重视商会和湘商反映的意见、建议和要求，帮助其解决发展中的困难。充分发挥商会的行业自律作用，通过商会引导会员企业加强诚信建设，提高会员企业的法制意识，自觉维护公平竞争的市场环境，履行社会责任，积极参与社会慈善公益事业和精神文明创建活动。充分发挥商会的服务作用，引导商会积极开展调查研究，提出促进湘商发展的合理意见和建议；支持商会创建服务平台，为会员企业提供信息、政策、法律等方面的咨询服务，开展人才、技术、管理、法规等培训服务；做好会员企业的维权服务工作。充分发挥商会的桥梁纽带作用，引导商会与市州、县市区、园区建立广泛的合作关系。

3. 积极引导湘商回乡投资兴业。大力宣传省市、园区优惠政策和产业政策，引导湖南异地商会及时跟进省内产业发展导向和政策，充分发挥其在区域合作和招商引资方面的桥梁纽带作用，引导会员企业回湘投资，参与家乡建设。加大湘商创业示范基地建设，对湘商投资项目，在用地、金融、重点项目、财税、政府采购、科技等方面积极提供支持。

4. 继续办好湘商大会。创新办会机制，进一步提升湖南经济合作洽谈会暨湘商大会的影响力。通过湘商大会，引导企业与金融机构、高等院校的合作。创新办会方式，举办湖南产品产销对接洽谈会，组织省内生产企业和省外湘商营销企业进行产销对接。

*（六）加强对口支援，促进区域协调。*坚持政府主导和市场引导，利用湖南异地商会网络和对口支援工作平台，积极推动我省企业参与新疆、西藏、四川、贵州、云南、青海等地的合作开发。科学利用区域特色资源优势，共同开拓区域内需市场，参与和促进当地社会公共服务，突出惠民生、促和谐、促发展，形成优势互补、共同发展的局面。坚持“优势互补、互惠互利、长期合作、共同发展”的方针，加大对三峡库区兴山县的支援力度。通过项目贴息、资助、奖励等方式，以开发性援助策略实现对口支援的互惠双赢。积极利用兴山县丰富的水电、矿产、旅游和林果特产品等资源优势，组织引导省内企业参与对口支援，进行开发性援助，尤其是利用库区政策优势和电价优势，吸引我省企业在当地投资建立生产基地，带动当地经济发展和就业，实现合作共赢。继续做好皂市、碗米坡库区对口支援后续工作。协调各支援市和省直有关单位继续按照《对口支援皂市、碗米坡库区项目参考表》的结对安排，落实好承诺对口支援的项目资金，认真做好皂市、碗米坡库区移民后续扶持工作，努力提高库区基础设施和社会公益事业水平。按照湘政办函〔2009〕125号文件要求，推动怀化托口库区对口支援工作。引导支援与受援双方建立更加牢固、亲密的对口支援关系。

三、“十二五”经济技术协作的重点工程

*（一）环长株潭城市群协作工程。*进一步增强城市群协作发展的共识，将长株潭市长联席会议制度扩大到环长株潭城市群。加强统一规划和统筹协调，在基础设施建设、湘江综合治理、节能减排、产业结构调整、城乡统筹、三网融合及体制机制改革创新等方面，加大协作力度。将环长株潭城市群打造成全国“两型社会”建设综合配套改革试点典范和全国区域科学发展典范，形成基础设施共建共享，生态环境同治同护，产业布局科学合理的新格局，进一步强化其在湖南崛起乃至中部崛起中的带头作用。

*（二）大湘西——武陵山协作工程。*贯彻落实国家《武陵山片区区域发展与扶贫攻坚规划（2011—2010年）》，发挥大湘西—武陵山经济协作区跨省协作平台作用，引导湘西自治州、怀化市、张家界市、邵阳市和常德市石门县、桃源县等地区加强与湖北、重庆、贵州相关地区的省际协作，共同研究制订交通、产业、旅游、科技、环保、商贸、信息等专项合作规划，积极探索区域内产业分工合作和加强产业集聚的有效途径，合力推动三省一市武陵山经济协作K整体联动发展。探索建立以环长株潭城市群较发达地区对口支援大湘西—武陵山经济协作区的工作机制，引导两个区域间加强管理、资金、技术、人才等方面的协作。鼓励广大湘商参与大湘西—武陵山经济协作区开发建设，帮助大湘西—武陵山经济协作区特色产品“山品出山”支持大湘西——武陵山经济协作区构建以文化旅游、现代中成药、食品加工、生态农业为主的绿色产业体系，着力增强区域自我发展能力，打造国际知名生态文化旅游区和长江流域重要生态安全屏障。

*（三）湘南对接粤港澳协作工程。*实施更加积极的开放战略，抓住湖南承接产业转移示范区上升为国家战略的机遇，加快与粤港澳的全方位对接融合。研究把握粤港澳产业转移的特点和趋势，结合湘南地区产业定位和产业规划，主动融入粤港澳产业体系。构筑更加开放的产业体系，大力发展加工贸易，加快建设泛珠三角区域重要的有色金属深加工基地、出口加工基地、制造业基地、能源基地、优质农产品供应基地和旅游休闲基地，推进承接产业转移示范基地建设。坚持产业承接与产业结构优化相结合，着眼产业发展的新趋势。营造更加良好的开放环境，重点布局建设一批重大交通、能源基础设施。建立健全银企合作机制，引导金融机构加强对湘南开发开放的信贷支持力度。

*（四）环洞庭湖区协作工程。*促进湖区岳阳、常德、益阳三市的经济协作，共同发展开放型经济。加大对洞庭湖的环境保护和生态修复。在先进技术保障下，在生态环保约束下，合力做强林纸一体化、精纺、化工、现代农业等支柱产业。联手湖北荆州，抓好环洞庭湖立体交通体系建设，争取国家重大项H，以项目带动产业协作及优化升级，实现人才流、物流、资金流和信息流等“四流”一体联动的经济发展格局。形成“行政互动、机制推动、交通拉动、项目带动”的格局。利用长江黄金水道，打造中部地区重要的物流中心，使其成为我省大宗商品进出口的重要通道。加强与长江沿岸地区的合作，积极融入长江经济带。

*（五）对接央企产业协作工程。*湖南与央企的合作，注重由转让控股权为主向着重推进与央企在资源、项目、要素、市场等方面开展多种形式的合作转变；由引进央企与我省传统产业对接合作向着重引进金融、物流、旅游等现代服务业项目以及生物医药、航天航空、新能源、新材料等战略性新兴产业项目转变；由引进央企投资建设单一项目向着重引进央企投资建设专业园区和产业基地转变；由引进央企单一产业项目向着重与央企产业链条衔接、打造产业板块和央企区域总部转变。注重培育对接央企的内生产业配套能力，完善机制、提升产业、调整结构，引领“四化两型”。

*（六）省内重点园区协作工程。*建设省内园区间的交流合作平台，加强对产业园区的协调服务，促进产业园区之间的沟通、交流与合作。有针对性地组织产业园区进行

互访或赴外省考察，相互交流学习园区建设管理和招商引资等方面的经验。利用国内大型展会、区域合作活动和湘商大会等平台，进一步增强各类产业园区与商会间的联系沟通，促进商会与产业园区的战略合作。突出抓好湖南异地商会专业（行业）分会与专业特色园区共建，“十二五”期间重点支持建设十大专业示范园区。

（七）湘台协作工程。倚重湖南与台湾地区厚重的人脉资源，密切两岸沟通往来，扩大资金、技术及管理合作。依托湘台合作论坛及各种经贸洽谈平台，重点发展长沙望城台商投资区、湘潭台湾工业园、衡阳台湾工业园、岳阳台湾农民创业园和益阳台湾工业区，致力改善基础设施，加强产业配套服务。大力开放工业制造、资源深加工、重大基础设施建设及物流、中介服务等领域，努力促进我省先进装备制造、新材料、文化创意、生物、新能源、信息和节能环保七大战略性新兴产业与台湾绿色能源、生物科技、观光旅游、健康照护、精致农业及文化创意六大新兴重点产业的对接。积极引导台湾现代服务业来湘发展，推动我省大企业到台湾投资、上市，壮大台湾“大陆概念股”板块。支持和鼓励台湾湖南商会和湖南台商协会交流互动。

（八）劳务合作工程。坚持“政府引导、平台推动、中介参与、企业行为”的合作发展方针，积极谋划和建立与沿海发达地区长期的劳务输出关系。及时掌握外地的劳务需求信息，根据本地劳动力资源数据库信息，有针对性地组织劳务输出。合作进行劳动力培训，提高劳动者素质，加强劳动维权合作。配合劳务管理部门建立全省范围内的农村劳动力资源及流动监测网络。各级劳务管理部门全面了解所辖区域劳动力资源和劳务输出情况，对劳动力资源的分布、年龄结构、技能状况、求职意向等情况进行全面摸底，建立数据库，对已经转移就业的劳动力的流向、职业、工资等情况进行跟踪监测。

《湖南省轻工行业“十二五”发展规划》提出湖南轻工业发展要坚持走环境保护的“两型”之路

《湖南省轻工行业“十二五”发展规划》提出的“十二五”主要发展目标是到2015年，使湖南轻工重点行业结构调整和产业升级取得明显成效，自主创新能力和品牌建设得到更大发展，行业创新体系比较完善；节能减排取得重大进展；形成一批具有较强竞争力的骨干企业和园区。“十二五”期间计划重点技术改造投资500亿元。重点发展食品、制浆造纸、陶瓷、烟花爆竹、塑料制品、盐业、皮革、日用化工、家具九大支柱产业和中国（湖南）轻工产业园、湖南（衡阳）轻工产业园、醴陵陶瓷工业园、湘乡皮革工业园四个专业园区。其中制浆造纸要充分发挥湖南省的宜林优势与技术资源比较优势，继续提高产业集中度和产业优化升级，强化节能减排、清洁生产，落实原料基地建设，实现“林浆纸一体化”。陶瓷工业要充分发挥湖南陶瓷行业传统产业优势，借力现代制造技术提升传统生产工艺，推动清洁生产和标准化生产，培育发展一批核心竞争力强、拥有自主知识产权的大型陶瓷企业集团，引进一批有实力的国际陶瓷优强企业，加快专业园区建设，形成日用瓷、工业瓷、特种瓷、艺术瓷竞相发展的格局，实现陶瓷产业结构整体升级。烟花爆竹要以科技创新为动力，以壮大品牌为手段，以提质增效为途径，以拉长产业链为突破口，促进产业向智能化、环保化、安全化转变，全力打造烟花鞭炮产业链。重点发展以烟花生产、经营、电子燃放及原辅材料供应于一体的浏阳烟花爆竹产业集群，培育以烟花爆竹生产、机械设备制造和仓储运输为核心的醴陵烟花爆竹产业集群。构建企业实力强、产品质量高、配套体系优、市场份额多、外向拉动大的新型烟花鞭炮产业发展格局。建设成为全球烟花鞭炮工业新产品新技术生产、研发中心、全球烟花鞭炮产品的环境与质量检测认证中心和焰火燃放艺术设计中心。到2015年实现工业总产值200亿元，巩固焰火燃放产品国际市场占有率80%，产品出口额占全国的80%的领先地位。皮革工业要发挥湖南皮革资源优势，加强产品设计、技术开发和装备工艺的改造和提升，重点开发先进的制革、革制品特别是制鞋工艺新技术，制鞋环保新材料及技术，重点发展高中档猪牛皮革和皮鞋等革制品，强化行业品牌意识，不断提高行业综合素质和产品整体质量水平，在扩大出口的同时不断提高高档产品出口比例，引导、鼓励怀其皮革、立得皮革等重点企业实施清洁生产、加强环境保护、减少污染、带动行业整体持续发展。

《规划》同时提出了五项重点任务，一是积极开拓市场，确保平稳增长。二是加快技术进步，推动产业升级。促进“两化”融合。按照信息化带动工业化的总体要求，充分运用现代信息技术提升轻工业发展水平，积极推动设计研发数字化、工艺装备智能化、生产流程自动化和经营管理网络化，将数字化、网络化、智能化等信息元素渗透、融入轻工产品设计、生产、销售等各个环节，加快湖南省轻工业信息技术研发中心和湖南省轻工业企业信息服务网建设，促进轻工行业向信息化、高端化、高新化、“两型”化发展。三是发展产业集群，优化区域布局。加快湖南轻工产业新材料的研发和应用，积极引进先进的新材料制备设备和技术，培育轻工新材料产业。重点推进纳米新材料的产业化应用与轻工传统产业的结合，形成产业链，打造纳米材料研发、生产基地和产业集群，实现传统产业升级。支持湖南轻工投资公司与国内外纳米材料先进企业合作，打造先进的轻工业纳米材料研发中心和生产基地，为湖南轻工产品的转型升级提供优质高效的、节能环保新型材料。四是加强节能减排，促进循环经济、强化持续发展。包括三方面举措：一要推进节能降耗。鼓励采用新技术、新设备进行节水、节能改造，在生产、建设等领域节约资源，减少资源消耗。组织轻工行业企业围绕工业燃煤锅炉（窑炉）改造、余热余压利用、电机系统节能、能源系统优化、绿色照明等节能重点，积极争取政府节能奖励和资金支持。二要推行清洁生产。在造纸、皮革等产业推广清洁生产示范，组织企业开展清洁生产审核，从源头减少废物的产生，实现由末端治理向污染预防和生产全过程控制转变。促进循环经济，以行业牵头、政府支撑、企业投资组建再生资源有限公司，建设废纸回收体系，强化质量管理，规范废纸收购市场秩序，完善造纸产业循环经济运行体系。三要加强污染防治。加快造纸、皮革产业结构调整，严格准入条件，关停不达标排放、技术落后、不符合产业准入条件的企业。五是突出品牌建设，促进产业重组。包括鼓励争创品牌，促进生产重组，加强质量管理，宣传保护品牌等具体举措。

《湖南省机械行业“十二五”发展规划》指出要利用高新技术改造提升相关产品设备领域

《湖南省机械行业“十二五”发展规划》提出“十二五”期间要实现行业产销总量突破万亿，产业集中度大幅提高，核心竞争力快速增强等三个主要目标。《规划》同时提出机械行业将紧紧围绕国际国内潜在市场需求和现实市场需求，特别是围绕培育和发展战略性新兴产业迫切需求的技术装备市场需求，一是重点培育和发展先进装备产业领域，包括中、高端工程机械装备，先进电力牵引轨道交通装备，新能源汽车及汽车新品种，新能源装备，智能电网及输变电装备，高档数控装备，大型冶金、矿山装备，高技术船舶及海洋工程装备，环保和资源循环利用装备。二是重点提升和改造的机械设备产品领域。包括节能技术提升的主要机械设备领域，重点研究开发高效清洁燃烧锅炉，高效三相异步电动机，变频调速电机，节能型水泵、风机、压缩机，电控增压车用汽油机。环保技术提升的主要机械设备领域，重点降低3类产品排放指标：燃油汽车、燃煤锅炉、节能环保型内燃机。高新技术改造提升的主要机械设备领域，坚持用信息技术、新材料技术、先进制造技术等高新技术提升改造以下8类产品，即制药机械设备、农业机械设备、印刷机械设备、纺织机械设备、烟草机械设备、食品机械设备、橡胶机械设备、成套电器设备等。

《规划》阐述了“十二五”期间机械行业发展的四项主要任务。一是提升产业技术创新体系，整合产业技术创新资源，推进产学研用相结合的开放式技术创新模式，形成多层次、多目标的复合型产业技术创新体系。二是完善产业零部件配套体系。三是发展产业社会化服务体系，大力发展生产性服务业。四是建设产业人才培育体系。

《湖南省冶金行业“十二五”发展规划》强调“十二五”期间湖南冶金行业的发展必须深入推进节能减排

《湖南省冶金行业“十二五”发展规划》提出的节能减排目标是：到2015年，钢铁骨干企业吨钢综合能耗不超过590千克标准煤，吨钢新水量消耗低于4.5吨，水重复利用率96%以上，二次能源实现100%回收利用，冶金渣等固体废弃物综合利用率97%以上，吨钢烟（粉）尘排放量不超过1.0千克，吨钢二氧化硫排放量不超过1千克，吨钢化学需氧量排放量、污染物排放浓度和排放总量达到国家标准。铁合金企业逐步实现烟气余热综合利用。

在发展重点方面，《规划》提出要强化技术创新和技术改造。推进企业技术创新、提高冶金工业自主创新能力。鼓励开发低品质矿产资源开发与尾矿综合利用技术，低碳炼铁、烧结脱硫脱硝脱二恶英等节能减排前沿技术。支持电解金属锰企业用氧化锰矿还原生产电解金属锰新技术。鼓励大型企业加大研发投入，推动建立企业、科研院所、高校共同参与的战略联盟。加快企业技术改造，促进冶金行业优化升级。围绕提升产品质量、节能降耗、循环经济、清洁生产、“两化”融合、开发新品种和产品深加工等重点内容，加快应用新技术、新工艺、新装备，对落后生产技术装备、生产工艺进行改造，提高资源综合利用水平，增强新产品开发能力，加快产品升级换代，加强安全生产保障。《规划》提出要加强资源开发与综合利用。强化省内铁矿、锰矿资源保障体系建设。提高尾矿回收综合利用水平，扶持一批矿山企业技术改造提高铁矿石、锰矿石供给能力。鼓励现有矿山资源的整合，提高产业集中度，推动省内矿山有序开发。建立资源保护和综合利用机制。支持华菱集团实施“走出去”战略，掌控国内外资源，增强资源保障能力；支持电解金属锰企业在国外投资办矿；支持强桦矿业开展遗存废弃锰矿技术攻关及锰渣资源化再利用，建设循环经济试点企业。《规划》提出要深入推进节能减排。按照国家节能减排总体要求和省分解任务指标，降低冶金企业能源消耗和二氧化碳排放，减少二氧化硫排放总量。从源头上削减一次能源的使用消耗，充分合理利用余热、余压和其他二次能源。推行烧结机加装使用烟气、脱硫、脱硝余热回收装置；焦炉使用煤调湿并配套干法熄焦装置；高炉配套煤粉喷吹和余热余压回收装置；普及应用干法除尘装置；提升转炉负能炼钢水平；蓄热式燃烧、余热余压综合利用等节能减排技术。加强冶金渣、尘泥等固体废弃物的综合利用。建立物质循环、能源循环及废弃物再资源化生产体系。鼓励企业利用钢铁生产设备处理社会废弃物。支持（五矿）湖铁技术装备大型化、节能环保、烟气余热综合利用。鼓励电解锰企业采用新型、环保、节能型电解槽先进设备和技术，实现清洁生产。全面提升行业节能减排水平，努力构建创新驱动、资源节约、环境友好的绿色冶金行业。《规划》同时提出要淘汰落后生产能力。按照国家产能政策，落实淘汰落后产能计划，彻底淘汰400立方米及以下炼铁高炉和30吨及以下转炉和电炉，淘汰6300千伏安及以下矿热炉和200立方米及以下铁合金高炉，淘汰电解金属锰用6000千伏安及以下的整流变压器。“十二五”期间，淘汰落后炼钢产能70万吨、落后炼铁产能180万吨、落后铁合金产能150万吨、落后电解金属锰产能50万吨。积极引导和支持先进产能向优势企业有序转移和集聚发展，严禁落后产能转移。

《湖南省医药行业“十二五”发展规划》提出要优化资源环境结构，促进“两型”医药产业链的形成与发展

《湖南省医药行业“十二五”发展规划》在阐述主要发展任务时，提出要调整区域结构，加快特色产业集聚区（基地）和园区建设。其中重点建设长株潭核心集聚区——生物医药产业基地。围绕国家“两型”社会综合性试验区、国家综合性高技术产业基地和国家生物产业基地建设，加快与国际生物医药接轨，使长株潭地区快速成为现代中药制剂、生物制品、首仿和原研化学药、特色医疗器械、现代制药装备的研发、孵化中心和制造集聚区。重点培育浏阳生物医药园和长沙高开区、株洲高新区等三大医药园区（园中园），着力推动浏阳生物医药园发展成为全国较具影响的生物医药专业园区。

《规划》同时提出要优化资源环境结构，促进“两型”医药产业链的形成与发展。激励和重点扶持资源节约、环境污染少、循环利用高的技术、工艺和产品的发展。促进构建医药产业链、价值链、生态链，提升传统产业的技术水平、管理水平和核心竞争力，实现增长方式转变。促进管理创新、节能降耗、大力发展“节约使用、回收利用、综合开发、保护生态和协同发展”，以求资源利用最大化，效益最大化，提升产业核心竞争力和市场竞争力，全面推动我省医药产业快速升级。

益阳市资源节约型和环境友好型社会建设综合配套改革试验实施方案（全文）

根据国家发改委发改经体〔2007〕3428号文件和湖南省《长株潭城市群资源节约型和环境友好型社会建设综合配套改革试验总体方案》的要求，结合我市实际，制定本方案。

一、综合配套改革试验的总体要求

（一）指导思想。深入贯彻落实科学发展观，围绕建设资源节约型和环境友好型社会的要求，以转变经济发展方式为主线，以改革创新为动力，以“坚持科学发展、奋力后发赶超、建设绿色益阳”为目标，全面推进各个领域改革，在节能减排、体制创新、城乡统筹等重要领域和关键环节上实现新突破，促进经济社会发展与人口资源环境相协调，为全省、全国两型社会建设提供示范。

（二）基本原则。坚持加快发展和先行先试相结合；坚持政府引导和市场运作相结合；坚持全面推进和区域特色相结合；坚持对接长沙和内生发展相结合。

（三）战略定位。围绕“四化”（新型工业化、农业现代化、新型城镇化、信息化）和“两型”（资源节约型、环境友好型）目标，积极对接长沙，将益阳着力打造为新型工业化和宜居山水生态旅游城市。

（四）主要目标。到2015年，初步构建资源节约和环境友好的制度保障体系，形成比较健全的市场体系、自主创新体系、社会保障体系，初步建成经济发展、社会进步、生态文明的“两型”社会。单位地区生产总值能耗比2010年降低16%，化学需氧量、二氧化硫、氮氧化物、氨氮排放量分别下降10%左右，水环境和城市空气质量、居民居住条件和生活环境明显改善。到2020年，基本完成“两型”社会建设综合配套改革的主要任务，在经济发展方式方面有重大突破，人口资源环境与经济社会协调发展，基本实现区域经济一体化，成为全省乃至全国清洁能源基地、船舶制造基地、加工贸易产业转移重点承接地，全省统筹城乡发展的示范区，集原生态与现代化为一体的生态宜居城市，成为长株潭“两型”社会建设的典范。

二、“两型”社会建设的主要任务

（一）加强基础设施建设，夯实“两型”社会发展基础

1. 发展交通网络。按照对外大开放、对内大循环的总体要求，全面推进铁路、公路和水路交通建设，构建综合交通运输体系。加快建成石长铁路复线电气化工程和长益常城际铁路，积极争取安张衡铁路、常岳九铁路和益阳至娄底铁路增建二线等3条铁路开工建设。全面完成319国道益阳南线高速、二广高速益阳段、杭瑞高速益阳段、益娄高速益阳段、益马高速、马迹塘至溆浦高速公路益阳段、益南高速等高速公路建设任务，基本形成“一环六射”、“二纵一横”高速公路骨架，实现以益阳城区为中心，高速公路直接连接各县市区，打通至娄底、怀化、岳阳等周边城市的出口，使益阳城区高速公路出口达到5个；加快对区市县的部分重要联络通道进行改造升级，形成交通小枢纽、小循环；加快完成二广高速桃马连接线、G207益阳段公路、S225安化段公路、沙头资江大桥、黄茅洲大桥、S205桃江良荆界至沙渭公路等项目建设。做好洞庭湖“水”文章，实施洞庭湖区航道整治，抓好南茅运河生态走廊建设项目，打通洞庭湖东西岸交通线；加快推进资水益阳至桃江航道、资水桃江至柘溪干线航道整治，建成桃江港桃花江核电站1000吨级专用码头等千吨级码头，南县港南洲港区等500吨级码头，更好地发挥水运优势。

2. 打造能源基地。围绕核电、水电、风电和太阳能发电等，大力推进桃花江核电站、资水梯级电站、漉湖风电站、舵杆洲风电站、天星洲风电站、益阳凯迪生物质热能发电厂、中科恒源风光互补等项目建设。到2015年，全市电力总装机达到500万千瓦以上，将益阳打造成全省重要的清洁能源供应基地。

3. 完善信息基础设施。加快推进“呼叫中心”、“数据中心”和“灾备中心”等信息服务中心建设，完善服务平台。加快推进数字电视整体转换，建设县市光缆传输工程，积极开发数字多媒体移动电视系统。积极推进农村信息化建设，继续抓好广电“村村通”工程，加快服务“三农”的综合信息平台建设，重点建好10个信息化示范乡镇、300个信息化示范村。加快推进电子政务公共服务体系建设。支持企业建立各类信息服务平台，特别是物联网络建设，逐步实施财务、采购、生产、营销等各个流程的信息化管理，提升全市信息管理水平。

（二）推进新型工业化，构建“两型”工业体系

加强全市“两型产业”建设规划编制，按照新型工业化和“两型社会”建设要求设计科学完整的指标体系，将发展任务分解到具体行业、企业和项目。

1. 改造提升传统产业。抓住国家和省实施产业调整振兴规划的机遇，利用高新技术、先进适用技术和先进工艺改造提升棉麻纺织、造纸、建材等传统产业，促进传统产

业现代化、规模化和高端化。发挥棉花资源优势，突出苎麻特色，开发竹纤维原料与产品，加强技术改造，延伸产业链条，以沅江、赫山两个纺织工业园为重点，构建益阳特色的纺织工业产业群。依托湖州芦苇和速生杨资源，建设林纸一体化制浆、造纸基地。扶持沅纸40万吨林纸一体化项目，以及金太阳纸业、金北顺造纸等骨干企业加快发展。重点加大水泥生产工艺的改造，扶持新型墙材、防水建材和竹木建材的发展。整合优势资源，加快技术升级，着力打造水泥工业基地、安化石煤发电提矾建材产业基地，实施黄泥湖乡建材产业工程等项目。

2. 做大做强优势产业。以提高技术水平和经济效益为目标，突出抓好绿色食品、特色食品、功能食品和放心食品四大工程，加快食品工业发展由量的扩张向质的提升转变。重点发展面条、粮油、水产品、畜禽加工、果品、葛品、蔬菜加工、酿酒、茶叶、饮料加工等十大子产业。引进加工技术，开发高精产品，如竹地板、竹胶板、高密度竹墙板等；弘扬传统工艺，开发上规模的竹工艺品和装饰品；加强楠竹基地建设，突出资源综合利用，确保可持续发展；扶持瑞亚高科、拓普竹麻、桃花江实业等企业发展，增强市场竞争实力。加快发展船舶制造产业，围绕打造国家高技术产业基地益阳船舶产业园，优化产业布局，以沅江、南县、资阳、赫山、桃江为重点区域，重点发展玻璃钢及复合材料游艇制造业和工程船舶及钢制船舶制造业，做大做强以太阳鸟游艇为龙头的玻璃钢船舶制造业，以及中海船舶、金瀚船舶、桃花江游艇等重点企业。壮大精密机械制造产业，做大做强橡塑机械、齿轮与特种锅炉，数控机床、输配电设备、新兴铸管等制造业。鼓励发展新兴装备制造业和高端装备制造业，突出扶持发展核电装备制造，大力引进与战略性新兴产业相关联的装备制造业。

3. 培育壮大新兴产业。抓住国家实施重大科技专项的机遇，积极申报一批高新技术产业化项目。同时，引导企业加大研发力度，建设一批技术研发中心和创新平台，开展行业关键共性技术攻关，将新能源、新材料、电子信息、生物医药等培育成战略型产业。依托工业园区项目建设，加快电子信息产业集聚，打造全省电子信息产业基地，促进信息化和工业化的深度融合，重点扩张会龙电子信息产业园、龙岭电子工业园和长春电子工业园等专业园区；积极发展太阳能光伏配套产品蓄电池、逆变器、控制器、超高亮度LED项目，进一步壮大光伏产业、新型电子元器件业和消费类电子整机业等电子产业集群；拓展太阳能多晶硅、新型电阻电容器、智能手机和电脑等生产基地。以益阳高新区为载体，建设先进复合材料和金属新材料产业基地。重点支持惠同新材料、科力远、金博科技、天心博力、晶鑫科技等企业加快发展。积极推动生物技术的研发、基础建设、人才培养及企业孵化，大力发展现代医药生物技术产业，重点抓好龙岭医药工业园、长春生物医药产业基地建设。

4. 大力发展循环经济。选择一批工业园和企业开展循环经济试点，探索重点工业园区、重点行业、重点领域循环经济发展模式，推动重点产业资源节约和循环利用。建设东部新区、安化高明等循环经济示范园区。

（三）推进新型城镇化，统筹城乡协调发展

1. 做大做强中心城区。按照城市定位，合理划分城市功能区，拓展城市发展空间，拉大城市框架，增强产业带动能力和综合承载能力，努力做大做强中心城区。全面实施“东接东进”，在体制机制、基础设施、产业发展、生产要素等方面加强与长沙的对接，推进东部新区“一带两区”建设，加快建成“两型”社会建设示范区。加强资水两岸规划建设，加快启动资江四桥、资江五桥建设，以及资江一桥改造、益阳大道延伸工程，进一步完善城区桥梁、路网布局。适时启动迎风桥地区开发。

2. 完善城镇基础设施。重点加快城市路网和综合交通运输体系建设，加快旧城提质改造，推进中心城区东南沿线主要干道成片开发。加强治污、防洪工程建设，重点实施县级以上城镇防洪工程，完善污水处理和垃圾综合处理基础设施。大力推进广电网、电信网、互联网“三网”融合。

3. 优化城镇人居环境。深入推进城市“美化、绿化、数字化”工程。推进安居工程，加大经济适用房、廉租房等保障性住房的建设力度。以创建国家卫生城市、全国优秀旅游城市、国家森林城市、全国双拥模范城和省级文明城市“五城联创”为抓手，完善配套设施，强化城市管理，提升城市品位，增强城市整体竞争力和影响力。

4. 统筹城乡协调发展。加快构建“一体两翼”区域经济布局。“一体”，即中心城区经济体，包括赫山、资阳、高新区；“两翼”，即：桃江、安化组成的山区经济翼，沅江、南县、大通湖组成的湖区经济翼。要围绕“一体两翼”科学谋划产业布局、生态环境治理、城镇建设和基础设施，以组团发展为主要模式，以经济带建设为纽带，打破行政区域限制，促进区域之间协同发展、良性互动，打造新的经济增长点，不断壮大市域经济，增强统筹城乡发展的能力。加快形成主体功能区。综合考虑各地资源环境承载能力、现有开发密度和发展潜力等因素，严格按照湖南省主体功能区规划的要求，统筹谋划区域人口分布、经济布局、城镇化格局和国土利用，确定重点开发区域、限制开发区域和禁止开发区域的主要任务、基本目标，逐步形成合理有序、持续高效的主体功能区。

（四）推进农业现代化，全面建设新农村

1. 加快发展现代农业。抓住国家实施千亿斤粮食产能规划机遇，结合大型商品粮基地、优质粮食产业工程等项目，稳步提高粮食综合生产能力。大力推进标准化生产，重点抓好生猪标准化规模养殖场、黑茶产业开发及标准良田建设等项目。积极落实国家实施油茶产业建设规划，抓好桃江万亩油茶丰产示范基地建设，力争桃江、安化进入全省油茶主产县。深化农业结构调整，加快发展生态农业、休闲农业和外向型农业。

2. 推进农业产业化经营。落实国家推进农业产业化经营政策，继续实施农业产业化提升行动，培育壮大口口香、油中王、顺祥水产、益阳茶厂等一批成长性好、发展潜力大、带动能力强的龙头企业，力争发展年销售收入过亿元企业40家以上、过10亿元企业3家以上。加快农业科技创新，实施新品种、新技术农业科技项目，重点扶持品种优良、特色鲜明、高附加值的茶叶、蔬菜、水产、畜禽、苗木花卉等产业发展。建立健全土地承包经营权流转市场，鼓励农民依法流转土地，推行土地规模化、产业化经营。

3. 着力培育农业新兴业态。以发展农业新兴业态来加速全市现代农业发展进程。制定全市新兴农业业态发展规划，出台相关扶持政策，鼓励多种形式的农业业态创新。大力推动农业专业合作组织、特色农业园区壮大发展，促进农民与企业、科研院所的有效合作，加快建设“农产学研”联合的新型农业业态。大力发展生态农业、循环农业，扩大无公害、有机和绿色农产品生产规模，全市“三品”认证总数达500个以上；推广测土配方施肥和病虫害专业化统防统治等农业清洁生产技术，创建一批农业面源污染防治示范区。大力发展特色农业，重点打造蔬菜、油料、生猪、茶叶、苎麻、花卉苗木、水产、中药材等特色农业生产区。加快建设景观农业、休闲观光农业、农家乐、乡村旅游等农业新兴产业园区。到2015年，全市打造规模以上休闲农庄600家，实现休闲农业产值10亿元，形成各具特色的农业产业“块状经济”发展格局。

4. 推进农村土地信托流转。在保障农村土地基本经营制度不变的基础上，加快土地流转步伐，促进农村土地规模化经营。加强土地流转服务平台建设。根据各地实际，积极探索土地流转有效途径和方法。大力推广沅江市草尾镇农村土地信托流转模式，按照“政府引导、市场主导、企业运作、互利合作、严格监管”的原则，积极探索农村土地信托流转。到2015年、2020年，全市耕地流转率分别达到60%、80%以上。

5. 加快新农村建设。切实加大投入，加强农村道路、农田水利、电网、信息、清洁能源等基础设施建设，改善农村生产生活条件。抓好村容村貌治理和乡镇集市的环境整治，建设一批农村生活污水、垃圾处理设施。引导乡村工业合理布局、规模发展、集中处污，推进农村清洁工程建设。加强乡风文明建设和农村民主管理。认真开展新农村示范片、示范村建设，坚持以点带面，探索新农村建设的长效机制。

（五）发展现代服务业，促进产业结构调整

1. 发展生态旅游业。大力发展文化旅游，重点建设会龙山旅游区、鱼形山和四方山旅游区、山乡巨变第一村（二期）、南洞庭湿地旅游区、中国（益阳）黑茶文化城、梅山文化及雪峰湖生态保护和旅游区、厂窖爱国主义教育基地及德昌公园红色旅游等项目。重点开发现代观光农业高端休闲度假、特色文化体验、商贸及工业、红色旅游等一批旅游产品。积极培育茶马古道风情游、都市购物游、益阳访古游、南洞庭湖乡风采游、乡村休闲游等一批旅游路线，并加强与周边地区的景点对接，争取将我市纳入省内精品旅游路线。着力办好洞庭渔火节、大通湖大闸蟹美食旅游节、桃花江美人文化旅游节等一批旅游节会。将我市着力打造为集观光、休闲、度假为一体的独具特色的旅游目的地城市。

2. 发展现代物流业。围绕构建益阳湘中北区域物流枢纽，加快中心城区商贸物流的发展，建设一批综合性或专业性的物流园区或物流中心。抓紧实施益阳农副产品物流中心、兰溪粮油物流中心和南县南洲物流中心等建设工程，积极打造区域性现代物流枢纽，力争引进和培育2—3个大型现代物流企业，建成1个大型综合物流园区和5—6个专业物流（配送）中心。大力发展第三方物流。重点鼓励和扶持为工业和大型商业组织提供货物供应及其他相关服务的第三方物流企业。加强信息基础建设和信息资源的开发利用，加快物流行业公用信息平台建设，积极推进企业物流管理信息化，鼓励区域间物流平台的信息共享。

3. 提升生活性服务业。适应生活方式转型和居民消费需求升级的需要，以培育行业龙头企业为抓手，继续做大做强商品零售、餐饮、住宿和商贸等传统服务业，加快养老、生活保健、休闲娱乐和社区服务等新兴服务业，引导房地产业健康发展。

（六）加强生态和环境保护，建设绿色益阳

1. 加强生态建设。在更高起点上实施《建设绿色益阳行动纲要》，在全社会培育弘扬生态文明理念，以建设国家现代林业示范市为契机，加快推进集体林权制度改革，扶持造林大户，认真实施退耕还林、林业血防、长江防护林等重点林业工程项目。以创建国家森林城市为抓手，狠抓中心城市美化绿化，开展花园式、园林式单位创建活动和“10万株树绿银城”行动。强化重金属污染治理、航道整治和资水益阳段“一江两岸”建设，实施资江流域益阳段治理。加快洞庭湖综合治理，抓好水资源综合利用、湿地生态保护等项目。积极推进新区林地绿化建设，发展益沅线、益桃线、益衡线三大花卉苗木产业带，打造城郊生态圈。以环保、生态、绿色为主题，积极开展绿色企业、绿色学校、绿色社区、绿色家庭等主题创建活动。

2. 强化环境保护综合整治。优化大气环境，抓好废气排放企业的监测和治理。落实资江益阳段水环境综合整治规划，全市饮用水源保护规划，争取撇洪新河及流域纳入湘江流域综合治理工程，推进污水垃圾处理、重金属污染治理等重大项目建设。开展城区生活垃圾分类收集处置，建立农村垃圾收集处理体系，防治农村面源污染。试点并逐步推行农村环境连片整治，积极改善农村人居环境。

3. 加大节能减排力度。严格节能环保准入门槛，坚决杜绝高耗能、高污染、低效益项目。大力推进建筑节能、交通节能和公共机构节能。积极推广应用新型墙材和散装水泥。科学制定年度减排计划，继续抓好造纸、苎麻、化工、水泥建材、火力发电、有色金属冶炼等重点行业的污染整治，加强机动车尾气治理和规模化畜禽养殖集中整治。继续完善全市现有六座城镇污水处理厂配套管网建设，按期推进重点建制镇污水处理厂的建设。强制规划清洁生产审核，加强节能减排新技术、装备的研发、引进和应用。加大淘汰落后产能的力度，逐步淘汰、关闭污染严重和落后的生产工艺、设备。努力完善污染物减排指标、监测、考核三大体系建设。

（七）加快长株潭城市群“两型”社会示范区益阳东部新区建设

1. 加强基础设施建设。构建以长益常城际铁路、石长铁路、益宁城际干道、长张高速公路、319国道组成的综合交通主轴，提升城际交通。健全物流、污水垃圾处理、标准化厂房、供电、供气等配套设施。实施鱼形山水库配套及引水入库工程，新建区域性供水厂，实现与城区供水并网对接。采用光纤接入技术，加快示范区数字化建设。

2. 积极发展新型工业区。突出抓好生态保护和新型工业化，重点发展先进装备制造、电子信息、绿色食品加工、高新技术产业等四大主导产业，逐步形成“湖南省汽车零配件基地”、“电子信息产业园”、“绿色食品工业园”和高新技术产业转化基地，着力打造中部地区产业转移重点承接地、长株潭先进装备制造产业配套基地、城乡统筹和循环经济发展基地。

3. 努力建设高端三产业区。把鱼形山地区作为“两型”社会建设在面上展开的重点突破口，按照“两型特色、省市共建、市场运作、国际水准”的总体思路和“一年实质性突破，三年初具雏形，五年形成规模，十年基本建成”的时间要求，全面推进资源节约、环境友好、产业聚集、科技创新、土地管理等五个方面的体制机制创新，配套推进投融资、财税、城乡统筹、对外开放及行政管理等体制机制创新。重点建设“哥本哈根”小镇、生态休闲运动走廊、“银发”产业园、特色科技文化产业园、生态宜居生活区、低碳技术产品展示中心、特色商业步行街区等七大功能组团，将鱼形山高端三产业区建设成为具有国际品质的现代生态城、全国“两型社会”建设示范区、中部地区“两型”产业示范基地、低碳产品技术展示交易中心、新型城镇化和城乡统筹发展引领区。

三、综合配套改革试验的重点内容

（一）推进节能减排和资源节约体制机制改革

1. 建立有利于节能减排的体制机制。贯彻落实《建设绿色益阳行动纲要》，大力做好节能减排工作。全面落实节能减排目标责任制，建立健全节能目标责任评价、考核和奖惩制度。实施固定资产投资项目节能评估和审查制度，从源头上杜绝能源的浪费，提高能源利用效率，促进产业结构调整和产业升级，积极发展低碳经济。建立节能执法监督机制，对节能减排成绩突出的企业（项目）在用电、用水、用地、信贷等方面给予优先扶持。建立健全能源统计、计量体系，确保能源统计数据真实、可靠。健全节能减排投融资机制，研究制定支持节能减排工作的财政政策，引导金融机构加强节能减排领域的信贷支持。

2. 推进资源环境价格形成机制改革。推进销售电价分类改革，对国家限制类、淘汰类产品和能耗超过规定限额标准的企业，落实差别电价、惩罚性电价政策。严格落实脱硫电价。推行鼓励可再生能源发电项目发展的电价政策。规范管道燃气价格管理，完善成品油价格形成机制，完善促进污水、垃圾处理的收费政策。探索建立分质供水和阶梯式水价制度，对居民生活用水采用阶梯式水价，对非居民用水实行超计划、超定额累进加价收费。

3. 创新循环经济发展机制。制定促进循环经济发展办法，支持各县市区按照资源禀赋和产业特色建设循环经济产业园区、生态工业园区、循环农业示范区，扩大循环经济试点，积极支持沧水铺镇再生塑料回收生产加工试点园区、拓普竹麻循环经济试点企业项目建设，探索循环经济发展模式。大力推行清洁生产，推广中水回用，建立利用余热、余压、余气等能源的长效机制。建立城镇居民垃圾分类管理和回收制度，促进可再生资源的综合回收利用和规模化经营。

4. 深化公共资源市场化配置改革。围绕规范运作、公平公正、提高效益，积极探索公共资源市场化配置的有效途径，进一步拓展配置领域。不断加强招投标、拍卖、挂牌出让、电子竞价等重点制度建设和统一、规范的公共资源交易市场建设。

（二）推进生态环境保护体制机制改革

1. 健全环境保护机制。拓宽环保投融资渠道，形成多渠道、多层次、多元化的投融资机制。完善产业环境准入制度和退出机制，实施战略环评、规划环评和项目环评。凡不符合生态环境保护要求的，不予准入或强制性退出。

2. 建立资江流域综合治理体制机制。争取资江流域益阳段纳入国家长江中下游污染治理规划。以控制沿江沿湖地区项目准入和开发强度为重点，加强水系、水域环境污染联防联治和流域生态修复与保护，有效保护饮用水源地安全，探索建立跨区域的流域综合整治和保护机制新模式。

3. 建立生态补偿机制。建立科学合理、公平公正、积极有效的生态补偿运行机制；建立规范的生态补偿资金投入、使用、管理与监督机制；建立职能清晰、权责明确的生态补偿分级管理体制；建立保障有力、配套完善的生态补偿政策支撑体系。进一步调整优化财政支出结构，加大对生态补偿和生态环境保护的支持力度。积极探索区域间生态补偿方式和市场化生态补偿模式，按照“谁投资、谁受益”的原则，支持鼓励社会资金参与生态建设与环境污染整治的投资、建设和运营。引导鼓励生态环境保护者和受益者通过自愿协商实现合理的生态补偿。积极探索生态建设、环境污染整治与城乡土地开发相互促进的有效途径，在改善环境中提高土地开发效益，在土地开发中积累生态环境保护资金，形成良性循环的机制。

（三）推进产业发展体制机制改革

1. 建立优化产业布局的协调促进机制。探索建立企业、项目、资源、技术在区域内转移的利益协调和补偿机制，引导生产要素合理流动，增强产业集聚功能，促进产业集中、集约发展。推动国有资本向益阳优势产业集中，国家和省支持的资源节约和环境保护重大产业项目实行优先布局。

2. 建立产业准入与退出机制。制定《益阳市“两型社会”产业发展指导目录》，明确鼓励、允许、限制和禁止投资的项目。建立产业退出机制，综合运用经济、法律、行政等手段，及时淘汰落后产能和技术。

3. 建立产业集聚的激励机制。设立产业发展政府资金，并在税收、用地、行政审批收费、信贷等方面予以扶持，重点支持符合“两型社会”建设要求的产业加快发展。

4. 全面实施品牌战略。大力推进标准化生产与服务，支持企业积极开展国际质量体系认证、产品研发和专利申请，提高产品的市场竞争力；促进优势资源、优质资产向重点企业集中，形成一批具有品牌优势的大型企业和企业集团。支持企业扩大品牌经营规模，加大品牌产品企业多层次、全方位的联合协作，推动资源整合与共享。

（四）推进土地管理体制机制改革

1. 创新节约集约用地机制。坚持“工业向园区集中，人口向城镇集中，住宅向社区集中”的原则，完善用地规划。建立节约集约用地考核奖励机制，鼓励企业增资扩股不增地，进一步提升土地利用效益。开展闲置土地清理活动，摸清底数，分清类别，整合破产企业、乡村集体企业闲置土地等，盘活存量土地。充分利用“地上”和“地下”两大空间，多方引导鼓励企业兴建多层厂房、标准厂房，提高单位土地容积率，不断提高土地“亩产”，促进科学发展。

2. 创新耕地保护机制。建立分工负责、齐抓共管的多部门联动机制，将保护耕地目标纳入政府、行业部门的责任范围，形成耕地保护的共同责任机制。探索建立耕地分级分类保护的经济激励机制，用于支持和补贴政府和农民进行耕地保护。建立财政投入与社会投入有机结合的土地开发整理投入机制，鼓励单位和个人投资土地开发整理，并探索土地整理资金集中使用的新办法。以农村土地综合整治为依托，在实现占补平衡、改善耕地质量的基础上，统筹实施耕地整理和农村建设用地整理。

3. 创新土地市场机制。完善全市统一的城乡土地交易市场，探索开展地票交易试点。顺应市场发展需求，探索农村土地信托流转模式，允许集体非农建设用地进入土地交易市场。健全农村土地经营权抵押、担保制度。

4. 创新征地用地机制。健全农民征地补偿机制，通过健全法律法规、引入市场机制、完善政策措施，确保被征地农民得到公平合理的补偿和安置。坚持“先安置后拆迁”的原则，采取集体建设用地土地使用权入股、土地股份合作等形式妥善安置被征地农民。建立对进城农民自愿退出的承包地和宅基地统一规范管理的制度及整合和合理利用土地资源的有效机制，最大限度发挥土地效益。在严格控制建设用地总量和农业耕地资源总量平衡的前提下，探索市域内土地指标异地调剂的新途径。

（五）推动科技创新体制机制改革

1. 推进自主创新体系建设。以高等院校、科研院所、企业和园区为依托，加快知识创新体系和技术开发体系建设，构建政府、企业、高校、科研机构等紧密结合的区域创新体系。建立多层次的科技研发平台，促进产学研结合。支持企业建立研发机制、打造品牌优势，加强知识产权开发和技术标准的制定。积极引进国内外著名企业和科研院所在益阳设立研发机构。

2. 完善科技成果转化机制。建立以国家高技术产业基地、国家高技术产业基地益阳信息产业园、国家高技术产业基地益阳船舶制造产业园、湖南省综合性高技术产业基地为主的产业化平台，加快科技成果转化。设立科技成果和专利技术转化专项资金，建立科技成果和专利技术交易市场，完善科技成果和专利技术统一公开招投标制。

3. 强化企业创新动力机制。培育拥有核心技术和自主知识产权的企业，引导广大企业走创新发展道路，成为自主创新主体，推进创新型科技园区建设战略目标的深入实施。根据企业在技术创新、品牌创新、体制机制创新等方面的现有基础，按照国家和省科技部门的统一部署，鼓励符合条件的企业申报创新型企业示范、试点、培育工程。引导重点企业进行“两型”产业关键技术研究与开发，采用高新技术改造一批传统重点产业和企业，加快开展企业技术开发费认定工作进度，推动企业在当前形势下，加大研发投入，加强技术创新，促进转型升级。

4. 创新人才培养引进机制。实施人才强市战略，破除科技人才使用的体制性障碍，落实税收、住房、收益分配等优惠政策，大力引进高技术人才来益创业。组建“两型”技术专家库、科技人才服务中心，加速推进技术人才的交流与合作，促进科技人才自由流动。

（六）推进金融财税体制改革

1. 加强金融服务机构建设。积极创造条件，引进更多金融机构来益阳设点。推动益阳商业银行上市，实施区域化经营战略。设立生猪、稻米等大宗优势产品商品交易市场和期货交割库。完善中小企业融资担保体系，积极推动建立以财政资金为主，企业资金、社会资金和外资共同出资的金融担保机构，支持各区县（市）建立互助担保和商业担保机构，形成各类担保机构相互补充、平等竞争、有序发展的融资担保体系。强化服务，支持村镇银行健康发展。

2. 积极开展金融创新活动。深化政银企合作，创新金融产品和服务。鼓励金融机构结合自身功能定位和特定优势，大力引进、开发、应用新的金融工具和产品，全面推广“兰溪模式”、安化“企融通”等面向“三农”和中小企业的信贷创新产品。优化信贷结构，重点扶持资源节约、环境友好型项目贷款。优先满足企业节能减排技术改造的贷款需求，并实施优惠利率。加快建立信用担保体系，重点加大对民营企业、农业龙头企业和中小企业的支持力度。充分利用省、市信用担保有限公司和中小担平台，积极组织开展多种形式的融资项目对接活动，为政、银、企、担搭建交流合作机制。

3. 深化财税体制改革。设立“两型”社会建设专项资金，发挥财政对“两型”社会建设的保障、支撑、引导作用，加大对“两型”重点项目支持。建立和完善有利于节能减排的财税优惠政策，完善政府“绿色采购”制度。率先开展资源税、环保税等征收试点。

（七）推进城乡统筹体制机制改革

1. 建立统筹城乡规划管理机制。建立全市城乡衔接、统一协调的规划管理体系，探索建立经济社会发展规划、主体功能区规划、区域规划、土地利用规划和城乡规划有机结合的规划编制和管理体制。

2. 积极探索户籍管理制度改革。推行积极的户口迁移政策，进一步放宽人口流动限制。对长期居住在城镇、有固定住所和稳定生活来源的务工、经商人员，积极引导落户城镇，从户口迁移政策上为农村居民向城镇流转创造宽松环境。完善户籍管理制度改革配套政策和措施。

3. 健全适应城乡统筹衔接的社会保障制度。以农民工社会保险为突破口，建立广覆盖、能转移的农民工养老保险办法。按照现有生活水平不降低、长远生计有保障，突出重点、统筹兼顾，分级负责、属地管理的原则，建立适合被征地农民特点、权利与义务相对应的被征地农民社会保障制度；按照国家整体部署，逐步建立个人、集体、政府合理负担责任、权利与义务相对应、政府主导与农民自愿相结合、引导农村居民普遍参保的新型农村养老保险制度。积极探索城乡衔接、转移畅通的养老保险机制，探索建立城乡一体化的基本医疗保障管理制度。在政府主导下，鼓励社会资本参与城乡社会福利事业，逐步将城乡需要救助的特殊困难人群都纳入社会福利救助体系和城乡社会救助体系。

4. 完善覆盖城乡的公共服务体系。按照城乡一体化的要求，优化资源配置，加快农村水、电、气、路灯基础设施建设，逐步让农村居民享受同等的公共服务。着力调整农村教育布局，加快农村中、小学标准化建设。建立城乡统一的农村居民转变为城镇居民和进城务工人员子女就学保障机制。整合城乡卫生资源，搞好区域卫生规划，建立以中心卫生院为核心的乡村卫生服务网络。合理布局村卫生室，加强卫生室的房屋和基本诊疗设施建设。抓好农村公共文化设施建设，因地制宜建设乡村宣传文化服务中心。坚持以群众体育为基础，以竞技体育为龙头，以体育产业为保障，促进体育事业与经济社会协调发展。

5. 完善城乡就业制度。建立城乡统一开放、竞争有序的人力资源市场，建立城乡平等、统一的劳动就业管理体制，完善市场导向的就业机制。整合城乡各种职业培训资源，加强对符合条件的城乡劳动者的职业技能培训，提高就业创业能力。建立带动就业机制，特别是发展两型产业的创业机制，降低创业门槛。健全完善面向城乡劳动者的平等就业制度、面向全体劳动者的职业教育培训制度、覆盖城乡的劳动保障监察体系、覆盖城乡的劳动保障服务体系，全面推进劳动保障制度建设，加快推进就业责任法制化、就业政策普惠化、就业援助常规化、就业服务规范化，使城乡劳动者普遍得到教育培训和就业机会，就业总量和结构更加均衡，就业环境更加完善，就业保障更加健全，就业质量进一步提升。

（八）推进对外开放体制机制改革

1. 积极转变外资外贸发展方式。积极引进战略投资者，引导海内外资金、技术、人才等要素参与“两型”社会建设。着力提高利用外资水平和质量，积极防范各种风险。依托益阳国家高技术产业基地和国家“火炬计划”先进制造技术产业基地，改善进出口产品结构。健全海关、商检机构，打通快捷通关渠道。

2. 创新招商引资机制。充分运用现代化的信息网络手段，建立全市招商引资信息网络体系。充分发挥我市的资源优势、区位优势和后发优势，整合、调动各种招商引资的资源和力量，在政府引导、企业为主、部门服务、全方位参与的前提下，发挥重点区域、产业、企业和开发区主力军的作用，瞄准国外和国内发达地区，以引进高端项目以及有助于形成产业聚集、发展循环经济、实现产业升级、吸纳农村剩余劳动力和形成新经济增长极的大项目为重点，进一步调整政策、优化环境，加大招商引资力度，提高招商引资质量，扩大招商引资规模。

3. 营造承接产业转移的体制环境。主动对接沿海地区的加工贸易产业，重点承接科技含量高、技术密集型、市场前景好的加工贸易产业，争取成为新能源、新材料等符合“两型”要求的国家加工贸易梯度转移承接地。将沅江市和桃江县确定为市级加工贸易重点承接县（市），将益阳高新区、龙岭工业园、长春工业园、桃江县经济开发区和沅江市经济开发区确定为加工贸易重点园区，制定详细发展规划，加大基础设施建设力度，明确重点发展方向及相关重点产业，鼓励各金融机构优先支持加工贸易企业特别是重点联系企业的融资要求。

4. 深化区域经济合作体制改革。加强与中部各省市、长三角、泛珠三角区域的经济合作，创新交流合作模式，进一步拓宽合作领域。加强与港澳台地区、环渤海经济圈的经贸合作和交流，吸引资金、技术、人才向益阳转移。

（九）推进行政管理体制机制改革

1. 推进政府机构改革。深化市、县市区政府机构改革，加大机构整合力度，探索实行职能有机统一的大部门体制。建立廉洁高效政府，重点加强政府社会管理、公共服务职能，完善经济调节、市场监管职能，精简和弱化直接干预经济运行的机构，实行简政放权。

2. 深化行政审批制度改革。深入贯彻落实《行政许可法》和国务院《全面推进依法行政实施纲要》，深化行政审批制度改革，规范行政许可行为，推进政府职能转变。改进完善行政审批方式，大力创新政务服务中心运行机制，试行行政办事全程代理制，逐步推行网上审批方式。

3. 完善政府绩效考核体系。把体现“两型”社会要求的指标作为考核全市经济社会发展的核心指标，加大“生态环保、节能降耗、耕地保护、公共服务”等指标权重，引导各级政府和部门把工作的重点转移到为市场主体营造环境和改善服务上来。

4. 实施阳光政务工程。大力推进政务公开，在公用（企）事业单位全面推行办事公开，提高公众对政务的知情权、参与权、监督权。重点公开群众普遍关心、涉及群众切身利益的各类事项，进一步规范完善我市政务公开的内容和形式；增强行政决策的民主化、科学化，建立健全决策咨询和评估制度，推行决策听证和公示制度；加强行政效能监察工作，切实提高行政效能。

四、综合配套改革试验的保障措施

（一）加强组织领导。成立益阳市“两型”社会建设综合配套改革领导小组，负责综合配套改革试验工作。领导小组下设办公室，履行参谋、综合、协调、考核等职能。各县市区建立相应机构，制定有关实施规划和政策。

（二）健全法规政策体系。完善促进“两型”社会建设的地方性法规条例，支持和保障综合配套改革顺利推进。争取国家和省在环境治理、财税、土地、投融资等方面的政策支持，研究出台相关专项政策措施。设立“两型”社会建设综合配套改革试验专项资金，支持试验区综合配套改革试验工作。

（三）加强重大项目建设。突出“两型”重大项目的开发建设，以项目促发展。建立“两型”项目前期工作开发机制，包括项目概念提出机制、项目责任落实机制、项目前期工作经费筹措及使用机制、项目法人招标制。建立“两型”重大项目库，加大项目引进力度，加强与跨国公司、央企的对接，引进战略投资者，确保开发一批、储备一批、建设一批、投产一批。

（四）加强考核评价。建立“两型”社会综合配套改革考核评价体系和统计检测评价指标体系。将“两型”社会建设工作纳入绩效考核，成立考核评价小组，每年对全市各级各部门“两型”社会重点项目建设、重大改革推进等方面进行考核评估。

附件：益阳市“两型”社会建设主要指标

附件

益阳市“两型”社会建设主要指标

序号	指标名称	单位	2007年实际	2010年实际	2015年预期	2020年预期
1	人均GDP	元	10020	16839	29000	51000
2	财政总收入	亿元	25.47	45.19	110	260
3	城镇居民可支配收入	元	10797	15398	27120	47800
4	农民人均纯收入	元	3913	5616	10230	18850
5	单位GDP能耗	吨标准煤/万元	1.21	1.054	0.89	0.79
6	城镇生活污水集中处理率	%	66.27	85	100	100
7	水功能区达标率	%	100	100	100	100
8	COD排放总量	万吨	9.26	8.3	7.5	6.8
9	SO_2排放总量	万吨	7.92	7.02	6.4	5.8
10	森林覆盖率	%	51.69	53	54	55
11	人口自然增长率	‰	4.52	5	7	7
12	城镇化水平	%	37.52	43	50	55
13	高技术产业增加值占GDP比重	%	5.4	8	12	15
14	研发经费占GDP比重	%	1	1.1	1.3	1.5

长株潭城市群两型社会示范区益阳东部新区片区规划（2010—2030）（节选）

益阳东部新区位于湖南省益阳市东南部，西北部紧邻益阳主城区，通过长常高速、石长铁路可达常德市，东北部毗邻洞庭湖，可达岳阳市。西部通过桃江与怀化市相通，可接二广高速。东南部与长沙市宁乡县接壤，在长沙半小时经济圈内。

（一）总体规划思路

围绕发展和“两型”双主题展开，通过现状研判和区域分析，明确未来发展路径；结合两者形成未来发展目标定位，通过策略应对、规划方案、政策建议保障未来发展目标以及发展路径和“两型”特色的最终实现。利用东部新区紧邻益阳主城区和长沙，未来其部分功能可以服务于两者的“双服务”特征，将东部新区打造成为长沙—益阳发展轴上的重要节点，构建“双城”的大益阳空间结构，实现益阳的跨越式发展。结合东部新区旅游资源丰富、生态环境优美、毗邻长沙以及内部处于发展初期的特点，提出“双路径”并行，同步发展面向区域的高端三产服务功能和面向发展阶段的新型工业制造功能。

（二）规划范围

新区规划面积约为285km²，北至益阳绕城高速公路，南抵宁乡县界，西以碧云峰、四方山为界，东达长常高速，规划范围以鱼形山水库为中心，涉及沧水铺、衡龙桥、岳家桥、泥江口、龙光桥、笔架山、泉交河等7个乡镇，61个行政村。

（三）城市性质、规模与发展目标

1. 城市性质

以先进制造业为主的现代生态宜居工业新城；

中西部产业重点承接地之一；

以城乡统筹和循环经济为特色的长株潭“两型”示范先行区；

湖南省重要的休闲旅游基地之一。

2. 发展规模

规划到2030年，东部新区城乡建设用地面积约80km²，其中城市建设用地规模控制在70km²以内；城乡总人口为65万人，其中城市人口为约60万人。

3. 发展目标

打造面向区域统筹、“两型社会”、持续发展的区域优质生态圈、优质生活圈、优质生产圈。

通过适度发展高端服务业、大力发展现代制造业，提升农业现代化水平，三次产业协调发展，最终形成与生态环境保护、城乡统筹发展、社会和谐进步相协调的经济繁荣发展态势、新型绿色经济发展模式。

通过保护自然生态本底和塑造鲜明环境特色，全面提升城市生态价值和环境品质，打造成为一个生态环境优美、宜居宜业宜游的“两型社会”生态示范新城。

逐步完善社会保障机制，解决城乡居民住房、交通、就业、医疗、教育等根本问题。最终形成一个城乡和谐共融、社会保障公平、人人富裕安康的社会良好氛围。

（四）空间结构与功能分区

1. 空间结构

规划形成“一轴两区三带，一主一副双中心”的空间结构。

一轴：由319国道、长常高速公路、益宁城际干道、长常城际铁路等共同形成“长沙—益阳”城市发展轴线。

两区：以益宁城际铁路为界，西侧打造面向区域的高端三产服务区，东侧建设面向发展阶段的新兴工业制造区。

三带：自西向东依托生态环境、地形地、交通干线，形成三大城市功能带，即益宁城际铁路以西的区域高端服德带、益宁城际铁路与益宁城际干线之间的综合生活服务带，益宁城际干线与长常高速公路之间的新型产业发展带。

一主一副双中心：依托沧水铺、衡龙桥两个城际站，形成两个综合服务中心，其中沧水铺中心同时具备区域高端服务功能，如商务服务、旅游服务等，为城市主中心。

2. 功能分区

规划形成八大功能区，分别是综合服务区、居住生活区、先进工业区、商贸物流区、科教文化区、乡村发展区、生态保育区和休闲旅游区。

——石长铁路以西的鱼形山两型卫星城地区形成以观光、游览等为主题的生态保育区和以度假、居住、疗养、体验、会议、体育健身等为主题的休闲旅游区。

——在沧水铺镇镇区以西的地区依托现有良好自然条件，建设面向区域的特色科教文化区，重点发展职业教育、中学教育、研发设计、文化创意、低碳高尚社区等功能。

——利用益宁城际轨道沧水铺站、衡龙桥站，形成一北一南两个综合服务组团，其中北侧的综合服务组团还承担区域性旅游服务基地的功能。

——石长铁路以东片区形成若干个相对独立但又密切联系的居住生活组团和先进工业组团。

——在益宁城际干道东侧、高新大道北侧打造高贸物流组团，形成益阳市的农副产品、工业产品和原材料集散中心。

——在规划区南北两端形成两个乡村发展组团，建设成为益阳市现代农业建设的重要载体，以及城乡统筹发展的先行示范区。

（五）产业布局规划

以生态环境保护为根本，以城乡统筹发展为核心，构建与区域协调发展的四大产业布局结构：

1. 先进制造业

都市特色产业园：在镇区东北侧形成一个以特色产品、创意产品为核心的都市特色产业园。

综合制造产业园：在现有启动区，形成兼有汽车零配件、机械制造、食品加工、塑胶制造等产业在内的综合制造产业园。

先进制造业园区：在沧水铺、衡龙桥镇东侧，形成以机械制造、汽车零配件等产业为主导的两大先进制造业园区。

2. 高新技术产业

在两大先进制造业园区西侧，紧邻城市生活区，结合地形地貌，依山就势，发展以新能源、新材料、生物制药等为主的高新技术产业，建设两大高新技术产业园区。

3. 高端服务业

包括商务办公服务区、研发科教园区、旅游服务区、仓储物流园区。

4. 现代农业

以林地、园地为基底，依托现有基本农田分布区域，形成三大高效农业基地。依托沧水铺镇与衡龙桥镇之间的现有基本农田、苗木种植等发展都市农业，形成一个都市农业观光园。

（六）生态、绿地系统规划

新建一批森林郊野公园、城市旅游休闲区，同步加快都市农业建设。规划期末，东部的整体绿化率（林地 + 城市绿地）不低于 38.76%，人均绿地面积不低于 25.09m^2。确定城市绿地面积 1505.13 公顷，其中公共绿地面 1372.23 公顷，人均公共绿地面积 22.87m^2。

规划依托以“两山”（碧云峰、四方山）、“一库”（鱼形山水库）为核心的生态空间布局战略，形成具有生态意义的城市生态网络。

（七）规划方案特点

为突出“两型社会”示范效应，结合东部新区特色，规划重点从经济发展、城乡统筹、循环经济、绿色交通等方面突出东部两型特色，强化发展和“两型”两条主线。

（八）实施保障与政策建议

1. 理顺事权关系，创新管理机制。

2. 建立激励机制，实现“两型”示范。

3. 建立反哺机制，实现城乡统筹。

4. 建立准入机制，发展“两型”产业。

长株潭城市群两型社会示范区株洲云龙片区规划（2010—2030）（节选）

（一）规划范围

包括株洲市石峰区学林街道办事处、云田乡、龙头铺镇、仙庾镇和明照乡的行政管辖范围，总面积 178.7km^2。

（二）功能定位与产业规划

1. 城市性质

国家“两型社会”示范区、长株潭城市群东部现代服务业聚集区、株洲产业升级引领区。

2. 城市职能

国家轨道交通装备业研发与制造基地；国家重要的实用技术教育与创新基地；中部地区旅游服务中心之一；长株潭地区重要的商务服务与文化创意基地。

3. 人口与用地规模

2030 年，云龙片区常住总人口为 60 万—70 万人，城镇基础设施与用地指标按 65 万人计算。

2030 年城镇建设用地规模应控制在 60km^2 以内，人均城镇建设用地控制在 92m^2 以内。

保护生态用地和农业用地，规划期末 2030 年，云龙片区非建设用地总量应保持在 118km^2 以上，占云龙片区土地总面积的 65% 左右，其中生态保护用地 73km^2 左右，农业生产用地 45km^2 左右。

4. 产业定位

核心产业：全力发展装备制造业、科教研发业以及包括旅游休闲服务、商务服务、文化创意在内的临空型产业。

配套产业：鼓励商业、居住等生活型服务业的发展，满足居民生活需求，适度发展旅游地产等相关配套产业。

乡村产业：在非城镇建设地区发展苗木、花卉种植、特色农产品、乡村旅游等乡村产业。

（三）生态保护与建设规划

1. 生态安全格局的保护

生态基质：云龙片区东部山水密集区生态景观价值较高，并对于龙母河水系的形成起着至关重要的作用，应作为生态基质进行全面保护。

生态廊道：保留龙母河及其支流作为生态廊道，保留河流周边的公共绿地与农业用地以保证生态走廊的宽度，并注重与城市防灾避难系统的结合。

生态斑块：包括城市生态斑块和自然生态斑块。云龙片区以组团方式组织用地布局，以生态廊道作为分隔形成城市斑块，并在河口及河流转弯处规划建设生态绿地形成生态斑块。

2. 生态建设规划

生态水系统与湿地建设：以龙母河为基础，局部拓展水面，形成两大水系和六个串珠状湖面；采用雨洪资源、雨水蓄渗、污水再生利用三种方法解决湖水的来源问题；综合采用自然原型生态护坡、自然型护坡、植物纤维网护坡、复合型生态护坡四类生态护坡设计；结合龙母河蓄滞洪区建设生态湿地，形成生态保育和洪水调蓄功能。

生态林地与农田建设：保护山体林地，形成自然绿楔，设立林地保护区的同时积极推动生态林地建设；与此同时，保留槽谷地带为农业用地，形成农田绿楔，实现城镇建设与生态农业共生的目标控制城镇发展边界、山体保护边界和水体保护边界。

（四）空间结构与用地布局规划

1. 空间结构

规划形成“一带两片多组团”的空间结构。

一带：沿龙母河形成整个云龙片区的核心发展带，承担景观带和功能带的双重职能。

两片：以沪昆高速为界，整个云龙片区分为南北两个发展片区。南部片区承担株洲的城市拓展功能，以装备制造和科教研发产业为重点；北部片区承担株洲的区域服务功能，以旅游休闲、商务服务等临空型产业为重点。

多组团：以龙湖和云湖两大水系为核心，形成多个功能组团，同时在东、西部形成多个小型居住组团。

2. 用地布局

城镇建设用地：结合地形地貌形成三层次布局。第一层次为沿龙母河的低缓丘陵地区，其中北部云峰湖地区以公园建设为主，集中布局小规模旅游服务区，南部采用集中开发的形式，但保护龙母河及其支流作为各功能片区之间的生态廊道；第二层次为中央槽谷地区，利用山坡地形成城镇组团布局形式；第三层次为东部山地，结合现有村镇建设，形成点状居民点布局。

乡村建设用地：进行乡村撤并和转移安置，原则上城镇建设区范围以内的安置用地统一纳入城镇建设用地考虑。在农业用地和山林地较多的地区，保留现有农村居民点，统一进行整治提升。

耕地：在沪昆高速以北的中央槽谷地区以及长株高速以西地区布局耕地，发挥其生态调节功能和景观塑造功能。

生态用地：保护外围山体自然林地及其向云龙片区内部延伸的生态绿楔；建设云龙湖东侧生态湿地，发挥其雨洪调节和生态去污的功能。

3. 风貌片区控制

城市开发风貌片区：结合自然山水环境进行建设，形成自然、活力、较密集的城市开发风貌区。

生态中心风貌区：紧密结合低缓丘陵地形和带状水系结构建设云龙生态城市中心，塑造生态、自然、活力的生态中心风貌。

旅游特色风貌区：保护性利用自然山体、水系等自然本底，形成绿色、活力、健康、舒缓的旅游休闲风貌区。

自然生态风貌区：保护自然山体、林地、水体、农田等自然开敞空间和自然植被，规划的少量开发地块与自然环境融为一体，形成自然生态式风貌景观。

（五）绿色交通规划

1. 路网布局

道路网络主骨架规划为“一环、五纵、三横”。

“一环”：由云峰大道与林东路构成的环线。

“三横”：由北向南依次为云田路、云海大道、云霞路。

“五纵”：由西向东为长龙路、盘龙路、云龙大道、升龙路、腾龙路。

2. 公交系统

建构三级公交体系：一级公交体系为区域和城市轨道交通，包括“3+5”城际铁路，长株潭城际轻轨与低速磁悬浮轨道，实现片区与株洲市区、长沙市区以及湘潭片区之间的快速公交联系；二级公交体系是公共交通的主体，由田字形的快速公交线路和区域干线巴士组成；三级公交体系为组团内部公交服务，在二级公交体系的基础上，形成加密型的公交网络体系。

3. 慢行系统

建构由慢行通廊（滨河景观通廊、休闲游憩通廊）慢行圈联系廊道（步行/自行车廊道、自行车专用道）和步道网络构成的慢行系统。

（六）低碳能源系统规划

1. 新能源利用

积极推动太阳能、生物质能和地热等新能源利用，至2030年非化石能源使用率不低于5%，清洁能源使用比例为100%。

2. 电力工程规划

规划以云龙500KV变电站为本区主要电源点，同时结合设分布式能源站、新能源发电点建设形成多处电力供应端的结构，并通过智能电网建设，来解决用户端与供求端的电力平衡。

3. 天然气工程规划

气源为西气东输天然气，由规划新建的云龙门站和黄茅冲门站联合向本区输气。与此同时，结合片区内生态建筑建设以燃气为气源的分布式能源站。

（七）生态环境保护与低碳建设规划

1. 生态环境保护目标

2030年实现水质达标率和垃圾无害化处理率100%、噪声达标区覆盖率100%和总体环境空气质量好于等于二级标准的天数达到330天。

2. 低碳建设规划

规划通过采取扩大清洁能源的使用、大力发展地铁、快速交通、公交专用道、推广绿色建筑以及碳汇林建设等措施，至2030年，云龙片区单位GDP碳排放不大于180吨/百万美元。

（八）分期建设

1. 近期建设：重点为筑湖，基本完成三大湖区的蓄水和建设，构建云龙片区未来发展的基本框架。

2. 中期建设：重点为营城，在近期建设的基础上，形成云龙片区整体形象特色。

3. 远期：全面建成“两型”示范区。

4. 起步区建设：以职教园功能片区为起步区，建设规模为10km^2。

长株潭城市群两型社会示范区湘潭九华片区规划（2010—2030）（节选）

（一）区位概况

九华示范片区位于长株潭城市群中心腹地，东临湘江与昭山风景名胜区隔江相望，西邻湘潭大学，南接湘潭市区，北连省会长沙市，辖区总面积138km^2。

（二）发展目标

1. 总体目标

规划到2015年，将九华示范片区打造成为全省新型工业化、新型城市化、农业现代化、信息化建设的引领区和样板区。工业总产值过1000亿元，财税收入达60亿元；滨江新城建成区约30km^2，人口规模达到25万人；城乡统筹发展初步实现城乡一体化的新格局。规划至2020年，实现工业总产值过1800亿元，财税收入110亿元，人口规模到40万人。

2. 九华示范片区的定位

“两型社会”建设的引领区、以“两型”产业为依托的工业新区，以湘江风光为特色的滨江新城。

（三）总体布局

布局结构：“一心八区”。

空间形态：“组团格局，绿水环绕，和谐共生”。

商务、商贸、行政综合服务中心：位于九华大道与奔驰路相交东北部区域，面积约为3.5km^2。规划作为九华示范片区商务、商贸、行政综合服务中心，强化其作为九华乃至长株潭中心区商务、商贸等现代生产性服务业核心功能。

工业生产区：主要位于长潭西线以西，上瑞高速以北区域，面积约17km^2。工业生产区以先进制造业为主要发展方向，主要形成三大产业集群，即汽车及零部件制造业集群、先进装备制造集群、电子信息产业集群。

科技孵化综合配套区：长潭西线以西、奔驰路两厢，面积约为2.8km^2。充分利用湖南科技大学、湘潭大学等高校科技资源，为工业区的发展提供足够的科技创新力。

配套居住区：分成两部分，北部为上瑞高速以北，九华大道与湘江路之间区域，南部为上瑞高速以南，九华大道、江南大道和滨江路之间区域，沿南北方向呈带状分布，总面积达20km^2。将作为九华示范片区居住和生活服务设施完备的功能区。

物流园区：分成两部分，东部以湘江千吨级码头为依托形成的港口物流区，西部将以潭锰铁路和上瑞高速公路为依托的货运物流园区，物流园区总面积为1.5km^2。

高铁综合配套区：长潭西线以西，长城路两厢区域，面积为4.5km^2，结合沪昆高铁站的建设，形成现代、高效、快捷的综合配套区。

旅游休闲服务区：湘江路以东区域，与昭山风景名胜区隔江相对，面积为4.5km^2。结合湘江风光带的景观节点“兴马洲”（幸运之岛）的建设，突出湘江风光带和昭山风景名胜区的交汇的十字景观节点的区位优势，发展高档次体育、休闲、娱乐性服务业，打造滨江乐园。

大学科教区：沪昆高铁以北规划形成以湖南大学湘江学院和湖南女子大学为中心的大学科技教育区，面积为3.5km^2。

战略发展区：远期发展区域。

（四）产业发展规划

构建以工业为主导，现代服务业为支撑，特色农业为基础，一、二、三产业协调发展的“两型”产业体系。工业引导往西和往北发展，在长潭西线高速以西地区形成工业集中发展区。工业用地布局概括为：“片区布局，滚动发展。”四个集中的工业片区为：银盖工业片区；青竹工业片区；民乐工业片区；棠华—桐塘—公塘工业片区。本次规划提供工业用地为1718.6公顷，占城市建设用地29.63%，人均工业用地31.24m^2。

（五）生态建设规划

至规划期末，九华示范片区形成“一带连五楔，一路串九园，绿网加蓝脉”的生态绿地系统。

“一带”即外围生态绿地连绵带，也是九华示范片区外围的景观和生态屏障，由东部滨江湿地带、北部山体森林带和西部潭锰铁路沿线农田和防护林带组成。

“五楔”即由外围生态绿地沿沪昆高铁、上瑞高速、长潭西线、湘江撇洪渠和奔驰路北侧绿地向九华示范片区内部延伸的五条相互贯通的绿楔。

“一路”是指沿湘江、莲花渠、湘江撇洪渠、争光渠和双庆渠等水系，联系各大公园的公园路系统。

“九园”是沿水环布置的市级、区级和居住区级的九个公园。

“绿网”是指沿九华示范片区各附属绿地形成的附属绿地网络。

“蓝脉”是指由湘江和各溪流渠道形成的自然水系脉络。

（六）规划的“两型社会”特色

通过对规划区各类自然生态要素的分析，首先重点关注需要保护的区域，严格划定禁止建设区，最大限度地发挥自然生态功能，根据生态导向开发模式（EOD），严格控制生态廊道，保证生态系统完整高效运转，整个空间结构呈组团式布局发展，利用山体水系等生态要素将各空间进行合理分隔和有效串联，形成整个示范片区良好的空间体系。用地布局根据规划区本身发展需求，整体采用组团式大密大疏的布局方式，充分利用交通干线隔离带、绿化及生态廊道等分隔城市片区，形成“一心八区”的组团式城市空间布局结构，完善生态系统的完整性，保证生态功能的发挥的基础上，通过“精明增长”（Smart Growth），实现“紧凑城市”（Compact City）发展。

长株潭城市群两型社会示范区娄底水府片区规划（2010—2030）（节选）

水府示范片区位于环水府庙水库西侧区域，紧邻娄底城市建成区；涉及1个园区、3个街道办事处、6个镇，1个乡、6个社区居委会、52个行政村，总用地面$120km^2$。

（一）主要示范任务

探索资源型城市如何转方式、调结构，使之成为传统产业向创新型经济转变的示范。探索湖南中部地区新型城市化途径，使之成为城乡统筹协调发展的示范。探索水府庙水库及周边湿地保护机制，使之成为生态文明建设的示范。探索“两型社会”建设管理体制机制，使之成为“两型社会”系统构建的示范。探索农业现代化的实现路径，使之成为现代绿色农业发展的示范。

（二）水府片区定位

先进制造业配套服务聚集区、新材料研发区、文化与生态休闲旅游区和新型城市化建设示范区。

（三）城乡统筹和新农村建设

按照“两型社会”的建设要求，在满足资源节约与环境友好的条件下，深入贯彻落实科学发展观，推进新型城市化，根据城市化进程，有序地把大部分农村村民转化为城市居民，实现城乡的有序转化，同时对规划期限内不能转化为城市的农村地区，结合新农村建设，优化村庄布局，集中将村庄向社区模式发展，积极扶持现代化农业产业发展，建立并不断完善城乡公共资源均衡配置、各类生产要素自由流动的体制机制。

（四）空间结构

规划采用倚附主城、组团布局、网络联系、整体保护的发展模式，形成“一心一区两带三组团”的空间结构。

1. 组团功能

一心———仙女寨水府庙生态核心。

一区———农业示范与休闲体验区。

两带———沿孙水和涟水，结合其他山体河道，形成各组团联系的生态网络骨架体系。

三组团———大埠桥、百亩、万宝新区组团。

2. 建设用地布局

居住用地：在各组团和合理配置居住用地，规划居住用地总面积1650公顷，占总建设用地的33%。工业用地规划面积共计950公顷，占总建设用地的比重为19%。仓储物流用地规划面积共计185公顷，占建设用地的比重为3.7%。规划公共设施用地共计610公顷，占总建设用地的比重为12.2%。

（五）产业布局与示范项目

以“两型”产业为主导，构建新型工业、现代服务业和绿色农业协调发展的低碳经济示范区。

1. 新型工业：新材料产业、先进装备制造业、电子信息产业。

2. 现代服务业：大力发展以现代物流、地产、金融、会展、信息咨询、创意服务业等生产性服务业和以生态旅游、商务休闲、体育休闲、文化娱乐等高档次生活性服务业。

3. 绿色农业：都市型绿色生态农业、观光农业、商务休闲农业、旅游度假休闲农业为主。

（六）综合交通规划

建立畅通高效、安全绿色的资源节约型交通系统，优化交通资源，联动整合区域交通系统，引导示范片区空间形态布局，确立“外畅内活”的交通发展导引，在有效保障示范片区生态友好、环境和谐的基础上，树立“两型社会”建设的示范形象。

（七）规划的“两型”特色

“两型”理念是水府片区的核心和灵魂。根据“两型社会”建设综合配套改革示范片区的战略目标和定位，水府片区将基本形成节约资源和保护生态环境的产业结构、增长方式和消费模式。规划的“两型”特色主要体现在以下几个方面：

1. 转变传统规划理念

将“两型”规划理念植入规划全过程，转变只关注进行建设的传统规划理念，通过分析所处的环境与资源状况，确定该地区的发展战略、目标与功能定位，确定用地布局、空间形态、交通组织、产业发展、生态结构、基础设施建设等规划内容。

2. 转变产业规划视角

改变产业作为一种孤立的城市功能的传统视角，通过构建低碳经济、循环经济，力争实现“两型”产业发展模式转变，促进示范片区内“两型”产业健康发展。

3. 规划方案的设计过程中融入“两型”理念

以生态分析为导向，采用对地形地貌、防灾减灾、生态安全等多重因子分析，将用地划分为禁建区、限建区、适建区和建成区，用以指导用地调整和规划布局，选择适合的土地用途，有效利用土地资源；根据生态导向开发模式（EOD），将绿地、水系分层、分级，实现自然与城市的有机渗透，最大限度地发挥自然生态功能，实现绿地空间的功能化以及产业生态化，有效利用生态资源。充分体现资源节约型和生态友好型的“两型”特色。

4. “两型”理念下的用地布局特色

将土地利用与交通组织紧密结合，结合大运量公交站点紧凑开发，提倡功能混合与兼容，形成“一心一区两带三组团”的组团式城市空间布局结构，完善生态系统的完整性，保证生态功能的发挥的基础上，通过“精明增长”（Smart Growth），实现“紧凑城市”（Compact city）发展。

5.“两型”理念下的综合交通规划特色

通过建立一体化的综合交通运输体系与推广绿色交通，引入低碳交通模式，以BRT（快速公交系统）专线和普通公交线路构建快速交通网，步行、自行车道等慢行交通的建设联系各公园、山体、滨水区，提高交通覆盖率和换乘效率，构建步行环境与加强机动车管制，实现示范片区内的节能减排与便捷生活。

6.“两型”理念下的基础设施规划特色

对片区的基础设施进行“两型”化建设：给排水系统发挥生态系统自然排水能力，充分利用规划区湿地的自我净化能力，通过污水利用、雨水利用、水体生态修复，加强水的循环利用，提高工业用水重复利用率，注重中水回用；研究系统能源规划利用，优化能源结构，推进使用清洁能源和新能源，加大环境设施的建设力度，加快各类资源循环利用，全面支撑环境友好型片区建设。

7.“两型”理念下的绿地景观规划特色

将乡野引入城市、构建连续的生态廊道和动物迁徙廊道、人工湿地系统穿越城市并与乡野相连、保护性开发乡野公园、建立远足径系统与郊野游自行车径系统，将绿地、水系分层、分级，实现自然与城市的有机渗与绿地空间的功能化、生态产业化。打造绿色特征明显的区域，通过景观规划进一步提升片区的品质与档次，通过绿地景观规划，系统地支撑环境友好型社会建设。

长株潭城市群两型社会示范区易俗河片区规划（2010—2030）（节选）

（一）规划范围与目标

规划范围：北起湘江、西至涓水、南邻沪昆高速公路复线、东至湘潭县行政边界、西南至易俗河镇镇界，面积为99km²（湘潭县县城在片区之内）。

指导思想：差异化、高起点、高水平科学谋求自身战略目标和功能定位，实施“新型工业化带动，新型城镇化驱动，农业现代化拉动，信息化联动”发展战略，谋求在区域中承担重要的战略使命，通过与周边片区的错位发展，实现共生共荣。

规划原则：节能、节水、节地、节材，宜工、宜农、宜居、宜游。

发展目标：长株潭城市群向西南辐射的城乡统筹服务基地，体现“湖湘文化之源”特征的“两型”现代产业新城，湘潭市与株洲市南部宜居城区，中部地区县域经济发展的示范区。

（二）功能定位及建设规模

1. 功能定位：创新服务基地，生态工业新区，中部地区县域经济发展的示范区。

2. 人口规模与用地规模：近期，至2015年城市人口控制在20万人左右，用地规模20km²；中期，至2020年城市人口控制在30万人左右，用地规模30km²；远期，至2030年城市人口控制在40万人左右，用地规模42km²。

（三）空间布局规划

1. 空间布局结构

依托主要交通廊道，结合紧凑城市与TOD发展模式，形成“一轴二带四片”空间布局模式，即“一条现代服务增长轴、两条生态景观带、四个创新产业片区”。

2. 用地功能布局

一轴：指大鹏路两侧形成的东西向现代服务业发展主轴。

两带：即向东渠生态景观带、涓水河现代农业景观带。

四片：即东部新城区、中部中心区、南部产业区、西部古镇新城区。

（四）产业发展规划

1. 发展目标

近期目标：着力提质改造传统产业，推动产业“两型”化。

中期目标：积极培育和引进战略性新兴产业和现代服务业，产业结构进一步高端化、“两型”化，特色产业基地初步成形。

远期目标：现代产业为内核、以生态宜居环境为依托的创新服务基地、“两型”生态工业新区基本形成。

2. 重点产业规划

综合服务：打造全方位、高层次、现代化的综合商务服务中枢及对外展示窗口。

高新技术产业：吸引院校科技成果进行产业转化，引入新材料产业、节能环保产业、先进制造业等研发机构入驻。

先进装备制造：抓住国家振兴装备制造业的重大政策机遇，依托现有装备制造企业，积极应用光机电一体化等先进适用技术，形成涉及整机与配套较为完整的制造业产业集群。

新材料产业：重点发展高性能金属材料、先进硬质材料和新能源材料等领域，积极引进关键材料生产企业，与本地及区域装备制造业、节能环保产业、新型建材产业形成上下游产业链条，实现互动共赢。

节能环保产业：大力发展节能环保装备、资源循环利用等产业市场需求空间巨大的两大产业，打造以设备生产和再制造为特色的节能环保产业基地。

农产品精深加工：充分发挥基地“加工、集散、辐射”作用，引入和培育一批规模大、带动力强的农业产业化龙头企业，开发系列绿色、有机和保健高端食品，提高农产品加工业的综合效益，形成集生产和展销为一体的农业产业化基地。

现代物流：发展提供示范区内生产资料的第三方物流转运业务为主，同时具有物流规划、管理咨询、信息咨询等物流商务功能，构筑现代物流产业体系，形成长株潭区域性物流中心。

（五）综合交通规划

1. 规划目标：强化示范区对外交通联系，大力发展绿色交通及轨道交通，合理引导小汽车的使用，形成湘潭县人文特色、环境友好的现代化综合交通系统。

2. 公路交通：利用潭衡西高速公路、京港澳高速公路、沪昆高速复线共同构成示范区外围高速公路环。通过新建和既有公路的改造，示范区形成"3横"（武广高铁站连接线、大鹏路、滨江大道）"5纵"（芙蓉大道、海棠路、湘莲大道、潭花公路、西二环）的对外公路网络。

3. 公共交通：规划建设1条轨道交通、2条BRT线路，形成示范区公共客运主骨架。构建以常规公交发展为主，以综合换乘枢纽为依托的立体、节能、高效的公共交通结构。

（六）生态系统规划

1. 规划原则：结合自然生态要素建设西、中、东三条生态带及湘江风光带，形成网络化开放式绿地系统结构。

2. 绿地系统：建设金霞山公园、紫荆湖公园、湘江公园、湘莲公园4个"两型"城市公园，规划沿快速路两侧建设各20米防护绿带，沿高速公路两侧建设各50—100米生态防护绿带，沿湘江两岸划建设100—500米的绿化风光带。重点保护金霞山及易俗河片区与株洲天元片区结合处的绿心隔离带。

3. 景观系统规划：构建"三轴一带、五片多点"的景观风貌结构。

（七）资源利用与环境保护

1. 水资源节约利用规划：调整产业结构；改变灌溉方式，发展节水农业；优化用水结构；加大水土保持治理力度。

2. 能源节约利用规划：提高能源利用效率，强化能源供给能力建设，优化能源结构，建立以天然气、电为主，燃油、煤炭为辅，新能源和可再生能源为补充，多元互补的能源结构。

3. 环境保护规划：加强湘江、涓水等水环境污染综合整治，抓好工业污染及大气污染的控制和治理，重点治理城乡结合部环境问题。开展城区垃圾分类收集处置，探索建立农村垃圾收集处理机制，加强农村饮用水达标建设。

（八）规划的"两型"特色

根据国家关于"两型社会"试验区建设的总体要求，结合发展实际和未来发展需要，从经济增长、社会发展、资源节约、环境友好四个方面，确定包括单位GDP能源水平、绿色出行率、再生水回用率等41项资源节约型、社会经济发展和环境友好型指标作为引导易俗河片区"两型社会"建设的指标体系。

（九）近期建设规划

起步区面积约8km^2，重点发展东部新城片区。推动商务等高端服务业发展及居住地块的开发，结合紫荆湖生态公园建设生态国际总部区。

总体成果篇

2011—2012年湖南“两型社会”发展报告

湖南省人民政府经济研究信息中心课题组

2011年是长株潭城市群“两型社会”试验区建设进入第二阶段的起步之年，也是“两型社会”建设向全省纵深推进的开局之年。在湖南省委、省政府的正确领导下，全省上下围绕“四化两型”和“四个湖南”建设，突出“两型”主题，强化体制机制创新，建设八大工程，通力协作、扎实推进，试验区改革建设取得显著成效，全省“两型社会”建设实现良好开局。2012年，湖南“两型社会”建设面临难得发展机遇，要进一步创新体制机制，突出“两型”产业发展，加强生态环境保护，扩大开放合作，营造“两型”氛围，全面推进全省“两型社会”建设。

一、2011年湖南省“两型社会”建设的主要成就

（一）“两型社会”建设实现成功转段

长株潭城市群“两型社会”试验区改革建设经过三年努力，以取得“四个重大”（重大突破、重大成就、重大影响、重大效益）为标志，“两型社会”建设有了实质性进展，圆满完成第一阶段目标任务。立足第一阶段改革建设取得的成效，全面谋划了下一阶段试验区改革建设及全省“两型社会”建设工作。湖南省第十次党代会明确提出了加快建设“两型社会”，在全国率先走出一条“两型社会”建设的路子的战略任务，全省“两型社会”建设推进大会确立了突出六个更加注重、体现六个结合、推进六项重点工作、实施八大工程的总体工作思路，《中共湖南省委湖南省人民政府关于加快长株潭试验区改革建设全面推进全省两型社会建设的实施意见》，为新的阶段全省加快“两型社会”建设明确了行动路线图。湖南“两型社会”建设实现了工作成功转段。

（二）推进机制建设明显加强

一是进一步强化“省统筹、市为主、市场化”的推进机制，明确了全省各级各部门推进“两型社会”建设的目标任务，形成了从省到市再到示范区强化拓展领导体制的工作格局，成立了长株潭试验区工委、管委会，试验区工作推进机制进一步完善。二是开展专项执法检查，省人大开展了“一条例一决定”执法检查，第一次将“两型社会”建设中的具体任务交由省人民政府落实。三是规划和标准体系进一步完善，编制完成了46个专项规划、综合规划，颁布实施12个“两型”标准和9项地方节能减排标准，出台了《长株潭城市群生态绿心地区总体规划》。四是加强了部省共建合作关系，与39个部委建立了合作关系，形成了国家部委聚焦试验区改革的新局面。试验区先后被列为全国新型工业化产业示范基地、“两化”融合试验区、综合性高技术产业基地和三网融合试点地区等，搭建了试验区改革发展的重要平台。五是形成了全民参与的浓厚氛围，积极推进科学评价考核，通过“两型”展览馆、媒体与活动推介，广泛宣传“两型”知识，大力倡导“两型”消费理念，营造了“两型社会”建设的浓厚氛围。

（三）体制改革创新取得新进展

一是资源节约体制创新。全面推进节地、节能、节水、节材，加大闲置土地清理力度，坚持连片供地、有序供地、计划供地，全面提升土地价值。长沙市颁布《长沙市节约能源办法》，成为全省第一部有关节能工作的地方性政府规章，长沙市阶梯式水价和超计划累进加价制度已正式出台实施。

二是环境保护体制创新。积极推进排污权交易试点，株洲电厂与湖南省排污权交易中心签订了湖南省第一份主要污染物排污权交易合同，成为全省首个排污权交易转让方。长沙城区开征生活垃圾处理费取得突破，开征垃圾处理费获批，将对垃圾处理费与水费合并征收。

三是城乡统筹体制创新。积极推进户籍制度改革，推进统筹城乡社会保障（养老、失业、医疗、工伤、生育保险、最低生活保障），长沙率先实现全市城乡医疗保障全面并轨，重点推进保障性住房建设，保障流动人口的安居需求。

四是投融资体制创新。积极探索资产证券化改革，积极发展创业投资引导基金、股权投资基金，加快湖南股权交易所等多层次资本市场建设。

五是行政审批制度创新。完善“五统一分”管理体制，继续减少审批事项、优化审批流程、缩减审批时限、提高审批效能。

六是研究形成需要国家有关部委支持突破的重要体制机制改革事项21条，得到国家发改委肯定。

（四）示范区改革建设成效显著

一是示范区建设发展明显加快。2011年，编制完成了《环长株潭城市群两型社会示范区建设工程实施方案（2011—2015年）》，支持郴资桂一体化示范带建设“两型社会”省级示范点，鱼形山示范区改革建设方案、片区规划和土地利用规划已获省政府批准，初步确立了一批战略合作投资者。示范区投资大幅增长，长沙大河西、湘潭九华、株洲云龙、益阳东部新区、岳阳城陵矶等示范区来势

十分强劲，“两型”产业发展提速、改革创新亮点纷呈，部分示范区主要经济指标年均增速45%以上，涌现了宁乡经开区等一批“两型”园区典型，核心增长极作用逐步显现。

二是“两型”示范创建催生了一批示范性、推广性较强的建设模式。根据“两型”性、示范性、推广性的总体要求，在全省遴选了201个“两型”示范创建项目和单位，涵盖园区、企业、城乡、学校等多个领域，省市给予重点指导和支持，形成了一批经验模式和技术。比照长沙大河西先导区2号公章的做法，湘潭九华、株洲云龙示范区争取省政府批准行使部分市级管理权限。株洲作为老工业城市的“两型”城市建设在全国产生了典型性的影响；长沙农村环保自治、株洲攸县城乡环境综合治理、湘潭环境治理在线监测等一批成功经验和模式，促进城乡环境面貌焕然一新。这些经验模式，为第二阶段全面推进全社会生产、生活、消费方式的转型升级奠定了基础，树立了样板。

（五）长株潭试验区核心带动作用进一步增强

一是要素聚集能力明显增强。首先表现在对资金等生产要素的集聚效应，2011年，一批重大“两型”项目落户试验区，成功引进了北控水务、中国建筑等战略投资者参与鱼形山高端三产项目建设。其次表现为政策集聚效应进一步凸显，部省合作更加密切，与39个国家部委和75家央企达成战略合作框架协议，争取国家在试验区布局实施50多个改革试点，形成了各方聚焦试验区改革建设的新局面。

二是试验区发展速度和质量明显高于全省平均水平。2011年，长株潭三市地区生产总值占全省的比重达到41.2%。2011年前三季度，长株潭三市地区生产总值同比增长14.0%，高于全省平均水平1.1个百分点；高新技术产业增加值同比增长33.4%，高于全省平均水平3.7个百分点；长、株、潭三市单位规模工业增加值能耗分别下降11.0%、12.37%和11.58%，分别快于全省平均水平1.87个、3.24个和2.45个百分点。

（六）产业“两型”化发展进展明显加快

2011年，湖南三次产业结构为13.9：47.5：38.6，第一产业比重同比下降0.6个百分点，第二产业比重同比提高1.7个百分点。工业增加值占GDP比重达到41.2%，同比提高1.9个百分点，对经济增长贡献率达到56.1%。全省研发经费支出占GDP比重为1.05%，比上年提高0.03个百分点。高新技术产业增加值占GDP比重达到14.7%，同比提高2.5个百分点，高新技术产品出口增长38.3%。

高效农业发展势头较好。大力发展标准化规模养殖，全省年出栏500头以上规模养殖场（户）达到2.2万户。2011年，规模以上农副食品加工业增加值增长20.9%，食品产业利润增长58.9%。一批农业生产技术和新品种获得突破和转化，如超级稻第三期高产目标攻关获得成功，实现百亩片产926公斤/亩。休闲农业加速发展，全省休闲农业企业接待游客4000万人次，增长24%，经营收入增长25.2%。

工业“两型”化发展步伐加快。高加工度、高技术产业快速成长，全省高新技术产业和技术改造投资分别增长28.3%和37.2%，规模工业中高加工度工业增加值、高技术产业增加值分别增长28.8%和32.4%，增加值占全部规模工业增加值的比重分别达到33.7%和5.3%，同比分别提高1.7个和0.7个百分点。六大高耗能行业投资增速回落18个百分点，增加值占全部规模工业的比重同比下降0.2个百分点。战略性新兴产业蓬勃发展，设立省战略性新兴产业科技攻关和重大科技成果转化专项，安排1.3亿元支持战略性新兴产业科技创新。2011年，七大战略性新兴产业增加值增长31.1%，比GDP增速快18.3个百分点，增加值占GDP的比重达到10.7%。千亿产业新增了信息产业达到8个，主营业务收入占全省规模工业的比重超过80%，新能源等“两型”产业规模迅速壮大。过亿企业大幅增加，过10亿元、过50亿元和过100亿元的工业企业，分别为202家、26家和12家，比上年分别增加68家、6家和1家。工业集聚集群发展程度提高，省级以上产业园区规模工业增加值增长23.3%，高于规模工业平均水平3.2个百分点。

现代服务业发展态势良好。物流、金融等生产服务业快速发展，2011年生产性服务业增加值对经济增长的贡献率达到13.3%。

（七）节能减排和环境保护取得新成效

一是节能减排力度进一步加大。113家企业列入国家关闭小企业计划。实施节能减排科技支撑行动，2011年全省规模工业单位增加值能耗下降9%。污染减排目标考核进一步强化，按照环保部核算结果，2011年湖南二氧化硫排放总量较2010年下降3.41%，化学需氧量排放总量下降2.7%，氨氮排放总量下降2.68%。湖南确定的约束性指标重金属铅累计净削减2.6吨，较2010年下降4.81%。除氮氧化物未能实现计划目标外，化学需氧量、氨氮、二氧化硫、铅均超额完成年度减排目标。

二是生态环境保护取得新成效。2011年全省重点生态功能区保护和建设进展顺利，完成退耕还林94.2万亩，森林覆盖率稳定在57.13%。启动湘江重金属污染治理。2011年3月国务院批准了《湘江流域重金属污染治理实施方案》，这是全国第一个获国务院批准的重金属污染治理试点方案，株洲清水塘、湘潭竹埠港、衡阳水口山、长沙七宝山、郴州三十六湾、娄底锡矿山、岳阳原桃林铅锌矿等七大重点区域被列为重点。国家重金属污染防治工程技术研究中心布局湖南，这是全国在重金属污染治理方面的首个国家级科技平台。

三是城乡环境整治取得新突破。湖南农村环境连片整治纳入国家试点，攸县城乡环境综合治理获得广泛赞誉。2011年，全省城镇生活垃圾无害化处理率达65.4%，为年度目标任务的116.8%。建设农村清洁工程示范村103个，为年度目标任务的103%。新建农村沼气池13.17万个，完成年度目标任务的109.7%。解决319.61万人农村居民的饮水安全问题，完成年度目标任务的106.5%。

二、湖南推进“两型社会”建设面临的机遇与制约

（一）湖南推进“两型社会”建设面临的机遇

1. 金融危机后全球性的转型调整为湖南“两型社会”建设提供了良好的外部环境

国际金融危机后，面对全球气候变化和资源环境瓶颈

的制约，世界各国发展方式、消费方式、生活方式、经济结构、产业结构都面临着一次全新的变革，全球范围内的结构调整、产业优化步伐进一步加快，世界经济正朝着绿色能源、低碳经济的方向发展，因此节约资源能源、保护生态环境、发展低碳和绿色经济已经成为全球各国的共识和竞争的焦点。作为中部科教大省的湖南，人才优势突出，科教基础在中部六省乃至全国排名都较为靠前，这给湖南抢抓变革机遇，加快经济社会发展，提供了有利条件，有利于湖南吸引更多的高新技术、高端人才和先进管理经验，加快推进“两型社会”建设。

2. 国家区域协调发展战略及跨省区合作日益密切，为湖南“两型社会”建设提供了更宽的发展空间

近年来，国家在促进区域协调发展方面，制定和出台了很多政策措施，促进区域协调发展被提到了前所未有的高度，这给处于中西部地区的湖南后发赶超提供了有力的政策支持。与此同时，我国跨省区域合作日益频繁和密切，长三角、泛珠三角、环渤海湾、北部湾等区域经济协作和技术、人才合作已经初显“1 + 1 > 2”的奇妙效应。近年来，湖南参与“泛珠”合作、对接长三角都取得了丰硕的成果。2012 年 2 月湖南、湖北、江西三省签订了《加快构建长江中游城市集群战略合作框架协议》，标志着三省开始着手构建互利共赢、长期稳定的区域合作关系，打造中国经济新的增长极。日益密切的跨省区域合作将给湖南“两型社会”建设提供更多的合作发展空间。

3. 环长株潭、湘南、大湘西三大区域发展相继进入国家战略层面，为湖南“两型社会”建设注入强大动力

2011 年 10 月，湘南承接产业转移示范区正式获批成为国家级承接产业转移示范区，这也是湖南继长株潭城市群“两型社会”综合配套改革试验区之后第二个纳入国家层面的区域规划。2011 年 11 月 15 日，武陵山片区区域发展与扶贫攻坚试点启动会在湘西吉首市召开，连片特困地区将作为我国今后十年扶贫攻坚的主战场。同时《武陵山片区区域发展与扶贫攻坚规划（2011 ~ 2020 年）》也已获得国务院批复，这标志着武陵山综合开发全面进入国家级战略开发。环长株潭、湘南、大湘西三大区域经济板块相继进入国家战略层面，使这三大板块即将形成湖南未来发展的“三足鼎立”，促进湖南各区域共生崛起，推动“两型社会”建设在全省全面深入展开。

4. 省内支撑“两型社会”建设的基础日益坚实

经过改革开放 30 多年来的快速发展，特别是近年来的科学跨越发展，湖南经济社会发展已进入加速发展新阶段，2011 年经济总量接近 2 万亿元，连续四年跻身全国十强，综合经济实力显著增强，同时，“两型社会”建设的推进机制不断完善，“两型”理念日益普及，“两型”氛围正在形成，这些，为加快推进“两型社会”建设提供了有力的基础支撑。

（二）湖南推进“两型社会”建设面临的困难和制约

1. 经济结构调整的任务仍然较重

湖南工业化水平不高，自主创新能力有待继续加强，经济增长内生动力不强，经济外向度不高，长期形成的结构性矛盾和粗放型增长方式尚未根本改变等问题依然制约着发展。

一是产业结构有待进一步优化。2011 年湖南第一产业占 GDP 比重为 13.9%，比全国平均水平高 3.8 个百分点。农业中粮食和生猪产值比重超过 50%，且产业化程度不高。工业总体规模不大，结构仍待优化。2011 年工业增加值占 GDP 比重为 41.2%，在中部六省中居末位，比居首位的河南省低了 11.7 个百分点。六大高耗能行业增加值占比近 35%，远高于全国平均水平，规模工业增加值居前 5 位的大类行业中，有三个是高耗能行业。以钢铁、有色、化工、建材为主体的传统重化产业还占据重要地位。电子信息、生物医药、新材料和新能源等新兴产业实力尚不够强，2011 年，湖南高新技术产业增加值只有湖北的 1/6，安徽的 1/5 左右。企业实力不强，规模工业企业户均资产总额仅相当于全国平均的 71.9%，湖南上榜中国企业 500 强的只有 7 家。产业集聚集约水平不高。全省仅有 3 个产值过千亿元的产业园区，园区工业增加值占比不足四成，发展水平远低于发达省份。服务业中现代服务业的比重较低，如信息传输、计算机服务和软件业增加值占服务业增加值的比重约为 5%，比全国平均水平低 1 个百分点以上；金融业比重约为 7%，比全国低 4 个百分点。

二是综合科技创新能力依然有待加强。一方面，政府科技投入不足，2011 年湖南 R&D 经费支出只占 GDP 的 1.05%，比全国 1.83% 的平均水平低了 0.78 个百分点。另一方面，湖南的科技成果转化率、大中型工业企业拥有专利数、技术转移、大中型工业企业研发人员增长率等指标也明显低于全国平均水平，制约整体创新能力的提高。

三是经济外向度不高。2011 年湖南进出口总额为 190 亿美元，外贸依存度只有 6% 左右。2011 年长株潭城市群进出口总额为 118.44 亿美元，占到全省的 62.3%，但是这一数据只相当于同处中部的武汉市的 51.9%，长株潭城市群的外贸依存度也只有 9% 左右，与全国平均水平差距很大。湖南在如何更好地利用国内国外两个市场，国内国外两种资源为“两型社会”建设服务上还有很大的潜力和发展空间。

2. 资源环境约束趋紧

湖南推进“两型社会”建设，既要发展，又要“两型”，能否将发展经济与保护环境更加紧密地协调统一起来，面临双重压力。

资源约束主要表现在：一是能源资源严重匮乏，供需矛盾突出。2011 年湖南能源对外依存度 55% 左右，长株潭地区 90% 以上的能源需从外地调入。目前，湖南正处在工业化、城镇化加速推进时期，也是能源需求旺盛期，2011 年全省最大电力供应缺口 25% 左右，总体来看，高峰时段电力缺口达到 20% 的紧张局面短期内难以改变。能源紧张的问题已经严重制约着湖南的发展。二是土地资源严重不足。湖南人均土地面积不到全国水平的一半，2011 年仅 160 个重大项目用地需求就达 1.8 万公顷，而国家下达湖南用地计划仅为 1 万公顷，用地缺口 8000 公顷。按照规划，“十二五”期间，湖南省预计需要用地 8 万公顷以上，但国家分配湖南省只有约 4 万公顷的用地指标。土地越来越成为制约发展的瓶颈。三是水资源虽然比较丰沛，但开发利用率不高，仅为 19.3%，且用水浪费严重，污染没有得到有效遏制，存在严重的季节性缺少。

环境约束主要表现在：一是减排压力大。主要污染物减排总量是国家下达的指标，到2015年，湖南省化学需氧量、氨氮、二氧化硫和氮氧化物的绝对削减量，要分别达到2010年的36%、40%、28%和29%，才能完成国家确定的目标，消化增量，削减存量，压力很大。湖南火力发电机组脱硝设施建设滞后，脱硝价格未到位，机动车保有量大幅增加，导致氮氧化物排放增加，2011年比上年增长10.21%。同时，生活污水和工业废水的排放量逐年增加，部分污水处理管网不配套，导致水环境问题日益严重。二是重金属污染隐患仍然突出。湖南铅、镉的排放在重金属污染物中所占比重达到80%、90%，致使一些河流、土壤存在较严重的环境安全隐患。并且涉重金属产业布局不合理，生产工艺、设备落后，历史遗留废渣、尾矿在短时间内难以消化、治理到位，容易引发污染事故。三是农业源特别是畜禽养殖污染治理任务繁重。畜禽养殖场量多面广，多数规模化畜禽养殖场（养殖小区）全过程综合治理减排工程仍未正式启动。

3. 体制机制创新难度加大

试验区成立三年多来，虽然一些关键领域的改革已经取得了较大突破，但从总体上来看，改革仍然有待进一步深化，体制机制有待进一步创新。

一是地方政府面临改革风险、空间和成本的制约。改革进入攻坚阶段，难度加大，复杂性和风险增强。虽然国家赋予试验区先行先试权，但由于许多领域的体制机制改革都涉及中央部委相关法规，留给地方政府改革的自由度相对较小。而且在一些关键领域，如污染企业退出、土地管理、生态补偿机制建设等，改革成本大，牵涉面广，单靠地方力量难以切实推进。同时，一些地方把推进“两型社会”建设的主要着力点放在向上争取政策支持上，期望国家和省给予更多的政策优惠、更大的项目倾斜、更多的资金投入，先行先试和敢闯敢试的意识不强、动力不足。

二是市场化运作效率还有待提高。目前，长株潭“两型社会”建设，通过积极创新融资模式、拓宽融资渠道，很大程度上改变了传统的政府独家投资的格局。但由于行政性垄断尚未根本打破，社会资本进入“两型社会”建设的渠道仍然不够通畅，投资往往出现政企不分、行政审批代替投资决策等现象，导致投资项目过多体现政府意愿，盲目追求短期、高效益产业，最终表现为部分资金回收困难，投资效益不高。

4. 工作合力有待进一步强化

湖南“两型社会”建设的推进机制是“省统筹、市为主、市场化”，在“省统筹”层面上，由于城市群中包含着不同的利益主体，追求地方利益的最大化是不同利益主体的自然选择，如何通过规划、分工、合作，实现城市群整体利益最大化，是一大难点。在“市为主”的层面上，目前绩效评估体系，对“两型”建设仍然缺乏刚性约束，地方政府参与的积极性尚需进一步调动。

一是行政区划体制下地方利益与区域经济一体化的矛盾日益突出，存在形成统一市场和产业一体化的体制障碍。如在金融、土地、劳动力、产权转让等方面还难以形成区域统一的大市场。

二是资源要素优化配置合力有待加强。当前仍存在不合理的部门准入限制，社会事业领域改革滞后，城乡二元结构矛盾突出，乡村发展越来越落后于城市，户籍管理、社会保障、子女入学等问题制约了城镇化进程。

三是区域协调发展的政策措施还不完善。如财税管理体制上的不配套，直接导致区域内城市间招商引资的不良竞争和产业结构趋同等问题。

三、进一步推动湖南“两型社会”建设的对策建议

（一）加快体制机制创新

2012年，湖南“两型社会”建设进入纵深推进阶段，体制机制创新的任务更加繁重。要重点在资源节约、环境友好，以及社会管理、要素聚集、市场运作等方面寻求新突破。

一是加快研究制定长株潭“两型社会”试验区促进条例、长株潭生态绿心保护条例等相关地方性法规，从法制层面为“两型社会”建设提供更加有力的保障。

二是在重点领域和关键环节大胆尝试、勇于突破。资源环境管理方面，进一步推进水、电、煤、油、气等资源性产品价格激励机制改革，加快节能减排在线监测向重点领域、单位推广，探索建立湘江流域水环境保护的合作机制和重点区域生态补偿机制，开展生态补偿工作，开展绿色保险试点。继续推行排污权交易，探索开展节能交易、碳排放和碳汇交易等。土地管理方面，建立工业园区和工业用地预申请制度，强化土地使用投入产出的门槛约束机制和检查机制，实施差别化用地政策。财税管理与投融资方面，开展环保税试点，改革资源税制度；壮大“两型社会”建设投融资平台，加快组建OTC市场，研究发行湘江治理债券；推进知识产权质押贷款试点，创新中小微型企业融资渠道。行政管理方面，进一步规范精简行政审批事项，优化审批流程，提高行政效率，推进示范区行政区划及管理体制改革，探索行政托管等模式。

三是推行“两型”标准体系和认证制度，加快建立“两型”考核监督机制。深入开展“两型”示范工程项目、“两型”示范单位创建活动，规范创建标准，把“两型”示范创建和文明创建结合起来。建立全省统一的“两型社会”建设统计监测评价体系，创新考核方法，注重过程考核和动态考核，将“两型社会”建设考核结果纳入领导干部政绩考核。落实节能、节水、环保产品消费政策，倡导绿色消费理念，加强公众利益表达机制建设，提升公众参与度，引导群众自觉融入“两型”，形成全社会参与“两型社会”建设的良好氛围。

（二）突出发展“两型”产业

一是加快推进“两型”产业发展。大力发展先进制造业、绿色建筑业、生态农业、环保型产业和现代服务业，推动产业向低消耗、低污染、经济效益高、生态效益高、社会效益高方向发展。

推进传统产业向高新化方向发展。加大技术改造和兼并重组，引导资源、技术等要素向符合“两型”要求的传统优势产业集聚。坚持创新驱动，广泛应用先进适用技术、信息技术和“两型”技术改造提升传统产业，大力促进信息化与工业化深度融合，增强新产品开发能力和品牌创建能力，促进传统产业向“两型”化、高端化、品牌化发展。大力推进农业现代化，加大农业先进技术研发、推广和服务力度，大力发展节约型农业、生态型农业、效益型农业和科技型农业，提高农业规模化、集约化、产业化水平。

推进战略性新兴产业向规模化方向发展。围绕先进装备制造、节能环保、电子信息、新能源、新材料、生物医药、文化创意等战略性新兴产业，突破一批先进适用新技术、新产品、新工艺，支持“两型”关键技术的研究开发。培育一批成长性好、科技含量高、竞争能力强的“两型”产业龙头企业。引导和支持创新要素向生态企业、工业园区集聚，重点扶持绿色产业和资源节约、环境友好的生态企业发展。按照“两型”产业的要求，整合、提升已有的园区，推动工业园区由综合型向专业型转变，重点提升长沙、株洲、湘潭、益阳高新区和岳阳、常德、宁乡经开区等国家级园区发展水平。加快形成先导性、支柱性“两型”产业，使之成为带动经济结构调整和发展方式转变的先导力量，成为支撑“两型社会”建设的持久动力。

推进现代服务业向集约化方向发展。搭建政府公共服务平台，出台专门指导意见以及物流、金融、电信、运输、旅游、商务服务等各个具体行业的配套细则。运用现代信息技术加快服务业发展。着力做大做强文化、旅游优势产业，加快发展物流、金融、信息服务等生产性服务业，加快推进三网融合，推进智能交通、智能电网、智慧城市试点示范，促进信息技术向经济社会生活全方位渗透，释放信息化推动“两型社会”建设的巨大作用。

二是加快构建“两型”产业制度和技术支持体系。一方面，按照资源承载能力和环境容量限制，优化企业布局，严格准入标准，切实做到新上产业项目不放松环保要求，承接产业转移不降低环保门槛，扩大产业规模不增加排放总量。另一方面，创建“两型”产业技术研发和推广应用的公共服务平台。集中力量实施一批“两型”重大专项，突破一批“两型”核心技术。整合重点园区、高校、科研院所和企业的创新资源，促进科研设施和信息共享，构建“两型”产业技术创新联盟，建设一批“两型”相关科研成果转化和产业孵化基地。

（三）大力发展循环经济

一是推进节能、节水、节地、节材，提高能源资源利用效率。加快淘汰落后产能，推进重点行业和用能大户节能技术改造，推广先进节能技术和产品，推行合同能源管理。大力发展低碳技术，大力推广绿色建筑，加快构建低碳交通体系。实施重点节能减排工程，抓好工业、建筑、交通运输等重点领域节能减排。加强耕地保护，厉行土地集约节约利用。加强水资源节约，推进水利综合改革，建设节水型社会。加强矿产资源保护性开发和高效利用。

二是推广循环生产模式。按照“资源集约使用、产品互为共生、废物循环利用、污染集中处理”的要求，推动产业循环式组合，构建覆盖生产、流通、消费等各环节的资源循环利用体系。鼓励企业建立循环经济联合体，支持清洁生产，推行产品生态设计，强化原料消耗管理，实现内部工艺间能源梯级利用和物料循环使用，促进资源循环利用、再生利用产业化。

（四）加强环境保护与生态建设

一是加大环境保护。要严把环境准入关，严格新建项目的环境准入制度。重点推行征税收费制度改革，以防治任务重、技术标准成熟的税目为重点，积极开征环境税。完善环保收费制度，研究逐步提高涉重金属、有机污染物收费标准，推动完善城镇污水和垃圾处理收费政策。改革环境价格政策，推动基于环境成本的资源性产品定价政策。推广新能源公交，实行黄标车辆管理。全面推广长沙县、攸县等地农村环保的经验，推进养殖场污染综合治理和生活垃圾收集处理等工程建设。完善环境社会监督机制，扩大公众对环境问题的知情权、参与权、决策权和监督权，对涉及重大环境影响的项目，通过公示、听证等形式，充分听取社会各界的意见。

二是抓好节能减排。全力推进节能减排全覆盖工程，面向全省推广节能减排在线监测，争取形成节能减排市场化、信息化、标准化的体制机制。扩大排污权有偿使用和交易试点范围，在长株潭地区全面实行、其他地区探索实行排污权有偿使用和交易。通过结构调整推动节能降耗，严控高能耗、高污染、高排放、低技术含量项目，重点突出对涉重金属企业的淘汰关闭和整合，将重金属纳入政府绩效考核。制定产业行业标准规范，对相关重点产业及行业，尽快研究制定符合实际的污染物排放等标准，逐步完善指导建设“两型社会”的标准规范体系。

三是推进生态建设。加强湘江流域综合治理，以推进湘江流域重金属污染治理为重点，着力推进株洲清水塘、湘潭竹埠港地区战略化改造、城镇污水垃圾处理等一批重大工程。建立健全生态补偿机制，利用财政转移支付、保证金等手段，推进自然保护区、重要生态功能保护区、资源开发的生态补偿，建立基于主体功能区、跨界流域、跨界断面水质目标考核的生态补偿机制，积极探索市场化生态补偿机制。

（五）扩大开放与合作

一是积极参与国际、国内区域经济合作。湖南处于内陆中部地区，只有借助区域合作的平台，结合实际合理布局，才能进一步融入世界经济潮流，实现借力发展。可以借助国家级区域合作的机制和框架，加快参与国际区域合作步伐。包括用好中国—东盟自由贸易区的平台，扩大湖南与东盟各国的贸易合作；借助“9+2”协作机制，进一步深化与香港、澳门地区的全方位合作，更多地寻找承接产业转移的突破口。同时，要进一步扩大与珠三角、北部湾经济区、长三角和中西部地区的合作。此外，要特别注重谋求“中三角”合作中的机遇。2012年两会期间，湖北省向全国两会提交了力图打造继长三角、珠三角、环渤海地区中国经济增长三极之后的“第四极”——“中三角”的构想，湖南应当在共筑中国经济第四极中积极作为，加强与鄂赣两省的经济技术交流，积极融入构建长江中游城市集群的战略合作，主动谋求新的发展空间。

二是深化部省合作。在进一步扩大部省合作覆盖面的基础上，把工作着力点放在深度推进合作共建上。更加重视推进体制机制创新，积极争取先行先试与“两型社会”建设相关的改革事项，先行先试重大的改革开放举措，力争在一些关键领域率先取得突破，最大限度地汇聚各种资源、凝聚各方力量加快湖南“两型社会”建设。

三是加强省内合作，努力形成协同推进的局面。要充分利用好湖南三大区域版块均进入国家战略、洞庭湖正在积极争取进入国家战略的重大机遇，把“两型社会”建设与区域协调发展、城乡统筹发展有机结合起来，找准定位，协同推进，加快形成长株潭核心辐射、三大区域联动、全省整体推进的格局。

（六）强化要素保障

一是强化能源保障。首先，提高自身保障能力，积极发展新能源。目前湖南水火电装机比为42：58，水能资源开发已超过90%，水电基本无潜力可挖，重点要挖掘核能、风能、生物质能等方面的潜力。其次，拓宽能源入湘渠道。建设城陵矶煤运基地，开辟电煤运输新通道，支持省内大型煤炭企业开发省外煤炭资源；加大省外购电力度，加快“气化湖南”工程建设，加快筹建与神华集团合作共建的煤炭储备（中转）基地、电力及其他相关产业项目。第三，引导全社会节能。强化节约意识，出台鼓励节能的政策措施，大力发展绿色建筑，依法推进建筑节能、交通节能，引导商业和民用节能，从源头上降低能耗总量。

二是强化资金保障。一要努力争取国家资金。湖南已与39个国家部委签订部省合作协议，要充分发挥主观能动性，加强对接，将合作协议中已有的相关政策落实到项目和资金上。二要切实发挥财政资金“四两拨千斤”的效应。省“两型社会”建设引导资金要重点支持“两型”示范创建工程等，通过财政资金的引导，撬动社会资金的参与。三要加大招商引资力度。适时推出优质项目，加大对外招商引资、战略合作和资本重组力度。放宽市场准入，创新投融资方式，推行BOT、BLT、BOO等投融资模式，扩大外源性资金投入。四要积极搭建和完善投融资平台。进一步开阔视野，更加注重发挥市场作用，利用“两型”产业投资基金、创业风险投资基金等各种融资平台，拓展银行金融机构、资本市场等多种融资渠道，广泛吸引社会资金投入“两型社会”建设。

（载于《2012年湖南两型社会发展报告》）

全省贯彻执行长株潭城市群“一条例一决定”的有关情况

——湖南省人民政府向湖南省人大常委会的报告

（2011年6月10日）

受省政府委托，我（徐湘平）就全省贯彻执行长株潭城市群“一条例一决定”有关情况汇报如下：

试验区获批以来，省人大给予“两型社会”建设高度重视和大力支持。试验区获批仅仅半年，省人大就出台了《关于保障和促进长株潭城市群“两型社会”建设综合配套改革试验区工作的决定》（以下简称“决定”），成为我国第一个地方立法为“两型社会”建设保驾护航的典范。2009年9月，修编《湖南省长株潭城市群区域规划条例》（以下简称“条例”），突出了区域规划编制、实施和监督管理，突出了核心生态保护区的保护，为试验区改革建设提供了法制保障。这次省人大常务会开展对“一条例一决定”的执法检查，是紧跟中央十七届五中全会精神、全面贯彻落实科学发展观的具体行动；是响应“四化两型”战略要求，抢抓历史机遇，促进富民强省的重要举措；是推进试验区第二阶段攻坚克难，实现体制机制创新的有力保障；是履行人大监督职能，督促各级国家机关强化执行力的又一力作；是高瞻远瞩的战略之策，也是脚踏实地的落实之举；是对两型事业的极大促进和支持。全省各市各部门一定按照省人大的要求，全力以赴做好工作。现就有关情况汇报如下：

一、长株潭试验区第一阶段“两型社会”建设进展情况

在省委、省人大的坚强领导下，各市各部门通力协作，积极探索，勇于实践，坚持把试验区改革建设作为富民强省的重大机遇和践行科学发展观的重大使命，全面完成试验区第一阶段各项目标任务，试验区开始步入科学发展、率先发展的轨道，正在发生全面而又深刻的变化，得到各方的充分认可。

1. 规划体系基本形成。完成了顶层设计，包括编制1个改革方案和10个专项改革方案、1个区域规划和18个专项规划、18个示范片区规划及87个市域规划，明确了改革建设的行动路线图。探索经济社会发展规划、城市总体规划、土地利用总体规划和融资规划“四规统一”。按照国际咨询、国际论证、国际招标、国际设计、国际一流“五个国际”的要求，编制长株潭城市群绿心规划，打造国内外独一无二的城市群“绿心”。

2. 推进机制初步建立。确立了“省统筹、市为主、市场化”的推进机制，成立了以省委书记为顾问、省长为主任的领导协调委员会，全面领导试验区改革建设工作。建立了专门研究试验区工作的会议机制，每年至少召开两次常委扩大会议或专题会议，研究部署试验区工作。建立常务副省长任组长的联席会议制度，实行目标任务分解和责任考核机制、重点工作联合督查机制、城市群规划局长联席会议机制。建立了部省合作共建的机制，在生态建设、环境治理、产业结构升级、基础设施建设等重大项目及财税、土地、金融等重点领域改革方面取得了国家有关部委的高度重视和大力支持。

3. 发展基础全面夯实。五大工程顺利推进：一是综合交通建设工程。努力打造以轨道交通为主轴、以水能充分利用为重点、以公路和其他交通方式为支撑的“两型”综合交通体系。二是三市一体化工程。通信同号升位，液化能源管道连通，城际公交半小时经济圈初步形成，银行实现同城同兑。三是能源保障开发工程。“十一五”电力装机比“十五”翻番，“十二五”非化石能源占一次能源消费比重将达到11.4%。实施长株潭公交电动化三年行动计划，节油20%，废气排放减少60%。四是人水关系协调工程。通过水利建设，2010年九次洪涝安全度汛，安全水利、民生水利、生态水利格局初步形成。五是信息化推进工程。信息化“三网融合”试点全面推进，国家超算中心抓紧建设，应用效益逐步发挥。

4. 城乡统筹基础工作全面展开。通过实施一系列的政策措施，实现“三个加速”：生产要素加速向农村流动，基础设施加速向农村延伸，公共服务加速向农村覆盖，城镇化率达44%，三年提高4个百分点，涌现出一批“两型”新农村建设的样板。推进品牌化、规模化、标准化，发展现代特色农业，全省农民专业合作组织发展到9275个，成员140万户；农产品加工企业增加到4.8万家，其中省级龙头企业315家。实现全省所有乡镇、92.3%的行政村通公路，92%的乡镇、81.6%行政村实现主干道硬化；建成农村饮水安全工程16245处，解决近1000万农村人口的饮水问题；行政村农网改造率达83%以上；全面完成洞庭湖区及湘资沅澧四水专业捕捞渔民上岸定居解困工作。以土地集约节约利用和产业结构、就业结构调整为导向，推进土地综合整治、土地流转、社保制度建设。建立起以义务教育、城镇社会保险、基本医疗服务、就业创业为重点，覆盖城乡的公共服务体系。

5. 产业结构调整初见成效。主要表现在四个方面：一是优势产业有力提升。工程机械领跑全国，浏阳花炮在奥运会上大放异彩。坚决淘汰落后产能，万元GDP能耗下降20%。二是战略性新兴产业长足发展。文化产业占经济总量的5.3%，占比居全国第四，新能源产业形成了光伏产业看中国，中国光伏看湖南的格局。工业对经济的贡献率达56%。三是自主创新不断加强。试验区获批国家综合性高技术产业基地。建立科技创新机制，自主研发出一大批“两型”技术和产品。“十一五”全省获国家科技奖励106项，位列全国第五。四是循环经济全面发展。目前，全省已有6个国家级和24家省级循环经济试点，形成了5种模式，汨罗、益阳沧水铺获批全国“城市矿山”试点。

6. 示范区建设全面推进。基本完成18个示范片区规划、改革建设实施方案的编制，益阳东部新区改革建设实施方案率先获得省政府批准。五区十八片规划区面积3579平方公里，建设面积964平方公里，起步区360平方公里。实施长沙梅溪湖、株洲华强等一批重大项目，发展势头十分强劲。湘潭高新区、常德、岳阳、宁乡经开区成功晋升国家级。大河西、天易、云龙等示范区以行政管理体制创新为重点，大力推进“大部门制”改革，精简行政审批项目，下放行政审批权限，再造行政审批流程，行政审批效能提高50%以上。拟出台《关于强化“两型社会”示范区管理和服务工作的意见》，加强对示范区的管理和服务，保持示范区发展的强劲势头。

7. 生态环境治理卓有成效。围绕湘江、洞庭湖流域进行重点治理，五大工程成效显著。一是实施城镇污水和垃圾处理工程，实现县城污水和垃圾处理全覆盖，2007年到2010年，全省城镇生活污水处理率由46.3%提高到75.1%，城镇生活垃圾无害化处理率由52.7%提高到79.1%。二是重点区域治理工程。湘江四大重点污染区域整治取得显著成效，纳入湘江流域水污染综合治理的1377家企业，已关闭、退出、停产1017家。株洲、湘潭正在启动清水塘、竹埠港整体搬迁计划。三是城市洁净工程。长沙的背街小巷提质改造荣获联合国“人居环境良好范例奖”。株洲市由全国十大重污染城市转变为以现代工业文明为特征的生态宜居城市。四是实行农村环保自治，形成了“户集中、村收集、镇（乡）中转、县（市）处理”一体化垃圾处理模式。五是生态建设工程。着力建设了一批森林公园、湿地公园、沿江风光带和社区街心公园，2010年森林覆盖率达57%。

8. 宣传教育有声有色。宣传教育营造了良好氛围，“两型”理念深入人心，“两型”生产、生活、消费方式正在逐渐形成。一是在省委宣传部领导下，联合央媒、省媒和境外媒体开展集中宣传报道，全面、立体宣传试验区改革建设。人民日报头版头条发表《湖南释放后发力量》，新华社内参《湖南“两型社会”三年试验探索科学发展新路》得到了党和国家领导人的认可，与凤凰卫视合作开展全球影响力大型宣传活动，与湖南日报联合开展两型社会系列报道、举办“两型”湖南摄影大赛，依托红网开展唱响“四个湖南”等大型活动。今年全国“两会”期间，《两型湖南》图书、画册成为试验区名片，引起强烈反响。二是利用多种平台开展宣传教育。用4个多月时间，建成长株潭“两型社会”建设展览馆，成为两型社会的宣传窗口，对人民群众的教育基地、国内外交流的平台，获得中央领导的充分肯定，赢得了广大人民群众的充分认可。编写、出版《“两型社会”建设在湖南》等书籍，总结提升改革建设的经验模式。创办“两型”试验网，去年获得全国政府优秀网站称号。

9. 思想认识逐步趋向统一。通过各类、各层次的解放思想大讨论、“两型社会”理论宣讲培训等，广大干部群众有效克服了“无关论”、“限制论”、“简化论”等思想误区，对“两型社会”建设有了一定的认识和理解。三年来试验区改革建设的显著成果，用实践证明了湖南走“两型社会”建设的路子是十分正确的，广大干部群众共享改革建设成果，对“两型社会”建设的认同感和使命感明显增强。特别是省委13号文件明确提出“四化两型”战略，将建设“两型社会”作为加快转变经济发展方式的目标和重要着力点，提高到了前所未有的高度。习近平副主席对湖南“两型社会”建设的高度评价，更坚定了我们前行的信念。

10. 形成了一批模式和技术成果。部分领域改革取得实质性进展，形成了绿色电价、分质供水和阶梯式水价、推行宾馆酒店取消免费提供“七小件”、农村环保自治和垃圾分类处理、长沙五种新型集约节约节地模式等一批可供示范借鉴的模式和经验。涌现了“天河一号”超级计算机、A型地铁车辆等一批重大科技成果，自主研发了污泥常温深度脱水、餐厨垃圾处理、废旧冰箱无害化处理、非晶硅光电幕墙、可持续性建筑等一大批“两型”技术和产品。

二、长株潭试验区落实“一条例一决定”的基本情况

主要汇报四个方面内容：

（一）长株潭城市群“两型社会”建设推进机制建立的情况

1. 建立政策体系的情况。根据省统筹、市为主的原

则，省里宏观管理，统筹规划，统筹重大政策、重大改革、重大建设项目，统筹宣传；强调市为主，充分突出各市在改革试验中的主体地位。3 年来省里出台了《试验区改革建设实施意见》、《关于加快转变发展方式促进“两型社会”建设的决定》等 70 多个政策文件，基本形成了政策保障体系。积极开展部省合作，与 36 个国家部委，72 个央企签订了合作协议，三网融合、轨道交通、国家超算中心等一批重点项目和 50 多项试点落户长株潭。各市也积极探索，成立领导协调机构，设立了专项经费，建立绩效考核、联席会议、部门协调制度，积极开展市厅合作。《关于支持示范区改革建设的政策意见》已进入发文程序。我们正在根据先行先试的要求，组织 100 项具体政策的研究，下半年完成，与国家有关部委衔接争取支持。

2. 市场化推进情况。为打破试验区建设的资金瓶颈、突出市场化，开展了一系列的探索。编制实施了全国第一个城市群系统性融资规划，着力打造资金“洼地”。组建湖南投资发展集团作为试验区主投融资平台，带动市县融资平台建设。目前，试验区建设投融资平台 13 个，发行债券 102.8 亿元，城市群融资额占全省比例超过八成。组建区域性股份制商业银行华融湘江银行。积极探索组建 OTC 市场。争取国家发改委设立“两型”产业投资基金，国开行设立长株潭“两型”城市发展基金，总规模 200 亿元，两型基金及基金管理公司正在组建中。

3. 建立统计和评价体系的情况。在全国率先编制“两型社会”建设统计评价指标体系，从资源节约、环境友好、技术创新和社会经济等四个方面，提出 30 项具体评价指标，规范和引导试验区改革建设。编制完成“两型”园区建设、“两型”产业发展水平评价等六大规范性指南标准，增强试验区“两型”社会建设的操作性和针对性。制定了绿色建筑评价标准、绿色道路设计导则等五个地方技术标准，探索建立了五大节能减排标准。同时，“两型”机关、学校、医院、家庭、社区、村庄等标准已通过专家评审，即将试行，正在研究行政机关、商场、医疗机构、高校等单位综合能耗标准。将尽快形成两型标准体系，在全国率先实现“两型社会”建设的标准化。

4. 建立社会参与引导机制的情况。为赢得最广泛的群众基础，试验区努力打造政府推动、社会参与、全民行动的“两型社会”建设格局。试验区广泛开展了“两型”机关、园区、企业、学校、家庭、村庄、社区、建筑等十大创建活动，基本形成了以示范创建单位为“点”、十大领域为“线”、省市县区为“面”的多位一体两型示范创建体系，涌现了一批两型典型。目前正在筹备两型示范工程，计划年内完善出台 12 项“两型”标准，摸底推出 50 个“两型”样板工程，认证授牌 50 个左右“两型”示范单位，培育支持 50 个左右“两型”样板工程，开发推广 10 类“两型”技术产品，总结形成 50 个左右“两型”典型模式，在生产、生活和消费等领域形成示范推广效应。

（二）长株潭城市群区域规划体系的建立、规划的管理和监督情况

1. 规划的编制情况。按照两型社会的要求提升了《长株潭城市群区域规划》，获国务院批准实施。以区域规划为依据，组织省直部门进行了 18 个专项规划的编制。截止 2010 年底，城市群综合交通规划、信息同享、系统性融资规划、湘江流域重金属污染治理实施方案等 4 个专项规划已批准实施，10 个专项规划已经完成编制、评审及报批。环长株潭城市群八市也加紧了总体规划修编，湘潭城市总体规划获得国务院批准。至 2010 年底，五大示范区 18 片区基本完成片区规划的编制与评审，正陆续批准实施。

此外，通过国际咨询，编制了长株潭城市群绿心规划，将 522 平方公里生态绿心分区管制，禁止、限制开发区占总面积的 89%。

2. 规划管理、监督与审查的情况。建立了长株潭空间动态管理系统，实现对区域规划实施情况的动态监控。初步建立了联合审批模式，相关厅局联合对区域内重大影响建设项目进行审查。

（三）长株潭城市群“两型”产业发展情况

1. 科学规划产业定位和布局。长株潭城市群工业空间布局坚持突出优势、分工协作、错位发展，强化增长极作用，领跑全省工业又好又快发展。在定位上，突出改造传统产业，发展战略性新兴产业，提升服务业水平，促使产业从“高碳”向“低碳”、从“制造”向“创造”、从“黑色”向“绿色”转变。在布局上，突出“一心（绿心）两圈”。“一心”即城市群绿心地区，产业布局重点为生产性服务业和生活性服务业。“两圈”包括内圈和外圈。内圈覆盖长株潭三个城市，重点布局工程机械、轨道交通、汽车及零部件、新能源装备、有色深加工、电子信息、新材料、生物医药、食品加工、烟草、陶瓷、烟花、物流业等产业。外圈覆盖岳衡常益娄五个城市，重点布局装备制造、钢铁深加工、有色深加工、化工、新能源、新材料、电子信息、食品加工、生物医药等产业。

2. 精心培育战略性新兴产业。出台培育发展战略性新兴产业的决定，坚持规划引导与政策推动相结合，自主创新与产业孵化相结合，编制全省战略性新兴产业总体规划和先进装备制造等 7 个专项规划，促进战略性新兴产业加速崛起，新材料、新能源、生物医药、文化创意等产业快速增长，逐步形成了自身优势。电动汽车突破一批核心技术，形成了从电池、电机、电控、电动空调到整车的完整产业链，试验区获批国家节能与新能源汽车示范推广试点。风电装备突破整机系统集成等三大技术，使我省风电装备从无到有，形成年产值过 100 亿元的新兴产业。三网融合试点提供了发展契机，信息网络产业酝酿新的突破。

3. 全力推动集群发展。一方面做强园区，通过完善产业园区功能、设定企业入园门槛、增强园区企业之间的关联度和依存度，引导园区向专业化、特色化发展，加快产业集约发展。另一方面做强优势产业，进行优化重组。工程机械、汽车及零部件等支柱产业加快扩张提质步伐，产业层次不断提升。远大住工建成“国家住宅产业化基地”，形成了国内唯一完整的住宅工业化体系，突显出建筑节地节能节水节材的显著优势。出台了加快引进战略投资者的指导意见等文件，建立引进战略投资者“一事一议”的联席会议制度和“一项一策”的个性化服务。实施“走出去”战略，一批大型企业到欧美实施并购，建立研发中心，获取资源、技术、市场。中联重科收购意大利 CIFA 公司、南车时代收购英国丹尼斯公司，成为行业龙头。

4. 着力发展循环经济。扶持一批园区申报国家循环经济试点，株洲清水塘成功进入第二批国家级循环经济试点园区，浏阳再制造园列为全国第一批机电产品再制造集聚试点。把循环试点从单个企业推广到循环产业链，实现了园区企业内部的小循环、企业之间的中循环和园区对外的大循环。衡阳以"减量化、再利用、资源化"为途径，实施松木、水口山、大浦三个循环经济园区试点建设。娄底将"三余"发电变废为宝，发电装机总量达 50 万千瓦，发电量占全市工矿企业年用电量的 1/4。

5. 促进高新技术应用。出台了促进产学研结合增强自主创新能力的意见，实施节能减排科技支撑行动方案。引导院士等技术领军人物创办公司，搭建了电动汽车、轨道交通等技术创新战略联盟，"十一五"以来在风电、轻型飞机等领域实施科技重大专项 36 个，集中突破 272 项关键瓶颈和共性技术难题。

（四）"两型社会"建设"先行先试"体制机制创新情况

积极探索了包括以下十个方面体制机制问题：

1. 创新资源节约体制机制。一是建立价格机制，推进电价、水价、污染物排放价格改革。2009 年，试验区带动全省万元 GDP 能耗下降 5.1%，降幅创历史新高，万元工业增加值用水量下降 24%。二是启动节能减排全覆盖工程试点。2010 年在长沙、株洲的工矿企业、公共建筑等十大行业的 30 余家单位试点，年可节约标煤 4 万吨，减排 CO_2 9 万吨，初步形成节能减排推进模式和五个标准。三是推广新能源公交。实行《试验区节能与新能源汽车示范推广工程实施方案》，3 市投入运营 1000 余台清洁能源的士和混合动力公交车，平均节油超过 20%，废气排放减少 60%。四是大力发展循环经济，扶持一批园区申报国家循环经济试点，把试点从单个企业推广到园区，乃至整个城市群。目前全省已有 6 家国家级和 24 家省级循环经济试点，形成了株洲、岳阳、浏阳、宁乡、娄底、郴州 6 种模式。五是实施节能综合性管理和全覆盖服务。大力推行公交车电动化、促进"新能源公交"发展。长沙在全国省会城市中率先成立市能源管理办公室和执法机构，首创"节能 120"服务中心，在全国率先实行宾馆酒店取消免费提供一次性日用品。长沙、株洲成功争取国家绿色建筑、可再生能源示范城市试点。六是推进国家节水型试点城市建设。长株潭获批国家节水型城市建设试点，编制城市节水型社会建设规划，出台《节约用水管理办法》，开展城区应急水源建设，开展河道整治。

2. 创新环境保护体制机制。一是实施湘江流域治理模式。积极探索建立湘江流域长株潭段水环境上下游补偿机制和湘江流域生态补偿机制，制定《湘江流域生态补偿实施办法（试行）》，对流域内 51 个市县实行省级财政生态补偿试点；坚持上下联动、江湖联动、水陆空联动等环保联动机制，逐步完善长株潭城市群环境同治协调机制；推动湘潭与长沙、株洲两市签订湘江枯水期环境污染应急处置联动合作协议书；将湘江重金属污染治理纳入国家专项，推进环境经济政策试点。二是建立环境治理市场化机制。制定《湖南省主要污染物排污权有偿使用和交易管理办法（试行）》，开展排污权交易试点。建立环境风险责任保险制度，实施环境污染责任强制性保险，目前，全省投保单位达 342 家。长沙市出台《关于实施环境经济政策的指导意见》，通过利益导向机制有效增强节能减排的激励约束，开启了国内城市全面探索实施环境经济政策的先河。三是探索区域环保特色试点。在试验区小城镇建成区试点垃圾治理，在新农村推行环保自治。长沙市建设了日处理 1000 吨的城市生活垃圾分选及综合利用项目，可使生活垃圾减量 20% 左右；制定了《餐厨垃圾管理办法》，由政府补贴对城区餐厨垃圾实行统一收运、集中定点处置；推行"户分类、村收集、镇中转、县处理"的集中处理模式和"户分类减量、村分类利用、镇中转填埋"的分散处理模式，出台了市级财政投入补助政策，正在 1000 个村建立垃圾收集处理体系。四是积极构建环境保护"立体监测"机制。湘潭市构建应用 PDA 环保执法管理平台，对重点污染源及重点企业实现 24 小时视频自动监控。

3. 创新土地管理体制机制。一是创新土地节约集约利用模式。长沙以国土资源部试点为契机，成功探索出农民安置、城市建设、开发园区、新农村建设、道路建设等五种节地模式，得到国土资源部充分肯定并向全国推广。二是推进农村土地流转试点。长沙成立土地流转股份合作社，流转土地 12000 多亩，整理耕地近万亩。株洲全面实行城镇建设用地增加与农村建设用地减少相挂钩，制定《农村土地承包经营权流转实施方案》，在天元区试点"征转分离、先征后转"的土地开发模式，实现 8 个村民小组共 2700 亩集体土地转为建设用地，全市流转土地 363 万亩，其中流转耕地 76 万亩，占耕地总面积的 32%。湘潭市出台推进土地节约集约利用若干意见、评价考核方法和农用地征转分离若干意见，积极推进连片规划、集中投入的土地整理试点，推广构建土地管理和耕地保护共同责任机制，全市新增农用地 110.21 公顷，新增耕地 67.03 公顷。三是推进土地综合整治。省委省政府下发关于推进土地综合整治的意见和考核办法，以城乡建设用地增减挂钩和土地整理复垦开发为平台，整体规划，聚合资金，整村连片推进田水路林村整治。2010 年，我省被列为全国农村环境连片整治示范省。

4. 创新投融资体制机制。以基金为载体，积极探索省市合作模式，做实市场化平台，做好项目的策划包装，研究投融资模式，完善配套政策，构筑市场化运作格局。围绕解决好"政府平台、资本金、抵押物、现金流"四个问题，一是推动融资主体市场化，建立完善的法人制度，形成完善的公司组织体系，获得资本市场和监管部门的认可。二是推动融资项目市场化，与开发性资源打捆运作，确保收益，使项目具备市场化条件。三是推动融资条件市场化，通过土地储备和经营、授予项目建营专属权等，构建均衡的现金流，并建立偿债机制和投资退出机制，控制信用风险，完善信用结构。四是推动融资手段市场化，积极运用资产证券化、上市、信托、产业投资基金、排污权交易、碳交易等，多渠道、多手段满足融资需要。

5. 创新行政管理体制机制。省政府出台《湖南省行政程序规定》，严格规范行政部门办事程序，减少审批事项和环节。2010 年，全省取消行政审批 179 项，年检精简 41%，取消停止行政性收费 100 项，减少行政检查 560 项，审批时间平均减少1/3。长沙大河西先导区再造审批流程，审批时限在原来基础上平均缩短65%以上；株洲成立市政务服务中心，集中归并行政机关审批职能，办结时限在法定时限内缩短1/3以上，减少行政许可项目68项。湘潭分别授予九华、昭山、天易和高新区市级行政权限68项、60项、53项和54项，推行“一门式受理、一条龙服务、一站式审批”的审批模式，单项审批时限节时60%以上。长沙、湘潭推进水务体制改革，成立水务局，统筹担负水务管理职能，开展区域涉水事务管理一体化试点。

6. 创新城乡统筹体制机制。一是探索城乡统筹发展机制。全面试点探索基础设施一体化、公共服务均等化、社会保障同城化、社会管理社区化、产业发展集聚化、土地利用集约化新途径。二是建立健全农村公共服务保障机制。在长沙县、株洲县、湘潭县等县市启动新农保试点，率先在试验区建立新型农村社会养老保险制度。九华示范片区实施“就业利民、共建富民、保障惠民、和谐安民”举措，形成统筹城乡就业安置模式。三是实施农业产业化经营。重点发展循环农业、生态农业，培育具有地方特色的主导产业，努力形成“一乡一品”、“一县一业”的规模化生产格局，涌现出长沙光明村、关山村、株洲云田村和益阳清溪村等一批“两型”特色示范村。

7. 创新产业结构优化升级体制机制。一是运用大规模并购重组机制。抢抓国家颁布《汽车产业调整和振兴规划》的机遇，引入菲亚特等项目，提升了湖南汽车产业在全国的地位；三一重工引进德国技术，成为全球高速铁路路面铺轨设备主要供应厂商。二是建立产业布局的优化协调机制。引导各市发挥比较优势，布局发展战略性新兴产业。长沙市政府与中国电子信息产业集团共建中部地区最大国家软件产业基地。株洲、湘潭的轨道交通、风电制造等快速崛起，中电集团四十八所旗下太阳能光伏产业基地，在国内具有优势垄断地位。三是建立淘汰产业退出机制。采用政策引导、倒逼机制、合理补偿等综合手段，2010年长沙坪塘实现20家污染企业全面退出，每年将分别减少CO_2、SO_2排放量19万吨、2600吨，今年可同比减少能耗约6万吨标准煤，成为湘江治理史上的一次重大行动。四是建立“绿色信贷”机制。制定“绿色信贷”目录，“绿色信贷”工作情况纳入年度信贷政策导向效果评估报告，通报全省。商业银行建立企业的环保信用档案，以环保信用作为放贷的基础，中国建设银行湖南省分行严格控制“双高”行业新增产能的项目贷款，2010年，预计退出不符合绿色环保要求的存量信贷资产11.84亿元。

8. 创新科技和人才管理体制机制。一是搭建政策平台。出台了促进产学研结合增强自主创新能力的意见、节能减排科技支撑行动方案、关于引进海外高层次人才实施意见。将长株潭高技术产业基地范围拓展到全省。二是构建工作平台。先后成立省节能技术评价中心、节能减排科技服务中心。推行三市知识产权一体化，建立了电动汽车、轨道交通等一批产学研结合的技术创新战略联盟。长沙高新区成为中西部地区首个部省共建的“创新型园区”。三是搭建引智平台。与国家外国专家局签订合作框架协议，以城市群名义统一人才招聘，打造各市人力资源共引共享平台。四是孵化了一大批“两型”技术和产品。如中联重科与浙江大学、清华大学等联合研发的餐厨垃圾处理车，每处理1万吨垃圾，可发电183万千瓦时。湖南万容科技有限公司研发废旧冰箱无害化处理技术及设备，如在全国推广，每年可回收的资源总值将达12亿元以上，得到习近平副主席肯定。

9. 创新对外开放体制机制。建立长株潭城市群对外招商引资统一平台和统筹协调机制，加快转变外资外贸发展方式。多次组织长株潭三市参加国家级招商活动，取得了良好成效。创新服务业发展机制和口岸管理体制，建立湖南电子口岸虚拟平台，去年底已新增入网企业540家，总数达到4928家。在试验区全面推广跨关区“属地申报、口岸验放”和“24小时预约通关”模式，以及关区内“属地申报、快速验放”通关模式，关区通关效率居中部6省前列。加强经贸合作，积极引导长株潭优势企业联合“走出去”。2010年，长株潭城市群进出口总额97.2亿美元，增长45.1%。其中出口50.2亿美元，进口47.0亿美元。实际利用外资30.4亿美元。

10. 创新财税体制机制。建立“两型社会”建设财政支持体系。长沙市财政每年安排先导区5亿元“两型社会”专项资金。改革税务体制，拟通过改革车船税计税依据，扩大资源税征收范围并逐步实行“从价计征”，改革房地产税收制度，试点开征环境保护税，积极推进试验区税改试点工作。目前，长沙市已初步构建了全市车船排量数据库，株洲市正着手开展全市污染源调查，湘潭市则就房地产税试点工作的可行性与部分专家进行了探讨，并已尝试进行评税软件本地化工作，试点工作正有条不紊推进。

三、下一步工作打算

在贯彻落实“一条例一决定”的工作中，仍然存着对“两型社会”认识不足，与区域规划条例相配套的法规、规章有待健全，体制机制障碍依然严重，执法监督职能缺失，核心生态保护区保护亟待加强等问题，需要采取有效措施，以执法检查为契机，全面推进“四化两型”建设。

（一）结合执法检查，进一步统一思想认识。“两型社会”建设是我省推进新型工业化、农业现代化、新型城镇化和信息化发展的必由之路，事关经济社会发展全局，涉及人民群众切身利益。这次“一条例一决定”执法检查，为我们积极推进“两型社会”建设和各项改革措施的落实、努力开创城市群综合配套改革发展的新局面提供了一个巨大契机。各级政府和部门要进一步统一思想，进一步增强责任感、紧迫感和使命感，进一步解放思想，勇于创新，扎实工作，立足新的起点务实推进“两型社会”建设取得更大成效。

（二）结合执法检查，进一步加强政策保障。根据“一条例一决定”，清理与“两型社会”建设相矛盾抵触的相关规章、文件、地方标准等；鼓励先行先试，调整、修订、出台相关支持示范区改革建设的政策措施，扩大示范区经济管理权限，从财税、产业、土地、投融资等方面给予支持；积极向国家争取示范区享受国家级园区优惠政策；加快《区域规划条例实施细则》的出台。

（三）结合执法检查，进一步改革体制机制。通过体制创新，破除现阶段制约科学发展的体制桎梏和机制障碍，增强发展的后劲，扩展发展的空间，挖掘发展的潜力。以执法检查为契机，进一步纵深推进各项改革，在资源节约、环境友好、产业优化、科技创新和土地管理等体制改革方面开拓创新，做好改革方案与示范片区规划的批复工作，着力推进长株潭城市群一体化建设。以创新资源节约、环境保护、产业优化升级、科技和人才管理、土地管理的体制机制为重点，配套推进投融资、对外经济、财税、统筹城乡及行政管理等体制机制改革创新。加快改革创新步伐，按照“一条例一决定”的规定，通过体制机制上的大胆突破，率先构筑体制优势，率先破解瓶颈制约，率先形成发展活力，建立“两型”的新机制，积累传统工业转型的新经验，形成城市群发展的新模式。

（四）结合执法检查，进一步推进重点工作。

1. 加强机构建设。理顺试验区领导体制和工作机制，建立强大的省统筹机制，高位推进试验区改革建设。加强领导机构及工作机构建设，统筹协调试验区“两型社会”改革建设中的重大问题，发挥“裁判员”职能，建立省、市、县（区）推进体系，形成强大的合力。落实试验区改革建设的各项法规、政策，加强区域规划等顶层设计的落地实施。

2. 加快“八大工程”实施。在“两型”产业振兴、基础设施建设、节能减排全覆盖、湘江流域综合治理、示范区建设、城乡统筹、长株潭综合交通一体化和三网融合等方面取得实质性的突破。

3. 加快标准体系建设。在全国率先实现“两型社会”建设的标准化。建立符合“两型”的标准体系、形成符合“两型”的综合评价指标体系、编制符合“两型”的统计指数，规范、引导、促进“两型社会”建设。加大对出台标准的推广执行力度，通过开展标准的认证和“两型”示范单位创建等工作，树立一系列“两型”标准的典范，在全社会形成践行“两型”标准的新风尚。

4. 加快平台搭建。完善政策研究平台，建立覆盖主要产业的公共科技创新平台、公共技术研发平台和推广服务平台，大力构建投融资平台，积极搭建推进平台。加强部省合作，加强与央企对接，将部省合作落到实处。

5. 加大宣传推介。做好湖南“两型社会”和试验区的形象设计，把长株潭试验区作为一个整体品牌，加大宣传推介力度，让“两型社会”成为我省招商引资的名片。充分利用媒体手段，特别是湖南传媒在全国的领先优势，让“两型”发展理念深入人心，在全社会形成共建“两型社会”的合力。

四、几点建议

（一）适时制定出台改革试验促进条例。从全国的一些区域性的改革建设经验来看，如武汉城市圈、珠三角等，都已经或即将制定改革促进条例，作为保障区域改革试验的“基本法”。从开展“两型”社会建设第一阶段工作来看，建设“两型社会 ”的指导思想、总体思路等宏观性、全局性的问题，需要通过制定地方性法规确立下来。从完善试验区法制保障来看，出台促进条例，将巩固和加强“一条例一决定”的实施成果，完善丰富法规体系。建议省人大常委会适时制定出台《长株潭城市群“两型”社会综合配套改革试验促进条例》，从总体上构建长株潭城市群综合配套改革试验的方向，为“先行先试”指明方向，引导、规范、促进和保障城市群“两型社会 ”建设。此外，应根据重点领域和关键环节的改革试验需要，适时制定、修改或者废止有关地方性法规、政府规章和其他规范性文件。

（二）赋予省“两型社会”建设试验区工作机构专项执法督察权。为保障区域规划的有效实施，建议省人大常委会赋予省两型社会建设试验区协调工作机构专项执法督察权。监督省直相关部门及长株潭城市群各市人民政府的规划和建设是否遵循区域规划及国家、省的相关法律、法规，保障《区域规划》的有效实施。重点对区域规划的编制、实施、修编进行监督，对区域内各项专项规划、各市域规划是否与区域规划相一致进行监督，对区域具有重大影响项目、工程等问题是否严格按照区域规划实施进行监督。

（三）将“两型社会”建设专项资金，列入各级政府财政预算。城市群建立专项发展资金，在我国尚无先例可鉴，湖南“两型社会”建设，现阶段也没安排专门的预算和专项的资金，这些都不可避免的导致财政资金难以落实或合理利用，从而减缓改革试验的步伐。要实现有效的专项资金保障，加大省统筹力度、打造区域增长极，引导和吸引社会资金投入“两型社会”建设的重点项目、重点工作，确保顺利完成“两型社会”建设第二阶段目标任务，专项工作必须有专项资金或资金政策支持。建议省人大常委会建立长株潭城市群综合配套改革试验专项资金，并将其列入各级政府财政预算。

（湖南省人大供稿）

长株潭城市群“一条例一决定”贯彻实施情况

——湖南省人大常委会党组向湖南省委常委会议的汇报

（2011年12月6日）

2011年以来，湖南省人大常委会对《湖南省长株潭城市群区域规划条例》和《湖南省人民代表大会常务委员会关于保障和促进长株潭城市群资源节约型和环境友好型社会建设综合配套改革试验区工作的决定》（以下简称“一条例一决定”）的贯彻实施情况进行了检查。9月下旬，省十一届人大常委会第二十四次会议听取和审议了执法检查报告。11月7日，省人大常委会召开了执法检查报告审议意见交办会，将审议意见连同执法检查报告交由省人民政府研究处理。根据周强书记指示，省人大常委会决定，2012年开展跟踪检查。现将情况汇报如下：

本次执法检查指导思想明确、组织领导得力、检查范围广泛、工作方法灵活，取得了比较好的成效，主要有四个特点：一是紧扣“四化两型”。“一条例一决定”是促进两型社会建设的有力保障。2010 年 11 月 22 日，省委书记、省人大常委会主任周强指示：省人大常委会制定和作出了长株潭城市群“一条例一决定”，下一步要围绕贯彻实施情况开展执法检查。2011 年 2 月 11 日，省人大常委会第 91 次主任会议按照省委的要求，决定把开展“一条例一决定”执法检查作为 2011 年的重点工作。二是领导高度关注。省委书记、省人大常委会主任周强 7 月 22 日带领执法检查组到长株潭核心区生态绿心进行重点抽查，并就执法检查和绿心保护发表重要讲话。省人大常委会副主任李江、谢勇、陈叔红、蔡力峰、肖雅瑜、刘莲玉、蒋作斌分别带领执法检查组赴长沙、株洲、益阳、娄底等地重点抽查，到省直有关厅局重点检查，并率常委会全体组成人员到长沙市开展了两型社会建设专题视察。省领导于来山、陈润儿、陈肇雄、何报翔先后以各种形式参加了有关活动。三是省市协同推进。执法检查组通过听取汇报、重点抽查、实地调研、发放问卷、召开座谈会等方式，深入开展执法检查。省人大常委会与八市人大常委会精心组织、上下联动。省人民政府及其 30 个有关部门认真开展自查，共同推进。四是社会反响良好。广大群众非常关注，积极来信来电提出了许多建议。普遍反映，在湖南承担国家赋予两型社会建设试验重大使命的关键阶段开展这次执法检查，十分必要，非常及时，对于推进两型社会建设意义重大。

一、贯彻实施“一条例一决定”的主要成效

1. 规划体系基本形成。长株潭试验区依据“一条例一决定”，完成了顶层设计，确定了改革建设“路线图”。编制了《长株潭两型社会建设综合配套改革试验实施方案》和 10 个专项改革方案；《长株潭城市群区域规划》获国务院批准实施后，编制了 18 个专项规划、18 个示范片区规划和 87 个市域专项规划。长株潭三市修编城市总体规划，积极引导基础设施对接共享、产业合理分工布局。

2. “省统筹、市为主、市场化”在实践中得到推进。省统筹方面，设立了领导协调委员会、长株潭试验区党工委和管委会，全面领导试验区的改革建设工作，省两型办统筹协调日常工作。三年来，省里出台了《关于全面推进长株潭城市群两型社会建设的实施意见》、《关于加快转变发展方式促进两型社会建设的决定》等 70 多个政策文件。积极开展部省合作、厅市合作，有 39 个部委、74 家中央企业在试验区布局了实施规划环评、排污权交易、节水型城市等 50 多项改革试点。建立社会参与机制，广泛开展“两型”机关、社区等十大创建活动，引导人民群众参与两型社会建设。市为主方面，以市为主科学规划产业定位和布局，突出改造传统产业，发展战略性新兴产业，提升服务业水平，将试验区改革建设的各项目标和任务落实到各市。依据省委省政府推进“八大工程”的初步安排，加快推进“两型”产业发展、基础设施建设、环境保护与治理、统筹城乡发展等重大建设。长株潭三市形成了工程机械、轨道交通、新能源装备等一批强势的产业集群，强化了增长极的核心作用。市场化方面，构筑市场化运作平台，推进基础设施和公用事业领域市场化改革，鼓励社会资本参与两型社会建设。推动融资主体、融资项目、融资条件、融资手段市场化。争取国家发改委、国开行设立了“两型”产业投资基金、长株潭“两型”城市发展基金。试验区已建成投融资平台 13 个，发行债券 102.8 亿元。长株潭城市群融资额占全省的比例超过八成。湖南省联合产权交易所和湖南股权交易所在长沙挂牌成立。

3. 两型社会标准体系初步建立。编制两型社会建设统计评价指标体系，从资源节约、环境友好、技术创新和社会经济等四个方面，提出了 34 项具体评价指标。编制符合“两型”要求的统计指数。出台了“两型”产业、园区等 12 项规范性指南标准。制定绿色建筑评价标准、绿色道路设计导则等 5 个地方技术标准。探索建立了行政机关、普通高校等 5 项节能减排标准。逐步推广合同能源管理，促进建筑、交通、商业、民用等领域的节能推广，在全国率先形成节能减排行业标准和用能标准。

4. 体制机制创新取得进展。积极探索创新资源节约、环境保护、土地管理、投融资、行政管理、城乡统筹、产业结构优化升级、科技和人才管理、对外开放、财税等十个方面的体制机制。围绕资源节约，推进了水电价和污染物排放价格改革，推广了新能源公交；进行了循环经济试点、国家节水型城市建设试点、节能减排全覆盖工程试点；开展了节能综合性管理和全覆盖服务。目前全省已有 6 家国家级和 24 家省级循环经济试点。围绕环境保护，推动实施了环境污染责任强制性保险试点；积极探索建立湘江流域长株潭段水环境上下游补偿机制；制定《湖南省主要污染物排污权有偿使用和交易管理办法（试行）》。围绕行政审批制度改革，精简行政审批项目，下放行政审批权限。大河西、云龙、昭山、天易、滨湖五大示范区以及十八个片区简化审批制度，优化了审批流程。示范区行使市直部门部分行政许可权，行政审批效能提高 50% 以上。

三年来，长株潭试验区顺利推进了综合交通建设、三市经济一体化、能源保障开发、人水关系协调、信息化等五大工程。长株潭城市群共建共享的综合基础设施框架体系和区域经济一体化格局初步形成。长株潭三市试验区 GDP 占全省比例高达 42.6%，对湖南经济增长率贡献达 55%。可以说，试验区改革建设取得实质性进展，第一阶段任务基本完成。

二、存在的问题和面临的困难

1. 部分干部群众对实施“一条例一决定”的认识模糊。当前，对贯彻实施“一条例一决定”、建设两型社会的舆论宣传缺乏深度和广度，部分干部群众对此知之不多、了解不深，存在无关论、简单论、限制论、边缘论等模糊认识。有的认为建设两型社会是两型办的事，是长株潭三市的事。有的认为设立禁止开发区、限制开发区将阻碍地方经济发展。有的认为两型社会建设就是修条路，建个示范区。有的把本单位的工作贴个“两型”标签了事。有的强调部门利益。有的口里喊资源节约和环境保护，但思维习惯、生产方式、生活方式依然停留在传统观念上。这些思想认识影响了“一条例一决定”的实施效果。

2. 协同发展有障碍。一是工作协调有的不到位。有的工作协调没有上升到“条例”规定的相应层面，执行监督有的也不到位。省统筹“统”得不够。对于跨区域、跨行业的重大项目、重大举措，协调部门利益、地方利益的难度比较大。比如，推进示范区改革发展的政策，由于部门意见分歧，出台缓慢。二是改革配套有的不到位。两型社会建设和改革的动力机制需要进一步探索。环境资源、城乡统筹、土地、金融和行政管理等重点领域和关键环节的改革需要深化。区域性生态补偿机制、产业发展导向机制、利益协调机制需要建立和完善。“条例”明确规定对核心生态保护区实行利益补偿制度，但补偿的具体办法一直没有出台。省、市共同推进机制需要进一步健全。各部门之间总体统筹和协同需要强化。三是环境优化有的不到位。国家对试验区建设的政策、资金支持相对有限，但有的地方和部门存在等、要、靠思想，过分依赖财政投入，在“两型”产业发展、环境保护治理等领域乏力。省直部门服务两型社会建设的意识有待加强。“两型”意识、“两型”文化和“两型”生活方式尚未形成。四是考评督查不到位。缺乏对政府和部门两型社会建设的评价及考评机制。尚未建立对政府和部门主要负责人两型社会建设述职制度和日常的督查制度。需要进一步理顺工作机构，加强工作力量。

3. 有的执行规划不够坚决。一是环长株潭城市群相关规划批复不及时。十八个片区规划，除湘潭九华、易俗河、益阳东部新区片区规划获批外，其他十五个片区的规划尚未获批。已报省人民政府的十五个片区改革建设实施方案，有十四个至今没有批复。有些区域基本完成了总体规划编制，但详规修编没有启动，有的详规没有及时与总体规划对接。二是长株潭城市群核心区生态保护形势严峻。有的执行法规态度不够端正，思想认识上存在差异，加上补偿办法、协同措施、法规执行、具体详规都未按条例的规定及时细化，禁止或限制开发区的具体区域，未设定明确界限，给违规者留下时间和空间，以致生态绿心过度开发现象比较突出。据统计，目前绿心地区建设项目有470个，建设用地达75.5平方公里，占绿心总面积14.4%，高于全省主体功能区要求8%左右的开发强度。

4. 环境治理面临巨大困难。长株潭城市群作为老工业基地，钢铁、有色、化工等重污染企业多。长期累积沉淀形成的主要水系底泥中的汞、镉、铅等重金属短期内很难彻底治理。有些企业的重金属继续流入湘江。郴州三十六湾矿区和水府庙水库流域污染十分严重，直接影响湘江的水质与流经地区的生态环境。水口山、清水塘、竹埠港、坪塘等区域性环境污染问题突出。另外，农业面源污染、农村污水垃圾、畜禽养殖污染等农村环境污染问题比较突出。矿产资源开发造成植被破坏、水土流失，使生态恢复压力加大。

三、几点建议

1. 加强对社会各界参与两型社会建设的组织引导。各级各部门要大力加强对“一条例一决定”的学习宣传，纳入全民学习内容。要提高对建设两型社会的思想认识，特别是领导干部的认识。出台两型社会建设宣传教育纲要，充分发挥舆论的推动和导向作用，省各主流媒体要加大对全省两型社会建设模式、典范、成功经验的宣传推介力度。着力“两型”标准体系全面建设。深入开展“两型”示范创建活动。集中支持建设一批示范工程，充分发挥长株潭两型社会展览馆的作用，带动形成“两型”生产方式、“两型”消费模式、“两型”生态环境。要加强对全省两型社会建设的指导，注重发挥长株潭试验区的引领示范作用，整体推进两型社会建设。

2. 进一步加强对两型社会建设的规划。要以长株潭城市群区域规划和改革总体方案为指导，加快完成环长株潭城市群跨区域、跨行业和重点地区等规划的编制，推进各专项规划、下位规划的编制，逐步形成全覆盖的规划体系。积极做好规划衔接，做到“统而不同”。加快详规修编步伐。加快各示范片区规划和改革建设实施方案的审批。要把规划管理放在更加突出的位置，严格执行规划。省人民政府有关部门要加大执法力度，保持规划的刚性，特别是严格长株潭城市群生态绿心等重点地区及区域性项目的规划管理。

3. 进一步加大先行先试的力度。要紧扣“资源节约”和“环境友好”两大主题，进一步解放思想，加快体制、机制创新步伐，全面推进两型社会建设。省人民政府要加强改革的总体统筹，把改革作为硬任务、硬指标，分解落实到各部门、各市，并争取进入部省合作的重点。

围绕试验区改革发展的重点领域，从激励“两型”、约束“非两型”的角度，尽快建立项目支持政策体系，纳入部省合作工作内容，争取国家支持。省级层面，尽快出台支持试验区改革建设尤其是五区十八片的支持政策，制定完善土地利用、产业发展、投融资、资源环境、招商引资、简政放权等方面的配套政策，加快形成保障有力的政策体系。提高各级领导认知和驾驭市场化的能力，建立政府投入与市场投融资相结合的体系。加大部省合作力度，创新合作模式，将合作共建任务落实到具体的项目和资金。加快构建两型产业体系。引进一批国内外高科技机构和企业到长株潭落户。充分发挥长株潭“两型”产业投资基金的作用，引导社会资金特别是大型民营企业参与两型社会建设。

4. 全面加快协同推进步伐。加快推进机制建设，建立强有力的“省统筹”体系。进一步规范和强化省、市、县各级“两型”协调工作机构特别是长株潭两型社会试验区工委、管委会的职能和手段，突出加强对试验区建设的统筹、组织、协调、督查、服务。要建立省人民政府各部门之间、部门和各市之间的协调沟通制度，形成共同推进两型社会建设的联动机制。加快解决市际交界区域管网配套和路网衔接问题。

加大考核评价力度。要建立科学的两型社会绩效考评机制，明确问责主体，落实责任追究制度。要把资源节约、环境友好的要求，首先是能源节约的要求，真正落实到规划、标准、制度以及每一项工作中，切实转变发展方式。建立对各市、各部门主要负责人两型社会建设重点工作完成情况的述职评价制度和资源环境离任审计制度。

5. 加强重点区域生态环境的保护和治理。

把长株潭核心区生态绿心保护放在首位。省政府要积极配合省人大常委会出台关于生态绿心保护的条例。尽快实施生态绿心总体规划，切实加强保护。建立执法监督机制，全面落实《长株潭城市群区域规划条例》，以建设国家林业示范区为龙头，将禁止开发区和限制开发区建成国家森林公园。长株潭三市近期要在各自生态绿心区域内设立禁止开发区和限制开发区永久性标志的保护界桩，对违规项目审批实行责任倒查，支持鼓励媒体加强舆论监督。加大生态修复力度，尽快制定和实施多元的生态补偿办法。近期可将国家级、省级公益林补偿标准适当提高，在国家没有提高标准前，先由省、市财政分摊增加的部分。

大力推进湘江流域和洞庭湖综合治理。要和生态绿心的保护、湘江风光带的建设、高污染老工业区的治理结合起来。对落实《长株潭城市群水利建设规划》、《湘江流域重金属污染治理实施方案》和《湘江流域生态补偿实施办法（试点）》的情况，按时段进行考核评价。特别关注湘江流域居民的生活用水安全。在提升湘江流域水质的同时，积极谋划城市第二水源建设，重点保护东江湖水库水资源，逐步解决湘江干流重点城市的直饮水问题，研究启动实施城市引水方案，实行居民饮用水和生活用水两套管网分开供水，确保居民饮用水安全。重点促进湘江支流涟水保护。建议省人民政府牵头，加快编制水府庙水库流域保护规划，确定保护规划范围，明确功能定位，改革管理体制，加大基础设施建设力度，加强流域管理。省人民政府要将湘江流域治理情况适时向省人大常委会报告。严格执行《湖南省湿地保护条例》，制定和实施洞庭湖保护规划，多方筹资、投入专项资金，启动湿地生态效益补偿机制的试点；巩固实施洞庭湖湿地修复工程和造纸企业污染整治的成果，保护洞庭湖生态系统及其生物多样性，保护好洞庭湖水质。

突破重点区域环境污染治理，加快城乡环境同治步伐。要加强对湘江流域郴州三十六湾、衡阳水口山、株洲清水塘、湘潭竹埠港、长沙坪塘等重点污染源区域的治理，省人民政府要研究出台支持政策，争取国家的资金和政策支持。鼓励支持株洲市加快推进清水塘整体搬迁计划，启动竹埠港搬迁前期工作。要在财政的支持下，运用市场化手段，动员全社会力量参与清水塘搬迁，为全省两型社会建设提供示范。加快农业现代化建设步伐，高度重视城乡生活垃圾、工业垃圾无害化处理和饮用水源的安全。推广攸县经验，制定总体规划，尽快组织实施。

6. 适时制定相关的地方性法规。为适应试验区改革和发展需要，开展两型社会建设专项立法，研究制定关于长株潭生态绿心保护、洞庭湖保护、水府庙水库流域保护的条例和促进两型社会建设的条例。尽早出台《湖南省湘江管理条例》。省人民政府要尽快出台区域规划条例实施细则。及时清理不适应两型社会建设的法规和规范性文件。适时修改或者废止与两型社会建设相矛盾、相抵触的地方性法规、政府规章和其他规范性文件。对推进重点领域和关键环节的改革试验的规范性文件加强备案审查。各级人大常委会要通过执法检查、听取和审议工作报告、专题询问等监督方式，加强执法监督，保障“一条例一决定”在本行政区域内的遵守和执行。

根据监督法的有关规定，省人民政府办公厅将于2012年元月将审议意见的研究处理方案征求省人大财经委的意见；2012年7月下旬，省十一届人大常委会第二十九次会议将听取和审议省人民政府的整改情况报告。

省人大常委会将在新一届省委的领导下，认真贯彻省第十次党代会精神，进一步增强建设两型社会的紧迫感和责任感，继续抓好长株潭城市群“一条例一决定”执法检查的跟踪检查，充分运用执法检查成果，切实抓好审议意见的整改落实。

（湖南省人大供稿）

2011年环长株潭城市群经济社会发展加快

环长株潭城市群，是以长沙、株洲、湘潭三市为中心，1.5小时通勤为半径，包括衡阳、岳阳、常德、益阳、娄底5个省辖市在内的城市聚集区，行政区域总面积9.7万平方公里，占全省的45.6%。2011年末常住人口4022.75万人，占全省的61%。2011年，环长株潭城市群以占全省45.6%的区域面积，创造了全省78.9%的地区生产总值，74%的工业增加值。已成为湖南经济发展的龙头，也是实现中部崛起的重要支撑力量。

一、经济总量快速增长，城市化水平不断提高

环长株潭城市群实现地区生产总值15499.08亿元，比上年增长14.2%。随着区域经济的快速发展，区域内城市化水平不断提高。“十一五”期间，湖南城镇化率年均增加1.48个百分点，环长株潭城市群年均增加1.6个百分点。全省城镇化率为45.1%，环长株潭城市群城镇化率为49.8%，比全省平均水平高4.7个百分点。

二、城市群作用日益突出，集聚能力增强

环长株潭城市群实现规模工业增加值5997.67亿元，比上年增长19.9%。长沙以高新技术产业为重点，发展壮大电子信息产业、电子设备制造业，发挥第三产业优势，加快发展金融、科技、贸易、教育、文化、影视、信息、旅游，着重提高金融保险业和文化影视业的发展水平，已成为湖南现代科教文化中心、商贸中心、信息中心及创新中心；株洲依托交通枢纽和工业基地优势，重点改造提升交通设备制造业、有色冶金业、化工原料业、建材业，培育发展新材料、医药保健制品、先进制造技术和环保节能等高新技术产业，大力发展物流业和专业化生产服务业，已成为区域物流中心；湘潭加速黑色冶金、精细化工、纺织及原料、机械、建材等传统工业的优化升级，努力培育光机电一体化等高新技术产业和教育、文化、旅游等第三产业，已成为湖南的新型加工工业中心和新兴科教基地。衡阳、岳阳、常德、益阳、娄底作为省域次中心城市，正由市域或市际影响力的城市向具有省域或省际影响力的城市发展。

三、基础设施不断完善，投资环境逐步改善

环长株潭城市群完成固定资产投资8150.2亿元，比上年增长31.5%，高于全省平均水平3.6个百分点，占全省的71.3%。先后建成了一批重点基础设施项目，公路交通、通信、电力、饮水和水利防洪能力明显增强，城市配套设施不断完善，为环长株潭城市群协同发展创造了良好的基础环境。

四、收入渠道不断拓宽，居民收入水平逐步提高

环长株潭城市群城镇居民人均可支配收入和农民人均纯收入分别为21733元和8115元，较全省平均水平高出2889元和1548元，分别比上年增长14.1%和19.2%，增速比全省平均水平快0.3个和2.4个百分点。随着新型工业化的加速推进，环长株潭城市群城乡居民就业渠道不断拓宽，工资性收和家庭经营收入快速增长。农村居民人均工资性收入为3811.31元，同比增长24.7%；家庭经营纯收入3609.05元，同比增长13.5%。城镇居民人均工资性收入为13154.25，同比增长8.7%；家庭经营净收入3202.21元，同比增长30.3%。

（湖南省统计局地方调查队）

长株潭“两型社会”建设综合评价探讨及加快发展的对策

在资源日趋紧张，环境日益恶化的今天，努力建设“两型社会”是党中央、国务院从国际形势和我国国情出发，为中部崛起所做出的重大战略决策，是全面建设小康社会，构建和谐社会的重要内容。2007年12月，国务院批准武汉城市圈和长株潭城市群成为“全国资源节约型和环境友好型社会”建设综合配套改革试验区，正式拉开了“两型社会”建设的序幕。本文结合长株潭经济社会发展实际情况，尝试建立一套较为合理的“两型社会”综合评价体系，为决策部门从宏观上更科学地规划与促进“两型社会”的建设提供参考。

一、“两型社会”的基本概念

“两型社会”简单地说，就是指“资源节约型、环境友好型社会”。资源节约型是指在生产、流通、消费等领域，通过法律、经济和行政等综合性措施，提高资源利用效率，以最少的资源消耗获得最大的经济和社会收益，保障经济和社会可持续发展，其核心目标是降低资源消耗强度，提高资源利用效率，减少自然资源系统进入社会经济系统的物质流、能量流通量强度，实现社会经济发展与资源消耗的物质减量化；环境友好型是人与自然和谐发展的社会，是以生态承载力、环境容量为基础，认识并尊重自然环境及其演变规律，保护生态环境，致力于人与自然和谐共生，经济社会发展与环境和睦相处的社会形态。其核心内涵是人类的生产、消费活动与自然生态系统协调发展。

二、“两型社会”综合评价指标体系的基本框架

1. 综合评价的重要意义

构建“两型社会”指标体系对于科学系统评价并积极推进“两型社会”的建设具有重要意义。主要表现在以下几个方面：一是形成“两型社会”建设的评价指标系统，对长株潭“两型社会”的建设状况进行动态评价，为政府决策提供参考依据；二是通过定量分析评价长株潭“两型社会”建设水平，检测、揭示和分析经济社会发展过程中的问题及不足，从而采取相应对策；三是利用“两型社会”评价指标体系对长株潭发展现状和发展走向进行分析研究，制定出“两型社会”建设的战略规划，以进行有效的宏观管理。

2. 指标体系的基本框架

结合“两型社会”的内涵和长株潭的实际情况，本文选取经济增长层面、社会发展层面、资源节约层面、环境保护层面四个指标作为一级准则层（见表1）。其中经济和社会系统指标，主要是对经济和社会效益进行评价。通过对经济和社会效益的评价，反映出整个社会经济结构变化情况和人们的生活情况。资源和环境子系统指标，反映资源节约和环境友好状况，旨在通过提高资源的有效利用率和节约投入水平，改善生态环境质量，促进各行业的清洁生产和循环经济发展，加强污染治理，使污染排放对环境的影响达到最小。

表1　“两型社会”评价指标体系基本框架

准则层	指票编号	指标名称
经济增长层面（A）	A1	人均地区生产总值
	A2	第三产业产值占GDP比重（%）
	A3	规模工业增加值占GDP比重（%）
	A4	投资效率（%）
	A5	科技经费占GDP比重（%）
	A6	高新技术产业增加值GDP比重（%）
社会进步层面（B）	B1	城市居民人均可支配收入
	B2	农村居民人均纯收入
	B3	城市化率（%）
	B4	城市居民人均居住面积
	B5	每万人中医生数
	B6	万人中普通高等学校在校学生数
资源节约层面（C）	C1	水消耗系数
	C2	工业固体废物综合利用率（%）
	C3	万元GDP能耗（吨标准煤/万元）
	C4	万元GDP电耗（吨标准煤/万元）
环境友好层面（D）	D1	化学需氧量减排率（%）
	D2	工业废水排放达标率（%）
	D3	二氧化硫减排率（%）
	D4	工业粉尘排放强度
	D5	环境空气优良率（%）

三、长株潭“两型社会”建设的实证分析

（一）综合评价

在“两型社会”评价指标体系基本框架的基础上，选取了长株潭三市2008—2010年的21个指标数据（见表2），通过SPSS软件对上表2数据，先进行因子分析，然后通过方差极大化对因子得分矩阵进行旋转，旋转后的因子得分系数矩阵（见表3）。由因子得分矩阵，可以得到2007年长株潭“两型社会”建设综合得分情况为经济发展0.47分；社会进步0.53分；资源节约0.46分；环境友好

0.54 分；总得分 0.47 分。以此类推，可以得到其他年份　　的得分情况（见表 4）。

表 2　长株潭“两型社会”基本建设情况

准则层	指标编号	指标名称	2007	2008	2009
经济增长层面（A）	A1	人均地区生产总值	24424	31334	36921
	A2	第三产业产值占 GDP 比重（%）	0.4	0.36	0.38
	A3	规模工业增加值占 GDP 比重（%）	38.5	38.3	39.1
	A4	全社会固定资产投资占 GDP 比重（%）	51.6	57.5	63
	A5	科技经费占 GDP 比重（%）	0.24	0.24	0.25
	A6	高新技术产业增加值占 GDP 比重（%）	32.2	34.8	32.9
社会进步层面（B）	B1	城市居民人均可支配收入	14466	16059	17927
	B2	农村居民人均纯收入	5628	6641	7572
	B3	城市化率（%）	51.03	52.2	54.12
	B4	城市居民人均居住面积	21.47	27.14	30.23
	B5	每万人中医生数	16.27	17.1	17.78
	B6	万人中普通高等学校在校学生数	389.07	421.4	443.97
资源节约层面（C）	C1	人均公共绿化面积	6.92	7.15	8.01
	C2	工业固体废物综合利用率（%）	87.2	87.71	88.94
	C3	万元 GDP 能耗（吨标准煤/万元）	1.47	1.37	1.29
	C4	万元 GDP 电耗（吨标准煤/万元）	0.11	0.1	0.09
环境友好层面（D）	D1	化学需氧量减排率（%）	24.09	16.9	14.03
	D2	工业废水排放达标率（%）	89.27	91.54	92.83
	D3	二氧化硫减排率（%）	8.7	6.35	5.62
	D4	工业粉尘排放强度	6.25	3.43	2.68
	D5	环境空气优良率（%）	31.4	35.2	36.8

表 3　因子成分得分系数矩阵

	F	F1	F2	F3	F4	ξ
var001	0.487	0.143	0.703	0.708	-0.009	0.138
var002	0.471	0.219	0.644	0.759	-0.047	0.187
var003	0.461	-0.143	0.853	0.463	0.129	-0.048
var004	0.428	0.737	0.592	0.966	-0.32	0.505
var005	0.458	0.048	0.737	0.615	0.036	0.075
var006	0.491	-0.211	0.858	0.508	0.114	-0.025
var007	0.473	-0.106	0.681	0.38	0.099	-0.033
var008	0.498	-0.429	0.476	0.197	0.264	-0.236
var009	0.438	-0.267	0.413	0.35	0.188	-0.129
var010	0.459	-0.26	0.523	0.369	0.185	-0.123
var011	0.483	0.088	0.333	0.661	0.018	0.102
var012	0.494	-0.333	0.551	0.299	0.22	-0.172
var013	0.475	0.151	0.688	0.707	-0.013	0.143
var014	0.437	0.303	0.566	0.806	-0.091	0.24
var015	0.476	0.152	0.692	0.707	-0.013	0.142
var016	0.423	0.304	0.725	0.865	-0.075	0.123
var017	0.454	0.165	0.635	0.765	-0.135	0.145

	F	F1	F2	F3	F4	ξ
var018	0. 474	0. 435	0. 765	0. 563	0. 186	-0. 023
var019	0. 485	0. 452	0. 486	0. 687	-0. 432	0. 432
var020	0. 486	0. 234	0. 364	0. 865	0. 165	-0. 245
var021	0. 465	0. 241	0. 657	0. 652	0. 245	-0. 451

表 4 2007 年—2009 年长株潭“两型社会”建设得分情况

长株潭	经济发展	社会进步	资源节约	环境友好	两型社会指数
2007 年	0. 47	0. 53	0. 46	0. 54	0. 47
2008 年	0. 56	0. 59	0. 52	0. 58	0. 57
2009 年	0. 61	0. 64	0. 58	0. 62	0. 60

（二）评价分析

1. 纵向比较：长株潭“两型社会”建设成效较为明显

一是在经济发展层面上，长株潭经济发展总量逐步上升。长株潭三个城市人均地区生产总值、规模工业所占 GDP 比重、固定资产投资占 GDP 比重等都有所上升，由 2007 年—2009 年长株潭的经济发展得分情况 0.47 分上升到 0.61 分也可以印证长株潭的经济总量稳步发展。经济总量得到增长主要是因为在国家支持“两型社会”建设的背景下，政府积极引导，消费、投资市场异常活跃，三大产业也得到稳固发展。

二是在社会进步层面上，长株潭社会进步硕果累累。首先在人均收入上，城镇人均可支配收入和农村居民人均纯收入都获得稳步提高；其次，城市化率由 2007 年的 51% 上升到 2009 年的 54.1%，城市人均面积也有较大提高，2007 年的 21.5% 上升到 2009 年的 30.2%；最后，人民医疗条件得到改善，教育水平得到提高，每万人中医生数由 2007 年的 16.3 人上升到 2009 年的 17.8 人，同时万人中普通高等学校在校学生数上升到 2009 年的 444 人。

三是在资源节约层面上和环境友好层面上，长株潭资源消耗和环境友好得到一定改善。首先，工业固定废弃用综合利用效率由 2007 年的 87.2% 上升到 2009 年的 88.9%；万元 GDP 能耗由 2007 年的 1.47% 下降到 2009 年的 1.29%，同时，万元 GDP 电耗也得到一定下降；其次，化学需氧量减排率由 2007 年的 24.1% 下降到 2009 年的 14%，工业粉尘排放强度由 2007 年的 6.25 下降到 2009 年的 2.68。最后，根据上表长株潭资源节约和环境友好的得分情况，长株潭的资源节约得分和环境友好得分分别由 2007 年的 0.46 和 0.54 提高到 2009 年 0.58 和 0.62。长沙属于一个典型的酸雨污染城市，株洲曾是我国十大工业污染城市之一，湘潭重化工污染也很突出，长株潭城市群工业结构以重工业为主，钢铁、有色、化工等资源消耗巨大，排污量大的产业比重偏高，但在近几年的“两型社会”建设中，长株潭城市群加强了管理，狠抓环境建设，使得资源环境得到有效改善。

2. 横向分析：长株潭城市群稍低于与武汉城市圈

根据上述因子分析法和武汉城市圈的相关数据，武汉城市圈“两型社会”建设得分情况（见表 5）。表中数据表明：武汉城市圈“两型社会“建设指数进程要稍高于长株潭城市群，但进程要稍慢于长株潭城市群。

一是长株潭经济发展实力有待提升。武汉城市圈的经济发展每年得分都较高于长株潭城市群的得分，这从各年武汉城市圈和长株潭城市群在地区生产总值、第二、三产业增加值等指标上的数据差距可以看出。2008 年，武汉城市圈实现地区生产总值 6972.11 亿元，增长 14.8%；占全省的 61.5%，比 2007 年提高 0.6 个百分点，在湖北省经济增长中处于举足轻重的位置。2009 年上半年，武汉城市圈实现地区生产总值 3397.29 亿元，占全省的 63.2%。从经济总量看，拥有 9 个城市的武汉城市圈明显占优。另外，从城市辐射带动作用上看，长株潭的得分情况为 1.45 分，武汉城市圈的得分为 2.14 分。因此，长株潭尚未发挥城市向心力和辐射带动作用，集聚和辐射带动功能较弱，对外开放程度较低，周围城市呈现实力普遍弱小、城市圈梯级层次不合理、城市功能和产业结构趋同的不利局面。这说明长株潭城市群在经济发展规模、经济效益和城市辐射能力上有很大改善的空间。

二是长株潭社会进步较为明显，居民幸福感指数较高。从收入上看，2007 年长株潭城市人均可支配收入和农民纯收入分别为 14466 元和 5628 元，高于武汉城市圈的 10521 元和 4193 元；从居民人均居住面积上看，长株潭城市人均居住面积为 21.5 而武汉城市圈为 20.3；从居民幸福指数上看，长株潭近几年的指数保持在 1.52 左右，而武汉城市圈的指数仅为 1.13；从城市化率上看，长株潭城市化率为 51% 高于武汉城市圈的 46.8% 水平。长株潭城市群在人民生活质量、基础设施建设、城市交通改善和城市景容提质上近几年来取得了令人可喜的成绩，在国家支持两型社会建设的今天，这些特色无疑是长株潭城市群发展的源动力。

三是武汉城市圈和长株潭城市群环境建设都任重道远。2007 年—2009 年，长株潭城市群和武汉城市圈在资源节约和环境友好上的得分相差不大，这说明两大城市群作为国务院指定批准建设的综合配套改革试验区，两大城市群都力争抓好环境，做好资源节约工作，从而努力建设成为资源节约型和环境友好型社会，但作为“两型社会”建设试验区，两大城市群在资源节约和环境保护上，都任重道远。2007 年，长株潭城市群和武汉城市圈的单位 GDP 能耗分别为 1.47 和 1.49；二氧化硫减排率也较低，分别为 8.7 和 7.0；资源节约和环境友好得分情况远远低于上海

0.75、0.82的水平。

表5 2007年—2009年武汉市圈“两型社会”建设得分情况

武汉城市圈	经济发展	社会进步	资源节约	环境友好	两型社会指数
2007年	0. 56	0. 51	0. 45	0. 52	0. 51
2008年	0. 59	0. 57	0. 56	0. 60	0. 61
2009年	0. 67	0. 59	0. 57	0. 63	0. 62

3. 三城分析：株洲“两型社会”进程快于长沙、湘潭两市

结合长株潭三市2008—2010年相关数据，三市的“两型社会”的得分情况（见表6）。

表6 2007年—2009年长株潭三市“两型社会”建设得分情况

城市	年份	经济发展	社会进步	资源节约	环境友好	两型社会指数
长沙市	2007年	0. 56	0. 56	0. 42	0. 51	0. 53
	2008年	0. 62	0. 62	0. 54	0. 57	0. 58
	2009年	0. 67	0. 63	0. 57	0. 58	0. 61
株洲市	2007年	0. 41	0. 48	0. 42	0. 41	0. 47
	2008年	0. 48	0. 58	0. 51	0. 51	0. 55
	2009年	0. 54	0. 61	0. 56	0. 56	0. 59
湘潭市	2007年	0. 39	0. 48	0. 46	0. 46	0. 46
	2008年	0. 42	0. 54	0. 55	0. 54	0. 51
	2009年	0. 45	0. 59	0. 58	0. 57	0. 54

由上表可以得知，2007年—2009年长沙市两型社会指数由0.53上升至0.61，上升了0.08；株洲市由0.47上升至0.59，上升了0.12，为三市最快升幅；湘潭市由0.46上升至0.54，上升了0.08。具体分析如下所示：

一是从经济发展速度上，株洲市紧紧围绕“保二争一、科学跨越”战略目标，2008年和2009年的增幅均保持全省第四的增幅，分别增长13.4%和14.2%，长沙市两年里均保持较高增幅，分别增长15.1%和14.7%，分别位居全省首位和第二位，湘潭市2009经济发展增幅为13.7%，由2008年全省的第三位下滑至第七位。从上表的得分情况也可以看出，长沙市三年的经济发展得分情况都保持较高分值，分别为0.56、0.62和0.67。

二是从社会进步上看，长沙市社会进步得分情况高于株洲市和湘潭市的得分。2009年，长沙市拥有科学研究开发机构97个，共取得省部级以上科技成果329项，其城镇居民人均可支配收入20238元，农民人均纯收入9432元，而株洲和湘潭的科研结构较少，且城镇居民人均可支配收入和农民人均纯收入都要低于长沙市水平。2009年，长沙市社会进步得分为0.63，高于株洲市的0.61和湘潭市的0.59。但近年来，株洲市重视科研的发展，先后在汽车产业、轨道交通产业、高职院校等方面取得不少佳绩，科研事业稳步发展。2009年株洲市争取国家、省级计划项目80项，全年申报专利1608件，荣获省部级以上科研成果24项，省科技进步奖18项，第七次荣获全国科技进步先进城市和国家知识产权示范城市荣誉称号，列入国家新能源汽车示范推广试点城市。

三是从资源节约和环境友好上看，株洲市进步明显。株洲市作为老重化工业基地，在“两型社会”方面起点比较低，环境污染较为严重，资源消耗巨大。但长株潭城市群“两型社会”正式批复以后，株洲市加大在“两型社会”建设方面的力度，为了治理环境污染和资源浪费情况，宁可不要GDP，先后关掉了近200余家污染企业，并对清水塘污染区进行全面治理，环境治理成果显著，资源节约和环境友好得分情况上升较快。2007年—2009年，株洲市的环境友好得分上升0.15，长沙上升0.07，湘潭上升0.11，株洲上升快于长沙、湘潭两市，进步更加明显。

四、加快长株潭“两型社会”建设的几点思考

根据长株潭“两型社会”建设基本情况，本文从经济增长、社会进步、资源节约和环境保护四大层面，就如何进一步加快长株潭城市群“两型社会”建设做了一些思考。

（一）*经济增长层面：以转变发展方式为突破，不断增强区域协调发展能力，全力打造区域核心竞争力*

1. 打破行政壁垒，增强区域协调能力。长株潭城市群在“两型社会”建设中，政府应加大支持力度，突破行政体制障碍，均衡照顾三市经济发展利益和项目分配。可以考虑建立长株潭城市群建设管理委员会，以大部制的原则建立若干跨市的专门委员会，下设产业协调委员会，以此增强长株潭城市群产业一体化发展协调能力，促进长株潭三市协调发展，从而提高长株潭城市群的整体竞争力。

2. 发展优势产业，增强核心竞争能力。长株潭城市群，特别是株洲市和湘潭应该充分认识到自身的劣势，在借鉴国外城市经济发展经验的基础上，充分利用自身优势，狠抓产品质量，培育企业品牌，做大做强优势产业，并将

各自的优势产业进一步优化升级，打造出优势产业的品牌效应，通过优势产业的品牌效应来吸引投资，以此促进经济增长。

3. 转变发展方式，增强结构优化能力。长株潭城市群在“两型社会”建设中，应调整产业结构，大力培育和发展产业集群和低碳经济产业，如大力发展电子信息产业、文化创意产业和现代服务业等新型战略型产业，改变过去粗放式的经济发展方式。另外要立足新型工业化，改造传统工业，从源头上降低排放，减少污染，使长株潭城市群的经济在资源节约与环境友好两个约束条件下实现又快又好发展。

4. 强化科技研发，增强企业创新能力。一是要加强企业自主创新能力，开发可再生资源恢复技术、减量化技术、循环技术、废物无害化处理技术等两型技术，来实现生产技术的升级换代，推动产业结构的优化，提高资源利用效率，降低环境污染；二是要加大核心技术的研发，利用核心技术打造企业核心竞争力，从而达到保护环境的同时实现经济增长。

（二）社会进步层面：以实现全面融城为基础，不断完善城市群基础设施，全力打造区域投资置业洼地

1. 建立基础设施共建共享机制，实现三市统筹发展。探索城市群基础设施建设的新模式，统筹交通、能源、通信、供水、污水和垃圾处理等基础设施建设。一是创新交通管理模式，构建高效协调发展的区域综合交通体系，统筹城际轨道交通、高速公路、黄花航空枢纽、湘江航运等重大项目建设，提升长株潭在全国交通格局中的枢纽地位；二是积极推进城市公用事业改革和城市基本设施建设，大力促进城乡基础设施对接，让广大民众切身感受到“两型社会”建设带来的改变，提高外界对长株潭城市群形象的认知度和关注度。

2. 落实社会保障体系，促进社会和谐发展。一是完善税收和优惠补贴政策，实行合理的差别税收制度，对高收入阶层实行增税政策，对低收入阶层增加收入补助；二是完善社会保障体系，增加社会保障事业的投入。通过完善分配机制，来改善人民整体生活水平，缩小贫富差距，促进社会和谐发展。

3. 大力文化产业事业，推动社会进步。长株潭城市群需进一步完善文化体制，大力推进文化大发展，融合长株潭三市的教育、科研、卫生、体育等资源，使之发展更大效益，从智力上支持“两型社会”建设，从精神上满足人民生活需求，从而提高社会进步指数和人民生活幸福指数。

（三）资源节约层面：以构建城市群循环经济为目标，不断提高资源利用效率，全力打造两型示范产业

1. 构建城市群循环经济体系，提高资源利用效率。加快株洲清水塘循环经济工业区建设，促进湘潭竹埠港、下摄司和长沙坪塘等深度污染区循环经济改造，支持各市按照资源禀赋和产业特色建设循环经济产业园区和循环农业示范区，构建以有色、冶金、化工、建材等产业为重点的循环经济产业体系。探索建立生产者责任延伸和工业废弃物处理认证等制度，完善循环经济政策支撑体系。将长株潭城市群整体纳入国家循环经济试点，探索城市群循环经济发展新模式。

2. 加大教育宣传力度，培养全社会的节约意识。一是加强节约观念的教育和宣传，提倡“绿色生产”和“绿色消费”观念，从意识上改正以往人们在生产生活中浪费的习惯，营造全民节约资源的社会风气；二是完善相关政策法规，在政策法规上体现赏罚分明，奖励并鼓励企业节约减排的行为，严惩企业污染浪费的行为，有效促进社会、企业节约能源资源。

3. 建立和完善资源产权制度，加强资源利用的管理。一是健全和完善资源有偿使用制度，探索建立统一、开放、有序的资源初始产权有偿取得机制，二是健全资源产权交易市场，规范探矿权、采矿权市场，培育水权、林权等产权交易市场，加强资源利用的管理。

（四）环境保护层面：以湘江综合治理为重点，大胆探索污染排放交易制度，全力提高区域生态承载能力

1. 建立湘江流域综合治理体制机制。将湘江流域纳入国家长江中下游污染治理规划，加大国家对重大项目支持力度。以控制沿江沿湖地区项目准入和开发强度为重点，加强水系、水域环境污染联防联治和流域生态修复与保护，有效保护饮用水源地安全，探索建立跨区域的流域综合整治和保护机制新模式。

2. 建立区域性生态环境补偿机制。建立并实施污染物排放总量初始权有偿分配、排污许可证、排污权交易等制度，在长株潭设立排污权交易市场，开展排污权交易试点，推进环境保护和污染治理市场化运营。改革城市污水和固体废弃物处理费征管办法，创新排污费征收使用管理模式。在湘江流域开展国家生态补偿试点，设立生态补偿专项资金，重点是建立湘江流域水源保护区、长株潭“绿心”保护区等区域的生态补偿与污染赔偿机制和部分重金属污染河段的治理修复补偿机制。

3. 建立城市群环境治理一体化机制。制定城市群统一的环境保护和生态补偿地方性法规，完善污染物排放标准体系。编制实施城市群生态建设规划，按照区域功能实行分类管理，探索一体化的规划环评机制、项目布局协商机制。提高产业发展的环保准入门槛，实行强制清洁生产审核和生产全过程污染控制。尝试建立企业环保诚信档案。建立城市群一体化的垃圾分类、收集、运输、处理体系。

（株洲市统计局）

2011 年湖南新型工业化引领发展成效显著

2011 年，全省上下认真贯彻落实省委、省政府的各项决策部署，严格按照“转方式、调结构”总体要求，深入推进“四化两型”建设，坚持以新型工业化引领科学发展，积极应对和化解工业生产运行中出现的新情况、新问

题，全省工业经济整体保持了平稳较快发展势头，第一推动力作用进一步显现。

一、新型工业化发展基本情况

2011年，全省新型工业化发展稳步推进，呈现出经济贡献显著、效益稳步提升、发展方式继续优化、创新能力增强、增长后劲较足的良好态势。

（一）经济增长贡献显著，协调发展势头较好。全省上下继续加快推进新型工业化，工业生产保持平稳较快增长，工业经济规模总量再上台阶，“第一推动力”在全省经济中的贡献及地位进一步提升。全省全部工业实现增加值8083.15亿元，占地区生产总值的比重为41.2%，比上年提高1.85个百分点，工业对经济增长的贡献率达56.1%，拉动全省地区生产总值增长7.2个百分点。全部工业增加值同比增长18.2%，增速比地区生产总值增速快5.4个百分点。全省规模工业增加值增长20.1%，增速高于全国平均水平6.2个百分点，排全国第8位。规模工业38个大类行业生产全部实现增长，有21个大类行业增速高于20%。环长株潭城市群、湘南地区和大湘西地区规模工业生产呈现出齐头并进的势头，增加值增速基本在19.9%—20.8%之间波动。

（二）企业效益提升，对财政与就业贡献突出。面对复杂多变的国内外经济形势，全省工业企业积极开拓市场，狠抓生产管理，提高经济效益。全省规模工业实现主营业务收入25395.64亿元，比上年增长41.0%；盈亏相抵后实现利润1252.23亿元，增长43.9%；全省38个大类行业中有36个行业实现盈利，35个行业利润总额增长，专用设备制造业成为首个利润总额过200亿元（为250.79亿元）的大类行业。全省工业企业实缴税金975.27亿元，增长25.6%，增幅比上年提高5.1个百分点；其中，实缴国税842.84亿元，增长25.2%，比上年提高5.3个百分点；实缴地税132.43亿元，增长27.9%，比上年提高3.5个百分点。全省规模工业吸纳就业人员280.62万人，增长12.0%，工业对拉动就业的贡献突出。

（三）结构调整稳步推进，增长驱动合理性增强。全省工业以结构调整为重要任务，大力发展战略性新兴产业、加工工业和高技术产业，壮大企业规模，取得了明显成效。七大战略性新兴产业实现增加值2103.39亿元，占地区生产总值的比重为10.7%；增加值比上年增长31.1%，比地区生产总值的增速快18.3个百分点。其中，战略性新兴产业规模工业增加值2026.15亿元，增长31.4%，高于规模工业平均水平11.3个百分点。全省规模工业高加工度工业增加值增长28.8%，高技术产业增加值增长32.4%，分别比规模工业平均水平高8.7个和12.3个百分点；增加值占全部规模工业的比重，分别比上年高1.7个和0.7个百分点。年主营业务收入过10亿元、过50亿元和过100亿元的工业企业，分别为202家、26家和12家，比上年分别增加68家、6家和1家。

（四）新型特征明显，产业竞争能力提高。全省新型工业化发展持续推进，工业不断朝着节约、集约和可持续方向发展。2011年，六大高耗能行业增加值占全部规模工业比重比上年低0.2个百分点，增速比规模工业平均水平低3.2个百分点。全省万元规模工业增加值能耗下降明显。工业企业主要污染物排放总量减少。工业排放的二氧化硫、化学需氧量、氨氮、铅排放总量，比上年分别削减3.25%、6.70%、14.96%和3.29%。工业集聚集群发展程度提高。省级及以上产业园区规模工业实现增加值3150.52亿元，增长23.3%，高于规模工业平均水平3.2个百分点。全省工业拥有机械、食品、石化、有色、轻工、建材、冶金和电子信息制造等八个千亿产业，这八大千亿产业实现主营业务收入占全省规模工业的比重超过80%。全省建设用地供地率为26.9%，单位工业用地面积实现工业增加值增长9.8%。信息产业发展加快。全省限额以上信息产业实现增加值569.67亿元，占地区生产总值的比重为2.9%，比上年提高0.38个百分点。

（五）创新能力增强，工业发展后劲较足。全省研发经费支出达205.23亿元，占地区生产总值比重为1.05%，比上年提高0.03个百分点；其中大中型工业企业、科研院所和高等院校研发经费支出分别为169.85亿元、13.86亿元和21.51亿元，比上年分别增加40.39亿元、2.00亿元和1.05亿元。研发创新成效显著。全省获得专利授权16064项，增长15.8%；新产品产值占规模工业总产值的比重达11.7%。高新技术产业化步伐加快。全省高新技术产品增加值占全部规模工业的比重，比上年提高1.6个百分点。全省进一步加大投资、引资力度，确保工业增长持续有力。全省完成工业固定资产投资总额4812.13亿元，增长36.7%，增速高于全省固定资产投资平均增速8.8个百分点，其中完成工业技术改造投资3315.12亿元，增长39.5%。全省省级及以上产业园区完成固定资产投资2261.03亿元，增长35.6%。工业招商引资实际到位资金1598.40亿元，增长16.1%。其中，实际利用外商直接投资46.49亿美元，增长9.4%；引进内资1298.03亿元，增长19.1%。

二、新型工业化发展面临的主要困难及不足

全省加快新型工业化发展面临的困难还不少、压力还较大。从转变发展方式看，将受到较强“倒逼机制”冲击。当前，国家为解决经济发展中不可持续的问题，加大节能减排、淘汰落后产能等政策的落实力度，环境制约、要素供应、增长空间都将面临更大压力。从需求看，国际国内两个市场增长仍显乏力。全球经济复苏进程缓慢，中东等地区政局动荡，发达国家“再工业化”，贸易保护主义壁垒等，造成国际市场竞争加剧，出口保持较快增长难度较大；而国家宏观调控整体偏紧，收入分配和社会保障体系短期内难以健全，快速提振和释放国内需求的难度同样很大。从要素保障看，适度偏紧转向短缺将成为常态。能源供应紧张最为突出，而土地供给、资金供应、人力支撑等方面的保障难度也越来越大。

另外，全省新型工业化发展还存在一些不足与短板。一是科技创新水平提升减缓。2011年，全省研发经费增幅比上年低近20个百分点，研发经费在生产总值中的比重几乎没有提升；专利授权量增幅比上年低50.9个百分点。二是产业集聚集约水平不高。产业园区规模较小，全省仅3个千亿产业园区，园区工业增加值占比不足四成，发展水平远低于发达省份；千亿产业个数比同为中部省份的安徽省和湖北省分别少2个和1个；单位用地面积工业增加值

增速明显放缓，增幅比上年低8.4个百分点。三是高耗能行业还占据重要地位。六大高耗能行业增加值占比近35%，远高于全国平均水平，规模工业增加值居前五位的大类行业中，有3个是高耗能行业。四是环境保护还有待加强。在监控的五种工业主要污染物排放量中，氮氧化物排放总量比上年上升了8.5%，全省有12个市州不同幅度增长。

三、几点建议

全省新型工业化发展虽然面临着较大的挑战，但是综合政策导向、内需扩大、项目支撑等方面因素看，支撑发展的基础仍然较好、动力仍在。目前，湖南工业化进程仍处在中期阶段，工业快速增长和资源环境承载能力日趋紧张并存，是这一时期的重要特征。要实现新型工业化可持续发展，就必须明确并坚持正确的战略，找准发展的着力点，形成科学的发展导向。

（一）坚持新型工业化发展战略。战略影响全局，战略的合理与否关系全省工业化发展的大势。实践证明，湖南这样一个传统的资源型工业省份，在实施新型工业化发展战略5年多时间里，工业取得了综合素质提升、结构不断优化、发展方式向好、经济贡献提高的显著成绩，新型工业化发展战略符合本省工业发展实际。加快工业化进程，要进一步统一思想、巩固共识，在现有产业结构和产业基础条件下，实施新型工业化是湖南工业可持续发展的唯一出路；要进一步明确发展内涵，新型工业化要求加快发展的同时更要求发展质量，更注重发展与资源环境之间的和谐统一，更注重科技创新和人力资源优势的发挥；要进一步加强政策落实和执行力，紧跟中央和省委、省政府的决策部署，切实做到政策不走样、执行不打折。

（二）狠抓新型工业化发展的着力点。结合湖南实际，要通过抓着力点来促进新型工业化的更好更快发展，必须坚持有抓有放、着眼长远的原则，找准重点，有的放矢。一是要充分发挥比较优势，实施重点领域重点突破，加快培育和发展战略性新兴产业，先进装备制造、新材料、文化创意等支柱产业要尽快做大做强，生物、信息、新能源等先导产业要做精做专。二是要坚决贯彻落实国家产业发展政策，严格限制“两高”行业规模扩张和产能提升，要因势利导，促进“两高”行业逐步向低能耗、低排放、高产出的方向转变。三是要加大扶持力度，进一步促进高新技术行业的加快发展。四是要推动先进的适用性技术及装备的广泛运用，提升食品、纺织、冶炼等传统型产业的升级改造。

（三）加快形成发展方式转变的科学导向。工业要彻底转变以往粗放的、低水平的发展模式，就必须认真落实“转方式、调结构”的具体要求。通过加强新型工业化考核激励，完善监督机制，在全社会形成一种浓厚的转变发展方式的工作导向。努力增加研发投入，提高自主创新水平及能力；重视高新技术运用，加大工业技术改造力度；贯彻“四化两型”建设理念，推进工业节能减排；注重行业节约意识培养和产业链培育及产业配套，提升产业集约、集聚发展水平；健全现代企业管理制度，提高行业盈利能力，努力挖掘发展潜力。

（湖南省统计局工业统计处）

2011年湖南污染减排情况及污染减排面临的形势和任务

湖南省率先开展“两型社会”建设试点，是国家在新的发展阶段的重大战略布局，是湖南富民强省的重大历史机遇，是新时期赋予湖南的重大历史使命。做好污染减排工作，确保在加快发展的同时，排污总量全面下降、污控水平全面提高、环境质量全面改善，是建设“两型社会”的重要内容，也是实现“两型社会”的原动力和催化剂。2011年，长株潭“两型社会”建设进入第二阶段，全省上下严格按照省委、省政府的部署，加大污染减排工作力度，以实现经济效益、社会效益、生态效益的和谐统一，促进“两型社会”建设长足发展。

一、2011年湖南污染减排情况

（一）减排目标

“十二五”期间全国主要污染物减排控制指标由原来的2项增加到4项，减排领域由原有的工业和生活扩展到交通运输和农业。国家下达湖南省主要污染物排放总量控制指标为：到2015年，化学需氧量排放量由2010年的134.1万吨减少到124.4万吨，下降7.2%；氨氮排放量由2010年的16.95万吨减少到15.29万吨，下降9.8%；二氧化硫排放量由2010年的71万吨减少到65.1万吨，下降8.3%；氮氧化物排放量由2010年的60.4万吨减少到55.0万吨，下降9.0%。省控指标水污染物重金属铅，到2015年排放量由2010年的54.04吨减少到45.93吨，下降15%。

2011年湖南省主要污染物减排目标为：化学需氧量、氨氮、二氧化硫的排放量比2010年分别下降2.0%、2.3%、3.0%；氮氧化物排放量与上年持平，铅下降3.0%。

（二）完成情况

按照环保部核算结果，2011年湖南省主要污染物减排情况是：二氧化硫排放总量68.58万吨，较2010年下降3.410/0；化学需氧量排放总量130.51万吨，较2010年下降2.7%；氨氮排放总量16.50万吨，较2010年下降2.68%；由于2011年的降雨量少于往年30%，火力发电同比增长24%，火电机组的脱硝设施建设滞后、脱硝价格未到位。机动车保有量增长率高，导致氮氧化物新增量大，氮氧化物排放总量66.57万吨，较2010年增长10.21%；湖南省确定的约束性指标重金属铅累计净削减2.6吨，较2010年下降4.81%。除氮氧化物未能实现既定目标外，化学需氧量、氨氮、二氧化硫、铅均超额完成年度减排目标。

二、当前污染减排面临的形势

（一）发展机遇

1. 中央、省委对于减排工作日益重视

2011年9月国务院召开的全国节能减排工作电视电话会议上，温家宝总理提出五方面要求，强调全面落实节能减排综合性工作方案促进“两型社会”建设。2011年10月省政府召开的全省节能减排工作电视电话会议上，徐守盛省长指出要从五方面努力，坚持不懈地抓好节能减排这件事关经济社会发展大局的大事。这些都为加强污染减排工作奠定了坚实基础。与此对应的是，近年来国家、省大幅度增加污染治理投资，同步加大对治污技术研发的支持力度，为污染减排工作提供了有力保障。

2. 国家、地方减排政策法规不断完善

近年来，国家先后修改了水污染防治法、大气污染物综合排放标准等环保法律法规，正组织修改完善《环境保护法》，出台了电价、绿色信贷、绿色证券等一系列政策，开展了排污权有偿使用及交易、生态补偿、环境污染责任保险等试点工作，较好地发挥了政策法规体系基础性、导向性、规范性的作用。湖南省根据实际情况，出台《在用点燃式发动机汽车排气污染物排放限值及测量方法（稳态工况法、加载减速工况法）》等地方标准，同时积极开展了多项经济体制改革工作。

3. 政府、群众减排观念意识根本转变

地方各级政府从唯“GDP”论转变到坚持以人为本、全面协调可持续的科学发展观，在决策层面上十分重视污染减排工作，实施“目标责任制”和“一票否决制”，同时层层分解减排任务，责任到人，与相关责任人签订目标责任书。大多数企业环保意识逐步增强，都能遵守国家环保法律法规，加大污染防治力度，尽量减少污染物排放。群众污染减排意识不断提高，环境信息发布制度不断完善，媒体及社会公众积极关注，因而推进污染减排的氛围日益浓厚，加强污染减排工作已在全社会达成共识，为污染减排工作顺利开展奠定了社会基础。

（二）主要挑战

1. 结构减排工作面临问题多

经济增长方式仍然粗放、资源能源利用效率较低、产业结构调整进展缓慢、高耗能和高污染行业的产能扩张尚未完全遏制。由于经济利益驱动，在各地或多或少存在地方经济保护思想，各县（市、区）关停污染企业、淘汰落后产能的力度、进度参差不齐，一些不符合产业政策，需要限期关、停、并、转的企业依然维持现状，影响结构减排。

2. 重点行业企业减排空间小

随着经济回暖，2011年上半年电力、钢铁、有色、建材、石化、化工等资源型产业产品产量高速增长，致使火力发电量同比增长43.5%，新增电力二氧化硫排放量近1.5万吨，煤炭消费量增长超过20%，造成非电二氧化硫新增排放量大幅增加；而由于前几年大力度的减排工作，电厂脱硫和小火电关停均提前完成“十一五”任务，持续减排的空间小。其他行业如造纸、化学原料制造、饮料制造、食品加工等重点行业排放的污染物占很大比重，目前采用的传统工艺导致的末端治理投资比重大、运行费用高、监管任务重，减排效益不明显。

3. 新增领域指标减排困难大

国家提出新增两项约束性指标，使节能减排工作由点源污染控制逐渐向面源污染控制发展，机动车、农业源、水泥厂脱硝等进入减排领域，特别是畜禽养殖污染成为一个重点，总量减排工作进入一个新的历史阶段。这些新情况，给湖南省减排工作带来了新的挑战。同时，随着城市化进程的加快，城市环境问题趋于复杂化，更难治理。部分城市中工厂高度集中化，使得烟尘排放量高度集中，烟尘中的有害气体弥漫在空气中，与水蒸气结合形成酸雨，使得土壤、植被严重污染，危害人类健康。而城市机动车的增加，汽车尾气的排放又加剧了空气的污染。城市中的生活用水，尤其是各种洗涤剂、洗衣粉等化学产品的大量使用，使城市废水中的化学成分和有毒物质比例上升，生活污水和工业废水的排放量逐年增加，大量的污水挟带着有机污染物、氮磷等营养性污染物以及很多难降解的有机物倾倒入江河湖海，造成了严重的水环境污染。全省畜禽养殖场量多面广，多数规模化畜禽养殖场（养殖小区）全过程综合治理减排工程仍未正式启动，大多数仍停留在原有的超标、偷排、直接排放现状。

4. 基础处理设施建设进展慢

部分污水处理厂设计规模偏大，以致建成后运行负荷率低。部分污水处理厂污水收集管网特别是街区及居民小区污水收集管网不完善，覆盖率低，以致污水收集率偏低。部分污水处理厂管网不配套，进水浓度偏低；运营管理不够规范，日常管理工作不到位。乡镇污水处理设施由于点多、面广、规模小，处理工艺和计量设备较为简单，无法准确计算减排量。重点建制镇污水处理厂建设普遍缓慢，大部分未动工。污水处理厂污泥无害化处置工作未取得有效进展，大部分地方污泥仍以填埋为主，没有规范处置污泥，出现二次污染。部分省市级工业园区未实现污水集中处理或不能完全进行集中处理。多数乡镇工业集中区污水集中处理设施建设无法按省市下达的进度如期开工建设，严重影响工程减排。造纸、食品、化工等行业废水深度治理力度小，回用率较低，没有新增削减量，且部分企业违法超标问题突出。

三、2012年湖南省污染减排工作思路

（一）主要思路

以邓小平理论和“三个代表”重要思想为指导，全面贯彻落实科学发展观，以改善环境质量、保障环境安全、维护群众健康为目标，以削减总量、防范风险为着力点，加强污染防治，提高监管水平，强化政府责任，增加环保投入，确保实现2012年湖南省主要污染物减排目标，为湖南省全面推进“两型社会”建设提供强有力保障。

（二）重点任务

以化学需氧量、二氧化硫、氨氮、氮氧化物、铅等5项污染物总量减排为主线，强化结构减排、细化工程减排、实化管理减排，全面推进火电、造纸、纺织印染、化工、冶金、有色、建材、食品加工、制革、饮料制造等相关重点行业污染减排工作。

1. 结构减排

（1）加快落后产能设备淘汰力度。淘汰运行满20年、单机容量10万千瓦级以下的常规火电机组，服役期满的单机容量20万千瓦以下的各类机组，以及供电标准煤耗高出2010年本省（区、市）平均水平10%或全国平均水平

15%的各类燃煤机组；淘汰土烧结、30平方米及以下烧结机、化铁炼钢、400立方米及以下炼铁高炉（铸铁高炉除外）、公称容量30吨及以下炼钢转炉和电炉（机械铸造和生产高合金钢电炉除外）等落后工艺技术装备；淘汰100万吨/年及以下生产汽、煤、柴油的小炼油生产装置及二次加工装置，土法炼油以及其他不符合国家安全、环保、质量、能耗等标准的成品油生产装置；淘汰窑径3.0米以下水泥机械化立窑生产线、窑径2.5米以下水泥干法中空窑（生产高铝水泥的除外）、水泥湿法窑生产线（主要用于处理污泥、电石渣等的除外）、直径3.0米以下的水泥磨机（生产特种水泥的除外）以及水泥土（蛋）窑、普通立窑等落后水泥产能；淘汰年产1000万块以下的砖瓦生产企业，18门以下砖瓦轮窑以及立窑、无顶轮窑、马蹄窑等土窑；淘汰70万平方米/年以下的中低档建筑陶瓷砖、20万件/年以下低档卫生陶瓷生产线；淘汰所有平拉工艺平板玻璃生产线（含格法）。

（2）推进重点行业企业整合提升。提高环境准入门槛，预防新建项目盲目建设和低水平重复建设，限制现有企业盲目扩张和低水平扩张，尤其对于新上中小规模燃煤锅炉严格控制，大力推广清洁能源和清洁生产。鼓励重点排污行业"上大压小"，对造纸、印染、化工、建材等重点排污行业，实行全行业排污总量控制，促进行业整体升级优化。鼓励建设专业园区，积极引导污染较严重的企业向专业园区集中。

2. 工程减排

（1）持续推进工业废水深度治理。一是推进污水集中处理。提倡污水集中处理，凡适合集中处理的，统一规划。凡已获审批的需配套建设污水处理厂的工业园，在工业园启动期同步配套建设污水收集系统，入园企业达到一定规模后启动污水处理厂建设。完善现有城镇污水处理厂、污水收集管网，提高城镇污水处理率和污水处理运行负荷率；日处理规模10万吨以上的污水处理厂全部配套建设污泥无害化处理和除磷、脱氮设施；因地制宜推进常住人口1万人以上的建制镇污水处理厂和农村分散式污水处理设施建设。二是实施废水深度治理。主要包括造纸、印染、化工、制药、农副食品、食品、饮料、有色等行业，要分批实行全行业废水深度治理。各县（市、区）对于经清理整顿保留下来的纸厂应当要求在年底前实行废水深度治理。三是提高废水回用率。含铬废水、含硫化物废水全部实行回用，综合废水应采取膜处理方式再生工业用水。造纸行业在严格执行国家标准规定的吨产品废水排放量基础上，进一步提高水回用率。

（2）持续推进火电行业污染减排。督促燃煤电厂进一步提高脱硫脱硝效率。新建燃煤机组全部配套建设脱硫脱硝设施，脱硫效率达到95%以上，脱硝效率达到80%以上。现役燃煤机组安装的脱硫设施不能稳定达标排放的，进行更新改造并取消烟气旁路，使其综合脱硫效率提高到90%以上。单机容量30万千瓦以上燃煤机组实行脱硝改造，综合脱硝效率达到70%以上。重点加快大唐华银株洲发电有限公司、湖南省华银电力金竹山火力发电分公司、大唐湘潭发电有限责任公司、华能湖南岳阳发电有限公司等火电企业的脱硝设施建设改造进度。

（3）持续推进非电行业废气治理。督促已建脱硫脱硝设施稳定运行。加快非电重点行业脱硫脱硝进程，重点加强钢铁行业的烧结设备、有色行业的工业窑炉、建材窑炉、炼焦炉等污染源的监控管理，按要求安装烟气脱硫设施。大力开展水泥行业新型干法窑降氮脱硝、建材行业炉窑脱硝。新建20蒸吨以上燃煤锅炉安装脱硫脱硝设施，城市主城区10蒸吨以下锅炉使用清洁能源；35蒸吨以上的现有燃煤锅炉实施烟气脱硫；循环流化床锅炉脱硫设施安装在线监控设备，提高综合脱硫效率。重点鼓励新型干法水泥生产线新上低氮燃烧和脱硝装置，对18条新型干法水泥生产线上低氮燃烧，对8条新型干法水泥生产线上低氮燃烧设施和SNCR脱硝。

（4）持续推进农村农业污染治理。按照资源化、无害化和减量化的原则，改进养殖方式，大力推行清洁养殖，全面启动规模化畜禽养殖场整治工程，全面治理畜禽养殖污染，全面建成规模化畜禽养殖场和养殖小区配套完善固体废物和污水储存处理设施。积极调整优化养殖场布局，鼓励规模化畜禽养殖场、养殖小区、养殖专业户，在充分考虑生物安全与环境风险的基础上，采取生态种养、生物发酵床、垫草垫料等养殖方式减排，所生产的废物、废水经处理后完全进入农田利用，减少污染。推进有机食品基地建设，制定补贴、税收等环境经济政策，引导和鼓励农民使用生物农药或高效、低毒、低残留农药，发展生态农业。加强农村饮用水水源地环境保护，强化饮用水水源环境综合整治，有条件地区积极推进城乡供水一体化。加强乡镇工矿企业和农产品加工企业污染整治，严格控制饮用水水源保护区上游或周边建设化工、造纸、印染等企业，严防工业污染转移。重点针对全省重点区域的30个农村环境连片整治示范区开展生活污染、畜禽水产养殖等突出环境问题整治。

（5）初步开展区域大气联防联控。以改善长株潭地区空气质量为目的，以增强区域环境保护合力为主线，以全面削减大气污染物排放为手段，建立统一规划、统一监测、统一监管、统一评估、统一协调的区域大气联防联控工作机制，全面防控大气污染。优化区域产业结构和布局，加大大气污染物防治力度，加强能源清洁利用，加强机动车污染防治，加快旧机动车的淘汰，完善区域空气质量监管体系，致力于促进二氧化硫、氮氧化物、颗粒物、挥发性有机物等重点污染物减排，控制复合型大气污染蔓延，酸雨、灰霾和光化学烟雾污染明显减轻。

3. 管理减排

加强对已建减排工程的督查、核查，确保减排工程设施稳定正常运行。加强对省控、国控重点污染源的监管，确保污染物处理工程设施稳定正常运行。加大减排监测体系建设力度，做好对重点污染源每月一次的督查核查、每季度一次的监督性监测、在线监测数据比对监测和有效性审核等工作，完善相关台账档案。全面推行排污许可制度，落实总量控制要求，严格控制新增污染物排放量，把污染物排放总量指标作为环评审批的前置条件。抓好清洁生产工作，对于列入强制清洁生产的企业应当要求按下达文件的时限完成清洁生产审核，强化评估验收，把清洁生产审核作为审批、验收、污染物减排量核算的重要因素，提升清洁生产水平。加强机动车氮氧化物控制。优化城市交通，大力推进绿色交通体系建设，鼓励长沙等机动车尾气污染问题突出的城市加强机动车需求管理，开展机动车保有量总量控制试点。

四、保障措施

（一）完善政策法规

一是推行征税收费制度改革。按照国家整体部署，以防治任务重、技术标准成熟的税目为重点，积极开征环境税。完善环保收费制度，研究逐步提高涉重金属、有机污染物收费标准，推动完善城镇污水和垃圾处理收费政策。改革环境价格政策，完善脱硫脱硝电价等价格政策，推动基于环境成本的资源性产品定价政策。二是完善绿色金融贸易政策。在全省推开环境污染责任保险工作。推动修订取消出口退税的商品清单和加工贸易禁止类商品目录。建立健全排污权有偿使用和交易机制，扩大排污权有偿使用和交易试点范围，在长株潭地区全面实行、其他地区探索实行排污权有偿使用和交易。建立健全生态补偿机制，利用财政转移支付、保证金等手段，推进自然保护区、重要生态功能保护区、资源开发的生态补偿，建立基于主体功能区、跨界流域、跨界断面水质目标考核的生态补偿机制，积极探索市场化生态补偿机制。三是制定产业行业标准规范。对相关重点产业及行业，尽快组织力量研究，制定符合实际的污染物排放等标准，编写技术导向目录、投资项目评价指南（标准），逐步完善指导建设“两型社会”的标准规范体系。

（二）加强组织考核

一是加强组织领导。各级党委、政府切实把污染减排摆上重要议事日程，不断推进。各级政府和所有公务员率先垂范，确保做好污染减排工作。二是建立协调机制。在各级党委、政府的统一领导下，环保、发改委、科技、公安、监察、财政、住建、交通、农业、质监、物价等部门建立污染减排工作协调推进机制，负责协调污染减排工作。各级各有关部门要明确任务，认真履行职责，搞好协调配合，形成合力。三是建立严格的目标责任制和责任追究制。确保污染减排责任到位、措施到位、工作到位。没有完成目标任务的，严格责任追究并实行“限批”。对因污染减排设施运行不正常、限期整改没到位、监管不到位的地区实行“区域限批”和暂停安排环保专项资金。四是建立绿色 GDP 指标体系和新型的干部考核指标体系。从政策与法律上确认生态环境的财富价值，并给予强有力的保护。把环境保护和绿色 GDP 指标纳入党政领导政绩考核中，促进领导干部的“生态化和绿色化”。

（三）加大减排投入

一是积极争取国家资金。利用国家加大节能减排等公共领域投资力度的契机，坚持从早、从快、从细的原则，在产业退出、城市环境基础设施建设、节能减排、农村环保、生态建设、环境监管能力建设等方面有重点、有计划地筛选一批重点项目，做好项目前期工作，落实配套资金，争取国家资金。二是努力加大各级财政投入。省市县各级政府要将环保投入列入本级财政支出的重点内容并逐年增加投入，重点增加对重要减排领域的投入。三是继续扩大银行贷款。努力搭建服务平台，促进银企合作，银政合作，争取更多的政策性贷款和商业性贷款。安排财政贴息，引导银行资金投向环境保护减排设施建设。四是进一步加大招商引资。继续鼓励社会资本参与城市污水处理、垃圾处理等城市环境基础设施的建设和运营。通过建立有利于环境治理的价格、税收、信贷、贸易，土地等政策体系，鼓励社会资本参与企业污染防治设施和环境监控设施的建设和运营。

（四）强化科技支撑

一是大力促进环保科技创新。围绕污染防治和生态保护，开展污染防治新技术和新工艺的研发、推广应用。充分利用大专院校和科研院所的技术力量，加大环保科技研究力度。以“湘江水环境重金属污染整治关键技术研究与综合示范”为依托，重点开展重金属污染底泥、重金属污染土壤、含重金属废水污染治理、含重金属废渣污染治理等技术的研究创新，为重金属污染控制与治理重大技术攻关项目提供技术支撑。开展湖泊富营养化研究，积累富营养化防治、河流休养生息的技术和管理经验。开展流域环境容量与生态承载力等战略与理论研究，开展流域上下游之间生态补偿机制的研究，为总量减排工作提供决策支持。二是积极促进环保产业发展。以市场需求为导向，以科技创新为先导，以体制创新为动力，以结构调整为主线，以提升产业技术水平、提高自主创新能力、创新产业经验模式和规范产业市场为核心，加大资金和政策扶持力度，大力发挥产业基地的孵化作用和骨干企业的带动作用，全面提高湖南省环保产业的整体实力和核心竞争力，将环保产业打造成湖南省新的支柱产业和经济增长点。大力发展环保设备（产品）制造业、资源综合利用产业、环境服务业、洁净产品制造业，建设一批环保产业重点园区，扶持一批环保骨干企业，打造一批环保名牌产品。三是加快减排技术开发和推广。加快推动产业结构优化升级，积极发展资源消耗低、环境污染小、经济效益高的高新技术产业和现代服务业，加快运用现代技术改造提升传统制造业和服务业，努力形成有利于资源节约和环境保护的产业体系，从源头上解决环境问题。以提高资源利用效率为核心，以政策引导为手段，大力推进循环经济发展，建立循环经济产业园，实现企业之间废物的资源化和再利用，全面推行清洁生产，促进增长方式转型。以企业为主体，以政府为主导，开展节能减排技术的基础性研究、应用研究、产品和工艺技术开发，充分调动企业的积极性和主动性，使节能减排成为企业的自觉行为。加强清洁生产、节能减排技术和产品的推广应用，实施节能和新能源汽车示范工程。“千里之行，始于足下。”2012 年湖南省污染减排工作形势依然严峻，但只要统一认识，正确应对当前的重大困难和问题，坚定信心和决心，花最大的工夫、尽最大的努力，突出重点、强力推进，便一定能如期完成年度减排任务，也必定能为“两型社会”建设的顺利推进奠定良好的基础。

（湖南省环境保护厅）

2011年湖南清洁能源利用情况分析

绿色湖南”作为“四个湖南”的基础和首张名片，是贯彻落实科学发展观的必然要求、建设生态文明的重要途径、推进“四化两型”战略的支撑平台以及保障和改善民生问题的现实选择。《绿色湖南建设纲要》明确提出，要因地制宜加快风能、太阳能、生物质能、核能等替代能源技术研发和综合利用，降低碳基能源使用比例，提高能源整体生产能力和市场竞争力。加大研发推广低碳和碳捕捉技术的力度，提升低碳化能源比重和化石能源的清洁化利用水平。2011年，湖南清洁能源利用达到2051.96万吨标煤，占全社会能源消费总量的12.7%。

一、湖南清洁能源利用基本情况

（一）水电。水电包括并网水电、小水电。湖南水资源丰富，长度5公里以上的河流5341条，其中以湘江、资江、沅水和澧水四条河流为最长。湘江全长856公里，为湖南流量最大、经济价值最高、流域最广的河流；沅水全长1033公里，为湖南境内最长河流，流量仅次于湘江。2011年底，湖南水电装机容量达到1.45万MW，年发电量457.33亿千瓦时，折合1616.99万吨标准煤，占全社会能源消费量的10.01%，水电在清洁能源中的比重达到了78.8%。

（二）风电。风电指地球表面大量空气运动产生的动能。大风具有很大的能量，风速9—10米/秒的五级风吹到物体表面上，每平方米面积约承受10千克力。风速20米/秒的九级风，每平方米面积约承受50千克力。全球的风能量比人类所能控制的能量高得多，全世界一年燃烧煤的能量还不到全年风力能量的千分之一。但是风能特点是分散、间歇、多变、能量密度低，从而制约了风能的开发利用。截止2011年底，湖南风电总装机容量为85.95MW，年发电量4364.18万千瓦时，折合1.57万吨标准煤。

（三）沼气。沼气是可再生的清洁能源，既可替代秸秆、薪柴等传统生物质能源，也可替代煤炭等商品能源，而且能源效率明显高于秸秆、薪柴、煤炭等，对环境污染治理，建设“绿色湖南”具有很重要的现实意义。截止2011年底，湖南沼气用户达到227.17万户，年产气量8.6亿立方米，相当于14.81万吨标准煤，按每亩400千克薪柴林产量计算，相当于86.39万亩绿色植被得到有效保护。

（四）天然气。天然气作为一种清洁能源，能减少二氧化硫和粉尘排放量近100%，减少二氧化碳排放量60%和氮氧化合物排放量50%，并有助于减少酸雨形成，舒缓地球温室效应，从根本上改善环境质量。近年来，湖南天然气使用量呈现快速增加趋势，截止2011年底，湖南天然气用户达到340.95万户，共使用，11.85亿立方米天然气，相当于157.63万吨标准煤，占全社会能源消费总量的0.98%。

（五）太阳能。太阳能以其清洁、安全等显著优势，成为关注重点。当前湖南省太阳能利用还主要停留在城乡居民太阳能热水器、太阳能温室大棚以及光伏发电和光伏产业制造等层面。

1. 太阳能热水器。太阳能热水器由于它节能、省钱、方便、清洁而深受老百姓青睐。截止2011年底，湖南城乡居民（户用）及厂矿、机关、企事业单位（集中供热）太阳能热水器用户达75.7万户，比上年净增9.03万户，覆盖面积达153.05万平方米，比上年增长14.2%。

2. 太阳能温室大棚。太阳能温室大棚人们往往把它称之为人工暖房。它可以让一些不能在当地生长的植物能正常生长，并可以提前或延期植物的生长期，为城市绿化美化、农业产业化和市场化运作、提高产品质量开辟了广阔的发展前景。2011年末全省太阳能温室大棚达到1.25万处，比上年净增0.1万处。太阳能温室大棚面积达到3481万平方米，比上年净增20万平方米。

3. 太阳能光伏发电。近年来，湖南加大对太阳能光伏发电的政策扶持力度，发电装机容量成倍增长。2011年末，湖南太阳能光伏发电有1377处，比上年净增60处，功率达16.62万峰瓦，比上年增长1.13倍，年发电量46.17万千瓦时，比上年增长64.4%。

（六）生物质能。生物质能的载体是有机物，所以这种能源是以实物的形式存在的，是唯一可储存、可运输的可再生能源。而且它分布最广，不受天气和自然条件的限制，只要有生命的地方即有生物质存在。从利用方式上看，生物质能与煤、石油内部结构和特性相似，可以采用相同或相近的技术进行处理和利用，技术开发与推广难度比较低。在所有新能源中，生物质能与现代的工业化技术和目前的现代化生活有最大的兼容性，它在不必对已有的工业技术做任何改进的前提下即可以替代常规能源，对常规能源有很大的替代能力，这些都是今后生物质能发挥重要作用的依据。

1. 生物质成型燃料。最近几年，国家和地方对农林废弃物的综合利用出台了一系列的扶持政策和规范条例，生物质成型燃料设备的开发研制投入越来越大，玉米秸秆、花生壳、稻草等各种生物质成型燃料利用越来越广泛。2011年底，湖南生物质成型燃料消耗418.71万吨，折合209.36万吨标煤，占全社会能源消费总量的1.3%。

2. 生物柴油。近几年来，湖南在生物柴油研究方面取得积极进展。生物柴油在使用上等同于矿物柴油，是石化柴油的替代品，是一种取之不尽的再生资源。由于生物柴油是以动植物油脂为原料，用甲醇或乙醇在催化剂作用下经脂交换制成的柴油，每生产一吨生物柴油可以减少2吨二氧化碳的排放。2011年，湖南消耗生物柴油0.32万吨，折合0.46万吨标准煤，比上年增长10%。

3. 生物质发电。生物质电厂的主要原料是秸秆、木屑等废弃物，作为高效节能环保项目，生物质发电十分切合“两型”社会的建设要求，将充分发挥湖南丰富的生物质资源优势，极大地促进循环经济和新农村建设。2011年底，湖南生物质发电装机容量达到37.03万千瓦，年发电量8.14亿千瓦时，折合29.31万吨标准煤，比上年增长2.44倍。

2011 年湖南省清洁能源构成及占全社会能源消费的比重情况表

指标名称	消费量（万吨标煤）	占全社会能源消费量比重（%）
一、发电	1647.87	10.20
1. 水电	1616.99	10.01
2. 风电	1.57	0.01
3. 生物质发电	29.31	0.18
二、供气	172.65	1.07
1. 户用沼气	14.81	0.09
2. 户用天然气	157.63	0.98
三、供热	21.63	0.13
1. 太阳能热水器	21.63	0.13
四、燃料	209.81	1.30
1. 生物质成型燃料	209.36	1.30
能源合计	2051.96	12.70

二、湖南清洁能源利用存在的主要问题

（一）水力资源丰富但时空分布不均。湖南多年平均降水量1450毫米，为全国平均降雨量的2.2倍，居全国第7位。虽然湖南水资源比较丰富，但是由于降雨时空分布不均，加之水资源开发利用不足，湖南实际已成为一个工程性缺水和水质性缺水较为明显的地区。2011年，湖南清洁能源利用比上年下降9.1%，主要因素是水力发电来水不足（2011年全省平均降雨量仅970毫米，较历年均值偏少33%，为1910年有实测记录以来历史最低值），水力发电量比上年下降18.87%，直接影响到湖南清洁能源利用比上年减少8.3个百分点。

（二）煤品消费仍将长期占据主导地位。湖南缺油少气的资源现状无法扭转，煤品燃料在能源结构中仍将长期占据主导地位。目前，湖南65.4%发电量来自燃煤火电，生物质能、太阳能等新能源开发利用尚处于初级阶段，替代能源发展缓慢，传统石化能源在短期内的支柱地位不会动摇。2011年，湖南清洁能源消费量占全社会能源消费总量的比重为12.7%，而煤品燃料消费量占全社会能源消费总量的比重高达65.4%，与低碳经济的发展要求差距较大，对于一个正处于“两型社会”建设关键时期的湖南来说无疑是一个重要的瓶颈。

（三）人们普遍对清洁能源认识不足。清洁能源要快速健康发展，良好的社会氛围无疑是必需的。目前，清洁能源并没有得到广大人民群众的清晰认识，缺少广泛的群众基础。少数决策者也没有正确认识到清洁能源的重要性，致使清洁能源的发展受到一定的影响。

三、湖南清洁能源发展对策建议

按照《绿色湖南建设纲要》要求，以清洁能源逐渐替代传统的化石能源，减少温室气体排放、遏制气候变暖，为经济增长寻求新的支撑点，是目前很迫切、很重要的任务。沼气工程技术与设备，生物质能源转换利用技术和产品，太阳能、光、热利用技术及产品设备，风力发电技术与产品设备，农业废弃物和城镇垃圾综合利用及发电、供热技术与设备等一批清洁能源项目在湖南具有广阔的发展空间。清洁能源将在日后湖南的能源结构中占据越来越大的份额，发挥出至关重要的作用。

（一）正确引导清洁能源发展方向。一是通过相关系列措施，引导和促进湖南清洁能源产品和技术的研制开发单位和生产厂家走标准化构件的研究发展方向。根据清洁能源目前利用状况以及在太阳能光伏产业、风电发电设备制造等方面技术的优势，组织专家研究并制定技术规范，确保湖南清洁能源产业高速、健康、稳定的发展。二是加强舆论引导，加大培训力度，让人们特别是决策者对清洁能源有一个清晰的认识。逐步通过研讨、交流和规划等引导方式，提高沼气能、太阳能、水能、风能、余热能等清洁能源的利用率，促进社会经济可持续发展。

（二）加大清洁能源政策扶持力度。政府要在清洁能源利用方面起带头和导向作用。在政府引导项目中，优先利用清洁能源设备，并努力组织创建有示范作用的各类清洁能源样板工程，以点带面，推动湖南清洁能源的发展。同时，加大对清洁能源的资金支持力度，引导资金和人才的流向，加快清洁能源技术水平的提高。

（三）加快待建在建水电项目进程。当前，在经济快速发展的同时，环境污染、生态恶化、能源紧张等问题也越来越严重。水电作为一种可持续利用的可再生清洁能源，良好的生态效益正受到社会各界的关注。加快水电项目建设，尤其是小水电站建设，大力开发利用水能资源，增加能源供应、改善能源结构、保障能源安全和保护生态与环境是当前和今后湖南经济与社会发展的必然选择。

（四）大力推广清洁能源工程。要大力推广太阳能与建筑一体化、农村沼气工程、清洁动力公交系统、清洁燃料锅炉、风光互补发电技术、热电联产、光伏发电、地（水）源热泵等清洁能源应用技术，完善相关有效激励机制，建设节约型社会。加大技术创新技术推广的研发投入，形成不断推动企业创新的有效激励机制，全面推进清洁能源技术进步。

（湖南省统计局能源处）

湖南工业战略性新兴产业发展现状及对策

战略性新兴产业是引领未来经济社会发展的重要力量。湖南培育和发展战略性新兴产业，特别是工业战略性新兴产业，既是抢抓机遇、立足新的更高起点，加速推进全省新型工业化的战略选择，也是转变发展方式、调整经济结构的迫切需要。本文从总体发展概况及分产业、分区域等角度，全面分析湖南工业战略性新兴产业发展现状[①]，

客观评价优势，剖析存在不足，以期为湖南加快发展战略性新兴产业提供决策参考。

一、工业战略性新兴产业发展基本情况

（一）总体概况：生产快速增长，效益整体较好。2011年，全省工业战略性新兴产业发展来势较好，生产快速增长，在全省经济和规模工业中的地位得到较快提升，拉动经济增长的贡献提高；经济效益状况总体良好，主要效益指标比上年均实现较快增长，且增幅高于规模工业平均水平。

1. 经济地位提升较快。2011年，全省战略性新兴产业增加值比上年增长31.1%，比地区生产总值增速快18.3个百分点。全省规模工业中，有战略性新兴产业企业1506家，比上年增加41家，企业个数占全部规模工业的12.1%，比重与上年基本持平。规模工业战略性新兴产业增加值，占全部规模工业和地区生产总值的比重分别为24.9%和10.3%，比上年分别提高2.3个和2.1个百分点；其增加值同比增长31.4%，增幅比全部规模工业增速和地区生产总值增速分别快11.3个和18.6个百分点。

2. 主要经济指标增幅高于规模工业平均水平。2011年，规模工业战略性新兴产业的总资产、主营业务收入和利润总额，分别为4634.09亿元、6487.13亿元和439.36亿元，比上年分别增长30.2%、55.2%和45.8%，增幅比全部规模工业平均水平分别快9.7个、14.2个和1.9个百分点。规模工业战略性新兴产业研究开发人员、利润总额及总资产，占全部规模工业的比重均超过30%，分别为41.0%、35.1%和31.6%。主要经济指标占全部规模工业比重比上年均有提高，其中研究开发人员、主营业务收入、总资产和全部从业人员数占全部规模工业的比重，比上年均提高2个百分点以上。

表1　2011年全省工业战略性新兴产业主要经济指标

主要经济指标	绝对值	占规模工业比重（%）	比上年提升百分点（个）	比上年增长（%）	增幅高于全省规模工业平均水平百分点（个）
资产总计（亿元）	4634.09	31.6	2.3	30.2	9.7
主营业务收入（亿元）	6487.13	25.5	2.3	55.2	14.2
利税总额（亿元）	704.00	25.5	1.2	47.8	7.2
其中：利润总额	439.36	35.1	0.5	45.8	1.9
从业人员（万人）	55.73	19.9	2.1	25.0	13.0
其中：研究开发人员	4.98	41.0	3.2	33.0	10.5

（二）各产业发展现状：整体初具规模，优势产业突出。2011年，全省工业战略性新兴产业主营业务收入突破6000亿元，其主营业务收入、增加值约占全部规模工业四分之一的份额，其拥有总资产、实现利润总额占比均超过30%，工业战略性新兴产业已具备了一定的发展规模，在地区经济结构中占有比较重要的地位。分七大产业看，先进装备制造业和新材料产业两大产业实现主营业务收入占全部工业战略性新兴产业的比重超过七成，而其他五大产业合计比重不足三成，这两大产业在目前全省战略性新兴产业发展格局中的优势比较明显。

表2　2011年分产业的工业战略性新兴产业主要经济指标

战略产业类型	增加值比上年增长（%）	主营业务收入（亿元）	增长（%）	利润总额（亿元）	增长（%）	从业人员（万人）	增长（%）
全省合计	31.4	6487.13	55.2	439.36	45.8	55.73	25.0
先进装备制造业	33.4	2562.04	54.2	269.40	43.0	18.70	28.0
新材料产业	26.4	2124.66	53.8	74.68	57.8	17.52	18.7
文化创意产业	21.7	86.96	35.1	7.46	20.8	1.81	20.1
生物产业	26.9	323.11	53.4	20.48	32.1	3.78	20.8
新能源产业	27.7	364.61	46.8	20.76	23.7	2.71	11.7
信息产业	74.0	380.99	133.6	20.65	63.4	7.03	49.2
节能环保产业	28.7	672.82	43.4	27.71	73.8	4.48	22.1

1. 先进装备制造业。该产业是湖南工业的支柱产业之一，也是近几年发展最快的行业之一。在先进装备制造业七大重点发展领域中，以中联重科、三一重工等为代表的中高端工程机械装备及关键零部件，以株洲南车为代表的高端电力牵引轨道交通装备及关键部件两大重点领域的优势明显，产业发展基础较好，产业配套比较系统完善，综合竞争能力较强。2011年，中高端工程机械装备及关键零部件行业增加值占先进装备制造业的70.3%；实现主营业务收入和利润总额分别为1810.72亿元和216.47亿元，占先进装备制造业的比重分别为70.7%和80.4%；高端电力牵引轨道交通装备及关键部件实现的增加值和主营业务收入，占先进装备制造业的比重分别为14.3%和12.7%。航空航天装备及服务、高档数控装备、高技术船舶及海洋工程装备三大领域，规模还比较小，产业配套和综合竞争力

还有待加强培育和提高。

2. 新材料产业。新材料产业有较好的发展基础和潜力，湖南是有名的“有色金属之乡”，资源优势明显；湖南还具备较强的技术及产业基础，拥有一大批技术人才和产业工人，以及雄厚的科研实力。全省已初步形成了以郴州和衡阳等地为中心的有色金属新材料产业基地、以岳阳中石油和中石化为核心的石油化工新材料产业基地、以华菱钢铁为代表的精品钢材产业基地、以株洲硬质合金等为代表的先进硬质材料产业基地等几大产业集群区。2011年，在新材料重点发展领域中，金属新材料行业实现主营业务收入和利润总额，分别为844.75亿元和27.87亿元，均为新材料产业五类领域的首位，比上年分别增长了55.5%和57.3%。化工新材料行业、先进复合材料行业、先进硬质材料行业、先进储能材料行业增长较快，增加值增速基本在27%—29%之间波动。

3. 文化创意产业。规模工业涉及的文化创意产业（辅业）的企业较少，主要分布在创意设计和数字出版等两个领域，产业（仅限工业领域）的发展还处于加快培育阶段。2011年，规模工业文化创意产业重点发展领域中，创意设计行业和数字出版行业规模相当，但数字出版行业增长较快。规模工业创意设计行业实现主营业务收入和利润总额，比上年分别增长27.6%和8.8%；规模工业数字出版行业比上年分别增长了52.2%和89.4%。

4. 生物产业。近年，湖南以产业基地为依托，以培育龙头骨干企业为突破口，做强现代中药、化学药、生物制品等产业，加快全省生物医药产业集约、集聚发展水平。浏阳生物医药园基地建设不断加快，2011年拥有规模工业企业56家，且80%为医药及相关企业；九芝堂、千金药业、汉森制药、古汉生物等企业大力发掘湖湘中药文化，培育了一批重点知名中药产品；湖南在高端原料药、药用辅料、诊断试剂、遗传医学、基因工程药物、干细胞等领域均保持国内领先优势。2011年，全省规模工业生物医药产业实现主营业务收入238.64亿元，其中，现代中药行业规模较大，实现主营业务收入和增加值分别占生物医药产业的49.4%和50.6%；化学药行业次之；生物制品规模较小，但发展最快，主营业务收入和增加值，比上年分别增长97.8%和65.2%。湖南又是著名的农业大省，拥有优良的农业资源和雄厚的农业科研势力，具备发展现代生物育种产业的优越条件，如高产优质水稻育种、优质油茶育种、优质生猪育种等，产业基础好，发展前景广阔。2011年，全省规模工业生物育种产业实现主营业务收入84.47亿元。

5. 新能源产业。近几年，湖南新能源产业加快发展，目前已初具规模，来势较好。在智能电网及其关键装备领域，衡阳特变电工特高压电力变压器、长沙威胜集团智能电表计量系统、株洲南车时代电气IGBT半导体器件等项目，拥有较强的技术优势和较大的产业规模。2011年，智能电网及其关键装备实现主营业收入122.87亿元，比上年增长54.5%，总量占新能源产业的33.7%；增加值增长30.9%。在太阳能综合利用领域，湖南起步较晚，但是增速较快，尤其是在长沙红太阳新能源、湘潭兴业太阳能晶体硅等项目达产后，产业规模快速扩大。2011年，太阳能综合利用行业实现主营业务收入93.65亿元，增长63.1%；增加值增长41.6%。风电装备制造及应用领域，拥有湘电集团兆瓦级风机整机、南车株洲电机风力发电机及配件、中科恒源全永磁浮风力发电机组等优势项目，2011年实现主营业务收入和增加值分别增长27.1%和22.9%。核能发电及辅助装备制造领域，湖南资源优势明显，但是整个产业尤其是辅助装备制造的规模还比较小。2011年，核能发电及辅助装备制造实现主营业务收入32.54亿元，增长42.8%。生物质能源及装备也是湖南新能源产业发展的重点领域之一，2011年实现主营业务收入23.55亿元，增长45.2%。地热能及其他新能源规模较小，仅实现主营业务收入0.79亿元。

6. 信息产业。湖南规模工业战略性信息产业主要集中在数字化整机、软件和集成电路两大领域。规模工业信息产业是七大产业中增速最快的产业，这主要得益于近几年的政策扶持和承接产业转移，一批重大项目得以相继扩能达产，拥有长沙蓝思科技触摸屏（TP）、衡阳胜添计算机、湘潭全创科技和郴州台达电子的固态电容、湘潭爱铭数码集成电路等优势项目。2011年，规模工业数字化整机产业实现主营业务收入319.70亿元，比上年增长1.4倍，其总量占工业战略性信息产业的83.9%。软件和集成电路产业实现主营业收入51.66亿元，增长1.0倍；增加值增长30.7%。规模工业涉及的新一代网络和“三网融合”、互联网经济和移动电子商务、物联网和物流信息服务、信息服务外包等产业的规模普遍较小，合计实现的主营业务收入占比仅为2.5%。

7. 节能环保产业。湖南发展节能环保产业具有一定的产业基础和研发能力。在资源循环利用领域，初步形成了岳阳汨罗、郴州永兴等有色金属循环经济特色产业基地。在节能产业领域，拥有远大集团的冷水机组制造、华菱涟钢和湘潭钢铁的新型燃料和余热余压余能利用、迅达集团的高效能等级节能家用电器等骨干企业及项目。2011年，全省规模工业资源循环利用产业实现主营业务收入和利润总额，分别为414.32亿元和10.49亿元，比上年分别增长50.2%和39.6%，总量分别占节能环保产业的61.6%和37.8%。节能产业规模次之，实现主营业收入和增加值分别占节能环保产业的24.1%和26.5%。环境治理产业规模最小，但盈利能力较强，主营业务收入只占整个节能环保产业的14.4%，但利润占比达31.9%。

（三）区域发展现状：增长普遍较快，产业集中度较高。从区域看，2011年全省工业战略性新兴产业发展特点鲜明，生产增长普遍较快和产业分布高集聚并存。

1. 生产增速齐头并进。2011年，全省14个市州工业战略性新兴产业增加值增速均高于20%，其中有6个市州增速高于30%。长沙市规模工业战略性新兴产业增加值增长38.9%，增加值总量及增速均居14个市州首位，增速高于30%的其他5个市州，分别是常德市（38.3%）、邵阳市（34.9%）、张家界市（33.9%）、益阳市（33.3%）和娄底市（32.1%）。全省主要区域的工业战略性新兴产业增加值增速均高于30%，其中，“环长株潭”城市群增长31.8%；湘南地区增长32.4%；大湘西地区虽然增加值总量较小，但增速较快（34.5%）。

表 3　2011 年工业战略性新兴产业分市州、分区域主要经济指标

市州	增加值比上年增长（%）	主营业务收入（亿元）	占全省比重（%）	占规模工业比重（%）
全省合计	31.4	6487.13	100.0	25.5
分市州：				
长沙市	38.9	2373.08	36.6	44.5
株洲市	27.4	733.00	11.3	37.2
湘潭市	27.7	524.33	8.1	25.9
衡阳市	28.9	762.50	11.8	28.2
邵阳市	34.9	151.04	2.3	15.8
岳阳市	25.1	678.71	10.5	19.3
常德市	38.3	237.99	3.7	15.4
张家界市	33.9	27.94	0.4	19.1
益阳市	33.3	219.85	3.4	20.2
郴州市	26.1	382.11	5.9	17.5
永州市	23.1	89.58	1.4	10.9
怀化市	28.8	112.25	1.7	11.9
娄底市	32.1	155.08	2.4	11.9
湘西自治州	23.4	39.68	0.6	14.2
分区域：				
长株潭城市群	32.2	3630.40	56.0	38.9
环长株潭城市群	31.8	5684.53	87.6	29.2
一点一线地区	31.3	5453.72	84.1	30.8
湘南地区	32.4	1234.19	19.0	21.6
大湘西地区	34.5	337.64	5.2	14.2

2. 较发达地区规模总量居前。2011 年，规模工业战略性新兴产业主营业务收入占全省比重超过 8% 的市州有 5 个，且均为省内较发达的地区，分别是长沙市（2373.08 亿元，占 36.6%）、衡阳市（762.50 亿元，占 11.8%）、株洲市（733.00 亿元，占 11.3%）、岳阳市（678.31 亿元，占 10.5%）和湘潭市（524.33 亿元，占 8.1%），这 5 个市州合计主营业务收入占全省的比重达 78.2%，产业在较发达地区的集中度较高。从主要区域看，“环长株潭”城市群实现主营业收入占比达 87.6%，而湘南地区和大湘西地区的比重分别只有 19.0% 和 5.2%。工业战略性新兴产业实现主营业务收入占本地全部规模工业的比重，高于全省平均水平的 4 个市州，均为“长株潭”及周边城市，其中长沙市（44.5%）和株洲市（37.2%）的比重均超过 35%；主要区域中，“环长株潭”城市群的比重为 29.2%，大湘西地区比重较低，仅为 5.2%。

二、基于“区位商”的工业优势战略性新兴产业分析

区位商是产业经济学、区域经济学中常用的用于分析区域产业布局和产业优势的指标，它是指一个地区特定部门产值占该地区总产值的比重，与上一级经济区域该部门产值占总产值比重的比率，其基本表达式如下：

$$LQ_{ij}=\frac{V_{ij}/\sum_{i}V_{ij}}{\sum_{j}V_{ij}/\sum_{j}\sum_{i}V_{ij}}$$

在上式中，i 表示第 i 产业（如规模工业战略性新兴产业），j 表示第 j 个地区，Vij 表示第 j 个地区的第 i 个产业的产值。区位商也可以根据销售收入、企业数量、从业人数等来计算。当区位商大于 1 时，表示该地区该产业具有比较优势，具备较强竞争力；等于 1 时，表明该地区该产业处于均势；小于 1 时，表明该地区该产业处于比较劣势。

（一）“长株潭”及周边部分地区比较优势明显。根据上述公式，计算全省 14 个市州规模工业战略性新兴产业及分七大产业的区位商（表 4）。从各市州工业战略性新兴产业区位商（简称“总区位商”）看，2011 年，14 个市州的总区位商，只有长沙市（1.70）、株洲市（1.46）和衡阳市（1.13）大于 1，而小于 1 的有 11 个市州中，有半数的市州低于 0.7，有 3 个市州低于 0.5，表明具备一定比较优势的工业战略性新兴产业主要集中在长株潭城市群及部分周边市州，而大部分市州综合实力不强，比较优势不够突出。与上年对比，各有一半市州的总区位商比上年提高或降低。总区位商较高的市州中只有长沙市比上年提高，提升幅度也最大，说明长沙市工业战略性新兴产业比较优势在 2011 年得到了进一步提升。总区位商提高的其他 6 个市州，主要分布于湘中地区的邵阳、娄底和湘西地区的湘西、怀化等地，在原有总区位商并不高的基础上，这些市州在 2011 年通过挖掘潜力，一定程度提升了工业战略性新兴产

业的比较优势和集聚水平。

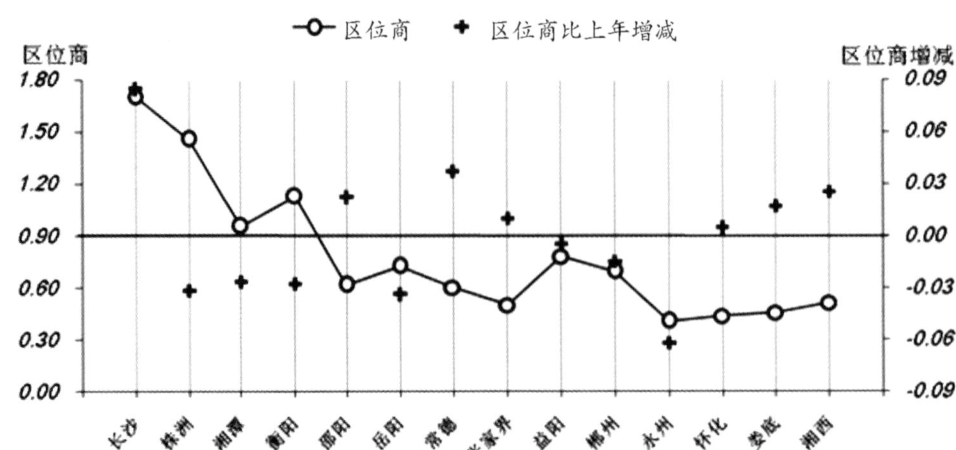

（二）各市州内部产业比较优势特色突出。从市州分七大产业区位商（简称“分区位商”）看，在总区位商大于1的3个市州中，长沙市的先进装备制造业、文化创意产业和信息产业，株洲市的先进装备制造业、新材料产业和文化创意产业，衡阳市的新能源产业和信息产业，其分区位商都比较高，是各地同时也是全省的显著优势行业，其专业化水平比较高，是今后全省战略性新兴产业发展的着力点和驱动器。另外，湘潭市的新能源产业和信息产业、岳阳市的新材料产业和节能环保产业、益阳市的信息产业、郴州市的新材料产业，其分区位商也比较高，已具备了一定的专业化水平。但由于这些市州的总区位商低于1，说明其产业规模和集聚能力相对偏弱，在全省的优势地位并不是特别突出，但是可作为市州的显著优势产业和全省的潜在优势产业予以扶持和培育。总区位商小于0.7的其他7个市州，由于总区位商显著小于均势水平，相应地，其大部分产业目前还处于劣势地位。当然从市州内部看，部分产业也已经具备了一定规模，如张家界市的文化创意产业，永州市的生物产业等，今后这些市州要从特色产业着手，狠抓比较优势，加快战略性新兴产业的后发赶超。

表4　各市州工业战略性新兴产业区位商[②]

市　州	规模工业战略性新兴产业区位商	分七大产业						
		先进装备制造业	新材料产业	文化创意产业	生物产业	新能源产业	信息产业	节能环保产业
长沙市	1.70	2.96	0.67	2.14	0.97	1.37	1.51	0.79
株洲市	1.46	1.71	1.78	1.83	0.69	1.69	0.47	0.19
湘潭市	0.96	0.89	0.89	0.25	0.17	2.41	1.41	0.77
衡阳市	1.13	0.24	1.28	0.00	0.64	2.28	1.72	3.39
邵阳市	0.62	0.55	0.48	0.38	2.81	0.54	0.80	0.23
岳阳市	0.73	0.07	1.27	1.19	1.05	0.24	0.49	1.74
常德市	0.60	0.82	0.45	0.14	1.74	0.30	0.38	0.07
张家界	0.50	0.02	0.83	2.02	1.93	0.33	0.00	0.81
益阳市	0.78	0.80	0.45	0.59	1.30	0.87	1.87	0.88
郴州市	0.70	0.07	1.62	0.48	0.43	0.03	1.21	0.43
永州市	0.41	0.27	0.28	1.19	2.30	0.47	0.67	0.14
怀化市	0.44	0.06	0.94	0.26	1.51	0.12	0.07	0.15
娄底市	0.46	0.15	1.03	0.00	0.26	0.01	0.29	0.30
湘西州	0.51	0.00	0.73	1.01	1.47	0.00	0.00	1.85

三、湖南工业战略性新兴产业发展的SWOT分析

SWOT分析是研究对象的内部优势（S）、内部劣势（W）、外部机遇（O）、外部威胁（T）的一种战略分析框架。通过SWOT分析框架，从内部到外部、从宏观到中观透视湖南工业战略性新兴产业发展现状，为探索湖南战略性新兴产业的发展模式和路径，进一步明确今后发展的重点和方向提供参考。

（一）优势分析：一是传统产业持续增长，产业基础不断夯实。传统产业是孕育战略性新兴产业的母体，战略性新兴产业是传统产业高级化的产物。近几年全省工业经济持续较快发展，为战略性新兴产业发展奠定了良好基础。2006年以来，湖南加快推进新型工业化发展。“十一五”期间全省规模工业增加值年均增长21.3%，增速远高于全国平均水平，战略性新兴产业所依托的工业大类行业发展势头良好。二是工业园区集聚发展，承载能力提升。产业园区是战略性新兴产业发展的重要支撑平台。至去年底，全省共有78个省级及以上产业园区，其中有11个国家级产业园区。2011年，全省省级及以上产业园区规模工业增加值增长23.3%，比全省平均水平快3.2个百分点。园区增加值总量占全部规模工业的38.8%，比2006年提高15.5个百分点。工业园区的集聚水平、承载能力得到进一步提升。三是规模快速扩张，竞争力提升。在政策和市场等因素影响下，战略性新兴产业发展快速。2011年，全省工业战略性新兴产业增加值增速，比规模工业平均水平和地区生产总值增速均高10个百分点以上，产业规模迅猛扩张。七大产业中的先进装备制造业和新材料产业等涌现了一批龙头企业，技术优势、品牌优势、市场优势凸显，在全国、全行业都有较高的知名度。

（二）劣势分析：一是经济总量仍偏小，规模水平不高。目前全省战略性新兴产业在经济中的比重，与规划目标还有较大距离，还不具备成为主导产业的条件。七大产业中除先进装备制造业和新材料产业具备较强的竞争力外，其他产业大都处于成长阶段，产业规模、经济效益、技术水平与发达省份有较大差距。二是产业发展不平衡，协同性较差。从产业看，先进装备制造业和新材料产业发展相对成熟，主营业务收入在2000个亿以上，是其他产业规模的3倍以上。从区域看，战略性新兴产业主要集中长沙、株洲等几个市州，区域差距明显。长沙市工业战略性新兴产业增加值占全省比重超过30%，而有半数市州的比重不足3%。三是自主创新能力偏弱，研发投入不足。自主创新能力总体还比较薄弱，“短板”仍然较多。在促进科技成果向现实生产力转化上，经济与科技“两张皮”的问题仍较突出，转化效率不高，企业研发投入不足。2011年，规模工业战略性新兴产业相关企业研究与发展经费占企业主营业务收入的比重仅为2.3%。

（三）机遇分析：一是发展战略性新兴产业已上升为国家战略。2010年10月，国务院下发《关于加快培育和发展战略性新兴产业的决定》，出台了一揽子政策措施。湖南随后出台了相关政策配套文件，确定了七大战略性新兴产业的发展重点，提出了实施八大工程的战略举措，明确了九大方面的政策支持。二是以中部崛起战略和两型社会试点为重点的区域规划明确了发展方向。湖南是国家实施“中部崛起”战略的六个省份之一，长株潭城市群获批全国“两型社会”建设综合配套改革试验区，将为“先行先试”提供政策保障，长株潭城市群辐射带动作用进一步增强，以长株潭为中心的战略性新兴产业集群将不断拓展，全省战略性新兴产业也将迎来更大发展空间。三是高铁同城效应将提速新一轮产业承接转移。武广高铁开通和延伸，沪昆高铁建设，进一步提速了湖南承接产业转移的步伐，而深入开展泛珠三角区域合作、主动融入长三角区域、加快对接中国—东盟自由贸易区等一系列区域战略合作框架体系的搭建，都将为全省战略性新兴产业发展带来诸多利好。

（四）挑战分析：一是资源环境协调发展压力加大。湖南高耗能行业比重偏高。2011年，对全省规模工业增长贡献最大的6个大类行业中，有3个是高耗能行业；全省规模工业六大高耗能行业增加值，占全部规模工业的比重达35.0%，比重明显高于全国平均水平。可以预见相当长一段时期内，高能耗行业主导下的结构性矛盾，将是湖南工业战略性新兴产业发展所面临的最大挑战。二是高端项目和高级人才竞争加剧。为抢抓新一轮发展机遇，各省相继出台了培育发展战略性新兴产业的政策措施，在生产要素全球配置环境下，如何吸引高新技术企业向湖南转移、战略性新兴产业项目落户湖南尤为重要。未来产业竞争不仅是高端项目的竞争，也是高级人才的竞争，区位和产业基础优势并不突出的湖南，如何做好“筑巢引凤”这篇文章，确保更多的高端项目和高级人才落地入户，是全省战略性新兴产业发展的重要命题。

四、加快湖南工业战略性新兴产业发展的建议

近几年，湖南发展战略性新兴产业取得了显著成绩，产业发展不断加快，规模总量稳步扩大，经济地位得到提高。纵观发展历程，可以概括出几种典型的发展模式：一种是传统产业依托型发展模式，如长株潭地区、湘南地区发展先进装备制造业就是这种模式；另一种是政府引导性模式，中部省份发展战略性新兴产业大都处于成长期和孕育期，需要政府支持，如长沙国家生物产业基地的发展壮大就是依靠这种模式；还有一种是自主研发型模式，此模式是在政府的重点资助下，以我为主，自主研发，取得知识产权，并通过产学研紧密结合，拓展融资渠道，实现科研成果产业化、规模化，如新材料产业领域的“博云新材”就是典型代表。这几种模式是已被验证的且比较成功的发展模式，可供其他地区借鉴学习，但也一定要结合自身产业特点有针对性地进行选择，因地制宜，注重实际。工业战略性新兴产业是整个战略性新兴产业的主体，是湖南“十二五”时期转变经济发展方式的重要支点，需要集各方之力来推动产业加快发展。针对湖南工业战略性新兴产业发展现状，提出以下建议：

（一）发挥比较优势，实施重点领域突破。集中各类优势资源，选择一批有基础、有条件、有特色，技术水平高，市场前景好的产品，组织实施一批科技重大专项，突破一批关键技术瓶颈，为发展战略性新兴产业提供技术支撑，通过发展战略性新兴产业完成新的产业布局。利用战略性新兴产业带动传统产业优化升级，加快“两型”技术推广应用，整体推进传统产业“两型”化进程。进一步推进具有战略意义的高新技术研究，有选择地发展高新技术产业，做大做强高新技术产业，不断优化产业结构。根据资源禀赋和区域特点强化产业布局的顶层设计，避免招商引资过程中的“内耗”和产业布局上的“雷同”。通过实施重点领域重点突破战略，进一步做强先进装备制造业、新材料产业等主导产业，以点带面，尽快做大工业战略性新兴产业规模总量，形成产业规模效应，提升综合竞争力。

（二）完善配套协作，提高集聚发展水平。合理的产业空间布局可以对新兴产业的发展提供有效的载体，促进新兴产业的快速发展。战略性新兴产业的发展不仅需要产业自身的发展，也需要一系列配套产业的支持，在这方面，高新技术开发区和产业园区具有多种优势。园区有利于形成成本节约和技术进步；有利于开发高效的公共服务体系，给企业创造良好的发展环境；畅通的交通运输体系，不断完善的基础设施，既给企业发展提供便利，又会促进配套服务业的发展。要进一步通过规划和建设新兴产业工业园区，实现新兴产业在地理、资金、人力资源等方面的空间集中，形成产业簇群。通过科学规划，有效地促进新兴产业发展所需资源、要素以及配套产业在地理空间上的集聚，在高度分工基础上形成配套体系，降低生产和交易成本。

（三）坚持创新驱动，占领市场竞争高点。战略性新兴产业发展不能依靠简单的招商引资，要建立区域内产学研一体化的新型混合组织，加快技术研发及产业化步伐，推动中小型科技企业的创业和涌现，加快新产品的更新和上市速度，提高新产品产值比率。扩大创新溢出效应，通过创新驱动更多的基础产业、产品，成为附加值高、在市场中具有发言权的高端产品。湖南发展工业战略性新兴产业必须发挥创新的引领作用，顺应发达国家研发产业向发展中国家转移的新趋势，充分利用全球科技创新资源，坚持引进与创新并举，重自主创新，利用区域内科技资源，加大关键核心技术和重大产品自主攻关，在引领产业发展的关键技术、核心技术上取得突破，培育战略性新兴产业的新增长点和新业态，抢占技术创新、产品创新、管理创新的制高点。

（四）加大扶持力度，优化发展环境。以集成创新和引进消化吸收为重点，积极支持相关企业向国家申报各类科学计划项目，在财政中设立专项配套资金，对创新项目给予支持。把工业战略性新兴产业领域人才培养和引进，作为重要工程来抓。重点发挥本土领军人才作用，鼓励科技人才自主创新，促进科技创新人才与现代经营管理专家高端嫁接，支持高校调整优化学科和专业设置，形成与市场需求相对接的人才培养模式。扩大直接融资规模，支持引导产业领域中符合条件的企业境内外上市，支持成长性好、偿付能力强的企业发行债券和中长期票据，通过融资“组合拳”为战略性新兴产业提供强有力的资金支持。加快政府职能转变，不断减少行政审批时限和检查评比，清理并废止不合理收费性文件，降低行政性服务收费标准，强化服务意识，优化执法环境，切实为产业发展营造宽松环境。

①基于数据的可获得性和产业发展实际发，本文以规模工业战略性新兴产业主要经济指标数据为基础，对湖南工业战略性新兴产业发展现状进行分析。

②本文采用工业战略性新兴产业的主营业务收入计算各市州的区位商。

（湖南省统计局工业统计处）

湖南高新技术产业发展的现状、问题与对策建议

2011年，省委、省政府进一步加大科技投入、强化创新基础、深入调整产业结构、加快高新园区建设，不断推进高新技术产业发展取得实效。面对复杂多变的国内外经济形势，全省高新技术产业发展保持平稳较快增长。

一、高新技术产业发展的现状和特点

（一）产业规模迅速扩大，助推经济增长有力。受益于产业结构的调整和税费减免等优惠政策的落实，全省高新技术产业保持平稳较快发展，产业规模持续扩大。2011年，共完成高新技术产业增加值2888.21亿元，比上年增长30.9%；利税944.95亿元，增长34.4%；销售收入9422.57亿元，增长40.7%；利润总额629.25亿元，增长40.2%；出口74.55亿元，增长41.3%。高新技术产业增加值占规模工业增加值的35.6%，占全省地区生产总值的14.7%，比上年分别提高2.5个和2.4个百分点。从规模来看，高新技术产业扩张迅速，增加值一年有近千亿元的跨越；从增速来看，高新技术产业明显高于同期工业增加值和GDP，是极具生机和活力的经济增长推进器。

（二）区域布局日益完善，辐射带动作用明显。2011年，作为区域经济“增长极”的长株潭地区实现高新技术产业增加值1671.61亿元，占全省高新技术产业的比重近六成，比上年增长31.6%，比全省平均水平快0.7个百分点；作为承接珠江三角洲地区产业梯度转移的前沿阵地的湘南三市高新技术产业发展迅速，实现增加值391.80亿元，增长33.6%，其增速不仅快于全省还快于长株潭地区。长株潭地区已形成装备制造业、生物医药、电子信息、轨道交通等优势产业集群，在高新技术产业集聚区的辐射带动下，环长株潭城市群、“一点一线”等地区的相关配套中小企业逐步兴起，“三一”系、“中联”系、“南车”系等关联企业成为长株潭周边地区推动高新技术产业发展的重要动力。

（三）优势产业领域凸显，新兴产业初具规模。2011年，传统的高新技术产业优势领域，高新技术改造传统产业和新材料技术共实现增加值2010.87亿元，占全省高新技术产业增加值的69.6%，仍具有绝对优势。电子信息技术、高技术服务业和航空航天技术具有战略性新兴产业特征的技术领域增长迅猛，比上年分别增长66.5%、54.1%和45.7%，但这三大领域占比还不高，仅为10.6%。近年来，全省利用高新技术改造传统产业以提升传统产业的素质和层次，运用信息技术、生物技术、航天技术发展战略性新兴产业取得了显著成效，推动了高新技术产业结构的不断优化升级。

（四）骨干企业数量增加，企业规模持续扩张。2011

年，全省高新技术企业平均规模（平均产值）为4.31亿元，比上年提高0.74亿元，增长20.7%。全省高新技术产值过亿元的企业1260家，占全部企业数的55.5%，比上年提高近10个百分点，充分说明高新技术企业具有高成长性；产值过10亿元的企业141家，比上年增加52家，占全部企业数的6.2%，比上年提高1.3个百分点；产值过100亿元的企业9家，与上年持平，这9家企业的产值占全部高新技术产值的29.5%。全省高新技术企业中的72家大型企业实现产值4371.23亿元，占全部高新技术产业的44.7%。

（五）载体建设成就显著，创新能力有效增强。湖南各高新区及其特色产业基地已成为高新技术产业发展的重要载体，高新技术产业化的平台体系建设成就显著，创新能力不断加强。2011年，长沙、株洲、湘潭、衡阳、岳阳、益阳和郴州七个国家级、省级高新技术产业开发区实现高新技术产业增加值1238.45亿元、销售收入4035.02亿元、出口36.73亿美元，分别占全省高新技术产业的42.9%、42.8%、49.3%，分别增长32.9%、38.3%、40.4%。在实施产学研结合创新专项的基础上，新启动实施了战略性新兴产业科技攻关和重大科技成果转化专项，在高新技术产业和战略性新兴产业领域，突破了一批具有战略性、前瞻性的共性技术和核心技术。国家超级计算长沙中心、亚欧水资源研究与利用中心、中意设计创新中心、中意技术转移分中心等一批重要创新平台落户湖南并正式运行。

二、高新技术产业发展过程中存在的主要问题

全省高新技术产业高速扩张的背后，存在着产业发展质量下降、企业盈利能力减弱、不同地区和技术领域分化以及产品附加值不高的隐忧。

（一）压力增大，产业增长质量下降。2011年，全省高新技术产业增加值在一季度实现41.9%的开门红后，增速逐季回落。受较快增速惯性影响，虽然下行的趋势在2011年尚不十分明显，但产业增长的质量已开始下降，高新技术产业发展压力增大。全省高新技术产业增加值率由2010年的30.3%下降到29.6%。同时，由于受宏观调控的影响，市场需求放缓、流动性收紧，部分企业的库存压力增大，全省高新技术产业产销率也逐季回落，一季度为98.1%，而全年仅为96.4%，下滑明显。

（二）情况复杂，不同地区、技术领域分化较为明显。总体来看，全省高新技术产业平稳较快增长，但其内部结构的变化较为复杂，不同地区、技术领域的发展状况分化较为明显。分技术领域看，电子信息技术、高技术服务业、航空航天技术和高新技术改造传统产业四大技术领域增速较快，比上年分别增长66.5%、54.1%、45.7%和37.1%，增速快于产业平均水平，而生物与新医药技术、新能源及节能技术和资源与环境技术三个技术领域的增速都低于产业平均水平，新材料领域的增速甚至仅为17.6%。分地区看，各地区因各自产业结构的差异，发展状况分化明显：湘南三市凭借承接产业转移的区位优势，产业整体增速较快；株洲因"南车系"企业受影响较大，增速下滑；怀化、娄底、湘西等地受制于自身产业结构的调整，产业增速落后全省较多。

（三）出口受阻，企业利润空间不断被压缩。2011年，全省高新技术产品出口仅占其全部销售收入的5.0%，高新技术产业外向度不高，企业拓展海外市场的能力不强；出口产品以机械设备和钢材等原材料为主，产品结构不优。受当前世界经济复苏趋缓的宏观经济形势制约，产品外销难度也在加大。在通胀预期、银根紧缩的宏观经济形势下，高新技术企业受制于要素红利摊薄，融资困难，原材料、中间产品及人工上涨等不利因素叠加影响，加大了企业的运营成本、挤压了盈利空间，拉低了产业整体增长速度。

（四）投入不足，自主技术研发能力有待加强。高科技企业都具有高风险性和高成长性，高科技企业的成活率要远低于其他行业的企业；而高成长性具有极强的市场扩张力，从而表现为企业销售收入和利润的高成长性。高科技企业的这种双重特征带来了对风险资本的需求。目前，湖南高新技术产业发展资金较为短缺，成果转化和风险投资需求难以得到有效满足，R&D经费投入强度较低，全省风险投资担保机构发展缓慢且数量少、规模小、实力弱，影响高新技术产业的快速发展。此外，高新技术产业的另一特征是其产品拥有较高的技术含量。然而，全省高新技术企业中真正拥有核心技术和自行研制开发能力的企业较少，其关键技术主要来源于国外，省内的企业主要是组装和销售；处于产业链低端高耗能行业的企业和资源加工型制造业企业仍然不少，附加值不高，但生产成本偏高，产品缺乏国际竞争力。

三、加快高新技术产业发展的对策建议

（一）积极应对风险以培育产业发展的新动力。当前，复杂的国内外经济环境对各地区的经济发展形成了巨大的倒逼压力，也促成了广阔的发展空间。湖南高新技术产业整体形势依然较好，但须积极应对或将面临的风险和不利因素。要紧扣地方特色发展有资源禀赋或比较优势的高新技术产业，不断提高企业的技术水平和产品附加值，落实高新企业财税优惠政策，降低企业风险，提高企业盈利能力。通过内联外用，培育产业发展的新动力：一是积极参与国际国内产业分工，以支持战略性新兴产业发展为依托，进一步调优产业结构，以新一轮国际分工和产业转移为契机，培育产业发展的外源动力。要增加高科技含量产品的出口，扩大高新技术产业外向度，在招商引资过程中大力引进港、澳、台商投资、外商投资、外资的高新技术企业。二是以积极调动民间资本为突破口，提升高新技术产业发展的内生动力。积极探索投融资体制改革，降低民间资本准入门槛，清除各种限制，加快民间资本进入各类高新技术投资领域的步伐，加快对接央企和引进外省民营大企业的高新技术项目。

（二）夯实平台基础以提高产业发展的新起点。一是加强创新平台建设。通过进一步抓好重点高新园区、重点高新产业基地建设，发挥园区、基地的集聚效应和辐射效应；对技术相对成熟、具有较大市场空间、在高新技术产业的发展中带有基础性作用的产业，加快其发展并不断扩大规模，加快培育新兴产业集群；对能够带动全局、产业关联度大的关键领域和关键环节，进行集中攻关，重点突破。二是加强科技创新服务体系建设。充分发挥各方面优势，鼓励产、学、研各方在共同承担国家重点科技项目、

共同开发关联平台技术、联合研究制定技术标准、联合培养科技和管理人才等方面进行大胆探索。三是发挥人才在高新技术产业发展和科技创新中的关键性作用。下大力气吸引、培养、建立具有自主创新能力的核心技术急需的高科技人才队伍。

*（三）发展中小企业以寻求产业发展的新突破。*目前，全省规模大中型工业企业高新产业增加值占全省高新技术产业的比重已近七成，几乎囊括省内全部的优质大中型企业资源。因此，湖南高新技术产业的发展除依靠这部分大中型企业自身发展来推动以外，还应通过有效的政策来支持、鼓励、引导和扶持中小微企业通过技术创新逐步做大做强形成规模来推动。中小微型高新技术企业对于经济发展起着十分重要的作用。要不断发挥中小微型企业经营灵活、乐于创新的优势，发展高新技术企业集群，将分散的企业力量聚合起来；对处于起步阶段的中小微型高新企业进行扶持，尤其是向规模化扩张的新兴产业，推动其尽快跨越进入规模化生产的临界点，达到规模化生产；选择一批市场前景广阔、创新潜力巨大、拥有自主知识产权的科技型中小企业，作为高新技术企业的重点培育对象，引导和促进其成为高新产业发展的后续动力；给高新技术中小企业提供创新基金、担保基金等有效的融资、投资平台。

（湖南省统计局社科处）

2011年科技推动“两型社会”建设主要成效及2012年思路

增强自主创新能力，是加快转变经济发展方式和建设“两型社会”的中心环节。大力推进科技进步和技术创新，加快建设创新型湖南，不断增强发展的动力和活力，是“两型社会”建设的内在要求和重要支撑。

一、2011年科技推动“两型社会”建设主要成效

2011年，在省委、省政府的正确领导下，全省科技系统紧紧围绕科学发展、富民强省这一主题，牢牢把握转变经济发展方式这一主线，以服务“四化两型”为中心任务，着力发展“两型科技”，壮大“两型产业”，构建支撑“两型社会”的科技创新体系，为推动“两型社会”作出了积极贡献。主要表现在以下三方面。

（一）加大研发和推广力度，推动“两型”科技快速发展

围绕“两型社会”建设需求，加强清洁生产、节能减排关键技术攻关，积极推进成果示范推广，显著提高了产业水平和环保水平。

1. 实施节能减排科技支撑行动

针对钢铁烧结、冶化、造纸、火电、建筑等高能耗、高污染行业节能减排关键技术问题，实施了一批节能减排科技专项，形成了一批具有自主知识产权的核心工艺技术和装备。比如，“钢铁烧结生产节能与烟气脱硫关键技术及装备的研发和工程示范”专项，在湘钢建设了烧结余热发电示范工程，每年可发电约1.25亿度。“稀贵金属高效提取及深加工关键技术开发与示范”专项，使炼铋工艺能耗降低50%，铋直收率由原来的75%提高到95%。“高电耗企业电气节能关键技术研究与成套装备研制及其应用示范”项目突破的技术和研制的节能装置，在多家企业成功应用，运行期间实现节能降耗8%，已节省标煤110多万吨。“绿色低碳小区节能减排关键技术集成与应用示范”专项，将使株洲神农城小区整体节能约40%，成为绿色低碳建筑小区的典范。

2. 推动湘江流域重金属污染治理

以污染源相对集中的株洲清水塘等重点工业区为重点，以株冶、株化等大中型采选冶化企业为载体，以行业清洁生产和治理工程的关键共性技术为切入口，实施了一批重大科技项目，并争取国家项目支持2亿多元。突破了重金属冶炼废水深度处理、冶化固废资源化利用等重大关键技术，为缓解湘江污染形势、促进湘江水质好转发挥了重要支撑作用。国家重金属污染防治工程技术研究中心布局湖南，这是全国在重金属污染治理方面的首个国家级科技平台，将为湘江流域污染治理提供源源不断的人才和科技支撑。

3. 大力支持绿色能源发展

加大新能源和再生能源技术的开发应用，重点组织开展了生物质能、氢能、燃料电池、沼气、光伏等技术的开发应用。积极推动新能源技术应用示范，“十城千辆”新能源汽车扎实推进，近1600辆新能源汽车在长株潭运营，混合动力公交车推广数量、运营里程、节油减排量全国领先；“金太阳”光伏发电示范工程新上一批项目；“十城万盏”LED照明示范工程获得突破，湘潭、郴州市被列入国家LED照明应用示范城市。

（二）大力发展高新技术产业和战略性新兴产业，不断壮大“两型”产业

加强产业关键技术研发，推动高新技术产业和战略性新兴产业快速发展，促进湖南省产业结构向“两型”产业转型升级。

1. 突破战略性新兴产业关键技术

设立省战略性新兴产业科技攻关和重大科技成果转化专项，安排1.3亿元支持战略性新兴产业科技创新，积极培育新兴产业集群。据统计，风电、轨道交通、电动汽车、太阳能光伏、航空航天材料及关键零部件、软件及创意设计、生物工程等新兴产业产值占全省高新技术产业产值的近三成。通过加强产业关键技术攻关，新兴环保企业快速成长，永清环保、凯天环保、万容科技、威保特环保等企业不断发展壮大，有的已成功上市或进入上市培育期，节能环保产业已纳入千亿产业培育范围。大力推进清洁产业发展，积极推进CDM（清洁发展机制）项目开发，目前湖南省已有35个CDM项目在联合国成功注册，20多个项目得到签发，获得减排收入超3亿元。

2. 发展壮大高新园区

长沙高新区建设国家自主创新示范园区稳步推进，工程机械、高性能金属材料、生物工程等产业竞争优势不断扩大；株洲高新区积极推进国家生态园区建设试点，轨道交通装备、航空航天材料及关键零部件等优势产业保持快速增长，电动汽车、风电装备等新兴产业发展迅速；湘潭高新区启动创新型特色园区建设，在风电新能源产业上已形成集群发展态势，入围中国新能源产业园区百强；益阳高新区成功升级为国家高新区，衡阳高新区形成了以高端制造、生物医药等为主体的高新技术主导产业格局。预计2011年全省完成高新技术产业产值9000亿元，同比增长40%，实现高新技术产品增加值2700亿元，同比增长38%。

（三）完善科技创新体制机制，积极构建“两型社会”科技支撑体系

通过完善科技创新体制机制，推动湖南省自主创新能力不断提高，为科技支撑“两型社会”建设提供了强大动力和后劲。

1. 科技资源进一步增加

新增两院院士3名，新培育了一批科技领军人才，新引进一批海外人才进入国家“千人计划”和省“百人计划”。新组建了2家国家级重点实验室，3家国家工程技术研究中心，全省累计国家级达54家。中国科学院矿产资源综合利用研究示范基地布局湖南省，亚欧水资源研究与利用中心、国家超级计算长沙中心、中意工业设计与创意湖南中心等一批重要创新平台建成运行。

2. 创新体系进一步完善

产学研结合创新不断加强，新成立了10个省产业技术创新战略联盟，省级产业技术创新战略联盟达61个。2011年中国（长沙）科交会签约项目251个，签约金额近200亿元，在国内外影响日益扩大，其中中科院湖南中心在本次科交会上签约项目总金额超过4亿元，促进了优势科技成果在湖南转化和产业化。首批国家科技和金融结合试点园区和首批国家科技服务体系建设试点区域落户长沙高新区，为湖南省推进科技金融结合、加速科技成果转化提供了良好机遇。

3. 创新环境进一步优化

科技进步法执法检查整改工作扎实推进，《科技进步法》得到进一步贯彻落实，《湖南省科技进步条例》修订等科技立法工作有序展开，《创新型湖南建设纲要》的发布实施，为自主创新营造了良好环境。新批建5个省级可持续发展实验区，全省10个可持续发展实验区建设的深入推进，引导地方走向了依靠科技走“资源节约、环境友好”的可持续发展之路。

二、2012年科技支撑“两型社会”建设思路

建设“两型社会”，就是要全面推进各领域改革，在关键领域和重点环节大胆创新，率先突破，走出一条有别于传统模式的工业化、城市化新路。这就意味着要对现有模式进行革新改造，甚至另觅新路。科技就是要在这个转变过程中，发挥引领支撑作用。2012年，湖南省科技工作将以启动实施《创新型湖南建设纲要》为契机，抢抓机遇，开拓创新，着力支撑“两型社会”建设加快推进。重点做好以下五项工作。

（一）要“强身”，着力增强自主创新能力

以新修订的《湖南省科技进步条例》颁布实施和《创新型湖南建设纲要》启动实施为抓手，不断提升自主创新能力。

1. 增加科技创新资源

加大创新人才培养力度，大力引进海外高层次创新人才，深化项目、基地与人才的有机结合，不断壮大创新创业人才队伍，提高人才创新创业本领。重点在资源环境领域新建一批国家级、省部级重点实验室和工程技术研究中心，充分发挥创新平台聚集资源、促进创新、辐射技术的作用。

2. 加大“两型”科技投入

切实增强政府投入的引导作用，将财政科技投入向资源环境和节能减排等公益利用倾斜，大力支持“两型”科技创新和成果转化。积极组织全省力量承担国家重大科技任务，争取中央财政的更大支持。认真落实研发费用加计扣除、高新技术企业所得税减免等政策措施，加大对节能环保企业的支持力度。积极推进科技金融结合，充分发挥政府各类投融资平台和创业投资公司的资金聚集和杠杆作用，带动社会资金、风险投资、金融信贷等直接、间接投资支持“两型”科技创新成果的转化和产业化。

3. 实施科技重大专项

围绕湖南省资源环境等重点领域的产业化关键技术、共性技术和公益技术需求，集中力量实施一批科技重大专项，加强技术研发、集成应用和产业化示范。坚持以企业为主体、产学研协同的方式实施重大专项，有效促进重大专项实施与人才培养、平台建设的紧密结合。完善重大专项的立项评价、跟踪监理和绩效评价机制，探索重大专项管理改革模式。积极承担实施国家科技重大专项，推进国家重大专项成果在湖南落地转化。

（二）要“换装”，着力提升传统产业和环境质量

支撑“高能耗、高污染”行业技术革新，推动环境治理和环境保护，让传统“两高”产业换新貌，让被污染的环境换新颜。

1. 改造提升传统“两高”产业

强化生产过程控制，围绕矿产采选、冶炼、化工、农业等重点行业，在株洲清水塘等重点区域，组织实施一批节能减排科技创新项目，加快节能减排和清洁生产技术示范推广，努力构建集技术创新与成果转化于一体的节能减排技术发展体系。加快信息技术在传统产业的集成应用，优化生产管理流程，强化精细化管控，推动节能减排。

2. 支撑环境治理和环境保护

积极探索循环经济发展模式，在废旧物资回收、城市矿产、再生金属利用、机电产品再制造、垃圾资源化等重点领域开展试点工作，突破技术瓶颈，建设示范项目。以国家实施《湘江流域重金属污染治理实施方案》为契机，加速重金属污染治理技术的研究与开发，并在湘江流域推广应用一批重金属污染治理成熟技术，推动湘江流域环境改善。开展城镇和农村生活垃圾处理和环境综合治理综合科技示范，减少垃圾污染。开展农村面源污染控制、城镇绿化、园林建设、湿地保护等技术研究，加大建筑节能技术集成示范，建设宜居生态环境。加强环境监测技术研究。

（三）要“换血”，着力构建“两型”产业技术支撑体系

加快发展“高技术含量、高附加值”产业，不断提升高新技术产业增加值占GDP的比重，推动战略性新兴产业逐步发展为主导产业，让新“两高”产业成为经济发展主力。

1. 加快核心技术突破，培育和发展战略性新兴产业

围绕七大战略性新兴产业，整合资源，协同创新，重点突破一批核心关键技术，培育核心竞争力强、国际化水平高的战略性新兴产业优势企业，打造具有湖南特色的战略性新兴产业品牌群。促进先进装备制造、新材料、文化创意等三大产业成为全省经济的支柱产业，生物、新能源、信息和节能环保等四大产业成为全省经济的先导产业。突出节能环保产业关键共性技术研发，充分利用长沙环保科技示范园培育节能环保产业集群，提升产业核心竞争力，打造节能环保千亿产业。

2. 加快高新技术产业园区建设，推进高新技术产业集群发展

以长株潭沿江高新技术产业带为重点，着力推进高新技术产业核心区、聚集区和承接区的建设。加快省级高新区扩容升级步伐，新建国家级高新区和省级高新区。积极引导人才、技术、资金等创新要素向高新园区聚集，支持长株潭高新区创建国家级科技创新园区和国家自主创新示范区。在优势高新技术产业领域，加强国家和省高新技术产业化基地建设，努力培育形成一批国内或国际领先的产业集群，进一步提升高新技术产业的集群化水平和整体竞争力，不断壮大高新技术产业规模，提高其占GDP的比重。

（四）要“换心”，着力完善区域创新体系

建立健全符合区域经济布局、产学研协同创新、科技成果加速转化的区域创新体系，充分发挥科技第一生产力作用，引导经济发展从依靠能源资源消耗向依靠科技进步驱动转变。

1. 构建支撑三大区域“两型”发展的区域创新体系

根据湖南省区域经济布局，推进各具特色、优势互补的区域创新体系建设。推进长株潭区域创新体系建设，围绕长株潭国家“两型社会”综合配套改革试验区建设，支持长沙开展国家创新型城市试点，突破资源节约、环境治理和生态建设等一系列关键技术，推进“两型”产业发展。推进湘南区域创新体系建设围绕湘南国家级承接产业转移示范区建设，做好衡阳高新区升级国家高新区工作，推进资源深加工、高端装备制造、电子信息等产业的发展，将承接产业转移过程提升为产业结构调整升级过程。推进武陵山片区创新体系建设，围绕国家武陵山区域发展与扶贫攻坚战略，以国家科技支撑计划项目“武陵山区特色资源高效综合利用关键技术研究与示范”为抓手，加快资源综合开发利用和生态环境保护等先进实用技术的推广应用，推动大湘西开放开发与环境保护同步。

2. 构建产学研协同创新体系

围绕产业发展需求，通过项目实施，引导相关企业、高等院校、科研机构开展不同形式的产学研合作；建立省与部委、全国高校、大院大所的联动机制，组织跨省、跨部门、跨学科的优势力量开展“大兵团”的联合攻关。探索完善产业技术创新战略联盟运行机制，提高产学研协同创新效率，促使产学研结合逐步从零散式的短期合作向长期稳定的战略合作转变。抓好省级创新型企业试点工作，培育一批有条件的高新技术企业进入国家级试点行列，探索促进企业成为技术创新主体的有效模式。整合现有科技基础资源条件，按照产学研结合模式，引导企业和科研院所、高等院校联合建立一批国家级和省级工程技术研究中心、重点实验室、博士后工作站等产学研结合协同创新平台。规范产学研各方的责权利关系，推动企业、科研机构、高等院校建立以市场机制为纽带的协同创新长效机制。

3. 促进科技成果转化

选择一批附加值高、产业带动能力强、对“四化两型”建设具有重要支撑和引领作用的重大科技成果，向全社会推介，利用中国（长沙）科技成果交易会、技术产权交易市场等技术交易平台，发挥市场主导作用，推动科技成果商品化、资本化、产业化。选择一批事关国计民生的重大公益性科技成果，发挥政府的组织协调作用，加速推广应用。放眼全国和全球，引进一批省外、国外的先进创新成果在湖南省进行转化和产业化，建设一批国家级和省级科技成果转化示范平台。加紧出台《湖南省关于加速促进科技成果转化和产业化的指导意见》，坚持以科技成果转化和产业化为价值取向，探索突破科技成果转化和产业化的制度性障碍，加速形成全社会共同参与、协调推进科技成果转化和产业化的新局面。

（五）要“换脑”，着力引导强化“两型”发展理念

1. 引导地方领导转变发展理念

可持续发展实验区是依靠科技支撑引领可持续发展的重要基地，是推进县域“两型社会”建设的重要抓手。要加大对可持续发展实验区的支持力度，通过大量“两型”科技成果在实验区的集成应用，引导实验区经济社会走向“两型”发展的道路，为县市区开展“两型社会”建设提供良好示范。

2. 引导企业转变发展理念

在矿冶、化工等重点行业选择一批重点企业开展示范，集成应用“两型”技术，将其打造成依靠科技实现环境经济效益双赢的典范。加强宣传推广，引导企业转变发展理念，加大科技投入，走向“两型”发展道路。

3. 引导群众转变消费生活观念

加大科普力度，大力宣传推广“两型”科技知识，特别是示范推广一批能普遍应用于日常生活中的适宜技术，引导广大人民群众自觉践行“两型”理念，将节约资源、保护环境融入到日常生活的细节中。

（湖南省科学技术厅）

总体成果辑要

【湖南新增14家3A级景区】 2011年1月1日，湖南省旅游局昨日公布了全省新一批国家等级旅游景区，株洲神农谷国家森林公园等14家景区、邵阳玉女岩等4家景区分别获批为国家3A、2A级旅游景区。

本次新获批的景区，是依据《旅游景区质量等级的划分与评定》国家标准与《旅游景区质量等级评定管理办法》，经各市旅游局初评与推荐，由湖南省旅游景区质量等级评定委员会组织评定的。此前，湖南省已有国家等级旅游景区（点）共143家，其中5A级2家、4A级42家、3A级64家。

新增的14家国家3A级旅游景区包括株洲神农谷国家森林公园、株洲中国芦淞服饰城购物旅游景区、湘潭曾国藩生平研究馆、岳阳团湖野生荷花世界、怀化通道万佛山景区等。新增的4家国家2A级旅游景区则都在邵阳境内，包括玉女岩景区、绥宁寨市古镇、洞口县龙眼洞景区、翰林农庄。

【湖南高速公路最宽隧道贯通】 2011年1月1日，长沙至湘潭高速公路龙洞隧道在长沙市岳麓区莲花镇龙洞村全线贯通，这是湖南高速公路目前最宽的一条隧道，也是湖南高速公路率先贯通的第一个双洞6车道隧道。据悉，龙洞隧道是长湘高速公路的控制性工程，总投资1.12亿元，为双向6车道分离式隧道。隧道左洞长655米，右洞长618米，隧道最大宽度达18.63米，是湖南高速公路目前最宽的一条隧道。该工程于2009年10月开工建设，经过施工单位中铁十二局集团长湘高速公路10标项目部精心施工，龙洞隧道比原计划提前2个月贯通。

【湖南省首次开展食品安全监控技术体系研究】 2011年1月1日，湖南举行了省科技重大专项“湖南省食品安全监控技术体系研究与示范”启动式，通过3年攻关，湖南将形成食品安全风险监测预警和评估决策系统，并开发大米、果蔬、猪肉等优势食品和餐饮食品等全程安全溯源和控制技术，在长沙市和相关企业示范应用。据悉，这是省科技重大专项首次瞄准食品安全监控技术体系研究。

近年来湖南对食品安全加大了整治力度，但在某些行业和区域，农药兽药残留超标、滥用食品添加剂和添加违禁物质等问题仍然突出，不仅影响餐桌安全，而且成为湖南优势食品参与国内外竞争的瓶颈。与国外相比，我国食品安全风险评估与监测工作起步较晚，食品安全追溯则处于起步阶段，亟须建立以信息技术等高新技术为基础的风险监控和评估预警技术体系与安全溯源技术体系，提高政府和企业对食品安全管理的能力。

据该专项首席专家、省检验检疫科学研究院院长黄志强介绍，项目组将建立健全湖南食品安全信息数据库、风险评估和安全预警系统、信息报告系统，为公众提供准确的食品安全指南，为政府提供有效的食品安全风险控制决策支持。同时，采用条形码编码技术、传感技术、网络技术等多种手段，使消费者最关心的大米、果蔬、猪肉等大宗食品实现从生产源头到餐桌的安全保障。此外，针对餐饮业食物中毒问题，项目组还将开展中毒风险识别研究和检测技术研究，为民提供安全的餐饮食品。

【专家座谈为“绿色湖南”支招 称应重视土地污染】 2011年1月10日，召开的加快推进“绿色湖南”建设座谈会透露，目前湖南水体、土壤污染，森林等资源破坏引发了一系列生态问题，对农作物生长和人体健康产生重大威胁的工业“三废”，也应当更加重视。

青山绿水是湖南的一大优势，省委省政府提出建设“四个湖南”的理念，“绿色湖南”排在第一位，也表明“绿色”是湖南发展的关键热词。

专家分析，湖南在绿色资源上有一定的优势，但目前水体、土壤的污染，森林等资源的破坏，也引发了一系列生态问题。有统计显示，目前全省人均耕地仅为0.84亩，逼近联合国划定的0.8亩警戒线。对农作物生长和人体健康产生了重大威胁的工业“三废”，也必须引起进一步的重视。

有专家建议，建设“绿色湖南”，就是要以低碳理念推动新型工业化，首先，企业要实现低碳技术由跟踪到跨越的升级。其次，工业园区要以协同进化模式推行。第三，产业也要向低碳技术密集型转变。

还有专家建议，建设“绿色湖南”应优先发展绿色产业，必须抓住新材料产业、文化创意产业、新能源产业、节能环保产业等战略性新兴产业，通过推进绿色产业的崛起来优化经济结构，闯出一条绿色经济之路。

【台胞来湘投资享优惠】 2011年1月13日，湖南省委、省人大、省政府召开电视电话会议，贯彻《湖南省实施〈中华人民共和国台湾同胞投资保护法〉办法》。

《实施办法》对台湾同胞来湖南投资的重点领域、投资方式作了规定。鼓励台湾同胞投资湖南具有资源、产业优势和发展潜力以及符合国家产业政策和投资导向的项目；鼓励台湾同胞在各类开发区兴办符合园区产业规划的企业；鼓励台湾同胞投资企业及其协会依照国家有关规定组建融资性担保机构，为台湾同胞投资企业贷款提供担保；鼓励台湾同胞投资企业申报国家或者本省各类科技计划项目和技术创新计划项目；支持台湾同胞投资企业申请认定湖南省著名商标或者中国驰名商标；引导、支持台湾同胞投资企业在本省设立总部或者地方总部等。

台湾同胞投资湖南，享受比照适用外商投资的优惠政策；享受国家促进中部地区发展的优惠政策；享受国家和湖南支持企业、产业发展的优惠政策，以及国家和湖南规定的其他优惠政策；在湖南享受西部大开发优惠政策的地区投资，还将享受西部大开发的优惠政策。

2010年1—11月，湖南省新批台资项目92个，引进合同台资额8.04亿美元，实际到位台资额5.85亿美元。截至2010年11月底，湖南共引进台资项目2013个，合同台资45.04亿美元，实际到位台资35.31亿美元，居境外来湘投资第二位。湖南已批准设立长沙、湘潭、衡阳、益阳4个台湾工业园和岳阳台湾农民创业园。除早期来湘投资的旺旺集团、罗莎集团等之外，联华电子、统一集团、顶新集团、国产实业、台达电子、润泰集团、九兴鞋业等一大批实力雄厚的台资企业也落户湖南。12月8日，湖南省人民政府与台湾富士康集团签订了合作框架协议。12月9日，株洲市台湾同胞投资企业协会正式成立，这是继长沙市和张家界市之后，湖南第三个台湾同胞投资企业协会。湖南正成为台商投资内陆的新热点。

【湖南体育每年投入200万　打造“江、湖、山”群体品牌】　2011年2月14日，湖南省体育工作会议在长沙召开，确定以后每年投入200万资金，奖励扶持打造湖南的“江、湖、山”群体品牌活动。

会议决定，2011年湖南省体育局将把打造湖南特色的“江、湖、山”群体品牌活动落到实处，每年将投入200万元对创建活动进行奖励性扶持。使湘江健身走廊（江）、环洞庭湖生态健身圈（湖）和三湘名山户外运动（山）群众体育品牌活动，成为湖南群众体育活动的主要载体和金字招牌。

竞技体育工作方面，2011年工作重点将转移到备战伦敦奥运会和十二届全运会上来，要使参加伦敦奥运会的人数达到15人左右，预计夺取2—3枚金牌；参加全运会的出线人数为230—260人，夺取15—18枚金牌，巩固全国“十强”地位。

2011年还将正式挂牌成立湖南体育产业集团有限公司，体坛周报进入上市程序，而体育彩票要完成销售任务18—20亿元，达到“市（州）过亿元，县（市）过千万”的第一步目标。

【湖南水利与加拿大555合作　共同开发湖南最大风电项目】　2011年2月15日，湖南水利投资有限公司与加拿大555集团签订战略合作协议，全面开展水利、水务、水电、风电及商业综合体的合作。

加拿大555集团创立于1895年，是全球最大的商业投资管理集团。业务主要涉及银行业、能源、城镇开发、都市娱乐设施、游乐园、商住地产、工业地产、旅馆业、科技、采矿业及其他自然资源的开发。

根据合作协议，湖南水利投资有限公司将与555集团就湖南最大风电项目——天塘山风电场、长沙市雨花区环保科技园综合商业体两个具体项目展开实质性合作。其中，天塘山风电场位于桂阳县和常宁市境内，电场风能资源丰富、利用率高、风向稳定、分布集中，是省内为数不多的资源相对较好、开发价值较高的风电项目之一。

【湖南发布林业发展成就　保持“青山绿水”的靓丽名片】　2011年2月18日，“十一五”湖南林业发展成就新闻发布会在长沙召开。生态状况明显改善，是“十一五”期间湖南林业工作的最大亮点之一。五年时间，湖南省完成人工造林1543.1万亩，新增封山育林1400万亩，营造林质量继续保持全国第一。

到2010年底，森林和湿地占全省国土总面积的81.81%，林业用地1.94亿亩，森林覆盖率57.01%，城市绿化覆盖率36.59%，人均公共绿地面积8.47平方米，森林蓄积量4.02亿立方米。经监测，全省森林生态效益总价值达8492亿元。

在2010年，又投入资金，组织1328个核查组，调动5000多名技术人员，对这些数据进行核查。与此同时，还在汨罗等地进行了林地施肥和林木产量试验，取得了良好的效果。现在，湖南林农只要点击湖南林业电子政务网上的电子地图，就能迅速查到自家的山头地块适宜种什么树、怎么种。

“十二五”期间，全省林业工作的主要发展目标是：到“十二五”期末，全省林业用地面积稳定在1.93亿亩以上，森林覆盖率稳定在57%以上，活立木总蓄积达到4.6亿立方米以上，立竹总数达到21亿株以上，森林植被总碳储量达2.84亿吨，城市建成区绿化覆盖率达40.0%，人均公共绿地达10平方米，湿地保护面积1000万亩以上，森林火灾受害率控制在1‰以下，林业有害生物成灾率控制在4‰以下，林业产业总产值达2500亿元以上，林业科技贡献率60%以上，生态文化宣传教育普及率达90%以上。其中，建设绿色国土，就是要千方百计把森林覆盖率稳定在57%以上，保持湖南青山绿水这张最靓丽的名片。

【湖南“十二五”耕地保有量377万公顷】　2011年2月22日，在长沙召开的湖南省国土资源工作会议上，确定了“十二五”期间国土资源工作的主要目标。

“十二五”期间，湖南耕地保有量不少于377万公顷，基本农田保护面积不低于323.53万公顷。完成土地综合整治46.7万公顷，通过土地复垦开发补充耕地4.33万公顷。

湖南将为全省经济社会发展提供有效土地供应，建设用地总规模控制在162万公顷以内，城乡建设用地控制在130.5万公顷以内。新增建设用地控制在10万公顷以内，农用地转用控制在8万公顷以内，建设占用耕地控制在4万公顷以内。

“十二五”期间，在节约集约利用水平方面，湖南将着力上一个新台阶。亿元GDP新增用地消耗面积降低到10.85公顷，主要矿种平均回采率提高3—5个百分点，主要矿种平均选矿回收率提高3—5个百分点，共伴生矿综合利用率达55%。国土资源节约集约模范县市创建活动取得显著进展，三年内所有县市达到国家规定标准，三分之一的县市达到“创优县”标准。

【湖南圆满完成第二次土地调查　摸清土地资源“家底”】　2011年2月22日，在全省国土资源工作会议上，第二次土地调查的先进集体和个人受到表彰。经过近4年的努力，湖南圆满完成了全省21.18万平方公里的农村土地调查和2901平方公里的城镇土地调查任务。与1996年完成的第一次土地调查相比，本次调查采用了先进的方法与技术，成果转化应用更加方便。

根据国务院关于开展第二次全国土地调查的相关部署，湖南省于2007年启动了第二次土地调查。3年多来，全省共投入经费6亿多元，2.5万余人参与调查，完成了农村土地调查、城镇土地调查、基本农田调查上图、建设土地调查数据库等任务，全面获取了覆盖全省的土地利用现状信息，建立了省、市（州）、县（市）三级农村土地利用数据库，形成集影像、土地利用、土地权属、文字报告等于一体的土地调查成果。

本次调查全面采用了3S技术进行数据采集、编辑、储存、管理、分析和应用，并且利用GIS技术，使地类范围、土地权属界线矢量化。农村集体土地与城镇国有土地登记资料全面扫描入库，与宗地建立了一一对应关系，实现了土地利用成果信息化。

目前，湖南省第二次土地调查办已经将国土资源部部审核确认的土地调查数据提供给相关部门和行业使用，包括铁路土地调查、企业改制上市、人口普查、土地登记发证情况分析等。省国土资源厅有关负责人表示，湖南将抓紧建设“一张图”工程，逐步把土地利用总体规划修编、耕地保护目标责任考核、建设用地审批、节约集约用地等各项土地管理业务信息集成到第二次土地调查数据库，构建土地用途管制和土地利用动态监测一体化的系统平台。

【湖南新探获有色金属储量　潜在经济价值5500亿】

2011年2月24日，召开2011年湖南省有色金属工业工作会。会议透露，迄今为止，全省已发现有色金属矿产51种，占全国已发现矿种数的91%。新探获有色金属资源储量，潜在经济价值达5500余亿元。

“十一五”期间，全省加大了资源勘探力度。14个危机矿山接替资源找矿项目取得明显成果，优势矿种铅、锌、锡、钨、铋、锑资源探明储量明显增加。全省新探获有色金属资源储量铅锌（213.6万吨）、钒（331万吨）、钨（26.36万吨）、钼（21.38万吨）、锡（32.39万吨）、铜（20万吨）、锑（11.5万吨）、铍（3万吨）、金（55.15吨），潜在经济价值达5500余亿元。全省已发现有色金属矿产51种，占全国已发现矿种数的91%，其中，钨、铋、锑储量均居全国第一，分别占世界储量的34.8%、37.2%和9.3%，铅、锌、锡、汞、铌、钽、锂及伴生的稀散元素镉、铟储量均居全国前5位。湖南有色控股集团以及省内部分民营企业积极实施国际化战略，通过合作开发、股权认购、全资收购等途径在加拿大、巴基斯坦等地实现了资源与市场的国际共享，为湖南省有色金属工业可持续发展提供了后备资源保障。

【湖南水利建设年均投入600亿　建行将增加此领域信贷投放】　2011年2月25日，湖南省水利厅与建行湖南省分行签署全面战略合作备忘录。

建行湖南省分行有关负责人表示，这是2011年中央“一号文件”出台后，湖南首家与水利部门开展全面战略合作的金融机构。

2011年的中央“一号文件”是新中国成立62年来首次全面部署水利工作，湖南省是全国首家水利改革试点省份。根据“一号文件”精神，从2011年起，10年内中央及各级地方财政拟投入4万亿元。湖南省将有洞庭湖治理、四水流域防洪工程建设、病险水库和病险水闸除险加固任务等一大批水利建设项目需要建设，投入较往期有一个大幅增加，预计年均投入将达600亿元以上，亟待拓宽多种筹资渠道。

湖南建行提供的资料显示，金融支持是加快水利发展改革的重要资金来源之一。湖南建行早在1989年就与湖南省水利厅建立了合作关系，全力支持全省重点水利项目和基础设施建设，服务水利民生。先后为湘江航电枢纽水利水电、湖南核电、澧水公司澧水开发、临湘供水、东江水电、五强溪水电、湖南城网主网等水利电力水务重点项目提供提供了有力的信贷资金支持，累计贷款达数十亿元。

此次双方强强联手，正式签署全面战略合作备忘录，建行将在信贷投放、资金结算、造价咨询、债券发行等方面提供一揽子综合金融服务。在信贷投放上，将重点为城市防洪工程、水务一体化工程建设、河湖连通工程建设、风电项目建设和水文测报建设项目等提供有力的融资支持。

【湖南全面推进新型工业化　以转型创新发展为核心】

2011年2月25日，湖南加速推进新型工业化工作会议在长沙召开。

会议透露，“十一五”期间，全省三次产业结构由16.7：39.6：43.7调整为14.7：46：39.3，全部工业增加值占全省GDP比重由2005年的33.3%提高到2010年的39.5%，工业占比提高了6.2个百分点，工业经济对全省经济增长的贡献率由2005年的37.2%提高到2010年的56.1%；新型工业化与农业现代化、新型城镇化、信息化的互动性增强，成为拉动全省经济社会发展的强大引擎。

“十二五”期间，湖南工业经济发展的主要目标是转变发展方式，调整经济结构，培育壮大战略性新兴产业，加快构建现代产业体系。2011年全省新型工业化工作要坚持服从服务于“四化两型”建设，促进创新型湖南、数字湖南、绿色湖南、法治湖南建设，坚持优化、创新发展、人本发展、和谐发展，力争实现全部工业增加值增长14%以上，规模工业增加值增长16%以上；战略性新兴产业增加值增长18%以上；规模工业万元增加值能耗下降4%以上；中小企业增加值增长13.5%以上，非公经济增长值增长14%以上。

【湖南八大工程改善民生　5年内居民收入年均增长10%】　2011年2月27日，汇集各方智慧的《湖南省保障和改善民生实施纲要（2011—2015年）》正式颁布实施。

《纲要》明确了湖南省在“十二五”期间保障和改善民生的指导思想、基本原则、总体目标、重点任务和保障措施，是今后五年湖南保障和改善民生的行动纲领。《纲要》提出了保障和改善民生的八大工程：就业增收工程、社会保障工程、素质提升工程、全民健康工程、安居宜居工程、畅通工程、安全工程、解困工程。

根据《纲要》，到2015年，湖南全省失业保险参保率将达80%，95%的城市街道办事处和社区将建起文化活动中心。5年内，全省新增城镇就业和农村劳动力转移就业分别达到300万人以上，城镇登记失业率将确保控制在5%以内。湖南将继续实施“百万农民培训计划”和“阳光工程”，保证每年农村劳动力培训规模达到150万人以上。5年内，全省将支持100万劳动者创业，创办15万户以上企业，可带动新增300万人以上就业。

根据《纲要》，“十二五”期间，湖南城镇居民人均可支配收入年均增长10%以上，力争全省农民人均纯收入年均增长10%以上。在这五年的时间里，湖南将建立低收入居民生活补贴与低收入居民基本生活费用价格指数联动机制，加强动态监测，保障低收入群众基本生活不因物价上涨而受影响。到2015年，全省将新建城镇保障性住房160万套以上，基本满足城市低收入住房困难家庭的住房需求。廉租住房、经济适用住房、公共租赁住房和中低价位、中小套型普通商品住房的建设用地将得到保障。《纲要》提出，此类建设用地年度供应总量不低于住宅用地供应总量的70%。各级财政将廉租住房等保障性住房资金纳入年度预算，住房公积金增值收益在提取贷款风险准备金和管理费用后全部用于廉租住房建设，提取土地出让净收益的10%以上用于廉租住房建设。

【国药控股湖南物流中心落成　打造湖南药品供应保障体系】　2011年2月27日，中南地区最大的现代医药物流中心之——国药控股湖南物流中心落成典礼在长沙市金霞开发区举行。

国药控股湖南物流中心正式投入运营后，全面满足湖南基本药物配送和集中药品招标配送两大需要，成为湖南药品应急储备中心与快速反应中心，成为中国医药集团在中南地区的又一战略支撑平台，将为湖南省建立全品种、全业态、全覆盖的医药健康产品供应体系提供强有力的保障系统支持。

在与湖南省政府的战略合作协议指导下，国药将与湖南省政府全面合作，实施“百千万”网络工程，分销网络和物流配送网络遍及全省，设置100个（县城）配送站，有效覆盖1000个乡镇，直达10000个终端，遍及湖南市场分销和物流网络，为湖南省各级医疗机构提供及时、高效的产品保障服务，为供应商提供快捷的产品分销和物流配送网络支持，为湖南老百姓的“用药安全”和“用药便利”作出贡献。

【湖南开展非煤矿山整顿行动　关闭5万吨以下小采石场】　2011年2月28日，湖南省政府办公厅下发通知，从3月份开始，湖南将开展非煤矿山整顿关闭专项行动，年产规模5万吨以下的石灰岩及建筑石料小采石场将依法依规予以关闭。

本次行动将严格标准，依法整顿，进一步淘汰规模小、装备技术落后、不具备安全生产条件的非煤矿山，提高企业本身安全水平和事故防范能力。

以下非煤矿山被列入关闭的范围：1. 未依法取得地质勘查许可证、采矿许可证等相关证照，擅自从事矿产资源勘查或开采的；2. 已吊（注）销证照应关未关或关闭后反弹的；3. 具有采矿许可证但未取得安全生产许可证，违法组织生产被依法查处后拒不按要求整改的；4. 年生产规模5万吨以下（不含5万吨）的石灰岩及建筑石料小采石场（以采矿许可证为准），以及其他未达到国家规定的矿种最小开采规模且通过整合、技改仍不能达到要求的；5. 超深越界开采拒不退界的、同一非煤矿山1年内有2次以上（含2次）超深越界开采行为的，或在国有或国有控股大矿范围内超深越界开采并严重威胁大矿安全的，以及证照到期、资源枯竭且无法扩界的；6. 资源整合矿山设计不予利用的矿井；7. 存在重大安全隐患被依法责令停产整改，逾期不整改或整改后仍达不到安全生产条件的；8. 违反建设项目安全设施“三同时”规定被依法责令停产整改，逾期不整改的；9. 被责令停产整顿，拒不执行监管指令，擅自组织生产的；10. 危库、险库未按要求治理或者治理后仍不符合安全要求以及未经审批擅自再利用尾矿的尾矿库。

本次行动还将依法依规停产整顿下列非煤矿山：1. 采矿许可证或安全生产许可证等相关证照过期的；2. 具有采矿许可证但未取得安全生产许可证的；3. 不符合矿产资源规划和矿业权设置方案，已经纳入资源整合范围的；存在多个开采主体，严重影响安全生产的；4. 新建、改建、扩建项目（含资源整合矿山）未依法履行安全设施“三同时”审查程序，违法建设、生产的；5. 未采用分台阶（分层）开采的露天矿山，未实现机械通风的地下矿山，不按设计要求开采，且存在大范围采空区未采取有效措施的地下矿山，各中段、采场没有两个安全出口的地下矿山，水文地质条件复杂、水情不清且未采取有效探放水措施的地下矿山，其他安全隐患比较严重需要停产整顿的非煤矿山；6. 发生较大以上生产安全责任事故的；7. 未取得安全生产许可证擅自排放尾矿的尾矿库；8. 坝体超过设计坝高、超设计储存尾矿、超量排放尾矿、存在重大安全隐患的尾矿库。

【湖南新一轮建设扶贫工作启动　力促2016年44个贫困县脱贫】　2011年3月15日，湖南省农村基层组织建设和扶贫开发整村推进工作总结部署会议在长沙召开。会议决定自2011年起，湖南继续开展3轮贫困地区农村基层组织建设和扶贫开发整村推进工作（以下简称“建设扶贫工作”），每轮2年，力争到2016年使全省44个国家和省扶贫开发工作重点县（含比照县）的多数贫困村稳定脱贫，基本改变落后面貌。

从2005年初至2010年底，按照湖南省委、省政府统一部署，省直单位采取“领导办点、部门帮村、干部驻村、三级联动”的方式，开展了三轮建设扶贫工作，并圆满完成任务。

6年来，省直共有60多家单位，派出147个驻村工作组346名干部，进驻14个市州、48个县市区、147个村开展建设扶贫工作。省财政投入资金1.4亿元，各单位自筹资金（含物资折款）4.08亿元。市、县两级共派出12386个工作组、36200名工作队员进驻12386个村。

期间共修筑村组公路6.79万公里，兴修维修水利工程近10余万处，解决了260.54万人饮水困难、147.05万户用电困难，发展沼气32.91万口，村小学得到修缮，驻点村生产生活条件有了根本性改变。村民年人均收入增加近2000元，村集体经济从无到有，增加2万元以上的村达5466个，形成了贫困地区发展新的经济增长点。

【湖南新兴产业人才需求目录发布　2011—2012年需才17000人】　2011年3月19日，一本由湖南省人力资源与社会保障厅、省经济与信息化委员会精心编制的《2011—2012年湖南省战略性新兴产业企业人才需求目录》（以下简称《目录》）正式出台，为全面推进战略性新兴产业人才引进吹响号角。

根据《目录》显示，近两年湖南省先进装备制造、新材料、文化创意、生物、新能源、信息和节能环保等七大战略性新兴产业企业，将提供需求职位1063个，人才需求总量超过17000名，其中需求高层次人才3973名、高技能人才5005名。

高层次人才需求量中，排在前三位的分别是工程技术人员、企业高级管理人员、科技研发设计人员；高技能人才需求量中排在前三位的分别是机械制造加工工、机电产品装配工、市场营销人员。

七大产业中按人才需求量排列，分别为先进装备制造、信息、新能源、生物、新材料、文化创意、节能环保。

为了更好地促进湖南省技能院校与战略性新兴产业企业对接，主办方还在活动现场设置了校企洽谈专区。

当日，共有14所技师院校、国家重点以上技工学校和部分高职院校代表与战略性新兴产业企业现场洽谈，达成意向的校企在现场签订了高技能人才培养合作协议。

【湖南建成首个气象为农服务综合示范点】 2011年3月29日，湖南省宁乡县金洲镇关山村建成湖南首个为农服务综合示范点。该示范点的建成，将进一步提高农村气象灾害防御能力，提升农业气象灾害预报预警能力，提高农业生产效益。

综合示范点涵盖土壤水分测量站、多要素自动气象站、气象预警发布机、四平方米的气象预警信息电子显示屏等。土壤水分测量站和自动气象站采用当前先进仪器，主要利用太阳能供电获取实地监测数据，建立长沙市气象为农数据库，逐步建立单独的预报和服务模式，为农业生产和农村防灾减灾提供更加准确、及时、详细的预报服务。电子显示屏将滚动播放农业生产、气象等方面的科普知识和气象预警、预报信息及当地实时气象信息。

自2011年元月长沙市气象局和长沙市农业局签署"合作框架协议"以来，双方密切合作，经过认真选址，共建气象为农服务示范点。全省首个为农服务综合示范点的建成，也标志长沙市气象为农"两个体系"建设迈出重要一步。

【湖南县域经济考核启用新指标　GDP不再作约束性指标】 2011年3月，湖南省进一步完善了县域经济发展考核指标体系，不再将"GDP"总量作为约束性的考核指标，并用"财政总收入占GDP的比重"替代了"全口径税收收入占的比重"。

2011年3月，湖南省县域经济工作领导小组办公室在广泛征求考核指标单位及部分市州和县市区意见的基础上，进一步完善了县域经济发展考核指标体系。新的考核指标体系更加符合科学发展观的要求，降低了"GDP"总量指标的权重，不再将"GDP"总量作为约束性的考核指标。

同时，更加注重考核经济发展质量，用"财政总收入占GDP的比重"替代了"全口径税收收入占的比重"；更注重考核县域经济持续发展动力，增加了"固定资产投资"和"社会消费品零售总额"两个指标；更注重民生，提高了"城镇居民可支配收入"和"农民人均纯入"两个收入指标的权重；更注重"四化两型"社会建设，调整了环保指标，增加了城镇化率指标。

【湖南火电承建的首台百万千瓦机组在广东移交生产】 2011年4月28日，由湖南省火电建设公司承建的首台百万千瓦机组——广东惠州平海发电厂一期2×1000MW工程#2机组顺利一次通过168小时满负荷试运行。

试运行期间，机组运行平稳，保护投入率100%，自动投入率100%，轴瓦振动、真空严密性等主要参数、指标优良，得到了业主、监理等各方的一致好评。

从锅炉第一根钢架开吊到通过168小时试运行，历时22个月。在此期间，"电建湘军"以"高水平谋划、高标准要求、高质量落实"管理思路为指导，秉承"人本立企，诚信兴业，和谐共赢"的经营理念，发扬不畏艰难，顽强拼搏的精神，日夜奋战，不辞劳苦、团结协作，抓安全、重质量、促进度，克服工期紧、土建交安推迟、设备到位滞后等重重困难，通过精心策划、科学组织，先后顺利实现了锅炉水压试验、厂用受电、汽机扣盖等重要工期节点的一次性成功，并最终顺利一次通过168小时试运行。

平海电厂#2机组168试运移交生产一次成功，宣告湖南省火电建设公司已经具有1000MW机组施工业绩，并为该公司2011年全面完成7000MW施工任务赢得了开门红。

【湖南区域科技条件服务平台启动　提供专业情报服务】 2011年4月29日，湖南省区域科技条件服务平台正式启动。该平台旨在为地方企业提供高端的信息（情报）服务，充分发挥政府部门、研究机构、大学与企业的联动性，共同开展信息搜集、信息分析等专业化服务，增强区域科技创新与服务能力。

区域科技条件服务平台是湖南省科技创新体系的重要组成部分，是省科技厅支持地方科技工作创新工作的重要载体。从2010年年底到2011年4月底，湖南省共试点开通13个科技条件服务平台，涉及有色金属、现代农业、生物医药、先进制造、棉纺织、建筑建材、食品加工、新能源等21个区域优势产业和特色产业，累计采集情报信息数量达1.4万条，完成《每日竞争情报》71份，竞争情报周报30余期，并已开始着手产业专题报告研究制定工作。

"十二五"期间，湖南将通过创新管理模式，继承省、市、县三级科技资源，采取共建共享方式大力推动区域科技条件服务平台和技术创新服务平台建设，通过对此次试点的13个平台的经验总结，以试点带动示范，大幅提高科技平台在市、县的覆盖率和服务地方经济社会发展的能力。

【湖南整顿规范矿产开发秩序　严查无证超界非法转让】 2011年5月17日，湖南省人民政府新闻办公室召开新闻发布会，会上通报，从2011年5月开始，到2012年5月结束，湖南将集中一年左右的时间，开展深入整顿和规范矿产资源开发秩序专项行动。

本次专项行动将通过深入整顿和规范矿产资源开发秩序，严肃查处无证勘查开采、超深越界开采、非法出让转让、浪费破坏资源、严重污染环境等违法行为，实现矿产资源勘查开发秩序明显好转，矿山安全事故明显减少，矿山生态环境明显改善，矿产资源开发利用水平明显提高，矿产资源保障能力明显增强，推动湖南矿业走出一条资源利用率高、环境污染少、安全有保障、资源优势得到充分转化的新路子。

本次专项行动将严厉打击无证无照开采、证照不全生产、超深越界开采等违法违规行为；加强矿山地质环境防治、环境恢复治理、土地复垦等管理，依法取缔各类非法小选厂、小冶炼厂及严重污染破坏环境的矿山；规范矿产资源勘查行为，加强对地质勘查活动的监管，依法查处无证勘查、圈而不探、以采代探等违法违规行为，维护正常的勘查秩序；完善安全监管措施，加强对矿山企业的动态监管，排查各类隐患，提高企业安全水平和事故防范能力。

本次专项行动还将规范和发展矿业权市场，全面推行矿业权有偿取得制度，实现矿产资源国家所有者权益最大化，同时根据发展需要和矿产品供需形势，有计划地调控矿业权市场；提高矿产资源开发利用水平，以打造“千亿元销售收入百亿元财税收入”的矿产采选业为目标，加大地质找矿力度，新增一批能源和非能源矿产基地，通过采矿权投入、资源合理配置、产业引导，推进矿产资源深度整合，提高资源聚集度、综合利用率矿产品附加值，增强矿产资源的持续供应能力，促进资源优势向竞争优势、发展优势转变。

本次专项行动的最终目的是提高矿产资源开发管理水平，形成日常监管和行政审批有机结合、各部门协调配合的反应迅速、协调一致、高效运转的联动机制，共同维护良好的矿业开发秩序。

会议还透露，2011 年，湖南开始实施新一轮找矿规划，实施一批大宗矿产、优势矿产、特色矿产找矿项目，并将积极做好申报国家新一轮危机矿山接替资源找矿项目准备工作，优质完成新一轮危机矿山接替资源找矿项目的立项，争取多立项，多为国有老矿山的地质地质找矿工作搞好服务。

【湖南首批外商投资合伙企业诞生　发展数量居中部六省之首】　2011 年 5 月 17 日，湖南省首批外商投资合伙企业诞生，湖南省工商局为“湖南菁致农业综合开发园、长沙瑞途投资合伙企业”颁发营业执照。截止至 2011 年 3 月底，湖南的外商投资合伙企业发展数量居中部六省之首。

湖南菁致农业综合开发园的外资合伙人代表台商吕学贤先生，自 1989 年起赴大陆投资。“以前要想在国内投资企业，首先必须验资，没有专门的外汇账户也是绝对不可以的，还有很多项目不能做。一套完整的手续办下来，得花上大半年，在两地飞来飞去，签上许多份文件”，吕先生无奈地表示。这次登记菁致农业综合开发园，他们只花了 1 个月左右的时间就全部到位了。

牛樟树是台湾特有的珍贵树种，其中生长的“牛樟芝”具有抑制癌细胞、解毒保肝、强化免疫等功效。湖南浏阳的江育梅等 5 人，正是看中了“牛樟芝”优良的发展前景，在赴台考察后，最终决定与台商吕学贤合伙培育。

目前，连同长沙市工商局登记的 1 户外商投资合伙企业，湖南累计登记了 3 户外商投资合伙企业。而截止至 2011 年 3 月底，全国共计登记外商投资合伙企业 134 户，主要集中在浙江、广东、上海等沿海发达地区。湖南的发展数量，目前在全国排名进入前十位，在中部六省排名第一，经营范围也涉及农业开发，股权投资和节能环保技术研究开发等领域。

【湖南医药产品质量安全状况良好】　2011 年 5 月 24 日，召开全省药品质量安全暨监管状况新闻发布会，湖南省食品药品监督管理局建议公众“不要轻易到网上购药”。

目前，全省共有药品生产企业 207 家，通过药品 GMP 认证的生产线 580 条，可生产药品 4727 个品规。现有 307 个国家基本药物品种湖南均有生产，能满足基本医疗对基本药物的需求。全省医药工业总产值由 2005 年的 104 亿元上升到 2010 年的 384 亿元，年均增长 31.3%，医药产业发展质量、规模与效益显著提高。

在接下来的药品安全监管工作当中，湖南省食品药品监督管理部门将继续深入推进药品安全监管，加强药品的注册建厂核查，从源头上保证药品的安全，并努力提升药品监管能力。同时，尽快普及药品安全知识，采取多种形式面对老百姓开展一些合理用药的知识宣传，增强公众的自我保护意识，积极参与药品安全监管。

【湖南设立保障性安居工程投资公司　建立融资平台】

2011 年 5 月 24 日，湖南省住建厅透露，湖南决定设立湖南省保障性安居工程投资公司，加大投融资力度，加快推进全省保障性安居工程建设。

该公司为湖南省人民政府全额出资的有限责任公司，由省住房和城乡建设厅与省财政厅、省国土资源厅、省发改委共同管理，以省住房和城乡建设厅管理为主。公司注册资本 45 亿元，将统一融资全省保障性安居工程建设资金，统筹全省保障性安居工程建设。

除中央与省补助资金、市县配套资金和保障对象自筹资金外，不足部分向金融机构融资，专项用于全省廉租住房、公共租赁住房、经济适用住房等保障性住房建设和城市、国有工矿、中央下放地方煤矿、国有林区、垦区等各类棚户区改造。

国家开发银行湖南省分行作为牵头银行，联合其他金融机构组成银团，统一向省安居工程投资公司提供贷款。省安居工程投资公司和市、县保障性安居工程投融资主体作为共同借款人，采用“统贷分还”方式统一向银团申请贷款；以债权、信托贷款的方式吸纳保险资金、社保资金和其他社会资金投资保障性安居工程建设。

【湖南十二五计划新增保障房 160 万套　骗购 5 年无权再申购】　2011 年 5 月 24 日，湖南省住建厅有关负责人就本月出台的保障性安居工程建设的一系列政策进行了解读。新政策对于保障性安居工程建设和分配准入制定得比较刚性。

保障性安居工程终于有了政策上的保障。《湖南省人民政府关于加强保障性安居工程建设的意见》（下简称《意见》）近日出台。今后，住房用地供应将大幅向保障性住房倾斜，挂牌出让的商品房项目担负保障性住房的建设将成为开发商的义务。保障性安居工程的大面积推开，最终将直接导致住房消费结构的变化。

“十二五”期间，全国保障性安居工程建设任务为 3600 万套，其中 2011 年开工建设 1000 万套。到“十二五”末，湖南城镇保障性住房覆盖面将达到 20% 以上，计划新增保障性住房和棚户区改造房 160 万套，力争开工建设 180 万套，总投资约 1700 亿元，需用地 7000 公顷。其中 2011 年开工建设 44.72 万套，比 2010 年增加 15.95 万套，增长 55.44%，总量居全国第五，中部第二，总投资 400 余亿元，需用地 2176 公顷。到“十二五”末，湖南要基本解决城镇中等偏低收入家庭住房困难，并通过租赁住房逐步改善新就业职工和城镇稳定就业的外来务工人员的居住条件；基本完成集中成片城市棚户区、国有工矿、中央下放煤矿、国有林区、垦区棚户区（危旧房）改造，稳步推进非成片棚户区、零星危旧房改造和旧住宅区综合治理，完善基础设施配套，改善居住环境。

《意见》规定，房地产（住房保障）部门要会同民政等部门进一步完善住房保障管理信息系统和保障性住房档案，对保障对象家庭住房和经济状况进行动态监测。对不再符合保障条件，或购置、租赁、继承、受赠其他住房的，按规定退出。对在规定期限内未退出保障性住房的，可通过提高租金等方式实现退出；对拒不退出的，可依照法律或合同约定申请人民法院强制执行。对以虚假资料骗购骗租保障住房的，一经查实，立即责令退出或退还，并取消5年再次申请购买或租赁保障性住房资格。

【湖南开启两大平台　食品医药行业信息一“点”了然】　2011年5月26日，湖南省食品工业企业诚信信息公共服务平台暨湖南食品医药行业公共信息服务平台同时启动，将为相关企业和个人提供服务信息。

湖南省食品工业企业诚信信息公共服务平台、湖南食品医药行业公共信息服务平台由湖南省经信委、湖南省食品工业企业诚信体系建设办公室、湖南省食品行业联合会、湖南省医药行业协会、湖南经桥科技有限公司联合打造，主要包括在启动仪式上同步开通上线的湖南食品工业企业诚信网、湖南食品网、湖南医药在线三大行业网站。

湖南食品工业企业诚信网将致力于征集和披露诚信信息，查询、公示、使用诚信信息，是食品工业企业诚信体系建设的重要内容。而湖南食品网、湖南医药在线则向行业、企业、社会公众发布行业发展动态、食品安全、医药健康、市场供求、展会等信息，为食品医药行业提供全面及时的行业信息和资讯，推动湖南食品医药产业的发展。

两大平台的开通，标志着湖南食品医药行业正式跨入信息化时代，也标志着湖南省食品工业企业诚信体系建设走在了全国前列。湖南在全国率先启动食品工业企业诚信体系建设试点工作，并于2011年公布了第二批总共100家诚信试点企业。

【《湖南省外来物种管理条例》十一实施　筑生态保护法律防线】　2011年5月27日，经湖南省第十一届人民代表大会常务委员会第二十二次会议通过的《湖南省外来物种管理条例》（以下简称《条例》），将于2011年10月1日起正式颁布实施，这是湖南省第一部外来物种管理法规，同时也是中国第一部外来物种管理法规。它的颁布实施标志着湖南省外来物种管理进入法制化轨道。

随着全球国际贸易、旅游和交通的迅速发展，以及经济发展的需要，国家之间、地区之间的生物物种交际与交换的日渐频繁，外来物种入侵的危险性日益增加。外来物种的入侵会严重危及国家粮食与食品安全、生物与生态安全，甚至危及社会安定，造成群体性恐慌事件。

目前，已入侵湖南省的外来有害生物达97种。其中植物68种、动物18种、病原微生物11种。外来物种入侵发生面积高达1200万亩。据不完全统计，一年损失高达亿元。

《条例》的出台与实施将构筑一道生态保护的法律防线，使外来物种的管理法制化、常态化，确保湖南省农业安全、生物安全和生态安全。

《条例》对外来物种引入、监测、防治和监督管理以及法律责任等方面都做了明确规定，为保障湖南省生物多样性和生态安全提供了有力的法律武器。

【湖南保健食品、化妆品生产企业签《质量安全承诺书》】　2011年5月29日，湖南省食品药品监督管理局组织召开全省保健食品化妆品生产企业质量安全监管会议。会上，全省71家保健食品、化妆品生产企业签订并递交了《质量安全承诺书》，为维护公众身体健康和合法权益做出了郑重承诺。

在《质量安全承诺书》中，保健食品、化妆品生产企业做出六项承诺：一是严格遵守《中华人民共和国食品安全法》、《化妆品卫生规范》等法律法规，确保产品质量安全；二是不断强化企业是质量安全第一责任人的责任意识，不断完善质量保障体系，始终把产品质量安全放在首位；三是严格遵守有关工艺、技术、操作规程要求，做到“管理有标准，操作有程序，过程有记录，质量可溯源”，绝不非法添加；四是建立并执行严格的质量管理制度。从原料采购到产品出厂严格落实质量安全责任。五是大力开展企业诚信建设，保证提供给监管部门的各种材料真实、完整。严格落实产品广告相关规定，不夸大、虚假宣传。六是主动接受监管部门和全社会的监督，对存在的问题及时进行整改，并杜绝再次发生。

【湖南信用信息数据库涵盖27万企业和3980万自然人】　2011年6月2日，湖南省召开全省社会信用体系建设领导小组第十次会议。

会议指出，截至2010年底，湖南省“企业和个人信用信息数据库”已涵盖全省企业27万户、自然人3980万；“企业信用信息基础数据库”包含66万户企业信息，数据量567万条，数据项2.54亿个；“公民基础信息数据库”共收录7055万公民基础信息。

信用信息归集工作的成绩为社会信用体系建设提供了基础保障。到2010年底，38家信息归集单位累计交换信息1022.51万条，66万户企业基本信息、7055万公民基础信息实现在政府相关部门间的共享，其中27万户企业和3980万自然人的信用信息实现在全国金融机构间的实时共享查询，湖南信用网年查询量达221万次，访问量超过365万次。

众所周知，查询和使用信用信息已经成了金融机构贷前审查、贷后管理的必经程序，2010年一年，全省金融机构累计查询信用信息达到340多万次；全省新开的17家商业银行分支机构，年内也全部加入企业和个人信用信息数据库，实现信息在线实时查询；14家住房公积金管理中心开通县域查询用户，全年累计查询使用个人信用信息7.8万次，拒贷800多笔，拒贷金额高达1.96亿元。

2011年，湖南省社会信用体系建设工作将重点抓好建设行业信用体系建设、中小企业信用体系建设、农村信用体系建设；并强化信用信息归集机制，建立信用信息互通互用机制，完善信用信息运用机制，强化信用信息评估机制，规范信用奖惩机制。出台《2011—2015年湖南省社会信用体系建设规划》，明确“十二五”期间湖南省社会信用体系工作的整体目标、任务、措施，为各项工作开展提供指南和向导。

【湖南促股权投融资平台建设　注册资本100万可参与股权投资】　2011年6月8日，由湖南省股权投资协会主办、湖南省联合产权交易所和湖南股权交易所承办的“探索投资退出的多元渠道，促进股权融资平台建设”研讨会在长沙举行。省内的专家学者和政府有关部门负责人就如何促进湖南股权投资退出机制建设及股权投融资平台建议各抒己见。

湖南高新创业投资集团有限公司总经理、党委书记黄明说，湖南超过4500亿元的高新技术产业总产值和300亿以上的股权投资总规模，必将为股权交易平台提供极其丰富的项目资源与交易机会。而相对于湖南股权投资还在起步阶段的现状，在欧洲通过股权转让方式实现投资退出已是非常流行的做法。从1999年到2008年10年间，成功退出的案例中有接近40%是投资基金在创业企业处于Pre－IPO阶段通过股权转让实现退出的。

而湖南省联合产权交易所、湖南股权交易所董事长胡小龙在主题发言中说，占股份公司总数绝大比例的非上市股份公司股权，有着一定的谋求流动和交易的天然属性。但是长期以来，一级半市场的地下股权交易一直都很活跃，而一级半市场在交易模式上存在交易成本高、交易效率低、交易不透明、监管不到位等明显弊端，因此建立一个完善的股权场外交易流通市场，解决在股权定价等方面的信息不对称问题，降低交易成本，提高交易效率，是对市场经济的完善和推动，也是建立高效资源配置市场经济的内在要求。同时，2005年颁布的新《公司法》和《证券法》对上市和非上市公司的股权都明确规定可以依法自由转让。

目前，湖南股权交易所自2010年12月6日挂牌成立以来，以搭建湖南区域优质中小企业股权私募平台为目标，以股权私募融资为核心业务，确立了以托管和交易为基础配套服务业务，向前端的股份制改造咨询服务业务和后端的股权质押融资服务业务延伸的运营模式，并已建立了市场准入制度，非公开、非连续、非标准化交易制度、信息定向披露和持续督导制度。

胡小龙表示，他们将力促股权融资平台建设，促进股权交易市场的发展，为众多非上市特别是创业型中小企业提供广泛的融资和退出渠道。

在当天的研讨会上，推介了宇腾化工和长沙银行两个优质股权转让项目。

湖南股权交易所给与会机构代表的招募公告中明确了成为投资者的门槛。符合以下条件的机构和自然人均可提出申请，经核准成为合格投资者，从事相应业务：一、注册资本不低于100万元的法人或者自有净资产总额不少于人民币100万元的其他机构，具备比较完善的内控制度和较强的风险意识；二、自有金融资产在10万元以上的自然人，且具有较丰富的投资知识和较强的风险意识。

【第三届节能科技产品博览会启幕　免费发4万支节能灯】　2011年6月11日，2011年湖南省节能宣传周活动暨中国（长沙）第三届节能科技产品交易博览会隆重召开。此次博览会将面向市民免费发放40000支节能灯。广大市民在分享节能科技的喜悦时，也将亲身体验节能给生活带来的好处。

湖南省积极发展以沼气开发利用为重点的可再生能源建设。每年新建户用沼气池15万多户，2010年，全省拥有户用沼气池210万户，年产沼气10.5亿立方米，每年节约75万吨标准煤。此外，湖南省利用秸秆、棉秆等农作物废弃物建设投产4座生物发电厂，在建生物发电厂5座。

湖南提出了“十二五”期间的节能工作的总体目标：2015年全省单位GDP能耗与2010年相比下降16%，并将调整产业结构，淘汰落后产能，切实做好节能、低碳工作；加强节能宣传，加大政策支持，严格能评制度，对重点企业、行业和区域进行扶持。

本次展会为期三天，共设国际标准展位400多个，吸纳了远大科技、美的空调、广州致控、比亚迪等近170家省内外企业参展，分为工业节能技术及产品、生活节能技术及产品、太阳能及资源综合利用、建筑节能及新材料、新能源车辆及电动车等展区。为推广使用节能产品，促进市民节能意识，节能科技产品交易博览会期间，博览会组织方将向市民免费发放节能灯40000支，市民可凭本人身份证，到活动现场免费领取。

【湖南发布“两型”标准　“两型”家庭首倡勤俭节约】　2011年6月16日，湖南省发布12项“两型社会”建设标准，包括“两型”产业、“两型”园区、“两型”企业、“两型”村庄、“两型”县、“两型”镇、“两型”机关、“两型”家庭、“两型”学校、“两型”医院、“两型”社区、“两型”农村等。这让“两型”这一个在大多数湖南人心中耳熟能详却又倍觉抽象的词汇，成为了一个个能够依照执行的具体的准则。其中，已于6月初试行的《“两型”家庭建设标准》与长株潭市民日常生活联系紧密，它为“两型”家庭描绘了美好蓝图：勤俭节约、绿色环保、幸福美满、遵纪守法。

值得注意的是，在这一标准之中，中华民族的传统美德——勤俭节约被放在第一项。其内涵为：坚持以“俭”为本，拒绝奢侈消费；坚持按需所取，杜绝资源浪费；坚持一物多用，提高资源的使用效率。

《“两型”家庭建设标准定量指标表》还对家庭在具体的资源消耗、排放控制、消费方式上作出了量化要求。

在《“两型”家庭建设标准（试行）》中，还有一些有趣却又意义深刻的规定，例如为了达到家庭和谐的标准，夫妻必须互相尊重、互相容忍、和谐美满、无婚外情；与邻友争吵次数需为0次/人。

【以绿色采购促两型建设　湖南政府采购效仿淘宝开展诚信互评】　2011年6月21日，湖南省政府采购工作会在长沙举行。

十一五期间，湖南政府采购规模从2005年的78.42亿元增加到2010年的211.13亿元，年均增长22%。日益增大的政府采购规模显著提升了政府采购效益，十一五期间累计节约了财政资金100多亿元。

面对“两型社会”建设发展，湖南政府采购一直严格执行国家节能环保政策，坚持对国家节能环保清单内规定须强制采购的九大类产品实施政府强制采购，对其他节能环保产品也实行政府优先采购。对远大空调、中联道路清扫设备等节能环保、科技创新产品直接给予订单支持，开启绿色通道，实行协议采购或直接订货采购。

2011 年 3 月，为发挥政府采购功能，鼓励、扶持自主创新产品的研究和应用，省财政厅发布《湖南省第一批政府采购自主创新产品清单》，34 家企业 105 个产品列入清单。采购《清单》产品的，财政部门可以给予“优先审批采购计划，优先安排采购资金”等多项鼓励措施，鼓励采购人优先采购《清单》产品，并对其生产经营企业减收采购文件工本费。

长沙株洲湘潭等地政府采购，先后根据“两型”建设规划相继出台了支持科技创新和绿色采购的政策措施，积极助推“两型”改革。

湖南政府采购将凭借网络平台强化政务公开和信息公开，目前正探索研究“晒标书”和项目预公告制度，力争尽早实现网上开评标直播等功能。同时，还将建立政府采购供应商库和商品信息库，通过协议供货、网上竞价、网上反拍等方式提高效率和强化监控。

新建的湖南省电子化政府采购管理平台中还开发了诚信评价功能，对代理机构、评审专家、供应商、采购人分别预设了评价模型，效仿淘宝网交易评价模式让各政府采购当事人实行网上互评。

【湖南开发园区土地集约促产业发展　目前无闲置地】 2011 年 6 月 24 日，全国“土地日”前夕，湖南省国土资源厅向社会公布：湖南现有省级及以上开发区 78 个，包括 8 个国家级开发区和 70 个省级开发区，全省开发区以约占全省千分之三的土地，吸纳了全省 1/3 左右的外资，创造了全省约 1/2 的外贸出口额、1/3 的工业增加值、1/12 的城镇就业岗位。开发区以其特殊的经济区位，在促进经济又好又快发展，推动四化两型建设等方面发挥了举足轻重的作用。

湖南近几年一直落实差别化土地利用计划管理，严禁将计划指标用于“两高”和产能过剩行业建设项目，优先保障国家鼓励发展的高技术、高附加值低消耗、低排放的新产业、新工艺项目。

2011 年 3 月，湖南下发了《湖南省开发区调区和扩区暂行办法》，对开发区调区扩区的总体要求、调区的条件和原则、扩区的条件和原则、申报审批程序、申报材料作出了明确规定。调区、扩区有利于开发区资源整合利用，拓展园区发展空间，促进开发区节约集约用地。

2009 年 3 月 1 日起，全省县级以上国土资源管理部门全面运行土地市场监测与监管系统。土地信息网上备案，并发布到互联网上，实现信息公开。

全省建立建设用地批后监管制度，对建设用地审批、供应、利用和补充耕地、违法用地查处实行全程动态监管。现代遥感、信息等技术的运用，能及时全面准确掌握每块土地的类别、权属、面积、分布和利用状况，对土地开发、利用、闲置等情况进行适时监测，并作为新增建设用地计划指标安排的依据。国土资源管理强化了执法问责机制，对违反规划计划、未批先用、征地补偿安置和补充耕地不到位的，及时制止，坚决查处，严格问责。目前，开发区无到期用地和闲置土地。

【湖南食品安全专家委员会成立　六大职能保障食品安全】 2011 年 6 月 24 日，湖南省食品安全专家委员会在长沙正式成立，172 名委员和 44 个单位委员将行使六大职能，进一步保障人民群众健康安全。

湖南省食品安全专家委员会有关负责人介绍，从医学、农业、食品、营养等领域，湖南省食品安全专家委员会专家涵盖了从农田到餐桌各个环节。专家委员会下设食品安全标准、流行病、营养与特殊膳食食品、食品产品、毒理、理化检验、微生物检验、农药兽药残留、临床医学、医疗救治 9 个专业委员会。

湖南省食品安全专家委员会目前主要履行以下六项职能：了解和掌握国内外食品安全领域的最新动态，及时向省食品安全委员会提供信息和工作建议；为制定全省食品安全方面的政策、规划等提供智力支持；参与有关食品安全地方性法规、规范管理制度的起草和论证；提出制（修）订食品安全地方标准的建议，承担湖南省食品安全地方标准的专家审评工作；参与湖南省食品安全风险监测方案、食品安全管理计划、食品安全抽样检测计划的制定，承担湖南省食品安全风险评估、预警及食品安全总体形势分析工作；为预防和控制突发食品安全事件提供咨询和技术指导，参与重大食品安全事故的原因调查、危害因素鉴定、应急处置等工作；对申请备案的企业标准进行审查。

【湖南省博物馆改扩建举行开工仪式　国家一级馆排名第二】 2011 年 7 月 4 日，湖南省博物馆改扩建工程今天举行开工仪式。工程完工后，每年观众接待量将提高将近一倍。

湖南省博物馆筹建于 1951 年。从初创的 5 个人、一栋楼开始，经过了三轮建设，现在已成为中央地方共建的 8 个国家级重点博物馆之一。

进行改扩建后，省博物馆的馆舍规模将达 7 万多平方米，藏品保管保护、陈列展览和观众教育服务设施条件将得到根本性改善，精心打造的《马王堆汉墓》、《回首潇湘》、《三湘人杰》（暂定）三大基本陈列以及陶瓷、书画、青铜等专题展览将全面、系统地反映湖南历史、艺术、文化的发展概貌和历程，以全新的展示手段为观众带来极具感染力和震撼力的艺术体验和心灵感想。基本陈列年观众接待量将由现在的 140 万人次左右增加到 250 至 300 万人次。工程预计 2013 年将完工，建成后的湖南省博物馆将成为展示湖湘历史和文化的重要窗口，成为长沙市新的文化地标，成为达到有世界先进水平的国家级重点博物馆。

【湖南首批 38 个县级山洪灾害监测预警系统投入试运行】 2011 年 7 月 7 日，湖南省于 2010 年实施的 38 个以监测预警系统为核心的山洪灾害防治县级非工程措施建设项目已全部投入试运行，并累计发布各类预警短信 159 条次，共有 952 个乡镇近 5.7 万名各类责任人接到预警信息，指挥组织转移群众 4.7 万余人次。

2010 年 12 月 21 日，湖南省山洪灾害防治非工程措施建设协调领导小组在郴州市召开了专题工作会议，明确了技术要求，重点对湖南省 2010 年度山洪灾害防治县级非工程措施建设工作进行了部署。38 个项目县（市）按照郴州会议精神和湖南省防办下达的建设任务，迅速开展了项目建设工作。5 月底以来，各项目相继竣工并投入试运行。38 个县（市）共计建成自动雨量站 687 个、简易雨量站 5768 个、简易水位站 36 个、水位雨量一体化站 46 个、预警广播主站509个、分站1700个、监测预警平台系统38套。

2011年汛期，湖南省先旱后涝，旱涝急转。6月上旬以来，20多天内连续遭受4轮大暴雨袭击，局地暴雨山洪暴发，新建的监测预警系统及时启动，减灾效益初现。

6月3日~4日，凤凰县境内出现强降雨过程，凤凰县防办通过刚建成的监测预警系统对特大型滑坡地质隐患点——沱江镇喜鹊坡自然寨一带的居民发布广播预警，成功将200多名群众转移到安全地带。

6月4日~6日，麻阳县谷达坡乡境内普降大到暴雨，最大6小时降雨104.9毫米，溪河水陡涨。兴隆湾村村委一班人根据县防汛部门发布的预警短信，迅速按照转移预案，将危险区237人全部转移到了安全地带。此次暴雨该村溪河水位达到百年一遇，由于预警、转移及时，没有造成人员伤亡。

6月9日晚，平江县北部山区普降大暴雨，刚刚建成的县级山洪监测预警系统及时通过手机短信、无线广播发布预警，受灾严重的大坪乡、冬塔乡、南江镇等8个乡镇的村组干部和群众骨干迅速行动，紧急转移安置村民1.78万人，营救1300余人，避免了群死群伤。

6月20日，炎陵县山洪灾害监测预警系统监测到平乐乡青山站15时至18时降雨量达135.5毫米，及时发布预警短信两次、预警广播两次，平乐乡20多名防汛责任人接收到短信预警后，迅速采取应急措施，紧急转移危险区群众312人。半小时后，山洪来袭，河水猛涨，被转移群众安然无恙。

38个县（市）监测预警系统投入试运行以来，累计发布各类预警短信159条次，启动预警广播429站次，共有952个乡镇近5.7万名各类责任人接到预警信息，指挥组织转移群众4.7万余人次。

【湖南抓紧绘制林地“一张图” 全省青山将变“袖珍”】 2011年7月8日，湖南召开县级林地保护利用规划编制工作电视电话会议，主会场设在长沙，全省各市州林业局设分会场。

根据全国林地保护利用规划纲要的总体要求，湖南省林地保护利用规划的总体目标是到2020年，林地保有量为1.91亿亩，森林保有量为1.6亿亩，森林覆盖率稳定在57%以上，重点公益林达到7660万亩，重点商品林达到6300万亩，林地生产力达到4立方米/亩，森林总蓄积量达到6亿立方米，建设项目征占用林地控制在每年8.8万亩。

落实林地边界是湖南省县级规划编制的工作重点之一——根据林地现状和政府规划的林地范围，将所有林地小班落实到1：1万的地形图上后，再叠加至最新的卫星遥感影像图上，最后形成全省林地“一张图”。目前，湖南已按照《森林资源调查卫星遥感影像图制作技术规程》进行了分幅和图廓整饰，形成了林地落界底图，为各地开展工作奠定了基础。同时，组织专门力量编制了《湖南省县级林地保护利用规划编制办法》和《湖南省林地保护利用规划林地落界操作办法》，统一了规划编制的技术标准。如期编制完成了《湖南省林地保护利用规划大纲》，已上报国家林业局审批。

【13家湘企名列中国企业500强 中南出版传媒上榜】
2011年7月13日，《财富》发布了2011年中国500强企业排行榜。共有13家湖南企业名列全国500强，较2010年增加了岳阳纸业和中南传媒2家上榜湘企。2010年10月才上市的中南出版传媒代表“出版湘军”首次入榜，排名为第497位。

13家湘企排名情况为：华菱钢铁（58位）、三一重工（112位）、中联重科（115位）、湖南有色（158位）、南方建材（217位）、株洲冶炼（236位）、大唐华银（353位）、步步高（383位）、湘潭电机（385位）、广汽长丰（409位）、电广传媒（410位）、岳阳纸业（494位）、中南传媒（497位）。

值得一提的是，此次入榜的2家传媒类公司全部为湖南企业。其中湖南电广传媒由2010年的第432名升至2011年的第410名；中南出版传媒首次入榜，排名第497位。此外，在财富中文网公布的“2011年中国500强亏损公司中”中，华菱钢铁位居首位，在“2011年中国500强净资产收益率最高的40家公司”中，三一重工取代2010年的盛大游戏以净资产收益率59%登上榜首。

【湖南通报“十一五”节能情况 14市州全面完成任务】 2011年7月27日，湖南省发改委今天发布通告，公布“十一五”时期全省各市州节能目标完成情况。

按照计划，湖南各市州单位GDP能耗的情况各不相同，因此，被要求在“十一五”时期降低的目标任务也有所差别。

从省发改委提供的最新数据来看，到2010年，14个市州均全面完成了“十一五”下达的节能目标任务。其中超额完成目标较多的有长沙、衡阳和株洲。

从全省层级来看，单位地区生产总值能耗降低了20.43%，完成了“十一五”规划《纲要》确定的约束性目标。过去五年来，湖南以能源消费年均8.9%的增速支持了国民经济年均14%的增速，能源消费弹性系数由“十五”时期的1.13下降到0.63，扭转了全省工业化、城镇化加快发展阶段能源消耗强度大幅上升的势头。

【湖南启动新一轮农村电网改造 加快解决农村供电“低电压”】 2011年7月28日，湖南省新一轮农村电网改造升级工程启动仪式在长沙举行。

湖南省此次农网改造升级的总目标是：“十二五”期间力争完成200亿左右工程投资，全面完成未改造地区的农网改造，逐步解决管理体制问题；对部分已改造区域实施升级改造，进一步提升农村电气化水平。建成以110千伏和35千伏为骨干网架，10千伏等级以下网络协调匹配的“安全可靠、节能环保、技术先进、管理规范”的新型农村电网。实现农网供电可靠率达到99.7%，农网综合电压合格率达到98.4%。

改造升级的重点落在加快解决一、二期农网工程没有安排改造地区的农网改造上。同时，还将重点加快解决农村供电“低电压”、“卡脖子”问题，优化电网结构，增加电源布点，缩短供电半径，加快解决线路和设备过载，“低电压”等突出问题，提高电网供电能力，更好地落实“家电下乡”政策。

此外，解决县域电网与主网联系薄弱问题，确保重点用户安全供电；着力治理电网安全隐患，提高农网抵御自然灾害的能力；加大高耗能配电变压器和老旧设备的更新改造力度，提高电网的节能水平，也是此次改造升级的重点任务。

湖南省电力公司介绍，自1998年启动实施“两改一同价”以来，湖南新建改造110千伏及以下变电站662座，完成户表改造920万户，新建改造各电压等级线路39.4万公里，完成投资265亿元。农村电网供电能力大幅提升，供电质量明显改善，实现了城乡居民生活用电同网同价，减轻了农民用电负担，有力地促进了农村经济社会发展。

【湖南上半年实现地区生产总值8762.7亿　增长13.4%】　2011年7月28日，湖南省人大常委会第23次会议对《关于湖南省2011年上半年国民经济和社会发展计划执行情况的报告》进行了审议。

2011年上半年，湖南省实现地区生产总值8762.7亿元，增长13.4%，连续8个季度位于13%以上的较快区间。经济发展质量和效益继续提升，完成财政总收入1285亿元，同比增长36.6%，高于全国5.4个百分点，其中一般预算收入731.9亿元，增长36.6%。

《报告》指出，2011年以来，湖南省全面落实中央各项宏观调控政策，积极推进“四化两型”建设，国民经济保持较快发展势头，对照检查，除物价外，其他各项指标均实现“时间过半，任务过半”。

《报告》分析，尽管上半年经济增长取得了明显成效，但防通胀没有达到调控预期；尽管主要指标保持高位，但增幅正在逐步收窄；尽管整个基本面是好的，但中小企业压力日益增大。

根据《报告》，湖南省下半年经济工作，总体上围绕各项指标，坚持目标不动摇、工作不放松、精力不分散；抢机遇，继续确保经济平稳较快运行；抓项目，稳定投资支撑；拓渠道，保障资金需求；保供给，缓解能源需求压力；调结构，进一步推动协调发展；促消费，拓宽内需增长空间；惠民生，促进社会和谐稳定。

对此，湖南省人大常委会组成人员提出建议，湖南省开展经济工作要进一步围绕民生，切实做好“三农”工作的开展，重视价格上涨对低收入居民的影响；高度重视中小企业融资渠道偏窄的问题，保中小企业就是保民生、保发展、保稳定。

【湘江流域重金属污染综合治理全面启动】　2011年8月5日，湘江重金属污染治理启动仪式选在清水塘重金属工业污水处理厂这样一个具有标志性意义的地点举行，正式拉开了湘江重金属污染综合治理的序幕。湖南省委书记、省人大常委会主任周强宣布湘江流域重金属污染综合治理全面启动。

湖南省委、省政府高度重视湘江流域重金属污染防治，以此作为改善民生质量的重要举措和提高发展质量的重要抓手，列入两型社会试验区建设的重要内容。2011年3月，国务院批准了《湘江流域重金属污染治理实施方案》，计划投入资金595亿元完成927个项目，以株洲清水塘、湘潭竹埠港、衡阳水口山、郴州三十六湾、娄底锡矿山、长沙七宝山、岳阳原桃林铅锌矿七大重点区域为工作重点，突出完成民生应急保障、工业污染源控制、历史遗留污染治理三大重点任务，到“十二五”末，湘江流域涉重金属企业数量和重金属排放量均比2008年减少50%。为推动这一目标任务完成，湖南省成立了徐守盛任主任的“湖南省重金属污染和湘江流域水污染综合防治委员会”。湘江流域八市人民政府在启动仪式现场向徐守盛递交了目标责任状。

【湖南破除部门利益布局　统一在线监管节能减排】　2011年8月9日，湖南省两型办雄心勃勃地计划在全省推行统一兼容、共建共享的节能减排在线监管。

不过，鉴于此前已有多个部门先后搭建节能减排监管平台，省两型办牵头设计的湖南省节能减排在线管理运营平台，其推广势必打破既有部门利益格局，要真正做到“统一兼容”的难度可想而知。

省两型办今天召开平台评审会，由国家发改委、清华大学等机构专家、省直相关部门负责人组成的评审团，对平台运营存在的技术和现实难题展开了充分讨论。

为落实长株潭城市群资源节约型和环境友好型社会建设综合配套改革试验总体方案和国家“十二五”规划纲要的要求，湖南省两型办早在一年前即开始酝酿，推动省内节能减排监管平台设计标准的统一。同时，省两型办依托深圳英威腾佳力能源公司搭建的湖南省节能减排在线监管综合性平台，也首次亮相。这一平台包括5大系统，分别为节能减排监管信息系统、实时监测系统、统计申报系统、节能量碳减排运营系统与考核评估系统。它可以实时采集能耗数据和排污数据，构建数据库，进行综合分析；对单位线路和设备的运行情况进行监测，具备终端控制功能；统计节能改造项目的节能量和碳减排量，直接进入市场交易；对能耗单位进行多角度测评，并辅助生成节能技术改造和节能管理方案。被多方评价为“功能强大”的这一平台，其更大的意义还在于首开全国先例，可以做到全省统一兼容、共建共享，还可统计出节能改造项目的节能量和碳减排量，与国际国内市场接轨。

【项目与服务相亲　湖南首次举办合同能源管理项目对接会】　2011年8月18日，湖南省企业合同能源管理项目对接会在长沙召开。这次会议向与会企业推介了一个基于市场运作的全新的节能新机制——合同能源管理。这是湖南首次举办合同能源管理项目对接会。

湖南省能源对外依存度较高，能源制约已经成为一个躲不开、绕不过的重要问题。而解决能源制约的问题，我们除了要转方式调结构外，还要开源节流。在开源节流中，如何将节能技术运用好，需要一个好的机制，而合同能源管理是已经在西方发达国家发展起来并大量使用的机制，将成为工业节能领域有效的推动方式。

【湖南坚决遏制矿产资源违法态势】　2011年8月19日，在湖南省国土资源厅党组理论学习中心组（扩大）集中学习会议上，湖南省委常委、常务副省长于来山对下半年矿产资源管理工作重点强调和部署。

湖南正处在加快发展的关键阶段，重大基础设施建设、城镇建设、产业发展、民生工程等对土地的需求、对资源的依赖将越来越大。因此，在这种形势下，国土资源部门既要保障和支撑全省经济社会又快又好发展，又要严格管理国土资源。下阶段，国土资源部门要加强矿产资源管理，坚决遏制矿产资源违法态势。对非法勘查开发、越深越界开采、破坏矿山环境、干部参股入矿、中介机构违法等突出问题，发现一起坚决查处一起。

【湖南公布2010年度经济强县市　县域经济占全省65.7%】　2011年8月19日，湖南省政府召开新闻发布会，发布了2010年度湖南省县域经济发展情况。公布了2010年度湖南省县域经济强县市、2010年度湖南省县域经济发展先进县市区名单。

2010年，湖南省县域经济完成地区生产总值（GDP）10450.06亿元，占全省总量65.7%，所占比重较上年提高0.7个百分点。GDP过100亿、200亿的县市区分别为42个、9个，较上年分别增加10个、4个。人均地区生产总值18813元。全省县域固定资产投资5054.60亿元，占全省总额的57.6%。全省县域社会消费品零售总额3204.91亿元，占全省总额的55%。全省县域财政总收入623.09亿元，占全省财政总收入的33.4%。财政收入过20亿、10亿、5亿的县市区分别有5个、13个、40个，较上年分别增加2个、4个、14个。比重较上年提高2个百分点。

目前，湖南省已进一步完善了县域经济发展考核指标体系，新的考核指标更能科学和真实地反映县域经济发展实际情况和运行质量。而下阶段，湖南省县域经济工作领导小组办公室正准备出台《关于进一步推进湖南县域经济发展的实施意见》，以确保湖南省县域经济快速健康持续发展。并正积极筹备召开湖南省委县域经济工作大会，研究部署“十二五”时期湖南省县域发展工作。

【湖南再投15亿解决300万农村人口饮水安全】　2011年8月23日，湖南省召开农村水利暨小型农田水利重点县工作会议，总结并安排部署了全省小型农田水利建设、农村饮水安全、大中型灌区续建配套和节水改造等主要农村水利工作。下阶段，湖南省将投资15亿元解决338.6万农村人口饮水不安全问题。

湖南现有耕地面积5673万亩，有效灌溉面积为4081万亩，旱涝保收面积仅有3294万亩，占全省耕地面积的58%。大中小型灌区平均灌溉水利用率仅为41%，小水库、小塘坝蓄水能力不到原有蓄水量的60%；泵站机电设备严重老化，装置效率不足50%。灌溉渠系破损严重，淤塞不通，灌溉效益严重衰减。农村水生态环境恶化的趋势未得到有效缓解，全省还有2100多万农村人口存在饮水不安全问题。

2011年，中央财政投入湖南省的小型农田水利设施建设资金为5.38亿元，比2010年增加投资3.44亿元，增长17%。湖南省财政配套从往年的10%提高到2011年的55%，高效节水灌溉试点县、旱涝保收高标准农田建设试点县、一般重点县年度财政投资大幅增加。2011年，湖南省新建和改造渠道5543.28千米，新建和整修加固塘坝5567处，新建和改造小型机埠、泵站412处，新建和改造渠道建筑物2205处。项目区年新增蓄水量8314.43万立方米，农田灌溉水利用系数提高至0.65，新增和恢复灌溉面积36.66万亩，改善灌溉面积134.4万亩，年新增节水能力16141万方。年增粮食生产能力17.87万吨，年增经济作物产值8806.63万元。下阶段，湖南省农村水利工作将投资11亿元完成53个小型农田水利重点县和4个省级重点支持小农水县年度建设任务；投资15亿元解决338.6万农村人口饮水不安全问题；投资2.52亿元完成15处大型灌区续建配套与节水改造；投资3782万元完成长江、田坪2处农业综合开发重点中型灌区建设任务；投资2000万元建设好衡东、桃源等4处节水灌溉增效示范项目；完成韶花、甘溪、青山3处泵站更新改造项目年度建设任务；启动实施车田江、梨溪口、龙源3处中型灌溉区改造项目；争取继续实施新增农业综合资金山坪塘清淤和沟渠疏浚工程。完成国营、红岩、苏洲、胜前、渡口、红旗6处泵站前期工作并争取立项。

【湖南农业标准体系初步建立　农产品须有安全追溯编码】　2011年8月25日，在农业标准化暨农产品质量安全监管工作现场会议上，提出“对基地农户实行质量安全追溯编码管理，生产农产品要标识质量安全追溯编码和监督电话才能上市，做到质量安全可追溯”的目标。

近年来，湖南省农业标准化工作取得了初步成效，农业标准体系初步建立，2001年以来，湖南对原有农业标准进行了全面系统的清理，先后废止了500多项过时标准。在此基础上，重新启动了农业地方标准制修订工作，突出构建蔬菜、水稻、茶叶、柑桔、生猪、农禽、水产品等产业标准体系。到目前为止，共制修订省农业地方标准360多项，市县农业地方规范600多项，其中两系杂交水稻制种、安化黑茶、辣椒辣度检测等标准建设成果达到国内领先水平。

此外，湖南农业标准化建设规模也不断扩大，农业标准化示范增效明显，农产品质量安全监管逐步深入。

“十二五”时期，是湖南省现代农业加快发展的关键时期，也是强化农产品质量安全监管的攻坚阶段。要以构建蔬菜、水稻、生猪、油料、茶叶、柑桔、家禽、水产品、肉牛等主导产业标准体系为重点，基本建立适应湖南现代农业发展的标准体系，做到推广有标准、生产有记录、产品有标识（品牌）、质量可追溯、产业成规模。

【湖南三年完成数字湖南地理空间框架建设】　2011年8月29日，湖南举行了现代测绘科技成果展览。在随后举行的新闻发布会上，省国土资源厅表示，湖南将在三年内完成数字湖南地理空间框架建设。

地理空间框架建设是“数字湖南”的重要基础性工程。近年来，湖南先后有郴州、益阳、长沙、株洲、湘潭、岳阳、衡阳、湘西8个市州纳入国家试点城市或推广城市，其中数字郴州地理空间框架建设已通过预验收，长沙、株洲、湘潭、益阳、湘西、岳阳、衡阳7个市州完成建设方案评审，其余6个地级市也正在启动数字城市建设工作，还启动了全省首个数字县城地理空间框架建设试点——数字茶陵建设工作。

【长株潭“两型”改革进入第二阶段　建设8大重点项目】　2011年9月1日，湖南省在长沙市向国家发改委体改司汇报了长株潭“两型社会”试验区工作情况。长株潭“两型社会”试验区获批三年多来，已圆满完成了试验区改革建设第一阶段的目标任务。当前工作重点为实施8项重大项目建设工程，并加快组建长株潭“两型”产业投资基金及其管理公司。

2010年，长株潭三市实现地区生产总值6715.9亿元，占全省的42.2%；2011年上半年长株潭三市实现地区生产总值3565亿元，同比增长14.9%；完成地方财政投入523亿元，同比增长30%，试验区改革建设有力地促进了湖南省经济社会又好又快发展，核心增长极的示范带动作用更加突出。

三年来，试验区改革建设工作和阶段性成果主要体现在建设规划体系的基本形成，突出了规划引领，强化规划管理和落地；重点领域改革取得实质进展，建立了资源节约价格杠杆调节机制，积极探索环境保护的市场化运作机制，建立了土地管理考核评价体系和节地模式，积极创新城乡统筹发展模式，加快行政管理体制改革法制化进程；重大工程建设顺利推进，全面启动了示范片区建设，推进了基础设施建设，加强了生态环境建设；产业"两型化"发展成效显现，培育了一批骨干企业和优势产业，引进实施了一批重大产业项目，突破了一批关键共性技术，发展了循环经济，淘汰了落后产能；科学有效的推进机制初步建立，确立了"省统筹、市为主、市场化"的推进机制，完善了政策和标准体系，加强了部省共建合作关系，形成了全民参与的浓厚氛围。

目前，长株潭试验区建设已进入第二阶段，规划到2015年，长株潭试验区人均地区生产总值达到6万元，单位地区生产总值能耗比2007年降低35%，城市空气质量达标率为93%以上，饮用水源达标率为98%，化学需氧量、二氧化硫排放量分别比2007年消减23%和12%，城镇化率达到70%以上。

长株潭试验区当前工作重点将以重大项目建设为抓手，实施"两型"产业振兴、基础设施建设、节能减排全覆盖、湘江流域综合治理、示范区建设推进、城乡统筹示范、综合交通运输一体化、"三网融合"和数字湖南建设等8项工程。并加快组建长株潭"两型"产业投资基金及其管理公司、力争年底基金募集基本到位，进入实质性运作阶段。

【湖南十企业与厦门港企签订对接合作协议】 2011年9月1日，厦门港与湖南企业对接合作会在长沙举行，湖南宝达食品有限公司等10家企业与厦门港航企业签订了合作协议，协议的签订对于加深两地的经贸合作具有十分重要的意义。

在会上，三一集团、长沙新宝信化工有限公司等湖南10家企业分别与厦门外代国际货运有限公司、厦门港务发展股份有限公司、厦门石湖码头有限公司、漳州招商局码头有限公司签订了合作协议。厦门港务控股集团、招商局漳州开发区管委会从铁矿石进口业务、两地投资业务等方面介绍了对接服务湖南企业的具体举措。此次对接合作会旨在加深湖南企业与厦门港之间的合作，带动两地区域经济的发展。

【《湖南省湘江管理条例》即将出台　设生态补偿基金】 2011年9月2日，召开了湖南省委水利工作会，会上表示湖南即将出台《湖南省湘江管理条例》，其目的是通过推进湘江流域管理，以流域为单元，对水资源、水生态、防洪及河道水域等进行统一管理。

《条例》致力于建立流域管理协调机制，并成立湘江流域管理协调委员会。发改、经信、财政、国土、环保、住建、交通、水利、农业、林业、物价、旅游等相关职能部门及流域内各市人民政府为委员会的成员单位。委员会将强化各部门的协调和行政区域的协调。流域管理事务性工作原则上由流域管理协调委员会统一负责，区域性的工作在区域规划服从流域规划的前提下区域管理，并由湖南省水利厅承担流域管理协调委员会的日常工作。

湘江流域管理的重点任务将是流域水资源的配置，流域水功能区管理和水生态保护，流域河流岸线利用与保护，流域防洪保安，以及流域航运发展。通过用水总量控制和流域水量统一调度，保证流域内各行政区域取用水量不超过控制指标，以满足断面最小流量要求，保障上下游合理用水需求。监督各行政区域入河污染物排放，确保入河排污不超过纳污能力或限排指标，提高水功能区和饮用水水源地水质达标率。鼓励，引导各类资金投资湘江流域水运基础设施建设和养护维护，构建湘江流域现代综合运输体系。同时，流域管理将建立水资源管理"三条红线"控制制度、流域防洪与水资源统一调度机制、流域生态补偿机制、河道采砂管理机制、占用水域审批及补偿机制等机制和制度。

流域生态补偿机制将建立生态补偿机制，设立生态补偿基金，重点支持湘江上游水资源保护区生态建设和保护。

【湖南水利建设基金明确6个来源　50%用于水利工程建设】 2011年9月2日，湖南省委水利工作会议公布了8月30日由湖南省政府印发的《湖南省水利建设基金筹集和使用管理办法》（以下简称《办法》）。《办法》就湖南省水利资金的来源和使用情况作了详细说明。

《办法》规定，全省水利建设基金将有6个来源，分别为：一、从地方收取的政府性基金和行政事业性收费中提取3%，包括车辆通行费、用地管理费、城市基础设施配套费、森林植被恢复费、耕地开垦费、排污费、城市污水处理费。二、从河道采砂权出让价款、政府出让矿产资源探矿权和采矿权取得的矿业权价款中提取3%。三、省级财政从中央对地方成品油价格和税费改革转移支付资金中划转3%。四、有重点防洪任务和水资源严重短缺的城市，从城市维护建设税中按不低于15%的比例划转。五、从事生产、经营的单位和个人，按生产、经营收入的0.6%缴纳水利建设基金。六、使用新增建设用地的单位和个人，按应缴纳新增建设用地有偿使用费的10%缴纳水利建设基金。

筹集来的水利建设专项基金将主要用于大江大河主要支流、中小河流、湖泊治理；病险水库除险加固；城市防洪设施建设；水资源配置工程建设；重点水土流失防治工程建设；农田水利、农村饮水和节水改造工程建设；水利工程维修养护、更新改造及项目前期工作；防汛应急度汛；水利科技教育；经湖南省人民政府批准的其他水利工程项目。

资金使用结构为：50%用于水利工程建设；30%用于水利工程维护；20%用于应急度汛和水利科技教育，各部分资金结余可统筹安排使用。同时，水利建设基金收支纳入政府性基金预算管理，实行专款专用，年终结余结转下年度安排使用。

《办法》中关于财政部门直接计提和划缴水利建设基

金的规定自2011年1月1日起实行，关于对从事生产经营、使用新增建设用地的单位和个人征收水利建设基金的规定自2011年9月1日起实行。《办法》有效期至2020年12月31日。

【湖南用3年建立完善水资源体系　吸引社会资本参与特许经营】　2011年9月2日，召开的湖南省委水利工作会议公布了8月31日由湖南省政府印发的《湖南省加快水利改革试点方案》。

《方案》指出，湖南将力争用3年左右时间，逐步建立完善的水资源管理体制机制，稳定多元和持续增长的水利投入机制，科学有效的水利工程建设和管理体制，服务高效的基层水利服务体系以及科学合理的水价形成机制。

《方案》将水资源管理体制机制改革目标制定为：根据实施最严格的水资源管理制度要求，在落实用水总量控制、用水效率控制、水功能区限制纳污控制、水资源管理责任和考核等制度的基础上，突出理顺涉水事务管理体制，建立适应水循环自然特点，覆盖水源、供水、用水、排水、污水处理回用各管理环节的城乡水务一体化管理模式。

就健全水务良性运行机制，《方案》表示将根据“政企分开、政事分开、责权明晰、运转协调”的原则，加强政府对企业、市场、价格、服务的监管，提升水务管理机构的行政管理和服务能力，稳步推进水务市场化，构建水务企业良性运营和发展机制，提高水务企业社会服务能力。具体为，完善水务管理制度标准体系，优化水务发展环境，建立水务企业市场化和产业化运行机制。实行水务特许经营制度，对于城市供水等经营项目，利用特许经营等方式，吸引社会资本参与开发。支持水务企业改革，建立现在企业制度，鼓励供水、排水和污水处理等企业整合，组建水务集团。建立合理的供水水价形成机制、水价和污水处理费调整机制。建立多元化、多渠道、多层次的水务投融资平台，促进水务企业良性运营和发展，全面提升企业服务社会和公众的能力。

《方案》还要求长株潭地区各市、县（市、区）按照“两型”社会建设要求，深化水务体制改革，率先成立水务局，实现水务一体化管理。同时，加大统筹城市和农村水务发展力度，创新区域水公共服务管理模式。已挂牌组建的市、县水务局，需进一步理顺机构，将职能调整整合，全面实现市、县涉水事务一体化管理，为全省水务管理体制改革积累经验。

其他各市州也将尽快开展试点工作。按照长株潭水务改革的经验，逐步在全省市、县两级建立城乡水务一体化管理体系。

【湘台经贸交流合作会首开金融专场　引台湾金融界关注】　2011年9月5日，作为“第七届湘台经贸交流合作会”的重要活动之一——“湘台金融合作论坛”在湖南省郴州市召开。

这是“湘台经贸交流合作会”举办六届以来，首次举办金融领域的论坛。台湾金融界十分重视此次交流，包括银行、证券、期货、保险、票券等在内的台湾主要金融控股集团公司均派出代表出席。会上，湖南省信用联社与台湾金融研训院签署交流合作意向书，双方将在人才培训等多个领域展开密切合作。

会议达成共识，目前，海峡两岸金融合作已具备现实基础。一方面，《两岸金融监管合作备忘录》（MOU）的签署，标志着两岸金融业交流与合作有了基础的制度保障。另一方面，“十二五”规划纲要也首次明确提出要加强两岸金融的现代服务业合作，表明大陆对“十二五”期间加强两岸金融合作的高度重视。着眼于实质性交流，本次论坛主题涵盖金融支持中小企业发展经验、金融支持农业发展、人才培训、资本市场和保险市场运作经验分享、台湾金融管理经验及金融创新等方面，湖南和台湾方面均派出银行、证券、保险业的代表作主题发言。

金融门类齐全，已成为湖南金融业发展的一个重要特点。目前，湖南省基本形成了以银行、证券、保险、期货等金融机构为主体，信托、租赁、财务公司、汽车金融、私募股权投资基金、融资性担保公司、小额贷款公司等各类新型金融机构为补充，多层次、多元化、开放型金融组织体系。至2010年末，全省银行业金融机构各项存贷款余额分别达1.66万亿元和1.15万亿元，增速分别为18.64%和21.02%，存款连续5年、贷款连续4年增速高于全国水平；湖南有境内外上市公司83家，其中境内主板、创业板上市公司69家，上市企业数量在全国排名第11位，在中部六省排名第2位；湖南有方正、财富、湘财等3家证券公司，1家证券分公司（国泰君安证券公司湖南分公司），166家营业部，3家证券投资咨询公司，省内3家证券公司均获得了业务全牌照，总资产达到529.91亿元，年度收入41.92亿元，全年实现利润18.04亿元，方正证券还于2011年8月10日成功上市，成为2011年大陆首家IPO上市券商，同时也是湖南本土首家上市的金融企业；湖南有德盛、大有、方正、金信等4家期货公司，13家期货交割库，其中方正期货还跻身大陆18家A类期货公司，是中部地区唯一的一家A类期货公司；目前，湖南有39家省级保险分公司，其中财产险20家，人身险19家，2010年，全省实现保费收入438.53亿元，同比增长25.85%，增速高于2010年同期12.72个百分点。此外，湖南还有4家金融资产管理公司分支机构，1家信托投资公司，2家集团财务公司，1家汽车金融公司，以及56家小额贷款公司、126家融资性担保公司等准金融机构。

湖南省委、省政府高度重视和关心金融工作。2005年开始，湖南在全国率先建立起对省级金融机构考核奖励机制，鼓励金融机构增加投入，加快业务发展。湖南还加强与金融机构总部的交流合作，与10多家金融机构签订了战略合作协议。此外，湖南高度重视资本市场，重视企业上市融资工作，到目前为止，全省拟改制上市企业发展到215家，比2010年新增57家，有30余家企业与保荐机构签订了辅导协议，拟上市资源丰富。值得注意的是，湖南加快推进社会信息体系建设，于2005年在全国率先启动了社会信用体系建设，全力打造“诚信湖南”。目前，人民银行的企业和个人信用信息数据库已为全省26万户企业、3000万个人（湖南全省人口约7000万）建立了信用档案，全年分别归集并更新银行信贷信息及非银行信息50余万条和4300余万条。湖南还深入开展创建金融安全区，并启动了省会长沙的金融生态区建设。2011年5月，湖南省出台

“十二五”规划，要求推进环长株潭城市群金融一体化进程，打造区域性金融中心。目前，在长沙市开福区投资300亿元，建设一个占地1828亩，集金融总部区、综合商业区和精英生活区于一身的金融生态区，并以此为依托，打造中国“中部华尔街”。

【湖南鼓励科技特派员创业链建设　每年择优建设10个】　2011年9月8日，湖南省科技特派员创业行动现场会在常德澧县召开。

2005年开始，湖南在借鉴外省经验的基础上，在湘西州开展了科技特派员试点工作。2008年这项工作在全省全面铺开，各地结合实际，在实践中不断创新，形成各具特色的工作模式。特别是近两年来，各地紧扣农村科技创业主线，建设特派员工作站，培育特派员创业链，建立利益共同体，取得了新成效和新经验。两年来，全省累计选派科技特派员8630名，其中农业科技特派员6053名，医卫特派员2215名，法人科技特派员362名。将服务基层与学习锻炼相结合，广大科技特派员在农村基地施展才华，带动农民走上富裕之路。以农业科技特派员为例，两年来他们推广新技术、新产品4338个，引进新产品3858个，建设创业链574个，建立科技特派员工作站865个，实施科技开发项目2166个。

根据湖南省科技厅近日出台的《关于下发<关于建设科技特派员创业链和工作站的实施意见>的通知》，湖南省将根据农业发展规划和科技项目实施，重点培育水稻、产业、柑橘、竹材、生猪、油茶、中药材、黄牛、猕猴桃、水产养殖等特色产业创业链，每年择优启动10个左右的省级创业链建设，到2015年全省科技特派员创业链达到50个。

【湖南首届银担企洽谈会签约融资326亿元】　2011年9月16日，由省政府金融办、省经协办、人民银行长沙中心支行、湖南银监局联合主办的湖南省首届银担企融资合作洽谈会召开。本次洽谈会上，湖南13家银行与15家融资性担保机构、11家湖南异地商会共签定35个融资项目，金额326亿元。其中，担保贷款8亿元，授信合同318亿元。

资料显示，全省中小企业户数已经超过16.66万户，占全省企业总数的99.8%，已成为湖南经济的强力支撑、财税收入的重要源泉和劳动力就业的主要渠道。而2010年下半年以来，湖南省中小企业融资难度不断加大，融资成本明显上升。

目前，全省持有许可证的融资性担保机构共计133家，注册资本130多亿元。截至2011年6月底，共有113家与银行开展业务合作，在保余额241.8亿元，占银行业金融机构贷款余额的2%左右，担保企业数量达到37954户，比年初增加12015户，其中中小企业28232户，贷款余额213亿元。

【湖南推行地质信息服务集群化产业化　利于城建】　2011年9月17日，湖南省国土资源厅有关负责人透露，各市州的“两化”工作将在2012年启动。“两化”将为各地城市建设提供更加全面准确的基础信息。

2009年9月16日，国土资源部矿产资源储量司组织召开了地质资料信息服务集群化产业化专项研究会议。会议具体部署了地质资料信息服务集群化产业化研究工作方案，对上海、湖南、湖北、安徽、青海、山东等6个试点省（市）试点方案进行了审查。湖南选定坪宝（黄沙坪、宝山）矿区开展“两化”试点工作。

试点以馆藏资料为基础，共集群资料41套，涵盖矿区普查、勘探、危机矿山找矿等各个阶段、各种比例尺、各种类型的原始与成果地质资料，建立了坪宝矿区地质矿产综合数据库系统，实现了多源异构、多尺度、多维动态资料数据一体化存储管理，完成了坪宝矿区地质矿产综合数据库和三维空间模型的建设，基本实现了坪宝矿区地质资料信息集群和地质体三维显示与查询，指导、规范了湖南重点矿区地质资料信息的集群化工作，试点工作取得了预期成果，为全面展开“两化”工作积累了一定的经验。

湖南省国土资源厅有关负责介绍，湖南开展“两化”，有良好的工作基础：省地质资料数据中心基本完成了中心机房硬件设施建设，纵向上实现了部、省、市、县四级国土部门的网络连通，横向上实现了与政府其他部门的网络共享；地质资料汇交监管平台初步建立，钻孔基本信息清查工作已经展开，馆藏成果地质资料的数字化工作全面完成。

长株潭“两化”工作已于2011年上半年启动，对馆藏水工环灾地质资料进行了全面清理，对长株潭三市城建馆馆藏工程勘查、地下管网资料进行了调查摸底，长株潭城建地质资料基本完备。

湖南2012年将启动长株潭以外各市州政府所在地城市地质资料“两化”和柿竹园、瑶岗仙、水口山、锡矿山、湘西金矿等5个重点成矿区地质资料“两化”工作，为城市建设和矿产开发提供更为全面直观和详实的地质基础信息。

【湖南家庭承包耕地合同签订率达97.4%】　2011年9月18日，全国人大常委会农村土地承包法执法检查湖南省意见反馈会在长沙召开。

会议透露，近年来，湖南省在贯彻实施土地承包法和农村土地承包经营纠纷调解仲裁法，支持粮食生产，加强林业建设等方面做了大量工作。截至2011年6月底，湖南共签订家庭承包耕地合同1312.14万份，合同签订率达到97.4%，共颁发农村土地承包经营权证书1295.51万本，发证率达到96.1%。集体林地确权面积1.79亿亩，确权率为99.6%，保证了农村土地承包关系稳定并长久不变。目前，湖南已有65个县（市、区）建立了土地流转有形市场，1042个乡（镇）建立了土地流转服务中心，全省土地流转面积达2425万亩，占到农村土地面积的10.1%，其中耕地流转面积占耕地总面积的20.4%，高于全国的平均水平。此外，湖南还逐步健全了“乡村调解、县市仲裁、司法保障”的农村土地承包经营纠纷调解仲裁机制，妥善调处农村土地承包经营纠纷。2010年，调处农村土地承包经营纠纷8987起，占受理总量的98%。

【湖南开展水资源利用与保护活动　烟草5年投30亿兴水惠民】　2011年9月21日，“2011年全国科普日”水资源利用与保护主题活动在长沙举行。活动让广大长沙市民上了一堂生动翔实的水资源保护课。

活动制作了大型的展板和宣传栏，共印制科普资料

500份，当场发放宣传资料300余份，向广大市民宣传《水法》、中央一号文件等相关法律法规、水资源利用保护知识等内容，倡导节约用水、保护环境的社会理念。

此次活动由湖南省烟草专卖局、湖南省烟草学会和天心区新开铺街道金汇社区共同主办。此次烟草系统携手社区开展科普活动，就是要使人们都认识到水资源保护利用和水资源管理的重要性和紧迫性，动员全社会各方面力量依法治水，保江河安澜；依法护水，保水生态安全；依法用水，节约用水，提高水资源利用的效率。

数据显示，2005－2010年，湖南投入建设资金39.55亿元，烟草行业投入补贴资金30.05亿元，建成烟叶生产基础设施项目14.39万个。其中烟水配套项目4.93万个，水池水窖113.87万方，管网2657.6公里，沟渠9650.7公里，机耕道路1461.5公里，实现烟水配套面积231.2万亩，机耕路受益72.77万亩，新增机械化作业面积22.37万亩。

这些项目在为烟叶生产服务的同时，也为粮食、蔬菜和其他经济作物的生产提供了良好的基础保障。在湖南烟草系统的帮助下，重点烟区有针对性地进行灌区渠道引水配套工程建设，采取灌排结合，引提并举的方式，对农业生产减灾降害起到了极大作用；而修建的水池、管网工程同时兼顾了人畜饮水。烟水配套项目惠及全省10个市州42个县744个乡镇，2933个村组，受益农户82.54万户。

【湖南首个新型工业基地正式“纳客”　18企业签约入园】　2011年9月27日，长沙国际企业中心企业入园签约仪式在长沙举行，首批18家企业成功签约入园，标志着该项目已进入实质性建设阶段。

长沙国际企业中心位于湖南环保科技产业园的中心区域，比邻湖南中烟工业公司总部基地、比亚迪汽车城，零距离武广新城，总建筑面积约为40万平方米，是湖南首个专门针对成长型企业打造的集办公、研发、生产等功能于一体的生产研发型工业基地。项目建成后可容纳500多家发展型企业共同成长、解决20000多人就业，形成产值近百亿的产业链、年利税达数亿元。

作为此次活动的主办方，湖南环保科技产业园做出了切实支持中小企业发展的承诺，长沙银行则提供额度高达2亿元的金融授信及银行按揭，扶助小企业发展，为把长沙国际企业中心打造成为长株潭城市圈新型产业中心和桥头堡作出共同努力。

长沙国际企业中心预计，2012年6月份企业即可正式入驻，作为湖南省首个独立产权、可预售、可按揭的新型工业基地，创新性地提出了“拎包即可办厂”的概念，并成为湖南首个拥有独立产权、可进行按揭购买的生态型工业园，极大地方便了企业家办厂创业，缓解了企业运营的资金压力，是湖南省工业地产集约化用地、精细化开发的典范。

【2011湖南经济合作洽谈会暨湘商大会开幕　签约523亿】　2011年9月28日，在衡阳市体育中心的聚光灯下，110家企业的代表一口气签署了价值523亿元的重点项目投资协议，将当晚举行的2011湖南经济合作洽谈会暨湘商大会开幕式带入了高潮。

开幕式上举行了重大项目签约仪式和“兴湘贡献奖”颁奖仪式。本届湘商大会开幕式现场签约省级项目110个，引资总额为523亿元。

本届湘商大会，台湾湘商首次组织商会参会。台湾湖南商会会长熊子杰称“这是真正的全国湘商大团圆，我们一共带了10家企业参加。”他称湖南是人才、资材、财富“三才”汇聚的创业宝地。仅2011年前8月，台湾湖南商会就引入近10个重大项目入湘，投资额达30亿～50亿。

【湘商大会举行湖南产品洽谈会　以湘商网络促“湘品出湘”】　2011年9月29日，湘商营销湖南产品产销洽谈会在衡阳举行。

当天的洽谈会上，有60多家湖南农业产业化龙头企业携200多种产品进行现场展示。共有43个产销合作项目和19个战略合作协议现场签约，签约金额达30.6亿元人民币。

举办湘商营销湖南产品产销洽谈会是本届湘商大会的一大创新。举办湘商营销湖南产品合作洽谈会，展示湖南名特优产品，目的是让广大湘商了解湖南的加工农产品、购买湖南的农产品，广结良缘，加快推进“湘品”出湘。依托湖南异地商会网络和湘商大会平台，促成湖南产品生产企业联盟和省外湘商营销企业开展对接洽谈，签订产销协议，促进湖南产品开拓省外市场，是落实全省扩大开放工作会议精神，实施“湘品出湘”工程的重要举措。

现场展示高校科研成果和优势资源，推动湖南异地商会和园区、企业开展对接合作，也是本届湘商大会首创。于来山还出席了随后举行的校企、校会、校园合作洽谈会。他希望校企双方发挥各自资源优势，进一步深化合作领域，实现合作共赢。

【湖南节能评价技术研究中心入选全国首批第三方节能量审核机构】　2011年10月，财政部、国家发展改革委员会联合发布《关于第三方节能量审核机构目录（第一批）的公告》（2011年第66号文件），公布了全国首批26家第三方节能量审核机构名单，由中南大学与湖南省人民政府共同组建的湖南节能评价技术研究中心是湖南省唯一一家入选单位。

湖南节能评价技术研究中心将接受省级财政厅、节能主管部门委托，对节能技术改造项目、合同能源管理项目等独立开展现场审核工作，并对现场审核过程和出具的审核报告承担全部责任。目前，该中心正受省财政厅、省发改委之托，开展2011年节能技术改造财政奖励备选项目的节能评价和现场核查。

湖南节能评价技术研究中心成立于2007年，由中南大学和湖南省人民政府联合组建。该中心以中南大学能源科学与工程学院为依托，整合省内高校、科研院所内外管理、经济、工业、建筑、交通、环境保护等领域的技术力量，开展研究和推广节能降耗技术、节能降耗规划、奖励鼓励政策和节能评价理论方法等。

近三年，湖南节能评价技术研究中心承担了节能方面的科研项目60余项，其中编制湖南“十二五”节能规划和人才培养等相关规划4项；制定省级产品能耗标准5个；开展企业能源审计12家；开展固定资产投资节能评估8项，参与固定资产投资节能审查15次；受省经信委委托对省级节能技术改造项目节能量审核6批次，涉及企业909

家；受省财政厅、发改委委托承担节能空调核查3批次，涉及空调近11万台（套）；受省财政厅、经信委、发改委委托负责2011年淘汰落后产能中央财政奖励项目核查和2010年淘汰落后产能项目资金使用清算核查，涉及企业610家；承担省财政厅等部门委托的相关节能研究

【湖南省出台国有资源有偿使用收入管理办法】

2011年10月1日，湖南省颁发的《湖南省国有资源有偿使用收入管理办法》正式施行，全面推进了国有资源有度开发、有序利用、有偿使用。

《办法》明确界定了国有资源有偿使用收入的概念。凡依法履行国有资源管理职能、代行国有资源管理权的单位（不含执行企业财务会计制度的事业单位）开发利用国有资源取得的收益和依法出让、出租国有资源探矿权、采矿权、经营权、使用权等取得的收入都属于国有资源有偿使用收入。

《办法》对国有资源有偿使用收入的征收管理和资金管理做出了明确规定。国有资源有偿使用收入属于政府非税收入，实行预算管理，统筹安排；有法定专门用途的应当专款专用，主要用于国有资源的保护、开发和利用。任何单位不得坐收坐支、截留、挤占、挪用或者擅自减收、免收、缓收国有资源有偿使用收入。收取国有资源有偿使用收入应当向缴款人开具合法有效票据；缴款人应持合法有效票据到非税收入代收银行缴纳资金，通过同级财政部门开设的非税收入汇缴结算户将应缴资金全额缴入国库。不得使用资金使用往来结算票据以及自制票据、作废票据等非法票据收取国有资源有偿使用收入；不得擅自设立收入过渡账户或者将单位基本账户和其他账户作为收入过渡账户征收国有资源有偿使用收入；不得将国有资源有偿使用收入直接抵顶单位支出。

下一步，湖南各级财政部门将根据《办法》的相关规定，会同国有资源管理部门分类制定国有资源有偿使用收入征收管理具体实施办法，进一步规范湖南非税收入管理，做大财政收入蛋糕。《办法》的出台，对全面推进国有资源有度开发、有序利用、有偿使用，促进“四化两型”建设，推动经济增长方式转变，实现经济社会又好又快发展具有十分重要的现实意义。

【前三季度湖南省蔬菜农残监测平均合格率达97.4%】

2011年10月9日，湖南省2011年度蔬菜质量安全专项整治活动情况汇报会在长沙召开。会上，湖南省农业厅、省食品药品监督管理局、湖南出入境检验检疫局、省质量技术监督局、省工商局等部门单位做了相关情况汇报。

农药残留是影响蔬菜质量安全的最关键指标。为控制蔬菜农药残留，确保蔬菜质量安全，湖南省农业厅狠抓农药监管、规范用药行为。2011年上半年，全省农业部门共出动农药执法13400余人次，检查农药经营单位7430家，抽查农药近2000批次，查获不合格农药183256公斤，货值806万元，挽回经济损失1230万元。

为保障人民群众饮食安全，全省各级食品药品监管部门加大对餐饮服务单位的监督检查力度，对蔬菜等食品及原料采购供应的索证索票、进货验收和台账建立情况进行监督检查。截至9月底，共检查餐饮服务单位175725家次，查处餐饮服务单位6958户次，立案866件，罚没款347.07万元，没收霉变、过期、变质等不合格食品及其原料3220.5公斤，吊销许可证2户，移送司法机关案件3件。

蔬菜质量安全专项整治活动的开展，进一步落实了“菜篮子”市长负责制，强化了各级政府和菜农的蔬菜质量安全监管责任，促进了蔬菜农药监管、基地监管等质量安全监管制度的建立和完善，进一步提升了湖南省蔬菜质量安全水平。根据统计，前三季度，全省蔬菜农残监测平均合格率达到97.4%，其中基地合格率达到98.4%，市场合格率达到95.7%。

蔬菜质量安全关乎每一个人的身体健康，应把它作为一项长期任务来抓。湖南省农业厅表示，10月将组成7个督察组，对全省各市州农产品质量安全监管工作及蔬菜质量安全整治工作进行一次全面检查，对检查发现的问题进行整改落实；11—12月将对各市州“菜篮子”市长负责制目标责任状指标进行考核，进一步强化各级政府的蔬菜质量安全监管责任；12月，将对全年蔬菜质量安全专项整治工作进行总结，针对蔬菜生产分散、监管难等问题，进一步建立和完善蔬菜基地监管、农产品监测、质量追溯等质量安全监管制度，从构建蔬菜质量安全长效机制上确保蔬菜质量安全。

【《数字湖南规划（2011—2015年）》即将发布】

2011年10月19日，湖南省经济和信息化委员会有关负责人透露，按照省委、省政府的工作部署，湖南省经信委已牵头并会同有关部门编制了《数字湖南规划（2011—2015年）》，起草了《中共湖南省委、湖南省人民政府关于加快推进“数字湖南”建设的意见》。目前，湖南省政府常务会议已原则通过了《数字湖南规划（2011—2015年）》。该《规划》在不久后将正式发布。作为今后一段时期湖南经济社会发展的战略重点之一，“数字湖南”自提出以来，虽然不同行业、不同部门都在讲“数字湖南”建设，但主要是从自身角度理解，官方没有一个全面、明确的解读和界定。

在《数字湖南规划（2011—2015年）》中，对“数字湖南”有明确的定义。“数字湖南”是指充分利用信息技术，高效开发信息资源，推动信息化和新型工业化、新型城镇化、农业现代化的深度融合和共同发展，把湖南打造成现代产业发达、社会管理创新、公共服务便捷、民众生活惠益、人与自然和谐的“两型社会”。“数字湖南”是湖南省国民经济和社会发展信息化的阶段性目标，是未来“智慧湖南”发展的必由之路。

《规划》的主要内容分为发展现状和面临形势，指导思想、基本原则和建设目标，主要任务，重点工程以及保障措施等5大部分。

其中，第二部分根据发展现状和面临形势有针对性地提出了“十二五”时期全省国民经济和社会发展信息化建设的指导思想、基本原则和建设目标。

《规划》中提出的建设目标是：到“十二五”末，覆盖城乡的下一代信息基础设施建成，信息化与工业化深度融合，信息产业成为先导性支柱产业，信息化发展水平总指数达到0.80，“数字湖南”基本建成，对全省经济发展和“两型社会”建设的支撑和推动作用明显增强。

在信息基础设施方面，将建成全省统一的地理空间框架和地理公共服务体系、城乡一体无缝覆盖的网络体系和先进适用的云计算服务平台。全省固定宽带接入用户超过1000万户，其中光纤接入用户超过300万户，光纤网络实现T级出口，城区100M入户、农村光纤到行政村。同时，全省信息产业规模突破4000亿元。

【湖南食盐绿色升级　普通碘盐仍是市场主导】 2011年10月20日，细心的消费者去长沙一些大超市会发现，食盐区多了一种绿色小包装的“绿色加碘盐”。这种盐是经过2年的研发后推出的普通碘盐的升级产品，他们将以该产品为基础开发出一系列的绿色盐产品线。

湖南的绿色食盐制盐原料采自地下500—800米的侏罗纪地质年代的深井岩盐矿床，富含各类天然矿物元素，杂质少，相比其他来源更为纯净，从生态环境上保证了产品优质纯净无污染。制盐过程全部采用密闭、洁净的生产方式，较普通碘盐在工艺上更加先进科学。值得一提的是，绿色食盐采用了国家卫生部2011年批准使用的新型抗结剂——柠檬酸铁铵，较普通碘盐中使用的亚铁氰化钾更安全，在外观包装设计也是遵循绿色食品包装的有关规定。

目前湖南每年销售食盐约30万吨，而绿色食盐产品2011年年产量仅为2万吨。因此，普通加碘系列盐仍是市场中的主导产品。绿色碘盐只是普通碘盐的升级产品，而不是替代产品。广大消费在市场上购买普通碘盐不会因为绿色碘盐的上市而受到影响。

【2011湖南科技论坛开幕　将举行高层次科技报告会】 2011年10月21日，一年一度的科技学术交流盛会“湖南省科技论坛”在长沙开幕。本届论坛将围绕“转变发展方式，推进四化两型建设”为主题，举行高层次科技报告会和专题研讨活动。

湖南科技论坛自2002年举办以来，每届都围绕一个主题，针对湖南省科技、经济、社会发展中的重点、热点、难点问题，组织科技工作者撰写论文，进行交流和探讨。本届论坛旨在深入贯彻落实科学发展观，围绕湖南省四化两型建设开展学术研讨与交流，将为促进产业结构优化升级和发展方式转变，推进资源节约型、环境友好型社会建设提供有力的科技支撑。

【湘南获批国家承接产业转移示范区　2020年建成重要经济增长极】　2011年10月27日，湘南地区获批国家级承接产业转移示范区新闻发布会在长沙召开。

10月6日，国家发展和改革委员会正式批复同意设立湖南省湘南承接产业转移示范区。这是继安徽皖江城市带、广西桂东、重庆沿江承接产业转移示范区后第4个国家级承接产业转移示范区，也是湖南继长株潭城市群“两型社会”综合配套改革试验区之后第二个纳入国家层面的区域规划。

示范区范围包括衡阳、郴州、永州三市，土地面积5.71万平方公里，覆盖34个县（市、区）。2010年，示范区年末总人口1797万人，地区生产总值3269亿元，分别占湖南省的26%和21%。

建立湘南承接产业转移示范区，这是中央着眼全局作出的一项重大决策、赋予湖南的一项光荣任务，也是湖南在新的历史起点上扩大开放、加快发展开放型经济的一个难得历史机遇，具有里程碑式的重要意义。建立湘南承接产业转移示范区，有利于顺应国内外产业转移新趋势，通过加强规划引导和政策扶持，深化体制机制改革，构建承接产业转移新平台，为中西部地区科学承接产业转移探索新模式、提供新经验；有利于发挥示范区的比较优势，通过“两型”引领、绿色承接、创新发展，加快构建现代产业体系，促进经济发展方式转变，助推“四化两型”和“四个湖南”建设；有利于进一步深化湖南与珠三角等地区的分工合作，推动建立跨区域协调机制和利益共享机制，引导生产要素合理流动与优化配置，促进形成东中西良性互动、优势互补的区域协调发展新格局。

作为湖南南大门的湘南地区，在承接产业转移中大胆创新，先行先试，郴州、永州、衡阳先后成为全国加工贸易梯度转移重点承接地，永州成为湖南对接东盟的主要桥头堡。2009年至2011年9月底，湘南三市共承接产业转移项目2462个，相应新增税收20亿元、就业32.4万人，分别占全省总量的35.6%、31.1%、49.5%。湘南地区已成为湖南省对外开放充满活力、富有吸引力、颇具竞争力的先导区，对于承接产业转移有得天独厚的优势，正成为继长株潭之后湖南又一个新的经济增长极。而此次获批承接产业转移示范区，湖南省委、省政府已对示范区的发展明确了“四个战略定位”：即努力建设成中部地区承接产业转移的新平台、跨区域合作的引领区、加工贸易的集聚区、转型发展的试验区。

湖南还提出了初步远景目标：到2020年，示范区整体经济实力得到较大提升，结构优化、竞争力较强的现代产业体系进一步完善，主导产业竞争力明显增强，形成一批特色鲜明、集约化发展的产业园区；与珠三角等区域分工合作、优势互补、一体化发展的格局基本建立；社会保障健全，生态环境优美，人民生活富裕；成为承接东部、辐射中部的重要平台和促进中部地区崛起的新支点，成为湖南继长株潭城市群之后的重要经济增长极。

【湖南省政府颁布全国首份有色行业重金属污染防治文件】　2011年11月3日，召开的“加强全省有色金属行业环境保护和可持续发展新闻发布会”透露，9月25日，湖南省人民政府出台了《关于促进有色金属产业可持续发展的意见》（以下简称《意见》），这是湖南加快结构调整、推进四化两型建设，贯彻落实国务院批准的《湘江流域重金属污染治理方案》的一件大事，这也是迄今为止全国第一个基于有色行业重金属污染防治而颁布的省政府文件。

《意见》对全省未来5年有色产业可持续发展提出了非常具体的目标即：到2015年，深加工产值占整个行业的比重从目前的25%增加到50%以上，而重金属污染排放量排放大幅度下降，以2007年为基准，湘江流域下降50%，其他重点防控区下降15%，重金属环境风险和污染事故得到控制，安全隐患基本消除。

【湖南组建战略新兴产业48人专家“智囊团”　黄伯云任“团长”】　2011年11月4日，湖南省在加速推进新型工业化进程中又迈出了喜人的一步。中南大学前任校长黄伯云院士等48人从省委副书记梅克保手中接过聘书，正式组建成立湖南省培育发展战略性新兴产业专家委员会，他们将为全省战略性新兴产业发展发挥“思想库”、“智囊团”的重要作用。

本届专家委员会由黄伯云院士任主任，共有48名专家，其中来自大专院校、科研院所的教授、专家29人，从事企业经营管理的企业家19人。专家大多具有高级职称，其中两院院士4人。专家委员会委员由省加速推进新型工业化工作领导小组聘任，任期5年。

从专家委员会名单中可以看出，本届专家人员具有一定的广泛性和代表性，既有高等院校和科研院校从事战略性新兴产业各行业专业技术研究的教授、专家，也有战略性新兴产业各行业的领军人物、优秀企业家，还有从事经济社会发展研究、宏观决策经验丰富的专家学者。

2011年1—9月，全省按要求报送可比数字的34家新兴产业重点企业实现产值增长41.3%，比其他重点企业增速高出近10个百分点。湖南制定的规划是，到2020年战略性新兴产业占GDP比重达到25%。

【湖南卫生信息化：一张居民健康卡走遍全省不用愁】 2011年11月10日，召开的湖南省卫生信息化工作会议透露，湖南将通过一张居民健康卡实现真正的“医疗一卡通”。

省卫生厅在会议上下发了《湖南省卫生信息化建设“十二五”规划方案》，提出将全面实施卫生信息化“35211”工程。“35211”工程即建设省市县三级卫生信息平台，建设开展公共卫生、医疗服务、新农合、基本药物制度和综合管理等5五项业务应用，建设居民电子健康档案、电子病历两个基础数据库和一个专用卫生信息网络，通过一张居民健康卡实现“人手一卡、服务一生、卫生通用、开放兼容”的目标。

今后，只要拥有一张居民健康卡，患者即可在任何一家医疗机构、医院和银行的自助智能终端上实现预约挂号、医保结算、银行支付、市民卡医疗费用结算等功能，并可以在统一的预约挂号平台上在线支付专家预约挂号费用、个人健康管理等，实现真正意义上的“医疗一卡通”，可以极大地优化就医流程，改善医院就诊环境。

医护人员可通过居民健康卡，查询居民的健康档案信息，报告既往病史，过敏史等，提供快速便捷的健康服务。居民本人也可使用通过健康卡查询自己的历史病历，就诊信息，费用信息、健康档案等。

到“十二五”末，能享受这一服务的，湖南每10人中约有8人，全省居民健康卡持有率与居民电子健康档案建档率将同步达到80%。

【中南国家数字出版基地揭牌　湖南发力未来读者争夺战】 2011年11月15日，中南国家数字出版基地在长沙揭牌。这意味着湖南也加入这场争夺战，成为继上海、重庆和浙江之后，第四个获批建设国家数字出版基地的省份。

2010年7月，国家新闻出版总署复函湖南省政府，同意建立中南国家数字出版基地，将其列为我国新闻出版产业发展战略和区域发展战略的重点扶持对象。而国家为应对数字化时代挑战的整体战略是，打破行政区划壁垒，在有条件的区域建设8～10个年产值超百亿元的国家数字出版基地。有“出版湘军”之誉的湖南出版，在数字出版领域也表现抢眼，近年来涌现出了中南传媒等一批龙头企业，推出了华文历史报刊文献数据库等重大项目。

分阶段来看，从2011年至2012年，主要任务是编制基地发展规划，出台促进数字出版产业发展政策，选址并组织基础设施建设。实现数字出版产业年产值增速不低于20%，力争入驻企业不少于50家，年销售收入不少于50亿元。第二阶段是从2013年至2015年，构建完整数字出版产业链，培育一批在国内外有重大影响的大型数字出版企业，实现数字出版产业年产值增速不低于35%，力争入驻企业不少于150家，年销售收入不少于250亿元。第三阶段是从2016年至2020年，将实现移动阅读内容资源和数字出版企业的深度集聚，建设成熟的国内外优秀数字内容资源的交易模式和交易平台，建设若干在国内外有重大影响的数字出版集团，实现数字出版产业年产值增速不低于40%，力争入驻企业不少于500家，年销售收入不少于500亿元。

【中部（湖南）国际农博会盛装开幕　2000家中外企业参展】 2011年11月16日，“2011中国中部（湖南）国际农博会”在长沙红星国际会展中心盛装开幕。

本届农博会在参展企业、展销产品、展会布局、会期活动等方面充分体现大区域、大交流、大合作的展会理念。30个代表团、2000家中外企业、数10万宾客赴农博盛会，呈现出知名“农”字号企业“抢滩”的火爆场景：其中有北京百花蜂业、江西汪氏蜂蜜、内蒙中储粮公司、湖南粮食集团、红星实业集团、盛湘米业、隆平高科等为代表的国家级龙头企业30多家，有盈田米业、口口香米业、顺祥水产、永州异蛇、武岗华鹏、粒粒珍湘莲、黑龙江五常大仓米业、青海小西牛生物乳业、新疆阿克苏红旗坡农场、青海绿草源食品等省级龙头企业60多家，境外企业4家（西班牙1家，澳大利亚1家，越南2家）。

台湾统芳生物首度赴会，西藏贡嘎县继续主打“原生态”牌。山西的陈醋、江西的蜂蜜、湖北的肉、安徽的茶叶和苗木、河南的特色食品等中部五省的特色龙头企业更是抱团参会，为大家奉上一道道色、香、味俱全的农博盛宴。平和堂、沃尔玛、家乐福、步步高等100余家知名采购商也纷纷前来“淘宝”。

作为致力于放心早餐和食品安全的产业龙头企业，长沙凯雪粮油食品有限公司也是高调参展，在本次农博会上展示各种各样的产品。该企业负责人表示，今后，他们将聚焦面粉和包点等核心业务，加快拓展面制品和米制品等战略业务。

2011年，农博会大规模拓展了特装展位，在3万平方米的室内展区中，一楼和二楼的展位特装率将首次分别达到100%和50%，凸显专业性和地域、门类特色。尤其2011年根据湖南广东两省的合作框架协议，首次举办湘穗农产品产销合作洽谈会，吸引更多的广州及珠三角特色农产品进入湖南市场，让长沙市民不出远门就能品尝到正宗粤港味道。同时，也将大力扩展湖南特产在粤港地区的知名度。

借农博会的绝佳平台，组委会为八方客商奉上一个个精彩的活动：开幕式暨“中部畅想曲”文艺表演、2011年湘穗农业经贸洽谈会、参展商采购商商务洽谈活动和参展企业（产品）宣传推广日活动、产品评奖和新闻评奖、总结表彰大会。每一项活动的设计和策划，都鲜明地体现出本届展会的品牌效应。

中国中部湖南（国际）农博会经过12届的积淀创新，先后荣获“中国品牌展会金鼎奖”、“中国农业5大品牌展会”、“新世纪十年中国会展产业杰出典范奖”、“中国最具影响力的品牌展会”等荣誉，已成为全国极富感召力和影响力的品牌展会。

12届农博会，累计展出农产品10万余个，实现成交额1407亿元，吸引消费观摩者1540万人次，创国内农博会之最。

【湖南农博会举行表彰大会　名望黑茶等99个产品获金奖】　2011年11月22日，2011中国中部（湖南）国际农博会总结表彰大会在长沙举行，名望黑茶高级茶艺师、举重冠军陈梦从颁奖大会上接过了沉甸甸的金奖奖牌，名望黑茶等99个参展产品被授予农博会金奖荣誉。

陈梦9岁踏入体育生涯，先后获得举重冠军等各种荣誉。退役后，又进入社区担任居委会主任等各项基层管理工作，后与人合伙开发名望黑茶，并首次参展农博会，取得令人难以预料的佳绩。

在农博会期间，湖南名望黑茶联合湖南省炉观茶叶科学研究所，先后开发出五款高档黑茶产品，作为湖南特产重点项目积极参展农博会，受到中外客商关注。在农博会召开之前，就与来自美国、法国、俄罗斯、比利时等国的客商预先签订了供销合同，金额总共达1000万元。而在短短7天时间之内，名望黑茶共签订了5000余万元供销合同。

本次农博会为期7天，共有逾10万种新奇特产品亮相，超参展参会人数高达130万人次，实现现金和合同交易总额152亿元。同时，本届农博会还评选出了金奖参展产品99个、参展优秀组织奖10个、组织奖6个、先进个人70名。

湖南农博会自1999年11月18日首办至今，先后获得“中国品牌展会金鼎奖”暨“中国农业5大品牌展会”、“新世纪十年中国会展产业杰出典范”等多项殊荣，2011年8月又荣获“中国最具影响力的专业展会”称号，品位不断提升，档次越来越高，已由单纯的“乡土味”积淀出浓郁的国际化味。2011年首次举办湘穗农产品产销合作洽谈会，大力扩展了湖南特产在粤港地区的知名度。

【中部（湖南）国际农博会闭幕　现金合同交易总额152亿】　2011年11月22日，历时一周的2011中国中部（湖南）国际农博会降下帷幕。据统计，本届农博会参展参会人数高达130万人次，实现现金和合同交易总额152亿元。

本届农博会坚持以“现代农业与品牌，区域交流与合作”为主题，有来自全国十多个省市的近千家参展商踊跃参展，所有展位被抢订一空。展会荟萃了全国农业品牌精华。总计参展企业逾两千余家，参展商人数达5000人，采购商100多家300多人；参展产品达100，000多个。参展企业中国家级龙头企业28家，省级龙头企业55家，市级龙头企业68家，省内外知名企业近500家，境外企业4家（西班牙1家，越南2家、澳大利亚1家）。省内外知名企业500多家，省内各市、县、区组团参展达30多个，参会企业中有沃尔玛、家乐福、步步高、新一佳等100多家省内外采购商。

本届参展企业出现档次高、规模大、品牌响的特点，全省通过国家认证的厂家和绿色食品中，一批国家、省、市级农业产业化龙头企业，如湖南粮食集团、红星实业集团、盛湘米业、隆平高科、君山银针、金浩油脂、明园蜂业、唐人神集团、果秀食品、中茶茶业、粒粒晶米业（以上为国家级龙头企业），盈田米业、口口香米业、顺祥水产、卢青年米业、永州异蛇、武岗华鹏、粒粒珍湘莲、山润山茶油（以上为省级龙头企业）等为代表的100多家龙头企业参展，充分展示了三湘农业结构调整、农业产业化建设的可喜成就。

【湖南下拨6000余万元　扶持“菜篮子”基地建设】　2011年11月23日，湖南省物价局透露，近日，省政府下拨价格调节基金6071万元，用于扶持湖南省蔬菜、生猪等副食品生产养殖基地。

6071万元中投入近4000万元，在全省重点扶持了34个大型蔬菜、生猪生产养殖基地，并对长沙红星农副产品大市场、马王堆农产品股份有限公司、斌辉农业科技有限公司、湖南宇田股份有限公司、郴州宜新鸡业有限公司等14个农贸市场和蔬菜生猪生产基地给予一次性安排20万元以上的扶持补贴。

省政府要求各重点扶持的“菜篮子”项目，一是85%以上蔬菜等产品供应本省市场；二是当发生自然灾害或市场价格出现异常波动时，必须服从政府统一调度，优先保障供应、平抑市场；三是加强财务管理，自觉接受物价、财政、审计部门监督，确保扶持资金专款专用。

省物价、财政部门将对重点扶持对象建立专门档案，并予以授牌。通过扶持，在湖南省建设一批有一定规模，生产技术基础好，并在增加产品数量、提高产品质量方面有示范带动作用的生产基地，以推进省“菜篮子”标准化生产，增强“菜篮子”产品抗御自然灾害、应对价格波动的应急供应保障能力。

【湖南拟立法保护湘江　禁止经营“水上餐饮”】　2011年11月27日，湖南省人大常委会第25次会议分组审议了《湖南省湘江管理条例（草案）》。

全长800多公里的湘江流经省内多个城市。为提高行政管理效能，创新湘江管理机制，《条例（草案）》规定，湘江管理实行统一领导、分工负责，相互配合、协调运转，政府主导、公众参与的管理机制；建立健全公众参与、专家论证与政府决定相结合的湘江管理重大决策机制；由湖南省人民政府设立湘江管理协调委员会，统筹、协调湘江管理的重大事项，湘江管理中的重大决策事项，应当采取听证会、座谈会、协商会、开放式听取意见等方式，广泛听取公众意见并事项专家论证。同时，《条例（草案）》还规定了区域合作机制、联席会议机制、联合执法机制、防汛抗旱机制、信息发布机制等等。

湘江流域企业、事业单位应当保证水污染防治设施正常运行；未经环境保护行政主管部门批准，不得拆除或者闲置。同时还规定，湖南省人民政府环境保护行政主管部门应当确定湘江流域重点排污单位名单。对未完成重点水污染物排放总量控制指标的排污单位，由湘江流域设区的市、县市区人民政府环境保护行政主管部门予以公布；对未完成重点水污染物排放总量控制指标的设区的市、县市区人民政府，由湖南省人民政府环境保护行政主管部门予以公布。

近来，由水上餐饮带来的排污问题越来越引起重视。为了加强对湘江水资源的保护，《条例（草案）》第42条规定，湘江流域河道航行的船舶应当具备合法有效的防止水域环境污染证书，配备污水、废油、垃圾等污染物、废弃物收集设施；禁止向水体排放、弃置船舶污染物、废弃物；禁止在湘江干流和一、二级支流上经营水上餐饮业。

在湘江干流和一、二级支流上经营水上餐饮业的行为，由县级以上人民政府环境保护行政主管部门责令停止营业；拒不停止营业的，将没收专门用于经营水上餐饮业的设施、设备、工具等，可以并处2万元以上10万元以下的罚款。

【中国（湖南）民营经济投资洽谈会签订106个项目总投资1478亿】 2011年11月29日，“2011中国（湖南）民营经济投资洽谈会暨海内外华商湖南行”活动在长沙举行，共签订投资合作项目106个，总投资1478.23亿元。

此次活动的主旨是以中国（湖南）民营经济投资洽谈会为平台，充分发挥商会的桥梁和纽带作用，促进海内外华商交流与合作，加快湖南资源节约型、环境友好型社会建设，实现民营经济又好又快发展。

“十一五”时期，湖南深入实施“一化三基”、“四化两型”战略，创造性地开展各项工作，经济社会发展明显提速，全省经济总量不断扩大，综合经济实力持续提升。2010年，全省生产总值突破了1.5万亿元，连续3年进入全国前10位。全省农业较为发达，工业门类齐全，产业基础日益坚实，基础设施日趋完善，形成了以长沙为中心，通达省内外、辐射14个市州的快速交通、通信、电力网络。全省民营经济健康快速发展，“十一五”期间全省个体私营经济以年均16%以上的速度增长，民营企业总数已占全省企业总数的80%以上，全省非公有制经济增加值占全省GDP的56.3%，实缴税金占全社会实缴税金的51.8%。

开幕式上，举行了重大项目签约仪式，签订27个项目，总投资806.2亿元。其中，湖南南华集团与世界500强商企家乐福签下富临锦江商业广场项目，签约金额达10亿元。湖南南华实业集团是一家港资独营的、以酒店服务、房地产业为核心，在汽车配套工程、物业管理、贸易服务等领域内多元化发展的大型企业。集团净资产近16亿元，是永州一家综合实力极强的明星企业。该集团开发的“南华？富临锦江”住宅小区及商贸物流中心投资额10个亿，占地面积80亩，规划建筑面积40多万平方米。项目于2007年3月开工建设，目前已竣工建筑面积22.66万平方米，实现年销售额近2亿，为永州带来3000多万财政收入。整个活动期间，共签订106个投资项目，总投资1478.23亿元。

【湖南在港举办“特色湘品汇”活动　首日签约1700万美元】 2011年11月30日—12月2日，湖南依托香港亚洲农产品展这一平台，在香港会展中心推出“特色湘品汇”展览活动。全省14家企业参展，首日签订1700万美元订单。

湖南特色产品深受香港青睐，展出第一天，首次参加国际展会的湖南恒惠食品有限公司与香港彩运贸易有限公司签订1600万美元的肉品供销订单，并与俄罗斯采购商、冰岛设备供应商现场建立贸易关系。

来自湖南澧县的湖南盈成油脂公司当天与马来西亚亚富国际公司、香港绿加利公司达成了80万美元的供货协议，这也是该公司首次参加国际展会。

香港是农产品及供应商通向亚洲和大陆农产品企业走向世界的最佳门户，数以千计的国际农产品客商选择在香港营运，网络遍布全世界。长久以来，香港在农产品和食品贸易方面居于枢纽地位，国际买家纷纷到香港进行贸易。“2011亚洲农产品展（AgriProAsiaExpo2011）”是香港首个专为贸易商和投资商而设立的农产品展会，是为农产品企业提供的最佳贸易和投资平台。

湖南既是农业大省，又是农产品大省。为促进湖南农产品走向世界，扩大出口，通过参加国际农产品展会取长补短，提高产品质量，增强出口竞争力，掌握最新的行业动态，湖南省贸促会组织了全省14家企业参加本次展会，展品包括食用油、肉制品、茶叶、饮料、罐头、米、面以及农用品等等，设“湖南省农产品展销专区”。同时，还举办了一场湖南特色农产品专场推介会。

湖南展区以“传说中的桃花源”为主题，经过展位精装修，突显了由农业大省向农业强省迈进中的湖南在农产品生产、加工、出口方面的巨大潜力和优势。

湖南农业自古就有“湖广熟，天下足”的美誉。2010年，湖南农产品出口54140万美元，比上年增长30%。2011年前10个月，湖南对香港出口10.9亿美元，其中农产品出口额1.64亿美元，占比为15%。对港农产品出口占整个湖南农产品出口的40%，主要是生猪、肉制品、茶叶、油脂、饲料等。

2011年10月底，国家发改委批复正式设立湘南承接产业转移示范区，这是中南地区首个国家级承接产业转移示范区。示范区地处湖南南大门，包括衡阳、郴州、永州三市。示范区的设立为湖南农产品加工提质，特别是湖南食品工业的飞速发展提供了可靠的制度保障和广阔的发展空间。

【湖南在香港举行承接产业转移推介会　湘南三市成为推介重点】 2011年12月2日，湘南地区刚刚获批国家级承接产业转移示范区，一场主题推介会“湖南承接产业转移（香港）推介会”当天上午在香港港丽酒店举行。

作为湖南南大门的湘南地区，具有区位条件优越、资源要素丰富、产业基础和配套能力较好等综合优势，在承接产业转移中大胆创新，先行先试，郴州、永州、衡阳先后成为全国加工贸易梯度转移重点承接地，永州成为湖南对接东盟的主要桥头堡。2009年至2011年9月底，湘南三市共承接产业转移项目2462个，占全省总量的35.6%。湘南地区已成为湖南省对外开放充满活力、富有吸引力、颇具竞争力的先导区，正成为继长株潭之后湖南省又一个新的经济增长极。

临港产业新区作为省政府加快发展临港、临空经济的重要载体，致力将其打造成长江中游重要的国际港口、物流中心和国家级保税港区，发挥其在全省对外开放中的桥头堡作用。目前港口物流实现重大突破。长江干线武汉至城陵矶河段海轮航道正式开通，长江海轮航线向内陆延伸了228公里。2010年，全年港区集装箱吞吐量达到12.37万标箱，进出口货物总量达到1080万吨。2011年1—6月，集装箱吞吐量达到7.3万标箱，同比增长10%，进出口货物总量达到620万吨，同比增长6.5%。

长沙空港城自2011年4月正式开工建设以来，来势较好。作为长沙发展临空经济的核心区域，空港城将依托黄花国际机场得天独厚的空港资源优势，构筑高端临空经济区，重点发展机场商业综合服务体、三网融合产业园、空港物流园三大重点产业。5年后，一座高度国际化、生态化的空港新城将在长沙城东崛起，有力地促进临空产业发展，完善区域经济结构，助推湖南进一步扩大开放。

【湖南106个省级水质监测断面达标率达97.2%】 2011年12月5日，湖南省环保厅召开全省环保系统电视电话会议，就枯水期饮水安全和水上餐饮污染整治行动进行专题部署。

湖南省环境监察总队加大排查特别是连续不断的暗查力度，排查范围包括湘江流域为主的各主要水域沿岸化工企业、重金属污染排放企业、城市生活污水处理厂等重点企业的排污口。通过对1364家涉及危险废物利用企业，发现存在各种水污染安全隐患企业41家，对其中问题较为突出的7家企业予以全省通报批评，对衡南县松江工业园污染防治措施不力实施区域限批和资金限拨。

为确保全省尤其是长株潭城市群等人口稠密地区饮水安全，各级环保部门工作人员不舍昼夜连续作业，特别是充分掌握少数企业惯于夜间偷排的特点，加大夜间排查。

由于全省各级环保部门加大工作力度，积极防范企业污染超标排放和突发环境事件，2011年降水比往年同期减少32%、湘江等水域创历史新低的情况下，全省106个省级监测断面达标率仍然达到97.2%，保障了全省人民饮水安全。

【旱情严重水环境压力大　湖南部署水上餐饮专项整治】 2011年12月5日，湖南省环保厅对开展水上餐饮专项整治行动进行部署，以确保人民群众饮用水安全。2011年10月，湖南省政府召开常务会议，决定从11月1日起至2012年4月底，在全省集中开展水上安全专项整治行动，由环保部门牵头负责水上餐饮专项整治行动。

按照省政府部署，11月初，湖南省环保厅出台了《湖南省水上餐饮专项整治实施细则》，对取得相关执照的水上餐饮船舶环保治理提出了具体要求：用转岸处理方式治理餐饮船舶污水，采用外挂式浮箱收集船上厨房、厕所等生活污水和废油，集中送污水处理厂处理；自备船用油污水处理设施的须符合环保要求；水上餐饮设施产生的各类垃圾集中回收，统一送垃圾填埋场处置；污水、废油和垃圾收集、处置情况须建立明细台账。从2012年1月1日起，对逾期仍未驶离或拆除的非法水上餐饮，将依法没收其非法经营工具，强制拖离非法餐饮船舶及水上浮动设施。

11月份以来，全省环保部门还组织对全省各流域水上餐饮业进行全面摸底与排查，截至目前，全省共排查出水上餐饮264家，主要集中在长沙、衡阳、湘潭、怀化等地，其中位于各城市饮用水源保护区的121家，未取得工商营业执照、餐饮服务许可证的250家，办理了相关环保审批手续的仅2家，水上餐饮基本上没有污水、废油或垃圾收集等环保处理设施，环境污染较为突出。

【湘闽签署文化发展合作协议　共同实现文化强省】 2011年12月5日，湖南与福建签署了文化发展合作协议，这是湘闽两省首次实现文化领域合作。

湖南和福建两省同属“9+2”泛珠三角经济合作区域范围，各自有着深厚的文化底蕴、丰富的文化资源和积极的文化改革发展实践。为实现文化强省的共同目标，探索跨地区文化发展的道路，推动两省文化事业、文化产业优势互补、互利共赢，湖南和福建将进一步加强文艺精品创作合作交流，加强文化市场共同开发，加强文化产业项目合作，加强文化人才交流，更好实现文化发展共享与互补。

为实现合作目标，湘闽两省宣传文化部门还将建立多层次的交流互访机制和工作信息共享平台，及时交流政策法规、经验典型等方面信息，取长补短、相互促进，为湘闽两地文化产业的跨越式发展，为经济社会全面进步作出新贡献。

【湘茶出口力争突破1亿美元　品牌建设助黑茶成主力军】 2011年12月6日，湖南省茶叶协会副会长、怡清源董事长简伯华在长沙向媒体通报，2010年湖南茶叶出口3.8万吨，出口创汇达到7500万美元。2011年上半年湖南茶叶出口达到2万吨，居全国第二，创汇3900万美元，较2010年同期增长35.2%，增速全国第一，其中黑茶的出口份额已经越来越重。

近些年来，由于国外经济形势，湖南农产品出口普遍下降，湖南茶业却实现了逆势上扬的态势，其中黑茶的出口快速增长功不可没。

黑茶由于具有消食去腻、祛脂减肥、降三高等功效及“越陈越香”的收藏价值，而成为许多国内外消费者的选择。目前，湖南的黑茶销售网络已遍及中国一、二线城市，欧美、日韩等国家已成为安化黑茶的重要国际市场。

省内茶界提出，茶叶产业应进一步调整茶叶的出口结构，大力开拓安化黑茶市场，尤其注重带品牌出口，力争这两年实现湘茶出口超1亿美元。

【湖南推出10个示范性特色专业　国际经济与贸易获专家好评】 2011年12月9日，湖南省示范特色专业国际经济与贸易专业项目建设研讨会在湖南外贸职业学院举行。

2011年，湖南省教育厅为促进职业教育深度融入产业链、引领和提升区域产业的发展，为行业企业培养高端技能紧缺人才，有效服务经济社会发展的职业教育发展思路，面向湖南主要优势产业在全省推出了“十二·五”重点建设的十个示范性特色专业。国际经济与贸易专业是湖南外贸职业学院的龙头专业。经过30多年的建设，成果显著。2010年，国际经济与贸易专业实训基地被立项为中央财政支持的实训基地，国际商务仿真实训软件开发项目被省教育厅立项为仿真实训项目，国际经济与贸易专业教学团队被省教育厅立项为省级专业教学团队。2011 年又立项为湖南省示范性特色专业。

此次研讨会的召开，是为了进一步加快国际经济与贸易省级示范性特色专业建设，理清专业建设思路，明确专业建设目标与任务，广泛征集各方专家意见，将该专业建设成“校企合作紧密、培养模式先进、办学条件优良、就业优势明显”的省内领先、国内一流、具有国际影响的高职示范性特色专业。

与会专家在听取汇报后，对湖南外贸职业学院国际经济与贸易专业建设提出了非常宝贵的意见，特别是对该专业面向市场办专业、对接产业设专业、校企合作建专业的专业建设理念与思路给予了高度评价。专家组认为该专业具有较强的专业背景，校企合作特色鲜明，调研论证工作扎实，专业发展前景较好。

【“湖南省风能资源详查和评价工作”项目验收顺利完成】 2011 年 12 月 10 日，湖南省气象局透露，由该局承担的“湖南省风能资源详查和评价工作”项目验收于近日顺利完成。

湖南省风能详查工作经中国气象局和湖南省发改委批准自 2008 年 6 月开始正式实施，先后完成了 5 个测风塔的安装以及观测，并完成了《湖南风能详查和评价综合评估报告》，为湖南省发改委制定《湖南省新能源产业发展规划》提出了修改意见，2009 年专题向湖南省政协汇报了湖南风能资源情况，研究结论还先后为大唐华银南山风电项目、国电电力苏仙风电场项目、湖南中水投资有限公司以及中南勘测设计研究院等相关项目或企业参考使用。

【湖南企业国内率先实现消防风机流水线生产】 2011 年 12 月 10 日，来自全国 35 家消防行业的公司、厂商代表参加了由鑫永生公司办的 2012 年中国消防暖通行业战略研讨会，向鑫永生公司“取经”，共谋发展。

回顾鑫永生十年的发展史，由最初的手工生产方式，通过和高校、科研机构联姻，坚持科技创新，目前已获得了十五项自主知识产权的国家专利证，并已正式向湖南省科技厅申报国家级高新技术企业。其在国内率先实现了率先实现了风机、风阀领域的流水线生产，采用的新技术、新工艺、新材料使得原材料利用率达到零损耗，防火阀漏风量完全达到或超过国家标准。

业内人士指出，由于鑫永生公司新技术的使用，使得传统的风机、风阀行业的生产发生了革命性的变化，风机、风阀的生产过程就像“组装积木”一样简单。只需一台焊机，几把扳手就可以实现组装生产，而标准化的半成品部件全部在鑫永生的标准厂房内按标准化作业流程完成，此前阻碍企业发展的制造瓶颈、物流瓶颈、管理瓶颈、技术瓶颈等均获得巨大突破，更加有利于湖南企业走向全国。

【湖南 2011 年农产品加工业销售收入可突破 3900 亿】 2011 年 12 月 14 日至 15 日，湖南省振兴农产品加工业暨科技服务现场会议在怀化市召开。

近年来，湖南省农产品加工业发展迅速，为促进农业增效、农民就业增收和农村繁荣发展发挥了重要作用。目前，全省形成了以粮食、畜禽、果蔬、油料、水产品、茶叶、棉麻、竹木加工为主的八大主导产业，规模以上企业发展到 3120 家，其中年销售收入过亿元的 256 家。预计 2011 年全省农产品加工业销售收入可突破 3900 亿元，比上年增长 21.9%；农产品加工业产值与农业总产值之比将突破 1∶1。

在农产品加工业发展的带动下，2010 年，全省有 760 多万农户加入到加工原料基地建设，160 万农民直接在农产品加工企业就业，人均年工资收入 1.24 万元，比全省农民人均纯收入高出 6800 元。据专家测算，如果全省农产品加工转化率达到 50%，就可以解决劳动力就业 320 万人以上。

为促进全省农产品加工业持续快速健康发展，2011 年省政府发布了《湖南省农产品加工业振兴规划（2011—2015 年）》，明确了“十二五”时期的发展目标、工作重点和政策措施。

会议要求，各地要认真对照振兴规划，加强对本地区农产品加工业发展的规划引导，重点启动和实施好“5255”工程，通过规划引导，优化产业布局，着力培育 5 家销售收入过 100 亿元、20 家过 50 亿元、50 家过 10 亿元、500 家过亿元的龙头企业。尤其是要引导和帮助企业因地制宜、因企制宜制定好产业发展规划，落实好重点建设项目，整合优势资源，引进技术人才，推进企业管理创新、科技创新以及品牌建设和市场开拓，努力提高参与市场竞争的能力，稳步实现做强做大的发展目标。

会议期间，与会专家与怀化市部分农产品加工企业开展了农产品加工科技咨询对接活动，达成科技合作意向协议 68 个，将对破解农产品加工技术难题、提升企业加工水平产生积极影响。

【湖南部署新年期间食品安全工作】 2011 年 12 月 21 日，湖南省召开食安办主任会议，全面部署了元旦及春节期间食品安全专项整治工作及 2012 年全年工作。

近年来，湖南把食品安全工作作为贯彻落实科学发展观、构建和谐湖南、加快富民强省的大事来抓。省委书记周强、省长徐守盛专题批示，强调全面执行食品安全法，切实把食品安全这一重大民生工程抓紧抓好。全省 14 个市州目前也均成立了分管市州长任主任的食品安全委员会，建立了省食安委成员部门联络会议和市州食品安全办主任例会制度。

2011 年，湖南省农业（畜牧水产）、公安、卫生、工商、质监、食药等部门联合开展了打击制售使用“瘦肉精”等违法添加物违法犯罪行动。食药、教育、卫生、旅游等部门联合开展农村中小学和托幼机构食堂、旅游景区餐饮服务食品安全专项整治。商务、农业、工商、质监、食药、出入境检验检疫等部门加强鲜肉和肉制品综合治理，强化生猪定点屠宰和猪肉质量的监管。工商部门会同有关部门加强对食品经营主体市场的准入监管，全面清理完善食品经营主体资格，严格清理规范食品流通许可，深入清理整顿无证照经营。截至目前，全省共核准登记食品流通经营主体 168249 户，核发食品流通许可证 158748 户，创建食品安全示范店 5606 户。严查重点食品品种、严治重点区域、严管重点场所、严巡重点时节，集中开展了青豆、果冻、黄花菜、不合格蔬菜、猪肉等清查行动，开展了市场主体清查、农村食品市场、乳制品、食品虚假违法广告等多项专项整治行动，公布全省 10 大食品违法典型案例，对查获的假冒伪劣食品共计101吨统一开展销毁行动。全省质监和出入境检验检疫系统狠抓食品生产监管工作，注销1409家企业的食品生产许可证1481张，对全省21家乳品企业生产许可条件进行了清理和重新审核，关闭9家。

2012年，湖南省食品安全工作将以深化食品安全治理整顿为抓手，进一步巩固拓展食品整顿工作成效，切实增强人民群众的消费安全感；以完善食品安全工作体系为重点，进一步落实食品安全监管责任，切实提高食品安全综合监管能力；以加强监管力量建设为保障，强化监管队伍素质和技术装备水平，切实提高食品安全监管的科学化水平。

【湖南举行生物医药新兴产业产销对接会　签约6.3亿】　2011年12月21日，湖南省生物医药战略性新兴产业产销对接暨发展趋势与对策研讨会在长沙召开，这是湖南连续第三年召开医药产业产销对接会。2011年会议主题是“把握机遇，加强合作，加快发展生物医药产业”，旨在推动湖南生物医药产业产销交流与合作，巩固和扩大省产医药产品销售，推动全省生物医药产业又好又快发展。省领导陈叔红出席。

据统计，2011年1—11月，全省县及县以上公立医疗机构共采购了9亿元省产药品，约占总采购金额的8%，采购省产药品所占比例大幅提高。20家参会商业企业销售45家参会工业企业产品的销售金额19.3亿元，同比增长24.9%。对下阶段加快湖南生物医药产业发展，陈叔红要求，着力打造“湘药”品牌，提升“湘药”地位，要着力提升合作水平，实现互利多赢，要着力营造良好环境，促进产业发展。

在大会签约仪式上，参加本次对接会的25家医药工业企业与12家医药商业企业共签订2012年产品采购金额6.3亿元，同比增长52.9%。湖南玉新药业有限公司还与意大利PROCHIFARS. R. L中国公司签订了出口300万美元甾体原料药及中间体的协议书。

为拓展长沙国家生物产业基地多元化融资渠道，长沙国家生物产业基地管理委员会与湖南潇湘生物产业投资管理服务中心签订《合作协议》，湖南潇湘生物资本将集中投资长沙国家生物产业基地园区发展与开发建设项目，长沙国家生物产业基地的优秀生物医药产业项目以及湖南省内的成长性生物产业项目，其中对湖南省战略性新兴产业的投资以对竞争优势明显的生物医药产业投资为主，并兼顾上述产业链相关产业及其他成长性产业。

【信息产业成为湖南第8个千亿产业】　2011年12月23日，部分在湘全国人大代表、湖南省人大代表就湖南新型工业化开展集中视察。

从上午举行的视察汇报会上获悉，湖南省信息产业产值突破1000亿元，成为全省工业第8个千亿产业。5年来，湖南省新型工业化强力推进，形成了机械、食品、石化等7大千亿产业，工业对经济增长的贡献率由2006年的47.5提高到2010年的55.8%。

2011年以来，湖南省工业经济继续保持较快增长。1－11月，全省规模工业累计完成增加值7201.06亿元。传统产业两型化、优势产业集聚化、高新产业规模化发展态势加速形成，信息产业产值突破1000亿元，成为全省工业第8个千亿产业。岳阳石油化工产业集群跻身千亿集群行列。但湖南省新型工业化发展中也面临着能源保障能力有待加强、中小企业融资难等问题。

部分在湘全国人大代表、省人大代表认为，湖南省新型工业化建设成效显著，现阶段，要继续把加速推进新型工业化作为湖南省现代化建设的中心任务。“十二五”期间，要调整优化产业结构、推动产业转型升级，着力培育壮大战略性新兴产业，加速改造提升传统优势产业，努力拓展新兴服务业，切实加强能源安全保障。要大力发展先进装备制造、新材料、文化创意、生物、新能源、信息、节能环保等战略性新兴产业，同时要把发展两型产业作为两型社会建设的关键环节和突破口，加大扶持引导力度。

【湖南“万村千乡市场工程”信息化改造工作全面铺开】　2011年12月23日，湖南省“万村千乡市场工程”信息化改造工作现场会在宁乡召开。

作为一项旨在扩大农村消费、提高农村流通商品质量、更好的服务“三农”的惠民工程，“万村千乡市场工程”在宁乡县实施六年多来，该县精心培育了联发商贸有限公司、百顺商贸有限公司、亚农植保等七家试点企业，建设了联发商品配送中心、维纳斯商品配送中心等三家配送中心，已建成773家合格农家店，其中乡级店192家，村级店581家，农资农家店172个，日用品农家店601个，覆盖了该县33个乡镇，350个行政村，覆盖率分别达到100%和95%。在被省商务厅确定为“万村千乡市场工程”信息化改造试点县后，该县商务局和农业银行、移动公司紧密配合，按照“商务牵头、三方共建、企业落实”的信息化改造思路，在短短两个月内，完成了8点试点农家店的信息化改造，实现了农家店流通、金融、移动、信息四大功能，初步达到了实现方便群众消费、农家店提档增收、承办企业物流扩大、农行、移动网点扩大等五方共赢的效果，为该项工作在全省的全面推广积累了经验，树立了榜样。

【2012湖南“三下乡”活动启动　发放物资近120万】　2011年12月25日，湖南省2012年“三下乡”活动在宁乡县金洲镇关山村启动。启动式还未开始，20家省直部门就搭起展台，或发放图书资料，或提供咨询服务，让当地村民们赶起了免费的“科教大集”。

仪式现场，省委宣传部、中南出版传媒集团等省直各单位现场赠送现金52万元，以及各类书籍、科普资料、电脑电视、音像制品、化肥种子、医药器材器材、衣物文具等物品资料价值69.45万元。启动式后，省直有关部门将组织小分队分赴各市州农村开展“三下乡”活动。与此同时，各市州、县市区也层层组织开展“三下乡”活动。

据不完全统计，2011年湖南“三下乡”活动共送图书下乡800万册，送戏下乡3.1万余场，送电影下乡8.2万余场，送科技资料45万份，为660万名农民进行了健康检查和诊疗，极大地丰富了农村文化生活，促进了农村经济的发展。

【湖南集体林权制度主体改革超额完成　农民获利翻番】　2011年12月27日，湖南召开全省集体林权制度主体改革工作总结表彰会议。

会议透露，全省集体林权制度主体改革方面三项指标均超过了省委、省政府提出的目标：截至2011年11月底，全省累计完成集体林地确权面积1.79亿亩，占总任务的99.6%；发证面积1.78亿亩，占总任务的99.1%；调处山林权属纠纷12.6万多起578.35万亩，占总任务的91.8%。同时，在配套改革方面，湖南省在全国率先实施林木采伐指标“入村到户”，基本解决了林农对林木的采伐难问题。

绝大多数县市都成立了林权交易机构和森林资源资产评估机构，林权流转逐步规范、顺畅；林业、财政、金融、保险等部门相继出台森林资源资产抵押贷款管理办法，制定政策性森林保险试点方案，扭转了林业融资难、抗风险能力弱的问题；全省基层林业站、木材检查站人员经费基本纳入了财政预算，较好地解决了林业基层单位的后顾之忧，服务效能明显提高。

会议介绍，目前，全省共完成林权登记宗地2821万宗，发放林权证1054万本，集体林地产权到户率达93.6%，其中家庭承包占78.3%，农民对林改工作的满意率达99.3%。

“林改”激发了林农和社会发展林业生产的积极性。近3年，全省每年造林都在300万亩以上，本年度达到394.5万亩，为全省完成造林任务最多的一年；全省每年吸引社会资金投入林业20亿元以上，“上山致富”已成为人们增收的重要途径。

据调查统计，近两年，全省林改地区农民从林业中获得的人均纯收入达到900元，较之改革前增长一倍。同时，“林改”以来，林农爱林护林意识增强，自我管理水平提高，全省森林火灾次数、受害面积、林木损失三项指标明显下降。全省森林覆盖率达到57.13%，森林蓄积量达到4.16亿立方米，湖南森林资源增长进入最快时期。

【湖南央企对接合作项目达270个　到位资金1810亿元】　2011年12月31日，全省央企对接合作工作会议在长沙召开，表彰了湖南省央企对接合作重大项目奖、先进单位和先进个人。

“十一五”以来，湖南央企对接合作工作取得突破性进展，截至目前，已累计与69户央企开展对接，与26户央企签署战略合作协议，达成对接合作项目270个，实际到位资金1810亿元。湖南已经成为中央企业投资最为密集，与央企合作最为密切的省份之一。

2012年，湖南将确保新增央企对接合作项目40个左右，新增到位资金400亿元以上；2015年，力争新增央企对接合作项目160个左右，新增到位资金1600亿元以上。要打造一批在国内同行业领先、在国际上有较大影响力的优势企业；打造一批具有湖南特色、较高技术水平、广阔市场前景的优势产业和战略性新兴产业；打造一批央企对接合作产业基地、专业园区和央企在湘区域总部。

核心区域篇

长沙市2011年两型社会建设综述

2011年，长沙市紧紧围绕“四化两型”战略和“率先建成两型城市”的总体目标，积极谋划和推进两型社会建设和改革，实现了两型社会建设综合配套改革试验第二阶段工作和“十二五”规划的良好开局。

一、第二阶段改革建设明确了新的战略定位

以“率先建设两型城市”作为经济社会发展的总体目标。在全市经济社会发展“十二五”规划纲要和第十次党代会上，明确了未来五年以“率先建成两型城市”为总体目标定位，提出要大力实施“两型引领”战略，走出“发展两型化路子”，坚持用两型理念和两型标准引领发展方式转变，努力实现更高质量、更好效益、更可持续的发展。

深化了建设两型城市的科学内涵。通过编制全市两型社会建设综合配套改革“十二五”专项规划，进一步深化了两型城市的内涵，明确了在资源环境、经济发展、社会和谐、体制机制等方面的具体目标，提出了构建两型生态体系、两型生产体系、两型绿色建筑、两型高效交通、两型低碳文化、两型体制机制、两型示范新区、两型推进机制等八个方面的重点任务和实现路径。

强化两型城市建设的规划引领。加快城市总体规划修编，切实落实“两型”要求，新增了生态控制线规划的内容，其中生态控制面积2284平方公里，占规划区总面积的46%。推进了综合交通和能源、水资源、环境保护、绿色建筑等规划编制。通过“十二五”规划和节能减排综合示范方案的编制，谋划了一批支撑性、示范性强的重大两型项目。

二、重点领域和关键环节的改革取得了新的进展

节约集约用地机制建设和土地管理改革继续深化。着力推广城市建设、农民安置、开发园区建设、新农村建设、道路建设领域五种成熟的节地模式，继续探索保障房建设、公共服务资源配套、盘活存量土地等方面新的节地方式，在此基础上，加强激励约束制度创新，实施了各主要地类控制指标体系，推进单位GDP新增建设用地分级考核，抓紧制定节约集约用地评价办法。创新实施农村土地综合整治新模式，编制土地综合整治规划，在莲花镇、永安镇和关山村、光明村等地开展土地综合整治试点，共实施项目55个，总建设规模达20278公顷。构建农村土地流转交易体系，积极建设城乡统筹的土地市场，2011年8月，再次举行农村土地流转交易会，总面积2978.72亩的宁乡县湘湖等4家土地合作社的土地承包经营权流转项目在市农村土地流转交易中心顺利流转；四县市（区）均成立县级林权流转服务中心，全市已办理林权流转33694宗，流转金额5.5亿元。探索和完善“两转变一纳入”、“先征后转和只征不转”、“两退出两获得一保留”等征地制度。开展缩小征地范围改革试点，缩小非公益性征地范围。

环境经济政策实施取得重要进展。制定了《长沙市主要污染物排污权有偿使用和交易实施细则（试行）》、《长沙市主要污染物排污权有偿使用和交易工作规程（试行）》，完善了相关工作流程；配合省环保厅、物价局出台排污权交易的价格政策；制定《长沙市初始排污权分配工作实施方案》（征集意见稿），并着重开展了排污权初始分配工作，对全市575家排污单位进行二氧化硫、化学需氧量、氨氮和氮氧化物的初始权分配，对化工、石化、火电、有色、医药、造纸、食品、建材等8大行业400多家单位进行二氧化硫和化学需氧量的有偿使用工作，对长沙天宁热电有限公司等初始排污权申请进行审核和初始排污权购买确认，为下一步排污权交易的大规模开展创造了条件。探索流域补偿工作，研究提出流域补偿新工作方案，完善了《长沙市境内跨区域河流生态补偿暂行办法（试行）》。城区开征生活垃圾处理费取得突破，开征垃圾处理费方案获批，将对垃圾处理费与水费合并征收，专款用于城市生活垃圾无害化资源化处理。

能源资源节约制度体系和机制建设进一步完善。出台《长沙市节约能源办法》、《长沙市公共机构节能管理办法》、《长沙市民用建筑节能管理办法》等一系列制度，其中《长沙市节约能源办法》是全省第一部有关节能工作的地方性政府规章。继续实施投资项目节能评估审查机制，遏制了高耗能项目投资。继取消宾馆酒店免费供应一次性用品之后，推动客房新型智能节电管理改造试点，开展宾馆酒店客房IC卡智能取断电、中央空调末端自动控制、绿色照明改造，全市共有110家宾馆酒店完成节能改造，节电率达30%以上。扎实推进节水型社会建设，《长沙市水资源管理条例》经省人大批准后颁布实施，制定了水功能区划、水资源实时监控系统建设规划，打造了一批节水典型示范项目；市水务部门整合水利、供水、排水3大主要行业，落实了对水资源各环节的一体化管理；推行阶梯式水价和超计划累进加价制度已通过听证，将择期出台实施。长沙县按照“定额分配、水权转让、按方收费、梯级计价、节水有奖、超量加价”的原则，率先启动了水权制度改革。

城乡统筹改革和制度创新深入推进。按照“六个一体化”的工作目标，继续推动农村饮水安全、电网改造、公路通达、环境整治、校舍改造“五大工程”建设，重点抓好农村土地管理、人口户籍制度、农村社会保障、农村金融四项制度创新实施，全市城乡医疗保障率先实现全面并轨，新型农村养老保险试点全面实施。通过一批城乡一体化示范村镇建设，带动了土地流转交易、现代农业发展、农民集中居住、城市资本下乡、农村投融资创新等城乡一体化改革措施的推进，莲花镇、关山村、光明村等一批村镇在改革发展和两型建设上发挥引领示范作用，显著改变了农民的生产生活方式。

*金融服务创新和投融资改革不断加快。*支持地方金融机构创新发展，推动长沙银行实施区域化经营和上市战略，长沙银行广州分行正式开业，长沙县信用联社改制为星沙农村商业银行。积极推进新型金融组织创设，全年新增7家小额贷款公司，长沙银行科技支行开业，并在村镇银行、农村资金互助组织创设等方面取得了进展。探索开展林权、宅基地、土地承包经营权、股权、知识产权质押登记业务，全市完成林权抵押贷款5100宗，贷款金额7300万元。获批全国股权投资企业登记备案试点城市，市政府出台实施《鼓励股权投资类企业发展暂行办法》，积极推动私募股权投资基金发展，全市从事股权投资的机构已超过200家，管理的基金约300亿；参与组建湖南省股权交易所，推荐长沙水业投资管理有限公司等20家企业纳入湖南省股权融资项目资料库，为OTC市场建立了储备资源。资本市场融资成效明显，2011年新增永清环保等4家上市公司和海赛电装等8家拟上市企业。金融城、金融后援基地产业园和国家级灾备中心等金融重大项目建设取得进展。

*行政管理改革和社会管理创新持续深化。*继续深化行政审批制度改革，整合再造行政审批流程，市政府部门承担的32项行政审批、评比表彰和技术性、事务性职责，被取消、下放或转移给事业单位和中介组织，有效地防止了行政职能“体外循环”。继续深化公共资产管理创新和公共资源交易平台建设，公共资产管理创新经验在全国体改会上推介。制定出台《长沙市社会组织登记和监督管理办法（试行）》，简化社会组织登记程序，工商经济类、社会服务类、社会福利类和公益慈善类社会组织可直接向民政部门申请登记，同时降低社区社会组织和农村专业经济协会的登记门槛，并鼓励加大政府向社会组织采购公共服务力度。推进社会管理法治化，积极争创全国社会管理创新示范城市，《长沙市社会管理法治化实施纲要（征求意见稿）》正式发布。

三、大河西先导区建设展示了新的形象

*区域生态环境改善提升。*制定出台了《先导区生态建设实施方案》和《靳江河流域综合整治方案》。坪塘老工业基地已退出厂房的拆除工作进展顺利，完成了湖南新生水泥厂等5家企业的厂房拆除和6家企业的土地整合，并启动生态修复。推进了湘江西岸、靳江河、雷锋河、莲花河、八曲河、马桥河、沩水河、龙王港“八河”流域截污工程，基本实现“全截污，零排放”，核心区完成8家矿山关闭和生态修复，完成了靳江河入湘江口段和湘江西岸沿线67家非法地摊式砂场的自行整改和强制关闭。潇湘南大道东线景观工程、潇湘风光带北段景观工程二期、龙王港河道综合治理工程等重大环境工程项目实现竣工。有序推进洋湖、大泽湖、金洲湿地公园建设，桃花岭景区公园、梅岭公园、梅溪湖人工湿地等生态建设工程启动建设。推进太阳能建筑一体化工程，在工业园区推广能源节约工程，建设太阳能屋顶电站；推进分布式能源示范工程，推广沥青再生料、生物边坡等绿色建筑技术。

*两型产业聚集进展加快。*积极支持重点园区扩容提质，加快高新区国家级创新型园区建设，建设电子信息、新材料、先进装备制造、生物医药、新能源与节能环保等5大产业基地；加快国家级宁乡经开区（金洲新区）建设，着力打造长沙新的现代装备业基地和高新产业配套基地。大力发展高端旅游、金融服务、高档酒店、现代物流等现代服务业，开工建设3家五星级酒店，大力引进银行、保险、证券、信托等机构进驻先导区，岳麓山风景名胜区成功获批国家“5A”级景区。加快建设大河西人才创业示范区，重点建设麓谷企业广场、长沙软件及服务外包人才培训基地、高新人才公寓、工程孵化中心、产业孵化基地等创新创业平台，积极推进信息产业园建设，构建支持科技创新、人才创业和成果转化的政策体系。

*发展承载能力显著增强。*推进重点片区开发，滨江新城、梅溪湖、洋湖、坪塘片区新投入拆迁建设资金近60亿元，完成土地拆迁2650亩，有效保障了重点项目建设的用地需求；滨江新城潇湘风光带二期北段、茶山公园等景观项目已完工，民生银行大厦、世茂大厦、奥克斯商业综合体、渔人码头等社会投资项目顺利推进。洋湖片区坪塘再生水厂2万吨污水处理系统实现通水运行，洋湖景园13.8万m^2保障住房一期完成建设，湿地公园一期（800亩）实现竣工开园、并启动二期建设；梅溪湖片区湖泊工程已实现一期蓄水目标，梅溪湖路、东方红路、长东路等片区道路、5座跨湖桥梁竣工通车，梅溪湖中学、梅溪湖保障住房一期主体工程积极推进。加快基础设施建设，年初续建和开建的15条骨干道路总长60.4公里，完成投资约30亿元，通车里程约40公里；进行了电力、供气、供水、污水处理、通信、垃圾处理等配套基础设施建设工作，目前城区面积达到118平方公里，城市人口达到120万，河西新城雏形基本形成。

*体制机制创新不断深化。*突出行政审批制度改革，积极履行市委市政府已授权的行政审批职能，落实省直部门关于支持先导区推进行政审批制度改革的政策，继续减少审批事项、优化审批流程、缩减审批时限、提高审批效能。突出资源节约体制改革，全面推进节地、节能、节水、节材，加大闲置土地清理力度，坚持连片供地、有序供地、计划供地，全面提升土地价值。突出投融资体制改革，积极探索资产证券化改革，积极发展创业投资引导基金、股权投资基金，加快湖南股权交易所等多层次资本市场建设。突出行政执法体制改革，积极争取落实先导区综合行政执法支队的执法权限，在先导区规划区域内，集中委托先导区管委会组织行使市级行政处罚权，开展国土规划建设房产领域相对集中处罚。

四、环境保护和生态建设积累了新的经验

*农村环保经验完善提升。*71家乡镇污水处理厂及配套管网建设扎实推进，其中新建成13家。完成乡镇饮用水源保护区54个，设立农户饮用水源保护标识3500个。全市所有大中型水库开始全面退出投肥养鱼，保持水源水质。推进畜禽污染整治，完成20－499头养殖户污染治理1000余家，新建三格化粪池9.9万套、沼气池5.8万个、四格净化池4.9万个；稳步推进城区畜禽养殖退出工作，对重

点养殖场（户）进行环境监测和执法，全年城区退出生猪养殖72828头，超过任务6080头。农村垃圾收集处置体系全覆盖工程实现突破性进展，目前已有98个乡镇建立起覆盖全乡镇的农村垃圾收集处置体系，建成乡镇垃圾中转站96个，村级垃圾收集站810个，各类垃圾收集池（筒）65万个。农村环保长效机制探索大胆创新，率先形成了垃圾分类减量处理的浏阳市“三口”模式和长沙县果园模式，得到了环保部和国家发改委的肯定。长沙县18个乡镇全部建好污水处理厂，成为全国首个实现集镇污水处理设施全覆盖的县，将彻底解决农村集镇水污染问题。

*流域环境治理深入推进。*推进污水处理厂及配套管网建设，坪塘、新港、长善垸3座污水处理厂施工进展顺利，坪塘污水处理厂已实现通水试运行，启动既有污水处理厂提标改造工程，主城区72个排水口改造基本完成，城区污水处理率达到92.7%。全市预计削减COD 17930吨，总量削减7.9%，预计削减氨氮1546吨，总量削减5.3%，两项指标任务均已完成。铬盐厂42万吨铬渣解毒工程基本完成，全年淘汰落后产能污染企业110家。全市大气污染防治稳步推进，城区机动车尾气检测能力全面提高，启动了涉氮氧化物排放企业提标改造工程。加强了扬尘污染控制，全年空气质量优良率达到93.4%，在中部六省省会城市中名列前茅。

*生态建设和长株潭绿心保护不断加强。*推进全国生态文明示范城市创建，统筹规划五大生态系统建设。参与绿心规划制定出台，加大对长株潭绿心保护的协调力度，加强禁止开发区和限制开发区的管控。全面铺开了全市生态创建工作，完善森林生态补偿机制，市级生态公益林补偿面积由16万亩扩大到50万亩，补偿标准由每年每亩20元提高到30元，补偿范围涵盖各县（市）区。大围山省级自然保护区正在积极申报国家级自然保护区，宁乡县金洲湖和长沙县松雅湖国家湿地公园（试点）建设稳步推进。莲花镇、葛家乡、果园镇等10个乡镇获“全国环境优美乡镇”称号，光明村、关山村、龙洞村等11个村获“国家级生态村”称号。

五、城乡绿色建设品质得到了新的提升

*两型社会城乡建设体系研究全面完成。*2011年3月，《长沙市两型社会城乡建设标准体系研究》课题通过了国家部委验收，该体系研究包括政策、指标、标准、技术四大类28个课题，涉及绿色建筑、绿色交通、能源资源可持续利用、热环境、噪音防控等内容，其中20项课题为国内首次提出，并出台了专门的贯标措施，为全市两型社会城乡建设提供了政策、标准和技术支撑。出台了《长沙市可再生能源建筑应用城市示范总体实施方案》等5个政策文件，全年完成建筑节能设计审查947.7万平方米，新增节能潜力18.69万吨标煤/年。安排推进一批绿色建筑示范项目建设，绿地公馆等8个项目被批准为2011年全市第一批绿色建筑示范项目。

*绿色便捷交通体系逐步完善。*结合城市总体规划，重点改造中心城区重要交通节点，提升城市交通效率，实现营盘路湘江隧道的建成通车，加快福元路大桥、湘府路大桥、南湖路隧道等过江通道建设，推进湘江大道、潇湘大道的南北段延伸，形成“一江两岸”互动共进、区域协调的城市格局。全力推进轨道交通建设，长株潭城际铁路长沙段全线开工，地铁一、二号线进展顺利。作为全国节能与新能源汽车示范推广试点城市，加大示范推广力度，全市城区共更新油电混合高等级车、CNG双燃料高等级车等新能源和清洁能源公交车541台，100台纯电动公交车即将投入使用。启动了新一期交通疏导工程和智能交通体系建设，增强公共交通的便利性，提高了公交覆盖率。

*城市精细化管理扎实推进。*在全国率先建立了城市管理效能平台，推进城市管理精细化。全年完成5条景观街项目建设，完成17个社区环境综合整治工程，建设了30个社区公园并对市民开放。

*城市群对接平台加快建设。*加快推进城市群之间的交通对接，加快长株潭城际铁路建设，推进黄花机场扩建和大托铺机场迁建，加快湘江长沙综合枢纽、新港三期、大河西综合交通枢纽建设。加快沿江防洪景观道路、芙蓉大道望城段、金洲大道西延线、开元东路东延线等干线公路建设。加快推进长株潭城市群之间的信息化进程，积极推进三网融合。

六、两型产业发展有了新的推进

*产业结构向高端化迈进。*推动产业发展向两型生产方式转型，按照两型要求大力调整产业结构，淘汰高耗能高污染产业，发展高端产业和新兴产业，推进装备制造、食品烟草等优势产业集群节能减排，提升现代服务业发展能级，大力建设现代农业体系，加快传统产业的两型化转型升级。制定实施《长沙市战略性新兴产业规划》，着力培育发展节能环保、生物医药、高端装备制造、新能源、新材料、新能源汽车、信息网络、文化创意等战略性新兴产业，高新技术产业增加值占GDP的比重达到15%。

*企业发展向两型化提升。*进一步加大了财政倾斜并引导企业增加科技投入，支持发展创新型经济。安排节能资金专项用于企业节能减排的贴息和奖励等。开展两型示范企业创建活动，发布了两型企业创建试点单位考核标准（试行），对企业的主要产品单位能耗、工业用水重复利用率、污染物排放达标率，均有严格的考核指标，鼓励企业进行两型技术的研发、两型产品的生产销售。

*园区经济向集约化布局。*发布了两型园区创建试点单位考核标准（试行），开展两型园区的创建工作，宁乡经开区承办了全省两型园区建设现场会，两型建设经验向全省推介。支持长沙高新区建设国家创新型园区，推动长沙经开区创建国家生态工业园区，推进宁乡经开区、铜官循环经济工业基地建设循环型园区，发展循环型产业，提升园区的环境承载能力和资源节约水平。全国首批两个国家级再制造示范基地之一的长沙（浏阳、宁乡）再制造基地规划已上报国家发改委，将在全国范围内率先探索再制造业的发展和壮大。

*绿色产业向规模化拓展。*制定实施节能环保和新能源等产业发展规划，探索开展再制造产业基地和集聚区建设，发展循环经济和节能产业。加快研发、引进和培育发展资源综合利用、节能材料、新能源汽车、污水处理、垃圾处理、太阳能、生物质能等先进产品和技术，促进绿色产业集群做大做强。比亚迪新能源汽车即将投产，泰通科技、威胜能源等企业为代表的节能服务产业不断壮大，以红太

阳光伏、神州光电为代表的光伏产业在严峻市场形势下保持了稳定，万容科技等资源综合利用产业快速发展，分布式能源、储能电站等新能源项目开始起步。

七、统筹协调工作得到了新的完善

政策理论研究不断强化。加强两型社会建设政策体系研究，拟定了《关于全面推进两型城市建设不断深化综合配套改革的若干意见》，系统化提出了《关于推动两型社会建设综合配套改革争取国家支持政策的建议》和《建立健全长株潭试验区有关两型改革建设的政策框架体系的意见》。密切与高校院所在重大课题方面的研究合作，公开招标完成了流域治理模式和机制创新、低碳城市建设战略规划、绿色城镇化路径与两型小城镇建设、建立全国性无形资产交易平台、两型消费模式构建、政府购买社区公共服务等6个重点课题，强化了两型社会建设的理论探索和政策研究。

两型示范创建稳步推进。组织召开全市两型社会建设工作联席会议，讨论通过了《长沙市两型社会示范创建2011年工作方案》并以市政府名义（长政函〔2011〕69号）下发，在全市广泛组织开展了两型示范机关、两型示范园区、两型示范企业、两型示范学校、两型示范城镇、两型示范村庄、两型示范社区、两型示范家庭、两型示范门店（市场）、两型示范建筑等“两型示范创建活动”，分类明确了两型示范创建的标准和要求，各区县市、市直部门和园区积极发动、稳步推进，取得了较为显著的成效，为两型社会建设营造了良好的工作氛围。同时积极组织申报湖南省两型示范单位和两型示范项目，共有31个单位和项目获批。

工作推进机制不断完善。不断完善联席会议、绩效考核、示范创建、群众性参与等机制，进一步形成了齐抓共管的格局和全民参与的氛围。制定了全市两型社会建设综合配套改革2011年度重点项目实施方案，明确了八大类28个改革项目，建立项目化管理机制，推动改革的落地实施。成功获批为全国首批节能减排财政政策综合示范城市之一，组织编制综合示范“1+6”方案和项目库上报财政部和国家发改委，明确提出了住宅产业化、绿色新区、绿色建筑、再制造、分布式能源等20项示范工程和四大长效机制建设，致力于为全国节能减排作出贡献、创造经验，为两型城市建设提供重要支撑。

长沙市2011年两型社会建设成果

资源节约利用

【《长沙市民用建筑节能管理办法》正式实施】　《长沙市民用建筑节能管理办法》2011年2月起正式实施。长沙将大力推广使用可再生能源，新建居住建筑12层以下（含12层）具备条件的应当统一设计和安装太阳能热水系统。民用建筑是指居住建筑、国家机关办公建筑和商业、服务业、教育、卫生等其他公共建筑。《办法》强调，未按规定进行节能审查或节能审查未获通过的固定资产投资项目，项目审批、核准机关不得审批、核准，建设单位不得开工建设，已经建成的不得投入生产、使用。长沙已获批成为“全国可再生能源建筑应用示范城市”，将大力推广太阳能光热、地热能等可再生能源应用技术。《办法》规定，2万平方米以上的大型公共建筑和国有投资项目，建设单位应当选择一种以上合适的可再生能源，用于采暖、制冷、照明和热水供应等。新建居住建筑12层以下（含12层）具备条件的应当统一设计和安装太阳能热水系统。鼓励既有居住建筑的所有权人或者使用权人使用太阳能、浅层地能等可再生能源，物业服务企业和民用建筑管理单位应当为其安装设备设施提供便利条件。《办法》同时规定，房地产开发企业应在商品房销售现场公示所售商品房的能源消耗指标、节能措施和保护要求、保温隔热工程保修期等信息。

【澳大利亚·长沙绿色建筑研讨会在长沙举行】
2011年3月31日，由长沙市住房和城乡建设委员会、澳大利亚绿色建筑理事会联合主办的“澳大利亚·长沙绿色建筑研讨会”在长沙召开。澳大利亚驻广州总领事杜恪然率澳绿色建筑代表团与长沙市市长张剑飞、长沙住房和城乡建设委员会副主任汤伟、省内30多家大型地产公司和设计单位专家代表展开座谈，共享绿色建筑实践技术与信息。研讨会上，杜恪然先生介绍了澳大利亚在绿色建筑、生态城市建设等方面的情况和信息，希望推动澳建筑企业在建设“两型社会”的长沙寻求更多合作。长沙住房和城乡建设委员会副主任汤伟表示，长沙在绿色建筑的发展和生态城市建设方面，与澳方有很好的合作基础，也存在很大的市场需求，本次研讨会将为长沙实现可持续发展和推广绿色建筑起到重要推动作用。

目前交通和建筑行业的能耗量，已占社会总能耗的33%。作为湖南建设“两型”社会的核心城市，建筑节能是长沙市面临的一项重要而全新的课题。2009年10月，长沙与澳大利亚贸易委员会签署“城市可持续发展合作备忘录”，绿色建筑是重要合作内容。2010年，长沙获批“全国可再生能源建筑应用示范城市”，目前也开始在全市10处建筑（共368万平方米）开展试点。同时，长沙市还将启动建设长沙博物馆、图书馆、音乐厅等一批绿色建设项目。

2010年澳大利亚在绿色建筑领域的投资已达到180亿澳币。根据澳大利亚设置的“绿色星级”评级系统，最高为六星级标准认证，目前有约400万平方米的澳大利亚建筑获得“绿色星级”认证，有800多万平方米建筑登记认证。澳大利亚昆士兰州政府甚至要求，所有主要的政府建筑都必须获得“绿色星级”五星级的认证。以澳大利亚绿色建筑项目的实践为例，在同样的自然条件下，绿色建筑的能耗降低了80%，建筑材料使用减少了一半，用水消耗量减少70%。调研数据显示：在真正的绿色建筑当中，公司企业员工的工作效率、生产力能够实现11%的提高；在绿色校园中，学生的成绩会实现12%的提高；在绿色医院中，病人的康复速度会提高22%。目前，澳大利亚出台鼓励政策，对一些绿色建筑开发企业进行不同程度的补贴，从而达到多方共赢。

【雨花区举行全民节能总动员大型宣传活动】　2011年6月14日，雨花区以“节能我行动，低碳新生活”为主题的全民节能总动员大型宣传活动在红星国际会展中心举行。长沙市能源局局长缪晨光、雨花区有关领导、区节能减排成员单位负责人、企业代表、社区居民等400余人参加了此次活动。活动现场，通过宣读《雨花区节能行动倡议书》，开展居民节能DIY作品展览，集中展示和推广工业、建筑、交通、生活和节能服务等五大领域的优秀节能产品等形式，让节能理念深入雨花的千家万户，提升广大雨花市民的节能生活意识，营造全社会关心、支持、参与节能低碳的浓厚氛围。活动共向广大市民免费发放了3000多盏节能灯泡及3000多个环保袋、3000多张《雨花区节能宣传手册》。节能宣传周期间，雨花区环科园、各街道办事处分别启动和开展了区域内节能宣传活动，积极打造宣传“五个一”工程，即一个街道一个宣传阵地、一个社区一条宣传横幅、一个企业一个宣传专栏、一幢楼宇一幅宣传漫画、一个学校一堂节能课程。整个节能宣传周期间共计展出节能宣传展板300多块，悬挂横幅100多条，标语200多条，主题活动及动员会议12场。

【《长沙市节约能源办法》正式施行】 《长沙市节约能源办法》于2011年6月16日正式施行。根据《办法》规定，长沙实行重点用能单位名录管理制度，定期公布名单。除按《中华人民共和国节约能源法》等相关规定，将年综合能耗10000吨标准煤以上单位、5000～10000吨标准煤的单位，确定为重点用能单位外，还将能耗在2000～5000吨的用能单位纳入重点监管范围。重点用能单位应每年向节能工作管理部门报送能源利用状况报告、设立能源管理岗位、聘任能源管理负责人、接受节能培训、开展能源审计等。《办法》要求突出重点领域、重点行业节能管理；加强工业、建筑工程节能管理；引导和鼓励市民选乘公共交通工具出行，减少交通能源消耗；鼓励研发、推广、销售、使用高性能低排量汽车和其他节能型交通工具。对公共机构，《办法》规定应实施节能目标责任制，制定节电、节油、节水等年度节能目标和实施方案，同时对既有办公建筑、空调等进行节能改造。公用设施和大型建（构）筑物应使用高效节能照明产品，按规定启闭景观照明，严格控制景观照明能耗。

【河西打造中国第一个样板性废旧电池清洁生产循环示范基地】 2011年6月18日，让废旧电池再生的湖南邦普循环科技公司在宁乡举行了二期工程奠基仪式。工程竣工投产后，邦普将跻身全球最大的电池材料前驱体供应商之一，大河西打造成中国第一个样板性废旧电池清洁生产循环示范基地。邦普集团是专业从事各种废旧镍氢、锂离子等废旧电池回收处理与资源循环利用技术开发的环保高新科技企业。公司创造性地提出并建立中国第一个样板性废旧电池清洁生产循环示范基地，实现废旧电池“废料与原料的对接”，实现电池行业的工业绿色生态循环。邦普湖南基地一期工程投产以来，已满产能运行超过8个月。湖南邦普循环二期工程总投资1亿元，建设周期为8个月。主要产品为镍钴锰氢氧化物即一种功率大、性能稳定的电池材料，设计年产能3000吨，项目预计年产值将超过3亿元，二期项目预计2012年投产。一、二期项目每年可让7000吨废旧电池再生，相当于让2.3亿颗手机电池“绿色”再生，居亚洲首位。废旧电池再生后，所生产的三元前驱体电池材料每年总产能将超过4000吨。

【《长沙市用水计划指标管理规定》颁布实施】 《长沙市用水计划指标管理规定》（以下简称《规定》）于2011年6月13日正式颁布实施，各用水单位不能再无限额用水，而是要按照下达的用水计划指标用水。长沙地处江南，坐拥湘江，却成为季节型缺水和水质型缺水兼而有之的缺水型城市。2007、2008年，长沙遭遇严重干旱，不得不靠人工增雨和境外引水来缓解用水危机。同时由于长沙供水水源绝大部分取自湘江，近年来每到秋冬季节，长时间枯水导致湘江自我净化能力下降，对水质也造成了一定影响。因此加强水资源保护，创建“节水型城市”和“节水型社会”已刻不容缓。《规定》适用于长沙公共供水企业供水管网到达区域内的用水单位用水计划指标制定、调整、确定的管理。《规定》指出，节约用水管理机构将在每年年底前根据年度用水计划、用水定额和用水单位近三年平均用水量及发展需求等因素，核定各用水单位下一年度的用水计划指标。今后每个单位都会有各自不同的用水上限，连续三个月超计划用水10%以上以及年度申请用水量与核定的用水计划量差距大于20%的单位都应及时进行水平衡测试，并报告节约用水管理机构。

按2008年城市自来水总供水量4.5亿立方米计，如长沙节水潜力达到10%，每年可节水4500万立方米，相当于少建一座日制水量12万立方米的自来水厂、一座日处理污水12万立方米的污水处理厂，可减少基建投资约1.9亿元到2.2亿元，每日还可减少7万吨污水排入湘江。

【长沙列入节能减排国家示范城市】 2011年8月，财政部、国家发改委印发了《关于开展节能减排财政政策综合示范工作的通知》（以下简称《通知》），决定“十二五”期间，在部分城市开展节能减排财政政策综合示范，并选定了北京、深圳、重庆、杭州、长沙、贵阳、吉林、新余（江西）8个城市作为首批示范城市。本批8个城市中长沙是中部地区唯一入选的省会城市。示范城市主要有包括6个方面的任务，每个任务都与老百姓的生活息息相关：一是淘汰落后产能和设备，支持重点企业实施节能技术改造，大力推广应用先进节能环保技术，加快发展战略性新兴产业；二是大力推广使用节能与新能源汽车，鼓励公交优先和各种公交便利化，倡导绿色出行；三是积极发展绿色建筑，推动既有居住建筑以及公共建筑节能改造；四是着力打造服务业聚集圈（带）或聚集园区，大力发展社区服务、家政服务、再生资源回收利用等面向民生的服务业；五是建设完善的城镇污水处理设施配套管网，全面实现生活垃圾无害化处理，大力发展循环经济；六是积极推进太阳能、风能、生物质能、地热能等可再生能源规模化利用。

根据《通知》要求，示范城市根据实施方案将年度实施项目报财政部、国家发展改革委等相关部门备案，国家发展改革委等相关部门根据现有制度办法对项目进行审核。财政部根据批复的实施方案、项目审核情况、工作进展情况，分类、分批、分次拨付资金。《通知》明确表示，中央财政除现有支持节能减排和可再生能源发展的各项政策对示范城市实行全覆盖和优先倾斜外，对列入执行期为三年的综合示范实施方案，但现有政策没有覆盖的项目，还将根据项目投资、地方投入和节能减排效果等因素给予综合奖励。

【亚欧水资源研究和利用中心落户长沙】 2011年8月22日，由外交部、科技部、省政府共同主办的亚欧水资源研究和利用中心成立仪式暨第一届亚欧水资源合作研讨会在长沙召开。成立仪式前，省委书记、省人大常委会主任周强会见了来自澳大利亚、法国、德国、印度、俄罗斯、泰国等18个亚欧会议成员国嘉宾。省委副书记、省长徐守盛，老挝外交部副部长本格·桑松萨，外交部副部长吕国增，科技部副部长王伟中，水利部副部长胡四一和匈牙利地方发展部副国务秘书克林格·伊什特出席成立仪式并共同为中心揭牌。会上，亚欧水资源研究和利用中心和亚欧会议成员共同签订了合作伙伴关系意向书。亚欧会议每两年举行一次，共有48个成员国，是亚洲和欧洲国家之间级别最高、规模最大的政府间论坛。2009年，在长沙举办的亚欧水资源管理国际论坛上，与会欧亚各国代表通过了促进欧亚水资源可持续利用长效机制建立的《长沙倡议》。2010年10月，温家宝总理出席第八届亚欧首脑会议时倡议，中国在湖南建立亚欧水资源研究和利用中心，该倡议得到各成员国的欢迎并写入会议《主席声明》。落户长沙的亚欧水资源研究和利用中心是亚欧会议机制运行16年来设立的首个实质性科研合作机构，也是首家在华设立的科研机构。该中心成立后，将围绕水资源研究和利用，逐步打造成亚欧两大洲水资源技术研究和协调中心，涉水政策和技术咨询中心，技术培训和交流中心，新产品研发和测试中心，成果展示和推广中心。

【《长沙市水资源管理条例》获审议通过】 《长沙市水资源管理条例》（以下简称《条例》）已由长沙市第十三届人民代表大会常务委员会第三十三次会议于2011年8月24日通过，湖南省第十一届人民代表大会常务委员会第二十四次会议于2011年9月30日批准，自2012年1月1日起施行。《条例》规定，对直接从江河、湖泊或者地下取水的单位和个人，依法实行取水许可制度。但法律、法规规定不实行取水许可的情形除外。对取水总量已达到或者超过控制指标的地区，水行政主管部门应当暂停审批建设项目的新增取水；对取水总量接近控制指标的地区，水行政主管部门应当限制审批建设项目的新增取水。《条例》还规定，有下列情形之一的，水行政主管部门可以禁止单位或者个人取用地下水：城市公共供水管网能够满足用水需要的；地下水已受到严重污染的；已经或者可能对水功能区水域使用功能造成重大损害的；取水、退水布局不合理的；地质水文状况不适宜取用地下水的；法律、法规规定的其他情形。《条例》明确，开采矿藏或者建设地下工程应当对不同含水层进行水封隔。因疏干排水导致地下水位下降、水源枯竭或者地面塌陷的，采矿单位或者建设单位应当采取补救措施；对他人生活和生产造成损失的，应当依法给予补偿或者赔偿。

该《条例》就如何对水资源进行保护进行了若干规定，第三十条规定，江河、湖泊、水库、塘坝、沟渠管理范围内禁止专业养殖场（户）直接排放未经处理的禽畜粪便；在滩地和岸坡堆放、存储、填埋各类废弃物；向水体倾倒废渣、动物尸体、各类垃圾等污染物或其他有毒有害物；使用炸药、毒药等破坏水生态环境的方式捕杀水生动物等。如有违反，由环境保护行政主管部门依法处罚。

【全国首条太阳能地下通道长沙亮灯】 2011年11月5日，全国首条由太阳能供电、LED照明的地下通道在岳麓大道点亮。通过这一项目的示范，太阳能供电、LED照明模式将广泛地应用于城市照明、江底隧道和山体隧道等，为社会节约大量能源。该项目由湖南神州光电能源有限公司设计建造完成，是长沙市节能减排示范项目。在该地下通道发现，四个出入口的雨篷上总共安装了108块高效彩色太阳能电池板。神州光电主要负责人介绍，通道内共有88根LED日光灯管提供照明。为了确保阴雨天气也能正常供电，另外配置了若干蓄电池将晴天太阳所发电力储存。即使连续四五天阴雨天气，也能确保地下通道内的正常照明。以前一个地下通道需要电费每年1.5万元，利用太阳能现在仅需1500元一年，改造后的地下通道成本约15万元，10年即可以收回成本。

生态环境保护

【大河西先导区环境建设实施三大重点工程】 2011年1月5日，大河西先导区召开2011年重点建设项目动员大会宣布，当年将重点铺排建设项目166个，年度计划投资336.86亿元。环境建设是2011年项目建设的重要内容，重点实施三大工程：流域治理工程将推进龙王港流域治理，完成扫尾；启动靳江河流域治理，完成河堤整治及污水管网建设；全面关闭湘江西岸及支流采砂场，继续实施核心区非煤矿山的关闭；建设坪塘截污工程，使片区污水不再直排湘江。在生态修复工程上，要全面完成坪塘老工业基地已退出污染企业的厂房倒地以及生态修复。在景观提升工程上，重点建设洋湖、梅溪湖、金洲等三个湿地公园，西湖、桃花岭、梅岭、天马山等四个城市公园，象鼻窝、大王山、凤凰山等三个森林公园，滨江市民广场、洋湖中心广场、银杉广场、金星广场、枫林广场等10个城市绿化广场。

【《长沙市餐厨垃圾管理办法》正式实施】 《长沙市餐厨垃圾管理办法》于2011年6月1日起正式施行。根据此办法，餐厨垃圾产生单位应当建立产生台账，记录餐厨垃圾的产生数量和去向等情况；餐厨垃圾应当单独收集、存放，禁止与其他固体生活垃圾相混合，违者城管部门可处以5000元以下罚款。该办法中所称的“餐厨垃圾”，是指从事餐饮服务、单位供餐、食品生产加工等活动的单位和个人在生产、经营过程中产生的食物残余、食品加工废料、废弃食用油脂（包括不可再食用的动植物油脂和各类油水混合物）等垃圾；城市排水、排污等公共管道中的废弃食用油脂（地沟油）的收集运输、处置及其管理活动也参照执行。

根据此办法，长沙的餐厨垃圾管理坚持减量化、资源化、无害化的原则，实行统一收集运输、集中定点处置制度。办法对餐厨垃圾产生单位、收集运输单位和处置单位均作出了规定。对餐厨垃圾产生单位，要求餐厨垃圾单独收集、存放，禁止与一次性餐饮具、酒水饮料容器、塑料台布等其他固体生活垃圾相混合；设置符合标准的餐厨垃圾收集容器，不得裸露存放餐厨垃圾并保持收集容器及周边环境的干净整洁；按照环境保护的要求设置油水分离器或者油水隔离池等污染防治设施，并保持其正常使用；违反者由城市管理综合行政执法机关责令限期改正，逾期不改正的，对单位处1000元以上5000元以下罚款；对个人处200元以上500元以下罚款。

餐厨垃圾收集运输单位必须实行完全密闭化运输，在运输过程中不得滴漏、撒落，转运期间不得裸露存放。餐厨垃圾处置单位应当严格按照国家有关规定和技术标准处置餐厨垃圾，对不能进行资源化利用的餐厨垃圾应当进行无害化处理。办法同时规定，在餐厨垃圾产生、收集运输、处置过程中，禁止将废弃食用油脂加工后作为食用油使用或者销售；将餐厨垃圾交由未取得许可的单位、个人收集运输、处置或者未经许可从事餐厨垃圾收集运输、处置；将餐厨垃圾排入雨水、污水排水管道等公共设施和河道等天然水体；使用未经无害化处理的餐厨垃圾直接饲养畜禽。

【圭塘河综合整治正式启动】 2011年3月2日，雨花区全面启动圭塘河综合整治以及社区公园配套建设，总面积1.27万平方米的公园绿地，将“染”绿圭塘河中段东西两岸，河水水质也将逐步改善。圭塘河发源于长沙县跳马乡，全长约30公里，其中雨花区境内约25公里，流域面积102平方公里。长期以来，由于内河供水不足，自净能力差，受城市生活污染，圭塘河沿线生态环境恶化。尤其在天华村和红星村交叉段，流经红星水果市场，村民商户随意倾倒垃圾污水，造成严重污染。针对这些问题，综合整治工程重点实施清洁治污。雨花区环卫局每天派出120名清扫员，从早7时到晚7时，清运水域垃圾。随着水域截污治污、企业废水治理等工程的实施，圭塘河也在逐步添绿变美。

【《湘江流域重金属污染治理实施方案》获国务院批准】 2011年3月，国务院正式批准《湘江流域重金属污染治理实施方案》（以下简称《方案》）。这是迄今为止全国第一个获国务院批准的重金属污染治理试点方案。《方案》编制工作于2009年7月正式启动，国家成立了以国家发改委为组长单位，环境保护部、湖南省政府为副组长单位的编制领导小组，《方案》编制历时一年半，先后多次征求国家18个部委和湘江流域8市政府及有关部门的意见。《方案》涉及湘江流域长沙、株洲、湘潭、衡阳、郴州、娄底、岳阳、永州8个市，明确了株洲清水塘、湘潭竹埠港、衡阳水口山、长沙七宝山、郴州三十六湾、娄底锡矿山、岳阳原桃林铅锌矿等7大重点区域，提出了民生应急保障、工业污染源控制、历史遗留污染治理3大重点任务，规划项目927个，总投资595亿元，规划期限2011—2020年。经过治理，力求2015年铅、汞、镉、砷等重金属排放总量在2008年基础上削减70%左右，并通过5—10年的时间基本解决湘江流域重金属污染重大问题，成为全国重金属污染治理的典范。

【湖南排污权交易试点启动】 2011年4月6日，株洲电厂、长沙电厂和株洲冶炼集团分别与湖南省排污权交易中心签订“主要污染物排污权交易合同”，达成二氧化硫交易额2250万元，这标志着湖南省正式启动排污交易权试点工作。湖南省副省长刘力伟，省长助理、省财政厅厅长李友志和财政部、环保部等国家部委相关负责人出席。从即日起，将正式在长株潭地区开展二氧化硫、氮氧化物、化学需氧量、氨氮等主要污染物排污权有偿使用和交易试点，并适时在全省推广，逐步实现排污权行政无偿取得转变为市场方式有偿占有，实现资源的有效配置。排污权的购买，对大部分企业影响不大，但对高能耗、高污染的企业，将带来一定的经济压力，更加有效地促使其节能减排。而对于卖方来说，随着经济的发展，还能成为一种具有升值空间的“资产”。排污交易权既有利于保护企业减排的积极性，也有利于全省以较低成本实现污染物总量控制；既是长株潭“两型社会”试验区建设创新环境保护机制体制的需要，同时可通过在全国“先行先试”，为推广排污权交易工作积累经验。2011年上半年，将先行启动排污权市场交易，下半年推进初始分配和有偿使用；先从长株潭试点、再在其他行业实施；先试化学需求量、二氧化硫的排放权，再逐步增加其他污染物种类。进一步完善总量控制、排污许可、价格标准等制度建设，加强交易平台建设，夯实排污权交易的工作基础。建立公正合理的排污权分配制度，建立公开透明的排污权交易制度，提高污染排放的监管水平，加强排污指标落实情况的监督检查，确保排污权有偿使用和交易公平合理的实施。

【长沙县16个污水处理厂同时开建】 2011年4月11日，长沙县16个乡镇的污水处理厂建设同时开工，全部建成后，加上2010年已经完工的金井、北山两个污水处理厂，长沙县将形成以星沙污水净化中心为主体，城北、城南污水处理厂为两翼，乡镇污水处理厂为网络的城镇污水处理设施系统。长沙县将成为湖南省第一个实现乡镇污水处理设施全覆盖的县，全面治理人居集中区域水源污染。长沙县乡镇集镇污水处理设施全覆盖工程是长沙市三年环保行动计划的重要项目，计划到2011年底，全面完成18座中心集镇污水处理厂建设工程，项目总占地151亩，总投资4.38亿元。项目建成投入使用后，长沙县各污水处理厂出水水质将达到国家一级B标准，将起到减少环境污染、保护水体、改善居民生活环境等作用。

【长沙COD减排居全国省会城市第一】 2011年4月，国家环保部最新公布的“十一五”期间全国省会城市主要污染物总量减排考核结果显示，长沙“十一五”期间完成化学需氧量（COD）减排34009吨，在全国31个省会城市中排名第一。全面控源截污让长沙市的污染减排工作实现了源头控制。在没有建设花桥污水处理厂之前，雨花区的生活、工业废水全部直接排放到了圭塘河和浏阳河中。2005年，一期投资11.48亿元的花桥污水处理厂开建。2009年该厂投入使用后，实现了满负荷运转，每天处理污水16万吨，服务全区47万余市民。仅2010就实现COD减排6830吨。“十一五”期间，长沙共实施化学需氧量减排项目99个，建设污水厂配套管网64公里。至2010年底，长沙建设了10个污水处理厂，全市污水处理能力由2006年的30万吨/日，增加到2010年底的约160万吨/日，城市污水处理率由2005年底的31%提高到2010年底的92%。

科学的产业结构调整，为长沙污染减排开出了一剂“良药”。“十一五”期间，长沙以建材行业粉尘污染控制为重点，淘汰各种规格的干法中空窑、湿法窑等落后工艺技术装备，城市规划区内所有水泥行业全线退出。近年来，长沙全面完成二环线内的清洁能源改烧工作。“十一五”期间，长沙完成二氧化硫（SO2）减排 36063 吨，二氧化硫排放强度下降比例为 48.86%，在全国省会城市中排名第十。

【长沙 42 万吨铬渣综合治理项目通过验收】 2011 年 4 月 27 日，长沙市铬渣治理有限公司 42 万吨铬渣综合治理项目通过了湖南省经济和信息化委员会主持的项目竣工验收。国家发改委、湖南省环保厅、长沙市人民政府和市直相关部门的有关领导以及项目咨询、环评、设计、施工单位的专家和代表 40 多人参加了验收会议。与会代表首先深度项目现场开展考察，听取了项目建设单位的工作汇报并进行了现场讨论，最终一致同意长沙市铬渣治理有限公司 42 万吨铬渣综合治理项目通过验收，并对项目管理予以高度评价。该项目是全国铬渣治理投资规模和治理规模最大的工程。

长沙铬盐厂始建于 1974 年，位于长沙市岳麓区三汊矶，占地面积 170 余亩，铬盐是重要的化工原料之一，1 吨铬盐产品大约产生 2.5 吨铬渣，铬渣中的有害成分主要是六价铬离子。六价铬是一种重金属污染物。它是一种强腐蚀性物质，易溶于水，对土壤、水源造成严重污染，对植物、牲畜甚至人类饮用水造成极大的危害。正是由于铬渣对周围环境产生严重威胁，长沙铬盐厂已于 2003 年取缔关停。对于长沙铬盐厂遗留下来的 40 余万吨铬渣，长沙市政府成立了铬盐清理领导小组，采取招投标的方式选择治理技术和单位，对铬渣进行解毒处理，把铬渣里的六价铬还原、固定为对环境不再造成污染的一般工业生产废弃物，达到国家现有的解毒标准。

【“中国青年丰田环境保护资助行动”资助项目在长沙发布】 2011 年 5 月 10 日，第五届“中国青年丰田环境保护资助行动”资助项目发布仪式在长沙市举行。长沙环境保护职业技术学院实施的《土壤农药污染的生态修复治理研究》项目成为我省唯一获得资助项目，获资助 10 万元。省委常委陈肇雄、共青团中央书记处书记罗梅参加发布仪式。当天，还举行了资助项目环保交流会，省人大常委会副主任谢勇出席。第五届“中国青年丰田环境保护资助行动”由共青团中央、全国青联与 TOYOTA 共同举办。本届获资助的项目都是在环境教育、生态修复、污染防治、资源节约、低碳经济等领域具有感召力和可操作性的优秀环保项目。截至 2010 年度，“中国青年丰田环境保护资助行动”已资助项目 58 个、先进团队和个人 90 个，已经成为国内知名环保活动品牌及中日青年环保合作的重要平台。下午举行的资助项目环保交流会上，获资助单位代表交流发言，并与长沙环境保护职业技术学院师生进行了互动，观看了由学生环保社团组织展示“保护母亲河”主题的行为艺术展示。近年来，团省委不断深化保护母亲河行动，先后与日中友好协会、东北亚交流协会、法国欧莱雅、TOYOTA、三菱公司等国际热衷环保事业的非政府组织、企业交流合作，引进相关项目 20 多个，资金 5000 多万元，开展青年交流 1000 多人次。

【长沙受邀参加 C40 巴西峰会 交流生活垃圾处理经验】 巴西圣保罗当地时间 6 月 1 日，C40 大城市气候变化领导小组 2011 年峰会开幕，长沙作为特邀城市与会。长沙市副市长陈献春代表市政府在峰会上作主旨发言，与来自全球 59 个城市的代表交流探讨长沙生活垃圾收集与处理的模式与经验。长沙作为中国资源节约型、环境友好型的“两型”社会建设综合配套改革试验区，已逐步构建起“集中转运——卫生填埋——沼气综合利用”三位一体的城市生活垃圾处理体系。目前，长沙市日产生活垃圾 3700 多吨，夏季最高峰时逾 4000 吨，基本得到了及时清运。这主要得益于推行社区物业化管理模式等途径，实现了生活垃圾的初步分类。城区垃圾压缩后，会被运送至长沙市城市固体废弃物处理场，进行无害化填埋处理。填埋前，利用机械分选和人工分选相结合的工艺，将塑料、橡胶、金属、玻璃等物质回收利用，既变废为宝，又实现了生活垃圾减量 30%。

C40 大城市气候变化领导小组（简称 C40）是一个致力于应对气候变化的国际城市联合组织，包括纽约、东京、巴黎、北京等 40 个成员城市。C40 每年举办交通拥挤、城市排污及废物处理、建筑能效等主题探讨会；每两年举办一次峰会，各城市市长们一起交流创新性的解决方案。2005 年以来，C40 峰会已举行四届。2011 年峰会，除北京、上海、香港三个成员城市外，国内受邀参加的城市只有长沙和成都。

【长沙 98 个乡镇实现农村垃圾无害化全覆盖】 2011 年 7 月 20 日，长沙市环保局公布消息称，目前长沙已有 98 个乡镇实现农村固体垃圾无害化体系全覆盖，垃圾收集处置率达 100%。同时，市财政已分 12 批次对 98 个乡镇下拨 4591.2 万元补助资金。2010 年 5 月，市政府下发《关于下达 2010 年农村环境综合整治目标任务的通知》，截至当日，经市环保、财政、住建委、爱卫办相关部门组成的联合核查组实地抽检，98 个乡镇采取“户分类、村收集、镇中转、县处理”或“分户分类建池、分村分解减量、少量镇中转填埋”等各有特色的农村垃圾处置模式，通过给每家农户配置垃圾分类收集桶，建设村垃圾收集站和镇中转站，配备垃圾收集车和保洁员等方式，实现了全乡镇生活垃圾无害化处置率达 100%。根据市环保和市财政联合下发的《关于明确长沙市农村环保先进乡镇“以奖代补”相关规定的通知》文件精神，农村固体垃圾无害化处置建设与运行，以区、县（市）投入为主体，市级“以奖代补”的方式给予补助。对于考核合格的，以村为单位，每年给予 1.2 万元的补助资金。

【保护母亲河全流域漂流大型公益环保活动启动】 2011 年 9 月 1 日，“保护母亲河 妙盛湘江行”全流域漂流大型公益环保活动正式启动。省人大常委会副主任蒋作斌出席启动式。9 月 4 日至 22 日，来自全省各地的 60 名环保志愿者将从湘江源头漂流而下，采集沿途 817 公里的湘江水样 817 瓶，亲身感受母亲河沿线的水质变化。从湘江源头广西灵渠起漂，60 名志愿者将顺江而下，途径永州、衡阳、株洲、湘潭、长沙、岳阳等省内大中城市，终点为洞庭湖岳阳楼。除了每隔一公里取水样一瓶，志愿者还将承担湘江全流域污染监测等工作。活动结束后，组委会将用这些水瓶按湘江的走向拼成一个直观的湘江水质示意图，公开陈列，供全社会参观。

组委会将为这次活动准备30艘专业充气艇，每个漂流艇以14个市州命名，湘江号将作为整个船队的旗舰。活动还将形成湘江流域生态环境现状报告，为政府湘江治理工作提供参考依据。同时，总投入1200万元的“妙盛母亲河环保基金”和总投入120万元的“妙盛湘江学子助学基金”同时宣布成立。

【全国首个生物膜法生活污水处理系统坪塘上岗】 2011年9月27日，全国首个应用专利技术的生物膜法生活污水处理系统，在岳麓区坪塘镇清旦娘山庄正式上岗运行。这一处理系统由岳麓区科协、岳麓区自然科学学会研究会、长沙福泉环保科技有限公司共同建造。此次由民间自掏腰包引进生物膜法生活污水处理系统并投入运行，开了长沙之先河。新落成的这套装置掩身于邻近山庄的排污口处，处理程序分为三级。第一级的任务是以物理处理法从废水中去除呈悬浮状态的固体污染物；第二级是采用生物处理法大幅度去除废水中的有机污染物；第三级是捉拿漏网的有机物，及散发异味的磷、氮等可溶性无机物。

【长沙10个乡镇获评全国环境优美乡镇】 2011年10月，在国家环保部公布的“全国环境优美乡镇”和“国家级生态村”名单中，长沙市分别有莲花镇等10个乡镇和龙洞村等11个村名列其中。此次公布的名单中，全国有532个乡镇已经达到国家生态建设示范区“全国环境优美乡镇”考核指标要求，授予全国环境优美乡镇称号。其中长沙市分别有岳麓区雨敞坪镇、莲花镇，开福区捞刀河镇，长沙县果园镇，望城区乔口镇、乌山镇、东城镇，浏阳市葛家乡，宁乡县灰汤镇、夏铎铺镇。在全国授予的131个国家级生态村中，长沙市分别有岳麓区莲花镇龙洞村，望城区白箬铺镇光明村，浏阳市达浒镇丰田村、大围山镇泥坞村、大瑶镇南山村、普迹镇金江社区、淳口镇鸭头村、洞阳镇观前村，宁乡县金洲乡关山村、大成桥镇永盛村，夏铎铺镇凤凰村。

【湖南首次利用生态技术深度处理城市污水】 2011年11月，洋湖再生水厂获得环保部门试运行批复，正式启动利用生态技术深度处理城市污水。洋湖再生水厂处于洋湖湿地公园内，洋湖大道以南、靳江河以东，总占地面积为325亩，其中厂区面积约85亩、人工湿地面积约240亩。之所以说洋湖再生水厂“与众不同”，是因为它是在湖南首次利用生态技术深度处理城市污水，使含浦片区52平方公里污水成为可利用的宝贵资源。洋湖片区的污水处理主要分为两个系统：一是再生水厂将城市污水进行收集处理，城市污水通过再生水厂的处理，便变成了湿地公园的景观用水了。二是片区雨水收集系统，这是通过引入雨水收集池，设置溢水管道连通周边市政雨水管道，使雨水进入收集池后，通过池里的植物净化后，再流入园内的湖区。洋湖湿地公园的再生水厂不但为净化污水、保护水资源发挥了重要的作用，而且它的运营成本比传统的工业化污水处理厂节约70%。

【长沙建成湖南首个水质自动监测站】 2011年11月，湖南首个水质自动监测站在长沙水文站建设并投入使用，可对11项指标进行连续自动监测。该站综合运用在线监测和计算机软件管理等技术，通过对重点污染因子及水温、pH值、溶解氧、浊度、电导率、氨氮、高锰酸盐指数、铜、铅、锌、镉等11项指标进行连续自动监测，利用3G网络将监测数据和省市水文局监控中心联网，有效促进了水利部门对湘江流域的统一管理与协调指挥。

【长沙大河西先导区被正式确定为全国生态文明建设试点区】 根据国家环境保护部发布“关于开展第三批全国生态文明建设试点工作的通知”（环函〔2011〕322号），长沙大河西先导区被正式确定为全国生态文明建设试点区。目前环保部已开展三批生态文明建设试点工作，全国共有52个区（市、县）被确定为全国生态文明建设试点，其中包括2008年第一批6个、2009年第二批12个，以及本次第三批34个区（市、县）。此次先导区既是湖南省唯一被确定的生态文明建设试点区，也是全国第一个跨行政区域的生态文明建设试点区。

【第五届长江湿地保护网络年会在长举行】 2011年12月20日至21日，第五届长江湿地保护网络年会在长沙举行。国家林业局湿地保护管理中心、世界自然基金会等112家环保机构联合发表《长沙宣言》，倡议政府、企业、民间组织携起手来，通过加强湿地资源的管理和保护，共同应对日益明显的极端性气候变化。湿地作为“地球之肾”，对于极端气候下生态系统的调节和修复发挥着十分重要的作用。长江流域湿地面积逐年萎缩，湖泊数量在减少，整体功能在退化。此次由112家成员单位联合发表的《长沙宣言》倡议，建立并形成流域内长效的合作共享机制，共同推动长江流域2万平方公里湿地有效管理和可持续利用模式。

基础设施建设

【湖南高速公路最宽隧道贯通】 2011年1月1日，长沙至湘潭高速公路龙洞隧道在长沙市岳麓区莲花镇龙洞村全线贯通，这是湖南高速公路目前最宽的一条隧道，也是湖南省高速公路率先贯通的第一个双洞6车道隧道。龙洞隧道是长湘高速公路的控制性工程，总投资1.12亿元，为双向6车道分离式隧道。隧道左洞长655米，右洞长618米，隧道最大宽度达18.63米，是省高速公路目前最宽的一条隧道。该工程于2009年10月开工建设，经过施工单位中铁十二局集团长湘高速公路10标项目部精心施工，龙洞隧道比原计划提前2个月贯通。

【长沙地铁2号线杜花路站率先封顶】 2011年1月15日，建设中的长沙地铁杜花路站主体结构顺利封顶，成为长沙地铁施工首个主体结构封顶的地铁站。杜花路站距离武广高铁长沙南站约800米，为地下两层10米标准岛式车站，标准段总宽18.5米，车站总长179.6米，有效站台长118米、宽10米。根据设计，该车站共设置4个出入口。据了解，在地铁2号线19个车站中，武广高铁长沙南站地铁站已于2009年底作为高铁火车站的交通配套工程率先主体完工，杜花路站是新开工站点中施工进度最快的车站。杜花路地铁站上方的地面规划为杜花路，道路东侧为武广高铁长沙南站的西广场。按照有关规划，在地铁区间的上方，杜花路站地下将建长约400余米的地下商场，并通过专门的通道使地下商场与地铁站连接，这样的设计将有效解决武广高铁长沙南站西广场人车分流、对接地铁的问题。

【长沙河西新城区八路段通车】 2011年1月15日，随着北津城所在的支路九建成通车，至此岳麓区2010年区投区建道路项目共有8路段竣工通车，累计通车里程达19.5公里，河西新城区交通路网因此得到进一步完善，谷山乐园、裕民小区等一批农民安置小区交通条件得到改善，也有效提升了岳麓区城市承载功能。岳麓区竣工通车的8路段分别为支路八（支路二至茶山路，长270米，路幅宽26米）、岳华路北段（长望路至银杉路，长1512米，路幅宽30米）、游园路（燕航路至龙王港路，长797米，路幅宽18米）、谷丰路北段（含光路至茶山路，长493米，路幅宽36米）、长望路中段（支路九至银杉路，长600米，路幅宽36米）、支路九（长望路至北津城路，长406米，路幅宽26米）、支路十（支路二至坦山路，长307米，路幅宽18米）和咸嘉一组农民安置小区出入道路（长1200米，路幅宽10米）。

【长沙潇湘大道北延线正式通车】 长沙潇湘大道北延线（一期）于2011年2月正式通车。潇湘大道北延线是湘江风光带往北的延伸，是长沙市“一江两岸”项目的重要组成部分，列入长沙市和先导区重点工程，也是望城县滨水新城建设的先驱工程。其中，一期工程南起三汊矶大桥，北至望城县星城镇白沙洲，全长13.4公里，投资8.6亿元。今后市民从长沙城区前往望城，除了走金星大道、雷锋大道等道路以外，还可走潇湘大道北延线（一期），沿湘江西岸体验“一路风景、一程水”。潇湘大道北延线（二期）工程南起白沙洲，北至望城沩水桥，项目总投资8亿元，继一期工程后将湘江风光带再往北延伸10.5公里。

【长沙望城水厂启动扩建】 2011年3月8日，长沙大河西最北的水厂——望城水厂启动扩建，日供水能力将由5万吨增至15万吨，届时35万居民将受益。扩建工程是长沙水业重点民生工程，总投资近1亿元。沿湘江河畔，河西从南至北分布着长沙二水厂、四水厂和望城水厂。其中望城水厂日供水能力仅5万吨，远远不能满足当地生产和生活需要，从而导致水厂净水设施不时处于超负荷运转状态，水质水量难以满足望城县社会经济快速发展的需要，也间接导致众多居民和企业过度采用地下水。望城水厂扩建之后将向高塘岭镇、黄金镇、星城镇、乌山镇、新康乡、乔口镇等集镇和乡村延伸，不仅解决城镇人口用水问题，而且将解决部分农村人口安全饮水问题。配水管道南至玫瑰园、千禧龙、恒大名都、普瑞温泉大酒店等楼盘酒店，北达新康乡、乔口镇，东至白沙洲，西达乌山镇等。供水覆盖面积由原来的36平方公里增至100平方公里，服务人口由原来的15万增至35万。

【长沙营盘路湘江隧道南线贯通】 2011年4月9日，营盘路湘江隧道南线顺利贯通，省委常委、市委书记陈润儿和市领导张剑飞、程水泉、李军与建设者一道见证隧道贯通。营盘路湘江隧道位于银盆岭大桥和橘子洲大桥之间，西起咸嘉湖路，东接营盘路。主线为双向四车道，分南北两条线，北线（供车辆由东往西通行）全长2843米，南线（供车辆由西往东通行）全长2851米。随着南线的贯通，湘江河底首次实现了东西联通。营盘路湘江隧道建成后，汽车过江仅需3至5分钟，将大大缓解长沙交通紧张状况。与此同时，长沙还有福元路湘江大桥、湘府路湘江大桥、南湖路湘江隧道、地铁2号线过江隧道等四项重大过江交通工程正紧张施工。这五项重大过江交通工程都将在三年内相继建成，届时三环内过江通道数量将从目前的6条变成11条，机动车车道数达到48条。在二环内，几乎每隔3公里就有一个过江通道，长沙将步入过江交通加速时代，市民出行将更加便捷。长沙也将以跨江大桥和过江隧道为支撑，展开湘江东西两翼，构建滨江城市格局。

【长沙五条主干道完成翻修】 长沙市于2011年7月投入2300万元对湘江大道、波隆立交桥、芙蓉北路、劳动西路、万家丽北路等5条城区主干道部分路段进行翻修整治，并于7月底前全部完成。5条主干道翻修路段包括湘江大道中山西路口至新河路口，芙蓉北路浏阳河大桥至青竹湖大道口，波隆立交桥及引桥，万家丽路香樟路口往南至天际岭隧道和劳动西路全段。对这5条道路的翻修整治，主要是对部分破损路段进行维修，包括车行道路面整治、沥青混凝土罩面、桥面修补和底层排水系统处理、道路交通配套设施恢复等。对于影响比较大，破损面积较大的主次干道，今后每年都将投入一定经费计划性地进行集中大整修。

【长沙黄花机场新航站楼正式启用】 2011年7月19日，中部地区最大航站楼——长沙黄花机场新航站楼正式启用，省党政军领导周强、徐守盛、胡彪、陈润儿、张永大、谢勇、赵富栋，中国民用航空局副局长夏兴华、广州军区空军副参谋长张铁良以及市领导张剑飞出席仪式，省委常委、省长株潭“两型社会”试验区工委书记陈肇雄主持仪式。当日，乘坐南航CZ3371次航班的117名旅客从新航站楼出发，踏上了前往海口的空中之旅，成为从新楼出发的当日首个出港航班。新航站楼由前端主楼、中间连廊、空侧三个“半岛”式候机厅等组成，是湖南目前建筑结构最复杂、现代化程度和智能化程度最高的大型公共建筑，也是中部地区最大的航站楼。新航站楼采用新的能源系统，同时减少了二氧化碳的排放量，每年可节约成本1500万元。此外，机场的路侧交通系统采用了半立交环岛式设计，既优化了交通流程、增强了美观度，又节约工程投资约2亿元。黄花机场新航站楼的建成极大地改善了长沙机场的通关环境，提升了机场安全保障能力和服务品质，拓展了机场的业务空间，为湖南民航事业科学跨越和我省打造航空强省奠定了坚实基础。

【湘江长沙综合枢纽右汊大坝建成】 随着右汊闸坝工程混凝土浇筑的全面完成，湘江长沙综合枢纽工程于2011年7月圆满完成右汊大坝施工建设。按照施工进度，预计于2012年底湘江长沙综合枢纽工程可实现部分蓄水，并实现船闸通航，坝顶公路可部分通车。目前湘江长沙综合枢纽工程已完成投资4.083亿元，右汊闸坝工程混凝土浇筑已全面完成，弧门吊装、启门和锁定已经全部完成，围堰已经拆除，原基坑区域护坡、护堤均已全部完成，上半幅桥梁已架设完毕。左汊泄水闸工程已完成所有闸室和消力池的基础混凝土覆盖，泄水闸闸室和闸墩混凝土浇筑已经全面铺开，部分闸墩已经浇筑至28米高程以上。

【湘府路湘江大桥水下基础施工全面完成】 2011年

7月底，随着湘江西岸Z1主墩的承台浇筑完毕，湘府路湘江大桥主桥8个桥墩的承台施工已经全部完成。湘府路湘江大桥的水下基础是大桥的关键性工程之一。由于湘府路大桥跨越江底的地质断裂带，地质情况复杂，主桥的12根桩基必须深入到稳定的地层中才能确保稳定与安全，其中最长的桩到达河床75米的深度。主桥的梁体施工将采用挂篮法逐节段进行。挂篮施工设备如同桥墩向两侧逐渐展开的双翼，施工人员就在挂篮里作业，扎钢筋、灌注混凝土，随着挂篮的推进，梁体也一米一米向两岸延伸。主桥预计2012年8月底实现合龙。

【沪昆客专第一长桥开建】 随着117#墩13#桩旋挖钻机的转动，位于长沙县暮云镇的沪昆客运专线跨武广客专特大桥于2011年8月8日正式开工建设，该桥由中铁大桥局沪昆客专长昆湖南段项目部负责施工。新建沪昆铁路客运专线跨武广客专特大桥全长5279.4米，有154个墩台，桩基础1605根，正线双线，设计时速250公里，基础设施预留进一步提速条件。该桥跨中国首条高速铁路——武广铁路客运专线，跨度136米，施工难度大，安全风险高，是沪昆铁路客运专线长昆湖南段跨度最大、长度最长的桥梁。

【长沙万家丽北路北延线捞刀河大桥开建】 2011年8月9日晚，万家丽北路北延线项目捞刀河大桥开始浇注第一根桩基，标志着项目建设全面铺开。万家丽北路北延线捞刀河大桥宽33米，全桥长621米，桥梁建成后将极大地缓解捞刀河两岸的交通压力。同时大桥的两岸还与松雅湖的开发连成一体，打造成生态景观长廊。万家丽北路北延线起点位于长沙县蟠龙路口，与已建万家丽北路对接，向北设桥跨越捞刀河后，继续向北延伸，道路全长近4公里，路幅宽46米，双向6车道。万家丽北路北延线将在两年内建成通车。

【湖南最大油库在望城开建】 2011年8月，由中石油投资兴建的长沙油库工程在长沙望城区铜官镇启动建设，预计于2012年12月建成投运，建成后将成为全省规模最大的成品油油库。为有效缓解石油供应缺口及油荒现象，有力支援长沙市和湖南其他地区经济建设，根据省政府请求，中石油经报请国家发改委批复同意，决定将原规划的"兰州—郑州—武汉成品油管道工程"延伸至长沙。整个"兰州—郑州—长沙成品油管道工程"主管道总长为2148.4公里，总投资187亿元。与该工程配套的长沙油库，是湖南规模最大的成品油油库，总投资约8亿元。主要建设内容为40万立方米油库库容和1条配套油库铁路专用线及1座12车位公路发油台，油库规划净用地面积380亩。建成后，东北、西北的汽油、柴油等成品油将通过管道输送到长沙油库，然后通过铁路、公路、水路分输到湖南各个市、州以及邻近省份，将从根本上改变长沙乃至全省成品油资源供应不足的局面。

【长沙市博物馆改造工程竣工】 2011年9月23日，市博物馆景观提质工程竣工暨长沙市第三次全国文物普查成果展开幕。景观提质后的市博物馆以崭新的姿态出现在市民面前。市委副书记、市长张剑飞，市委常委、宣传部长陈泽珲，市人大常委会副主任刘新程，副市长何寄华等出席开幕式。市博物馆景观提质工程包括门楼改造、毛泽东诗词艺术碑廊整体迁建和西线文化艺术品门店搬迁等，通过提质改造，博物馆和景区布局更加合理，风格更加协调。当日，在焕然一新的市博物馆，长沙市全国第三次文物普查成果展盛装启幕。此次共布展文物、设备及工作资料共600余件，全面展示此次文物普查的工作历程和成果。此次展览展出了西汉长沙国王陵墓群出土的长沙王印和玺，虽然二者是否为真身仍存疑，但是其精美的造型仍吸引了大量观众。

【长沙南湖路东段拓改工程完工】 2011年9月28日，南湖路东段拓改工程全面完工，拓改后的道路宽敞大气、配套设施完备，居民出行更加舒适便捷。此次拓改的南湖路东段东起芙蓉路口、西至沙湖街口，全长约1.1公里。该路段原有道路建于上世纪50年代，路幅宽度仅10余米，配套基础设施极不完善。长沙市市政设施建设管理局于2011年2月全面启动南湖路的建设，并在7月底实现主线通车，目前已完成了人行道、绿化等相关配套的扫尾工作。拓改后的南湖路道路路幅宽度达到46米，道路南北两侧人行道旁和道路中央均设有绿化带，人行道外侧还设计了专门的停车带。在道路拓改的同时，道路两厢的立面改造也同步施工，实现了路通街美。

【长沙黄兴大道北延线一期工程完工】 2011年9月29日，黄兴大道北延线一期工程正式通车。黄兴大道北延线是长沙县"八纵十六横"路网骨架的中轴干线，全长44.32公里，按星安公路、黄映公路、福甲公路3个子项目建设。当日通车的一期工程为星安公路、黄映公路两个子项目。黄兴大道北延线全部通车后，将彻底打通长沙县南北区域隔断的现状，使长沙县大部分乡镇与县城紧紧相连。该路通车后，不仅方便了星沙与长沙城区的连接，而且北通岳阳，南达株洲。黄兴大道全线建成后总长度达80余公里，是《长沙市城市总体规划（2003—2020）》中大东城部分的重要城市主干道之一，与潇湘大道、芙蓉路、万家丽路并肩而行。目前，黄兴大道已与长沙城区远大路、人民东路、香樟路、三环线（绕城高速）相接。

【长沙完成30座地下通道整修】 2011年9月，长沙市城管局投入600万元开展的全市30座地下通道全面整修工作顺利完成。长沙市共有地下人行、车行通道126座，此次划入整修的30座地下通道都存在墙体破损、渗漏，墙面砖脱落等问题，其中部分地下通道由于年久失修，电线等隐蔽工程损坏较严重，造成通道内没灯和积水，严重影响正常通行。经过整修，以往破损的墙漆换成了光滑的墙砖，崭新的吊顶做了装饰线，整体效果十分美观明亮。此外还首次使用了一种全新的反光标识取代以前玻璃制作的安全出口指示牌，不仅防水，维修起来也容易。

【长沙营盘路湘江隧道正式竣工通车】 2011年10月29日，湘江第一隧——长沙营盘路湘江隧道正式竣工通车，省领导周强、徐守盛、胡彪、于来山、陈润儿、张永大、韩永文，省政府秘书长盛茂林，省直有关部门负责人，以及市领导张剑飞、谢建辉等出席通车仪式。市委副书记、市长张剑飞主持通车典礼。于2009年9月开工的营盘路湘江隧道是长沙市建设的第一条穿越湘江的隧道，位于银盆岭大桥和橘子洲大桥之间，主线为双向四车道，设计时速每小时50公里，通行能力每小时6253台次，主线西起咸嘉湖路，下穿潇湘大道、傅家洲、橘子洲、湘江大道，东接营盘路，东西两岸各设一进一出两匝道，八个出入通道，在城市核心区域形成一个交通大循环。隧道8次穿越湘江大堤，6次穿越断层破碎带，施工难度、技术含量、风险系数在国内外过江隧道中极为罕见，特别是江底分岔大跨段的施工，最宽处27米，最大开挖断面376平方米。这条通道在中国首创了江底立交模式，为正在筹建和在建的国内其他越江隧道起到了示范作用。隧道通车后，每日早晨6时开放，晚上12时关闭，全天禁止电动车、摩托车、载货汽车、运载危险物品车辆以及行人通行。隧道开通后，对橘子洲大桥和银盆岭大桥的分流作用明显，同时五一大道的交通压力也得到极大缓解。

【长沙五一大道高架桥开工】 2011年11月，长沙市五一大道高架桥正式开始施工。为了配合五一广场地铁站的建设，原有的五一广场立交桥于2010年10月被全部拆除。随着五一广场东西方向的地铁2号线车站主体封顶，其上方的五一大道高架桥也拉开建设序幕。根据新五一广场的设计方案，五一大道以高架桥的形式上跨黄兴路，桥梁长197.5米（包括桥台部分）、宽21米，桥梁东西引道全长134.8米。五一大道与黄兴路由原来的平交变为立交，东西向车流和南北向车流互不干扰。通车后，将为东西向车流提供双向六车道通行条件。到2012年8月，五一广场从下至上将初步呈现由2号线地铁运行层、1号线地铁运行层、地铁售票付费区域、黄兴路、五一大道组成的五层立体空间格局。

【湘江长沙综合枢纽启动库区建设】 2011年11月30日，长沙市召开湘江长沙综合枢纽库区建设工作会议，全面启动湘江综合枢纽工程长沙库区建设。省委常委、市委书记陈润儿和市领导张迎龙、李军、彭可平、龙建强等出席。湘江长沙综合枢纽工程是以适应湘江水运大通道建设、提高城乡供水保障水平和长株潭三市城市发展需要为主，兼顾发电、交通等功能的公益性基础设施工程，也是将湘江打造成东方莱茵河的基础性工程。特别是工程建成后，将从根本上保证长株潭三市湘江沿线居民常年用水需求，缓解湘江枯水期用电紧张局面，有效满足湘江流域农业灌溉用水。湘江枢纽工程是湘江梯级开发中投资最大、库区建设任务最重的一个梯级。库区总投资约22.72亿元，涉及长沙、湘潭、株洲的14个县（区）73个乡（镇、街道），影响湘江干流132公里，涟水、涓水、浏阳河、捞刀河等支流约95公里，涉及堤垸107个。库区建设分为2个阶段，2011年10月至2012年3月为第一阶段，主要完成26米水位以下建设任务；2012年10月至2014年3月为第二阶段，主要完成水库正常蓄水前的相关建设任务和蓄水验收工作。

【长沙燕坡汽车站主体竣工】 位于望城的长沙燕坡汽车站（望城客运枢纽站）于2011年12月实现主体竣工，并将于2012年初投入使用。列入部、省“十二五”规划的长沙燕坡汽车站位于雷锋大道以东，黄桥大道以南，潇湘大道以西，连江路以北区域，距京珠西线3.8公里，距芙蓉北大道9公里。项目占地面积136.7亩，总建筑面积6574平方米，其中主站房建筑面积5459平方米，按国家一级客运站标准建设，拟建设成为集地铁、公交、长途、出租车辆等多种运输方式为一体的综合客运枢纽站。

【长沙福元路湘江大桥完成首跨顶推】 2011年12月10日，福元路湘江大桥完成首跨顶推，第一跨钢拱梁如同一弯彩虹架设于湘江江面。福元路湘江大桥主桥的三跨钢拱总重超过1万吨，需通过步履式平移顶推设备从西向东顶推到位。每跨钢拱长210米，三跨共同构成630米的主桥。根据施工安排，第一跨钢拱梁顶推出拼装平台后，再在平台上拼装下一跨钢拱梁，拼装完成后采用同样的方法将其顶推出平台，最后拼装第三跨钢拱梁。三跨钢拱梁全部拼装完成后，整体顶推到位。到2012年5月，福元路湘江大桥的三个钢拱将全部顶推到位，630米长的主桥将矗立于江上，尽显磅礴气势。

城镇规划建设

【《长沙铜官窑遗址保护条例》正式实施】 《长沙铜官窑遗址保护条例》于2011年1月1日起正式实施。长沙铜官窑是唐至五代时期的制瓷遗址，位于望城县丁字镇彩陶源村，面积约2平方公里。遗址于1956年在文物普查工作中被发现，1957年经故宫博物院陶瓷专家确认为全国重点文物保护单位，2006年被列为全国100个重大遗址保护项目。2011年2月，长沙铜官窑国家考古遗址公园成为全国首个获准建设的国家考古遗址公园项目。根据《条例》规定，对铜官窑将实行分层次保护。同时，明确了十种在长沙铜官窑遗址保护范围内被禁止的行为，包括非法采集文物；在文物或者保护设施上涂污、刻画、张贴、攀登；存放易燃、易爆、放射性、腐蚀性等危害遗址安全的物品；擅自移动、拆除、损坏保护标志、界桩和其他文物保护设施；违规倾倒、堆放垃圾或者排放污水；违规采砂、采石、取土、打井、挖建沟渠池塘、深翻土地等改变地形地貌的行为；狩猎、破坏植被或者违规砍伐林木；在未开放的区域内参观；在禁止拍摄的区域或者对禁止拍照的文物进行拍照、拍摄等。

【望城县召开滨水新城城市设计国际招标开标会】 2011年1月11日，望城县历史上最大项目滨水新城城市设计国际招标开标会在滨水新城管委会举行。“滨水新城”划分为规划区、核心区和起步区。规划区包括高塘岭镇、星城镇、黄金镇和丁字镇，总面积278平方公里，建设用地117平方公里；核心区包括湘江以西、雷锋大道以东、沩水大桥以南、三汊矶大桥以北区域，面积63.5平方公里，建设用地36平方公里；起步区包括月亮岛区域和斑马湖区域，面积15平方公里，建设用地8平方公里。自2011年9月起，望城对滨水新城核心区控制性详细规划与起步区城市设计面向全球征集方案，一开始就吸引了50余家公司（联合体）踊跃报名，经过轮番筛选最终5家公司（联合体）的设计方案进入开标会进行角逐，其中不乏新加坡CPG、澳大利亚GHD等国外规划设计公司。最终广州市城市规划勘测设计研究院获得评委会青睐。按照设计方案，城中的大泽湖、斑马湖等五大湖泊和湘江将会用水道实现贯通。滨水新城将是江城一体，充分利用滨江优势，做足“水”文章，特别注重原生态保护，打造独具特色的水景观，使湘江风光与现代城市融为一体、交相辉映。此次规划为望城县滨水新城核心区36平方公里控制性详细规划与城市设计，如此大手笔的规划设计在望城的历史上还是首例，乃至在湖南省的历史上也是鲜有的案例。

【长沙市召开城市总体规划修改情况新闻发布会】 2011年1月11日，长沙市政府召开新闻发布会，宣布将对《长沙市城市总体规划（2003—2020）》（03版总规）进行修改。03版总规明确长沙市的城市性质为“湖南省省会城市，长江中游地区重要的中心城市，国家历史文化名城”，城市规模为2020年都市区城市建设用地310平方公里，人口310万人，提出了“一主两次四组团”的城市空间结构。实践证明，03版总规在长沙的建设与发展中发挥了重要作用。本次城市总体规划修改的目的是“以绿色文明的眼光和国际化的坐标，搭建一个足以支撑长沙未来20年以至更长远发展的空间骨架，描绘一张多中心、廊道式、可持续成长的新长沙发展蓝图，促进我市经济社会新一轮跨越式发展”。在本轮城市总体规划修改的前期工作中，长沙市启动了大长沙的生态控制线规划，在与长沙集中发展紧密相关的5000平方公里范围内，规划了近一半的面积涵养生态环境，禁止城市建设，确保城市发展的生态安全格局。此次综合交通规划将重点关注城市主要对外交通枢纽和城市内部慢行交通系统的规划建设。在城市空间结构布局方面，引导长沙城市由单中心结构到多中心格局，疏解中心区密度，缓解中心区交通压力；在发展策略方面，大力发展公共交通，确立公交优先思想，建设公交都市。重点发展城际铁路、城市轨道交通、BRT等大容量公共交通系统；同时将实施畅通工程，理顺城市内部路网结构，重点加强和解决过江通道、城市快速路和支路的建设；此外，还将加强静态交通系统和慢行交通系统建设，构建以人为本的交通环境，实现长沙市动静态交通的协调发展。

【《长沙市城乡规划编制管理规定（试行）》开始实施】 《长沙市城乡规划编制管理规定（试行）》于2011年3月月底开始实行。根据规定，修改详规须先听取利害关系人的意见。该规定对长沙市城乡规划区内总体规划、近期建设规划、管理单元规划导则、控制性详细规划、修建性详细规划、专项规划、镇规划、乡规划、村庄规划的编制、审批、修改等相关事宜进行了进一步规范。经批准的控制性详细规划和修建性详细规划原则上不得修改，确需修改的，应经充分论证和公示后按有关程序修改。规划面积超过50%以上修改或结构性修改应重新编制规划。按照规定，控制性详细规划确需修改的，组织编制单位应当就修改的必要性和主要内容组织论证并征求规划地段内利害关系人意见；修建性详细规划确需修改的，城乡规划行政主管部门应采取听证会、座谈会、公示等形式，听取利害关系人意见后，方可修改。城乡规划编制成果经批准后，规划组织编制单位应印制正式成果，并自批准之日起三十日内会同市城乡规划行政主管部门在政府信息网站或本市主要新闻媒体公布，并可依法在规划展示场所公开展示。城乡规划有修改的，应当及时更新公告或者展示的内容。

【“中国河流与城市命运”高峰论坛在长召开】 2011年3月15日，由长沙市城乡规划局、长沙晚报社共同主办的中国河流与城市命运高峰论坛在长沙召开，来自上海、广州的规划专家与长沙规划专家，以及政府官员、学者、商界人士共聚一堂，对话湘江。与会人士一致认为，应站在长沙瞄准国际文化名城的高度，优化湘江两岸城市建设，把湘江建成美丽的“母亲河”。三城规划专家也一致认为，滨水区的规划应该充分体现城市的开放性和公众性，滨水区域要更多地做公共建筑、公共环境、公共商业。此次高峰论坛的召开，将对“一江两岸”的开发和利用起到积极作用。

【长沙市城市总体规划修改成果接受专家审查】 2011年3月21日，《长沙市城市总体规划（2010—2020）》修改成果接受专家审查，专家组对规划成果予以充分肯定并提出修改意见，规划成果根据专家意见修改后将提交市政府审查。《长沙市城市总体规划（2003—2020）》从2003年经国务院审批至今，已实施了9年。通过9年的实施，规划确定的2020年各项经济社会发展目标和城市规模均已提前实现。市委、市政府于2009年8月启动了总体规划修改的前期工作，目前，各项方案成果已经陆续出炉并展开审查。根据提交专家审查的修改成果，规划区总面积近5000平方公里，比2003年版的2893平方公里增长近1倍，范围包括长沙市区和长沙县、望城县全部行政管辖范围，以及宁乡县的玉潭镇、坝塘镇、菁华铺镇、回龙铺镇、夏铎铺镇、历经铺镇、双江口镇、城郊乡、金洲乡、白马桥乡、朱良桥乡，浏阳市的永安镇、洞阳镇、北盛镇、蕉溪镇。该规划在编制过程当中首先确定了资源环境底限，首次划定了“生态控制线”，在5000平方公里的规划区内划定了2000余平方公里的禁建区，约占规划区总面积的46%。本轮城市总体规划修改以“宜居城市”的打造作为核心目标，安全、公共交通、文化、教育、医疗、居住等民生问题被高度关注，保障性住房用地规划、地下空间利用规划等内容首次被纳入城市总体规划。规划显示，到2020年，轨道交通线网将由6条线路构成，包括1号线全线、2号线全线、3号线（张公塘至坪塘镇）、4号线（望城至长沙南站）、5号线、6号线，线网总规模200余公里。

【长沙“一点两线”景观整治全面启动】 2011年3月22日，长沙市“一点两线”景观整治工程方案设计出炉，景观整治全面启动。黄花机场将被打造成“现代空港绿城”，北线长永高速、三一大道将营造多彩、渐变视觉美景，南线机场高速、长沙大道以都市绿廊为主题，同时保留部分田园风光。规划中的黄花机场及机场联络道长约8.9公里，黄花机场周边将在现有山体保护的基础上，将大面积种植草地、森林，如香樟、桂花、银杏和水杉。机场联络线两边将增设6至8米宽绿化隔离带，并配以多种花卉种植，让路人看到多样化、富有层次的林间景观，封闭围墙全部改造成通透式围墙，透出园内景色，所有建筑达到色彩统一。北线长永高速、三一大道将重点进行立交绿化、建筑立面改造和围墙改造。其中，银盆岭大桥、波隆立交桥两侧、四方坪立交桥、浏阳河大桥周边将进行大量绿化美化，种植大的乔木和颜色艳丽的花卉，使路人无论从何角度都能感觉出视野的变化，桥旁增加行道树和花箱，丰富城市道路视线美感。沿街立面和裸露的大面积挡土墙将全部立体绿化，三一大道13栋房屋重点亮化和整体形象设计。长永高速段将加大黄槐、紫薇、腊梅、香樟等植物的种植，形成800米颜色一交替的景观型道路。南线结合“长沙大道”的主题，以长沙市市树香樟、市花杜鹃为主要绿化品种，结合其他开花、色叶植物，形成都市花廊的绿色通道。机场高速郊野段的绿化将充分利用较大面积的田园水塘、浏阳河、山体等地形以自然式和规则式相结合，借鉴造园艺术就地造绿，绿色为主旋律，黄、红、紫色带交织其中。"一点两线"景观整治工程总投资约3.2亿元，完成后长沙入城口将以崭新的形象迎接各地游客。

【长沙最大旧城改造项目完成】 2011年3月27日，随着芙蓉区朝阳二村最后600户老居民陆续回迁，长沙市规模最大的旧城改造建设项目终于圆满完成。当日交付使用的朝阳二村改造项目第三期安置房，是一栋30层的电梯楼，房屋面积从60平方米到120平方米不等，四楼是空中花园，往下走是商铺，往上走是居民区。芙蓉区朝阳二村，是上个世纪70年代初长沙为建设火车站和五一大道而兴建的安置小区，里面住有3835户居民，常常是几家共用卫生间和厨房。经过30多年的风雨后，这里基础设施老化、配套设施不全，脏乱差随处可见。2006年朝阳二村改造项目正式启动，95%的居民选择就地安置。改造工程按照固定计算模式，实行住房以旧换新，如就地安置可无偿增加10至15平方米建筑面积。拆迁改造后，户均住房面积由33.58平方米增加到53.02平方米。该方案被外界称为旧城改造的"朝阳模式"，而朝阳二村"变身"的全面完成，寓意着这一模式获得成功。目前，车库、外围设施、绿化、消防防控中心等公共设施已全部到位，超市等生活设施一应俱全。对于新回迁居民中的低保户和特困户，政府将特别给予物业服务费补贴。这样的补贴将实行一段时间，再根据房主生活水平的改善而进行动态调整。

【《长株潭城市群生态绿心地区总体规划》听证会在长沙召开】 2011年3月28日，湖南省发改委、省长株潭两型办在长沙联合召开《长株潭城市群生态绿心地区总体规划》听证会。湖南师大朱翔教授等15名听证代表参加听证会，会议还邀请了省人大法工委、省人大财经委、省政府办公厅、省政府法制办、长株潭三市两型办等相关部门的领导参加。长株潭城市群生态绿心地区地处长株潭三市的结合部，北至长沙绕城线及浏阳河，西至长潭高速西线，东至浏阳柏加镇与镇头镇行政交界处，南至湘潭县梅林桥镇，涉及18个乡镇，总面积522.87平方公里。听证代表从各个方面对绿心规划提出意见与建议，充分肯定编制该规划的必要性，一致认为对绿心地区的保护是长株潭城市群"两型"社会建设的关键所在，规划应重点突出生态环境保护。

【长沙最大社区公园正式免费开放】 2011年3月28日，长沙城区面积最大、功能最全、配套最好的社区公园——红星社区公园正式免费对外开放。市委副书记、市长张剑飞宣布开园，副市长李军出席开园仪式。红星社区公园位于雨花区韶山南路韶洲路上，是昔日长沙市城南最大的水库之一红星水库所在地。红星社区公园建成面积3.2万平方米，整体形成了"一水、一带、三片"结构。一水即红星湖水系景观带，以红星湖为中心，联系上部的溪水景观带，形成自然丰富的水景空间。一带即环湖景观带，以环湖道路为链，串起沿湖布置的不同的景观节点和广场，包括主入口观景平台、咖啡平台、健身平台、眺水平台、音乐平台，为游客提供不同类型的停留活动场所。三片即北部坡地景观片、南部开敞活动景观片、东部疏林台地景观片。

【长沙召开全国首例控规修改前置审查会】 2011年5月5日，长沙召开控规修改前置审查会，由市民代表、专家和相关职能部门代表组成的21人审查组对高升南片、东二环一段等8处控规修改申请进行了前置审查，这也是全国首例控规修改前置审查会。控规修改前置审查会由市城乡规划委员会主要成员单位、相关专家、公众代表组成，参会人员不得少于21人，其中专家和公众代表不少于参会人数的一半。目前，长沙市已经建立了300多人的前置审查专家库和600多人的市民代表库，每次审查前，专家和市民代表都在其中随机抽取产生。申请项目必须通过三分之二以上代表同意，如果控规修改前置审查未通过，市城乡规划局将不受理控规修改的申请。会上审查组的专家和市民代表们踊跃发言，从不同角度对控规申请进行审查，最终有4个项目通过了前置审查，可以进入下一阶段的控规修改受理程序，其余项目因调整理由不充分、资料手续不齐等原因没有通过前置审查。

【长沙投8千万元提质背街小巷】 2011年长沙市背街小巷提质改造于5月份全面启动，当年将投入8000万元，对全市50条街巷全面整治。背街小巷改造的内容主要是翻新修补路面、铺装人行道、铺设排水设施、安装路灯、对路两侧进行绿化，并根据周围市民的需求，在改造过程中不断进行完善。提质改造后的背街小巷将彻底解决路面坑洼、道路狭窄、下水道堵塞等问题。附：五十条街巷名单

芙蓉区：东荷路、维力巷、丽城小区路、湘运新村支路、古汉城社区道路（东向、北向）、山水华景道路（西向、北向）、恒达东路、老人民路、县府坪路、鑫湘家园西侧路。天心区：坡子街后街、步行商业街后街、杏花园路、裕农街、裕南街、解放四村路、水工宿舍路、交院驾校路、银杏路、和平路（豹塘路）。岳麓区：爱民路、岳华中路、彩虹路、玉兰路、学堂坡路、岳民路、汽电宿舍小区路、月桂街、望月路、荣华巷。开福区：油铺街巷、盐道坪、荷花池路、国庆巷、浏阳河路、唐家巷路、鸭子铺桥下道路、金帆路、沙湖桥巷、新码头路。雨花区：军培路、港岛路、曾家湾路、长岭老街、阿弥岭路（水库路）、湘银巷、雨花路、枫树岸巷、麻园湾路、桃阳村巷。

【长沙举行金融生态区投资推介会】 2011年5月31日，长沙举行金融生态区投资推介会，推出金融总部区、国际商业区、时尚都心区、精英生活区四大招商地块。副省长韩永文，市委副书记、市长张剑飞等出席。此次投资推介会由市政府、省政府金融工作办公室主办，开福区政府、长沙市城市建设投资开发集团有限公司、市政府金融工作办公室承办，吸引了37家战略投资者，122家银行、证券、保险、期货公司，国内商业地产前30强等400"大腕"与会。长沙金融生态区位于芙蓉中路以东、三一大道以南、东风路以西、体育馆路以北，规划面积1828亩，可开发面积1123亩。采用"一主轴、两地标、三片区"的规划结构：一主轴是城市型轴线也是景观型轴线。两地标为两栋高达400米的甲级写字楼，位于德雅路两侧。三片区中，北部与中部为综合商业区，南面为金融总部区，东

部为精英生活区。新韩银行已经落户开福区，分行选址就在长沙金融生态区内。东亚银行、深圳联合金融集团等国内外金融机构均表达了入驻长沙金融生态区的意向。

【《长沙市城市总体规划（2003—2020）》修订成果公示圆满落幕】 经过为期一个月的公示，《长沙市城市总体规划（2003—2020）》（2010修订）的成果公示于2011年6月5日圆满落下帷幕。据不完全统计，在一个月的公示期内，有80余万人次通过网络、现场展示、报纸等渠道了解了长沙城市总体规划的蓝图，并提出宝贵的意见和建议。长沙未来的发展不仅受到本地居民的关注，也吸引了不少外地朋友的注意。总规公示网络访问统计显示，60%的访客为湖南省内网友，其余均为外省网友。为了更加准确了解市民的需求和对城市的期望，市城乡规划局还在公示期间开展了《长沙市城市总体规划修改》问卷调查，共收回问卷15466份。本次公示共收到市民建议与意见2038条，其中关于城乡交通规划的意见达1598条，其次为城市发展方向、空间结构与功能布局、绿地与环境景观规划、公共设施规划等。

【长沙洋湖湿地公园一期休闲区正式开园】 2011年6月22日，长沙洋湖湿地公园一期休闲正式开园，免费向市民开放。洋湖湿地公园位于长沙市西南端，洋湖大道以北，潇湘南大道东线以西，靳江河以南、以东（猴子石大桥西往南二公里），总规划用地6000亩，为中部地区最大的城市湿地公园。一期休闲区占地900亩，略大于烈士公园年嘉湖面积，由“一台一榭二亭二廊十三桥”将湿地休闲区的水景与陆景错落有致地分布开来。景观上，一方面尽可能保持了原有的生态环境、水系和植被。另一方面搭配了各类动植物，保持了生物的多样性。一期植物种类达到300多种，形成休闲区的主要景观。公园设有亲水平台，沿水岸种植芦苇、菖蒲等，形成特有的湿地生态景观，园区负氧离子含量比市区高六倍以上。洋湖湿地公园最大的特色是通过利用生态技术深度处理城市污水，使含浦片区52平方公里污水变废为宝。位于湿地科教区的洋湖再生水厂，利用生态技术处理污水，可保证出水水质达到地表三类以上标准，每天可为湿地公园提供2万吨景观用水，为片区提供2万吨中水，用于生产和绿化等。整个湿地公园将于2013年全面建成开放。

【长沙大河西先导区规划展示馆开馆】 2011年6月22日，长沙大河西先导区规划展示馆正式开馆。省委常委、市委书记陈润儿，市委副书记、市长张剑飞，市委副书记、常务副市长、先导区管委会主任谢建辉等出席剪彩仪式。先导区规划展示馆位于河西猴子石大桥往南2公里的潇湘风光带与潇湘南大道交会地带。展示馆建设用地面积2.1万平方米，总建筑面积6837平方米，展示区共分为三层，布展面积6000平方米。其中，一层为成就展，展示了长沙市“十一五”发展成就和先导区三年建设成就；二层为规划展，展示了长沙市和先导区“十二五”规划；三层为以“大河之梦”为主题的先导区远景展望和体验休闲区。

【《长沙港总体规划》通过部省审查】 2011年6月26日，《长沙港总体规划》通过交通运输部和省政府联合审查，副省长韩永文，交通运输部总工程师徐光、综合规划司副司长于胜英，长沙市委副书记、市长张剑飞，副市长李军出席审查会相关活动。近年来，随着区域经济快速发展和湘江航运条件的逐步改善，长沙港港口货物吞吐量呈现快速增长态势，由2000年的428万吨上升为2010年的4110万吨，年均递增25%；集装箱吞吐量从0.6万标准箱发展到8.3万标准箱，? 年均递增30%。长沙市水运完成货运量和周转量分别占全社会总量的30%和10%，水运已成为长沙市综合运输体系中的重要组成部分。长沙港已成为长沙综合运输枢纽的重要组成部分，是湖南省和长沙市经济社会发展、产业布局优化和外向型经济发展的重要依托，也是长株潭城市群“两型社会”建设的重要支撑。根据《长沙港总体规划》，长沙港将由霞凝港区、新康港区、铜官港区及客运港区4大港区和19个旅游停靠点码头、9个管理专用码头组成，规划港口岸线长度19320米。其中19个旅游停靠点码头将布局湘江、浏阳河、捞刀河。《总体规划》明确，长沙港功能定位将以集装箱、大宗散货、件杂货运输为重点，积极拓展临港工业、现代物流、保税仓储、综合服务等功能，逐步发展成为布局合理、能力充分的现代化、综合性港口。四大港区中，霞凝港区是长沙港的核心港区，以集装箱、件杂货和粮食运输为主，今后应发展为以集装箱运输为主的专业化、规模化、现代化港区。铜官港区则以散货、件杂货、集装箱等运输为主的综合性港区，主要为临港产业发展和大宗物资运输服务。新康港区主要为当地经济社会发展服务。客运港区为水上旅游开发服务。

【望城区滨水新城核心区控规公示征求意见】 长沙望城区滨水新城核心区控制性详细规划和起步区城市设计于2011年6月27日开始公示征求意见，公示期为期一个月。为充分彰显滨水的优势与特色，望城区将构建278平方公里的滨水新城，力争在5到10年的时间内将滨水新城打造成为“省会长沙新城区、区域发展的增长极、两型社会的试验区、城乡一体的样板区”。位于湘江西岸的滨水新城核心区，拥有长达19公里的湘江岸线。此次规划的范围北至沩水河，西至金星大道、雷锋大道，东至湘江西岸，南至二环路，总用地面积34.85平方公里，城市建设用地规模30.59平方公里，水域面积4.26平方公里，人口规模约35万人。根据控规公示，滨水新城的功能定位为“长沙新区、幸福水城”，将构筑望城的新城市中心、大河西先导区的核心板块、长沙的生态TBD（都市旅游商务区），以幸福为本、以水为媒，以高端居住、商务旅游、生态文化、时尚创意为主要功能，建设长株潭幸福城市的引领者，“宜居、宜业、宜游”的高品质幸福生活水城。望城区滨水新城核心区规划形成“两轴贯通、四区串联，中心放射、四脉碧透”的功能结构。“两轴”即承载水利、文化、景观、生态功能的水系轴和展现现代城市形象、引领望城经济增长的潇湘大道综合轴。“四区”即以斑马湖东湖休闲公园、枫树港湘江国际游艇会、张家湖生态度假公园为依托布局的生态休闲度假社区；以马桥河原生态湿地公园、黄金河道、奥特莱斯购物公园为依托布局的时尚创意生活社区；以大泽湖旅游文化公园为依托布局的商务旅游文化区；以月亮岛文化主题公园、谷山森林公园为依托布局的新都市主义国际生活社区。

【岳麓山桃花岭景区综合整治规划出台】 2011年7月6日，岳麓山风景名胜区八大景区之一桃花岭景区综合整治规划开始为期1个月的公示，景区界线拟进行局部调整，调整后的景区面积比原来增加了72.6公顷。桃花岭景区是岳麓山风景名胜区三级保护区，其规划范围东至西二环线，北至梅溪湖片区，南至桃花岭山脚、规划城市支路，西至西三环。公示显示，景区界线局部调整后，景区总面积由原来的556公顷增至628.6公顷，景区主体范围没有变化。在综合整治规划中，景区总体将形成“一轴、一带、六组团”功能结构，“一轴”为山脊观光轴，“一带”为环山游览带，“六大功能组团”分别为洪寺庵水库休闲度假组团、腊八寺休闲疗养组团、东入口及自然博物馆组团、麓溪峪度假组团、桃花谷文化组团和马鞍山果园观光组团。景区规划总建筑面积6.18万平方米，容积率0.01，建筑密度0.55%，停车位650个。

【长沙市望城县撤县设区】 2011年7月25日，省委副书记、省长徐守盛为望城区授牌并作重要讲话。省委常委、市委书记陈润儿主持授牌仪式。根据湖南省政府撤县设区文件，望城区政府驻高塘岭镇，区内辖15个乡镇，总人口53.68万人。截至望城撤县设区前，长沙城区总面积969.28平方公里，在全国省会城市中排名靠后。望城撤县设区后，长沙市辖6个城区，总面积1915.28平方公里，是原城区面积的2倍。自1949年8月长沙解放至今，长沙城市辖区仅在1996年进行了区划微调，撤销原郊区，设立芙蓉、天心、岳麓、开福、雨花5个区，城区行政区划基本沿袭解放初期的范围未变。设区前的望城县城市化率已达50%以上，行政中心距主城区分别不到5公里，水、电、路、气等基础设施均按照城市标准建设，社会管理体制也已基本与城区接轨，望城的大部分区域实际上已经融入了长沙城区。适时撤县设区，拓展城市发展空间，能避免市与县在产业布局、市政建设等方面容易出现的项目雷同、资源浪费、重复建设等问题，消除城乡分割带来的弊端，并将有利于按照主城区、都市圈、城郊带三个层次，实现以城带乡、以镇带村，加快城乡一体化进程。

【长沙黎托片区将建成城市副中心 打造长沙新门户】 武广、沪昆两条高铁在长沙划出一个“黄金十字”，为处在十字交叉口的雨花区黎托片区描绘了十分诱人的发展前景。根据黎托片区控制性详细规划，黎托片区将建成中南地区区域性的铁路客运中心及具有商务功能的交通枢纽型的城市副中心。黎托片区是国土资源部批准的全国节约集约用地试点片区。根据规划，黎托片区总用地约18.9平方公里，西至京港澳高速西线，东北以浏阳河（包括磨盘洲）为界，南起湘府路南厢地段，建设总投资预计225亿元，目前已累计完成投资69亿元。新城空间结构上形成“一核、两轴、四组团”的城市空间结构，并建成一个约32万人口的城市新区。“一核”即以车站交通枢纽为中心的商业商务与文化娱乐休闲发展核心，“两轴”即发展中心核的东西向发展主轴和浏阳河自然景观轴，“四组团”即核心区南北两侧规划四个居住服务团。

【炭河里遗址保护规划获批】 2011年8月2日，《宁乡炭河里遗址保护规划》获国家文物局批复同意。规划范围总面积约为477.42万平方米，规划实施时间从2011年至2030年，分为近、中、远三期实施，从2011年至2020年近中期的实施经费估算总额约为10.68亿元。2011年至2015年将启动炭河里考古遗址公园建设及湖南青铜文化博物馆建设。位于宁乡县黄材镇的炭河里遗址现存面积为23000平方米，炭河里遗址保护规划范围为寨子村、胜溪村、葛藤村所有山前台地，东至葛藤村，南至胜溪村，西至黄材水库大坝，北至栗山村，总面积约为477.42万平方米。炭河里遗址于2004年被评为“全国十大考古新发现”，并于2006年5月由国务院公布为第六批全国重点文物保护单位。炭河里遗址的发现，颠覆了“湖南是蛮荒之地”观点，它是我国南方青铜文化中心之一，由此找到了破译“宁乡青铜器”之谜的钥匙，也是我国南方发现的最重要的商周古文化遗址。根据规划，今后将在完整保护炭河里遗址的遗迹本体、整体格局和历史环境风貌的基础上，将逐步把炭河里遗址规划建设成为具有“原真性、可读性和可持续性”的国家级考古遗址公园，并在遗址区建设湖南青铜文化博物馆。按照炭河里遗址遗存内容，遗址的展示对象为遗迹本体、遗存环境、可移动文物3部分，包括城址区的宫殿、城墙、城壕遗址，平民居住区的大树堆遗址，以及墓葬区、铜器出土点，遗存景观环境和遗存历史环境，铜器、玉器、陶器、遗迹标本等。

【圭塘河生态景观区改造工程正式开工】 2011年9月20日，长沙唯一城市内河圭塘河生态景观区改造工程正式开工。市委副书记、市长张剑飞和副市长李军等出席开工仪式。圭塘河生态景观区位于雨花区圭塘河中游，北起香樟路，南至湘府中路，总长3200米，沿河展幅约200米，总占地面积1959亩。其中，公园用地面积为1349亩，商业开发用地610亩，项目预计总投资约20亿元。根据设计，圭塘河生态景观区总体布局为“一带四区”。“一带”即圭塘河湿地景观带，“四区”由北向南依次为市民活动区、文化休闲区、运动健身区、生态体验区。圭塘河生态景观区还将在雨花区形成现代服务产业集群经济带，主要发展以雨花区政府为中心的楼宇总部经济，并与浏阳河生态景观带形成“两带”，成为雨花区绿色经济的“双引擎”。

【洋湖湿地公园二期开工】 洋湖湿地公园二期于2011年9月开工，预计于2012年底建成，届时洋湖湿地公园将成为一个年接待游人达400万人次的大型综合性公园。洋湖湿地公园共分三期建设，一期占地600亩，主要功能为生态休闲区。三期工程占地3000多亩，将于2012年下半年动工。洋湖湿地公园二期占地面积达到1300多亩，是一期公园的2倍，将成为整个洋湖湿地公园的核心景区。洋湖湿地公园二期功能定位为湿地生物多样性展示区，除了品种丰富的水生陆生植物之外，还将保存生态密林区和农耕体验区等功能分区，成为河西地区最大的鸟类栖息地之一。在二期工程中，水面占34%，主要是对再生水厂处理过的污水进行深度自然强化，达到自然雨水的水质。二期工程总投资3.5亿元，公园大门、3000多个车位的停车场、游客服务中心、景观塔等项目也将在二期工程中建设。

两型产业建设

【长沙新增4家省级农业旅游示范点】 2011年1月，

经湖南省旅游局组织检查评定，全省13家单位新增为全省工农业旅游示范点，其中长沙市新增4家省级农业旅游示范点：长沙市岳麓区润泉山庄、长沙市湖南鹿饮泉生态园、长沙市光明村、长沙市金洲镇关山村。国家旅游局自2001年初正式倡导工农业旅游，2002年发布了《全国工农业旅游示范点检查标准（试行）》。其中，工业旅游以工业生产过程、工厂风貌、工人工作生活为主要吸引物，农业旅游以农业生产过程、农村风貌、农民劳动生活为主要吸引物。我省已有农（工、茶）业旅游示范点共108个，这些示范点中，既有现代化生态农庄，又有生物、食品、药物等培育基地，与传统旅游景点相比特色十分鲜明。

【长沙黄花空港城启动国际商贸中心建设】 2011年1月，黄花机场商贸街建设的前期拆迁工作顺利完成。原机场商贸街拆迁腾地后，这里将成为黄花国际机场综合配套服务区，将建设一座具有国际一流水平的商贸中心。黄花国际机场处于长株潭地区核心地带，客流量居中部第一。长株潭地区乃至全省走向国际化，该机场是最重要的港口和通道。为充分发挥机场临空经济带动效应，经省、市批准，长沙县早在2008年就启动“黄花国际空港城”的规划建设，定位于打造“知识性现代服务业生态城”，规划总用地面积30.69平方公里，将由空港核心区、航空城以及空港都市区三大部分构成，主要发展临空经济、临空产业、航空物流、航空食品加工及相关产业。计划到2020年，长沙机场年旅客吞吐量突破3300万，园区产值可达到1000亿～1500亿元，创造就业岗位60万～80万人，同时长沙临空经济发展能带动基础设施建设、材料生产、装备制造、动力机械、电子信息、会展经济、休闲旅游、商业贸易等一大批相关产业发展，功能可以辐射到旅游业、服务业、金融业、物流业、高科技产业、房地产业等多个领域，从而形成一个巨大的航空产业链，推动区域发展，成为长株潭乃至湖南省重要的经济增长极。

【长沙开福区两会拟定“十二五”期间重大产业项目】 2011年1月5日，开福区两会拟定“十二五”期间的23个重大产业项目，5年欲投资944亿元助推城北产业发展。通过5年建设，长沙综合保税区将现身城北，该项目包括金霞保税物流中心、金霞保税物流园区、保税中心、出口加工区、霞凝港、长沙货运新北站、综合物流信息平台出口贸易加工基地等。到2015年，物流企业货运吞吐量将达到1800万吨以上，物流业主管业务收入达到150亿元以上。

黄兴北路两厢商业综合体将启动建设，项目西起湘江大道、东至芙蓉路、南起五一大道、北至三一大道，占地1856.7亩，拟建设步行商业街、大型超市、大型百货公司、星级宾馆、超高层大厦、企业总部等。青竹湖服务外包创业及培训基地和沙坪湘绣产业园也将建设完成，总用地分别为200亩和500亩。同时，大城北将建设长沙市区域性消费中心，建设五一大道、中山路、松桂园、伍家岭、金霞5个区域性消费中心，包括北辰新河三角洲、世纪金源酒店等项目。长沙金融商业生态区、中山西路商业综合体、北辰新河三角洲、开福万达广场项目也将完成，具有一流开发品质的湘江经济带和湘江东岸城市走廊基本形成，成为引领全省湘江生态经济带的核心板块。

新建的苏托垸生态新城及湿地公园建设项目占地1.2万亩，拟进行新城建设，建设湿地公园、市政道路、中小学、医院等基础设施及高档住宅、购物中心等项目。朝正垸城中村改造规划用地4250亩，拆迁面积50万平方米，拟进行城市化改造，建设浏阳河风光带、主题公园、市政道路、中小学等基础设施以及高档住宅等项目。

开福寺宗教文化圣地改扩建工程将恢复开福寺鼎盛时期的十六景，包括紫微山、碧浪潮、白莲池、龙泉井、放生池、鸳鸯井、凤嘴洲、木鱼岭、拔禊亭、嘉宴堂、会春园、回步桥、舍茶亭、清泰桥、舍利塔、千僧锅。改扩建后的开福寺及其周边地区将被打造成长沙市集宗教、旅游、商贸于一体的特色街区。潮宗街历史文化街区建设项目占地150亩，旅游资源包括时务学堂、民国大戏台、九如里民居、基督教堂、中山亭等，所在片区将打造成潮宗街历史文化名街，再现清末民初的民居风貌。

【戴尔正式落户长沙】 2011年1月17日，湖南省政府与美国戴尔公司合作框架协议签字仪式在长沙隆重举行，至此进入湖南的世界500强企业达到55家。省委书记、省人大常委会主任周强出席签字仪式。签字仪式由省委常委、副省长陈肇雄主持，省委副书记梅克保致辞，副省长甘霖与戴尔全球财税总监阿·保罗先生（Al Paul）分别代表省政府和戴尔公司在合作框架协议上签字。根据双方签署的框架协议，戴尔公司将在长沙设立戴尔服务中国运营中心，引入国际相关最先进的技术和经验，在湖南发展面向全球的软件和信息服务业业务，主要承接医疗、教育、政府等公共事业相关业务，为湖南医疗信息化、三网融合等省重点项目和工程提供服务。长沙戴尔服务运营中心定位为戴尔在中国的新科技战略布局的核心，5年内打造成在中国最重要的IT服务战略基地和国内外知名的国际服务外包承接地。同时，戴尔将利用其国际知名品牌效应，引入与戴尔有关的上、中、下游企业，在湖南招聘和培训优秀人才，使他们具备国际同行的IT技能，创造高端就业机会。省政府将为戴尔在湖南的发展创造良好的投资运营环境，支持戴尔参与湖南重大信息化项目，给予戴尔相关的优惠政策支持，提供优质服务，吸引戴尔更多的项目以及合作伙伴落户湖南，实现互利共赢。在签字仪式上，戴尔公司还与长沙高新区签订了落户麓谷的框架合作协议，同时与省教育厅签订了IT助学合作框架协议，正式启动“知从戴尔 惠动湖南”的助学计划。该助学计划选拔湖南省内品学兼优的人才，为其提供奖学金到戴尔服务美国总部接受高端培训，业成后颁发相关证书，戴尔将协助安排其回省就业。

【第五届中国原创手机动漫游戏大赛颁奖仪式在长沙举行】 2011年1月18日，由文化部、工业和信息化部、共青团中央、教育部、湖南省人民政府、中国移动通信集团公司主办的第五届中国原创手机动漫游戏大赛颁奖典礼和第六届中国原创手机动漫游戏大赛启动仪式在长沙举行。团中央书记处书记卢雍政，省委常委、宣传部长路建平，市委常委、宣传部长陈泽珲，副市长何寄华等出席并为获奖代表颁奖。第五届中国原创手机动漫游戏大赛自2010年1月28日启动以来，截至12月底，征集作品总数为114389件，其中动漫作品数为113689件，游戏类作品为691件。在颁奖典礼上，天津神界漫画有限公司制作的《寻找自我的世界》、广西柳州蓝海世纪数码传媒有限公司制作的《生日礼物》、大连斯芬克斯制作的《乌龙院（正版）之功夫少林》和湖南互动传媒有限公司制作的《动漫真人秀》分别获得了漫画类MOCA金奖、动画类MOCA金奖、游戏类MOCA金奖和G3创新金奖。大赛还颁发了6个MOCA银奖和2个G3创新银奖。文化部、财政部、国家税务总局同时举行了全国首批18家重点动漫企业颁证仪式，长沙6家企业入选，分别是：湖南蓝猫动漫传媒、宏梦卡通、金鹰卡通、湖南互动传媒、山猫卡通、浩丰文化等。18家首批全国重点动漫企业还发表了《全国重点动漫企业创新合作发展长沙宣言》。

【长沙麓谷跻身千亿园区】 2011年1月24日，长沙高新区在2011迎新春晚会上宣布，2010年岳麓山高科技园麓谷园区跃上“千亿”台阶，全年营业总收入高达1088亿元，增速创历史新高达44.5%。2010年麓谷规模工业产值、固定资产投资、地方财政收入等各项主要经济指标均保持30%以上的高位增长，各主要经济指标接近“十五”末的3至5倍。一组对比数字为证：麓谷园区营业总收入从2005年的348亿元，到2010年突破1088亿元；规模工业总产值从2005年的158亿元，到2010年的730.6亿元；财政总收入从2005年的7.2亿元到2010年的35.5亿元，一般预算收入从2005年的3.1亿元到2010年的14.6亿元。2010年麓谷固定资产投资成功实现飞越，突破100亿元大关。当年共开工工业项目50个，其中新开工工业项目20个，竣工工业项目18个。全年年新引进企业727家，新引进省外资金18亿元，市外境内固定资产投资26亿多元，实际到位外资1.7亿美元。目前已有11家世界500强、28家上市公司扎堆麓谷。

【中南五省首个国家级文化产业园区落户长沙】 2011年2月28日，文化部在北京举行“第三批国家级文化产业示范（试验）园”命名授牌仪式。湖南长沙天心文化产业园被文化部授予“国家级文化产业试验园”，成为中南地区湘、鄂、皖、黔、赣五省唯一的国家级文化产业园区。长沙天心文化产业园区位于天心区主城区中心，北起五一路、东至芙蓉路、西临橘子洲、南抵二环路，总面积8.5平方公里。该产业园力争到2015年，文化产业总产值达300亿元，实现产业增加值100亿元，年均增长28%，入园文化企业超过4000家，文化企业占园区企业总数70%以上，吸纳就业人员18万人。园区将重点支持中南数字出版基地项目落地。未来将以该基地为平台，实现传统出版内容的平移与改造。同时，园区欲打造全国最大出版物发行集散地，依托全国三大书市之一的定王台书市，把出版发行作为支柱产业进行重点培植，进一步扩大资源集聚度，广泛吸引书商入驻书市，努力将其打造成为全国最大出版物发行集散地。

【长沙新增7家中华老字号】 2011年3月，德茂隆、甘长顺、黄春和等7家企业获得国家商务部正式认定，上榜第二批“中华老字号”。至此共有16家长沙企业获此殊荣。此次获得认定的企业为：长沙市德茂隆食品工贸有限公司、长沙饮食集团长沙银苑有限公司、长沙甘长顺面食有限公司、长沙市黄春和实业有限公司、湖南省湘绣研究所、湖南省浏阳市金生花炮有限公司、长沙沃华经贸有限公司（三吉斋）。2006年商务部认定的第一批“中华老字号”中，长沙的火宫殿、玉楼东、九芝堂、杨裕兴、又一村、凯旋门、老杨明远、玉和、九如斋等9家企业榜上有名。长沙16家中华老字号中有5家属于长沙饮食集团旗下，火宫殿、玉楼东、杨裕兴、又一村、银苑5块“金字招牌”对传播长沙传统美食文化功不可没。火宫殿坡子街总店，日均客流量现已超5000人次，全年客流总量超180万人次，其人流量已超过或相当AAAA级旅游景区。近两年来长沙不少老字号正经历发展创新之路。德茂隆将迁至望城的长沙安全食品创业基地，进行大规模集约化生产。经营针线扣夹等小商品的吴大茂，虽然还没入围“国家级”老字号，但他们从质量和品牌上求发展，通过引进海外先进技术，创立了自己的品牌针、线。做好新时期“中华老字号”的保护与促进工作有利于推进商业诚信体系建设，有利于保护和弘扬优秀民族品牌，将中华老字号与旅游产业完美结合将是老字号的发展趋势。

【长株潭首个三网融合产业化基地落户长沙空港城】 2011年3月29日，长沙县与中泽嘉盟签订合作备忘录，项目选址长沙空港城，双方将就建设三网融合产业化基地展开合作。市委副书记、市长张剑飞会见了国家广电总局广播科学研究院院长邹峰、中泽嘉盟董事长吴鹰一行，副市长文树勋等见证了相关签约仪式。2010年长株潭被批准为全国首批三网融合试点地区，是12个试点地区中唯一的城市群。根据规划，到2012年，长株潭将打造成湖南乃至全国电信、广电技术和业务发展的先导区，成为相关产业链的创新基地和示范基地。截至2010年底，长沙电信网已全面升级，覆盖90%的城区和80%左右的乡镇，全市电话网、互联网融合基本完成，具备三网融合各类业务的开放能力。

【长沙拟投20亿元建游客中心】 长沙市人民政府与湖南华侨置业集团在2011年4月13日举行的湖南省第二届旅游投融资合作洽谈会上现场签约，建设总投资20亿元的湖南游客中心，一同签约的还包括投资10亿元的灰汤紫玉山庄等。洽谈会上，省旅游局局长杨光荣对湘江生态文化旅游带项目开发、株洲云峰湖、湘潭湘乡大东山旅游区、韶山天鹅山生态旅游区项目开发、常德桃花源旅游综合开发等八个重点旅游项目作了推介。洽谈会签约金额达118亿元，银企对接项目43个，金额达56亿元。杨光荣在洽谈会上介绍，位于长沙蔡家洲的湘江航电枢纽工程预计2014年竣工，建成后将形成长达128公里的库区，使湘江长、株、潭段成为一个美丽的平湖。目前湘江两岸共有在建项目86个，投资规模1239亿元，已规划拟建项目62个，投资规模422亿元。招商重点包括洲岛旅游示范工程，橘子洲的经营、管理，月亮岛、傅家洲、兴马洲、湘潭杨梅洲的开发建设等；水上旅游项目，包括游艇俱乐部、水上竞技和休闲、湖泊休闲度假；湘江两岸旅游地产，尤其是国际知名品牌酒店的引进、开发和建设；文化遗迹示范工程，包括靖港古镇、坪塘古窑、铜官古镇、乔口古镇、丁字古镇、萱洲古镇等；都市休闲示范工程，包括长、株、潭三市靠湘江城区。

【长沙建首条蔬菜脱水加工线】 长沙市首条蔬菜脱

水加工生产线于2011年4月在宁乡朱良桥蔬菜基地启建，年产为3000吨。朱良桥蔬菜基地集生产、销售、加工为一体，已纳入长沙标准化蔬菜基地创建，总占地约为1200亩。通过建立“农超对接”的蔬菜水果基地和休闲体验绿色营养基地，最终将朱良桥蔬菜生产基地打造成种养循环，经营规模化，产品系列化的生态农业示范区。其中蔬菜脱水加工是个新兴产业，此次引进在长沙是首创。基地投资2600万元，其中蔬菜脱水生产线就占了1400万元。蔬菜加工一直是长沙蔬菜产业中的薄弱环节，蔬菜脱水可以使蔬菜大幅度增值，同时还可以解决蔬菜滞销的大问题，保证了菜农的利益。

【中机国际工程技术研发中心落户长沙】 2011年5月5日，在中机国际工程设计研究院成立60周年之际，项目投资4亿元的中机国际工程技术研发中心落户长沙。全国政协提案委员会副主任、中国机械工业联合会党委书记、会长王瑞祥，省委常委、长株潭试验区工委书记陈肇雄等出席启动式。中机国际工程设计研究院创建于1951年5月5日，是我国最早组建的综合性设计单位之一，致力发挥行业归口设计院的作用，在四川设计出了亚洲最大的电机厂即东方电机厂。根据有关部署，中机国际工程设计研究院正式更名为“中机国际工程设计研究院有限责任公司”。同时，经国资委和财政部批准，中国机械工业集团有限公司投入4亿元在长沙启动中机国际工程技术研发中心项目，重点研发新能源、环保、机械装备检测、特种建筑和国际工程等技术。该中心的成立将有力促进我国机电产品的出口和劳务输出，也将极大带动湖南和长沙的机电产品和劳务走向国际市场。

【长沙高新区环保产业推介会在北京成功举行】 长沙高新区借助国家环保部主办的“第十二届中国国际环保展览会”平台，以“2011中国环保产业发展与投融资交流会”为契机，于6月7日在北京皇家大饭店成功召开了“长沙高新区环保产业（北京）推介会”。本次推介会邀请了近200位全国的知名环保企业的高层管理人员参加，其中包括桑德环保、格林美、碧水源、三维丝、聚光科技、先河环保、恒通源、南方泵业等8家上市公司，以及中国环保科技控股、光大国际环保、晓青环保、科行环保、美华博大、高能时代等知名环保公司。会上省、市环保部门负责同志详细介绍了湖南省环保产业发展情况、投资商机，以及长沙高新区麓谷形成的投资环境、环保产业发展情况和重点环保招商项目。会场上200个座位座无虚席，会场周边走道都挤满了闻讯赶来的企业代表。会上长沙高新区共发布环保招商合作项目83个，其中污染治理项目有10个，环保科技项目有31个，政企合作项目19个，企业合作项目23个，项目涵盖污染治理、环保科技、政企合作、企业合作等方面，合作领域涵盖了重金属污水治理、水资源在线监测、畜禽养殖污染治理、烟气脱硫脱硝、生活垃圾分类、餐厨垃圾处理、太阳能发电等多个方面。湖南环保产业大厦、环保产业孵化基地、重金属工业区综合废水处理利用工程、钢铁行业重金属污染治理工程等一批重大项目在推介会上成为参会企业关注的热点。通过交流沟通，会议成功对接了23个环保产业项目，24家国内知名环保企业达成投资意向。

【中联重科跻身首批国家创新示范企业】 2011年6月17日，国家工业和信息化部、财政发布联合下发通知，公布了“2011年国家技术创新示范企业名单”，中联重科成为作为全国首批入选、也是湖南省内唯一的一家获此殊荣的企业，今后三年，将在产业、财税等多方面得到国家给予的优惠政策扶持。国家工信部、财政部此次“技术创新示范企业”认定，旨在促进和完善以企业为主体、市场为导向、产学研相结合的技术创新体系的建设，鼓励工业企业开展技术创新，增强自身核心竞争力，加快转变经济发展方式。本次入选国家技术创新示范企业是对中联重科在工程机械领域创新成果的充分肯定。中联重科传承国家级科研院所50多年技术积淀，始终引领着行业技术进步。在超高压混凝土泵送机械、超长臂架泵车、超大型移动式起重机、超大型建筑起重机、新能源环卫机械等领域保持着技术和市场的领先地位。全球最大D5200塔式起重机、融合欧洲技术的全球最长62米六节臂混凝土泵车、全系列收购全球顶尖的德国JOST平头塔机技术等，这一系列刷新世界纪录的科技创新充分彰显了中联重科强劲的创新实力。另外，在近日揭晓的第六届“大众证券杯·中国上市公司竞争力公信力TOP10”评选活动中，中联重科第四次入选“中国十佳最具持续投资价值上市公司”。过去十年，中联重科销售收入及净利润实现了年均超60%的高速增长，是全球工程机械行业中增长最快的公司，2010年度，中联重科排名全球工程机械企业第八名。

【三一重工首次入围FT全球500强】 2011年7月1日，2011年英国《金融时报》全球500强排行榜（FT Global 500）出炉，三一重工以215.84亿美元的市值首次入围全球500强，位列第431位，成为中国工程机械行业首家进入世界500强的企业。《金融时报》全球企业500强每年按市值对全球最大公司进行年度排名，已连续发布15期，是目前全球最权威、最受关注的商业企业排行榜之一。在公布的名单中，美国埃克森美孚继续以4172亿美元市值居榜首；中国中石油和工商银行分别以3262亿美元和2511亿美元列第二和第四，三一重工以市值215.84亿美元排名第431位，也是中国工程机械行业首家入围世界500强的企业。

【长沙首个农村商贸综合体入驻板仓小镇】 2011年7月6日，长沙县开慧镇与长沙实泰物流有限公司签约，正式拉开了长沙县首个农村商贸综合体实施大幕，项目建设面积1万平方米，集购物、娱乐、红色旅游配套服务、特色餐饮、休闲为一体，选址于开慧镇板仓小镇，总投资2800万元。在未来几年内，长沙县10个乡镇将相继建立农村商贸综合体，以促进当地就业和经济发展。

【千人计划专家生物医药创新创业长沙论坛成功举行】 2011年7月9日，“千人计划专家生物医药创新创业长沙论坛”暨“第五届化学生物学与创新药物中美圆桌会议”在长沙举行。省委常委、统战部长李微微在开幕式前会见了“长沙论坛”发起人、会议主席、组合生物合成与天然产物药物湖南省工程研究中心主任段燕文教授一行。国务院侨办经济科技司司长庄荣文，省外事侨务办主任肖祥清，市委副书记、市长张剑飞出席开幕式。会议由市政府与千人计划专家联谊会生物医药与生命科学专业委员会、国务院侨务办公室海外专家咨询委员会共同主办。会上，美国威斯康星大学麦迪逊分校、美国国家天然产物药物开发项目组首席专家沈奔教授等多名千人计划国家特聘专家及美国近20所知名大学、科研机构、高技术企业的知名专家教授和企业家，与湖南省“百人计划”入选者、长沙市“313计划”入选者以及部分高校相关专业在读博士、硕士，国家级产业园区负责人共计200余人，开展学术交流与专题演讲。

为推动湖南战略性新兴产业的发展，千人计划专家联谊会生物医药与生命科学专业委员会首次作为主办方之一，将论坛定点在长沙，通过已归国领导创新创业的千人计划专家的成功展示，为湖南荐才、引才，走出以“人才引领”为特点的湖南生物医药战略发展新路。

【2011国际动漫游戏展长沙开展】 2011年7月14日至17日，2011长沙国际动漫游戏展在湖南省展览馆举行。省委常委、宣传部部长路建平，省人大常委会副主任谢勇，省委宣传部副部长蒋祖烜，省文化厅厅长周用金，副市长何寄华等出席开幕式。此次动漫展吸引了湖南、湖北、福建、辽宁、河南、北京、上海、杭州、南京等17个省市的155家动漫游戏企业参展，作为东道主的湖南本土动漫企业成为展览一大亮点。有着地利优势的湖南本土动漫企业也纷纷亮相此次展览，虹猫蓝兔、蓝猫、山猫等展台吸引了众多小观众驻足。本次展览中还有国际级代表团来寻觅“商机”，来自日本的“日中动漫产业联合会”是着眼于建立日本和中国动漫产业交流合作长期化、常态化而专门成立的国际交流组织，该联合会总共带了5部作品来寻求合作。

【长沙空港城着力打造知识型现代服务业生态城】 2011年7月18日，长沙县空港城管理委员会负责人表示，随着黄花国际机场扩建，长沙县正全力规划打造“空港城”，并将临空经济作为长沙县经济发展的新引擎。空港城产业布局将形成“一心一村两轴四区”的总体空间结构。“一心”即临空经济区的“绿心”，主要以文化活动中心、媒体服务、创意产业、休闲娱乐服务等为主。“一村”即黄龙生态新村，充分利用与整合现有资源，打造极具特色的现代都市农庄，建成未来航空城内生态宜居、城乡与产业和谐发展的样板区。“两轴”即东西向沿人民路两厢的现代服务业发展轴、南北向沿中轴线的商业商务发展轴，以总部经济、商务办公、科技研发、创新金融、临空商务等生产性服务业为主。“四区”指基地内四个配套的功能区，即高端制造产业区、先进制造产业区、生态居住区和临空配套服务区。目前，长沙县空港城管理委员会已与湖南省机场管理集团有限公司合作，做好了1036亩站前核心区和空港物流园的招商工作。2011年空港城将重点包装3个项目，即机场商业综合服务体、三网融合产业园和空港物流园。其中，机场商业综合体将建设酒店、银行、大型购物广场等，作为机场的配套设施。三网融合产业园将重点发展知识型的高精尖产业，目前，中国联通在中国境内建设的唯一数字阅读基地已经落户该园。普洛斯物流、嘉里大通等企业也有意入驻空港物流园。空港城距长沙、株洲及湘潭等中心城市分别约15至25分钟车程，距长沙港口主枢纽霞凝港区及武广、沪昆高铁长沙客运站均约25分钟车程。长永、长株及机场高速将空港城与“长株潭”都市群融为一体，通过水、陆、空连接，经济发展腹地广阔。根据《长株潭城际轨道交通线网规划》和长沙轨道交通线网规划，远期空港城区域内将有地铁2号、3号、6号、8号四条地铁线路的站点交织。

【省内首家高速公路材料企业落户宁乡】 2011年7月，“湖南高速公路交通设施及养护材料研发、生产中心”项目正式落户长沙宁乡。湖南在建与已建成的高速公路总里程位居全国第三，可高速公路交通设施及养护材料却全部依赖外省。项目落成后这一局面将得到改观，湖南高速公路的建设成本也将大大降低。该项目总投资2.5亿元，主要生产高速公路波形梁护栏板、高速公路风能、太阳能系列产品、吹塑产品、复合隔离栅等产品，设计年产值为18亿元，预计达产后，年税收约3600万元，将成为省内第一家专业从事高速公路交通设施、风光互补节能照明系统、路面养护材料的研发生产的综合性企业。

【中南最大挖掘机制造基地在长沙开建】 2011年8月2日，山河智能在长沙举行山河工业城奠基典礼暨山河智能装备集团成立大会，建成后的山河工业城将成为全球最大的基础施工装备制造基地、中南地区最大的挖掘机制造基地、湖南省大型装备研发制造及配套园之一。山河工业城位于国家级长沙经济技术开发区星沙产业基地，由山河智能装备集团投资兴建，共占地约2670亩，总投资45.3亿元，项目建成后年产值超200亿元，将实现利税26.15亿。其中，山河工业城一期工程占地约1000亩，主要为大型桩工机械、现代凿岩设备、挖掘机械、军事工程机械等项目，预计2012年建设完成并投入生产运营后，可实现年产值过80亿元，利税过10亿元。山河工业城的开工建设，将满足山河智能五至十年的装备类产品发展需要。山河智能装备集团成立后，将逐步在装备制造领域将公司打造成一个以工程机械为主体，涉及军工装备、矿山机械、通用航空等十多个领域的大型装备制造集团。

【湖南首个农副产品现代物流中心落户宁乡】 2011年8月25日，湖南横市农副产品物流园开园暨横市粮食储备库铁路专线开通庆典在宁乡县横市镇举行，标志着湖南省首个专业性农副产品现代物流中心成功落户宁乡。省粮食局局长夏文星、长沙市人大常委会主任余合泉、市政协副主席陈立湘等出席庆典仪式。由湖南粮食集团与宁乡粮食局合力打造的横市农副产品物流园占地面积135亩，投资近亿元，建设有粮食储备仓、铁路站台仓及物流配送仓，铁路专用线1条，年货物吞吐量50万吨。物流园的六大功能区既可独立营运，又可以借助上下游的资源进行优势互补。该园将为客商提供稻谷、油脂、玉米等粮油饲料原料，化肥、农药、种子等农业生产资料以及果蔬、畜禽、水产等农副产品的铁路到发、物流配送、市场交易与信息发布等服务。通过物流园这个巨大的节点系统，完善了从厂家到商家、商家到农户的两极流通渠道，将极大地降低物流成本，使农民得到实惠，有效地实现农村经济的快速增长。

【长沙中电软件园一期开园】 总投资30亿元的“IT航母”——位于长沙高新区的长沙中电软件园于2011年9月21日开园。省委常委、长株潭试验区工委书记陈肇雄，中国电子信息产业集团有限公司党组书记、董事长芮晓武，中国电子信息产业集团有限公司党组成员、副总经理杨军，工信部软件服务业司副巡视员谢渡婴，长沙市委副书记、市长张剑飞，市领导文树勋、何寄华等出席开园仪式。长沙中电软件园是中国电子信息产业集团有限公司与湖南省、长沙市携手共建的国家级软件产业基地。园区占地面积1500亩，将分三期建设，计划总投资逾30亿元。园区一期于2010年1月动工，建筑面积近6万平方米，共吸引了包括富士康在内的112家企业“抢滩”签约入园。根据规划，5年后长沙中电软件园全部建成后，将聚集软件和电子信息类企业1000家左右，从业人员3万人以上，园区企业产值300亿元以上，成为湖南“IT精英”的理想聚集地，力争成为中部地区最大、最强，在全国最具特色和影响力的软件产业基地。

【投资35亿元两项目落户长沙生物产业基地】 2011年9月25日，为期两天、主题为“生物技术工业化时代——科学、和谐、进步”的中国华生（长沙）生物论坛闭幕。会上世界上第二大甾体激素药物生产企业——西班牙水晶公司决定投资5亿元，在长沙国家生物产业基地建设国内最大的激素类药物生产基地。另外，中国华生生物园管理有限公司也计划投资30亿元在基地建设华生生物专业化园区。24日，市委副书记、市长张剑飞会见了西班牙水晶公司总裁冈萨雷斯，表示将全力支持水晶公司生产基地建设，同时欢迎更多的西班牙企业来长沙发展。华生生物论坛开办于2002年9月，是生物产业界重要的产学研对接平台。从本届起，华生生物论坛将落户长沙，这是华生生物论坛首次走出天津。在本届论坛上，长沙国家生物产业基地共引进了4个项目，并聘请美国国立卫生研究院基金管理专家克拉克·林博士，哈佛大学教授托马斯·德埃尔、美国亚当斯资本股东威廉·佛利泽、国务院参事（友成基金常务副理事长）汤敏和中国农业生物技术中心主任夏敬源等5名国内外专家为专家顾问，他们将为园区生物产业的发展战略、人才引进与技术创新、投融资计划和实施等提供咨询和建议。论坛上来自国外的托马斯·德埃尔、明弘山姆等6位国外专家教授，来自国内的汤敏、夏敬源等8位专家教授分别举行了主旨讲座，对国内外生物技术发展趋势，加快生物技术产业化的新思路、新对策及加快生物产业发展步伐进行了全方位的探讨。

【介面光电湖南基地投产】 2011年9月29日，介面光电（湖南）生产基地举行开张典礼，全球排名第三的触控屏专业厂商介面光电湖南基地正式投产。该基地一期工程将实现每月生产500万片手机用触控屏和100万个平板电脑用的触控面板，年产值5.4亿美元以上。介面光电湖南基地将与“邻居”蓝思科技一道，为苹果、三星等全球知名品牌提供专业配套部件，浏阳正在逐渐成为全球最大触控屏生产中心。位于浏阳的长沙国家生物产业基地占据了湖南生物医药产业领域的半壁江山。近年来，长沙国家生物产业基地选择了与生物产业具有产业相融、技术互补性的电子信息产业作为园区产业发展的新方向，主导企业蓝思科技是一家生产显示屏功能玻璃面板的科技型企业，产品100%出口，全球市场占有率高达30%。2011年1至8月，蓝思科技进出口总额突破3亿美元，较上年同期增长138%。台湾介面光电股份有限公司是一家主营电阻式触控面板和电容式触控面板生产研发的大型企业。在智能型手机与平板电脑的产业链上，生产玻璃面板的蓝思科技处在上游，而生产导电薄膜的介面光电处在下游——将导电薄膜组装在玻璃面板上，就组成了一块完整的触控屏。2010年，在蓝思科技的介绍下，介面光电董事长叶裕洲率团考察长沙国家生物产业基地信息产业园，签订了投资14亿元、征地190亩建设湖南生产基地的协议。目前介面光电的主要客户包括苹果、三星、摩托罗拉、联想、夏普等品牌大厂，从产业链的角度来说，蓝思科技和介面光电是上下游合作的关系，在浏阳建厂，有助于介面光电产能的拓展和成本的控制。为满足国内外更多客户的需求，特别是7英寸到12英寸平板电脑新市场的崛起带来的需求，介面光电还将从2012年第二季度起，逐步着手湖南基地第二、三、四期扩建计划，以期建成为全世界高端触控屏的主要生产基地。预计到2014年，四期工程全部建完后，介面光电湖南基地年产值可达160亿元。另外，介面光电还是裸眼3D技术的专利所有人，新技术显示屏、液晶屏超薄化也将成为其研发目标。

【长沙国家节能环保新材料高新技术产业化基地推介会成功举行】 2011年11月6日，长沙国家节能环保新材料高新技术产业化基地推介会在长沙举行，金洲新区作为全国唯一的国家级技能环保新材料高新技术产业化基地首次正式亮相。省科技厅副厅长罗亚军、长沙市副市长何寄华出席推介会。推介会专场活动包括项目签约、战略合作、专家论坛等。国内技能环保新材料企业代表、新材料权威专家、新材料协会组织代表齐聚一堂，共商节能环保新材料高新技术产业化基地建设大计。在“两型社会与低碳园区”建设专家论坛上，国防科技大学航天与材料工程学院肖加余、湖南大学材料科学与工程学院肖汉宁、湖南师范大学化工学院尹笃林等23名专家教授在论坛上畅所欲言，就两型社会探索、建设低碳园区献计献策。推介会上共有微晶石墨锂动力电池项目、赛诺异种胰岛移植项目等6个项目签约，引进资金15.9亿元。金洲新区还与上海、深圳、湖南等地新材料协会签署了战略合作协议。近年来，金洲新区围绕新材料、先进装备制造、光电信息三个主导产业，引进三一汽车起重机、碧桂园等各类项目106个，引进资金400余亿元，园区经济连续4年翻番，成为长沙工业园区的一匹黑马。金洲新区重点培育以新型储能材料、新型建筑材料、新型有色金属材料为主要方向的节能环保新材料产业，2010年以金洲新区为核心的基地实现总产值122.8亿元，高新技术企业产值90.2亿元，成为中部地区节能环保新材料产业发展的集聚区。

【福田汽车长沙汽车厂新工厂顺利奠基】 2011年12月21日，福田汽车集团长沙汽车厂新工厂奠基仪式在长举行。省委书记、省人大常委会主任周强，省委副书记梅克保，省委常委、省委秘书长易炼红，福田汽车集团党委书记、总经理王金玉出席，市委副书记、市长张剑飞主持。福田汽车集团长沙汽车厂新工厂占地面积1500亩，总建筑面积约为40万平方米，规划投资32亿元，投产后年产20万辆整车，将主要生产中重卡、皮卡、SUV、高端轻卡等产品系列。预计可实现年销售收入300亿元、利税30亿元，新增就业5000人。在奠基仪式上，福田汽车还与省财政厅政府采购管理办公室签订了《关于支持福田汽车产品省内销售的意向协议》，省政府将福田汽车产品纳入了湖南省政府采购管理体系。同时，长沙各整车及零部件企业还举行了“长沙整车及零部件技术创新战略产业联盟”的签约仪式。1999年5月，福田汽车落户长沙经开区。12年来，福田汽车集团长沙汽车厂实现了50万辆汽车的累计产销量。2011年1至11月，福田汽车长沙汽车厂产销汽车近8万台，前三季度累计实现销售收入40亿元。

两型技术产品

【长沙首台纯电动公交大巴投入使用】 2011年1月24日，长沙市第一台纯电动公交车正式上路载客试运营。这台纯电动大巴K9由长沙市比亚迪汽车有限公司提供。从当日起，K9执行103路公交线从汽车东站至汽车南站的载客任务3个月，试运营期结束后，将有更多的纯电动大巴K9奔驰在长沙各条公交线路上。纯电动大巴K9的内饰设计非常人性化，采用的是全通道低地板、一级踏步设计和3个乘客门结构，老人、小孩也能够轻松一步踏入车厢，特别是后车门处还专门设置一块折叠金属，拉起后可翻出车外，在车门与站台之间搭出一个小坡，方便轮椅、婴儿车、拉杆箱的上下。目前汽车东站电动汽车充电站已经完工，外形似公交站台的电动汽车充电站，安装了10台充电机具，可同时为10台以上电动车辆提供充电服务。纯电动大巴充一次电需要花费100多元，1天可以上路跑250公里。而烧汽油的大巴跑1天需用油70升左右，花费为490元。纯电动公交车不仅实现尾气零排放、无噪音、无污染，也更省钱，跑1天要比非电动大巴节省300多元。目前长沙市政府已与长沙比亚迪公司达成1000台电动大巴购销意向协议。

【市科技领导小组发布2010年长沙十大科技事件】 2011年1月28日，市科技领导小组发布2010年长沙十大科技事件。这十大科技事件分别是：1. 国防科技大学研制的“天河一号”超级计算机运算能力排名世界第一，采用其为计算设备的我国第三家超级计算中心落户长沙。2. 国家科技部启动创新型城市建设，长沙跻身首批20个国家创新型试点城市行列。3. 长沙14项科技成果获国家奖励。4. 2010中国（长沙）科技成果转化交易会成功举办。5. 一批“长沙创造”跻身世界领先行列，如中电四十八所研制的多功能多线切割机等。6. 比亚迪第一款纯电动零排放大巴K9在长沙下线投产，沃伦·巴菲特、比尔·盖茨来长参加下线仪式。7. 长沙科技企业在资本市场风生水起，金杯电工、长高集团、梦洁家纺在深交所挂牌；安淳国际登陆新加坡；中联重科H股香港上市。8. 一批重大科技平台奠定持续发展基石：宁乡经开区晋升国家级经济技术开发区；长沙先进电池材料及电池产业化基地获批国家级高新技术产业基地等。9. 中国工程院院士、中南大学校长黄伯云与著名湘籍慈善家余彭年签署《共建中南大学彭年科技城合作意向书》，项目总投资约14亿元。10. “十一五”长沙科技发展成就辉煌，专利申请量逾3万件，科技成果转化率提高等。“十二五”科技发展规划编制工作已全面完成并启动实施。

【湖南研制混凝土喷射机填补国内空白】 2011年2月18日晚，由中铁轨道集团研发的最新产品HPS30混凝土喷射机从长沙缓缓驶出，连夜发往四川荣昌服务成渝高铁项目。在隧道施工时，如果打通的隧道得不到及时的浇筑和硬化，就有可能导致隧道垮塌和后续施工困难。HPS30混凝土喷射机是针对这一隧道施工难题开发的具有自主知识产权的新产品。这台新下线的设备集行走、泵送和喷射三大功能于一体，利用压缩空气或其他动力，按一定比例配合的拌和料通过管道输送并高速喷射到受喷面上凝结硬化，从而形成混凝土支护层。按照国内现有每年2000公里隧道建设任务计算，混凝土喷射机年需求量在3000台以上。以往混凝土喷射机都是从德国、瑞典、意大利等发达国家进口，购买成本很高。中铁轨道集团研制的混凝土喷射机与国外同类产品相比，更适应国内隧道的施工，综合性能已达国际先进水平。不但填补了国内高品质混凝土喷射机的空白，提高了施工效率，每台售价还低于进口同类产品100万元，大大降低了施工单位的成本。

【长沙诞生全球最聪明泵车】 2011年2月27日，中联重科在京推出全球混凝土机械领域泵车家族首个智能机器人。此智能泵车为中联重科成功并购意大利CIFA两年后推出的“混血王子”，它不仅拥有全球首创的长臂架泵车六节臂技术、K－tronic智能安全布料控制系统、超长臂架泵车三级伸缩X支腿技术，还有高效大排量泵送技术以及整车节能智能控制技术加身，堪称全球混凝土机械最聪明的泵车。传统泵车工作时一般是任人摆布的“傀儡”，若遇头重脚轻又不为操作者发现，难免“倒栽葱”。这个中意“混血王子”则具有智能安全布料控制系统，能根据自己双“脚”站立的情况判断泵送臂架可以安全工作的区域，一旦操作手指挥它越界工作，它非但拒绝，还会在“思索”片刻后退回休息区，等支“腿”摆对区域，再接着干。这个“智能安全卫士”还能对泵车发生的故障进行全方位自我诊断。

【国防科大攻克中低速磁浮交通核心技术】 国防科技大学历经30年攻关，掌握了拥有自主知识产权的中低速磁浮交通核心技术。2011年2月28日在北京市启动建设的8条城市轨道交通网络化运营线路中，S1线西段工程（西起门头沟石门营站，东至石景山区苹果园站）将采用该项技术，建设我国首条中低速磁悬浮交通运营示范线，这表明我国将拥有第一条完全中国自主知识产权的磁悬浮交通线和世界上第二条中低速磁浮运营线。磁浮列车是利用电磁力抵消地球引力，通过自动控制手段使车体与轨道之间保持一定的间隙（悬浮间隙约为1厘米），使列车悬浮在轨道上运行。与普通轮轨列车相比，具有噪声低、振动小、无污染、爬坡能力强等特点，有着“零高度飞行器”的美誉。其研究和制造涉及自动控制理论、传感器技术等众多学科，是一个国家科技实力和工业水平的重要标志之一。

从20世纪80年代开始，国防科大常文森教授率领课题组围绕磁浮交通的核心关键技术开展了长达30年的自主创新，相继突破了悬浮导向控制、转向架、总体设计与系统集成等一系列核心关键技术。1999年，国防科大与北京控股集团有限公司合作，承担了“十一五”国家科技支撑计划重点项目——“中低速磁浮交通技术及工程化应用研究”，双方联合国内17家科研单位与企业协作攻关，研制成功试验样车、工程化样车、实用型列车，建设了中试试验线和试验示范线，实现了关键装备的全部国产化，形成了中低速磁浮交通技术工程化能力。2010年3月，该项目通过由5名院士和7名权威专家的审核验收，专家组认为，我国已掌握了中低速磁浮交通的系统技术，达到世界先进水平。磁浮列车车厢磁场与一般家电产生的磁场相当甚至更低，是一种安全可靠、绿色环保的城市轨道交通系统。它每公里工程造价不超过3亿元，目前略高于轻轨，但远低于每公里6亿元以上的地铁造价。随着中低速磁浮交通的产业化发展，它的造价将与轻轨相当，特别适合城市轨道交通。

【湖南大学节能减排关键技术应用取得重大进展】 2011年3月2日，由湖南大学和湖南有色金属控股集团公司牵头的省科技重大专项“重金属冶炼节能减排关键技术与工程示范”取得重大进展。“重金属冶炼节能减排关键技术与工程示范”专项由湖南大学国家杰出青年基金获得者罗胜联教授主持，总经费10630万元。项目科研团队攻破了高浓度重金属冶炼废水生物制剂直接深度处理与回用关键技术，所开发的深度处理重金属的生物制剂无二次污染。高浓度重金属废水经生物制剂处理后，出水汞、镉、砷、铜、铅、锌等重金属达到生活饮用水水源水质标准，废水回用率大于95%，废水中金属回收率99%以上。该项目研发的多项技术预计每年可为湖南有色金属控股集团创造直接经济效益1.6亿元，推广到全国每年可产生的直接经济效益超过20亿元。在全省应用，每年至少可节约60万吨标准煤，减少约120万吨二氧化碳排放量。该项目成果目前已在水口山有色金属公司和株洲冶炼厂等企业进行产业化示范，效果令人振奋。项目重要成果高温铅液态渣电热直接还原新工艺，在水口山有色金属公司应用后，高铅渣出渣含铅低于3.2%，每吨粗铅综合能耗由原来的380公斤标煤，降至280公斤标煤，预计每年可为水口山集团节约焦炭1万吨左右。株洲冶炼厂采用项目新技术进行冶炼废水深度处理，每年减少500万吨废水排放，节约用水660万吨，经济效益和环境效益俱佳。

【6英寸晶圆项目落户长沙】 2011年3月31日，湖南首家开放式集成电路生产工厂——长沙创芯集成电路有限公司在星沙奠基。总投资约3亿美元，国内设计产能最大的6英寸晶圆项目正式落户长沙经开区。6英寸晶圆主要应用在电源控制类产品（家电、手机等）上，还应用在太阳能的电源转换和储存、LED光源的电源处理、智能电网的控制、大功率耐高压、高铁上的高功率和耐高压的芯片上，其中电动汽车对6英寸晶圆的需求最广泛。同时，在物联网的应用中6英寸晶圆也有极大的使用空间。

集成电路产业已被列为国家战略性新兴产业，新落户长沙的6英寸晶圆项目是国内设计产能最大的6英寸集成电路生产工厂。项目设计月产能达12万片6英寸晶圆，达产后年销售额将超过20亿元人民币。长沙经开区是湖南省电子信息产业重要生产园区。至2010年底，园区拥有电子信息产业企业36家，实现工业总产值96.7亿元，同比增长22.1%，就业1.25万人。随着6英寸晶圆项目的产业带动效应，长沙经开区将形成以集成电路工厂为核心，带动电路设计、封装、测试、原材料供应、汽车电器等配套企业的发展，拉动产业投资约200亿元，提升省内微电子半导体行业发展水平。

【三一重工3600吨履带起重机成功下线】 2011年4月29日，三一重工在三一昆山产业园举行下线仪式，庆祝其自主研发的世界最大吨位履带起重机三一SCC86000TM（3600吨）履带起重机成功下线。该起重机被业界誉为“全球第一吊”，将主要应用于国家核电建设领域。三一SCC86000TM（3600吨）履带起重机最大起重力矩超过86000吨·米，最大起重量超过3600吨，业内专家对其评价为“迄今为止世界上起重力矩最大、技术最先进的履带起重机”。目前已申请发明专利30项，其中，双主弦管单臂节技术和双超级起重小车技术已在德国、美国等国家申请国际发明专利。该产品填补了国内特大型履带起重机领域的空白，标志着我国已掌握了完全拥有自主知识产权的全球顶级履带起重机的研发技术和制造能力，打破了国外品牌在特大吨位履带起重机领域的垄断地位。为研发SCC86000TM（3600吨）履带起重机，三一重工斥资亿元建立了行业内首个超级计算中心，自主开发了模拟仿真吊装软件。目前三一重工的大吨位履带起重机已占到国内市场的53%。

【杂交水稻国家重点实验室在长挂牌】 2011年6月25日，杂交水稻国家重点实验室在长沙挂牌。这个依托湖南杂交水稻研究中心和武汉大学组建的国家级重点实验室，在科技部最新发布的49个新建国家重点实验室名单上位列第一。湖南杂交水稻研究中心与武汉大学牵手，使杂交水稻之父袁隆平新添一位亲密的院士战友——朱英国。据悉，这位“红莲系掌门人”将在围绕我国第四期超级杂交稻育种、水稻产量潜力持续攀高开展的应用基础研究等领域，与袁隆平联袂担纲重要角色。袁隆平认为，杂交水稻国家重点实验室将在增强我国杂交水稻研究原始创新能力，持续保持我国杂交水稻基础理论与应用研究领先地位，保障我国乃至世界粮食安全等方面，担负重要使命。武汉大学植物遗传育种专家朱英国院士领衔成功育出水稻红莲型、马协型两种新的细胞质雄性不育系及多个光敏核不育系。在杂交稻研究领域，袁隆平选育的“野败型”与朱英国选育的“红莲型”、日本选育的“包台型”，是国际公认的三大细胞质雄性不育类型，其中“野败型”和“红莲型”在生产中大面积推广种植，并获“东方魔稻”美誉。

【创4个国内第一的阿若拉SA60L昨获得单机适航证】 2011年7月7日，随着中国民航中南地区管理局副局长梁世杰将型号设计批准书交给湖南山河智能机械股份有限公司董事长何清华，该公司的子公司——山河科技成为国内首家通过该项认证的企业，这也同时意味着拥有自主知识产权的Aurora SA60L（阿若拉）轻型运动飞机获得单机适航证，顺利进入市场销售。省、市领导陈肇雄、何寄华、李科明，以及相关部门负责人出席仪式。山河科技于2009年7月1日向中国民用航空局递交Aurora SA60L轻型运动航空器型号设计批准书申请。经过严格审定，专家组一致认定该款飞机“操纵灵敏，稳定性较好，优于或达到国外同类产品的操纵品质”。在整个研制及型号审定过程中，Aurora SA60L创造了4个国内第一：第一款我国具有自主知识产权的全复合材料轻型运动飞机；第一款获得中国民航局型号认证的国产轻型运动飞机；第一架获准在珠海航展进行高难度表演飞行的国产轻型运动飞机；第一款被中航协指定为初级类飞行器驾驶员教练机的国产机型。颁证仪式上，通辽市神鹰通用航空公司、广东南方数码科技有限公司与山河科技签订了代理协议。此外，通辽市神鹰通用航空公司与山河科技现场达成销售协议，Aurora SA60L 轻型运动飞机成功实现销售。山河科技全系列通用航空器产品将主要面向飞行员培训机构、航空俱乐部、航拍航摄从业者、农林喷洒作业从业者、旅游载客从业者和飞行爱好者等。

【国家超算长沙中心建成开通】 2011 年 7 月 9 日，国家超级计算长沙中心第一期百万亿次“天河一号”主机系统建成开通，正式面向社会提供超级计算服务。这是我国继天津之后，第二个投入实际运行的国家级超算中心，标志着湖南省超级计算服务支撑能力迈入全国前列。超级计算代表当代信息计算的最高水平，是一个国家科技实力的重要标志，广泛应用于科学研究、工业信息、商业金融、社会公共服务等方面。湖南从 2009 年开始筹建国家超算长沙中心，依托国防科大的技术力量和人才优势，采用“政府主导、军地合作、省校共建、市场运作”的模式，与湖南大学合作共建国家超算长沙中心，主体工程投资 7.2 亿元，选址湖南大学校内。目前已开通的首期“天河一号”主机系统，用上了世界最快的高速互联网系统，计算能力更快，配置更优化，更具有应用的针对性、服务的个性化，适用于多学科、多领域的应用。目前湖南省气象局、省国土资源厅已成为“天河一号”的首批公共用户，加速构建了气象数字湖南、基础地理信息平台。首批运用于先进机械制造业的高端应用软件也在有序布局中，将为三一重工、南车集团、福田汽车等大型企业提供一流的应用软件环境。未来五年，将扩充到千万亿次以上，届时国家超算长沙中心将达到世界领先水平，如果中心演算一天，则相当于一台当前主流微机 160 年的运算量。

【国防科大自主研制无人车完成 286 公里无人驾驶试验】 2011 年 7 月 14 日，由国防科技大学自主研制的红旗 HQ3 无人车，首次完成了从长沙到武汉 286 公里的高速全程无人驾驶试验，创造了我国自主研制的无人驾驶汽车在复杂交通状况下自主驾驶的新纪录，标志着我国无人驾驶汽车在复杂环境识别、智能行为决策和控制等方面实现了新的技术突破，达到世界先进水平。无人驾驶试验在白天完成，7 月 14 日从京珠高速公路长沙杨梓冲收费站出发，286 公里路程开了 3 小时 22 分钟。踩油门、刹车、转向、变道和超车等，都是由计算机系统控制的。设计人员只是给系统设定了一个最高时速 110 公里，此后怎么开、开多快都由它控制，车上人全部当乘客。当天遭遇了复杂的天气情况，部分路段有雾，在湖北咸宁还突遇了降雨。无人车经受了实际的考验，包括一些复杂的交通状况和路段车道线不清等情况。车子没有 GPS 等导航设备，完全是利用自身的环境传感器对道路标线的识别，进而依靠车载的智能行为决策和控制系统，实现了在正常汇入高速公路的密集车流中自主驾驶。此次试验中，无人车自主超车 67 次，成功超越其他行车道上车辆 116 辆，被其他车辆超越 148 次，实测全程自主驾驶平均时速 87 公里。国外也进行过长距离无人驾驶试验，其中一次是 1995 年由美国卡耐基梅隆大学进行的，该次自主驾驶试验只由智能系统控制方向，油门和刹车由人控制，也没有超车试验。相比之下，本次无人车驾驶试验的难度更大、技术含量更高。

【三一泵车获三项世界之最】 2011 年 9 月 19 日，在三一工业城刚刚落成的全球最大工程机械总装厂房，由三一重工自主研制的 86 米泵车成功下线，再次刷新其在 2009 年创造的 72 米世界最长臂架泵车的世界纪录。省委常委、市委书记陈润儿，长沙市领导张剑飞、文树勋等以及行业协会专家和 400 多位三一重工用户代表见证世界最长臂架泵车下线。这台 86 米泵车实现了三项世界之最——臂架最长、臂架节数最多、泵送排量最大。它的世界最长臂架泵车直立起来就像一条 100 米的跑道竖立在一个汽车底盘上。为打破进口底盘对长臂架泵车底盘市场的垄断，86 米泵车研发团队大胆创新，开发出具有完全自主知识产权的 9 桥全路面底盘，突破了进口底盘对国内的技术封锁，保证了泵车的产业安全。2007 年，三一的 66 米泵车创造了最长臂架泵车吉尼斯世界纪录，这是工程机械行业的第一个吉尼斯纪录。两年后，三一泵车刷新了自己创造的这一纪录，臂架长度增至 72 米，这台臂架长度和混凝土泵送排量两项世界第一的混凝土泵车获得吉尼斯世界纪录认证。短短两年，三一重工自主研制的 86 米泵车再一次刷新世界纪录。从 72 米到 86 米，不仅仅是 14 米高度的增加，而是技术的超越，更是核心竞争力的体现。86 米泵车集三一重工十多年泵车设计制造经验之大成，共申请国家专利 180 余项，已授权 36 项，实现了主要关重件的 100% 自制。

【超级杂交稻第三期攻关目标大面积亩产 900 公斤获重大突破】 2011 年 9 月 19 日，农业部超级杂交稻验收专家组组长、中国水稻研究所所长程式华在长沙宣布：袁隆平院士主持的超级杂交水稻攻关，在隆回县羊古坳乡百亩片平均亩产 926.6 公斤。这标志我国超级杂交稻第三期攻关目标——大面积亩产 900 公斤取得重大突破，中国超级杂交稻研究遥遥领先世界。这次亩产 900 公斤目标获得重大突破，用了 7 年。如果第三期超级杂交稻成果获大面积推广，我国水稻平均亩产可提高至 700 公斤，将成为全球水稻平均亩产最高的国家。9 月 18 日，专家组在考察湖南省邵阳市隆回县羊古坳乡雷锋村 108 亩攻关现场基础上，将攻关片所有田块进行编号，随机抽取了 2、5、8 号共 3 块示范田实收测产。其中，2 号田实收面积 501.2 平方米，实收毛谷 920.1 公斤，5 号田实收面积 599.1 平方米，实收毛谷 1165.9 公斤，8 号田实收面积 562 平方米，实收毛谷 1106.1 公斤。经烘干除杂后，按籼稻含水量 13.5% 折算，分别折合亩产 901.1 公斤、938.2 公斤，940.5 公斤，加权平均，得出百亩片平均亩产 926.6 公斤。

【湖南国科发布国内首款支持卫星标准解码芯片】 2011 年 10 月 27 日，湖南国科在京举办新品发布会，正式发布 GK6105S 国内首款支持中国直播卫星标准的解码芯片。此举意味着我国在数字电视技术领域又取得新的突破，打破了国外厂家的技术垄断，也将极大帮助我国实现“十二五”期间面向 2 亿农村用户提供直播卫星公共服务的“户户通”工程。在“十一五”期间开展的直播卫星“村村通”工程已经解决了近1350万户农村家庭收听收看广播电视节目的难题。在“十二五”期间国家将推进农村广播电视由“村村通”向“户户通”延伸，开展面向2亿农村用户的直播卫星公共服务。GK6105S作为湖南国科推出的最新产品，是国内首款支持中国直播卫星标准的解码芯片，通过优化的高集成度设计，提供整机制造商高性能、低成本的直播卫星电视接收机解决方案，助力中国直播卫星产业的发展。GK6105S是全球首款配置NDS ICAM2.5条件接收系统的解码芯片，在保障节目播出内容安全的同时，可以对每台卫星接收机、每一套节目实施有效管理。湖南国科通过对NDS ICAM2.5系统的集成，证明了国内芯片厂家已经掌握了全球最先进的条件接收系统集成技术，可以充分保证直播卫星节目内容安全，打破了以往同类产品长期依赖于国外解码芯片的历史。

GK6105S芯片的CPU主频达到260MHz，丰富的CPU资源可以方便地开发与移植各种应用程序；最高速率达1兆波特率的全双工UART接口极大地提高了芯片与定位模块之间的通讯效率；双路TSD解复用接口可以同时支持直播卫星信号与地面数字国标信号的输入，简化“户户通”双模机顶盒的方案开发；对串行Flash的支持和内置音频DAC可以有效减少芯片外围器件，降低整机成本。GK6105S采用的90纳米低功耗工艺和无铅BGA241封装（17mm×17mm），也体现了湖南国科一直以来秉持的绿色节能理念。

【2011中国（长沙）科交会成功举办】 2011年11月7日，2011中国（长沙）科技成果转化交易会落幕。省委常委、市委书记陈润儿宣布闭幕。本届科交会现场解决和协议解决100余项技术难题，签订各类科技合作项目251个，签约总金额193.5736亿元，另有40余个项目进入深度洽谈。闭幕式由省政府科技顾问曾庆炎主持，市委副书记、市长张剑飞作总结讲话。省科技厅副厅长梁秋松、省教育厅副厅长申纪云，市领导李军、何寄华、姚英杰、谢明德，长沙高新区管委会主任罗社辉等出席。闭幕式上，30个重大项目签约，其中包括“绿色蔬菜储运、保鲜技术的研究及其产业化”等民生成果。

社会建设管理

【长沙6家医院试行电子病历】 从2011年1月开始，省内8家医院（其中长沙市内6家医院）将首批开展电子病历试点。开展电子病历试点，建立和完善以电子病历为核心的医院信息系统，是公立医院改革试点工作的一项重要任务。卫生部已在全国22个省（区、市）部分区域和医院开展电子病历试点工作，计划用一年时间探索建立适合我国国情的电子病历系统。省内首批试行电子病历的医院包括中南大学湘雅医院、中南大学湘雅二医院、中南大学湘雅三医院、湖南省人民医院、湖南省肿瘤医院、湖南省儿童医院、株洲市一医院、益阳市中心医院。

病人到窗口挂号便可得到一张一卡通就诊卡，病人拿卡看病，坐诊医生把病人就诊信息记录在卡上；取药时药剂师只要用电子扫描仪核对患者的一卡通信息就可以准确快速地刷卡取药；病人刷卡做检查，检查结果也可以从就诊卡上反映出来……电子病历的快捷方便将让医患双方都感到满意。然而实现电子病历的真正功能是一项巨大的工程，目前还没有一个国家建成基础和通用的电子病历系统，只有少数发达国家和地区在试验能共享的电子病历。目前由于医院间各自为政，要实现医疗信息共享颇有难度。不过医院将以电子病历作为切入点，建立未来“数字医院”的基本框架。

【岳麓区“黄鹤模式”用艺术培训资源化解失地农民就业难】 近年来，岳麓街道充分利用辖区内得天独厚的艺术培训资源，以黄鹤村为核心，创建出破解失地农民就业难的“黄鹤模式”，区域内1万多名失地农民吃上“艺术饭”。岳麓街道辖区内有中南大学、湖南师范大学音乐学院、湖南省艺术职业学院等国内外知名高校，艺术培训市场活跃，每年吸引全省乃至全国各地的众多学生在此接受艺术培训。近年来，岳麓街道开发建设项目多，失地农民不断增加，利用艺术培训资源化解失地农民就业难的“黄鹤模式”应运而生：岳麓街道以黄鹤村为核心，整合村内富余安置房源，78栋农民安置房全部腾出，出租给了艺术培训机构，一举让失地农民实现年房租收入500万元。同时，街道牵头引进了11家大型艺术培训机构，年培训超万人次。依托土城头遗址，借鉴深圳大芬油画村出租民房进行艺术创作的经验，在该村打造成了“土城头艺术公社”。公社管委会出台了“给艺术大师免费提供创作室，为艺术品制作专家免费提供制作间，给供房村民以房租补贴”的特殊政策，广聚创意人才。如今随着“黄鹤模式”在五星村、靳江村、左家垅村等地相继推广，岳麓街道的失地农民也获得众多商机，仅区域内的农民安置小区，房租年收入超1000万元，每户年可获得2万至3万元的固定收入，人均年增收约5000元。目前岳麓街道的艺术培训作为重点项目之一已列入岳麓区文化产业“十二五”发展规划，届时将通过打造麓山南路文化产业街等品牌，实现艺术培训产业链的延伸。

【省学前教研中心落户长沙】 2011年1月4日，湖南省学前教育研究中心在长沙师范专科学校挂牌成立，这是全国唯一一个省级学前教育专门研究机构，副省长郭开朗为该研究中心揭牌。湖南省学前教育研究中心设有理论部、实验部、服务部三个部门。其中，理论部主要负责研究学前教育科学。实验部依托长沙师范专科学校附属第二幼儿园，主要开展学前教育实验，研究自然教学和干预条件下幼儿的行为，以及系统的教学方案。服务部负责转化和推广学前教育的科研成果，开展相关社会服务，包括研发和推广幼儿园课程与教材、幼儿学习资料、幼儿园设施设备与教具等，对教师进行新理念、新成果培训。

【长沙成首批全国社会管理创新综合试点城市】 2011年初，长沙被中央政法委、中央综治委列为首批全国社会管理创新综合试点之一，是全省唯一一个试点城市。长沙市以推进流动人口“十有”（进城有工作、上岗有培训、劳动有合同、报酬有保障、生产有安全、参保有办法、住宿有改善、维权有渠道、生活有文化、发展有目标）为主线，实施了以“亲情化服务、市民化待遇、社区化管理”为内容的流动人口“融入工程”，将公共租赁住房建设纳入保障性住房年度计划，近两年全市新建廉租房面积46万平方米；从2009年起，取消了41项涉及流动人口的行政事业性收费项目。目前全市按照流动人口400：1的比例组建专职协管员队伍，目前已达到3700人，其主要职责是协助公安、房管等部门登记录入信息，办理居住证、出租屋登记备案；协助地税、计生、人保、工商、消防等部门开展信息采集；协助出租屋综合税征收；开展清理核查和治安防范，宣传贯彻相关法律法规等9个方面，2010年全市累计投入经费已超过1亿元。

【长沙市首次星级公园评定结果出炉】 2011年1月11日，长沙市首次星级公园评定圆满落下帷幕，湖南烈士公园和天心阁从长沙市8大公园中脱颖而出，荣登五星级公园行列。按照《长沙市星级公园评定办法》和《长沙市星级公园评定标准》等规定，通过公园自行申报、社会满意度调查、星级公园专家评审委员会评审等程序，湖南烈士公园等8家公园星级等级评定结果正式出炉。其中湖南烈士公园、天心阁荣列五星级公园；南郊公园、园林生态园、王陵公园荣列四星级公园；晓园公园、桂花公园、紫凤园荣列三星级公园。

【长沙首家网安警务室挂牌】 2011年1月13日，长沙首家网安警务室正式挂牌。省公安厅、长沙市公安局联手本土互联网企业，开展首批网安警务室创建工作，并正式启动第一家网安警务室。公安机关将定期派出专业警员，来到网安警务室在网上为群众服务。网安警务室可以在网上接受群众报警，群众只需输入网址 www. hngawj. net 并点击，就可以进入网安警务室，然后点击报警，并且详细填写姓名、电话、报警事由等资料后，该资料就会迅速传到指挥中心，然后传给值班民警并且迅速联系报警群众。网安警务室主要包括三大功能：一是指导互联网服务单位依据相关法律法规，组织安全员开展信息巡查和案件线索协查工作，受理违法案件线索举报，为群众排忧解难；二是开展网上便民利民服务工作，公安机关将通过网安警务室，倾听民声民意、受理咨询投诉、替群众排忧解难，随时掌握社情民意，使网安警务室成为“大走访”开门评警活动的重要载体；三是开展信息网络安全培训和法制宣传教育工作等。

【湖南首所国际学校在长沙落成】 2011年1月14日，湖南首所国际学校——长沙玮希国际学校在星沙落成。省委书记、省人大常委会主任周强出席授牌仪式。近年来，长沙经开区外向型经济发展迅速，目前已落户世界500强25家，来自世界各地的外籍人士也逐渐增多，建立一所高水平的国际学校势在必行。2010年5月，学校正式奠基，由长沙经开区管委会负责建设，中新苏州工业园区国际服务有限公司负责运营管理，玮希教育咨询公司负责日常教学管理，该学校也是中新苏州工业园区开发集团在湖南的首个合作项目。学校占地面积40亩，总投资达8000万元，建筑面积22000平方米。学校办公楼、教学楼、剧院、食堂、图书馆、风雨操场等一应俱全，无线网络无缝覆盖，是一座标准的智能化建筑。校园可容纳500—800名学生，具备从小学至高中的教育培育功能。以英语为教学语言，学校采用国际文凭组织（IBO）的教学体系，可得到包括哈佛、剑桥、牛津在内的大多数名牌大学的认可。长沙玮希国际学校不但面向长沙的外籍人士招生，还将面向全省，辐射中南地区。

【全省首个关爱农民工子女基金成立】 2011年1月15日，全省首个关爱农民工子女的基金——好乐比儿童关爱基金正式启动，这也是“2011年温暖同行·关爱农民工子女”活动的一部分。为改善农民工子女的成长环境，团省委、省青年志愿者协会、省青少年发展基金会决定在湖南省青基会总名目下专项设立“好乐比儿童关爱基金”，资助非营利组织开展关爱农民工子女教育、心灵健康志愿服务及公益创新项目。湖南好乐比商业投资有限公司联合其他有爱心的企业，捐款16万元，作为启动资金。好乐比（Hello baby）童梦工厂是湖南首家儿童一站式体验购物中心，是为0到15岁少年儿童提供集购物、娱乐、教育、体验为一体的专业服务中心，汇集了迪士尼、耐克、酷漫居等众多知名儿童品牌。好乐比负责人称，以后每年会将营业收入的千分之五注入关爱基金。

【开福区城管执法大队开展向服务对象送“廉政红包”活动】 2011年1月16日，开福区城管执法大队执法队员一大早就来到伍家岭生活广场，挨家挨户给经营户拜年，并送上了一个个丰厚的“廉政红包”。红包里装有三张精美的过塑彩色卡片：红色卡片印着《长沙市行政行风评议内容》和开福区城管大队的公开承诺；绿色的是该大队党风廉政建设的制度和城管系统的规定及禁令；粉色卡片则是文明执法公约及城管温馨提示，每张卡片的醒目位置都印有监督举报电话。“廉政红包”的内容涵盖了执法内容、执法要求和执法细则等多个方面，经营户通过阅读红包里的卡片，可以清楚地了解到城管队伍的执法和服务范围，也在心中对执法队员的言行举止有了一把清楚的标杆。今后的经营过程中，对自己的经营活动有了一个标准的规范，对城管执法队员也有了一个评判和监督的渠道。开福区城管执法大队2011年将强力推进廉政文化建设和工作创新，让城管执法队员给服务对象送“廉政红包”在全国尚属首次。城管部门将在全市范围内推广这一举措，将超过万份“廉政红包”于年前发送到市民手中。

【长沙开通服务农民工法律援助网】 2011年1月19日，长沙市司法局正式开通了律师服务农民工法律援助网。当事人只要在工作时间登录网站，即可通过QQ与值班律师互动咨询，还可发送邮件叙述案情和举证，农民工法律援助志愿团在完成初审后再指派承办律师呈报市法律援助中心审批，当事人的申请、审查、审批到律师指派可全部在网上操作完成，当事人不需再多次往返办理，极大地减轻了当事人的经济负担。另外，农民工法律维权专线84435688开通以来，已接听咨询电话1400多个，其中35岁以下的进城务工青年占到了来电人员的一半以上，他们文化素质较高，经常上网，习惯于网上咨询和传送资料，“网上律师”将更方便快捷地为当事人提供援助。

【长沙发放困难群体一次性生活补贴近4000万元】 2011年1月24日，长沙市民政局和市财政局联合下发《关于再次为城乡困难群众发放生活补贴的通知》，向全市城乡低保、优抚对象和老党员发放一次性生活补贴近4000万元。根据安排，长沙此次发放一次性生活补贴范围为城乡低保对象（含农村五保对象）、享受国家抚恤补助的优抚对象以及新中国成立前入党的农村老党员、未享受离退休待遇的城镇老党员。补贴标准分别为：城市低保对象每人150元，农村低保和五保对象每人100元，享受国家抚恤补助的优抚对象和新中国成立前入党的农村老党员、未享受离退休待遇的城镇老党员每人180元。城乡低保对象（含五保对象）以2011年2月在册对象为准，其他对象以2010年底实有对象为准。此次生活补贴的发放，为贯彻落实2011年1月19日国务院第141次常务会议精神，发放时城乡低保对象的补贴资金直接打入低保对象个人账户，其他对象的一次性生活补贴通过原发放渠道发放，并于1月31日前足额发放到位。

【宁乡经开区获“平安园区”称号】 2011年1月25日，刚刚晋升为国家级开发区的宁乡经济技术开发区获得全市首家“平安园区”称号。市委常委、政法委书记张湘涛，市委常委元明参加授牌仪式。宁乡经开区围绕长沙市委政法委关于建设公众安全满意工程的重大部署，以强化园区综治基础、提高企业治安防范能力为重点，全面落实社会治安综合治理各项措施。通过平安创建，宁乡经开区各项工作得到了大幅提升。2010年全区没有发生影响全局的违规上访、生产安全和群体性治安事件，商事、民事等纠纷数量同比下降62.8%，各类纠纷调处率达98.3%。同时社会治安状况进一步好转，全区治安刑事发案在连续三年同比下降的基础上继续下降。通过平安创建，效应进一步彰显，平安稳定的投资环境已成为宁乡经开区的“金字招牌”。

【长沙7条飞欧美澳航线首航】 2011年1月18日，从长沙出发，通过上海转机至巴黎、法兰克福、伦敦、洛杉矶、温哥华、悉尼、墨尔本的7条国际航线，在长沙黄花机场举行首航仪式。省委书记、省人大常委会主任周强，东航集团总经理刘绍勇，省委常委、市委书记陈润儿，省委常委、副省长陈肇雄，副市长文树勋等出席。2010年长沙航空口岸出入境人数54.8万人次，同比增长49.4%，连续5年居中部地区第一位。但黄花机场目前国际始发航线较单一，为加快湖南国际航空运输市场的开发，省政府2008年11月与上海市签订了《湘沪口岸大通关合作协议》，2010年8月与东航集团签订《战略合作框架协议》。7条长沙始发的国际航线开通后，旅客可以方便地从长沙出发通过上海浦东机场轻松转机，飞往欧美及澳大利亚的目的地。旅客在长沙机场国际厅出发时，将获得全航程登机牌，并办妥一切托运行李海关事宜，实现机票和登机牌“一票到底”，行李直挂。

【长沙市机动车保有量过百万辆】 根据长沙市车辆管理部门的统计，截至2011年3月7日，长沙市的注册机动车保有量已突破一百万辆。长沙市成为继北京、上海、广州、沈阳、昆明等城市之后第22个机动车保有量突破百万的城市，同时也是我国中部地区第3个机动车保有量突破百万的城市，标志着长沙进入了汽车时代。从2001年开始，长沙市机动车增长迅速。2001年—2010年十年间，全市的机动车保有量从22.6万辆增至97万辆，增长了74.4万辆，年均增速达到15.6%。特别是2010年，全市年净增机动车22.4万辆，年增长率达到30.1%，在全国次于重庆市。目前全市100万辆机动车的基本构成为：汽车65.15万辆（其中私家汽车57.52万辆），摩托车31.18万辆，其他机动车3.67万辆。私家汽车占到了全市机动车总数的57%。以全市670万常住人口计，目前长沙市每100人拥有汽车9.8辆，每100人拥有私家汽车8.6辆。

【天心区成立全省首支社区综合管理服务队】 2011年3月14日，天心区城南路街道成立湖南首支“社区综合管理大队”。城南路街道将原街道治安巡防队员、流动人口与出租房屋协管员、城市综合管理执法协管队员三支队伍整合为“社区综合管理服务大队”，将区域内的8个社区划分为16个网格，156名综合管理队员全部下到街道和社区，其人员编制、工资待遇、工作经费全部由街道和社区统一管理，改变了过去多头管理、职责分散、效能不高的弊病。每个网格内的队员负责本网格内的社会事务管理，包括社会治安、维稳处突、卫生监督、流动人口与出租房屋、计划生育等30余项服务项目，所有主次干道、背街小巷均纳入网格内，实施24小时不间断动态管理。同时设置GPS考勤系统，实施跟踪、无间断考核，确保为群众服务到位。

【长株潭两型社会展览馆开馆】 2011年3月21日，国家发改委副主任解振华和省委常委、常务副省长于来山为长株潭“两型社会”展览馆开馆揭幕。市委副书记、市长张剑飞，副市长李军以及省直相关部门负责人，株洲、湘潭两市相关负责人出席。今后位于长沙橘子洲头的展馆将免费向公众开放。展览馆集中展示了国务院设立长株潭“两型社会”建设综合配套改革试验区，湖南所进行的探索和取得的成果，诠释了对未来“两型社会”建设的思考研究、行动纲领、愿景目标。展览馆选址橘子洲原天伦造纸厂，利用旧厂房进行改造，总面积2800平方米。展区划分四个篇章，依次为国家战略、顶层设计、阶段成果、未来展望。从各市、各省直单位、园区、企业及社会公开征集，共收集到文字、图片、影音、实物、模型等资料15000多份。此外，31个企业提供了他们在国内领先的“两型”技术、产品。展览馆融科普性、教育性、创新性、趣味性于一体，在运用传统展示手法进行精心设计与布展的同时，融入了触摸屏、LED、发光地图、电子翻书、虚拟驾驶、多通道投影、多媒体、3D弧幕影院等现代技术。还有“两型”城市畅游、“两型”家庭畅想、低碳计算器、垃圾分类游戏等互动展项，是一座集成果展示、科普教育、特色旅游、文献查询、工作交流等多功能于一体的综合性展馆。

【长沙物业管理精细化标准出台】 为规范物业服务企业的服务行为，维护业主合法权益，长沙市住建委于2011年3月下发《长沙市物业管理精细化服务标准（试行）》。《标准》对基础管理、房屋管理与维修养护、共用设施设备管理、秩序维护与消防管理、环境卫生、绿化管理、精神文明建设等七个方面做出了详细规定。根据要求，物业服务企业工作人员应挂牌服务，持证上岗，文明礼貌；房屋管理及维修养护要及时；共用设施设备管理要到位；应急预案完善，人防、技防、物防要到位；每年需定期向住（用）户发放物业服务工作征求意见单，并对意见及时整理和处理，对合理的采纳及时整改，满意率应达85%以上。市住建委物业监管处负责人介绍，《长沙市物业管理精细化服务标准（试行）》为行业基本服务标准，已经通过质量管理体系认证的企业，按照质量管理体系认证标准执行，在物业服务合同中约定的标准高于上述标准的，按照物业服务合同执行。各区、县（市）住房和城乡建设局（房产局）、高新区规划建设房产局按照“领导包片、分类指导、专人负责”的工作原则加强指导和督查，指导物业服务企业完善内部管理措施，协调解决物业管理中的矛盾和纠纷，建立健全物业管理监管的长效机制。对执行不力，服务水平差的在行业内予以通报，责令限期改正，并将检查情况作为企业评优、资质等级核准和资质年度监督检查的重要依据。

【长沙市获评“国家大学生创业示范基地”】 2011年3月29日，在上海召开的中国大学生自主创业工作经验交流会暨全球创业周峰会上，作为全国仅有的三个授牌单位之一，长沙市获评为“国家大学生创业示范基地”。近年来，长沙市坚持把推动大学生自主创业作为建设创业之都的重大战略举措，通过各种措施调动大学生创业激情、培养创业热土，使得在长沙自主创业的大学生老板数量在全国众多城市中脱颖而出。2010年底，全市共有5829名大学生参与自主创业，累计发展中小型企业2000余家、新增个体工商户1815户，创造就业岗位15000多个。除长沙外，此次获评为“国家大学生创业示范基地”的还有杭州市和吉林省。

【长沙市公安局官方微博正式开通】 2011年4月8日，长沙市公安局官方微博——“长沙警事”在新浪网和腾讯网同步正式启动。长沙公安机关官方微博的LOGO选择了蓝底白字的“长沙警事”四字，再辅之以蓝色的“尚法惟民 崇勇达正”这一长沙警察精神的表述语和徽标，直观、醒目。该微博主要侧重五个方面的内容：一是发布治安警示、安全防范提示、警情通报等警务信息；二是及时、权威发布案（事）件信息，通报大要案件侦破情况；三是通过微博发布便民服务举措，接受网友警务咨询，帮助网友解决问题；四是征集网友涉警意见和建议；五是接受群众涉警投诉、案件线索举报等。另外长沙公安还将在新浪网注册开设“长沙警事”公安博客、播客，构建以微博为主体，以博客、播客为辅的“三位一体”的长沙公安互联网公共关系平台。长沙警事微博网址：http：//weibo. com/cscop；http：//t. qq. com/cs _ cop。长沙警事博客网址：http：//blog. sina. om. cn/u/1973743580

【《长沙市志愿服务管理办法（试行）》正式实施】 《长沙市志愿服务管理办法（试行）》（以下简称《办法》）于2011年5月1日起正式实行。本《办法》所称的“志愿服务”，是指不以获取报酬为目的，自愿以智力、体力、技能等为他人和社会提供服务和帮助的公益性活动。志愿者，即指利用自身知识、技能、体能等，从事志愿服务活动的个人。志愿者享受的权利包括：志愿者可根据自己的意愿参加志愿服务活动，有权拒绝参加超出约定范围或无关的志愿服务活动；有困难时优先获得志愿者组织的帮助；志愿者日工作时间不超过8小时等。志愿者履行的义务包括：志愿者应该尊重志愿者服务对象的意愿和人格、隐私等权利，不得损害其合法权益。在职国家公务人员、国有企事业单位职工和学生有参加志愿服务的义务，每年参加志愿服务时间累计不少于48小时等。任何组织和个人不得强行指派志愿者组织或者志愿者从事志愿服务活动，不得利用志愿者组织、志愿者及其名义或者志愿服务标识进行非法活动和营利性活动。

该《办法》明确，志愿者组织为志愿者安排志愿服务活动时，应当提供必要的安全、卫生、医疗等保障条件。志愿者在志愿服务活动中遭受重大伤害或者死亡的，与用人单位建立了劳动关系的，依法享受工伤保险待遇；符合《湖南省见义勇为人员奖励和保护办法》规定的，按照其规定处理。

【湖南首个社区矫正管理帮扶平台运行】 2011年6月20日，湖南首个社区矫正管理帮扶平台——长沙市开福区司法局社区矫正中心正式运行。社区矫正中心是一个集“管理、教育、服务”为一体的综合性社区矫正工作机构，下设“三部、三室”：即管理部、教育部和服务部；心理咨询室、宣告训诫室和教育培训室。针对当前未成年人犯罪日益增多、犯罪年龄趋向低龄化的严峻形势，中心推出集思想道德和法制教育、心理疏导、亲情帮教、重修学业等内容为一体的“少年套餐”——通过积极与湖南司法警官学院、长沙市工读学校对接，尝试建立司法所档案管理与学校日常监管并行的“双列管”模式，构建起了一个未成年罪犯社会化管理矫治新平台。开福区依托通信网络和GPS手机定位系统，在长沙市率先建成了“社区矫正移动管理信息系统平台”——这道无形“电子围墙”的建立，可实现随时对矫正对象进行定位、跟踪管理、历史轨迹查询。

【长沙城区最大农民保障房开工】 2011年6月22日，长沙城区最大的农民保障住房项目——雨花区农村拆迁保障住房星城新宇·黎锦苑奠基开工。1.7万套保障住房年内全面启动建设，4255名被拆迁农民将在两年内迁进新居。按周边市场行情估算，入住农民直接受益达13.7亿元。星城新宇·黎锦苑项目都是电梯高层住宅，绿化及生活配套设施完善，每位被拆迁农民都有80平方米的购房指标。项目建设工期为两年，涉及武广长沙南站周边的黎托街道平阳、粟塘两个村。雨花区农村保障住房建设计划用地1021.3亩、总建筑面积212万㎡，将建设保障住房17256套，安置被征地农民22025人，仅基建投资就达59.8亿元。农村保障房总建设规模居长沙城区首位。在前期黎郡新宇项目试点成功的基础上，2011年将进一步启动建设11个保障住房的安置点，其中黎托街道3个、雨花亭街道3个、洞井街道1个、圭塘街道1个、环科园3个。

【长沙入选中国最佳投资服务城市十强榜】 2011年7月15日，“2011两岸四地（中港）经贸合作高峰论坛”在深圳举办，长沙入选本论坛发布的“2011中国最佳投资服务城市”十强榜单。一同进入榜单的还有安徽芜湖市、宁夏银川市、重庆永川区、河北唐山市、江苏镇江市、江苏南京市、浙江绍兴市、福建福州市、云南昆明市。此次评选由香港中华工商业协会主办。榜单的制定极其严格，先由评审委员会依据投资规模及增长速度、产业创新能力、市场辐射潜力、能源利用率及生态保护、投资要素成本、人文及社会安全、政府服务与政策、产业集聚度、人才吸引及配套能力等10项指标作出评定意见。然后，由工商团体投票打分。最后，通过新浪等第三方机构向社会公示并征询意见。长沙获此殊荣与近年来招商引资保持了快速增长分不开。为服务外来投资者，长沙设立外商定点服务机构，成立了外商投资企业协会。

【长沙市见义勇为基金会成立】 2011年8月17日，长沙市见义勇为基金会举行成立大会，市委常委、政法委书记张湘涛担任基金会名誉理事长，老同志秦卓夫当选基金会第一届理事会理事长。市见义勇为基金会专门负责见义勇为人员奖励和保护工作，现已募集资金2000余万元。长沙于1992年设立见义勇为基金，对因见义勇为行为造成生活困难、见义勇为伤残和牺牲者家属进行慰问和提供资助，对见义勇为伤残人员康复治疗提供补助。多年来，全市先后表彰奖励了400多人次见义勇为人员，涌现出高春娜、刘国强、邓维美等全国见义勇为英雄和先进个人。

【长沙首批城中村改造撤村设社区】 2011年9月7日，长沙市城中村改造试点工作现场推进会在雨花区高升社区召开。作为全市首批城中村改造试点单位，雨花区的高升、红星、五一村率先撤销村委会，设立社区。市委副书记、市长张剑飞，市领导谢建辉、张迎龙等出席会议。三个试点村中，原高升村一分为二，变成高升社区和湘天社区；原五一村划分为永定社区和永祥社区；原红星村所辖的井湾子、瓦屋等5个村民组纳入红星社区；另外的北冲尾、樟树屋等5个村民组分别纳入香樟路、德馨园和冯家冲社区。改社区后，农村村委会变社区居委会，村民变市民、变股民，集体土地变国有土地。原城中村居民将在教育、医疗、社会福利和保障上充分享受市民待遇；集体资产量化成股份，分配给居民，大家可享受集体资产增值的效益；同时，社区基础设施建设将由市、区分级拨款埋单。雨花区3个试点村率先变社区，标志着长沙城中村改造取得阶段性成果。改社区后，居委会主管社会管理，经济管理则由公司来运作，实行股份制、公司制管理。高升社区、红星社区已分别成立了高升实业有限公司和红星实业有限公司。各试点村股份制企业均制订了公司章程，实行公司化管理。市规划部门对涉及城中村改造的规划建设项目，有关行政审批事项一律开辟“绿色通道”，实行并联审批，简化办事程序。当日的会议还明确，村民变股民后，股东代表的产生要经村民或村民代表会议三分之二以上成员记名表决通过。要积极申办集体资产产权，对不具备申报产权条件的在建工程等，经村民或村民代表会议三分之二以上成员记名表决同意，移交公司管理，并依法办理变更手续。

【全国首个社区“预防青少年犯罪研究基地”落户长沙】 2011年10月29日，全国首个落户社区的“全国预防青少年犯罪研究基地”在雨花区侯家塘街道廖家湾社区挂牌成立。该基地将发挥社区的资源优势，构建预防工作新的有效载体。据统计，全市户籍人口及常住人口（非长沙户籍、已办理居住证的）中25周岁以下的有不良行为或严重不良行为的青少年有1488人，其中14—25周岁的占88.7%，14周岁是不良行为的高发年龄。此次建立“全国预防青少年犯罪研究基地”，旨在将研究、预防、关爱和干预有效结合起来，开展经常性、制度化的法制宣传教育、调查研究和帮教关爱行动，帮助青少年法制教育工作者转变服务理念和工作方式，打造青少年法制教育和预防工作的新平台。目前“全国预防青少年犯罪研究基地”全国仅有6家，廖家湾社区为全国首家建立该基地的社区。

【长沙荣登全国文明城市榜首】 2011年12月20日，中央文明委在北京召开全国精神文明建设工作表彰大会，中共中央政治局常委、中央文明委主任李长春出席并讲话。长沙以排名省会和副省级城市第一的优异成绩，荣登第三届全国文明城市榜首。大会由中共中央政治局委员、书记处书记、中宣部部长、中央文明委副主任刘云山主持，中共中央政治局委员、国务委员、中央文明委副主任刘延东宣读了表彰决定。全国文明城市称号是城市综合性的最高荣誉，是城市整体实力和综合竞争力的重要体现。

获得第三批全国文明城市殊荣的省会、副省级城市有：长沙市、广州市、福州市、长春市、杭州市、郑州市、拉萨市、银川市、贵阳市。

【长沙连续第四年入选中国最具幸福感城市】 2011年12月26日晚，在江苏省南京市举行的“中国最具幸福感城市五周年庆典暨2011中国最具幸福感城市”颁奖典礼上，长沙连续第4年入选“中国最具幸福感城市”，并获得中国最具幸福感城市五周年特别荣誉大奖。长沙县获得县级市2011中国最具幸福感城市金奖。中国最具幸福感城市调查推选活动始于2007年，是由新华社《瞭望东方周刊》、中国市长协会《中国城市发展报告》工作委员会联合主办。2011年有20座城市获得殊荣，其中天津、重庆、珠海当选地级及以上城市最具幸福感城市；南京、无锡获得地级及以上城市最具幸福感城市金奖；成都、杭州、宁波、长沙、昆明获得中国最具幸福感城市五周年特别荣誉大奖；江阴、昆山、吴江、太仓、武进、云阳县入选县级市最具幸福感城市；宜兴、余姚、长沙县、海城获得县级市最具幸福感城市金奖。

体制机制创新

【长沙6000老工伤纳入工伤保险】 从2011年1月1日起，老工伤人员纳入长沙工伤保险统筹管理。目前长沙已有85家企业申请办理了老工伤人员纳入统筹管理工作手续，6000余名老工伤人员纳入工伤保险范畴。老工伤人员是指长沙市行政区域内用人单位参加工伤保险统筹以前，已确认为工伤或患职业病，目前仍由用人单位或主管部门支付工伤待遇的工伤人员、因工死亡人员的供养亲属、退休退养工伤人员。具体包括三类人员：在原国有企业或城镇集体企业已确认的工伤人员；已参加工伤保险统筹的事业单位和民间组织（包括社会团体、基金会和民办非企业单位）因公（工）负伤的工作人员；因工死亡人员的供养亲属仍符合供养条件的人员。四类人员不列入老工伤人员统筹管理范围：工伤人员与原用人单位已解除劳动关系并终止了工伤待遇关系的；工伤人员、供养亲属已一次性享受了工伤待遇、抚恤待遇的；截至2011年1月1日，工伤人员所在的用人单位仍未参加工伤保险统筹的；拒不接受劳动能力鉴定的，其中在职1—6级伤残人员拒不接受伤残等级复核的。老工伤人员纳入统筹管理后，可享受工伤待遇项目包括：伤残津贴、生活护理费、旧伤复发医疗费、工伤康复费、辅助器具配置费、供养亲属抚恤金、丧葬补助金等。

【《长沙市房屋登记办法》正式实施】 《长沙市房屋

登记办法》已经市政府常务会议通过，于2011年3月1日起正式实施。《办法》规定在预购商品房中，当事人可以申请预告登记——预售人和预购人订立商品房买卖合同后，预售人未按照约定与预购人申请预告登记，预购人可以单方申请预告登记；预告登记后，未经预告登记权利人书面同意，处分该房屋申请登记的，房屋登记机构不予受理，这样就可以避免开发商在未经购房者同意的情况下再将住房出售。《办法》不仅明确了数种新的登记方式，更明确规定，房屋权属证书、登记证明应当与房屋登记簿的记载相一致，记载不一致的，除有证据证明房屋登记簿确有错误外，以房屋登记簿为准。在房屋所有权人的姓名或者名称以及身份证明号码发生变化，房屋坐落的街道、门牌号或者房屋名称变更时，权利人应当申请房屋所有权变更登记。成套房屋和有违法建筑且不能明确部位的单幢房屋，不能分割。《长沙市房屋登记办法》正式实施后，《长沙市城市房屋权属登记管理办法》（市政府第77号令）同时废止。

【《长沙市职工基本医疗保险办法》正式实施】 《长沙市职工基本医疗保险办法》于2011年4月1日开始实施。新出台的《办法》首次将灵活就业人员基本医疗保险和城镇职工纳入同一政策体系。同时城镇职工基本医疗保险结算将由每年4月1日至次年3月31日调整为每年1月1日至12月31日，每年度最高支付限额为20万元（包括大病医疗互助）。《办法》规定，企业、国家机关、事业单位、社会团体、民办非企业单位、有雇工的个体户、外地驻长单位等用人单位，以及职工，都要按照规定共同缴纳基本医疗保险费。用人单位按全部职工工资总额的8%缴纳基本医保费，职工个人按本人月工资的2%缴纳基本医保费。职工本人月工资低于上年度全省在岗职工月平均工资60%的，按60%核定个人缴费基数；超过300%的，按300%核定个人缴费基数。无雇工的个体户、未在用人单位参加职工基本医保的非全日制从业人员及其他灵活就业人员，可以参加职工基本医保，由个人按上年度全省在岗职工月平均工资的60%为缴费基数，按统筹地区用人单位费率的70%缴纳基本医疗保险费。灵活就业参保人员可以直接向社会保险费征收机构缴纳保费。单位参保人员达到法定退休年龄时累计缴费达到国家规定年限的，不再缴纳保费，按照规定享受基本医保待遇。未达到国家规定年限的，可以缴费至规定年限。灵活就业参保人员达到法定退休年龄时，参加统筹地区基本医保的累计缴费年限（实际缴费年限和视同缴费年限之和）男满30年、女满25年，其中实际缴费年限满10年的，不再缴纳保费，按照规定享受基本医保待遇。未达到规定年限的，以达到法定退休年龄时上年度全省在岗职工平均工资的60%为缴费基数，按规定缴费比例一次性补足所差年限的保费后，享受退休人员医疗待遇；未一次性补足的，可继续按在职人员政策缴费并享受待遇至规定年限。

【长沙着力优化党政领导班子和领导干部绩效考核管理机制】 2011年3月2日，长沙市召开2010年度绩效考核总结讲评大会，会上公布了全市103个领导班子及922名班子成员的考核结果。2010年是长沙市全面实施党政领导班子和领导干部绩效考核管理的第四年。从2007年起，按照党的“十七大”关于“完善体现科学发展观和正确政绩观要求的干部考核评价体系”要求，长沙在国内较早全面实施党政领导班子和领导干部绩效考核管理，按照“公开、公平、公正”的要求，引入“民评官”机制，强化考核结果运用，突出治懒治庸治劣，激励干事、警示无为、助推发展。2010年长沙市党政领导班子和领导干部绩效考核管理又实现了新的发展。增强了考核的科学性，通过对考核制度办法的持续修订改进，优化了班子绩效构成，改进了考核计分方式，完善了自身建设考核体系，初步实现集中考核的信息化操作。并且坚持落实科学发展要求，探索出“确保全市总数、摸清历史基数、预测当年变数、借鉴相关参数”的“四数”分析法，合理分解目标任务。及时舍弃GDP、合同利用外资等与科学发展切合不紧密的工作指标，增加税收占财政收入比重等衡量发展质量、效益的指标，把文明创建、“两帮两促”、创业富民、食品安全、安居工程等单列考核。科学设置定性指标，强化定量约束，增加就业、就医、就学等民生指标的分值权重。同时，坚持“绩为民考”导向，将工作目标、完成情况全方位公示，注重听取媒体、网民声音，以公开促公正。改进社会评估调查方式，坚持随机调查，按类别选取样本，提高直接服务对象和知情者样本数量，优化调查样本构成，有效提高了多元评价主体评价的有效性。

四年来，长沙市内区县（市）每年按分类排出名次，市直单位累计评出一等班子72个（次），二等295个（次），三等21个（次）；三四等班子成员47人（次），诫勉89人（次），免职撤职15人。通过绩效考核，助推了长沙经济社会各项事业的发展。并且长沙绩效考核实践得到上级组织的充分肯定，中央政治局委员、中组部部长李源潮先后三次作出肯定性批示，中组部以内刊进行了专题推介。

【《长沙市城乡居民基本医疗保险办法》正式实施】 《长沙市城乡居民基本医疗保险办法》（以下简称《办法》）于2011年4月1日起实施。这意味着长沙原有的城镇居民基本医疗保险制度与新型农村合作医疗制度实现全面并轨。长沙新的基本医疗保险制度覆盖近500万城乡居民，实现了“四统一”，即统一管理经办、统一信息平台、统一待遇支付、统一基金调剂。“四统一”最大的亮点是城乡缴费标准一样、享受待遇一样。在基本医疗保险待遇上，原来参加“新农合”的农村居民，在药品目录、诊疗范围、选择医疗机构和支付标准等方面与城镇居民享受同一标准。长沙市这种打破城乡“二元结构”、让城乡居民享受同等基本医疗保险的做法，在全国属创新之举。该《办法》主要适用于本市行政区域内未纳入职工基本医疗保险范围的人员：包括具有本市户籍年满18周岁的非从业人员（不含现役军人），在长沙居住1年以上的外来工作人员或在长沙购买房产并居住1年以上的人员；驻长高校在册学生；驻长中小学、职业高中、中专、技校在册学生；其他具有本市户籍的未成年人或具有本市准生证的新生儿。

【《长沙市流动人口居住登记管理办法（试行）》正式实施】 《长沙市流动人口居住登记管理办法（试行）》于2011年5月1日起正式施行。目前长沙流动人口总数已达160余万。《办法》规定，流动人口管理实行居住登记和居住证制度。这意味着2010年3月以来实施的“废暂住证，起用居住证”制度正式写入政府规章。取得居住证的流动人口，可享受多种权益和服务，如子女与市民同等享受儿童计划内免疫疫苗免费接种等。尤其是在长沙市连续居住、工作，并按规定办理了居住证和缴纳养老保险3年以上的，可以将本人户口迁入长沙市。根据《办法》规定，拟居住3日以上的流动人口应当进行居住登记，房屋出租人、用人单位或个体工商户须在流动人口入住时进行登记，并及时向有关机构申报。为加强出租房屋管理，《办法》特别强调，房屋出租人在订立租赁合同时，应当查验登记承租人及同住人的姓名、身份证件，不得将房屋租给无身份证件的流动人口居住，否则将处以200元—500元罚款。拟居住30日以上、年满16岁的流动人口，也可以申领居住证。居住证有效期为1年、3年、5年。

【《长沙市城市管理条例》正式实施】 《长沙市城市管理条例》于2011年6月1日起施行，该条例为全国首部城市管理地方性法规。《长沙市城市管理条例》共设五章。《条例》通过梳理城市管理职能，用法律手段理顺了长沙城市管理体制，从源头上基本解决了困扰长沙多年的城市管理职权不明、责任不清的主要问题，为长沙城市管理水平的提高提供了法制保障。

【《长沙市城镇从业人员就业登记管理办法》正式实施】 《长沙市城镇从业人员就业登记管理办法》于8月1日起正式施行。《办法》的出台有利于全面掌握城镇从业人员基本情况，保护其合法权益。根据《办法》规定，长沙将建立从业人员就业登记管理系统，实现市、区县（市）、街道（乡镇）和社区（村）四级联网。从业人员个人基本信息、就业类型、就业时间、就业单位以及订立、解除或终止劳动合同情况等信息与市公安、教育、工商、人口计生、民政等部门共享。用人单位招用劳动者，应在录用之日起30日内，到单位所在地社区（村）公共就业服务机构为劳动者办理就业登记；用人单位与劳动者解除或终止劳动关系以及单位注销，应于15日内为劳动者办理就业异动登记。对于现在已经招用的劳动者，《办法》要求，用人单位应当在2011年12月底前为其办理就业登记手续。同时《办法》规定，城镇户籍人员从事个体经营或创办企业，并领取营业执照的，或已从事有稳定收入的劳动，并且月收入不低于当地最低工资标准的，应主动登记。外来从业人员的就业登记工作由“流动人员和出租屋协管员”负责。《办法》强调，用人单位应当与劳动者签订劳动合同，提供安全卫生的劳动环境、依法参加社会保险（包括基本养老、基本医疗、失业、生育和工伤等保险）、及时支付劳动报酬，保障其合法权益。《办法》规定，用人单位未及时为劳动者办理就业登记手续的，由人力资源社会保障部门责令改正，并可处以1000元以下的罚款。给从业人员造成损害的，依法承担相应责任。失业人员实现就业后未及时进行就业登记的，不得享受各项就业扶持优惠政策。

【长沙提高城乡居民低保标准】 2011年7月1日起，长沙市居民最低生活保障标准再次提高。城乡低保对象除了可领取价格临时补贴外，还将从本月起享受新的低保补助标准。根据物价上涨情况，对城市低保对象、领取失业保险金人员发放2011年1—6月价格临时补贴，每人每月30元，农村低保对象（含农村五保户）、重点优抚对象分别发放每人每月15元。城乡居民最低生活保障标准提高情况为，芙蓉、天心、岳麓、开福、雨花、高新区从每人每月320元提高到350元；长沙县、望城区、浏阳市、宁乡县从每人每月270元提高到300元。上述内五区及高新区的集中供养农村三无人员（五保对象）从每人每月320元提高到350元，分散供养农村三无人员（五保对象）从每人每月230元提高到260元，其他特困对象补差标准从每人每月80、90、100元提高到90、110、130元。长、望、浏、宁的集中供养农村三无人员（五保对象）从每人每月270元提高到300元，分散供养农村三无人员（五保对象）从每人每月150元提高到180元，其他特困对象补差标准从每人每月55、60、70元提高到60、80、100元。

【《长沙市城乡低保对象医疗救助办法》正式实施】 《长沙市城乡低保对象医疗救助办法》于2011年12月10日正式出台实施。凡具有长沙市常住户籍，已参加职工基本医疗保险或城乡居民基本医疗保险的城乡低保对象（含城乡“三无”人员），其医疗费用在医保支付后支出仍有困难的，可以申请医疗救助。其中，患有尿毒症、肝硬化等大病的，看门诊也可以申请每年1000元的大病门诊救助；如果住院治疗，则可享受最高每年1万元的住院救助。城乡低保对象医疗救助的内容包括大病门诊救助和住院救助。其中，大病门诊救助是指对患有恶性肿瘤、肾功能衰竭（尿毒症）、白血病、再生障碍性贫血、系统性红斑狼疮、肝硬化、造成瘫痪的重性心脑血管疾病等大病而未住院治疗的，每人每年救助1000元。

住院救助分两种情况。对城乡“三无”人员在本地县、乡级医保定点医疗机构（无县级医疗机构的区、县可指定一所市级医疗机构）住院的基本医疗费用在扣除医保支付后的目录内个人自付部分，予以全额救助。未在规定医院治疗的，按其他低保对象救助比例和限额进行救助。城乡“三无”人员是指无生活来源，无劳动能力，无法定赡（扶、抚）养人或赡（扶、抚）养人无赡（扶、抚）养能力的城乡居民。

城乡“三无”人员以外的其他低保对象，在医保定点医疗机构住院的，其住院基本医疗费用在医保支付后的个人自付部分，按50%的比例予以救助，年度救助限额为5000元。患上述7种大病，其住院基本医疗费用个人自付部分达到2万元以上的，按30%的比例予以救助，年度累计救助限额为1万元。

城乡低保对象住院救助原则上实行“一站式”即时结算服务。民政部门按月将低保对象名单输入医保信息管理系统。低保对象住院时，凭《低保证》（《五保证》）、医院病历和住院通知单到街道（乡镇）民政办办理《准予救助通知单》，并将《准予救助通知单》交所住医院。出院结算时，医保系统将准予救助对象的医疗费用自动生成城乡居民医保支付金额、医疗救助金额、自付金额三个部分。低保对象住院医疗费用中的医疗救助金额由民政部门与定点医疗机构定期直接结算。暂未实现“一站式”即时结算服务的地方，低保对象住院医疗救助按照城乡低保对象大

病门诊救助的程序进行，但还需提供住院通知书、住院医疗费用结算凭证、必要的病历资料和医保结算支付凭证。

【《长沙市国有土地上房屋征收与补偿实施办法》开始施行】 《长沙市国有土地上房屋征收与补偿实施办法》于2011年12月14日正式施行。市政府2002年10月1日起施行的《长沙市城市房屋拆迁管理若干规定》、2008年4月15日起施行的《长沙市人民政府关于调整长沙市城市房屋拆迁补偿有关标准的决定》同时废止。根据此办法，作出房屋征收决定前，征收补偿费用应当足额到位、专户存储、专款专用；同时，任何单位和个人不得采取暴力、威胁或者违反规定中断供水、供热、供气、供电和道路通行等非法方式迫使被征收人搬迁。禁止建设单位参与搬迁活动。办法规定，为了公共利益的需要确需征收房屋的，由市、区、县（市）人民政府作出房屋征收决定，由房屋征收部门拟定房屋征收补偿方案报同级人民政府。同时，相关部门必须对房屋征收补偿方案进行论证并予以公布，征求公众意见，期限不得少于三十日。作出房屋征收决定前，征收补偿费用应当足额到位、专户存储、专款专用。根据规定，房屋征收决定应当在房屋征收范围内予以公告，公告应当载明征收补偿方案和行政复议、行政诉讼权利等事项。办法规定，作出房屋征收决定的市、区、县（市）人民政府对被征收人给予的补偿包括：被征收房屋价值的补偿；因征收房屋造成的搬迁、临时安置的补偿；因征收房屋造成的停产停业损失的补偿。被征收房屋的建筑面积、结构、用途等，一般以房屋权属证书和房屋登记簿的记载为准；房屋权属证书与房屋登记簿不符的，除有证据证明房屋登记簿确有错误外，以房屋登记簿为准。

株洲市

株洲市2011年两型社会建设综述

2011年，株洲市紧扣“两型”主题和“保二争一，科学跨越”战略目标，狠抓落实，试验区工作取得了好的成效，相关工作得到了中央和省领导充分肯定，中央电视台多次进行了报道。

一、两型环境建设取得较大影响

以创建国家环保模范城市为目标，以“城市提质战”为抓手，推进城乡环境卫生同治。一是城市品质进一步提升。强力推进“四创”进程，国家环保模范城市26项创建指标已通过省级初评，创建全国文明城市获得提名资格；主要污染物排放量持续下降，市区空气质量良好率保持92.6%，空气质量维持国家二级标准。着力提升“四化”水平，实施28个绿化项目，新增绿地面积32.9公顷，城市绿化覆盖率提高到50%。美化建筑33栋，改造小街小巷60条。新建小街小巷路灯60条，城区无灯路段全部消除。完成平安城市、智能交通、数字城管“三大平台”的整合，实现了全时段、全方位、全覆盖的数字化管理。二是积极推进重大环境问题治理。在清水塘地区投资5个亿建设的重金属污水处理厂已投入运行，整合封堵了原有24个湘江排污口，实现清水塘工业区只有一个湘江排放口的目标。“一江四港”整治规划方案已经市规划委员会评审通过；建宁港截污干管建设和龙泉污水处理厂三期扩建工作正在加紧建设；白石港、霞湾港整治项目积极推进；三角叉水系改造工程全部完成。强力推进污染减排，完成限期治理工业污染治理项目16个，37家洗水企业停产或搬迁。湘江株洲段水质持续保持Ⅲ类标准，市区集中式饮用水源水质达标率100%。三是大力推进城乡环境同治。把城市“创卫”的理念和标准延伸到乡村，形成了“市、县（市）、乡（镇）、村、户”五级联动环境治理机制。创造性建立了“分类处理、分区包干、分级投入、分期考核”的“攸县模式”，得到国家及省委、省人大、省政府的充分肯定，温家宝总理就“攸县模式”作出了“攸县城乡同治经验值得重视、推广”的批示。全市五个县（市）中，炎陵成功创建为国家卫生城市，醴陵、攸县、茶陵创建为省级卫生县城，其中，攸县获评“2011年全国生态文明先进县”，炎陵下村乡荣获“全国环境优美乡镇”称号。

二、重点项目与相关设施建设成效显著

一是重点项目建设快速推进。神农湖、湘江风光带河西段已建成开放；华强文化基地一期建成开园，并承办了2011年湖南省旅游节开幕式；职教大学城7所院校入园，2所院校建成开学，与中国五矿二十三冶建设集团签订了战略投资合作建设协议。北汽控股南方生产基地一期工程已竣工投入生产，正在准备二期开工建设。攸县煤电一体化、中航湖南通用航空发动机、通用机场等一批项目顺利推进。环保基础设施建设加快推进，霞湾污水处理厂和董家塅污水处理厂提标改造工程已完成，其中董家塅污水处理厂污泥处置中心已建成运行；白石港污水处理厂已开工建设；南郊垃圾场渗滤液处理项目已基本完工；城市生活垃圾焚烧发电厂已开工；攸县、炎陵县、茶陵县生活垃圾处理项目建成投入试运行；总投资3800万元的“数字环保”系统建成投入试运行。二是低碳出行体系基本建成。引导公交出行，公交票价全部由2元降至1元；完成了城区627台公交车电动化置换，成为全国首个“电动公交城”，平均节油率达15%以上，每年可节油近220万升，减少二氧化碳等各类有害物质排放14730吨。建成了全国试点、全省第一的公共自行车租赁系统，已投放自行车2万辆，办卡人数已超过15万，单日使用突破了20万人次，累计超过2000万人次，相当于节省燃油160万升，减少碳排放5500吨，被住建部列为“城市步行和自行车交通系统示范项目”试点城市。城区推广“双燃料”出租汽车610台，占比达31%。湘江航道疏浚一期工程、铜塘湾港区建设等水运设施加紧建设推进，城际铁路建设应征集体土地完成率达100%。

三、“两型”产业发展进展明显

一是全力推进新型工业化。实现工业增加值847.3亿元，增长18%，其中规模工业增加值721.9亿元，增长19%，新型工业化考核连续五年获全省一等奖。“5115”企业实现工业总产值773亿元，增长25.8%，占全市规模工业的35%，年销售收入过100亿元的企业3家，过50亿元的企业4家。中小企业实现规模工业增加值500亿元，增长20.3%。突出打好园区攻坚战，启动园区建设项目169个，完成投资270亿元，实现园区技工贸总收入1600亿元，增长22.8%；轨道交通、汽车、航空、服饰、陶瓷等产业集群不断发展壮大。产业“两型”化特征越来越明显，2011年，全市高新技术产业增加值占规模工业增加值的46.2%。加快淘汰落后产能，申报实施了67个落后产能淘汰项目；化工、建材、火电、有色、钢铁5大高耗能行业能耗继续下降，对株洲市产值单耗下降的贡献率达到67.8%，全市万元规模工业增加值能耗下降11.37%。二是大力发展现代服务业。全年服务业投资增长45.3%，占全市总投资比重达到53%，高出2010年同期3个多百分点，四个百亿投资项目全部是服务业。持续推进“旅游升温战”，确定41个重点旅游项目，总投资709亿元，启动建设39个项目，全年实现旅游总人数1625万人次，增长33.2%；旅游总收入109.6亿元，增长33.6%。炎帝陵通过国家风景名胜国评；神农谷、酒仙湖成功创建国家4A级旅游景区；全国首家红军标语博物馆建成开馆；芦淞服饰城综合提质改造工程全面完成，获评“中国（中南）服装第一街”。三是着力发展现代农业。全市耕地流转集约经营比率稳定在35%以上，居全省首位。建立农业基地面积400.8万亩，带动农户44.2万户。农业机械化率达到62.1%。生猪养殖规模化率超过60%。农产品加工业总产值达182亿元，增长19%。农业增加值130亿元，增长4%。农产品加工业企业发展到2747家，市级以上龙头企业达到？97家。

四、综合配套改革取得实质性进展

由市政府发文安排推进了统筹城乡发展、土地经营制度、投融资体制、资源节约体制、行政管理体制等10大改革。统筹城乡发展改革方面。政策体系进一步完善，出台了土地集约利用、劳动社保、农业产业化、民政事业等8个专项方案，形成了一套系统完善的政策体系。农村产权制度改革取得实质性进展，集体土地所有权证、集体建设用地使用证和农民宅基地使用证发证率均已达到90 %以上。村级治理机制探索了路子，完成了城区53个村改社区工作，形成了松西子3 + X等一批典型和模式。示范点工作形成特色，重点推进了云龙示范区云田村、株洲县松西子社区、炎陵县星光村、荷塘区荷塘月色等试点村（片区），着力在产业集聚发展、基础设施建设、综合配套改革和文化及产业建设等四个领域重点突破。土地经营制度改革方面。成立了株洲市地产集团，完成融资3亿元，报批储备土地69公顷，成交12宗共42.7公顷。制定出台了《株洲市耕地开垦费征收使用管理实施办法》、《土地经营制度改革方案》，建立健全了农村土地流转信息发布等“一栏一屏三簿八制度”，进一步规范了耕地占补平衡、农村土地综合整治、土地经营流转工作，连续13年实现耕地异地占补平衡。投融资体制改革方面。大力推进投融资平台公司化改造，市直8家投融资平台及县（市）区的15家投融资平台均于9月底提前达到“退出平台公司目录，进入正常公司”的国家标准，工作质量和效率全省第一，在全国也名列前茅。积极发展上市资源，5家企业进入省重点上市后备企业资源库；开展了高新区“新三板”战略合作，4家企业与券商签约。推进建立株洲“两型”基金。“旗滨玻璃”、“唐人神”分别首发上市。有8家小额贷款公司获批开业。拓宽质押物范围，形成了知识产权质押贷款、农村土地承包经营流转权证质押贷款等20多种产品和模式。资源节约体制改革方面。四部门联合发文建立发展规划和建设项目“两型”审查机制。实施了节能减排“三百工程”，出台了《2011年株洲市工业节能与资源综合利用工作要点》等文件。建立节能评估制度。开展排污权交易，株洲电厂与湖南省排污权交易中心签订了湖南省第一份主要污染物排污权交易合同。推进可再生能源应用试点工作，实施项目32个，总面积104.7万平方米。在南车时代建设了太阳能发电项目。中国水电投资40亿元，在株洲市建设年发电量8亿千瓦时的风力发电场。

同时，积极推进了行政管理体制、户籍制度、城区建设体制、城区财政体制等改革。

五、示范区大发展格局已经形成

坚持在发展方式、发展速度和改革创新上示范引领。云龙示范区。华强文化产业基地在其全国布局的同类项目中创下了征拆面积最大、征拆速度最快、建设时间最短等纪录，刚开业的方特欢乐世界日均接待游客超过6000人。一大批重点项目建设快速推进。新建、续建道路共7条。成功签约云龙水质净化中心等8个项目，引进投资100亿元以上。全面完成所有20个行政村改社区工作。天易示范区。将辖区范围由150平方公里扩大到328平方公里，成功引进了三湘湘雅健康城、时代新材汽配园等“两型”项目，初步形成了以北汽株洲基地为中心的汽车产业集群，以风电整机制造产业为龙头的风电产业集群，建成的栗雨休闲谷成为全省“两型”示范工程。率先开展了“村改居”工作。清水塘循环经济示范区。成立了清水塘地区综合整治指挥部，编制形成了“1 + 7”的实施方案体系，重金属污染综合治理有23个项目（总投资188亿元）进入国家政策支持笼子。轨道交通产业也成为全球规模最大、技术最先进。成功引进南车株洲物流基地、湘江金属物流城，物流业发展态势良好。

六、改革试验区氛围明显增强

坚持把培育“两型”文化贯穿于“两型”社会建设改革全过程。一是重视抓了“六大体系”建设工作。围绕“两型”规划、标准、政策、要素支撑、监测评价、工作推进等体系建设，分别组织人员、资金开展研究。目前大多数已形成了初稿，不久可以完成。二是深化了“两型”创建工作。由市两型办总牵头，市直有关部门和县（市）区分别负责分线、分块的创建工作，并将“两型”创建工作纳入了年度“两型”工作考核内容。评选出了株洲市首批“两型”示范创建单位83个。株冶成功入选国家首批“两型”企业创建试点企业；淞欣学校获批全国首批“国际生态学校”；易果双家庭入选全国“低碳生态家庭”。三是着力推进厅市合作工作。由市两型办牵头，将厅市合作工作纳入政绩考核，多次组织调度会和专项督查，市直各部门主要领导亲自负责，组织人员具体负责这方面工作。市委书记、市长等领导亲自过问，参与签约活动，并大力推进协议落实。四是加强宣传培训工作。制定出台2011年“两型”宣传方案，由市委宣传部发文，组织召开了“两型”宣传工作落实会。在北京举办了“两型”社会建设汇报会。举办了湖南省首届“两型社会与城市建设”高峰论坛。各级学习中心组和党校、各类学校都开展了“两型”教育培训。组织开展了“打造东方莱茵河—百万青少年绿色行动”、“全民参与全球熄灯一小时”、“我眼中的湘江母亲河”手机摄影大赛、“徒步湘江环保体验”、“激情石峰，绿色出发”首届全省公共自行车精英挑战赛、“体验低碳，感悟生活”首届儿童用品交换会、“社区我最型”等一系列主题活动，进一步提高了民众对“两型”社会建设的认知度和参与度。

株洲市2011年两型社会建设成果

资源节约利用

【株洲连续12年实现耕地占补平衡】 2011年，株洲市国土资源局被授予全国国土资源管理系统先进集体。

"十一五"期间，株洲经济增长快，建设力度大，土地资源供求压力空前紧张。市国土资源部门采取争取重点项目、利用污染土地治理指标、增减挂钩等措施，5年共上报土地面积11110公顷，批回用地面积6938公顷，保障了各类建设用地需求。株洲还通过实施耕地保护奖励政策、开展自筹资金补充耕地和农村宅基地复垦试点等措施，补充耕地3637公顷，连续12年。

【株洲工业废水达标排放率达93.61%】 2008年5月，株洲被国家水利部列为第三批全国节水型社会建设试点后，以"节水防污"为工作重点，大力推行节水型社会的建设试点工作。在工业废水的排放治理上，近两年株洲市共关停了123家污染企业，实现了工业废水达标排放并新建了7个污水处理厂，实现了城镇污水处理设备的全面覆盖。2010年6月9日，总投资3.6亿的株洲清水塘重金属处理工程也正式开工。在水利工程方面，株洲投入2.02亿元对于酒埠江和官庄两大灌区进行续建配套与节水改造建设，新增灌溉面积1.9万亩，改善灌溉面积2.54万亩。经过3年的攻坚，株洲节水型社会建设试点工作成效显著，工业废水达标排放率达93.61%，农田灌溉水利用系数由0.55上升到0.58，城镇污水处理率由34%上升至83.5%。

【可再生能源建筑应用 株洲跻身"国家队"】 在株洲云龙示范区云田村，有几座建在湖心的木质房子。炎热的夏天，强光照射下，房子的墙体却异常冰冷，像棉衣一样，为房子隔冷隔热。这几座木质房子是株洲市的可再生能源建筑应用样板房，被市民亲切地称为"低碳馆"。2011年8月8日，在长沙召开的全省可再生能源建筑应用工作培训研讨会上，株洲市正式跻身国家"可再生能源建筑应用示范城市"，与此同时，株洲炎陵县获批示范县称号。被市民称为低碳馆的样板房共有3座，集纳各种可再生能源建筑应用技术，主要有太阳能光热技术、太阳能光电技术和地表水水源热泵空调系统技术，建筑以PVC木塑为墙、薄壁不锈钢做水管，充分体现绿色、低碳、节能理念。房内，家电一应俱全。除此之外，低碳馆还采用地表水水源热泵空调系统，空调节电30%；木塑则为房屋穿上"棉衣"，保隔热。目前，除云田村3栋可再生能源建筑应用样板房外，还建成了601体育中心节能工程、沿江风光带酒吧街水源热泵中央空调安装工程等17个节能项目建设。

【株洲将建设国家可持续发展实验区】 株洲在成功获批省级可持续发展实验区的基础上，2011年被省政府向国家科技部推荐建设国家可持续发展实验区。"十一五"期间，株洲科技事业取得长足进步，先后获评全国制造业信息化工程重点城市、国家区域技术创新试点城市和国家知识产权工作示范城市等，2010年第7次荣获全国科技进步先进城市。2010年，株洲高新技术产业增加值达268.9亿元，较"十五"末增长2.2倍，科技对经济的贡献率达55%，稳居全省第二。同时，株洲高度重视科技对"两型"社会建设的支撑引领作用，围绕清水塘工业区节能减排、资源循环利用领域关键技术需求，实施科技项目近50个。"湘江流域重金属污染物减排关键技术示范"等一批项目被列为国家科技支撑计划、国家863计划和省科技重大专项。。株洲科技创新基础好、能力强、成果丰富、科技成果转化效果好，特别是在转方式、促"两型"过程中，很好地发挥了科技的作用。

【株洲建成全国首个电动汽车公交城】 株洲是我国最早开展节能与新能源汽车示范运营的城市之一。2004年10月，株洲便开通了全国第二条、湖南省第一条节能与新能源汽车示范运营线。2009年7月3日，株洲市委市政府出台《株洲市公交车电动化三年行动计划纲要（2009—2011年）》（以下简称《纲要》），全面开启"绿色公交"之旅。三年来，株洲城区的627辆公交车全部被置换成混合动力公交车，运行总里程逾4588万公里，载客11554万人次，平均节油率达到15%以上。每年可节油近220万升，减少二氧化碳等各类有害物质排放14730吨，完全达到了"两型"社会的要求。老百姓形象地比喻，公交换了"芯"，城市换了"肺"。同时，由于株洲市电动公交车的良好示范效应和品牌效应，大大加速了电动汽车制造商湖南南车时代电动汽车股份有限公司的产业化进程，到2011年，公司共向北京、上海、广州、天津、长沙、昆明、台湾等国内市场投放各类整车超过1600辆以上、占据全国电动汽车整车市场四分之一的份额。成为全国技术最为先进、产品最为齐全、综合配套实力最强的电动汽车研发与制造公司。在南车时代电动电动汽车产业领头羊的带动下，株洲电动汽车产业已呈现规模效应和集群效应，结合北汽株洲基地20万辆汽车项目，3至5年内，新能源汽车产业有望成为株洲新的支柱产业，同时带动原材料、机加工、电子信息、零部件配套等二十几个相关产业的发展，实现100亿元的相关产业规模，株洲可望打造成新能源汽车城。

【南车时代电动增程式客车实现50%节油率】 2011年9月9日，第二届赛恩斯杯中国（昆明）新能源公交客车大赛颁奖典礼在株洲举行，由湖南南车时代电动汽车股份有限公司（简称"南车时代电动"）生产的TEG6129PEV增程式城市客车斩获冠军。该型号车辆百公里油耗为15.88升，每公里电耗为1kwh度，远远低于增程组平均百公里油耗为24.46升、电耗1.41kwh的能耗水平。南车时代电动的增程式电动客车TEG6129PEV，配备了高效率的储能系统，小排量的APU系统，以及高可靠性的驱动电机系统，它具有三种工作模式，即纯电动工作模式、混合动力工作模式和插电式工作模式。其独有的高效率的储能系统技术，使得整车所需电池容量小、工作寿命较长，整车售价及维护费用相对较低；并可在电池缺电时，整车可以切断电池单元，完全实现混合动力模式正常运行，不会发生缺电抛锚现象；三种工作模式的综合应用，可以保证整车每天300公里以上的续驶里程，并可实现50%以上的节油率。

【株洲获评全省节能减排双先进】 2011年，株洲荣获全省节能、减排双先进。自国家实施"十一五"总量减排以来，株洲高度重视，以创建国家环保模范城市为主题，以"蓝天碧水净土静音行动"和清水塘工业区环境污染综合整治为重点，积极采取有效措施：一是积极筹措资金，狠抓工程污染治理减排。"十一五"期间，共新建7座城镇生活污水处理厂，新增污水处理能力22.5万吨/日。完成国家认可的主要工业污染源工程治理项目21个。49个结构调整项目得到国家认可，二氧化硫和化学需氧量共分 别削减16978吨、5249吨。尤其是关闭株洲华银火力发电有限公司2台125MW火力发电机组，年减排二氧化硫8194吨。实行“环境监察片区责任制”和“24小时不间断巡查制度”，切实抓好国控、省控重点污染源及减排项目的现场监控，确保环保设施正常运行。对市区燃煤大户实行煤质管制，打击燃煤含硫率大于1%的违法行为。实施环境行为信息公开化管理，对企业环境行为等级评定结果分年度进行通报，接受公众监督。认真执行排污许可证制度，严格核发年审程序，督促企事业单位持证排污，按证排污。强化减排“三大体系”建设运行。加快环境监察和监测能力建设步伐，实行环境统计数据联合审核制度，高效率、高质量完成各年度环境统计工作，严格考核，按照市减排考核办法，对不能完成“十一五”主要污染物总量控制目标的，将严格实施“一票否决”制、“责任追究”制和“区域限批”制。五是严格项目审批，从源头控制新增污染。严把新建项目审批关，坚决卡住高耗能、高污染、资源消耗型建设项目，从源头控制新增污染。经过5年的艰苦努力，株洲全面超额完成省政府下达的“十一五”减排任务。在经济增速超过规划预期的情况下，2010年全市二氧化硫、化学需氧量、砷、镉排放总量分别比2005年下降31.97%、8.85%、56.36%、48.44%；环境质量得到明显改善。2010年，市区空气质量良好以上天数345天，良好率94.52%，比2005年增加47天，良好率提升12.88%，二氧化硫、可吸入颗粒物年均浓度值持续下降，市区空气环境质量首次达到国家二级标准，并达到创建国家环保模范城市的指标要求；湘江株洲段水质持续达到国家Ⅲ类标准，饮用水源水质达标率100%。

【株洲谋划进入“低碳经济示范区”试点地区】 我国东部、中部和西部的典型城市和地区是低碳经济试点区，而能耗高、污染重的行业将成为国家探索低碳经济发展的重点领域。株洲正谋划进入“低碳经济示范区”试点地区，在能源、建筑、交通运输、城市建设等方面进行创新，为低碳技术研发创造新的增长点。初步的规划是，云龙新区进行低碳经济示范区试点，设立专门的建设协调机构，并由专人管理，实施“一把手”工程，以保证低碳经济示范区的试点成功，进而将之推广至株洲地区及湖南。相对国内其他地区，株洲现在建设生态文明的条件和基础越来越好，已经获得国家卫生城市、国家交通管理模范城市和国家园林城市称号，其经济发展与市民文明程度、资源环境的关系日趋协调。

【攸县入选全国高标准农田建设“十大范例”】 攸县是湖南省高标准农田建设示范工程县之一。自1998年以来，该县依托公共财政支撑，在其中部106国道两旁建“百里经济长廊”。每年从农业综合开发专项资金中提取70%，有计划地逐年推进皇图岭、大同桥等14个粮食主产乡镇高标准农田建设。目前，已在110多个粮食主产村集中连片改造中低产田近20万亩，将项目区建成了“湘东粮仓”，惠及12万农民。2010年，该县跻身全国新增500亿公斤粮食生产能力规划南方粮食核心区产粮大县行列。2011年启动的新市镇万亩高标准农田建设示范项目总投资1500余万元，在集中连片的山门等5个农业重点村，采取水利、农业、农机、林业、科技等措施综合组装、同步实施的办法，建设“田地平整肥沃、水利设施配套、田间道路畅通、林网建设适宜、科技先进适用、优质高产高效”的高标准农田1.12万亩。项目建成后，项目区可年增产粮食176万公斤、优质油料24万公斤，新增农业总产值718万元、农民纯收入217万元。同时，一年可节约水资源120万立方米。

【株洲高新区集约土地经验向全国推广】 面对地根紧缩的情况，自2005年起，株洲高新区不断解放思想，从规划、企业进入门槛、供地方式、建设模式、经济监管和产业定位上发力，积极推地土地节约集约利用，培育高科技新兴产业；坚持工业用地采用招拍挂及实行工业用地最低转让价格等国土政策，使一些有实力的企业通过公开的市场手段获得土地；实行企业评价和准入制度，坚持“占地50亩以下，投资规模1亿元以下不供地”的投资金强度标准，并按不同行业提出了单位投资密度和单位亩产税收标准；提升产业聚集水平，提高土地投入产出，先后开发和经营了留学生创业园、中小企业促进园、天台金谷等5个特色产业园，并建立了合理有效的入园企业退出机制，清理闲置土地400余亩。株洲高新区建立了严格的入园企业考察制度，对入园企业进行严格审查，严把项目质量关，做好了源头治理；引入企业退出机制，并建立土地抵押贷款机制，为企业退出清理道路；发展新兴产业，把发展高科技产业与节约集约用地和有效融合到一起，经验典型实用，可以向全国推广。

【株洲市民可用上沼气发的电了】 34个集气井和集气管深层次、全方位渗透到株洲市垃圾卫生填埋场，让垃圾场的沼气无处可逃。荷塘区用于收集沼气的集气井、沼气发电的两台1000千瓦机组均已准备到位，株洲市首个沼气发电项目已经可以并网发电。通过沼气发电的投资建设，不仅可以对垃圾填埋场产生的沼气进行减量化和无害化处理，还可以解决垃圾填埋块本身的供热供电，并能为城区持续不断地提供清洁环保再生能源。株洲市荷塘区城管局相关负责人刘观球说。2010年，株洲市第一个沼气发电项目在此上马，开始了对填埋气体资源化利用的步伐。该项目由湖南惠明环境科技有限公司投资修建，项目总用地面积1185平方米，主要建设内容包括填埋气体收集、预处理和发电机组系统、升压站系统及相关公用、环保设施等。沼气发电技术包括沼气收集、沼气处理、发电、变电（升压）、送电等环节。工作时，先由垂直沼气井收集沼气，经冷凝水清除器后，再进行加压，最后送到稀燃沼气燃料发电机燃烧发电。电力经变压器升压、配电、送电，实现并网送电。发电过程仅排放少量二氧化碳，不会产生二次污染。该项目一小时可以消耗沼气1000立方米，大大改善附近空气品质，减少沼气所产生的温室气体排放。该项目没有采取固定厂房式的建设方式，而是使用集装箱的移动设备。这样一来，即使垃圾填埋场到达使用年限，该项目也可以随时中止运作，转移设备也很方便。据介绍，有机物分解需要一定的时间，即使在垃圾填埋场关闭后，所产生的沼气还能使发电厂再运行几年的时间。

生态环境保护

【株冶成为全国首批两型企业创建试点】 株洲冶炼

集团公司被工业和信息化部、财政部、科技部确定为全国第一批资源节约型、环境友好型企业创建试点企业。工业和信息化部、财政部、科技部联合发出通知指出，“两型”企业创建工作拟先通过3年试点，在钢铁、有色、化工、建材等重点行业建立一批示范企业，形成试点行业资源节约型、环境友好型发展模式和基本思路；研究确定不同行业“两型”企业评价标准和指标体系；积累经验、树立典型，为建设资源节约型、环境友好型社会打下坚实的基础。“株冶”曾在2005年10月被列为全国首批循环经济试点单位，此次又一次进入国家第一批“两型”企业创建试点名录，充分表明“株冶”“绿色冶炼”的目标正在步步推进。数据表明，“十一五”期间，伴随铅锌总产量逐年上升，该公司铅锌产品综合能耗逐年下降，COD、重金属排污总量等指标提前两年完成省环保局规定的减排目标。通过实施“废水零排放”系列工程，该公司外排废水总量由2006年的637万吨锐减到2010年的71万吨以内，车间重金属废水大部分实现了直接回用。株冶将通过3年努力，在产品结构、产出效率、资源节约、环境保护等方面都达到行业先进水平：企业资源产出效率达到国内领先水平；单位产品能源、水、原材料消耗显著降低，远低于行业平均水平；废物循环利用水平大幅度提高，固体废物基本上实现综合利用，废水力争实现循环利用和“零”排放，废气、余热余压等充分合理利用；污染排放量大幅度降低，“三废”排放达到国内领先水平。

【株洲400亿打造治理镉污染样本】 作为中国多目标区域地球调查发现的最严重的镉污染区——株洲，其镉污染超标5倍以上的土地面积高达160平方公里以上，目前正试图用400多亿元资金，在最严重的清水塘污染区打造治污样本。为了治污，2008年国土资源部在下发的《国土资源部关于株洲市重金属污染土地有关问题的复函》中，允许株洲市对土地实行“征转分离”，对被镉污染的核心区域，共计15.66平方公里的面积，实施土地功能转换，即分期分批逐步调整为建设用地。核心污染区范围内的耕地已不宜再种植水稻和蔬菜等食用农作物，部分地方需要实施村民搬迁，异地安置。株洲市政府人士介绍说，搬迁已经开始进行，在清水塘区域内外视污染程度来安置移民，牵扯到的移民总数有2万多人。但污染土壤的修复治理需要全面考虑受污染土壤及地下水的治理，资金需求巨大。而目前，中国污染土壤修复治理资金缺乏有效保障。据了解，目前株洲已投资2500多万元对25口水塘进行镉污染治理；投资2700多万元，完成老霞湾港重金属治理工程等。株洲市政府希望将清水塘重金属治理项目打造成治理镉污染的一个“样本”。项目需要的总资金大概在400多亿元。其中包括工艺污染防治，历史遗留问题的处理，受污染土地的移民搬迁，企业的产业结构调整。资金的筹措是难题。这意味着，在治理尚未结束之前，自2006年爆发重大镉污染事件以来，株洲当地的镉污染情况并未获得重大改善。而且在未来的几年，这一污染状况仍将存在很长一段时间。株洲以及湘潭、长沙等湘江下游地区都将受此影响。

【株洲全面超额完成“十一五”减排任务】 根据国家环保部和省政府两级核查，株洲全面、超额完成了省下达的“十一五”减排任务。“十一五”期间，国家和省政府下达的“十一五”减排考核指标主要是二氧化硫、化学需氧量、砷和镉等四项，其中：二氧化硫控制目标要求至2010年底，排放量控制在7.51万吨以内，在2005年排放10.54万吨的基础上削减3.03万吨，削减率28.75%。化学需氧量控制目标要求至2010年底，排放量控制在6.2万吨以内，在2005年排放6.78万吨的基础上削减0.58万吨，削减率8.55%。砷控制目标要求至2010年底，排放量控制在12.2吨以内，在2005年排放17.3吨基础上削减5.1吨，削减率29.48%；镉控制目标要求至2010年底，排放量控制在2吨以内，在2005年排放2.89吨基础上削减0.89吨，削减率30.8%。自国家实施“十一五”总量减排以来，株洲高度重视，以创建国家环保模范城市为主题，以“蓝天碧水净土静音行动”和清水塘工业区环境污染综合整治为重点，积极采取有效措施。积极筹措资金，狠抓工程污染治理减排。“十一五”期间共新建7座城镇生活污水处理厂，新增污水处理能力22.5万吨/日。完成国家认可的主要工业污染源工程治理项目21个。“十一五”期间，49个结构调整项目得到国家认可，二氧化硫和化学需氧量共分别削减16978吨、5249吨。尤其是关闭株洲华银火力发电有限公司2台125MW火力发电机组，年减排二氧化硫8194吨。实行“环境监察片区责任制”和“24小时不间断巡查制度”，切实抓好国控、省控重点污染源及减排项目的现场监控，确保环保设施正常运行。对市区燃煤大户实行煤质管制，打击燃煤含硫率大于1%的违法行为。实施环境行为信息公开化管理，对企业环境行为等级评定结果分年度进行通报，接受公众监督。认真执行排污许可证制度，严格核发年审程序，督促企事业单位持证排污，按证排污。强化减排“三大体系”建设运行。加快环境监察和监测能力建设步伐，实行环境统计数据联合审核制度，高效率、高质量完成各年度环境统计工作，严格考核，按照市减排考核办法，对不能完成“十一五”主要污染物总量控制目标的，将严格实施“一票否决”制、“责任追究”制和“区域限批”制。严格项目审批，从源头控制新增污染。严把新建项目审批关，坚决卡住高耗能、高污染、资源消耗型建设项目，从源头控制新增污染。经过5年的艰苦努力，株洲全面超额完成省政府下达的“十一五”减排任务。其中国家认可“十一五”期间二氧化硫减排项目81个，在2005年排放10.54万吨的基础上净削减3.37万吨，削减率31.97%，超额完成减排任务0.34万吨。国家认可化学需氧量减排项目174个，在2005年排放6.78万吨的基础上净削减0.6万吨，削减率达8.85%，超额完成减排任务0.02万吨。“十一五”期间砷的排放量为7.51吨，在2005年基础上净削减9.79吨，削减率56.59%，提前三年超额完成“十一五”减排任务4.69吨。“十一五”期间镉的排放量为1.49吨，在2005年基础上净削减1.4吨，削减率48.44%，提前三年超额完成了“十一五”减排任务0.51吨。

【株冶“十二五”有望实现废渣零排放】 继实现工业废水零排放后，株冶提出新目标：力争在“十二五”期间使污酸渣得到有效利用，实现废渣零排放。株冶集团是由1956年建厂的株洲冶炼厂改制而成，目前资产总额60

亿元，主要生产铅、锌及其合金产品，并综合回收铜、金、银、铋、镉、锗等多种稀贵金属和硫酸。年生产能力达到55万吨，其中铅10万吨、锌45万吨。在环保工作上，株冶集团公司从2006年期开始实施工业废水零排放工程，项目总投资约1.05亿元，由13个子项目组成。2010年，株冶工业废水零排放工程各子项目已全部实施完成并投入稳定运行。由于生产的固废主要有挥发窑渣、烟化炉渣等无害渣以及砷烟灰、污酸渣和水处理中和渣等危险废物，为此，在废渣的治理已投入0.4亿元，完成了老渣山窑渣的综合利用和外渣场环境综合整治。目前，挥发窑渣、烟化炉渣等各类固废均已得到有效综合利用，污酸渣则暂时按"危废"处置要求进行堆存。根据计划，十二五期间，株冶拟将生产过程产生的砷烟灰自己进行综合利用，同时加强对污酸渣的处理和综合利用研究，希望能在"十二五"期间使污酸渣得到有效利用，实现废渣零排放。

【清水塘启动3大新技术给工业污水"消毒"】 经过多重工艺深度处理后，清水塘地区的重金属工业污水变清了。经过10个月建设，6月27日，清水塘重金属工业污水处理工程投入试运行。重金属工业污水，一直是困扰清水塘地区科学发展的老大难问题。以往，清水塘区域的化工、冶炼企业各自收集、处理、排放工业废水。这些废水虽达到了国家综合排放标准，但与城镇污水处理标准有差距，因此从企业排出后，汇合在一起又变得色彩斑斓，污染湘江。重金属工业污水处理工程应运而生，成为国家十二五重大水专项湘江流域重金属污染治理的子项目。该工程主要收集"株冶"、"株化永利"、"株化诚信"、"智成"、"海利"、"昊华"、"旗滨"7家企业废水，截断17个排水口，采取分类收集、分质处理的技术路线，含重金属工业污水、其他混合废水均得到有效处理，最终达到城镇污水处理标准国家一级B标，实现"一个排放口、一个排放标准"的目标，保护湘江河。目前，工程处理能力为每天3万吨，配套管网6.5公里，完全可以满足清水塘建成区、环保产业园等区域需求。

【株洲甩掉污染帽子走上新型工业化】 株洲作为新中国成立以后崛起的工业城市，第二产业比重高达56%，而第二产业中重化工业又占八成以上，这也给城市带来了严重污染。为加快产业结构调整，促进有利于资源节约的产业项目发展，株洲近年来开始逐步淘汰技术水平低、消耗大、污染严重的产业。2008年，株洲为推进产业升级、促进跨越发展，开始实施"5115工程"，计划用3到5年时间，培育5个以上主营收入过100亿元的企业，10个以上主营收入过50亿元的企业。此后，株洲又提出了更具雄心的"五大千亿产业集群"的发展战略，设想要在约10年的时间里，形成轨道交通、航空航天、汽车整车生产及零部件产业集群、服饰、陶瓷5个千亿产业集群，使株洲获取更大的战略发展空间。至2010年，"5115工程"旗舰企业已逐渐发展壮大，电力机车销售收入达180亿元，南车株洲所公司、株冶销售收入超过100亿元，唐人神等4家企业过50亿元，新型工业化考核连续位居全省第二。2011年7月，"南车株机"出口马来西亚高端城际动车组竣工下线，这是我国迄今动车组最大的一笔海外订单，2012年5月将完成交付。届时，该动车组将成为吉隆坡的运营主力。

【温家宝批示将攸县城乡同治经验转发全国】 "要把农村环境整治作为环保工作的重点，摆在突出的位置。攸县城乡同治的经验值得重视，请农业部、环保部参考研究。攸县的经验材料可由国办转发各地参阅"。10月30日，中共中央政治局常委、国务院总理温家宝对湖南省人大常委会调研组关于《攸县城乡同治、创新管理的经验和做法值得推广》调研报告作出重要批示。省委书记、省人大常委会主任周强，省委副书记、省长徐守盛等省主要领导曾就"攸县经验"专门批示：攸县开展城乡环境同治走出了一条促进城乡统筹，加强和创新基层社会管理，推进"四化两型"建设的新路，值得在全省推广。从2009年开始，攸县以创建全省卫生县城为目标，大力改善农村环境。采用分区包干、分散处理、分级投入和分期考核的"四分"模式整治农村垃圾。将村级卫生区分为村级公共区和农户责任区，公共区由集体出资，聘专人进行日常保洁；农户责任区则实行包卫生、包秩序、包绿化"三包"责任制，每户配备一个垃圾池，分类收集，用"回收、堆肥、焚烧、填埋"方法就地处理。垃圾池普及率现已超过80%。在攸县，最直观的印象是"五个基本看不见"：可视范围内看不见白色垃圾、主要街道看不见车辆乱停乱放、街面看不到私搭乱建厂棚、市场和门店看不见店外经营、环境整治执法看不见大的纠纷。

【攸县获评2011全国生态文明先进县】 城镇被当作自家客厅来装扮，村庄被当作公园来建设。攸县的这些做法获得第二届"全国生态文明建设发展论坛"暨全国生态文明先进县（镇）成果会的推荐。11月18日，攸县被授予"2011年全国生态文明先进县"。"全国生态文明建设发展论坛"暨"全国生态文明先进县"评选，由全国节能减排发展促进会等机构主办，旨在总结推行生态环境建设的典型范例，探索发展低碳经济、循环经济、转变生产发展方式的路径和方式。为解决农村最突出的环境问题——垃圾处理，攸县推行了分区包干、分散处理、分级投入、分期考核的"四分模式"。目前，攸县农户配备垃圾池13万多个，普及率超过了80%，垃圾基本可做到入池投放。作为传统的粮猪大县，攸县在发展生猪规模养殖的同时，加强沼气池、三级沉淀池建设，推广利用粪尿建设有机肥料厂、生物发酵零排放等治污技术。目前，攸县建设沼气池127个，三级封闭沉淀池23192立方米，有机肥厂2座。此外，自2005年起，攸县还启动了矿区的生态环境整治，累计投入资金1.92亿元。目前，矿区水土流失、植被破坏、居民饮水安全等问题已逐步得到解决。

【株洲推行排污权有偿使用和交易】 作为湖南省主要污染物排污权交易试点城市，株洲自2011年1月1日起，现有企业要向环境排污，就必须先向市排污权储备交易所购买初始排污权指标，取得按排污许可证上允许的指标向环境排放污染物的合法权利。目前已对全市669家企业主要污染物初始排污权分配核定工作，并在市政务中心网和株洲市环境保护公众网进行了公示。公示期截止到12月1日，公示期截止后，株洲将正式启动初始排污权有偿使用费交易工作。

【清水塘重金属污染治理重点工程启动】 清水塘地

区的重金属污染治理，一直是株洲创环模工作中的“硬骨头”，不过，这块“硬骨头”也即将被啃下。随着清水塘重金属污染治理重点工程开工暨中小企业关闭淘汰搬迁的启动，宣告株洲霞湾港清淤工程、大湖治理工程和清水塘废渣治理工程全面启动，株洲产业结构优化调整——中小企业关闭淘汰搬迁工作正式实施。主要工程包括包括霞湾港底泥清淤工程、大湖治理工程、清水塘废渣治理工程和中小企业关闭淘汰搬迁4项。其中霞湾港底泥清淤工程总投资20283万元，治理工程主要包括霞湾港港水截流清淤与引排，污泥处置，施工废水处置，港底硬化与砌护，排污口整治，生态修复等内容。工程建设规模为清理港底污泥50342立方米、港底硬化与砌石护坡2501米。项目实施后，霞湾港重金属底泥得到清除，港渠得到美化亮化，港水水质功能达标，从根本上消除霞湾港重金属对湘江水质污染影响。大湖治理工程总投资10260.18万元，需对大湖202亩水面40.4万立方米水体抽排处理、湖底清淤、74332.38立方米底泥稳定固化、湖底防渗、回填封场等，回填封场后改为铜塘港港区仓储用地。项目实施后，可消除大湖湖水对湘江可能造成的重金属污染隐患。清水塘废渣治理工程的总投资37672万元，是对清水塘历史遗留的210万立方米冶炼、化工含重金属废渣采用稳定化、固化技术进行安全处置。项目实施后，解决了清水塘工业区历史遗留的含重金属废渣环境污染问题，部分废渣得到综合利用、变废为宝，减少了资源的消耗。此外，本次共关停淘汰搬迁39家中小企业，涉及城市四区和云龙新区，其中石峰区27家、荷塘区3家、芦淞区2家、天元区1家、云龙示范区6家。通过关停淘汰搬迁这39家中小企业，年可削减废水中总铅337.9公斤、总砷706.5公斤、总镉166.8公斤，削减废气中铅尘41.12吨、镉尘5.81吨、砷尘4.44吨，重金属污染物的减排效果非常明显。这些是清水塘工业区重金属污染治理的首批启动项目，以后株洲还将启动清水塘工业区重金属污染土壤修复工程、移民避险安置工程、株冶总废水提质改造工程、废渣无害化处置工程、场地修复、株化等企业搬迁工程，项目的实施将彻底改变清水塘工业区的面貌。

【炎陵：省重点环保工程正式竣工】 历经一年多时间建设，省重点环保工程——炎陵县回垅仙生活垃圾处理场正式竣工，日无害化处理生活垃圾能力达100吨。如今的炎陵县，各项软硬件环境卫生设施齐备，城市和各乡镇集镇区、主要交通沿线和人口密集居住区，基本实现了环卫基础设施全覆盖。制度管人，群众参与，人们相互监督，炎陵县的环境卫生管理正步入规范有序的轨道。2007年，该县启动国家卫生城市创建活动。2009年，炎陵县结合创建活动，开展乡镇环境卫生考核评比，出台考核评比办法，将创建活动延伸至乡村，拉开了环境卫生城乡同治的序幕，与2010年5月开始在全国推行的环境卫生城乡同治行动不谋而合。要改变人们千百年来形成的不良卫生习惯并非易事，炎陵县在这方面没少下功夫。首先从硬件上提供保证。近年来，炎陵县投入3亿元完成了县城污水处理厂、垃圾无害化处理场、垃圾中转站、公共卫生厕所等系列卫生项目建设，对居民出行的47条小街小巷进行改造提质。投入2000多万元，建成草坪河风光带、接龙桥休闲广场、湘山滨水景观、湘山公园游道等6处绿色休闲景观，县城景观面积达8.5公顷，开通全省首条电动汽车旅游示范线，该县先后获评“中国十佳绿色城市”、“中国绿色名县”。农村环境脏乱差一直是难以解决的“顽疾”。炎陵县开展“三清五改”工程，即清垃圾、清污泥、清障碍，改水、改圈、改厨、改厕、改环境。实行生猪、牛羊圈养，政府以奖代补，鼓励村民发展沼气，目前已发展沼气池6800多个。筹资200多万元，新建垃圾收集池560个、垃圾焚烧池182个，购置密闭式垃圾桶2140个、果皮纸箱2250个。目前炎陵县16个乡镇（场）都添置了环卫车、建立了环卫队，202个村全部配备了专门的卫生保洁人员，进行日清日扫。向城市乱搭乱建、乱停乱放等“六乱”现象开刀，该县实行城区主次干道24小时保洁，背街小巷12小时保洁，垃圾袋装化覆盖率达到80%，密闭式运输达100%，临街店面“门前五包”落实率达96%。为增强民众卫生意识，炎陵县县级领导带领机关单位干部，走街串巷发放环境卫生宣传资料，劝告市民注意文明卫生。到目前，全县参与劝告的机关单位干部6000多人次，发放卫生宣传手册等各类资料4多万份，纠正不文明行为1万多人次，增强了群众环保意识。

【霞湾港将成株洲重要城市休闲景观区】 长期以来，清水塘的工业废水和部分生活污水通过霞湾港排入湘江。历经沉淀，霞湾港（排污渠）底泥中镉、铅、汞等重金属严重超标，成为威胁长、潭二市饮水安全的重大隐患。总投资2亿元的霞湾港底泥清淤工程于12月开工。该项工程是清水塘重金属污染治理重点工程之一，治理后的霞湾港将按照“一江四港”规划，打造“城市绿化廊道”。霞湾潜发源于株洲市区西北部的干旱塘，自北向南流经清水塘地区，于清水乡建设村砂石码头下游100米处汇入湘江，全长约6千米，为湘江一级支流。随着中小型化工厂、冶炼厂在附近落户，霞湾港，这个原本只容纳生活废水的自然港，成为50家企业的工业废水集纳港。该项目预计2012年4月完工，主要包括清淤工程、污水处理、底泥处置、河床基底恢复4个方面。整治后，霞湾港将实现港系工业废水全部达标排放，生活污水全部截流，河水将变清。同时，规划对霞湾港堤防进行提质改造，使防洪与蓄水相结合，疏浚河道，堤防提高到50年至100年一遇的设防标准。拉通及改造沿港道路，使其道路交通与城市路网对接，建设完善的沿港自行车、步行等绿色交遥网络系统，使其真正成为交通便捷的城市重要活力休闲景观区，创造怡人的休闲滨水空间和优美的人居环境，打造“城市绿化廊道”。

基础设施建设

【株洲大道延伸段建成通车】 2011年4月26日，株洲大道延伸段建成通车。自此，打通株洲西大门，连接长、株、潭3市的“黄金干道”——株洲大道全线贯通。株洲大道延伸段东起大石桥，西抵湘潭县边界，全长4.7公里，路幅宽80—120米，为新马工业园的进出主要通道和管网主要载体，投资概算约5.4亿元，于2009年6月开工建设。该项目以原有天易公路为主道，两侧各新建一条辅道，建设内容包括道路、桥梁（9座）、地下通道（1个）、路灯、绿化、管网配套设施等。该道路主道为双向6车道，设计时速为80公里/小时；辅道为双向混合2车道，设计时速为40公里/小时。利用5组匝道、6个上下穿越桥涵实现主、辅道交通转换，构建了园区便捷交通和主道无障碍过境交通。充分利用辅道外侧和主道与辅道之间的空隙地，新增绿化面积30万平方米，绿化以“原生态造景，还原大自然”为原则，突出了“春、夏、秋、冬”主题。株洲大道延伸段是连接长、株、潭3市、京珠高速和武广高速客运专线的黄金经济干道。该项目的建成通车，对于推动城市扩容发展，加快新马工业园和天易示范区的开发建设，推进长株潭3市融城步伐，起到重大而积极的作用。

【迎宾大道通车 畅通株洲北大门】 经过600多个日夜的紧张施工，总投资5.5亿元，打通株洲北大门的重要城市干道，迎宾大道将于5月8日实现通车。迎宾大道位于长株高速两侧，南起田心立交，北至上瑞高速，全场约6公里，由迎宾东路和迎宾西路组成，路幅宽20米，双向6车道，总投资5.5亿元。据初步统计，这项工程共计完成土石方190万立方米，铺设沥青路面20万立方米、雨污水排水管线20多公里，建设绿地面积10万平方米，安装路灯700多盏。迎宾大道是株洲北大门的重要城市干道，是2009年株洲十大基础工程之一。迎宾大道的通车，不仅促进了云龙新区的发展，更可对接长沙，加快周边地块的开发建设，特别是为目前在建的职教城提供出入道路。迎宾大道的开通，完善了株洲路网，对整个株洲经济的发展，加强长株潭城市群的交通联系，促进长株潭一体化具有重大意义。

【4年后株洲将建成两机场】 根据十二五规划，株洲市将依托株洲机场，发展空中观光旅游等相关产业，届时，有兴趣进行“空中婚礼”、高空跳伞（持证）、航拍等项目的市民都可以亲身体验一番，而一些高端商务人士也可以乘机来株洲或者去外地洽谈生意。目前株洲机场前期建设正在有条不紊地进行。据了解，株洲机场选址于芦淞区董家塅航空产业园内，为民用临时起降点，项目总投资4.5亿元，计划在年内开工。机场占地2000亩，飞行区技术等级为3C，跑道长800米，宽18米。机场建成后，第一阶段可起降直升机，用于紧急救援、旅游观光、培训等。除此以外，炎陵也将有望建设一个机场，根据规划，炎陵机场的性质也为民用临时起降点，主要功能包括游览飞行、空中巡逻、森林防护等。该机场拟于2013年开工，2014年竣工，总投资4亿元。根据资料显示，2009年12月，株洲通用机场纳入《长株潭国家航空高技术产业基地发展规划》，并获省发改委批复。同时，该项目已被中南民航局纳入中南地区航空产业发展计划，在湖南省10个机场布局中，株洲市是唯一一个布点通用机场的城市。通用机场的建设，不仅为通用飞机整机制造提供试飞平台，还将使株洲航空产业实现由航空发动机制造升级为飞机整机制造，并成为国际知名的通用航空动力生产基地。

【茶陵将建“卧龙”生态旅游胜地】 浙江远见旅游设计有限公司为茶陵县精心编制的《卧龙村旅游总体规划》初步方案出台。规划将在2011年投入500万元，将卧龙村打造成集体验客家生活、丛林探险、康体养生等功能于一体的生态旅游示范地。八团乡卧龙村位于茶陵县东北部，距县城46公里，总面积2.4万亩，其中林地面积2.2万亩。村域自然资源和人文资源独特丰富，无鳞鱼小溪、泰和仙景观等引人入胜；竹文化、道文化、中华武术文化、寿文化源远流长；特色野菜、山蘑菇堪称桌上佳肴。每到夏季，这里气候如春，是避暑养生的胜地。因其生态环境优越、灵气充溢，享有“山清水秀，不老卧龙”的美誉。依托卧龙村的区位优势和资源优势，茶陵县将突出乡村旅游、休闲度假、健康养生等功能，构建“一心一带六片区”的功能布局，欲将其建成为县内著名的生态旅游胜地。

【铜塘湾港区将建5个千吨级泊位】 株洲港铜塘湾港区一期工程是株洲“十二五”期间十大基础设施工程之一。省政府已将其列入“十一五”至“十二五”期间建设的主要项目之一。该项目一期工程投资4.25亿元，建设期为三年。设计停泊1000吨级船舶，兼顾2000吨级船舶，将成为具备运输管理、中转换装、装卸存储、信息系统、物流服务等七大功能的现代化港区。铜塘湾港区一期将建5个千吨级泊位：2个多用途泊位，2个件杂货泊位，1个烟花爆竹专用泊位。设计年吞吐量：集装箱，11.54万TEU（TEU：以长度为20英尺的集装箱为国际计量单位，也称国际标准箱单位），件杂货：56万吨。2011年1月18日开工以来，铜塘湾港区一期工程第一合同段，共完成240根桩基的施工；完成占总量七成左右的7粉喷桩及前沿土方；另外，部分泊位底层桩帽、连系梁、靠船梁等也已完成。省航务工程公司株洲港铜塘湾区项目经理部称，已完成检测的180根桩基均为一类桩，其他检测项目结果满足设计和规范要求。

【华强路、云峰大道（复线）竣工通车】 华强路总投资1.4亿元，2010年5月1日动工建设，2011年8月全面竣工。建成后的华强长3.26公里，宽44米，双向6车道，中间建有一条绿化带。云峰大道（复线）总投资8500万元，2011年5月15日开工，历经短短4个月的时间竣工，总长为1.95公里，宽40米，双向6车道布置。华强路、云峰大道（复线）通车后，车辆从云龙北收费站出来，可经云峰大道复线（复线与云峰大道平行），左拐上华强路，直通华强主题乐园。华强路、云峰大道（复线）的建成通车将大大提高云龙示范区北部区域、华强科技文化产业基地对外交通的畅通度，极大地促进云龙示范区的经济发展。

【株洲云龙大道全线拉通】 2011年9月3日，云龙大道路基全线拉通。云龙大道起于红旗路与红港路的交叉处，止于云田乡马鞍村，道路总长17.08公里，总投资约14.6亿元，2010年4月正式开工。该项目是长株潭城市群城际主干道洞株路的株洲段，也是株洲目前单体投资最大、建设里程最长的城市主干道。作为云龙示范区联系市区的交通生命线，云龙大道从开工到路基拉通，仅用时17个月，建设时间节省了一半，体现了“云龙速度”。

【投资10亿 建株洲空洲岛旅游休闲度假区】 2011年9月12日，湖南国际旅游节旅游产品暨项目推介会在株洲举行，株洲旅行社协会与台湾中华两岸旅行社协会签订旅游合作框架协议，共同促进株洲与台湾间的旅游合作交流。为进一步加强株洲与台湾旅游业的交流与合作，推动两地旅游业共同发展，双方本着“构建旅游市场一体化，实现共同发展与繁荣”的指导思想和“加强联合、资源共享、优势互补、互利共赢”的合作原则，建立旅游合作机制。根据协议，两地旅行社协会均为对方协会组团社来旅游提供优质服务和相关支持；双方将加强旅游产品的开发合作，共同开发适合湘台两地旅游者需求的产品及线路；双方相互支持对方举办的旅游宣传促销活动，并积极提供必要的帮助。协议还明确了会议会展奖、年度旅游贡献奖等奖励措施。会上推介了炎帝陵景区，以及省重点旅游项目——株洲空洲岛旅游休闲度假区综合开发项目，该项目位于株洲县，建设内容为健康养生中心、度假中心，项目总投资10亿元以上。

【攸县实现“1小时交通经济圈”全覆盖】 经过21个月的紧张鏖战，2011年10月8日，S315攸县段公路改建工程，提前三个月竣工通车。它标志着，作为“全国平安畅通县”的攸县“一小时交通经济圈”全面贯通，加速了攸县融入长株潭城市群的步伐。起于与江西萍乡交界的柏市镇龙下，止于上云桥镇乌坳，S315攸县段公路是攸县联通江西萍乡的一条运输煤炭、矿产资源和发展旅游资源的黄金线路。途经攸县7个乡镇35个行政村（社区），总投资4.2亿元，已竣工路段91公里，是攸县公路建设史上投资最多、规模最大的公路建设自建项目。2009年，攸县确立“提高质级比例，链接地域交通；打造乡镇互通，成就一日往返”的交通发展思路；当年5月，岳汝高速醴茶段开工，该路贯穿该县境内南北；衡炎高速建成通车，结束了该县无高速公路的历史；2011年10月，S315攸县段提质改造完成，途经攸县7个乡镇35个行政村（社区），至此，历时3年，攸县所有乡镇融入了“一小时交通经济圈”。近年来，攸县争取通乡、通畅、渡该桥、农村客运站等工程建设项目100多个、资金达55亿元。启动并完成通乡工程92公里、通达工程49公里、通畅工程918公里；共硬化各类道路4250公里。公路总里程达到7990公里，公路面积密度为3公里/平方公里，公路覆盖率和硬化率均居全省前列。基本形成以纵贯县域南北的岳汝高速攸县段和106国道为轴心，以S315、S212、安攸连接线为主干，22条县道和错综交织的乡村道路为辐射、贯通城乡的公路网络。从攸县到衡阳40分钟、去株洲80分钟、至长沙120分钟，5小时就可达广州，随着S315、网朱公路、衡炎高速攸安连接线全面铺开，攸县迎来了新一轮发展机遇。5月24日，攸县投资暨土地信息推介大会，凭借优越的地理位置，完善的交通基础设施，145名客商纷至沓来，会上12个重点项目成功签约，签约资金达52亿元。截至目前，攸县所有乡镇全部实现通水泥（油）路，499个建制村有496个村实现通水泥（油）路，320个村实现组组通水泥路，196个村实现户户通水泥路。干支相连的公路网络，发动了县域经济加速跨越的强力引擎；四通八达的乡村公路，带动沿线群众快步致富。2010年攸县共接待游客102.5万人次，同比增长36.7%，旅游总收入8.21亿元。皇图岭镇的西瓜、辣椒、豆腐、鸾山镇的楠竹、槚山的苗木产业借力便捷交通销往全国，“一小时交通经济圈”的贯通，有力地促进了城乡之间生产要素、经营要素的互动和流通，推动了农业产业化的全面升级。未来五年，攸县将实施道路客货运输专业化、集约化和网络化。加强周边互通建设，提升地际互通质量，提高道路质级比例。到2015年，等级公路将达5000公里，形成“能力适应、服务优良、安全环保、保障有效”的交通运输系统。

【株洲县投入2亿全面启动渌江风光带建设】 株洲县筹集4亿元资金，全面改善县城基础设施建设，推进城乡同治。其中投入2亿元，全面启动渌江风光带建设，投入7200万元，完成伏波大道提质改造；同时，在全县集中开展整治车辆乱停乱放、垃圾乱扔乱倒等“六乱”行为。对农村农房建设、山体水域、村庄道路、村庄环境展开“四整治”，城乡面貌将实现大变样。渌江风光带项目集防洪、市政道路、景观于一体。设有自行车道、人行游道、小文化广场、篮球场、夜景照明和绿化等。东起县城向阳广场，西至渌口镇双月村“津口”。“渌江风光带”分三期进行，一期工程位于渌江北岸，防洪工程含沿线大堤和杨梅闸两部分，防洪能力达50年一遇。按照设计，滨渌大道东接原省道S211线，西接向阳南路，全长1.5公里，路幅为22至25米，路面为14.5至17.5米。渌江风光带全长3公里，整个项目将于2013年底全部完成。

【炎帝陵有望成株洲首个国家级风景名胜区】 2011年2月22日，在刚刚结束的湖南省2011年世界遗产和风景名胜工作会议上获悉，炎帝陵景区申报国家级风景名胜区已顺利通过国家住建部专家委员会评审，将于近期报请国务院批准公布，可望成为株洲市首个国家级风景名胜区。炎帝陵现为全国重点文物保护单位、全国爱国主义教育示范基地、中华全国归国华侨爱国主义教育基地、国家AAAA级旅游景区、中国井冈山干部学院教育示范基地、“炎帝陵祭典”入选国家首批非物质文化遗产名录。炎帝陵于2008年启动国家级风景名胜区创建活动，炎帝陵管理局致力于资源保护和环境改善，近几年，共投入资金1800多万元，修缮文物古建、改造景区游道和停车场、维修卫生厕所、添置垃圾箱、新设导游标识标牌、改善园林绿化、兴修生态防洪堤、治理核心区内地质灾害等，为游客提供了安全、文明、卫生、和谐的旅游环境。2010年5月28日，应炎陵县政府邀请，湖南省建设厅组织省风景名胜相关学科专家对炎帝陵风景名胜区的景观资源进行考察评估。2010年11月3日，国家住建部专家组到炎帝陵现场考察评估，提出了整改意见。2011年，炎帝陵切实完善相关资料，为最后顺利通过评审奠定了基础。

【株洲湘江六桥——枫溪大桥开工建设】 株洲第六座跨江大桥——枫溪大桥已正式开工建设。枫溪大桥选址于株洲“中环”建宁大桥与“内环”天元大桥之间。北起天元区黄河南路与科瑞路交叉口，向南上跨滨江路，越湘江，再先后跨越芦淞区规划中的沿江南路、天池路，终于万寿路与曲尺大道交叉口，是河西城区与河东枫溪生态城、航空新城片区之间的快速过江通道。项目总体建设包括桥梁工程、道路工程、排水工程、照明工程、绿化工程、交通工程、市政管线工程、其他公用设施以及征地拆迁等。大桥全线（主桥、引桥、两端联络线）长约1729米，桥梁部分长为1429米。其中主桥长570米，引桥长859米。桥宽32米，双向六车道，主桥拟采用主跨300米的双塔自锚式悬索桥型。工程初步设计概算总投资为7.6亿元，建设期为三年，预计2015年完工。株洲目前共有五座跨湘江大桥，但石峰大桥、建宁大桥主要解决过境交通，真正意义上的城市桥仍只有株洲大桥、芦淞大桥和天元大桥。随着株洲市国民经济的迅猛发展和交通量爆发式增长，使株洲市中心城区的交通仍旧十分拥挤。枫溪大桥的建设不但可以缓解这三座过江大桥的交通压力，同时对于沟通枫溪新城、航空新城区以及河西市级中心，加快新城开发和建设都有重要意义。

城镇规划建设

【东湖公园开园】 2011年1月11日，东湖公园正式开园。东湖公园自开工之日起，就打上了鲜明的“两型”印记，彰显三大特色。她是第一座由国营企业独立承建的公园，直接由传统的渔业向现代公园服务业发展，实现第一产业到第三产业的跨越式发展，可说是转方式、调结构、促“两型”的代表作之一。她是株洲最大的水景公园，300多亩的水面与200多亩绿地完美结合，“水、屿、桥、城”四大要素巧妙搭配，营造出“锦丝飘渺碧涵珠”的和谐生态景象。她是株洲第一座完全意义上的开放式公园，没有门户和围墙阻隔，市民抬足就可进入，公园与周围环境融为一体，水天一色共欣赏。公园的建成开园，不但给周边居民提供了一片公共休闲场所和一个天然氧吧，而且改善周边人居环境，提升了荷塘区及市区的城市品位，为株洲千亿服饰产业集群的健康发展营造了良好的环境。更重要的是，她为株洲公园建设工作，提供了一种可借鉴的模式，必将促进以现代工业文明为特征的生态和谐宜居株洲创建工作。

【株洲神农太阳城建设进展顺利】 神农太阳城是神农城的九大建筑与景观之一。项目沿珠江路一侧和神农广场外围展开，总面积超过50万平方米，将被打造成世界级的商业、娱乐、休闲中心。2010年，神农太阳城已通过设计成果评审会，确定了概念性方案和设计方向；完成了商业内圈建筑设计及外立面装饰设计，内圈建筑70000平方米的主体工程和临神农城广场面的外墙石材钢挂也已完工。神农太阳城商业招商运营成效明显。组建专门公司负责商业内圈项目定位、商业规划、租赁招商、策划推广、商业经营管理等工作，将力争完成神农太阳城商业圈一次性开业率达到80%的目标。主力商家按订单式开发模式引进，已经完成对接联系意向商家300多户，与橙天嘉禾集团签订影院租赁意向合同，与沃尔玛、苏宁电器、胜道体育初步达成合作意向。

【全省城市综合竞争力排名 株洲居第2位】 由中国社会科学院牵头，近百名专家联合完成的《2011年中国城市竞争力蓝皮书：中国城市竞争力报告》在北京发布。在全国294个地级以上城市的比较中，株洲以0.613的综合竞争力指数，排名第73位，比2009年前进5位。此次城市综合竞争力的考核指标包括综合增长、经济规模、经济效率、发展成本、产业层次、收入水平、幸福感指数7项。对比2009年的数据表明，国内城市竞争力整体快速提升，差距有所缩小。报告对湖南的13个城市进行了比较，并发布了《中国（湖南）城市竞争力报告》。在全省综合竞争力前十名城市排名中，株洲居第2位。报告认为，在所有的竞争力指标中，湖南的发展成本竞争力最强。长株潭城市群具有区位优势突出、增长潜力强大、科教资源密集、产业基础雄厚等特点，是湖南省的经济发展核心区。报告建议湖南继续充分发挥长株潭城市群的优势，大力推进新型工业化，突出重大项目建设，提高经济外向度水平，更好地发挥辐射效应，带动周边城市的发展。

【新华联建两型社会首个生态示范社区】 2011年5月18日，由中国企业500强新华联集团投资百亿的“两型”社会首个生态示范社区——北欧小镇在云龙示范区正式开工启动，同时，其专属配套五星级国际生态休闲度假酒店也举行奠基仪式。北欧小镇项目的开工建设，标志着两型社会首席生态示范社区进入施工阶段，预示着云龙示范区的旅游服务水平与投资环境又一次提升。北欧小镇位居长株潭两型社会核心“绿心”，拥有独一无二的原生态资源与人文历史资源，项目占地3000余亩，建筑面积约100万㎡，总投资近100亿。项目从立项开始，就以打造两型社会首席生态社区为目的，邀请美国WATG设计公司、国内一流的设计院、知名专家等，经过十几轮的反复规划讨论，初步形成目前的方案，并将进一步改善，全心全意精心筑就两型社会首席生态社区、人居标杆工程。其专属配套五星级酒店则位于北欧小镇的核心位置中央湖景区位，建筑面积近6万㎡，有各类客房360余间（套），配备高档豪华中西餐厅、西式礼堂、大型会议中心、室内游泳池、KTV、健身房、桑拿中心、SPA水疗池等休闲设施，酒店拟于2013年开业运营。为打造真正国际顶级的生态休闲度假酒店，新华联集团邀请国际著名的酒店设计公司——美国WATG设计公司设计，酒店建成后，将完美诠释世界级的生态休闲度假酒店。

【株洲“十二五”城镇发展布局确定】 根据《株洲市国民经济和社会发展第十二个五年规划纲要》，“十二五”期间，株洲的城镇发展布局是，在市域形成“一主两次、两轴四带”的格局。具体来说，以株洲市区为主中心，以醴陵市区、攸县县城为次中心；以G106（岳汝高速）、S211沿线（长株攸快速路）为纵向轴，以S313、S315、S320、S321省道及炎陵至安仁公路为四个横向城镇发展带；在市区形成“一体三极、三环七射”的格局。“一体三极”是指，加快中心城区的提质改造，完善配套城市功能，同时形成3个方向的城市发展极：北接长沙，依托迎宾大道等，建设云龙新城；西连湘潭，延伸拓宽株洲大道，建设新马卫星城；南带“两江三镇”，规划建设湘江大道，改造提升枫溪新城至渌口道路等，建设枫溪新城和大渌口地区；建设左权大道（红旗广场至沪昆高铁株洲东站），建设白井卫星城。而“三环七射”则是城市的骨架。其中“三环”指，通过建设铁东路，完善城市内环；加快中环大道与城市主次干道接口的建设，完善城市中环；以京珠高速、醴潭高速为基础，争取建设星渌大道（长沙星沙至株洲渌口）、株潭南环线（东起醴陵，止于潭邵高速），形成城市外环。“七射”是建好进出中心城区的七条通道，即时代大道、迎宾大道、荷塘大道、左权大道、枫溪大道延伸段、湘江大道以及株洲大道延伸段。

【株洲公共自行车将示范全国】 2011年8月26日，市委书记陈君文赴北京，拜访国家住房和城乡建设部副部长仇保兴，并专题汇报株洲公共自行车租赁系统建设情况。仇保兴对株洲公共自行车租赁系统的建设和运营给予充分肯定，当即表示要立项支持，要求组织中央媒体来株采访，在全国推广株洲的做法和经验。株洲公共自行车租赁系统以“政府主导、市场运作、企业管理”的模式，为广大市民和游客提供免费、便捷、绿色的出行工具。目前已安装站点502个，调试成功投入运行站点474个，投放公共自行车8000辆。系统自2011年5月投入试运行以来，公共自行车的使用超过300万人次，单日使用最高突破8万人次，大大方便了市民出行，有效缓解了城市交通拥堵问题，受到市民一致好评。听取汇报后，仇保兴对株洲公共自行车租赁系统建设和运营给予充分肯定，当即表示对该项目予以立项支持，并要求住房和城乡建设部城建司组织中央媒体来株洲采访，在9月29日“世界步行日”之际广为宣传，在全国推广株洲的做法和经验。仇保兴还就项目建设运营提出了5点要求：进一步完善自行车车道建设；开辟林荫车道，为骑行者营造舒适优美的骑行环境；在交通路口为骑行者设立遮阳凉棚；提高城市主次干道、公共停车场停车费收费标准，补贴公共自行车租赁系统运营；加大宣传力度，倡导绿色出行、低碳出行，同时加强自行车系统运行维护管理，扩大覆盖面，吸引更多市民骑行，力争把株洲打造成全国公共自行车租赁系统建设示范区。

【株洲成我国首个电动公交城市】 作为最早开展节能与新能源汽车示范运营的城市之一，株洲市在2004年就开通了全国第二条、湖南省第一条节能与新能源汽车示范运营线。2007年，我国第一个集电动汽车整车、关键零部件于一体并具备研发、制造和试验检测能力的电动汽车专业化制造基地落户株洲。2009年，株洲市成为全国首批“十城千辆”节能与新能源汽车示范推广计划13个试点城市之一。同年，该市出台《公交车电动化三年行动计划纲要》，在全国率先提出实现城市公交车全部电动化的目标。经过近3年努力，这一计划已提前完成。目前，株洲城区现有的627辆公交车已全部置换为混合动力电动客车，运行总里程已逾4588万公里，载客11554万人次。据测算，每年可节油近220万升，减少二氧化碳等各类有害物质排放14730吨。

【神农城（神农湖）正式开园迎客】 2011年10月18日，备受市民关注的神农城（神农湖）正式开园迎客。神农城总投资超过100亿元，总占地面积2970亩，其中核心区规划面积1620亩，将建设神农广场、神农太阳城、神农像、神农湖、神农艺术中心、神农大剧院、神农大道、神农塔、神农坛等一大批综合性建筑和景观。项目于2009年年底开工建设，2010年国庆期间神农广场对外开放。此次神农城（神农湖）开园，景观工程是最大的“亮点”，将成为市民休闲、游玩的又一大好去处。环绕神农湖，有欢乐谷、云水台、海棠坞、水华田、炎帝部落、九曲水廊、西广场、白鹭洲、听涛台等20多处景点。市民来到神农城，走林间小道，穿湖边栈道，观水秀表演，泛舟神农湖，将在城市中心地带最大限度地感受到大自然的气息，实现与森林、湿地、湖泊等自然景观最亲密的接触。

【株洲湘江集团成立，净资产30亿元】 2011年10月18日，株洲市湘江建设发展集团有限公司成立。湘江集团起源于湘江风光带的建设。根据省委省政府“三市并进、湘江治理、两型社会”的总体要求，按照打造“东方莱茵河”的总体规划，该公司以市场运作为手段，充分整合湘江两岸资源，成长为实现城市资源资产化、资产资本化、资本证券化的城市建设经营商。经过1年多的努力，湘江集团已成为集湘江风光带建设经营、地产开发建设、旅游开发、项目投资等多功能于一体的现代企业集团。目前，公司注册资本3亿元，净资产30亿元。建好湘江风光带是湘江集团的第一责任，企业要将风光带建设好、管理好、经营好，让百姓满意。同时集团还是株洲文化旅游资源的开发商，充分挖掘株洲特有的文化资源，将旅游开发延伸至县（市），整合炎帝陵、神农谷、云阳山、酒埠江景区资源，壮大株洲文化旅游产业。

【株洲荷塘商贸城开建　总投资逾100亿元】 株洲市荷塘区加快向东的造城步伐。2011年10月20日，荷塘商贸城项目指挥部成立，这标志该区投资逾100亿元，定位为中南地区一站式购物天堂及高端居住社区的荷塘商贸城项目，正式启动建设。荷塘商贸城项目是荷塘区“十二五”期间重点建设的四大百亿工程之一，已纳入省、市“十二五”规划重点项目。项目坐落于红旗立交以南，出320国道红旗收费站沿线一侧，涉及明照乡、金山办事处和月塘办事处，占地约11.5平方公里。320国道穿境而过，临近中环环道、沪昆高速、京珠高速，荷塘商贸城交通环境优越。根据初步规划方案，建成后的荷塘商贸城，将是一个市场规模宏大、市场潜力巨大、市场前景远大的商贸市场群，集国际连锁商业、高档住宅、五星级酒店、文化休闲于一体的大型城市综合体。

【株洲或将成以“华夏福城”为商标的城市】 株洲市旅游局向国家工商总局商标局申请株洲注册“华夏福城”已获受理。获批注册后，株洲可以通过此商标推广以“华夏福城”为主题的城市形象和相关旅游资源。本次申请商标注册包括三个大类26种，涵盖了特许经营的商业管理、饭店商业管理、组织商业或广告展览、艺术家演出的商业管理、观光旅游、文字出版（广告宣传册除外）、演出、节目制作、公共游乐场等多个方面。商标以四个楷体的“华夏福城”为主体。“华夏福城”寓意着株洲这个炎黄文化重要的发祥地，作为全国“两型”社会综合配套改革试验区和全国首批重点建设的工业城市之一，如今已逐步实现了以现代工业文明为特征的生态宜居城市的目标，市民幸福指数节节攀升。

【荷塘区将打造株洲商贸次中心】 2011年以来，荷塘区社会经济发展态势良好，该区紧扣“文化休闲”主题，商贸旅游招商工作取得重大突破，引进了全国最大的建材家具连锁企业喜盈门集团、世界500强企业喜来登酒店等投资亿元以上的项目15个，引资额22.5亿元，在“穿越荷塘”、“中秋赏月”等主题活动带动下，实现旅游总收入11.48亿元，同比增长19.8%。荷塘月色项目区是以省级名胜风景区——仙庾岭风景区为核心，规划建设“仙湖映月、庾岭仙踪、渔樵耕读”三大特色板块，将建设为长株潭地区独具湖湘特色的生态文明示范区、乡村旅游文化区、低碳经济先导区、城乡统筹样板区。荷塘月色项目采用“政府引导、市场运作”的建设模式，积极培育休闲农业产业基地，已初步形成千亩荷花、千亩蔬菜、千亩花果的“三千基地”。“渔樵耕读”板块的仙泉谷生态酒店项目目前进展顺利，酒店预计年底营业，届时，去荷塘区仙庾岭游玩的市民，可就地居住。“十二五”期间，荷塘区将全力打造“三城一中心、三线五纵横、三圈五片区”的总体格局，“三城一中心”是指创建三座“新城”：荷塘商贸城、金山新城、荷塘月色示范区；打造一个中心即产业发展中心。“三线五纵横”三线为新华路沿线、红旗路沿线、新塘路沿线；五纵为铁东路、育才北路、新文化路、向阳中路、林东路，五横为东环北路、石宋路、荷塘大道、新塘路、云龙大道荷塘段。“三圈五片区”：三圈是指红旗商圈、红港商圈、向阳商圈；五片区指的是合泰服饰商务片区、钻石路中央商务片区、湘运中心汽车站及汽齿城市综合体片区、汽车城及冶金工校汽车销售及文化休闲片区、金台高档生态住宅片区。

【投资6000万的醴陵陶瓷艺术馆开馆】 借力陶瓷产业，株洲陶瓷文化再上新台阶。12月1日，醴陵市新世纪艺术馆正式开馆。这个投资6000万元，建筑面积12000平方米的“新世纪艺术馆”将前来参观的嘉宾游客的眼光紧紧地聚集在一起。记者在现场看到，艺术馆整体建筑分为三层：一层是醴陵陶瓷工艺历史的展示。二层是艺术大师们的陶瓷艺术作品、绘画作品、雕刻作品展示。三层则让游客们置身于酒瓶的海洋。艺术馆在表现陶瓷发展历史上可以说是费尽心思、独具风格。馆内有个巨大的酒瓶展示场地。各式各样、形形色色的陶瓷酒瓶整整齐齐地陈列在橱柜里。在这里，中国瓷与中国酒找到了堪称完美的契合。著名艺术家黄永玉先生题写了馆名。艺术馆开业后，将举行互动活动，请陶瓷专家开讲座、让中小学生现场观看陶瓷的生产工艺、探讨陶瓷作品的收藏价值等。艺术馆周末也正常对外开放，而且是免费的，要是团体过来通过申请还能免费参观生产线，最近距离地触摸到最“鲜活”的陶瓷工艺。

【株洲首条地下步行街建成】 株洲首条大型地下步行街——芦淞·新天地负一层12月25日开业。地下步行街的建设落成，是株洲人防建设事业的重要内容，也是芦淞服饰商圈升级改造工程的一个里程碑。也是株洲市政府升级改造芦淞商圈的重头项目，也是千亿大提质工程的重要组成部分。走进芦淞·新天地市场，不同街区段风格的变换，绚丽的LED步梯、明亮宽敞的中庭，都会让人耳目一新。贯穿了整个人民南路的芦淞·新天地，14个设计独特的出入口可以直接通向芦淞服饰群的各个市场。芦淞市场群目前辐射中南五省230多个县（市、区），以株洲为中心，以1天车程为半径，在此范围内的人口有1.2亿人左右，以此范围人口为对象，每年服装消费额可达到600亿元以上，芦淞市场群年交易额仅300亿，这意味着商圈还存在巨大扩展空间。芦淞·新天地服装市场的开业，也为芦淞服饰商圈注入强劲的发展动力，其先进硬件设施和运营模式，是芦淞服饰商圈最新一代服装市场的典范。地下步行街独特的异域时尚街区风情，为采购商提供出色的服装采购平台，也为市民购物提供优美的采购环境，开创了芦淞市场群全新的篇章。

【“一环五区”将亮相石峰区九郎山】 九郎山旅游区要成为清水塘、田心两大片区的“后花园”，成为长株潭城市群的休闲旅游区。12月28日，石峰区九郎山旅游区开发规划项目通过评审。九郎山旅游区将建设独具特色的“五色九郎”。九郎山群山连绵，郁郁葱葱，是城市绿肺，因唐太宗李世民被9个郎中救治的历史传说而得名。九郎山片区是石峰区“十二五”3大片区的重要一极。规划片区北接长沙，西临湘潭，处于长株潭城市群绿心创新发展区。项目规划面积约20平方公里。项目区域内林地、水库、交通资源丰富。在中华传统文化中，天数九为最大，地数五为最大，结合区内特色，九郎山旅游片区将建设“一环五区”，即以湿地、花卉等为主的全息农业景观环，以及红色主题文化区、墨色主题禅悟养生区、绿色主题创意运动区、金色主题乡野度假区、白色主题白马山居区。以原生态的山水，打造集户外运动、宗教旅游、休闲观光、疗养健身等为一体的多功能城市公园，成为长株潭居民休闲旅游首选地。目前株洲正在积极修复的秋瑾故居，就位于红色文化区。这片区域将作为五色区域中的先期开发项目，以秋瑾故居建筑群的建设为主导，同步推进项目区内的民居改造和基础设施建设。

两型产业建设

【株洲高新区2011年签约15大项目】 2011年4月26日北京汽车集团、传化集团、中国五矿集团、上海宝钢车轮有限公司、万家乐燃气具有限公司、麦格米特电气股份有限公司、贝尔信科技有限公司、日望精工有限公司、株洲新时代输送机械有限公司等十家公司分别与株洲高新区签订项目进区合同，合同总投资达156.06亿元。近年来，株洲高新区、天元区始终坚持“全市争第一，全省争一流，全国争前移”的奋斗目标，全面推进园区建设、项目进区、产业发展、城市建设四大工作重点，实现了经济社会又好又快发展。特别是2011年全市“招商引资年”活动开展以来，株洲高新区自我加压，负重奋进，迎来了2011年高新区第一批15个重大项目的落户签约。这些项目建成后必将极大增强高新区综合实力，对促进全市经济社会发展也具有十分重要的意义。主要项目包括：万豪万丽酒店总投资5亿元，共23层，规划总建筑面积约4.2万平方米，包括各类高档客房322间，上千平方米的大型豪华宴会厅等。万豪万丽酒店严格按照万豪国际集团旗下国际五星品牌“万丽”标准，结合株洲市场情况精心打造，计划于2013年9月试营业，由万豪国际集团管理。北汽集团此次签约的项目是北汽南方生产基地二工厂，拟投资50亿元，征地2000亩建设年产30万辆经济型全承载式乘用车项目，包括经济型轿车、A级轿车两三厢、紧凑型城市旅行车、中型城市旅行车、紧凑型MPV及纯电动轿车。项目建成投产后，北汽南方生产基地可实行年产50万辆整车的生产规模，年产值将达到400亿元。传化集团是一家集化工、物流、农业和投资等业务为主的多元化产业集团，位列中国大企业集团竞争力500强第10位，中国民营企业500强第64位。传化集团此次拟在株洲国家高新区新马工业园征地1500亩，总投资约30亿人民币，建设长株潭公路物流港，该项目以物流产业为主体，努力打造成地区综合性货运枢纽，中部物流网络中的重要节点，长株潭地区重要的物资集散地及各专业市场第三方物流的提供者，成为中国物流产业的‘桥头堡’，会展产业的‘城市金名片’，旅游酒店业中的‘城市客厅’，商贸居住产业中的‘城市坐标’。中国五矿集团拟在株洲高新区新马工业园征地946亩，投资40亿元，建设五矿高新产业园，重点发展硬质合金切削工具、硬质钻掘项目等项目，项目达产后可实现年销售收入50亿元。大汉控股集团与广东万家乐股份有限公司合作建设厨卫家电生产基地，拟征地200亩，总投资10亿元，生产新型厨卫电器，达产后可实现年销售收入20亿元。上海宝钢车轮有限公司拟征地140亩，建设湖南宝钢车轮生产基地及剪切配送中心，项目一期投资2.8亿元，建设规模为150万只/年乘用车钢制车轮，预计2014年达产。

【北京矿冶战略重组株洲火炬工业炉】 2011年5月，北京矿冶研究总院与株洲火炬工业炉公司签订了战略重组协议。根据协议，北京矿冶以注资方式占后者总股份的51%。北京矿冶与株洲火炬工业炉公司战略重组后，将把株洲火炬工业炉公司的发展纳入到北京矿冶总体发展战略中。北京矿冶将通过整合该院现有冶金技术研发与工程转化、装备研究与制造等资源，以株洲火炬工业炉公司现有的业务平台为基础，加大在有色冶炼装备方面的科技投入，将株洲火炬工业炉公司打造成为北京矿冶的冶金装备制造基地。株洲火炬工业炉公司也希望借助北京矿冶的资金、技术、管理、信息等资源优势，打造出一个全球一流的有色金属冶炼装备制造基地，力争“十二五”期间年销售收入突破10亿元，并最终成功上市。资料显示，北京矿冶是隶属国务院国资委的央企，在有色金属的采、选、冶等领域，其技术研发能力可代表国家水平，在国内外同行中具有较大影响；同时，在磁性材料、锂电池等新材料的研制方面也是国内的佼佼者。北京矿冶旗下拥有北矿磁材和当升科技两家A股上市公司。株洲火炬工业炉公司的熔锌感应电炉占国内70%的市场，多膛炉占国内90%的市场，锌粉炉占国内80%的市场。

【株洲县双辉船舶制造项目投产】 投资1000万元的株洲县双辉船舶制造项目，经过规划、论证、注册、建设，5月底正式投入生产。双辉船舶制造项目投入生产后，年造船达10余艘，完工吨位可达20000吨，工业生产总值将达4000多万，年上缴税收400万元以上，可安置就业人员300多人。在远期规划中，双辉船舶将打造株洲船舶制造基地，成立船舶交易中心，组建株洲县湘江旅游观光公司，把株洲船舶产业群打造成新的上亿元支柱产业。

【“湘煤集团”投资20亿在株洲造基地】 “湘煤集团”投资20亿元，在株洲发展煤机装备制造业。5月22日，湘煤立达矿山装备股份有限公司（简称“湘煤立达”）煤机装备制造产业基地在高新区奠基。“湘煤立达”是湖南省煤业集团（简称“湘煤集团”）的国有控股公司，主要从事矿用机械产品的研发、制造和销售，产品畅销全国，市场占有率名列同行榜首。新奠基的煤机装备制造产业基地，项目规划用地总面积1000亩，总投资约20亿元，分两期实施，其中一期工程用地538亩，投资约10亿元，主体厂房计划于2011年底交付使用，届时将建成集采煤、掘进、提升、运输及井下基础配件为一体的煤机装备制造产业基地，年工业产值达30亿元，并力争在2013年上市。之后启动二期工程，继续扩大规模，打造中南地区矿山装备制造骨干企业。

【非航工业园落户董家塅高科园】 中航工业湖南南方宇航非航工业园，正式落户株洲芦淞区董家塅高科园。7月4日，董家塅高科园与南方宇航工业有限公司，共同签订了非航工业园（高精传动）项目入园协议。非航工业园项目是“中航工业发动机”拟发展的核心战略产业之一，以湖南南方宇航工业有限公司为发展平台，聚合相关单位的技术、资源和资金优势，将重点发展风电传动、轨道交通传动、大型工程机械传动、高质量舰船传动和燃气轮机传动系统。南方宇航非航工业园，规划用地约500亩，分二期建设，其中第一期建设用地约300亩，第二期建设用地约200亩。项目总投资30亿元，以高精传动产业、EPS等项目为基本内容，分三期投入。规划2015年实现销售收入30亿元，2020年实现销售收入100亿元，实现出口创汇，进入国内风电齿轮箱研制和规模收入前3名。按照协议，交地之日起1年半内要完成工厂建设并投产。南方宇航非航工业园落户董家塅高科园，将促进株洲航空千亿产业集群的快速发展，提升装备制造业发展水平，带动经济发展。

【高新区轨道交通产业走向国际化】 2011年8月10日，我国第一列出口欧洲的新型轻轨列车在南车株机下线，此举标志着株洲高新区的轨道交通装备制造核心竞争力跻身世界先进行列。2011年1月，时代新材收购澳大利亚代尔克公司100%股权。南车时代电气4月“牵手”美国西屋公司，进军城轨车辆制动系统市场；5月启动8英寸IGBT芯片生产线项目建设，扭转我国IGBT关键技术长期受制于人的局面。株洲高新区轨道交通产业规模以上企业增至75家，产品覆盖电力机车及机车车辆所需部件的40%左右，形成了以电力机车、城轨车辆、铁路工程机械等为重点的多类别产品系列。1—7月，实现产值278亿元，同比增长36.5%。部分骨干企业大力实施“走出去”战略，国际化步伐越来越快，产品出口创汇大幅增加。上半年，仅“南车株机”就实现出口创汇1亿美元，同比增长282%。2010年，株洲高新区启动轨道交通千亿产业园的建设，规划面积31.2平方公里。至2011年6月底，已基本完成核心区3平方公里的建设。

【高精传动项目落户株洲 规模可达百亿元】 2011年8月19日，总投资30亿元、产业规模100亿元的高精传动项目，正式落户董家塅高科园。高精传动项目是“中航工业发动机”重点发展的核心战略产业之一，由市政府与“中航工业发动机”共同建设。该项目以湖南南方宇航工业有限公司为发展平台，聚合“中航工业发动机”相关单位的技术、资金和资源优势，重点发展风电传动、轨道交通传动、大型工程机械传动、高质量舰船传动和燃气轮机传动系统。项目总投资30亿元，分三期投入，规划2015年实现销售收入30亿元以上，2020年前形成销售收入100亿元以上规模。项目规划用地500亩，首期300亩土地已交付，预计2012年底建成并投产。根据增资协议，中航发动机控股有限公司、中航发动机有限责任公司、中航咨询

(北京)有限公司、湘江产业投资有限责任公司、株洲市国有资产投资控股集团有限公司、西安航空动力控制有限责任公司6大股东，对湖南南方宇航工业有限公司进行增资，首期投入6亿元，正式启动高精传动项目。

【浙江2.3亿光伏新材料项目落户炎陵】 浙江光伏新材料项目选址炎陵九龙经开区，占地50亩。项目建设周期为一年，一、二期投资总计达2.3亿元人民币，属高新技术、新技术产品的“双高”型企业项目，所生产的复合热场材料属新能源、新材料产业，广泛应用于信息产业、太阳能光伏产业、国防军工、航空航天、轨道交通、汽车及工程机械、风电、船舶等领域，完全符合“两型”产业发展要求。项目投产后，年生产复合热场材料185吨以上，年销售收入达4.5亿元，年税收达1000万元以上，可安排劳动力150人左右。

【香干搭台 攸县农产品集体叫卖】 2011年10月18日，为期3天的农产品加工展销会在攸县体育场举行，共展出特色农产品102种，其中豆腐系列产品30多个。累计售出农产品上万件，价值逾1000万元。攸县是个农业大县，有农业人口64.55万人，占全县人口总数87%。素有“湘东粮仓”之美称，辣椒、生姜、蒜苔、茉莉花茶、草席、藠头、竹木制品畅销大江南北及东南亚东区。近年被国家列为商品粮生产基地、瘦肉型生猪生产基地、油茶林生产基地、茉莉花产业发展县、农村农业现代化试点县、省市蔬菜生产基地及株洲市无公害蔬菜试验示范基地。攸县还是国家农产品加工重点县。近年来，攸县大力实施科教兴县战略，连续几届进入了全国科技先进县行列；全县大力推进农村土地流转，农业集约化、机械化、科技化水平不断提高。目前，全县拥有农业科技企业100多家，涉及粮食、生猪、规模养殖、蔬菜加工、有机茶加工和小食品加工等类别，年产值达20亿元。此次展销会邀请了北京、上海、深圳、长沙等地的32家外地客商，开设了49个特色农产品和农业龙头企业农产品展位。展销包括攸县香干、火焙鱼、藤茶、腊笋、慈峰茶叶等102个特色农产品，产品深受外地客商青睐，许多豆腐系列产品卖到断货。

【文化产业将成为株洲的支柱】 株洲推动文化产业的发展，起于2001年株洲电影院率先转企改制。千金文化广场启动了株洲文化产业发展的按钮，接踵而来的是红旗电影院、人民电影院、天桥电影院改制成股份制公司，建成了东都文化广场，引进了万达电影院线。随后，市电影院获得重生，在全国电影业一片萧条的状态下，株洲千金影院业绩保持直线上升，在全国200家电影院线中保持票房第12名左右，获评全国“院线最佳影城”、“国产片放映优秀影城”。文化产业是城市综合实力的重要标志之一。以炎帝文化为背景的神农城、以湘江文化为特色的湘江风光带、以教育为依托的职教城，还有以文化和科技相结合的华强方特科技产业基地等，都是株洲重点文化产业推进项目。十年来，株洲还基本建立起了“一区三园三基地三集团”为核心构架的株洲文化产业，即云龙文化创意示范区；株洲文化产业园、株洲包装设计产业园、醴陵釉下五彩艺术陶瓷园；神农城炎帝影视文化基地、芦淞服饰创意产业基地、株洲创意产业教育培训基地（职教大学城）；株洲报业集团、株洲广电集团、株洲演艺集团。文化产业的发展，逐步形成了特色鲜明、开放灵动的文化产业空间新格局。

【旅游休闲等5大板块构建云龙产业体系】 云龙示范区挂牌以来，各项工作呈现出较好的发展势头，目前，“两型”规划体系初步形成，“两型”建设框架基本搭建，“两型”产业项目加速推进，“两型”改革试验顺利起步。下一步，示范区将加快建设旅游休闲、职教培训、金融服务创新、生态宜居和都市农业“五大板块”。“五大板块”包括加快华强基地等项目建设，重点发展文化娱乐、影视动漫、旅游度假、体育健身和休闲购物等产业，打造中部旅游度假中心；加快职教大学城项目建设，打造实用技术教育基地；加快总部经济园、云龙发展中心等项目建设，打造中部区域性现代服务业明珠；加快云龙生态社区、湖湘文化城等项目建设，聚集示范区人气；加快都市农业旅游观光带、云田旺塘基地等项目建设，发展都市农业。

【省水利科技园正式落户云龙示范区】 2011年11月16日，省水利厅与市政府关于推进“两型”社会城市水环境治理合作协议暨湖南省“两型”社会水利科技园项目框架协议签约仪式在株洲举行，省“两型”社会水利科技园项目正式落户云龙示范区。根据协议，株洲市在“十二五”将加快推进城市水环境治理工作，省水利厅将给予重点支持，在技术指导和资金安排上，大力支持株洲城市防洪排涝工程建设，促进形成4个防洪保护圈，达到100年一遇标准，促进排涝泵站全面新、改、扩建到位；支持株洲开展“蓝天碧水行动”和以现代工业文明为特征的生态宜居城市建设，重点支持“一江四港”治理，在四水治理、中小河流治理、大中型水闸除险项目上加大投入力度；将云龙示范区列为“两型”社会建设中水利改革发展的示范区，规划建设综合型试验基地，全方位整合资金予以连续支持；积极指导株洲市节水型社会建设试点工作，共同研究建立健全节水型社会制度管理体系；积极支持株洲城市第二水源建设，争取项目立项。“两型”社会水利科技园项目是集科研、科普、科教、示范推广、会展培训和水利旅游于一体的高层次水利科技园，现代水利、“两型”水利示范园，优秀水文化、水景观、水生态示范园。其园区规划用地2000亩，由水利科研综合实验中心、大坝安全监测中心、水资源管理研究中心、洞庭湖模型实验研究中心、水文综合实验中心、山洪灾害防治研究中心、灌溉实验研究中心、水土保持技术实验研究中心和水利会展中心等组成。该园的建立将有利于提高全省水利科技创新水平，提升水利科普、示范、推广能力，支撑全省水利实现跨越式发展。

【大唐集团在湖南最大的投资项目开工】 攸县煤电一体化项目征地拆迁完上，建设区内，水、电、讯、视等各项设施到位。2011年11月18日，该项目正式启动主体工程建设，预计第一台机组于2013年底投产发电。作为湖南省首个真正意义上的“煤电一体化”项目，该项目电厂投资53.73亿元，煤矿投资约20亿元，总投资约73.73亿元，是大唐集团在湘最大的投资项目。该项目位于攸县网岭镇新塘冲，将建设2台60万千瓦超临界燃煤发电机组，按4台60万千瓦机组规划，同步建设烟气脱硫、脱氮（脱硝）装置，并留有再扩建余地，同步投资开发年产200万吨的煤矿。主体工程开工后，预计第一台机组2013年底投产发电，第二台机组2014年一季度投产发电。届时，与小火电机组相比，新建机组效率更高、燃煤成本更低，污染物排放将大大减少，上网竞争能力和盈利能力增强。此外，针对攸县尚未开发利用的劣质无烟煤，工程采用了新锅炉，可最大规模实现低质无烟煤高效燃烧的技术。株洲将因此摆脱攸煤外运、北煤南运的尴尬，缓解调煤保电压力。

【投资40亿的风电项目落户株洲县】 株洲县有望成为长株潭城市群发展的新能源保障中心。3月，株洲县政府与中国水电建设集团新能源开发有限责任公司签订补充协议，在未来8年内，由后者总投资40亿元，在株洲县建设一座风力发电厂，风电装机容量40万千瓦，年发电量达8亿千瓦时。湖南省电力缺口大，迫切需要发展新能源项目，满足电力需求。株洲县处于中部地区，临近长株潭城市群电网负荷中心，电网输送功能强大，项目发电后可直接并网创效。国家风力发电的选址要求是，每年有2000至3000小时风速达30米/秒。而在株洲县朱亭镇，一些山地河套地区风力又大又稳，方圆80平方公里范围内的7米高处，每年有近4000小时平均风速达6米/秒左右。其独特的地形地貌，很适合风力发电。此外，朱亭镇为历史古镇，龙凤乡、太湖乡等为湖南省重要的自然林场，作为清洁能源的风电项目，与山水景观结合，具有很高的旅游观光价值。项目建成后，可以在龙凤、龙潭、太湖、朱亭地区形成山水胜景、古镇风情、现代工业一体化旅游开发，很好带动地方经济转型和发展。

【茶陵要建湖南最大建陶基地】 2009年以来，茶陵县积极承接珠三角建筑陶瓷产业梯级转移，计划用5年时间，把建筑陶瓷工业园建成总投资40亿元、有15家年产值亿元以上企业、全省最大的建筑陶瓷生产基地。茶陵拥有7亿吨优质陶土资源，80%以上的原材料可实现本地化，加上交通便利、毗邻广东，且半径300公里内无大型建筑陶瓷生产企业集群。佛山转移建筑陶瓷产业的计划刚启动，茶陵县主要领导就开始积极走访佛山市有关企业。县商务局成立佛山办事处，主动与建筑陶瓷协会、大企业建立联系。县里辟出一块2000多亩的地，兴建建筑陶瓷工业园。茶陵县还成立企业服务中心，向外来企业提供“亲友式”服务。2009年11月，佛山彩碟陶瓷科技有限公司与茶陵签约，总投资3亿元。随后，光华、德安居进驻茶陵，其中德安居计划投资10亿元。为了不走污染老路，对每一家进驻的建筑陶瓷企业，茶陵县政府都要求其必须通过环评论证。将来，茶陵的建筑陶瓷能辐射湖南、江西、广东、福建等市场，带动上、下游产业发展。

【新兴产业崛起　株洲再造“工业新城”】 2011年，株洲真正进入战略性新兴产业“时间”。培育扶植，抢抓先机。2010年8月，省委、省政府作出《关于加快培育发展战略性新兴产业的决定》，并将先进装备制造、新材料、文化创意、生物、新能源、信息、节能环保七大产业列为战略性新兴产业。株洲抢抓先机，大力推进发展。培育扶植之下，2010年，株洲以轨道交通为核心的高端装备制造业完成工业产值495亿元，新材料、新能源、电子信息、节能环保产业分别完成工业产值150亿元、31亿元、28亿元、18亿元。在全市规模工业总产值中，战略性新兴产业已是“三分天下”，占到35.4%。大投入方有大发展。2011年1至11月，株洲12个重点调度战略性新兴产业项目完成投资25.14亿元，为年度计划的81.2%。时代电气IGBT、中航通发中小航空发动机维修中心、北汽南方基地二厂、华强文化产业基地等一批新兴产业重大项目，投资额度大，建设进展顺利。根据规划，到“十二五”末期，全市战略性新兴产业工业总产值将达到2620亿元，将占全市规模工业总产值的半壁江山。引进大项目，优化软环境。抓住了大项目，就是抓住了株洲加快发展的“牛鼻子”。株洲要实现持续快速发展，必须加快引进培育一批产业关联度大、带动力强的战略性新兴产业重大项目。株洲为此不遗余力。大项目招商，在轨道交通、中小航空发动机、太阳能光伏等战略性新兴产业上发力。2011年，株洲“招商引资年”风生水起，仅上半年就签约亿元以上战略性产业项目29个，其中10亿元以上项目7个。株洲对战略性新兴产业项目建设关爱有加，着力优化投资软环境。定期调度，现场解决项目涉及的规划、环保、土地、资金等问题，任务逐项分解，明确责任部门和办理时限，建立绿色通道。政府搭桥，帮助解决重大项目资本金和建设资金。2011年4月，在湖南省战略性新兴产业发展银企合作洽谈会上，株洲中航通发同际转包生产扩建等3个项目上与银行签约，扶得贷款4.82亿元。2011年，湖南省确定了培育发展战略性新兴产业百大项目，其中株洲占12席，数量仅次于长沙。

【株洲对接6大央企项目　总投资183亿元】 2011年4月29日，中航湖南通用航空发动机有限公司在株洲成立，航空零部件关键生产线投产。作为国内航空产业发动机重要布局点之一，该公司计划5年内投资50亿元，力争成为世界一流、国内主要的通用航空发动机供应商和服务商。通用航空发动机项目的落户，对株洲打造千亿航空产业具有举足轻重的意义。这是市国资委促成株洲对接央企的一个极其重要的项目之一。12月16日，中国五矿集团董事长出席在高新区举行的一个开园仪式——株硬精密工具产业园开工典礼。中国五矿集团是世界500强企业。该产业园是中国五矿集团与株洲2010年11月签约，共建有色金属新材料精深加工株洲基，构建“一中心、两厂、两园”产业格局的一个部分。按照双方的计划，10年内，中国五矿集团在株洲公司的年总销售收入将超过500亿元，株洲将成为国内第一、世界一流的有色金属新材料研发及精深加工基地。主动对接央企的大项目，引进具备产业带动力，发展新型产业和提升传统产业的项目，一直是株洲的战略方向。中国航空工业集团、中国大唐集团公司、中国南车集团公司、中国五矿集团、中国建筑集团总公司、中粮集团等央企相继对接株洲。投资50亿元的通用航空发动机项目、投资30亿元的高精传动项目、投资40亿元的中国水电建设集团风电项目、投资20亿元的中国五矿与株洲合作建设职教大学城项目等纷纷落户加快推进央企合作发展，是实现株洲跨越发展的迫切要求，是抢占新一轮区域经济发展先机的机遇。根据株洲的产业规划，目前在对接央企布局中，株洲已促成“湖南株洲中南谷物城项目”与中粮集团、“株洲武广片区开发建设项目”与中国交通建设集团、“湘江焊条药芯焊丝项目”与中国船舶工业集团、“工业铝材深加工项目”与中国五矿集团分别进行对接，同时推动与南车集团、中航工业集团在新能源、电动汽车、汽车零部件和环保工程等领域的深度合作。这些重大项目的总投资将超过300亿元。株洲现有中央、省属国企28家，分别属于中国南车、大唐电力、中国五矿、中铁建、中航工业、中盐集团等企业巨头。株洲是“两型”社会建设实验区，与省国资委建立了厅市合作关系，清水塘循环工业园已被列入湖南省央企对接合作产业基地，在对接央企上具备比较优势。下一阶段，株洲将全力推进央企对接项目，助力打造轨道科技城、航空城、汽车城、服饰城和有色金属新材料精深加工基地、新能源产业基地、中药现代化和健康食品产业基地，推动株洲的新跨越。

【新芦淞服饰工业园2012年或将傲立株洲】 从2006年开始动工建设的新芦淞服饰（都市）工业园（以下简称服饰工业园），已经完成了一期工程的建设，二期工程和综合楼也在建设中，预计2012年能全部完工。占地154.12亩的服饰工业园，作为湖南省女裤产业基地示范园区，或将引领株洲女裤产业升级。一直以来，株洲女裤的销量占到了全国四分之一。但在现有的数千个品牌中，属于株洲本土品牌的却没有几个。打造这个服饰工业园，也就是给株洲的女裤品牌做一个孵化基地。到目前为止，服饰工业园已经和格琳鸟全女裤、空中玫瑰女裤和瓦伽利女裤等28个服饰品牌成为了战略合作伙伴。

【2011年约1600万人来株洲旅游】 2011年，株洲全市打响了“旅游升温战”，共确定41个重点旅游项目，总投资709亿元，全年39个项目开工建设。其中华强方特欢乐世界、神农湖等核心景区、湘江风光带河西段景观等重点旅游项目，成为游客旅游的热点。此外，品牌建设也在紧密进行中，全市两个镇获评旅游名镇、六个村获评旅游名村，炎帝陵顺利接受创国家风景名胜区国评，神农谷景区正接受创国家4A景区国检。除了景区、品牌建设，各类节会活动成为推销“株洲”、吸引游客的重要法宝。2011年湖南国际旅游节、首届公共自行车全省精英挑战赛暨九郎山风景区旅游文化节、炎帝陵春节及清明祭祀活动、海峡两岸炎帝神农文化祭活动、攸县香干文化节等一系列节会活动吸引了大量海内外游客，其中5.19中国旅游日宣传活动当天，全市10个国家级旅游区接待游客就超过13万人次。2011年，旅游专列成为株洲团队旅游一大亮点，全年共接待旅游专列22趟，共12639人。在项目建设、市场推广的拉动下，株洲旅游市场迅速升温，全年预计接待游客1625.6万人次，同比增长33.24%，实现旅游综合收入109.58亿元，同比增长33.63%。为激励旅游企业加大市场促销力度，吸引更多的外地游客来株，将对在宣传推介株洲旅游业做出突出贡献的旅游企业给予奖励。此次奖励以吸引市外游客数量为标准，分设旅游专列奖、旅游大巴奖、旅游自驾车队奖、会议会展奖、年度旅游排名奖、年度旅游贡献奖，由旅游企业自行申报，获奖企业将获得市财政局发放的2000元至10万元奖金。其中，全年接待市外游客量前3名、且超过1万人的旅行社，将分别奖励10万元、5万元、2万元。

【株洲精密工具产业园开工　总投资80亿元】 2011年12月15日，中国五矿·株硬精密工具产业园在株洲新马工业园正式开工。硬质合金号称“工业的牙齿”，广泛应用于冶金、机械、地质、煤炭、石油、化工、电子、轻纺及国防军工等众多领域，是一个基础性产业，关系到国民经济发展的质量和水平。精密工具则是硬质合金产品中技术含量最高、使用领域最广、集成配套性最强、最能体现企业核心竞争力的产品。精密工具产业园规划总投资约80亿元，占地1000亩，分三期建设，2016年建成。项目达产达标后，将形成年产棒材合金3000吨、数控刀片15000万片、机夹焊接刀片1500吨、整体刀具2000万支、数控刀具200万件、陶瓷刀片300万片的生产能力，大大提高株硬精密工具产品的综合实力。预计年实现销售收入60亿元，年实现利润5亿元。

【攸州工业园再添两家“生产大军”】 随着攸县招商引资力度不断加大，越来越多的企业开始选择到攸县安家落户。12月13日，攸县日用陶瓷花纸厂、株洲市海虹电线电缆厂两家企业正式签约落户攸州工业园。攸县日用陶瓷花纸厂项目属于印刷业，项目用地约35亩。该项目总投资5281.6万元，主要经营四色、釉中、小膜高档陶瓷、洁具花纸生产及销售。项目建成运营后，预计年销售收入约1.02亿元。株洲市海虹电线电缆厂项目总投资9000万元，主要经营范围为电线电缆、电器开关和电器插座生产及销售。其项目用地约30亩，包括办公楼、车间、仓库和生活楼等配套设施，预计该项目运营后年销售收入1亿万元以上，年创税收270万元以上。

【南车株洲所掘金新能源产业】 南车株洲电力机车研究所有限公司，依托自身在轨道交通领域的核心优势，将核心技术向相关领域延伸，实施同心多元化战略，如今在新能源产业领域风生水起，引人关注。自2006年开始涉足风电、电动车等新能源产业，短短几年，该公司就跃升为中国风电装备前10强，向北京、上海、广州、天津、昆明等国内市场投放各类整车数量超过1600辆以上，占据全国电动汽车整车市场四分之一的份额，提供包括电传动、充电机等关键部件2600台（套）以上，市场占有率居全国第一。其新能源产业产值对公司经济贡献率已达40%，成为湖南省新能源产业的一支劲旅。自2001年以来，南车株洲所在电动汽车领域累计投入近2亿元进行科研开发，有力地推动了电动汽车核心技术的发展。近年来，南车株洲所每年的科技投入均不低于营业收入的10%。2010年10月17日，由南车株洲所承担的“电动汽车关键技术突破及产业化应用”项目顺利通过科技鉴定，该所目前已经掌握的客车用纯电动、串联式混合动力、并联式混合动力等3种动力系统技术及整车集成技术，特别在电机及其控制系统的研发、储能系统应用、动力系统匹配等方面形成了核心技术竞争力，处于国际先进水平。作为中国轨道交通电传动技术行业“火车头”的南车株洲所，在“走好两条钢轨，走出两条钢轨”战略指导下，通过技术引进与自主创新相结合，仅仅用5年时间，在风电设备制造产业链的关键环节推出了具有自主知识产权的高端产品，一举跻身中国风电装备行业前十强，特色机型高原风机市场份额在国内排名第一。为抢占新能源产业发展先机，中国南车株洲所于2006年成立风电事业部（以下简称“南车风电”），正式进入风力发电成套设备领域。为探索一条有别于传统风电设备发展的路子，南车风电成立伊始，就立下3条规矩：产品要适合中国国情；技术性能要成熟稳定；在行业特别是与外企的对话中，要有绝对话语权。遵循这一原则，南车风电并没有为了简捷、容易出样机而选择当时主流的750千瓦风机，而是从欧洲引进了先进的1.65兆瓦双馈型风力发电整机制造技术。正是这一正确的选择，让南车风电一跃成为当时少数拥有兆瓦级风机制造技术的国内企业，并奠定了日后与国内外同行同台竞技的资本。目前，南车风电在自主技术领域拥有“发电机—变流器—叶片—主控系统—整机”这样一条接近完整的产业链。凭借这一全产业链的自主技术优势，南车风电在风电整机制造领域如鱼得水，成为国内整机供应商中唯一可以自主研发、制造全套电气控制系统产品的企业。其产品得到中国华能集团、中国大唐集团、中国华电集团等各大电力集团的广泛认可、使用。目前，从辽宁省盘锦风电场的潮间带及盐碱地到内蒙古自治区库伦风电场的零下30摄氏度低温环境，再到仰天湖风电场的山地地区，南车风电风力发电机组陆续在中国环境气候各异的风电场安装运行。核心技术的完全掌握，鼓舞了南车风电进一步抢夺市场的斗志，其生产能力建设上也表现出独特的“高速度”。目前，南车风电在株洲有两个大型风电生产基地，具备提供优质、可靠风电整机及配套设备的坚实基础。其中，株洲田心工业园基地于2007年12月投产，年产兆瓦级风力发电机组300台（套）；位于株洲粟雨工业园的基地投资2.1亿元，于2010年8月投产，每年可生产风机500台（套）。2010年3月，南车株洲所天津风电产业园项目奠基开工，竣工后年产能达到500台（套）2.5兆瓦风机，市场范围覆盖东北、华北、西北地区陆上风场和沿海地区。2010年10月，中国南车以南车风电为基础，投资7.5亿元在内蒙古通辽建设年产300台风电机组总成、300套叶片制造项目和风电维修服务项目。为了更好地贴近市场，服务风场建设，南车风电未来5年内还将在内蒙古、江苏投建2个大型风电设备制造基地。为适应不同环境条件下的发电需求，南车风电已推出16种机型，可广泛适用于我国不同地区的环境。南车风电还在进行“智能电网中的风力发电关键技术的研究”科研项目，目的是完善现有风电机组有功和无功功率调度和自动调节、风电机组低电压穿越等内容。目前项目进展顺利，完成后南车风电机组将完全满足国内的风电并网标准的要求。

【国内最大的茶文化产业园奠基】 2011年12月26日，茶陵中华茶祖文化产业园正式开工建设，这是目前国内最大的茶文化产业园，国内第一个茶祖神农文化根据地。茶陵是炎帝神农氏种五谷、尝百草之封地。据传，神农氏在茶陵云阳山发现茶叶，并推崇茶叶可清毒可养身。经几千年的传承与发展，茶叶已成国饮，茶陵也因此成为全国唯一以“茶”命名的县。近年，茶陵县提出“弘扬茶祖文化、发展茶叶产业、振兴茶陵经济”的战略决策，积极进行项目包装、招商。2011年年初，茶陵县与茶陵茶祖印象茶业有限公司正式签订协议，启动“中华茶祖文化产业园”项目建设。项目总投资20亿元，总占地面积12800亩，包括250亩的中华茶祖神农文化主题公园，200亩的品牌茶叶交易市场，100亩的现代茶叶加工厂及周边配套商业、酒店、住宅等设施。计划5年内建成茶叶基地1万亩，带动全县种植10万亩，整个项目预计在2015年全部完成。届时，茶陵将成为全国一流的茶产业基地、知名品牌茶产品的集散地、中华茶人的寻根地。目前，“中华茶祖文化产业园”建设项目已被列为株洲的重点工程，湖南茶叶产业转型升级的标志性工程。

【湖南首个煤电一体化煤矿工程攸县开工】 2011年12月26日，大唐华银攸县能源有限公司在攸县晓暑村隆重举行柳树冲煤矿工业广场场平工程开工仪式，全面拉开了攸县煤电一体化项目煤矿工程开工建设的序幕。此次新建开工的柳树冲煤矿是攸县煤电一体化项目规划200万吨煤矿的第一口矿井，同时也是中国大唐集团公司的第一口洞井。柳树冲煤矿投资5.7亿，设计工期32个月，建成后每年生产无烟煤30万吨，将有效缓解攸煤外运，北煤南运，省内煤、电、油、运紧张的局面，满足湖南电网电力负荷不断增长的迫切需要。作为湖南省的重点工程项目，攸县煤电一体化项目处于长株潭地区和湘南地区两大负荷中心之间，能优化全省电网的电源结构，实现水、火电源互补，缓解长株潭地区、湘南地区负荷中心电力供应紧张的矛盾。煤电一体化的模式能有效解决湖南省煤、电、油、运相对紧张的局面，同时更有利于加快株洲市产业结构调整和绿色转型步伐，打造煤炭能源产业基地。2010年9月13日，湖南省政府将株洲攸县黄兰煤矿（资源储量2亿吨，规划年产量200万吨）配置给大唐华银攸县能源有限公司，搭建了省内第一个真正意义上的煤电产业对接平台，由攸县能源公司以煤电一体化模式同步建设年产200万吨无烟煤的黄兰煤矿和2台60万千瓦燃煤发电机组，项目一期投资近80亿元，其中煤矿工程投资约20亿元，真正实现产业对接、管理同体。湖南省委书记周强和集团公司董事长刘顺达对该项目极为重视，要求将该项目打造成集成创新示范项目。目前，项目建设正在快速推进，煤矿工程已完成进厂道路和施工电源施工，运煤道路已开工，办公楼、宿舍楼、食堂已封顶，该公司全体干部员工已全部进驻现场办公，铁路专线工程B标段已进场施工，预计2012年8月份完工。预计发电项目第一台机组将于2013年年底投产发电，第二台机组将于2014年一季度投产发电。为满足2台60万千瓦机组每年高达300万吨的燃煤需求，攸县能源有限公司还将快速推进其他矿井的建设，并根据湖南省政府与中国大唐集团公司于2010年5月签署的战略合作框架协议，积极参与煤炭资源整合，保证自产和控制煤炭产量达300万吨，满足2台60万机组发电需求，实现真正的煤电一体。

【株洲2012年启动煤矿企业兼并重组】 2012年3月起，株洲将实施煤矿企业兼并重组，全面完成煤矿技术改造扫尾工作，并在6月底以前，完成所有三级以上煤矿安全质量标准化矿井达标建设。12月27日，湖南省煤矿安全监管监督会议在株洲举行。继续加强生产隐患排查和监管，是2012年煤矿安全工作的重点。2011年，株洲通过实施煤矿技术改造，已淘汰了6万吨/年以下能力小矿井，114个煤矿已全部完成矿井瓦斯监测监控系统、矿井压风自救系统、供水施救系统、通信联络系统建设。煤矿技术改造验收率和煤矿持证率均领先全省其他产煤市、州。

2012年，株洲将启动煤矿兼并重组，全市形成1至2个年产100万吨以上的煤矿企业集团，80%以上煤矿企业年均产能达到30万吨以上，到2013年底，全市煤矿企业总数控制在13个以内。

【株洲高科集团成立10年 总资产超120亿】 肩负"点燃科技火种，缔造产业乐园"使命的"高科集团"，已走过10个春秋。通过逐步走向市场，公司注册资本由原来的1000万元增长到如今的10亿元，资产规模超过了120亿元。2001年11月，株洲高新区将株洲高新技术产业发展有限公司重组为株洲高科集团有限公司。10年间，公司定位历经"园区建设与融资工具"、"工业设施发展商"、"园区发展商"的调整，完成了从单纯依赖政策驱动，向市场与政策共同驱动的转变。今日的高科集团下辖7家全资公司和控股公司，3家参股公司，业务涉及土地一级开发、工业房产、企业孵化、创业投资、工程建设、商住地产、物业管理等领域。

两型技术产品

【首款株洲造微客BC306Z亮相】 2011年3月29日，北汽集团自主品牌微客BC306Z在北京举行品牌发布会。这是株洲生产的第一款汽车。北汽集团株洲分公司是北汽集团在株洲新建的大型汽车制造企业，承担着北汽自主品牌广义乘用车的制造任务。该公司位于株洲高新区，占地800亩，整体规划年生产20万辆整车和20万台发动机。2008年8月奠基建设，2010年10月28日和12月26日，BC306Z微客和BC301Z轿车相继在该公司成功下线。作为北汽集团首款自主品牌微客，BC306Z微客已在中国汽车技术研究中心成功完成了碰撞试验，通过了严格的高原、高温、高寒"三高"及多种路况测试。据悉，BC301Z轿车不久也将上市。在特定投放区域上，湖南，特别是株洲将是重点。过不多久，在株洲的大街小巷，人们都可看到这两款车飞驰的身影。BC306Z和BC301Z作为株洲制造的首款拥有自主品牌的微客和轿车，无疑将给株洲这座工业城市增添新的光芒。

【南车株洲造第1000台电动汽车下线】 2011年4月12日，南车株洲电力机车研究所有限公司具有完全自主知识产权的第1000台电动汽车整车正式下线。作为中国电动汽车核心技术领域的领跑者，这一数字成为其节能与新能源汽车迈向产业化的标志。依据"同心多元化"发展战略，2001年，南车株洲所借助国家"863计划"电动汽车重大专项这一国家级研发平台，首次进入电动汽车领域。第二年，南车株洲所即争取到"燃料电池客车——电机及其控制系统"、"多能源动力总成控制系统"等两个"863"项目，同时作为主要研制单位参与了"燃料电池轿车——DC/DC变换器"项目。在随后8年多的时间里，南车株洲所相继承担了18个国家"863"课题，包括纯电动大客车电机及其控制系统、电动汽车示范运行考核试验研究、车用驱动电机系统产业化集成技术研究等，成为中国电动汽车核心技术领域的领跑者，并由"十五"期间的零部件项目承担单位成为"十一五"期间的动力系统平台项目承担单位。目前，该所已形成从零部件到系统，再到整车完整的产品系列，公司电动汽车相关技术具有完全的自主知识产权，拥有授权的发明专利30项、实用新型专利20项、外观设计专利10项，正在审查中专利32项，拥有授权软件著作权5项，企业标准20余项。2010年10月17日，由中国南车株洲所承担的"电动汽车关键技术突破及产业化应用"项目顺利通过了科技鉴定，该所目前已经掌握的客车用纯电动、串联式混合动力、并联式混合动力等3种动力系统技术及整车集成技术，特别在电机及其控制系统的研发、储能系统应用、动力系统匹配等方面形成了核心技术竞争力，处于国际先进水平。

【"时代电动"电动汽车研发入选"863"计划】 湖南南车时代电动汽车股份有限公司（"时代电动"）"深度混合动力客车产业化技术攻关"和"插电式混合动力客车产业化技术攻关"两项课题，获得国家"863计划"电动汽车重大专项支持，共获得科技部资金支持2087万元。这是南车株洲电力机车研究所有限公司电动汽车产业整车研发课题，首次获得国家重大科技专项支持。表明南车株洲所在电动汽车关键零部件及整车研发与制造方面，在国内具有领先地位。2001年，南车株洲所借助国家"863计划"电动汽车重大专项这一国家级研发平台，首次进入电动汽车领域。2002年初，南车株洲所获得"燃料电池客车——电机及其控制系统"、"多能源动力总成控制系统"等两个"863"项目，并作为主要研制单位参与"燃料电池轿车——DC/DC变换器"另一"863"电动汽车项目。此后，南车株洲所相继承担了国家"863"电动汽车关键部件和系统研发共18个课题，成为国内承担国家"863"电动汽车重大专项课题最多的企业之一。借助国家"863"平台，"时代电动"掌握了客车用纯电动、串联式混合动力、并联式混合动力三种动力系统技术，特别在电机及其控制系统的研发、储能系统应用、动力系统匹配等方面，形成了。核心技术竞争力，处于国际先进水平，成为国内电动汽车系统和关键零部件的最大供应商。2007年，南车株洲所在高新区投资兴建电动汽车整车产业化基地，研制的自主品牌电动汽车整车获得世界客车联盟颁发的"中国原创巴士奖"、"最佳舒适巴士奖"等奖项。目前，南车自主品牌的混合动力城市客车先后投放长株潭、昆明、天津等国内市场，在线运营电动整车数量占到全国具有自主知识产权混合动力城市客车推广总量的近1/3，居全国第一，运营里程、节油率、出勤率等运营指标处于全国最好水平。

【株洲发电公司脱硫试点成功】 火电企业烟气脱硫是环保部门监管的重中之重。6月10日，株洲发电公司4号炉脱硫设施改造通过省环保厅验收，成为湖南省火电企业中，首家脱硫设施取消旁路烟道的企业。对全国现役火力发电厂脱硫系统旁路烟道进行永久性封堵，是国家实现"十二五"节能减排目标的一项重大举措。2011年1月，"株电"成为实施脱硫系统旁路烟道永久性封堵改造的试点单位。为确保改造试点成功，公司组织技术人员，对影响脱硫设施安全稳定运行的各项因素，进行了彻底的分析和排查，制定了详细可行的施工方案。5月1日，项目正式启动，28日如期竣工。目前，取消旁路烟道后的4号机组运行稳定，脱硫系统投运率达到了100%，其他污染物浓度也远低于国家排放标准。

【南车株洲所2.5兆瓦风机成功并网发电】 2011年6

月 28 日，从内蒙古华电库伦风场传来消息，由中国南车株洲所自主研发的新一代 2.5 兆瓦风机 WT2500 成功实现并网发电，顺利进入运行考核阶段。WT2500 型风力发电机组额定功率 2500 千瓦，由 4 段共重 202 吨的塔筒、92 吨重的机舱和 62 吨重的轮毂、叶片组成，塔筒高度 80 米，叶轮直径 106 米。该机型采用“高速永磁发电机 + 全功率变流器”的设计方案，电网友好性强、电能质量好，具备低电压穿越能力。变桨系统采用创新的电动变桨控制系统，能通过桨叶载荷的调节和控制大大提升了风机效率和风能利用率。经测算，单台 WT2500 型风力发电机年发电量约为 800 万度。2.5 兆瓦风机的成功并网发电运行，标志着中国南车已经完全掌握和拥有了 2.5 兆高速永磁风力发电机的整套电气和变流系统核心技术，进一步巩固了其在国内风机核心技术方面的领先优势，真正实现了风机主机产品型谱多样化，为后续研发海上大功率风机奠定了基础。作为中国风电整机装备制造商新锐，5 年多来，中国南车风电产业迅速崛起，在国内风电机组供应商中首家实现风电电气系统、变流设备国产化，打破了核心产品主要依赖进口的尴尬局面，与华电、华能、大唐相继签订战略合作协议，手中握有订单 30 亿元以上。目前，中国南车株洲所相继在株洲、天津、内蒙古通辽布局三大风电产业基地，形成了年产风机 1200 台以上的能力。

【“南车株机”成功试制磁悬浮列车核心模块】 磁悬浮列车是由无接触的电磁悬浮、导向和驱动系统组成的新型交通工具。随着我国轨道交通技术多元化发展，有“陆上飞机”之称的中低速磁浮轨道交通，以其爬坡能力强、转弯半径小、噪声低、无污染等技术优势，渐渐受到国内外用户的广泛认可。早在 10 年前，“南车株机”开始开展磁悬浮技术研究。为抢占技术制高点，公司于 2006 年抽调业内精英组成磁悬浮开发部，专门从事中低速磁悬浮车辆研发。2011 年初，由“南车株机”牵头，西南交大、中铁二院、南车电机等单位强强联合，着手进行中低速磁悬浮轨道交通系统研制工作。按照计划，“南车株机”2011 年不仅要实现单模块悬浮架等核心部件的悬浮、牵引功能的演示试验，同时还要确保年底自主研制的磁悬浮列车在厂区内新建的轨道上“飞”起来。

【国产运行速度最快地铁株洲造】 重庆市轨道交通 1 号线 8 月正式通车，列车最高时速 100 公里，为目前全国运行速度最快、爬坡能力最强的地铁列车。其牵引系统由南车株洲电力机车研究所有限公司、南车株洲电机有限公司联袂提供。牵引电传动及网络控制系统，是城轨地铁车辆的关键技术和核心装备之一，被誉为轨道交通车辆的“心脏”，主要由牵引变流器、网络控制系统和牵引电机组成。其中牵引变流器、网络控制系统等关键部件由“南车株洲所”旗下的株洲南车时代电气股份有限公司研制，牵引电机由“南车电机”研制。重庆地铁后续 6 号线工程、6 号线支线，也将分别由这两家企业提供 21 列、11 列车辆牵引系统。重庆地铁 1 号线、6 号线采用 4 动 2 拖 6N 组 B 型车体。牵引电机功率为 190KW，是 8 型车牵引电机功率最大的。具有噪音小、体积小、重量轻、能效高、绝缘性能优异等特点。整个牵引系统以其强大的功率，完全满足山城特殊的地理气候环境及线路、供电和限界条件的要求，具有世界先进水平。

【我国首批轻轨列车在南车株机下线】 2011 年 8 月 11 日，我国首批自主研制的高端轻轨列车，在我国轨道交通装备制造龙头企业——南车株洲电力机车有限公司下线，这款新型轻轨列车将出口土耳其伊兹密尔市。土耳其横跨欧亚两大洲，曾是历史上“丝绸之路”的西端终点，其轨道交通建设沿用欧洲技术标准，被世界各大轨道交通装备制造企业视为必争之地。南车株机经与各圈际公司激烈角逐，拿下了 32 辆轻轨车项目订单，成为中国首家将整车产品打入欧洲市场的企业。该车辆按照欧洲标准研制，技术含量高、安全舒适性优，堪称中国城轨产品皇冠。列车最高时速 80 公里，每列车均具有单独运行动力，可根据早晚客流高低任意组合、灵活编组。南车株机研发的铰接式转向架，可使列车呈蛇形自由摆动平稳转身，提高了列车在人口稠密、线路复杂环境下的安全平稳性。下陡坡时，列车“腿部”安装的磁铁装置，使磁铁与轨道相吸快速制动，每秒可减速 1.7 米。经专业测试，土耳其轻轨列车的脱轨系数等安全指标，比国际同类车型高 2 个等级。出口土耳其轻轨车辆展示了异域文化风情。列车设计来自经典元素融合现代化风格的灵感，黑白住色调车身、红色伊斯兰教文字图案腰带，构成列车高贵典雅气质。外观和内饰大量融合伊斯兰教堂建筑、写意爱琴海、暖色建筑群等主题元素。根据欧洲人体型设计的悬挂式曲面座椅、垂形三叉杆扶手，将带来舒适乘坐体验。

【醴陵将有 6 个国家地理标志】 “醴陵花炮”、“醴陵鞭炮”、“醴陵烟花”地理标志证明商标，已经得到国家工商管理总局的核准，有效期限 10 年，标志着这 3 件地理标志将受到了法律保护。另外，“醴陵陶瓷”、“醴陵釉下五彩瓷”、“醴陵红瓷”3 件地理标志证明商标，也已经通过初审，并将在年底前核准，醴陵将拥有 6 个国家地理标志。截至目前，醴陵有效注册商标达 900 多件，拥有中国驰名商标 2 件，湖南省著名商标 32 件，在全省县级市中名列前茅。地理标志证明商标主要是证明产品来源于某个国家、地区、区域，并且该商品的品质、信誉或者其他特征是由该产地的自然因素或者人文因素所决定的，一般要通过注册申请、现场考察、专家论证、公示等程序才能完成注册申请。通过注册地理标志证明商标，可以合理、充分地利用与保存自然资源、人文资源和地理遗产，有效地保护优质特色产品和促进特色行业的发展。醴陵是“中国陶瓷历史文化名城”和“中国花炮之都”。陶瓷产品门类齐全，拥有 4000 多个品种，其中日用陶瓷产量占到占全国的 14%，远销美国、欧洲、日本、中东和南美等 150 多个国家和地区。花炮生产历史悠久，拥有花炮企业 345 家，花炮品种 4000 多个，从业人员近 20 万人，销售网络覆盖全国各省、市、县，远销全球 140 多个国家和地区。

【“南车电机”成功进入高效电机“国家队”】 利用中央财政补贴进行高效电机推广是国家发改委、财政部联合开展“节能产品惠民工程”的核心内容。2011 年，南车株洲电机有限公司自主研发的 58 款高压高效三相异步电动机正式进入两部委联合认可的第三批高效电机推广目录，成为株洲第一家、湖南省第二批高压高效节能电机“国家队”企业。两部委对高效电机的认可具有严格的要求。南车电机开发的高压高效电机，其效率、功率因数等指标均达到或超过认证要求，与普通电机相比至少降低损耗20%，达到国际先进水平。按照每年最低完成30万千瓦的推广目标，每千瓦获得26元补贴的标准计算，预计每年可获得国家补贴780万元。从上世纪九十年代末至今，南车电机研制的YJK系列紧凑型高效电机已经得到市场的广泛认可，形成大批量生产，能耗指标达到ABB、西门子等国际巨头同类产品水平。从2004年开始在高低压变频电机领域取得重大突破。2010年公司研制了完全满足美国标准的高效NEMA电机，有望批量进入美国市场。高效电机已经成为南车株洲电机有限公司新产业发展的战略性产品。公司将以此次进入国家推广目录为契机，加快各类高效、超高效电节能电机自主创新的步伐，其节能效果最高将达到30%以上。为构建我国“两型社会”创造恒久绿色动力。

【国内首列新型单轨电动游览车株洲下线】 2011年9月15日，国内首列新型单轨电动游览车在株洲下线，不久，它将承载着世界各地的游客畅游在张家界的十里画廊。此次下线的新型单轨电动游览车由一节牵引车和四节观光车编组，总长约为15米，最大运行时速可达到9.5公里，最大载客量29人。与以往产品相比，该新型单轨电动游览车更舒适、更静音、更安全、更具现代感。自2000年以来，株洲九方工模具有限责任公司已为张家界景区研制了5款单轨电动游览车。为控制游览车的安全距离，预防车辆碰撞事故，增加了红外线防碰撞装置。游览车主传动采用磁通矢量变频器及交流变频电机，通过交流传动与PLC控制监测，有效地提高了车辆运行的可靠性及安全性。为提高游览车的舒适性，设计人员在走行部与玻璃钢观光车车厢间增加了减振弹簧，采用了新型的胶轮，使得车辆行驶更安静。游览车的设计元素也更时尚。车身为白色子弹头外形，设有广播设施，采用先进的车载音源，增加了GPS定点播报系统，让游客能随时接收最新资讯。张家界十里画廊长景区每年接待量达300万人次。这种现代化的观光游览车，不仅能让游客惬意地观赏到如画的景色，更为十里画廊增添了一道亮丽的风景线。从不久前的张家界中低速磁悬浮列车核心模块在中国南车株机公司实现“贴地飞行”，到此次新型单轨电动游览车成功下线，作为中国轨道交通电力牵引发源地湖南株洲，正在大力推进轨道交通装备千亿产业集群建设。

【南车时代电动一项目获湖南省2011年科技进步一等奖】 中国南车株洲所下属南车时代电动主持完成的“电动汽车关键技术突破及产业化应用”项目获2011年度湖南省科技进步一等奖，株洲市仅2个项目获得一等奖。该项目围绕国家“863”节能与新能源汽车重大项目及湖南省电动汽车重大专项的实施，在电动汽车电机、电控、电池应用（储能系统应用）三大关键技术，客车用纯电动、串联式混合动力、并联式混合动力三种动力系统技术及整车集成技术等方面取得了重要突破，特别是电机及其控制系统的研发、储能系统应用、动力系统匹配等方面形成了核心技术竞争力。2010年10月，项目顺利通过湖南省科技厅组织的科技成果鉴定，专家组认为项目形成的主要技术成果处于国际先进水平。

【醴陵成功使用微波高温窑炉烧制陶瓷】 陶瓷是醴陵市传统支柱产业，该市制瓷历史悠久，而作为陶瓷工业的核心设备窑炉也几经变更。从柴窑到煤窑到液化气窑再到天然气窑，窑炉的变更也见证了株洲陶瓷产业的成长与跨越。9月13日，阳东电瓷厂的微波高温辊道窑炉通过试产正式投入使用，这意味着醴陵市陶瓷产业一场新的“燃料革命”拉开序幕。微波高温烧结技术是近年日益兴起的新型技术，是快速烧结的新技术，相较传统窑炉烧结工艺，微波烧结工艺具备加热迅速、加热均匀、高效节能、提高材料性能、无环境污染、操作简便容易控制等特点。阳东电瓷厂经过几个月的试验与试产，窑炉各项操作性能都非常稳定，工人也能熟练地操作窑炉。微波高温辊道窑比传统窑炉显得更长一些，但没有传统窑炉庞大，就像一条流水线一样。由于微波高温烧结技术没有热传导和热辐射过程中的外部损耗，热利用率更高，比传统窑炉至少节约能源50%以上，大幅度降低了生产成本。另外，由于微波能够不受物体形态、大小限制使得物体均匀受热，很大程度地提高了烧成合格率。陶瓷产业是醴陵市传统产业，面对新形势，醴陵市陶瓷产业应该如何转型？如何跨越发展？醴陵市给出的答案是“转方式、调结构”，加速传统产业向高端化、高新化发展，采用高新技术和先进工艺改造传统产业，提升传统产业。为了提升辖区陶瓷企业的核心竞争力，在新一轮市场竞争中立于不败之地，醴陵于2010年引进了微波高温烧结技术研究项目，并由阳东磁电股份有限公司材料研究所、湖南阳磁电股份有限公司微波研究所与湖南阳东微波科技有限公司联合研发中心组织研发。而这种真正应用于大规模工业化生产的大型微波高温烧结窑炉在国内外尚属首次，具有开创性意义，也必将引发一场陶瓷产业新的“燃料革命。”阳东电瓷在今后将加大这一项目的投入，新建2—3条微波高温烧结窑炉。

【中国南车TR550C旋挖钻机成“世界之最”】 中国南车最新研制的目前世界最大吨位的旋钻机TR550C等9款最新产品近日亮相第十一届中国（北京）国际工程机械、建材机械及矿山机械展览及技术交流会（以下简称“北京工程机械展”）。此次亮相的世界最大吨位的TR550C型旋挖钻机是由中国南车株洲电力机车研究所下属南车北京时代研制而成。TR550C型旋挖钻机最大输出扭矩520KN. M，最大钻孔深度130m，最大钻孔直径4m。它的成功研制，代表着中国南车在桩工机械领域的产品研发能力已经处于世界领先地位。据了解，南车北京时代工程机械产业通过整整7年的艰苦卓绝的不断努力和发展，其产品已占国内工程机械市场10%的份额，2011年分别与北京金隅集团和中铁十一局签署战略合作协议，强势挺进工程机械领域，成为是我国工程机械领域的一股强劲的新锐力量。中国南车也将依托南车北京时代，资阳、石家庄、宝鸡、襄阳等地多点布局大力发展工程机械产业，力争到“十二五”末，将工程机械产业发展到100亿元规模以上。

【唐人神集团获评“国家认定企业技术中心”】 第十一届高新技术成果交易会11月在深圳召开。国家发改委网站公布了第十八批国家认定企业（集团）技术中心名单，株洲企业唐人神集团股份有限公司获评“国家认定企业技术中心”，并在深圳授牌。国家认定企业技术中心是由国家发展改革委、科学技术部、财政部、海关总署、国家税务总局等五部委共同审定评价的、代表国家科技创新示范的荣誉称号。此次获奖名单，共有83家企业获得企业技术中心认定，“唐人神”是湖南省农产品加工行业第一个获此殊荣的企业。

【南车株机携手同济大学在上海成立“南济公司”】 2011年11月21日，中国南车株洲电力机车有限公司与同济大学携手共同成立的南济轨道设备科技开发有限公司（以下简称南济公司）在上海揭牌，在不久的将来，以磁悬浮为代表的多个高端轨道交通装备前沿性核心技术将在这里孵化。南车株机依托企业在轨道交通装备领域工程化和系统集成上的巨大优势，借助有关高等院校在高端轨道交通装备领域基础研究上的雄厚实力，积极培育中低速磁悬浮、双能源地铁工程车等10余个新兴的轨道交通装备产品系列，为企业提供新兴的经济增长点。早在2008年，南车株机与同济大学签署校企合作框架协议，内容涵盖人才交流与培养、建立实习基地等多个方面。2009年，双方进一步深度合作，在上海成立了“轨道车辆技术研发中心”。此次南车株机联合同济大学在上海成立的这一新研发实体，将根据公司在城市轨道交通装备研发上的实际需求，同时发挥公司轨道装备制造业优势与同济大学轨道交通学科资源优势，并联合国家磁悬浮研究中心等国内外研究机构，整合各方面优势资源，开展轨道交通装备新技术的开发。目前南济公司正在与国家磁悬浮中心合作进行磁悬浮专项技术的研究，与德国德累斯顿工业大学轻量化及复合材料研究院进行智能电缆相关国际先进技术的研究。

【南车电机研制2.5MW高速永磁同步风力发电机】 2011年11月，一款拥有自主知识产权，最大功率为2.5MW的高速永磁同步风力发电机在南车电机成功下线。该发电机具有效率高、体积小、结构紧凑、成本低、可靠性高、维护量小等诸多优点，采用全功率变流控制，使机组具有良好的低电压穿越性能；与直驱型永磁同步风力发电机相比，体积大大减小、重量大大减轻，特别是磁钢用量大大减少。在稀土价格居高不下的今天，该产品的高性价比优势更加突出，具有很好的市场前景。2.5MW高速永磁同步风力发电机的成功研制标志着我国企业已具备自主研发具有国际先进水平高速永磁同步风力发电机的能力。据中国国家发改委能源研究所透露，2020年陆地风电的成本将与煤电持平，之后风电将逐步脱离国家补贴，“降低成本”也成为风电行业未来发展面临的新的“瓶颈”。南车电机推出2.5MW高速永磁同步风力发电机，实现了发电机低成本制造，使机组极易实现低电压穿越，在国内处于技术领先水平。

【南车株洲所多个项目获财政部资金补助】 2011年，南车株洲所多个项目获国家重大技术创新资金补助，共计4753万元，约占中国南车所获资金的50%。依托动车组和机车牵引与控制国家重点实验室资质申报的“6轴9600kW客运机车交流传动电气系统研制”项目获得资金支持2673万元，依托变流技术国家工程研究中心资质申报的“电机系统节能与大功率变流技术研究与工程化”项目和“9MVA大功率电气传动系统研究与开发”项目分别获资1292万元和464万元，依托新材料国家级企业技术中心资质申报的“大功率交流传动货用机车车钩缓冲器技术研发”项目获资324万元。国家重大技术创新资金是由中央国有资本经营预算安排，旨在增强中央企业的研发机构实施技术创新能力建设和企业开展重大技术研发活动，促进重大技术创新和成果产业化。申请技术创新资金支持的中央企业必须拥有经国家有关部门批准或认定的国家重点实验室、国家工程技术研究中心、国家工程实验室、国家工程研究中心、国家认定企业技术中心等研发机构。国家重大技术创新资金的大额补助将有利于南车株洲所继续加强科技管理和加大研发投入，从而强力支撑“以市场为导向，以战略为牵引”的技术工作的开展。

【株洲首批自动挡混合动力客车投入运营】 2011年11月30日，株洲公交公司新采购的10台自动挡AMT并联混合动力城市客车——TEG6129PHEV正式投入运营，该批次车辆的上线运营，标志着株洲开展的促进多种节能与新能源汽车技术路线展示工作迈出了可喜的一步。经过3年努力，株洲城区的627台公交车辆于2011年9月全部置换为混合动力城市客车，在全国率先实现了全城公交电动化。为进一步打造新能源汽车产业优势，积极推动新能源汽车技术的发展，株洲在现有手动挡混合动力车辆的基础上，将在城区投入自动挡并联混合动力、混联混合动力、纯电动、增程式等多种动力类型的新能源车进行市场化运营，同时将新能源车辆的应用领域逐步由公交领域拓展到邮政、环卫、出租、家用车等更为广阔的领域。南车时代此次交付的TEG6129PHEV自动挡AMT并联混合动力城市客车，是该公司面向大中城市开发的新型混合动力整车产品。该车型搭载了由南车时代电动最新研制、具有完全自主知识产权的“基于自动变速器输入轴的并联混合动力系统”，突破了整车控制、动力总成一体化等核心技术，不仅能够在实际运营过程中实现20%以上的节油率，而且还能实现自动换挡操作，驾驶平稳，动力性较强，可大大减轻驾驶人员的劳动负荷。南车时代作为国内唯一掌握混合动力（MT/AMT并联、串联、混联）、增程式、纯电动等节能与新能源核心技术和全面应用解决方案，并开发了相应的整车产品的企业，该公司产品已经全面覆盖传统客车、电动公交整车及系统零部件产品、纯电动乘用车系统以及低速纯电动车等市场领域。截至目前，该公司已累计向市场交付电动整车1600多辆，电动汽车动力系统总成及关键零部件产品2600多台套，市场占有率稳居国内同行首位。

【南车株机进军非洲 造［埃塞俄比亚］机车】 南车株机公司大举进军非洲市场。12月16日，该公司与北方国际合作股份有限公司签署《埃塞俄比亚机车制造基地一期项目合同》。此举表明南车株机的机车产业将实现由出售产品到输出技术的升级。根据10月28日我国与埃塞俄比亚签署的科学技术合作协定，中方将帮助埃方开展和完善科技能力建设，促进埃方实现经济增长和工业化转型。中国企业在埃塞俄比亚建机车制造基地是合作内容之一。该项目一期工程建设工期为24个月，将向埃塞俄比亚输出技术、产品、管理和服务，并提供融资贷款支持。该机车制造基地将组装电力机车、动车组和城轨车辆，成为进军非洲市场的平台。南车株机是中国电力机车、动车组技术的发祥地，目前占据世界轨道交通技术的高地，占有中国一半以上的电力机车市场份额。到“十二五”末，南车株机 20% 至 30% 的收入将来自海外市场。

【中国南车打破中央空调永磁变频驱动国际垄断】 装载由中国南车研制生产的机载绿色变频器和高速永磁同步变频调速电机（最高转速 12000r/min，功率达 400kW）的全球首台双级高效永磁同步变频离心式冷水机组 12 月 17 日在珠海成功下线。包括 5 个院士在内的专家组一致鉴定该技术填补国内空白，处于国际领先水平。经国家压缩机制冷设备质量监督检验中心检验，机组在 ARI 工况下，满负荷能效比达 6.73，部分负荷能效比达 11.2，实现满负荷（COP）与部分负荷（IPLV）指标双高效，成为目前世界上最节能的大型中央空调，对我国大型节能设施建设乃至实施节能战略具有重大意义。直流变频空调凭借其高能效比、低噪音、体积小、重量轻等特点，代表着中央空调的发展方向，但该项技术长期被国外厂家垄断。中央空调广泛应用于商场、厂房、办公楼以及高端住宅，市场潜力巨大，2011 年仅中国市场容量就高达 400 亿。中国南车下属的南车株洲所和南车电机公司联合珠海格力电器公司创造性地将大功率高速永磁同步变频调速技术应用于离心机组，开发出了迄今为止最节能的中央空调。中国南车负责其中核心的变频器和永磁同步变频电机技术研制。依托中国南车在轨道交通变流及电机控制领域的核心技术优势，开发出了专用于离心压缩机的高效率、高功率密度、高可靠性的永磁同步变频调速系统，其中电机重量降为 400kg，仅为同等功率传统空调电机的 1/5，功率密度提升 5 倍，填补国际空白。经专业机构检测，在相同工况条件下，可比普通离心式冷水机组节能 40% 以上，机组效率提升 65% 以上。

【醴陵争做中国瓷都】 2011 年 11 月 21 日，在神舟八号飞船返回舱开舱仪式现场，中国天宫瓶正式问世。中国天宫瓶，“烙”的是醴陵“印”。这件体现中国航天文化的陶瓷精品，来自于湖南醴陵元诏瓷业有限公司。醴陵是中国三大陶瓷古都之一，醴陵的毛瓷和国礼瓷无论在艺术上还是在政治地位上，都达到了相当的高度，可现在醴陵陶瓷却难以撼动景德镇瓷在市场上的统治地位。经营结构的转型，是醴陵陶瓷面临的第一个难题。如何避开景德镇陶瓷外露的锋芒，占据其留下的市场空白然后做大做强，成了醴陵陶瓷厂家需要考虑的首要问题。在多方推动下，10 多家醴陵陶瓷企业转型专做酒瓶产业。目前，每年醴陵可以销售 1 亿多个陶瓷酒瓶，年产值达 3 亿余元，成为陶瓷产业一个新的经济增长点。此外，醴陵陶瓷企业还在制陶工艺以及节能环保技术上，进行了创新和改革。9 月 13 日，醴陵阳东电瓷厂的微波高温辊道窑炉通过试产正式投入使用，在世界上首次使用大型微波高温烧结窑炉烧制陶瓷，实现了 50% 的节能效益。根据醴陵市经委提供的一份资料显示，2010 年醴陵陶瓷产业成功迈上“两百亿”台阶。根据当地的“十二五”规划，预计到“十二五”末，醴陵陶瓷产业总产值将达 1000 亿元，其中釉下五彩艺术瓷和日用瓷年产值将达 200 亿元。随着陶瓷产业的发展，醴陵市委、市政府提出以釉下五彩瓷为旗帜，引领醴陵陶瓷产业集群化发展的目标。除了大力帮扶陶瓷企业之外，醴陵市政府在塑造醴陵陶瓷品牌上，也做了不少创新功课。上海世博会上，醴陵市政府借助世博会契机制作了《世博传奇——瓷瓶上的世博故事》，使以釉下五彩瓷为旗帜的醴陵陶瓷大放异彩。

【南车电机造中国高速动车组“绿心”】 2011 年 12 月 23 日，中国更高速度等级动车组下线，其核心动力—牵引电机、牵引变压器完全由南车株洲电机有限公司自主研制。与之前世界最先进的 CRH380A 新一代高速动车组相比，该型号动车组“心脏”在安全节能与功率等级方面取得重大突破，稳定功率提升 1 倍，功率密度提升 60% 以上。该型牵引电机、变压器整体绝缘水平达到 F 级，大大提高其在高电压下的安全性能；高燃点环保冷却介质的使用，不仅做到了对环境的零污染，也大幅增强了其在运营过程中的安全。试制过程中，“南车电机”引进世界上最规范的验证体系，进行世界上最严格的型式试验，各项数据指标完全符合 IEC（国际电工委员会）标准，达到设计要求，是名副其实的高速动车组“绿色心”。高速动车组核心动力需要在有限空间及重量下实现大功率，“南车电机”将在大功率机车牵引电机、变压器研制平台上积累的相关技术，成功嫁接至动车产品，使电机最大功率达到 1000 千瓦，功率密度提升 60% 以上。在完全没有国外技术可以参考的条件下，本土化的研发团队展开科技攻关，创造了世界高速动车组牵引动力领域又一座“高峰”。“南车电机”由此站上了行业国际制高点。

社会建设管理

【政府投 3000 万让百姓吃上“株洲产”蔬菜】 株洲市政府决定 3 年投入 3000 万，扩建蔬菜基地 7000 亩，全力做好菜篮子供应。据市蔬菜工作领导小组办公室透露，从 2011 年起，连续 3 年，每年将由市财政安排 1000 万元资金，重点用于全市蔬菜基地建设，蔬菜播种面积 5 年内增加 10 万亩，年产量增加 27 万吨，让市民吃到更多的本地新鲜蔬菜。株洲现有蔬菜基地面积 51 万亩。2010 年，全市共播种（包括复种）蔬菜 88 万亩，总产量 133 万吨，城镇人口每人每天占有量约 2.4 公斤，较 2005 年增加 0.4 公斤。市民所吃蔬菜 60% 为“株洲产”。蔬菜工作已经写入了株洲“十二五”规划，并将从以下四个方面予以重点突破：扩大基地规模，确保城镇居民人平菜地保有量超过 22 平方米，提高蔬菜产品“自给率”，目标为 70%；加大监管力度，提高蔬菜质量安全水平，要求其农药残留检测合格率不低于 95%；加强培训指导，提高菜农科技素质；引进加工企业，提高蔬菜产品附加值。“十二五”期间，株洲将突出建好四大无公害蔬菜标准化示范基地，即 5 万亩无公害瓜类和茄果类示范基地、5 万亩无公害特色蔬菜示范基地、5 万亩无公害高山反季节蔬菜示范基地、5 万亩城郊无公害四季示范菜园（基地），让市民吃上量足、质优、价稳的“放心菜”。

【株洲创建“国家食品安全城市”】 2011 年，株洲决定创建国家食品安全城市，并将其纳入“幸福株洲”惠民工程，从源头严把食品安全关，维护群众切身利益。食品生产加工企业代表向市政府递交了责任状，并向社会公开承诺确保食品质量安全。株洲现有食品生产加工单位 883 家，其中加工小作坊 553 家。从 2010 年市质监部门抽检情况看，全市食品质量合格率不到 90%。究其原因，主要是生产加工环节存在问题。为此，市委、市政府要求政府职能部门和企业齐抓共管，采取强力措施保障食品质量安全。各级质监部门以湿米粉行业整治为突破口，加大监管力度，将现有42家无证米粉加工小作坊整合为4到6家规范生产厂家，并限期于6月底完成整改。各食品生产加工企业作为食品质量安全第一责任人切实承担起主体责任，严管生产加工每个环节，从源头把住质量安全关。为进一步强化食品生产加工企业的主体责任，株洲还制订“14个必须”作为企业的“铁条”，包括必须建立进货查验记录制度、生产过程控制制度、出厂检验记录制度、销售台账、不安全食品召回制度等等。同时，大力推进食品放心工程，建立健全食品安全保障体系。对存在严重违法行为的企业，坚决停产整顿，整改没有达到要求的吊销其生产许可证，对违法企业及相关责任人严格按有关规定进行处罚，对涉嫌犯罪的人员依法移送司法处理。查处企业违法行为时，对原料来源、产品流向未查清的不放过，问题产品未召回处理的不放过，不法企业未受到惩处的不放过，案件警示教育没有进行的不放过。

【株洲县成株洲唯一“全国科普示范县”】 作为2011年全省唯一参选“全国科普示范县”的县区，株洲县顺利通过中国科协的检查验收。2007年以来，株洲县开始科普示范县创建，如今，株洲县每年组织2场以上科普报告会，向农民宣讲农业科技；聘请湖南农业大学博导为县农业技术总顾问，并组建了36人的县科技专家服务团，为农民提供“零距离”辅导。每年还拿出60万元对农技师、农业科技工作者等给予奖励。

通过科普进农村、进学校、进城镇、进机关的“四进”活动，全民学科学、爱科学、用科学氛围日趋浓厚，科普活动的覆盖面达100%，青少年、农民、城镇居民、干部等重点人群的科学素质分别比创建前提高了4.06%、3.39%、3.61%、6.22%。

【株洲公立医院改革10大便民惠民措施出台】 2011年5月10日，株洲公立医院改革领导小组办公室下发《重点任务责任分解表》，公立医院改革的“十大”便民惠民措施也一并出台。

此次《重点任务分解表》从管办分开、政事分开、医药分开、营利性和非营利性分开、优化布局、对口支援、标准化建设、补偿机制、信息化建设、改革人事制度、改革分配制度、加强人才培养、营造良好环境、医师多点执业、提高村医待遇等15个方面，对任务一一进行分解。涉及市编办、市卫生局、市政府办、市物价局、各县市区政府等10多个职能部门。根据湖南省要求，再结合自身实际情况制定的“十大”便民惠民措施包括：推进临床路径管理试点工作，全市试点病重扩大到100种左右；优化服务流程，预约诊疗减少就诊等待，三级医院实行院内诊疗“一卡通”；推进“优质护理服务示范工程”；同级医疗机构检测检验结果互认；推广电子病历；促进临床抗菌药物合理使用；实行“无假日医院”；推行贫困白内障患者免费手术、儿童白血病、先天性心脏病等疾病救助；开展“医疗卫生志愿者服务”行动；加大对口支援，“万名工作者支农”、三级医院支援县级医院。

【株洲连续3次获评全国法制宣传教育先进城市】 2011年9月16日，全省基层依法治理暨第七次法制宣传教育工作大会召开。株洲再次获得“全国法制宣传教育先进城市”的荣誉称号，成为全省唯一连续三次获此荣誉的城市。株洲是全省首个“法治城市”创建试点市。自2008年10月启动创建工作以来，全市各级各部门以创建活动为主线，坚持精心规划、科学试点、整体推进、深化提高的理念，扎实推进创建工作，已连续四届获评“全国社会治安综合治理优秀地市”，两度捧回“长安杯”。“五五”普法期间，株洲坚持构建“党委领导、政府实施、人大政协监督、各部门齐抓共管、全社会共同参与”的领导体制和工作机制，成立创建工作领导小组，将创建工作纳入全市社会治安综合治理、文明单位创建和年度绩效考核范畴，进行同部署、同考核、同奖罚。株洲还采取层级式、跟踪式、定期式管理方法，探索出分类指导、层级创建、重在基层、整体推进的工作模式，采取定期检查、定期考核、定期通报的创建手段，全市法治创建面达100%，创建质量、标准和工作水平全面提高。市人大、市政协将法治城市建设工作列入年度视察审议、调研评议内容。2008年以来，先后组织督查、调研达10余次，有力地促进了创建工作的落实。株洲还创造性地开展领导班子、领导干部“述法”评议，分系统、分战线命题组织公职人员进行年度学法考试，大学生“村官”担任法制宣传员等工作，形成了强大的“抓法治、促创建”的工作合力。近年，株洲涌现全国民主法治示范村3个，省级民主法治示范村（社区）36个，市级民主法治示范村（社区）47个。有112个机关单位成为省、市级“依法办事示范窗口单位”，20所中、小学校成为省、市“依法治校示范学校”，56家企业被授予市“诚信守法企业”，全市执法部门未出现重大错案、重大涉法上访事件，执法质量明显提高。

【中残联称将在全国推广“株洲经验”】 2007年起，中残联和李嘉诚基金会在株洲共同开展“长江新里程计划”高科技助残就业项目。5年内，先后培训残疾人851人，其中550人稳定就业。10月28日，中残联项目组来株考察验收，对此予以充分肯定，称将在全国推广“株洲经验”。高科技助残就业项目是“长江新里程计划”三个子项目之一，为残疾人提供高端IT、动漫、机械制图培训，并辅以相应的就业保障、政策倾斜等措施，探索以政府为主导，全社会广泛参与的残疾人就业新模式。实施该计划的5年里，株洲共培训残疾人851人，其中高端培训37人，中端培训50人，低端培训764人。高端培训学员中有17人被长沙麓华微电子公司聘用为正式员工，从事软件开发、网页制作等工作。

【16个发展中国家官员来株洲取经职业教育】 2011年10月28日，由国家商务部主办，商务部国际商务官员研修湖南基地（湖南外贸职业学院）承办的“发展中国家职业教育官员研修班”在长沙开班，来自约旦、尼日利亚、哥斯达黎加、阿根廷等16个发展中国家的24名官员出席开班仪式。11月4日，这24名官员来到湖南铁道职业技术学院，听中国职教专家传经。近年来，株洲职业教育不断扩大规模、探索新的现代职业教育体系，培养了大批技术型和实用型人才，为加快株洲“四化两型”社会的建设做出了突出的贡献。此次研修班的目的是让学员了解

我国职业教育发展的现状与特色，学习职业教育改革和管理的相关经验，促进我国与发展中国家在职业教育领域的交流合作。本次研修班从10月28日至11月17日，历时21天。期间在湖南铁道职业技术学院参观，并在该校实训基地株洲南车集团开展实践研修一天。

【株洲服装职教集团成立】 加快株洲服饰产业的发展，打造服饰千亿产业集群，提高服饰产业人才培养的质量，整合全市服饰职业教育资源，是株洲人的梦想。为此，11月18日，由株洲市职工大学（工业学校）牵头，成立了株洲服装职业教育集团。成立大会在市职工大学（工业学校）举行。株洲服装职教集团是混昂省首家服饰产业专门人才培养的职业教育集团，集团以平等合作、资源共享、优势互补、互惠共赢为原则，整合了全市各职业院校服饰专业优势资源，吸纳地方服饰企业，对接株洲服饰千亿产业发展，立足株洲、服务株洲、做大做强株洲服饰产业。株洲服饰职业教育由来已久，专业基础扎实、师资力量雄厚，在全省乃至全国都有一定的名气。像此次服装职教集团的牵头学校株洲市职工大学（工业学校），是全省最早一批开设服饰专业的职业院校，经过30多年的积淀，已经形成了独具特色的专业体系，是株洲服装专业最强的学校，在全省乃至全国也享有盛誉。在2011年和2010年的全国职业院校学生技能竞赛中，该校选手连续两年在服装技能竞赛中均获得了一金一银一铜的优异成绩。未来的株洲服装职业教育集团，将以对接株洲服饰千亿产业发展为目标，按照联强合优、突出特色、提升质量、打造品牌、服务产业的总体要求、建设成为内涵深、品质优的现代职教集团。

【市区中小学幼儿园10年布局规划出台】 到2020年，株洲全面普及学前教育，基本均衡义务教育，发展优质特色高中教育，全面实现教育现代化。《株洲市区中小学幼儿园布局规划（2010—2020年）》近日出台，规划范围包括天元区、荷塘区、芦淞区、石峰区以及云龙示范区，将新建35所公办幼儿园、57所小学、32所初中、9所高中。根据预测，到2020年，城区共有幼儿园适龄人口5.77万人，需2307个班级；共有小学适龄人口11.54万人，共需2564个班；共有初中适龄人口5.77万人，共需1282个班；共有高中适龄人口4.81万人，共需1068个班。因此，如果不提前做好规划，学位将面临巨大的缺口。为解决这些问题，从2010年起，市教育局与规划部门着手进行研究，通过走访调查、数据分析形成规划，并在近期得到市政府正式批复。幼儿园建设方面，按照规划，荷塘区规划新建42所幼儿园，其中公办示范性幼儿园7所；芦淞区规划扩建市幼儿园，同时新建40所幼儿园，其中公办示范性幼儿园5所；石峰区规划新建48所幼儿园，其中公办示范性幼儿园7所；天元区规划新建42所幼儿园，其中公办示范性幼儿园9所；云龙示范区规划新建61所幼儿园，其中公办示范性幼儿园7所。城区还将保留30所小学，迁建4所小学，扩建14所小学，新建57所学校（其中完全小学52所，九年一贯制学校4？所，十二年一贯制学校1所），到2020年城区共有105所小学，共可提供2040个班级。规划还保留了16所初中，改建1所，扩建2所，迁建1所，新建32所学校，到2020年城区共有52所初中，可提供1126个班。规划取消大升黄冈学校；扩建市一中、市三中、市四中、市八中、市十三中、九方中学6所高级中学，同时规划新建职教园高中、建宁高级中学、凿石高级中学、新马高级中学、天元学校、景炎学校、美泉高中、桐子湾高中、潘家冲高中等9所高级中学。通过规划，共可提供1131个班。市基础教育学校远景布局规划还表明，到2030年市区共有小学155所，其中芦淞区30所，荷塘区30所，石峰区24所，天元区42所，云龙示范区29所；共有初级中学84所，其中芦淞区15所，荷塘区16所，石峰区13所，天元区25所，云龙示范区15所；共有高中22所。教育规划用地优先保障，新建学校要高起点、高标准，规划设计要科学合理，适度超前，新建学校10年不落后。

【株洲2012年争创1—2个国家级示范社区卫生服务中心】 株洲是全国16个公立医院改革试点城市之一，其整体医改工作亦受到各方关注。在荷塘区召开的株洲市城市基层医疗卫生服务机构建设现场会宣布，2012年要力争创建3—4个省级、1—2个国家级示范社区卫生服务中心，3年内创建1个国家级培训基地。目前，株洲全市城镇居民基本医疗保险参保人数超过127万，参保率近100%；新农合参合农民266.3万人，参合率达98.67%。在基金支付比例上，城镇职工医保保险比例达85%；政策范围内城市居民医保和新农合住院费用报销比例达71.1%，城镇职工、城镇居民医保、新农合全面实现定点医疗机构住院费用“即时结报”。此外，市区21个街道社区卫生服务中心的建设已全面展开，141个居委会卫生健康服务室的建设全面完工，城市居民步行15分钟健康服务圈的框架基本形成，实现了基本公共卫生服务和常见病、多发病诊疗平台的全覆盖。下一阶段，株洲将力争实现基层医疗卫生机构综合配套改革全面铺开；基层医务人员绩效工资全面到位；基层医疗卫生机构收支两条线管理全面实施；城市21个街道社区卫生服务中心建设全面完工；141个社区居委会卫康室和1660个村卫生室建设全面完成。力争2012年创建3—4个省级、1—2个国家级示范社区卫生服务中心，3年内创建1个国家级培训基地。

【株洲的最干净是发展理念转变带来的成果】 在2010和2011年两年一度的城市卫生检查评比周期中，省爱卫会组织城市卫生检查团，以《湖南省卫生城市标准》为检查内容，分三组对16个县级市和13个地级市开展了两次暗访和一次全面检查。结果地级市最干净花落株洲。看起来是一次卫生评比，折射的却是发展理念的转变，长株潭城市群，是“全国资源节约型和环境友好型社会建设综合改革配套试验区”，其目的是科学发展，改善民生。两年多来的建设，株洲获得最干净第一名，应该是情理之中，表明了两型社会建设的活力和实绩。？两型社会建设的核心之一是要打造宜居城市。老百姓安居了，乐业才会有基础，这样社会就会良性发展，而安居的核心表现在于一个城市的卫生面貌，一个城市的卫生关键在城乡结合部。千百年来农村的卫生条件、卫生习惯制约了城郊地区卫生状况的改善，如何改变历史遗留的惯性，考验改革者的智慧和能力。湖南采取两次暗访的方式得出的结果，其可信程度是比较高的。卫生是习惯，要改变习惯首先是要改变人们的观念，城郊地域开阔，垃圾随手丢弃，久而久之卫生就积重难返，株洲的做法首先是改变人们的卫生习惯，让人们生活的垃圾有好的去处，这样卫生改善就有了前提条件，事半功倍。他们在城郊设立垃圾桶收集垃圾，合理设立垃圾堆放地集中垃圾，科学设置垃圾填埋场处理垃圾，政府给力，百姓心齐，让垃圾去了该去的地方，方便老百姓养成好习惯，卫生状况改善就有了保障。可见观念转变，工作细致扎实，面貌就焕然一新了。株洲的最干净得来不是不靠真功夫。他们的功夫就是发展理念上下了功夫，观念转变了，发展也就有了新动力。最近湖南省委省政府宣布，长株潭“两型社会”建设试验区获批以来，完成了第一阶段的任务，株洲可以看做是完成第一阶段任务的代表之一，城乡卫生状况的改善，既是生态保护最好的实践，更是民生改善的实绩，这就告诉我们，发展不全是GDP，民生改善才是发展的永恒基调。株洲的扎实工作很有启发意义，“两型社会”试验区建设，是要探索一条有别于传统模式的工业化、城市化发展新路，为推动全国体制改革、实现科学发展和社会和谐发挥示范带头作用。最终目的还是要落在民生得到较大改善、社会事业全面发展上来。株洲可谓是独辟蹊径，把全市卫生状况推上新台阶，让人们看到两型社会建设的实实在在，民众得到了实惠，积极性也就会调动起来。最干净的株洲，确实在催醒我们发展理念的净化，排除其他杂念，转变理念抓发展，集中到围绕民生抓发展，发展为了改善民生，这才是两型社会建设的发展理念。

【株洲2011年10件民生实事已全部完成】 2011年株洲10件民生实事（包括27项31个考核指标）已全部完成。其中失业人员再就业人数、新型农村合作医疗参合率等13项指标均超额完成年任务，占全部实事考核指标的42%。具体完成情况如下：第1件实事，积极扩大就业。失业人员再就业人数，全年任务3万户，现已完成3.44万人；城镇零就业家庭动态就业援助，每月100%实现了动态就业。第2件实事，切实解决看病难看病贵的问题。新型农村合作医疗参合率，全年任务95%以上，现已达到96.7%；新建或改造社区卫生服务中心，全年任务20所，现已完成20所；中心医院建设项目，全年任务目标是建成并投入使用，目前主体已经全面竣工，正进行内部装修，12月底将投入试运营；基本完成公立医院改革试点工作，全年目标任务已基本完成；城镇居民基本医疗保险住院医疗费补偿率达到70%，现已达到70.3%。第3件实事，改善就学条件。资助家庭贫困学生人数，全年任务1.85万人，现已完成5.02万人。完成城区基础教育扩容提质工程项目，全年目标任务27个，其中新建城市公办幼儿园3所，现已建成3所；改扩建城区义务教育学校13所，现已完成13所；新建社区学院5所，现已完成5所；城区初中提质创优6所，现已完成6所。启动市二中、白鹤小学武广新城分校建设，已完成全年工作任务。第4件实事，加强住房保障。新增廉租住房租赁补贴家庭，全年任务800户，现已完成2308户；住房公积金覆盖率，全年任务85%，现已达到86%。第5件实事，完善社保体系。新增企业养老保险参保人数，全年任务3.66万人，现已完成4.66万人；稳定城镇居民医疗保险参保人数，全年任务69万人，现已完成75.26万人。第6件实事，保护生态环境。加大“一江四港”治理力度，确保株洲湘江段水质，全年任务为保持国家Ⅲ类以上水质，已完成任务，达到标准；加大清洁能源推广和大气污染综合整治，全年任务确保空气质量达到二级，全年任务拆除30根排气筒，完成10台煤炉改造、株冶4、5号窑脱硫工程，现已拆除烟囱35根，完成12台煤炉改造，完成株冶4#、5#挥发窑脱硫治理工程，并顺利通过省环保厅验收；城市污水处理率，全年任务85%，现已达到88.8%；新增混合动力公交车，全年任务207台，现已完成207台。第7件实事，新建改造农贸市场。城区新建改造农贸市场，全年任务12个，现已完成12个，为年任务的100%；每个县市至少完成1个农贸市场示范点，5个县市均已完成。第8件实事，推行低碳环保出行方式。基本建成公共自行车租赁系统，全年任务服务网点达到400个，自行车达到1万辆以上，现已完成网点502个，自行车已达到1万辆。第9件实事，加强社会救助。城区城镇低保保障线标准，全年任务330元，现已达到330元；为困难群众办理法律援助案件，全年任务1200件，现已完成1421件。第10件实事，保障食品药品安全，健全食品药品质量监管体系。投入1000万扶持建设一批高标准无公害蔬菜基地，全年任务7000亩，现已完成10300亩，为年任务的147.1%；蔬菜农药残留超标率，全年任务控制在8%以内，目前为0.92%；各类食品抽检平均合格率，全年任务95%以上，现已达到98.88%；餐饮业餐饮服务许可证持有率，全年任务100%，现已达到100%；基本药物目录考核品种质量合格率，全年任务98%以上，现已达到100%。

【二十三冶建设集团投资105亿建设职教城】 2011年12月15日，中国五矿二十三冶建设集团与株洲签订合作协议，将投资105亿元建设职教城。职教城是株洲“两型”社会建设、“转方式、调结构”的重大教育民生项目，总占地面积13.9平方公里。自2009年开工建设以来，职教城共计完成投资近30亿元，已启动7所院校、4个安置区、2座桥梁、综合配套服务中心、株洲市就业创业服务中心等项目建设。其中，已有两所学校于2011年9月基本建成并入城开学。二十三冶建设集团作为中国五矿集团公司的成员企业，是一家以投资为主体的开发建设企业。根据合作协议，二十三冶建设集团将采取BT模式，投资职教城龙母河改造及景观亮化、园区配套道路、科技馆、图书馆，以及土地整理和商住土地开发建设等项目，涉及投资总额约105亿元。

体制机制创新

【株洲实施“六网”联动建治安体系】 2011年株洲将建立健全街面防控网、社区防控网、单位防控网、视频监控网、区域警务协作网、虚拟社会防控网等“六张网”。同时将小区、机关、学校、医院、银行、商店、网吧、娱乐场所、车站码头等场所的电子防控设施，全部与公安机关联网。并且由城市向农村延伸，市、县、乡三级联动，形成一张“天网”。与此同时，在城镇推行“楼栋长”制，在农村推行“中心户长”制，建立以户为基础，联防、联控、联谓的治安防范机制，并依托单位、学校和企业传达室建立城区巡防站，整合专职巡防队伍、专业保安队伍、

群防群治队伍，形成一张“地网”，从根本上解决一些治安混乱问题

【炎陵政府为4万农村住房买保险】 2011年，炎陵县政府投入30多万元，为42858户农村居民的房子买下保险今后，这些农户在保险期内，因灾害造成的房屋损失，每户可得到最高5000元赔偿。炎陵县地处山区，山洪、冰雪等自然灾害频发。炎陵县逐年加大农村危房改造和对贫困农户建房补助力度，其中，2010年投入建房资金348万元，完成了150栋农村安居房和400户农村危房改造建设任务。此次的保险对象主要为长期居住在乡镇行政管理区域内的农村住户，包括户口不在本地，但在本地居住一年及以上的住户，总保险金额2.2亿元。农户住房如果受损，单间倒塌可获500元赔偿金，全倒户最高可获5000元赔偿金。今后在发生灾情后，受灾农户只需尽快报告村委会，由村委会报告民政办，并及时拨打保险服务热线报案，即可申请保险赔偿。农户因外出务工，还可委托村委会代为索赔。

【株洲与中国人寿签订合作框架协议】 2011年9月14日，省政府与中国人寿保险（集团）公司在长沙签署《关于共同推动湖南省保险创新和发展的战略合作备忘录》，中国人寿保险（集团）公司、株洲市人民政府签署了《关于中国人寿项目建设的合作框架协议》（以下简称《框架协议》），推动保险职业学院和中国人寿企业大学尽快在株动工。此前，中国保监会与湖南省人民政府签署了《关于进一步发挥保险功能促进长株潭城市群“两型”社会建设合作备忘录》，对发展长株潭保险业进行详细规划，以促进保险资金、人才、信息及技术等要素在长株潭城市群聚集，服务“两型”社会建设。经过半年多的考察、论证和交流，株洲与中国人寿形成了全面合作意向，中国人寿将利用株洲良好的生态环境和交通区位优势，以职业教育大学城为依托，将保险职业学院打造成一流的保险职业教育院校和保险职业教育中心；并相应建设中国人寿企业大学，打造一流的综合性企业大学和职工培训基地。《框架协议》还明确，将积极开展中国人寿后援服务中心、电销中心、养老养生基地等项目落户株洲的前期洽谈工作，积极探讨在基础设施债权投资计划方面的合作机会。

【湖南省政府发文支持云龙示范区】 为推进长株潭城市群资源节约型和环境友好型社会建设综合配套改革试验区建设，经省政府同意，决定支持株洲云龙示范区及湘潭九华示范区行使市级部分行政审批权。同时，也要求监察机关加强监督检查，防范权力相对集中带来的廉政风险和效能风险。云龙示范区和九华示范区均为长株潭城市群“两型社会”建设综合配套改革试验示范区。据介绍，行使部分市级行政审批权有助于建立运转高效的工作机制，形成“一门式受理、一条龙服务、一站式审批”的审批模式，能够有效杜绝办事拖沓、推诿等现象发生，提高办事效率和行政效能。按照要求，云龙示范区将启用株洲市发改委、市国土资源局、市住房和城乡建设局、市城管局、市房产局、市农业局、市环保局、市人防办等8个部门的编号公章，直接实施原由上述8部门实施的37项行政审批权。云龙示范区实施上述37项行政审批时，属市本级可以办结的，由其直接办结并在审批文书上签盖有关部门的编号公章，该审批文书与编号公章归属部门签发的审批文书具有同等法律效力；依法须报省直或省以上有关部门办结的，由云龙示范区将签盖编号公章的审批件直接上报省直有关部门。省发改委、省国土厅、省环保厅、省住建厅等单位开辟“行政审批绿色通道”，对云龙示范区及其区内企业提出的审批申请，按特事特办原则优质、高效办理。

【南方铁路运输职业教育集团打造校企合作集团军】 2011年年初，南方铁路运输职业教育集团在湖南铁路科技职业技术学院成立。该集团由湖南铁路科技职业技术学院牵头，联合全国多个铁路运输类职业院校和南方各铁路局、各城市轨道交通企业等相关单位组建的非营利性产教联合体，是湖南省重点建设的职教集团之一。南方铁路运输职业教育集团立足铁路运输与轨道交通事业发展目标和职业教育发展定位，充分发挥行业、企业在职业教育的作用，推进校企合作、校校合作的规模、层次和深度，实现南方铁路运输、轨道交通职业教育资源的互融共享，增强集团成员社会服务能力。经过一年的发展，南方铁路运输职业教育集团发展态势良好，无论是信息化建设，还是机制体制建设，都取得了重大突破。“3G实景课堂”将企业现场真实作业过程，作业现场的新装备、新技术、新工艺实时引入课堂，使学生在课堂学习时体验到真实职业场景；“双讲师”授课模式，实现了学院教师课堂讲授与企业专家在作业现场讲授和演示实时同步。这两种课堂教学的运用，为校企开展人才共育提供了重要的技术保障。作为湖南省重点建设的职业教育集团之一，南方铁路运输职业教育集团汇聚地域优势、教学积累、实训基地、专业师资等资源优势，坚持解放思想，开拓创新，探索实践的精神，充分发挥职业教育集团的纽带作用——从多种合作形式入手，优化衔接节点，兼顾校企利益，形成人才共育、过程共管、成果共享、责任共担的合作机制；优化、统筹、经营现有商贸旅游教育资源，搭建公共就业平台、公共实训平台、公共创业平台、公共研发平台，全面提高集团化办学的规模效益、结构效益、质量效益和投资效益，真正实现集团组织、研究、交流和服务的各项功能，切实为区域经济和行业发展服务。作为南方铁路运输职业教育集团的牵头组建单位，湖南铁路科技职业技术学院拥有55载的办学历史，担负着全省铁路系统对内教育培训，对外文化教育交流的职责和任务，是湖南省铁路运输类高、中级职业人才培养基地。集团成立以来，各集团单位依托集团平台，推进“学院共建”、“基地共建”。目前，正在兴建的校企深度合作的基地有：广州铁路职业技术学院的“花都工学结合示范园”、湖南高速铁路职业技术学院的“南方高铁人才培养与技术合作基地”、湖南铁路科技职业技术学院四个基地——“铁路综合站场教学基地”、“地铁教学基地”、“高速动车组教学基地”、“铁道通信信号综合实训基地”。自集团成立以来，据不完全统计，2011年集团成员间签订校企合作协议65份，合作内容包括基地共建、人才培养，学生顶岗实习、技术服务、员工培训、专业及课程共建等多个合作领域。不仅如此，集团企业成员单位在院校开办订单班130多个，订单培养6000多人。目前，集团各院校毕业生平均订单率接近50%，订单单位包括铁路局、地铁企业、铁路装备制造业等26家。订单式培训规模

的大幅度提升，充分彰显了职教集团的功能优势。新时期，新形势下，湖南铁路产业发展日新月异，铁路运输职业教育发展势头迅猛，11 月 25 日，又有安徽交通职业技术学院、惠州工业科技学校、中国铁道出版社 3 家单位新增为集团理事单位，并由湖南铁路科技职业技术学院副院长石纪虎担任集团秘书长。湖南铁路科技职业技术学院结合自身优势，以自愿和互利共赢为原则，积极探索校企合作新渠道、新平台、人才培养新途径，努力构建产、学、研共同发展的深度合作机制，不断提高人才培养水平和质量，力争使职教集团成为资源共享、人才共管、互利互赢的校企合作集团军，真正实现集群办学新突破。

【2012 年株洲将全面铺开县级公立医院改革】 作为全国 17 个公立医院改革试点城市之一、省内列入全国试点的唯一城市，2011 年，株洲医改佳绩不断，可圈可点。全市城镇居民医疗保险参保率接近 100%，新农合参合率达 98.67%，基本医疗保障制度覆盖城乡，保障水平稳步提高。如今，城镇职工、城镇居民医保、新农合均已实现定点医疗机构住院费用“即时结报”，城乡居民医疗费用个人自付比例明显降低。株洲在全国率先出台公立医院全盘改革方案。基本药物制度实现全覆盖。21 个社区卫生服务中心、141 个社区卫生健康服务室、113 个乡镇卫生院、1614 个村卫生室相继建立，基层医疗卫生服务体系日臻完善。11 月底，国务院医改领导小组会议强调，要巩固和发展医改两年多以来取得的成效，2012 年起，公立医院改革将由“局部试点”转向“全面推进”。2012 年将全面铺开县级公立医院改革。探索公立医院内部运行机制改革，建立医疗护理质量监控体系、患者医药费用监控机制，解决医疗费用过快增长的问题。出台相关政策，加快形成多元化办医格局，促使公立医院回归公益性。组建市药品管理中心，对药品实行统一管理、集中配送，破解“看病贵”的难题。基层医疗卫生机构定为财政补贴的公益性事业单位，对在岗医护人员，以服务数量、服务质量以及患者满意度为主要内容进行绩效考核，并与个人收入挂钩。像办 9 年义务教育学校一样，办好基层医疗卫生机构。基本药物制度将走入村卫生室，村民也可以零差率购药。2012 年，株洲还将利用现有卫生服务设施，开展全民健康促进工作，以预防为主，指导市民健身强体少生病。全民健身计划将出台；由大医院领办，专家们将把卫生、健康知识送上门。

【株洲为非公经济组织党工委和社会组织党工委授牌】 株洲非公有制经济组织和社会组织有了党工委，其组织领导能力将大大加强。截止 12 月底，全市新建非公党组织 692 个，超额完成省市分配的组建任务，并打造出各具特色的非公党建示范点 112 个。经过本次集中组建后，株洲仍有 66.8% 的非公经济组织没有建立党组织。围绕“两新”经济抓党建、抓好党建促发展的目标，按照“目标同向、工作同步、成果同享”的工作思路，着力落实大事共议、实事共办、要事共决、急事共商的“四共工作制”，从而更好地提高决策水平和工作能效。在社会组织党组织建设上，根据单独组建、联合组建等方式，目前全市社会组织组建党组织总数已达 107 个。为加快组建进度，将制定社会组织组建党组织工作计划，对符合建立党组织条件的社会组织，做到应建必建，完成组建任务；对有党员，但党员分散的社会组织，在 2012 年上半年完成组建任务；对有党员但党员本身多为机关单位领导、干部职工，且已有较好的党组织归属的社会组织，理顺好关系，确保党组织发挥作用；对暂不具备建立党组织条件的社会组织，帮助做好培养入党积极分子和发展党员工作，为组建党组织创造条件，最终全面实现应建尽建。

湘潭市

湘潭市2011年两型社会建设综述

2011年，湘潭市根据国家试验区的总体要求和省委、省政府的统一部署，坚持以科学发展观统领全局，不断强化规划引领、项目支撑、改革推动、示范先行理念，两型社会建设工作取得了实质性进展。出台了《湘潭市第二阶段“两型社会”建设实施方案》，编制了《湘潭市率先统筹城乡发展实现韶山率先富裕规划》和八大工程方案。2011年，全市GDP和财政总收入分别达到1120亿元和101亿元，增长14.4%和33.5%；完成固定资产投资650亿元，增长36%，增速居全省第一；城镇居民人均可支配收入和农村居民人均纯收入分别达20614元、9502元，增长13.8%和21.6%；全市万元GDP综合能耗下降3.9%以上，万元规模工业增加值能耗下降12%，实现了“十二五”的良好开局。

规划体系进一步完善。一是在全省率先完成了两型社会改革建设的顶层设计后，认真组织了湘潭市“一条例一决定”执法检查，市人大常委会对“一条例一决定”落实情况进行了认真审议，6月份将昭山绿心保护、湘江流域重金属污染治理、湘钢污染整治等三个专题交办给市人民政府限期整改，现已整改到位。二是围绕省委、省政府《关于支持湘潭率先统筹城乡发展实现韶山率先富裕的意见》，编制了《湘潭率先统筹城乡发展实现韶山率先富裕规划》，建立了建设“两型社会”推进“两个率先”规划重大项目库。三是强化两型标准体系建设，新发布了“两型”学校、“两型”社区等6大标准和具体指标体系。按照可看、可比、可学原则，加强了各行业领域“两型”示范创建工程项目标准的探索。四是认真编制八大工程实施方案，将八大工程作为各单位年度绩效考核的主要内容，并将任务细化分解到各部门，目前方案已经全部编制完成，通过专家评审，即将报市政府常务会审议。五是率先完成示范片区规划编制。按照省政府文件要求，湘潭市的九华、昭山易家湾和易俗河三个两型社会示范片区总体规划，在全省“五区十八片”中率先编制完成，其中九华和易俗河片区规划第一批获得省政府批准。

产业结构进一步调整优化。一是围绕老工业基地转型升级，确立“两型”产业发展思路。科学布局“两型”产业。印发了《湘潭市加快发展“3+3”产业，推进新型工业化行动方案》，将湘潭市原有重点发展的产业体系，提升为“3+3”产业布局。即培育发展先进装备、新能源、电子信息三大战略性新兴产业，改造提升精品钢材及深加工、汽车及零部件、食品三大传统优势产业。二是加快《湘江湾重化工业循环经济实施方案》的实施，重点督促抓好湘钢炉窑改造、韶峰节能改造等10个节能和循环经济项目建设。现代农业、都市农业加快发展，实现农业增加值66.41亿元，增长3.8%；现代服务业提速发展，实现增加值262.08亿元，增长12.1%。重大项目加快推进。2011年全市安排重点建设项目154个，计划投资312亿元，预计全年可完成投资360亿元。战略引资不断加强，成功引进中建集团、中交集团等一批世界500强和大型央企、民企入驻湘潭，中建健康养生城、昭山晴岚等重大项目陆续签约与开工，为湘潭未来加快发展打下良好基础。三是增强自主创新能力。正式启动了“11226”工程建设，重点组织实施先进矿山装备制造技术、风力发电机组及关键零部件制造技术、汽车及零部件制造技术、废气废水废弃物治理与综合利用技术、太阳能综合利用装备制造技术等科技重大专项，提高科技支撑能力。全市高新技术产业增加值增长38.8%，快于全市平均水平18.8个百分点，占规模工业增加值的比重达45%。

重大领域改革继续深化。一是进一步明确了改革重点。下发了《湘潭市2011年“两型社会”建设综合配套改革工作方案》，明确重点推进面上30项改革工作，在一些重点领域和关键环节取得突破。出台了《湘潭资源节约型和环境友好型社会建设综合配套改革事项推进暂行办法》，明确了推进湘潭“两型社会”综合配套改革试验的“八大领域”、“四大程序”和“六大机制”。二是深入推进了行政管理体制改革。正式部署和启动了全市乡镇编制和乡镇机构改革工作，完成了城管体制改革，建立健全“两级政府、三级管理、四级网络”的城市管理体制。九华示范区正式获批国家级经济开发区；将54项市级相关行政审批事项和经济管理权下放给湘潭高新区，激发了园区发展活力。创新湘乡水府旅游区管理体制取得突破性进展。三是深入推进土地管理改革。严格落实《关于推进土地节约集约利用的意见》，出台了《湘潭市城区农村宅基地审批实施办法》和《湘潭市补充耕地项目开发暂行办法》，将集体土地征收补偿资金入股试点，扩大到高新区和天易示范区。四是深入推进了财税和投融资改革。启动市区财政分享分成体制改革，下放高新区、九华示范区、昭山示范区区域范围内的税收规模。继续推行“绿色信贷”，实施环境污染责任保险试点，成功推广林权抵押贷款、农村土地经营权抵押贷款等涉农贷款新品种，有效缓解了农民致富“融资难”问题。

节能减排和环境治理力度加大。紧紧依靠科学技术，实施节能减排和环境治理。全市万元GDP综合能耗下降3.9%以上，万元规模工业增加值能耗下降12%。全力推进污染减排。一是制定了“十二五”污染减排工作计划，分解了减排目标任务。根据《国家“十二五”污染物主要污染物减排规划编制指南》要求，明确了湘潭市减排工作思路，确定了十二五及2011年重点减排项目，制定了“十二五”减排目标责任状与“十二五”主要污染物总量减排暨蓝天碧水工作实施方案。并于2011年7月20日，召开了全市“十二五”主要污染物减排暨蓝天碧水工作大会，将减排任务分解到各县市区、各重点园区和相关责任单位。二是工程减排成效明显。已完成全省首个水泥行业脱硝项目中材湘潭水泥有限公司5000吨/日新型干法水泥生产线综合脱硝工程，并通过环保验收，在线监测显示其运行良好，脱硝效率稳定。大唐湘潭发电有限公司脱硫设施稳定运行，综合脱硫效率居全省前列。湘钢新360平米烧结机综合脱硫工程和炼铁口废水深度处理工程已完成，焦化废水回用工程预计年底可完工。湘潭碱业有限公司锅炉脱硫工程已完成并通过验收。加强湘江流域综合治理。编制了《湘潭湘江流域重金属污染综合整治规划方案》，并针对竹埠港、锰矿、湘乡、易俗河等重点地区编制了具体实施方案。已向上申报项目13个，其中有2个项目获得中央投资3300万元，有7个项目将获得中央投资1亿元以上。此外，还组织上报了12个重点项目以及3个农村连片整治项目，其中农村连片整治项目已争取到了1700万元的项目资金。在竹埠港（滴水、冯家浸）重金属废渣场污染治理项目，已完成了渣场现状地形图的测量和渣场前期地形图及渣场相关资料的收集，在完成工程项目的招投标以后，即将进入施工阶段。在规划编制方面，已完成《湘潭“十二五”环境保护规划》的编制和《湘潭重点防控区重金属污染综合防治实施方案》的编制。《湘江流域湘潭市重金属治理规划》2011年也已通过了省专家评审。通过一系列措施，饮用水水质得到一定改善，一、二、三水厂的水质较2010年同期有明显改善，2011年以来水质达标率全部为100%；地表水方面，省控断面中，马家河、五星、易家湾、涟水桥达标率均为100%，夕阳渡口断面5月6日因氨氮超标，达标率有所下降，为66.67%，全市累计达标率为93.33%。加快农村环境治理。2011年先锋、港越和伟鸿三个大型沼气工程建设总投资额1069.55万元，其中中央投资410万元，地方配套160万元，项目业主自筹499.55万元，项目建成可年产沼气40.4万立方米，处理粪便13.14万吨，沼气年发电43万千瓦时，生产有机肥2400万吨。目前，先锋、港越两个项目主体工程已完成，已进入设备采购和安装阶段。同时，全市新建农村户用沼气池4000口，太阳能路灯230盏，太阳能热水器1200台（套）。通过新农村建设和“两型”创建活动，硬化农村公路80公里；完成37个村新一轮农电改造任务；完成水利工程2.46万处，解决10.7万人的饮水安全问题。

示范区发展效应凸显。九华经开区。全年实现技工贸总收入414亿元，同比增长1.3倍；完成工业总产值272亿元，增长68.4%，其中，产值过100亿元的企业1家（钢材物流园106亿元），过50亿元的企业1家（吉利汽车67.4亿元），过10亿元的企业4家（爱铭数码22.5亿元、兴业太阳能21.3亿元、中冶京诚20.8亿元、全创科技14.9亿元），过亿元的企业29家；实现地区生产总值131亿元，增长1.27倍；规模以上工业增加值完成72亿元，增长45.5%；第三产业实现营业收入140亿元，增长6倍。实现财税总收入13.2亿元，增长88.4%，列全市第一名，其中，税收过亿元的企业1家（吉利汽车2.7亿元），过千万的企业9家，过500万的企业9家，过300万的企业6家。完成固定资产投资110亿元，增长54%。完成出口创汇1.37亿美元，增长10.8%；实际到位外资1.2亿美元，增长43.6%；实际到位内资36亿元，增长39.7%。园区获批全省首批知识产权试点示范园区，中冶京诚自主研发的中国最大吨位400吨级超大型矿用电动轮自卸车成功下线，“三弘”商标获得国家驰名商标称号，宏大真空获批省级企业技术中心，全区19家高新技术企业累计完成产值133亿元，增长70%，占工业总产值的49%，累计投入研发经费2.1亿元，占地区生产总值的3%。经过8年的艰苦奋斗，园区经济快速发展，得到了中央、省、市的肯定。2011年9月25日，国务院下文批准九华示范区升级为国家级经济技术开发区，九华从此进入“国家队”。昭山示范区。全年完成地区生产总值139088万元，同比增长18.03%，完成固定资产投资292910万元，同比增长50.3%，实现财政收入24092万元，同比增长128%，实现技工贸总收入470967万元，同比增长18.82%，实现工业总产值312035万元，同比增长23.98%，其中规模工业总产值272806万元，同比增长22.77%，实现工业增加值95012万元，同比增长20.12%。天易示范区。全年完成技工贸总收入186亿元，增长50.24%（同比，下同）；实现工业总产值151亿元，增长50.32%；实现规模以上工业企业总产值122.9亿元，增长65.23%；实现规模以上工业企业增加值38.96亿元，增长66.35%；实现高新技术产值54.84亿元，增长66.78%；完成财税总收入5.5亿元，增长53.31%。高新区。全年园区实现工业总产值801亿元，高新技术产值680亿元，同比分别增长29%和30%，财税收入47亿元，同比增长28%，完成固定资产投资340亿元，增长34%。

民生幸福指数不断提高。一是生态环境逐步改善。制订实施《湘潭市节能减排科技发展规划》及其《支撑行动方案》，全面推行节能减排工程，推行湘潭环保“数字化”管理，在全省率先实现污染源在线监控。主要污染物减排指标提前完成目标，空气优良率达93.8%。主要污染物排污权储备交易所挂牌运营，合计交易金额达118万元。实施《湘潭市湘江湾循环经济试验区总体实施方案》，将湘江流域重金属污染治理纳入国家大江大河治理，在全省率先完成城镇污水处理设施“三年行动计划”。二是生态绿心保护工作有序推进。昭山绿心林相提质改造工作全面启动。成立了餐厨垃圾资源化利用项目领导小组，草拟了《湘潭市餐厨垃圾资源化利用办法》，拟报政府常务会研究后即可实施。城乡统筹步伐加快。全市确立了“率先实现城乡统筹，建设幸福湘潭”奋斗目标，出台了《两个率先规划》编制和工作实施方案。坚持基础设施先行。突出抓好了对接长株潭三市的交通干道建设，加快融城步伐。覆盖城乡的5条市域干线公路全面铺开，预计2011年可全部通车，市际市域两个“1小时经济圈”加速形成。三是坚持公共服务同步。城乡一体化建设取得明显成效。按照“两型”的要求，进行了农村时尚生活新模式、循环农业新模式、新能源利用模式的探索，取得初步成效。四是民生投入逐步加大，社会保障扩面提标。2011年城镇居民人均可支配收入和农民人均纯收入，预计可分别突破20000元和10000元。全市五项社会保障共扩面7万人，市区城市低保标准线由300元每月提高到340元每月，居全省第二位。城乡就业稳步扩大，全市新增城镇就业4.9万人，新增农村劳动力转移就业4.8万人，均已超额完成全年目标任务。

两型创建氛围浓厚。认真开展了两型示范创建。根据省定标准，规范和探索"两型"示范创建标准，制定了活动方案，明确要求各创建牵头单位要集中优势资源打造一批亮点。形成了一批可学、可比、可看、可推广的两型社会建设模式31个。组织申报省级"两型"示范创建工程项目和单位。确定备选了一批省级两型示范项目、单位，经省两型办最终评定，湘潭市共有30个项目、单位被评为省级两型示范创建工程项目、单位创建先进单位，争取省级两型创建引导资金近600万元。营造良好宣传氛围。全方位、立体宣传，全面提振信心，取得人民群众的认同、参与和支持，为第二阶段的工作推介营造了良好氛围。

湘潭市2011年两型社会建设成果

资源节约利用

【湘潭沼气循环农业面积已超两万亩】 近年来，湘潭越来越多的农户开始采用"猪—沼—菜"和"猪—沼—果"的模式从事种养殖农业生产。全市沼气循环农业模式覆盖面积已超过2万亩。在韶山市韶丰蔬菜基地，一排排整齐的大棚在阳光下显得格外耀眼。利用沼液、沼渣种出来的蔬菜色青、叶厚、味甜，不仅能提高蔬菜产量，还能减少农产品中有毒物质的含量，增强农产品的安全性。2010年该基地通过推广"猪—沼—菜"农业模式，增收近5万元。2011年计划将该模式覆盖面积增加至2000亩，整个基地将逐步采用沼渣、沼液施肥。据农村能源专家测算，一口10立方米的沼气池，每年可为农户增收节支2000元左右。

【"绿色湘潭"呼之欲出】 在"十二五规划"中，湘潭提出，要坚持"绿色引领、低碳发展"的理念，以节能减排和发展绿色经济为重点，全面推进"两型社会"建设，提高全市生态文明水平，把湘潭建设成为生态宜居家园。规划提出，要出台"再制造"产业发展的鼓励政策，提高"再制造"技术水平，培育"再制造"示范企业，实现"再制造"规模化、市场化、产业化发展。具体而言，就是以化工、轻工、冶金、有色金属、电力、建材、汽车制造等行业为重点，组织实施关于废水"零"排放技术、再生水回用技术、废渣和废气利用技术、能源和原材料节约利用技术等一批资源综合利用开发项目。围绕"再制造"、"再利用"，加快再生资源集散加工基地和大宗废旧物资回收网络体系建设，加快建设静脉产业园，鼓励废旧金属、废旧家电、废旧塑料等可再生资源的加工回收利用。"十二五规划"对节能、节地、节水提出了一系列的硬指标：到2015年，湘潭节能要实现万元GDP综合能耗下降1.31吨标煤，比2010年下降20%。万元规模工业增加值能耗下降1.74吨标煤，比2010年下降22%；节地要实现亿元GDP建设用地下降0.55平方公里；节水要实现万元GDP取水量由2010年的210立方米，下降到140立方米。

【湘潭六成以上建筑采用新型墙材】 到目前为止，湘潭市已有六成以上的建筑采用新型墙体材料。每生产1亿标块新型墙材可节约土地46亩，节约标煤5000吨，减少220余吨二氧化硫等有毒有害气体排放。作为全国"两型社会"建设综合配套改革试验区和全国第一批"禁实"城市，从2007年开展墙改工作以来，湘潭以关停并转实心黏土砖企业为突破口，大力发展新型墙材产业，并通过政府引导和培育新型墙材市场"双驱动"，大大提高了新型墙材的市场占有率。2010年，全市共新增新型墙材企业5家，劝退实心黏土砖投资企业10家，湘银纳帕溪谷、霞光山庄、东方名苑、步步高购物广场等大型建设项目100%使用新型墙材，市区范围内90%以上框架结构建筑采用了新型墙材。随着新型墙材的推广和运用，湘潭新型墙材企业的生产水平也在不断提高，全市已有6家重点新型墙材企业通过了国家级质量抽查，其中，湖南金鼎建材获得了全国"质量信誉模范企业"称号。目前，湘潭页岩烧结多孔砖、空心砖技术已在全省推广，这两种产品成为湖南的佼佼者。此外，为实现全面"禁实"，2010年，湘潭还通过严格施工图审查、加强施工现场督查、做好竣工验收备案"三管齐下"，使全市新建项目新型墙材设计率、运用率双双达到100%。

【推广高效电机 湘电集团再领机电行业风骚】 作为"十二五"我国促进节能减排的一项重要举措，国家财政部、国家发改委3月19日在湘潭联合宣布，将通过力度很大的财政补贴等一系列扶持政策，推动高效节能电机在国内市场的应用。而在2011年国家财政部下拨的高效电机全国补贴指标800万千瓦中，湘潭电机集团公司的份额占到260万千瓦，高居全国第一。在国务院确定重点发展的16个重大技术装备领域中，湘电有6大产品位列其中。目前，湘电已建立了以国家级企业技术中心为核心的研发体系，并在国内、欧洲等多处建立了电机技术研究所。上市公司湘电股份作为湘电集团的主营业务单元，目前承担着高效节能技术研发、产业化应用的重点任务。其中，新能源成套装备、电气成套装备、车辆成套装备、船舶电力推进装备等支柱产业在国内扮演着行业领头羊的角色。高效节能电机通过采用新型电机设计、新工艺及新材料，可以有效降低电磁能、热能和机械能的损耗，提高输出效率。高效电机的能耗比普通电机能耗降低20%至30%。而据市场反馈，湘电在国内率先开发的新一代高效节能电机产品大幅降低了电机各类损耗，全系列电机损耗降低20%以上，达到了节能减排的效果，为用户带来了巨大的经济效益和社会作用。根据公司"十二五"规划，未来5年，湘电将以新型高效节能技术应用为核心，大力拓展太阳能热发电成套装备、新能源汽车、新型城市轻轨车等新兴产业领域，成为推动公司发展的新引擎。到2015年，公司剑指600亿元的产销规模。

【"地球一小时"湘潭接力】 2011年3月26日，湘潭环保协会发起倡议，给市政部门、企事业单位和协会500多会员发送了短信，宣传"地球一小时"活动。在当晚20：30—21：30，社会各界广泛响应，熄灭了不必要的灯光，为"低碳"贡献了一份力量。经了解，该活动不仅得到政府部门全力支持，步步高连锁超市有限公司、一大桥、三大桥、康星百货、白石古莲城、东方名苑、中地凯旋城、建鑫城市广场等一些知名企业和标志性建筑也积极响应。

【湘潭三条"红线"拧紧水资源龙头】 "十二五"期间，湘潭市将实行最严格的水资源管理制度，从水量、用水效率和水质三个方面，全面推进水资源的优化配置和节约保护。用水总量控制在20亿立方米以内、水能资源开发利用率达到90%以上、饮用水源区水质达标率不低于99%。湘潭市将通过5—10年努力，从根本上扭转水利建设明显滞后经济社会发展的局面。

【湘潭将建立食品安全"黑名单"】 2011年4月1日，从湘潭市食品安全工作会议上获悉，湘潭将建立食品安全不良信用单位名单。按照《湘潭市食品安全不良信用记录管理办法（试行）》，湘潭从事食用农产品、食品、食品添加剂和食品相关产品生产、加工和流通及餐饮服务，并取得合法证照的企业、单位和个人，都将被纳入食品安全不良信用记录管理体系。食品生产经营者在监管部门执法检查中被发现存在违法行为、食品监督检验检测不合格等都可能被列入《湘潭市食品安全不良信用单位名单》。被列入名单的单位由各监管部门作为日常监督检查或抽查的重点对象。对列入警示管理的食品生产经营者，1至3年内将被禁止列为政府采购供应商，如再次发现违法、违规行为，依法从重处理直至吊销许可证。据了解，目前全市餐饮行业每天产生的废油在30至40吨左右，为保证这些潲水油、地沟油不再回流到餐桌上，湘潭目前正在着手建立餐饮废油的回收体系，全市餐厨废弃物将全部交由有资质的企业进行回收处理。宏发工业油脂有限公司是目前湘潭唯一具有回收餐饮废油资格的企业，目前该公司处理废油能力可达每天50吨。潲水油、地沟油在企业处理间经过加工后，提炼出的成品油与废渣、污水隔离开来，将用作机械黄油、生物柴油等工业用油的原料。

【湘潭吉利成为国内同业首家通过温室气体排放标准认证的企业】 2011年4月7日，湖南吉利汽车部件有限公司温室气体排放核查报告颁发暨授牌仪式举行，该公司正式通过中国质量认证中心ISO14064：2006核查认证，成为我国汽车行业首家获得这一认证的企业。ISO14064：2006是国际标准组织于2006年3月1日发布的关于温室气体排放的新标准。该标准规定了国际上最佳的温室气体资料和数据管理、汇报和验证模式。人们可以通过使用标准化的方法，计算和验证排放量数值，确保1吨二氧化碳的测量方式在全球任何地方都是一样，这样使排放声明不确定度的计算在全世界得到统一。

【高效节能塔机电机项目落户湘潭高新区】 以湖南大学电气与信息工程学院副院长黄守道教授领衔的科研团队和以原湖南电机厂总工程师孙久安带领的一批技术、生产骨干共同研制开发的特种、高效节能塔机电机项目落户到火炬园。该项目塔机用变极三速三相异步电动机、塔机用绕线转子双速三相异步电动机、塔机用回转机构的驱动电机相关产品性能比国内现有同类电机产品高，在性能相当的情况下，成本可以降低5—8%；本项目研制开发的塔机用交流变频电机及变频调速控制系统将达到国内先进水平，相对于变极或串电阻调速系统节能达到20%。目前，该项目产品已与三一、中联重科、江麓等省内重点塔机生产企业实现了对接，预计达产后能实现6300万元的产值，上缴利税500多万元。

【水资源管理迎来"最严格"时代】 湘潭进一步完善水务体制改革、逐步实行涉水事务一体化管理，通过严格的岸线划分确定管辖区域，今后凡属涉水案件，包括建设、采砂、排污、纳污、功能区划，全部由水务部门统一管理。目前，全市水资源管理实时监控体系建设已经启动。只要是在湘潭区域范围内，有水、用水、排污的地方都将逐步建立起实时监控。随着2011年湘潭市水功能区划、"十二五"水资源管理规划、水资源保护综合规划等一系列规划的出台，水资源的管理有了长远谋划，各项涉水事务管理呈现出体系化的发展趋势。从2011年6月份起，湘潭市将按照行业、地域的不同，制定科学合理的水量分配方案。总量控制和定额管理，成为严格用水管理制度的两个关键。同时，违反规定私自设立自备水源的，一经查实将受到严厉处罚。此外，2011年湘潭还将进一步推动城市居民生活用水阶梯式水价管理。实行阶梯水价后，居民一旦超量用水，水价将呈阶梯上调。超出少量增加的费用并不明显，一旦大量超出计划用水，收费将显著上浮。这一价格杠杆将有助于市民养成节约用水的良好习惯。

【湘潭全面启动有序用电紧急预案】 2011年5月1日，湘潭市经信委、湘潭电业局召集全市用电大户和县（市）区有关负责人，召开全市有序用电会议，会议决定从5月1日起，全面启动湘潭有序用电应急预案，严格确保民生用电。进入3月下旬以来，受湖南供电形势影响，湘潭一度出现用电紧张状况。湘潭市政府、为确保电网安全稳定运行和电力供应平稳有序，积极应对电力供应的紧张局面，根据省经信委《关于下达湖南省电网2011年春季有序用电预案的紧急通知》精神，湘潭决定立即全面启动全市有序用电应急预案，按照"先错峰，后避峰，再限电，后拉闸"的顺序和"保民生、保重点，保稳定"的原则，科学、合理调度。当天的会议要求，务必确保民生用电、医院和重点岗位用电；节日期间各大企业、用电大户要严格落实压产节电措施。

【今起湘潭城区所有休闲娱乐场所限制用电】 2011年5月4日，从湘潭市有序用电调度会上获悉，目前全市用电形势十分严峻，重点是保居民、医院、学校和交通等民生用电，即日起，将对城区范围内的所有休闲娱乐场所限制用电，全面启动了《湘潭市有序用电应急预案》。根据市政府"有保有压"的指示，在确保电网安全运行的前提下，以保民生为重点，企业能保尽保。即日起，城区范围内的所有休闲娱乐场所将贴上封条，限制用电；对县（市）区辖区内的中小企业原则上只送"保安"用电。同时，市有序用电应急办将成立督查组，对全市用电情况进行督查，一旦发现未按照预案执行的，将拉闸限电。

【竹埠港节能减排科技专项通过省级验收】 2011年5月4日，湖南省科技厅组织专家在湘潭召开湖南省科技重大专项"湘潭竹埠港工业区减排关键技术与工程示范"

验收会，会上该科技专项通过验收。2008 年 4 月，竹埠港节能减排重大科技专项启动。该专项由高新区牵头，中南大学彭兵教授任首席专家，湘潭电化集团公司、湖南金环颜料有限公司、中南大学和湖南科技大学等单位共同承担。经过 3 年研发，项目突破了 6 项关键技术，获得 4 项重大科技成果，申请或授权专利 9 项。其研发出的含镉重金属复杂废水生物制剂处理技术、含锰废水生物制剂处理技术、低浓度二氧化硫烟气锰矿脱硫及资源利用技术、锰渣低温烧结固化制砖技术、锰渣复合激活改性制备胶凝材料技术等新技术在示范企业的运用，使含镉、含锰废水远低于国家相关排放标准，实现年减排镉 100 公斤，锰 17300 公斤，含锰废水回用率 95%，含镉废水回用率 70%，每年节省排污费约 95 万元，净化水回用节省新水使用费 300 万元，取得了良好的经济、社会和环境效益。随着竹埠港的"退二进三"工程全面展开，专项开发的新技术也将在搬迁企业中进行推广应用，实现污染治理技术和项目建设的同时到位，防治产生新的污染源。此外，专项开发的污染治理新技术的应用还将发挥示范带动效应，促进更广泛区域内类似的企业、园区等的推广应用。

【湘潭城区主次干道路灯实行减半开启】 2011 年 5 月 5 日，湘潭市灯饰管理处积极响应全市限电通知，在全市范围内停开景观照明设施，并要求各楼宇业主单位积极配合限电通知，关闭霓虹灯、广告灯等非生产经营性照明用电设施。同时，市灯饰管理处对全市城区主次干道路灯照明执行减半开启。近期，由于供电紧张，湘潭城区范围内实行"开五停二"的限电措施，进入有序用电状态。针对当前的供电紧张局面，市灯饰管理管理处采取了多项节电措施，对全市景观照明如湘江一、三桥，"流星雨"等亮化工程暂停开启；向各楼宇业主单位下达了通知，要求限电期间，暂不开启亮化工程；对全市的主次干道路灯实施减半开启，尽可能地节约用电，为全市供电缓解压力。湘潭城区目前共有路灯 24000 余盏，用电量约占城区灯饰照明的 80%。据统计，路灯减半开启后，估计每天可节电 40% 左右。

【湘潭农村清洁工程建设项目实施】 2011 年 5 月 11 日，从湘潭市农业局获悉，湘潭 2011 年农村清洁工程硬件建设已正式进入项目实施阶段。目前，工程建设正有条不紊地展开。农村清洁工程建设是湖南省委、省政府，湘潭市委、市政府为民办实事项目之一。2010 年，雨湖区长城乡立云村、昭山示范区昭山乡金星村、湘潭县排头乡安全村、湘乡市山枣镇经正村和韶山市韶山乡韶光村 5 个农村清洁工程示范村，共建设重点示范户 145 户。由此，示范村清洁生产入户率达 100%，示范区污水处理率高达 97%，生活垃圾回收处理率达 95%。清洁工程建设不仅改善了村容村貌，根治了"脏、乱、差"等现象，还充分结合了当地农业主导产业特点，大力推广和应用先进的清洁生产、节能减排技术，农业生产节能减排和提质增效效果明显，实现了农业增效、农民增收。农村清洁工程示范村为社会主义新农村建设创造了典型。2011 年，湘潭县射埠镇烟塘村、湘乡市育段乡南平村、韶山市韶山乡铁皮村、岳塘区荷塘乡指方村和昭山示范区昭山乡金星村 5 个村被确定为省实事项目农村清洁工程示范村。各示范村项目施工前的公示、申请、审批、合同签订等前期工作已在 4 月底前完成，并结合农时，完成了对示范区农户的"清洁生产"技术培训。各示范村的清洁工程项目建设也得到广大农民的积极响应，他们正主动自筹资金配合项目建设。工程项目将于 10 月底至 11 月初接受验收。

【湘潭启动"城市节约用水宣传周"活动】 2011 年 5 月 15 日，在齐白石广场举行的以"建设节水型城市，改善城市水生态"为主题的宣传活动。自 2008 年 4 月，与长沙、株洲同时被国家水利部列为全国第三批节水型社会建设试点市以来，湘潭市万元 GDP 用水量下降到 291 立方米，工业万元增加值取水量下降至 190 立方米，工业用水重复利用率由 50% 提高到 70%，城镇供水管网漏损率下降至 30% 以内，城市污水集中处理率提高至 78%。尽管如此，受自然和人为因素的影响，湘潭区域性、季节性和水质性缺水矛盾日益突出，全市人均水资源占有量仅为 1300 立方米，相当于全省平均值的一半。市水务局将严格实行水资源管理制度，严守水资源开发利用控制、用水效率控制、水功能区限制纳污"三条红线"，并向市民宣传节水新知识，推广节水新技术、新产品，引导全社会科学、合理用水。在宣传周内，节约水资源宣传车将进社区、进学校、进厂矿，宣传节水知识，推广新型节水器具。

【供电形势好转 湘潭暂停"开五停二"】 2011 年 5 月 16 日，因近期电力供应形势有所好转，湘潭市区范围已暂停执行"开五停二"的供电措施。由于近期湘西北下雨，湘江水位上涨，全省部分火电厂检修机组重新投入运营，再加上调煤保电措施得力等原因，目前，全省电力供应形势出现缓解。鉴于此，湘潭市区范围从 5 月 3 日起实行的"开五停二"供电措施暂停执行。湘潭电业局有关负责人表示，虽然目前用电形势有所好转，但不容乐观。广大用电客户和居民还要继续节约用电。

【湘潭五年内将推广 5000 盏 LED 路灯】 2011 年 5 月 26 日，从湘潭市科技局获悉，国家科技部正式批准湘潭开展"十城万盏"半导体照明（LED）应用工程试点示范工作。湘潭成为全国第二批开展此类试点示范的 16 个城市（地区）之一。湘潭市现已累计推广 LED 照明路灯 500 余盏以上，集芯片制造、器件与模块分装、显示与照明应用的研发、生产、销售、应用于一体的完整产业链和产业基地也基本成型。作为"十城万盏"工程试点城市，2011 年起湘潭将按照科技部的部署，从城市整体规划入手，以城区街道和社区建设为目标，加快 LED 产品在市政府工程、城市建设、小城镇及农村建设中应用，全力推广 LED 照明工程。通过采取分步实施逐年改造的建设思路，三年内实现累计推广 3500 盏，湘潭城区道路 100% 实现 LED 照明；五年内累计推广 5000 盏，全市（包括五个县市区）100% 实现 LED 照明。成功入选试点城市，对推动湘潭节能减排和相关产业的发展，都将起到积极作用。工程落实后，预计每年可节电约 500 万度，减少 CO_2 排放 4890.6 吨，减少 SO_2 排放 150.6 吨，同时也将带动湘潭及周边地区相关产业的发展。

【中度干旱 湘潭启动抗旱三级应急响应】 2011 年 5 月 30 日，湘潭市抗旱工作会商会决定，启动抗旱三级应急响应，并将适时进行人工降雨，以缓解旱情。市水务局相关负责人表示，2011年下半年的城市供水可能受到较大影响，需要早做蓄水和保水准备。同时，入汛以来，副高偏弱偏南，水汽输送不足，随着6月份副高北抬，有出现旱涝逆转的可能性。届时，需要特别警惕湘江和长江汛期的重叠，防汛工作仍然不得松懈，防汛抗旱两手都要抓。

【湘潭市排污权储备交易所获得授牌】 2011年6月3日，湘潭市主要污染物排污权储备交易所授牌，湘潭市成为湖南省继长沙之后第二个试点城市。当天湖南华森板业有限公司、湖南人生饮品公司分别向交易所购买了110吨SO2、65吨COD的排污权，合计交易金额达118万元。据了解，排污权就好比商品，可以被买入和卖出。湘潭市主要污染物排污权储备交易所成为专门机构与指定平台，受市环境保护局的委托开展全市排污权的储备和交易。首先政府根据环境的承受力，可以计算出环境容量。市环保局、各县（市）区环保局按照分级管理要求，对辖区内排污单位（火电企业除外）实施初始排污权分配，根据总量控制指标制定辖区“现有排污单位初始排污权分配方案”并进行公示。也就是说，交易的实质是通过价格杠杆增强企业治污、削减污染排放的自觉性和主动性。

【湖南省农村能源行业会议在湘潭召开】 2011年6月27日，湖南省农村能源行业协会第三届代表大会在湘潭市举行。会议听取和审议了省农村能源行业协会第二届理事会工作报告，选举产生了新一届理事会和执行机构负责人，提出了新一届班子任期内工作构想。据了解，近年来，湘潭农村能源事业得到长足发展，到2010年底，湘潭共建有农村户用沼气池12万口，中小型沼气工程115个，大型沼气工程9处，沼气入户率达到21%。全市沼气后续服务网点达到152个，拥有县级服务站1个。湖南迅达科技集团股份有限公司年产值近10亿元，沼气灶具全国市场占有率达到40%，产品覆盖湖南、湖北、广西等十多个省市。全市推广太阳能热水器20275台，太阳能路灯1000盏，杨超华能、碧源环保、桑枣建设等三家企业为湘潭乃至全省的能源建设做出了重要贡献。

【第三批全国节水型社会建设试点考察团来湘潭考察】 2011年6月24日，第三批全国节水型社会建设试点考察团一行来到湘潭，就湘潭市节水型社会建设试点工作进行考察。2008年4月，湘潭市被国家水利部批准为全国第三批节水型社会建设试点市后，以“节水防污”为工作重点，大力推行节水型社会的建设试点工作。至2010年，全市农业灌溉水有效利用系数由0.45提高到0.48，工业用水重复利用率由50%提高到70%，规模以上工业万元增加值水耗降到190立方米，所有公用和民用建筑用水节水器具普及率达到100%。全市节水型小区建设和改造达到50%，90%以上的生活污水纳入排水系统，工业废水全部达标排放。考察团一行先后来到湘潭中环水务有限公司一水厂、江麓集团和湖南科技大学进行考察。考察团一行充分肯定了湘潭市将节水防污作为建设两型社会重要抓手的做法，并表示希望湘潭积极建设节水工程，进一步调整产业结构，全面提高水资源配置和使用效率。

【未来五年湘潭减排重在四领域】 减少排污总量，改善城市环境。“十二五”期间，湘潭市将重点围绕138个项目，从四个方面实现主要污染物总量减排工作目标。未来五年，湘潭市污染物总量减排工作将涉及城镇污水处理设施建设、工业企业废水减排、垃圾渗漏液处理等138个重点项目，主要包括工业减排、生活减排、农业减排和机动车减排四个方面。其中，工业减排的重点是建设包括钢铁、化工行业的废水治理和电力、钢铁、水泥行业脱硫脱硝等27个工程。在生活减排方面，将进一步建设、完善城镇污水处理设施和污水收集管网，争取到2015年，城区生活污水处理率达到88%以上。建立和完善机动车的环境标志管理，淘汰超标排放的公交、邮政、环卫、长途客货车辆，鼓励公交、邮政和出租车进行清洁能源改造。争取在2015年前实现机动车减排任务的完成。

【湘潭市农村沼气项目绩效考评获全国优秀】 2011年7月6日至8月6日，中央财政部对湘潭市2003年至2010年中央预算内基建农村沼气项目进行了为期一个月的绩效考评，最终评定为“优秀”。自2003年以来，湘潭市紧抓机遇，大力发展农村能源建设。争取了国债项目农村户用沼气池35981个和巩固退耕还林成果户用沼气池533个，建设农村沼气服务网点157处，大型沼气池9处，共争取国家项目资金5077.68万元。湘潭市农村能源工作严格按照项目建设要求组织实施，把好工程质量关，保质保量完成了各项沼气项目建设任务，为不断改善农村生产生活条件，促进农民增收、农业增效、农村稳定，全面推进新农村建设步伐奠定了坚实的基础。财政部考核组调查了120个村的1500户农村沼气使用农户、30个后续服务网点及9个大型沼气工程，通过入户调查、实地查看、帐目审计、档案对照、座谈了解等方式进行了严格地考核检查，并就项目组织管理、建设管理、建设成果3项指标进行逐项对照计分。湘潭市中央农村沼气项目建设管理工作得到了考核组的高度肯定。

【湘潭市召开“十二五”主要污染物总量减排工作大会】 “十一五”时期，湘潭市超额完成各项环保目标任务。2011年7月20日，湘潭市召开“十二五”主要污染物总量减排暨“蓝天碧水”工作大会。会议总结了“十一五”时期污染物减排工作，“十一五”时期，湘潭市超额完成了各项环保目标任务，并研究部署“十二五”污染减排暨“蓝天碧水”行动与农村环保工作。会上，各县（市）区政府、工业园区以及各重点企业的负责人向市人民政府递交了“十二五”污染减排暨蓝天碧水行动与农村环保工作责任书。湘潭市市超额完成了“十一五”环保各项目标任务，成为全省唯一被评为“十一五全国环保先进集体”的市州，“湘潭经验”连续两年被湖南省环保厅作为典型予以推介。按照湖南省下达给湘潭市的“十二五”污染物总量减排目标任务，到2015年，全市化学需氧量和氨氮排放总量（含工业、生活、农业）；二氧化硫、氮氧化物、铅排放总量要在2010年的基础上，分别减少10.25%、13.08%；14.57%、12.93%、10.47%。

【全国钢企能源管理中心示范项目建设研讨会在湘潭召开】 钢铁企业能源管理中心示范项目建设研讨会在湘潭召开。会上，湘钢大力推进节能减排工作、打造“绿色湘钢”的经验和做法受到推介。近些年，湘钢秉持“碧水蓝天，绿色湘钢”的环境保护理念，大力发展循环经济，积极推进全流程清洁生产，呈现生产大幅度增长、能耗显著降低、污染物排放总量逐年下降、综合利用能力明显增强的良好势头。目前，在钢铁企业能源管理中心示范项目建设上，全国共有8家示范单位，湖南仅有湘钢位列其中。为治理大气污染，“十一五”期间，湘钢投入5亿元用于烟粉尘综合治理，先后建设除尘设施80多台套，年回收粉尘近30万吨。分别于2009年和2011年建成的一烧360平米和二烧360平米烧结机烟气脱硫工程，每年可减排二氧化硫16000吨。另外，湘钢实施了焦炉全干熄焦、高炉全TRT发电、烧结全余热利用及发电等节能工程，使二氧化碳的排放大幅度减少。在发展循环经济方面，大力实施了四闭路循环利用，即煤气回收利用、废水处理与循环利用、总排水处理与中水循环回用和废物资源化。统计显示，“十一五”期间，湘钢在节能减排项目建设上共投入11.48亿元，项目全部投运后，每年可节约43.5万吨/标煤，回收水量2400万吨，年脱硫6000吨、年回收固体废弃物280万吨，可实现全干熄焦、高炉全部炉顶余热发电、锅炉全掺烧煤气、废水、废渣的全处理。

【湘潭开展“城市无车日”活动 河东大道实行交通管制】 2011年9月22日，湘潭“城市无车日”活动启动仪式在建设路口步步高广场举行。22日7时至19时，岳塘区河东大道双拥广场至建设路口君子莲广场路段实施交通管制，管制期间只允许行人、自行车、公共交通、出租车、其他公共交通（校车、通勤车等）以及军警、消防、急救等特种车辆通行。9月22日是“世界无车日”，2011年的主题是“绿色交通，城市未来”，为鼓励市民更多关注和选择低能耗、低污染和低排放的绿色出行方式，推进城市交通节能减排，发展绿色交通，根据国家住房和城乡建设部及省住房和城乡建设厅的要求，此次活动由湘潭市城管委办公室牵头组织，湘潭市交警支队负责路面管控。当天，交警部门在实施交通管制的河东大道周边区域设置了执勤岗位，并出动200余警力对禁止驶入的机动车进行劝导与宣传，全力保障交通顺畅。

【世界最大屋顶电站亮相九华】 2011年11月22日，温暖的冬日阳光里，湖南兴业太阳能科技有限公司的五栋厂房屋顶呈现出壮观的蔚蓝，一块块长方形的太阳能电池板整齐地排列在屋顶上，它们吸收光能，再通过一整套光伏发电系统转化成电能。目前这是世界上最大的屋顶电站项目，厂房屋顶15万平方米的太阳能电池板已安装完毕。太阳能作为一种优质、环保的能源，可在一定程度上缓解季节性电荒。作为国家财政部重点支持的13个金太阳示范项目之一，兴业太阳能20兆瓦屋顶电站项目一直备受关注。2011年年底，兴业太阳能厂房和九华创新创业中心屋顶电站项目有望投入使用，年发电量将达到2400万千瓦时，其中六成用于兴业太阳能公司用电，余下的四成还能为园区其他企业供电。通过太阳能转化的这些清洁电能，一年能节约标准煤7800吨，减排二氧化硫1.9万吨，粉尘5300吨。如果将屋顶电站的项目在园区的其他企业推广，节能减排效益将十分显著。

【雨湖区投入380万元新能源建设】 2011年，雨湖区已投入建设资金380万元，新建户用沼气池100口，大型沼气综合利用工程1处，推广太阳能热水器110台，太阳能路灯10盏，给农民群众带来了实惠。

【湘潭县开展“爱护地球、减少碳排量”节能灯推广宣传活动】 2011年12月13日，牛头岭社区在县国药店前坪设点，启动“爱护地球、减少碳排量”节能灯推广、以旧换新工作，仅一个上午就换出节能灯2000余支。据了解，此次换购活动是国家通过财政补贴的方式，全面向全县各社区推广，居民可以以50%的中标协议供货价格购买。实惠的价格，还可以节电减排，这实惠的事情也吸引了不少市民前来咨询。为了让更多县城的老百姓也能享受到财政补贴的节能产品，每位居民凭身份证最多可购买10只。据了解，像这样的惠民工程还惠及低保户，低保户可凭有效证件每户免费领取5支。据牛头岭社区工作人员介绍，全县范围内预计推广数量为7万只，当天是节能灯推广活动的第一站，湘潭县其他社区也将陆续启动此项惠民活动。

【可再生能源建筑应用获资8600万】 2011年12月16日，从湘潭市住房和城乡建设局获悉，湘潭市获财政部可再生能源建筑应用补助资金8600万元（2011年我省共获批可再生能源建筑应用补助资金18500万元）。可再生能源建筑应用是指在建设民用及商用建筑时，配套建设风能、太阳能或地热能等非并网发电设施，所产生电能直接供该建筑内照明灯、小功率电力设施使用。它不仅可节约不可再生能源、保护环境、调整建筑用能结构，更能为广大市民提供一个宜居、舒适的居住环境。市住建局建筑节能办的工作目标为，到2013年10月31日，建成240万平方米的可再生能源建筑应用工程。届时，太阳能光热建筑一体化、地源热泵（水源热泵和土壤源热泵）、污水源热泵等可再生能源建筑应用技术在湘潭市应得到广泛应用，可再生能源建筑应用比例应达到新建民用建筑总量的50%以上。为确保目标完成，湘潭市凡是总建筑面积在两万平方米以上的新建商品房小区项目和所有新建商用、公用建筑，房屋改造在两万平方米以上的工程项目，必须实施可再生能源建筑应用；对已投入使用的机关办公场所、宾馆酒店、学校、写字楼、商业场所等耗能大的建筑物应逐年进行可再生能源建筑应用改造。

生态环境保护

【湘潭集中整治渣土污染效果明显】 2011年1月，湘潭开展集中整治渣土污染专项行动以来，全市所有建筑工地都陆续配置了洗车池等车辆清洁设施，安排专人清洗渣土运输车辆，城市渣土污染现象有所缓解。市城市管理局和住建局表彰了一批在集中整治渣土污染专项行动中表现优异的单位。两个月时间里，有关部门开展联合整治执法行动两次，突击巡查16个建筑工地，查扣处罚了11台违规运输散装货物的车辆，并开出渣土污染整治联动处置单17张，交办联动处置事项53件，均得到落实整改。市城管局先后与6家渣土运输企业签订了《湘潭市建筑垃圾运输企业卫生保障协议》，各渣土运输企业都按协议缴纳了5万元卫生保障金，每月进行考核，排名末两位的渣土运输企业处以罚款，并对等奖励排名前两位的企业，考核结果还将作为渣土运输企业资质年审的依据。

【湘潭环保部门突查企业排污情况】 2011年1月20日，湘潭市环保局组织人员到竹埠港工业区突查企业排污设施运行情况。目前，各企业排污设施运行正常，检查没有发现异常。在竹埠港工业区，检查人员进入湘潭电化集团有限公司、湘潭万事达染织整理有限公司等企业厂区内，对厂内污染物处理设施运行情况进行了检查，对厂内外的排污管道进行查看。由于所查企业应对及时，储备了足够预防冰冻雨雪的物资设备，各排污企业污染物处理设施运行正常，管道也没有出现破损。环保部门有关负责人介绍，低温冰冻条件下，地下管道也容易破裂。如果企业排污管道破损，将影响污染物处理和湘江水质。低温雨雪天气下，还将组织人员不定期检查各企业的排污和管道通畅情况。

【湘潭林业有害生物防治获省双优】 湖南省政府公布的2010年度林业有害生物防治工作考核评比结果显示，湘潭市政府和湘潭市林业部门的林业有害生物防治工作，双双荣获全省优胜单位。2006年，湘潭与湖南省政府签订了林业有害生物防治责任状，接受每年一次的考核检查。实施4年以来，湘潭采取调查、研究、防御、灭杀并举，人工、生物、物理、化学方法齐上等措施，保护生态林业，建设秀美湘潭的工程取得了实质性进展。2010年，湘潭林业有害生物防治实施人工剪梢、剪苗、割杆、拔除2.5万亩，用生物方法防治3.3万亩，灯光诱杀防治2.7万亩，化学防治6.7万亩，综合防治2.9万亩。其林业有害生物防治预测准确率达99%，成灾率为零，境内24处产地检疫率为100%。在2010年度湖南省综合考核考评中名列第一。

【湘潭积极贯彻新《水土保持法》】 2011年3月1日，从湘潭市水务局获悉，新修订的《中华人民共和国水土保持法》从即日起实施。这天，湘潭市水务局组织收看了水利部召开的学习宣传贯彻新《水土保持法》视频动员会议，认真学习贯彻了新法规。新《水土保持法》凸显了4大亮点：强化了地方政府水土保持责任，要求实行地方各级人民政府水土保持目标责任制和考核奖惩制度；强化了水土保持规划的法律地位。对水土保持规划的编制依据与主体、规划类别与内容、编制要求以及组织实施等作了明确规定；突出水土流失的预防保护以及加强对水土流失的综合治理。同时，还加大了对水土保持违法处罚力度，最高罚款达50万元。据悉，投资306万元的湘潭县天白小流域和湘乡市泉塘河小流域水土流失综合治理项目，是2011年湘潭水土保持的重点综合治理项目，目前正在紧锣密鼓开展项目实施前准备工作。水务部门将针对治理项目设计范围广、情况较复杂的特点，在加大规划力度的同时，重点加强对项目实施计划的审查。预计，项目完成后，治理的水土流失面积可达6.9平方公里。

【600环保志愿者宣誓“保护母亲河”】 “绿色环保，从我做起，倡树新风，革除陋习……”3月5日，600余名环保志愿者冒雨在建设路口华隆步步高前坪庄严宣誓。当天，湘潭市“保护母亲河”百万青少年绿色承诺行动正式启动。“保护母亲河”百万青少年绿色承诺行动是团省委在全省13个市州同时开展的一项保护湘江的活动。此次活动湘潭的主题是“给力绿色湘潭，创建‘两型’社会”，旨在通过青年志愿者的积极带动作用，广泛传播母亲河的相关知识，营造人与自然和谐发展的浓厚氛围，激励全市人民都来关注和保护我们的母亲河——湘江。启动仪式上，来自湘潭各大中专院校、企业、中小学校、城管系统和天鹰俱乐部等600多名环保志愿者作出保护母亲河的庄严承诺，市领导向环保小卫士和湘江义务监督员颁发了聘书，并授予湘潭市、湘潭县和湘乡市环境监测站为湘潭市首批保护母亲河行动青少年湘江生态监护站。仪式结束后，来自天鹰俱乐部的100多名环保志愿者开展了“保护母亲河”市区骑车宣传活动。

【湘潭荣获全省环保工作目标考核一等奖】 全省环境保护工作会议传出信息，湘潭不仅荣获全省环保工作目标责任考核一等奖，而且成为全省唯一获得“十一五全国环境保护先进集体”的市州。近年来，湘潭把握长株潭城市群“两型社会”建设的重大机遇，按照湖南省委省政府“四化两型”战略部署，把环保能力建设作为“两型社会”建设的重要切入点和着力点，始终坚持把保护环境摆在首位，将“约束性”指标与“激励性”指标统筹考虑，出现冲突时，“激励性”指标让位于“约束性”指标，全面强化各项环保措施，推动科学发展。湘潭先后建立了全省第一家集环境监测、应急、科研于一体的环境应急指挥中心；全省第一个污染源在线监控平台；率先在全省完成污水处理三年行动计划；2009年，全市二氧化硫、砷、镉三项指标提前完成“十一五”减排目标，化学需氧量削减率由全省第十位跃居到第二位；2010年，市城区空气质量达标率达92.88%；全国环境监测工作现场会在湘潭召开，湘潭被国家环保部确定为“全国污染减排与协同效应示范城市”。据悉，湘潭作为全省市州唯一“十一五全国环境保护先进集体”，将在即将召开的第七次全国环境保护大会上受到表彰。

【湘潭应急水源项目有望年内启动】 2011年3月22日，从市水务局获悉，湘潭市将投入八亿元以上，实施九大水利工程，把城市变得“水清岸绿”，风景如画进一步健全完善供水安全应急机制，全面增强应对能力。2011年，重点抓好锰矿地区供水工程、原湖南铁合金厂周边铬污染区居民饮水工程、湘潭县红燕山重金属污染区饮用水源应急保障工程等城市供水工程建设。同时，切实抓好我市城市应急水源建设的各项前期准备工作，积极争取上级支持，力争2011年内启动项目实施，2013基本建成投入运行。构建防洪排涝工程体系，把湘江城市防洪与城市景观带建设有机结合，加大涓水、涟水治理力度，构建完整的防洪排涝安全工程体系。根据城市发展规划，改、扩、新建一批排涝泵站和配套的管网工程，全面提高城市防洪标准和综合防洪排涝能力。2011年重点治理雨湖区河西堤、湘潭县滨江堤、湘乡市城北堤。加快中小河流治理，加快列入国家规划的28条中小河流治理，优先安排洪涝灾害易发、保护区人口密集、保护对象重要的重点河段治理，防洪能力显著提高，水生态环境明显改善。2011年，完成湘潭县涓水、青山河，湘乡市成家湾河、虞唐河，雨湖区争光河，岳塘区王家赛河等六条河流的治理任务，整治韶河下游、云湖河。

【“保护母亲河·地税在行动”系列主题活动启动】 2011年4月2日，湘潭市地方税务局与湖南科技大学、九华示范区管委会联合举办的“东方莱茵河之梦——保护母亲河·地税在行动”主题活动暨“东方莱茵河之梦”税收论坛在湖南科技大学举行。2011年4月是第20个全国税收宣传月。根据国家税务总局确定的“税收·发展·民生”宣传主题，结合湖南省地税局“保护母亲河·地税在行动”活动要求，湘潭市地方税务局举办了此次主题活动。以突出“保护母亲河”主题、围绕“两型社会”建设，此次主题活动包括“东方莱茵河之梦”税收宣传进校园活动、“税企恳谈面对面”活动、“我与环境共友好 携手保护母亲河”活动、“保护母亲河”DV摄影、照片、文章征集比赛等系列活动，将相继在4月份举行。系列活动旨在倡议全社会开展技术创新、发展低碳经济、推进节能减排，共同保护母亲河，助推绿色湖南建设。启动仪式上，市地税局、湖南科技大学、九华示范区领导分别作了讲话。围绕“保护母亲河地·税在行动”税收宣传活动，突出“税收·发展·民生·和谐·共建·共享”主题，举办了“东方莱茵河之梦”税收论坛。与会代表共同探讨、交流了新形势下如何发挥税收职能作用，大力支持环境保护，为建设“两型社会”、实现节约能源、减少污染排放的环保目标做出积极贡献。

【原湘锰地区关闭45个非法小锰矿】 通过严厉的“打非治违”行动，目前，原湘锰地区的非法开采得到有效遏制，安全形势明显好转。2011年4月13日至15日，湘潭市人大矿山安全生产专项督查组对湘潭县和雨湖区的安全生产工作进行了督查。据统计，2007年至2010年，锰矿地区非法开采（盗采）导致事故6起，死亡12人。2010年8月份开始，湘潭在全市非煤矿山领域集中开展了“打非治违”专项行动，以湘潭县龙口地区和雨湖区鹤龄地区为重点的非法违法开采问题得到有效治理，特别是在雨湖区鹤岭镇非法锰硐“12.18”较大事故发生后，市安委会加大了对原湘锰地区“打非治违”工作的督办力度，密集组织明察暗访，查处一批包括农科学校院内、响塘乡预制场内、虎形山等隐蔽性极强的非法硐井，及时向有关部门和当地政府下达督办函7份，召开联席会议3次，明确了关闭取缔非法锰硐的标准、时限、责任、经费和保障措施。目前，原湘锰地区45个非法锰硐已无动工迹象，混凝土浇筑井硐工作正抓紧进行。下一步，湘潭将突出重点，持续严厉打击非法违法生产建设行为。4月30日以前，对原湘锰地区的45个非法小锰矿严格按照有关要求关闭到位，并建立打非举报奖励制度，形成打非长效机制，接受社会和舆论监督，对举报或巡查中发现的非法开采行为及时予以严厉打击，严肃查处在打非工作中失职渎职、徇私舞弊的行为。

【湘潭启动“保护母亲河”青少年植树行动】 4月22日是世界地球日，也是全国保护母亲河统一行动日。韶山市韶山乡韶光村的山上热闹非凡，来自韶山环球职业中专学校的200多名学生在植树。挖坑、培土、浇水……场面蔚为壮观。当日，湘潭在韶光村启动了主题为“青年心向党 绿动长征路”的“保护母亲河”青少年植树行动。韶山市大学生村官何明宣读了“2011年度青少年植树行动”倡议书。出席启动仪式的领导共同为“全国保护母亲河——青年长征纪念林”揭碑，并与韶山环球职业中专学校的学生一起种下了500多棵树。2011年是中国共产党成立90周年，也是国际森林年和全民义务植树运动30周年。为激发广大青少年热爱党、热爱祖国的感情，响应党的号召，积极投身到国家生态建设中，共青团中央、全国绿化委员会、国家林业局决定在全国范围内开展“保护母亲河——2011年度青少年植树行动”。据悉，湘潭将围绕“保护母亲河”开展青少年献计献策、环保摄影、绘画、视频、网络征文比赛等一系列活动。

【长株潭三市向湘江投放鱼苗100余万尾】 2011年4月22日，2011年长株潭3市水生生物增殖放流活动在长沙橘子洲举行，长株潭三市联合向湘江投放鱼苗100余万尾。当天，停靠在江边的10余条渔政执法船迅速起航，开往深水区投放鱼苗；同时，岸边装载鱼苗的车子也“开仓”放鱼。一时间，水面上粼光闪烁。这次活动共放流大规格春片鱼种100万尾，亲本草、青鱼100组，乌龟300只，国家二级保护物种胭脂鱼两万尾。据了解，目前在天然水域的胭脂鱼已濒危。近年来，经我国水产科技人员攻关已能人工繁殖胭脂鱼，本次放流的胭脂鱼均由省鱼类原种场提供。自2002年长江流域实行禁渔制度以来，湖南省每年放流多种规格的鱼类苗种在5000万尾以上，近年来，年均连续突破1亿尾。湘潭近8年来放流多种规格的鱼类苗种达3000余万尾。即日起，长株潭3市渔政部门还将在湘江沿岸开展禁渔和养护水生生物资源宣传周活动，向广大市民宣传渔业法律法规和保护湘江母亲河的意义。

【岳塘区打响“清洁城市”大会战】 10台垃圾车同时作业，300余名清扫人员手执铁铲将堆积近两米高的垃圾铲入车内，盘龙名府旁的垃圾场一派热火朝天的景象。4月28日，岳塘展开“清洁城市”大会战，盘龙名府附近的垃圾堆是城区内最大的一处。据了解，此处垃圾堆积已有10余年，垃圾多达1万多立方米，总重约4万余吨。由于时间久、数量大，这里的垃圾清理始终未能彻底，不仅破坏环境，也严重干扰了周边居民的正常生活。除盘龙名府外，建设路街道曙光社区锅炉厂小区的垃圾点、霞城乡阳塘村垃圾围点等12个长期存在的垃圾堆放点也纳入了此次清理的重点。从28日起至30日，这些重点区域的垃圾将全部清理完毕。与此同时，全区范围内的普遍清扫也在28日当天启动，这项工作将持续两个月。有关负责人介绍，此次活动是城市管理体制改革后的第一项重大实事举措，考核结果将纳入岳塘区各部门各单位的年终绩效考核。岳塘区负责人表示，下一步，该区将以垃圾的系统清运为突破口，进一步采取有力措施，加强领导，完善体制，精细管理，加大投入，促进河东地区城市管理、城市建设、经济建设全面协调发展，打造一个亮化、绿化、净化的城区。

【湘潭春季重大动物疫病免疫率均超99%】 2011年4月下旬，湘潭就春季重大动物疫病防疫工作进行了专项督查。督查中发现，全市64个乡镇（办事处）有52个乡镇（办事处）猪瘟、猪蓝耳病和高致病性禽流感等重大动物疫病免疫率均达到100%，有3个乡镇（办事处）的免疫率在90%以下，2011年没有乡镇（办事处）因春季动物防疫工作不到位被黄牌警告。湘潭市委督查室、市政府督查室、市人大农业委、市监察局和市畜牧水产局于4月下旬组成联合督查组，对全市64个乡镇（办事处）的重大动物疫病免疫注射和免疫档案等情况开展了一次全面督查。从抽查乡镇的免疫情况来看，湘潭猪瘟免疫率为99.9%、高致病性猪蓝耳病免疫率为99.9%、高致病性禽流感免疫率为99.4%；猪瘟、猪蓝耳病和高致病性禽流感免疫率均达到100%的乡镇有52个；有3个乡镇（办事处）有一项或多项重大动物疫病免疫率在90%以下。

【湘潭向湘江增殖放流30万尾鱼苗】 目前，正值鱼类生长繁殖的高峰期。5月10日，为保护母亲河湘江生态，增加湘江渔业资源总量，改善水质，湘潭举行湘江湘潭段鱼类人工增殖放流活动。当天，停靠在湘潭市九总大埠桥码头边的10余艘渔船准时起航，开往湘潭一大桥下的深水区投放鱼苗。同时，岸边的工作人员也将9辆车上每尾约4两重的鱼苗一一投放到湘江。此次投放的鱼苗以青、草、鲢、鳙4大规格鱼种为主，共30万尾，所有投放鱼苗均经过市水生物防疫检疫站的检疫。据统计，从2004年开展人工增殖放流以来，湘潭共放流多种规格的鱼类苗种达3000余万尾。按照农业部的统一部署，洞庭湖区及长江湖南段4月1日至6月30日为禁渔期。根据湘江湘潭段的实际情况，2011年湘潭将不会开展禁渔，但打击电、毒、炸鱼等非法捕捞行为的力度不减。同时，还将加大对渔民的普法宣传，不断提高他们保护鱼类资源的意识。

【2011年湘潭将投入2640万增绿补绿】 根据年初计划，2011年湘潭将投入2640万元，对全市城区进行增绿补绿，打造绿色湘潭。增绿补绿工作将分两步完成，6月30日前完成对吉安路等三条道路和一个广场的绿化改造工作，11月30日前完成湖湘公园等处绿化提质任务。尽管湘潭已跻身国家园林城市行列，但与其他园林城市相比，湘潭的绿量少、树种不丰富、树木规格单位面积种植数量偏小；道路绿化绿带不连贯，特别是十字路口没有成为绿化景观节点，反而成了绿化盲点。2011年，湘潭计划由市、区（示范区）两级共同投入2640万元资金，对城区特别是进出口道路以及广场、景观节点进行增绿补绿工作。被列入第一阶段增绿补绿的吉安路、板塘大道、富洲路、芙蓉广场等项目都已正式施工，重要的景观节点被打造得更加精致、漂亮。这些项目将于6月30日前完工。7月1日起至11月30日，湘潭将完成对湖湘公园及城区部分道路两侧空闲地的绿化补植工作；在芙蓉大道绿化隔离带中栽植乔木及亚乔木；雨湖区和九华示范区负责对富洲路两侧绿化带进行建设。

【湘潭市举办首个“环保开放日”活动】 在世界环境日即将来临之际，6月3日，湘潭市环保局主办湘潭首个“环保开放日”大型活动。环保志愿者、纪委政风行风监督员、湘潭日报社小记者、网友等50位代表与市环保局工作人员面对面交流。开放互动的活动让大家较好地了解了湘潭市城市环境管理运作机制和工作现状；环保执法、环境监测等工作公开接受市民监督；环境管理监测服务更加贴近市民，激发了民众参与环保的热情。活动中，大家畅所欲言，纷纷就如何做好环保工作献计献策。市环保局负责人表示，这些好的意见和建议将被纳入湘潭市“十二五”环境保护规划中。希望通过这种公开、透明、互动的活动方式，听取公众意见，使全社会走进环保、体验环保，并且更加关注环保，积极参与环保工作。在活动中构建一座市民与政府沟通的桥梁，通过听民情、重民意、聚民智，吸纳各方智慧，改进政府工作，推进湘潭市“两型社会”建设和环境保护工作，共同创造湘潭“全民环保”的美好明天。

【全国首届“重金属污染综合防治规划实施与考核高级研修班”开班】 2011年6月13日，由国家人力资源和社会保障部、环保部共同主办的首届“重金属污染综合防治规划实施与考核高级研修班”在湘潭开班。来自全国各地的环保工作者齐聚一堂，交流经验。据了解，“重金属污染综合防治规划实施与考核高级研修班”从6月13日开班至6月17日结束，历时5天，来自全国各地的环保专家将对重金属污染综合防治规划进行解读，就重金属与人体健康风险、重有色金属矿采选冶炼行业重金属染污与综合防治、电镀行业重金属污染与综合防治、电池行业重金属污染防治现状与对策、皮革鞣制加工业重金属污染与综合防治、化工行业重金属污染与综合防治等问题进行交流探讨。

【湘潭将用1年时间重点整治3个矿区】 2011年6月21日，湘潭市召开深入整顿和规范矿产资源开发秩序工作动员大会。整治行动为期一年，分三个阶段进行：从6月21日开始，各县（市）区按照工作目标、任务和要求开展全面清查，6月27日前将清查结果上报市整顿规范矿产资源开发秩序工作领导小组办公室；6月27日至2012年3月15日进行整改处理，各县（市）区政府和有关部门针对清查出的问题，市政府督查发现的问题，以及领导批示、媒体披露、群众举报的重点问题，制定整改措施，严格按照有关要求及时处理到位；2012年4月1日至4月15日检查验收。此次整顿规范工作的主要任务是：严厉打击非法违法开采行为；加强矿山地质环境保护；规范矿产资源勘查行为；加强矿山安全生产；规范和发展矿业权市场；提高矿产资源开发利用水平；提高矿产资源开发管理水平。湘潭市有3个矿区为省级挂牌督办重点整治矿区，即湘潭县谭家山煤矿区、湘潭锰矿区和湘潭县龙口石膏矿区。湘潭县、雨湖区被列为省挂牌重点整治矿区的责任县（区）。在谭家山煤矿区，有湘潭县邓公、老屋及茶园3家煤矿的整合工作没有落实到位，且采矿许可证都已过期。湘潭锰矿的整治重点是，雨湖区政府以及相关部门要巩固2011年上半年整治非法开采的成果，加强对响塘乡响林等3家锰矿依法守界开采的监管。

【湘潭市湘江河道整治联合执法队成立】 2011年7月15日，湘潭市湘江河道采砂及经营秩序管理联合执法队正式挂牌，标志着湘潭市湘江河道城区段整治开始进入长效化管理阶段。从2010年11月起，市委、市政府整合水务、交通、公安等部门力量，对湘江湘潭城区段河道采砂实进行综合整治行动，取得了阶段性成果。截至目前，湘江湘潭城区段的102处砂场已缩减至8处，采砂船由过去的85艘减控至20艘，非法砂场和无证采砂船的处置工作已全面完成。同时，在开采范围设置了7个标段，其中有6个已成功出让，标段中的新砂石场正在积极建设中。为巩固综合整治成果，切实加强河道管理，市委市政府决定，从水务、交通、公安等部门抽调近20余人组成联合执法队。执法队的工作时间与此次河道采砂经营权出让时间一致，同为三年。执法队将保持对湘江湘潭城区段非法采砂的高压打击态势，依法维护湘江河道采砂和经营秩序，同时，还将按照湘江湘潭城区段河道整治和管理的模式，指导各县（市）区对涟水和涓水河道采砂进行集中整治。

【环保出重拳“治水”竹埠港9企业受罚】 进入8月份以来，本地降水量与2010年同期相比大幅减少，湘江湘潭段流量一度下降至600立方米/秒以下。为保证湘江低枯水位期饮用水安全，8月4日起，湘潭市环保系统在全市范围开展保水安全行动，市环保局重点检查和监管全市各类涉及重金属和化学有机物的工业企业，包括湘钢、竹埠港工业园、原蓝天集团以及湘锰地区的电解锰行业企业。各县（市）区环保局分别对各自辖区范围内工业企业进行执法排查。这次环保专项行动，全市共出动执法监察人员300余人次，排查重点企业90多家。竹埠港工业园是排查的重点区域，检测结果显示，该工业园被突击检查的26家企业中，有9家企业存在违规现象。从8月15日开始，市环保局陆续向存在违法、违规操作的单位下达处罚告知和环境违法行为改正通知。向湘潭海通颜料化学有限公司、湘潭华宏实业有限公司两家违规生产企业下达《强制关停预先告知书》，限其在8月26日前自行拆除生产设备，否则将申请市政府强制拆除。目前这两家企业已经停产，正在自拆设备；对湘潭市华莹精细化工有限公司（150基地）、湘潭陈氏精密化学有限公司、湖南汇通科技有限公司3家排污超标的企业进行立案查处，责令整改，并处以1至3万元不等的罚款；对湘潭电化科技股份有限公司、湘潭颜料化学有限公司、湖南湘大比德化工有限公司、湖南金环颜料有限责任公司等4家存在排污口不规范等问题的企业，作出限期治理的要求。市环保局负责人表示，这种排查将成为一种常态。下一步将在巩固对工业废水排放整治结果的基础上，扩大排查范围。重点是：开展对医疗废水的排查；加强对城市污水处理厂运行的监管；开展对农村畜禽行业的废水整治。

【湘潭市区两级环保联动 打出保水质“组合拳”】 进入8月份以来，湘潭市降水量与2010年同期相比大幅减少，湘江湘潭段水位持续走低。为保证湘江低枯水位期饮用水安全，市环保局制定了《2011年湘江湘潭段水环境综合整治工作方案》。《方案》对水环境综合整治工作重点明确三个方面。一是开展专项行动，由环保、水务、工商、交通运输、商务及城市两区分别牵头开展为期两个月的2011年湘江枯水期保水安全专项行动。二是公示政务内容，从8月开始公示湘江湘潭段入江排污口、排渍口情况和湘潭市湘江水质每月状况两项政务内容。三是落实整治工程，落实湘江及沿岸水体环境卫生整治工程、湘钢环境保护治理工程、城市截污管网完善工程。为落实好《方案》，2011年8月，市环保局开展了首次保水安全专项行动。随后，还将联合各相关部门，采取明察和暗访相结合，沿江巡查和突击检查相结合等多种措施，对企业的无证经营、超标排污和偷排乱排等违法行为，进行整顿治理甚至予以停产取缔。与此同时，各县（市）区环保部门也积极行动，分别在各自管辖范围内展开巡查活动。湘乡市环保局以保护涟水水系饮水安全为重点，在当地媒体上发布了《关于加强涟水河枯水期环境监管的紧急通知》，对辖区内涉及废水排放的33家重点企业进行全面监督，对翻江镇造纸厂的违法排污行为予以立案查处，并申请湘乡市人民政府实行强制停产。湘潭县环保局以辖区内“一江两水”沿岸排污企业和工业园区内企业为检查重点，对湘潭市众旺化工有限公司排水应急处理池作出限期整改要求。岳塘区环保局和韶山市环保局分别以加强日常监管、加大对饮用水水源地巡查频率的方式，对辖区内的化工企业、污水处理厂等重点单位进行严密排查和严格监管。雨湖区环保局对辖区内湘潭市宏发油脂有限公司、湘潭市宝庆路定点屠宰有限公司等企业不正常使用污染物处理设施、直排污水的行为予以立案查处。下阶段，环保部门将严格按照《方案》要求，继续开展保水安全专项行动，同时将对湘江湘潭段所有进入湘江的生活污水排污口、排渍口进行整体标识和公示，对全市具备入江排污口的工业企业，按照国家相关规范要求进行规范建设和明确标识。对湘江三个国控断面和三座水厂饮用水保护区水质状况，定期向社会公示，对我市三座水厂的供水水质状况，定期向社会公示。

【湘潭市召开湘江湘潭城区段河道采砂综合整治总结表彰大会】 2011年9月13日，湘潭市召开湘江湘潭城区段河道采砂综合整治总结表彰大会。会议回顾总结了全市湘江河道综合整治工作取得的成绩及经验，授予市水务局等40个单位“湘江河道采砂综合整治工作先进集体”称号，朱松林等100人“湘江河道采砂综合整治工作先进个人”称号。湘江湘潭城区段原有各类砂石场及建（构）筑物（以下简称“砂场”）92处，各类采砂船85艘，非法采砂现象严重，砂石经营混乱无序。针对这一情况，2010年10月底开始，市委、市政府组织开展了湘江湘潭城区段河道采砂综合整治行动，将其与党风廉政建设、打黑除恶、加强基层党组织建设相结合，按照“取缔非法、规范合法、打击违法，实现湘江河道采砂规范化管理”总目标要求，采用法律、纪检、行政和经济手段并用的方法，在开采范围设置了8个标段，设置8处砂石场，将湘江城区段河道采砂水域采砂船总数控制在20艘以内，并制定了一套行之有效的河道管理规章制度，从根本上遏止了湘江河道乱采乱挖、砂石非法经营现象。

【湘江两岸砂场一年减少94处 湘潭全力整治河道采砂乱象】 从2010年11月1日起，经过近1年的河道采砂整治，湘潭市湘江两岸砂场设置由过去的102处减少到8处，采砂船由过去的85艘减控到20艘，河道采砂乱象得到有效遏制。同时，新规划建成了4处砂场，另有4处在2011年11月底建成投产。

【易家湖整治工作湖体清淤及设保护区】 易家湖位于雨湖区昭潭乡和长城乡境内。近年来，随着城市化进程的加快，周边建筑林立，随之而来的污染让易家湖不堪重负。近段时间，易家湖的污染问题受到许多网友关注，也引起了市领导的高度重视。据悉，易家湖的整治工作已经在进行中，目前，已清运垃圾、杂草、淤泥达120吨，并于11月30日之前完成易家湖及其周边的垃圾清运工作。雨湖区政府还将在近期内出台易家湖整治工作方案，建立易家湖生态保护长效机制。

【湘潭有望设立湖南首个地市级“环保法庭”】 由湘潭市中级人民法院和市环保局相关人员共同撰写的《试

论湘潭市设立环境保护审判法庭的可行性》的报告，引起广泛关注。市中级人民法院相关负责人表示，该报告已呈报省高级人民法院，湘潭有望设立湖南省首个地市级“环保法庭”，专门审理环保案件。目前，湘潭市成立环保法庭各方面的条件已经成熟，有良好的设立环保法庭的基础，有充分的法律依据，具备环保人才和环保技术方面的优势，环保案件案源也相对充足。报告提出，设立的环保法庭可以按照“先试点、后铺开”的思路，先在市中级人民法院内设立一个与刑庭、民一庭、行政庭同级别的环境保护审判庭，再向县（市）区法院铺开。这一设想如果成为现实，将改变一些地区只在庭内名义上设合议庭的方式，成立省内首个真正意义上的“环保法庭”。该可行性报告引起了省高级人民法院、市中级人民法院，省市两级环保部门，以及湘潭市部分环保志愿者的关注。

【湘潭环保志愿者夜查企业偷排引省环保厅关注】 2011年12月8日晚8时20分，湘潭环保协会“夜莺行动”负责人、“湘江守望者”项目湘潭站负责人矛戈带领环保志愿者来到株洲霞湾港进行两小时一次的取样监测，并在株洲霞湾污水处理厂排放口处发现异常排放，该处排放的污水浓黑腥臭。志愿者将情况反映到株洲市环保局，请求其取样化验，进行调查处理。根据初步调查结果显示，此次异常排放是因企业偷排污水所致。12月11日，省环保厅环境监察总队派员来潭，与湘潭市环保协会共商严惩偷排者，保护母亲河，保障人民群众饮水安全。

【湘潭市召开调度会部署枯水期用水安全】 2011年12月20日，湘潭市再次召开枯水期安全用水调度会。湘潭目前供水基本正常、水质基本正常，但用水安全形势仍很严峻。会议强调，相关部门一定要落实好“坚决打赢湘江枯水期饮水安全保卫战”的要求，做到“两个确保”：确保城区居民生产生活用水，确保水质安全。环保、卫生、水文、气象等部门要继续加强监测监管，严格控制污水排放。

基础设施建设

【2011年湘潭交通建设将投入35亿元】 2011年1月16日，湘潭市交通运输工作会议传出信息，当年湘潭计划完成交通基础设施建设投资35亿元。这些投资将主要用于高速公路、城际对接路、干线公路、农村公路、港口码头建设等几个方面。“十二五”期内，全市交通运输基础设施建设总投资将达到“十一五”的3倍以上，突破230亿元。具体目标是：新建续建高速公路200公里、干线公路300公里、农村公路3000公里、城际快速路80公里、码头5个、站场5个。为使“十二五”交通运输建设开好头、迈好步，2011年全市计划完成交通基础设施建设投资35亿元，争取达到40亿元。

【昭山示范区白合大道项目开工】 2011年1月17日，昭山示范区又一重点基础设施项目—白合大道正式开工。白合大道位于昭山示范区中部，为东西向主干道，西接芙蓉大道与滨江大道，东接丰登路，全长7.5公里，等级为1级，设计时速为50公里，红线宽度为28米至50米，占地面积322亩，总投资约5亿元。大道经昭山风景区综合配套服务区，下穿京广铁路至文化创意产业区，上跨京港澳高速公路，下穿武广客运专线至百合森林公园，主要为旅游交通和沿线区域的客运交通服务。道路两侧用地以居住用地、办公用地和旅游用地为主。

【湘江风光带河东城区段景观工程开工】 2011年1月18日，湘潭湘江风光带河东城区段景观工程开工。这是湘江风光带的一个重要子项目，预计2011年9月底建成。河东城区段景观工程是湘潭湘江风光带的组成部分，其设计主题为“湘水一虹”。项目位于烧窑港与铁路桥之间，全长4公里，总设计面积为37.6万平方米，其中绿化面积为22.6万平方米，铺装面积为15万平方米，共分为“烧窑港虹滩地”、“新天水韵”、“红色新天地”、“炫舞时代”、“虹韵湘情”等5个景观区域。河东城区段景观工程总投资为1.8亿元，景观工程分为两个标段。经过公开招标，景观工程Ⅰ标、Ⅱ标分别由湖南金驰园林绿化有限公司和湖南柏加建筑园林有限公司以BT（建设—移交）方式承建，计划于2011年9月底竣工。

【湘潭市政府部署长韶娄高速征拆工作】 2011年1月19日，湘潭市政府召开会议，部署长韶娄高速公路征地拆迁协调工作。长韶娄高速公路湘潭段长50.161公里（含韶山支线6.411公里），途经韶山市永义、如意、杨林和湘乡市金石、金薮、翻江、壶天等乡镇，设韶山狮子山互通，湘乡团田、洪门塘、岐山互通。长韶娄高速公路设计为双向4车道，时速100公里/小时，路基宽26米。概算总投资为93.66亿元，其中湘潭段约34亿元。该项目需征用各类土地253.04公顷，计3795.60亩，拆迁房屋490栋，计153903.5平方米；搬迁各类杆线278处。

【湘潭召开重点项目推进誓师动员大会】 2011年3月4日，湘潭市委市政府召开全市重点项目推进誓师动员大会。会议提出，2011年湘潭的固定资产投资必须完成750亿元以上，其中年度安排的154个重点项目必须完成投资350亿元以上。完成既定目标任务，要突出抓好四个方面的重点：以项目建设推进新型城镇化；以项目建设推进产业发展；以项目建设促进基础设施改善；以项目建设促进民生和社会建设。会议就如何做好项目前期工作、筹资工作、征地拆迁工作，强化项目用地保障，优化建设环境，加大督促检查和奖惩力度作了安排部署。会议还表彰奖励了2010年度全市投资工作先进单位、先进个人以及固定资产投资目标管理先进单位。2011年度重点项目建设单位向市政府递交了目标责任状，高新区、雨湖区、市住建局、市城建投公司等4家项目责任单位负责人在会上作表态发言。

【湘潭县天易大道第三标段拓改工程开工】 2011年3月9日，湘潭天易大道拓改工程第三标段正式开工。天易大道在湘潭县境内全长6.8公里，是该县连接京港澳高速、对接株洲的交通要道，是天易示范区加速发展的“黄金大道”。整条路的拓展工程于2007年开始，设计标准定位为长株潭城市主干道，设计宽为100至120米，双向6车道，时速为每小时80公里。2010年6月，天易大道第一标段主车道基本建成。当年7月，第二标段启动建设。这次，天易示范区又启动了全长2.1公里、总投资1.6亿元的天易大道第三标段建设，预计年底将实现天易大道主车道通车。经此，由湘潭行政中心开车到武广高铁新株洲站只需15分钟左右。

【河东大堤五星机埠启动试车试水】 2011年3月15日，湘潭河东大堤五星机埠启动试车试水。河东大堤全长26.9公里，是湖南省的重点防洪堤垸。新五星排渍机埠位于河东大堤五星堤段湘钢焦化箱涵处，设计装机为640千瓦。建成后，将有效提升整个河东大堤堤垸防洪度汛功能，对保护湘钢等500多家重点企业的生产和湘潭河东地区数十万群众的生命财产安全起到重大作用。该区境内湘江岸线全长40.2公里，有一线防洪大堤两座，防汛责任大、任务重。目前，仰天湖王家晒撇洪渠月塘段滑坡及蒿塘涵洞的除险加固工程建设现已进入扫尾阶段，本月底可基本完工。该区正全面做好大堤沿线排渍机埠和涵洞的维修保养工作及大堤全线清障扫障工作，组织对地面进行铺砂平整，加强对大堤的巡视检查，以保证大堤安全通畅。

【长株潭城际铁路第一特大桥建设进展顺利】 2011年3月25日，长株潭城际铁路湘潭湘江特大桥荷塘梁场段施工现场，建设者们正在绑扎钢筋、安装墩身模板。该特大桥共设358个桥墩，其中跨越湘江的水中墩有10个。目前，已完成桥桩基147根、承台4个、墩身4个，水中墩建设也在同步建设，整个工程正在按计划推进。

【铁牛埠港区二期项目建设顺利推进】 2011年3月，铁牛埠港区二期项目建设工地机器轰鸣，一派热火朝天的作业场面。为抢在汛期到来前完成港口水下部分300根桩基的建设任务，施工人员正加班加点作业。目前，港区二期项目水下桩基部分已进入扫尾阶段。铁牛埠港区二期项目选址在湘江北岸二大桥上游700米处，项目总投资达2亿元，建设两个2000吨级泊位，岸线全长280米，总占地面积9.4万平方米，是湘江航道最大的码头。

【湘江风光带湘潭段建设有序进行】 2011年4月9日，湘潭河东沿江大堤边上，绵绵春雨中，挖机和压路机一起配合平整路基。为按质按量完成建设任务，湘江风光带施工单位正抓紧施工。湘潭河东湘江风光带中心城区段起于上瑞高速竹埠港公路桥下，止于湘江一大桥上游800米处，全长11.4公里，工程分堤防土建、近郊段道路、近郊段绿化及中心城区段道路等七个项目。目前，近郊段7.4公里道路工程、中心城区段第一标段道路工程，已进入扫尾阶段。近郊段绿化工程已于2010年12月开工建设，计划2011年6月完工。中心城区段第二标段分别计划2011年6月底前全部完工，中心城区段景观建设计划2011年9月底前全部完工。

【"十二五"经适房重点保障城镇困难居民户】 "十二五"期间，湘潭将建设经济适用房40万平方米以上，保障重点将转向以城市住房困难的纯居民户为主。"十二五"期间，湘潭将建设经济适用房40万平方米以上，保障重点将转向城镇低收入住房困难家庭。据有关负责人介绍，结合旧城改造、棚户区改造，经适房的保障面，覆盖了河西、河东城市区，县级市，以及远离市区的工矿区。下一步，湘潭将抓好经济适用住房小区美化、绿化、亮化，促进城市居民的居住条件的改善。

【湘潭境内两条国道顺利通过国检】 2011年4月28日，交通运输部国省干线检查验收组对湘潭境内G107昭山九曲黄河至板摄路口段16.23公里进行检查验收，通过现场检测察看，检查组对路况和路容、路貌表示满意，至此，湘潭境内两条国道均顺利通过国检。为迎接此次国检，湘潭公路部门自2008年起，投入6500多万元，对G107损毁比较严重的近30公里路段进行了大修，其余损毁较轻的路段也进行了中修换板处理，使2008年受冰灾及其他因素影响破损的路面得以修复，路况大为改善。湘潭县吴家港以北至昭山九曲黄河段则先后变为了城市道路，分别由湘潭县、岳塘区、高新区、昭山示范区养护管理，路况和路容路貌均保持较好，在此次迎检中，相关县（区）分别对辖区内的路段按国检标准进行了整治和养护，昭山示范区更是投入近10万元对九曲黄河段路边的垃圾及路容路貌进行了突击整治，为全线检查合格提供了保证。

【河西滨江风光带建设及棚改项目征收工作全面推进】 2011年5月5至6日，雨湖区河西滨江风光带建设及棚户区改造项目房屋征收指挥部会议室里，指挥部、城正街街道以及所辖社区负责征收的全体工作人员共计186人接受培训，学习征收政策、法律法规和工作纪律。从2011年3月开始，河西滨江风光带建设及棚户区改造项目的房屋征收责任主体，已经由湘潭市棚改公司变更为雨湖区政府。为完成好这项艰巨的任务，雨湖区政府成立了雨湖区河西滨江风光带建设及棚户区改造项目房屋征收指挥部。2011年的房屋征收主要任务是三桥至大埠桥之间滨江风光带1、2、3标段，滨湖东郡2号安置区及湖湘名郡1号区域1片区总计41万余平米，其中包括私产1842户，19万余平米；直管公房933户，5万余平米；企事业单位19家，17余万平米。截至目前，指挥部已完成房屋征收面积16072.88平方米，其中私产42户，3547.63平米；单位产1家，3025.25平米；直管公房解除租赁合同169户，9500平米。5月7日，指挥部将召开推进大会，征收工作将全面加速推进。

【湘潭聘请专家监督湘江风光带建设质量】 2011年5月6日，湘江风光带河东城区段项目指挥部向朱培立等5位专家和社会知名人士颁发聘书，聘请5人为湘江风光带河东城区段建设质量监督员。此次项目指挥部聘请专家监督质量，目的是在强化内部质量监控的基础上，从外部为工程质量监控再加一道保险。在施工期间，专家组将采用集体行动与单独行动的方式，定期或不定期地对工程质量实行全过程监督。

【长韶娄高速湘潭段征拆工作启动】 2011年5月9日，湘潭市高速公路建设协调指挥部与湖南长韶娄高速公路有限公司签订征地拆迁委托承包协议。根据协议，长韶娄高速公路湘潭段的征拆工作将由湘潭承担。长韶娄高速公路是湖南省"3+5"城市群交通网络的重要组成部分，是横贯湖南省中部地区的交通"大动脉"。这条高速公路的建设对促进我省中部地区经济发展，整合红色旅游资源，提高区域交通区位优势，推进"四化两型"建设均具有重要意义。长韶娄高速公路湘潭段主线长43.1千米，涉及韶山市的杨林和湘乡市的金石、金薮、翻江、壶天等5个乡镇。韶山支线（长韶娄底高速公路与湘潭至韶山高速连接线）长6.41千米，贯通韶山市如意、永义2个乡镇。整个湘潭段建设需新征收土地4169.94亩，拆迁房屋490栋。

【湘潭与省公路投签订战略合作协议】 2011年5月

9 日，湘潭市人民政府与湖南省公路建设投资有限公司战略合作框架协议签字仪式在盘龙山庄大酒店举行。根据协议，双方在遵循平等自愿、互利共赢的基础上，依据国家相关的法律、法规和政策开展战略合作。湘潭可通过湖南省公路建设投资有限公司这一融资平台，进行公路建设项目融资和城市基础设施建设项目融资，并与对方开展土地开发经营、公路相关产业开发等方面的合作。这一战略合作协议的签订，将对加快湘潭交通基础设施建设步伐、缓解资金紧缺的矛盾、拓宽交通基础设施建设投融资平台具有深远的意义。

【投资 5000 万元 迅达集团科研大楼揭牌】 2011 年 5 月 28 日，湖南迅达科技集团科研大楼“尚魁楼”在迅达科技园举行盛大的揭牌典礼。楼地处湘潭高新区迅达科技园，总投资 5000 万元，建筑面积 9800 平方米，集产品研发设计、实验、检测于一体。配置有价值近千万的先进的燃气具检测仪器设备，拥有全自动化的城市燃气配气系统、燃气成分气相色谱分析实验室、燃气灶具实验室、燃气快速热水器实验室、燃气用具零部件实验室、新能源产品实验室等十五间各类检测实验室。同时还拥有高素质的专业技术、检验和管理人员。这座大楼的建成，标志着迅达科技集团在自主创新上又迈出一大步。

【湘潭 9 条道路提质改造前期工作稳步推进】 2011 年 6 月 3 日，从湘潭市道路提质改造工程建设指挥部获悉，2011 年投入 1.1 亿元改造的宝庆路等 9 条道路，施工设计、招投标等前期工作正稳步快速推进。按照市委、市政府统一部署，2011 年要对宝庆路、迎宾路、解放南路、车站路、潭下路、书院东（西）路、吉安路、河东大道（板摄路口至建鑫广场段北侧）、北二环路等 9 条道路进行提质改造。其中，北二环路按城市快速路要求，2011 年完成前期工作，其余 8 条道路在 7 月将全部开工，11 月底全面竣工。为打造质量样板工程和廉洁示范工程，责任单位湘潭市住建和城乡建设局成立了局长挂帅、两名副局长分工负责的指挥班子，构建了工程、财务、质安、招标、造价、宣传、监察、协调各部各司其职的工作班子，建立了每周一调度的推进机制。指挥部负责人表示，将吸全员之智，科学设计，狠抓质量，强化监管，打造百姓放心示范路。

【“十二五”湘潭将新建保障性住房近 90 万平方】 2011 年 7 月 22 日，《湘潭市“十二五”保障性住房用地布局规划》通过专家评审。“十一五”期间，湘潭市采用货币补贴和实物配租相结合的方式，累计为 11980 户低收入家庭提供了住房保障救助，同时新建、改建廉租房 34 万平方米，经济适用庐 43 万平方米，有效地解决了部分城市中低以入人群的住房问题。“十二五”期间，预计市中心城区将建设廉租房 36.5 万平方米，公共租赁房约 7 万平方米，经济适用房约 44 万平方米，估计用地总量约 40 公顷。为解决过去保障性住房用地布局分散，与城市总体发展布局不协调，配套设施不完善，土地利用率低等问题。

【东方红南广场即将进入全面建设阶段】 作为湘潭市“十二五”重点建设项目的东方红南广场，各项基础工作已基本完成，即将进入全面建设阶段。东方红南广场占地 464.6 亩，将规划建设成集商业、商务、商住于一体的全市最高品质城市综合体，届时将成为湘潭市的一张城市新名片。项目已确定与苏州吴地企业进行合作，已于 4 月 28 日签订了东方红南广场开发建设合作合同。目前，项目征地拆迁工作进展较顺利，其中，宝塔街道云峰村、新造村和长塘村已征拆完毕，剩下的霞城农场预计 9 月底可征地拆迁到位。项目涉及的电力系统建设工作主要包括中心变电站和新野鸭坡变电站建设，以及华力通、高管所搬迁重建三个部分。中心变电站现已完成规划国土手续办理、征拆和设计方案，已进入开工建设阶段。配套电缆隧道工程、新野鸭坡变电站建设将分别于 8 月和 11 月开工；华力通、高管所搬迁重建计划 9 月动工。

【湘江风光带昭山段景观工程开工建设】 2011 年 7 月 10 日，湘江风光带昭山段沿岸彩旗飞扬，锣鼓声天，伴随着隆隆的机器作业声和噼啪的礼炮声，位于昭山示范区境内的湘江风光带景观工程项目正式开工建设。项目为期四个月，预计年底竣工。湘江风光带昭山段作为世行贷款湖南城市发展项目的子项目之一，全长 6.15 公里，总投资 2.1125 亿元，始于易家湾码头，经金江堤、仰天湖大堤，止于上瑞高速竹埠港大桥桥跨。该项目集防洪、交通、景观、休闲于一体，主要建设内容包括防洪土建工程、道路工程、景观工程。其中防洪土建工程和道路工程已于 2010 年年底前顺利竣工。开工建设的景观工程将会栽种乔木约 2330 株、灌木约 72.09 万株、铺种马尼拉草约 16 万平方米，修建园路面积约 0.96 万平方米，除此之外还将建设相应的景观喷灌设施及配套的公共设施等，力争打造一条景观优美、生态文明、设施完善、独具特色的绿色滨江走廊。景观工程的建成将极大地完善昭山居民的人居环境，对于推进河东地区的城市化进程，提升河东地区的城市品位，实现经济社会发展和人民群众安居乐业将起到重要的推动作用。

【湘潭火车站计划 2012 年春节前通车】 湘潭火车站改扩建工程自 2009 年 11 月正式开工以来，工程建设进展顺利。湘潭火车站计划 2012 年春节前实现通车。改扩建以后的湘潭火车站由原来的 3 站台 8 股道扩改为 5 站台 13 股道，增设 8 趟始发列车，新设 2 列城际轻轨。打通、拓宽东西两个涵洞，建设 5 万平方米广场，建设 2 万平方米站房，新建 3.8 万平方米无站台柱雨棚及 8 米宽旅客进出站地道各一座，新建一个客车整备场。

【“百日大会战”助推湘潭重点项目建设】 2011 年 8 月 16 日，湘潭市房产局召开重点项目建设“百日大会战”暨贯彻执行《廉政准则》动员大会，会议重点对我市保障性住房和河西滨江风光带及棚户区改造进行相关部署。活动从 8 月 10 日持续到 11 月 20 日，集中一百天的时间组织开展重点项目建设大会战，着力破解项目建设和管理过程中的瓶颈问题，促进项目建设快速推进。到 11 月 20 日，各项目责任单位确保重点建设项目达到进度要求，力争全面实现年度绩效考核工作目标和市重点工程项目考核目标。会议要求，2011 年 8 月 10 日至 11 月 20 日，2011 年市廉租房和公租房建设项目在 9 月底要全面开工建设，年底主体竣工 60% 以上；欣园达经济适用房要完成主体一层以上建设。河西滨江风光带及棚户区改造房屋拆迁（征收）完成 9.8 万平方米（全年完成房屋拆迁征收 20 万平方米，新启动 12 万平方米房屋征收）；完成投资 2.2 亿元

（全年完成投资 5.5 亿元）。

【湘潭市第二批农村危房改造启动】 湘潭市农村危房改造和农村特困建房均采取“政府补助一点，农户自筹一点，社会捐助一点”的方法多渠道筹集资金。其中，危房改造原则上按照 3000 元至 10000 元/户标准进行补助，特困建房原则上按照 2 万元/户（面积不超过 60 平方米）的标准给予补助。2011 年 5 月，湘潭市启动了第一批农村危房改造和农村特困建房任务，经过摸底调查、逐户核实及名单公示，2200 户农村危房改造和 100 户农村特困建房中，除九华示范区星砂村有一户不符合要求外，2011 年 7 月均已进入施工阶段，有的区县特困户已搬入新居。

【湘潭一大桥桥涵改造 交通管制四个月】 2011 年 8 月 5 日至 12 月 5 日，因河东沿江风光带建设，需对湘潭一大桥河东桥涵进行重建改造，对一大桥实行为期四个月的交通管制。湘江风光带是省委、省政府推进“四化两型”，加快“四个湖南”建设的重大项目，是湘潭大力推进“两型社会”建设、实现“两个率先”目标的重点工程。湘江风光带河东城区段工程是湘潭市重点工程，是湖南省、湘潭市重点推进和督办的重大民生项目。湘潭市两型办作为湘潭湘江风光带建设综合协调部门，为了确保湘江风光带河东城区段于 2011 年 12 月底完成全部建设工作目标，按照规划河东城区段将穿过湘潭一大桥，需对一大桥桥涵进行改造。一大桥桥涵建于 1959 年，1962 年通车，使用年限已超过 50 年，由于长期超负荷运行，经省市专家鉴定，一大桥桥涵已成危桥，急需改造重建，经市委、市政府研究，决定对一大桥桥涵进行整体拆除重建，重建期间为确保安全，需对经过一大桥的各类车辆进行交通管制。此次交通管制从 8 月 5 日至 12 月 5 日，为期四个月，时间为每天 6：00 至 23：00。具体管制措施是在桥涵施工期间一大桥实行单向交通管制，即从河西往河东方向按原规则通行，从河东往河西方向只允许公交车、的士、执行紧急任务的车辆、二轮摩托车、非机动车通过一大桥。原需从河东往河西通行该路段的其他车辆一律从三大桥和莲城大桥（四大桥）绕道行驶。在一大桥桥涵施工交通管制期间，本市 7 座以下（含 7 座）的小型客车可免费通行莲城大桥。

【“气化湖南”工程在昭山启动】 2011 年 9 月 8 日，仰天湖畔彩旗招展，“气化湖南”工程启动暨湘潭—娄底—邵阳天然气管道开工仪式在湘潭市昭山示范区隆重举行。湖南省和中石油密切合作，中石油将湖南列入重要能源战略基地，将在“十二五”期间不断增加天然气供应量，共同推进“气化湖南”工程建设，为湖南经济社会快速发展提供有力的能源保障。根据双方共同编制的《湖南省天然气利用发展规划》，“十二五”期间，中石油将依托已建的忠武输气管道潜江—湘潭支干线、西气东输二线樟树—湘潭支干线，加快建设纵贯湖南全景的西气东输三线、中卫—贵州—湖南天然气支干线工程，配套建设一批湖南省内支干线管道和城市燃气项目，基本实现“气化湖南”工程目标。这次开工建设的湘潭—娄底—邵阳天然气管道为西气东输二线管道支线，是“气化湖南”首条建设的天然气管道。管道起自西气东输二线江西樟树—湖南湘潭联络线的湘潭末站，向西途经湘潭市、湘潭县、韶山市、湘乡市、娄底市、涟源市、新邵市等 7 个县市，止于邵阳市邵阳末站，共设置九华分输站、湘韶分输站、娄底分输站、涟源分输站及邵阳末站等 5 座工艺站场，设置线路阀室 7 座。该工程总投资 8.5 亿元，全长 213 公里，设计管径 508 毫米，设计压力 6.3 兆帕，设计输量 4.83 亿立方米/年，实际输气能力为 17 亿立方米/年，预计 2012 年 9 月底达到投产条件。管线建成投产后，可为沿线 7 个县（市）供气，气化人口可达 1300 万人。目前，相关工作顺利推进。

【湘潭两年内完成现有五类危桥改造】 2011 年 9 月 23 日，湘潭市召开交通运输系统安全生产暨危桥渡改桥改造工作会议，安排部署交通运输安全生产工作和全市危桥改造、渡改桥工作，2011、2012 年全部完成现有五类危桥的改造，动员全市交通运输系统迅速行动起来，全力以赴抓生产、保安全，坚决杜绝重大安全事故。据悉，2011 年 1 至 9 月，湘潭市运输道路行车责任事故率、责任事故死亡率、责任事故伤人率与 2010 年同期基本持平。但 2011 年来湘潭市水上交通安全事故频发，事故件数、死亡人数、经济损失三项指数大幅上升，成为交通运输安全生产领域的事故高发区。同时，湘潭市目前纳入危桥项目库的桥梁共有 110 座，其中五类危桥就达 25 座；另有渡口改造及渡改桥项目 106 个，形势非常严峻，改造工作刻不容缓。针对这一现状，湘潭市交通部门决定：两年内，全部完成现有五类危桥的改造；从 2013 至 2015 年完成现有四类危桥和新增的四类、五类危桥的改造。渡口改造和渡改桥方面，视部省资金规模及各级政府财力情况完成排序在前的一、二、三类渡口的改造。截至目前，湘潭市已完成危桥改造 6 座（584.1 延米），共完成投资 1852.2 万元；完成渡口改造 5 处，渡改桥 23 座（1507 延米），共完成投资 3150 万元。

【九华 15 亿打造沿江风光带】 不出两三年，从九华去长沙又将多一条快捷便利之道。10 月 26 日，九华示范区湘江流域防洪、道路、景观工程正式开工建设。工程建成后，将成为九华示范区对接“大长沙”的骨干通道。九华示范区湘江流域防洪、道路、景观工程项目，由湖南发展投资集团有限公司投资 15.3 亿元，以 BT 方式建设完成。项目北接长沙湘江风光带，南至隆平高科二期项目用地，全长约 18 公里，是九华示范区路网骨架中的景观工程主干道。项目内容包含防洪堤工程、道路工程及风光带景观工程三部分。防洪堤工程、道路工程工期为 30 个月，风光带景观工程工期则为三年。

【保电厂安全发电 湘江古桑洲河道治理工程 11 月完工】 湘江古桑洲段河道治理应急工程，是为确保湘潭电厂安全生产，保障市民正常用电的惠民工程。2011 年 7 月以来，湘江提前进入枯水期，水位持续下降，导致湘潭电厂发电循环水取水困难，造成水泵汽蚀、管道振动、机组背压增高，严重影响了机组安全运行。8 月 25 日，省政府办公厅主持召开会议，研究大唐湘潭发电有限责任公司关于湘江古桑洲航道疏浚的请求。9 月份确定了从湘江古桑洲右叉河床入口开挖一条导流渠，增加枯水时期水流量的湘江古桑洲段河道治理应急工程，以确保下游的湘潭发电公司循环冷却水水源，保障发电机组安全运行，保障 2011

年迎峰度冬用电需求。截至目前，湘江古桑洲河道治理工程的基坑爆破工作已完成，工程预计11月底完工。

【湘潭市新增一批环卫设施设备】 2011年12月7日，湘潭市在东方红广场举行了湘潭市城市管理环卫设施设备发放仪式。为了进一步提升市容整洁度，完善城市基础卫生设施，市政府加大投入，一共购置7台8吨高压洗扫车和3000只果皮桶用于城市管理。雨湖、岳塘各3台、昭山示范区1台。果皮桶将按标准安装在主次干道，方便路人投放果皮纸屑。12月22日，市环卫处组织雨湖、岳塘环卫所一起对全市49条主次干道新设置的3000个果皮筒的质量、安装进行了验收，市考核办、市内各新闻媒体参加了验收会。验收会上，两区环卫所对此次果皮桶的质量与安装工作表示满意，并对果皮桶的一些部件提出了改进建议。对此，厂家表示一定会加强对果皮桶的研发，生产出更好、更满意的货品，此次货品售后的易损物件（如弹簧、锁具）将无偿提供。在生产厂家、两区环卫所和市环卫处的努力工作下，这批果皮桶的安装仅用10天时间，提前完成任务。

【板塘六号路（西段）开工建设】 2011年12月18日，湘潭市重点工程——板塘六号路（西段）正式开工建设。板塘六号路（西段）项目位于岳塘区荷塘乡，西起河东大堤，东至芙蓉大道，途径双埠村、滴水村，道路全长1.076公里，路幅宽度30米，为双向4车道，设计行车时速为50公里，总投资1.13亿元，其中工程建设投资2359.67万元。目前该项目已完成立项、施工图设计和各项前期报批手续，资金已落实到位，征地拆迁正在扫尾，施工、监理人员已进驻现场。板塘六号路（西段）春节前将完成道路清淤清表和路基土方回填，预计2012年上半年全面建成通车。板塘六号路（西段）是落实长株潭城市群区域规划和湘潭市总体规划而修建的一条城市次干道。它的建成通车，对于完善湘潭市城市路网结构，改善河东地区城市面貌，优化投资环境，提高城市品位，拉动区域经济发展具有重要的意义。

【湘潭396户低收入家庭入住廉租房】 2011年12月29日，高岭路原食品机械厂内鞭炮齐鸣，锣鼓喧天，钢城廉租公寓一期入住仪式在这里举行，396户低收入家庭在元旦节前喜获新居。钢城廉租房一期住宅小区占地24亩，总建筑面积19880.5平方米，共有5栋396套住房。2011年我市通过集中新建、收购、租赁等方式共开工廉租住房3525套，为省实事年度目标的207.35%；竣工廉租住房3805套，为省实事年度目标的223.82%。廉租住房的开工率、竣工率均在全省名列前茅，全面超额完成省委、省政府下达的年度目标任务。

【湘潭将投入20亿元建设12个重点人防项目】 “十二五”期间，湘潭市将加大人防工程建设力度，在新的城市规划区、人流聚集区、交通拥堵地段等战略节点和部位，建设12个重点人防工程项目，力争完成建设投资20亿元，实现人防建设与城市建设、应急管理、保障和改善民生3个方面的融合。“十一五”期间，湘潭市各级人防部门以军事斗争准备为引领，以融入服务经济社会发展为主线，重点加强战备建设、工程建设管理、宣传教育、社会动员和队伍建设，目前，各项工作均取得显著成效。2010年10月，湘潭市首次荣获“全国人民防空先进城市”荣誉称号。未来5年，湘潭人防工作处于加快发展的战略机遇期，将重点建设12个人防项目。其中，河西商务区平战结合人防工程（地下商城）项目，已完成调查论证、招商考察、立项可研、初步设计等，将于近期开工；市级新型人防疏散基地建设也将在2012年启动。

【湘潭市养老康复中心老年养护楼破土动工】 湘潭市养老康复中心是一个集老年疾病防治、身体康复、养生保健、休闲娱乐于一体的综合性老年服务中心，被列为市重点工程。该中心的申报和建设工作，得到了部、省、市各级领导的高度重视。此次开工建设的老年养护楼是养老康复中心的一期工程，总投资8000万元，高12层，开设床位450个，主要为患病及生活不能自理的老人提供医疗养护服务。养老康复中心二期工程为建设约1000套国际一流水平的老年公寓，主要为生活能够自理或基本能够自理的老年人服务。据统计，到2009年底，湘潭市60岁以上的老年人已达到45.8万人，占总人口的15.8%。预计到2030年，全市老年人口总数将超过100万人，老龄化达到20%。市民政局相关负责人说，为了让老年人享受更加优质的服务，老年养护楼在细节设计上引入智能化，如为老人佩戴感应卡，当老人进入养护楼的中心电梯后，电梯内的视频窗口将自动闪现老人头像，提示其居住楼层，为失忆老人提供方便。

【湘潭最高“钢楼”九华创新创业大楼封顶】 高82.4米的湘潭最高“钢楼”——九华创新创业大楼于12月10日胜利封顶。九华创新创业大楼地上20层、地下一层，高82.4米，总建筑面积68236平方米，大楼主体采用全钢结构，由省内钢构行业领军企业——金海钢构负责设计和安装。大楼建成后，这里将成为九华入园企业的服务中心和产业孵化中心，不仅省内最大的物联网将尽早入驻，还将与兴业太阳能一起打造世界最大的屋顶太阳能发电站。

城镇规划建设

【湘潭未来五年建“一环四桥六通道”拓宽城市框架】 2011年1月7日，湘潭市第十三届人民代表大会第四次会议在盘龙山庄大会堂开幕。《湘潭市国民经济和社会发展第十二个五年规划（草案）》（下称草案），是本届会议上众人瞩目的焦点。草案包括10章99条，主要包括现实基础和发展环境、发展目标、主要任务、保障措施等四个方面的内容。目前，与会的湘潭市人大代表正在对该草案进行分组讨论，该草案尚需经过湘潭市十三届人大四次会议的审查和批准。草案提出，湘潭市“十二五”发展的总体目标为：着力构建创新驱动的两型产业体系、功能完善的新型城镇体系、内外畅达的综合交通体系、城乡统筹的社会保障体系、基本均等的公共服务体系、优美宜居的生态环境体系等“六大体系”，力争通过5年的努力，把湘潭市建设成为生态宜居型现代工业新城和国际化的文化旅游名城。为确保“十二五”投资年均增长20%，五年投资总规模达到5500亿元。其中，将通过建设“一环四桥六通道”拓宽城市框架：“一环”即贯通城市二环。“四桥”即五大桥、杨梅洲大桥、昭华大桥、下摄司大桥。“六条城际快速通道”即向北接长沙的伏林大道和九华大道延长线；向东对接株洲的天易路、铜板路、武广客运株洲站至沪昆客运韶山站连接线；向西建设湘潭中心城区到湘乡城区的城际快速干道。通过建设“通江达环”道路，打通城市交通瓶颈，近期重点打通六条通江干线和五条达环通道。在2011年，湘潭市政府仍将继续为民办好十件实事，包括新建廉租住房10万平方米；继续实施农村已婚妇女妇女病免费普查，普查20万人；完成170个行政村电网改造任务；资助解决100户农村特困户住房困难等。

【湘潭2011年新建2490套廉租房】 湘潭市房产管理局公布了“十二五”住房保障规划，未来五年，湘潭市计划新建廉租房8304套，新建公租房1600套。其中，2011年湘潭市将投资约2.1亿元，建设2490套廉租住房。“十二五”期间，湘潭市计划新增廉租住房租赁补贴发放6850户，新建廉租住房8304套，约41.5万平方米；新建公共租赁住房1600套，约10万平方米；完成集中成片棚户区改造300万平方米，惠及10万人。

【湘潭“三农”工作将实施“2211”工程】 2011年1月25日，从2010年度湘潭农村工作总结会上获悉，从2011年开始，湘潭将大力实施“2211”工程，为“十二五”期间的“三农”发展打造良好开局。湘潭市领导万启林、刘建业、杨雄赳出席会议。“2211”工程具体是指在确保粮食产能建设增强的基础上，着力打造107国道和320国道两条百里现代农业走廊，做大做强都市农业和生猪产业两大支柱产业，确保农民收入翻一番，在全省率先实现城乡一体化。在2011年及“十二五”的工作中，湘潭将通过继续实施新农村建设“双百工程”，调整农业产业结构，延伸产业链，统筹城乡发展等措施，扎实推进“2211”工程建设，为“三农”工作的开展注入活力。

【湘潭将在福星片区建现代金融商务区】 2011年2月28日，从湘潭市金融机构金融管理与服务工作会议上了解到，湘潭将在福星片区打造一个金融商务区。福星片区指河东大道以北、宝塔北路以东、板五路以西、湘江以南的区域，总体规划面积约4平方公里。这里紧邻湘潭市政中心区，处于高新、九华两大示范区之间，到长沙、株洲均在30分钟车程内。选址福星片区建设现代金融商务区，让金融机构和企业在此集聚发展，将有效覆盖湘潭全境，辐射长株潭地区，与长沙、株洲金融街区、CBD形成功能互补、协同发展的格局。

【湘潭将筹资百亿建五大民生工程】 未来五年，湘潭市民政部门计划筹措资金100个亿以上，建设五大方面上百个民生工程。这是湘潭市在“十二五”开局之年抛出的首份民生工程清单。“十二五”期间，湘潭市将重点抓好农村安居、惠老、社会福利、殡葬改革、革命烈士纪念五大工程，以加快民政公共服务设施建设，提高服务民生的能力和水平。“农村安居工程”要继续帮助一批无房或住严重危房的农村五保户、低保户、重点优抚对象建好住房。计划用5到10年的时间，采取农户自筹为主、政府扶持为辅、社会各方支持的资金筹措机制，对上述一万多户住房困难群众的住房进行新建或改建。“惠老工程”将加快农村乡镇敬老院、村级五保之家建设，力争全市农村五保集中供养率超过20%，新建、改建和扩建乡镇街道敬老院30所。培育和发展社区养老服务组织和中介组织，建立社区养老服务中心，重点抓好包括康复中心、养老中心、养生园在内的三大养老工程。“社会福利工程”将新建一批公共福利设施项目。2011年，湘潭县、湘乡和韶山市集养老院、儿童福利院和救助站为一体的“三院合一”福利中心项目将全部动工。“十二五”期间，湘潭县、湘乡市还将计划各新建一所救助管理站。“殡葬改革工程”计划对市殡仪馆进行提质改造，此外，还将按照“政府主导、市场参与”的原则，引进投资公司对部分园陵进行改扩建。以项目建设为引领，推进殡葬设施现代化，切实保障群众基本殡葬权益。“革命烈士纪念工程”将以建党90周年为契机，增加投入，对市烈士陵园进行改扩建，并争取将其与韶山烈士陵园一起纳入国家重点建设项目，纳入城市建设规划。

【湘潭2011年将新增廉租住房2810套】 2011年3月2日，从湘潭市房产局召开的2011年工作会议上获悉，2011年湘潭将进一步加大保障性住房建设力度，加快廉租住房建设进度，同时探索多形式、多元化、多结构的公租房建设模式，加强市场监管，促进房地产市场平稳健康发展。2011年，湘潭将加快廉租住房建设进度，计划新增解决城市低收入家庭住房困难3500户，其中新增廉租住房2810套，租赁补贴700户，新建廉租住房12万平方米；计划开展棚户区改造项目20个，拟投资26亿元，惠及8039户，2.4万人；计划着力解决新就业人员和进城务工人员住房困难问题，新增公共租赁住房600套（间）。

【湘潭斥资四千万编制城乡规划】 2011年，湘潭将斥资4260万元投入规划工作，年内将完成《历史文化名城建设规划》等一批重大规划项目。2010年2月5日，《湘潭市城市总体规划》获国务院批准，成为长株潭三市中首个通过国务院批准的符合“两型”要求的城市总体规划，使湘潭城市规划工作居全省前列。根据市委、市政府的决策和“十二五”发展计划的要求，2011年湘潭将完成《高新区总体规划》、《雨湖新城发展规划》、《湘潭市铁路建设规划》等一系列重大规划项目的编制工作。这些项目是对《湘潭市城市总体规划》的细化，使规划更具可操作性。在完成上述规划编制工作的基础上，2011年规划部门还将完成《高新技术产业园控制性详细规划》、《火车站南片区控制性详细规划》、《羊牯赤马片大学城控制性详细规划》、《河东新城片区控制性详细规划》、《九华滨江新城片区控制性详细规划》、《昭山仰天湖片区控制性详细规划》、《城际站周边地区控制性详细规划》等控制性详细规划的编制工作；完成《地下管网综合规划》、《湘潭市教育布点规划》、《湘潭市绿地系统规划》等专项规划配套以及城乡一体化规划；完成110平方公里主城区乡镇规划和《风光带详细规划汇总》的编制工作。

【湘潭第三批新农村建设“双百工程”启动】 从湘潭市委农村工作会议上获悉，湘潭市将继续实施“百村示范工程”和“百村帮扶工程”，这是湘潭实施的第三批新农村建设“双百工程”。2011至2013年，全市共选定100个示范村和200个帮扶村进行办点示范，统筹推进示范片建设，打造新农村建设的亮点和精品。2011年，全市新农村建设将按照“抓两头，带中间”的方式，继续实行“领导办点，机关、企业帮扶，干部下村，社会共建”的办点模式。市、县两级党委、人大、政府、政协领导班子成员分别到100个示范村办点，以加强对新农村建设的领导。每个县（市）区也将集中力量，加大投入，统筹规划，打造1至2个示范片亮点。同时认真搞好帮扶村建设，切实解决落后地区和贫困人口的民生问题，推动农村社会的和谐发展，建设产业发达、生活富裕、环境优美、乡风文明的社会主义新农村。

【“1162”工程开启“智慧湘潭”时代】 在湘潭的“十二五”规划中，建设“智慧湘潭”被提上了议事日程。“1162”工程将开启“智慧湘潭”新时代，“智慧生活”与市民越来越近。湘潭的《“智慧湘潭”建设发展规划（2011——2020）》和《“智慧湘潭”实施方案》均已出炉。“十二五”确定的“1162”工程，具体包括：一个基础网络基地；一个平台（九华物联网基地）；六个示范工程；2015年信息产业产值达200亿元。其中，在基础网络基地建设上，湘潭城市光网将实现在城区100M全覆盖，乡镇20M全覆盖和建制村8M全覆盖。并打造无线城市，做到乡镇及以上地区实现3G网络全覆盖。6个示范工程分别涉及智慧民生、智慧政务、智慧交通、智慧环保、智慧物流和智慧城管。按照湘潭规划，“智慧湘潭”建设将在5年内打好基本框架，使湘潭在这一领域处于全省第一方阵。

【《湘潭市现代商贸物流发展规划（2011—2020）》编制工作启动】 2011年3月14日，湘潭召开《湘潭市现代商贸物流发展规划（2011—2020）》项目开题会，这标志着该规划的编制工作正式启动，同时也意味着湘潭向着“打造现代商贸物流千亿产业”的目标又迈出了一大步。商贸物流产业是引领湘潭下一轮经济发展的主导产业之一。湘潭市委、市政府明确提出，到2015年，要将商贸物流产业打造成为湘潭第二个主营业收入过千亿元的战略产业。深入思考湘潭在长株潭现代商贸物流业发展中的战略定位和选择，促进三产业比重、社会消费品零售总额快速增长，实现以商贸促物流，以物流带商贸，从而推动湘潭经济发展的终极目标，编制《现代商贸物流发展规划（2011—2020）》，意义十分重大。为编制好该规划，湘潭面向全国招标，北京中物联物流规划研究院课题组最终中标。在基本构想中，规划分为近期（2011—2013年）、中期（2013—2015年）和远期（2015—2020年），规划范围是湘潭市整个市域范围，其中以国务院批复的1069平方公里城市规划区为重点。规划目标是：全市现代商贸物流业到2015年主营业收入过千亿元，引导全市现代商贸物流业健康、有序、快速发展。

【构建内外畅达的综合交通体系】 5年之后，湘潭交通格局将发生怎样的变化，群众的出行将有多大的改善，湘潭“十二五”发展规划纲要对此作了阐述：未来5年，湘潭将进一步突出城市基础设施建设，构建内外畅达的综合交通体系和功能完善的城市交通网络。一是打造骨干路网，构建1小时交通圈。未来5年，力争“十二五”增加公路里程3800公里以上，构建市域1小时交通圈，实现乡镇中心至城市中心区1小时通达。预计到2015年，农村公路水泥路硬化里程将达8000公里，农村地区也将基本实现农村公路联网。二是构筑城市骨架，建好一环四桥六通道。未来5年，湘潭将加快推进东二环、西二环、南二环建设，以贯通城市二环。在过江交通方面，即将启动建设五大桥、杨梅洲大桥、昭华大桥、八大桥建设。建设伏林大道和九华大道延长线，天易路、铜板路、武广客运株洲站至沪昆客运韶山站连接线；建设湘潭中心城区到湘乡城区的城际快速干道。近期，湘潭还将突出抓好11条道路的建设。三是对接公共交通，构建城市轨道交通网。其中，沪昆客运专线湘潭段及湘潭北站和韶山南站、长株潭城际铁路湘潭段建设是重中之重，而岳长潭城际铁路，湘潭至娄底城际铁路建设也将尽快启动，早日建成连接高速铁路、城际铁路、市内公共交通的城市轨道交通网。四是实现“零换乘”建立高效的公交系统。湘潭将着力推进城市公交优先发展战略，加快完善公交线路，加强公交场站的规划建设，建立快速高效的公交运营系统，建立若干条快速公交专用通道，大力推广使用新能源公共交通车辆。加快推进客运中心站、汽车西站改扩建、沪昆高铁九华客运站等项目建设，大力推进城乡公交一体化建设，构建覆盖城乡的多层次公交客运网络体系。

【湘潭市土地整改工作将于6月底前完成】 2011年4月12日至28日，国家土地督察武汉局对湘潭市土地管理与利用情况进行了全境例行督察。随后向湘潭市通报了督察情况，既肯定了湘潭市在土地管理和利用方面取得的成绩，也提出了存在的问题。这些问题主要包括个别项目建设审批程序不规范；县（市）区、示范区违规批地，部分经营性用地、工业用地未实行招拍挂出让；少数项目用地欠缴土地出让金等。当天，市政府将2011年土地例行督察整改工作一一交办。各县（市）区、示范区负责人纷纷表态：一定在规定的时间，按要求整改到位，并且在今后的土地资源管理和利用中，加强监督，转变观念，规范行为，杜绝违法用地现象发生。

【“两型社会”改革综合推进机制5月1日起施行】 湘潭《资源节约型和环境友好型社会建设综合配套改革事项推进暂行办法》正式出台，将于5月1日起施行。据了解，这是湖南省第一个关于建立“两型”改革“项目化、程序化”综合推进机制的办法，对于促进今后“两型社会”建设向纵深推进起到有力的保障作用。自2007年长株潭城市群获批“两型社会”建设综合配套改革试验区以来，湘潭根据顶层设计确定的改革思路，扎实推进“八大改革”，在土地、投融资和行政管理等重点领域和关键环节率先突破，为促进经济社会又好又快发展提供了有力的体制保障和动力支持。《暂行办法》的出台，主要是将综合配套改革项目化、具体化，切实增强各级各部门的责任意识，鼓励、引导和保护改革试验的积极性、主动性和创造性，在全市积极营造鼓励改革，宽容失败的良好氛围，为“两型社会”改革试验保驾护航。

【湘潭新农村建设“双百工程”成绩斐然】 五年来，全市240名市、县领导干部，382家后盾单位和279名工作队员联村驻点，召开现场办公1200多次，及时调度建设资金两亿元。五年来，市、县、乡、村四级在示范村、帮扶村启动建设项目1786个，投入项目开发资金4.27亿元，提供各类社会资助3509万元。五年来，交通、组织、统战、电力等部门密切支持“三农”，湘钢、电机、移动、平安保险等企业不断反哺农业农村和农民，形成了全社会共建新农村的强大合力。从2006年开始，湘潭市委、市政府把握经济社会发展的阶段性特征，积极抢抓中央、省委一系列强农惠农政策机遇，统筹全局，着眼长远，在不断强化“三农”工作“重中之重”和基础性地位的基础上，创新“领导办点、干部下村、部门单位帮扶、社会共建”的模式，率先在全省提出了推进“百村示范工程”和“百村帮扶工程”建设的战略任务，拉开了湘潭“以工促农、以城带乡”的坚定探索，掀起了新农村建设的一轮轮热潮。城乡一体化的美丽愿景正逐步实现，农民幸福家园的大门由此豁然开启。

【集约用地 河东将崛起一座滨江新城】 “五一”过后，湘潭市集约用地示范区工地一派繁忙景象。528户集体土地房屋征拆签订协议完成98%户，694户城市房屋拆迁任务过六成；云盘安置区18栋房屋主体全部封顶……项目推进的步伐越来越稳健。项目的控制性规划和重点地段城市设计已经通过专家评审和市城乡规划委员会审定，板五路建设完成招商。项目规划与建设的思路日益清晰坚定。集约用地示范区规划总面积1948.35亩，项目总投资约13.32亿元。按照市委、市政府“统一规划、整体包装、成片开发、净地出让”的要求，项目建成后，将成为湘潭集商业、金融、居住、休闲为一体的滨江新城区。低碳和宜居将成为整个项目建设的突出特色。项目面向国际招标，英国阿特金斯顾问（深圳）有限公司的规划设计，在与其他数家知名公司的竞争中脱颖而出。根据设计，临近三大桥的张家浸垃圾场将被改造成为生态公园。除此以外，项目将依托中央位置荷叶塘这片难得的水域，建成中心公园，这两个公园的面积都将超过80亩，为市民休闲提供足够的公共空间。整个规划分四大片区，有商业区、住宅区、办公区，以及学校、医院等完善的市政配套设施。福星东路、东湖路、板五路、望江路和岳塘四号路等路网工程及沿线水、电、通讯、燃气、管线等市政配套设施建设将全面启动。目前，板五路已经完成招标，工程用地征拆正在迅速推进。

【湘潭城区地下管线分布图投入使用】 2011年5月11日，由湘潭市城乡规划局主持，市勘测设计院勘测完成的《湘潭市地下管线测量与信息化应用系统》通过专家验收并投入使用。为全面、准确、系统地摸清湘潭城市地下管线走向和分布情况，明确地下管线的法律责任，减少盲目施工给地下管线带来的破坏和损害，满足城市规划、建设、管理和社会经济发展的需要，2008年湘潭市政府责成市城乡规划局主持全市城区地下管线测量与信息化应用系统的勘测与编制工作。市勘测设计院领受了这项任务。市勘测设计院接到任务后，在相关部门的配合下，运用现代先进技术，历时两年多，查清了湘潭城区东至马家河收费站、西至320国道与北二环交叉处、北至九华、昭山示范区、南至二大桥186平方公里范围内地下管线现状情况，施测城区主、次干道计139条计275公里，共计管线2088千米。并测绘了各专业地下管线和综合管线图，在此基础上，建立了准确、完整的地下管线信息库和先进、实用的地下管线信息管理系统，成为湘潭提高地下管线管理、城市规划、建设、管理、服务水平提供了强大的信息平台。

【湘潭“两型社会”建设第二阶段工作正式实施】 2011年5月16日，从湘潭市两型办获悉，《湘潭市2011年“两型社会”建设改革工作方案》（以下简称《方案》）已经全部细化，落实到各个责任单位，并成为各单位年终绩效考核重要指标之一。这标志着湘潭“两型社会”建设第二阶段工作正式明确，进入实施。据了解，湘潭“两型社会”建设第二阶段工作将以结构调整、自主创新、节能环保、民生改善和制度建设为着力点，主要包括完善规划体系和执行机制，加速推进新型城镇化，着力构建“两型”产业体系，加强生态文明建设，推进重点领域改革，加快高新区和示范区发展等。《方案》对2011年湘潭“两型社会”建设中70项重点工作的主要内容、责任单位、配合单位及完成时间进行了具体安排。如7月1日前，湘潭必须成立湘潭市“两型社会”建设改革专家咨询委员会，加强对重大问题的研究和指导，适时跟踪评估改革建设效果；8月1日前，必须完成制定森林、水资源、矿产、自然保护区生态补偿的实施方案，争取省里在昭山“绿心”开展生态补偿试点；10月1日前，启动“湘锰国家矿山公园”建设等。其他67项工作任务则涉及重点工程建设、资金筹措、体制机制改革等各领域的诸多方面，是一份湘潭“两型社会”建设的“工作详单”。

【2011年湘潭将新增保障性住房14192套（户）】 2011年5月24日，从湘潭市保障性安居工程工作会议获悉，根据湖南省委、省政府下达的目标任务和湘潭实际情况，2011年湘潭保障性安居工程建设将新增各类保障性住房14192套（户），以逐步缓解住房困难家庭的居住问题。会上，市住建局、房产局等相关部门向市政府递交了2011年保障性安居工程建设目标责任书。市房产局、湘潭县政府、湘乡市政府代表各建设责任单位发言，表示将加强调度、严格管理、密切配合，建设好保障性安居工程，以实际行动交上一份满意的答卷。

【2011年全市职工和城镇居民医保参保率须达97%】 为贯彻落实全国、全省深化医药卫生体制改革工作会议精神，5月31日，湘潭召开深化医药卫生体制改革工作会议。会议总结了2010年医改工作，安排部署了2011年医改工作及重点，2011年职工医保、城镇居民医保参保率要达到97%。市2011年是医改工作攻坚之年，也是三年医改阶段性工作的收官之年。2011年湘潭市医药卫生体制改革重点将继续围绕“保基本、强基层、建机制”的思路，突出惠民、为民正确导向，突出体制机制综合改革，突出循序渐进推进方式，攻坚克难，全面完成各项改革任务。会议强调，要进一步提高城乡居民医疗保障水平，2011年职工医保、城镇居民医保参保率要达到97%，新农合参保率要稳定在95%以上，并力求有进一步拓展。要进一步扩大基本药物制度实施成果，6月底前，湘潭县、湘乡市所有政府办基层医疗卫生机构要全面实施国家基本药物制度，实行零差率销售，实现全市基本药物制度全覆盖。同时，要进一步完善基层医疗卫生服务体系，进一步提高基本公共卫生服务均等化水平，进一步推进公立医院内部管理改革。

【湘潭市《2010—2020年全市旅游业发展总体规划》

已通过市人大审议】 规划提出了湘潭市红色旅游产品转型升级和“乐活”旅游产品开发的新思路、新理念，确定了“毛泽东成长之路”红色旅游精品项目，实现了规划与项目的对接。同时，湘潭市抓住国家编制《2011—2015 年全国红色旅游发展纲要》的契机，聘请全国知名旅游专家编制《湘潭市实现“两个率先”规划纲要》，充分发挥韶山“一号工程”的综合效应，探索红色旅游发展新模式，全力打造全国红色旅游示范区。

【湘潭市投资 1.1 亿元改造 8 条主次干道】 2011 年 7 月 6 日，湘潭市举行 2011 年道路提质改造工程开工仪式。据悉，湘潭市将投资 1.1 亿元，改造吉安路等 8 条主次干道，预计 11 月底全面竣工。8 条待改造的主次干道分别是吉安路、宝庆路、迎宾路、解放南路、车站路、潭下路、书院路、吉安路和河东大道。其中，宝庆路改造范围为砂子岭广场至新马路段，计划投资 1946 万元，主要改造路面、人行道、排水设施和地下管网；解放南路改造从韶山西路至中山路段，计划投资 407 万元，主要改造路面和人行道；迎宾路改造从宝庆路至大湖路段，计划投资 676 万元，主要改造路面、人行道和排水设施；车站路改造从基建营广场至火车站段，计划投资 844 万元，主要改造路面和人行道；潭下路改造从霞光西路至书院西路段，计划投资 803 万元，主要改造路面、人行道和排水设施；书院路改造从岳塘广场至吉安路，计划总投资 2194 万元，主要改造路面、人行道和地下管网；吉安路改造从板摄路口至书院东路段，计划投资 3556 万元，主要改造路面、人行道和地下管网；河东大道改造从板摄路口至建鑫广场段，计划投资 510 万元，主要改造道路路面。

【梅林桥城乡统筹发展示范片建设将于 8 月全面启动】 梅林桥城乡统筹发展示范片位于湘潭县梅林桥镇南端，交通便利，环境优美，基础较好，是长株潭“两型社会”建设核心区。示范片以湘潭县梅林桥镇梅林村 7 平方公里范围为核心，覆盖周边高桥、京广两村。示范片建设将围绕“城乡统筹发展”的核心，按照奠定基础（2011 年至 2012 年）、快速推进（2013 年至 2014 年）、全面实施（2015 年）的步骤，稳步改善村容村貌、提高居民收入、推进公共服务均等化、创新社会管理等，从政策、体制、机制上率先突破城乡二元体制格局，努力探索适合新农村良性发展的新模式，力争打造成全省城乡一体化发展试验区、湘潭“两型社会”建设展示区、农村环境“镇村同治”样板区、农业现代化建设示范区。2011 年至 2012 年，湘潭市将全力推进示范片梅林村土地综合整治、道路建设、水利建设、梅林小学及幼儿园建设、电讯建设等 16 个项目建设。

【湘潭市规划展示馆和博物馆开工建设】 2011 年 7 月 8 日，湘潭市规划展示馆和博物馆项目建设正式动工。这两馆的建设，是湘潭市“两型社会”建设和文化强市建设重点工程，也是全市人民盼望已久的重要民生工程，备受社会各界关注。规划展示馆主要展示城市的未来，博物馆则展示城市的历史和文化，两馆合建，把湘潭市的历史文化和未来发展集中展现，成为整合资源建设公共基础设施的示范项目。项目选址湖湘东路以北，梦泽山庄以西地块，占地 54.6 亩，建设规模为 40347 ㎡，总投资 29269.55 万元。由中国工程院院士、中国建筑设计大师程泰宁主持完成了设计方案。两馆的设计吸收了全国各地规划馆和博物馆的建设经验，建筑艺术风格独特，展陈空间通透敞亮，布局和流程线路合理，层次分明清晰。两馆将采用太阳能、自然采光光筒等绿色建筑技术，其中太阳能光伏板发电每天可达功率为 100KW，每天的发电量可达 250 度，加上采光筒照明技术，能基本满足两馆的日常照明要求。经过公开招标，项目确定由中太建设集团股份有限公司负责工程施工。预计年内主体可竣工，2012 年 9 月 30 日前正式投入使用。

【省委、省政府支持湘潭“两个率先”文件出台】 2011 年 7 月 31 日，中共湖南省委下发了《中共湖南省委、湖南省人民政府关于支持湘潭率先统筹城乡发展、实现韶山率先富裕的意见》（以下简称《意见》）的文件（湘发【2011】9 号）。《意见》由 4 个部分组成，涵盖 17 条具体的政策措施。第一部分是“支持开展城乡统筹综合配套改革，率先实现城乡居民共同富裕”，主要从把湘潭建设成为全省城乡统筹综合配套改革示范区，支持韶山建设成为全省城乡一体化发展示范城市等方面提出了 7 条政策措施。第二部分是“支持发展‘两型’产业，推动‘两型社会’建设”，具体政策措施有 5 条，分别是：加快千亿园区和千亿产业建设；大力发展文化旅游产业；推进现代农业发展；加强生态环境建设；支持湘潭中小企业上市融资。第三部分是“支持韶山加快发展，实现韶山率先富裕”，从支持韶山优先开展省内重要试点工作，支持韶山公共文化设施和公共文化服务体系建设，支持韶山爱国主义教育示范基地建设，加快推进纪念毛泽东同志诞辰 120 周年项目建设等方面提出了 4 条政策措施。第四部分是“加强组织领导，完善工作机制”。根据《意见》，省委省政府将把韶山爱国主义教育基地“一号工程”建设协调领导小组调整更名为支持湘潭率先统筹城乡发展、实现韶山率先富裕协调领导小组，负责相应的组织领导工作。省政府常务会议或省委常委会议每年听取一次支持湘潭率先统筹城乡发展、实现韶山率先富裕工作推进情况汇报，研究解决重大问题。省直相关部门将按照《意见》要求，研究支持湘潭、韶山经济社会发展的具体措施。

【《姜畲现代农业示范区发展规划》基本成形】 在规划文本中，姜畲现代农业示范区发展规划总面积约 12 平方公里，主要由棋盘、梅花、泉塘 3 个村以及清亭、尚泉、尚涟村的部分用地组成。该区在功能结构上整体形成“一心、三区”的格局，“一心”即管理服务中心；“三区”即依托梅花村建立的超级杂交水稻中试区、依托泉塘村建立的大型蔬菜瓜果种植区，依托棋盘村建立的名贵花卉苗木种植区。在产业布局上，示范区将打造杂交水稻实验示范、绿色无公害蔬菜种植、名贵花卉苗木种植 3 大农业主导产业，打造都市休闲农业、农产品精深加工等产业，形成“3 + 2”现代农业产业体系。具体到项目，包括万亩杂交水稻现代化生产示范项目、蔬菜基地、花卉苗木基地、金银花种植基地、生态养殖基地、农贸综合大市场及永皮托垂钓休闲项目等。此外，姜畲现代农业示范区还将通过现代农业基地建设，发展科技示范、农业观光型的旅游项目，形成“一心、一环、三区、八点”的旅游体系。据雨湖区负责人介绍，2011 年示范区的任务是重点打造核心区，包括拓宽道路，配套绿化，全面实施亮化、美化工程，实施农村环境生态处理，启动中试基地、蔬菜大棚等产业基地建设。

【51 亿巨资打造长株潭外环高速路湘潭段】 2011 年 9 月 1 日，湘潭市政府与中国华阳经贸集团有限公司签订战略合作框架协议，就湘潭市交通基础设施项目建设、产业发展和土地开发、招商引资等方面达成合作意向。市委副书记、市长史耀斌会见了中国国际商会副会长、中国华阳经贸集团有限公司总裁成清涛。副市长杨广代表市政府与中国华阳经贸集团有限公司副总裁郎晓雷签署《湘潭市人民政府和中国华阳经贸集团有限公司战略合作框架协议》。推进“两型社会”建设，提升长株潭三市对外辐射带动作用，省交通运输厅在 2009 年《湖南省高速公路网规划》（2006 版）修编时，增列了长株潭城市群环线项目。该环线全长 191 公里，设计路宽 26 米、双向 4 车道。其中，湘潭境内约 76 公里，走向为从株洲方向向西，跨 107 国道，贯穿湘潭市中部，经湘潭县谭家山、射埠、乌石三个乡镇，在湘乡市区西北侧泉塘与沪昆高速公路相接，向北经韶山市大坪至宁乡坝塘镇。湘潭段估算投资 51 亿元。

【未来五年湘潭市城乡建设力推“12345”战略】 未来五年，湘潭市住建系统将以城乡统筹、率先发展为主题，以项目带动、行业发展、市场监管、城市管理、民生建设为抓手，进一步完善城乡功能，彰显城市特色，改善人居环境，规范行政行为，全力推进“12345”战略。未来五年，市住建系统将围绕经济建设这一中心，全力推进“12345”战略，即围绕新型城镇化这一主题，突出“两型”建设、“两个率先”这两个重点，加强城市建设、村镇建设、住房建设这三大建设，提升建筑业、房地产业、勘察设计业、建筑服务业这“四业”水平，实现基础设施投资规模、人均居住面积、质量安全管理水平、城镇化率和建筑节能实施率进入全省第一方阵这五大目标。

【湘潭商贸物流一体化发展规划通过专家评审】 在 2011 年 9 月 19 日召开的《湘潭市商贸与物流一体化发展规划（2011—2020 年）》评审会上，与会专家通过听取规划编制单位汇报、咨询和讨论，一致同意通过对这项规划的评审。《湘潭市商贸与物流一体化发展规划（2011—2020 年）》（下称《规划》）由湘潭市商务局委托北京中物联物流规划研究院负责编制。编制工作于 2011 年 3 月启动。《规划》全面分析了湘潭市及城市群商贸、物流发展环境与条件，提出了将湘潭市建设成为区域商贸、物流城市的战略构想。《规划》同时对湘潭市商贸、物流基础设施空间布局、交通组织、产业特色、政策措施、重点项目等进行了系统研究和规划。

【湘潭将设立水府示范区 按“天易模式”运作】 2011 年 11 月 9 日，从市委常委会议获悉，湘潭市拟将现有水府旅游区规划范围 177.2 平方公里，调整为包括湘乡市棋梓镇、毛田镇、溪口渔场、水府庙水库全境范围，总面积约 290 平方公里。市委、市政府同意设立水府庙生态旅游示范区（或水府庙水资源综合利用示范区），按照正处级机构进行筹备和规划，同意成立水府示范区筹备协调领导小组，办公室设在湘乡市委。示范区体制、模式、管理、利益关系参照湘潭天易示范区的运作模式。水府示范区建设发展非常紧迫，会后要立即组织运作，将水府庙开发建设与水资源保护、生态旅游开发等紧密结合，作为重大项目纳入市重点项目库，并进行前期论证准备。示范区涉及湘乡市内部的利益关系调整由湘乡市委、市政府受理。

【湘潭市住建局开门纳谏 助新型城市化建设】 2011 年 11 月 30 日，湘潭市住房和城乡建设局开门纳谏，邀请市人大代表、政协委员、行风评议员以及网民代表，各县（市）区（示范区、园区）分管城建的负责人进行座谈，听取与会代表对湘潭市城乡建设管理方面的意见和建议。与会代表们在充分肯定湘潭市城市建设所取得成就的基础上，纷纷提建议，出良策。

两型产业建设

【湘潭首家新材料研发中心成立】 2011 年 1 月 15 日，北京化工大学与湖南巨发公司宣告联手成立新材料研发中心。同一天，巨发科技有限公司与九华示范区签约，计划建设一条 3 万吨 MMO 新材料项目的生产线。湖南巨发有限公司是国内规模最大的环保无机颜料高新技术企业，集研发、生产、销售于一体，主要生产 MMO 无机颜料、镉系颜料与二氧化硒三大类产品。两年前，巨发公司与北京化工大学签订了合作协议，引进该校科技，让其科研成果转化为生产力。经过多年研究，开发出了 MMO 颜料。MMO 产品具有低能耗、低污染、低排放的特点，可替代污染强的铅镉颜料。此前这类产品主要靠进口。这类产品的推出，填补了国内环保彩色无机颜料的空白，代表了世界彩色无机新材料的发展方向。校企联盟，双方受益，企业的产品更环保更低耗，从而更具有竞争力。巨发公司在九华征地 100 亩，计划在九华建立一个国家级的 MMO 新材料产业基地。

【春节黄金周湘潭实现旅游收入 3.06 亿元】 2011 年 2 月 9 日，湘潭市旅游局发布 2011 年春节黄金周旅游情况：湘潭共接待旅游者 80.29 万人次，实现旅游收入 3.06 亿元，同比分别增长 62.2% 和 78.95%。全市旅游市场运行平稳，没有发生一起旅游安全事故，市假日办也没有接到一起有效投诉。由于武广高铁运行通畅，省内多条高速公路开通，韶山 1 号工程全面竣工，大东山旅游区初具雏形，星级农家乐遍地开花，旅游产品日益成熟多样，湘潭旅游在 2011 年春节黄金周期间创下接待人数和旅游收入的历史新高。“黄金周”期间，湘潭红色旅游表现出强劲的吸引力。“万人同拜毛主席”、“万人相约忆乡情”已成为很多人的生活方式。

【湘潭新发现不可移动文物 300 余处】 随着湘潭第三次全国文物普查接近尾声，在过去 4 年的文物普查中，通过广大文物普查工作者的辛勤劳动，湘潭在前两次文物普查的基础上新发现了不可移动文物 300 余处。据湘潭市文物处负责人介绍，第三次全国文物普查始于 2007 年 4 月，将于 2011 年 12 月结束，普查涉及古遗址、古墓葬、古建筑等 6 大类 59 个小类的不可移动文物。普查共分为三个阶段，2010 年 1 月至 2011 年 12 月为第三阶段，主要任务是进行调查资料的整理、汇总、数据库建设和公布普查成果。据统计，4 年里，湘潭共发现不可移动文物 614 处，其中335处为新发现的不可移动文物，主要以近现代重要史迹及代表性建筑为主。

【湘潭将建两个国家级质检中心】 2011年2月21日，湖南省质量技术监督局与湘潭市政府就工矿电传动车辆国检中心和风电设备国检中心建设问题召开联席会议。近年来，湘潭紧紧围绕先进装备制造，新能源战略性产业，积极筹建国家质检中心，做了大量的基础工作。经过几年的艰辛努力，工矿电传动车辆国检中心和风电设备国检中心的筹建获得质检总局批准，两个国检中心建设的内容分别写入了部省《合作备忘录》和省市《合作备忘录》，并被列入湘潭市"十二五"规划。这两个国检中心建成后，将成为质量检验、标准制定、产品研发的中心，并形成一个集商务、物流配送、商住为一体的综合工业园生态体系，有力推动湘潭战略性新兴产业的发展。目前，湘潭市财政已累计投入风电国检中心项目8000万元，下一步，湘潭还将全力以赴，确保在规定期限内完成建设任务。

【湘乡东台山争创国家4A级景区】 2011年2月25日，在湘乡东台山国家森林公园管委会了解到，目前，东台山景区正通过一手抓文化充实，一手抓基础设施提质改造，瞄准国家"4A"级景区，吹响创建冲锋号。2010年，湘乡"大东山"旅游区申请创建国家"4A"级旅游景区，作为其重要组成部分的东台山国家森林公园即着手按照"4A"标准，对景区旅游基础设施进行提质改造。投资300万元打造410平方米的游客接待中心；投资200余万元改造八角亭；拓宽提质景区道路；公厕改造；添置专用旅游标识牌……通过精雕细琢，东台山"精品景区"的形态正逐步显现。争创"4A"级景区光是硬件条件还不够，还需要文化作支撑。素有红色东台、文运东台、传说东台之称的东台山并不缺乏文化，缺少的是系统地梳理。为此，湘乡市特聘请地方史专家，对东台文化进行考究、系统梳理，编著了《东台起凤》一书，并结合硬件设施提质改造，将历史、传说引入景点，还原人文东山。

【湘潭成立全省首家市级担保与信用行业协会】 由湖南宏宇担保公司等6家单位发起，有48个会员的湘潭市担保与信用行业协会正式成立。这是我省第一家市级担保与信用行业协会，它的成立标志着湘潭担保业进入了一个崭新的发展时期。据了解，目前在我国，银行仍是中小企业的主要融资渠道。一方面，由于中小企业资金需求量相对较小，每笔贷款的单位资金交易成本、审核成本较高；另一方面，由于我国还缺乏完善的个人和企业信用体系，银行为了降低风险，贷款通常要求有抵押，而中小企业普遍缺乏合适的抵押品，因此想要获得银行贷款并非易事。担保行业作为连接银行与企业的信用桥梁，所发挥的作用被越来越多的企业和银信机构所认可。

【彭德怀纪念馆获省"文化旅游明星单位"】 彭德怀纪念馆及该馆党组书记、馆长李日方分别荣获"湖南省文化旅游明星单位"、"湖南省文化旅游杰出人物"称号。据统计，这是该馆自开馆以来取得的第33项省级及以上荣誉。据悉，"湖南省文化旅游杰出人物、明星单位"宣传展示活动由湖南省扶持动漫产业发展协调领导小组、省文化厅、省旅游局、湖南日报报业集团主办，参加活动的有来自文化旅游行业主管部门、文化旅游区、风景名胜区、星级饭店、旅行社等616家文化旅游行业企事业单位和众多为我省文化旅游行业作出突出贡献的个人。各单位和个人通过各市州旅游局、文化局组织推荐，省主管部门推荐，各单位、个人自荐等多种方式申报参与。最后由专家评审团对参与单位和个人进行严格审定，评选出13个"明星单位"、10位"杰出人物"。近年来，彭德怀纪念馆不断加强景区管理，加大景区建设力度，提高景区接待能力和服务水平，景区的美誉度和知名度大幅度提升。开馆13年来，该馆先后获得了8块"国字号"招牌和多项省级殊荣，接待中外游客300多万人次。

【湘潭"特色林业"助推10万余农民就业】 "十一五"期间，湘潭林业产业发展迅速，逐步形成了以竹木产业为主导，兼顾油料、药材加工等特色的产业格局，帮助农民工就业10万余人；特色企业规模不断壮大，油茶产业基地初步形成从基地建设到产品加工、到市场销售的产业链；建设以韶山、乌石、昭山等生态文化、红色森林旅游为主导的森林公园，充分发挥林业在建设生态文明、促进人的身心健康和社会和谐进步中的积极作用。据统计，2010年，湘潭农业综合开发林业生态项目完成4500亩，林业总产业首次突破30亿元。

【湘潭新型工业化将突出5个重点 促进产业转型升级】 2011年，湘潭新型工业化工作将按照市委、市政府的部署，着力实施"22335"工程，坚持以信息化带动工业化，以工业化促进信息化，开展"产业发展年"活动，着力培育三大战略性新兴产业，改造提升三大优势传统产业，抓好"3个10"重点项目，促进产业转型升级，实现工业经济规模、质量和效益同步提升。全市规模工业总产值达到1800亿元，规模工业增加值达到550亿元，同比增长22%；战略性新兴产业销售收入达到600亿元，增加值达到180亿元，占全部工业的30%；新增省级以上企业技术中心和工程技术研究中心2家以上；万元规模工业增加值能耗下降7%以上。要实现上述目标，湘潭新型工业化工作将突出以下重点：第一，大力发展先进装备制造、新能源、信息3大战略性新兴产业。认真组织实施先进装备制造、新能源、信息产业的三年行动计划。第二，着力提升精品钢材及深加工、汽车、食品3大优势传统产业。促进精品钢材及深加工、汽车、食品医药等传统产业向高新化、清洁化发展。第三，突出抓好"3个10"重点项目建设。重点抓好湘电大型永磁直驱型风力发电机组、江麓智能化工程机械等10大战略性新兴产业项目；湘钢技改工程、吉利三期技改工程等10大技术改造项目；韶峰南方水泥节能改造、五矿湖铁预热利用工程等10大节能降耗项目。第四，加快推进"两化融合"，提升全市信息化水平。重点抓好湘钢、江南、江麓等10个"两化融合"试点示范企业。启动物联网应用项目，重点抓好九华示范区"湖南电信物联网示范基地"，推进"智慧湘潭"建设。第五，努力扶持中小企业发展。努力培育20家中小企业进入湖南省"小巨人"计划。

【长株潭"两型社会"展览馆免费开放】 2011年3月21日，位于长沙橘子洲头的长株潭"两型社会"展览馆正式免费向公众开放。长株潭"两型社会"展览馆展区分为四个厅，依次为国家战略、顶层设计、阶段成果、未来展望。战略规划厅重点突出国家战略决策和三年来湖南的“两型”实践成果。在顶层设计厅，一幅树状图将顶层设计方案具体细化，园区企业、示范区、绿心保护区如何建设；工业布局、信息及文化产业怎样有机联动发展等问题，都给出了清晰回答。阶段成果厅集中展示了湖南“两型社会”建设中的成果。在未来畅想厅，通过互动形式，参观者可以参与三网融合、低碳出行等活动，切身感受“两型社会”建设对人们衣食住行的积极影响。展览馆因陋就简的对长沙橘子洲原天仑造纸厂进行改造。展馆本身就是一座典型的“两型”建筑，主体是由两栋1942年的废弃厂房改造而成；整个展馆的空调系统采用凌天科技提供的江水源地温空调技术，这是目前世界上最先进的绿色空调系统；采用了半导体LED节能照明、太阳能光伏发电、智能能源管理系统和可再生的竹木环保装饰材料，在各个方面都体现了“两型”特色。

【湘潭与中国建材集团签下战略合作协议】 2011年4月21日，湘潭市市政府与中国建材集团签下了战略合作协议，由此翻开了湘潭与中国建材集团合作的新篇章。中国建材集团是集科研、制造、流通于一体，拥有产业、科技、成套装备、物流贸易四大业务板块的中国最大的综合性建材产业集团。截至2010年底，集团资产总额逾1400亿元，员工总数达10万之众，直接管理的全资、控股企业20家，控股上市公司6家，其中海外上市公司2家。目前，中国建材集团在湘潭建有8条耐火材料生产线，拥有国内规模最大的熔铸耐火材料生产基地，并有水泥等生产线。在湘潭的总投资超过4亿元。

【九华引资6亿打造食品饮料生产基地】 2011年4月29日，福建公元食品有限公司和九华示范区举行食品饮料生产基地项目签约仪式。根据协议，该项目将于2011年10月30日前开工。福建公元食品有限公司是一家全国性的食品开发和行销公司，曾获得“国际绿色生产企业”等荣誉称号。公司计划投资6亿元，建设包括18条生产线的食品、饮料生产基地，预计该项目全部建成后，3年内可实现年产值10亿元以上，年创税收8000万元以上，安排2000余人就业。

【中南地区最大物流集散基地落户荷塘物流园】 2011年5月7日，湖南海龙物流分销有限公司荷塘物流中心项目签约仪式在盘龙山庄举行，海龙物流成功入驻荷塘现代综合物流园，项目建成后将成为中南地区规模最大的物流集散基地，带动运输、餐饮、住宿、第三方物流等相关产业发展。海龙物流是目前全省最大的物流分销企业，这家大型流通公司坚持“多品牌发展，广渠道运作”的经营战略，先后与国际零售巨头沃尔玛、家乐福、麦德龙和大型连锁超市新一佳、家润多等建立战略合作关系，目前公司销售网络已遍布湖南省大部分地市及地区，随着企业不断壮大，原有物流分销中心无法满足企业对物流配送的更高要求，公司董事会决定将物流中心从长沙高桥大市场迁移至荷塘现代综合物流园，新建一栋12万平方米的配送、分销物流中心，项目预计用地400亩，计划投资5.5亿元，项目建成后将成为中南地区规模最大的物流集散基地。

【湘潭13处遗址遗存跻身省级文物保护单位】 目前湘潭13处遗址遗存成功申报第九批省级文物保护单位。其中，古遗址1处、古建筑5处、近现代重要史迹及代表性建筑7处。湘潭本次正式获得省人民政府批准的13处文物保护单位，是根据《国务院关于开展第三次全国文物普查的通知》精神和国家文物局的工作要求，从湘潭文物工作的实际出发，通过文物所在县（市）区政府申报、推荐、实地考察和专家评审，从湘潭市第三次全国文物普查新发现和复查的8862处不可移动文物中，认真遴选的具有重要历史、艺术、科学价值，符合省级文物保护单位申报标准的不可移动文物。这13处省级文物保护单位，大都保存较好，极具文物价值和思想教育意义，集中反映了湖湘文化特色，涵盖了乡土建筑、古文化遗产、工业遗产、少数民族建筑、文化景观、涉台文物、二十世纪遗产等新型文物类型，不仅具有历史的真实性，是有物可看、有事可述的历史遗存，而且还有较高的典型性和较强的代表性，能见证湘潭市某一时期重大历史事件，反映本地某一时代独特的生产、生活状况和文化特点。

【4000农家乐成湘潭都市休闲农业排头兵】 2011年5月13日，从湘潭市农办获悉，截至目前，湘潭共有各类休闲企业及农家乐4000余家，其中，年营业收入超过50万元的休闲企业达160多家，四星级以上的休闲农庄达13家，年接待能力可达200万人次，年营业收入超过两亿元。全市各类休闲企业及农庄餐饮业吸纳农村劳动力6.4万人就业，带动1.5万户农民致富。

【湖南首家汽车度假营地在水府旅游区开园】 投资500万元建成的全省首家汽车度假营地，湖南最标准、规模最大的拓展训练营基地，5月28日在湖南水府旅游区韶湖假日小镇举行了开园仪式。水府旅游区距长沙、株洲、湘潭、娄底、邵阳均为一小时车程，上瑞高速、沪昆高铁穿湖而过，交通十分便利，是长株潭建设“两型社会”的生态休闲度假服务基地。景区规划面积177.2平方公里，水域面积达44.3平方公里，总库容5.6亿立方米，库岸线431公里。韶湖汽车度假营地的建成开园，标志着湖南第一家汽车度假营地的诞生，开整个中南地区汽车度假营地的先河。韶湖汽车度假营地也是全省首家专门为房车和自驾游客打造的综合休闲、配套服务齐全的宿营社区。营地依托韶湖假日小镇，视野开阔，山水环绕，是中南地区典型的湖畔自驾车露营地。当天，同时开园的韶湖励志拓展园集拓展、旅游集散、休闲、娱乐功能于一体，占地面积500亩，设有会议中心、高空拓展训练场、场地拓展训练场、水上拓展训练场、野外培训及野外基地。是省内规模最大最标准的户外拓展园，已被湖南省委宣传部、团省委、省旅游局正式定为“毛泽东成长之路”的重要节点。

【湘潭书法名城举行行首次书画拍卖活动】 2011年5月28日，作为全国十大书法名城之一、湖南首家书法名城的湘潭书法名城进行了首次书画拍卖活动。当天共拍出作品近100幅，总成交额达68万元。有“北溥南张”之誉的大师溥心畬，晚晴名家郑珊、王震，齐白石幼子齐良末，现代大家谢稚柳、程十发等，当代名家李立、汤清海、丁建虹、刘振涛、黄锷华、王志坚、陈小奇、敖普安等80多位书画名家的128幅书画作品进入交易市场。据悉，2011年9月3日，湘潭书法名城还将举行秋季书画名家作品的公开拍卖活动，届时，中央电视台“寻宝”栏目组将专程到湘潭进行“莲城寻宝”活动。

【湘潭与中国电信联手打造“智慧湘潭”】 2011年5月30日，湘潭与中国电信湖南公司举行共建“数字湖南·智慧湘潭”战略合作签约仪式，正式成为全省“智慧城市”试点市，九华示范区被授予“中国电信湖南公司物联网示范基地”。在“十二五”规划中，湘潭将围绕“1162工程”，打造物联网九华示范基地。“1162工程”包括一个物联网基地和平台，即打造九华物联网基地，建设全市支撑平台；一个基础网络，将全面打造有线到无线、光纤+3G+WIFI的立体高速网络；六个示范工程，分别为智慧交通、智慧政务、智慧环保、智慧城管、智慧物流和智慧民生；通过物联网基地及示范工程建设，信息化产业实现产值200亿元。目前，九华成立了“智慧湘潭”九华示范基地建设工作领导小组，制定了详细的工作方案。“十二五”期间，将认真编制并实施九华物联网示范基地规划，在创新创业大楼高标准建设“智慧湘潭”物联网硬件支撑平台和演示中心，加快物联网关键技术研发、产品生产及展示的示范应用基地建设，预计总投资30亿元以上。

【湘潭获批国家高技术服务产业基地】 国家发改委正式批复长株潭地区为建设国家高技术服务产业基地。湘潭市作为长株潭地区成员成功跻身国家高技术服务产业基地行列。长株潭地区成为获得此次国家发改委批准的全国15个城市群之一。高技术服务业是围绕高新技术创新和应用，提供高附加值服务的知识密集型产业，主要包括信息技术服务、生物技术服务、数字内容服务、研发设计服务、科技创新服务等内容。自2009年国家启动前期工作以来，湘潭市按照国省要求认真做好了各项申报工作。此次成功获批，为湘潭市加快战略性新兴产业、现代服务业发展提供了重大机遇，能进一步助推湘潭市产业结构优化升级，提高城市整体竞争力，促进经济发展方式转变。

【湖南农业工程机械产业园落户九华示范区】 2011年6月13日，湖南农业工程机械产业园项目签约仪式暨推介会在盘龙山庄举行。为使湖南省农机及相关产业走上规模化、集约化、信息化发展的道路，省委、省政府研究决定，由省农业机械管理局和湘潭市人民政府共同投资建设湖南农业工程机械产业园项目，项目选址九华示范区，总投资100亿元，投产后可实现年产值500亿元以上，年创税收15亿元以上，提供就业岗位10万个以上。湖南农业工程机械产业园将采取省市共建的方式，由省农业厅与湘潭市政府共同建设，由省农机局与九华示范区负责实施。产业园将采取“聚内引外”的战略，聚集省内规模以上农机生产企业，引进省外、国外知名农机机电企业，成为湖南乃至整个中南地区的集农机生产、展示、交易、技术交流培训、试验研发、农机化综合服务于一体的综合园区。

【荷塘物流园伟鸿冷链物流项目开工 将提供5000余就业岗位】 2011年6月18日，岳塘区荷塘乡金湖村彩旗飘扬，工地上礼炮齐鸣，数十台大型机械一齐开动，荷塘物流园伟鸿冷链物流项目开工。伟鸿冷链物流是湘潭市重点项目，也是岳塘区的重大招商引资项目。该项目占地205亩，总投资8亿元，将建成12万吨库容的冷库。项目建成后，可以辐射长株潭及中南地区，年交易额将在100亿元以上，打造出湖南最大的食品物流基地。项目将提供5000多个就业岗位，带动10万余农户参与冷链农产品生产、加工等环节，对当地经济发展意义重大。

【荷塘物流园着力打造千亿园区】 建园一年半，荷塘物流园，共引进28个合作项目，引资额达169亿元，新增土地开发面积3000多亩。当前，荷塘物流园正乘着天时、地利、人和，阔步向千亿园区挺进。荷塘物流园以工程机械、生鲜冷链、高档消费品等流通量大、发展前景广阔的产业项目为主。园区基础设施项目建设也在全面跟进。沪昆高速公路竹埠港连接线拓宽改造项目即将启动拆迁，争取年内竣工通车；板十六号路、沃土路、佳木路、赤金路、板十七号路、团竹路、荷塘千吨级水陆联运码头等基础设施项目已进入市前期办项目库，并已完成可研和专项评估。2011年园区新引进一批规模大、带动性强的重大商贸物流项目，合同引资额近150亿元。此外，湖南曾氏集团、益海嘉里（世界五百强）等一批项目正在办理项目入园手续。普洛斯物流项目、长株潭旧机动车交易中心、金湖商贸物流城等项目也正在策划或洽谈中。到“十二五”末，荷塘物流园开发规模将超过10平方公里，物流交易额可突破1000亿元，完成税收15亿元，提供5万个就业岗位。

【中共韶山特别支部党史陈列馆开馆】 2011年7月1日，中共韶山特别支部党史陈列馆开馆。陈列馆布展面积800平方米，分五个展厅，用声、光、电和场景复原等方式，分八个章节：韶山建党、组织斗争、掀起高潮、隐蔽斗争、恢复重建、抗日救亡、迎接黎明、再创辉煌。充分展示了中共韶山特别支部从无到有、从小到大的发展过程，展示了韶山人民在党的领导下，不懈奋斗、不怕牺牲的革命精神，成为韶山又一重要的爱国主义教育场所。

【湘潭市首批40家“社区未成年人绿色网吧”正式开放】 岳塘区宝塔街道长塘社区的“绿色网吧”是湘潭市首批40家“社区未成年人绿色网吧”之一，7月4日，“社区未成年人绿色网吧”启用仪式也在这里举行。为营造有利于未成年人健康成长的网络环境，防止未成年人进入经营性网吧，湘潭市少儿图书馆首家绿色网吧从2009年2月正式启动，2010年1月，青少年宫、市一中、风车坪小学、湘纺小学4家市级“绿色网吧”对外开放，受到了未成年人、家长和社会各界的高度好评。此次启动的40家“绿色网吧”投入共200余万元，能进一步推动湘潭市建设先进网络文化，净化青少年成长文明环境，引导未成年人正确使用互联网。到2011年底，湘潭还将新建60家社区“绿色网吧”，计划在湘潭市少儿图书馆建设完成“绿色网吧”监管中心机房，2012年底前“绿色网吧”将覆盖市辖区全部129个社区。由于不良信息已经被过滤，“绿色网吧”不仅让家长放心，也为孩子们的日常学习和生活提供了方便。它免费面向未成年人开放，开放的时间也完全根据未成年人的学习时间来安排，学生上学时只在节假日开放，寒暑假期间开放时间为周一至周五的8：30到17：30。未成年人每人每天上网时间不得超过2次，每次上网不得超过1小时。

【湘潭棚改公司及滨湖公司正式挂牌】 2011年7月6日，湘潭城市棚户区改造有限公司暨湘潭市滨湖房地产开发有限公司正式挂牌。该公司负责人表示，将努力实现建造好河西地区从湘黔铁路至杨梅洲大桥11.7公里长的滨江风光带；改造好沿江地区约5000亩范围内的棚户区；打造一个管理民主、制度科学、效益显著、敢于担当的真正的现代化国有企业。湘潭城市棚户区改造有限公司以国有直管公房资产作为资本注入，棚户区范围内土地资产作为资本公积，注册资本2亿元（资金6000万元，资产1.4亿元），于2010年3月8日经市工商部门注册登记，正式成立，这标志着湘潭市滨改工作进入实质性操作阶段。河西滨江风光带建设及棚户区改造项目规划范围南起湘江，北至熙春路、雨湖路、人民路、滨湖路、新马路，东至铁路桥，西止窑湾汽车站。规划总用地266.45公顷（堤外漫滩24.32公顷），规划区总人口约9万人，该段滨江风光带长约5.1公里。借鉴长沙、株洲棚户区改造的成功经验，按照“政府主导、市场运作、统一规划、分步实施、净地上市”的工作原则，2011年上半年，河西棚户区共征收各类房屋面积约8万多平方米，共377余户。其中，直管公房约1.9万平方米；私产1.2万多平方米；单位产约4.9万平方米。

【湖南最大生鲜物流中心在荷塘开工】 2011年7月10日，荷塘现代综合物流园步步高生鲜物流中心一期工程开工，这标志着湖南省最大的生鲜物流中心进入了实质性建设阶段。该项目位于荷塘现代综合物流园内，占地近380亩，预计投资10亿元，建成后可实现年配送额50亿元。步步高生鲜物流一期项目由步步高商业连锁股份有限公司投资建设，是湘潭市重点项目。项目建成后，步步高物流中心将成为我省规模最大、现代化程度最高的商品流通中心之一。步步高生鲜物流一期包括冷链配送、蔬果配送、生鲜加工配送、食品加工中心等四大功能区，它将为步步高集团所有门店提供蔬果、肉禽、水产、净菜等冷冻、冷藏生鲜食品。同时，以冷链系统为依托，开设“中央大厨房”，加工熟食及半成品，包装后上柜。从成品出库到连锁超市门店上架销售，实现全程冷链配送。步步高集团负责人表示，建立生鲜物流配送中心，旨在通过集中采购、生产来严格把好食品安全关，为顾客提供更健康、放心的生鲜食品。

【韶山红色文化旅游集团成立】 2011年7月15日，韶山红色文化旅游集团成立并举行揭牌仪式。这也标志着湘潭市文化旅游业在产业化发展的道路上迈出了坚实步伐。韶山红色文化旅游集团由湘潭广电传媒集团、韶山旅游建设投资有限公司联手组建。集团将充分整合现有红色文化资源、历史文化资源、传媒资源，形成湘潭市红色文化旅游产业发展的资源平台。集团将规划建设韶山景区游客换乘中心，排演大型实景演出《中国出了个毛泽东》，提质改造韶峰景区，打造特色旅游线路，构建韶山红色文化旅游资源的整合平台、产业融资平台和投资平台等三大平台，以形成“大韶山、大旅游、大景区”的全新战略格局。

【中央将拨900万扶持湘潭家政发展】 国家财政部、商务部联合下文，确定湘潭成为全国34个家政服务体系建设试点城市之一，也是2011年湖南省两个试点城市之一。这标志着，湘潭家政服务业发展进入国家支持层面。年初，市商务局负责人就分赴省内试点城市及吉林、北京等优秀试点城市开展试点申报工作前期调研。经过报纸、网上公示，项目竞标答辩、专家评审等法定程序后，最后确定湘潭11家企业承担家政服务体系建设的试点工作。湘潭市成功获批国家家政服务体系建设试点城市，中央将下拨900万元建设资金重点扶持。

【湘潭市将建两条餐饮服务食品安全示范街】 湘潭将在年内建成双拥路、大湖路两条餐饮服务食品安全示范街。据悉，这也是湘潭市首次引入餐饮服务食品安全示范街这一平台和载体，促进全市食品安全水平进一步提升。岳塘区双拥路和雨湖区大湖路是湘潭市餐饮服务单位相对集中、基础好、影响也较大的两处，对于全市的带动作用较为明显。根据活动方案提出的创建标准和细则，这两处示范街区内存餐饮服务安全示范单位占比要达到50%，街区内经营单位量化分级管理应达B级以上，持证率应达100%，公众对餐饮服务食品安全满意度达80%以上，且连续三年未发生重大食品安全事故。街区应配备餐饮服务食品安全社会监督员，并建立餐饮服务安全监督公示栏和食品安全知识宣传栏。

【总投资35亿元矿山装备项目落户九华】 2011年8月2日，由中联重科和长沙鑫丰投资有限公司联合打造，总投资35亿元建设泰富国际大型港口矿山成套装备研发生产及核心零部件配套的产业集群基地项目签约仪式在九华示范区隆重举行，这一“航母级”项目达产后，可实现年产值300亿元，年创税收12亿元以上。同时签约的还有沿江风光带与沪昆高铁基础设施项目。沿江风光带九华段项目由湖南发展集团投资，总金额约15.3亿元，项目建成后将形成对接“大长沙”的骨干通道，凸显湘潭在长株潭区域发展中的核心作用，进一步改善九华示范区的投资环境和投资品质，这也将成为一条“资源节约、环境友好”的“生态绿谷”、“景观链接”、“经济走廊”。由九华示范区和湖南发展集团、开元发展（湖南）基金投资55亿元共同开发建设的沪昆高铁、兴隆湖整体开发项目，建设内容包括沪昆高铁站前配套工程、兴隆湖水利环境整治改造项目等。

【湘潭市政府与北控水务集团签订战略合作协议】 2011年8月15日，湘潭市人民政府与北控水务集团有限公司签署合作框架协议，就城市水务环境项目和城市综合开发及基础设施建设进行广泛、深入的合作。北控水务集团有限公司是香港联合交易所主板上市公司，集水务项目的投资、建设、运营、管理于一体，是国内具有核心竞争力的大型水务集团。其控股公司北京控股有限公司是北京市政府下属最大的，以城市基础设施建设为核心业务的综合性公用事业企业，在中国500强公用事业、公共设施经营和管理类企业中位列第一。根据协议，北控水务集团将与湘潭在水务环境、城市综合开发及基础设施建设方面开展合作。其中，城市水务环境项目总投资约6亿元，实施后将有力提高项目范围内居民水务服务质量，提升城市生活水平；城市综合开发及基础设施建设项目总投资120亿元，项目实施后将大大加快湘潭城市发展的进度。

【昭山·中建仰天湖绿色养生示范城项目开工 投资逾200亿】 2011年9月5日，全省“两型社会”建设重点示范工程、总投资超过200亿元的昭山·中建仰天湖绿色养生示范城项目开工。昭山·中建仰天湖绿色养生示范城是一个由健康养生产业、旅游产业、高端商务和养生地产组成的城市综合运营项目，位于湘潭昭山示范区，西临湘江风光带，东临芙蓉大道，北接窑洲地块，南临上瑞高速，总面积8720亩，总投资超过200亿元，开发建设周期为5年。在规划中，昭山·中建仰天湖绿色养生示范城共包括2000亩仰天湖湖泊公园、世界中医药论坛永久会址（五星级酒店）、世界中医科学院及其附属医院、中医博物馆、中医药成果孵化基地、主题购物公园、展示中心、高端养生地产等多个项目，预计年产生利税10亿元以上。项目建成后，每年将举办世界中医药文化论坛，邀请全国著名的中医药专家学者讲学、坐诊，进行科学研究等，此处将成为高端人群养生、体检、旅游、养老和居住的理想选择。

【韶山旅游区荣升国家5A级旅游景区】 2011年9月12日，在2011年中国（湖南）国际旅游节开幕式上，国家旅游局党组副书记、副局长王志发将国家5A级旅游区的牌匾授予湘潭市委常委、副市长周放良。这标志着韶山正式成为国家5A级旅游区。

【湘潭再添22家国家级高新技术企业 全市已达104家】 2011年9月29日，全市2011年高新技术企业复审工作会议向湘潭市22家企业授牌，湘潭市国家级高新技术企业再添新丁。至此，全市高新技术企业总数已达104家据了解，国家级高新技术企业认定的有效期为3年，3年后要复审，6年后要重新认定。此次通过认定的22家企业是2010年申报的第二批。高新技术企业认定是企业实力的名片，也将为企业带来一系列的优惠政策，对于企业发展意义重大。自2008年国家颁布新的《高新技术企业认定管理办法》以来，湘潭市高新技术企业培育和认定工作力度不断加大。目前，全市高新技术企业总数已达104家，湘潭市正逐渐成为高新技术企业的孕育摇篮和发展基地。与此同时，国家级高新技术企业的不断涌现，已经成为湘潭市经济发展中最具创新优势的骨干力量，也促进了全市高新技术产业快速发展。统计数据显示，2011年上半年，全市高新技术产业完成总产值433.35亿元，同比增长44.04%，高新技术产业增加值的增长率达到了45.2%。高新技术产业已成为湘潭经济增长的重要引擎。

【湘潭市成为全国农业机械化示范区】 湘潭市被确定为全国农业机械化示范区，成为全省唯一市州级农机示范区。为深入贯彻落实《农业机械化促进法》和中央1号文件精神，积极推进农业机械化试验示范基地建设。2011年，国家农业部又新增了10个全国农业机械化示范区，湘潭市即为其中之一。新增湘潭市为全国农业机械化示范区主要基于湘潭的农业基础好，农业机械化发展势头迅猛。湘潭市是排名全国第三、全省第二的吨粮市，近年来，随着中央一系列强农惠农政策的贯彻落实，全市农业机械化事业也得到了长足发展。截至2010年底，全市农机总动力达258万千瓦，连续3年保持8%的增长。机耕面积达261.71千公顷，机插面积2.354千公顷，机收面积166.45千公顷，农机化综合水平达58%。至2011年5月，机插秧面积已达5.6万亩，是2010年全年的3.7倍。推广插秧机130台，超前4年完成推广总量。

【湘潭矿山运输及安全装备产业集群获批国家试点】 湘潭市“先进矿山运输及安全装备产业集群”获批全国“创新型产业集群”首批试点。这也是湖南省唯一的一个试点城市。据了解，为贯彻落实中央关于加快转变经济发展方式的战略部署，培育和发展战略性新兴产业，国家科技部火炬中心组织实施了“创新型产业集群”建设工程。成功获批的试点集群可获得连续3年，每年2000到3000万元资金的滚动支持。湘潭市是全国最早生产矿山装备的重要工业基地。经过几十年的发展，矿山装备产业已成为该市经济的一大支柱产业。此次“先进矿山运输及安全装备产业集群”获批为科技部首批“创新型产业集群”试点，将有力地推动湘潭市矿山装备产业的技术进步，带动和辐射周边地市矿山装备转型发展。

【湘潭鹏欣水游城项目取得新进展】 2011年11月8日，上海鹏欣集团有限公司就“鹏欣水游城”项目，与湘潭市河西滨江棚户区改造项目的相关部门进行对接。双方就推进项目建设的具体方案进行协商和探讨，并初步拟定了下一步项目建设计划。此次鹏欣集团计划投资约45亿元在湘潭市建设“鹏欣水游城”和城正街历史文化街区项目。项目选址拟定在北至熙春路、西至南步街、东至泗州路、南至雨湖后湖及滨江路的区域范围，占地245亩，规划总建筑面积约110万平方米（含地下建筑面积），是融住宅、商业购物、休闲、影视娱乐、餐饮、酒店等诸多功能于一体的超大型综合设施。

【湘潭体育后备人才培养成绩喜人 国检居“两湖”之首】 2011年11月18日，从“国家级高水平体育后备人才基地”检查小组传来喜讯，湘潭市体育运动学校在国家体育总局组织的“国家级高水平体育后备人才基地”中期检查中，综合评分位列湖南、湖北两省之首。11月3日至5日，国家体育总局专家组一行对湘潭市体育运动学校基地建设情况进行了检查。通过查阅资料、组织座谈、实地查看，专家组对学校的训练、教学、科研、管理工作进行了全面了解。在充分肯定湘潭市国家级高水平体育后备人才基地建设的同时，专家组认为，湘潭市体育场馆规划合理，以市体育中心为龙头的城市中心体育场馆区位优势明显，且与沿二环线的湘潭大学、湖南科技大学和沿湘江风光带的湖南工程学院、湖南理工职业技术学院等高校体育场馆圈互为补充，形成了完整的场馆运行体系，发挥了大型体育场馆的功能，成为全民健身的重要阵地，引导了城市的协调发展。市体校自2009年被国家体育总局命名为“国家级高水平体育后备人才基地”以来，为国家培养输送了1000余名竞技体育后备人才，培养了网球名将李芳、田径名将于文革、举重世界冠军杨炼等。目前，国家队现役运动员有11人来自市体校，他们正积极备战2012年的伦敦奥运会。

【湘潭市创新能力建设取得新突破】 2011年11月21日，从湘潭市发改委获悉，迅达科技集团公司和江滨机器（集团）公司获批“国家认定企业技术中心”，至此湘潭“国”字号企业技术中心增至5家。同时湘潭大学化工过程模拟与强化国家地方联合工程研究中心获得批准，填补了湘潭高校没有“国”字号工程研究实验室的空白。据介绍，此前湘潭市已有湘电、江南、江麓等3家老牌企业获批“国家认定企业技术中心”。迅达科技集团公司和江滨机器（集团）公司的加盟，使湘潭市“国家认定企业技术中心”增至5家，这一数量在全省处于前列。“国家认定企业技术中心”是国家经综合考评，对企业创新能力、核心竞争力和行业示范作用的最高肯定。该资质的认定，除了能获得良好的社会效益外，还将为公司带来经济效益，经国家认定的企业技术中心，在技术创新能力建设上将得到政府部门相应政策扶持，享有更多的优惠条件。如“国家认定企业技术中心”将享受科研试验用品免征进口关税和进口环节增值税、消费税以及国家发改委企业创新能力建设专项、科技部科技专项计划等相关优惠政策支持。

【高新区迅达国家企业技术中心挂牌】 2011年12月3日，迅达国家级企业技术中心正式挂牌，成为湘潭第5家获国家级企业技术中心的企业，第一家获此殊荣的民营企业。2011年5月底，迅达集团总投资5000万元，建筑面积9800平方米的15间各类检测实验室建成，配置有价值近千万的先进燃气具检测仪器设备、全自动化的城市燃气配气系统，包括燃气成分气相色谱分析实验室、燃气灶具实验室、燃气快速热水器实验室、燃气用具零部件实验室、新能源产品试验室等。历时九个月建设的迅达科研大楼“尚魁楼”也胜利竣工。国家级企业技术中心由国家发展改革委、科技部、财政部、海关总署、国家税务总局主持认定，并给予相应的优惠政策，以鼓励和引导企业不断提高自主创新能力。当天，迅达集团分别获得到湘潭市政府和湘潭国家高新区科技创新专项奖励资金20万元、50万元。

【“厅市共建”发展湘潭大学生创业园】 2011年12月13日，省人事劳动和社会保障厅厅长彭崇谷一行来到湘潭国家高新区湖南（湘潭）大学生科技创业园调研。湖南（湘潭）大学生科技创业园引进了30余家服务机构，构建了“政务、技术、融资、中介、商务、生活”六大服务体系，形成了对大学生创业全程保姆式服务。目前，园区自有孵化场地面积35万平方米，入驻企业292家，其中，大学生科技创业企业66家。“十二五”期间，园区将再新建65万平方米的创业孵化场地，引进1000家大学生科技创业相关企业，争创国家级创业孵化示范基地。下一步，省人社厅将继续坚持“厅市共建”，积极支持湘潭大学生创业园建设。

【湖南国际医学中心项目将落户昭山 预计总投资超230亿】 预计总投资超过230亿元的湖南国际医学中心项目将落户昭山。湖南国际医学中心项目由省卫生厅、省两型办、湖南兆佳集团和兴边富民基金共同倡导发起，由中国城市综合开发研究院负责项目前期策划工作。该中心集医疗临床与康复中心、生物医学研究所、医疗设备高端技术创新中心、生物医学科技创新培育园、国际企业创新园为一体，将打造成为一个先进医学健康产业集群。该项目被列为我省“两型社会”建设核心示范项目。项目拟选址在昭山中建养生城北侧，总用地6500亩，预计总投资230亿元，分三期建设。一期为国际医药板块、中医药及治疗养生板块及配套设施，二、三期将着重建设国际中医药研究院、高新技术产业化关联项目，并对一期项目进行扩展。

【九华成功晋级“国家队”国家级湘潭经开区正式授牌】 2011年12月16日，国家级湘潭经济技术开发区授牌仪式暨发展动员大会在九华大楼隆重举行。9月25日，国务院正式批准湘潭九华工业园区升级为国家级经济技术开发区，定名为湘潭经济技术开发区，实行现行国家级经济技术开发区的政策。湘潭经济技术开发区规划面积为12.46平方公里，四至范围为：东至九华大道、南至上瑞高速、西至科大路、北至奔驰路。

【湘潭市园区经济迅猛增长】 2011年12月16日，湘潭市园区管委会主任会议在市园区办召开，会议回顾总结了2011年以来全市园区经济工作，并对2012年园区工作进行谋划。2011年以来，园区经济继续强劲增长。1—11月份，湘潭园区主要经济指标同比增幅均在45%以上，其中完成技工贸总收入1047.42亿元，同比增长72.12%；完成工业总产值835.74亿元，同比增长57.11%；完成财税收入30亿元，同比增长47.6%，占全市财政总收入的33.46%。会议指出，目前湘潭园区经济发展来势非常好，园区对促进社会发展的能量也开始释放，园区下一步要在做大做强和转型升级上下功夫，园区经济要向集群化、高新化和特色化转变，在做大做强的同时实现转型升级，转型升级后又促进做大做强。会议还对2010年度全市园区经济工作目标管理考核先进单位进行表彰，高新区获得一等奖，九华示范区、昭山示范区获得二等奖，湘潭天易示范区、湘乡工业园、韶山永泉科技园获得三等奖。

【省生产力促进中心韶山创新成果产业化基地启动】 2011年12月25日，湖南省生产力促进中心韶山创新成果产业化基地启动暨园区重大招商引资项目签约仪式在韶山永泉科技园举行。启动仪式上，省生产力促进中心与韶山市人民政府签署了共建合作协议，恒欣实业、华磁科技、博云兴达等十家企业成为韶山创新成果产业化基地首批重点培育企业。湘电重装、高翔重工、湖南小太阳科技、湘潭兆基、中宏重工、正威重工等6家企业签约入驻韶山永泉科技园。省生产力促进中心韶山创新成果产业化基地主要依托永泉科技园，总体面积1平方公里，将以创业服务中心、中小企业创业基地以及恒欣、华宇、天一、博云等企业为主体，重点做好政策引导、产业服务、项目引进，培育高新产业。针对园区重点发展的三大产业，培育一批优势企业和优势项目，壮大园区发展实力。建设公共服务平台，包括政务服务平台、孵化平台、配套服务功能等。同时将科研总部基地1000亩纳入规划，作为后备及延伸。该基地全部建成后，预计能容纳80家中小企业，3年内入孵企业为社会至少提供2000个就业机会，企业总收入15亿元，财政收入约1亿元，有望成为全省最有影响力的科技创业基地。

两型技术产品

【新型锂电池项目落户高新区火炬园】 2011年1月4日，湘潭丰华新能源有限公司正式落户湘潭国家火炬创新创业园。公司主要生产电动汽车用磷酸铁锂电池，该公司一期将投资5000万建立年产量5000万安时的生产线，其生产的圆柱式电池单体30安时，80安时，其产品的单位80安时、150安时圆勘误表式电池达到国内领先水平。

据悉，未来企业还将会把其电动车电机及控制系统也引入火炬园发展。该公司的入驻为湘潭新能源产业基地注入了新的力量。锂电池具有高电压、高容量、循环寿命长、安全性能好等显著优点，已广泛应用于便携式电子设备、电动汽车、空间技术及其国防工业等多个方面，动力锂电池在汽车节能减排上的潜力备受业界关注，而湘潭丰华新能源有限公司的新型锂电池技术在国内外都处于领先地位，在磷酸铁锂动力电池上拥有2项发明专利，在电动车电机及控制系统也拥有4项专利，用电机及控制系统装配的混合动力车分别在2004年、2007年连续两届在必比登国际电动车大赛上获得A奖；该公司股东江瑞华是中国首台混合动力大巴德设计者，其设计的无变速箱的无级变速系统是全球迄今唯一的无级变速创新技术；此外该公司在电池隔膜技术上也取得了很多的突破，其性能超越了国外产品。这支锂电新军的入驻丰富了火炬园锂电项目的产品，使火炬园的电池产业进一步显现出聚化效益。

【湘潭13个国家创新基金项目通过验收】 2011年第一批验收合格的国家科技型中小企业技术创新基金项目公告已经发布，湘潭海诺电梯承担的《滚轮驱动无机房电梯》、斯瑞摩科技有限公司承担的《铁水脱硫剂——涂层颗粒镁》等13个项目获得创新基金验收合格证书。创新基金项目的实施，能促进企业加大对科技的投入，加速新产品的开发与研制，为企业的可持续发展注入活力。此次通过的13个创新基金项目中，有7个单位继续申报了重点创新基金项目。作为具有较高成长性的科技型中小企业项目，他们将享受到国家的重点支持。随着每年需要验收的创新基金项目逐年增加，湘潭市科技局及时调整工作思路，从过去狠抓项目申报立项，转变为一手抓创新基金项目申报，一手抓创新基金项目验收。2010年，湘潭创新基金项目执行情况呈现良好局面，项目实施均取得了较好的成效。

【科技部门“做媒”企业高校共话储能产业】 2011年1月24日，湘潭市科技局用科技沙龙的方式为企业和高校“做媒”，中南大学、湘潭大学、湖南科技大学3所高校的专家学者与湘潭10余家能源产业链上的企业代表齐聚一堂，共话湘潭先进储能材料产业发展。沙龙上，作为先进储能材料及器件的使用者，湘电风能、吉利汽车为代表的应用企业就动力锂电池的容量、寿命、价格、安全、环保等方面提出了对产品的要求和疑问。而以电化集团、湖南格林新能源为代表的生产企业一一作答，并介绍了当前亟须攻克的技术难关。来自3所高校的教授也纷纷表示，将全力配合湘潭的新能源研发工作。

【湘潭电机喜获国家科技部973计划支持】 2011年2月11日，湘潭市科技局传来好消息，由湘潭电机申报的“能源高效利用中的基础科学问题”项目现已通过国家科技部审批，被列入国家973计划。973计划是由国家组织和实施，对国家发展中面临的重大关键问题的基础性研究。计划瞄准科学前沿重大问题，强调国家需求与重大科学问题的结合，以围绕我国社会、经济和科技自身发展的重大需要为重点，对国家的发展和科学技术进步具有全局性和带动性。此次获批列入973计划的“能源高效利用中的基础科学问题”项目，是湘潭电机继成功申报国家863计划和国家科技支撑计划后的又一重要突破，意味着湘潭电机在新能源方面进入更高层次的研究领域，在风电行业奠定了排头兵的地位。

【江南公司2010年获29项专利授权】 江南机器集团公司传出消息，在刚刚过去的2010年，该公司有29项军民品专利获得国家授权，其中发明专利15项，专利获批量比上年增加14项，创该公司历年之最。尤为突出的是，29项专利中，22项属于民品专利，表明该公司的民品开发能力有了质的提升。近几年，江南明确“创新领先、协调互动、主业突出、相关多元”的集团发展战略，确立产、学、研联合开发，“生产一代，研制一代，预研一代，探索一代”的研发模式，大力发展技术创新，着力将企业打造成创新型企业。依托军民品科研双轮驱动的研发体系，江南新的科研成果不断涌现。“十一五”末，该公司主导军品由两个增加到4个，初步形成了6大系列19个品种的格局。2010年，有5个项目获中国兵器工业集团科技进步奖，其中一项荣获科技进步特等奖；民品CNG气瓶产品由单一产品扩展到了7个系列50个型号，公司军民品结合产业的市场地位和竞争力显著提升。专利申请量也随之年年递增。截至2010年，江南拥有的专利总数达170项。

【湘电一风力发电机组研制项目通过省级验收】 2011年3月10日，从湘潭市科技局获悉，由湘潭电机股份有限公司承担的“2.5兆瓦及以上低风速直驱式风力发电机组研制”项目，现已顺利通过省工业科技支撑计划重点项目验收。该项目攻克了“大尺寸叶片的设计计算及选型、整机系统集成技术及机组控制系统、兆瓦级直驱型永磁风力发电机、变流器及其控制系统”等关键技术。研制出的2.5兆瓦低风速直驱式风力发电机组是采用水平轴、三叶片、上风向结构布局，变转速、变桨距角调节控制策略，自然风冷却、单主轴承内转子发电机的直接驱动型风力发电机组。项目实施后，预计每年可新增产值26亿元，新增利税1.36亿元。

【国内首台5兆瓦海上风力发电机启运欧洲】 2011年3月13日，湘电股份电机事业部风电二期厂房内彩旗招展，由该公司自主研发的拥有自主知识产权的5兆瓦直驱型海上风力发电机启运仪式在此举行。据了解，这次发运的风力发电机型号为TFYD5000－1NT，电机总重140多吨，是国内首台研发成功5MW直驱型海上风力发电机，将落户荷兰国家风能研究中心试验风电场。这次5兆瓦直驱型海上风力发电机发往欧洲，标志着湘电股份已全面掌握5兆瓦海上永磁直驱风力发电机的生产制造技术，为国产化风力发电机批量生产打下了坚实的基础，同时也标志着湘潭在风电产品进军海外市场方面迈出了成功的第一步。

【湘潭43个项目获国家创新基金逾2000万】 2011年3月22日，湘潭市科技局传来喜讯，湘潭43个项目获国家科技部科技型中小企业技术创新基金立项，共获得扶植资金2140万元，占全省国家创新基金总金额的13%，立项数量和争取资金均居全省第二。其中，获得无偿资助31项，争取资助资金1940万元；获得贷款贴息3项，争取资助资金200万元。创新基金是国家用于鼓励、培育、支持和促进科技型中小企业技术创新的政府专项基金。湘潭十分重视创新基金工作申报、培训、验收等工作，通过积极加大创新基金宣传力度，深入企业调研和开展科技服务，一批光机电一体化、新能源、新材料、资源与环境领域的科技型优秀中小企业不断涌现，并获得国家创新基金的大力扶持资助。这些企业都拥有自主知识产权，在某一领域拥有自己的核心技术，正快速茁壮成长起来，成为湘潭经济增长的又一支生力军。

【湘潭一风电项目通过省科技重大专项中期评估】 2011年3月22日，湖南省科技厅组织相关专家，对省科技重大专项“兆瓦级低风速直驱式风力发电机组产业化关键技术研究”进行了中期现场评估。专家组一致同意该项目通过中期评估。“兆瓦级低风速直驱式风力发电机组产业化关键技术研究”项目2009年被列为湖南省科技重大专项，由湘潭电机股份有限公司牵头实施。该专项实施以来，已成功研制了XE93－2000兆瓦级低风速直驱型风力发电机组，研发的5兆瓦直驱永磁风力发电机已成功下线，并攻克了低风速风电机组气动性能、载荷计算、强度分析、结构动力特性分析、可靠性分析技术；低风速兆瓦级永磁风力发电机的设计、制造技术；变流器结构与主电路的优化设计技术；兆瓦级电加热模具制造及兆瓦级低风速叶片设计技术；兆瓦级偏航变桨驱动系统的传动仿真分析及高可靠性密封技术等多项关键技术。专项的实施建设了一支能承担大型风力发电装备研制、设计、制造、检测、安装调试、运行维护、生产组织的工程技术人才队伍，培养了一批掌握核心技术的学术带头人。专项研制了新产品5项，取得发明专利5项，实用新型专利10项，发表论文14篇，制定企业标准4项。

【湘潭县9家企业获科技部创新基金】 在国家科技部“科技型中小企业技术创新基金”网站公布的2011年度第一批立项项目公告中，湘潭县湘潭高耐合金制造有限公司等9家企业喜获立项支持，共获得无偿资助资金640万元。这次创新基金立项数和获批资金额，均刷新了湘潭县开展创新基金申报工作以来的新纪录。湘潭高耐合金制造有限公司获得立项的“JZP01型轨道交通高速重载轴装制动盘”项目，拥有发明专利，产品填补了国内空白，已应用于我国高速动车组上。湘潭炜达机电有限公司获得立项的“SCR催化剂生产用真空强力挤出机”项目，拥有实用新型专利10余项，产品处于国内领先水平，已应用于北京工业大学的SCR催化剂实验室。湖南鸿雁海泡石科技有限公司的“高纯度改性海泡石环保用吸附颗粒”项目，能显著提高海泡石的科技含量，延长产业链，获得无偿资助90万元。

【湘潭10项自主创新产品通过复审】 2011年4月12日，湘潭第一批自主创新产品复审工作启动，10项入围产品通过复审。这10项产品中，除“江麓”牌垃圾压实机、“凌天”牌系列中央空调、“海诺”牌电梯等高新装备设备外，还有“早立停”牌高效植物抗旱剂等农业科技创新成果，入围产品整体呈现出科技含量较高的特点。当天，湘潭市科技、财政、发改委、经信委等相关门负责人对入围的10个自主创新产品情况进行了复审。复审坚持公开、公平、公正的原则，评委们根据产品标准及质量性能等6项指标，对这批自主创新产品进行打分评定。10项产品均成功通过了当天的评审。从2007年起，为充分利用财税政策，鼓励企业自主创新和实施品牌发展战略，提高企业竞争力，湘潭组织开展了自主创新产品认定工作。对于自主创新产品，政府采购优先。据统计，2010年湘潭第一批自主创新产品被政府各部门和社会各界采购的产品共有9个，总金额达到9.97亿元。

【湘潭设立青少年科技创新奖】 2011年4月21日，从湘潭市科技领导小组会议上获悉，湘潭将增设青少年科技创新奖奖项，并适当提高科技进步奖奖励标准。青少年的发明创造活动在湘潭具有广泛的基础，一大批在科技创新方面有较大潜力和良好素质的青少年不断涌现，基层学校对设立此项奖励的呼声很高。对此，当天会议确定，将面向全市在校中小学生增设青少年科技创新奖。奖项奖金合计8万元，每年评审一次，奖励总数不超过20项，其中一等奖不超过两项，奖金各1万元；二等奖不超过5项，奖金各6000元；三等奖各2000元。参照国省有关文件以及其他地区做法，湘潭还将适当提高科技进步奖的奖励标准。提高后，一二等奖从现在的6万元、4万元，分别提高到8万元、5万元，三等奖仍然保持两万元不变。

【湘电风能4种风力发电机组通过省级鉴定】 在2011年4月23日由湖南省经信委组织、市经信委主持的XE82/87/93－2000、XE93－2500风力发电机组省级新产品鉴定会上，专家组认为，湘电风能公司这4款新型风机综合技术水平在大型直驱风力发电机组领域国内领先，达到了国际同类产品的先进水平，一致同意新产品通过鉴定。随着风能市场的不断拓展，湘电风能公司在引进、消化、吸收的基础上，对成熟产品XE72－2000型永磁直驱型风机进行再创新，自主设计开发出XE82/87/93－2000、XE93－2500型等4款新型风机，并全部实现国产化。新产品获得授权发明专利8项、实用新型专利35项，形成了包括整机集成技术、关键零部件优化设计、生产工艺技术创新等一整套大型直驱风力发电机组核心技术，成功打开了我国内陆和海上风电场，形成了规模化生产能力，销售量逐年跃升。据悉，2010年，湘电风能公司风机产量达425台，完成产值约37亿元，截至目前，2011年订货已经突破500台。专家鉴定委员会对XE82/87/93－2000、XE93－2500等4种类型的风力发电机组进行了认真审查。大家一致认为，新产品综合技术水平在大型直驱风力发电机组领域居国内领先，达到了国际同类产品的先进水平，一致同意通过新产品鉴定。

【水稻新品种“潭两优143”通过省农作物品种审定】 经湘潭市农科所科研人员10多年努力研发的双季杂交早籼优质水稻新品种“潭两优143”顺利通过湖南省农作物品种审定。这是该所近10年来第11个通过湖南省农作物品种审定的水稻新品种。此次通过审定的新品种具有早熟性好，广适性、稳产性好，稻米品质优，稻瘟病抗性突出，抗倒力强等优势，2009年被评为湖南省三等优质稻品种，开发应用前景十分看好。目前，已有多家种业公司与市农科所洽谈该品种的生产经营权。

【江麓风能产品国际级展会受关注】 上海新国际博览中心人声鼎沸，江麓风能产品在第五届中国（上海）国际风能展览会上，受到海内外风电制造企业、专家学者、采购商、新能源发电运营商的关注。据了解，当前中国风电装机容量已跃居世界第一。中国（上海）国际风能展览会由中国农机协会风能设备分会（风力机械分会）、中国电机工程学会可再生能源发电专业委员会、世界风能协会、上海跨国采购中心共同主办，自2007年成功创办以来，现已成为业界闻名的品牌展览会。江麓风能公司本次送展的系列产品包括2兆瓦级XE82和XE93型风电变桨、偏航驱动装置。参展产品是该公司依托江麓机电科技有限公司的研发实力、设备加工能力和几十年生产军用变速箱的经验，研发和试制的兆瓦级风电变桨、偏航驱动装置，产品已经获得两项国家专利。其中，XE72风电变桨、偏航减速器获得中国兵器集团2009年度科技开发三等奖。2010年8月，江麓风能研制的3种不同型号的2兆瓦级风电变桨、偏航减速器项目顺利通过重大专项评审，项目被列入国家重点产品计划和湖南省重大科技专项。

【湘电电动轮自卸车荣获“中国工业大奖表彰奖”】 在2011年4月28日于北京人民大会堂召开的第二届中国工业大奖表彰大会上，湘电集团SF33900型220吨电动轮自卸车荣获“中国工业大奖表彰奖”。这是迄今为止，湖南省唯一获此殊荣的工业产品。湘电集团公司生产的220吨电动轮自卸车具有完全自主知识产权，是该公司技术集成创新的成果，也为我国矿山装备产业的自主创新和技术升级奠定了坚实的基础。与进口车辆相比，湘电220吨电动轮自卸车的性价比更高：不仅整车价格低于国外同类车型，车辆的备件成本也低于国外车型。在市场竞争中，该产品优势更明显。此外，该车用于矿山开采可使成本大大降低，据测算，仅此一项每年可为国家节省投资5亿元以上。220吨电动轮自卸车自成功下线，湘电集团迅速推动其产业化。目前，该公司已形成了年产100台的生产能力，并带动了整个行业配套体系技术水平的提升。据介绍，“中国工业大奖”于2007年经国务院批准设立，是我国工业领域最具综合性、科学性、影响力和代表性的最高奖项，旨在奖励在技术、生产、经营、管理等方面达到国内外先进水平，并为促进产业发展和增强综合国力作出重大贡献的企业。该奖每三年评选一次。

【湘潭首批4台新型工矿电机车启运首钢】 2011年5月15日，由湘潭三弘重工科技有限公司研制、生产的首批4台交流变频电机车启运首钢动力公司。这种新产品是三弘重工科技有限公司与清华大学、中科院等科研机构历时10多年研发出来的电力机车新产品，具有比同类产品更节能、更安全、更低成本的特点，达到同行业国际先进水平。据介绍，这种新型电力机车牵引力大、过载能力强、爬坡性能好、制动安全可靠、操作简单方便；节能显著，较直流传动系统节能25%以上；能够适应各种工矿环境要求，允许环境温度范围为零下40摄氏度至50摄氏度高温，允许电压波动范围为负40%至正30%，在结构上具有防尘、抗振动等功能。这种产品在煤炭开采运输、冶金化工、建材、农田水利和国防工业领域应用广泛，拥有广阔的市场前景。目前，三弘重工科技有限公司已与攀钢集团矿业公司、宣化钢铁集团、平庄煤业集团、抚顺矿务局等30多家单位签订意向订货合同，金额达两亿多元。

【湘潭联合基金将再续三年】 2011年5月17日，省、市自然科学基金——湘潭联合基金座谈会上传来消息，湖南省自然科学基金委员会已原则同意与湘潭科技局续签三年合作协议，湖南省自然科学湘潭联合基金管理委员会（以下简称湘潭联合基金）将继续为湘潭市的经济社会发展服务。湘潭联合基金设立三年来，取得了阶段性成果。期间，驻潭各高校共申报联合基金项目170项，其中立项的重点项目14项、一般项目34项，涉及风能、新材料、环保新技术、先进装备制造技术及数字化设计等与湘潭市产业密切相关的技术领域。2011年，湘潭联合基金将提供143万元，对4个重点项目、10个一般项目进行资助。另外，从2012年起，湘潭电机的风电国家重点实验室、湘潭市农科所、湘潭市林科所将纳入联合基金范围。目前，湖南省自科基金委正在建立项目库，集纳企业和高校已经合作或者有意向合作的项目，为他们之间的进一步合作提供信息平台。座谈会上，3所高校、2个科研院所及部分大中型企业技术负责人纷纷为湘潭联合基金2012年项目申报指南提出意见和建议。湘潭市是第一个与湖南省自科基金委建立合作关系的单位。设立于2009年的湘潭联合基金，主要致力于应用基础研究，定位于战略型高新产业的技术攻关和产品开发，为高校和企业搭建起了产学研结合的平台。

【国内首台300吨交流传动自卸车在湘电集团成功下线】 2011年5月26日，被誉为“中国电工产品摇篮”、创造了100多项国内第一的湘电集团再写辉煌。上午11时30分左右，在令人振奋的轰鸣声中，我国首台具有完全自主知识产权的SF35100型300吨交流传动自卸车驶出生产车间。这标志着我国自行研制的最大吨位交流传动矿用自卸车成功下线，表明我国掌握了世界上最先进的电动轮自卸车生产技术。伴随着凌空炸响的礼炮、震天的鼓乐和翻飞的彩龙，一辆长15米、高6.8米、宽8.8米、自重210吨的大车平稳启动，缓缓行进，然后又稳稳当当地停在指定位置。前进、后退、转向、举升、落下车厢……这个大山一样的“巨无霸”动作流畅自如，现场一片欢腾。望着自己一手设计、研发、制造的“宝贝”终于迈开了坚实的步伐，许多参与者的眼角闪烁着晶莹的泪花。

【至2011年4月湘潭专利申请量近6000件】 近年来，湘潭市大力贯彻落实《湖南省专利保护条例》，借助国家知识产权工作示范城市、“湘潭.中国机电”专利信息平台等工作平台，全面加强知识产权创造、运用、保护和管理工作，湘潭知识产权工作快速发展。湘潭市专利数量和质量大幅提升，截至2011年4月，全市专利申请量达5826件（其中发明专利1094件），授权量达2675件（其中发明专利313件），万人申请量43.17件。全市专利实施率保持40%以上，其中职务发明实施率为85%。“十一五”期间，20家重点培育企业共实施专利项目648个，实现产值800亿元，利税近60亿元。

【中国最大吨级矿用自卸车在九华下线】 2011年8月22日在中冶京诚（湘潭）重工设备有限公司下线的国内最大吨级矿用自卸车——HMTK－6000电动轮矿用自卸车一车装载的矿石可填满6节火车车皮。HMTK－6000电动轮矿用自卸车车体总长16.02米，宽9.56米，高7.55米，轮胎直径4.03米，设计满载重量400吨，相当于装载6节火车皮的标准总重，最高车速64KM/H，可广泛用于各类大型露天矿山的开采和特大工程土石方的运输。中冶京诚（湘潭）重工设备有限公司是当前世界上第三家能生产此规格（400吨级）矿用自卸车的企业。据中冶京诚（湘潭）重工设备有限公司相关技术人员介绍，该车广泛采用计算机辅助设计，从而保证了整车结构和性能的可靠性，由于配备了油电混合控制系统，除自身动力系统驱动外，还具备了辅助架线供电驱动功能。车架车体大量选用合金铸锻件、高强度合金板，采取先进焊接工艺，使该车的抗疲劳强度、抗低温冲击韧性大大提高，使用寿命延长。

【湘潭8个资源节约和环保项目获国家亿元支持】 国家下达了第三批资源节约和环境保护类重点工程项目资金，湘潭市获得1亿余元资金支持，占全省下达资金总量的42%。在此之前，湘潭市一城市污泥治理项目已经获得了国家1500万元的环境资源项目资金支持。本次下达湘潭市的资金主要安排战略性新兴产业（节能环保）和节能重点工程、循环经济和资源节约重大示范项目、重点工业污染治理工程等三大类，涉及8个项目。这8个项目分别是：韶山爱国主义教育基地节能环保科技示范项目，湘电股份高效节能电机产业化项目，牵引机车厂有限公司1000台/年节能型变频调速牵引机车产业化项目，湘潭市电机车厂有限公司4000台/年工矿电机车变频节能调速装置产业化项目，迅达科技集团年产300万台环保型沼气灶产业化项目，沃森电气防爆项目，伟鸿清洁生产项目和超宇科技焊割设备项目。

【湘电5MW永磁直驱海上风机在荷兰并网发电】 2011年9月14日，在欧洲荷兰北部梅登布利克郊外的风力发电场，一座巨型“风车”开始转动它的叶片，由湘电制造的“5兆瓦永磁直驱海上风力发电机组”在风车故乡荷兰并网发电。来自美国、法国、德国、挪威、保加利亚、阿根廷、爱尔兰、英国等47个国家的代表团成员观赏了这一盛况。湘电5MW风机是世界上单机功率最大的永磁直驱海上风机，也是中国出口风机中最大的机型，是中国风机成功进军海外市场的标志之一。近年来，湘电集团凭借强劲的高技术创新能力，积极走国际化经营之路，重点打造新能源板块，在荷兰成立了全资湘电达尔文有限公司，成为集研发、生产、销售、服务于一体的风力发电系统集成供应商。结合荷兰风电技术和湘电优秀的研发与生产能力，以国家能源风力发电机研发（实验）中心、国家唯一的海上风力发电技术及检测国家重点实验室、北京风电研发中心和省风电技术工程中心为创新平台，湘电已成功研制了中国最先进的2MW、2.5MW、3.6MW、5MW风机，并正着手研发8MW、10MW直驱型风力发电机组。湘电5MW永磁直驱海上风力发电机攻克了海上风力发电机组整机集成、专有单主轴承同步永磁发电机设计、海上风力发电机组冷却系统防腐防潮设计、大功率高叶尖线速度的复合材料叶片等技术难关，与欧洲运行中的几种同功率等级的风机比较，具有发电品质高、结构简单、运行可靠、单位功率对应质量最轻、便于维护等显著特点。5MW永磁直驱海上风力发电机于2010年10月在湘电成功下线，2011年5月发运荷兰，直至9月14日并网发电成功，其运行结果得到了荷兰国家能源研究中心风机试验测试专家的高度评价。

【湘潭地理空间框架工程建设项目进入实施阶段】 2011年9月27日，在湘潭市纪委的全程监督下，经过评标专家组的严格审查后，湘潭地理空间框架一期项目顺利完成招标采购，广东南方数码科技有限公司成功中标。此次采购采用公开招标的方式，以综合评分法确定中标单位。通过专家评委的严格细致的评审，在四家参与竞标的单位中，最终确定了一家中标单位，整个招标过程充分体现了公开、公平、公正，在保证项目建设质量的同时，节约了大量资金。10月19日，湘潭市国土资源局和广东南方数码科技有限公司签署了湘潭地理空间框架公共平台项目合作协议。这标志着湘潭地理空间框架工程建设项目正式进入实施阶段。湘潭地理空间框架建设项目即打造一个平台，将地理信息数字化，直接体现全市土地利用现状、城市规划、水资源、矿产、房地产等信息。只要轻轻点击鼠标，一个三维可视数字湘潭就出现在屏幕上，通过屏幕可尽览湘潭街巷楼宇将为政府宏观决策、各部门信息资源共享提供便利。同时，市民也可以便捷了解旅游、餐饮、购物等生活信息。湘潭地理基础空间框架于2010年经国家测绘局批准立项，根据湘潭市人民政府与湖南省国土资源厅联合签署的《湘潭地理空间框架建设合作协议》要求，由湘潭市国土资源局具体承担项目建设任务。

【湘潭市3家省知识产权优势培育企业获考核组肯定】 2011年10月，湖南省知识产权局对湘潭市第二批省知识产权优势培育企业进行考核验收。江南机器（集团）有限公司、湖南吉利汽车部件有限公司、迅达科技集团股份有限公司3家省知识产权优势培育企业有望通过考核验收。知识产权优势企业培育工程旨在促进企业建立完善的知识产权管理体系，发挥知识产权制度在促进企业发展的重要作用，切实增强企业创造、运用、保护和管理能力，提高企业核心竞争力。自2008年成为第二批省知识产权优势培育企业以来，江南机器（集团）有限公司、湖南吉利汽车部件有限公司、迅达科技集团股份有限公司的知识产权拥有量大幅提升，共申请专利284件，其中发明专利81件；授权专利234件，其中发明专利48件。同时，企业的知识产权意识显著提高，知识产权创造、运用、保护和管理能力明显增强，有力支撑了企业的健康快速发展。

【湘潭县4个农业项目获科技部星火计划支持】 2011年10月13日，从科技部传来喜讯，湖南鹏扬生态农业有限公司的“鹏扬系优质原种猪选育与示范推广”项目获得国家科技部“十二五”农村领域科技计划预备项目库第二批星火计划重点项目支持，湖南南国红实业有限公司的“特色中药材金银花产业GAP示范基地建设”、湖南省天鹅湖生态农业科技有限公司的“良种肉鹅繁殖技术及产业化”和湘潭华茂园林绿化工程有限公司的“湘林系列油茶新品种示范推广及育苗关键技术研究”等3个项目成功获得星火计划一般项目支持。这是湘潭县继获得国家科技富民强县后续工程项目支持之后，再次成功申报科技部重点项目，成为全省第一个同时取得两个科技部重点项目支持的县市，对于促进湘潭县农业产业化的发展，实现科技兴农和科技富民的目标，具有重要的推动作用和现实意义。

【合作社“牵手”企业 蔬菜可保鲜4个月】 2011年10月18日，湘潭湘九红蔬菜合作社联合两家技术和设备企业的蔬菜保鲜合作项目正式启动。

库房保鲜与普通的冰箱冷藏有何不同？据介绍，蔬菜在贮藏中仍然是有生命的机体，它需要抵抗不良环境和致病微生物的侵害，保持品质，减少损耗。普通的冷藏会使蔬菜丧失水分，且贮藏期很短。这种全智能控制的保鲜技术，能为在贮藏过程中的新鲜蔬菜提供维持正常生命的氧气、二氧化碳等，最重要的是能够提供适当湿度的保鲜环境，保持蔬菜新鲜。“蔬菜的季节性强，采用保鲜技术，可以满足市民在不同季节对各种蔬菜的需求。”卢伟介绍，蔬菜生产旺季，品种多，价格低，难免出现滞销的现象，农民因此蒙受损失。淡季，反之。企业为合作社提供蔬菜保鲜技术和设备，不仅能使蔬菜保质增值，而且能提高农民的生产积极性，扩大蔬菜种植面积。

【湘电风能项目进军内蒙古2兆瓦以上直驱风机在通辽下线】 2011年11月6日，两台2兆瓦以上直驱风机露出了它的“庐山真面目”，这也标志着湘电风能（内蒙古）有限公司2兆瓦以上直驱风机在开鲁县成功下线。这不仅为湘电风能发展添上了浓墨重彩的一笔，也使湘潭国家高新区在新能源装备制造业领域的发展得到进一步提升。当天，湘电集团有限公司与通辽市政府签约年产200台重型矿山车暨百万风资源开发项目。湘电风能有限公司作为湘电集团旗下专业从事大型风力发电装备制造的企业，是国内大型风力发电装备制造业的龙头企业，是湘潭国家高新区“3+1”主导产业发展格局中新能源装备制造产业体系的核心企业。通辽地区风能丰富，对风电主机需求量大，湘电风能选择在内蒙古设立子公司，并投资建立风电设备制造产业化基地，旨在利用其优势自然资源和政策资源，为企业开拓更广阔的发展空间，集中力量在大型风力发电机组领域形成突破，实现大型风力发电机组及关键零部件产业的集聚，提升企业竞争力。

【“循环利用地表水和废水的热泵技术及其应用”项目成果通过省级鉴定】 2011年12月3日，湖南省科学技术厅在湘潭组织召开了由湖南凌天科技有限公司和湖南工程学院共同完成的“循环利用地表水和废水的热泵技术及其应用”科技成果鉴定会，该项目针对地表水和废水源热泵系统进行了研究，提出了地表水温预测、地表水体热承载能力评价以及水源热泵系统流量优化控制等方法；开发了闭式地表水源热泵和复合式地表水源热泵技术，提高了水源热泵机组对地表水温、水质的适应能力，提高了系统的能效。研制的组合式水源热泵中央空调机组，结构紧凑，安装方便。为我国利用地表水和废水的热泵机组与系统的优化设计、控制和运行管理提供了一整套方法和技术，填补了国内外空白，研究成果整体达到国际先进水平。发展可再生能源是优化我国能源结构和改善环境质量的要求，地源热泵技术是一种有效利用可再生能源和低品位热能的技术，具有显著的经济、环境和社会效益，推广应用前景广阔。

社会建设管理

【雨湖社区大讲堂常讲常新 化解矛盾上千起】 2011年1月4日，湘潭市雨湖区云塘街道繁城社区偌大一个会议室坐得满满当当。由雨湖区委宣传部和湘潭社区大学举办的“法律宣传社区大讲堂”在开课。针对少数群众对发展与建设中的问题认识不清的情况，雨湖区于2007年7月开设了社区（村）大讲堂。寓教于乐的“大讲堂”深受群众欢迎，一些心结迎刃而解。区委把这种宣传形式固定下来，3年多来，他们已在社区和乡村举办了324场讲座，11万多人次聆听受益。中央文明办曾发文对此进行推广。大讲堂常讲常新，满足听众需求是根本点。他们把讲堂开设到群众身边，让他们能就近听课。除了在居民密集的雨湖公园、和平公园、新景家园、护潭广场、基建营开设固定讲堂以外，还根据实际情况在其他社区，乃至村头巷尾开辟临时讲堂。区里组建了一支综合素质高，有区级领导、部门负责人参加的50余人的授课队伍，分消防安全、文明礼仪、医疗保健、政策法律、致富门路等8个教研组。

【湘潭在全省首创“城市大学”】 2011年1月13日，岳塘城市大学开讲第一天，湘潭高新区工委书记、岳塘区委书记肖克和主讲的第一堂课，吸引了近千名来自岳塘区的街道居民和失地农民到场听讲。岳塘城市大学是一个多层次、综合性的培训机构，同时也是一个为民办实事的服务机构。用组建“城市大学”来推进新型城市化和城乡统筹发展，湘潭这一创新举措在湖南省尚属首创。为推进新型城市化和城乡统筹发展，破解面临的矛盾和瓶颈，岳塘城市大学应运而生。通过聘请专职和兼职教师，在各乡镇街道设分校，各村、社区设班级，城市大学为岳塘、高新两区的全体居民免费提供多层次的综合性培训，并以课堂和课外相结合的教学形式，以讲课、讲座、现场教学、外出参观学习等多种方式开展灵活教学，帮助失地农民提升自身素质，让他们学有所成、学有所用，向高素质劳动力转化。据介绍，湘潭的这一创新举措在全省也是首次尝试。目前，该校已经成立了以肖克和为校长的领导机构和校务委员会。下一步，这里还将把学习、教育、培训长期进行下去，让所有的居民群众都参与到城市大学的学习培训中来，不断提升两区党员干部为民服务的工作水平，促进城乡居民尤其是失地农民的职业技能和思想素质的提高，进一步解放思想和转变观念。

【湘潭知识产权保护专项行动取得阶段性成绩】 2011年1月19日，从湘潭市打击侵犯知识产权和制售假冒伪劣商品专项行动督查汇报会上获悉，湘潭在基本完成上级布置的各项规定动作的同时，查处了一批大案要案，保持了打击的高压态势，专项行动取得阶段性成绩。湘潭市副市长杨广出席当天会议。自专项行动开展以来，湘潭专项行动领导小组各成员单位迅速行动，以此为重要工作议程，积极贯彻落实全国、省专项行动领导小组有关要求，形成了打击违法的高压态势。截至1月19日，全市已组织联合执法2次，出动执法人员2000余人次，查处相关案件494起，检查经营主体2300余户，检查商品13400余件，捣毁制假窝点14个，查处盗版图书234册，盗版音像制品6300余件，假冒品牌电缆、假冒“波司登”、“牙病灵口服液”等一批大案要案得到严厉打击，专项行动取得阶段性成绩。

【湘潭开通“12338”妇女维权热线】 2011年1月20日，湘潭市妇联召开十一届七次执委（扩大）会议，会议全面总结了2010年全市妇女工作情况，研究部署2011

年的工作任务。会议选举了增补、替补执委，并启动开通“12338”妇女维权公益服务热线。“12338”热线是为湘潭广大妇女提供法律、政策、心理、就业等咨询服务，解决侵权投诉，化解矛盾纠纷的社会公益服务专用号码。广大妇女群众足不出户就可以反映情况，获得帮助，解决问题。

【2011年全国“春风行动”在湘潭启动】 2011年2月15日，由国家人力资源和社会保障部、全国总工会、全国妇联共同举办的2011年全国“春风行动”启动仪式在湘潭市东方红广场举行。2011年的“春风行动”以“搭建劳务对接平台，帮您尽早实现就业”为主题，专门为农民工朋友送政策、送岗位、送技能。启动仪式结束后，现场招聘会举行，1万多名求职者参与活动现场。

【湘潭推进居家养老服务工作】 从2011年起，湘潭将以“居家养老服务模范典型创建”为载体，以福彩公益金“以奖代补”为手段，推进居家养老服务覆盖面，力争2015年年底，全市开展居家养老服务的社区比例达到70%。湘潭现有老年人口40多万，占全市总人口的15.3%，其中农村老年人数为29.14万人，城市老年人数为16.65万人。随着老年人群的逐年扩大，老年人的需求日益多元化，老有所养、老有所医、老有所乐等老年问题逐渐成为一个重大而现实的社会问题。曾有研究表明，85%以上的老年人有享受居家养老的意愿，而选择居住养老机构的老年人却只占5%至8%。2011年，湘潭计划在农村每个中心乡镇至少建立1个居家养老服务示范点。确保到2015年，居家养老服务工作在城市社区全面落实，真正形成县（市）区、街道、社区三级网络。

【湘潭刑法与犯罪学研究成果居全省之首】 2011年3月4日，湘潭市刑法学会、犯罪学研究会理论研讨会召开，来自市刑法学界和政法系统的专家学者百余人参加了研讨会。据统计，2010年全市共收集按学会、研究会提示撰写的论文131篇，其中有29篇入选湖南省刑法学会、犯罪学研究会年度研讨会，居各市州学会入选论文之首。目前，湘潭市刑法学会、犯罪学研究会由政法系统、特邀理事单位及热爱研究刑法和犯罪学的社会各界人士约500成员组成。他们一方面研究各个时期犯罪新趋势、新动向，另一方面大力向群众宣传法律知识。据不完全统计，全市有100多名知情群众在参加完学会、研究会举办的法制讲座后，增强了法律意识和法治观念，大胆向当地司法机关检举揭发各类犯罪案件120多起，成效显著。2011年，学会、研究会将致力于刑事司法中如何贯彻社会管理革新精神、如何解决刑法与未成年人保护法不配套等方面的研究，面向全市征集相关论文160篇。同时，还将继续开展法制宣传活动，并向特邀理事单位提供法律服务，以促进全市法制宣传工作不断向前发展。

【湘潭商务网和12312商务举报投诉服务平台开通】 2011年3月12日，湘潭商务网和12312商务举报投诉服务平台在华隆步步高广场举行开通仪式。以“三市联动、净化市场、绿色消费”为主题，由湘潭市商务局联手长沙市、株洲市开展的“12312”商务行政执法联合整治大行动已经启动。联合行动从2月7日开始，将持续到3月18日。行动开始至今，湘潭在城区开展了联合执法行动，共出动执法车辆256台次，出动执法人员468人次，查获假冒伪劣酒案值10万余元，劣质肉类167公斤。并将查获的假冒伪劣产品于12日在双马垃圾场集中销毁。

【省百万农民培训暨农民读书月活动在潭启动】 2011年3月11日，湘潭县易俗河镇银塘村里人头攒动、热闹非凡。湖南省百万农民培训暨农民读书月活动启动仪式在这里举行。活动上，工作人员向农民赠送了有关农业技术多媒体播放器等设备2套、科技光盘140个品种984片、科技图书170个品种1760本 。现场还请来了农业技术专家为农民兄弟进行指导、答疑。

【湘潭开展“3.15”主题维权活动】 2011年3月15日是第28个“国际消费者权益保护日”。当天，湘潭市消委、工商、质监、物价、药监等单位，在建设路口步步高广场举办“3.15”国际消费者权益日“消费与民生”主题纪念活动，宣传消费维权知识，并现场受理群众咨询、投诉。2011年消费者维权工作将重点围绕“消费与民生”这一主题，更加注重提升消费者权益保护工作的宣传力度，进一步提升全社会对消费者权益保护工作的认识，推动消费者权益保护工作的深入开展。同时，进一步强化对商品和服务的社会监督效能，营造公平正义的消费环境，提高对受侵害消费者的救助水平，畅通维权救济渠道，切实保障消费者的合法权益。当天，全市各级工商、质监部门还在基建营、东方红广场、九洲和霞光社区等地分别设立受理消费者投诉和咨询点，开展消费维权和法律法规宣传服务。

【湘潭全面推进信息公开和诚信体系建设】 2011年，湘潭将全面推进工程建设领域项目信息公开和诚信体系建设工作，现已成立了协调领导小组、建立了工作机制、下发了工作实施方案、编制发布信息目录、信息公开制度等。预计4月底，各相关部门将依托政府门户网站“工程建设领域项目信息公开专栏”，发布工程建设领域项目信息和信用信息。通过整合还将建立相对集中的项目信息公开服务平台，加强行业信用信息的公开共享，逐步建立工程建设领域诚信体系的守信激励和失信惩戒制度。湘潭还将结合实际，逐步完善健全信息发布机制、工作考核办法、责任追究办法，加强信息公开专栏建设。及时准确全面更新信息，切实保障人民群众知情权、参与权和监督权。

【湘潭市4500名五保老人实现集中供养】 目前湘潭共有60余所敬老院和96所村级“五保之家”，集中供养五保户达到4500人。据统计，5年里湘潭共计发放五保供养金1.11亿元，集中供养五保户生活水平由2005年的年人均2000元提高到2010年的5200元，集中供养率由2006年的不足10%提高到2010年的18%，基本实现了由乡村松散管理向政府制度化保障转变，从村民集体互助共济向以政府财政保障为主的转变，农村敬老院工作经费由自筹为主向财政保障为主的转变。2011年湘潭将继续完成10所农村敬老院的新改扩建，争取新增集中供养五保户老人1000名，集中供养率由18%提高到22%。

【湘潭4月起整顿水运市场秩序】 从4月份起至8月份底的4个月时间里，湘潭交通运输部门将集中力量对水运市场进行整顿。整顿的重点是无证营运行为，旨在扭转水运市场混乱无序的局面，逐步实现水运市场健康有序发展。4月11日，湘潭市港航、海事部门召开联席会议，对整顿行动进行了部署。根据相关规定，凡从事水上营运的各类船舶，均必须持有《船舶检验证书》、《船舶登记证书》和《船舶营业运输证》以及拥有一船一号的船名号牌和船籍港标识。目前在湘潭注册的各类营运船舶达221艘，总吨位超过7万吨。这些参运船舶绝大部分没有按规定办理“三证”或没有齐备，同时相当部分没有船名号牌和船籍港标识。鉴于这种情况，港航、海事部门要求船主于月内到相关部门办齐相关手续，并按规定标明相关船名号牌和船籍港标识。从4月16日起，港航、海事部门将集中力量进行整治，对“无证”或“证件”不全，不随船携带相关证件的，均将依法进行处罚。

【湘潭200名贫困肢残人免费安装假肢】 2011年4月12日，湘潭2011年为民办实事“帮助贫困肢体残疾人安装假肢200例工作”正式启动。2011年是“帮助贫困肢体残疾人安装假肢200例工作”的第二年。各县（市）区残联将制定切实可行的实施方案，明确相关部门和人员职责，充分发挥乡镇、街道和社区、村民委员会的作用，严格按照项目要求规范开展工作。

【湘潭将出台《人才规划纲要》】 湘潭已完成《湘潭市中长期人才发展规划纲要》（2011年—2020年）（简称《人才规划纲要》）编制，预计5月份提交有关会议审议，2011年年底前颁布实施。据湘潭组织部门介绍，根据全省人才规划纲要精神，湘潭已在2010年9月成立调研组，起草《人才规划纲要》。在经过广泛征求意见，反复修改后，已基本完成文稿，预计下月分别提交市人才领导小组会议、市政府常务会议、市委常委会议审议。据了解，该文稿设计了9大人才工程，特别是准备了两项招才引智措施，被认为是湘潭人才工作改革的亮点所在。一是在学科带头人、特殊人才的引进上简化流程，迅速办理，建立重点领域、重点专业引进高层次紧缺人才“绿色通道”。二是改革事业单位进人凡进必考的操作模式，提高用人单位选人的自主性。目前，湘潭事业单位进人凡进必考，而考试综合知识占比过大，专业知识占比过小，造成专业能力强的人考不上，能考上的人专业水平难以胜任工作。

【湘潭农村金融产品和服务创新成效显著】 2011年4月27日，湘潭召开推进农村金融产品和服务方式创新暨一季度经济金融形势分析会，会议总结了湘潭近三年在农村金融产品和服务方式创新工作中取得的成效，安排部署了下一阶段的工作。为解决“三农”贷款难问题，近年来，全市各农村金融机构根据县（市）域经济发展趋势及不同产业的经营特点，开发设计出与其市场定位和基本客户群的金融需求相符的金融产品，在探索新型农村金融服务方式方面做出了有益的尝试，如农发行开发的农民集中居住项目贷款，农行在韶山试点的“新农保”，农村信用社推出的林权抵押贷款，湘乡市村镇银行创新推出的土地承包经营权流转收入质押贷款，韶山光大村镇银行推出的城乡妇女创业就业财政贴息小额贷款等业务新品种，以及湘潭探索建立的“公司＋农户＋信贷＋保险”运作模式，都从一定程度上加大了对县域中小企业和“三农”的支持力度。

【湘潭1500名贫困白内障患者将获免费治疗】 湘潭的“复明工程”从5月4日开始，在市中心医院、市一医院、仁和医院等11家定点医院为1500名贫困白内障患者免费实施复明手术。此举成为湘潭市政府继2010年“光明行动”之后的又一民生工程和德政工程。为确保手术质量，承担“复明工程”的11家定点医院，均与市卫生局签订了项目工作责任状，同时与残联、基层医疗卫生机构密切配合，严格筛查，让符合条件的患者都能得到及时的手术治疗，并按照湖南省卫生厅制定的《“百万贫困白内障患者复明工程”白内障手术操作规范及质量控制标准》认真组织实施，保证手术质量和安全，做到万无一失。

【湘潭启动“千人技能人才培训”工程】 近年来，湘潭就业结构性矛盾日益突出，“招工难”和“就业难”现象加剧。因此，市人力资源和社会服务局决定在2011年专门开展“千人技能人才培训”活动，帮助解决招工和就业两大难题。本次培训将紧紧围绕“提升技能，促进就业”的主线，采用由政府搭桥牵线，校企实行培训的方式，对培训者开展“订单、定向、定岗”的对口培训，使培训者掌握一门技能，实现素质就业和稳定就业。据了解，本次培训学费全免，培训对象主要包括城镇下岗失业人员、城镇退伍人员、农村劳动力和大学毕业未就业人员，培训时间为3—6个月。培训结束后，学员将被企业对口录用，真正实现“培训一人，上岗就业一人”。

【湘潭启动“全国助残日”活动】 “全国助残日”即将到来。5月13日，湘潭组织开展残疾人辅助器具捐赠仪式和“志愿助残阳光行动”启动仪式。启动仪式上，湘潭为残疾朋友免费发放了100台轮椅等辅助器具。湘潭7个残疾人康复托养基地和10户残疾人家庭成为了“志愿者助残阳光行动”的服务基地。

【湘潭市科技活动周暨青少年科普“六个一”活动启动】 2011年5月14日，湘潭2011年科技活动周暨青少年科普“六个一”活动启动仪式东方红广场举行。当天仪式现场还开展了“七巧科技”版画现场组拼比赛，来自全市24所小学的近600名学生分组参加了比赛。与此同时，雨湖、岳塘两区也分别正式启动了科技活动周活动。“卫生一条街”，科普知识展览，防震减灾法规和科普知识宣传、气象咨询服务、医疗义诊等活动在全市多处铺开。根据国家和省科技活动组委会的统一部署，从14日起的一周时间内，湘潭还将将组织企业参加第四届科技博览会、开展大型科技下乡活动、农村劳动力转移培训、保护母亲河等12项群众性系列活动，动员广大科技工作者与社会公众一起，共同参与丰富多彩的科技活动。

【湘潭成为全国首批“城市居民家庭经济状况核对示范市”】 从全国首批城市居民家庭经济状况核对试点经验交流会上传来好消息，湘潭被民政部确定为全国首批“城市居民家庭经济状况核对示范市”，“湘潭经验”在会上推介。据悉，湘潭是全省首个获此称号的城市。继2010年成为全国首个社会救助示范城市后，湘潭在社会救助事业发展道路上又树“里程碑”。湘潭于2010年在全省率先成立城乡低收入家庭核对中心，成为全国首家将城市居民家庭收入核对中心机构纳入政府行政事业单位的城市。科学、准确地核对申请社会救助家庭的财产收入，有益于社会救助工作的公平公正。

【湘潭363名“赤脚”医生半接受专业培训】 2011

年5月27日，湘潭市卫生局科教科把363名“赤脚”医生的报名资料送给湖南省卫生厅，这些“赤脚”医生将接受免学费的农村医学专业中专学历教育和临床能力培养，学制两年。2011年是实施农村在岗卫生人员医学中专学历教育的最后一年，湖南省已将农村医学专业学生纳入到了全省中等职业学校涉农专业学生免学费范围。自2009年湖南省实施这项工作以来，全省有700余名乡镇卫生院在岗卫技人员参加了医学中专学历教育。根据国家发改委、卫生部、教育部等六部委下发的《以全科医生为重点的基层医疗卫生队伍建设规划》规定，到2014年为止，达不到执业助理医师资格的社区卫生服务机构、乡镇卫生院医务人员必须转岗。

【湘潭首家社区矫正学校成立】 2011年5月28日，岳塘区人民检察院社区矫正学校成立，这是湘潭成立的首家社区矫正学校。社区矫正，是指让符合法定条件的罪犯在社区中执行刑罚，在判决、裁定或决定确定的期限内，由专门的国家机关，在相关社会团体和民间组织以及社会志愿者的协助下，矫正其犯罪心理和恶习，促使其顺利回归社会的非监禁刑罚执行活动。岳塘区自2010年10月启动社区矫正试点工作后，辖区内派出所已与6个社区进行了社区矫正交接，完成交接矫正对象43名，全部181名监外执行的矫正对象的交接工作，将于5月底前完成。

【湘潭出台社会救助管理新举措】 2011年6月3日，湘潭市民政局召开新闻发布会，《湘潭市城市低收入和城乡低保家庭认定办法（试行）》（以下简称《办法》）已于5月31日出台，并将于6月30日实施。这是湘潭市政府为规范救助行为、确保救助公平出台的又一新举措。自1997年湘潭在全省率先启动城市低保制度以来，现已建立起覆盖城乡涵盖十二大救助内容的社会救助体系，常年救助生活困难群众近30万人，有力地促进了基本民生的改善和社会稳定。2010年，湘潭市被国家民政部确定为全国首个社会救助工作示范城市，2011年5月，湘潭市被国家民政部评为全国首批城市居民家庭经济状况核对示范单位。

【湘潭市举行第八个世界献血者日庆祝活动】 2011年6月14日，白石广场人头攒动，锣鼓喧天，由湘潭市中心血站主办的世界献血者日庆祝活动暨献血表彰会隆重举行。副市长苏健全出席活动现场并为先进单位和个人颁奖。为了鼓励更多的健康人参与无偿献血，宣传和促进全球血液安全规划的实施，世界卫生组织、红十字会和红新月会国际联合社、国际献血组织联合会、国际输血协会从2004年起，将每年的6月14日定为世界献血者日。2011年世界献血者日的主题是“捐献更多血液，挽救更多生命”。据了解，湘潭市无偿献血工作开展12年来，共有18万余人次参与无偿献血，累计献血60余吨，10万余人次得到了救治，安全、及时地保证了医疗临床用血的需要。湘潭市连续4年获得了“全国无偿献血先进城市”的荣誉称号。当天，湘潭市红十字志愿者无偿献血服务大队正式成立，一批无偿献血先进单位和个人受到表彰。

【香港道德会在潭投建非营利性医院】 2011年6月18日，香港道德会在湘潭市福利院投资建设的湘潭善庆医院举行落成仪式。先进的医疗设备吸引了不少周边居民，得知该院是非营利性医院时，居民们纷纷表示，这确实解决了他们看病难看病贵的问题。2011年6月，得知福利院的老人和孩子没有完善的医疗技术和设备时，香港道德会捐资300余万元，在市福利院投资建起了湘潭善庆医院。

【百余检察干警宣传举报知识】 2011年6月21日，湘潭市检察院与岳塘区检察院在莲城步行街联合设点宣传反渎职侵权知识、受理举报线索、开展法律咨询。当天，市检察院及各区、县检察院100多名检察干警在5个点同步开展各项举报宣传活动。按照最高人民检察院的统一部署，6月20日至24日，湘潭市检察机关举行2011年度“举报宣传周”活动。在本周接下来的时间，检察系统还将开展检察长接访、网络访谈，检察干警将到各重点单位、乡镇、社区等进行巡回宣传。这次活动的主题是“加强渎职侵权检察工作，促进依法行政与公正司法”。2011年检察机关“举报宣传周”活动的主要内容，一是宣传渎职侵权犯罪的表现形式和社会危害，揭示反渎职侵权工作与保障人民群众合法权益、化解社会矛盾、维护社会公平正义、促进社会和谐稳定的关系。二是宣传党和国家关于反渎职侵权工作的方针政策和法律法规。宣传检察机关查办和预防渎职侵权犯罪的职能、作用以及采取的措施和成效。三是宣传工程建设领域突出问题专项治理和治理商业贿赂等专项工作四是宣传检察机关推行“阳光执法”、畅通举报渠道的措施。宣传12309全国检察机关统一举报电话和高检院举报网站（www.12309.gov.cn）的主要功能和使用方法等，引导群众正确举报；宣传检察机关奖励举报有功人员的相关规定。

【“创新社会管理 提高群众满意度”工作动员大会召开】 2011年7月6日，湘潭市委、市政府召开“创新社会管理，提高群众满意度”工作动员大会。会议深入分析了湘潭市公众安全感及干部队伍建设满意度调查面临的形势，部署全面加强和创新社会管理、做好新形势下群众工作，扎扎实实提高社会管理科学化水平，切实提高人民群众对政府工作的满意度和信任度。会议要求，全市各级各部门要提振信心，进一步落实提高群众满意度的各项措施，打一场大力提高群众满意度的攻坚战，确保湘潭的群众满意度测评进入全省先进行列。会议强调，要整治突出问题，在全市掀起新一轮化解社会矛盾的高潮，确保在年底前，基本化解涉稳重点问题。要充分发挥乡镇街道群众工作的主阵地作用，强力推行市直单位服务群众工作重心下移。要加大正面宣传力度，引导群众看主流、看本质，增强对党委政府工作的认同感。各县（市）区、高新区、示范区要迅速研究制定提升群众满意度的具体措施，切实改进工作，树立良好形象。

【湘潭69万亩农村土地实现流转 带动农民增收约10亿元】 湘潭市涉及土地流转的农户共19.8万，占农户总数的34.1%。农村土地流转面积达69万亩，其中耕地流转35万亩，林地流转34万亩。土地流转是促进现代农业发展的有效途径。为确保土地流转的规范，市农经处在不断研究促进社会资本、金融、信贷支持土地流转政策措施的同时，建立健全农村土地流转服务体系，并加强对土地流转的服务和引导工作，培训了市、县、乡三级农村土地纠纷调解仲裁员，以及时处理农村土地承包及农村土地流转中出现的各种矛盾和纠纷。全市已有165家农产品加工企业、138家专业合作社和休闲农业企业参与土地流转，初步形成了以龙头企业带动、社会投资推动、本地经济能人积极参与的多元化发展格局。目前，通过土地流转，全市已建设万亩以上的优质稻生产基地6个，5000亩以上的油茶、湘莲、水果、稻米生产基地13个，500亩以上的蔬菜、茶叶、花卉苗木基地135个，直接和间接带动农民增收约10亿元。

【湘潭举办“就业困难对象就业援助”专场招聘会】 2011年7月28日，大街小巷的就业困难人群蜂拥至岳塘区板塘铺铭扬广场，参加湘潭市举行的“就业困难对象就业援助”专场招聘会。招聘会吸引了104家用人单位参与，提供就业岗位3100多个，其中适合就业困难对象就业的岗位1300多个。据了解，招聘会由市人力资源和社会保障局主办，市就业服务局承办。本场招聘会在岗位安排上对困难就业对象倾斜，以绿化工（302个）、服务员（273个）、普工（239个）、收银员、保安等岗位为主。2011年湘潭市计划举办就业困难对象专场招聘会19场，目前已召开包括残疾人、女工、独立工矿区专场在内的14场招聘会。共组织用工单位843家，提供适合就业困难对象就业岗位1万多个，现场达成求职意向3000多人次。下半年，市人力资源市场还将组织5场就业困难对象就业援助专场招聘会，提供就业困难对象工作岗位3000个以上。

【湘潭市启动“春蕾学子感恩行”活动】 2011年8月24日，由湘潭市妇联、市教育局、市教育发展基金会联合开展的湘潭市“春蕾学子感恩行”志愿活动启动仪式在市教育局会议室举行。当日，30名春蕾学子代表前往岳塘区霞城乡敬老院看望慰问老人，帮助老人们打扫卫生，用自己的实际行动诠释“感恩行”。“春蕾助学”活动旨在资助农村贫困家庭的女孩和部分城市低收入家庭的女孩，倡导全社会关爱女童。当天，共有100名春蕾学子获得资助。

【湘潭启动低收入群体价格临时补贴 每人每月10元】 2011年8月26日，从湘潭市物价局获悉，为保障低收入群众生活不因居民消费价格指数高位运行而受影响，《湘潭市低收入群体价格临时补贴与物价上涨联动机制实施意见》出台，从7月1日起，湘潭市在提高低保月人均补差的基础上，对城乡低保对象和农村五保户，每人每月发放10元的价格临时补贴。按照《湖南省社会救助和保障标准与物价上涨挂钩的联动机制实施指导意见》，市物价局联合市民政局、财政局、人力资源与社会保障局、统计局和国家统计局湘潭调查队等多个部门，根据湘潭市生活必需品价格上涨情况，结合湘潭市经济发展水平和财力状况提出了临时补贴标准意见，经市人民政府批准实施。根据社会救助和保障标准与物价上涨挂钩的联动条件：“连续3个月，每月低收入居民基本生活费用价格涨幅超过3%，即启动价格临时补贴。”2011年1—6月份，湘潭市城市区低保已由月人均补差由191元提高到201元。为保障低收入群众生活不因价格上涨而受到影响，从7月1日起，湘潭市在提高低保月人均补差的基础上，对城乡低保对象和农村五保户，每人每月发放10元的价格临时补贴。同时，韶山市、湘潭县、湘乡市根据当地财政情况，将另行制订临时价格补贴发放标准和启动时间。

【湘潭市启动首个“全国安全用药月”活动】 2011年9月1日，湘潭市在白石公园广场举行首次“全国安全用药月”启动仪式，倡导市民群众“安全用药，健康生活”。自2011年起，每年的9月将被定为“全国安全用药月”。2011年“全国安全用药月”的活动主题为“谨防网络欺诈销售假药，重视日常生活安全用药”，活动口号为“安全用药，健康生活”。在当天启动仪式上，市食品药品监督管理局代表、品牌厂家代表、老百姓大药房代表以及社区代表，还共同签订了“用药与餐饮安全共建社区”倡议书。据介绍，湘潭市“全国安全用药月”活动将每年举办。这一活动将把专家讲座、家庭必备的药箱与常备药、健康资料等送进社区、送进家庭，有助于在全市筑就一道科学用药“防火墙”。

【湘潭市首次对非公有制企业党组织书记进行培训】 2011年9月5日，全市基层党组织书记加强社会管理培训班第五期开班，100名非公有制企业党组织书记参加培训。市委常委、宣传部长周巧艺出席开班仪式。据悉，此次全市基层党组织书记集中培训从8月8日开始，至9月9日结束，共举办5期。全市500名村党组织书记、100名村党支部第一书记、164名社区党组织书记和100名非公有制企业党组织书记参加了培训。其中，直接对非公有制企业党组织书记的培训，在湘潭市历史上属第一次。

【“全国科普日”湖南主场活动在韶山启动】 2011年9月14日，由湖南省科协和湘潭市委、市政府主办，湘潭市科协和韶山市委、市政府承办的2011年“全国科普日”湖南主场活动在韶山毛泽东广场启动。2011年是第九个“全国科普日”，湖南主场活动的主题是“坚持科学发展、推动‘四化两型’、促进创新创造”。9月17日至23日，湘潭市将举行系列科普教育活动。当天，出席活动的全体人员向毛主席铜像敬献了花篮。主题科普展览、主题科普报告、现场咨询服务、科普大篷车下基层等系列科普活动也随之举行，这些活动受到了韶山干部群众的热烈欢迎。

【湘潭开展“诚信兴商”宣传月活动】 2011年9月22日，由湘潭市商务局主办的“诚信兴商宣传月”活动在建设路口步步高广场前坪启动。为增强市场经营者诚实守信意识，促进湘潭市商务经济又好又快发展，根据中宣部和国家商务部以及省商务厅的有关要求，市商务局牵头组织开展了此次“诚信兴商宣传月”活动。当天，步步高集团、湘潭市市场服务中心、湘潭汽车行业协会、市餐饮行业协会、家政服务协会等18家单位参加了“诚信兴商宣传月”活动启动仪式。市商务局局长黄韧在启动仪式上希望，通过“诚信兴商宣传月”活动营造诚实守信的社会氛围，企业要努力提升诚信形象、塑造“诚信商业街”、“诚信行业”、“诚信企业”形象，推动诚信经营、诚信服务成为商业经营的主流。同时，还要发挥诚信企业的榜样作用。此次活动主要面向三类市场主体：一是各类行业协会、商会；二是各类购物、餐饮、老字号、专业产品、特色经营集中的商业街；三是各类综合或专业性交易市场。活动现场，各行业商家热情地为市民发放了有关诚信经营的资料。

【湘潭13家公共图书馆文化馆下月起免费开放】 2011年9月24日，湘潭市公共图书馆、文化馆（站）免费开放启动仪式在湘潭市群艺影剧院举行，自10月1日起，湘潭市包括各县市区在内的13家公共图书馆、群艺馆、文化馆，以及84家文化站等将分批实行全部免费开放。为全面贯彻落实文化部、财政部《关于推进全国美术馆、公共图书馆文化馆（站）免费开放工作的意见》文件精神，按照省文化厅和省财政厅的统一部署，湘潭市将从2011年10月1日开始，对全市7家公共图书馆（地市级2家，县市区级5家）、6家群众艺术馆文化馆（地市级群艺馆1家，县市区文化馆5家）分批实行全部免费开放。此前2010年1月1日，湘潭县彭德怀纪念馆、湘潭市齐白石纪念馆接受中央和地方财政补贴，已实行全部免费开放。

【为科学决策提供法律服务 湘潭市法律顾问专家组成立】 2011年10月，湘潭市重大行政决策法律顾问专家组正式成立，市政府法制办将市政府颁发的聘书，送到了法律顾问专家组13名成员手上。市政府法制办认真落实市政府常务会议决定，通过听取各方意见，确定并经市政府领导批准，聘请13名法学教授和优秀律师组成法律顾问专家组。法律顾问专家组的成立，是湘潭市贯彻依法治国基本方略，落实市党代会精神，推进法治湘潭建设的重要举措和具体实践，对于促进政府科学决策和依法办事必将起到重要作用。

【湘潭将采取四大措施提升城市管理水平】 2011年10月，湘潭市城管局、湘潭日报社、湘潭广播电视台等相关单位负责人召开城市管理专题会议。会议明确：将在城区设置1000余名市容环境监督员，对不文明行为实施严管重罚；在市级主流媒体开辟城管宣传阵地，形成良好的舆论氛围；面向全市征集一支文明歌谣，渗透文明意识；打造城市亮化工程，年底前使城区夜景更靓丽。1000余名市容环境监督员主要是招募45至65岁的市民，主要任务是参与城市管理，通过对不文明现象实行严管重罚，促进城市管理水平提升。暂定雨湖区、岳塘区（包括高新区）各500人，九华、昭山示范区根据实际需要自行配置，人数不少于10人。在加强舆论引导，营造良好氛围方面，湘潭日报社、湘潭广播电视台分别制定了宣传方案，将开辟专栏，助推城市管理水平提升。报道将围绕“城市是我家，爱护靠大家”这一主题，从曝光、劝导、行动、论坛等四个方面着手。同时，城管局将利用户外广告、文明宣传标语，在全市营造浓厚的文明氛围。此外，团市委、市教育局、市妇联等部门，还将在学校、厂矿、园区、建筑工地、社区开展宣传教育。倡导文明行为，提高市民素质，提升城市管理水平，建设幸福湘潭。近期，市城管委将面向全市公开征集“城市是我家，爱护靠大家”的文明歌谣。将评选出一、二、三等奖，并给予奖励。此外，湘潭市还将对城市桥梁、广场、公园、楼宇亮化进行提质改造，建设城市照明集中控制系统，做好城市亮化方案，加大对城区以及出入城口亮化的投入，将城区照明换上节能灯，力争年底前完成这项工作。会议还就渣土运输管理、完善城市管理考核办法等问题进行了交办。

【湘潭市区春节前将新增1948个停车位】 2011年11月15日，湘潭市政府召开专题会议，部署交通乱象治理、交通秩序整治、缓解“行车难、停车难”等工作。会议明确，12月20日前，城区道路交通标志、标线及设施整改到位；2012年春节前，城区新增1948个停车位。会议要求2012年春节前此项工作要全部到位；剩余的主次干道在未来三年里要逐步完善停车场、停车位。

【湘潭千名市容环境监督员元旦上岗】 2011年11月15日，市政府第72次常务会议审议通过《湘潭市开展市容环境监督员维护市容环境卫生工作方案》（审议稿）、《关于加快发展资本市场的实施意见》及3个配套文件（审议稿）和《关于加快供销合作社改革发展的实施意见》（审议稿）等。会议指出，聘请市容环境监督员，维护市容环境卫生，是提升城市管理工作水平的客观需要，是赶超周边城市的迫切要求，是实现市容环境卫生长效管理的必然途径。通过学习株洲的经验，湘潭市拟成立领导小组，在市中心城区聘请1000名市容环境监督员、200名交通协管员，在城区主次干道、车站、广场等人流密集区域，对随地吐痰，乱扔槟榔渣、果皮、纸屑、烟头，乱倒垃圾，乱贴乱画，车辆乱停乱放，行人乱穿马路等不文明行为进行处罚。处罚额度为：个人违规每次处以10至200元罚款；单位违规每次处以5000至50000元罚款。环境监管员纠章工作于2012年1月1日正式启动，2月1日开始协助实施处罚。

【两天“群众工作日”湘潭近千名干部走访1300余户群众】 2011年11月25日、28日，湘潭市纪委、市政府办等60余个市直机关单位派出近千名干部分别深入对应联系的乡镇（街道、场）走村入户，开展湘潭市第一个“群众工作日”工作。市委市政府将每月25日、26日（遇节假日顺延至下一个工作日）定为“群众工作日”，要求机关干部通过开展座谈、走访调研、结对帮扶等形式，详细了解当地群众的收入水平、生产生活等情况，分析当前存在的困难和自身发展优势，帮助研究制定新农村建设发展规划，为困难群众谋划脱贫致富的新思路，并现场帮助群众解决生活、就学、医疗等实际困难和问题。据统计，湘潭市首个“群众工作日”（两个工作日），市直机关近千名干部深入群众、联系群众、服务群众，通过宣讲政策法规、排查化解矛盾、现场解决问题等多种方式，共走访110多个村（社区）的1300余户群众，发放“公开信”、“便民卡”等资料28000余份，排查调处矛盾纠纷400余件，收集群众意见、建议160余条，慰问困难群众90余户，送去慰问金及油米等物资合计36000余元。

【湘潭民政部门推出六大民生保障举措】 湘潭市民政局组织实施“两个率先、民政先行”方案，推出六大民生保障举措，力争在全国、全省实现率先突破，创造典型经验。2011年7月底，省委、省政府作出《支持湘潭率先统筹城乡发展实现韶山率先富裕的意见》，市民政局紧扣加快实现“两个率先、民政先行”这一主题，从提高困难群众保障水平、破解民生新难题、上好一批民生项目、发展民政支柱事业、运用行政区划调整加快城市化进程、建立健全民政服务体系等六个方面推出了民生保障措施，推动市民政工作走在全省前列。目前，湘潭市已建立社会救助和保障标准与物价上涨挂钩的联动机制，率先在全国、全省进行重特大疾病医疗救助试点，率先在全省进行城乡低保户保障标准城乡统筹试点，率先对外来务工人员中的困难对象进行社会救助试点，并将全市城乡低保户、五保户等困难群众逐步纳入基本医疗救助体系，推动社会救助由半透明的粗放式管理向全透明的精细化阳光救助转变。从2011年开始，为实现“人人享有基本医疗卫生服务”的目标，不断提高困难群众的保障水平，民政部和省民政厅已将湘潭市所辖5个县（市）区全部纳入全国首批重特大疾病医疗救助试点范围，新增医疗救助资金基数1000万；全市力争5年内完成农村特困户建房、危房改造1万户以上，新建、改扩建敬老院30—60所，重点抓好市六医院养老康复中心养老示范项目；逐步提高湘潭市孤残儿童、流浪乞讨人员、老年人和部分优抚对象的救助和保障标准。

【湘潭市金融消费者权益保护中心成立】 2011年11月9日，湘潭市金融消费者权益保护试点工作启动大会在人民银行湘潭市中心支行举行。湘潭市金融消费者权益保护中心由此正式成立。市金融消费者权益保护中心是金融消费者维权的专门机构，受理申诉的范围主要包括：办理人民币相关业务的争议；办理支付结算相关业务的争议；办理国库、国债相关业务的争议；办理征信相关业务的争议；办理外汇相关业务的争议；办理保险相关业务的争议；办理证券相关业务的争议；其他金融消费者与金融机构在办理金融业务时的争议。在办理业务过程中，不向申诉人收取任何费用。

【湘潭市部署“城市是我家、爱护靠大家”主题宣传活动】 2011年12月1日，城市管理宣传教育深度推进工作布置会提出，为让城市管理工作深入人心，变成市民的自觉行动，在加大媒体对城管工作宣传力度的同时，要广辟平台，将宣传触角深入家庭、社区、学校、厂矿中，广泛深入发动全体市民投身到“城市是我家、爱护靠大家”的行动中来。会上，各有关单位和部门就向市民免费发放20万条小手帕，城管宣传进社区、进家庭，大中小学生、厂矿投身城管，志愿者加大宣传力度，汇编城市管理宣传手册等工作方案进行了汇报，与会人员就各项工作进行了深入探讨。会议呼吁全体市民自觉遵守城市管理相关规定，以实际行动根治“六乱”。1000名市容监督员上岗以后，将重点对领导干部的“六乱”行为进行监督和处罚。厅级干部、处级干部、科级干部和一般干部的“六乱”行为将分别处罚1000元、800元、500元和100元。

【湘潭市成立创建文明城市市民巡访团】 2011年12月22日，湘潭市创建文明城市市民巡访团成立大会举行。为了吸引更多的市民群众关心、支持和监督文明城市创建工作，市创建办决定成立市创建文明城市市民巡访团。市民巡访团是一支自觉参与创建文明城市活动的志愿者队伍，是由市民代表组成的公益性群众组织，奉行“自愿、业余、奉献、无偿”的原则，由市文明委和市创建文明城市领导小组负责领导。市民巡访团实行自我教育、自我监督、自我管理，通过“听、访、看”等巡访形式，开展对全市文明城市创建工作的巡访、调研、宣传、监督、测评、考核等，及时发现文明城市创建的先进典型和存在问题，向相关部门提供信息和建议。巡访团每两个月开展一次集中巡访活动。市创建办每年将根据创建文明城市市民巡访团成员提供的巡访意见质量、数量，评选出“优秀巡访组”、“优秀巡访员”、“优秀巡访项目”，并给予一定奖励。市民巡访团按团—队—组三级管理。市设巡访团，设团长1名，副团长6名，秘书长1名，副秘书长2名，由市人大、市政协、市老干局分别推荐人大代表、政协委员、老干部代表担任。日常活动由团长主持，团部负责制定市民巡访团的工作方针、规章制度、议事规定，拟定各项巡访活动计划，召开有关会议。巡访团下设雨湖区、岳塘区、高新区、九华示范区、昭山示范区等5个巡访队。各队分为市容市貌组、环境卫生组、交通秩序组、服务窗口组、文明行为组等5个巡访组。首批市民巡访团员由162人组成。

【湘潭家庭服务中心平台开通运营 服务内容超200项】 2011年12月25日，湖南省首家确立的湘潭95081家庭服务中心平台全面启动并投入运营。95081家庭服务中心平台是湘潭唯一一个由政府资金扶持建立的家庭服务对接平台，服务中心隶属总部在北京的易盟集团。该集团在全国80多个城市开展了95081家庭服务中心业务运营。广大市民可拨打平台热线号95081或登陆http://www.95081.com，享受家庭服务预订、居家养老、家庭购物配送等200多项全方位的服务内容。湘潭的家政服务业一直存在服务理念滞后、供需衔接不畅、基础设施薄弱、信息化水平不高、服务质量安全无保障等问题，所以，湘潭家政服务体系亟待建立和完善。在市商务局的努力下，2011年6月，湘潭获批成为36个“全国家政服务体系建设试点城市”之一。95081家庭服务中心平台的开通运营，在居民和企业之间搭建起有效的供需对接平台，有利于提高家政服务满意度。

【湘潭启动“爱护环境 女性先行”主题活动】 2011年12月29日，市城管委、市妇联联合举办的湘潭市“爱护环境，女性先行”主题活动启动。来自湘潭市直机关、湖南职业技术学院、大学生村官等11个女性方阵队伍；以及新苗幼教中心、花地幼儿园的小朋友等共500人参加了当天的启动仪式。为再次掀起湘潭市城市管理宣传的高潮，湘潭市城管委、市妇联决定在全市妇女中开展“城市是我家，爱护靠大家”主题宣传教育活动，旨在通过女干部带头、女典型引路、妇女群众共同参与等方式，采取“成立一支巾帼志愿者宣传队、举办一场社区宣传活动大展示、赠送一批环保手帕、创设一批废旧电池兑手帕兑换点、建立一批环保手帕零利润销售专柜”等十一个具体措施，引导全市妇女积极投身城市管理、建设工作。

体制机制创新

【湘潭加强两节党风廉政建设 严禁滥发年终福利】 湖南省湘潭市纪委、市监察局就加强2010年元旦、春节期间加强廉洁自律和厉行节约工作发出通知，不得举办各类没有实质性内容的节日庆典活动，严禁以各种名义年终滥发各种福利。同时，湘潭市纪委还在《湘潭日报》、湘潭电视台、湘潭廉政网上公布了举报电话，接受社会各界的广泛监督。

【湘潭交警部门再推10条便民措施】 2011年2月18日，湘潭市交警支队正式向社会推出10条便民新举措。10条便民措施为：1、交管服务窗口和处罚窗口在20分钟内办结一般业务。2、委托邮政快递公司提供上门办理上牌换证服务。3、为小型汽车车主提供自愿就近车检服务。4、为直考驾驶员提供优先预约考试服务。5、开设残疾人驾驶证考试专场。6、寒暑假集中为学校师生开设驾驶证专场考试。7、生活困难的重大交通事故受害人申请救助金，48小时内办理申领手续。8、在城区主、次干道划定2000个路内停车位。9、提供全省范围“电子警察”交通违法行为异地处理服务。10、免费开展交通安全警示教育基地活动100场。

【湘潭“三个一批”掀起干部人事制度改革潮】 2011年3月1日，湘潭市委下发文件，决定2011年在全市实施干部队伍建设“交流一批、培训一批、公选一批”工作。“三个一批”涉及从县处级到乡科级不同层级，从市直到县（市）区到乡镇街道不同单位，从领导干部、公务员到村干部、大学生村官、产业工人不同领域的干部，人数约400名左右。这是湘潭适应经济社会发展需要，进一步改进和加强干部队伍建设、激发干部队伍活力，完善干部竞争选拔交流制度的新举措。

【湘潭首创从产业工人中招录公务员】 2011年，湘潭成为全省从优秀产业工人中招录公务员的试点城市。3月21日，湘潭市委组织部召集湘钢、湘电、江麓、江南等企业相关负责人就这项工作进行了专门研究部署。为进一步贯彻落实党的十七届五中全会精神，不断深化湘潭干部人事制度改革，2011年，湘潭市委制定了“三个一批”的实施方案，其中一个亮点就是从优秀产业工人中招录3名公务员到市直机关工作。这项工作是《公务员法》实施以来，湘潭首次从优秀产业工人中招录公务员，打破了身份限制。据悉，这种完全面向产业工人招收公务员并进入市州一级的直属机关工作的做法，在全国尚属首创。据介绍，包括湘钢、湘电、江麓、吉利汽车等在内的17家企业进入了从产业工人中招录公务员试点工作的范围。报名对象为生产一线工作两年以上，目前仍在生产一线表现优秀的工人。网上报名时间为3月21日至3月30日。招录将严格按照《公务员录用规定（试行）》、《湖南省公务员录用实施办法》的规定进行。

【全省首创 湘潭选拔4名“村官”当“乡官”】 2011年3月22日，湘潭市委党校举行了一场别开生面的乡镇领导干部招聘考试，由笔试产生的12名“村官”走进湘潭市2011年面向村（社区、居委会）干部公开选拔乡镇（街道）党政班子成员的面试考场，竞争4个乡镇党政班子成员岗位。由市委统一组织的乡镇领导干部选拔工作，是湘潭进一步深化干部人事制度改革的举措，激发了基层干部活力，在全省首开先河。据介绍，实现选拔工作公平、公正、阳光、透明，组织部严把“初选关”和“测试关”。对符合选拔条件的村（社区、居委会）干部进行认真排摸，做好选拔报名工作；结合平时工作对参选基层干部政治素质、工作能力、群众威信、遵纪守法等情况的掌握了解，对符合选拔条件人选进行多方征求意见，反复酝酿，确保推荐人选具有较高的群众公认度；结合近期内的考核情况，把考核优秀，实绩突出的村（社区、居委会）干部推荐出来，做到好中选优。22日面试结束后，市委组织部将根据笔试和面试的综合成绩，从12名“村官”中取前4名进入公示环节。

【湘潭60个政府部门将上网公布预算信息】 2011年3月28日的湘潭市十三届人大常委会第二十三次会议和3月18日的湘潭市人大常委会主任会议决定，2011年湘潭将选择60个政府部门，将他们的预算信息全部上网公布。据悉，将政府部门预算信息上网公布，在全省市州人大监督史上，尚属首次。此举开了湖南省人大监督政府部门预算工作的先河。预算信息公开是公共财政的本质要求，是打造阳光预算的有效手段，也是近两年全国“两会”的热门话题之一。为了推进湘潭政府阳光预算实施，加大人大及其常委会对政府预算监督的力度，2011年，湘潭市人大常委会创新监督政府工作的内容，决定将60个市直单位的部门预算上网公开。对政府部门预算信息公开工作，湘潭市政府以及相关部门和市人大常委会有着一致的认识。市政府财政部门表示，部门预算公开工作2011年起步尝试，选择60家率先实施，今后逐步扩面。采取在政府门户网公开的方式，2011年公开市十三届人大四次会议审批的60家部门预算单位的预算，具体内容为这60家部门预算单位的基本情况总表和各单位的收支预算明细表。针对网民的有关询问，市财政部门指定专人负责说明、解释、答复工作。

【湘潭将建立“五个一”权力运行监控机制】 2011年4月14日，从湘潭市纪委、监察局召开的全市规范权力运行制度建设和专项效能监察工作推进会上获悉，2011年湘潭将切实抓好市直单位开展专项效能监察和重要岗位效能监督工作，以规范权力运行制度建设为着力点，建立“五个一”权力运行监控机制，提高机关效能。规范权力运行制度建设是推进机关效能建设的核心工作。市纪委、监察局将规范权力运行制度建设工作摆在首要位置。从4月中旬开始，43个市直单位将严格按照“五个一”即“一项权力，一个目录，一张流程图，一个主要廉政风险点，一项制度”的规范要求，建立权力运行监控机制。具体来说，就是对每个岗位、每个科室、每个单位的所有权力事项进行全面清理，编制好单位的行政职权目录，再对照行政职权目录，为每项权力设计规范的流程图，再围绕各项行政权力事项，认真查找运行中可能存在的容易滋生腐败问题的关键部位或环节，确定该项行政权力的主要廉政风险点，然后着重结合主要廉政风险点，建立和完善好制度。据市纪委效能监察室负责人介绍，全市规范权力运行制度建设的基础性工作必须在2011年8月完成，然后在政府门户网站及各单位醒目位置公开，规范的权力事项将进一步公开透明，广泛接受社会监督。届时，一切权力的运行都将有章可循，这对预防职务犯罪将发挥不可低估的作用。

【湘潭成立全省首家社区文联】 2011年4月20日，岳塘区建设路街道霞光社区成立全省首家社区文联，为丰富社区居民精神文化生活添砖加瓦。湖南省文联就此发来贺信，称赞湘潭成立首家社区文联是湖南省推进基层文联建设迈出的可喜步伐。成立社区文联是贯彻湘潭市委市政府打造文化强市决定的实际行动，更是基层构建和谐社会的一个有益探索。

【高新区全面行使市级行政经济管理权】 2011年4月20日，高新区行使市级行政经济管理权交接暨政务大厅启动仪式在创新大厦举行。在交接仪式上，湘潭市委副书记、市长史耀斌将国土、规划等15枚印鉴交给高新区管委会主任刘硕科。这意味着市委市政府授予高新区的54项权限得到有效落实。同日，该区“一站式”服务大厅也正式启用。自2011年湘潭市委、市政府下发《关于湘潭高新区行使有关市级行政经济管理权的意见》后，高新区在一个多月的时间里，完成了与市直部门对接、备忘录的签订、政务服务大厅软硬件设施建设、人员业务培训等工作。据介绍，该区的政务服务大厅将实行“一站式服务”运作模式，将行政审批时间在法定时限的基础上再缩短30%，最大限度地方便了企业和群众。

【湘潭“小金库”治理成效显著】 从2009年5月湖南省部署“小金库”治理工作以来，湘潭先后组织1245个党政机关、事业单位和524家国有及国有控股企业、社会团体、中介组织开展自查自纠，自查面为100%，发现存在“小金库”问题的单位68家，涉及金额1637万元。湘潭将检查重点锁定在执收执罚权相对集中的部门和单位，以及农业、科技、卫生、交通、社会保障等与人民群众利益密切相关的单位。2009年和2010年，湘潭检查重点领域单位365家，发现存在“小金库”问题的单位25家，涉及金额857万元。据介绍，在治理“小金库”工作中，湘潭实施“一把手”问责制度，要求“一把手”对自查结果负责，并出具承诺书。凡被查出有“小金库”问题的“零申报”单位，对责任单位和责任人一律从严惩处，除在全市通报外，还对“一把手”问责；对严格检查后确实为“零问题”的单位，给予表彰奖励；对治理工作开始后再设立“小金库”的顶风违纪行为，对领导和责任人一律先免职，再严格追责。两年来，湘潭市共处理“小金库”问题相关责任人15人，处理“小金库”问题金额857万元，收缴136万元，补缴税款52万元。同时，让广大群众参与到“小金库”治理工作中来，全市共接到“小金库”举报10起，并一一查实处理，对举报有功人员均给予奖励。

【湘潭大学生村官首次当选村干部】 从湘乡东山街道办事处塔子村传来喜讯，大学生村官周鑫高票当选为该村支部委员会委员。大学生村官通过选举正式当选为村干部，这在全市尚属首例。这次村级组织换届选举，湘潭市委、市政府鼓励大学生村官通过法定程序积极参与。周鑫就是通过参加此次村党组织换届选举成功实现由上级委派的大学生“村官”成为由基层民主选出的地道的“村干部”。周鑫于2008年通过选拔由组织部门下派到塔子村，担任该村支部书记助理、团支部副书记。三年来，她将全身心投入到村上的工作中，为当地群众帮困解难，为村上发展献计献策，赢得了村民的信赖与支持，多次被评为优秀村干部、优秀大学生村官。通过“两推一选”，周鑫以绝大多数赞成票成功当选为塔子村新一届支委委员，成为全市大学生村官首位通过正式选举当选的村干部。

【湘潭交警部门车、驾管理模式获全省推广】 2011年5月18日，全省创新车辆及驾驶人管理工作推进会暨公安交管综合应用平台建设动员会在湘潭召开。会议表彰了一批先进集体，湘潭公安交警支队荣获“创建人民满意车管所先进单位”称号。湘潭公安交警支队在会上作了题为《强化服务意识，创新管理模式，让群众真正享受社会管理创新带来的实惠》的典型发言。2011年以来，湘潭市公安交警支队在全市车管业务办理点推出了服务，全面受理车辆注册上户，并开通了集税务、保险、体检、违法处罚于一体的多功能服务，一般车管业务在一个窗口受理后20分钟内办结。并初步形成了具有湘潭特色的直考创新模式，到目前为止，共受理注册直考报名学员1533人，综合合格率达到了80.7%，通过直考取得驾驶证的人数已有309人。支队还开发了机动车驾驶人网上预约管理系统，已形成了较为成熟的网上预约考试模式，实现所有学员基础数据网上采集，考试成绩网上反馈，缴费情况电脑审核，实物档案统一管理等，大大提升了驾考工作的品质和效率。

【湘潭市公安局交警支队机关综合部门勤务改革正式启动】 为更好地适应湘潭日益复杂的道路交通环境，改善城区主要路口交通拥堵状况，2011年6月2日，湘潭市公安局交警支队机关综合部门勤务改革正式启动，今后，交警支队机关综合部门民警将在交通高峰时段全部上路执勤，疏导交通。根据新的勤务模式要求，今后交警支队机关综合部门民警将实行“上班先上路”的工作模式，即在早上7：30至8：20，下午17：00至18：00，机关综合部门民警以“站高峰”的方式到城区主要路口、路段站岗值勤，采取“定点、定人、定岗、定责”工作法，严格勤务职能，严格勤务考核，加大对行人、非机动车、电动车等六类交通违法行为的管理力度，创造全市“安全、畅通、有序、文明”道路交通环境，此次勤务改革是贯彻落实全省部署开展道路交通安全整治专项行动而推出的具体举措，同时也是湘潭交警警务改革的创新之举。这种勤务模式将机关民警推向一线，着力解决一线警力吃紧、路面管理效能局限等问题，将为促进全市道路交通秩序好转、打赢道路交通安全专项整治“硬仗”发挥重要作用。

【湘潭县首创科技特派员工作链 助推湘莲产业发展】 2011年6月3日，全省首创的湘莲产业科技特派员创业链工作在湘潭县启动。一支由省内高校、科研院所的专家教授、县内湘莲人才组成的湘莲产业科技特派员队伍将与企业、农民建立利益共同体，助推湘潭县湘莲产业发展，莲农增收。此次选派的科技特派员团队由湖南农大、湖南大学等高校和科研院所的教授，湘潭市农业部门的专家和县内长期在湘莲产业一线工作的专业人才组成。这支团队将在湘莲原种的保护与繁育、种植、病虫害防控、储运、加工、销售及产业链延伸等提供全方位服务。按照国家相关政策，这项工作鼓励科技特派员以项目为载体，采取资金入股、技术参股、技术承包、有偿服务等多种形式，与企业、专业合作社、农民尤其是专业大户等结成利益共同体，建设一条湘莲特色产业创业链。据悉，到2015年，湘潭县湘莲产业产值将突破40亿元，实现绿色湘莲种植面积10万亩以上，培育国家级龙头企业1家，湘莲产业实现利税3亿元以上。

【湘潭市近2500家事业单位将进行岗位设置管理】 2011年7月1日，从湘潭市人力资源和社会保障局获悉，目前全市事业单位岗位设置工作已全面铺开。按照省政府加快实施事业单位岗位设置管理工作的安排部署，3月初，全市人力资源和社会保障工作会议召开，启动了湘潭市事业单位岗位设置管理工作。6月上旬，市人社局分四批次对全市各事业单位的分管领导及业务骨干进行轮训。6月中旬，市政府常务会议专题研究并通过《湘潭市事业单位岗位设置管理实施意见》。湘潭市事业单位岗位设置管理的目标，是通过实行岗位总量控制、结构比例控制和最高等级控制，组织引导事业单位因事设岗、按岗聘用、以岗定薪、合同管理，实现由身份管理向岗位管理、由固定用人向合同用人的转变，进一步完善事业单位人员聘用制度，推进事业单位收入分配制度改革顺利实施，进一步调动事业单位各类人员的积极性、创造性，增强事业单位的生机与活力。湘潭市此次岗位设置管理工作涉及近2500家事业单位，约5万人。为稳妥有序地保证2011年11月底前完成全市岗位设置管理工作，湘潭市成立了以市委常委、常务副市长蔡建和为组长的领导小组及专门工作班子。市人社局开设了专门的工作办公室，并开通了专业工作QQ群，负责接待来访、答疑解惑并予以指导。根据工作时间表，7月审核各单位《岗位设置方案》，接着将进入岗位聘用和认定阶段。凡在2011年11月30日前完成首次岗位设置的事业单位，岗位工资从2011年12月1日起开始执行。

【《湘潭市城市管理考核奖惩试行办法》实施】 2011年7月8日，湘潭市城管委举行《湘潭市城市管理考核奖惩试行办法》全面实施新闻发布会。从7月1日开始，雨湖区、岳塘区、高新区、九华示范区、昭山示范区，以及市城市管理和行政执法局等21个市直部门、省驻市单位正式纳入新出台的考核奖惩体系，这标志着湘潭市城市管理工作进入一个新阶段。《湘潭市城市管理考核奖惩试行办法》（以下简称《办法》）的实施是湘潭市新一轮城市体制改革的重要内容之一。与以往相比，各责任主体的权、责、利都发生了重大变化，过去许多界限不清、职责不明、相互推诿的城市管理问题将得以解决，城市管理职责更明晰。对雨湖区、岳塘区、高新区、九华示范区、昭山示范区的考核，内容包括市容市貌执法（含河道内占道经营）、环境卫生（含河道内清扫保洁）、市场管理、城市管理工作经费保障、公用设施建设等9个方面。对21个市直部门、省直驻市单位的考核，除“门前三包”、信息处置、社会评估外，还涉及城市建设、城市管理、市容环卫和与居民生活相关的36项管理职能一一细分到各部门、各单位，并相应地制定了考评分值。在考核方法上，市城管委将坚持24小时考核和节假日考核相结合的方法，实行日检查、周反馈、月讲评、季奖惩。考核结果将与各区、各部门、各单位的绩效考核和奖金挂钩，每月排名第一的城市区（示范区）、排名前三位的市直部门，市政府将给予重奖；排名末位的将予以罚款。在年度绩效考核中，雨湖区、岳塘区城市管理分值占20%，九华示范区、昭山示范区占5%，市直相关单位占3%至50%不等。此外，连续两月排名末位的城市区（示范区）、市直部门党政主要负责人由市委、市政府主要领导进行约谈，分管负责人由市委组织部进行约谈。

【湘潭城市管理考核出新招 季度考核排末将罚20万】 2011年7月8日，从湘潭市城管委城市管理考核工作新闻发布会上获悉，《湘潭市城市管理考核奖惩试行办法》（下称《办法》）已经出炉并于7月1日开始实施，湘潭市每季度将对城市各区（示范区）和省市直单位城市管理工作实行重奖重罚，其中考核最高奖励达50万元，排名末位的将罚款20万元。2011年年初，湘潭市开展了新一轮城市管理体制改革。此次改革坚持重心下移，充分调动全社会尤其是区、街道、社区的积极性，发动全社会参与城市管理。4月14日，全市城市管理动员大会提出“学长沙、赶株洲”的口号，争取通过5年的努力实现湘潭城市管理“三级跳”。为进一步强化城市管理，综合治理城市“脏、乱、差”现象，全面提升城市管理整体水平，湘潭市人民政府出台《湘潭市城市管理考核奖惩试行办法》，并于7月1日全面启动考核，标志着湘潭市城市管理工作进入一个新的阶段。此次城市管理考核对象包括城市区（示范区）和省市直单位，考核内容分为四个方面：城市管理履职情况，市容环卫达标情况，有关城市管理工作群众投诉、信息指挥响应情况，市委市政府和考核办交办事宜及专项任务完成情况。考核坚持24小时考核和节假日考核，实行日检查、周反馈、月讲评、季奖惩，并采用暗检、明检、督办等方式。《办法》规定，对季度考核排名第一的城区（示范区）奖励50万元（不设并列名次），排名末位的城区（示范区）罚款20万元。市直部门和省驻市单位根据工作量的大小，每季奖励3个考核单位，奖金为3至10万元。连续两个季度排名末位的城区（示范区）、市直部门，采取约谈措施，其党政主要负责人由市委、市政府主要领导进行约谈，分管负责人由市委组织部进行约谈，每次约谈均由市委组织部和市监察局记录在案。省驻市单位的城市管理工作年终考核结果，由市委、市政府通报其上级主管部门。

【湘潭进一步推进规范权力运行制度建设工作】 2011年7月29日，湘潭市召开了规范权力运行制度建设工作推进会。目前，湘潭市第一批市直43家行政单位规范权力运行制度建设工作已基本完成，第二批41家单位启动这项工作，两批84家单位将在11月底前完成这项工作。2011年4月，湘潭市全面启动了规范权力运行制度建设工作。第一批市直43家行政单位在规范权力运行制度建设中按照职权法定的要求，重点抓好了职权清理、编制职权目录、制定工作流程图、查找廉政风险点等工作，取得了一定成效。目前，34家单位完成了职权目录清理，17家单位完成了流程图绘制，14家单位完成了廉政风险点的查找及避险措施的制定，市科技局、市广电局和市体育局提前完成了制度汇编。

【湘潭市食品药品监管体制改革完成】 雨湖、岳塘两个城区食品药品监督管理分局成功组建。2011年7月29日，湘潭市食品药品安全监管职能交接和人员划转仪式举行，20名原卫生系统工作人员划入市食品药品监督管理局，雨湖、岳塘两个城区食品药品监督管理分局成功组建。这一职能交接和人员划转，标志着湘潭市食品药品监管体制改革圆满完成。根据省、市政府机构改革有关安排，食品药品监管体制已从原来的省以下垂直管理，改为现在的地方政府分级管理。同时，餐饮环节食品监管与餐饮服务许可、保健食品和化妆品安全监管等职能也将划归食品药品监管部门。根据市编委会议研究意见和相关文件精神，当天，仪式从市疾病预防控制中心、卫生监督所连人带编各划出10名人员，分别转入市食品药品监督管理局成立的雨湖、岳塘分局，并完成了相关干部、人事、编制等相关手续的交接。食品药品监管体制改革是湘潭市食品药品监管工作中的一件大事。经过本次体制改革和职能理顺，市食品药品监督管理局将从7月29日起正式全面接手餐饮、保健品、化妆品监管职能，深入推进餐饮服务食品安全整顿，进一步加强对餐饮服务食品安全事故的防范。

【湘潭在全省首创“五位一体”救助机制】 湘潭市全面启动“五位一体”医疗救助机制，为全省首创。按照“一个统筹、两个取消、三个拓展”的整体框架，救助病种和起付线限制取消了，救助对象、救助方式、资金筹资渠道得以延伸，为三年内实现“人人享有基本医疗卫生服务”奠定了坚实基础。“五位一体”医疗救助：以资助医疗救助对象参加基本医疗保险、门诊医疗救助、住院医疗救助、临时医疗救助、慈善医疗援助五种医疗救助方式为一体的救助制度。一个统筹：统筹城乡医疗救助制度，实现城乡医疗救助一体化，改变城乡医疗救助水平差异，实现城乡医疗救助对象平等享受同等救助方式，同等救助标准，同等救助条件。两个取消：取消救助病种和救助起付线限制，将医疗救助目标从临时性帮助城乡困难群众因病造成的生活困难，转变到扶助困难群众享受基本医疗待遇和健康权益，将救助内容从大病救助转变到基本医疗救助。三个拓展：一是拓展救助对象范围，将救助对象由原来的城乡低保、五保对象，拓展到城市低收入家庭及其他特殊困难群众；二是拓展救助方式，由单一的住院救助拓展到住院救助、门诊救助、参保参合救助、生育救助和济困病床救助；三是拓展资金筹集渠道，将救助资金由原来单一的政府财政补助资金拓展到政府补助资金、福利彩票公益金和社会捐助资金相结合。定点医院垫付机制：由定点医疗机构垫付医疗救助规定额度内的医疗费用，救助对象出院时只需交纳个人自付部分，民政部门定期与定点医疗机构结算垫付的费用。

【湘潭市绩效考核强化平时考核 精简考核指标】 2011年9月1日，2011年度湘潭市党政领导班子绩效考核领导小组召开会议，研究2011年湘潭市县（市）区和市直部门绩效考核工作目标和考核指标。2011年全市纳入绩效考核的单位共80家，设置工作指标822个。2011年，绩效考核指标的设置有几个特点：一是指标数大幅精简，比2010年减少145个，有效减少了重复考核、多头考核现象。二是新设核心指标18个，包括5项主要经济指标，涉及市委市政府重点工程、项目的6项指标，涉及重大民生项目的7项指标。三是新设定量定性结合指标15个，使被考核对象不仅知道要做什么，而且知道怎么做。四是新增职能指标17个，涉及农民工子女入学、食品药品安全、车管驾管等民生和社会发展领域。五是突出优化经济发展环境考核。六是将工作目标落实到人，绩效指标不仅落实到单位，而且落实到领导班子个人，每一个指标明确一名责任领导。七是强化平时考核，将平时考核情况按一定比例计入年终考核总分，使考核工作真正达到推动工作的目的。会上，绩效考核领导小组成员对各被考核单位2011年度工作目标进行了讨论。

【湘潭市成立市级卫生应急专家咨询委员会和卫生应急队伍】 为全面加强卫生应急管理，预防和减少突发公共卫生事件的发生，及时有效地处置突发公共卫生事件，2011年9月22日，湘潭市召开全市卫生应急工作会议，成立市级卫生应急专家咨询委员会及卫生应急队伍。近年来，全市卫生系统高度重视重大疾病防控能力建设，不断落实防控措施，加强疾病监测预警，强化检验检测，规范处置流程，建立了传染病疫情和突发公共卫生事件信息报送发布制度，实现了应急信息报告和发布的动态性、实时性和网络化管理，提高了信息的及时性、准确性和完整性。着力强化卫生应急能力建设，加强培训演练，注重人才队伍培养，提高队伍实战水平，初步形成了一支招之即来、来之能战、战之能胜的应急队伍。有效处置了非典、甲型H1N1流感、人感染高致病性禽流感、手足口病防治、不明原因疾病、重大食物中毒、重大交通事故、矿难应急救援等许多重大突发公共卫生事件。湘潭市卫生应急工作能力不断增强，应急管理水平明显提高，逐步形成了预防与应急并重，常态与非常态相结合，多部门协同应对复杂局面的工作机制，为有效应对各类突发公共事件奠定了坚实的基础。会上，市领导为35名市级卫生应急专家咨询委员会委员及4类15支市级卫生应急队伍颁证授旗，并配套下发了《湘潭市突发事件卫生应急专家咨询委员会管理办法》和《湘潭市卫生应急队伍管理办法》两个规范性文件。

【湘潭市政协提案办理首推民主评议】 湘潭市政协将首度就提案办理工作情况开展民主评议，着力提高提案办理质量，市发改委、交通局、住建局和环保局等4家单位被列为2011年提案办理工作民主评议对象。2011年9月20日，评议工作第二小组成员来到市住建局和环保局听、看、查、问，了解提案办理落实情况。这次评议的内容包括，接受评议的单位在本年度落实市委、市政府、市政协有关提案办理工作要求的情况；承办提案的单位领导班子研究部署提案办理工作，包括建立健全提案办理工作机制，按规定要求、程序、时限答复提案等情况；采纳落实提案意见和建议，推进单位和部门工作情况；在提案办理过程中开展调查研究，与提案者协商沟通、见面情况；市领导批示的党派集体提案、重要提案办理落实情况。评议结果分优秀、合格、不合格三个等级。10月上旬，评议小组将分组组织召开被评议单位座谈会，通报情况、交换意见。10月中旬，评议组将分别提交评议报告。最后由市政协常委会议对这四家单位的提案办理工作进行集中民主评议。

【湘潭市乡镇机构改革将于年底前完成】 2011年10月27日，湘潭市乡镇机构改革暨机构编制工作会议召开。会议动员全市上下进一步统一思想，按照省、市统一部署，切实抓好全市乡镇机构改革和机构编制管理工作，确保年底前完成改革任务。根据省委、省政府的统一部署，湘潭市乡镇机构改革经过反复调研、论证，已形成了《关于全面推进乡镇机构改革的实施意见》，并报省审核批复同意，进入全面实施阶段。改革的范围和对象为：经机构编制部门批准成立的乡镇机关和事业单位，经组织、机构编制、人社、财政等部门办理正式手续的在编人员，以及使用乡镇行政编制的街道办事处。改革的总体要求是“完成四项任务、实现三个确保”。“四项任务”就是，着力推进职能转变，严格控制机构和人员编制，创新事业站所管理体制，妥善安置分流人员。其中，乡镇内设机构一般可设置1—4个，乡镇公益性事业机构控制在4—6个范围之内。“三个确保”就是，确保机构编制“只减不增”、行政编制精简10%；确保乡镇政权正常运转；确保农村社会稳定。目标是在2011年底前完成。

【湘潭市3家食品药品监管机构正式揭牌】 随着湘潭市食品药品监管体制改革完成，湘潭市药品不良反应监测中心迎来了正式身份。2011年10月19日，湘潭市药品不良反应监测中心正式揭牌，之前完成组建的市食品药品监督管理局雨湖、岳塘直属分局一同揭牌。根据市机构编制委员会有关批复的文件精神，湘潭市药品不良反应监测中心正式成立为市食品药品监督管理局的二级单位。监测中心将全面负责湘潭市辖区内药品不良反应、医疗器械不良事件和药物滥用监测信息的收集、核实、评价、上报和反馈工作，承担县（市）区检测技术的指导工作。

【湘潭市2011年度绩效考核进入社会公认评估】 从湘潭市2011年度绩效考核社会公认评估工作会议上获悉，目前，绩效考核社会公认评估前期准备工作已完成，进入调查问卷收发阶段，本次调查样本将超过一万份。这次调查是在市绩效考核领导小组的领导下，由市统计局民调中心具体组织实施。社会公认评估包括领导满意度和服务对象满意度两个方面。2011年被纳入评估的单位共80个，包括75个市直部门和5个县（市）区。上级领导、同级部门、下级组织、服务对象等调查对象将对被评估单位的工作实绩和效果、工作作风和效率、服务质量和水平等进行评估。将发放问卷调查表8000份，采取电话调查2500户、入户调查1800户。调查问卷收发工作在11月15日前完成。2011年，根据城市区域规划调整，调查样本也作了相应调整，问卷调查表更加科学合理。表格种类由过去的13组合并成6组。同时，为了便于评估主体对评估对象的了解，表中增添了“单位主要工作职责指示”一栏。此外，为了保证评估的客观、公正，2011年市统计局社情民调中心采用了一套30线的计算机辅助电话调查专用系统，不仅可以自动进行电话号码随机抽样和拨号访问调查，而且可以进行监听、复核、选定样本配额、全程监控项目进展。

【湘潭市农村信用社改革试点启动】 岳塘联社、雨湖联社分别召开社员代表大会，会议履行组建农村商业银行的法律程序，审议表决了新设合并组建湘潭农村商业银行股份有限公司的相关决议。这标志着湘潭市城区农村信用社组建农村商业银行改革迈出了实质性的一步。对城区农村信用联社合并重组，组建农村商业银行是银监会的改革要求，湘潭市作为全省四个城区联社合并改革试点市之一，同时也是首个获省联社批复的地市。按照10月9日湖南省农村信用社联合社下达的《关于同意对湘潭市城区农村信用社进行组建农村商业银行改革试点的批复》，以岳塘联社、雨湖联社为依托，在省联社湘潭办事处架构的基础上，进行城区机构整合组建农村商业银行改革试点。

【湖南省网上政务服务和电子监察系统开通】 2011年11月4日，湖南省网上政务服务和电子监察系统开通仪式在长沙举行，湘潭市各市直单位有关负责人在湘潭分会场观看视频会议。目前，全省已梳理完成办事服务事项一千多项，湘潭市已建的办事服务系统均通过数据交换的方式全部实现与全省统一系统对接。湖南省网上政务服务和电子监察系统，由网上政务服务虚拟大厅、网上政务服务和电子监察平台组成。系统全程在线办理，全省范围内各单位的政务服务事项，从预受理、受理、初审、审定、决定到办结。系统让以前很多需要跑腿的事情，在网上就可以解决了，不仅节约了时间还能节省业务办理的费用。并且通过这个系统，办理的业务，进入受理流程后，也同时进入了监察程序。会议宣布，网上政务服务和电子监察系统正式开通。并表示网上政务服务和电子监察系统的开通，是建设高效、法制、廉洁、服务型政府而采取的重要举措，是改变机关作风、提高办事透明度，创建服务型机关的具体体现。

【湘潭市妇联增设3名兼职副主席为全省首创】 2011年11月26日，在湘潭市妇联第十二届执委第一次全体会议上，湘潭市新增了妇联兼职副主席，这在全省属首创。根据工作需要，依照《妇女联合会选举工作条例》，借鉴外省市工作经验，市妇联向市委建议配备3名兼职副主席。市总工会副主席陈实，步步高投资集团股份有限公司董事长、步步高商业连锁股份有限公司董事张海霞，湘潭大学法学院院长助理、副教授、博士刘丽当选市妇联兼职副主席。作为全省首批妇联兼职副主席，她们表示，深感责任重大、使命光荣，将强化责任意识，发挥自身优势，尽最大努力为广大妇女儿童服务。

【湘潭事业单位清理规范工作启动】 湘潭市编办组织召开了全市事业单位清理规范工作会议，正式拉开了湘潭市事业单位清理规范工作的序幕。市直82个单位的有关负责人参加了会议。据了解，这次事业单位清理规范工作，将按照统一部署、总体规划、分级管理、分步推进的原则开展。其范围是各级党委、政府直属和部门所属事业单位，各级人大、政协、法院、检察院、群众团体机关及其他组织所属事业单位。主要内容包括机构、编制两大方面，要求对机构设置和实际运作存在突出问题的事业单位分别予以撤销或整合；在规范机构设置的基础上，对事业单位编制使用情况进行清理。时间要求在11月底以前基本完成。

【湖南首个重大项目跟踪管理系统在湘潭启用】 12月7日，全省首个重大项目跟踪管理系统在湘潭市正式启用。这套系统以方便操作和互动协调为原则，为全市的重大项目建设提供一个自动化水平较高的平台。这也标志着湘潭市重大项目建设管理水平上了一个新台阶。重大项目跟踪管理系统具有信息报送、汇总分析、信息互动和信息浏览四大功能。借助这个平台，项目单位可以每月按时自主输入项目信息，包括项目前期工作、建设进度、资金到位、完成投资等各类情况，这使项目信息报送更加及时，更加全面。打开相关栏目，可以清楚地看到项目进展情况，全市项目完成多少投资，各个项目投资进度和建设进度均一目了然。根据项目单位每月录入的数据，系统能够将所有数据自动分类汇总，自动生成的各种形象清晰的统计图表。通过重大项目跟踪管理系统，项目单位能够及时上报存在的困难问题，市领导、市直有关部门和市重点办可以及时了解各重点项目的进展，协同项目单位共同解决项目建设过程中存在的问题。

【湘潭30项创新促项目建设提速】 2011年以来，湘潭市发改委着重在规划、制度、实施等方面进行了30项创新，力促项目建设提速。市政府投资项目服务中心先期开展了4批23个城建和交通类政府投资项目的前期工作，降低前期工作成本50%以上，缩短前期工作时间5个月以上市发改委还成立了项目审批服务中心，实行“窗口受理、内部运转、限时办结”运作模式，着力打造项目审批“绿色通道”，使项目审批公开透明、廉洁高效。至10月底，该中心共受理和办结项目分别达到395个和353个，提前办结率达到81%。在国家宏观政策趋紧和2010年投资高基数的背景下，2011年湘潭市投资增速逆势上扬。1至10月固定资产投资完成486亿元，增长38.5%，连续4个月居全省第一位。

【湘潭出台新考核办法严考正科级干部】 湘潭市机关事业单位工作人员考核委员会专门就市人民政府组成单位及中级人民法院、人民检察院内设科室机构的主要负责人年度考核，制定了具体的实施办法与考评细则。考核内容从工作圈延伸到服务圈、社交圈、生活圈，科长年度考核进一步加强。

【湘潭市设立非公经济组织工作委员会】 2011年12月15日，市委常委会议听取了关于设立中共湘潭市非公经济组织工作委员会情况汇报。根据中央、省委要求，为进一步理顺非公有制经济组织党建工作领导体制和工作机制，全面加强湘潭市非公有制经济组织党的工作，特设立中共湘潭市非公有制经济组织工作委员会。该委员会作为市委派出机构，在市委组织部指导下开展工作，日常管理由市委统战部和市工商联党组负责，并与市工商联党组合署办公，办公室设在市工商联。原市非公有制经济组织党委更名为市工商联直属会员单位党委，负责领导其直接管理的非公有制企业党组织，隶属中共湘潭市非公有制经济组织工作委员会领导。据了解，全市有非公有制经济组织党组织855个，直接管理党员7520名；市工商联直属会员单位党委直管的党组织24个，党员1050名。会议审议通过了该议题。

【湘潭市首次对县处级党政正职进行“述德”评议】 2011年12月27日，湘潭市纪委第二次全体会议举行。会上，湘潭市第一批4名县处级党政正职述廉述德，市纪委委员对其进行评议。对领导干部进行除述廉评议外，还增加了述德的内容，这在湘潭市尚属首次。为贯彻落实中央和省委、省纪委的有关要求，市纪委、市委组织部正式启动了湘潭市述廉述德评议工作，制定了实施方案，成立了述廉述德评议办公室，设立了4个评议工作组。评议工作组确定并公布了4名述廉述德评议对象，通过上门走访、个别座谈、发放测评表等方式广泛征求意见。12月27日，湘潭市召开了述廉述德评议大会。4名县处级党政正职作为湘潭市首批述德评议对象，在市纪委全会上作了述廉述德报告。出席会议的市纪委委员对4名评议对象的述廉述德报告进行了现场表决，当场填写了“领导干部廉政情况测评表”和“领导干部品德测评表”。

【湘潭构建防治“小金库”长效机制】 2011年12月28日，湘潭市“小金库”专项治理工作总结表彰会召开。会议总结了2009年以来全市“小金库”专项治理工作，表彰了一批先进集体和个人，对建立防治“小金库”长效机制工作进行了部署。2011年是“小金库”专项治理的收官之年。湘潭市“小金库”专项治理工作，2009年集中在党政机关和事业单位，2010年主要针对社会团体、国有及国有控股企业，2011年进行了全面复查。经过三年努力，顺利完成了各阶段工作任务。湘潭市先后组织了1245个党政机关、事业单位和524家国有及国有控股企业、社会团体、中介组织开展自查自纠，自查面为100%，发现存在“小金库”问题的单位68家，涉及金额1637万元；全面复查1769家单位，复查率达到100%；开展重点领域检查453家单位，发现存在“小金库”问题的单位28家，涉及金额1153万元，其他违纪金额6306万元，上缴财政833万元，补缴税款96万元，处理相关责任人47人，专项治理工作取得了实效。在“小金库”专项治理整体推进过程中，湘潭市逐渐实现了监管常态化，构筑了日常监督检查和部门联查联处两道坚实防线，建立了全市治理“小金库”防、查、处“一体化”工作体系。

【湘潭市新录用公务员初任培训首增德育项目】 市人力资源和社会保障局创新思维，首次在湘潭市新录用公务员初任培训中增加了道德教育内容。与往年相比，培训更侧重于优良品质及服务能力的培养。新录用公务员初任培训班为期1个月，安排了公务员法、公务员调研能力、公务员应对突发事件能力、市情市况、公务员职业道德、廉政等理论课。期间，市人力资源和社会保障局还联合市民政局等部门，安排新录用公务员到敬老院开展为期一周的孝心、爱心、责任心“三心”专题学习培训活动。从12月5日到12日，21名新录用的公务员分成三组，每组7人，分别到雨湖区中心敬老院、先锋乡敬老院和长城乡敬老院，与老人们同吃同住7天，照顾他们日常起居，并陪伴他们开展一些娱乐活动。学习期间，学员要做到“三个一”，即：照料一位老人、做一件有意义的事、撰写一份思想总结。

注：本篇“两型社会建设综述”均为各市两型办提供。

辐射区域篇

岳阳
60KM
常德
常德城市圈
岳阳城市圈
60KM
大都市区
长沙
娄底城市带
110KM
娄底
80KM
衡阳城市圈
50KM

衡阳市

衡阳市2011年两型社会建设综述

2011年，衡阳市在省委省政府的统一领导和省“两型”办的精心指导下，紧紧抓住“四化两型”建设的发展机遇，全面推进衡阳“两型社会”建设，取得了可喜的成绩。

一、2011年衡阳市“两型社会”建设的基本情况

2011年，衡阳市奋力推进“四化两型”建设，争当科学发展排头兵，经济发展总体向好，呈现出“稳、高、大、优、快”的特点。一是经济保持稳步增长。全年完成地区生产总值1746.44亿元，同比增长14.2%，总量居全省第四，增速全省第一；实现了宏观经济困难之年的稳步增长。二是主要指标高位运行。实现财政总收入153.93亿元，增长35.8%，总量列全省第四，增速全省第二，802.79亿元，增长35.8%，增幅全省第二；社会消费品零售总额、外贸进出口总额等多项经济指标增幅保持全省领先。三是产业结构大幅提升。2011年三次产业结构调整为17.3：48.3：34.4，实现规模工业增加值812.76亿元，增长21.5%，工业对经济增长的贡献率达56.4%。9个省级工业园区规模工业增加值占全市的53.79%；战略性新兴产业企业实现产值562亿元，增长97%。四是生态环境日趋优美。通过大力实施节能减排、污染防治，加强生态环境的保护，衡阳的天更蓝，地更绿，水更清。2011年，全市单位GDP能耗下降3.87%，二氧化硫、化学需氧量、氨氮、铅排放量同比分别下降7.57%、1.68%、2.78%和6.89%。全市空气环境质量优良达到97.3%，城市人均公共绿地面积超过9平方米，城区饮用水达标率达到100%。五是各项改革快速推进。在投融资体制、行政审批事项、城乡统筹、示范区改革、财政管理体制等方面的改革取得积极突破，国土资源管理机制进一步理顺，为“两型社会”建设增添了新的动力。

二、推进“两型社会”建设的主要做法

为加快推进“两型社会”建设，衡阳市委、市政府成立了全市“两型社会”改革建设领导协调委员会，坚持以科学规划为引领，以“两型社会”建设为抓手，转方式调结构，促进了全市经济社会发展。

（一）完善规划编制，引导“两型社会”建设。根据市委、市政府确定的，以“一圈一带一区三园”为重点，示范带动全市“两型社会”建设的总体思路。一是深化顶层设计，完成了城市总体规划修编，突出了对白沙示范片区、城市管线、综合交通体系、历史文化名城保护、生态绿化系统等方面的规划。按照新的城市总规规划，市中心城区将达240平方公里，常住人口达到200万。二是编制专项方案。编制了“两型”产业振兴、基础设施建设、节能减排全覆盖、湘江流域综合治理、城乡统筹、示范区建设等“六大工程”实施方案。完成了全市“十二五”规划纲要及35个重点专项规划、12个县市区规划的编制工作，推动了“十二五”规划实施。编制了《衡邵干旱走廊综合治理规划》等重点专项规划，启动了历史文化名城保护、城市绿地系统等控制性详细规划的编制工作，促进了相关领域的建设。三是加强管理执法。实施规划监督管理模式，把规划管理放在突出位置，加强规划执法力度，严格执行规划。

（二）振兴“两型”产业，加快“两型社会”建设。突出项目建设，振兴“两型”产业，加快“两型社会”建设步伐。推进传统产业“两型”化改造。围绕有色金属冶炼及深加工、钢管材深加工、输变电装备制造、汽车及零配件、机械制造、盐卤化工等传统优势产业，加快技术工艺升级，2011年，完成技改投资359.47亿元，同比增长38.4%。大力培育战略性新兴产业。把新能源、新材料、生物医药、电子信息等作为战略性新兴产业发展的重要内容，加快项目开发储备和建设。2011年，全市战略性新兴产业企业实现产值562亿元，富士康4种产品正式下线，实现销售收入63亿元；特变电工技改、衡钢180项目投产、共创光伏试产等重大项目竣工。中国建材光伏玻璃、中兴通讯等重大项目进展顺利。加快推进现代化农业发展。大力推进农村土地流转，加快粮食规模化生产。大力发展生态农业，推进油茶、油菜、黄花菜、席草、茶叶、水果等农产品的规模种植，实现了产业效益和生态效益双赢。总投资15亿元的中粮集团、7亿元的油茶产业基地、5亿元的湖南动物庄园、2.8亿元的绿海粮油产业园等一批投资大、发展前景好、带动能力强的农业产业化项目相继开工建设。深化服务业改革试点。作为国家首批、全省唯一的国家服务业综合改革试点区域，衡阳市服务业规模不断扩大，2011年全市实现服务业增加值600.63亿元，增长13.2%，占GDP比重34.4%。衡阳商业步行街、深国投·中心城等一批具有重大支撑作用的服务业项目落地实施。全市土地、矿产、房地产、劳动力、人才、金融、技术等要素市场全面开放，市场配置资源的格局基本形成。民生银行、沃尔玛、家乐福、中兴网信、红星美凯龙等服务品牌陆续入驻，基本形成了商贸购物、休闲娱乐、文化旅游、电脑通讯和金融商务等多个功能服务区域。

（三）提升示范片区，带动“两型社会”建设。提升完善示范区建设，引进高端企业入园发展，示范带动“两型社会”建设。完善基础设施。2011年，共完成基础设施建设投资10.5亿元，建成标准厂房21.65万平方米，安置房、公租房12.6万平方米，富园路、工业大道三期和中航路基本建成。完成了9宗共2572亩国土报批并取得省政府农用地转用批文，完成征（腾）地1654亩。水、电、气、讯、宽带等公用设施配套到位。一座现代工业新城初步形成。扩大招商引资。新签入园合同项目16个，合同引资总额30.8亿元。联得自动化等一批从雁城走出去的企业家事业有成后情系桑梓、大雁回家，甘肃中青等北方企业北雁南飞、入驻白沙，富创精密、巨基电子、星源电子、金莎科技等富士康核心配套企业入列雁阵，从而形成万雁归来、集聚发展的良好态势。城乡统筹发展。社会保障体系建设不断加强，有1696人参加了社会养老保险、有9651人参加了医保，有166位失地农民找到了合适的工作岗位，有957户拆迁户得到妥善安置，在示范区内，建立了市中心医院门诊部，开通了5条公交线路和免费梭巴，基本实现了老有所养、壮有所事、幼有所教、病有所医，居者有其屋。

（四）强化生态环保，优化“两型社会”建设。在推进“四化两型”过程中，更加注重发展循环经济，加强对环境污染的治理、垃圾污水的处理和生态环境的保护。努力培育循环经济。在水口山、松木和衡东3个循环经济园区，以推行清洁生产为切入点，促进园区企业之间通过合作实现污染零排放，形成循环经济产业链发展模式。如恒光化工余热蒸汽供给建滔化工，建滔化工将电石渣供给金山水泥等，每年可节约3.8万吨标准煤，消化利用工业废渣100万吨左右。加强环境污染整治。2011年，完成了主要污染物减排工程治理项目25个，结构关停项目77个，关停淘汰到位74个，工业项目环保“三同时”执行合格率100%。大气、饮用水、工业、城市环境等污染综合整治成效明显，加强了固体废物、辐射环境安全监管。加强垃圾污水处理。建成3个垃圾无害化处理厂。全年垃圾无害化处理率可达66%。11座城镇生活污水处理厂运营良好，预计处理污水1亿吨以上。推进生态工程建设。积极推进退耕还林、“三边”造林、荒山造林、“十万乔木进雁城”、紫色页岩石漠化改造、“三江六岸”风光带建设、南岳推行环保香、修葺城市“绿肺”等活动，成效明显。大力开展环境优美乡镇、生态村创建工作，塔山瑶族乡等5个乡镇获得全国环境优美乡镇称号，兴隆村等3个村庄获得国家级生态村称号。

（五）推进各项改革，支撑“两型社会”建设。坚持以改革为根本动力，创新方式举措，破除前进道路中的体制机制障碍。构建市场化运作平台。搭建了城建投、水利投、交通投、工业园开发公司等多个融资平台，为“两型”产业、基础设施、生态环境保护筹措建设资金近80亿元。探索土地经营新模式。按照“先做环境后卖地”理念，变生地为熟地再出让，提高了土地利用效率。按照“综合评标”、“双向竞价”等模式，及时开展基准地价成果更新，促进了土地节约集约利用。完善社会参与机制。编制了“两型”技术产品目录，加强照明节能推广应用。在城区公共照明方面，推行降压式调控节电柜，将传统白炽灯、汞灯全部换成节能的无极灯、LED灯、高压钠灯。推进节水试点，投入210万元对唐福冲水库灌区进行改造，大大提高了节水效果。

（六）加大宣传引导，促进“两型社会”建设。一是加大“两型”建设宣传力度。制订“两型”社会建设的有关标准，将“两型”企业、“两型”园区、“两型”县、“两型”镇、“两型”农村等12个试行标准在全市推广施行，普及“两型”理念，倡导“两型”的生产、生活和行为方式。以“两型”为主题先后多次组织开展了环城赛跑、环城自行车赛、共护湘江母亲河行动等活动，广大市民积极参与。二是开展“两型”示范创建工程。指导、支持白沙洲工业园、胜玉高科等17个省级“两型”示范工程项目（单位）的建设，按照“两型”示范标准，提升示范成果，总结创建经验。在产业发展、城乡统筹、生态文明、改革创新、对外开放、民生发展等6大领域，工业园区、企业、林场、农村专业合作社、城镇、社区、村庄、景区、学校、机关、门店、家庭等12大领域，深入开展“两型”示范创建工作。三是提升一批两型示范模式。以“两型”示范创建工程为契机，提炼了在衡阳市“两型社会”建设中两型性、示范性、带动性强的30个先进典型模式进行推广。同时，上报省“两型”办，为《湖南省“两型社会”建设模式目录集》编写提供典例素材。

2011年，衡阳“两型社会”建设取得了一定的成绩，但“两型社会”改革建设是一项探索性很强的系统工作。就目前而言，没有现成的经验可借鉴，同时由于机构设置不到位、职能理顺不到位等原因，衡阳“两型社会”建设仍有进一步提升的空间，还有大量的工作要做。衡阳将继续认真贯彻落实省委、省政府和省“两型”办的指示意见，进一步强化措施，扎实工作，全面推进“两型社会”建设，争当科学发展排头兵。

衡阳市2011年两型社会建设成果

资源节约利用

【一年淘汰落后产能企业34户】 2011年以来，衡阳市以钢铁、水泥、造纸等高能耗高污染行业为重点，把加快淘汰落后产能作为调结构、优内涵、腾空间、促后劲的一项重要举措，扎实推进。截至2011年12月15日，衡阳市被列入淘汰落后产能计划的企业全部拆除、关闭到位，共淘汰落后产能企业34户。其中，钢铁企业1户、水泥企业两户、造纸企业22户、制革企业两户。与此同时，衡阳市还加大了“两高一资”产业结构升级项目申报的力度，全年申报25个项目，获批7个，共计淘汰落后产能23万吨。

【新型墙材破14亿块标砖】 2011年，衡阳市新型墙材突破14亿块标砖，同比增长40%，综合利用废渣50.8万吨，节约土地2336亩，节约能源12.75万吨标准煤，减少废气排放4.22吨。市墙改办被评为2011年度全国墙体屋面材料产品质量工作先进单位和湖南省墙体材料革新工作优秀单位。

【17台燃气空调公交车上路】 2011年7月1日，市公共交通有限公司在华新汽车站举行新车上路仪式，17台燃气空调公交车正式投入1路线路运营。

据悉，这批新型环保燃气公交车最大的特点是节能环保，该车夏天通过空调动力制冷，在冬天可以通过收集汽车发动机排气余热为热源，实现车内供暖。这批燃气公交车可以说是衡阳市目前档次最高、匹配最完善、质量最可靠、安全性能最强的一批公交车。

继不久前33台新型环保燃气公交车投入使用后，目前衡阳市共有1路、21路、30路、32路四条公交线路全部更换了燃气动力车。

【淘汰落后产能36家企业获奖3962万元】 2011年12月，2011年中央淘汰落后产能财政奖励资金企业计划名单公布，衡阳市36家企业共获得奖励资金3962万元，占全省近七分之一，居全省各市州第一。同时，衡阳市还将获得省结构调整项目7个，争取资金90万元，居全省各市州第一。

生态环境保护

【衡阳空气质量优良率达97.3%】 2011年，衡阳市空气质量达到优良以上的天数为355天，优良率达到97.3%。

衡阳市城区共有5个大气监测点，其中4个自动监测点，1个手动监测点。“十二五”，衡阳市已纳入了全国333个空气环境质量监测城市。

【人工造林完成22.71万亩】 2011年，衡阳市完成人工造林22.71万亩，占省下达计划任务的119.4%，并完成补植补造52万亩。

衡阳市继续将“三边”造林作为绿化的重点，全市以林业重点工程为支撑，完成造林8.7万亩。在对京珠高速公路、武广高速铁路等交通干道进行全面绿化提质的同时，衡阳市对城区非建成区内衡枣高速公路、衡大高速公路、衡邵高速公路、东外环、西外环、107国道、322国道、省道315线和衡花公路等骨干交通路网沿线30米范围内除水域、建筑物、基本农田和公路外的全部山地进行高标准造林，建设林带长度6.34万米。

【水口山及周边地区重金属污染治理启动】 2011年8月，水口山及周边地区重金属污染综合防治启动。

近年来，重金属污染事件的发生越来越频繁，严重威胁群众健康，影响社会和谐稳定，引起了党中央、国务院的高度重视，为此，国家环保部组织编写了《重金属污染综合防治“十二五”规划》。在该规划确定的138个重点防控区域中，衡阳市整体作为全国的一个重点防控区域，名称为水口山及周边地区。

按照市环保部门编制的方案，水口山及周边地区包括五个片区，即常宁松柏、柏坊片区，衡南县松江片区，石鼓区合江套片区，耒阳市片区和衡东县大浦工业园片区。该方案共规划了6类项目65个，总投资131亿余元，其中，产业结构调整类项目6个，工业污染源治理类项目29个，历史遗留污染治理类项目15个，清洁生产类项目6个，民生安全保障类项目5个，监管能力建设类项目4个。

【衡山环保局获全国先进】 2011年12月20日，在全国第七次环境保护大会上，衡山县环保局被人力资源和社会保障部、环保部联合授予“全国环保系统先进集体”荣誉称号。

近年来，衡山县委、县政府立足建设“文明奥区、生态衡山”，狠抓节能减排、环境治理等工作，通过建立招商引资环评制度、开展环保专项行动、强化环境监察工作，全县环境质量实现了整体提升，真正做到了既要“金山银山”又要绿水青山。2011年，该县减排二氧化硫2424.14吨，削减率82.14%；减排氮氧化物207.43吨，削减率67.37%；减排化学需氧量2994.04吨，削减率84.61%；减排氨氮53.06吨，削减率63.65%，再次超额完成全年工作任务。据了解，此次大会共表彰先进集体110个，湖南省获此殊荣的仅三家。

基础设施建设

【“8522”公路网圆满建成】 2011年，衡阳市较好地完成了调整后的“8522”公路网建设任务，使干线路网密度达24.96公里/百平方公里，高出全省平均水平23.98公里/百平方公里。新的国省道网规划覆盖了全市85.4%乡镇，实现了与周边市州的有效对接。2011年以来，衡阳市高速公路建设得到了稳步推进。潭衡西高速于2011年10月15日通车运营，全市高速公路通车里程达449公里，位居全省第一；衡桂、南岳高速现已全面进入路面基层施工；8条高速公路连接线推进顺利。同时，在干线公路建设上，衡阳市取得了历史性的突破。截至目前，2011年计划完工的5个项目，除S214线常宁万寿至腊月城区段10公里、S314线黄花坪至白果城区段两公里还在抓紧建设外，其他路段已建成通车；S320线耒阳至观音阁、S315线衡东分水坳至珠晖区茶山坳、S317线白地市至三口湾3个项目均已进入路面施工收官阶段。据统计，2011年，衡阳市共完成了县乡道改造412.1公里，为省目标任务的274.7%；完成通畅工程731.5公里，为省目标任务的104.5%，新增220个行政村通水泥路。

【衡阳再捧“芙蓉杯”】 2011年，衡阳市获得全省水利建设“芙蓉杯”奖。这是衡阳市自1998年获得此奖项后，时隔13年再捧此“杯”。

2011年以来，衡阳市认真贯彻落实中央一号文件和省委一号文件精神，按照市委水利工作会议部署，紧紧围绕“友好型、民生型、节约型”三型水利这一主题，以水利建设和水利管理为中心，以病险水库除险加固、解决农村安全饮水问题为重点，全面推进水管单位体制改革，充分发动和依靠广大农民群众，打了一场水利建设的攻坚战。去冬以来，全市水利建设实施“8151”工程计划，目前共完成各类水利工程80576处，移动土石方10890万立方米，投入劳动工日5081万个，共投入各类水利资金112424万元，均超额完成计划，无论是建设规模、资金投入，还是质量标准和工程效益都取得了新突破。

【衡阳至深圳“五定班列”首发】 2011年3月30日上午9时许，衡阳－深圳首趟“五定班列”身披红绸，从衡阳火车站货运场徐徐开出……今后，衡阳的出口产品将从这里经由铁路12小时直达深圳，一周左右便能运抵大洋彼岸。

“五定班列”是国际通行的高效便捷的铁路运输组织形式，指在主要城市、港口、口岸间铁路干线上组织开行的“定点（装车地点）、定线（固定运行线）、定车次、定时（固定到发车时间）、定价（运输价格）”的快速货物列车。衡阳－深圳“五定班列”的开通，为衡阳货物外运出海开辟了“绿色通道”，对衡阳成长为内陆港口城市、发展现代物流业、建设区域性消费流通中心城市具有重大意义。过去企业出口只能分批分次申请，要经过多个环节，时间上要提前好几天以等待批复，货物发运到港口还需要4天左右时间。“五定班列”开通后，一切可在12小时内完成，企业可集中货源后定点定线，与深圳口岸海轮实现无缝衔接。

【湘桂铁路湘江特大桥首联连续梁合龙】 2011年5月10日，随着最后一车混凝土的注入，湘桂铁路扩能改造工程衡阳湘江特大桥首联预应力混凝土连续梁顺利合龙。

【衡阳商业步行街入选全省50个重大项目】 2011年5月，省政府确定了2011年省重点调度的50个重大项目，衡阳市“三年塑城”战略规划中的“三大标志性工程”、“四大重点工程”建设项目之一——由共创集团开发建设的衡阳商业步行街项目榜上有名。衡阳商业步行街项目位于衡阳老城中心区，南临解放西路、北靠常胜西路、东接蒸湘北路、西临迎宾路，总用地面积116840平方米，总建筑面积52万平方米。

【蒸水南北堤风光带开工建设】 2011年7月30日，蒸水南（二期）北堤风光带建设工程同时开工建设。蒸水南堤（二期）位于蒸湘区，东起市公路局，西至高新开发区，全长8.5公里，市政府决定由市湘江水利投资公司负责融资建设，市住建局为项目总承包单位，总投资约5亿元。蒸水北堤风光带项目位于石鼓区，东起草桥，经雁栖桥、蒸湘北路大桥、一环西路蒸水桥，西至杨岭，全长5.3公里，总投资约3.4亿元，业主为市城市建设投资有限公司，由深圳铁汉生态环境股份有限公司以BT方式承建。

【崇盛·晶珠购物公园正式奠基】 2011年8月17日，总投资超过12亿元的崇盛·晶珠购物公园在石鼓区内的西外环线旁边奠基。标志衡阳首个真正意义上的国际化城市综合体正式“破土”。该项目是中国（衡阳）服务业改革发展高级研讨暨项目推荐签约会上的招商成果项目，被纳入2011年省市商贸服务业重点工程项目。

【蒸阳北路延伸工程开工】 2011年8月17日，蒸阳北路延伸工程暨江霞大道开工庆典仪式在松木工业园区的松枫路旁正式举行。总投资约6亿元的蒸阳北路延伸工程将于2012年底竣工；总投资约9000万元的江霞大道计划2012年9月初竣工并投入使用。

【潭衡西高速正式通车】 2011年10月15日，潭衡西高速公路已正式通车。湘衡西高速公路是国家京港澳高速复线一线，全长139.104公里，起于湘潭市的塔岭，接潭邵高速公路，跨衡邵高速公路，止于衡阳市的铁市，与衡枣高速相接。全线设置湘潭西、杨嘉桥、射埠、回龙桥、白果、东湖、石市、衡阳蒸湘8个收费站。现正式开通湘潭西等7个收费站，仅射埠收费站因设备调试原因暂时封闭，将于19日零时起正式开通。湘衡西高速的通车，对缓解京港澳高速公路湘潭至衡阳段的交通压力将起到积极作用。

【蒸水合创大桥动工】 2011年11月29日，衡阳城再次迈开西进的步伐——高新之西，珠江愉景新城·蒸水合创大桥盛大动工。

珠江愉景新城·蒸水合创大桥是2011年全市重点工程，其横跨呆鹰岭镇蒸水河，东临愉景湾，西接愉景新城，桥长217米、宽15米，由珠江合创地产投资4400万元兴建，预计2012年底建成通车。珠江愉景新城·蒸水合创大桥是全国第二座水幕景观大桥，采用智能化远程控制，在建筑设计、景观设计、人车分流方面实现了完美和谐，首创六种灯光景观、四种喷泉景观，打造多重光影水幕景观体系。

【衡州大道跨湘江主桥合龙】 2011年12月27日1时08分，经过建设者连续两个多小时的现场浇筑，由中铁二十五局集团施工的衡阳市重点工程——衡州大道跨湘江主桥顺利合龙。

衡州大道跨湘江主桥包括两端引桥和跨铁路桥全长2.62公里，其中跨湘江主桥长493米，桥宽27.5米，为五跨变高度连续箱梁。主桥合龙后，将进入桥面铺装、桥面附属工程等施工阶段。

城镇规划建设

【衡阳市“十二五”生态发展规划出炉】 2011年5月，衡阳市“十二五”生态发展规划评审听证会召开，30多名专家及相关方面的代表共同进行了商讨。

按照规划制定的发展目标，至2015年，全市有林地面积要达到682.6万亩，增长12.08%；森林覆盖率约束性指标达到43%，提高3.2个百分点；活立木蓄积量约束性指标达到1500.7万立方米，增长21.7%；全社会林业总产值达到200亿元，增长226.3%。为实现这个目标，衡阳市林业建设将坚持六个原则：坚持全面规划，合理布局，城乡一体，分区施策，分类经营，突出重点，分步实施的原则；坚持生态优先，大力发展林业产业的原则；坚持保护和发展并重，处理好保护、发展和利用关系的原则；坚持政府指导，市场引导，调动全社会参与林业建设的原则；坚持改革创新、扩大开放、谋求发展的原则；坚持科技兴林，依法治林的原则，强化资源培育和保护管理。

“十二五”期间，全市主要林业建设工程投资估算总额为195亿多元，其中林业生态建设投资占绝大部分，达到69.32%。

【新一轮土地利用、矿产资源总体规划获批】 2011年8月，衡阳市人民政府编制的衡阳市新一轮土地利用总体规划、矿产资源总体规划分别获得国务院、省政府批准，正式发布实施。

新一轮土地利用总体规划突出耕地保护、突出资源集约、突出从严管理三大主题。规划要求，至2020年衡阳市耕地保有量不低于369877公顷、基本农田保护面积不少于313487公顷；城乡建设用地规模控制在115437公顷以内，人均城镇工矿用地控制在99平方米以内；市中心城区建设用地规模控制在271平方公里，其中城市建设用地控制在180平方公里以内。规划还根据全市经济社会发展“十二五”规划和土地利用条件，划定了独立工矿区、旅游建设区、生态环境保护区、基本农田保护区等。

新一轮矿产资源总体规划着重考虑矿业发展对生态环境的影响，鼓励发展绿色矿业。规划要求，到2015年全市采矿权总数控制在456个以内，大中型矿山总数比例提高至5%左右；固体矿石年开采总量控制在3500万吨；加强4个采选加工基地建设，建成2—3个深加工矿业经济园区；采选业工业总产值达到200亿元，相关原材料加工业工业总量达到600亿元。规划对新上马矿山项目的土地复垦率和生态治理均有强制规定，并作为矿山出让准入条件。同时鼓励大中型矿山企业投资，鼓励矿产品深加工。为保护生态环境，全市共划定27个鼓励开采区、和26个限制开采区和37个禁止开采区。

【衡阳市十二五将投入450亿构建“8426”公路网】

“十二五”时期，衡阳市将加快构建“8426”（8条高速公路、4条国道和26条省道）公路网，完善公路交通网络，提升衡阳在全国的交通枢纽地位。市委副书记、市长张自银要求要着力实施“大交通”战略，实现“十二五”时期交通事业的跨越式发展。

“十二五”期间，衡阳市将加强铁、公、机、水路等多种运输方式的有效衔接，提升衡阳交通枢纽地位。加快构建“8426”公路网，即形成京珠高速、京珠高速复线（潭衡西—衡桂线）、娄衡高速、衡枣高速、衡炎高速（衡大—衡邵线）、永州—常宁—茶陵高速、双峰—衡东高速、南岳高速8条高速公路网；力争国道由现有107国道和322国道的基础上，再争取两条国道，形成4条国道经过衡阳“2纵2横”的格局；省道由8条增加到26条，形成“16纵10横”的格局，国省干线总里程由1014公里提至3001公里。

通过公路网的建设，衡阳市将实现市区至县市区全部由高速公路连接，市县城区全部由4—6车道高等级公路连接，县市区之由二级公路连接，乡镇之间、行政村之间由水泥路连接。“十二五”时期，总投入450亿元以上，基本建成比较完善的综合运输投资体系。

两型产业建设

【衡阳规模工业增加值跻身全省前三】 2011年，衡阳市规模工业增加值累计完成804亿元，成功超越株洲、常德，跻身全省前三。全市工业经济规模与质量大幅提升。全市规模工业企业1194户，比上年净增84户，新增量接近全省新增总量的50%；全市累计完成规模工业总产值2821亿元，累计完成规模工业增加值804亿元，超越株洲、常德两市，跻身全省前三。工业经济质量逐步提高。列入战略性新兴产业企业近200户，经国家认定的高新技术企业共69家，新产品对工业经济增长贡献率达38%。工业对经济增长的贡献进一步扩大，贡献率达56%。信息化加速推进，“三网融合”试点、衡阳云谷建设等均实现重大突破。在信息化引擎带动下，在全省率先完善了国省市三级技术中心体系，研发能力在全省仅次于长沙。

【松木工业园项目建设如火如荼】 2011年，园区共签订工业项目15个，合同引资额40.04亿元，分别完成年度任务的1.5倍左右；同时，新建续建工业项目22个，其中已投产项目10个，实现工业总产值40亿元、创税收1.22亿元。

“电科电源”镍氢、“锂电充电电池”产业化生产基地、“金山水泥”一期、“理昂生物质发电”、“鑫丽达新材料”、“力泓化工”硫酸锌、“凯恒公司”60万立方米混凝土搅拌站等10个项目已于年内投产；“瑞达电源”二期项目已有3栋厂房投产；中建材新能源产业基地项目正在全力推进；“中耀公司”年产400万平方米干挂空心陶板项目一期工程土建部分完工；“建滔化工”四期项目主体工程已完工，年产20万吨离子膜烧碱项目设备安装完毕，即将投产；中航标准件及电镀中心项目已完成土地平整、可研、环评批复等工作；“金山水泥”二期正在建设厂房；“鸿胜物流”项目在建；“达利化工”主体工程已完成；“博深实业”已完成注册、拆迁工作；“雁城物流”项目主体工程已完成，正在内部装修；“中山嘉励高尔夫球具”正在土建；“大好新型墙材”已完成土地平整、强夯和围墙修砌。

2011年，园区28家规模以上企业共实现工业总产值40亿元，圆满完成年度任务；实现规模工业增加值10.1亿元、实现工业税收1.22亿元，完成年度任务的102%；实现财政收入2.32亿元，完成年计划的125.4%。

【衡南工业园年总产值近20亿元】 2011年，衡南县工业园区总产值接近20亿元，税收达3900万元，初步形成了IT电子、机械制造、皮具加工、汽车零配件业等支柱型产业。园区基础设施累计投资3.5亿元，硬化道路27公里，铺设雨水、污水管道各13公里。现已建成标准厂房123栋，厂房面积达到30万平方米，建设规模位列全市前茅。

【中国五矿20万吨金铜项目落户常宁】 2011年1月，从中国五矿总部传来喜讯，中国五矿投资委员会表决通过了水口山金铜综合回收产业升级项目——20万吨金铜项目。这标志着该项目正式落户常宁。

该项目是中国五矿入主湖南有色控股后在湖南投资的第一个大项目，规模20万吨，采用10+10的建设模式，一期、二期分别为10万吨。项目一期工程总投资21亿元，建设期2年，工程生产规模为年处理含铜、金、银、硫物料57.5万吨，年产一级阴极铜10万吨、金2.4吨、银149吨、硫酸（100%）44万吨，可实现年新增工业产值100亿元。该项目在完成20万吨规模后，如资源配置好，条件成熟，将启动40万吨规模甚至更大规模的投资建设。据了解，到“十二五”末，湖南水口山有色金属集团有限公司有色金属年产量总计将达到55万吨，矿山金属含量达5万吨，年实现主营业务收入200亿元。

目前，常宁市已申报将20万吨金铜项目和瓦松铁路建设项目纳入湖南省“十二五”规划重点项目库，并纳入省重点项目管理，采取“一事一议”的方式给予支持。

【“最具成长性企业”敲定30家】 2011年，胜添精密电子有限公司（富士康）、特变电工衡阳变压器有限公司、湖南水口山有色金属集团有限公司、共创实业集团有限公司、衡阳建滔化工有限公司等30家企业在年度“最具成长性企业”的评选中脱颖而出，被衡阳市委、市政府授予2011年度衡阳市“最具成长性企业”荣誉称号。这30家最具成长性企业2011年实缴税金共计20.17亿元，同比增长54.76%，平均每个企业2010年纳税6700万元。

【衡阳市新型工业化考核连续4年全省先进】 2011年2月25日，在长沙召开的全省加速推进新型工业化工作会议传来喜讯，衡阳市喜获“全省加速推进新型工业化先进单位”称号。据悉，这是衡阳市在全省实施加速推进新型工业化考核以来，连续第4年获此殊荣。

2010年以来，衡阳市大力实施“工业倍增行动”，工业经济取得了突飞猛进的成效。全市规模工业总产值完成1865亿元，稳居全省第四位；规模工业增加值突破500亿元，达到538.6亿元，位居全省第四，比2010年前移一位。经济效益明显提高，工业经济效益综合指数同比增加52.9个百分点，位居全省第四；工业项目建设全面推进，全市工业固定资产投资完成381.9亿元，位居全省第四；工业固定资产投资同比增长54.7%，位居全省第三；工业技术改造投资同比增长57.3%，位居全省第二；工业招商引资140.1亿元，位居全省第三。工业专利授权量同比增长131.7%，位居全省第三。

会上，衡阳县、耒阳市、衡南县、雁峰区等县（市）区还分获“全省加速推进新型工业化先进县市区”荣誉称号，特变电工衡阳变压器有限公司获“全省加速推进新型工业化先进企业”荣誉称号，市经济和信息化委员会、市财政局、市轻工行管办分获“全省‘企业服务年’活动优秀服务单位”荣誉称号。大会还对市高新技术产业开发区获得的“国家新型工业化产业示范基地”和衡阳技师学院获得的“湖南省汽车制造业高技能人才培训培养基地”进行授牌。

【又一家世界500强来衡“筑巢”】 2011年3月24日，总投资8亿元的衡阳航空标准件制造中心等两个项目在松木工业园内正式奠基。至此，衡阳已引进世界500强工业企业10家，大型央企16家，“工业力量”羽翼更丰。

近年来，加快发展的衡阳魅力凸显，坚持“以资源换产业，以市场换发展”的合作理念，大力实施央企对接战略，中钢、中核、中盐等16家大型央企“至衡阳而停歇”，富士康、欧姆龙等9家世界500强工业企业更是纷纷抢滩登陆，一大批“重量级”大项目纷纷“落地生根”。

作为世界500强企业之一的“中航工业”旗下子公司，深圳中航集团4年前便与衡阳市建立亲密的战略合作伙伴关系，累计投资6亿元倾力打造衡阳深圳工业园。据悉，此次新开工的衡阳航空标准件制造中心项目是深圳中航在衡投资建设的首个工业项目。项目投资6亿元，建设航空钛合金紧固件及汽车紧固件、螺母生产线，项目达产后可实现产值8亿元/年，实现利税2.28亿元/年。

【中兴网信全球共享服务中心签约落户高新区】 2011年4月8日，衡阳市政府与深圳中兴网信科技有限公司正式签约，在市高新区投资兴建以“云服务”为主的“中兴网信全球共享服务中心”。

“云服务”是以虚拟化技术为基础，以按需付费为商业模式，具备弹性扩展、动态分配和资源共享等特点的新型网络化计算模式，能够按照需要，随时随地把服务提供给用户，被称为第五次工业革命，公认为IT领域最有希望的新兴领域。衡阳市高校云集、区位优越、资源丰富，是全国信息化50强城市，多家与IT业相关的世界500强企业已落户衡阳，打造属于衡阳的IT军团已有基础。

该项目计划投资10亿元，分5年完成，2011年6月开工，5年内建成中国内地城市云服务的典范，打造教育、医疗、政务、社区、金融等8朵漂亮的“云”。同时，将联合国内其他中小型IT企业加入衡阳“云谷”，为市高新区提质升级。

【手机电脑将有“衡阳制造”】 2011年4月15日，市政府与衡阳领航科技有限公司、中国联通湖南省分公司正式签署三方战略合作协议。

按照协议，三方将共同打造衡阳白沙洲工业园区生产的“韶峰”手机及平板电脑，并在两年内将“韶峰”品牌打造成为国内知名品牌；共同致力在全国及国际形成电子信息领域的“衡阳制造”影响力；共同致力于衡阳行业信息化水平的提高，践行以信息化带动新型工业化，并促进衡阳经济发展；共同致力于相关品牌手机和平板电脑的渠道建设，半年内形成销售网点达到50个、一年内销售网点达到300个，形成品牌的强大实际销售能力。

【衡阳两项目在湘浙经济合作暨重大项目签约式上签约】 2011年4月21日，在省委书记、省人大常委会主任周强，省委副书记、省长徐守盛的见证下，湘浙经济合作暨重大项目签约仪式在杭州成功举行。衡阳的南岳大世界主题公园和小商品城两个项目在会上签约。

徐守盛在介绍省情时，特别将衡阳作为“国家产业转移重点承接地”予以点名推介，表示将依托衡阳等城市优势，进一步改善承接产业转移的软硬件条件，努力把湖南建设成承接沿海产业转移和服务外包的重要基地，为投资者打造更优的平台。

【苏宁“第一大单”落户衡阳】 2011年4月23日，湘苏经济合作暨重大项目签约仪式在南京举行。省委书记、省人大常委会主任周强，省委副书记、省长徐守盛，江苏省副省长史和平、省政协副主席李仁，苏宁电器集团董事长、全国工商联副主席张近东等领导见证，湖南省与江苏的30个合作项目成功签约，其中衡阳“苏宁广场”、“新型储能电池”、“电子元器件生产线”和“万源湖风景旅游开发”4个项目“吸金”70亿元。至此，衡阳的浙、苏之行共签约项目6个，总投资119.8亿元。

“苏宁广场”是石鼓区引进的一个集购物中心、会展中心、五星级酒店、高档住宅、休闲娱乐等于一体的商业综合体项目。项目由隶属苏宁电器集团的苏宁置业集团有限公司投资，占地82亩，投资20亿元，堪称苏宁在衡阳乃至湖南的“第一大单”。

新型储能电池产业基地项目总投资20亿元，将在衡发展环保型太阳能电池产品、通信用后备电池产品以及汽车用储能电池产品，并带动相关配套产业跟进。

【特变电工荣获“中国工业大奖”】 2011年4月28日，第二届中国工业大奖表彰大会在北京人民大会堂隆重举行，特变电工荣获工业领域最高奖项“中国工业大奖”。

中国工业大奖是经国务院批准设立，在我国工业领域最具综合性、科学性、影响力和代表性的最高奖项，是国家奖励在技术、生产、经营、管理方面达到国内领先和国际先进水平，并为促进产业发展和增强综合国力作出重大贡献的企业。

特变电工股份有限公司作为中国重大装备制造业核心骨干企业、世界电力成套项目总承包企业、国家级高新技术企业获得此项至高荣誉，标志着特变电工在坚持自主创新、增强产业国际竞争力的进程中，在企业科技创新、品牌战略、规模效益、综合管理等方面达到国内领先和世界先进水平，为国家工业发展水平提高、国民经济实力提升和新型工业化建设方面做出了重大贡献。

【南方·中亿汽车贸易城启动建设】 2011年4月29日，一个崭新的现代商用汽车物流园——南方·中亿汽车贸易城正式落户石鼓区并启动建设。

南方·中亿汽车贸易城是2010年中国（衡阳）服务业改革发展高级研讨暨项目推介签约会上的招商成果项目，也是2011年衡阳市第一个开工的大型商贸项目。该项目的开工建设，标志着衡阳市商用车市场的发展进入了一个新的阶段，对完善城市功能，提升城市品位，打造雁城商都，建设衡阳新城具有重大促进和带动作用。项目建成后，可容纳近1000家经营户，商用汽车年销售量可达2.47万辆，实现销售额16亿元以上。项目由北京中瑞麟置业集团有限公司投资，投资规模为9亿元，占地455.78亩，预计两年内建成营业。

【金杯核电电缆项目加紧推进】 2011年5月，省、市重点工程——湖南金杯电缆有限公司核电电缆项目推进取得了突破性进展，目前土方工程完成90%，新征地380KV农用线搬迁完毕，规划方案已通过，项目地质勘探工程也已完成，正在进行施工图设计。

金杯核电电缆项目位于白沙洲工业园，项目总占地面积为219亩，总投资规模6亿元。项目启动建设以来，在市经信委和雁峰区委、区政府及相关部门的大力支持下，各项工作稳步推进。金杯电工股份有限公司于2010年底成功上市后，加速了“核电电缆项目”的技改进度，现第二、三期合并实施，新建6座大型现代化标准厂房，面积约72000平方米，预计2012年内完成。核电电缆项目竣工投产后，公司将成为拥有60亿元产能，年销售量超100亿元的大型综合性电线电缆研发和制造基地，有望跻身国内外一流电线电缆企业行列。

【高新区入选全省首批知识产权工作试点园区】 2011年5月3日，首批“湖南省知识产权工作试点园区”名单确定，全省各地共有9个园区入选，高新区是衡阳市唯一一家。

为提升工业园区企业知识产权创造、运用、保护和管理能力，省知识产权局2010年对全省77个工业园区的2900多家规模以上企业进行了摸底调查。在此基础上，省知识产权局2011年又组织有关专家严格评审，最后确定9个园区为湖南省首批知识产权试点园区。试点有效期3年，验收合格后将被授予“湖南省知识产权工作先进园区”或“湖南省知识产权工作示范园区”称号，其经验将在全省推广，并优先推荐申报国家知识产权工作试点园区。

【年产600万平方米新型陶瓷项目奠基】 2011年6月28日，由中建材集团咸阳陶瓷研究设计院与厦门冠耀建材有限公司联合成立的衡阳中耀陶板有限公司一期工程奠基，年产600万平方米的“干挂空心陶板”项目正式启动，标志着中建材在衡新型水泥、新型玻璃、新型陶瓷的“泥玻陶”三大产业布局蓝图成真。

2009年5月7日，中建材集团与衡阳市政府签订了战略合作协议，中建材在衡建立“泥玻陶”（新型水泥、新型玻璃、新型陶瓷）三大产业项目蓝图绘就。如今，“新型水泥”已发展壮大，“新型玻璃”也于2010年12月正式动工，2011年5月21日，中建材集团咸阳陶瓷研究设计院与厦门冠耀建材有限公司强强联手，成立了衡阳中耀陶板有限公司。

“干挂空心陶板”项目是中建材集团咸阳设计院研发的一种新型环保节能建筑幕墙材料，是国家认定的高科技项目，属于新型材料产业。它在生产制造环节不产生废气、废水、废渣，比普通陶瓷节水50%以上，采用的干挂系统能有效降低能耗。衡阳中耀陶板有限公司董事长邱光耀称，借力衡阳丰富的高岭土、钠长石资源，公司将致力在衡建成一个单产全球规模最大的陶板基地。

【松木工业园喜添“金字招牌”】 2011年7月，全省首次开展的“信息化和工业化融合试验区”评选结果揭晓，松木工业园区成为衡阳市通过评审的唯一一家工业园区。

目前，“两化融合”已成为推动全市乃至全省工业转型升级的重要手段。继长株潭城市群被列为国家级“两化融合”试验区后，全省又确定了包括衡阳市松木工业园区在内的13个工业园区开展省级“两化融合”试点。

【恒天九五重工“落子”衡阳】 2011年7月22日，衡阳市经济和信息化委员会与恒天九五重工有限公司正式签约，恒天九五重工将在衡投资1.8亿元人民币，新建络筒机生产线项目和高档高速环保瓦楞纸板项目。

恒天九五重工有限公司是央企中国恒天集团有限公司在工程机械领域的战略性发展平台，是国家重点支持的以设计、生产、销售工程机械、纺织机械和瓦楞纸板包装为主的高新技术企业。

【鑫山机械入驻云集工业园】 2011年7月28日，衡阳鑫山机械设备制造有限公司入驻云集工业园签约仪式举行。这是继衡阳瑞通机械、衡阳得力机械装备等衡阳机械行业名企抢滩云集之后的又一企业。

该公司拟投资5000万元，在云集工业园启动医药器械项目建设，并定于2011年8月份开工建设。此项目与该县近期引进投资5000万元的金通模具项目建成后，将进一步改善衡南机械制造行业结构，提升该县的机械制造行业水平。

鑫山机械公司是专业生产销售制药包装机械和制药、化工、食品行业一、二类压力容器的湖南省高新技术企业、中国制药装备行业协会会员单位、国家科技部科技型企业技术创新基金扶持企业，生产的主要产品涵盖口服液、粉针剂、糖浆剂、大输液、水针剂等生产联动线和中药提取生产全套设备，以及各类一、二类压力容器，其多项产品获“湖南省高新技术产品”称号、国家实用新型专利和省、市科技成果奖。

【衡阳与富士康签署合作备忘录】 2011年8月18日，富士康与湖南省签署了《关于共同推进“两型”产业富湘云合作计划》会谈纪要，与衡阳市签署了《关于支持富士康科技集团科技项目落户衡阳的备忘录》。省委书记、省人大常委会主任周强，富士康科技集团董事长郭台铭出席并讲话。市委书记张文雄，市委副书记、市长张自银出席。省委副书记梅克保主持会谈和签约仪式，富士康科技集团TMSBG事业群总经理蒋浩良，省领导陈肇雄、杨维刚出席。

2010年8月，周强在广州会见了郭台铭，商定了湖南与富士康合作事宜；同年12月，省政府与富士康正式签署合作框架协议。随后，富士康衡阳项目启动、富士康长沙公司成立，双方在软件及“三网融合”开发、新产品研发、硬件生产及推广等领域全面推进务实合作，相关产品成功下线，一批配套企业进入湖南，吸纳了上万人就业，提升了相关产业发展水平。

根据此次签署的会谈纪要，双方将在新型节能应用产品研发生产及推广等方面深化合作，打造集信息、能源、教育、医疗等为一体的数字化产业，大力推进环长株潭城市群“两型社会”建设，加快产业“两型”化步伐，推动信息技术应用，促进节能减排和社会管理创新。

【富士康（衡阳）工业园奠基】 2011年8月19日上午，富士康（衡阳）工业园奠基仪式在衡阳市隆重举行，标志全球最大的电子产品制造商和服务商——富士康科技集团正式进驻衡阳。省委书记、省人大常委会主任周强宣布工业园奠基。省委副书记梅克保主持奠基仪式。富士康科技集团TMSBG事业群总经理蒋浩良，TMSBG－CDPG产品群总经理谢冠宏，省领导陈肇雄、蔡力峰、杨维刚等出席奠基仪式。市委书记张文雄在奠基仪式上致辞。市委副书记、市长张自银参加了奠基仪式。

到2012年底，富士康（衡阳）工业园投资额将不低于1亿美元，主要生产数位产品、先进光电及LED等系列产品。项目建成后，员工人数将达3万人以上，2012年有望实现产值约50亿美元。目前，项目一期13万平方米厂房已经竣工投产。

【富士康（衡阳）LED项目启动】 2011年8月19日下午，省委书记、省人大常委会主任周强，省委副书记、省长徐守盛，富士康科技集团董事长兼总裁郭台铭等出席了富士康（衡阳）LED项目启动仪式，并考察了核心技术展示、生产线投产等情况。省委副书记梅克保，省委常委、长株潭试验区工委书记陈肇雄，省人大常委会副主任蔡力峰、省政协副主席杨维刚，市委书记张文雄出席启动仪式。市委副书记、市长张自银主持。

【“湘台铭心”投产庆典盛大举行】 2011年8月19日晚，“湘台铭心”富士康（衡阳）光电及数位产品投产庆典在衡阳举行。富士康科技集团TMSBG－CDPG产品群总经理谢冠宏，省委常委、长株潭试验区工委书记陈肇雄，市委书记张文雄，市委副书记、市长张自银等省市领导出席庆典。

【衡南与“康师傅”签下巨单】 2011年9月5日，在第七届湘台经贸交流合作会上，台湾顶新集团康师傅控股有限公司与衡南县签订了1亿美元的投资合同。该公司将布子衡南，建设“矿物质水厂”。这是此届“湘台会”上，衡阳地区引进的投资额最大的项目。

该项目总投资1亿美元，占地40亩。第一期租赁云集工业园标准厂房20000平方米，建设矿物质水生产线2条，计划于2012年1月投产；第二期征地200亩，自建厂房，生产“康师傅”饮料系列，将于2015年1月投产。一期投产后，预计年销售额2亿元人民币，税收可达800万元。

【国家输变电装备基地通过国家复核】 2011年9月，衡阳国家输变电装备高新技术产业化基地通过科技部国家级高新技术产业化基地首次复核。

衡阳国家输变电装备高新技术产业化基地依托特变电工衡变公司、湖南金杯电缆、衡阳市新鑫电力特种变压器公司等骨干企业，打造并研发超高压变压器、新型换流变压器、特种电缆等输变电产业集群，计划至2015年，输变电装备产业产值达到600亿元。该基地于2010年6月被科技部认定为国家高新技术产业化基地，这是衡阳市第一个国家级高新技术产业化基地。随着国家及省、市各项鼓励技术创新政策的实施，衡阳国家输变电装备高新技术产业化基地培养和发展了一批研发和产业领军人才、高技能人才、复合型管理人才，引导产学研相关机构共建了一批公共研发平台，攻克了一批行业共性关键技术，极大地提升了区域经济竞争力。

【“衡阳云谷”建设获国家大奖】 2011年9月，在“2011中国城市信息化发展大会暨成果评选”会上，衡阳市经信委“衡阳云谷”建设获得2011中国城市信息化发展进步奖，受到大会表彰。

近年来，衡阳市以“四化两型”为战略，以“三网融合”试点为突破口，加强信息基础设施建设，构建信息化支撑能力，推进信息化产业发展，打造“衡阳云谷”，建设“数字衡阳”取得了显著实效。到“十一五”期末，全市建设通信光缆长达15万芯公里，本地固定电话交换机容量达170万门，固定电话用户150万户；移动电话交换机容量418万门，移动电话用户270万户；互联网城域出口带宽25932M，互联网用户总数达37万户。市城区数字电视用户23万户，广播电视人口综合覆盖率99%。随着衡阳市信息化程度的不断提高，电信、移动等运营商先后将衡阳市作为省级骨干节点加以建设，衡阳信息化水平走在了全省乃至全国的前列，2008年、2010年先后入围全国信息化水平50强。“十一五”期间，全市电子信息产业累计完成主营业务收入128亿元。

目前，衡阳市已经获批成为湖南省“三网融合”首批省级试点城市，在城区内的三网融合试点小区已经建设完毕。与富士康、中兴等公司开展“三网融合”、“云产业”等合作不断深入，“三湘第一云”也在衡阳成功绽放，打造“衡阳云谷”取得了实际性突破。

【湘商大会，衡阳签约引资883.85亿元】 2011年9月29日，2011湖南经济合作洽谈会暨湘商大会衡阳市经贸投资推介暨项目签约会举行。

本届湘商大会，衡阳市共签约项目165个，引资总额为883.85亿元。按签约方式分类：合同项目为137个，占83%；协议项目为28个，占17%。按引资方式分类：境外项目为10个，占6.1%；境内项目为155个，占93.9%。按产业类别分类：工业制造业项目为93个，占56.4%；农业产业化项目为8个，占4.8%；能源与城市基础设施项目为7个，占4.2%；第三产业及其他项目为57个，占34.6%。

本届湘商大会省签项目为110个，引资总额为682.3亿元，其中衡阳市省签项目41个，占37.3%，引资额为368.76亿元，占全省引资总额的54%。41个省签项目中，引资额超过5亿元（含5亿元）的项目28个，占68.3%；

引资额超过10亿元（含10亿元）的项目15个，占36.6%。41个项目中引资额最大的三个项目分别是：蒸湘区引进深圳日创沅资产管理有限公司总投资80亿元分期建设的衡阳市西环路及蒸水南岸基础设施项目、耒阳市引进江苏康泰化学集团总投资30亿元分期建设的家乐福购物广场项目、蒸湘区引进红星美凯龙家具集团股份有限公司总投资24亿元分期建设的红星美凯龙家居生活广场项目。

专场签约会现场共签约项目60个，引资总额为373.56亿元，其中合同项目44个，占73.3%；协议项目16个，占26.7%。60个市签项目中，引资额超过5亿元（含5亿元）的项目15个，占25%；引资额超过10亿元（含10亿元）的项目6个，占10%。60个项目中引资额最大的三个项目分别是：市商务局和蒸湘区共同引进的香港豪德集团总投资150亿元分期建设的衡阳现代金融商贸物流城项目、市国资委引进湖南发展投资有限公司总投资30亿元分期建设的湖南发展投资集团在衡资本运营项目、耒阳市引进江苏远景能源集团远见风能有限公司总投资20亿元分期建设的风力发电项目。

【湘南承接产业转移示范区获批】 2011年10月27日，省委、省政府在长沙召开湘南地区获批承接产业转移示范区新闻发布会。国家发改委于10月6日正式批复湖南省发改委：同意设立湖南省湘南承接产业转移示范区。

示范区范围包括衡阳、郴州、永州三市，土地面积5.71万平方公里，覆盖34个县（市、区）。2010年，示范区年末总人口1797万人，地区生产总值3269亿元，分别占湖南省的26%和21%。这是继安徽皖江城市带、广西桂东、重庆沿江承接产业转移示范区后第4个国家级承接产业转移示范区，也是湖南省继长株潭城市群“两型社会”综合配套改革试验区之后第二个纳入国家层面的区域规划。为此，省委、省政府还初步提出了远景目标：到2020年，示范区整体经济实力得到较大提升，结构优化、竞争力较强的现代产业体系进一步完善，主导产业竞争力明显增强，形成一批特色鲜明、集约化发展的产业园区；与珠三角等区域分工合作、优势互补、一体化发展的格局基本建立；社会保障健全，生态环境优美，人民生活富裕；成为承接东部、辐射中部的重要平台和促进中部地区崛起的新支点，成为湖南省继长株潭城市群之后的重要经济增长极。

【两企业入列国家高新技术企业】 2011年11月，特变电工衡阳变压器公司和湖南天雁机械有限责任公司双双获评2011年“国家火炬计划重点高新技术企业”。

2011年1—10月份，衡变公司先后实现了核电变压器、铁路牵引变压器、火电百万机组项目114万千伏安/500千伏变压器的市场突破。同时，2011年公司自主研制完成国内首台自主设计的100万千伏安/500千伏特大容量现场组装变压器等重点新产品22项，新增专利授权15项。截至目前，衡变公司累计授权专利131项，其中，发明专利累计授权10项。

近年来，湖南天雁在研发基础设施建设上，按公司产值6.5%的比例进行投入，2011年已累计投入4000多万元用于新产品的研发、配套。如今，天雁高层次人才队伍有博士4人、硕士25人，公司承担多项国家、省市重点技术创新项目，获得省部级科技成果奖20多项。主持和参加制定国家、行业标准9项，申请专利120多项，获得专利授权70多项，获发明专利授权4项。

国家火炬计划重点高新技术企业认定是由科技部组织实施的一项发展我国高新技术产业的指导性计划，旨在促进高新技术成果的商品化、产业化和国际化，每三年认定一次，要求被认定企业具备较强的研究开发能力和技术创新能力外，企业的高新技术产品销售收入至少要占据企业年销售收入的60%。

两型技术产品

【华菱衡钢进入电力管道高端市场】 2011年1月，衡阳华菱钢管有限公司成功与中国华电集团华电重工装备有限公司签订314吨大口径高压锅炉管合同，这是该公司在电力“四大管道”的第一笔订单。

华菱衡钢这一订单打破了我国电力“四大管道”长期依赖进口的格局，同时填补了公司在电力“四大管道”市场业绩空白的历史，全面吹响了2011年华菱衡钢进入电力管道高端市场的号角。

电力采用的主蒸汽管道、再热冷段蒸汽管道、再热热段蒸汽管道、高压旁路和低压旁路管道、高压给水管道、给水再循环管道统称为电力“四大管道”，它们是电力管道中最为核心的部件。因该类钢管长期在超高温和超高压的极端恶劣环境中“服役”，对管材的耐腐蚀、抗高压性能及安全性能要求非常苛刻，技术含量很高，在此之前我国各大电力集团都是从国外进口这类钢管产品。这次华菱衡钢能够率先在该领域取得历史性的突破，是该公司近年来在营销、技术上不断创新的结果。

【“南华”携手“中广核铀业”】 2011年1月，南华大学与中广核铀业发展有限公司签署产学研合作协议。双方将通过合作办学、技术培训、产品开发和项目研究，构建起产学研相结合的技术创新合作体系。

中广核铀业发展有限公司是中国广东核电集团有限公司的全资子公司，是国家铀资源开发的“国家队”，是我国拥有民用核燃料进出口专营资质的两家公司之一。长期以来，中广核铀业发展有限公司与南华大学在人才培养、科学研究、社会服务等方面建立了良好的合作关系，双方发挥各自优势，取得了丰硕的合作成果。

【华菱衡钢获金杯奖】 2011年1月，中国钢铁工业协会举行了2011年度冶金产品实物质量金杯奖颁奖仪式，作为获奖企业之一的华菱衡钢参加了颁奖仪式。

金杯奖是认可冶金产品实物质量达到国际同类产品实物质量先进水平的奖项，华菱衡钢生产的管线管曾于2008年首获该奖项。此次，华菱衡钢的管线管再度获得金杯奖荣誉，且产品的规格范围、牌号相比之前均有大的增加，包含了L245NB/C、L290NB/C、L360QC、X70等13个牌号，其规格范围为瘢114～660× ；3.7～31。

申请冶金产品实物质量金杯奖，必须经过三关考验，即申报的产品需通过现场检测合格、申报资料必须符合要求及通过专家委员会答辩。

【4亿支口服液技改扩能项目启动】 2011年1月18日，随着衡阳中药与雁峰区政府成功签约，市重点工程

——紫光古汉集团衡阳中药有限公司4亿支口服液技改扩能项目正式启动。

项目将征用现厂区以东土地93亩，总投资约1.24亿元，建设周期2年。项目建成投产后，衡阳中药口服液的生产规模及生产技术将在国内领先，可实现年产值、销售收入分别达到6—8个亿、新增税金1个亿以上、新增就业岗位300—500个，成为具有中国传统文化特色的现代中药工业园，使衡阳中药成为衡阳甚至湖南医药企业的名片和龙头。

【衡变世界最大容量运行海拔最高变压器启运青海】 2011年1月20日，一台运载"巨无霸"变压器的特种货车从特变电工衡阳变压器有限公司缓缓开出，送往青藏交直流联网工程青海格尔木变电站。据悉，这台变压器之所以被称为"巨无霸"，不仅因其巨大吨位，更缘于它是750千伏级、70万千伏安世界最大容量、运行海拔最高的变压器。

藏交直流联网工程是国家西部大开发新开工的23个重点工程之一，是继青藏铁路之后又一条连接青海和西藏的"电力天路"。工程沿线平均海拔4500米，最高海拔5300米，海拔4000米以上地区超过900公里，是迄今为止，在世界上海拔最高、气候条件最恶劣的地区建设的规模最大的输电工程；也是世界上穿越冻土里程最长的直流输电线路。工程建成后将实现西藏电网与西北电网互联，实现国家电网公司经营区域内所有省区联网，从根本上解决西藏供电不足的问题，进一步提高大电网的资源优化配置能力，对推动藏区经济发展、社会稳定及实现西部地区的资源优势转换成能源优势具有重大意义。

【新型牙轮钻机在中钢衡重试车】 2011年1月25日，中钢集团衡阳重机有限公司大型露天采矿的新型干式除尘牙轮钻机的成功试车。

牙轮钻机是大型露天矿山钻孔爆破所必需的重大装备，是钻孔设备从磕头钻、喷火钻到冲击钻等，技术上历经半个世纪的不断跨越而进入的最高阶段，具有钻孔孔径大、穿孔效率高等优点。牙轮钻机的钻头能在岩石上同时钻进和闪转，进而对岩石产生静压力和冲击动压力，达到钻头上的牙轮在孔底滚动中连续挤压和破碎岩石的目的。传统的牙轮钻机多为湿式除尘结构，即让高压水经钻杆内腔从钻头喷嘴喷出，从而将岩石矿渣从孔底溢出孔外排除。

中钢衡重早于上世纪80年代就成功研发出了湿式除尘牙轮钻机，并获得过国家科技进步金奖等众多荣誉。这次推出的干式除尘牙轮钻机，主要是对空气进行加压，以风代水实现吹渣除尘。这一除尘方式对供需双方都具有重要意义：远离水源的矿山可节省大量的取水成本；冬天用水易结冰的我国北方及俄罗斯国等高寒矿区、矿物比重较轻的非金属矿，现都能广泛适应。

【衡钢"联姻"北大先锋】 2011年1月26日，衡钢与北大先锋科技有限公司举行了项目合作签约仪式，双方将共同投资近亿元建设一项新的变压吸附提纯煤气工程。新项目建成后，企业每小时可对67000标准立方米高炉煤气进行回收提纯，提纯出浓度为70%的17500标准立方米成品气，供轧管分厂加热炉使用，年直接创效可达2500多万元。

变压吸附技术是近30多年来发展起来的一项新型气体分离与净化技术，具有投资少、产品纯度高、操作简单、环境污染小等特点，在国内化工行业得到了较快发展。但在高炉煤气提纯方面，国内还没有钢铁行业企业引入这项技术。此次，衡钢与北京大学直属的北大先锋科技有限公司成功"牵手"，双方将通过资源与技术的全面合作，率先在钢铁行业尝试对冶炼低燃值煤气进行提高热值，应用于轧钢加热炉。

在高炉冶炼过程中，产生的大量煤气除用于TRT发电、与天然气混合燃烧外，因气体中氮含量高，燃烧值低，众多钢铁企业不得不通过"点天灯"放散一部分。为了充分利用自产的煤气资源，衡钢通过分析论证，决定引入北大先锋的专利技术，将低燃值煤气"吃干榨尽"。根据测算，通过高炉煤气提纯和利用，衡钢每月的天然气消耗预计可降低四分之一左右。

根据协议，双方将进一步拓宽合作领域，南华大学将借助中广核铀业发展有限公司在铀矿勘查、铀矿开采、铀水冶加工等方面的优势和科研生产力，提升学校为我国核工业和国防科技工业人才培养、科学研究和技术创新的水平和竞争力。同时，南华大学将依托学科专业综合的特点、人才培养和继续教育的特长、科学研究和技术创新的特色，为中广核铀业发展有限公司做好全方位的服务工作。

【衡变首度中标核电领域】 2011年4月，特变电工衡阳变压器有限公司一举中标海南昌江核电项目全部13台220千伏，26万千伏安单相变压器合同，实现了衡变公司变压器产品在国内核电领域零的突破。

【衡阳攻克重金属冶炼中节能减排关键技术】 2011年4月26日，经过严格论证与评审，衡阳市重大科技专项——水口山有色金属公司的"重金属冶炼节能减排关键技术与工程示范"项目，通过省科技厅专家组的验收。

该项目于2008年被省科技厅列为全省第一批节能减排重大科技专项，主要以水口山有色金属公司重金属冶炼技术难题为研发对象，解决能耗高、污染重等问题。经过三年的科技攻关，创新研发出"高温液态铅渣电热直接还原"新工艺，建成一条6万吨的窑渣磁选示范生产线，年处理窑渣6.3万吨，每吨粗铅综合能耗由原来的380公斤标煤降至280公斤标煤。项目还攻克了高浓度重金属冶炼废水生物制剂直接深度处理与回用中的关键技术，建成电絮凝法处理锌冶炼废水深度处理示范工程，年减少用水294万吨，降低成本220万元。此项目已申请发明专利25项，其中专利授权8项。

【衡变斥资6.4亿进军"特高压"】 2011年5月26日，投资规模6.4亿元的特变电工衡变公司"特高压1000KV交流变压器、电抗器及±800KV直流换流变压器"技术改造项目正式奠基。

该项目建设周期为2011年5月26日至2011年12月31日，建设内容包括新建特高压装配车间、线圈车间及试验大厅，新建厂房面积14000平方米，引进一大批国际最先进的加工及试验设备。项目建成后，衡变公司将具备国内最大的特高压1000KV变压器、电抗器及±800KV、±1000KV直流换流变压器生产制造能力，年产能可新增

2000 万 KVA，同时将新增就业岗位 1000 余个。

【衡变成功研制又一“世界之最”】 2011 年 6 月 15 日，由特变电工衡阳变压器有限公司自主设计、制造的中国首台世界最大容量 SFP－H—810MVA/500kV 三相组合式发电机变压器一次性通过全部出厂试验和型式试验项目，各项技术指标均优于技术协议要求。国家电网电力科学研究院、沈阳变压器研究院专家及大唐桂冠合山发电有限公司等对产品试验进行了全过程见证。

由于受交通运输条件限制，用户对此台变压器的运输重量及设计尺寸提出了特殊要求，衡变公司采取由三个单相变压器通过共用低压通道连接成三相变压器，再分成三个单相进行运输，有效降低了单体运输重量和尺寸。由于该产品容量大、结构复杂，衡变公司严格遵循“严上加严，细上加细，慎之又慎，精益求精”的质量管理方针和全力推行“一次做好，次次做好，把每一次当做第一次做好”的质量管理理念，采用了世界领先的变压器验证分析软件，对计算结果进行电磁场、波过程、短路机械力、温升、油流分布等验证分析；尤其是油箱壁采用独特屏蔽结构，形成良好漏磁通道，有效降低结构损耗，解决了超大容量变压器产品结构件局部过热的难题。

衡变公司近几年来的自主创新能力实现了跨越式提升，一次又一次地改写了中国变压器的制造历史。该产品的研制成功，是我国电工设备制造领域大容量三相组合式变压器技术取得的又一重大创新成果，标志着衡变公司在自主创新领域取得了重大突破，也是我国组合式变压器技术领域取得的重大创新成果，再一次巩固了衡变公司在输变电设备制造领域的领先地位。

【12 个项目获国家创新基金支持】 2011 年 7 月，科技部、财政部发布 2011 年度第二批科技型中小企业技术创新基金立项榜单，衡阳市申报的“高铅锌基合金”、“抗腐蚀高声压级系列测量传声器”等项目上榜。至此，2011 年衡阳市科技型中小企业已有 12 个项目获得立项，共获 740 万元国家创新基金的支持。

科技型中小企业技术创新基金经国务院批准设立，立项项目涉及电子信息、生物医药、新材料、光机电一体化等六大领域和中小企业公共技术服务平台建设。主要以无偿资助、贷款贴息等方式，鼓励、培育、支持和促进科技型中小企业的技术创新活动，推动这些企业自主创新，促进科技成果的转化。衡阳市 2011 年获批的项目技术含量高、创新性较强、成果转化快、市场前景好，对提高企业的竞争力、增加企业经济效益等方面具有较大的推动作用。

【衡变再获国家重大科技成果转化项目】 2011 年 7 月，从国家财政部、工信部传来喜讯，特变电工衡阳变压器有限公司“1000kV 交流输变电关键装备并联电抗器产业化”项目荣列 2011 年国家重大科技成果转化项目，这是继 2010 年衡变公司“750kV 交流输变电关键装备并联电抗器产业化”项目之后又一荣列国家重大科技成果转化项目的产业化项目。

国家重大科技成果转化项目是符合国家高技术产业政策、战略性新兴产业发展方向，从 2010 年开始每年评选立项一次，立项的项目产品和技术需具有独立知识产权且市场发展前景好，代表我国各行业最高技术水平。衡变公司连续两年荣列国家重大科技成果转化项目，是对公司近年来的超强科技成果转化能力的肯定，也是公司技术创新能力日益增强的有力表现，凸显出了衡变公司在我国输变电装备制造业的领先地位。

此次列入国家重大科技成果转化项目的项目产品是衡变公司研制的 1000kV 并联电抗器，也是目前国内电压等级最高并联电抗器产品，该产品于 2010 年荣获中国机械工业科学技术奖特等奖。该项目产品 1000kV 并联电抗器的产业化，加快了公司科技成果向现实生产力的转化，提高了企业技术创新能力，是我国实现特高压输变电设备国产自主化战略的一次重大突破，提升了中国变压器行业自主创新能力和民族重大装备业的制造水平。衡变公司也因此形成了以开发超、特高压输变电设备为核心的技术创新体系，真正实现了以节能、环保、绿色的输变电技术服务我国“一特四大”能源战略。该项目产品填补了国内多项技术空白，是目前世界上容量最大的单相单柱结构 1000kV 并联电抗器，其核心技术达到了世界领先水平。

多年来，衡变公司不断加大新产品的研发力度，研制出一大批具有高性能、高附加值的新产品投放市场。2011 年上半年公司科技成果再创新高，研制完成了 OSFPS－JT－1000000/500 特大容量现场组装变压器、SFP－H－810000/500 大容量组合式变压器等 16 项重点新产品。衡变公司在不断加大技术创新的同时，加大知识产权的保护力度，从技术、工艺、结构、外观等多方面对产品进行全方位的知识产权保护，2011 年上半年申请专利 9 项，新增授权专利 6 项，截至目前公司申请专利 145 项，累计专利授权 121 项，其中发明专利 8 项。

【“建衡化工”又一新项目投产】 2011 年 7 月 18 日，衡阳市建衡实业有限公司 2 万吨高效聚合氯化铝生产线正式投产，从此，全市污水处理和自来水净化制剂有了“衡阳制造”。

该项目投资 4000 万元，主要原料为工业废酸，系典型的循环经济项目，年产值可达 8000 万元、利税在 400 万元以上，并可常年解决就业数十人。

据了解，该项目投产后，使“建衡实业”形成 8 万吨硫酸铝、3 万吨聚合氯化铝、1 万吨聚合硫酸铝、1 万吨无铁硫酸铝、3 万吨试剂硫酸、5000 吨复合疏松剂生产能力，一跃成为全国最大铝盐系列产品生产基地。

社会建设管理

【菜篮子工程成效显著】 2011 年，衡阳市常年蔬菜种植面积达到 145 万亩，同比增加 3.2 万亩，专业蔬菜基地 9.4 万亩，比上年同期增加 1.23 万亩，本地蔬菜供应占市区蔬菜日供应总量的 70%；全市出栏生猪 1014.1 万头，出笼家禽 10799.92 万羽，同比分别增长 2.6%、5.8%，生猪、肉类总产量连续七年居全省第一，出笼家禽连续六年居全省第一，蔬菜总产量连续四年居全省第三。衡阳市“菜篮子”市场整体保持平衡，为全年消费者物价指数低于全省 0.5 个百分点作出了重要贡献，受到城市居民的广泛好评。

【打黑除恶排名全省第二】 2011 年，衡阳市各级公安机关充分发挥“打黑除恶”的尖刀和排头兵作用，成功打掉了一批性质恶劣、影响极坏、群众反映强烈的黑恶犯罪团伙，打黑除恶工作实现全面突破，在全省综合、综治考评中均名列第二名。

2011年，全市公安机关共侦办涉黑案件5起，检察机关提起公诉涉黑4起，法院一审判决涉黑案件2起，二审判决1起；共抓获涉黑犯罪嫌疑人229人，破获故意杀人、故意伤害、寻衅滋事、非法经营、非法持有枪支等各类刑事案件489起，缴获枪支21支，追缴涉黑资产1400万余元；全市12个县（市）区共计摧毁恶势力团伙58个，其中10人以上特大团伙9个，共判决涉恶犯罪人员318人，缴获枪支5支，破获刑事案件350起，得到了各级党委、政府及上级公安机关的高度肯定，赢得了群众的大力支持和赞扬，维护了治安稳定，为衡阳市经济发展创造了良好的社会环境。

【保障性安居工程进展顺利】 截至2011年12月10日，全市已开工保障性安居工程47137套，其中廉租住房12214套、公租房11322套、经济适用住房2193套、各类棚户区改造21408户。

2011年以来，衡阳市保障性安居工程建设规模空前，全市计划实施保障性安居工程39158套，其中新增廉租住房11000套、新增公共租赁住房8000套、新建经济适用住房1000套、改造城市棚户区13000户、改造国有工矿棚户区5249户、改造林区棚户区575户、改造垦区棚户区334户。截至12月10日，已开工保障性安居工程47137套。

据11月份的统计数据显示，全市通过补贴和实物实施住房保障30525户，基本实现了对人均住房建筑面积10平方米以下的低收入家庭应保尽保。全市15000余户低收入家庭住上了经济适用住房或廉租住房，低收入家庭实物保障面达到55.7%。从2011年开始，随着公共租赁住房建设的发展，中等偏下收入家庭、新就业职工、进城务工人员也纳入保障范围，廉租住房保障范围已扩大到人均住房建筑面积13平方米以下的低收入家庭。

【年度“十大经济人物”新鲜出炉】 历时半年，备受关注的衡阳市2011年度“十大经济人物”评选活动，经过组委会考察考核、市民投票和专家评审打分，目前正式揭榜。

荣膺年度“十大经济人物”的分别是：紫光古汉集团董事长李义、市自来水公司总经理何东会、衡阳华菱钢管公司总经理凌仲秋、中石化衡阳石油分公司总经理曹小攀、弘辰房地产开发公司董事长谢晨晖、三创集团董事长唐萌、中国移动通信衡阳分公司总经理罗剑锋、中核二七二厂总经理谢凌峰、领欣铜业公司董事长阳冬林、鸿华物流董事长侯光昆、创新生物科技公司董事长李清定、华兴建设工程公司董事长肖家元。

【国际道教论坛在南岳盛大开幕】 2011年10月23日晚8时，由中国道教协会、中华宗教文化交流协会共同主办，湖南组委会承办的“国际道教论坛”在南岳衡山隆重开幕。

中共中央政治局常委、全国政协主席贾庆林专门为论坛发来贺信。中共中央政治局委员、国务院副总理回良玉对办好论坛提出明确要求。全国政协副主席、中共中央统战部部长杜青林出席开幕式并致辞

出席开幕式的中央和国家机关有关部门领导还有朱维群、蔡赴朝、李从军、张研农、翟卫华、叶克冬、王文章、蒋建国、王作安等，省领导有周强、徐守盛、杨泰波、李微微、路建平、郭开朗、刘力伟、魏文彬、王四连等，市领导有张文雄、张自银等。

来自内地、港澳台地区和19个国家的道教界、政界、学界、商界等有关方面人士参加了论坛开幕式。

开幕式后，举行了具有浓厚道教文化色彩的大型文艺演出。本次论坛为期3天，将于25日闭幕。论坛期间，将举行论坛大会发言、四场电视论坛和四场分论坛等活动。

本次国际道教论坛是继2007年4月在西安、香港举办的国际道德经论坛之后的又一次大型国际道教文化盛会，是对国际道德经论坛的延续和深化。

【2011年中国价格论坛南岳开幕】 2011年10月27日，2011年中国价格论坛在南岳开幕。国家发改委副主任彭森，湖南省委常委、省政府常务副省长于来山，广东省委常委、省政府副省长肖志恒，湖南省政府经济顾问赵湘平，市委书记张文雄等出席开幕式。

【5县（市）成全国科普示范县】 2011年5月31日，在举行的中国科协第八次全国代表大会闭幕式暨全国科普示范县（市、区）命名授牌仪式上，湖南省共有37个县（市、区）获“2011—2015年度全国科普示范县（市、区）”命名，衡阳市衡阳县、衡南县、祁东县、耒阳市、常宁市名列其中，数量仅次于长沙，位居全省第二。

体制机制创新

【央视新闻联播推介衡阳市“三有两评”工作法】 2011年，衡阳市在基层社区和乡村推广“三有两评”工作方法，密切了党群、干群关系，这种做法在全国引起了较好的反响。3月26日，中央电视台新闻联播以单条新闻的形式对衡阳市的“三有两评”工作法进行了报道和推介。

“三有两评”是指：群众有干部联系卡，干部有民情日记，乡镇有民情台账；乡镇每月召开一次驻村干部工作点评会，群众每半年评议一次驻村干部。当天的央视新闻联播以一分半钟的时间对此进行了详细报道和介绍。其中，新闻特别提到了蒸湘区联合新村社区。该社区根据居民的需求，建起了爱心超市，家庭困难的居民可以免费领取一些米、油等生活物资。

此外，衡阳市大力推进“公共服务六进社区”工程，2010年投入5578万元资金用于社区卫生服务中心、劳保服务中心、文体服务中心等的建设和改造。这些做法“为老百姓创造了更好的生活环境”，也得到了央视的充分肯定。

【土地流转扎实推进】 2011年，衡阳市共流转各类土地360余万亩，涉及土地流转的农户68.5万户。其中，流转耕地156.56万亩、林地159.09万亩、水面28.58万亩、四荒地17.8万亩。

近年来，该市各级推行有效的土地流转办法，创新土地流转模式，鼓励支持农民采取多种形式依法、自愿、有偿流转土地。通过农村土地承包经营权向农民专业合作社、种养大户直接流转，大力发展现代农业、高效经济作物和规模经营，全市农业产业化和规模经营开辟了更加广阔的空间，极大地提高了集体资源和闲置资产的利用率。为化解土地承包经营的纠纷，各县（市）区均成立了农村土地承包经营纠纷仲裁委员会，各级农经部门加强与纪检、监察、纠风、司法、信访、国土等部门的沟通与协作，逐步

建立健全了民间协商、乡村调解、县级仲裁、司法保障的农村土地承包纠纷调解仲裁体系，形成了多部门分工协作、密切配合、齐抓共管的工作机制。2010 年，全市共调解仲裁农村土地承包经营纠纷 1903 起，其中调解 1885 起、仲裁 18 起，涉及妇女权益的土地承包纠纷 364 起。

【衡阳市再次荣膺“全国科技进步先进市”】 2011 年 12 月 5 日，从市科技局获悉：国家科技部日前公布了 2011 年全国科技进步考核结果，衡阳市荣获“全国科技进步先进市”称号，这是衡阳市连续第二次获此殊荣。同时，耒阳、衡南、衡山分别获得“全国科技进步先进县（市）”称号；省委常委、市委书记张文雄，市长张自银，市政府顾问陈新文等 13 人获评“全国科技进步工作先进个人”。

全国科技进步先进市每两年考核测评一次，是科技进步领域的最高荣誉，是衡量一个地区综合科技实力、综合竞争力和可持续发展潜力的重要标志。近年来，衡阳市全面实施“科教兴市”先导战略，大力推进创新型城市建设，科技综合实力和自主创新能力进一步增强，在推动经济发展方式转变和结构调整中发挥了积极的引导作用。

近两年，衡阳市企业创新能力不断提升。全市申请专利 2300 件，授权专利 1144 件，年增幅分别为 40.6% 和 15.9%。

岳阳市

岳阳市2011年两型社会建设综述

一、岳阳市2011年两型社会建设主要成效

2011年，是全面实施“十二五”规划纲要的开局之年，岳阳市以“科学发展，富民强市”为主题，以“转型升级，更大更强”为主线，围绕“四化两型”和“五市一极”建设，团结一心，奋力拼搏，两型社会建设取得了新的成效。

（一）经济保持较快增长，质量效益明显提升。全年实现地区生产总值1899亿元，同比增长14.2%，高于年初计划2.8个百分点，其中一、二、三产业增加值分别增长3.5%、18.6%和14.6%。经济发展的质量和效益继续提升，完成财政总收入186亿元，增长33.1%，高于年初计划18个百分点；综合实力不断增强，国家统计局评定岳阳市综合实力排全国第57位，汨罗市、岳阳县、华容县获评全省县域经济前20强，君山区获评全省经济发展先进县（市）区。

（二）转型升级力度加大，三次产业协调发展。深入开展“联手帮扶产业发展升级”行动，产业转型升级成效显著。新型工业化加速推进，规模工业增加值增长20.7%，高于年初计划7个百分点；全年新增规模工业企业85家，总数达到1345家；长岭炼油改扩建项目竣工投产，石化产业总产值突破千亿，达1022亿元；园区工业发展加快，产值过百亿园区达到7个，园区工业增加值占全市规模工业增加值比重达到40%；自主创新步伐加快，组建产学研结合创新平台14家，新认定高新技术企业18家，总数达到99家。现代农业稳步发展，全年粮食总产量307.7万吨，增长20.3%；规模农产品加工企业达到291家；新增国家农业产业化重点龙头企业2家，新增省级龙头企业14家，新增涉农中国驰名商标2件。航运物流业日益趋旺，全市口岸进出口货物总量突破1200万吨，集装箱吞吐量达到15万标箱；城陵矶—香港、澳门国际航线正式开通，“重庆—宜昌—岳阳—上海”四地大通关模式顺利实施；城陵矶保税港区申报加快推进。旅游业持续升温，全年接待国内外旅游人数1581.7万人次，旅游总收入达131.3亿元，增长27.6%；岳阳楼—君山岛成功晋升国家5A级旅游景区，平江获批全国红色旅游先进县。

（三）社会需求总体稳定，投资支撑作用突出。项目投资持续强劲，全年完成固定资产投资861.8亿元，增长35.6%，高于年初计划15个百分点。重大项目量增质提，全年共实施5000万元以上重大项目640多个，同比多增170多个，亿元以上投资项目（省认定）个数增加到100个。市政府重点推进的205个重大项目进展顺利。城建方面，中心城区13个城建项目完成投资6.3亿元。环南湖截污管网建设全面完成，千亩湖旅游走廊竣工开园，青年路跨王家河大桥建成通车，商业步行街广场与东茅岭路地下人防工程全面竣工；云梦新城、市体育中心等项目扎实推进。交通方面，随岳高速公路、S202二期、S306华容段、荣鹿公路、长江大道一期等已竣工通车；5条高速公路、炼化一体化公路、芙蓉大道北拓工程（湘阴段）等项目加快推进；S207平江段、澧溪港码头二期等项目前期工作全面展开。水利方面，钱粮湖垸围堤加固工程、临港产业新区防洪排涝工程顺利实施；中小河流治理工程、屈原垸围堤加固工程、城西垸围堤加固工程等项目稳步推进。消费市场持续繁荣，完成社会消费品零售总额598.5亿元，增长18%；累计销售各类家电下乡产品115.3万台，完成年度任务的258%，居全省第一；实现房地产销售金额95.3亿元，增长51.5%。对外贸易稳步发展，完成进出口总额11.8亿美元，增长15.1%。

（四）“五创”提质深入开展，城乡环境明显改善。深入开展“五创”提质活动，岳阳市城市公共文明指数测评进入全国地级市前30名，荣获创建全国文明城市“提名奖”，华容获“全国文明县城”称号。生态环境不断优化，完成污染减排项目91个，整治城区污染严重小企业66家，实施锅炉清洁能源改造82台，全市单位GDP能耗同比下降3%，化学需氧量和二氧化硫排放量分别削减2.3%和3%，氨氮、氮氧化物排放量分别削减4%和3.5%，城区空气质量优良率达90.1%。绿化创模扎实推进，完成植树造林25.6万亩，森林覆盖率达45.3%；城市建成区绿化覆盖率达39.8%，人均公共绿地面积达9.3平方米。城乡清洁工程深入实施，城区新改建36座公厕、24座垃圾站；城镇生活垃圾无害化处理率达76%，超过计划43.5个百分点；完成90条小街巷提质改造和5条道路建筑立面改造；102个村纳入环境卫生整洁行动试点，新建1.28万口沼气池，建成2.8万座农村卫生厕所。新农村建设力度加大，改造县乡公路167.9公里，建成乡镇到村水泥（沥青）路669.2公里，疏通渠道720多公里，新建和改造机埠涵闸29处，解决农村人口安全饮水25.2万人。

（五）改革开放不断深化，发展活力持续增强。国有企业改革加速推进，全市累计99家企业完成改制。医药卫生体制改革效果明显，在全国率先开展乡镇卫生院就医新农合全免费试点，在全省率先完成国家基本药物制度全覆盖，3332个村卫生室全部纳入网络诊疗管理。融资体系不断完善，全市实现直接融资22.9亿元，排全省第二，“凯美特气”在深交所中小板上市，“汨特石墨”、“湘菌科技”在天交所挂牌交易，“科美达”等4家企业引进10家私募创投基金。招商引资力度加大，实际利用外资1.9亿美元；引进内资项目592个，到位资金180亿元，同比增长

21.6%，内联引资总量居全省第二，工业内联引资总量保持全省第一；中种集团、中粮集团、中联重科等一批央企名企落户。政府机关改革、税收征管改革、文化体制改革、城市管理体制改革等有序推进。

（六）社会民生保障有力，人民生活水平提高。全市民生支出占全市财政总支出的70%左右，41项省市实事49个指标任务全面完成，其中20个超额完成。城乡就业稳步推进，新增城镇就业5.7万人，农村劳动力新增转移就业7.9万人，零就业家庭继续保持动态清零。医疗保障不断加强，8个县市区纳入新型农村养老保险试点，新农保参保人数96.87万人；新农合参合率达到99.4%，居全省第一；人均基本公共卫生服务经费标准达到25元，同比增加7.5元。教育事业有序发展，完成166个校安工程建设，建成37所义务教育合格学校和20所农村公办幼儿园，市十五中顺利搬迁，市素质教育中心正式启用。保障性住房建设步伐加快，超额完成全年目标任务，已开工48819套，开工率110.3%；竣工38765套，竣工率87.6%。居民收入不断提高，城镇居民人均可支配收入19649元，增长13.5%；农民人均纯收入7275元，增长21.5%；城区低保标准每月提高40元，达300元，农村低保每月提高25元，达135元；建立社会保障与物价上涨联动机制，向全市25.72万名低收入群众发放补贴2670.3万元。抗灾救灾积极有力，3517户因灾全倒户房屋重建全部竣工，修复水毁堤防210处，补改种农作物9.86万亩，受灾地区的交通、电力、通讯线路全部恢复畅通。

（七）片区建设稳步推进，示范带动作用增强。示范片区发展来势强劲，全年投资增速38%，高于全市3个百分点。在基础设施建设上，城陵矶临港产业新区水、路、管、电“四网”建设同步推进，长江大道一期、云港路已建成通车，永济大道、连城路已开工建设，安置小区一、二期工程建设基本结束；汨罗片区再生资源市场、污水处理厂、垃圾消纳场等项目顺利推进；湘阴片区芙蓉大道北拓、京珠高速复线湘阴段、顺天大道、S308线拓改、柳林江大桥等项目加快推进；屈原片区营田镇生活垃圾无害化处理、推山咀码头等项目进展顺利。在“两型”产业培育上，城陵矶临港产业新区，先后引进项目33个，签约资金117亿元。汨罗新市片区，重点做好湖南汨罗再生资源集散市场二期工程，强力推进“循环经济—城市矿产”项目建设，完成了“城市矿产”第一批工程建设，积极申报“城市矿产”第二批工程建设，屈子文化园建设已经完成了初步规划。湘阴界头铺片区，轻工产业园正式开园，漕溪港码头开发及物流园建设挂牌运作，湖南远大集团低碳建筑项目正式落地，中联重科项目开始启动。

二、岳阳市2011年两型社会建设主要做法

（一）突出统筹规划。坚持规划先行，把“两型社会”建设放到全市经济社会发展的大局来谋划和推动。一是加强规划编制。编制了《岳阳市保障和改善民生实施纲要（2011—2015年）》；完善了《岳阳市文化产业发展规划（2011—2015年）》、《岳阳市现代物流业发展规划》等一批重点专项规划；编制完成了城市建设总体规划和土地利用总体规划，并重点推进了产业规划、城市规划与土地利用规划“三规合一”。二是加强规划管理。加强与省直各有关部门和技术支撑单位的衔接与沟通，提出了“发展设想进规划、改革诉求进方案、重大项目进笼子”的工作思路，确保岳阳市改革发展的一些重大设想在规划范围、空间结构、产业布局、综合交通运输体系等方面得到了充分反映。落实了各县（市）区在国家和省主体功能区规划中的定位请求。三是狠抓规划落实。完成了岳阳中心城区总体规划、市域城镇体系规划和土地利用总体规划的对接与修编，中心城区实施了东扩、西连、南延、北靠的发展战略，东扩武广客运新片区，西连君山生态区，南延南湖风景区，发展北边沿江工业走廊，促进了城镇扩容提质。

（二）突出产业培育。一是推动产业升级。推进炼化一体化、催化剂新基地等一批重大产业项目，实施中小企业“提档升级”行动，全面铺开中心城区重点排污企业“退二进三”。大力发展化工新材料、先进装备制造等战略性新兴产业。二是推动产业集聚。着力引导生产要素向优势产业、重点园区集中。园区工业增加值占全市规模工业增加值比重40%左右。按照“三年搭框架、五年见成效、十年成规模”的发展思路，积极推进城陵矶临港产业新区建设，2011年底共签约引进项目50个，合同引资217亿元，16个开工建设，7个建成投产。三是推动循环经济发展。重点支持汨罗再生资源产业园发展，推进企业集中安置、能源统一供给、污染集中治理。加快云溪精细化工园建设，初步形成了工业催化裂化、高分子材料加工等六条循环经济产业链，实现了企业与企业之间产业循环组合、“三废”综合治理、能源梯级利用。

（三）突出节能减排。重点抓好了取缔关停违法企业、淘汰退出落后企业、停产治理污染严重企业、限期治理重点污染源和搬迁布局不合理企业等工作，着力实施了城镇污水垃圾处理设施建设、工业企业脱硫脱硝等污染减排、湘江流域重金属污染整治、农业面源污染整治、农村清洁工程等一批重点项目。加强生态环境建设。深入推进“碧水蓝天工程”，广泛开展植树造林、退耕还林、退田还湖等生态建设，加强了洞庭湖、南湖和铁山水库生态环境的综合治理。

（四）突出机制创新。一是准入机制。强化“宁愿少一个GDP，也不要多一个COD”的理念，提高新上项目环保准入门槛，坚决守住新上项目“环评、审批、验收”三个关口，严格控制和避免污染增长。二是投入机制。设立节能减排专项资金和自主创新引导基金、产学研专项经费，采用补助、奖励等方式支持企业加大对节能减排、科技创新的投入。三是考核机制。把节能减排等“两型社会”建设内容纳入民本岳阳综合考评，将考核结果作为评价使用干部的重要依据，严格实行节能减排“一票否决”制。

岳阳市2011年两型社会建设成果

资源节约利用

【46家“三废五小”污染企业被关停】 2011年上半年，岳阳市对城区“废油、废塑、废铁加工，小化工、小冶炼、小砖窑”等46家“三废五小”污染企业实施了关

停整治，现已关停30家、停产治理6家，8家正在搬迁，有效地解决了一批城区热点、难点环境问题。

同时，为推进锅炉清洁能源改造，半年完成42台锅炉整治，累计完成170台，年可节约标煤15万吨，促进了城区空气质量持续改善。并对南湖水环境综合整治，督促黄梅港污水处理厂、千亩湖截污等4个工程启动实施，半年累计投放多功能水质改良菌420吨、底改素360吨、鱼苗52万公斤，加强了环境监管，一日巡湖一次、设施一日一查、水质十日一分析，面对晴热高温天气，南湖水质稳定保持在Ⅳ类。

【中国水电投资50亿在岳建风电】 2011年11月28日，副市长蒋锋代表市政府与中国水电建设集团新能源开发有限责任公司总经理吴洵正式签订协议，中国水电将投资50亿元在岳阳市建设三个风电项目。

这三个风电项目分别是华容县桃花山、君山区天井山、云溪区坝塘冲投资建设风电项目，总装机容量达500兆瓦。项目由市发改委全程招商引资，目的为有效利用风能资源，加快岳阳市新能源产业发展，优化能源结构，保护生态环境，是岳阳市两型社会战略的又一个实施。据介绍，中国水电建设集团新能源开发有限责任公司是股份公司专属投资新能源产业的一个板块，包括风电、水电开发等，目前已投产发电的风力发电项目有甘肃酒泉、内蒙古锡盟、吉林长岭、云南大理等，年发电总量约8亿千瓦时，销售收入5亿左右。

市政协副主席万岳斌及市直相关职能部门、项目所在地政府负责人见证了签约仪式。

【再生资源交易实现转变】 2011年12月9日，汨罗市同力循环再生资源交易中心正式投入运营，30多辆满载废旧物资的大货车列队缓缓驶入交易中心，简单过磅后，这些废旧物资将在这里进行集中交易和处理。这标志着汨罗再生资源交易已由过去的分散经营向规范化、规模化、环保化经营蜕变。

汨罗废旧物资交易过去以散户经营为主，难以规范管理和形成规模，同时影响城市建设的统一规划和环境保护。2008年，该市与湖南同力循环经济发展有限公司合作开发了“湖南汨罗再生资源回收利用市场与加工示范基地”项目，并在其中规划了再生资源交易中心，交易中心投资2000万元，再生资源交易能力达400万吨。项目建成后，将有效实现再生资源交易的划行归市、集中交易、规范化管理、规模化经营，并可以最大限度减少环境污染。2011年9月，项目正式动工建设。该市市委书记亲自挂帅，从相关职能部门抽调精干力量组成项目建设服务专门工作班子，严格实行“围墙法则”，全力推进工程建设进度，确保了再生资源交易中心如期开业运营。

湖南汨罗再生资源回收利用市场与加工示范基地是国家首批循环经济试点项目和“十二五”国家“城市矿产”示范基地建设首批试点单位。项目总投资16.5亿元，占地4000亩。一期工程占地2000亩，总投资8.6亿元，年回收拆解加工能力为150万吨。该项目在坚持“环保先行、圈内管理”不产生二次污染的基础上，集废旧物资回收、加工、销售、信息发布和物流于一体，包括再生资源现代物流中心、报废汽车及装备回收拆解再制造等7大功能区，目前投入运营的再生资源交易中心是其中主要功能区之一。

生态环境保护

【凯美特长炼尾气回收项目奠基】 2011年2月21日，长岭凯美特长炼尾气回收项目在长炼工业园隆重举行奠基仪式。这是湖南凯美特气体股份有限公司继2月18日在深交所成功上市后的又一大喜事。

作为岳阳市重点扶持和鼓励发展的骨干民营企业，凯美特是从事气体开发、应用、科研生产、经营于一体的专业上市公司，尤其在回收工业尾气方面有着丰富的经验，其所生产的高纯食品添加剂二氧化碳，是可口可乐、百事可乐饮料生产的主要原料。此次投资1.9亿元建设的长炼制氢尾气变压吸附分离提纯及食品级液体二氧化碳项目，既是节能减排项目，也是循环经济利用项目，计划于2011年内投产。

【中意合作治理南湖“营养过剩”】 2011年3月8日，中、意两国“关于中国湖泊富营养化治理——以洞庭湖南湖示范区为例”合作项目研讨会在岳阳市举行。该项目由意大利政府出资，委托蒂凡思（北京）工程咨询有限公司开展岳阳南湖富营养化治理方案的研究。

该项目于2010年上半年正式启动，旨在通过开展环南湖污染源分布、人口密度、水文气象等资料的调查与收集，结合岳阳市城市污水管网布局改造和南湖富营养化水平现状，借鉴国外湖泊富营养化治理的成功经验，提出南湖富营养化治理最佳可行性方案。

【岳阳城市环境综合考核稳居全省前列】 2011年7月，在全省城市环境综合整治定量考核中岳阳市稳居前列。

近年来，岳阳市城区空气质量优良率89.9%，日生活污水处理能力36万吨，医疗废物收集处置率100%，饮用水水源地、长江、洞庭湖等水域功能区水质和城区交通、区域环境噪声长期稳定达标。“十五”期间，全市共建成10个城镇污水处理厂，全面完成102家造纸企业整治和57个湘江流域综合整治项目，整治75家“三重”企业，关停97家“十五小”污染企业，实施79家企业清洁生产审核和208个减排工程，净削减二氧化硫4464吨、化学需氧量8105吨，削减率达7.76%、3.21%，分别完成“十一五”减排目标任务的198%、107%，工业企业废水和化学需氧量排放量减少26%。对城区160台锅炉进行了清洁能源改造，以及环南湖求索路、王家河等7处截污工程的完善和改造，启动了黄梅港污水处理厂、洛王屠宰场搬迁等4项工程。同时，对王家河沿线和洞庭湖沿岸的60家餐馆、66家城区“三废五小”企业关停整治，正在推进6家老企业“退二进三”工作。垃圾场改造提质和医废处置搬迁工作正在有序进行，并在全省率先建成市政污泥处置中心。

同时，岳阳市开展了以“四清”、“五改”为主要内容的农村环境综合整治，采取生态养殖、“零排放”等技术，完成368家畜禽养殖场的污染整治。创建了国家和省级环境优美乡镇8个、生态村45个，确定了12个农村整治示范点和4个农村环境连片整治试点。

【2000万尾鱼苗昨流放东洞庭】 2011年7月12日，

由农业部和省政府联合举办的长江中下游（湖南）渔业资源修复鱼类增殖流放活动启动仪式在巴陵广场举行。作为全省12个流放点之一的岳阳主会场流放“四大家鱼”、龟、鳖等经济鱼苗鱼种2000万尾。

2011年以来，湖南省大部分地区发生干旱，主要大型水库蓄水量和湘资沅澧“四水”水位均较2010年同期偏少和下降，特别是洞庭湖区受长江和四水来水偏少的影响，水位持续偏低，受旱更为严重，水域生态和渔业资源受到严重损害。此次举办以“增殖渔业资源、修复长江生态”为主题的放流活动，是修复灾后长江流域渔业资源的重大举措。其中湖南省在岳阳、益阳、常德、长沙设立12个流放点，投放青、草、鲢、鳙、鲴鱼、胭脂鱼、湘华鲮等各类经济鱼种和珍稀濒危水生生物2.5亿尾，底播贝类400万粒，种水草5万亩。而作为洞庭湖区和长江中下游的重要城市之一，岳阳市历来非常重视洞庭湖和长江中下游渔业资源保护工作。为减轻2011年特大旱灾对洞庭湖及长江中下游渔业资源和渔民生产生活造成的影响，前段岳阳市开展了第一次渔业资源修复流放活动，采取了一系列抗旱自救措施，取得了一定的成效。

在启动仪式结束后，参加活动的领导代表登上渔政轮船和渔船，亲手往东洞庭湖中放流鱼苗。据悉，此次流放的2000万尾经济鱼苗鱼种，将更加有利于增殖洞庭湖及长江中下游渔业资源，加快长江生态修复进程。

【洞庭湖生态环境完成首次“体检”】 至2011年11月底，省洞庭湖生态监测中心已经完成首期洞庭湖生态环境地面监测工作。

根据《中国环境监测总站转型发展纲要》要求，“十二五”时期中国环境监测总站在转型发展过程中要加强“天地一体化”的生态环境监测与评价技术研究，推动国家生态环境监测网络建设，开展遥感与地面监测相结合的生态监测。省洞庭湖生态环境监测中心因有多年开展生态环境监测工作的基础，受托承担洞庭湖湿地生态系统监测任务，旨在评估湖泊湿地生态系统健康状况。目前，洞庭湖生态环境监测中心全面开展洞庭湖湿地生态系统生物群落、地表水、空气、降雨、底质淤泥等环境要素的监测，通过收集和整理数据，已完成了监测报告编制任务。该项工作重点突出洞庭湖湿地生物群落的结构和功能状况，特别是退化状况，并根据各环境要素监测结果分析对洞庭湖湿地生态系统发展不利的环境要素，从而进一步评估监测区域生态系统服务功能现状。下一步将根据各要素特点选择指标建立监测指标体系。

【港区掀起绿化生态建设掀起新热潮】 2011年12月，临港新区以市政府创建全国绿化模范城市暨今冬明春植树绿化动员大会精神为动力，科学规划，抢抓植树季节，掀起了绿化生态建设的热潮。

港区生态定位为“两型”样板示范区，将全面对接“低碳化、市场化、生态化、高效化”的发展模式。加强江湖沿岸、中心区、主干路两侧、城市入口地段的绿化；以点、线、面（即以一区一品为点、以一路一景的路网风光带为线、以生态公园的格石岭山为面）的绿化框架构建港区生态城市圈发展模式。

港区在开发建设过程中，坚持绿化与工程同步规划、同步施工、同步完成。截至12月底，港区已完成长江大道5.5km绿化提质改造、云港路3.8km和进港路1.3km新建绿化风光带、通海路6.5km绿化行道树和松阳湖安置小区等项目的绿化工程，新增绿化面积达18.32万m^2，共栽植樟树、杜英、景烈白兰、八月桂花等乔木树种8575株，红叶李、茶花、石榴、樱花、紫薇、红枫等亚乔木16865株，花冠木125600株，总投资2685万元。

基础设施建设

【洞庭大道君山段竣工投用】 2011年12月10日，洞庭大道君山段正式竣工通车，君山区迎来一个全新的发展机遇期。

洞庭大道君山段提质改造建设是落实岳阳市跨湖发展战略的重点工程项目，也是民本岳阳重点工程之一。工程全长5240米，东起原洞庭大道收费站旧址，西至君山旅游路，以现有S306线为中心线进行提质改造，两边拓宽至80米，按照城市主干道标准设计路幅。工程建设采用BT模式，静态投资1.5亿元，动态投资2亿元。

【岳阳首家冷链物流市场开建】 2011年12月19日，湖南省首家现代冷链物流市场——湘北农产品冷链物流中心在岳阳市建成开业，标志着湖南农产品物流体系建设实现大突破。

湖南省农产品资源丰富，但农产品物流体系不健全，面临渠道不畅、冷链脱节、损耗过大等诸多问题。据统计，湖南省的蔬菜、水果、肉类和水产品在流通过程中，腐损率分别高达20%、30%、12%和15%，流通成本增加成为农产品市场价格上涨的重要“推手”。

湘北农产品冷链物流中心占地3.2万平方米，是湖南省首家集农产品加工、冷藏、批发、配送、检验检测和电子信息商务于一体的现代冷链物流市场。记者在现场看到，1万吨级冷藏库、40吨级结冻库都引进了国际最先进的制冷设备和仓储管理查询系统，能最大程度保证农产品新鲜度，大大降低流通损耗。

该中心的农产品年贮运吞吐量可达60万吨，以岳阳为中心，辐射省内以及湖北的荆州、咸宁等地，年交易额预计将达10亿元。目前，湘北农产品冷链物流中心已引进农产品生产、加工和贸易等知名厂商100余家，涵盖肉类、水产、禽蛋、果蔬、熟食、冷饮等1000多种冷链食品。

【随岳高速公路湖南段竣工通车】 2011年12月26日，湖南省首条六车道高速——湖北随州至湖南岳阳高速公路通车。

随岳高速全长361公里，是继京港澳高速之后，湘鄂两省共同规划、建设的又一条南北大通道，从北往南贯穿湖北随州、天门、仙桃、监利和湖南岳阳等城市。其中湖南段24公里，北接荆岳长江公路大桥，南接京港澳高速公路岳阳连接线，按双向六车道，时速120公里/小时，路基宽34.5米设计建设，总投资17.17亿元，于2008年6月开工。

随岳高速湖南段历时3年建成，标志着随岳高速公路全线贯通，意味着又一条新的出省大通道的诞生，结束了湖南省没有六车道以上高速公路的历史。随岳高速湖南段与规划的岳阳至长沙望城段（京港澳高速公路复线）相连，全线贯通后，南下北上行驶京港澳高速湖北段的车辆将不再绕行武汉、跨域长江，距离较京港澳高速路湖北段缩短70公里。该高速对沟通洞庭湖平原和江汉平原的人流物流，推动工农业生产和旅游产业的蓬勃发展，加强和促进湘鄂两省区域经济的可持续发展具有重要意义。

城镇规划建设

【美国设计师为岳阳旧城改造“把脉”】 2011年7月26日，美国国际城市集团首席设计师 Sven R · Olsen 博士一行6人莅临岳阳，为老城区的城市规划和建设“把脉”。

【京港澳高速岳阳连接线改造进行设计评审】 2011年8月17日，京港澳高速岳阳连接线改造工程规划设计评审会举行。会议原则通过了方案总体设计。

京港澳高速岳阳连接线是岳阳市对外的主要通道，也是岳阳城市中轴线的延伸。改造工程起点位于金鹗路与白石岭路交叉口，往东途经长康路（现107国道）、武广高铁，终点止于随岳高速昆山立交，全长约8公里。经过前期的实地考察和研究讨论，设计单位完成了以“岳动潇湘”为主题的总体方案设计。

两型产业建设

【长炼迈向千万吨级炼油企业】 2011年，中国石化长岭炼化公司公司长岭炼油改扩建工程已全面建成投产，年产能达800万吨。1至11月，长炼加工原油535.19万吨，比2010年同期增长52%，销售收入与税收分别为393.65亿元、49.99亿元，均比2010年翻了一番多。据公司规划，力争到“十二五”末，炼油综合配套加工能力达到1150万吨/年，整个长岭地区年销售收入达到1000亿元。

2008年10月18日，长岭炼油改扩建工程正式开工建设。项目总投资57亿元，采用新技术、新工艺，包括新建300万吨/年催化裂化装置、50万吨/年气体分馏装置、170万吨/年渣油加氢处理装置、240万吨/年柴油加氢精制装置等10套炼油装置，使原油加工规模化、装置大型化、生产过程和产品质量清洁化。至2011年8月下旬，长炼以刷新多项国内同类装置建设周期最短纪录，实现新装置开车一次成功。

改造后的长炼炼油装置，也是目前国内新技术集成度最高、设备国产化程度最高的一套装置。在国内炼油装置中，这里装备了第一套国产化的DCS中心控制系统，第一次采用冷热壁管热交换技术，第一次实现高压空冷设备材质国产化。项目实施后，二氧化硫年排放量较目前减少2000吨/年，降低26%。同时，汽柴油中的硫、氮等杂质大幅度下降，油品质量标准大幅提升，将有效提高整个湖南市场的油品质量。

长岭炼化公司公司投产于1971年，历经40年的改革发展，生产规模不断扩大，科技创新能力大幅提升，公司的炼油化工生产装置由当初的4套增加到目前的30套，从单一燃料型生产企业，逐步转变为现代炼油化工一体化企业，成为中南地区重要的炼油化工产业基地。

【凯美特气挂牌上市】 2011年2月18日，湖南凯美特气体股份有限公司正式在深圳证券交易所挂牌上市，公司股票简称凯美特气，股票代码002549。凯美特的成功上市，意味着岳阳的上市企业已增至10家。凯美特本次公开发行网上定价发行的1600万股股票，发行价格为25.48元/股。

凯美特气主要从事食品添加剂液体二氧化碳、干冰及其他工业气体的研发、生产和销售业务，主要产品广泛应用于饮料、冶金、食品、烟草、石油、农业、化工、电子等多个领域。是目前我国国内以化工尾气为原料，年产能最大的食品级液体二氧化碳生产企业，其主要产品食品级液体二氧化碳年产能31万吨。通过此次成功上市，凯美特气将借力资本市场，通过优化生产基地布局和项目的投产建设，进一步做大做强气体产业。

【临港产业新区又迎八新项目落户】 2011年7月5日，在城陵矶临港产业新区项目签约仪式上，宇业集团金融投资等8个项目正式签约落户，合同引资50.5亿元，涉及战略性新兴产业、金融投资和民生工程等领域。这标志着临港产业新区在发展战略性新兴产业和金融服务业等方面迈出新的步伐。

【20家岳企进入省重点上市后备企业名录】 2011年7月，省政府公布2011年度省重点后备上市企业名录，岳阳有20家企业列入其中。

为培育储备更多、更优的上市后备资源，2011年来金融证券部门按照“两高、六新”的标准，在企业自愿申报，县（市）、区金融办初选，上市办审核的基础上，有重点地选择了37家优质企业列入岳阳市上市后备企业资源库，较2010年增加8家拟上市后备企业。这些企业均为规模以上企业，资产总额在1亿元以上的30家，年销售收入在1亿元以上的26家，净利润在1000万元以上的21家。

【硅峰电动车生产基地开建】 2011年8月25日，湖南硅峰电动车辆制造有限公司新产品展示及生产基地建设奠基仪式在临港产业新区先进机械装备制造区举行。

湖南硅峰电动车制造有限公司是专门从事特种电动车辆整车装配、销售及服务的企业。该公司在临港新区计划投资1.5亿元，兴建现代化电动车辆产品生产基地，年产各类电动车3万台，创产值20亿元，上缴税收3亿多元，并致力于2到3年内发展成为全国电动车辆整车装配龙头企业。湖南硅峰电动车生产基地开工建设，标志着这一新能源产品在岳阳即将步入规模化、集约化、现代化生产，将极大地促进临港新区“两型”产业发展，也将为全市产业升级、经济转型注入新的活力。

仪式上，湖南硅峰电动车公司现场展示了新能源环卫电动清扫车和旅游观光游览车，这是该公司在临港新区创业孵化中心生产的第一批产品，也是港区成立以来新上项目生产的第一批产品，填补了岳阳市电动环保车生产的空白。

【湖南海峡两岸商博会开幕】 2011年10月15日，“龙骧 · 金城”2011湖南（岳阳）海峡两岸商博会在东风广场隆重开幕。

本次商博会展期11天，共设有418个国际标准展位，展览面积约10000平方米，参展范围包括台湾商品展区、旅游商品展区、综合商品展区、大型企业展区、美食休闲展区等。展会现场，最受市民欢迎的当数台湾美食，台湾蚵仔煎、基隆庙口一口肠、贡丸汤、屏东沙茶鱿鱼、台湾铜锣烧、台式烤秋刀鱼等20多种具有浓郁台湾风味的小吃。展会现场还有免费派送消费券、现金抽奖和品牌折扣促销等活动。别具风味的台湾原住民民族舞蹈表演，让广大市民充分参与和享受这场海峡两岸的盛宴。

【20多亿元产业项目落户平江】 2011年11月25日，在平江县举行的汽车和工程机械零部件产业推介暨项目签约仪式上，株洲永发汽车内饰有限公司、湖南同心实业股份有限公司等13家企业老总和平江县有关负责人签约，20多亿元的项目正式“花落”平江。

近年来，平江县加大招商引资工作力度，建立县级领导联产业制度，优惠政策围绕产业出台，各类项目围绕产业包装，招商引资围绕产业跟进，招商成效显著。平江工业园南接长株潭“两型”社会试验区，北邻武汉城市群，308、306、207省道横贯东西，平汝高速、106国道纵穿南北，交通区位优势明显。该县先后投入5.1亿元，完善了园区水、电、路、讯等基础建设，为“金凤”的引进和落地创造了良好条件。2010年，园区获评“中国最具发展潜力工业园区”、“中国最佳投资环境工业园区”。对来平江投资的每一位客商，他们实行优质高效的“一站式”服务，甘当企业“贴心保姆”，为企业的发展“筑”出了宽松和谐的“暖巢”。

参加此次招商活动的企业有63家，项目涵盖汽车装饰、工程机械、生物医药、电气科技等10多个行业。

【湘菜食材生产弼时示范园区启动】 2011年11月25日，作为2011湘菜产业促进周分场活动之一，“湘菜食材生产弼时示范园区启动”新闻发布及项目招商会在汨罗市弼时镇召开。

弼时镇是农业大镇，107国道纵贯全境，紧邻京港澳高速，南临省会长沙，具有良好的交通和区位优势。“湘菜食材生产弼时示范园区”是弼时镇打造现代农业、深层次挖掘农业发展潜力、解决老百姓吃放心菜的重点工程。该项目规划流转土地万余亩，是一个互利多赢、前景广阔的农业产业化龙头项目。湖南华天生活园生态农业科技发展有限公司率先入园，现已签约和开发土地近1000亩，种植生态有机蔬菜十余种，还将陆续带动一批湘菜食材生产、加工龙头企业落户。“湘菜食材生产弼时示范园区”计划通过3至5年的运行，在“完善的生鲜湘菜原辅材料品牌、材料供应链及材料研发”等方面形成园区的核心价值，并计划申报第一家省级湘菜食材生产园区。

【汨罗新增13个过亿项目】 2011年1至11月，汨罗市共引进域外项目73个，总投资60.67亿元，到位资金26亿元。其中，投资过亿元的项目13个，投资5000万元以上项目10个。通过“招大引强”，做强做大循环经济品牌，加速了新型工业化步伐。中国铝业十强企业振升集团投资的振纲铝型材、万容科技、同力电子、五祥科技等13个投资过亿元的项目相继入园。

【年进出港量突破1000万吨】 2011年12月28日，岳阳城陵矶港刷新湖南省内河港口年进出港量历史纪录：港口年进出港量突破1000万吨，其中进港量完成505.2万吨，出港量完成505.4万吨，进出港总量同比增长29.82%，成为湖南省港口发展史上重要里程碑。

2011年来，城陵矶港积极应对国际金融危机的不利影响，提振信心，超前谋划，将“保增长、促发展”作为港口工作的首要任务。充分利用自身临江深水优势与水铁联运优势，主动出击市场，及时将重点由单纯的装卸运输调整为物流中转服务，2011年共完成煤炭进出量247万吨，完成矿石进出量454万吨，为强力打造长江中游物流运输枢纽品牌、服务地方经济发展提供了强有力的保障。

【29亿的三个物流项目落户云溪】 2011年12月29日，云溪区与广州宏程物流、江苏紫阳集团、岳阳济海粮油三家公司正式签约，3个总投资达29亿元的物流项目落户云溪区沿江经济带。

云溪区有得天独厚的长江黄金岸线，建设云溪沿江物流经济带，市委书记黄兰香直接关注。伴随荆岳长江大桥竣工通车、临港产业新区保税港区、城陵矶新港二期、道仁矶码头建设的启动，云溪境内构建了长江中游“港、桥、路”的黄金十字架。这次签约的紫阳国际金属材料物流园及紫阳港建设项目总投资15亿元，建设3000吨兼顾5000吨泊位2个，物流园占地750亩，建成后年产值约10亿元，税收8000万元。广州宏程综合码头及物流园项目投资8亿元，建成后年产值8亿元，税收5000万元。济海粮油农产品码头及仓储物流园投资6亿元，年产值约3亿元。3个物流项目的加盟，拉开了该区加快建设沿江经济带的大幕，凸显了云溪区建设沿江经济带的先试先行。

两型技术产品

【巴陵石化实现年产12万吨苯乙烯】 2011年11月25日，中国石化巴陵石化公司“五改七建一配套”特色化工项目之一的新建苯乙烯项目实现中间交接，标志着年产12万吨苯乙烯项目从建设阶段全面转入开车准备阶段。由中石化第四建设公司承建的该项目，也是巴陵石化2011年在建重点项目首个实现中交的项目。项目投资4.96亿元，于2010年8月11日开工建设。目前，苯乙烯装置已顺利完成单机试运、系统试压和吹扫等任务。

该项目投产后年产苯乙烯达12万吨，可满足巴陵石化下游化工装置对苯乙烯原料的需求，使资源得到合理优化配置，同时将丰富巴陵石化烯烃事业部原料基地内涵，助推向化工型炼油转型。

社会建设管理

【第七届中国汨罗江国际龙舟节盛装开幕】 2011年6月5日，汨罗市汨罗江国际龙舟竞渡中心彩旗猎猎，歌声飞扬。“长江化肥杯”第七届中国汨罗江国际龙舟节在这里盛装开幕。

为期两天的龙舟节共有七大主题活动，其中中国龙舟公开赛是本届龙舟节的重头戏之一，吸引了来自湖南、福建、贵州等地12支龙舟劲旅参加。此外还有龙舟体验趣味赛、非物质文化遗产展演等活动。据介绍，这届龙舟节在着力展示汨罗江畔端午习俗和民俗文化内涵的同时，邀请湖南、浙江等地的民众表演团队共同演绎，展现中华端午文化的独特魅力。

【中国（岳阳）野生荷花旅游节开幕】 2011年7月

8 日，2011 中国（岳阳）野生荷花旅游节，在芙蓉国里·君山野荷花世界隆重开幕。

本次节会活动主题为“荷韵团湖”。共分为节会开幕式暨荷韵团湖广场文化活动；“赏荷采莲，清心爽身”游湖赏荷采莲活动；经贸洽谈项目签约；“保护母亲河，共建绿色家园”2011 保护母亲河环保棒万人接力活动；湖南省摄影家协会采风及影展；颂歌献给党《团湖恋》大家唱暨君山野生荷花世界开园仪式等六大主体活动。

芙蓉国里·君山野生荷花世界现有野生荷花面积 5000 多亩，是亚洲面积最大的野生荷花集群地，2009 年度被中国野生植物保护协会评为“中国野生荷花之乡”。其中荷花世界出产的湖藕、团湖黑背鲫鱼、莲子号称团湖“三宝”，深受广大市民的喜爱。

君山区是岳阳市“一主三副”中心城区之一，生态资源丰富，生态环境优美，文化底蕴深厚，是一个宜居、宜游、宜学、宜业的风水宝地。境内有中国爱情岛之称的国家 4A 级风景区君山岛、国际重要湿地东洞庭湖国家级自然保护区、亚洲最大的天然野生荷花聚生地君山野生荷花世界、省级森林公园天井山风景区和数万亩的成片芦苇荡，楼、岛、湖、桥交相辉映，是岳阳旅游的黄金线路。

2008 年以来，君山区委、区政府将该区发展定位为建设“新兴产业聚集区、现代农业示范区、生态休闲旅游区、秀美和谐新城区”的“四区”目标，致力创建全国休闲农业和乡村旅游示范县。近年来，君山区先后投入资金 8000 多万元，按国家“AAAA”级风景旅游区高标准规划，围绕“赏荷采莲体验、生态湿地保护、休闲景观文化”三大核心，着力打造“科普教育、养生休闲、佛文化、神话传说、名人艺术、君子廉政、圆满爱情”等七大景区，人工与自然的巧妙构造，为都市人民再添一道生态、休闲的靓丽风景。

【岳阳跻身全国百强城市】 2011 年 8 月，中国社会科学院发布《2011 年中国城市竞争力》蓝皮书显示，2010 年岳阳在全国 294 个地级以上城市综合竞争力排名中再次跻身百强，居第 74 位，比 2009 年上升了 10 个位次。

2010 年湖南省进入全国百强城市方阵的有长沙、株洲、岳阳、湘潭、常德 5 个城市。岳阳经济规模竞争力、经济效率竞争力及收入水平在全国的排名分别为第 78 名、第 61 名、第 84 名。

【岳阳楼—君山岛景区成为 5A 级景区】 2011 年 9 月 12 日，2011 年中国湖南国际旅游节开幕式在株洲隆重举行。国家旅游局在开幕式上公布了湖南省新一批国家 5A 级景区名单，岳阳楼—君山岛景区入选国家 5A 级景区。

【岳阳市荣膺“中国黄茶之乡”】 2011 年 10 月 12 日，在第七届中国茶叶经济年会暨首届中国三峡茶叶国际博览会开幕式上，岳阳荣膺“中国黄茶之乡”称号。

一直以来，岳阳市是全国黄茶主要产区，2010 年全市生产、销售黄茶 1.5 万吨，产值 5.6 亿元，分别占全国黄茶销量的 65%，产值的 70%。近年来，为进一步推动茶叶产业发展，扩大岳阳黄茶的影响，由市供销社牵头积极申报“中国黄茶之乡”称号，并以此为契机，联合省茶叶公司在君山区筹建了一个 500 亩的岳阳黄茶产业园，改造扩建一个年交易额超 20 亿元的中国黄茶交易中心。2011 年 8 月 14 日喜讯传来，中国茶叶流通协会正式批复命名岳阳市为“中国黄茶之乡”。

【湘阴获“科技进步考核先进县”】 2011 年 12 月，湘阴县荣获 2011 年度全国科技进步考核先进县。这是该县继获得 2008—2009 年度国家科技进步先进县（市）后第二次获此殊荣。

全国科技进步先进县（市）考核工作每两年进行一次，内容涉及科技进步工作领导与管理、科技促进经济社会协调发展、科技发展等方面，是对县（市）科技工作的一次全面检验。近年来，湘阴县委、县政府始终把科技放在战略性、全局性的位置优先发展，在全县深入实施“科教兴县”和“可持续发展”战略，以科技创新为动力，不断强化政策引领，全面优化产业布局，强力推进基地建设，着力强化产业导向，支柱产业快速扩张，集聚效应明显增强，走出了一条独具特色的科技富民、科技强县之路，科技进步已成为推动经济社会发展的强大引擎。2011 年度该县科技进步工作在领导与管理、经济发展、社会发展、节能减排、科技投入、科技产出等方面都达到了国家科技进步考核体系各项指标。

【湘阴五获“全国粮产先进县”称号】 2011 年 12 月 26 日，湘阴县顺利通过 2011 年国务院对“全国粮食生产先进县”的验收，第五次荣膺这一称号。

为稳定种植面积，湘阴县把稳定粮食种植面积作为重要工作，遏制水稻“双改单”，控制水稻直播开展软盘集中育秧。严禁耕地抛荒，组织乡镇干部逐村逐户摸底调查，对可能抛荒的稻田登记造册，交由乡村两级班子组织农民代耕代种。

该县注重示范带动促产，2011 年共创建部级万亩示范片 7 个，整乡整建制高产创建试点乡镇 1 个，实行标准化种植，以点带面引领生产。县财政 150 万元重奖 2010 年粮食生产先进乡镇、村和粮食加工企业。县政府每年拿专项资金奖励种粮大户，并对粮食生产与销售进行全程帮扶。

该县加强技术推广，安排专家技术团队“送技下乡”，帮助指导农民翻耕、播种。特别聘请 100 名农业技术指导员，每人结对联系 10 个科技示范户开展指导。2011 年共举办农业生产技术讲座 20 期，培训农户 2000 多户，确定科技示范户 1000 户，培育发展专业户 1100 多户，辐射带动了 2 万多农户科学种田。

体制机制创新

【岳阳首推排污许可证制度】 自 2011 年 4 月份起，岳阳市启动了全市危险废物环境污染专项整治行动，重点针对化工、涉铅、镉、铜、锌等有色金属、废矿物油冶炼行业，检查企业 400 多家，查处平江小炼铅、汨罗市废矿物油回收加工等环境违法行为 48 起。并在全省率先制定下发了《岳阳市实施排污许可证暂行办法》，核发了 166 家企业排污许可证。同时，对云溪工业园区 43 家企业的项目环评、设施运行、污染排放、危险废物转运、内部环境管理等情况进行了全面检查，其中对 23 家企业排污情况进行了采样分析，依法查处了长科化工、科立孚等 19 家企业，并分别采取限期治理、停产整治、警告罚款、区域限批等措施，有效解决云溪工业园污染问题，促进了岳阳市涉重金属产业结构调整和优化升级。

【岳阳成全省首批创业型城市】 2011年8月，岳阳市获批为全省首批创建城市。屈原管理区被湖南省定为创建湖南省统筹城乡就业示范区。

近年来，岳阳市委、市政府高度重视创业促就业工作，按照中央和省委、省政府工作部署，围绕推进“四化两型”、打造“五市一极”，把创业带动就业作为全市就业工作的头等大事来抓，掀起了全民创业的新热潮。在开展创业带动就业、扶持初创小企业、建设创业基地、鼓励高校毕业生、返乡农民工创业等方面，出台了一系列税收优惠、资金扶持、小额担保贷款等政策措施。建设了一批中小企业创业基地、大学生基地、创业孵化基地等创业平台，为创业活动搭建有效载体。在不久前召开的市第六次党代会上提出的“一倍增、三扩大”的目标，其中就包括扩大就业、扩大社会保障覆盖面。截止到8月底，全市城镇新增就业4.07万人，完成全年任务的88.4%；失业人员再就业2.32万人，就业困难人员再就业8597人，各完成86%；新增农村劳动力转移就业6.99万人，完成政府实事任务的99.9%；累计援助城镇零就业家庭就业8663户，100%实现动态清零。完成农村劳动力转移培训2.76万人，分别占省、市年度任务的145%和81%。

同时，社会保障制度平稳运行。企业养老保险新增参保缴费人数2.83万人；城镇职工医保参保总人数达62.43万人，城镇居民医保参保总人数103.5万人；生育保险参保总人数41.55万人；失业保险新增参保18.9万人，共为6.3万人次失业人员发放失业保险金5694.1万元；工伤保险新增参保6.19万人。继平江、岳阳县之后，临湘、华容、湘阴、云溪、君山区、屈原管理区2011年纳入新型农村基本养老保险试点。养老保险在制度上实现了城乡全覆盖。

【岳阳推出中小企业“税融通”金融服务新模式】 2011年8月5日，岳阳市地方税务局、岳阳市国家税务局、交通银行岳阳分行联合推出的岳阳市中小企业“税融通”业务。是继2011年6月长沙市在中南六省率先推出“税融通”新型税银服务模式之后，首批开通“以信养信”金融服务新模式的地级市。

为解决岳阳市中小企业发展“融资难”的问题，此次“税融通”业务的推出，对面临发展瓶颈的中小企业来说无疑是“雪中送炭”。据了解，“税融通”业务是以中小企业良好的信用记录为基础，根据企业的年纳税额、资产负债率、信用记录及企业业主从业经验等状况，对按时、足额缴纳地税、国税达到一定额度的中小企业，以便捷的方式提供一定额度的信贷产品，也就是以“信”养“信”，以企业诚实纳税的良好信誉作为银行授信的重要依据。

【岳阳基本农田建设阳光开标】 2011年1月17日，岳阳市对概算总投资4.4亿元的2010年度环洞庭湖基本农田建设重大工程项目进行阳光开标。596家报名投标的建设单位参与角逐；40位专家、人大代表、政协委员、行风监督员监督开标。这是该市历史上规模最大、参与人数最多、规格最高的土地整治项目开标盛会。

2010年度环洞庭湖基本农田建设工程共分6个项目，涉及湘阴、汨罗等6县（市、区）10个乡（镇）90个村，计划覆盖总面积22.19万亩，新增耕地2.49万亩。

在推进农村土地综合整治中，岳阳市于2009年12月在全国首创了“合理定价评审连续两轮不间断抽取法”，按照“统一公告、统一条例、统一报名、统一开标、统一评审”的原则，对农村土地综合整治项目进行招投标。在一个项目中，每家施工单位只允许报名一次，不得多报。招标工作结束后，招标代理机构将中标施工单位项目经理以及中标监理单位总监理工程师、监理工程师及监理员的培训证原件交省土地开发整理储备中心封存。项目实施完成后，经考核合格后再返还证件，以彻底杜绝个别人员转包卖标、“挂名施工”现象。

“岳阳模式”从源头上预防和杜绝了招标投标活动中“暗箱操作”和围标、串标、卖标、转包等腐败行为；有效监督保护了国土系统干部，确保了农村土地整治项目质量。国土资源厅在全省全面推广“岳阳模式”。国土资源部对此给予充分肯定，并在全国大力推广。

【“长康”再获驰名商标认定】 2011年7月19日，岳阳市推进商标战略大会隆重召开，会上举行了“中国驰名商标”发证授牌仪式。湖南省长康实业有限责任公司持有的第30类“长康”注册商标（使用商品：醋、酱油、辣椒酱等）正式获“中国驰名商标”认定。这是该公司继2006年9月18日第29类“长康”注册商标（使用商品：芝麻油，食用植物油等）获驰名商标认定以来，获得品牌知名度、美誉度认定的又一最高荣誉。

长康实业是湘阴县本土知名优势骨干企业，也是该县“食品工业立县”战略实施的重点企业。公司创建26年多来，非常注重产品质量和市场开拓，并致力于推进品牌战略，持续取得骄人成果。目前，“长康”牌芝麻油，食用植物油、酱油、食醋等系列产品享誉市场、风靡全国，并在国际市场抢滩了相当份额，远销至美国、加拿大、日本和韩国等海外20多个国家和地区。

湘阴县中国驰名商标已达4件，而长康实业在全县业界中“中国驰名商标”拥有量占据半壁江山。一家企业同时拥有两件“中国驰名商标”，这在全国同行业中也屈指可数。

【76个项目列入省“十二五”重大项目库】 2011年上半年，岳阳市有76个投资10亿元以上的项目（不含打捆项目）纳入了省“十二五”规划重大项目库，49个项目列入2011年省“三个一”行动计划。

2011年来全市发改部门着力调整、充实“十二五”规划重大项目库，共收集、整理投资5亿元以上的项目184个，策划包装了招商引资项目300个，并已对外发布80个，上报省网发布60个。同时把握国家加大民生、水利等方面投入的政策机遇，积极做好项目策划、申报、衔接等工作，全力争取投资份额。上半年共包装上报项目240多个，总投资90多亿元，申请中央、省预算内投资16亿多元，目前已到位资金7.55亿元，占全省发改口争资总额的11.2%，主要集中在农林水利、城建住房、社会事业、交通能源、产业发展等领域。

在积极争取上级项目支撑的同时，岳阳市还着力突出转型升级，推进结构调整，通过积极开展“联手帮扶产业发展升级”行动，紧紧围绕国家产业政策，为企业争取产业发展项目资金5000多万元，并支持屈原国家级现代农业示范区启动了10万亩优质稻基地育插秧机械化项目建设，争取省发改委批准了农产品质量安全检测站项目建设。

【华容造七大国家地理标志农产品】 2011年11月，从农业部召开的国家农产品地理标志认证评审会上传来喜讯：华容县继芥菜、黄白菜苔、芦苇笋、潘家大辣椒获国家农产品地理标志认证后，2011年又有青豆角、华容道皱皮柑、华容大湖胖头鱼通过专家评审认证，成为湖南省获国家农产品地理标志认证产品最多的县。

素有“鱼米之乡”美誉的华容县，粮、棉、油、菜、水产品等五大主宗农产品的种植面积、产量、产值均稳居全省前列。近年来，该县突出优势，以打造特色农产品和公共农产品品牌为载体，大力助推现代农业升级。农产品地理标志登记保护工作领导小组成立后，县农办牵头负责地理标志产品的申报、开发、保护、推广工作，县财政每年预算近百万元专项资金，成员单位积极配合，全力打造农产品公共品牌。从2007年至今，该县种植历史悠久、地方文化浓厚、生产技术成熟、品质独特优良的芥菜、潘家大辣椒等农产品先后获得国家农产品地理标志。

该县加大地理标志农产品的保护、开发力度，通过宣传培训等形式，引导农民按照绿色、环保、无公害的要求，扩大生产规模，并鼓励符合地理标志农产品生产要求的加工企业和农户免费使用品牌。同时组织地理标志农产品参加农博会等节会活动，牵线搭桥在中央电视台农业频道及省市相关媒体宣传报道，扩大了当地农产品的知名度、美誉度。

目前，已有统一集团、康师傅集团、白象集团等食品生产企业纷纷来该县建立蔬菜原料生产基地，其中统一集团与该县插旗菜业、龙云食品等蔬菜加工企业签订了年产13亿包的方便面料包合同。农民种植1亩地芥菜的产值由原来的650元增加到1150元。

国家地理标志农产品的申报极大促进了该县农业产业的发展。全县芥菜生产面积由4年前的4万亩增加到现在的8万亩，黄白菜苔、潘家大辣椒、青豆角的生产面积分别达到6万亩、4万亩、8万亩的规模。七大国家农产品地理标志产品年产值达12亿多元，成为该县加快现代农业建设的又一强力引擎。

常德市2011年两型社会建设综述

2011年，常德市坚持以“四化”为核心，大力开展节能减排，积极培育新兴产业，努力改善城乡环境，在“两型”社会建设的大道上继续前进。全年实现地区生产总值1811亿元，比上年增长14.1%，三次产业结构由上年的18.8:45.9:35.3调整为16.3:49.1:34.6。

一、以改革创新为动力，纵深推进产业结构调整，城乡生产生活环境不断改善

产业“两型化”步伐加快。一是新型工业主导作用进一步突显。集中精力开展百亿园区大竞赛活动，培育产品品牌，加强科技创新，启动博士创新创业行动，推进产业升级。全年完成规模工业总产值1700亿元，增长40%，工业经济综合效益指数居全省第1位。高新技术产品产值增长30%；引进内外资总额263亿元，增长16.5%。纺织产业成为全市第5个百亿产业，规模工业企业新增73家、达到769家，亿元企业新增9家、达到170家，创元铝业、中联重科系列企业销售收入超过百亿，新增“德山”、“武陵”、“生态”、“安福”4件中国驰名商标。加强节能减排，严控高能耗、高污染项目上马，继续淘汰落后产能，实施重点节能减排项目，节能减排任务顺利完成。万元规模工业增加值能耗0.83吨标准煤，下降10.1%。二是现代农业基础地位进一步巩固。以增加农民收入为核心，促进规模农业、标准农业、合作农业、园区农业大发展。把粮食生产摆在突出位置，粮棉油、猪鱼禽等大宗农产品生产保持稳定，葡萄、茶叶、油茶、水产等高效农产品规模扩大，澧县葡萄获得国家地理标志产品认定，新增“三品一标”认证107个，总数达到615个。22个市级农业标准化示范园建设全面提速，新增国家级龙头企业2家，新增规模农产品加工企业30家，总数达到360家，新培育农民专业合作社250家，总数达到853家，柑桔、茶叶品牌整合和产销对接成效明显。加强“菜篮子”工程建设，城镇蔬菜专业基地面积扩大，蔬菜市场供应得到较好保障。三是现代服务业支撑能力进一步增强。旅游项目“双十工程”加快建设，桃花源管理体制调整顺利推进，成功举办第二届中国?常德桃花源旅游节，太阳山天然太阳神像、盘古坐像载入基尼斯世界纪录。金融业发展提速，全市存款余额1136亿元，增长18%；贷款余额546亿元，增长17%。文化产业发展呈现新的亮点，文化创意、动漫设计等企业加快发展。房地产市场比较活跃，全市房地产销售107亿元，增长48%。商贸、物流、通信、休闲等消费不断扩大，完成全社会消费品零售总额544亿元，增长16%。

“两型”城乡建设取得明显成效。一是现代城镇建设不断加快。扎实有效推进中心城市建设管理，成功创建全国文明城市。中心城市2030版总体规划获批实施，完成了城东片区、东江片区、江南城区西区控制性详规，组织了一批专项规划和城市设计；加大城市扩容建设力度，市本级新增城建融资73.8亿元，市城区新建续建项目66个，竣工30个；抓紧小街小巷整建、敞开式小区改造，有效解决“灯不亮、路不平、水不通”问题，启动城市快速公交工程，推进控违拆违行动；加大了“三山三水”（德山、太阳山、河洑山、沅水、穿紫河、柳叶湖）生态环境保护和治理力度，实施了城镇污水处理设施建设三年行动计划，建成投产污水处理厂8座，日处理污水能力达到17万吨；建成标准无害化处理设施2座，另有7座城市生活垃圾处理场在建；国家节水型城市、无障碍城市成功授牌，国家卫生城市、国家园林城市、全国交通管理模范城市成功保牌。加快县城和小城镇发展，澧县、石门、汉寿、安乡等县城扩容步伐加快，临澧新安、桃源漆河、津市灵泉等一批特色镇发展水平提高。二是新农村建设深入推进。在省内率先以“镇村同治”方式推进镇村同步规划、环境同步治理、产业同步发展、设施同步建设，共建成10大示范片、400多个示范点。新建通乡通村公路1140公里，改造危桥30座，新解决34万农村人口的饮水安全问题，新建户用沼气池1.7万口，改造中低产田11.7万亩。开展清洁水源、清洁田园、清洁家园工程，启动市到县城主干道沿线环境综合整治，农村环境治理见到成效。三是环境保护和生态建设力度加大。加强重要水域和湿地保护，整治规范沅水、澧水河道采砂和砂石市场秩序，开展市民关心的噪音、油烟、粉尘、机动车尾气等污染治理，水环境和空气质量保持稳定。加强农村面源污染和畜禽集中养殖污染治理，扩大饮用水源保护和禁止投肥养殖范围，压减珍珠养殖面积5.3万亩，禁控水域水质继续好转。加强植树造林和生态林保护，新造林25万亩，实施生态林保护550万亩。耕地总量实现动态平衡，地质灾害防治成效明显。

“两型”改革关键领域不断实现突破。为破除制约“两型社会”发展的体制机制障碍和要素瓶颈约束，围绕重点领域和关键环节，全面深入推进“两型社会”综合配套改革。一是完善金融体系。通过整合资源，注入优良资产，先后搭建了城建投、经建投等6家融资平台；组建了常德财鑫投资担保公司等多家融资性担保结构，有效缓解了中小企业融资难的问题；万福生科成功上市，打破了常德市十多年没有企业上市的沉闷局面，城建投、经建投成功发行企业债券，丰富了企业融资方式；武陵农村商业银行挂牌营业，成为常德市第一家地方商业银行；华融湘江银行、民生银行落户常德；全省首个棉花期货交割库银华物流落户德山，使常德成为全省唯一拥有粮棉油三类期货交割库的地级市。二是扎实推进医药体制改革，全市9个区县（市）所有乡镇卫生院和社区卫生服务中心全面实施国家基本药物制度，以人事制度改革、乡村卫生队伍建设和基层卫生机构债务化解为主要内容的基层医疗卫生机构综合改革全面铺开，9大类基本公共服务项目和6个重大公共卫生项目全面实施。三是完善产学研机制。科技创新能力提高，产学研结合领域拓宽，科技成果转化力度加大，专利授权量820件，成为国家科技进步先进市。建立5大产学研合作联盟，全市规模企业共建立企业技术研究中心121个、联合实验室23个。四是创新节约集约用地制度。争取省国土资源厅支持，启动城乡建设用地统筹改革试点，实行拆旧区与建设用地的置换，共争取城乡建设用地增减挂钩指标11500多亩，有效缓解常德市建设用地指标严重不足的矛盾。五是启动水资源价格改革，即生活用水阶梯式水价和工业用水递进加价。目前已对实施阶梯式水价的技术要求、设施设备、组织保障、成本测算等进行了前期调研和论证，其他相关工作正稳步推进。

二、以规划引领为核心，积极开展多种示范创建，两型社会建设的氛围和合力进一步增强

构建“两型社会”规划体系。对常德如何建设“两型社会”，市委、市政府进行了认真研究，确定以“学习长株潭、对接长株潭”为总的指导思想，实行以点带面、以对接促转型，即以德山、柳叶湖示范区建设带动全市“两型社会”建设，以与长株潭开展全面对接带动全市“两型社会”建设。根据这一指导思想，先后启动了一系列规划编制。一是率先编制《常德市对接长株潭“两型”社会试验区建设规划纲要》。早在2008年3月，常德市就启动了对接长株潭“两型”社会试验区建设规划纲要和《常德市工业走廊建设发展规划纲要》的编制工作。当年12月，经市委五届六次全会审议通过并颁布实施。二是按照“两型社会”建设的要求，对城市总体规划进行高标准、高起点的修编。2008年5月，常德市委托中国城市规划设计研究院开始城市总体修编工作。去年已通过省人民政府审查批准。三是编制了《常德市资源节约型和环境友好型社会建设综合配套改革试验总体实施方案（送审稿）》，2010年6月，常德市在环长株潭的5市中率先完成总体实施方案的编制工作，并上报省政府。四是启动了大河西先导区德山片区（含柳叶湖）改革建设实施方案、片区规划及改革实施方案的编制工作。五是高标准完成了“十二五”规划的编制工作。提出了今后五年常德市经济社会发展围绕“两型社会”建设的几大任务，即发展现代产业、统筹城乡发展、完善基础设施、推进科教兴市、加强生态建设、构建和谐社会、深化改革开放。

突出“两型社会”活动创建。坚持以“两型社会”创建为统领，着力培育城市“两型”品牌，取得较好成效。一是组织开展“两型”示范创建。根据省统一部署，广泛发动社会各界组织开展示范创建工作，并认真组织省“两型”示范工程项目和单位的申报工作。经严格把关，遴选了万福生科循环经济开发项目、澧县理昂生物质发电项目、湖南合磷化工有限公司等一批“两型”特征明显、示范带动力强的示范工程和示范单位。二是创建节水型城市。创建节水型城市是常德市“两型社会”建设的一项战略举措。企业方面，通过制定规划、改进工艺、改造设施等一系列措施，使水资源利用水平有了很大程度提升；居民用水方面，在各类媒体上突出节水宣传，积极引导常德市民从自身做起，珍惜水、爱护水，节约水效果非常明显。2010年8月，通过省节水型城市考核验收评审组的考核验收，评定为“湖南省节水型城市”。2011年5月，经住建部和国家发改委组织专家预审、现场考核、综合评审及公示，常德与昆明等17个城市一起被评为第五批（2010年度）国家节水型城市，这也是湖南省首家国家级节水型城市。三是创建生态市。率先在全省提出全面创建生态市，目前，生态市创建已成农村环保工作的重要抓手，并与新农村建设形成了良性互补，促进了农村环境质量的改善和农村经济可持续发展力的提升。目前，全市已创建省级和国家级生态乡镇65个，省级和国家级生态村133个，生态乡镇个数占乡镇总数的31.6%，位居全省前列。

探索“两型社会”合作机制。一是“两型”项目建设上积极对接大企业大集团的成熟技术。经省两型办、联合国工发组织环境检测机构联合引荐，中石化胜利油田胜动集团、宝钢集团宝诚节能公司实施的利用禽畜粪便建设大型沼气发电项目即将在常德市桃源县落地，整个项目建成后，日处理1000多吨禽畜粪便，可实现桃源县的养殖业孽源无害化处理、利用生物质能源发电及促进农牧业循环经济。二是城市建设上积极对接省住建厅。常德市与省住建厅签署《推进常德市绿色生态北部新城建设战略合作备忘录》，将厅市合作共建绿色生态北部新城，致力打造湖南省“两型社会”建设的先行区、绿色低碳生态宜居城市示范区。三是企业融资上积极对接省创投基金。成立湖南德源高新创业投资有限公司，这是湖南省第一家由省政府创业投资引导基金主导、市政府创业投资引导基金参与的区域性公司制股权投资基金，也是湖南省“四化两型”发展战略的一个典型示范。四是经营模式上积极对接发达国家先进理念。作为林业部在湖南省唯一试点单位，花岩溪国有林场成功对接中德技术合作“中国森林可持续经营政策与模式研究”项目。去年10月，由中德合作编制的《花岩溪国有林场森林经营方案》通过专家评审，标志着该林场将成为全国实践先进森林经营理念和经营模式的试验场，对探索我国林业的科学发展起到示范作用。

营造“两型社会”创建氛围。以宣传为创建的主抓手，多途径营造了良好的创建氛围，形成了一定的声势和影响。一是以调研促进认识。为推动常德市“两型”社会建设，市人大常委会将对接长株潭“两型”社会建设作为部分国、省代表主题调研的内容。2009年8月，市人大常委会组织全国人大代表常德代表小组全体代表及由常德选举的部分省人大代表对此开展了专题调研。调研期间，代表们听取了省两型办关于长株潭城市群“两型”社会建设的情况介绍和市人民政府关于对接长株潭“两型”社会建设的情况汇报，围绕常德市如何对接长株潭“两型”社会建设进行了座谈，并提出了很多宝贵意见。通过调研，各界代表均认为加深了对“两型社会”的理解和认识。二是以活动营造气氛。根据省委宣传部、省两型办统一部署，去年2月，常德市举行“潇湘新乐章——唱响四个湖南红网市州行常德站”活动。新闻媒体与网友代表采访参观了德山示范片“两型社会”建设，红网以直播的形式对市委书记卿渐伟进行了专访，另外十多个市直部门的主要负责人还回答了热心网友的提问，整个活动对常德市“两型社会”建设起到了很好的宣传效果。三是以检查促进宣传。常德市充分利用省人大开展“一条例一决定”执法检查的契机，以检查促宣传，以整改树理念。市政府、有关市直部门及常德经开区、柳叶湖旅游度假区经过认真自查，汇报了本级本部门近年来在“两型社会”建设方面开展的工作，广大领导干部进一步牢固了“两型”思想理念。四是以宣传凝聚共识。年初以来，通过电视、网络、报刊等媒体以及在迎宾路等地设立“两型社会”固定宣传牌等对“两型社会”建设进行了大量的宣传报道，效果明显。特别是每年的6月5日世界环境日，以“低碳减排？绿色生活”等主题，全市上下开展了形式多样的宣传活动，大力倡导绿色生活，低碳减排，通过这些活动的举办，为常德市全面开展“两型建设”营造了良好的社会氛围。

常德市2011年两型社会建设成果

资源节约利用

【常德荣膺全省首座“国家节水型城市”】 2011年5月30日，住房和城乡建设部与国家发展改革委正式对外通报：经住房和城乡建设部以及国家发展改革委组织专家预审、现场考核、综合评审及公示，决定命名常德、昆明、深圳等17个城市为第五批（2010年度）国家节水型城市。

常德地处丰水地区，降雨丰沛，好像并不存在“缺水”问题，但为了未雨绸缪，常德将节水、惜水作为城市未来发展的重要保障。过去4年间，全市地方财政投入8.2亿元用于城市水务建设，全市万元地区生产总值取水量和万元工业增加值取水量均远低于全国水平、节水型企业（单位）覆盖率达22%、节水器具普及率提升至100%、城市再生水利用率达48.8%、城市供水管网漏损率不断下降等。一个个让人振奋的数字，让常德在全省率先通过国家节水型城市现场考核，成为湖南省第一个国家节水型城市。

【创元铝业两节能项目一年节电4.52亿度】 桃源县创元铝业2010年实施的两个节能项目2011年全年节电4.52亿度。其中，列入国家863计划项目“新型阴极结构高效节能铝电解技术与装备开发”，使每吨铝电耗达13200kwh的国际先进水平，每年节约标准煤10.85万吨；投资1.17亿元装机容量9MW的阳极余热发电项目机组每年节约标准煤约2.11万吨。

【津市积极探索循环农业新路】 2011年，津市市突出农业废弃物的资源优化利用，把发展循环农业作为新农村建设和现代农业建设的重要举措来抓，经过几年的努力探索，初步形成了政府主导、部门推进、企业联动、农民参与的循环农业模式。一是以食用菌为产品，探索“牛粪—稻草—食用菌—有机肥”、“棉秆—食用菌—有机肥”种植模式。津市市是棉花之乡，每年产生的18万吨秸秆，绝大部分被丢弃或焚烧，造成严重浪费。据专家测算，利用好一吨秸秆，将增加产值5000元，如果全部利用，该市种植业产值将翻一番。棉花秸秆是蘑菇种植的绝好材料，为此，该市在保河堤中南村兴建了16栋高标准菇房，引进食用菌工厂化栽培技术，形成了规模种植。目前，该市食用菌种植面积超过10万平方米，年产食用菌700多吨，产值达400多万元。食用菌产业每年利用秸秆250多万公斤，牛粪150多万公斤。基质种植食用菌后作为高效有机肥返田。2008年，保河堤镇中南村被国家农业部确定为循环农业示范村；二是以沼气为纽带，探索“猪—沼—果”、“猪—沼—电”等循环农业模式。该市年出栏生猪42万头，户用沼气池5900余座，大型沼气工程5处。以牲畜粪便为基础，以沼气为纽带，把养殖业与种植业有机结合起来，是该市循环农业的一大特色。如“宏硕生态园”的“猪—沼—果”模式，形成了“山上育林、山腰种果、山下养猪”的农业循环系统。旺森公司的“猪—沼—电”模式，该公司投资500多万元兴建大型沼气池1500立方米，安装发电机组100千伏安，年发电量80多万千瓦时，为养殖场及周边农户提供了足够的取暖和照明电力；三是以畜禽粪便为原料，探索粪便—有机肥模式。津市枫华肥业有限公司投资400多万元，兴建了一套有机肥生产线，年产量可达3万吨，可消化各类畜禽粪便2万吨以上，真正实现了变“废”为宝。该市推广循环农业，每年可为农民增收2000万元以上，每年新增工、农业产值2亿元以上。

生态环境保护

【石门县自来水取水泵房迁建工程动工建设】 2011年1月26日，石门县取水泵房由县城杨岭岗迁建至澧水流域建设工程正式开始动工。该工程建成后，自来水的日取水能力将由现在的2.5万吨增加到10万吨，可以从根本上解决取水不足、水质污染的问题，是一项重要的民生工程。原有取水泵房始建于1986年，日取水能力2.5万吨，已远不能满足目前的供水需求。由于上游工业企业的超标排放，对现有水源水质构成严重威胁。石门县委、县政府对此高度重视，2006年开始，石门县自来水公司与相关部门开始着手进行取水泵房迁建项目的可行性研究论证和报批立项，2009年11月省委批复立项。2010年，县自来水公司争取项目资金、进行工程施工设计，完成了投资概算。2011年初，工程正式开工，项目建设规模和建设内容包括：取水工程和原水输送工程。取水工程分两期实施，一期工程日取水能力为10万吨，远期将达到15万吨。原水输送工程包括两条DN800输水管道，单管线长10.36公里。

【津市毛里湖列入国家“十二五”重大整治项目】 2011年3月，从国家环保部传来喜讯，津市毛里湖整治项目被列为国家“十二五”重大整治项目。“十二五”期间，国家环保部湖泊整治资金在湖南的唯一投入对象只有津市毛里湖。2011年5月，津市环保部门已制作完成总投资达10亿元的整治项目书，并报送至国家环保部，预计未来五年内，国家将有3—5亿元的专项治理投入，届时，毛里湖周边生态环境将得到极大改善。

【500万尾鱼苗放流沅江】 2011年4月25日，常德市2011年水生生物增殖放流活动暨大湖股份第九届人工增

殖放流活动启动。在此次人工增殖放流活动中，市畜牧水产局和大湖股份共向沅江投放了500万尾各类优质原种鱼苗。大湖股份今年还将在澧水上游的天然湖泊开展水生生物增殖放流活动，建立优质鱼类种群库，以恢复该流域的水生生物多样性，保护水域生态环境。

人工增殖放流活动已成为大湖股份每年的常态性公益活动，9年来，大湖股份共无偿放流逾亿尾各类优质原种鱼苗，为建设水域生态文明，实现“人？鱼？自然”和谐共处，起到了积极的推动作用。

【九曲水流域水土保持工程通过省级验收】 2011年7月，总投资达190万元的桃源县九曲水流域水土保持工程通过省级验收。省水利厅专家称该工程是全省水土保持的亮点工程。

2010年，该工程列入国家水土保持治理项目，治理面积328公顷。施工区域位于漆河镇九曲水流域。10月，工程动工，经过半年努力，于2011年4月完成施工任务。治理面积328公顷，其中坡改梯8.6公顷，营造水土保持林面积44公顷，营造经济果木林（柑橘、橙、枣树）50公顷，封山育林226公顷，整修了一批山塘，新建了沟渠等配套设施。

治理工程完成后，可使流域内森林覆盖率从38%提高到53%，在减轻水土流失的同时，还可起到涵养水源，调节小气候，有效抑制干旱、洪涝等自然灾害，改善生态环境的作用，促进农、林、牧业协调可持续发展。

【桃源水电站项目“二枯”期工程全面实施】 随着沅江主汛期的结束，桃源水电站项目“二枯”期工程建设全面展开。2011年9月至2012年5月枯水季节期间桃源水电站将完成土石方开挖132万立方米，混凝土浇筑64.84万立方米，预计工程总投入10.608亿元。目前桃源水电站建设各项工作进展顺利，主厂房底部浇筑已经完成，基坑清淤和施工道路修复已全面完成。

桃源水电站项目是2011年全市200个重点建设工程之一，总投资26.904亿元，主要建设内容为安装9台20MW贯流式水轮发电机组，正常蓄水位39.5米，总库容1.28亿立方米，年均发电量7.8亿千瓦时，属大（Ⅱ）型水利工程。该项目符合我国能源产业政策，是一项低碳环保、经济和社会效益俱佳的工程。建成后，对缓解湖南能源供应紧张局面，提高沅水航道通航能力和国家4A级景区桃花源风景名胜区的深度开发，促进地域经济社会发展都将发挥重要作用。

【花岩溪树起中国林业科学发展标杆】 2011年10月10日，由中德专家合作编制的《花岩溪国有林场森林经营方案》在长沙通过专家评审，这标志着常德市花岩溪国有林场将成为全国实践先进森林经营理念和经营模式的试验场，对探索我国林业的科学发展起到示范作用。

2008年1月起，中德两国开始国家层面的林业合作，在湖南、海南、福建三省进行试点。常德市花林溪国有林场作为湖南省唯一试点单位，成功对接中德技术合作“中国森林可持续经营政策与模式研究”项目，将按照德国模式的造林理念，选择当地树种，营造混交林，每棵树设定砍伐时间和胸径，采伐过程不破坏整体自然生态。《花岩溪国有林场森林经营方案》坚持可持续发展的原则，对花岩溪林场按功能重新分区，实行“择优采伐，目标培育，多层混交，立体发展”的经营模式。据预测，20年后，花岩溪林业经营的年生产效益将是现行经营模式的2.5倍以上。而且，该方案还将促进当地农村社区的发展，实现经济效益、景观效益、生态效益、社会效益的多赢，同时为建立国际森林碳汇交易提供标准和依据。专家评价，该方案顺利编制完成并率先通过评审，具有划时代的意义，是中国现代林业科学发展和林业经营变革的里程碑。

【书院洲国家湿地公园项目通过国家评审】 2011年11月，湖南书院洲国家湿地公园（试点）通过了专家实地考察论证、初步审查和网上公示，项目顺利通过了国家级评审。拟建的湖南书院洲国家湿地公园位于长江入洞庭湖三口（藕池口、太平口、松滋口）河网水系，包括三口河流中的松滋河和虎渡河，项目总面积达4225.2公顷，涉及安乡县境内深柳镇、大鲸港镇、安丰乡、安裕乡等七个乡镇，分为松虎沿河滨水宣教长廊小区、水源保护保育小区、湿地恢复重建小区、虎渡河废弃段宣教休闲小区、虎渡河保护保育小区、长江洞庭湖—四水江湖河实体物理模型展示小区、洲滩湿地保护保育小区、综合管理服务区八个功能区，项目总投为3.15亿元。书院洲国家湿地公园是以长江与洞庭湖之间独具特色的河网水系复合生态系统为主体，由永久性河流、草本沼泽、洪泛湿地、洲滩湿地和水产养殖场组成的复合湿地生态系统，具有较高的科学和保护价值。该湿地公园的建设，对保护长江与洞庭湖之间的生态水文通道，构建环洞庭湖生态湿地公园保护圈，展示悠久、深厚的湿地文化和历史文化，促进安乡湿地生态旅游发展，推动该县生态文明建设具有重要作用。

【桃源10个乡镇纳入世界银行贷款规划】 2011年12月，经桃源县人民政府批准，该县茶庵铺、龙潭、观音寺、牛车河、太平铺、杨溪桥、理公港、郑家驿、凌津滩、热市等10个乡镇实施“世界银行贷款湖南森林恢复与发展项目”。

?? 该县纳入“世界银行贷款湖南森林恢复与发展项目”实施县后，湖南省林业外资项目管理办公室分配给该县项目资金贷款额度400万美元。项目要求，纳入规划的地区必须是2008年冰灾中受损的生态人工林地区，首选在冰灾中受损最严重的生态林地，并且实施乡镇选择不超过10个。该项目力图通过使用乡土树种营造多树种针阔混交林，通过多种造林学方法来提高林分结构的多样性和稳定性，提高人工林对自然灾害的抗逆性和应对未来气候多种变化影响。

基础设施建设

【桃花源路暨机场快速路开工】 2011年1月8日，桃花源路暨机场快速路开工典礼仪式鼎城区隆重举行。

桃花源路暨机场快速路是常德市重点建设项目，是市城区内快速环线“一桥三路”的重要组成部分，它北起沅江西大桥，南止桃花源机场，道路全长11.3公里。建成后的桃花源路暨机场快速路，将与正在建设中的常德大道、金丹路、沅江西大桥，共同形成贯穿“一江两岸”的快速环线。它的开工建设标志着江南城区的路网建设迈出历史性的一步，将有力促进江南城区经济社会的快速发展，提升江南城区整体城市功能，推动江南城区与江北城区更加紧密的融合。两年后，市民驱车从常德桃花源机场进入江北核心城区，将只需要短短的几分钟时间。

【善卷防洪墙主体工程成功合龙】 2011年2月20日，鼎城区善卷防洪大堤防洪墙主体工程成功合龙。

善卷垸防洪大堤4.6公里长，占地944亩，投资1.6亿元，其中从鼎城西路至花溪东路，修建防洪标准为50年一遇共4576米的钢筋混凝土防洪墙。防洪墙主体工程得到了省、市领导和相关部门的大力支持，2010年12月19日开工后，分3个标段、9个作业面同时施工。

【G319、G207城区段改线工程启动】 2011年4月8日，G319、G207城区段改线工程，G319桃花源景区段改线工程建设协调指挥部召开第一次会议，研究以上路段的改线工作。

G319、G207城区段改线工程，G319桃花源景区段改线工程项目已编制进入省“十二五”规划。为了尽快推动工程建设上马，2010年以来，相关区县和单位就着手开展了改线工程项目前期工作。2010年11月底，咨询单位完成现场踏勘，拟定了G319、G207城区段改线A线、B线两套方案。其中A线方案路线总长34.691KM，B线方案路线总长43.328KM。

【桃花源机场建设发展框架协议签约】 2011年5月，桃花源机场建设发展框架协议签约仪式在常德市城区共和大酒店国际会议厅举行，桃花源机场地处常德市鼎城区斗姆湖镇，距市区15公里，离桃花源旅游风景区33公里。本次签约扩建项目以2020年为建设目标年，总投资5.48亿元，征地面积50.41公顷；扩建工程建设将分期实施，首期投入资金约3.98亿元，主要扩建停机坪、新建航站楼与站前广场及购置设施设备等。工程竣工后，桃花源机场飞行区等级由原来的4C级提升为4D级，满足年旅客吞吐量约220万人次。

【常德“十二五”水路交通规划通过专家评审】 2011年5月，常德市水路交通“十二五”发展规划通过了省、市相关部门专家评审，全市水路交通将进入大建设、大发展的阶段，据悉仅千吨级的码头泊位就将新增20个。

近些年来，常德市水路交通实现了跨越式发展，现拥有各等级航道91条，水路通航里程达1753公里，有8个港口，其中年货物吞吐量达到百万吨以上的港口2个，码头总延长6626米，100吨级以上的码头泊位134个，库场总面积约42万平方米，各类装卸机械594套。船舶从2005年的1180艘、106156总吨，发展至2010年底的1582艘、385888总吨。目前全市营运船舶运力达39万吨，位居全省前列。根据规划，到“十二五”末，常德市将完成沅水浦市至常德1000吨级航道改造，并可望实施常德至鲇鱼口2000吨级航道改造；澧水完成三江口至茅草街1000吨级航道建设工程。新增千吨级码头泊位20个，港口生产能力增加1000万吨以上，船舶运力达2000艘、65万总吨以上，并建成具有水上应急救援、消防救援、溢油应急、防汛抢险等多功能的水上安全支持保障体系。

【常德与省“公路投”签署战略合作协议】 2011年5月5日，常德市与省公路建设投资有限公司在共和酒店签署战略合作协议。双方“优势互补、资源共享、合作双赢、共同发展”的原则，在交通项目投资、沿线土地开发、相关产业经营等方面，与省“公路投”展开全面合作。省“公路投”首期将投入20亿元人民币，建设国省道城区改线项目。目前，双方正就有关投资事项进行深入洽谈，月底前有望签订正式合同。省公路建设投资有限公司自2009年7月成立以来，已筹集近千亿资金，先后投资上百亿用于“长—韶—娄”高速公路等项目建设。

【220KV送电线路临澧段工程率先竣工】 2011年7月，盘山—七重堰—窑坡220KV送电线路临澧段工程率先竣工。该项目属省政府重点工程，沿线途径石门县、临澧县、津市市，全长59.157公里，183个基杆塔，总投资近3000万元。其中临澧县全长36公里，涉及8个乡镇（区）。该项目待220KV变电站工程整体竣工及投入运行后，将对涉及各县（市）电力保障及区域经济的发展发挥重大作用。

【汉寿“三大排”新一轮改造完工】 2011年7月29日，这标志着蒋家嘴排洪泵站扩机工程竣工，至此，总投资1.5亿元的汉寿“三大排”新一轮的改造彻底完成。蒋家嘴电排站扩机工程位于该县沅南垸临洪大堤末端的南湖撇洪河出口处，这里两水夹堤，地理位置非常特殊。因原有泵站排量有限，汛期外河水位居高不下，致使超额洪水无出路，不仅殃及南岸湖汉子垸，而且危及北岸沅南大垸40万亩良田和30多万人民的生命财产安全。

三年来，汉寿县在政府财力吃紧的情况下，分别投入7000万元、3000万元对坡头电排、岩汪湖电排改造后，又投资5000万元，在原有蒋家嘴电排装机的基础上新增装机3台3750千瓦。其枢纽工程包括泵房、进出水建筑物新建，降压站改造，机组及控制设备安装等。“三大排”改造工程完工投入运行后，可以基本解决西湖垸内渍、干旱和沅南垸高洪压力等问题，确保47万多人民群众正常生产、生活。

【长岭洲千吨级深水码头项目启动】 2011年8月9日，安乡县交通局与省航务设计院举行《长岭洲1000T级深水码头可行性研究报告编制合同》签字仪式，标志着该县航运深水码头项目正式启动。该项目初步选址在安乡深柳镇长岭洲下游500米处，规划建设千吨级泊位2个，杂货码头一个，项目总投资约8000万元。该项目已列入2012年重大项目前期工作（力争2012年开工建设）。

该项目建成后，不仅可以提升该县港口的吞吐能力，使港口功能向大型化、专业化方向迈进，还将带动整个县工业园区的开发建设，对安乡工业的发展起着重大推动作用。相信，不久之后，千吨级船队将驶进安乡港，安乡的航运将踏上新的征程、续写新的篇章。

【合口澧水大桥顺利建成通车】 2011年9月，总投资13939万元的临澧合口澧水大桥，历时两年的艰苦建设，顺利建成通车。临澧县合口澧水大桥位于临澧县合口镇与停弦渡镇交界澧水河道上，长925.72米，大桥两端连接线长9.411公里，路基宽12米，横向布置为2×0.75米土路肩+2×1.75米硬路肩+2×3.5米行车道，路面为29公分厚水泥混凝土路面。该项目2009年10月10日动工建设，2011年9月15日，大桥成功合龙，2011年10月底，完成全部工程主体。近期，大桥顺利建成通车。合口澧水大桥建成通车，对改善该县澧北地区交通状况，优化湘西北交通网络体系，将发挥非常重要的作用；对加快临澧经济跨越发展具有十分重大的意义。

【湘西北规模最大的县级客运汽车站主体工程竣工】 2011年9月6日，随着主站房最后一块大理石钢挂上墙，安乡子龙汽车站主体工程竣工。该车站位于深柳镇子龙路与浙江路交汇处北侧，占地面积80亩，建筑面积$6858m^2$，其中主站房共4层，高17.5m，建筑面积$6054m^2$，站前广场面积$3000m^2$，停车场面积$21800m^2$，按部颁一级站的标准设计建设。子龙车站建成后，将成为湘西北地区规模最大、功能最全、设计最新颖、外观最美的县级客运汽车站，该车站今年年底前将投入运营。

【丁玲公园破土动工】 2011年10月27日，丁玲公园正式破土动工。丁玲公园项目建设是常德市委、市政府按照新一轮城市总体规划推进“西移北扩”的城市发展战略、实施跨越式发展的重大举措，是城投集团公司继白马湖文化公园之后，承接的又一个大型公益性建设。公园位于城区龙港路以东、皂果路以西、新河路以南、紫菱路以北，计划投资3.2亿元，其中工程建设投资2.5亿元以上。丁玲公园的建设将突出区域水系治理和环境改善，计划以“丁玲纪念馆”为标志，以景区、组景建设为主题、配套完善道路、绿化、综合管网设施，形成“一心”、“双核”、“三线”、“四区”的功能结构，主要建设内容有丁玲纪念馆、管理办公室、民俗街、游乐设施、道路桥梁、绿化等工程。

【绿地集团大手笔打造常德经开区新城】 2011年11月26日，由绿地集团投资建设的常德经济技术开发区大型城市综合体项目在上海签署战略协议。

常德经济技术开发区城市综合体项目总投资62亿元，用地面积1090亩，规划地上总建筑面积138万平方米。拟在常德经开区常德大道两侧、沅江南岸打造集甲级写字楼、购物中心、商业街及高品质生态居住区于一体的大型城市综合体，该项目将于2012年年初动工建设，计划5年内全部建成，建成后将成为常德市最具辐射力的新兴商务核心区及中高档居住区。

上海绿地集团是中国综合性地产领军企业和中国百强企业，在2011中国企业500强中位列第87位，2011年年底将进入世界500强。成立19年来，集团始终坚持“和谐绿地、共建共享”的发展理念，通过产业经营与资本经营，形成了目前“房地产主业突出，能源、金融等相关产业并举发展”的产业布局。房地产开发经营作为绿地集团的核心主导产业，建设项目遍及24个省56个城市。

城镇规划建设

【柳叶湖启动国家级旅游度假区创建工作】 2011年，柳叶湖将全面启动国家级旅游度假区创建工作，充分利用优质资源禀赋和来势喜人的旅游发展态势，力争通过3至5年的努力，把柳叶湖打造成国家级旅游度假区。

对照《国家级旅游度假区评定标准》七大考核指标，柳叶湖下发了创建总体方案，将结合三个柳叶湖的战略定位对度假区品质进行全面提升：加强环境保护，打造生态柳叶湖；推进项目建设，打造休闲柳叶湖；强化规范管理，打造幸福柳叶湖。对区内建设项目严格进行环境影响评价，制订区内节水、节能等措施，建立健全各项环境监测和环境保护机制和制度，争取通过ISO14001环境管理体系认证和ISO9001质量管理体系认证。启动柳叶湖总体规划修编工作，按创建标准划定度假区核心建成区范围，规划建设住宿接待设施、餐饮设施、步行专用道、自行车专用道、停车场、星级公共厕所等设施，高标准建设柳叶湖综合服务中心。按照国家标准提供高质量的度假区旅游服务，提供全区旅游服务水平和质量，提供老年人、残疾人、儿童以及托儿（幼儿）服务条件，建立健全度假区自然灾害的预警和防范、医疗服务的制度等。

【“桃花源”景区规划升级】 2011年3月28日，筹建中的桃花源旅游管理区正式挂牌运转。按照常德市委、市政府确定的目标：未来5年，常德市将投入30亿元对桃花源景区进行开发，力争把桃花源建设成全国知名旅游目的地和国家5A级旅游区。2010年上海世博会期间，湖南馆就以“桃花源里”作为主题词，来诠释湖湘文化的独特魅力。为进一步发挥桃花源品牌的旅游带动作用，未来5年内，常德市将投入30亿元进行桃花源景区的开发建设，其中政府直接投入12亿元加强旅游基础设施建设，另外再通过招商投入18亿元实现景区旅游项目开发建设，真正把桃花源建设成“人间仙境”、“世外桃源”。为了完成好这项工作，市政府相关部门从全国近20家知名旅游策划公司中选定了5家知名度较高的公司，于2月份邀请其主创人员到桃花源进行了实地详细踏勘，并在3月15日前拿出了高质量的策划方案。这些方案围绕“渊明意境、秦汉风貌、现代元素、价值景点”的理念进行设计，突出了“世外桃花源、生态桃花源、人文桃花源”三大板块功能。

【常德新版城市总体规划上报省政府批准】 2011年5月，常德市将新版城市总体规划上报省政府。常德市城市总体规划（2009—2030）修编工作前后历时三年，本版规划通过对常德市城市发展目标、区域地位和功能分工的分析，提出常德市城市性质为区域中心城市、交通枢纽城市和生态宜居城市。至2030年，城市人口规模将增加到155万人，城市用地规模增加到160平方公里。

【护城河治理方案初步拟定】 2011年5月，由德国汉诺威水协承担的江北区内环水系治理工程项目之一《护城河治理、还原及城市景观设计》方案，提交市政府相关部门负责人及专家评审。

纳入改造的护城河，西起临江路长港桥，东至建设桥泵站，全长5366米，汇流面积约4平方公里，沿线区域为常德市政治、经济、文化的中心。

【桃花源机场航站区设计方案通过审查】 2011年6月10日，由民航新时代机场设计研究院设计的常德桃花源机场航站区设计方案，通过民航中南地区管理局和省质监局联合组织的专家组审查，新航站区将于近期开工建设。

按初步设计方案，扩建航站区工程总平面有航站区、工作区、生活区、航管区、机务维修区、货运区六个功能分区；新航站楼建设规模约1.95万平方米，按单体两层建设，外通高架桥，设置贵宾接待室，预留国际通道，建筑宽度约220米，设计采用当今空港成熟的先进技术，建筑立面造型犹如金鹏展翅，现代、新颖、大气恢宏，有神似常德桃花源及常德产珍珠的寓意，既有视觉冲击力，又有现代空港建筑特色。建成后，将是一座生态的花园式现代化航空港。

【七项城市规划设计集中接受评审】 2011年8月23日，市城市规划委员会召开2011年第一次会议，对《江北城区道路规划》、《江北城区给排水规划》、《常德大道两厢城市设计》、《常德大道创新设计成果》、《柳叶湖环湖大道景观设计》、《常德市城区农贸市场布点规划》以及《东江北片区控制性详细规划》等7项专项规划进行了集中评审。

【北部新城建设锁定“绿色生态”基调】 2011年11月9日，北部新城建设召开首次厅市合作联席会议。除市政府相关的近30个部门单位外，省住房城乡建设厅及多个重要处室的负责人也悉数出席了会议。会议明确，北部新城的建设要始终以绿色生态为基调，按照两型社会建设的要求，体现集约高效、以人为本，实现宜居宜业的建设目标。

2011年8月23日，省住房城乡建设厅厅长与常德市委签订“战略合作备忘录”，形成了北部新城建设总体部署，双方约定从2011年至2020年，按照3年初具雏形、5年形成规模、10年基本建成的步骤，共同完成地域总面积约45平方公里，规划建设用地面积为27平方公里的北部新城建设；建成后的北部新城，将是湖南省新型城市化及两型社会建设的先行区、厅市合作改革试验区、现代宜居城市示范区，成为常德市“两型”产业聚集区和绿色低碳生态宜居的现代新城。目前，与北部新城相关的11项规划和设计方案已经完成，沾天湖大桥、朗州北路、生态污水处理厂等项目已建成，另有多条道路及武陵文化创意产业园、柳叶湖接待中心已开工建设。

两型产业建设

【中联重科楼站产品单元进驻汉寿工业园】 2011年1月19日，汉寿工业园中联重科园区里彩球飞舞，喜气洋洋。中联重科公司楼站产品单元进驻汉寿。

2010年，中联重科搅拌产品单元经营规模取得了历史性突破，2011年又将保持近一倍的增长速度，原益阳沅江园区的产能已满足不了生产经营的需求，对此，该公司考虑到汉寿工业园区已具备相当成熟条件，于是作出该项目搬迁的决策。楼站产品单元项目不久将可投产，预计2011年可完成搅拌站2500条线、干混站100套、搅拌主机1000套、完成产值50亿元。随着该项目的进入，中联重科汉寿园区打造成年经营规模过100亿元标杆园区不久将成为现实。

【8亿元物流项目落户鼎城】 2011年3月15日，鼎城区政府与浙江省温岭市先发物流公司在武陵镇举行签约仪式，这标志着总投资8亿元的常德桥南物流产业园（公路货运枢纽站）建设项目正式落户鼎城。

近年来，由于桥南大市场的带动，全区的物流产业发展迅速，已经成为常德的龙头。为了进一步把物流产业做强做大，适应商贸经济的繁荣发展，该区引进大型物流企业先发物流公司。

常德桥南物流产业园项目地址在武陵镇郭家铺村，占地面积1200亩，总投资8亿元。该项目分两期建设，其中一期工程投资2.6亿元，于2012年年底完工，二期工程将在2015年前开工建设，项目全部完工后，年货物吞吐量达到800万吨，将成为湘西北名副其实的最大物流中心。

【东鹏集团投资10亿元打造常德市高端商贸平台】 2011年4月7日，常德市政府与广东东鹏集团在共和酒店举行“常德东鹏陶瓷国际交易中心暨总部基地建设项目”签约仪式。

广东东鹏集团位于全国著名陶瓷之乡广东省佛山市石湾镇，专业生产地砖、墙砖、工业用砖及卫浴、石材等产品，为国内规模最大、品种规格最齐全、信誉最好的专业生产企业之一。根据签约内容，广东东鹏集团将投入资金10亿元，在常德西城区建设“常德东鹏陶瓷国际交易中心暨总部基地建设项目”。此项目是集陶瓷品牌展示、产品交易、仓储物流、研发设计为一体的总部基地，是一个集资金流、信息流、物流为一体的高端商贸服务平台。

【湘浙苏产业大联姻 三大项目落户常德】 2011年4月20日、23日，湖南省委、省政府分别在浙江省杭州市、江苏省南京市举行湘浙、湘苏经济合作暨重大项目签约仪式。在省委书记、省人大常委会主任周强，省长徐守盛，省政协主席胡彪，省领导许云昭、杨泰波、刘莲玉及常德市委书记卿渐伟、市长陈文浩等的共同见证下，常德市与浙江企业合作的德山工业配套小区开发项目、石门奥赛水晶产业工业园项目，与江苏雨润控股集团合作的常德雨润食品产业园项目正式签约。

据不完全统计，目前在湘创业的浙江人有近20万人，投资创办企业3500多家；在湘投资的苏企有500多家，2006年至2010年，江苏企业在湘实施投资合作项目588个。此次湘浙、湘苏签署的合作项目涉及商贸物流、新能源、新材料、旅游开发、金属加工、城市建设等多个领域。两地现场签约各30个重大项目，合同引进资金超过了1000亿元。

纳入到此次重大项目签约仪式的常德市项目共有三个，分别是：总投资4.5亿元、总建筑面积约15万平方米的德山工业配套小区开发项目，该项目由温州翔怡贸易有限公司全额投资，打造德山精品商居楼盘；总投资5亿元，年产50万吨PPM级低铁精制石英砂、1.3万吨玻璃珠胚、30000吨水晶工艺制品胚料、2000万包水钻产品，由浙江金华市赛奥水钻有限公司在石门投资的奥赛水晶产业工业园项目，投产后可实现年产值11.35亿元，年利税2.84亿元，新增常年就业岗位3000个以上；由雨润控股集团与常德市政府合作，在西洞庭食品工业园内投资12亿元建设的常德·雨润食品产业园项目，建设内容包括200万头生猪、3000万羽肉鸡初加工生产线和3万吨肉制品深加工生产线，可实现年销售收入45亿元，直接提供就业机会约3500个。

【常德酒业喜获3个中国驰名商标】 2011年5月，在国家工商总局商标局认定的289件驰名商标名录上，常德市酒类生产企业喜获3个中国驰名商标，其中德山酒业的“德山”、重庆国人啤酒有限责任公司的“生态”、武陵酒业的“武陵”榜上有名。

“德山”牌商标被国家工商总局认定为“中国驰名商

标”，这是德山酒业继获得“1963、1984、1989 年全国评酒会银质奖”、“1988 首届北京中国食品博览会金奖”、“1990 全国轻工业部博览会金奖”、“国家轻工业部质量管理奖”等全国性荣誉后的又一殊荣。

随着市场占有率的不断提高，武陵酒有限公司确立了以酱香武陵酒为主体，以兼香武陵芙蓉国色酒和浓香武陵洞庭春色酒为两翼的“一体两翼”多品牌的运作战略，自2007 年以来，武陵酒以每年翻一番的增速，实现了快速、持续发展，彰显了“武陵三酱”的市场活力和发展潜力。2010 年，武陵酒公司投入 6 亿元资金，在德山工业区征地千亩，进而打造一流的生态工业园。万吨酱酒生态园项目一期工程预计在 2012 年 12 月竣工投产，届时年产值超过 20 亿元，年创税收过亿元。

【自然科学联合基金为校企合作牵线搭桥】 2011 年 5 月，湖南省自然科学基金委员会——常德市人民政府自然科学联合基金正式签约，此举为高校和企业牵线，搭建起了产学研结合的平台。

自然科学联合基金的设立将发挥省自然科学基金的导向作用，引导和整合社会资源投入应用基础研究，促进常德市高等院校、科研机构和企业在应用基础研究的合作，提升产学研源头创新能力，吸引和凝聚常德乃至全省的优秀科技人员，重点解决经济、社会和科技未来发展中的重大科学问题和关键技术问题，为常德经济和社会发展提供科技和人才支撑。合同签订后，省自然科学基金委员会和市政府按 3：7 的比例共同投入经费，第一年联合基金经费总额为 143 万元，以后视情况经双方协商增加。

【银企洽谈会签约 167 亿元】 2011 年 5 月 11 日，常德市全民创业、非公有制经济暨工业企业银企洽谈会在共和酒店召开。11 家金融机构与 147 家企业现场签约，总投资额 278 亿元，签约金额高达 167.5 亿元，涉及农业、工业、商贸流通等多个项目。

【桃源星德山旅游开发项目签约】 2011 年 5 月 31 日，总投资 10 亿元，控规总面积约 50 平方公里的桃源星德山旅游开发项目签约。该项目由深圳市洲银投资有限公司投资建设，公司将邀请国内外著名的甲级咨询机构对旅游区进行高起点、高规格、高环保的规划设计，全力打造国家 4A 级旅游风景区。

星德山位于桃源县热市镇星德山村，地处桃源、石门、慈利三县交界处。主峰海拔 843.5 米，为石英砂岩峰林地貌，山势崔嵬不凡，奇峰怪石林立，植被丰茂，四季鲜明，奇石、险崖、古松、云瀑“四绝”并存，是一处天然的旅游避暑胜地。

【常德市打造百亿蔬菜产业】 2011 年 6 月 15 日，“国家大宗蔬菜产业技术体系华中片蔬菜生产现场观摩会暨洞庭湖综合试验站揭牌仪式”在国际大酒店举行。

此次授牌仪式标志着国家级大型蔬菜技术项目首次落户常德，对于提升常德蔬菜行业位置、提高常德蔬菜科技水平，最终推动常德蔬菜产业发展具有十分重大的意义，将在“十二五”期间甚至更长的时间内对常德市菜篮子工程建设产生深远影响。

【常德经开区一批重大项目开工】 2011 年 6 月 28 日，“武陵酒千亩万吨级酱酒生态园”一期工程举行了隆重的开工奠基仪式。“七一”前夕，常德经开区喜事连连，一批重点项目陆续开工建设。

该区 6 月 27 日开工奠基的“大湖股份主养淡水鱼深加工全产业链”项目总投资 4.5 亿元，年加工能力 20 万吨，可实现年产值 20 亿元、利税 5 亿元。28 日开工奠基的“武陵酒千亩万吨酱酒生态园”一期工程总投资 6 亿元，占地 500 亩，建成后将形成年酱酒酿造 5000 吨的规模，实现年产值 5 亿元，销售收入 10 亿元，税收 2 亿元，新增就业 1000 人。二期工程完成后将形成千亩万吨酱酒生产能力，实现年产值 10 亿元，销售收入 20 亿元，税收 4 亿元。“大汉汽车集团大型高档客车、随车起重机产业园”项目总投资 10 亿元，规划用地面积 600 亩，园区建设分为三期，到 2015 年，将形成年产销大中型客车、各种专用汽车 10000 台的能力，从业人员 4000 人，产值突破 30 亿元，税收突破 2 亿元。

【常德伴导电子二期正式投产】 2011 年 7 月 20 日，常德市伴导电子有限公司电子基础元器件产业化项目二期主体建设工程完工并正式投产。该项目总投资 1.2 亿元，占地面积 34 亩，总建筑面积 22330 平方米，包括生产车间、行政大楼、技术研发中心、后勤服务楼、职工倒班宿舍楼。全面投产后可提供 300 多个就业岗位，年产值将达到 2 亿元，可创利税 2000 多万元。

常德市伴导电子有限公司成立于 2007 年，主要生产开关二极管、稳压二极管、触发二极管、快速恢复二极管等系列产品。该公司是 2007 年重点招商引资的高科技股份制企业，也是采用先租厂后建厂的唯一一家电子信息产业企业。它的成功孵化不仅是企业的成功，也是常德经开区“筑巢引凤”策略的成功。

【常德首条童车生产线建成投产】 2011 年 8 月，常德益翔实业有限公司开发的首条童车生产线项目正式建成并投入试生产。

常德益翔实业有限公司位于澧县经济开发区，是欧洲（荷兰）贝之星品牌在中国内地的生产基地。该项目总投资 1.5 亿元，用地 88 亩，主要从事高档童车等产品的生产，是国际品牌贝之星在国内的主要生产基地，60% 以上的产品将出口美国、日本、韩国、加拿大、德国、法国等地。目前，该项目已完成投资近 5000 万元，7 栋厂房、1 间仓库、1 栋办公楼、厂区道路等各项基础建设已全面竣工，1 条生产线的机械设备已全部安装调试完毕且正式投入生产运行。全部建成投产后，年生产童车将达到 500 万台，年创利税 3000 万元以上，解决就业岗位 300 至 500 个。

【湖南赛奥硅业项目落户石门】 2011 年 8 月 10 日，湖南赛奥硅业项目在石门正式开工建设，标志着该县正以科技之火重新熔铸“亚洲石英第一县”。

石门县石英矿储量丰富，已探明储量 19423 万吨，贮藏量居亚洲之冠。石英矿，又称矽砂矿，主要成分为二氧化硅，当二氧化硅结晶完美时就是水晶，胶化脱水后就是玛瑙，含水的胶体凝固后就成为蛋白石，加工熔融后可以制玻璃。石英矿是重要的工业矿物原料，广泛用于玻璃、铸造、陶瓷及耐火材料、冶金、建筑、化工、塑料、橡胶、磨料等工业。石门县的石英矿开采始于 30 多年前，但由于缺乏高科技的支撑，每年300万吨原矿只以每吨60元的价格卖出，不仅经济效益少得可怜，而且破坏了当地的生态环境，开展精深加工转型发展方式的呼声一直很高。

2010年4月，浙江金华市赛奥水晶钻石有限公司"相中"石门石英，并开展了为期一年的化验考察。2011年4月20日，湖南省委、省政府在浙江杭州举行的湘浙经济合作暨重大项目签约仪式上，石门县人民政府与金华赛奥就石门赛奥水晶产业园项目成功签约。

赛奥水钻有限公司将在石门经济开发区新建石门赛奥水晶产业工业园，园区占地500亩，总投资5亿元。项目建设分两期完成，第一期投资1.5亿元，计划两年内形成年产精制石英砂10万吨、玻璃珠坯5000吨和水钻产品600万包；第二期投资3.5亿元，连同第一期建设规模，最终形成年产50万吨PPM级低铁精制石英砂、1.3万吨玻璃珠胚、3万吨水晶工艺制品胚料、2000万包水钻产品。

该项目投产后，可实现年产值11.35亿元，年利税2.84亿元，新增常年就业岗位3000个以上。

【雨润食品产业园建设开工】 2011年8月15日，常德·雨润食品产业园建设开工仪式在西洞庭管理区隆重举行。

雨润集团是江苏上市公司，以食品为主的国家级农业产业化龙头企业，中国肉食品加工业龙头老大。中国500强企业，名列135位。在常德常德市委、市政府的大力推动下，2011年初落户西洞庭管理区，计划投资12亿元，兴建常德·雨润食品产业园，占地450亩。竣工投产后，年屠宰生猪200万头、鸡3000万羽，生产深加工肉制品3万吨，销售额将在45亿元以上，可提供就业岗位3500个以上。

【年产万吨钢结构件生产线项目落户临澧】 2011年8月18日，临澧县人民政府与常德龙铖钢结构有限公司签订年产1.2万吨钢结构件生产线项目合同。

该项目主要生产用于高层建筑钢结构配件，具有广阔的市场和良好的发展前景。项目选址于临澧经济开发区安福工业园，占地面积100亩，总投资1.2亿元，分二期建设。项目一期投资7000万元，于本年度11月份开工建设，2012年10月竣工投产；二期投资5000万元，2013年3月动工建设，2013年底前竣工投产。该项目全部建成投产后，年产值可达5亿元，年创税收1000万元。

【湖南星球智能有限公司一期工程奠基】 2011年8月19日，湖南星球智能电气科技开发有限公司一期工程奠基仪式暨新产品推介会在澧县经济开发区举行。

该公司是专业从事低压电网智能控制和电气安全保护产品的研发、生产、销售于一体的高科技企业，已申请国家专利10余项，在国内外独创了多路同时、单独预检技术，并将该技术成功地应用于家用智能配电安全系统，可以确保用电安全和预防电气火灾，实现配电智能化、用电安全化。项目计划总投资6800万元，占地面积50亩，建筑面积25000m^2，年生产能力30万台，年可创产值3.8亿元，解决就业人员350人。一期工程计划投资2800万元，建筑面积10000m^2，年生产能力10万台，年产值1.2亿元。

【龙行天下运动用品项目落户桃源】 2011年9月，东莞站胜模具有限公司投资的龙行天下运动用品项目，正式落户桃源漳江创业园，现已完成公司注册。该项目总投资3亿元，占地面积300亩，分两期建成，首期投资额为2亿元，用地面积为200亩，主要生产各种体育用品及健身器材，总建设期为36个月，项目全部建成后，预计年产值可达12亿元，实现利税6000万元。

【常德组团参加首届中国—亚欧博览会】 2011年9月1日至5日，首届中国—亚欧博览会在乌鲁木齐市新疆国际会展中心隆重举行。国内外近10万名客商云集亚博会，其中境外客商近1万人，展会现场共迎接参观人数逾30万人。

首届亚欧博览会的前身是"中国乌鲁木齐对外经贸洽谈会"，已成功举办过19届，是我国与俄罗斯、中亚、西亚及南亚国家发展经贸关系的重要桥梁和平台，在中西南亚国家有着普遍的赞誉和广泛的知名度。本届博览会共设展出面积7.2万平方米，其中馆内面积4.2万平方米，室外面积3万平方米，共设标准展馆2121个。展会期间，还举办了各种合作论坛、项目推介会等活动。

为进一步加强常德与新疆地区经济合作交流，推动常德市企业开拓中西亚及东欧国家市场，2011年常德市有常德经济技术开发区湖南华富高科有限公司、汉寿金诚研磨材有限公司、临澧鼎春新型建材科技有限公司等3家企业到会参展，设置展厅面积100多平方米，组团规模居全省市州前列，3家参展企业与中亚、西亚及东欧客商广泛接触，与100多名境外客商进行了洽谈，达成了近300万美元的外贸订单。此外，常德市还筛选了一批招商项目，通过网站、项目册等方式在博览会上作了重点推介。

【常纺机经编新区破土动工】 2011年9月2日，常德纺织机械有限公司经编新区破土动工，第一期建设项目总投资1亿元，明年建成投产后将实现年产1500台经编机，产值7亿元，上缴利税5000多万元。

常德纺织机械有限公司是经纬股份全力打造的世界经编机产销基地，公司生产的纺纱摇架占据国内市场份额的70%以上，拥有独立知识产权的高速经编机围绕高速、高密、幅宽、电子技术应用等四大关键技术瓶颈进行创新，四项技术指标均达到国内领先和国际先进水平。经编新区第一期建设项目是经纬股份常德纺机"十二五"期间打造"经编板块"发展战略的重要举措，该项目投资总额1亿元，主要用于厂房建设、购买先进设备及各类配套设施。

【常德经开区"投洽会"上签大单】 2011年9月8日，厦门万寿宾馆会议厅内高朋满座，恒安国际集团有限公司等5家企业与常德经济技术开发区签订了项目投资协议。这也标志常德市在第十五届中国国际投资贸易洽谈会上取得了丰硕的成果。

第十五届中国国际投资贸易洽谈会于9月7日在厦门国际会展中心开幕，本届投洽会设置3200个国际标准展位，总展览面积6.5万平方米。作为中国对外开放的重要窗口和目前全球规模最大的投资盛会之一，本次投洽会吸引了108个国家和地区、10个国际组织、636个境外机构组团参会。

9月8日，省商务厅在厦门万寿宾馆举行了湖南省情暨常德经济技术开发区专场推介会，华南美国商会代表团以及加拿大、新加坡等国家和地区，以及闽三角地区的企业家近200人参加推介会。推介会上，还举行了“康师傅”矿物质水生产项目、广州恒利达电路有限公司电容式触摸屏生产项目、恒安五期工程项目、深圳利铖达科技开发有限公司锂电池生产项目、浙江嘉兴金利坚精纺有限公司纤维加工生产项目的签约仪式，这5个项目均落户常德经开区，投资总额达20多亿元。

【“侨商侨智聚三湘”项目签约结硕果】 2011年9月22日，在举行的“侨商侨智聚三湘”项目签约仪式上，常德共有18个项目签约，总投资36.25亿元，协议引进内资28.91亿元，利用外资1.146亿美元，常德市签约了13个投资项目，其中1个捐资助学项目，1个框架协议，签约协议总额约24亿元。

签约仪式上，香港宏隆（中国）有限公司签约了向湖南文理学院捐赠40万元的捐资助学项目。与常德市签约的11个投资项目分别是：新加坡合发利陶瓷贸易有限公司与湖南卡普吉诺建材有限公司投资的米墙地砖项目，项目总投资约1.3亿元；武汉凯迪控股投资有限公司投资兴建的生物质发电项目，项目总投资约4亿元；格瑞光电（厦门）有限公司投资兴建的台湾风情村及生态农业综合开发项目，总投资4.2亿元人民币；香港豪德集团有限公司投资兴建的大型综合性商贸集散地建设项目，项目总投资8亿元人民币；江西梦浩特服饰有限公司投资兴建的梦浩特羽绒服生产项目，项目总投资1.8亿元人民币；湖南巨磷化工股份有限公司投资兴建的年产10万吨磷酸钙项目，项目总投资1.5亿元人民币；浙江嘉悦石化有限公司投资兴建的沥青仓储加工基地项目，项目总投资5500万元；佛山尹盛进出口有限公司投资兴建的意大利葡萄庄园项目，项目总投资5000万元；常德市常南运输有限责任公司投资兴建的综合性运输物流项目，项目总投资5000万元；西班牙奥丽萨橄榄油实业有限公司、澧县贺丰农业发展有限公司合资兴建的油橄榄种植与加工项目，项目总投资5000万元人民币，其中利用外资703万美元；常德龙铖钢构有限公司投资兴建的年产1.2万吨钢构件项目，项目总投资1.2亿元人民币。

【万福生科挺进创业板成功上市】 2011年9月27日，万福生科（湖南）农业开发股份有限公司正式在深圳证交所创业板上市。这是常德市继金健米业、大湖股份之后第三只正式在资本市场上市的股票。上市当日，万福生科以31.01元开盘，开盘大涨24.69%，收市报29.04元，涨幅为16%。

万福生科（300268）本次共计发行1700万股新股，其中网上的发行数量为1360万股，发行价格为每股25元。IPO募集资金4.25亿元。该公司此次募集资金主要投向循环经济型稻米精深加工生产线技改项目、年产5000吨食用级大米蛋白粉产业化项目、年产3000吨精纯米糠油技改项目以及稻米生物科技研发中心建设项目等。

万福生科是常德市从事稻米精深加工系列产品的研发、生产和销售的省级农业产业化龙头企业。作为稻米深加工行业中产业链最长、循环经济模式发展得最充分的一家区域龙头企业，万福生科产品主要包括大米淀粉糖类、大米蛋白粉类、米糠油类、食用米四大系列。

【武陵文化创意产业园开工建设】 2011年10月18日，位于太阳山下、柳叶湖畔的武陵文化创意产业园正式开工建设。

武陵文化创意产业园是常德市“十二五”重点工程。项目定位于为研究、设计、创作武陵文化产品的工作者提供工作、休闲、度假、展示交流交易产品的高端场所，致力于构建具有核心竞争力的旅游经济拉动支点，通过打造武陵山文化产业链、实施可持续发展战略，实现自我生存和自我发展。项目占地364亩左右，建筑面积8万多平方米，设计有创意人家、创意工作室、文化交流展示中心、接待中心、餐饮中心、康体中心、专家村、VIP俱乐部等建筑和设施，拟分两期建成。第一期建设月亮湾片区6.6万多平方米的设施，拟于2014年底建成营业。

【汉寿甲鱼荣获“中国名鳖”称号】 2011年10月22日，在中国渔业协会龟鳖产业分会、湖南省科学技术协会举办的中国龟鳖产业发展暨汉寿甲鱼生态养殖高峰论坛上，汉寿甲鱼荣获“中国名鳖”称号，这是汉寿甲鱼继今年9月获得“国家地理保护标志产品”之后获得的又一殊荣。

汉寿是“中国甲鱼之乡”。近年来，该县按照“政府引路、部门指导、协会（合作社）管理、市场运作”的思路，主攻甲鱼标准化养殖，大力优化养殖模式。同时，该县大力鼓励龟鳖产业协会、甲鱼养殖大户打造产业品牌。目前，该县注册的甲鱼商标达到6个。汉寿县特科所被认定为湖南省省级中华鳖良种场，生产的“龙阳牌甲鱼”通过了农业部无公害农产品认证；“锦麟香”酱板甲鱼获湖南省第二届食博会金奖；“龙甲”牌甲鱼获得第四届中国湖南畜牧渔业暨饲料工业博览会金奖；“仙湖”牌生态龟鳖获得中国湖南第九届（国际）农博会金奖。目前，汉寿龟鳖养殖面积达到6万亩，存塘亲鳖1500吨，年产稚鳖苗6500万只，商品鳖4500吨，年创系列产值5亿元以上，占全县养殖总产值的三分之一左右。

【湖南大北互正式投产】 2011年10月22日，湖南大北互互感器有限公司一期项目投产庆典仪式在常德经济技术开发区隆重举行。

湖南大北互互感器有限公司是市政府于2009年招商引进的高新科技企业，主要投资方为全国互感器生产企业三强之一的大连北方互感器集团。该公司占地124亩，总投资1.3亿元。公司拥有目前国内最大的35KV以下生产线，并于2011年7月顺利通过ISO9001：2008质量管理体系认证。项目投产后，年生产能力可达到12万套，年产值4亿元，年创利税4000万元，可安排当地800余人就业。

【湖南中天新能源有限公司正式投产】 2011年10月28日，湖南中天新能源有限公司在德山中小企业创业园正式投产。公司一期投资3000万元，眼下正实施年产3000吨的锂离子电池正极材料磷酸铁锂的博士创新创业计划项目将在常德市范围内形成锂电子电池生产的产业链条，主体投资预计突破1亿元人民币。公司现有员工200多人，已建成厂房面积5000平方米，生活区3000平方米。目前日产3万只锂离子电池，预计首期投资完成后将达到日产8—10万只、实现年产值3000万元以上、年利润达300万元。

【石门柑橘唱响国际果蔬展】 2011年11月，2011年中国国际果蔬、加工技术及物流展览会在南宁国际会展中心隆重开幕。

本届展会共有来自美国、澳大利亚、马来西亚等48个国家和地区的160多家企业参展。常德市代表团开辟专门展厅集中推介了常德·石门柑橘，前来常德展厅咨询洽谈、参观品尝的商家和市民络绎不绝，广大消费者对“石门柑橘”赞不绝口。石门柑橘出口已扩大到欧盟、美洲、东南亚、港澳等国家和地区，并成为我国与俄罗斯、蒙古、哈萨克、吉尔吉斯、塔吉克斯坦等国重要的边境贸易商品之一。

石门柑橘2011年销售火爆，价格平稳，橘农销售积极，全县柑橘已销售21万余吨，目前销售已占柑橘总产的70%以上。其中16万多吨早熟蜜橘已基本销售完毕，平均价格达到1.96元/公斤，高出2010年0.5元以上；4.6万余吨中迟熟蜜橘已销售4万多吨，销售价格最高2.4元/公斤，高出2010年0.8元，椪柑、脐橙、冰糖橙等销售也较平稳，脐橙目前收购价格2.0元/公斤，价格比2010年高出0.4元。各类柑橘销售价格均明显高于2010年，橘农减产反增收。

【湖南冠元生物科技有限公司一期工程竣工投产】 2011年11月12日，位于澧县官垸乡的湖南冠元生物科技有限公司一期工程竣工投产。该项目总投资4500万元。其中，一期工程投资1500万元，主要从事植物提取物的加工和销售，年加工中药材2000吨，产值5000万元，产品主要出口欧美、日本和东南亚。二期工程投资3000万元，主要从事以植物为原料的饲料添加剂和生物农药的生产和销售，年加工植物5000吨，产值约1.2亿元。

【常德又添中国驰名商标】 2011年11月29日，国家工商总局商标局公布了在商标管理案件中最新认定的350件中国驰名商标，湖南安福气门有限公司使用在气门及气门座等商品上的“第1432985号图形”商标喜列其中。

位于临澧县的湖南安福气门有限公司是一家以生产各种内燃机气门、气门座等产品的企业。通过几十年的发展，该公司与中南大学合作建成了一条具有国内高新技术水准的环保节能粉末冶金气门座生产线，与华中科技大学合作建成了国内首家气门和气门座材料摩擦实验室，并与天津大学内燃机研究院，湖南大学汽车学院、美国Winsert公司保持紧密的技术合作关系，其生产的产品主要为一汽大众、上海大众、重庆长安、东风公司、玉柴等国内各大汽车发动机厂、内燃机厂及社会维修站提供配套和服务，产品出口欧美、中东、东南亚等国家和地区，深受用户好评。

截至11月，全市共有“芙蓉王”、“心相印”、“金健”、“中意”、“踋福”、“古洞春”、“德山及图”、“武陵”、“生态”等商标被国家工商总局认定为中国驰名商标，自此，常德市中国驰名商标数量已经上升至10件。

【常德新引进45亿元工业项目投资】 2011年11月29日，乘着“2011中国（湖南）民营经济投资洽谈会暨海内外华商湖南行”的东风，湖南中锂新材项目落户常德经济技术开发区，恒安纸业启动第五期项目投资，两个项目在省城长沙现场签约，共引进投资45亿元。

湖南中锂新材项目由常德经济技术开发区和市政府办共同引进，湖南中锂新材料有限公司经过对常德经济技术开发区实地考察，决定在开发区内投资建设锂电池隔膜项目。该项目总投资额约20亿元，其中固定资产投资额17.2亿元，兴建锂电池隔膜项目，建设期限5年。一期投资5.8亿元，投产后，年产值达6亿元；项目全部投产后，预计年产值可达到24亿元。

为继续扩大产能，形成规模效益，湖南恒安生活用纸有限公司决定启动第五期工程项目，另在现厂区以北和乾明路以西，新征土地约70亩，总投资额约15亿元人民币，新建2条年产12万吨生活用纸生产线和热电联产项目建设。项目建成投产后，该公司在常德年造纸生产能力将达到30万吨，产值规模达到50亿元。

【一电子信息产业振兴和技改项目获国家补助】 2011年12月，省发改委下达2011年国家预算内电子信息产业振兴和技术改造专项投资计划，湖南省两个项目获支持，常德市尚一网络传播有限责任公司支持增强型搜索的重点新闻网站三屏融合服务示范项目纳入其中，获国家预算内补助资金140万元。

支持增强型搜索的重点新闻网站三屏融合服务示范项目由中国互联网新闻中心牵头，多家重点新闻网站联合参与，利用项目实施过程中取得的研究成果，建设应用示范服务集成平台，在重点新闻网站开展应用示范。此项目总投资1350万元，项目计划分为两个阶段，2011年至2012年上半年是前期，完成服务示范集成平台和前端系统及用户体验交互系统的研发；2012年下半年和2013年上半年为后期，系统构建、部署并示范及最终用户集成测试。

【省油脂集团在澧县挂牌成立】 2011年12月24日，湖南省油脂集团成立大会及挂牌仪式在澧县工业园隆重举行。

澧县是全国油菜主产区之一，常年种植油菜65万亩到70万亩。位于澧县的湖南盈成油脂（集团）工业有限公司积极响应省粮食局大力打造湖南粮食、油脂、面业三大产业集团的号召，以资本为连接纽带，联合湖南山润油茶科技发展有限公司、湖南金橄果茶科技发展有限公司、常德绿茵粮油贸易有限公司等17家企业组成湖南省油脂集团。

【湖南奥泰克在常德经开区正式投产】 2011年12月24日，近30位来自深圳、珠海、苏州、烟台等地的电子科技信息产业企业负责人齐聚常德经开区，参加湖南奥泰克科技有限公司投产暨常德电子科技信息产业招商签约仪式。

湖南奥泰克科技有限公司由深圳奥德尔电子有限公司、深圳市奥泰克频率器件有限公司和奥泰克科技（西安）工厂合并组成。今后，公司将致力于温度补偿石英振荡器项目和工业电源项目产业化，依靠技术优势在常德打造一个集频率元器件、工业电源研发与销售为一体的大型企业。

【中联重科两大产业园常德开工】 2011年12月27日，中联重科总投资达46.2亿元的两大产业园在常德同时开工，建成后，年总产值将达100多亿元，湖南省工程机械关键配套件短板可望拉长。

位于常德市鼎城灌溪开发区的中联重科中小吨位汽车

起重机工业园，总投资近40亿元，占地面积1700亩，竣工达产后可年产12至70吨中小吨位汽车起重机16000台，年产值超100亿元，可新增3200个就业岗位。

位于常德市经开区的中联重科德山液压产业园，总投资6.2亿元，建筑面积近10万平方米，将采购国外最先进FMS柔性生产线等“高、精、尖”设备，生产中大吨位汽车起重机、混凝土机械、履带吊、挖掘机等机械的核心液压控制部件。该项目首期建成达产后可年产各种型号液压元件52万件，主要指标达到国际先进水平，实现产值超5亿元，新增就业岗位800余个。该产业园的建成，将使中联重科进入我国工程机械关键液压元件行业的先进行列，打破欧美国家垄断工程机械高压液压阀核心技术的局面。

目前，中联重科主要产业基地分布于中国湖南、上海、陕西以及意大利米兰等地，已形成了中联科技园、陕西渭南工业园、上海工业园、意大利CIFA工业园等近10个产业园区。

两型技术产品

【生物质节能环保炉通过国家级鉴定】 2011年1月，中国农村能源行业协会组织有关专家，来澧县对湖南万家工贸实业有限公司研制的搪瓷轻便式生物质半气化炊事炉进行了技术和产品鉴定。专家们通过考察生产现场、观看生物质炉具的演示、听取研制报告和用户意见，一致认为该炉具综合性能指标与国内同类产品相比，居领先水平，顺利通过国家级科技成果技术鉴定。

湖南万家工贸实业有限公司是一家民用炊事、采暖炉具生产企业，总部位于澧县澧东乡。经过23年的不断努力，该公司先后打造出荣获20多项国家专利技术的节煤炉具，已经发展成为年产销300万台节煤炉具的规模企业。近两年来，公司对生物质燃料和燃烧技术进行潜心研制。经过多次试验，成功推出了成本低、效率高、方便实用、节能环保的搪瓷轻便式生物质半气化炉具。据了解，这种炉具适用于农作物秸秆等多种生物质及其成型燃料，采用半气化燃烧方式，燃烧充分、热效率高，达到高效低排放要求，适宜在农村推广。

【技改项目为金帛化纤插翅腾飞】 2011年7月19日，湖南金帛化纤有限公司“年产7万吨锦纶6切片技改项目”在常德经济技术开发区高新技术工业园隆重奠基，市领导陈文浩、李爱国、王孝山、朱晓平、陈伟俊、魏立刚，以及常德经济技术开发区工委书记周运来、管委会主任向绪彦出席了奠基仪式。

湖南金帛化纤有限公司是国家经贸委“重点技术创新项目计划”的重点项目承担企业，公司产品广泛用于服装面料、装饰材料领域，并已逐步扩展到军工、汽车、医药等领域。通过两年时间的前期准备，该公司筹资3亿元，在现有厂区内新建两条年产3.5万吨的锦纶聚合生产线，同时将现有一条年产4000吨的聚合生产线改造成年产1万吨的工程塑料生产线。技改项目计划在一年时间内全部完工。项目投产后，公司切片产量规模为年产7万吨，经济规模为25亿元/年，产品品质由常规迈向高端，年创利税可达1亿元以上，可新增就业人员500余人。

【常德两新型产业项目获国家支持】 2011年8月，国家中小企业创新网公布了2011年度第二批立项项目，常德市恒至凿岩科技有限公司承担的“HZCL90多功能露天液压钻车”项目，常德国力变压器有限公司承担的“S（B）H15型系列油浸式非晶合金电力变压器”项目分别获得国家90万元资金支持。这是常德市战略性新型产业领域争取国家科技项目支持取得的又一成果。

近年来，常德市把引导、支持战略性新型产业发展作为科技促进经济发展的重要举措，加大了政策引导、创新引领、项目支撑的力度。每年科技财政资金的70%以上用于战略性新型产业领域支持。近5年，争取的9208万元上级科技经费中超过60%用于战略性新型产业，在战略性新型产业领域组织实施各级各类科技项目467项，其中国家级项目195项，实施这些项目共取得省级以上科技成果92项，取得专利2659项。目前常德市50家高新技术企业全部属于战略性新型产业，科技部门在战略性新型产业领域建立了5个产学研合作联盟、6家省级工程技术研究中心和3家省级重点实验室，为企业发展、行业进步给予了有力的科技支撑。

【常烟易地技改项目喜获批准立项】 2011年10月31日，常德卷烟厂易地“十二五”易地技术改造项目获国家烟草专卖局批准立项，并将于12月上旬举行奠基。

【常德尚一网络新闻网站建设获国家支持】 2011年12月5日，省发改委下达2011年国家预算内电子信息产业振兴和技术改造专项投资计划，湖南省两个项目获支持，常德市尚一网络传播有限责任公司支持增强型搜索的重点新闻网站三屏融合服务示范项目纳入其中，获国家预算内补助资金140万元。

支持增强型搜索的重点新闻网站三屏融合服务示范项目由中国互联网新闻中心牵头，多家重点新闻网站联合参与，利用项目实施过程中取得的研究成果，建设应用示范服务集成平台，在重点新闻网站开展应用示范。此项目总投资1350万元，项目计划分为两个阶段，2011年至2012年上半年是前期，完成服务示范集成平台和前端系统及用户体验交互系统的研发；2012年下半年和2013年上半年为后期，系统构建、部署并示范及最终用户集成测试。

【“难选铁矿石直接还原工艺成套技术”在石门县应用】 2011年12月16日，石门县铁矿资源开发及选矿基地项目成功签约。石门县人民政府与投资方湖南省锦鸿矿业科技开发有限公司、石门县奇峰矿业有限公司签订了合同。

石门县铁矿资源开发及选矿基地项目计划总投资3.1亿元，首期投资1.3亿元，项目选址在易家渡镇丁家山村，项目规划控制用地面积为300亩。项目为两家公司合作，利用湖南省锦鸿矿业科技开发有限公司专有的“难选铁矿石直接还原工艺成套技术”，对石门县境内的铁矿资源进行开发利用，首期投资将建成一个年产100万吨的选矿基地及地质科技中心，建成后预期效益为8000万元，其中科技中心将负责对石门县矿产地质项目的普查、勘探、开发及相关项目的科学研究。

社会建设管理

【常德加快推进“数字常德”建设】 2011年，构建

"数字常德"，打造服务平台，服务于老百姓、服务于政府，能解决与老百姓息息相关的问题，能有效推进常德经济社会信息化进程，提高资源配置效率，减少社会资源浪费。

近年来，常德市数字化建设发展迅速，表现为，基础体系初具规模，光缆、宽带数据网、广播电视网络已覆盖全市所有县市区、乡镇和大部分行政村，全市通讯基础设施累计投资达20.7亿元，电话用户达到480万户，互联网用户27.6万户；应用体系快速发展，以电子政务为先导，全市电子政务内网基本建成，接入185家部门单位，常德政府网站及子网站达到140多家；全市基础数据库建设加快推进，建成了空间地理、人口信息、法人单位等多个数据库。今后常德将以建设数据中心为重点推进"数字常德"建设，解决建设规划、构建方法与模式等问题，进一步完善基础设施。

【第二届中国·常德桃花源旅游节盛大启幕】 2011年3月28日，第二届中国·常德桃花源旅游节拉开了序幕。在开幕式上，举行了桃花源旅游管理区（筹）、太阳山基尼斯纪录的授牌活动。9个旅游招商引资项目当场签约，协议引进资金达66.9亿元，涉及旅游景区开发、旅游服务设施建设等方面，其中包括桃源黄石水库生态旅游开发、澧县城头山原生态产业园、汉寿县龙湖生态农业旅游度假区等项目。

【常德通过国家卫生城市省级复审】 2011年5月26日，经过省卫生专家为期2天的深入细致检查，常德市顺利通过国家卫生城市省级复审。

2002年11月，全国爱卫会正式授予常德市"国家卫生城市"荣誉称号，成为中南六省第一个获此殊荣的地级城市。近年来，常德市以创建全国文明城市为载体，大力开展爱国卫生运动，城市面貌大为改观，城市基础设施更加完善，城市卫生综合管理水平明显提高，国家卫生城市的内涵和外延进一步丰富和扩大。常德市在2009年、2010年全国城市公共文明指数测评中获得地级市第一名、第四名的优异成绩，是全国唯一连续两年进入前四位的地级市；连续3年在全省城市卫生大检查中名列前茅。

【澧县社会养老服务中心竣工并投入使用】 2011年7月10日，澧县社会养老服务中心项目正式建成并投入使用。

该项目于2009年12月正式动工兴建，是澧县县委、县政府为适应老龄化社会的发展需求，解决"空巢"老人的赡养问题而多方筹资兴建的社会福利项目。该中心位于澧阳镇解放北路，总建筑面积4.6万平方米，计划设置床位1000张，总投资8000万元。整个工程分两期建设，一期工程占地36亩，设置床位300张，总投资3000万元，主体建设公寓楼、医疗楼、服务楼等；二期工程占地64亩，设置床位700张，总投资5000万元，主体建设综合大楼等。

【善卷道德文化研究中心成立】 2011年7月29日，善卷道德文化研究中心正式成立。善卷道德文化研究中心由省社科院与常德鼎城区委区政府共同筹备成立，旨在通过对善卷文化的深入研究，大力弘扬善卷之德，加强社会主义精神文明建设，推动经济社会的和谐发展。

【常德首个公租房小区动工】 2011年11月12日，致和园公租房小区在东郊乡三闾港社区正式拉开了建设序幕。

致和园公租房小区共要修建公租房544套，一期工程4栋250套将于明年底竣工，其中两栋为12层、一栋11层、一栋16层。小区内单套建筑面积控制在60平方米以内，有二室一厅和一室一厅两种户型，房屋配套厨房和卫生间，交房前将完成满足基本居住需求的初步装修，租金标准约为同地段市场租金的70%。此前，采取企业投资、政府补贴、税费优惠的方式，市政府已在鼎城、津市、德山等地修建了1300多套公共租赁住房。

【常德荣膺全国文明城市称号】 2011年12月20日，中央文明委召开全国精神文明建设工作表彰大会，常德从全国79个参评城市中脱颖而出，以总分排名地级市第二的成绩，被正式命名为第三批"全国文明城市"。

"全国文明城市"是评价一个地方社会经济总体发展水平、社会整体文明程度最高层次的综合性荣誉称号。常德市的文明创建工作可以追溯到上个世纪80年代。2005年，常德正式提出创建全国文明城市口号；2008年被评为"创建全国文明城市工作先进市"这次常德获得"全国文明城市"荣誉称号表明，两市物质文明、政治文明、精神文明建设已经走在全国城市的前列。

体制机制创新

【澧县跻身国家高标准农田建设示范县】 2011年，继争取到1.6万亩中低产改造项目后，澧县农田水利建设项目再传捷报，作为《全国新增1000亿斤粮食生产能力规划》所确定的核心产区800个产粮大县之一，该县再争取到国家农业综合开发高标准农田示范工程项目，同时被授予"国家农业综合开发高标准农田建设示范县"称号。

该项目将集中连片开发建成高标准农田1.6万亩，是全省治理规模最大的区县（市）之一，项目总投资2176万元，亩平投资1360元。整个项目建设将历时一年，重点用于田间水利工程和田间道路为主的农田基础设施建设，项目建成后，该县将新增"田地平整肥沃、水利设施配套、田间道路通畅、林网建设适宜、科技先进适用、优质高产高效"的高标准农田1.6万亩。至此，2011年该县开始规划或实施的规模化农田改造项目已达到5个，农田建设面积超过5万亩，累计争取到位上级各类财政资金1.15亿元。

【武陵区获选全国小农水重点县】 2011年4月1日，从省会长沙传来喜讯，经过方案评选、公开演讲等遴选环节的激烈角逐，武陵区从全省27个实力强劲的农业大县中脱颖而出，以排名第九的成绩，获选全国小型农田水利建设重点县。

此次全国小农水重点县遴选，经过全省各市州筛选推荐，共选出27个区县进行20个指标的争夺。武陵区此次获选，三年间将迎来中央和省财政总投资2640万元，加上区财政35%配套和群众"一事一议"筹资投劳，武陵区小农水重点县建设工程总投资将达到8477.15万元，惠及全区10余万亩农田，可新增节水能力270万 m^3，年累计可增产粮食650万公斤，年直接经济效益1300万元。

【10镇跻身全省新农村建设试点】 2011年5月6日，在全省"百城千镇万村"新农村建设工程试点工作座

谈会上，常德市灌溪镇、岩汪湖镇、陬市镇、修梅镇、蒙泉镇、大鲸港镇、保河堤镇、西湖镇、祝丰镇、张公庙镇被确定为全省“百城千镇万村”新农村建设工程试点镇，其中，张公庙镇为省级联系镇。

【“引智示范”引领农村经济进入快车道】 2011年5月31日，从在常德市召开的全省引智基地经验交流会上传来喜讯，湖南神州庄园葡萄酒业有限公司被授予“2010年新命名的湖南省引进国外智力成果示范推广基地”称号，全省共有5个基地获此殊荣，常德市仅此一家。

近年来，常德市加强引进国外智力成果，通过围绕资源、市场、特色建立引智示范基地，大力发展现代农业，取得了很好的成绩。常德市常年柑橘种植面积130万亩，年产量90多万吨，居全省第一。为提升传统产业，2005年，石门县秀坪园艺场建立了常德市第一个省级引智基地，通过引智成果应用推广，基地柑橘优果率提高了10个百分点，糖度提高了3个百分点，柑橘销售价格每公斤达到1.6元至2元，高出市场价格0.6元左右，橘农每亩增收600元。湖南三尖农牧有限公司根据南方消费市场习惯，通过品种饲养试验，成功引进适合湘北气候条件的美国海兰公司的“海兰灰”、德国尼克公司的“尼克珊瑚粉”两个蛋鸡品种，得到了市场和广大养殖户的认可，带动了桃源及周边县市蛋鸡养殖产业的飞速发展，养殖规模达到800万羽，每年为区域经济创收10亿元。2005年，西洞庭管理区龙泉办事处从西班牙引进朝鲜蓟种植，通过消化、吸收、创新，成功掌握了种植技术，由于产出效益可观，目前已带动西洞庭及汉寿、华容、南县等县市农户种植朝鲜蓟4万亩，年种植收入1.5亿元。

【汉寿科技成果转化出实效】 2011年9月，汉寿县被认定为湖南省首批科技成果转化示范县，这是该县积极推进科技成果转化获得的又一殊荣。

汉寿是全国科技进步先进县。近年来，该县从创新合作机制、建立推广网络入手，大力推进科技成果转化，促进县域经济发展。成立了县科技成果转化领导工作小组。每年县财政用于科技成果转化推广的经费达300万元以上。大胆创新，出台了“汉寿科技成果转化办法”、“汉寿县与高等院校、科研机构建立健全产学研成果转化办法”，设立科技成果转化与科技人才引进合作奖励机制，鼓励县域企业与高校、科研机构联姻，开展产学研，加速科技成果转化，增强企业发展后劲。该县鑫源纺织公司从山东一家生物科技有限公司引进生物酶苎麻脱胶新成果，代替传统化学脱胶方法，每吨精干麻节约生产成本2000元。洞庭木业有限责任公司与中南林业科技大学合作，共同研发出了利用农作物秸秆等农林剩余物生产复合填芯套门新产品，通过省级科技成果鉴定，填补了国内空白，成为省级龙头企业和省高新技术企业。

与此同时，该县还建成县、乡、村、户四级科技成果转化推广网络。县科技部门明确骨干力量从事农业科技的收集、整理、信息的发布，充分利用“12396”科技服务平台，为科技成果转化提供全方位的服务。县农业、林业、农机、畜牧水产部门和各产业协会、专业合作社联手，采取办点示范、以点带面等多种形式，积极向广大农户推广先进适用技术，实现增产增效。县龟鳖产业协会利用县特种水产研究所“中华鳖大规模生态养殖技术”成果，带动全县4000多养殖户，利用哑河、湖泊、河汊生态养殖中华鳖5万多亩，年增产增效达9000多万元。尤其是县农业局牵头，组织推广土地测土配方施肥和稻草还田技术，全县80多万亩良田的稻草还田率达90%左右，仅此一项，一年可为农户节省肥料成本2000万元以上。

近3年来，该县转化重大科技成果项目15项，推广新技术、新品种、新成果20余项，新增产值10亿元以上。

【环洞庭湖旅游区经济圈结盟】 2011年9月18日，“情满清水湖”2011湖南国际旅游节常德分会场开幕式暨清水湖旅游产品推介会，在清水湖旅游区隆重举行。

开幕式上，汉寿县清水湖旅游度假区代表与湖南华天国旅张家界旅行社、湘中旅国际旅行社、长沙快乐之旅旅行社、常德华天国旅等6家旅行社现场签订了合作协议。岳阳市、益阳市、常德市旅游局达成共识，一并签署了环洞庭湖生态旅游经济圈联盟倡议书。岳阳、益阳、常德“一湖三地”的正式结盟，将联手主打洞庭湖生态旅游品牌，并与长沙、张家界、湘西自治州三市州签署了牵手大湘西合作协议。

【湘澧盐矿成功改制】 2011年9月28日，湖南省湘澧盐矿改制更名湖南湘澧盐化有限责任公司揭牌仪式隆重举行。

湘澧盐化有限责任公司是湖南省轻工盐业集团的核心企业之一。湘澧盐化有限责任公司改制，是轻工盐业集团应对盐业体制改革、推进实施“十二五”发展战略的重要举措，是湘澧二次创业的新起点，也是常德盐化工板块乃至湖南盐化工业发展史上的一件大事。多年来，湖南省湘澧盐矿蓬勃发展、逆势而上，先后实施了制盐后工序配套改造、炉机节能环保项目建设、卤水净化等一系列技扩改工程，产量发展到85万吨，主营业务收入从1.93亿元提升到近4亿元，上缴税收从2500万元提高到3000多万元，为地方经济发展做出了重要贡献。公司化运作后，湘澧盐化将熔铸轻盐集团企业文化和发展理念，实现全新的管理模式，优化资源配置，理顺经营机制，真正建立“产权清晰、权责明确、政企分开、管理科学”的现代化企业。

【石门纳入国家发展与扶贫规划】 2011年11月15日，国务院扶贫开发领导小组在湘西自治州吉首市召开武陵山片区区域发展与扶贫攻坚试点启动会，会上公布了《武陵山片区区域发展与扶贫攻坚规划》，石门县成为常德市唯一被纳入该规划范围的县份。

武陵山地区作为中国第二级阶梯向第三级阶梯过渡区域，山同脉、水同源、民同俗、经济同型、文化同质，是我国典型的老少边穷地区。《武陵山片区区域发展与扶贫攻坚规划》提出，要将武陵山片区建成扶贫攻坚示范区、跨省协作创新区、民族团结模范区、国际知名生态文化旅游区、长江流域重要生态安全屏障，到2020年，与全国基本同步实现全面建设小康社会目标，稳定实现扶贫对象的“两不愁、三保障”，即不愁吃、不愁穿，保障其义务教育、基本医疗和住房。按照这一规划，未来10年，石门县将在财政、税收、投资、金融、产业、对口帮扶、生态补偿、扶贫开发等方面获得来自国家层面的大力支持。

益阳市

益阳市2011年两型社会建设综述

2011年是益阳市全面推进两型社会建设的启动之年。按照“坚持两型引领 建设绿色益阳”的总体原则，把绿色益阳与两型社会建设紧密结合，突出益阳两型社会建设特色。绿色益阳与两型社会建设的顶层设计基本完成，推进机制初步建立，产业发展、节能减排、生态保护、示范区建设等工作取得实效。

一、基本完成了顶层设计

《建设绿色益阳行动纲要》已颁布实施，《益阳市资源节约型和环境友好型社会建设综合配套改革试验实施方案》、长株潭城市群“两型社会”示范区益阳东部新区《改革建设实施方案》、《概念规划》、《片区规划》、《土地利用规划》已先后获省政府正式批准。同时，完成了益阳东部新区开发建设可行性研究，益阳成为全省两型社会建设各项改革建设方案全部获省政府批准的唯一市州。

编制了益阳市两型社会建设《节能减排全覆盖工程》、《两型产业振兴工程》、《基础设施建设工程》、《示范区建设工程》等实施方案。制定并发布了益阳市“两型”机关、“两型”园区、“两型”企业、“两型”学校、“两型”城镇、“两型”村庄、“两型”社区、“两型”家庭、“两型”门店、“两型”建筑等10个试行标准。资源节约、环境保护、产业发展、科技创新、土地管理、投融资、财税体制、城乡统筹、对外开放、行政管理等课题研究持续进行并已形成初步成果。

二、初步建立了推进机制

领导层面。成立了益阳市绿色益阳与两型社会建设领导小组。市委常委会议多次专题研究绿色益阳与两型社会建设工作，书记、市长分别主持召开了绿色益阳与两型社会建设座谈会。协调层面。成立了市两型社会建设办公室，负责全市绿色益阳与两型社会建设的综合、指导和协调工作。执行层面。成立了长株潭城市群两型社会示范区益阳东部新区管委会，负责益阳东部新区的开发建设。考评层面。印发了《2011年绿色益阳建设目标任务和工作重点》（益政办函〔2011〕85号），强化了相关部门责任，为全力推进绿色益阳与“两型社会”建设提供了坚强的制度保障。

三、切实加强了宣传引导

益阳门户网开辟了“绿色与两型”专栏；益阳日报共刊登“奋力后发赶超，建设绿色益阳”等专版22个；益阳电视台先后推出《两型社会与绿色益阳》、《绿色益阳绿色行动》等专栏，发稿50多篇；益阳人民广播电台推出《坚持科学发展，建设绿色益阳》等专题节目，共播出相关稿件80多篇。9月16日，《益阳两型动态》刊物创办，11月1日，“两型·益阳”网正式运行。

四、扎实完成了绿色益阳与两型社会建设的目标任务

（一）三次产业协调发展

积极推动产业结构调整，三次产业结构比由上年的22.8:40.5:36.7调整为22.5:42.2:35.3，第二产业比重提高1.7个百分点。

农业经济稳步发展。农林牧渔业实现总产值285亿元，比上年增长3%。粮食连续8年增产，蔬菜、茶叶、水产等产量和产值均有增长。农产品加工业实现增加值91.5亿元，比上年增长22%。农村土地流转面积达252万亩，其中试点乡镇土地信托流转13.63万亩。出台了《益阳市水利建设十大工程实施方案》，全年共投入水利建设资金12亿元，水利建设取得新的成效。全面完成了环洞庭湖基本农田建设重大工程年度任务。

工业经济增势强劲。全市工业总产值突破1000亿元；实现工业增加值335亿元，比上年增长17.8%，其中规模工业增加值310亿元，增长22%，增速排名全省第一；工业对经济增长的贡献率达50%。新进规模工业企业78家，全市规模工业企业达782家。装备制造、食品加工、电子信息等十大优势产业实现增加值270亿元，比上年增长21.5%。高新技术产业实现增加值68.9亿元，增长35.7%。继续培育优势品牌，新增中国驰名商标4个、湖南名牌4个。建筑业实现增加值36.1亿元，比上年增长14.5%。

第三产业较快增长。实现第三产业增加值311亿元，比上年增长14.3%。旅游业较快发展，安化茶马古道、山乡巨变第一村成功创建国家4A级景区，皇家湖生态旅游度假区基本建成并对外试营业。房地产业健康发展，全年完成房地产开发投资75亿元，实现商品房销售面积235万平方米，商品房销售额58亿元，比上年分别增长21%、20.9%和34.9%。

（二）项目建设成绩突出

园区建设大会战效果初显。益阳高新区升格为国家级高新区。九大工业园区全年完成投资218亿元，签约落户项目169个；实现工业增加值175亿元，比上年增长69.9%，其中规模工业增加值168亿元，增长66.2%；实现税收19.6亿元，增长76.5%；园区工业增加值占全市工业增加值的比重达到52.2%。

交通建设大会战扎实开展。全年完成交通建设投资50.1亿元。石长铁路复线益阳段，常安、安邵、岳常高速益阳段，319国道益阳南线高速公路等在建项目向前推进。G207线益阳段、S205桃江段一期基本建成；S308桃马公路、S225安化段、益阳港泥湾港区进港公路、沙头资江大桥、沅江黄茅洲大桥等项目正在抓紧建设。完成农村公路建设961公里，建成农村客运站6个。朝阳汽车站、益阳港泥湾港区千吨级码头相继建成。

产业项目建设来势喜人。全年完成工业投资326.1亿元，比上年增长37.6%。三一中阳产业园、森华林业人造板生产线、奥士康精密线路板生产线一期、金沙重机年产40万吨型钢生产线、圣德锰业电解锰等项目竣工投产。国晶硅业、沅纸20万吨化机浆生产线、科力远动力电池新厂、海螺水泥、南方水泥二期、拓普竹麻等项目顺利推进。

（三）城镇化水平稳步提升

城市创建全面推进。创建国家卫生城市工作深入推进。创建全国双拥模范城通过验收。成功创建为省级文明城市和中国优秀旅游城市。创建国家森林城市工作取得阶段性成果，“六大创森工程”扎实推进。创建全国文明城市工作全面铺开。

城镇建设成绩突出。中心城区完成基础设施建设投资32亿元。完成了11条主次干道和214条背街小巷的提质改造。超额完成了第三个“十万株树进城”任务，改造和新建社区公园4处、街头绿地40处。完成了城区重要地段绿化亮化、五里堆片区雨污处理工程等项目。中心城区农贸市场提质改造取得新的进展。城市经营迈出新的步伐，市城建投全年完成城市建设筹融资8.75亿元。小城镇建设扎实推进。桃江、沅江、大通湖、安化城镇生活垃圾无害化处理设施建成运行；沧水铺镇成功创建全国文明村镇和省级卫生镇；灰山港、梅城、迎风桥、茅草街等一批重点镇建设步伐进一步加快；草尾镇作为统筹城乡发展试验镇，探索建立了农村居民集中居住新模式。全市城镇化率达到42%，比上年提高1.6个百分点。

城镇管理得到加强。加大市容环境整治力度，重点整治中心城区“脏、乱、差”和公共场所“五小”卫生问题，城区卫生保洁实现全覆盖、常态化。集中开展渣土运输、户外广告、建设工地文明施工等专项整治行动，市容市貌有新的改善。开展“城管进社区”工作，创新“门前三包五不准”责任落实办法，启动“数字城管”精细化管理，城市管理规范化、社会化水平不断提高。

（四）节能减排和环境保护扎实有效

节能减排成效明显。全市万元生产总值综合能耗比上年下降3%，万元规模工业增加值能耗下降7.5%。加大污染减排工作力度，实施减排项目44个，化学需氧量、二氧化硫排放量分别削减1.7%、1.8%；全市城镇生活污水处理率达到82%。益阳市污染减排工作受到省政府表彰。

环境保护和生态建设得到加强。加强城乡环境综合整治，突出抓了有色金属行业、危险化学品行业、医药行业和环洞庭湖区域重点污染企业的污染防治。大力实施农村清洁工程，农村环境卫生状况明显改善，益阳被列为全省农村环境综合整治试点示范城市。大力加强生态建设，全市森林覆盖率达到54%。资阳区被列为国家级生态示范区，赫山区被批准为国家级生态旅游示范区，南县被评为国家生态农业县；安化柘溪成为国家湿地公园，六步溪成为国家级自然保护区。益阳被评为中国杰出绿色生态城市。

（五）改革开放不断深化

各项改革稳步推进。政府机构改革不断深化。行政审批制度改革深入推进，行政许可项目和非行政许可项目分别减少16.5%和18.4%。政务中心建设不断加强，公共资源交易中心规范高效运行。文化体制改革正在推进。国企改革继续深化。行政事业单位国有资产管理与经营进一步规范。卫生体制改革顺利推进，国家基本药物制度实现全覆盖，农村和社区所有医疗卫生机构全部实行基本药物零差率销售。集体林权制度改革、水务管理体制改革等有效推进。

开放引资取得实效。招商引资成效明显，全年引进市域外资金252.5亿元，比上年增长23.4%，形成固定资产投资205亿元，其中引进境内省外资金142亿元，增长26.9%，直接利用外资1.2亿美元，增长37.1%。立项争资取得新的成绩，全年争取各类资金106.2亿元，比上年增长15.4%。招“行”引资取得突破，交通银行益阳分行挂牌营业，华融湘江银行益阳分行获批筹建；全市新增融资性担保公司2家、小额贷款公司1家；上海复星集团和深圳达晨创投分别入股天运林工和益华水产，明星麻业在天津股交所实现股权融资。

对外贸易较快增长。全年完成进出口总额4.8亿美元，增长28%，其中出口3.9亿美元，增长20%。全市出口额超过1000万美元的生产企业达到6家。

（六）民生工程成效明显

积极推进为民办实事工作。全市新增城镇就业3.58万人，新增农村劳动力转移就业5.61万人。五大社会保险新增参保人数144万人，比上年增长44%；收缴各类保费21.3亿元，增长16%。保障城乡低保对象29.61万人、五保对象4.21万人，发放各类社会救助资金5.32亿元，比上年增长32.5%。改扩（新）建乡镇敬老院13所。新增廉租住房9409套，完成农村危旧房改造6693户。完成了14个乡镇邮政局所补建和146个村电网新建改造任务。完成了17座小Ⅰ型病险水库的除险加固，解决了农村24.76万人的饮水安全问题。

努力保障人民群众生命财产安全。扎实开展煤矿、非煤矿山、道路交通运输、水上安全和烟花爆竹五大专项整治行动，排查治理各类安全隐患近万处，督促企业投入安全生产整改、技改资金1.2亿元。严厉打击非法违法生产经营行为，关闭生产经营单位319家。全年安全生产事故死亡人数和较大事故均控制在省定目标以内。

（七）示范区建设与两型示范创建稳步推进

推动示范区改革发展。一是益阳东部新区已进入省级战略层面，成为全省“十二五”重点推进的13个项目之一。科学编制了区域外环线、内环线和鱼形山大道延伸工程等3条道路详细规划。积极申报鱼形山水库补水工程项目。全面启动征地工作，共6500亩进入省国土厅窗口办理。二是高新区东部产业园2011年共引进工业企业32家，合同引资61.1亿元，新动工企业31家，新投产和实现税收的企业31家，实际到位内外资11.8亿元，完成政府直接投资5.37亿元，完成企业固定资产投资11.5亿元，完成工业总产值16亿元。汽车零部件产业园已累计进驻相关企业41家，聚集效应和行业影响力日益提升，“湖南益阳汽车零部件特色产业基地”初具规模。

实施示范创建工程。两型示范创建工作有序推进。市特殊教育学校、虎形山社区、沧水铺镇、万子湖村、清溪村、益阳东部新区管委会、龙源纺织、沅江纸业、新兴管件等15个单位和项目被确定为省级“两型”示范创建单位和项目。

“两型”技术推广。与北京中关村国际环保产业促进中心合作，由中关村提供资金、技术和人员，在市特殊教育学校、新兴管件等单位实施了节能减排改造示范，签订了合同能源管理协议，制定了节能减排技术应用方案。

益阳市2011年两型社会建设成果

资源节约利用

【益阳东部新区主打“两型”牌】 几百盏船帆型路灯矗立在宽阔的道路两旁，壮观而美丽。这种造型别致的路灯是全永磁悬浮风光互补路灯，可通过太阳能板与风力发电，与传统路灯相比，每盏灯每年可节电1000千瓦时，减少二氧化碳排放1000多公斤。

走在益阳东部新区，从路灯、山水风光到产业布局，处处可以看到益阳人在设计、建设该区时，着力体现资源节约型、环境友好型理念的匠心。该区地处长常高速公路益阳东出口处，规划面积285平方公里，是长株潭城市群“两型社会”建设综合配套改革试验区重要组成部分。2008年4月建设之初，该区就通过规划吸引、基础先行、市场导向、项目带动，体现“两型”特色。在空间构建上，注重统筹城乡发展。在建设用地布局上，从保护生态出发，突出环境特色。新区以长石铁路为中轴线，分为东西两片，其东北部为新型工业区和现代农业示范区，西南部为高端三产业聚集区和生态宜居城市功能区。为保护鱼形山水库水质，撤走了水库养鱼网箱，周边10平方公里风景区生态也得到完美保护。

培育“两型”产业、发展循环经济，也是益阳东部新区一大特色。该区在其生态休闲运动走廊和“银发”产业园等7大产业功能区，致力发展旅游休闲、研发设计、文化创意和科技教育等无烟、低碳产业。同时，发展以汽车零部件为重点的先进制造业以及高新技术产业、现代农业，打造可持续发展的区域优质生产圈。凭借其“两型”特色，益阳东部新区吸引了省内外越来越多的人关注，已接待300多个参观考察团。

【惠普公司益阳项目奠基仪式隆重举行】 2011年10月25日，世界500强企业惠普公司投资益阳项目奠基仪式在益阳国家高新技术产业开发区隆重举行。项目奠基的同时，易宝系统有限公司、大展集团分别与益阳市签订战略合作协议。

【益阳国家高新区建设动员大会召开】 2011年11月5日，益阳国家高新技术产业开发区建设动员大会在益阳大剧院隆重举行。科技部副部长曹健林和省人大常委会副主任蔡力峰共同为益阳国家高新区授牌，会上，益阳高新区与13家企业举行了项目签约。

【益阳市节能减排贡献率跃居全省前列】 2011年10月26日，在全省节能减排工作电视电话会议上，益阳市因为在全省减排任务目标顺利完成中作出巨大贡献而受到省委、省政府的表彰。

2005年至2010年，益阳市GDP总量从294.76亿元增长到712.27亿元，化学需氧量的排放强度则从每万元GDP排放19.7千克下降到每万元GDP排放5.3千克，下降幅度达到73%；二氧化硫排放强度从每万元GDP排放24.5千克下降到每万元GDP排放8.7千克，下降幅度达到64.5%。全市化学需氧量减排贡献率占全省五分之一强，跃居全省第一；二氧化硫减排贡献率也跃居全省前列。

由于历史原因，“十一五”之初，益阳市环保工作还面临重重压力：工业生产与环境污染矛盾突出，主要污染物排放居高不下，化学需氧量排放强度高出全省平均水平4.38倍。为此，益阳市委、市政府明确提出“坚持科学发展，奋力后发赶超，建设绿色益阳”的战略思路，把推进节能减排作为建设绿色益阳的重要抓手，坚持环保底线不动摇。环保主管部门更是把减排摆在“五大业务提质工程”之首，抓住国家环保部加强“三大体系”建设的有利时机，稳步推进主要污染物总量减排统计体系、监测体系、考核体系的建设，逐步形成了污染物排放各类数据会审机制，严把数据审查关，为总量控制工作提供准确数据。同时，逐步健全监测体系，市县两级环境监测部门严格按照国控重点企业污染源监督性监测制度，对国控重点污染源实施每季度一次、城镇污水处理厂每月一次的监督性监测，为污染物总量减排提供了重要的行政与技术支持。目前，全市污染源在线监控平台已建成并通过国家和省级验收。

益阳市始终坚持把减排指标落实到工程减排、结构减排和管理减排上，逐年分解、逐项落实。5年来，共安排三类减排项目134个，计划削减化学需氧量5.9万吨、二氧化硫3.9万吨。益阳市委、市政府还重点开展了三大环保专项行动，形成了减排工作的强大声势。关停洞庭湖区及资江沿岸造纸企业是近年来益阳市最大的减排措施，共关停造纸企业115家。随后，益阳市又在全省率先整治苎麻纺织企业，全市苎麻脱胶企业从43家整合到6家。紧接着，又开展了锑行业专项整治，淘汰了一批不符合产业政策的小水泥、小冶炼企业。同时，推进了一大批减排工程项目建设。“十一五”以来共申请国家、省级29个专项治理项目，22个重点企业先后自主投入14.68亿元进行污染治理。全市新建成5座城镇污水处理厂及其配套管网，目前已形成22万吨的生活污水日处理能力。通过实施工程减排，实现了重点企业、重点行业的外排废水、二氧化硫稳定达标排放，共减少化学需氧量排放18150吨（相对减排量），二氧化硫排放34757吨（相对减排量）。

益阳市还特别注意从源头上严把污染物入口关。市里专门成立了“项目环评审查委员会”，对于没有环境容量的区域或没有经过环境容量置换的新建项目，严把审批入口关，有效控制了主要污染物新增量。同时，加强考核体系建设，将污染减排工作纳入地方党政主要领导的绩效考核，启动行政监察手段，严肃查处环保违法违纪行为，对因决策失误造成重大环境事故或干扰正常环境执法的领导干部和工作人员依法依纪严肃追究责任，对于那些严重违反环保法律法规的典型案件，坚决依法查处不手软，并追究有关责任人的责任。如祥荣纸业恶意偷排，就立即被环保部门拉电停产、拆除偷排暗管、罚款10万元。

生态环境保护

【益阳启动“国家森林城市”创建工作】 2011年2月23日，益阳市委、市政府召开全市加速创建国家森林城市动员大会，全面动员和部署创建国家森林城市工作，进一步统一思想，明确任务，落实措施，力争2012年成功实现“创森”目标。

早在2005年，市委、市政府就提出创建国家森林城市，并将其作为全市六大主题创建活动之一，广泛开展创建活动。几年来，益阳市扎实推进国家现代林业示范市建设，特别是2008年《建设绿色益阳行动纲要》实施以来，全市森林覆盖率大幅度提高，生态环境明显改善。目前，全市森林覆盖率达到54.38%，城市建成区绿化覆盖率达到39.41%，绿地率达到38.12%。正是基于这些有利条件，2010年底，市委、市政府作出了加快创建国家森林城市的决定，出台了《益阳市加快创建国家森林城市实施方案》，成立了专门工作机构，并向国家林业局递交了创建申请。但是，国家森林城市的门槛很高，益阳市“创森”工作面临的挑战和压力仍然很大，任务还很重。因此，市委、市政府要求，全市各级各部门一定要统一思想，提高认识，坚定信心，推进工作。同时部署在全市全面实施六大工程，即：城市中心区绿化美化工程、环城生态屏障工程、新农村绿色家园建设工程、绿色模范单位创建工程、绿色通道工程、森林生态文化工程。

【2010年益阳市环境质量趋好】 2011年6月8日，益阳市政府举行新闻发布会发布益阳市2010年环境质量公报。公报表明，全市2010年六大环境质量指标基本保持稳定，形势趋好，其中空气质量、水环境质量、生态环境质量均为良好，声环境质量为较好，但工业污染物排放依然严重，土壤大部分污染物超标。

【中澳环境与发展项目成果交流会在益召开】 2011年7月21日，为期两天的中澳环境与发展项目成果交流会在益阳开幕。

中澳生态与环境发展项目于2007年7月启动，为期五年，由澳大利亚国际发展署出资2500万澳元，通过高层政策对话、机构能力建设、人员和机构间的广泛交流与沟通，以支持并提高中国在环境保护和自然资源管理方面的政策制定水平。这次会议就跨行政区域水污染管理、河流生态系统健康评估、流域生态补偿项目成果及应用、水体中持久性有机污染物环境风险管理、公众参与社会环境影响评价和流域水污染控制、中澳水环境领域适应气候变化能力六个项目的执行情况及成果进行了广泛交流。2009年南洞庭湖区域被列入“水体中持久性有机污染物环境风险管理项目”的示范地区，市环保局是项目的参与机构之一，组织实施了对南洞庭湖地区持久性有机污染物污染问题的调研和其他工作。

【益阳两景区获评国家AAAA级旅游景区】 2011年8月23日，从国家旅游局传来喜讯，益阳市山乡巨变第一村旅游区、益阳市安化茶马古道风景区被全国旅游景区质量等级评定委员会批准为国家4A级旅游景区。

国家4A级旅游景区的评定，是区域旅游发展的重要指标，也是旅游景区在服务质量、环境质量、旅游资源价值、市场价值方面高标准发展的重要标志。益阳市山乡巨变第一村旅游区、益阳市安化茶马古道风景区国家AAAA级旅游景区的评定，是对近年来益阳市“坚持科学发展，奋力后发赶超，建设绿色益阳”发展思路的充分肯定，标志着益阳市的旅游业的发展又上了一个新的台阶。

【益阳荣膺“中国杰出绿色生态城市”称号】 2011年11月28日，在香港举行的“绿色中国2011环保成就大型评选”颁奖典礼上，益阳市被授予“杰出绿色生态城市”殊荣。同时，湖南省白沙溪茶厂有限责任公司白沙溪牌黑茶荣获“中国杰出绿色健康食品”奖项。

据了解，该评选活动由联合国环境规划基金会、中国环境保护协会、香港环境保护协会、澳门环境保护协会和台湾环境保护协会等机构共同举办，香港工业总会、香港中华厂商联合会等两岸三地10多家环保组织协办，香港文汇报等13家华人媒体承办的。此次“绿色中国——2011环保成就奖大型评选”历时近一年，经过了报名、推荐、候选、遴选和颁奖等5个主要程序，特别是通过主办机构和协办机构所组成的专家评审委员会的严格甄选，共产生了13大类别共40个奖项，获奖者包括内地地方政府、香港与内地知名企业和环保领军人物。湖南益阳、云南大理、四川广元、成都温江、江西崇义、广东珠海、浙江柯城和河南武冈八个地区从2000多个报名单位中脱颖而出，获得了最重量级的综合奖“中国杰出绿色生态城市”。

绿色发展已经成为现今世界的新潮流，绿色增长已成为各级党委、政府和企业不可替代的战略选择。2008年，益阳市在湖南省率先提出了“坚持科学发展 奋力后发赶超 建设绿色益阳”的施政方略，颁布并实施《绿色益阳建设行动纲要》，相继取得了“中国特色魅力城市”、“台商最具投资潜力城市”、“中国麻业名城”、“淡水鱼都”和“省级卫生城市”、“省级文明城市”等称号，探索出了一条环境保护与经济发展的“双赢”之路。

近年来，益阳市特别注意发展绿色产业，通过调整产业结构，实现绿色崛起，涌现了一批湖南省白沙溪茶厂有限责任公司式的绿色企业。目前，全市已经建立标准化健康养殖场（小区）145个，开发无公害、绿色、有机食品385个，产值过亿元绿色食品品牌企业30个，绿色食品原料作物生产基地130万亩，高新技术产业增加值占规模工业增加值的比重达到22.3%，落后产能淘汰率约30%，规模企业清洁生产率35%；万元生产总值能耗为1.06吨标准煤，万元规模工业增加值能耗1.83吨标准煤，比2005年下降59%；化学需氧量排放总量控制在8.1万吨，削减率20.6%，减排贡献率排湖南省第一位；二氧化硫排放总量控制在6.96万吨，削减率10.8%，减排贡献率排湖南省第五位。

在经济高速增长的同时，先后组织开展了13项环保专项行动，对洞庭湖和资江流域的造纸、苎麻、锑品、炼钒和建材企业进行了大规模的污染整治，共关闭严重污染企业500多家。同时，全市新建污水处理厂5座，生活污水处理能力达到22万吨/年，目前，已经建成2处国家级森林公园和1处国家级自然保护区及7处省市级自然保护区，总面积占全市国土面积的21.0%，森林覆盖率达到

54.4%；南洞庭湖水质由2008年的Ⅴ类改善到目前的Ⅲ类，资江益阳段水质保持在Ⅱ类，33个集中式饮用水源地水质达标率达到100%，中心城区环境空气优良天数达到360天以上，全市环境质量总体保持优良率达到95%以上，城乡面貌焕然一新，生态环境更加优美宜居，成为了名副其实的“中国杰出绿色生态城市”。

【益阳33项指标达到或超过国家森林城市标准】 2011年，对照国家森林城市三大项38项指标，益阳市已达标或超标的有33项，经过今冬明春的“创森大会战”，到2012年4月，益阳市其余5项指标有望全部达标，这是12月28日市创建国家森林城市办公室传出的消息。

益阳市自2005年启动创森工作以来，已经走过了7年的创建之路。7年来，全市累计造林199万亩，累计投入创森资金26.5亿元。2011年以来，全市六大创森工程共投入资金2.95亿元，完成创森六大工程造林2.7万亩，栽植各类乔木131万株、灌木315万株。目前，全市森林覆盖率达54.39%，城市建成区绿地率达38.84%，绿化覆盖率达40.01%，人均公共绿地面积达11.73平方米。相关指标已有33项达到国家标准。今冬明春是全市创森工作迎检的最后冲刺阶段，目前，六大创森工程大会战已全面打响，掀起植树造林新高潮。各地各单位正在认真落实今冬明春创森工作方案，迅速将任务分解下达到位，确保在明年3月底前全面完成六大创森工程建设任务。与此同时，益阳市正进一步打造亮点工程。重点抓好长益高速泉交河入口、朝阳入口、幸福渠入口和银城大道、迎宾路、益沅线、益桃线“三点四线”的绿化，各区县（市）也正在打造好各自的亮点工程。

基础设施建设

【长益高速提质改造工程启动】 2011年8月1日，长益高速公路提质改造大修工程启动。

近年来，长益高速日车流量达2万多台次，比1998年刚通车时增长了4倍，尤其是节假日，最高车流量近10万台次。车流量的成倍增加，导致路面破损较为严重，通行能力下降，使长益高速段无法更好地发挥交通干道的作用。

长益高速是湖南近期规划“六纵九横三环”中“一横”的主体路段，也是我国规划的公路主骨架“五纵七横”中成都至厦门“一横”中的重要路段，是实施湖南湘西大开发战略，加强与川、鄂、渝等省市人员、物流沟通联系，促进湘西北地区经济发展和繁荣的重要通道。此次大修工程起自长益高速长沙西收费站广场西侧，止于朝阳收费站西侧，全长57.3公里，投资7.84亿元。施工范围涉及朝阳、泉交河、宁乡、金洲、关山和友仁等六个互通以及益阳服务区和宁乡服务区。大修范围包括：增设中央分隔带排水系统、路基路面大修、通信管线迁移、安全设施改建及桥涵维修等。水泥路面将换成橡胶沥青路面，就是将废旧轮胎打碎后融入沥青中，增强路面排水性能，提高过往车辆的驾驶舒适度，既绿色又环保。全程路面将整体抬高28公分左右。

【重点工程建设“三项行动”启动】 2011年6月29日，益阳泥湾千吨级码头竣工、进港公路开工暨2011年全市重点工程建设拆迁、开工、劳动竞赛“三项行动”启动仪式在赫山区泥湾村隆重举行。

泥湾千吨级码头建设工程是“洞庭湖区益阳至芦林潭航运建设工程”港口工程的重要组成部分。设计年吞吐量50万吨，工程预算总投资6374.69万元，整个工程近期将进行交工验收。泥湾港进港公路是泥湾港千吨级码头的配套工程，全长6.462公里，计划于2012年6月建成通车。

【泥湾千吨级码头主体竣工 湖南迎水运新春天】 2011年6月29日，湖南益阳泥湾千吨级码头主体工程顺利竣工，该项目配套工程——益阳泥湾港进港公路亦同时破土动工。

作为益阳至芦林潭航运工程的重要项目，泥湾码头竣工将加快湖南“一纵（湘江）两横（常鲇、益芦）”高等级水运主干线成形。

2011年3月底，副省长韩永文带队分赴长沙、岳阳考察湖南水运发展情况，他了解到，现在全省有60%以上的外贸货物通过水路出运，比如湖南的化工产品、矿产品、农副产品、机械设备、钢材、纺织产品、瓷器等出口产品就多选择水运。

根据《湖南省水运发展2011—2020年规划实施纲要》，湖南将构筑“一纵（湘江）两横（常鲇、益芦）”高等级水运主干线，其中益阳至芦林潭航运工程就是“十一五”重点交通建设项目，包括航道和港口工程两部分。

航道工程全长119公里，主线益阳至芦林潭90公里按三级航道标准建设，支线桃江至益阳26公里按四级航道标准建设。配套港口工程有3个，其中益阳港千吨级泊位2个、湘阴港千吨级泊位1个、桃江五百吨级泊位1个。整个益芦航运工程的28978.67万元总预算中，1.97亿元在益阳境内，占项目总投资的68%。

目前，整个项目主体工程已基本完成，35吨龙门式起重机已安装到位，现正进行调试和检测。整个工程近期将进行交工验收。

【赫山汉森二期扩建工程开工】 2011年6月30日，赫山区2011年重点工程建设“三项行动”启动暨汉森二期扩建工程开工仪式在龙岭工业园举行。

近年来，赫山区坚持把招商引资、项目建设作为经济发展的第一要务，实施“项目带动”战略，创新招商机制，优化投资环境，园区建设突飞猛进，项目建设如火如荼。2011年全区新签约项目32个，其中工业项目25个。到目前，全区投资1000万元以上的项目79个，投资总额51.23亿元；投资1亿元以上的项目16个，3亿元以上项目6个，6亿元以上的有核电装备制造、滨江国际花园、奥地利春天。

启动仪式在湖南汉森制药股份有限公司二期工程项目区举行。该项目征地134亩，建设一个年产1亿支口服液、20亿粒胶囊、30亿粒软胶囊的GMP（良好作业规范）厂房。目前已完成规划设计和场平工程，预计2011年底建成。

城镇规划建设

【打造绿色之城 吹响进军全国文明城市号角】 2011年4月27日，益阳市委书记马勇向全市发出创建全国文明城市动员令。继当年3月被评为“湖南省2010届文明城市”后，该市又吹响了进军全国文明城市的号角。

近年来，益阳按照“经济繁荣、环境优美、秩序优良、功能齐全、特色鲜明的环省会中心城市，现代化新型工业城市和宜居山水生态旅游城市”的功能定位，加快城市提质改造，先后投入资金60多亿元实施了旧城改造、绿化改造等6大工程，城市整体形象明显提升。同时，推进产业集聚，高新区、龙岭工业园等工业园区成为推进新型工业化重要平台，城市经济实力显著增强；发展民生事业，市中心医院住院大楼、益阳大剧院及一批市民休闲广场相继建成。从2009年5月开始，益阳还以创建省级文明城市为核心，同步开展创建国家卫生城市、全国优秀旅游城市、国家森林城市、省级双拥模范城市“五城同创”活动，不断改变城市面貌、提升市民素质，形成“敢于争先、顽强拼搏、负重奋进、众志成城”的“创建精神”。

据了解，在创建全国文明城市中，益阳市将突出特色、提升品位，建设“绿色益阳”，打造“绿色之城”；改善居住生活环境，打造“宜居之城”；优化政务与经济环境，打造“创业之城”。

【益阳高新区新型工业示范基地通过专家论证】 2011年8月3日，省经济和信息化委员会专家组来益就益阳高新区创建国家新型工业化产业示范基地进行论证。

高新区按照创建国家新型工业化示范基地的要求，立足现有装备制造产业的发展基础，突出橡塑机械、新能源产业等高新产业发展，制订了《益阳国家高新技术产业开发区装备制造业发展规划》。当天上午，专家组一行先后考察了东部新区和艾华电子。专家组认为，高新区在创建上做了大量的工作，制订的《规划》指导思想明确，目标定位准确，产业布局合理，基地建设工作思路清晰，配套措施得力，符合创建国家新型工业化装备制造业示范基地要求。专家们一致同意通过论证。

创建示范基地需要通过形式审查、专家评审与司局审查相结合的多方论证。目前，全省已有6个高新技术园区获得国家新型工业化产业示范基地的批复。

【《益阳市森林城市建设总体规划》通过专家评审】 2011年11月15日至16日，《益阳市森林城市建设总体规划》评审专家组来益考察，评审通过了《益阳市森林城市建设总体规划（2010—2020）》。

15日，专家组一行先后来到市规划馆、会龙山佛教文化公园、清溪村绿色村庄造林绿化工程、市林科所森林文化建设工程等地，考察益阳市创森工作和绿色益阳发展战略的实施情况。7年来，益阳市累计造林199.03万亩，累计投入创森资金26.5亿元，全市森林覆盖率达到54.38%。市委、政府要求力争到2012年达到或超过《国家森林城市评价指标》的标准，通过国家验收。

16日，全市创建国家森林城市工作汇报会暨《益阳市森林城市建设总体规划》评审会召开。《益阳市森林城市建设总体规划》通过了专家评审。专家组认为，《规划》具有很强的科学性和可操作性，可以作为益阳市森林城市建设和提升的纲领性文件。

【市政府批准苗木花卉产业发展规划】 2011年11月，《益阳市苗木花卉产业发展规划纲要（2011—2015）》经市人民政府批准并由市政府办公室转发。根据这个规划纲要，经过5年的努力，益阳市要建成中南地区苗木花卉集散中心，建立起中南地区最具竞争力和影响力的苗木花卉专业市场服务中心。

苗木花卉是益阳市一大传统产业，经过多年的发展，已形成了“益阳樟树”等品牌，并在大树移植、珍贵树桩的造型等方面形成了一定的技术和市场优势。目前，全市苗木花卉种植面积已近10万亩，吸纳就业人员2.8万人，苗木花卉产业已成为全市现代林业建设的主导产业之一。刚刚出台的苗木花卉产业发展规划纲要根据目前益阳市产业发展现状和未来市场预测，确定到2015年，全市苗木花卉总面积要达到20万亩，实现销售收入20亿元，转移农村劳动力10万人。今后5年，全市苗木花卉产业要在现有基础上，优先发展“一园三带四区”，即由益阳华林实业发展有限公司正在建设的衡龙桥5000亩苗木花卉精品博览园，打造赫山区—资阳区国道319沿线、资阳区—沅江市省道202沿线、益阳高新区—桃江马迹塘省道308沿线等三个苗木花卉产业带，建设赫山区黄泥湖仙蜂岭、南县南洲镇、大通湖区河坝镇和安化县东坪镇4个苗木花卉产业发展区，同时建立樟树、泡桐、桂花、楠木、油茶嫁接茶花、紫薇、红枫等20个以上特色苗木花卉基地，10个标准化示范基地。

两型产业建设

【益阳六个重点招商项目成功签约】 2011年1月30日，在益阳市举办的重点招商项目签约仪式上，中国品牌食品产业园、中南国际家具产业基地、益阳电动汽车产业园、赛尔工业园、银城大市场转让及开发建设、18万吨饲料等6个重大项目成功签约。

中国品牌食品产业园项目集交易、展览、物流和加工于一体，拟落户益阳高新区东部新区，计划5月前开工建设。中南国际家具产业基地为家具产销一体化集群式园区，以展厅家具展示批发为龙头，以研发、创意、设计为先导，辐射湘、赣、鄂、川、贵等省份。益阳电动汽车产业园项目总投资30亿元，分三期五年建成，预计年产电池管理系统5万套、智能充电机3万台、电机及控制系统3万套、纯电动汽车整车3万台，年总产值100亿元，年利税15亿元，形成以电动汽车为核心的绿色低碳产业集群。赛尔工业园拟投资8亿元，主要生产液晶拼接大屏幕、液晶监视器等，项目一期投产后，预计年产值4亿元，税收6000万元。银城大市场转让及开发建设项目总投资20亿元，建成湖南最大的多功能综合性市场群和物流集散中心。18万吨饲料生产项目总投资1亿元，拟建于资阳区黄家湖，预计年内竣工投产，年产值4亿元，年创税收300万元。

【益阳与上海复星谋双赢合作】 2011年3月9日，益阳市政府与上海复星高科技集团在北京签订框架协议，双方将在经济领域开展多项合作。作为合作成果之一，湖南省林业产业龙头企业湖南天运林工集团在签约仪式与上海复星创业投资管理有限公司签署投资合作协议。

近年来，上海复星集团在股权投资方面与益阳市良好合作，曾投资湖南汉森制药并辅导其在2010年成功上市。作为国内一流的民营企业，上海复星集团连续多年名列中国民营企业纳税总额前茅，主要从事医药、房地产开发、钢铁、矿业、零售、服务业及战略投资业务。2010 年，复星位列中国民营企业 500 强利润第 2 位、营业收入第 14 位，其股权投资以长期稳定增长的业绩回报位列国内同行业前茅。

双方将在林业产业、矿产资源、能源化工、食品工业、茶叶生产、生物制药、现代旅游、投融资、证券等行业开展全方位合作。经协商，上海复星决定设立 10 亿元左右的股权投资基金为益阳市相关企业提供投融资、产业发展、人才引进、资本运营、市场开拓、企业上市等综合投资。

【益阳与深圳达晨创投签订合作协议】 2011 年 4 月 1 日，益阳市政府与深圳市达晨创业投资有限公司战略合作签约暨益阳益华水产品有限公司上市启动仪式在华天大酒店举行。

达晨创投是湖南电广传媒的控股子公司，连续十年当选“中国风险投资 50 强”，为国内最顶尖的创投公司之一。近来，达晨创投与益阳市开展合作，先后投资了太阳鸟游艇、益华水产和金博科技。

【益阳科力远新能源电池生产基地奠基】 2011 年 4 月 26 日，益阳科力远新能源电池生产基地举行隆重奠基仪式，此举标志着镍电池精益生产从此步入“益阳制造”时代。

益阳科力远新能源电池生产基地位于高新区高新大道以西，占地 204.7 亩，规划建筑面积为 11.8 万平方米，总投资约 2.9 亿元，其中一期 1.5 亿，二期 1.4 亿，2012 年 3 月建成投产。基地建设立足于高起点、高标准、花园式厂房模式，着力打造国内电池行业标准化精益生产示范性企业。经过 10 多年的发展，科力远公司已构建了一条从电池原材料、先进电池、汽车动力电池能源包、电池应用、电池生产设备、储能电站、全球营销服务网络等完整的全产业链。新建成的益阳科力远新能源电池生产基地将致力于自主研发新能源汽车动力电池产品。

【益阳与海航实业签订全面合作协议】 2011 年 4 月 29 日，益阳市人民政府与海航实业有限公司在长沙华天大酒店签订了全面合作协议。

海航实业有限公司是海航集团下属产业集团，是集房地产开发投资、酒店运营管理、绿色食品和农业、实业投资及金融运作为一体的大型实体产业集团，下辖海航置业、海航食品、海航酒店和海航投资四大主要板块，注册资本 50 亿元。本次与益阳市合作的内容主要包括：海航实业将充分发挥资金、管理经验等方面的优势，集合“海航中国集”的思路理念，积极参与益阳市“两型社会”示范区的开发和建设；共同参与兰溪粮食产业园的开发和建设；共同成立粮食产业基金。益阳市将在整体规划、配套设施建设、政策补贴等方面提供优质服务和支持。

【沅江年产 50 万吨玻璃制品项目奠基】 2011 年 6 月 30 日，湖南华兴玻璃有限公司年产 50 万吨玻璃制品项目奠基仪式在沅江市经济开发区隆重举行，标志着沅江市 2011 年重点工程“三项行动”正式拉开帷幕。

2011 年沅江参加全市“三项行动”的项目共有 10 个，分别是：黄茅洲大桥、华兴 50 万吨日用玻璃制品（一期）、下琼湖综合治理、300 万米管桩生产基地（一期）、人民医院整体搬迁、辣妹子年产 4 万吨饮料生产线、中联重科外协园二期，科至博农用机械装备制造、30 万吨白卡纸和中联重科涂装工业园建设项目。目前，这些项目均进展顺利。

湖南华兴玻璃有限公司是华兴玻璃集团在沅江投资成立的一家全资子公司，是一家生产高白、普白、翠绿料等综合日用玻璃制品的玻璃容器制造企业。华兴玻璃集团计划在沅江投资 7.5 亿元，兴建一家年产 50 万吨日用玻璃制品的生产企业。项目计划分三年实施，建设周期 5 年，其中第一期工程投资 2.8 亿元。预计项目投产后，年可实现工业产值 10 亿元，上缴税收 5000 万元，解决就业 1800 多人。

【大通湖天泓渔业综合开发项目开工】 2011 年 6 月 30 日，天泓渔业冷链物流基地现场礼炮齐鸣，勘探桩机打下了开工的第一桩，这标志着大通湖区朝大力发展水产品精深加工，打造中国淡水渔业加工第一品牌的道路迈出了坚实的第一步。

12.4 万亩的大通湖是湖南省最大的内陆养殖湖，素有“三湘第一湖”之美誉，水产品资源特别丰富。这次动工兴建的天泓渔业冷链物流基地是一个综合性的加工园区，项目占地 260 亩，预计投资 2.5 亿元，拟建设近 2 万平方米的标准厂房和科研开发用房，以及水产品销售中心、展示中心、水族科普馆等，形成年加工水产品 20 万吨，年配送能力 50 万吨的生产能力，预计全年产值 5 亿元，建设周期为 3 年，其中一期工程预计 2012 年底建成投入使用。该项目将新增就业岗位 1500 余人，带动养殖户上万户。

天泓渔业是湖南省重点上市后备企业，主要从事水产品深加工、冷链物流建设、生态旅游产业，其养殖综合开发项目建成投产后，将使大通湖成为一个集养殖、水产品加工、贸易、科研开发、休闲旅游于一体的生态基地，对加快推动建设中南地区淡水鱼围养交易中心步伐，打造湖南省湖泊生态旅游区具有十分重要的战略意义。

【南县三个重点建设项目开工】 2011 年 6 月 30 日，南县县城南洲镇彩旗猎猎，鼓乐喧天，克明面业股份有限公司克明面业大厦建设工程、湖南省实靠实食品有限公司投资建设的湖南厚道食品有限公司项目、湖南海怡生物科技股份有限公司氨基葡萄糖生产线项目相继开工，湖南森艺家具有限公司新厂也在同一天竣工投产。南县 2011 年重点工程建设开工、拆迁、劳动竞赛“三项行动”同时启动。

克明面业大厦由国家级龙头企业克明面业股份有限公司投资 8600 万元建设，位于南县食品工业园内，按一线城市建筑标准建设，将与建设中的兴盛立交桥、南茅运河生态走廊等成为南县的标志性景观。湖南厚道食品有限公司是 2011 年 4 月南县通过招商引资引进的一家台资企业，项目总投资 3000 万元，分两期工程建设，二期工程投产后，预计年产值可达 3 亿元，实现税收 800 万元以上。湖南海怡生物科技公司氨基葡萄糖生产线项目计划总投资 1.6 亿元，其中一期投入 8000 万元，以虾壳、贝壳等为原料，生产氨基葡萄糖系列生物产品，是湖南“十二五”规划中七大战略性项目之一。29 日竣工的湖南森艺家具有限公司新厂于 2010 年“三项行动”中开工建设，总投资 6500 万元，新上5万套门窗和2万套酒店家具生产线，预计年产值将达1.5亿元，税收600万元以上。

【高新区汽车零部件特色产业基地挂牌】 2011年6月30日，湖南益阳汽车零部件特色产业基地授牌暨2011年益阳高新区重点工程建设拆迁、开工、劳动竞赛“三项行动”启动式在此隆重举行。

湖南益阳汽车零部件特色产业基地由省科技厅认定，规划占地5500亩，主要引进汽车发动机系统、动力传动装置、电子电器、照明仪表装置、悬架制动装置、车身等汽车零部件生产研发项目。目前，已经引进相关企业45家，合同引资22亿，其中湖南长盛盈电子科技公司、鑫泰汽车坐垫沙发公司、康森威尔电子公司、布林特橡塑公司等18家企业正式动工建设，预计2011年可完成投资4至6亿元，形成产值过亿元。

【桃江丰泰体育用品项目开工】 2011年6月30日，桃江县丰泰体育用品项目开工典礼暨全县重点工程建设拆迁、开工、劳动竞赛“三项行动”启动仪式在桃江经济开发区举行。

近年来，桃江大力实施“工业强县”战略，不断加强园区建设，不断优化发展环境，高质量引进、高水平运作、高效率地推进了重点项目建设。2011年1至6月，全县新签约项目40个，签约资金47.63亿元，同比增长973%；实际到位资金20.71亿元，同比增长34%；预计完成规模工业增加值18.54亿元，同比增长26.5%。当日开工的桃江丰泰体育用品项目，是桃江新引进的重要产业转移项目，总投资达8600万元，预计年产中高档运动休闲鞋1000万双。

【资阳长菱空调热泵产品生产线项目开工】 2011年6月30日，2011年该区重点工程建设拆迁、开工、劳动竞赛“三项行动”启动暨长菱空调热泵产品生产线建设项目开工剪彩仪式在资阳区长春工业园隆重举行。

【安化新型干法水泥项目奠基】 2011年6月30日，益阳海螺水泥有限公司新型干法水泥生产线工程奠基典礼在安化县仙溪镇大埆村隆重举行。安化县2011年重点工程建设拆迁、开工、劳动竞赛“三项行动”同时启动。

益阳海螺水泥有限公司新型干法水泥生产线项目由安徽海螺集团有限公司投资兴建，主厂区占地600余亩，规划建设2条日产4500吨新型干法水泥熟料生产线，并配套建设年产500万吨水泥粉磨和装机1.8万千瓦纯低温余热发电项目，总投资16亿元。项目全部建成后，生产规模将达到年产熟料360万吨、水泥500万吨、发电1.38亿度，缴纳税收2亿元以上，成为湖南省先进的现代化环保型水泥熟料生产线。

当日，安化圣德锰业年产5万吨电解金属锰生产线一期工程竣工举行了投产仪式。安化圣德锰业选址在清塘铺镇木桥村，由湖南圣德投资管理有限公司独自经营建设，一期工程投资总额2.2亿元，建设年产3万吨电解金属锰生产线，项目投产后，可安置员工400多人，实现年产值5亿元，年上缴税收4000万元。

【益阳与惠普公司签订战略合作协议】 2011年8月30日下午，益阳市与惠普有限公司签订战略合作协议，双方将在服务外包业领域深度合作。省委常委、长株潭试验区工委书记陈肇雄出席签约仪式并讲话。

软件及信息服务外包产业科技含量高、市场空间大、资源消耗低、环境污染少、吸纳就业强，是现代高端服务业的重要组成部分。目前，我国软件及信息服务外包产业发展势头强劲，正在进入新一轮的高速增长期。惠普公司是全球最大的IT企业之一，在信息技术创新领域处于世界领先水平，在全球服务外包产业占据着重要地位。益阳作为环长株潭城市群的重要成员之一，是国家商务部批准的产业转移重点承接地，发展软件和信息服务外包产业潜力很大，具有明显的区位优势、人才优势、政策优势和环境优势。此次协议的成功签订，对于惠普调整区域布局结构，立足中国中部地区加快发展，对于益阳市加快产业转型升级和城市品位提升，对于促进全省软件及信息服务外包产业发展，必将产生积极的影响。

【韩国南海郡代表团到益阳茶业市场参观考察】 2011年9月21日，韩国南海郡代表团到益阳茶业市场参观考察。

韩国南海郡是益阳市首个国际友好城市。自2004年9月签署《缔结友好城市关系意向书》以来，彼此交流日趋活跃，友谊不断增进，两地的交往越来越紧密，双方合作交流的领域也越来越宽，南海郡政府代表团、议会代表团、专门大学访问团、公务员自费旅游团等都先后来益阳参观访问。

【森华木业中（高）密度纤维板项目开工】 2011年11月23日，资阳区长春工业园森华木业厂区张灯结彩，载歌载舞，湖南森华木业有限公司在这里举行“年产22万立方米中（高）密度纤维板”项目的开工庆典。

森华公司主要经营速生林培植、人造板生产、特色养殖、生态旅游等四大产业。公司目前有速生林28万亩，每年可产木材40万立方米，可以保证加工木板所需的原材料供应。公司2011年下半年从德国、瑞典、美国等国家引进具有国际先进水平的木工板加工设备，生产工艺领先全国同类企业。同时，新上马了22万立方米中（高）密度纤维板生产线（THDF）项目。该项目是省内第一条连续平压干法生产线，生产设备、工艺领先于全国同类企业，设备技术达到世界领先水平。明年上半年，公司将再上一条1000万平方米强化木地板生产线。

【国晶硅业220千伏输变电工程建成投产】 2011年12月26日，全省第二个、益阳市第一个220千伏用户专用变电站——国晶硅业220千伏变电站正式建成投产。

国晶硅业220千伏变电站是益阳国晶硅业有限责任公司多晶硅项目的专用变电站，占地9.1亩，采用了先进的GIS室外组合电器，为省内继涟钢变电站后建成的第二座用户专用变电站。工程于2011年3月开始设计，7月15日破土动工。

工程投产运行后，能完全满足益阳国晶硅业有限责任公司的用电需求。受益于工程建成投产的速度，多晶硅项目一期将于明年底建成投产，项目产能为1至1.5万吨，年产值将达到60亿元，约能提供1000个就业岗位。

两型技术产品

【沼气制取新技术 原料产气率提高1.3倍以上】

2011 年，由益阳市朝阳绿源沼气新技术开发中心、桃江县生态能源局组织攻关完成的粪草混合连续发酵零排渣沼气制取新技术研究，通过了省科技厅组织的专家鉴定。专家们认为，该项目整体达到国内先进水平，其中户用沼气池双向导流技术居国内领先水平，建议扩大示范范围，加快推广应用。

据了解，以益阳市科技工作者符放中为主完成的这项新技术，针对现有沼气池存在的发酵原料受限、进出料难等问题，从池型结构和技术上进行改进，在同池异境中循环，即将传统沼气池运行由静态或半动态变成全动态，并改进发酵技术，添加一种纤维素生物促腐材料，对粪草进行混合连续发酵制气，使可降解固体有机物实现完全降解。同等条件下，产气总量和原料产气率比传统水压式沼气池和上流式沼气池均提高 1.3 倍以上。目前，这项新技术已在益阳市赫山区等地农村多处运用，因其使用方便、产气率高而广受欢迎。

【益阳农机又添新品种】 2011 年 11 月 16 日，中国农机新滨湖发动机有限公司在龙岭工业园举行新产品——履带自走式旋耕机演示推介会。

履带自走式旋耕机是新滨湖自主研发的新产品，它的诞生对于打造“保护性耕作工程”有着重要的现实价值，对于实现“资源节约型、环境友好型”的农机化要求有着深远的意义。采用履带自走式旋耕机耕作，能使耕田机械接地压强降低，在水田行走不会陷入到硬泥层，从而保护农田土壤生态，解决农村水田因使用机械耕作而导致的耕作层土壤结构受到严重破坏的问题。

【南方水泥二期签约式举行】 2011 年 5 月 3 日上午，湖南桃江南方水泥有限公司二期投资项目签约仪式在桃江县城举行。

根据协议，湖南南方水泥有限公司将在桃江灰山港镇建成一条日产 4500 吨熟料新型干法水泥生产线暨 9MW 纯低温余热发电项目，并在桃江马迹塘镇择址建设一座年产 100 万吨水泥磨粉站，建设总投资 6 亿元。

2010 年 10 月，南方水泥有限公司成立湖南桃江南方公司，收购了益阳东方水泥公司三线，发展成为全市最大的新型干法旋窑水泥生产企业。这次签约，不仅是联合重组的延续，更是资本运营的再现，也是南方水泥湖南北进战略的进一步拓展。桃江二期 4500 万吨熟料新型干法水泥生产线项目总投资 6 亿元，建成以后产能将超过 400 万吨，销售收入过 10 亿元，每年创造税收过亿元。桃江南方将打造成为内倚湘中、外靠湘北的最大水泥生产基地，成为全省、乃至全国的知名水泥生产龙头企业。

【省茶博会安化黑茶唱主角】 2011 年 12 月 1 日，在第三届湖南茶业博览会上，安化黑茶军团以庞大的阵营亮相，成为本届茶博会的绝对主角。来自益阳和安化的黑茶企业除行业龙头白沙溪茶厂、益阳茶厂和黑美人公司外，安化茶厂、晋丰厚等十余家具有规模的品牌企业纷纷进驻，几近参展茶叶企业的一半。

近年来，益阳市黑茶产业的发展一路高歌，不断拓展的内销市场为黑茶企业的发展带来了可观的空间，以长沙为桥头堡，逐步向全国辐射，已经成为众多希图迅速做强做大的茶企的共同选择。

本届茶博会传达的诸多信息可以证明安化黑茶正处在一个蓬勃发展的时期。2011 年全省茶叶行业十大杰出人物中，安化茶人占三席；十大诚信企业中，白沙溪茶厂、益阳茶厂和黑美人公司榜上有名；安化县马路镇跻身全省十大茶叶强镇行列。同时，就在茶博会开幕后不到一小时，益阳市一家黑茶企业已现场签下了本届茶博会第一张订单。

社会建设管理

【益阳两村庄入选“中国幸福村”】 2011 年 1 月 8 日，在江西南昌举行的第三届“中国幸福村”颁授仪式上，益阳市高新区清溪村、益阳市大通湖区香稻村获得“中国幸福村”称号。

“中国幸福村”评选活动由中国村社发展促进会、亚太农村社区发展促进会主办。其评价体系由村庄幸福感经济支撑度、民生满足度、精神文明度、生态文明度、综合荣誉度 5 个一级指标和 29 个二级指标组成。在这次评选中，共有 10 个村庄入选第三批“中国幸福村”。其余 8 个是江西省进贤县西湖李村、江西省吉安市三湾村、安徽省黄山市绵潭村、贵州省铜仁市开天村、湖北省襄阳市树头村、湖北省孝昌县香铺村、辽宁省鞍山市金胡新村、山西省晋城市上庄村。

【益阳市环境监察年度考核全省第一】 2011 年 2 月 28 日，省环保厅在益阳市召开全省环境监察与应急管理工作会议，在 2010 年湖南省环境监察工作年度考核中，益阳市综合考核排名第一。

近年来，益阳市委、市政府统筹人与自然发展，稳定环境容量，强化资源节约管理，加大环境保护和污染治理力度，不断强化环境监察工作，2010 年全市环境投诉受理率达 100%，处理率达 95%，全市 62 家国控重点废气、废水污染源和 50 家工程减排企业都严格按照减排工作的要求，抓好现场监察，并按时上报相关资料和数据。对环境信访中反映出来的问题，相关部门及时查处，使群众的环境利益得到有效保护，特别是环境 110 值班管理、环保专项治理行动、排污申报与排污费征收等工作在创新中发展，积累了许多好经验。与会代表实地考察后，对益阳市环境监察工作给予高度评价。

【益阳喜添“省级文明城市”新名片】 2011 年 3 月 17 日，从在株洲召开的全省精神文明创建工作表彰大会传来捷报，益阳市获得湖南省 2010 届文明城市荣誉称号，益阳由此增添了一张亮丽的“城市名片”。

益阳市获得省级文明创建荣誉称号的还有：桃江县桃花江镇、赫山区沧水铺镇获文明村镇称号；市政务中心、市人民检察院、市住房公积金管理中心等 19 个单位获文明单位称号；湖南省电力公司益阳电业局、湖南省电力公司柘溪水力发电厂获文明标兵单位称号。

“文明城市”的称号，是反映一个城市综合水平的最高荣誉，是城市的“绿色名片”和“金字招牌”。2009 年，益阳市委、市政府在广泛调研、科学分析的基础上，提出用两年时间创建省级文明城市目标，并成立了由市委书记任组长的创建领导小组。开展争创“省级文明城市”活动以来，益阳市不断优化城市环境，加强基础设施建设、强化环境综合治理，广泛宣传发动，营造浓厚创建氛围，提高市民素质和城市的文明程度，成效明显。以改善人居环境、改善民生作为创建工作的重要着力点，启动了事关民生的市容环境、交通秩序、市场秩序、社会秩序集中整治；实施了旧城改造、街道改造、路面改造、线路入地改造、绿化改造、临街建筑物美化亮化装饰改造等工程；完成了龙洲路、桃花仑路、五一路等城区主干道和95条背街小巷提质改造等，城市面貌焕然一新，城市形象和品位不断提高。

【益阳市成功申报首批省级创业型城市】 2011年8月，省人力资源和社会保障厅公布了湖南省首批创建省级创业型城市名单，益阳市从十个申报市州中脱颖而出，成为五家获批城市之一。

创建省级创业型城市，是积极贯彻落实中央、省、市关于开展创业带动就业工作精神的有力举措，有利于进一步拓宽益阳市就业渠道，扩大就业规模，促进经济社会快速发展。目前，益阳市在公共就业服务体系建设、创业服务体系建设、创业培训、税费减免、小额担保贷款等方面已初步达到创建省级创业型城市的基本要求。

下阶段，益阳市将把创业带动就业工作作为保障和改善民生的重要举措，作为深入推进“凝聚力工程”的重要抓手，进一步增强创业意识、提升创业能力、优化创业环境。一是做好创业孵化基地建设工作，在市本级和各区县（市）建立1—2个创业孵化基地和示范点；二是积极实施创业教育和创业培训，依托高等院校、职业学校和各类定点培训机构，提高全民创业能力；三是落实优惠政策，对有创业愿望和创业能力的登记失业人员特别是军队退役人员、高校毕业生、失地农民、返乡创业的农民等城乡劳动者参与创业培训的给予创业培训补贴，按政策进行税费减免、提供小额担保贷款等。

【大通湖“大湖捕捞节”和“大闸蟹美食旅游节”开幕】 2011年10月22日，第四届大通湖“大湖捕捞节”和“大闸蟹美食旅游节”在大通湖区锦大渔村开幕，

大通湖“大湖捕捞节”和“大通湖大闸蟹美食旅游节”创办于2008年，2011年是第四届。本次节会以“感恩大通湖，和谐生态游”为主题，着力突出捕捞、美食和参与三大特色，共六大主题活动：大通湖开湖仪式，全鱼宴品尝会，湖鲜水产烹饪比赛，项目签约仪式，水产品、农副产品展销会，徒手捉鱼捉鸭、大闸蟹绑扎、单人双桨划船竞技等。

大通湖“两节”创办以来，以展示大通湖独特生态旅游资源和人文景观，促进湖乡文化、美食、旅游产业发展为目的，通过节会搭台、经贸唱戏的方式，提升大通湖水产美食的品牌效应，推动了产业升级，扶植了本土品牌，弘扬了农垦文化。如今这一节庆活动的影响力日渐扩大，已成为大通湖一张鲜活的名片。

【清溪村入选全国首批中国乡村红色遗产名村】 2011年10月，从中国村社发展促进会特色村工作委员会获悉，益阳市高新区谢林港镇清溪村成功入选中国乡村红色遗产名村。

中国乡村红色遗产名村的评选，旨在更好地保护、继承和发扬我国乡村优秀红色文化遗产，弘扬民族传统和地方特色。评选活动由中国村社发展促进会特色村工作委员会推荐上报，中国科学社会主义学会国家形象与地方形象创新传播中心、国家红色文化遗产深化保护与发展传承课题组按照《国家红色遗产评价体系》有关指标及流程，经过文献研究，口碑调查、媒体调研、专家评价，确定了益阳市清溪村、韶山市韶山村、山西省大寨村、安徽省小岗村、山东省刘集后村、江西省三湾村、福建省古田村、山东省常山村、河北省前南峪村、陕西省蟠龙村等在内的首批10家中国乡村红色遗产名村。

近年来，清溪村通过以周立波故居、村部旧址等为载体，以中国现代乡土文学和中国农村巨变为主题，以农村合作化和传统农业为背景，充分挖掘和利用红色文化遗产资源及其精神内涵，将村内现有的旅游资源和周立波先生与群众“同吃、同住、同劳动、打成一片”（简称“三同一片”）的立波精神进行有效结合，展示周立波先生的生平事迹和文学成就，再现中国传统农业向现代农业转变的历程，彰显社会主义新农村建设的新成就等方式，全力打造山乡巨变—新中国农村合作化运动纪念地”这一红色品牌，使清溪村成为一个既能反映改革开放后社会主义新农村建设最新成就的“展览馆”，又能是追忆我国农业合作化运动历史的“红色教育基地”。目前，清溪村的红色旅游开发与保护已取得一定成效，先后被国家、省市相关部门授予国家AAAA级旅游景区、中国特色村、湖南省爱国主义教育基地等荣誉称号。此次，中国乡村红色遗产名村的评定，更是对清溪村近年来“旅游兴村、文化强村、产业活村、和谐建村”发展理念的高度认可。

体制机制创新

【益阳高新区升格为国家级高新区】 2011年6月15日，国务院下发《关于同意益阳高新技术产业园区升级为国家高新技术产业开发区的函》，益阳高新区成功晋级“国家队”。

益阳高新技术产业园区是2002年经省政府批准成立的省级高新区，面积19.8平方公里。目前园区已有各类企业556家，其中规模工业企业203家，高新技术类企业82家。2010年，益阳高新区实现技工贸总收入427亿元、工业总产值255亿元、高新技术产值152亿元、工业增加值101亿元、财政总收入18.13亿元，实现了快速增长。

益阳高新区能够顺利升格为国家级高新区，体现出三大竞争优势。一是近年来大力发展高新技术产业，一些具有竞争优势和发展前景的新兴产业逐步做大，形成了新能源、新兴信息技术及服务、高端装备制造、农产品精深加工等四大集群产业，与国家扶持战略型新兴产业发展的导向十分吻合。2010年上述四大集群产业分别实现产值55.3亿元、39.25亿元、49.7亿元和45.3亿元，发展来势可观。二是益阳高新区过来的发展非常符合国家级高新区的发展形态，拥有了良好的资质和基础，发展后劲可观。三是益阳高新区所处的位置非常重要，既是沿海东部发展地区和湘西北后发地区的节点，又是长株潭城市群和环洞庭湖经济圈的节点。作为这一地带唯一一个国家级高新区，对于科技创新、产业发展和升级具有十分重大的战略意义，发展空间可观。

晋级为“国家队”后，益阳高新区将在产业发展、项目支持、帮助中小企业融资和上市等方面有更多的直达通道，享受更多的政策优惠。益阳高新区的近期发展目标是：至2015年，力争实现技工农贸总收入1600亿元，国内生产总值430亿元，工业总产值1000亿元以上，工业增加值300亿元以上，高新技术产值400亿元，财政收入35亿元。

【服务外包产业招商恳谈会在杭州举行】 2011年7月31日，2011年湖南·益阳服务外包产业招商恳谈会在杭州维景国际大酒店隆重举行。长三角地区30余家IT和服务外包企业应邀参加了招商恳谈会。

随着经济全球化的日益加速，利用服务外包产业这个“绿色引擎”促进工业经济向服务经济、知识经济升级，已成为转变经济发展方式的必然选择。为抢抓国内外服务外包产业转移新机遇，提高益阳对外开放水平，加快推进益阳市新型工业化和现代服务业发展，益阳市委、市人民政府把加快发展服务外包产业，作为益阳市实现“坚持科学发展、奋力后发赶超、建设绿色益阳”目标的重大战略选择，充分利用益阳市丰富的人力资源和政策环境优势，通过采取专业招商形式，积极搭建发展平台，大力引进国内外服务外包企业，实现服务外包产业在益阳市的快速、健康发展。

【益阳东部新区高端三产业区建设启动】 2011年10月12日，省长株潭两型办在益阳市召开鱼形山“两型”示范区建设工作会议，通报前阶段规划设计和意向项目进展情况，讨论通过组建益阳东部新区开发建设决策委员会和鱼形山“两型”示范区投资开发有限责任公司的决议。会上还签订了鱼形山“两型”示范区开发建设合作框架协议；签订了江南古城项目合作开发建设框架协议。这次会议的召开，标志着鱼形山“两型社会”示范区建设全面启动。

益阳东部新区“两型社会”示范区鱼形山高端三产业区（鱼形山“两型”示范区）位于赫山区与宁乡县交界处，总面积约120平方公里，其中核心区面积约50平方公里。示范区总体定位是全国“两型社会”示范区、国家级文化体育产业示范基地、国际影视文化制播基地、国际低碳技术产品展示中心、国际休闲旅游度假目的地、国际品质的现代化生态宜居城市。此次签订框架协议的“江南古城”项目规划用地4000亩，计划投资人民币76亿元，以中国高档民居为原型，集旅游、居住、购物、商务、娱乐、休闲度假等功能于一体。项目建成后预计可年接待旅客500万人次以上。

娄底市

娄底市2011年两型社会建设综述

娄底自2009年6月被省委、省政府批准纳入“两型社会”建设改革试验区以来，市委市政府高度重视，完成了高规格的顶层设计，率先成为全省第一个编制“两型”产业发展规划的地级市。特别是2011年以来，在全省“四化两型”的总体方针指导下，在省委省政府的正确领导下，在省两型办的关心和支持下，按照统一部署，娄底两型社会建设进展顺利，各项改革试验有序推进。

一、两型社会建设总体情况

娄底位于湖南的地理几何中心，因娄星和氐星在此交汇而得名，总面积8117平方公里，下辖娄星区、冷水江市、涟源市、新化县、双峰县和娄底经济开发区、万宝新区，是湖南省最年轻的地级市，也是环长株潭城市群的重要组成部分。这里地理位置优越，交通便利，自古以来就是全省南北通达、东西连贯的要衢，湘黔铁路、洛湛铁路、上瑞高速和正在建设的沪昆高铁以及娄新等6条高速纵横交错，区位优势日趋凸显；这里钟灵毓秀，人杰地灵，是中华民族三大始祖之一蚩尤的故里和湖湘文化发源地之一，蒋琬、曾国藩、陈天华、蔡和森、蔡畅等历史文化名人辈出、灿若群星；这里山清水秀，风光旖旎，拥有乡间侯府富厚堂、秦人梯田紫鹊界、洞穴瑰宝梅山龙宫等人文景观和各类风景名胜旅游点70多处；这里资源丰富，物华天宝，已探明可开采的矿藏达48种，其中锑矿储量为世界第一，煤炭、白云石、石灰石等储量居全省首位，是全国19个年产煤1000万吨以上的地级市之一，享有“世界锑都”、“江南煤海”、“现代钢城”、“火电明珠”、“有色金属之乡”等美誉；这里活力迸发，走势强劲，先后荣获湖南省园林城市、卫生城市、文明城市和全国绿化模范城市、中国优秀旅游城市、国家园林城市等殊荣，目前这块热土日益展现出蓬勃的生机与无限的活力，孕育着广阔的发展空间和美好的发展前景。

今年以来，在市委市政府的正确领导下，娄底坚持以科学发展观为统领，深入实施“科学发展、加速赶超”战略，紧紧扭住发展第一要务，集中精力抓大事，全力以赴求突破，以项目建设为主抓手，突出转方式、调结构，加强基础设施建设，着力解决民生问题，在全市深入开展“项目建设年”等一系列活动，全市呈现出经济平稳增长、社会和谐稳定、民生持续改善的两型良好态势。

综合实力显著增强。2011年全市实现生产总值837.86亿元，增长13.0%。其中，第一产业完成增加值122.84亿元，增长3.6%；第二产业完成增加值466.93亿元，增长16.8%；第三产业完成增加值248.09亿元，增长11.0%。三次产业结构由上年的14.7:53.8:31.5调整为14.7:55.7:29.6。固定资产投资累计完成425.25亿元，增长35.1%。财政总收入完成71.63亿元，增长27.0%；一般预算收入39.56亿元，增长31.8%。

项目建设进展顺利。全年施工项目1281个，增长20.6%；新开工项目916个，增长26.0%；投产项目855个，增长17.6%。争取国家和省定项目98个、资金80.58亿元。列入全省“三个一”行动计划的29个在建项目完成年度计划任务的125%；列入“项目建设年”活动的101个重大项目完成年度计划任务的80.3%。潭邵高速连接线提前通车；国产实业、三一新材料一期、三泰轧辊、创高铝业、太和金属、文昌科技等重大工业项目投产，发展基础进一步夯实。

示范建设速度加快。万宝新区，完成了万宝新城城市概念性设计与核心区城市设计等顶层设计，引进了半固态铝基复合材料流变生产线、仙女寨悠活五星级酒店等项目，完成了甘桂路、大井路等路基工程，仙女大道、高丰路等相继开工建设。东部新区，完成了控制性详规和城市概念设计，金华车辆试投产，绿色动力科技园平基扫尾，汽车板电工钢项目完成土地平整。水府庙国家湿地公园列入国家湿地保护补助试点单位。冷水江市统筹城乡发展整体推进新农村建设试点工作有序推进，35个先行推进村的“六个一体化”建设成效显著，成为全省统筹城乡发展的典范。

生态环境明显改善。锡矿山地区砷碱渣无害化处理、双峰县原坳头山磺矿历史遗留污染综合治理一期、涟源市原冶金建材总厂遗留含重金属废渣综合整治等项目已开工实施。全市万元GDP能耗指标值（吨标准煤/万元）和单位规模工业增加值能耗指标值（吨标准煤/万元）由2009年的2.414、4.51分别下降到2011年的1.821、3.0，下降幅度之大居全省首列。主要污染物5项指标均超额完成省下达的年度减排目标任务，其中化学需氧量削减1385吨、氨氮削减340吨、二氧化硫削减36781吨、氮氧化物削减1800吨、铅削减0.11吨，与2010年比，削减比例分别为1.86%（年度任务为1%）、3.85%（年度任务为1.11%）、27.89%（年度任务为12%）、2.49%（年度任务为0.69%）、3.06%（年度任务为2.34%）。

人民幸福指数显著提升。全市城镇化率达到37.5%，城镇居民可支配收入16937元，农民人均纯收入3951元。基本药物制度已实现全覆盖，所有基本药物纳入医保报销范围。城区公众对城市环境保护满意率为75.12%，比2010年的72.95%提高了2.17个百分点。城市空气质量优良率为97.81%。全市森林覆盖率达到48.15%，集中式饮用水源水质达标率为100%，地表水水功能区水质达标率为100%。

二、所做的工作和取得的成果

（一）突出顶层设计着眼工作推进机制

一是初步完成了两型示范区顶层设计。在市委市政府的高度重视下，在多个部门的协调合作下，娄底市水府示范片东部新区、万宝新区管委会于2011年1月6日正式挂牌运行，其中水府示范片区规划获得省政府批准东部新区的控制性详规编制工作也即将完成。二是基本建成了协调机制。按照“省统筹、市为主、市场化”的两型推进机制精神，探索并建立了以“市为主、县落实”的纵向协调实践模式。市里各市直部门分别确立了分管负责人和联系人员，统一按照“两型办牵头、部门协调落实”机制，横向推动两型社会建设。三是努力建立了两型考评体系。建立了两型考评体系，已将二氧化硫和化学需氧量总量、污水处理厂建设、万元GDP综合能耗、规模以上工业增加值能耗等重要的节能减排指标纳入到绩效评估体系，从考核上进行约束。

（二）突出改革创新着眼体制机制

一是探索资源开发管理机制取得阶段性成果。以水府示范片区为主体，着力推动水府庙流域的开发、利用和保护，在娄底水府庙流域推行“五统一”的共生发展机制，即统一协调领导、统一顶层设计、统一基础设施建设、统一环境治理、统一水资源管理。二是共投共建共管共享机制正在试行。在万宝新区和东部新区积极探索建立基础设施共投共建、区域共管、利益共享机制，对娄星区、娄底经济开发区等区域实行“保基数、保支出、享分成”的利益分享机制。三是建立了一票否决机制。专题召开市委常务会议，加强新区规划管理。万宝新区是核心区范围内土地管理和运作的唯一主体，其他任何单位和个人不得自行报批土地和征地拆迁，确保核心区建设的整体性和统一性。建立了“一票否决”机制，对不合理的、重复的、不符合长远利益和生态环境保护的项目严格审定，实行“一票否决”。四是积极探索投融资体制改革。2011年娄底成功发行12亿元市政建设债券，并将继续发行第二期市政建设债券。招商银行成功落户娄底，娄星区农信社加快改制组建娄底农商行，上海农商银行、浙江泰隆银行在有关县（市）组建村镇银行。在金融体制改革探索中，市政府出台了《关于明确市与万宝新区财税关系的通知》文件，理顺了万宝新区与市、娄星区财税关系，并注资2亿元组建了万宝新区开发投资有限公司，目前该公司总资产达16.5亿元，具备了一定的投融资能力。

（三）突出资源集约利用着眼节能环保

一是严格推行节能评估审查。严格贯彻国家发改委2010年第6号令，强化固定资产投资项目节能评估审查，提高行业准入门槛，严控新上“两高一资”项目。制定下发了《关于贯彻<固定资产投资项目节能评估和审查暂行办法>的通知》和《关于印发<固定资产投资项目节能评估和审查委内工作规则>的通知》，把节能评估和审查作为项目审批的前置条件。2011年对锡矿山地区历史遗留砷碱渣无害化处理工程、湖南伍星生物科技高效双酶法年产500吨硫酸软骨素生物医药原料产业化等10个项目的节能评估报告书（表）组织专家进行了节能评估审查，对双峰县急救中心建设工程、娄底市卫生监督所等27个项目进行了节能评估登记备案，节能评估审查制度逐步得到落实。二是着力抓好节能技术改造。积极推进企业节能技术改造。涟钢、冷钢、湖南宜化、华润电力、汇源焦化等重点能耗企业实施重点节能技术改造项目16个，总投资4亿元，实现节能量约15万吨标煤，其中冷钢通过节能技改实现利润2.46亿元。加大监督检查力度，对国家和省支持重点节能工程项目，按照国家、省要求，指导到位，督促到位，做到专款专用，充分发挥资金效益。2011年全市共有冷钢的烧结余热综合利用发电工程、湖南宜化的生产装置节能技改工程等16个项目得到国家、省财政支持2832万元。三是强力推进两型环保工程。将节能减排做为两型化发展的重要抓手，全市共核查核算的减排项目共156个，削减二氧化硫3.08吨，化学需氧量817吨，氮氧化物722吨，氨氮106吨。积极开展“三边”造林和“四房”绿化，造林16.6万亩，森林覆盖率达到48.15%。积极推进节能灯，在全市下发了《关于下达2011年财政补贴高效照明产品推广任务的通知》，并将国家安排娄底的24.2万支高效照明产品分解至县（市、区）；据调度，到目前为止，已基本完成推广任务。四是坚决淘汰落后产能。成立了娄底市淘汰落后产能工作领导小组，建立了淘汰落后产能年度目标责任考核体系。2011年全市共淘汰落后产能涉及6个行业15家企业，淘汰炼钢落后产能5万吨、炼铁落后产能5.5万吨、铁合金（含电解金属锰）落后产能2.6万吨、锌冶炼落后产能5.9万吨、水泥落后产能44万吨、造纸落后产能0.6万吨。

（四）突出湘江流域着眼环境保护和综合治理

一是努力加快湘江流域污染治理项目实施进度。娄底纳入《长江中下游流域水污染防治规划（2011－2015年）》的项目中，目前已完成了娄底宜化化工生产污水零排放综合治理系统工程、冷水江市城镇污水处理厂、涟源市污水处理厂和涟水河综合治理工程等4个项目，娄底市第二污水处理厂目前已完成一期工程，冷水江锡矿山地区综合整治工程正处在实施阶段；双峰县农业面源污染治理示范工程、冷水江市农业面源污染治理示范工程和新化县饮用水源保护工程正在开展前期工作。二是认真组织实施湘江流域重金属污染防治工作。近几年来，娄底严格按照《湘江流域重金属污染治理实施方案》要求，认真组织实施重金属污染防治工作，共完成了89个涉重金属落后产能淘汰项目。冷水江市共关闭淘汰了61家非法锑品冶炼企业和6家非法锑浮选厂，将24家合法锑品企业整合为9家符合《锑行业准入条件》的锑品冶炼企业；新化县关闭了21家非法小锑品冶炼厂，双峰金鹰合金材料有限公司、涟源市蓄电池厂、湖南顺鑫钢铁公司、涟源市湄江电解锰厂、娄星区福星氧化锌厂和娄星区狮子山氧化锌厂均淘汰到位。目前娄底有双峰县原坳头山磺矿历史遗留污染综合治理一期工程、冷水江市重金属污染综合防治项目、锡矿山闪星锑业有限责任公司砷碱渣回收利用工程、锡矿山闪星锑业有限责任公司采选废水综合治理及回用工程、涟源市原冶金建材总厂遗留含重金属废渣综合治理工程和涟钢2200m^3高炉湿法除尘等6个重金属污染治理项目组织实施，并获得国家和省级重金属专项资金补助总计16000万元。另外，湖南冷水江市锡矿山地区青丰河和涟溪河综合整治工程、锡矿山闪星锑业有限责任公司烟气治理升级改造工程和涟源市茅塘镇区域重金属尾砂综合治理工程等3个项目被纳入2012年度省环保厅计划争取国家和省级资金支持重点项目。三是严格控制新污染源。严格执行《环境影响评价法》和国务院《建设项目环境保护管理条例》，加强“三同时”执行情况的监督和落实，严格执行排污许可证制度。改革城市污水和固体废弃物处理费征管办法，创新排污费征收使用管理模式，做到经济发展的同时，把排污总量控制在允许指标范围以内。四是积极探索城市群环境治理一体化建设。按照《长株潭城市群环境同治规划（2009—2020年）》的目标要求，积极开展娄底环境保护工作。目前水府庙水库生态环境保护项目已作为国家“良好湖泊生态环境保护专题”项目之一，娄底正在积极编制《水府庙水库生态环境保护实施方案》，组织各类保护项目42个，总投资近16亿元。通过这些项目的实施，与湘潭市一道积极实施水府庙水库流域生态环境保护工作，积极改善湘江流域的水环境质量。五是扎实开展农村环境综合治理。坚持把农村环境综合整治同统筹城乡发展整体推进新农村建设结合起来，把当前突出的农村饮用水源保护、生活污水与垃圾的处理以及畜禽养殖污染规范整治等环境问题作为工作重点，努力实现各项目标。目前娄底向国家发改委申报了双峰县生猪清洁养殖示范县项目，对全县26个大型生猪养殖场进行生态发酵床等的清洁生产改造，通过减少生猪养殖粪污排放量，从源头控制污染，改善周边生态环境，减轻环境污染。

（五）突出两型化改造着眼产业转型升级

一是坚持改造提升传统工业。积极淘汰落后产能。近几年来，先后投入560.5亿元，淘汰落后产能项目共计192个，主要涉及水泥、焦炭、电力、电石、铁合金、造纸、玻璃、酒精、钢铁、有色金属等10个行业。改造提升钢铁、煤炭、火电、建材等产业。涟钢薄板工程、金竹山电厂异地改造、冷钢改扩建、双峰海螺、湖南海螺、华润电力、天宝紧固件等大中型项目的实施，使工业经济信息化和规模化程度、生产工艺水平、产品质量得到了快速提升，具备1000万吨钢、1000万吨水泥、1000万吨煤、100亿千瓦时发电量、50万吨化肥、10万吨有色金属的综合生产能力；初步形成了钢铁产业、煤电煤化煤机产业、有色金属产业三大产业链。重点耗能企业的技术水平已达到国内乃至国际先进水平，如涟钢吨钢综合能源为0.6吨标准煤，比全国平均水平低10%；双峰海螺能耗位居世界领先水平，每吨水泥综合能耗为0.08吨标准煤，每吨熟料综合能耗为0.105吨标准煤，比全国水平低30%。二是积极发展战略性新兴产业。以华菱涟钢为依托，以娄底经济开发区为载体，以华菱安赛乐米塔尔汽车板电工钢项目为核心，集聚了三泰新材料、方瑞钢管、天柱钢结构等各类薄板深加工及配套企业42家，现已达年产值26亿元，并将迅速形成产值过100亿元的精品薄板深加工及配套产业集群。三一中兴、巨大重工机械、大丰和电动汽车、金华特种车辆等汽车和工程机械配套产业集群也正在不断壮大。初步确定了新材料、新能源及电动汽车、先进装备制造、生物医药、电子信息、节能环保、文化创意等7大战略性新兴产业。三是努力发展循环经济。加快涟钢、五江等省级循环经济试点方案的实施，推进园区和企业的循环化、“两型”化改造。重点推进冷水江市发展循环经济试点。相继实施了冷钢富余煤气发电工程、锡矿山闪星锑业公司锌厂余热发电工程和砷碱渣综合回收利用工程、湖南宜化合成氨系统节能减排综合改造和系统优化填平补齐工程等重点项目的建设。冷钢利用高炉、转炉富余煤气、蒸汽及烧结余热余压发电，自发电量达到36000万度/年，年可节约标煤16.08万吨，年创效益近2亿元。该公司还综合利用高炉水渣、转炉钢渣废尾渣建立了60万吨的超细粉生产线。各乡镇利用煤矸石、粉煤灰生产新型墙体材料，形成了一定的产业规模。全市工业固废利用量从2007年的200万吨提高到2011年的600.5万吨，工业固废综合利用率从2007年的63.6%提高到了2011年的100%，“三废”综合利用产值从2007年的不到1亿元提高到2011年的5.4亿多元。

（六）突出规划设计着眼示范片区建设

一是初步形成了示范区规划体系。娄底根据“两型社会”建设改革方针，出台了《关于支持万宝新区改革发展的若干意见》，并在《水府示范片区总体规划》的框架内，先后完成了28km^{2}万宝新城城市概念性设计与2km^{2}核心区城市设计、万宝新城组团、百亩组团控制性详细规划、仙女寨生态公园前期策划方案、沪昆客专娄底南站站前地区修建性规划、湘中国际汽贸城修建性规划等。同时支持东部新区创建国家级开发园区。进一步明确产业定位，以东部新区、万宝新区建设作为全市“两型社会”建设的突破口，东部新区突出发展休闲文化旅游、现代制造、器械农业等产业，目前已完成新区总体规划设计。万宝新区突出发展商贸、物流、文化产业，目前基础设施建设全面铺开。二是示范区总体态势良好。2011年东部新区全年技工贸总收入突破110亿元，其中工业总产值80亿元、规模工业增加值25亿元，分别增长45%、48%；实现财政总收入5.02亿元，一般预算收入2.45亿元，分别增长62%、52%；完成固定资产投资45亿元，增长40%，其他主要经济指标同比增幅均在40%以上。全年共引进项目13个，合同引资109.2亿元，省外项目实际到位资金23亿元，省内市外项目实际到位资金7.1亿元，外资4255.5万美元。万宝新区年筹措到位资金4.5亿元；完成社会固定资产投资27.5亿元，为全年任务的102%；实际到位内资30.62亿元，为全年任务的153%；到位外资3400万美元，为全年任务的154.5%。

（七）突出城乡统筹着眼改善民生

一是切实加强基础设施项目建设。重点加快推进大交通路网的完善。完成长株潭大交通建设投资87.6亿元。长昆客运专线娄底段和洛湛铁路娄邵线改造加快建设。娄新、新溆、安邵、娄长等4条高速公路全面推进。强力加快沪昆高速公路娄底连接线建设，实现提前通车。207国道、024县道改造完成，省道209、210、217、225、312改造全面扫尾。公路危桥改造和桥梁安保工程扎实开展。完成农村通畅工程1279.3公里。娄底机场通过中南民航局规划定点选址，涟水复航列入省规划，资水航道等级提升、大洋江航电枢纽等工程列入全省内河水运发展规划。建成6个城镇集中污水处理厂，5个生活垃圾无害化处理场，总污水处理能力已达到15万立方米/日，城镇污水集中处理率为68%，日处理垃圾能力达到1260吨，正在进一步完善第一污水处理厂、涟源市污水处理厂、冷水江市污水处理厂、双峰县污水处理厂、新化县污水处理厂的配套管网建设工程和施工建设市垃圾填埋场渗滤液项目、县市区垃圾中转设施。二是扎实推进冷水江城乡统筹试点。自2011年3月以来，冷水江市统筹城乡发展整体推进新农村建设工作全面展开，按照点线面结合的原则，确定了35个先行推进村和“一线两片”（S312沿线、铎山片、岩口片）建设重点，工作取得了初步成果，实现了良好开局。围绕打造整洁秀美村庄，坚持设施同建、环境同治，实施“三清四改五化九建二处理”工程。2011年，35个先行推进村共新建、拓宽通村通组公路152公里，新修人行道151公里，房屋风貌改造1533栋，拆除违章建筑和危旧房屋269栋，疏通治理乡村河道8条，添置垃圾桶11469个，建垃圾池504个，安装路灯340盏，完成改水6275户、改厕1704个，新建村民文化活动中心33880平方米，农村面貌焕然一新。

（八）突出示范创建着眼两型氛围培育

一是联动推进“两型”示范创建。娄底结合“三项创建”活动（创建全国卫生城市、全国园林城市、全国文明城市），扎实开展“两型”文化建设和“两型”示范创建活动。扎实抓好“两型”示范创建工程，共获批8个示范创建项目、5个示范创建单位，争取引导资金达270万元；并获全省“两型”示范创建组织一等奖。实施城市道路照明节能工程，在节约能源和提高城市路灯管理科技水平上做了大量的工作，采用新技术、新产品、新光源对原来能耗高的城市照明进行了全面改造，采取各种节能措施，全年可减少电量68万度，节约电费支出60万元。“三余”（余热、余气、余压）发电变废为宝，化害为利，发电装机总量达50万千瓦，推动“两型”社会建设和低碳经济发展，被省两型办确认为全省“两型”社会建设经验模式之一。力达能源瓦斯发电被评定全省“两型”示范创建重点项目。此外形成了土地综合整治、环境责任保险、资源型城市转型等一批经验模式。二是协同推进全民两型氛围建设。坚持“两型社会”建设要从“小处着手”，多次组织市一中、二中、三中的学生开展黑板报、海报、墙画等形式多样的两型宣传活动，努力实现“教育一个学生、带动一个家庭、影响一个社区、辐射整个社会”的目标。积极组织全市人民参加各种类型的节能环保活动，举办节能环保宣传周活动，加强对湘江重金属污染防治及节能减排工作的环境宣传和环保知识普及工作，共创两型娄底。

尽管娄底“两型社会”建设取得了一定的成绩，但困难和不足也很多，主要有水府庙水库保护形势非常严峻，各项改革试验任务重，节能减排压力巨大，要素市场改革推进步伐较慢等。下一阶段娄底市将围绕全市工业两型发展促进机制、联合产权交易平台及其机制改革、PM2.5监测及防治体制、排污权交易、农村环境污染治理、生态补偿机制、绿色建筑推广、绿色出行、资源性产品价格改革、绿色GDP评价体系等十大重点改革任务目标，着力推进水府示范片区建设，着力加强水府庙水库流域保护，着力调结构转方式推动市域经济全面提质提速。

娄底市2011年两型社会建设成果

资源节约利用

【娄底淘汰落后产能项目192个】 2007年至2010年，娄底市淘汰落后产能项目192个，城市生活垃圾无害化处理率和污水集中处理率分别达到56%和65%以上，圆满完成节能减排“十一五”目标。

“十一五”期间，娄底研究制订了能源、电力、机械、建材、化工等行业淘汰落后产能实施方案，将淘汰任务分解到每一户关停淘汰企业及具体生产设备，并将其纳入干部政绩考核内容和新型工业化工作目标考核范围。

【循环经济成冷水江新“王牌”】 2011年10月，总投资13.6亿元，占地1100亩的循环经济产业园项目与冷水江市经济开发区正式签约入驻，标志着冷水江在打造循环经济产业项目中迈出了实质性的一步。

近年来，冷水江致力于摆脱资源型产业束缚，以“一转三化”战略为核心，按照“发展循环经济、建设生态工业”的经济转型思路，提出“决战工业600亿”目标。一方面充分利用已有的煤炭、钢铁、锑品产业，不断延伸产业链条、加大科技含量、上马环保设施，形成集约化、科技化产业组团，实现资源利用和经济效益的最大化；另一方面，按照新型工业化要求，通过与国家、省相关政策精神接轨，制定优惠政策、开展多元招商、推进项目建设、构建产业平台，形成新型工业产业园区，带动全市经济结构转型。

冷水江以经济开发区为平台，研究出台了土地、财税、服务等一系列优惠政策，先后吸引了天宝紧固件、天利板业、金鹰服饰、三A化工、益盛包装等一大批具有较强综合实力和市场占有量的大中型企业落地生根。

【涟源纳入全国第三批资源枯竭城市】 2011年11月11日，国家发改委、国土资源部、财政部将涟源市纳入全国第三批资源枯竭城市，成为全国5个县级市之一。涟源市因此可在宏观政策、项目建设、财政转移支付等方面得到国家更多的优惠政策支持。

涟源市是典型的资源型城市，是湖南省重要的能源原材料基地。由于长期开采，矿产资源日渐枯竭，民生问题日益突出，生态环境破坏严重，接替产业相对滞后，经济社会可持续发展面临严重挑战。为此，涟源市委、市政府高度重视，在着力调整产业结构，积极探索经济转型道路的同时，紧盯国家宏观政策，捕捉有利时机，积极争取上级政策支持。

涟源市委、市政府将紧紧抓住资源城市经济转型这一重大机遇，以规划为先导，以转方式调结构为主线，以保障和改善民生为根本，以重大项目、重点行业和核心企业为抓手，大力推进信息化与工业化融合，做强支柱产业，提升传统产业，加快发展战略性新兴产业，走低消耗、低排放、高附加值、高效率的新型工业化道路，以产业转型带动经济转型、社会转型，促进涟源经济社会全面协调可持续发展。

生态环境保护

【娄底医疗废物集中处置中心点火运行】 2011年4月20日，娄底市医疗废物集中处置中心点火运行仪式在双峰县洪山殿镇梓木村隆重举行，标志着全市医疗废物集中无害化处置项目取得重大突破。

为彻底解决医疗废物带来的污染问题，更好地改善人居环境，经国家发改委、原国家环保总局审批，娄底市于2010年建成医疗废物集中处置中心，并顺利通过验收。该中心处理规模5吨/日，投资概算为1839万元，处置技术采用热解汽化焚烧法，配套建设烟气净化、固废处置、废水处理及灭菌消毒等环保设施，针头、输液器、纱布等医疗废物经过最高1200度高温焚烧成灰烬后，进行填埋处理，杜绝污染。医疗废物集中处置中心建成和投运后，将对全市各医疗卫生机构、单位医务室、诊所、卫生室等产生的医疗废物进行规范化、科学化、无害化处置，有效防止医疗废物二次污染所带来的疾病污染，保障人民群众的健康安全。该项目的建成投运不但可以从根本上改变医疗废物分散无序的处理方式，而且将进一步推动全市环境卫生事业的发展，对娄底市创建国家园林城市、国家卫生城市具有十分重要的意义。

【双峰县水土流失综合治理试点工程获批】 2011年5月17日，双峰县水土流失综合治理试点工程已获湖南省发改委批准。双峰县新泽河项目位于双峰县西南部的印塘乡，项目涉及段家村、麦园村、新园村等14个行政村，土地总面积2615公顷，耕地面积806.4公顷，其中坡耕地面积250.6公顷，总人口1.23万人，其中农村人口1.21万人。

工程总投资1254万元，中央补助1000万元，其余地方配套。总工期为4个月。水土流失项目综合治理坡耕地面积225.83公顷，梯田整修196.82公顷。主要建设内容：新建土坎梯田94.74公顷，坡式梯田131.09公顷，梯田整修196.82公顷；配套工程：截排水沟26处长25.62千米，经果林18.32公顷，植物护埂护坎8.72公顷长274.57千米，植物篱36.73公顷长113.01千米等。通过项目区治理，坡耕地治理程度达到90%，区内水土流失得到初步控制。对加强农业基础设施建设，提高农业综合生产能力，改善项目区生产生活条件、生态环境，促进经济社会可持续发展具有重要意义。

【娄底将建中国首个湖湘文化主题公园】 2011年5月13日，第七届（中国）深圳国际文化产业博览交易会湖南省最大金额的签约项目——娄底湖湘文化国际新城签约仪式在深圳国际会展中心隆重举行，水府示范片区万宝新区与香港霍氏实业六宝（北京）投资基金管理有限公司、湖南华剑实业有限公司签署了合作意向书。

湖湘文化国际新城，坐落于湖南娄底市万宝新区著名的仙女寨风景区，由六宝基金和华剑集团共同投资十五亿元兴建，建设周期3—6年。将成为湖湘历史与文化集中再现的大型文化主题公园及中国首个以湖湘历史与文化为题材的主题公园。项目由湖湘历史文化走廊、湖湘名人坊、湖湘地理广场、湖湘民俗文化街、诗词碑林、仙女峰自然景观区、国际街区、综合配套八大特色部分组成，大部分景点免费对市民进行开放，并由华剑集团成立专业的管理公司进行经营管理。使项目不仅成为湖湘文化研讨中心、优秀爱国主义教育基地、娄底市旅游观光风景名胜区，更可以成为游客砥砺心性的精神家园。

六宝基金是以基金管理、投资管理及投资咨询为主营业务的专业基金管理机构，是香港霍氏实业成员企业中专业从事股权投资与管理业务的公司，为项目的成功提供强大资金和品牌保证。

【娄底第一污水处理厂二期工程开工】 2011年5月18日，娄底市2011年城市基础设施建设重点工程——娄底市第一污水处理厂二期工程隆重开工。

娄底市第一污水处理厂一期工程建成后，娄底城区乐坪大道以北、涟水河以南的城市生活污水已基本得到处理，目前，日处理污水量已达到5万多吨，超过一期工程设计规模。2010年12月，市委、市政府为全面实现节能减排目标，决定立即启动市第一污水处理厂二期工程建设。

该工程位于一污厂西侧，占地61亩，建设规模为日处理污水5万吨，预算投资5800万元，计划2011年10月建成投产。工程建成后，将承担涟水河以北娄底城区，包括涟钢厂区和娄底经济开发区的污水处理任务，将大大改善涟水河的水环境质量和生态环境质量，为促进娄底经济可持续发展，实行节能减排，推动"三个创建"工作发挥重要的作用。

【娄底组织人工增殖放流活动】 2011年5月18日，娄底市在资江组织了全市第八届新化县第四届人工增殖放流活动。共投放草鱼、鲢鱼、鳙鱼、鲤鱼1006万尾，其中大规格鱼种6万尾，4000公斤；夏花鱼500万尾，水花鱼苗500万尾，银鱼受精卵1亿粒。共投入资金195万元。

资江属长江水系，自南向北流经娄底市冷水江市、新化县境内100多公里，曾是长江水生生物资源宝库的重要组成部分。近年来，由于受过度捕捞和水质污染的影响，水生生物资源急剧衰退，鱼类品种和数量大幅减少。此次放流是响应《中国水生生物资源养护行动纲要》的一项重要行动，对进一步提高社会各界对渔业资源的保护意识、丰富资江水系乃至长江流域鱼类资源和修复水域生态环境、促进娄底市渔业生产可持续发展起到重要作用。

基础设施建设

【S209线甘桂南路正式开工】 2011年4月20日，S209线甘桂南路开工仪式在孙水河畔南岸隆重举行。

甘桂南路工程是娄底市的重点工程之一，它的建成对促进涟钢物流、构建娄底大环线，加快实现娄底城区南移北扩战略具有重要意义。该道路起于湘中大道，止于孙水河南岸，全长2.35公里，路面宽55米，设计时速50公里，按城区道路标准建设，工程总投资1.3亿多元，工期为8个月，将在2011年底建成通车。

【天然气入娄】 2011年5月，省发改委以湘发改能源〔2011〕519号文件批准同意中石油昆仑燃气有限公司开展湘潭—娄底—邵阳天然气管道项目前期工作，标志着"天然气入娄"已进入实质性工作阶段。

湘潭—娄底—邵阳天然气长输管道，始于西气东输二线樟树—湘潭支线的湘潭站，止于邵阳站，规划线路全长

205 公里，预计投资 9.3 亿元。管道共设九华、湘韶、娄底、涟源分输站和邵阳站 5 座站场及 7 座阀室。管道从湘潭站出发，向西敷设，穿越湘江后进入九华示范区，管道在经济区内伴行上瑞高速敷设，而后与上瑞高速分离向娄底方向敷设，途经天池冲、烟山、金狮塘、银田镇、青塘湾、大塘湾、白路塘、白冲湾、竹山湾、翻江镇、元甲湾、龙潭湾、石底、松江湾后，在石井镇北侧穿越涟水河，而后经印溪、关王桥、湖泉、青烟、奕雅园、邹家边、龙马冲、田心、爽溪、寸石镇、武桥、花桥、雀塘，最终达到位于邵阳市东侧规划区外的邵阳站。

湘潭—娄底—邵阳天然气长输管道，是西气东输二线湖南省的配套天然气长输管线之一，对于“十二五”期间湖南实现气化全省，优化区域能源结构，推进“两型”社会建设有着非常积极的意义。项目计划 2011 年 10 月前开工，2012 年底完工。管道建成后，娄底市将彻底告别燃气短缺现象，既能满足娄底城区及各县市区城镇居民生活用气，还可以提供一定的工业用气。

【湘潭—娄底成品油管道项目将全线开工】 2011 年 5 月 10 日，湘潭—娄底成品油管道输送及配套项目建设动员大会在双峰召开。

湘潭—娄底成品油管道输送及配套项目是省、市 2011 年重点建设工程项目，是娄底市向建党 90 周年的献礼项目。项目总投资 8.6 亿元，年输送汽、柴油 250 万吨，计划年内管道全线贯通，2012 年 6 月底前正式投运。建成后可从根本上解决娄底市成品油单一依靠铁路运输的“瓶颈”问题。

为缓解湘中地区油品供应紧张问题，娄底市委、市政府，中石化娄底石油分公司从 2009 年就开始筹划湖南省成品油管道续建项目——潭娄成品油管道及配套油库工程。2010 年 12 月省发改委正式批准立项。据悉，湘潭—娄底成品油管道全长 130 公里，娄底境内途经双峰县梓门桥、杏子铺、蛇形山、洪山殿和涟源市金石镇 5 个乡镇，湘潭建分输泵站，娄底为终点站。管道跨越湘潭、娄底市，穿越湘江、涟水等河流，穿越潭邵高速公路、G320 国道、S210 省道及部分地方等级公路。全线采用密闭输送工艺和 SCADA 自控系统进行集中控制，顺序输送汽油和柴油二大类 5 个品种。

【国道 207 线娄底段公路改建工程竣工通车】 2011 年 6 月 28 日，国道 207 线娄底段公路改建工程竣工通车典礼在涟源市龙塘镇上梅桥举行。

国道 207 线娄底段，是娄底市规划建设“六纵三横一联线”公路网骨架的重要组成部分，线路起于安化与涟源交界处的罗福堂，经伏口、湄江、龙塘、桥头河、蓝田、三甲六个乡镇，止于涟源与新邵交界的落马江，线路全长 53 公里，按二级公路标准改建，批复总投资为 22363 万元，其中国、省定额投入 15966 万元，娄底市和涟源市自筹资金 6397 万元。

【珠山公园开园】 2011 年 7 月 12 日，位于娄底市城区东南部的市级城建重点工程——珠山公园胜利开园。

珠山公园位于娄底市城区东南部，原名苦槠山。公园规划总面积 67.2 公顷，规划建设总投资 3.285 亿元。公园以“自然、休闲、文化”定位，按照“一山一水、两谷两苑、三个制高点”布局，是集生态保护、文化娱乐、旅游观光、运动休闲、科普教育于一体的多功能综合型城市公园，是目前娄底市中心城区最大的绿色生态屏障。全园设东、西、南、北四个主出入口，规划有东大门景区、民俗风情园、密林游览区、户外体验区、娱乐休闲区、乡土文化区六大特色主题活动区。园内廊路回环，亭台呼应，林荫蔽日，松涛送爽。沿着园路，依次规划布有涟亭晨雾、风情园、红叶溪谷、鸳鸯泉、云台参星、映翠长廊、文化艺苑等“珠山八景”，登高可极目远眺，心旷神怡，漫步可曲径通幽，神清气爽。

2007 年 9 月，娄底市人大常委会正式作出保护和建设珠山公园城市“绿肺”的决定。2008 年 3 月，娄底市委、市政府将珠山公园建设正式列入市级重点工程，组建了工程建设指挥部。2009 年 7 月，工程正式开工。经过近两年紧锣密鼓的建设施工，第一期工程 713 气象雷达站、主园路、西门、北入口、东门、西南入口和绿化配套建设相继完工，完成投资 1.6 亿元，基本具备了开园的条件。下一阶段，将进一步完善各项配套设施建设，主要是建好第二、三级园路；新建停车场、管理用房、垃圾站、公共厕所等公用实施；完善排水系统和电力系统；修复望星亭、红叶山庄；改造绿地、植被，完善绿化结构；完成各项景点的后续建设。

【娄底市体育馆竣工验收】 2011 年 7 月 22 日，娄底市体育馆通过竣工验收，成为娄底又一大型标志性建筑，为娄底承办国内外大型体育赛事创造了条件。湖南省建筑设计院的专家称娄底体育馆是全省建设领域的一大奇迹。

该馆于 2009 年 1 月开工建设，同年 3 月基础施工完毕，2010 年 12 月钢结构屋面板设施完成，2011 年 6 月全部工作内容完成，22 日正式竣工验收，历时 2 年半时间。整个体育馆工程共有地下一层，地上三层，主要功能有体育训练、比赛、办公、商业等。娄底体育馆共有坐席 5080 座，总建筑面积为 22172 平米，是娄底举办 2014 年湖南省第十二届运动会的重要场馆之一。

该馆是全市唯一的国家级新技术应用工程，创新地采用全省首例大跨度钢管桁结构（长轴 90 米，短轴 82 米）相贯焊接，屋面为下沉式穹顶结构。馆内安装了最新的空调风系统，赛场观众区采用座椅送风，空调机组采用二次回风，赛场区域及临时座椅区采用喷口送风，采用全空气一次回风系统，能为比赛选手和现场观众宽敞明亮、舒适宜人的比赛场地。

【国家电子陶瓷产品质量监督检验中心开建】 2011 年 8 月 17 日上午 9 时，国家电子陶瓷产品质量监督检验中心正式开工建设。

国家电子陶瓷产品质量监督检验中心由国家质检总局批准筹建，娄底市质量技术监督局承建，是娄底新建的第一家国家级实验室。计划总投资 5500 万元，建筑面积约 17000 平方米。拟建成集电子陶瓷产品检验测试、科研开发、产品研制、标准制修订和信息技术服务为一体的“国内一流、国际先进”的专业化、开放型实验室。它的新建，标志着娄底抢占了全国电子陶瓷产品研发和质量检验检测制高点，将有力推动娄底电子陶瓷产业的规模化、集约化发展。

【潭邵高速娄底连接线城区段通车】 2011年8月26日，潭邵高速娄底连接线城区段路面工程主车道施工全面完工。

潭邵高速娄底连接线工程是娄底市委、市政府确定的2010年重点工程项目之一，也是实现娄底城市“北扩南移”战略、推进城市化进程的重点项目。工程北接城区湘中大道和新星南路，南连潭邵高速、娄新高速、娄益衡高速和沪昆高铁车站广场。道路规划总长6875.12米，控制宽度80米，道路宽度65米，双向8车道，两侧各设4米宽的隔离带、10米宽的辅道和3.5米宽的人行道，总投资4.2亿元。设计时速为60公里。

【娄底连接线娄新高速段东半幅通车】 2011年8月31日上午，潭邵高速娄底连接线扩建工程娄新高速段实现了东半幅道路通车。

娄底连接线娄新高速路段总长9.6公里，道路宽度为26米，双向4车道。它的建设关系到娄底形象和娄底发展，是娄底通向外地的“大动脉”，对娄底引进外来投资者，促进娄底经济社会发展具有重要意义。

【娄新高速潭邵连接线路段全线通车】 2011年9月28日，娄新高速潭邵连接线路段正式通车。从此，从潭邵高速娄底收费站至湘中大道只需10多分钟就可抵达。

娄新高速潭邵连接线改造路段是娄底市公路交通的重要通道，是娄底城区的南大门。它的建成通车，对于娄底实施北扩南移战略，尽快形成区域性交通枢纽，改善投资环境，提升对外形象，扩大对外开放，促进全市经济社会发展具有十分重要的意义。市城建投自2010年6月进场以来，加班加点，抓质量抢进度，确保了连接线城区段比计划提前5天实现通车，顺利实现市委市政府确定的10月1日前全线提前竣工通车的目标。

【长韶娄高速娄北连接线道路工程开工】 2011年10月10日，娄底市对接融入环长株潭城市群民心工程——长韶娄高速娄北连接线道路（桥梁）工程隆重开工。

长韶娄高速娄北连接线道路（桥梁）工程是省、市2011年重点工程项目，是市政府与省公路建设投资有限公司合作共建项目，也是市城建投成立以来承建的最大单体项目。该项目南起新星北路终点，北至长韶娄高速娄底北互通收费站终点，全长7225米，路幅宽60（38）米，采用城市主干道标准，设计行车速度60km/h。工程概算总投资6.3亿元，占地1050亩，建设工期为2年。

【娄底市体育公园顺利通过竣工验收】 2011年12月30日，娄底市体育中心体育公园工程项目顺利通过竣工验收。

娄底市体育中心占地500亩，总投资7亿元，建有一场（主体育场）三馆（体育馆、游泳馆、综合馆）一中心（妇青活动中心）一公园（体育公园）。2010年3月，娄底市委、市政府高瞻远瞩，在审定园林绿化、亮化建设中把体育中心定位为体育公园。除场馆外，公园内设施全部免费对市民开放。

娄底市体育中心体育公园工程项目总建设规模240000㎡，其中包括园林绿化，园林景观，园林给水，市政道路，市政给排水，园林土石方工程等，由水木清华（厦门）园林规划有限公司设计，湖南和天工程项目管理有限公司全程监理，湖南柏加建筑园林有限公司承建施工。2011年2月28日开工，11月底基本完成。

城镇规划建设

【新化机场选址报告评审会召开】 2011年4月26日，娄底新化民用机场选址报告评审会在新化举行。

4月25日至26日，与会领导、专家组一行先后到上梅镇黄龙山场址、游家镇黄家岭场址进行了现场踏勘，详细了解初选场址的地质、交通、通信和气象等情况。

在评审会上，设计单位从地理位置及交通、跑道、地形地貌、气候、净空、空域、工程地质、水文地质等条件全面分析了推荐的两个场址。专家们结合实地察看的情况，纷纷就不同领域、不同范畴提出自己的意见和建议，对机场选址比选方案进行了深入分析和研究。

【省专家组为东部新区控规“把脉会诊”】 2011年7月5日，娄底经济开发区召开娄底市水府示范片东部新区控制性详规专家评审会，邀请省内专家为控规“把脉会诊”。

东部新区控规范围北至娄底经开区二工业园规划一街，娄涟公路及沪昆铁路，东至湘乡市边界，南至涟水河，西至吉星路，总用地面积约32.33平方公里。该规划对东部新城的定位、公共和市政设施的配套、绿化景观等进行了分析和研究。

【湘台两地专家来娄考察仙女寨项目】 2011年8月31日至9月3日，受娄底市委市政府和万宝新区邀请，省建设厅原常务副厅长、省城乡规划学会理事长肖常锡与台湾南良集团副总经理、南良娄底专案组执行负责人张明等台湾、湖南两地16位涵盖旅游、建筑、规划设计等业界知名专家来娄对仙女寨生态旅游公园项目进行实地考察，对规划工作献策。

仙女寨生态旅游公园是万宝新区总体概念性规划中“三园”中的最主要的“一园”——仙女寨生态旅游公园及其延续山体，对万宝新城“绿肺”功能建设至关重要，娄底市委、市政府与万宝新区的领导高度重视，该项目也被列为湖南省旅游重点项目建设“251”工程。湖南九龙集团作为政府批准的仙女寨南面区域承建主体，为高起点、高标准打造国际一流水平的生态旅游区，投入大量资金进行前期开发，并利用萧氏宗亲资源招商引资，成功引入战略合作伙伴台湾南良集团，共同开发仙女寨生态旅游公园项目，建设项目包括五星级宾馆，文化体育设施，佛教寺院，植物园等。2010年7月九龙集团与台湾南良集团在上海世博会湖南周签约，拟共同投资1.8亿美元（约合人民币12亿元）对项目进行全面合作开发，这是娄底市对台合作项目唯一省级重点签约项目。市委书记林武于2011年7月初率团赴台考察并在台签订了娄底市人民政府与台湾南良集团、湖南九龙集团合作框架协议书。

在台湾、湖南两地的专家对仙女寨生态旅游公园进行了实地勘察的基础上，9月3日，万宝新区主要领导、相关部门人员及市规划局、旅游局、国土局、建设局等领导，台湾南良集团、湖南九龙集团负责人，两地专家就相关仙女寨生态旅游公园的规划问题召开了座谈会，各方在听取意见的基础上，就相关问题进行了充分交流。

【娄底资水涟水列入全省地区重要航道发展规划】 2011年12月，《湖南省内河水运发展规划》颁布，娄底资水、涟水作为骨干航道被列入地区重要航道发展规划和十大重点工程建设项目。在此次规划中，全省仅有4条航道入选地区重要航道发展规划。

《湖南省内河水运发展规划》是为今后20年湖南水运发展谋篇布局的顶层设计框架文件，是支撑全省经济社会发展的一个重要专项规划。该规划以2010年为基础年，2020年、2030年为规划水平年，确定了全省今后20年水运发展的总体目标和指标体系。

上世纪50年代，境内资水、涟水曾是百舸争流、通江达海的黄金水道，水路运输占到社会运输总量的70%，为当时的经济社会发展作出了重大贡献。此后50年，因片面发展水利及其他人为因素，造成涟水基本断航，资水仅能在丰水期航行一百吨级船舶，且因安化柘溪大坝碍航不能出境，导致运量大、能耗低、成本低的水运业一落千丈，一直在低谷徘徊。

进入到21世纪，地处湖南地理几何中心的娄底，构建与经济社会发展相适应的现代综合交通运输体系，已成为当务之急。《湖南省内河水运发展规划》明确提出：投资128.6亿元，加快湘江、沅水、资水航电枢纽建设，渠化全省高等级航道，其中资水航道邵阳、娄底至益阳440公里规划为四级，实现全线打通资水航道、高效通航（500吨级运输船舶）；涟水复航工程规划投资89亿元，新增1000吨级航道175公里，实现湘河口至娄底涟钢大桥175公里航段复航，打通湘中地区重要的绿色经济大通道，娄底港将建设成为全省15个地区重要港口之一。

两型产业建设

【“走进东盟—湖南周”娄底签约上亿】 2011年4月12日至23日，省委、省政府专门组织了“走进东盟—湖南周”活动。省委副书记梅克保率团在越南、泰国、印度尼西亚三国，密集拜会各国政要、工商界知名人士，举行商务投资合作推介会，调研湖南企业在东盟的发展情况。此次“走进东盟——湖南周”活动，娄底市派出了由市委副书记、市长张硕辅带队组团的强大阵容。东盟之行，娄底企业表现不俗，签约总投资2170万美元，5家企业与泰国湖南工业园签订了入园仪式。据悉，娄底企业到泰国投资办厂尚属首次。

娄底与东盟经贸往来一直较为活跃。早在上个世纪80年代，就有娄底人勇闯东盟“淘金”的身影。尔后，“娄底造”的卫星接收天线、米机、农机、煤机、矿山机械等机电产品“借壳”进入东盟市场，备受青睐。娄底与东盟产业发展和经济互补性优势明显。娄底自2009年始巧借“湘博会”会展平台，邀请越南、泰国等东盟国家代表来娄底考察，拉近了娄底与东盟国家的距离，开辟了走向东盟的通道。2010年1月1日，中国—东盟自由贸易区正式成立，娄底市委、市政府抢抓历史机遇，着力推进娄底与东盟之间的经贸合作与交流。

【华润雪花啤酒开工】 2011年6月10日，投资3.3亿元的华润雪花啤酒20万千升娄底生产基地项目开工。

华润雪花啤酒（中国）有限公司是一家生产、经营啤酒的全国性专业啤酒公司，在中国经营超过70家啤酒厂，公司总产销量连续六年遥遥领先国内同行企业。华润雪花啤酒娄底工厂将是湘中地区生产规模最大、设备最先进的啤酒企业之一。雪花娄底工厂全部生产过程采用计算机控制，关键工序如糖化、粉碎、发酵、酵母扩培、过滤、包装等，全部实现自动化。对于引领园区科技创新、推进全市新型工业化意义非凡。

【湖南巨大重工项目隆重开工】 2011年6月10日，投资8亿元的湖南巨大重工机械项目开工。

广东巨大重型机械有限公司是专业研发生产、加工高压辊磨机、大型传动轴及各类配套产品的国内一流重型机械企业，具有国内领先的锻造（模锻）加工及热处理工艺，投资娄底的湖南巨大重工机械有限公司志在生产国际一流、国内领先的粉磨设施及工艺产品，填补国内空白。项目建成后，将为娄底开发区机械制造主导产业提质提效、延伸重工机械产业链条产生重要推动作用，成为振兴民族制造业，促进娄底产业转型升级的重要载体。

【娄底市政府与台湾南良集团、九龙集团签订《合作框架协议》】 2011年7月4日，娄底市委书记林武率娄底经贸考察团一行，在台湾悠活丽致渡假中心与台湾南良集团就有关合作事宜进行了深入洽谈。通过洽谈，娄底市人民政府作为甲方，台湾南良集团作为乙方，湖南九龙集团作为丙方，就产业转移、仙女寨生态旅游公园、娄底台商科技园等3个项目达成《合作框架协议》。

【娄底上半年新签项目29个 签约资金83.2亿元】 2011年1月至6月，娄底市共新签约项目29个，签约资金83.2亿元；到位外资1.19亿美元，同比增长121%，完成年计划的66%；新增外商投资企业9家；实施内联引资项目275个，到位内资94.6亿元，完成年计划的63.07%；组团参与了湘苏、湘浙经济合作活动并成功签约2个项目、引进资金2.8亿元。

2011年来，娄底市先后接待了台湾国产、兴昂国际、德国ECBC、江苏雨润、唐人神等重要客商57批次，共计301人来娄考察。东方希望、创高铝业、兴昂鞋业等项目相继投产，雪花啤酒、三一中兴、巨大机械等项目相继开工。汽车板电工钢、不锈钢深加工、电动汽车、铝材生产、仓储加工等主题工业园加速形成。承接产业转移日趋活跃，加快了平台建设，上半年共新建标准厂房50余万平方米，引进承接产业转移项目71个，实际到位资金23.18亿元人民币。

【娄底对外贸易进入全省第一方阵】 2011年上半年，娄底市进出口贸易总额突破12亿美元，占全省90.3亿美元的13.3%，排名全省第3位，进入第一方阵。

娄底是湖南的重要能源原材料基地。过去进出口比较单一，主要依靠钢材和锑品。近年来，娄底大力调整产业结构，发展低碳经济，通过高新技术引进，使娄底的进出口产品结构和比重发生了改变，同时，通过培育壮大扶持民营进出口企业，摆脱了单纯依靠国有企业开展进出口贸易业务的格局。民营和三资企业异军突起，上半年完成进出口额达3.08亿美元，占全市进出口总额的25.6%，达四分之一，有力推动了娄底对外贸易的快速发展。

目前，娄底拥有进出口权的企业143家，其中有出口实绩的就有34家，出口产品由完全依赖钢材、锑产品单一结构局面，逐渐向钢材、锑产品、电子陶瓷、机电、科技、农产品等多元出口产品结构转变，进口高新技术产品引进成为娄底一大亮点。娄底正全力筹建海关和质检机构，推动外向型经济向纵深发展。

【娄底三家企业入选2010年度全省私企百强】 2011年8月16日，省工商行政管理局和省个体劳动者私营企业协会主办的“湖南省私营企业100强”评选活动授牌大会在长沙隆重举行。省委副书记、省人民政府省长徐守盛，中国个体劳动者协会会长、全国工商联副主席甘国屏等领导出席。

娄底三家企业榜上有名，分别是冷水江钢铁有限责任公司（名列第4位）、湖南九龙经贸集团有限公司（名列第16位）和百雄堂控股集团有限公司（名列第80位）。

省私企“百强”评审每五年举行一次。此次评选以2010年度为期限，自2010年10月起，历时8个月，经过层层遴选，坚持“公平、公正、公开”的原则。评选范围为在全省各级工商部门登记注册并通过2010年度年检的私营企业，特殊情况的应通过2009年度工商年检。面向除公共管理和社会组织、国际组织以外的所有18个门类的私营企业。评选以共性指标量化测评为主，个性指标定性评价为辅，对参评企业主要从三个方面8项指标进行定量测评，即经营水平，主要包括销售收入、净利润增长率、净资产增长率、净资产四个指标；发展潜力，主要包括销售净利润率、资本收益率两个指标；对国家和社会的贡献，主要包括税金实际入库额、对社会捐款两个指标。

此次评审是经省人民政府批准，在省委宣传部、省纠风办、省民政厅、省人保厅、省地税局、省国税局、省质监局、省工商联、省工商银行等单位的大力支持下，由各级个私协会推荐，省评审委员会严格评审，并征求相关职能部门意见严格评选。榜单内都是湖南省内有实力、上规模、上档次的知名私营企业。

入选的百强私营企业，2010年度的平均净资产总额为5.73亿元，比上届增长200.8%；平均销售收入15.25亿元，比上届增长195.6%；平均纳税金额7451万元，比上届增长357.1%。其中，年销售收入过百亿的有2户，过十亿的有22户；利润过亿的有20户，过五千万的有32户；税收过亿的有10户，过三千万的有35户。据统计，“十一五”期间，全省个体私营经济以年均16%的速度增长。至2010年末，私营企业总数占全省企业总数的80%，吸纳了85%的新增就业人员，贡献了51.8%的税收，成为湖南最具活力的经济增长点之一。

【鸿冠集团与央企中粮集团顺利对接】 2011年8月22日，娄底市召开中粮集团娄底食用油分包装生产基地项目协调会议。

8月5日，湖南鸿冠集团与中粮集团钦州公司正式签署协议，鸿冠集团将从2011年8月份陆续开始承担在中南五省范围内中、小包装食用调和油的分包装生产业务，项目总投资10亿元，一期投资3亿元。该项目的实施，将为娄底市创造就业岗位2000余个，创造利税将超5亿元。鸿冠集团与中国粮食集团该项目的对接，是娄底市委、市政府2011年央企对接的重点项目。

【冷钢再次荣膺“2011中国制造业企业500强”】 2011年9月13日，中国企业联合会、中国企业家协会按照国际惯例推出了2011中国制造业企业500强名单，其中湖南省冷水江钢铁有限责任公司以2010年1215976万元营业收入位列第327位，再次上榜荣登“2011中国制造业企业500强”。

2011中国制造业企业500强的营业收入、资产总额、所有者权益、利润、门槛值均比上一年有大幅增长，其中每一项指标的增长率均高于2011中国企业500强，充分说明在我国经济先于世界大多数经济体率先复苏的背景下，国内制造业企业也实现了迅猛的增长。

近年来，湖南省冷水江钢铁有限责任公司在深化内部改革，转变员工观念；加速技术改造，淘汰落后产能；调整产品结构，提高创效能力；发展循环经济，转变增长方式；美化绿化环境，创建“花园式”工厂等方面做出了不懈的努力，取得了可喜的成绩。员工思想观念得到根本转变，湖南省冷水江钢铁有限责任公司管理机制成功转型，环境状况得到了彻底治理，企业发生了精彩嬗变，为打造“百年冷钢”注入了持久动力。2006年—2010年湖南省冷水江钢铁有限责任公司累计完成固定资产投资21.62亿元；累计上缴税金21.76亿元，实现利润9.88亿元。湖南省冷水江钢铁有限责任公司一举成为中国大型企业500强、中国制造业500强、湖南省百亿企业，湖南省纳税十强。湖南省冷水江钢铁有限责任公司先后荣获“全国模范劳动关系和谐企业”，“全国民族团结进步模范集体”，“全国最具成长性企业”，“全国企业文化建设先进单位”，“全国钢铁工业先进集体”，“省文明卫生先进单位”等荣誉。湖南省冷水江钢铁有限责任公司的先进事迹在《人民日报》上予以专题报道。

“十二五”期间，湖南省冷水江钢铁有限责任公司将坚持内涵发展和外延发展相结合的方针，进一步做强做大企业。通过技术改造，使钢、铁、材年生产能力分别达到450万吨以上，提高节能减排水平。同时，扎实做好产品深加工这篇文章，转变增长方式，提高经济效益。

【九龙集团荣膺“2011中国服务业企业500强”】 2011年9月，2011中国企业500强发布暨中国大企业高峰会在成都隆重举行，中国企业500强、中国服务业企业500强、中国制造业企业500强榜单揭晓。湖南九龙集团以行业领先的发展规模、营业收入、品牌价值、公众形象等综合实力，荣膺“2011年中国服务业企业500强”，排列第477位，本次入围500强的民营企业仅有184家，九龙集团是娄底市唯一一家跻身服务业企业500强的民营企业。

中国服务业企业500强评选活动已连续举办七年，本次评选结果是由中国企业联合会、中国企业家协会在过去几年的评选基础上，参照国际上的通行做法，以2010年企业营业收入为基本标准，综合考核企业各方面条件，经审核委员会审定而最终排列出来的。入选企业产出规模巨大、支配资源众多，具有很强的代表性。500强企业发展报告如今已经成为社会各界观察中国企业发展状况的一个风向标。

湖南九龙集团创立于1997年，经过14年的创新发展，目前已发展成为一家产权清晰、结构完善的综合性企业。

集团涉及市场开发、物业管理、房地产、连锁零售、国内外贸易、农业综合开发及酒店旅游业等产业领域。

【九龙集团获省企业管理现代化创新成果奖】 2011年9月23日，从长沙又传来佳音：湖南九龙集团被评为“2011湖南100强企业”、“2011湖南服务业30强企业”，《九龙集团薪酬体系设计管理创新》获2010年度湖南省企业管理现代化创新成果奖，是娄底市唯一获此奖项的企业。

【第三届“湘博会”在娄开幕】 2011年11月9日至11日，2011年湖南省第三届“农业机械、矿山机械、电子陶瓷产品博览会”开幕式在娄底市体育中心隆重举行。

本次展会展出面积达3万余平方米，设置标准展位500余个，来自广东、福建等省外参展企业与全省11个市州、娄底各县市区组团的200多家企业参展，参展产品近3000个，全面展示了农业机械、矿山机械、电子陶瓷等产业领域的新产品、新技术、新设备、新成果。综合展区的近千种“名、优、特、新”产品吸引了大批市民前来购买。与以往两届不同的是，第三届农业机械、矿山机械、电子陶瓷产品博览会为更好地开展各项经贸对接，搭建合作平台，拓宽东盟市场，在10日下午还将举办老挝湖南工业园娄底招商推介会。此外，10日晚上还将举行“湖南省最具发展潜力的十大三机产业”和“湖南省发展农业机械、矿山机械、电子陶瓷产业最具贡献力十大领军人物”“双十”评选活动及颁奖签约晚会。

【娄底7家企业获批省级林业产业化龙头企业】 2011年11月16日，娄底市同星突尼斯软籽石榴开发有限公司、娄底龙山竹业有限公司、湖南鑫美格新型装饰材料有限公司、新化县绿源农林开发有限公司、双峰县满堂红木业有限公司、双峰县永盛木业胶合板厂、湖南华人中药科技有限公司等7家企业获批湖南省林业产业化龙头企业。娄底龙山竹业有限公司和湖南金鹰服饰集团有限公司获批2011年湖南省竹产业加工专项承担单位。

至此，娄底市省级林业产业化龙头企业达到15家，总资产过10亿元，年产值近20亿元，解决就业岗位1万余个。竹产业加工专项扶持实现“零”突破，进一步推动娄底市竹产业快速发展，凸显出良好的带动效应和社会、经济、生态效益。

【湘娄邵天然气管道项目娄底段开工】 2011年12月18日，湘娄邵天然气管道项目娄底段“打火开焊”仪式在涟源市石马山镇川门村举行。

湘潭—娄底—邵阳天然气管道工程为西气东输二线樟树—湘潭联络线的延伸线，始于樟树—湘潭联络线的湘潭末站，终于邵阳末站，是“气化湖南”的重点工程之一。湘娄邵天然气管道在娄底途经娄底经济开发区、娄星区和涟源市，全长64公里。在涟源市境内有42公里，占娄底全长的65%，是娄底各县市任务最重的县市，途经涟源市石马山镇、渡头塘镇、白马镇、三甲乡4个乡镇的36个村，在涟源还设有涟源分输站。项目建成后，将极大地促进涟源经济社会发展，意义重大。

【湘台科技创业园项目正式签约】 2011年12月23日，台湾广庆余实业有限公司与湖南湘丰房地产开发有限公司合作开发湘台科技创业园签约仪式在娄底市娄星区政府会议室举行。

湘台科技创业园拟选址娄底中心城区东部，涟水河与孙水河交汇处西南角，湘阳东街以南、乐坪大道以北、众园路以东，娄星区大科街道办事处方石、水洋村境内。计划总用地面积约300公顷。产业定位为“三基地一区”：电子产业研发基地、总部经济基地、影视文化基地和旅游休闲度假区。静态投资70亿，计划用5年时间建成。近期引进和开发项目有LED产业群、松下产业、台湾生物制药产业项目、台湾众美施华露系列产品生产项目、台湾新型环保复合材料、文化旅游生态休闲项目、教育培训项目、娄底征地拆迁居民集中安置基地等。

两型技术产品

【创高铝业投产日订单过亿】 2011年10月6日，位于娄底经济开发区的湖南创高铝业集团举行了盛大的投产仪式，基地两条高档铝型材生产线投产。当天，来自全国的30多家经销商当场加盟订货，订单合同额1.2亿元。创高铝业的全面投产，是娄底经开区强力推进“项目建设年”活动的重要成果，为娄底能源原材料基地新型工业化谱写新的篇章。

创高铝业2003年在长沙创建创高模具有限公司，通过多年的模具技术研发，掌握了铝材模具制造的核心技术，走在了时代的前沿，成为行业的佼佼者。2008年成立湖南创高铝业有限公司，投资1000多万元，全套引进国内外先进的铝型材生产设备，建成了湖南省内唯一的高档建筑木纹铝型材生产基地，年产高精木纹铝材2000多吨，生产门窗近5万平方米。这种新型高档木纹铝型材具有独特的优势，它采用了国内外先进设备，通过抽真空、电镀、高温蒸发在原有的材质上增加了一层保护表面质量的木纹保护膜，使用寿命在原有基础上增加了50年。木纹铝型迅速成为建材市场的宠儿，产品供不应求。

2010年，湖南创高集团将总部从长沙搬到娄底，选址于娄底经开区太和工业园，为园区内产业集群发展注入了优质产业。创高铝业总投资1.2亿元人民币，占地3万平方米，建设高档铝型材、铝型材高精密挤压模具及高档铝合金门窗生产基地。

【湖南众一LED生产线顺利投产】 2011年6月10日，湖南众一电子有限公司的LED系列光电产品两条生产线投产，为娄底园区建设及新型工业化建设又添浓墨重彩一笔。

湖南众一电子有限公司历经三年研发成功的LED系列光电产品正式投产，标志着娄底LED产业化发展有了一个良好的开端，为园区企业科技创新作出了典范，也将在全市“调结构、转方式、促两型”的发展征程中绽放出夺目光彩。

【太阳能路灯照亮冷水江新农村】 2011年12月22日傍晚，随着光线转暗，冷水江三尖镇石槽村的30盏太阳能路灯自动点亮，照亮了广大村民夜归的路途。在新农村建设中，石槽村这种低碳环保的生活，正在冷水江的广大农村逐步推广。

2011年，以新农村建设为契机，冷水江把农村能源建设与改变农村卫生环境相结合，把新能源推广与村庄亮化相结合，着力在广大农村构建低碳生态的能源利用体系。通过农村路网改造，积极推广太阳能路灯建设，按照市财政补贴、乡镇配套、村组自筹的形式，由能源部门负责对各村的规划、建设、技术、品牌选择进行指导。同时，冷水江建立17个基层新能源服务网点，负责对各村新能源建设、应用进行培训指导，对各项工作进行全程跟踪、服务、监管，确保新能源的高效、安全、有序使用。在冷水江，新能源已成为农村生产生活的重要媒介。

【双峰推广12万只节能灯】 “我家以前是3只60瓦的白炽灯照明，去年我全部改装为11瓦的节能灯，一年下来就节省了电费120元，”双峰县三塘铺镇长田村村民老邓满腹感慨。据该县节能办统计，到2010年底，全县已有3.5万户群众安装了12万多只节能灯，每年节省电费360余万元，有效缓解了用电矛盾。

双峰县积极倡导绿色消费，共建生态双峰，打造节能减排平台，引导群众安装节能灯。县节能办、电力局积极主动配合，纷纷组织专家、技术人员，奔赴全县17个乡镇（经开区），走村入户，边宣传推广，边指导技术，帮助免费安装。

社会建设管理

【娄底集中化解信访积案经验制度全国推介】 2011年初，娄底市委书记林武在全国信访工作电视电话会议上作了典型发言，娄底集中化解信访积案经验向全国推介。

两年来市本级共办结信访积案213件。2009年开始，娄底将化解信访积案作为市、县、乡三级政府的重要工作，市委书记带头，县处级以上实职干部包案，从接访到办结一包到底，全程采用案卷式管理，两个月未办结，需申请延期办理。在包案过程中，有9名县处级干部因包案进展不理想被停职一月，专门处理负责的信访案件。

为了更近距离倾听民声，了解信访户的诉求，除每周一安排一位市级领导在市政府大门口随机接访外，市级领导还带案下访。今年7月22日，市委书记林武率有关部门负责人专程来到双峰梓门桥镇，协调解决群众上访多次的一座桥梁重建的问题，目前修建这座桥需要的750万元资金基本到位，很快就可以动工。

娄底市通过化解积案，促进了社会稳定。2010年，该市信访工作获全省先进，公众对“社会治安状况变化趋势”评价排名全省第一。

【娄底获“全国无偿献血先进市”殊荣】 2011年2月，在北京召开的2008—2009年度全国无偿献血表彰大会上，娄底市第4次荣获“全国无偿献血先进市”称号，娄底市无偿献血志愿者服务队队长李洪华获得“全国无偿献血奉献奖”金奖。

娄底市自1998年开展无偿献血以来，共有15.4万人次参加无偿献血，献血总量达50多吨，自2002年起实现了临床医疗用血100%来自无偿献血，让无数等待急救的生命有了保证，获得了生的希望。为确保临床用血安全，市中心血站严把质量关，杜绝了输血医疗事故的发生，连续13年获得“全省室间质控优胜单位”荣誉称号。

【娄底新增省级文物保护单位20处】 2011年3月，省人民政府公布了第九批省级文物保护单位，娄底市世界锑都、锡矿山矿冶遗址、蔡和森蔡畅故居、红二军团长征司令部旧址等20处榜上有名。

娄底市原有6处省级文物保护单位，1处国保单位。近年来，娄底市加大了文物普查力度，对全市95个乡镇、3479个行政村进行实地调查，共调查登记不可移动文物701处，其中新发现491处，复查218处。从637处文物点中遴选出18处申报全国重点文物单位、20处申报为省级文物保护单位。

【涟源新化获全国水电农村电气化县】 2011年6月8日，从娄底市水利局获悉，“十一五”期间，涟源、新化两县市达到了水利部颁布的水电新农村电气化标准，经水利部批准为“全国‘十一五’水电农村电气化县”。全国有432个县批准为水电农村电气化县，娄底占2个。

涟源市位于湘江一级支流涟水上游，水电资源较为丰富，主要分布三条水系：涟水干流、涟水支流孙水及湄水，自西、北、南流向东，水能理论蕴藏量70110.3kw，技术可开发量54115kw，经济可开发量52615kw。“十一五”期间，已建成水力发电站49处109台，装机容量22795kw，年发电能力已达8455.5万kw.h，历年累计发电量达14亿kw.h，历年累计上交“以电养水”资金4091万元。

新化县位于资水中游，是国家扶贫开发重点扶持县，全县以山地为主，因山多而水丰，水能资源理论蕴藏量21.8637万kw，技术可开发量为14.3264万kw，经济可开发量为10.458万kw。经过五年的努力，全县共投入电气化建设资金36134万元，开工建成电站23处45台，装机容量29220kw，年供电量达110285万kw.h，人均用电量805kw.h，户均生活用电量615kw.h，全县1148个行政村实现村村通电，户均通电率达100%。

【娄底通过国家园林城市实地考查】 2011年10月15日至17日，国家园林城市考查组圆满结束了对娄底市创建国家园林城市的考查验收。

交流座谈会上，专家组指出，娄底市“创园”工作在市委、市政府的统一领导和高度重视下，周密部署，措施得力，各部门、各单位通力协作，共同努力。广泛动员发动，全市人民积极参与，取得了明显成绩，在城市园林绿化的规划、建设和管理等诸多方面发生了可喜变化。专家组认为娄底市基本达到了国家园林城市的要求，下一步，考查组将根据有关程序向住建部推荐。

专家组希望娄底市在今后城市园林绿化工作中，进一步提高认识，加强管理，加强绿地系统规划，注重细节，精细化管理；进一步加强园林绿化组织机构建设，加大专业队伍建设；拓展绿量，重在实效，人居环境不断优化，真正做到科学建绿、科学兴绿；坚持因地制宜、生态优先、保护为主、以人为本的原则，建设节约型、生态型社会，充分利用绿化资源，不断完善园林绿地综合功能，让其在有限的空间内发挥最大的生态效用。园林绿化要在现有量的基础上注重质的提升，加大节约型园林城市建设力度和保障性住房的资金投入及后续配套设施管理。

体制机制创新

【娄底水府示范片区建设全面启动】 2011年1月6日，娄底市水府示范片万宝新区、东部新区管委会隆重揭牌。这是湖南省“两型”社会建设在刚刚迈入新年的新动作，此举标志着长株潭城市群“两型”社会建设“五区十八片”重要组成部分的娄底水府示范片区建设全面启动。

万宝新区是娄底水府示范片区的核心区和主要承载区。将按照优化资源配置、集约利用土地、综合利用资源、保护生态环境、转变经济发展方式的要求进行，建设“两型”社会。其规划总用地面积约110平方公里，其中建设用地面积约38平方公里。按照不同的功能分区，建成孙水河保护区、娄星南路以及万宝路的居住区、万宝生态保护区、火车南站综合商务区、文体科技服务区、批发商品区和物流园区。

万宝新区党委和管委会分别是娄底市委、市政府的派出机构，不负责社会事务管理。组建的娄底万宝新区开发投资公司，为独立核算、自主经营、自负盈亏的国有独资公司，按现代企业制度运作。水府示范片东部新区管委理会和娄底市经济开发区合署办公。

【娄底举行2011年政银企洽谈】 2011年5月10日，娄底市举行2011年政银企洽谈会暨信贷签约仪式。

洽谈会通过“政府搭台，银企唱戏”的主题口号来为银企合作牵线搭桥，创造条件，按照“政府搭台，政策引导，市场运作，银企双赢”的方针来加快构建新型银企合作关系。

在10日的信贷签约仪式上，中国银行娄底分行、中国工商银行娄底分行、娄底市娄星区信用合作联社等银行与湾田房地产、五江轻化、安石集团等近200家企业分别签约，共签订贷款项目220余个，协议贷款总额达152.923亿元。

【娄底6乡镇列入国家新增粮食产能建设项目】 2011年12月，娄底市有6个乡镇已列入中央预算内投资计划的新增粮食生产能力规划田间工程建设项目。工程建设项目总投资1500万元，其中中央预算内投资1200万元，省市县配套300万元。

项目分布在涟源、双峰2个县市，其中涟源有龙塘、桥头河、茅塘、六亩塘4个乡镇32个村。双峰有甘棠、杏子铺2个镇26个村。项目内容包括改造农田、新建兴修渠道、河堤、山塘、机耕道、闸门桥涵和电灌站等。

此次全省下达新增粮食生产能力规划田间工程建设项目共涉及52个县市区，总投资33100万元。省文件要求各地认真落实项目法人责任制、招投标制、合同制、监理制，确保工程建设质量，严格执行项目建设标准，不得擅自变更项目建设地点和建设内容；资金要专款专用、专户管理、专账核算，严禁挤占、挪用。

注：本篇“两型社会建设综述”均为各市两型办提供。

全省带动篇

岳阳
60KM
岳阳城市圈
常德
60KM
常德城市圈
大都市区
长沙
80KM
娄底城市带
110KM
娄底
80KM
衡阳城市圈
60KM

邵阳市2011年两型社会建设综述

2011年是“十二五”规划的开局之年。邵阳市在省委、省政府的正确领导下，在省两型办的精心指导下，深入贯彻落实科学发展观，按照“四化两型”战略部署，加快推进“两型社会”建设，经济社会快速发展，取得了明显成效。

一、邵阳市“两型社会”建设的基本情况

2011年，邵阳市紧扣科学发展主题，坚持以项目建设为龙头，着力转变经济发展方式，推进经济结构调整，加快民生改善，全力推进“两型社会”建设，全市经济社会保持健康快速发展的态势，各项事业取得了崭新成就。

（一）推进结构调整，经济实力持续增强。地区生产总值达到907.2亿元，增长13.2%，增速比全省高0.4个百分点。产业结构进一步优化，三次产业比例由上年的23.8:38.1:38.1调整为23.4:40.2:36.4。财政收入达到66.3亿元，增长27.8%。金融机构存款余额达到1116.2亿元、贷款余额达到425.4亿元，分别增长17.7%、22.1%。保费收入达到34.3亿元，增长13.9%。工业经济快速发展。规模工业增加值达到294.1亿元，增长22%，增速比全省高2.5个百分点、居全省第一位。建材、食品、机械、冶金、能源、医药化工、造纸、纺织八大优势产业增势强劲，其中建材、食品、机械三大产业产值突破百亿元，分别达到154亿元、150亿元、130亿元。“能源城、汽车城、酒城”初具雏形。宝庆电厂一期工程竣工发电。三一湖汽产业园一期工程部分竣工投产。湘窖酒业二期工程1万吨浓香酿酒车间正式出酒。邵阳纺机退城入园整体搬迁抓紧进行，九兴鞋业落户宝庆科技工业园，南山风电一期工程竣工发电，立得皮革、湘中制药、玉新药业等企业新基地基本建成。邵阳市新增规模工业企业55家，产值过亿元企业达到330家。园区完成工业总产值520亿元，增长45%。农村经济稳步增长。完成农林牧渔增加值217.6亿元，增长3.7%。粮食播种面积795.6万亩，总产310.8万吨，连续八年增产丰收。袁隆平院士的超级杂交水稻在隆回试验，创造了亩产926.6公斤的记录。桔橙、果蔬、烟叶、药材和生猪、肉牛、山羊、水产等种植业和养殖业都有较大发展。农产品加工企业发展到4017家，其中规模企业312家，新增16家。农民专业合作组织发展到1510个。有机食品、绿色食品、无公害农产品认证产品达到248个。造林27万亩，森林覆盖率提高到57.6%。建成户用沼气池11667口、大中型沼气工程7处。推广各类农机具6万台（套）。新农村办点示范和连片建设成效显著，打造示范村209个、示范片44个。商贸旅游活力增强。实现社会消费品零售总额328.5亿元，增长18%，增速比全省高0.2个百分点、居全省第二位。“万村千乡”市场工程和“家电下乡”活动扎实推进，销售家电下乡产品60万台，家电以旧换新16.5万台。加强市场监管，物价基本稳定。邵东县廉桥药材市场被评为全国物流先进单位。全年利用外资1.37亿美元、增长27.9%，引进内资422.9亿元、增长16.4%，实现进出口总额3.9亿美元、增长32.8%。新批境外投资企业33家，为年计划的254%，新增境外投资企业数和境外投资企业总数均居全省首位。隆回荣获中国最佳民俗风情旅游名县称号，洞口溪被批准为国家级森林公园，湘窖酒业被授予国家3A景区。武冈市列为省级历史文化名城，新宁县建成湖南旅游强县。全年实现旅游收入80亿元，增长45.6%。第三产业增加值达到327亿元，增长13.1%，增速比全省高1.1个百分点。

（二）强化项目建设，基础条件不断完善。完成固定资产投资562.1亿元，增长35.2%，增速比全省高7.1个百分点、居全省第五位。实施重点工程124个，其中新开工5000万元以上的投资项目62个。交通建设方面。洞新、娄新、邵安、邵坪、包茂5条高速公路建设进度加快。国省干线公路改造完成投资11亿元，完成项目8个、154公里，为省定目标的136%。建成农村公路1444.6公里，其中县乡道352.2公里、通畅工程1092.4公里，分别为省定目标的167.7%、109%。建成了一批县、乡、村客运车站。娄邵铁路扩改工程和沪昆高速铁路新建工程进展顺利，邵阳武冈机场新建工程和邵东机场改建工程前期工作步伐加快。水利建设方面。44座小一型水库除险加固主体工程全部完成，89座小一型与89座小二型病险水库治理正在组织施工。7个中小河流治理项目全面启动。衡邵干旱走廊综合治理前期工作抓紧进行。新建农村安全饮水工程164处，解决38.3万人饮水不安全问题。能源建设方面。新一轮农网改造启动，完成电网投资10亿元，为“十一五”期间年均水平的四倍。新建扩建变电站28座。雪峰山20万千瓦风力发电项目签约。

（三）推进扩容提质，城镇面貌明显改观。城乡规划更加完善。城乡一体化建设进入新阶段，村庄布局规划全面启动，建制镇总体规划编制完成，县城详细规划覆盖率提高到76%。中心城市变化较大。西湖南路、东大路、东塔路、双拥路、敏州中路、建设南路延伸段和魏源广场等实现了高标准改造，学院路扩改工程强力推进，大祥路、财神路、桂花路、雪峰南路、新华路南段竣工通车，西苑生态公园和爱莲池公园启动主广场建设，时代公园和蔡锷广场即将建成，管输天然气入邵工程和人防1206工程动工建设，人防1505工程已经建成。11个污水处理项目负荷率75%以上。生活垃圾无害化处理率90%以上。中心城区新增建设用地3860亩，建成区面积达到57平方公里。城市管理继续加强。开展“五城同创”，整治市容环卫秩序，收到较好效果。主干道亮化率100%，重要临街建筑全部安装霓虹灯，10层以上高层建筑和标志性建筑大都装配了发光二极管灯，人均公共绿地面积达到5.2平方米。县城和中心城镇建设步伐不断加快。邵阳市城镇化率达到34.1%。

（四）扩大公共投入，社会事业协调发展。各类教育协调并进。普九成果巩固提高，义务教育阶段三率全部达标。职业教育发展迅速，民办教育繁荣兴旺。大中专院校建设获得新发展，邵阳学院申硕成功。完成学校建设项目712个，办学条件逐步改善，市区祥凤学校即将竣工。文化事业不断进步。“三馆一站”免费开放正式启动。乡镇文化站101个建设项目全部完成。农家书屋达到3935个，覆盖全市行政村的71%。群众文化活动丰富多彩，400多个基层群众文娱团队成为社区文化亮点。城步吊龙、武冈丝弦入选第三批国家级非物质文化遗产名录。文化体制改革加速推进。文化市场整治力度加大，文化监管工作被评为全国先进。全市广播和电视混合人口覆盖率分别达到78.2%和92.2%。中国君子文化产业园项目启动。全市文化产业收入达到26亿多元，逐步成为新的经济增长点。公共卫生服务加强。改造了一批县乡医院。基本药物制度全面覆盖。重大疫病防控工作扎实开展。新农合“普惠安全”工程和“双十”便民惠民行动深得群众好评。资源环境逐步改善。耕地保护基本国策和资源节约优先战略进一步落实，新增耕地9965亩，连续十年实现耕地占补平衡。维护矿产资源开发秩序工作连续四年全省先进。节能减排成效明显，城乡环境质量持续改善。整治污染力度进一步加大，取缔关闭高污染和高能耗企业63家，万元规模工业增加值能耗降低11%，年度节能减排任务全面完成。

二、推进“两型社会”建设的主要做法

2011年，邵阳市上下高度重视两型社会的创建，认真落实全省“两型”社会建设战略，积极夯实“两型”社会创建基础，加快推进“两型”产业发展，努力激发“两型社会”建设活力，促进经济社会又好又快发展。

（一）高度重视“两型社会”建设。为加快“两型社会”建设，促进邵阳经济社会又好又快发展，市委、市政府成立了“两型社会”建设工作领导小组，市委书记任顾问，市长任组长，市委常委、常务副市长和市人大常委会，市政协分管领导任副主任，市直有关部门主要负责人和各县（市）区人民政府县（市）区长任成员，下设办公室，由发改委主任兼任办公室主任。按照上级要求，制定了“两型”建设标准，完成了顶层设计，开展了示范创建。结合“十二五”规划，认真编制《邵阳市老工业基地调整改造研究报告》，为邵阳市成功纳入国家规划提供了资料基础。同时，还深入调研，编制《邵阳市资源型城市可持续发展研究报告》。

（二）扎实推动“两型”产业发展。一是加快传统产业的“两型化”改造。学研结合日益紧密，130多家企业与高校、科研院所开展技术合作。3家企业纳入省级工程技术研究中心建设，67个项目列入国家和省级科技计划。专利授权550件，“国家知识产权试点城市”通过国家验收。高新技术产业产值达到230亿元，增长33%。高新技术产品实现增加值103.47亿元，占规模工业比重达到35.2%，比上年提高10.3个百分点，工业技改投资完成113.5亿元，增长15.2%。二是积极发展战略性新兴产业。强力推进三一湖汽、宝庆电厂等龙头企业发展。三一湖汽创造了产值连续5年翻番的奇迹，投资10亿元的三一湖汽邵阳产业园项目已经启动，预计2012年将建成一期工程，实现年产值200亿元；2015年建成二期工程，实现年产值500亿元，上缴税收16亿元，解决就业14000人。宝庆电厂煤电一体化项目总投资60亿元，是湖南省“十一五”规划建设的重点火电项目，也是邵阳市迄今单项投资最大的产业项目，建成后可实现年产值30亿元、年税收3亿元以上。目前，宝庆电厂工程建设进展顺利，一期工程年底将投产发电。宝庆电厂煤电一体化项目建成后将和南山风电等一系列风电企业共同为湖南省形成新的能源供应格局。三是积极开展两型示范单位创建工作。2011年邵阳市有宝庆科技工业园、湘窖酒业、雪峰种业、德润蓝昆四个单位获批为全省“两型”示范创建单位。

（三）创新“两型社会”建设机制。推进政府职能转变和管理创新。认真办理行政复议案件，清理和取消行政许可项目321项，减少行政事业性收费23项，修改和废止规范性文件63件。自觉接受人大的法律监督、工作监督和政协的民主监督，注意听取各民主党派、工商联、无党派人士和各人民团体的意见，办理人大代表建议215件和政协委员提案345件，满意率均达99%。深化政务公开，发展环境优化。电子政务和电子监察系统建成运行。

邵阳市2011年两型社会建设成果

【邵阳重点防治5大流域水污染】 2011年，为保障饮用水源安全、改善交接断面水质、优化水生态系统，邵阳市环保部门制定重点流域水污染防治方案，对资江、邵水、巫水、夫夷江、赧水5大流域水污染进行重点防治。

防治工作重点对资江市区至新邵段、邵水邵东至市区段、巫水城步至绥宁段等实施截污导流、雨污分流、生活污水和工业废水综合处理等措施，结合防洪堤和滨江景观工程建设，进行全面的综合整治，确保达到相应的水域功能。同时加快资江流域邵阳段锑、铅污染防治规划编制工作，重点对邵阳市区、新邵县、新宁县、邵东县等涉重金属厂矿企业进行整治，推进流域污染防治工作。继续强化流域沿岸工业废水排放监管，凡是直接向流域排放工业废水的企业，要执行相应河段地表水功能水质标准，对不能做到稳定达标达量排放的企业实施限期治理，否则予以关停淘汰。新建工业项目原则上全部进市（县）政府划定的工业园区，禁止在饮用水源一级保护区内新建、改建、扩建与供水设施和保护水源无关的建设项目；禁止在饮用水源二级保护区内新建、改建、扩建排放污染物的建设项目；禁止在饮用水源保护区内新建、扩建对水体污染严重的建设项目。坚决取缔饮用水源保护区内的排污口，以及资江、邵水、巫水等重点流域的“十八小”和“新五小”企业和没有规范化堆渣场的电解锰企业。

【生态立市成就“绿色邵阳”】 近年来，邵阳市坚持把“绿色邵阳”作为立市品牌，依靠大工程，建设大生态，全市森林资源明显增长，生态环境持续改善，逐步实现了天更蓝、水更绿的目标。森林资源明显增长。近五年来，全市完成各类造林126万亩，完成义务植树7000余万株，绿化公路1900公里，绿化河渠1100余公里。同时，狠抓油茶、金银花、楠竹等特色资源培育，邵阳、绥宁跻身国家油茶产业开发示范县行列；隆回县金银花产量产值占据全国半壁江山；毛竹产业以每年2万亩新造、12万亩低改的速度持续推进，现面积已达到192万亩，活立竹达2.49亿根，继续巩固全省第一的地位。到2010年底，全市有林地面积达1547万亩、活立木总蓄积量达5847万立方米、森林覆盖率达57.11%。隆回县被评为“全国绿化模范县”和“中国金银花之乡”，邵阳县被冠名为“中国油茶之都”；绥宁县拥有“中国竹子之乡”、“全国绿色小康县”“三湘林业第一县”等称号。新宁、绥宁、城步、隆回被国家环保部命名为全国生态示范区。生态环境持续改善。5年来，全市落实了大江源头、河流两岸、湖库周围、公路沿线以及生态区位重要地区的生态公益林833.1万亩。新建成城步两江峡谷、新邵龙山2个国家级森林公园、1个省级森林公园；成功争取了绥宁黄桑、新宁舜皇山2个国家级自然保护区、3个省级自然保护区，保护面积120万亩。全市18个乡（镇）、24个村成功创建省级环境优美乡镇和生态示范村。

【万人植树治理石漠化】 2011年3月，隆回县桃洪镇老虎山石漠化土地上，1000多人挥舞银锄，种植樟树、枫木、柏树等1万多株。至此，该县2011年已组织1万多名干部群众，在三阁司、西洋江等多个乡镇的石山上，义务植树数十万株。

【民间资本“播绿”邵阳】 2011年3月11日，邵阳市林业局宣布，该市2011年25.8万亩植树造林任务已基本完成，其中使用民间资本造林19.5万亩，占总面积的75.4%，这一比例为历年最高。

邵阳市积极引导民间资本参与造林，形成了6种造林模式。即：大户承包造林，政府鼓励土地流转；专业合作造林，由相关企业牵头出资、林农出地，合作开发；企业租地造林，鼓励林产品加工企业自建原料林基地；企业联农造林，由企业提供种苗和技术，农户负责培育种植等等。全市“十一五”以来共引进民间资本6亿元，造林84.7万亩，占同期造林总量的67.2%。

【洞口着力建设“森林城市”】 2011年，洞口县整体推进城乡绿化，着力建设“森林城市”。至3月25日，已投入绿化资金2100余万元，完成造林5.6万亩，补植补造2.8万亩；绿化道路108.9公里。

【隆回县近2亿元投入危房改造3500多危房户住进新房】 2011年4月，隆回县小沙江镇旺溪村危房户回华绿一家，高高兴兴地搬进了新建的两层小木楼。据了解，隆回县已投入资金1.91亿元对农村危房进行改造，3546户危房户共15191人住进了新房。

2009年，隆回县将农村危房改造列入为民办实事考核内容，县里和乡镇签订责任状，并选派2000名干部驻村负责危房改造。为了公平、公正确定危改对象，驻村干部通过实地调查，按照“户申请、组评议、村公示、乡审核、县批准”的程序严格把关，仅2010年就调整有异议的危改对象45户，杜绝了人情房和关系房。为解决资金问题，仅2010年，县财政在十分困难的情况下，就拿出228万元用于农村危房改造；同时，中央、省财政补助及信贷解决了近4000万元；发动农户自筹8165万元。建设过程中，县民政等部门科学规划，整体推进，集中连片改造，并建立示范点。小沙江镇旺溪村结合旅游开发搞危改，新建了一批富有民族特色的木结构民居，成为当地新景点。司门前镇还为五保老人修建“五保之家”，已有11位五保老人搬进新房安享晚年。据介绍，2011年该县还将完成2000户以上农村危房改造。

【首家生物质能发电开工建设】 2011年4月6日，隆回凯迪生物质发电项目在县城工业区奠基。该项目由武汉凯迪控股投资有限公司投资兴建，坐落于隆回县城东南工业园主园区内，占地面积292.95亩，项目总投资2.97亿元，拟建机组规模为1×30MW；采用节能、环保效益显著的循环流化床锅炉，高效的高温超高压单抽凝气式汽轮发电机组，以当地农林废弃物秸秆和稻壳做燃料发电和供热；计划2012年3月建成投产。项目建成后，年利用农林废弃物23万吨左右，相当于年节省标煤8.3万吨，年减少二氧化碳排放量18万吨；可实现年上网电量1.98亿千瓦时，年产蒸汽52万吨，年产灰渣6万吨。实现销售收入1.5亿元，带动当地农民增收7200万元。

【新邵倾力建设“湘中交通枢纽”】 位于湖南地理中心的新邵县，倾力建设“湘中交通枢纽”。至2011年5月，该县境内已建成高速公路1条，在建高速公路3条、高速铁路1条、高铁站1个，“湘中交通枢纽”已具雏形。

全县境内建成及开工的高速公路有4条，包括衡邵、娄新、安邵、邵坪高速。另外，邵金高速也纳入了省“十二五”规划。5条高速公路，县内总里程达157公里，将配套建设8个互通。境内高速公路及互通之多居全省县（市）首位。沪昆高铁新邵段2010年已开工，并将在新邵坪上镇建市级车站——邵阳北站。

围绕高速公路和高铁建设，新邵县还积极完善和疏通全县交通网络，建成了县城资江二桥，在建207国道新邵段全线改造升级和资江塘口大桥，并争取了4纵5横330公里省道布局及扩改。同时，硬化农村公路1260公里，全县82%以上的村通了水泥公路。县交通局负责人满怀信心地说，5年内，新邵每个乡镇将实现半小时内上高速公路。

【“花瑶”名扬天下“金银花”美誉远播】 2011年5月，海拔1300多米的隆回县小沙江金银花基地，又迎来一批香港游客。隆回金银花已渐成文化、生态旅游新宠。旅游业成为当地支柱产业，全县旅游年收入已达3亿元。隆回花瑶景区已被评为国家级风景名胜区，“虎形山花瑶”名扬天下，入选“新潇湘八景”。

2010年以来，该县引进项目近200个，其中过亿元的重大项目达4个。该县先后被评为“中国最具海外影响力县”、“中国最佳投资环境县”，县委宣传部被评为全省“四创四争”先进单位。

【邵阳举办民企招聘会提供6000个就业岗位】 2011年5月，邵阳市为广大高校毕业生、失业人员、进城务工的农民工，举办了一场民营企业招聘会，提供就业岗位达

6000 多个。

招聘会由邵阳市人力资源和社会保障局、邵阳市教育局等联合举办，吸引了包括三一湖汽、湘窖酒业等省内外 228 家民营企业参加。提供的岗位涉及生产研发、科研教学、商贸流通、行政管理、交通物流等领域，涵盖营销、财务、技工技师、建筑工程、机械工程、计算机与通信工程、教育培训、企业管理、医药化工等专业技术工种 120 多个，岗位 6000 多个。招聘现场还设立了就业扶持政策咨询服务平台，现场解答支持和促进就业一系列优惠政策。

【农民看戏政府买单】 近年来，隆回组织千场文艺演出下乡，深受群众欢迎。为丰富农民文化生活，在县委、县政府支持下，隆回县委宣传部、县文化局和县文化馆牵头，组织开展“让农民看好戏，由政府来买单，送千场文艺演出下乡”活动。隆回筹措 50 余万元，购置了灯光、音响、流动舞台车等演出设备，调集文艺骨干组成“连心艺术团”。演职人员紧紧围绕当地新农村建设等方面出现的新变化、新气象，精心创作，排练群众喜闻乐见的文艺节目和地方戏曲，进乡入村为农民送去精神文化大餐。至 2011 年 5 月，“连心艺术团”已为农民演出 400 多场。艺术团来到桐盆江村演出时，村里 72 岁的陈大爷举起新买的手机不停拍摄。他说：“这次演出的节目真好看，我要录下来，回去和家人一起慢慢看。”

【邵阳市学院路暨 207 国道扩改动工】 2011 年 5 月 10 日，连通邵阳市 6 所大专院校的城市干道——学院路暨 207 国道邵阳市城区段扩改动工。

学院路暨 207 国道邵阳市城区段北起邵阳大道，全长 3722 米，是该市高校区连接主城区的干道。沿线有邵阳学院、邵阳医学高等专科学校、邵阳广播电视大学、邵阳市职业技术学院以及邵阳警官学校、邵阳艺术学校，共有在校师生 3.8 万余人。此次扩改工程总投资 2.2 亿元，路幅将统一扩改为 40 米，双向 6 车道。

【恒天九五邵阳纺机退城入园项目签约】 2011 年 5 月 16 日，恒天九五邵阳纺机退城入园项目正式签约，项目总投资超过 5.5 亿元，投产后邵纺机将实现年销售收入 20 亿元，上交税金突破 1 亿元。邵阳纺织机械有限责任公司近年来取得长足发展，2010 年实现产值近 6 亿元。2010 年底，中国恒天集团以邵纺机和湖南长天九五重工公司为平台，组建成恒天九五重工有限公司，使邵阳纺织机械公司在发展纺织机械的同时，成功进军工程机械和包装业领域。为谋求实现二次创业与跨越式发展，恒天九五邵阳纺机公司向市委市政府申请退城入园，将企业整体搬迁至宝庆科技工业园。恒天九五邵阳纺机产业园占地 746.5 亩，总投资在 5.5 亿元以上，新建厂房 30 万平方米，计划于 2011 年 8 月开始施工建设，预计 3 年时间竣工投产。6 月 12 日，恒天九五重工邵阳纺机新产业园破土动工。

【邵阳东部城市群将推进城乡一体化】 2011 年 5 月 18 日，邵阳市将远景规划推进东部城市群城乡一体化建设，按照“规划统筹、基础先行、群为主体、重点突破、分步实施”的原则做大做强区域龙头，实现城乡优势互补、产业互补和资源共享，形成以城带乡、以工促农、城乡联动、协调发展和共同繁荣的新格局。该项目主要分两个阶段、建设“六个一体化”。“第一阶段”即现在到 2015 年，在以市区为中心的 420 平方公里（包括新邵县城）核心区及以邵东、隆回、邵阳县城关镇为中心的三县核心区，初步建立城乡一体化的经济社会发展管理体制和运行机制。“第二阶段”即从 2015 年到 2020 年甚至更长远，在东部城市群区域范围内建立完善的城乡一体化经济社会发展管理体制和运行机制，形成城乡规划、产业发展、基础设施、公共服务、社会管理和市场体系建设等一体化发展的新格局。“六个一体化”即推进“城乡空间布局一体化”、“城乡产业布局”、“城乡基础设施一体化”、“城乡市场体制一体化”、“城乡公共服务一体化”、“城乡社会管理一体化”。

【武冈整合“非遗”资源打造历史文化名城】 武冈历史悠久，人文荟萃，蕴藏着包括武冈丝弦、傩戏、阳戏、板凳龙、走马灯、武冈传统卤菜制作术、土陶制作术、米花、米粉、六月六尝新节、古桥传说在内的富有特色的民间曲艺、舞蹈、技艺、风俗和传说等丰富的非物质文化遗产资源。2011 年 5 月 23 日，国务院公布第三批国家级非物质文化遗产名录，武冈民间曲艺“丝弦”名列其中，另有“武冈卤菜制作术”等 2 个省级非物质文化遗产保护项目，“石羊走马灯”、“武冈六月六尝新节”等 7 个市级非物质文化遗产保护项目。

【魏源广场改造如火如荼】 2011 年 5 月 26 日，魏源广场西侧推土机、铲车轰鸣，建筑工人来回穿梭忙碌，到处呈现出一片繁忙景象。为迎接中国共产党成立 90 周年，邵阳市委市政府决定对魏源广场进行全面改造，要求一期工程在 7 月 1 日前全面完工。

【红旗河整治进展顺利】 2011 年以来，邵阳城建投集团加大投资力度，强力推进红旗河整治工程，自破土动工以来总计投资 2 亿余元。红旗河位于宝庆工业新城内，与邵阳大道平直相间，是集排涝防洪、生态景观、休闲、污水处理于一体的系统工程。红旗河污水管网工程建成投产后，宝庆科技工业园区内的污水都将得到及时有效的处理。

【城步吊龙入选国家非遗推荐名单】 2011 年 6 月 8 日，文化部公示了第三批国家级非物质文化遗产名录推荐项目名单，城步吊龙榜上有名。舞龙习俗早在唐代就盛行于城步苗族群众中。每逢春节喜庆的日子，当地苗族群众由村寨组织舞龙活动，其中以丹口镇下团村的吊龙最有文化艺术特色。吊龙集手工艺、绘画、音乐、武术、巫傩文化、梅山文化和礼仪习俗等文化为一体，既是苗族群众对龙文化的创造发展和民族团结的象征，也是人们丰富精神文化生活和强身健体的群众文化活动。

【新宁县崀山国际会展中心投入使用】 2011 年 6 月 16 日，崀山申遗成功后旅游城市建设的重点项目之一——新宁县崀山国际会展中心竣工投入使用，结束了新宁县长期以来无大型展会场所的局面。

该中心建设用地 24954.3 平方米，建筑面积 11377.4 平方米，于 2010 年 9 月 2 日开工，历时 9 个月竣工，共投资 6000 余万元。该中心由多功能会议主厅、中小会议室和展览厅三大功能区组成。多功能会议主厅带楼座可容纳 1200 人，主席台配置先进的升降乐池及声光设备，可举行大中型会议及文艺演出；独立中小会议室共 11 个；展览厅结合公共空间设计，可提供展示空间约1200平方米。

【邵阳进入天然气时代】 2011年6月18日，邵阳市燃气总公司组织大规模天然气置换人工煤气行动。置换工程完成后，市民使用人工煤气将成为历史，邵阳将全面进入天然气时代。

邵阳市区燃气工程始建于1993年，开始全部使用由本地焦化厂生产的人工煤气。人工煤气在生产和使用过程中，都存在污染和影响环境的问题。为推进城市节能减排、方便市民生活，邵阳市政府决定引进推广清洁、环保、安全的天然气，替换人工煤气。其天然气采用来自新疆的优质气源。置换工作计划2个月完成。

【邵阳市区首条商业步行街开业】 2011年6月18日，邵阳市区首条商业步行街——大汉东风商业步行街开业迎客。在开业庆典中，项目开发商——大汉集团和湖南湾田集团还举行了捐赠仪式，向双清区贫困学生、邵阳市115个基层社区分别捐款50万元和300万元。

大汉东风商业步行街占地2.5万平方米。已完成的项目一期总投资3.2亿元，建筑面积7万平方米，商铺2600多个，集购物、休闲、娱乐于一体。是邵阳市目前规模最大、环境最好、功能最全的高端综合零售商业项目。步行街的建成营业，对于提升城市品位、活跃商贸流通、增加就业岗位有着重要的作用。

【邵阳县总投资31.7亿元建设夫夷新城】 2011年6月23日，邵阳县迄今单体投资规模最大的城建综合项目——夫夷新城开工建设，一座现代化山水园林宜居新城不久将诞生。夫夷新城位于振羽生态新区和火车站之间，紧邻二广高速公路红石出口，交通便利。规划建设面积229.9公顷，由4个开发片区构成。率先建设的行政文化片区包括行政文化区、商业街综合区、景观居住区、体育中心区、生态居住区、生态休闲区6大核心区，项目建设采取市场运作方式，概算总投资31.7亿元，预计于2014年全面竣工。

【隆回为6000余名精神病人救治费用买单】 2011年6月底开始，隆回县26个乡镇已摸底登记的6000余名精神病患者可以得到免费救治。隆回是一个拥有120万人口的大县，据调查摸底，目前全县精神病患者约占总人口的5‰。为切实减轻精神病患者及其家庭痛苦，着力构建和谐社会，县委、县政府高度重视精神病人救治工作，积极组织卫生、公安、民政、社保、残联等部门和各乡镇，全力帮助和救治精神病患者。县里请来省医学会精神医学专业委员会副主任委员、省第二人民医院教授郭田生等专家，组成精神病诊断专家组，赴各乡镇巡回诊断和现场救治，并为确诊的精神病患者建立个人档案，逐个落实监护责任。同时，对病情较重的患者，安排到指定医院住院治疗，对症状轻微者及时进行门诊治疗。

该县免费救治精神病人的政策是，参加了“新农合”或“城保”、“医保”的患者住院费用，分别由“新农合”或“城保”、“医保”承担90%，县民政局解决10%；没有参保且无监护人或流浪精神病人的住院费用，由县民政局予以解决；对进行门诊治疗的精神病人，每年解决1200元医药费。

【隆回租用飞机灭蚊为16万居民送健康】 2011年7月，在隆回县城上空，直升机盘旋而过，150公斤雾化灭蚊药水从天而降。隆回租用飞机灭蚊，为县城16万居民送健康，在湖南省创下一个先例。

入夏以来，隆回县城蚊子肆虐，影响居民身体健康。为此，县政府斥资12万元，从衡阳租用一架直升机，从江西购回特效灭蚊药，对县城实行大范围、全覆盖空中灭蚊。据悉，隆回采用的灭蚊药是一种专杀蚊子的生物蚊药，对人和牲畜无副作用。

【邵东培训“创新性”乡村干部】 2011年7月，邵东县黄陂桥乡80余名乡、村干部来到省委党校，参加在这里举行的“创新性”新农村建设干部培训。培训聘请湖南师大、省委党校等校知名教授集中授课，并安排了学员座谈交流、实地现场教学等。

邵东县组织这次培训，旨在提高乡村基层干部理论水平，转变其思想观念，以适应新农村建设的需要。培训突出“三新”：形式新，首次将乡村干部送到外地高层次教育机构培训；方法新，培训过程中以交流总结、模拟决策等多种方式，有效促使乡村干部思想转型；对象新，培训学员不仅有乡干部，还有优秀村党支部书记、村委会主任等最基层的干部。

【万吨新型纺纱项目开工建设】 2011年7月6日，湖南省万事达工贸集团有限公司年产10982吨赛络纺纺纱项目在邵阳市江北开工建设。湖南省万事达工贸集团有限公司是一家以纺织为主导的民营股份制企业，创建于1993年，主导产品为各类高档纯棉针织纱、机织纱、牛仔布气流纺纱、特种竹节纱、特种双股线等。2010年7月，公司在北塔工业园征地116亩，新建年产1万吨赛络纺纱项目，采用国际国内先进、自动化程度高、优良可靠的工艺技术和装备，开发生产高档精梳赛络纺纯棉纱。项目总投资1.325亿元，其中建设投资1.0228亿元，流动资金3022万元，建设期限为3年。

2011年3月中旬，湖南煤矿安全监察局娄底分局通报，“十一五”期间，曾经煤矿安全事故频发的娄底、邵阳两地，煤矿重、特大事故和死亡人数比“十五”期间分别下降了76.5%和78%。两市煤矿重、特大事故和死亡人数比“十五”期间分别下降了76.5%和78%，安全生产跃上新的台阶。

“十一五”期间特别是2010年，娄邵矿区认真开展“安全生产年”活动，推进煤矿整顿关闭、打非治违和整治矿山超深越界3个专项行动，共关闭井筒88个，煤矿数量从原来的750处减少到现在370处，对冷水江、新化、涟源、新邵所属的7个煤矿进行了重大行政处罚，有力地打击了违法生产行为。矿区内169对煤与瓦斯突出矿井，已全部建立瓦斯抽放系统。矿区内落实了“统一领导、归口管理、专人负责”的事故调查处理责任制。目前，各煤矿安全生产条件持续好转，资江煤矿两套机械综采设备已投入使用，产煤效率和安全生产水平大大提高。邵阳县七里山煤矿木家塘井的定位系统，能够清晰地反映人员的具体位置和行走路线。矿区正在朝着“集团化”、“机械化”、“标准化”的目标坚实迈进。

【种植铁皮石斛前景喜人】 新宁县林业局组织的“铁皮石斛与铜皮（细茎）石斛森林立体原生态栽培实用

技术研究”项目，于7月9日通过省科技厅组织的科技成果鉴定，其成果居国内同类研究领先水平。鉴定专家、教授认为该成果居国内同类研究领先水平，新宁的栽培模式经林农应用，为林下经济发展、保护森林生态环境、林农增收提供有效途径。

【武靖高速公路建设取得新进展】 2011年7月11日，省交通运输厅规划办公室发布武冈（城步）至靖州高速公路工程勘察监理、设计咨询招标公告，并同时公开发售招标文件，这标志着武冈至靖州高速公路建设取得新进展。武靖高速是邵阳市通往湘西南的一条大通道，项目起于城步苗族自治县西岩镇，接洞新高速城步支线，向西南布线经关峡，在绥宁县城南继续向西经寨市、乐安铺，设乐安铺枢纽互通接怀化至通道高速公路，主线长68.009公里，支线全长约11.193公里。该项目的建设，将为整体开发云山、崀山、黄桑等旅游资源和优化西部路网结构、激发大湘西发展活力、促进武冈市建成“湘西南交通中心”起到有力的推动作用。

【宝庆科技工业园获批省“两化融合”试验区】 2011年7月17日，经过严格的考核评审，邵阳市宝庆科技工业园被成功列入湖南省12个省级“工业化和信息化融合”试验区之一。

【“邵阳造”首台旋挖钻机下线】 2011年7月25日，邵阳市首台具有完全自主知识产权、全液压、全自动、世界上技术一流档次的，最高的JVR180D新型旋挖钻机，在恒天九五重工邵阳纺织机械有限公司顺利下线。JVR180D新型旋挖钻机采用独特的结构设计、美国卡特比勒底盘及其他世界顶级品牌配套件。JVR180D新型旋挖钻机配置外径为406毫米的钻杆，最大施工孔深度达60米，可广泛适用于小孔径基础桩施工，满足多种地层施工要求。据悉，恒天九五重工邵阳纺机公司还将在年内开发JVR280D、JVR360D两款动力更强、影响更深远的新型旋挖钻机。JVR180D新型旋挖钻机是恒天九五重工邵阳纺机在新产业园胜利开工之后取得的又一重大突破，为邵阳纺机进军工程机械领域打下了坚实的基础。恒天九五重工有限公司将加大资金、技术和市场投入，尽快使旋挖钻机迁入邵阳纺机新产业园，力争在3至5年内形成10亿以上的旋挖钻机产业规模。

【邵阳县加速产业转型升级】 2011年8月5日，邵阳县传出利好消息：落户红石工业园区的湖南鑫光灯具有限公司在湖南科技活动周暨第四届科技博览会上，其参展的“焱”牌LED照明系列产品相继签下9个EMC（合同能源管理模式）订单合同，合约金额达4000万元。与加拿大签订的日光灯业务外单首批产品顺利通过验收。邵阳县工业基础薄弱，产业结构过于单一。为改变工业发展现状，加速推进新型工业后发赶超步伐，县委、县政府把产业结构调整作为主攻方向，巧借资源、政策环境与区位条件优势，加速培育新兴产业、改造提升传统产业和加快推进城镇化进程。县里围绕建材、煤炭加工转化和生物生态能源建设，汽车配件和服装鞋帽等优势产业，依托产业集聚区建设新载体，按照“产城融合，集约发展”的现代理念，引进战略投资者，加速集聚产业发展，努力形成新的经济增长点。全县重点规划了3个产业集聚区，目前入驻企业达40余家，占全县项目和骨干企业的70%。其中总投资13亿元、年产干法水泥400万吨的南方水泥一期工程建成投产，2011年可实现产值8亿元，上缴税收6000万元。该县还坚持中心城区、小城镇和新农村建设并重，强力推进城镇化进程和城乡一体化建设，以城镇化促进工业化、带动农业现代化。2010年，全县完成了20个乡镇总体规划和200个中心村（社区）规划；实施城镇建设项目310项，完成投资20.2亿元，建成农业龙头企业11家，建立优质稻、烤烟、生猪、油茶特色产业示范基地71个，现代农业增加值达93692.7万元。产业转型升级的加速推进，为邵阳县“后发赶超”装上了强大的内驱动力。2011年上半年，该县完成规模工业总产值239551万元，同比增长41%，完成规模增加值73990万元，同比增长18.8%；前6个月，全县财政收入完成31286万元，为年计划的76.6%，同比增长40.7%，税收过百万元企业增加到41家。

【全省首届“瑶族风采”服饰模特大赛在隆回花瑶古寨举行】 2011年8月8日，隆回县虎形山瑶族乡花瑶古寨内人山人海，彩球飞舞，由湖南省瑶族文化研究中心举办，隆回县人民政府承办的全省首届“瑶族风采”大赛在这里隆重举行，来自郴州市、永州市、怀化市、邵阳市等4支代表队的32名瑶族选手参加了比赛。慕名而来的游客和花瑶人民近万人欢歌载舞共庆花瑶“讨僚皈”佳节。

每年的七月初八至初十是隆回花瑶人民的“讨僚皈”传统佳节之一（花瑶每年有三次传统节日，每次节日有三天：分别是五月十五至五月十八日在水洞坪举行的“讨念拜”、七月初二至初四在茅坳、七月初八至初十在花瑶古寨举行的“讨僚皈”）。近年来，先后举办首届佳丽大赛、首届花瑶挑花大赛暨民族运动会、首届山歌对唱大赛等重大活动。

在瑶族服饰展示过程中，各参赛选手身着五彩缤纷、艳丽多姿的瑶族服饰，用他们的青春与活动力全方位展示了丰富多彩的瑶族服饰文化，和瑶族同胞多才多艺的民族精神风貌，选手们精彩绝伦的才艺展示得到了现场观众的热烈欢迎和阵阵喝彩。通过服饰和才艺两个环节的激烈角逐，评委组最终评出最佳服饰奖8名、最佳风采奖7名、最佳才艺奖7名、三等奖6名、二等奖3名、一等奖1名，来自邵阳代表队的花瑶姑娘奉吻香荣获本场比赛一等奖。活动中还为传统、大幅山水、人物、花草、十二生肖等十大类的挑花获奖作品进行了颁奖。

【潭娄邵天然气管道工程开工】 2011年9月8日，“气化湖南”工程启动暨湘潭—娄底—邵阳天然气管道开工仪式在湘潭举行，标志着直接惠泽邵阳市近500万群众的天然气入邵管输工程正式开工建设。湘潭—娄底—邵阳天然气长输管道是国家西气东输二线工程途经湖南省的重要配套长输管道之一，线路全长213公里，预计投资9.3亿元。项目计划于2011年9月开工，2012年底竣工。全线始于湘潭站，止于邵阳站，在邵阳市境内共38公里。

【超级稻亩产926.6公斤】 2011年9月19日，湖南省农科院举行的新闻发布会宣布，杂交水稻之父袁隆平院士指导的超级稻第三期目标亩产900公斤高产攻关获得成功，隆回县百亩试验田亩产达到926.6公斤。承担着冲击亩产900公斤难关的百亩试验田位于隆回县羊古坳乡雷峰村，18 块试验田共 107.9 亩。9 月 18 日，农业部委派的专家组成员到现场进行测产验收。超级稻亩产 900 公斤高产攻关项目的成功刷新了我国大面积水稻亩产最高纪录。

【武冈机场选址初步敲定头堂乡荷塘村】 2011 年 9 月 27 至 29 日，经国家民航局、民航中南管理局、广州空军部队、中南地区空中交管局、省地勘局等有关单位专家现场勘察、预审、评审后初步敲定，武冈头堂乡的荷塘场址为武冈民用机场最佳场址，机场选址完成后，项目将进入预可研、可研程序。根据评审结论，武冈机场的建设项目已纳入中国民用航空局“十二五”规划，定性为支线机场、民航局机场分类中的小型机场，初步规划航程为 800 至 1500 公里，拟开通武冈至广州、长沙、上海、海口、深圳等地的航线，并将在预可研阶段进行重点优化和完善近、远期建设规模。

【邵阳县整顿安全生产所有河道封停采砂】 2011 年 11 月，邵阳县重拳出击，整顿河道安全生产，对县内所有河道实行封停采砂。

该县境内有 4 条河流，总流程 165.1KM，可采河砂地段长 119KM，共有河道采砂从业人员 2000 多人，挖砂船 130 多艘，运砂船 200 多艘，河砂码头 77 家。随着近年来砂石价格的不断攀升，该县涉河乡镇出现了非法买卖河道、砂洲及河岸，尾砂处理不到位影响行洪、行船安全等不良现象。为杜绝此类现象，该县开展了河道采砂百日大整顿。整顿期间，对全县所有河道全部实行封停，所有船只一律禁止采砂。

【一年处理 6000 万吨城镇污水】 邵阳市 11 座污水处理厂一年累计“吞吐”污水近 6000 万吨，化学需氧量削减 1.35 万吨，县城以上城镇污水集中处理率达 65% 以上，污水处理后排放水水质达到国家规定的一级 B 标准。目前，11 座污水处理厂建立健全了包括运营标准、岗位职责、技术规范、操作规程、监测办法、安全要求等在内的系统管理制度，以及包括进出口流量和水质、运行时间、处理水量、生产用电量、污泥产生和处理量、药剂投加量、检验分析报告等在内的运行档案与减排台账。厂区设备运行全部实现自动化控制，并由省、市环保部门的在线监测系统实现实时在线监测。

【隆回为 90 万亩公益林买保险】 2011 年 11 月 8 日，隆回县林业局与中华联合财产保险股份有限公司隆回支公司签订了 144 万元森林保险合同，首次为全县 90.33 万亩生态公益林全部买了保险。确定每亩林地保险金额为 400 元，年综合保险费率不高于 4‰，即每亩保费不高于 1.6 元。按照逐步推进的原则，2011 年重点解决生态公益林保险。根据国家相关规定，其保险金 90% 由县林业局从上级和县里拨付的林业保险补贴资金中解决，林农只负担余下的 10%，即林农每亩只出保费 0.16 元，一旦林木受损，便可获得保险金额为 400 元的赔偿。

【城步发现珍稀华南五针松天然群落】 2011 年 11 月，城步苗族自治县云马林场技术员实地采集绿化树种时，在人迹罕至的悬崖绝壁发现一个珍稀树种华南五针松天然群落。

该群落位于城步金童山省级自然保护区海拔 1600 米的深山峡谷，树龄均在 100 年以上，林下有散生幼苗，其中最大一棵胸径达 60 厘米、高近 20 米，银色针叶树冠在阳光照耀下熠熠生辉。该群落株数之多、生长之好在湖南实属罕见。

据了解，华南五针松为松科松属裸子植物，是第四世纪冰川后遗留下来的活化石，在欧美大陆已全部灭绝，仅在我国华南局部区域残存，但种源稀少。其树干挺直、树姿雄伟，是国家二级保护植物。目前，云马林场已派专职护林员对华南五针松群落进行守护。

【隆回斥资为 500 岁古树筑“新窝”】 2011 年 11 月 23 日，隆回县鸭田镇古同村发现一棵 500 多岁的古银杏树。这棵古银杏栽植于明朝，树干胸围达 3 米、高 30 米。近年由于修路、建房等原因，导致古树根部裸露，影响了古树的生长。为保护古银杏，隆回县林业局专门拿出 1.5 万元砌保土墙，让树根全部埋在土中。

据当地老百姓说，老银杏树经历了明、清、民国，留下了许多传奇故事。1935 年 12 月，贺龙率红军经过鸭田时，这棵树是附近的“制高点”，红军战士上树放哨，为红军在鸭田取得战斗胜利立了功。

隆回县是全国绿化模范县，十分重视名木古树的保护，这棵古银杏也是县政府挂牌保护的古树之一。

【“专业市场小企业联保贷款”邵阳试点两年融资 1.39 亿元】 2011 年 12 月 5 日，为破解个体经营户融资难的问题，邵阳市工商局经济开发分局联合工商银行牵线搭桥，促成湖南省首批“专业市场小企业联保贷款”在该市湘桂黔建材城试点。这一贷款模式实行两年来，帮助小企业主融资 1.39 亿元。

专业市场小企业联保贷款是指注册资本 50 万元以上的企业，自己在市场内寻找伙伴组合 3 至 5 家企业结成联盟，互相担保联合向银行贷款的一种新型融资模式。与传统的担保和抵押贷款相比，这种贷款模式简化了办事手续，提高了贷款额度，每家企业可获得贷款金额超过 200 万元。为尽快促成银企对接，邵阳市工商部门还实行特事特办、急事快办，进驻市场现场办公，为符合条件的个体经营户办理企业登记，目前个体转办为企业的已有 91 家。

【宝庆电厂大力推行节能环保】 2011 年 12 月 9 日，湖南火电总承包施工的国电宝庆煤电 2×660MW 工程 1 号机组顺利完成 168 小时满负荷试运行投产发电。地处邵阳市郊区的宝庆电厂是国电集团在湖南省投资建设的第一个大型火电项目，规划装机总容量 332 万千瓦。一期工程建设两台 66 万千瓦超临界燃煤发电机组，同步开发年产 240 万吨煤的煤矿，总投资 60 亿元。在项目规划时，国电集团就把环保放在首要位置，确定将该厂建成高标准节能环保型电厂。设置火电烟气脱硝设施是宝庆电厂最大的亮点。该厂斥资 1 亿多元，增设脱硝效率高达 80% 的设施，成为目前湖南省新建火电厂中首家采用脱硝工艺的电厂。同时，该厂精心设计、投入巨资，建造了一套厂内用水“闭式循环”系统，即整个生产、生活用水通过一套独立的水处理系统，实现循环利用，做到废水、污水“零排放”。

【新型能源“点亮”农村低碳生活】 2011 年邵阳市已在农村新建沼气池 1558 口、安装太阳能热水器 428 户、太阳能路灯 73 盏、推广省柴省煤灶 1162 户，这些能源工程每年可节省标煤 1950 吨、化肥 2600 吨、森林面积 3.2

万亩，惠及群众4.8万人。

【华润集团拟在武冈开发风电】 2011年12月14日，武冈市政府和华润新能源控股有限公司签订了风电场项目开发意向协议。公司派出的专家组已经在开展项目前期的实地考察工作。华润集团是总部设立在香港的中央控股企业，总资产达1400亿港元，旗下子公司华润新能源控股有限公司从事风电、光伏发电、垃圾发电、核电开发建设，营运50个风电场。开发意向协议签订后，公司负责人率领专家组奔赴水浸坪、晏田、马坪、荆竹铺、秦桥五个乡镇实地察看，选择在该区域的不同地点建立5个测风塔，进行风电场建设可行性测试，测试期为一年。

【邵东关闭非法采锰点110个】 2011年12月23日，刘某等4人因参与非法采锰，被邵东县法院依法判刑。据了解，该县开展专项行动打击非法采锰行为，现已彻底关闭110个非法采锰点，捣毁采矿设施45处，追缴非法所得800多万元，一批非法采锰人员受到了法律的惩处。

【湘窖生态酿酒园首批美酒月底出窖】 湘窖生态酿酒园一号浓香车间部分投入使用，第一批美酒于12月26日出窖。

一号浓香车间占地1.5万平方米，年产1万吨浓香基酒，共有672个窖池，目前已修好了40多个。湘窖酒业在加快推进建设的同时，开始基酒酿造工作，从10月底开始投酿发酵。发酵期约两个月，预计12月26日就能出酒。湘窖生态酿酒园占地1000多亩，投资11亿多元。该项目建成后，湘窖年酿酒能力达到5万吨，优质基酒储存能力达到2万吨，年包装生产能力达到10万吨，增加就业岗位2000人。

【城步致力打造湖南风电第一县】 2011年12月30日，城步苗族自治县南山国家风景名胜区内，上千名苗族群众身着节日盛装，唱着山歌，舞着苗乡特有的七彩吊龙，庆祝城步（大唐华银）南山风电场一期工程竣工暨二期开发建设启动。这是城步县加速经济转型升级，实施低碳、环保、可持续的清洁能源工程，致力打造湖南风电第一县的重大举措，填补了邵阳市风力发电的空白，标志着邵阳市新能源开发利用进入一个新阶段。城步风电资源十分丰富，可开发利用60万千瓦以上。南山风电场总装机规模约18万千瓦，分四期开发。

【邵阳城2011年将长大2平方公里】 2011年邵阳市城镇化率预计可达到34%，市本级建成区将增加2平方公里，新增公共绿地面积40万平方米，城区绿地率达到31%以上。

2011年是邵阳实施“项目建设年”的第三年，为加快城区道路项目建设，市委市政府提出“打通主干道、拓宽出入口、建设环城路”的建设思路，加大资金投入，先后续建和启动了宝庆科技工业园、佘湖山新城、站前开发区、桃花新城等新城区共计14条道路工程建设，总里程72.93公里，总投资13.75亿元。与此同时，西苑公园、蔡锷广场、东塔公园敞口改造、北塔公园、两江两岸风光带、六岭公园恢复性建设工程等也铺开。大规模的道路工程建设和完善的公共配套设施，使得邵阳路网结构日趋合理、承载能力大大提升，城市面貌极大改善，为经济社会的腾飞发展做好了充分准备。

随着宝庆工业新城的崛起，京都世纪城、颜家湖五星级酒店、烟草物流园、产业孵化器、三一湖汽、综合工业小区、永通汽贸等一批机械制造、电子信息、医药工业及服务业项目相继启动建设，邵阳的城市建设和工业发展迎来了百花齐放的春天。

【城步全力打造“文化魅力独特县”】 城步有苗、侗、瑶等13个民族聚居，民族文化底蕴深厚。该县出台了“非遗保护工作实施意见”，成立“非遗保护中心”。累计搜集、登记造册少数民族古籍达5000多册（件），整理出版少数民族古籍200多种。收集各种山歌12万余首、谚语1.2万余条、民间故事与民间传说5000余个、民间音乐200余首、民间戏剧舞蹈50余个。濒临失传的苗民乡规民约《苗款》已翻译出版了汉文译本，“城步吊龙”列入国家级非物质文化遗产保护名录。

城步建立民族歌舞培训中心和民族文化传承人培训基地，对已列入国家、省、市、县级非遗项目及其他具有民族文化特色的项目进行传承人培训。“城步吊龙”于2010年7月赴上海世博会参加了湖南周演出；《打泥脚》获得全国少数民族文艺调演二等奖；《挤油尖》、《打禾鸡》获得全国少数民族传统体育运动会表演项目一等奖。

城步通过举办文化活动，推动文化、旅游互动发展。该县将贺郎歌、嫁女歌等独具特色的民族文化精品打造成接待游客的表演节目，并与广西龙胜、三江和湖南省通道县定期举办“中国大桂林·湘桂原生态风情节”，做强文化旅游产业。2010年，成功举办了中国城步首届民族文化生态保护艺术节暨第13届“六月六”山歌节，引进文化产业项目资金8.7亿元。目前，该县以其独特的自然资源和民族文化荣获“中国最具影响力文化旅游百强县”、“中国最佳生态旅游县”、“中国区域休闲旅游目的地城市”。

【绥宁“暖心工程”暖了农村教师心】 绥宁地广人稀，农村教学条件艰苦，师资流失严重。2008年以来，该县实施以稳定和巩固农村教师队伍为主要内容的“暖心工程”。

“暖心工程”一项重要内容，是建立健全农村教师激励机制。给农村教师增发边远地区补贴，按照地域远近，每人每月70至140元不等；在晋级和评先评优方面，每年给农村教师增加10%的指标；开展“优秀乡村教师”评选，把服务农村教育15年以上优秀教师评为绥宁“教育明星”，现已评出20名，颁发奖金，并组织他们免费体检与外出考察、学习。

实施“暖心工程”3年来，绥宁县农村没有一个教师流失，个别外流教师也重返岗位。该县还面向社会招录了300多名高素质人才充实农村教师队伍。目前，全县适龄儿童入学率达100%，巩固率达99.9%。

【高新技术提升四大产业】 邵阳市北塔区实施高新技术项目，“嫁接”四大产业，打造柑橘、酿酒、豆制品、纺织的产业高地。2011年一季度，全区高新技术企业产值达到2.63亿元，同比增长394.3%。

继湘窖酒业生态酿酒园首期工程完工后，投资12亿元的二期工程又在加速推进；李文食品公司牵手可口可乐公司，投资2亿元兴建3万吨橙汁胞生产线；万事达工贸集团投资1.3亿元，全面铺开赛络纺和新型超高分子量聚乙烯纺织工程；恭兵食品公司投资过亿元，建设装源活度300万居里辐照技术中心。

四个高新技术项目，瞄准产业链最薄弱的环节，带动能力强。邵阳、永州、怀化3市的50万亩脐橙以鲜销为主，每年有几万吨脐橙“残次果”滞销。李文食品公司与可口可乐公司合作，2010年8月动工兴建年产3万吨橙汁生产线。项目计划2012年建成投产，每年可消化近9万吨的脐橙“残次果”，为橘农增收2亿元以上。

传统的豆制品生产厂家恭兵食品公司，2011年投资近亿元，建设装源活度300万居里辐照技术中心，解决食品生产的灭菌保鲜难题，这项绿色技术填补了湖南省商业运营辐照装置的空白。“湘窖生态酿酒园”二期工程建设，扩大5万吨成品酒产能，并将实现酒与环境的完美结合，助推“湘窖酒业”从地方品牌向全国品牌跨越。万事达工贸集团2010年全面铺开赛络纺和新型超高分子量聚乙烯纺织工程，这项全国纺织行业领先技术，使织物具有悬垂性、抗皱、抗缩水、无静电的特点，是时装开发的首选高档布料。据项目效益评估，两年后四大项目全部建成投产，全区将新增产值35亿元，增加税收4.4亿元，新增1.3万人就业。

【邵东注重发展生态产业】 “十一五”期间，既追求经济效益，又追求生态效益的发展理念，融入邵东县域经济发展的血脉之中。邵东县积极调整发展思路，大力实施“兴工旺商”战略，经济开始全面复苏。2010年实现地区生产总值161亿元，较2005年翻了一番多，在全省县域经济排名也由2007年的第20名跃升至第13名。2011年，邵东县又提出了“重返全省十强，进军全国百强”目标。

为加快发展方式转变，近年来，邵东县淘汰了一大批规模小、污染重、能耗高的企业，先后关闭中小型煤矿28家，取缔了所有非法开采的锰矿，关停了140余家小造纸、小电镀、土法炼焦、土法炼油等企业。这些企业关停，每年损失利税近4000万元，但邵东县义无反顾。

邵东牛马司镇一度土法炼焦盛行，“浓烟蔽日、污水横流”。但目前，四处林立的土窑和小烟囱已不见踪影，取代它们的是一家占地100多亩、整合了40余家小炼焦企业、年产焦煤40万吨的大型聚能焦化公司。这家公司采用清洁生产、化产回收、煤气发电的冶炼新技术，彻底消除了土法炼焦带来的环境污染。

同样实现转型升级的还有邵东的电镀产业。2010年，县政府引导县内多家五金、电镀企业投资近6000万元，联合组建和天电镀中心，采用全自动化生产线，对污水进行集中处理，不但根治了污染，而且大大提高了效益。

在邵东东亿电气股份有限公司工地，投资2.2亿元的现代化厂房正在建设中。这家公司是由当地6家打火机出口企业和5家配套企业联合组建的，建成后将年产塑料高中档打火机50亿只。过去使用的都是沿海企业淘汰的技术和模具，现在具备自主设计、模具研发、产品开发的能力。据介绍，目前邵东打火机在国内市场及出口所占份额均在60%以上。

在邵东县城东南部，一座以“生态和谐”为理念建设的产业园区正在展露雏形。该园总体规划面积20平方公里，园内保留13座自然山体，且所有公共照明设施将采用太阳能和LED（发光二极管）节能产品，建筑外墙、玻璃等也一律采用节能环保型建材。为兼顾生态效益，园区拒绝了6家投资过亿元的重污染企业入园。目前，园区已建成全线雨、污分流主干道6.5公里；邦盛凤凰城、玉柴农机厂已开工建设，分别投资120亿元、1.5亿元；投资4亿元的星沙物流园项目完成了立项、土地批复等工作，并被列为国家发改委物流业调整与振兴规划项目。

要打造高规格高起点的发展平台，必须保护好生态，生态环境是经济环境的要素之一。大力发展生态产业将成为邵东“十二五”经济工作重心之一。

【邵阳开展重金属污染防治工作】 邵阳成功申报了邵东县重金属污染防治单元进入国家重金属污染防治“十二五”规划，17个污染防治项目、18个产业结构调整项目、11个历史遗留污染防治项目、2个清洁生产项目列入湖南省重金属污染防治“十二五”规划。先后取缔关闭小电镀生产企业（车间）45个、利用阳极渣生产精炼锰企业3家、炼锑企业3家、金属提炼厂1家。

张家界市

张家界市2011年两型社会建设综述

2011年，张家界市认真贯彻省委、省政府“四化两型”战略，围绕建设世界旅游精品和富民强市总目标，坚持旅游带动、“两型”引领，以“四化”为基本途径，以旅游业转型提质为重点，切实加强节能减排和生态环境保护，全面推进生态市创建，扎实推进经济发展方式转变和产业结构调整，统筹推进城乡发展，着力保障和改善民生，“两型社会”建设取到了一定成效。

一、“两型”产业扎实推进

旅游转型步伐加快。旅游接待规模和总收入分别突破3000万人次和160亿元，同比分别增长25%和28%；接待过夜人次1330万人次，同比增长33%；入境旅游客源市场逐步多元化，境外游客达到175万人次，同比增长18%，客源国和地区已发展到了52个。国际乡村音乐周和4台文化演艺节目等成为文化旅游强势品牌。“张家界文化演艺现象”成为业界热议话题。天门山体育公园、碧桂园凤凰酒店、贺龙体育中心等休闲项目正在抓紧建设，溪布街主体工程及天门山景区观光电梯等工程竣工，国际影视文化基地等一批转型项目已经签约，全市挂牌、待评、在建和签约的五星级酒店达到11家，全市服务业增加值增长16.5%，增速居全省第一位。新型工业化取得新进展，规模工业增加值完成60亿元，增长20.5%。大力培育壮大战略性新兴产业，全市20家高新技术企业实现总产值20.6亿元，同比增长13.6%。工业效益大幅提升，工业经济效益综合指数达到296%，同比上升47个百分点。园区经济发展良好，3个工业园区基础设施建设投资达5.05亿元，入园企业达78家，其中2011年新入园企业达到20家，园区实现工业总产值35亿元，园区工业增加值增长70.3%，园区经济带动效应明显。旅游农业、城市农业、生态农业和品牌农业规模不断扩大。无公害蔬菜产业发展到40万亩，名特优水果产业达到44万亩，新增水果生产大户240余户，长茂山村优质桃、广溪峪村奈李、沙堤无核葡萄，枫香岗菊花芯柚等名优水果基地面积达到16.5万亩。全市新发展休闲农业企业与农家乐140家，2011年全市新认证有机食品1个，绿色产品7个，无公害农产品8个，新增省级名牌产品2个，共有91个农产品通过了“三品一标”的认定认证，张家界碰柑、张家界大鲵、茅岩莓茶获国家地理标志保护产品认定。建设8个现代烟草农业示范点，张家界山地生态特色烤烟完成移栽9万亩，全市共建成国家级生态乡镇2个、生态村2个，省级生态乡镇一20个、生态村88个，市级生态村200个，武陵源区的国家级生态示范区已通过检查验收开始进行国家级生态区创建。全市猪—沼—果（瓜、菜、粮）等生态循环农业模式发展达到5万亩。

二、城乡基础设施加快建设

城市道路和功能配套工程、重大基础设施建设取得新的进展。鸬鹚湾大桥重建工程、贸易路、且东南路、滨河路（澧水大桥—市政府段）、溪西路、澧水大桥维修等6个项目已竣工通车。古人提、庸都园等绿化景观建设、两区“穿衣戴帽”和35条小街小巷整治改造已完成。黔张常铁路获国家发改委正式立项，张桑高速公路纳入省高速公路开工计划，张花高速公路完成路基工程，张沅公路南段、S304慈利段建成通车，市中心汽车站投入运营，锦苏特高压输电线路、城乡电网、通信网络建设计划全面完成。农村交通、水利等基础设施投入力度加大，农民生产生活条件进一步改善。

三、生态建设和环境保护成效明显

一是环境质量显著改善，全市环境安全得到有效保障。2011年城市空气质量优良以上天数达到356天，空气质量优良率达到97.8%，比2010年提高4.1个百分点，武陵源景区空气质量优良率达到100%。城市区域环境噪声、全市地表水环境全部达到环境功能区划要求。辐射环境处于安全水平。全年没有发生重特大污染事故，全市环境幸福指数优良。

二是单位GDP能耗和主要污染物排放量持续下降，全市节能减排任务全面完成。组织召开了节能减排会议，进一步分解和明确了区县、部门、企业的节能减排的目标、任务和责任。从全市节能减排情况看，节能降耗呈现“高开低走”态势，预计可实现单位GDP能耗下降3%左右的目标。4大减排均超额完成省定年度减排任务，全年完成废气减排项目10个，削减二氧化硫5584吨，削减氮氧化物36吨，完成废水减排项目11个，削减化学需氧量1250吨，削减氨氮87吨，预计，全市2011年化学需氧量排放量为19600吨，氨氮排放量为2046吨，二氧化硫排放量为21510吨，氮氧化物排放量为9782吨，比2010年分别削减8.34%、10.06%、12.76%、1.5%，实现“十二五”减排工作开门红。

三是生态建设扎实推进，强力促进农村地区经济建设、环境建设协调、双赢。大力实施封山育林、退耕还林、绿色长廊、水土保持等工程，实现封山育林1.8万亩，退耕还林7.1万亩。推进26个乡镇、212个村垃圾治理工作，投资690万元，建设垃圾填埋场4个，添置垃圾清运车、手推车、垃圾桶、垃圾箱、建设垃圾池等垃圾收集清运设施。农村环境连片整治工作成效明显，3个区县25个乡镇34个村计划投入整治资金5182万元，其中中央和省补助资金3500万元，已完成投资4537.85万元，完成47个片区饮用水源地保护工程，2728处污水分散处理设施，10处污水集中处理设施，1194处畜禽养殖粪便处理设施，2011年又争取到上级补助资金2500万元，项目惠及3个区县5个乡镇23个村。大力发展生态经济，在生态创建村镇，按照“优化种植业、提升养殖业、拓展加工业、搞活流通业”的发展思路，大力发展效益农业，积极推进农产品加工、畜禽养殖、优质粮油加工、花卉苗木等产业，结合农村改水改厕和改圈工程，建设一批立体化、多元化的“生态家园”、“生态庭院”。着力开发新型生态旅游，发展以农家乐为主的乡村旅游业。通过生态创建既改善了农村生态环境又促进了农村生态经济快速发展。

四是严格景区保护监督。指导督促全市风景名胜区做好各项应急准备工作，做好景区设施的安全检查维护；配合市人大城建环资委完成《湖南省风景名胜区条例》和《湖南省武陵源世界自然遗产保护条例》的修正审查意见，省人大已正式颁布实施；国庆节期间，通过张家界电视台、张家界日报对两个条例组织了重点宣传，共发放条例资料3万多份督促区县拆除违章建筑50多处、6000平方米。

四、改革开放步伐加快

全面启动国家旅游综合改革试点工作，出台了改革试点总体方案，确定了408个重点建设项目，着力加快推进旅游目的地产业转型、创新旅游目的地管理、创新旅游目的地营销、加快推进旅游目的地国际化进程，取得了一定成效。医疗卫生体制改革积极推进，基本药物制度实现全市基层卫生机构全覆盖，桑植县在全省率先实行参合农民看病住院全免费政策。体制机制创新步伐加快，BT、BOT等融资项目开始实施，产权交易所正式挂牌，小额贷款公司启动筹建。对外交流合作不断扩大，航空口岸11月17日正式扩大开放，世界旅游组织旅游可持续发展张家界观测点正式挂牌。

五、基础工作得到加强

为加强对全市“两型社会”建设工作的领导，市委市政府成立“两型社会”建设协调领导小组及工作机构，办公室设市发改委。市委市政府高度重视“两型社会”建设工作，市委常委会专题研究了“两型社会”建设工作，出台了《关于加快推进“两型社会”建设的实施意见》以及《张家界市“两型”示范创建工程实施方案》等3个文件，进一步明确了“两型社会”建设工作思路、重点和保障措施。

2012年，张家界将立足国家旅游综合改革试点、武陵山片区区域发展与扶贫攻坚试点、国际航空口岸“三大平台”，以建设“两型社会”为方向和目标，以实施“两型”产业振兴、基础设施、节能减排、生态张家界建设、城乡统筹发展、“两型”示范创建等六大工程为重点，加快推进旅游国际化、新型工业化、新型城市化、农业现代化和信息化，加快建设小康张家界、法治张家界、文明张家界、和谐张家界和生态张家界，努力实现优化发展、创新发展、绿色发展、人本发展，加快实现由旅游产业大市向旅游经济强市转变，为在全省率先打造“两型社会”迈出坚实的步伐。

2012年重点抓好以下六个方面的工作：

（一）实施“两型”产业振兴工程。加快构建符合“两型社会”建设要求的现代产业体系，是“两型社会”建设的重要支撑，也是“两型社会”建设的先导力量。把实施“两型”产业振兴工程作为构建现代产业体系的重要抓手，促进经济结构由低端向高端转型，发展方式由粗放向集约转变。一是大力推进旅游业转型提质。加快实现旅游业“四个转变”，着力提高旅游经济的质量效益、旅游产业的带动效应和与相关产业融合发展的能力。要重点培育旅游文化产业，推动文化与旅游融合发展。要按照国家旅游综合改革试点的要求，努力建设产业转型示范区、管理创新示范区、优质服务示范区、低碳旅游示范区和开放合作示范区，加快推进由旅游产业大市向旅游经济强市跨越。二是大力推进新型工业化。大力推进生态科技工业园区建设，大力培育旅游商品、清洁能源、生物医药等特色产业，全面推行清洁生产，大力培育和发展战略性新兴产业，提升产业竞争力。运用先进适用技术改造提升传统产业，促进传统产业向“两型”化、高端化、品牌化发展。三是大力推进农业现代化。以市场化为导向，推进“四个农业”专业化、标准化、规模化、集约化发展。重点发展无公害蔬菜、名特优新水果、特种养殖和花卉苗木等特色产业，积极发展农业观光园和生态休闲农庄，加强农业标准化体系建设，大力发展富硒农产品、无公害农产品、绿色农产品和有机农产品。四是大力发展现代服务业。坚持生产性服务业和生活性服务业发展并重，提升传统服务业与发展新兴服务业两轮驱动，以配套完善旅游服务要素体系为重点，大力拓展新领域、发展新业态、培育新热点，发展壮大现代服务业。五是大力推进信息化建设。大力发展信息产业，推进“三网融合”，用现代信息技术改造提升传统产业，加快推进“智慧张家界”建设。

（二）实施基础设施建设工程。按照“规划优先、突出两型、统筹协调、适度超前”的要求，着力构建综合服务、现代产业、生态环保、安全防范、城市智能、公共管理等“六大体系”，全面提升综合服务、基础设施、集聚辐射、国际旅游城市等“四大功能”。重点加强交通、水利、能源、生态、信息和城市基础设施建设，形成布局合理、功能完备、安全高效、集约利用、统筹协调的现代基础设施体系。加快完善旅游交通、旅游城市服务功能，强力推进旅游大交通及完善配套旅游接待设施。加快黔张常铁路建设，力争启动安张衡铁路、焦柳铁路石怀段扩能项目建设。争取长常城际轨道延伸至张家界。加快建设张花高速公路，动工建设龙山（黔界）—张家界、张家界—安化、慈利—南县高速公路，推进张家界（慈利）—宜昌、张家界（桑植）—鹤峰高速公路前期工作，加快形成以张家界为中心的高速公路骨架。及早建成永定城区绕城公路、环武陵源景区公路，加快国、省道公路升级改造步伐，构筑内引外联的快速通道。完成荷花机场二期扩建工程，建立张家界航空基地。加快建设城市道路、特色街区、特色小城镇、集中供水、供气等个项目，实施“中心极化、经济互动、梯动推进、城乡协调”的城镇化战略，真正实现“快旅慢游”。努力抓好桑植天然气、民族地区清洁能源基地、凉水口水电站、生物质能综合开发、风能发电及宜冲桥水库、凉水口水库水电站、防洪工程、中小河流治理等项目建设。

（三）实施节能减排全覆盖工程。把节能减排作为落实科学发展观、转变经济发展方式、推进“两型社会”建设的重要抓手和突破口，确保全面完成2012年节能减排约束性目标。严格落实节能目标责任。将省下达的节能减排指标层层分解落实，明确区县政府、有关部门、重点用能单位和重点排污单位的责任。完善节能减排考核办法，建立健全节能减排统计、监测和考核体系，定期发布全市和各区县单位GDP能耗、主要污染物排放公报，加强年度目标责任评价考核，并将考核结果向社会公告。实施节能减排重点工程。加快实施节能改造、节能产品惠民、合同能源管理推广等重点节能工程，实施资源综合利用、废旧商品回收体系、“城市矿产”示范基地、再制造产业化、餐厨废弃物资源化、产业园区循环化改造、资源循环利用技术示范推广等循环经济重点工程，促进循环经济加快发展。大力实施污水垃圾处理设施、火电及水泥等重点行业的脱硫脱硝治理、农业污染减排工程、机动车污染源减排等污染物减排重点工程。加强节能减排管理。建立节能减排的技术支撑体系，积极推广节能新技术新产品，以节能减排在线监管为突破口，深入开展万家企业节能行动，强化固定资产投资项目节能评估审查和环境影响评价，促进建筑、交通、商业、民用等领域的节能推广，在全省乃至全国率先形成节约减排考核评价、行业标准、用能标准和设计规范等系统管理的体制机制。切实加大落后产能淘汰力度，坚决关闭影响生态文明建设的严重排污设施和落后生产工艺设备。探索排污权、碳排的放权有偿使用和交易试点，开展环境污染责任强制保险试点，推行污染治理设施建设运行特许经营。进一步完善主体功能区规划，完善法规政策体系、绩效考核办法和利益补偿机制，引导各地按照主体功能区定位推进发展。加强能力建设，建立节能管理、监察、服务三位一体的节能管理体系和节能监察机构能力建设，建立健全市、县、乡三级减排监控体系。开展全民行动。大力倡导低碳生活方式，积极创建绿色酒店、“两型”企业，探索实施低碳旅游行动计划，在宾馆酒店等场所逐步取消免费提供一次性日用品。

（四）实施“生态张家界”建设工程。坚定“生态环境”生命线，进一步增强生态环境意识，把生态环境建设摆在更加突出的位置。加大生态环境建设力度，落实相关工作措施，像爱护自己的生命一样，保护好生态环境和世界自然遗产，努力走出一条生产发展、生活富裕、资源高效利用、生态环境良好的绿色发展道路。加强资源环境保护。要严格保护世界自然遗产，科学、有序、合理开发旅游资源，确保资源永续利用。认真贯彻落实《湖南省武陵源世界自然遗产保护条例》，着力实施核心景区生态环境综合整治工程，进行生态移民搬迁和安置，确保自然遗产真实性、完整性和生物多样性。加强景区环境监测，科学控制景区游客流量。要大力推进植树造林和森林资源保护，突出抓好高速公路、铁路、干线公路沿线的绿色通道、绿色长廊建设。实施澧水流域中上游综合治理工程。抓住加快张家界市水利建设的重大机遇，积极构建澧水、索水、溇水为主体的区域生态环境安全体系，建立区域协调统一的环境保护联动机制，澧水治理问责机制，坚持以保护饮用水源安全为主要目标，实施澧水流域水污染综合整治新的行动计划，推进生态保护、水土保持、水资源利用、重金属污染治理、流域截污治理、城市洁净、农村环境污染治理等工程建设，加大生态补偿力度和环保执法力度，促进两岸生态保护和恢复。大力推进生态市建设。弘扬生态文明理念，培育生态产业，发展生态经济，加快改善城乡生活环境，在全市建设一批生产发展、生活富裕、生态良好、文化繁荣、社会和谐、人民群众充满幸福感的宜居城镇、村庄，使张家界成为中部乃至全国最适宜居住的地区。

（五）实施城乡统筹示范工程。城乡协调发展是“两型社会”建设的重要内容和目标。以加快新型城镇化带动城乡协调发展。协调推进城镇化和新农村建设，加快转变城乡“二元”结构，形成以工补农、以城带乡、城乡一体化发展格局。大力推进城乡规划、产业布局、基础设施建设、公共服务的一体化。要加快推进新型城市化，加快提升中心城区旅游城市功能，加快推进县城扩容提质，以综合型、工业主导型城镇和商贸、旅游型城镇为重要节点，推进示范镇、中心镇和小集镇建设，不断增强小城镇发展产业和吸纳就业的承载能力。在产业集聚和城镇建设的推动下，引导农民向集中居住区集中。坚持以建设“两型”城镇为载体，把新农村建设纳入“两型”社会建设总体规划，加快实现城乡规划全覆盖。统筹城乡产业发展，引导城市资金、技术、人才、管理等生产要素向农村合理流动。统筹城乡基础设施建设，推动城市道路、供水、污水垃圾处理、园林绿化等基础设施向农村延伸。加快推进城乡公共服务一体化，逐步是城乡居民均等享有医疗、教育、文化、卫生等基本公共服务。要继续深化扶贫攻坚，以桑植作为主战场，推动贫困地区稳定脱贫。

（六）实施“两型”示范创建工程。实施“两型”示范创建工程，是着力形成“两型”生产、生活、消费模式，示范引领全市“两型社会”建设的重要举措。按照“两型社会”建设要求，结合国家旅游综合改革试点工作，主要是两项重点任务：一是着力创建一批“两型”示范工程。主要是培育“两型”产业发展示范、“两型”城乡建设示范、“两型”生态文明建设示范、深化改革创新示范、扩大对外开放示范、保障民生发展示范等6个方面的示范工程。二是着力开展十大“两型”示范单位创建活动。要在全市广泛开展两型示范机关、两型示范街道（乡镇）、两型示范园区、两型示范企业、两型示范学校、两型示范社区（村庄）、两型示范家庭、两型示范市场（门店）、两型示范建筑、两型示范景区创建活动。通过开展“两型社会”示范创建活动，实施一批“两型”示范工程项目，认证一批“两型”示范单位、推广一批“两型”技术产品，形成一批“两型”标准，提升一批“两型”典型模式，力争一年全面启动，三年取得实效，形成政府推动、社会参与、全民行动的“两型社会”建设格局，在社会的各个层面逐步形成与“两型社会”相适应的思想观念，形成“两型”生产生活方式和消费模式。

张家界市2011年两型社会建设成果

【武陵源区基层“法治工作站”模式延伸体制“触角”】 村（社区）作为社会管理网络中最末端，一直是最薄弱的一环，许多头疼的事都出在这一环。武陵源景区大拆迁导致资源再分配，产业大发展引来利益格局深刻变化，使近年来基层矛盾、群众诉求出现了新的动态，争讼、上访一度飚升。武陵源区委提出“用法治创新基层管理”的思路，通过建立村（社区）法治工作站做好群众工作。2011年1月，全区42个行政村（社区）的法治工作站正式授牌成立。每个法治工作站由站长、指导员、专干3人组成，站长由选派到村（社区）的第一支部书记担任，指导员由公、检、法、司等部门具有法律专业知识的工作人员担任，专干由大学生村官、“三支一扶”干部、法律志愿者或治调主任担任，全区分6个片，政法系统各单位分派一名班子成员作为片区联络组长。法治工作站统一悬挂法治工作站牌子，统一业务培训指导，统一制作服务联系卡，统一业务管理模式，统一工作台账样本、统一考评细则。

【张家界建成“中国大鲵之乡”】 2011年3月，“张家界大鲵”获得国家地理标志产品保护，这是我国第一个水生野生动物地理标志产品。有关专家说，张家界采取大鲵保护与产业发展并举有力措施，已建成“中国大鲵之乡”。

大鲵是世界上现存个体最大的两栖动物，已在地球上生活三亿五千万年。张家界对大鲵的保护始于1972年，当时在张家界桑植县建立了我国第一个大鲵科研所，1978年大鲵人工繁殖首次成功，填补了世界大鲵人工繁殖技术的空白，1996年建立了我国第一个国家级大鲵自然保护区。近年，建立了总面积达14285公顷的大鲵保护核心区、缓冲区、试验区，建立了11个观测保护站，成立了大鲵保护与发展协会。2010年还引资6000多万元建成我国第一个大鲵科技馆。

张家界市已建设大鲵人工、原生态和仿生态繁殖基地29处，年人工繁育大鲵幼苗10多万尾。吸引省内外资本投资近5亿元，财政扶持资金3600万多元，发展驯养繁殖、经营许可企业26家、委托驯养户300多户，存池大鲵25万尾。

【张家界居全国“城市森林覆盖率最高的城市”之首】 2011年3月2日，由湖南工业大学与中国社科院城市发展与环境研究所合作完成的《中国城市低碳发展绿皮书2011》在北京发布。在该书公布的“城市森林覆盖率最高的10个城市”中，张家界市居于首位，株洲市名列第八。张家界市还跻身“居住建筑单位面积能耗最低的城市”。

2010年5月，中国社科院与湖南工大联手，在湖南工大成立了全球低碳城市联合研究中心。《中国城市低碳发展绿皮书2011》是该中心2010年取得的主要研究成果，编制整理了我国110个地级以上城市能源与碳排放数据，研究分析了我国城市低碳发展面临的困难与问题，尝试构建低碳城市与城市低碳发展评价指标体系，为国家宏观决策部门和城市居民准确把握、客观认识我国温室气体排放的基本情况及减排途径提供量化参考。

【张家界首座橡胶坝蓄水】 2011年3月3日，武陵源区首座橡胶坝已于日前竣工并成功蓄水，成为风景名胜区一道靓丽的水景线。

橡胶坝工程位于索溪峪镇喻家嘴，属于武陵源区索溪河治理工程项目之一，全长64米，由橡胶坝坝带、橡胶坝基座、控制室三部分组成，总投资240多万元。据该项目负责人介绍，橡胶坝与常规闸坝相比，具有造价低、工期短、抗震冲、汛期不阻水、管理方便等优点，橡胶坝建成蓄水后，形成宽80米、长300米左右的水面，将增强防洪防涝功能，改善水质环境，提高武陵源旅游城市形象和品位。

【张家界首个物流园落户可容企业300多家】 2011年3月10日，张家界市第一个物流项目——盛兴钢材市场物流园在该市经济开发区正式奠基落户。

据悉，该物流园项目是张家界“5年大变样”建设中的组成部分，计划投资3亿元，占地面积400亩，规划建设商务、现货交易、加工配送、第三方物流4个功能区，建成后可容纳300多家企业。

【张家界首部土家族大型舞剧《西兰卡普》开演】 2011年3月15日，首部以土家族民间故事为题材的大型舞剧《西兰卡普》在张家界永定区大剧院首演。

《西兰卡普》演绎了一个“比梁祝更古老的传说”，以土家儿女西兰和卡普的凄美爱情故事为主线，融入土家族独特的民俗艺术，音乐以交响乐来表现，桑植民歌与土家族山歌贯穿其中，舞蹈则在土家茅古斯、摆手舞基础上提炼加工而成，体现了土家人向往未来、追求美好的顽强精神。据悉，大型舞剧《西兰卡普》是永定区继《天门狐仙》之后，倾力打造的又一台高端旅游文化精品节目，总投资约5300万元。

【张家界福彩公益金援建福利敬老院150家】 2011年3月17日，张家界市首家“中福在线”销售大厅正式开通运行，为福利彩票事业的发展注入新的活力。据悉，自张家界建市以来，福彩发行已累计3亿多元，筹集福彩公益金8千多万元，资助建设福利院、敬老院等社会福利设施150多家。

【《印象张家界》大型民俗歌舞“亮相”】 2011年3月20日，一台以土家族经典民俗文化为主体，结合苗、侗、白、瑶少数民族文化的大型经典民俗歌舞《印象张家界》在张家界大剧院精彩“亮相”。

《印象张家界》分室内演出和场外演出两部分，利用现代高科技声光电和舞台系统，大气磅礴，尽显土家人的豪迈和悲壮、狂野和激情。室内演出把观众带入神秘的土司王山寨，通过《藤缠树》、《毛古斯》、《女儿会》、《土家盛宴》、《赶尸》等节目形式，讲述许多不为人知的古老传说和民俗典章；场外演出则通过《鬼谷神功》和《巫傩法术》舞蹈杂技，展示土家儿女的绝技神功。

【张家界举行国际森林保护节】 2011年4月8日，张家界国际森林保护节暨“国际森林年”活动启动仪式在张家界举行。

联合国大会将2011年确定为“国际森林年”，并于2月2日在纽约启动“国际森林年”活动。而中国湖南张家界国际森林保护节，是以森林保护为主旨的节庆活动和公益性盛会，已成功举办14届。本届森保节举行“国际森林年”活动张家界启动仪式、“张家界大鲵”国家地理标志产品授牌、中国科学院地理科学与资源研究所“张家界地貌联合研究中心”授牌、森林文化科普游和娃娃鱼人工放流、生态文明建设报告会等系列活动。

【张家界发行国内首张旅游金融IC卡】 2011年4月20日，国内首张旅游金融IC卡——“张家界旅游卡”在张家界正式发行。此卡不仅具备标准贷记卡的全部金融功能，同时还提供同城本行提取超额还款免手续费的优惠，具有小额快速便捷脱机消费等功能。

“张家界旅游卡”由中国农业银行湖南省分行与张家界三英特旅游智能有限公司合作发行，是符合中国人民银行 PBOC2.0 标准的国内首张旅游金融 IC 卡。该卡采用磁条卡与芯片卡合一模式，能够同时支持接触式与非接触式应用，并预留足够空间加载多个行业应用和合作单位信息。

【张家界正式启动国家旅游综合改革试点工作】 2011 年 4 月 29 日，张家界国家旅游综合改革试点工作正式启动。

张家界已正式出台国家旅游综合改革试点的指导意见和总体方案，通过先行先试，将在 5 年内，着力构建“六大体系”，即构建完善的服务体系、以旅游业为主导的现代产业体系、可靠的生态环境保护体系、严实的安全防范体系、发达的城市智慧智能体系、高效的公共管理体系。全面提升旅游城市的“四大功能”，即提升综合服务功能、基础设施功能、集聚辐射功能、国际旅游城市功能，以实现旅游产业大市向旅游经济强市跨越。

【张家界首个免费旅游服务点落户金鞭溪】 2011 年 5 月 4 日，张家界核心景区首个免费旅游服务点落户金鞭溪紫草潭。凡是出游金鞭溪的海内外游客均可在服务点免费享受旅游咨询、旅途休憩、旅游援助等服务。

金鞭溪全长 5710 米，被誉为“世界上最美丽的大峡谷”，沿途溪水潺潺，风光如画，空气新鲜，生态良好，每年接待游客上百万人。金鞭溪旅游服务点由张家界国家森林公园金鞭溪管委会和黄龙洞投资股份有限公司共同设立，总投资近 200 万元，配置有电子导游书、风光画册、电视及休息凳等设备设施，到访游客如有旅途中的疑难问题，身着土家族服装的工作人员会热情耐心帮助解答，确保他们满意在金鞭溪，满意在张家界。

【张家界首个“中国旅游日”对特殊人群免票】 2011 年 5 月 19 日首个“中国旅游日”，张家界各大景区（点）对伤残人员、70 岁以上老年人、军人、省级以上劳模和城乡低保人员特殊人群实行优惠，可凭证免票游览观光。“中国旅游日”当天，张家界作为第一批国家综合改革试点城市，围绕“旅游·生活新境界”的主题，各大景区将组织开展山歌对唱、万人大签名、放飞和平鸽等一系列精彩的庆祝活动。

【慈利“村官承诺”张榜长期公示】 2011 年 5 月，慈利县在村级换届中，采取张榜公示的做法，让选民长期对当选人进行跟踪监督和考评，使竞选承诺变为贯穿始终的任期承诺。实行“村官承诺”公示考核机制，将当选人各项承诺置于规范、公开、透明的监督之下，不仅解决了候选人竞选演讲随意性大、选后监督难的问题，还激发广大选民参与的热情，杜绝拉关系、比吹牛和贿选等不良风气，保证换届选举正常进行。

【张家界党员的哥上英语课】 2011 年 6 月 10 日，张家界安顺出租汽车公司 10 名党员和 7 名入党积极分子“的哥”齐聚一起，听取吉首大学外语学院外籍教授迈克讲授驾驶员英文服务用语课。这是张家界出租车标准化服务培训班的课程内容之一。为推行出租行业标准化服务，安顺出租汽车公司作为张家界出租汽车行业唯一旅游服务标准化试点企业，以“党员先锋车”和入党积极分子的哥为示范，带动公司所有的哥集中掌握标准化服务内容。

【张家界积极开展节能宣传周活动】 2011 年 6 月 11 日—17 日张家界组织开展了节能宣传周活动。围绕“节能我行动、低碳新生活”主题，精心组织，开展了内容丰富、形式多样的宣传活动。6 月 14 日定为“低碳体验日”。各级公共机构除信息机房等特殊场所外，办公区域空调、公共区域照明停开一天；6 层以下办公楼及其他公共建筑原则上停开电梯，高层建筑电梯分段运行或隔层停开；所有景观照明灯、装饰用灯关闭一天。倡导低碳出行，上下班乘坐公共交通工具、骑自行车或步行，公务出行尽量乘坐公共交通或拼车出行。在公共场所开展了集中宣传活动，使广大群众深入了解了节能法律法规。张家界电视台、日报社、红网等新闻媒体对宣传周活动启动仪式进行专题报道，向广大市民宣传节约能源、降低能耗、减少污染排放的重要意义。

【张家界就业增容广开渠道转移就业 1.7 万人】 2011 年 6 月 14 日，张家界民营企业专场招聘会结束，来自慈利县农村的小伙子李巍顺利被湘中石油化工销售公司录用。2011 年张家界通过“增容就业、转移就业、援助就业”这“三步棋”，走活城乡就业，1 至 5 月全市城镇新增就业 5046 人，农民工转移就业 1.7 万人。张家界广开渠道，着力增加就业容量，定期开展公共就业人才服务专项活动，举办各类招聘洽谈会。元旦、春节期间的“就业援助月”服务返乡农民工和就业困难人员，2 至 5 月的“春风行动”为进城务工者多方择业。还有农民工、院校毕业生、民营企业等专场招聘洽谈会，共涉及招聘单位 430 余家，提供就业岗位 1.26 万个，求职登记人员达万余人次。

目前，张家界 94 家乡镇社区劳动保障平台基本建成，机械、农技、缝纫、刺绣、插花、食品、驾驶等技能培训蓬勃兴起，带动了广大农村劳动力转移和城镇各类群体人员就业。2011 年上半年，仅市就业训练中心就举办培训 33 期，使 1761 人初步掌握创业技能并陆续上岗就业。全市共开发社区环卫、城管、交通协管、园林绿化等公益性岗位 3100 个，发放小额担保贷款贴息 210 万元，通过“一帮一”就业援助服务，使全市“4050”人员再就业达 653 人，困难人员再就业 3236 人，“零就业家庭”动态清零率达 100%。

【张家界哈利路亚音乐厅移动显示屏入基尼斯】 2011 年 8 月 5 日，张家界市武陵源黄龙洞景区哈利路亚音乐厅内可独立移动组合式 LED 显示屏以“室内数量最多”获得“大世界吉尼斯纪录”。

哈利路亚音乐厅自 2010 年 9 月成功投入使用来，先后为首届中国国际文化旅游节、大型民族文化演出《烟雨张家界》提供了最先进的舞台表演设施，让观众有“人在景中、景在梦中”的绝妙感受。

哈利路亚音乐厅独立移动组合式 LED 显示屏总投资 700 万元，由 21 块（3 行 X7 列）PH6LED 显示屏组成，每块小移动显示屏间隔 0.16 米，屏幕可整体前移 5.86 米，第二层、第三层屏幕可分别相对水平前移 1.76 米、后移 1.8 米。显示屏能够独立移动在全球音乐厅比较罕见，其 21 块的数量更是创下“大世界吉尼斯记录”。

【乡村音乐周 9 月举行全球招募志愿者】 2011 年 8

月8日，2011张家界国际乡村音乐周新闻发布会在长沙举行，向媒体发布了乡村音乐周的筹备情况、参演乐队等内容。9月10日至16日，张家界的秀美山水间将再次奏响来自世界各地的美妙音乐。

2011张家界国际乡村音乐周是由文化部和湖南省政府主办，省文化厅、省旅游局和张家界市政府承办，黄龙洞投资股份有限公司执行承办的一次国际性乡村音乐盛会。本届乡村音乐周的主题口号是："世界的自然遗产，我们的乡村音乐。"2011张家界国际乡村音乐周于9月10日至16日，在张家界的老磨湾、水绕四门、天子山、黄龙洞广场、天门山、宝峰湖、溪布街等7个著名景点举行，共邀请了27个国家和地区的31支知名乐队以及国内的7支民族乐队参加演出。国际乐队中，包括加拿大北美之星艺术团、巴西阿尔德亚艺术团、韩国梨花女子器乐团等。

【海峡两岸书画名家泼墨"十里画廊"】 2011年10月8日，来自海峡两岸的100名书画家相聚张家界十里画廊景区，在百米长台上挥毫泼墨，以纪念辛亥革命100周年。

当天，100位书画名家还在宝峰湖山水舞台举行《宝峰雅集》大型现场书画创作笔会，在游览张家界天子山、袁家界、黄石寨等主要景点时当场即兴创作书画。此次系列活动由书画家创作的所有书画、诗词作品，将由张家界旅游集团股份有限公司在宝峰湖景区游客必经之处建立《纪念辛亥革命百周年百位书画名家宝峰湖百米诗词书画碑林》，以作永久纪念，并形成世界自然遗产地张家界独特的文化景观，供国内外游人欣赏品评。

【张家界评选"十大魅力导游"】 2011年10月29日，张家界第五届导游风采大赛正式开赛，146名获得参赛资格的选手将参与角逐"十大魅力导游"。

自2002年以来，"黄石寨索道杯"张家界导游风采大奖赛已成功举办四届，成为张家界旅游行业的品牌性赛事，培养了一大批优秀的导游队伍，为提升张家界旅游形象做出了积极的贡献。其中首届"十佳"导游杨凯，曾荣获全国导游大奖赛一等奖；第二届金奖得主任舫，正在美国攻读博士学位；第三届金奖得主黄艳萍当选为县级人大代表；第四届金奖得主汪华丽当选为共青团全国十六大代表。

本次大赛为期两天，比赛内容分为职业道德、导游服务技能、才艺展示三大块，凡评上"十大魅力导游"者，除分获5000元至1万元的现金奖励外，还将在2012年作为张家界旅游形象大使赴全国大中城市参加旅游推广活动。

【张家界市政府召开专题会议研究节能减排工作】 2011年11月10日，张家界召开专题会议，研究节能减排工作。会议总结了"十一五"目标任务完成情况，提出了"十二五"节能减排目标任务，全市单位GDP能耗将下降15%；化学需氧量、氨氮、二氧化硫、氮氧化物等四种主要污染物排放量将分别削减2.73%、5.95%、4%、1.82%。各级各部门主要负率负责同志为节能减排第一责任人。

【张家界迎来首架外国飞机荣升国际空港】 2011年11月17日，韩国韩亚航空公司的一架从首尔起飞、满载着138名乘客的空客320飞机平稳地降落在张家界荷花机场。这是国务院批准张家界荷花机场17日零时对外开放后入港的第一架外国飞机。标志着该机场正式成为国际空港。

张家界荷花机场扩大对外籍飞机开放，结束了武陵山区没有国际航空口岸的历史，也使张家界成为湖南省第二个全面对外开放的国际空港。张家界国际口岸开放，将促进国家武陵山区经济协作发展战略的实施，带动该地区脱贫致富步伐，也将提升湖南旅游龙头的地位。

2010年以来，随着张家界被列入国家首批旅游综合改革实验区，张家界航空口岸扩大对外开放也得到了国务院和省政府的重视，张家界加快了荷花国际机场改扩建工程步伐，计划总投资近20亿元，新建航站楼、延长飞行跑道、全面改造国际航站基础设施。目前，已经完成了第一期工程。另外，张家界市政府还投资近4000万元，建设了海关综合大楼、边防培训大楼、检验检疫大楼，完成了第三代国际航站楼规划设计，为张家界口岸面向国际开放提供了必要的条件。

【张家界出台"两型"社会建设文件】 2011年11月29日，张家界市出台"两型"示范创建工程实施方案和加快推进"两型"社会建设的实施意见。围绕建设世界旅游精品和富民强市总目标，坚持旅游带动，科学发展，实施两型产业振兴、基础设施、节能减排、生态张家界建设、城乡统筹发展、"两型"示范创建等六大工程。

【湖南电信与张家界联手打造"智慧张家界"】 2011年12月12日，张家界市人民政府与中国电信湖南公司在张家界举行共建"智慧张家界"战略合作签约仪式，风景如画的张家界由此开启智慧城市建设的新时代，"数字湖南"发展蓝图上又画上了靓丽的一笔。

张家界作为新兴国际旅游城市，先后完成了电子政务、"平安城市"、"数字武陵源"等建设，并率先实现了手机实时查看景区客流量。这次协议签订后，张家界市政府将与湖南电信在社会经济发展的各个领域展开更深层次的合作，加快推进城市光网、无线城市和下一代互联网等基础网络的全方位建设，构建公共服务平台和云计算数据应用中心，突出建设好智慧旅游、智慧交通、智慧环保等六大示范工程。据初步估计，张家界通过"智慧张家界"建设将实现信息化产业产值80亿元。

在智慧旅游方面，双方将充分利用张家界被列入"国家旅游综合改革试点城市"这一契机，整合和优化旅游服务资源，实现从单纯的信息管理走向以服务为本的协同一体化服务体系。通过旅游信息综合管理平台，最终形成面向游客提供吃、住、行等一体化服务；面向从业企业提供互动、管理、信息发布、经营决策的科学管理手段，面向管理部门提供规划、宣传、决策、管理、投诉处理为一体的智慧旅游体系，最终打造成"国家旅游综合改革试点城市"的标杆。

【张家界市人民医院热水回收利用改造系统】 张家界市人民医院原供应室消毒柜每天消毒时都排放大量热水，此热水是消毒柜内的水蒸气冷凝成的，排出时的温度可达60—80℃，常年排放非常可惜，于是请相关工程公司与院后勤部共同设计了一套热水回收再利用系统，热水收集起来再用于供应室的消毒物品洗涤和锅炉的烧蒸汽用水。此系统安装运行以来，每天回收热水2吨左右，节电约150度左右，截止2010年12月底共节水360余吨、电

27000余度，节约费用合人民币28008元，此项工程改造总费用28000元，半年收回投资成本。

【张家界市表彰“十一五”节能减排工作先进单位和先进个人】 “十一五”期间，张家界市累计单位能耗降低率19.10%，二氧化硫、化学需氧量排放总量分别下降12.9%和8.7%，全面完成省政府下达的“十一五”节能减排目标任务。市人民政府对节能降耗工作、主要污染物总量减排工作先进集体和个人予以通报表彰。

【张家界采伐指标不吃香　生态项目创收多】 四都坪是张家界永定区的林业大乡。全乡林地达20多万亩，10年前，四都坪每年的实际采伐量高达4万多立方米，2011年指标3500方，到现在还只分下去1780方。往年抢都抢不到手的采伐指标不吃香了，有的老百姓还主动退起指标来。

乡里以前做木材生意的20多个大户纷纷“改行”了。田坪村的肖一文现在只做木材精加工，每年争取到500多方指标现在只要100多方了，熊家塔村的覃国云、覃波等人开发葡萄种植，还有同斗村陈建武、符太金当选为村干部带领大家发展其他产业。老百姓手中的指标派不上用场，只有向乡林站退了。乡里造林30亩以上大户就有40多户，还有的建养猪场、建“娃娃鱼”养殖基地，有的种植山药材、发展烟叶，在山里建起一座座“绿色银行”。

【张家界市委、市政府机关大院进行照明系统节能改造】 为建设两型机关，张家界投资66余万元，对市委、市政府机关大院普通照明灯进行全部更换。通过节能改造，每年可节约用电10%，年约7.5—8万度。

【张家界广泛开展生态文明建设】 至2011年底，张家界市建成国家级生态示范区1个（武陵源区），生态乡镇4个，生态村3个，生态文明示范村4个。省级生态乡镇20个，生态村88个。市级生态村271个；省级绿色学校8所，市级绿色学校18所；市级绿色酒店8家；市级绿色小区4家。该市注重发展生态经济、培育生态文化、保护生态环境、营造生态社会。坚持生态文明的内涵，是安全良好的生态环境+持续发展的生态经济+和谐发展的生态社会。

【张家界开展农村垃圾治理行动】 张家界开展农村垃圾治理三年行动计划，成功推行以“组保洁、村收集、乡镇转运、县（区）处理”为主的“四种模式”治理农村垃圾。截止2011年底，60个乡镇、528个村完成治理任务。

【张家界农村环境连片整治成效明显】 国家农村环境连片整治示范项目的目的是全面贯彻“以奖促治”政策，将污染治理延伸至农村，变以前农村污染治理以单个村点为单元为现在以连片村为单元，治理重点是农村垃圾、农村污水、农村饮用水、农村畜禽养殖等，以综合整治改善农村环境面貌。2010年、2011年连续两年，张家界市4个区县30个乡镇57村进入了国家项目笼子，获国家专项资金6000万元。项目覆盖面居全省前列。两年来，全市农村环境连片整治成效明显。尤其是武陵源区，全区农村环境治理率达70%，在2011年检查验收中被评为一档单位，2012年被省定为实施农村环境连片整治整体推进示范试点区。

【天门山“两型”化规划建设】 天门山高山客运观光索道项目建设占用土地1726平方米，比之前电梯项目减少占用土地和减少破坏自然资源7374平方米，天门山栈道建设减少占用林地和减少破坏森林资源8000平方米，同时对原游道占用林给予恢复7000平方米，共减少占用与破坏森林资源17000平方米；天门山高山客运索道实行分段独立运行，索道每天减少运行4小时，每日节约用电9000度，年节约约300万度用电，降低了磨损、能耗，减少了噪音排防，保护了环境。改造后处于国际领先水平。对山顶管理用电进行风能、太阳能改造，对生产生活用水进行循环利用，加强景区外围环境保护和治理，对外围双峡村天门山组、樊家台组共92户23000平方米房屋进行整体搬迁集中安置，节约用地122.4亩。天门山景区“两型”化示范创建工程实现了人与自然、企业与社会、资源开发与保护和谐发展。

【慈利生态水利彰显“人水和谐”】 慈利县发展生态水利，彰显“人水和谐”的一个侧面。作为上世纪90年代全国首批农村电气化试点县，20多年来，慈利着力电气化改造、小水电建设和水土治理，加快生态水利建设，农村电气化全面普及。以生态优先、适度开发为原则，按照“规模化治理，产业化经营，社会化服务”的水土治理模式，慈利县累计投入1281万元，共完成小流域治理19条、水利工程146处，治理水土流失面积151平方公里，先后建成了“两条绿色长廊，三大生态板块”。

目前，慈利县共完成退耕还林24.9万亩，建设生态公益林94.2万亩，新增农村安全饮水人口19万人，改善15万人的生活能源结构。该县连续多年被评为全国和全省的水土保持先进县。生态水利还对慈利循环经济起到了支撑作用，带动了工业企业的迅猛发展，仅小水电产业年产值就达6.4亿元，创利税7000万元，占全县财税收入的三分之一。

【张家界农村每户补贴1万元4700户农村危房户有望住上新房】 2011年，张家界市有4700户农村危房改造任务，目前已竣工3973户，已入住2418户。11月底，该市农村危房户可望全部住进新居。

2011年，面对任务比较重的农村危房改造任务，张家界市委、市政府确定了“政府主导、民政牵头；社会扶持、自建为主；注重效益、以人为本”的安居工程建设原则，要求举全市之力，按时按量按质全面完成农村安居工程建设。为此，市民政局专门制定了有关工作方案，并进行专题部署。市、区（县）把农村危房改造项目配套资金作为重要方面列入财政预算，包括中央、省两级投入在内，该市共筹集资金4000多万元，基本按照每家每户1万元的标准给予补贴。全市严把危改质量关，每半个月进行一次督查和考核。

郴州市

郴州市2011年两型社会建设综述

2011年，郴州市全面贯彻省委、省政府决策部署，以“两型社会”建设作为加快转变发展方式的方向和目标，以郴资桂“两型社会”建设示范点为重点，以改革促发展，在全市掀起了“两型社会”建设新高潮，取得了明显成效。

一、切实加强对“两型社会”建设工作的组织领导

1. *建立组织机构*。市里成立了以市委书记任顾问，市长任组长，市委有关领导和市政府副市长任副组长，市直有关部门和郴州大道沿线4个县市区政府、郴州有色金属产业园和郴州经济开发区等单位主要领导为成员的领导小组，领导小组办公室设市发改委。筹备组建了市两型办，市编委安排了8名编制。示范带区域内各县市区、园区都按要求设立了领导小组及其办公室，配备了工作人员。

2. *切实强化领导*。市委、市政府多次专题研究全市“两型社会”建设和郴资桂“两型社会”示范带建设工作，印发了《关于贯彻落实〈关于加快经济发展方式转变推进“两型社会”建设的决定〉的实施意见》（郴发〔2010〕13号）、《郴资桂“两型社会”示范带建设工作方案》（郴办发〔2011〕13号）。市委经济工作会议报告、市人大会政府工作报告和市党代会工作报告，都将“两型社会”建设纳入重要内容，予以重点安排部署。市人大、市政协以听取汇报、组织调研视察、召开座谈会、提出建议提案等多种形式，加强监督指导。

3. *争取上级支持*。多次向省委、省政府主要领导同志请示汇报全市“两型社会”建设和郴资桂“两型社会”示范带建设工作。2011年邀请并接待省委书记周强同志一行，省委常委、长株潭试验区工委书记陈肇雄，长株潭试验区工委副书记、长株潭两型办主任徐湘平等领导同志到郴州市调研指导。郴资桂一体化区域于2011年6月获批省“两型社会”建设示范点，这是目前全省14个市州除长株潭以外的唯一一个省级示范点，争取省政府安排首批扶持资金1500万元。省两型办、省发改委、省科技厅、省国土资源厅等省直部门通过调研指导、项目倾斜、会商共建等方式，对郴州“两型社会”建设和郴资桂“两型社会”示范带建设工作给予了大力指导支持。

4. *加强协调配合*。市委办、市政府办将“两型社会”建设纳入年度绩效考核评价重点内容，对指标任务进行量化分解，把责任落实到具体单位，并定期督查工作进度。市发改委、市两型办初步建立了示范带建设的调度督促机制和信息共享机制，对规划编制、项目建设、体制改革等重点工作进展情况，实行定期调度和通报。

二、着力推进郴资桂“两型社会”示范带建设

1. *以规划编制为重点，夯实基础工作*。市委、市政府下发了《郴资桂“两型社会”示范带建设工作方案》（郴办发〔2011〕13号），明确了示范带建设的指导思想、发展目标、实施步骤、主要任务和保障措施，确定了“1+14”规划体系，并大力推进各项基础工作。为切实搞好示范带建设的“顶层设计”，将规划编制工作任务落实到市直部门及相关县市区。《郴资桂“两型社会”示范带建设规划纲要》已形成送审稿，12月14日经市政府常务会议审议通过。给排水工程规划和电信发展规划已定稿进入实施阶段，8个专项规划形成初稿正在征求意见，4个专项规划正在加紧编制。

2. *以项目建设为载体，加快转型发展*。确定了郴资桂“两型社会”示范带“十二五”重大项目库和2011年重点建设项目，其中2011年的重大项目涉及“两型”产业、城乡统筹、生态文明等3大领域、33大工程，共计152个项目，总投资750亿元，2011年计划投资124亿元。截至12月底，共完成投资141.5亿元，完成年计划的113.7%。其中：两型产业项目80个，总投资433亿元，年计划投资65.1亿元，完成投资76.6亿元，占计划投资的117.6%；统筹城乡建设项目54个，总投资275亿元，年计划投资53.1亿元，完成投资57.3亿元，完成年度计划投资的107.9%；生态文明项目18个，总投资44亿元，年计划投资6.3亿元，完成投资7.62亿元，完成年计划的121.1%。

3. *以配套改革为突破，努力先行先试*。编制起草了《郴资桂“两型社会”示范带建设综合配套改革总体方案》和资源节约、环境保护、产业发展、科技创新、土地管理、对外开放、行政管理、文化管理等8个专项改革方案，截至2011年底2个专项改革方案已经形成初稿正在进一步修改完善，6个专项改革方案正在抓紧编制，总体改革方案已报市政府常务会议审议通过。在总体改革方案实施前，着重督促示范带区域各县市区、园区及市直部门贯彻落实《郴州市2011年“推进改革年”活动实施方案》，全面深化体制机制改革，为示范带建设顺利推进提供强力支撑。

4. *以示范创建为抓手，营造社会氛围*。围绕“两型”生产、生活、消费主题，组织实施“两型”示范创建工程，广泛发动“两型”特征明显、示范带动力强的项目和单位组织申报，初步建立了市申报“两型”示范创建工程项目和单位信息库，入库示范创建项目和单位达32个。并按省两型工委要求遴选了4个示范创建项目、2个示范创建单位上报。经省两型办审核认定，郴州高斯贝尔数码科技公司数码科技产业基地二期工程项目、郴州有色金属产业园区（郴州出口加工区）台湾工业园“两型”化建设项目、郴州晶讯光电公司晶讯光电高端TN－LCD“两型”化生产线建设项目3个工程项目列入省级示范创建工程项目。

北湖区人民路街道飞机坪社区则列入省级示范创建单位。

三、以“两型”理念引领全市经济社会发展

1. 加快构建“两型产业”体系。大力实施产业转型发展“三年行动计划”，着重推进资源型产业转型升级，走规范开采、规模发展、精深加工、集约开采、节约利用道路。全市19个重点整合矿区有16个矿区已基本完成整合，金属矿山由整合前的177个减少到128个，煤矿由整合前的576个减少到171个，引进了中国五矿、云南锡业等一批战略投资者，郴州矿业经济初步呈现“大矿区、大集团”的大治景象。大力培育战略性新兴产业，重点发展新材料、电子信息、节能环保、先进装备制造、新能源、生物、文化创意等七大产业，编制了《郴州市发展战略性新兴产业总体规划纲要》，提出到2015年新型产业增加值占GDP比重达到25%的目标。如新能源建设方面，继仰天湖风电场（全省第一个风电场，22×1650KW=3.63万KW）投产运行后，鲁（塘）荷（叶）金（江）已经吊装20台风机，桂阳天塘山、宜章太平里、临武三十六湾风电场已经开工建设，宜章白石渡风电场等七个项目获准开展项目前期工作；安仁凯迪生物质能电厂正在进行“三通一平”；“金太阳”示范工程建成投产，4093户偏远山区无电用户安装了风光互补独立发电系统，新能源建设实现了历史性的突破。大力承接产业转移，携手衡阳、永州获批湖南省湘南承接产业转移示范区，引进培育了台达电子、高斯贝尔等一批骨干转移企业，与中国建材、大唐新能源、中化蓝天等大型央企签署合作协议项目达20个，总投资482.8亿元。大力发展旅游、房地产、物流、金融、职业培训、科技、信息、中介等新兴服务业和生产性服务业。

2. 加快构建城乡统筹发展格局。紧紧围绕“两城”建设目标，加大县域经济建设力度，推进城镇基础设施建设，加快新农村示范建设，全市城镇化率达43.1%。对全市11个县市区进行了区域规划和功能定位，分层次推进新型城镇化，重点建设以中心城区为核心、以郴资桂一体化区域为主体、连通永兴和宜章的郴州城镇群。大力实施“十二五”投资和项目建设“836计划”，宜凤高速公路通车，厦蓉、衡武、岳汝高速公路和衡茶吉铁路加快建设，干线公路、县乡公路改造和通村公路通畅工程完成年度任务，高速公路通车和在建里程达573.6公里，100%的乡镇和94.1%的行政村通水泥路，全市每百平方公里公路密度由35公里增加到86.6公里，新增发电装机10万千瓦，110千伏以上变电站15座。青年大道、市演艺中心、市体育中心等一批标志性工程竣工，城区道路和背街小巷提质改造基本完成，“351111”工程加快实施，建成区面积扩大到68平方公里。具有标志意义的长60公里、宽60米的郴州大道全线通车，城镇群建设和统筹城乡发展同步推进，中心城区与资兴、桂阳实现公交试运行。以创建国家卫生城市、国家园林城市、全国文明城市为抓手，推进城市管理提质，建成数字郴州地理空间框架和数字城管平台。县城和小城镇加快扩容提质，嘉禾县列入省城乡一体化示范县，临武县在全省率先建成县级城市公共自行车租赁和直饮水系统。新农村建设成效明显，建成省级新农村示范村6个、市级88个；病险水库除险加固240座，解决了62.3万农村人口饮水安全问题，桂阳县获评全国水利建设百强县。全市各县市区尤其是示范带区域县市区充分发挥积极性和创造性，大力推进“两型社会”建设。如苏仙区启动了“两型社会”建设示范片，在“二镇一乡”即桥口镇、白鹿洞镇和塘溪乡率先推进“两型社会”示范试点建设。临武县在全省率先建成城市免费自行车系统和公共直饮水系统，建设免费自行车站点21个，公共直饮水网点20个。桂东县结合生态环境的基础条件和优势，努力申报创建全省“两型社会”建设环境友好型试点县。嘉禾县结合城乡统筹建设的基础条件和优势，努力申报创建全省“两型社会”建设城乡统筹型试点县。

3. 积极推进生态郴州建设。大力推进节能减排，实施了临武县三十六湾、香花岭地区重金属污染综合治理一期工程，取缔关闭高污染企业214家，新建城镇生活垃圾处理场9个、污水处理厂10个，区域流域综合整治成效显著，节能减排目标全面完成。郴州市成为国家半导体照明应用工程试点示范城市；资兴市成为全国资源枯竭型城市转型试点城市、国家可持续发展先进示范区和国家级生态示范区，永兴县成为全国循环经济试点单位和国家稀贵金属再生利用高新技术产业化基地。农村环境连片整治成效明显，5个乡镇获评全国环境优美乡镇，汝城县在全省率先基本实现县域公路通道绿化全覆盖。组织开展“绿城攻坚，绿化攻坚”活动，筹集资金50亿元，全面推进“十山十湖”城市生态体系建设，先后建设了40多个公园（游园），使城区现有公园、游园总数达到53个，城市绿地率达到35.9%，绿化覆盖面38%，人均公园绿地9.99个平方米，森林覆盖率达64.05%，获评湖南省文明城市和中国最佳管理城市。市第四次党代会作出了关于开展三年城乡绿化攻坚的决定，从2012年到2014年全市计划投资100亿元，重点实施城市绿化、通道绿化、水系绿化、村镇绿化和荒山荒地绿化“五大工程”，完成荒山荒地及迹地更新造林130万亩，再现“林邑”风采。

郴州市2011年两型社会建设成果

【省发改委袁乾培副主任赴郴督促湘江流域重金属污染治理项目】 2011年2月12日，省发改委党组副书记、副主任袁乾培率队对郴州市环资口部分项目建设进度进行了现场督查。走访了永兴县元泰高浓度冶炼废水治理工程、资兴市长依垅垃圾无害化处理场、郴州丰越环保有限公司重金属污染综合治理工程和苏仙区西河上游观山洞采选矿区重金属污染治理工程。郴州市发改委主任向罗生及资源环境科有关人员陪同进行了督查。

【杉杉锂电池负极材料二期工程正式开工】 2011年2月21日，资兴市重点工程建设项目——郴州杉杉锂电池负极材料二期工程正式开工。杉杉二期工程总投资2.5亿元，将建成年产值4800吨的锂离子电池负极材料生产线。二期工程将于2011年12月8日完成建设并正式投产，届时，生产总规模将达到7200吨/年，产值达5亿元。二期工程将在现有生产线的基础上，加大科技创新，采用最先进的粉体灌装等技术，引进大规模自动化设备，降低劳动强度，提高生产效率，打造成同行业中最先进的生产线。

【郴州市城区清洁能源改造工作全面展开】 2011年4月，郴州市政府公布《郴州市城区实施清洁能源改造工作方案》（讨论稿），郴州市环保局与市城管和行政执法局就城区清洁能源推广工作和实施方案进行了衔接和讨论，对实施方案的可行性、操作性和具体措施进行了论证和探讨。市环保局组织两区环保分局及新华联燃气公司对全市城区内的燃煤锅炉、大灶及蜂窝煤生产和销售点进行了调查，走访了城区内的华天大酒店等70多家单位，基本掌握了城区内使用燃煤锅炉的情况。对城区内意向使用清洁能源单位进行摸底调查，共有7家单位意向使用清洁能源。同时严把项目审批关，共拒绝审核4家使用4蒸吨（含4蒸吨）以下燃煤锅炉的项目。郴州市地方税务局根据市政府要求，全面启动"煤改气"工程，总投资200万元左右，将单位现有的2台1蒸吨和4蒸吨的燃煤锅炉和食堂2个大灶进行"煤改气"。

【永兴50万吨有色金属冶炼废渣综合处理项目正式启动】 2011年4月19日，永鑫环保科技有限公司投资2亿元的"50万吨有色金属冶炼废渣综合处理项目"正式奠基开工，是继永兴元泰公司对"废水"进行终极化处理后的又一"废渣"终极化处理项目，标志着该县以金银冶炼为主的循环经济真正进入到"吃干榨尽"的"终极循环"。

永兴县每年从全国各地拉回的"三废"中提取真金白银和其他有色金属达16万余吨。为全面利用冶炼剩下的"废水、废渣"，该县不断引进高科技环保公司，实现本地终极化废物处理。永兴元泰公司年回收县内外冶炼企业"废水"3万余吨，生产工业用纯净水2万多吨，提取各类有色金属价值达3000余万元。永鑫环保科技有限公司50万吨有色金属冶炼废渣综合处理项目不仅能全面"吃干"县内冶炼企业排放的固废物，还能承接省内外大量冶炼固废物的综合处理，从根本上解决了冶炼企业的固废物排放污染问题。通过高新技术的应用，该企业把固废物转化为微晶玻璃系列产品，如微晶玻璃粒料、板材、环保砖等，实现无害化处理。预计该项目正式投产后，将年产各类金属产品7000多吨，生产微晶玻璃粒料3万吨、微晶玻璃板材50万平方米、环保砖3万吨，产值4.2亿元，创利税1.5亿元。

【郴州市委市政府授予园区部分市级经济社会管理权限】 2011年4月26日，郴州市委、市政府授予园区部分市级经济社会管理权限集中授权仪式在华天大酒店隆重举行。在此次授权仪式上，市委、市政府将涉及23个市直部门共69项权限授予园区，园区以2号公章的形式实施经济社会管理权限。园区将设立政务服务大厅，作为市政务服务中心的分中心。

【国家专家调研郴州市湘江流域重金属污染治理备选项目】 2011年4月25—26日，受国家发展和改革委员会委托，中国国际工程咨询公司组织的专家组一行7人，对郴州市申报的2011年湘江流域重金属污染治理备选项目进行了现场评估和核查，该批15个项目分布在有色金属产业园区、柿竹园矿区、苏仙区、资兴市、宜章县、永兴县、桂阳县、嘉禾县、汝城县、桂东县等地，其中工业污染控制项目5个，历史遗留污染治理项目10个，总投资23.43亿元。4月27—28日，国家专家组在长沙举行评审会，对该批项目进行了集中评审。通过现场核查和评审，为郴州市湘江流域重金属污染治理备选项目申请国家专项资金支持提供了科学指导。

【永兴县开展国家循环经济标准化试点工作】 2011年5月4日，从永兴县组织召开的国家循环经济标准化试点工作座谈会上获悉，国家标准化管理委员会与国家发展和改革委员会已同意永兴县开展国家循环经济标准化试点工作。此次批准的国家循环经济标准化试点单位全国仅6个。该项工作实施期为三年，2014年2月底前完成试点任务。其主要任务为：一是建立健全循环经济标准体系；二是探索循环经济标准化工作模式；三是组织实施循环经济相关标准；四是构建循环经济标准化信息平台；五是实现良好的经济效益和社会效益。目前，永兴县已下发《关于实施标准化战略的意见》，并制定了《永兴县有色金属"三废"加工利用循环经济标准化试点工作实施方案》，同时要求质量技术监督、环保、科技等30多个相关部门对照《国家循环经济标准化试点考核评估方案》各司其职，积极参与，相互配合，大力支持，共同推进全县标准化工作。

【省重点项目"高铅熔渣的直接还原综合利用新工艺开发"顺利通过中期评估】 2011年5月10日，省科技厅组织召开的高新技术产业发展专项项目中期检查评估会，郴州市科技局组织实施的"高铅熔渣的直接还原综合利用新工艺开发"项目顺利通过中期评估。

金贵银业公司承担"高铅熔渣的直接还原综合利用新工艺开发"项目主要是针对"氧气底吹—鼓风炉还原炼铅工艺"（SKS法）在熔炼过程中产出熔炼铅氧化渣（高铅渣），研究开发液态高铅渣的直接还原工艺及制备，并在还原过程中粗铅产生的冰铜渣处理与回收工艺作了重大改进，该工艺及制备大幅度降低了能耗及成本，减少了"三废"产生与排放，其关键技术申报了2项国家发明专利。在项目实施中，共处理高铅熔渣600吨，回收铅300吨，白银0.6吨，铋70吨，新增产值1500万元，利税700万元。

【中化集团郴州氟化工项目举行奠基仪式】 2011年5月12日，中化集团公司郴州氟化工项目暨宜章弘源化工有限责任公司奠基仪式在宜章白石渡氟化学循环工业园隆重举行。中化集团作为国务院国资委直接监管的国有大型骨干企业，已20次入围全球500强，具有实力雄厚、技术先进、管理科学、人才荟萃的优势，在氟化工研发和生产领域处于领先地位。郴州区位优越、发展环境优良、特色资源富集，已探明的萤石资源保有储量分别占到湖南和全国的90%、50%，具有发展氟化工产业的良好条件，中化集团进驻郴州，在宜章建设氟化工产业基地，是郴州市乃至湖南省央企对接合作取得的重要成果。此次奠基的氟化工项目，一期规划用地600亩，总投资10亿元，建设周期两年，重点规划发展无水氟化工、干法氟化铝、多品种氟盐、硫酸等产品，投资稳定运营后，预计实现销售收入10亿元，年利税3亿元。

【郴州市被列入国家半导体照明应用工程试点】 2011年5月19日，从科技部获悉，郴州市已被列入第二批半导体照明应用工程（以下简称"十城万盏"）试点城市之一。科技部明确了"十城万盏"试点示范工作的实施主体和责任主体是试点城市（地区）人民政府，各地政府切实加强组织领导，加快产业链建设，着力探索模式创新，抓紧制定试点示范工作方案并认真组织实施，同时将试点示范工作中取得的经验和遇到的问题及时告科技部。郴州湘能华磊LED产业化项目由湘煤华磊光电股份有限公司投资建设，2008年8月开工建设，2009年8月竣工投产，完成投资5.02亿元。2010年已实现产值1.7亿元。为抢抓市场机遇，2011年华磊公司计划在一期原有10台GANMOCVD和配套芯片制备设施基础上再投资10亿元，新引进22台GANMOCVD设备，形成32台GANMOCVD和配套芯片制备设施及大功率白光LED、高亮度全色系LED封装的生产规模。计划年内完成投资5亿元，截至9月，22台GANMOCVD设备和配套芯片制备已全部到位，其中16台GANMOCVD和配套芯片制备设施已实现了量产，累计完成投资8.4亿元，超额完成目标任务。

【郴州市矿冶固体废弃物资源化再迈新步伐】 由湖南省有色金属研究院发起，包括32家成员单位的湖南省矿冶固体废弃物资源化产业技术创新战略联盟于2011年4月底正式组建。联盟的宗旨是聚集签约各方的科技资源，加强产学研的紧密结合，共同致力于解决国家重大专项和湖南省矿冶产业发展中所面临的重大关键科学技术问题，提升湖南省在此领域的自主创新能力，增强核心竞争力。为提高郴州市矿冶产业自主创新能力和国际竞争力，在5月19日的郴州科技企业与科技专家对接大会上，湖南柿竹园有色金属有限责任公司、湖南宝山有色金属矿业有限责任公司、湖南有色金属黄沙坪矿业分公司、湖南瑶岗仙矿业有限责任公司等4家企业与湖南有色金属研究院签订了湖南省矿冶固体废弃物资源化产业技术创新战略联盟在郴实施的具体协议书，这标志着湖南省矿冶固体废弃物资源化产业技术创新战略联盟在郴州市开始正式结盟实施，郴州市的矿冶固体废弃物资源化从此将迈开新的步伐。

【郴州市被列入国家半导体照明应用工程试点】 2011年5月19日，从科技部获悉，郴州市已被列入第二批半导体照明应用工程（以下简称“十城万盏”）试点城市之一。科技部明确了“十城万盏”试点示范工作的实施主体和责任主体是试点城市（地区）人民政府，各地政府切实加强组织领导，加快产业链建设，着力探索模式创新，抓紧制定试点示范工作方案并认真组织实施，同时将试点示范工作中取得的经验和遇到的问题及时告科技部。

【郴州正式发布“两城”、“十二五”规划纲要】 2011年5月24日，《郴州建设湖南最开放城市湘粤赣省际区域中心城市战略规划纲要》（简称“两城”规划纲要）及《郴州市国民经济和社会发展第十二个五年规划纲要》（简称“十二五”规划纲要）在郴州市人民代表大会常务委员会公报上正式发布。

【郴州市深入开展环境污染责任保险工作】 2011年6月17日，郴州市环保局组织11个县市区环保局（分局）、郴州有色金属产业园以及人保财险郴州分公司、中国平安财产保险郴州中心支公司的相关负责人员召开了2011年郴州市环境污染责任保险工作会议，认真贯彻落实湘政办发〔2009〕51号文件和湖南省环保厅关于开展2011年度环境污染责任保险工作的精神，全面部署全市环境污染责任保险工作。

【郴州市召开郴资桂“两型社会”示范带规划编制工作专题会议】 2011年6月20日，郴州市发改委组织全市22个市直单位，北湖、苏仙、资兴、桂阳等4个县市区发改局以及市有色园、市经开区等2个园区相关负责人召开了郴资桂“两型社会”示范带建设规划编制工作专题会议，研究部署郴资桂“两型社会”示范带建设总体规划纲要编制任务，调度各专项规划编制工作进展情况。为抓好该试点建设，郴州市确定了由1个总体规划、14个专项规划组成的1+14规划体系。为高起点、高标准做好顶层设计，各参会单位都已相继开展了前期研究，有的已经形成了较为成熟的规划文本，表示要按时按质完成规划编制工作任务。

【郴州市政府与省科技厅会商推进“两型”发展】 2011年6月20日，郴州市政府与省科技厅在郴州举行推进“两型”发展厅市会商会。郴州市工业、高新技术、社会发展等多个领域的11个项目将获得省科技厅重点支持。省科技厅厅长王柯敏，市委副书记、市长向力力等出席会议。王柯敏说，要准确把握新形势，把创新驱动作为郴州“两型”发展和“两城”建设的重要动力。必须尽快把科技创新作为经济发展的重要驱动力，把科技创新作为产业发展的核心竞争要求，推动科技创新，使其成为惠及民生的重要手段。要进一步加强厅市联动，加快郴州“两型”发展。通过厅市会商平台，共同推进一批重大科技项目和重点科技项目实施，省科技厅将全力支持郴州的发展，特别是支持郴州有色产业园区申报省级高新技术产业开发区。

【国内首家稀贵金属交易所在“中国银都”开市】 2011年6月28日，湖南南方稀贵金属交易所在中国银都永兴县举行开市仪式，标志着国内首家稀贵金属交易所正式运营。开市仪式上，交易所与新华社、建设银行、华夏银行分别签订了战略合作协议，两大银行各向交易所及其交易商提供50亿的授信额度，为企业解决融资难题。落户于湖南永兴的南方稀贵金属交易所，总投资2.6亿元人民币，占地约189亩，是全国第一家稀贵金属交易场所，建成了稀贵有色金属交易大楼、金库、基本仓库、质检中心等硬件设施，以及专业的第三方电子商务平台，集交易、结算、信息、质检、仓储、物流配送、货物质押融资等服务为一体的软件体系。可提供有色金属、稀贵金属成品及原料的现货交易、现货延期交易等中远期电子交易服务。交易所实行交易系统自动撮合成交，组织同货异动、同步集中竞价，统一结算以及价格行情实时显示的方式，为企业搭建涵盖销售、采购和规避物价波动风险等功能的全国性供应链运营平台。交易所的未来目标是在2015年末，实现交易量达到1万亿元人民币，实现稀贵金属货物交收1000亿元人民币，年缴纳税收10亿元人民币。

【郴州大道改扩建工程竣工通车】 2011年6月29日，郴州市示范性项目——郴州大道改扩建工程正式竣工通车。郴州大道改扩建工程于2010年3月动工，总投资34亿元，路幅宽37到60米，总里程60公里，双向8车道，全部采用BT融资模式建设。道路改造项目坚持“高标准、高质量、严要求”，实行“硬化、绿化、美化、亮化”，发扬“5加2、白加黑、晴加雨”的工作精神，抢时间、筹资金、攻难题、促进度，在既定的工期里，完成了道路改造任务，实现了既定的改造目标。郴州大道改扩建工程的顺利通车，沟通了城市南北，连接了东西城区，对改善区域交通条件，提升城市形象，强力推动资郴桂一体化的发展具有重大意义。更有助于建设湖南最开放城市、湘粤赣省际区域中心城市。

【郴州市固定资产投资项目节能评估和审查工作正式启动】 2011年7月，苏仙区西河流域重金属污染综合治理一期工程等5个项目获得节能评估和审查批复，这是郴州市首批通过节能评估和审查的固定资产投资项目。

【郴资桂“两型社会”示范带区域规划等3大规划通过评审】 2011年7月7日，郴州市城乡规划委员会召开2011年第一次全体会议，审议并原则通过了《郴资桂“两型社会”示范带区域规划》、《郴州市郴江河两岸环境整治规划》、《郴州市中心城区亮化设计方案》3个规划和方案。《郴资桂“两型社会”示范带区域规划》的规划目标是将郴资桂“两型社会”示范带打造成为现代化的“宜居城市带、产业承接带、旅游休闲带、都市农业带”，重点突出有色金属精深加工、旅游休闲、都市农业等三大具有郴州地域特色的“资源节约、环境友好”型产业，促进区域可持续发展；《郴州市郴江河两岸环境整治规划》的规划目标是将其打造成为集防洪、生态、休闲、健身、观光旅游为一体，达到“水蓝、堤固、岸绿、路通、景美”的整治效果，形成具有郴州本土特色的都市生态绿道；《郴州市中心城区亮化设计方案》则通过灯光点线面结合及冷暖色调的合理搭配，营造郴州迷人的夜景。

【郴州市召开城区取缔城区燃煤锅炉和窑炉专项行动动员大会】 2011年7月12日，郴州市召开城区取缔燃煤锅炉和窑炉专项行动动员大会，宣布了行动方案，部署了专项工作。市长向力力在会上提出，要坚决取缔燃煤锅炉和窑炉，切实解决市城区的空气污染问题，让群众更多地享受到蓝天晴空，更多地呼吸新鲜干净的空气。会上，市直相关部门单位和部分企业递交了目标责任书。

【郴州市中心城区一批公园游园开园开工】 为了提升城市品位、改善人居环境、建设宜居城市，郴州市大规模启动城区山头公园、游园建设，形成绿山相对、绿道相通、绿景相映的生态绿色屏障。2011年8月29日，市中心城区15个公园、游园同时开园（开工），投资总规模约3.43亿元，建设面积约174.74万平方米。

近两年来，郴州市先后建设了40多个公园（游园），规划建设了“十山十湖”城市生态体系，极大地提升了城市形象，改善了市民的生活环境。

【郴州市开展2011年上半年节能减排工作督查】 2011年8月30日至9月10日，郴州市节能工作办公室组织市发改委、环保局、经信委、统计局的相关人员，对2011年上半年全市节能减排工作进行了专项督查。这次督查的对象包括11个县市区、8个市直单位、10个重点用能企业。督查的重点，一是上半年单位GDP能耗下降和单位规模工业增加值能耗下降等节能指标完成情况，二是各污水处理厂运行情况，三是各项节能减排措施落实情况。督查方法为听汇报，查看相关原始档案资料，现场查看节能减排项目。督查结果在全市进行了通报。

【湖南（郴州）台湾工业园揭牌暨一期竣工仪式隆重举行】 2011年9月5日，作为第七届湘台经贸交流合作会活动之一的湖南（郴州）台湾工业园揭牌暨一期竣工仪式在郴州有色金属产业园区隆重举行。海峡两岸关系协会会长陈云林、新党主席郁慕明，省领导梅克保、王晓琴、袁建尧、龚文密，市领导向力力共同为台湾工业园揭牌。

湖南（郴州）台湾工业园于2011年7月经省政府批准成立，位于郴州有色金属产业园区（郴州出口加工区）内，地势平坦、环境优美、交通便利、地理位置优越，配套设施完善。规划用地面积10平方公里，依功能划分为电子信息产业区、家电重工产业区、商贸服务区和生活居住休闲区，主要建设内容有厂房（宿舍）、道路、生态环境［3个公园、2条河道（堤）治理、2个湖泊］等基础设施及配套工程，基础设施概算总投资30亿元，计划2015年全部完工并投入使用。

【郴州市稀贵金属再生利用高新技术产业化基地首次通过国家复核】 2011年9月，科技部公布了国家级高新技术产业化基地首次复核结果，这次复核了全国200家经认定的国家级高新技术产业化基地，其中156家继续保持国际级基地资格，29家调整为现代服务业产业化基地，15家要进行整改。郴州市“郴州永兴国家稀贵金属再生利用高新技术产业化基地”经过专家评审，通过2011年度复核，保持国家级资格。

【郴州投入100亿进行城乡绿化攻坚】 2011年9月30日，郴州市第四次党代会通过了《关于开展三年城乡绿化攻坚的决定》，计划从2012年到2014年，奋战三年，力争“一年一变化、三年大变样”，实现全市城乡全面绿化目标，形成“山上绿屏，水岸绿网，道路绿荫，城乡绿景”的生态美景，再现“林邑”风采，努力将郴州打造成为“山在城中、城在林中、人在绿化”的生态园林城市、宜居利居乐居的“林中之城、休闲之都”。

三年城乡绿化攻坚期间，将实行政府投入、企业投入、社会投入并重，建立“政府引导、市场运作、社会参与”的投入机制，开设“各级财政投入、自愿捐资兴绿、部门资金支持、工程项目绿化配套和创新筹资渠道”五条投融资渠道。三年城乡绿化总投入100亿元以上，同时启动中心城区、通道（道路）、水系、村镇和荒山荒地等五个方面的绿化工作，包括要完成荒山荒地及迹地更新造林130万亩，其中2012年50万亩，2013年和2014年均为40万亩。到2014年，全市森林覆盖率达到60%以上，绿化覆盖率达到70%以上。

【郴州市推进中心城区数字化管理系统建设】 截至2011年10月底，郴州中心城区数字化城管系统建设各项工程进展顺利，已完成实际工程量的95%，其中数据普查工程已完成，系统总集成及应用软件开发完成65%，机房工程部分完成总工作量的55%，全部工程预计在2011年11月底前完成并投入使用。

数字化城市管理，是现代化城市管理的必然趋势，也是城市现代化的重要标志。它通过信息化手段和网格化管理，能够把城市管理精细到每个局部和每个部件，实现全覆盖全天候、全过程的城市管理精细化。具体来说就是通过部件普查，让城市里的每一个井盖、邮筒、果品箱、路灯等市政设置都有自己的“数字身份”，信息采集员在发现城市管理问题时，在第一现场通过无线网络向指挥中心传递信息，并由指挥中心及时调度，及时处理问题。

【郴州市城际大巴客运站项目开工建设】 2011年11月10日，郴州城际大巴客运站开工建设，这一项目的规划建设有利于市中心城区扩容提质，缓解城市交通压力，提升城市品位。郴州城际大巴客运站位于锁石路与香雪东路交汇处，地处郴资桂一体化中心地段。车站占地面积77亩，建筑面积43000平方米，具备日发送旅客15000人次的能力，总投资约1.6亿元。按交通运输部一级汽车客运站的标准建设，规划布局合理，功能设计齐全，集客运、商业、公交、出租车、社会停车场、车辆维护、加气加油站于一体的综合性汽车客运站，采用了类似航空、高铁的立体交通理念进行设计；车站建成后将主要担负省际、地际客运车辆停靠营运和旅客运输职能，对于进一步完善城市功能，提升城市品位，促进郴州“两城”建设，带动郴州经济发展具有十分重大的现实意义。

【郴州市“十二五”节能减排工作会议召开】 2011年11月11日，郴州市政府召开“十二五”节能减排工作会议，贯彻落实国务院和省节能减排工作电视电话会议精神，总结郴州市“十一五”期间节能减排工作，全面部署“十二五”期间郴州市节能减排工作任务。县市区政府领导、市直有关部门单位领导递交了“十二五”节能、减排工作目标管理责任状。

【郴州通过郴资桂“两型社会”示范带建设规划纲要及综合配套改革方案】 2011年12月14日，郴州召开市政府第69次常务会议，研究了郴资桂“两型社会”示范带规划纲要及综合配套改革方案。强调郴资桂“两型社会”示范带建设要有自己的特色和重点，突出做好城乡统筹和小城镇群文章。示范带建设规划要与“两城”建设规划、湘南承接产业转移示范区等规划衔接，全面对接“珠三角”等经济发达地区。力争在全国、全省扩大和提高郴资桂“两型社会”示范带知名度。

【郴州市印发加快培育和发展战略性新兴产业“十二五”总体规划纲要及有关专项规划】 2011年12月15日，郴州市以郴政发〔2011〕20号文件印发《郴州市加快培育和发展战略性新兴产业“十二五”总体规划纲要》。规划明确提出到2015年，全市战略性新兴产业增加值达到540亿元，年均增长30%以上，占GDP比重达到20%左右；到2020年，全市战略性新兴产业增加值达到1500亿元，年均增长25%以上，占GDP比重达到25%左右。把电子信息、新材料、先进装备制造、节能环保等四大产业作为全市经济的支柱产业来打造，把新能源、文化创意、生物医药等三大产业作为全市经济的先导产业来培育。战略性新兴产业成为郴州经济转型的主导力量，郴州成为湖南重要的战略性新兴产业基地。

【湘电鲁荷金风电场成功并网发电】 2011年12月25日，湘电集团鲁荷金风电场并网发电庆典仪式在桂阳县荷叶镇新塘村举行。鲁荷金风电场的成功并网发电，树立了高效率建设山区风电场的成功经验，并将带动湖南省风电资源开发建设和当地的新农村建设。

鲁荷金风电场总投资4.5亿元，总装24台由湘电生产的XE96型2MW永磁直驱风力发电机。这是湖南省第一个容量最大的山地风电场，总容量为7万kW。发电预计年等效有效功率为1950小时，按0.61元/度测算，年收入5700万元。

近年来，桂阳县抢抓国家能源结构调整机遇，不断优化能源结构，加快以风电为主的新能源和可再生能源的开发，取得了显著成效。包括湖南省最大风电项目天塘山风电场和桂阳水源（桥市）风电场在内的3个正在开发的风力发电场工程，总投资逾21亿元，总装机容量可达250兆瓦，项目全部建成投产后，年均上网电量约为4.5亿度，年可节约标煤14.4万吨。鲁荷金风电场的成功并电，实现了桂阳风电从无到有的历史性跨越，将为该县大规模开发风能资源、改善能源电力结构、提高可再生能源比例、促进能源产业可持续发展，发挥重要的推动作用。

【2011年郴州湘江流域重金属污染治理项目获中央投资3亿元】 2011年国家发改委以节能重点工程、循环经济和资源节约重大示范项目及重点工业污染治理工程2011年中央预算内投资计划（第一、四、五、六批）下达了郴州市2011年湘江流域重金属污染治理项目中央预算内投资3.05亿元。四批次中央资金分别投向北湖、苏仙、资兴、桂阳、宜章、嘉禾、临武、汝城、桂东等9个县市区共13个治理项目。项目个数和资金量均占全省四分之一强。这是郴州市在国务院正式批复《湘江流域重金属污染治理实施方案》之际获得的首批中央补助资金，项目分布较广、资金量较大、投放相对集中，为郴州市湘江流域重金属污染治理提供了有力的资金支持。

【郴州市437亿元打造省际区域综合交通运输枢纽城市】 为构建省际区域综合交通运输枢纽城市，郴州市计划“十二五”期间完成交通建设投资437亿元。一是完成投资310亿元，建成通车471公里高速公路，新开工桂宁、三南2条221公里高速公路和京港澳高速公路郴州段102公里扩建工程。二是完成投资74亿元，完成干线公路323公里续建项目和600公里新开工项目。三是完成投资45亿元，建设农村公路8500公里。四是完成投资8亿元，新建和改扩建一级汽车客运站3个，二级汽车客运站7个，二级以上物流中心5个（含二级以上汽车货运站），农村客运站124个，农村客运招呼站2000个，力争尽快启动资兴港长盈头港区建设。

【郴州有色金属产业园区基础设施建设项目强力推进】 郴州有色金属产业园区基础设施建设项目为省“三个一”行动计划2011年度实施项目，项目2011年计划完成投资3亿元。郴州有色金属产业园区围绕全年目标任务，突出工作重点，强化工作举措，强力推进市政基础设施项目建设，加大规划编制和实施力度，加强建筑市场监管，不断提高工程质量、安全生产水平，圆满完成各项工作任务。2011年园区共安排基础设施项目25项，启动了富士工业园片区、珠江桥片区的路网建设，开工建设了石虎大道、相山北路等15条道路约23公里，坪田标准厂房、相山标准厂房、惠园、相山、板桥廉租房已全面竣工并交付使用。林邑公园、文化公园及西河带状公园已进场施工。截止10月，共完成基础设施投资9.8亿元，完成年度计划投资327%。

【郴资桂“两型社会”示范带建设已列入省“十二五”规划】 郴州市提出要率先建设郴资桂“两型社会”示范带，通过开展“两型”产业、城乡统筹、生态文明三大建设，推进改革创新，促进基础设施、产业、城镇、文化、体质机制等大融合，把郴资桂“两型社会”示范带建设成为“两型”产业聚集区、统筹城乡发展试验区、生态文明实践区、改革开放先导区，力争到2015年，郴资桂“两型社会”示范带实现GDP总量超过1450亿元，占全市的65%；财政总收入超过140亿元，占全市的70%；三次产业结构比调整为5:50:45，成为省级“两型社会”示范带和郴州经济核心增长极。

【郴州市实施投资和项目建设“836”计划】 “十二五”时期（2011—2015年）是郴州市加快推进“两城”建设的攻坚时期。为切实加大项目建设工作力度，保持投资平稳较快增长，郴州市委、市政府决定，实施投资和项目建设“836”计划，即：2011—2015年，累计完成8000亿元投资总规模，组织实施32项重要领域投资过50亿元的重大工程，加快推进600余个投资过亿元的重大项目建设，促进全市经济社会又好又快发展。

32项重大工程。是指按照国家“转方式、调结构”和湖南省“四化两型”战略的要求，结合郴州“两城”建设总体目标，根据行业分类将所有重大项目整合成相关领域的打捆项目。重大工程项目门槛标准定为投资50亿元以上。初步确定的32项重大工程，总投资4497亿元，其中“十二五”投资3842亿元，占五年规划投资的48.1%。32项重大工程中产业类工程11项，基础设施类工程13项，节能环保类工程6项，民生社会发展类工程2项。

664个重大项目。重大项目入选条件为投资在1亿元及以上，且符合国家产业政策和发展方向。按照这个标准共筛选出664个重大项目，总投资规模为7995亿元，其中“十二五”规划投资6385亿元，占五年规划全社会总投资的79.8%。

【苏仙区珠江桥村努力开创社会管理新局】 苏仙区白露塘镇珠江桥村是郴州城东新区开发的主战场，是郴资桂高等级公路扩宽的主路段，也是有色金属交易中心和新中源产业服务综合体等园区项目的落户地，项目牵涉的组多、面积大、情况复杂。珠江桥村坚持依法治村，正确处理好党支部与村委会、现任村组干部与离任村组干部、干部与群众之间这三个关系，打开工作突破口。重大事情实行民主决策，制定了《村规民约》，建立和完善了常规制度，村党支部、村委会成员分工制度，会议制度，述职报告和双向评议制度等规章制度，提高规范化管理水平，规范村级组织工作方式，社会管理呈现出新局面，为珠江桥村各项农村工作任务出色完成，奠定了良好基础。

【宜章县积极推进社会管理创新工作】 宜章县创建了“五个中心”社会管理新模式，积极推进社会管理创新工作，为全县的和谐稳定提供了有力保障。一是建立乡镇便民服务中心。在全县建立了10个乡镇便民服务中心，将乡镇所有办事窗口集中，设立计生文卫、民政社保、财政惠农、司法综治、经管统计、优化环境、企业代办服务、城建城管服务等8个核心服务窗口。二是建立矛盾纠纷调处中心。中心主要负责排查调处不稳定因素和矛盾纠纷，处理群众来信、来访，协调处置突发性和群体性事件等工作，制定了矛盾排查制度、矛盾纠纷排查调处例会制度、接访制度、信息报告制度、情况通报制度、领导包案制度、交办督办制度等一系列工作制度，使矛盾纠纷调处中心制度化，规范化。三是建立村账乡管服务中心。按照“中心管钱不用钱，村级用钱不管钱”的原则，取消村级核算，变农村财务分散管理为“中心”统一管理，实行村级财务“账款分离”和“用管分离”。四是建立公共资产资源交易中心。规范农村集体资金、资产、资源的管理，组织编制了集中交易程序、集中交易定价原则、中心工作纪律、责任追究办法等制度，使中心运行有章可循，增加了公共资产资源交易的透明度，变“干部说了算”为“市场说了算”，有效规避了支村两委干部工作的随意性，减少了群众对乡村两级干部的猜忌。五是建立效能监督管理中心。主要在干部作风，工作执行力等方面进行监督管理。制定和完善了《乡镇机关效能建设实施意见》、《乡镇机关效能建设工作考评奖惩评分细则》、《乡镇干部职工管理制度》和《乡镇基层组织班子和定员干部绩效考核实施方案》，加强乡村两级干部的考核奖惩力度。特别对村定员干部实行动态管理，将村支部书记双向述职、定员干部述职测评、乡官进村任职三项考评激励机制有机结合，一年一述职，一年一考评，并实行末位淘汰。

【郴州市“推进改革年”活动正式启动】 为全面推动郴州市各项改革工作，突破经济和社会发展中的体制机制障碍，实现“十二五”良好开局，郴州市委市政府高度重视改革工作，市政府常务会议和市委常委会议研究决定2011年在全市开展“推进改革年”活动，并下发了《中共郴州市委办公室郴州市人民政府办公室关于印发＜郴州市2011年“推进改革年”活动实施方案＞的通知》（郴办发电〔2011〕69号）。通知要求各级各部门要通过重点突破、全面带动，分阶段、分步骤实施改革，率先在行政管理、收入分配和社会保障、要素市场、财税金融和投融资、经济管理、社会领域、城乡体制、涉外经济八大重要领域和关键环节取得新突破、新进展。将2011年推进的改革工作纳入市直部门及各县市区年度考核，作为干部政绩考核的重要内容。

【郴州市农村土地流转服务中心建设强力推进】 按照《郴州市推进农村经营体制改革工作方案》，要求在稳定土地承包关系的基础上，引导土地承包经营权规范有序流转，在全市建设33个农村土地流转服务中心。截至9月底，郴州市33个土地流转服务中心正在着手硬件建设和制度规范，工作整体进度为75%。其中汝城县已全面完成土地流转服务中心的建设，制度规范，硬件设施齐全，服务规范到位。

永州市2011年两型社会建设综述

2011年是“十二五”时期开局之年。永州市上下坚持以科学发展为主题，以加快转变经济发展方式为主线，紧紧抓住中央和省委、省政府关于促进转型发展、建设“两型社会”的战略机遇，深入贯彻落实全省“两型社会”建设推进大会工作部署，把加快推进“两型社会”建设作为转方式的重要目标和着力点，采取一系列行之有效的措施，有力有序推进全市“两型社会”建设各项工作。

一、2011年永州市“两型社会”建设工作回顾

（一）加快发展“两型”产业，转型发展全面提速。在坚定不移推进加快发展的同时，高度重视经济发展的质量和效益，实现了发展速度与质量效益的同步提升。

1. 新型工业化步伐加快。推进先进装备制造、新材料、文化创意、生物、新能源、信息、节能环保等战略性新兴产业规模化发展，建立技术创新、投融资服务、共性技术服务支撑平台，加快形成先导性、支柱性“两型”产业，成为带动经济结构调整和发展方式转变的先导力量。全市工业企业主营业务收入突破900亿元，规模以上工业增加值完成260亿元，增长22%；全年技改投入160亿元，工业经济效益综合指数达295%。规模工业企业发展到776家，产值过亿元企业112家。凤凰园经济开发区和蓝宁道新加工贸易走廊是两大百亿园区。道县工业园被省政府批准为全省首批“两化”融合试验区。

2. 传统产业“两型”化改造提速。推进传统产业高新化发展，应用先进的“两型”技术进行改造提升。建成装备制造、农产品加工和矿产品加工三大百亿产业。冶炼、建材行业上大压小力度加大，重视引进战略投资者，先后与北控水务集团、中交集团、五矿集团、神华集团、中科院等签订了战略合作协议，进一步加快传统产业提升速度。

3. 现代农业发展加速推进。农业生产总体平稳，现代烟草农业建设成效明显。农产品加工产业位居全省前列，国家和省级农产品加工龙头企业发展到31家，申报省级龙头企业14家。品牌建设取得突破，新获得“中国名牌产品”2个、“中国驰名商标”4个。永州市现代农业科技示范园晋升为国家农业科技园区和国家农业产业化示范基地。

4. 现代服务业加快发展。城乡消费持续旺盛，文化旅游产业加速融合，成为重要支柱产业。商贸物流、金融保险、科技服务、房地产等发展迅速。住房、汽车、家电、网上购物成为新兴消费热点，现代物流等生产性服务业快速发展。社会消费品零售总额完成290亿元，增长19%。旅游市场活跃，全年共接待游客1440万人次，实现旅游收入73亿元，分别增长30.6%和31.4%。

（二）重点项目进展顺利，投资保持快速增长。突出抓好了“两型”项目、“三个一”重大项目和1100个重点建设项目实施，其中2011年投资5亿元以上项目9个、1亿元以上项目65个、5000万元以上项目203个。突出体现在：

1. 产业发展项目分布广泛。涉及汽车产业、轻工、建材、纺织产业提质，新能源装备、文化、旅游、特色优质食品产业化，钢铁、有色产业调整和整合，生物医药、信息产业振兴，产业园区建设等。其中：广汽长丰技改、玫瑰湾国际生态旅游度假区、格润太阳能晶体硅、恒惠食品土建工程进展顺利。永州海螺水泥、零陵区锰产品精深加工、金浩茶油100吨/天茶油脱蜡等项目完成生产线建设。达福鑫电子信息产业园、天润太阳能晶体硅一期、祁阳耐克鞋业新增生产线顺利投产运行。

2. 基础设施建设项目占比较高。2011年实施项目22个，完成投资109.8亿元，占已投资总额的56.3%。铁路，湘桂铁路完成路基工程。公路，永蓝高速、厦蓉高速、道贺高速超额完成年初投资计划。城建，生态新城、零冷东一体化、宁远、东安、祁阳、双牌等路网建设稳步推进。

3. 民生和社会发展项目开展顺利。涔天河耕地后备资源开发和农田整理工程新开工以来，实施后备资源开发750公顷，完成农田整理3000公顷。

4. 项目结构布局合理。产业和基础设施重点项目投资占全年任务的75%，促进了生产力加快布局和基础设施水平有效提升。在重点项目的强力支撑下，固定资产投资继续保持高位运行，全年超过600亿元，增长40%左右，高出年初计划15个百分点。

（三）基础设施建设加快，“两型”发展夯实根基。

1. 立体交通网络初具雏形。洛湛铁路建成通车，湘桂复线路基工程基本完工，高速公路已建在建488公里，二级公路新建在建796公里。永州机场通航能力逐步提升。城镇面貌显著改善。

2. 中心城区一体化步伐加快。永州大道建成通车，生态新城建设加速推进，中心城区建成区面积拓展到60.1平方公里、城区人口达到55万人。县城和中心镇建设成效明显，新增城市道路52.9公里。全市城镇化率达到39.9%。

3. 能源信息保障能力大幅提高。新增水电装机76万千瓦，建成500千伏变电站2座、220千伏变电站10座，110千伏变电站14座，新增供电容量548.6万千伏安。行政村通电话率和互联网开通率分别达到90.6%和62.3%，广播电视综合覆盖率达到96.5%。

（四）生态环保力度加大，绿色永州稳步推进，着力突出规划引领。

严格把关项目准入。制定出台了永州市《固定资产投资项目节能评估和审查工作规定和程序》，加强了从源头控制高能耗项目的能力。严格执行国家政策，着重从优化重大布局、加快经济发展、合理开发利用资源、保护生态环境、保障公共利益等方面，从源头上把好了全市1000多个项目的准入关，促进了全市"两型"社会建设。

1. 节能减排成效明显。全市完成污染治理项目42个，关停和改造污染企业130余家，单位GDP能耗下降3.5%。绿色永州建设顺利实施，全力推进造林绿化。按照"一线一景、一乡一景、一村一景"的要求，做精了10个特色通道走廊，建成了20个特色生态乡镇，打造了30个特色景观村庄，逐步形成各具风情的生态景观。全市共投入生态建设资金9亿元，完成人工造林74万亩，退耕还林工程建设全面完成各项任务，被评为退耕还林工程管理先进单位。全市城镇饮用水源100%达标，城市空气优良率96.9%，总体环境质量居全国地级市前列。

2. 环保条件充分改善。全力实施湘江潇水流域生态环境综合治理工程、垃圾污水处理工程，突出抓好湘江两岸风光带建设。新改造城市公园和公共绿地4万亩，着力实施建设生态旅游乡镇，新农村建设示范片。切实加强山水景观和自然生态保护，深入细致勾勒山水洲城形象。绿色永州建设取得明显成效。污水处理"三年行动计划"目标任务顺利完成，建成污水处理厂11个、垃圾处理场9个，省定节能减排任务全面完成。

（五）规划指导科学引领，积极创建两型示范。加快相关专项规划的编制完善，充分发挥规划引领作用。积极培育成长性好、科技含量高、竞争能力强的"两型"产业龙头企业，着力建设创新能力强、创业环境优、特色突出、集聚发展的"两型"产业基地，使之成为带动经济结构调整和发展方式转变的先导示范。一是坚持以"两型"发展理念指导"十二五"规划和年度计划的编制，把发展战略性新兴产业、促进资源节约利用、发展循环经济、生态环保建设、湘江潇水流域治理等列为发展的重要任务，确定了经济结构调整、生态环保的中长期和年度目标，提出了绿色环保十大工程。组织编制了战略性新兴产业和循环经济发展等重点规划，组织开发全市循环经济"十二五"规划重大项目64个，总投资1241.24亿元。二是扶持"两型"示范创建项目。紧紧围绕"两型"产业发展、"两型"城乡建设、"两型"生态文明建设、深化改革创新、扩大对外开放、保障民生发展等6个领域，结合永州市实际，筛选确定了2个"两型"示范创建项目（祁阳县新型节能照明LED灯具示范创建工程项目和新田县万家鹅业两型示范创建工程项目）和3个"两型"示范创建单位（回龙圩管理区经济作物管理办公室、江华工业园区和祁阳县工业园）。

二、永州市"两型"社会发展主要做法

加快"两型"社会建设是落实省党代会精神的重要载体，建设好承接产业转移示范区是永州市未来五年工作的总抓手。按照省政府"四化两型"、"两个加快"的战略部署，永州坚持以"两型"理念指导承接产业转移示范区建设，以示范区建设推动"两型"社会建设迈上新台阶，以六个"突出"，加快推进永州改革发展。

（一）突出规划引领。一是加快顶层设计。制定永州市"两型社会"建设发展总体规划和相关专项规划，出台承接产业转移示范区建设总体规划及控制性详细规划和改革建设实施方案。二是强化政策法规支持。围绕"两型"产业发展、"两型"城市建设、"两型"农业、城乡统筹、生态建设、社会管理等重点领域，从激励"两型"、约束"非两型"的角度，抓紧研究出台相关政策措施。建立健全支持承接产业转移示范区建设的土地利用、产业发展、投融资、资源环境、招商引资、简政放权等方面的配套政策，加快形成保障有力的政策体系。三是健全规划实施体制机制。建立项目规划审核、重大规划衔接、规划动态管理和规划否决等制度，强化规划执法，严肃查处违规行为。

（二）突出产业突破。坚持以发展大产业为突破口，努力提升全市"两型"社会建设和示范区建设的层次。一是承接发展六大支柱产业。实施好长丰汽车技改、达福鑫电子信息园、华威光伏、江华稀土、永州国际航空物流等重大项目，全力打造以汽车制造为重点的先进装备制造业，以电子信息和光伏为重点的高新技术产业，以百亿稀土产业和百亿锰产业为重点的矿产品深加工业发展，以农产品精深加工为重点的现代农业，以毛织和制鞋为重点的加工贸易产业，以物流和文化旅游为重点的现代服务业。二是优化产业布局。按照统筹协调、错位互补的原则，协调各县区、各工业园根据产业基础和资源禀赋，有选择地承接发展重点产业，实现错位互补发展，全力打造湘江千亿"两型"产业带、环阳明山绿色经济圈、蓝宁道新加工贸易走廊、湘粤桂边界民族经济区等四大经济板块。三是发挥节能环保产业引导。严格实施固定资产投资项目节能评估和审查制度，加强对节能环保项目的规划、组织、协调和指导，强化政策法规保障和产业政策引导。实施好水体、重金属、农业面源污染防治项目。加快推进潇湘流域生态保护和治理工程前期工作，积极促进湘江流域重金属污染治理工程的实施。

（三）突出基础支撑。一是突出抓好交通建设。铁路，湘桂铁路完成路基工程。公路，永蓝高速、厦蓉高速、道贺高速超额完成年初投资计划。城建，生态新城、零冷东一体化、宁远、东安、祁阳、双牌等路网建设稳步推进。二是强化水利能源保障。全力加快涔天河水库扩建、湘祁电站、五里牌电站工程进度，实施好中小河流治理、小型农田水利建设、山塘清淤扩容整治工程、农村能源项目等21个项目。突出抓好永州火电厂前期工作，争取尽快开工建设。加快江华风电项目建设。三是加快园区平台建设。把工业园区作为项目实施的重要载体和平台，重点抓好凤凰园经开区、零陵、祁阳、东安、宁远、江华、蓝山等工业园区基础设施建设项目，强化水、电、路、讯、生活配套和防灾减灾等基础设施投资建设。

（四）突出城乡统筹。一是加快推进市域城镇一体化。坚持统筹城乡、科学布局，加速构建以中心镇为核心、县城为骨干、重点建制镇为节点的新型城镇体系。优先实施和全面提升市域城际纽带工程，加快实现市到县、县与县之间高速公路或一级公路的连接连通，打造北五县区半小时经济圈、中心城区至南部六县两小时经济圈，以及南六县区域间的一小时经济圈。二是加快推进城乡发展一体化。

统筹城乡规划，积极探索城乡经济社会发展、土地利用、城乡土地总体规划“三规”整合。统筹城乡产业发展，着力提高城乡产业关联度、市场集中度和经济融合度。统筹城乡基础设施建设，支持城市公共设施向村镇延伸。

（五）突出示范带动。集中力量抓好示范创建，加快先行先试，努力做到典型引路，整体推进。一是抓好“两型”产业样板区。以凤凰园经济开发区和蓝宁道新加工贸易走廊为依托，建设两个“两型”产业样板区，加速产业转型，促使产业从“高碳”向“低碳”、从“黑色”向“绿色”转变，引领全市承接产业发展，提升“两型”发展质量。二是加快生态新城建设。加快推进生态新城建设，把生态新城作为永州市“两型”社会建设的示范区和引领区。支持生态新城先行先试，进一步探索提高行政效能的体制机制，率先突破土地、资金、人才要素瓶颈制约，做到以生态新城建设切入点，全力开展“五城同创”，通过生态新城带动，把永州打造成国家历史文化名城、国家级旅游城市、国家级卫生城市和全国宜居城市。全面提升中心城市吸引客商投资能力和居住魅力，切实带动全市“两型”建设全局。

（六）突出体制创新。用好用活先行先试政策，紧密结合永州实际，制定出台推进“两型”社会和示范区建设的优惠政策，构建强有力的政策支撑体系。创新园区运行模式，推行园区法人资格制度，倡导政府与企业共建、共管或托建、托管大型产业园区；建立健全区域合作机制，营造良好发展环境；完善区域合作机制，积极探索“两型”产业发展、湘南三市间的支柱产业配套、新兴产业共建、一般产业互补的梯度开发模式与分工协作体系，促进三市之间的基础设施对接、园区共建、政策同步，加快推进湘南三市一体化。建立要素市场共建共享机制。实现要素资源跨区合理流动和优化配置，建立健全农村集体经营性建设用地流转和宅基地管理机制。按照发展区域经济、建立大市场的要求，深化行政管理和经济体制改革，健全人才培养和引进机制，强化人才保障。

永州市2011年两型社会建设成果

【中心城区背街小巷改造工程启动】 为改善市民生活环境，全面提升城市档次和品位，加快实现中心城区创建国家级卫生城市，永州市全面启动了背街小巷改造工程，计划自2011起的3年内，投入约5200万元，完成中心城区196条背街小巷的改造。

2011年初，永州市住建部门和有关单位对中心城区的背街小巷进行了全面摸底，建立了背街小巷改造项目台账。为加快推进背街小巷改造步伐，永州市还专门出台了背街小巷改造实施意见，将城区背街小巷绿化、亮化、路标等相关配套工程一并纳入背街小巷改造的预算工程量内，并对改造项目资金实行打捆包干。改造将按照先急后缓、统筹兼顾、配套建设的原则，从2011年起每年分别投入1433万元、2169万元和1597万元，共计约5200万元，对涉及6个办事处、3个乡镇和1个工业园区的196条背街小巷进行改造，完成道路硬化面积23.647万平方米，人行道改造面积3.3万平方米，下水道改造7.1万米，安装路灯1018盏，消防栓315处，绿化面积7200平方米。通过背街小巷改造的实施，逐步解决市民反映强烈的“行路难”，使城市的每一个角落都能达到路平、水畅、灯亮、设施齐全、环境美化的基本要求。

【零陵项目建设推动城市扩展】 2011年元旦前夕，零陵区投入2.2亿元建设的河西火车站路网一期工程竣工，城区面积随之拓展2.5平方公里。3年来，该区投入28亿元，以沿江大道、322国道改线、永州大道等重大项目建设为抓手，推动城市扩容提质，城区规划面积由20平方公里增加到24.5平方公里。

近年来，零陵区主动向上争取、自身全力建设了一批基础设施项目。该区以此为契机，全面实施新型城市化和中心城市一体化战略，确定了“北连东进，西扩中提”的城市建设总体思路。总投资6.2亿元的322国道改线工程全面开工，总投资2.07亿元的永州大道拓宽工程目前完成投资1.87亿元，加快了与冷水滩区对接连城的速度，使城北逐步成为“市中心”。在城区以东投入6000万元修建日升大道，带动老城区4平方公里土地的城市化开发。向西完善河西火车站路网工程，高标准建设河西工业区。中心城区着重建设潇湘生态新城、怀素景区、柳子景区和潇湘古镇，打造城市中心旅游区。总投入500万元创建国家AAA旅游景区的柳子庙景区主体工程落下帷幕，集旅游观光和旧城改造于与一体的城区27公里沿江大道建设完成工程60%。与此同时，投入4000万元完成城区管网改造，投入2800万元高标准建设娘子岭、商业城等6座垃圾中转站，对城区绿化带和1.1万株行道树进行了修枝整型，新增绿化面积2500平方米。

【永州市正式启动实施绿色永州建设工程】 永州市委、市政府决定，从2011年开始，在全市范围内启动实施绿色永州建设。2011年2月14日，建设绿色永州誓师大会在永州会堂举行，全面部署绿色永州建设的各项工作，力争在“十二五”期间，将永州打造成国家级森林城市和宜居城市。

会议明确了建设绿色永州的目标任务，要把握基本原则、突出建设重点、强化建设责任，以造林绿化为抓手，以森林城市建设为重点，以打造生态宜居城市为目标，努力将永州建成更加秀美的锦绣潇湘为总的指导思想，全面推进建设绿色永州的各项工作。中心城区绿化：五年新增各类绿地面积5000亩以上，其中公园绿地面积2300亩，建设8个综合性公园、6个社区公园、2个专类公园；打造永州大道、潇湘大道、阳明大道和湘江的“三路一江”风光带，完成20万株大苗进城，其中2011年完成5万株大苗进城。“三边”造林绿化：任务18万亩，其中2011年完成4.7万亩。特色经济林基地建设：任务82万亩，其中2011年完成15万亩。速生工业原料林基地建设：任务100万亩，其中2011年完成20万亩。山林封育、管护：任务1000万亩，其中2011年封山育林7万亩，管护生态公益林900亩。力争2015年，中心城区绿地率达到33%以上，绿化覆盖率达到38%以上，人均公共绿地面积达到10平方米以上，成功创建国家园林城市；全市森林覆盖率达到并稳定在63.5%以上、林地面积达到稳定在1800万亩以上，活立木总蓄积达到5760万立方米以上，生态公益林面积达到920万亩，占林地面积的比例达到40%，主要干道绿化率达到95%以上，林业经济增长稳定保持在16%以上，林业社会总产值达到180亿元以上。

大会结束后，市委书记黄天锡，市委副书记、市长龚武生和与会人员一起参加建设绿色永州百万人签名行动首签仪式，在写着“描绘锦绣潇湘，建设绿色永州”的横幅上签名。

【永州市开展联村建绿活动，未来5年零冷两区城郊200个村绿化率将达到70%以上】 2011年3月10日，永州市委、市政府召开全市联村建绿及森林城市建设工作动员大会。会议指出，单位联村建绿，加快绿色永州建设步伐。市委常委、常务副市长周德睿发表讲话。市领导袁满娥、刘宏来出席。据悉，永州市联村建绿工作从2011年开始到2015年结束，在零、冷两区城郊10公里范围内选择200个村，作为市直和中央、省驻永单位及区直单位联系对象，开展以生态家园为主的新农村建设。力争通过开展联村建绿活动，联系村实现高标准全面绿化，山上绿起来，林农富起来，“三边”亮起来，生态环境美起来。到2015年，中心城郊林木绿化率要达到70%以上。

【永州潇湘农村商业银行成立】 2011年3月23日，永州潇湘农村商业银行股份有限公司召开创立大会暨第一届股东大会，标志着该行正式成立。潇湘农村商业银行是由永州市政府牵头，在原冷水滩潇湘农村合作银行的基础上组建而成。潇湘农村合作银行自2009年9月开业以来，各项业务快速发展。截至2010年底，全行资产总额为15.9亿元，各项存款余额11.6亿元，各项贷款余额8.6亿元，实现经营利润1.1亿元，被评为湖南省农村信用社系统“十佳优胜单位”。

【东安绿色行动打造生态环境优美县】 2011年4月8日，东安体育坪健身广场30多棵绿化风景林木正在移栽，这是该县全力打造“绿色东安”的一个场景。2011年，该县财政安排800万元资金用于绿化造林工作。目前，全县共完成造林4.68万亩，完成义务植树120余万株，县城道路、小区、庭院植树增绿达8000多株。东安地处湘江的上游，森林覆盖率达58.3%。2011年，该县坚持“两型”引领，加快转型发展和绿色发展，全力打造山清水秀地干净、环境优美人宜居的“绿色东安”。该县把“生态立县”贯穿到经济工作的全过程。一是发展绿色经济。大力实施“五年绿色行动”总体规划，全面开展“植绿大会战”活动，重点抓好湘江、紫水河、龙溪河、石期河、芦江河、湘江电站平湖、白滩河电站平湖、紫水河平湖“一江四河三湖”绿化带建设和城市、农村、通道、水系绿化工程和苗木基地工程“五大工程”建设，推进城乡绿化大发展。二是建设绿色城镇。突出抓好县城扩容提质，重点抓好县城生态新区规划建设，用5年左右的时间，以紫水河为轴心，建成10多平方公里的县城生态新区。着力营造“城在山水中、房在树林中、人在图画中”的优美环境，努力把县城建设成为现代化山水园林生态宜居城市，争创全省卫生县城、全国文明县城，率先建成“潇湘第一生态城”。三是构建绿色路网。大力建设城乡“绿道”，抓好“公路绿色林带工程”建设，在铁路、公路、城市通道三边大种树、种好树、管好树。据悉，该县在“十二五”期间将完成新造林18万亩，封山育林10万亩，公益林保护100万亩以上。到“十二五”期末，全县森林覆盖率达到65%左右，县城中心城区绿化覆盖率达到60%以上，公路、铁路、水系绿化率达到95%以上。

【永州召开环境保护工作会着力建设“生态永州”】 2011年4月13日召开的永州市环境保护工作会议提出，努力推动“生态永州”建设，永葆永州碧水蓝天，实现经济社会可持续发展。永州市领导龚武生、张正、袁满娥、刘尤碧出席会议。

会议回顾总结了“十一五”期间永州市环境保护工作，对2011年以及“十二五”期间的环境保护工作做了安排部署。“十一五”期间，永州市经济社会快速发展，工业化率由2005年的20.6%提高到2010年的30.9%，城镇化率由27.6%提高到40%。在减排压力上升的情况下，永州市环境保护工作取得了显著的成效。“十一五”期间，永州市共削减化学需氧量2427吨，二氧化硫915吨，全面完成了减排任务。2010年，在全省环保目标责任考核中荣获二等奖。

会议提出，“十二五”期间，全市化学需氧量、氨氮、二氧化硫、氮氧化物和铅排放量达到省里下达任务指标，集中式饮用水源地水质达标率100%，地表水水功能区达标率95%以上，城市生活垃圾无害化处理率100%，中心城区空气质量达到二级标准；危险废物、医疗废物和放射性废物安全处置率100%。

龚武生说，环境保护事关全局，各级各部门要从大局出发，从长远考虑，高度重视，切实转变“重发展、轻环保”的观念，树立重环保的思想，抓重点，重基础，严落实。当前，要重点抓好水污染、工业污染、农村污染、城市污染的整治；要严把项目准入关、建设关、后续监管关，杜绝污染源；要完善配套好现有环保设施，增强功能；要强化支撑，完善投入机制和激励政策，解决好“违法成本低、守法成本高”的问题。环保无小事，各级政府要落实领导责任，相关部门要落实监管责任，要严格落实企业和项目业主的主体责任。为全市经济社会发展和社会和谐营造一个良好的环境。

张正在讲话中指出，“十二五”是永州市城镇化、工业化快速发展的重要时期，要高度重视环保工作面临的形势和问题，深化对环保工作的思想认识，切实做好2011年的各项环保工作。2011年，要着力推动“五年绿色行动计划”、湘江流域整合政治、城市垃圾处理设施、城市污水处理能力提升、食品检测、农村环境综合整治、环境检测、监察等基础、环保人才等“八大工程”。

【保护母亲河大学生在行动】 潇水入湘终古碧，零陵烟草至今香。2011年4月14日，湖南科技学院在文化广场启动了“保护母亲河，大学生在行动”系列活动仪式，来自各系部的同学们带上绿丝带共同宣誓，以各种形式实践保护母亲河的承诺。

保护母亲河行动是共青团弘扬生态文明理念、建设绿色美好家园的一项重要品牌活动。近年来，团市委组织动员全市青少年广泛开展植树造林，防止污染等绿色环保活动，推动了永州市“两型”社会建设。2011年，市委市政府做出了“绿色永州”建设的重要决策和部署，“给力绿色永州，秀美潇湘源头”成为保护母亲河行动新的主题。启动仪式现场，师生佩戴象征绿色环保的绿丝带集体宣誓：投身绿色实践，保护母亲河。随后，同学们前往潇水进行各项保护母亲河的小组活动。他们或走上街头，向过往群众发放宣传单，或选择环境、水深、水质等条件较佳河段，投放永州本土河流鱼类，以减轻潇水河生态不平衡状态，或身着实验服，前往潇水河不同河段采取水样，评估潇水水质。与此同时，潇水河畔“携手保护湘江源头”艺术作品展也在有条不紊进行。此次保护母亲河系列活动，主要包括启动仪式，植树造林，水质检验，重返自然、生灵回归，环境治理、建设国内莱茵河，我们心中的新潇水艺术创作七项活动，历时两个月。

【低碳健康庆“五一”】 2011年4月29日，新田县文化广场人声鼎沸，热闹非凡，为热烈庆祝“五一”国际劳动节，由该县县总工会、县烟草专卖局（分公司）联合举办的首届“金叶杯”职工自行车比赛在这里隆重举行启动仪式，从而拉开了新田县践行“低碳环保”、构建“绿色新田”活动序幕。

4月28日，零陵区水利局在区体育馆举办了羽毛球、乒乓球、象棋、跳绳、拔河等5项赛事。

2011年4月29日，在“五一”国际劳动节来临之前，江华瑶族自治县林业局在机关大院内举行了“创建全国文明县城，爱我江华林业”拔河比赛，比赛分男子组和女子组，男子有9个代表队，女子有5个代表队，吸引了上百名职工参加，从而激发了全局500多名林业干部职工爱岗敬业、团结向上的工作热情。

“五一”小长假期间，道县群众积极开展太极剑太极拳表演活动。

【市机关效能建设和优化经济环境工作连续4年全省考核排名第一】 2011年5月30日，省委、省政府召开全省机关效能建设和优化经济环境工作电视电话会议。市里在家的“四大家”班子成员和市直部门主要负责人都在永州分会场参加了会议，各县区、管理区也设立了分会场。据悉，永州市的优化经济环境和机关效能建设工作连续4年在全省考核排名第一位。

继全省机关效能建设和优化经济环境工作电视电话会后，永州分会场紧接着召开了贯彻落实会议精神的电视电话会议。市领导唐松成、周德睿、董石桂在主席台就座。会议由董石桂主持，唐松成就如何贯彻落实好这次会议精神作了讲话，唐松成说，机关效能建设和优化经济环境工作关系到我们政府自身建设和地方经济健康快速发展，要深刻领会全省机关效能建设和优化经济环境工作电视电话会议和2011年5月26日召开的全市优化经济环境和机关效能建设工作电视电话会议精神，狠抓落实。要落实制度，完善举措，履行职责，创新突破，继续保持优化经济环境和机关效能建设领先水平。

【永州俊达显示电容式触摸屏产业链项目】 湖南永州俊达显示科技有限公司电容式触摸屏产业链项目是冷水滩区2011年6月引进的又一重大电子信息产业项目，该项目位于冷水滩高科技工业园春江北路与谷源路交汇处，主要生产广泛应用于高端手机、平板电脑、显示器、汽车导航仪、电子书等电子产品的高级可酷炫组建电容式触摸屏。项目总投资4.6亿元，建设用地133亩，分两期建设，2012年全部建成。项目建成后电容式触摸屏组年产量达到600万片，可实现年产值9亿元，税收3000万元以上，解决2000多个劳动就业，达到国内同行业一流水平。

【永州市企业职工最低月薪调整为725元】 根据湖南省人力资源和社会保障厅通知规定，经市人民政府批准，从2011年7月1日起，永州市企业职工月最低工资标准调整为725元（市直、两区执行此标准）、650元（九县、两管理区执行此标准）两档，分别比原来提高了195元和150元，平均增幅为33%；非全日制就业劳动者的小时最低工资标准调整为7.5元（市直、两区执行此标准）、6.8元（九县、两管理区执行此标准）两档，比原来分别提高了2元和1.8元，平均增幅为36.2%。最低工资标准适用于永州市范围内各类用人单位。

永州市此次调整最低工资标准是有关部门在充分听取企业、劳动者等多方意见后，由市劳动保障局会同统计、工会、企业家协会等单位，根据本地社会经济发展水平，综合考虑本地职工平均工资、就业状况、城镇居民消费价格指数、职工个人缴纳的社会保险费和住房公积金等因素提出方案，报市人民政府批准并公布实施的。

据永州市劳动与社会保障局局长唐树成介绍，永州市最低工资标准包括劳动者个人应缴纳的各种社会保险费，但不包括延长工作时间的工资报酬、以货币形式支付的住房补贴和伙食补贴、特殊工作环境和劳动条件下的津贴以及劳动者依法享受的保险福利待遇等。同时还强调，任何单位如果违反，都可以向劳动部门投诉。

【永州市工业经济暨节能减排工作会议召开】 2011年8月，永州市工业经济暨节能减排工作会议在冷水滩召开。会议总结了2011年前七个月全市工业经济运行情况，分析当前工业经济面临的新形势，对全面完成全年工业发展的目标任务、加速推进新型工业化进程进行动员部署。

2011年以来，永州市工业经济继续保持加速发展的势头。全市规模企业达到724家，比上年底增加46家。1—7月已有43家企业产值过亿，比上年同期增加15家。全市实现全部工业增加值122亿元，完成规模工业总产值315.9亿元，完成规模工业增加值97.85亿元，高于25%的预期，增速排全省第四位。永州市政府就做好节能减排工作，确保“十一五”节能减排目标的圆满完成作出了全面安排部署。按照工业和信息化部和省政府的要求，迅速启动了淘汰水泥、造纸落后产能的工作，同时还强化了监督检查和考核。全市节能降耗工作在有序推进。

会上，各个县区递交了节能降耗目标责任书。

【圆梦火电，永州往前再迈一大步】 建设火电，突破能源瓶颈，是永州全市上下多年的期盼和愿望。2011年8月3日，神华集团副总经理夏利率队在湖南省发改委党组成员、能源局局长王亮方的陪同下来到永州，考察电源点选址和煤炭储运基地，让永州的火电梦，朝着圆梦的方向迈出了一大步。张硕辅、龚武生、陈金荣、高建华、刘尤碧等市领导热情接待了夏利一行。

神华集团是我国规模最大、现代化程度最高的煤炭企业和世界上最大的煤炭经销商，世界500强企业。2011年与湖南省签署了战略协议，拟在湘南建设一个火电厂。永州市与神华集团就筹建火电厂进行了多次沟通与衔接。2011年7月6日，张硕辅书记、龚武生市长亲自带队与神华集团高层进行会商，达成了共识。此次神华集团夏利副总经理一行来湖南调研首站就选择了永州。

与夏利一同来到永州调研的还有中南电力设计院的专家。2011年8月3日，夏利一行前往零陵区石山脚乡泥坝岭、冷水滩区高溪市镇排山塘等地，现场考察电源点选址和煤炭储运基地。

永州市委书记张硕辅在座谈会上作了简短而热情的发言。副市长刘尤碧在会上汇报了永州火电建设项目的相关情况。

夏利在座谈会上说，永州兴建火电厂有很好的条件，也符合国家中部崛起计划。她此行来永州，就是要实实在在做一些事情。虽然需要做的前期工作还很多，但她本人和神华集团都对此非常有信心。

张硕辅在讲话中说，能源是国民经济的命脉和基础，湖南总体缺少电力，永州尤甚，永州要发展，必须解决能源问题。省委、省政府从能源布局方面考虑，也非常支持火电项目落户永州。张硕辅还说，作为全国最大的"煤"老板，神华集团在永州建火电厂，建设煤炭储运基地，对神华本身拓展市场也非常有利。此举还将解决湘南片区用煤困难问题。

龚武生在会上说，兴建火电厂，永州发展有要求，建设有条件，市场有保证。希望在各方努力下，神华集团能早日来永州，永州市委、市政府当竭尽全力支持火电"一号工程"建设，让永州600多万人民早日圆梦。

【冷水滩生态家园富民项目建设显成效】 生态家园富民项目于2009年6月在冷水滩区启动实施以来，在冷水滩区农业局局长龙国文同志的带领下，按照目标任务要求，采取有效措施，加强领导、统一思想，制定方案、明确任务，广泛发动群众积极自愿参与。经过两年多的努力建设，在项目区内显现出了良好的经济效应和社会效应，受到了广大群众的追捧。

截止2011年8月底，该项目已在全区范围内新建10m^3沼气池4756口，完成项目农户"三改"4238户；新建果园487亩、改造果园1628亩、发展蔬菜生725亩、中低产田改造4126亩；建立健全区、镇、村三级服务网络，目前，已成立区级服务中心一个，区级沼气协会一个，建立乡镇级沼气服务网点6处，村级服务网点12处。同时，加强了对项目农户的培训力度，目前已开展"一池三改"及"农业一体化生产"技术培训32期，培训16800余人次。

通过项目建设使村容村貌和农民生产生活环境持续改善。一是改变了过去"脏、乱、差"的卫生状况，农户居住环境普遍实现了净化和美化；二是"猪—沼—果"、"猪—沼—菜、猪—沼—稻"等生态农业模式技术将养殖业与种植业有机结合，推动了农业产业化，加快了无公害、绿色食品、有机食品生产进程；三是引导农民将资金投向生态家园建设，倡导了理性消费，提高了农民的生活质量；四是促进了生态环境改善，巩固了退耕还林成果，保护了薪柴林不被砍伐；五是减少了煤、柴等的使用，既为农户节省了开支，同时降低了污染排放，按每户80元每月的燃料费计算，使用沼气后每年可为每个项目农户减少开支960元。

【永州海关大楼开工】 2011年9月，作为永州市重点建设项目的永州海关大楼，占地面积14.45亩，建筑面积约14000平方米，建成后将成为永州城区的标志性建筑。项目的开工建设，有利于促进永州市口岸大通关基础设施建设，有利于推进永州市经济发展的转型升级，有利于促进永州市外贸进出口和开放型经济的快速发展。

【高科园紫霞安置商贸城、廉租房及紫霞东路建设项目开工】 2011年9月，总投资13亿元、建设周期三年的紫霞安置商贸城、廉租房及紫霞东路项目，是解决冷水滩高科园发展瓶颈、惠及民生的一项重大工程。项目建成后可以安置园区拆迁户800户以上，为低收入家庭提供廉租房1000套以上，带动劳动力就业3000余人。

【冷水滩区举行重点项目开工和竣工典礼】 2011年9月24日，冷水滩区在该区高科技工业园举行重点项目开工和竣工典礼，潇湘源玻璃钢项目一期竣工二期开工仪式，达福鑫ITO镀膜导电玻璃竣工投产、PCB项目一期封顶二期奠基仪式，高科园紫霞路安置商贸城、廉租房及紫霞东路开工仪式依次举行。永州市委副书记、市长龚武生，市人大常委会副主任杨怀康，副市长刘尤碧，市政府正厅级干部邓荣卿，冷水滩区委书记杨军元，区委副书记、区长何冲龙，区委副书记秦功智等市、区领导参加了典礼。三个重点项目开工和竣工典礼举行，标志着冷水滩园区建设进入了一个全新的发展时期，也是冷水滩区新型工业化进程的又一里程碑。

【下大力气打赢节能减排攻坚战】 2011年9月27日，国务院召开全国节能减排工作电视电话会议，全面动员和部署"十二五"节能减排工作。永州市委副书记、市长龚武生，永州市委常委、常务副市长周德睿，永州市人大常委会副主任杨怀康在永州分会场参加会议。全国电视电话会议结束后，永州市接着召开节能减排工作电视电话会议。

会议提出，要着力调整优化产业结构，加快发展现代产业体系，大力发展战略性新兴产业，加快淘汰落后生产能力，大力发展循环经济，促进节能减排；要坚持以科技创新和技术进步推动节能减排，加快建立节能减排的技术支撑体系；要完善节能减排长效机制，加大财政资金支持引导作用；要加强节能减排能力建设，加强节能管理体系建设，建立健全国家、省、市三级减排监控体系；要推进重点领域节能减排，促进重点用能单位科学管理、组织、控制生产经营活动，加强工业、建筑、交通领域节能减排。

会议强调，各级党委和政府要把节能减排作为促进科学发展的硬任务，转变经济发展方式的硬举措，考核各级干部的硬指标。要明确各级政府和有关企业节能减排的责任。加强组织领导，形成一级抓一级、层层抓落实的工作机制。严格监督检查，对节能减排指标实行年度考核，接受社会监督。开展节能减排全民行动，加强舆论监督，尽快形成政府为主导、企业为主体、全社会共同参与的工作局面。

【打造18公里生态走廊湘江风光带建设即将起航】

2011年10月26日，来自市发改委、市住房和城乡规划建设局、市财政局等相关单位的17位专家齐聚一堂，对永州市即将建设的“集文化、休闲、娱乐为一体”的湘江东路风光带规划进行了专家评审。

湘江东路风光带北起汽车北站，南至萍洲大道，是一条长达18公里的以生态为主题，集文化、休闲、观光为一体的沿江生态走廊。湘江东路风光带的建设将充分体现“低碳、环保、生态”，并融合城市设计，尊重自然岸线，充分利用自身良好的自然资源，结合永州丰富的历史人文资源，打造具有永州特色的现代生态旅游胜地。专家评审会上，与会专家对风光带的修建性详细规划给予了充分肯定，同时针对风光带的功能定位、生态利用、文化利用、基础设施建设、规划设计深度等问题进行了讨论研究，确定了保护原生态、划分文化区域、体现本地特色等规划设计原则。

【全市农村冬春生产现场会暨“绿色永州”建设表彰动员会在宁远县召开】 2011年11月12日，全市农村冬春生产现场会暨“绿色永州”建设表彰动员会在政务中心102会议室隆重召开。市委书记张硕辅，市委副书记、市长龚武生，市委常委、市委秘书长朱映红，市委常委、宣传部长石艳萍，市人大常委会副主任袁满娥，副市长舒平出席会议。市委、市政府分管副秘书长以及市直相关单位负责人，县领导严兴德、刘卫华、刘庚旺等领导参加会议。

会议全面总结2011年以来“绿色永州”建设成果和前段农村秋冬生产工作，通过观摩新田和宁远两县农村秋冬生产现场15个点，推介典型，表彰先进，分析形势，查找不足，为两项工作再部署、再动员、再鼓励，确保各项目标任务圆满完成。会上，与会人员观看了宁远和新田两县的秋冬生产成效视频。宁远、新田、东安三县就农村秋冬工作作了典型发言。

舒平在会上指出，全市秋冬生产工作行动迅速，措施有力，成效可嘉，今冬明春的农业生产要突出重点，坚持“四个结合”。即：冬修与水利改革发展相结合、冬种与农业结构调整相结合、冬造与生态环境改善相结合、动物防疫与食品安全相结合，注重质量效益，努力推进永州市冬春生产再上新台阶；要强化工作措施，坚持有始有终。要加大资金投入，搞好配套服务，加大宣传引导，加强检查督促，搞好统筹兼顾。关于“绿色永州”建设，舒平强调，要高位推进，高效组织，实现“绿色永州”建设良好开局，要明确任务，突出重点，推动“绿色永州”建设再上台阶，要加强领导，强化举措，确保“绿色永州”建设取得实效。

市委副书记、市长龚武生在会上就两项工作做了具体安排，他说，2012年是“绿色永州”建设的关键之年，要早部署，早安排，结合冬春生产，进一步掀起“绿色永州”建设新高潮，具体要做细做实规划，出台配套政策，开展全面创建，突出三边绿化，突出绿色基地建设，突出景区绿化，提高绿化质量，创新绿化机制，加强林政改革，强化责任落实。龚武生指出，冬春农业生产要确保完成任务，强化服务意识，抓好政策落实，加强组织领导，全市上下要把思想统一到市委、市政府的决策部署上来，将冬春生产作为当前工作重点，切实抓紧抓好。

市委书记张硕辅对目前全市农村冬春生产工作给予了充分肯定，同时指出了三冬生产的不足，一是县区之间有差距；二是冬种、冬造、冬修三者之间有差距。张硕辅要求，各级各部门要抢抓季节，迅速行动，超额完成任务。要加大依法有序推进耕地、林地、水面经营权流转工作，促进“公司+基地+农户”的推广，加快承接产业转移；要全民参与，迅速掀起三冬生产、三边造林，城市绿化的新高潮。

会上，通报了2011年度“绿色永州”建设工作考核结果，并为获奖县区和单位颁发了奖牌。

【三杰电子年产一亿件套电子电磁元件生产线项目】 2011年12月25日，湖南三杰电子开工典礼在冷水滩区九嶷大道与谷源路交汇处隆重举行。永州市副市长唐能武，区委书记杨军元，区委副书记、区长何冲龙，区委副书记秦功智，区人大常委会主任王新权，区政协主席肖幸福，湖南三杰电子有限公司董事长杨文斌出席开工典礼仪式。开工仪式由区委副书记、区长何冲龙主持。

湖南省三杰电子有限公司成立于2010年9月份，是冷水滩区引进的一家私营企业，集研发、生产、销售开关电源、高频变压器、滤波器、电感线圈等电磁元器件的电子企业，产品广泛适用于家电、电脑电源、通讯器材、仪器仪表、灯具产品等电子电器行业。目前年产值8000万元。永州新厂建成后，预计年生产能力达1亿件套，产值突破1.75亿。

【永州冷水滩区大力发展低碳农业】 近年来，冷水滩区坚持以科学发展观为指导，走农业可持续发展道路，以沼气建设、标准化生产、测土配方、绿色植保为主要抓手，大力发展低碳农业。在全区大力推广实施标准化栽培、测土配方施肥、使用频振式杀虫灯、农村沼气建设等多项节本增效技术，力争为农民开辟增产增收的致富新渠道。一方面抓住生态富民家园项目这一优势，把沼气建设与农村改厕、改圈、改厨结合起来，推行“猪—沼—果”、“猪—沼—菜”等资源循环利用的节能经营模式，建立产前、产中、产后各环节技术和管理标准，重点开发绿色、无公害、安全营养的柑桔、西瓜、蔬菜、大米等优质农产品。与此同时，通过举办技术培训班、下派技术人员到田间地头开展技术指导、发放技术资料等形式，指导农民开展标准化生产。目前，在全区推行“猪—沼—果”、“猪—沼—菜”等资源循环利用的节能经营模式面积达1.7万亩，改厕、改圈、改厨4297户。另一方面，为了减少化肥和农药施用量。该区在全面推广常规农业技术的基础上，重点推广测土配方施肥和以频振式杀虫灯灭虫控害技术、高效无毒农药为主要内容的绿色植保技术，年推广面积分别达到107.85万亩、10万亩。仅推广测土配方技术这一项每年每亩可为农民节省肥料成本13.6元、节本增效56.6元。同时，大力提倡种植绿肥、油菜等养地作物培肥地力、减少化肥施用量。

目前，全区水稻、柑桔、西瓜、蔬菜等标准化生产面积达75万亩，通过省认定无公害农产品生产基地有21万亩，绿色食品示范基地4.4万亩。拥有国家无公害食品优质稻、柑桔等31个，绿色食品“伊塘牌”西瓜、华利米粉、果秀桔片罐头3个。

【永州市抓好冬春造林绿化建设“绿色永州”】 2011年，永州市共完成整地23.86万亩，“三边”绿化整地5.91万亩，“三边”绿化完成大苗整地挖穴20.8万个，上报规划500亩以上的县区党政领导示范点77处、面积6.97万亩。

【江永3万农民过上“低碳生活”】 江永县是养殖大县，也是农村畜禽粪便污染重灾区。为了改善生态环境，推广生态养殖，该县以新农村建设为契机，以培养新型农民为着力点，把支持农村沼气项目建设作为新农村建设的一个重要抓手。县里专门成立了沼气建设领导小组，出台了一系列优惠政策，大力提倡农民建沼气池，带动农户改厨、改厕、改圈。同时，在农村大兴节能减排之风，实现家居清洁文明化、庭院经济高效化。截至目前，江永县共建设沼气示范村44个，兴建户用型“三结合”沼气池1.26万户、联户沼气400多处2000多户、养殖小区沼气32处1200多户，沼气入户率达22.3%，年产沼气790万立方米，沼气用户年均节支1200元以上；推广安装太阳能热水器1.5万余户，集热面积3万多平方米，太阳能安装利用率达18.7%。

【江华过亿资金护绿潇湘】 守护着千里瑶山，就是守护着绿色母亲河的源头。在这场“描绘秀美潇湘，建设绿色永州”的大会战中，江华瑶族自治县逐年加大林业生产投入和植树造林力度，勇做潇湘护绿排头兵。据统计，该县每年林业建设投入资金都在1.5亿元以上。近几年，该县每年造林面积平均在9万亩以上，加上已经确定的139万亩生态公益林、14万亩退耕还林和6万亩长珠江防护林，全县森林资源增长迅速。2010年底，全县活立木蓄积量达1454万立方米，增长率达4.66%；森林覆盖率在经历雪灾毁损后上扬达到72.14%，增长了1.01%；集体林权制度改革已经完成发证260余万亩，发证率已达95%以上。该县同时大力发展林产工业和林下种养，在湘江乡、务江乡等地发展厚朴基地15万亩，在涛圩、东田等地发展速生丰产桉树、马尾松基地13万亩，在未竹口、两岔河等地发展楠竹基地3万亩，为保证林产工业的原材料供应、减少天然林的毁坏打下了坚实的基础。

【零陵区城市建设扩容提质，焕发城市经济活力】 总投资4.5亿元的潇湘汽车城落户该区。零陵工业园面积拓展到33平方公里，一批商贸物流、生物制药、锰冶炼加工等龙头企业相继落户该区。2010年，全区实现地方生产总值100亿元，其中工业总产值达80亿元，财政收入从2007年的1.7亿元上升到近4亿元。

【永州市上半年水利重点项目建设投入5.9亿元】 2011年上半年永州市水利重点项目建设进展顺利，共投入5.9亿元，完成大小水利工程39500处，修复水毁工程8100处，恢复和改善灌溉面积22.5万亩。

目前，涔天河水库扩建工程正在组建项目法人，年内可望开工。中小河流治理及城市防洪工程建设迅速，在2011年已开工的7个中小河流治理项目总体形象进度在60%以上，6处城市防洪工程建设，其中续建5处，目前已完成投入6000万元，完成进度75%。

列入全国小农水重点县的东安、冷水滩、宁远3个县区项目年度任务已全面完成，并通过了省水利厅组织的验收。同时道县、江永两个县列入了沟渠疏浚试点县，每个县国家投资500万元，完成形象进度30%。同时中央与省财政安排资金3090万元，完成3000口高标准山塘清淤扩容工程，新增蓄水量673万方，恢复和改善灌溉面积4.6万亩，目前也已通过市水利局和市财政局联合组织的验收。电站的工程建设进展顺利，湘祁电站已累计完成投资12000万元，占年度计划的80%，五里牌电站已累计完成投资5000万元，占年度计划的50%，其余工程正在加紧施工。

【永州着力打造半小时经济圈】 永州半小时经济圈规划五县（区）和一个开发区，分别是冷水滩区、零陵区、祁阳县、东安县、双牌县和凤凰园开发区。半小时经济圈采取“非均衡发展”的战略，突破重点地区，错位发展，首先突出南北向，即零冷一体化，重点建设中心城区，重点是打造零冷核心区，逐渐向东西扩散，在发展重点上，各县（区）力求找准各自的优势产业和特色产业，避免产业重叠和恶性竞争，实现错位发展；在空间布局上，各县（区）要把零陵大道高等级公路、衡枣、邵永高速、湘桂、洛湛铁路、207、322国道等一体化区域内的骨干通道当做重点发展区域，不断连线成片，实现相向发展；在功能协调上，各县（区）要加强产业链条之间的分工与协作，增强经济联系，实现互补发展。通过这些努力，实现规划同等、交通同网、信息同享、市场同体、产业同步、科教同兴、旅游同线、环境同治。从而形成市场功能齐全配套、统一开放、竞争有序、中介服务完善的要素市场体系，促进半小时经济圈内生产要素的合理流动和公平竞争，最终形成半小时城市圈内各地区之间的协调发展。

【永州市获批“湖南省湘南承接产业转移示范区”】 国家发改委正式批复湖南省设立“湖南省湘南承接转移示范区”（含永州、郴州、衡阳三市）。这是湖南省继长株潭城市群两型社会配套改革试验区、武陵山经济协作区之后第三个纳入国家层面的区域规划，同时也成为全国第四、中部第二个国家承接产业转移示范区。

永州、衡阳、郴州三市同为国家级承接产业转移重点承接地，具有同等优越的区位优势、资源优势。2007年被国家商务部授予重点承接地后，三市的开放开发取得了很大成绩，成为湖南经济发展的重点增长极。随着国家中部崛起战略、商务部“万商西进”工程的实施、“泛珠三角”区域经济合作和对接东盟的深入推进，将湘南三市打捆申报为国家级承接产业转移示范区，湘南三市将获得更大的发展机遇，对进一步促进沿海发达地区加贸易产业逐步向中西部地区转移乃至全省的经济发展具有重大意义。

国家发改委在批复中要求，示范区建设要坚持以科学发展观为指导，深入实施促进中部地区崛起战略，进一步解放思想、创新体制、优化环境，以科学承接、互利承接、绿色承接为导向，以体制机制创新为动力，着力优化空间布局，着力突出产业承接发展重点，着力提升基础设施保障能力，着力加强资源节约和环境保护，着力深化区域合作，努力把湘南地区建设成为承接产业转移的新平台、跨区域合作的引领区、加工贸易的集聚区和转型发展的试验区。

【永州入选十大最具幸福感城市（地级）】 “2011

中国十大最具幸福感城市”排行榜选取了一个城市的居住环境、医疗水平、教育水平、社会治安、百姓福利、生活成本、交通状况、就业机会、投资环境、贪腐现象、婚姻满意度等11项指标。2011年的榜单还特别增设了“投资环境”、“贪腐现象”、“婚姻满意度”三项指标，其中“贪腐现象”一项，旨在强调一个城市廉洁奉公的政府组织对一个城市的建设、发展和居民幸福感是至关重要的。一个城市社会是由每个家庭构成的，一个家庭的幸福指数、婚姻满意度，城市离婚率等都是一个城市是否有幸福感的基本元素。2011中国十大最具幸福感城市名单省会级城市：广州市、合肥市、南昌市、杭州市、上海市、北京市、昆明市、济南市、成都市、长沙市。地级城市：浙江省宁波市、湖北省宜昌市、江西省上饶市、福建省厦门市、江西省新余市、山西省朔州市、湖南省永州市、江西省宜春市、安徽省淮南市、湖北省孝感市。

【炬辉光电LED项目】 LED光电显示项目由湖南炬辉光电科技有限公司投资兴建，主要生产LED显示屏、OLED显示屏及LED节能灯。该项目位于冷水滩高科技工业园九疑大道与陶源路交汇处，占地76亩，总投资1.1亿元，年产值1亿元，年可实现税收500万元，带动800人就业。

【湘龙铜业年产5万吨中高压交联聚乙烯绝缘电缆项目】 由永州市冷水滩区政府和江苏天地龙集团共同合作开发的永州铜业循环经济工业园，规划总面积3000亩，园区建设以循环工业模式为目标，致力于打造能耗低、污染少、投资密度大、效益好的综合利用深加工产业集群。该项目已列入湖南省铜产业基地规划，是我国实施“中部崛起”战略、贯彻东部扶持中西部地区政策的重点项目之一。江苏天地龙集团投资数十亿，与湖南永州合作创办中西部最大铜加工基地，开发循环经济工业园，该工业园包括废旧物资交易区、再生资源综合加工区、清洁生产示范区，园区建设以循环工业模式为目标，致力于打造能耗低、污染少的资源节约、清洁生产、综合利用深加工、高新技术产业和工业生态链企业为主体的产业集群。

【日产2500吨熟料新型干法水泥纯低温余热发电项目投产】 永州九嶷骄阳水泥有限公司总设计能力为日产4000吨熟料新型干法水泥，目前第一期工程日产2500吨水泥的生产线工程已经采用华效资源专有的蒸汽，热水闪蒸余热符合发电技术进行投产。该纯低温余热发电项目总投资为6302.4万元，配套建设4000kwh装机容量的纯低温余热发电系统，平均发电功率按3578.5kw计算，年发电量达到2504.95＊104kwh。项目投产后，3至4年便可回收全部投资，按照供电单价0.58元/kwh（含税）计算，年可节省电费1452.87万元；按4000kwh装机容量计算，每年运行时间7000小时，自用电8%，按大型火电厂发电效率为0.378ke标准煤/kwh计算，年节约标准煤9700多吨。

【永州市将重点开发11个旅游大项目】 从永州市旅游部门获悉，“十二五”期间乃至未来更长时间，永州市将继续实施“旅游旺市”战略，着力打造蘋岛等11个旅游大项目，构筑一山（阳明山）、一带（湘江沿江风光带）、一城（零陵古城）的旅游大格局。

永州市是全省旅游资源大市，旅游资源综合评估在全省名列前茅。共有旅游资源7类56种类型313处景观，其中自然旅游资源4类21种150处景观，人文旅游资源3类35种163处景观。拥有三山（九嶷山、阳明山、舜皇山），三溪（濂溪、浯溪、愚溪），三岩（紫霞岩、舜皇岩、秦岩），三庙（柳子庙、宁远文庙、零陵武庙）、三故里（周敦颐故里、李达故里、陶铸故里），三源头（世界稻作农业之源、世界制陶工业之源、中国道德文化之源），三古村（江永上甘棠、零陵周家大院、新田龙家大院）等。境内还拥有7个国家森林公园、两个国家自然保护区，8处国家级文物保护单位，34处省级文物保护单位等。2011年全市预计接待游客1040万人次，完成旅游总收入48亿元，分别比2010年增长25.6%和26.7%。其中接待入境游客4.55万人次，创汇468万美元。

未来几年，全市将加大投入力度，力争全面建设潇湘平湖、零陵古城、潇湘古镇、蘋岛、柳子庙、异蛇村、李达故居、浯溪碑林、阳明山、永州玫瑰湾国际生态旅游度假区、永州国际航空物流园等11个旅游大项目，并加快湘江旅游开发步伐，全力构筑永州旅游一山（阳明山）、一带（湘江沿江风光带）、一城（零陵古城）的新格局，建成后将极大地推动永州旅游的转型升级。

【永州市做好加快转变经济发展方式监督工作】 根据中央纪委部署、省委和市委要求，为切实做好加快转变经济发展方式的监督检查工作，市纪委结合永州实际，出台《关于开展加快转变经济发展方式监督检查的实施意见》（简称《意见》）。

据了解，由市纪委牵头，永州市加快转变经济发展方式监督检查工作领导小组成立，市委常委、市纪委书记董石桂任组长，市发改委、市科技局、市经信委、市环保局等部门为成员单位。

《意见》指出，开展加快转变经济发展方式监督检查工作，对于增强贯彻落实中央、省委和市委加快转变经济发展方式决策部署的自觉性、主动性和责任感、紧迫感，及时发现和纠正转变经济发展方式过程中的问题和偏差，推进惩治和预防腐败体系建设等方面，都具有重要作用。

《意见》明确，在今后一个时期特别是2011—2012两年，要把加快转变经济发展方式监督检查工作放在重要位置，重点对贯彻落实国家、省市“十二五”纲要的要求、对管理通胀预期有关工作落实情况、《中共中央、国务院关于加快水利改革发展的决定》的情况、对保障性安居工程建设政策落实情况、对重点产业振兴和技术改造专项投资项目实施及其经费管理使用情况、对环境保护政策和耕地保护落实情况等7个方面开展监督检查。

《意见》强调，要坚决纠正有令不行、有禁不止的行为。对检查中发现的一般性问题，各牵头部门要督促有关县区和单位制定整改措施，明确整改责任，确保整改到位；对检查中发现比较严重的问题，在督促抓好整改的同时，该处罚的要处罚，该通报的要通报批评，该问责的要问责，坚决纠正有令不行、有禁不止和“上有政策、下有对策”的行为；对检查中发现的违纪违法案件线索，要及时移送纪检监察机关依纪依法查处。各级纪检监察机关要把执行纪律作为推动整改、确保检查取得实效的重要手段，对各种违纪违法案件要发现一起、查处一起，切实增强监督检查的权威性和严肃性。

【永州地税发挥税收职能促进低碳经济发展】 为扶持企业发展低碳经济、节能减排，永州市地税局联合国税、环保等部门，在全市开展“税收焕绿湘江源”活动。地税干部深入湘江沿岸24家重点税源户企业，送环保税收政策上门，帮助解决实际问题。广汽长丰汽车制造股份公司永州分公司、重庆啤酒永州有限公司、湖南神斧集团湘南爆破器材有限责任公司、湘纸公司等，主动采纳地税部门建议走低碳经济发展之路。骄阳水泥有限公司董事长黄建国说：“企业再困难，也要尽最大的努力，拿出钱来搞技改、搞环保，不能让‘三废’污染永州的空气，让天更蓝、水更绿，让湘江母亲河更靓丽。”据了解，永州市湘江沿岸企业共投入近4亿多元进行“三废”的综合治理，采用先进的工艺和设备，从源头上控制污染，进行生产全过程控制，减少污染物的产生量，实现节能、降耗、减污、增效，确保低碳经济发展有实效。

【双牌特色农业基地遍地开花】 阳明山雪莲果、茶林莲耦、永江的猕猴桃、上梧江虎爪姜、打鼓坪的金银花……一个个响亮的农产品品牌，如今已在双牌县境内遍地开花。近年来，双牌县按照“一乡一业、一村一品”的产业发展思路，大力推进“企业+基地+农户”的产业发展模式，把推进农业产业化结构调整与培植主导产业“龙头”，建设农产品示范基地有机结合起来，扩大优势产业规模，农业结构调整不断优化升级。成功培育出了一大批优势产业，加快了农业增效、农民增收的步伐。目前，全县共有特色产业新村30余个，引进了中农银杏、金蕊实业、华茂生物等投资过亿的农产品加工龙头企业5家，其他规模农产品加工企业14家，打造了塔山婆婆茶、虎爪姜、剁椒鱼等知名产业品牌6个。

怀化市

怀化市2011年两型社会建设综述

省委、省政府提出“四化两型”发展战略后，怀化市委、市政府在组织认真学习省委精神和深入分析全市经济社会发展形势的基础上，紧紧抓住贯彻落实“四化两型”战略这一重大契机，大胆改革创新，主动破解难题，加速后发赶超，有效地推动了全市经济社会又好又快发展。

一、2011年怀化市“两型社会”建设基本情况

近年来，怀化市紧紧围绕省委、省政府“四化两型”战略的总体部署，积极谋划，大胆创新，扎实工作，大力推进“两型社会”建设，在两型产业培育、生态环境保护、绿色消费倡导以及体制机制创新等方面取得了较好成效。

（一）两型产业体系加快构建

围绕促进经济发展方式转变，坚持以循环经济为突破口，强化自主创新，加快产业结构调整，两型产业体系建设取得了重大进展。

1. 产业结构调整步伐不断加快。按照两型理念，加快推进产业结构优化升级，二三产业继续引领经济增长，三次产业由“三二一”格局调整为“二三一”格局。新型工业化迈出新步伐，形成了电力、林木、食品、矿冶等八大产业为支撑的产业格局，培育了泰格林纸、湘维、辰州矿业、娃哈哈、汇源果汁等规模工业企业595余家，提升了怀化市重点企业的行业竞争力和影响力。2011年，全市工业化率提高到44.1%。农业生产组织化、标准化、机械化水平进一步提高，各类专业合作组织发展到1298个，标准化生产基地达42万亩，无公害农产品产地认定达402万亩，新增国家地理标志产品3个，初步形成了竹木、粮油、果蔬、中药材、畜禽等五大优势农产品产业链，农业产业化龙头企业发展到128家，实现销售收入133亿元。加快发展现代服务业，商贸物流、文化旅游等产业建设取得突破。大力构筑现代商贸物流中心，实施商贸物流重点项目20个，河西商贸物流园区的物流总收入保持了20%以上的增长；充分挖掘怀化独特的文化旅游资源，大力发展文化旅游产业，2011年，全市接待国内外游客1450万人次，实现旅游总收入86亿元。

2. 循环经济发展取得阶段性成效。出台了一系列政策措施，着力构筑上下链接、相互循环的循环产业体系，鼓励企业建立循环经济联合体，实现内部工艺间能源梯级利用和物料循环利用。市政府探索设立了循环经济发展引导专项资金，重点推广煤炭—电力—水泥、化工—造纸—建材、煤炭—冶炼—化工等循环模式，着力打造循环经济产业链。到目前，已有湘维、金大地、骏泰浆纸等10余家企业累计投入近3亿元建立了11条循环模式生产线，年产值达120亿元。金大地公司的“石煤→无纳焙烧提钒→渣生产水泥→余热发电”的生产线，不仅可实现年产新型干法水泥260万吨、五氧脂二钒1500吨、利用低温余热发电发电1亿千瓦时，而且可节省标准煤6.9万吨，降低水泥生产用电成本40%，各类废渣利用量占水泥总产量的54.6%。同时，建立完善了以资源有偿使用、生态环境补偿、节能减排约束、绿色GDP考核评价为重点的绿色发展保障机制，为加快循环经济发展提供了有力支撑。

3. 自主创新能力不断提升。一批具有自主知识产权的品牌和企业集中落户怀化，怀化工业园跃升为国际生态工业园示范基地，成为“湖南省十大最具投资价值产业园区”。深入实施人才强市战略，加强创新人才队伍建设。创新科技投融资体制，加大科技投入，设立科技创业投资引导基金，推进技术创新体系建设。2011年，全社会研究与开发经费支出占生产总值比重达到1.2%，比2010年提高0.2个百分点。加强科技实验室和企业技术研发中心建设，促进科技成果产业化。坚持科技引领，实施重点科技项目攻关，全面争取省以上科技项目60项，取得市级以上科技成果奖励26项，申请专利380项。全市高新技术产业产值110亿元，占规模以上工业总产值的比重达到29.7%；科技进步贡献率提高到45%，科技综合实力在全省排名前进两位。

（二）生态创建取得明显成效

坚持把环境保护与经济发展、改善民生结合起来，大力实施“碧水、青山、蓝天”保护工程，深入开展国家卫生城、全国绿化模范城、国家环保模范城、省级园林城、交通管理模范城“五城同创”活动，取得阶段性成果，2011年10月，国家环保部正式命名怀化市为第七批“国家级生态示范区”，成为湖南省首个荣获此项殊荣的地级市。

1. 节能减排工作全面展开。建立健全节能减排目标责任制，制订了节能减排行政首长问责制，将单位生产总值综合能耗、主要污染物减排率等节能减排指标纳入各县（市、区）、各部门年度考核，实行严格的行政首长问责制。在有色金属、建材、化工、电力等重点行业着力推行清洁生产，建立了企业耗能动态管理制度，重点企业能耗水平持续下降。实施重点减排项目73个，关闭落后产能企业13家，万元生产总值能耗下降3.6%，万元规模工业增加值能耗下降8.8%，全面完成了省里下达的节能减排任务。

2. 水环境建设取得重要进展。舞水流域综合治理工程全面推进，投入近30亿元启动了舞水流域综合治理工程，主要包括舞水河怀化城区段防洪堤建设、怀化城区舞水河和太平溪全流域截污管网工程建设项目、太平溪生态补水项目，怀化城区水环境质量和人居环境明显改善，城市品位不断提高。污水处理设施加快建设，13 个县（市、区）的污水处理厂全部投产运行，基本实现达标排放，城市污水集中处理率达到 80% 以上，比 2010 年提高近 20 个百分点。饮用水源安全保障得到加强，下发了《关于切实加强生活饮用水地表水源保护工作的通知》，制定和完善了全市突发饮用水源环境事件应急处置预案，绘制了饮用水源保护区分布图和重点涉水污染企业分布图，市、县两级环保部门加强了集中执法检查，对全市 16 个集中式饮用水源地、27 个饮用水源保护区进行了全面清查，关闭了饮用水源一级保护区内的所有排污口，饮用水源水质达标率达 97% 以上。

3. 城乡绿化水平持续提升。致力巩固提升生态优势，统筹推进城乡绿化。2011 年，全市完成“三边”造林 8.87 万亩、封山育林 110.23 万亩、补植补造 28.84 万亩。中心城区实施了环城路、旧城改造、市民服务中心等一批重大工程项目，加快建设城市生态广场和迎丰公园、钟坡森林公园、岩门公园等综合性公园，大力实施公园绿化工程以及道路绿化建设。目前怀化中心城区面积由 30 平方公里拓展到 53.8 平方公里，城市骨架拉开到 80 平方公里，人均绿地已超过 8 平方米，区域性现代商贸物流中心的构架基本形成，山水园林城市特色更加突出。实施矿渣综合治理、矿区山体复绿、污染区综合治理等环境治理项目 37 个，取缔关闭小钒厂、小氰化炼金厂 13 家。2011 年，全市森林覆盖率稳定在 68% 左右。同时，深入推进空气清洁工程。将改善城市空气质量列为创建生态示范市十件实事之一，实施了烟气脱硫改造项目，全面开展燃煤锅炉、窑炉改用清洁能源综合整治，开展了建筑工地扬尘管理。怀化市城区空气质量优良天数达到 364 天，优良率达到 99.4%，为近五年来最佳水平。

4. 绿色消费模式逐步显现。紧紧抓住与广大市民生活密切相关的领域，推进绿色消费示范项目，调动了市民参与两型社会建设的积极性，提高了社会参与度。大力推进绿色出行，积极推广使用清洁能源，探索建立自行车免费租赁服务系统，受到了广大市民的普遍欢迎。积极推广绿色建筑，探索建立绿色建筑的政策、标准体系，启动了一批绿色商务示范区、低碳生态示范区项目建设，推进了绿色建筑试点示范工程建设，推行了 65% 的建筑节能标准。实施绿色照明示范，加快了 LED 等新光源在我市照明领域的规模化应用，在各社区推广应用 50 万只节能灯具。努力营造绿色消费良好的社会环境，推行了政府强制采购节能产品制度，以节能环保产品为重点，确定空调、电视机、计算机等节能产品目录；各商业流通企业建立了较为完善的绿色产品经营管理制度，确保绿色产品放心经营、放心消费。

（三）体制机制创新深入推进

紧紧抓住“两型社会”建设的重点领域和关键环节，在一些领域积极开展先行先试，一些改革试验项目进展顺利。

1. 生产要素领域改革稳步推进。投融资体制改革迈出新步伐，组建了怀化城市建设投资公司、怀化市交通建设投资公司和怀化水务投资公司，并两次获批并成功发行城建企业债券 25 亿元，开创了怀化证券市场融资的先河，市城建投、交建投、水务投累计融资 110 亿元；大康牧业继辰州矿业之后成功上市，实现了怀化本土企业上市融资零的突破；鹤城小额贷款公司完成组建，麻阳小额贷款公司建成运营，洪江市农村商业银行正在组建。BT、BOT 等新型融资方式在污水处理厂、池黔公路改造、舞水河综合治理等项目建设中成功使用。积极开展土地管理体制创新，建立了全市统一的土地有形市场，实现了土地的“五统一”管理，实现了国有土地占补动态平衡。

2. 环保管理体制创新取得新进展。建立和完善环境保护和治理机制，出台了《怀化市中小河流整治管理办法》、《怀化市城市建筑垃圾管理办法》、《怀化市城区城市生活垃圾管理办法》、《怀化市城镇污水处理运行监督管理办法》、《怀化市环境污染、生态破坏应急预案》等一系列制度和措施，并成立了环保 110 执法队，开通了环保 110 热线，强化了环保工作管理。探索建立碳交易市场，向省发改委积极申报在怀化市建立省级碳交易中心，努力推动经济发展向高效益、低能耗、低排放转型。积极鼓励开展了废旧物品回收工作，全市工业固体废物综合利用率达到 50%，初步形成了“政府补贴、企业运作、市民参与”的废旧物品回收处理系统。

3. “两型社会”建设推进机制不断完善。建立了“两型社会”建设调度会制度，定期由市长亲自主持召开各县（市、区）、各部门专题调度会，跟踪进展情况，研究重大问题。建立考核激励机制，逐项分解目标任务，纳入全市绩效目标管理。超前策划一系列重大政策措施，邀请国家和省发改委有关专家，就怀化市“十二五”规划编制、怀化“两型社会”建设等重大问题、重大项目开展战略咨询和研究。结合生态示范市的建设，在机关、学校、社区、村镇、家庭多个层面广泛开展了形式多样、内容丰富的“两型社会”示范创建活动，全市节约资源、保护环境的社会风尚日益浓厚。同时，深入推进城市管理体制改革，成立了城市综合执法局，构建了“大城管”机制，建立了以街道、社区为主体的城市综合管理工作体制。

总体上看，怀化市“两型社会”建设工作虽然取得了积极成效，但随着工作的深入推进，也遇到了一些困难和问题。一是思想认识还不够深。一些地方和部门思想认识没有完全统一到中央的要求和省委省政府的部署上来，对推进“两型社会”建设的认识不足，工作的重心多放在争资金、争项目、争政策上，对体制机制创新重视不够、研究不深。二是两型社会建设面临较大的投入压力。近年来，怀化市加大了两型社会建设项目策划运作力度，建立了两型社会建设项目库，但两型社会建设项目特别是基础性、公益性项目投资额较大、筹融资难度较高，项目的实施面临较大压力。三是体制机制创新有待加强。部分重点领域和关键环节的改革尚未取得突破性进展，体制机制创新还需要拓展深度和扩大覆盖范围，并系统化地加以推进。特别是在推进城乡统筹发展、完善收入分配保障体系、优化生产要素资源配置等方面，还需加大体制机制创新力度。

二、2012 年思路和工作重点

2012 年，怀化市将深入贯彻落实科学发展观，按照省委、省政府“四化两型”战略部署，坚持以重点领域和关键环节改革为突破口，以“两型产业”建设为主线，以发展循环经济、绿色经济为导向，以重大项目建设为主要抓手，努力在促进低碳发展、建设生态宜居城市、创新体制机制等方面取得新进展。

（一）*大力发展两型产业，着重在循环经济发展方面取得新进展*。把握国家发展低碳经济、扩大资源综合利用投资，加大对节能降耗、循环经济、技术改造支持的有利时机，大力发展循环经济和节能环保产业。积极推广应用新能源和可再生能源，启动智能电网建设。着力构筑上下链接、相互循环的产业体系，鼓励企业建立循环经济联合体，加快建设循环型示范企业、循环型产业示范园区等循环经济示范工程，促进低碳环保产业发展，逐步缓解节能减排和经济发展之间的矛盾和压力。严格实行节能减排行政问责制，加强节能减排指标量化考核，确保完成2012年节能减排目标任务。以矿冶、建材、化工、煤炭等高能耗行业以及建筑、交通等领域为重点，严格执行新上项目节能评估、审查及环境准入制，从源头上杜绝高耗能、高污染项目建设。强化对重点用能行业、重点用能企业的节能监察，综合运用产业政策、环保政策、差别电价等措施，主动淘汰落后产能。积极推广高效节能新技术，促进建材、造纸、化工、煤炭、有色金属行业能耗和污染排放总量有效削减。倡导全民节能行动，切实加强建筑节能和公共机构节能，建设节能示范企业、机关和小区。

（二）*坚持统筹城乡发展，着重在生态宜居城市建设方面取得新进展*。继续深入实施“碧水、青山、蓝天”工程和“五城同创”，开展中小河流治理试点，推进舞水河综合治理，加强饮用水水源地保护。按照“区域性商贸物流中心”和“生态宜居城市”的要求，突出城市新区规划建设，加强旧城区、棚户区改造，完善城市基础设施，加强城市垃圾集中分类处理设施建设，推进河西污水处理厂和沅陵县、溆浦县、新晃县、会同县、通道县、洪江区和市工业园垃圾无害化处理场建设，促进城市环保新技术、新工艺、新产品的推广和应用，不断提高城镇生活污水集中处理率和垃圾无害化处理率。大力推进城市绿化和美化工程建设，加快中坡公园、迎丰公园、岩门公园、湖天公园建设，拓展城市公共绿地面积；保护好城市自然景观和古树名木，构筑“点、线、面”有机结合、“乔、灌、草”合理配置的城市立体绿化网络，营造优美、舒适、和谐的城市生态环境系统。

（三）*推进体制机制改革，着重在关键领域制度创新方面取得新进展*。加快建立和完善统一、开放、规范的资本、技术、土地、劳动力等要素市场，落实居民用电阶梯价格制度。深化投融资体制改革，建立和完善城建、交通、中小企业等投融资平台，积极申报自主创新产业发展基金、环保产业投资基金及创业投资基金，着力破解两型产业和项目融资难题。积极研究怀化市生态环境补偿机制，争取加快建立碳交易平台。创新土地集约节约利用的体制机制，确保全市土地利用占补平衡。积极推进以“一流转、五体系”为主要内容的农村综合改革，探索建立农村土地流转制度和农村林权信贷担保、土地资产信贷担保体系，完善农村“两型社会”建设服务体系。

怀化市2011年两型社会建设成果

【怀化市网上政务服务和电子监察系统开通】 怀化市从2011年5月开始安排网上政务服务和电子监察系统建设，历经四个月时间，顺利完成了系统建设和第一批涉及55个单位的480个服务事项（其中行政许可337项，非行政许可19项，其他124项）的流程梳理工作，具备了网上政务服务从申请到受理、审批、查询、投诉等全过程的网上办理、实时监察、预警纠错和绩效评估等功能。其中的在线申报子系统，引导用户从许可事项类别、办理流程，到许可业务的申请，通过在线提交到“一站式”办理，方便了企业和公众；其中的许可业务流程管理子系统，对审批各环节进行时限管理，自动计时，超时预警。这套系统的推广应用，有利于建立比较完善的行政审批监管和评估体系，从机制上规范行政审批行为；有利于进一步增强政务服务人员的责任意识和服务意识，更加方便公众和企业；有利于减少办事环节、强化过程监管，增强政务服务的公正性、时效性和透明度，提高依法行政的水平。

【怀化市乡镇机构改革基本完成】 怀化市委、市政府督查组对全市13个县（市、区）乡镇机构改革完成情况进行了全面深入督查，市乡镇机构改革任务基本完成。

怀化市委、市政府高度重视乡镇机构改革工作。自2006年开始，按照省里的部署在新晃、麻阳等县进行了试点。2011年7月，全省乡镇机构改革工作会议召开后，市委、市政府于8月18日召开了高规格的全市乡镇机构改革工作会议。各县（市、区）都成立了规格较高的乡镇机构改革工作领导小组，把乡镇机构改革作为当前一项重要工作认真对待抓好落实。县（市、区）深入调研论证，按照精简机构设置，合理编制方案；强化乡镇管理职能，理顺管理体制；优化队伍结构，稳妥人员分流；转变政府职能，提高工作效率的要求，在全市范围内形成了深厚的改革氛围。

【我国首家油茶产业中试与孵化中心落户怀化】 2011年8月7日，我国首家油茶产业中试与孵化中心落户怀化暨项目合作签约仪式在怀化君源华天大酒店举行。中科院前方生物技术研究所、湖南湘投高科技创业投资有限公司分别与怀化市洪源农林开发有限公司就中心落户及项目合作签约。根据合作协议，五年内将建成9条油茶中试线，开发20个油茶系列高附加值产品。

所谓中试与孵化，就是将来自科研机构的小试成果进行熟化、二次开发，缩短科研成果与产业化之间的距离，解决科研成果转化的制约因素，提高科技成果转化率，是一个技术成熟、技术转化的过程。中科院前方生物技术研究所是专门从事农产品深加工技术研发、技术集成、技术经营的科研机构，该所率先提出了“市场中试”概念，并在实践中取得了丰硕成果。怀化市洪源农林开发有限公司成立于2007年，一直致力于油茶产业的开发建设，凭借扎实的基地建设、科学的产业布局、切实可行的产业规划以及先进的技术中试与市场中试平台，赢得了中科院前方生物技术研究所的青睐，双方达成了在怀化建设我国首家油茶中试与孵化基地的共识。这不仅成为我国油茶精深加工新的里程碑，而且使怀化的油茶产业由传统的种植业、加工业向现代制造业、现代服务业转变，从有形的物质形态向有形与无形（科技与文化）并重的形态转变，真正体现循环经济、低碳发展、生态文明的科学发展观。据了解，合作方将在5年内建成茶油现代制造业终端产品中试线、茶粕精细分离与深度利用工艺中试线等9条中试线，开发高级保健食用油、医用油、高纯度茶皂素等20个油茶系列高附加值产品。

【怀化市矿产资源整顿规范工作取得初步成效】 2011年8月24日，在怀化市整治矿山超深越界验收工作及矿山整顿规范工作汇报会上获悉，怀化市目前在此项工作中取得初步成效。

2010年8月以来，怀化市按照省政府关于整治矿山超深越界的总体部署，结合怀化当地实际，组织有关部门对省、市、县三级发证的矿山企业进行了全面排查，对101家省、市重点矿山企业进行了实测，共发现存在超深越界矿山69家，其中立案58起，11起因历史原因当地县政府同意免于立案处罚。目前已结案52起，罚款83万元，关闭废弃井1200余口，打好永久性密闭96处，树立永久性信息公告公示牌211块、界桩218个，全市所有矿山均签署了守界开采承诺书；对于深入整顿和规范矿产资源开发秩序工作，怀化市也高度重视，并结合打非治违、整治超深越界等专项行动开展了全面排查和集中整治，各县（市、区）对本辖区采矿权、探矿权及各种违法行为进行拉网式排查，经所有无证矿点矿主、开采矿种、开采起始时间、取缔关闭情况进行逐一登记。据统计，2011年以来，全市共排查出各类无证矿山72处、违法行为52起，取缔非法采矿点58处，查获没收各种机械设备76台词，按照“六条标准”炸毁和封堵非法矿洞35个，拆除工棚83个，遣散务工人员430余人，省政府确定的5个重点矿区开发秩序也得到了进一步好转，消除了一大批安全隐患，存在的突出问题得到了初步解决，顺利实现了整规工作的第一阶段目标。

根据怀化市矿产资源开发秩序整顿和资源整合总体方案，下一阶段，怀化市将围绕加速形成黄金、有色金属、电石化工、石煤发电及钒精深加工、水泥建材五大产业集群，将开发秩序整顿和资源整合有机结合，在对重点矿区开发秩序进行集中整治的基础上，鼓励、引进优势集团或者下游产业龙头企业对矿业权人已占有的矿业权及其他生产要素进行收购、兼并，实现“开发部局进一步优化、集约化程度进一步提高、安全生产状况、生态环境进一步改善、维护秩序长效机制进一步完善”总体目标，并确定黄金、煤、锰、铅锌、钒、耐火粘土、普通砂石、砖瓦、黏土（页岩）为重点整顿和整合矿种，2013年全面完成整顿和整合任务。

【北京凯拓三元与怀化市奥谱隆种业签署成果研制与产业化开发战略合作协议】 2011年8月24日，北京凯拓三元生物农业技术有限公司与湖南奥谱隆种业科技有限公司在怀化举行“成果研制与产业化开发战略合作”签约仪式。市委书记李亿龙，市委副书记、代市长李晖，省农业厅、省科技厅负责人，市领导谢宏有、周圣余、王行水、李应友等出席签约仪式。

两家公司的战略合作，将加速推进产学研一体化，实现现代农业生物技术与传统农业技术的有机结合，对于生物育种领域新技术与农业龙头企业产业化开发在产业链上、下游的成功对接，实现“产、学、研”优势集成，打造“怀化国际稻都”品牌，创建我国乃至世界一流的现代农业高科技集团具有积极的推动作用。同时，对于农业新技术新品种的研发和推广，实现成果快速转化为现实生产力，保障国家粮食安全，转变农业发展方式，提高我国农业整体水平和国际竞争力具有十分重大的战略意义。

【怀化市再生资源专业市场开工】 2011年8月29日，位于中方县境内的怀化市再生资源市场举行开工庆典。该项目总投资1.6亿元，达产后预计年吞吐处理各类再生资源30万吨以上。

怀化市再生资源专业市场规划用地382亩，总投资1.6亿元，分两期建设，三年内建成。此次开工建设第一期工程，征用土地144.1亩，投资7800万元，将于2012年4月底竣工并投入使用。市场一期工程规划建设有五大功能区：生活办公配套服务区、黑色金属加工交易区、有色金属加工交易区、汽车报废拆解区和旧家电回收拆解区。项目达产后，预计年吞吐处理各类再生资源30万吨以上，年交易额达12亿元以上，年实现财税收入8000万元以上，并新增和带动5000多个就业岗位。

怀化再生资源专业市场的开工建设，标志着怀化市商贸物流业发展不断充实，再生资源行业发展不断规范。同时，也对中方加快旺市融城步伐、积极融入“一体两翼”城市发展战略有着积极意义。

【怀化市全面开展汞污染源现状调查工作】 2011年9月13日，怀化市环保局向有涉汞企业的沅陵县、新晃县、洪江市分别下发通知，对怀化市汞排放污染源现状调查评估工作进行了全面部署，提出了具体要求，怀化市汞排放污染源调查工作进入实质性调查阶段。

此次调查评估是按照国家环保部统一安排部署开展的，目的是摸清汞排放污染源现状，掌握汞生产、加工、使用、排放等主要涉汞行业基本情况，为加强汞污染防治工作打下基础，切实保障人民健康和环境安全。

目前，怀化市列入全省汞污染调查范围的新晃新中化工有限公司、湖南金石矿业（集团）有限公司电解锌厂及洪江市正兴医疗仪表厂正在加紧各类调查表的填报，9月20日起将通过网络实行自下而上的逐级汇总审核，最终建立国家汞排放污染源现状数据库。

【怀化两系超级杂交水稻制种产量再创新高】 2011年9月13日，省农业厅组织湖南师范大学、湖南农业大学、省种子管理局、省水稻研究所、袁隆平农业高科技股份有限公司，以及市农业局、科技局、统计局、怀化职业技术学院等单位专家，对湖南奥谱隆种业科技有限公司和国家杂交水稻工程技术研究中心共同完成的Y两优696等系列杂交稻新组合优质高产制种项目进行现场测产验收，结果表明怀化市两系超级杂交水稻高产制种技术取得新突破，2011年制种产量再创新高。

两系杂交稻“土地流转”规模化制种基地位于洪江市良种场和沙湾乡老屋背村，常年制种规模1100余亩，实施优质高产制种技术研究攻关，制种产量常年稳定在每亩350公斤左右，高产丘块产量突破每亩400公斤。2011年安排Y两优696等系列组合制种面积1158.6亩。

据此次专家组组长、湖南师范大学教授、湖南省生物研究所所长陈良碧表示，2011年用Y58S配的系列的（制种）组合产量很高，结实率达到了75%以上，经过专家取样测产，得到的结果为400公斤，是目前湖南省获得的最高制种产量。

【城东区域基础设施建设项目开工】 2011年9月26日，总投资十多个亿、计划两年内完工的鹤城区城东区域基础设施首期建设项目在鹤城区石门乡正式开工。这标志着鹤城区在打造生态宜居城市，提升群众幸福指数上又迈出了坚实步伐。

据介绍，随着怀化城市建设步伐的加快，城东组团建设已成为怀化城市总体发展的重要组成区域。城东区域基础设施项目首期开工建设的卢林大桥、卢林北路、四方路和太平溪综合治理工程，是市、区两级为实施城东组团北扩的一项重要举措。卢林大桥、卢林北路、四方路作为城东组团的交通桥梁和南北向、东西向的道路中轴线，建成后，对于拉开城东组团骨架、带动该区域向北拓展、对接主城区、实现城市两性扩容具有重要作用。

卢林北路项目位于城东规划区已建卢林路向北延伸至石门垅区间，为城东组团区域南北向城市主干道，道路规划设计长1346米、宽60米；四方路位于省道S223线以北，为城东组团区域东西向城市主干道，宽60米。两条道路建设项目计划总投资2.8亿元，按照BT模式建设，计划两年内竣工。

太平溪综合治理工程项目系市、区两级实施的集城市防洪、观光休闲、污水整治等于一体的城建综合性工程之一，项目工程西起环城东路，东至规划建设的东联路，全长3650米，两岸建设控制区为50—100米，绿化面积35万平方米。工程建设包括两岸防洪堤建设、截污管道铺设、绿化带建设、沿溪景观带及配套附属设施建设等，工程计划投资3.5亿元，按照BT模式建设，计划两年内竣工。

【第六届中博会在太原举行怀化签约项目投资超10亿元】 2011年9月26日至28日，第六届中国中部投资贸易博览会在山西太原市隆重举行。怀化市由市政协主席王小华任团长，率市直相关部门、各县（市、区）、市经济开发区、市工业园等单位60余名代表组团参加，

活动期间，怀化市代表团先后参加了开幕式、中博会高峰论坛、湖南省战略性新兴产业推介会、重大项目签约仪式等活动。此届中博会，怀化市共有沅陵南岸新城区道路及配套基础设施和沅水景观带建设项目、年产3000吨茯苓技改基地建设项目、高坪磷矿开发项目、红星·美凯龙家居物流项目4个项目参加省级签约，项目总投资超过10亿元，其中外资6645万美元。

【怀化启动社会救助和保障标准与物价上涨联动机制】 针对持续上涨的物价对低收入人群带来的影响，怀化市于启动了社会救助和保障标准与物价上涨联动机制。2011年9月27日，怀化市人民政府举办新闻发布会，通报了联动机制实施的相关情况，明确了三类低收入群体可分别享受三档不同的物价补贴。

怀化市物价局、财政局、民政局、人社局、国家统计局怀化调查队等五部门制定了《怀化市城区社会救助和保障标准与物价上涨挂钩的联动机制具体实施办法》。根据该办法规定，三类人群成为联动机制的保障对象：登记在册的城乡低保对象、优抚对象和农村五保户；领取失业保险金人员；政府认定的其他低收入群体。

对于上述群体，政府将按照“短期波动、发放补贴、持续上涨、调整标准”的原则，及时给予扶持，具体标准分为三档，当居民生活费用指数处于103%—105%时，补贴标准为5元/月人；处于105%—108%时，补贴标准为10元/月人；处于108%—110%时，补贴标准为15元/月人。

该办法还规定了运行及停止条件。每月居民基本生活费用连续3个月价格涨幅超过3%时，即启动价格临时补贴；当连续3个月每月居民基本生活费用价格涨幅回落到3%以内，或者国家提高了城乡低保保障标准，即停止对低收入群体的价格补贴。

除鹤城区外的其他县（市、区），由各地人民政府参照上述办法，结合本地实际，负责本辖区内低收入群体价格临时补贴的发放。

【怀化城区二环路改造工程开工】 2011年9月29日，怀化城区二环路改造工程举行开工典礼。市委书记李亿龙宣布开工。市人大常委会主任杨方明，市委常委、副市长石希欣，市委常委、鹤城区委书记易贵长，市政协副主席马中建出席开工典礼。市委常委、市委秘书长谢宏有主持开工典礼。

怀化城区二环路改造工程项目是在原环城路的基础上进行改扩建，项目规划设计全长约30km，改造路幅宽为36米，总投资为41698.18万元，分两期实施。第一期工程起点枝柳铁路交叉口，终点氵舞水四桥，长20km，另增加武陵路延长线改造2.5km，全长22.5km。

石希欣在讲话中指出，实施二环路改造工程，对于进一步完善城市路网、优化功能布局、提升城市形象、促进经济发展，具有十分重要的作用。二环路改造工程时间紧、任务重、要求高，各级各有关部门和单位，一定要从全市经济社会发展大局出发，认真履职，全力以赴，密切配合，加强服务，努力为工程建设营造良好的环境。沿线广大群众要切实增强“人民城市人民建，建好城市为人民”的意识，自觉服务、积极配合、主动支持重点工程建设，竭力为城市建设添砖加瓦。工程承建单位和项目业主，要精心组织，科学调度，抓紧施工，确保工程按期完工。要把工程质量作为头等大事来抓，坚持高标准建设、高水平管理，真正把二环路改造工程建设成为精品工程、高效工程、优质工程。

【怀化市在建高速公路已完成投资68.4亿元】 2011年11月9日，怀化市召开高速公路建设暨协调工作座谈会，部署下阶段全市高速公路建设工作。市委常委、副市长石希欣，市委常委、市委秘书长谢宏有，市人大常委会副主任潘运鹏，市政府顾问伍绍昆出席会议。目前，怀化市共有新溆、溆怀高速，吉怀高速，怀通高速和绕城高速四条五个路段的在建高速公路，总长407.9公里，总投资340.2亿元。截至目前，全市高速公路共完成投资68.4亿

元，占全年投资的79.5%，工程进度良好。

对下阶段高速公路建设工作，石希欣强调，要统一思想、坚定信心；要加快进度，完成投资；要采取措施，完成征拆；要加强协调，化解矛盾；要破解瓶颈，落实资金；要维护民利，确保稳定；要主动服务，优化环境。

【怀化市安全生产示范乡镇创建扎实有效】 2011年11月25日，怀化市举行省安全生产示范乡镇（街道）安全监管车辆抵怀庆祝仪式。市委常委、副市长石希欣，市安监局、国土资源局及辰溪县城郊乡等9个乡镇（街道）负责人参加庆祝仪式。

怀化市安全生产示范乡镇（街道）创建活动自2006年全面启动以来，已成功创建省级安全生产示范乡镇22个，市级安全生产示范乡镇59个。其中，辰溪县城郊乡、中方县袁家乡、鹤城区河西街道办事处等9个乡镇（街道）受到省政府隆重表彰，每个乡镇得到了一台安全监管车辆的奖励。

石希欣希望受到表彰的9个乡镇，进一步发挥示范引领作用，巩固成果，开拓创新，在创建工作中取得更大的突破。同时，全市上下要进一步深化对创建安全生产示范乡镇（街道）重要性、必要性、紧迫性的认识，为推进全市经济社会又好又快发展提供有力保障。

【怀化市部署河道采砂专项整治】 2011年11月28日，怀化市召开河道采砂专项整治工作电视电话会议，要求全市各级各部门和广大群众立即行动起来，全力以赴抓好采砂专项整治工作。

本次整治行动将按照“全面整治、重点突破、长效管理”的原则，强化市政府统一领导和各县（市、区）主体责任，逐步建立完善长效管理机制，力争通过为期半年的专项整治，到2012年实现怀化市境内沅水干流及其一级支流（㵲水、溆水、辰水、渠水、酉水、巫水）河道无乱采滥挖现象，无违规碍洪建筑，无非法吊装码头，河岸线利用符合规范要求的目标。整治从2011年11月开始，至2012年4月结束，为期半年。

整治内容上，将以集中整治与工程治理相结合模式，严格河道采砂准入，严厉打击违法采砂行为，清理整顿采砂场地，全面清除采砂尾堆，治理废旧砂场；清理违章占河建房，拆除碍洪建筑，取缔非法排污口，实施中小河流治理和堤防建设等河道清障与治理工程。在整治区域上，要突出城市两岸河段、水源保护区河段和有堤防、桥梁、渡口、码头、水电站等建筑物河段的排查整治。在整治对象上，重点打击非法采砂、淘金、乱采滥挖、乱堆乱弃行为和乱建砂石场行为，严厉查处采砂活动中涉黑涉恶以及其他危害公共安全的行为。专项整治期间，全市范围内一律停止采砂拍卖行为，停止办理许可手续。

【怀化实施重点水利工程保民生】 2011年怀化市小型农田水利所有项目建设已于11月底全部竣工，13个县（市、区）15个堤防建设项目累计完成投资18500万元，全市农村饮水安全工程让放心的安全水流进了21.7万农户家中。

全市中小河流治理试点项目计划总投资7018万元，计划实施鹤城区太平溪治理石门段、中方县太平溪泸阳段防洪堤治理工程、沅陵县张家坪防洪堤护岸工程、辰溪县蒋家坪溪安坪段治理工程、芷江县杨溪河龙盘江防洪护岸工程、新晃县凉伞河项目工程、会同县会同河金龙乡段治理工程7个项目，截至目前，除鹤城区太平溪治理石门段和中方县太平溪泸阳段防洪堤治理工程以外，其余5个项目均已完工；2011年城市防洪堤建设涉及13个县（市、区）15个堤防建设项目中10个项目已完成年度建设任务；在建的大型灌区为溆水灌区完成投资2520万元，完成干渠除险加固数5处，渠道建筑物改造98处，渠道防渗33.63公里，占计划的90%。

【怀化市大学生创业园正式开园】 2011年12月9日，位于香洲桥原怀化人才大厦的怀化市大学生创业园举行了隆重的开园仪式，这标志着怀化推进高校毕业生就业工作进入一个新的发展时期。

怀化市大学生创业园区是怀化市委市政府大力实施创业带动就业战略，为大学生营造良好创业环境所办的一件实事。园区于2011年8月开工改建，到10月底止，仅花3个月时间，一期工程就顺利竣工启用，共有建筑面积$2500m^2$，办公室、会议室40间，首批入驻大学生创业企业19家，有海归派大学生，有村官大学生，也有刚毕业的大学生，企业内容涉及信息产业、经贸房产、教育科技、特色农产品、广告艺术、家政服务等。

据了解，全市人社部门通过项目无偿资助、开办费补贴、创业场地租金补贴、税收补贴、小额担保贷款贴息补贴、还贷补贴、创业成功奖励等八项优惠政策，引导、帮助和扶持大学毕业生顺利创业。

【怀化市推进农业产业化工作经验在全省推广】 2011年12月15日，全省乡镇企业局局长会议在怀化市召开。会议回顾总结了2011年各市州乡镇及农业产业化工作经济发展情况，并交流工作经验，分析农业产业化所处的新环境、面临的新问题，部署2012年工作，加快农业产业化经济转型升级，实现科学发展。省乡镇企业局局长肖彬主持会议。

会议要求，全省各乡镇企业局要充分消化和运用会议成果，认真学习和借鉴怀化经验，立足自身资源优势和产业集群，因地制宜地制定振兴计划，重点筛选扶持带动作用强的龙头企业，推进实施一批重点产业项目，着力打造具有地方特色的农产品工业园区，实行集群发展。

肖彬指出，要着力推动农产品加工业产业整合创新和信息化建设，打造产业集群发展；要提升核心竞争力；要发展休闲农业，形成三次产业的良性互动，推动政策环境与工作机制的创新和各项活动有效开展；要改善农业产业化发展环境，突破农产品品牌建设，提高农业产业化经营带动能力，促进乡镇企业经济又好又快发展。

【湖天公园暨青少年活动中心、迎丰公园改扩建工程开工】 2011年12月26日，怀化市湖天公园暨青少年活动中心、迎丰公园改扩建工程开工典礼在南环线隆重举行。

湖天公园暨青少年活动中心东临锦溪南路，西邻湖天南路，南接南环线，北靠天星东路。项目总用地838.5亩，规划文化教育建筑用地15亩、公园用地608.5亩、青少年活动中心用地15亩，配置用地200亩。其规划设计采用“一心两轴，三动四静”设计手法，即以火炬塔为中心，生态游园和健身体育功能区为两轴，分为极限运动区、球类运动区、滨水活动区等三大主题动态运动区和青少年素质教育培训区、体育文化展小区、山顶休闲观景区、自然生态林区四大静态观赏区。湖天公园与怀化青少年活动中心统一规划，并集运动健身、休闲娱乐、艺术教育为一体，打造生态体育运动主题公园。青少年活动中心主场馆包括宣传教育区、科普展览区、儿童剧院（青少年学术报告厅）、体验教育区、素质教育区、青少年文化广场、儿童乐园、青少年素质拓展基地、幼儿园等功能区。项目工程概算总投资约2亿元。

迎丰公园改扩建项目将原迎丰公园及其北部农林地一起纳入规划范围，规划总用地约1101亩，概算总投资1.5亿元，新的迎丰公园以“观赏游憩、体锻健身、休闲娱乐、文化展示、生态教育”五大功能为规划主题，以“尊重现状、传承历史、改造提升、弘扬文化”为规划原则，以“五溪文化、和平文化、铁路文化、杂交水稻文化”为文化背景，以“家园+乐园+田园=新迎丰公园”为构思概念，力争打造成为“一轴、二区、三园、十六景点”，凸现怀化地域文化特色，展示怀化城市整体形象的城市名片。

【怀化市政府与浙江盾安控股集团签署战略合作协议】 2011年12月26日，怀化市政府与浙江盾安控股集团战略合作框架协议暨25万吨钡盐系列产品加工项目签约仪式在怀化举行。市委书记李亿龙出席，市委副书记、代市长李晖，市委副书记李军，副市长杨开凤，浙江盾安控股集团公司总裁吴子富、党委书记王行及新晃侗族自治县、市直相关部门负责人出席签约仪式。市委常委、副市长石希欣主持签约仪式。

李亿龙强调，25万吨钡盐系列产品加工项目，作为市县共建的重点项目，对于促进怀化市矿产资源合理化开采、集约化利用，意义重大。各有关部门要着眼发展大局，以高度的历史使命感和工作责任感，全力以赴为盾安控股集团建设项目做好服务工作，营造良好的发展环境，希望投资方精心组织，科学规划，加快推进，力争项目早日开工、早日投产见效，争取在新晃建成国内最大的钡盐加工基地。

吴子富说，盾安控股集团从2010年开始调研重晶石项目。经过1年多时间的深入了解，选择了怀化、选择了新晃。怀化不仅有生态优势、资源优势，还有厚重的文化底蕴。希望在各级党委和政府的关心支持下，项目得以快速顺利推进，共同振兴重晶石产业，将新晃打造成为中国重要的重晶石及钡化工产品基地。

【怀化四中改扩建工程启动】 2011年12月27日，怀化市重点社会发展项目——怀化四中改扩建工程正式启动。该项目系2011年市、区两级重点社会发展项目，是《怀化城区五年教育行动计划》重要建设项目组成部分。项目新增建设用地51亩，其中校区扩建11亩，预计总投资4200万元。新建教学楼两栋，图书馆、体艺楼各一栋，300米标准运动场1个。项目计划于2012年9月建成并交付使用。届时，怀化四中将成为一所分区明确、功能配套、设施齐全、环境优美的省级标准化合格学校，可容纳60个教学班、3300余名学生就读。

下阶段，鹤城区将抓好征地拆迁等工作，为项目建设创造良好的施工环境。施工、监理等单位牢提高安全生产、科学施工意识，确保将怀化四中建设成为“学园、花园、乐园”式的示范性初级中学，建设成为经得起历史和人民检验的优质工程。

【怀化市公共资源交易中心挂牌成立】 2011年12月27日，怀化市公共资源交易中心挂牌成立。市委副书记、代市长李晖，市委常委、市纪委书记王昌义出席仪式并为中心揭牌，副市长田安阶主持。

怀化市公共资源交易中心位于鹤城区迎丰东路1号，是怀化市唯一进行公共资源交易的有形市场和服务平台，承担交易的组织、服务及场内监督职责。该中心是在撤并原市国土资源交易中心、市建设工程交易中心、市政府采购中心、市药品采购服务中心、市产权交易所等五家交易机构的基础上组建而成，原各交易机构所涉及的国有土地使用权、探矿权、采矿权交易，建设工程交易，政府集中采购目录内及限额标准以上的项目和权限范围内医用耗材、医疗设备集中采购项目的采购、国有资产转让及其他依法必须招拍挂的公共资源交易，从2011年12月27日起一律进入市公共资源交易中心交易。中心按照公共资源交易功能分区的要求，设有受理区、开标区、评标区、监控区、办公区，配备了先进的综合信息发布系统、计算机业务管理系统、评审专家抽取系统、全过程现场（音、视频）监控系统、视频变音询标系统、多媒体展示系统、电子显示系统和通讯信息屏蔽系统等设施，实现了全程电子监控和业务流程办理信息化的格局。

李晖代表市委、市政府对市公共资源交易中心的成立，表示热烈祝贺。她指出，成立公共资源交易中心，是市委、市政府贯彻落实中央、省里深化政务公开、加强政务服务决策部署的重要举措，是健全和完善公共资源交易管理机制、规范公共资源交易活动的重要途径，也是提高政府工作效能和管理水平的重要手段。市公共资源交易中心的成立，将从根本上扭转怀化市公共资源交易活动分散承办、多头监管、管办一体的格局，对进一步优化公共资源配置、提高公共资源交易的效率、增强公共资源交易的透明度、促进政府廉政建设等都具有十分重要的意义。

【“十二五”期间：怀化森林采伐量将主动减少20%】 怀化市政府下发专门文件，决定调减全市“十二五”期间的年森林采伐量，全市“十二五”期间的商品林年采伐量要在省人民政府批准限额的基础上，对主伐类型部分调减20%。

据了解，“十二五”期间，省人民政府批准怀化市年森林采伐限额为234.83万立方米，按20%的调减比例计算，怀化市执行的年森林采伐量将不到200万立方米。

近年来，怀化全市通过大力实施工业原料林、“三边”绿化等工程建设，森林资源得到稳步增长，生态环境不断改善。但是，因近几年采伐过量，仍然存在森林资源总量不足，单位面积产出率低，部分区域和地段林相不整齐、生态功能脆弱等问题。为加速推进“生态宜居城市”建设目标，促进森林资源又好又快发展，在充分调查和认证的基础上，全市“十二五”期间的商品林年采伐量要在省人民政府批准限额的基础上，对主伐类型部分调减20%，调减的采伐量不得作为采伐本地林木资源的指标使用。各县

（市、区）可结合本地实际，提高调减比例，促进森林资源快速增长。

【怀化市成立重金属污染综合防治委员会】 怀化市人民政府下发通知，决定成立重金属污染综合防治委员会，由代市长李晖任主任，市委常委、常务副市长王志群和市委常委、副市长石希欣任副主任，市政府分管副秘书长及市发改委、监察局、环保局、经信委、国土局、建设局等23个市直部门“一把手”和沅陵、辰溪、溆浦3县县长为成员。

委员会下设办公室，设在市环保局，由市环保局局长任主任，市环保局分管领导任副主任。针对重金属污染较为集中的沅陵、辰溪、溆浦三县，市政府特别将三个县政府列入了成员单位。

重金属污染综合防治委员会主要负责全市重金属污染防治的组织领导、综合协调和督促检查，委员会办公室负责组织实施各项具体工作。该通知就进一步加强全市重金属污染防治，明确了各级各相关部门的工作职责，并建立了综合联动机制。

【怀化“十二五”林业建设开局良好】 2011年上半年，怀化市“十二五”林业建设实现良好开局。截止2011年6月底，怀化全市林权发证外业面积核实率达到98.7%，发证率达到96.9%，分别较2010年12月底提高2.3、1.9个百分点。

2011年上半年，通过林权交易中心流转林地5万多亩，林木蓄积10.6万立方米，实行交易1800万元；配合银信部门办理林权抵押贷款30余起，发放贷款800多万元；工业原料林建设完成新造30.7万亩、补植补造10万亩，分别为任务的102%、100%；建议市委、市政府出台了《进一步加快工业原料林和优质油茶基地建设的意见》。油茶基地建设完成新造5万亩、抚育改造4.55万亩。“三边”绿化全面启动境内高速高铁1000公里走廊绿化工程，完成“三边”更新造林7.58万亩，封山育林118万亩，补植补造30.9万亩。

怀化市林业局有关负责人表示，下一步，启动新一轮林权制度改革，把洪江市作为试点单位，按照试点方案，全面开展试点工作，力争早出成果、出经验，为全市全面铺开打下基础。

【池黔公路改造有望提前完工】 国道209线池回至黔城公路是怀化境内一条重要的交通通道，一期工程如期竣工后，当前正在进行紧张的二期工程施工。池黔公路二期工程，从竹田至黔城，长21.815公里，扣除工业园改线段暂停施工地段8.076公里，二期工程2011年实际实施长度为13.74公里，全线为沥青砼路面。目前桥涵工程两座中桥除桥头搭板未完成外，其余已经全部完成；设计内的81道通涵及新增的4道通涵已全部完成；路基工程26.151万立方的挖方及33.8万立方的填方已全部完成。

这条路原本并不在“十一五”计划之内，但是怀化不等不靠，主动自我加压，提前实施池回至黔城公路的改造。市委党校副校长黄修贻说，这条道路的改造是怀化实现鹤中洪芷一体化一个伏笔，它的改造将极大拉近鹤城、中方、洪江以及怀化市工业园之间距离，加速怀化物流、人流、信息流的聚集，推动怀化的经济发展和区域一体化。

这些年怀化交通大提速。国省干线公路2011年计划完成投资7.5亿元，2011年1至11月完成投资7.6亿元，占年计划投资的101%，更值一提的是2011年年完成干线公路改造160多公里，远远超出省下达计划的50公里。农村公路建设也不含糊。截止2011年11月底，全市已完成县乡公路改造101公里，为年度任务的101%，完成投资7953万元，为年度任务的122%；建成通畅工程1530公里，为年度任务的102%，完成投资50810万元，为年度任务的117%。

提前，加速，超额完成，成为了怀化交通事业发展三部曲。正是这些交通项目的有力实施，大山沟里的怀化人民解决了出行难、运输难的问题，铺就了便民型的“交通网络”。怀化市交通局副局长周征说，这些年，市委、市政府提出了“交通先行”战略，主动谋划交通事业发展，许多交通项目得到提前实施，加上5条在建的高速公路，2011年怀化交通投入是全省最多，通车里程也是全省最多，怀化的交通正在步入“高速时代”。

【怀化2011年建成82所合格学校】 据怀化市中心特殊教育学校负责人介绍，这几年，怀化市委市政府高度重视特校建设，2009年投资了400多万修建了康复楼，2011年学校又被纳入怀化为民办实事项目校园建设计划，学校当前完成投资270万元，对教学楼、运动场进行了改造，还新增80多万元教学设备，为广大学生提供更多就学、康复条件。

2011年怀化共计划建设义务教育（或特殊教育）合格学校、农村公办幼儿园82所，包括合格学校64所、中心特校1所、幼儿园17所。全市先后投入了1.32亿元，基本完成所有计划建设项目，当前市政府教育督导室对82所项目校（园）进行了评估验收，全部认定合格。

【中坡森林公园将进行美化改造：建设六大景区 增加配套设施】 怀化市政协麻少军委员提出第85号提案《关于对中坡国家森林公园进行美化改造的建议》后，市林业局通过认真办理提案，打造文明、舒适中坡，尽力给市民一个健康，美观的休闲健身场所。

中坡是2002年经国家林业局批准设立的怀化市第一个国家森林公园，由于公园是在人工造林的基础上建立，一直以来存在树种单一、林相单调，公园入口拥挤，不通公交车等现象。在市政协三届四次全会后，市林业局重新修编《中坡国家森林公园总体规划》，将中坡公园建设纳入城市建设范畴，公园拟重点建设倒冲湾森林科学园、中坡森林康体休闲园、潭口森林游乐园、牛头寨森林体验园、花龙寨森林文化教育园和木杉溪森林生态文化园等六大主题景区，在景区内植造一些具有季节特色的树木，比如红枫、银杏等，来全面提升公园生态旅游功能和品位。据市林业局中坡国家森林公园管理处负责人谭加庄介绍：从近期来说，主要的内容就是要完善和改造中坡森林公园的建设，修通前后中坡的连接线，建设一个精品的游步道，修一个大门，准备在后山建一个6000平方米的停车场，搞一个游客服务中心，其他的配套设施，比如公车，路牌，路标，桌椅板凳，环卫设施，配套设施建设争取在2015年以前完工，给广大市民游客提供一个理想的休闲娱乐场所。

【怀化市新增13家省级农业产业化龙头企业】 湖南

省新认定一批省级农业产业化龙头企业名单公布，怀化的绿紫园蔬菜、雪峰食品、喜湘聚食品、华宇竹业、和翔鸭业、惠龙兔业、盛源油脂、虹瑞集团、四通食品、老蔡食品、佰诺酒业、泰丰绿色农业、干发茶业等13家企业榜上有名。至此，全市省级农业产业化龙头企业总数达24家。

此次怀化市入选省级农业产业化龙头企业的数量是最多的一次，入选数量在全省名列前茅。“十二五”期间，怀化市农产品加工业将重点发展粮油、畜牧水产、竹木、果蔬茶、中药材等五大主导产业，通过培育壮大龙头企业及相关重点项目建设，到“十二五”末，分别发展年销售收入5亿元以上、3亿元以上和亿元以上的龙头企业6个、10个和18个。

【怀化市九个乡镇和一个村获国家级环境优美乡镇和生态村称号】 国家环保部公布了新一批“全国环境优美乡镇”和“国家级生态村”，洪江市江市镇、靖州县三锹乡、大堡子镇、通道县木脚乡、溆浦县低庄镇、新晃县扶罗镇、中方县中方镇、鹤城区石门乡、芷江县罗旧镇等9个乡镇获“全国环境优美乡镇”称号，辰溪县寺前镇寺前村获“国家级生态村”称号，这是怀化市创建全国生态示范市以来第二批获此两项称号的乡镇和村。

近几年来，怀化市坚持环境保护和发展经济相结合，积极开展创建全国生态示范市工作，城乡环境进一步改善，涌现了一大批环境优美乡镇和生态村。截至目前，怀化市已拥有国家级环境优美乡镇16个、生态村3个，省级环境优美乡镇87个、生态村133个，市级生态村538个，并创建市以上绿色学校、小区、机关、医院、宾馆、家庭1066所（个）。

【怀化葛根种植面积将超3万亩】 怀化22名优秀葛根种植户代表受到了湖南虹瑞集团湘虹葛业股份有限公司的隆重表彰。

该公司成立3年多来，目前已经建成了年产1亿株的葛根种苗基地，在麻阳、辰溪、溆浦、洪江等县（市）发展葛根种植基地3.05万亩。据悉，该公司2011年投资4300多万元在麻阳岩门镇修建的能加工葛根淀粉、干片、全粉、葛根面条和饮料五条生产线将投产运营，每年需葛根原料近4亿斤，需发展种植面积10万亩才能满足生产。为扩大生产，2011年至2012年两年，该公司计划将再开发葛根种植基地3万亩。

【怀化交通设施新成员——便携式太阳能移动红绿灯“上岗”】 在南环路污水处理厂十字路口可以发现，一便携式太阳能移动红绿灯在有序“指挥着交通”。

据了解，该路段南面通往怀化汽车南站、沪昆高速入口，西面接通中转库及沿河路，每天过往的车流量非常大。此前，受条件制约，该路段没有建立固定式红绿灯，以至于常常发生交通拥堵。

自放置了太阳能移动红绿灯后，来往的车辆自觉根据红绿灯指示通行。其对保障行人和车辆有序、安全通行等方面起到积极作用。

据悉，新装备的太阳能移动红绿灯利用太阳能发电，具有轻便灵活、移动方便、节能环保等特点，执勤民警可以随时根据车流量调整通行时间，也可以作为交通复杂但不具备安装红绿灯信号控制系统条件的路口短期使用。

【怀化城区渣土砂砾石专业运输企业管理办法出台】 《怀化市城区渣土砂砾石专业运输企业管理办法》已于第三届市人民政府第48次常务会议通过，现已印发施行。

该《办法》表明，渣土砂砾石专业运输企业的资质要求具有固定的办公场地，有能满足停车营业需要的固定停车场，有与经营相适应的配套设施；企业运输车辆具备密闭性能，安装符合要求的卫星定位系统和车载终端等。

《办法》规定，市公用事业管理部门受理申请后，对渣土砂砾石专业运输企业所提供的文件资料及办公场地、车辆进行审查和现场勘察，核发《渣土砂砾石专业运输企业经营资质证》和《渣土砂砾石专业运输车辆资格证》。对渣土砂砾石专业运输企业实行年度考核制，对不合格企业实行退出机制，对未接受年检的视为自动退出；一年内未承运一次建筑垃圾的作自动退出渣土砂砾石专业运输企业，不再进行年度评审。

《办法》还明晰了有关扣分制。其中规定，未办理渣土处置许可证，擅自开挖处置建筑垃圾的，除依法处罚外并记10分；企业专业运输车辆须统一颜色、统一编号、统一喷上企业名称和监督电话，每缺一项记2分；运输企业记分满30分的，责令限期整改，整改期内不得从事渣土砂砾石运输业务等。

【怀化将全面启动再生资源回收体系建设】 从怀化市再生资源回收体系建设工作会议上获悉，怀化将全面启动再生资源回收体系建设，打算通过3年时间，于2014年建成以城市社会乡镇回收站点为基础，分拣加工中心为依托，集散市场为核心“三位一体”的再生资源回收网络体系。期间，怀化将出台行业发展规划及相关扶植政策。

根据国家关于建立完整、先进的废旧商品回收体系的意见要求，怀化全面启动和部署再生资源回收体系建设工作。在当天会议上，副市长杨开凤要求各县（市、区）商务部门牵头组织，在2012年4月底前，完成各地《2012年至2015年再生资源回收体系建设规划》，为2012年5月份制定《全市2012年—2015年再生资源回收体系建设规划》及出台怀化市《再生资源产业发展若干意见》提供参考和决策依据。大会确定，争取2012年将怀化列入全国再生资源回收体系建设试点市。

怀化市金泰再生资源开发有限公司投资2亿元在中方建怀化再生资源大市场。根据该公司部署规划，争取用3年时间，建立回收企业和个人从业资格培训体系，使城区90%以上的社区和乡镇设立规范的回收站点，再生资源主要品种回收率达80%以上。

湘西自治州

湘西自治州2011年两型社会建设综述

2011年，面对严峻复杂的经济社会发展环境，湘西自治州上下立足实际，按照州委“三三四四”发展思路，大力推进“五大建设”，全面完成了各项目标任务，实现“十二五”良好开局。

一、强化工作措施，经济运行实现预期

严格按照政府工作报告分工责任制，围绕重点产业、重点项目和重点工作，以目标细化为举措，把责任落实到县市和部门，全力以赴争政策、千方百计筹资金、多措并举抓落实，牢牢把握经济工作主动权。

1. *经济增长的速度不断加快*。全年实现生产总值361.4亿元，增长11%，增速较上年加快2.7个百分点。其中三次产业增加值为56.4亿元、148.4亿元和156.6亿元，分别增长3.9%、11.7%和13.1%。泸溪、吉首、凤凰、龙山、古丈等县市增速在13%以上。

2. *经济增长的效益明显提升*。财政收入高速增长，完成财政总收入41.9亿元，增长30.1%，增幅较上年提高11.7个百分点。其中泸溪、州本级、古丈、凤凰等增速均在40%以上。完成财政支出126.4亿元，增长21.4%。企业效益总体良好，全年规模工业企业实现利润增长45%，亏损企业亏损额下降36%。居民收入稳步增长，城镇居民人均可支配收入13592元，增长11.4%；农民人均纯收入3674元，增长15.8%；年末居民储蓄存款余额283.6亿元，较年初增长20.1%。

3. *物价涨势得到有效控制*。全年居民消费价格指数控制在5.2%，低于全国、全省平均水平。

二、注重有扶有控，产业升级步伐加快

坚持以产业升级带动发展转型，推动结构调整。

1. *农业基础得到加强*。狠抓各项惠农政策和工作措施的落实，大宗农产品稳定增长。粮食生产又获丰收，产量83.7万吨。狠抓椪柑培管、营销、加工，完成品改低改18万亩，柑橘产量80万吨。新扩茶园2.3万亩，茶叶产量1960吨，市场价格好于以前。大力推进烟叶新区开发和现代烟草农业示范建设，收购烟叶58.6万担。畜牧水产规模化养殖不断扩大，各类规模养殖大户突破8千户。产业化水平进一步提高，新增州级以上龙头企业17家，农产品加工业销售收入增长22.3%。农业生产组织化程度提高，新增农民专业合作社136个，成员达到5.03万人。

2. *新型工业化迈出新步伐*。加快矿业整合步伐，花垣锰锌整合基本完成，重组了东方矿业公司、三立集团等一批骨干企业，启动了15万吨高纯电解锰生产线等一批重大项目。大力推进工业园区建设，湘西经济开发区工业总产值、财税收入分别增长63%和108%，花垣、泸溪、保靖等县工业园区建设有新进展。一批骨干企业不断壮大，年销售收入过亿元企业达到50户。其中酒鬼酒公司销售收入近12亿元，税收3亿元，均实现翻番。切实加大工业投入，力争尽快形成新的经济增长点。全州10个投资过亿元、50个投资过千万元的技改项目全部启动，完成技改投资46.6亿元，增长43.2%。引进外矿、电价补贴等工作有新突破。全年实现工业增加值126.1亿元，增长12.6%，增速较上年加快7.6个百分点。其中规模工业增加值107亿元，增长12.7%，增幅较上年提高8.3个百分点。

3. *服务业快速发展*。在旅游等生活性服务业稳定增长的同时，物流等生产性服务业蓬勃发展。旅游业高速增长。凤凰旅游龙头作用进一步增强，十大旅游提质项目加快实施，5A级景区创建和“申遗”工作稳步推进。芙蓉镇景点圈一批旅游项目启动建设，老司城保护开发工作有序推进。乾州古城对外开放，湘西非物质文化遗产园成功揭牌。里耶古城和老司城成功入选首批国家考古遗址公园立项名单。“百千万”特色民居保护工程完成1881栋。旅游环境整治力度加大，行业规范管理和服务水平明显提高。全年接待游客1486万人次、实现旅游收入77亿元，分别增长18.4%和21.1%。信息产业快速发展，邮电业务总量增长15.2%。房地产市场稳定发展，投资增长14%、施工房屋面积增长15.8%、商品房销售面积增长4.8%。积极落实扩大消费政策措施，促进消费持续稳定增长。全年实现社会消费品零售总额137.7亿元，增长17.7%。其中批发、零售、住宿、餐饮分别增长13.2%、18.3%、22.5%和14.6%。消费升级步伐加快，汽车、家电零售额稳步上升。销售家电下乡产品21.7万台件，销售额6.5亿元，获得国家补贴6163万元。

三、狠抓项目建设，投资支撑作用明显

把握国家扩大内需等政策机遇，突出项目资金争取，全年湘西自治州发改委争取上级安排各类资金突破16亿元。重点抓了89个州政府目标管理项目、30个州市共建项目和10个凤凰旅游项目，全年重点项目建设完成投资120.5亿元，为年计划的112%。

在重点项目建设带动下，完成全社会固定资产投资213.3亿元，增长30.2%，增幅比上年提高18.2个百分点。其中城镇以上投资147.3亿元，增长30.8%。

1. *交通建设完成投资65亿元，创历史新高*。吉茶高速即将开通，吉怀高速完成路基工程，张花高速、凤大高速加快建设，龙永高速、永吉高速正抓紧开展实质性施工前的各项工作。龙永公路、迁河公路基本拉通，下沱公路、几条绕城线建设加快推进，永顺至石堤、洗洛至里耶、白沙至武溪、迁陵至清水坪公路及凤凰堤溪大桥、泸溪千吨级深水码头开工建设，农村公路完成路面工程2000公里。黔江至张家界高速湘西段和重庆至涠洲湾高速湘西段的前期工作扎实推进。黔张常铁路正积极争取纳入铁道部2012年计划开工项目。焦柳铁路石门至怀化段扩能改造项目正争取铁道部尽快启动预可研编制工作。铜仁凤凰机场扩建项目飞行区实验段已开工，可研报告通过国家发改委组织的专家评审，力争尽快批复。湘西机场完成专家选址。

2. 水利能源建设有新成效。病险水库和中小河流治理、城市防洪、小型农田水利重点县建设等稳步推进，新解决14.6万人安全饮水问题。吉首大兴寨水库进入可研审批阶段。古阳河水库和18座大中型水库进入省上报国家新建水库规划。花垣竹篙滩电站试运行。吉首、格山等输变电工程竣工。

3. 电网建设加快推进，完成125个村农网改造。永顺羊峰山风电场和龙山八面山风电场项目完成风力资源测风评估，正向国家发改委申报；泸溪巴斗山风电场建设项目纳入省规划。信息化建设扎实推进，有线电视数字化、双向化改造加快，政府门户网站改版升级，"数字湘西"建设全面启动。

四、深化改革开放，发展后劲得到增强

认真落实深化经济体制改革的指导意见，各项改革继续深化。农村土地流转加快，集体林权制度和乡镇机构改革基本完成，国库集中支付、文化体制改革深入推进，基本药物制度全面实施。对外贸易稳定发展，完成进出口2.17亿美元。抓住沿海地区产业向内陆转移的机遇，以湘西经济开发区为平台，引进了华润雪花啤酒、东顺集团纸业等一批重大招商项目。内联引资到位89.4亿元，增长25.3%。金融体制改革有新成效，成立了湘西创投基金。银行信贷投放较快增长，年末各项贷款余额185.5亿元，较年初增长15.8%。贷款结构有所改善，新增贷款主要投向基础设施、商业和三农等领域。金融生态环境得到优化，不良贷款率比年初下降近4个百分点。土地供给比较充足，煤电油运等供需基本平衡。

五、突出民生优先，人民生活显著改善

科技创新及成果转化得到加强，实施了一批重大科技专项，产学研结合创新深入推进。一是教育事业加快发展，完成62所义务教育合格学校和13所公办幼儿园建设，湘西职院实现整合。二是公共卫生体系建设加强，医疗条件得到改善，州医院迁入新址投入运营，县市人民医院、乡镇卫生院和合格村卫生室建设进展顺利。三是社会保障和就业体系不断完善。在全省率先实现新农保、城镇居民养老保险全覆盖，全面推进新农合，21.6万人享受城乡低保，救灾救济、医疗救助工作得到加强。完成10435套城镇保障性住房建设和10836户农村危房改造。新增城镇就业2.3万人、农村劳动力转移就业4.2万人，城镇登记失业率控制在4.3%。省为民办实事任务全面完成。四是扶贫开发成效明显。"两项制度"衔接、腊尔山高寒山区扶贫解困试点、"整村推进"扶贫开发有新成效。五是全面完成乡镇文化站、农家书屋、演艺惠民工程建设任务，新增9个国家级非物质文化遗产保护名录项目。群众体育活动广泛开展。六是人口与计生工作不断加强，人口自然增长率控制在8.9‰。七是节能减排工作扎实推进，万元GDP能耗下降3.5%，主要污染物减排完成年度目标任务。八是狠抓了安全稳定工作，在预防群体性事件、重特大安全事故等方面做了大量工作，确保了社会大局稳定。

湘西自治州2011年两型社会建设成果

【龙山县扎实推进为民办实事工程】 2011年以来，龙山县采取得力措施，扎实推进为民办实事民生工程，着力解决群众关心的，直接关系群众利益的热点、难点问题，取得显著成效：一是城市低保实现动态规范化管理。从2011年1月起，全县城市低保对象月补助标准分别由185元、149元、124元提高至200元、180元、160元，月人均补助标准由原来的128元提高至168元，截至目前，全县共有城市低保对象5418户、9740人，共发放资金2253.6万元。二是农村低保保障规模进一步扩大。从2011年1月起，农村低保对象月补助标准分别由80元、55元、45元提高至85元、70元、55元，月人均补助标准由原来的55元提高到66元，截至目前，全县共有农村低保对象17641户、29646人，共发放资金3077.7万元。三是农村五保供养水平不断提高。全县现有五保对象2481人。其中，集中供养对象1031人，年供养标准3600元；分散供养对象1450人，年供养标准1800元。供养标准在2010年的基础上每月分别提高了300元，共发放资金564.5万元。2011年，全县33所敬老院全部实现法人登记规范管理，提升管理水平。四是农村危房改造工程扎实推进。2011年年初，该县制定了《龙山县2011年农村危房改造实施方案》，确保危房重建工作公开、公平、公正地进行，按新建户每户补助资金10000元，修缮户每户3000元标准实施补助，全县1523户危房改造工程已全部竣工验收，共发放补助资金1228万元。

【湘西自治州教育局超额完成合格学校建设工作】 2011年，省政府将义务教育合格学校建设列入为民办实事内容，下达给州教育局的工作任务是建设义务教育合格学校15所。自2011年年初以来，州教育局以绩效考核为推手，积极强化组织领导，健全加大投入的保障机制和高新技术的推广机制，严把规划设计关、资金使用关、建设程序关、建筑环节关、生产安全关和验收决算关，有效确保了工程建设的整体推进。截至2011年11月底，全州竣工项目校61所，竣工项目校比例为406.67%，顺利通过省政府教育督导室的督导评估，获得了州政府重点办的好评。

【湘西广州工业园大合作赢来大发展】 在吉首与凤凰的交界处，有一座工业新城湘西广州工业园。

2009年1月，广州市政府与湘西自治州政府签订了《开发建设湘西（广州）工业园合作协议》，湘西广州工业园正式成立。

2009年5月21日，湖南长沙召开的粤湘两省经贸合作会上，在中央政治局委员、广东省委书记汪洋，时任广东省委副书记、省长黄华华，时任湖南省委书记、现任新疆维吾尔自治区党委书记张春贤，时任湖南省省长、现任湖南省委书记周强等领导的见证下，州委书记何泽中，州委副书记、州长叶红专从时任广州市市长、现任广州市委书记张广宁，湖南省副省长陈肇雄手中，接过了湘西广州工业园的牌子。

2011年1—11月，湘西广州工业园签订合同项目22个，其中工业项目16个，合同引资20亿元，到位资金4.57亿元。

副州长、湘西经济开发区党工委第一书记陈爱林描绘了如下蓝图：十二五期间，湘西广州工业园将完成固定投资100亿元，累计引进企业60家以上，地区生产总值35亿元，实现技工贸收入110亿元，工业总产值100亿元，财政收入10亿元，城乡居民收入年均增长15%，城市建成区面积达8平方公里，人口规模达到5万人。

【湘西自治州实施百千万特色民居保护工程纪实】 湘西特色民居是铭刻在湘西大地上的一道壮美风景，是湘西历史、文化、生态凝结在土家苗族古建筑上的一件艺术杰作。“百千万”是湘西自治州实施“百个特色村寨、千栋百年老宅、万户民族民居”保护工程的简称，是一项传承历史、延续文化、展示魅力、发展旅游的“德政工程”、“民心工程”。

省政协副主席武吉海做过调查，上世纪90年代初，湘西自治州原貌保存比较完整的古村落有上百个，现在减少到40多个。2010年，湘西自治州组织调查，列出尚有保护价值的重点特色镇5个、特色村103个、百年老宅1947栋、特色民族民居10971栋。加大对这些古村、老宅、特色民居的保护，刻不容缓。

2011年5月份以前，由州旅游局牵头组织实施“百千万”工程。尔后，由州建设局牵头组织大通道特色民居保护工程。州财政局、州发改委、州政府办、州民政局、州民委、州交通局等单位在资金、项目上予以大力支持。

2011年9月8日，全州“百千万”工程座谈会在永顺芙蓉镇召开，州委副书记、州委统战部部长郭建群在会上指出，要精心组织，编制好特色民居保护工作的总体规划；要认真开展培训，提高特色民居保护工作的能力和水平；要建立和完善特色民居保护工作的措施和奖惩机制。

2011年12月1日，在龙山县红岩溪镇肖家村长潭河寨前的小桥上，20多栋土家族老木房黑瓦重重、飞檐层层、白脊如龙，依在青山碧水边，宛如一幅绝美的水墨丹青。该县县委办副主任、209国道特色民居保护工程具体负责人聂毅说，他具体负责的209国道沿线特色民居保护工作，年前将完成2个乡镇5个村208栋特色民居的保护改造，投入资金约200万元，2012年的力度还会更大。

【吉首城区投资200余万完成绿化补植工作】 为提高城区绿化整体景观效果，打造谷韵吉首良好形象，2011年11月，吉首市园林部门投资200余万元对人民路人行道花坛进行提质改造。目前，吉首市城区绿化补植工作已经顺利完成。

人民路是吉首市中心城区的主干道，也是吉首市的一个窗口。然而近年来，人民路两侧花坛及绿化带苗木缺损现象较为突出，尤其在人流量多的路段，道路两侧的绿化带损毁尤其严重，影响了城市绿地整体景观效果。为此，市园林处及时调运一批绿化苗木，重点对人民路团结广场至乾州火车站等地人行道花坛进行绿化提质改造，共移植桂花328株、樟树970株、银杏65株，栽植紫薇2750株，补植大花月季9000平方米、麦冬800平方米。通过新植、补植彻底消除了城区绿地缺株断档现象，改造后的人民路花坛景致更加美观，对改善城区环境，打造城市品牌起到了积极作用。

【乾州古城吹响湘西旅游第三次创业的号角】 2011年11月12日，国家旅游检查组一行来到吉首市，对乾州古城创建国家4A级旅游景区工作进行评定验收。检查组经过认真详实的评判审核，认为景区资源良好，各项配套设施齐全，景区功能和产品要素都得到充分体现，基本达到国家4A级景区标准——乾州古城的率先崛起，标志着湘西旅游吹响了第三次创业的号角，一个完善的、丰富的、先进的、优质的湘西旅游图景，正式从想象变成现实，从蓝图变成产品，从景区走进市场。

【武陵山龙山来凤经济协作示范区正式成立】 2011年11月15日，国务院批复的《武陵山片区区域发展与扶贫攻坚规划（2011—2020年）》确认，武陵山龙山来凤经济协作示范区从此正式成立，龙凤一体化建设已经正式纳入国家发展战略。

湖南龙山、湖北来凤两县位于武陵山区腹地，共处于湘、鄂、渝三省市交界之地，共有国土面积4470平方公里，人口90.4万人，14个乡镇依水相连或毗邻接壤，尤其两县县城仅一水之隔，现有城区面积20平方公里，城区人口20万，是全国县城间毗邻最近、区位条件最为独特的两个县。

为把两县的交流与合作提高到更高层次，破除行政壁垒，把彼此的区域劣势变为区域优势，促进共同发展，2009年，龙山县又提出了“龙山、来凤城乡经济一体化”的设想，意在共同建设一个区域经济体和一个武陵山区边贸新城，得到两县广大干群的广泛认同。近两年来，龙山县致力于大通道项目的争取和建设，特别是2010年10月，省委书记、省人大常委会主任周强亲临现场，宣布龙永、永吉高速公路开工，为湘鄂两省西部地区新开辟一条出省通道，提高区域交通运输条件和路网可靠性，对改善区域经济发展不平衡状况和加快西部地区发展都有着非常重要的战略意义。2011年12月8日，由湖南省省委书记周强亲自命名的湘鄂情大桥来凤段扫尾工作已经动工，等到此桥竣工时，两县将真正实现无缝对接，变成零距离。如今，自来水、供电、天然气等资源共享工程建设正在实施，旨在改善水质和空气质量的沿河堤坝正在建设中，位于龙山白洋坪村与来凤楠坪村之间，双方共同投资达3亿多元的落水洞水电站也即将动工。

【吉首举行城市污水处理费征收标准听证】 根据吉首市污水处理公司的申请，依据《价格法》、《关于实施城镇污水处理设施建设三年行动计划的意见》（湘政发［2008］8号）和《政府价格决策听证办法》等有关规定，2011年11月22日，吉首市物价局主持召开了调整城市污水处理费征收标准听证会。吉首市政府办、市人大办、市政协办、州物价局及各行业消费者代表共16人参加了听证会，对吉首市城市污水处理费调整进行了论证。

吉首城市污水处理工程项目于2001年7月由湖南省发

改委批准立项，2002 年 3 月启动实施。根据相关精神，污水处理费从 2004 年 1 月 1 日起开始征收，征收标准为 0.2 元/吨。2005 年 1 月 1 日起，污水处理标准从 0.2 元/吨调整到 0.4 元/吨；2009 年 5 月 1 日起，污水处理费又从 0.4 元/吨调整到 0.6 元/吨。目前，吉首市城市污水处理工程项目建设已完成了吉首老城区 4 万吨/日污水处理厂和乾州新区 3 万吨/日污水处理厂的建设以及两厂配套污水管网 84.4 公里的敷设，累计完成投资 33282 万元。随着两座污水处理厂先后建成并投入使用，据核算，污水处理过程中的人工费、动力费、药剂费、维修费及其他费用加起来，原征收的污水处理费已远低于污水处理服务成本费用，只有调整污水处理征收标准，才能确保整座城市污水处理设施的正常运转。按照“补偿成本、合理收费、节约用水、公平负担”的原则，污水处理公司提出了调整方案：污水处理费征收标准拟从现行 0.6 元/吨调整到 0.8 元/吨。

【酒鬼酒公司包装中心竣工投产】 2011 年 11 月 29 日，酒鬼酒公司包装中心竣工投产。此项工程于 2011 年 7 月开工建设，总投资 6000 万元，建有 9 条灌装自动化包装生产线，年包装能力达 2 万吨。新生产线建设的竣工，大大地增强了公司的生产能力。当天，举行了隆重投产典礼，州委副书记、州长叶红专，州委常委、吉首市委书记秦国文，州委常委、吉首军分区政委陈湘如，州委常委、州委宣传部部长曹世凯，州人大常委会副主任李万松，州政府副州长龙靖波，州政协副主席张官仁与酒鬼酒公司执行董事赵公微、总经理夏心国共同为正式投产剪彩，40 余家州市直单位负责人和来自全国各地的 400 多名经销商参加了庆典。

自 2006 年中糖集团入主酒鬼酒以来，通过企业改制重组、转换经营机制、整合优势资源、优化产品结构，品牌形象和质量效益不断提升，酒鬼酒公司从发展低谷逐步走向复兴，从恢复性发展逐步向跨越式发展转变。2011 年前个三季度累计实现营业收入 6.58 亿元，较上年同比增长 90%，实现净利润 8599.2 万元，较上年同比增长 46%，上缴税收 2.13 亿元，较上年增长 99%。2011 年 10 月末，酒鬼酒公司完成非公开增发股票工作，成功募集资金 4.23 亿元，将全部投资于“馥郁香型”优质基酒酿造技改项目、基酒分级储藏及包装中心技改项目、营销网络建设项目和品牌媒体推广项目。

【泸溪无核椪柑试种成功深加工效益明显提高】 2001 年，泸溪县老科协引进无核椪柑。2006 年试种后，一直存在坐果率低的难题。2011 年 11 月 30 日，在泸溪县武溪镇黑塘村，来自该县老科协的离退休专家们正在果农郑大明的无核椪柑种植园里忙着下果、过称，测量树势、果实含糖量，并仔细记录下了相关数据，对引进的椪柑新品种——无核椪柑进行测产验收。经过实地验收测产，单株产果量达到 36.6 公斤，商品桔在 31 公斤以上。与其他椪柑相比，无核椪柑具有其他椪柑所有的优点，同时，无核椪柑含糖量更是达到了 14% 以上，由于无核，更便于后期深加工，经济效益明显高于普通椪柑。

【湘西自治州出台《关于加强商贸流通工作的意见》】 2011 年 12 月湘西自治州人民政府出台《关于加强商贸流通工作的意见》。通过 3—5 年的努力，湘西自治州要基本建成市场运行机制规范、管理技术先进、结构布局合理、经营业态丰富、配套设施完善，与整个国民经济发展水平和人民群众生活相适应的开放、高效、畅通、统一的商贸流通体系。到 2015 年，全州社会消费品零售总额达到 240 亿元，商贸流通从业人员占社会总就业人数的 20%，商贸流通业增加值占第三产业的比重达到 30%。

【龙德忠一行视察湘西自治州特色农业产业】 特色农业产业建设，是武陵山片区区域发展和扶贫攻坚的重要依托。湘西自治州作为片区的重要组成部分，特色农业产业建设面临着新的发展机遇。2011 年 12 月 1 日至 2 日，州政协主席龙德忠率州政协主席会议成员对花垣县、吉首市部分特色农业重点企业进行了专题视察。

龙德忠强调，湘西自治州农业特色产业要在新起点上和新机遇面前谋求大发展。一是必须准确定位，走内涵式增长道路。在顺应产业发展趋势、争取项目支持、用好优惠政策的同时，量力而行，逐步扩大规模，扎实提高科技含量和管理水平，把产业做稳、做长、做出品牌。二是各级各部门要加强对特色农业产业建设的领导和引导。要谋划扶持一批具有示范带动能力的农业特色产业；要密切联系企业，经常性地深入企业调研、指导和协调工作，及时协调解决好企业发展中的困难和问题；要督促企业建立一流的管理队伍和技术人才队伍，提高农业产业的科技化、规范化、集约化发展水平；要加强引导，帮助企业做好市场营销、加工升值等工作，实现企业效益的稳步提升；要加大农业产业配套设施建设的扶持力度，优化产业发展的服务环境和周边环境，实现产业的健康发展和可持续发展；要加大产业发展资金协调力度，帮助企业破解流动资金不足的瓶颈制约。三是加大宣传推介力度，推动特色农业产业加快发展。

【湘西广州工业园电子信息大楼落成启用】 2011 年 12 月 6 日，湘西广州工业园产业信息大楼落成启用仪式在吉首举行，马尔斯电子、一网湘西、万泰物联网、成聪电子等首批 8 家电子信息类企业集中入驻。副州长、湘西经开区党工委第一书记陈爱林主持仪式，省经信委副主任李球、副州长龙靖波出席仪式并致辞。

电子信息产业是国家确定的战略性新兴产业之一，也是湖南省“十二五”重点发展和扶持的产业，湘西经济开发区（湘西广州工业园）根据电子信息产业转移的特点和湘西自治州实际，结合州内和开发区现有的产业基础，重点发展电子元器件加工，消费类电子整机，电池材料及电池加工、软件和信息、电子商务及网络服务等产业。目前，开发区已经完成 5 万平方米信息产业大楼和标准厂房等配套设施建设，并被授予省“两化融合试验区”。

【湘西自治州农村危房改造工作通过“国检”】 2011 年 12 月 6 日至 7 日，国家农村危房改造工作检查组来湘西自治州检查验收 2011 年度农村危房改造工作。经检查，湘西自治州农村危房改造工作顺利通过国家验收。

检查组深入到凤凰县逐村逐户抽查了落潮井乡、新场乡 2 个乡镇 2 个村 10 户建房情况。通过实地核查、与建房对象见面和查看档案资料的方式，确保“三相符”，即：建房对象户与花名册相符、居住人与花名册相符、新旧房屋与照片资料相符。检查组每到一户都与他们亲切交谈，详细了解建房对象的基本情况、建设过程、资金到位情况、生活现状和目前存在的困难等。当看到一座座简洁明亮的"安居房"、一户户贴上感恩的对联、一个个建房对象欢声笑语时，检查组对湘西自治州的农村危房改造工作给予了充分肯定。

据了解，2011年，省分湘西自治州危房改造任务共10720户，为了完成该项工作，在州委、州政府的正确领导和省民政厅的大力支持下，民政部门采取强有力的措施，认真抓好这项工作，工程进度快，效果明显。截至2011年11月30日，全州实际完成10836户，超省分任务1%，其中，新建8010户，修缮加固2826户；现已入住8529户，入住率77.4%；共投入资金4.2亿元，全面完成了省厅下达的农村危房改造工程任务，完工率为100%，资金到位率为100%，解决了4.4万困难群众居住困难的问题。

【陕鄂豫三省旅行商汇聚吉首考察欲开辟旅游专线】 2011年12月13日，应吉首市山水国际旅行社邀请，来自陕西、河南和湖北的300余名旅行商汇聚吉首，参加为期两天的吉首地区旅游推介踩线会。

吉首南连凤凰城，北接张家界，为湖南西部旅游黄金线的中心。吉首境内山峰林立，溪河纵横，溶洞广布，有全国落差最大的流纱瀑布，有蔚为壮观的矮寨坡公路天险，集自然风光与民俗于一身的德夯苗寨，是湖南省十大重点旅游景区。但是，吉首旅游曾经一度处于游客匆匆过的尴尬处境，随着乾州古城的改造、德夯景区的提升，谷韵吉首品牌的打响，吉首市受到越来越多外地游客的关注和好评，已逐渐地从客流过境地向旅游目的地转型，成为湖南省西南地区新兴的旅游热点。

考察过程中，部分旅行商就吉首旅游业的发展建设提出了自己的建议和意见。河南职工国际旅行社副总经理蒋海波表示，吉首市要借助张家界、凤凰古城实行联合促销，扩大宣传，进一步提升吉首市的品牌效应。而湖北随我行旅行社总经理夏琳认为旅游业发展的关键点在于基础设施和相关配套设施的完善。她说，吉首市旅游业的发展已经日趋成熟，各个重点景区需要加快推进基础设施建设，高标准规划、高水平建设、高质量管理，完善景区"吃住行游购娱"为一体的支撑体系和旅游配套功能，提升景区的接待能力和水平，让来到吉首旅游的游客既能感受难忘的民俗风情、山水风光，又能享受高质量的旅行服务，既能玩得开心、又能玩得放心。

【湘西自治州召开州长办公会议研究部署国土资源工作】 2011年12月20日，州委副书记、州长叶红专主持召开州长办公会议，听取国土资源工作情况汇报。州委常委、常务副州长胡章胜，副州长周云，州副厅级干部、州财政局局长何益群参加会议。叶红专在会上指出，2010年以来，州国土资源部门服务发展大局的能力不断提升，全局意识、发展意识不断增强，工作成效明显，特别是在土地规划修编、耕地保护管理、用地需求保障、资源整合开发、地质灾害防治、上争资金、土地经营等方面取得了显著成绩，为全州经济社会发展做出了突出贡献。

叶红专强调，下一步全州国土部门要抢抓武陵山片区区域发展与扶贫攻坚先行先试的机遇，积极作为，进一步加强耕地保护，盘活土地资源，强化矿产资源管理，全力服务经济社会发展。一要严格保护耕地。建立耕地保护动态监测和预警制度，严格保护基本农田，严禁乱占耕地行为。抓好耕地占补平衡，严格落实先补后占和占补平衡制度，加大耕地补充力度，整合农业综合开发、土地整理开发、农田水利等资金，每年实施一批土地开发整理项目。探索耕地占补富余指标有偿转让工作，促进土地滚动开发和增值。二要盘活土地资源。推进城乡建设用地增减挂钩工作，加大闲置土地清理力度，依法打击囤地、炒地等违法行为。加强土地储备和出让工作，编制完善土地储备规划，争取每年储备一批土地，确保政府掌控土地一级市场，加强对依法收回的国有土地、闲置国有土地的管理，盘活存量土地。建立全州规范统一的土地交易市场，严格落实工业用地和经营性用地招拍挂出让制度，实施土地拍卖最低限价，加强土地资本运营，提高土地经营效率。?积极争取省里增加计划用地指标，保障重点项目的用地需求。三要依法治矿。纵深推进矿业整治整合，抓紧完成花垣矿山整治整合后续工作，加快办理安全生产许可证，健全企业法人治理结构，推进矿业转型升级。加强矿产资源勘探，争取国家和省更多地勘项目支持。四要做好地质灾害防治工作。加大地质灾害专项资金的争取力度，提升防灾减灾的能力。五要加强自身建设。深入推进机关效能建设，完善目标考核机制，不断提高工作效能。要加强作风建设，坚持依法行政，严格工作纪律，完善资金监管办法，以优质高效的服务助推经济社会发展。

【花垣多措并举培育农村经纪人】 2011年12月20日，花垣县把不断壮大、扶持农村经纪人队伍作为服务农村经济发展的一项重要任务来抓，出台了一系列措施促进农村经纪人发展。目前，该县共培育农村经纪人148名，农村专业合作社29个。

【促就业强保障聚人才助推湘西自治州经济加快发展民生不断改善】 2011年12月21日，州委副书记、州长叶红专，州委常委、常务副州长胡章胜，州委常委、副州长吴彦承，带领州发改、财政、住建、民政部门和吉首市政府的负责人深入到州人社局调研。叶红专在调研时强调，要抢抓武陵山片区区域发展与扶贫攻坚试点机遇，努力扩大城乡就业，提高社会保障覆盖面，强化人才支撑作用，助推我州经济加快发展、民生不断改善。

在州长办公会议上，叶红专充分肯定了州人社局所做的工作和取得的成绩，人事和劳动部门按照政府机构改革的部署要求，单位合并到位迅速，班子成员团结和谐，大局意识、发展意识强，2011年已争取到位就业和社会保障资金5.8亿元，同比增幅9.4%左右，确保了各项工作的有序推进。就下一步工作，叶红专提出了四点要求：一要抓好城乡就业工作。二要推进社会保障全覆盖。三要进一步强化人才保障。四要着力提升服务水平。

【中央护路办检查组来湘西自治州检查】 2011年12月21日，中央护路办特邀调研员张位明、王春安，省护路办专职副主任谢先勇一行来到湘西自治州，就湘西自治州铁路护路联防工作进行检查。州委常委、州委政法委书记欧阳旭汇报了湘西自治州相关工作。

2011年以来，湘西自治州以"平安铁路示范县

（市）”创建活动为载体，以控制减少“三项”案（事）件为目标，坚持“综合治理，预防为主，打防结合，群防群治”的原则，通过继续实施铁路护路联防“一事一奖”，开展评选全省优秀村级有奖义务护路队、“志愿服务”宣传教育活动、“迎大运、排隐患”活动和整顿铁路沿线治安秩序专项行动，维护了铁路运输安全和沿线治安稳定。

检查组一行对湘西自治州铁路护路联防工作给予充分肯定，认为湘西自治州各级各部门领导高度重视铁路护路联防工作，加大资金投入，夯实基础，建立健全机制，完善措施，工作取得明显成效，实现了铁路护路联防总体目标。

【省重点建设项目目标考评组来湘西自治州考评】 2011年12月23日，省重点办主任廖援村率省重点建设项目目标考评组来湘西自治州，就湘西自治州重点建设项目进行考评指导。州委常委、常务副州长胡章胜出席汇报会并介绍了湘西自治州重点建设项目工作情况。

《2011年湖南省重点建设项目责任目标任务书》中明确湘西自治州有省级重点建设项目23个，截至2011年11月底，共完成投资87.64亿元，为年计划的118%。2011年年州委、州政府共安排州级重点建设项目89个，年度计划投资107.81亿元，截至2011年11月底，共完成投资107.77亿元，为年计划的99.99%，占固定资产投资的50.8%。预计年底可完成投资119.8亿元，为年计划的111%。纳入省绩效考核的5个州重点项目，G209龙山茨岩塘至永顺公路、湘西民族职业技术学校建设、古丈新型干法水泥项目、湘西经济开发区建设以及吉首城北220千伏输变电工程均实现了预期目标。

【湘西自治州重点工程迁清公路开工建设】 2011年12月25日，湘西自治州重点工程，保靖县迁陵镇至清水坪镇公路建设工程在保靖县城沿江大道举行开工启动仪式。

【抓好西客站规划建设提升吉首西口形象】 2011年12月26日，州委副书记、州长叶红专，副州长龙靖波，带领州政府办、州交通运输局、州规划处、州汽运总公司负责人，到吉首西客站项目选址现场办公，研究部署加快推进工程建设。吉首西客站建设项目纳入了《国家公路运输枢纽总体规划》，工程选址位于吉首西口桐油坪G209复线和G319线交汇处，占地面积80亩，按照一级汽车客运站标准规划修建。

叶红专强调，吉首西客站的整体规划要进一步拓宽思路，坚持高起点规划，高标准设计，确保符合吉首市城市总体规划的要求。要科学布局生产区、生活区、商业服务区等，将生产与生活区分开，通过打造高品位的环境，促进资产增值，实现效益最大化。具体要分两步走，首先要抓紧站场建设，集中力量加快工作进度，确保工程质量，将西客站打造成吉首市的标志性工程。其次要推动居住上山，规划建设高档商住小区，西客站周边布局宾馆酒店等配套设施，这样既能妥善安置职工，又能综合开发商业服务，让职工从中长久受益。工程建设单位要倒排工期，依法依规按程序加快实施，力争2012年10月前站场建成投入使用。

【郭建群调研峒河文化艺术公园“四桥”建设】 2011年12月27日，州委副书记、州委统战部部长郭建群在吉首市委、市政府领导的陪同下深入吉首市调研指导峒河文化艺术公园“四桥”工程建设。

在实地考察和听取吉首市委、市政府领导关于峒河文化艺术公园“四桥”规划建设情况汇报后，郭建群对吉首市迅速做好规划启动征迁，快速推进建设表示充分肯定。

“四桥”建成后将极大提高吉首峒河公园文化底蕴和知名度，成为吉首市打造武陵山区旅游中心城市的核心吸引体系之一。吉首市一是要继续抓紧时间、注重安全、保证质量，在汛期到来之前把必做的工作做完。二是要完善峒河沿线下河踏步、游步道等设施，要修整附近街道，改善居民居住环境，让群众切实享受到发展带来的实惠。三是要做好伏波宫片区民居改造，将片区130余栋民居进行协调性改造，使其整体具有民族特色和民族民居风格。四是要加大对周边环境的绿化和亮化，并在公园内适当增加亭台、楼阁、雕塑小品等进行点缀，营造峒河公园浓厚文化氛围，使之成为吉首的城市名片。

【吉首矮寨特大悬索桥达到通车标准】 2011年12月29日，矮寨大桥主体已经完工，并通过成桥荷载试验（动静载试验），达到通车标准。市民登临大桥观光指日可待。

2007年10月，启动建设，桥面路基宽度24.5米，主跨达1176米；2010年3月28日通过氦气飞艇，成功将先导索从茶峒段牵引至德夯大峡谷对岸的吉首段，进入主索缆施工阶段；2010年7月中旬，完成猫道架设和验收；2010年10月20日，全部完成主缆索股架设。2011年4月，第一个钢桁梁架设完毕；9月底，完成桥面板的铺设。据矮寨大桥施工单位负责人介绍，他们现在正在进行桥梁两端收尾工程。

现场，来自长沙理工大公路工程试验检测中心的测量专家正在给桥面进行试验，时而会有一辆满载泥沙的货车缓缓驶过。人站在桥上，脚下震感明显。有过多年修桥经验的刘师傅说：“有震感很正常，这就是矮寨悬索大桥独特的地方。矮寨大桥从动工开始就备受关注，如今大桥矗立山峰间，顺利通过实验，我很骄傲，以它的高标准、高水平、高质量，定会获得世界的青睐。”

【永顺强力推进财政建设加快富民强县进程】 永顺县全面激活税源功能，不断扩大税源规模，强力推进财政建设，使财税收入再创新高，到12月29日止，该县已完成财税总收入21974万元，比上年同期增加4229万元，增长24.32%，提前超额完成全年任务。这是该县继2008年财政收入首次突破1亿元以来，继续保持强劲的增长势头，三年内实现财税收入翻一番，突破2亿元大关，创造历史新纪录，加快了富民强县的进程。

2011年年初，该县县委、县政府提出了经济社会跨越式发展的战略目标，提出了“六个坚持”的工作方针，制定了全面推进基础设施建设、优势产业建设、新型城镇建设、生态环境建设、民生事业建设和党的建设的发展规划。各级各部门充分挥发职能作用，围绕转方式、调结构，努力破解资金、电力、交通等瓶颈制约，凝心聚力地投身到招商引资、重点项目推进、规模工业生产、基础设施建设中，成效显著。

【花垣县力推矿山整治整合】 2010年以来，花垣坚持以科学发展观为统领，坚持“抓整治、推整合、保产业、促发展”的指导思想，以实现转型发展为目标，以矿山整治整合为中心，围绕中心创先，瞄准目标争优，念好“法、严、质、和”四字经，确保矿产资源开发利用科学、规范、安全，确保县域经济可持续发展，得到上级领导的充分肯定。

整治整合前，由县领导带队专程赴云南、山西等地考察学习，结合花垣实际，分别制定《花垣县民乐锰矿区资源整合实施方案》、《花垣县铅锌矿区资源整合实施方案》等30多份指导性文件。以《非煤矿矿山企业安全生产许可证实施办法》、《金属非金属矿山安全规程》等9个方面的法律法规为依据，指导整治整合工作。同时，专门从省湘和律师事务所聘请律师常驻花垣整治整合办全程指导，确保矿山整治整合工作依法依规进行。并且花垣县成立了整治整合工作领导小组，抽调精干人员办公服务，成立了10个由县领导任正副组长的整治整合工作指导组，深入矿区一线，靠前指挥，督促、检查指导乡镇及职能部门开展整治整合工作。先后召开300人以上工作布置会30余场次，现场推动会100余次，调研座谈会等各类会议200余场次。统一标准，凡是未参与整合的、非法的、存在重大安全隐患的矿洞，一律按照“不留井口”等“六个不留”和“未取得三证一照的一律不准生产”等“八个不准”的要求限令停产。

【凤凰县被列入省级可持续发展实验区】 湖南省科技厅正式下文《关于批准建立耒阳市等5个湖南省级可持续发展实验区的通知》，正式批准凤凰县为湖南省级可持续发展实验区，建设期限为2011—2015年。

2011年，该县科技局牵头组织申报湖南省级可持续发展实验区，聘请专家对创建省级可持续发展实验区进行规划。根据申报和认定程序，省科技厅组织专家对申报书及建设规划等材料进行了评审论证。该县创建省级可持续发展实验区实施的建设项目主题明确、规划科学、特色明显，得到了专家组的一致好评，最终确定凤凰县成为2011年湖南省5个省级可持续发展实验区之一。

【湘西引进央企省企促经济大发展】 中钢、中冶科工、中糖、中铁、中国建材、湖南金天铝业、省民泰投资公司……截至目前，已经有7家央企、10家省企携多个项目投资湘西自治州，总金额有望突破60亿元。

中钢集团将凤凰县作为资源基地，从钒矿资源入手，逐步关注锰、铅、锌、钾、镁等金属矿的资源普查和详勘，规划上述金属资源的采、选、冶及辅助设施方案，首选钒产业采、选、冶、深加工产业集群建设正在规划中，预计3年内产值3亿元，5年内10亿元，10年内可达50亿元规模。双方还将建立定期对话平台，互派干部锻炼。

地处湘西自治州泸溪的金天铝业，是湖南湘投控股集团旗下的一家高新技术企业。该公司生产的“氮气雾化铝粉”，于2009年9月2日顺利通过“湖南名牌”产品专家组现场审查。该企业生产的铝粉产量在行列排名第一位，占国内市场的四分之一，10微米以下的GTF1－5号的高端产品占国内市场的80%以上，主要应用于涂料、化工、冶金、建材、军工等行业。该公司独家起草的《氮气雾化铝粉》行业标准（国家标准的前身），占领了国内铝粉行业的制高点。金天铝业还建立了以市场为导向的“应用型技术”创新机制，大力开展核心关键技术的攻关和新产品的研发。如今，湘投金天科技集团又追加投资，扩建1万吨球形铝粉生产线，项目总投资1.2亿元，为企业发展输入了“金融血液”。

湘投控股集团在水能资源开发、旅游资源开发、矿产资源开发、中药材资源开发等方面与湘西自治州开展对接合作，5年内投资不少于20亿元；省建工集团以BT模式进行湘西经济开发区项目建设；省建工凤凰旅游投资集团有限公司投资，进行凤凰古城旅游项目一期工程开发建设；省粮油进出口集团全资子公司湖南盛节节高食品股份有限公司与州柑橘产业办签订年10000吨湘西富硒柑橘购销协议。

【湘西高新创业投资基金成立助力高新技术产业】 湖南湘西高新创业投资基金正式挂牌运行，主公司注册资金高达10亿。州委书记何泽中，州委常委、常务副州长胡章胜，州委正厅级干部彭武长出席挂牌仪式。

湖南湘西高新创业投资企业（有限合伙）由湖南高新创业投资集团有限公司、湖南高新纵横资产经营有限公司、湘西自治州五矿进出口有限公司和湘西自治州国有资产经营管理公司等九个合伙人共同发起设立。以合伙企业为主，以中小企业为主要服务对象，以股权投资为切入点，立足专业团队的核心作用、社会资本的纽带作用，通过整合行业资源和生产要素，改善产业结构，提升企业的核心竞争力，推进湘西地区开发向广度和深度发展。

【永顺创新“四项制度”见效益】 在创先争优活动实践中，永顺县善于从基层发现亮点，积极总结经验，科学提升理念，形成了四项务实管用、简便易行的工作制度，发挥了社会管理新效益。一是创新“一会双讲三评”制度。通过实施“一会双讲三评”制度，全县党内形成了批评错误、指出不足、指明方向、团结同志、助推事业的良好局面。二是创新“五个先锋岗位”制度。五个先锋岗位涵盖了农村各项重点工作，为广大党员干部在工作实践中树立了典型标杆和奋斗目标。三是创新“双卡服务群众”制度。群众在生产生活中遇到困难或发生矛盾纠纷，可直接与联户党员联系，党员定期与联系户座谈，了解生产生活状况，帮助解决困难，构建了党员群众和谐共建社会主义新农村的良好局面。四是创新“农民档案室”制度。该县首创了两个“农民档案室”，并以村组为根目录，将农户档案按照“种养大户类”、“生活困难类”和“基础设施类”进行分类编号入室，为乡镇党委制定决策提供第一手资料。

【湘西自治州“阳光工程”结硕果】 湘西自治州28个“阳光工程”培训基地均提前完成2011年的培训任务，共培训学员9000人。

2011年，全州各级阳光工程主管部门通过调整培训政策、加强基地监管，重点围绕农业产前、产中、产后相关环节岗位操作规范和技术技能要求开展培训工作。同时，湘西自治州阳光工程项目还争取到中央、省级财政补助资金364万元，州级及县市财政工作经费83万元，保证了培训工作的顺利开展。

通过阳光工程培训，全面提升了湘西自治州农业产销一线人员的知识结构水平，受训学员大都成为各自所在地区、所处岗位的专家里手、技术骨干，成为促进湘西自治州现代农业大发展的一支厚实的技术支撑力量。

【保靖少数民族医疗减免专救农村贫困大病患者】 保靖县为切实解决少数民族困难群众大病患者医疗费问题，专门设立了少数民族医疗减免救助金，专救农村贫困大病患者。减免过程，由病人提出申请，村、乡镇签署意见，并提供住院诊断证明和医药发票，经审批后以集中发放或分散发放的形式将减免费送到农民手中。2011 年 1 至 12 月中旬，该县累计减免住院费用 20 万元，125 名大病患者得到救助，人均减免费用 1600 元。

【保护湘西黑猪遗传资源国家级保种场落户“湘西牧业”】 湖南省广益集团下属的湘西牧业有限公司被农业部评为“国家级湘西黑猪遗传资源保种场和保护区”。2008 年，湘西牧业有限公司组织专家查选收购纯种湘西黑猪，建立湘西黑猪资源场，确保这一优良基因不丢失。广益集团邀请国内育种专家孙宗炎等多名教授主持品种选育，引入品质优良的黑种猪基因，建立品牌黑猪种养基地。公司的“广益康”黑猪，毛全黑，耐粗料，适应性强，繁殖性能好，最突出的特点是肉质细嫩滑爽、鲜美醇香。产品先后获得“无公害农产品证书”、“ISO9001”等国家标准认证证书和有机产品认证证书。

为带动当地农民致富，广益集团采取“公司 + 基地 + 农户”的模式，给当地养殖户提供种猪、发放种猪补助、开展免费培训、实行保护价收购。到目前为止，公司已发展养殖专业村 72 个，带动农户 8400 多户，年出栏生猪 40 万头。

【泸溪推行乡镇干部“两分一包一突”工作模式】 “两分”指干部从“要我做”向“我要做”转变。首先是分工负责，乡镇班子成员和一般干部按照职务和岗位分工，负责本职业务工作。其次是分组协调，纵向上，所有纳入乡镇管理干部编入“四办一中心”（即党政综合办公室、产业建设办公室、社会事业办公室、综合治理办公室、涉农服务中心），由分管领导带队开展各办公室日常工作；横向上，对除后勤人员外的所有干部实行分片管理，由片区负责人带领干部开展集中突击。这样所有干部职责明确、责任到人，在分管领导带领下积极、高效完成本职业务，从而为驻村工作留出充分时间。“一包”指群众从“远”干部向“亲”干部转变。泸溪实行了包村驻点，包村就是乡镇党委、政府将计划生育、综治维稳、产业建设等工作任务整体打包到村，每个村安排 2—3 名干部包村，确定一名干部为驻村工作组组长，与村支书一道负责牵头完成各项工作任务。驻点就是将打包到村的任务再分解到小组，实行村内分自然村或分小组负责制。这样便实现干部与群众零距离交流，使得一个个问题浮出水面、即时解决，一条条对策就地产生、化解矛盾。“一突”指工作从“零散化”向“集约化”转变，泸溪在“两分一包”的基础上，实行重大工作或中心工作集中突击、分片（组）推进，集中干部力量，形成工作合力，突破重点难点，打开工作局面。

对于此项管理模式出台的初衷，泸溪县委书记刘时进有独到的见解：乡镇干部就是要经常走田坎，接地气，才能了解民情、发现民需、解决民生，真正实现问政于民、问需于民、问计于民。目前，“两分一包一突”工作法正在泸溪县 15 个乡镇 1565 平方公里的田野里扎根、发芽、开花，并结出累累硕果。

【湘西自治州出台文件建安全生产“打非治违”长效机制】 为进一步规范安全生产秩序，严厉打击安全生产非法违法生产经营建设行为，保障人民群众生命财产安全。湘西自治州人民政府办公室下发了《关于建立安全生产“打非治违”工作长效机制的通知》。《通知》指出，建立安全生产“打非治违”工作长效机制，是加强安全生产工作的必要措施，是防范和遏制安全生产事故的重要手段，全州各级各部门要把生命高于一切的理念落实到生产、经营、建设的全过程，坚决守住安全生产这条红线，严查非法违法生产经营建设行为，确保人民群众生命财产安全，促进安全生产形势持续稳定好转。

《通知》还就如何建立健全安全生产“打非治违”工作运行机制进行了明确规定。《通知》要求，要建立基层排查、联合执法、督查问责、联席会议、宣传教育、奖励等六大机制。要求各县市各部门要保障安全生产“打非治违”工作经费的投入，确保人力、物力、财力到位，从 2012 年起，各级财政每年要将“打非治违”工作经费纳入财政预算予以统筹安排，使之形成稳定的投入保障机制。

注：本篇“建设综述”由各市州发改委、两型办提供。

示范区片篇

岳阳
60KM
常德
常德城市圈
60KM
岳阳城市圈
大都市区
长沙
娄底城市带
110KM
娄底
80KM
衡阳城市圈
60KM

大河西示范区

长沙大河西先导片区

长沙大河西先导片区 2011年建设概况

2011年是先导区发展史上的一个承前启后之年，第一个三年行动计划于上半年全面结束，第二个三年行动计划于下半年全面开始。一年来，按照市委市政府的统一部署，先导区牢记使命、坚定信心、集中精力、埋头苦干，各项工作取得了较好成效，延续了前期发展的强劲势头，集聚了后期发展的强大势能。

一、奠定了发展的坚实基础

科学把握阶段性任务的特点和重点，继续把构筑发展基础作为2011年的工作重点，围绕重点片区抓征拆、围绕基础功能抓建设、围绕可持续发展抓效益、围绕工作合力抓协调，形成了良好的工作局面。

1. *重点片区征地拆迁基本完成。*2011年先导区直接投资项目完成拆迁腾地面积4000亩，征地10260亩，三年多来累计完成拆迁3.5万亩，征地2.4万亩。其中重点片区的征地拆迁基本完成，梅溪湖国际服务区完成征地8000亩、拆迁腾地1.7万亩，完成征拆任务的98%；洋湖总部经济区完成征地4500亩、拆迁腾地0.9万亩，完成征拆任务的90%；滨江金融商务区完成征地2000亩、拆迁腾地4500亩，完成已出让地块征拆任务的90%；大王山旅游度假区完成征地3000亩、拆迁腾地3000亩，完成1.5平方公里核心区范围内征拆任务的80%。目前，先导区管委会直接控制的成熟储备建设用地近10000亩，按照平均每年出让1500亩左右的项目建设用地需求量，现有的存量建设用地能够保证未来5—6年发展的用地需求。

2. *基础设施综合配套基本完善。*2011年先导区范围内共建设重点交通工程项目42个，完成投资近100亿元。管委会直接投资建设的交通工程项目32个，其中骨干道路14条，片区道路17条，交通枢纽1个，共完成投资30亿元，新通车道路12条50余公里，区域范围内"六纵八横"道路框架全面形成。随着大河西综合交通枢纽中心、过江通道、地铁2号线和重大城际交通工程的全面推进，河西新城已经具备了成为长沙新的城市中心的交通条件。在道路基础设施不断完善的同时，市政配套设施同步跟进，全年共建设和建成水电气讯等公共配套项目10个，完成投资5亿元，新增污水处理能力55万吨/日、供水能力40万吨/日、供电负荷800MW，河西新城初步形成了百万人口的承载能力。

3. *投入产出良性循环基本实现。*一年来，坚持将有限的资金投向土地一级开发和重点片区，实行快进快出、成本控制的资金运作管理模式，在大规模投入的同时，保证了资金的高效益、低成本和可持续。2011年管委会直属的梅溪湖实业公司总资产为24亿元，没有一分钱银行贷款；土地储备中心总资产为192亿元，负债为33.5亿元，负债率仅为17%；土地开发公司总资产为80亿元，负债为31亿元，负债率仅为38%。2011年，先导区管委会直接管控平台偿还本息总额超过53亿元，目前仅有融资余额34亿元，而总资产达到296亿元，负债72亿元，负债率仅24%（不含先导投资控股公司），这在全国的新区管委会中都是最低的。现金流的快速形成、颇具规模的资产总量和以优质土地为主的资产结构，使直属"两公司一中心"成为银行最优质的客户，建立起了良好的信誉和银企关系，为先导区后期的发展提供了坚实的经济基础。

4. *区域发展整体合力基本形成。*按照"五统一分"的体制要求，2011年，管委会突出了对重要工作领域的统筹，实现了统一管理和相对自主的有机结合。规划管理方面，实施了编制、审批和管理相对分离的规划管理体制，建立了区县规划成果报先导区管委会备案制度，实现了区县规划与先导区空间发展战略规划的统一协调；环境治理方面，实行环境治理工程铺排、环境建设资金拨付与生态改善实际效果挂钩，充分调动了区县积极性，形成了先导区内整体一盘棋的生态建设格局；城乡统筹方面，河西新城的公共服务功能实现了向核心区农村的全辐射和全覆盖，新转移农民1.4万人，新建3万多套计247万平方米高标准保障性住房，为由农民转变而来的新市民提供了与中心城区居民相媲美的居住生活条件。随着先导区三年来的成功实践、体制机制的日益磨合顺畅，在先导区内初步形成了各个主体责权利明晰，彼此良性竞争，各自竞相发展的工作格局。

二、展现了新城的美好形象

一年来，始终坚持生态优先、环境至上的理念，共实施生态环境建设工程23个，完成投资20亿元，先天的自然禀赋和后天的人工造化形成了河西新城独具特色的山水景观和全面领先的生态品质。

1. *打造了城市精品景观工程。*全年建设景观工程11个，包括4个湿地湖泊项目、5个城市公园、2个景观绿轴。其中梅溪湖湖泊竣工蓄水，洋湖湿地公园一期竣工开园，长5公里平均宽度80米的潇湘南大道东线景观、长3公里平均宽度40米的潇湘风光带北段景观二期竣工，占地面积26万平方米的梅岭公园以及占地290万平方米、由阿特斯金公司按照国际一流标准规划设计的桃花岭景区公园已全面开工建设。

2. *加强了流域水系综合治理*。推进了湘江西岸、靳江河、龙王港等“八河”流域截污工程，建设截污干管达70公里，实现了城区污水“全截污，全收集、零排放”，龙王港、白菜湖综合整治工程竣工，靳江河流域治理取得显著成效，龙王港、靳江河、马桥河、沩水河等支流水质从Ⅴ类和劣Ⅴ提高到Ⅳ类，湘江口断面水质由Ⅳ类提升到Ⅱ类，主要断面第一次实现了水域功能的全面达标。

3. *完成了污染区域生态修复*。在坪塘老工业基地21家污染企业全面退出的基础上，完成了湖南新生水泥厂等5家企业的厂房拆除和6家企业的土地整合，并基本完成生态修复，完成了67家砂场的关闭整改和8座废弃矿山的生态复绿。一年来，先导区新增绿地面积近30万平方米，空气质量优良率增加3个百分点。2011年11月，先导区被国家环保部列为全国生态文明建设试点区。

三、实现了要素的快速聚集

面对宏观经济环境的起伏，管委会充分发挥政府有形之手和市场无形之手的作用，审时度势、科学应对，以政府投入为杠杆，以优质平台为载体，以招商引资为手段，使先导区形成了对生产要素的强大吸引力和竞争力。

1. *构筑了社会资金洼地*。2011年先导区范围共实现招商引资到位资金336亿元，同比增长20%；其中先导区管委会直接引资191亿元，同比增长25%。2011年，先导区管委会共出让18宗1353亩经营性土地，其中土地储备中心出让4宗83亩，梅溪湖公司7宗824亩，先导公司7宗446亩。虽然实际供地总量只有年度计划的一半，但成交价达到了60亿元，溢价达3亿元，平均地价430万元/亩，相对2010年同比增长10%。在土地市场困难的情况下，先导区2011年12月份最后出让的一宗土地在经过27轮激烈竞价后，以溢价6000多万元成交。社会资本对先导区的信心和追捧，也促进了先导区财政收入的大幅增长，2010年先导区完成一般预算收入12.2亿元，2011年完成21亿元，比2010年同期增加8.8亿元，增长72%；国土收入2010年完成39.88亿元，2011年完成79亿元，比2010年增加39.12亿元，增长98%；市级总收入2010年完成52.55亿元，2011年完成100亿元，比2010年同期增加47.5亿元，增长90%。

2. *构筑了新型产业高地*。全年共引进重大产业项目101个，其中先导区管委会共引进现代服务业项目19个，梅溪湖国际服务区整体招商成功，到位资金超过100亿元，成为2011年长沙市最大的现代服务业招商项目。同时引进洋湖总部经济服务中心，世茂希尔顿、洋湖柏宁等3个五星级酒店项目，民生银行、长沙银行、浦发银行、省信用联社等4个金融项目，奥克斯、梅溪湖、渔人码头等3个商业综合体项目，耀凯、中建、中化等7个高端住宅项目；现代服务业的快速发展不仅促进了城市功能的提升，也促进了新型工业的快速聚集，高新区、宁乡经开区（金洲新区）、望城经开区几大重点园区2011年新引进高新技术产业和战略性新兴产业项目191个。据统计，三年来先导区共入驻工业项目4000多个，现代服务业项目300多个。

3. *构筑了公共产品基地*。全年共建设科教文卫项目20个，完成投资近15亿元，包括梅溪湖国际文化艺术中心、长郡梅溪湖中学、明德麓谷学堂等6个文教项目，梅溪湖三甲医院、高新医院等4个医疗卫生项目，梅溪湖科技研发中心、麓谷企业广场、高新区信息产业园等10个科技创新项目。其中梅溪湖国际文化艺术中心已完成项目征地拆迁，3月份完成方案设计，6月份开工建设；梅溪湖科技研发中心已完成项目用地征地拆迁和前期定位策划，正在同步进行规划设计，首期3万平方米项目完成土地出让后将开工建设，9月份完成。三年来先导区共布点建设公共服务项目35个，其中建成15个，正在成为一座公共资源密集、公共服务高效的现代新城。

长沙大河西先导片区
2011年建设纪事

3月11日，省委常委、市委书记陈润儿主持召开先导区建设领导小组2011年第一次会议。提出在“十二五”期间，先导区要进一步抢抓机遇，坚持“两型”引领，抓好配套改革，努力打造适宜人居、繁荣发展的新区。市领导谢建辉、程水泉、赵文彬、赵建强等出席会议。

4月28日，大河西先导区在运达喜来登大酒店举办2011年重大项目及优质地块招商推介会。会议主题是推介滨江金融中心、洋湖总部经济基地、梅溪湖国际研发中心等商业配套项目以及滨江、洋湖、梅溪湖三大片区的优质地块。莅临推介会的嘉宾有方兴地产、世贸集团、庄氏集团、世界华商联合促进会联访湘团、中银国际控股有限公司、万都集团有限公司、华盈投资集团、珠江实业、运达喜来登酒店集团、上海绿地、中海集团、中粮地产、华融湘江银行、方正证券等60多家企业近90名企业代表。出席推介会的省市领导有省委统战部副部长、省海联会副会长孙剑霖，中共长沙市委副书记、市人民政府常务副市长、大河西先导区管委会主任谢建辉同志。

6月22日，长沙大河西先导区规划展示馆正式开馆。展示馆布展面积6000平方米，共三层。有先导区的规划蓝图，还有省内第一个开放的4D影院。省委常委、市委书记陈润儿，市委副书记、市长张剑飞，市委副书记、常务副市长、先导区管委会主任谢建辉，市人大常委会主任余合泉共同为大河西先导区规划展示馆开馆剪彩，市领导袁观清、范小新、张湘涛、陈泽珲、胡伏安、虢正贵、元明等一同参观展览。

6月22日，中部地区最大的湿地公园——长沙大河西先导区洋湖湿地公园一期正式开园，免费向市民开放。长沙洋湖垸湿地公园简称洋湖湿地公园，于2010年7月29日正式开工建设，预计2014年竣工，是长沙城区最大的湿地公园。洋湖湿地公园分为四大功能区域，分别是湿地休闲区、湿地生物多样性展示区、湿地生态保育区、湿地科教区，其中一期休闲区投资1.7亿元，占地800亩。省委常委、市委书记陈润儿，市委副书记、市长张剑飞，市委副书记、常务副市长、先导区管委会主任谢建辉，市人大常委会主任余合泉以及袁观清、范小新、张湘涛、陈泽珲、胡伏安、虢正贵、元明等市领导一同步行参观湿地公园。

6月24—26日，先导区管委会高水平举办了“国际建筑大师对话梅溪湖”活动，英国扎哈·哈迪德设计团队、奥地利的汉斯·霍兰因、法国的保罗·安德鲁、意大利的阿克雅、奥地利的沃尔夫·德·普瑞克斯等世界著名建筑设计师以及参与评标的世界著名建筑设计师矶崎新、美国建筑设计师TERENCERILEY等国内外建筑工程界、艺术界的优秀代表参加了此次活动。

6月30日，先导区党工委、管委会在五强会议厅召开纪念建党90周年暨先导区成立三周年表彰大会。大河西先导区管委会主任谢建辉在会上做重要讲话。会议由副市长、先导区管委会常务副主任赵文彬主持，刘继雄、李爱诚、文雄、谈文昌、夏艳兰等领导出席会议，先导区管委会系统全体干部职工参加会议。

8月1日，大河西先导区工作会议在长沙市人民会堂隆重召开，省委常委、市委书记陈润儿作了《始终坚持改革创新，奋力推进“两型”发展，全面加快大河西先导区建设步伐》的重要讲话。会议由市委副书记、市长张剑飞主持，市委副书记、常务副市长、先导区管委会主任谢建辉作总结动员报告，副市长、先导区管委会常务副主任赵文彬宣读了《市委办公厅、市政府办公厅关于表彰长沙大河西第一个三年行动计划先进单位和先进个人的通报》，与会人员还观看了先导区三周年电视宣传片《跨越湘江》。市领导余合泉、谢树林、杨顺初、袁观清、范小新、张湘涛、张迎龙、陈泽珲、胡伏安、易佳良、程水泉、元明等出席。

11月25日，国家环保部发布《关于开展第三批全国生态文明建设试点工作的通知》，长沙大河西先导区被正式确定为全国生态文明建设试点区，这是湖南唯一被确定的生态文明建设试点区，也是全国唯一跨行政区域的生态文明建设试点区，是先导区继空间战略规划环评获全国两型社会建设先行示范项目后再次荣膺国家级试点，充分体现了国家环保部对长沙大河西先导区生态文明建设工作的肯定和信任。

长沙金霞片区

长沙金霞片区2011年建设概况

2011年，在省市区的各级党委、政府的正确领导下，金霞片区紧扣“长株潭城市群工业生产性服务的物流基地、交通枢纽、加工贸易中心、服务新城”的功能定位，大力实施“发挥平台优势，壮大物流工业，增强城市功能，建设两型片区”的发展战略，进一步解放思想，扎实工作，坚持重点突破和整体推进相结合，坚持体制改革和重大项目推进相结合，加大改革创新力度，取得了片区两型社会建设的初步成效，经济和社会事业的发展实力渐增、动力渐强、活力渐显。

一、产业建设凸显成效

建项目20个、续建项目20个、竣工项目9个、新引进项目5个，项目的数量和质量明显提高，新型产业化进程不断加快。金霞物流提速提质。金霞组团内物流企业已有5A级的2家、4A级的3家。2011年，中石化、国药控股、畅通物流、杏林物流一期和湘粮集团二期等项目已经建成并投入运营，年社会物流总额达315亿元（中国物流与采购联合会统计数据）。其中，中石化实现年销售收入逾70亿元，湘粮集团实现主营业务收入35亿元，双双朝百亿企业行列迈进；国药控股作为2011年2月份建成投产的湖南最大的现代医药物流中心，占地面积不到45亩，预计全年可以实现销售30亿元，税收4500万元，成为园区内现代物流的标志性企业。同时，新启动的湘之杰钢贸物流、恩瑞现代钢贸物流中心一期、中石化二期、湘粮集团三期、三通物流等7个项目稳步推进。特别是借中国物流学会第十次年会在长沙召开之机，园区成功主办了“2011年长沙金霞现代物流投资推介会”，邀请了全国百强物流企业、著名物流专家、物流院校和科研院所的业界精英近400人参加，成功签约了南光物流总部及配送中心、鞍钢长沙汽车板加工配送服务中心等5个项目，签约金额达21.5亿元，对沙河现代物流配送中心、长沙铁路物流中心等7个项目进行了推介，推介项目金额达100亿元。此次推介会在全国物流界产生了很大影响，极大提升了园区的知名度和美誉度。沙坪工业实现突破。园区倾力打造的沙坪工业组团已初步实现了“路成网、厂成片、园成型”的发展目标，成功引进了19家工业企业入驻，完成了核心区1.5平方公里的招商项目布局，形成了以台湾统一、长沙佳海创业中心为代表的食品产业集群和中小企业孵化基地。其中，长沙统一一期已完成厂房建设和设备调试，于12月15日试生产，两条生产线每分钟可分别生产普通饮料500瓶、无菌饮料700瓶，是目前全国最先进的饮料生产线；二期方便面生产厂房正在进行基础施工，计划2012年8月建成投产，预计2012年产值达10亿元，成为开福工业的一大增长点。长沙佳海创业中心作为全省最大的工业地产项目，已列入长沙工业节约用地、集约发展试点和省、市重点工程项目，一期多层标准厂房的基础工程已完成正负零，并完成了62%的招商。鹅秀地产品质提升。鹅秀组团年内实现了三宗土地的挂牌转让，新引进项目4个。目前组团在建项目达11个，其中新启动2个，续建9个，预计年内完成房地产项目开工面积61.8万m^2，销售面积30万m^2。创远·湘江壹号、双湾国际、钱隆御景、中铁·山语城二期、中欣·极目楚天、福兴隆、幸福考拉等一批高端楼盘以其优异的品质、良好的环境和便捷的交通受到了市场的热捧。有楚天逸品、恒鑫北领、友谊大厦、湘江名苑等项目正进行报建办卷，即将启动建设。鹅秀组团房地产项目掀起了新一轮建设高潮，发展势头非常强劲。青竹湖产业规划定案。为打造城北地区高端产业园区，青竹湖完成产业规划的定案，并积极配合做好长沙市城市整体、土地利用规划，为青竹湖的土地利用奠定了基础。青竹湖两型示范镇正全力打造数据中心、呼叫中心、物流中心、人才培训中心等四大主体业务，形成了以业务流程外包服务为特色的服务外包示范园。目前进驻园区内的有湖南青苹果数据中心有限公司、安博牛耳教育集团、金谷呼叫中心等数家服务外包企业，均运营良好。

二、平台建设日臻完善

一是物流平台优势扩大。长沙铁路货运新北站的霞凝货场、捞刀河编组站、铁路专用线已通过验收，与之配套的湘捞东路东段、金盆大道三环联络道均已通车，站场将于2012年初正式启动运营，园区将新增约1650万吨的货物吞吐量。联运物流致力打造湖南公路一级口岸，目前项目已完成一期建设，二期工程正在办理报批手续。保税物流中心二期4栋仓库已建成投入使用，有德邦物流、湖南邮政速递、华润万家进驻；物流大厦项目已完成桩基工程，正进行负二层的钢筋砼施工；中心入驻的物流企业和通关的加贸企业由封关时的6家增至85家，2011年报关票数达22038票，预计吞吐货物总值8.45亿美元，外向型经济平台功能和效益正全力释放。霞凝铁路综合物流中心是全国第三家铁路综合物流中心，计划总投资19亿元，已通过铁道部立项，正协调推进项目规划、用地选址等前期工作。二是工业平台不断夯实。长沙佳海创业中心建设加快推进，一期标准厂房招商形势良好，将为园区新增数十家企业。同时，借国家财政部、工商总局开展现代服务业试点，支持广告产业发展的重大机遇，全力推动湖南广告产业园的申报工作，以打造覆盖全省、辐射中部的广告与文化创意中心，构建长沙冲刺国际文化名城的新阵地，为园区产业发展创造新优势、注入新活力。三是市场平台来势喜人。园区充分发挥物流优势，延伸物流产业链条，引导物流市场集群发展，把物流衍生市场作为新的招商重点，抢抓主城区市场外迁的发展机遇和外来投资商看好长沙市场转移的良好时机，积极招商引进战略型物流市场项目，成功签约了中国民营企业500强、香港上市公司——卓尔发展（武汉）有限公司，将在园区内建设大型高端综合性商贸物流基地。四是服务外包发展迅速。湖南青苹果数据中心有限公司已成为中国最主要的数据库产品制作商和中文数据库内容供应商及出版商，2010年企业生产总值达4056万人民币，较入驻前产值翻了三番；安博牛耳教育集团正全力打造中国最大的服务外包人才培训基地。金谷呼叫中心是市内规模最大的呼叫中心，2011年上半年，公司营业额达4000万人民币。

三、城市品质大幅提升

一是基础设施逐步完善。青竹湖路东延线二期已正式动工建设。中青路、广胜路、大安路、青竹湖路东延线均已铺设自来水和煤气管道。自来水加压站已建成使用，22万伏电网改造已经完成，10千伏大明线路已铺设至大安路、广胜路和青竹湖路东延线，满足了沙坪工业组团当前的水电气需求。湘站西路、柏曹东路、鹅秀路等道路已竣工通车，鹅羊路已完成主体建设。金霞粮食产业园1号专线的土方工程、站台建设全部完成。兴隆路、湘捞路西延线已完成立项、可研等前期手续。二是配套建设稳步推进。在长沙铁路南北站迁建工程指挥部的大力支持下，积极争取了长沙铁路货运新北站和捞霞编组站周边的市政基础设施纳入到市建工程项目，完成了汤家湖路、冯蔡路跨京广线桥的手续办理和征地拆迁，并启动了主体工程建设。完成了植基北路、汤家湖路启动建设的前期工作。三是公益建设步伐加快。秀峰山公园、周南社区公园已投入使用，山语城小学已于2011年秋季招生开学，湘雅泰和医院即将正式对外营业，霞凝垸沙河南岸堤防工程一期于汛期前全面竣工，金霞消防站已经入驻，新港污水处理厂基本建成，鹅羊山公园完成了道教72福祉景观工程及高尔夫练习场工程建设，“五宜”城区的建设步伐不断加快。四是省级示范镇加快建设。青竹湖镇已累计投入建设资金84亿元，签约引进项目近30个，计划投资额151.4亿元。建成了“四纵四横”的城市路网骨架，自来水、天然气、城市公交、学校、医院、影剧院、图书馆、公园、国际会展中心、体育馆、污水处理等城市公共配套设施已全部建成。省级两型社会示范镇建设已经打造了一个良好平台。

长沙金霞片区2011年建设纪事

1月6日，罗莎台北豆浆生产配送基地项目成功签约。该项目总用地面积26.86亩，总投资约4500万元，达产后总产值达5亿元。

1月10日，中联生物饲料添加剂综合生产研发基地项目成功签约。该项目总用地面积约32.96亩，净用地面积24.5亩，总投资约1亿元，主要建设饲料添加剂综合生产线及研发办公用房。

1月11日，省人大常委会副主任谢勇率委员陈刚及部分省人大代表来捞刀河镇捞刀河社区调研社区管理社会化工作。

1月28日，秀峰山公园一期隆重开园。公园占地600多亩，地形以山地为主，总投资约5000万元，工程分两期进行。是长沙市政府的重点工程，市级综合性公园。

1月28日，湘之杰·现代物流中心项目签约仪式在世纪金源大酒店正式签约。

2月27日，湖南最大的现代医药物流中心——国药控股湖南物流中心落成典礼在开发区举行。该项目是中南地区规模最大、设备最先进的现代专业医药物流中心之一。

3月13日，省统战部副部长彭军良偕同省卫生厅厅长张健、副厅长黄碧玲、区统战部部长尹英龙等领导到捞刀河镇汉回城乡一体化建设示范点调研指导工作。

3月28日，新华社湖南分社邹云社长来金霞经济开发区考察。

3月29日，省科技厅王柯敏厅长一行来金霞经济开发区视察。

4月9日，中东国家考察团来金霞经济开发区考察。

4月20日，金霞经济开发区荣获“2010年度湖南省重大项目投资统计工作先进单位”，成为全省获此殊荣的29家单位之一。

4月23日，湘苏经济合作暨重大项目签约仪式在南京举行，党工委书记沈裕谋代表金霞经济开发区与无锡龙之杰控股有限公司就湘之杰·现代物流中心项目在会上成功签约。

4月27日，由湖南福晟房地产开发有限公司投资的福晟钱隆世家项目在金霞经济开发区鹅秀组团启动奠基仪式。该项目规划用地181.362亩，总建筑总面积459820平方米。计划总投资15亿元，主要建设高层住宅、洋房、别墅、公寓、商务会所及配套商业等，分四期开发。

4月28日，新港镇鹅羊山村安置小区103号令保障住房分房顺利完成。本次分房共2幢11层，面积约2.5万m^2，208套房，可安置265.5人（指标）。本次分房有55户参加分房，共分配88套。

4月30日，省委常委、市委书记陈润儿来金霞经济开发区视察湘江风光带建设情况。

5月6日，省委常委、市委书记陈润儿，市委副书记、市长张剑飞分别带领一支考察组，全市推进城乡一体化发展观摩会考察人员到我镇新农村示范点沙坪社区和汉回村进行现场观摩。

5月10日，中国国际电子商务中心主任刘俊生一行就“EC国际信息技术外包服务产业园”项目在金霞开发区沙坪组团和高岭组团的选址进行了重点考察。

5月24日，开福区区委书记张迎春，区委副书记、区长凌勤杰调研开发区沙坪工业组团建设情况。

6月1日，市委党校副校长罗文章一行来开发区考察。

6月28日，金霞经济开发区鹅秀组团鹅秀路（民政厅段）启动建设，该路段总长250.007米，总投资1545万元，预计年底竣工通车。

6月28日，佳海一期、罗莎食品、艾奇地块成功摘牌。其中，佳海一期用地107.067亩，摘牌价为3340万元；罗莎食品用地27.47亩，摘牌价为775万元；艾奇地块140.48亩，摘牌价为3290万元。

7月7日，省委、省政府办公厅相关领导就金霞片区两型社会建设情况来金霞经济开发区视察，并表示将在片区扶持政策、改革试点、专项资金等方面给予支持。

7月11日—12日，长沙市副市长姚永春带队，长沙市商务局局长杨兴龙、区委书记张迎春、工委书记张毅、管委会主任袁政国、招商局局长侯临新一行前往深圳就引进深圳华南城长沙项目与对方进行了高层对接，并取得良好效果。

7月13日，副市长文树勋组织市规划、国土、发改委、住建委、经信委等相关部门，对园区佳海项目进行专题调研。

7月14日，车站北路捞刀河大桥项目正式启动拆迁腾地。

7月20日，长沙青竹湖湘一外国语高中部建设落成投入使用。

7月21日，省国土厅副厅长颜学毛一行来开发区视察指导工作，他表示省国土厅将在开发区调区扩区、用地审批及用地计划指标等方面给予大力支持。

7月30日，长沙佳海创业中心项目在开发区沙坪组团奠基。该项目总规划用地面积1227亩，总建筑面积约96万平方米，总投资约25亿元，是目前全省投资额度最大、建设面积最大的工业总部基地。

8月9日，韩国SJM集团来开发区进行商务考察。SJM集团是全球最大的专业生产车用柔性节（俗称“波纹管”）的一家韩国上市公司。公司生产的汽车排气系统用波纹管占全球市场的30%。

8月10日，长沙市城乡规划局局长冯意刚在金霞经济开发区主持召开了园区相关规划问题现场办公会议。会议就沙坪工业组团项目规划报建、长沙市总规中开发区部分规划的修改以及开发区其他六类规划问题进行了认真研究，并形成一致意见。

8月16日，中国物流与采购联合会副会长贺登才一行来金霞经济开发区考察。省物流采购联合会常务副会长张龙发，开发区党工委书记张毅、党工委委员、总经济师易新宇陪同考察。

8月16日，省商务厅刘捷厅长携手省市区领导视察青竹湖园区服务外包工作。

8月17日，霞凝垸堤防一期工程正式竣工验收。该工程位于新港镇金霞村，东起芙蓉北路沙河桥南，西止湘江大道，全长1000米，工程总造价1000万元，是市政府投资建设的重点工程项目。

8月30日，在长沙市打击侵犯知识产权和制售假冒伪劣商品专项行动总结表彰会上，金霞经济开发区被授牌“长沙知识产权工作站”。

9月2日，日本德岛县上海事务所所长山川诚一行4人来金霞经济开发区进行商务考察。湖南省人民政府对外友好协会副会长庞力平，理事王宗兰，开发区管委会主任袁政国陪同考察。

9月5日，在第七届湘台经贸交流合作会上，金霞经济开发区与长沙罗撒食品实业有限公司正式签约，海协会会长陈云林、湖南省省长徐守盛等见证签约。该项目总用地面积26.86亩，挂牌出让面积20亩（不含高压线退让15米后的2.78亩控制范围面积），项目总投资约4500万元，达产后总产值达5亿元。

9月21日，金霞经济开发区沙坪工业组团核心区青竹湖路东延线、大安路、广胜路三条道路建设工程验收移交会议在黄金海岸大酒店举行。

10月13日中央政法委副秘书长鲍绍坤一行视察捞刀河镇少数民族聚居村汉回村，省民委主任王德靖、省政法委巡视员贾端森、省民委副主任田代武、省民委政策法规处处长张克勤等领导参加调研，长沙市市委常委、市政法委书记虢正贵、长沙市民族宗教事务局局长姚仁智、开福区政法委书记刘文立等陪同调研。

10月26日，全市省级以上园区综调信息工作联席会议在金霞经济开发区举行。

11月11日，2011长沙金霞现代物流投资推介会在世纪金源酒店隆重举行。

11月12日，原国内贸易部常务副部长、中国物流与采购联合会名誉会长陆江一行到园区视察。

11月14日，市委常委、统战部长文树勋一行到捞刀河镇汉回村调研指导城乡一体化建设工作，长沙市民族宗教事务局局长姚仁智、开福区区长凌勤杰、捞刀河镇镇党委书记蹇敦波、镇长李智等领导陪同调研。

12月6日，九州通医药集团股份有限公司常务副总经理陈启明先生一行对金霞经济开发区进行考察，开发区党工委委员、招商合作局局长侯凌新陪同考察。

12月27日，九州通医药集团股份有限公司常务副总经理陈启明先生一行再次赴金霞经济开发区就项目问题进行磋商和洽谈，开发区党工委委员、招商合作局局长侯凌新陪同陈总对意向地块进行了实地查看。随后，双方在管委会4楼会议室进行座谈，开发区党工委书记张毅同志出席了座谈会。

12月23日，金霞经济开发区与卓尔集团正式签约。

12月31日，青竹湖路东延线二期建设正式开工。

益阳东部新区

益阳东部新区2011年建设概况

长株潭城市群“两型社会”示范区益阳东部新区（以下简称益阳东部新区）位于益阳市赫山区与长沙市宁乡县交界处，成立于2011年6月，是全省唯一的省市共建的全国“两型社会”示范区。益阳东部新区成立以来，狠抓区域规划建设，强化招商融资工作，积极开拓进取，放手先行先试，各项工作全面启动，区域开发建设有序推进。

一、益阳东部新区的定位及规划情况

1. *基本情况*。益阳东部新区规划总面积285平方公里，以石长铁路为界，东北部165平方公里为新型工业区，由益阳高新区负责建设；西南部120平方公里为高端三产区，由益阳东部新区管委会负责建设，实行省市共建。高端三产区涉及沧水铺、衡龙桥、岳家桥、泥江口、龙光桥5个乡镇的部分辖区，共有29个行政村，567个村民组。其中核心区面积约50平方公里，涉及岳家桥、沧水铺、衡龙桥三镇的14个村。

2. *发展定位*。根据示范区建设的整体规划，总体定位是：全国“两型”社会建设示范区、国家级文化体育产业示范基地、国际影视文化制播基地、国际休闲旅游度假目的地、国际品质的现代生态宜居城市。通过试点示范，为湖南省创新“两型社会”发展模式、实现文化强省起到“以点带面”的示范作用。

3. *产业发展目标*。重点发展文化创意、生态旅游、体育休闲、特色教育、社会化养老、商业居住等三产业，区域规划了生态宜居度假区、保健康体“银发”产业区、文化传媒产业区、新媒研发产业区、影视互动体验区、职业教育培训区、特色商贸娱乐区等7大产业组团。至2020年，规划建设用地面积20平方公里。总体目标是，新建一个常住人口30万人以上、年旅游客流量1000万人次以上，具有国际水准、可持续发展能力的生态宜居新城，使之成为全省乃至全国知名的文化体育产业新基地。

4. *管理运作模式*。一是按照“省统筹、市为主、市场化”的原则，成立三个层面的组织机构。决策层面上，由省两型办和益阳市共同组建决策委员会，总体负责示范区开发建设重大问题的决策；管理层面上，成立示范区党工委、管委会，具体负责示范区的管理和开发；实施层面上，由省两型办、益阳市联合2－3家市场主体，共同出资组建鱼形山两型示范区投资开发有限责任公司，承担区域内土地一级开发、二级招商和基础设施建设。二是益阳东部新区实行“两个托管”，即行政委托和经营托管。所谓行政委托：市政府将益阳东部新区范围内原由市级行使的部分行政职权或行政事项统一委托给益阳东部新区管委会行使，管委会设立企业服务中心，实行“一站式”审批。所谓经营托管：赫山区政府将益阳东部新区范围内的土地及相关资产全权委托给益阳东部新区管委会进行开发、建设、改造和经营，赫山区将核心区范围内的14个村整合起来，组建鱼形山办事处，实行双层管理。为加强管理，益阳东部新区根据当前发展需要，设立“五局一中心”，即国土、规划、财政、税务、公安分局和土地储备中心，履行相关管理职能。

二、2011年工作的主要特点

1. *规划设计全面完成*。一是总体规划全部获批。示范区《改革建设实施方案》、《片区规划》、《土地利用规划》都已获省政府批准，到目前为止，益阳东部新区是全省唯一的“一方案、两规划”全部获批的示范区。二是区域主干道的规划设计基本完成。5月份中旬，启动了鱼形山大道、内环线和外环线3条主干道的规划设计，3条主干道总长31.7公里，按双向6车道设计，总投资19.5亿元。8月份，道路规划方案通过了市规划例会的审批。三是启动了功能区的详细规划。围绕提升120平方公里总体规划，科学制定50平方公里核心区的概念性规划，解决项目落地问题。示范区与项目单位成立了联合工作组，组织进行了全面的现场踏勘，结合项目策划，逐步启动了各功能区详规的编制。

2. *招商引资来势喜人*。在全力推进各项基础性工作的同时，益阳东部新区积极开展内联外引，大力推进招商引资，先后接待各类招商考察团60多批、400多人次，掌握了一大批一、二级开发的优质项目资源，为全面启动建设做好了准备。一是土地一级开发。省两型办、益阳市人民政府、湖南广播电视台、省体育产业集团、御邦投资有限公司签订合作开发框架协议，将共同成立投资开发公司，整体负责区域土地一级开发。二是项目合作。管委会已与山东兖矿集团东华公司签订合作建设“江南古城”文化旅游项目的框架协议。“江南古城”文化旅游项目由山东省兖矿集团东华有限公司投资建设，占地面积3500亩，总投资75亿元。

3. *用地报批和拆迁安置稳步推进*。一是制定了征地拆迁安置补偿实施办法。为确保方案科学可行，组织赴成都、重庆、长沙黎托等地进行了学习考察，并对益阳市相邻园区现行征地拆迁方案进行了深入的比较分析，在此基础上，制定了东部新区征地拆迁安置补偿实施办法。在征地拆迁补偿方面严格执行国家和省、市现行政策，在安置方式上将先行先试，大胆创新，结合区域产业布局，规划建设一批居民新街、居民新村，把农民的安置、就业与项目发展紧密结合起来，形成一种新的、和谐的安置模式。二是全面启动了用地报批。通过努力争取，2011年省国土资源厅为示范区调剂了500公顷土地指标，为确保指标落地，东部新区组织包装了区域主干道、江南古城、体育康乐城、北欧风情小镇、银发产业园、生态办公接待中心等9个用地项目，申报用地总面积达6390亩。

4. *融资工作全面启动*。根据市场化的建设要求，由市人民政府、省两型办、湖南广播电视台、省体育产业集团、御邦投资有限公司等投资方共同组建鱼形山“两型”示范区投资开发有限责任公司，为示范区建设搭建市场化运作平台。已成立筹备工作组，正在优化组建方案。同时，与国家开发银行湖南省分行、工商银行湖南省分行、交通银行湖南省分行、浦发银行长沙分行、华融湘江银行等金融机构进行了对接与洽谈，明确了合作意向。

5. 基础设施建设加快推进。全面加快鱼形山路和内外环线的规划建设，目前，已完成鱼形山路的施工图设计和招商建设方案，内外环线的线形基本确定，正在进行地勘测量等前期工作。科学制定鱼形山水库引水方案，为保证鱼形山水库的灌溉功能和景观要求，拟采用集雨、节水、引水相结合的方案，使水库水位常年保持在75米左右，通过现场踏勘，结合区域情况，制定了引水方案，编制了可研报告，得到了省发改、水利等部门的支持，正在组织项目评审和批复。

益阳东部新区2011年建设纪事

6月9日，益阳东部新区管委会（党工委）正式成立。益阳东部新区管委会（党工委）为市委、市政府派出机构，实行党政合一，配5线，下设综合管理部、拆迁安置部、项目建设部、经济合作部、社会事务部5个部室，核定编制50名。

7月14日，省委常委、长株潭试验区工委书记陈肇雄率省“两型办”常务副主任徐正宪、省经信委副主任刘平凡、省国资委副主任张美诚等视察益阳东部新区。陈肇雄充分肯定了益阳东部新开展的“两型社会”建设，他要求把“两型社会”建设和战略型新兴产业结合起来、与城乡统筹结合起来、与新型城市建设结合起来，走出一条综合试验、务实推进的新路子。

8月11日，益阳市第19次规划例会通过了益阳东部新区主干道规划。区域主干道包括外环线、内环线和鱼形山大道，3条主干道总长31.7公里。其中外环线全长约23.7公里，设计路面宽50米、双向8车道，设计时速80—100公里/小时。内环线道路全长约6.7公路，设计路面宽46米、双向6车道，设计时速60—80公里/小时。鱼形山大道，全长1.28公里，路面宽度为36米，机动车道宽度24米，双向6车道，两边各3米绿化带和3米人行道，设计行车速度为60KM每小时。

9月5日，省政协副主席魏文彬在省长株潭试验区工委副书记、省两型办主任徐湘平，湖南广播电视台台长欧阳常林等的陪同下，视察了益阳东部新区建设。

10月1日，管委会办公楼正式竣工投入使用。

10月12日，省长株潭两型办在益阳东部新区召开鱼形山“两型”示范区建设工作会议，通报前阶段规划设计和意向项目进展情况，讨论通过组建益阳东部新区开发建设决策委员会和鱼形山“两型”示范区投资开发有限责任公司的决议。会上还签订了鱼形山“两型”示范区开发建设合作框架协议，签订了江南古城项目合作开发建设框架协议。

10月19日，益阳市人民政府召开2011年第43次政府常务会议，经研究，批准同意组建益阳两型建设投资有限公司。公司注册资本金1.1亿元人民币，经营期限20年，主要负责益阳东部新区基础设施、基础产业建设的投资与开发，经营管理授权范围内的国有资产；组织实施重大项目（包括能源、交通、基础设施、高新技术方面）的建设与经营管理及投融服务；土地收储开发整理。2012年5月17日公司正式注册成立。

10月19日，益阳市人民政府召开2011年第43次政府常务会议，经研究，将市城建投公司收购的原水利培训中心大楼和“691”基地两处资产划转给益阳东部新区管委会。

11月1日，《长株潭城市群“两型社会”示范区益阳东部新区片区规划（2010—2030年）》获湖南省人民政府正式批准实施。

常德德山片区

常德德山片区2011年建设概况

2011年，常德经开区主动抢抓升级带来的发展机遇，积极应对升级后面临的各种压力和挑战，迎难而上，主动作为，进一步奠定了实现跨越发展的基础。

一是主要经济指标继续保持增长。实现地区生产总值61亿元，同比增长20%；完成工业总产值194亿元，增长33%，其中规模工业产值174亿元，增长38%；完成财政总收入6.1亿元，增长33%，一般预算收入3.04亿元，增长32%；完成全社会固定资产投资50.3亿元，其中工业完成投资35.1亿元。

二是工业项目建设扎实推进。全年签约项目33个，总投资112亿元，其中亿元以上项目16个，重大项目有恒安五期、大汉豪华客车及随车起重机、海利新材料、科力远有色金属园等。全年到位外资5098万美元，到位内资22.15亿元。新开工三一常德工业园（二期）、金天钛业（三期）、常纺机经编新区、惠生肉业肉制品加工生产线、奥泰克电子、洞庭药业制剂车间、欣欣塑印等15个项目。新投产三一常德工业园（一期）、大北互互感器生产、云锦集团特宽幅功能性家纺面料生产线、伴导电子元件、天泰电子数据线、光能新能源、中天新能源软包装锂电池、宝宏运动休闲鞋等9个项目。实施技改投入500万元以上的项目18个，完成投资6.5亿元。

三是现有企业不断发展壮大。全年净增规模工业企业11家，总数达到103家。亿元企业新增大汉汽车、三一重工、华富高科、芙蓉机械、翔宇设备等5家，总数达到29家。34个技术研究与开发项目分别在国家、省、市科技部门获得资金支持。申请专利136项，获得专利授权111项，分别增长16.2%和113.5%。恒至凿岩、三升光电、大北互互感器、恒安生活用纸、海利化工、金帛化纤、德海制药、大汉汽车等8家企业被认定为高新技术企业，园区高新技术企业总数达到22家，实现产值78亿元，占全区总产值的40.2%。园区企业依靠科技加快发展的步伐明显加快。武陵酒和德山酒业2家企业的“武陵”、“德山”商标被评为中国驰名商标。

*四是基础设施日益配套完善。*路网骨架进一步向南、向东扩展。香火街、三一路东段建成通车，善卷南路基本竣工，完成海德路一标、同德路、乾明南路沥青路面铺筑。物流园区建设进一步加快。银华物流已成为全国一流的棉花流转平台和交易平台。湘西北钢材物流园主体工程接近完工，宜达物流项目基本竣工，万路达物流项目已完成土方平整，房产开发进一步提速。建成德源一品，开工建设尊德天城（三期）、金华德山商业广场、山水铭州小区等房产项目，绿地集团投资开发的德山新都会项目正按预期目标强力推进。功能配套进一步完善，垃圾发电和污水处理厂投入运营。

*五是体制机制逐步理顺。*市委、市政府出台了《关于进一步加快常德经济技术开发区发展的若干意见》，明确规定了经开区享有市级经济管理权限，按照“办事不过江”的总体要求，实行相对集中的管理体制。整合了内设局办，采取竞争上岗的方式，选拔了一批德才兼备、群众公认、实绩突出的年轻干部，各级班子的战斗力、凝聚力得到明显增强。整体代管石门桥镇工作顺利完成，经开区的发展空间扩展到155平方公里。

*六是社会事业协调发展。*22项省市为民办实事工作任务全面完成。全年新增城镇就业人员3154人，零就业家庭动态清零达到100%，新增农村劳动力转移就业502个，进一步完善了基层就业平台建设。12911人参加城镇居民医疗保险，住院报销补偿率达到62%。21428人参加新农村合作医疗，统筹地区内补偿率达71%。城乡低保救助水平超过省市标准，全面开展了临时生活困难救助。崇德中学已动工建设。完成了10个农家书屋建设任务。棚户区改造工作进展顺利。建设廉租房522套，公租房300套。高标准完成了樟木桥农贸市场建设和莲池农贸市场改造。投入200万元，改造社区“三不”问题56个。加强社会管理创新，严厉打击各类违法犯罪，维护了社会大局稳定。积极化解各类不稳定因素，稳妥处理了海利化工甲氨泄漏及事故引发的群体性事件。深入开展专项整治行动，确保了食品药品安全及校车安全。全区上下以饱满的热情、不懈的作风、苦干实干的精神参与全市文明城市创建工作，为常德获得全国文明城市称号作出了积极贡献。

*七是园区两型建设不断加强。*重拳治理环境污染。依法关闭了7家实心黏土砖厂和10家采砂及砂石经营场；对旧城区近10家企事业单位实施了锅炉煤改气工程，并对新引进工业区的工业企业及餐馆单位规定一律要求使用天燃气锅炉。区内建设了污水处理厂和生活垃圾无害化处理场各1家，全区污水处理能力达到10万吨，年处理生活垃圾能力21.9万吨余吨。加强两型机关和两型企业创建工作，常德经开区管委会机关和金健米业公司分别被评为省两型建设示范单位。鼓励企业进行节能技改。全区全年完成了3个项目的节能技改工作，总投资1.61亿元，分别为华耀浆纸投资5000万元建设高压循环流化床锅炉改造项目、金健米业投资6000万元建设的有机稻肥循环经济改造项目和云锦集团投资5100万元建设的喷气节能改造项目。

常德德山片区2011年建设纪事

2月10日，三一常德工业园举行了首期项目的投产仪式。

4月6日，郑州商品交易所棉花期货指定交割库挂牌仪式在德山工业园区湖南银华现代农业物流股份有限公司举行。这是湖南省唯一一家兼具棉花期货交割和棉花电子撮合交割功能的指定交割库。

5月6日，省发改委地区与环资处组织15名专家对德山工业园区《十二五经济与社会发展规划（2011—2015）》进行了评审，规划获原则通过。

5月18日，洞庭药业扩建项目举行了开工仪式。该项目总投资3800万元，是由湖南洞庭药业股份有限公司投资建设，通过购置原“吉春堂”厂房，新建约11000平方米的综合制剂车间。

5月18日，常德经开区中小企业园举行“常德市创业孵化基地”授牌仪式。

6月27日，总投资1.8亿元的大湖股份淡水鱼深加工项目举行奠基仪式。

6月28日，大汉汽车集团大型高档客车、随车起重机产业园新建工程项目举行开工奠基仪式。

7月19日，湖南金帛化纤有限公司年产7万吨锦纶切片技改项目举行奠基仪式。

7月22日，常德经开区被省政府授予“湖南省两化融合试验区”，成为以信息化带动工业化，以工业化促进信息化的实验园区。

10月22日，湖南大北互互感器有限公司正式投产仪式在大北互厂区内举行。

10月28日，湖南中天新能源有限公司投产暨常德市博士创业行动启动仪式在常德经开区中小企业创业园举行。

11月7日，湖南中锂新材料有限公司投资20亿元的锂电池膜项目签约仪式在开发区举行，副市长朱晓平及区领导魏立刚、周运来、向绪彦、张帆出席签约仪式。

11月28日，“常德市博士创新创业成果转化暨恒至凿岩国内外战略合作签约仪式”在常德经开区湖南恒至凿岩科技有限公司举行。

12月18日，常德市光能科技有限公司投产暨常德市电子信息产业产学研联盟签约仪式在常德经开区电子信息产业园举行。中国光能集团是一家集研发、生产、销售、服务于一体的高新技术企业，专注于陶瓷纳米、光电技术研究，开发高效照明新产品。

12月27日，中联重工德山工业园举行开工庆典，中联重科董事长詹纯新带领公司全体高管人员参加庆典。

昭山示范区

湘潭易家湾、昭山片区

湘潭易家湾、昭山片区 2011 年建设概况

2011 年，昭山示范区紧紧抓住“两型社会”建设契机，坚持以科学发展观为指导，统一思想和行动，凝聚智慧和力量，围绕打造“生态绿谷、创意之都”、建设“具有国际品质生态新城”的发展目标，负重拼搏，克难攻坚，创新创业，各项改革建设事业取得了明显成效。

一、园区经济效益好

2011 年地区生产总值 13.9 亿元，比上年增长 15%；财政收入 2.4 亿元，比上年增长 100%，固定资产投资 29.29 亿元，比上年增长 50.36%。招商引资方面，内资实际完成 9.41 亿元，境外资金实际到位 3719 万美元。

二、探索推动项目新举措

一是突出“两型”特色。在引进项目上始终突出“两型”特色，如中建仰天湖绿色养生示范城和“昭山晴岚”两大战略项目都具有“两型”内涵，突出生态保护，规划高标准，建设高品位，项目内容丰富，经济效益、生态效益和社会效益相统一。

二是建立“六位一体”项目服务工作机制。全区项目建设坚持贯彻“党工委统一领导、党政办公会议调度、协调指挥机构具体负责，项目合作双方合署办公、专业咨询服务、项目全员风险金考核”工作机制。重大项目、重要事项坚持党工委集体研究，民主决策；每周一次的党政办公会议第一个议题即调度项目建设工作，听取情况，查找问题，部署任务，层层抓落实；建立项目建设服务指挥部和投资方合署办公机制，由项目建设指挥部负责具体工作；引入上海三维建设咨询管理服务公司，对项目进行专业化管理；通过全员缴纳项目风险责任金，强化工作责任和目标管理。区工管委领导班子多次深入基层、项目施工现场，开展调研、督查，抓进度、解难题，形成了强大工作合力。湘江防洪景观道路昭山段工程建设方面：累计完成投资 1500 万元，全线完成绿化工程，启动路灯工程。入园项目基础设施建设方面：总投资约 5 亿元的白合大道实现芙蓉大道至京广铁路 1.56 公里的主路通车；入园项目基础设施建设完成投资 3.9 亿元，安置区建设共完成 8.3 万平方米主体工程；“昭山晴岚”项目建设方面：累计投入 9300 万元，启动一期开工项目立项工作，完成了一级开发建设用地 465.3 亩报批工作，完成了开工场地的征拆工作；昭山中建仰天湖绿色养生示范城项目建设方面：2011 年 9 月 5 日举行开工仪式，全年共计完成投资额 2.6 亿元，全面启动仰天湖综合整治、展示馆建设和湖岸线整治工作。

三、“两型”建设全面推进

投入资金 1000 万余元，强化了城市管理和行政执法工作，重点加强了对长株潭大市场、昭山乡北门市场和四维的城市管理工作。对芙蓉路门店 200 多家广告招牌进行全面更换和升级、开展环境卫生整顿活动、清运沉积垃圾 2000 余吨，栽绿补绿 35 万平方米。坚持控违与拆违并举，做好并协助抓好对湘江河道昭山段的综合整治工作，获全市二等奖。制定了区森林、水资源、矿产、自然保护区生态补偿的实施方案，加强与省相关厅局衔接，昭山“绿心”开展生态补偿试点方案已制定初稿。加快推进长株潭城际铁路湘潭段及站场配套工程建设。编制完成昭山示范区重点区域的控制性详细规划，实现了全区重点片区控规全覆盖，中建仰天湖绿色养生示范城项目详细规划已经通过专家评审。“昭山晴岚”项目控规已出台，通过专家评审。启动全区域城乡统筹发展规划及京港澳高速以西城市设计国际招标工作，引入了世界 500 强 AECOM 等 4 家国际知名设计单位竞标，进行深化设计。用第三方委贷、组建项目公司等方式，争取向农业发展银行市分行贷款 4 亿元，发行信托产品 8000 万元，向华融湘江银行贷款 1 亿元；力争与各银行机构进行深度合作，已签订借款合同 55000 万元，实际到位 51000 万元，其中华融湘江银行 7000 万元，湖南省信托投资有限公司 8000 万元，农业发展银行 36000 万元。

四、突出历史遗留问题的化解工作

一是建立健全机制。重点突出“历史遗留积案和矛盾纠纷化解、社会管理创新、维护社会稳定、建设法治昭山”四大主要任务，制定了《集中开展历史信访积案和矛盾纠纷排查、化解工作实施方案》、《综治、维稳、信访工作责任追究办法》等，进一步强化领导责任制，将矛盾化解在源头。对全区历史遗留问题进行全面梳理，落实了“一个历史遗留问题、一名包案领导、一套工作班子、一套处置方案、一个办理期限”工作机制。

二是认真研究部署。区工管委 6 次专题研究历史遗留问题化解工作，2 次专题研究社会管理创新提高群众满意度工作，召开 5 次全区性的综治维稳信访、社会管理创新工作大会，全年共进行各类工作督查 10 次，全区性的工作督查 2 次，专项工作督查 5 次，共发出通报 7 期。

三是矛盾化解工作成效显著。全年没有发生一起重大刑事案件、重大火灾、安全生产责任事故，也没有发生一起较大群体性事件，更没有发生恶性堵路、堵桥事件。投入化解资金 1000 余万元，共接待受理群众来访 152 批次，共 466 人次，完成上级交办信访案件 62 件、“公开办信” 4 件，全部办理完毕，共排查社会矛盾和不稳定因素 102 起，化解 95 起，缓解 7 起，成功解决历史遗留问题 4 起，如成功化解了素质教育基地多年上访问题，王爱英房屋拆迁自

残事件、与金侨公司欠款矛盾、湘潭汽车运输总公司土地征收补偿款历史遗留问题等。

五、社会事业全面发展

一是教育卫生事业稳步发展。投入资金200余万元，南天“合格学校”建设达到合格学校标准，公办昭阳幼儿园已正式开园，切实加强了对中小学生安全工作的监督管理和教师队伍班子建设，编写了《昭山示范区“两型”知识读本》，免费发放给学生，用于课外阅读和课外活动。加强对乡镇卫生院建设，改善了群众就医环境，全额资助城乡低保户、五保户2358人参加农村合作医疗或城镇居民基本医疗保险。

二是民政工作扎实推进。切实帮助困难群众解决生活问题，共发放各类临时救助金35.73万元，认真组织救灾工作，共发放自然灾害生活救助资金9万元，全面落实五保供养政策，五保供养资金按200元/人/月及时发放到位，发放优抚补助金27.8759万元。精心指导第八次村委会换届选举工作，工作进度在全市8个县市区中排名第三，积极推进社区建设，抓好双建和谐社区管理及大塘和谐社区创建工作。

三是计生工作争创国优。2011年度按照创国优标准，投入经费70万元，圆满完成省、市下达的各项人口和计生目标任务。投入资金30万余元完成昭山乡中心服务所建设，对24个村级服务室进行提质改造。严格按政策落实计划生育奖励扶助，做到100%落实到位，共发放各类奖励资金40多万元。

四是实事项目完成较好。完成农村危房改造20户，城市、农村低保、五保对象人均补助提标，园区城市低保人均215.7元，农村低保人均111.3元，五保对象年供养标准2400元/人/年，都已达到“为民办实事”工作目标。成立示范性专业合作组织昭山乡玉屏花卉苗木专业合作社农民人均可支配收入达13299元，增长17%。建设农村“清洁工程”示范村1个：昭山乡金星村，启动清洁庭院建设30户，被省农业厅评为全省农村清洁工程建设先进单位，被市农业局评为全市农村清洁工程一等奖。完成行政村电网改造任务4个：昭山乡立新村、昭山村，易家湾镇新南村、新湖村。加强森林防火工作，全区未发生重大森林火灾，被市森林防火指挥部评为全市森林防火一等奖。组织开展义务植树活动，共植树造林20万余株。投入资金1000万余元，强化了城市管理和行政执法工作，重点加强了对长株潭大市场、昭山乡北门市场和四维的城市管理工作。坚持控违与拆违并举，做好并协助抓好对湘江河道昭山段的综合整治工作，获全市二等奖。

六、强化机关效能建设

园区始终坚持把项目建设置于突出位置，提出了“发展是硬道理，项目是硬功夫，效率是硬水平”的考核思路，坚持用项目建设和发展实绩来检验干部，项目建设氛围形成，进度明显加快。不断优化项目建设环境。率先出台了对村、社区综治维稳、拆违控违、计划生育等方面的综合考核奖励办法，按季度实行奖励，优秀村（社区）一年最高可获8万元奖金；出台了《关于对严重影响经济发展环境违法违纪行为的处理意见》、《严肃项目服务工作纪律“五个必须、五个不准、五个严禁”的规定》积极协调上级公安机关增派公安力量，加大查处打击违法行为力度。

湘潭易家湾、昭山片区2011年建设纪事

1月17日，园区开发建设北部组团和“昭山晴岚”项目的主要对外通道——白合大道正式开工，省人大常委会副主任陈叔红出席并宣布开工。

3月9日，中共湖南省委书记、省人大常委会主任周强就昭山·中建健康养生示范城项目在北京与中国建筑股份有限公司董事长易军进行会谈。

3月31日，昭山·中建健康养生示范城项目签约仪式在盘龙大会堂1号厅隆重举行。项目合作协议由市委副书记、市长史耀斌和中建五局董事长鲁贵卿签订，市委书记陈三新出席仪式。

4月23日，园区与江苏国信集团签约投资100亿元“昭山晴岚”项目在湘苏经济合作暨重大项目签约仪式的首轮隆重签约，成为湘苏两省共同探索“两型社会”建设的重大战略项目。

6月24—27日，园区隆重召开庆祝建党90周年暨创先争优表彰大会，并举办纪念建党90周年大型展览。

7月22日，省委书记、省人大常委会主任周强率省人大常委会长株潭城市群“一条例一决定”执法检查莅临昭山示范区，了解长株潭城市群“一条例一决定”贯彻实施情况和长株潭生态“绿心”保护工作情况。

8月22—23日，徐守盛会见董启彬一行，湘潭市与江苏国信集团建合作机制，标志着“昭山晴岚”项目迈入实质性开发运作阶段。

9月5日，湖南省“两型社会”建设重点示范工程，总投资超过200亿元的昭山·中建仰天湖绿色养生示范城项目开工典礼隆重举行。

9月8日，“气化湖南”工程启动暨湘潭—娄底—邵阳天然气管道开工仪式在园区仰天湖畔隆重举行，省委书记、省人大常委会主任周强出席仪式并宣布工程开工。

12月19日，园区与惠天然集团就昭山风景区提质改造及周边片区整体开发签约。

湘潭九华片区

湘潭九华片区2011年建设概况

2011年，湘潭九华示范区努力争当发展先锋、改革先锋、服务先锋，全面建设大园区，打造新中心，超额完成各项目标任务，并成功获批为国家级经济技术开发区。

一、经济高速增长

1. 经济指标快速增长。全年实现技工贸总收入424亿元，同比增长1.3倍；完成工业总产值272亿元，增长

68.4%，其中，产值过100亿元的企业1家（钢材物流园106亿元），过50亿元的企业1家（吉利汽车67.4亿元），过10亿元的企业4家（爱铭数码22.5亿元、兴业太阳能21.3亿元、中冶京诚20.8亿元、全创科技14.9亿元），过亿元的企业29家；实现地区生产总值131亿元，增长1.27倍；规模以上工业增加值完成72亿元，增长45.5%；第三产业实现营业收入140亿元，增长6倍。实现财税总收入13.2亿元，增长88.4%，列全市第一名，其中，税收过亿元的企业1家（吉利汽车2.7亿元），过千万的企业9家，过500万的企业9家，过300万的企业6家。完成固定资产投资110亿元，增长54%。完成出口创汇1.37亿美元，增长10.8%；实际到位外资1.2亿美元，增长43.6%；实际到位内资36亿元，增长39.7%。园区获批全省首批知识产权试点示范园区，中冶京诚自主研发的中国最大吨位400吨级超大型矿用电动轮自卸车成功下线，“三弘”商标获得国家驰名商标称号，宏大真空获批省级企业技术中心，全区19家高新技术企业累计完成产值133亿元，增长70%，占工业总产值的49%，累计投入研发经费2.1亿元，占地区生产总值的3%。经过8年的艰苦奋斗，园区经济快速发展，得到了中央、省、市的肯定。2011年9月25日，国务院下文批准九华示范区升级为国家级经济技术开发区，九华从此进入“国家队”。

2. *产业规模迅速壮大*。2011年，三大产业集群保持强劲发展势头，汽车及零部件产业完成产值100亿元，增长40%，成为园区第一个百亿产业集群；电子信息产业完成产值70亿元，增长1.3倍；装备和制造产业集群完成产值75亿元，增长1.42倍。2012年电子信息产业集群以及装备和制造产业集群产值都将过100亿元。全年引进项目39个，其中投资过5亿元的项目16个，投资过亿元项目18个。泰富重工总投资35亿元，全部达产后实现年产值300亿元；世界最大的汽车底盘生产商美国塔奥投资8亿元，预计年产值达30亿元。预计两年内，产值过100亿元的企业将达4家（钢材物流园、吉利汽车、泰富重工、中冶京诚），产值过50亿元的企业将达3家（兴业太阳能、全创科技、江麓科技），从而形成一批产业航母，为实现千亿园区目标奠定坚实的基础。

3. *滨江新城初见成效*。以“人民给我一方土，我还人民一座城”的担当和勇气，重点推进城市及商业综合体建设，加快建设滨江新城。黄河集团东方威尼斯、步步高摩尔城、红星美凯龙商贸城等一批大型城市、商业综合体项目已开工建设，日本原弘产新都汇、九华新城、百嘉信等一批百米高楼集群顺利封顶，未来三至五年，九华将形成一大批城市及商业综合体，城市品位显著提升。2011年房地产开发共完成投资22亿元，新开工建设面积97万m^2，完成开发面积48万m^2，分别增长1.27倍和1.3倍，滨江新城建设进入快速发展轨道。同时，全面加强城市管理。建立健全城市管理考核制度，加强文明施工和渣土车管理，社区实行物业化管理，加大城市治安管理力度，打造安全、干净、舒适的滨江新城。

二、项目建设成效突出

1. *规划理念不断提升*。围绕“大园区、新中心”目标，将九华建设成为经济大总量、产业大规模、对内大和谐、示范大平台、展示大窗口的园区和国内一流、湖南一绝、在长株潭地区最具竞争力的城市。坚持“开窗见绿，出门有游园”、“地下停车位一比一”、“高层低密”等理念高标准建设滨江新城，解决出行难、停车难、购物难等常见“城市病”。园区总体规划和产业发展规划已获省政府批准，园区“十二五”规划已发布。按照规划要求，重点建设“八大功能区”：全面推进以吉利汽车、兴业太阳能、泰富重工为核心的工业新区，以兴隆湖为核心的国际服务区，以沪昆高铁为核心的中央商务区，以隆平高科为核心的总部经济区，以九华湖、湘水西湖城为核心的高档商居区，以湘江风光带为核心的历史文化区，以港口为核心的现代物流区，以毛家、仁伦村为核心的生态保育区。通过“八大功能区”的建设，基本建成大园区、新中心。

2. *大力实施“一号”工程*。将一批急需建设，对九华经济与社会发展具有决定性意义的重特大项目列为九华的“一号工程”，以实施“一号工程”为突破口，全力推进大园区、新中心建设。“一号工程”共五大类12个重特大项目，其中沿江风光带、泰富重工、红星美凯龙商业综合体和步步高新天地4个重特大项目已全面开工建设。第一类是重特大工业航母工程。包括泰富重工、广汽汽车零部件基地、湖南农机产业园、江麓军民融合产业园等一批年产值在50亿元以上的项目，都将在2—3年内建成投产。第二类是大型城市综合体工程。精心打造5—6个大型城市综合体。包括98层摩天大楼和兴隆湖、湘水西湖城、九华湖、东方威尼斯等城市综合体，每个城市综合体规模相当于一个小县城，品位世界一流、湖南一绝。第三类是大型商业综合体工程。建设日本原弘产新都汇、峰尚国际、步步高、红星美凯龙等6—8个具有国际品质的大型商业综合体，为湘潭乃至长株潭城市群的购物环境带来质的提升。第四类是重特大基础设施工程。全面打通对接长沙的快速通道。重点建设18.96公里长的湘江风光带项目，实现与长沙潇湘大道对接；建设九华大道，实现与长沙坪塘大道对接。同时，建设沪昆高铁、奔驰路等关键性项目。第五类是重大配套及服务设施工程。重点建设隆平科技创新博览园、湘潭中心医院九华基地、索菲特超五星级大酒店等项目，不断提升九华的竞争力与居民的幸福感。

3. *项目推进持续有力*。始终坚持一套具有九华特色的项目建设机制。一是早谋划，快行动。在2010年底就谋划好2011年全盘工作，确定各项主要经济指标任务。春节过后召开全区经济工作会议和征拆工作誓师大会，下达全年项目建设、企业生产经营和征拆目标任务，并与各责任单位签订责任状，将项目建设任务分解到各部门和责任人。二是抓调度，强督查。实行项目责任包干制，将年初下达的目标任务分解到人，点对点做好服务，招商、征拆、建设和产业等部门形成了签约项目抓交地，交地项目抓开工，开工项目促投产的联动机制。建立战地督查专报制度，每周在党政办公会议上通报项目建设进展情况，有力推进了项目建设进度。三是战高温、夺高产。狠抓7、8、9三个月黄金建设季节，开展战高温夺高产项目建设劳动竞赛活动，明确战高温、夺高产劳动竞赛的目标任务和责任单位，建立晚上值班等特殊工作纪律制度，积极筹措资金，加快项目建设及征地拆迁进度。四是深入现场化解难题。坚持企业问题无小事，急难问题不过夜。深入项目建设一线现场，查看进度，协调服务，解决问题，以“干部晒得墨黑”为衡量工作的标准，竭力推进重大项目建设。

4. 各类项目同步推进。一是基础设施项目建设取得新突破。全年共完成投资37亿元，建设城市主次干道24条，总里程达52.6公里。新开工建设道路18条，奔驰中路、九华大道北段、九华大道南段、吉利西路、疏港公路、大新路等6条道路全面建成，通车里程达10公里；湘江风光带、奔驰东路、奔驰西路等重大基础设施项目全面开工建设。基本形成了东西贯穿、南北通畅的“四纵五横”主干道路网。同时，园区内水、电、气、通讯、绿化、亮化等配套设施与道路建设同步跟进。二是工业项目建设历史新高。全年续建和新开工工业项目53个，完成投资49亿元，其中投资过亿的9个。汽车产业方面，重点推进投资30亿元的吉利汽车三期建设，目前已全面建成投产，形成了年产20万台整车、30万台发动机、30万台自动变速箱生产基地。电子信息产业方面，重点建设中国兴业太阳能（湖南）产业园，该项目投资20亿元，仅建设一年于2011年6月建成投产，当年实现产值21.3亿元。装备和制造业方面，加快推进江麓科技、浙江利欧、金海重工二期等项目，浙江利欧完成投资3亿元，并已投产。

三、卓有成效破解发展难题

1. 全力破解征拆难题。全年完成征地拆迁3.2万亩，顺利完成了台湾工业园一期、环保产业园二期项目的征拆，重点推进了湘江风光带、隆平科技博览园、泰富重工等重大项目的征拆进度。一是坚定不移推行货币安置政策。对征拆农民不再实行留地安置，大大节约了安置土地，做到了集约节约用地。实施货币安置政策一年多来，征拆百姓反响热烈，积极支持拥护；进一步细化工作方案，重点攻克征拆疑难问题，货币安置政策更加人性化、更加惠利于民。二是努力打造一支九华征拆铁军。全年两次面向全省公开招考了一批有基层群众工作经验的征拆队员，经过严格培训上岗，夯实征拆力量；实行淘汰制，每月评定征拆冠军，连续三月排名末位的中队长就地免职。打造了一支能征善战、廉洁高效的征拆铁军。三是建立公开、公平、公正的征拆机制。征拆工作日碰头、周布置、月讲评，按照重大项目供地时间表，下达征拆任务，责任到队、到村、到组、到人；紧紧依靠村组干部力量，以征拆任务完成情况作为考核村级工作的主要指标；大幅提高村干部待遇，对连续三年被评为“征地拆迁工作优秀村干部”的同志购买养老保险；小额工程在同等条件下优先承包给村、组征拆骨干，全面调动基层积极性；建立征拆困难群众救助机制，成立九华慈善总会，募集善款近2000万元，营造了“九华发展成果与民共享”的良好氛围。

2. 全力破解融资难题。全年融资100亿元，确保了重特大基础设施及配套服务设施的推进。加快投资公司改革，退出地方政府融资平台，组建九华建设发展集团，向战略控股集团转变。加强市场化运作，做好土地经营文章，为银行融资、债券发行提供最坚实的基础；加强与农发行、招行等商业银行的战略合作，全年筹集银行贷款资金到位9亿元；强化项目包装，积极策划包装了争光渠、双庆渠水系水利建设（改造）5亿元贷款、九华示范区防洪工程加固及江堤道路修建工程5亿元贷款等重大项目；加快推进二期12亿元债券申报工作；狠抓信托入股，完善信托入股相关制度；引进中国银行、工商银行、建设银行、农业银行等四大国有商业银行和华融湘江银行等股份制商业银行以及保险公司进驻九华；成立1家小额贷款公司和2家投资担保公司；引进了中科招商等风险创投基金和平安证券等国内知名券商，辅导、帮助企业完成股份制改革，协助恒润高科、宏大真空解决企业上市工作中的困难和问题，加快企业上市步伐。狠抓企业工商、税务注册登记；强化报建费用及土地款征收力度；编制部门预算，压缩经费开支。

3. 全力破解用地难题。千方百计加大土地报批力度，全年完成土地报批6000亩，确保了重大项目的用地需求。继续探索集约节约用地机制，实施土地管理“五统一”，即统一用地报批、统一征拆市场、统一供地方式、统一交易市场、统一考核监督，不断加强土地监管，提高土地使用率。

4. 千方百计搞好配套服务设施建设。增加城市基础配套设施投入1000万元以上，在富洲路等主干道设置隔离栏，加快推进城市亮化、绿化工程；开工建设自来水厂、污水处理厂，成立出租车公司、开通环区公交线路，不断完善园区的配套服务设施，提升园区的综合承载能力和服务水平。

四、队伍建设不断加强

1. 打造艰苦创业、敢为人先、亲商务实的队伍。召开九华示范区第一次党代会，统一全区上下思想，激发团队干事创业的动力和信心；完善人事制度，实行全员聘用制和职员“双向选择”制，中层干部竞聘上岗，竞聘产生9名正职、13名副职干部，激发队伍活力；完成乡村两级换届工作，夯实基层建设；在区工委党校开展中层干部培训和职员入职培训，切实提高干部的业务技能和执行力；加强工作督查，每周一党政办公会议对征拆、融资、项目建设等重大工作进行专项督查，打造了一支艰苦创业、敢为人先、亲商务实的九华铁军。

2. 狠抓思想作风建设。开展庆祝建党90周年系列活动，评选出9名爱岗敬业标兵和10名优秀共产党员，九华周报、九华电视台策划了园区第一批创业者、创业八周年回顾等系列经典报道，总结创业文化，标榜先进，弘扬正气；九华周报社以专题报道的形式先后推出重要专访，九华电视台推出电视专访《建设大园区打造新中心》，统一思想，明确方向；学习胡锦涛总书记“七一”重要讲话精神；开展“征集金点子、共建新九华”活动，集思广益；向干部职工发放《增广贤文》、《中国传统道德文化教育读本》等经典书籍，要求联系实际，深入研读；开展“富而思进”培训工程，九华团队凝聚力不断增强。

3. 构筑反腐倡廉防线。认真贯彻中央、省、市关于加强党风廉政建设的系列会议精神，深入学习《党员干部廉洁从政若干准则》；召开党风廉政建设大会，层层签订党风廉政建设责任状；组织中层干部参观廉政教育基地、监狱警示教育基地，观看正反案例专片；邀请省检察院预防职务犯罪专家讲座，全体干部职工参加；与市检察院合作，创新成立了检务联络室；建立健全项目审计制度，完成初审项目85个，杜绝工程建设等领域的腐败现象；严肃乡村两级换届工作纪律；及时受理各类举报，坚决处理到位。全年领导班子和中层干部没有出现一例违法违纪现象。

五、领导关心，各界关注

随着园区的快速发展，九华的知名度不断扩大，影响力不断提升，得到了各级领导的充分肯定和社会各界的高度关注。2012年元旦期间，温家宝总理亲临九华视察，为企业发展排忧解难、指明方向，关心关注农民工生存状况。2011年公务接待120多批次，5000余人次；其中有全国人大常委会副委员长韩启德，十届全国政协副主席、中国工程院名誉主席、院士徐匡迪，十一届全国政协副主席、农工党中央常务副主席陈宗兴等国家领导人3批，536人次；国土资源部部长徐绍史、中共湖南省委书记周强等部省级领导23批，1950人次。全年在人民日报、中央电视台、新华社、湖南日报、湖南卫视、湖南经视、新湘评论、经济杂志等中央、省级媒体策划了系列颇具影响的专题报道200余条次，极大提升了九华的知名度和形象。“东方莱茵河湖南两型梦——2011海外华文媒体高层聚焦湖南”专题报道，“台湾旺旺中时传媒”采访报道，湖南日报“九华骄子”、国家级经开区授牌系列报道，宣传片《两型九华》、纪念画册《创业之歌》、纪录片《峥嵘岁月》以及歌曲《长空雁叫》，引起了社会的高度关注和热烈反响。

湘潭九华片区2011年建设纪事

2月9日，中共湖南省委书记、省人大常委会主任周强视察九华示范区。周强书记一行视察了兴业太阳能、江麓重工、恒润高科、长株潭城际铁路湘潭湘江特大桥等企业和建设项目，听取了杨亲鹏关于九华示范区“两型社会”建设情况的汇报。市领导陈三新、史耀斌、曾震亚、阳祖耀、宋厚源、杨亲鹏等陪同。

2月18日，第十一届全国人大常委会委员、全国人大农业与农村委员会副主任委员、国土资源部原部长、党组书记孙文盛一行视察九华吉利汽车。市领导陈三新、阳祖耀、谈文胜、杨亲鹏等陪同。

3月2日，中国农业发展银行总行丁杰副行长来九华示范区考察，市领导史耀斌、杨亲鹏等陪同。参观了九华示范区新农村建设农民集中居住杉山、大新示范基地和河西中心港区。

3月2日，九华示范区产业发展局被授予“湘潭市2010年度科技工作先进单位”荣誉称号。

3月9日，《九华周报》创刊号第一期与读者见面，市人民政府副市长、九华示范区党工委书记杨亲鹏同志为《九华周报》题写刊名和创刊题词。

3月26日，全国人大常委会副委员长、九三学社中央主席韩启德视察九华示范区的湘潭河西中心港，了解港口建设情况。九三学社中央副主席赖明，湖南省委常委、统战部长李微微，省人大常委会副主任蒋作斌，市领导陈三新、史耀斌、阳祖耀、谈文胜、杨亲鹏、陈安华以及九华示范区管委会领导苏国军、朱又红、蔡德强等陪同视察。

3月31日，中共湖南省委副书记梅克保来九华视察。省委副秘书长龚文密以及省发改委、省经信委、省国土资源厅、省委办公厅等单位负责人，市领导陈三新、史耀斌、谈文胜、杨亲鹏、杨广等陪同视察。梅克保一行先后视察了吉利汽车、兴业太阳能、江麓机电和中冶京诚等企业。

4月27日，湖北省委书记、省人大常委会主任李鸿忠，省委副书记、省长王国生率党政代表团来九华示范区，在湖南省领导许云昭、杨泰波，市领导陈三新、史耀斌、宋厚源、谈文胜、杨亲鹏陪同下考察江麓机电科技有限公司。

5月30日，副市长、九华示范区党工委书记杨亲鹏与中国电信湖南分公司副总经理张敏共同签订《“智慧湘潭”建设战略合作框架协议》，省委常委、长株潭试验区工委书记陈肇雄发表讲话，市委书记陈三新致词，市委副书记、市长史耀斌主持。

5月31日，九华示范区与中国五矿二十三冶建设集团签署合作协议，由该公司投资90亿元建设九华湖项目。

6月10日，全国政协常委、港澳台侨委员会副主任陈佐洱一行来园区调研港澳台资企业发展情况，省政协副主席王晓琴，市领导宋厚源、杨亲鹏、刘建湘陪同调研。

6月13日，总投资100亿元在九华示范区兴建农机产业园项目——湖南省农业工程机械产业园项目签约仪式暨项目推介会在盘龙山庄隆重举行。

6月13日，总投资100亿元的湖南省农业工程机械产业园项目落户九华示范区。农业部农业机化司副司长刘恒新，省领导梅克保、陈叔红，市领导陈三新、史耀斌、周放良、谈文胜、万启林、刘继业、杨亲鹏出席签约仪式。湖南省农业厅厅长田家贵主持。

8月22日，全国政协副主席陈宗兴，省委常委、长株潭“两型社会”改革试验区工委书记陈肇雄，省政协副主席龚建明，湘潭市领导陈三新、史耀斌、谈文胜、杨亲鹏、杨广、曾建平等出席中国最大吨级矿用自卸车在九华中冶京诚（湘重）下线仪式。

8月22日，中国最大吨级——400吨级矿用自卸车在园区中冶京诚（湘潭）公司下线，填补了我国大吨级矿用自卸车制造的空白。

9月25日，国务院办公厅行文，批准湘潭九华工业园升级为国家级经济技术开发区。

11月10日，国土资源部部长、党组书记、国家土地总督察徐绍史一行在湖南省委书记、省人大常委会主任周强的陪同下来园区视察兴业太阳能项目。

12月16日，国家级湘潭经济技术开发区授牌仪式暨发展动员大会在九华服务大楼隆重举行。第十届全国政协副主席、中国工程院名誉主席、院士徐匡迪为国家级湘潭经济技术开发区授牌，市委副书记、市长史耀斌代表湘潭市委、市政府接牌。

12月21日，台湾旺旺中时文化传媒有限公司一行5人，在总经理王绰中的带领下对园区的“四化两型”建设进行了采访和拍摄。

2012年元旦之夜，温家宝总理又一次来到九华，与杉山社区建设工地农民工一道欢庆新年。

娄底水府片区

娄底水府片区东部新区2011年建设概况

2011年，东部新区党委、管委会认真贯彻落实中国共产党第十七届六中全会及湖南省第十次党代会、娄底市第四次党代会精神，深入践行科学发展观，奋发图强，扎实工作，全区经济社会呈现出又好又快发展的良好态势，实现了"十二五"开门红。

一、2011年主要工作

2011年，东部新区党委、管委会认真贯彻市委、市政府的决策部署，坚持把招商引资作为第一职责、把项目建设作为第一抓手、把产业培育作为第一任务，围绕年初计划，扎实推进各项工作，全年总体目标任务圆满完成，几个主要经济指标超额完成。

1. *经济实力大幅提升*。2011年实现工业总产值388.54亿元，同比增长26.5%，工业增加值110.16亿元，增长25.2%，税收收入17.9亿元，增长30%，进出口总额12.1亿美元，增长30.1%，利用外资10.1亿美元。在总量扩张的同时，园区产业结构调整迈出了可喜步伐，经济质量和效益进一步攀升。全年新增规模以上企业5家。三一中兴、泰基建材、创一电子等优势企业产销两旺、持续做大做强。薄板及深加工、汽车及工程机械制造、电子信息三大产业主导地位日益凸显，集群发展初具规模。战略性新兴产业快速成长，已成为经济发展生力军。

2. *园区规划科学*。坚持规划高端引领，高点定位、科学规划、统筹推进开发建设。委托上海同济大学等机构编制了《娄底经济开发区总体规划》(2004—2020)、《娄底经济开发区产业发展总体规划》、《先进制造业发展规划》、《电子信息产业发展规划》和《物流产业发展规划》，大大提升了发展标准和档次。总体思路是又好又快建设设施配套、功能完善、产业发达、生态宜居、安全适业的充满发展活力、富有独特魅力的现代化园区。具体发展布局是"三园两基地"，"三园"即加快建设薄板深加工产业园、先进装备制造产业园和电子信息产业园等专业园区；"两基地"即着力打造商贸物流基地和休闲文化旅游基地。计划到"十二五"期末，园区将形成年产值600亿元的精品薄板及深加工产业、300亿元的先进装备制造产业、200亿元的新材料产业、50亿元的电子信息产业、50亿元的其他产业，园区工业总产值达到1200亿元。

3. *发展环境优越*。先后投入100亿元用于园区的水、电、路、气等公共配套设施建设，已基本建成为娄底市新兴的生态与科技新城。园区交通完善便捷，上瑞高速、二广高速贯穿全境，洛湛铁路、沪昆客运专线、湘黔铁路、安张娄衡铁路在此交汇，G207. G320和正在建设的娄长高速、益娄衡高速公路横穿全区，距长沙黄花国际机场、航运码头仅90分钟车程，已构筑起四通八达的立体交通网络。园区地理环境优越，涟水河、孙水河流经全境，气候舒适宜人，植被丰富，水量充沛，自然环境优美。优质的山水资源禀赋和"环境容量大、腹地开阔、用地条件好"的地理环境，为园区发展提供了良好的基础条件，被列为环长株潭城市群"两型"社会建设示范片之一，园区土地集约度分值92.9分，已成为湘中地区产业集聚的首选承接地。政务服务环境优良，实行"小政府、大社会、高效能、优服务"管理体制，设立专门的投资服务大厅，对入园项目实行"一厅式办公、一站式办理、一条龙服务、一票制收费"，做到"办事不出园"。

4. *产业基础雄厚*。现代产业体系日臻完善。园区入驻工业企业已达198家，其中规模以上企业92家。初步形成了先进制造、新材料、电子信息等优势产业，精品薄板及深加工产业集群被湖南省政府列入十大千亿产业集群。薄板深加工产业园、先进装备制造产业园、电子信息产业园等专业特色园区基本建成，太和电子信息产业园被授予"省级电子信息产业园"称号。园区正逐步成为世界顶级汽车板、电工钢生产基地，全球最大的液压油缸生产基地，中南地区最大的工程机械再制造基地。高新技术产业迅猛发展，2011年园区已拥有国家高新技术企业41家，占全区规模以上企业的44.6%，国家企业技术中心或研发机构4家，拥有国家授权专利488件，增长43.7%，3项产品获国家驰名商标或名牌产品称号，10项产品获湖南省著名商标称号。实现高新技术产值198.54亿元，占全区工业产值的51.1%。

5. *发展活力充沛*。大力实施"外向型带动"战略，优化资源配置，完善基础设施，强化园区服务，着力提升核心竞争力，以投资者为中心、以市场为导向、以优势资源为依托，将招商引资作为推进新型工业化的强力引擎。建园以来，园区已累计引进项目237个，内联引资356.21亿元，利用外资12.6亿美元，尤其是安赛乐米塔尔、沃尔玛、美国万国卡车、日本三菱、中石油、中石化、华润集团、华银电力集团、庄胜集团、三一集团、中冶南方等一批世界500强和国内外知名企业纷纷落户园区。投资123亿元的华菱安赛乐米塔尔汽车板、电工钢项目，投资40亿元的三一中兴液压件项目，投资28亿元的大丰和电动汽车整车及零部件生产项目，投资15亿元的特种汽车及底盘项目，投资12亿元的重型轧辊项目，投资3.3亿元的华润雪花啤酒等重点项目相继开工建设，东部新区已成为娄底市对外开放的主窗口和招商引资的主平台。台湾光群集团互动投影仪、大型无人飞机等50多个投资过亿元的优质项目即将入园落地。感光干膜、氢氧燃料产气机、锂电子负极材料等先进技术将填补国内技术空白，为园区的发展提供强劲动力。

6. *园区基础设施日益完善*。全年实际完成基础设施建设投资2.2亿元。市政建设步伐加快，吉星路开发区段正在抓紧施工，确保2012年7月份建成通车；娄涟公路改扩建正式开工；S209线开发区段、为氏星广场配套的沿河路建成通车；永兴街、尤莉街等园区主干道已破土动工；创园工作圆满完成，龙眼公园、鸭丝塘公园初步建成；园区水、电、气及绿化、亮化配套不断完善。安置基地建设成绩显著，凤阳市场、金利达市场、太和工业园、江龙等安置基地建设正在加紧道路硬化、网线改造和配套设施的完善，3308 人得到了妥善安置，沿河路、民福第一期安置基地的桩基础工程和下水道、化粪池等配套设施已施工完毕，已移交给拆迁户自主建房，梅子湾、迎春、吉星安置基地的基础工程全面启动。东部新区管委会正式挂牌，各项工作全面提速。控制性详细规划通过了市规划局和专家评审，基本完成了东部新区城市概念设计，并围绕物流、文化体育、生态旅游等重点产业展开了项目包装和招商。

7. 社会事业齐头并进。社会保障事业不断发展，城乡低保、城镇居民基本医疗保险、新型农村合作医疗保险、新型农村养老保险等社会保障体系实现全覆盖；就业培训 1900 人，实现失业人员再就业 400 人、城镇新增就业人员 1200 人，城镇登记失业率控制在 4.3% 以内。科教文卫工作深入推进，小学生辍学率为 0，初中生辍学率为 0.3%，均低于市里的考核指标值，中小学生免费疫苗接种率为 100%。孕产妇死亡率控制在 35 人/10 万人以下，5 岁以下儿童死亡率控制在 13‰以下。新农合的住院补偿率达到 100%。重大疫病防控率达 100%，近六年来没有发生任何重大疫情。计生工作全面加强，低生育水平稳定，出生人口符合政策生育率达 91.8%，人口自然增长率控制在 7.04‰之内。社会大局和谐稳定，非正常上访低于全市平均水平，实现了赴省无集访，进京零上访。城市管理不断加强，严厉打击“三强”行为和违章建筑，经济发展和项目建设环境有所改善。高度重视安全生产工作，加强了安全隐患排查和监管力度。

8. 党的建设不断加强。以庆祝建党 90 周年为契机，成功举办了“开发建设，我们给力”大型红歌赛等一系列活动，展现了开发区干部群众“爱与奉献”的饱满激情和精神面貌。深入开展“创先争优”活动，积极开展学习型党组织建设，建立起了长期、有效的学习机制和行为约束机制。坚持把党风廉政建设纳入年度总体工作目标，加强对各领域、各环节与每一位党员、领导干部的经常性监督和教育，加强基层党组织建设，致力于营造奋发向上、公正廉明的工作氛围。

二、2012 年工作安排

总体思路：始终不渝把招商引资作为第一职责、把项目建设作为第一抓手、把产业强区作为第一任务、把优化环境作为第一保障、把改善民生作为第一责任、把内强管理作为第一要求，经济上求更强、政治上求更稳、文化上求更活、环境上求更美、工作上求更实，为争创国家级开发区、建设幸福园区、推进“四化两型”做出积极的贡献。

为实现上述目标，突出抓好以下六个方面的工作：

1. 突出招商引资，进一步增添发展活力。围绕主导产业招大引强，力争薄板深加工产业园、三一工业园、中国新合作湘中物流产业园、广州侨伊休闲城等重大项目签约入园，全年引进亿元项目 10 个以上，实现合同引资 100 亿元以上。用好用活承接产业转移政策，打好“湖南省承接产业转移示范园区”金字招牌，加紧对接产业转移项目、央企项目。拓宽招商领域，加大吸引民间资本、信贷资本参与园区企业资产重组、投资并购，采取合作开发、BT 等多种模式推动基础设施建设，实现在建项目引资新突破。

2. 突出项目建设，进一步增强发展实力。继续开展“项目建设年”活动，全年计划安排建设项目 26 个，其中新投产项目 5 个，重点建设项目 7 个，市政工程项目 12 个。着力推动中兴液压有限公司扩建年产 8 万台套挖机油缸项目、金华车辆年产 3 万辆特种车辆项目、华润雪花啤酒（中国）有限公司年产 20 万千升雪花啤酒项目、方瑞钢管扩建项目、华南煤机扩建项目等 5 个项目建成投产。着力推进华菱安赛乐米塔尔汽车板电工钢项目、乐开口实业有限公司自动化一步成型米粉机项目、大丰和电动车辆有限公司绿色动力科技园项目、广东巨大重工设备项目、创高铝业有限公司铝型材高度精度挤压模具及高档铝合金门窗生产项目、吴哥服饰年产 200 万套军服扩建项目、三泰新材扩建项目等 7 个项目全面开工建设。着力抓好 16 个市政项目建设，完成投资 5 亿元以上，加快建设娄涟公路、吉星路、迎春路、江龙路等 4 条主干道和香茅街、太和南路、西坪南路、勤丰路、永兴街、尤莉街、秋蒲街、食府街、二工业园东西一、二路、南北一、二路等市政或园区道路，为园区发展搭“骨架”、通“经络”。

3. 突出产业培育，进一步提升发展潜力。做大做强精品钢材及薄板深加工、汽车及工程机械制造和电子信息三大主导产业，实现全年新增产值 40 亿元，新增投资 45.6 亿元。力争三一中兴扩建项目于 2012 年 3 月投产，新增产值 10 亿元，年产值达到 30 亿元；金华车辆项目扩大生产规模，新增产值 10 亿元；雪花啤酒项目于 2012 年 6 月投产，新增产值 6000 万元。重点推进汽车板电工钢项目基本完成厂区道路建设，完成厂房基础施工和厂房建设，完成投资 40 亿元；推进大丰和电动汽车绿色动力科技园标准厂房和生产线建设，争取实现投产，完成投资 2 亿元；推动广东巨大重工于 2012 年元月开工建设，完成投资 1 亿元。加快发展生物（医药）、新能源、节能环保、信息技术、新材料等战略性新兴产业，扶强做优三泰新材、健缘科技、创一电子、吴哥服饰等一批创新型中小企业，新增产值过亿元企业 5 家，力争高新技术产值比重达到园区工业总产值的 50% 以上，高新技术产业增加值增幅在 50% 以上。加快商贸物流、三产服务业建设，促成中国供销新合作湘中物流园、广州侨伊休闲城项目尽快开工建设，推动中阳白鹭山庄、石泉山庄、新东方葡萄基地等现代农业和乡村旅游业快速发展，形成规模效益。

4. 突出城乡协调，进一步彰显发展魅力。围绕园区和企业需要，完善商贸起步区和第一工业园配套生产性物流和生活辅助设施建设，启动第二工业园供水、供电、供气、通讯、公交、环保、治安等配套建设，着力提升园区的城市化综合配套服务水平，园区形象得到进一步提升。以开发区建设投资公司为基础，大力引进民间资本，采取股份制、合作开发等多种形式，加快组建东部新区建设投资有限公司，全力推进东部新区建设。以中阳、宋家、新石等 9 村联片开发为契机，加快农村基础设施建设和农田水利基本建设，完成宋家、上元、新石三村土地整理，修建好新石至上元、宋家的通村公路，争取水土保持、农村生态示范村项目立项，全面完成村级活动场所建设，启动中阳村民房改造建设，着力建设村容整洁、城乡共享的乡村新环境，积极打造“城乡统筹示范区、新农村建设样板区、乡村旅游体验区”。

5. 突出民生工程，进一步凝聚发展合力。把失地农民的生产生活保障问题作为重要课题加以思考和探索，落实被征地农民社会保障措施，加快推进安置基地建设，继续开展“安置基地建设年”活动，加快安置基地建设速度，力争在2013年上半年全面还清旧账，使拆迁安置户安居乐业。加大对社会保险、就业培训、医疗养老、教育卫生、保障性住房等社会事业的投入力度，率先在全市实现民生指标“全覆盖”，努力使全体开发区人“学有所教，劳有所得，病有所医，老有所养，住有所居”。创新社会管理，提高行政效率，深入推进计生工作，加大信访维稳力度，扎实开展打击“三强”、违法建设等专项整治行动，扎实推进安全生产工作，着力打造平安园区，不断优化园区政务环境、建设环境、安全环境和社会环境。

6. 突出队伍建设，进一步注入发展动力。狠抓各级领导班子和干部队伍建设，着力提高领导干部科学决策、推动发展、构建和谐园区的执政能力，不断完善干部管理机制，优化干部队伍结构，进一步激发干部队伍干事创业的活力。进一步强化人才队伍建设，争取更灵活的用人机制，建立完善的政策体系，营造尊重人才、鼓励成才的良好氛围，实现刚性引进与柔性揽才相结合，着力引进高层次人才和团队，使开发区真正成为吸引人才的平台、聚集专家的洼地、培养企业家的摇篮。

娄底水府片区东部新区 2011年建设纪事

1月17日，“2011娄底乡村旅游”启动暨中阳白鹭山庄开业庆典仪式在东部新区大埠桥办事处中阳村隆重举行。

2月25日，湖南省新型工业化工作会议隆重召开，会上，举行了基地授牌仪式，省委副书记、省长徐守盛、省委副书记梅克保等省领导为全省四个“国家新型工业化产业示范基地”授牌，东部新区党委副书记、管委会主任方建荣接牌。

3月1日，市经信委主任聂斌全将省级企业技术中心的牌匾授予湖南华南煤矿机械制造有限公司。

4月23日，湘苏经济合作暨重大项目签约仪式在南京东郊国宾馆举行，区党委副书记、管委会主任方建荣率团参加了此次签约仪式，并拜访了有关客商。

4月27日，金潭大酒店暨众一桂府（二期）开工奠基仪式隆重举行，东部新区又一重点项目建设拉开序幕，按照五星级标准兴建的金潭大酒店、众一国际街区及总投资8亿元以上的众一桂府二期工程位居娄底北大门交通要道。

5月31日，位于东部新区太和工业园区的湖南创高铝业有限公司生产基地两条高档铝型材生产线顺利投入试生产。

6月28日，全市重点物流项目和中南建材协会示范项目的大汉精品建材城举行盛大开业庆典。

7月20日，市人民政府、长丰集团、东部新区管委会在九龙华天大酒店隆重举行战略合作签约仪式，长丰集团有限责任公司将与娄底大丰和电动车辆有限公司合作研发生产电动汽车，标志着娄底市以新能源汽车为代表的战略性新兴产业进入一个新的历史发展时期。

7月27日，2011年第17次市长办公会议在东部新区召开，专题研究大丰和电动车在城区开通公交线路和三泰轧辊上市的有关工作。

截至8月1日，华菱安赛乐米塔尔汽车板电工钢项目已提前完成清表腾地工作，平基工程全面展开，还水还路工作启动，铁路专用线等公辅设施建设筹备工作全面铺开。

9月19日，娄底市经济开发区地税局成立大会在市委党校召开，会议宣布娄底市经济开发区地税局正式成立。

东部新区发展乡村旅游氛围浓厚，特色亮点纷呈，初步形成以中阳白鹭山庄、湘军水府农业观光园、新东方葡萄园基地、石泉国际度假山庄“四位一体”休闲旅游板块发展格局。

广州市侨伊商贸有限公司董事长李永忠先生与娄底经开区管委会主任方建荣就侨伊商贸城项目正式签约，计划总投资超10亿元的城市综合体项目落户娄底市经开区。

娄底水府片区万宝新区 2011年建设概况

2011年，娄底水府示范片万宝新区紧紧围绕年初确定的各项工作目标，按照“两型社会”建设要求，努力推进新型工业化和新型城镇化，有效落实市委、市政府各项工作。全年完成社会固定资产投资27.5亿元，占全年任务的102%；实际到位内资30.62亿元，占全年任务的153%；到位外资3400万美元，占全年任务的154.5%。批回土地1875亩，自筹资金4.5亿元，开发建设实现了良好开局。

一、突出“两型”主题，搞好顶层设计

围绕新型城市化建设和构建“两型”产业体系两大主要任务，园区注重把城市发展与产业转型、环境保护、优化资源配置和转变经济发展方式结合起来，既强调资源节约、环境保护，走节约集约发展之路，又强调以人为本、合理配套，走和谐发展之路。坚持顶层设计必须体现“两型”理念，以建设两型新城为目标，邀请了法国夏瓦纳设计公司和王志纲工作室等品牌设计单位完成了万宝新城、百亩组团、仙女寨生态组团、高铁南站站场及站前广场、汽贸城等项目的规划设计，启动娄星南路、众园路、松山街、农业示范区、污水处理厂、孙水河、永昌河治理的规划编制。同时强化规划的实施和管理，全力打造娄底城市新形象。

二、围绕产业定位，狠抓招商引资

通过对各功能区块的研究，按照突出特色，功能互补，错位发展的原则，明确了各组团的产业定位。同时，立足主导产业定位，提高招商引资的针对性、实效性。按照城市综合体开发思路，积极与湾田集团、上海万尚会、标志集团等企业洽谈对接；围绕商贸物流产业，物流主要以日用消费品的区域总代理为方向，与中国物流、大润发、红星美凯龙、中建集团等企业进行洽谈，着力建立区域性仓储、配送、批发和分销中心；围绕培育新材料产业主题，以文昌科技为龙头，做大做强铝合金、铝镁合金汽车、飞机零部件产业；以红太阳电源新材料为主体，做大做强电池材料、动力电池等产业。先后与台湾南良集团产业转移、文昌科技半固态新材料、青松碳纳米管材料、新世界建材城等9个项目成功签约，合同引资35.3亿元。

三、强化要素保障，力推项目建设

一年来，园区把推动“两型社会”建设的主攻点放在项目建设上，加大了土地报批力度、征地拆迁和投融资体系建设力度。全年共批回土地1875亩，签订土地协议1195亩，拆除各类违法建设214处，20余万平方米，积极争取湖南省开发银行为新区建立了独立的融资平台，一批产业项目和基础设施项目推进效果明显。产业项目方面，红太阳、塑钢护栏等项目相继开工建设，文昌科技新上两条生产线；瑞奇电器完成了6500平方米厂房主体建设；169公司棚户区改造项目已于10月30日动工建设；天客物流第一期主体建设已基本完成。基础设施方面，完成了甘桂路、大井路、镇堂街等路基工程，仙女大道、高丰路已正式开工建设。

四、立足开发需要，提升团队素质

“两型社会”开发建设需要以一支高素质的专业团队来保证。一年来，园区倡导“务实、高效、尚德、创新”理念，大力弘扬爱岗敬业、敢于担当的奉献精神，及时出台和完善绩效考核等一系列制度，以实物工作量来衡量工作效果，彰显执行力，不断提升团队的管理水平和服务效能。大胆引入竞争机制，对中层领导岗位实行公开竞聘，一般干部员工岗位采取双向选择和优化组合，并对各部室的工作进展情况定期进行排名公示，实行末位淘汰。同时根据开发建设需要，面向社会公开招聘人才。目前新区50余名干部员工中，具有注册建造师、注册工程师、注册规划师、职业招标师等中高级职称的达15人，研究生学历12人，80%的员工具有本科以上学历。

五、坚持廉政教育，加强作风建设

廉政建设是新区开发建设的根本保障。一年来，新区大力营造干事创业的氛围，严格要求党员干部践行“律己要严、待人要诚、为政要廉”的要求，切实转变作风。大力弘扬见事做事、见事管事的务实作风，多为企业排忧，多为项目解难，推动新区上下营造一心一意谋发展，只争朝夕搞建设的氛围。同时，全力提升机关效能。以“创先争优”和作风建设为契机，采取现场检查、电话抽查等形式，对各项规章制度的落实情况进行检查，并将检查情况及时通报，对检查中发现的问题按照规定及时作出处理，保障政令畅通。落实首问负责制、限时办结制、承诺服务制，促进工作效能大幅提升。软环境的进一步优化，已成为加快新区开发建设的新引擎。

娄底水府片区万宝新区 2011年建设纪事

1月6日，中共娄底市水府示范片万宝新区委员会、娄底市水府示范片万宝新区管理委员会正式挂牌，林武、王信卿、张硕辅、杨云辉等市领导及省、市直有关单位和娄星区、涟源市、双峰县负责人出席揭牌仪式。

1月17日，新区举行中层干部公开竞聘，14名中层干部通过竞聘走上部室正、副职工作岗位。

2月18日，市委常委、常务副市长刘和生主持召开2011年第3次市长办公会议，研究讨论万宝新区2011年项目建设工作。

2月26日，娄底市万宝新城控制性详细规划征求意见座谈会在长沙举行，经专家评审，广州夏瓦纳建筑设计咨询有限公司的设计方案被评为优选方案。

3月14日，市委常委、常务副市长刘和生在湘汇楼主持召开万宝新区征地拆迁安置和控违拆违工作会议，要求娄星区及相关乡镇进一步统一思想，加快万宝新区征地拆迁安置和控违拆违步伐，确保新区项目建设顺利进行。

3月24日，恒大地产长沙置业有限公司董事长钱永华一行来新区考察。

3月31日，省作风建设督查小组到万宝新区督查工作，对新区工作作风给予充分肯定，并提出四点要求：一是要创新。二是要高度重视规划工作。三是要有效率。四是要带好队伍，廉洁奉公。

4月1日，市委常委、常务副市长刘和生主持召开2011年第6次市长办公会议，研究万宝新区土地开发管理、控违拆违相关工作。

4月28日，万宝新区仙女大道、红太阳2900吨钴系列两个项目开工，林武、王信卿、张硕辅、杨云辉等市领导出席开工典礼。

5月6日，万宝新区党委举行中心组和党员干部理论专题学习，邀请省委讲师团主任郑昌华教授讲授“以两型社会建设引领发展方式转变”与“塑造高效行政执行力”讲座，新区全体干部职工参加专题学习。

5月11日，万宝新区与恒大集团长沙置业有限公司、湖南神斧集团169化工有限公司进行项目签约。

5月23日，中建铁路建设有限公司董事长况勇与中铁中南投资发展有限公司总经理李川一行到新区考察、洽谈项目。法国AAUPC建筑规划事务所总裁帕特里克·夏瓦纳一行实地考察仙女寨、沪昆高铁南站。

5月25日，市委常委、常务副市长刘和生对娄星区万宝镇的征地拆迁安置工作进行实地考察，并在现场办公会上强调：娄星区与有关乡镇要将万宝新区的征迁工作当成当前的头等大事来抓。

5月17日—20日，万宝新区在第十四届中国北京国际科技产业博览会上，与湖南省青松环保科技有限公司正式签约。

5月31日，市政协主席杨云辉一行考察万宝汽车商贸业发展情况，对湘中国际汽贸城提出建设性思路。

6月14日，省人大常委会副主任刘莲玉一行在市人大常委会主任王信卿陪同下考察万宝新区。

6月28日，高丰路（早元西街—湘中大道）举行开工典礼。

7月9日，省国土资源厅党组副书记、常务副厅长颜学毛一行到万宝新区现场调研，专题听取万宝新区土地开发利用情况的汇报，并指出：解决新区项目建设与土地间的矛盾，一是要在集约利用上多作文章；二是要想方设法提升土地的利用价值；三是要摸清家底；四是省国土厅将加大关注的力度，逐步解决万宝新区目前项目建设中遇到的土地问题。

7月17日，万宝新区就道路BT建设与湖南省建工集团及开元基金进行三方合作方案洽谈，基本达成合作框架。

7月28日，万宝新区召开学习胡锦涛“七一”讲话精神报告会，会议要求新区干部职工要统一思想，振奋精神，坚定发展信心，清醒认识当前工作重点与难点、处理好各方面的关系，紧紧围绕年度工作目标，恪尽职守，讲效率、讲质量，切实搞好新区各项工作，提升自身综合素质，为万宝新区贡献自己的力量。

8月4日，石超刚副市长到万宝新区调研拆迁安置工作，并对新区拆迁安置工作提出三点意见：一是安置基地的建设要体现集约用地的要求，避免二次拆迁；二是万宝新区的规划很好，要作为娄底市城市建设的一张新名片来打造，安置基地的建设一定要保证新区的整体品位；三是安置工作要以人为本，切实解决好相关矛盾。

8月12日，万宝新区项目管理部办公新址正式启用，娄星区支持万宝新区建设协调领导小组、娄底市住房和城乡建设局万宝新区分局、娄底市城市管理行政执法支队万宝新区大队同时挂牌，万宝新城规划展厅在万宝新区项目管理部正式对外展示。

8月17日，时任市委书记林武主持召开2011年第30次市委常委办公会议，专题研究万宝新区开发建设有关问题。恒大集团长沙置业有限公司董事长钱永华一行再次来新区，对恒大地产项目进行深入考察和座谈。

8月23日，省委副书记梅克保在市领导林武、易鹏飞的陪同下参观考察新区文昌科技公司。

8月24日，三湘集团董事长、党委书记、湖南省铁路投资集团总经理刘胜辉一行在市领导刘和生、肖有胜陪同下考察新区，并就娄星南路、众园路BT模式进行了前期洽谈。

8月30日，全国、省、市人大代表对水府示范片万宝新区“两型社会”建设情况进行调研，对如何体现“两型”要求转变方式，如何支持示范片“先行先试”破解体制、机制、政策等方面的瓶颈，如何合理调整有关行政区划、拓展发展空间，向省、市政府提出建议。

8月31日—9月3日，台湾、湖南两地旅游、建筑、规划设计等专家对万宝新区仙女寨生态旅游公园项目进行实地考察，提出优化项目规划设计建议。

9月5日，《承接台湾南良集团东南沿海企业重点产业转移项目合作协议书》和《仙女寨生态旅游公园项目合作开发框架协议书》在第七届湘台经贸交流合作会上成功签约。

9月7日，步步高商业连锁股份有限公司、湖南凯达集团、老百姓大药房连锁股份有限公司等知名企业代表团实地考察万宝新区。

9月17日—18日，著名策划人王志纲一行到万宝新区考察，对仙女寨生态公园项目提出“山水相依，以水为魂，山载文化，水承休闲”的开发理念，建议将仙女寨生态公园项目作为湖湘文化的主题公园来打造，抢占旅游制高点。

9月29日，知名实战型管理培训专家，浙江大学教授，北京大学、清华大学工商工商管理研修班客座教授连云尧来万宝新区讲授《团队建设与执行力》课程，新区全体干部职工和区内部分企业管理人员参加培训，市委组织部相关领导、市委党校在读青干班学员与娄底" 两型社会" 建设长株潭学习班的学员应邀听取讲座。

10月2日，万宝新区党委书记罗孝贵主持召开“坚持以人为本、执政为民理念，发扬密切联系群众优良作风”年度民主生活会。

10月12日，省农发行行长吴晓轮一行考察万宝新区。

10月13日，市财政局、市人社局、万宝新区等部门对万宝镇、茶园镇和百亩乡的失业农民培训、就业和社会保障情况进行调研。

10月27日，省政协主席胡彪、省政协党组副书记石玉珍一行在市领导林武、易鹏飞、杨云辉的陪同下参观考察万宝新区，并强调：新区的规划要有标志性建筑，要充分体现山水生态园林之美，要加强对资源的节约和综合利用，加快发展低碳经济、循环经济，努力建设绿色城市；要紧紧抓住“两型社会”建设改革示范机遇，努力把万宝新区建设成为新材料研发、文化生态休闲旅游的示范区，争取把娄底打造成为国家中部地区绿色高端产业综合发展的示范基地。

10月30日，湖南169公司棚户区改造工程举行开工典礼。

11月9日，上海万尚会董事长林隆琰一行来新区洽谈项目，市委常委、副市长周纯良出席洽谈会。

11月10日，在湖南省第三届“农业机械、矿山机械、电子陶瓷产品博览会”上，万宝新区签订项目合同资金达15亿元，企业签订订单计1.2亿元。

11月18日—22日，湖南省第十次党代会代表、万宝新区党委书记罗孝贵提交《加强“两型社会”建设的统筹规划》的提案，受到省委常委、时任省长株潭“两型社会”建设综合配套改革试验区工作委员会书记陈肇雄的高度关注，并作出如下批示：“体制机制创新是‘两型社会’建设的重要保障。孝贵同志提出建立统一的示范区建设体系，创新土地管理、投融资、人才资源开发等工作机制的意见建议，针对性强，有很好的借鉴意义，请两型办认真研究吸纳”。此提案还被中共湖南省委“迎接党代会迈向新征程”专题活动办公室选入由湖南人民出版社公开出版的《凝智聚力》一书。

11月30日，台湾萧天讚率台湾经贸交流团考察新区。台湾南良集团、湖南九龙集团合作开发项目——仙女寨悠活五星级度假酒店奠基仪式隆重举行。新区举办学习省第十次党代会精神会议，省第十次党代会代表、新区党委书记罗孝贵就省第十次党代会的基本情况、主题及周强同志所做《坚持科学发展推进“四化两型”，为加快实现全面小康而奋斗》报告重要精神作传达。

12月5日，国家发展银行湖南省分行副行长梁庆凯一行就新区整体融资规划及重点项目建设来万宝新区进行调研。

12月19日，市委副书记、代市长易鹏飞在副市长石超刚、市政府副厅级干部邓迪华陪同下深入万宝新区调研，听取新区有关情况汇报。

12 月 21 日，市委常委、组织部长、统战部长雷绍业对万宝新区落实党风廉政建设责任制推进惩治和预防腐败体系建设进行检查考核。江苏中南控股集团董事长陈锦石率团来新区考察、洽谈 CBD（中央商务区）项目，市委常委、副市长周纯良，副市长石超刚出席洽谈会。

12 月 22 日，省绩效评估小组来新区检查文昌科技有限公司建设情况。

12 月 23 日，市委书记龚武生在市委常委、市委秘书长、市经济开发区党委书记谢志雄及市委政研室负责人陪同下参观文昌科技公司，观看万宝新城城市概念性设计与核心区城市设计、仙女寨生态公园总体策划两个规划片。

12 月 25 日，市委书记龚武生实地调研仙女寨生态公园，并重点强调：规划设计要高起点、高标准、定准位、招好商，特别要致力于引进像东部华侨城类似的开发模式。保证规划水准的实现，同时要特别注重控制管理好这一片城市“绿肺”，严格禁止各种破坏行为。

12 月 29 日，万宝新区举行仙女寨生态公园总体策划方案初步评审会，会议听取了王志纲工作的全面汇报，市委常委、副市长周纯良，副市长石超刚出席评审会并作重要讲话。

云龙示范区

株洲云龙片区

株洲云龙片区2011年建设概况

2011年，株洲云龙示范区紧扣“12345”（即紧扣“两型”这条主线，突出招商引资、投融资两大重点，狠抓项目包装策划、加快建设、竣工投产三个一批，推进行政管理、土地管理、人事管理、统筹城乡发展四大改革，强化党的建设、征拆安置、制违拆违、综治维稳、民生事业五大保障）的年度工作目标，狠抓落实，大干快上，再掀大开发、大建设、大发展热潮。预计全年完成固定资产投资62亿元，增长93.8%；财政总收入4亿元，增长77.8%；城镇居民人均可支配收入21106元、农民人均纯收入13405元，分别增长15%、23%。

主要抓了五个方面工作：

（一）加快推进重点项目。一方面，加大项目策划引进。紧扣全市“招商引资年”活动，切实加强招商项目的全程管理和服务，提升招商工作实效。共包装策划12年一贯制学校、旅游集散中心等重大项目39个，总投资320亿元；成功签约华强片区综合开发、云龙水质净化中心等项目12个，合同引资180亿元。另一方面，加快项目建设进度。市百亿工程——湖南华强文化科技产业基地，累计完成投资44.5亿元，其中第一个主题公园（方特欢乐世界）已建成营业，日均接待游客超过5000人，在华强布局全国的同类项目中创下了征拆面积最大、征拆速度最快、建设时间最短、游园人气最旺等纪录。株洲职业教育大学城，累计完成投资30亿元，有色职院、工贸技师学院等2所院校已投入使用；铁路科技职院、商业技术学院、化工职院等3所院校正在建设，铁道职院、中医药高专等2所院校即将开工。云龙示范区首个节能环保型产业项目——稀土节能灯具已实现投产见效；全省第一座以绿色三星级公共建筑标准规划设计的现代化综合写字楼项目——云龙发展中心开工建设。同时，总投资80亿元的云峰湖体育公园、总投资50亿元的龙母河水系水利及景观工程、总投资40亿元的北欧小镇等一批重大项目均在有序推进。

（二）全面铺开基础建设。路网建设加快推进，共新建或续建道路7条，合计里程34.8公里。其中，华强路、云峰大道复线、迎宾大道竣工通车，云龙大道将在春节前基本实现通车；玉龙路、学林路、长龙路正在抓紧建设。同时，水电配套与路网建设同步延伸，共铺设各类管道40余公里。总投入3500万元的华强配套水系建设全面完成；总投入8000万元的美华线、龙华线、云集线等3条总里程达29公里的大型供电线路基本建成；总投入5000万元的示范区天然气利用工程，主干道管网铺设和云龙门站建设正在加速推进；总投入5000万元的水利冬修工程也在紧锣密鼓开展。随着这一大批基础设施的建成并投入使用，云龙示范区建设框架已基本拉开，40平方公里的区域已具备开发建设条件，其中14平方公里区域的开发建设已全面铺开。

（三）稳步开展征拆安置。进一步完善出台了征地拆迁补偿安置工作系列制度，确保了征拆安置新旧政策的有效衔接与平稳过渡。同时，坚持攻坚克难，强化统筹调度，合力快速推进征拆工作。共组卷向上报批土地10680亩，批回8404亩；铺开征地拆迁10631亩，其中，已完成7301亩青苗、土地两费发放，并有1875亩实现完全交地。强势推进制违拆违工作，共拆除违法建设281处，面积5.5万平方米。坚持标准化设计、市场化运作、多元化实施，按照城市中等以上居民小区水平，高标准规划安置小区21个，并积极推行代建制，引入实力强的房地产企业等社会力量参与安置房建设，2011年共开工建设14个安置小区，新建23.6万平方米，1928套，已建成11.4万平方米，1001套。

（四）不断深化改革创新。重点抓了四个方面工作：土地整理和村庄整治方面，铺开了云峰湖、菖塘、五星等8个社区的村庄整治试点，其中菖塘、五星、云峰湖等3个社区已取得突破性进展。村级综合配套改革方面，全面完成所有20个行政村改社区工作，并不断加强社区工作人员业务培训，基层治理不断加强，服务水平不断提升。投融资方面，云龙发展（集团）法人治理结构日趋完善，通过经营城市资源、参股融资有关项目、组建稀土产业基金公司、启动债券发行运作等多种方式，2011年共融资到位资金20亿元。干部人事管理方面，干部职工由身份管理向岗位管理转变积极推进，“身份级别档案制、岗位级别聘任制、部分工作雇员制”等管理制度不断健全，“一人多岗、一岗多责”的岗责体系初步构建。

（五）统筹发展民生事业。始终坚持以人为本，着力让人民群众共享更多开发建设成果。集中财力保障和改善民生，其中民生支出占财政一般预算支出74%以上。各项民生实事办理圆满或超额完成，环境卫生城乡同治、“三整一打”专项整治行动等工作有效开展，城乡环境不断优化；龙头小学等2所义务教育阶段合格学校创建工程、西塘小学等3所城区义务教育学校改扩建工程均全部完工；市首届农家休闲美食节、长株潭“就业一体化”大型招聘会等大型活动成功举办，涉拆农民实现即征即转，就业、就学、就医以及社保等工作全面推进，社会事业得到进一步加强。

2012年是“十二五”承上启下的关键之年，也是云龙示范区大开发、大建设、大发展的攻坚之年。示范区将坚决贯彻株洲市委、市政府的决策部署，办实事，抓落实，鼓足干劲，乘势而上，力争云龙示范区快出形象、快成规模、快速发展。总的来说，将着力推进“四个五”工作。

（一）*实施五大工程*。一是基础设施工程。加快推进基础设施建设，并同步推进水、电、气网建设。2012年续建和新建道路16条。其中，云龙大道、玉龙路一期、云田路、星云路、龙溪路、响塘支路一期、云瑞路一期、北欧环线连接线、北欧小镇F道路等9条道路实现通车；云水路、云海大道、盘龙路一期、盘龙路二期、S107线（楠塘路云龙段）等5条道路完成路基工程；云天路、云峰大道二期等2条道路完成前期工作并启动建设。污水处理厂开工建设。龙母河综合治理工程加快推进。二是公共配套工程。加快引进建设云龙医院、中英文学校、垃圾中转站等公共配套设施，加大餐饮、住宿、银行、通讯、商场、加油站等网点建设力度，完善旅游及生活相关配套功能。其中，确保华强配套开发片区酒店、宾馆等4个项目开工建设并初具规模；榕树花园幼儿园、社区服务中心等项目建成使用。三是城乡同治工程。按照“五个看不见”的要求，深入推进环境卫生城乡同治工作，建立健全长效管理机制，进一步改善示范区城乡面貌。四是民生实事工程。坚持以人为本，完成省市民生实事，加大社会保障、就业培训等社会事业工作力度，不断提高居民收入水平，提升居民生活品位。五是党建工程。认真做好基层乡镇政府、社区换届选举工作；加大干部教育培训力度，加强镇办、社区等基层班子建设，充分发挥基层党组织战斗堡垒和党员干部先锋模范作用。

（二）*发展五大产业*。一是旅游休闲产业。加快湖南华强文化科技产业基地、北欧小镇、云峰湖体育公园等项目建设。其中，力争华强四大动漫创意产业基地、方特旅游商业小镇及酒店2012年6月底前建成并投入使用，第二个主题公园方特梦幻王国年底基本建成；北欧小镇五星级酒店主体工程封顶，奥特莱斯购物广场、云峰湖体育公园球场等项目加速建设。二是职教培训产业。加快职业教育大学城项目建设，其中，力争铁路科技职院、商业技术学院、化工职院等3所在建院校基本建成；铁道职院、中医药高专等2所院校开工建设，市图书馆、市就业创业服务中心等主体工程基本完成；综合配套服务中心建成营业。三是物流与临空产业。加快培育高端物流产业，美的安得物流、中特物流等项目尽快开工建设；加强包装策划，加快引进建设临空产业园等项目。四是金融服务产业。加快总部经济园、数码科技产业基地、云龙发展中心等项目建设，其中，总部经济园、数码科技产业基地等项目完成一期主体工程；云龙发展中心2012年8月全面建成并投入使用。五是低碳宜居产业。加快磐龙生态社区、云水郡、湖湘文化城、太阳城等项目建设，迅速聚集示范区人气。其中，磐龙生态社区一期完成房屋主体建设，云水郡、湖湘文化城、太阳城全面完成一期征拆交地并启动建设。

（三）*推进五大攻坚*。一是村庄整治。进一步整合资源，拓宽思路，强化措施，确保五星、云峰湖等土地整理项目完成整理土地2000亩以上。二是土地报批。建立争跑机制和信息沟通共享渠道，加大跑部进京、跑省进厅力度，力争批回土地8000亩以上。三是征地拆迁。加强政策宣传，完善操作流程，克难攻坚，力争交地6000亩以上。四是安置安居。积极推行市场化、多元化运作模式，加快安置房建设步伐，确保完成安置房建设面积23.6万平方米，新开工13.8万平方米，安置被拆迁群众1000户以上。五是制违拆违。强势推进制违拆违专项整治行动，全年拆违6万平方米以上，形成制违拆违的高压态势，全面遏制违法建设行为。

（四）*加快五大改革*。一是行政管理。积极开展镇改办事处、撤办事处直管社区试点工作；深化行政审批制度改革，进一步完善“联合会审”、“全程代办”等相关制度，细化操作流程，打造云龙示范区高效便捷的服务品牌。二是投融资管理。完善云龙发展（集团）市场化运行机制，加大资源经营力度，进一步拓宽债券、基金、BT、BOT等多种融资渠道，形成融资、建设、还贷的良性循环体系。三是统筹城乡发展。纵深推进村级综合配套改革；加快推进云田、交通等统筹城乡发展改革试点，逐步建立城乡统一的社会管理体制、社会公共服务体系、基础设施共享体系。四是人事人才工作。按照“档案封存、竞争上岗、按岗定薪、能上能下、能进能出”的改革思路，深化人事制度改革试点工作，推行“人事企业化”管理。推行“两型”智力外包服务，加强云龙“智库”建设。五是社会管理。切实加强新形势下的群众工作，扎实开展“大排查、大接访、大调处、大化解、大防控”活动，进一步完善群防群治体系，强化基层治理，探索构建以党的领导为核心、社区自治组织为主体、社区公共服务为平台、社会组织为补充的社区治理新机制。

株洲云龙片区2011年建设纪事

1月5日，党工委副书记、管委会主任顾峰，党工委副书记、管委会副主任周晓理到云龙示范区履新；黄杰同志任命为云龙示范区党工委副书记。

1月11日，株洲市第十三届人民代表大会第四次会议表决通过了株洲云龙示范区国民经济与社会发展第十二个五年规划纲要。

1月24日，萍乡市党政代表团来株考察，现场考察了两型项目华强文化科技产业基地。

1月26日，陈君文书记来云龙示范区进行春节走访慰问，联系创先争优和党建帮扶工作。

2月15日，株洲市委副书记、市长王群考察职教城建设。

2月15日，株洲市城发集团投资建设的两型迎宾东路主线贯通。

2月27日，省委宣传部部长路建平来株调研，视察了云田休闲基地和华强文化科技产业基地。

3月1日，湖南东方稀土光能有限公司投产暨产品订购签约仪式隆重举行。

3月10日，省政协提案委领导一行调研指导云龙示范区工作。

3月21日，中共中央政治局常委、国家副主席、中央军委副主席习近平视察云龙示范区花木产业、到基地与农户座谈。

5月7日，云田社区举办株洲市首届农家休闲美食节。

5月16日，省政协主席胡彪来株洲考察，召开省政协重点提案主席督办座谈会，就华强项目进行现场督办。

5月18日，新华联两型示范社区北欧小镇开工暨五星级酒店奠基开工。

5月18日，省老领导视察华强项目、云田村新农村建设。

6月7日，株洲市委书记陈君文赴党建帮扶联系点云龙示范区云田社区考察调研。

6月22日，省人大常委会副主任、省委政法委书记李江视察两型项目华强文化科技产业基地。

6月30日，云龙示范区召开庆祝建党90周年纪念大会。

7月6日，省委副书记、省长徐守盛，在省委常委、长株潭试验区工委书记陈肇雄，副省长韩永文的陪同下，考察了华强文化科技产业基地。

7月11日，云龙发展中心项目举行奠基仪式，株洲市人民政府副市长、云龙示范区党工委书记蔡溪出席仪式并宣布项目奠基。

7月20日，两型项目湖湘文化城项目举行开工仪式。

8月7日，广东省委常委、统战部长周镇宏一行来株考察（云龙示范区华强文化科技产业基地、花卉种植基地、旺塘休闲基地）。

8月30日，湖南省人民政府办公厅《转发监察厅等单位关于支持株洲云龙示范区行使市级部分行政审批权的通知》（湘政办发〔2011〕58号），支持云龙示范区行使37项市级行政审批权。

9月1日，职教园湖南有色金属职业技术学院、湖南工贸技师学院竣工，并开学。

9月8日，两型项目华强路与云峰大道（复线）竣工通车典礼仪式。

9月12日，2011中国湖南国际旅游节开幕暨华强方特欢乐世界开园。

9月26日，全国人大环资委副主任委员曹伯纯一行来株洲考察（云龙示范区华强项目）。

10月12日，原省委书记熊清泉到株洲方特欢乐世界考察。

10月20日，两型项目玉龙路举行开工典礼。

10月23日，中共中央政治局委员、中央书记处书记、中宣部部长刘云山在省委书记、省人大常委会主任周强，省委副书记、省长徐守盛，株洲市委书记陈君文，市委副书记、市长王群等陪同下考察云龙示范区的华强文化科技产业基地。

11月15日，株洲市委书记陈君文、市长王群一行来云龙示范区召开云龙示范区建设领导小组第二次会议。

11月16日，省水利厅与株洲市人民政府关于推进“两型”社会城市水环境治理合作协议暨湖南省“两型”社会水利科技园项目框架协议签约仪式在株洲举行，省“两型”社会水利科技园项目正式落户云龙示范区。省水利厅厅长戴军勇，株洲市委书记陈君文，市委副书记、市长王群出席签约仪式。

12月15日，中国五矿二十三冶建设集团与株洲市签订合作协议，将投资105亿元建设职教城。中国五矿集团公司党组书记、总裁周中枢，副省长李友志，省直部门领导吴志雄，市委副书记、市长王群出席签约仪式。

株洲清水塘片区

株洲清水塘片区2011年建设概况

2011年，株洲清水塘片区紧紧围绕“两型”社会建设主题，以科学发展观为指导，以转变发展方式为主线，促转型、推改革、治污染、抓创建，“两型”社会建设取得了喜人的成绩。

1. *综合实力大幅跃升*。全区实现地区生产总值254.1亿元，增长5.2%；实现财政总收入10.42亿元，增长42%，一般预算收入4.45亿元，增长43%；工业主导作用日趋突出，完成规模工业总产值601亿元，增长10.4%；完成固定资产投资65.4亿元，增长22%；城镇居民人均可支配收入达到23536元，农民人均纯收入达到13238元，分别增长14.5%、23.1%。

2. *产业结构持续优化*。三次产业结构不断优化，新型工业化快速推进，项目建设如火如荼，南车株机不锈钢城轨车辆建设、城际动车组基地建设、株冶搭配处理锌浸出渣直接炼铅等项目全面竣工。时代研究院中低速磁悬浮、变流技术产业园变流器制造基地、湘煤洁净煤百万吨电煤基地等高新项目快速推进。三产蓬勃发展。建材、家居用品销售市场集聚效应逐步显现，汽车销售等新型业态来势喜人，餐饮业稳健发展，房地产业持续升温，香博堡国际、亿都国际、樱花地带等楼盘竣工销售。旅游业快速发展，制定了秋瑾故居修复方案，完成了全省特色旅游名村创建工作。招商引资成效喜人，成功引进了南车株洲物流基地、湘江金属物流城、新苏国际等投资过十亿元的大型项目。

3. *环境治理全面展开*。全面启动清水塘地区重金属污染治理工作，编制了《清水塘地区重金属污染综合治理总体实施方案》和六个子方案，通过了省直部门专家初审。建立了清水塘地区重金属污染综合治理项目库，23个总投资184亿元项目进入了国家政策支持笼子，其中8个项目进入国家评审，3个项目获2.43亿元中央预算内专项资金支持。清水塘重金属污水处理厂竣工运行，霞湾港污染治理、大湖治理、废渣治理工程全面启动。节能减排工作快速推进，创建环保型企业44家，取缔酸碱贮存企业5家，拆除废弃烟囱10根，完成20家企业清洁生产强制审核。全年减排二氧化硫3357吨，化学需氧量599吨，万元规模工业增加值能耗下降5%，创建国家环保模范城市工作成功通过省环保厅预验收。

4. 综合配套改革纵深推进。企业改革进一步深化，塑料二厂、啤酒厂、无线电八厂等企业的破产改制工作圆满完成，31 家市属国有企业社会职能顺利移交，市链条总厂职工实现安置，火炬工业炉公司与北矿研究总院成功重组，北部公司、中盛塑胶股份有限公司、市二水泥厂等企业的破产改制工作快速推进。融资体制改革成效显著。加快融资平台建设，建立由石峰区政府、市国投控股集团、湖南发展集团三方控股的股权结构，注册资本增加到 7 亿元，轨道公司获国开行 16.5 亿元贷款批复，已到位贷款 6000 万元，开元两型基金拟对轨道公司进行 1 亿元的增资扩股，已签订了投资协议。循投公司启动了企业债券发行前期工作，获省农发行 80 亿元授信，第一批 3.4 亿元土地收储贷款已到位 1 亿元，第二批 5 亿元放款相关手续正在办理。基层医疗卫生体制综合配套改革、文化体制改革有序展开，政府机构改革、乡镇（街道）机构改革取得实效。

5. 城市面貌日新月异。城市美化成效显著，提质改造、拆围透绿和立体绿化工作全面展开，投入 2200 万元，完成了建设北路、响石广场、石峰大道等 17 个绿化提质项目，新增绿地面积 50 公顷；升级改造了湘蔬、湘天桥、响东 3 个农贸市场。基础设施建设快速推进，改造城乡道路 7 公里、通畅工程 20 公里，田心大道、凌鹰路等道路的前期工作全面展开，长株潭城际铁路、铜塘湾港区一期工程顺利推进，完成了北站路道路及配套设施建设，老铜霞路维修，夹山路改造，柴油机路路灯安装等工程。城市管理机制不断创新，建立了以数字化城管为核心，辐射全区，层次分明、职能明确的管理新模式，进一步完善城市网格化管理，实现了无缝隙管理，城管综合考评全市靠前。

6. “两型”社会建设成效显著。深入开展了“两型”机关、社区、企业、市场、门店、家庭等 10 项创建活动，“两型”创建典型不断涌现，井勘社区获“省两型创建先进单位”称号，两家庭被评为“株洲市两型创建先进单位（家庭）”。组织参与了“低碳出行—‘骑’乐无穷”、“走进石峰、激情跨越”、“三百工程”等系列“两型”活动，加强了资源节约、环境友好的“两型”理念宣传，营造了“两型”社会建设的良好氛围。城乡统筹快速推进。企业养老保险、事业保险、医疗保险、工商保险不断加强，新增城镇就业 11970 人，失业人员再就业 6625 人，新农合参保人数达到 20991 人，新农保参保人数达到 6652 人，解决了被征地农民 7206 人的养老问题。安居工程、棚户区改造稳妥推进，新增廉租房 1404 套，改造农村危房 50 栋，启动了 6 个棚户区改造项目。

株洲清水塘片区 2011 年建设纪事

1 月 6 日，石峰区委三届八次全会召开，确立了大力实施科教先导、工业主导、环境带动、民生优先战略，全力推进“南提北拓”工程，努力将清水塘片区打造成老工业基地转型升级样板，将田心片区打造成以现代工业文明为特征的生态宜居样板，加快建设智慧石峰、实力石峰、绿色石峰、幸福石峰，全面提升综合竞争实力，实现“五年再造一个新石峰”的宏伟目标。

3 月，株洲市委、市政府作出开展清水塘地区环境综合治理重大决策，明确提出了清水塘地区综合治理的基本定位、基本原则、基本路径、支持的基本政策、基本治理路线、基本工作框架以及基本目标，成立了株洲市清水塘地区综合整治指挥部，株洲市委书记陈君文任政委，株洲市委副书记、市人民政府市长王群任指挥长，指挥部下设“一室五组”，即办公室、综合组、项目组、环境组、产业组和政策组，办公室设在石峰区人民政府，石峰区委副书记、区人民政府区长冯建湘任办公室主任。组织编制了《清水塘地区重金属污染综合治理总体实施方案》和六个子方案。

4 月 12 日，轨道交通千亿产业园获工行 16.5 亿授信。

5 月，株洲循环经济投资发展有限公司获省农发行 80 亿元授信。

6 月，启动了株洲循环经济投资发展有限公司企业债券发行工作，对推动清水塘地区融资具有重大的意义。

6 月 30 日，国家湘江流域重金属污染治理重要工程清水塘重金属污水处理工程竣工运行，有效防止重金属对湘江流域的污染。

7 月 28 日，《清水塘地区重金属污染综合治理总体实施方案》和六个子方案，通过了省直部门专家初审。

12 月，清水塘地区 23 个总投资 184 亿元项目进入了国家政策支持笼子，其中 8 个项目进入国家评审，3 个项目获 2.43 亿元中央预算内专项资金支持。

天易示范区

株洲天元片区

株洲天元片区2011年建设概况

2011年是实施"十二五"规划的开局年，也是推动株洲市天元区经济社会发展实现新跨越的关键年。在株洲市委、市政府的正确领导下，株洲天易示范区牢固树立科学发展观，以"全市争第一、全省争一流、全国争前移"为奋斗目标，紧紧围绕"两型"建设工作主题，不断创新工作思路，积极稳妥推进各项改革，突出抓好"两型"创建、重点"两型"项目建设，努力促进"两型"产业集聚发展，"两型"社会建设改革工作取得了较好的成效。2011年，株洲天易示范区完成地区生产总值179亿元，实现全社会固定资产投资147亿元，实现财政收入30.55亿元，主要经济指标达到全市2002年末的发展水平，提前两年实现"二次创业"制定的"1030335"目标。

一、规划引领，顶层设计高效完成

根据区划调整，高起点、高标准、高质量地编制了《长株潭城市群"两型"社会示范区株洲天元片区规划》，并争取将示范区范围由原来的150平方公里扩大到328平方公里。重新编制《株洲市天元区城乡统筹发展专项规划》，争取将雷打石镇、三门镇及三门镇杨柳水库周边一定区域范围纳入城乡统筹发展改革试点区域；组织编制三门镇、雷打石镇总体规划、产业发展规划、城镇发展规划等。启动株洲高新区园区规划控制要点编制工作及三门镇杨柳水库周边规划工作。

二、机制创新，两型改革卓有成效

1. *推进高效、集约供地机制创新*。把集约利用土地作为可持续发展的关键环节来抓，坚持做到"七个度"：项目投资讲强度，配套用地讲限度，地面建筑有高度，土地开发有进度，产业发展有集中度，盘活存量有力度，市场运作有透明度。在全市率先组织实施以"村组整体征收、整体拆迁；村民集体安置、集体转城；农村集体土地征转分离、先征后转"为核心内容的"征转分离"试点工作，加速了"工业向园区集中，住宅向社区集中，人口向城市集中"步伐。加强土地流转，指导高塘、湘云社区成功流转土地1200余亩，流转的土地用于发展规模种植业、休闲旅游业，并取得了一定的规模经济效益，有力推进了土地的集约节约发展。

2. *推进投融资体制创新*。启动企业新三板上市工作，日望电子、红龙电工、科瑞变流、协力药业等11家企业已达成合作意向，顺利与券商签约。积极发展小额贷款公司等新型金融机构，多渠道帮助企业筹措资金。2011年，高科集团成功发行10亿元企业债券，融资额达到25亿元，天易集团融资到位24.3亿元，43.44区实现土地融资5.8亿元，为园区开发、城市建设提供了强大资金支持。

3. *推进城乡统筹发展改革*。启动并完成第二批改革试点单位——群丰镇14个村的综合配套改革工作，至此，示范区有30个行政村的组织架构改革工作全部到位。着力推进雷打石镇、三门镇统筹城乡发展改革，争取将其列入全市统筹城乡发展改革区域范围。大力实施社会保障全覆盖工程，促进社会保障同城化。城乡低保实现并轨和提标，城乡社保标准保持全省一流。加快农村中小学校合格化建设，加大城乡学校对口帮扶和城乡教师交流支教力度，在全省率先开展免费职业技术学历培训，教育强区建设稳步推进。新建和扩建三个街道卫生服务中心，着力打造15分钟卫生服务圈。

4. *推进城市建管体制创新*。在全市率先建成网格化城管指挥系统，对市容市貌实行市场化运作、网格化管理、精细化作业、标准化考核，建立了主次干道清扫保洁、市政维护、绿化养护"三位一体"的长效管理机制。在全市率先实行自行车考核，率先启用电动环保垃圾收集车，率先实现垃圾分类收集试点，率先建成绿化垃圾处理站。设立210万元城市管理考评奖励基金，实行严格的奖惩责任制，城市管理考评综合排名位居全市第一。

5. *推进文化体制改革*。全面落实十七届六中全会精神，深化全区文化体制改革，出台了天元区文化体制改革实施意见，结合乡镇机构改革，在7个基层单位设立了镇（街道）文化站。

三、建设推动，两型社会发展成就非凡

1. *推进两型示范工程*。成功认证20家2010年度区级"两型"示范点，并通过以奖代投的方式对其进行表彰，发放奖金164500元。重新修改并印发《株洲天易示范区"两型"示范点创建试行标准体系》和考核评定办法，将创建类型由原来的7类10项增加到9类11项。根据新的创建标准，指导各创建申报单位开展"两型"示范点创建工作。经考核，全年有30家单位被认定为2011年度区级"两型"示范点，有13家单位被认定为市级"两型"示范创建单位，其中栗雨工业园、村改居、神农城、时代电动等7个项目（单位）被评定为全省"两型"示范创建工程项目（单位）。狠抓两型项目建设，突出抓好神农城、湘水湾、栗雨园中央商务区、湘江风光带雷打石段等重大项目建设。

2. *发展两型产业*。将"两型"产业集聚区建设纳入十二五规划。对全区"两型"产业集聚区建设进行专题调研，编写《株洲天易示范区建设“两型”产业集聚区工作方案》，对集聚区建设任务、责任分解等进行明确。强力推进“两型”园区建设，促进“两型”产业向园区集聚。启动园区规划控制要点编制工作，对园区用地性质、容积率、建筑密度、绿地率、建筑限高等进行明确。加强培育和引进“两型”产业项目，建设“两型”产业体系。在园区企业中广泛开展“两型”企业创建活动，引导、扶持企业发展“两型”产业。全年，成功引进两型项目37个，开工建设两型项目29个，高远电池、特科能、神农湖、栗雨休闲谷等16个项目竣工投产，湘煤立达、光伏幕墙、高科汽配园等项目进展顺利。目前，已形成了以北汽株洲基地为中心的汽车产业集群，以风电整机制造产业为龙头，涵盖风电电机、风电叶片、电控与系统集成等多个配套产业链的风电产业集群。

3. 打造两型环境。围绕创建国家生态工业示范园目标，着力打造两型园区。随着栗雨休闲谷的开园，实现了栗雨工业园向综合性园区的转变，大大提升了园区综合竞争实力。大力推进节能降耗和生态建设，与全区企业、学校、公共机构洽谈实施节能减排全覆盖工程。加强与企业的联系与合作，按照株洲市政府《关于加快推进我市可再生能源建筑应用工作的意见》（株政发〔2010〕23号）文件精神，指导美的城、神农城、高科集团公司总部等项目在建设中应用太阳能、水源热泵等可再生能源技术，指导并协调钻石切削、白鹤小学等单位开展合同能源管理工作。积极推进楼顶改造和绿化美化工作。累计投资350万元完成了株洲大道延伸段、芦淞大桥桥头和泰山小学美化项目，投资40万元完成了火炬大厦、天元公安分局和税务稽查局3处立体绿化。下大力气开展城乡同治工作，农村环境卫生大为改观。

4. 建设两型文化。利用新闻媒体，及时宣传示范区“两型”社会建设先进做法和工作动态。其中，《株洲天易示范区：产业给力促“两型”》、《株洲天易示范区的“示范”样本》、《天易示范区：看得见摸得着的“两型”创建》等文章在《株洲日报》上刊登后，在社会上引起了良好反响，资兴市、临澧县、湘潭天易示范区、荷塘区等单位曾先后到示范区学习考察；《加快改革创新，推进“两型”园区建设》一文分别被省、市两型办作为先进典型，以工作简报的形式上报到省、市领导，并印发到各县市区。组织开展了以传播“两型”之美为主题的湖南省“两型”社会建设展览馆参观活动、以“节能减排，低碳生活”为主题的节能宣传系列活动及以“低碳生活，快乐天元区”为主题的神农·太阳城杯公共自行车比赛活动。编制《两型小知识》手册及低碳宣传单近6万份，免费发放节能灯1000余支。

株洲天元片区2011年建设纪事

1月，天元区户籍制度改革启动，“村改居”综合配套改革向纵深领域推进。组织并完成群丰镇14个村的综合配套改革工作，50名报考人员通过竞聘进入社区政务服务中心工作；顺利推进第一批改革试点单位的户籍制度改革，16个改革社区居民的户籍性质、户籍地址陆续调改到位，近1万户居民的户籍被统一登记为“居民户口”。“村改居”综合配套改革被省两型办评为全省体制机制创新示范项目。

2月17日，栗雨中央商务区栗雨休闲谷举行盛大开园仪式。栗雨休闲谷总投资2亿元，总面积878亩。随着栗雨休闲谷的开园，栗雨工业园实现了由单一工业园区向综合性产业园区的转变，园区建设再上新台阶。园区完成基础设施建设投资46亿元，完成工业项目投资39.3亿元。栗雨工业园进入产出期，特科能、高远电池、时代新材汽车配件等项目建成投产，投资5.4亿元的汽配园基本建成并引进83家企业入驻。新马工业园拉通了新东路、新马西路、湘芸路等园区干道，湘煤立达、中建五局光伏幕墙等项目进展顺利，投资40亿元的五矿·株硬产业园已开工奠基。

2月21日，示范区三门镇、雷打石镇党委、人大、政府、政协、武装部、纪委举行挂牌仪式。根据湖南省民政厅关于调整株洲市部分行政区划的批复，株洲县的雷打石镇和三门镇划归天元区管辖。行政区划调整后，区辖3个街道办事处、4个镇，总面积327.6平方公里，总人口24.6万人。三门、雷打石两镇成为示范区未来发展的主要区域。

4月26日，在全市率先举行招商引资集中签约活动，北京汽车集团、传化集团、中国五矿集团、上海宝钢车轮有限公司、万家乐燃气具有限公司、麦格米特电气股份有限公司等15家企业与示范区签订项目进区合同，2011年累计签约入区项目37个，实际到位省外境内资金53.2亿元，同比增长82.7%；实际到位外资1.6亿美元，同比增长32.6%，在“招商引资年”活动考核中保持全市领先。

4月26日，打通株洲市西大门，连接长、株、潭三市的“黄金干道”株洲大道延伸段通车。该延伸段东起株洲大石桥，西至湘潭县边界，全长4.7公里，路幅宽80至120米，是连接长株潭三市及京珠高速、武广客运专线的干道，也是新马工业园的进出要道。该项目的建成通车，对于推动城市扩容发展，加快新马工业园和天易示范区的开发建设，推进“长株潭”三市融城步伐，起到重大而积极的作用。

4月，设立210万元的城市管理考评奖励基金，在全市率先实行自行车考核，率先启用电动环保垃圾收集车，率先实现垃圾分类收集试点，率先建成绿化垃圾处理站，城市管理月度考核8次进入全市前两名。启动城区6条主干道建设，株洲大道延伸段全面建成，长江南路二三街区、泰山西路延伸段、黄山路二街区等建成通车，完成泰山小学等7处美化工程和荣华居小区等6个绿化提质项目，完成老旧小区1106户居民一户一表水电改造，城市形象进一步提升。

5月21日，“湘煤立达”在株基地隆重奠基。项目规划用地面积1000亩，总投资约20亿元，分两期实施，总建筑面积19.5万余平方米。计划投资约10亿元，主体厂房计划于2011年底交付使用，届时将建成集采煤、掘进、提升、运输及井下基础配件为一体的煤机装备制造产业基地，年工业产值达30亿元，并力争在2013年上市。目前，该项目已经完成桩基础施工，正在进行钢柱吊装。

5月30日，株洲天易示范区2011年“两型”社会建设工作会议召开。天元区深入开展“两型”社会示范点创建活动，成功认证20家2010年度区级“两型”示范点，并通过以奖代投的方式对其进行表彰，发放奖金164500元。重新修改并印发《株洲天易示范区“两型”示范点创建试行标准体系》和考核评定办法，将创建类型由原来的7类10项增加到9类11项。根据新的创建标准，指导各创建申报单位开展“两型”示范点创建工作，重点指导栗雨工业园、火炬大厦、颐景园小区、凯天环保等单位开展创建工作，促使其分别创建为“两型”园区、“两型”机关、“两型”小区、“两型”企业。经考核，有30家单位被认定为2011年度区级“两型”示范点，有13家单位被认定为市级“两型”示范创建单位，其中栗雨工业园、村改居、神农城、时代电动等7个项目（单位）初步被评定为全省“两型”示范创建工程项目（单位）。

6月23日—24日，中共天元区第四次党代会隆重召开，会议选举产生新一届区委委员、区纪委委员。会议指出，今后五年，随着“十二五”规划的全面实施，高新区将步入一个新的大发展时期，会议确定新区发展的总的目标是“2235”。2011年“2235”奋斗目标全面推进。创建国家工业示范园区方面，生态指标大部分已达标，力争2012年创建成功；创建国家创新型科技园区方面，已通过国家知识产权试点园区验收；建设全省人才高地已着手编制《中长期人才发展规划纲要（2011—2020年）》；建设全省“两型”产业集聚区方面，栗雨工业园成为全省“两型”示范园区；建设更高水平的全省城乡社会保障全覆盖区方面，城乡低保实现并轨和提标，城镇居民养老保险个人缴纳部分由区补贴40%，城乡社保标准保持全省先进；建设全省城乡就业最充分区方面，在全省率先开展免费职业技术学历培训，新增就业和再就业1.2万人次，新增9个“充分就业社区”。

6月28日，高新区举办“新三板”战略合作签约仪式。高新区与券商、会计师事务所、律师事务所、兆富投资；券商与部分申请“新三板”挂牌企业分别成功签约。“新三板”在促进科技型、创新型企业融资，带动股权投资基金聚集发展，加快自主创新战略实施等方面发挥积极作用。

7月，投资1220万元，新建和扩建泰山、嵩山、栗雨三个街道社区卫生服务中心。在起步晚、时间紧、任务重的情况下，狠抓质量安全，强化建设管理，规范资金使用，在全市督查工作中排名第一。

7月30日，“神农·太阳城”杯公共自行车赛暨天元区创建文明旅游示范区活动欢乐开幕；8月5日，示范区首届葡萄文化节在群丰镇湘云社区悠移庄园拉开序幕。活动突出“低碳生活，快乐天元”的主题，贯穿“两型”社会建设主线，倡导文明创建的理念，内容丰富，有倡导绿色出行的自行车赛，有充满趣味的品葡萄、画葡萄、诗词朗诵、游农家乐、“七夕”相约、养生文化论坛，有展示艺术所长的书画、摄影、剪纸、文学作品大赛，还向市民发出了文明旅游、文明出行、文明生活的倡议，推出了新区风景名胜旅游手册。整个活动贴近生活、贴近实际、贴近群众精神文化生活需求，得到社会的高度好评。

8月底，天元区最大的安置房建设项目——湘湾小区实现交房。湘湾小区由38栋单体建筑组成，总投资2.4亿元，总用地面积161亩，规划总建筑面积约16万平方米，设计总户数1231户。2011年全区项目征地共计1.5万亩，完成5176亩。园区项目征地5943亩，完成近2000亩，收回闲置地145亩。为推进征地拆迁工作，2011年全区新建续建7721套安置房，目前已建成交房4702套。

9月1日，在“天元区免费职业技术教育学历培训报到仪式”上，60名农家子弟可免费到职业技术学校学习。2011年全年共为230名老人发放16万余元；新增就业和再就业1.2万人次，新增9个“充分就业社区”；失地人员做到应保尽保，城乡社保标准达到全省一流，全年民生总支出17亿元。

9月21日，天元区在长江广场开展“无车日”宣传。宣传活动通过万人签名、问卷调查、发放“无车日”倡议和宣传资料等方式进行。

10月18日，神农湖盛大开园，得到了全市市民的广泛赞誉。神农湖的总面积330亩，湖面开阔，景色秀美。环绕神农湖，有欢乐谷、云水台、海棠坞、水华田、炎帝部落、九曲水廊、西广场、白鹭洲、听涛台等20多处景点。市民到神农城，走林间小道，穿湖边栈道，观水秀表演，泛舟神农湖，可以在城市中心地带最大限度地感受到大自然的气息，实现与森林、湿地、湖泊等自然景观最亲密的接触。开园后，神农湖成为市民休闲、游玩的又一大去处。神农城项目在短短的22个月内即完成了核心区景观工程，神农太阳城基本建成，神农大剧院和艺术中心2012年将建成投入使用。

10月25日，高新区国家知识产权试点园区通过验收。截至2011年底，高新区专利申请量累计达到4600余件，累计发放“创新奖”1400多万元，累计拥有驰名商标10件，累计拥有著名商标41件；现拥有知识产权工作重点企业80家，拥有时代电气、南方航空、千金药业等国家知识产权试点企业3家，拥有株冶集团、电力机车、时代新材、电动汽车等省知识产权优势培育企业9家。目前，全区拥有中国工程院院士3名，国家级企业技术中心、工程技术研究中心8家，先后承担国家“863”计划项目52个，国家火炬计划项目48个，国家重点新产品项目74个，国家创新基金项目127项。

11月30日，天元区文化体育新闻出版局挂牌成立。2011年，天元区加快文化体制改革进度。全面落实十七届六中全会精神，深化全区文化体制改革，目前天元区文化体制改革实施意见已经出台，正在进行相关体制改革的具体工作。乡镇综合文化站建设的速度加快，栗雨办事处综合文化站已全部竣工；雷打石镇综合文化站已建成投入使用。

12月20日，在全国精神文明建设工作表彰大会上，天元区雷打石镇砖桥村被授予“全国文明村镇”称号；中国移动株洲分公司被授予“全国文明单位”称号。天元区以创建全国文明城市为契机，切实加强长效机制建设，提升全区文明创建工作：除开展创建文明单位、文明社区、文明村镇、文明窗口、文明机关等活动外，首次对文明单位评选进行改革，采取申报制；在全市率先建立文明创建工作联席会议制度；加强志愿者队伍建设，成立了湖湘文化志愿者协会，并积极开展志愿活动，文明创建氛围日益浓厚。

湘潭易俗河片区

湘潭易俗河片区2011年建设概况

2011年，湘潭易俗河片区在市委、市政府和县委、县政府的领导下，站在全省“两型社会”建设五区18片的高度找差距、争位子，加速推进“两型”改革建设，园区经济持续快速发展，综合承载能力大幅提升，团队建设成效显著。示范区完成技工贸总收入186亿元，增长50.24%（同比，下同）；实现工业总产值151亿元，增长50.32%；实现规模以上工业企业总产值122.9亿元，增长65.23%；实现规模以上工业企业增加值38.96亿元，增长66.35%；实现高新技术产值54.84亿元，增长66.78%；完成财税总收入5.5亿元，增长53.31%。

一、招商引资

深入推进“招商攻坚年”行动。围绕“引大商、选好商”的理念，加强与央企、国企、民企和上市公司的对接，全年共接待客商500余批次，接洽项目300余个，考察项目40余个，促成新签约入园项目18个。其中，投资过亿元的项目11个，包括投资15亿元的天易国际金融中心项目，投资5.2亿元的金驰电缆项目，投资1.8亿元的东健药业项目等，投资强度均在200万/亩以上，投产后税收均可达10万/亩。同时，积极开展与中机集团、中国宝安集团、佳海集团、金侨集团、湘银集团、深圳富之岛家具等项目的对接跟踪工作。

二、项目建设

深入推进“项目会战年”行动，全年完成固定资产投资53亿元，增长37.3%。一方面抓规划引领，打响基础设施建设大会战。全年新开工建设项目64个，竣工投运项目53个，正在实施的项目18个，完成基础设施投入12.059亿元，增长44%。按期如质完成了金霞山公园修建性详细规划、紫荆湖生态公园修建性详细规划（方案）、湘江南岸临江建筑空间景观规划、海棠路（二大桥至县人武部）绿化及城市景观提质改造工程设计、芙蓉、上马（湘潭县廉租房、公租房项目）、山塘安置区等规划成果，7月份，长株潭城市群两型社会示范区易俗河片区规划（2010—2030）获省人民政府正式批准实施，金霞山公园修建性详细规划获县人大常委会正式批准实施。同时，基础设施建设项目全面铺开，启动了天易大道III标、海鸥路、丁香路、芙蓉安置区、梧桐路、贵竹北路、银杏北路、云龙东路、飞鸽东路、鸿雁东路、山塘安置区和县生活垃圾无害化处理场等项目建设。已完成荷花南路、杨柳南路、飞羊安置区等8个项目，天易大道完成投资2.83亿元，I标段主车道已实现竣工通车；湘莲大道、大鹏西路等路网建设，飞羊、贵竹等6个安置区建设相继推进；芙蓉大道、武广大道积极开展招商，滨江风光带和天易生态水厂建设工程（二水厂）相关前期工作进展顺利。另一方面抓企业服务，力促在建项目投产达效。全年，新增规模工业企业4家，总数达到69家。产值超过5亿元的企业有胖哥、小龙王、宏兴隆3家，产值过亿元的企业有14家，占规模以上工业产值的63%。走访企业600余次，共受理投诉69件、协助企业办理手续等30余项，积极引导组织企业申报各类项目和专项资金。其中，一笑堂肝福乐胶囊技改等29个项目成功入选湖南四千工程项目库；一笑堂制药、众为兴数控、电线电缆已成功入围2011年中央投资补助支持项目名列。同时，按照“日询问、周督促、月调度”的要求，对在建重点项目进行160余次的密切走访，先后4次召开在建项目集中调度会和7次分项目调度会，力促签约项目按期开工，开工项目早日投产；全年，众为兴数控、瑞泰科技、风动机械等9个工业项目已建成投产；江宏建筑机械、乐为机车、宝马金属等在建项目进展顺利；韶力机车、一笑堂等企业的一批技改项目建成投产。

三、体制机制建设

把机制创新作为加快发展、破解难题、干事创业的核心和要求，进一步理顺体制机制，为示范区发展提供强劲动力。一是理顺行政管理体制。年初，县委、县政府出台了《关于加快湘潭天易示范区建设和发展若干事项的决定》，并将有关乡镇、县直单位支持示范区建设和发展纳入绩效考核范围，全县上下、社会各界逐步形成了支持示范区的强大合力。9月份，县委、县政府牵头对示范区行使市、县53项行政授权工作进行了深入调研，对存在的问题提出了改进意见，强化了整改措施，促使授权工作更加科学规范，增强了示范区的发展活力。二是理顺财税管理体制。年初，县委、县人民政府明确了示范区新一轮财税体制，重新界定了示范区财税征管范围，重新确定了上解金额及比例，进一步理顺了示范区与县财政的关系，凸显了县财政进一步向示范区倾斜，激励加快发展的新理念；同时，示范区对园区内不同行业、不同类型的纳税人及重点税源企业进行实地巡查、纳税评估，由企业主动申报纳税基数，示范区科学核定，进一步明确了财税征管范围。通过开展土地税费清查、强化收入征管、加强支出管理、理顺管理体制，做大做强天易金库，做到应收尽收、应保尽保、开源节流，增强了发展的后劲和保障。三是推进吴家巷工业园机制转型。示范区多次召开工业园工作会议，着力推进吴家巷工业园的职能转变和机制创新，力促老工业园焕发新活力，出台了《关于吴家巷工业园改革转型的方案》（潭天易管发〔2011〕7号），原吴家巷工业园管理办公室成功改革转型为吴家巷中小企业园管理办公室，由独立事业法人机构转变为天易示范区内设机构，同时，明确吴家巷工业园定位为“中小民营企业的汇聚区、两型产业转型改革的试验田”。改革转型后，客观公正地处理了一批历史遗留问题，启动了创新创业基地项目，特别是湘江重金属污染治理项目的申报工作取得了突破性的进展，项目已通过省环保厅、省发改委专家评审，获得省环保厅2011年度800万元的重金属污染治理专项资金。2011年，吴家巷工业园完成技工贸总收入9.5亿元，同比增长49%，实现税收3000万元，同比增长27.55%。

四、两型改革建设

抓住示范区发展必需的“资金、土地、产业”三大命脉，破除瓶颈，挖潜增效，为示范区发展提供了强劲动力。一是尽力破解资金瓶颈。2011年，成功实现了湘潭县城市建设投资公司从政府性融资平台向商业性银行认定的一般类公司转变，拓展了融资平台，推进公司市场化运作；通过采取土地联合储备、工程建设融资、吸引民间资本等多种渠道，共融资到账10.115亿元，同比增长67.28%。申报的项目有：农发行4亿元滨江防洪大堤项目、上海农商行2亿元土地储备项目、国开行2.8亿元土地储备项目、1.5亿元保障性住房项目以及5000万元理财产品等。同时，积极探索社会融资，开展征拆资金入股工作，既为示范区建设筹措了资金，又为广大拆迁群众谋求了长远利益。二是着力保障建设用地。加强项目策划包装，积极向上衔接汇报，2011年，示范区共报批建设用地3040亩；全面开展区内闲置土地清理，完成清理600亩；开展征拆大竞赛活动，完成土地征拆4550亩，拆屋腾地430栋，安置拆迁户402户。通过开展“察民情、听民意、解民难、送政策、送法律”的大走访活动，解决了影响示范区发展、社会稳定的突出问题；召开了拆迁户专场招聘会，到会拆迁户708人，达成求职意向322人，为广大失地农民和拆迁户提供了就业机会，改善了民生环境，赢得了广大群众对示范区工作的理解、信任和支持。三是全力促进产业发展。示范区先进装备制造、农产品精深加工两大工业主导产业完成产值79.6亿元，占园区工业总产值的比重为63.74%，对全区工业增长的贡献率达63%，主导产业呈现出稳健的发展态势。科技创新水平不断提升，实现高新技术产值47亿元，增长42.9%，新增国家级高新技术企业1家（电线电缆），总数达到10家。

五、效能建设

深入推进“效能示范年”行动。是年，示范区将争创“两型机关”示范单位与创先争优相结合，与“转变方式促‘四化两型’，真抓实干建‘民生工程’”作风建设主题活动相结合，坚持抓好班子、管好队伍，营造和谐、高效的工作环境，全体工作人员践行节约、环保、文明的工作方式，实现了“领导班子好、党员队伍好、工作机制好、工作业绩好、群众反映好”的工作目标。如：全面推行办公自动化系统（OA系统），简化了办公流程；出台了《关于示范区机关厉行节约的通知》，做到了节能降耗；坚持每月开展全员集中学习，提升了员工素质；全面推行“一线工作法”，提高了工作效率；坚持跟踪督查，对年初确定的重点工作推进情况，按月督查，及时通报；按照“日碰头、周调度、月督查”的项目推进机制，各施工单位和示范区工程管理人员逐工地逐项目地抓进度、抓质量、抓管理，执行力显著增强，工作作风明显改善，工作效能大幅提升。

湘潭易俗河片区2011年建设纪事

1月15日，湖南湘潭与中央企业对接专场推介会暨签约仪式隆重举行。签约仪式上，湘潭天易示范区管委会与中国洛阳浮法玻璃集团有限责任公司签订了5亿元高档汽车玻璃生产项目合作协议。

1月20日，位于湘潭天易示范区金霞山风景区旁、天易大道以南的湘潭碧桂园项目隆重开工。市领导陶新水，县领导陈忠红、胡海军、谭勇、刘铁强、石晟屹等和碧桂园集团负责人喜迎项目开工典礼并培土奠基。

1月24日，召开天易示范区园区工作汇报会，汇报会由县委副书记、天易示范区管委会常务副主任胡海军主持。天易示范区管委会副主任唐向前就天易示范区一年来工作情况进行汇报。县领导陈忠红、谢振华、颜上伟、胡海军、王惠芳、唐建良、陈启国、吴纯杰、王艳霞、王永红、唐正武、苏志标、韩德平、涂敬阳、肖泽辉、刘铁强、石晟屹、宋小玲、刘绵晖及县直相关部门负责人参加会议。

2月1日，市委书记陈三新，市委常委、常务副市长蔡建和，市委常委、市委秘书长张建平到湘潭县调研。陈三新一行先后深入易俗河镇河洲村和湘潭天易示范区调研。县领导陈忠红、谢振华、颜上伟、胡海军、黄忠德、王惠芳、唐建良等陪同考察。

2月22日—24日，中国建筑材料集团副总经理郭朝民一行来到湘潭县考察投资环境，县委书记陈忠红，县委副书记、县长谢振华，县委副书记颜上伟，副县长石晟屹等领导陪同。

3月3日，湘潭天易示范区管理委员会与北京清水生态环境工程有限公司就东城区污水处理项目签署框架合作协议及技术服务合同。湘潭县委副书记、示范区管委会常务副主任胡海军、管委会副主任唐向前、北京清水生态环境工程有限公司董事长李跃起等出席了签约仪式。

3月8日，省政协副主席、省委组织部常务副部长武吉海到湘潭县调研党委换届和创先争优工作，并实地视察湘潭天易示范区。市委常委、组织部长彭雁峰、县领导陈忠红、谢振华、颜上伟、胡海军、唐建良、陈启国陪同调研。

3月9日，湘潭天易示范区天易大道Ⅲ标段拓改工程正式开工。

3月11日，省委巡视组第四组组长黄大林视察湘潭天易示范区。省委巡视组第四组领导一行巡视考察了湘潭瑞泰高级硅砖有限公司、湖南莲港紧固件有限公司等企业及荷花南路、天易大道等基础设施建设项目。

3月22日，湖南省粮食局党组书记、局长夏文星到湘潭县调研粮食工作，并听取了湘潭县工作汇报。县领导陈忠红、胡海军、欧建美、涂敬阳等陪同调研。

3月28日，市委书记陈三新到湘潭天易示范区就新型工业化进行调研。市、县领导谈文胜、杨广、陈忠红、谢振华、胡海军等参加调研。

3月29日，台湾湖南商会会长、网安科技股份有限公司董事长熊子杰一行，来到湘潭县就投资湘潭农业的可行性评估进行考察。台州市政府决策咨询委员会主任毛伟平一行，深入湘潭天易示范区，就城市群规划建设等工作进行了考察。

4月1日，市委副书记、市长史耀斌来到湘潭县云湖桥、石潭、河口等地视察春耕备耕生产情况，市政府秘书长戴德清，市政府副秘书长谭毓平，县委书记陈忠红，副县长唐剑恒以及市、县农办、农业局、工商局、物价局、气象局、供销社等负责人陪同视察。

4 月 2 日，湘潭天易示范区与二十三冶建设集团举行项目签约仪式，投资约 1 亿元的中南钢结构生产基地项目正式落户天易。

4 月 21 日，中国建材集团董事长、党委书记、中国医药集团董事长宋志平一行到湘潭天易示范区，实地考察了湘潭瑞泰高级硅砖有限公司，市、县领导杨广、陶新水、戴德清、严新民、谢振华、石晟屹、唐向前等领导陪同。

4 月 22 日，由中国建材集团旗下瑞泰科技有限公司承办，湘潭天易示范区协办的中国建材集团第四届乒乓球赛“瑞泰科技杯”开幕式在湘潭市体育中心隆重举行。

5 月 12 日，湖北省广水市政协主席李健强，副主席何卫、胡亚明率考察组，到湘潭天易示范区考察管理运行体制、“两型”产业发展、基础设施建设、融资等工作。

5 月 17 日，省政协副主席武吉海率“加快湖南县域经济转型发展”调研组来湘潭县考察调研。市、县领导宋厚源、杨雄纠、陈忠红、谢振华、王惠芳、唐建良、王永红、宋小玲等陪同。

5 月 19 日，在湘潭天易示范区召开示范区重点项目建设工作汇报会。会议由县委副书记、县长谢振华主持。县委常委、常务副县长王永红和县委副书记、县长谢振华在会上先后做了重要讲话。

6 月 15 日，湘潭天易示范区与湘潭高耐合金制造有限公司正式签约投资近 6000 万元的高速重载机车制动盘制造及产业化基地项目。

6 月 17 日，国家发改委价格司副司长周望军率调研组一行到湘潭县调研。县领导谢振华、唐剑恒及县农业、物价、畜牧等部门负责人陪同调研。

6 月 17 日，湘潭县 2011 年度银企合作洽谈会在鑫田大酒店五楼湘潭国际会议厅举行，中国农业发展银行湘潭县支行等 10 家银行与湘潭县建设投资有限公司等 83 个项目达成贷款意向，共计 32.5336 亿元。县领导陈忠红、谢振华、王惠芳、王永红、吴纯杰、唐正武、欧建美、宋小玲参加会议。

6 月 28 日，县委党校、县档案局、县博物馆项目在天易示范区正式开工建设。

7 月 4 日，湖南力神新材料科技有限公司签约投资近 1 亿元的复合合金新材料履带类、管件类制造项目正式在园区落户。

7 月 8 日，湘潭天易示范区与湖南泰达机械实业有限公司举行了简短的签约仪式，该公司投资近 6000 万元的项目正式在园区落户。

7 月 11 日，湘潭县成功举办了中国·湘潭第二届湘莲文化节县情推介暨项目签约仪式，活动成功签约 21 个项目，共计合同引资 52.08 亿元。其中，湘潭天易示范区签约项目 13 个，实现合同引资 46.6 亿元。

7 月 18 日，根据《湖南省人民政府关于湘潭九华和易俗河片区规划的批复》（湘政函〔2011〕186 号）文件精神，长株潭城市群两型社会示范区湘潭易俗河片区规划喜获省人民政府正式批准实施。

8 月 13 日，市委书记陈三新，市委常委、市委秘书长谈文胜来到湘潭县，就湘潭市第十一次党代会报告（征求意见稿）听取意见和建议。县领导陈忠红、谢振华、王永红、吴纯杰、谭何龙参加座谈会。

8 月 17 日，湘潭天易示范区签约引进投资 5.2 亿元的湘潭市电线电缆有限公司电缆产业基地项目。此次签约的项目总投资 5.2 亿元，占地面积 292.3 亩，建设 35KV 及以下交联电缆、塑胶绝缘电缆、橡胶绝缘电缆生产线。项目将于年底正式动工建设，2014 年底全部建成投产。项目建成投产后，预计年产值可达 20 亿元以上，年上缴国家税收 2500 万元以上。

8 月 25 日，吴家巷重金属污染治理项目经过与华南环保研究所紧密配合、多次完善和修改后，在省环保厅组织的专家评审会上予以通过。

9 月 2 日，市委常委、常务副市长蔡建和来到湘潭县调研经济社会发展情况并实地考察了湘潭天易示范区，县领导及示范区领导谢振华、王永红、吴纯杰、唐向前陪同调研。

9 月 7 日，省委农村工作部副部长、省农办副主任戴美湘率省县域经济调研组来到湘潭县调研。县委副书记、县长谢振华，县委副书记、湘潭天易示范区管委会常务副主任王永红，县委常委、副县长唐正武陪同调研。

9 月 16 日，粤港高科技明星企业湖南投资考察团一行来到湘潭天易示范区进行投资考察。湖南省人民政府副巡视员熊方平、湖南省商务厅副厅长罗双锋陪同考察。市、县领导史耀斌、周放良、陈忠红、谢振华、王永红、黄忠德、王惠芳、吴纯杰、王艳霞、谭何龙、石晟屹、陈卫兵参加投资考察活动。

9 月 23 日，市直机关第四届“天易杯”运动会在东方红广场举行隆重的开幕式。开幕式上，县委副书记、示范区管委会常务副主任王永红激情洋溢地致辞。

9 月 29 日，湘潭天易示范区十大基础设施及工业项目集中开工。县领导陈忠红、谢振华、王永红、黄忠德、王惠芳、吴纯杰、王艳霞、唐正武、石晟屹、曾洪良、谭何龙、唐剑恒、陈卫兵参加开工仪式。

10 月 8 日，湖南江麓建筑工程机械有限公司成立两周年暨天易示范区生产基地落成典礼举行。副市长、县委书记、天易示范区工委书记陈忠红，湖南江麓机电科技公司总经理、实业发展有限公司董事长柳秀导，县委副书记、湘潭天易示范区管委会常务副主任王永红，县委常委、副县长石晟屹参加仪式。

10 月 15 日，江南地区最大、全国排行前三的综合性阿胶生产企业——湖南东健药业有限公司投资 1.8 亿元的中药现代化生产基地项目落户天易示范区。

10 月 26 日，在鑫田国际大酒店国际会议厅，湘潭天易示范区商会第一次会员代表大会隆重召开。选举并产生了新任会长、副会长、常委等职，并由参会代表进行了集体表决。大会一致表决通过并同意由湖南鑫田房地产开发建设有限公司总经理、鑫田国际大酒店董事长刘金树担任本届商会会长一职。

12 月 1 日，碧桂园控股有限公司总裁莫斌在县委副书记、示范区管委会常务副主任王永红，示范区管委会副主任唐向前、杨欣荣的陪同下，莅临湘潭碧桂园项目建设现场视察工作，察看项目工程建设情况。

12 月 2 日，湘潭双旺投资置业有限公司与天易示范区合作开发金霞山至向东渠地块综合项目，总投资 5.67 亿元，按 BT 模式开发，建设凤凰东路、向东渠西路、金霞山公园道路以及相关市政设施，该项目的实施加快推进城市建设步伐。

12 月 6 日，市委书记陈三新到湘潭天易示范区实地调研，并就 2012 年湘潭县、湘潭天易示范区的经济工作作出重要指示。市县领导谈文胜、杨广、陈忠红、谢振华、王永红、黄忠德、王惠芳、吴纯杰、王艳霞、唐正武、石晟屹、周贤、曾洪良、谭何龙等陪同调研。

12 月 7 日，省人大常委会联工委副主任姚伟等省人大代表湘潭一组一行 7 人视察湘潭县县域经济发展情况。市委常委、副市长杨亲鹏，市人大常委会副主任蒋国梁，县领导谢振华、王永红、黄忠德、赵新良等陪同视察。

12 月 30 日，湘潭天易示范区十大基础设施及工业项目集中开工。开工建设的十大项目包括鹦鹉路、玉龙路、麒麟路道路工程、滨江风光带（二大桥——二水厂）、金霞山公园等五大基础设施项目和湘潭市电线电缆有限公司、湖南可菲香料科技有限公司、湖南圣达工程机械制造有限公司、湘潭湘嘉食品有限公司、湖南新向维包装有限公司等五大工业项目。县领导谢振华、颜晓媚、黄忠德、王惠芳及在家副县级以上领导干部、基础设施和工业项目代表等出席典礼，县委副书记、示范区管委会常务副主任王永红主持了开工仪式。

衡阳白沙片区

衡阳白沙片区 2011 年建设概况

衡阳白沙示范区自 2009 年 11 月经省政府批准设立以来，在省委、省政府，市委、市政府和省市两型办的高度重视和大力支持下，两型社会建设取得了初步成绩。现将有关情况汇报如下：

一、衡阳白沙示范区概况

衡阳白沙示范区于 2009 年 11 月经省政府批准成立，规划面积 137 平方公里，其中规划建设用地 60 平方公里，起步区面积 10 平方公里，功能定位为先进制造业的集聚区、循环经济的示范区、城乡统筹发展的样板区，产业定位为先进制造业、光伏电子信息产业、现代物流业、生态农业、休闲旅游及文化创意等。示范区是以白沙洲工业园区为基础申报成立的，是国家科技部认定的“国家火炬计划输变电装备产业基地”、国家商务部认定的承接产业转移特色基地，加挂“湖南衡阳深圳工业园”、“湖南衡阳电子信息产业园”、“湖南衡阳台湾工业园”等牌子。

按省两型办部署，示范区已聘请中国综合研究院做产业发展规划，聘请市规划设计院做总体规划，聘请市经济研究院做改革方案和顶层设计，《长株潭城市群“两型”社会示范区衡阳市白沙示范片区改革建设实施方案》已报省政府审批。方案明确了白沙示范区的范围、功能定位和空间布局。在空间布局中，白沙组团以原白沙洲工业园区的核心范围，也是示范片区建设的起步区，主要发展以输变电装备、汽车零部件、电子信息、光伏产业为主导按照“两型”发展要求，形成较为完备的产业链，打造先进制造业的聚集区。铜桥组团在产业发展上主要是对现有的燕京啤酒、纺织机械厂等传统优势产业进行升级改造，使之符合“两型”发展的要求，对规模小，效益差的企业，实施“退二进三”的策略，将其用地置换为居民用地及公共用地，提高土地使用效益，促进片区经济发展。跃进组团主要围绕打造特色跃进生态公园，优化基础设施，增强配套服务功能，打造成一个功能较为齐备的城市次中心。朱家堰组团以衡钢集团为依托，以产业聚集为优势，发展钢管配套产业，机械制造产业，提升传统机械产业技术、扩能创新，建设特色产业，重点建设高效型、清洁型、可循环型的生态钢管深加工聚集区。同时，依托综合交通优势，打造生产性服务业中心。雨母山组团以雨母山开发为核心，在雨母山风景区与衡洲大道入口处，建设雨母山单元，该单元距雨母山核心景区 2.5km，规划作为雨母山风景区的服务基地，主要建设宾馆服务、商业金融及高档住宅项目，发展生态休闲旅游业及影视基地，打造成一个以旅游服务、商务休闲、文化创意为一体的宜居新区，成为示范片区新的经济增长点。群胜组团重点发展新能源、生物技术、电子信息和新材料产业，支持企业通过技术创新和开拓市场，培育和经营自主品牌，提高产业竞争力和影响力。东阳渡组团功能上属于城市近郊的独立工矿区，随着区内核工业产业的转型，现代工业、现代农业将取得相应的进展。雨母山、东阳渡组团将建设以城郊蔬菜、林业、休闲等生态经济为主的循环经济基地。

方案同时明确示范区将探索资源节约、生态环保、产业结构优化、科技和人才管理创新、土地管理、投融资、对外开放、财税、行政管理等改革机制体制。明确了示范区建设重点和实施步骤等。

二、起步区两型社会建设取得的主要成绩

白沙示范区规划面积 137 平方公里，在这么大的范围内同时启动示范区建设与科学发展观的要求不符，与衡阳市的实际和现实要求不符。衡阳市委、市政府确定示范区首先在白沙洲工业园区 10 平方公里起步区范围内，以点带面，突出重点，滚动开发。到目前止，示范区两型社会建设取得明显成效。

（一）加快基础设施建设步伐，打造宜工宜商宜居工业新城

2009 年以来，示范区已累计投入基础设施建设资金 19 亿余元，完成征地拆迁 9000 余亩，平整土地近 8000 亩，基础设施和公共配套设施不断完善，工业新城形象不断提升。在道路建设上，建成了白沙南路、工业大道、金叶路等 10 条、总里程达 16 公里的主次干道，水、电、气、讯、宽带等公用设施配套到位，总长达 7300 余米的工业大道三期、中航路二期和富园路即将竣工。在标准厂房及配套设施建设上，建成第一、第二、第三创业园标准厂房 29 栋

37.1万平方米、配套用房5.6万平方米。在安置房、廉租房和公租房建设上，金龙花园26栋12.6万平方米安置房、12栋共4.12万平方米廉租房已交付使用，花园内水、电、气、讯、宽带、道路、绿化、亮化等工程同步到位。金叶花园33栋15万平方米安置房主体工程即将竣工。金燕、金桥、金龙三个安置点已启动建设。同时，示范区投入巨资对已建成的道路、安置小区进行了绿化、亮化和人行道板铺设，创业园标准厂房区域进行了沥青路面敷设，做到四季常绿、花草飘香，道路整洁。硬件设施的不断完善，不断提升了园区的新城城镇化水平，为打造投资洼地，承接产业转移创造了良好的条件。

（二）加快招商引资工作，打造名副其实的现代工业新城

迄今为止，共签订入区项目合同56个，合同总投资70亿元。拥有规模以上工业企业25个，在建项目30个。入区项目累计完成投资41.27亿元，其中2009年11.8亿元，2010年16.77亿元，2011年1—10月12.7亿元。这些项目建成后，园区将实现先进制造业、光伏电子信息业和现代物流业的集群发展。

先进制造业方面，集聚了央企中钢衡重“大型矿冶成套装备制造”、中外合资的衡阳华意机械“大型橡胶注射成型设备及制品”、亚新科“欧III电控燃油喷射系统”、合力工业车辆、安徽华菱重卡项目等29个项目。

光伏电子信息业方面，有世界500强企业欧姆龙、富士康，中美合资的“硅基薄膜太阳能电池”，浙江温州新洲“噪声测量仪和电控设备”等24个项目。日本欧姆龙和台湾富士康是示范区电子信息业和示范区两型社会建设的标志性企业，光伏电子信息业已成为示范区的主导产业，2011年有望实现工业总产值70亿元。欧姆龙于2010年3月5月初签订手机背光板项目入园合同，10天内完成工商注册、税务登记等手续，注册成立了欧姆龙精密电子（衡阳）有限公司，8月初投产。至今已完成工业产值2.12亿元，提供就业岗位近1500余个。项目全部达产后，员工数量将达6000—8000人。预定在2—3年内将成长为欧姆龙中国生产基地。富士康集团于2010年12月8日与省政府签订框架合作协议，迄今为止，衡阳与富士康的对接与合作比较顺利。衡阳富士康旗下有衡阳胜添精密电子有限公司与领航科技（衡阳）有限公司两家法人公司，以衡阳胜添为主。衡阳胜添成立于2011年5月6日，公司注册资本1000万美金，投资总额2500万美金，迄今为止，设备投资总额已经超过5000万元人民币，包括两条现代化的SMT生产线，10余台高端塑料成型机和10余条组装线，产线工人3200余人。

现代物流业方面，白沙物流园项目规划占地1000亩，已平整土地500亩，入园的有白沙物流有限公司、恒大物流有限公司、福建金属材料物流有限公司等3家企业；集通关报关于一体的衡阳公路口岸即将投入运营。

2009年以来，示范区经济运行逐年呈现出“增速较快，结构改善”的特点。累计实现规模工业总产值86.86亿元、上缴工业税收3.3亿元。

示范区紧邻衡阳市湘江上游，在项目引进时严格把关，确立了四项原则：一是抓投资规模投资强度过硬的大项目。二是抓科技含量较高产业带动明显的好项目。三是抓为大项目协作配套的项目。四是抓拟入园项目的筛选。做到“五不要”，即：不符合园区产业要求的项目不要、科技含量不高的项目不要、带动作用不明显的项目不要、经济效益和社会效益不好的项目不要、不符合环保要求的项目不要。为此，示范区设立了环保站，由市环保局派员专门负责环保工作，并负责与环保部门对接。

（三）加强融资平台建设，为示范区建设提供强有力的资金支撑

资金是示范区建设的血液。示范区建设以来，已累计完成固定资产投资56亿余元，其中基础设施建设资金主要来源于银行融资、财政支持、合资公司战略投资等。1. 银行融资。示范区与国开行、商业银行、华融湘江银行、市城建投等机构建设了良好的战略合作关系。尤其是欧姆龙、富士康进驻后，与各商业银行的合作关系将会更加紧密。2. 省市财政支持。一是省级支持。省委、省政府为白沙洲工业园区下发了湘阅［2011］16号、湘府阅［2008］2号、43号会议纪要文件精神已逐步得到落实。二是市财政支持。市财政在财力非常有限的情况下，给予了示范区以有力支持。3. 合资公司战略投资。共使用中航地产集团资金约6亿元。

（四）加强社会事务管理，让百姓共享示范区建设发展成果

示范区建设与百姓共享成果是双向互动的。示范区建设的出发点和归结点是百姓生活质量和幸福指数得到空前提升。加强社会事务管理工作已成为示范区建设的一项重要内容。到目前止，1. 社会保障：完成了22个村民小组共1606户、5231人过渡生活补助费资料审核和发放，共发放金额828.8万元；启动了新型农村社会养老保险试点的农村人口共10183人有关信息数据采集工作，得到省、市人社部门的认可；配合市人社部门完成了与市财政局对2010年园区辖区内被征地农民社会保障资金的年度结算工作；向富士康输送辖区内农民工160余人；协调解决欧姆龙、富士康职工参加市本级社会养老保险的参保和优惠政策；落实与雁峰区医保中心衔接区内农民、居民医疗保险事宜，落实958人的首诊医院及相关区级配套资金；处理农场改制后的遗留问题，为原农场4名下岗职工办理了失业保险，协调了10人的退休手续办理，开展了街道工作人员的续保工作。2. 信访维稳：落实了党政领导接访日制度，建立健全信访工作台账，完善了信访绩效考核机制。信访维稳工作连年被评为先进。3. 人口与计生：圆满完成了第六次全国人口普查工作，计划生育工作迈上新台阶，全面完成迎检工作。计划生育连年被评为A类单位。4. 民政工作：衔接市民政局对辖区内符合低保条件的524名失地农民、居民相关参保工作，已与市民政局衔接争取年内将民政工作实行市级单列。5. 医疗卫生：在金龙安置小区内设立了衡阳市中心医院医疗门诊部，全天候为区内群众和企业从业人员提供优质服务，配合市食品药品管理部门对区内的食品药品进行专项经营，确保食品药品安全。

（五）加强城市管理工作，不断提升示范区工业新城档次

出台了市容市貌管理办法。加强环境卫生管理。实现

了主干道的清扫和日常保洁常态化，规范了对建成区域内的生活垃圾管理。重点整治了渣土洒落行为。开展了专项整治行动，狠抓了垃圾乱倒和在主干道及人行道上乱堆乱放行为。区容区貌明显改观，园区品位显著提升。加强了户外广告管理。大力整治抢搭抢建和抢栽抢种行为，区域内违章建筑抢建现象就得到了有效遏制。设立公交站点改善交通状况。投资300余万元，建成了六座现代化公交车站，配备了相应的垃圾箱，在3路、47路公交车入园的基础上，增开了66路、17路、K3路公交线路入区，开通了区内免费梭巴，为各入区企业和区内居民提供免费交通，受到群众的广泛赞誉。加强城市安全体系建设。制定了整个建成区的安防、城管、公交“三站合一”电子监控管理系统发展规划，完成了建成区的实施论证，同时完成了金龙小区监控的招投标及实施，完成整体租赁市电信局“平安示范区”视频监控系统的组织工作。成立了金龙坪派出所。

三、当前示范区建设存在的几个主要问题

（一）示范区的管理体制问题。示范区规划面积137平方公里，分别由蒸湘区、雁峰区、珠晖区、白沙洲工业园区管辖，缺乏一个专门的管理机构，对示范区规划、建设实施统一的、有序的、有效的管理。成立一个相对独立的示范区管理委员会，落实相关政策、调整区划成为当务之急。

（二）土地指标问题。主要是项目建设用地先征后转问题。在湖南省两型社会示范区中，长株潭示范区项目建设用地实行先征后转，但纳入天易示范区的衡阳白沙示范区目前不能享受土地先征后转的政策，制约了示范区的项目建设步伐。

（三）项目建设资金问题。资金永远是项目建设的一大瓶颈。要解决资金瓶颈，一是土地报批规费先缴后返。示范区范围内土地批报的省级规费（省级部分）按先缴后返原则返回给示范片区用于基础设施建设。二是给予基础设施建设贷款贴息补助。三是给予产业发展相关专项资金扶持。

衡阳白沙片区2011年建设纪事

1月16日，省委副书记、省长徐守盛在张文雄、张自银等市领导的陪同下视察白沙洲工业园区。徐守盛一行首先来到富士康（衡阳）工业园区项目建设现场，听取了园区党工委书记、管委会主任曾义国关于富士康衡阳生产基地的规划和建设情况汇报，并与富士康衡阳项目负责人进行了亲切交谈；接着来到共创光伏、欧姆龙、中钢衡重、亚新科、燕京衡啤等企业，每到一处，徐守盛都详细询问企业建设或生产经营方面的情况，他对共创光伏硅基薄膜太阳能电池项目12 %的光电转换率、欧姆龙快速进驻园区、中钢衡重和亚新科高科技含量以及燕京啤酒衡阳公司从10万吨到20万吨再到40万吨的“三级跳”感到非常欣慰。

3月16日，华融湘江银行衡阳分行与白沙洲工业园区管委会签署战略合作协议，华融湘江银行为白沙洲工业园区提供2亿元项目贷款。市委常委、市政府副市长段志刚要求，银行要在金融创新上下功夫，量身定做适合园区发展的产品，从而实现合作双方互利共赢。

3月21日，市委副书记、市长张自银率市相关部门及雁峰区负责人来到白沙洲工业园现场办公，表示要全力保障园区领航科技和CDPG重大项目生产经营；全力争取建设国家级出口加工区。听取白沙洲工业园项目建设情况的汇报后，张自银与大家一起就重大项目建设的相关问题进行商讨。

4月11日，省商务厅刘捷厅长一行莅临园区调研。省商务厅副厅长罗双锋、市政府副市长肖斌陪同调研。刘捷一行先后考察了亚新科、中钢衡重、欧姆龙、共创光伏硅基薄膜太阳能、华菱重卡、衡阳电子信息创业园、衡阳公路口岸及富士康衡阳工业新城等项目。

4月13日，2011年园区产业发展工作会议在园区六楼会议室召开。党工委书记、主任曾义国详细介绍了入园企业建设与生产目标管理考核实施办法和园区促进产业发展指导意见及细则，他特别指出今后园区将从科技创新、创名牌产品、上市融资、增缴税金等方面鼓励扶持企业，引导企业做大做强，将园区打造成为“千亿园区”。

4月21日，省监察厅副厅长、优化办主任李利君一行莅临白沙洲工业园区调研。市政府党组成员、副厅级巡视员张六生陪同调研。李利君一行首先考察了富士康衡阳工业新城、衡阳公路口岸、衡阳电子信息创业园等项目建设现场。

4月30日，副市长邓柯深入白沙洲工业园区调研，先后来到了富士康工业新城、衡阳公路口岸、第二电子信息创业园、华菱重卡、共创光伏硅基薄膜太阳能电池、欧姆龙精密电子衡阳有限公司和园区总体规划沙盘模型，听取了入园项目建设生产及园区开发建设情况汇报。

5月3日，由湘潭市委书记陈三新率领湘潭市党政代表团一行60多人在市委书记张文雄，市委副书记、市长张自银等市领导的陪同下来园区考察。

5月6日，富士康科技集团在衡阳设立的衡阳胜添精密电子有限公司胜添精密公司成立，公司注册资本1000万美金，投资总额2500万美金，到2011年年底，设备投资总额近亿元人民币，包括两条现代化的SMT生产线，10余台高端塑料成型机和10余条组装线，产线工人3200余人。衡阳胜添目前设有数位产业园和光电产业园。数位产业园主要生产数码相框、电子书和平板计算机；光电产业园区主要生产经营LED台灯、路灯、防爆灯等系列节能环保灯具。领航科技以推广三网融合为主业，年底已布设商业网点1家。2011年，富士康衡阳公司实现产值54.7亿元，税收1.9亿元。

7月9日，雁峰区法院白沙法庭在白沙洲工业园区挂牌成立，衡阳市中级法院、白沙洲工业园区及雁峰区法院领导、金龙坪街道及各管理处负责人参加了挂牌仪式。白沙法庭的挂牌标志着白沙洲工业园区人民群众有了更便捷的司法服务。

8月17日，衡阳市公安局雁峰分局金龙坪派出所挂牌，这是衡阳市公安战线提高保一方平安、更好地服务园区经济发展的一项重要举措，更是支持园区发展，服务企业及群众的具体体现。

8月19日，富士康科技集团董事长兼总裁郭台铭一行莅临衡阳，出席富士康（衡阳）工业园奠基仪式、富士康·衡阳LED启动仪式、富士康（衡阳）光电及数位产品投产庆祝晚会等活动。湖南省委书记、省人大常委会主任周强，省委副书记、省长徐守盛，省委副书记梅克保，省委常委、长株潭试验区工委书记陈肇雄，省人大常委会副主任蔡力峰，省政协副主席杨维刚，衡阳市委书记张文雄，市委副书记、市长张自银与33个省直单位以及衡阳市全体在职的市级干部等出席了奠基仪式。

9月7日，衡阳市白沙洲工业园区与衡东工业园在衡东县武家山宾馆隆重举行合作开发协议签约仪式，拉开两个工业园区深度合作、共谋发展的大幕。

9月28日—29日，衡阳首届工业产品博览会在林隐假日酒店旁的彩霞街和商业广场隆重举行，这也是第五届湘商大会的主题活动之一。此次博览会集贸易洽谈、展示交易、信息交流、形象宣传于一体，既是工业产品展示会，也是工业产品推介会，更是工业项目招商会。白沙洲园区有16家企业参与此次盛会，共展出近100种工业产品。参展的16家企业当中，既有富士康、欧姆龙等世界500强“明星”企业，也有雁能集团、南岳电控、长宏锅炉等实力雄厚的本土企业。

10月12日，市公交公司在园区公交枢纽站隆重举行了66路、17路、3路、K3路、47路等5路公交车通车仪式。这标志着园区与主城区东、西、北、中四个方向全部开通公交运行线路。

10月13日，省政协主席胡彪来到白沙洲工业园区，视察园区的发展情况，市领导张文雄、张自银、严志辉、王雄飞、罗东海、李安平，园区领导曾义国、甘华陪同视察。

10月21日，由怀化市委副书记、市人民政府代市长李晖率领的怀化市人民政府代表团一行莅临园区考察。代表团一行先后考察了蔡伦数位产业园、富士迈和南岳电控（衡阳）工业技术有限公司。

12月9日，深圳联得自动化、允强自行车、甘肃中青、金莎科技、广州京裕、林肯液压6个项目同时开工，总投资额9.98亿元，占地面积353亩，建设投产后可实现年销售收入27.5亿元，年创税收3.08亿元。省委常委、市委书记张文雄宣布项目开工。市委副书记、市长张自银讲话，并要求为项目建设提供优质服务。副市长邓柯主持开工仪式。

郴资桂两型社会示范带

郴资桂两型社会示范带 2011年建设概况

2011年，在省委、省政府的正确领导下，在省“两型社会”建设领导协调委员会及办公室的指导帮助下，郴资桂两型社会示范点第一年的改革建设工作取得了一定成绩，为全面完成基础试点阶段工作任务打下了坚实的基础。

一、扎实做好基础工作

*一是成立了领导机构。*成立了以戴道晋书记任顾问，向力力市长任组长，市委有关领导和市政府副市长任副组长，市直有关部门和相关县市区政府领导为成员的领导小组（郴办字〔2011〕68号）。以市发改委为主，开始筹建郴州市两型办，市编委研究同意安排8名编制。

*二是制订了工作方案。*2011年5月，市委、市政府印发了《郴资桂“两型社会”示范带建设工作方案》（郴办发〔2011〕13号）。方案明确了示范带建设的指导思想、工作目标、主要任务、工作重点和保障措施。按照三年打基础、五年见成效的要求，2011年重点在组织建设、规划建设和基础设施建设等方面取得成效。

*三是努力构建规划体系。*为做好郴资桂“两型社会”示范带建设顶层设计和各专项规划，郴州市确定了1个总体规划和14个专项规划组成的1+14规划体系。总体规划由市发改委负责编制，聘请综合开发研究院（中国·深圳）为技术支持单位。经过课题研究、拟定提纲、撰写初稿、征求意见和初步评审，规划纲要于2011年12月14日经市政府常务会议研究并原则通过。专项规划由市直单位分别负责编制，至年底部分专项规划已经有了初步成果。

*四是成功获批省级示范点。*2011年6月，省长株潭两型社会建设改革试验区领导协调委员会办公室正式同意郴州市北湖区、苏仙区、郴州经济开发区、郴州有色金属产业园区以及资兴市、桂阳县等郴资桂一体化区域为省级“两型社会”建设示范点。于来山常务副省长来郴调研考察时，表态支持郴州“两型社会”建设，给予郴州1500万元专项资金支持。

二、实施重大项目带动

确定了郴资桂“两型社会”示范带“十二五”重大项目库和2011年重点建设项目，其中2011年的重大项目涉及“两型”产业、城乡统筹、生态文明等3大领域，33大工程，共计152个项目，总投资750亿元，2011年计划投资124亿元。截止12月底，共完成投资141.5亿元，完成年计划的113.7%。

*一是加快推进基础设施建设。*实施统筹城乡建设项目54个，总投资275亿元，年计划投资53.1亿元，完成投资57.3亿元，完成年度计划投资的107.9%，交通及站场、宜居环境及商业设施、安居工程项目引领城乡统筹投资。宽60米、长60公里的郴州大道建成通车，资兴、桂阳和郴州中心城区进入同城时代。市中心城区完成城市基础设施投资98亿元，青年大道、市演艺中心、市体育中心等一批标志性工程竣工，城区道路和背街小巷提质改造基本完成，“351111”工程加快实施，建成区面积扩大到68平方公里。

*二是切实加强生态环境建设。*实施生态文明项目18个，总投资44亿元，年计划投资6.3亿元，完成投资7.62亿元，完成年计划的121.1%，其中北湖资兴湘江流域重金属污染治理、资源枯竭型城市资兴市矿山地质环境治理等项目进展顺利。同时以创建国家卫生城市、国家园林城市、全国文明城市为抓手，组织开展“绿城攻坚，绿化攻坚”活动，筹集资金50亿元，全面推进“十山十湖”城

市生态体系建设，先后建设了40多个公园（游园），使城区现有公园、游园总数达到53个，城市绿地率达到35.9%，绿化覆盖面38%，人均公园绿地9.99个平方米，森林覆盖率达64.05%。

三是产业发展初显“两型化”。实施两型产业项目80个，总投资433亿元，年计划投资65.1亿元，完成投资76.6亿元，占计划投资的117.6%。有色金属产业基地、电子信息产业（郴州）基地、精品旅游景区建设、物流基地等工程成为“两型”产业的主体。

三、推进重点领域改革

一是加强对改革工作的安排部署。编制起草了《郴资桂“两型社会”示范带建设综合配套改革总体方案》和资源节约、环境保护、产业发展、科技创新、土地管理、对外开放、行政管理、文化管理等8个专项改革方案，截至2011年底2个专项改革方案已经形成初稿正在进一步修改完善，6个专项改革方案正在抓紧编制，总体改革方案已报市政府常务会议审议通过。在总体改革方案实施前，着重督促示范带区域各县市区、园区及市直部门贯彻落实《郴州市2011年“推进改革年”活动实施方案》，全面深化体制机制改革，为示范带建设顺利推进提供强力支撑。

二是大力推进资源节约和环境保护领域的改革。正式启动固定资产投资项目节能评估和审查工作，首次组织节能减排工作专项督查，继续深化节能、减排工作目标管理办法，全面开展城区清洁能源改造工作，深入开展环境污染责任保险工作，全面推进湘江流域重金属污染治理项目建设，示范带区域流域综合整治成效显著。强力推进矿产资源开发整合，新田岭矿区为湖南省唯一一家全国第一批矿产资源开发整合先进矿山，柿竹园矿成功申报为国家矿产资源节约与综合利用示范基地。

三是大力推进科技创新和土地管理领域的改革。把发展高新技术产业、培育战略性新兴产业和推进农业科技创新作为科技改革的主攻方向，以全面推进国家高技术服务业基地试点工作为契机，进一步强化企业技术创新主体地位，加强对知识产权的保护，搭建高水平的产学研用合作创新平台。郴州有色金属产业园启动推进申报国家级高新区工作。简化建设项目用地上报审批程序，加大项目用地的供给力度，严格执行耕地先补后占制度。狠抓了闲置土地的清理、土地出让金的征缴管理，规范土地市场秩序，推进年度土地供应率工作的落实和实现网上招拍挂出让。

四是大力推进行政管理和对外开放等领域的改革。继续深化“两集中、两到位”改革，市政务服务中心首次推行行政审批“首席代表制”。全面启动乡镇行政区划调整和乡镇机构改革工作，积极稳妥地分类推进事业单位改革，积极推行服务社会化和政府购买公共服务，创新政府公共服务管理模式。成功获批国家级承接产业转移示范区，加速推进“湘南承接产业转移国际会展中心”和全市1000万平方米标准厂房的建设。

四、建立健全推进机制

一是建立日常调度工作机制。市发改委、市两型办初步建立了示范带建设的调度督促机制和信息共享机制，对规划编制、项目建设、体制改革等重点工作进展情况，实行定期调度和通报。示范带区域各县市区及园区常郴资桂“两型社会”示范带建设纳入重要议事日程，积极探索建立推进“两型社会”建设的工作机制。

二是全面启动示范试点建设工作。围绕“两型”生产、生活、消费主题，组织实施“两型”示范创建工程，广泛发动“两型”特征明显、示范带动力强的项目和单位组织申报，初步建立了市申报“两型”示范创建工程项目和单位信息库，入库示范创建项目和单位达32个。并按省两型工委要求遴选了4个示范创建项目、2个示范创建单位上报。

三是积极营造全民参与的浓厚氛围。切实加强舆论引导，积极推进科学评价考核，广泛宣传“两型”知识，大力倡导“两型”消费理念，营造了“两型社会”建设的浓厚氛围。

郴资桂两型社会示范带2011年建设纪事

1月12日，周强书记来郴调研，表态支持郴资桂一体化区域创建省级“两型社会”建设示范带。

1月25日，省十一届人大五次会议批准湖南省“十二五”规划，郴资桂“两型社会”示范带写入该规划。

1月26日，中共郴州市委常委扩大会议研究全市“两型社会”建设有关工作。

2月22日，中共郴州市委2011年第3次常委会议把郴资桂“两型社会”示范带建设列为全市2011年10项重点工作之首。

3月4日，毕华常务副市长主持召开“两型社会”建设专题会议，研究讨论郴资桂“两型社会”示范带建设工作方案及领导小组成员名单。

3月18日，郴州市人民政府第57次常务会议研究讨论郴资桂“两型社会”示范带建设工作方案和领导小组成员名单。

4月15日，郴州市发改委组织市直有关单位赴长沙市考察学习“两型社会”建设情况，参观省“两型社会”展览馆。

4月25日，中共郴州市委编办同意设立市“两型社会”示范带建设办公室，挂靠市发展和改革委员会管理。

5月10日，中共郴州市委2011年第5次常委会议研究讨论郴资桂“两型社会”示范带建设工作方案和领导小组成员名单。

5月11日，郴州市人民政府向省政府呈文请示将郴州市郴资桂一体化区域设为省级“两型社会”建设示范点。

5月12日，市委、市政府向陈肇雄副省长汇报郴州市“两型社会”建设有关情况。

5月30日，中共郴州市委郴州市人民政府印发《郴资桂“两型社会”示范带建设工作方案》。

6月2日，中共郴州市委郴州市人民政府正式批准成立郴资桂“两型社会”示范带建设领导小组。

6月7日，湖南省人民政府同意，湖南省长株潭“两型社会”建设改革试验区领导协调委员会办公室正式复函批准郴资桂一体化区域设为省级“两型社会”示范点。

6 月 20 日，郴资桂“两型社会”示范带建设总体规划编制工作专题会议召开。

6 月 22 日，于来山常务副省长来郴听取郴州经济社会发展情况汇报，表态支持郴州“两型社会”建设，省里给予郴州 1500 万元专项资金支持。

8 月 5 日，省委常委、长株潭试验区工委书记陈肇雄来郴调研，听取市委关于“两型社会”建设的汇报。

8 月 31 日，中共郴州市委常委第 6 次扩大会议听取传达学习全省“两型社会”推进会议精神的汇报。

10 月 25 日，郴州市人大常委会听取郴资桂“两型社会”示范带建设规划纲要编制工作报告。

11 月 30 日，省两型办副主任陈晓红一行到郴调研“两型社会”建设工作。

12 月 14 日，郴州市人民政府第 69 次常务会议原则通过郴资桂“两型社会”示范带建设规划纲要及综合配套改革方案。

滨湖示范区

长沙县安青片区

长沙县安青片区2011年建设概况

2011年以来，在省、市领导的关心和支持下，在县委、县政府的正确领导下，安青片区坚持突出“两型”，重点在生态建设、产业发展等方面下功夫，片区各项工作稳步推进，到2011年末，安青片区累计实现财政总收入4306万元，实现全社会固定资产投资额19.58亿元，完成规模工业总产值13亿元。现就2011年工作主要情况总结如下：

一、着力建设，基础设施显著提升

*一是完善路网建设。*总投资4.5亿元的黄兴大道北延线一期工程竣工通车，拉近了安青片区与县城星沙的距离，该路作为全县第一条生态节能路，依山就势进行建设，减少了开山填土，道路两侧全部安装了风光互补路灯，连续一星期阴雨天不影响照明。投资3.68亿元的万家丽路北延线已开工建设；投资7.67亿元的北横线正在办理相关手续，即将开工建设。

*二是启动集镇提质改造工程。*组织开展了违章棚屋的拆除和景观雨棚的搭建工作，违章建、构筑物的拆除工作，投入1.6亿元启动了G107沿线的综合整治工作，启动了房屋立面改造工程、集镇农贸市场建设工程，主要道路沿线安装了太阳能节能路灯、电力节能路灯、风光互补路灯。

*三是污水处理全覆盖。*片区三个乡镇共规划建设4个污水处理厂，分别选址安沙、毛塘铺、北山、青山铺，总投资3700万元，目前4处乡镇污水处理厂均已建成。

*四是开通城乡公交。*为加快城乡统筹，方便群众出行，启动了城乡公交工程，目前已开通1号线，安沙毛塘集镇的群众可实现到县城的方便出行，同时完善了公交站点的建设。

*五是加快推进自来水、燃气管道建设。*启动了自来水、天然气管道延伸工程，在部分集镇已建成投运。其中，安沙镇采取“政府补助、业主自建”的方式，启动自来水、天然气管道建设，将自来水、天然气管道延伸3.5公里至防恐基地。

*六是狠抓水利建设。*编制了具有操作性的水库防洪预案和山洪地质灾害防御预案；储备水库防汛物资器材，维修山洪地质灾害区域预警设备；大力开展水库除险加固工程、防汛公路修补工程、冬修工作开展如火如荼。

二、戮力生态，环境整治成效卓著

*一是分类治理，严控畜禽养殖污染。*向禁养、一级限养区退养的养殖户发放《关于禁养区养殖业反弹专项整治的通告》，组织下村进行抽查，并建立了档案，控制了养殖反弹苗头；一级限养区减量工作全部完成，对养殖污染较严重的养殖大户采取四池净化、室外零排放、种养平衡、生物垫料、综合治理等方式进行治理，实现了达标排放。

*二是围绕“五化”，生活垃圾处置常态化。*实现“减量家庭化、废物资源化、处置无害化、保洁常态化、村容整洁化”的“五化”模式深入人心；每200—250户配备一名常年保洁员，形成“公共区间卫生员、资源垃圾回收员、生态环保监督员、一年四季劝导员”的工作队伍；城市精细化管理垃圾的模式在乡村开始对接，乡镇垃圾分类处理，运送填埋量较2010年减少50%；建立健全严格严密的考评督查制度，形成镇对村生态环保工作考核“一票否决”的长效机制，运用行政管理、经济杠杆、思想宣传等多种工作手段，充分调动村组干部、“五老”人员、农村妇女、学生等不同群体的主人翁意识。

*三是特色鲜明，共同探讨环境治理新招。*安沙镇组织专业保洁人员成立了的河港清污保洁队伍，负责大型河港的清污保洁工作；采取雨污分流的方式，建设污水地下管道800余米，明沟1500米；建设大型综合污水处理系统一处，采用“格栅池+厌氧池+接触氧化池+沉淀池+人工湿地”技术，集中处理居民养殖及生活污水；建设了大户治污室外生物发酵池24个。北山镇创建市级生态村6个。

三、致力两型，产业发展亮点纷呈

严格执行产业规划，安青片区产业发展主打绿色牌，现代农业有新成绩，现代服务业有新进展，环保工业有新突破。

（一）集群发展，现代农业有新成绩

一是以现代农庄为依托，大力发展都市休闲旅游。依托花卉苗木示范园、和平清代民居、长丰汽车生态公园、五福山庄等几十家初具规模的现代农庄发展旅游观光型农业，全年实现旅游产业收入1.6亿元，接待游客20余万人次。

二是以特色农业为核心，大力推进农业规模生产。改造中低产耕地，打造了安沙、北山两个万亩超级杂交稻基地；以曙光山城为龙头，建成葡萄基地1018亩；以绿福农业珍稀蔬菜为龙头，打造了万亩果蔬基地；以兴嘉天华现代农庄为依托，投资7400万元，其推出的“咖啡豆+油菜”种植模式试种成功，农民不仅可多收益四倍左右，还能有效解决土地抛荒问题，建设高科技的生物技术综合利用示范基地；成功注册了“北山贡梅”商标，发展皇家贡品丰梅1000亩。

三是以直销专供为特色，大力发展高效农业基地。引进了紫鑫酒店农业产业基地、中顺万豪酒店农产品保障基地等一批专供酒店、宾馆、超市的高端农产品生产基地，产出效益大幅提高，农产品安全更有保障。

（二）因地制宜，现代服务业有新进展

安沙镇借助交通区位优势，倾力打造6000亩的安沙现代物流园，目前园区内已引进企业40多家，进入建设阶段的企业有总投资21亿元的中南国际物流园、投资10亿元的长株潭广联生猪交易市场、国家储备肉冷库等13家，年内建成投产项目3个。北山镇依托良好的山水资源，成功引进了总投资12.6亿元的人瑞居老年公寓项目，引进了1.25亿元的华圣书院项目，规划建在著名抗日将领、爱国民主人士李默庵的故居北山书屋的西侧，一期规划面积约36亩，预计总投资1.2467亿元，建设周期为3年。保护、修缮、美化了30个文物保护及自然风光点，整合自然资源，挖掘文化底蕴，增强了文化旅游产业对农业增效、农民增收的拉动效应。

（三）提质升级，环保工业有新突破

一是大力开展技改，促进现有企业产业升级。一方面，加强自主研发，如众兴新材料科技有限公司。该企业研发中心被认定为长沙市企业技术中心，研发项目曾获得科技部中小企业技术创新基金支持，荣获国家科技进步二等奖和湖南省科技一等奖，公司被评为长沙市首届节能示范单位，并入围了长沙市四个千亿产业集群的首批75家企业。公司投资5亿元建设了年产10万吨的高性能钎焊多层铝合金复合材料产业化项目。另一方，积极引进高、精、尖技术，引进了长沙非凡机械厂、长沙千龙胶合板厂、长沙长丰罗茨鼓风机厂、中旺机械厂、长沙石立超硬材料有限公司等5家优质企业，其与中南地质勘探设计院合作的金刚石制品厂项目正建设中，此次合作将推动金刚石制品进入一个新的高度。

二是探索落后产能退出机制。一方面积极推动传统工业企业的转型升级，坚决淘汰以麻石开采加工为代表的落后产能。另一方面，盘活闲置地产、房产、设备，引进优质企业。

长沙县安青片区2011年建设纪事

1—3月，北山镇引进绿福蔬菜有限公司、长沙顺势农业科技开发有限公司、长沙圣龙农业技术开发有限公司等三家现代农业企业。

5月，青山铺镇污水处理支管工程开始动工。

11月31日，安沙镇城乡结合部环境整治工程样板段正式开工，对改善安沙107沿线居民的生活环境、增加集镇居民收入有着重大意义。

12月1日，总投资4055.7万元的青山铺镇“三点一线”综合整治工程正式启动，工程完工后青山铺城镇建设将实现质的飞跃。

12月4日，安沙镇启动自来水、天然气管道延伸工程建设。

12月，省信息学院第二期400亩新校区建成。

12月，安青片区农村畜禽退养工程全面完成。

12月，正式启动北山新区建设。

望城区铜丁片区

望城区铜丁片区2011年建设概况

2011年是十二五规划的开局之年，也是长株潭“两型社会”探索实践进入第二阶段的起头年。如何立足“十二五”新起点，抢抓“县改区”新机遇，铜丁片区始终以高度的政治责任感和使命感，不遗余力地推动重点领域和关键环节的改革实验，因地制宜做好两型社会建设工作，开创经济社会发展的新模式，推动片区建设取得实质性进展。

一、创新特色工作

（一）创新征拆安置方式，保障项目又稳又快推进

一是高效推进拆迁工作。2011年，铜官镇共承担拆迁项目20个，面积1830亩、房屋227栋。目前已拆迁房屋211栋，完成19个项目的拆迁任务和1616亩用地的交付使用，预计年底可全面完成腾地任务，在全区拆迁中起到了很好的表率作用。其中，位于华城村和花实村的白杨路二期项目，21户拆迁群众，14天全部签订协议，20天房屋全部倒地，30天全面开工建设，速度之快、效果之好，在全区树立了标杆。

二是打造精品安置小区。从2010年10月份起，铜官镇率先启动了150亩重建地的扩征工作，为2011年乃至2012年的重建安置提供了充足的用地保障。安置过渡时间短。创新方式方法，通过置换和回购110缝宅基地优先安排拆迁户，缩短了搬迁过渡期四个月，年底200余户拆迁群众有望建新房。小区建设标准高。按照示范性安置小区建设标准，丰盛园安置小区内房屋错落有致、配套设施齐全、环境赏心悦目，赢得了拆迁群众和各级领导的一致好评。

三是加快园区项目拆迁进度。2011年，铜官循环经济工业基地抢抓机遇，确定“以开工促征拆”的工作思想，果断启动新雅创业园、新宇科技、慧林机电等产业项目的建设。积极配合铜官、东城两镇，共完成拆迁1255亩，涉及房屋200余栋、动迁人口近900人。实现三环颜料、金鼎管业、归一建材、鸿胜科技、西华保温、热网工程等7个项目投产，启动璟达物流（中石油长沙油库）、新雅创业园、新宇科技、慧林机电、湖南高速、汉联国际等6个项目的建设。全年产业项目完成投资8.26亿元。

（二）创新党建工作举措，自主编制铜官党史《陶魂》

为庆祝建党90周年，铜官镇创新党建工作举措，深度挖掘铜官深厚的红色文化底蕴，由铜官镇党委自主编印的铜官党史读本《陶魂》付梓问世。本书按时间顺序，以纪实的手法，从奋战史略、英模人物、名人足迹三个方面，生动地再现了铜官人民不屈不挠、英勇无畏进行革命斗争的历史，又详实谱写了铜官解放60多年来艰困创业、科学发展的伟大历程。同时，《陶魂》还收集了郭亮、袁仲贤

等革命先烈的珍贵史料，再现了其可歌可泣的英雄事迹。本书注重总结经验，结合庆七一和创先争优等活动，大力弘扬铜官人民百折不挠的奋斗精神，对全体党员起到了很好的示范激励作用，并通过夯实党建工作基础推动了全镇中心工作的有序开展。

（三）转变经济发展方式，妥善安置下岗工人

由于历史原因，铜官镇集镇下岗工人数量多，尤其是陶瓷总公司的下岗职工，生活普遍十分困难。2011 年以来，铜官镇在促进就业方面积极谋措，以民生为落脚点，不断转变经济发展方式，妥善安置了大批下岗工人，上半年度共新增城镇就业 154 人，新增农村劳动力转移就业 233 人。一方面在大力推进古镇保护性开发建设的同时，积极招商引资，盘活现有资产，通过古镇建设推动项目引进，通过项目发展大力促进就业，吸引了一大批如星沙湘绣城等企业的投资意向；另一方面通过政策扶持引导本地企业发展壮大，如铜官街的陶艺产业，目前已有 10 多名陶艺大师进驻铜官街回乡创业，再如铜红工艺陶瓷有限公司，2011 年将面向社会公开招聘生产一线员工 150 名，将有效提升铜官镇就业水平，提高居民生活质量。

（四）加强社会管理创新

积极探索群众工作新思路，深入开展“与群众恳谈对话、为群众排忧解难”活动，努力实现群众工作的常态化、制度化、长效化。创新计生工作的全员管理模式，搭建统一的短信平台，分年龄段实施管理，提供温馨服务，逐步形成亲情计生管理新格局。维护社会和谐稳定。通过进一步健全制度，规范阵地，认真搞好了矛盾纠纷排查调处工作。全年全镇共发生大小纠纷 233 起，调处 233 起，调处率 100%，调处成功 231 起，成功率达 99%，无因调处不当引发的群体性事件和民转刑案件发生。投入奖金 30 万元，按照“公安管理、乡镇投入、综治办监督”的运作模式，配齐了专职治安巡防队员，完善了城乡治安电子防控系统。坚持“安全第一，预防为主，综合治理”的方针，落实安全生产责任制，抓好了安全生产日常监管工作。

二、古镇建设拉开序幕展新颜

（一）景点打造铸精品

按照“保留工业遗存、体现文革特色，展现陶都风韵”的要求，展开了铜官老街和誓港老街的房屋立面改造工程。历史建筑较多的铜官老街，力求按明清、民国、文革三个时期进行原貌恢复。誓港老街由于破坏严重，则按照泰源设计公司的设计方案，进行骑楼示范点的打造和三大景观节点的恢复。目前，铜官老街内外街 300 多缝房屋的修复工作已接近尾声，正在进行景观绿化亮化工程。誓港老街的骑楼示范点和部分景点已完成，正向纵深推进。经过半年多的精细施工，外兴窑和义兴窑修复工作已于近期完成，这两处龙窑将很快向游人揭开她们的神秘面纱。

（二）配套建设趋完善

太丰垸机台建设，在铜官镇的积极协助下，“五一”前已全面完成；老街垃圾场吹填工程经网上招投标，由专业施工队施工，目前已完成；古镇范围内的电力、电信、有线等杆线入地及自来水改造工程已组织相关单位进行了多次实地勘察，并提出了具体的实施方案，目前已完成铜官内街杆线入地工程；铜官老街和沿河房屋的立面改造工程已完成 166 缝，铜官老街垃圾场吹填全部完成；聘请湖南大学建筑系的知名教授设计了外兴窑、义兴窑的修缮方案，现已全面完成；古镇范围内的电力、电信、有线等杆线入地及自来水改造工程已提出了具体实施方案，目前正接受财评审查。

（三）综合整治展新颜

为创建整洁优美环境，大力提升古镇形象，年初以来，铜官镇下大力气对铜官古镇进行综合整治。一是筹备陶城市场搬迁。针对陶城市场乱脏差的现象和年久失修存重大安全修隐的问题，铜官镇组织人员深入摸底调查，并多次召开各方面座谈会征求意见，目前正加紧酝酿搬迁方案。二是依法拆违控违。在摸清底、建台账、分类别的基础上，开展了 3 次声势浩大的集中拆违行动，取得了良好成效。同时，加强日常巡查，严控新的违建、违法行为。三是整治环境卫生。按照风景区建设标准，积极组织动员群众整治环境卫生，并建立健全镇、村社区、户一体的长效机制，使得古镇环境卫生状况大为改观。

（四）管理规范见成效

为加强古镇的保护性开发建设，铜官镇积极借鉴全国各类古镇的有益经验，并紧密结合铜官自身实际，逐步建立了一整套规范古镇建设管理的制度，如关于进一步加强铜官古镇保护性开发建设的规定、铜官古镇立面改造项目的管理规定、立面改造房屋一户一档制等，从而有效规范了古镇管理，有序推进了古镇建设。

（五）竭力建设平安铜官

2011 年，铜官镇投入 30 万元聘请了 10 名巡防队员，建立健全“三调联动”工作机制、完善群防群治网络，严厉打击各种违法犯罪活动，全面加强社会各个层面的维稳工作，每月进行一次安全生产大检查，每季开展一次矛盾纠纷大排查，对于重点稳控对象严格落实“五包一”制度，做到了小事不出村、大事不出镇、矛盾不上交。全年无因调处不当引发的群体性事件发生，社会大局和谐稳定。

三、加快配套建设，承载功能明显增强

（一）湘江大道（丁字段）项目顺利进行

2011 年，湘江大道（丁字段）项目道路南端 k0 + 280 – k2 + 020 段路基基本成形，共完成土石方 30 余万立方米，盖板涵、污水管、雨水管的铺设年底完成；金云村地段 k4 + 600 – k5 + 200 段正全面清表，盖板涵开始施工，周湖鱼塘排水及特殊路基处理已铺开，李家湖大桥桥基桩已灌注 29 孔，工程建设投资完成 7800 万元；在第一阶段（翻身垸村和兴城社区）征拆工作基本结束以后，第二阶段的金云村和书堂山村的征拆工作取得很大进展，共需拆房 125 户，到 9 月 29 日已签订拆房协议 105 户，房屋倒地 70 户；9 月 7 日，湖南省人民政府批复了湘江大道（丁字段）的用地红线，至此，湘江大道（丁字段）建设工程必需的手续基本到位，为工程的快速推进铺平了道路。

（二）园区重点建设项目逐步完善

一是长沙电厂向园区供热。5 月 10 日，长沙电厂正式开闸向园区企业三环颜料供热，这是园区建设和发展过程中的一个里程碑。二是第二污水处理厂一期已全面竣工，开始调试。三是路网进一步完善。黄龙路硬化通车，花果路完成全线稳定层和部分硬化，年底建成。花实路、白杨

路二期、兴北路动工建设。华城路、五杉路、石龙路已完成启动建设的前期工作，腾地后即可启动建设。四是电力、自来水工程同步推进。10公里万伏线路已供电，新110KV变电站和供电所已完成场平并启动建设；长沙电厂尾水电站正在进行土建施工；园区已实现全面供水。全年基础设施建设完成投资1.75亿元。

（三）园区基础设施建设项目正在铺开

园区花实路、花果路铜官段、110KV变电站和铜官供电所、电力走廊白杨路二期铜官段、兴北路，共征地面积272.71亩，拆迁房屋47栋。目前花果路铜官段77.43亩，房屋17栋已全面完成交地。110KV变电站和铜官供电所，青苗调查也已全部完成，资金已拨付到位。花实路47亩，已完成青苗土地调查28亩，预计本月底完成全部青苗土地调查资金核算，拆除房屋3栋。电力走廊白杨路二期铜官段90.63亩已完成青苗土地调查和21栋房屋的一、二、三榜公示，兴北路38.71亩已完成放线砍边沟工作，即将启动外业调查。

（四）园区产业项目同步推进

园区璟达物流、坪塘线路器材、新雅创业园、巨星、新宇兴嘉等13个项目，总征地面积1543.06亩，拆迁房屋176栋。其中璟达物流长沙油库项目、湖南瑞地投资置业、盈成油脂项目共686亩，已拆除房屋80栋，只胡小红一户未拆；长沙油库项目已实现志木组、为富组完全腾地320亩，完成青苗调查350亩；坪塘线路器材、长沙慧林机电项目征地面积69.18亩、拆迁房屋8栋，已全面完成房屋青苗土地核算，4户签订房屋拆迁补偿协议；新雅创业园项目完成全部青苗调查核算162.25亩，已有6户房屋确定近两天内拆除，预计6月底将拆除16户；新宇、兴嘉等五个项目298亩青苗土地于上月完成丈量核算，计划本月完成房屋一、二、三榜公示，启动房屋拆除工作；占地169.63亩的巨星项目已完成全部21栋房屋调查；湖南高速金信泰和160亩坐标测量复核已完成，计划在8月份启动青苗调查。

（五）铜官窑建设取得重大突破

一是加大宣传力度。邀请中央、省、市媒体进行全面报道数十次，制作了专题宣传片、开通了专门网站，有效的宣传了长沙铜官窑文化品牌，提升了望城乃至长沙的知名度。

二是加快相关报审报批工作。目前，《遗址公园保护展示方案》获得了国家文物局正式批复，成为全国首批国家考古遗址公园建设项目；《保护总体规划》由省人民政府批准公布；《遗址公园及周边地区保护建设总体规划》通过了市规委审批；遗址公园项目征得国家发改委同意后，省发改委已正式批复同意立项，正在积极申报省重点工程。用地报批方面，遗址公园建设用地已通过省国土厅会审，储备用地已通过市国土局用地预审。

三是加紧铺排、实施相关项目。先后投入6000多万元，修建了长沙窑大道、仿古作坊、文物陈列室。长沙铜官窑研究中心已动工建设；谭家坡1号龙窑遗址保护展示设施已完成桩基工程，陈列布展方案即将完成；遗址博物馆正在进行比选方案设计，陈列布展方案正在抓紧进行，力争尽快向国家发改委申报并开工建设；觉华山宝塔已经建好了第五层；登山游道、彩唐桥及入园道路已开工建设；石渚坪停车广场正在进行施工图设计，即将动工建设；环境和水利水系整治正在组织实施。为配合遗址公园开放需要，外围区域的特色旅游打造加快进行。遗址核心区和周边民居改造完工70多栋；村部、村门建设基本完工；彩陶路路面提质改造即将动工；电力增容和农网改造正在实施；“十里画廊”水利景观正在组织实施；彩陶溪补水工程，土地综合整理以及“唐村”等建设项目即将实施；完善村规民约，整治环境卫生，打造生态家园，建设文明新村。

四是致力保护无形资产。省政府已经函请国家文物局将长沙铜官窑遗址列入《中国世界文化遗产预备名单》，园区按照复函要求进行了环境整治，制作申遗文本，制定的《长沙铜官窑遗址保护条例》于2011年1月1日正式实施，并将“长沙铜官窑”、“铜官窑”和“长沙窑”三类相关商标进行了注册。

四、严格招商选资，多方拓宽融资渠道

（一）园区招商引资形势喜人

2011年，园区认真考察项目的建设规模、投资强度、经济效益和税收贡献，严把环保关，积极发展绿色环保型的循环经济。园区招商形势喜人，前来咨询的企业多达100余家，正在洽谈的企业有80余家，29家企业积极申请入园，14个项目未能通过“经济和环保”两关，园区招商工作真正迈上了“招商选资”的新台阶。全年新引进新引进慧林机电、新源电子、泰和沥青、汇虹试剂、雅士安能、瑞地置业、鹏湘实业、华农生物、同远建材、汉联国际、源泉农业、博奥玻璃、天富农化、方麒门窗等15家企业，（新雅创业园还引进小型企业55家），提前完成全年任务。共占地1258亩，投资总额达10.49亿元，年产值将达22.2亿元，年税收将达0.71亿元，将创造就业岗位10000余个。截至2011年年底，园区已引进26家大优循环型企业，共占地2911亩，投资总额达41.53亿元，年产值120.44亿元，年税收达3.34亿元，将创造就业岗位10000余个。

（二）融资工作方式有新的突破

2011年4月，取得农合行对园区及入园企业5亿元的综合授信，为解决入园企业融资难的问题迈出了新的一步。在园区征拆、项目建设等需要大量资金的压力下，园区用活了上级给予的所能用活的所有融资资源。全年园区共争取各类资金1.68亿元。一是以第二污水处理厂项目获得农合行郭亮支行流动资金贷款0.19亿元。二是以第二污水处理厂收费权为质押，获得建行金星支行14年期1.2亿元贷款。收费权质押这一融资方式为园区在土地紧张、融资政策紧缩的困难情况下打开了新的局面，为银企之间的合作提供了更为多元化的选择。三是争取到中央计划内投资资金、工业发展资金等上级资金共计2895万元。

五、加快惠民工程建设，提高镇域综合实力

（一）抓财源建设

铜官镇全年完成生产总值42.8亿元，同比增长18.6%，1至11月完成财政收入1312万元（预计全年完成1410万元），其中国税完成474万元，地税完成838万元（不含长沙电厂税收）。预计年底全镇农民人均可支配收入达13684元，增长17%。

一是第三产业蓬勃发展。铜官陶瓷烧制技艺入选“世界非物质文化遗产名录”，雍起林获评国家级陶艺大师，古镇建设初显，集陶艺生产、展示、培训、休闲、体验于一体的陶艺老街初具规模。

二是城镇面貌日新月异。高标准设计、建设新镇，妥善安置拆迁户，多措并举实施为民办实事工程，相继启动敬老院扩建、洪洲渔民民居改造、廉租房建设、农贸市场搬迁等工程，改善了群众生活环境。

三是平安铜官建设卓有成效。建立健全“三调联动”工作机制、完善群防群治网络，严厉打击各种违法犯罪活动，社会治安状况良好。5 月，镇人民调解委员会被司法部授予“全国模范人民调解委员会”荣誉称号，得到了上级主管部门的高度肯定。

四是大力盘活铜官老集镇的闲置资产。成功引进湖南工艺美术（陶瓷）文化产业园项目，抓紧申报新镇滨江 82 亩项目用地，支持铜红陶艺和绿洲植物等公司发展壮大，并向区委、政府积极争取了 3000 万元的古镇建设资金（即原长沙电厂指挥部结余资金 1400 万元，从铜官窑市、县双控资金中列支 1000 万元，从全区小城镇建设资金中拨付 600 万元）；争取了重建地安置缺口经费、城市棚改、农贸市场等专项补助资金。

（二）突破土地瓶颈

一方面积极争取用地指标：园区全年共争取解决 2363 亩用地指标，其中批回产业项目用地 1079 亩，基础设施用地 68 亩，共计 1147 亩。同时还有 245 亩基础设施用地和 971 亩产业项目用地（共计 1216 亩）已进省厅窗口。另一方面严格控制用地：加大土地集约利用，严格考察项目，控制用地规模，实现项目用地平均投资强度达 2787 万元/公顷（考核要求为不低于 1500 万元/公顷）。同时根据项目实际情况，协调乡镇，充分利用闲置土地和闲置资产，缓解供需矛盾。

（三）抓惠民工程落实

按期完成了保障性住房建设，配套建设了新农贸市场，280 户住房困难家庭即将入住新居。投入 1500 万用于郭亮小学移址新建和陶城小学校安工程，办学条件将大大改善。投入 200 万元加大环境卫生整治力度，并通过市场机制引进美城环保公司，确保了镇域范围内的干净整洁。主动对接循环基地及周边企业，通过举办各类专题招聘会和培训班等方式，帮助 906 名铜官下岗职工和失地少地农民在家门口实现就业。积极完善社会保障体系建设，大力开展计生优质服务活动。实施灾害救助、城乡特困救助、农村大病救助等，全年共救助 96 人，救助金额 22.22 万元。

（四）不断提升软环境

按照规划先行的原则，进一步整合完善铜官发展规划，投入百万余元编制了《铜官新镇控制性详细规划》和《铜官古镇修建性规划》，描绘了铜官发展的美好蓝图。切实优化项目建设环境。通过坚持“一名领导、一套班子、一抓到底”，坚决打击强揽工程、阻工闹事等行为；通过建立政府与园区联席会议制度，有效研究解决相关问题；通过出台《关于进一步规范附属工程管理的暂行办法》，规范附属工程招投标管理，保障了项目建设的正常秩序。环境卫生不断改善。加大投入，通过市场化机制引进美诚环保公司，通过设岗定责鼓励群众投工投劳，环境面貌不断改善、环保意识逐步提升。依法拆违控违，在摸清底、建台账、分类别的基础上，开展了 3 次声势浩大的集中拆违行动，拆除违章建筑 35 起，违章广告牌 186 块，有效规范了市场秩序。

（五）推进现代农业建设

加大农业投入，改造水渠 1000 米，完成太丰垸机台建设，粮食生产稳步增长。新建农业合作社 2 个，参与数达 792 户，增强了农户的抗风险的能力。积极探索农村土地流转模式，2011 年流转总面积达 4064 亩，其中耕地面积 2258 亩，指导华城村按照“公司 + 合作社 + 农户”的运作模式完成了一个 200 亩药材种植示范基地，集种植、收购、加工于一体，大力发展种植业、加工业，提高了农民收入。实施“以奖代补”政策，推进新农村水利建设，圆满完成了全国性第一次水利普查的清查工作。按照“贴近农民需求，贴近农村实际”的原则新建农科教中心，累计完成各项培训 2422 人次，真正实现以科促农、依科增收。

（六）繁荣社会各项事业

一是倾力实施民生工程。加强农村危房改造，全面完成省市区下达的 25 户改造任务；结合棚户区改造、廉租房建设和老农贸市场搬迁的保障性住房建设工程已全面完工，280 户住房困难家庭将在年底入住新居；选址新建的郭亮小学已完成土方工程，目前正抓紧主体工程建设。

二是健全社会保障体系。主动对接园区及周边企业，举办了两场大型的专题招聘会，开办了十几次专题培训班，实现了 900 余名铜官下岗职工和失地少地农民在家门口顺利就业。推进城乡居民养老保险和城乡居民基本医疗保险工作，参保人数分别达 9058 人和 14053 人，分别占目标任务数的 99.34% 和 115.28%。实施灾害救助、城乡特困救助、农村大病救助等，通过开展“爱心送温暖”活动，真情关注和帮扶弱势群体，全年共救助 96 人，救助金额 22.22 万元。认真开展城乡低保半年度审查和年审工作，确保有进有退、应保尽保。

望城区铜丁片区 2011 年建设纪事

1 月 18 日，在春节、元宵节的喜庆气氛中，铜官循环经济工业基地白杨 110KV 变电站开工典礼隆重举行。基地管委会副主任周宏杰主持典礼，铜官镇、花实村、施工单位等相关单位负责人参加了典礼。白杨 110KV 变电站，占地 7.61 亩，标高 50.7 米，位于花果路、花实路的交叉口西北角。白杨 110KV 变电站既是循环基地的一项重大基础设施，又是望城河东地区“十二五”的一个引领工程，已列入望城县 2011 年重点工程。县委、县政府高度重视白杨 110KV 变电站建设工作，成立了专项工作组，统筹相关乡镇、部门，快速推进与变电站配套的横跨丁字、桥驿、茶亭、铜官、东城等五个乡镇的电力走廊工作，以省级样板工程标准，全力以赴，力争将该项工程建成省、市精品工程，形象工程。预计变电站将于 2011 年八月份竣工验收，九月份正式送电。

5 月 1 日，扬名海内外的长沙铜官窑遗址将撩开神秘面纱，对外开放。遗址位于望城区丁字镇彩陶源村，离市区仅20公里，驱车半个小时就可到。扑面而来的就是两个仿唐风格的入口门柱，目前工程主体已经竣工，门柱旁边特制的仿长沙窑大酒壶要双手才能合抱，格外引人注目。在2013年以前，将以长沙铜官窑遗址为核心，打造主体文化公园；铜官窑遗址博物馆，遗址大、小标识点保护棚、铜官窑麻石大道和干道、文物本体保护工程等项目以及陶文化馆体验建设将全部竣工。

5月16日，第七届中国（深圳）国际文化产业博览交易会（简称“文博会”）落下帷幕，长沙铜官窑参展作品《五虎将》和《正月十五》分别夺得“中国工艺美术文化创意奖”一金一铜的佳绩，成为文博会上涌现出的一匹“黑马”，为了参加此次文博会，“长沙铜官窑唯一传人”、湖南省工艺美术大师胡武强先生率领彭文鸿、钱正财等艺术家创作团队，从年初就开始了精心的准备。参展的三件作品除了传统的仿古铜官窑，还融入了具有铜官窑艺术特色的创新作品。如金奖作品《五虎将》，是以三国时期的张飞、赵云、黄忠、关羽、马超五虎将为原型，采用围泥筒，拍泥块，搓泥条等传统工艺烧制而成。融入了长沙铜官窑惯有的、类似于现代动漫的造型元素，国粹京剧的装饰手法，以及陶泥干裂的表现形态。在柴火窑中呈现出丰富的釉色变化，彰显了长沙铜官窑的古朴、斑斓，极具表现力和感染力。文博会的评委团高度评价长沙铜官窑，深圳市工艺美术行业协会会长廉建利如此评价说“其作品釉色造型独特，构思新颖，非常有特色，长沙铜官窑的技艺值得更深层次地挖掘和弘扬”。

5月18日，湖南汉联国际环保能源投资开发有限公司与铜官循环经济工业基地就“污泥脱水烘干处理设备项目”签订招商协议。该项目总投资1.8亿元，占地近72.5亩，建成后预计年产值可达2.5亿元，年税收达700万元。湖南汉联国际环保能源有限公司拟在铜官建设的生产基地主要是专业研究开发、制造工用、民用、企事业单位团体和学校生活节能产品。

6月3日，由长沙电厂经营的湖南长源投资有限公司挂牌成立，铜官基地管委会主任刘彪，长沙电厂总经理仇甜根、党委书记赵学雁和长源公司总经理潘堃等领导出席揭牌仪式。长源公司为长沙电厂全资子公司，是长沙电厂实施“一主多元”发展战略的重要载体和平台，主要针对铜官基地入园企业，经营电力、循环水能发电、热能，煤炭和粉煤灰等多项业务。铜官基地管委会主任刘彪对长沙电厂为园区发展作出的重大贡献表示充分肯定，他表示，长源公司的成立，是铜官基地发展循环经济的一个重要保障。长源公司的发展，必将促进铜官基地和长沙电厂实现新的跨越。

6月9日，国务院以国发〔2011〕14号文件公布了第三批国家级非物质文化遗产名录191项，国家级非物质文化遗产名录扩展项目名录164项，长沙铜官窑陶瓷烧制技艺是长沙市唯一入选第三批国家级非物质文化遗产名录的遗产。长沙铜官窑是鼎盛于晚唐的制瓷遗址，世界釉下多彩陶瓷的发源地，它的烧制技艺自唐代传承至今，将彩绘遮盖于釉下，创造出永不褪色的釉下多彩瓷器，成为陶瓷史上划时代的里程碑；超越现实创烧的铜红釉和集褐、绿、蓝釉等于一体的釉下多彩装饰制作技术，突破了当时“南青北白”一统天下的瓷器装饰格局；将中国传统文化中的诗词歌赋、绘画、谚语、产品广告和独特的模印贴画等融入到瓷器之上，不仅首创了陶瓷装饰艺术，更充分展示了中华民族深厚的历史文化底蕴；其产品远销亚洲各地及东北非等20多个国家，并形成了由湘江经广州、宁波通往亚洲各地及东北非的“海上丝绸之路”。长沙铜官窑釉下多彩的形成，拉坯技艺的产生，雕塑工艺的发展，烧制原理的掌握，构成了巧夺天工，叹为观止的长沙窑铜官陶瓷烧制技艺，正因为其在世界陶瓷发展史上具有划时代的成就及其在中国古代陶瓷生产技术、陶瓷装饰艺术、湖湘文化以及对外文化交流研究中的重大意义而众望所归地入选第三批国家级非物质文化遗产名录。

6月，为庆祝建党90周年，铜官镇创新党建工作举措，深度挖掘铜官深厚的红色文化底蕴，由铜官镇党委自主编印的铜官党史读本《陶魂》付梓问世。本书按时间顺序，以纪实的手法，从奋战史略、英模人物、名人足迹三个方面，生动地再现了铜官人民不屈不挠、英勇无畏进行革命斗争的历史，又详实谱写了铜官解放60多年来艰困创业、科学发展的伟大历程。同时，《陶魂》还收集了郭亮、袁仲贤等革命先烈的珍贵史料，再现了其可歌可泣的英雄事迹。本书注重总结经验，结合庆七一和创先争优等活动，大力弘扬铜官人民百折不挠的奋斗精神，对全体党员起到了很好的示范激励作用，并通过夯实党建工作基础推动了全镇中心工作的有序开展。

6月18日，湖南同远建材科技有限公司与铜官循环经济工业基地就“湖南同远建材科技有限公司生产基地建设项目”签订招商协议。该项目总投资9000万元，占地近50亩，建成后预计年产值可达1.8亿元，年税收达600万元。湖南同远建材科技有限公司拟在铜官建设的生产基地主要从事水性防水涂料、混凝土外加剂、高速公路养护剂三大类产品，该三类产品均为民用、交通、能源、水利建设、市政工程项目中必需的材料，是国家“十二五”产业发展规划倡导的环保新材料。2011年以来，新源电子、慧林机电、泰和沥青、汇虹试剂、雅士安能、瑞地置业等9家企业相继选址落户铜官基地，同时正在与盈成油脂、中海油、开元药业等大型企业进行商务谈判，着力引进一批大优企业。目前，铜官基地共引进中石油、巨星集团等21家企业，占地2380亩，投资总额达31.73亿元，预计年产值近100亿元，年税收达3.16亿元，将创造就业岗位10000余个。园区以“热能”、“粉煤灰”、“脱硫石膏”、“电厂铁路”为核心的几条特色循环产业链已初具雏形，招商选资形势大好。

6月29日，长沙源泉食品商贸有限公司与铜官循环经济工业基地就“美食侦探基地项目”正式签订招商协议，该项目总投资4000万元，占地20亩，年产值达8000万元，项目建成后将为园区周边及省市居民提供美味可口的熟食系列产品，同时可创税收240万每年。

7月4日，国家文物局局长单霁翔在湖南省委常委、长沙市委书记陈润儿、湖南省文化厅厅长周用金、湖南省文物局局长陈远平、长沙市市长张剑飞等领导的陪同下调研指导长沙铜官窑国家考古遗址公园建设开发工作。单霁翔局长一行观看了长沙铜官窑国家考古遗址公园建设规划沙盘模型，沿途考察了彩陶溪十里画廊、彩唐桥、石渚坪广场、入园道路、觉华宝塔、谭家坡龙窑遗址保护展示设施等遗址公园建设项目，随后在管理处多功能厅召开会议，认真听取了长沙铜官窑遗址公园建设情况汇报。陈润儿书记指出，长沙铜官窑国家考古遗址公园是对历史文化的传承，也是望城打造文化名片的一大亮点。他要求抓紧做好当前的三项工作：一是相关职能部门应尽快做好项目编制工作；二是抓紧与国家文物局进行对接，争取遗址保护建设专项资金；三是加快工程建设步伐，争取年内开园。

7月18日，湖南博奥玻璃制品有限公司与铜官循环经济工业基地就“博奥玻璃制品”项目正式签订招商协议，该项目总投资1.1亿元，占地58亩，建成后预计年产值可达2.6亿元，可实现年税收1300万元，提供就业岗位400多个。该公司现拥有全国三家之一，华南地区唯一一张1类医药瓶生产许可证，目前是湖南省唯一一家允许生产啤酒瓶的工厂。本次在铜官基地新建的玻璃厂，投入更先进的设备，力争把公司打造成为有国际影响力的大型日用玻璃企业。湖南博奥玻璃制品有限公司为铜官基地2011年新引进的第12家企业。

8月17日，出身陶瓷世家的铜官镇陶艺大师雍起林先生从北京载誉归来，在此次由中国轻工业联合会、中国陶瓷工业协会联合主办的“中国陶瓷艺术大师”颁证大会上，雍先生和另外13位湘籍陶瓷艺术家荣获“中国陶瓷艺术大师”称号。8月18日，长沙市、望城区各级领导、嘉宾亲临铜官镇，对雍起林先生荣晋“中国陶艺大师”表示祝贺。一行人先后参观了雍起林大师的陶艺作坊和作品展示厅，并现场观看了雍起林大师制作毛主席像的工艺过程。在随后召开的座谈会上，各级领导对铜官陶瓷艺人在技艺传承和产业发展中所做的贡献表示感谢，对取得的成绩表示肯定，更对陶瓷产业的发展提出了更加殷切的希望和期盼。陶瓷界同仁纷纷表示要发扬雍起林先生刻苦钻研的精神，不断开拓创新，将陶瓷技艺推向一个新的高度。

8月23日，铜官镇中石油等项目重建安置抽签分缝大会在铜官镇大会议室隆重举行。本次大会由镇重点办、城建办举办，镇党委委员、常务副镇长梁海波主持。大会共涉及中石油、黄龙路、花果路三个项目拆迁户105户，安置重建地273缝。按重建地建设规划，分四层区、三层区两次抽签，会议全程由望城处公证处进行公证。经过4小时紧张而有序的抽签，105户全部安置分配到位，会议圆满结束。本次大会的顺利举行，既保障了拆迁户安居乐业、早日入住新居的迫切需求，也使党委、政府“以人为本，和谐拆迁”的征拆理念更加深入人心，为强力推进我镇征拆安置工作奠定了坚实的基础。

9月29日，长沙铜官窑管理中心项目举行开工仪式。望城区委政府、丁字镇政府相关领导出席开工仪式，设计、建设、监理、施工单位代表参加。开工典礼由长沙铜官窑遗址管理处熊奇志主任主持，丁字镇党委书记聂荣致辞，望城区区委常委、宣传部长骆志平宣布项目开工。管理中心项目建于长沙铜官窑国家考古遗址公园西北角，位于遗址核心区内，东与觉华宝塔遥相呼应，西邻滨江大道，与湘江一路之隔，交通便利，地理位置优越，自然环境优美，总建筑面积为3106.4m^2，计划于2011年年底完成主体建设。该项目由三层主楼和二层附楼组成，集办公、接待、安防监控等多功能于一体，立面简洁明快，以长沙铜官窑文化为出发点，充分凸显“唐风建筑”风格。该管理中心的建设，不仅能全方位满足长沙铜官窑国家考古遗址公园建成后的管理维护，而且有利于接待社会各界专家学者，促进对长沙铜官窑文化的挖掘和研究，也对完善遗址公园功能，彰显公园魅力具有重要意义。

10月20日，国家文物局文物保护与考古司考古处张凌带领专家检查组一行5人在省文物局文物保护处处长熊建华的陪同下全面检查长沙铜官窑国家考古遗址公园建设工作。检查组一行采取一看、二访、三听、四查、五问的方式，现场查看了谭家坡一号龙窑遗址、陈家坪考古发掘等工地，询问了各工地民工及周边群众意见，随后在管理处召开工作会议。会上，熊奇志主任就考古遗址公园建设工作进行了详细汇报，熊建华处长从完善规划方案、考古及文物本体保护展示、重点保护设施建设、外围环境整治、资金投入力度五个方面进行了补充汇报。与会领导、专家详细查看了《长沙铜官窑遗址保护总体规划》等规划方案，并一致认为长沙铜官窑国家考古遗址公园建设中的规划方案、考古调勘、本体保护、项目建设规范有序、有声有色，遗址公园建设在没有相关经验借鉴的情况下能创新模式、取得突破性进展，成果来之不易，应予充分肯定。

11月2日，在铜官和东城两镇人民的见证下，铜官基地白杨路二期与花实路举行了隆重的开工仪式。白杨路二期、花实路工程是园区“一厂、两片、四带、四区”规划布局的主要组成部分。白杨路二期为园区东北部一条交通次干道，起点为白杨路一期，终点接兴北路，全长2592.6米，路面暂修6米宽。花实路为园区中部一条东西向的交通次干道，起点为铜官大道，终点接花果路，全长903米，规划道路红线宽18米，双向四车道。这两项工程的实施，对于园区改善投资环境，引导产业集群集聚，实现大跨越、大发展，具有重要意义。开工典礼上，管委会主任刘彪表示：园区将以白杨路二期、花实路工程建设为契机，狠抓工程质量，确保建设进度，积极创造条件，加大招商力度，做强基地产业，为望城经济发展做出新的贡献。

11月5日，2011中国（长沙）科技成果转化交易会锦绣潇湘湖南创意设计艺术节颁奖会隆重举行，铜丁片区长沙胡武强铜官窑陶艺有限公司艺术家钱正财获评“湖南十大创意设计人物”，同时也获得了活动主办方提供的30万元创业基金。凭借突出的创新能力，高度的创作热情，由钱正财设计制作的作品在全国频频亮相，屡获大奖。仅2011年就获得第四届中国旅游工艺美术作品设计大赛金奖、“北方瓷都杯”第三届中国美术陶瓷技艺大赛银奖、第七届中国（深圳）国际文化产业博览交易会“中国工艺美术文化创意奖”铜奖、湖南省“辉煌岁月”建党90周年美术作品展铜奖、湖南省第二届旅游产品博览会铜奖等奖项，为推介铜官陶艺，扩大铜官窑及铜官陶瓷文化影响做出了巨大的贡献。

11月8日，铜官循环经济工业基地管委会与湖南达洁科技有限公司签订招商协议。该公司在铜官基地拟新建“异佛尔酮系列产品”项目，可为全省乃至全国提供油品类、酸酯类、醇酮类、中间体、塑料类等类型的产品。该项目总投资5000万元，占地27亩，项目建成后年营业总收入1.2亿元，年税收360万元。

11月23日，湖南省利用世界银行贷款建设经济综合开发示范镇项目（望城丁字镇）环境影响评价公众参与简本公示。国家发展改革委决定利用世界银行贷款建设经济综合开发示范镇项目，并将湖南省列为3个试点省份之一，为丁字镇深入贯彻落实科学发展观，加快推动经济社会“又好又快”发展提供了良好的机遇。近年来，丁字镇党委、政府认真贯彻中央精神，坚持“二三产业联动、工业化与城市化互动发展”，规划打造了一个集商贸、地产、物流、旅游文化为主要功能的近郊型生态小镇，在促进小城镇健康发展、探索有丁字特色的城镇化道路上进行一些有益的探索，取得了显著成效。但是，丁字镇的城镇化进程中仍然存在建设资金严重短缺、农产品流通体系不畅、农业规模化和产业化程度不高、农业用地相对萎缩，失地农民日益增多、就业压力日益加剧、生态环境保护压力增大等问题。因此，此次世界银行贷款建设经济综合开发示范镇项目对于丁字镇是挑战中的一次机遇，对探索培育小城镇主导产业集聚发展的新途径、新模式和小城镇发展、城镇化水平跃上新的台阶具有重要意义。

12月3日，兴北路建设工程开工典礼在铜官循环经济工业基地隆重举行。铜官循环经济工业基地管委会、铜官镇人民政府、铜官派出所、华城村、万星村及施工单位等相关单位负责人参加了开工仪式。兴北路起于黄龙路，止于花实路，长2公里，宽15米。本期完成花实路至白杨路二期726米长，6米宽的村级公路建设。兴北路是园区110KV专用变电站的电力走廊载体，对园区企业用电和项目落地建设具有重要意义。此外，兴北路建成后还将成为华城、万星村重要的联系纽带，为当地居民出行和农副产品运输提供极大的方便。

12月13日，望城铜官陶瓷文化产业园项目落户望城的签字仪式隆重举行，长沙又添一处文化产业基地。省政协副主席、省文联主席谭仲池等领导出席了签约仪式。此举昭示着湖南民间文化产业又有了一个新的基地，也意味着湖南传统文化产业向现代文化产业的转型。据望城区区长谭小平介绍，此次打造的望城铜官陶瓷文化产业园，将以望城区的铜官镇为中心，拟投资4亿元，建设规模达到112536平方米。将借助千年铜官古镇的名气，依托铜官陶瓷和望城产业资源、人文优势，建设一个集中生产、展示湖南陶瓷的民族陶艺街，同时创建湖南民族艺术展览馆，将湖南湘绣、烟花、雕刻、剪纸、岳州扇、土家织锦、永兴银饰、宝庆竹刻、珍珠玉石和其他民间工艺品融于一体的铜官湖南工艺美术（陶瓷）文化产业园。在园区内实现湖南工艺美术产销一条龙，从而尽快促成湖南传统文化向现代文化产业的转型。同时，园区内还计划创办陶瓷工艺美术专业技术培训学校，将铜官打造成一个集陶瓷生产、研究、传承、保护、展销、旅游观光于一体的传统文化与现代文化产业相结合的新镇。

湘阴县界头铺片区

湘阴县界头铺片区 2011年建设概况

湘阴地处湘资两水尾闾，南洞庭湖滨，总面积1581.5平方公里，辖19个乡镇，县城距长沙中心城区38公里，处于长株潭城市群“半小时经济圈”和长沙经济文化的近程辐射圈内。根据国务院批复的长株潭城市群资源节约型和环境友好型社会建设综合配套改革试验总体方案，湘阴县金龙、玉华、静河、樟树、袁家铺、文星、石塘、六塘、白泥湖9个乡镇为长株潭五区十八片的界头铺片，纳入长株潭城市群核心区发展战略和空间规划。界头铺片区面积378.64平方公里，占长株潭城市群核心区空间的4.28%，占湘阴国土面积的23.94%，占滨湖示范区总面积的55.80%。2011年湘阴县认真贯彻落实科学发展观，积极实施省、市两型社会建设的具体要求，全面开展滨湖示范区界头铺片区两型社会建设改革试验区工作，主要做了以下几个方面的工作。

一、初步建成科学有效的推进机制

*一是组建改革试验区领导机制。*成立了由县委书记任政委、县长任组长的滨湖示范区建设领导小组，建立了由多名县级领导参与的高规格的领导协调机构，设立了专门研究试验区工作的会议机制与联系会议制度，组建了专门的两型社会管理办公室，确立编制，安排力量，专门负责试验区规划的编制、实施与监督管理。

*二是完善统计评价标准体系。*完成了滨湖示范区界头铺片区的规划，制定了改革建设实施方案，出台了财政扶持、产业引导等一系列配套措施，按照省定两型社会指标体系，编制了湘阴县两型社会建设统计评价指标体系和两型社会产业标准，建立了节能减排的标准体系。

*三是创新产业发展融资机制。*争取华融银行在湘阴设立支行、湘财证券在湘阴设立营业部，组建县国有资产经营公司，中小企业贷款担保公司和小额贷款公司。推动企业上市融资，洞庭黄龙、富士电梯在天交所挂牌，湖湘木业、福湘木业、长康实业进入省上市公司储备库。

*四是创新示范园区管理模式。*学习借鉴重庆两江新区模式，将中国湖南轻工产业园、界头铺先进制造产业园、漕溪港产业新区统一纳入工业园区管理，统一协调、统一规划、统一政策、统一口径、统一宣传，同时成立园区国土、建设、规划、财税分局，建立园区联席会议制、招商项目联审制、项目报批备案制和园区干部竞聘上岗制，进一步理顺了园区管理机制。

*五是规范建设用地管理机制。*推进城乡建设用地增减挂钩试点，成立土地储备中心，加大土地储备力度，确保国有土地增值。积极争取用地指标，确保两型项目建设用地需求，2011年新增两型项目用地指标2760亩。加强土地市场整顿，严厉打击非法倒卖土地行为。强化闲置土地清理、严格规范土地供应，严把招商引资投资强度关，促

进土地节约集约利用。

六是强化宣传舆论引领造势。积极推进科学评价考核，广泛宣传“两型”知识，大力倡导“两型”消费观念，营造“两型社会”建设的浓厚氛围

二、大力夯实承载示范的基础工程

一是金龙新区稳步推进。县把5平方公里的金龙新区建设作为界头铺片区的先导工程，按照“一年打基础，两年成规模，三年基本建成”的总体思路，实施三年行动，年内财政投资3000万元，完成区内纵横两条主干道、供水排污两个主管网、一条两千伏输电线路、一座110KV变电站、再建和再葬两个安置基地的建设任务。

二是芙蓉大道北拓（湘阴段）全面开工。该工程已累计完成投资约6.5亿元。现工程路基清淤回填已全面完成，路基土石方工程进入96区，通涵构造物除附属工程外主题全面完成，新建路段雨水管道基本完成，老路雨污管道完成70%，文家桥辅道桥完成，主桥正在进行桩基施工；涝溪桥正在进行桥面、栏杆等附属设施的施工，其余都已完成；白水江桥下部结构完成，正在进行桥面等上部结构的施工；澎港塘桥桩基基本完成；滨湖路立交桥正在进行匝道的施工。

三是漕溪港产业新区进展顺利。码头港口工程已获省发改委批准，港口物流园区建设已办理460亩用地申报手续，完成迁坟1045座，进港公路建设已进入工程造价审核阶段。

四是城市垃圾处理场按投资额度推进。该项目占地面积180亩，预计总投资9600万元，该工程由卫生填埋工艺转换为综合处理工艺，具有资源化、工厂化、无害化三大优势，建成后的生活垃圾无害化处理厂将具备日处理垃圾量300吨的能力。目前已完成投资6000万元，现已建成宽20米、长680米的生态景观进场道路、整体处理场地下工程、垃圾处理车间、进场高压专线、再建基地。

五是启动休闲旅游项目基础建设。以生态建设为重点开发休闲旅游项目，打造环境友好型人居和旅游县。顺天洋沙湖已投资6个多亿建设生态公园，东湖生态公园已完成总体规划，计划投资30个亿，凯佳生态、九洲生态城、青龙湖等项目2011年累积共投入1.2亿进行基础设施建设。

三、强力助推优势产业的发展转型

一是以招商引资推动规模扩张。共引进各类项目273个，协议引资115亿元，其中远大低碳科技园，航天康达新材料，富士电梯，驿通电子等23个项目投资过亿元。特别是远大低碳科技园项目投资20亿元，建设插接式斜支撑轻型钢结构生产基地，产品具有节能、环保、低碳等优势，建设9度抗震、6倍节材、5倍节能、20倍空气净化、1%的建设垃圾，是一个带动作用很强的“两型”项目。项目全面达产后，年值可达300亿元以上，年税收9亿元以上。

二是以园区建设推动产业集聚。筹资近5亿元加快园区建设，引进广东健铭富丽达公司投资2亿元、征地800亩建设园区标准厂房，提升了园区产业承载能力。与省轻工行办合作建设中国（湖南）轻工产业园，规划了面积15.4平方公里，计划用8年时间建成，被定为全国轻工业调整振兴规划第一个创新示范产业园，现已完成征地1000多亩。县工业园已引进项目48个，投产33个；轻工业园入园项目33个。

三是以科技创新推进品牌升级。累计投入技改资金40亿元，完成了士达纺织、福湘木业、洞庭生物扩能等重大技改项目。20多家企业分别与湖南大学、湖南农业大学等建立了战略合作关系。全县拥有中国驰名商标3件、中国名牌产品1个、省著名商标19件、中国名牌产品1个、省著名商标19件、省名牌产品21个，名牌拥有量居全国前列。

四是以新兴产业推动结构产业。坚持把先进制造业、光伏电子信息产业作为工业发展主攻方向，引进了驿通电子、英思特电子、依鲁光电等电子信息产业项目，获批岳阳市电子信息产业基地。突出做大做强先进制造业，引进了康达塑业、富士电梯、大金钢结构等一批大项目、好项目，中国重科即将落户湘阴工业园区，一期投资8亿元，大力发展现代农业，围绕建设长株潭绿色农产品基地，推进农业规模化生产、产业化经营，全县省级龙头企业达8家、市级龙头企业达20家，是全省龙头企业最多的县之一。

四、全力打造持续协调的生态环境

一是加强资源保护。制订了全县生态环境保护规划，划定优先开发区、重点开发区、限制开发区、禁止开发区。大力推进城区封井改水，封闭企业自备水井48口，每年节约地下水资源1500万吨以上；完善河道采砂承揽合同，强化执法监管，依法严厉打击非法采砂行为，河道砂石资源管理得到加强；加大土地开发整理力度，切实加强渔业、林业资源和耕地、湿地保护，东湖——洋沙湖获批国家级湿地公园，鹅形山获批省级森林公园，横岭湖湿地列入省级湿地保护区。

二是强化环境治理。严格落实环保第一审批权制度，严禁污染项目进入，先后拒绝了温州食品产业园等30多家高污染、高耗能企业落户；大力推进节能减排，加大落后产能淘汰力度，依法取缔、关闭排放不达标的“五小”企业20余家，并将化工企业从中心城区逐步转移或转产；加大了湘江水污染综合治理力度，督促5家重点整改企业新上了污水处理设备，生产废水实现达标排放。

三是创优人居环境。大力推进省级卫生县城创建活动，先后对城区路段路面和小街小巷进行了改造硬化，加大了集贸市场、交通标示标牌、交通秩序、市容市貌、“五小”行业、市场秩序、社会治安等专项整治和文明劝导力度，县城人居环境和公共秩序明显好转，创建省级卫生县城高分通过省检验收，人民群众满意度和幸福感大大增强。2011年又启动了国家文明卫生县城创建活动，力争用三年左右时间创建国家文明卫生县城。加大农村卫生创建工作，建农村垃圾围、桶46219个（只），农村垃圾逐步实现村收集、乡镇中转、垃圾厂集中处理的模式。

湘阴县界头铺片区 2011年建设纪事

1月7日，县长黎作凤主持召开县长办公会议，就远

大可持续建筑低碳科技园项目（以下简称远大可建项目）建设工作有关问题进行研究。县委副书记伊家辉，县委常委、纪委书记彭方建出席。会议根据远大可建项目建设的需要，同意废除由日陶厂连接丰隆纸业的南大路，对该项目所涉征地拆迁工作，分别由县远大可建项目建设协调指挥部和县城建投负责完成。

2月11日，全县党政负责干部大会在湘阴剧院隆重召开，明确2011年湘阴县工作思路是以“敞开南大门、对接长株潭、建设新湘阴”为主线，以“四化两型”为主导，以经济发展方式转变和基础设施建设为重点，加速融城对接，突出兴工强县，坚持统筹发展，积极开拓创新，为“十二五”开好局、起好步、朝县域经济综合实力“五年进全省十强”的目标奋力迈进。

2月15日，省人大常委副主任蒋作斌、省建设厅厅长高克勤与中联重工科技发展股份有限公司董事长詹纯新一起来湘阴县，就中联重科落户湘阴项目选址进行最后考察，詹纯新宣布中联重科正式决定落户湘阴工业园区。

3月2日，湘阴县召开加速推进新型工业化暨联手帮促工作大会，要求通过联手帮促全力服务和推动项目建设，加速推进园区和新型工业化建设，促进县域经济大发展。

3月6日，远大可持续建设项目举行奠基仪式。其可建一厂预计4月底即可建成投资，年产值达105亿元，每年上缴利税10亿元。

3月，县委、县政府作出开发建设金龙新区的决定。该区是长株潭“两型社会”试验区核心区内重点发展的五区十八片之一，规划建设面积88平方公里，其中起步规划面积5.71平方公里，分南、北两个片区。

3月23日，中铁轨道集团董事长刘飞香一行再次来湘阴县考察，正式确定项目选址。县领导田自力、黎作凤、吴学兵、李爱佳陪同考察。中铁轨道项目选址县工艺园内，占地1000亩，主要生产隧道盾构设备和电气化产品。

4月2日，由湖南依鲁光电科技有限公司投资的LED光电项目在湘阴工业园开工建设。省人大常委会原副主任罗桂求宣布项目开工。省政府副秘书长王光明，省经协办主任毛七星，县领导田自力、黎作凤、周义军、吴学兵、胡春田、张亚玲、李爱佳、刘建民、王跃进出席。

4月7日，包括县人大常委会正、副主任在内的17名驻机关委员对中国（湖南）轻工业园进行现场专题视察询问。这是湘阴县人大代表首次对政府引进重大项目进行专题询问。中国（湖南）轻工业园是全国轻工业调整和振兴第一个创新性示范园区，2010年4月奠基，计划8年建成，目前累计完成投资10582万元，已签约项目17个，已开工项目3家，即将开工项目14家，意向入园项目19个，清理高耗能企业12家。

4月14日—15日，省政协办副主任武吉海率省政协“加快湖南县域经济转型发展”调研组来湘阴县调研。

4月22日，县长黎作凤主持召开县长办公会议，就金龙新区开发建设等工作进行研究。界头铺片区是长株潭城市群试验区“五区十八片”之一，金龙新区是界头铺片区的起步区。金龙新区作为县委、县政府推进界头铺起步区建设的先导工程，全县各级各部门要站在全局高度，统一思想、忠诚履职、加强协调、强化服务，把金龙新区开发建设作为加快湘阴发展的头等大事要事来抓。

5月6日，省旅游局长杨光荣考察洋沙湖生态文化旅游度假村项目时要求，洋沙湖项目要融入“东方莱茵河、洞庭水世界、中国洋沙湖”理念，打造成长株潭地区重要的旅游度假景区。

5月9日，县委书记田自力在县工业园主持召开专题调研会强调，要实施招商选资，严格环保准入制，培育实体经济，突破融资瓶颈，以产业支撑带动综合开发，进一步推动工业转型升级，加快湘阴县新型工业化进程。

5月11日，县长黎作凤在中国（湖南）轻工业园督战时要求，要进一步增强使命感、紧迫感，迎难而上，加速园区建设。要多动工、快动工，招商局要在项目手续办理上搞好服务，相关部门要从大局出发优惠办理，快速办理；要加强协调。加强联系、加强沟通、增进理解，合心、合智、合力推动工作开展；要加快招商。招好项目、大项目，形成产业链招商。对家具产业要紧盯不放，全力引进东莞华伟家具落户。

5月18日，县委书记田自力在金龙新区调研时强调，要高标准规划建设，积极引入机械制造和电子信息等高科技产业，将金龙新区打造成为县域经济新的增长极。

6月8日，县长黎作凤主持召开县长办公会议，就加速推进漕溪港物流园区建设工作有关问题进行研究。会议决定，一是要明确定位，理顺关系。按照“政府主导、市场运作”的模式推进项目建设。海南金泉投资有限公司负责搞好漕溪港码头一期经营和二期建设。县政府以岸线资源、土地资源等形式参股。项目建设指挥部主要是做好码头经营招商，码头建设协调和为港口配套的物流中心建设的协调。二是要统一规划，分步实施。要继续深化与海南金泉投资有限公司（以下简称金泉公司）的合作。要尽快启动漕溪港码头二期建设，科学合理地进行调整完善。要高起点、高标准设计港口物流园，加快做好进港公路、安置基地建设的前期准备工作，尽快启动物流园建设。三是要统一政策，加强管理。在企业改制、征地拆迁、再建基地安置、土地储备等工作上要与全县各项目建设指挥部统一政策、统一标准、统一口径。四是要加强领导，加快建设。项目建设指挥部要切实加强领导，强化措施，统筹兼顾，加快推进。金泉公司要优化完善物流园的规划设计，加大投入，加快做好前期准备工作，尽快启动码头二期和物流园建设。

7月5日，县长黎作凤主持召开县长办公会议，就芙蓉大道北拓（湘阴段）工程建设有关问题进行了研究。会议认为，芙蓉大道北拓（湘阴段）工程（以下简称工程）是湘阴的致富之路、开放之路、融城之路、腾飞之路，是全县的“一号工程”，对加速湘阴县经济社会发展具有极为重要的作用。会议决定，2011年的工作目标为，所有道路通涵构件工程在8月份完工，全线所涉5座桥梁和路基工程在年底之前全面完工。

8月8日，市长黄兰香在汨罗、屈原和湘阴调研“两型社会”建设和湘江流域重金属污染治理情况时强调，以先试先行为契机，进一步解放思想，转变观念，加速推进滨湖示范区建设。黄兰香还实地考察了芙蓉大道湘阴段建设和远大低碳科技园项目进展情况。

8月10日，县长黎作凤主持召开县长办公会议，就中国（湖南）轻工产业园控制性详规等有关问题进行研究。会议原则同意由武汉华中科大城市规划研究院编制的《中国（湖南）轻工产业园控制性详细规划》。园区的规划定位为：打造产业分工清晰，产业分类集群式分布的高水平、高档次环保、生态、新型工业园区和湘阴靓丽新城的重要组成部分。园区的产业定位为：综合性轻工产业园区，是长株潭城市群北部重要的轻工产业转移示范区和通江达海的滨江工业新城，大力发展轻工产业、先进制造业、电子信息产业及高端服务业等。

8月18日，西姆西焊接材料、百固标准件和曾祥环保机械三个项目集体落户片区金龙新区的合作签约仪式在湘阴宾馆成功举行，这是湘阴县对接长株潭，承接产业转移，推进滨湖示范区先导工程建设取得的又一重大成果。

10月19日，省委党校县域经济研究会理事长古建佳一行来湘阴县考察县域经济发展及“两型”园区建设情况。考察组认为，湘阴县区位优越、交通便捷、资源丰富、产业承接能力强，“敞开南大门，对接长株潭，建设新湘阴”发展思路清晰，县域经济发展势头强劲。专家们认为，湘阴已处于工业化的中期，要利用工业化和城市化两大动力推动湘阴县域经济发展。在战略思路上，将战略重点放在南方，致力于将湘阴的基础设施与长沙接轨，实现一体化发展。在工业园区方面，要加强管理体系的创新。按照“一园多区”的思路，进行产业分工定位，发展“两型”园区。

11月10日，总投资8亿元的中联重科传动机构产业化项目正式落户湘阴县，县长黎作凤与中联重科高级总裁殷正富共同签署合作协议。项目竣工投产后，将年产传动机构产品15万套以上，年销售规模达24亿元，实现利税30%以上。省人大常委会副主任蒋作斌、中联重科董事长詹纯新、市长黄兰香等共同见证签约。

11月18日，根据岳阳市委编办《关于设立湘阴县两型社会建设管理办公室的批复》（岳编办通［2011］235号）和湘阴县委编办《关于设立湘阴县两型社会建设管理办公室的通知》（湘阴编发［2011］38号）文件，湘阴县两型办正式定为正科级事业机构，主任由发改局局长刘智贤兼任，党组副书记、副主任由周献军担任。

12月1日，市委常委、市委秘书长樊进军实地调研湘阴县“四化两型”建设时强调，要以新型工业化带动新型城镇化和社会主义新农村建设，加速湘阴经济更好、更快地发展。樊进军指出，近年湘阴引进的项目多，规模大，技术含量高，发展前景诱人。他要求湘阴抢抓滨湖示范区建设重大机遇，以新型工业化带动新型城镇化和社会主义新农村建设，进一步招大选优引强，加快园区项目建设，大力发展产业经济，实现县域经济更好更快发展。

12月24日，省委常委、长沙市委书记陈润儿专程赴湘阴县调研芙蓉大道建设，要求加速推动芙蓉大道北拓，共筑长沙经济圈，推动城发展。

汨罗市新市片区

汨罗市新市片区2011年建设概况

一、概况

汨罗地处湖南省东北部，因汨罗江而得名，总面积1562平方公里，总人口66万人。汨罗是伟大爱国诗人屈原晚年行吟求索之处，是开国元勋任弼时同志的故乡，素有“端午源头、龙舟故里、红色家园”的美誉，是中国龙舟名城、中华诗词之乡，科技工作、粮食生产、国土资源、素质教育、农田水利、政务公开、人口计生等多项工作跻身全国先进行列，被纳入长株潭“两型社会”试验区政策核心区，是全省优先发展的中等城市。

2011年，我们坚持以科学发展观为统领，认真贯彻“四化两型”、“五市一极”宏伟战略，按照“稳定、调整、转变、提高”的基本思路，着力打响两张品牌（循环经济和屈原端午龙舟文化），大力开展三项工作（招商引资、上争项目、大办工业），努力推进“三新”（新型工业化、新型城镇化、新农村）建设，实现了“十二五”的良好开局。全年实现GDP203.2亿元，增长15.1%；人均GDP 32955元，增长22.96%；财政总收入14.3亿元，增长30%；人均财政总收入2319元，增长29.77%；财政总收入占GDP的比重7.04%，增长5.55%；固定资产投资114.38亿元，增长37.8%；社会消费品零售总额46.13亿元，增长16.7%；城镇居民可支配收入21558元，增长16.1%；城镇化率44.33%，增长2.23个百分点；万元规模工业增加值能耗降低率12.6%，化学需氧量、二氧化硫削减率分别为17.65%、14.71%，新上项目环评执行率100%、“三同时”合格率100%，森林总蓄积量增长5.31%。

二、基础设施建设情况

【路网建设】

通畅水平越来越高。投资11231万元的汨罗江大桥和投资6500万元的S201岳汨公路相继竣工通车后，投资24728万元的汨罗至杨桥公路又已全线开工，共取得国省定额补助11500万元，已到位4800万元。国防公路大渡线磊石至红花段35.5公里已到位建设资金1065万元，并开工建设。

拓城对接越来越快。城区东线工程：投资4866万元的G107与S308跨线互通立交工程已基本完成主体工程。城区西线工程：岳长高速连接线8.4公里，预算投资4200万元，已完成开工前期各项准备工作。

服务发展越来越好。投资1086万元的长乐汽车站已基本建成。投资2202万元的武广配套星火汽车站工程已完成所有前期相关工作，即将启动建设。投资1156.9万元的屈子文化园入口连接线公路已完成主体工程。按市政府2011年该局年内应完成改造县乡公路、建成乡镇到村水泥（沥青）路89公里，实际完成255.89公里，完成率达287.5%，以超出第二名182.5个百分点的绝对优势排名第一。

【农田水利设施建设】

2011年，共落实上级水利投资计划1.6亿元，其中小型水库除险加固项目1.05亿元、中小河流治理项目2100万元、重点县项目960万元、农村饮水安全项目880万元、屈原蓄洪垸汨罗段堤防加固690万元、四水治理项目汨罗江杨泗庙河段治理工程400万元。

【城市提质工程】

全年共计投入城市基础设施建设资金4000多万元，启动实施各类工程31项。屈原南北路、劳动北路提质改造工程全面完成；新桥垃圾场二期建设工程推进顺利；劳动南路、人民路、大众北路、小汨新路、荣家路等路段破损路面得以及时维修；启动友谊河北路财校段、桂花巷道路硬化工程、稻香街下水道疏通工程、朱家垅、戴家垅排污渠清淤盖板工程、汨新路下水道清淤工程，市民出行更为舒适，居住环境质量提升；及时维修、更换城市照明设施，保持了路灯设施完好率达到95%以上，亮灯率达到98%以上；新铺DN100以上供水管道9000米，完成二水厂与城区供水主管并网，实现了供水主管环状供水；对窑洲社区、大路社区、汨新社区、上马村1809线北边沿线居民、高塘社区居民实施水改，满足了周边群众用水需求。启动了省级园林城市申报，对城区绿地系统全面提质改造，顺利通过了省人民政府、省住房和城乡建设厅对汨罗市创建省级园林城市的实地考查工作。

三、"两型"社会建设情况

*一是制定"两型"社会建设科学规划。*首先由千府设计院编制的《汨罗市滨湖示范区总体规划》（2008—2020），其二由千府设计院编制的《长株潭两型社会滨湖示范区汨罗市新市片区总体规划》（2010—2030），其三由相关部门及专家编制了《长株潭城市群"两型"社会滨湖示范区汨罗新市片区改革建设实施方案》等三个规划及方案，为主动、快速融入长株潭"两型"社会改革试验区、加速推进有区域特色的新型工业化和新农村建设提供了行动指南，同时明确了建设"两型"社会的指导思想，确定了发展方向，理清了建设思路。

*二是推进"两型"社会建设规划的实施。*2011～2015年是新市片区建设的第一阶段，2011年是开局之年，上半年重点是启动片区各项改革和建设，形成比较完整的"两型"社会建设制度保障体系和新型工业化、新型城镇化促进机制，交通、通讯、供电、水利、给排水、天然气等基础设施体系基本健全，初步形成"两型"产业结构、增长方式和消费模式。

*三是打造"城市矿产"和屈原文化两张"两型"社会建设品牌。*近年来，汨罗市委、市政府坚持在打响两张品牌上下功夫，取得了实质性突破和阶段性成果。省委、省政府明确提出把屈子文化园建设列入湖南省"十二五"规划重大文化旅游项目，定为全省标志性文化旅游工程，明确分三年由省财政给予1.73亿元的资金支持。国家发改委也明确将汨罗循环经济工业园列入"十二五"国家首批7个"城市矿产"示范基地之一。第一批项目补助资金达到2.89亿元。2011年，国家启动第二批城市矿产中央补助项目申报工作，根据汨罗市未来产业发展方向和企业自愿，我们经过精心筛选，共确定23个项目参与第二批项目申报。其中包括基础设施项目8个和产业发展项目15个。5月6日和6月14日，汨罗市申报的23个项目顺利通过了由省发改委牵头组织的可研报告专家评审和岳阳市发改委组织的节能评估报告评审，目前项目资料已整理完善，省发改委正在向国家发改委上报。

根据2010年8月省委书记周强、省长徐守盛对屈子文化园建设的明确指示精神，2011年，汨罗市积极开展屈子文化园项目的前期工作和申报工作。①委托清华设计院的专家对屈子书院、屈原纪念馆举行设计。②完成了屈子祠文物总体保护规划。③完成了屈子祠核心景区3.2平方公里的土地预审工作，完成了107国道红花段至屈子祠的公路建设规划。④完成了书院、纪念馆、景区环境整治三个重点项目的可研报告及规划、国土、环评等资料，⑤加快核心景区基础设施建设工作，包括屈子祠核心景区内300栋房屋的拆迁、300亩土地的征收、三通一平等工作，目前三个项目的可研核准请示文件已由岳阳市发改委再次上报省发改委。另外，屈原博物馆项目资金已到位1000万元，正在按程序、按要求开展项目的实施。

*四是促进消费，保持"两型"社会发展的旺盛趋势。*2011年，汨罗市委、市政府制定了旅游产业发展规划，成立了旅游开发总公司，提升以屈原龙舟文化为核心的旅游产业发展水平。从4月份起精心筹办第七届汨罗江国际龙舟节，进一步扩大端午节和屈原龙舟文化的影响。餐饮、娱乐、通讯、汽车、物流等服务业健康发展，新增家电下乡网点10个，销售产品1.5万台，城乡市场有效拉动，促进了消费的增长。

*五是创新保障"两型"社会建设的体制机制。*首先创新资源利用机制。坚持"八个一律"，促进国土资源和矿产资源有序开发、高效利用。即，国土资源和矿产资源一律按规划进行开发，一律实行公开出让，公开出让一律上会审批、集体决策，参与开发的企业一律要证照齐全，不符合条件的开发企业一律不颁证，国土资源和矿产资源大案一律查处到位，矿山开采区一律要有复垦方案和措施，专项整治行动中一律不得互相推诿扯皮。其次是完善土地管理机制。坚持土地收储制度，垄断土地一级市场。落实汨罗市人大常委会决议，实施国土规划整治和建筑市场整治，强力打击乱圈乱占、乱搭乱建行为，严控小产权房和私人建房，城区违法建设得到有效遏制，107国道、201省道等主干道路沿线建设用地得到有效保护。其三是优化投融资机制。优化金融生态环境，在岳阳市率先成功创建省级金融安全区。规范"一会三公司（再生资源行业协会、资产管理公司、会计公司、担保公司）"运作，累计为再生资源行业融资近10亿元。开展金融招商，国开汨罗村镇银行、华融湘江银行进驻汨罗。出台《鼓励民间资本参与新型城市化建设暂行办法》，实施城市综合经营、连片开发和项目打捆开发，引导民间资本参与城市建设。

四、生态环境发展建设情况

由汨罗市红马燃气开发有限公司投资8000万元，完成汨罗市天然气入户工程的天达工业用户户内安装工程、汨罗市委大院热水器室内管道安装、罗城路管道连接碰头、罗城路阀门井砌筑等工程；由汨罗市城市建设投资开发有限公司投资3200万元已完成而库区伐青、平整、施工图调整、库区的土方工程开工建设。

对湖南汨罗江国家湿地公园建设已完成初步设计，建设内容为荷叶湖湿地保护与恢复、科研、监测与宣教、公园管理与建设示范、湿地生态观赏旅游、湿地环境保护与安全；对洞庭湖汨罗段渔业资源保护建设项目已完成初步设计，建设内容为建渔港码头、改造和扩建渔政站办公场所、配备专用船舶1艘、工作用车1辆及水样检测设备、建人工放流苗种基地。

由汨罗市城市建设投资开发有限公司积极申报湖南汨罗工业园“国家循环经济—城市矿产示范基地”固体废弃物处置系统建设项目、湖南汨罗工业园“国家循环经济—城市矿产示范基地”环卫设施建设项目、湖南汨罗工业园区一般工业和生活污水收集管网工程建设项目，由汨罗市红马燃气开发有限公司积极申报湖南汨罗工业园园区天然气供应工程建设项目，这些项目都完成了可行性研究报告。

五、两型产业发展规划情况

（一）“城市矿产”产业规划

【汨罗工业园产业发展】

“十二五”期间，汨罗工业园区建成面积将达18平方公里。立足于铜、铝、钢、塑、橡胶等加工板块，以高新技术为支撑，以精深加工为主导，促进几大加工板块产业链的大幅延伸和产品附加值的大幅增长，使园区企业由粗加工阶段向精深加工阶段转变。到2015年，形成年产再生有色金属100万吨（再生铜40万吨、再生铝60万吨）、再生钢20万吨、再生塑料60万吨、再生橡胶20万吨、再生铅、锌、纸、电线电缆等其他材料40万吨的生产能力；形成年处理废旧家电、报废办公设备等（七机一脑）200万台（套）、年拆解报废汽车6万辆的能力；建立“城市矿产”工程技术中心，在塑料改性、橡胶改性、再生有色金属深加工等领域取得应用高技术的突破。

——废铜业：以无氧铜杆为基础，以铜合金材料厂为补充，突出发展铜箔生产线、变压器铜带材及汽车水箱铜带厂、铜合金材料厂、高压电缆铜接头等项目建设。到2015年再生铜达到40万吨的生产能力。

——废铝业：以拆解和预处理、压铸件、饮料罐带坯为主要产品方向，重点实施废铝预处理工厂、泡沫铝合金板材生产线、再生铝深加工、饮料罐带坯厂项目、铝板生产、铝拆解和预处理、铝压铸件制造、泡沫铝合金板材生产等项目。到2015年废铝加工能力由9.6万吨发展到60万吨。

——废钢业：大力发展不锈钢带材和精密铸造产品，提高产品附加值和深加工比例。重点实施耐热不锈钢纤维系列产品、废旧钢铁加工、耐火材料、钢棒连铸连轧技改、不锈钢带材等项目。到2015年发展年产值过10亿元的不锈钢企业达到5家以上。

——废塑料橡胶业：重点建设和实施废旧塑料回收拆解加工、再生塑料深加工、再生塑料制品制造以及橡胶改性等项目。提高平桂制塑实业公司、鑫盛公司、天立橡胶公司等企业产品的精加工处理能力和与之配套的自动化分拣能力。

——废旧家电业：建立废旧电器回收处理专区，建立配套的信息管理系统，加快废旧家电回收拆解加工、电子废弃物回收拆解加工等项目建设。到2015年年处理废旧家电200万台（套）。

——报废汽车业：建立报废汽车拆解专区，配套建立起“报废机动车回收利用技术检测中心”，新上报废汽车及装备回收拆解生产线和报废汽车及装备回收拆解再制造等项目。到2015年年拆解报废汽车6万辆。

【再生资源回收体系建设】

进一步健全再生资源回收网络，提升废旧物资交易平台，加快再生资源产业公共服务体系建设，升级改造传统的回收体系，建立合理高效的物流体系。“十二五”期末，形成较为完善的再生资源回收、加工和再生循环体系。争取用5年的时间，使90%以上的乡镇社区设立规范的回收站点，80%以上的再生资源进入市场进行规范化的交易和集中处理，再生资源主要品种回收率达到90%。同时完成园区再生资源回收利用及加工技术研发中心、园区企业管理和人力资源培训中心、园区再生资源产业信息中心等三大建设。

（二）屈子文化旅游产业规划

依托世界名人——屈原、历史名江——汨罗江、千年古祠——屈子祠，整合文化资源、山水资源和节日资源，建设以屈原爱国主义思想和求索精神为主题的国家级文化产业园，打造具有浓郁湖湘特色的文化产业体系。

屈子文化旅游产业示范区，东起汨罗江国际龙舟竞渡中心，南至古罗子国遗址，北至屈原墓，西抵屈子祠，总规划16平方公里。主要包括龙舟文化体验区、傩文化区、香草文化区、水乡农业观光区、罗子国寻访区、屈原文化产业开发区、湿地保护区、水上体验区、屈原遗产保护区等，计划项目总投资13亿元。先期启动屈子文化园（核心区建设）项目建设，项目总投资4亿元，占地2.5平方公里，重点建设“一院、一馆、一墓、一坝”，即重建屈子书院，新建屈原纪念馆，修复屈原墓，完成汨罗江拦河大坝主体工程建设等景区配套及环境整治。

（三）江北新城现代服务产业规划

依托旅游客源市场，积极建设接待层级和档次较高的餐饮业、宾馆酒店业和商业购物街区，适时发展大型文化娱乐、体育运动等现代生态休闲项目，坚持以“两型”生态宜居为导向，建设低碳生态居住区，并尝试引进以旅游为契机的高端房地产业的发展，全面促进以旅游为核心的服务业发展，推动城乡统筹发展的生态化。

汨罗市新市片区2011年建设纪事

1月5日—6日，政协汨罗市第八届委员会第四次会议在市电影院召开，霍东华代表政协汨罗市第八届委员会常务委员会向大会作《紧扣主题主线关注大事要事政协应当努力成为推进发展的重要力量》的报告。

1月6日—7日，汨罗市第十届人民代表大会第四次会议在市电影院举行，市委副书记、市长周金龙向大会作《汨罗市国民经济和社会发展第十二个五年规划纲要》的报告，张作霖作市人民代表大会常务委员会工作报告。

1月21日，汨罗江大桥试通车。

2月16日，全市三级干部大会在市电影院举行。市委书记白维国主持大会并作《为汨罗尽心尽力》的重要讲话。市委副书记、市长周金龙作经济工作报告。

2月19日—20日，中国社会科学院数量经济与技术经济研究所副所长，中国社科院中国循环经济与环境评估预测研究中心主任、研究员齐建国及环保部、工信部等相关负责人和专家一行15人来汨罗工业园调研。齐建国代表中国社科院中国循环经济环境与评估预测研究中心与汨罗市政府签署《合作建设“城市矿产”调研基地框架协议》并授牌。省环保厅、科技厅主要负责人及汨罗市领导白维国、周金龙等出席签约授牌仪式。

2月25日，江西省政协副主席、九江市委书记钟利贵、九江市委副书记、市长曾庆红率领该市党政代表团到汨罗工业园考察循环经济。岳阳市领导黄兰香、李湘岳以及汨罗市领导白维国等陪同考察。

3月9日，省农业厅厅长田家贵到汨罗市督查春耕备耕工作。

3月11日，省委副书记梅克保深入汨罗市考察调研循环经济发展情况，岳阳市委书记易炼红、汨罗市委领导白维国、周金龙陪同调研。

3月18日，国家发改委副主任解振华，省委副书记、省长徐守盛等一行到汨罗市调研，并指示：要积极、合理利用“城市矿产”资源，实现可持续发展；进一步打响屈原端午文化品牌，化资源优势为经济优势。

3月26日，中共中央台湾工作办公室、国务院台湾事务办公室局长韩文秀，湖南省副省长韩永文一行考察汨罗市文化旅游业。

3月30日，投资1.5亿元的新振华铝型材加工项目落户汨罗，为对接长株潭，促进产业升级，助推汨罗经济发展带来了新的机遇。

4月8日，中共中央政治局委员、中央书记处书记、中央组织部部长李源潮等一行来汨罗考察调研，对汨罗大力发展循环经济，加速屈原龙舟文化建设的做法及成效给予充分肯定。

4月13日，日本三菱综合材料株式会社访湘团来汨罗市考察。

4月15日，汨罗国开村镇银行开业。

4月15日，“阳光警务在汨罗”网友见面会在汨罗江大酒店会议室举行。

5月6日，汨罗市骚坛诗联学会网络分会成立，这种依托网络平台进行诗词文化交流的方式在全省为首创。

5月24日，汨罗市第四中学举行“湖南省普通高中特色教育实验学校”挂牌仪式，成为湖南省首批，汨罗市首个“普通高中特色教育实验学校”。

6月1日，武广高铁汨罗东站6月1日起正式实行车票实名制。

6月5日，中南大学与汨罗市政府在汨罗江龙舟竞渡中心签订战略合作框架协议，共建屈原文化研究与传播基地。

6月17日—18日，中国共产党汨罗市第九次代表大会在市电影院举行，应到代表381名，实到376名，白维国代表第八届市委向大会作题为《坚持科学发展，建设幸福汨罗》的工作报告。

6月，汨罗市创建全国国土资源节约集约模范县（市）活动，通过省厅专家评审，达到国家验收标准，省厅已向国土资源部申报。

7月，汨罗市成为全省“十二五”首批10个新型城镇化建设示范县市之一。2011～2012年度汨罗江汨罗段砂石资源采矿权成功出让，总成交价款达475.5万元。长乐抬阁故事会入选第三批国家级非物质文化遗产名录，荣获湖南省十大最具魅力的非物质文化遗产项目。

7月20日，汨罗市文化广电新闻出版局、汨罗市广播电视台正式揭牌成立。

7月27日，省委常委、宣传部部长路建平考察汨罗屈子文化园建设情况。

7月28日，湖南汨特科技新材料股份有限公司在天津股权交易所科技创新板挂牌上市，是该市首家在国内上市的企业。

8月1日，岳阳市委书记易炼红来汨罗专题调研经济社会发展和计划生育工作。

8月8日，岳阳市委副书记、市长黄兰香深入汨罗调研“两型社会”建设和湘江流域重金属污染治理。

8月17日，以国土资源部规划司副司长王志群为组长的全国国土资源节约集约模范县（市）实地考核组来汨罗验收。

9月7日，水利部新闻宣传中心主任郭孟卓带领新华社、人民日报、光明日报、经济日报、中央人民广播电台等媒体组成的“水利保障粮食丰收”记者团来汨罗，对农田水利建设水源管理、粮食增产增收等方面进行宣传报道。

同日中央人民广播电台与汨罗市广播电视台签署合作协议，正式启动中央人民广播电台汨罗之声项目建设。

9月，汨罗荣获“岳阳市发展非公有制经济先进县市区”称号。

9月，中宣部组织召开屈子文化园建设协调会。

10月18日，汨罗市环洞庭湖基本农田建设重大工程领导小组和指挥部成员召开会议，部署二期工程各项工作。工程涉及白塘乡和屈子祠镇18个村，建设规模面积33901亩，总投资7111万元。

11月11日，汨罗市建设规模最大的“和谐家园”保障性住房建设项目开工。该项目位于新市镇合心村，总用地面积80.2亩。

11月11日，汨罗市工业园区重金属污水处理厂开工，这是湘江流域重金属治理工作全面启动后湖南首个开工建设的项目。

11月24日—25日，省级园林城市实地考查组到汨罗考查，一致认为汨罗市创建省级园林城市各项指标基本达到标准。

11月28日—29日，市委书记白维国，市委副书记、市长周金龙率党政考察团赴株洲市攸县考察学习城乡环境整治和城市建设管理经验。

屈原营田片区2011年建设概况

一、概况

屈原管理区位于洞庭湖之滨，汨罗江和湘江东西环绕，因伟大爱国诗人屈原在此投江殉国而得名。前身为1958年围垦而建的大型国营农场，2000年经省政府批准设立屈原管理区，作为岳阳市政府派出机构，全面行使县级人民政府管理职能。管辖两镇三乡一个街道办事处，总面积218平方公里，总人口10万，农业人口5.4万。是湖南省重要的粮食、生猪、饲料、特种水产、肉食品生产加工基地，素有“鱼米之乡”、“饲料之乡”、“养殖之乡”的美誉。2008年被纳入长株潭城市群“两型”社会滨湖示范区，命名为营田片区；2010年被认定为全国第一批50个国家现代农业示范区之一。

2011年来，营田片区以构建经济高效、社会和谐、资源节约、环境友好的生态示范窗口为目标，加快基础设施建设，加快两型产业发展，加快体制机制创新，“两型社会”建设取得了一定成效。以科学发展、富民强区为主题，以国家现代农业示范区和长株潭城市群“两型社会”滨湖示范区建设为主线，努力践行“民本岳阳”的执政和发展理念，经济社会得到了较好较快的发展。2011年片区实现生产56.71亿元，增长14.5%；完成财政总收入2.35亿元，增长35.1%；完成社会固定资产总投资15.9亿元，增长35.7%；完成社会消费品零售总额4.23亿元，增长19.8%；城镇居民人均可支配收入21558元，增长16.1%，农民人均纯收入11450元，增长25.5%，居全市前列；万元GDP能耗下降7.6%，主要污染物排放总量削减5.7%。经济发展的数量、质量、均量增幅均高于全市平均水平。科学应对了春夏秋三季连旱和强降雨灾害天气，粮食喜获丰产，总产量达12.4万吨，增长4.8%，出栏生猪69.8万头，增长9%，存栏28万头，增长7.7%，生猪养殖“规模化、标准化、健康化、品牌化、信息化”水平居全国领先地位，荣获“全国生猪养殖标准化示范区”称号；计划生育工作顺利通过全省定量和定性检查，连续第八年保持省级先进，荣获全省“人口和计划生育模范县市区”；社会大局稳定有序，未发生一例到市赴省进京的非正常上访，社会治安综合民调连续三年居全省前十，为全省128个县市区中唯一一例，获全省“平安县市区”的荣誉；2011年10月15日，经省人力资源和社会保障厅批复，营田片区创建湖南省唯一统筹城乡就业示范区正式启动，这是继国家现代农业示范区和滨湖示范区以来获得的又一张名片。

二、规划体制与产业建设

*一是规划体系初步形成。*编制完成了《长株潭城市群“两型社会”示范区屈原营田片区改革建设实施方案》和《滨湖示范区屈原营田片区总体规划》，确定了“双轴”、“双带”、“一区三基”的空间布局和产业布局。同时，以此为“母规”，投入300多万元编制了《国家现代农业示范区建设“十二五”总体规划》、《屈原管理区村镇体系规划》、《营田镇总体规划》和《营田镇控制性详规》。

*二是体制机制不断创新。*国有农用土地管理和流转工作迈出新步伐，全区95%的村完成责任田权证管理、经营田合同管理和机动田拍包管理，通过群众自愿、有偿流转，推进土地向种粮大户、专业合作社集中，2011年流转面积14786亩，占全区土地总面积的10.11%；城镇居民医疗保险和新型农村合作医疗保险在全省率先实现城乡一体化；创建湖南省目前唯一的统筹城乡就业示范区成功启动。

*三是基础设施得到夯实。*加大基础设施投入，其中农田水利基础设施1.6亿元、道路交通设施1500万元。总投资3.02亿元的屈原垸堤防建设、2.7亿元的环洞庭湖基本农田综合治理以及8200户农垦危房改造等项目顺利实施。同时，推山咀港口码头项目已完成规划方案论证，并委托省交通勘察设计院完成了工可编制，并已通过省交通厅规划处、省海事处同意，即将完成工可批复。

*四是生态环境建设扎实推进。*以“两型”理念引领，努力将营田片区打造成“洞庭湖畔的生态明珠”。生猪养殖上，采用零排放、干粪法、沼气设施等先进技术搞好粪污的处理和综合利用，不但有效解决了肉品的激素、药残和重金属残留问题，更节约了资源。节能工程上，加快推进了以废物、废料、废旧物资的合理利用为重点的企业项目建设，其中：凯迪电力对燃料燃烧后的灰渣进行综合利用，形成“生物质—电—化工”的循环经济产业链，取得了良好的效果。减排工作上，淘汰了高耗能的9个落后产能项目，关停了区域内的5处土法炼铅项目、4家塑料加工厂和1家小型电镀企业；加强了对湘江流域重金属污染源的综合治理。

*五是产业发展步伐加快。*按照“一区三基”的发展要求，以国家现代农业示范区建设为重心，统筹推进绿色食品生产加工基地、航运物流临港产业基地、高新科技电子出口产品加工承接基地建设。2011年争取国家现代农业示范区建设项目资金近3亿元。突出十大基地建设和产业链条带动，实现与江苏雨润、唐人神和隆平高科的战略合作，大力推动了全区的农业和生猪养殖业向现代化发展。其中与湖南唐人神公司合作的岳阳美神种猪育种有限公司，其高度现代化、产业化种猪养殖零排放及沼气沼液利用环保工艺被纳入省两型创建示范建设项目，得到省两型办领导的高度评价。

三、招商引资和新型工业化

完成规模工业总产值131.2亿元，增长46%；实现规模工业增加值39.09亿元，增长17.8%。一是传统主导产业发展有势头。其中：正虹公司以技改项目为抓手，努力降低成本，降低损耗，降低费用，公司实现营业收入17.4亿元，同比增长18%，实现利润总额950万元，资产总计达10.73亿元；纺织工业发展形势是近四年最好的一年；福润肉食三大类40多个品种的深加工产品投放市场，日平均屠宰量达1000头以上；凯迪电力、灏东船舶、湘天科技等规模企业均平稳较快发展。二是招商引资有看头。2011年招商引资共到位内资5.02亿元，完成市定任务的83.7%。共引进三新项目14个，其中新签约项目5个，包括投资分别为5000万元、5000万元、6000万元、1亿元、1.8亿元的华辉电子、馨湘家具、香喷喷米业、海丰石化五万吨船舶用柴油项目和骏马管桩项目；新开工项目5个，包括投资分别为2000万元、4000万元、6000万元、8000万元、1亿元的高阳科技全价颗粒料、仕瑞达电子、岳阳正德商品混凝土、海丰物流二期和美神种猪育种等项目；新投产项目4个，包括投资8000万元的普利珠宝加工、投资3000万元的文慧熟食、投资5000万元的新利石墨热场和投资8000万元的岳阳福润肉食品加工二期等项目。

四、现代农业重大突破

10月初，营田片区国家现代农业示范区建设顺利通过国家农业部调查验收，专题调研组一致认为营田片区的示范区建设"领导重视、政策到位、工作扎实、成效显著，完全吻合国家现代农业发展的精神，是湖南、湖北四个示范区中做得最好的。"其主要体现在三个突破上：

突破一：得到了各级领导前所未有的关心重视，资金、项目支持力度空前加大。国家农垦局局长李伟国、省农业厅厅长田家贵等领导及上级部门先后九次到屈原调研并作出重要指示。特别是市委市政府给予了大力支持：岳阳市政府第48.49次常务会议专题研究支持示范区建设；元月26日下发了岳政发［2011］3号文件《关于大力支持屈原管理区国家现代农业示范区建设的意见》，意见共23条；市委市政府成立了专门的协调领导小组，市委常委、副市长陈四海任组长，市政府副秘书长陈正文、市农办主任华克敏及营田片区主要负责人任副组长；市直25个部门给予了大力支持，特别是在"十二五"期间市本级每年安排不少于500万元资金支持示范区建设，减免了原农场体制下400万元/年的上解。同时，市委市政府多次专题调研，炼红书记、兰香市长、荣华副书记都多次亲临营田片区就国家现代农业示范区作调研和指导工作，四海副市长先后多次到屈原调研，9月15日，他又带领市直22个部门负责人到营田片区现场办公，规划了5个亿的支持项目，现正在逐一落实。

突破二：基础工作扎实推进，宣传、规划等工作取得突破性进展。各大媒体争相报道示范区建设情况，营造了浓厚的舆论氛围，其中：《岳阳晚报》开辟专栏并刊出11期；《岳阳晚报》、《长江信息报》陆续刊登相关报道8篇；《湖南日报》4月2日市州版头条报道"屈原管理区奖励科学种田"；《中国农垦》推出了"屈原管理区加快建设国家现代农业示范区"专版；岳阳电视台多次进行专题报道；营田片区编发了三期《建设简报》寄送到农业部等上级部门，得到各级领导的一致好评。规划编制上，示范区建设"十二五"发展规划初稿出台后，区委、区管委召集各相关部门反复研讨，四海副市长带领市直各相关部门在屈原反复调研座谈，后经省农林工业勘察设计研究总院实地考察调研最终编制定稿，目前，规划已经省农业厅同意后报国家农业部。同时，为进一步完善规划，省甲级资质单位又在调查设计"十二五"期间基地建设规划，力求把规划做实、标准做高；省委党校确立了"进一步推进屈原国家现代农业示范区建设问题研究"的课题，力争形成一套完善的理论体系。

突破三：十大核心基地建设强力推进。区管委下发了《关于认定国家现代农业示范区第一批十大核心示范基地的通知》，确定了营田片区第一批十大核心示范基地，其中：启动了10万亩优质稻基地育插秧机械化建设项目，购买插秧机150台，设立育插秧示范点5个、面积3000亩、育秧硬盘15万个，实现机插秧面积1万亩，从而有效地控制了水稻直播，该项工作在全省处于领先水平，9月底，该基地被授予隆平高科现代农业科技推广示范基地。同时，湖南龙舟牧业核心养殖基地"零排放"发酵床技术在中国南部首次突破技术难关；湖南湘天科技发展有限公司年生产20余万吨的两条国内先进的600型数控饲料生产线成功投产。

五、城乡统筹扎实推进

屈原管理区创建湖南省统筹城乡就业示范区，以"五年规划，三年实施"为时限，以"区域创建，整体配套"为框架，以"统筹协调，城乡结合"为手段，依托国家现代农业示范区和长株潭城市群"两型社会"滨湖示范区建设，依靠屈原管理区先行先试的体制机制创新权，着力推动"就业政策一体化、就业培训集约化、就业服务均衡化、就业环境公平化"，至2015年末，通过城乡统筹、资源集约、协调发展，使区域内就业质量明显提高，就业结构明显优化，人员素质明显提升，社会风貌明显改善，城乡差距明显缩小，居民收入明显增加，经济总量明显增大，幸福指数明显上升。

2011年营田片区全面完成了省、市、区定民生实事各项目标任务，社会保障和保险体系不断巩固提高，做到了应保尽保：其中在全省率先将城镇居民医疗保险和新型农村合作医疗保险合二为一，解决了城乡二元结构界限以及保险之间的不协调矛盾；全省统筹城乡就业示范区的创建，将用三年时间，投入资金5512万元，使城乡有就业愿望和就业能力的人员在屈原营田片区均能找到合适的就业岗位，城乡失业率控制在3%以内，就业实现政策一体化、培训集约化、服务均衡化和环境公平化，在全省统筹城乡就业方面发挥示范、引导作用。同时，城乡低保全面提标；144套廉租房、90套公租房、300户棚户区改造、2011年2530户农垦危房改造已全面开工；投入600多万元的校安工程已基本完工；互联网"村村通"工程、人饮安全及绿化工程等均全面完成，惠农政策不折不扣全面落实。

六、倡导特色提速发展

我们将高举国家现代农业示范区建设这面旗帜，以发展现代农业为屈原的"两型"模式建设，紧紧围绕市委市政府提出的"把屈原建设成为农村经济又好又快发展示范区、农村综合改革示范区、农村生态建设示范区、农民生活幸福示范区"的四项目标，突出六大任务，加快实现"特强富美"。

经济建设：把国家现代农业示范区、长株潭城市群"两型社会"滨湖示范区和湖南省统筹城乡就业示范区有机统一起来，把农业现代化、新型工业化和新型城镇化有机统一起来，坚持"把基地做大，把龙头做强，把基础做实，把机制做活，把生态做美"，谋求区域经济更好更快的发展。

项目建设：按照"不求多、不求急，要求好、要求大"的思路，以超前的眼光、超人的气魄、超常的举措，做到重项目包装、重政策研究、重品牌利用，确保年引进项目资金增长率达80%以上，确保2012年实现“保三争五”目标（争取项目资金确保3个亿、力争5个亿），确保一批重大项目建设顺利推进。

民生建设：“既要做大蛋糕，又要分好蛋糕”，统筹好物质生活和文化生活关系，统筹好城乡关系，统筹好远近关系，加快推进教育、文化、医疗、住房、就业、社保等社会事业建设，逐步实现“学有所教、劳有所得，病有所医、老有所养、住有所居”，真正让老百姓的幸福指数与GDP同步，让老百姓得到实惠，坚定信心，看到希望。

社会建设：按照“三个形成”的要求创新社会管理：一是形成合力。形成区委领导、管委负责、公众参与、社会协同的强大合力；二是形成机制。形成日趋完善的社会保障机制、关爱弱势群体的社会救助机制和维护大局稳定的信访和应急机制；三是形成特色。积极响应市委市政府号召，坚持“城乡统筹”不动摇，进一步完善社会保障体系建设，不断巩固基础、发挥优势，形成特色。

生态环境建设：按照“绿化、美化、亮化、净化和管理规范化”的要求，继续深化“五创提质、秀美屈原”文明创建行动，全力打造“洞庭湖畔的生态明珠”。

屈原营田片区2011年建设纪事

1月13日，科技厅副厅长杨治平来营田片区考察，区领导谢瑞其、吴奋发及区两型办负责同志陪同。

1月14日，全区经济工作务虚会召开，谢瑞其、田明清分别主持，区委书记孔福建、区长许平亚作重要讲话。

2月7日，中央货币委员会委员、清华大学教授李稻葵来区调研，区领导许平亚、傅大斌、田荣及区两型办负责同志陪同。

2月16日，全区三级干部大会召开，区委书记孔福建作《为建设“特强富美”的屈原而加倍努力奋斗》的工作报告，区长许平亚主持，全体区级领导出席。

3月7日，区领导孔福建、许平亚、李德友去北京有关部委汇报项目建设工作。

3月8日，省农业厅田家贵厅长一行来区调研并考察正虹科技、普利珍珠、福润肉食品加工项目。区领导孔福建、许平亚、谢瑞其、田荣、周陆军、谭革成陪同，全体区领导参加汇报会。

4月1日，区召开银企洽谈会，区领导许平亚、谢瑞其、刘柏云参加，区两型办负责同志列席会议。

4月11日，农业部农垦局巡视员何子阳，农业部农垦局农业处调研员华国雄、省农业厅副厅长李志纯、省农垦局局长傅芳世、总经济师徐芳钧来营田片区考察养殖标准化及春耕生产情况，区领导孔福建、吴奋发、田荣、谭革成陪同。

4月20日，副市长陈四海在营田片区召开现代农业示范区规划建设座谈会，区领导孔福建、许平亚、吴奋发、田荣、周陆军、谭革成陪同参加。

4月21日，湖北省洪湖市大沙湖管理区退休干部代表团来营田片区考察小城镇建设和规划工作，区领导金辉良、宋其福陪同。

5月9日，全市人大农业与农村工委工作联系会在营田片区召开，市人大副主任包忠清和区领导孔福建、许平亚、谢忠厚、曹建赓参加。

5月20日，市人大副主任陈国荣来区检查“一条例一决定”工作实施情况，区领导谢忠厚、曹建赓陪同。两型办负责同志参与陪同并做工作汇报。

5月20日，西湖管理区政府代表团来营田片区考察现代农业，区领导许平亚、周陆军、谭革成参加。

6月20日，株洲市畜牧水产局考察团来营田片区考察现代农业，区领导谭革成陪同。

6月23日，全省农垦流动现场会在营田片区召开，区领导许平亚、吴奋发、田荣陪同，副区长周陆军代表营田片区参会并发言。

6月28日，市人大副主任陈国荣来营田片区调研年度经济运行和预算执行情况，区领导孔福建、许平亚、谢忠厚、吴奋发、曹建赓陪同并参加汇报会。

6月30日，省人大常委、湖南省农业大学副校长曾福生一行来区考察，区领导许平亚、谢瑞其、谢忠厚、傅大斌、田荣、周陆军陪同。

7月26日，全区半年度经济工作讲评会召开，区委书记孔福建和区长许平亚作重要讲话，区委副书记谢瑞其，区委副书记、政法委书记田明清分别主持，全体区领导参加。

8月4日，市委常委、组织部长严华来禾鸡山村调研新农村建设，区领导孔福建、许平亚、谢瑞其、田明清、李德友、傅大斌、田荣、周陆军、易鹏飞陪同。

8月8日，市长黄兰香、副市长陈四海来营田片区考察“两型社会”建设情况，区领导孔福建、许平亚、田荣、周陆军陪同。

8月8日，全市两型建设推进会在湘阴召开，区委常委、常务副区长吴奋发率两型办负责同志参加，并作营田片区建设情况汇报。

8月11日，全区“两型社会”建设推进会召开，全体区级领导参加。会议要求全区各乡镇各部门要根据两型社会建设的目标和要求，结合本乡镇、本部门的实际，在示范区总体规划和改革建设实施方案的指导下，制定出本单位两型社会建设的“十二五”工作方案，交区委区管委审定，并作为今后考核工作的依据。

8月16日，全省两型建设试验区“两型”系统综合工作会议在浏阳大围山召开，区委常委、常务副区长吴奋发率区两型办负责同志参加会议。

8月24日，区管委以屈政函［2011］22号向市发改委发出关于“连通滨湖示范区金龙片区—新市片区—营田片区，加快建设长株潭经济次中心”建议的函，并上报市政府。

8月26日，根据省两型办通知，区两型办编写《屈原营田片区现代农业模式》一文上报市两型办，确定营田片区“现代农业与两型创建相结合”的两型建设发展模式。

8月31日，省两型办在常德和娄底召开《环长株潭城市群“两型”社会示范区建设工程实施方案》意见征集座谈会，区委常委、常务副区长吴奋发率区两型办负责同志参加了在常德德山片区举行的座谈会，并做专题汇报。

9月1日，国家现代农业示范区江西省吉安县代表团来营田片区考察，副区长周陆军及两型办负责同志陪同。

9月15日，市政府副市长陈四海、市政协副主席秦吉兵来区召开现代农业建设现场办公会，区领导孔福建、许平亚、田明清、谢忠厚、李德友、吴奋发、田荣、周陆军、谭革成参加。两型办负责同志参与陪同。

10月10日，益阳市市长胡忠雄率党政代表团来营田片区考察，市领导黄兰香、盛荣华、陈四海等陪同，区领导孔福建、许平亚、田明清、谢忠厚、李德友、田荣参加汇报会。

10月12日，农业部渔业局副局长李彦亮，农业厅党组副书记、副厅长曹英华来营田片区调研，区领导孔福建、许平亚、谢瑞其、田明清、谢忠厚、李德友、吴奋发、田荣、周陆军、谭革成陪同。两型办负责同志参与陪同。

10月13日，副市长宋爱华来营田片区调研招商引资工作，区领导孔福建、许平亚、金辉良、田荣等陪同。两型办负责同志参与陪同。

10月14日，西洞庭管理区代表团来营田片区考察现代农业示范区建设，副区长周陆军陪同，两型办负责同志参与陪同。

10月15日，创建湖南省统筹城乡就业示范区启动仪式在营田片区举行。省委组织部副部长、省人力资源和劳动社会保障厅厅长彭崇谷、副厅长杨长永和市长黄兰香出席，区委书记孔福建主持，区长许平亚致辞，全体在家区级领导参加。

11月1日，经岳阳市机构编制委员会《关于设立屈原管理区“两型社会”建设管理办公室的批复》（岳编办通［2011］245号），同意设立屈原管理区“两型社会”建设管理办公室。

11月3日，西湖管理区领导来营田片区考察，区委常委、组织部长傅大斌陪同，两型办负责同志参与陪同。

11月8日，市人大副主任余炳锐率市人大代表联系团来区调研，区领导孔福建、许平亚、谢忠厚、曹建赓陪同，两型办负责同志参与陪同。

11月8日，天下洞庭屈原粮食收储公司挂牌，区委书记孔福建揭牌，区长许平亚致辞，区委常委、常务副区长吴奋发主持挂牌仪式，全体在家区级领导参加。

11月14日，湖南省建设两型工业园区，推动两型经济发展现场交流会在宁乡召开，区委常委、常务副区长吴奋发率区两型办负责同志参加会议。

11月21日，金洞管理区党政代表团来营田片区参观，区委常委、常务副区长吴奋发陪同，两型办负责同志参与陪同。

11月24日，省两型社会建设办公室常务副主任徐正宪来区调研，区领导许平亚、吴奋发陪同，两型办负责同志参与陪同。

11月25日，省两型办召开各片区两型建设汇报会议，区委常委、常务副区长率两型办负责同志参加会议，并做题为《为构建经济高效、社会和谐的两型社会努力奋斗》的专题汇报。

11月28日，营田片区岳阳美神规模化种猪场建设、湖南省统筹城乡就业示范区建设、国家现代农业示范区“两型”化规划建设三个项目作为“两型”示范创建项目上报省两型办。

12月5日，市人大副主任陈国荣来区调研，区领导许平亚、谢忠厚、吴奋发、曹建赓陪同。两型办负责同志参与陪同。

12月8日，市人大副主任包忠清来区调研，区领导孔福建、许平亚、谢忠厚、金辉良、周陆军陪同。两型办负责同志参与陪同。

12月13日，省环洞庭湖工作领导小组来区检查工作，区领导孔福建、许平亚、金辉良陪同。两型办负责同志参与陪同。

12月14日，营田片区阳岳球被评为全国种粮大户，出席表彰大会并作为农民代表发言。

岳阳城陵矶片区

岳阳城陵矶片区2011年建设概况

一、概况

2011年，临港产业新区按照市委、市政府“三年搭骨架、五年见成效、十年成规模”的工作部署和“强力推进、早见成效”的工作要求，深入实施“以港兴业、以业强区、以区拓城”的发展战略，积极探索“低碳化、市场化、生态化、高效化”的发展模式，大力弘扬“敢为人先、开放包容、攻坚克难、争创一流”的港区精神，进一步理清发展思路，创新发展方式，突出工作重点，加大工作力度，各项工作成效明显，是临港产业新区夯实大建设基础、汇聚大产业要素、积蓄大发展能量，加力加速、全面推进各项工作大发展的一年，也是临港新区经济发展速度加快、园区面貌变化较大、资源要素汇聚良多、发展成果惠民丰实的一年。

*一是经济发展全面提速。*2011年是临港产业新区财政体制运行的第一年，在财政、税务等部门的大力支持下，临港产业新区顺利完成了69平方公里范围内的企业税收征缴划转工作，成功组建了岳阳城陵矶临港产业新区地方税务局和临港新区土地交易中心。全年累计完成财政总收入32023万元，同比增长133.2%，进度和增幅均列全市第一；一般预算收入累计完成8620万元，同比增长24.3%，提前半年完成年初预算目标；累计向上级财政借入资金32000万元，其中省财政厅调度的2亿元资金将延长使用期限1—3年；争取上级专项资金7400万元。

*二是港口物流全面提效。*岳阳至武汉海轮航线开通，万吨海轮可直达城陵矶港；与宁波、南通等沿海港口实现顺畅对接；城陵矶至香港、澳门国际航线已获批，岳阳通向世界的出海大通道正式打通。顺利实施重庆—宜昌—岳阳—上海大通关运输模式，每年可吸引川渝地区3—5万个标箱货物在城陵矶新港转运。新港二三期建设和申报国家

级保税港区已全面启动。新老两港全年累计完成集装箱吞吐量16万标箱，增幅领跑长江沿线，达到了49.5%。

*三是基础建设全面加速。*完成土地报批7600亩，征地8270亩，腾地5600亩，“三纵三横”骨干道路已全面成形，新开工城市道路建设9条，累计总里程31.5公里，完成投资8.6亿元，基本实现与岳阳主城区无缝对接，与云溪城区连为一体，与随岳高速顺畅互通；5万平方米标准化厂房投入使用，1500套保障性住房主体工程全面完工。

*四是产业发展全面提质。*严把项目入园关口，积极开展商会招商和实施品牌招商战略，全年共签约项目27个，合同引资额206亿元，否决项目22个，否决项目投资资金182亿元；新开工项目11个，新投产项目7个。深港高科技成果转化岳阳基地、美国休斯敦经济合作区岳阳高科技园区、美国硅谷岳阳科技园区、广东高科技产业岳阳园区正式落户临港新区，申报岳阳临港高新技术产业开发区已进入省政府审批程序，即将授牌。

*五是融资方式全面创新。*临港新区开发投资有限公司成功退出政府融资平台，设立临港置业公司等实行公司投资带动融资，全年共到位银行资金11.146亿元，排全市七大融资平台第一；设立创投基金参与投资，首期规模达到1.2亿元。引导社会资本投向基础设施建设，共签订基础设施框架协议资金70多亿元；发行企业债券募集建设资金，10亿元企业债券发行资料已报国家发改委；积极开展立项争资争取资金，到位项目资金1.5亿元。

*六是管理服务全面优化。*将2011年确立为“优质管理服务年”，组织开展“我为港区发展献良策”和“优质管理服务年”活动，港区制度框架体系基本形成，工程管理水平不断提升，资金运行步入正轨。按照“三个不超过一天”的高效服务标准，制定入区项目服务责任分解表和“园企联络卡”，实行“一对一”包干负责，办事效率和服务水平全面提升。开展学习型机关创建活动，推行挂牌上岗制、首问负责制、服务承诺制、限时办结制；组织召开民主生活会，全面落实谈心谈话、述职述廉、重大事项报告等制度，干部管理更为规范，作风更加务实，继续保持了风清气正的良好氛围。

二、成功申报省级高新技术产业开发区

为贯彻省委省政府《关于进一步扩大开放加快发展开放型经济的决定》文件精神，致力将临港产业新区打造成具有国际竞争力的装备制造业基地、重要的机电产品出口基地、战略性新兴产业基地，2011年8月8日，岳阳市委副书记、临港产业新区党工委书记盛荣华组织召开申报省级高新技术产业开发区工作调度会，正式启动申报工作。临港产业新区由招商联络部牵头，市科技局、市发改委、市国土资源局、市环保局、市住建厅局等部门全力配合，先后数十次赴省政府、省科技厅、省发改委、省国土资源厅、省环保厅、省住建厅等部门对接，得到了省委常委、常务副省长于来山、副省长徐明华等领导和相关部门的大力支持，11月10日申报高新区的规划环评通过省级专家的评审，11月13日省科技厅组织召开湖南城陵矶临港产业新区《申报省级高新区可行性研究报告》专家咨询会，12月9日，顺利通过了省级高新区专家评审。2012年4月19日，省人民政府正式批准设立为岳阳临港高新技术产业开发区（湘政函［2012］86号文件）。岳阳临港高新技术产业开发区的批准设立，为临港产业新区申报国家综合保税区、国家高新区打下了坚实基础。

三、建立四关联动大通关机制

2011年9月21日，上海、重庆、武汉、长沙海关进出集装箱货物转运座谈会在岳阳城陵矶新港召开，对《上海海关、重庆海关、武汉海关、长沙海关进出口集装箱货物转运监管联系配合办法（试行）》进行了研讨，会议同意在岳阳口岸办理“重庆—宜昌—岳阳—上海”的进出口转关货物运输手续，正式文件于2011年12月1日在杭州召开的长江流域海关联席会上签订。四地海关实行跨关区监管有利于发挥城陵矶新港的区位优势，进一步降低物流成本，吸引川渝等地区的集装箱在城陵矶新港中转，每年可给城陵矶新港增加3万—5万TEU的中转箱量。大通关政策实施后，城陵矶新港公司迅速与上海集海、湖南远洋进行合作，开通了“城陵矶——上海”“城陵矶——重庆”的五定始发班轮，提高了城陵矶新港船舶挂靠和航线密度，增加了集装箱运输舱位，提升了城陵矶新港在长江沿线的竞争力。在大通关政策的支持下，2011年城陵矶新港完成箱吞吐量125248TEU，同比增长50%以上，增速在长江沿线集装箱港口中排名第一位。

四、开展“优质管理服务年”系列活动

为进一步优化港区发展环境，激发干部干事创业热情，更高层面、更高标准、更严管理提升干部队伍整体素质，岳阳市委副书记、临港产业新区党工委书记盛荣华亲自策划并强力推动“优质管理服务年”活动，以科学管理、优质服务促进临港新区加力加速发展。强化制度管理。完善了学习、会议、接待等一系列内部管理制度，制定了选调工作人员、组织大型活动、征地拆迁、土地报批、工程资金支付等17项工作流程。加强工程管理。出台了《关于加强政府性投资建设项目计划和资金管理的暂行规定》（岳城港发〔2011〕26号）。规范资金管理。正式启动临港产业新区新的财政管理体制，实现预算收支按县区级财政管理体制封闭运行。建立健全了政府采购、投资评审、财政监督体系。启动绩效管理。制定《临港产业新区2011年“四新一中心”建设绩效考核方案》，工作绩效考核的结果与部门员工年终奖金、评先评优、晋升提拔挂钩。推进优质服务。实行“三个不超过一天”，即客商的诉求答复时间不超过一天、文件流转时间不超过一天、落实领导交办事项不超时一天。制定了入区项目服务责任分解表，制作了“园企联络卡”，对所有基础建设项目和重大产业项目均实行“一对一”包干负责。

五、实施十二大重点工程百日大会战

2011年是港区“三年搭骨架”建设的攻坚之年，为整合各方力量，集中优势资源，强力推进重大工程、重点项目建设，9月27日，临港产业新区建设领导小组组织召开十二大重点工程“百日会战”动员会，拉开“百日会战”序幕。在不到100天的时间里，共投入资金5.4亿元，大小车辆、机械19400多台次，到一线直接参与会战的各级干部达400多人，初步拉通和完成了永济南路、长湖路、兴港中路、云欣西路、桔园路、松阳湖路、通海路、海关路、长江大道北延线、环湖路、长江大道和云港路提质工程等市政主干路网，形成了“三纵三横”为主的48公里路网体系，凌泊湖安置小区建设项目20栋安置房、15栋廉租房主体工程基本完工，凯达科旺、和诚油品、水电八局等7个项目投产或即将投产。

六、成立岳阳市首家创业投资基金

湖南城陵矶临港产业新区创业投资基金由临港新区开发投资公司与江苏宇业集团共同作为发起人，同时引进盘固水泥、苏州益方动力等6家极具实力的企业作为有限合伙人，由在资本市场声名卓著的深圳市富海银涛资产管理有限公司作为基金管理方。该基金于2011年8月29日正式成立，基金总规模为人民币5亿元，首期募集资金人民币1.2亿元。湖南城陵矶临港产业新区创业投资基金主要从事股权直接投资、受托管理创业投资企业创业资本、创业投资咨询、管理咨询、企业并购及投融资等服务项目。基金的成立不仅有效解决了港区高科技、创新型等成长性好的企业融资难问题，还帮助企业提高财务等方面的管理能力，促进企业成长发展，助推岳阳市产业升级和经济结构调整。湖南城陵矶临港产业新区开发投资公司也将通过入股创投基金，开启全新的投融资模式，开创一条通向市场化、多元化的融资投资道路。

岳阳城陵矶片区2011年建设纪事

1月14日，易炼红、黄兰香、盛荣华、李湘岳、白尊贤、赖社光、郭振斌、韩建国、宋爱华、蒋锋等市领导率市直相关部门和岳阳楼区、云溪区党政负责人来临港新区现场办公。会议提出将举全市之力加快推进临港新区更好更快发展。会议要求所有市直单位和云溪、楼区地方党委政府要全力服务临港新区建设，部门办实事行动要加大力度，群策群力，共推发展。

1月17日，市委书记易炼红在长沙做客人民网“走近2011湖南‘两会’”特别节目时提出要把临港新区打造成岳阳乃至湖南的长江经济带。

1月18日—20日，市委副书记盛荣华率队赴上海、山东考察上海硅峰动力有限公司总部和名嘉集团综合性商业广场莱芜、临沂基地。市人大副主任陈国荣参加，临港新区管委会领导李运帷陪同考察。

1月21日，投资3亿元的港龙国际物流园项目和投资2亿元的斯达电子项目签约。

1月26日，岳阳凯门科技有限公司年产2000吨高档无醛水性涂料助剂生产项目开工建设。

2月10日，临港新区被市委、市政府授予招商引资先进单位荣誉称号。

2月12日，副市长宋爱华深入临港新区就申报国家级出口加工区开展深入调研，并召集临港新区、岳阳口岸、海关、商务局、新港公司等负责人座谈。提出要积极行动，力争两年内申报成功，到2013年正式挂牌。

2月15日，市委副书记盛荣华支持召开临港新区入驻企业负责人座谈会，副市长宋爱华出席会议。华能岳阳电厂、岳阳纸业集团有限公司、城陵矶新港公司、凯达科旺汽车零部件工业公司等17家企业负责人参加座谈。

2月16日，临港新区举行2011年推进“四大行动”动员大会。市委副书记盛荣华讲话，市领导陈国荣、宋爱华、肖建华出席大会。副市长宋爱华主持会议。党工委副书记、管委会常务副主任李运帷作工作报告。

2月22日，铁路专用线可研通过国家级层面审查，国家发改委、铁道部正式立项。

2月28日，市委、市政府召开服务临港产业新区建设工作会议，总结讲评2010年全市服务临港新区建设工作，向32个市直部门单位下发2011年为港区办实事任务。市长黄兰香、市委副书记盛荣华讲话，市领导陈国荣、肖建华、万岳斌出席，市政府秘书长王小中主持。

3月1日，总投资3亿元的岳阳和诚油品、化工品储运及码头建设工程开工。临港新区党工委副书记、纪工委书记王文华出席。

3月2日，市委副书记盛荣华，副市长宋爱华深入城陵矶临港产业新区，调研督查禁违拆违、征地拆迁和优化施工环境工作开展情况。

3月8日，华融湘江银行总行副行长张永宏莅临临港产业新区考察。李运帷、王文华等领导陪同。

3月9日，市环境保护局长李国保率局相关负责人到临港新区就松杨湖前期环保治理、污水处理厂与污水管网建设、环评编制和审批、支持发行企业债券等工作进行现场办公。党工委副书记、管委会常务副主任李运帷出席办公会并讲话。

3月13日，临港新区两型示范区总体规划通过省级层面审查，正式呈报省人民政府批准。

3月18日，临港新区下发了《我为港区发展献良策活动实施方案》，号召“六部一公司”、云溪区和岳阳楼区相关乡镇和入驻企业全体员工为港区发展献良策。

3月19日，临港新区出台《关于征地拆迁工作的暂行办法》、《关于房屋拆迁安置工作的暂行办法》和《关于禁违拆违工作的暂行办法》三办法。

3月19日，临港新区部署以优质管理服务为主题，以建立健全单位内部管理机制体制为重点，以构建内部管理长效机制为目标，以完善制度、强化目标管理、规范工作流程、推行优质服务为主要内容的优质管理服务年活动。

3月21日，市政府副市长隋国庆率市科技局一行到临港新区专题调研科技工作。党工委副书记、管委会常务副主任李运帷陪同调研。

3月21日，临港新区银企洽谈会召开。

3月22日，市招商局长王德华邀北京谊安医疗系统股份有限公司总经理张卫东来临港新区考察投资。党工委副书记、管委会常务副主任李运帷参加考察。

3月23日，市委副书记盛荣华组织岳阳楼区和云溪区区、乡（街道）、村干部召开临港产业新区征地拆迁、禁违拆违和施工环境集中整治工作动员大会，并作重要讲话。市领导陈国荣、宋爱华、肖建华等出席，宋爱华主持会议。临港新区党工委副书记、管委会常务副主任李运帷作工作报告。

3月28日，中国船舶工业集团公司党组成员、副总经理吴强一行来到临港新区进行投资考察。省国资委党委委员、副主任张美诚，省经信委党组成员、副主任卓群，副市长宋爱华和临港新区李运帷、王文华等负责人陪同。

4月1日，市委副书记盛荣华带领市委督查室、市问责办负责人深入临港新区，走村入户暗访征地拆迁、禁违拆违和施工环境集中整治“三项”工作开展情况。

4月12日，省发改委副主任黄河一行莅临临港产业新区考察指导工作。李运帷、王文华、林军华等领导陪同。

4月12日，建行省分行副行长尹利芳一行莅临临港产业新区考察。李运帷、王文华、林军华等领导陪同。

4月13日，日本三菱综合材料株式会社访湘团一行来到临港新区进行投资考察。团中央中国国际青年交流中心主任邓亚军，团湖南省委副书记陈雪楚，团湖南省委联络部长李华军，团湖南省委联络部副部长李蕙男，市领导严华、宋爱华和岳阳团市委书记汪灿，临港新区党工委副书记、管委会常务副主任李运帷等先后陪同。

4月15日，中联重科高级总裁殷正富一行莅临临港新区进行投资考察。市领导盛荣华、宋爱华和临港新区李运帷、王文华等负责人陪同。

4月21—24日，市委副书记盛荣华赴重庆招商考察。市领导白尊贤、万岳斌等参加，临港产业新区党工委副书记、管委会常务副主任李运帷等陪同。

4月21日，岳阳富强混凝土有限公司富强管桩及混凝土生产项目开工建设。

4月21日，国务院国资委副主任邵宁率中国诚通控股集团有限公司、中国航空工业集团公司、中国兵器装备集团公司等央企负责人一行来到临港新区调研考察。市领导盛荣华、郭振斌和临港新区李运帷、王文华等负责人陪同。

4月23日，副市长宋爱华出席江苏湖南商会成立大会，并举行湖南城陵矶临港产业新区投资推介会。临港新区李运帷、王文华等负责人陪同。

4月26日，省住建厅高克勤厅长陪同碧桂园控股集团莫斌总裁一行莅临临港新区进行投资考察。市领导易炼红、黄兰香、盛荣华、万岳斌和临港新区李运帷、王文华等负责人先后陪同。

4月26日，市委书记易炼红来到临港产业新区，就规划建设进行专题调研，要求临港新区坚持规划先行、规划引领和规划提升，将临港产业新区建设成现代产业发展高地，打造成现代滨江生态新城。市委副书记盛荣华，市委常委、市委秘书长赖社光，市规划局、岳阳楼区、云溪区、临港新区等相关部门和单位负责人陪同调研。

4月27日，上海市台协副会长兼秘书长陆笑炎率11家企业组成的上海台协考察团来到临港新区进行投资考察。副市长宋爱华，临港新区党工委副书记、管委会常务副主任李运帷，临港新区党工委副书记、纪工委书记王文华和市国资委副主任林军华等先后陪同。

4月29日，临港新区举行芭蕉湖发展概念规划和临港新区公共服务区城市设计规划审议会。市委副书记盛荣华出席并作重要讲话。副市长宋爱华主持，市政协副主席万岳斌和临港新区李运帷、王文华等负责人出席会议。

5月5日，市委书记易炼红专程前往长沙，与中联重科董事长詹纯新就企业投资城陵矶临港产业新区相关问题进行友好洽谈和实质性交流。副市长宋爱华，中联重科高级总裁殷正富、副总裁孙昌军等高管，城陵矶临港产业新区、市发改委等相关部门负责人参加会谈。

5月8日，凌泊湖安置小区（一期工程）开工建设。

5月8日，岳阳港龙国际物流有限公司现代物流集散中心开工建设。

5月10日，市长黄兰香会见江苏泛资城市建设有限公司董事长李杰一行来临港新区投资考察。副市长宋爱华，市政协副主席肖建华，以及市招商、发改委、农办、规划、农业银行和临港产业新区等部门单位负责人陪同会见。

5月18日，省发改委主任胡衡华一行莅临临港新区考察指导工作。盛荣华、宋爱华等市领导和临港新区李运帷、王文华等负责人陪同。

5月18—19日，党工委副书记、纪工委书记王文华带队赴北京参加第十四届中国北京国际科技产业博览会活动并与相关企业进行对接。

5月23日，白杨湖城市设计完成。

5月27日，中国农业银行总行董事长项俊波听取临港新区工作汇报，明确表态给予临港新区保障性住房项目和水利项目信贷支持。黄来香、盛荣华、宋爱华等市领导和临港新区李运帷、王文华等相关负责人陪同。

5月30日，广东省东莞机械进出口有限公司董事长陈海生一行来到城陵矶临港产业新区，就投资合作进行实地考察。市长黄兰香会见并洽谈，市委副书记盛荣华，副市长宋爱华和临港新区李运帷、王文华等负责人陪同考察。

5月31日，市委副书记盛荣华专程前往长沙，与省科技厅长王柯敏就省科技厅支持临港新区发展进行对接、交流。市科技局局长谢春生，临港新区党工委副书记、纪工委书记王文华陪同。

6月23日，总长4.06km、路幅宽25m的松杨湖路（含桔园路）项目开工建设。

6月26—28日，市委副书记盛荣华率队赴江苏、安徽考察常州龙成钢材城、无锡青阳钢材现货交易市场和池州经济技术开发区，拜访宇业集团董事局主席、总裁、江苏省湖南商会会长周旭洲。市领导周哲、万岳斌和临港新区李运帷等负责人陪同。

6月29日，临港新区征地拆迁、禁违拆违和集中整治施工环境讲评会在云溪召开。市委副书记盛荣华出席并作重要讲话，市领导陈国荣、宋爱华、张振彬等出席，宋爱华主持会议。临港新区负责人李运帷作半年三项工作情况通报。岳阳楼区、云溪区区、乡（办）、村干部，临港新区各部门负责人和市直相关职能部门负责人参加会议。

7月1日，临港新区项目建设调度会召开。市委副书记盛荣华，副市长宋爱华，市政协副主席李为等出席。港区13家入园企业、5家项目建设单位和市直各相关部门、港区各工作部及相关乡镇负责人参加会议。

7月5日，临港新区举行项目集中签约仪式，江苏宇业集团金融投资等8个项目正式签约落户，合同引资50.5亿元。市领导黄兰香、盛荣华、宋爱华、肖建华，企业代表和市直相关部门、金融单位负责人等出席签约仪式。

7月15日，副市长宋爱华深入到临港新区项目建设一线开展专项督查。临港新区李运帷、王文华等负责人陪同督查。

7月17日，浙江传化集团、上海伟仁投资有限公司等长三角地区11家企业负责人组团来临港新区投资考察。副市长宋爱华和临港新区王文华等负责人陪同。

7月19日，临港新区房地产管理所正式挂牌成立。临港新区李运帷、王文华等负责人出席揭牌仪式。

7月25日，省委常委、长株潭试验区工委书记陈肇雄一行来到临港新区专题调研“两型社会”建设。易炼红、盛荣华、赖社光、宋爱华、蒋锋等市领导和临港新区李运帷、王文华等负责人陪同调研。

7月26日，中国水利水电八局机电设备制造岳阳基地项目正式开工建设。

8月2日，临港新区举行优质管理服务年活动半年工作讲评会，市委副书记盛荣华出席并讲话。副市长宋爱华主持，党工委副书记、纪工委书记王文华作讲评报告。

8月2日，盛荣华、宋爱华、万岳斌等市领导一行深入临港新区项目建设工地，开展调研促项目建设进度。临港新区李运帷、王文华等负责人陪同。

8月8日，长江路、云港路道路两侧城市方案设计完成。

8月8日，市委、市政府召开临港新区申报省级高新技术产业开发区工作部门联席会。市委副书记盛荣华出席并作重要讲话。副市长宋爱华主持，市委办、市政府办、临港新区和市发改委、国土、规划、环保、林业、科技等市直职能部门负责人参加会议。

8月9日，市长黄兰香专程赴城陵矶临港新区调研“两型社会”建设时指出，要不负厚望，创造经验，全力打造“两型”产业示范园区。市领导盛荣华、陈四海、宋爱华，市政府秘书长王小中、市直相关部门负责人和临港新区李运帷、王文华等负责人陪同调研和参加座谈会。

8月11日，临港新区召开长江大道云港路两侧城市设计等方案汇报会。市委副书记盛荣华，副市长宋爱华出席会议并讲话。临港新区李运帷、王文华等负责人参加会议并发言。

8月15日，市委副书记盛荣华来到临港新区，专程督查安全生产工作。临港新区李运帷、王文华等负责人陪同。

8月15日，经省银监局批准，临港新区开发投资有限公司顺利退出政府融资平台。

8月17日，长沙海关关长李文健来临港新区调研开放型经济发展。市领导黄兰香、盛荣华、宋爱华和临港新区李运帷、王文华等负责人陪同。

8月18日，岳阳科德商贸有限公司印刷和办公纸品加工及仓储项目一期工程建成投产。

8月25日，湖南硅峰电动车辆制造有限公司新产品展示及生产基地建设奠基。市委副书记盛荣华宣布开工，市领导余炳锐、宋爱华、张振彬、肖建华出席，副市长宋爱华致辞。临港新区李运帷、王文华等负责人参加奠基仪式。

8月25日，岳阳钟鼎热工设备有限公司钟鼎热工项目开工建设。

8月28日—29日，江苏省湖南商会会长，宇业集团董事局主席、总裁周旭洲率团来临港新区投资考察。市委书记易炼红、市委副书记盛荣华、副市长宋爱华和临港新区李运帷、王文华等陪同考察或出席投资考察情况交流会。

8月29日，临港新区开发投资有限公司与宇业集团等六家企业签约成立岳阳市首家创业投资基金——湖南城陵矶临港产业新区创业投资基金。市委副书记盛荣华、副市长宋爱华和临港新区李运帷、王文华等出席签约仪式。

9月2日，远大住宅工业有限公司董事长张剑一行赴临港新区考察，市委副书记盛荣华、副市长蒋锋和市住建局、市规划局、市房产局及临港新区相关负责人陪同考察。

9月4日—7日，临港新区率团参加第七届湘台经贸交流合作会，湘台投资考察团近百人来临港新区考察。

9月15日，创维集团创始人、广东高科技产业商会会长黄宏生率粤港高科技明星企业投资考察团深入到临港新区实地考察，就投资建设高科技综合开发园进行交流。省政府副秘书长王光明、省商务厅副厅长罗双峰，市领导易炼红、黄兰香、盛荣华、陈国荣、宋爱华、柴小平、万岳斌，市政府秘书长王小中和临港新区李运帷、王文华等负责人陪同或参加考察情况交流会。

9月22日，上海、重庆、武汉、长沙海关进出口集装箱货物转运座谈会在岳阳城陵矶新港召开，会议达成《上海海关、重庆海关、武汉海关、长沙海关进出口集装箱货物转运监管联系配合办法（试行）》。

9月24—27日，临港新区率队参加第六届中国中部投资贸易博览会。

9月27日，临港新区联合岳阳楼区和云溪区召开十二大重点工程“百日会战”动员大会。市委副书记盛荣华出席会议并作重要讲话。市领导陈国荣、宋爱华、肖建华等出席。副市长宋爱华主持，临港新区党工委副书记、管委会常务副主任作动员报告。

9月27日—29日，临港新区率队参加第五届湘商大会。

10月1日，全长2.18km，路幅宽度15m的长湖路建设项目开工建设。

10月1日，全长2.38km、路幅宽度45m的兴港中路（含白杨路）项目开工建设。

10月8日，岳阳凯达科旺汽车零部件制造有限公司举行重卡驱动桥壳项目建成投产暨产品下线仪式。市委副书记盛荣华宣布项目建成并正式投产，副市长宋爱华等出席仪式。

10月11日，临港新区召开芭蕉湖南岸开发项目概念性规划设计方案汇报会。市领导盛荣华、宋爱华，临港新区李运帷等负责人出席会议。碧桂园集团投资拓展中心总经理黄士冯作规划设计方案汇报。

10月11日，通海路提质改造工程项目开工建设。

10月13日，临港产业新区总体规划修编工作正式启动。

10月13日—14日，广东广晟、永隆实业考察团来临港新区考察，市委副书记盛荣华，岳阳海关关长何洪和临港新区王文华等负责人陪同。

10月18日，湖南科恒电气有限公司JGGS激光强化加工设备项目竣工达产。

10月18日，副市长宋爱华深入临港新区，重点督查十二大重点工程建设情况。临港新区李运帷、王文华等负责人陪同。

10月20日，全长4.46km、路幅宽度52m的进港路完成永久性路面，竣工通车。

10 月 20 日—21 日，省交通运输厅副厅长邹和平深入临港新区，就城陵矶（松阳湖）港区二、三期工程和电煤码头建设等工作开展前期调研。市委副书记盛荣华和临港新区李运帷、王文华等负责人陪同调研。

10 月 22 日，云港路改线工程项目永久性路面竣工通车。

10 月 24 日，市长黄兰香来到临港新区，就港区基础设施建设情况和国际烟草物流中心选址进行实地调研。市委副书记盛荣华，副市长宋爱华，市政府秘书长王小中，岳阳楼区、云溪区以及市直相关部门负责人陪同调研，并参加座谈会。

10 月 25 日，市委副书记盛荣华深入临港新区，督查重点工程项目建设情况。临港新区李运帷、王文华等负责人陪同。

11 月 1 日，临港新区消防站开工建设。

11 月 4 日—6 日，市委副书记盛荣华率队赴广东高科技产业商会和深圳市投资商会走访考察，力促粤港高科技产业园落户临港新区。省商务厅副厅长罗双峰应邀参加，副市长宋爱华和临港新区、市经信委、市招商局等部门单位负责人一同考察。

11 月 8 日，市委副书记盛荣华深入部分岸线和港口码头，调研城陵矶港区二、三期工程和电煤基地建设前期工作。临港新区和市交通、海事等部门单位负责人陪同。

11 月 15 日，全长 2.3km，路幅宽度 35m 的云欣西路南段完成过渡性路面，临时性通车。

11 月 18 日，省发改委正式受理岳阳市发改委呈报的临港新区开发投资有限公司债券发行申报资料，并启动资料审核工作。

11 月 19 日，省长徐守盛在省党代会期间参加岳阳市代表团讨论时提出，要岳阳进一步扩大开放，以城陵矶临港产业新区建设为龙头，尽快在全省形成一个新的经济增长极。

11 月 19 日，在深圳召开的第 13 届高交会上，深港高科技成果转化岳阳基地正式落户城陵矶临港产业新区，副市长宋爱华、市政协副主席肖建华出席授牌签约仪式，市金融办、市科技局、市国资委、临港新区相关负责人参加会议。

11 月 25 日，省长徐守盛在出席全省发展开放型经济领导小组会议时指出，抓好城陵矶临港新区的建设，尽快形成产业聚集，形成新的经济增长极。

11 月 29 日，副市长宋爱华率队参加在长沙举行的 2011 中国（湖南）民营经济投资洽谈会暨海内外华商湖南行活动民营企业项目推介会并在会上作了区情推介。

12 月 9 日，临港新区申报岳阳临港高新技术产业开发区顺利通过省级评审。副市长宋爱华和临港新区李运帷、王文华等负责人出席评审会。

12 月 22 日—23 日，省人民政府副省长何报翔率省直相关部门负责人来临港新区，专题调研口岸和外向型经济发展。市领导黄兰香、盛荣华、樊进军、宋爱华和临港新区李运帷等陪同或参加汇报会。

12 月 27 日，临港新区保障性住房项目顺利通过国家住建部检查组的检查验收。

12 月 28 日，市委书记黄兰香接受中南传媒媒体集群“奋发潇湘”联合报道组的采访时指出，以城陵矶临港产业新区为依托，加快建设湖南长江经济带。

12 月 28 日，通海路提质改造工程竣工通车。

12 月 28 日，全长 1.3km、路幅宽度 25m 的永济大道过渡性路面竣工，临时通车。

注：本篇各片区“建设概况”和“建设纪事”均由各示范片区提供。

相关部门篇

省发展和改革委员会参与和服务长株潭试验区建设情况

2011年是湖南省“两型社会”建设试验区进入第二阶段的起步之年。长株潭试验区工委的成立、省人大常委会“一条例一决定”执法检查的全面开展，标志着全省对“两型社会”建设统筹协调的进一步加强。作为宏观经济管理部门，省发改委始终认真履行总体指导和综合协调职能，着力建立健全改革推进和创新机制，积极争取国家支持，力推“两型社会”建设综合配套改革取得实质性进展，为湖南省推进“四化两型”提供了强大的动力。

一、以整体谋划引领“两型”改革

一是不断营造“两型”建设的良好氛围。注重理论探讨，完成了《长株潭城市群“两型社会”建设体制机制改革创新的调研报告》。注重创建示范。根据长株潭试验区工委关于印发《两型示范创建工程实施方案》的通知要求，牵头制定了战略性新兴产业发展示范、循环经济发展示范、“两型”能源示范、节能减排体制机制创新示范、“两型”示范园区创建工程实施方案；参与制定《湖南省“两型”示范创建工程综合审查办法（试行）》；参与审定2011年“两型”示范创建工程名单。注重分工落实，起草了《加快长株潭试验区改革建设 全面推进全省“两型社会”建设的实施意见》委内重点工作分工的意见，将实施意见中7大类27项工作任务落实至委内各处室和委属单位。注重争取国家政策支持，提出了长株潭试验区请求国家支持的政策建议。

二是认真编制引领“两型”建设的各项规划。《湘江流域重金属污染治理实施方案》获国务院正式批准，成为全国第一个由国务院批准的重金属污染治理试点方案，也是迄今为止国务院批准的第一个不跨省流域治理方案。《湖南省“十二五”节能减排综合性工作方案》由省政府审定印发，提出了12个方面、46条政策措施，成为指导全省“十二五”节能减排工作的纲领性文件。“十二五”城镇污水处理及再生利用设施建设规划、城镇生活垃圾处理设施建设规划、节能专项规划、循环经济发展规划等四个专项规划顺利完成并通过评审。

三是着力推动全省各项改革计划有序实施。始终将长株潭城市群的改革试验作为全省改革的重点，协调推进试验区改革。在制定年度经济体制改革实施意见时，始终将长株潭试验区改革试验作为全年改革的重中之重，加强对试验区改革试验的总体指导和统筹协调，推动各项改革有序实施。启动武陵山协作区新十年扶贫攻坚、湘南地区承接产业转移示范，积极支持湘潭市统筹城乡“两个率先”，为全省发展改革增添新的动力与活力。着力推进衡阳市国家服务业综合配套改革、张家界市国家旅游综合改革等试点工作，出台《关于促进服务业发展和改革工作的意见》。在全国率先启动水利综合改革试点，成功获批全国国有林场改革试点省。

二、以重大项目推动“两型”发展

围绕重大项目立项审批、要素保障、施工环境等环节，一手抓在建项目实施进度，一手抓拟建项目前期工作，一批关系国计民生的重大项目特别是基础设施项目取得积极进展。其中，实施“三个一”项目819个，已开工和续建798个，完成投资4800亿元，占全社会总投资的42%。

交通方面，克服国家紧缩货币政策带来的困难，综合交通项目完成投资1163亿元。4条高速公路建成通车，新增高速公路通车里程262公里，改造建设干线公路2001公里、农村公路14354公里；黄花国际机场新航站楼投入运营；杭长、长昆专线、长沙轨道交通、湘江综合枢纽等在建重点项目实现不停工建设。启动7条高速公路项目前期，荆岳、黔张常、怀邵衡、渝怀铁路前期工作取得重大突破；长沙黄花机场飞行区东扩工程项目建议书、怀化芷江机场可研获国家批复，衡阳、岳阳、邵阳机场前期工作稳步推进；湘江土谷塘航电枢纽、湘江高等级航道二期工程岳阳港、长沙新港等一批航道、港口项目前期工作有序推进。

能源方面，全面启动第三期农网改造升级工程，全年总投资55亿元，新建、改造农网线路35826公里。积极推进气化湖南工程，促成省政府与中石油签订“气化湖南”工程战略框架协议，争取中石油和中石化两条输气管道贯穿湖南，西二线湘娄邵支线已开工；加大力度推进湖南页岩气开发，促成中石油在龙山开采两口试验井，中石化在涟源的试验井已开展压裂试验，并连续出气。协调推进大型电源点建设，华能三期5号机已投产，6号机具备发电条件，黔东电厂已核准并网运行，黑麋峰抽水蓄能电站4台机全部并网发电，邵阳宝庆电厂1号机竣工投产，大唐华银攸县电厂主体工程已开工。新增电力装机240万千瓦。全面推进西二线株衡郴支线、长沙常德成品油管道、甘肃—湖南直流、荆门—长沙交流特高压、神华永州电厂、华电常德电厂、怀化石煤综合利用、桃花江核电站等重大能源项目前期工作。

农林水利方面，审批核准省级重大农林水项目35个，涉及投资超过1800亿元，洞庭湖近期实施方案项目顺利推进，涔天河水库、金塘冲水库、莽山水库等重大水利项目前期工作取得实质性进展。

信息方面，国家超算长沙中心主体工程全面开工，1000万亿次主机系统上网试运行。围绕项目前期工作，咨询中心全面拓展咨询评估，完成项目700多个，涉及投资总额6000多亿元，优化建设方案，提高投资效益，充分发挥了政府投资决策参谋和项目业主投资顾问作用。

民生改善方面。加大社会事业投入，争取国家社会事业项目投资21.7亿元。教育，实施农村学前教育推进、农村初中校舍改造、特教学校、中职基础能力等重点专项项目287个，完成中小学校舍安全工程5962所。卫生，组织实施484个基层医疗服务体系建设项目，着力提升基层教育卫生机构服务能力。就业社保，推进18个县级、72个乡镇就业和社会保障服务设施试点项目建设，确定144个省级创业孵化基地，组织实施一批社会养老服务、残疾人康复托养设施等项目。公共文化，实施抢救性文物保护、历史文化名城名镇、国家文化和自然遗产保护、旅游基础设施建设和广播电视村村通等工程，完成1058个乡镇综合文化站、2万个农家书屋建设任务，文化信息共享工程覆盖全省4750万人口，省博物馆改扩建、图书馆搬迁、美术馆建设等重大文化项目稳步推进。保障性安居工程建设。累计争取中央预算内投资36.7亿元，新开工保障性住房和各类棚户区改造46.6万套，开工率达到106.8%，竣工22.7万套，超额完成全年任务。启动农村危房改造，11.4万户验收交付。

三、以产业结构调整促进经济转型

以结构调整为主线，努力推进产业升级，促进全省经济加快转型。

一是加快发展现代农业。争取各类涉农中央投资41.83亿元，重点推进实施52个县新增粮食产能工程、910个生猪标准化规模化养殖场、15个重点县石漠化综合治理、65个大中型沼气工程、6.68万户农村户用沼气、25个国家级油茶示范基地、20处大型灌区续建配套、33处大中型病险水库除险加固、29个县级农产品质量安全体系建设、900个乡镇动物防疫体系建设、1.5万户国家林场和2.48万户国有垦区危旧房改造、洞庭湖3个大垸堤防加固、53处城市防洪工程、300万人农村安全饮水，以及31.7万公顷湿地保护和防护林建设。全面推进110个项目县巩固退耕还林成果工程建设。

二是推动传统工业改造升级。抓住纳入国家布局的机遇，促成省政府与中石化签定新一轮战略合作协议，积极协调中石化长炼改扩建、长沙比亚迪、北汽南方基地、广汽集团重组长丰等重大产业项目建设，推动老工业基地调整改造和资源枯竭型城市转型发展，新争取邵阳、娄底、岳阳进入全国老工业基地调整改造规划，常宁、涟源进入国家第三批资源枯竭型城市范围。组织申报2011年重点产业振兴和技术改造等5批专项，争取补助资金近5亿元，惠及350个工业企业，项目个数和资金总额均居全国各省市第一。

三是培育战略性新兴产业。围绕加快推进新型工业化，组织申报智能装备制造、稀土新材料、电子信息产业改造升级、信息安全等专项，争取国家下达资金计划、获得批复的项目近60个，国家资金近3亿元，创历史新高。着力提高自主创新能力，获批工程研究中心、工程实验室、企业技术中心等各类国家级创新平台16个，争取国家专项资金1.55亿元，布局省认定企业技术中心26家、省工程研究中心（工程实验室）19个。积极引导创投基金进入新兴产业，新增新材料、节能环保等2只国家创投基金。截至目前，湖南省共有5只国家创投基金获得批复，仅次于北京，与上海并列第二。会同财政成立“湖南省创业投资引导基金”，总规模10亿元。

四是推动服务业加快发展。把推动服务业大发展作为结构调整的突破口，编制产业服务平台重点项目建设规划，争取国家服务业引导资金5300万元，居全国首位，重点扶持创意设计、文化旅游、服务外包等重点产业加快发展。充分发挥物流业牵头部门作用，编制下发《湖南省“十二五”物流业发展规划》，有33个物流项目获国家1.38亿元资金支持，有11家物流企业纳入物流税收试点，7家企业被国家确认为物流业与制造业两业联动示范企业。

四、以节能减排落实绿色低碳发展

把节能减排作为转变经济发展方式的重要抓手，在缓解能源供需矛盾的同时，积极推进节能减排。全年申报污水垃圾、节能节水、循环经济、污染防治等环资类项目197个，获得21.7亿元国家资金支持。

一是扎实推进节能降耗各项工作。能评工作方面。下发了委内工作操作流程，起草了《湖南省固定资产投资项目节能评估与审查若干规定（征求意见稿）》，2011年省本级共对260余个项目开展节能审查，共净核减项目用能总量23.1万吨标准煤，占审查项目总能耗的7.8%，对从源头控制高能耗项目建设发挥了积极作用。节能产业发展方面。组织省内一批高效电机、节能空调、节能汽车生产企业和先进节能技术积极申报国家节能产品、技术目录。2011年全省67家节能服务公司获准通过国家备案，目前全省共有122家获国家备案，全省节能服务产业逐步发展壮大。重点节能工程建设方面。全年实施110个重大节能技改项目，其中62个项目年内竣工，形成节105万吨标准煤的节能能力。宣传培训教育方面。先后举办了两期节能工作培训班，对发改系统、节能服务公司、重点耗能单位500人次进行了培训。举办了2011年湖南省节能宣传周，组织了全省“十一五”节能成果展和第三届节能科技产品交易博览会，参展单位200多家，参观人数近5万人次。在《湖南日报》合作开辟了“节能减排三湘行”专栏，共发布专访、政策新闻报道30余篇。制作了湖南省节能减排系列宣传海报，在全省机关单位、企业、学校、社区等广泛张贴。

二是大力推进循环经济试点示范。“城市矿产”示范基地建设方面。汨罗国家“城市矿产”示范基地11个重点项目开工建设。郴州永兴、益阳沧水铺“城市矿产”示范基地建设实施方案上报国家发改委，力争进入国家第三批“城市矿产”示范基地建设范围。积极推动长沙经开区申报“国家城市矿产资源开发装备制造基地”，其中万容科技公司获得国家2000万元专项支持。“国家级再制造示范基地”建设方面。浏阳和宁乡“国家级再制造产业基地”已建成9平方公里的制造产业园区，培育了涵盖工程机械、机床、轨道产能设备、汽车装备、家电等领域的32家再制造企业，11项再制造技术进入国家推荐目录，再制造业年产值超过20亿元。餐厨废弃物资源化利用和无害化试点方面。衡阳列入全国首批餐厨废弃物资源化利用和无害化处理试点城市。长沙、娄底、常德、湘潭等市餐厨废弃物资源化利用和无害化处理工作积极推进。

三是全力开创污染防治新局面。8月，在株洲举行湘江流域重金属污染治理工程启动仪式。启动建设16个项目，其中株洲清水塘工业废水处理利用项目一期工程通水试运行。污水垃圾处理设施建设加快。102个垃圾项目有60个建成或基本建成，新增日处理能力1.3万吨，全省县城以上城镇生活垃圾无害化处理率达55.7%。同时，积极加快污水处理厂配套管网建设和升级提质改造，努力提高污水处理负荷率，妥善处理处置污泥，全省县城以上城镇生活污水处理率达75%。

省经济和信息化委员会参与和服务长株潭试验区建设情况

省经信委以长株潭城市群两型社会建设试验区综合配套改革为契机，积极推动长株潭城市群产业发展体制改革，突出推进新型工业化，大力发展两型产业。在调整产业结构方面，重点扶持培育两型产业，提升两型产业在长株潭城市群产业结构中的比重；在创新产业运行机制方面，重点推进长株潭城市群产业融合与产业创新，强化产业协同效应；在调整产业空间布局方面，加强规划引导，优化产业布局，建设重点园区，推动产业集约集群发展。

一、环长株潭城市群产业发展总体进展情况

2011 年，环长株潭城市群实现地区生产总值 15499.08 亿元，比上年增长 14.2%；实现规模工业增加值 5997.67 亿元，比上年增长 19.9%。环长株潭城市群以占全省 45.6% 的区域面积，创造了全省 78.9% 的地区生产总值，74% 的工业增加值，已成为湖南经济发展的龙头，成为实现中部崛起、构建“多点支撑”经济发展格局的空间战略支点。

近年来，环长株潭城市群加速推进新型工业化，两型产业发展步伐不断加快，工业经济呈现出“规模扩大、效益提升、结构优化、后劲增强”的良好发展态势：

一是培育了一批骨干企业和优势产业。大企业、大产业、大园区、大集群战略成效明显，中联重科、三一集团、南车株洲电力机车厂、南车株洲电力机车研究所、湘电集团等 10 多家优势企业实力不断增强，产值均过 100 亿元；工程机械、轨道交通、新能源等多个优势产业规模迅速壮大。

二是引进实施了一批重大产业项目。着力扩大央企对接和承接产业转移，大力引进战略投资者，大飞机起落架、千亿轨道交通设备等一批单个项目投资过 50 亿元的重大产业项目相继开工建设，试验区要素集聚效应日益凸显，发展后劲明显增强。

三是突破了一批关键共性技术。突出提升自主创新能力，突破了新能源汽车、轨道交通高速机车交流技术、大型盾构设备研制及产业化、5 兆瓦海上风力发电机组等一批关键核心技术，推广了一批示范效应明显的“两型”技术和产品，科技进步对经济增长的贡献率进一步提升。

二、推进两型产业发展所做的主要工作

（一）加强理论研究，理清两型产业发展思路

近几年来，省经信委高度重视两型产业发展前瞻性研究，先后依托和组织中国社科院、中南大学、湖南大学、湖南省社科院等研究机构、科研院所有关力量，开展了一系列“两型”产业课题研究，其中，对构建经济发展“多点支撑”格局、淘汰落后产能、抑制过剩产能、工业内部行业分类、“两高一资”企业退出市场倒逼机制、两型产业发展促进机制等方面进行了专题研究。在深入开展两型产业发展战略性和前瞻性研究过程中，针对全省经济发展实际情况，理清全省两型产业发展基本思路，为制定实施有关规划和出台有关政策提供理论支撑。

（二）出台有关政策，支撑两型产业快速发展

为建立促进两型产业发展激励机制，支持两型产业发展，省经信委建立以两型产业发展为导向的资源配置机制，整合各类产业发展资金，加大对两型产业的扶持力度，推进信贷资金向两型产业倾斜。近几年来，省经信委制定一系列支持两型产业发展差异化的产业政策：一是组织编制的《长株潭城市群产业发展体制改革专项方案》已于 2011 年 3 月 18 日经省人民政府批复实施；二是会同长株潭试验区管委会代拟的《关于加快工业转型升级促进环长株潭城市群“两型社会”建设的意见》，提出了鼓励自主创新、加强技术改造、推进节能减排、增加产业投入、优先要素保障、促进“两化”融合等 6 条政策措施于 2011 年 12 月由省委办公厅、省政府办公厅批准印发；三是牵头负责编制的《环长株潭城市群“两型”产业振兴工程实施方案（2011－2015 年）》，已经省政府审阅同意，即将由省经信委印发实施。

（三）加强规划引导，推动产业结构优化升级

围绕推动环长株潭城市群试验区产业结构升级优化，打造两型产业龙头企业，积极培植产业链，立足于产业链竞争模式发挥两型产业竞争优势，省经信委先后制定并发布一系列产业发展规划。如：《湖南省新型工业化“十二五”发展规划》（待发）、《环长株潭城市群工业布局规划》、《数字湖南规划（2011—2015 年）》、《湖南省汽车工业“十二五”发展规划》、《湖南省医药行业“十二五”发展规划》、《湖南省冶金行业“十二五”发展规划》、《湖南省有色行业“十二五”发展规划》（待发）、《湖南省建材工业“十二五”发展规划》（待发）、《湖南省石化行业“十二五”发展规划》、《湖南省机械行业“十二五”发展规划》、《湖南省轻工行业“十二五”发展规划》、《湖南省纺织工业“十二五”发展规划》等规划的发布与实施，为环长株潭城市群试验区和全省产业的部门结构和空间结构优化升级指引了方向和路径。

（四）加强机制创新，推进两型产业快速发展

不断加强体制机制创新，建立完善准入机制、提升机制，在项目用能准入审查、节能技术社会服务、企业实施清洁生产、两型示范企业创建、资源综合利用等工作环节进行制度创新，推进两型产业快速发展。

一是开展工业固定资产投资项目节能评估和审查工作。对工业项目实行能评前置审批，对于能效水平低于全省平均水平的产品和项目原则上不能扩建和新建。

二是推行合同能源管理合作模式，搭建合同能源管理项目供需合作平台。9 月份在长沙组织 400 多家企业和 40 家节能服务机构进行项目对接、洽谈，促成了一批合同能源管理项目。

三是强化节能监察工作。今年以来组织省节能监察中心及有关行业专家，对 229 家企业主要产品能耗以及落后机电设备（产品）的淘汰情况进行了专项监督检查，12 月份通过了工信部监督检查组对浏阳南方水泥有限公司、浏阳制造产业园、株洲旗滨玻璃有限公司等多家企业和园区

的现场抽查。

四是大力推行企业清洁生产。以湘江流域工业污染防治为重点，全面推进重点行业和重点企业实施清洁生产。组织企业申报2011年度国家清洁生产示范项目，争取中央财政补助资金900万支持株洲冶炼集团股份有限公司清洁生产项目；组织编制《湘江流域工业企业清洁生产实施方案》，并上报国家工业和信息化部审定；指导100家工业企业自愿开展清洁生产审核，实现生产全过程节能降耗和污染防治。

五是持续推进综合利用。重点推动和鼓励能耗、物耗、排放高的行业和企业开展资源综合利用，实现资源、能源深度利用和循环利用，减少工业污染排放。根据工信部要求，组织推荐上报了三一重工股份有限公司等11家企业的26项再制造工艺技术及装备；开展资源综合利用认定工作，第一批有119家企业、146项产品、9台机组通过认定，享受国家税收优惠政策。

六是开展"两型企业"创建工作。组织华菱湘潭钢铁有限公司、株洲冶炼集团股份有限公司、湖南泰格林纸有限责任公司等国家"两型示范"试点企业编制"两型企业"试点方案，并上报工信部；配合省财政厅、省"两型"办开展创建"两型企业"调研工作；组织编制《湖南省低温冷库单位电耗限额及计算方法》等"四化两型"建设地方标准。

（五）加大资金投入，推动两型重点项目建设

近年来，会同省发改委推荐中联重科、南车时代、株冶、湘钢、圣得西等长株潭城市群重点企业技改项目列入国家新增中央投资计划，获中央预算内资金补助近4亿元。技术改造、中小企业、节能等省经信委管理的财政性专项资金安排了近40%的资金支持长株潭3市重点企业项目建设。省新型工业化引导资金、省战略性新兴产业引导资金对长株潭城市群试验区的富士康产业园项目、湘投控股高性能钛板带项目、广汽菲亚特乘用车建设项目、北汽控股南方制造基地等一批重大技术改造项目建设给予贷款贴息和补助支持。

（六）加强技术创新，推进产业发展方式转变

一是加强产学研的互动，突出节能、环保技术的研发与应用。进一步强化企业在创新主体中的核心地位，着力培育和提升两型产业的科技支撑能力。组织第一批国家创新示范企业的申报工作，其中中联重科获国家首批技术创新示范企业认定。

二是引导长株潭城市群高校、科研机构面向市场、面向企业，推进科研院所加快转制，逐步形成产权多元化、经营专业化发展体系，引导科研人员面向企业转化科技成果，支持高校科研机构联合企业共建国家级和省级科技创新平台，鼓励有条件的科研院所进入重点产业、行业开展技术创新项目攻关研究。

三是大力发展中介服务体系，支持有条件的科研院所转为科技中介服务机构，推动科技中介服务向技术集成、产品设计、工艺配套以及指导企业建立治理结构、完善经营机制等服务领域拓展。

四是大力推进节能减排科技支撑行动，突出节能、环保技术的研发，建设一批国家级和省级企业技术中心，积极推动以企业为主体、产学研相结合的节能减排技术创新与科技成果转化体系建设。

组织申报2011年国家科技成果转化项目，其中长沙通发高新技术开发有限公司的"新型煤调湿装置技术'半沸腾流化床风动分离干燥机'"等10个项目共获得国家补助资金1.02亿元。近三年来，环长株潭城市群新增个27个国家级企业技术中心、119个省级企业技术中心；有150多项新产品、新技术通过了省级技术认定。

（七）加强资源整合，促进区域产业协同发展

一是针对长株潭城市群的城市功能分区，进行产业定位，整合资源和经济要素，发展和培育关联产业，着力提升长株潭城市群的集聚与辐射功能，推动形成"3+5"城市产业功能区。其中："3"包括长沙、株洲、湘潭三个城市组团，打造城市群的核心增长极，打造形成先进装备及高技术产业基地为主的功能区；"5"包括环洞庭湖的岳阳、常德、益阳和湘中的娄底、湘南的衡阳，打造城市群次级城市中心和经济发展腹地，打造形成能源原材料基地、先进装备及高技术产业配套基地。

二是立足核心企业与产业配套，推进产业协同发展。按照"总体规划引领、产业创新主导、机制创新支撑"的思路，培育打造核心企业，加强产业配套，促进技术融合、产品与业务融合和市场融合，推进长株潭城市群产业协同发展。近几年来，省经信委支持长株潭城市群范围内中联重科、三一重工、北汽福田等核心企业精干主业，采取战略合作、股份合作等形式，将零部件分离扩散提供给具备加工能力的企业生产。近三年，省经信委每年安排2000多万元奖励长株潭城市群汽车、工程机械主机企业采购省内配套零部件，促进长沙工程机械产业集群主营业务收入迈上千亿元台阶。

三是搭建交流合作平台，强化产业的纵向与横向联系，促进产业的关联与互动，强化长株潭城市群产业间的纵向与横向联系，为产业创新提供优良的信息交流机制，提高产业间的关联度。

四是强化外向型发展，促进产业国际化。加强与世界一流的跨国公司合资合作，吸引资金和先进技术，吸引跨国公司在长株潭城市群内设立研发中心、采购中心、管理中心。鼓励有条件的企业集团到国外投资，积极参与国际竞争，推进产业发展融入更大区域乃至全球产业价值链。

（八）优化产业布局，推进产业集约集群发展

一是制定工业布局规划，优化产业空间布局。组织编制了《环长株潭城市群工业布局规划》，于2011年11月由省政府批准印发。《规划》结合长株潭城市群各自功能与产业定位特点，完善跨城市、跨功能区、跨部门之间的产业转移政策、财政分配政策和生态补偿政策等区域协调政策体系来规范和协调区域利益分配，优化产业空间布局，推进产业集约集群发展。

二是运用产业升级、调整和转移等手段，推动两型产业发展，优化产业增量结构。对实现技术升级、产业调整达标的企业给予相应的财政和税收优惠政策，对规定期限内仍然不能通过技术升级和产业调整达标的企业或产业给予一定的限制，依法对企业或产业进行合并重组或实施整体退出，为两型产业布局置换空间。

三是支持产业园区建设，引导两型产业向园区相对集中，推进两型产业集约集聚式发展。

四是创建产业示范基地。积极推动长株潭城市群产业园区创建国家新型工业化产业示范基地。近几年来，长株潭3+5城市群范围内的长沙经开区工程机械、株洲高新区轨道交通、娄底经开区精品薄板、衡阳高新区无缝钢管、岳阳云溪工业园化工新材料、株洲军民结合、长沙雨花区汽车、湘潭高新区能源装备、平江工业园军民结合等9个产业基地先后获批为第一、二、三批国家新型工业化产业示范基地，湖南省此类基地获批数量居中部地区第一位，全国第五位。

（九）推进信息化，促进产业两化融合发展

2011年4月，长株潭城市群被工业和信息化部正式列为第二批国家级两化融合试验区。2011年7月22日，长株潭国家级两化融合试验区授牌仪式在湖南长沙举行。工业和信息化部副部长杨学山出席会议并做信息化专题报告。湖南省委常委、时任长株潭“两型社会”综合配套改革试验区工委书记陈肇雄出席会议并讲话。两化融合试验区获批以来，长株潭城市群围绕两型社会建设目标，以调整工业经济结构为重点，大力推进信息化与工业化深度融合，充分发挥信息化在产业转型升级中的牵引作用，培育壮大战略性新兴产业，加快发展生产性服务业，两化融合工作取得了初步成效。一是完善了两化融合试验区顶层设计和基础建设；二是启动了“数字企业”创建活动；三是加大了试点示范项目的宣传推广力度；四是推动了信息化公共服务平台建设；五是深化了两化融合人才培训；六是加强了企业信息化重点项目的政策扶持。

省教育厅参与和服务长株潭试验区建设情况

2011年度，省教育厅按照省委、省政府整体决策部署，认真落实《关于加快长株潭试验区改革建设全面推进全省“两型社会”建设的实施意见》文件精神和长株潭两型工委指示要求，紧紧围绕“四化两型”战略，全面强化两型教育，着力提高两型意识，大力加强教育基础设施资源共建共享，努力构建节约、环保、绿色、和谐校园，加快推进教育强省建设，积极为长株潭“两型”社会建设提供人才保障和智力支持。

一、加强“两型”宣传教育，积极开展“两型”学校创建工作

1. 注重教育，着力营造“两型”学校创建氛围。立足“育人为本”的教育职能，积极推进“两型”教育纳入全省基础教育、职业教育和高等教育等体系之中，把“两型”意识作为推进素质教育题中应有之义，把“两型”学校创建与“两型”教育紧密结合起来，通过“两型”教育宣传，培养、强化“两型”意识和责任意识，努力实现“教育一个学生，带动一个家庭，影响一片社区，辐射整个社会”的创建效果，为“两型”社会建设提供思想保证、精神动力和文化条件。一是强化校园教育。充分利用各种新闻媒体、校园网、宣传栏、板报等，广泛宣传“两型”学校创建的意义、要求以及活动进展，大力宣讲“两型”知识，动员和组织广大干部师生参与“两型”社会建设。二是坚持教育统筹，把“两型”教育纳入素质教育轨道之中。充分发挥有关高校水利工程、能源工程等省级重点学科优势，指导开设了节能、环境保护等相关公共课程。指导各学校举办了以“两型”社会建设为主题的校园文化艺术活动和专题讲座。积极组织教师编写了有关环境教育的校本教材，组织指导学生进行环保课题研究。积极将“两型”教育纳入学校德育常规管理，作为学生行为规范考评的重要依据，以常规考核促“两型”意识培养。三是扩大社会影响。组织学校开展“爱绿护绿小分队”、“环保宣传小组”等环保志愿者活动，向社会宣传节能环保知识，将两型创建工作由学校行为转化为社会行为。

2. 深化内涵，全力打造“两型”学校创建特色。指导各市州各学校结合自身实际，突出“两型”创建重点，从加大教育投入，改善办学条件，完善制度管理，改革教学模式等方面入手，把两型硬件的改造、两型氛围的营造、两型理念的渗透、两型意识的培养作为“两型”学校创建的重要内容，着力把学校建设成绿色校园、节约校园、温馨校园、和谐校园，积极开展创建活动。一是优化课堂教学，培养“两型”意识。通过钻研教材，寻找“两型”教育切入点，将学科教学内容与“两型”知识有机结合，潜移默化培养学生“两型”意识。二是开发“两型”教材，普及“两型”知识。认真组织骨干教师和专家编写小学生“两型”教育校本教材，并推广使用，使学生在轻松愉快的学习中增长“两型”知识，提高“两型”素质。三是组织“两型”活动，培养“两型”新人。采用植树节、地球日、世界环境日等环保纪念日组织全校规模的主题活动，开展“两型”社会实践，培养学生节约资源、保护环境的意识和能力，以“小手牵大手”，带动社区“两型”创建活动。四是建立规章制度，完善“两型”管理。指导各学校根据创建标准，对原有学校规章制度进行修改和完善，把资源节约、环境友好方面的要求纳入了学校规章制度，建立了能源消耗岗位责任制、能耗统计制度、教材循环使用等规定，并认真严格实施。

3. 贯彻“两型”要求，加快推进高校“两型”校园建设。根据管理体制要求，省教育厅一方面指导推动全省教育系统“两型教育”的开展，并按属地原则落实各市县教育行政部门的责任；另一方面，省教育厅以“两型”校园建设为重点，认真抓好省属高校系统的“两型教育”创建工作。一是科学制订高校基建规划，规范“两型”校园建设，将“两型”理念贯穿到学校建设之中，加强指导学校基础设施建设和环境改造，提高投入效益，转变资源能源利用方式，降低学校运行成本，走科学、健康、可持续的建设和发展道路。二是加大基础设施投入和技改力度，夯实“两型”校园建设基础。设立了“两型”校园专项奖补经费2000万元，同时安排1亿元资金用于高校基础设施改造，不断加大节能新技术、新产品的推广和应用，组织各高校实施了一大批节能降耗技改项目。2011年组织的省属高校“两型”校园建设检查评估情况表明，受检高校生均水电费支出三年中年均递减4%左右。三是推动水电信息监控管理平台建设，提升校园现代化管理水平。2011年，将在湖南农业大学组织开展的水电信息监控管理平台建设试点推广到全省十多家高校，同时对监控平台建设进行深化，逐步将监控终端延伸到每一栋校舍、每一个寝室，切实提高建设效益。四是推进能源利用制度改革，创新“两型”校园建设管理。指导各高校以提高能源综合利用效率为核心，大力推进管理制度创新，深化水电管理模式改革，推行“指标管理、定额包干、节余奖励、超用缴费”管理模式，建立健全能耗管理的激励约束机制，强化责任，推行精细化管理，实施绿色采购制度。

4. *加强领导，凝聚“两型”学校创建合力*。牢固树立“持续发展意识、环境整体意识、资源节约意识、环境道德意识、环保参与意识”五种意识，高标准推进“两型”学校建设。分别成立了省、市州、县市区和学校“两型”学校创建工作领导小组，统筹指导组织“两型”示范创建工作。完善创建工作的协调推进机制，强化部门配合，逐渐形成了多部门协调、上下联动的工作格局。建立健全创建工作规范，2011年转发了《长株潭城市群改革试验区“两型”学校建设标准（试行）》，坚持联系实际，坚持科学性，提高可操作性和实效性。采取定期或不定期方式，对创建学校进行工作督查，并印发督查情况通报，及时发现问题，总结经验，提供指导。积极推介创建典型，充分发挥典型引领示范作用。湖南农业大学、湖南工业职业技术学院、长沙市实验小学、湘潭云龙实验学校、湘潭雨湖区江南小学等14所大中小学校被评为2011年湖南省“两型”示范创建单位。《中国教育报》2011年12月24日的头版报道了湘潭市“两型”示范学校创建情况，引起了良好的社会反响，效果很好。

二、落实省部共建，深入推进长株潭城市群教育综合改革

按照《教育部 湖南省人民政府共建长株潭城市群教育综合改革国家试验区协议》要求，省教育厅积极组织开展长株潭各项教育改革。

1. *统筹推进义务教育均衡发展*。把义务教育合格学校建设作为重要抓手，将合格学校建设列入各级政府为民办实事项目和“两项督导评估”内容。截至2011年底，长株潭地区已建成合格学校1618所。同时，积极探索长株潭地区义务教育教师均衡配置的长效机制，加大区域内教师交流力度，引导与鼓励各县市区做好城镇与农村教师对口支援工作，并启动了义务教育阶段学校教师均衡配置改革试点项目，推动义务教育阶段学校教师均衡配置。

2. *大力提升职业教育发展水平*。一是稳步推进职业教育省级重点项目建设。2011年启动了“十二五”第一批职业教育省级重点项目建设，遴选确定立项建设6所示范性（骨干）高等职业院校、20所示范性（特色）中等职业学校、30个示范性特色专业、45个特色专业、4个示范性职业教育集团、8个示范性县级职教中心、6个省级社区教育试验区、15个生产性实习实训（教师认证培训）基地。二是实施中职专业教师轮训与考核制度，构建了省、市州和学校三级培训体系。2011年，依托遴选确定的57个高职学院及本科院校重点实训基地和师资培训基地，组织了16类专业3617名专任专业教师的培训，培训合格率96.88%，不合格者调离专业教学岗位。三是推行职业院校学生专业技能抽查制度，开发了覆盖高职院校12个专业大类的技能抽查标准，积极探索推行企业用人标准与职业院校人才培养标准的融合统一。四是扎实推进职业教育信息化，推动优质资源共建共享。依托云计算技术建设“职教新干线”，积极探索“校校有平台，人人有空间”的职业教育教学信息化建设新途径，工艺美术、数控技术、汽车技术、园林技术、计算机技术等5个专业的资源建设任务已基本完成，全省职教系统已形成一个巨大的、动态扩容的、共建共享的网络资源库。

3. *切实提高高等教育质量与科研水平*。大力实施高等学校教学改革与质量工程，将“两型”教育全面纳入教学内容，加强对长株潭地区高校专业设置与建设的指导，主动适应湖南“四化两型”建设需求，先后增设了资源循环科学与工程、建筑节能技术与工程、资源环境与城乡规划等一批两型相关专业。积极面向区域经济社会发展需要，大力加强高校创新能力和社会服务能力建设。2011年，省教育厅组织实施市校产学研合作试点，遴选支持了12个市校产学研合作产业化培育项目，紧紧围绕“两型社会”建设需要，开展技术攻关和机制创新。如长沙理工大学的“城市垃圾回收塑料用于制备沥青改性剂”试点项目，其成果可实现垃圾日处理量超过1000吨，垃圾填埋量减少率超过20%，塑料分选率超过85%。同时，鼓励和引导大学生发挥专业优势，积极参与“两型”社会建设课题研究和社会实践。在2011年举行的第四届全国大学生节能减排社会实践与科技竞赛中，我省学生获得二等奖5项，三等奖12项。

4. *积极开展教育体制改革试点*。积极申报并承担了基础教育综合改革等7项国家教育体制改革试点项目。同时，启动开展了首批51项省级教育改革项目试点，研究制订了《湖南省教育体制改革试点项目管理办法（试行）》，在实践过程中不断加大试点推进力度。2011年第二届“全国教育改革创新奖”评选中，“对县级人民政府职业教育工作督导评估制度”荣获特别奖，“职业院校学生专业技能抽查制度”和“政府统筹建设长沙职业教育基地”两项获优秀奖。同时，加强对外教育交流与合作，举办了第十届“汉语桥”世界大学生中文比赛，提高了湖南教育国际知名度。

三、实施《长株潭城市群基础设施共建共享及体制机制改革专项方案》，推动教育资源共建共享

1. *创新高校资源共建共享及机制*。省教育厅以长株潭地区高校为重点，通过整合资源平台和服务平台，着力建设湖南省高校数字图书馆。2011年，高校数字图书馆服务范围已覆盖全省38所普通高校（含部分高职类院校），数字资源和平台种类达到22种，通过校园网内任一台联网终端，都可以无障碍地免费享受资源服务，资源年检索量和年下载量分别达到1200万次和4000万次。若按32所本科院校计算，2011年共节约图书情报资源购置经费超过2200万元，节约经费比例达到76%。同时，进一步启动了高等教育数字教学资源云服务共享体系建设，完善了“多方共建、统一购买、经费分摊”的教学科研资源共享机制。一是进一步完善了数字资源共享平台。通过资源元数据仓储技术、一站式检索技术及文献传递技术等，将零散分布在全省38所高校的97个数据库及其图书馆馆藏纸本资源进行整合，供全省成员馆读者统一检索和免费下载。二是进一步优化了数字资源结构。针对我省高校优质教学科研资源严重不足的现状，省教育厅坚持走精品路线，既注重打造高校数字信息资源的汇集平台，又充分发挥“资源筛选器”的积极作用，着力推进优质资源的有效整合和充分共享，通过实行优胜劣汰制，对师生评价不高、后期服务不好的资源或平台及时进行调整。三是进一步创新了共建共享机制。建立了科学的决策和管理机制，资源项目建设与管理实行省教育厅统筹规划和协调、省高校图工委加强指导和监督，全省高校图书馆共同决策和参与，确保数字图书馆的建设发展最大限度地符合高校实际。

2. *建设科技资源共享平台，促进科技创新*。省教育厅积极推动全省高校充分利用大型科研仪器设备资源，不断完善“湖南高校大型仪器设备共用网”的公共服务功能，推进全省高校科技资源共建、共享、共用。截至2011年底，长株潭地区高校的网上共享设备数合计达2309台（套），比2010年增加了381台（套），仪器设备总值合计超过4亿元，其中，5万元以上仪器设备1853台（套）。切实加强“湖南高校科技网”建设，开辟专栏发布高校的科研成果信息，扩大高校科技成果宣传影响面，推动教育信息资源与科技信息资源畅通共享，促进提升高校科技创新对社会的服务能力和贡献度。同时，积极推动长株潭地区高校科技成果转化。2011年9月，在湖南经济合作洽谈会暨湘商大会活动中，省教育厅承办了“湘商校企（会、园）合作洽谈会”专场活动，42所高校参加了合作洽谈，与43家企业、商会、园区签订了一大批项目合同和战略合作协议，有力促进了高校与商会、企业、园区间的有效对接。

3. *推动职业教育共建共享资源*。加强统筹规划指导，建设了一批职业教育共建共享基地，形成了适应经济发展方式转变和产业结构调整要求的现代职业教育骨干体系。投资14.8亿元的长沙职教基地，统筹8所职业院校教育资源，已全面投入使用；计划总投资100亿元的株洲职教城，已有10所职业院校签约入园，已完成投资28亿元，2所院校已建成开学，3所正抓紧建设。稳步推进职业教育集团化办学，加强生产性实习实训基地共建。长株潭地区已成立19家职教集团。2011年，集团企业对学校实训基地建设投入2.94亿元，可共享实习实训设备资产总值达67.38亿元，开展企业员工培训、学生顶岗实习分别为9.02万人次、9.81万人次，形成了校企紧密合作、资源共享的区域性实训基地共建模式。同时，积极深化职业教育与产业对话协作。2011年6月，省教育厅与省经信委共同举办了全省信息产业技能人才培养校企对接会，组织全省40多所院校和130多家企业进行了面对面沟通，其中12所院校分别与蓝思科技（湖南）有限公司等12家企业签署了技能人才培养合作协议；2011年12月，省教育厅与省机关事务管理局、湘菜产业促进会共同举办了全省湘菜产业职业教育与餐饮服务业创新发展对接活动，这些校企对接活动及时为长株潭地区开放型经济发展提供了更有针对性的服务。

省科技厅参与和服务长株潭试验区建设情况

2011年，在省委、省政府的正确领导下，在科技部等部委的大力支持下，省科技厅紧紧围绕省委、省政府的重大决策部署，以科学发展、富民强省为主题，以支撑经济发展方式转变为重点，以推进协同创新、完善创新体系、加速成果转化、提升支撑能力为重点，全面推进各项工作，有力支撑“两型社会”建设。

一、站在四化两型的高度，科学谋划创新型湖南建设

建设创新型湖南是贯彻落实党中央、国务院建设创新型国家战略决策的重大举措，是实现科学发展、富民强省的必然要求，是转变发展方式、推进“四化两型”、实现“两个加快”的重要途径。

2011年6月，省委常委会决定由省科技厅牵头制定《创新型湖南建设纲要》（以下简称《纲要》）。省委、省政府对《纲要》的编制高度重视，周强书记指示：“要加快制定创新型湖南建设纲要，推动经济进入科学发展、创新驱动、内生增长的发展轨道”；省委副书记、省长徐守盛同志批示：“要多部门配合，集中各方智慧，编制好《纲要》”；省委副书记梅克保同志，省委常委、组织部部长郭开朗同志，直接领导了《纲要》的制定。

在省委、省政府的领导下，省科技厅成立了起草工作领导小组和起草班子，深入调研，搜集整理了几十万字的研究资料，深入19个省直部门、14个市州、30个高校院所和多个大型企业调查，前后征求了200多名专家的意见，凝聚各方智慧，先后作了18次比较大的修改。2012年2月29日，省委、省政府正式颁布实施。

二、组织实施科技重大专项，为“两型社会”建设提供技术支撑

组织实施科技重大专项是突破重大关键技术、提升湖南省产业核心竞争力的重要抓手，是增强湖南省自主创新能力强力推进器，是发挥科技在“两型社会”建设中的支撑引领作用的有效途径。如针对湘江流域重金属污染治理，加大实施节能减排科技支撑行动工作力度，涌现出区域循环经济关键技术、重金属污染治理技术、高效清洁冶炼工艺等一批重大科技成果，为把湘江打造成“东方莱茵河”提供了坚实的技术支撑。2011年4月至6月，省科技厅对一批重大科技专项进行了验收评估。评估结果显示，组织实施科技重大专项，对提高湖南省“两型”科技创新能力起到了重要作用。

“株洲清水塘典型冶化工业区固体废物梯级利用产业链关键技术开发”专项以清水塘工业区内多种复杂固体废物高附加值梯级利用及大宗循环利用为目标，创新研究直接炼铅搭配处理锌浸出渣、硫化法回收低品位重金属废渣中有价成分，化工副产物盐渣回收工业盐，回收金属或盐后残渣余工业区粉煤灰、电石泥等多种复杂固体废物通过其全量利用的配方制备胶凝材料等关键技术；并开发固体废物梯级利用成套设备。从而实现清水塘典型冶金化工工业区多种固体废物的梯级利用与“零堆放”，形成工业固体废物资源综合利用与环保设备制造的产业链及工程示范。最终为复杂有害工业固体废物安全大规模利用提供高效可行的集成技术系统，并辐射全省乃至全国。专项的研究对推动“两型社会”建设、促进冶金化工行业的可持续发展、确保“变废为利”产业链的形成提供重大技术支撑。

“高COD难降解造纸、化工废水深度处理关键技术与示范”专项，针对长株潭和环洞庭湖地区造纸、化工企业的生产污水排放问题，重点攻克造纸、化工废水治理和减排的共性和关键技术难题，建设一批减排示范工程，为湖南省造纸和化工行业废水全面达标排放提供技术支撑。采用该专项研究成果，湖南省已经在湖南泰格林纸集团有限公司、中石化股份有限公司巴陵分公司、湖南海利化工股份有限公司、湖南雪丽造纸有限公司、沅江纸业有限公司等企业建立6套造纸废水、化工废水处理示范装置。

“重金属冶炼节能减排关键技术与示范工程”专项，在有色金属行业的节能减排方面突破了一系列关键技术，并得到广泛的应用，取得了良好的社会效益和经济效益。在水口山四厂建成了电絮凝法处理锌冶炼废水深度处理示范工程，该示范工程是目前世界规模最大的重金属废水电絮凝法处理工程，项目年减少取水及排水294万吨。

“钢铁烧结生产节能与烟气脱硫关键技术及装备的研发和工程示范”专项，研究成果在涟钢、湘钢、攀成钢建立了示范工程，取得了良好的经济效益、环境效益和社会效益，对我国钢铁烧结行业的节能减排和湖南省环保产业的发展提供了有力的科技支撑。

三、培育发展高新技术产业和战略性新兴产业，提升“两型产业”竞争力

2011年，根据省委、省政府建设创新型湖南的总体目标，全省以项目、平台、人才等创新要素建设为重点，推动了自主创新能力的快速提升，有力促进了产业技术升级和产业核心竞争力的提高，实现了高新技术产业的快速发展。2011年，全省实现高新技术产品总产值9772亿元，同比增长51.8%；实现增加值2888亿元，同比增长48%，占全省规模工业增加值和GDP的比重分别达到35.6%和14.7%，均比去年提高2.5个百分点；实现利税945亿元，同比增长42.5%；出口创汇75亿美元，同比增长63%，占全省出口总额的75.8%。

围绕战略性信息产业的技术需求，着力开展重大技术攻关。为了突出科技重大专项对湖南省战略性新兴产业领域核心技术的突破和应用，2011年初，省科技厅组织有关专家，开展了广泛调研，发放了调查问卷，召开了6次厅党组会和厅领导办公会专题研究重大专项的组织实施问题，同时，省科技厅还邀请了省委宣传部、省发改委、省经信委、省财政厅、省环保厅、省农办等相关部门，专门就专项的总体考虑当面征求了意见，在此基础上，研究凝练提出了湖南省战略性新兴产业核心技术目录，设计了50多个项目作为湖南省战略性新兴产业科技攻关及重大成果转化专项预备项目。今年科技重大专项的申报和立项突出了培育战略性新兴产业、发展民生科技两个重点方向，新启动并组织实施了“交电装备用碳纤维复合材料关键技术研究及产业化”等9个省科技重大专项（含2个招投标专项）和2个预研项目。其中，在战略性新兴产业培育方面，新启动6个重大专项，涉及先进装备制造、新材料、新能源、生物、节能环保5大战略性新兴产业；在民生科技发展方面，新启动3个重大专项，涉及公共安全、民生安全和节能减排。

着力抓好园区建设，充分发挥高新区在引领高新技术产业发展、支撑经济社会发展中的集聚、辐射和带动作用，进一步夯实两型产业的发展基础。2011年6月15日，国务院正式同意益阳高新技术产业开发区升级为国家高新技术产业开发区，益阳高新区成为湖南省第四个国家级高新区，使湖南省国家级高新区数量在中部六省中继续领先。长沙高新区已被国家科技部确定为中西部地区首个部省共建的“创新型园区”，已进入科技部预选的7家代办股份转让系统试点单位之一。国家级高新技术特色产业基地达到9个

四、加强科技创新平台建设，提高科技创新基础能力

围绕推进建设“两型”湖南的战略目标，湖南省建设了一批科技共享服务平台、区域科技创新服务平台、工业设计创新平台、重点实验室和工程技术研究中心，进一步整合、优化了科技资源配置。2011年湖南省新组建2家国家级重点实验室，即“杂交水稻国家重点实验室”和“高性能复杂制造国家重点实验室”，“国家重金属污染防治工程技术研究中心”和中科院“矿产资源综合利用示范基地”落户湖南。国家重金属污染防治工程技术研究中心是我国首个重金属污染防治领域的国家级科技创新平台，主要依托中南大学环境学科与冶金学科，并整合有关优势学科共同建设。该中心的组建对推动我国重金属污染防治技术整体水平的显著提升具有重要意义，对湘江流域乃至我国重金属污染治理将发挥重要作用。省层面，2011年共新建7个省重点实验室，23家省级工程技术研究中心。

7月10日，国家超级计算长沙中心一期百万亿次“天河一号”主机系统建成开通，正式面向全社会提供超级计算服务。这是我国第二个投入实际运行的国家级超算中心，标志着湖南省成为国内拥有百万亿次以上超级计算能力的“超算大省”之一，超级计算服务支撑能力迈入全国前列。“亚欧水资源研究与利用中心”成立并于8月22日正式揭牌。这也是亚欧会议机制运行16年来在华设立的首家科研机构。中心的成立为亚欧各国共同研究、利用和保护水资源、应对气候变化、推进水资源各领域合作提供了重要平台，也为湖南省借鉴亚欧会议各成员国研究、利用、保护水资源的成功经验提供了良好机遇。中心的建设和发展工

作已被科技部纳入国家科技发展“十二五”规划重点支持范畴。“中意工业设计与创意（湖南）中心”已于今年上半年正式启动，将推动湖南省在工业设计与创意方面开展更为深入的国际交流与合作，也为湖南品牌走向世界打开了一个重要窗口。

五、深入开展部省合作，促进湖南科技发展

2011年3月，省人民政府与科技部在北京举行了第五次部省工作会商会议，确定共同推进“围绕湘江流域、洞庭湖区的综合治理和资源利用，推进‘两型社会’建设”、“围绕‘数字湖南’建设、先进装备制造、生物医药、新材料核心技术研究，推进湖南特色战略性新兴产业发展”、“推动湖南国家农业农村信息化科技示范省建设”、“推进湖南创新环境建设”等四个方面的重点工作，省科技厅将此作为科技工作的重中之重，创新机制，加大投入，切实保障各项任务落实。

初步统计，2011年共争取国家科技经费21.8亿元，同比增长30%。其中，国家自然科学基金4.76亿元，国家“863”和国家科技支撑计划8亿元，国家“973”计划1.2亿元，新能源汽车补助2.16亿元，国家创新平台经费3亿元，国家科技重大专项1.6亿元，国家中小企业科技创新基金3.02亿元。

2011年3月，国务院正式批准《湘江流域重金属污染治理实施方案》，是迄今为止全国首个由国务院批准的重金属污染治理试点方案。围绕湘江流域污染防治科技创新，突破了废水深度处理、固废资源化利用、土壤修复等重大关键技术。

积极承接国家重大专项，成立了“湖南省对接国家科技重大专项工作协调领导小组”。积极承接国家重大专项，2011年，湖南省共承担国家科技重大专项课题17项，获得国家经费支持1.6亿元。

大力推动湖南国家农业农村信息化科技示范省建设，2011年3月，湖南省纳入国家农业农村信息化科技示范省建设试点。正式成立了以省委书记周强同志任组长，省委组织部部长和分管科技、农业副省长任副组长，由省委组织部、省科技厅、省经信委、省财政厅、省农业厅等部门主要负责人为成员的“国家农村信息化科技示范省建设试点工作领导小组”。

加强科技与金融结合，科技部正式批复长沙高新区为首批国家科技与金融结合试点园区，开展科技和金融结合试点探索。长沙银行率先在长沙高新区挂牌成立了全省首家科技支行，上海浦发银行在长沙高新区成立了科技支行。湖南省技术产权交易所引进北京盛世景投资管理有限公司的资金，共同设立了湖南省科技成果转化创业投资基金，基金规模为5亿元，第一期为1亿元。湖南省高新创业投资集团有限公司与长沙高新区签订了战略合作协调，共同出资成立了联合天使基金。

省公安厅参与和服务长株潭试验区建设情况

2011年，省公安厅在省委、省政府的正确领导下，紧紧围绕“四化两型”建设目标，突出优化治安环境、服务经济发展的工作重点，努力推进服务型、高效型、廉洁型公安机关建设，为长株潭试验区建设作出了积极努力。民调显示，公众对2011年社会治安状况的评价得分比去年提高2.14分。警务调查显示，到公安机关办过事、报过案、上过访的群众及被羁押过的罪犯对警务工作的满意率达到94.96%。

一、全力维稳保安，打好服务长株潭试验区建设的“环境牌”

省公安厅始终突出维稳保安的公安主业，按照“什么犯罪问题突出就重点打击什么犯罪，群众反映什么治安问题强烈就重点解决什么问题”的原则，既重视破大案，又重视办小案，既努力多破案，又努力压发案，为促进全省发展开放型经济创造了良好的社会治安环境。着力抓了3个方面：一是积极排查化解社会矛盾。依托“大走访”开门评警活动，全面加强社会矛盾化解工作，全省公安民警参与走访活动8.2万人次，共化解重大矛盾纠纷3000多起。省厅出台了《规范和加强调解工作的实施意见》，进一步完善“三调联动”工作机制，按照“三个设定”工作理念，集中化解了一大批信访积案。二是严厉打击暴力性、多发性、侵财性犯罪。坚持“命案必破”，全省共破命案780余起，破案率95.84%，居全国前列。积极推动“政法打黑”向“党政打黑”转变，全省移送起诉涉黑案件24起，打掉恶势力团伙400余个。始终保持对“两抢一盗”等多发性侵财犯罪严打高压态势，共破获“两抢一盗”案件3.5万余起。扎实开展网上追逃“清网行动”，全省共到案行动前网上逃犯16123名，行动前网上逃犯存量从18461名降至2335名，清网率达87.4%，各项战果均位于全国第一方阵。三是大力整顿规范市场经济秩序。充分发挥打击、调节、保护的职能作用，依法保护各类市场主体的合法权益，维护市场经济秩序。开展以打击侵犯知识产权、制贩假币、制售假发票、跨境洗钱犯罪、信用卡犯罪、网络经济犯罪等为主要内容的专项整治，先后侦破常宁特大伪造货币案、常德“康强国际网站”涉嫌网络传销犯罪案等特大案件。“打四黑除四害”专项行动部署以来，全省共摧毁各类“黑工厂”、“黑窝点”1096处，抓获违法犯罪嫌疑人4469人，查缴各类制造假劣商品原材料5800余吨。

二、强力惠民践诺，打好服务长株潭试验区建设的“效率牌”

全省公安机关以开展创先争优活动、执行《湖南省行政程序规定》为契机，对公安行政审批事项进行全面清理。省厅推出了为民服务15项公开承诺，并逐条将责任分解到相关部门和警种，纳入精细化管理考核，切实提高公安队伍的执法公信力。着力抓了3个重点：出入境与户籍管理方面，推动建立流动人口“一证通”制度，全面下放赴港澳定居审批权限，在全国率先建成电子护照制作中心，创新境外人员服务举措，高标准建成了黄花国际机场新航站楼口岸签证大厅，完善出国境证件签注申请网上受理工作，推出网上受理、异地办理、上门服务等工作措施。交通管理方面，充分运用信息网络手段，深化驾照“网上直考”预约服务，大力推进交通综合应用平台、交通管理服务站建设，实行机动车辆“带牌销售”，全省所有车管所均实现了“一窗式”综合服务。消防安全方面，建立社会公众服务平台，开辟窗口“绿色服务通道”，改进消防行政许可，提供消防安全等级评估以及消防安全预警服务等。各级公安窗口部门还普遍将办事须知、工作程序、注意事项等上墙上网，为办事群众提供了快捷优质高效服务。

三、全面规范执法，打好服务长株潭试验区建设的“法治牌”

全省公安机关深入开展社会主义法治理念教育，不断加强执法规范化建设，完善执法监督机制，公安民警执法素质和公安机关执法公信力有了新提升。着力抓了3个层面：一是突出执法规范化建设。定期清理执法依据和行政审批制度，及时制定与经济社会发展相适应、相符合的执法依据；细化行政执法自由裁量制度，汇编《湖南省公安行政处罚裁量手册》，为一线公安执法办案提供了详细依据和具体标准；全面推进全省公安机关执法办案区域和涉案财物管理中心建设，有效提高了办案效率，规范了执法行为。二是拓展倾听民声、接受群众监督和评价的渠道。坚持公安工作民意导向，对到公安机关报过警、办过事、上过访等10类群众，统一组织开展电话抽样回访调查，重点对民警的服务态度、办事效率和廉洁公正进行评价，得到社会各界和广大人民群众的一致好评。三是狠抓执法突出问题整改。先后组织开展集中整治非法使用违规车辆、公安民警及其亲属参与经营娱乐休闲场所、涉案人员非正常死亡和严厉整肃驾考腐败、涉案财物管理、办人情案关系案等专项治理，有效整肃了警风警纪，提升了公安队伍形象。

省财政厅支持“两型社会”建设情况

自长株潭城市群“两型社会”建设综合配套改革试验区获批以来，根据省委、省政府的决策部署，省财政厅充分发挥财政职能作用，多渠道筹措资金，优化政策手段，创新工作方式，提高工作效率，为全省“两型社会”建设提供了有力支持。

一、财政支持和促进“两型社会”建设的举措和成效

（一）努力争取中央支持，“两型经验”获得首肯

近年来，通过向财政部等中央部委汇报，省财政厅在改革试点、重大项目、配套政策等方面争取中央支持，湖南省的实践也为中央探索“两型”发展思路提供了经验。一是争取改革试点。经过努力，长沙市在2011年被列入全国首批“节能减排财政政策综合示范”8个试点城市之一，具体方案已上报财政部，长沙市将因此获国家支持数十亿元。这项政策是以示范城市为载体，通过整合财政政策和资金，推动体制和机制创新，逐步实现“产业低碳化、交通清洁化、建筑绿色化、服务集约化、主要污染物减量化和资源化、可再生能源利用规模化”目标。除此之外，还争取了国家在湖南省开展绿色重点小城镇、农村水电增效扩容等试点，这对于湖南省的“两型社会”建设都是重大利好。二是争取重大项目。2011年，国务院批复了湖南省《湘江流域重金属污染治理实施方案》。按照《实施方案》，湘江流域重金属污染治理范围为湘江流域所涉及的8个地市的湘江干流及其支流水系，实施年限为2011年到2020年，共需治理927个项目，总投资达595亿元，为湖南省“十二五”投资规模最大的重大项目。2011年省财政厅筹集资金14亿元（中央13亿元，地方1亿元），用于株洲清水塘、衡阳水口山及周边地区等14个重金属污染重点区域的130多个项目治理，初见成效。此外，积极争取中央支持，优先淘汰长株潭地区落后产能，2011年该地区共有47个项目纳入淘汰落后产能中央财政奖励范围，争取奖励资金约8600万元，共淘汰落后产能260.44万吨（万千瓦、万重量箱、万标张、万千米），产业结构进一步优化。三是争取配套政策。根据国务院下发的《关于长株潭城市群资源节约型和环境友好型社会建设综合配套改革试验总体方案的批复》（国函［2008］123号），要求湖南省对其中涉及财税、土地、金融等重要专项改革内容的，必须按程序另行报批后实施。根据这一精神，省财政厅组织专门班子对长株潭城市群“两型社会”建设有关财税政策进行了深入调研，取得了大量的基础数据，并向国务院提出了将乘人汽车由按辆征税改为按排气量和车辆价值征税，提高排量大和价值高的乘人汽车税额，适当降低排量小和价值低的乘人汽车的税额，将房产税、城镇土地使用税合并为一，改革成新的房地产税，扩大资源税征收范围并逐步实行“从价计征”等方面的建议，目前，上述建议正在研究待批。

（二）努力促进转变发展方式，“两型产业”发展强劲

省财政厅紧扣“两型”主题，结合实际，支持转变发展方式，促进发展优势产业，为湖南省后发赶超、跨越发展夯实了基础。一是支持物流平台建设。支持大通关平台建设，重点支持南北外贸物流大通道建设，解决检验检疫、物流设施、口岸通关等难题，降低产品通关成本。在2011年新设的开放型经济发展引导资金中安排2800万元用于湖南省电子口岸、外向型物流平台等方面建设。在外经贸发展专项资金中安排900万元用于三条“五定班列”建设，有效减低外向型企业物流成本。二是支持大型企业落户湖南。按照“一事一议”的方式，改造配套设施，为重点企业落户湖南提供优良的环境。2011年省财政在开放型经济发展引导资金中安排6000万元，用于为富士康公司提供配套基础设施建设。三是支持新能源研发推广。省财政厅在总结经验的基础上，加大了金太阳示范工程政策宣传，大

力推动太阳能的开发利用。2011年中央批复湖南省5个项目，装机规模27兆瓦，中央预拨补助资金1.95亿元，其中，长株潭“3+5”城市群有4个项目，装机规模24.87兆瓦，中央预拨补助资金1.57亿元，促进了新能源产业发展。四是支持传统能源节约利用。2011年，继续推动企业节能技术改造，中央批复湖南省节能技术改造财政奖励项目35个，预拨奖励资金7754万元，预计节能43.16万吨标准煤。其中，长株潭地区共有13个项目纳入节能技术改造中央财政奖励范围，争取奖励资金约3000万元，预计节约能源16.31万吨标准煤。同时，中央对湖南省“十一五”期间67个节能技改项目进行清算，拨付湖南省清算资金1.2亿元，湖南省因此节约150万吨以上标准煤。

（三）努力支持生态环境保护，“两型理念”深入人心

近年来，省财政厅注重支持生态环境保护，努力让“两型社会”改革试验从高层理念变成全省共识，从顶层设计变成全省行动。

在农村，围绕“三农协调发展”这一中心问题，用“两型理念”指导新农村建设。一是推进农村环境连片整治示范项目建设。2010年，湖南省被财政部、环保部纳入全国首批8个农村环境连片整治示范省份，连续三年每年补助2.5亿元，省财政每年配套1亿元。2010—2011年，中央和省共投入7亿元，支持76个项目建设，其中投入长株潭“3+5”城市群4.41亿元，占全省63%，支持46个项目，占全省61%，取得了较好的成效。二是支持林业生态建设。2011年，共安排资金7682.37万元支持长株潭地区森林生态效益补偿，将长株潭地区重点森林生态效益林807万亩全部纳入财政补偿范围。同时，争取中央资金8587.85万元，支持长株潭地区退耕还林工程建设。三是实施农村清洁工程示范。2011年，省财政共安排资金2115万元，在长沙县金井镇九溪源村等103个村开展全省农村清洁工程示范村建设，重点推进湘江流域等区域农业面源污染治理。

在城镇，围绕“城市资源保护”这一核心任务，用“两型理念”助推新型城镇化。一是推进国家“城市矿产”示范基地建设。对基地基础设施、公共信息服务平台、资源循环利用示范工程予以支持。目前，国家批复的示范工程项目完成投资15.6亿元，占工程总投资的70%，已拨付财政补助资金1.98亿元。二是着力解决地质环境问题。近年来，湘潭锰矿的环境污染、交通堵塞等问题引发了诸多社会矛盾。为全面解决湘锰地区地质环境问题，省财政从2011—2013年每年补助湘潭市锰矿—国家矿山公园建设经费2000万元。三是保护生态“绿心”。鉴于加强昭山生态绿心保护在长株潭城市群“两型社会”建设中作用突出，且湘潭市财力又相对较弱，经报省政府审批，省财政通过决算一次性补助湘潭市500万元。

（四）努力凸显以人为本，“两型示范”惠及民生

在推进“两型社会”建设的同时，省财政厅尤其注重民生改善，引导示范区的城镇居民培养科学健康的生活方式，让广大群众切实感受“两型社会”带来的实惠。一是支持测土配方施肥。2011年，争取中央测土配方施肥资金3790万元、省级安排500万元，争取中央土壤有机质提升资金4740万元、省级安排500万元，积极支持测土配方施肥工作，鼓励和支持农民科学施肥，促进农民节约成本、增加收入，减少农业面源污染。二是继续推进城镇污水垃圾处理设施建设。争取污水管网中央补助资金6.96亿元，继续推进“十二五”全省污水管网项目建设；省级财政安排资金1.4亿元，继续推进垃圾无害化处理设施建设。三是推广节能与新能源汽车。争取中央预拨资金1.65亿元，在长株潭试验区推广节能与新能源汽车700辆（大型混合动力城市客车400辆，纯电动城市客车200辆，纯电动出租车60辆，纯电动特种车40辆），推动了以“两型”为导向的大宗消费升级。四是推进老旧汽车报废。2011年全省共审核老旧汽车报废1228台，发放补助金额1517万元，促进了节能减排。五是实施二手车交易市场升级改造试点。2011年，省财政投入补助资金400万元，在长沙、衡阳、常德三市实施二手车交易市场升级改造试点，升级改造完成后，二手车交易量预计可达5.95万辆/年，较升级改造前增长38%，年交易额预计可达40亿元以上。

（五）努力提高服务质量，“两型财政”初见成效

为进一步提升财政服务“两型社会”建设的水平，积极推进财政体制机制改革，在构建“两型财政”方面取得了实效。一是围绕“四化两型”加大财源建设力度。结合湖南省实际，围绕落实“四化两型”战略，积极扶持新型工业化项目，支持战略性新兴产业发展，完善中小企业信用担保体系和风险补偿机制，支持传统产业改造升级，支持云计算发展、促进“数字湖南”建设，培育壮大财源，增强发展后劲。二是推行“绿色采购”。继续加大对节能、环保、科技创新企业的政策支持力度。认真贯彻落实国家强制采购节能产品和优先采购环保、科技创新产品政策。通过政府首购和订购、定向协议采购等方式，对相关企业给予政策支持。继续扩大对远大非电空调、元亨制冷设备、恒润高科道路桥梁掩护设备、中联重科工程机械、南车时代电动力汽车等省内重点行业企业节能、环保、科技创新产品的政府采购规模，帮助企业进一步提升核心竞争力。三是创新有利于“两型社会”科学发展的机制。为了规范排污权有偿使用收入的征收、使用和管理，促进环境资源的优化配置，根据《湖南省主要污染物排污权有偿使用和交易管理暂行办法》（湘政发〔2010〕15号）等有关规定，省财政厅制定了《湖南省主要污染物排污权有偿使用收入征收使用管理暂行办法》（湘财综〔2011〕31号），在长沙、株洲、湘潭三市的化工、石化、火电、钢铁、有色、医药、造纸、食品、建材等行业先行试点，对主要污染物排污权的出让、排污权有偿使用收入的征缴管理等作了明确规定。争取财政部试点补助经费2000万元。目前已组织十余起交易，买卖二氧化硫排污权指标8390吨，化学需氧量117吨，合同交易额2422万元，今年计划在全省推开。

此外，为积极支持省长株潭“两型办”正常运转，建立“两型社会”建设专项资金5000万元，支持打造全省经济核心增长极，发挥长株潭地区在全省“两型社会”建设中的示范引领作用。

二、财政进一步支持“两型社会”建设的主要思路

下一步，省财政将认真贯彻落实省委、省政府的指示精神，继续加大对“两型社会”建设的支持和促进力度，

紧扣“资源节约、环境友好”主题，牢牢把握支持重点，着力在“转方式、调结构、促改革、强基础、惠民生”等方面取得实效。主要思路是：

（一）坚持奖罚并重，加大投入力度

积极发挥财政的激励导向功能，视财力增长情况，逐步加大投入力度。一是争取中央支持。认真做好“两型”项目的储备和包装，将争取示范区的配套政策作为重要任务，将交通、能源、环保、科教、“三农”等项目作为重点争取对象。二是增加投入规模。在争取中央项目资金的同时，根据地方各级财政的实际情况，逐步加大对“两型”社会建设的投入力度，建立稳定科学的投入增长机制。三是建立激励约束机制。结合完善省以下财政体制和财政“省直管县”模式，建立健全激励型财政转移支付制度，将各地“两型社会”建设努力程度和工作成效作为因素法分配的主要参考依据，真正从体制安排和制度设计上促进“两型社会”建设。四是放大资金整合效益。对现有涉及“两型”的专项资金予以清查，按照“渠道不乱、性质不变，统筹安排、集中使用，各司其职、各记其功”的原则，根据实际情况进行统筹整合，切实让有限的资金发挥最大的效益。

（二）坚持点面结合，突出支持重点

坚持以点带面，集中财力办大事，握紧拳头保重点，突出重点，辐射带动全局。一是集中财力优先支持示范片区。为提高财政资金的支持效益，将财政资金重点投入到18个示范片区，重点支持示范片区的基础设施建设，优先支持示范片区在资源环境、土地、财税与投融资、行政管理和对外开放等重点领域的改革。二是扎实做好“绿心”生态保护。致力提升生态效益，2012年在长株潭两型办部门预算中安排的100万元专项资金，将专项用于“绿心”生态保护，长株潭“两型社会”建设5000万元专项资金以及其他涉及两型的资金将重点向“绿心”地区倾斜。三是加大宣教力度。以两型展览馆为载体，认真做好湖南省“两型社会”的宣介工作，提升湖南省的对外形象。加大“两型”知识的推广力度，与省内外高校、企业等其他社会团体合作，积极探索湖南省“两型社会”建设新模式。

（三）坚持供需协调，确保部门运转

把支出需求与财力可能密切结合起来，在财力承受范围内，确保有关职能部门运转经费需求，确保完善有关设施的基本支出需求。一是做好长株潭“两型办”的经费保障。逐步提高长株潭“两型办”的经费保障水平，及时解决部门运转中的各类困难，确保机构正常运转。二是建立完备的财务管理体系。指导并督促长株潭“两型办”尽快搭建并健全独立的财务工作班子，制订科学完善的财务制度，加强财务人员的业务培训，确保财政资金安全高效运行。三是完成长株潭两型展馆的评审决算。尽快与相关部门衔接，认真做好长株潭两型展馆的投资评审工作，完成资金清算，并及时向省政府汇报。对两型展览馆的运行情况进行实地调研，对其运行经费认真测算后再予以研究。

（四）坚持政企合作，拓宽筹融资渠道

立足充分发挥财政资金的放大效应和财政政策的引导功能，撬动市场机制，吸纳社会资本注入湖南省“两型社会”建设。一是出台优惠政策。协调配合相关部门，在争取中央政策支持的同时，在不违反现有政策的前提下，对示范片区的税收、土地、融资等方面研究出台优惠政策，吸引社会资金投向“两型社会”建设。二是改革融资方式。改变现有的以财政资金为主的投入方式，尝试通过发行企业债券、设立信托投资基金、争取国外金融机构贷款等方式获取资金支持。三是筹建长株潭两型产业投资基金。按照国家发改委财政部［2010］1807号文件批复精神，由湖南发展投资集团、国开金融公司等发起设立。所需资本金由湖南发展投资集团自筹解决，省财政根据实际情况和有关政策给予支持。基金专注于产业投资，投向湖南省重点行业和优秀企业，主要投向省内七大战略性新兴产业。具体方案报省政府待批。

省国土资源厅参与和服务长株潭试验区建设情况

2011年，全省各级国土资源部门在省委省政府的正确领导下，认真落实国土资源部与湖南省人民政府签署的《关于共同推进湖南省国土资源工作 促进长株潭城市群“两型”社会建设合作备忘录》（以下简称《合作备忘录》）的要求，充分发挥国土资源的基础保障作用，大力推进长株潭“两型社会”建设，为试验区改革与发展提供了有效资源保障与服务。

推进国土规划编制，土地规划修编全面完成

长株潭城市群国土规划编制工作快速推进。在2010年启动的基础上，国土规划各专题研究全部完成，并于2011年5月通过评审。《长株潭城市群国土规划（2011—2030）》规划方案（包括规划文本、规划说明及规划图集）初步完成，省政府以湘政函〔2011〕182号文批复实施《长株潭城市群核心区空间开发与布局》。省、市、县、乡四级土地利用规划修编全面完成，省政府发布了《关于加强土地利用总体规划和计划管理的通知》（湘政发〔2011〕29号），进一步加强土地规划实施管理、严格执行土地利用总体规划的调整和修编程序。

加强用地调控，保障了合理用地需求

统筹保障科学发展用地。按照调结构、盘存量、优服务的总体思路，科学合理安排和保障长株潭试验区各类各业用地。加大用地计划指标争取和用地报批力度，实施差别化用地政策，千方百计力保重大基础设施、城镇建设、保障性住房等民生工程用地，大力支持长沙先导示范区、株洲云龙示范区等5个示范区和18个示范片建设；着力优化审批服务，推行批次报批和县市直报省审批，精简审批资料，简化审批程序，提高审批效能。2011年，全省共审批建设用地18108公顷，其中长株潭地区审批建设用地7011公顷，占全省的38.7%，确保了试验区合理的用地需求。

积极推进征地制度改革试点。在国土资源部的指导下，长沙市按照“重点探索、局部试点、封闭运行、结果可控”的原则开展征地制度改革试点，制定了《长沙市征地制度改革试点方案》（长国土资发〔2011〕24号），成立了由主管国土资源的副市长担任组长的工作领导小组，以“明晰土地产权、严格用途管制、维护农民权益、符合国家产业政策、节约集约用地”为基本原则，选择了7个乡镇开展试点，目前试点内容全面铺开、工作进展顺利。

大力推进房地产用地市场调控。严格落实国家宏观调控政策，及时安排长株潭地区住房供地计划2172公顷（占全省计划的40.6%），其中“三类住房”供地面积占到总量的74%。深入开展房地产用地市场专项整治，积极推进房地产用地批后监管，全面运行土地市场动态监测与监管系统，对出让合同、划拨决定书实行在线备案，制定房地产开、竣工申报制度。

大力规范城乡建设用地增减挂钩工作。为切实规范增减挂钩工作，采取了“暂停新批、抓好已批、规范程序、严格监管”等一系列政策措施。及时制定增减挂钩规划，严格控制挂钩范围，严格拆旧和建新区选址，严格项目监管，实行“项目先拆后建，指标先有后用”的工作程序。严格项目资金管理，设立挂钩项目资金专户，实行“政府筹资、财政监管、专账核算、项目运作、区域平衡、封闭运行”资金管理办法。对2011年以前实施的项目进行了清理、检查和总结，出台了《关于严格规范城乡建设用地增减挂钩试点做好农村土地综合整治工作的实施意见》（湘政发〔2011〕9号），进一步规范增减挂钩试点范围、规模和项目的选址、实施与验收工作。

创新耕地保护机制，圆满实现耕地保护目标

健全耕地保护共同责任机制，强化耕地保护目标责任制，各级政府耕地保护责任状一把手签订率达到100%。从严控制建设占用耕地，严格落实占补平衡制度，全面实行先补后占，连续12年实现耕地占补平衡。更加注重耕地质量建设，与省农业厅联合成立补充耕地质量监管领导小组，严格进行补充耕地质量评定，新增耕地质量进一步提高。加强基本农田建设管护，全面启动永久基本农田划定工作。大力推进农村土地综合整治，环洞庭湖基本农田建设项目纳入全国土地整治十大重点工程，并顺利启动实施，概算总投资65.54亿元，建设规模309万亩，预计新增耕地24万亩。完成了2010年度项目实施，其中环洞庭湖基本农田建设重大工程第一年度建设任务65万亩；启动实施2011年度项目，其中环洞庭湖重大工程第二年度建设任务61万亩。在株洲清水塘、湘潭竹埠港、长沙坪塘等地开展重金属污染土地治理。其中，清水塘污染土地综合利用方案经国家批复后，已全面完成34.41平方公里的重金属污染土地的变性工作，第一批10平方公里用地指标也获国土资源部批准。制定完成《株洲市重金属污染地区专项治理规划》和年度治理计划，拟在四年内从污染源控制、土壤污染整治、水源保护等三个方面着手全面完成污染区综合治理。

深入整顿规范开发秩序，矿业开发实现根本好转

强力推进矿产资源整顿规范工作，组织开展超深越界专项整治和稀土等重要矿产专项治理，清查整改矿山422个，查处违法行为1173起，关闭矿山35家，有效改善矿业发展环境。省政府率先在国内颁布实施《矿产资源开采登记条件规定》（省政府令第257号），建立完善矿产资源勘查开发准入退出机制。矿产资源整合取得积极成效，煤、铁、有色等主要资源逐步向探采选冶一体的优势企业聚集，全省煤炭、有色金属、黄金、钢铁、石墨等资源已经逐渐集聚到湘煤集团、湖南有色、华菱集团等大型龙头优势企业。

着力增强资源保障能力，地质找矿取得重要进展

编制完成《湖南省矿产资源整装勘查实施方案》，全省设立18个整装勘查区，并全面启动整装勘查项目实施，省级财政投入3.4亿元，部省合作地质找矿取得重大进展。樟树—湘阴渡区整装勘查项目探获煤炭资源量8350万吨、平江瑶湾里—小坪地区探获铀资源1000吨。花垣探获估算铅锌资源量1000万吨、永州铜山岭矿区探获估算钨资源量26万吨，均具有超大型矿床远景。全面完成16个危机矿山找矿项目，黄沙坪、宝山、柿竹园、水口山、锡矿山等一批国有老矿山重获新生，普遍延长服务年限50—70年。争取国家境外找矿补助资金1.6亿元，在四大洲14个国家部署地勘项目50个。

完善体制机制，资源节约集约利用水平不断提高

全面开展节约集约用地模范县市创建活动。以地方政府为创建主体，在14个市州各确定1个节约集约省级试点县（市），3年内实现全省所有县（市）建设为节约集约达标县（市）的目标。全国节约集约模范县（市）试点创建活动取得初步成效。如汨罗市以“城市矿产”为特色，大力发展循环经济，成为中南地区最大的再生资源基地。积极探索并总结推介了多种节地型城市建设模式和节地型产业发展模式，如长沙新河三角洲及黎托片的立体开发，隆平高科技园的高层标准厂房，宁乡经开区严把项目用地准入关口、集中产业配套设施建设等节地模式。

健全节约集约激励约束机制。省政府发布了《关于节约集约用地的若干意见》等一批政策和规范性文件，从规划计划管理、市场配置资源、激励约束机制等方面，探索节约集约用地模式和管理体制新机制，实施批地与供地挂钩政策，加强用地定额管理，强化建设项目用地预审管理。科学设定采矿回采率、矿石贫化率和选矿回收率等技术指标，在矿权审批时进行综合评估，促进资源高效开发利用。将节约集约用地纳入土地管理和耕地保护目标管理责任考核，每年进行综合考评排序。对各市州开展单位GDP和固定资产增长的新增建设用地消耗考核，考核结果与计划安排和干部政绩挂钩。对全省77个开发园区土地利用水平考核评价，结果纳入新型工业化考核指标，作为开发区扩区升级的重要依据。积极完善土地利用动态监测系统，将供地率达标作为用地报批前置条件，有效减少土地闲置。健全税费调节体系，增加建设用地成本和耕地占用成本，引导用地单位高效用地。

完善土地和矿业权市场配置机制。加快国土资源有形市场建设，大力推进国土资源有偿处置，严格落实经营性用地和工业用地招拍挂制度。推行矿业权计划出让制度，对新设矿权一律取消行政授予，对原无偿取得矿权，在延续变更时重新评估，协议出让，基本完成全省采矿权有偿处置。积极推进国土资源交易制度建设，相继制定《土地市场管理办法》、《土地市场交易规则》、《矿业权招标拍卖管理实施办法》、《探矿权采矿权使用费和价款管理办法》等一系列政策法规，确保了市场规范运行。

切实加强地质环境保护，防灾减灾体系初步形成

扎实抓好地质灾害防治。积极构建政府主要领导负总责，国土、防汛、水利、气象、交通、铁路等有关部门协调联动、密切会商，乡镇、村组、隐患点监测责任人严格值守、及时巡查，各级应急队伍随时待命、科学处置的地质灾害预警监测体系、防治体系和应急体系。扎实推进防灾减灾基础能力建设，隐患区群众防灾避灾意识和自救互救能力不断提升。2011年，成功应对旱涝急转、秋汛频发等复杂气象环境，成功避让地质灾害15起，避免伤亡277人，避免直接经济损失1465万元，因灾伤亡人数为近年新低。大力推进重大地质灾害隐患治理，完成53个为民办实事地灾防治项目施工任务，消除地质灾害隐患78处，保护群众5100户26000人。宁乡大成桥地面塌陷综合治理进展顺利，完成14处大型溶洞和167处塌陷点的工程治理，以及学校、卫生院等重点工程的异地重建。

切实加强矿山地质环境保护。全面完成地质环境调查与评价工作，建立矿山地质环境监测网络。严格落实矿山地质环境治理备用金制度，省本级已累计收存备用金近16亿元，督促矿业权人投入资金4.9亿元，治理矿山820余座。大力实施矿山地质环境恢复治理工程，中央和省累计投入资金近10亿元，治理了一大批矿山地质环境问题，极大改善了矿区群众生产生活条件。

加快数字湖南地理空间框架建设，地理信息服务能力得到提升

省委常委专题会议审议通过了《数字湖南规划（2011—2015年）》，编制完成了《数字湖南地理空间框架建设工程“十二五”发展规划》，省级财政安排基础测绘专项资金达7500万元，按照“数字湖南”建设的总体部署，加快推进“一网”（湖南省卫星定位连续运行基准站系统，简称HNCORS）“一库”（湖南省基础地理信息数据库）“一平台”（地理信息公共服务平台）建设。基础地理信息系统成功与国家超算中心对接，地理信息更新效率和共建共享水平大幅提升，已为交通、水利、电力、质监、住建等40多个经济社会信息化管理领域提供大量地理信息服务。湖南卫星定位连续运行基准站系统（HNCORS）全面建成，全省进入高精度移动定位时代。省地理信息公共服务平台投入使用，天地图湖南节点加快建设，地理信息服务日渐融入广大群众衣食住行等日常生活。数字城市建设步伐加快，已有11个地级市和2个县级城市纳入国家试点或推广项目并启动实施，特别是数字长沙与数字株洲建设与应用成效显著。测绘科技创新取得突破，自主研制出国内先进的无人机航摄系统，在南县、湘阴等地进行紧急航拍，对旱情做出了精准评估和预测。测绘地理信息市场日益规范，地理信息产业快速发展。

省住房和城乡建设厅参与和服务长株潭试验区建设情况

建设长株潭城市群是湖南省推进新型城镇化的重要内涵和具体体现，2011年，省建设厅紧紧围绕推动长株潭三市相互协调、一体化发展，从规划、产业、生态环境、保障性安居工程建设等方面着力推动三市一体化发展，取得了明显的效果。

以城乡规划为引领，不断优化长株潭三市空间布局

省建设厅特别注重做好长株潭改革试验区的顶层设计，从规划角度推进三市一体发展。一是进一步优化了长株潭地区空间布局。在2009年审查通过《规划纲要》的基础上，省建设厅花大力气组织国内有名的规划编制单位对《湖南省环长株潭城市群城镇体系规划》进行了补充调研和修正，进一步完善和优化了环长株潭城市群城镇体系布局。二是加强了长株潭城市群核心区“两型”建设与管治。进一步强化长株潭三市结合部的空间管治及绿心地区的环境和生态资源保护，为重大项目建设及区域生态环境保护提供管理依据，省建设厅会同省两型办组织编制了《长株潭城市群核心区建设管治规划》。三是督促长株潭三市开展城市总体规划实施评估及修改工作。按照建设“两型社会”、统筹城乡一体发展的要求，积极督促长株潭三市开展城市总体评估。目前，湘潭市城市总体规划已由国务院批准实施，长沙市、株洲市城市总体规划修改已获国务院同意。四是完成示范区规划编制工作。省建设厅会同省两型办组织制订了《长株潭城市群“两型”社会示范区规划编制要求》，并下发了《关于长株潭城市群两型社会示范区规划编制有关工作的函》（湘建规函〔2010〕140号），明确了长株潭城市群5个示范区内18个片区的规划面积和规划范围，提出了具体的编制和审查要求，目前示范区规划编制工作已经全部完成。五是做好“两型乡镇”试点规划。坚持抓好现有省级“两型乡镇”—莲花镇的试点工作，总结经验，扩大试点工作范围，指导编制规划，积极推动城乡规划建设管理和服务由城市向村镇延伸。

以重大项目为载体，大力推动长株潭三市加速融合发展

在重点建设方面，积极推动重点建设向试验区倾斜，2008年至2010年长株潭综合配套改革试验区重点建设投资约占全省重点建设投资的36%，发挥了重点建设的示范带动作用。一是公路建设成绩突出。2008—2010年，长株潭城市群“两型”社会地区共组织建设高速公路项目15个，目前衡炎、长株、潭衡等高速公路已相继建成通车。芙蓉大道长潭段、红易大道等城际干道建成通车，大大缩短了长株潭三市距离，为长株潭融城建设迈出了坚实的一步。二是轨道交通、机场建设有序推进。2009年，武广客运铁路专线建成通车，湖南省步入高铁时代。北上武汉，南下广州，两个小时可以实现直达。2010年沪昆铁路客运专线杭长段、长昆段先后启动建设，长沙将成为我国第一个高铁交汇的省会城市。长株潭城际铁路、长沙地铁1.2

号线、长益常城际铁路、长浏城际铁路建设的顺利推进，长沙黄花国际机场新航站航站楼的投入使用，长株潭城市群将形成立体交通网络体系。三是“两型”产业项目建设飞速发展。南车株洲电力机车、岳纸、长岭、巴陵石化、湖南中烟等项目通过技术改造，实现了产品换代升级，保持了产业的快速发展。湘钢投资120多亿元启动了湘钢发展史上投入最大的技术改造轧机项目。中联重科、三一重工、山河智能、江麓、南车时代等国家级企业技术中心，培育了一批自主品牌。工程机械、轨道交通装备、电力装备等支柱产业，正在加快形成产业集群化优势。比亚迪纯电动客车在长沙下线，湖南省在新能源汽车产业化方面走在了全国前列。

以建设领域节能减排为重点，不断提升长株潭城市群综合承载能力

一是强力推进建设节能工作。建筑领域是我国三大重点耗确良能领域之一。加强建筑节能，是推进两型社会建设的必然要求，也是推动长株潭三市可持续发展的重要举措。近几年来，省建设厅以建设领域节能减排为突破口，在长株潭城市群新建建筑强制节能、既有建筑节能运行监管、可再生能源建筑应用示范、绿色建筑推广等方面采取了一系列措施，建筑节能和绿色建筑工作取得了较好成效。到2011年底，湖南省城市新建建筑节能强制性标准执行率设计阶段达到100%，施工阶段达到97%以上；开展了国家机关办公建筑和大型公共建筑节能监管体系建设；长沙市、株洲市、石门县、汨罗市、韶山市、澧县等9市4县获批国家可再生能源建筑应用示范城市和示范县，“中南院太阳能光电建筑应用示范工程”等11个项目获批国家级可再生能源建筑应用示范项目，保利？麓谷林语和长沙太阳星城等项目获批国家级绿色建筑示范项目。与此同时，交通节能、低碳出行、绿色照明、节水技术、商品房精装修等越来越受到各地的重视和关注，混合动力公交车已在长株潭地区投入使用，株洲市、常德市、浏阳市的公共自行车租赁系统受到了广大群众的热烈欢迎。

二是强力推进污水和生活垃圾处理设施建设。2008年湖南省开始实施的城镇污水处理设施建设“三年行动计划”，到2010年底，实现了全省县城以上城镇污水处理设施全覆盖，共建成污水处理设施133座，污水主次管网5487公里，日污水处理能力525万立方米，污水处理率达到77%。始于2009年的全省城镇生活垃圾无害化处理设施建设，目前已基本建成垃圾无害化处理场103座，预计今年6月底前可实现全省县以上全覆盖，日处理能力3.6万吨，无害化处理率达到65%。同时，加强了乡村环境整治工作，攸县的城乡环境综合治理、长沙县金井镇农村污水分散处理、浏阳市三口镇的生活垃圾分类收集等均在省内外产生了强烈反响。

以自然生态资源和历史文化资源保护为突破口，不断打造长株潭城市群宜居宜业环境

湖南省自然生态资源和历史文化资源十分丰富，加强自然生态资源和历史文化资源保护和利用工作，是推进长株潭城市群两型社会建设的客观需要。一是加强长株潭城市群绿心地区保护。省建设厅制定了《长株潭城市群绿心地区保护工作方案》，以及《长株潭绿心地区“一书三证”的实施办法》和《长株潭生态绿心地区规划管理办法》，按照“保护第一、永续利用、分类指导、城乡统筹”的原则，加强了对绿心地区城乡规划编制、修改、审批、实施的监督检查，建立了绿心地区省市共管的城乡规划制定和实施监管的长效机制。二是加强风景名胜区保护。湖南省是风景名胜资源大省，国家级风景名胜区数量排全国第3位。去年湖南省修订了风景名胜区管理条例，进一步强化了对风景名胜区的保护和利用工作。三是加强历史文化资源保护。湖南省现有3个国家级历史文化名城、13个中国历史文化名镇、名村，还有63个省级历史文化名城（镇、村）。省建设厅一方面加强历史文化名城（镇、村）保护规划的编制工作，严格落实历史文化名城（镇、村）保护条例和保护规划；另一方面，加强对历史文化名城（镇、村）保护情况的实地督查，对存在的问题及时进行纠正和查处。四是加强城乡人居环境建设。以创建“国家园林城市”、“中国人居环境奖”、“省级园林城市”为抓手，指导各地深入开展城市园林绿化增量提质工作。到2011年底，全省县城以上城镇人均公园绿地面积、建成区绿化覆盖率、建成区绿地率三项指标分别达到8m². 33%和29%。全省已成功创建“国家园林城市”6个，“国家园林县城”1个，“国家人居环境范例奖”9个，“省级园林城市”6个，“省级园林县城”4个。

下一步工作设想：

以规划为龙头推进两型社会建设

规划工作是为两型社会建设提供顶层设计，关系重大，影响深远。一是提高规划编制质量。按照两型社会试验区改革建设总体要求，会同长株潭三市人民政府重点编制生态绿心地区控制性详细规划，明确容积率、建筑密度、绿地率等强制性内容，严格控制开发建设强度，确保绿心地区保护要求落到实处；部署开展仙庾岭风景名胜区总体规划和详细规划编制工作，组织对《昭山风景名胜区总体规划》进行评估；争取长沙市城市总体规划修改尽快获国务院批准，督促株洲、益阳、娄底、衡阳加快城市总体规划修改工作，科学指导和统筹推进两型社会建设。加强城市地下空间综合开发利用，大城市都要编制地下空间开发利用规划。积极开展局域循环研究工作，建立局域循环体系，合理布局配套设施，缩短通勤距离，减少交通流量和生产生活成本。今年还要重点抓好镇（乡）域村镇布局规划编制工作，按照优化空间布局和节约集约用地的要求，引导农民建房逐步向集镇和农村社区集中，基础设施和公共服务设施逐步向集镇和农村社区延伸。二是加强规划管理。制定湖南省城镇体系规划、环长株潭城市群城镇体系规划实施办法，加强区域空间的管制和设施布局的协调，统筹区域发展；严格长株潭生态绿心地区等重点地区及区域性项目的规划管理，重点加强限制开发区内的项目准入；突出村镇规划管理工作，代省政府办公厅草拟的《湖南省村镇规划管理暂行办法》争取尽快出台实施。同时着手制定《湖南省推进新型城镇化实施纲要（2012—2015）》。围绕“十二五”期间推进新型城镇化的总体目标和要求，着力实施城乡规划全覆盖、城镇提质扩容、城乡安居、城乡环境建设、城乡公共服务一体化、城乡体制机制创新等六大工程。

以项目为载体推进两型社会建设

两型社会建设不是空谈，而是体现和落实到一个个具体项目上。一是进一步加大污水垃圾处理设施建设运营监管。加快垃圾处理设施建设进度，实现县城以上城镇垃圾处理设施全覆盖。同时从今年开始，拟投资30亿元对湘江流域内59座老垃圾场进行整改提质。推动重点流域城镇污水管网建设，推进新老城区污水管网配套及雨污分流改造。二是进一步加快供水设施提质改造。按照国家新《生活饮用水标准》，对湖南省城镇所有的供水设施进行提质改造，包括新建和改造自来水厂、供水管网和水质检测设备设施等。三是建设长株潭绿道网。去年10月，省建设厅会同省委政研室在对广东省绿道建设进行实地考察的基础上，经认真研究，联合向省委省政府提出了建设长株潭绿道网的建议，得到了您的高度重视和支持。绿道网注重生态、方便群众、有利健身、低碳环保，是城乡一道亮丽的风景线。计划今年下半年启动长株潭绿道网建设，结合城市绿地系统，建设自行车及行人慢行通道，构筑区域、城市和社区三级绿道网络，优化城市开敞空间，改善人居环境。四是进一步推进“气化湖南”项目建设。目前湖南省天然气发展水平整体偏低，全省已建设天然气管网市县仅40个，气化率17.25%，比山西、安徽等省低10多个百分点。加强区域燃气布局统筹，加快天然气工程建设进度，推动城市燃气管网改造和燃气储备设施建设，开展天然气分布式能源试点工作，提高燃气普及率和保障能力，减少氮氧化物排放量，提升空气质量。

以试点示范为平台推进两型社会建设

一是继续抓好新型城镇化示范县市建设。以10个示范县市为榜样，推动县城和中心镇的扩容提质，逐步将40个县市发展成为20万人口以上的中等城市，100个中心镇发展成为3万人口以上的小城市。二是努力实施城乡统筹示范工程。城乡统筹示范工程是省委省政府确定的十二五期间在环长株潭城市群重点实施的八大示范工程之一，系省建设厅和省农办牵头组织。目前实施方案已报省政府待批。省政府批准后，省建设厅将认真抓好落实工作。三是切实抓好国家绿色低碳重点小城镇试点示范和低碳生态试点城镇示范工作。四是继续实施建筑节能与绿色建筑示范、可再生能源城市和农村示范、光电建筑应用示范、节约型校园示范、绿色照明示范、绿色建筑与低能耗建筑示范等工作。五是组织开展长沙市污泥处理、生活垃圾分类收集试点和衡阳市餐厨垃圾资源化处理试点工作。

以技术为支撑推进两型社会建设

选择合适的技术路线是推进两型社会建设的关键。一是搭建建筑节能技术平台。组织开展“湖南省建筑节能工程建设标准体系框架”研究，发挥技术标准的政策引导和支撑作用；制定并实施《湖南省建筑节能与绿色建筑推广、限制、禁止使用技术目录管理办法》，在建筑节能示范工程中广泛推行；加强建筑节能围护结构、绿色建筑、太阳能建筑应用、地源热泵建筑应用等四个省级产学研结合创新平台建设；组织开展建筑节能技术路径研究，探索建立具有湖南特点的建筑节能技术、材料和产品体系。二是搭建污水处理技术平台。通过国内外考察学习和技术攻关，在湖南省污水处理行业广泛应用氧化沟技术、人工快速渗滤技术、桑德污水处理技术，同时拟引进深井曝气技术等。三是搭建垃圾处理技术平台。在垃圾处理行业和专家认可的垃圾填埋、焚烧和综合处理技术在湖南省都得到了不同程度的推广。

以改革为动力推进两型社会建设

一是建立差别化资源价格利用制度。配合物价部门出台供水价格管理办法，开展阶梯式水价改革试点，建立健全资源价格形成机制。二是完善节能减排的投入机制。大力推进公用事业改革，继续推广BT、BOT、PPT等建设模式，引进社会资金和企业资本参与污水和垃圾处理设施建设。认真落实城镇污水和生活垃圾处理收费管理办法，建立污水和垃圾处理收费制度，保障污水和垃圾处理营运资金。三是大力推进节约集约用地机制改革。科学确定城乡建设用地空间范围，统筹安排土地利用规模、结构和时序，建立紧凑型城市建设和节地型产业发展机制。完善农村土地征收制度，规范农村集体建设用地使用权流转。积极推行城乡建设用地增减挂钩办法。通过政策引导，鼓励有条件的地方开展农民适度集中连片建设，大幅度减少村庄居住点。

省林业厅参与和服务长株潭实验区建设情况

1. 高起点搭建推进“两型”生态建设新型平台。根据国家生态林业建设方向和长株潭城市群国家“两型”试验示范区的特殊地位，省林业厅积极协调沟通，2011年落实生态工程38项，建设资金1.1亿元。3+5地区实施三边绿化、工程造林28.45万亩，国家和地方生态建设总投入资金5694万元，建立各级各类生态园区5个。

2. 科学编制“两型”生态建设规划。一是在国家林业局的大力支持下，积极落实并完善“两型社会”《长株潭城市群生态建设规划》，打造了具有国际品质生态型城市群的基本蓝图。二是针对生态建设面临的突出矛盾和各种复杂问题，编写了《长株潭城市群生态共建共享及机制体制改革专题方案》，立足整个3+5地区的现状调查，对长期困扰区域生态建设的重大核心问题进行了深入探索。

3. 不断完备森林生态体系。一是着力加强生态建设。中央、省直接投入29.3亿元，造林251万亩，为计划任务的165%。3+5城市群的森林覆盖率从56.43%增至57.01%；森林蓄积量从2.19亿立方米增至2.3亿立方米，净增1100多万立方米。国家级和省级公益林增加400万亩，总量达到5336万亩。二是灾害防控能力显著增强。森林火灾次数、林木损失分别较上年下降53%和68%。林业有害生物成灾率控制在了4‰目标以下。野生动物疫源疫病监测防控体系不断完善，应对危及公共健康生态问题的能力逐步提高。

4. 主推林业产业蓬勃发展。全省林业产业总产值达1444.72亿元，增长25.6%，成为湖南省八个超千亿元的产业之一，其中3+5城市群的林业产业总产值超过了1000亿元。基本形成了林纸、林板、家具、林化、林药、林食等六大支柱产业，林业企业新增湖南名牌产品12个、湖南省著名商标40个。林下经济向多元化发展，林下种植、养殖和生态旅游等产业发展势头强劲。

5. 倡导生态文化体系日益繁荣。新建和晋升森林公园2个；新建1个国家级、1个省级自然保护区；新建国家湿地公园1个；成功举办了植树节、洞庭湖观鸟节、世界湿地日、樱花节、油茶节、竹文化节等生态文化节庆活动，生态文明理念逐渐深入人心。生态产品丰富多样，营造浓郁的绿色湖南建设文化氛围。

6. 建立健全林业保障体系。一是林业投入继续增长。国家林业局大力支持3+5城市群林业建设，资金投入较2010年增长27.6%。实施各级各类科研项目92项，获省科技进步二等奖2项、三等奖2项。二是集体林权改革超额完成。3+5城市群已完成林权发证总任务的97.5%，发放林权证1280多万本，超额完成了国家要求发证80%即可合格的任务，比国家规定的5年提前了3年。三是大幅减轻林业税费。报请省政府办公厅下发了《关于进一步规范木竹产品税费征收管理的意见》，全面清理涉林税费项目，每年减少林农负担5亿多元。

省商务厅参与和服务长株潭试验区建设情况

2011年，全省商务系统按照省委、省政府的部署要求，不断加大工作力度，大力发展开放型经济，扎实推进全省“两型”社会建设，取得了新成效。

抓重点，大力开展“两型”招商

一是在项目开发上坚持绿色开发、两型开发。项目开发是招商工作的前提，2011年，商务部门严把项目关，与省发改委等部门联合会审，精心开发了一大批“两型”投资合作项目。涉及基础设施、能源、交通、机械制造、电子信息、新材料、生物医药、轻工、化工、农业产业化、物流、文化、旅游等13个类别，共计251个项目，总投资近500亿美元。其中既有先进装备制造产业项目，又有文化创意产业项目；既有新材料产业项目，又有新能源、节能环保产业项目；既有生态农业项目，又有工业循环经济项目。

二是突出两型特点鲜明、带动力强的大型龙头企业引进。2011年，湖南省新引进世界500强企业8家，是引进数量最多的年份。全省引进3000万美元以上的重大项目62个，同比增长37.8%。广汽菲亚特、吉利汽车、富士康、戴尔、蓝思科技、花旗等一批大项目、好项目的相继落户，带动了湖南省汽车、电子信息、航空航天、节能环保、金融等新兴产业的快速发展。

三是以科学承接、绿色承接为导向，着力推动湘南承接产业转移示范区建设，大力承接国际和沿海产业转移。商务部门牵头起草了《关于推进湘南承接产业转移示范区建设的若干意见》，配合发改委起草了《湖南省湘南承接产业转移示范区规划》，牵头组织召开了湘南承接产业转移示范区推进大会，精心组织开展了承接产业转移系列招商活动。在大力承接的同时，转型升级明显加快，呈现出产业由低端向高端转变、由单个企业转移向产业链条转移的趋势。

扣关键，大力推进服务外包发展

一是大力培育具有国际资质的服务外包骨干企业。认定了38家省级“服务外包重点企业”和“服务外包人才培训基地”，其中35家位于长株潭城市群，集中现有政策，给予重点支持，协调解决企业在发展中所遇到的一些突出问题和困难。

二是着力推进园区载体建设，加快服务外包产业集聚。支持长沙、株洲、湘潭、益阳、娄底等各市州依托本地资源优势，规划建设服务外包特色园区，并通过品牌园区吸纳企业、吸引项目，延伸和拓展产业链条，提升园区外包产业的功能特色和项目承载能力，加快服务外包产业集聚。

三是贯彻落实国家和省级支持服务贸易发展的各项政策措施，推动全省服务贸易增长。认真落实国家和省级对发展服务贸易的支持政策，支持发展服务外包、鼓励文化出口和技术引进。2011年，组织申报服务贸易支持项目161个。全年纳入商务部统计的服务外包新签合同金额16.5亿美元，同比增长79%，执行金额8.1亿美元，同比增长51%。全省服务外包企业和培训机构登记数分别达到405家和48家。世界财富500强戴尔和惠普相继落户湖南，湖南省引进国际知名服务外包企业获重大突破。青苹果数据、山猫卡通、创智软件等三家企业获中国服务外包成长型企业100强。

促转型，大力促进“两型产品”出口和关键原材料的进口

商务部门把优化外贸结构作为外贸转型升级的重点，多措并举，大力促进“两型产品”出口和关键原材料的进口。

一是商品结构继续优化，机电产品、高新技术产品进出口增势良好。2011年，全省机电产品进出口72.8亿美元，同比增长31.2%，占全省进出口比重达到38.3%，较上年增加0.6个百分点。高新技术产品进出口17.35亿美元，同比增长48.8%，占全省进出口比重达到9.1%，较上年增加1.2个百分点。传统劳动密集型产品和资源性产品出口占比进一步降低。

二是市场结构不断优化，对东盟、中东等新兴市场出口强劲增长。2011年，对东盟出口12.6亿美元，同比增长40.7%；对中东出口7.9亿美元，同比增长52.5%。三是进口结构持续优化，农产品及原材料类商品进口大幅增长。2011年，全省大豆、食用油等农产品进口2.2亿美元，同比增长19.2%；原材料铁矿砂进口27.6亿美元，同比增长40.6%，铅矿砂进口4亿美元，同比增长55.4%；机电和高新技术产品进口均超出全省平均进口水平。

扩市场，大力推动优势产业走出去

一是对外投资成倍增长。2011年，全省共计核准境外投资企业136家；中方合同投资额17.82亿美元，同比增长154.8%；中方实际对外直接投资额8.05亿美元，同比增长158.5%。对外投资位居中西部地区第一。

二是产能转移初见成效。湘潭神州龙投资6000多万美元，把国内钢铁业的剩余产能转移到阿尔及利亚建废钢加工厂，为国内企业转移剩余产能开辟了新的路径。

三是支持新能源企业进驻欧美高端市场。湘电风能、湘电新能源先后以并购强势进入荷兰、美国保加利亚等欧美高端市场。

四是支持对东盟地区投资园区化发展。作为湖南省对外投资重点的东盟地区，泰国湖南工业园、老挝湖南工业园、越南商贸物流园进展顺利，标志着湖南省在东盟地区的对外投资已经初步形成了园区化发展模式。

筑平台，大力夯实“两型社会”建设基础

商务部门紧紧扣住平台建设不放手，通过全年的扎实工作，取得良好成效，为“两型社会”建设进一步夯实了基础。

一是园区平台建设有新进展。湘南承接产业转移示范区成功获批。益阳高新技术产业开发区、湘潭九华经济技术开发区升级为国家级开发区。

二是功能性平台建设有新亮点。醴陵陶瓷、湘潭生猪、长沙茶叶获批全国外贸转型示范基地。衡阳等海关特殊监管区申报工作进展顺利。开通了衡阳至深圳五定班列和长沙（岳阳）至上海五定班轮。全省累计完成31162万平方米的标准厂房建设，搭建了“筑巢引凤”的物理平台。衡阳、湘潭等四个城市获批全国农产品流通综合试点城市，新增衡阳、娄底两个再生资源试点城市和张家界、湘潭2个家政服务试点城市，长沙、湘潭获批全国商贸物流示范城市。

三是会展平台建设有新举措。湖南国际会展中心建设已进入选址论证阶段，申报国家级经贸会展平台工作已全面展开。

省委农村工作部（省政府农办）推进全省农村“两型社会”建设情况

农村“两型社会”建设事关全省“两型社会”建设全局。湖南省委农村工作部（省政府农办）紧紧围绕省委、省政府确定的“四化两型”建设任务，按照“两型社会”建设改革的统一部署，注重从狠抓工作落实上，积极推进农村土地承包经营权抵押改革试点、农村太阳能、沼气、秸秆资源综合利用试点和“两型”农村、农业建设试点，取得了较好成效。

1. *抓工作机制，强化各项工作措施*。为做好先行先试，确保可学可推，力争改革试点在全省起到明显的示范作用。一是明确工作机制。鉴于试点工作的艰巨性和重要性，部里专门成立了推进改革试点工作小组，明确“一把手”亲自抓，分管领导具体抓，相关机关处室、直属单位作为具体实施单位，均指定了专人负责。二是制定工作方案。试点工作涉及农村重大政策的适度突破，任务重，压力大，为此，省委农村工作部（省政府农办）制定了稳步推进的工作方案，从制度设计、工作目标、工作步骤、责任考核等多方面进行周密部署，一环紧扣一环，并将任务完成情况纳入试点县市区绩效考核内容。三是下发文件部署。省委农村工作部（省政府农办）与人民银行长沙中心支行等单位起草《关于农村金融产品和服务方式创新试点工作实施意见的通知》，进一步明确了货币信贷支持、市场准入和政府扶持等一系列政策措施，首次在湖南省文件中提出了“在建立健全土地承包经营权流转市场的基础上，试点县市金融机构要积极探索以农户土地承包经营权作抵押，发放抵押贷款”的要求。四是突出长株潭试验区重要位置。在起草制定《湖南省农村沼气工程建设规划》、《湖南省秸秆综合利用规划》、《湖南省农村可再生能源服务网点建设模式试点方案》时，注重突出长株潭试验区的作用，对试验区农村能源工作提出专门要求和任务，从项目规划、资金安排上给予重点倾斜。

2. *抓生产资源开发，稳妥推进农村土地承包经营权抵押试点*。这两年来，通过在长沙县、株洲天元区试点，探索总结了不少经验，也推介了一批好典型。如长沙县圣毅园现代农庄通过土地股份合作方式，土地流转面积达1万亩，重点开发了有机优质稻、油菜、蔬菜、花卉、精品水果、绿色食品等高效精品农业，较好实现了农业产业化经营、专业化生产、市场化运作。该企业的土地流转项目得到了当地信用社等的大力支持，企业被评定为信用A级，授信1个亿，自2009年4月收到土地流转第一笔贷款800万元以来，目前已累计得到数千万元贷款支持。天元区政府积极引导金融部门参与农村土地流转，特别注重解决农村土地流转大户生产资金不足等问题，并制定了具体帮扶政策。如为了解决壹加玖水果种植合作社流转土地资金不足的问题，当地政府积极协调，支持地方农村信用社为其提供贷款290万元。2010—2011年，我部办每年重点扶持100家省级农民专业合作示范社，其中就把是否在土地流转中具有一定创新作为一项重要考核评定指标。

3. *抓农村环境整治，积极推广农村新型能源综合利用*。近年来，大力推进全省的太阳能、沼气、秸秆资源的综合利用。目前已累计推广太阳能热水器近70万台，光伏发电1317处、711.6千瓦；建设户用沼气池近230万户，大型沼气工程200多处，更新和改造省柴节煤灶近800万台，农村清洁能源用户达498万户。农村新型能源的推广使用，明显优化了试验区农村用能结构，促进了农村环境的整治改善。

4. *抓科学发展规划，促进“两型”农村、农业建设*。一是制订全省“两型”农村、农业科学发展规划。按照国家主体功能区规划和湖南国民经济和社会发展“十二五”规划纲要要求，结合湖南省农村、农业资源禀赋、区位特点及现有基础，编制湖南“两型”农村、农业发展指导性规划，确定重点建设项目，引导农村、农业朝集约、绿色、低碳、高效方向发展。二是加强分类指导，鼓励不同条件不同地区间的差异化发展。按照湖南省主体功能定位，对“优先开发区、重点开发区、限制开发区和禁止开发区”及不同发展水平地区实施差异化政策。优化农业产业布局，依据自然资源禀赋和农业生产特点，因地制宜选择农业发展模式。长株潭等城市郊区重点发展高新技术农业，环洞庭湖区重点发展集约型农业，湘西等山区重点发展有机农业、生态观光农业。三是以村庄为单位，进行必要的规划和整理。根据当地的自然条件，对村庄的山、水、田、林路作整体规划，平湖区可按渠系，路系统一村庄布局，使田、林、路、渠、村庄错落有致，便于垃圾、污水、绿化等的统一管理；山丘区在保持原有山丘地貌的情况下，依山傍水修路修渠，沿道路两边建农舍，不强求农舍的整齐划一，但不允许侵占基本农田。

5. *抓“两型”示范创建，推动“两型”农村、农业发展*。一是根据省委、省政府有关文件精神和“两型”工委的工作要求，起草了全省“两型”农村、农业示范创建工程实施方案和全省“两型”示范新农村村级建设、农民专业合作社建设、农村能源综合利用标准。二是积极参与两型示范创建项目的评选。协助省“两型”办做了全省“两型村庄”、“两型能源”、“两型农民专业合作社”的组织申报和初评工作，推出了一批“两型村庄”、“两型农民专业合作社”示范项目和单位。

下一步，省委农村工作部（省政府农办）将继续以“两项试点”为重点，按照统筹城乡发展的要求，以长株潭试验区为核心，紧紧围绕“四化两型”建设目标，积极转变农业发展方式，用工业化理念谋划现代农业发展，提高“两型”农村农业的拉动能力和要素资源配置能力，提高农业基础支撑和传统产业转型升级能力，提高工农互补、城乡互促和体制机制创新能力，构建资源节约型、环境友好型农业生产体系和农业现代化新格局。力争到2015年，全省农民人均纯收入达到8500元，农产品加工转化率达到50%，农业科技贡献率达到60%，农户直接加入合作组织的比重达到20%以上，主要农作物生产综合机械化水平达到55%，农业适度规模经营比重达到50%。

1. *推动农村土地流转*。进一步指导、帮助长株潭地区依法有序进行农村土地流转，促进农业适度规模经营。一是建立健全农村土地流转服务平台。按照中央和省委、省政府的部署，建立健全农村土地流转服务平台，负责收集发布农村土地流转信息，指导农户与业主签订流转合同，建立完善土地承包和土地流转台帐，加强土地承包和土地流转档案管理，监督土地流转合同的履行情况。依托农村土地承包管理软件，建立农村土地流转市场数据库和网络信息平台，使市、县、乡三级形成网络，定期公布可供流转土地及需求方信息，使农村土地流转的运作更深层次和更便捷。乡（镇、办事处）农村经营管理站则承担农村土地流转具体指导服务职责。二是加大政策扶持力度。落实湖南省《关于积极推进农村土地承包经营权流转，促进农业适度规模经营的意见》，在财政、信贷、生产设施配套等方面加大对农村土地流转的扶持力度，重点用于扶持流转服务组织和培育农业企业，农民专业合作组织、专业大户等流转主体。三是依法规范农村土地流转程序。对流转土地10亩以上的，要坚持由乡镇合同管理委员会签证；坚持土地流转入大户登记备案制度，对流转10户以上的，帮助办理申请、登记、备案，对流入方的农业生产经营能力给予审查。建立土地流转档案制度，为流转大户建立档案，掌握经营状况，监督农民收益按时兑现。建立健全农村土地流转矛盾纠纷调解仲裁制度，快捷有效地处理土地流转过程中的各类矛盾纠纷，确保流转双方的权益得到保障。四是创新土地流转体制机制。坚持“依法、有偿、自愿、市场化流转导向”的原则，在流转自愿的基础上，鼓励农业企业、农民专业合作组织、科技人员、专业大户等各类市场主体开展多种形式的土地流转。在流转形式方面，积极创新租赁、转包、入股联营、股田制等多种形式。在流转期限上，既鼓励一定几年的较长期合同，也鼓励季节性短期流转。在流转土地经营导向上，既引导将土地流转给种植大户，也支持自愿流转给一些大户从事多种经营活动。在流转收益上，既主张流转双方自愿协商，也支持乡（镇）和村委会开展招标流转。在流转区域上，既主张就地就近流转，也鼓励开展跨村、乡（镇）流转，还鼓励跨县区流转。五是稳妥推行长株潭试验区农村土地承包经营权抵押试点。在当前农村土地承包经营权特别是耕地承包经营权抵押还存在缺失现行法律保障的情况下，进一步加强与国家有关部委的衔接、汇报，充分利用长株潭试验区先行先试的优势，拟定试验区农村土地承包经营权流转抵押试点的暂行办法，为今后全面推行积累经验。

2. *加大“两型”农业产业建设力度*。一是强化农业基础支撑。大力推进城乡道路、电网、供水、通信等基础设施共建共享，提高农村公共产品供给水平。积极开展农田水利基本建设，增强农业抗灾能力。切实加强设施管护。全面实施农田改造工程，推进田、水、路、林、村综合治理。大力推广节能环保的农机装备，促进农业机械进村入户，提高主要农作物生产综合机械化水平。二是推行农业无公害化生产。深入实施“沃土工程”，推行测土配方施肥和保护性耕作，提高耕地保有量和质量水平。加强“两型”农业生产投入品供应体系建设，积极推广应用高效低毒、低残留的农药和新型施药器械，鼓励施用有机肥料。制订主要农产品生产标准，促进农业标准化生产。推广以沼气和秸秆等废弃物为纽带的循环农业生产模式，扩大优质、安全、生态、有机农产品示范基地规模，促进农业生产减污增效。逐步实现农业生产投入品使用、农业生产、农产品加工等过程清洁化、无公害化的目标。三是推进产业集约发展。优化农业结构和区域布局，促进产业发展集约集聚。构建以长株潭都市农业圈、环洞庭湖适水农业区、湘中南丘岗节水农业带和武陵——雪峰——南岭——罗霄山地生态农业带等为重点的农业主体功能区。引导加工企业和产能向优势农副产区集聚，重点建设全国重要的粮食、油料、肉食、水产、茶叶、果蔬等特色农产品加工园区。注重保护农产品注册商标和地理标志，鼓励发挥比较优势发展特色农业，形成各具特色、优势互补、结构合理的农业产业协调发展格局。加强区域合作，建立区域农业合作联席会议制度，积极推进产业布局一体化、区域市场一体化、防灾减灾一体化等，合理、充分地开发利用资源。四是提升农业产业化水平。编制两型产业项目库，重点扶持项目库产业和龙头企业发展。推进农产品品牌整合，着力集中打造支柱产业、优势企业和生态农业知名品牌。重点建设生猪产业化、品牌茶叶提升、优势水果产业提升和环洞庭优质水产品开发等重大产业化工程，促进现代农业规模扩张和品质提档。五是建立"两型"农业产业示范样板。以县域经济强县和"百城千镇万村"新农村建设示范点为重点，以优势区域和产业为纽带，鼓励地方政府在"两型"农业产业发展体制和机制等方面试验和创新，建立"全省'两型'农业、农村示范先导区"。

3. 推进农村环境综合治理。一是加大领导力度。长株潭各市县要进一步建立健全农村能源领导小组，明确分管领导，设立专门的办公室，切实加强对农村可再生能源的领导，定期研究解决工作中出现的困难和问题。请求省委省政府和长株潭办将农村能源建设列入长株潭"两型"社会建设综合配套改革的重点项目。二是加大投入力度。长株潭农村能源建设，需要投入大量资金，为此，必须通过多渠道、多方位筹集资金，建立多元化投入机制。努力争取国家的支持，尽可能多争取国家有关农村可再生能源建设的项目；努力争取长株潭各级财政增加投入；努力争取部门的投入，长株潭各级涉农项目、扶贫、农业综合开发、移民等部门的资金投入要与沼气生态农业建设紧密结合起来。请长株潭办加大对农村能源建设的投入，为推进"两型"社会建设提供保障；制定相应的鼓励扶持政策，引导农民积极投入；吸引涉农生产、加工、经销企业的投入。三是继续加强农村新能源综合利用。加快发展农村新型能源，因地制宜发展农村沼气，大力推广太阳能、风能、生物质能和省柴节煤炉灶，在大中型养殖场配套建设沼气净化工程，在生活集中区配套建设污水净化工程，抓好工业污染物排放整治，治理农村面源污染。加强农村环境保护，结合新农村建设示范工程和乡村清洁工程，组织开展清洁水源、清洁田园、清洁家园和绿色村庄创建活动，进一步改善村容村貌。四是加大科技力度。充分发挥长株潭科研院所、大专院校和第一线科技人员的作用。重点搞好长株潭沼气生态农业配套技术的科技攻关，进一步提高沼气生态农业建设的效益，提高新能源开发利用水平，促进农村能源建设向深纵方向发展。五是加大服务力度。加强长株潭地区农村能源技术培训，不断提高施工人员的技术水平，确保工程质量；加快服务体系建设，制定严格管理措施，实现快捷优质服务，解除农户的后顾之忧。

4. 进一步加快农民专业合作社建设。以两型理念为核心，创新管理体制，加大典型培育力度，通过典型样板，辐射带动全省农民专业合作组织又好又快发展。要选择一批运作规范、具有自主品牌、以加工销售为主要服务内容的合作社，加以重点培育，尽快帮助其做大做强，打造一批两型示范专业合作社。当前要重点扶持一批粮食、油料、生猪、烟草合作社的发展，并且加强这些专业合作社的联合，统一品牌优势，引导组建全省性的专业联合社，打造能带动整个产业提升的合作社"航母"集群。

省国资委参与和服务长株潭实验区建设情况

2011年，在省委、省政府的正确领导下，省国资委以科学发展观为指导，紧紧围绕长株潭"两型社会"建设改革试验区的总体目标和中心任务，认真履行职责，着力部署各项工作，积极应对复杂多变的经济形势，大力推进"四化两型"建设，全力以赴保增长、转方式、调结构、促改革、增效益，国有企业改革发展活力进一步增强，国有经济影响力进一步提升，为促进全省经济又好又快发展作出了突出贡献。

一、围绕"两型社会"建设，发挥省属国企积极作用

（一）协调服务提高实效。在推进"两型社会"建设、加快经济发展方式转变中，省国资委充分调动和发挥监管企业的优势，积极引导企业主动参与"两型社会"建设。搭建"两型社会"建设和科技创新平台，组织监管企业参与加速推进新型工业化重大事项的评选活动，填报省"四千工程"项目数据库，填报科技部国家科技基础条件资源调查数据，申报"创新方法试点企业"；组织中联重科、华菱衡钢、湘电集团、泰格林纸四家企业成功申报为湖南省首批"两型"创建示范企业；积极抢抓政策机遇，争取国家、省两型建设配套资金，为监管企业协调争取省新型工业化引导资金9700万元；部署落实《省政府实施<湘江流域重金属污染治理实施方案>工作方案》，组织监管企业编制《环长株潭城市群节能减排全覆盖工程实施方案》。

（二）国资效益大幅提升。监管企业通过加强"两型社会"建设，创新模式，市场竞争能力和资产营运效益大幅提升。2011年省、市两级173户监管企业资产总额达到5512.4亿元，同比增长23.5%，增幅位居全国第9位；营业收入达到3481.5亿元，同比增长35.6%，增幅位居全国第5位；实现利润总额151.2亿元，同比增长62.2%，增幅位居全国第2位。25户省属监管企业主要经济指标再创新高。到2011年末，资产总额达到3777亿元，同比增长9.5%；净资产1262亿元，同比增长16.1%；实现营业收入3263亿元，同比增长35.3%，中联重科、华菱集团、金鑫黄金、湘煤集团、湖南有色、天心集团、兴湘公司等7户企业增幅超过40%；省属监管企业合计实现利润首次突破百亿大关，达到127.8亿元，同比增长49.7%，23户企业实现盈利，盈利面92%。

（三）重点骨干态势良好。按照“大集团融资、大集团整合、大集团发展”的思路，国有企业带动力、竞争力、影响力显著增强，一批重点骨干企业加速“两型”发展，已成为湖南省推进新型工业化的主力军。中联重科、华菱、湖南有色、建工4户企业进入中国企业500强，15户企业进入省内企业100强。中联重科以“质量为王、品牌制胜”的营销战略强势出击，销售收入大幅增长，环卫机械、建筑起重机械市场份额稳居行业第一，履带起重机市场占有率跃居全国第一。湘投控股在能源产业、酒店旅游业、金属材料产业、投资与金融产业等板块高速发展。建工集团连续五年入选“中国承包商及工程设计企业”双60强，连续13年荣获39项中国建筑工程鲁班奖。湘煤集团着力打造大型现代煤炭企业集团和湖南能源保障主平台。兵器集团军品常规订货接连刷新纪录，民品销售收入实现翻番。华升集团营业收入和进出口总额同比分别增长30%和15%，竞争力在全国麻纺行业中排名第1位。

（四）节能减排扎实有效。积极开展国家“千家企业节能行动”和全省“百家企业节能行动”，加大节能减排资金投入、大力创新节能减排技术，强力淘汰落后产能。2011年省属监管企业万元GDP能耗总体下降17%，主要污染物二氧化硫和COD排放分别下降5.6%和7.8%，外排废水达标率保持100%，工艺烟气净化率100%。华菱衡钢在湖南省冶金行业首家通过清洁生产审核，荣获“湖南省两型创建示范单位”称号；岳纸股份获得全国节能减排优秀技术创新成果奖；湖南有色柿竹园公司列入全国首批“矿产资源综合利用示范基地”。

二、围绕“两型社会”建设，加快转变发展方式

（一）积极推进结构调整。着眼“两型社会”建设，加快转变发展方式，大力推进结构调整，突出调大规模、调精主业、调高品质、调优资产，加快发展战略性新兴产业，着力发展高新技术和先进适用技术，促进钢铁、有色、机电、工程机械、汽车、林纸、城市轻轨、机电一体化等产业板块向两型化、高端化、高新化方向发展。引导企业强化两型发展意识，按照两型发展要求，科学编制“十二五”发展战略规划，以战略规划引领产业和产品结构调整，打造凸显湖南国企特色、具备核心竞争优势的资源节约型、环境友好型现代企业。一是加快传统产业的技术改造和提质升级。华菱汽车板项目建设有序推进；新物产集团汨罗“城市矿产项目”发展良好。二是加快企业商业模式转型提升。部分企业逐步实现向产业链高端环节转移，成为具有较强综合优势和竞争力的总服务商。华菱集团提出“综合服务商”的经营理念并加快转型步伐；建工集团、路桥集团由施工经营型向投资经营型转变；湘投控股加速向资本经营转型；华天集团审时度势，果断退出经济型酒店，集中资源专攻高端酒店业务，产业层次和整体效益大幅提升；国立投资积极拓展业务领域，创业投资和投资咨询业务取得新进展。三是加快产品结构调整优化。监管企业大力开发新产品，提高精深加工和高附加值产品比重，高端品种市场竞争力进一步增强。华菱衡钢深化品种结构调整，高效产品比达到15.43%；中联重科整合德国JOST世界最先进塔机技术，获得全球高端市场准入证。

（二）积极培育战略性新兴产业。出台支持战略性新兴产业发展的指导意见，推动企业将优势资源向新兴产业和两型产业倾斜，着力培育先进装备制造、新材料、信息、生物、新能源、节能环保等战略性新兴产业。监管企业有56个项目进入省“四千工程”计划，16个项目进入省战略性新兴产业项目库。目前，战略性新兴产业在监管企业中的比重已经达到35%左右，并正在以年均约40%的增速发展。在新材料领域，湘投金天铝业产销两旺，金天钛业项目进展顺利，天心博力高性能铜粉系列产品项目获得国家发改委产业结构调整专项资金支持。在新能源领域，湘电集团成功开发5兆瓦海上风力发电机，着力打造城市轨道交通装备制造产业链，湘煤华磊光电装备达到国内外同行业先进水平，硬件实力进入全国行业前三强。在生物医药领域，兴湘春光九汇被列为湖南战略性新兴产业重点扶持企业，研发的中药超微饮片技术及产业化项目荣获国家科技进步二等奖。在节能环保领域，中联重科生产的车辆类产品均达到了欧Ⅲ欧Ⅳ排放标准；研发的节能型工程起重机对液压系统和动力系统进行控制优化，比同类产品省油15%—30%。

（三）积极推进重点项目建设。围绕“两型社会”建设，充分发挥重点项目的带动和支撑作用，监管企业发展基础进一步夯实。2011年省级国有资本经营预算中安排资金5.4亿元用于重点项目建设，省属监管企业全年完成重点项目投资130多亿元。华菱湘钢5米板项目主线试生产、华菱衡钢变压吸附提纯高炉煤气工程项目全面完工；株冶循环经济建设项目直接炼锌子项目竣工投产；轻盐集团节能技改一期工程进入联合试车生产，年产能扩大至200万吨；湖南有色郴州产业基地、衡阳金铜项目、锡矿山锑资源整合项目、株洲精密硬质合金产业园以及中联重科汉寿工业园项目、湘电大型电动轮自卸车等项目有序推进。

三、围绕“两型社会”建设，完善国企现代管理制度

（一）推进体制机制创新。一是加快推进现代企业制度建设。南岭化工厂整体改制为国有独资有限责任公司，初步形成比较规范的法人治理结构。二是稳步推进董事会建设试点。华天集团、黄金集团、湘电集团、神斧集团四户企业积极探索董事会建设试点工作，健全完善董事会、监事会、经理层三权制衡机制，推动了企业决策程序的规范化。三是加强产权代表管理。确定了有关企业产权代表及首席产权代表，听取了产权代表履职情况汇报。四是加快国有资产证券化步伐。湘煤黑金、华磊光电、华菱线缆等10余户企业筹备上市或引进战略投资者工作取得积极进展。

（二）大力加强企业管理。以推进企业管理提升为重要抓手，指导、督促企业强化基础管理，健全内控机制，积极对标先进企业，不断提高精细化管理水平。一是坚持经济运行调度分析制度，提高经济运行质量。全面建立了省国资委和企业集团层面的二级经济运行调度分析制度，形成按月、按季度进行经济形势专题分析的工作机制。通过加强对监管企业重要分子公司、重要业务板块的重点调度分析，及时发现问题，研究对策，提升了资产运行质量。二是建立健全制度体系，夯实企业管理基础。湘煤集团加强制度体系建设，共出台各类制度430项，劳动生产率大幅提高，牛马司矿业公司原煤万吨用工由107人降至80人以内。华菱湘钢推进卓越绩效管理，荣获湖南省首届“省长质量奖”和“2011年全国实施卓越绩效模式先进企业”称号。建工集团强化项目资金和收支两条线管理，财务状况明显改善。三是强化资金管控，着力开源节流。不断优化融资和资本结构，降低资产负债率和财务成本，深入开展“拧毛巾、降成本、增效益”活动。监管企业全面预算管理体系进一步建立健全，预算对生产经营的引导控制作用不断强化。2011年监管企业全年成本费用增幅低于同期营业收入增幅2个百分点，成本费用利润率同比上升0.5个百分点。四是推行全面风险管理，增强风险防范意识。督促企业加强“三重一大”制度建设，完善重大项目投资决策机制，强化全面风险管理，对内部管理风险、财务控制风险及运营风险等进行实时跟踪分析。

（三）进一步深化开放合作。以“两型社会”建设为契机，积极推进央企对接合作，引进符合两型发展要求的好项目、大项目、新项目，促进湖南省产业升级，推动企业发展。2011年新增央企对接洽谈项目15个，签订意向协议32个，省政府与央企签署战略合作框架协议4个，涉及投资金额900多亿元，株洲、湘潭、郴州等分别举办了央企对接合作专题推介会。中机国际工程技术研发中心成功落户湖南。湖南有色通过与五矿有色板块整合，积极推进区域布局，在株洲建立了有色金属新材料精深加工基地、在水口山启动了金铜综合回收产业升级改造项目和铜、铅、锌冶炼及精深加工项目，推动了湖南省有色产业加速发展和提质升级。长丰集团引进广汽菲亚特总部及其50万辆整车、三菱30万辆整车生产制造基地落户湖南，为湖南省汽车产业发展做出了重要贡献。

湖南保监局参与和服务长株潭试验区建设情况

湖南保监局在省委、省政府和中国保监会强有力地领导下，以科学发展观为指导，围绕“四化两型”战略，引领全行业积极服务“两型社会”建设，取得新的成效。2011年，长株潭试验区共实现保费收入164.6亿元，同比增长12.87%，增速高出全省平均水平2.39个百分点，占全省总保费的37.12%。保险密度1193.86元，保险深度1.98%。

加快发展方式转变，引导行业服务经济社会发展

1. 部省合作取得实质性进展。为发挥保险功能作用，服务长株潭城市群“两型社会”建设，保监局多次向保监会、省委、省政府领导汇报，争取部省支持，并启动协议起草工作。经过深入调研，多方论证，形成了《关于进一步发挥保险功能促进长株潭城市群“两型社会”建设合作备忘录》正式文本。2011年2月11日，中国保监会与省政府在长沙签署合作备忘录，部省合作正式启动。备忘录提出积极推进长株潭城市群保险改革创新，支持长株潭区域金融中心建设、保险资金投向长株潭“两型社会”改革试验区，推进保险职业教育中心和保险信息平台建设等，共同打造体系健全，功能完善，创新活跃，运行健康的区域保险市场体系。

2. 积极完善保险市场体系。引导保险机构进一步优化网点配置，提高试验区保险机构密度。保险法人机构方面，配合省政府推动保险法人机构设立，多次准备相关材料，及时加强沟通汇报，2011年湖南首家保险法人机构吉祥人寿获中国保监会批筹。保险分支机构方面，2011年，全省新批准设立省级机构6家、中心支公司23家、支公司101家，其中长株潭地区新增省级机构6家、中心支公司12家、支公司28家。目前，长株潭地区共有省级保险分公司43家，其中财产险21家，人身险22家，各级保险分支机构共686家，形成功能相对完善、竞争比较充分的市场格局，有效满足了长株潭试验区多层次保险需求。

3. 引导行业服务“两型社会”建设。进一步发挥保险的功能作用，积极支持地方经济社会发展。一是保障经济社会稳定运行。为全省经济社会提供4.54万亿元的财产风险保障，同比增长28.87%。人身险累计新增有效保险金额达2.07万亿元，同比增长7.06%；有效承保1.7亿人次，同比增长4.29%。全省保险赔付112.45亿元，同比增长35.6%，其中长株潭地区赔付45.79亿元，同比增长48.99%。二是加大涉农保险服务力度。种植业承保面积1.61亿亩，同比增长122.51%；养殖业承保头数达457.04万头，同比增长124.66%；森林保险承保面积扩大到9907.4万亩，同比增长613.77%。农业保险赔款支出7.22亿元，共使110.39万户次农户受益。三是服务两型社会建设。环境污染责任保险试点由长株潭试验区拓展到全省各个市州，高危行业安全生产责任险试点稳步推进。四是完善社会保险保障体系。配合国家新型医疗体制改革战略实施，大力开展相关健康险业务，承保城镇职工补充医疗险147.79万人次，承保企事业团体补充医疗险66.88万人次。五是促进出口贸易发展。出口信用保险为25.43亿美元的出口和投资提供了收汇保障，支持贸易融资2.98亿美元。对出口企业的支持力度不断加强。

4. 创新保险服务方式。引导全行业“跳出保险看保险”，不断探索服务经济社会发展的新领域和新途径，进一步扩大保险覆盖面。一是针对保险服务的薄弱环节，大力推动城乡服务体系建设，制定下发《湖南财产保险业城乡服务体系建设试点工作实施方案》，以机动车辆保险、农业保险等险种为重点，开展保险业城乡服务体系建设，其中人保产险长沙中支列为城市服务体系试点单位。从制度机制上解决产品供需矛盾、理赔难、服务滞后等制约行业发展的瓶颈问题，促进保险公司提高服务质量，提高保险消费者满意度。二是服务城市化建设，加强交通事故快处快赔中心管理。积极引导长沙、株洲、湘潭三地交通事故快处快赔中心加强投入、完善制度、优化流程。中心运行以来，对于缓解城市道路交通压力，提高理赔服务效率起到了良好的作用。三是加快商业车险信息平台建设。通过平台建立，实现了商业车险信息特别是承保理赔信息共享，为费率的科学浮动和加强业务统计分析能力夯实了基础，通过技术手段进一步遏制车险费率恶性竞争，促进保险公司从价格竞争向服务竞争转变。

5. *加快重点业务领域改革试点。*以中国保监会和湖南省政府签订《关于进一步发挥保险功能促进长株潭城市群"两型社会"建设合作备忘录》为契机，保监局组织召开专门会议，对三农保险、责任保险、科技保险、养老保险和健康保险等领域研究制定了落实方案，将工作任务落实到各个职能处室，加强与相关政府职能部门联系，争取具体优惠政策，确保相关政策措施得到有效落实，共同推进重点业务领域的改革试点工作，为湖南"两型社会"建设提供优质保险服务。

创新制度机制建设，着力保护被保险人合法权益

1. *建立保险理赔服务指数体系。*设立以索赔准备周期、核赔时效、付款时效、理赔周期等4项要素为核心，结案率、投诉率为辅助的保险理赔服务指数。逐步完善包括指数编制、数据采集与报送、数据核查、理赔服务分类等制度，形成保险理赔服务指数管理制度体系。保险理赔服务指数的对外公布，引起了广泛的社会关注，保监局还就理赔服务指数管理制度体系公开听证，增强监管工作的透明度，进一步争取社会各界的理解和支持。

2. *完善行政处罚工作制度。*出台《湖南保监局行政处罚委员会工作规则》，规范行政处罚委员会的组成和运行，完善行政处罚决策程序，推行以会议审理为主，书面审理为辅的案件审理方式。完善公司整改行为审查标准，对行政处罚裁量规定中整改行为进行具体界定，对公司整改违法违规行为提出严格要求，明确消除危害后果的审查标准，落实当事人改正违法行为的责任。改进行政处罚初审工作标准，对湖南保监局成立10年以来的行政处罚工作进行系统梳理和分析，从证据审查、事实定性、情节裁量、责任认定、法律适用等五方面总结归纳案件初审注意事项，进一步提高初审工作质量。

3. *提高信访调处工作效率。*制定群体性上访事件应急预案，加强信访问题的分析甄别和跟踪督办，督促公司采取多种方式妥善处理。加强保险合同纠纷快速处理工作通报，指导协会调解处理保险合同纠纷。全年共收到各类信访投诉、咨询901件；各协会共受理合同纠纷案件119件，成功调解96件。

强化公司内控监管，提高风险防范能力

1. *提高公司内控监管的信息化水平。*针对产险公司财务集中管控中存在的问题，运用信息化的技术手段，推进省级财务集中管控系统建设。推出《湖南产险公司省级财务集中管控系统建设指引》及配套流程图，统一产险公司账务系统、费用报销系统、资金管理系统和未决赔款准备金系统四个系统建设标准。推动产险公司通过信息技术手段，实现财务自动核算、资金自动批量支付、银行账户监控预警、资金自动归集、费用报销自动审批、自动预算控制、未决赔款准备金自动入账等功能。将财务省级集中管控由制度层面向技术层面固化，切实提高省级财务集中管控水平，防范系统性财务风险。

2. *注重内控关键环节监管。*人身险公司方面，强力推进资金省级集中收付。制定下发了《关于加强人身保险资金集中收付管理的通知》，在人身险领域全面实施资金省级集中收付。目前，全省已有7家公司全面实现省级集中收费，11家公司全面实现省级集中付费，银保专管员薪酬实现100%省级支付。通过省级集中收付管控，账户集中度、资金省级集中度、日均资金沉淀量、资金流转时间、资金上划率等经营指标明显改善，资金收付管控能力显著增强，从资金管理环节有效防范了资金侵占、资金挪用和商业贿赂等风险。财产险公司方面，对全省产险省级分公司资金收付集中情况进行风险巡查，从保费、赔款、佣金、退保与费用支付等五个环节，全面督促产险公司落实全险种"见费出单"、资金支付省级集中管理、手续费跟单支付等资金收付风险管控要求。在湘各产险公司全面实现了省级集中支付，初步实现资金风险管控目标。

3. *加强基层机构风险管控。*针对部分公司基层机构经营状况不佳、生存能力不强的现状，建立分支机构设立风险评估机制，将评估结果作为管控能力评价的主要依据。从制度建设、管控模式、建设规划、管理整改等方面，实地调研分支机构生存状况，并建立"一司一册"分支机构生存档案，有针对性的推进分支机构整改工作。同时，深入14个地市组织所有营销服务部负责人进行法律测试，促进提高基层机构负责人的风险意识和防范化解风险的能力。

4. *开展保险公司分支机构偿付能力监管工作。*完善分支机构偿付能力监管工作机制，建立完善偿付能力风险预警及管理机制，提高偿付能力风险报告及时性、有效性、准确性。出台《湖南保险公司偿付能力风险责任人考评办法》，激励督促风险责任人积极履行工作职责，协调配合偿付能力监管工作的开展，防范预警分支机构偿付能力风险。

5. *强化中介机构内控监管。*推出保险营销员业务属性代码省级集中管理，佣金省级统一集中转账支付，保险营销员管理信息系统对接等监管举措，促进公司加强营销员管理。制定下发保险专业代理机构内控监管指引，要求建立代理合同统一签订制度，探索建立"佣金收支零现金"机制，明确法人机构对分支机构的管控责任，禁止分支机构以加盟、承包或挂靠等形式违规经营。

整顿市场秩序，打击市场违规行为

1. *突出现场检查重点。*财产险领域，重点检查公司业务、财务数据不真实，尤其是虚假列支中介费、虚假理赔、虚假列支营业费用、虚假计提准备金等违法违规问题。人身险领域，重点检查销售误导、银保账外暗中支付手续费、团险业务违规和资金管控等问题。保险中介领域，重点检查保险代理市场，查处保险公司与代理机构相互勾结，弄虚作假行为。全年共派出63个检查组，投入245人次实施现场检查，检查机构总数达78家。

2. *惩处违法违规行为。*坚持"依法行政"、"速查严办"、"即查即处"原则，全年共实施行政处罚111项。其中处罚机构40家次，被处罚机构中包括省公司1家次，中支17家次，支公司13家次，营销服务部2家次，专业中介机构4家次，兼业代理机构3家次。处罚责任人71人次，被处罚责任人中包括中支高管21人次，支公司高管14人次，专业中介机构高管3人次，其他责任人员33人次。平均每处罚1家机构就处罚责任人1.78人次。

3. 深入开展专项治理。规范保险业务管理，细化“转账直赔到户”的各项具体要求，严格规范特殊情况审批流程，进一步突出对理赔资金的监管。以转账直赔到户资金比率和转账直赔到户户数比率为核心指标，结合已决赔款、受益户次、签单保费等指标，建立农业保险考评指标体系，对农业保险经营管理情况进行实时监测。提出“四到位”、“五不得”的要求，进一步规范农险操作管理。推动建立农险基层服务体系“常德模式”。销售误导治理方面，推行销售人员资格、合规培训、产品信息披露材料的省级集中管控，落实省级机构的合规责任。加强展业承保流程管理，落实保险公司的举证责任。进一步规范银保投保提示制度，规范银保销售行为。引导公司加强客户回访工作，细化人身保险客户回访工作要求，提升回访工作质量。远程出单规范方面，针对个别公司以远程出单点名义私设机构的违法行为，梳理总结远程出单点管理模式，分析其存在的问题，出台相关监管规定予以规范，防范私设机构风险。

省文化厅参与和服务长株潭试验区建设情况

一、公共文化服务体系建设加快，服务能力和水平不断提高

一是加强乡镇综合文化站建设。召开了全省乡镇综合文化站建设工作会议，为基层补助了工作经费，对全省100多个乡镇综合文化站建设和管理进行督查。制定了《湖南省文化站设备管理办法》（试行）。2011年开工的1058个乡镇综合文化站建设任务全面完成，经省为民办实事考核办考核验收为合格，实现了湖南省乡镇综合文化站“全覆盖”。

二是加强图书馆、文化馆、美术馆“免费开放”工作。在省财政的大力支持下，省群众艺术馆、湖南图书馆、省少儿图书馆于2011年6月30日率先实行免费开放，长株潭试验区市、县二级图书馆、文化馆、美术馆在2011年10月1日前全部实现免费开放。

三是加强国家公共文化服务示范区创建工作。长沙市被批准为第一批创建国家公共文化服务体系示范区，衡阳市公共文化服务进社区活动、常德市鼎城区民间艺术团体惠民演出被批准为国家级示范项目。

四是开展高雅艺术普及与推广活动。湖南大剧院全年共组织开展各类展演活动13场，新春音乐会、《洪湖赤卫队》、《白毛女》、《湘江颂》等高雅演出反响强烈，引领了健康向上的文化时尚。

二、重大文化活动精彩纷呈，文化影响力不断提升

一是举办“首届中国百诗百联大赛”，通过网络和手机短信投稿，共收到投稿12万多件，评出获奖作品诗词、楹联各100首（副）和一二三等奖。大赛规格高、参与人数广、社会影响大。全国政协副主席、中国文联主席孙家正、著名学者文怀沙、中国书协名誉主席沈鹏等出席颁奖系列活动。

二是举办第六届中国原创手机动漫游戏大赛。全国大学生参与大赛的体验用户达到3200万，参赛作品累计下载次数突破4800万次，收到了良好的社会效益和经济效益。

三是举办全省首届民族器乐大赛。10月25日—26日，来自全省14个市州的24支民族器乐团队参加了比赛，评出金奖团队7个、银奖7个，铜奖10个；另有最佳领奏奖4个、最佳创作奖4个、最佳指挥奖8个。本次大赛进一步挖掘了本土民族音乐资源，彰显了湖湘音乐风采，为省内各专业和业余民乐艺术团提供展示才艺的交流平台，促进了全省民族管弦乐的发展。

三、文艺作品生产创作日益活跃，精品佳作不断涌现

湘剧《李贞回乡》成为湖南省继花鼓戏《老表轶事》后，又一台入选国家舞台艺术精品工程十大精品剧目，《古画雄魂》入选国家舞台艺术资助剧目；省话剧团与中华文化促进会合作，重排了红色经典话剧《万水千山》，沿着长征路线展开全国巡演。中共中央政治局委员、中央军委副主席徐才厚观看演出并给予高度赞誉；省歌舞剧院创作了交响乐《湘江颂》，排演了交响歌剧《江姐》。大型舞剧《天山芙蓉》参加文化部举办的第二节新疆国际民族舞蹈节并赴新疆建设兵团开展一个月的巡演，反响十分热烈；省花鼓戏剧院精品剧目《老表轶事》受中宣部委派，在全国巡演10场，受到当地群众热烈欢迎。花鼓戏剧院打造的音乐剧《刘海砍樵》进展顺利，2012年上半年将与观众见面；省湘剧院《李贞回乡》参加文化部主办的全国现代题材优秀剧目展演活动，新创剧目《谭嗣同》首演圆满成功。省木偶皮影艺术剧院复排《石三伢子》、《火云鸟》、《马兰花》、《狼孩》，新创作大型木偶剧《海心公主》。省杂技团大型杂技晚会《时空之旅》、多媒体梦幻杂技晚会《芙蓉国里》进展顺利。省京剧团《广陵散》赴武汉参加全国第六届京剧艺术节。湖南省艺术研究所积极抓好科研、剧目生产与辅导，新论证剧本15个，与常宁市歌剧团联合创作排演的大型歌剧《夏明翰》获得好评。

四、文物保护和非物质文化遗产保护传承工作取得重要进展

2011年，全省文物系统在完成第三次全国文物普查工作的基础上，积极申报和争取第七批全国重点文物保护单位，共有176处通过国家级专家评审，全国排名第五位。新增第九批省级文保单位456处，省级文物保护单位总量达到837处。长沙铜官窑国家考古遗址公园建设进展顺利，遗址考古工作获得国家文物局“田野考古二等奖”。省考古研究所被评为省重点工程组织协调管理先进单位。

认真宣传贯彻《非物质文化遗产法》，召开了全省非物质文化遗产保护工作会议，举办了“文化遗产日”系列宣传活动。29个项目被列入第三批国家级非物质文化遗产项目名录。现在，湖南省国家级“非遗”项目达到99项，国家级项目代表性传承人55人；有省级“非遗”项目220项，省级传承人157人。

五、文化体制改革取得重要突破

按照中央、省委省政府的统一部署，积极稳妥推进全省国有文艺院团体制改革。2011年5月，省文化厅结合实际，起草了《深化全省文艺院团体制改革指导意见（送审稿）》和《深化省直文艺院团体制改革的实施方案（送审稿）》。徐守盛省长亲自主持召开协调会，对湖南省国有文艺院团体制改革多次批示。省委省政府办公厅已正式转发《中共湖南省委宣传部 湖南省文化厅关于加快全省国有文艺院团体制改革的指导意见》，《湖南省文化厅深化省直国有文艺院团体制改革实施方案》进入省委省政府两办发文程序。

积极稳妥地推进了湖南大剧院转企改制，省文化体制改革和文化产业发展领导小组批复了改制方案，通过积极协调和沟通，转企改制工作得到了省政府办公厅、财政、人事、税务、工商、编制等9部门的大力支持和肯定。湖南文化音像出版社已经完成清产核资、人员分流、企业工商预登记工作。

六、文化产业加速发展

继续巩固和发挥演艺、动漫品牌优势，推进文化与旅游、科技等相关产业的融合，不断催生新型文化业态，拓展文化产业空间。田汉、琴岛、魅力四射等知名演艺品牌增长势头强劲。《武汉－琴岛之夜》在武汉首演，正式拉开了湖南省歌厅演艺跨省发展的序幕。与大型民营企业合作，组建国有参股、具有独立法人资格的湖南文化艺术产业集团有限公司。正在积极筹备“湖南文化城”建设。

动漫游戏产业继续发展。2011年全省备案动画剧7部，464集，5788分钟，电视动画片产量全国排名第八，比2010年上升3个名次，全省动漫产业产值46.55亿元，排名全国第三。2011长沙国际动漫游戏展，参展参观人员15万人次，参展企业155家。在中国文化艺术政府奖首届动漫奖评选中，宏梦卡通的虹猫蓝兔获得最佳动漫品牌奖，蓝猫动漫的《蓝猫龙骑团》获得最佳电视动画片奖，拓维信息的手机动漫公共服务平台获得最佳动漫技术成果奖。2011年省文化厅主动争取文化部在湖南大学成功创办了动漫传媒软件工程硕士研究生班。拓维信息集团被评为中国文化企业30强，并被文化部评为全国最具影响力的国家文化产业示范基地。

厅直系统产业加快发展。湖南大剧院初步建立起特色鲜明的剧院运营管理模式，完成剧场演出274场次，电影放映3877场次，全年经营总收入达到4000万元。湖南省演出公司在竞争中稳步发展，全年共举办、承办大中型演出54场，其中承办的老狼校园演唱会、刘德华、周杰伦、费玉清长沙演唱会圆满成功，全年演出经营收入3263万。湖南一通票务中心全年票房营业额超过350万元。湖南省文化物资公司全年总收入达1803万元。湖南省文物商店实现销售收入2400万元，比上年增长25%，湖南古玩城年销售额达1.65亿元。

七、文化市场管理规范有序

2011年，湖南省文化市场管理进一步得到加强和完善。“湖南文化市场网”改版更新，推进了文化市场管理信息公开化建设。完善网上许可和办案系统，提升文化市场管理和执法的科技水平。对全省互联网上网服务营业场所进行了统一换证，实现全省《网络文化经营许可证》书写格式、证号、编码三个统一。出台网吧连锁企业认定的规范性文件和推进湖南省网吧连锁化发展的意见，积极推进网吧行业向规模化、品牌化、连锁化方向发展。创新网吧管理方式，积极推行在社区建立绿色网吧，网吧接纳未成年人现象得到有效整治。

省广播电影电视局参与和服务长株潭试验区建设情况

一、宣传工作有声有色，营造良好舆论环境

2011年，我局积极指导和协调全省各级广播电视播出机构，充分发挥主流媒体优势，采取多种形式，形成合力、形成声势，在全社会营造了倡导全民参与两型生活方式，关注两型社会建设的良好氛围。全年共播发两型社会相关稿件1350多条，系列报道50多个，相关栏目、节目140多期。其中不乏精品力作，如：湖南卫视《湖南新闻联播》推出的10集大型新闻直播节目《湘江激荡》，探寻中国共产党人的光辉足迹，关注湖南“两型”社会建设进程，展望湘江打造“东方莱茵河”的美好未来，是一档对话湖南、探讨湖南、展示湖南、思辨湖南的高端节目，一经播出便引起社会各界强烈反响，广受各界好评。湖南经视精心策划和采制的大型系列报道《湘江母亲河——东方莱茵河之梦》把湘江与莱茵河摆在同一主题下，全面解读省委、省政府治理湘江流域污染的战略决策，湘江流域为治理污染所做的不懈努力及取得的巨大成就，普通民众对治理湘江的渴盼和自觉行动，全面展现了我省打造“东方莱茵河”的历史壮举。整个系列报道重点突出、情感丰富、思辨性强，制作精美且大气。省委书记周强在收看后高度评价“经视的《湘江母亲河——东方莱茵河之梦》重点报道抓得不错，用了心，下了功夫！”

二、扎实推进惠民工程，事业建设取得突破

1. 重点抓好广播电视村村通工程建设。我局全年落实国家村村通建设资金和省里配套资金共计7312万元，并通过争取，将村村通工作列入我省明年为民办实事的18个考核指标之一，为2012年完成全省村村通年度任务奠定了坚实的基础。同时积极开展扩大直播卫星公共服务体系建设，组织全省各市州局开展直播卫星服务区域划分工作，现已完成9200多个行政村的汇总统计，并指导地方服务机构在全省乡镇设立直播卫星接收设施专营服务网点。

2. 大力推进有线网络改造。从2011年4月份开始，我省有线光缆覆盖用户建设正式启动，以“长株潭”为核心，在全省所有完成数字电视平移工作的区县范围内全面铺开。在我局和省有线集团的共同推动下，我省已有42家公司启动了网改工作，全省已完成240万光纤到楼的覆盖工作（含“长株潭”地区130万户），双向网改入户数近

30万户，超额完成《2011年省直和中央在湘有关单位评估指标》中要求的全省200万光缆覆盖用户的建设目标。

3. 全面推广新媒体发展。全年我局组织了两个技术试点，一是实施下一代无线广播电视网的试点。我局主要承担了频率规划和技术方案审定等工作，并对该项目的进展进行全程跟踪指导。在项目建设过程中，我局按照建设“科技园区”、“人文园区”和“智慧园区”的三大目标，着力推进应用开发。科技部、交通部、公安部、国家广电总局等多部委充分肯定了我局的工作，并给予多项部级联合项目的科研任务，其中智能交通、无线政务等多项业务已取得实质性进展。“无线星沙”项目总投资经1170万元，经过一年多的建设，目前该项目已经完成NGB－W技术试验网络搭建（该网由5座骨干站点和49个二级站点组成），覆盖经开区主要区域。此外，智能交通、无线城市、双向无线广播电视等业务也已初具雏形。2011年11月19日，在长沙经济技术开发区组织了下一代无线广播电视网经开区试验网的验收。经专家组一致评议，该项目通过验收。二是组织农村信息化在长沙开慧镇的试点。利用下一代无线广播电视技术（NGB－W），推广农村宽带普及和文化信息共享等农村信息化相关业务。经过三个多月的建设，在长沙县开慧镇建成了由一个中心机房，五个覆盖基站组成的农村信息化无线宽带接入网，并于10月开始试运行。目前，长沙县开慧镇农村信息化网络建设运营试点已被湖南省国家农业农村信息化示范省建设领导小组列为示范点，成为“数字湖南”的重要组成部分。

4. 积极推进三网融合工作。长株潭地区是三网融合的试点城市。2011年，我局通过艰苦细致的工作，全省有线电视网络实施了97家股权重组，对中信国安持股的“四市一县”的整合工作稳步推进，基本完成了全省有线网络整合。全面实施有线电视网络数字化和双向化升级改造，全省有线电视数字用户已达625万户，双向交互覆盖用户240万户。IPTV播控平台与中央集成播控平台顺利对接，同时实现了与省电信对接测试，有线电视网络光缆覆盖建设任务如期完成。

5. 进一步加强电影事业建设。2011年，我局按照每个行政村每月放映一场电影的总体部署，为全省43592个行政村放映公益电影52.28万场，年观影人次将近1亿人次。其中，长株潭放映公益电影60703场，完成全年任务的109%，年观影人次2千万人次。同时，我局用好电影专项资金，为影院建设提供资金支持。2011年，我省长沙王府井影城、长沙万达影城等18家影院享受新建影院先征后返电影专项资金900多万元；湘潭左岸影城等15家影院享受数字放映设备补贴152万元；湖南大剧院等4家影院享受省级电影专项资金对影院改造项目的资助60万元。

三、全面履行管理职责，行业管理规范有序

1. 加强了播出机构的管理。依法对全省103个广播电视播出机构、81个广播电视频率频道进行了年审。开展了卫星电视传播秩序的专项整治和打击非法“网络共享”专项行动。

2. 突出抓了节目生产和管理。突出主旋律，重点抓重大题材规划和精品生产管理。大力培育内容生产主体，全年新批广播电视节目制作经营机构17家。审查电视剧21部802集。《风华正茂》、《我的青春在延安》等电视剧获广泛好评。生产电影10部，潇湘电影集团生产的《湘江北去》获第十四届中国电影华表优秀故事片提名。动画节目达到5788分钟，同比增长16.5%。

3. 加强了广告监管。查处纠正市州违规播出广告行为80多次，对违规播出机构负责人诫勉谈话15次，对违规播出机构下发《整改通知书》40份。净化了荧屏声屏，营造了良好广播电视广告环境。

省质监局助推“两型社会”建设情况

自长株潭城市群被确立为“两型社会”建设综合配套改革试验区以来，省质监局主动跟进，积极作为，以服务节能降耗为中心，通过运用标准、计量、认证等手段，为助推“两型社会”建设作出了积极贡献。

加强节能减排知识普及。共举办节能知识培训班19期，培训企业技术人员2686人次。共培训特种设备节能监管人员1160名、司炉工5537名、水处理人员3208名。组织能源计量管理专家，赴14个市州深入开展了“精益计量助推管理节能”免费巡回讲座，培训能源计量管理人员、技术人员1万多名。

加强生产许可把关。运用工业产品生产许可证管理等手段，淘汰落后水泥生产线350条、产能3666万吨，淘汰落后水泥企业274家；新增新型干法旋窑水泥生产企业35家，新增产能5764万吨。

加强能源计量工作。在全国率先开展了“国千家”、“省百家”和耗标煤万吨以上企业实施《用能单位能源计量器具配备和管理通则》的合格认可，指导帮助204家企业按照《通则》要求，完善了能源计量器具的配备，为企业检定校准能源计量器具4万多台件，完成了295家企业《通则》合格认可工作。组织节能专家到重点用能企业开展了“管理节能免费巡诊服务活动”，先后帮助102家企业解决了170多个节能问题。组织能源计量节能降耗服务队，对全省800多家耗能企业进行现场指导服务，检定、校准能源计量器具17万台件。“国家城市能源计量中心（湖南）”正式挂牌，初步建立起了能源计量数据中心采集平台，已在30余家重点耗能企业开展了数据采集，承担了政府能源管理部门委托的50余个节能项目的验收审核工作，开展了“电磁炉”、“空调机”能效测试100多个批次。

加强“两型社会”标准的制订及循环经济标准化试点工作。在国内率先发布了9项公共机构用能限额标准，其中与省“两型办”共同发布的有5项，即：《节能减排在线检测系统设计技术导则》、《普通高等学校综合能耗、电耗定额及计算方法》、《医疗机构综合能耗、综合电耗定额及计算方法》、《行政机关单位综合能耗、电耗定额及计算方法》、《商场、超市综合能耗、综合电耗定额及计算方法》，批准立项《制浆造纸行业主要产品能耗限额及计算方法》、《工业园供能系统节能设计规程》等13项节能减排地方标准。汨罗市、永兴县两个国家级循环经济标准化试点项目进展顺利，占全国国家级循环经济标准化试点项目的三分之一。

加强节能产品执法检查。先后开展了对高耗能产品、高耗能特种设备、能源计量产品、煤炭产品、能效标识产品和过度包装产品的执法检查，共查处相关案件695件，取缔使用淘汰用能设备轧制“地条钢”生产企业129家，淘汰落后地条螺纹钢生产线136条。

加强高耗能特种设备节能的监管。督促全省企业开展工业锅炉节能改造工程，共实施工业锅炉改造248台，淘汰能效低下的工业锅炉280台，全省工业锅炉热效率较2007年提高约10%，累计节约标准煤近200万吨，减少二氧化碳排放量520万吨计26.5亿立方米。完成了12259台工业锅炉能效普查和812台在用燃煤工业锅炉能效测试，16个安全与节能管理标杆锅炉房建设已通过省、市两级验收。

加强节能产品认证工作。积极为企业提供能源管理体系、服务体系及节能、节水、环保产品认证服务，全省有16家企业30个产品获得了节能环保产品认证。同时，组织专家重点帮助能源监测、建筑节能检测、水平衡测试、环境检（监）测机构以及相关国家重点实验室、高校实验室建立健全质量管理体系并顺利通过资质认定评审。

今年及今后一段时期，省质监局将进一步把服务“两型社会”建设作为工作的重点，着力抓好以下工作：

加快节能减排标准制修订步伐。充分发挥标准在“两型社会”中的技术支撑作用，建立适合“两型社会”建设的标准体系框架，完善节能减排标准体系，开展循环经济标准化试点。在建设标准体系的基础上，根据湖南省经济发展的实际需求，重点做好建筑节能、工业节能、公共机构节能、产品能耗限额、污染物减排、温室气体排放计算方法等标准的制修订。

加强能源计量和节能产品认证工作。加快“国家城市能源计量中心（湖南）”建设，建立能源计量数据中心采集平台。进一步推动《用能单位能源计量器具配备和管理通则》标准实施，加强用能单位能源计量器具的合格认可以及节能产品认证工作，推进能源管理体系、服务体系及节能、节水、环保产品认证服务工作的发展。

加强节能宣传、审查和监管工作。进一步加强企业技术人员节能知识培训。继续运用生产许可等手段，淘汰落后产能，助推经济可持续发展。联合相关部门，重点做好节能减排标准、能效标识标准的宣贯及标准实施的监督检查，确保标准的有效实施。加强高耗能特种设备节能审查和监管，加强能源计量产品、煤炭产品、能效标识产品和过度包装产品的监管及执法检查，把节能减排工作落到实处。

人民银行长沙中心支行参与和服务“两型社会”建设情况

2011年，人民银行长沙中心支行积极贯彻落实人民银行总行稳健的货币政策，根据全省“两型社会”建设推进大会精神加大金融投入、创新金融服务、维护金融稳定，有力地支持了全省“两型社会”建设。

一、贯彻落实稳健货币政策，支持地方经济发展

（一）多措并举，促进信贷总量合理适度增长

通过定期召开不同层次的金融形势分析会和信贷专题会，积极开展信贷政策导向效果评估，引导银行机构把握形势，落实责任，有效引导地方法人金融机构合理把握信贷投放的总量和节奏，积极支持两型社会建设。2011年，长沙、株洲、湘潭三市贷款年末余额8821.46亿元，占全省贷款余额的65.52%，新增贷款1368.46亿元，占全省新增贷款总额的65.77%，同比增长18.36%，高于全省平均水平。

（二）坚持“区别对待、有扶有控”，不断优化信贷结构

加大对信贷支持力度的同时，着力优化信贷结构，引导信贷投向重点领域，确保长株潭基础设施建设、支柱产业、重点企业和项目、节能环保、改善民生等领域发展资金得到较好满足。

加大对重大项目和重点产业的支持力度。按照长株谭两型社会的部署，积极支持五大示范区，八大工程及环境治理等重大项目建设，支持城市轨道交通等基础设施建设；积极支持长株潭工程机械，轨道交通等优势产业做大做强。2011年，以三一重工、中联重科为龙头的工程机械行业贷款余额超过200亿元。积极支持战略性新兴产业发展，与省经信委、财政厅等七部门联合下发金融支持战略性新兴产业的意见，联合组织旅游、战略性新兴产业银企洽谈会，全年战略性新兴产业新增贷款155.6亿元，同比增长30.2%。

（三）加强薄弱环节的信贷支持力度

推动落实中小企业融资服务的政策措施，1—12月全省中小企业贷款同比多增311.8亿元。以试验区为主要试点地区推广农村金融产品和服务方式创新，1—12月全省农、林、牧、渔业贷款同比增长15.2%。支持县域经济发展，联合省住建厅、财政厅等出台《关于进一步加大金融支持小城镇建设力度的意见》，1—12月全省县域贷款同比多增52.1亿元。支持民生领域融资需求，1—12月全省个人消费贷款同比增长29.8%；至2011年末全省累放下岗失业人员小额担保贷款50.2亿元，累放大学生“村官”创业贷款4112元。督促落实差别化房贷政策，1—12月全省房地产贷款增速同比下降13.1个百分点，保障性住房开发贷款比年初增长68.9%。

（四）大力发展金融市场业务

支持和鼓励不同类型的金融机构进入银行间市场，截至2011年末，湖南辖内银行间债券市场成员达74家，其中甲类和乙类账户共52家，同业拆借市场成员27家，黄金和外汇市场成员各2家。对长沙银行申请发行13亿元次级债券进行了初审核实，辅导其补充完善各项申请材料，支持和推荐其通过发行次级债券补充附属资本。1—12月，全省银行间市场业务保持良好发展势头，省内企业发行短期融资券和中期票据145.7亿元，同比增加36.7亿元；现券成交1.91万亿元，同比增长71.2%；回购交易1.8万亿元，同比下降5.5%；同业拆借交易109.8亿元。

二、积极推进金融服务创新，提升金融服务水平

（一）加强支付清算服务与管理

积极推广金融标准IC卡。大力改善支付环境，在长株潭等地区开展农村支付环境创建工作，区域内100%的“零金融机构乡镇”推广助农取款服务，开展农村支付结算“村村通”试点，协调电信公司将助农取款通讯费统一下调为“每月5元包干”，推动金融IC卡在零售、旅游、交通等领域的应用，长沙、湘潭、株洲、常德被列入全国首批IC卡试点城市。加强非金融机构支付业务管理，省内有5家机构通过初审并报总行。规范全省票据订货归口管理，完成新版票据的换版工作。加强支付系统运维管理，确保了支付系统安全稳定运行。

（二）提升国库服务水平

努力探索提高国库服务途径，加强国库监管，服务于“两型社会建设”。按照财政部、国家税务总局和人总行联合下发的《关于2011年财税库银税收收入电子缴库横向联网推广工作有关事宜的通知》以及《关于规范银行端查询缴税业务的通知》文件，围绕打造“数字湖南”，人行长沙中支组织省财政、省国税、省地税反复调研论证，决定依托横向联网系统平台，启动银行端查询缴税方式。这既是一项惠及城市和偏远乡村纳税户的民本、民生工程，又是湖南金融服务一重要创新。在长沙市雨花区进行试点运行以来，省建行、交行、招行、农信社、长沙银行共处理了18笔缴至省国税、省地税的银行端查询缴税业务，提高电子缴税普及率和覆盖面，便利广大纳税人、提高工作效能、提升经理国库水平。加强国库监管，配合地方财政加强专户管理，组织代理国库集中收付、国库经收业务检查。组织国库业务实地检查，开展“零差错”竞赛和省级“示范库”创建，提高国库业务规范管理水平，保障国库资金安全。

三、推进信用体系和金融生态建设，维护金融稳定

（一）深化信用体系建设

进一步加强了试验区中小企业信用体系建设的试点与示范工作，加大了中小企业信用档案建设和融资推介工作力度。一是继续指导宁乡经开区开展全国中小企业信用体系示范园区建设试点。形成了以中小企业信用信息为中心，“人民银行、园区政府、金融机构、评级机构、担保公司、企业”多方联动的中小企业信用体系共建机制，园区政府统一委托、付费，分期、分批对园内企业进行信用评级，评级机构根据园区需求，出具三份不同的评级报告，满足政府、银行、企业的不同需求。新华社、中央电视台等7家中央媒体对湖南省中小企业信用体系建设工作进行了专题采访报道。二是新批复长沙国家生物产业基地等2家园区开展中小企业信用体系试验区建设。通过组建“信用服务中心”，整合政府及有关部门的力量，建立以“征信平台”为核心，“债务融资平台”、“股权融资平台”、“管理咨询平台”、“综合服务平台”相配套的全方位服务体系，强化各类主体互助互建职能，全面提升园区企业融资能力和水平。三是指导株洲市中支基本完成了中小企业信用信息平台数据库的开发。该数据库已覆盖全市1.7万多户企业，实现了企业基本信息、贷款信息、环境保护、税款缴纳、行政处罚、法院判决、外汇核销、水电气消耗以及信用评级等多类信息的一口归集，将企业信用状况以量化分值展现。

（二）加强金融生态环境建设

提升金融生态环境创建层次，在长沙、株洲、湘潭、岳阳、娄底等6个市开展“金融生态城市”创建试点。出台《关于对金融生态环境建设成果突出地区加大金融支持力度的指导意见》，探索建立金融生态激励机制。推动金融安全区创建，对4个省级金融安全区申报县（市）进行考核验收，对3个省级金融安全区县（市）开展“回头看”工作。组织全省开展2010年度县域金融生态环境评估，并在湖南金融信息港发布《2011年湖南省县域金融生态环境评估报告》。

（三）强化金融风险监测

围绕构建系统性金融风险防范体系，以区域金融稳定监测评估系统为重点，加强地方法人金融机构、非银行金融机构、小额贷款公司、民间借贷的风险监测分析。撰写并公开发布《2011年湖南省金融稳定报告》。严格金融稳定资产管理，积极清查并催收政府专项借款，维护央行债权。组织全省金融稳定再贷款检查，按要求分步、分级认定损失。

省国家税务局参与和服务长株潭试验区建设情况

在认真总结“两型社会”建设改革第一阶段工作的基础上，2011年，省国税局对第二阶段及全年的工作思路进行了科学谋划，把工作重心从建立完善政策法律体系和体制机制框架转变到抓各项政策的落实。围绕“抓落实”这一重心，省国税局不断加强组织领导，健全工作机制，积极作为，锐意进取，税收服务“两型社会”建设改革工作不断取得了新成效。主要体现为四大亮点：

一、税收优惠得到有效落实，为“两型”企业发展增强后劲

省国税系统严格按照组织收入原则，坚持“不落实税收优惠就是收过头税”的思想，不折不扣贯彻落实“两型”产业相关税收优惠政策，积极发挥税收对经济的乘数效应来推进“两型社会”建设改革。

一是通过办税服务厅、税务网站、12366热线、纳税人学校等多渠道开展政策宣传，让纳税人广泛知晓“两型”税收优惠政策；

二是对政策优惠资格的申请认定、审批退还、日常管理等事项进行全过程的辅导，提高优惠政策执行质效；

三从税收角度对企业提出合理建议，引导企业进行产业转型升级，向“两型”产业积极靠拢，通过转型来争取更利于发展的政策空间。全年共计办理出口退税57.53亿元，落实优惠政策减免税收47.83亿元，实际抵扣固定资产进项税额50.56亿元，有力地支持了“两型”企业的发展壮大。

二、调研反馈取得丰硕成果，为“两型”提供税收政策支持

为构建促进“两型社会”建设改革的较好政策环境，省国税局在工作中严格坚持：中央有规定的，一律坚决执行；外省有好的做法的，一律积极引进；省里有权限制定的，一律大胆放开。因此，省国税局不断加强政策调研反馈，努力争取国家政策支持，积极从税收角度提出支持企业发展的建议和举措，一年来取得了不少成绩。

一是“两型”税收优惠政策建议得到国家税务总局采纳。近年来，省国税局一直在争取国家对长株潭城市群实行“两型社会”税收优惠政策先行先试，于2009年底以省政府名义向国务院报送《关于支持长株潭城市群“两型社会”建设有关财税政策的请示》（湘政［2009］50号），请求国家予以政策支持。同时，省国税局一直加强与国家税务总局的汇报、沟通，极力争取在政策论证、起草等环节得到国家税务总局的部门支持。经过几年的持续努力，国家税务总局基本采纳省国税局提出的政策建议。目前，已倾向性同意拟在长株潭试验区内的企业，购置并实际使用现行优惠目录范围中属于治理和减少污染物排放专用设备的，按专用设备投资额的20%抵免企业所得税额，比现行政策按10%的抵免比例高了一倍；充分采纳省国税局提出的对长株潭重工业区余热、余压等资源综合利用产品实行税收优惠的建议，已联合财政部出台《关于调整完善资源综合利用产品及劳务增值税政策的通知》（财税［2011］115号），对企业销售自产的100%利用工业生产过程中产生的余热、余压生产的电力或热力，实行增值税即征即退100%。这对长株潭“两型社会”建设改革将形成较大政策利好。

二是税收支持“两型”企业的建议和举措得到广泛运用。一直以来，省国税局把思想高度统一在“两型社会”建设改革的大局之下，认真配合省两型办开展工作，积极参加招商引资、项目论证、支持企业发展的各类政策座谈会，从税收角度认真提出支持意见和工作举措。围绕“两型社会”深入开展政策调研，全年共撰写“两型”产业相关的调研、汇报材料40余件，回复省委、省政府及各部门政策文件征求意见稿90余件，答复人大代表和政协委员关于“两型”产业税收的建议和提案各7件，使各项政策更能适应“两型社会”建设改革的趋势和需要，许多工作得到了广泛好评。特别是关于循环经济的政策调研，得到了全国人大环资委副主任委员曹伯纯同志的高度肯定，会后还指示省国税局再次进行专题汇报；从国税视角开展“两型”产业课题研究，撰写的《基于国税收入增长的湖南产业结构调整》得到梅克保副书记亲笔批示，刊发于湖南省委《内参》第23期；立足“两型社会”建设背景提出促进县域经济转型发展的建议，撰写《湖南县域经济转型发展》的调研报告，得到了省政协领导的充分认可。

三、纳税服务得以持续优化，为“两型”营造良好税收环境

纳税服务是国税部门的重要职责和核心工作。一年来，省国税局不断改进和优化纳税服务，营造了“两型社会”建设改革的良好税收环境。

一是简并和优化办税流程，不断减轻办税负担。先后三次简并47项涉税事项，累计减少涉税事项91个，优化流程15个，简并办税环节39个，取消办税业务28项，减少主表18张计195份，减少附列资料375项。推行行政审批事项改革，为“两型”企业精简22项企业所得税审批事项，把5类资产损失税前扣除由事前审批制变为现在的企业自行申报扣除制。积极下放或取消行政审批权限，省局目前只保留了7项行政审批权；

二是引导“两型”企业规避税收风险。针对大部分“两型”重点企业内控机制健全、纳税意识较强等特点，省国税局建立了大企业税收风险排查机制，引导企业自觉开展风险排查，降低涉税风险。全年共为50余户“两型”企业提出税收风险建议106条，辅导企业在税务检查之前开展税收自查，及时补缴因政策理解差异等非主观因素造成的少缴税款，有效促进了纳税遵从，降低了税收风险；

三是健全“两型”企业个性化纳税服务机制。建立纳税服务绿色通道，及时研究解决“两型”企业在发展中遇到了税收问题和困难，做到急事急办、特事特办。建立大企业税收诉求应对处理机制，为10余户“两型”重点企业启动涉税诉求应对程序，协调解决相关涉税问题。深入开展企业服务年活动，于3月举办了湖南省第十一届高新技术企业税收座谈会，为拓维信息、博云新材等13户符合“两型”导向的企业解决税收问题21个，有力支持了企业发展，打造了在全国范围内有影响的纳税服务品牌。

税收服务“两型社会”建设改革工作也得到了湖南省各级党委政府、广大纳税人及社会各界的好评。目前省国税系统纳税人满意率达85%以上，在2011年度依法行政考核中位于中央在湘单位第一名，连续16年保持湖南省“文明行业”荣誉，每年荣获省“企业服务年”先进单位，有42个单位被评为省“依法办事示范窗口单位”，名列湖南省行业之首。

四、税收收入实现较快增长，为“两型”建设汇聚充足财源

2011年，湖南省国税系统深入落实信息管税、风险管理的工作理念，大力实施税源科学化、专业化、精细化管理，不断强化依法治税力度，税收收入实现了平稳较快增长。2011年全省国税收入首次跨千亿，共组织不含海关代征和车辆购置税的国税收入1110.87亿元，同比增长24.06%，完成省政府下达计划的108.8%。其中长株潭地区入库税收711.4亿元，同比增收152.3亿元，增长26.53%，占全省国税总收入的64.04%；“3+5”地区入库税收960.8亿元，同比增收196.05亿元，增长25.64%，占全省国税总收入的86.5%。通过不断依法加强税收征管，为“两型社会”建设提供了日益充足的财力保障，进而更好地推动了建设改革进程，长株潭城市群在湖南省经济发展的主导地位日益得到巩固。

省人力资源和社会保障厅参与和服务长株潭试验区建设情况

2011年，在省委、省政府的正确领导和省两型办的指导帮助下，省人力资源和社会保障厅按照《长株潭城市群“两型”社会建设综合配套改革试验区劳动保障体制改革专项方案》的实施步骤和要求，坚持城乡统筹和以人为本的发展理念，加快改革创新，就业规模稳步扩大，劳动力素质不断提升，社会保障体系不断完善，保障水平持续提高，劳动关系日趋和谐，促进了经济社会发展和社会大局稳定，各项工作取得积极进展。

一、就业服务体制改革创新情况

2011年，长、株、潭三市城镇新增就业23.4万人，新增农村劳动力转移就业18.82万人，长株潭城镇登记失业率分别为2.9%、3.52%、4.1%。长株潭试验区劳动保障体制改革第一阶段就业工作总体目标顺利实现，实现了城区比较充分就业。

一是新一轮就业扶持政策得到全面落实。全面落实了“六补两贷一扶持”积极就业政策，就业政策扶持对象由原来城镇国有企业下岗失业人员和城镇登记失业人员扩大到了部分企业待岗人员、离校未就业高校毕业生、农村转移劳动力等人群，就业推进力度大大增强，统筹城乡就业迈出新步伐。二是初步建立了统筹城乡就业工作机制。长、株、潭三市率先开展农村劳动力有组织转移就业示范乡镇工作，及城区充分就业示范街道工作，并对就业示范乡镇、街道进行动态管理，逐年扩大范围，并建立了统筹城乡就业工作组织实施、奖惩考核等一系列的政策、制度，有效调动了基层工作积极性、主动性和创造性。三是城乡结合开展重点人群就业援助工作成效显著。在长株潭三市首创零就业家庭“三步四级”就业援助办法，确保零就业家庭动态清零。建立就业援助工作激励机制，对帮扶“零就业家庭”人员就业的给予奖励。四是统筹城乡开展创业带动就业工作。在长株潭开展了国家级创业型城市创建活动，建立了省级创业孵化基地、厅市共建大学生创业园，开创性地评选了创业带动就业示范单位和创业见习单位。全力推动大学生创业引领计划，设立大学生创业投资引导基金，筹建大学生创业项目库，为大学生创业提供政策扶持、创业服务、创业培训“三位一体”服务。

二、社会保障体制改革创新情况

近年来，省人社厅全面推进社会保险全覆盖工作，突出解决社会保险历史遗留问题，覆盖城乡的社会保障体系框架基本建立。截止2011年末，长沙、株洲、湘潭企业养老保险参保总人数为136.8万人、59.1万人和42.9万人，分别较2008年初增长了57.1万人、17.2万人和9.9万人，年均增幅分别为14.5%、9.0%和6.8%；长株潭城镇医疗、工伤、生育保险参保人数分别达到539.5万、232.9万人和184.65万人，覆盖率分别达到97%、97%和72%；长株潭失业保险也有较快增长，达到142万人。

一是率先建立城乡居民养老保险制度。以国家城乡居民养老保险试点为契机，长株潭所有区县（市）全部被纳入国家城乡居民养老保险试点范围。率先在全省建立了城乡居民基本养老保险制度，将农村居民、城镇无社会保障的老年居民等纳入制度范围。2011年率先在全省建立了城乡居民养老保险基础养老金正常调整机制。二是更加健全被征地农民社会保障制度。长株潭率先出台了被征地农民社会保障制度，将被征地农民全部纳入社会保障范畴，并享受城镇居民的有关就业优惠政策。2011年，将女满55周岁、男满60周岁的被征地农民按城镇企业退休人员享受养老、医疗保险政策待遇。出台了城中村改造转户居民的就业和社会保障办法，三年内将把所有城中村改造转户居民全部纳入社会保障体系。三是率先开展医保城乡统筹。长沙市率先在全国实现了城镇居民医保和新农合的并轨，出台实施了城乡居民基本医疗保险办法，实现了基本制度、筹资标准、待遇保障、经办系统的“四统一”。进一步完善了城镇职工医疗保险制度，基本解决了关闭破产和困难企业职工的医疗保险问题，基本实现了人人享有医疗保险。“总额控制、费用包干、就近医疗”的城乡居民医保门诊统筹模式得到人社部肯定并在全国推广。四是不断完善失业、工伤保险制度。将岗位补贴、转岗培训补贴、事业预警及失业保险动态监测费用纳入失业保险基金支出范围，有效发挥了失业保险稳定就业、预防失业的功能。并探索建立健全农民工参加失业保险制度，陆续出台了社会团体、农民工、建筑企业工伤保险参保新政，全面解决了老工伤人员的历史遗留问题。

三、职业技能培训体制改革创新情况

长株潭初步形成了以再就业培训、农村转移培训、在岗培训、预备制培训等全方位、多层次覆盖城乡的职业技能培训体系，年均培训各类人员达40余万人。2011年，长株潭三市直接组织9.5万人次参加职业技能鉴定，有9万人次取得国家职业资格证书；通过省厅鉴定中心申报高级及以上职业资格鉴定，取证12052本。

一是不断健全城乡职业技能培训体系。以公共培训为主导，充分发挥技工院校、企业职工培训中心和民办职业培训机构渠道作用，大力开展校企合作，大规模开展定向、定单、定岗技能培训，突出操作技能训练和职业素质的培养，实现素质就业和稳定就业。二是创新技能人才培养机制。通过定培训机构，乡镇、街道选送人员，职介部门落实岗位，企业、技校、人社部门签订三方协议，做到培训一人，上岗一人，起到了极强的示范带动效应，实效很好。加强定点培训机构管理，按照“条件公开、公平竞争、合理布局、择优选点”的原则选定职业院校与职业培训机构作为培训定点单位。实行"就业准入"，严格加强职业技能鉴定和职业资格证书推行工作。充分发挥基层劳动保障平台作用，利用基层平台建设和职能下沉的机会，要求社区、街道选送有培训愿望的人员参加市区二级技能培训，极大地促进了社区人员的技能提升和就业。三是大力开展农村劳动力转移就业技能培训。着力引导农民工转变择业观念，抓住春节大量返乡农民和返乡过年外出务工青年未离家的时机，利用职介招聘会和劳动保障信息平台进行宣传，引导鼓励返乡农民工接受职业教育培训，积极引导择业观念转变。积极开展返乡农民工、农村贫困家庭劳动力职业技能培训，不断健全农村劳动力"技能扶贫"、"技能就业计划"和"技能提升"等在内的转移培训体系，培训结构不断优化，质量不断提高。

四、劳动关系协调机制改革创新情况

长株潭三市贯彻实施《劳动合同法》、《劳动争议调解仲裁法》，大力推广实施工资集体协商机制、劳动关系三方机制、农民工工资支付保障金制度等，形成了以劳动合同、工资宏观调控、劳动监察执法、劳动争议仲裁、劳动保障信访等为核心的劳动维权体系，有效促进了劳动关系和谐和社会大局稳定。

一是劳动合同和工资集体协商机制全面推进。截至2011年底，长株潭稳定就业劳动者劳动合同签订率达到100%，劳动合同成为新时期建立劳资关系的主要手段。全面推广劳动关系三方协商机制，企业的自主协调能力不断增强。长株潭及时发布了最低工资标准、人力资源市场工资指导价位和人工成本信息，为企业制定合理的工资分配制度提供了有效指导。二是劳动保障监察执法能力不断提升。率先在全省建立推广了劳动保障诚信制度、重大违法案件社会公布制度等，加强劳动纠纷排查化解，健全群体性事件应急处置机制。结合社会管理创新工作，启动了劳动保障监察"两网化"建设和"12333"电话咨询系统建设，执法维权工作将更加规范便民。开展农民工工资清欠、清理整顿人力资源市场秩序等专项执法行动。三是劳动争议仲裁体制不断健全。积极推动劳动仲裁实体化建设，市本级、县、市区先后建成劳动争议仲裁院。不断加强基层劳动争议调解组织建设，国有大中型企业全部建立了劳动争议调解委员会，乡镇（街道）劳动保障平台全部加载了劳动争议调解职能，建立了劳动争议调解中心，做到了"五有"，即有人员、有场地、有牌子、有公章、有制度。

五、公共服务体制改革创新情况

按照城乡公共服务均等化的要求，全面加强基层基础设施建设，提高现代化、信息化服务水平，形成了覆盖城乡的人力资源社会保障公共服务体系。

一是基层工作平台全面覆盖。长株潭三市街道、社区基本建立了基层劳动保障平台，数据信息实现联网共享，形成了自下而上的劳动保障服务体系和工作网络，业务重心不断下移，使老百姓在家门口享受方便快捷的服务。二是信息化服务水平不断提升。金保工程一期任务全面完成，就业、社保等管理系统升级完善，公共就业和社会保障网络全面覆盖到街道、社区，初步实现"同城同库"目标。人力资源社会保障门户网功能不断完善，实现了网上信息查询、政策咨询和业务在线办理，网站点击率和业务经办量不断上升。长沙市还被评为金保工程建设全国示范城市。三是人力资源市场体系不断完善。市本级及各区县（市）全面建立了城乡一体化的人力资源市场。四是政务公开机制更加健全。行政审批项目进一步精减，行政执法、行政收费规范有序，行政许可项目全部实现在线办理，行政效能明显提升。政务公开机制进一步健全，所有经办业务和行政审批项目全部放入大厅，基本实现了一站式服务。

省司法厅参与和服务两型社会建设情况

全省司法行政系统认真落实省委、省政府和长株潭试验区工委关于两型社会建设的系列决策部署，积极服务和参与两型社会建设。

助推两型法治建设。省委《法治湖南建设纲要》设专章明确规定，要求充分运用地方立法权，加强"两型社会"和生态文明法治建设。以法律顾问制度等为平台，积极引导律师、法学专家发挥掌握法律专业知识的职业优势，通过立法调研、文本起草、参与征求意见会等方式，切实为已出台的《省长株潭城市群区域规划条例》、《省人大常委会关于保障和促进长株潭城市群资源节约型和环境友好型社会建设综合配套改革试验区工作的决定》和即将颁布实施的《长株潭生态绿心保护条例》、《湘江资源保护条例》等提供法律咨询、法律建议，发挥了法律服务的参谋、支持、保障作用。省委法治湖南建设领导小组办公室21次召集省内外法学专家研讨法治湖南建设，编印《法治湖南建设论文集》5册，论文300余篇，得到了省委领导的高度重视和充分肯定，一些成果被《法治湖南建设纲要》予以吸收。为服务两型社会建设，省司法厅专门成立了省法学会环境资源法学研究会，全方位开展环境资源保护和社会可持续发展课题研究，现已编印论文集2册，发表各类学术论文100余篇。全省普法部门已将生态文明法律法规宣传列入"六五"普法规划，并着力多形式、多渠道、广覆盖地开展普法宣传，有效地促进了有关两型社会建设的法制知识普及，为两型社会建设营造了浓厚的法治氛围，8月下旬，以"法制建设保障两型社会建设"为主题，省司法厅组织省法律顾问团成员深入长株潭试验区开展调查研究，提供相关法律建议，受到了大河西、云龙、天易等示范区的热烈欢迎。

促进两型产业发展。两型社会建设的第一要义就是发展。近年来，长株潭等地司法行政部门围绕服务两型社会建设，整合法律资源，深入开展专项法律服务活动，努力为两型产业、项目等提供法律服务。

积极组织法律服务工作者与企业、项目等签订法律服务协议，实行全程跟进式法律服务。今年以来，株洲市组织法律服务机构担任企业、项目顾问576家，服务两型建设重点工程或项目56个、企业778家。如今，聘请律师担任法律顾问成为各地工程项目建设的通行做法。律师、公证员、司法鉴定人等通过参与企业、工程等服务对象的招商引资谈判、项目可行性论证，起草、审查、修改和公证合同，出具法律意见书、资质证明等方式，有效防范、减少法律风险，切实从法律层面推动了工厂、项目发展。发挥信息资源广、社交范围宽的优势，各地律师、公证员等积极为重点工程、企业牵线搭桥，以法律服务促融资引资，如崇民律师事务所、长沙市雨花区公证处等多次帮助服务企业成功争取投资融资和银行贷款，使企业转危为安。遵循严格依法办事、维护群众合法权益、优化工程建设环境的原则，各级法律服务部门积极协助重点工程单位做好土地征用、房屋拆迁等前期工作，为工程建设创造良好环境。围绕服务两型示范区、清水塘整体搬迁等重大标志性工程项目建设，长株潭三地律协组织律师深入开展法律服务，多次帮助化解劳务纠纷、施工合同纠纷等，有效减少了阻工扰工现象，为项目顺利推进发挥了重要作用。同时，通过派驻法律服务工作组、进行“法律体检”等方式，法律服务工作者积极帮助服务对象健全内部管理、堵塞漏洞，有效预防了工程建设、企业生产经营过程中的管理问题和经济纠纷。

注重两型机关建设。两型社会建设无小事，节约是大事。以创建省直文明单位、省直文明标兵单位等契机，省司法厅带头厉行节约，注重节能，着力打造符合两型社会建设要求的机关。坚持所有科目开支严格预算控制，实行预算包干、分块管理，严格控制财政预算，减少非行政性支出。严格会议审批，通过多会合并，压减会议次数、会议规模、会议资料，合理控制会议时间等方式，2011年，省司法厅的会议支出较2010年明显减少。规范公务接待审批程序，坚持公务接待在厅机关食堂就餐，公务接待费用得到了有效控制。加强车辆管理，实行节奖超罚，去年厅机关节约油费近5万元。大力推进厅机关绿色工程、清洁工程建设，拆除旧危设施，建立健身房、乒乓球室等锻炼场所，厅机关工作环境不断得到改善。大力实行锅炉、空调“煤改气”节能工程，严控办公场所空调运行时间，室温30℃以下不开空调；水电设施、办公室电灯、电脑、复印机等做到即走即关，有效杜绝了“长流水、长明灯”现象；选用低耗能耗材和环保、质优、价廉的办公设备用品，节约电话、文印、邮寄、传真费用等，切实以实际行动参与、支持了两型社会建设。

省统计局参与和服务长株潭试验区建设情况

2011年，省统计局认真贯彻“一条例一决定”及省政府相关文件的规定和省两型办的具体要求。以“两型社会”建设评价指标体系工作为主线，充分发挥职能作用，积极落实工作举措，有力地服务了全省“两型社会”建设大局。

一、建立完善统计制度，筑牢“两型社会”统计基础

（一）建立和完善了《“两型社会”建设综合评价统计制度（试行）》。一是年报方面，省统计局对综合评价体系涉及的34个指标进行了规范和细化，对指标口径进行了规范并明确了数据来源，建立和完善了“两型社会”建设综合评价年报统计制度。二是定报方面，制定了“两型社会”建设综合评价定报统计制度。2011年三季度，省统计局在政府统计和相关部门统计现有基础上，筛选出与“两型”关系密切的14个指标，进行按季度监测分析。并在此基础上，进一步挖掘整合，补充完善现有统计内容，扩充指标，选取21个具有“两型社会”特征和数据来源较为可靠的指标，制定了“两型社会”建设综合评价定报统计制度。

（二）制订了《“两型”示范区统计报表制度（试行）》。为更好地推进“两型”示范区统计制度的建立，省统计局充分利用现有统计条件，集中力量，组织相关处室进行了有针对性的调研。根据示范区规划所涉及的最小行政区划单位，暂定以乡镇街道为单位报送相关数据。结合联网直报等现有统计条件，省统计局选取了36个指标，形成了《“两型”示范区统计报表制度（试行）》。

（三）修订和完善了“两型”产业分类标准。省统计局根据国家最新制订实施的国民经济行业分类（GB/T 4754—2011）对两型产业所涉及的行业小类一一进行了调整，最终形成由391个行业小类组成的新的两型产业行业分类标准。

二、设计开发统计产品，丰富“两型社会”统计内涵

（一）完成了年度《“两型社会”建设综合评价报告》。通过测算年度间“两型社会”建设全省、环长株潭城市群和长株潭城市群动态的发展状况以及市州间静态的对比和各市州的排名情况。根据测算结果，综合分析了“两型社会”建设过程中在资源节约、环境友好、科技创新和社会经济方面存在的问题，并针对问题提出了对策建议。根据多指标综合测算，2010年以上年为100计算，湖南省“两型社会”建设考核评价总指数达到112.0。2010年4个评价领域的指数比2009年均有提高。其中：科技创新指数在4个领域中最高，为128.8，对总指数贡献5.77个百分点；其次为社会经济领域指数，达112.5，对总指数贡献3.14个百分点；资源节约领域指数为108.8，对总指数贡献2.19个百分点；环境友好领域指数为103.0，对总指数贡献0.89个百分点。

（二）设计了季度数据卡片和季度动态分析。为了更加准确及时地反映“两型社会”建设情况，省统计局结合当前数据实际，积极把握“两型社会”建设需求，围绕“及时提供数据，优化统计服务”的原则，设计了“两型社会”建设季度数据卡片。卡片内容主要包括：高新技术产业增加值占地区生产总值比重、三产业增加值占地区生产总值比重、城镇居民人均可支配收入、农村居民人均纯收入、单位规模工业增加值水耗上升或下降、单位规模工业增加值能耗上升或下降、高能耗行业增加值占规模工业增加值比重、高能耗行业投资占工业固定资产投资比重、高新技术产业投资占固定资产投资比重、工业技术改造投资占工业固定资产投资的比重、建设用地供地率、单位工业用地面积实现工业增加值增长率、森林覆盖率、空气质量良好天数达标率、万元工业增加值主要污染物排放强度（主要污染物包括：SO2. COD、氮氧化物、氨氮、铅）、专利授权量增长率、单位 GDP 生产安全事故死亡人数。

（三）深入研究评价方法，提出了绿色 GDP 考核评价体系。2011 年，省统计局初步完成了《绿色 GDP 评价指标体系》研究。这套指标体系包括经济发展、资源消耗、环境和生态 3 个层面，分别按照 40%、30%、30% 的比例进行考核核算，共计 22 个指标。相关指标分别是：经济增长、人均地区生产总值、第三产业、高新技术产业增加值占 GDP 比重、城镇居民可支配收入、农村居民纯收入等；单位 GDP 的能耗、水耗、电耗、建设用地，以及单位规模工业增加值能耗等；工业“三废”排放量占 GDP 比重、环境保护费用占 GDP 比重、工业废水、二氧化硫排放达标率、绿化覆盖率、城市污水处理率、城市空气质量良好天数达标率等。这套指标体系将从 2013 年开始将在长株潭试行。

三、协调沟通相关部门，理顺“两型社会”统计关系

“两型社会”建设评价体系中的指标涉及国土、林业、环境、住建、知识产权、交通、劳动、安监、水利等多个部门。为了理顺关系、形成合力，共同完成好“两型社会”统计工作，省统计局积极协调、及时沟通。一是按照全局一盘棋的工作思路，将“两型”产业的核算工作分解到各个相关处室，通过试算后确定是否对“两型”产业分类进行调整。二是通过召开部门统计工作会议的方式，加强与省直各部门的沟通联系，征求对指标体系的意见和建议，将“两型社会”建设统计任务分解到相关部门。通过组织相关处室人员进行协调，多次与相关部门主管领导以及业务人员沟通协调，基本理顺了关系，畅通了统计渠道，为下一步更好地开展“两型社会”建设统计工作奠定了扎实的基础。

四、加强统计咨询服务，全力助推“两型社会”建设

充分调动全局统计资源，努力为推进“两型社会”建设做好统计咨询服务工作。积极编制好关于《关于征求 < 长株潭试验区 2012 年重点改革职责分工 > 意见及编制相关重点改革实施方案的通知》的复函；《 < 关于转交省人大常委会检查长株潭长株潭城市群“一条例一决定”贯彻实施情况报告审议意见的函 > 的复函》；《关于 < 关于 2012 年两型社会建设重点工作职责分工征求意见的函 > 的复函》；《关于 < 湖南省“十二五”主要污染物总量控制规划 > 的征求意见函的复函》等文件；同时，按要求做好了统计数据咨询服务工作。

省物价局服务“两型社会”建设情况

2011 年，全省价格部门按照省委、省政府的战略部署，围绕“转方式、调结构”主线，出台了一系列促进节能减排、环境保护和技术创新的价费政策，为“两型”社会建设提供了有力保障，取得了较好成效。

运用电价政策，促进节能减排

一是针对湖南省为煤炭调入省份、煤耗较高的情况，改革省电网统调燃煤机组上网电价形成机制，由过去按各发电厂实际煤耗定价改为按电厂平均成本制定统一标杆电价，节约归己，超支不补，促使省电网统调燃煤机组单位供电标煤耗由原来每千瓦时 386 克降低到 2011 年底的 329 克，2008—2011 年累计节约原煤约 2044 万吨，降低电厂发电成本约 129.4 亿元。二是按照“两型社会”建设的要求，认真落实对高耗能、高污染行业实行专项加价的差别电价政策和惩罚性电价政策，对电解铝、铁合金等八个高耗能行业中属于国家淘汰类、限制类的 666 家企业分别实行差别电价，促使其中 528 家企业实现关、停、并、转和产业升级。并对 74 家超能耗企业实行了惩罚性电价，其中 2011 年已有 20 家企业通过技改达到国家和省规定能耗标准，停止执行惩罚性电价。三是针对火电污染严重的情况，及时出台燃煤发电企业脱硫加价政策，每度电加收 1.5 分钱，鼓励电厂脱硫。2008—2011 年累计支付脱硫电费 34 亿元，减少二氧化硫排放 136.81 万吨，其中“3 + 5”城市群支付脱硫电费 19.86 亿元；全省统调燃煤机组脱硫设施建设和改造率达 100%。四是积极实施可再生能源电价附加政策。统一在销售电价上每千瓦时加收 0.1—0.8 分钱作为可再生能源附加，对 2006 年后核准的可再生能源发电项目上网电价按每千瓦时 0.25—0.35 元的标准进行补贴，促进了湖南省新能源建设。截止 2011 年底，全省陆续建成了长沙、衡阳等 6 个垃圾发电厂，常德、衡阳等 4 个秸秆电厂，郴州仰天湖等 3 个风电厂共 13 个可再生能源发电项目，累计补贴金额为 2.34 亿元，节约标煤 29.8 万吨，减少二氧化硫排放 5436 吨。此外，全省在建的可再生能源发电项目还有 16 个。该项政策实施，不仅促进了湖南省新能源建设，对农林废弃物利用和农民增收等也具有积极的作用。如常德澧县生物质电厂自 2009 年投产发电以来，累计发电 3.47 亿度，实现发电收入 2.3 亿元（其中享受电价补贴 9894 万元），利税 3500 万元，消耗农林废弃物 44.5 万吨，直接支付农民收入 1.47 亿元，由农林生物质燃料收集、运输、破碎和发电产业链带动农民再就业超过 2000 人。五是针对电网用电高峰和低谷负荷相差悬殊、用电负荷率低的矛盾，为提高发电设备的利用效率，积极推行并逐步完善鼓励用电削峰填谷的峰谷分时电价政策，省电网负荷率由 1997 年的 79% 提高到了 2011 年的接近 90%，相当于节约发电装机约 120 万千瓦，节约发电设备投资约 77 亿元。六是支持清洁能源发展。为支持小水电发展，适当提高了水电上网电价，增加水电企业发电收入约 5 亿元。

对装机在2.5万千瓦（含）以下的小水电，统一按6%的增值税率开具增值税发票与供电企业结算，降低小水电企业实际税赋11%。“3+5”城市群小水电企业增加收益约8010万元。七是为扶持热电联产、综合利用发电项目发展，对这些项目给予上网电价倾斜并对同类型自备电厂免征政府性基金附加，预计每年免征额约3亿元。

深化水价改革，促进节约用水

为促进节约用水，改善水质，按照补偿成本原则，适当调整了自来水价格，通过适当提价，大大增强了全民节水意识。许多企业都开始自主进行技术改造，建设节水项目。如株洲智成化工实施节水技术改造前，每天生产用水达10—15万吨，现在使用循环用水系统，每天只需2—3万吨。受此影响，株洲自来水用量也从以前最高的105万吨/天，大幅下降为40多万吨/天。开征了污水处理费并打进了水价，分批将13个省辖市、88个县市污水处理费分别提到每吨平均0.7元和0.55元，年筹资11亿元，有力地推动了污水处理设施的建设和运行。截止2011年底，全省投入运营的污水处理厂达133座，日处理污水能力、污水处理率分别由2008年的195.2万吨、52.05%、上升到528.5万吨、77%。长沙市污水处理量、污水处理率分别由2008年的36万吨/日、35%上升到2011年的124万吨/日、95%以上，两项指标实现成倍增长。同时，按照2分/吨的标准开征了水资源费。

完善油气价格政策，提高长株潭气化水平

一是鼓励发展，扩大天然气使用覆盖面。天然气作为清洁能源，相对于煤炭、石油等在减少污染排放、保护资源环境方面具有相对优势，为支持天然气管网建设，及时出台并规范了居民用户燃气庭院管网和室内管道安装收费，同时，对天然气价格实行销价与进价联动，鼓励天然气经营户发展。二是鼓励节约，提高天然气使用效率。为合理调控居民用户对天然气的需求，在长株潭地区实行了居民生活用天然气阶梯式价格试点，推动节约用气，有效促进了资源节约和引导天然气资源实现合理配置。此外，按照国家统一部署，推进成品油价格改革，有效维护了成品油市场价格稳定，确保了市场供应。

完善环保收费政策，促进环境治理

一是在财政资金投入不足的情况下，通过开征城镇生活垃圾处理费，为城镇生活垃圾无害化处理提供了必要的资金保障。截止2011年底，湖南省29个设市城市、72个县城，分别有12个城市、20个县城开征了城市生活垃圾处理费，开征率由2009年的37.9%、23.6%提高到41.4%和27.8%。征收垃圾处理费1.9亿元，收缴率为54.8%，比2009年增加1.04亿元。如邵阳市采取伴水征收，大大提高了征收额，年征收达到1545万元，比2008年未伴水征收时增加1013万元，增长了190%。同时，垃圾无害化处理效率也得到提高，截止2011年底，湖南省生活垃圾无害化处理率为45%，其中长沙、株洲、郴州、湘西自治州的生活垃圾无害化处理率达到了100%，湘潭达到了75%。二是为防止医疗废物处置能力不足造成环境污染，实现医疗废物集中处置，本着简便、有效的原则，出台医疗废物处置收费政策。三是积极落实排污权有偿使用和交易的相关工作，出台了排污权使用费管理办法和长株潭三市二氧化硫化学需氧量排污权有偿使用费试行标准，促进企业节能减排。

清除价费“篱笆”，推进三市融城

为推动长株潭三市“同城同价”，清理取消各类地域封锁、阻碍区域之间人员、资金、物资、技术、信息交流的价费“篱笆”，采取了三市用电、用气、公交、通信同价等一系列价费措施。一是简化气价分类，将长株潭三市工业用气、营业性用气、非营业性用气价格分类简化合并为非居民用气，统一为3.00元/立方；同时，将长株潭三市居民用气价格统一为2.45元/立方。二是取消潭耒高速公路株洲西连接线收费，撤销了浏阳焦溪岭隧道等10个收费站，年减轻社会负担1亿元以上，消除了以往经普通公路进入他市他县过河过桥留下买路钱的地域封锁的现象。三是采取价费措施确保三市进城务工人员、跨地区就业人员子女上学与当地学生享受同等待遇。

采取价费措施，促进经济又好又快发展

除采取价费措施促进节能减排以外，还充分发挥价格杠杆作用，促进经济平稳较快发展。一是运用价格杠杆全力调煤保电。先后出台煤电价格联动、暂停执行上网侧峰谷分时、丰枯季节电价政策等一系列措施。2011年每千瓦时提高火电上网电价6.09分，考虑峰谷分时、丰枯季节政策因素，同比每千瓦时提高7.34分，完全疏导了火电厂2009年11月以来因煤价上涨带来的成本增支，增加省电网统调火电企业2011年收入约23亿元。针对煤价大幅上涨，发电成本大幅提高的情况，及时对省内电煤实行临时价格干预措施并对电煤中间环节收费进行了全面清理。重新修订《湖南省煤炭价格调节基金征收使用管理办法》，全力抓好煤炭价格调节基金征管工作，2011年累计下拨1.345亿元煤炭价格调节基金，用于调煤保电。在价格政策的调节引导下，各大火电企业从原来不愿存煤到积极向外购煤，从原来不愿发电到现在积极争取多发电。省电网统调火电厂的电煤库存由2011年5月15日的56万吨增加到2011年底的360万吨的历史高位，全省电力供应得到有力保障。二是运用价格杠杆促进经济总量增长。2011年面对巨大的调控压力，积极采取扶持生产、保障供应的方式稳定市场价格，保持经济增长活力；全年农产品、工业品等价格上涨促进全省地区生产总值增加2600多亿元。在历年通过价格政策筹资的基础上，2011年通过价格政策筹集库区移民扶持、城建、农网改造、高速公路还本付息和污水、垃圾处理资金约170亿元。2011年全国CPI涨幅与GDP比较低3.8个百分点，而湖南省低7.3个百分点，实现了防通胀与保增长的双赢。三是减轻企业和群众价费负担。在认真落实2010年底取消14项、降标6项收费的基础上，再次取消31项行政事业性收费；取消20多项涉及纳税环节、建设项目及社会团体收费，降低住房转让、租赁交易手续费等12项收费，年减轻企业和居民负担近10亿元。强化对收费员的培训，规范执收单位收费行为。规范和降低农产品流通环节收费，将市场设施租赁费、交易服务费纳入政府指导价管理；对非政府投资建设的零售市场收取的市场设施租赁费、交易服务费，加强监管，实行明码标价。将动物及动物产品产地和屠宰检验检疫收费标准下调41%，年减负约9000万元。专项开展的涉企、涉农价费、医疗价格、教育收费等检查和节假日市场价格巡查，全年累计查处各类违价案件5359起，查处违价金额3.58亿元，退还用户4351万元。四是促进经济发展方式转变。认真落实《关于运用价格杠杆促进经济发展方式转变实施意见》，对战略性新兴产业新建和非高能耗项目改扩建，涉及的行政事业性收费标准实行下浮。全面实现工商用电同价，商业电价下降12.4分，年减商业企业电费支出约5亿元。除垄断行业外，对住宿、餐饮、美容美发、娱乐等服务行业、文化产业，实行由经营者根据市场行情自主定价，促进其加快发展。同时，充分利用价格杠杆，促进旅游产业发展。如在制定张家界武陵源核心景区门票价格时，充分考虑旅游资源保护、宣传促销等宏观成本，通过价格扶持，每年直接为景区增加门票收入数亿元，同时间接为当地争取了30多亿融资资金，为加强景区基础设施建设，促进老少边山区脱贫致富发挥了重要作用，为保护山区、景区自然环境、增加山区、景区收入探索出了一条可行的路子。积极运用价格调节基金扶持蔬菜基地建设，省级2011年投入6000多万元价格调节基金，在全省重点扶持了34个蔬菜基地，市县普遍加大了对菜篮子建设的投入力度，本地菜供应量增加，既平抑了蔬菜价格，又使群众吃上新鲜蔬菜，还减少了长途运输的尾气污染。牵头完善落实了低收入群体价格补贴、社会救助和保障标准与物价上涨挂钩联动机制，2011年共运用价格调节基金等为城乡困难群众发放价格补贴11亿元；坚持对城镇低保户给予水、电、气、有线电视、医疗和子女上学等价费优惠，低保家庭每户每月受益80元左右，相当于将全省低保标准提高了33.3%。央视《新闻联播》2011年12月12日头条新闻报道了湖南的价格工作。

注：本篇根据省直各单位提供的材料整理。

政策法规篇

湖南省人民政府关于《长株潭城市群两型社会建设综合配套改革试验区产业发展体制改革专项方案》的批复

湘政函〔2011〕57 号

省经济和信息化委员会：

省人民政府同意你委制定的《长株潭城市群两型社会建设综合配套改革试验区产业发展体制改革专项方案》，请会同相关地方和部门认真组织实施。

附件：长株潭城市群两型社会建设综合配套改革试验区产业发展体制改革专项方案

二〇一一年三月十八日

（注：专项方案详见方案设计篇）

湖南省人民政府关于《长株潭城市群环境同治规划（2010—2020 年）》的批复

湘政函〔2011〕96 号

省环保厅：

你厅制订的《长株潭城市群环境同治规划（2010—2020 年）》收悉，经研究，原则同意《长株潭城市群环境同治规划》，请会同相关地方和部门认真组织实施。

二〇一一年四月二十五日

（注：规划详见方案设计篇）

湖南省人民政府关于印发《湖南省贯彻落实<促进中部地区崛起规划>实施方案》的通知

湘政发〔2011〕13 号

各市州、县市区人民政府，省政府各厅委、各直属机构：

现将《湖南省贯彻落实〈促进中部地区崛起规划〉实施方案》印发给你们，请认真组织实施。

湖南省人民政府

二〇一一年五月二十五日

（注：实施方案详见方案设计篇）

湖南省人民政府办公厅关于成立湖南省重金属污染和湘江流域水污染综合防治委员会的通知

湘政办函〔2011〕92号

各市州人民政府，省政府各厅委、各直属机构：

根据工作需要，省人民政府决定成立湖南省重金属污染和湘江流域水污染综合防治委员会。现将委员会成员名单通知如下：

主　任：徐守盛　省人民政府省长

副主任：于来山　省人民政府常务副省长

刘力伟　省人民政府副省长

成　员：李友志　省人民政府省长助理、省财政厅厅长

余爱国　省人民政府副秘书长

谈敬纯　省人民政府副秘书长

蒋益民　省环保厅厅长

袁乾培　省发改委副主任

刘平凡　省经信委副主任

罗亚军　省科技厅副厅长

阳红光　省公安厅副厅长

葛洪元　省监察厅厅长

余长明　省民政厅厅长

易仲民　省人力资源和社会保障厅副厅长

方先知　省国土资源厅厅长

易继红　省住房和城乡建设厅总工程师

刘佩亚　省水利厅副厅长

黄其萍　省农业厅副厅长

邓三龙　省林业厅厅长

张　健　省卫生厅厅长

唐会忠　省审计厅厅长

吴志雄　省国资委党组书记

刘国湘　省工商局局长

朱崇洲　省安监局副局长

孔和平　省政府新闻办主任

曾国兴　省政府法制办副主任

宋建民　省有色金属管理局局长

陈延喜　省银监局副局长

李维建　省电力公司总经理

张剑飞　长沙市人民政府市长

张自银　衡阳市人民政府市长

王　群　株洲市人民政府市长

史耀斌　湘潭市人民政府市长

郭光文　邵阳市人民政府市长

黄兰香　岳阳市人民政府市长

陈文浩　常德市人民政府市长

赵小明　张家界市人民政府市长

胡忠雄　益阳市人民政府市长

向力力　郴州市人民政府市长

龚武生　永州市人民政府市长

李　晖　怀化市人民政府代市长

易鹏飞　娄底市人民政府代市长

叶红专　湘西自治州人民政府州长

委员会办公室设在省环保厅，蒋益民兼任办公室主任，袁乾培、石建辉、谢立任办公室副主任。

今后，委员会成员因工作变动需要调整的，由所在单位提出意见，经委员会办公室审核，报委员会主任批准后，由委员会行文，报省政府办公厅备案。

湖南省人民政府办公厅

二〇一一年八月五日

湖南省人民政府关于《长株潭城市群生态绿心地区总体规划（2010—2030年）》的批复

湘政函〔2011〕195号

省长株潭“两型社会”建设改革试验区领导协调委员会办公室：

你办《关于批准<长株潭城市群生态绿心地区总体规划（2010—2030年）>的请示》（湘两型〔2011〕9号）收悉。经研究，同意《长株潭城市群生态绿心地区总体规划（2010—2030年）》，请会同有关地方和部门认真组织实施。

湖南省人民政府

二〇一一年八月八日

（注：总体规划详见方案设计篇）

湖南省人民政府办公厅转发省监察厅等单位关于支持株洲云龙示范区行使市级部分行政审批权的通知

湘政办发〔2011〕58号

株洲市人民政府，省政府各厅委、各直属机构：

省监察厅、省发改委、省国土资源厅、省环保厅、省住房和城乡建设厅、省农业厅、省人防办等单位《关于支持株洲云龙示范区行使市级部分行政审批权的通知》已经省人民政府同意，现转发给你们，请认真贯彻执行。

湖南省人民政府办公厅

二〇一一年八月三十日

关于支持株洲云龙示范区行使市级部分行政审批权的通知

（省监察厅、省发改委、省国土资源厅、省环保厅、省住房和城乡建设厅、省农业厅、省人防办　二〇一一年八月二十五日）

为推进长株潭城市群资源节约型和环境友好型社会建设综合配套改革试验区建设，经省人民政府同意，决定支持株洲云龙示范区行使市级部分行政审批权。现将有关事项通知如下：

一、株洲云龙示范区启用株洲市发改委、市国土资源局、市住房和城乡建设局、市城管局、市房产局、市农业局、市环保局、市人防办等8个部门的编号公章，直接实施原由上述8个部门实施的37项行政审批项目，省发改委、省国土资源厅、省住房和城乡建设厅、省农业厅、省环保厅和省人防办予以认可。云龙示范区实施上述37项行政审批时，属市本级可以办结的，由其直接办结并在审批文书上签盖有关部门的编号公章，该审批文书与编号公章归属部门签发的审批文书具有同等法律效力；依法须报省直或省以上有关部门办结的，由云龙示范区将签盖编号公章的审批件直接上报省直有关部门。国家法律、行政法规和政策另有规定的，从其规定。

二、省发改委、省国土资源厅、省环保厅、省住房和城乡建设厅、省农业厅、省人防办等有关单位开辟“行政审批绿色通道”，对云龙示范区及其规划区内企业提出的行政审批申请，按特事特办原则优质、高效办理。对涉及多部门的行政审批事项，由审批顺序中排位第一的部门牵头召集有关部门同步并联审批。

三、建立支持云龙示范区开展行政审批体制改革厅际联席会议制度。由省监察厅牵头，不定期召开由省发改委、省国土资源厅、省环保厅、省住房和城乡建设厅、省农业厅、省人防办等单位分管行政审批工作负责人参加的联席会议，及时研究解决云龙示范区行政审批改革中遇到的困难和问题。

四、云龙示范区要按精简、效能、创新原则完善内部职能机构，加强业务建设，完善工作制度，规范权力运行，并利用电子政务、电子监察等手段营造公开、透明、廉洁、高效的政务环境。

五、株洲市人民政府要加强对云龙示范区的层级管理和执法监督，确保其依法履行行政审批权。

六、省监察厅和株洲市监察机关要加大效能监察力度，确保本通知精神贯彻落实到位；要加强对云龙示范区的监督检查，防范权力相对集中带来的廉政风险和效能风险。

附件：

株洲云龙示范区实施的行政审批项目

一、市发改委（4项）

1. 建设项目招标方式、招标组织形式和招标范围核准

2. 经济适用房建设投资计划核准

3. 重大和限制类企业投资项目核准

4. 信息安全工程和用财政性资金建设的信息工程核准

二、市住房和城乡建设局（4项）

5. 建筑工程施工许可

6. 建设工程初步设计审批

7. 建设工程施工涉及文件审批

8. 风景名胜区建设项目选址审批

三、市农业局（3项）

9. 占用农用地的建设项目农业环境保护方案审批

10. 在农用地集中处置或者堆放固体废弃物审核

11. 征用蔬菜基地审核

四、市房产局（1项）

12. 商品房预售许可

五、市城管局（9项）

13. 依附于城市道路建设各种管线、杆线等设施审批

14. 临时占用街道两侧和公共场地许可

15. 临时占用、挖掘城市道路审批

16. 临时占用城市绿地审批

17. 砍伐、修剪城市树木审批

18. 城市建筑垃圾处置审批

19. 城市生活垃圾经营性清扫、收集、运输、处理服

务审批

20. 城市规划区内工程建设项目附属绿化工程设计方案审查

21. 城市规划区内改变绿化规划、绿化用地的使用性质审批

六、市环保局（8项）

22. 建设项目环境影响报告书（表）审批

23. 建设项目发生重大变化环境影响报告书（表）重新审批

24. 建设项目环境保护设施验收

25. 防治污染设施的拆除或闲置许可

26. 排污申报登记和排污变更申报登记

27. 排污许可证（大气、水）核发

28. 向大气排放转炉气等可燃气体审批

29. 限期治理项目验收

七、市国土资源局（7项）

30. 临时用地许可

31. 划拨土地使用权和地上建筑物、其他附着物转让、出租、抵押审批

32. 供地许可

33. 土地使用权改变用途许可

34. 出让土地使用权及续期许可

35. 划拨土地使用权转让许可

36. 集体建设用地许可

八、市人防办（1项）

37. 结合民用建筑修建防空地下室竣工验收许可

湖南省人民政府办公厅转发省监察厅等单位关于支持湘潭九华示范区行使市级部分行政审批权的通知

湘政办发〔2011〕57号

湘潭市人民政府，省政府各厅委、各直属机构：

省监察厅、省发改委、省经信委、省国土资源厅、省环保厅、省住房和城乡建设厅、省农业厅、省商务厅、省文化厅、省卫生厅等单位《关于支持湘潭九华示范区行使市级部分行政审批权的通知》已经省人民政府同意，现转发给你们，请认真贯彻执行。

湖南省人民政府办公厅

二〇一一年八月三十日

关于支持湘潭九华示范区行使市级部分行政审批权的通知

（省监察厅、省发改委、省经信委、省国土资源厅、省环保厅、省住房和城乡建设厅、省农业厅、省商务厅、省文化厅、省卫生厅　二〇一一年八月二十五日）

为推进长株潭城市群资源节约型环境友好型社会建设综合配套改革试验区建设，经省人民政府同意，决定支持湘潭九华示范区（九华经济区）行使市级部分行政审批权。现将有关事项通知如下：

一、湘潭九华示范区启用

湘潭市发改委、市经信委、市国土资源局、市住房和城乡建设局、市城管局、市商务局、市房产管理局、市农业局、市文化局、市卫生局、市环保局等11个市直部门的编号公章，直接实施原由上述11个部门实施的42项行政审批项目，省发改委、省经信委、省国土资源厅、省住房和城乡建设厅、省商务厅、省农业厅、省文化厅、省卫生厅和省环保厅予以认可。湘潭九华示范区实施上述42项行政审批时，属市本级可以办结的，由其直接办结并在审批文书上签盖有关部门的编号公章，该审批文书与编号公章归属部门签发的审批文书具有同等法律效力；依法须报省直或省以上有关部门办结的，由湘潭九华示范区将签盖编号公章的审批件直接上报省直有关部门。国家法律、行政法规和政策另有规定的，从其规定。

二、湘潭九华示范区要按精简、效能、创新原则完善内部职能，加强业务建设，完善工作制度，规范权力运行，并利用电子政务、电子监察等手段营造公开、透明、廉洁、高效的政务环境。

三、湘潭市人民政府要加强对九华示范区的层级管理和执法监督，确保其依法履行行政审批权。

四、省监察厅和湘潭市监察机关要加大效能监察力度，确保本通知精神贯彻落实到位；要加强对湘潭九华示范区的监督检查，防范权力相对集中带来的廉政风险和效能风险。

附件：

湘潭九华示范区实施的行政审批项目

一、市发改委（3项）

1. 工程建设项目招标方式、招标组织形式和招标范围

核准

2. 重大和限制类企业投资项目核准

3. 政府出资的投资项目审批

二、市经信委（2 项）

4. 新型墙体材料专项基金审批

5. 企业技术改造项目核准、备案

三、市国土资源局（9 项）

6. 供地许可

7. 集体建设用地许可

8. 土地使用权改变用途许可

9. 划拨土地使用权转让许可

10. 出让土地使用权续期许可

11. 临时用地许可

12. 建设项目用地预审

13. 农用地转用、土地征收审核

14. 一次性开发未确定土地使用权的国有荒山、荒地、荒滩许可

四、市住房和城乡建设局（4 项）

15. 建筑工程施工许可

16. 建设工程初步设计审批

17. 依附于城市道路建设各种管线、杆线等设施审批

18. 临时占用、挖掘城市道路审批

五、市城管局（公用事业局）（8 项）

19. 砍伐、修剪辖区内树木审批

20. 改变绿化规划、绿化用地的使用性质审批

21. 辖区内绿化工程设计方案审批（含工程建设项目附属绿化工程设计方案审查）

22. 临时占用城市绿地审批

23. 辖区内建筑垃圾处置审批

24. 从事辖区内生活垃圾经营性清扫、收集、运输、处理服务审批

25. 临时占用街道两侧和公共场地许可

26. 辖区内道路照明及环卫设施拆迁审批

六、市商务局（1 项）

27. 辖区内 3000 万美元以下外商投资企业设立、变更许可

七、市房产管理局（3 项）

28. 商品房预售许可

29. 划拨土地使用权和地上建筑物、其他附着物转让出租、抵押审批

30. 城市房屋拆迁许可

八、市农业局（3 项）

31. 占用农业生产用地的建设项目农业环境保护方案审核

32. 在基本农田保护区集中处置或者堆放固体废弃物审核

33. 征用蔬菜基地审批

九、市文化局（2 项）

34. 设立娱乐场所经营单位审批

35. 娱乐场所改建、扩建经营场所或者变更场地、主要设施设备、投资人员，或者变更娱乐经营许可证载明的事项审批

十、市卫生局（1 项）

36. 公共场所卫生许可证签发

十一、市环保局（6 项）

37. 建设项目环境影响报告书（表）审批、环境影响登记表审批及变更

38. 建设项目环境保护设施竣工验收

39. 排污申报登记登记和排污变更申报登记

40. 排污许可证（大气、水）核发

41. 环境污染限期治理项目延期完成治理任务审批

42. 向大气排放转炉气等可燃气体审批

湖南省人民政府办公厅关于印发《湖南省城市工业灾害防治工作方案》的通知

湘政办发〔2011〕60 号

各市州、县市区人民政府，省政府各厅委、各直属机构：

《湖南省城市工业灾害防治工作方案》已经省人民政府同意，现印发给你们，请认真组织实施。

湖南省人民政府办公厅

二〇一一年九月五日

（注：工作方案详见方案设计篇）

湖南省人民政府关于《长株潭城市群两型社会建设综合配套改革试验区基础设施共建共享及体制机制改革专项方案》的批复

湘政函〔2011〕250号

省发改委，省住房和城乡建设厅：

省人民政府同意你们制定的《长株潭城市群两型社会建设综合配套改革试验区基础设施共建共享及体制机制改革专项方案》，请会同相关地方和部门认真组织实施。

二〇一一年十月十四日

（注：专项方案详见方案设计篇）

湖南省人民政府关于节约集约用地的若干意见

湘政发〔2011〕42号

各市州、县市区人民政府，省政府各厅委、各直属机构：

为深入贯彻落实节约优先战略，通过转变土地利用方式助推经济发展方式转变，加快我省“四化两型”社会建设，现就节约集约用地提出如下意见：

一、强化规划计划管理

（一）强化土地利用总体规划和城镇总体规划的宏观调控和用途管制作用。各类与土地利用相关的规划要与土地利用总体规划相衔接，所确定的用地规模、空间布局、开发时序必须符合当地土地利用总体规划和城镇总体规划的安排。各类建设项目必须严格控制在土地利用总体规划和城镇总体规划确定的建设用地范围内，不得擅自通过修改土地利用总体规划的方式报批用地。严格执行土地利用年度计划，没有新增建设用地指标或者没有农用地转用指标，不得申报项目用地，不得超用地计划批地

（二）科学编制并严格实施土地供应计划。市州、县市国土资源部门要会同发展改革、规划、建设、房产等部门按规定编制本行政区域的土地供应计划，报同级人民政府批准后公布实施，并报省国土资源厅备案。没有编制年度供地计划的，不得擅自供应国有建设用地，未纳入年度供地计划的，一律不得供地。

二、加大市场配置资源力度

（三）扩大有偿使用范围。细化划拨使用对象，严格控制划拨用地范围。制定基础设施用地出让最低限价，逐步推行交通、能源、水利等基础设施用地和城市基础设施用地的有偿使用。

（四）完善工业用地招标拍卖挂牌出让制度。凡属于农用地转用和土地征收审批后由政府供应的工业用地，政府收回、收购国有土地使用权后重新供应的工业用地，必须采取招标拍卖挂牌方式公开确定土地价格和土地使用权人。新增工业项目用地，可以行业分类作为条件进行招标拍卖挂牌出让；工业企业在原规划的区城内因扩大生产规模所需的新增工业用地，可带条件进行招标拍卖挂牌出让。

（五）强化用地合同管理。土地出让合同和划拨决定书要严格约定建设项目投资额、开工竣工时间、规划条件、价款、违约责任等内容．建立履约保证金制度。在土地划拨或签订土地出让合同时，按划拨或出让土地总价款的3%收取履约保证金，根据用地单位履约情况，扣除或退还履约保证金，对非经营性用地改变为经营性用地的，应当约定由出让方收回土地使用权，重新依法出让。对确因城市规划需要调整改变原规划使用条件的，应按有关规定依法处理，对工业项目还必须明确约定投资强度、土地利用强度、行政办公和生活服务设施用地比例。严格控制商品住宅项目用地单宗出让土地规模，小城市（镇）不得超过7公顷，中等城市不得超过14公顷，大城市不得超过20公顷。

（六）大力推行网上挂牌交易。市州、县市国土资源部门要依托现有国土资源有形市场，进一步完善交易方式，大力推行网上挂牌交易。2011年年底前，各市州本级所有经营性用地必须实行网上交易；2012年年底前，全省所有市州、县市必须全面实行国有建设用地使用权网上交易。

（七）积极推进土地储备。经营性用地一律纳入土地储备；旧城区改造、产业转型升级等盘活的存量用地也应纳入土地储备。土地储备机构储备新征土地的期限不得超过2年；确实需要延期的，经本级人民政府同意后，报上一级人民政府批准。

三、全力推进开发区（园区）节约集约用地

（八）坚持工业集中集群集约发展。要按照建设“两型社会”的要求，进一步优化开发区（园区）的空间布局，优化产业结构。要根据各园区产业特点确定合理的路网密度和宽度、绿地率、建筑密度等规划指标。新上工业项目必须安排在具有相应产业功能的开发区（园区）或城镇的工业集中区内，环境污染严重的化工、冶金类工业项目必须进专业圈区，其他工业企业，在符合国家产业政策和达到环保要求的条件下，也要通过“拆企并企”、“拆企入园”等方式逐步进入开发区（园区）或工业集中发展区

发展；对规模小、污染重、效益差的企业逐步实行关停淘汰。

（九）加强开发区土地用途管制。开发区（园区）用地必须纳入土地利用总体规划和城镇总体规划，不得在土地利用总体规划和城镇总体规划确定的建设用地范围以外设立各类开发区。进一步优化用地结构，工业类开发区（园区）内的生产性项目用地比例不得低于60%，绿化率不得超过15%。工业项目用地中生活设施、后勤保障、办公服务等配套用地面积不得超过项目总用地的7%，严禁在工业项目用地范围内规划建设成套住宅、专家楼、宾馆、招待所和培训中心等非生产性配套设施。严禁将工业用地变相用于商业性房地产开发，工业用地因城市规划原因改变土地用途的，在出让合同中约定依法收回。基础设施建设要统一规划，集中安排行政管理用地，合理布置公益性和服务性设施，并由开发区（园区）统一建设，提高区域性社会资源的共享程度。

四、建立节约集约用地激励约束机制

（十）鼓励开发利用地上地下空间。城镇建设用地在符合土地利用总体规划、城镇总体规划的前提下，要充分利用地下空间，提高土地利用率。鼓励开发利用城市地下空间。土地使用权人建设地上地下一体式建筑的，地下部分的建筑面积不计算容积率，不计算建筑规模，出让时不计收土地价款。对利用广场、道路、公园等地下空间修建地下建（构）筑物的，出让时按同地段同用途市场价格的20%至50%确定土地价款。对新增工业用地，要进一步提高工业用地控制指标，对现有工业用地，增加建筑面积或利用地下空间的，不再增加土地价款。建立多层厂房的项目用地占新开工项目用地的60%以上的，给予土地计划奖励。

（十一）严格执行闲置土地处置政策。已实施征地满2年未供地的，在下达下一年度农用地转用计划时扣减相应指标。对因土地使用者自身原因造成土地闲置满2年的，依法无偿收回；土地闲置满1年不满2年的，按出让或划拨土地价款的20%收取土地闲置费。对因规划调整等不可归于用地者的原因造成的闲置土地，应通过协商和合理补偿，采取改变用途、等价置换、纳入政府储备或安排临时使用等途径及时处置、充分利用。

（十二）强化建设用地批后监管。国土资源行政部门要依据土地出让合同、划拨决定书等有关文件中的土地利用约定条件，对建设项目的建设位置、用地规模、土地开发强度等执行情况实施全程监管，并出具检查核验意见。要将建设项目依法用地和履行土地出让合同、划拨决定书的情况，作为建设项目竣工验收的一项内容。没有国土资源部门的检查核验意见，或者检查核验意见不合格的，不得竣工验收，相关部门不得办理房产登记和土地变更登记，不得颁发相关证书。对未按有关批准文件或合同要求执行的，按规定追究土地使用者的责任，依法收回全部或部分土地使用权并收取违约金．对没有按照土地使用合同开工建设和竣工的，要依法依规提出处理意见，督促企业限期完成开发，将企业违法用地、闲置土地等信息纳入有关部门信用信息基础数据库，及时通报给金融部门．

（十三）实行批地与供地挂钩政策。对前三年及当年土地供应率未分别达到80%、60%、40%、20%的市州、县市，暂停受理其农用地转用、土地征收申请，并相应扣减其下一年度的新增建设用地计划指标。

（十四）健全土地市场实时动态监测制度。各级国土资源管理部门要按照土地市场动态监测的要求，及时发布、上传国有建设用地使用权划拨、出让、转让、出租、抵押以及集体建设用地流转和房地产项目开工、竣工等信息，开展市场分析等相关工作。各级财政要安排土地市场动态监测专项经费，切实加强对土地市场的监管和调控。

五、开展国土资源节约集约模范县市创建活动

（十五）各级人民政府要把开展国土资源节约集约模范县市创建活动作为缓解资源供需矛盾、转变经济发展方式、调整经济结构的有力抓手，摆上重要议事日程，抓好抓实。创建活动对象为全省所有县市，分达标和创优两个层次开展。达标是指达到国土资源节约集约模范县市指标标准体系（以下简称“指标标准体系”）所规定的指标项的基本标准。达标为普遍性要求，原则上全省所有县市均应当在3年内达到国家规定的标准．省政府每年从达标县中评选出1/3的县市，授予“湖南省国土资源节约集约模范县市”荣誉称号，并在用地指标、项目安排等方面给予奖励。每年从省级模范县市中评选3—5个申报国家级模范县市。模范县市评比实行届别制。如不出现达到一票否决标准的重点违法违纪行为，获得的模范县市荣誉称号可保留3年。

六、确保实现国土资源节约集约用地工作目标

（十六）加强领导，搞好考核。各市州、县市区人民政府要高度重视节约集约用地工作，将其列入重要议事日程，政府主要负责人要亲自抓，分管负责人要具体抓，建立责任制，层层抓落实。要完善节约集约用地考核的奖惩制度，把节约集约用地评价考核作为领导干部政绩综合考核评价的重要内容纳入政府绩效评估范围。具体考核办法由省国土资源厅会同省人力资源和社会保障厅另行制订。

（十七）部门配合，明确责任．各有关部门要加强协调，形成合力，全力推进节约集约用地工作。发展改革部门要严把建设项目审核关，确保重点工程和鼓励类项目、民生项目建设，控制非重点工程和一般性工业项目立项；规划部门要严把城乡规划关。控制建设项目开发建设强度；国土资源部门要严把建设项目征转和供地关，按照节约集约用地要求核定用地量；统计、审计部门要配合做好节约集约用地考核评价工作；工商部门要将企业违法用地、闲置土地等信息纳入省信用信息系统，并及时披露，按失信行为惩处；金融部门要严格建设项目贷款管理，禁止向违法用地项目以及违反规划控制要求和国家产业政策的项目提供贷款支持。

（十八）加强宣传，正确引导。各级各有关部门要加强节约集约用地的宣传力度，不断提高全社会特别是各级领导干部的资源忧患意识和节约集约用地意识。要认真总结推广节约集约用地经验，表彰节约集约用地的先进典型，严肃惩处闲置浪费土地和违法违规用地的行为，营造节约集约周地的良好氛围。

湖南省人民政府

二〇一一年十一月九日

湖南省人民政府关于印发《数字湖南规划（2011－2015年）》的通知

湘政发〔2011〕44号

各市州、县市区人民政府，省政府各厅委、各直属机构：

现将《数字湖南规划（2011—2015年）》印发给你们，请认真组织实施。

湖南省人民政府

二〇一一年十一月二十六日

（注：规划详见方案设计篇）

湖南省人民政府关于《益阳市资源节约型和环境友好型社会建设综合配套改革试验实施方案》的批复

湘政函〔2011〕279号

益阳市人民政府：

你市《关于批准益阳市资源节约型和环境友好型社会建设综合配套改革试验实施方案的请示》（益政〔2010〕74号）收悉，经研究，原则同意该实施方案。请你市会同有关部门认真组织实施。

附件：《益阳市资源节约型和环境友好型社会建设综合配套改革试验实施方案》

二〇一一年十二月一日

（注：实施方案详见方案设计篇）

湖南省人民政府关于印发《湖南省“十二五”节能减排综合性工作方案》的通知

湘政发〔2011〕46号

各市州、县市区人民政府，省政府各厅委、各直属机构：

现将《湖南省“十二五”节能减排综合性工作方案》印发给你们，请结合本地区、本部门实际，认真贯彻执行。

二〇一一年十二月六日

（注：工作方案详见方案设计篇）

《湖南省人民政府关于印发<湖南省水利建设基金筹集和使用管理办法>的通知》提出要加快全省水利建设步伐以促进经济社会可持续发展

2011年1月1日，湖南省人民政府印发《湖南省水利建设基金筹集和使用管理办法》，提出要加快全省水利建设步伐，提高防洪减灾和水资源配置能力，促进经济社会可持续发展。《办法》阐明了水利建设基金的来源，水利建设基金的筹集办法和水利建设基金的专项用途，《办法》指出水利建设基金收支要纳入政府性基金预算管理，实行专款专用，各级财政、发展改革、审计、水利部门要加强对水利建设基金筹集和使用情况的监督检查，各级人民政府应加强对水利建设基金筹集和使用管理工作的领导和考核。《办法》规定此管理办法有效期至2020年12月31日。

《湖南省人民政府关于支持长沙黄花国际机场打造区域性国际航空枢纽的意见》支持将长沙黄花国际机场建设成为区域性国际航空枢纽

2011年1月1日，《湖南省人民政府关于支持长沙黄花国际机场打造区域性国际航空枢纽的意见》正式发布，旨在支持长沙黄花国际机场打造区域性国际航空枢纽。《意见》提出了支持长沙黄花国际机场打造区域性国际航空枢纽的发展目标：以打造中部地区区域性国际枢纽机场为核心，联合“两个伙伴”（基地航空公司、战略合作伙伴），做大做强“三大板块”（航空运输业、现代服务业、临空产业），分步科学实施发展战略，到2020年，长沙黄花国际机场旅客吞吐量达到3500万—4000万人次，货邮吞吐量达到38万—50万吨，飞行架次达到26万—30万架次，运量跻身全球百强，综合实力进入全国一流，成为设施先进、功能完备、安全舒适、环境优美的区域性国际航空枢纽。

《意见》提出了支持长沙黄花国际机场打造区域性国际航空枢纽的六项政策措施：一是统筹规划机场基础设施建设，包括科学实施总体规划，认真制定枢纽规划，加强建设公共设施。二是构建中枢辐射式航线网络结构，包括加快发展航班航线，扶持支线机场发展，推动地方航空发展，积极发展通用航空。三是构建长沙黄花国际机场综合交通枢纽，包括加强机场运输体系建设，支持将长沙黄花国际机场综合交通运输体系建设纳入省、市综合交通运输体系建设规划。四是优化机场发展环境，包括鼓励航空公司在湘发展，促进机场航路畅通，加快推进口岸“大通关”建设，全力打造国际物流中心，加强口岸基础设施建设。五是大力发展临空产业，加快建设以长沙空港城为依托的长沙临空经济区。六是加大土地财政税收政策扶持力度，包括多渠道筹集机场建设资金，加大财政税收的扶持力度，实行土地管理政策优惠，给予重点工程政策支持等。《意见》指出要通过加强组织领导和形成各相关部门的推进合力来实现组织保障。

《湖南省人民政府关于进一步稳定发展粮食生产的意见》提出进一步稳定发展粮食生产的十大举措

2011年1月7日，湖南省人民政府印发《湖南省人民政府关于进一步稳定发展粮食生产的意见》，着眼于进一步稳定发展粮食生产，为全省经济社会又好又快发展提供有力支撑。《意见》共计提出了十条具体举措，概而言之一是要全力抓好水稻“扩双增面”，二是要努力提升粮食产业整体水平，三是要扎实推进粮食规模化生产，四是要积极开展良种直销试点工作，五是要加大集中育秧的示范推广力度，六是要大力推广机械化育插秧，七是要切实加强病虫害统防统治，八是要整体推进粮食高产创建，九是要进一步强化农田基础保障，最后一条是要切实加大对粮食生产的支持力度。

《湖南省人民政府办公厅转发省工商局<关于推进全民创业的若干措施>的通知》强调推进全民自主创业，推动全省经济社会又好又快发展

2011年1月12日，湖南省人民政府办公厅转发湖南省工商局《关于推进全民创业的若干措施》，强调推进全民自主创业，服务“四化两型”战略，推动全省经济社会又好又快发展。《措施》中提到的具体举措包括以下十项。

一是放宽领域促进创业。支持各类创业主体进入国家法律法规未禁止的行业和领域；支持各类创业主体投资参股电力、电信、铁路、民航、石油、银行、证券、保险等行业，或参与供水、供气、供热、公共交通、污水处理、垃圾处理以及教育、文化体育事业、经营性医疗机构、社会福利等公用事业和基础设施的投资、建设和运营。

二是发展主体投身创业。支持乡镇失业人员、失地农民、退役军人、随军家属、大中专院校毕业生、归国留学人员、残疾人和刑释解教人员自主创业。支持省外、国（境）外人员来湘投资创业，支持外出务工经商人员回湘投资创业。支持城乡居民利用当地资源、自身条件开办农家乐、特色小吃、农村家庭旅馆、休闲娱乐、特色农产品加工销售等。在不改变土地集体所有性质、不改变土地用途、不损害农民土地承包权益的前提下，允许农民以土地承包经营权出资入股设立农民专业合作社。允许未成年人为股东或发起人投资设立公司制企业（一人有限公司除外）；允许无民事行为能力人依法继承、接受赠予成为公司股东。

三是降低门槛鼓励创业。允许创业人员自行申报出资数额申办合伙企业、个人独资企业以及个体工商户。允许创业人员以商标权、专利技术、专用技术、高新技术成果等非货币资产出资创办中小企业，非货币资产出资额最高可占企业注册资本的70%。允许创业人员申请企业名称登记时，将行政区划放在字号、行业、组织形式之间使用。

允许创业人员经授权、许可，使用授权人的字号或注册商标作为其企业字号。创业人员租赁宾馆、酒店、商场等作为经营场所的，允许以租赁协议和该宾馆、酒店、商场的营业执照复印件作为经营场地使用证明。

四是壮大主体带动创业。允许个人独资企业、合伙企业、个体工商户用原经营场所、原前置许可有效证件（经原前置许可审批单位书面同意）、原字号名称转型升级设立公司。允许非公司制中小企业法人进行公司制改造时，按变更登记办理。允许创业人员共同投资设立的有限公司，在首期出资到位的情况下，可申请将其余注册资本到资期限延长1年；因无法到位、企业申请减少注册资本的，准予办理变更登记、通过年检。

五是重点帮扶支持创业。对未就业的大中专院校毕业生、持有《再就业优惠证》的下岗失业人员、退役军人、残疾人和进城农民工、随军家属、刑释解教人员申请个体经营的，免收登记类、证照类费用，并提供“绿色通道”服务。对企业改制、资产重组或因经营困难，成立后超过6个月未开业或开业后自行停业连续6个月以上仍有经营意愿的，允许持相关说明和承诺文件报批备案，保留主体资格。

六是依托网络拓展创业。鼓励支持企业、自然人参与网络商品交易及服务。允许暂不具备工商登记注册条件的自然人，在向网络商品交易平台经营者提交本人真实身份信息后，开展网络商品交易及有关服务业务；引导并扶持湖南网络商品交易平台经营者做大做强。

七是培育品牌助推创业。指导、帮助各类创业主体申请注册商标，提高自主品牌的拥有量；指导、帮助创业主体争创著名商标、驰名商标，提高产品附加值；鼓励、引导行业协会和相关组织注册地理标志，利用品牌战略扩大经营规模。

八是引导民资转投创业。鼓励省外、国（境）外资本来湘投资创业；支持引导民间资本转化为创业资本；重点支持民间资本以独资、合资、合作、项目融资等方式进入基础产业和基础设施、公用事业、金融服务、商贸流通等领域。支持民间资本投资进入劳动密集型行业，承接产业转移，促进农村劳动力就地就近就业。

九是规范市场保护创业。以查处不正当竞争、保护知识产权、打击假冒伪劣、规范劳动力市场和人才市场为重点，依法打击虚假广告、制假售假、商标侵权、合同欺诈、商业贿赂和非法中介等违法行为，规范市场交易行为，建立和完善市场监管长效机制，打造“诚信湖南”，营造竞争有序、稳定和谐的创业环境。

十是健全机制服务创业。进一步落实网上年检、限时办结、绿色通道、工商联络员等服务制度；推进登记制度改革，开展网上登记，下放登记权限；定期编制发布市场主体发展报告，为创业人员投资、择业提供信息查询和政策导向服务；继续落实促进全省经济平稳较快发展、推动经济发展方式转变的各项措施，对接落实国家工商总局支持长株潭城市群“两型社会”建设的政策措施。

《湖南省人民政府关于进一步加强工商行政管理工作的意见》指出要围绕“四化两型”建设充分发挥工商行政管理的作用

2011年1月15日，湖南省人民政府印发《湖南省人民政府关于进一步加强工商行政管理工作的意见》，着眼于充分发挥工商行政管理职能作用，维护市场经济秩序，服务“四化两型”战略，推动全省经济又好又快发展。《意见》指出了深刻认识新时期工商行政管理工作的重要性，针对如何充分发挥工商行政管理职能，服务全省经济社会又好又快发展提出了七点意见，一是充分发挥登记准入职能，二是充分发挥市场监管职能，三是充分发挥消费维权职能，四是充分发挥商标服务职能，五是充分发挥促进和服务广告业发展职能，六是充分发挥服务企业融资职能，七是充分发挥信息服务职能。围绕保障措施方面，《意见》强调一要进一步加强对工商行政管理工作的领导，二要进一步加大对工商行政管理工作的经费保障力度，三要进一步加大对工商行政管理部门基础设施建设的支持，四要进一步加大对工商行政管理部门执法工作的支持。

《湖南省人民政府办公厅关于进一步加快发展纺织产业的意见》提出要加快纺织产业健康发展，推进产业升级

2011年3月25日，《湖南省人民政府办公厅关于进一步加快发展纺织产业的意见》正式印发，《意见》指出纺织工业是湖南省传统支柱产业和重要的民生产业，也是具有较强国际竞争优势的产业，在吸纳社会就业、增加农民收入、出口创汇、繁荣市场、促进区域经济发展等方面发挥着重要作用。

为进一步加快纺织产业健康发展，加快结构调整，推进产业升级。《意见》提出了纺织业发展的思路和目标，发展思路是全面贯彻落实科学发展观，走新型工业化道路，以品牌为依托，以市场为导向，以结构调整为主线，改造和提升棉纺织印染行业，巩固和发展化纤、服装行业，重点支持苎麻特色产业和竹木纤维等新兴产业，鼓励发展家纺和产业用纺织品产业，加速产业聚集，加快企业技术创新，着力培育新的经济增长点，进一步强化纺织工业就业

惠农的支撑地位，努力实现纺织工业健康快速发展。针对目标提出了总体目标和到2015和2020的阶段性目标。《意见》强调要加大对重点行业新兴产业与核心企业的支持力度，加快发展产业集群和产业基地，增强企业自主创新能力，加强企业自主知识产权与品牌建设和加大政策支持力度，并针对这五个方面的具体措施进行了详细阐述，最后提出各级各有关部门要根据各自实际，加强领导和协调配合，推进纺织产业发展。着力加强纺织行业管理部门的建设，赋予行业管理部门有效的调控手段和管理职能，加强行业自律，保障行业内企业的合法权益，推动行业内公平竞争，促进行业健康、有序发展。

《湖南省人民政府办公厅关于印发 <湖南省开发区调区和扩区暂行办法 > 的通知》阐明了规范开发区调区和扩区的相关规定

2011年3月25日，湖南省人民政府出台《湖南省开发区调区和扩区暂行办法》，旨在确保开发区调区和扩区以科学发展观为指导，符合国民经济和社会发展“十二五”规划、主体功能区规划、城镇总体规划、土地利用总体规划和环境保护规划，符合“布局集中、用地集约、产业集聚”的总体要求，《办法》对调区和扩区的条件、原则、申报审批程序和申报材料进行了规定。

《湖南省人民政府关于进一步加强防震减灾工作的实施意见》强调要进一步加强防震减灾工作，确保经济社会可持续发展大局

2011年3月29日，《湖南省人民政府关于进一步加强防震减灾工作的实施意见》出台，《意见》旨在贯彻落实《国务院关于进一步加强防震减灾工作的意见》，进一步加强防震减灾工作。《意见》提出了防震减灾工作的指导思想和工作目标，工作目标提出到2020年，要初步建成地震烈度速报台网，地震监测能力，速报能力，震情灾情信息获取能力显著增强；全省基本具备综合抗御6级左右地震的能力，长株潭和常德地区的防震减灾能力争取达到中等发达国家的水平；建成较为完备的地震应急救援救助保障体系。

《意见》从五个方面系统阐述了防震减灾工作的具体措施，一是要加强地震监测预报体系建设，包括强化震情跟踪监视工作，加强地震预测预报工作和加强地震群测群防工作。二是要加强地震灾害防御体系建设，包括积极推进震害防御基础性工作，切实加强建设工程抗震设防监管，有效提高重点基础设施抗震能力，继续实施农村防震保安示范工程，大力推进县市区防震减灾工作。三是要加强地震应急救援体系建设，包括建立健全地震应急指挥体系，加强地震灾害救援力量建设和提高地震应急救援救助保障能力。四是要加强防震减灾支撑体系建设，包括加强防震减灾法制建设，加强防震减灾工作组织领导，加强防震减灾机构队伍建设，制定实施防震减灾规划，增加防震减灾经费投入和加强科技支撑能力建设。五是要加强宣传教育与舆论引导，包括提高公众防震减灾意识，做好信息发布和舆论引导。

《湖南省人民政府办公厅关于加强房地产市场调控工作的通知》指出应抑制房价过快上涨，促进房地产市场健康发展

2011年4月15日，湖南省人民政府办公厅印发《湖南省人民政府办公厅关于加强房地产市场调控工作的通知》，旨在抑制房价过快上涨，促进房地产市场稳定健康发展。《通知》从十个方面作了具体工作部署，一是要明确房地产市场调控工作责任，各市州人民政府要坚决贯彻国务院关于抑制房价过快上涨的一系列政策措施，结合当地实际，采取有效措施加强房地产市场调控，加大保障性安居工程建设力度，切实稳控新建住房价格。二是要加快保障性安居工程建设。各市州人民政府要认真组织编制住房保障发展规划，合理确定住房保障范围，大力支持保障性安居工程建设，多渠道增加保障性住房供应。三是要加大城市住房用地供应力度。各市州人民政府要及时编制并公布城市住房用地供应计划，对其中的保障性安居工程用地实行指令性计划管理。四是要加强房地产税收征管。对个人购买住房不足5年转让交易的，按交易价格全额征税。加强对土地增值税征管情况的监督和检查。五是要贯彻落实差别化住房信贷政策。六是要完善房地产市场准入制度。各级住房和城乡建设、房产部门要严格市场准入，加强房地产开发企业监管，规范市场行为，鼓励支持诚信、有实力企业做大做强。七是要加强商品房销售行为监管。各级房产部门要严格审批商品房预售许可，制定并实行商品房预售资金监管制度，项目预售资金全部纳入监管账户。八

是要加强房地产信用信息体系建设。各级住房和城乡建设、房产部门要抓紧建立房地产企业信用信息管理机制。九是要加强个人住房信息系统建设。各级房产部门要建立完善个人住房信息系统，推行存量房网上交易和资金结算管理制度。最后一点是要营造良好的舆论氛围。新闻媒体要加大对国家各项房地产市场调控政策和保障性安居工程建设的宣传力度，加强舆论监督，对违法违规行为予以曝光，同时引导居民理性消费，为促进房地产市场稳定健康发展提供有力的舆论支持。

《湖南省人民政府关于印发<湖南省2011年国民经济和社会发展计划>的通知》阐明了湖南2011年经济工作的重点

2011年4月15日，湖南省人民政府印发《湖南省2011年国民经济和社会发展计划》，阐明了湖南2011年全省经济工作的重点所在。《计划》回顾总结了过去一年全省的经济发展态势，指出在2010年国内外经济环境极为复杂的背景下，湖南全省上下深入贯彻落实科学发展观，按照省委部署，大力实施“一化三基”战略，加快推进“四化两型”建设，积极应对国际金融危机带来的影响，全省经济社会发展持续向好的势头更加巩固，各项经济指标都取得显著提升。《计划》针对湖南2011年的经济工作提出了八项重点：一是着力促进经济平稳较快发展，包括一方面要稳定和扩大消费需求，另一方面要保持合理投资规模。二是着力保持价格总水平基本稳定，包括发展生产，确保市场供应，完善监管，改善价格环境。三是着力加快产业结构优化升级，包括大力发展战略性新兴产业，继续推进重点产业调整和振兴，大力发展现代服务业等三条途径。四是着力加强现代农业建设，包括大力发展农业生产。五是着力推动区域协调发展。六是着力加强节能减排。七是着力深化改革开放。八是着力保障和改善民生。

《湖南省人民政府批转省林业厅<关于全省“十二五”期间年森林采伐限额实施意见>的通知》提出要加强森林资源保护管理，推进“绿色湖南”建设

2011年4月27日，湖南省人民政府转发省林业厅《关于全省“十二五”期间年森林采伐限额实施意见》，旨在加强森林资源保护管理，依法实行森林采伐限额制度，严格控制森林资源消耗，提高森林资源利用效益，这对于促进全省经济社会可持续发展，建设绿色湖南和推进“四化两型”战略具有重要意义。

《意见》指出了国务院批准下达湖南“十二五”期间年森林采伐限额总量的数额和按类型分项限额数量，按森林类别分项限额数量，按森林起源分项限额数量。《意见》提出了进一步加强森林资源保护管理的几项措施，一是加强组织领导，落实森林资源保护管理责任。二是坚持分类管理，深化采伐改革，建立与现代林业和市场经济相适应的森林采伐监管机制。三是严格执行森林采伐限额，规范木材生产计划管理。四是加强森林经营，建立和完善森林可持续经营管理体系。五是加强木材经营加工和运输管理，保障林业产业健康有序发展。六是强化林地保护管理，保证林业发展空间。七是加强能力建设，提高森林资源保护管理水平。八是坚持依法治林，营造森林资源保护发展的良好环境。

《湖南省人民政府关于印发<加快发展开放型经济的若干政策措施>的通知》从八大方面提出了加快发展开放型经济的具体政策

2011年5月4日，湖南省人民政府印发《加快发展开放型经济的若干政策措施》，从八个方面提出加快发展开放型经济的政策措施。一是要提高招商引资的质量和水平，包括强化招商引资产业导向，积极引进战略投资者，大力承接产业转移，创新招商引资的方式和手段。二是要促进对外贸易跨越式发展，包括提升出口竞争力，加强出口基地建设，积极发展加工贸易，大力发展服务贸易和服务外包，加快发展会展经济和国际化旅游服务，大力发展电子商务，积极扩大进口。三是要深化国内外区域经济合作，包括强化区域经济合作机制，实施“湘品出湘”工程，积极引导湘商回乡创业，支持企业到境外投资发展，支持企业开展对外工程承包和扩大劳务输出，建立健全“走出去”服务支持体系。四是要提升各类开发园区的平台功能，包括加快构建开发园区体系，支持省级以上开发园区扩大承载能力，吸引产业项目向园区集聚。五是加快发展国际物流，包括畅通国际物流通道，加强物流基础设

施建设，加快发展多式联运。六是优化口岸通关环境，包括加快口岸大通关建设，加强口岸基础设施建设，加快电子口岸建设，完善口岸联检机构和平台布局，优化通关服务。七是强化要素保障，包括加大财税政策支持力度，加强融资服务，优化外汇管理和服务，优先保障鼓励类外来投资项目用地，积极引进海内外人才和智力，大力培养各类专业人才。八是要营造发展开放型经济的良好环境，包括严格规范行政行为，进一步放宽市场准入，进一步改善对投资者的服务，加快社会信用体系建设。

《湖南省人民政府关于严格规范城乡建设用地增减挂钩试点做好农村土地综合整治工作的实施意见》强调要严格规范全省城乡建设用地增减挂钩试点，做好农村土地综合整治工作

2011 年 5 月 5 日，《湖南省人民政府关于严格规范城乡建设用地增减挂钩试点做好农村土地综合整治工作的实施意见》印发，旨在严格规范全省城乡建设用地增减挂钩试点，做好农村土地综合整治工作。《意见》中的总体要求提出要坚持依法规范、有序推进，严禁以建设用地置换等各种名义违规扩大城镇建设用地规模；坚持因地制宜、量力而行，统筹安排挂钩试点和农村土地综合整治项目，切实扭转片面追求城镇建设用地指标和经济效益的倾向；坚持以人为本、尊重民意，不搞强迫命令，不搞形式主义，坚决制止实施过程中脱离发展实际大拆大建、侵害群众利益等违法违规行为。《意见》规定要严格规范挂钩试点管理，包括严格控制挂钩试点范围和规模，严格挂钩试点项目选址，严格挂钩试点项目实施，严格挂钩试点项目验收。《意见》提出要进一步做好农村土地整治工作，一是要规范推进综合整治工作，二是要切实抓好重大工程。《意见》最后提出了保障措施和工作要求，一是健全工作机制，二是强化资金整合，三是维护农民权益，四是实行全程监管，五是开展全面清查。

《湖南省人民政府办公厅关于印发 < 湖南省深入整顿和规范矿产资源开发秩序工作方案 > 的通知》旨在深入整顿和规范矿产资源开发秩序，推动湖南矿业走“两型”新路子

2011 年 5 月 12 日，湖南省人民政府办公厅印发《湖南省深入整顿和规范矿产资源开发秩序工作方案》，旨在深入整顿和规范矿产资源开发秩序，推动湖南矿业走出一条资源利用率高、环境污染少、安全有保障、资源优势得到充分转化的新路子。《方案》中提出的主要任务有以下几项：一是严厉打击非法违法开采行为，二是加强矿山地质环境保护，三是规范矿产资源勘查行为，四是加强矿山安全生产，五是规范和发展矿业权市场，六是提高矿产资源开发利用水平，七是提高矿产资源开发管理水平。《方案》从时序上对专项行动进行了部署，规定 2011 年 5 月 1 日至 6 月 30 日是部署清查阶段，2011 年 7 月 1 日至 2012 年 3 月 31 日是整改处理阶段，2012 年 4 月 1 日至 2012 年 4 月 30 日是检查验收阶段。《方案》中的工作要求强调要加强组织领导，突出整治重点，形成工作合力，健全工作制度。

《湖南省人民政府办公厅关于加快工艺美术产业发展的指导意见》提出要加快发展工艺美术产业，弘扬优秀民族文化

2011 年 5 月 12 日，湖南省人民政府办公厅印发《湖南省人民政府办公厅关于加快工艺美术产业发展的指导意见》，着眼于加快发展工艺美术产业，弘扬优秀民族文化。《意见》提出发展工艺美术产业的主要目标是重点发展大型工艺美术产业特色基地、产业园区和专业化市场，形成以特色基地为中心、优势产业为支柱、龙头企业为依托、重点产品为骨干的工艺美术产业体系。开发一批工艺美术新技术、新产品、新工艺，建设一批有影响力的工艺美术地域性品牌，培育一支适应工艺美术产业化发展需要的人才队伍，促进湖南由工艺美术大省向工艺美术强省的转变。到 2015 年，全省工艺美术产业产值实现 1000 亿元，其中年销售额超过 10 亿元的龙头企业 20 家，从业人员达到 400 万人，工艺美术大师人数增加到 200 人。发展重点一是引导产业集聚发展，二是着力打造特色基地，三是培育壮大龙头企业，四是积极创建知名品牌。主要措施包括加强技术创新和技术进步，积极开拓国内外市场，加大财税金融支持力度，强化人才队伍培养，建设公共服务平台。

《湖南省人民政府办公厅关于印发<湖南省2011年度地质灾害防治方案>的通知》阐明了湖南地质灾害易发重点区域和重点防范期，提出了防治措施

2011年5月25日，湖南省人民政府办公厅印发《湖南省2011年度地质灾害防治方案》，着眼于科学有效地做好地质灾害防治工作，保障经济社会全面协调可持续发展，最大限度地减少地质灾害所造成的损失。《方案》分析了2010年湖南全省地质灾害概况，对2010年湖南地质灾害的特点进行了分类。《方案》进一步分析了地质灾害威胁对象与范围，极有针对性地指出了地质灾害高易发的人口集中区，存在地质灾害重大隐患的矿区，存在地质灾害重大隐患的旅游景区和存在地质灾害隐患的主要交通干线路段。《方案》在分析2010年情况的基础上对2011年湖南地质灾害易发重点区域和重点防范期进行了阐明，指出湘西雪峰山以西地区，湘东幕阜山和罗霄山地区，湘南骑田岭阳明山都庞岭及九嶷山地区，湘中湘南矿业区是地质灾害易发重点区域，6—8月是重点防范期。《方案》最后提出了地质灾害防治措施，一是明确工作责任，各级政府主要负责人对本地区地质灾害防治工作负总责，自然因素引发的地质灾害监测责任要具体落实到乡镇人民政府（街道办事处）和基层群众自治组织，危及铁路公路水利水电航道通信大型游乐设施等基础设施的地质灾害隐患点，由设施的主管部门和单位负责。二是完善相关制度。三是加强监测防范。四是形成预警合力。五是强化保障能力。

《湖南省人民政府关于加快推进三网融合试点工作的意见》指出推进长株潭地区三网融合试点工作要结合长株潭城市群“两型社会”综合配套改革试验区建设总体规划

2011年6月7日，《湖南省人民政府关于加快推进三网融合试点工作的意见》正式出台，《意见》指出要根据国家加快战略性新兴产业发展和推进三网融合试点工作精神，结合长株潭城市群“两型社会”综合配套改革试验区建设总体规划，全面推进长株潭地区三网融合试点工作。《意见》阐述了四项工作任务，一是加快网络建设和升级换代，构建全面承载三网融合业务的下一代宽带网络基础设施。二是推进双向业务进入，加快融合型业务的开发应用，大力发展新型通信信息服务。三是打造初具规模的三网融合业务产业链，促进相关产业集群发展。四是满足人民群众对品种多样、快捷经济的信息和文化服务需求。在加快推进三网融合试点工作的措施方面，《意见》指出一要大力支持网络基础设施建设。二要加大财税政策支持力度。三要理顺有线网络管理体制。四要推进资源共享。五要加强对通信和广电网络设施设备的保护。六要强化网络信息安全和文化安全监管。七要加强对三网融合试点工作的统筹协调。

《湖南省人民政府办公厅转发省发改委关于2011年深化经济体制改革意见的通知》强调要围绕“两型”示范加快推进长株潭“两型社会”综合配套改革试验区改革

2011年7月1日，湖南省人民政府办公厅转发省发改委《关于2011年深化经济体制改革的意见》，强调要围绕五个方面深化改革，一是围绕“两型”示范加快推进长株潭“两型社会”综合配套改革试验区改革。二是围绕加快转变经济发展方式深化改革。三是围绕保障和改善民生深化改革。四是围绕加强政府自身建设深化改革。五是围绕完善农村发展体制机制深化改革。

其中第一方面围绕“两型”示范加快推进长株潭“两型社会”综合配套改革试验区改革的具体要求是要按照《长株潭城市群资源节约和环境友好型社会建设综合配套改革试验总体方案》的部署，在巩固扩大第一阶段成果的基础上，全力推进“两型”产业振兴、基础设施建设、节能减排全覆盖、湘江流域综合治理、示范区建设推进、城乡统筹、长株潭公交一体化和三网融合等“八大工程”建设，大力推进“两型社会”政策法规、指标标准、市场、平台、技术支撑和模式等“六大体系”建设，加快推动示

范区管理、重大基础设施建设、通信信息建设、公用事业建设、湘江综合治理、金融服务、能源管理、价格工商管理、户籍社保、环保执法等“十个一体化”，市场化运作争取突破，重点领域和关键环节改革力求突破，初步形成支撑“两型社会”建设的体制机制框架，《意见》明确这一项工作由省长株潭两型办具体负责。

《湖南省人民政府办公厅关于印发<湖南省公共机构节能管理办法>的通知》强调提高公共机构能源利用效率以发挥其在全社会节能中的示范作用

2011年7月18日，湖南省人民政府办公厅印发《湖南省公共机构节能管理办法》，旨在推动公共机构节能，提高公共机构能源利用效率，发挥公共机构在全社会节能中的示范作用。《办法》提出了节能规划和管理办法，指出省人民政府管理机关事务工作的机构应当会同有关部门，根据全省经济和社会发展计划以及节能中长期专项规划，制定全省公共机构节能中长期规划和本级公共机构节能计划。市州、县市区人民政府管理机关事务工作的机构应当根据全省公共机构节能中长期规划，会同有关部门制定本辖区公共机构节能中长期规划和本级公共机构节能规划，并按年度将规划确定的节能目标和指标分解落实到本级公共机构。县级公共机构节能规划确定的节能目标和指标应当按年度分解落实到乡镇、街道公共机构。

《办法》提出了相关节能措施，指出各级人民政府应当鼓励公共机构在新建建筑和既有建筑节能改造中使用新型墙体材料及节能建筑材料、节能设备，安装和使用符合湖南实际的可再生能源利用系统；公共机构应当积极推进电子政务，加强信息化、网络化建设，推行无纸化办公，合理控制会议数量与规模，健全完善电视电话会议、网络视频会议等系统，降低能源消耗；公共机构应当采取相关节能措施以加强用能管理和车辆节能管理；公共机构应当积极推广应用节能新产品、新技术，加快淘汰高能耗用能产品、设备，并做好淘汰产品、设备的回收处理工作。《办法》针对公共机构节能管理还提出了相应的监督保障条款和奖惩条款。

《湖南省人民政府关于加快推进现代农作物种业发展的实施意见》强调要加速提升农业科技创新水平，建设现代新农业

2011年8月16日，《湖南省人民政府关于加快推进现代农作物种业发展的实施意见》正式出台。《意见》强调农作物种业是国家战略性、基础性核心产业，是促进农业长期稳定发展、保障国家粮食安全的根本，因此要加速提升湖南农业科技创新水平，增强农作物种业竞争力，满足建设现代农业的需要。

《意见》就加快推进现代农作物种业发展提出的指导思想是以科学发展观为指导，推进体制改革和机制创新，加大政策扶持，增加资金投入，强化市场监管，整合种业资源，快速提升湖南农作物种业科技创新能力、企业竞争能力、供种保障能力和市场监管能力，构建以产业为主导、企业为主体、基地为依托、产学研相结合、“育繁推一体化”的现代农作物种业体系，使湖南农作物种业发展处于全国领先水平。发展目标是到2020年，形成科研分工合理、产学研结合、资源集中、运行高效的育种新机制，培育一批具有重大应用前景和自主知识产权的突破性优良品种，建设一批标准化、规模化、集约化、机械化的优势种子生产基地，打造一批育种能力强、生产加工技术先进、市场营销网络健全、技术服务到位的“育繁推一体化”现代农作物种业集团，健全职责明确、手段先进、监管有力的种子管理体系，确保农业用种安全。同时要确保科技创新能力稳步提升，供种保障能力全面提高，企业竞争能力持续增强，市场监管能力全面加强。

《意见》明确的重点任务是一要加强农作物种业基础性公益性研究，二要建立商业化育种体系，三要加强农作物种业人才培养，四要推动种子企业兼并重组，五加强种子生产基地建设，六要完善种子储备调控制度，七要严格品种审定、展示和保护，八要创新成果评价和转化机制，九要强化市场监督管理，十要加强种业交易平台建设，最后是要加强农作物种业国际合作交流。《意见》提出的政策措施包括制定现代农作物种业发展规划，建成一批高标准的种子生产基地，建设一批大型现代化种子加工中心，实施好新一轮种子工程，加强对种子企业人才、智力及科研支持，加大财政支持力度，实施种子企业税收优惠政策以及完善种子生产收储体系。

《湖南省人民政府关于加快产业园区体系建设的意见》指出要进一步加快产业园区体系建设，服务“两型社会”建设

2011 年 8 月 25 日，湖南省人民政府印发《湖南省人民政府关于加快产业园区体系建设的意见》，着眼于进一步加快湖南产业园区体系建设，服务“两型社会”建设。《意见》指出要充分认识建设产业园区体系的重大意义：有利于优化产业布局、增强产业竞争力，壮大县域经济；有利于节约集约利用土地资源，发展循环经济，集中治理污染，保护生态环境；有利于促进公共基础设施资源共享，引导农村劳动力转移就业，推进城镇化进程。《意见》提出要科学规划工业集中区，明确了工业集中区设立原则，省级工业集中区设立条件以及省级工业集中区的审批程序。《意见》指出要从土地资源配置政策、融资政策、投资政策、招商引资政策四个方面加大政策支持力度，要切实加强对产业园区工作的领导，实行综合考核、动态管理。

《湖南省人民政府关于加强土地利用总体规划和计划管理的通知》提出要转变土地利用方式，推进节约集约用地

2011 年 8 月 30 日，湖南省人民政府印发《湖南省人民政府关于加强土地利用总体规划和计划管理的通知》，旨在转变土地利用方式，推进节约集约用地。《通知》指出要加强土地利用总体规划实施管理，一是要严格落实新一轮土地利用总体规划，二是规范土地利用总体规划的调整和修编程序。《通知》同时指出要进一步推进土地节约集约利用，包括加强用地定额管理，强化建设项目用地预审管理和建立健全节约集约用地激励机制。《通知》另外强调要强化土地利用年度计划管理，一是要科学合理安排土地利用年度计划，二要严格执行土地利用年度计划，三要加强计划执行的考核和监管。

《湖南省人民政府办公厅关于转发省财政厅、省科技厅 <关于加强湖南省高新技术产业发展引导资金管理意见> 的通知》旨在提高高新技术产业发展引导资金的使用效益

2011 年 8 月 30 日，湖南省人民政府办公厅转发省财政厅、省科技厅《关于加强湖南省高新技术产业发展引导资金管理的意见》，旨在充分发挥湖南省高新技术产业发展引导资金对高新技术产业发展的推进作用，确保引导资金的保值增值，提高引导资金的使用效益。《意见》首先强调要充分认识加强引导资金管理的重要性，指出设立引导资金是省委、省政府推动自主创新、发展高新技术产业、推进新型工业化进程、加快发展方式转变和产业结构调整步伐的重要举措。相关部门必须进一步增强责任感和紧迫感，不断探索建立引导资金有效利用运行模式，完善管理机制，加强回收管理，规范项目立项程序，用制度和机制保障引导资金运行安全和合理有效使用，避免重立项、轻监管的现象。《意见》提出要规范引导资金扶持范围和方式，范围包括重大高新技术产业化项目、战略性新兴产业重大项目、具有自主核心技术的重点自主创新产品、高新技术创业投资基金的引导投资和省委省政府确定的其他方面。《意见》同时还提出要明确管理职责，加强项目管理，以完善引导资金管理，要做好引导资金回收工作，严格执行引导资金回收奖惩政策，做好引导资金项目监管工作。

《湖南省人民政府关于印发 <湖南省加快水利改革试点方案> 通知》要求加快湖南水利改革以推进“四化两型”建设

2011 年 8 月 31 日，湖南省人民政府印发《湖南省加快水利改革试点方案》，着眼于推动湖南水利改革，加快经济发展方式转变、推进“四化两型”建设。《方案》中提到水利改革的目标任务是力争用 3 年左右的时间，逐步建立完善的水资源管理体制机制、稳定多元和持续增长的水利投入机制、科学有效的水利工程建设和管理体制、服务高效的基层水利服务体系以及科学合理的水价形成机制。具体目标包括要建立完善的水资源管理体制机制，建

立稳定多元和持续增长的水利投入机制，建立科学有效的水利工程建设和管理体制，建立服务高效的基层水利服务体系，建立科学合理的水价形成机制。

《方案》提出要进行水资源管理体制机制改革，阐明了改革目标，改革思路和改革的主要内容。主要内容包括以下几个方面，一是深入推进城乡水务一体化管理按照中央关于“强化城乡水资源统一管理，创新区域水公共服务管理模式，推进水务管理一体化”的要求，以长株潭地区为试点，推进实施城乡水务一体化管理，整合相关部门涉水管理职能，对供水、排水、节水、污水处理回用及水资源综合利用、水资源保护和防洪排涝等实行统筹规划、协调实施。二是推进湘江流域管理。三是建立水功能区管理协调机制。

《方案》提出要进行水利投融资体制改革，阐明了投融资体制改革的目标，改革思路和改革主要内容。主要内容包括：一是建立公共财政投入稳定增长机制发挥政府在水利建设中的主导作用，将水利作为公共财政投入的重点领域。二是建立水利建设融资机制，建立水利融资平台公司，通过直接、间接融资方式，拓宽水利投融资渠道，吸引社会资金参与水利建设。三是建立农民兴修水利激励机制，坚持“政府支持、民办公助”的原则，通过政策引导，激发广大农民兴修农田水利的积极性。

《方案》提出要进行水利工程建设和管理体制改革，阐明了改革目标，改革思路和改革主要内容。主要内容一是明确了水利工程建设管理体制改革的主要任务，二是明确了水利工程运行管理体制改革的主要任务，包括明晰工程产权，明确管理主体，落实管护经费，健全保护机制，推进水利工程规范化管理。

《方案》提出要进行基层水利服务体系改革，阐明了改革目标，改革思路和改革内容。改革内容一是加强乡镇水利站建设，包括要健全机构，理顺管理体制；科学定编，强化服务职责；深化改革，加强队伍建设；维护稳定，完善保障机制。二是大力推进农民用水户协会建设，包括确定组建形式，明确职责任务，规范运行管理，健全监管机制，建立扶持政策等五个方面的建设任务。

《方案》提出要进行水价改革，阐明了水价改革的目标，改革思路和改革内容。改革思路明确提出城市水价改革率先在长株潭三市试点推行，取得经验后，逐步在其他地区推广。改革内容包括一要严格用水定额管理。二要深化长株潭地区城市水价改革，合理科学确定城市水价，以长株潭为重点推进城市水价改革。三要推进农业水价综合改革，包括核定农业供水水价，加强水费征收管理，实行农业用水补贴机制，开展综合水价改革试点。四要施行农村集中供水工程水价改革，科学核定农村居民用水水价，完善水费计收方式，实行税收和电价优惠政策。

《方案》最后提出了水利改革的工作部署和保障措施，具体阐明了工作思路，组织机构，时间安排和保障措施。改革时间方面分为四个阶段：准备阶段，实施阶段，验收阶段和巩固与深化阶段，《方案》针对每一阶段做出了具体安排。保障措施方面主要有四点，一是建立部省协作机制，加强组织领导；二是落实职责分工，建立责任机制；三是加强资金支持，强化政策保障；四是健全协商机制，促进公众参与。

《湖南省人民政府办公厅关于印发 <湖南省培育发展战略性新兴产业专项引导资金管理办法> 的通知》着眼于加快培育发展战略性新兴产业

2011 年 9 月 6 日，湖南省人民政府办公厅印发《湖南省培育发展战略性新兴产业专项引导资金管理办法》。《办法》指出制定本管理办法的目的是为加快培育发展战略性新兴产业，有效地发挥湖南培育发展战略性新兴产业专项引导资金的导向和激励作用。《办法》提出了引导资金的安排原则和支持领域范围，原则一是要突出重点，围绕培育发展战略性新兴产业的重点任务，坚持以市场为导向，以促进战略性新兴产业结构优化、快速发展为主攻方向。二是要择优扶强，充分发挥引导资金的扶持、引导和带动作用，促进湖南战略性新兴产业提高技术水平和竞争能力。三是要科技引领，突出科技支撑作用，加强产学研结合，加快科技成果转化和高新技术产业化，加强重点产业关键共性技术攻关，促进产业的健康快速发展。四是要注重实效，充分发挥财政投入的拉动作用，激发和调动企业加大技改和创新的积极性，引导社会资金积极投入战略性新兴产业。支持领域范围主要涵盖先进装备制造、新材料、文化创意、生物、新能源、信息、节能环保等 7 大战略性新兴产业重点项目。《办法》规定了引导资金的支持方式及标准，规定了项目申报及审查的有关事项，同时对引导资金的下达和拨付，资金的使用和管理均作了明确规定。

《湖南省人民政府办公厅关于落实省际战略合作框架协议的意见》强调要加强湖南与相关省份的省际合作发展，共建省际合作与区域发展新格局

2011 年 9 月 22 日，《湖南省人民政府办公厅关于落实省际战略合作框架协议的意见》出台，《意见》旨在推动湖南与广东、浙江、江苏、广西、山西、四川、甘肃等省的省际合作发展走向更宽领域、更深层次、更高水平。《意见》提出了省际战略合作的总体要求，其指导思想是要以邓小平理论和“三个代表”重要思想为指导，深入贯

彻科学发展观，按照“四化两型”、“四个湖南”和省委、省政府关于进一步扩大开放和加快发展开放型经济的要求，充分发挥各自比较优势，创新合作形式，拓展合作领域，提升合作层次，选准合作重点，加大合作力度，进一步建立互利共赢、长期稳定的合作关系，共同构建省际合作与区域发展的新格局。《意见》提出的主要目标是到2015年，省际深度合作机制基本完善并成熟运作，在跨省基础设施建设、产业转移与转型升级、能源基地布局、市场开拓对接、无障碍旅游圈建设等方面取得明显成效，社会公共服务体系对接融合，区域生态与环境质量得到较大改善，力争形成省际合作发展优势互补、成效凸显的新格局。到2020年，基本形成省际优势互补、各具特色、密切协作的现代产业体系，打造要素便捷流动的现代流通经济圈和旅游生活圈，与泛珠三角、北部湾经济区、长三角和中部省份等区域的经贸合作不断深化，省际经济社会发展融合度显著提升，可持续发展能力进一步增强。《意见》提出的几项主要任务是一要促进产业转移和科技创新，培育发展战略性新兴产业，二要推进基础设施建设，完善区域交通能源等基础设施体系，三要发展现代农业，促进农业优势互补，四要开拓国内国际市场，促进贸易投资便利化，五要开发旅游资源，建立协作配套的旅游服务体系，六要发展物流与会展业，提升区域物流会展竞争力，七要开发区域人才资源，建立灵活有效的人才交流机制。

《湖南省人民政府关于促进有色金属产业可持续发展的意见》提出湖南有色金属产业要坚持“两型”理念，走可持续发展之路

2011年9月25日，湖南省人民政府颁发《湖南省人民政府关于促进有色金属产业可持续发展的意见》，《意见》开明宗义地指出湖南是著名的“有色金属之乡”，要促进有色金属产业可持续发展，加快推进“两型社会”建设。《意见》首先提出了促进有色金属产业可持续发展的指导思想、基本原则和目标，其中的基本原则主要是坚持以人为本和环境优先，加强环境保护，改善环境质量；坚持调整结构和产业升级，推进兼并重组，调整优化产业结构；坚持统筹规划和突出重点，统筹污染防治与产业发展，统筹现有污染源整治与历史遗留问题解决，统筹资源开发与节约利用，突出重点区域和企业；坚持政府引导和企业主体责任，充分发挥政府引导作用，建立健全保障措施，落实企业责任，强化责任追究，概言之即要符合“两型”原则。

《意见》提出要统筹规划，调整优化有色金属产业结构。一是要加强产业统筹规划，二是要深入整顿和规范矿产资源开发秩序，三是要严格行业环境准入，四是要依法关闭非法和重大环境安全隐患企业，五是要淘汰落后产能，六是要培育一批重点骨干企业，七是要加快有色金属工业企业向工业园区聚集，八是要大力发展有色金属循环经济。《意见》提出要强化对有色金属产业的环境保护。一是要严格实行排污总量控制和许可证制度，二是要加强重金属污染环境监测工作，三是要抓好工业污染源治理，四是要严格危险废物管理，五是要强化环境执法监督，六是要建立污染事故预防、预警与应急机制，七是要大力推行清洁生产，八是要抓好重点项目建设。《意见》提出要实施区域环境综合整治，解决重金属污染历史遗留问题。一是要深入推动重点区域污染综合治理，二是要着力解决历史遗留污染问题。《意见》提出要完善有色金属产业可持续发展的支撑体系。一是完善法规标准体系，二是健全健全管理制度，三是依靠科技进步，四是强化环境经济和资源利用政策，五是健全环境保护投入机制，六是加强宣传教育。《意见》最后提出要形成促进有色金属产业可持续发展的合力。一是加强领导，齐抓共管。成立湖南省重金属污染和湘江流域水污染综合防治委员会，定期召开部门联席会议，及时研究解决存在的问题，通报工作实施情况。二是明确分工，落实责任。三是分解任务，考核评估。各级各有关部门将实施方案的目标指标、任务等分解落实到各重点区域和重点企业，制订年度计划，落实工作责任，确保各项工作顺利开展。

《湖南省人民政府关于进一步加快水运发展的实施意见》指出加快水运发展是促进“两型社会”建设的迫切需要

2011年9月28日，湖南省人民政府发布《湖南省人民政府关于进一步加快水运发展的实施意见》，旨在进一步加快湖南水运发展。《意见》首先提到了加快水运发展的重要性和紧迫性，指出加快水运发展是促进湖南全省经济社会又好又快发展的迫切需要，是促进“两型社会”建设的迫切需要，是适应水运需求快速增长的迫切需要。《意见》明确了水运发展的总体目标和主要任务，2011至2020年的主要任务一是要加快高等级航道建设，二是要加快港口建设，三是要加快船舶运力发展，四是要提高水运安全保障和处置能力，五是要促进内河水运绿色发展。

在保障措施方面，《意见》提出了七个方面的举措，一是完善水运发展规划。二是加快水运基础设施建设，包括要重点建设湘江土谷塘航电枢纽工程，湘江长沙综合枢纽工程，湘江衡阳至城陵矶2000吨级航道建设工程等重点枢纽工程，重点建设长沙港霞凝港区三期、金霞作业区、铜官港区2000—3000吨级泊位项目，建设湖南省水上交通

支持保障系统一、二期工程，包括水路交通信息系统、安全通信监控系统、应急指挥及救助系统等。三是加强资金保障，包括加大财政投入，拓宽筹资渠道，吸引社会资金投资水运。四是加大政策扶持，包括简化水运设施建设项目审批程序，实施税费优惠，对利用贷款等融资方式建设的水运基础设施实行有偿使用。五是强化水运资源保护，包括加强岸线资源保护，加强航道管理。六是坚持依法管理。七是加强组织领导，省政府建立水运发展联席会议制度，协调解决水运发展中的重大问题，研究制订有关扶持水运发展的政策措施。

《湖南省人民政府办公厅关于加强气象灾害监测预警及信息发布工作的实施意见》旨在提升全社会防灾避险能力，促进经济社会发展

2011 年 10 月 12 日，《湖南省人民政府办公厅关于加强气象灾害监测预警及信息发布工作的实施意见》正式出台，旨在提升全社会防灾避险能力、最大程度减少灾害损失、保障人民生命财产安全、促进经济社会发展。《意见》提出一是要提高监测预报能力，包括加强灾害监测网络建设，强化监测预报工作和开展气象灾害影响风险评估。二是要加强预警信息发布，包括完善预警信息发布制度，加快预警信息发布系统建设，加强预警信息发布规范管理。三是要强化预警信息传播，包括强化预警信息传播责任，完善预警信息传播手段，加强基层预警信息接收传递。四是要有效发挥气象预警信息作用，包括健全预警联动机制，加强军地信息共享和落实防灾避险措施。《意见》强调要加强组织领导和支持保障，主要涵盖四条措施，分别为强化组织保障，加大资金投入，推进科普宣教，加强舆论引导。

《湖南省人民政府关于印发 < 进一步加快发展软件产业和集成电路产业实施意见 > 的通知》提出要加快发展湖南软件产业和集成电路产业

2011 年 11 月 29 日，湖南省人民政府印发《进一步加快发展软件产业和集成电路产业的实施意见》，旨在加快发展湖南软件产业和集成电路产业，推进国民经济和社会信息化。《意见》总计提出了 19 个条款，其中提出湖南省人民政府要逐步加大对软件产业和集成电路产业的支持力度，重点支持基础设施建设、重点项目、技术成果转化和产业化。各市州政府特别是国家级软件产业相关示范基地所在地政府，应当积极筹措资金，加大支持力度。县级以上人民政府设立的中小企业发展、服务业发展、科技、技术改造等专项资金，应当优先支持符合条件的软件产业和集成电路产业项目。省经信委会同省财政厅、省发改委、省科技厅，围绕培育战略性新兴产业的目标，编制软件产业和集成电路产业发展指南，重点支持基础软件、面向新一代信息网络的高端软件、工业软件、数字内容相关软件、生产性信息服务业、高端芯片、集成电路装备和工艺技术、集成电路关键材料、关键应用系统的研发及产业化。对于重点项目从省培育发展战略性新兴产业专项引导资金、省推进新型工业化专项引导资金中给予支持。

中共长株潭试验区工委
关于印发《“两型”示范创建工程实施方案》的通知

湘两型工委〔2011〕3号

各市（州）党委、政府，省直有关单位：

为深入推进“四化两型”战略，着力形成“两型”生产、生活、消费方式，示范引领全省“两型社会”建设，根据国务院批准的《长株潭城市群资源节约型和环境友好型社会建设综合配套改革试验总体方案》（国函〔2008〕123号）和省委、省政府《关于加快经济发展方式转变推进“两型社会”建设的决定》（湘发〔2010〕13号）以及全省“两型社会”建设推进大会的要求，现将《“两型”示范创建工程实施方案》印发你们，请遵照执行。工作中的有关问题及建议，请及时反馈。

附件：“两型”示范创建工程实施方案

二〇一一年九月十九日

（注：实施方案详见方案设计篇）

关于同意设立郴资桂省级“两型社会”建设示范点的复函

湘两型函〔2011〕14号

郴州市人民政府：

你市《关于将我市郴资桂一体化区域设为省级“两型社会”建设示范点的请示》（郴政〔2011〕26号）收悉。经请示省人民政府同意，现将你市北湖区、苏仙区、郴州经济开发区、郴州有色金属产业园区以及资兴市、桂阳县等“郴资桂一体化”区域设为省级“两型社会”建设示范点。请你市抓紧编制总体规划和改革建设方案，报省人民政府审批。

二〇一一年六月七日

湖南省发展和改革委员会关于下达
湖南省2011年工业行业淘汰落后产能目标任务的通知

各市州人民政府，省直有关部门，有关企业：

根据《国务院关于进一步加强淘汰落后产能工作的通知》（国发〔2010〕7号）、《关于印发淘汰落后产能工作考核实施方案的通知》（工信部联产业〔2011〕46号）和《关于下达2011年工业行业淘汰落后产能目标任务的通知》（工信部产业〔2011〕161号）要求，经省淘汰落后产能工作领导小组研究确定，现将湖南省2011年工业行业淘汰落后产能目标任务下达你们（见附件1）。各地要积极采取综合措施，切实加强监督检查和验收考核，确保年底前全面完成2011年工业行业淘汰落后产能目标任务。相关企业2011年10月底前必须全部拆除应淘汰的落后产能主体设备、生产线；各级政府11月底前必须完成对所有淘汰的落后产能企业的现场检查和验收，认真填写验收意见表（见附件2），并将2011年淘汰落后产能工作进展情况和目标任务完成情况报省淘汰落后产能工作领导小组办公室（设省经济和信息化委员会产业政策处）。省淘汰落后产能工作领导小组将组织部门联合考核工作组，于12月对各地2011年淘汰落后产能工作进行检查考核。

（联系电话：0731—82212962）

二○一一年四月二十六日

附件1：湖南省2011年工业行业淘汰落后产能目标任务计划表（略）

附件2：企业淘汰落后产能验收意见表（略）

附件3：湖南省2011年工业行业淘汰落后产能企业名单（略）

湖南省发改委能源局关于印发《湖南省生物质发电项目建设管理办法》的通知

湘发改能源〔2011〕2044号

各市州发改委：

为加强我省生物质能开发利用，规范生物质发电项目建设，按照国家能源局有关要求，我们制定了《湖南省生物质发电项目建设管理办法》，现印发给你们，请遵照执行。

附件：《湖南省生物质发电项目建设管理办法》

二○一一年十二月二十一日

附件：

湖南省生物质发电项目建设管理办法

第一章　总则

第一条　为加强我省生物质能开发利用，规范生物质发电项目建设，根据国务院《关于投资体制改革的决定》（国发〔2004〕20号）和国家发改委《关于生物质发电项目建设管理的通知》（发改能源〔2010〕1803号）、国家能源局《关于农林生物质发电项目建设年度计划审核有关要求的通知》（国能新能〔2011〕51号），制定本办法。

第二条　生物质发电主要包括农林生物质直燃发电、垃圾发电、沼气发电等方式，其开发建设管理包括规划、项目前期工作、项目核准、竣工验收和运行监督。

第三条　省发改委负责全省生物质发电项目建设管理。

第四条　本办法适用于在全省境内开发运营的生物质发电项目。

第二章　建设规划

第五条　生物质发电规划是生物质发电项目建设的基本依据，要坚持“统筹规划、有序开发、燃料充足、稳步发展”的方针，主要协调好生物质发电项目开发布局与燃料来源、环境保护、土地利用、军事设施保护、电网建设及运行的关系。

第六条　省发改委负责全省生物质发电规划的编制和实施工作。

第七条　全省生物质发电规划和年度核准项目建设计划（指农林生物质直燃发电项目）报国家能源局审核，年度核准项目建设计划项目未经国家能源局审核同意，不享受国家可再生能源发展基金电价补贴。

第八条　电网企业依据省发改委出具的同意项目开展前期工作批复文件，落实生物质电厂配套电力送出工程。

第三章　项目前期工作

第九条　项目前期工作包括资源调查、燃料供应保障方案制定、实施方案、项目业主资格认定、建设条件论证等可行性研究工作和项目核准前的各项准备工作。

第十条　申请开展前期工作的项目，应已列入《湖南省生物质发电规划》，农林生物质直燃发电项目应两两相距60公里以上。

第十一条　项目业主在开展前期工作以前，应与项目所在地县级政府签订生物质发电项目合作开发协议。

第十二条　项目业主应按以下程序申请开展前期工作：

（一）为便于项目办理土地预审、环评、水土保持、安全预评价、电网接入、节能审查等审批手续，项目单位应向项目所在地县级发改部门申请开展前期工作，县级发改委部门按省政府批准的经济管理权限逐级上报省发改委申请开展前期工作。申请报告应随文附送以下材料：

1. 生物质资源评估报告、燃料供应保障方案。

2. 项目业主的基本情况，包括：企业基本情况、工商营业执照、投融资能力、主营业务、生物质能利用业绩等。

3. 项目业主与项目所在地政府的合作开发协议。

（二）按照国家发改委发改能源〔2010〕1803号《关于生物质发电项目建设管理的通知》和《湖南省生物质发电规划》及本办法规定，省发改委审核项目申请材料，批复是否同意开展前期工作。

（三）时效管理。省发改委正式批准项目开展前期工作后，二年内未达到核准条件的，文件自动失效，项目业主需重新按程序申请开展前期工作。

第十三条　年度核准项目建设计划

1. 已获得省发改委批复同意开展前期工作、基本具备核准条件的农林生物质直燃发电项目，项目业主应向项目所在地县级发改部门提出年度核准项目建设计划申请，县级发改部门按照省政府批准的经济管理权限逐级向省发改委提出年度核准项目建设计划申请报告，省发改委统筹汇总后上报国家能源局审核。

2. 申请年度核准项目计划时，应同时附送以下材料：

——已投产项目运行情况：包括项目建设地点、项目法人、项目建设规模、机组配置、年发电利用小时数、年消耗生物质量、燃料供应价格与收集半径以及企业经营情况。

——已核准项目建设情况。项目核准时间、开工时间、建设进度；如果尚未开工，应说明原因。

——项目建设方案。主要应有以下内容：项目所在地60公里范围内资源调查评估报告，生物质资源其他利用方式及综合利用情况，包括资源收集、运输、储存体系及相关技术要求与管理制度在内的燃料供应保障方案，项目所在地县级农业（林业）部门出具的生物质资源利用的意见、项目所在地政府出具的排他性燃料供应承诺文件，项目建设规模和发电机组配置，生物质锅炉技术特性，年消耗生物质量及燃料成本预测、经济收集半径、电价补贴与项目收益测算，项目技术方案以及项目业主情况；

对已纳入国家能源局批复的年度核准项目建设计划的农林生物质发电直燃项目，未及时办理核准手续和开工建设的，省发改委下一年度将不受理该项目单位新的项目。

第四章　项目核准

第十四条　根据国家能源局审核同意的年度核准项目建设计划，省发改委按照项目核准条件进行核准。

第十五条　项目核准。项目业主按照要求组织编制项目申请报告，办理项目核准所需的支持性文件，报所在地县级发改部门，由县级发改委部门按省政府批准的经济管理权限逐级上报省发改委核准。项目申请报告应在可行性研究报告的基础上编制，并附有以下文件：

（一）省发改委同意开展前期工作的批复文件；

（二）可行性研究报告及其技术审查意见；

（三）省级节能管理部门出具的节能审查意见；

（四）省级土地部门出具的用地预审意见；

（五）省级水利部门出具的水土保持方案的批复文件；

（六）省级环保部门出具的环境影响评价批复文件；

（七）省级电网企业出具的接入系统意见；

（八）具有相应权限的金融机构同意给予项目融资文件；

（九）法人资本金落实证明文件；

（十）根据有关法律法规应提交的其他文件。

第十六条　省发改委可根据需要对被核准项目进行咨询评估或审查。

第十七条　生物质发电项目须经过核准后方可开工建设。项目核准后二年内不开工建设的，核准文件自动废止，省发改委将不再将该项目开发权授予该项目业主。

第五章　竣工验收与运行监督

第十八条　省发改委负责指导和监督项目竣工验收，协调和督促电网企业完成电网接入配套设施建设并与项目单位签订并网调度协议和购售电合同。项目单位完成土建施工、设备安装和配套电力送出设施，办理好各专项验收，待电网企业建成电力送出配套电网设施后，制定整体工程竣工验收方案，各市州发改委组织验收，报省发改委备案。

第十九条　项目投产后，项目单位应每季度向省发改委报告燃料收集、贮存、运输、价格、消耗、发电量、上网电量情况，每年12月底报送下年度燃料供应预测情况。应根据国家有关规定向相关部门和机构定期报送相关数据信息。

第二十条　项目单位在发生火灾、主要设备故障等重大情况时应第一时间向省发改委报告。

第六章　违规责任

第二十一条　生物质发电项目未经核准擅自开工建设，不能享受国家可再生能源发展基金电价补贴，电网企业不予接受其并网运行。

第二十二条　对于违规擅自开工建设的项目，一经发现，省发改委将责令其停止建设，由此造成的经济损失由相关责任人和单位承担，触犯法律的将提请有关部门依程序依法追究有关责任人的法律和行政责任。

第七章　附　则

第二十三条　本办法由省发改委负责解释。

第二十四条　本办法自发布之日起施行。

市级政策规定

长沙市相关政策规定辑目

1.《长沙市闲置土地处理办法》（长沙市人民政府令第113号）

2.《长沙市节约能源办法》（长沙市人民政府令第115号）

3.《关于印发<长沙市控制性详细规划修改前置审查程序规定>的通知》（长政办发〔2011〕2号）

4.《关于印发<长沙市公共机构节能管理办法>的通知》（长政办发〔2011〕4号）

5.《关于成立长沙市土地管理委员会的通知》（长政办函〔2011〕30号）

6.《关于进一步加强房地产市场管理有关问题的通知》（长政办发〔2011〕10号）

7.《关于聘请长沙市能源专家委员会委员的通知》（长政办函〔2011〕56号）

8.《关于印发<鼓励股权投资类企业发展暂行办法>的通知》（长政办发〔2011〕29号）

9.《关于开展城市社区环境综合整治的通告》（长政发〔2011〕4号）

10.《关于执行国家第四阶段机动车污染物排放标准的通告》（长政发〔2011〕9号）

11.《关于印发<长沙市建设用地节约集约利用考核办法（试行）>的通知》（长政办发〔2011〕56号）

12.《关于印发<长沙市工业发展专项资金管理办法>的通知》（长政办发〔2011〕93号）

13.《关于印发<长沙市十二五科学技术发展总体规划>的通知》（长政发〔2011〕21号）

14.《关于印发<长沙市关于工业园区建设和使用标准厂房管理办法>的通知》（长政办发〔2011〕98号）

15.《关于加快培育发展战略性新兴产业的意见》（长政发〔2011〕23号）

16.《关于实施标准化战略的意见》（长政发〔2011〕29号）

株洲市相关政策规定辑目

1.《关于印发<株洲市“十二五”主要污染物总量减排工作实施方案>的通知》（株政办发〔2011〕48号）

2.《关于鼓励投资促进发展的若干意见》（株政发〔2011〕1号）

3.《关于印发<株洲市政府投资项目代建制管理办法>的通知》（株政发〔2011〕20号）

4.《关于印发<株洲市对规划编制及项目建设实行两型审查的试行意见>的通知》（株发改〔2011〕669号）

5.《关于印发<株洲市加强公共自行车租赁系统建设和管理的实施意见>的通知》（株办〔2011〕8号）

6.《关于印发<加快推进城中村改造若干规定>的通知》（株政办发〔2011〕15号）

7.《关于印发<城区城镇居民社会养老保险试点实施方案>的通知》（株政发〔2011〕18号）

8.《关于印发<株洲市公立医院改革试点实施方案>的通知》（株政发〔2011〕3号）

9.《关于印发<湘江株洲市城区段饮用水源保护管理办法>的通知》（株政办发〔2011〕17号）

10.《关于进一步加强耕地占补平衡工作的通知》（株政办发〔2011〕27号）

11.《关于印发<株洲市城区餐饮业油烟污染防治管理试行办法>的通知》（株政办发〔2011〕54号）

12.《关于印发<株洲市城区环境噪声污染防治管理试行办法>的通知》（株政办发〔2011〕56号）

13.《关于改善创业环境推进全民创业的实施意见》（株政发〔2011〕14号）

14.《关于印发<株洲市主要污染物排放权有偿使用和交易实施办法（试行）>的通知》（株环办〔2011〕179号）

湘潭市相关政策规定辑目

1.《关于印发<湘潭市固定资产投资项目节能评估和审查试行办法>的通知》（潭政办发〔2011〕2号）

2.《关于印发<湘潭市资源节约型和环境友好型社会建设综合配套改革事项推进暂行办法>的通知》（潭政办发〔2011〕13号）

3.《关于印发<湘潭市加快发展“3+3”产业推进新型工业化行动方案>的通知》（潭市发〔2011〕8号）

4.《印发<关于进一步完善城市管理体制的实施方案>的通知》（潭市发〔2011〕9号）

5.《关于印发<湘潭市可再生能源建筑应用推广管理办法>的通知》（潭政办发〔2011〕23号）

6.《关于印发<湘潭市2011年“两型社会”建设改革工作方案>的通知》（潭办发〔2011〕8号）

7.《关于印发<湘潭市深化非煤矿山整顿关闭专项行

动工作方案 > 的通知》（潭政办函〔2011〕19 号）

8.《关于成立湘潭市“两型社会”建设综合配套改革试验区改革建设“八大工程”实施方案（2011—2015 年）编制工作领导小组的通知》（潭政办函〔2011〕52 号）

9.《关于认真编制湘潭市“两型社会”改革建设“八大工程”实施方案（2011—2015 年）的通知》（潭政办函〔2011〕47 号）

10.《关于印发湘潭市经济适用住房交易管理暂行办法的通知》（潭政办发〔2011〕24 号）

11.《关于成立湘潭市湘江风光带建设协调领导小组的通知》（潭政办函〔2011〕61 号）

12.《关于成立湘潭市餐厨废弃物资源化利用项目建设协调领导小组的通知》（潭政办函〔2011〕76 号）

13.《关于印发 < 湘潭市创建国家新能源示范城市规划（2011～2020 年）编制工作方案 > 的通知》（潭政办函〔2011〕96 号）

14.《印发 < 贯彻落实〈中共湖南省委、湖南省人民政府关于支持湘潭率先统筹城乡发展实现韶山率先富裕的意见〉重点工作责任分工方案 > 的通知》（潭办发〔2011〕26 号）

15.《关于印发湘潭市引进外来资金奖励办法的通知》（潭政发〔2011〕20 号）

16.《关于建立健全补偿机制推动基层医疗卫生机构综合改革的实施意见》（潭政办发〔2011〕80 号）

17.《关于印发 < 湘潭市“率先统筹城乡发展、实现韶山率先富裕”实施方案（2011—2015）> 的通知》（潭办发〔2011〕37 号）

18.《关于规范市城区旧城改建土地储备项目有关工作的意见》（潭政办发〔2011〕86 号）

衡阳市相关政策规定辑目

1.《关于印发 < 衡阳市农业产业化资金管理办法 > 的通知》（衡政发〔2011〕10 号）

2.《关于衡阳市城区棚户区改造国有建设用地使用权的处置意见》（衡政发〔2011〕20 号）

3.《关于印发 < 全市道路水上安全综合整治总体方案 > 的通知》（衡政发〔2011〕30 号）

4.《关于进一步扩大开放加快发展开放型经济的实施意见》（衡政发〔2011〕35 号）

5.《关于印发 < 衡阳市价格调节基金征收管理办法 > 的通知》（衡政发〔2011〕37 号）

6.《关于优先发展城市公共交通的实施意见》（衡政发〔2011〕38 号）

7.《关于印发 < 衡阳市城市道路交通安全设施管理实施办法 > 的通知》（衡政发〔2011〕39 号）

8.《关于实施粮油深加工及物流百亿产业工程的意见》（衡政发〔2011〕44 号）

岳阳市相关政策规定辑目

1.《关于印发 < 岳阳市创建全国绿化模范城市工作方案 > 的通知》（岳政办发〔2011〕1 号）

2.《关于大力支持屈原管理区国家现代农业示范区建设的意见》（岳政发〔2011〕3 号）

3.《关于下达 2011 年重大项目建设计划的通知》（岳政发〔2011〕5 号）

4.《关于深入推进商标战略工作的实施意见》（岳政办发〔2011〕6 号）

5.《关于认真做好房地产市场调控工作的通知》（岳政发〔2011〕8 号）

6.《关于印发岳阳市中心城区建筑垃圾管理办法的通知》（岳政办发〔2011〕8 号）

7.《关于优化重大项目建设环境的实施意见》（岳政办发〔2011〕16 号）

8.《关于对落实省政府机关效能建设有关制度和政务公开工作开展专项检查的通知》（岳政办函〔2011〕67 号）

9.《关于印发岳阳市深入整顿和规范矿产资源开发秩序工作方案的通知》（岳政办发〔2011〕19 号）

10.《关于印发岳阳市“十二五”农村环境综合整治工作方案的通知》（岳政办发〔2011〕23 号）

11.《关于进一步加强和改进公共资源交易管理的试行意见》（岳政办发〔2011〕26 号）

12.《关于 < 印发岳阳市企业上市扶持资金管理办法 > 的通知》（岳政办发〔2011〕34 号）

13.《关于扩大县（市）部分经济社会管理权限的决定》（岳政发〔2011〕18 号）

14.《关于加快我市农业产业化发展的实施意见》（岳政发〔2011〕19 号）

15.《关于印发 < 岳阳市城市工业灾害防治工作方案 > 的通知》（岳政办发〔2011〕40 号）

16.《关于授予岳阳经济技术开发区市级审批权限的决定》（岳政发〔2011〕20 号）

常德市相关政策规定辑目

1.《关于印发 < 常德市社区公共服务事项准入制度（试行）> 的通知》（常办〔2011〕82 号）

2.《关于印发 < 常德市人才引进培养和使用工作暂行办法 > 的通知》（常发〔2011〕16 号）

3.《关于进一步创新和加强社区工作的意见》（常发〔2011〕12 号）

4.《关于以现代农业示范区建设为突破口推进城乡统筹发展的意见》（常发〔2011〕11 号）

5.《关于印发 < 全市农村清洁工程实施方案 > 的通知》（常办〔2011〕55 号）

6.《关于建设西湖现代农业示范区的若干意见》（常发〔2011〕9号）

7.《关于加快西洞庭食品工业园发展的意见》（常发〔2011〕8号）

8.《关于进一步加快常德经济技术开发区发展的若干意见》（常发〔2011〕7号）

9.《关于加快水利改革发展的决定》（常发〔2011〕4号）

10.《关于印发<加强文明城市创建与长效管理的意见>的通知》（常办〔2011〕8号）

11.《关于进一步促进旅游产业发展的意见》（常发〔2011〕1号）

12.《关于加快供销合作社改革发展的实施意见》（常政发〔2011〕25号）

13.《关于加快推进全市网上政务服务和电子监察系统建设的通知》（常政办明电〔2011〕112号）

14.《关于印发数字常德建设实施要点的通知》（常政办发〔2011〕36号）

15.《关于进一步促进承接沿海产业转移发展加工贸易的通知》（常政发〔2011〕16号）

16.《关于印发<常德市深入整顿和规范矿产资源开发秩序工作方案>的通知》（常政办函〔2011〕87号）

17.《关于印发<常德市公共资源交易监督管理暂行办法>的通知》（常政发〔2011〕13号）

18.《关于印发<2011年常德市地质灾害防治方案>的通知》（常政办函〔2011〕64号）

19.《关于做好信息资源整合切实推进政务公开工作的通知》（常政办函（2011）46号）

益阳市相关政策规定辑目

1.《关于印发<益阳市民用建筑节能耗和节能信息统计实施方案>的通知》（益政办电〔2011〕64号）

2.《关于发布<益阳市城市供水用水管理办法>的通知》（益政发〔2011〕19号）

3.《关于全民节约用电的通告》（益政通〔2011〕7号）

4.《关于公共场所禁止吸烟的通告》（益政通〔2011〕8号）

5.《益阳市中心城区食品“三小”及公共场所“五小”行业监督管理暂行办法》（益政令〔2011〕3号）

6.《关于印发<益阳市农村环境综合整治目标责任制试点工作方案>的通知》（益政办函〔2011〕78号）

7.《关于印发<2011年益阳市主要污染物总量减排工作方案等>的通知》（益政办函〔2011〕103号）

8.《关于印发<益阳市2011年节能工作方案>的通知》（益政办函〔2011〕105号）

9.《关于深入推进统筹城乡发展工作的意见》（益发〔2011〕17号）

娄底市相关政策规定辑目

1.《关于加快推进煤矿“三化”建设的决定》（娄政发〔2011〕2号）

2.《关于印发<娄底市人民政府2011年度依法行政工作要点>的通知》（娄政办发〔2011〕6号）

3.《关于进一步做好房地产市场调控工作的通知》（娄政办发〔2011〕8号）

4.《关于娄底市公共资源交易平台建设的实施意见》（娄政发〔2011〕5号）

5.《关于改善县域金融服务促进县域经济加速发展的实施意见》（娄政办发〔2011〕12号）

6.《关于印发<娄底市农产品现代流通综合试点实施方案>的通知》（娄政办函〔2011〕74号）

7.《关于支持冷水江市统筹城乡发展整体推进新农村建设的意见》（娄政办发〔2011〕23号）

8.《印发<娄底市深入整顿和规范矿产资源开发秩序工作方案>的通知》（娄政办函〔2011〕80号）

9.《娄底市法治政府建设若干规定》（市政府令第34号）

10.《关于印发<娄底市创建省级创业型城市工作实施方案>的通知》（娄政办函〔2011〕99号）

11.《关于加快发展服务业的若干意见》（娄政发〔2011〕13号）

12.《关于推进我市政府投资项目BT融资的若干意见》（娄政办发〔2011〕33号）

13.《关于印发娄底市信息化工程项目建设管理办法的通知》（娄政办发〔2011〕37号）

14.《关于印发<娄底市矿产资源总体规划（2008—2015）>的通知》（娄政函〔2011〕173号）

15.《关于印发娄底市信息化工程项目建设管理办法的通知》（娄政办发〔2011〕37号）

16.《关于加快实施标准化战略的通知》（娄政办发〔2011〕38号）

17.《关于加强土地利用总体规划和计划管理的通知》（娄政办发〔2011〕36号）

18.《关于贯彻落实<湖南省公共机构节能管理办法>的通知》（娄政办函〔2011〕118号）

邵阳市相关政策规定辑目

1.《关于颁发邵阳市环境保护监督管理职责暂行规定的通知》（市政发〔2011〕1号）

2.《关于加快供销合作社改革发展的实施意见》（市政发〔2011〕2号）

3.《关于进一步加快少数民族文化事业发展的通知》（市政发〔2011〕5号）

4.《关于印发 <2011 年全市依法行政工作安排 > 的通知》（市政发〔2011〕6 号）

5.《关于颁发 < 邵阳市城市供水管理规定 > 的通知》（市政发〔2011〕17 号）

6.《关于印发 < 邵阳市城市工业灾害防治工作方案 > 的通知》（市政办发〔2011〕41 号）

7.《关于印发 < 邵阳市小型水库管理办法 > 的通知》（市政办发〔2011〕42 号）

张家界市相关政策规定辑目

1.《张家界市科学技术奖励办法》（张家界市人民政府令第 39 号）

2.《关于加快供销合作社改革发展的实施意见》（张政发〔2011〕5 号）

3.《关于公布张家界市第二批非物质文化遗产保护名录的通知》（张政函〔2011〕98 号）

4.《关于试行国有资本经营预算的实施意见》（张政发〔2011〕6 号）

5.《关于进一步加强土地利用总体规划和计划管理的通知》（张政发〔2011〕8 号）

6.《关于印发 < 张家界市加快发展开放型经济的若干政策措施 > 的通知》（张政发〔2011〕11 号）

7.《关于实施标准化战略的意见》（张政办发〔2011〕10 号）

8.《关于印发 < 张家界市深入整顿和规范矿产资源开发秩序工作方案 > 的通知》（张政办明电〔2011〕46 号）

9.《关于加快“六大体系”项目建设推进国家旅游综合改革试点工作的通知》（张政办发〔2011〕14 号）

10.《转发市工商局 < 关于助推旅游业发展的若干措施 > 的通知》（张政办发〔2011〕15 号）

11.《关于印发 < 张家界市市城区环境噪声综合整治方案 > 的通知》（张政办函〔2011〕122 号）

12.《关于实施商标战略推进品牌兴市的意见》（张政办发〔2011〕20 号）

13.《关于印发 < 张家界市“三个一”行动计划实施方案 > 的通知》（张政办发〔2011〕21 号）

14.《关于印发 < 张家界市城市工业灾害防治工作方案 > 的通知》（张政办发〔2011〕23 号）

郴州市相关政策规定辑目

1.《关于培育标志性工业企业的意见》（郴政发〔2011〕4 号）

2.《关于印发 < 郴州市科学技术奖励办法 > 的通知》（郴政发〔2011〕8 号）

3.《关于进一步加快保险业改革发展的实施意见》（郴政发〔2011〕10 号）

4.《关于加强土地利用总体规划和计划管理的通知》（郴政发〔2011〕13 号）

5.《关于实施粮油深加工及物流百亿产业工程的意见》（郴政发〔2011〕18 号）

6.《关于印发 < 郴州市加快培育和发展战略性新兴产业“十二五”总体规划纲要及有关专项规划 > 的通知》（郴政发〔2011〕20 号）

7.《关于郴州市苏仙区玛瑙山矿区区域污染综合整治总体方案的批复》（郴政函〔2010〕209 号）

8.《关于设立苏仙区氟化工产业项目区的批复》（郴政函〔2011〕26 号）

9.《关于郴州市环境保护规划（2010—2030）的批复》（郴政函〔2011〕78 号）

10.《关于印发 < 郴州市地热资源管理暂行办法 > 的通知》（郴政办发〔2011〕29 号）

11.《关于印发 < 郴州市公共机构节能管理办法 > 的通知》（郴政办发〔2011〕44 号）

12.《关于印发 < 郴州市民用建筑节能管理暂行办法 > 的通知》（郴政办发〔2011〕51 号）

13.《关于做好 2011 年环境污染综合整治工作的通知》（郴政办函〔2011〕44 号）

14.《关于印发 < 郴州市数字化城市管理系统建设实施方案 > 的通知》（郴政办函〔2011〕84 号）

15.《关于成立郴州市农村环境连片整治示范工作领导小组的通知》（郴政办函〔2011〕126 号）

16.《关于印发 < 郴州市深入整顿和规范矿产资源开发秩序工作实施方案 > 的通知》（郴政办函〔2011〕160 号）

17.《关于郴州三十六湾及周边地区重金属污染“十二五”综合防治实施方案的批复》（郴政办函〔2011〕166 号）

18.《关于印发 < 郴州市民用建筑能耗和节能信息统计实施方案 > 的通知》（郴政办函〔2011〕179 号）

19.《关于印发 < 郴州市“十二五”节能工作实施方案 > 的通知》（郴政办函〔2011〕249 号）

20.《关于印发 < 郴州市城市工业灾害防治工作方案 > 的通知》（郴政办函〔2011〕266 号）

永州市相关政策规定辑目

1.《转发市绿化委员会 < 关于联村建绿和 20 万株大苗进城工作的实施方案 > 的通知》（永办〔2011〕6 号）

2.《关于印发 < 市直单位和冷水滩、零陵区政府永州国家农业科技园区三年建设任务 > 的通知》（永办〔2011〕10 号）

3.《关于进一步推动“民企联村、互利共赢”活动深入开展的实施意见》（永办〔2011〕21 号）

4.《于印发 <2012 年“绿色永州”建设和联村建绿工

作考核办法 > 的通知》（永办〔2011〕62 号）

5.《关于印发 < 永州市新型工业化考核奖励办法（修订）> 的通知》（永办发〔2011〕2 号）

6.《关于印发 < 永州市文化强市战略实施纲要 > 的通知》（永办发〔2011〕5 号）

7.《关于加快推进永州市文化体制改革工作的若干意见》（永办发〔2011〕6 号）

8.《关于认真贯彻落实中央和省委 1 号文件精神加快我市水利改革发展的实施意见》（永发〔2011〕2 号）

9.《关于印发建设绿色永州实施方案的通知》（永政发〔2011〕3 号）

10.《关于全面推进林权抵押贷款工作的意见》（永政发〔2011〕8 号）

11.《关于完善交通运输管理体制的通知》（永政发〔2011〕10 号）

12. 关于进一步加快建筑业改革和发展的意见（永政办发〔2011〕55 号）

13.《关于印发 < 永州市 2011 年度地质灾害防治方案 > 的通知》（永政办函〔2011〕59 号）

14.《关于印发 < 永州市民用建筑能耗和节能信息统计实施方案 > 的通知》（永政办函〔2011〕105 号）

15.《关于印发 < 永州市"十二五"主要污染物总量减排工作实施方案 > 的通知》（永政办函〔2011〕113 号）

16.《关于印发 < 永州市农村环境综合整治目标责任制试点工作方案（试行）> 的通知》（永政办函〔2011〕114 号）

17.《关于印发 < 永州市 2011 年秋冬水利建设实施方案 > 的通知》（永政办函〔2011〕119 号）

18.《关于发布 < 永州市矿产资源总体规划（2008—2015 年）> 的通知》（永政函〔2011〕132 号）

怀化市相关政策规定辑目

1.《关于引进铜资源循环利用产业链项目暨华洋有色冶金环保产业园项目有关事项的通知》（怀政办函〔2010〕173 号）

2.《关于进一步加强基本农田保护工作的通知》（怀政办发〔2011〕12 号）

3.《关于发展粮食生产实施粮油产业化工程的意见》（怀政发〔2011〕3 号）

4.《关于公布第三批市级非物质文化遗产名录的通知》（政函〔2011〕156 号）

5.《关于加快发展休闲农业的意见》（怀政发〔2011〕7 号）

6.《关于加快供销合作社改革发展的实施意见》（怀政发〔2011〕9 号）

7.《转发市发改委 < 关于 2011 年深化经济体制改革意见 > 的通知》（怀政办发〔2011〕38 号）

8.《关于印发 < 怀化市城市工业灾害防治工作方案 > 的通知（怀政办函〔2011〕153 号）

湘西自治州相关政策规定辑目

1.《关于加快水利改革发展的实施意见》（州发〔2011〕1 号）

2.《关于加快产业园区发展的意见》（州发〔2011〕20 号）

3.《关于加快非公有制经济发展的意见》（州发〔2011〕22 号）

4.《关于加快发展资本市场的意见》（州政发〔2011〕9 号）

5.《关于鼓励股权投资类企业发展的意见》（州政发〔2011〕10 号）

6.《关于印发 < 湘西吉凤经济开发区财政管理体制实施意见 > 的通知》（州政发〔2011〕11 号）

7.《湘西自治州人民政府关于加强商贸流通工作的意见》（州政发〔2011〕20 号）

8.《关于公布我州第一批州级非物质文化遗产传习所的通知》（州政发〔2011〕23 号）

9.《关于印发 < 湘西自治州地质灾害应急预案 > 的通知》（州政办发〔2011〕14 号）

10.《湘西自治州人民政府办公室关于加快推进县市公共资源交易统一平台建设的通知》（州政办发〔2011〕24 号）

11.《关于印发 < 湘西自治州城市工业灾害防治工作方案 > 的通知》（州政办发〔2011〕30 号）

12.《关于印发 < 湘西自治州 2011 年度地质灾害防治方案 > 的通知》（州政办函〔2011〕76 号）

对外合作篇

省部合作

【周强徐守盛会见周伯华】 2011年1月5日，省委书记、省人大常委会主任周强，省委副书记、省长徐守盛在长沙会见了国家工商总局党组书记、局长周伯华一行。

周强感谢国家工商总局对湖南经济社会发展尤其是工商工作给予的大力支持。他说，在党中央、国务院的坚强领导下，湖南全面完成了“十一五”时期的各项目标任务。在这一过程中，湖南工商系统充分发挥工商行政管理职能，全力服务科学发展，切实加强市场监管，不断加强队伍建设，为全省经济社会又好又快发展作出了重要贡献。“十二五”时期，湖南面临许多重大发展机遇，将在已有基础上进一步发挥区位、教育、科技、人才等方面的优势，着力解决制约发展的瓶颈问题，希望国家工商总局一如既往支持湖南。

周伯华说，在湖南省委、省政府的正确领导下，湖南“十一五”期间取得的巨大成就令人鼓舞；当前全面推进“四化两型”建设，加快科学发展、富民强省的美好愿景令人振奋。国家工商总局将进一步在国企改革、民营经济发展、商标服务、消费维权等方面给予湖南支持。

省领导杨泰波、刘力伟参加会见。

【全国政协副主席王志珍来湘考察】 2011年1月7日至8日，全国政协副主席、九三学社中央副主席王志珍来到湖南考察，并参加了湖南师范大学蛋白质化学与发育生物学教育部重点实验室2010学术年会。她指出，科研机构要坚持不断创新，创造出更多高水平的原创性科研成果并加快转化，为地方经济建设和社会发展服务。8日上午，王志珍出席了蛋白质化学与发育生物学教育部重点实验室2010学术年会，听取了实验室科研和建设情况汇报，并与戚正武、王大成、刘筠等院士和专家进行了学术交流。目前，该重点实验室拥有包括中国工程院院士、国家有突出贡献专家、国家杰出青年基金获得者、“长江学者”和“芙蓉学者”特聘教授在内的固定人员46名，建立了一支以年轻教授为主体的老中青结合、知识结构配置合理的研究队伍。两年来，重点实验室共承担各类科研项目100余项，新上各类项目60余项，其中国家自然科学基金项目等30项，并广泛开展了国内外学术交流和科技合作活动。当天下午，王志珍还参加了蛋白质科学与发育生物学前沿学术报告会，并与生命科学院的师生们进行了交流。

王志珍对湖南在生命科学领域取得的成绩给予充分肯定。她指出，重点实验室既有科学研究，又有应用研究，这是一个重要的特色。建议继续在特色和优势上下功夫，根据自身特点发挥潜力，抢占制高点。同时，科学家们要树立远大理想，集中力量，多从学科交叉等方面入手，在学科前沿有关领域实现突破。目前，国内外科研人才竞争日益加剧，科研机构要建立更好的人才引进机制，进一步加强学术队伍建设，保持发展后劲，推进创新发展和深入合作，在现有基础上向更高端发展，为经济发展和社会进步作出贡献。

在湘期间，省领导周强、徐守盛、杨泰波等看望了王志珍一行。省领导龚建明陪同考察。

【周强会见赵小刚】 2011年1月30日，省委书记、省人大常委会主任周强在长沙会见了中国南车股份有限公司董事长赵小刚一行。

作为我国轨道交通装备制造行业的龙头企业，中国南车是与湖南省对接合作最早的央企之一，目前所属的南车株洲电力机车等企业在湘已呈现集群发展态势。

周强感谢中国南车对湖南经济社会发展给予的支持。他说，“十一五”时期，湖南新型工业化取得重大进展，包括装备制造等在内的支柱产业迅速发展壮大，为全省经济社会实现又好又快发展作出了重要贡献。“十二五”时期，加快推进新型工业化仍是湖南现代化建设的重中之重，湖南省委、省政府高度重视中国南车在湘的发展，并将一如既往地给予支持。希望中国南车继续发挥在轨道交通、电动汽车、风力发电、电子信息等方面的技术、人才、网络优势，不断深化与湖南的战略合作。

赵小刚表示，得益于湖南省委、省政府的重视和支持，中国南车在湘企业实现了快速、持续发展，在关键领域的核心竞争力不断增强，期待与湖南在战略性新兴产业等方面有更加深入的合作。

省委常委、副省长陈肇雄参加会见。

【省政府与中国保监会签署合作备忘录】 2011年2月11日，中国保监会与省人民政府在长沙签署共建长株潭“两型社会”改革试验区合作备忘录，推动双方合作机制进一步完善，充分发挥保险功能，共同推进“两型社会”建设。省委书记、省人大常委会主任周强，中国保监会党委书记、主席吴定富，省委副书记、省长徐守盛出席会谈和签字仪式。

副省长韩永文主持会谈和签字仪式，中国保监会党委委员、主席助理陈文辉出席。

按照合作备忘录，双方将积极推进长株潭城市群保险改革创新，支持长株潭区域金融中心建设、保险资金投向长株潭“两型社会”改革试验区、保险职业教育中心和保险业信息平台建设等，构建体系健全、功能完善、创新活跃、运行健康的区域保险市场体系。

周强在会谈中感谢中国保监会长期以来对湖南经济社会发展尤其是保险业的支持，对我国保险事业发展取得的巨大成就表示祝贺。他说，“十一五”是湖南经济社会发展最好最快的时期之一，保险业也得到了快速发展，规模实力、服务能力、社会影响力都迈上了新台阶，为全省推进“四化两型”建设，推进科学发展、富民强省发挥了重要的支撑作用。“十二五”时期，湖南的发展面临一系列重大历史机遇，省委、省政府将把保险事业发展摆在更加突出的位置，积极落实这次签署的合作备忘录，为保险业改革创新创造良好环境。希望中国保监会进一步加大支持力度，共同推动湖南保险业在更高层次和更宽领域服务经济社会全局。

吴定富说，湖南近年来全面贯彻落实科学发展观，经济社会发展步入了快车道。在这一过程中，湖南保险业也取得了长足进步，发展质量、结构、效益不断向好，在健全区域金融体系、服务地方经济发展方面发挥了积极作用。中国保监会将以此次合作备忘录的签署为新的起点，以长株潭城市群保险改革创新为新的动力，将长株潭城市群保险业改革发展纳入全国保险业改革发展大局，安排更多具有全国性重大示范带动作用的改革创新项目在长株潭城市群先行先试，推动双方合作迈上新台阶。

徐守盛说，湖南保险业近年来保持健康快速发展的态势，呈现市场稳步发展、发展质量提高、社会贡献加大等特点。合作备忘录的签署，标志湖南省保险业发展进入新阶段，对湖南省进一步优化金融结构、推进长株潭城市群保险业改革创新等具有重要意义。湖南将进一步加大资金、政策等方面的保障力度，按照合作备忘录，切实抓好各项工作的落实。

【徐守盛会见宋志平】 2011 年 2 月 26 日，省委副书记、省长徐守盛在长沙会见中国建筑材料集团有限公司、中国医药集团总公司董事长宋志平一行。省委常委、副省长陈肇雄参加会见。

徐守盛说，湖南省委、省政府高度重视与央企的战略合作。当前，湖南经济社会已进入快速发展时期，投资环境良好，发展空间广阔。湖南与中国建材集团、中国医药集团合作基础良好，希望依托中国建材集团强大的资金、技术、物流优势，在资源整合、新能源开发等领域深入合作，带动湖南产业向高、新、精、尖发展；希望借助中国医药集团的研发、生产、营销优势，搭建医药研发平台，建设医药网络，促进湖南生物医药产业健康发展。

“你们的快速发展，就是湖南的快速发展。”徐守盛表示，湖南将创造良好环境，支持中国建材集团、中国医药集团在湘发展。

宋志平说，湖南是中国建材集团和中国医药集团的重要战略市场，将在资源开发、新能源开发、医药研发等领域进一步深化合作，实现共赢。

省政府秘书长盛茂林，省直相关部门负责人参加会见。

【徐守盛会见中铁建总裁赵广发】 2011 年 2 月 25 日，省委副书记、省长徐守盛在长沙会见了中国铁建股份有限公司总裁赵广发一行。

中国铁建股份有限公司是中国最大的工程承包商，2010 年位居世界 500 强第 133 位。目前，中铁建在湖南有多个投资项目，涉及工程承包、城市轨道交通、房地产开发、机械制造等领域。

徐守盛向中铁建近年来取得的飞速发展表示祝贺。他说，“十一五”时期，湖南大力推进“一化三基”和“四化两型”战略，努力克服各种困难，经济社会保持平稳较快增长。当前，湖南已进入加快发展的关键时期。“十二五”期间，湖南将进一步优化投资结构，夯实发展基础，加快推进铁路、公路、港口、民航、轨道交通、水利等基础设施建设。湖南与中铁建合作基础良好，合作前景广阔。希望借助中铁建强大的资金、管理、技术、装备等优势，在基础设施建设、新型城镇化发展、劳务输出等领域进一步深化合作，实现全面对接。湖南将创造良好环境，支持中铁建等国内外投资者在湘发展，共同建设好毛主席家乡。

赵广发说，中铁建对湖南的发展充满信心，将进一步加大投资力度，与湖南开展高层次、全方位的战略合作，为湖南经济社会发展作贡献。

省政府秘书长盛茂林，省直相关部门负责人参加会见。

【30 多位国家部委、央企负责人出席株洲汇报会】 2011 年 3 月 4 日，来自国家各部委和中央企业的 30 多位嘉宾齐聚北京湖南大厦，出席株洲市“两型社会”建设汇报会，为湖南“两型社会”建设助力。全国人大常委、全国人大常委会农业与农村委员会副主任委员孙文盛，全国人大常委、全国人大常委会环境与资源保护委员会副主任委员曹伯纯，国家工商总局局长周伯华，省委副书记、省长徐守盛出席汇报会。

国务院国资委副主任邵宁，国家住建部副部长仇保兴，国家环保部总工程师万本太，中国贸促会副会长张伟，省委常委、副省长陈肇雄，及刘顺达、贺同新、易军、任洪斌、赵小刚、刘志江、茆庆国等一批央企负责人出席。

汇报会上，周伯华代表在京湘籍领导发表了饱含深情的讲话。他说，湖南大力推进“四化两型”建设，高度重视民生事业，经济社会发展日新月异。祝愿家乡发展越来越好，祝愿家乡人民通过“两型社会”建设，生活得更加幸福。

徐守盛感谢国家部委、中央企业长期以来对湖南经济社会发展的大力支持。他说，湖南已圆满完成长株潭城市群“两型社会”建设第一阶段改革建设任务。在率先形成有利于资源节约、环境友好的新机制，率先积累传统工业化成功转型的新经验，率先形成城市群发展的新模式方面迈出重要步伐。三市的核心增长极作用、辐射带动力、综合承载能力进一步增强。

徐守盛说，“十二五”时期，湖南以建设“四化两型”、“四个湖南”、“四个政府”为目标，全面完成长株潭试验区第二阶段改革建设任务。坚持把长株潭试验区作为带动全省发展、引领发展方式转变的重大平台，着力推进重点领域和关键环节改革，科学推进城乡统筹发展，努力创造湖南特色的“两型社会”建设模式，为全国“两型社会”建设探索路径、积累经验。通过长株潭城市群“两型社会”的建设，加大环境保护和生态建设力度，促进循环经济、绿色经济发展，确保让老百姓喝上干净水、呼吸上新鲜空气、吃上安全的食品，生活得更加幸福、更有尊严。

“没有中央各部委、中央企业的支持，湖南‘两型社会’建设不可能取得重大进展。”徐守盛说，湖南将进一步加强与国家有关部委的汇报衔接，加强与中央企业的交流合作，着力完善合作共建长株潭试验区的体制机制；进一步优化发展环境，打造诚信湖南，努力提供高效、便捷、规范、透明的服务。“请大家一如既往地关注湖南、关心湖南、支持湖南，共同把毛主席的家乡保护好、建设好。”

省政府秘书长盛茂林、株洲市主要负责人参加座谈。

【徐守盛会见中国五矿集团总裁周中枢】 2011年3月3日，省委副书记、省长徐守盛在北京湖南大厦会见了中国五矿集团党组书记、总裁周中枢一行。省委常委、副省长陈肇雄参加会见。

徐守盛对五矿集团近年来的快速发展表示祝贺。他说，湖南与五矿集团建立战略合作关系以来，双方合作有力有序推进，成果显著。湖南有色产业联大联强，相关企业迅速发展，实现了互利共赢。当前，湖南经济社会已进入快速发展阶段，正积极提质升级传统优势产业，大力培育发展战略性新兴产业。希望与五矿集团在资源开发利用、矿区整合提质、劳务输出等领域进一步深化合作，加大相关合作项目、协议和规划落实力度，共同推动湖南有色产业迈上千亿台阶，助推湖南经济社会发展，实现经济效益、生态效益、社会效益相统一。湖南将全力以赴为五矿集团在湘发展创造良好环境。

周中枢说，五矿集团与湖南的战略合作进展顺利，在湘投资已近百亿元，将一如既往地信守承诺，加强对接，实现绿色发展、持续发展，为湖南经济社会发展作贡献。

省政府秘书长盛茂林参加会见。

【湖南省政府与中国诚通在京签署战略合作协议】 2011年3月3日，湖南省政府在北京与中国诚通控股集团有限公司签署战略合作协议，在纸业、物流、贸易等领域深化合作。省委副书记、省长徐守盛，国务院国资委副主任邵宁，中国诚通集团董事长马正武出席签约仪式并致辞。

省委常委、副省长陈肇雄出席相关活动。中国诚通集团总裁洪水坤，省长助理、省财政厅厅长李友志分别代表双方签约。

中国诚通集团是国务院国资委监管的大型企业集团，主营业务为资产经营管理、物流、生产资料贸易、林浆纸生产开发利用等，总资产达550亿元。按照战略合作协议，中国诚通集团将与湖南省在纸业、物流、贸易等领域深化合作，并计划在湘进行跨行业、跨区域资产整合和资本管理，实现优势互补。作为此次合作的重要基石，去年9月，中国诚通集团旗下的中国纸业投资总公司已与湖南省签署协议，出资25亿元重组湖南泰格林纸集团。

徐守盛感谢国务院国资委和中国诚通长期以来对湖南经济社会发展的支持。他说，加强与中央企业对接合作，是湖南省委、省政府的战略举措，也是湖南企业快速成长的重要途径。近年来央企对湖南的投入不断加大，合作范围不断拓宽。一批有很高知名度，有较强竞争力的中央企业在湖南落地生根，成为引领和推动湖南经济发展的骨干力量。湖南自然资源丰富，区域优越，发展基础较好。此次省政府与中国诚通的战略合作，是优质资本、先进技术与优势资源的对接，将实现互利、互惠、共赢，开启全省林浆纸产业，仓储、物流资源开发加工，旅游等多种产业加快发展的新空间。湖南将进一步优化投资环境，提高行政效能，全力做好服务，以最大诚意与中国诚通开展多领域合作，尽最大努力为国内外来湘投资的企业创造良好环境。

邵宁说，湖南是全国第一个与中央企业进行产业对接的省份，几年来合作成效明显，已成为中央企业投资的热点地区。湖南把握中部崛起的战略机遇，在自身快速发展的同时，也为投资者创造了良好投资环境。此次诚通集团与湖南签约，是中央企业与地方政府携手促进区域经济发展的又一次合作，符合中央企业集中资源做强做大的改革方向。希望中国诚通认真落实战略协议，为湖南经济社会发展作出更大贡献。

马正武说，湖南是中国诚通重要战略市场之一。深化双方合作，不仅是湖南富民强省的需要，也是中国诚通强化资源配置能力的需要。中国诚通将以此次签约为契机，进一步巩固和促进双方合作。

省政府秘书长盛茂林出席。

【湖南省政府和国家文物局在京签署框架协议】 2011年3月4日，省政府与国家文物局在北京湖南大厦签署共同推进湖南文化遗产保护与发展框架协议。省委副书记、省长徐守盛，国家文物局局长单霁翔出席签约仪式并致辞。

省委常委、副省长陈肇雄，国家文物局副局长董保华分别代表双方签约。

根据协议，国家文物局优先把湖南省重点文物项目列入全国文物事业发展“十二五”规划及项目库，并在规划编制、重大项目安排、经费安排、世界文化遗产申报等方面给予大力支持。双方将建立沟通协调工作机制，共同推进湖湘文化特色博物馆体系建设、湖南革命文物保护工程、古城古镇古村文化景观遗产保护工程、大遗址保护建设工程、湖南文物平安工程、凤凰古城申报世界文化遗产等工作，共同推进湖南文化遗产保护与发展。

徐守盛感谢国家文物局长期以来对湖南文物事业的关心支持。他说，文物保护利用已成为促进湖南省经济社会发展的积极力量、旅游发展的重要基础、改善民生的重要途径、宣传湖南的重要窗口。此次框架协议的签订，是助推湖南“四化两型”和文化强省建设，加强湖南省文化遗产保护的重大举措，是湖南文化遗产事业实现又好又快发展的重要机遇。湖南将在国家文物局的帮助支持下，立足湖湘文化丰富的资源，坚持继承与创新相结合、挖掘与提升相结合、保护与开发相结合，进一步加大文化遗产保护力度、提升文化遗产保护能力、夯实文化遗产发展基础、提高文化遗产管理水平，把文化遗产保护开发利用成果更多更快地惠及广大人民群众，努力在全社会营造尊重文物、保护文物的浓厚氛围，努力实现社会效益和经济效益有机统一。

单霁翔说，湖南是名副其实的文物大省，是我国文化遗产宝库的重要组成部分。多年来，湖南坚持把文化遗产事业及文物工作作为建设文化强省的基础性工作，大力推动文化遗产保护和博物馆建设，全国文化遗产事业提供了宝贵经验。此次以局省合作模式，推进湖南文化遗产保护与发展，是贯彻落实国务院《关于加强文化遗产保护的通知》、建设文化遗产强国的具体行动。国家文物局将继续加大对湖南文化遗产工作的倾斜，为促进湖南经济社会全面协调可持续发展做出新努力。

省政府秘书长盛茂林出席。

【徐守盛会见国电集团总经理朱永芃】 2011年3月

7日，省委副书记、省长徐守盛在北京会见了中国国电集团总经理、党组副书记朱永芃一行。

省委常委、常务副省长于来山，国电集团党组书记、副总经理乔保平参加会见。

徐守盛说，湖南高度重视与中央企业对接，一大批对接合作项目开花结果。湖南和国电合作基础良好，合作前景广阔。湖南将按照建设“两型社会”的要求，发挥好自身资源优势，在火电、风电、太阳能等新能源开发，以及新材料产业、环保产业等领域拓展双方合作空间。湖南将切实兑现承诺，一如既往地营造良好环境，支持国电在湘发展。

“我们希望在湖南多干一点。”朱永芃说，湖南发展前景很好，国电将进一步开拓在湘发展领域，积极参与湖南经济社会发展。

省政府秘书长盛茂林参加会见。

【湖南省政府在京与国家发改委会谈】 2011年3月7日，省委副书记、省长徐守盛，省委常委、常务副省长于来山在京就湖南经济社会发展特别是农业农村经济有关问题，与国家发改委副主任杜鹰及有关司局负责同志会谈。

徐守盛感谢国家发改委长期以来对湖南经济社会发展的大力支持。他说，湖南农业和农村经济持续稳定健康发展。“十二五”时期，湖南坚持以科学发展观为指导，在国家发改委等部委的指导下，努力探索湖南特色的城乡统筹发展路子，希望得到国家发改委一如既往的倾斜和支持。

杜鹰认为，湖南是我国粮食主产地之一，为维护国家粮食安全作出了积极贡献。农业农村工作关系全局，希望湖南进一步抓紧、抓好，争取实现连续八年丰收。杜鹰表示，湖南是毛主席的家乡，也是传统农业大省，国家发改委将继续给予重视和支持。

双方还就湖南农田水利建设等具体问题进行了会商。

省政府秘书长盛茂林，及省直有关部门负责人参加会谈。

【周强徐守盛会见国家统计局局长马建堂一行】 2011年3月17日，省委书记、省人大常委会主任周强，省委副书记、省长徐守盛在长沙会见了国家统计局党组书记、局长马建堂一行。

周强感谢国家统计局长期以来对湖南经济社会发展的支持。他说，“十一五”期间，湖南经济保持平稳较快发展，自主创新能力不断增强，民生问题得到极大改善，“两型社会”建设扎实推进。在这过程中，统计部门充分履职，为省委、省政府科学决策提供了重要依据。当前，湖南正认真贯彻落实全国“两会”精神，积极应对国内外经济形势的发展变化，着力转方式、调结构，着力保障和改善民生，加强社会管理和创新，加强生态建设和环境保护，为“十二五”开好局、起好步。希望国家统计局继续给予湖南指导和支持，湖南省委、省政府将为统计部门依法履职进一步创造良好条件。

马建堂说，近年来湖南经济社会发展取得显著成绩，每次来湘都能看到新的发展和变化。湖南统计工作在改革创新中积累了好的经验，希望统计部门按照规范统一、改革创新、公开透明的要求，更好地服务地方经济社会发展。

省委常委、常务副省长于来山参加会见。

【周强徐守盛会见国家发改委副主任解振华】 2011年3月16日，省委书记、省人大常委会主任周强，省委副书记、省长徐守盛在长沙会见了国家发改委副主任解振华一行。

周强感谢国家发改委一直以来对湖南经济社会发展给予的大力支持。他说，党中央、国务院高度重视资源节约型、环境友好型社会建设，按照中央的总体战略部署，湖南近年来抢抓机遇，扎实推进长株潭城市群“两型社会”试验区改革建设，在不断探索创新中取得了一系列实质性成效。“十二五”时期，湖南的发展面临一系列重大历史机遇，将乘势而上进一步抓好试验区改革建设，把“两型社会”建设作为加快转变经济发展方式的目标和着力点，把湘江重金属污染治理作为“两型社会”建设的突破口，积极发展循环经济和低碳技术，着力抓好节能减排，大力加强生态建设和环境保护。希望国家发改委一如既往给予湖南指导和支持。

解振华充分肯定湖南在“两型社会”建设、节能减排等方面取得的成绩，希望湖南在进一步探索实践中积累好经验好做法，更好地发挥示范带动作用，国家发改委将进一步给予支持帮助。

省领导于来山、蒋作斌、韩永文，国家发改委副秘书长赵家荣参加会见。

【湖南省政府与科技部在京举行工作会商】 2011年3月13日，湖南省政府与科技部在京举行省部合作第五次工作会商会议，双方就充分发挥科技创新的重要支撑引领作用，推动湖南经济社会又好又快发展深入交换意见。全国政协副主席、科技部部长万钢，省委书记、省人大常委会主任周强，省委副书记、省长徐守盛出席会议并讲话。

万钢对湖南省近年来经济社会保持良好发展势头和科技事业取得的成就给予充分肯定。他说，“十一五”期间，湖南的科技实力迈上了一个新台阶，综合创新能力不断提高，特别是知识创新潜力和创新绩效潜力跃升全国第一位，湖南的科技潜力正在逐步显现。部省会商机制建立的一个重要目的，就是把国家的科技资源汇聚到科学发展的方向上来，目前这一机制正越来越显示出旺盛的生命力。希望湖南认真贯彻落实部省会商议题，着力围绕“两型社会”建设的重大科技需求，充分发挥科技创新作用；着力围绕民生需求，推动创新攻关；推动创新环境的建设，提升竞争力。湖南省承担了大批重大科技专项的建设，要进一步抓好协调、落实。要将超算中心和农村信息化、数字湖南建设等结合起来，让科技进一步为社会管理和民生服务。要加大科技管理体制改革力度，大力推进科技成果转化和产业化，加强创新型科技人才培养，为科技工作者的科研工作创造良好条件，进一步发挥湖南的人才优势，为科技进步作出更大贡献。

周强感谢科技部长期以来对湖南经济社会发展特别是科技事业发展的支持。他说，“十一五”时期是湖南科技事业发展最好最快的时期之一，省委、省政府认真贯彻落实党中央、国务院的决策部署，在科技部的指导和支持下，深入实施科教兴湘、人才强省战略，着力推进创新型湖南建设，大力培育发展战略性新兴产业和高新技术产业，取得了一批重大科技成果，建设了一批科技创新平台，涌现了一批创新型企业，高新技术产业加快发展，自主创新能力显著增强，科技进步对经济增长的贡献率不断提高。5年来，省部合作取得的成果有目共睹，积累的经验十分宝贵，为进一步深化合作奠定了坚实基础。湖南将认真贯彻落实这次全国“两会”精神和《国家中长期科学和技术发展规划纲要（2006—2020年）》，进一步加强组织领导，加大政策引导和经费投入力度，加快创新型科技人才培养，加快科技体制机制改革创新，加强自主创新能力建设，加快建设创新型湖南，全力抓好省部会商议题和工作的落实，确保取得实实在在的成效，努力开创“十二五”省部合作新局面。

徐守盛说，省部会商机制建立以来，科技部加大对湖南省投入力度，支持湖南创新平台建设和科技体制改革，有力地促进了湖南科技事业发展。当前，湖南正加快推进“四化两型”、“四个湖南”建设，需要充分发挥科技创新的支撑引领作用，以自主创新谋求发展主动权、抢占发展制高点，着力整合科技资源，大力实施科技专项，进一步深化科技体制机制改革，促进科技与经济、民生、教育有机结合，为科学发展、富民强省提供强大动力。请科技部一如既往关心和支持湖南。我们将以这次省部会商为契机，有效对接国家科技发展战略，认真落实会商确定的合作事项，确保取得实实在在的成效，努力把各项工作抓紧、抓好、抓实。

科技部党组成员、副部长张来武表示，部省会商工作机制已成为区域创新战略探索的有效机制，科技部将大力支持湖南在全国率先进行科技与金融结合试点、科技人才培养、农业农村信息化试点等工作，不断提升湖南长远竞争力。

会商会上，双方一致商定，将进一步围绕湘江流域、洞庭湖区的综合治理和资源利用，推进湖南“两型社会”建设；围绕“数字湖南”建设、先进装备制造、生物医药、新材料核心技术研究，推进湖南特色战略性新兴产业发展；推动湖南国家农业农村信息化科技示范省建设，构建多元化农村科技服务体系；推进湖南创新环境建设，支持湖南开展科技与金融结合探索等。

科技部领导郭向远，中南大学校长、中国工程院院士黄伯云，省长助理、省财政厅厅长李友志，省政府秘书长盛茂林出席工作会商会。

【周强会见中国建筑股份有限公司董事长易军一行】 2011年3月9日，湖南省委书记、省人大常委会主任周强在北京会见了中国建筑股份有限公司董事长易军一行。

周强说，近年来，湖南经济社会实现又好又快发展，长株潭试验区“两型社会”建设第一阶段改革建设任务全面完成，“十二五”期间，湖南将进一步加快转方式、调结构，加快新型工业化、新型城镇化进程，深入推进长株潭试验区建设。希望中建公司进一步发挥优势，整合资源，深化与湖南在新型城镇化建设、县域经济发展、长株潭试验区建设等方面的合作，为全国“两型社会”建设作出积极探索。湖南省委、省政府将为中建公司在湘发展创造良好条件。

易军感谢湖南省委、省政府对中国建筑股份有限公司发展的支持。他说，公司将湖南作为战略合作重点地区，下一步将不断拓展合作领域，为湖南长株潭试验区“两型社会”建设、新型城镇化建设和经济社会发展作出更大贡献。

【湖南省政府与中石化在京举行会谈】 2011年3月10日，湖南省政府与中国石化集团在北京举行会谈。省委副书记、省长徐守盛，中石化集团总经理、党组书记苏树林出席会谈。

省委常委、副省长陈肇雄，中石化集团领导王天普、章建华出席。

徐守盛感谢中石化长期以来对湖南经济社会建设的大力支持。他说，中石化在世界500强企业中名列前茅，多年来为保障国家能源安全作出了重要贡献。当前，湖南正大力推进“四化两型”战略，经济社会发展保持速度快、结构优、效益好的态势，迫切需要增强能源等生产要素的保障能力。大力发展壮大石化产业，是湖南经济社会长远发展的需要，符合“两型社会”建设要求。希望与中石化进一步深化合作，增加对湖南天然气和成品油的供给，加快在湘项目建设进度，争取早日投产。湖南将继续履行好双方签署的战略合作协议，全力支持中石化在湘企业和项目加快发展、开拓市场，全力支持岳阳炼化一体化项目建设，为项目建设创造良好环境。

苏树林感谢湖南对中石化在湘企业和项目建设的支持，表示将进一步扩大在湘投资，积极推进中石化在湘项目建设步伐，拓展合作领域，为湖南经济社会发展做贡献。

省政府秘书长盛茂林，及省直相关部门、岳阳市主要负责人参加会谈。

【徐守盛与蒋洁敏会谈共绘“气化湖南”美好蓝图】 2011年3月11日，湖南省与中石油集团在京举行会谈，中石油将湖南列入重要能源战略基地，将在“十二五”期间不断增加天然气供应量，共同推进“气化湖南”工程建设，为湖南经济社会快速发展提供有力能源保障。受省委书记、省人大常委会主任周强委托，省委副书记、省长徐守盛与中石油总经理、党组书记蒋洁敏进行了会谈。

“十二五”时期，是湖南贯彻落实科学发展观，加快经济社会发展的重要战略机遇期，也是能源需求高速增长期。按照会谈，中石油将不断增加对湖南的天然气供应，今年力争对湖南省天然气供应总量达到16亿方，到2015年不少于48亿方/年，保障湖南省重点领域、重点行业、重点时段的天然气消费需求。中石油将积极参与规划和实施“气化湖南”发展战略，帮助湖南加快形成“县县通、全覆盖”的供气格局。

徐守盛感谢中石油长期以来对湖南经济社会发展的大力支持，向中石油近年来的快速发展表示祝贺。他说，近年来，中石油积极开发国内外市场，为保障国家能源安全作出了重要贡献。中石油入湘10年来，已成为湖南主要的天然气和重要的成品油供应商，双方合作基础良好，合作前景广阔。当前，湖南经济社会呈现加速发展态势，既对能源保障提出了更高要求，也为中石油在湘发展提供了巨大的市场。希望与中石油进一步深化战略合作，加强高层互访，不断扩大合作规模，拓宽合作领域，在天然气供应、

"气化湖南"工程建设、天然气管道管网建设、页岩气勘探开发、石化产品深加工、装备制造业发展和设备采购等方面进一步加强合作，实现互利共赢。

蒋洁敏说，湖南为中石油在湘业务的开展提供了良好环境和条件，双方在合作中建立了深厚的友谊。湖南人杰地灵，经济社会快速发展。中石油进一步加大在湘投资，将湖南作为重要的战略能源基地，不断增加天然气供应量，支持湖南加快天然气管道管网建设和"气化湖南"工程建设，开展全方位合作。

省委常委、副省长陈肇雄，中石油副总经理周吉平、李新华、廖永远出席。

省直有关部门负责人参加会谈。

【周强徐守盛会见国家烟草专卖局局长姜成康】 2011年3月11日，省委书记、省人大常委会主任周强，省委副书记、省长徐守盛今天在北京会见了国家烟草专卖局局长姜成康。

周强感谢国家烟草专卖局长期以来对湖南"两烟"和经济社会发展给予的大力支持。他说，烟草作为湖南的重要支柱产业，为带动全省现代农业、促进农民增收、推动经济社会发展作出了重要贡献。"十二五"期间，湖南烟草工业将进一步整合资源，加快技术进步，大力开拓市场，加强管理和队伍建设，不断优化湘烟品牌结构，推动"两烟"产业继续又好又快发展。希望国家烟草专卖局一如既往给予湖南指导和支持。

姜成康说，在湖南省委、省政府的高度重视下，湖南"两烟"产业发展来势喜人。国家烟草专卖局将进一步支持湖南卷烟工业技改、现代烟草农业发展、现代烟草物流等项目建设，不断提升湖南"两烟"产业竞争力。

国家烟草专卖局副局长李克明，省长助理袁建尧，省长助理、省财政厅厅长李友志，省政府秘书长盛茂林参加会见。

【省政府与国务院国资委在京举行会谈】 2011年3月12日，省政府与国务院国资委就深化国企改革，进一步推动湖南与央企对接合作在北京举行会谈。国务院国资委主任、党委书记王勇，省委副书记、省长徐守盛出席会谈。省委常委、副省长陈肇雄，国务院国资委副主任黄丹华出席。

徐守盛感谢国务院国资委长期以来对湖南经济社会发展的大力支持。他说，在国务院国资委的大力支持和指导下，湖南国企改革有序推进，省属国企改革完成阶段性目标任务；与央企对接合作顺利，成果丰硕，走在全国前列。至去年底，湖南已与68家央企对接合作了223个项目，涉及金额近7000亿元。央企在湘企业快速发展，有力带动了传统产业提质升级，推动了战略性新兴产业发展，改善了基础设施条件，为湖南经济社会发展注入了强大活力。当前，湖南正积极推进"四化两型"战略，希望得到国务院国资委一如既往的大力支持，加快处理国企改革遗留问题，推动湖南与央企在更高层次、更广领域深入合作，不断提高湖南产业发展水平。

王勇说，央企在湖南发展势头良好，成绩显著。湖南为央企在湘发展提供了丰富的资源，形成了全社会共同关心支持的良好氛围。当前湖南经济社会发展势头良好。希望湖南一如既往重视、支持央企在湘发展，进一步深化与央企合作。国务院国资委将继续加大支持力度，推动湖南经济又好又快发展。

省政府秘书长盛茂林，省直相关部门负责人参加会谈。

【湖南省政府与科技部在京举行工作会商】 2011年3月13日，湖南省政府与科技部在京举行省部合作第五次工作会商会议，双方就充分发挥科技创新的重要支撑引领作用，推动湖南经济社会又好又快发展深入交换意见。全国政协副主席、科技部部长万钢，省委书记、省人大常委会主任周强，省委副书记、省长徐守盛出席会议并讲话。

万钢对湖南省近年来经济社会保持良好发展势头和科技事业取得的成就给予充分肯定。他说，"十一五"期间，湖南的科技实力迈上了一个新台阶，综合创新能力不断提高，特别是知识创新潜力和创新绩效潜力跃升全国第一位，湖南的科技潜力正在逐步显现。部省会商机制建立的一个重要目的，就是把国家的科技资源汇聚到科学发展的方向上来，目前这一机制正越来越显示出旺盛的生命力。希望湖南认真贯彻落实部省会商议题，着力围绕"两型社会"建设的重大科技需求，充分发挥科技创新作用；着力围绕民生需求，推动创新攻关；推动创新环境的建设，提升竞争力。湖南省承担了大批重大科技专项的建设，要进一步抓好协调、落实。要将超算中心和农村信息化、数字湖南建设等结合起来，让科技进一步为社会管理和民生服务。要加大科技管理体制改革力度，大力推进科技成果转化和产业化，加强创新型科技人才培养，为科技工作者的科研工作创造良好条件，进一步发挥湖南的人才优势，为科技进步作出更大贡献。

周强感谢科技部长期以来对湖南经济社会发展特别是科技事业发展的支持。他说，"十一五"时期是湖南科技事业发展最好最快的时期之一，省委、省政府认真贯彻落实党中央、国务院的决策部署，在科技部的指导和支持下，深入实施科教兴湘、人才强省战略，着力推进创新型湖南建设，大力培育发展战略性新兴产业和高新技术产业，取得了一批重大科技成果，建设了一批科技创新平台，涌现了一批创新型企业，高新技术产业加快发展，自主创新能力显著增强，科技进步对经济增长的贡献率不断提高。5年来，省部合作取得的成果有目共睹，积累的经验十分宝贵，为进一步深化合作奠定了坚实基础。湖南将认真贯彻落实这次全国"两会"精神和《国家中长期科学和技术发展规划纲要（2006—2020年）》，进一步加强组织领导，加大政策引导和经费投入力度，加快创新型科技人才培养，加快科技体制机制改革创新，加强自主创新能力建设，加快建设创新型湖南，全力抓好省部会商议题和工作的落实，确保取得实实在在的成效，努力开创"十二五"省部合作新局面。

徐守盛说，省部会商机制建立以来，科技部加大对湖南省投入力度，支持湖南创新平台建设和科技体制改革，有力地促进了湖南科技事业发展。当前，湖南正加快推进"四化两型"、"四个湖南"建设，需要充分发挥科技创新的支撑引领作用，以自主创新谋求发展主动权、抢占发展制高点，着力整合科技资源，大力实施科技专项，进一步深化科技体制机制改革，促进科技与经济、民生、教育有机结合，为科学发展、富民强省提供强大动力。请科技部一如既往关心和支持湖南。我们将以这次省部会商为契机，有效对接国家科技发展战略，认真落实会商确定的合作事项，确保取得实实在在的成效，努力把各项工作抓紧、抓好、抓实。

科技部党组成员、副部长张来武表示，部省会商工作机制已成为区域创新战略探索的有效机制，科技部将大力支持湖南在全国率先进行科技与金融结合试点、科技人才培养、农业农村信息化试点等工作，不断提升湖南长远竞争力。

会商会上，双方一致商定，将进一步围绕湘江流域、洞庭湖区的综合治理和资源利用，推进湖南“两型社会”建设；围绕“数字湖南”建设、先进装备制造、生物医药、新材料核心技术研究，推进湖南特色战略性新兴产业发展；推动湖南国家农业农村信息化科技示范省建设，构建多元化农村科技服务体系；推进湖南创新环境建设，支持湖南开展科技与金融结合探索等。

科技部领导郭向远，中南大学校长、中国工程院院士黄伯云，省长助理、省财政厅厅长李友志，省政府秘书长盛茂林出席工作会商会。

【周强徐守盛会见国家统计局局长马建堂一行】 2011年3月17日，湖南省委书记、省人大常委会主任周强，省委副书记、省长徐守盛在长沙会见了国家统计局党组书记、局长马建堂一行。

周强感谢国家统计局长期以来对湖南经济社会发展的支持。他说，“十一五”期间，湖南经济保持平稳较快发展，自主创新能力不断增强，民生问题得到极大改善，“两型社会”建设扎实推进。在这过程中，统计部门充分履职，为省委、省政府科学决策提供了重要依据。当前，湖南正认真贯彻落实全国“两会”精神，积极应对国内外经济形势的发展变化，着力转方式、调结构，着力保障和改善民生，加强社会管理和创新，加强生态建设和环境保护，为“十二五”开好局、起好步。希望国家统计局继续给予湖南指导和支持，湖南省委、省政府将为统计部门依法履职进一步创造良好条件。

马建堂说，近年来湖南经济社会发展取得显著成绩，每次来湘都能看到新的发展和变化。湖南统计工作在改革创新中积累了好的经验，希望统计部门按照规范统一、改革创新、公开透明的要求，更好地服务地方经济社会发展。

省委常委、常务副省长于来山参加会见。

【周强徐守盛会见国家发改委副主任解振华】 2011年3月16日，湖南省委书记、省人大常委会主任周强，省委副书记、省长徐守盛在长沙会见了国家发改委副主任解振华一行。

周强感谢国家发改委一直以来对湖南经济社会发展给予的大力支持。他说，党中央、国务院高度重视资源节约型、环境友好型社会建设，按照中央的总体战略部署，湖南近年来抢抓机遇，扎实推进长株潭城市群“两型社会”试验区改革建设，在不断探索创新中取得了一系列实质性成效。“十二五”时期，湖南的发展面临一系列重大历史机遇，将乘势而上进一步抓好试验区改革建设，把“两型社会”建设作为加快转变经济发展方式的目标和着力点，把湘江重金属污染治理作为“两型社会”建设的突破口，积极发展循环经济和低碳技术，着力抓好节能减排，大力加强生态建设和环境保护。希望国家发改委一如既往给予湖南指导和支持。

解振华充分肯定湖南在“两型社会”建设、节能减排等方面取得的成绩，希望湖南在进一步探索实践中积累好经验好做法，更好地发挥示范带动作用，国家发改委将进一步给予支持帮助。

省领导于来山、蒋作斌、韩永文，国家发改委副秘书长赵家荣参加会见。

【全国单位GDP能耗今年下降3.5%左右】 2011年3月17日全国发展改革系统资源节约和环境保护工作会议在长沙召开，研究部署“十二五”资源节约和环境保护工作。国家发改委副主任解振华作主题报告，省委副书记、省长徐守盛讲话。

“十一五”以来，我国高度重视资源节约与环境保护工作，节能减排取得显著成效，减少能源消耗6.3亿吨标准煤，减少二氧化碳排放14.6亿吨，全面完成“十一五”目标任务。我国以能源消耗年均6.6%的增速支撑了国民经济年均11.2%的增速，促进了结构优化升级，改善了环境质量，为应对全球气候变化做出了重要贡献。

解振华指出，“十二五”期间，我国发展仍处于可以大有作为的重要战略机遇期，但发展不平衡、不协调、不可持续问题依然突出。长期以来的高消耗导致我国能源供应紧张，工业化和城镇化的推进又使需求呈刚性增长，自身能源供应严重不足；同时生态环境总体恶化趋势没有根本扭转，一些地方生态环境承载能力已近极限，资源环境约束日趋强化，对此要有清醒的认识。

解振华强调，今年是“十二五”开局之年，做好全年资源节约和环境保护工作，完成单位GDP能耗下降3.5%左右，二氧化硫、化学需氧量、氨氮和氮氧化物四项污染物排放量均减少1.5%的目标，对实现“十二五”节能减排的目标至关重要。要加强节能减排宏观指导，进一步健全激励和约束机制，务求节能取得新进展；加快示范推广，促进循环经济形成较大规模；增强污染防治能力，确保实现减排目标；用好中央投资，强化项目管理；加强重大问题的研究，全力以赴做好今年资源节约和环境保护各项工作。

徐守盛说，湖南坚决贯彻落实中央关于节约资源和保护环境的各项方针政策，以长株潭试验区“两型社会”建设为契机，把节能减排和保护环境作为调整经济结构、转变发展方式的重要抓手，启动实施洞庭湖污染整治、湘江流域综合治理和城镇污水处理设施建设三年行动计划，稳步推进循环经济试点，切实抓好落后产能淘汰工作，加快重点生态工程建设，圆满完成“十一五”节能减排目标任务，全省环境总体质量明显改善。

徐守盛表示，“十二五”时期，湖南将高举科学发展的旗帜，全面推进“四化两型”、“四个湖南”、“四个政府”建设，突出保障和改善民生，突出统筹城乡发展，突出以产业支撑发展，突出以项目为载体，突出要素保障，注重把保障发展与保护环境紧密结合起来，努力实现安全发展、绿色发展、低碳发展和可持续发展，确保老百姓喝上干净水、呼吸上新鲜空气、吃上安全食品，让老百姓生活得更幸福、更有尊严。

徐守盛说，这次会议在湖南召开，是对湖南省“两型社会”建设的巨大支持。湖南将认真贯彻会议精神，全面推动资源节约和环境保护工作迈上新台阶。

国家发改委、财政部、工信部、住建部、环保部、交通部等相关部委负责人，全国各省（区、市）发改委负责人参会。

省政府秘书长盛茂林参加会议。

【解振华徐守盛汨罗调研强调合理利用“城市矿产”资源】 2011年3月18日，在湘出席全国发改系统资源节约和环境保护工作会议的国家发改委副主任解振华，与省委副书记、省长徐守盛一同来到汨罗市调研循环经济。解振华、徐守盛指出，要积极、合理利用“城市矿产”资源，努力缓解资源瓶颈约束，减轻环境污染，实现可持续发展。

汨罗是国家首批循环经济试点，经过多年培育，已初步探索出一条以产业带动园区、以园区提升产业的循环经济发展之路。去年，汨罗循环经济工业园成功跻身国家首批“城市矿产”示范基地，并获得国家2.9亿元资金支持。

解振华、徐守盛一行来到汨罗循环经济工业园，走进正在建设中的再生资源二期市场。该市场建成后，再生资源回收年交易量可突破400万吨，将成为全国重要的再生资源回收利用和加工示范基地。解振华详细了解项目建设情况，对项目发展前景表示肯定。

随后，解振华、徐守盛走进同力循环、五祥新材、万容科技等企业生产车间现场考察。生产线上，旧电视、旧冰箱、旧洗衣机等废旧电器被拆解开来，经过专业化处置，解离成铁、铜、铝、塑料、聚氨酯泡沫等价值不菲的可再生材料。在万容科技，通过一套无害化处理及资源回收技术及设备，一台旧冰箱“变废为宝”的过程只需30秒。了解到这套设备完全由企业自主研发，填补了国内空白时，解振华、徐守盛表示充分肯定，鼓励企业继续加大研发力度，研发出更多具有自主知识产权的技术和设备。

调研中，解振华、徐守盛指出，积极、合理利用“城市矿产”资源是缓解资源瓶颈约束、减轻环境污染的重要途径，有助于培育新的经济增长点，实现可持续发展。汨罗循环经济工业园要进一步用循环经济理念统筹项目布局，拉长延伸产业链，利用再生资源深加工，生产高价值的再生产品，形成完善的产业链条。

省政府秘书长盛茂林，省直有关部门负责人参加调研。

【周强会见全国政协调研组一行】 2011年3月28日，省委书记、省人大常委会主任周强在长沙会见了全国政协社会和法制委员会副主任李学举率领的调研组一行。

全国政协调研组此行来湘就“充分发挥社会组织在构建和谐社会中的积极作用”进行专题调研。

周强说，“十一五”时期是湖南经济发展最快、人民群众得实惠最多的时期之一，全省经济社会的又好又快发展，为“十二五”发展打下了坚实基础。近年来，湖南高度重视社会组织的培育发展，把加强社会组织建设作为社会管理创新的一个重要方面，不断提高社会组织服务社会能力，引导支持社会组织满足公众需求，协助政府管理，动员各方参与，为促进经济社会发展、构建和谐湖南发挥了重要作用。“十二五”时期，湖南将进一步加大改革创新力度，充分挖掘社会组织参与公共服务的潜力，发挥好党联系人民群众的桥梁和纽带作用。

李学举说，大力发展社会组织是构建社会主义和谐社会的迫切需求，近年来湖南在社会组织管理、培育、建设等方面积累了经验，希望湖南进一步加强探索实践，在社会管理创新方面不断取得新成绩。

全国政协常委李君如，省领导杨泰波、刘晓参加会见。

【周强会见国家开发投资公司董事长、党组书记王会生】 2011年3月24日，湖南省委书记、省人大常委会主任周强在长沙会见了国家开发投资公司董事长、党组书记王会生一行。

周强说，“十二五”时期，湖南面临着一系列重大历史性机遇，同时也面临不少困难和挑战，尤其是能源、资源压力较大。为确保“十二五”时期目标任务的实现，湖南将抢抓承接沿海和国际产业转移、长株潭试验区“两型社会”改革建设等机遇，乘势而上，进一步推动科学发展。希望国家开发投资公司在能源开发、基础设施建设、金融服务等领域进一步深化与湖南的合作。

王会生表示，国家开发投资公司与湖南有着良好的合作基础，期待进一步拓宽合作领域，为湖南“十二五”时期经济社会发展作出新的贡献。

省领导杨泰波、韩永文，国家开发投资公司副总经理施洪祥参加会见。

【周强徐守盛会见中央纪委副书记张惠新一行】 2011年3月24日，湖南省委书记、省人大常委会主任周强，省委副书记、省长徐守盛在长沙会见了中央纪委副书记张惠新一行。

周强感谢中央纪委长期以来对湖南经济社会发展尤其是纪检监察工作的关心支持。他说，“十一五”期间湖南经济保持了平稳较快发展，综合实力迈上新台阶。在着力推动经济社会又好又快发展的同时，湖南统筹推进惩治和预防腐败体系建设各项工作，认真执行党风廉政建设责任制，不断加强纪检监察信访举报工作，反腐倡廉工作取得新的明显成效，有力地保障和服务了科学发展、富民强省大局。“十二五”开局之年，湖南将深入贯彻落实十七届中央纪委第六次全会精神，自觉把以人为本、执政为民的要求贯彻落实到全省各项工作中去，贯彻落实到党风廉政建设和反腐败斗争的各项工作中去，把人民群众的利益作为一切工作的出发点和落脚点，努力开创全省党风廉政建设和反腐败工作新局面。

张惠新说，湖南省委、省政府一直高度重视纪检监察工作，在很多方面积累了好的做法和经验。希望湖南各级纪检监察机关围绕中心、服务大局，进一步扎实推进党风廉政建设和反腐败工作，不断拓宽群众参与反腐倡廉的渠道，促进社会和谐稳定。

省委常委、省纪委书记许云昭参加会见。

【周强会见解放军总装备部电子信息基础部部长辛毅】 2011年3月30日，湖南省委书记、省人大常委会主任周强在长沙会见了解放军总装备部电子信息基础部部长辛毅一行，就支持湖南省北斗卫星导航应用及产业发展交换意见。

北斗卫星导航系统是我国正在实施的自主发展、独立运行的全球卫星导航系统之一，该系统可广泛应用于经济社会诸多领域，产生巨大的经济和社会效益。

周强说，卫星导航应用产业作为新一代信息产业，是当今世界最具发展前景和广泛带动性的高科技领域之一，对服务国家经济建设和发展、培育和发展战略性新兴产业意义重大。近年来湖南始终把信息产业放在优先发展的战略位置，电子信息产业和军工电子行业正迅速崛起，为卫星导航应用产业发展提供了技术支撑，奠定了产业基础。希望双方进一步加强合作，积极搭建孵化平台，建立产业示范园区，加强规划引导，共同推动北斗卫星导航系统产业化，加快推进湖南的信息化和数字湖南建设。

辛毅表示，湖南是我国军工重点省份，为国防科技工业建设作出了重要贡献，在教育、科技、人才、区位等方面具有得天独厚的优势，卫星导航应用产业在湘发展有着巨大潜力，期待与湖南进一步加强对接合作。

省委常委、省委秘书长杨泰波参加会见。

【周强会见郑昌泓、章献】 2011 年 4 月 1 日，省委书记、省人大常委会主任周强在长沙会见了中国南车股份有限公司总裁郑昌泓、中国中铁股份有限公司副总裁章献一行。

郑昌泓、章献此行来湘与张家界市签署中低速磁悬浮项目合作意向。

周强对中国南车、中国中铁与张家界市成功签署合作意向表示祝贺。他说，近年来，湖南紧紧抓住扩大内需等一系列重大机遇，基础设施建设取得全方位突破，发展后劲大为增强。中国南车在湘企业已成长为湖南省骨干企业，中国中铁积极参与湖南城市交通轨道建设，都为做大做强湖南轨道交通装备产业，建设创新型湖南发挥了重要作用。省委、省政府高度重视、全力支持张家界中低速磁悬浮项目建设，希望这一项目在科学规划、科学论证的基础上加快推进，进一步提升张家界的知名度，推动湖南旅游产业发展。

郑昌泓、章献表示，合作意向各方有信心发挥各自优势，早日实现项目开工建设及运营，力争在张家界建成我国首条中低速磁悬浮商业示范线，为湖南经济社会发展作出贡献。

省委常委、常务副省长于来山参加会见。

【周强会见人民日报采访调研组一行】 2011 年 4 月 12 日，省委书记、省人大常委会主任周强在长沙会见了由人民日报社副总编辑谢国明率领的“开局之年看转变采访调研组”一行。

周强感谢人民日报社一直以来对湖南经济社会发展给予的大力支持，对人民日报社近年来坚持“三贴近”原则、锐意改革取得的成绩及不断扩大的影响力表示祝贺。他说，按照党中央、国务院的决策部署，湖南近年来结合省情实际，把建设“两型社会”作为加快经济发展方式转变的目标和着力点，大力推进新型工业化、农业现代化、新型城镇化和信息化，着力推动自主创新、推进节能环保、保障和改善民生、加强和创新社会管理、营造转方式调结构的良好环境，全省经济社会保持了又好又快发展态势。牢牢把握、紧紧抓住主题主线，加快转方式、调结构，做好“十二五”开局之年的各项工作，对于实现“十二五”目标任务至关重要。希望人民日报社一如既往为湖南实现科学发展提供支持。

谢国明对湖南省委、省政府大力支持人民日报社及湖南分社宣传报道等工作表示感谢。他表示，湖南的良好发展态势令人振奋，人民日报社将一如既往关注、宣传湖南。

省领导杨泰波、路建平参加会见。

【徐守盛会见国务院医改办主任孙志刚】 2011 年 4 月 12 日，省委副书记、省长徐守盛在长沙会见来湘督导调研医药卫生体制改革工作的国家发改委副主任、国务院医改办主任孙志刚一行。

徐守盛说，湖南将深化医改作为保民生的第一件大事，紧紧围绕 5 项重点任务，有序向前推进。基本医疗保障制度不断完善，保障范围不断扩大，国家基本药物制度逐步向全省覆盖，基层医疗卫生服务体系步伐加快，基本公共服务逐步均等化，公立医院改革试点稳步推进。今年，湖南将进一步明确责任，加大投入，强化督查，让人民群众进一步享受医改带来的实惠。恳请国务院医改办进一步加强对湖南医改工作的指导，在资金投入、基层乡镇卫生院改革等方面给予更多支持。

孙志刚说，由于湖南省委、省政府的高度重视，湖南医改工作已取得明显成效。当前，医改已进入深水区，碰到的难题更多。希望湖南抓住机遇，加快改革，增加投入，形成新的运行机制，为全国医改工作创造经验。

省委常委、常务副省长于来山，省委常委、副省长郭开朗参加会见。省政府秘书长盛茂林，省直有关部门负责人也参加会见。

【周强会见教育界知名人士】 2011 年 4 月 16 日，省委书记、省人大常委会主任周强在长沙会见了来湘出席首届岳麓教育论坛、进行考察交流的国内部分大学校长和教育界知名人士。

周强感谢教育部、国内各高校对湖南教育事业和经济社会发展给予的大力支持。他说，在党中央、国务院的坚强领导下，湖南近年来抢抓一系列历史性发展机遇，把教育强省作为重要战略和目标，为全省经济社会又好又快发展提供了有力的人才保障和智力支持。湖南在教育、科技、文化、人才等方面具有良好的基础和比较优势，“十二五”期间，湖南将进一步加快经济发展方式转变，大力推进“四化两型”建设，努力实现发展速度、质量、效益的有机统一。希望教育部、国内各高校在教育改革、学科建设、课题研究、人才培养、成果转化等方面进一步给予湖南支持，深化交流合作。

教育部党组成员、国家教育行政学院院长顾海亮说，近年来湖南经济社会发展取得了显著成就，教育事业发展一直走在全国前列，希望湖南充分发挥比较优势，进一步深化与国内各高校的合作。

北京大学校长周其凤、华中科技大学校长李培根、兰州大学校长周绪红，省委常委、省委秘书长杨泰波，中南大学党委书记高文兵、校长黄伯云参加会见。

【周强会见中国人民武装警察部队司令员王建平一行】 2011年4月13日，正在怀化调研的湖南省委书记、省人大常委会主任周强在怀化会见了来湘调研的中国人民武装警察部队司令员王建平一行。

周强说，湖南近年来经济社会实现又好又快发展，离不开武警部队的大力支持和积极参与。近年来，武警湖南总队在武警部队党委的坚强领导下，深入贯彻落实科学发展观，大力加强部队全面建设，特别是在抢险救灾、维护社会大局稳定等急难险重任务中作出了突出贡献。湖南省委、省政府历来重视武警部队建设，将一如既往地为部队开展工作、发挥作用创造良好环境。当前，湖南正按照党中央、国务院的决策部署，大力推进"四化两型"建设，为"十二五"发展开好局、起好步，希望武警总部继续给予湖南支持。

王建平说，近年来湖南经济快速发展、社会大局稳定，取得的成就有目共睹。长期以来，湖南省委、省政府对武警部队建设给予了大力支持，积极帮助广大官兵解除后顾之忧，为部队各项建设提供了有力保障。武警部队将进一步加强全面建设，为支持湖南经济社会发展作出更大贡献。

省委常委、省委秘书长杨泰波，96301部队政委冯传生，武警湖南总队总队长王小荣、政委赵富栋参加会见。

【王建平考察武警湖南总队：加快推进现代化武警建设】 2011年4月13日至23日，中国人民武装警察部队司令员王建平在武警湖南总队考察时强调，要紧紧围绕主题主线，努力在建设现代化武警进程中走在中部地区部队前列。

省委书记、省人大常委会主任周强，省委常委、省委秘书长杨泰波会见了王建平一行。武警湖南总队总队长王小荣、政委赵富栋陪同考察。

在湘期间，王建平先后来到怀化、邵阳、娄底、长沙等7个支队13个基层中队，上哨所，进班排，下伙房，与基层官兵亲切交谈，了解官兵的执勤、训练、教育和生活等情况，并听取了武警湖南总队全面建设情况汇报。

王建平对武警湖南总队部队建设情况给予充分肯定。他指出，近年来，面对中部崛起新形势、现代化建设新目标、履行使命新挑战，武警湖南总队认真贯彻武警总部党委总体思路和要求，带领官兵团结奋斗、扎实工作，使部队各项建设有了新的发展进步，呈现出整体推进、持续加强、稳步发展的良好态势。

王建平强调，武警湖南总队建设发展正处在一个新的历史起点上，要深入学习贯彻胡锦涛主席关于主题主线重大战略思想精神，紧紧围绕主题主线，认真审视部队建设形势，实施科学有效的工作指导，突出抓班子带部队、抓风气鼓士气、抓经常打基础、抓标准上层次、抓机遇促发展，努力在建设现代化武警进程中走在中部地区部队前列。要以更好的精神面貌和更高的工作标准，确保以执勤处突为中心的各项任务圆满完成，确保部队高度集中统一和安全稳定，忠实履行好党和人民赋予的职责使命，为湖南经济社会发展作出新的更大贡献。

【周强会见中国侨联党组书记、主席林军】 2011年4月26日，省委书记、省人大常委会主任周强在长沙会见了来湘出席全国侨联系统文化宣传工作会议的中国侨联党组书记、主席林军一行。

周强对中国侨联长期以来给予湖南经济社会发展的关心支持表示感谢。他说，"十一五"时期是湖南经济发展最快、城乡面貌变化最大、人民群众得实惠最多的时期之一，在这一过程中，全省各级侨联在服务发展大局、切实维护侨益、加强对外交流等方面成效显著，为推动经济社会又好又快发展发挥了积极作用。"十二五"时期，湖南将大力推进"四化两型"建设，加快科学发展、富民强省进程，希望中国侨联积极发挥侨界资源优势，支持湖南进一步扩大开放，提升开放型经济发展水平。

林军感谢湖南省委、省政府对侨联工作的高度重视，充分肯定湖南省侨联工作取得的成绩。他说，中国侨联将进一步发挥自身优势，在引侨资、汇侨智、聚侨力等方面加大工作力度，促推湖南经济社会发展。

中国侨联党组成员、副主席兼秘书长乔卫，省领导李微微、郭开朗、王晓琴参加会见。

【周强会见国家文物局局长单霁翔】 2011年4月28日，湖南省委书记、省人大常委会主任周强在长沙会见了来湘考察调研的国家文物局局长单霁翔一行。

周强说，湖南文化遗产资源丰富，保护利用潜力很大，是发展文化旅游产业和推进"两型社会"建设的重要资源和独特优势。"十二五"期间，湖南将积极抢抓机遇，提高执行力，主动作为，加大规划方案编报力度，丰富项目储备数量和种类，加速推进省博物馆就地改扩建、长沙铜官窑等一批文化遗产项目建设，推动全省文化遗产保护事业又好又快发展。希望国家文物局进一步加大投入力度和专业技术支持力度，推动湖南文化遗产保护事业发展再上新台阶。

单霁翔高度肯定湖南文化遗产保护工作取得的成绩。他说，文化遗产对一个地区的发展来说是宝贵财富，湖南是我国文化遗产资源重点省份，项目储备丰富，潜在优势明显，国家文物局将全力支持湖南文化遗产保护事业向前发展。

湖南省委常委、省委秘书长杨泰波参加会见。

【周强会见国务院国有重点大型企业监事会主席石大华】 2011年4月28日，湖南省委书记、省人大常委会主任周强在长沙会见了国务院国有重点大型企业监事会主席石大华一行。

周强感谢国务院国有重点大型企业监事会一直以来对湖南经济社会发展的支持。他说，在党中央、国务院的坚强领导下，湖南近年来发展后劲大为增强，"两型社会"建设取得实质成效，全省经济社会保持又好又快发展。"十二五"期间，湖南的发展面临着一系列重大历史性机遇，将进一步加强基础设施建设，积极扩大对外开放。希望国务院国有大型企业监事会继续给予支持，促推更多央企参与湖南经济社会建设。

石大华说，湖南近年来高度重视与央企的对接合作，一批国有重点大型企业与湖南有着良好的合作基础，期待这种合作进一步得到拓展，助力湖南科学发展。

湖南省领导于来山、韩永文，中国中铁股份有限公司副总裁、总工程师刘辉参加会见。

【华建敏来湘考察红十字会工作】 2011年4月25日至28日，全国人大常委会副委员长、中国红十字会会长华建敏来湘考察红十字会工作。

省委书记、省人大常委会主任周强参加了在长沙的考察，省委副书记、省长徐守盛到住地看望华建敏。

25日下午，华建敏一行先后来到长沙市咸嘉新村社区、省红十字会备灾培训中心和造血干细胞资料库管理中心。每到一处，华建敏都仔细察看、询问，并与工作人员亲切交谈。在咸嘉新村社区，华建敏参观了服务大厅、博爱超市、助残服务室等，详细了解基层红十字会的组织建设和工作流程："社区红十字会的工作人员有多少？有多少个志愿者？救助金申请流程是怎样的？"华建敏对社区开展的创先争优活动给予肯定，并要求"把红十字会的活动变成创先争优活动的具体内容"。在社区博爱超市，华建敏遇到了在这里担任志愿者的残疾姑娘肖卓作。双腿残疾的肖卓作曾经得到社区红十字会志愿者的帮助，现在她也成为一名红十字会的志愿者，参与义卖工作。华建敏称赞她是一位"腿残心不残"的优秀志愿者。华建敏还看望了造血干细胞捐献志愿者。他说，湖南的造血干细胞捐献工作走在全国前列，志愿者功不可没。志愿者将宝贵的造血干细胞捐献给素不相识的人，这种利他主义的幸福是一种更广义、更永恒的幸福，值得在全社会大力提倡和实践。

4月27日，华建敏一行赴张家界市，看望了武陵源区索溪王氏博爱小学的师生，了解该校的红十字会援建情况，观摩了学校师生举行的地震紧急疏散演练，并向学生代表赠送书籍。

考察中，华建敏充分肯定了湖南省红十字会工作。他说，湖南红十字组织百年历程表明，这是一支甘于奉献、勇于担当、富有战斗力、作风过硬的队伍。他希望湖南红十字组织继续理顺体制，推进能力建设，拓展服务领域，团结动员更广泛的人道力量，在构建和谐湖南、推进湖南"四化两型"建设中发挥更大的作用。

在湘期间，华建敏还出席了湖南省红十字组织成立100周年纪念大会，参观了长株潭两型社会展览馆。

省领导陈润儿、郭开朗、蔡力峰分别陪同考察，李江、肖雅瑜到住地看望了华建敏。中国红十字会副会长郝林娜陪同考察。

【湖南省政府与海航集团签署战略合作框架协议】 2011年4月29日，湖南省政府与海航集团在长沙签署了战略合作框架协议，双方将在航空旅游、现代物流、综合商贸、特色金融产业等领域开展全面合作。湖南省委书记、省人大常委会主任周强，省委副书记、省长徐守盛出席签署仪式并会见了海航集团董事局董事长陈峰一行。

周强在会见中说，"十一五"时期，湖南经济社会保持又好又快发展，综合实力迈上新台阶，尤其是基础设施建设加快推进，机械制造、轨道交通、风力发电、文化旅游等特色优势产业不断发展壮大，"两型社会"建设扎实推进，对外开放全方位拓展，人流、物流、资金流、信息流加速向湖南聚集，为包括海航在内的广大企业来湘投资提供了广阔空间。当前，湖南正抢抓一系列重大历史性机遇，大力推进"四化两型"建设，进一步扩大对外开放，此次与海航集团签署战略合作框架协议，为双方在航运、物流、金融等方面的深化合作提供了新契机。希望海航集团把湖南作为未来发展的重要基地，不断书写新的辉煌，湖南将为海航集团在湘发展营造良好的环境。

徐守盛在签字仪式上说，经过"十一五"时期的发展，湖南已经具备了进一步扩大开放和加快发展开放型经济的条件，包括海航在内的国内外企业来湖南省投资，一定能获得更好更快的发展。省政府与海航集团的合作，既是湖南扩大开放、发展开放型经济的需要，也是海航开拓市场、服务湖南的重要举措，必将实现互惠互利、合作双赢。湖南将认真贯彻落实协议，一如既往地为国内外投资者营造公平、公正、公开、可预期的发展环境，提供规范、便捷、高效的服务。

陈峰说，湖南近年来经济发展态势良好，投资环境不断优化，发展潜力进一步释放，对外影响力日益提升。海航集团将积极发挥自身优势，加大在湘投资力度，积极谋求与湖南在全方位、宽领域的长期战略合作。

根据战略合作框架协议，海航集团将充分发挥在航空领域的产业链条集合优势，在湘设立航空运输分公司或运营基地，增加运力投放，参与推动湖南机场业改革建设和临空产业发展，加强与湖南重点旅游企业在市场营销、客源组织等方面的合作；加大在湖南商业零售、酒店业等相关领域投资力度；积极在湘发展现代物流业、金融服务业，参与湖南城乡区域综合开发。省政府将积极提供相关政策支持和协调服务。

省长助理袁建尧、海航集团董事局副董事长兼首席执行官王健代表双方签约，省政府秘书长盛茂林主持签署仪式。

【民盟中央主席蒋树声湘调研】 2011年5月3日至4日，全国人大常委会副委员长、民盟中央主席蒋树声率民盟中央调研组就"社会保障制度的建设与完善"课题来湘调研。蒋树声强调，不断推进社会保障体系建设，扩大社会保障覆盖面，为维护社会稳定与和谐、促进经济社会协调发展作出更大贡献。

民盟中央领导张宝文、李重庵、索丽生、陈晓光、郑惠强、郑功成等陪同调研。调研期间，省委书记、省人大常委会主任周强，省委副书记、省长徐守盛到住地看望蒋树声一行。

5月4日上午，调研组一行听取省委、省政府相关情况介绍。省委、省政府一直高度重视社会保障工作，始终把它作为事关改革发展稳定全局的大事来抓。特别是近年来，湖南省以完善政策制度为抓手，进行了一系列积极探索和实践，取得了显著成效。目前，湖南省已建立了与经济社会发展水平相适应的社会保障体系，各项社会保障制度基本建立，覆盖范围逐步扩大，保障水平不断提高，为湖南省经济发展和社会稳定起到了积极的作用。

蒋树声高度肯定湖南省在社会保障工作方面取得的成效。他说，调研组此次来湘主要了解湖南社会保障制度建设情况，特别是了解近十年湖南在养老制度、医疗制度、社会救助制度、老年服务制度等4项基本社会保障制度建设取得的经验和面临的问题。通过听取意见诉求，对我国社会保障制度建设体系在完整性、普惠性、公平性、规范性、可持续性等5个方面进行分析，并在此基础上向中共中央、国务院提出关于社会保障制度建设与完善的政策建议。

蒋树声强调，社会保障是事关基本民生的重要制度安排，具有帮助人们摆脱贫困、提升福祉，预防和化解社会风险，维护社会稳定与和谐，促进经济社会协调发展的重要作用。要借鉴国外社会保障制度发展的经验，进一步加大有关社会保障方面法律、政策的宣传贯彻力度，不断推进劳动保障体系建设，进一步建立健全社会保障新机制，扩大社会保障覆盖面，使社会保障工作成为社会发展的“稳定器”、经济运行的“减震器”、社会公平的“调节器”。

省委常委、常务副省长于来山，省人大常委会副主任蒋作斌，省政协副主席杨维刚陪同调研或出席情况介绍会。

【中国兵器江南集团麓谷高新技术园正式启用】 2011年5月6日，湖南省大力实施央企对接合作再结硕果——中国兵器工业集团公司湖南江南机器（集团）有限公司在长沙兴建的麓谷高新技术园正式启用，中国兵器科学研究院南方分院也同时挂牌落户麓谷。省委书记、省人大常委会主任周强，省委副书记、省长徐守盛，国防科技大学校长张育林，中国兵器工业集团公司总经理张国清出席启用仪式。

省委常委、长株潭试验区工委书记陈肇雄，国防科技大学副校长庄钊文，中国兵器工业集团公司副总经理杨卓、曾毅出席仪式。

麓谷高新技术园将成为中国兵器集团与国防科技大学开展重大科技项目合作、加速推进科技成果转化的重要平台，对湖南省加快军民融合产业发展，推进“四化两型”建设产生积极影响。该园区被定位为开展高新技术开发、高新技术产业孵化、对外合作、吸纳高端人才的重要基地，重点将在导航定位、惯性器件、超精密加工等领域开展广泛的技术合作。其中，激光陀螺、北斗二代导航等一批技术水平高、市场前景大、具有自主知识产权的军民两用科技成果将在园区内实现产业化。

启用仪式前，国防科技大学与中国兵器集团还签订了战略合作协议，迈出了军工科研与装备制造军民融合式发展的新步伐。根据协议，双方将在创新平台建设、重大科技项目合作、推进科技成果转化等多个方面开展合作。

【周强徐守盛会见中国兵器工业集团公司总经理张国清】 2011年5月5日，省委书记、省人大常委会主任周强，省委副书记、省长徐守盛在长沙会见了中国兵器工业集团公司总经理张国清一行。国防科大校长张育林、政委王建伟陪同会见。

张国清此行来湘出席集团公司与国防科大战略合作协议签订暨江南机器集团麓谷高新技术园启用仪式。

周强说，中国兵器工业集团公司与湖南有着良好的合作基础，集团在湘企业近年来成长迅速，为湖南经济社会又好又快发展作出了贡献。集团公司此次与国防科大签署战略合作协议，是军民融合式发展、产学研结合的一个重大举措。湖南一直高度重视与央企的对接合作，高度重视走军民融合式发展的路子，推动国防科技工业可持续发展。希望中国兵器工业集团公司继续加大对在湘企业的支持力度，进一步发挥科技、资源、产业推广等方面优势，使更多科技成果在湖南开花结果。湖南将全力搭建平台，做好服务，为双方合作创造良好环境。

张国清表示，中国兵器工业集团公司十分看好与湖南的合作前景，希望在落实与湖南既有战略合作项目的同时，进一步加强产业对接，拓展合作领域，更好地融入地方经济发展。

国防科大副校长庄钊文，省委常委陈肇雄，中国兵器工业集团公司副总经理杨卓、曾毅参加会见。

【周强石大华等出席“长沙空港城建设和人民路空港城段建设开工”仪式】 2011年4月28日，省委书记、省人大常委会主任周强宣布“长沙空港城建设和人民路空港城段建设开工”，并与国务院国有重点大型企业监事会主席石大华，省领导于来山、韩永文等一起拉升模仿飞机的操纵杆，预示着长沙空港城正朝“亚洲的法兰克福”起飞。法兰克福是世界著名的航空港和铁路枢纽。开工仪式由市委副书记、市长张剑飞主持，市领导文树勋、姚永春、杨懿文、李科明等出席。

城区去机场将增快速路。人民东路西起东二环，东至机场联络线，全长21.18公里。其中东二环杨家山立交桥到隆平高科技园将提质改造，隆平高科技园至长株高速路段正在建设中，而昨日开工的人民路（空港城段）西起长株高速，东至机场联络线，全长7.2公里。至此，人民路全长将达30多公里。

据介绍，空港城段道路路幅宽58米，工程总造价7.1亿元。主路为双向六车道，为城市快速路，设计速度80公里/小时；辅路为双向四车道。中铁股份有限公司的参与建设，标志着长沙与央企的合作正全方位展开。

大约一年半以后，人民东路将全线贯通，成为连接黄花机场与长沙主城区的第3条快捷通道。“这是一条城市道路，不设收费站。”长沙经开区党工委书记、长沙县委书记杨懿文介绍，今后从城区往机场，除了目前的长永高速和机场高速外，还有一条不收费的快速通道。

5年后空港新城亮相城东。目前，黄花国际机场已开通至全国73个大中城市的近118条航线。长沙县依托黄花机场，提出了打造“知识型现代服务业生态城”的战略。

据介绍，长沙空港城规划范围西至长株高速、东至机场联络线末端、北至长永高速、南至机场高速，总面积为30.69平方公里。空港城位于长沙市与黄花国际机场之间，处于空港、高铁以及长沙经开区三者辐射的核心范围，长株高速公路、机场专用道、机场联络道从基地的外围四周通过，现代立体交通网络使之成为参与全球竞争的国际门户地区。

按照计划，5年后，一座高度国际化、生态化的空港新城将亮相省会东城。

人民路将成财富大道。据了解，目前人民路共分为三段：湘江大道至芙蓉路为人民西路；芙蓉路至二环线为人民中路；二环线以东为人民东路。

但未来的人民路还有望向西延伸。按照初步设想，人民路过江隧道可能在向西穿过湘江、橘子洲后，进一步穿越岳麓山直抵大河西腹地汽车西站周边。目前人民路过江隧道正在规划论证中。

如果设想实现，人民路从东往西，将一路串起空港城、国家级长沙经济技术开发区、长沙CBD、五一商圈、大河西先导区等，这一城市主轴将成为全国乃至世界知名的财富大道。

【湖南省政府与海航集团签署战略合作框架协议】 2011年4月29日，湖南省政府与海航集团在长沙签署了战略合作框架协议，双方将在航空旅游、现代物流、综合商贸、特色金融产业等领域开展全面合作。湖南省委书记、省人大常委会主任周强，省委副书记、省长徐守盛出席签署仪式并会见了海航集团董事局董事长陈峰一行。

周强在会见中说，“十一五”时期，湖南经济社会保持又好又快发展，综合实力迈上新台阶，尤其是基础设施建设加快推进，机械制造、轨道交通、风力发电、文化旅游等特色优势产业不断发展壮大，“两型社会”建设扎实推进，对外开放全方位拓展，人流、物流、资金流、信息流加速向湖南聚集，为包括海航在内的广大企业来湘投资提供了广阔空间。当前，湖南正抢抓一系列重大历史性机遇，大力推进“四化两型”建设，进一步扩大对外开放，此次与海航集团签署战略合作框架协议，为双方在航运、物流、金融等方面的深化合作提供了新契机。希望海航集团把湖南作为未来发展的重要基地，不断书写新的辉煌，湖南将为海航集团在湘发展营造良好的环境。

徐守盛在签字仪式上说，经过“十一五”时期的发展，湖南已经具备了进一步扩大开放和加快发展开放型经济的条件，包括海航在内的国内外企业来湖南省投资，一定能获得更好更快的发展。省政府与海航集团的合作，既是湖南扩大开放、发展开放型经济的需要，也是海航开拓市场、服务湖南的重要举措，必将实现互惠互利、合作双赢。湖南将认真贯彻落实协议，一如既往地为国内外投资者营造公平、公正、公开、可预期的发展环境，提供规范、便捷、高效的服务。

陈峰说，湖南近年来经济发展态势良好，投资环境不断优化，发展潜力进一步释放，对外影响力日益提升。海航集团将积极发挥自身优势，加大在湘投资力度，积极谋求与湖南在全方位、宽领域的长期战略合作。

根据战略合作框架协议，海航集团将充分发挥在航空领域的产业链条集合优势，在湘设立航空运输分公司或运营基地，增加运力投放，参与推动湖南机场业改革建设和临空产业发展，加强与湖南重点旅游企业在市场营销、客源组织等方面的合作；加大在湖南商业零售、酒店业等相关领域投资力度；积极在湘发展现代物流业、金融服务业，参与湖南城乡区域综合开发。省政府将积极提供相关政策支持和协调服务。

省长助理袁建尧、海航集团董事局副董事长兼首席执行官王健代表双方签约，省政府秘书长盛茂林主持签署仪式。

【周强会见中国航天科技集团总经理马兴瑞一行】 2011年5月6日，省委书记、省人大常委会主任周强在长沙会见了中国航天科技集团总经理马兴瑞一行。国防科技大学校长张育林参加会见。马兴瑞此行来湘主要与国防科技大学谋求深化合作。

周强对中国航天科技集团近年来取得的成就表示祝贺。他说，在党中央、国务院的坚强领导下，湖南“十一五”时期抢抓一系列重大历史机遇，经济社会实现又好又快发展。在这过程中，湖南大力推进新型工业化，高度重视国防科技工业发展，坚持走军民融合式发展路子，积极培育发展轨道交通、风力发电等战略性新兴产业，现代产业体系加快形成。中国航天科技集团与国防科大深化合作意义重大，希望以此为契机，加强与湖南的产业对接，不断创新合作模式，促进产学研结合，加速科技成果转化。

马兴瑞说，湖南科技、教育、文化实力雄厚，国防科技工业基础良好，希望进一步深化与湖南在科技创新、产品研发、产业推广等方面的合作。

省委常委、省委秘书长杨泰波参加会见。

【全国现代农作物种业工作会议长沙召开】 2011年5月9日，国务院在长沙召开全国现代农作物种业工作会议，全面部署加快推进现代农作物种业发展各项工作。中共中央政治局常委、国务院总理温家宝近日就我国种业发展作出重要批示，强调我国是农业大国，加快农作物种业发展是建设现代农业、保障国家粮食安全的战略选择，是实施科技兴农、转变农业发展方式的重要途径。要着眼于保障农业长期稳定发展，加快制订发展规划，推进自主创新，强化政策支持，加大投入力度，创新体制机制，完善法律法规，着力提高我国种子产业发展水平。要加强种子市场调控，严格质量监管，确保农业用种安全。中共中央政治局委员、国务院副总理回良玉出席大会并实地考察湖南种业发展情况。

回良玉强调，国以农为本，农以种为先。各地区、各有关部门要认真贯彻落实《国务院关于加快推进现代农作物种业发展的意见》，坚持依靠自主创新，坚持发挥企业主体作用，坚持产学研相结合，坚持扶优扶强，把发展现代种业作为建设现代农业的战略举措，把良种培育作为农业科技创新的首要任务，把提高种子企业核心竞争力作为做大做强种业的关键支撑，把建立产学研联盟、促进育繁推一体化作为整合种业资源的重要切入点，努力建立与我国农业大国地位相适应、具有国际先进水平的现代种业体系，为推动农业稳定发展、农民持续增收，为保障国家粮食安全、促进经济社会又好又快发展提供有力支撑。

湖南省委书记、省人大常委会主任周强在会上致辞。中央农村工作领导小组副组长田成平，农业部部长韩长赋，湖南省委副书记、省长徐守盛出席大会并陪同考察。

湖南是农业大省，也是种业大省。全省粮食、经济作物等种子植物种类达5000多种，约占全国总量的1/7。近年来，湖南省大力推广产量高、品质优、抗逆性强的良种，良种对粮食增产的贡献率达到42%。水稻、辣椒、柑橘、茶叶、西瓜等作物的育种研究均居全国领先水平。

当天上午，回良玉和与会代表一道，先后走进隆平高科麓谷中心、长沙县春华镇万亩早稻高产创建田和国家杂交水稻工程技术研究中心现场考察。在隆平高科麓谷中心，回良玉了解到，这里是我国目前最大的杂交水稻种子产业基地，可储藏各类农作物种子数量4000万公斤以上。他称赞隆平高科是我国种业发展的领军企业和“亮点”企业，要进一步搞活机制体制，发挥带动作用，不断做大做强，让亮点更“亮”。在国家杂交水稻工程技术研究中心，袁隆平院士告诉回良玉，超级稻研发在实现亩产800公斤的第二期目标上，正在向亩产900公斤的第三期目标迈进。回良玉握着袁院士的手，深情地说，“您是我国粮食产业的领军人物，祝您健康长寿，为中国种业发展、粮食安全作出更大贡献。”回良玉说，湖南是我国种业大省，以袁隆平院士为首的杂交水稻科研团队在全国和全世界很有声誉。湖南省委、省政府高度重视“三农”工作和种业发展，认真贯彻落实中央“三农”工作精神，精心组织和实施粮食稳产增产行动，现代农业和种业发展态势良好。在湖南，有典型可看，有经验可学。

下午的大会由韩长赋主持。回良玉发表了重要讲话。

回良玉指出，新中国成立以来，在党和政府的坚强领导下，经过广大农业科技人员和农民群众的长期艰苦努力，我国在优良品种培育和推广应用方面取得巨大成就，为提高农业综合生产能力、保障农产品有效供给作出了重要贡献。但目前我国种业仍处于初级发展阶段，农作物育种创新能力、种业产业集中度、种子市场监管能力仍然较低，品种多乱杂、企业多小散、种子假冒伪劣等问题仍然突出，种业面临的国际竞争非常激烈，对此必须高度重视、积极应对。

回良玉强调，发展现代农作物种业是一项艰巨复杂的系统工程，要加强统筹协调、突出重点任务、把握关键环节。一要着力提升科技创新能力，支持科研教学单位的科研成果、育种资源、研发人才向种子企业流动，积极开展联合攻关，加快培育一批具有重大应用前景和自主知识产权的突破性优良品种。二要着力提升企业竞争能力，推动企业兼并重组，对优势企业给予重点扶持，加快打造一批现代种业集团。三要着力提升供种保障能力，加大种子生产基地建设投入力度，强化种子生产收储扶持政策，加强种子储备调控体系建设，保证良种供应数量充足、质量安全、价格合理。四要着力提升市场监管能力，加强种子市场准入管理和监督检查，健全种子管理机构和队伍，强化行业自律。

回良玉要求，各地区、各有关部门要把加快推进现代农作物种业发展作为一件大事、要事来抓，努力实现传统种业到现代种业的飞跃。要强化规划指导，抓紧编制全国现代农作物种业发展规划，分作物、分区域、分阶段提出发展目标、方向和重点，明确任务和措施。要强化政策扶持，抓紧把中央出台的各项支持政策细化、实化、具体化。要强化改革创新，全面推进种业科研、生产、经营和管理各个环节的改革。要强化协作配合，形成支持种业发展合力。

周强在致辞中说，全国现代农作物种业工作会议在长沙隆重召开，这是我国农作物种业发展史上一次具有里程碑意义的重要会议，是促进农业长期稳定发展、保障国家粮食安全的重大举措。改革开放以来，湖南农作物种业取得长足发展，为提高农业综合生产能力，保障农产品有效供给提供了有力保障。此次会议在湖南召开，为我们学习兄弟省（区、市）先进经验，促进种业发展提供了宝贵机会。我们将以此为契机，深入贯彻《国务院关于加快推进现代农作物种业发展的意见》的精神，认真贯彻落实温家宝总理的重要批示精神和回良玉副总理的重要讲话精神，充分用好会议成果，把握机遇，发掘优势资源，加大投入和扶持力度，强化科技支撑，健全服务体系，培育市场主体，努力把湖南现代化农作物种业发展成为具有区域特色的优势产业和基础产业。

中央有关部门和各省、自治区、直辖市人民政府及发展改革、科技、财政、农业部门负责人，各计划单列市人民政府和新疆生产建设兵团负责人，部分骨干企业、农科院校负责人和部分院士、专家参加了会议。农业部、国家发改委、科技部、财政部，以及吉林省农科院、中国种子集团、隆平高科负责人在会上作了发言。

省领导杨泰波、陈润儿、徐明华、袁隆平出席会议或陪同考察。

【周强徐守盛会见国家工商总局党组书记、局长周伯华】 2011年5月11日，湖南省委书记、省人大常委会主任周强，省委副书记、省长徐守盛在长沙会见了来湘出席全国工商系统人才工作会议的国家工商总局党组书记、局长周伯华一行。

周强对全国工商系统人才工作会议在湘召开表示祝贺。他说，在国家工商总局的大力支持下，近年来湖南工商系统充分发挥工商行政管理职能，积极创新服务发展机制，切实加强市场监管，不断加强人才队伍建设，在支持服务各类市场主体、维护市场秩序、推进商标战略实施、发展非公有制经济等方面做了大量富有成效的工作，为全省经济社会实现又好又快发展作出了贡献。“十二五”时期，湖南的发展面临一系列重大历史机遇，希望国家工商总局一如既往给予湖南支持，在转方式调结构、全面推进“四化两型”建设中进一步发挥工商行政管理部门的作用，保障和推动湖南科学发展、富民强省。

周伯华充分肯定湖南省工商工作取得的成绩。他说，湖南近年来认真贯彻落实科学发展观，大力推进“四化两型”建设，各项事业取得了新的成就，人民群众得到了更多实惠。国家工商总局将进一步把市场监管和服务有机统一起来，更好地服务湖南经济社会发展。

国家工商总局党组副书记、副局长刘玉亭，湖南省政协副主席龚建明参加会见。

【第五届中国工程管理论坛在长开幕】 2011年5月21日，由中国工程院、湖南省人民政府联合主办的第五届中国工程管理论坛在长沙开幕。中国工程院院长周济，省委副书记、省长徐守盛出席并致辞。省委副书记梅克保出席，中国工程院副院长樊代明主持。

中国工程管理论坛是旨在研究我国工程管理理论与实践，探讨我国工程管理现状及发展关键问题的全国性会议。本次论坛以“中部崛起与工程管理”为主题，涉及低碳能源开发与利用、油气资源开采、航天产品质量管理等高新技术行业和领域。论坛吸引了包括王基铭、朱高峰、傅志寰、王安、何继善等18位院士在内的300多位国内专家学者参加。

周济在致辞中说，新中国成立以来，我国以两弹一星、载人航天、三峡工程、青藏铁路等为代表的一大批重大工程取得巨大成就，工程管理的应用领域显著扩大，工程管理学科获得快速发展，为工程科技发展和国家现代化建设作出了重要贡献。伴随着现代化事业的跨越式发展，我国仍有许多重大工程需要实施，工程管理仍有许多重大理论和实践问题需要研究解决。中国工程院非常重视我国工程管理的健康发展，开展了以中国工程管理论坛为代表的系列学术活动。今天的论坛上，来自工程管理第一线及学术界、产业界等各界专家学者就工程管理的一系列重大问题进行深入研讨，将对繁荣发展工程管理科学、服务现代化建设起到重要作用。周济表示，近年来，湖南各项事业取得巨大成就，中国工程院将进一步加强与湖南省的科技合作，积极参与湖南科技创新体系建设，提供更多科技咨询，为湖南科学发展作贡献。

徐守盛向论坛的成功举办表示祝贺。他说，科技进步是促进湖南经济社会又好又快发展的重要力量。湖南坚持充分发挥科学技术这个第一生产力的重要作用，大力构建以市场为导向、企业为主体、产学研用相结合的自主创新体系，建立健全支撑产业发展的技术体系，加快转入科技引领、创新驱动的轨道。当前，湖南正在全国先行先试推进长株潭城市群“两型社会”综合配套改革试验区建设，需要广泛聚集各方资源，得到包括各位院士专家在内的广大科技人才的支持和帮助。中国工程管理论坛作为我国享有盛誉的专业性、高端性论坛，为我们进一步争取中央各部委及我国企业界、科技界的支持，提供了良好平台。本次论坛讨论所涵盖的行业和领域，都是湖南亟须加快培育和发展的领域，必将带来新的发展理念和思维。我们将充分消化吸收运用。真诚希望各位专家学者一如既往地关心支持湖南改革发展。湖南将不遗余力为各类人才来湘发展营造良好环境。

大会主论坛上，中国工程院院士陆佑楣、中石化董事长傅成玉等12位嘉宾分别发表精彩演讲。大会还设立了工程管理理论体系、工业行业工程管理、低碳城市与区域经济发展、工程管理教育与人才培养4个专题论坛。

省政府秘书长盛茂林出席。

【周强徐守盛会见中国人民武装警察部队副政委崔景龙】 2011年5月15日，省委书记、省人大常委会主任周强，省委副书记、省长徐守盛在长沙会见了中国人民武装警察部队副政委崔景龙一行。

周强感谢武警部队长期以来对湖南经济社会发展给予的支持。他说，在武警部队党委的坚强领导下，武警湖南总队继承和发扬优良传统，忠实履行使命，积极支持地方建设，尤其是在抢险救灾、维护社会大局稳定等急难险重任务中发挥了主力军和突击队作用，为全省经济社会实现又好又快发展作出了突出贡献。武警部队官兵政治坚定、作风过硬、纪律严明，不愧为威武之师、文明之师。省委、省政府历来高度重视武警部队建设，将一如既往为部队在湘履行使命、开展工作创造良好环境。

崔景龙感谢湖南省委、省政府对武警部队建设的关心支持。他说，湖南近年来经济社会发展取得了巨大成就，武警部队将进一步加强全面建设，为湖南继续保持又好又快发展作出新的更大贡献。

省领导李江、刘力伟，武警湖南总队领导王小荣、赵富栋、赵永平参加会见。

【徐守盛会见中石化党组成员、副总裁章建华】 2011年5月16日，省委副书记、省长徐守盛在长沙会见中石化集团公司党组成员、股份公司高级副总裁章建华一行。

徐守盛感谢中石化对湖南经济社会发展作出的积极贡献。他说，湖南正处于加速发展时期，需要中石化等中央企业一如既往的支持。石化产业是湖南的传统优势产业，希望中石化进一步拉长在湘产业链，加快衍生产业发展与园区建设，带动湖南相关产业更好更快发展。湖南页岩气储量丰富、发展前景良好，希望在页岩气开采方面加强与中石化的合作。湖南将认真履行战略合作框架协议，一如既往支持中石化在湘发展。

章建华感谢湖南对中石化的支持。他表示，中石化在湘企业发展态势良好，愿与湖南开展更深层次合作，为湖南经济发展作出更大贡献。

省政府秘书长盛茂林参加会见。

【全国惩治和预防渎职侵权犯罪湖南巡展开幕】 2011年5月18日，由最高人民检察院主办的“法治·责任——全国检察机关惩治和预防渎职侵权犯罪湖南巡展”在省展览馆举行开幕式。省委书记、省人大常委会主任周强宣布开幕，省委副书记、省长徐守盛出席。

省委常委、省纪委书记许云昭在开幕式上讲话。省领导谢勇、刘力伟、魏文彬、万建华，省高级人民法院院长康为民，省人民检察院检察长龚佳禾出席。开幕式结束后，省领导们还参观了展览。

许云昭在讲话中指出，这次展览集中展示了检察机关服务党和国家中心工作、开展查办和预防破坏社会主义市场秩序渎职犯罪等多个专项工作取得的成效，对于进一步坚定全党全社会做好惩治和预防渎职侵权犯罪工作的信心、决心具有重大意义。他要求，全省各级各部门要进一步深化认识，把惩治和预防渎职侵权犯罪工作摆在更加突出的位置，更加注重治本，更加注重预防和制度建设，教育引导广大公职人员特别是领导干部正确对待人民赋予的权利，牢记职责使命，恪守权力边界，不失职渎职，不缺位越位，在大是大非和各种诱惑面前，始终保持清醒、敏锐。全省各级检察机关要不断加大案件查办力度，努力提高反渎职侵权工作的能力和水平。各相关职能部门要加强协调配合，形成工作合力，推动形成全社会关心、理解、支持惩治和预防渎职侵权工作的良好氛围。

此次巡展由省纪委、省委政法委、省人民检察院、省监察厅、省预防腐败局共同承办，是湖南省第一次组织有关惩治和预防渎职侵权犯罪的专项展览。展览共分《宗旨·使命》、《犯罪·危害》等六个专题展区，选用了近年来包括湖南省在内的各地检察机关查办的77个重大渎职侵权案例、146块大型展板、数十部视频影像资料，集中宣传了党和国家关于惩治和预防渎职侵权犯罪的方针、政策、法律法规，展示了湖南省扎实推进惩治和预防渎职侵权犯罪工作的重要举措和成果。整个巡展将持续到5月24日，在此期间省检察院将现场设立举报台，随时受理群众有关渎职侵权犯罪的举报。

【省政府与教育部、国防科工局共建中南大学、湖南大学、南华大学】 2011年5月24日，省政府与教育部、国家国防科技工业局签署协议，共建中南大学、湖南大学、南华大学，全力支持3所高校加快创建高水平大学和世界一流大学步伐。省委书记、省人大常委会主任周强，省委副书记、省长徐守盛，教育部副部长杜占元，工信部副部长兼国家国防科工局局长陈求发出席签字仪式。

签署仪式由省委常委、长株潭试验区工委书记陈肇雄主持，国家国防科工局副局长胡亚枫，中南大学党委书记高文兵、校长黄伯云出席。

仪式上，省政府与教育部签署了《重点共建中南大学、湖南大学协议》，省政府与国家国防科工局签署了《共建南华大学协议》，省政府与教育部、国防科工局签署了《共建中南大学、湖南大学协议》。根据协议，教育部将支持中南大学、湖南大学加强学科专业、创新平台和创新团队建设，创新人才培养模式，推进体制机制创新，构建稳固的产学研合作联盟；国防科工局将支持3所高校的国防特色学科和专业建设、国防科技实验室建设和发展、国防科研项目及成果申报、产学研基地建设等；省政府将在服务地方的创新平台与基地建设、学科专业建设、重大科研项目申报等方面给予3所高校重点支持。

周强感谢教育部、国防科工局长期以来给予湖南经济社会发展的支持。他说，实施省部共建是推进高等教育发展的重大举措，近年来，通过省部共建，3所高校各项事业取得长足发展，学校人才培养、科研和社会服务水平、学校管理水平大幅提升，为推动地方经济社会又好又快发展作出了突出贡献，为全省高校发挥了示范作用。

周强说，湖南近年来深入贯彻落实科学发展观，全面推进“四化两型”建设，经济实力显著增强，教育强省建设稳步推进，科技创新能力不断增强，国防科技工业基础能力和实力大幅提高，特别是实施省部共建高校以来，3所高校办学特色鲜明、综合实力明显提升。实践证明，省部共建3所高校，潜力很大，前景也十分广阔。此次协议签署，对于充分利用教育、国防科技工业和地方政府多方面的资源，实现优势互补、资源共享，对于促进高校更好地服务国防建设和地方发展，对于深入实施科教兴国和人才强国战略，都具有重要意义。省委、省政府将认真履行协议，把3所高校纳入全省“十二五”规划和教育强省建设重点，加强与教育部、国防科工局的衔接协调，加大财政投入力度，积极帮助解决实际困难和问题。希望3所高校抢抓机遇，着力提升教育质量和办学水平；进一步强化国防特色，充实和完善国防科技工业教育体系，加强国防特色人才培养和基础科技研究，在面向全国服务的同时，为推动国防科技工业发展，为湖南加快“四化两型”建设和科学发展、富民强省作出新的更大贡献。

杜占元说，湖南在全国较早提出了教育强省战略，坚持教育优先发展，不断加大教育经费投入，教育各项事业蓬勃发展，教育综合实力不断提升，为经济社会又好又快发展提供了有力的科技和人才支撑。此次共建协议的签署，必将对3所高校的改革发展起到重要推动作用。希望3所高校抢抓机遇，加快建成高水平大学和世界一流大学；进一步突出重点、体现特色，在服务国家和地方经济社会发展、服务国防科技工业建设、建设创新型国家中作出更大贡献；积极推进体制机制创新，为全国高校改革发展提供有益借鉴。

陈求发说，湖南是军工大省、教育大省，国防科工局将一如既往地关心和支持3所共建高校的发展。希望3所高校继续勇于探索，更好地发挥人才培养、科学研究和社会服务的职能，不断提高教学质量和科研水平，加快科技成果转化和技术攻关能力建设，进一步加强国防科技重点实验室、国防科技创新团队、国防特色学科专业的建设和管理，广泛开展与国防科研院所以及有关军工企业的科技交流与合作，在承担重大基础研究和取得重大国防科技成果方面实现新突破。

【张榕明来湘调研武陵山区开发】 2011年5月20日至24日，全国政协副主席、民建中央第一副主席张榕明率全国政协民族和宗教委员会、民建中央联合调研组来湘，就“积极推进武陵山经济协作区建设，促进民族地区经济社会发展”进行调研。张榕明强调，要抢抓机遇推进武陵山区开发建设，切实加强基础设施建设和政策扶持力度，加快武陵山区脱贫致富步伐。

在湘期间，省领导周强、徐守盛、胡彪、于来山等到住地看望张榕明一行或参加座谈汇报会。

全国政协委员、全国政协民宗委副主任赵金铎，全国政协常委、民建中央经济委员会主任方兆本，全国政协委员龙国键、贵州省政协副主席武鸿麟等随同调研。省领导谭仲池、武吉海分别陪同调研。

武陵山区地处湘鄂渝黔4省市边界地带，是我国跨省交界面积最大、贫困人口连片分布最广的特殊地区，目前已成为国家重点关注的区域。长期以来，湖南省高度重视武陵山区经济社会发展，已取得阶段性成效，但与发达地区相比，基础设施落后、生态环境脆弱、经济结构不合理、公共服务功能薄弱等问题依旧十分突出。

20日清晨，张榕明一行从湖北来凤出发，经见证友谊的团结桥，来到仅有一水之隔的龙山，开始对湖南省为期4天的调研。连日来，张榕明一行认真听取了湘西土家族苗族自治州、张家界市、怀化市、邵阳市及常德市石门县等市县区的情况汇报，实地考察了龙山县现代中药饮片厂、湾塘乡小河村烤烟百合产业，花垣县北欧玛鲟鱼养殖公司，吉茶高速矮寨特大悬索桥，吉首大学，湘西老爹公司等，参观了里耶秦简博物馆和遗址公园、凤凰古城、芷江抗战胜利受降纪念馆，并走村入户慰问困难群众。每到一处，张榕明都与干部群众悉心交谈，详细了解当地发展状况和存在的实际困难。

24日上午，张榕明在长沙听取了湖南省及有关部门工作汇报并座谈，对湖南推进武陵山区发展的不懈努力表示肯定。她指出，推进武陵山区经济社会发展，要加快交通、水利、农网改造、公共服务设施等基础设施建设，着力构筑武陵山区大交通、大发展格局；要加大国家政策支持力度，在改革财政配套机制、增加专项发展资金、提高补贴标准等方面给予特殊支持；要统筹地域优势和特色，合理产业布局，推进产品深加工，鼓励引进民营资本，因地制宜做好“特”、“优”文章，避免重复建设和恶性竞争；要协调好生态保护与资源开发的关系，围绕城市区域间的辐射与被辐射，做好优势互补，发展林下产业，努力保护好青山绿水；要加大对地方干部的培训力度，切实改善思路和理念，进一步推动当地经济社会发展。

【桑国卫在湘调研职业病防治工作】 2011年5月23

日至26日，全国人大常委会副委员长、农工党中央主席、中国工程院院士桑国卫率农工党中央调研组来湘调研职业病防治工作。桑国卫强调，要增强职业病防治的责任感和紧迫感，切实保护劳动者身体健康和生命安全，为维护社会和谐稳定和促进经济发展作出积极贡献。

在湘期间，省委书记、省人大常委会主任周强，省委副书记、省长徐守盛到住地看望桑国卫一行。

24日至25日，调研组先后来到湘潭市卫生监督所、湖南省劳动卫生职业病防治所、株洲市职业病防治所、株洲南车集团等进行调研。26日上午，调研组听取了湖南省职业病防治工作情况的汇报。近年来，湖南省认真贯彻实施《职业病防治法》和预防为主、防治结合的工作方针，切实履行职责，为保护劳动者身体健康和生命安全作出了积极的努力。目前，全省有专、兼职职业卫生监督员491名。除保留省级劳动卫生职业病防治机构和2个市级职业病防治专业机构外，其他12个市州疾病预防控制中心全部担负了职业病防治工作任务，绝大部分县级疾病预防控制中心单独设立了防治科。全省现有职业卫生技术服务机构60家，省、市、县三级现有专职职防工作人员1400余人。

桑国卫对湖南省职业病防治工作取得的成效予以肯定。他指出，职业病防治关系到广大劳动者的职业健康和生命安全，要增强职业病防治的责任感和紧迫感。要积极探索社会主义市场经济下的职业病防治新思路，把职业病治疗费用逐步纳入新农合、医保范围；要强化和落实企业的职业病防治法定责任，监督企业改进技术保护劳动者职业健康，限制使用或淘汰落后技术、工业和材料，清理整治危害严重、落后的企业，从根本上减少和消除职业病危害；要加强职业病危害评价工作力度和防治技术服务能力，建立政府主导的领导体制和部门协调机制，加大执法力度，切实保护劳动者身体健康和生命安全。

卫生部副部长陈啸宏参加调研。省人大常委会副主任肖雅瑜、副省长徐明华、省政协副主席龚建明陪同调研或出席汇报会。

【全国政协调研组来湘调研加快推进经济结构战略性调整】 2011年5月25日至27日，由全国政协经济委员会副主任李德水带领的全国政协调研组，在湖南省就“加强和改善宏观调控，加快推进经济结构战略性调整”进行专题调研。省委书记、省人大常委会主任周强，省政协主席胡彪，省委常委、省委秘书长杨泰波看望了调研组一行。

在湘期间，全国政协调研组围绕如何加强宏观调控政策的协调性，应对通胀预期、稳定物价，优化产业结构、大力发展服务业特别是生产性服务业，加快自主创新、加大科学技术进步对经济发展的贡献，衡量和解决调整经济结构所需要支付的成本和代价等方面，深入长沙、湘潭等地展开调研，并听取了省发改委、省经信委、省科技厅等相关情况汇报。

据介绍，近年来，省委、省政府按照中央要求，紧密结合省情特点，明确了“四化两型”发展战略，突出产业结构调整、区域协调发展、生态环境修复治理，以及保障和改善民生，有力推动了经济结构的战略性调整。目前，湖南省工业化率由2006年的33.6%提高到2010年的39.5%，生产性服务业对经济增长的贡献率达到16.7%。规划到2015年，战略性新兴产业增加值占GDP比重超过20%。同时，“十一五”期间，万元GDP能耗、规模工业增加值能耗累计分别下降20.6%和25%。

调研组对湖南省加强和改善宏观调控，推进经济结构战略性调整取得的成绩给予充分肯定。同时，希望湖南省继续围绕中央扩内需、调结构、稳物价、惠民生的方针，结合湖南实际，采取有针对性的调控措施。进一步落实惠农政策，着力破解现代农业发展的难题，确保农民增产增收。坚持把新型工业化作为第一推动力，在继续改造提升传统农业的同时，加快培育战略性新兴产业，发展生产性服务业。继续发挥好投资对拉动经济增长、调整结构和改善民生的双重作用，狠抓重大项目建设，努力扩大消费需求。积极发展外向型经济，大力提升规模和水平，积极承接产业转移，加快双向交流步伐。

省政协副主席何报翔、王晓琴陪同调研或出席座谈会。

【徐守盛会见中国民生银行董事长董文标一行】 2011年5月30日，省委副书记、省长徐守盛在长沙会见中国民生银行董事长董文标一行。

徐守盛对民生银行近年来取得的可喜成绩表示祝贺。他说，湖南经济社会的快速发展离不开包括民生银行在内的金融机构的大力支持。民生银行入湘以来，大力推广特色金融产品，服务网点不断增加，存贷规模快速扩大，有力支持了湖南省中小企业发展。当前，湖南正处于最好最快的发展时期之一，已进入加快转变经济发展方式、全面建设小康社会的关键时期，希望与民生银行在“两型社会”建设、现代服务业，以及开放型经济、县域经济、民营经济和中小企业发展等领域进一步深化合作，实现互利共赢，共同构建和谐社会。

董文标表示，民生银行高度重视湖南市场，将进一步扩大网点覆盖面，支持中小企业和民营企业做大做强，为湖南文化产业和农业产业化发展提供特色服务，促进湖南经济社会快速健康可持续发展。

省长助理、省财政厅厅长李友志参加会见。

【丁杰山水画展在长展出】 2011年5月28日，“湘江行——丁杰山水画展”在省博物馆开幕。全国人大常委、全国人大常委会农业与农村委员会副主任委员孙文盛，湖南省委副书记、省长徐守盛出席开幕式并参观展览。省领导和老同志熊清泉、陈肇雄、谭仲池出席。

丁杰是当代中国画坛具有实力的山水画家之一，笔墨功底深厚，美学意趣清雅，其作品曾作为国礼赠送联合国，多次在全国各地及海外展出，并被海内外收藏机构收藏。

本次画展展出了丁杰近年创作的90幅作品，其中《韶山》、《石魂》、《大地韵律》等系列作品，创造了新颖独特的当代山水画风格，具有强烈视觉震撼力。画展由中国美术家协会、中华海外联谊会、湖南省文学艺术界联合会、中央国家机关青联资深委员联谊会主办。画展持续至6月4日。

【周强会见全国人大常委会委员黄镇东】 2011年6月7日，省委书记、省人大常委会主任周强在长沙会见了全国人大常委会委员、内务司法委员会主任委员黄镇东一行。

黄镇东此行来湘出席全国人大内务司法委员会消防法

实施和消防工作情况座谈会。

周强说，湖南高度重视消防法的贯彻落实，注重构建职责分明的消防安全责任体系，细化各级政府和有关职能部门工作责任，完善经费投入等多方面保障体系，推动消防规划、公共消防基础设施建设与经济社会同步发展。近年来，湖南消防工作不断取得新成绩，为全省经济社会又好又快发展作出了贡献。全国人大内务司法委员会这次在湘召开消防法实施和消防工作情况座谈会，为湖南学习借鉴兄弟省市区消防工作先进经验提供了很好的机会，湖南将以此为契机，进一步贯彻实施好消防法，把全省消防工作提高到一个新水平。

黄镇东说，消防工作事关人民群众生命财产安全，事关社会和谐稳定。湖南省委、省政府对消防法的贯彻实施和消防工作高度重视，积累了不少好的做法和经验，希望湖南进一步加强探索创新，推动消防事业长足发展。

全国人大常委会委员、内务司法委员会副主任委员白景富、姜兴长，省领导谢勇、刘莲玉、刘力伟参加会见。

【保险业支持湖南经济社会发展座谈会召开】 2011年6月9日，保险业支持湖南经济社会发展座谈会在长沙召开，中国保监会、各大保险公司就进一步加强与湖南省合作，加快保险业改革创新，支持湖南省经济社会发展和“两型社会”建设深入交换意见。省委书记、省人大常委会主任周强，中国保监会党委书记、主席吴定富，省委副书记、省长徐守盛出席会议并讲话。

中国保监会党委委员、副主席杨明生，副省长韩永文，部分保监局和中国人保、中国人寿、中国平安等12家保险公司的主要负责人出席会议。会上，中国保监会有关部门负责人作了关于保险资金运用政策的介绍，省直有关部门负责人就湖南省“十二五”期间重点项目作了推介。

近年来，湖南省保险业实现了跨越发展。目前，全省共有省级保险分公司39家、保险专业中介法人机构31家、保险兼业代理机构8185家，形成了遍布全省、市（州）、县（市、区）及农村乡镇的服务网络，全省保险公司资产总额达到962.8亿元。今年1至4月，全省保险业实现保费收入178.1亿元，增速列全国第13位。

周强感谢中国保监会、各大保险公司长期以来对湖南经济社会发展的支持。他说，党中央、国务院一直高度重视金融保险业的发展，改革开放以来，特别是“十一五”期间，我国保险业不断做大做强，取得了辉煌成就，在经济社会发展中发挥着越来越重要的作用。“十一五”期间，湖南保险市场扩容速度创历史新高，保险业发展更加协调。保险业的加快发展，增强了全社会抵御风险能力，提升了民生质量和水平，发挥了重要的资金融通作用，为全省经济社会发展和“两型社会”建设作出了重要贡献。中国保监会这次来湘召开座谈会，对湖南“十二五”时期保险业的快速健康发展将产生巨大推动作用，必将有力支持和促进湖南经济社会又好又快发展。

周强说，“十二五”时期，湖南已经具备良好的发展基础，面临许多重大发展机遇，尤其是长株潭试验区“两型社会”建设，对湖南既是重大历史机遇，也是重大历史责任。目前，试验区第一阶段改革建设任务已全面完成，基础设施逐步完善，产业结构不断优化，汽车、新能源、文化旅游等一批有竞争力的优势产业快速成长，金融创新步伐不断加快，生态建设和环境保护扎实推进。湖南正认真组织实施“两型社会”第二阶段的改革建设，这离不开保险业的支持，也为各大保险公司在湘发展拓展了新的空间。希望中国保监会一如既往支持湖南经济社会发展和“两型社会”建设，欢迎各大保险公司到湖南进行试点，增加机构和项目。湖南将以此为契机，进一步加强省部、省企合作，搞好配合对接，共同为“两型社会”建设探索经验、作出贡献。

吴定富说，保险业是现代经济的重要产业、现代金融的重要支柱、市场经济条件下风险管理的重要手段、社会保障体系的重要组成部分，在全球经济金融中发挥着日益突出的作用。长期以来，湖南省委、省政府高度重视保险业发展，在“十一五”时期取得巨大成绩的基础上，把保险业发展纳入“十二五”规划，摆在了更加突出的位置。下一步，保险业要充分发挥自身的功能作用，加快保险创新步伐，围绕湖南的产业发展、基础设施建设、节能环保、保障和改善民生等领域给予重点支持。希望湖南进一步加强与保险业的合作，搭建更多平台，畅通合作渠道，实现互利双赢。

徐守盛说，湖南保险业近年来运行良好，业务平稳较快发展，市场体系逐步完善，整体实力明显提升，社会贡献进一步增强，湖南发展的良好态势融入了保险业的积极贡献。湖南实施“十二五”规划过程中，全社会保险需求将进一步扩大，政府保险投入将不断加大，保险业领域将极大拓宽，这为保险业发展创造了广阔的空间。“十二五”期间，湖南将继续把保险业作为湖南经济社会发展的重要推动力量，大力支持保险业改革创新，不断加大引进险资的力度，努力提供良好的政务环境，全力支持湖南保监局的工作，实现保险业又好又快发展。

【张德江在湖南调研安全生产工作】 2011年6月9日至11日，中共中央政治局委员、国务院副总理张德江来到湖南省调研安全生产工作。他强调，要牢固树立科学发展、安全发展理念，坚持以人为本、安全第一、预防为主、综合治理，始终把安全生产工作放在重要位置，常抓不懈，继续深入开展“安全生产年”活动，坚定不移地打击非法违法生产经营建设行为，狠抓安全生产责任落实，严格执行安全生产规章制度，加大预防工作力度，坚决有效防范各类事故发生，确保人民生命和财产安全，以更加扎实的工作促进安全生产形势持续稳定好转，迎接中国共产党成立90周年。

张德江一行在省委书记、省人大常委会主任周强，省委副书记、省长徐守盛等陪同下，来到长沙市、岳阳市等地，进矿区、看企业、访车站，就安全生产工作进行深入调研，充分肯定湖南省取得的成绩。

“从源头上切断隐患”。

尾矿库数量多、条件差，危、险、病尾矿库比例高，一直是湖南省安全生产工作面临的一大难题。

张德江此行专程前往岳阳临湘市，实地察看原桃林铅锌尾矿库治理情况。该尾矿库是湖南省库容最大、堆积尾矿最多、超储问题最严重、防洪压力最大的尾矿库，一度严重威胁着周边近10万群众的生命财产安全。去年，这个巨型尾矿库被列入国家闭库治理工程项目，排洪排渗、大坝加固和库区治理三大主体工程全面推进，治理成效受到了当地群众的欢迎，乡亲们自发在堤坝上建起了一块纪念碑，表达感激之情。

张德江仔细了解尾矿库排洪排渗、大坝加固等情况，得知尾矿库的防洪标准已达到百年一遇后，他对综合治理工作给予肯定。“尾矿库是历史遗留的重大安全隐患，一方面我们要抓紧治理，另一方面坚决不允许再出现新的尾矿库，要从源头上切断这一隐患！”张德江指出，党中央、国务院高度重视尾矿库治理工作，将其纳入国家规划，这项工作正在积极推进。下一步，各地各有关部门要拿出专项治理方案和规划，进一步加强尾矿库的综合治理；要严格按照规划标准除险加固，做到设计规范、资金到位、保质保量，杜绝“尾上加尾”；要加强后期维护管理，切实抓好尾矿库环境治理、应急管理等工作；要推进尾矿的开发利用，对土壤中残存的稀有金属、可再生资源加以利用，千方百计变废为宝。特别要高度重视雨季安全生产工作，严防自然灾害引发安全生产事故。

“安全生产不容有失”。

如何进一步强化企业安全生产主体责任，是张德江此次调研的重点。来到巴陵石化这家老牌化工企业，张德江一行走进厂区、车间，详细了解企业安全生产情况。作为危化品生产经营企业，巴陵石化近年来坚持把经济效益与安全考核挂钩，以“我要安全”活动为主题，进行了10个专项的安全生产评比。公司近3年投入资金近2亿元，对96个安全隐患进行了立项治理，安全事故发生率直线下降，经营收入不断攀升。获知这些情况后，张德江十分满意，他勉励企业负责人说：“安全生产是一切工作的基础，希望你们再接再厉，保持良好的发展势头，在保障安全的前提下实现科学发展，为中国的精细化工发展作出更大贡献。”

在2.4万吨氯丙烷车间主控室内，数十台监控屏幕对应着车间各个角度，对每个生产环节实行24小时严密监控。张德江语重心长地叮嘱正在进行监控操作的技术人员：“石化行业易燃易爆、有毒有害，不出事则已，一出事就是大事，希望大家牢固树立安全生产从零抓起的理念，天天归零、不容有失，拜托各位了。”

“油罐之间的距离还要拉开，下一步规划设计要考虑进去”、“有没有储备足够的沙石?”、“灭火枪的喷水量还要加大”……在存放有总容积7万立方米高危产品的成品油、化工罐区，张德江仔细察看每一个可能引发危险的细节，反复叮咛要加强化工企业安全管理，加强危险化学品生产、储存、运输、使用等各个环节的安全监管，严防事故发生。他向随行的有关方面负责人提出5点要求：一是市区内的所有化工企业要实施逐步搬离，将引起群死群伤的可能性降到最低。二是严格落实安全生产责任制，用安全保生产。三是建立健全管理制度，明确责任、狠抓落实，安全生产规章制度不能只“写在纸上、贴在墙上”。四是不断提高信息化水平，运用现代科技手段提高防范能力。五是切实加强职工队伍建设，不断提高工人素质，增强安全意识。

调研中，张德江还来到浏阳市的蓝思科技（湖南）有限公司、东信烟花集团有限公司两家企业进行考察。蓝思科技是一家研发、生产、销售显示屏功能玻璃面板的外向型高技术企业；东信烟花是国内最负盛名的大型花炮企业之一，产品以环保安全享誉业内，畅销数十个国家和地区。张德江要求企业牢固树立安全第一的生产理念，加大技术改造力度，提升工艺、材料生产水平和科学管理水平，不断提高安全生产保障水平；要加大安全投入，进一步加强全员安全教育培训。

“一切工作都是为了旅客的出行安全”。

在乘坐高铁从长沙前往岳阳时，张德江考察了京广高铁武广段长沙南站。

该站投入使用已有1年多时间，目前日均接发动车组65对，发送旅客1.4万人。张德江走进熙熙攘攘的旅客中，主动排队等候在安检门前，接受站内工作人员的检查。在顺利通过安检后，张德江来到车站监控室，通过视频监控系统，查看旅客购票、进出站、候车、乘车等实时画面，详细了解站内各项安保措施运行和便民措施实施等情况。

“我们所做的一切工作都是为了旅客的出行安全。”张德江指出，我国铁路安全工作近年来取得了长足进步，但绝不能掉以轻心，要时刻牢记血的教训，不断完善高速铁路等铁路运输安全措施，严把各道关口，确保万无一失，确保旅客出行安全。要坚持严格管理、科学管理，切实做到责任到人到岗，不断提高信息化管理水平。要深入贯彻落实新修订的《道路交通安全法》，加大以客运为重点交通运输安全专项治理力度，严肃查处各类交通违法行为。

调研中，张德江指出，今年以来全国安全生产继续保持总体稳定、持续好转的态势，较大以上事故起数和死亡人数同比有较大幅度下降，但部分地区行业较大事故上升，非法违法生产经营建设问题仍然突出，安全生产形势依然十分严峻。各地区、各部门要深入贯彻落实科学发展观，认真贯彻落实《国务院关于进一步加强企业安全生产工作的通知》，继续做好安全生产各项重点工作。要认真分析、切实解决安全生产领域面临的新情况新问题，进一步强化安全生产企业主体责任、部门监管责任和属地管理责任，采取更加有效措施，全力消除安全隐患，坚决遏制事故发生。

张德江还就煤矿安全生产工作提出要求。他强调，要始终抓住煤矿安全这一重中之重，继续加强瓦斯等灾害治理，加快科技进步和技术改造，加强科学管理和安全管理，深化煤炭资源整合和企业兼并重组，提高企业技术装备和信息化水平，提高干部职工安全意识和安全素质，提高煤炭行业整体安全水平。同时，要保证煤炭生产、科学开发资源、保护生态环境。

国家安全监管总局局长骆琳、铁道部部长盛光祖、国务院国资委主任王勇、国务院副秘书长肖亚庆随同调研；省领导梅克保、杨泰波、陈润儿、刘力伟陪同调研。

【周强会见王玉普】 2011年6月22日，省委书记、省人大常委会主任周强在长沙会见了来湘调研的中华全国总工会副主席、书记处第一书记、党组书记王玉普一行。

周强感谢全总长期以来对湖南经济社会发展给予的支持。他说，湖南省委、省政府历来高度重视工会工作，近年来全省各级工会组织创造性地开展工作，不断提高职工队伍整体素质，广泛引导职工踊跃投身社会主义劳动竞赛，大力推进集体工资协商制度，促进和谐劳动关系，积极构建和完善工会社会化帮扶体系，切实维护广大职工权益，工会各项事业实现长足发展。当前，湖南正全面推进“四化两型”建设，加快科学发展、富民强省进程，需要进一步发挥广大职工的主力军作用，希望全总一如既往加强对湖南工会工作的指导，支持湖南“十二五”时期实现又好又快发展。

王玉普充分肯定湖南近年来工会工作取得的成绩，希望湖南各级工会组织在构建和谐劳动关系、加强职工技能培训等方面积极探索，不断创造新经验。全总将进一步加大支持力度，促进湖南工会工作再上新台阶。

省领导杨泰波、韩永文参加会见。

【周强徐守盛会见海关总署党组书记、署长于广洲】 2011年7月2日，省委书记、省人大常委会主任周强，省委副书记、省长徐守盛在长沙会见了海关总署党组书记、署长于广洲一行。

周强感谢海关总署长期以来给予湖南经济社会发展的支持。他说，在党中央、国务院的坚强领导下，湖南近年来全面贯彻落实科学发展观，经济发展步入快车道，对外开放不断扩大，开放型经济加快发展，区位优势进一步显现，承接产业转移、吸引外商投资等工作呈现良好态势。长沙海关在积极服务湖南经济社会发展，尤其是在推动开放型经济发展等方面作出了积极贡献。希望海关总署一如既往给予支持，促进湖南开放型经济又好又快发展。湖南省委、省政府将一如既往为海关工作的开展创造良好环境。

于广洲感谢湖南省委、省政府对海关工作的高度重视。他说，湖南近年来加快了科学发展的步伐，全省经济社会各项事业取得了令人振奋的成就，海关总署将进一步加强与湖南的合作，更好地服务地方经济社会发展。

会见前，于广洲、徐守盛出席了长沙海关关长任职大会。副省长韩永文参加上述活动。

【刘延东来到湖南省长沙、衡阳等地考察】 2011年7月16日至17日，中共中央政治局委员、国务委员刘延东来到湖南省长沙、衡阳等地考察。她强调，要深入贯彻落实胡锦涛总书记“七一”重要讲话精神，围绕科学发展主题和转变经济发展方式主线，深化科技体制改革，推进国家创新体系建设，促进政产学研用紧密结合，强化企业技术创新主体地位，提升我国自主创新能力。

刘延东在省委书记、省人大常委会主任周强，省委副书记、省长徐守盛的陪同下，深入科技园区和高新技术企业、学校、基层文化单位，实地考察湖南省“两型社会”建设、科技创新、战略性新兴产业发展、科教文化事业发展等方面情况。

刘延东十分关心湖南省“两型社会”建设推进情况，刚刚抵湘，就来到长株潭两型社会展览馆考察。

湘江浪涌，碧波翻腾，展馆充分利用丰富的湘江水资源，采用了目前世界上最先进的绿色空调系统——江水源空调系统，馆内墙上悬挂的电子显示屏上，实时显示着湘江重点断面水质和长株潭空气质量状况，半导体LED节能照明、太阳能光伏和风力发电、智能能源管理系统等一应俱全，整个展馆无处不在闪动着“两型”之光……刘延东详细了解湖南省在推进“两型社会”建设中进行的积极探索、取得的阶段成果以及未来发展思路，对湖南省近年来大力推进“两型社会”建设取得的成绩给予充分肯定。希望湖南紧紧抓住“十二五”发展机遇，继续努力，改革创新，扎实奋斗，努力为全国“两型社会”建设创造经验。当得知展览馆开馆4个多月来，已经吸引了3万多人次前来参观后，刘延东十分高兴，她希望展览馆不断总结经验，推出更多新成果、新内容，真正成为湖南推进“两型社会”建设的展示窗口、教育基地、交流平台。

企业自主创新情况是刘延东关注的重点。她先后来到湖南红太阳光电科技有限公司、中联重工科技发展股份有限公司考察。红太阳光电科技有限公司以开发建设太阳能光伏制造装备为核心，是我国少数几个拥有光伏全系列生产能力的企业之一。2004年落户长沙高新区以来，实现了跨越式发展，今年1至6月已实现销售收入15亿元。中联重科多年来坚持以自主创新推动发展，创造了自成立以来年均增长速度超过60%的“奇迹”，迅速成长为我国工程机械制造领军企业。刘延东与企业职工、科研人员亲切交谈，详细了解科技研发、产品营销等情况。“一定要把自主创新摆在重中之重的位置，继续发扬优良传统，坚持创新驱动的发展模式。”刘延东要求企业进一步加大研发投入，注重把原始创新、集成创新和引进消化吸收再创新结合起来，探索产学研用结合的体制与机制，努力造就更多拥有自主知识产权的高端项目，使产品从区域领先，到国内领先，再到世界领先，真正打造具有国际影响力的一流企业。

考察中，刘延东还专程来到衡阳市岳云中学看望师生员工。岳云中学由中国近代著名教育家何炳麟等人于1909年创办，是一所颇具光荣传统的百年名校，培养了革命先驱杨开慧、李启汉，科学家李薰、钟训正，文学家丁玲等一大批佼佼者。刘延东饶有兴致地参观了学校校史展览馆、图书馆、教学楼，她殷切寄语学校教职员工继承和发扬优良传统，甘为人梯，教书育人，行为世范，在教育的改革、发展、创新方面探索新经验，培养更多优秀人才，为中国教育事业发展作出自己的贡献。

刘延东此行还考察了耒阳蔡伦现代农业科技园和蔡伦纪念园。

国务院副秘书长江小涓，教育部副部长、党组副书记杜玉波，科技部党组副书记、副部长王志刚，省领导杨泰波、陈润儿、路建平、郭开朗、陈肇雄等陪同考察。

【周强徐守盛会见国务院督查组一行】 2011年7月22日，省委书记、省人大常委会主任周强，省委副书记、省长徐守盛在长沙会见了监察部副部长姚增科率领的国务院打击侵犯知识产权和假冒伪劣商品专项行动督查组一行。

周强说，湖南近年来不断提升自主创新和开发自主知识产权的能力，着力提高自主知识产权的数量和质量，涌现出了一大批依靠自主创新实现快速发展的企业主体，科技进步对经济增长的贡献率不断提高，支撑经济社会发展的能力不断增强。湖南高度重视知识产权保护与执法工作，大力开展打击侵犯知识产权和制售假冒伪劣商品专项行动，初步形成了防范、监督和查处协调发展的长效机制。希望督查组加强指导和支持，湖南将在巩固专项行动成果的基础上，进一步加大工作力度，健全长效机制，努力营造更好的发展环境。

姚增科说，湖南近年来坚持科学发展，高度重视自主创新、知识产权保护和打击假冒伪劣商品等工作，有效净化了市场环境和社会环境，希望湖南进一步加强探索，为全国创造更多经验。

省委常委、省纪委书记许云昭参加会见。

【周强徐守盛会见卫生部党组书记、副部长张茅一行】 2011 年 7 月 23 日，省委书记、省人大常委会主任周强，省委副书记、省长徐守盛在长沙会见了国务院医改领导小组副组长、卫生部党组书记、副部长张茅一行。

周强对卫生部长期以来给予湖南的支持表示感谢。他说，湖南近年来认真贯彻落实党中央、国务院的决策部署，紧紧围绕医改五项重点任务，坚定不移地推进医疗卫生体制改革各项工作，基本医疗保障制度不断完善，国家基本药物制度稳步推进，基层医疗卫生服务体系建设步伐加快，基本公共卫生服务逐步均等化，公立医院改革试点进展顺利，人民群众得到了明显实惠。这充分表明医改的推行符合实际，深得民心。希望国务院医改领导小组、卫生部一如既往给予湖南支持，加强工作指导，湖南有信心进一步抓好医改各项工作，更好地造福人民群众。

张茅说，湖南各级党委、政府高度重视，把医改作为一项重大的民生工程切实抓紧抓实，五项重点任务稳步推进，取得了显著成绩。希望湖南不断巩固医改工作成果，为全国创造更多经验。

省领导于来山、郭开朗参加会见。

【中央社会主义学院南方培训基地落户湖南】 2011 年 8 月 8 日，省政府与中央社会主义学院签署框架协议，合作共建中央社会主义学院南方培训基地。省委书记、省人大常委会主任周强，中央社会主义学院党组书记、第一副院长叶小文，省委副书记、省长徐守盛出席并讲话。

省委常委、省委统战部部长李微微主持仪式，中央社会主义学院副院长王京治，省政协副主席何报翔、杨维刚，各民主党派湖南省委负责人、省工商联负责人和无党派人士代表出席。

根据协议，双方将在长沙市合作共建中央社院南方培训基地。通过合作共建，充分利用湖南丰富的红色教育资源、人文资源和统战资源，加强全国党外干部和统战干部历史传统教育和多党合作的现场教育；以南方基地为纽带，加强省部之间的合作，促进湖南与中央各部门、全国各兄弟省份乃至海外的交流合作，推动湖南科学发展；以合作共建为契机，优化中央社院发展空间布局，充分实现优势资源共享，提升湖南社院正规化办学水平。

周强代表省委、省政府感谢中央社院长期以来对湖南工作的支持。他说，社会主义学院是中国共产党领导的民主党派和无党派人士的联合党校，是党和国家干部教育培训体系的重要组成部分。湖南省委、省政府高度重视党外代表人士教育培训和社会主义学院工作，不断为党外人士教育培训创造优质平台，营造良好学习环境。湖南将认真落实合作协议，把南方基地建设纳入全省干部教育整体规划，完善合作共建工作机制，坚持科学规划，完善校园综合布局，促进功能配套。有关部门和地方要全力支持南方基地的建设发展，创造良好环境，提供优质服务，把基地建好办好，办出特色，努力将南方基地建设成为全国党外人士教育培训的重要品牌、地方政府与中央社院合作办学的示范基地、湖南密切联系海内外高层次统战成员的重要纽带。希望省社院用好机遇，大力推进正规化建设，进一步完善教育教学体系，加强师资力量培养和调配，着力提高教育培训工作科学化水平。

叶小文说，中央社会主义学院南方培训基地的建立，是贯彻落实《2010—2020 年党外代表人士教育培训改革和发展纲要》的一件大事、喜事，对于中央社院改善办学条件、扩大办学规模、加强与湖南合作具有重要意义。希望进一步完善共建共享的合作机制，明确功能需求，做好规划设计，明确责任，有序推进，尽快启动实质性建设。中央社院将积极支持配合、共同建设好南方培训基地，努力为党外代表人士教育培训工作作出新的贡献。

徐守盛说，省政府将认真履行省部共建的责任和义务，积极支持中央社院南方培训基地和省社院新校园项目建设。各级各部门要为项目建设创造良好条件，尽快把中央社院南方培训基地和省社院新校园打造成为功能齐全、特色鲜明的全国一流干部教育培训基地，打造成为长株潭“两型社会”试验区的“两型”示范样板和建筑文化示范工程。

【徐守盛会见上海浦东发展银行党委书记、董事长吉晓辉】 2011 年 8 月 12 日，省委副书记、省长徐守盛在长沙会见了上海浦东发展银行党委书记、董事长吉晓辉一行。

副省长韩永文，浦发银行副董事长、行长傅建华参加会见。

徐守盛感谢浦发银行长期以来对湖南经济社会发展的大力支持。他说，湖南紧紧抓住国家实施中部崛起发展战略、“两型社会”改革试验区建设等重大机遇，经济社会步入又好又快发展阶段。基础设施建设不断完善，新型工业化加快推进，外向型经济、民营经济、县域经济发展加速。金融是现代经济的核心，目前，湖南已形成多层次多元化多品种的金融服务体系。希望浦发银行进一步拓展在湘业务，为湖南实施“三个一”行动计划（“十二五”期间累计完成投资 10 万亿元，重点实施 100 项重大工程，推进建设 1000 个重大项目）、统筹城乡发展、夯实发展基础、转方式调结构等提供更多金融支持。湖南将进一步做好金融改革创新相关工作，加快信用体系建设，营造更好的金融生态环境，为金融机构在湘发展创造良好条件。

吉晓辉说，湖南经济发展步伐大、金融生态环境好、金融服务能力强，浦发银行在湘发展势头很好。“十二五”期间，浦发银行将进一步在湘扩大业务，增设分支机构，发展村镇银行，在电子商务、金融创新等领域加强与湖南合作，努力为湖南经济社会发展作贡献。

【最高人民检察院检察长曹建明来湘调研】 2011 年 8 月 15 日至 16 日，最高人民检察院检察长曹建明在湖南检察机关调研。曹建明在省人民检察院召开了调研座谈会，并到长沙市人民检察院、开福区人民检察院和韶山市人民检察院，看望慰问在一线工作的广大检察人员。曹建明强调，各级检察机关要深刻领会胡锦涛总书记“七一”重要讲话精神和周永康等中央领导同志近期对检察工作的重要指示，认真贯彻落实第十三次全国检察工作会议的各项要求部署，始终坚持检察工作正确政治方向，切实肩负起检察机关的职责使命。

省委书记、省人大常委会主任周强，省委副书记、省长徐守盛，省领导陈润儿、陈肇雄、李江、刘力伟，省人民检察院检察长龚佳禾参加相关调研活动。市领导张剑飞、张湘涛、程水泉、元明陪同在长沙的调研。

8 月 15 日下午，曹建明一行首先来到开福区人民检察院，详细了解了该院检察联络室的有关情况。2010 年 10 月以来，开福区人民检察院根据市人民检察院的部署，在全区 14 个街道（镇）和重点单位成立检察联络室，大胆探索把法律监督和服务触角延伸到基层，获得社会各界的好评。在市人民检察院，曹建明察看了办案工作区和宣传板报。在随后的汇报会上，市人民检察院党组书记、检察长陈绍纯汇报了近三年来长沙检察工作的主要情况。据悉，2008 年至 2011 年 7 月，全市检察机关共依法批准逮捕各类刑事犯罪嫌疑人 22687 人、提起公诉 26875 人；立案查办职务犯罪嫌疑人 581 件 674 人；办理立案监督案件 278 件，追加逮捕 395 人，追加起诉 225 人；提出刑事抗诉案件 84 件，法院采纳抗诉意见 56 件，其中改判 33 件，发回重审 23 件；提出民事抗诉案件 65 件，其中改判 28 件，调解结案 9 件。2010 年，市人民检察院被省委、省政府评为“湖南省文明单位”。曹建明对长沙检察工作给予了充分肯定和高度评价。他指出，长沙检察机关围绕党和国家工作大局开展工作，全面正确有效履行检察职能，深入推进三项重点工作，强化自身建设，做了大量有效工作，取得了很好成效，探索创造了许多好的经验。

在省检察院调研座谈会上，曹建明强调，要始终坚持党对检察工作的绝对领导，始终把人民放到检察干警心中的最高位置。他指出，检察工作要着力提高“三种能力”，即推动科学发展的能力、服务群众的能力、维护社会和谐稳定的能力；营造“四个环境”，即诚信有序的市场环境、和谐稳定的社会环境、廉洁高效的政务环境、公平正义的法治环境。

【陈宗兴在湘调研加强流动人口服务管理】 2011 年 8 月 20 日至 25 日，全国政协副主席、农工党中央常务副主席陈宗兴，率国家人口和计划生育委员会、民政部、卫生部、人力资源和社会保障部及农工党中央等有关部门的负责人一行，就湖南省加强流动人口服务管理进行调研。陈宗兴指出，创新体制机制，加强流动人口服务管理，维护社会和谐稳定。

省委书记、省人大常委会主任周强，省委副书记、省长徐守盛看望了陈宗兴一行。

随着经济社会的快速发展，流动人口大批涌入城市，在加快城市建设和经济发展中发挥了不可替代的作用。但与此同时，流动人口成为了社会服务与管理的难点及综治维稳的热点。据公安机关统计，截至去年年底，湖南省流动人口总数达 321.18 万人，占全省人口总数的 4.54%。自 1997 年以来，湖南省从省到县市区三级均先后成立了有关流动人口服务管理的组织机构，省政府出台了《流动人口服务和管理规定》，将流动人口服务管理工作纳入各级政府综合治理考评。至今年 7 月底，全省享受均等公共服务的流动人口达 80 多万人。

陈宗兴一行先后来到长沙、湘潭、自治州、张家界等地，深入厂矿、医院、社区、基层派出所及风景名胜区，就湖南省推进流动人口服务管理立法和信息化，推动流动人口就业，解决流动人口子女入学和社会保障及救助流浪人员等方面的情况进行实地调研，并广泛征求有关各方对加强流动人口服务管理的意见和建议。

陈宗兴指出，加强流动人口服务管理是全面建设小康社会的重要任务，是改善民生的重要举措，是加强执政党执政能力的迫切要求，是促进城乡统筹发展和城乡一体化建设的必由之路，要大胆探索，稳步推进，以此为切入点，推进社会管理创新，维护社会和谐稳定。

陈宗兴强调，要积极探索人口流动的规律和发展趋势，掌握流动人口服务管理的主动权，加强流入地和流出地的信息共享和工作对接，引导人口合理有序流动。要将流动人口服务管理纳入各地社会发展规划，以人为本，创新管理体制和机制，提升科学化管理水平；要加强流动人口信息化建设和信息共享，强化流动人口社会保障措施，使流动人口服务管理再上新台阶。

省领导李微微、陈肇雄、刘力伟、龚建明陪同调研或参加汇报。

【湖南省与中国五矿联手打造稀土和锰“双百亿”产业】 2011 年 8 月 26 日，永州市人民政府与中国五矿集团公司在长沙签署战略合作框架协议，共同打造百亿稀土产业和百亿锰产业。省委书记、省人大常委会主任周强出席签署仪式，中国五矿集团公司党组书记、总裁周中枢致辞，省委副书记梅克保讲话。中国五矿集团公司党组成员、副总裁李福利，省领导杨泰波、陈肇雄出席。

中国五矿是全球 500 强企业，自 2006 年与湖南省签署全面经济技术合作协议以来，在湘开展了大规模的工业项目与资源开发。目前，中国五矿在湘累计完成股权性投资 67.6 亿元，在实现自身经营业绩大幅增长的同时，也有力促进了湖南经济社会发展。根据今天签署的协议，中国五矿将进一步加大在湘投资力度，与永州市合作开发稀土、锰等有色金属资源。

周中枢在致辞中说，中国五矿与湖南的合作由来已久，在省委、省政府的大力支持下，先后与二十三冶建设集团、湖南铁合金集团、长沙矿冶研究院、湖南有色金属集团公司等一批企业实施了战略重组，有效地实现了在湘企业竞争力的持续提升和经济效益的不断增长。此次协议的签署，标志着双方战略合作向更宽领域、更深层次迈进，中国五矿将按照“整合资源、保护资源、产品深加工、清洁生产、保护环境”的原则，扎实工作，努力推进，为湖南建设“绿色矿业”、发展有色金属产业作出积极贡献。

梅克保代表省委、省政府对协议的签署表示祝贺。他说，湖南省历来高度重视与央企的对接合作，充分利用湖南的资源优势和产业基础，与广大央企开展了全方位、宽领域、多层次的战略合作，有力地促进了全省经济社会又好又快发展。湖南是享誉世界的“有色金属之乡”，特别是稀土、锰等矿产资源储量大、品质好，开发前景十分广阔。希望中国五矿以此次签约为新起点，携手湖南省不断拓展合作空间、丰富合作内涵、巩固合作成果、提升合作水平。湖南也将全力支持中国五矿在湘发展，共同开创优势互补、合作共赢的崭新局面。

【周强会见人民日报社总编辑吴恒权一行】 2011年8月31日，省委书记、省人大常委会主任周强在长沙会见了来湖南省基层调研的人民日报社总编辑吴恒权一行。

周强感谢人民日报社一直以来给予湖南经济社会发展的大力支持，对人民日报社坚持改革创新、认真落实“三贴近”要求、积极引导舆论所取得的成就表示祝贺。他说，湖南近年来坚持科学发展，大力推进“四化两型”和“四个湖南”建设，基础设施逐步完善，优势产业发展壮大，“两型社会”建设取得阶段性成果，城乡居民收入不断增长，全省经济社会保持了又好又快发展。人民日报始终高度关注湖南的改革发展，精心组织采写了一大批鼓舞人心的优秀报道，为宣传湖南作出了突出贡献，希望人民日报社一如既往给予湖南支持。

吴恒权表示，湖南近年来发展势头良好，此次来湘开展“走基层、转作风、改文风”活动，将深入基层一线，亲身感受三湘大地的蓬勃活力，宣传报道好湖南大力推进“四化两型”建设取得的成就。

省委常委、省委秘书长杨泰波参加会见。

【第七届湘台经贸交流合作会开幕】 2011年9月5日，第七届湘台经贸交流合作会在郴州隆重开幕。全国人大常委会副委员长陈昌智宣布开幕。省委书记、省人大常委会主任周强在开幕式前会见与会台湾嘉宾代表。海峡两岸关系协会会长陈云林出席。新党主席郁慕明，省委副书记、省长徐守盛，国务院台办常务副主任郑立中分别在会上讲话。

省委副书记梅克保主持开幕式。省领导和老同志杨泰波、李微微、刘莲玉、韩永文、王晓琴、龙国键出席相关活动。

近年来，湘台两地经贸交流合作不断深入，湖南成为台商投资的热点地区。截至今年7月底，在湘台资项目累计达2070个，实际到位台资39.43亿美元，居湖南省引进境外资金第二位。

第七届湘台经贸交流合作会是湖南省今年重大经贸活动之一，由国务院台办和省人民政府主办，省台办和郴州市人民政府承办。期间将举办项目签约、湘台金融合作论坛、旅游推介会、湖南（郴州）台湾工业园揭牌等系列活动。来自台湾政界、工商界、科技界的400多位嘉宾参会。

会见中，周强代表省委、省政府欢迎台湾各位嘉宾来湘出席第七届湘台经贸交流合作会，感谢他们为推动湘台交流合作所作的积极贡献。他说，近年来，湘台经贸交流合作蓬勃发展，富士康、旺旺集团、九兴控股、台达电子等台湾知名企业纷纷落户湖南，湘台两地文化、教育等领域的交流合作不断深化，人员往来日益紧密。湘台经贸交流合作会已成为湘台两地交流合作的重要平台、两岸交流合作的知名品牌，湖南热诚欢迎更多台商来湘投资兴业。

周强说，“十一五”期间，湖南基础设施日益完善，传统优势产业和战略性新兴产业竞争力不断提升，“两型社会”建设取得实质性进展，教育、科技、人才对经济社会发展的支撑作用进一步增强，生态环境持续改善，全省经济社会实现了又好又快发展。湖南高度重视发展开放型经济，始终把加强湘台经贸合作放在重要位置，出台了一系列政策措施支持台商在湘发展，保障台胞台商的合法权益。希望以本届湘台经贸交流合作会的举办为契机，进一步加强湘台之间的了解，增进互信，不断拓展双方在制造业、金融、信息、文化、旅游等领域的合作，谱写两地共同发展新篇章。

郁慕明说，近年来两岸交流日益频繁，越来越多台湾乡亲来到大陆投资兴业。期望以此次湘台经贸交流合作会为契机，进一步推动两地经贸、金融、旅游等领域深入合作，心连心、手拉手，用心、认真、努力推动两岸实现合作共赢，推动湘台两地共同发展。

徐守盛说，当前，湖南已进入外向型经济加速发展时期，特别是以长株潭“两型社会”试验区为平台，富集了大量国内外改革创新要素，服务环境得到制度性改善，湖南未来的发展蕴含着无限商机，广大投资者来湖南一定会获得良好的回报。他指出，近几年来，在两岸关系和平发展的大背景下，湘台两地已形成全方位、宽领域、多层次的大交流格局，从经贸合作上升为全方位的交流互动，从单一项目投资上升为产业链转移，从单个企业自发投资上升为企业在湘组团、集群发展。湖南将进一步优化服务，努力为包括广大台湾同胞在内的海内外投资者，营造更好的发展环境。加强配套服务，促进台资等各类外资企业更深、更快地融入湖南经济发展；完善金融服务，不断增加和创新金融服务手段，切实解决各类企业融资难题；大力优化政务服务，坚持讲诚信、讲规范，按制度办事，切实兑现承诺的各项优惠政策，为各类投资者提供规范、高效、便捷的政务服务；着力营造良好人文环境，促进企业发展与改善民生紧密结合起来，切实保障各类市场主体的合法权益，让各类企业放心、放手、放胆在湘发展。

郑立中对大会的召开表示祝贺。他说，湘台经贸交流会举办以来，成果一届比一届丰硕，不仅为台商在湖南发展提供了良好机遇，也有力地促进了湖南经济社会发展，是两岸互利双赢，造福同胞的生动写照。湖南是大陆中部具有发展潜力的重要省份，湘台合作历史渊源深厚，合作前景广阔，希望台商朋友更加关心湖南、融入湖南、共享湖南发展机遇与明天。国台办将继续为深化湘台交流合作提供支持。

台达电子董事长郑崇华作为台湾客商的代表发言。

开幕式后，还举行了签约仪式，45个项目现场签约，项目总投资41.8亿美元。其中，合同项目38个，总投资35.9亿美元；协议项目7个，总投资5.9亿美元。省长助理袁建尧主持签约仪式。

【徐守盛与台湾企业家座谈共谋湘台两地合作发展】 2011年9月5日，在出席第七届湘台经贸交流合作会开幕式后，省委副书记、省长徐守盛与来湘参会的台湾企业家代表进行了座谈。

徐守盛向各位台湾企业家近年来取得的优秀成绩表示祝贺。他说，“十一五”期间，湖南经济社会又好又快发展，经济结构有序调整，产业结构不断升级，民生得到较大改善。特别是湖南已进入高铁时代，交通基础设施建设日益完善，区位优势进一步显现。“十二五”时期，湖南将大力建设“四化两型”，着力统筹城乡之间、经济与社会之间的发展，大力提高就业、就医、就学等与民生相关的各项指标水平，努力实现全省人民求富、快富的迫切愿望。湖南的未来更加美好，发展潜力更加巨大，市场空间更加广阔。希望广大台湾企业积极参与湖南发展，加强金融、教育、旅游、医疗、文化创意等领域深层次的合作。湖南将以开放、包容的姿态，欢迎更多台湾企业家来湘投资兴业，共谋两地合作发展。

旺旺控股有限公司董事局主席蔡衍明代表企业家发言，感谢湖南省委、省政府长期以来对台企在湘发展的支持。他说，近年来，很多台湾企业亲历了湖南的快速发展，与湖南结下很深的感情，台湾企业将进一步宣传、推介湖南，推动更多台湾企业来湘发展，合作共赢。

省长助理袁建尧，省直相关部门负责人和郴州市主要负责人参加座谈。

【省政府与中石化签署合作协议】 2011年9月6日，省政府与中国石油化工集团公司在长沙签署战略合作框架协议，在石化产业发展、能源供应安全保障、“两型社会”建设等领域进一步深化合作。省委书记、省人大常委会主任周强，中石化集团公司董事长、党组书记，股份公司董事长傅成玉，省委副书记、省长徐守盛出席签字仪式并讲话。中石化集团公司党组成员、股份公司高级副总裁章建华，省领导于来山、杨泰波出席。

此次框架协议的签署，是双方继2007年签订战略合作发展协议以来，又一深化合作与发展的战略举措。根据协议，在“十二五”期间，双方将着力于石化产业升级，着重于石化产业链延伸，着眼于石化产业可持续发展，将岳阳打造成中部地区具有较强竞争力的石油化工及新材料产业基地。中石化将进一步提高岳阳地区原油管输能力，将长岭炼化、巴陵石化炼油能力分别综合配套到1150万吨/年、350万吨/年；新粤浙天然气输送管道贯穿湖南并供应天然气；加快页岩气资源勘探、评估和示范建设等前期工作，力争“十二五”末实现页岩气开发利用；加大对在湘石化中下游产业项目建设的支持力度。

周强感谢中石化长期以来对湖南经济社会发展，特别是能源建设和保障工作给予的支持，向中石化近年来取得的发展成就表示祝贺。他说，“十一五”期间，湖南的能源支撑保障能力显著增强，目前湖南正处于新型工业化、农业现代化、新型城镇化、信息化加速推进和消费结构加快升级的关键时期，面临着国家深入实施中部崛起战略、长株潭“两型社会”试验区改革建设、国际和沿海产业转移等重大历史性机遇，尤其是随着高速公路等基础设施的不断完善、汽车等产业的迅速壮大，湖南未来发展对能源的需求越来越大，双方在能源领域合作具有广阔空间。希望双方立足新起点，充分发挥各自优势，在巩固现有合作成果的基础上，进一步创新合作方式，加强在石化产业发展、能源供应安全保障、“两型社会”建设等领域的战略合作，促进优势互补、互惠互利、共同发展。湖南将认真履行双方签订的合作协议，努力为中石化在湘企业发展、成品油市场拓展等创造良好条件。

傅成玉感谢湖南省委、省政府对中石化驻湘企业发展给予的支持和帮助。他说，此次战略合作协议的签署，是中石化在湘发展的里程碑。中石化将认真落实战略合作协议的各项内容，切实加强与湖南的合作，加快拓展发展领域和规模，积极推进有关项目建设，进一步完善销售网络，做大做强驻湘企业，大力发展“绿色化工”，创新合作方式，为湖南的能源保障和经济社会发展作出积极贡献。

徐守盛说，“十二五”时期是湖南大改革、大建设、大发展的关键时期，提高能源保障能力，是顺利完成“十二五”规划、建设“四化两型”的重要基础性工作。与中石化建立长期、稳定、互惠、互利的战略合作关系，必将有力保障湖南省“十二五”发展的能源需求。湖南将一如既往地提供规范、高效、便捷的政务服务，为中石化在湘企业解决实际困难，加强配套服务，大力发展上下游配套企业，加强生产、生活基础设施建设，努力把双方战略合作打造成对接央企的成功典范。

【陈昌智在湘调研加强参政议政服务经济发展】 2011年9月4日至6日，全国人大常委会副委员长、民建中央主席陈昌智在湖南省调研时强调，广大民建会员要坚定不移地接受中国共产党的领导，坚持走中国特色社会主义道路，围绕以经济建设为中心这一主线，加强参政议政，力推社会服务，服务经济发展。

省委书记、省人大常委会主任周强，省委副书记、省长徐守盛看望了陈昌智一行，并陪同出席了第七届湘台经贸交流合作会开幕式。

9月5日，陈昌智出席了在郴州举办的第七届湘台经贸交流合作会开幕式并宣布开幕。在郴州，陈昌智会见了当地部分民建会员，考察了民建会员企业南方稀贵金属交易所永兴交收基地，实地了解企业发展情况。他勉励民建会员积极投身经济建设，为推动地方经济发展作出贡献。

在湘调研期间，陈昌智还出席了在长沙召开的部分民建会员座谈会，先后听取了民建长沙市天心区工委、湖南新大新股份有限公司、民建长沙企业家联谊会等民建组织和会员企业代表，就开展民建基层组织和制度建设、人才培养，积极开展参政议政，以企业发展推动地方经济发展，以企业责任推进社会服务等方面的情况汇报，并就缓解中小企业融资难、减轻非公企业负担及如何搞好征地拆迁和失地农民安置等听取了他们的意见和建议。

民建会员企业湖南新大新股份有限公司，其旗下的袁隆平农业高科技股份有限公司，年制种面积达50万亩，每年为20多万户制种农户增收3亿多元。近年来，公司还为社会公益和慈善事业捐款捐物高达3500多万元。陈昌智对民建湖南省委组织广大会员积极参政议政，利用会员出自经济界的优势，助推湖南经济发展、推动会员及会员企业进行社会公益服务所取得的成绩给予充分肯定。他要求强化参政议政意识，履行参政议政职责，提高参政议政能力。

陈昌智强调指出，要将参政议政的热情化为发展企业、推动地方经济发展的强劲动力。同时，结合实际、竭尽所能地积极开展支边扶贫，参与社会公益事业，大力推行社会服务，树立民建作为民主党派的良好形象。

省人大常委会副主任刘莲玉、老同志龙国键全程陪同调研。

【“气化湖南工程”启动仪式昭山举行】 2011年9月8日，“气化湖南工程”启动暨湘潭—娄底—邵阳天然气管道开工仪式在湘潭市昭山隆重举行。仪式结束后，省政府与中石油签署了《“气化湖南工程”战略合作框架协议》。省委书记、省人大常委会主任周强宣布工程启动，中国石油天然气集团公司总经理、党组书记蒋洁敏，省委副书记、省长徐守盛出席仪式并讲话。

省委常委、常务副省长于来山主持仪式，中国石油天然气集团公司副总经理、党组成员廖永远，省军区政委李有新出席。

按照“气化湖南工程”规划，“十二五”期间，中石油将在湘新建天然气支线管道30条，长度1600多公里，管道气化57个县（市、区）。到2020年，全省天然气管道总长度将达5000多公里，实现“全覆盖、县县通”。此次开工建设的潭娄邵天然气管道全长213公里，途经湘潭市区、湘潭县、韶山市、湘乡市、娄底市区、涟源市、新邵县，设计输气量4.83亿立方米/年，建成投产后将惠及沿线1300万群众。同时，根据《“气化湖南工程”战略合作框架协议》，中石油将逐年增加湖南天然气供应量，2015年供气规模将达65亿立方米/年。

蒋洁敏说，“气化湖南工程”启动是贯彻落实国家中部崛起战略、助力长株潭一体化建设、建设绿色湖南的重要举措，标志着中石油与湖南的战略合作再次迈上新台阶。中石油将秉承“奉献能源、创造和谐”的宗旨，全面履行合作协议内容，切实肩负起经济、政治、社会三大责任，助力长株潭“两型社会”建设，确保安全平稳供气。下一步，将进一步加大在湘管道项目建设，努力把“气化湖南工程”建成一流工程、绿色工程、惠民工程，为湖南实现绿色发展，全面建设小康社会做出新的更大贡献。

徐守盛说，“气化湖南工程”的启动和潭娄邵天然气管道的开工，是增强湖南能源保障能力的标志性工程，也是湖南与央企对接合作的又一重大成果，更是造福三湘人民的重大惠民工程。建设过程中，既要确保高效优质地完成管道建设，更要兼顾眼前与长远，促进经济效益、社会效益和生态效益的统一。各有关部门和沿线各有关市县要不断提高行政效能，提供优质、便捷的政务服务，努力创造良好的施工环境。各有关施工单位要精心组织、科学实施，加强质量和安全管理，确保项目建设安全、高效，并按计划建成投产。湖南将进一步深化与央企的战略合作，提高能源保障能力，优化能源结构，为建设“四化两型”提供低碳、环保、可持续的能源保障。

【周强会见法制日报社党委书记、社长贾京平一行】
2011年9月14日，省委书记、省人大常委会主任周强在长沙会见了来湘调研的法制日报社党委书记、社长贾京平一行。

周强感谢法制日报社一直以来对湖南的积极宣传推介。他说，“十一五”时期，湖南经济社会实现又好又快发展，同时全面推进依法治省各项工作，全省法治建设取得明显成效。实践充分证明，法治湖南建设是贯彻落实依法治国基本方略、保障和推动科学发展、保障和改善民生、加强和创新社会管理的必然要求。“十二五”开局之年，湖南出台《法治湖南建设纲要》，就是要通过完善立法、加强执法、深入普法、强化监督，做到有法可依、有法必依、执法必严、违法必究，实现依法执政、依法行政、公正司法、人人守法。希望法制日报社一如既往给予湖南关注和支持。

贾京平说，湖南近年来的发展充满了生机和活力，法治湖南建设引起了广泛关注。法制日报社将继续关注法治湖南建设的探索实践，并积极做好宣传报道工作。

省委常委、省委秘书长杨泰波参加会见。

【湖南省政府与中国人寿签署战略合作备忘录】
2011年9月14日，省政府与中国人寿保险（集团）公司在长沙举行会谈，并签署《关于共同推动湖南省保险创新和发展的战略合作备忘录》。省委书记、省人大常委会主任周强，省委副书记、省长徐守盛，中国人寿保险（集团）公司党委书记、总裁袁力出席并讲话。

副省长韩永文，中国人寿保险（集团）公司党委委员、副总裁张响贤、缪平出席。

中国人寿是我国最大的商业保险集团，也是我国资本市场最大的机构投资者之一，已连续9年入选世界500强企业。根据战略合作备忘录，双方将在增强保险业服务经济社会发展能力、发挥保险的资金融通功能、加强保险业基础建设、合作建设湖南保险职业学院和中国人寿企业大学等方面展开全面合作。

周强感谢中国人寿对湖南经济社会发展给予的支持，并向中国人寿近年来取得的发展成就表示祝贺。他说，湖南一直高度重视保险业发展，将其作为现代经济的重要产业和现代金融的重要支柱来抓，近年来全省保险业实现快速发展。当前，湖南正面临着一系列重大发展机遇，“四化两型”、“四个湖南”建设全面推进，这为金融保险业提供了巨大市场需求和广阔发展空间。此次合作备忘录的签署，是湖南大力发展金融保险业，推进科学发展、富民强省的重要举措，也是未来双方深化战略合作的新起点。希望以此为契机，双方在加强保险资金支持湖南发展、加强湖南保险改革创新工作、加强“两型社会”建设领域等方面深化合作。湖南将认真履行战略合作备忘录，着力建立保险资金投资项目库，改善投融资平台建设，支持配合监管部门履行职责，优化保险业发展环境，确保保险资金的投资安全，全面支持中国人寿在湘发展。

徐守盛说，“十一五”期间，湖南经济社会实现又好又快发展，保险业保持了健康快速发展态势，呈现市场稳步发展、发展质量提高、社会贡献加大等特点。此次战略合作备忘录的签署，对湖南省进一步优化金融结构、推进长株潭城市群保险业改革创新等具有重要意义。湖南将进一步加大服务保障力度，为中国人寿在湘发展创造良好环境，也希望中国人寿积极参与湖南保险业改革创新、保障性住房建设、基础设施和重点工程建设等，努力推动双方合作迈上新台阶。

袁力说，湖南近年来经济社会发展取得的巨大成就鼓舞人心，在这一过程中，湖南省委、省政府始终高度重视保险业发展，这也为双方深化合作提供了扎实基础和广阔空间。中国人寿将围绕湖南“两型社会”试验区建设、产业发展、基础设施建设、保障和改善民生等领域，搭建更多平台，畅通合作渠道，努力实现互利双赢。

仪式上，中国人寿还与株洲市政府签署了有关合作协议。

【周强会见人力资源和社会保障部副部长张建国一行】 2011年9月20日，省委书记、省人大常委会主任周强在长沙会见了人力资源和社会保障部副部长、党组成员，国家外国专家局局长、党组书记张建国一行。

周强感谢人力资源和社会保障部、国家外国专家局长期以来给予湖南的支持。他说，湖南近年来高度重视引智工作，引进国外技术、专家的领域不断拓宽，出国（境）培训成效明显，国际化进程不断加快，有力地支持了全省经济社会发展。实践充分证明，湖南引智工作在推动经济发展方式转变、科技创新，促进产业转型升级等方面发挥了积极作用，有效提升了湖南的核心竞争力。“十二五”时期，湖南将全面推进“四化两型”建设，加快建设人才强省、教育强省，需要更加有力的人才和智力支撑，希望国家外国专家局一如既往给予湖南支持。

张建国表示，国家外国专家局将充分发挥局省合作平台作用，在项目、政策、人才培养等方面加大对湖南引智工作支持力度，更好地服务湖南经济社会发展。

省委常委、省委秘书长杨泰波参加会见。

【周强会见中国电子信息产业集团董事长芮晓武一行】 2011年9月21日，省委书记、省人大常委会主任周强在长沙会见了中国电子信息产业集团有限公司党组书记、董事长芮晓武一行。

周强对长沙中电软件园开园表示祝贺。他说，湖南近年来加快建设“数字湖南”，着力加强信息基础设施建设，积极引进、培养高端人才，加快发展信息产业集群，信息产业呈现良好发展态势。在“十一五”打下的坚实基础上，湖南将进一步把推进信息化作为提升长远竞争力的战略举措来抓，推广信息技术在经济社会多领域的深度应用，推动信息化与新型工业化、农业现代化、“两型社会”建设的深度融合，全面提高经济社会的信息化水平。希望中国电子深化与湖南在发展云计算、物联网等方面的合作，积极参与湖南的“四化两型”建设。

芮晓武感谢湖南省委、省政府对中国电子在湘发展的大力支持。他表示，湖南良好的发展态势为双方深化合作拓展了空间，中国电子将进一步发挥优势，着力提升在湘企业和产业园区的核心竞争力，为湖南信息产业发展壮大作贡献。

省委常委、长株潭试验区工委书记陈肇雄，中国电子副总经理聂玉春、杨军参加会见。

【周强会见陈小川、唐园结】 2011年9月20日、21日，省委书记、省人大常委会主任周强在长沙先后会见了中国青年报社党组书记、总编辑陈小川，农民日报社党委书记、社长唐园结一行。

周强感谢中国青年报社、农民日报社长期以来给予湖南经济社会发展的关注和支持。他说，“十一五”时期，湖南经济社会实现又好又快发展，“两型社会”建设扎实推进，科技、教育、文化等方面优势进一步凸显，一大批优秀人才相继涌现，自主创新能力持续增强。作为农业、水利大省，湖南高度重视“三农”工作，不断巩固农业基础地位，大力推动水利改革发展，把抓好粮食生产、保障国家粮食安全作为一项重要任务和重大责任，农业综合生产能力得到显著提升，农民收入持续大幅增长。“十二五”时期，湖南将进一步抢抓重大历史机遇，全面推进“四化两型”建设，抢占未来发展制高点。希望中国青年报和农民日报继续关注和支持湖南的发展。

陈小川、唐园结感谢湖南省委、省政府长期以来对报社各项事业的大力支持。他们说，近年来湖南坚持科学发展，综合竞争力和发展后劲不断增强。报社将继续发挥各自优势，进一步宣传、推介好湖南。

省委常委、长株潭试验区工委书记陈肇雄，中国青年报社社长徐文新参加20日的会见。

【第七届泛珠合作论坛暨经贸洽谈会南昌开幕】 2011年9月21日，第七届泛珠三角区域合作与发展论坛暨经贸洽谈会在江西南昌隆重开幕。省委副书记、省长徐守盛与“9+2”其他各方行政首长共同出席开幕式，见证项目签约，并巡视珠洽会展馆。省委常委、副省长郭开朗出席。

本届泛珠论坛暨珠洽会由福建省、江西省、湖南省、广东省、广西壮族自治区、海南省、四川省、贵州省、云南省政府和香港、澳门特别行政区政府共同主办，江西省政府承办。本届大会突出“加快转变发展方式、推动绿色发展”的主题，共同探讨区域协调发展和可持续发展。大会将举行泛珠三角区域合作与发展高层论坛，2011年泛珠三角区域合作行政首长联席会议等重大活动，并就旅游合作、产业转移合作与园区对接、信用体系建设、交通运输一体化、流动人口服务管理、生态城市建设等议题举行系列对接磋商会。

本届泛珠论坛暨珠洽会上，湖南派出阵容强大的政府代表团和经贸代表团参会，并设立湖南展馆，全面展示湖南推进“四化两型”建设，打造“四个湖南”取得的成就。会上，湖南还向“9+2”各方发布近277个省级招商项目广泛寻求合作，项目总金额达3365.38亿元，涵盖基础设施、高新产业、文化旅游等多个领域。

在开幕式后举行的集体签约仪式上，“9+2”各方签署117个合作项目，合同总投资940.62亿元。其中，湖南共有长沙麻林温泉、湘潭海大饲料生产项目、益阳搜空国际服务外包产业园等10个省级重大项目签约，合同总投资57.1亿元，引进资金50.06亿元。签约项目涉及基础设施建设、工业制造、能源开发、第三产业等领域。

省政府秘书长盛茂林，省直相关部门负责人参加开幕式及签约仪式。

【徐守盛在第七届泛珠合作高层论坛上发表主题演讲】 2011年9月21日，省委副书记、省长徐守盛在南昌举行的第七届泛珠三角区域合作与发展高层论坛上发表主题演讲。他指出，要创新泛珠合作机制和模式，开展更加科学理性、深入务实的合作，让更多合作成果惠及广大人民群众。

“在党中央、国务院坚强领导下，泛珠合作不断向宽领域、深层次、多形式发展。”徐守盛表示，泛珠合作已成为促进合作各方科学发展、跨越发展的重要平台。徐守盛说，“十一五”期间，湖南与泛珠各方签订了系列战略合作框架协议，取得了一系列合作成果，有力促进了湖南经济社会发展。

“当前，湖南‘十二五’实现良好开局，为开展泛珠区域等国内外合作奠定了较好基础。”徐守盛说，湖南将大力推进“四化两型”建设，把保增长、保民生、保稳定与转变经济发展方式、调整经济结构结合起来，把扩大内需、开拓城乡市场与发展开放型经济结合起来，把大力发展县域经济、个体私营经济与促进全民创业结合起来，让老百姓生活得更加幸福、更有尊严。

当前，泛珠合作正逐步向更深层次发展。为进一步深化泛珠各方合作，让合作成果惠及广大人民群众，徐守盛提出4点建议：

一是坚持更科学地推动泛珠合作。建立跨区域、跨体制的权威协调机构，协调区域重大事项、重大项目、重大规划，真正实现区域内资源的合理配置。

二是坚持更理性地推动泛珠合作。把泛珠合作与各方经济社会发展需要相结合，与当前各方面临的具体问题相结合，与各方人民群众的期盼相结合，在构筑区域资金、能源、人才等要素保障体系，及统一市场、信息共享、社保接续、稳定物价等方面，共同寻求对策，采取统一行动，解决几件群众看得见、摸得着的实事。

三是坚持更深入地推动泛珠合作。加强对外开放、区域生产力布局、产业升级、生态保护、基础设施等方面的对接。建立监督机制，对合作效果作出评估，确保合作取得实效。加强合作环境建设，改善物流、交通和口岸大通关条件。

四是坚持更务实地推动泛珠合作。顺应自然规律、经济规律和社会主义初级阶段的市场规律，共同推动泛珠合作。强化项目支撑，创新产业合作发展机制，防止区域产业同质化，避免低水平竞争和重复建设。强化新型城镇化的合作，共同促进城乡统筹发展，创新适应发展需求的社会管理新机制，提升区域整体竞争力。

“湖南正处于历史上发展最好、最快的时期。”徐守盛表示，湖南将一如既往地与各方开展诚实守信的合作，实现共生共赢、互利互惠、共同发展。

【徐守盛出席2011年泛珠行政首长联席会议】 2011年9月22日，2011年泛珠三角区域合作行政首长联席会议在江西南昌召开。省委副书记、省长徐守盛及泛珠各方行政首长或代表出席。省委常委、副省长郭开朗出席。

会议总结了第六届泛珠论坛暨经贸洽谈会以来泛珠合作的成果，认为合作各方全面推进了交通、能源、经贸、环保、旅游和民生等领域的合作，保持了经济社会的稳定发展，开创了泛珠合作新局面。

一年来，泛珠各方积极推进珠江三角洲地区、长株潭“两型社会”试验区、成渝统筹城乡发展试验区、广西北部湾经济区、海峡西岸经济区、云南全国旅游产业改革发展试点省、鄱阳湖生态经济区和海南国际旅游岛等国家区域发展战略的实施，深化港澳与泛珠内地省区的合作。区域内产业转移与合作不断深化，衡阳深圳工业园、湘西广州工业园、昆明深圳工业园等产业合作园区建设加快推进。同时，区域内市场环境不断优化，教育、卫生、劳务、就业、水利、环保、应急管理、警务等领域的合作全面展开。

会上，泛珠合作各方就进一步加强泛珠区域交通合作、促进通关便利化、产业转移合作、旅游合作、引进港澳服务业等议题展开研究讨论。会议议定了下年度重点工作，包括加强交通运输、应急管理、质监、水利、环保合作，以及加强重大问题研究等，确定了牵头部门以推进落实各项合作，推动泛珠合作上新台阶。

会议确定，第八届泛珠合作论坛暨经贸洽谈会由海南省人民政府承办。

省政府秘书长盛茂林出席。

【徐守盛会见海南省委副书记、代省长蒋定之一行】 2011年9月21日，省委副书记、省长徐守盛在江西南昌会见了海南省委副书记、代省长蒋定之一行。

湖南省委常委、副省长郭开朗，海南省副省长李国梁，海南省政协副主席赵莉莎参加会见。

徐守盛说，当前，湖南正处于历史上发展最好、最快的时期。以高速公路为标志，交通基础设施建设快速推进，建成了一大批基础产业、基础设施，进一步增强了湖南的可持续发展能力。湖南和海南合作基础良好，经贸联系紧密，特别是袁隆平院士的杂交水稻研究，得到了海南的大力支持。目前，在湘投资的海南企业达140多家，同时有10多万湖南人在海南从事基础设施建设、房产开发、餐饮旅游等。希望两省在“9＋2”合作框架内，在现代农业、航空产业、文化旅游、劳务合作等领域开展全方位、多层次、宽领域的合作，实现人本发展、科学发展，共创美好未来。

蒋定之感谢湖南省长期以来对海南经济社会发展的关心支持。他说，海南环境优美，生态优越，正着力打造国际旅游岛，发展空间广阔，发展潜力巨大。希望双方在食品加工、文化旅游、贸易投资等方面进一步加强合作，实现互利共赢。

海南省省长助理、省旅游委主任陆志远，湖南省政府秘书长盛茂林，海南省政府秘书长徐庄，及两省相关部门负责人参加会见。

【李金华来湖南调研】 2011年9月27日至29日，全国政协副主席李金华在湖南调研，并出席了辛卯年炎帝陵祭祖大典。调研中，李金华强调，要以加快转变经济发展方式为主线，全面推进“四化两型”建设，着力促进经济社会又好又快发展。

在湘期间，省委书记、省人大常委会主任周强看望李金华一行，省委副书记、省长徐守盛陪同前往长沙市望城区中航飞机起落架有限责任公司调研。省政协主席胡彪看望了李金华一行。

9月29日上午，李金华一行来到中航飞机起落架有限责任公司考察、调研。中航飞机起落架有限责任公司隶属中国航空工业集团公司，是我国唯一的飞机起落架专业化研发生产企业，在湖南、陕西等地设有生产基地。

李金华深入车间详细了解企业生产情况，并到该公司正在加紧调试设备的新厂区了解建设进展。中航飞机起落架有限责任公司近年来加速发展，随着该企业湘、陕两地起落架制造和市场资源的整合与调整，已形成了航空主业、民品辅业、三产实业三足鼎立；国际转包、起落架修理两翼齐飞；起落架“科研、制造、试验、服务一体化”的格局，企业经营态势良好。李金华在听取汇报后十分高兴。他指出，国际航空生产正向我国进一步转移，这是一个良好的发展机遇，中航飞机起落架公司要积极落实发展战略，打造集设计、制造、试验、服务于一体的世界级飞机起落架系统供应商；融入世界航空产业链，在飞机起落架研发制造上进入世界“第一梯队”。他强调，企业要获得长足发展，关键是人才，中航飞机起落架公司要充分利用湖南省、长沙市的优质人才资源，努力融入地方发展经济圈，军民融合，实现公司跨越式发展。企业发展了，要注重关心企业职工，特别是老职工，为他们切实解决生产、生活中遇到的难题。调研结束时，李金华亲切勉励该公司广大员工：“融入世界、融入地方，为地方经济发展出力！”

徐守盛感谢李金华对湖南的关心和支持。他说，军工企业对地方经济发展有很大带动作用。军地双方要互相支持、加强合作，实现相互促进、相得益彰，共享发展成果。湖南将努力为中航飞机起落架公司等企业的发展创造条件，在人才、资金等方面给予支持，为我国航空事业发展作出新贡献。

省领导陈润儿、郭开朗、阳宝华陪同考察。

【徐守盛会见华南城集团董事长郑松兴一行】 2011年10月9日，省委副书记、省长徐守盛在长沙会见了华南城集团董事长郑松兴一行。

华南城集团是我国大型综合物流交易中心营运商，拟在长沙投资建设综合、高端的现代物流城。

徐守盛欢迎郑松兴一行来湘。他说，“十一五”期间湖南围绕科学发展主题和结构调整主线，经济社会得到了快速发展，目前湖南区位优势进一步凸显，人流、物流、信息流、资金流、项目流大量地向湖南涌入，全省正在加快推进“四化两型”、“四个湖南”建设。华南城集团在国内物流业不仅规模大，起步早，而且在创新现代物流业模式方面有大胆的探索。湖南欢迎华南城集团来投资兴业，把现代物流业与高端装备制造业、综合配套的服务业、金融业融合起来，为湖南“四化两型”建设提供服务。

郑松兴说，湖南承东启西、贯通南北，地理位置好，经济发展迅速，华南城集团看好湖南前景，将加大在湘投资，参与湖南经济社会发展。

省政府秘书长盛茂林及省直相关部门负责人参加会见。

【徐守盛会见国家电网公司副总经理帅军庆一行】 2011年10月11日，省委副书记、省长徐守盛在长沙会见了国家电网公司党组成员、副总经理帅军庆一行。

徐守盛对国家电网长期以来对湖南经济社会发展的支持表示感谢。他说，湖南经济社会快速发展，“十二五”开局良好。经济发展离不开能源安全，能否保障能源供应，体现了政府的执行力与公信力。“十二五”时期，湖南将着力突破能源瓶颈，挖掘自身潜力，千方百计从外省调煤购电，大力发展风能、太阳能、生物能等多种能源，动员全社会节能省电，全力保障人民群众正常生活生产用电。希望国家电网在特高压输电项目、新一轮农网改造、省外购电等方面，进一步加大对湖南省的支持力度。

帅军庆表示，湖南经济发展迅速，用电需求大。“十二五”期间，国家电网将继续做好服务工作，加快三纵三横特高压电网建设，为湖南经济社会发展提供强有力的能源保障。

省委常委、长株潭试验区工委书记陈肇雄参加会见。省政府秘书长盛茂林及省直相关部门负责人会见时在座。

【周强会见华融资产管理公司总裁赖小民一行】 2011年10月12日，省委书记、省人大常委会主任周强在长沙会见了来湘出席“2011年华融绿色湘江主题活动”的中国华融资产管理公司总裁赖小民一行。

周强对华融绿色湘江主题活动的成功举办和华融湘江银行成立一周年取得的显著业绩表示祝贺。他说，华融湘江银行组建后，充分发挥央企和地方两个优势，不断加大制度创新和金融产品创新力度，在服务湖南经济社会发展、支持“四化两型”建设、保障和改善民生、服务中小企业发展等方面提供了有力的金融支撑，堪称湖南与中央金融企业对接合作的成功典范。希望中国华融进一步整合资源，发挥优势，加快华融湘江银行网点、机构建设。湖南省委、省政府将一如既往支持华融湘江银行实现加快发展、创新发展和可持续发展。

赖小民说，华融湘江银行的又好又快发展离不开湖南省委、省政府的大力支持，银行将始终坚持“立足湖南、依靠湖南、服务湖南、支持湖南”的发展思路，明确“小、精、专、新、特”的市场定位，不断发展壮大，为湖南经济社会发展作出新贡献。

省委常委、省委秘书长杨泰波，中国华融资产管理公司纪委书记戴克维参加会见。

【加强保障性安居工程质量和分配管理工作座谈会在长沙召开】 2011年10月12日，中共中央政治局常委、国务院副总理李克强11日在长沙主持召开加强保障性安居工程质量和分配管理工作座谈会并作重要讲话。他强调，要把确保质量和公平分配作为保障性安居工程的生命线，建设质量优良、分配阳光的工程，使之经得起历史和人民的检验。

座谈会上，住房和城乡建设部、部分省（区、市）汇报了今年保障房建设、质量检查以及加强分配、运营管理等方面的进展情况。会议认为，今年保障性安居工程建设顺利推进，目前已开工建设980多万套，房屋建设质量总体较好，对改善困难群众住房条件、保持经济平稳运行、促进房地产市场健康发展等都发挥了重要作用。在认真听取大家发言后，李克强说，各地区、各有关部门认真贯彻党中央、国务院决策部署，想办法，出实招，积极破解资金、土地等方面的难题，为完成全年目标奠定了基础，在保证保障房公平分配方面也进行了积极探索，取得了有益经验，成绩来之不易。

李克强指出，推进保障性安居工程，要确保任务完成、质量可靠、分配公平，这些要求在年初就已作了部署。在当前大规模开工建设的情况下，尤其要重视确保住房建设质量和分配公平。保障房是群众生活起居的场所，也是政府主导改善民生的标志性工程，增加保障性住房数量是重要的，但保证质量是根本要求，如果住房质量出了问题，轻则财产受损，重则危及生命。加强质量管理关键要切实做到“四严”、“一追究”。“四严”就是要严把规划选址关、严把建筑材料关、严把设计施工监理关、严把竣工验收关，对存在质量问题或隐患的，决不能交付使用；“一追究”就是依法追究责任，这是保证房屋质量的一把“利剑”，不仅要举起来，而且要用起来。对监管中发现的问题要一抓到底，轻的实行经济处罚，重者要清退出市场，直至追究刑事责任。对部门和地方也要严格考核问责。大家齐心协力，把保障性住房建成百年安居工程。

李克强强调，要把政府保障和市场供应结合起来，在主要依靠市场满足居民多层次住房需求的同时，政府要履行保基本的职责，努力改善中低收入住房困难家庭的居住条件。不仅要投入大量公共资源建设好保障性安居工程，而且要通过健全制度把保障房分配好，这关系到政府的公信力，也是群众的热切盼望。如果把不好公平公正这杆“秤”，保障房就难以发挥应有作用，群众就不会真正满意。要做到公平公正，关键是完善准入退出机制，严格按照保障标准和条件，审核保障房入住资格。坚持以小户型为主，适应中低收入住房困难家庭的基本居住需要。要探索完善轮候制度，使符合条件的家庭能在合理轮候期内获得保障房，使他们有明确的预期。合理确定保障房“退出”的条件和办法，增强政策执行力，使入住者不符合保障条件后能及时退出，使有限的保障房实现良性循环，惠及更多群众。他指出，公开透明是保障房管理的最基本要求，保障房作为公共资源，要实行全过程公开、全社会公示、全方位监督，始终在公众的目光下分配，使不公行为无处藏身。同时，要建立纠错机制，对分配后发现的问题也要及时纠正，坚决查处各种骗购骗租、违规转租转售，以权谋私以及向不符合条件家庭违规供应保障房等行为。

李克强最后说，当前世界经济形势发生很多新变化，风险因素增多，国内房地产市场调控正处在关键时期，保障性安居工程建设作为重大民生和重大发展工程，又是宏观调控的重大举措，可以发挥多重积极效应。各方面要在全力抓好今年保障性安居工程建设的同时，因地制宜，及早明确明年的建设任务，做好土地储备、资金预安排等前期工作，为明年顺利推进公租房等保障性住房建设和加大棚户区改造力度、做好已开工建设保障房竣工和交付使用等工作早做准备，推动可持续发展。

省委书记、省人大常委会主任周强在致辞中说，加快保障性安居工程建设是党中央、国务院作出的一项重大决策部署，是“十二五”时期一项具有标志性意义的重大民生工程。此次会议专题研究部署保障性安居工程质量和分配管理工作，是落实以人为本、执政为民要求的重要举措，是体现科学执政能力、抓住关键环节的务实之举，对推动保障性安居工程持续健康发展非常重要、十分及时。近年来，湖南坚持把保障性安居工程建设作为重大民生工程来抓，作为约束性指标纳入全省经济社会发展规划，全省住房保障体系逐步完善，住房保障水平明显提高。这次会议在湖南召开，对湖南各项工作尤其是保障性安居工程建设是有力的鞭策，湖南将认真贯彻落实此次会议精神和李克强同志重要讲话精神，进一步加大保障性安居工程建设力度，严格工程质量监管，确保分配公平公正，加强后续管理，把好事办好，实事办实，真正使保障性安居工程成为民心工程、德政工程和阳光工程。

省委副书记、省长徐守盛在会上发言。他说，今年以来，湖南坚持“保进度、保质量、保公平”，全力推进保障性安居工程。到9月底，全省开工各类保障性住房40万套，竣工18.8万套，开工率91.7%。湖南将认真贯彻落实这次座谈会议精神，继续狠抓项目进度，逐个督办，确保按时完成国家下达的任务。强化安全生产责任制和责任追究制，严防质量安全事故发生，建设放心工程、百年工程。坚持阳光操作，公开、公平、公正分配，努力促进保障性住房可持续运转。

民政部部长李立国、财政部部长谢旭人、住房和城乡建设部部长姜伟新、国务院副秘书长尤权、税务总局局长肖捷、发展改革委副主任穆虹、国研室副主任宁吉喆出席会议，江西、湖北、湖南、广东、广西、重庆等省（区、市）政府负责人参加了座谈会。

【湖南省政府与交通运输部在京举行会谈】 2011年10月17日，湖南省政府与交通运输部在北京就进一步深化省部合作，加快湖南水运发展举行专题会谈。省委副书记、省长徐守盛，交通运输部党组成员、副部长徐祖远出席。

湖南水资源丰富，共有通航河流373条，通航里程11968公里，居全国第三位。全省已基本形成以洞庭湖为中心，长江、湘江、沅水干流为依托，岳阳港、长沙港等重要港口为节点的内河水运体系。

徐守盛感谢交通运输部长期以来对湖南经济社会发展和交通运输事业的支持。他说，湖南水运资源丰富，通江达海，重要产业沿江环湖布置，具有发展水运的良好条件。而且湖南又是我国大宗农产品的重要出产地，工程机械、轨道交通等装备制造产业较为发达。大力发展现代水运，提高水运承载能力，更具实际意义。“十一五”以来，湖南规划建设了一批支撑能力强、带动作用大的水运重大项目，水运在综合运输体系中所占比重逐年提高，但也存在港口建设滞后、湘江等重要干线航道通航保障水平较低、水上支持保障能力落后等问题。

徐守盛指出，当前，湖南的快速发展，客观上要求发展现代水运，构建完备的内河航运体系。湖南省积极抢抓国务院出台实施《关于加快长江等内河水运发展的意见》的重大机遇，以推进高速公路大发展的劲头来抓水运发展。根据湖南“十二五”水运发展的规划设想，湖南省力争到2030年建成畅通、高效、平安、绿色的现代内河水运体系。希望交通运输部一如既往关注支持湖南水运发展，在岳阳城陵矶港建设、水上交通安全保障体系建设、航道改扩建等方面给予大力支持。

徐祖远说，“十一五”期间，湖南水运事业取得长足发展，社会效益明显。湖南提出建设现代化水上运输体系，很有战略眼光。交通运输部将积极做好规划编制的指导工作，支持岳阳城陵矶港、湘江长沙综合枢纽、航道改扩建等水运重点项目建设，共同推动湖南从河道大省向水运大省转变。

副省长韩永文、省长助理袁建尧参加会谈。

【徐守盛会见中华全国供销总社党组书记杨传堂】 2011年10月22日，湖南省委副书记、省长徐守盛在长沙会见了来湘出席中部6省供销合作社主任座谈会的中华全国供销总社党组书记、理事会主任杨传堂一行。

徐守盛说，“十一五”以来，湖南经济社会实现又好又快发展，当前正大力推进“四化两型”战略，建设“四个湖南”。湖南是农业大省，供销社工作是“三农”工作的重要组成部分，关系经济社会发展全局。在中华全国供销总社的大力支持下，全省供销合作社系统立足“三农”，在保证农资供应，搞活农村商品流通，促进农业生产、农民增收等方面作出了积极贡献。希望中华全国供销总社一如既往给予湖南大力支持，在新农村现代流通服务网络工程建设、农业产业化项目建设等方面加大支持力度。

杨传堂说，在湖南省委、省政府的高度重视下，湖南供销社工作既有经验，又有成绩。希望湖南供销合作社系统始终坚持为农服务的宗旨，加强项目建设，不断提高实力与能力，在“十二五”期间实现更大发展。中华全国供销总社将进一步加大对湖南的支持。

中华全国供销总社党组成员、理事会副主任赵显人，副省长徐明华，省政府秘书长盛茂林参加会见。

【郑国光在湖南省气象局调研】 2011 年 10 月 21 日，省委副书记、省长徐守盛与中国气象局党组书记、局长郑国光一起，来到省气象局调研。徐守盛、郑国光指出，气象工作事关国计民生，事关发展全局，各级气象部门要适应经济社会发展的新情况新形势，努力为“四化两型”建设提供更准确、更优质的气象服务。

在省气象局，徐守盛、郑国光一行先后参观了省气象预警中心、公共气象服务平台、气象预报预测业务平台，详细了解平台运作情况。依托这些高科技、现代化的服务平台，气象部门第一时间就能监测到暴雨、山洪等各类灾害天气，及时预警预报。对气象部门为防灾减灾作出的积极贡献，徐守盛、郑国光给予充分肯定。

在听取省气象局汇报后，徐守盛说，近年来，在国家气象局的大力支持下，湖南气象事业获得长足发展，在防御山洪地质灾害、台风、雷电灾害和农业气象服务等方面取得明显成效。他强调，经济社会越向前发展，对气象服务的要求也越高，来不得半点马虎。各级气象部门要适应经济社会发展的新情况新形势，努力提供更多、更准确、更及时的气象服务。一要更紧密地服务全省发展。湖南农业发展基础薄弱，地形复杂、地质灾害隐患多，极端性天气频发。气象部门要进一步加强趋向性、规律性研究，为重大项目决策、重大工程建设，提供更有针对性的气象服务。二要努力扩大服务范围。在坚持气象服务民生的同时，不断拓展服务领域，在旅游、交通等诸多领域探索提供专业化服务。三要着力提升服务能力。积极学习借鉴国内外先进成果，着力提升气象科研和装备水平。进一步加强人才队伍建设，夯实气象工作基础。湖南省委、省政府将认真贯彻落实中央关于气象工作的安排部署，一如既往地支持气象事业发展，将气象工作纳入重要议事日程，进一步加大气象投入力度，为重大气象项目提供保障服务，帮助气象部门解决实际问题，提高基层气象服务能力和应急处置能力。

郑国光充分肯定湖南省气象局在防灾减灾、预报服务、人才队伍建设等方面所取得的成绩。他要求，气象部门要着力提高“四个能力”——气象预报预测能力、气象防灾减灾能力、应对气候变化能力、开发利用气候资源能力，进一步推进公共气象服务，提高服务的针对性、敏感性、主动性，积极探索建设具有湖南特色的现代气象业务体系。不断提高自动化观测保障水平，完善装备保障机制，为防汛抗旱预报服务提供实时准确的观测信息。要健全完善“政府主导、部门联动、社会参与”的气象防灾减灾体制，大力推进气象科技创新，加快推进气象人才体系建设。中国气象局将进一步加大对湖南气象工作的支持力度，在长株潭“四化两型”气象防灾减灾综合示范区建设、气象数字湖南建设、湖南现代气象业务体系建设等方面给予支持。

副省长徐丽华，省政府秘书长盛茂林参加调研。

【徐守盛会见海军东海舰队政委岑旭一行】 2011 年 10 月 21 日，省委副书记、省长徐守盛在长沙会见了海军东海舰队政委岑旭中将一行。

岑旭此行来湘，是受海军领导委托，看望慰问湖南省见义勇为先进个人、汨罗籍解放军海军某部现役军官阳鹏，转达中央军委首长对阳鹏的亲切关怀和良好祝愿。去年 7 月，阳鹏乘坐长沙黄花机场开往汨罗的大巴，遭遇歹徒纵火。危急时分，他舍己救人，全身大面积烧伤，目前还在治疗中。

徐守盛说，阳鹏同志见义勇为的英雄事迹，践行了社会主义核心价值观，彰显了时代的主旋律和当代革命军人的高尚品质，爱国主义、社会主义荣辱观在他身上都得到集中体现。阳鹏是军队培养的英雄，既是军队的骄傲，也是湖南人民的骄傲。我们将认真贯彻落实党的十七届六中全会精神，大力弘扬积极、向上的社会风尚，号召全省上下积极向阳鹏同志学习，努力把阳鹏同志的先进事迹宣传好、学习好。湖南省委、省政府将全力协助做好阳鹏同志的进一步治疗工作，帮助阳鹏同志早日康复。

岑旭说，阳鹏同志的先进事迹受到中央军委首长的高度赞扬。他是践行当代革命军人核心价值观的模范，是在关键时刻冲得上、过得硬、经得起考验的英雄，是全军官兵学习的榜样。我们海军部队要带头学习阳鹏同志的先进事迹，更好地践行全心全意为人民服务的宗旨。阳鹏是在湖南这片热土上成长起来的，感谢湖南省委、省政府对阳鹏本人及家人的关心和帮助，希望军地携手进一步宣传好、学习好阳鹏同志的英雄事迹，大力弘扬见义勇为、无私奉献的时代新风。

海军政治部副主任李斌少将，东海舰队政治部副主任李建军少将，省政府秘书长盛茂林参加会见。

【国际道教论坛在南岳衡山隆重开幕】 2011 年 10 月 23 日，由中国道教协会、中华宗教文化交流协会共同主办，湖南组委会承办的国际道教论坛在南岳衡山隆重开幕。中共中央政治局常委、全国政协主席贾庆林专门为论坛发来贺信。中共中央政治局委员、国务院副总理回良玉对办好论坛提出明确要求。全国政协副主席、中共中央统战部部长杜青林出席开幕式并致辞。全国人大常委会原副委员长许嘉璐出席开幕式。

中共中央统战部常务副部长朱维群宣读贺信。中华宗教文化交流协会会长王作安，中央台办、国台办副主任叶克冬，中国道教协会会长任法融等出席开幕式。省委书记、省人大常委会主任周强在开幕式上致辞。省领导和老同志徐守盛、杨泰波、李微微、路建平、郭开朗、刘力伟、魏文彬、王四连等出席开幕式。

贾庆林在贺信中说，道教是中华传统文化的重要组成部分，是人类文明的宝贵财富。道教崇尚道法自然、齐同慈爱、贵生乐生、抱朴守真，体现了人与自然和谐、人与人和谐、身心和谐的理念，对于推动科学发展、促进社会和谐具有积极意义。贾庆林指出，当今世界，国家和地区的联系日益紧密，不同文明相互交融激荡，人类发展面临前所未有的机遇和挑战。只有尊重世界文明多样性，倡导不同文明间的对话与交流，才能实现共同繁荣与发展。本次论坛以“尊道贵德、和谐共生”为主题，体现了推动世界持久和平与共同繁荣的美好愿望。贾庆林强调，举办国际道教论坛，是弘扬道教优秀文化、发挥道教积极作用的重要举措。希望海内外有识之士切磋交流、增进道谊，挖掘道教文化资源，弘扬道教和谐理念，推动中华文化走向世界，为人类社会和平、发展、合作贡献智慧。

回良玉表示，办好国际道教论坛，对于弘扬道教优秀文化，增进海内外宗教界的道谊，促进中华传统文化走向世界，凝聚各方力量共建和谐社会都很有意义。他希望国际道教论坛办出特色和水平，成为国际道教界人士相互学习、共同提高的重要平台。希望道教界以此次论坛为契机，弘扬“尊道贵德、和谐共生”的理念，更好地发挥道教在促进经济社会发展中的积极作用。

周强在致辞中说，湖南是宗教文化大省，道教文化底蕴深厚。近些年来，湖南全面贯彻中共中央和国务院的宗教工作方针政策，尊重宗教信仰自由，依法管理宗教事务，切实维护宗教界合法权益，全省各种宗教和谐共处，信教群众和不信教群众彼此尊重、团结和睦，有力推动了全省经济发展和社会和谐。本次论坛在湖南举办，对于我们深入挖掘道教文化精髓，提升湖南省宗教整体素质，加快科学发展，建设文化强省，构建和谐湖南，必将提供有益启发和促进。我们愿与海内外人士一道，共同传承经典文化，弘扬和谐理念，推进道教文化的传续和发展。

来自内地、港澳台地区和19个国家的道教界、政界、学界、商界等有关方面人士参加了论坛开幕式。开幕式后，举行了具有浓厚道教文化色彩的大型文艺演出。

本次论坛为期3天，将于25日闭幕。论坛期间，将举行论坛大会发言、4场电视论坛和4场分论坛等活动。本次国际道教论坛是继2007年4月在西安、香港举办的国际道德经论坛之后的又一次大型国际道教文化盛会，是对国际道德经论坛的延续和深化。

【杜青林来湘调研加强基层统战工作促进社会和谐稳定】 2011年10月23日至24日，全国政协副主席、中共中央统战部部长杜青林来湘出席在南岳衡山举办的国际道教论坛开幕式，并就新时期如何加强基层统战工作进行调研。他强调指出，要大力加强社区统战工作，促进社会和谐稳定。

23日晚，杜青林出席了在南岳衡山举办的国际道教论坛开幕式并致辞。省委书记、省人大常委会主任周强，省委副书记、省长徐守盛陪同出席。省政协主席胡彪，省领导及老同志杨泰波、路建平、郭开朗、刘力伟、王四连前往看望或陪同出席论坛开幕式。省领导李微微、魏文彬全程陪同考察调研。

社区统战工作是杜青林一行考察调研的重点。24日上午，杜青林来到长沙市岳麓区咸嘉湖街道咸嘉新村社区考察，实地察看了该社区的办事服务大厅、“民情联络室”和“统战成员之家”，详细询问了该社区统战工作开展情况，对他们以创先争优为主线，搭建特色载体，为统战成员排忧解难，力推统战工作创新发展的做法和成效给予高度肯定。

近年来，咸嘉新村社区建立了服务统战成员和其他群众的“民情联络室”，对统战成员的意见、建议及诉求一一登记造册，架起了让统战成员充分表达诉求并随时为他们服务的“绿色通道”。同时，设立了由社区志愿者为统战成员开展公益服务和困难救助的“道德银行”，开展公益服务3000多次，募集爱心款物近2000万元，受惠对象达2000多人次。该社区还设立了“雷锋超市”，为统战成员排忧解难。社区涌现出了“文明创建监督员”、“自主创业明星”等一批优秀统战成员。

杜青林指出，社区是党和政府执政为民的重要基础，也是与群众生活息息相关的基层组织。党和政府对统战成员的关怀爱护，很大程度上需要以社区为组织方式和重要载体来实现。

杜青林强调，社区统战工作只能加强，不能削弱，只有这样才能促进整个社会的和谐稳定。社区统战工作一定要加强主动性、针对性和实效性，不断创新载体和方式，切实解决统战成员的实际困难，增强他们的认同感、归属感和自豪感，使他们自觉主动地以更高的热情加入到建设祖国的行列中来。

随后，杜青林还来到省博物馆、省广播电视台考察。

【徐守盛会见中国人民武装警察部队副司令员何映华一行】 2011年10月27日，省委副书记、省长徐守盛在长沙会见了中国人民武装警察部队副司令员何映华一行。

何映华此行来湘，是检查武警湖南总队“四项设施”(执勤、训练、文化、生活设施)配套情况。

徐守盛感谢武警部队长期以来对湖南经济社会发展的大力支持。他说，武警部队是湖南改革发展稳定的重要力量和推进“四化两型”建设的生力军。在武警部队党委的坚强领导下，武警湖南总队继承和发扬优良传统，在强化自身建设的同时，忠实履行使命，积极支持地方建设，尤其是在抢险救灾、扶贫帮困、维护社会大局稳定等急难险重任务中发挥了主力军和突击队作用。省委、省政府历来高度重视武警部队建设，将一如既往为部队在湘履行使命、开展工作创造良好环境。

何映华说，我多次到湖南，切身感受到湖南近年来经济社会发展取得的巨大成就。在湖南省委、省政府的大力支持下，武警湖南总队各项工作取得显著成绩。武警部队将进一步加强全面建设，为湖南“四化两型”建设作出新的更大贡献。

武警部队后勤部副部长傅凌，省领导李江、刘力伟，武警湖南总队总队长赵永平、政委赵富栋参加会见。

【周强会见中国法学会党组书记、常务副会长刘飏一行】 2011年10月27日，省委书记、省人大常委会主任周强在长沙会见了中国法学会党组书记、常务副会长刘飏一行。

刘飏此行来湘出席长株潭“两型社会”试验区金融发展与创新论坛暨中国证券法学研究会2011年年会。

周强说，湖南高度重视金融业的发展，近年来积极推动金融改革创新，加快资本市场发展，注重培育上市后备资源，大力促进银企合作，加强社会信用体系建设，全省银行业、证券期货业、保险业等实现了持续健康发展，为推动加快转变经济发展方式、推进“两型社会”建设、提升区域竞争力提供了有力支撑。“十二五”时期，湖南将全力推进环长株潭城市群金融一体化进程，着力打造区域性金融中心，希望中国法学会发挥自身优势，为湖南提供更多智力支持。

刘飏说，湖南近年来的发展充满活力，未来的发展蕴含着巨大潜力和希望，中国法学会愿为服务湖南经济社会又好又快发展出智出力。

省委常委、省委秘书长杨泰波参加会见。

【2011中国（长沙）科技成果转化交易会开幕】 2011年11月6日，2011中国（长沙）科技成果转化交易会暨“十一五”国家重大科技成就长沙巡回展，在长沙高新区麓谷会展中心开幕。全国人大常委会副委员长路甬祥宣布开幕。开幕式后，路甬祥为长沙市干部及科技人员做了题为“由制造大国向创造强国的历史跨越”的专场报告。

开幕式上，湖南省委副书记、省长徐守盛和科技部副部长曹健林分别讲话。省委常委、长沙市委书记陈润儿致欢迎辞。省委常委、副省长郭开朗主持开幕式。国防科技大学副校长庄钊文，省领导肖雅瑜、武吉海，广西壮族自治区副主席陈章良，中科院副秘书长谭铁牛等出席开幕式。

徐守盛说，中国（长沙）科技成果转化交易会，已成为促进湖南科技交流和成果转化的重要平台。“十一五”以来，湖南充分发挥科技对经济社会发展的支撑引领作用，借助各种创新、创造平台，着力完善自主创新体系，涌现出一大批重大科技成果。“十二五”时期，湖南将认真落实国家和湖南省中长期科技、教育、人才规划纲要，以科技创新提升产业发展水平，培育发展战略性新兴产业，改造提升传统产业，形成一批具有自主知识产权的品牌和产品；着力构建以企业为主体、市场为导向、重大创新平台为支撑、产学研用相结合的自主创新体系，引导和支持创新要素向园区和企业集聚，促进科技成果加快向现实生产力转化；完善鼓励技术创新和科技成果转化的政策体系，促进产业资本、技术资本、金融资本与创新要素有效对接，提高科技成果转化率。我们将以科交会为平台，大力营造鼓励创新、尊重创新、宽容创新的环境，努力让一切创新要素加速向湖南集聚

曹健林表示，希望社会各界能够充分利用长沙科交会这个平台，进一步促进产业资本、技术资本和金融资本的紧密结合，使科技更好地为经济社会发展服务，为全面建设小康社会作出更大贡献。他透露，长沙高新区已被确定为全国首批15个开展促进科技和金融结合试点地区之一。

陈润儿在致辞中介绍，长沙科交会自2007年举办以来，今年已是第五届，迈出了创新发展的坚实步伐。“十一五”期间，长沙科技进步贡献率5年提高近11个百分点，全市应用型科技成果转化率超过85%，长沙地区生产总值在全国省会城市排名由第12位跃升到第7位，人均突破1万美元。

本届科交会为期2天，共收集到全国79家单位的最新适用科技成果9181项；征集长沙企业技术需求576项，融资需求343项。展出总面积超过1万平方米，参展实物1000余件。并将举行科技成果知识产权拍卖会、高端技术企业高端人才对接会等14项专场活动及重大项目签约仪式等。

“十一五”国家重大科技成就长沙巡回展，是本届科交会的一大亮点。共展出了探月车、天河一号、盾构机等170余件国家重点科技成果。与之辉映的是民间发明及成果展，共展出了114件来自全国的民间发明和大中小学生创新作品。

开幕式上，长沙市市长张剑飞为中南大学教授卢光琇颁发了第五届长沙市科学技术创新贡献奖，奖金100万元。长沙长泰机械股份有限公司与德国比诺公司合作的高速精密平板切纸机研发项目等6个重大产学研合作项目亦在开幕式上签约。据介绍，科交会期间将有245个项目签约，签约金额将达192.95亿元。

本届科交会由科技部、教育部、中国科学院、湖南省人民政府主办，科技部火炬高技术产业开发中心、湖南省科技厅、湖南省教育厅、中科院武汉分院与长沙市人民政府承办。

出席开幕式的领导还有省政府秘书长盛茂林，省直有关部门、长沙市、永州市、江西萍乡市的负责人等。

【周强徐守盛会见中国人民武装警察部队政委许耀元一行】 2011年11月2日，湖南省委书记、省人大常委会主任周强，省委副书记、省长徐守盛在长沙会见了中国人民武装警察部队政委许耀元一行。

周强说，近年来，在武警部队党委的坚强领导下，武警湖南总队坚持围绕中心、服务大局，加快部队现代化、正规化建设，忠实履行使命，积极支持地方经济建设，尤其是在抢险救灾、处置突发事件等急难险重任务中发挥了主力军和突击队作用，充分展示了威武之师、文明之师的良好形象，为维护湖南改革发展稳定大局作出了突出贡献。希望武警部队一如既往支持湖南经济社会发展，省委、省政府将进一步为武警湖南总队的各项建设提供支持、创造条件。

在湘期间，许耀元率工作组对武警湖南总队党委班子和部队建设情况进行了考察帮建，听取了总队党委工作汇报，分别与班子成员进行了谈话，并在总队机关召开座谈会，组织党委班子建设情况民主测评。同时，先后深入长沙、湘潭等支队的8个基层大（中）队，上哨所，进班排，下伙房，与基层官兵亲切交谈，了解官兵的执勤、训练、教育和生活等情况。

许耀元对武警湖南总队全面建设情况给予充分肯定。他指出，当前，武警部队包括湖南总队正处在一个新的发展时期，贯彻主题主线对部队建设提出了更高的标准和要求，加快推进现代化武警建设的任务还很重。党的十七届

六中全会确立了文化强国战略，武警部队广大官兵要自觉肩负起历史赋予的崇高使命，坚持用先进军事文化引领部队建设。要始终坚持用先进军事文化促进思想观念和思维方式转变，强化科学发展的鲜明导向，培育官兵“精气神”，使文化建设真正成为部队建设科学发展的重要推动力量。他强调，武警湖南总队要牢固确立正确的建设标准，更好地牵引和推动部队建设持续发展；大力倡导务实扎实的工作作风，进一步推进各项工作的有效落实；切实抓好党委班子自身建设，不断增强领导部队科学发展的能力，确保部队建设始终沿着科学发展的轨道前进，确保以执勤处突为中心的各项任务圆满完成，确保部队高度集中统一和安全稳定，忠实履行好党和人民赋予的职责使命，为湖南经济社会发展作出新的更大贡献。

武警部队政治部副主任赵北臣，省领导李江、刘力伟，武警湖南总队总队长赵永平、政委赵富栋参加会见。

【第一届全国地勘钻探职业技能大赛决赛长沙开幕】 2011年11月10日，第一届全国地勘钻探职业技能大赛决赛在湖南工程职业技术学院隆重开幕。国土资源部部长、党组书记、国家土地总督察徐绍史宣布开幕。省委副书记、省长徐守盛讲话。

中华全国总工会书记处书记、纪检组组长王瑞生，省委常委、常务副省长于来山出席。国土资源部总工程师张洪涛主持开幕式。

此次大赛是首次为普通钻探工人举行的全国大赛，也是迄今为止地勘钻探行业规格最高、规模最大的全国性技能大赛，旨在发现、选拔一批爱岗敬业、技艺精湛的优秀技能人才，为我国实施地质找矿突破战略提供人才保障。

大赛由国土资源部、人力资源和社会保障部、中华全国总工会共同主办，全国31个省（区、市）和5个中央地勘行业部门组团参赛。大赛决赛分别在湖南省、云南省两地举行。11月10日至14日在长沙举行工程地质工程施工钻探工、水文水井钻探工两个工种的决赛；18日至22日在昆明举行固体矿产钻探工一个工种的决赛。400多名选手将同场竞技，展示精湛技艺。在全国总决赛中获得第一名的选手将被授予“全国五一劳动奖章”，前5名选手将被授予“全国技术能手”荣誉称号。

徐守盛向大赛的举办表示祝贺。他说，地质勘探工作是经济社会发展中的先行性、基础性的工作，地质勘探水平的高低直接关系到全省“四化两型”建设大局。“十二五”时期，湖南需要进一步加强能源、资源的保障能力建设，继续加大煤炭、锑矿等紧急矿种和铅、锌、钨、锡等优势矿种的找矿力度，加快提升地质勘探水平，提高地质找矿的质量和效率。这次全国大赛决赛在长沙举办，是湖南学习借鉴兄弟省市好技术、好经验的机会，必将有力促进我国地质工作发展和找矿新突破。湖南将为大赛提供周到的服务，努力营造让选手们尽情发挥竞技水平的比赛环境，希望各位选手展示最佳风采、取得最佳成绩。

【省政府与神华集团签署战略合作框架协议】 2011年11月9日，省政府与神华集团有限公司在长沙签署战略合作框架协议。根据协议，“十二五”期间，神华集团将在湘投资300亿元左右，合作共建煤炭储备（中转）基地、电力及其他相关产业项目，加大对湖南省电煤的保供力度。省委书记、省人大常委会主任周强，神华集团董事长、党组书记张喜武，省委副书记、省长徐守盛出席签约仪式并讲话。

签约仪式由省委副书记梅克保主持，神华集团副总经理、中国神华总裁凌文，神华集团副总经理韩建国、王品刚，省委常委、长株潭试验区工委书记陈肇雄出席。

神华集团是一家以煤为基础，集电力、铁路、港口、航运、煤制油与煤化工于一体的特大型能源企业，是我国规模最大的煤炭企业和全球最大的煤炭经销商。根据今天签署的协议，神华集团“十二五”期间将在湘投资300亿元左右，合作共建煤炭储备（中转）基地、电力及其他相关产业项目；湖南将支持神华集团在湘开展火电厂选址和可行性论证、对省内现有燃煤电厂和水力发电厂进行资产重组和新建合作项目等。此外，双方还将共同促进西部地区煤炭至湖南的铁路运输通道建设项目尽快开工建设。

周强对神华集团不断创造新的辉煌表示祝贺，感谢神华集团长期以来对湖南经济社会发展尤其是能源保障方面给予的支持。他说，此次战略合作框架协议的签署，是湖南与央企对接合作取得的又一重大成果，开启了湖南与神华集团合作共赢的新篇章，对于支持和保障湖南未来的又好又快发展意义重大。

周强说，针对能源相对短缺的省情，湖南近年来加快了新能源开发力度，打下了良好的基础，但从未来的发展看，加强能源保障的需求仍然十分紧迫；神华集团在能源生产及保障方面具有很强的优势，双方的战略合作前景十分广阔。湖南将以这次战略合作框架协议的签署为契机，全力推动与神华集团在传统能源、新能源、矿山及电力装备制造等领域的合作。希望神华集团充分发挥优势，寻求与湖南更多合作共赢的机会，湖南将为神华集团在湘投资发展创造良好的环境。

张喜武说，面向未来，神华集团提出“科学发展，再造神华，5年实现经济总量翻番”的发展战略，湖南是实现这一宏伟目标的战略重点和新的经济增长极。神华集团将认真落实协议内容，加快煤炭储备（中转）基地、电源点、铁路运输通道等项目建设，努力为湖南“四化两型”和“四个湖南”建设提供能源保障。

徐守盛说，此次战略合作框架协议的签署，标志着双方进入了一个长期、稳定、全面合作的新阶段。加强与神华集团的战略合作，必将对保障湖南能源供给起到巨大的促进作用。希望通过实施战略合作，神华集团能够以更大的力度支持湖南的能源供应，推进在湖南的煤电联营项目，更为广泛地拓展在湖南的业务。湖南将积极落实协议内容，为神华集团在湘发展创造优良环境，推进双方全方位、多层次的合作，实现互利共赢、多赢。

签约仪式上，永州市还与神华国华电力公司签署了火电项目合作框架协议。

省政府秘书长盛茂林出席签约仪式。

【徐绍史在湘调研努力探索节约集约利用国土资源新路】 2011年11月9日至10日，国土资源部部长、党组书记、国家土地总督察徐绍史在湖南调研。他要求，深刻认识国土资源保护面临的严峻形势，转变管理和发展理念，探索出节约集约利用国土资源的新路。省委书记、省人大常委会主任周强，省委副书记、省长徐守盛分别参加在湘潭和长沙的调研。

省领导于来山、杨泰波、杨维刚，国土资源部总工程师张洪涛参加调研。

两天来，徐绍史深入岳阳、湘潭、长沙三地，先后考察了环洞庭湖基本农田建设重大工程湘阴项目城西片区、湘潭市国土资源政务中心、湘潭电机集团、湘潭高新区风能发电项目、九华示范区兴业太阳能项目等单位和项目。徐绍史还来到湖南省地质调查院，亲切看望干部职工，鼓励他们积极投身找矿事业，努力实现地质找矿新突破。

10 日晚上，徐绍史召开座谈会听取湖南国土资源工作汇报。徐绍史说，湖南省委、省政府高度重视国土资源工作，把保护资源、节约集约利用资源作为实现科学发展的重要内容，在土地调控、矿产资源整顿、维护群众利益等方面进行了许多有益探索。要进一步深刻认识国土资源保护面临的严峻形势，摸清家底，加强资源管理。要依法依规管好和用好土地，节约集约用地，通过增减挂钩为新农村建设和城乡统筹提供土地保障。要确保保障房供地，切实维护好群众的合法权益。要紧抓土地执法不放松，发现违法违规马上查处。要进一步强化矿权配置，加强矿产资源管理，努力把资源优势转化为经济优势。湖南是中部重要省份，国土资源部将进一步深化部省合作，推动湖南经济社会又好又快发展。

徐守盛说，土地是衣食之源、生存之本、发展之基。“十二五”时期是湖南加快转变经济发展方式、全面推进“四化两型”建设的重要时期，需要强大的能源、资源保障。希望国土资源部一如既往地支持湖南发展，特别是在能源资源勘探、开发上给予大力支持。湖南将认真落实省部合作协议，将协议细化到每一个具体项目和具体责任人，以改革的思路、发展的眼光扎实推进国土资源工作。

【全国博士生学术年会在长沙举行】 2011 年 11 月 14 日，全国第九届博士生学术年会在长沙开幕，中科院院士王乃彦与博士生们共勉。省委常委、长株潭试验区工委书记陈肇雄出席开幕式并致辞。中国科协副主席冯长根做了《博士生如何夯实成功科研生涯的基础》的主题报告。

全国博士生学术年会由中国科协和国务院学位委员会办公室主办，以在读博士生为交流对象，是优秀青年科技人才的盛会。本届年会以“服务经济社会，促进科学发展”为主题，吸引了来自全国各大高校的 160 多位在读博士生参会。

年会为期 3 天，除主题报告会外，还将举办专题学术交流。与会博士生分成机械制造与装备、信息与网络技术等 4 个专题组，以专题报告、论文墙报、院士专家点评等方式，交流研究成果与心得体会。同时，湖南省 60 多家高新技术企业、博士后工作站等用人单位，还与参会博士生展开了面对面洽谈，达成了部分合作意向。

【回良玉强调坚决打好集中连片特困地区扶贫攻坚战】 2011 年 11 月 15 日，国务院扶贫开发领导小组在地处武陵山区腹地的湘西土家族苗族自治州吉首市召开武陵山片区区域发展与扶贫攻坚试点启动会。中共中央政治局委员、国务院副总理、国务院扶贫开发领导小组组长回良玉强调，将连片特困地区作为今后十年扶贫攻坚主战场，是中央根据全面建设小康社会总体目标和扶贫开发新形势作出的重大决策。要认真贯彻《中国农村扶贫开发纲要（2011—2020 年）》，按照区域发展带动扶贫开发、扶贫开发促进区域发展的基本思路，加大投入力度，整合各类资源，着力解决瓶颈制约和突出矛盾，加快连片特困地区发展和脱贫致富步伐。要切实抓好武陵山片区区域发展与扶贫攻坚试点，先行先试，积累经验，为全国扶贫攻坚发挥示范引领作用。

回良玉指出，我国扶贫开发事业取得了举世瞩目的巨大成就，农村居民的生存和温饱问题已基本解决。针对当前和今后一个时期扶贫开发面临的形势和任务，中央决定，把六盘山区、秦巴山区、武陵山区、乌蒙山区、滇桂黔石漠化区、滇西边境山区、大兴安岭南麓山区、燕山—太行山区、吕梁山区、大别山区、罗霄山区等 11 个连片特困地区和已明确实施特殊扶持政策的西藏、四省藏区、新疆南疆三地州作为今后十年扶贫攻坚的主战场。这是国家扶贫开发战略的重大创新，是实现区域协调发展的重要方面，是促进社会和谐的有力举措，对于推动经济社会全面协调可持续发展、保障国家生态安全、促进民族团结、维护边疆巩固，确保全国人民共同实现全面小康，具有重大的现实意义和深远的历史意义。

回良玉强调，为积累以跨省片区为单元组织大规模扶贫攻坚的经验和方法，中央决定在武陵山片区率先开展区域发展与扶贫攻坚试点。要认真实施武陵山片区区域发展与扶贫攻坚规划，确保试点工作顺利推进。一要明确责任，按照“中央统筹、省负总责、县抓落实”的要求，将各项任务和政策措施落到实处。二要抓好与国家总体规划和相关专项规划的衔接，建立武陵山片区发展跨省协调机制。三要加强部门沟通和协调，在政策制定、资金投入、项目安排上给予大力支持。四要广泛动员社会各方面力量踊跃参与，调动当地干部群众的积极性主动性。五要加强调查研究，建立科学完善的监测评估体系。

回良玉要求，要在总结武陵山片区工作经验的基础上，抓紧推进其他连片特困地区的扶贫攻坚工作。要加强对片区扶贫攻坚工作的统筹协调，建立定点联系机制，每一个片区由一个中央部委负责具体联系。要抓紧编制其他片区扶贫攻坚规划，尽快出台全国片区扶贫规划编制的指导性文件，认真抓好规划编制的组织工作。要尽快研究制定支持连片特困地区的优惠政策，积极探索新机制、新方法，使片区扶贫攻坚有力、有序、有效地向前推进。

国务院已批复《武陵山片区区域发展与扶贫攻坚规划（2011—2020 年）》。武陵山片区涉及湖北、湖南、重庆、贵州四省市的 11 个地（市、州）、71 个县（区、市），集革命老区、民族地区、贫困地区于一体，是跨省交界面积大、少数民族聚集多、贫困人口分布广的连片特困地区。其中，湖南省武陵山连片特困地区包括湘西土家族苗族自治州、怀化市、张家界市等 7 个市州的 37 个县（区、市）。近年来，湖南省在推进科学发展、富民强省的进程中，坚持统筹区域协调发展，加大扶贫攻坚力度，从 2003 年开始启动实施湘西地区开发战略，通过加强规划引导和政策扶持，推进整体连片扶贫开发，加强基础设施建设，发展特色优势产业，取得了明显的阶段性成果。“十一五”

期间，湘西地区生产总值、财政收入、城乡居民收入等主要经济指标实现翻番或接近翻番，贫困地区人民生产生活条件得到改善，社会保障体系逐步建立健全，自我发展能力得到增强。

省委书记、省人大常委会主任周强在会上致辞，他说，在党中央、国务院的亲切关怀下，武陵山片区区域发展与扶贫攻坚提升到了国家发展战略层面，试点启动会的召开标志着武陵山片区区域发展与扶贫攻坚进入了实施阶段，具有重要的里程碑意义，是令武陵山区各族人民备受鼓舞的大喜事。扶贫开发是长期的历史任务，武陵山片区贫困区域大，贫困程度深，贫困人口多，扶贫攻坚任务尤为艰巨。国家启动实施武陵山片区区域发展和扶贫攻坚，对湖南来说是重大的历史性机遇。启动会在湖南召开，对湖南的科学发展尤其是扶贫开发工作是巨大的鼓舞和有力的鞭策。湖南将认真贯彻落实党中央、国务院的决策部署，认真贯彻落实这次会议精神和回良玉同志的重要讲话精神，认真学习借鉴兄弟省市好的思路、做法和经验，进一步增强使命感、责任感和紧迫感，加强组织领导，搞好顶层设计，强化协作协调，强力推进《武陵山片区区域发展与扶贫攻坚规划（2011—2020年）》的实施，努力为把武陵山片区建设成为扶贫攻坚示范区、跨省协作创新区、民族团结模范区、国际知名生态文化旅游区和长江流域重要生态安全屏障作出应有的贡献。

省委副书记、省长徐守盛在会上发言，他说，湖南有信心、有决心打好这场扶贫攻坚战，进一步把思想统一到党中央、国务院的重大决策上来，狠抓贯彻落实，形成攻坚合力，举全省之力加快扶贫攻坚步伐。抓紧编制省、市、县三级规划，确保各项规划的有效衔接，有计划、分阶段、有组织地开展规划实施，在项目开发和储备方面提前做好准备。坚持精细化扶贫，遵循自然规律、经济规律和社会主义初级阶段的市场规律，在保护中开发，在开发中保护，推进城乡基本公共服务均等化，大力改善生产生活条件，加快发展特色优势产业，把扶贫政策和资金落实到具体项目、落实到每一个户头上，促进片区科学发展。积极探索可示范、可复制、可持续、可受益的扶贫工作体制机制，握紧拳头保发展重点，集中力量办民生大事，推进物质扶持和智力扶持两手抓，坚持自力更生，坚持勤俭办一切事情，尽力而为、量力而行，优化支出结构，把老百姓迫切希望办的事办好，确保把资金、资源、要素投放到最需要的地方，提高扶贫攻坚实效。

国家民委主任杨晶主持启动会，国务院扶贫办、国家发展改革委和湖北、湖南、重庆、贵州省（市）人民政府负责同志在会上发言。国家有关部委负责人丁学东、杜鹰、廖晓军、高宏峰、陆东福、矫勇、张桃林、赵树丛、王志发、黄守宏、范小建，省委常委、省委秘书长杨泰波出席。

【周强考察广汽菲亚特汽车有限公司】 2011年11月16日，省委书记、省人大常委会主任周强来到位于长沙经济技术开发区的广汽菲亚特汽车有限公司考察，对企业首款车型的认证车完成试制表示祝贺，勉励企业进一步加快项目建设，力争早日投产，以更有竞争力的产品抢占市场。

省领导梅克保、杨泰波、陈润儿，广汽集团董事长张房有、总经理曾庆洪，广汽菲亚特副董事长孟斐璇参加考察。

2010年4月，落户长沙的广汽菲亚特项目正式启动建设，目前，一座占地面积超过70万平方米的世界级汽车工厂已拔地而起。根据计划，广汽菲亚特将于2015年形成年产25万—30万辆整车的规模，建成集乘用车、发动机生产等业务于一体的具备全球领先水平的汽车生产基地。目前，该公司针对中国市场设计的首款车型C－Medium的认证车已完成试制，该产品性能指标达到国际同类车型的最先进水平，拥有同级车中最高强度的车身，预计将于明年7月投产。

在公司的规划沙盘前，周强详细了解项目建设、设备安装和未来产能等情况。企业负责人介绍，目前厂房建设和设备导入工作正按照“世界级制造”工厂的理念顺利推进。在焊装车间，总拼工位18台新一代机器人正同时工作，92秒内就可以完成车身235个焊点的焊接，这一先进技术吸引了周强的目光。企业负责人介绍，车辆的生产将大量采用这种激光焊接技术，不仅可以提高车身刚度，同时还能减少耗能50%以上。在工厂的冲压、焊接、涂装等几大主要工艺车间内，周强了解到，几大车间的布局呈“人”字形，质量中心位于“人”字的交汇处，使生产流程更加顺畅，输送距离更短，物流效率得以提升。为了做大汽车产业集群，公司还在主机厂周边规划了首期约800亩的零部件园，已有9家零部件企业进驻并陆续开工建设，这些企业投产后将为广汽菲亚特供应65%的零部件。周强对此表示赞赏，希望企业不断延长产业链，增强湖南汽车产业整体竞争力。

周强一行还来到车辆展示区，逐一了解每款产品的性能、定位、价格和销售等情况，丰富而各具特色的车型，为广大消费者提供了更多选择。周强说，中国汽车市场前景广阔，希望广汽菲亚特公司抢抓机遇，推出更多适合中国市场的车型。

考察中，周强对广汽菲亚特项目建设取得的阶段性成果表示祝贺。他说，广汽菲亚特项目建设进展顺利，企业先进的制造理念、一流的生产线、精细的管理给大家留下了深刻的印象，希望进一步加快项目建设，争取早日投产。省委、省政府将全力支持广汽菲亚特项目的发展。

【周强会见北京银行党委书记、董事长闫冰竹一行】 2011年11月24日，湖南省委书记、省人大常委会主任周强在长沙会见了北京银行党委书记、董事长闫冰竹一行。

周强感谢北京银行近年来在湖南省重点工程建设、中小企业贷款等方面给予的大力支持。他说，过去5年湖南经济实力迈上了一个大台阶，金融改革不断深化，银行、保险、证券等金融机构快速发展，为全省经济社会又好又快发展提供了有力的金融支撑。希望北京银行一如既往支持和参与湖南的改革建设，不断扩大合作领域，提高合作层次。湖南将为北京银行在湘发展创造良好条件。

闫冰竹表示，湖南近年来的发展呈现出良好态势，北京银行将进一步加快在湘网点、机构建设，在文化创意产业发展、中小企业融资等领域深化与湖南的合作，全力服务湖南经济社会发展。

省领导陈肇雄、韩永文，北京银行行长严晓燕参加会见。

【王志珍来湘考察并出席第三届中国（湘潭）齐白石国际文化艺术节开幕式】 11月28日至29日，全国政协副主席、九三学社中央副主席王志珍来湘考察，并出席第三届中国（湘潭）齐白石国际文化艺术节开幕式及系列活动。在湘期间，省委书记、省人大常委会主任周强，省政协主席胡彪看望了王志珍。

在湘期间，王志珍看望了出席九三学社湖南省委六届六次全会的代表，考察了九三学社湘潭市委机关，听取了湘潭市委关于两型社会建设和“建设文化湘潭”的情况汇报。她指出，中共中央十七届六中全会作出了深化文化体制改革，推动社会主义文化大发展大繁荣的战略部署，为中华民族传承、发展、弘扬民族文化吹响了号角，九三学社的社员们要立足本职岗位，以更好的作品鼓舞人、感召人，为中华民族文化繁荣发展贡献力量。

王志珍说，湘潭是一代伟人毛泽东的故里，也是艺术巨匠齐白石大师的家乡。齐白石在湘潭这片文化底蕴深厚的地方学习、成长，成为了闪耀在国际舞台的艺术大师，是湘潭人民的骄傲，也是中华民族的骄傲。齐白石精湛的才艺，爱国爱家乡的赤子情怀更为后人敬仰和学习。湘潭一定要充分利用这一文化优势，挖掘出独具湘潭特色的人文资源，弘扬优秀的民族文化，感染年轻一代，丰富他们的精神世界，重塑他们的信念和理想，为中华民族文化不断传承发展作出贡献。

在湘期间，王志珍还赴齐白石故居，刘少奇同志故居及纪念馆参观。

省政协副主席谭仲池陪同考察。

【2011中国（湖南）民营经济投资洽谈会在长沙开幕】 2011年11月29日，“2011中国（湖南）民营经济投资洽谈会暨海内外华商湖南行”活动在长沙隆重开幕。全国政协副主席、全国工商联主席黄孟复出席开幕式并讲话。省委书记、省人大常委会主任周强，香港中华总商会会长蔡冠深致辞。

全国工商联副主席宋北杉、刘志强、许连捷、吴一坚、张元龙、傅军，中国民间商会副会长张宏伟、王玉锁，国民党中央评议委员会主席团主席萧天赞，省领导于来山、李微微、孙建国、肖雅瑜、王汀明等出席开幕式。省委常委、省长株潭试验区工委书记陈肇雄主持开幕式，副省长何报翔在开幕式上作省情介绍。

此次活动由全国工商联、湖南省人民政府、香港中华总商会共同主办，旨在充分发挥商会的桥梁作用，促进海内外华商交流合作，是一次推动民营经济发展、展示湖南形象、促进区域经济协调发展的重大经济活动。

黄孟复在开幕式上说，民营经济代表着我国最具活力的生产力，已经成为我国国民经济的重要组成部分、社会就业的主渠道和自主创新的重要力量。民营经济的转型是我国实现整体转型升级和经济结构优化的关键。广大民营企业要认清形势，抓住机遇，加快转型升级，实现企业的健康持续发展。要把技术创新作为加快转变发展方式的重要支撑，努力占领高新技术领域的制高点；要进行商业模式创新，积极探索新兴业态，努力挖掘潜在需求；要积极投身国家区域发展战略，合理进行区域布局，把目光多投向中部崛起的代表性地区；要把握好“走出去”的发展机遇，将对外投资与转变发展方式相结合，将全球资源与中国资本和市场相结合，将国际的技术、品牌、人才等要素与提高企业的核心竞争能力相结合，努力成长为具有国际竞争力、影响力的跨国公司。

黄孟复说，近年来，在中部崛起战略的带动下，湖南省委、省政府提出了“四化两型”等重大战略决策，湖南综合实力实现了历史性的跨越，竞争力、创新力和影响力都提升到一个新的高度。湖南省的民营经济也得到了快速的发展，以三一重工为代表的一批湖南民营企业已经成长为具有国际竞争力和影响力的优秀民族企业。湖南有巨大的市场规模，丰富的人力资源，突出的特色产业，优良的基础设施，深厚的文化底蕴，希望广大海内外企业家以这次活动为契机，加深友谊，加强与湖南的交流合作，寻找共同发展的机会。

周强在致辞中对各位嘉宾的到来表示欢迎，感谢全国工商联、香港中华总商会及各位企业家、各界朋友长期以来关心支持湖南的发展。他说，这次活动秉持国际视野，突出两型特色，注重项目对接，对于宣传推介湖南，增进湖南与国内知名企业、海内外华商的交流合作，扩大湖南对外开放，提升民营经济发展水平必将是有力推动和促进。近年来，湖南坚持科学发展，抢抓重大战略机遇，经济社会实现又好又快发展，在这过程中，着力破除各种体制障碍，进一步放宽市场准入，扩大投资领域，优化投资环境，深入实施“引万商入湘”，推动了全省民营经济迅速发展，实力不断壮大。民营经济已撑起了全省经济的“半壁江山”，成为全省最具活力的经济增长点之一。

周强说，湖南当前正全面推进“四化两型”建设，加快建设全面小康，加快建设两型社会。我们将毫不动摇地鼓励、支持和引导民营经济发展，进一步拓宽民间资本投资领域，做到公平对待、一视同仁，平等保护物权，加快构建形成各种所有制经济平等竞争、相互促进的新格局。将着力建设“四个湖南”，大力发展开放型经济，全面提升基础设施的支撑保障能力，进一步优化政务环境、法制环境、生态环境和投资环境，努力让一切劳动、知识、技术、管理和资本的活力竞相迸发，让一切创造社会财富的源泉充分涌流。今天的湖南正焕发出蓬勃的生机和活力，热诚欢迎大家关注、了解、投资湖南，携手战略合作，实现互利共赢，共创美好未来。

蔡冠深在致辞中说，香港与湖南有着紧密的商贸与投资往来，尤其是近年来两地经贸交流更加密切。香港作为国际金融、贸易、航运中心，在金融体制、监管法规、国际网络联系、人才、管理等方面具有独特优势，对吸引湖南企业赴港投资以至协助他们开拓世界市场可发挥一定作用。与此同时，湖南经济的快速增长为香港企业和其他海外华商在湖南及内地发展提供了广阔空间和巨大商机。希望以此次活动为契机，进一步加强两地企业间的沟通交流，实现合作共赢，香港中华总商会将进一步发挥好桥梁纽带作用。

开幕式上，中华全国工商业联合会与省政府签署《关于促进非公有制经济发展加速湖南“四化两型”建设战略合作框架协议》，并举行了重大项目签约仪式，签订的27个项目总投资806.2亿元。整个活动期间，共签订106个投资项目，总投资1478.23亿元。

全国工商联副主席、新华联集团董事局主席傅军和中国民间商会副会长、新奥集团董事局主席王玉锁分别代表企业家在开幕式上发言。开幕式后，与会嘉宾还参加了民营经济发展与两型社会建设报告会、民营企业项目推介会，并到长株潭两型社会试验区参观考察。

全国民营企业500强代表、各省区市100强企业代表、海外华商代表、港澳台及国外工商社团代表、相关省区市工商联代表、省内民营企业代表及相关市州党政领导等共500多人参加开幕式。

【五矿有色金属控股有限公司在长沙揭牌运营】 2011年12月16日，五矿有色金属控股有限公司在长沙正式揭牌，全面投入整合运营，开创了地方国资委与央企合作新模式，并实现了钨资源量、硬质合金产能、锑冶炼产能、中重稀土产能、铋资源量5个世界第一，以及锌冶炼产能全国第一。省委书记、省人大常委会主任周强，省委副书记、省长徐守盛会见中国五矿集团党组书记、总裁周中枢，并共同出席揭牌仪式。

中国五矿集团公司总会计师沈翎、副总裁李福利，省委常委、省委秘书长易炼红，省政府秘书长盛茂林出席上述活动。

会见中，周强感谢中国五矿长期以来对湖南经济社会发展的支持，并对中国五矿近年来取得的骄人业绩表示祝贺。他说，湖南省委、省政府高度重视同中国五矿的合作，双方长期保持着良好的合作关系，取得了丰硕的合作成果，堪称湖南同央企对接合作的成功典范。这次五矿有色金属控股有限公司在湖南正式揭牌运营，标志着双方合作进入新阶段。希望以此为契机，进一步整合资源、深化合作、实现共赢，湖南省委、省政府将全力支持中国五矿在湘发展。

周中枢说，中国五矿与湖南有着良好的合作基础，湖南拥有丰富的矿产资源和深厚的产业基础，未来将在湖南进一步打造中国五矿有色业务的统一运营平台，进一步做大做强钨、锑、稀土等拳头产品，打造世界一流企业。

中国五矿与湖南省有着长期的良好合作关系。自与中国五矿开展战略合作以来，湖南有色已成功实现扭亏为盈，中国五矿在湘投资计划也在积极实施。五矿有色金属控股有限公司的正式揭牌运营，标志着双方强强联合、打造世界级有色金属企业迈出了重要步伐。

【周强徐守盛出席首届中国百诗百联大赛颁奖】 2011年12月2日，首届中国百诗百联大赛颁奖晚会在长沙湖南大剧院隆重举行。全国政协副主席、中国文联主席孙家正出席晚会并为获奖作者颁奖。省委书记、省人大常委会主任周强，省委副书记、省长徐守盛出席晚会。在湘期间，省政协主席胡彪看望了孙家正一行。

中国文联党组副书记、副主席覃志刚，文化部党组成员、部长助理高树勋在晚会上致辞。著名学者、国学大师文怀沙，中国书法家协会名誉主席沈鹏，中国诗词学会顾问岳宣义，中国诗词学会副会长李文朝，中国楹联学会副会长蒋有泉，省领导和老同志路建平、肖雅瑜、谭仲池、刘新、唐之享等出席颁奖晚会。

本次大赛由文化部、中国文联、湖南省人民政府共同主办，省文化厅、省文联等单位承办。大赛每两年举行一届，每届评选出优秀诗词100首、优秀楹联100副。本届大赛，河北作者王少峰作品《临江仙·北京奥运成功举办》获得诗词类一等奖，湖北作者黄雍国作品《海峡情思》获得楹联类一等奖。

晚会举行了异彩纷呈的文艺演出，同时宣布第二届中国百诗百联大赛启动。孙家正、周强、徐守盛、覃志刚、高树勋一起按下启动按钮，现场启动第二届中国百诗百联大赛并开通第二届中国百诗百联大赛网站。

此次大赛被诗词楹联界称为中国诗词楹联发展史上的“标志性事件”，具有里程碑意义，是诗词楹联走向复兴繁荣的分水岭。自去年8月启动以来，共收到全国各地和海外华人华侨参赛作品12万多件，大赛官方网站点击量达600多万人次。参赛人员年龄最长者92岁，最小者仅10岁。

晚会前，孙家正会见了参加此次活动的部分文学艺术家。在湘期间，孙家正还参观了橘子洲和长株潭“两型”馆。

【“卷烟上水平·品牌发展与文化建设汇报会”在长举行】 全国烟草行业近300名业界精英齐聚长沙，出席“卷烟上水平·品牌发展与文化建设汇报会”，共谋加快烟草工业发展良策。国家烟草专卖局局长姜成康，省委副书记、省长徐守盛出席并讲话。副省长李友志、国家烟草专卖局副局长何泽华出席会议。

烟草已成为湖南省优势产业和支柱产业，为全省做大经济总量，促进利税上台阶、上水平作出了巨大贡献。今年，湖南烟草工业继续保持快速增长势头，预计年内“白沙”品牌产销规模将达到300万箱、“芙蓉王”品牌商业销售收入突破600亿元。

姜成康在讲话中说，“白沙”、“芙蓉王”品牌是中国烟草的共同财富，是“卷烟上水平”的主力军。当前，这两大品牌特色鲜明，持续创新，已整体迈上“532”、“461”品牌发展新台阶。希望湖南中烟立足新起点，抓住机遇、乘势而上。他指出，“白沙”始终要把提升结构作为重中之重，“芙蓉王”要把全面提升品牌影响、信誉、价值作为突出重点，努力实现“白沙”产销500万箱、“芙蓉王”销售收入1000亿元新的目标。国家烟草专卖局全力支持“白沙”、“芙蓉王”品牌更好更快发展，湖南中烟也要在全面提升水平、加强工业商业协同、坚持品牌合作生产、注重文化积淀等方面下大力气，为“卷烟上水平”战略目标的全面实现，为湖南经济社会又好又快发展作出新贡献。

徐守盛代表省委、省政府向长期以来给予湖南经济社会发展，尤其是“两烟”发展大力支持的国家烟草专卖局和兄弟省市区烟草工商企业、科研院所表示感谢。他说，湖南中烟根植于湖湘大地，始终把弘扬以湖湘文化为核心的一切优秀文化作为企业文化建设的重要任务。经过多年经营发展，“白沙”、“芙蓉王”两大品牌已经成长为全省工业发展的两张亮丽名片，两大品牌的文化优势日渐彰显，为湖南烟草工业“卷烟上水平”带来了新的生机和活力。希望湖南中烟以此次会议为契机，在国家烟草专卖局的关心帮助下，充分利用品牌文化和企业文化建设的丰硕成果，不断发展壮大，为推进“四化两型”建设和“十二五”全省经济社会发展作出新贡献。省委、省政府将继续营造良好发展环境，鼎力支持湖南中烟早日实现“中式卷烟杰出代表”和“世界级烟草制造商”的宏伟目标。

何泽华说，当前烟草行业已提前进入大品牌营销时期，也进入了以结构提升优化为重点的阶段。坚持创新，实现品牌价值提升，湖南中烟要工业商业共同携手，通过强大的终端网络平台共同面向消费者，用消费者的愉悦体验实现“卷烟上水平”的宏图。

省长助理袁建尧出席会议。会上，湖南中烟工业有限责任公司总经理周昌贡作主题汇报，长沙卷烟厂、常德卷烟厂、湖南中烟技术中心代表以及湖南省作协主席唐浩明分别发言。

【周强会见国家烟草专卖局局长姜成康一行】 2011年12月8日，省委书记、省人大常委会主任周强在长沙会见了来湘出席“卷烟上水平·品牌发展与文化建设汇报会”的国家烟草专卖局局长姜成康一行。

周强对会议在长沙召开表示祝贺。他说，近年来，在国家烟草专卖局的大力支持下，湖南“两烟”产业保持了良好发展势头，实现总量、质量、效益同步提高，促进了全省现代农业快速发展，带动了广大农民增收致富，为全省经济社会发展做出了积极贡献。当前，湖南正按照“卷烟上水平”的要求，加大技术改造，加快结构调整，加强品牌建设，希望国家烟草专卖局进一步加大支持力度，推动湖南“两烟”工作再上新台阶。

姜成康充分肯定湖南“两烟”工作取得的突破，希望湖南乘势而上，顺势而为，在品牌价值和规模方面走在行业前列，国家烟草专卖局将进一步加大支持力度。

国家烟草专卖局副局长何泽华、省领导杨泰波参加会见。

【湖南与铁道部在京举行会谈周强盛光祖徐守盛出席】 2011年12月14日，湖南省与铁道部在京举行会谈，共商加快铁路建设和铁道事业发展。省委书记、省人大常委会主任周强，铁道部党组书记、部长盛光祖，省委副书记、省长徐守盛出席。

近年来，湖南省铁路建设和铁道事业取得长足发展，全省境内已形成以京广（武广）、焦柳、洛湛、沪昆、湘桂为主干线的“三纵二横”铁路运输网，营运里程达3693公里。铁路网布局的改善，大幅提升了湖南省运输能力，去年，全省铁路货运量达5752.4万吨，有力支撑了湖南经济社会发展。

周强感谢铁道部长期以来对湖南经济社会发展给予的大力支持。他说，近年来，部省战略合作取得实质性进展，武广高铁、洛湛铁路永州南等项目相继建成投入使用，为湖南开创了高铁时代，沪昆高铁、湘桂复线、石长二线、衡茶吉铁路等一批项目开工建设，目前进展良好，项目建成后，将为湖南经济社会发展迈上新台阶提供重要保障和有力支撑。希望铁道部继续给予支持，加快部省会谈项目的推进落实，重点给予在建项目支持，进一步加快已批复的铁路建设项目前期工作、蒙西至华中地区的煤运通道建设和长株潭城际铁路建设。湖南将继续加大对铁路建设和发展的支持，为铁道部在湘各项工作的开展营造良好环境。

盛光祖说，铁道部将按照部省战略合作框架协议的要求，一如既往地为湖南铁路建设发展创造有利条件，积极支持建设以运煤为重点的能源通道，确保各个在建项目的顺利推进，帮助湖南在铁路建设规划制定、创新资金筹集模式等方面开展探索。希望湖南在铁路周边环境综合治理等方面继续给予支持。

徐守盛说，铁道事业为湖南省经济社会发展作出了重要贡献。当前，湖南已进入快速发展阶段，对铁路客货运输的需求大幅增加，亟须进一步加快铁路建设和发展。恳请铁道部在项目前期工作、煤运通道建设、城际铁路建设、缓解资金压力、增加电煤运输计划、完善铁路管理体制机制等方面继续加大对湖南的支持力度。

铁道部党组成员、副部长胡亚东、陆东福，副省长韩永文，省政府秘书长盛茂林参加会谈。

【五矿有色金属控股有限公司揭牌运营】 2011年12月16日，五矿有色金属控股有限公司在长沙正式揭牌，全面投入整合运营，开创了地方国资委与央企合作新模式，并实现了钨资源量、硬质合金产能、锑冶炼产能、中重稀土产能、铋资源量5个世界第一，以及锌冶炼产能全国第一。省委书记、省人大常委会主任周强，省委副书记、省长徐守盛会见中国五矿集团党组书记、总裁周中枢，并共同出席揭牌仪式。

中国五矿集团公司总会计师沈翎、副总裁李福利，省委常委、省委秘书长易炼红，省政府秘书长盛茂林出席上述活动。

会见中，周强感谢中国五矿长期以来对湖南经济社会发展的支持，并对中国五矿近年来取得的骄人业绩表示祝贺。他说，湖南省委、省政府高度重视同中国五矿的合作，双方长期保持着良好的合作关系，取得了丰硕的合作成果，堪称湖南同央企对接合作的成功典范。这次五矿有色金属控股有限公司在湖南正式揭牌运营，标志着双方合作进入新阶段。希望以此为契机，进一步整合资源、深化合作、实现共赢，湖南省委、省政府将全力支持中国五矿在湘发展。

周中枢说，中国五矿与湖南有着良好的合作基础，湖南拥有丰富的矿产资源和深厚的产业基础，未来将在湖南进一步打造中国五矿有色业务的统一运营平台，进一步做大做强钨、锑、稀土等拳头产品，打造世界一流企业。

中国五矿与湖南省有着长期的良好合作关系。自与中国五矿开展战略合作以来，湖南有色已成功实现扭亏为盈，中国五矿在湘投资计划也在积极实施。五矿有色金属控股有限公司的正式揭牌运营，标志着双方强强联合、打造世界级有色金属企业迈出了重要步伐。

【徐匡迪湖南调研新型城镇化建设】 2011年12月15日至17日，全国政协原副主席、中国工程院主席团名誉主席徐匡迪院士与中国工程院院长周济院士率调研组来湘，就“中国特色城市化道路发展战略研究”项目及长江中游城市群发展情况进行调研。徐匡迪指出，湖南提出走经济高效、功能完善、“两型”带动、城乡统筹、社会和谐、大中小城市和小城镇协调发展的新型城镇化道路，希望湖南在这方面创造出更多丰富经验。

在湘期间，省委书记、省人大常委会主任周强看望了徐匡迪一行并陪同到长沙、株洲考察。省委副书记、省长徐守盛，省政协主席胡彪看望了徐匡迪一行。

15 日下午，湖南省召开推进新型城镇化工作情况座谈会。当前，湖南省城镇化建设主要呈现出城镇化水平快速提升、城镇体系结构日趋完善、城市群示范作用更加明显、两型社会建设进展顺利、城镇综合承载能力不断提高 5 个特点，全省初步形成了以城市群为主体形态，长株潭城市群为核心，区域中心城市为依托，县城和中心镇为基础的大中小城市和小城镇协调发展的城镇体系。“十一五”期间，湖南省城镇化水平从 2005 年的 37% 增长至 2010 年的 43.3%，年均增长 1.26 个百分点。

徐匡迪对湖南取得的成绩给予肯定。他说，湖南是长江中游地带非常重要的地区，为我国现代化建设发挥了重要作用。中国的城市化要多依靠中等城市、小城市和中心城镇的带动，像长株潭城市群这样中心大城市周边聚拢很多小城市就比较好。承接产业转移或新建产业可放到县级或县以下城镇，中心城市多发展第三产业、科教文卫和高科技产业等，工业等其他产业有序向中小城市转移。另外，还要多鼓励外出务工人员回乡创办产业。

16 日至 17 日，徐匡迪先后赴湘潭、长沙、株洲实地考察城市规划和产业发展、布局等，并为九华示范区升级为国家级经济技术开发区授牌，参观了江麓科技、吉利汽车、南车集团、中联重科等企业。

傅志寰、朱高峰、周干峙、邹德慈、钱易、唐孝炎、何继善等院士随同调研，并就有关情况提出了意见和建议。

省领导陈肇雄、易炼红看望了徐匡迪一行。省领导李友志出席座谈会并介绍情况。省领导魏文彬、武吉海先后陪同考察。

【福田汽车长沙新厂奠基周强宣布奠基】 2011 年 12 月 21 日，福田汽车集团长沙汽车厂新工厂正式奠基。2 年后，年产 30 万辆整车的福田汽车集团南方战略制造基地将成为湖南省汽车产业又一股重要力量。省委书记、省人大常委会主任周强宣布项目奠基。省委副书记梅克保出席并致辞。

省委常委、省委秘书长易炼红，福田汽车集团总经理王金玉出席奠基仪式。

自 1999 年在长沙建厂以来，福田汽车集团长沙汽车厂已快速发展成为福田汽车集团在南方最重要的制造基地。新工厂总投资 32 亿元，新建 10 万辆中重卡，10 万辆轻卡、SUV 和皮卡及新能源汽车生产基地，预计 2013 年下半年竣工投产。达产后将实现产能 30 万辆整车，预计可实现年销售收入超过 300 亿元，新增就业 5000 人。

梅克保代表省委、省政府祝贺福田汽车集团长沙汽车厂新工厂奠基。他说，近年来，湖南省一直高度重视汽车产业发展，相继出台了《关于支持汽车产业发展的若干政策意见》、《汽车产业振兴规划实施方案》等政策文件，切实加强资金扶持和要素保障等工作，积极鼓励和促进省产汽车消费，为在湘汽车企业发展创造了良好条件，开辟了广阔的市场空间。希望福田汽车充分利用湖南省鼓励汽车产业发展的政策支持，以新工厂奠基为新的起点，抢抓机遇，苦练内功，着力加强自主创新，加大科技攻关和产业研发力度，不断推进产品结构调整和产业升级；着力推进零部件产业链属地化建设，加快引进一批国内外知名零部件企业，不断扩大产业规模；着力发挥龙头带动作用，加强与本地企业的合作，努力提升集群化发展水平，争取早日进入世界汽车企业十强。省直各有关部门和长沙市要进一步强化政策支持，提升服务水平，营造优良环境，全力支持福田汽车在湘发展，为做大做强湖南汽车产业、加速推进新型工业化作出新的更大贡献。

王金玉说，新工厂的奠基，既是福田汽车全球视野、全国布局的坚实一步，也是福田汽车转方式、调结构的又一成果，必将促进企业在湘跨越发展。福田汽车集团将全力以赴，按照世界级标准的要求加快建设新工厂。相信福田汽车集团长沙汽车厂必将为福田汽车集团全球战略、湖南“四化两型”建设作出新贡献。

仪式上，省汽车工业发展领导小组办公室、省财政厅采购管理办公室与福田汽车集团签署了《关于支持福田汽车产品省内销售的意向协议》；湖南大学、广汽菲亚特、长沙胜通等高校、整车及零部件企业签约成立了长沙整车及零部件技术创新战略产业联盟。

省际合作

【周强会见比亚迪总裁王传福】 2011年1月5日，省委书记、省人大常委会主任周强在长沙会见了比亚迪股份有限公司董事局主席兼总裁王传福一行。

周强说，刚刚过去的一年，湖南经济社会保持了又好又快发展，实现了“十一五”圆满收官。5年来，全省主要经济指标实现翻番，城乡居民收入快速增长，产业发展水平不断提升，消费对经济增长的拉动力不断增强，“两型社会”建设取得新突破，重大基础设施建设顺利推进，发展基础进一步夯实，这些都为湖南的“十二五”发展奠定了坚实基础，也为汽车产业的进一步发展壮大拓展了空间。湖南高度重视与比亚迪的合作，将全力支持长沙比亚迪汽车城项目加快建设，希望比亚迪进一步发挥在技术研发、客户网络等方面的优势，深化双方在新能源、人力资源开发等领域的合作。

王传福感谢湖南省委、省政府对比亚迪在湘发展的重视，他表示，比亚迪将全力加快长沙汽车城项目建设，争取尽快投产，并积极谋求与湖南的深化合作。

省领导杨泰波、郭开朗参加会见。

【徐守盛会见雨润集团董事局主席祝义材】 2011年2月13日，省委副书记、省长徐守盛在长沙会见江苏省工商联副主席、雨润集团董事局主席祝义材一行。

总部位于江苏南京的雨润集团是全国知名的农业产业化企业，以食品加工为主导产业，产业链涵盖物流和新兴服务业等领域，目前在湘有多个投资项目。

徐守盛欢迎祝义材一行来湘访问。他说，湖南经济社会发展已进入快速推进阶段，消费潜力大、市场广阔、商机无限。湖南农业发展基础较好，现代农业保持良好发展势头，大宗农产品和特色农产品在全国具有一定影响，是港澳鲜活农产品供应基地。雨润集团从“三农”起家，不忘“三农”，希望雨润集团进一步加大在湘涉农投资，推动湖南农业产业化发展；加强与湖南在旅游、物流方面的合作，带动更多江苏企业和海内外企业来湘发展。湖南各级政府将认真做好服务工作，为企业发展创造良好外部环境，推动各类投资者好发展、快发展。

祝义材感谢湖南对雨润集团在湘发展给予的支持，希望进一步扩大在湘投资，拓展发展空间，为湖南经济社会发展作出贡献。

省政府秘书长盛茂林参加会见。

【徐守盛会见中兴通讯股份有限公司董事长侯为贵】 2011年3月28日，省委副书记、省长徐守盛在长沙会见中兴通讯股份有限公司董事长侯为贵一行。

徐守盛向中兴通讯取得的可喜成绩表示祝贺。他说，湖南区位优势明显，人文底蕴深厚，消费潜力巨大，市场前景很好。当前，湖南经济社会发展已步入快车道，长株潭城市群“两型社会”建设取得阶段性成果，三市成功实现升位并网，“三网融合”试点进展顺利，电子信息产业蓬勃发展。“十二五”期间，湖南着力建设创新型湖南、数字湖南、绿色湖南、法治湖南，大力推进信息化建设。中兴通讯是全球领先的综合性通信制造业上市公司，希望中兴通讯进一步扩大在湘业务，参与“四个湖南”建设，深化产业研发、市场开拓等领域的合作。湖南将创造良好环境，支持中兴通讯在湘发展。

侯为贵说，湖南人才资源丰富，富有创新精神。中兴通讯与湖南合作基础良好，希望在湘设立研发基地，加强自主创新领域的合作，为湖南“四化两型”建设作贡献。

省政府秘书长盛茂林，省直相关部门负责人参加会见。

【湖南省政府在京与国家电网公司举行会谈】 2011年3月9日，湖南省政府在北京与国家电网公司就推进湖南经济社会发展，加强电力供应保障举行会谈。省委副书记、省长徐守盛，国家电网公司总经理、党组书记刘振亚出席会谈。

省委常委、副省长陈肇雄，国家电网公司领导潘晓军、帅军庆出席。

徐守盛对国家电网公司“十一五”取得的辉煌成就表示祝贺。他说，近年来，国家电网公司鼎力援助湖南抗冰救灾，支持重大电源送出工程，升级改造城网和农网，推进特高压输电建设，有力促进了湖南经济社会快速发展。“十二五”时期，是湖南贯彻落实科学发展观、加快“四化两型”建设的重要战略机遇期，也是能源需求高速增长期，急需加强电力供应和电网建设。希望国家电网公司进一步关心支持湖南电力建设，在农网改造、农电管理体制完善和特高压输电项目等方面加大支持力度。

刘振亚说，湖南“十一五”电网建设快速发展，电力基础设施不断完善。“十二五”期间，国家电网公司将继续加大投入，加强支持力度，为湖南快速发展提供电力保障。

省长助理、省财政厅厅长李友志，省政府秘书长盛茂林，及省直相关部门负责人参加会谈。

【徐守盛出席澳门国际环保合作发展论坛及展览】 2011年3月31日，湖南省委副书记、省长徐守盛率湖南省政府代表团在澳门出席2011年澳门国际环保合作发展论坛及展览，并巡视参展的湖南企业。徐守盛表示，环保产业已进入大投入、大发展的大好时期，发展前景十分广阔，我愿意当湖南环保形象大使，向全球推介湖南环保产业。

论坛及展览以“绿色机遇——低碳城市发展”为主题，是泛珠区域与国际环保产业交流和技术转移的重大平台。应澳门特区政府邀请，湖南省组织了长沙高新区工业园、永清环保等15家园区和环保企业集体亮相参展。

参加论坛前，徐守盛接见了湖南参展企业代表。徐守盛感谢企业家们为湖南“四化两型”建设作出的贡献。他说，环保产业是绿色经济的重要支柱之一，是当今世界的朝阳产业。省委、省政府高度重视环保产业发展，已将其列为全省七大战略性新兴产业之一。环保产业和环保企业的发展，为全省加快构建“两型”产业体系，建设绿色湖南提供了有力支撑。当前，环保产业已经进入大投入、大发展的大好时期，环保产业技术进步一日千里。要大力推进技术创新、体制创新、管理创新，提高湖南省环保产业发展水平。他山之石可以攻玉，要借助此次参加澳门论坛及展览的机遇，学习借鉴国内外先进环保企业的新理念、新技术、新材料、新工艺，实现引进消化吸收再创新，攻克一批产业关键核心技术。依托主导产业引进上下游配套项目，延长产业链条，形成有特色、有优势的产业集群，开发一批适应市场需求、技术含量较高的产品。政府将加大扶持力度，为企业发展营造良好环境。

上午，徐守盛还专程巡视了湖南展区。展区以图文并茂的形式，向海内外客商集中展示了湖南省在燃煤电厂脱硫、重金属污染治理、“城市矿产”资源开发等环保领域的技术和装备，集中体现了湖南省环保产业发展水平。徐守盛边参观边与企业负责人交流，他勉励企业积极借鉴国外先进经验，吸引更多战略投资者加盟。“祝愿你们来有所获。”徐守盛恳切地说，“我愿意当湖南的环保形象大使，向全球推介湖南环保产业，和大家一起，为建设绿色湖南作贡献。”

省政府秘书长盛茂林，省直有关部门负责人参加相关活动。

【徐守盛会见澳门特首崔世安】 2011年3月31日，应邀出席2011年澳门国际环保合作发展论坛及展览的省委副书记、省长徐守盛，在澳门会见了澳门特别行政区行政长官崔世安。

徐守盛向论坛及展览的成功举办表示祝贺。他说，湖南长株潭城市群是国家批准的“两型社会”建设综合配套改革试验区，湖南已将环保产业列入七大战略性新兴产业重点培育。希望借这个平台，寻求更多合作伙伴，促进湖南环保产业大发展。他说，近年来，湖南与澳门特区的人员往来和经贸合作日益密切，来湘旅游的澳门同胞逐年增多。当前，湖南经济社会已进入发展快车道，正大力实施“四化两型”战略，努力建设创新型湖南、数字湖南、绿色湖南、法治湖南。希望在原有合作基础上，开展更深层次、更广领域的全方位合作，并通过澳门特区这个平台，加强与葡语国家的交流、交往。徐守盛还邀请崔世安特首在合适时机访问湖南，期望着下次能在湖南与崔特首相见。

“我也期待在长沙和徐省长见面。”崔世安欢迎徐守盛一行到澳门访问，感谢湖南长期以来给予澳门的支持。他说，澳门与湖南有良好的合作基础。湖南发展潜力巨大，市场前景广阔。希望双方进一步加强在环保、旅游、文化等方面的合作，实现共同发展。

省政府秘书长盛茂林参加会见。

【徐守盛出席省政协澳门委员及澳门湖南联谊会举办的早餐会】 2011年4月1日，省委副书记、省长徐守盛在澳门出席省政协澳门委员及澳门湖南联谊会代表举办的早餐会。徐守盛在讲话中说，欢迎大家常回家看看，为湖南改革发展建言献策，带动更多澳门工商界人士到湖南投资兴业。

“非常高兴在美丽的澳门与大家见面，畅叙友情，共谋发展。”徐守盛感谢大家多年来为促进湘澳合作交流、推动湖南经济社会发展、保持澳门繁荣稳定发挥的重要作用。他说，湖南正处于历史上发展最好、最快的时期之一。“十二五”时期，湖南将紧紧围绕科学发展的主题和加快转变经济发展方式的主线，大力推进“四化两型”，加快“四个湖南”、“四个政府”建设。这迫切需要进一步扩大开放、广借外力，调动一切积极因素加快全省发展。各位省政协澳门委员和澳门湖南联谊会的朋友，联系面广、影响力大。希望大家充分发挥自身优势，带动更多澳门工商界人士到湖南投资兴业，促进湖南与澳门及葡语国家的经贸交流，推动湖南更多优势产业和产品走向世界。湖南将努力创造公开、公平、公正、可预期的发展环境，与广大来湘投资者共创美好明天。

陈明金、区金蓉、吴志良等10余位省政协澳门委员和澳门湖南联谊会代表出席早餐会。全国政协委员、澳门立法会议员、澳门湖南联谊会会长陈明金在会上致辞。他说，湖南与澳门同属泛珠三角合作区域，各有发展优势。省政协澳门委员和澳门湖南联谊会将充分发挥桥梁和纽带作用，努力打造合作平台，推动两地进一步深化合作，实现优势互补、共同发展。

省政府秘书长盛茂林及省直有关单位负责人参加早餐会。

【徐守盛会见澳门中联办主任白志健】 2011年4月1日，省委副书记、省长徐守盛在澳门会见澳门中联办主任白志健。徐守盛感谢澳门中联办长期以来对湖南的支持。他说，湖南区位优越，发展潜力巨大。“十二五”是湖南加快富民强省的关键时期，全面推进“四化两型”、“四个湖南”、“四个政府”建设，需要进一步扩大开放，发展开放型经济。湖南与澳门交流合作基础良好，截至去年底，澳门在湘投资项目累计达247个。希望双方进一步拓展湘澳合作的空间和领域，推动两地在文化、旅游、会展、环保、旅游等领域深化合作，实现共同发展、互利双赢。恳请澳门中联办一如既往地推介、宣传湖南，促进湘澳交流合作，支持湖南扩大与葡语系国家经贸交流，不断提高湖南对外开放水平。

“朋友之间越走越亲。”白志健欢迎徐守盛一行到澳门考察访问。他说，湖南发展态势良好，与澳门互补性强。澳门中联办将继续做好联络服务工作，推动更多澳门企业到湖南投资发展，推动湘澳两地在各方面实现交流合作。

省政府秘书长盛茂林及省直有关单位负责人参加会见。

【徐守盛与省政协香港委员及香港湖南商会代表座谈】 2011年4月2日，省委副书记、省长徐守盛率团抵达香港，亲切看望省政协香港委员及香港湖南商会代表，并与大家座谈。徐守盛说，湖南坚持敞开胸怀，展开双臂，促进开放发展。希望大家一如既往地关心湖南、宣传湖南、投资湖南，积极推动湘港交流合作。

全国政协委员陈振东和林德亮、钟健国、张佐姣等40余位省政协香港委员、香港湖南商会代表参加座谈。

“感谢大家长期以来对湖南的关心和支持。”徐守盛说，省政协香港委员和香港湖南商会已成为促进湖南省经济社会发展的重要力量。这次专程到港，就是为了多交朋友、增进友谊、深化合作，促进湖南经济社会又好又快发展。他说，当前，湖南已具备迈上发展新台阶、实现新跨越的条件和基础。“十二五”时期是湖南加快实现富民强省的重要战略机遇期。湖南将进一步扩大对外开放，增强利用两个市场、两种资源的能力，提高经济外向度，更加注重发展县域经济、外向型经济和个体私营股份制经济，努力为更好更快发展提供持久动力。特别是要立足香港作为湖南第一大外资来源地、第二大出口市场和第五大贸易伙伴的良好基础，借助香港这一强有力的支点，撬动湖南开放发展。希望各位委员和香港湖南商会一如既往关注湖南、关心湖南、宣传湖南、投资湖南，积极推动湘港交流合作，带动更多港澳和海外企业到湖南投资兴业。湖南将努力提供更多、更好、更优质的服务。

省政协常委、香港屯门区议会议员林德亮代表省政协香港委员致辞。他说，近年来，湖南高度重视湘港两地合作，着力加强基础工作，改善政务环境，提升服务水平，提高政府执行力，经济发展环境显著改善。省政协香港委员和香港湖南商会将不辱使命，进一步发挥联系湖南和香港的桥梁纽带作用，推动湘港实现合作共赢。

座谈会上，胡祖六、李映元、冯丹藜等委员们争相发言。大家表示，将一如既往地关注湖南、关心湖南，积极推动湖南开放型经济发展。祝愿湖南明天更美好。

座谈会前，徐守盛还前往中国东方实业集团有限公司考察。该公司已在湖南投资近100亿元，目前有意与湖南省在新能源汽车等领域开展合作。在与东方实业主席郑强辉座谈时，徐守盛说，当前湖南经济社会快速发展，新能源等战略性新兴产业发展势头良好，来湖南投资创业的空间大、选择多，希望东方实业在商业、房地产、酒店管理、新能源等领域与湖南深化合作，带动更多香港企业家来湘投资兴业。

省政府秘书长盛茂林，省直有关部门负责人参加相关活动。

【徐守盛参观香港企业：湖南愿与广大港企携手共赢】 2011年4月3日，省委副书记、省长徐守盛一行在香港分别参观了香港九龙仓集团和万都集团有限公司。他希望两家国际知名企业进一步扩大在湘投资，湖南欢迎广大港企入湘，携手发展，互利共赢。

创立于1886年的香港九龙仓集团有限公司，是香港十大地产商之一，业务涵盖房地产、传媒、酒店、港口、百货公司等领域。目前，已进军长沙地产，将投资150亿元建设长沙东牌楼项目。

徐守盛参观了九龙仓旗下的香港海港城，并详细了解长沙东牌楼项目进展情况。他说，九龙仓集团是具有国际知名度的集团公司，拥有丰富的管理经验和先进运营经验。要在前期合作的基础上，倒排项目建设时间表，明确各有关部门职责，加快项目各项前期工作，争取尽快开工。湖南经过“十一五”的发展，区位等优势更加凸显，特别是人力资源丰富，希望在物流、装备制造等领域加强合作，实现互利共赢。

九龙仓集团董事周安桥表示，长沙东牌楼项目是九龙仓在内地投资最大的单体项目，将积极引进国际知名品牌，打造长沙新地标。

香港万都集团经营领域涉及矿业、林业、石化等行业，公司业务遍布南美、东南亚、欧洲等地。在听取万都集团主席钟健国的介绍后，徐守盛说，湖南是有色金属之乡，矿产开发历史悠久，有一定的技术、人才优势。目前，湖南正在大力实施“十二五”规划，推进“四个湖南”建设，希望万都与湖南企业在矿冶设备采购，以及矿产资源开发、加工等领域加强合作，为湖南“四化两型”建设提供强有力的资源要素保障。

省政府秘书长盛茂林，省直有关部门负责人参加活动。

【徐守盛与香港工商界知名人士座谈】 2011年4月4日，省委副书记、省长徐守盛在港与香港工商界知名人士座谈。徐守盛说，同志相得，同道相成，希望进一步深化湘港经贸交流合作，努力开创两地美好未来。

香港中华总商会会长蔡冠深、香港霍英东集团董事长霍震寰等20位香港工商界知名人士出席座谈。

徐守盛感谢大家长期以来对湖南的关注和关心。他说，在你们的热心支持和帮助下，此次访问达到了“多交朋友、增进友谊、深化合作”的预期目标，取得了理想的访问成果。他介绍，“十一五”时期，在党中央、国务院的正确领导下，在包括香港同胞在内的海内外各界人士的鼎力支持下，湖南经济实力不断增强、产业结构优化、发展基础夯实、发展环境改善，已成为国内外投资者青睐、关注的投资热土。立足新的历史起点，湖南完全可以大开放、大发展，国内外投资者来湖南一定能实现更好、更快发展。

徐守盛说，湖南与香港具有密切的地缘、人缘、商缘，两地合作基础好、领域宽、规模大，产业互补性强，必将实现互补发展、互利双赢。希望借助香港的国际化平台，开展更加紧密的经贸文化交流，尤其是大力发展外向型经济，为更好更快发展提供持久动力。一是积极承接香港等沿海地区的产业转移。进一步完善机制、创新模式、畅通渠道，努力把湖南建设成承接香港产业转移和服务外包的重要基地，支持双方优势企业和优势资本有效对接，鼓励香港资本参与湖南基础设施、民生工程、生态环境、产业升级、国企改革等项目建设。二是鼓励参与湖南转方式调结构。进一步加强与香港在教育科技领域的合作，以电子信息、生物医药、新材料、石油化工等为重点，组织实施一批科技攻关和产业化项目。三是鼓励香港企业投资湖南现代服务业。进一步加大政策支持，加强金融证券、银行保险、现代物流、管理咨询、法律、中介服务等领域的合作。四是大力推动双方文化旅游产业的互动发展。广泛开展广播影视、新闻出版、动漫创意、文物保护、艺术表演等方面的合作。创新旅游合作机制，鼓励港资企业在湘开发旅游项目。五是加强商会和行业协会的交流合作。探索建立经常化、制度化的合作机制。希望各位在湘港两地合作中大展身手，我们将竭诚为大家提供更多、更好、更优的服务。

蔡冠深、霍震寰、谭天放、方舜文、钟健国等知名人士争相发言，为深化湘港合作出谋划策。大家纷纷表示，已亲身感受到湖南的发展活力，相信湖南未来发展更美好。

香港正在加速产业转移步伐，寻找广阔的内需市场，湖南投资环境良好，是很好的产业承接地，两地在服务业、旅游业方面合作空间巨大。大家还就推动招商重点向高技术转变，培养和引进人才，加快自主创新，激发创业热情，培育中小企业，发展职业教育等方面提出建议。

上午，徐守盛还出席了香港中华商会举办的早餐会。

省政府秘书长盛茂林主持座谈，省直有关单位负责人参加。

【徐守盛会见香港特别行政区署理行政长官唐英年】 2011年4月4日，省委副书记、省长徐守盛在香港会见香港特别行政区署理行政长官、政务司司长唐英年。

目前，香港已是湖南第一大外资来源地，第二大出口市场、第五大贸易伙伴；湖南已有7家企业在港上市，在港设立了三湘集团有限公司等65家境外企业。

徐守盛感谢香港特区政府多年来对湖南经济社会发展的支持。他说，“十一五”期间，湖南在党中央、国务院的坚强领导下，深入贯彻落实科学发展观，大力实施国家促进中部地区崛起战略，积极推进“两型社会”建设，经济总量不断增大，人民群众生活水平逐步提高，经济社会保持又好又快发展势头。特别是以高速公路为标志的基础设施建设快速推进，全省已形成以省会长沙为中心的“4小时经济圈”。湖南与香港合作基础好、领域广，两地经贸文化交流关系紧密。目前，在湘915家港资企业发展来势很好。“十二五”时期，湖南将进一步扩大对外开放，提高经济外向度，形成开放促发展的良好局面。希望借助香港作为国际金融、航运、贸易中心的优势，在“9+2”的框架下，深化湘港两地在金融、人力资源、产业转移、旅游、教育、医疗、环保产业等方面的合作，努力实现湘港两地共同发展、共同繁荣。湖南将发挥三湘公司的窗口、联络、服务作用，吸引包括香港企业在内的海内外投资者来湘发展，为入湘企业提供更广阔的空间、更优质的服务。

唐英年说，香港与湖南产业互补性强，希望与湖南多联系、多沟通，不断拓展合作空间，在服务业、旅游业、文化创意等领域加强合作，实现互惠共赢。

省政府秘书长盛茂林，省直有关单位负责人参加会见。

【徐守盛会见香港中联办主任彭清华】 2011年4月4日，省委副书记、省长徐守盛在香港会见中央人民政府驻香港联络办公室主任彭清华。

徐守盛感谢香港中联办长期以来对湖南经济社会发展给予的大力支持。他说，改革开放以来，特别是“十一五”以来，湖南经济实力得到大幅提升，已进入快速发展轨道。武广高铁通车后，湖南与粤港澳的时空距离极大缩短，发展外向型经济的条件和基础进一步改善。湖南面临的最大任务，仍然是加快发展，解决发展不足、发展不够的问题，需要进一步解放思想，加快发展开放型经济，充分运用两个市场、两种资源，调动一切积极因素和力量，带动经济结构调整和发展方式转变。这次来港访问，就是要多交朋友，向香港政界、商界等社会各界人士推介湖南，进一步密切与香港的经贸文化交流。我们将立足过去打下的良好基础，充分发挥香港作为全球重要的金融、服务和航运中心的作用，进一步完善合作机制，拓宽合作领域，尤其希望在承接产业转移、发展现代服务业、教育科技、文化旅游、医疗等方面的合作取得新进展。希望香港中联办一如既往关心支持湘港交流合作，帮助湖南加强宣传推介，引导更多香港企业到湖南投资兴业。

“推进湘港合作交流，我们责无旁贷。”彭清华说，香港是全球经济最有活力的地区之一，服务业发达，与内地经贸往来频繁。湖南毗邻粤港，区位优越，近年来经济发展迅速。湘港两地在服务业、旅游业、城市规划、环境保护等领域合作前景看好。香港中联办将继续做好联络和服务工作，为推动湘港交流合作发挥作用。

省政府秘书长盛茂林，省直有关部门负责人参加会见。

【徐守盛会见香港金利来集团主席曾宪梓】 2011年4月5日，省委副书记、省长徐守盛在香港会见香港金利来集团主席曾宪梓，并出席香港嘉里集团原董事局主席郭鹤年的宴请。

金利来集团由曾宪梓在上世纪60年代创立，已发展为国际性企业集团。徐守盛说，曾宪梓先生多年来情系国家发展，致力促进大陆和香港的共同繁荣，热心推动内地希望工程、大学建设等教育事业发展，既是爱国爱港的企业家，又是德高望重的慈善家，湖南人民不会忘记曾宪梓先生。当前，湖南正处于加快发展时期，在科学发展观指导下，加快“四化两型”建设。这次来港访问，就是拜访老朋友，结交新朋友，向香港政界、商界等社会各界人士推介湖南、介绍湖南，凝聚各方力量参与建设湖南。希望曾宪梓先生一如既往地关心、关注湖南，帮助湖南实现又好又快发展。

曾宪梓说，报效祖国是我的终身心愿。金利来不断发展壮大的目的，就是希望回报祖国、回报社会。他表示一直关注湖南的改革和发展，对湖南取得的成绩表示祝贺。今年将捐赠湖南大学500万元，用于促进湖南教育事业的发展，并希望在教育、慈善等领域与湖南深化合作，为推进港湘合作多做工作。

香港嘉里集团产业遍及东南亚，旗下香格里拉酒店品牌在世界上享有盛誉，即将在长沙兴建香格里拉酒店。在出席郭鹤年的宴请时，徐守盛说，郭鹤年先生是杰出的华人企业家，欢迎香港嘉里集团来湖南投资发展，对湖南的发展多提建议。郭鹤年表示，湖南富有发展活力和魅力，将进一步在湖南扩大投资，实现合作共赢。

省政府秘书长盛茂林，省直有关部门负责人参加相关活动。

【徐守盛会见李嘉诚李兆基】 2011年4月5日，省委副书记、省长徐守盛在香港分别会见了长江实业集团董事局主席李嘉诚和香港恒基兆业集团主席李兆基。

长江实业集团是以香港为基地、业务遍布全球52个国家的大型跨国企业，业务涉及货柜码头经营、零售连锁集团、地产发展与基建，以及电讯服务等。徐守盛向李嘉诚介绍了湖南经济社会发展情况，感谢李嘉诚先生对湖南慈善事业的大力支持。他说，湖南发展势头很好，市场前景广阔，消费潜力巨大。希望长江实业进一步扩大在湘投资，特别是希望李嘉诚先生利用自身影响，带动更多企业来湘发展，放大和带动湖南开放效应。李嘉诚说，湖南文化底蕴深厚，名人辈出，包括香港在内的投资者看好湖南的发展前景。他表示愿意为湖南扩大对外开放做一些居中联络工作，加快在湘项目前期工作，真心实意为湖南经济社会发展做一些实实在在的事情。

恒基兆业是香港最大的企业集团之一，核心业务为物业发展和物业投资，目前正致力于香港及内地的长远业务发展。在会见李兆基时，徐守盛说，当前，湖南正努力推进“四化两型”建设，欢迎恒基兆业等国际知名企业进一步参与湖南经济建设，实现合作共赢。李兆基表示，香港企业看好湖南的发展，希望在地产、慈善等领域加强合作。

省政府秘书长盛茂林，以及省直有关部门负责人参加会见。

【甘肃省党政代表团在湘考察】 2011年4月11日至13日，甘肃省委书记、省人大常委会主任陆浩，甘肃省委副书记、省长刘伟平率领甘肃省党政代表团在湖南考察交流，与湖南举行经济社会发展情况交流会，深入探讨加强合作，推动两省共同发展。湖南省委书记、省人大常委会主任周强参加在长株潭两型社会展览馆的考察，省委副书记、省长徐守盛参加考察。

甘肃省领导冯健身、刘立军、陆武成、孙效东、周多明、石军、张景辉参加考察。湖南省领导胡彪、于来山、杨泰波、陈润儿、李微微、郭开朗、李江陪同考察或出席交流会。

短短几天，陆浩一行马不停蹄在长株潭三市考察了近10家企业和单位，围绕产业对接、经贸合作与湖南方面进行了深入交流。

前不久开馆的长株潭两型社会展览馆，是湖南“两型社会”建设的宣传、展示窗口。展馆门口，每天的空气质量、湘江水质实时刷新。通过声光影互动的立体演示，“两型社会”建设的阶段成果、工作重点、创新技术、政策规划一一呈现。有趣的交互体验区，则让市民提前感知未来“两型”生活的美好。代表团成员来到这里，边参观边讨论。大家认为，“两型社会”展览馆生动、翔实地反映了湖南“两型社会”建设成果，是传播“两型”理念、描绘“两型”未来、推广低碳知识的良好平台。

走进中联重科厂区，展现在大家眼前的是全系列工程机械产品排出的巨型方阵。了解到中联重科自创办至今年均增速超过60%，产值已突破500亿元时，代表团成员纷纷向企业表示祝贺。科力远新能源股份公司是全球最大的连续化带状泡沫镍生产基地，2009年与甘肃金川集团强强联手在兰州设立合资公司。来到科力远，陆浩、徐守盛等详细询问产品性能、参数、价格等情况，表示要在新能源领域进一步加强双方合作。

甘肃拥有丰富的风能和太阳能资源，而湖南近年来风电装备和光伏产业发展迅速。如何在这一领域加强产业对接，实现优势互补，是代表团成员热议的话题。代表团一行参观了湘潭电机、红太阳光电科技、兴业太阳能（湖南）产业园3家企业，详尽了解湖南风电装备和光伏产业发展情况。湘潭电机在大型风电成套设备生产研发上取得重大突破，并与甘肃建立合作关系；红太阳光电科技去年太阳能电池产能达到1.5GW（吉瓦），生产规模居全国第四位；兴业太阳能产业园则是目前国内最大的屋顶太阳能发电项目，今年6月即将投产。陆浩、徐守盛均表示，甘肃风光电等新能源资源丰富，双方产业互补性强，湖南企业完全可到甘肃开发资源、开拓市场，实现合作共赢。

在南车株洲电力机车有限公司，陆浩、徐守盛和代表团成员登上一辆即将出厂的地铁车辆，详细询问企业自主创新、新产品研发和市场开拓情况，希望南车株机与甘肃开展合作，拓展市场。来到九华示范区的湖南吉利汽车部件有限公司，陆浩、徐守盛等了解到，吉利集团在湖南、甘肃两地都建有汽车生产基地，发展态势良好，祝愿吉利集团在湖南和甘肃都实现更好更快发展。代表团还前往株洲硬质合金集团公司、株洲“两型社会”建设规划展览馆考察。

考察中，陆浩、徐守盛都表示，甘肃同湖南历史渊源悠久，友谊深厚。两省在资源禀赋、产业发展等方面的关联度和互补性都比较强，合作前景非常广阔。特别是在新能源、有色金属、旅游文化等领域极具合作潜力。希望以此次甘肃党政代表团访湘为契机，进一步深化友谊，密切合作，把双方的合作交流提升到新的层次，推动两省经济社会共同繁荣和发展。

12日上午，甘肃党政代表团还专程来到韶山，瞻仰了毛泽东同志故居，向毛泽东同志铜像敬献花篮。14日，代表团还前往凤凰古城考察当地文化旅游业。

甘肃省政府秘书长李沛文，湖南省政府秘书长盛茂林陪同考察。

【周强徐守盛率团在江苏考察】 2011年4月22日至24日，省委书记、省人大常委会主任周强，省委副书记、省长徐守盛率湖南省党政代表团前往江苏南京、苏州、昆山、无锡等地，深入当地企业、园区考察，学习江苏在推动科学发展、加快转变经济发展方式等方面的好思路、好经验、好做法。在苏期间，两省就经济社会发展情况进行了座谈，签署了战略合作框架协议，签订了一批重大合作项目。江苏省委书记、省人大常委会主任罗志军，江苏省委副书记、省长李学勇，湖南省政协主席胡彪、江苏省政协主席张连珍参加考察并出席相关活动。

省领导许云昭、杨泰波、刘莲玉，江苏省及南京市领导朱善璐、弘强、李云峰、杨卫泽、黄莉新、张艳、史和平、季建业等参加考察。

抢占战略性新兴产业发展制高点。

江苏战略性新兴产业发展势头强劲，去年，六大战略性新兴产业的销售收入超过2万亿元。代表团此行考察的重点之一，就是学习借鉴江苏以战略性新兴产业为支点，推动产业转型升级的先进经验。

走进无锡尚德电力控股有限公司，迎面而来的是一块巨大的太阳能光伏幕墙。这家在美国纽交所上市的高科技企业，建成了世界上第一条无人工装卸太阳能电池生产线。目前，尚德公司已形成1800兆瓦太阳能电池生产能力，晶体硅电池及组件产销量全球第一。

在无锡物联网产业研究院，代表团成员看到，太湖水质正通过先进传感技术得到实时监测。目前，无锡已拥有26个物联网科研院所，实施了“机场安保”、“智慧水利”等多个应用示范项目。在南京，代表团成员也了解到，江宁开发区正打造国家级智能电网产业基地，到2015年全市可望实现智能电网千亿产出。代表团一行还在南京液晶谷考察了利用信息技术提升传统产业等方面的情况。

“大力发展战略性新兴产业，是推动产业转型升级和转方式调结构的关键。”周强在考察中说，江苏战略性新兴产业起步早、规模大、势头猛。湖南要认真借鉴江苏经验，加快培育和发展战略性新兴产业，充分利用信息技术改造提升传统产业；要以产学研结合为突破口，加快科技成果转化、重点扶持一批有实力的创新平台，提升产业核心竞争力。

园区“二次创业”聚集产业发展新动力。

江苏省在加快经济转型升级进程中，重点推动开发园区“二次创业”，由外资密集区向科技创新先导区、新兴产业聚集区和集约发展示范区转变，一批开发园区成为科技、资本、人才高地，吸引了400多家世界500强企业来苏投资。

代表团一行来到南京雨花软件园，详细了解园区规划、建设、效益等情况。雨花软件园在10年内吸引了国内外200多家知名软件企业入驻，软件及系统集成销售收入今年将突破400亿元大关，园区精细化管理、保姆式服务、园林式环境给大家留下了深刻的印象。在昆山市清华（启迪）科技园昆山分园，100多家高新技术企业入驻，园区成为了创业企业孵化之地、高新技术研发之地和创业人才培养之地，入园企业参与国家863项目、973项目、重大科技专项研发等超过10项。该园区负责人介绍说，构筑全面的创新服务体系、营造尊重契约的发展环境对于园区发展至关重要。代表团成员还先后考察了苏州独墅湖科教创新区、苏州工业园综合保税区等园区。

周强在考察中说，要把加强园区合作开发作为湘苏两省合作的重要载体，推动两省园区加强产业、人才、项目、管理等方面合作，引导产业和企业向园区集聚，使园区成为经济发展的重要平台；要大力推进园区科技创新，推进产学研结合，加快科技成果转化；要科学规划园区，发展特色优势产业；要进一步完善相关政策，为企业和园区发展营造良好环境。

更深地融入“长三角经济圈”。

湖南与江苏同为长江中下游重要省份，两省经济文化交往频繁。目前，一大批苏企在湘投资兴业，湖南的装备制造、工程机械、钢铁、有色等产业的原材料进口和商品出口，都依托长江水道，通过江苏的港口出海。如何推动湖南更加深入地融入“长三角经济圈”，进一步深化湘苏两省合作，是代表团一行关注的课题。

在苏宁电器集团南京总部，一张覆盖全国的智能网，正在线实时监测湖南34家店面的经营、销售、服务等情况。董事长张近东告诉代表团一行，湖南投资环境好、市场潜力大，苏宁集团将全面进军湖南市场，到2020年争取在湖南开设家电销售门店160家，同时建设一批物流基地、综合商贸广场。

考察中，代表团一行欣喜地发现，湘苏两地企业的合作交流正呈不断扩大之势。江苏雨润集团、国信资产管理集团等一批企业在湖南投资兴业；而湖南华菱钢铁集团、三一重工等企业在江苏建设生产基地、物流基地。

考察中，周强反复强调，湖南要把加强与江苏合作作为对接长三角、扩大对外开放的重要方向，把江苏港口作为湖南外贸进出口的重要出海通道，全面加强与江苏在经贸、科技、教育、文化等领域的合作，促进湖南提升开放水平，加快开放型经济发展。

【湖南江苏举行经济社会发展座谈会】 2011年4月22日，省委书记、省人大常委会主任周强，省委副书记、省长徐守盛率湖南省党政代表团抵达江苏省考察访问。下午，两省在南京举行经济社会发展座谈会，签署战略合作框架协议。周强，江苏省委书记、省人大常委会主任罗志军，徐守盛，江苏省委副书记、省长李学勇，湖南省政协主席胡彪、江苏省政协主席张连珍出席。

湖南省领导许云昭、杨泰波、刘莲玉，江苏省及南京市领导弘强、李云峰、杨卫泽、张艳、季建业出席。

同为长江流域的重要省份，湖南与江苏经贸交流十分紧密。据不完全统计，“十一五”期间，在湘投资的江苏企业有500多家，实施投资合作项目588个，合同资金526.8亿元；目前，湖南有1836家企业在江苏投资，在苏湘籍投资及务工人士近10万。

座谈会上，周强感谢江苏长期以来对湖南经济社会发展的大力支持。他说，江苏省近年来深入贯彻落实科学发展观，抓住长三角区域发展上升为国家战略的重大机遇，转方式调结构成效显著，成为长三角及全国最具发展活力和后劲的地区，创造了许多在全国具有典型和示范意义的宝贵经验。这次湖南省党政代表团来江苏考察，就是学习江苏在推动科学发展、加快转变经济发展方式等方面的好思路、好做法、好经验，进一步深化两省交流合作，促进共同发展。

周强说，湖南与江苏同处长江经济带，经济互补性强、融合度高，合作潜力很大，前景十分广阔。湖南将把加强与江苏的合作作为对接长三角、扩大对外开放的重要方向，全面加强与江苏在经贸、人文、科教、社会等各领域的交流与合作，促进湖南提升开放水平，加快开放型经济发展；把加强战略性新兴产业领域的合作作为两省合作的重要着力点，在新能源、先进装备制造、物联网和信息技术等方面加强协作，加快发展战略性新兴产业，推动两省产业转型升级和转方式调结构；把加强园区合作开发建设作为两省合作的重要载体，欢迎江苏的园区和企业参与湖南园区开发建设，推动两省园区加强产业、人才、项目、管理等方面的合作；把落实《框架协议》作为深化两省合作的重要抓手，认真落实协议确定的有关事项，深化与江苏的全方位对接合作。

罗志军欢迎湖南省党政代表团来苏考察访问。他说，湖南自古英才辈出，物产丰饶，有“鱼米之乡”的美誉，在国家实施中部崛起战略中具有十分重要的地位。近年来，湖南省深入贯彻落实科学发展观，牢牢抓住促进中部崛起的战略机遇，大力实施“一化三基”战略，加快推进“四化两型”建设，综合实力大幅提升，城乡面貌日新月异，人民生活显著改善，三湘大地呈现出加速崛起、跨越发展的良好势头。

罗志军说，江苏与湖南两省交流合作基础良好，合作前景广阔。希望两省交流合作向更大范围、更宽领域、更高层次发展。他建议，两省充分发挥各自优势，继续推动企业间加强产业方面合作，共同建设特色产业园区，促进双方产业结构优化升级；鼓励与支持双方高等院校、科研院所和高新技术企业开展广泛合作，共同提高科技自主创新能力；携手打好“长江牌”，重点加强沿江港口、航运、物流合作，更好地服务长江流域经济发展，共促科学发展。

徐守盛说，湖南、江苏人民勤劳勇敢，两地文化充满着创新、求变、图强的精神。新中国成立后，湘苏两省立足实际，探索各具特色的发展路子，获得巨大成功。湖南党政代表团来苏，就是要学习江苏又好又快推进“两个率先”的先进经验和做法。希望两省积极探索建立政府间长效合作机制，在体制机制创新、制度设计等方面加强交流。重点推进钢铁有色、电子信息、装备制造、汽车及零部件、港口物流、电子信息、新能源、生物医药、航空航天、文化创意、动漫等产业的合作，互相补充和对接上下游产业。共同保护和开发长江，加强干线航道、支流河道、重点港口的建设合作，有序促进江苏沿江城市产业向湖南转移。加快建立两省环境保护协作机制，协同治理长江水污染。

李学勇说，希望两省进一步完善交流合作机制，深化产业协作分工，在电子信息、装备制造、新能源、生物医药、文化创意等领域加强合作，合力推进交通基础设施建设，扩大旅游、科技、人才等领域的协作，形成多层次、宽领域、全方位的交流合作格局。

座谈会后，徐守盛、李学勇分别代表两省政府签署战略合作框架协议。根据框架协议，湘苏将建立两省政府联席会议制度，共同探索“两型社会”建设发展路径；支持江苏企业在湖南建设或与湖南有关方面共建特色产业园区；湖南将江苏太仓港、南通港作为外贸进出口的重要出海通道，加快两地港口集装箱运输合作；在农业、旅游、科技文化、人才交流与劳务合作等领域加强合作。

【湘苏经济合作暨重大项目签约仪式在南京举行】 2011年4月23日，湘苏经济合作暨重大项目签约仪式在南京举行，签约合作成果丰硕：30个项目现场签约，湖南合同引进资金577.5亿元。湖南省委书记、省人大常委会主任周强，省委副书记、省长徐守盛出席签约仪式并会见部分客商。

省领导许云昭、杨泰波、刘莲玉，江苏省副省长史和平、省工商联主席李仁出席。

周强在会见中说，长期以来，湘苏两省经济文化交流十分频繁，进一步深化合作前景十分广阔。“十一五”期间，在党中央、国务院的坚强领导下，湖南紧紧抓住国家实施中部崛起战略等重大历史机遇，加快基础设施建设、产业结构调整升级，致力于“两型社会”建设、法治湖南建设，全省经济社会保持又好又快发展。“十二五”时期，湖南在区位、文化、科技、教育等方面的优势必将进一步显现，与长三角地区的交流合作也将更加紧密，尤其是此次湖南省党政代表团到苏考察，将为湘苏两地进一步扩大交流合作提供新的契机。周强诚恳邀请江苏各位企业家到湖南多走一走、看一看，寻求合作机会，扩大合作范围，实现合作共赢。他表示，湖南将进一步优化投资环境，为广大投资者提供优质、高效服务；并希望两地商会充分发挥桥梁纽带作用，推动湘苏两省在更广领域交流合作，取得更大成效。

徐守盛在签约仪式上作省情推介。他说，湖南充满发展潜力，蕴含充沛活力，诚邀四海英才共创美好未来。“十一五”以来，湖南综合实力大幅提升，产业结构持续优化，发展基础全面夯实，发展环境不断优化，正处于历史上发展最好最快的时期。“十二五”期间，湖南坚持科学发展、富民强省，加快建设“四化两型”，将突出又好又快发展、城乡统筹发展、产业支撑发展、项目促进发展，不断保障和改善民生。充满潜力和活力的湖南，将以更加优质、高效、便捷、规范的服务，迎接广大投资者来湘寻求商机，参与湖南长株潭试验区建设，促进湖南开放型经济、县域经济、民营经济发展，推动产业向湖南转移，投资湖南基础设施建设，推动湖南现代农业发展。他说，到湖南投资大有可为，必将大有作为。湖南将努力提供优质、高效、便捷、规范的服务，与海内外投资者共享发展成果。

湘苏两地企业交流活跃，合作项目增多，合作交流日趋加速。据不完全统计，在湘投资的苏企有500多家，2006年至2010年，江苏企业在湘实施投资合作项目588个。今天的签约仪式上，湘苏两地签署的合作项目涉及商贸物流、新能源、新材料、旅游开发、金属加工、城市建设等领域。如江苏雨润集团投资120亿元，在长沙望城县建设农副产品全球采购中心，江苏省国信资产管理集团投资100亿元，在湘潭市昭山进行城市综合设施开发。湖南省华菱集团投资14.8亿在江苏靖江建设东部物流中转基地。

全国工商联副主席、苏宁电器集团董事长张近东、江苏省国信资产管理集团董事长董启彬等企业家表示，湘苏两省政府层面的经济合作交流，为苏商在湘发展搭建了良好平台。在湘苏企感受到湖南投资环境好，发展潜力大。苏企非常看好湖南发展前景，将继续加大在湘投资，为湖南“四化两型”建设做贡献。

【周强徐守盛率湖南省党政代表团在浙江考察】 2011年4月19日至21日，省委书记、省人大常委会主任周强，省委副书记、省长徐守盛率湖南省党政代表团来到浙江省杭州市、东阳市、义乌市等地，深入企业、街区、市场、文博场馆，考察浙江推进科学发展、转变经济发展方式的新思路、新举措、新经验，共商进一步深化拓展两省交流合作。考察期间，两省进行了经济社会发展情况交流，签署了战略合作框架协议，并达成一批合作项目协议。浙江省委书记、省人大常委会主任赵洪祝，浙江省委副书记、省长吕祖善先后陪同考察。

省领导胡彪、许云昭、杨泰波、刘莲玉参加考察，浙江省和杭州市领导乔传秀、夏宝龙、陈敏尔、李强、黄坤明、葛慧君、茅临生、王永明、郑继伟、黄旭明、邵占维等先后陪同考察。

创新是推动经济发展的重要引擎。

代表团一行在浙江考察的首站，是秉承创新精神和有着创业传奇的阿里巴巴集团。在阿里巴巴实时数据监控中心，电子显示屏上的数字不断更新跳动，全世界240个国家和地区的企业和商人正在通过“阿里巴巴电子商务平台”进行交易。“阿里巴巴的使命是‘让天下没有难做的生意’”，企业负责人介绍，全球每天通过阿里巴巴进行网络购销的订单已高达3亿美元，10多年来，阿里巴巴不断创新电子商务发展模式，实现跨越式增长，去年实现交易额4000亿元，预计今年可达7000亿元。

浙江省近年来大力实施“创业富民、创新强省”战略，创新已成为推动浙江科学发展的强劲动力。一批传统产业通过创新转型升级，抢占国际市场。浙江传化集团通过创新产业发展的关键技术和商业模式，把传统农业嫁接上现代生物技术，将单纯的科技行为变成市场行为，专注于技术创新和新技术的商业化推广，成为全国最大的商品种苗、高档花卉供应商之一，产品出口欧洲、美国、日本、韩国等地，带动5.6万种植户走上致富路。娃哈哈集团始终坚持以创新为企业发展的不竭动力，拥有强大的食品饮料自主研发能力，开发出8大类100多种产品，产值连续13年位居中国饮料行业首位。

周强对阿里巴巴、传化、娃哈哈等企业在商业模式创新及技术创新等方面取得的骄人成绩表示祝贺。他说，创新是推动经济发展的重要引擎，创新精神和创新能力是企业发展的不竭动力，浙企勇于探索、勇于创新的改革精神，值得湖南学习借鉴。我们要进一步解放思想，敢闯敢试、敢想敢做，创新产业发展模式，不断赋予传统产业新的发展内涵；要不断提升自主创新能力，加强自主创新平台建设和自主创新体系建设，推动经济社会走上创新驱动的发展轨道。

做强文化创意产业要不断创新盈利模式。

浙江省近年来在着力提高文化创新力、文化产业竞争力、文化影响力等方面积极寻求突破，尤其是积极鼓励民间资本投资参与兴办文化产业，形成了一批在全国有较大影响的民营文化龙头企业。代表团一行来到浙江中南集团卡通影视有限公司、横店影视集团实地考察。在中南卡通全球播映网络显示屏前，公司负责人介绍，他们的动画片先后在70多个国家和地区的400多家电视台播出，最近一部投资3000万元的卡通电影与网站合作，实现网络在线销售，很快就收回投资成本，卡通形象的衍生产品开发也为公司带来丰厚利润。横店影视城建成10多年来，已拥有28个大型实景基地，18000多部（集）影视剧在影视城拍摄，今年游客人数将突破1000万，带动周边老百姓致富。

此行，代表团还考察了浙江科技馆、自然博物馆、中国扇博物馆等文博场馆。

周强在考察中说，浙江在发展文化创意产业方面的好经验、好做法给了我们启示，做大做强文化创意产业要不断创新商业模式和盈利模式，延伸产业链条。湖南要结合实际，将文化创意产业作为战略性新兴产业和“两型”产业的重要内容来优先发展，加快推进文化强省建设。

推进新型城镇化要高起点规划。

加快推进新型城镇化建设，是湘浙两省积极探索实践的共同课题。代表团一行先后来到杭州市钱江新城区、京杭大运河杭州段、西湖老城区、城市规划馆考察。

近年来，杭州市注重高起点制定城市规划，并严格按照规划进行城市建设。按照“城市东扩、旅游西进、沿江开发、跨江发展”的城市发展战略，杭州市沿钱塘江两岸建设新城，目前4平方公里的钱江新城核心区已初具规模。代表团一行走进钱江新城，错落有致的楼群间，草木葱茏、鸟语花香，180多万平方米景观绿化、10多万平方米森林公园和世纪花园向市民开放，绿化带、森林公园与繁华商业圈和便捷交通网相得益彰，为广大市民提供了一个高品质的生态家园。

在建设新城的同时，杭州市大力实施西湖综合保护工程，并筹措资金120多亿元，启动杭州39公里京杭大运河综合整治。考察中，京杭大运河综合整治成效给代表团一行留下了深刻印象。整治工程采用融资多元化模式，围绕“还河于民、申报世遗、打造世界级旅游精品”的目标，实施修复人文生态、改善自然生态、再现旅游景观、改善居住条件、完善交通网络、落实长效管理等举措，目前运河两岸的历史街区、博物馆、古镇等人文和自然景观已串珠成链。

代表团一行在考察中有思考、有讨论。周强说，杭州市在城市建设过程中坚持高起点规划，坚持资源节约与环境建设并举的做法值得湖南借鉴学习，湖南的新型城镇化建设要做到高起点规划，严格按照规划来进行建设，努力实现人与自然的和谐相处。

融入全球产业链才能抢占国际话语权。

浙江民营经济发达，生产的许多特色产品已占世界市场相当份额，成功走出了一条国际化道路。代表团一行先后来到浙江义乌市、东阳市考察学习当地特色产品的国际化之路。

走进义乌国际商贸城，呈现在代表团成员面前的是琳琅满目的各类小商品，来自巴基斯坦、印度等国家和地区的客商操着娴熟的中文在各个店铺里看样订货。尽管100根牙签的毛利只有1分钱，一根吸管的利润仅5至8毫钱，但义乌打破传统思维束缚，以小谋大、从小做大，从全国乃至全球采购原材料，加工生产后又将产品销往全球，使这里成为全球小商品生产贸易价格变动的“风向标”和“晴雨表”。目前，义乌商贸城经营170万种商品，产品销往140多个国家和地区，年成交额超过400亿元。

义乌是市场经济的一所大学校。小商品闯出大市场的传奇故事频频上演。来到梦娜袜业，企业负责人介绍，去年企业创造了10亿元产值，成为全球最大的棉袜生产基地。而在东阳，依托特色木雕技艺，当地木雕产业产值已达100多亿元，产品远销80多个国家和地区。

“只有突出特色才能在市场竞争中立于不败之地；只有融入全球产业链，才能抢占国际话语权。”周强指出，湖南要进一步扩大开放，充分利用国际国内两个市场、两种资源，聚集全国乃至全球资源为我所用，真正将资源、产品优势转化为产业竞争优势。

【湖南浙江经济社会发展情况交流会杭州举行】
2011年4月19日，省委书记、省人大常委会主任周强，省委副书记、省长徐守盛率湖南省党政代表团抵达浙江省考察访问。下午，湖南浙江经济社会发展情况交流会暨两省战略合作框架协议签约仪式在杭州举行，两省共商合作发展大计。周强，浙江省委书记、省人大常委会主任赵洪祝，徐守盛，浙江省委副书记、省长吕祖善，湖南省政协主席胡彪、浙江省政协主席乔传秀出席。

湖南省领导许云昭、杨泰波、刘莲玉，浙江省领导陈敏尔、李强、葛慧君、王永明出席交流会。

湖南浙江两省经济互补性强，两地经贸文化交流合作频繁。仅2006年至2010年，浙江企业在湘实施投资合作项目2331个，实际到位资金742亿元。同时，在浙湘籍创业及务工人员达到100多万人，投资企业3000多家，投资总额300多亿元。

交流会上，周强感谢浙江省多年来对湖南经济社会发展给予的大力支持。他说，近年来，浙江深入贯彻落实科学发展观，经济社会又好又快发展，转方式调结构成效显著，综合实力、经济竞争力和可持续发展能力进一步增强，并创造了许多在全国极具典型和示范意义的宝贵经验。这次湖南省党政代表团来浙江考察，就是要学习借鉴浙江推动科学发展、加快转变经济发展方式等方面的好思路、好做法和好经验，进一步深化两省交流合作，促进共同发展。

周强说，湘浙两省交流合作基础良好，成效显著，潜力很大。改革开放以来特别是近几年来，两省各个层面的联系更加密切，合作领域不断拓展，呈现融合互动发展的良好态势。当前，湘浙两省合作交流已迈上新起点，面临一系列重大机遇。特别是沪昆高铁建成后，长沙到杭州将缩短为3小时，未来两省合作的潜力必将进一步释放，空间越来越大，前景十分广阔。周强提出，湘浙两省可重点加强四个方面的合作。一是加强产业对接合作。在战略性新兴产业、制造业、文化旅游、互联网经济、现代农业等领域合作潜力巨大，希望两省企业加强合作，实现优势互补、配套协作、互利共赢。二是加强金融资本领域的合作。浙江资本市场成熟，民间资本充裕，欢迎浙江民间资本投资湖南实业，浙江区域性商业银行来湘设立分支机构。三是加强社会管理方面的合作。湖南将学习浙江在群众工作和社会管理工作的好经验好做法，共同提高社会管理科学化水平。四是进一步健全完善两省交流合作机制。湖南将按照战略合作框架协议要求，明确责任分工，主动加强与浙江的对口联系，认真抓好落实，确保取得实效。在两省交流合作中，商会组织发挥着越来越重要的桥梁和纽带作用，浙商为湖南经济社会发展做出了积极贡献，热忱欢迎更多浙江企业和商界朋友到湖南投资创业，推进两省互利合作，不断取得新进展和新成效。

赵洪祝欢迎湖南省党政代表团来浙江考察访问，他说，湖南是我国中部地区重要省份，自古以来就享有“九州粮仓”、“鱼米之乡”的美誉，是荆楚文化的重要发源地。近年来，湖南省坚持打基础、增后劲、上水平，大力实施“一化三基”战略，加快推进“四化两型”建设，经济社会发展取得了巨大成就。长株潭“两型社会”综合配套改革试验区建设取得实质性进展，各项社会事业全面进步，人民生活大幅改善。湖南在全国率先出台并实施《湖南省行政程序规定》，填补了我国地方行政程序立法空白。湖南在实现优化发展、创新发展、绿色发展、人本发展中创造的好做法、好经验值得浙江认真学习借鉴。

赵洪祝说，在新形势下，两省要坚持重实际、办实事、求实效，全面推进交流与合作。一要不断健全合作交流机制。要及时交流两地发展思路经验，研究加强双方合作的重大事项，加强信息交流，做好沟通和服务工作。二要积极搭建交流合作平台。进一步以市场为导向，以企业为主体，以项目为纽带，不断探索创新，努力搭建交流合作新平台，增强交流合作的针对性和有效性。三要大力拓展交流合作领域。全面推进浙湘两省多领域、多渠道、多层次的交流与合作，共同开创两省科学发展新局面。

徐守盛说，希望湘浙两省进一步挖掘合作潜力，努力构建长效机制，加强改革创新合作，以重大改革、城乡统筹、生态环境、自主创新、民生改善、社会管理等为重点，共同探索实现科学发展的新路径。大力加强非公经济合作，在市场主体培育、产品开发、技术创新、管理创新、网络建设等方面加强合作。积极推动产业对接，进一步推动产业转移，尽快建立一至两个对口联系的产业转移工业园区。湖南将努力营造公开、公平、竞争、有序的市场环境，为浙商入湘发展创造良好条件。

吕祖善说，近年来浙湘两省建立了良好的交流合作关系，两省经济互补性不断增强。希望两省以此次签署战略合作框架协议为新的起点，推动两省合作进一步向纵深发展，实现互利共赢，推动又好又快发展。

交流会后，徐守盛、吕祖善分别代表两省政府签署了战略合作框架协议。根据框架协议，湘浙两省将在八个方面深化合作：加强发展规划和政策体系的对接互动；推动产业对接合作，支持两省企业落户对方的工业园，并享受对方的产业转移优惠政策；加强交通基础设施合作，将宁波—舟山港等浙江沿海港口群作为湖南省外贸进出口货物的重要出海通道；促进市场开放融合，开辟农产品购销“绿色通道”；扩大旅游交流合作；加强科技文化交流合作；促进人才交流与劳务合作；建立合作保障机制。

【周强会见新疆党政代表团一行】 2011年4月24日，湖南省委书记、省人大常委会主任周强在长沙会见了由新疆维吾尔自治区党委常委肖开提·依明率领的新疆维吾尔自治区党政代表团一行。

4月23日至5月1日，新疆维吾尔自治区派出8个党政代表团分赴包括湖南在内的19个对口援疆省（市）进行走访考察，宣传推介新疆，走访在内地的新疆籍务工经商人员，协调解决接回新疆籍流浪儿童等重大民生问题。

周强欢迎新疆党政代表团来湘考察，感谢新疆维吾尔自治区对湖南经济社会发展给予的支持以及对湖南援疆干部的关心。他说，中央新疆工作座谈会召开以来，在党中央、国务院的坚强领导和亲切关怀下，新疆维吾尔自治区结合实际，对跨越式发展和长治久安作出了全面部署和具体战略选择，在科学发展、民生改善、社会稳定等方面呈现出良好势头，湖南对此感到由衷高兴。

周强说，湖南同新疆的交往合作历史悠久，尤其是过去一年间，两省区在原有基础上交流更加频繁，合作更加紧密，取得了新的成效。湖南将一如既往带着感情、带着责任，认真做好对口援疆工作，抓紧实施援建规划，加快推进民生等重大项目建设；同时，湖南将积极配合新疆做好接回流浪儿童等重点民生工作，为促进新疆跨越式发展和长治久安作出贡献。湘新两省区经济互补性强，湖南将充分利用亚欧博览会等平台，进一步鼓励支持湘企到新疆发展，也欢迎新疆企业来湘投资兴业，全面拓展两省区在经贸、教育、科技、文化、旅游等各领域的交流合作。

肖开提·依明感谢湖南多年来对新疆的支持和帮助，对湖南近年来经济社会又好又快发展取得的巨大成就表示祝贺。他说，湖南对口支援新疆工作力度大、措施实，湖南援疆干部综合素质高，作风扎实、无私奉献，为新疆经济社会发展和长治久安作出了积极贡献，湖南人民与新疆各族人民结下了深厚情谊。当前，新疆正加快跨越式发展，积极推进保障和改善民生等各项工作，希望湖南进一步给予支持；期待两区省在已有的良好基础上进一步加强交流、深化合作，促进共同发展。

省领导黄建国、于来山、杨泰波，新疆维吾尔自治区和新疆生产建设兵团领导阿勒布斯拜·拉合木、王永明、于秀栋参加会见。

【湘鄂经济社会发展情况交流会在长沙召开】 2011年4月26日，由湖北省委书记、省人大常委会主任李鸿忠，湖北省委副书记、省长王国生率领的湖北省党政代表团抵湘考察。下午，两省经济社会发展情况交流会在长沙举行，省委书记、省人大常委会主任周强，省委副书记、省长徐守盛出席并讲话。

湖南省领导许云昭、杨泰波、陈润儿、李微微、李江、武吉海，湖北省领导苏晓云、张昌尔、李宪生、阮成发、李春明，武汉大学党委书记李健，中南大学校长黄伯云出席交流会。

湘鄂两省山水相连，有着特殊深厚的历史文化渊源，经贸往来和人文交流一直非常密切。“十一五”期间，湖北企业在湘投资项目1470个，到位资金404亿元，涉及基础设施、房地产、节能环保、建材、新能源等众多领域；目前，湖南在湖北投资的企业超过2000家，其中包括中联重科、三一重工、远大空调等知名企业。此外，湖南对口支援三峡库区湖北兴山县，无偿援助资金6800万元，企业投资5.2亿元。

周强说，湖北是长江经济带的重要省份，在我国经济版图中具有重要地位。近年来，湖北深入贯彻落实科学发展观，紧紧围绕构建促进中部地区崛起重要战略支点的目标，深入实施“两圈一带”总体战略，全省经济社会实现又好又快发展，创造了许多宝贵经验，值得湖南认真学习借鉴。近年来，两省各个层面的联系更加紧密，合作领域不断拓展，呈现出整体推进、加速融合、良性互动的喜人态势。湘鄂合作的良好局面，是中部地区互利共赢、共生崛起的一个生动缩影，值得很好地珍惜、不断巩固和发展。

周强说，湘鄂两省当前正处于科学发展、加快崛起的关键时期，共同面临着国家实施中部地区崛起战略、“两型社会”试验区建设、中部地区城市群发展、武陵山经济协作区建设等一系列重大历史性机遇，交流合作前景十分广阔。他就进一步深化两省交流合作提出5点建议。一是进一步推动两省既有的合作协议和项目的落实。健全完善工作层面的对接机制，对已有的各项合作协议和项目，一项一项调度落实。二是进一步加强“两型社会”试验区建设的合作。共同完善规划体系、共同培育“两型”产业体系、共同推进体制机制创新、共同推进生态环境治理、共同探索“两型社会”建设标准体系。三是携手推进长江中游城市群建设发展。加强武汉城市圈和长株潭城市群之间的交流合作，促进共同发展。推动建立长江中游城市群发展协调机制，积极推进武汉、长沙、南昌城市群基础设施、产业发展、市场建设、文化旅游、生态环保一体化。四是共同推进武陵山经济协作区建设。积极推动建立武陵山经济协作区省际高层决策会商机制、专家咨询论证机制和地方协作共治机制，共同打造我国西南地区新的经济增长极。五是进一步完善两省交流合作机制，不断拓展合作领域，丰富合作内容，推进湘鄂合作交流向更深层次、更宽领域和更高水平发展。

李鸿忠说，湘鄂两省情深谊厚，历史文化一脉相连。湖南近年来全面贯彻落实科学发展观，不断解放思想，深化改革开放，大力推进“四化两型”建设，建设“四个湖南”，特别是“两型社会”试验区建设取得显著成效，走出了自己的路子，积累了很多好经验好做法，值得湖北学习借鉴。

李鸿忠指出，国家“十二五”规划和主体功能区规划对全国“两横三纵”城市化战略格局进行了部署，共划分21个经济区和城市群，其中武汉、长沙、南昌同属长江中游地区，应合力打造长江中游城市群，使之成为中部和全国的重要增长极。建议两省充分发挥发展后劲潜力优势、产业比较优势、人才资源优势、生态环境优势、国内市场优势等五大比较优势和竞争优势，着力在五个一体化建设上进一步加强合作，即基础设施建设一体化、产业一体化、市场一体化、文化旅游一体化、生态环保一体化，紧紧抓住国家实施中部崛起战略的重大机遇，共同推动两省发展。

会上，徐守盛、王国生分别介绍了两省经济社会发展情况，并就双方合作提出了具体设想。

徐守盛说，湘鄂两省坚持优势互补、互利互惠，高层往来密切，政府协作加强，经贸合作深化，两省交流合作取得了丰硕成果。当前，两省处于相同发展阶段，面临转型发展、产业升级的相同任务，都肩负着先行先试建设“两型社会”的责任，建议进一步完善合作机制，完善顶层设计，建立定期会商协调工作机制，促进交流合作全方位、多层次、宽领域展开；进一步提高合作层次，在规划编制、项目布局、产业发展、政策制定等方面加强合作；进一步拓宽合作领域，加强基础设施对接、生态环境共建、市场开放和融合、文化旅游合作；进一步加强“两型社会”建设的合作，以重大改革、城乡统筹、生态环境、自主创新等为重点，共同探索转变发展方式的新路径，共同探索“两型社会”建设的新模式。

王国生说，湘鄂两省同处发展黄金机遇期，合作前景广阔。建议进一步拓宽合作领域，完善合作机制，共同打造长江中游城市群，积极开展“两型社会”试验区建设交流协作，深化武陵山区合作开发，加强长江黄金水道、洞庭湖的开发与保护，推进基础设施建设领域的合作，促进两省之间多领域、多层次、多形式的合作与交流。

【湖北党政代表团在湘考察携手共建“两型社会”】 2011年4月26日至28日，湖北省委书记、省人大常委会主任李鸿忠，湖北省委副书记、省长王国生率领湖北省党政代表团在湘考察，与湖南举行经济社会发展情况交流会，务实推动共同发展，携手共建“两型社会”。省委书记、省人大常委会主任周强，省委副书记、省长徐守盛陪同考察。

湘鄂山水相依，人文相亲。当前，长株潭城市群和武汉城市圈同为国家“两型社会”综合配套改革试验区，共同肩负着先行先试建设“两型社会”的重大使命。在这一大背景下，如何进一步加强“两型社会”建设方面的合作，成为湖北党政代表团此行的考察重点。

橘子洲头碧涛涌动、绿意融融。代表团一行走进位于洲上的长株潭两型社会展览馆内，观看声光影立体演示，详细了解湖南“两型社会”建设的政策规划、阶段成果、创新技术等情况。两型馆这座建筑本身也体现了“两型”理念，整个展馆采用了地源热泵空调系统、半导体LED节能照明、风光互补发电和竹木环保装饰材料等大量“两型”技术。“令人震撼！”代表团成员一致给予两型馆高度评价——“这是一件集生态环保、文化旅游、城市建设于一体的‘两型’艺术品。”

大力发展低碳技术和循环经济，是加快转变经济发展方式、建设“两型社会”的需要。在中联重科，最新研制的18款清洁能源市政环卫装备以及污泥资源化处置技术、餐厨垃圾处理技术引起大家的浓厚兴趣。其中新能源市政环卫车，一天可节省60升柴油，每天可减少43.2公斤二氧化碳排放，节能减排及环保效果十分显著；长沙远大空调有限公司致力于废热利用和非电空调研发，以废热、天然气等替代现有能源，能源效率提高2倍，排放显著减少，投资节省三分之一。威胜集团有限公司主要为用能企业提供水、电、气、热等能效管理解决方案和节能技术服务，产品市场占有率在电力行业连续多年居首位。考察中，李鸿忠表示，湖北、湖南要争做率先发展低碳技术和循环经济的省份，进一步加强在重点领域和关键环节改革创新的交流合作，加快形成节约能源资源和保护生态环境的产业结构。

湘鄂两省在产业对接、融合上成效显著。穿行长株潭三市，代表团成员深刻地感受到这种产业对接带来的实效。走进位于湘潭九华示范区的江麓机电科技有限公司，代表团成员了解到，始建于1958年的江麓机电前身就是湖北汉阳兵工厂，如今江麓机电已成为我国重要的防务装备、工程机械、传动机械的研产基地；在湘潭电机，企业负责人介绍，去年湘电主营业务收入已突破100亿元，企业生产的大型船用装备在湖北市场销售很好，而武钢又是湘电重要的原材料基地，双方合作紧密；一个月前，南车株洲电力机车有限公司刚与武汉地铁集团签署价值超过8亿元的武汉市轨道交通2号线一期工程车辆采购合同。在这些企业考察时，李鸿忠希望两地企业能够进一步深化合作，实现共赢发展。

“串起珍珠变玉盘！”考察中，李鸿忠以一个形象的比喻道出了湖北党政代表团此行的真切感受。他说，武汉城市圈、长株潭城市群共同肩负国家“两型社会”建设重大使命，经过近年来的不懈尝试和努力取得了长足发展，就像镶嵌在洞庭湖畔的一串串珍珠，我们现在要做的就是让这一串串珍珠变成美丽的玉盘。

李鸿忠说，鄂湘两省正处于科学发展、加快崛起的关键时期，要紧紧抓住国家实施中部崛起战略、“两型社会”试验区建设、武陵山经济协作区建设等一系列共同面临的重大历史性机遇，充分发挥两省发展后劲潜力优势、产业比较优势、人才资源优势、生态环境优势、国内市场优势，携手推进长江中游城市群建设发展，打造继长三角、珠三角、环渤海之后又一新的区域增长极，提升中部地区整体竞争力。李鸿忠还提出，着重在五个一体化建设上进一步深化两省交流合作。一是基础设施建设一体化，重点加强武陵山经济协作区建设方面的合作，构建大交通框架。二是产业一体化，推动两省在汽车、装备制造、新能源等产业领域的深度融合。三是市场一体化，依托中部论坛、中博会、长江沿岸中心城市经济协调会等平台，推动市县友好结对和部门对口联系，共同做大做优市场。四是文化旅游一体化，充分发挥两省生态旅游、特色文化等独特优势，共同开发一批精品旅游路线，着力建设内陆腹地黄金旅游区。五是生态环保一体化，加强长江干支流及洞庭湖区域的综合治理，共同实施沿江和环湖禁污，大力发展循环经济、绿色经济、低碳技术，共同推动两省环境保护和生态建设。

湖北党政代表团此行还参观考察了株洲市规划展览馆、神农广场和沿江风光带，并专程来到韶山向毛泽东同志铜像敬献花篮，考察韶山“一号工程”建设情况。

参加考察的湖北省领导还有：苏晓云、张昌尔、李宪生、阮成发、李春明，武汉大学党委书记李健；陪同考察或出席交流会的湖南省领导还有：许云昭、杨泰波、陈润儿、李微微、李江、武吉海，中南大学校长黄伯云。

【徐守盛会见香港贸发局主席苏泽光】 2011年5月6日，省委副书记、省长徐守盛在长沙会见香港贸易发展局主席苏泽光一行。

徐守盛欢迎苏泽光来湘考察。他说，近年来，湖南深入贯彻落实科学发展观，抓住国家实施中部崛起战略、建设“两型社会”等重大机遇，加快推进“四化两型”建设，经济社会保持又好又快发展。“十二五”时期，湖南将进一步扩大对外开放，大力发展开放型经济，努力形成以开放促发展的良好局面。湖南与香港地缘相近，高层互访频繁，合作基础良好，尤其是武广高铁开通和广深港高铁建设加快，拉近了两地时空距离，为深化湘港交流合作创造了有利条件。希望发挥香港贸发局在促进香港产业转移、帮助湖南企业开拓市场等方面的积极作用，进一步加强现代服务业、文化创意、环保产业、装备制造等方面的合作，吸引更多香港企业家来湘投资兴业，实现互利共赢。

苏泽光说，最近，湖南在香港很“热”，越来越多的港企来到湖南投资。香港贸发局将进一步发挥窗口和桥梁作用，推动湘港两地在现代服务业、创意产业等领域深化合作，帮助湘企借助香港平台走向世界。

省政协副主席何报翔，省政府秘书长盛茂林，省直相关部门负责人参加会见。

【保靖获赠200万扶贫助学金徐守盛出席捐赠仪式】 2011年5月26日，江苏苏酒集团、江苏北斗星通汽车电子有限公司分别向保靖县捐赠100万元，主要用于资助保靖县傍海小学和太坪小学建设及当地扶贫开发。省委副书记、省长徐守盛出席捐赠仪式。

保靖县是国家扶贫开发工作重点县，也是省政府办公厅的扶贫联系点。由于历史原因，保靖县教育基础设施相对落后，不少贫困家庭的孩子上学困难，需要社会的援助和关爱。苏酒集团和北斗星通汽车电子有限公司两家企业负责人表示，希望积极参与社会公益事业，为贫困地区的孩子们尽一份绵薄之力；希望发挥自身优势，努力寻求与湖南的合作机会，为湖南经济社会发展作贡献。

江苏宿迁市和保靖县主要负责人参加捐赠仪式。

【陈肇雄会见上海国际集团总裁邵亚良】 2011年6月9日，省委常委、长株潭试验区工委书记陈肇雄在长沙会见了上海国际集团总裁邵亚良一行。

上海国际集团是一家以金融投资为主业，开展金融综合经营的控股集团公司。在建设上海国际金融中心的国家战略和实施上海经济社会发展战略中发挥了重要作用。该集团已与湘潭市建立了战略合作关系。

陈肇雄向邵亚良一行介绍了湖南经济社会发展情况。他指出，当前，湖南全省上下正在大力推进“四化两型”战略，湘潭市按照“四化两型”的要求，深入实施“两个率先”规划纲要，这为各大投资者在湘潭以及湖南的发展提供了广阔空间。希望通过与上海国际集团的合作，推动长三角地区的战略投资者来湖南投资兴业。

邵亚良表示，上海国际集团将尽快落实合作框架协议相关内容，加大项目引进力度。同时，将进一步关注湖南发展，在湖南寻找更多机会，推动双方在金融服务、产业基金等领域深度合作。

【湘潭高新区与“上海国际”联手打造千亿园区】 2011年6月9日，湘潭国家高新技术产业区与上海国际集团（香港）有限公司联手共建湘潭高新区“千亿园区”合作协议，在长沙正式签订。省委常委、长株潭“两型社会”建设综合配套改革试验区工委书记陈肇雄等领导和嘉宾出席签字仪式。

为了支持湘潭高新区实现“千亿园区”的夙愿，去年9月以来，湘潭市对园区所在地的湘潭河东地区进行了行政区划调整，使高新区新增了46.8平方公里建设用地，并给其53项市级行政审批权。经过近1年的努力，该区已做好了重点发展“风能设备制造产业”、“精品钢材深加工产业”的前期准备工作。根据协议，“上海国际”将对湘潭高新区基础设施及配套建设、园区土地整理、综合用地开发等提出总体开发方案和投资方案。在签字仪式上，湘潭市委书记陈三新表示，有“上海国际”的鼎力相助，在“十二五”期间，湘潭高新区打造“千亿园区”将梦想成真。

【周强徐守盛会见广州军区司令员徐粉林、政委张阳一行】 2011年6月10日，广州军区学习型党组织建设和创先争优活动经验交流暨表彰会在炎陵县召开，广州军区司令员徐粉林、政委张阳出席会议。会议召开前，省委书记、省人大常委会主任周强，省委副书记、省长徐守盛在长沙会见了徐粉林、张阳一行。

会见中，周强代表省委、省人大常委会、省政府、省政协和省军区，对广州军区长期以来给予湖南经济社会发展的支持表示感谢，对广州军区在部队现代化建设等方面取得的突出成就表示祝贺。他说，在中国共产党成立90周年之际，广州军区在湘召开学习型党组织建设和创先争优活动经验交流会，实地重温我党我军的光辉历史，缅怀毛主席等老一辈无产阶级革命家的丰功伟绩，学习传承我党我军的革命精神和优良传统，意义重大。

周强说，在党中央、国务院的坚强领导下，湖南近年来抢抓一系列重大历史机遇，全面推进“四化两型”建设，经济社会实现又好又快发展。湖南的建设和发展，离不开广州军区的大力支持和驻湘部队的积极参与。长期以来，驻湘部队官兵在各种急难险重任务中始终发挥主力军、突击队作用，为维护湖南改革发展稳定大局作出了突出贡献。新形势下，湖南将认真贯彻党的十七大关于富国强军的重大战略思想，健全党管武装长效机制，全面加强国防动员和民兵预备役工作，推进军民融合式发展，加强拥军优属力度，全力支持部队各项建设。认真学习借鉴部队的好传统、好经验、好作风，推进湖南的各项工作。

张阳代表广州军区感谢湖南省委、省政府长期以来对广州军区的大力支持。他说，湖南省委、省政府历来高度重视党管武装和“双拥”工作，有着深厚的拥军优属光荣传统，为部队建设倾注了大量心血，形成了很好的传统和明显特色，取得了突出成绩和丰富经验。广州军区将一如既往为湖南科学发展、富民强省作出新的更大贡献。

在6月10日的会议上，广州军区对一批先进党组织、优秀共产党员和优秀党务工作者进行了表彰，部分获得表彰的单位和个人在会上进行了经验交流。晚上，与会代表观看了红歌晚会。

6月9日上午，徐粉林、张阳、周强一行前往韶山毛泽东铜像广场，向毛泽东铜像敬献花篮，参观了毛泽东故居和毛泽东同志纪念馆，表达对一代伟人的无限敬意和怀念。

广州军区领导刘良凯、田义功、郑卫平、徐昕民，省党政军领导梅克保、杨忠民、陈肇雄、张永大、魏永景、刘新等分别出席上述活动。

【陈肇雄会见香港廉政公署代表团】 2011年6月25日，香港廉政专员汤显明率团来湘做工作交流，在与湖南省监察厅举行工作座谈后，湖南省委常委、长株潭试验区工委书记陈肇雄会见了香港廉政公署代表团成员。

陈肇雄对汤显明一行来访表示欢迎，并介绍了湖南经济社会发展情况。

他说，近年来，在党中央、国务院的正确领导下，湖南全省上下深入贯彻落实科学发展观，大力实施“一化三基”战略，加快推进“四化两型”建设，积极应对国际金融危机带来的影响，战胜各种自然灾害，经济实力大幅提升，民生和社会事业发展很快，民主法制建设取得重大突破，人民生活得到很大的改善。

在谈到反腐倡廉工作时，陈肇雄说，湖南各级党委、政府高度重视反腐败工作，始终坚持把党风廉政建设摆在重要位置，坚持“一把手”负总责。各级纪检监察机关坚持围绕中心，服务大局，积极开展对中央和省委、省政府重大决策部署落实情况的监督检查，加强对权力运行的监督和制约，坚决纠正损害群众利益的不正之风，严肃惩治违纪违法行为，大力推进惩治和预防腐败体系建设，为全省经济社会又好又快发展提供了有力保障。

今年是实施“十二五”规划的开局之年，湖南大力推进服务政府、法治政府、责任政府、廉洁政府建设，深入推进惩治和预防腐败体系建设，严格执行廉政建设责任制，大力推进体制机制制度创新，在坚决惩治腐败的同时更加注重预防，更加注重治本，更加注重制度建设。

陈肇雄称赞香港廉政公署在惩治和预防腐败方面有很多的成功经验，希望通过这次来访，进一步加强湘港之间的友谊，不断拓宽合作领域，丰富合作内容，推动香港与湖南在反腐倡廉领域的交流合作。

湖南省纪委副书记、省监察厅厅长、省预防腐败局局长葛洪元参加会见。

【徐守盛会见香港中华总商会荣誉会长霍震寰】 2011年7月4日，省委副书记、省长徐守盛在长沙会见香港中华总商会荣誉会长、湖南省外商投资企业协会荣誉会长霍震寰。

徐守盛感谢湖南省外商投资企业协会对湖南的大力支持。他说，湖南省外商投资企业协会为政府和外商架设了良好沟通平台，促进了各级政府为外商投资企业提供更优质的服务。当前，湖南面临国家促进中部地区崛起、“两型社会”建设、沿海和国际产业向内地转移等重大机遇，经济社会步入又好又快发展阶段。这都要求我们进一步扩大开放，大力发展开放型经济，提高外向型经济发展水平。湖南与香港两地合作基础好、领域宽、规模大，产业互补性强，欢迎包括香港企业在内的海内外投资者来湘发展，湖南将一如既往为入湘企业提供更广阔的空间、更优质的服务，实现互利共赢。

霍震寰表示，香港正在加速产业转移步伐，寻找广阔的内需市场，湖南投资环境良好，是很好的产业承接地，港湘两地合作空间巨大。希望双方充分利用商会、协会平台，进一步增进了解，深化合作，共同推动湖南经济社会发展。

省政府秘书长盛茂林参加会见。

【周强会见香港中联办副主任王志民一行】 2011年7月30日，省委书记、省人大常委会主任周强在长沙会见了中央人民政府驻香港联络办公室副主任王志民一行。王志民此行率“香港青少年红色之旅”代表团专程来湘参观访问。

周强对代表团来湘参访表示欢迎，对香港中联办长期以来给予湖南的支持表示感谢。他说，湖湘文化作为中华文化的重要组成部分，源远流长、底蕴深厚；湖南作为革命圣地，红色资源十分丰富。香港青少年来湘开展红色之旅，有利于加深对中华文化的了解，培养爱国爱港的情操，增进与内地青少年之间的交流和友谊，希望活动的开展形式多样、丰富多彩，收获丰硕成果。当前，湖南正全面推进“四化两型”建设，加快建设“四个湖南”，湖南未来的发展面临一系列重大历史机遇，希望香港中联办一如既往支持推动湘港两地的交流合作不断深化。

王志民说，香港各界十分关注湖南近年来呈现出的良好发展势头，希望通过“红色之旅”活动的开展，在培养香港青少年爱国爱港情操的同时，进一步推动湘港两地青少年的交流以及两地在各个领域的深化合作，香港中联办将一如既往做好联络和服务工作。

副省长韩永文参加会见。

【周强会见广东省赴湘考察团一行】 2011年8月6日，省委书记、省人大常委会主任周强在韶山会见了由广东省委常委、省委统战部部长周镇宏率领的广东省赴湘考察团一行。

周强代表省委、省政府对考察团一行来湘表示欢迎。他说，湖南与广东山水相依，友好交往历史源远流长，近年来，两省交流合作成效显著，尤其是武广高铁开通以后，联系更加紧密。湖南历来重视与广东的合作，把对接珠三角作为湖南对外开放的战略首选，作出“敞开南大门、对接粤港澳”的决策，积极参与泛珠三角区域合作。希望通过此次考察团来湘访问，进一步加强两省统战系统和各民主党派的交流，深化两省在经济、教育、科技、文化等各领域的合作。

周镇宏说，近年来，粤湘两省签订了深化合作框架协议，进一步完善了合作机制，拓展了合作领域，提升了合作层次，相信两省全方位合作的明天一定会更加美好。

广东省领导周天鸿、温思美、宋海、王珣章、陈蔚文，湖南省领导杨泰波、李微微、杨维刚，两省各民主党派省委负责人参加会见。

【徐守盛率湖南省政府代表团出席中国（贵州）国际酒类博览会】 2011年8月18日，中国（贵州）国际酒类博览会暨中国·贵阳投资贸易洽谈会在贵阳开幕。省委副书记、省长徐守盛率湖南省政府代表团出席相关活动，并考察湖南名酒展区，寄语湘酒品牌进一步做大做强。

本届博览会由商务部和贵州省人民政府共同举办，是中国举办的首个国际性酒类博览会，也是贵州省举办的最大规模的经贸招商活动，吸引了国内外1854家企业和上万名客商参会。博览会上，10余家湘酒企业集中亮相，形成湘酒方阵，与国内外酒企同台竞技。此外，湖南共有10个项目在会上签约，总投资超过100亿元。

在出席博览会开幕式及签约仪式后，徐守盛专程来到湖南展区考察，详细察看每一家酒企的展台，询问企业销售收入、市场份额等情况。得知湘窖酒业、酒鬼酒股份有限公司等企业携多个品种参展，徐守盛说，酒类产品要兼顾各类消费人群，既要打造高端产品，又要充分考虑大众的消费能力，绝不能利用产品的紧缺哄抬价格，要在价格合理的基础上保持价格平稳，促进市场健康、良性发展。由葛根酿制而成的“湘葛液”，来自大湘西地区的“杨梅干红”，这些依托当地优势资源发展的特色酒产品是湖南展区一大亮点。徐守盛强调，依托生态优势资源发展现代农业是一条正确的路径，产品在走向市场过程中，要实事求是地推介、推销，用过硬质量赢得消费者的认同。

考察中，徐守盛指出，湖南酒类品种多，但知名品牌不多，要加快科技创新，鼓励和支持酒类生产企业引进新技术、新工艺，提高产品质量，不断提升竞争优势。要进一步开拓市场，拓展发展空间，充分利用此次酒类博览会的平台推介品牌和产品，吸取国内外优秀酒类企业的发展经验，努力做大做强湘酒品牌。

省政府秘书长盛茂林，省直相关部门负责人参加相关活动。

【贵州省委书记栗战书会见徐守盛一行】 2011年8月18日，贵州省委书记、省人大常委会主任栗战书，贵州省委副书记、省长赵克志，在贵阳市会见了出席中国（贵州）国际酒类博览会暨中国·贵阳投资贸易洽谈会的省委副书记、省长徐守盛一行。

贵州省委常委、常务副省长王晓东，贵州省委常委、省军区政委石晓参加会见。

栗战书说，湖南是毛主席的家乡，是一个令人向往的地方。近年来，湖南大力推动长株潭“两型社会”试验区建设，经济社会实现快速发展，在中部崛起中走在前列，创造了很多很好的经验。“十二五”期间，贵州将高举发展、团结、奋斗的旗帜，把“加速发展、加快转型、推动跨越”作为发展主基调，加快推动经济转型发展和跨越式发展。贵州和湖南水同源、山同脉，合作潜力巨大，希望进一步加强两省战略合作，在产业对接、资源深加工、航空运输、旅游发展等领域不断深化合作，实现互利共赢。

徐守盛感谢贵州省多年来对湖南经济社会发展的大力支持。他说，湖南和贵州都是革命圣地、红色热土，两省地域相连、人缘相亲。多年来，湘黔两省坚持优势互补，建立了深厚的友谊和合作交流关系。“十一五”以来，贵州大力实施工业强省战略和城镇化带动战略，实现了又好又快发展。当前，湖南与贵州都处于历史上发展最好、最快的时期之一，合作前景广阔。希望进一步加强沟通，深化湘黔合作，特别是进一步加强两省能源开发合作，继续实施“黔电入湘”工程；加强产业对接，开展有色金属深加工领域的合作；加强旅游合作，共同落实共建铜仁凤凰机场协议；共同推进武陵山经济协作区建设。

湖南省政府秘书长盛茂林、贵州省政府秘书长唐德智参加会见。

【湖南与富士康举行高层会谈周强郭台铭出席】 2011年8月18日，湖南省与富士康科技集团将开启更广泛更深入的合作。这天下午，双方在长沙举行高层会谈，并签署了《关于共同推进“两型”产业富湘云合作计划》的会谈纪要。省委书记、省人大常委会主任周强，富士康科技集团董事长郭台铭出席并讲话。

省委副书记梅克保主持会谈和签署仪式，富士康科技集团TMSBG事业群总经理蒋浩良，省领导陈肇雄、杨维刚出席。

2010年8月，周强在广州会见了郭台铭，商定了湖南与富士康的合作事宜；同年12月，省政府与富士康正式签署合作框架协议。随后，富士康衡阳项目启动、富士康长沙公司成立，双方在软件及“三网融合”开发、新产品研发、硬件生产及推广等领域全面推进务实合作，相关产品成功下线，一批配套企业进入湖南，吸纳了上万人就业，提升了相关产业发展水平。

根据此次签署的会谈纪要，双方将在新型节能应用产品研发生产及推广等方面深化合作，循序打造集信息、能源、教育、医疗等为一体的数字化产业，大力推进环长株潭城市群“两型社会”建设，加快产业“两型”化步伐，推动信息技术应用，促进节能减排和社会管理创新。

周强欢迎郭台铭一行来湘，并对双方合作取得的一系列实质性成果表示祝贺。他说，湖南省委、省政府一直高度重视与富士康的合作，全力支持富士康在湖南的发展，现有的合作成果，为双方推进更广泛深入的合作奠定了坚实的基础。近年来，湖南经济社会实现又好又快发展，区位优势日益明显，面临着一系列重大发展机遇。同时，湖南大力推进“四化两型”、“四个湖南”建设，具有发展信息产业的良好基础，信息产业被列为湖南重点发展的七大战略性新兴产业之一。所有这些，都为富士康在湘发展提供了有力的基础支持，也为双方合作创造了巨大空间。此次会谈纪要签署标志着双方合作进入了一个新的更高层次，为双方合作搭建了一个新的平台，希望富士康充分发挥技术和市场优势，不断扩大在湖南的投资和生产规模，把湖南建设成为富士康在大陆最重要的研发和生产基地之一，湖南将着力创造良好条件，全力支持富士康在湘投资发展。

郭台铭感谢湖南省委、省政府长期以来给予富士康发展的支持。他说，首次踏上湖南这片向往已久的热土，就被湖南秀美旖旎的风光、勤劳智慧的人民以及推进“两型社会”建设的科学发展理念深深吸引。此次会谈纪要的签署，标志着富士康在湘投资发展迈入新的阶段，富士康将举全集团之力，在湘布局一系列符合“两型”产业标准的大项目和高科技项目，通过广泛深入的合作实现双赢。

仪式上，富士康还与衡阳市签署了《关于支持富士康科技集团科技项目落户衡阳的备忘录》。

【富士康（衡阳）工业园奠基仪式衡阳举行】 2011年8月19日，富士康（衡阳）工业园奠基仪式在衡阳市隆重举行。省委书记、省人大常委会主任周强宣布奠基，省委副书记、省长徐守盛讲话，富士康科技集团董事长郭台铭致辞。

省委副书记梅克保主持仪式，富士康科技集团TMSBG事业群总经理蒋浩良，省领导陈肇雄、蔡力峰、杨维刚出席。

据了解，到明年底，富士康（衡阳）工业园投资额将不低于1亿美元，主要生产数位产品、先进光电及LED等系列产品。项目建成后，员工人数将达3万人以上，明年有望实现产值约50亿美元。目前，项目一期13万平方米厂房已竣工。

徐守盛说，湖南与富士康的合作，是面向未来、互利互惠的战略合作。自去年12月8日省政府与富士康科技集团签订框架合作协议以来，合作双方积极履行承诺，富士康已经在衡阳下线电子书、LED等产品。富士康（衡阳）工业园的动土启基，是促进衡阳经济社会加快发展的大事，也是助推湖南开放发展的又一标志性事件，奠定了富士康在湖南、在衡阳的发展之基，标志着双方合作迈入新的阶段。湖南将立足双方良好合作基础，一如既往地兑现承诺，一如既往地为工业园建设提供良好服务。希望衡阳市继续调动一切积极因素，创造高效、安全、和谐的施工环境，全力以赴做好各项保障工作，确保项目建设安全高效，尽快建成投产。寄望富士康继续加大投资和产业转移力度，与衡阳开展更紧密、更务实、更有效的合作，将工业园建设成为湖南省电子信息产业的旗舰基地。

“我已经深深爱上了湖南这片土地。”郭台铭在致辞中感谢广大湘籍同胞多年来为富士康发展付出的辛劳与智慧。他说，今天的奠基仪式标志着富士康与湖南的合作取得又一实质性进展，富士康也期待更多湖湘人士加入科技制造产业，站上全球竞争舞台。湖南当前大力推进“四化两型”建设，这与富士康基于信息科技、新材料、新能源的科技事业，是完全双赢共进的，坚信富士康一定会在湖南再登科技高峰、再创制造奇迹。

下午，周强、徐守盛、郭台铭等还出席了富士康（衡阳）LED项目启动仪式，并考察了核心技术展示、生产线投产等情况。

在湘期间，郭台铭一行还先后考察了湖南广播电视台、长株潭两型展览馆、衡阳技师学院，并出席了富士康（衡阳）产学研综合人才培训中心揭牌仪式。省委常委、长沙市委书记陈润儿陪同在长沙考察。

【徐守盛接受中部6省巡回采访团采访】 2011年8月21日，省委副书记、省长徐守盛在长沙接受第六届中博会中部6省巡回采访团的采访，畅谈加强中部合作，推动湖南开放型经济发展。

徐守盛向媒体朋友简要介绍了湖南经济发展情况。他说，当前，湖南继续保持“十一五”以来的良好发展态势，“四化两型”建设深入推进，发展活力增强。长株潭城市群“两型社会”试验区顺利完成第一阶段改革建设任务，民营经济、县域经济和开放型经济加快发展，目前已有62家世界500强企业在湘投资。

“在经济发展的同时，湖南的民生进一步改善，发展环境更加优化。”徐守盛介绍，去年，与民生直接相关的支出达到1723.5亿元，占财政总支出的63.8%。今年，湖南出台《法治湖南建设纲要》，颁布《湖南省政府服务规定》，制度性改善发展环境取得新突破。

作为湖南发展的“金字招牌”，目前，长株潭“两型社会”试验区建设推进情况如何，是媒体朋友共同关注的焦点。

“通过近4年的建设发展，长株潭试验区探索了一条符合湖南实际的发展路子，构建了一个吸引各类改革创新要素的巨大平台，打造了一个带动和引领全省科学发展的强力引擎，正逐步成为湖南省加快发展的重要战略支点。”徐守盛介绍，到去年末，长株潭经济总量占全省的比重超过40%，长株潭核心增长极的辐射带动效应已充分显现。

徐守盛表示，最近召开的湖南“两型社会”建设推进大会，将进一步发挥长株潭核心增长极的辐射带动作用，推动全省“四化两型”和“四个湖南”建设向纵深发展。主要是“四个突出”：突出“两型社会”建设的整体性、协调性和针对性；突出规划的统领作用，坚持分步实施，区分轻重缓急，强化协调配合；突出项目带动，加大“两型”项目推进力度，吸引市场主体参与项目建设；突出长株潭的龙头作用，使之真正成为辐射带动全省的动力策源地。

自2006年启动至今，中博会已走过6个年头。徐守盛表示，加强与中部各省的合作是湖南实现开放发展的重要途径，已基本形成优势互补、互利共赢的格局。

“利用中博会平台，湖南与中部各省密集开展高层互访和产业对接，一大批合作项目都在积极实施当中。”徐守盛介绍，仅2010年10月至今年7月，湖南从中部其他5省共引进项目583个，实际到位资金189.3亿元。

9月26日，第六届中博会即将在山西太原拉开大幕。湖南如何展示自己的优势和特色，媒体对此十分关注。

徐守盛表示，湖南把参加第六届中博会作为全年重大招商引资活动之一，高效组织，全力参与。本届中博会上，湖南将对外发布1115个招商推介项目，重点推介先进装备制造、新材料、文化创意、生物制药、新能源、电子信息、节能环保等战略性新兴产业，积极承接国际和沿海产业转移。

“我们将向世界展示一个充满活力、富有魅力、蕴含潜力的新湖南，努力促进互利共赢。”徐守盛说。

省直相关部门负责人分别回答了记者提问。

【徐守盛会见江苏国信集团董事长董启彬一行】 2011年8月22日，省委副书记、省长徐守盛在长沙会见了江苏国信集团董事长董启彬一行。

省委常委、长株潭试验区工委书记陈肇雄参加会见。

国信集团是江苏省大型国有独资企业集团，今年4月与湖南省有关方面签约，计划投资100亿元在湘潭建设“昭山晴岚”项目。

徐守盛对董启彬一行来湘表示欢迎。他说，近年来，湖南紧紧抓住国家实施中部崛起战略的重大机遇，加快推进“四化两型”与“四个湖南”建设，经济社会实现又好又快发展。昭山是长株潭“两型社会”试验区的绿心，希望国信集团按照“两型社会”建设要求，把“昭山晴岚”项目建设成为两省合作的标志性项目，实现社会效应、生态效应、经济效应相统一。湖南市场广阔，发展空间巨大，热忱欢迎更多企业来湖南投资兴业，实现互利共赢。

董启彬说，湖南亲商重商，在中部崛起中走在前列，发展前景良好。国信集团将全力以赴把“昭山晴岚”建成湖南“两型社会”示范项目，并在能源、金融、外贸等领域进一步深化与湖南的合作。

省政府秘书长盛茂林，及省直相关部门负责人参加会见。

【周强会见香港文汇报董事长、社长王树成一行】 2011年8月27日，省委书记、省人大常委会主任周强在长沙会见了香港文汇报董事长、社长王树成一行。

周强感谢香港文汇报为宣传推介湖南、推动湖南和香港两地交流合作发挥的积极作用。他说，湖南近年来坚持科学发展，大力推进“四化两型”和“四个湖南”建设，全省经济社会保持了又好又快发展。“十二五”时期，湖南将在继续保持经济平稳较快增长的同时，进一步保障和改善民生，加强生态建设和环境保护，大力推进法治湖南建设，让发展成果惠及广大人民群众。希望香港文汇报一如既往关注、宣传、推介湖南，在湖南与香港的交流合作中发挥好桥梁纽带作用。

王树成感谢湖南省委、省政府长期以来对香港文汇报各项事业发展的大力支持。他表示，湖南良好的发展态势受到了海内外的广泛关注，香港文汇报将进一步发挥优势，为湖南未来的发展多作贡献。

省委常委、省委统战部部长李微微参加会见。

【广州军区政委张阳在省军区调研：围绕主题主线推进各项建设和改革】 2011年9月1日，广州军区政委张阳率工作组在省军区调研并听取有关工作情况汇报。他强调，要紧紧围绕主题主线推进各项建设和改革，坚持在继承中创新、在创新中发展，扎实抓好以军事斗争准备为龙头的各项工作，全面开创省军区部队和民兵预备役建设新局面。

省委书记、省人大常委会主任、省军区党委第一书记周强出席汇报会并看望了张阳一行。

汇报会上，张阳对省军区党委班子建设和各项工作取得的成绩给予充分肯定。他强调，要充分认清省军区部队的重要地位作用，不断强化党委一班人的使命意识和责任担当，以更加奋发有为的精神状态搞建设谋发展，不负重任、不辱使命。要大力加强部队思想政治领导，紧紧扭住坚定信念、铸牢军魂这个根本，大力弘扬听党指挥、服务人民、英勇善战的优良传统，坚决听从党中央、中央军委和胡锦涛主席的指挥。要紧紧围绕主题主线搞建设谋发展，始终聚焦战斗力生成模式转变，牢固树立民兵预备役工作的中心地位，注重全面打基础全力保稳定，不断提高国防动员和后备力量建设水平。要大力弘扬党管武装优良传统，始终牢记人民军队的根本宗旨，牢固树立为地方党委政府分忧的思想，更好地坚持党管武装的原则和制度，更好地发挥省军区系统桥梁纽带作用，更好地支持和参加地方经济社会建设，充分发挥战斗队、工作队、宣传队作用，为促进地方经济社会发展、维护社会和谐稳定作出新的更大贡献。要切实加强党委班子自身建设，始终保持昂扬向上的精神状态，着力增强综合素质和领导能力，不断提高贯彻民主集中制质量，切实维护班子良好的作风形象，在部队和民兵预备役建设中充分发挥领导核心作用。

汇报会由省军区司令员张永大主持，省军区政委李有新、原政委杨忠民出席并讲话。省军区领导张中湘、万建华、魏永景、李兰田、刘新出席会议。

【周强会见旺旺控股有限公司董事局主席蔡衍明一行】 2011年9月4日，省委书记、省人大常委会主任周强在长沙会见了来湘参加第七届湘台经贸交流合作会的旺旺控股有限公司董事局主席蔡衍明一行。

周强对旺旺集团取得的成就表示祝贺，高度评价旺旺集团在湘发展呈现出的良好态势。他说，湖南近年来经济平稳较快发展，新型工业化、农业现代化、新型城镇化和信息化进程扎实推进，“两型社会”建设取得实质性进展，交通等基础设施建设日益完善，区位优势进一步显现，市场潜力巨大，这都为湘台两地进一步密切交流合作提供了广阔空间。旺旺集团在湘的发展，是湘台经贸合作、企业合作的成功典范，希望旺旺集团进一步拓展在湘发展空间，也热忱欢迎更多台湾企业来湘投资兴业。

蔡衍明说，湖南近年来快速发展带来的巨变令人瞩目。在湖南省委、省政府的大力支持下，旺旺集团在湘发展越来越旺，期待着与湖南的进一步深化合作，也衷心祝愿湖南一切都旺。

省委副书记梅克保参加会见。

【第七届湘台经贸交流合作会开幕】 2011年9月5日，第七届湘台经贸交流合作会在郴州隆重开幕。全国人大常委会副委员长陈昌智宣布开幕。省委书记、省人大常委会主任周强在开幕式前会见与会台湾嘉宾代表。海峡两岸关系协会会长陈云林出席。新党主席郁慕明，省委副书记、省长徐守盛，国务院台办常务副主任郑立中分别在会上讲话。

省委副书记梅克保主持开幕式。省领导和老同志杨泰波、李微微、刘莲玉、韩永文、王晓琴、龙国键出席相关活动。

近年来，湘台两地经贸交流合作不断深入，湖南成为台商投资的热点地区。截至今年7月底，在湘台资项目累计达2070个，实际到位台资39.43亿美元，居湖南省引进境外资金第二位。

第七届湘台经贸交流合作会是湖南省今年重大经贸活动之一，由国务院台办和省人民政府主办，省台办和郴州市人民政府承办。期间将举办项目签约、湘台金融合作论坛、旅游推介会、湖南（郴州）台湾工业园揭牌等系列活动。来自台湾政界、工商界、科技界的400多位嘉宾参会。

会见中，周强代表省委、省政府欢迎台湾各位嘉宾来湘出席第七届湘台经贸交流合作会，感谢他们为推动湘台交流合作所作的积极贡献。他说，近年来，湘台经贸交流合作蓬勃发展，富士康、旺旺集团、九兴控股、台达电子等台湾知名企业纷纷落户湖南，湘台两地文化、教育等领域的交流合作不断深化，人员往来日益紧密。湘台经贸交流合作会已成为湘台两地交流合作的重要平台、两岸交流合作的知名品牌，湖南热诚欢迎更多台商来湘投资兴业。

周强说，“十一五”期间，湖南基础设施日益完善，传统优势产业和战略性新兴产业竞争力不断提升，“两型社会”建设取得实质性进展，教育、科技、人才对经济社会发展的支撑作用进一步增强，生态环境持续改善，全省经济社会实现了又好又快发展。湖南高度重视发展开放型经济，始终把加强湘台经贸合作放在重要位置，出台了一系列政策措施支持台商在湘发展，保障台胞台商的合法权益。希望以本届湘台经贸交流合作会的举办为契机，进一步加强湘台之间的了解，增进互信，不断拓展双方在制造业、金融、信息、文化、旅游等领域的合作，谱写两地共同发展新篇章。

郁慕明说，近年来两岸交流日益频繁，越来越多台湾乡亲来到大陆投资兴业。期望以此次湘台经贸交流合作会为契机，进一步推动两地经贸、金融、旅游等领域深入合作，心连心、手拉手，用心、认真、努力推动两岸实现合作共赢，推动湘台两地共同发展。

徐守盛说，当前，湖南已进入外向型经济加速发展时期，特别是以长株潭“两型社会”试验区为平台，富集了大量国内外改革创新要素，服务环境得到制度性改善，湖南未来的发展蕴含着无限商机，广大投资者来湖南一定会获得良好的回报。他指出，近几年来，在两岸关系和平发展的大背景下，湘台两地已形成全方位、宽领域、多层次的大交流格局，从经贸合作上升为全方位的交流互动，从单一项目投资上升为产业链转移，从单个企业自发投资上升为企业在湘组团、集群发展。湖南将进一步优化服务，努力为包括广大台湾同胞在内的海内外投资者，营造更好的发展环境。加强配套服务，促进台资等各类外资企业更深、更快地融入湖南经济发展；完善金融服务，不断增加和创新金融服务手段，切实解决各类企业融资难题；大力优化政务服务，坚持讲诚信、讲规范，按制度办事，切实兑现承诺的各项优惠政策，为各类投资者提供规范、高效、便捷的政务服务；着力营造良好人文环境，促进企业发展与改善民生紧密结合起来，切实保障各类市场主体的合法权益，让各类企业放心、放手、放胆在湘发展。

郑立中对大会的召开表示祝贺。他说，湘台经贸交流会举办以来，成果一届比一届丰硕，不仅为台商在湖南发展提供了良好机遇，也有力地促进了湖南经济社会发展，是两岸互利双赢，造福同胞的生动写照。湖南是大陆中部具有发展潜力的重要省份，湘台合作历史渊源深厚，合作前景广阔，希望台商朋友更加关心湖南、融入湖南、共享湖南发展机遇与明天。国台办将继续为深化湘台交流合作提供支持。

台达电子董事长郑崇华作为台湾客商的代表发言。

开幕式后，还举行了签约仪式，45 个项目现场签约，项目总投资 41.8 亿美元。其中，合同项目 38 个，总投资 35.9 亿美元；协议项目 7 个，总投资 5.9 亿美元。省长助理袁建尧主持签约仪式。

【周强会见胡江潮、魏新】 2011 年 9 月 7 日，省委书记、省人大常委会主任周强在长沙分别会见了浙江省物产集团公司董事长、党委书记胡江潮，方正集团党委书记、董事长魏新一行。

周强对两家企业近年来取得的成就表示祝贺。他说，“十一五”时期，湖南坚持科学发展，抢抓一系列重大历史性机遇，基础设施建设日益完善，传统优势产业和战略性新兴产业竞争力不断提升，区域经济合作、引进战略投资者成效显著，金融证券业撬动作用明显，“两型社会”建设取得实质性进展，法治湖南建设大力推进，区位、教育、科技、生态等优势进一步显现，为未来发展打下了坚实基础。湖南经济社会的又好又快发展，为更多企业来湘投资、发展提供了广阔的市场和空间。希望两家企业进一步发挥优势，加强与湖南在现代物流、金融、证券等领域的合作。湖南将为广大企业来湘发展创造良好环境。

胡江潮表示，湖南良好的发展态势和投资环境，增强了企业在湘发展的信心，浙江省物产集团公司将发挥在国内外贸易、现代物流、金融服务、电子商务等领域的优势，加大在湘投资力度，不断推动双方合作迈上新台阶。

魏新表示，方正证券将立足湖南，服务湖南，扩大合作领域，提升合作层次，做大做强“总部经济”，促进金融资本与湖南本土优势产业对接，为湖南经济社会发展作贡献。

【徐守盛出席中国创投暨私募股权投资高峰论坛】 2011 年 9 月 15 日，2011 中国创业投资暨私募股权投资高峰论坛在长沙举行，900 余名经济领域专家学者和企业代表齐聚一堂，纵论金融热点话题。湖南省委副书记、省长徐守盛出席并讲话。他表示，湖南将努力营造公开、公平、公正、可预期的发展环境，让一切来湘投资的国内外朋友放心、放手、放胆发展。

近年来，湖南省创业投资、私募股权投资快速发展。截至今年 8 月底，全省股权投资类企业近 300 家，注册资本近 500 亿元。2010 年，全省私募股权融资额达 42 亿元，新增上市公司 12 家。

本次论坛是湖南省第二届金融博览会的系列活动之一，由省政府金融办主办，旨在探讨创业投资和股权投资领域的热点话题，探索如何高效利用股权投资资金推动湖南经济发展。

徐守盛向论坛的举行表示祝贺。他说，湖南正处于历史上发展最好最快、城乡人民群众得实惠最多的时期之一，金融业实现长足发展，为经济社会发展提供了有力保障。“十二五”时期，湖南将继续保持旺盛、蓬勃的发展态势。这既需要金融提供强有力的支撑和保障，也为金融发展提供了巨大舞台和广阔空间，更是创业投资、私募股权投资快速发展的最佳时期。为积极拓宽企业融资渠道，扩大直接融资规模，湖南先后出台鼓励和扶持企业上市、设立扶持企业上市专项引导资金、加快发展资本市场等一系列政策措施，并在支持创业投资、私募股权投资发展方面作出了积极探索和尝试，取得一定成果。创业投资、私募股权投资等资本运作方式已逐步成为推进湖南战略性新兴产业发展、转变经济发展方式、调整产业结构的重要力量之一。

“当前，湖南已成为国内外各类投资者关注的热点。”徐守盛说，本届金融博览会及高峰论坛，汇集了国内外众多金融界精英和优质企业，是金融投资领域一次难得的沟通交流盛会。我们将以此为契机，全面加强与国内外金融资本和金融企业家的合作，进一步改善投资环境，逐步建立健全以政府产业扶持资金为基础、创业投资为引导、各类社会投资共同参与的创业投资体系，努力营造公开、公平、公正、可预期的发展环境，让一切来湘投资的国内外朋友放心、放手、放胆发展，与湖南人民共享发展成果，共创美好未来。

论坛上，省政府金融办主任张志军介绍了湖南投融资环境。深圳证券交易所副总经理陈鸿桥、IDG 资本创始合伙人熊晓鸽、深圳达晨创业投资公司创始合伙人、董事长刘昼等一批嘉宾发表演讲。

副省长韩永文，省政府秘书长盛茂林出席。

【周强会见中国国民党荣誉主席连战】 2011 年 9 月 17 日，省委书记周强在长沙会见了中国国民党荣誉主席连战和夫人连方瑀一行。

海峡两岸关系协会会长陈云林参加会见。

周强对连战一行来湘参访表示欢迎。他说，在中国共产党的坚强领导下，“十一五”时期，湖南经济社会发展迈上了新台阶，主要表现在基础设施日益完善，区位优势进一步显现，承接产业转移、吸引外商投资等工作呈现良好态势，生态环境持续改善，发展后劲显著增强。湖南与台湾交往源远流长，近年来，在两岸关系和平发展的大背景下，湘台交流合作日益频繁，一大批台湾知名企业纷纷落户湖南，在湘投资发展态势良好。此外，湘台两地在科技、文化、教育等领域的交流合作不断深化，人员往来日益紧密。希望通过连战主席此次访湘，进一步推动湘台两地在经济、教育、科技、文化等各领域的深化合作，谱写两地共同发展新篇章。

连战说，非常高兴来到三湘大地访问。湖南历史悠久，人文荟萃；山川秀美，资源丰富；交通便捷，区位优越；基础雄厚，后劲充足。湖南未来的发展潜力巨大，将吸引越来越多的台商来湘投资兴业。希望能进一步推动台湾与湖南的经贸文化交流，并祝愿湖南欣欣向荣，蒸蒸日上。

海峡两岸关系协会副会长李炳才，中国国民党中评委主席团主席丁懋时、蔡勋雄，省领导杨泰波、李微微参加会见。

【徐守盛会见在赣湘籍知名人士及商会代表】 2011 年 9 月 22 日，省委副书记、省长徐守盛在南昌会见江西省人大常委会副主任陈安众等在赣湘籍知名人士及商会代表。

省委常委、副省长郭开朗参加会见。

“很高兴与各位老乡相聚南昌，共话湘音，共叙湘情，共谋发展。”徐守盛代表省委省政府向各位老乡表示亲切问候。他说，“十一五”期间，湖南实现又好又快发展，人民群众幸福指数不断提升。这些成绩的取得，离不开广大外地湖南老乡的关心和支持。

徐守盛说，长期以来，各位老乡志存高远，努力拼搏，发扬湖湘文化“心忧天下、敢为人先”的优秀传统，“吃得苦、霸得蛮、耐得烦”，在各自行业、各自领域取得了骄人业绩。同时，广大老乡湘音不改、湘情不变、湘亲不忘，充分发挥桥梁纽带作用，为推动湘赣合作、深化两省友谊作出了积极贡献。当前，湖南处于历史上发展最好最快的时期，正致力加快建设“四化两型”，推动科学发展、绿色发展、可持续发展，这为各位老乡回湘投资兴业提供了广阔空间。希望各位在赣老乡一方面扎根江西、服务江西、建设江西，做大做强湘商品牌，扩大湘商影响力；另一方面充分利用自身资源和人脉优势，积极宣传、推介家乡，为家乡发展出谋划策。湖南将充分尊重投资人意愿，在尊重自然规律、经济规律和社会主义初级阶段市场规律的基础上，为大家回乡投资、干事创业营造良好环境，提供优质服务。

“湖南是我们的根，我们身在江西，心系家乡。”江西省湖南商会会长邱文奎作为代表发言。他说，家乡的快速发展令我们倍感振奋，也给在赣湘商回乡投资带来了良好机遇。近两年，江西省湖南商会已有10多家会员企业回乡投资，发展势头良好。背靠广阔的三湘大地，在赣湘商将努力擦亮湘商名片，积极投资家乡、反哺家乡。

省政府秘书长盛茂林，以及省直相关部门负责人参加会见。

【周强出席中部论坛太原会议并发言】 2011年9月25日，以“深化全面合作、加快转型跨越、促进中部崛起”为主题的中部论坛在山西省太原市隆重举行，省委书记、省人大常委会主任周强在论坛上发言。中部六省党政主要负责人和国家有关部委负责人出席论坛。

周强在题为《推进“两型社会”建设加快转型跨越发展》的发言中说，在党中央、国务院的坚强领导下，“十一五”的5年，是中部崛起战略深入推进的5年，也是中部地区科学发展取得新的显著成就的5年。中部崛起战略的实施，极大地提振了六省人民加快崛起的信心与决心，进一步凸显了中部地区的重要战略地位，进一步扩大和深化了中部地区的对外开放与交流合作，进一步激发了中部地区蕴含的内生动力和后发优势，推动中部地区迈上了又好又快的科学发展轨道。

周强说，在中部崛起战略的引领推动下，湖南同中部各省一样，经济社会发展进入了历史上最好最快的时期之一。当前，湖南正处于工业化、城镇化中期阶段，加快发展和加快转变发展方式的任务十分繁重。湖南从省情实际出发，充分利用长株潭城市群建设全国“两型社会”综合配套改革试验区的机遇，坚持以建设“两型社会”作为加快经济发展方式转变的方向和目标，把加快发展和加快转变发展方式统一于建设“两型社会”这一实践之中，加快推进“四化两型”、“四个湖南”建设，着力推进经济结构调整，加快建立“两型”产业体系；着力加强节能减排和生态环境建设，夯实“两型社会”建设的生态基础；着力推进长株潭试验区改革建设，以试验区建设带动全省“两型社会”建设；着力扩大对外开放，为“两型社会”建设注入强大动力；着力建设法治湖南，为“两型社会”建设提供有力保障；着力保障和改善民生，让“两型社会”建设成果惠及全省人民，努力实现发展速度、质量和效益的统一，努力实现立足现实基础、加快当前发展与着眼长远发展、提升长远竞争力的统一。

周强就中部六省进一步深化合作、加快科学发展、实现共生崛起提出两点建议：一是在国家总体宏观政策体系框架内，建立健全综合协调机制，加快推进中部地区经济一体化进程。着力推进城市群发展一体化，促进中部地区城市群协同发展；推进产业发展一体化，加强省际产业分工协作，科学谋划产业布局，共建产业合作园区，促进产业互补和错位发展；推进基础设施一体化，加快省际综合交通运输通道、能源输送通道、信息网络、防洪工程、口岸通关、旅游设施等重大基础设施建设，实现相互对接和共享共用；推进市场一体化，全面清除妨碍公平竞争的各种行政壁垒障碍，推动生产要素和产品跨区域合理流动，加快建立健全开放、公平、竞争、有序的区域性市场体系；推进环境治理一体化，加强省际生态环境建设协作，建立区域环境污染联防联控机制，共同治理大江大河大湖。二是进一步加强中部地区改革试验方面的交流与合作。中部六省都有国家层面的改革试验区（经济区），随着改革试验的深入推进，有许多新情况、新课题需要在合作交流中共同探讨。建议六省之间加强在改革试验方面的交流与合作，互相学习借鉴，互通信息，取长补短，共享改革试验成果，更好地完成中央交给的改革试验任务。

论坛结束后，周强还巡视了中部投资贸易博览会湖南展馆。

【海峡两岸炎帝神农文化交流合作协议签署】 2011年10月14日，炎陵县炎帝陵管理局与台湾中华神农大帝协进会，在炎陵县湘山艺术馆共同签署海峡两岸炎帝神农文化交流合作协议。这标志着海峡两岸建立了炎帝神农拜谒、祭祀常态机制。省委常委、长株潭试验区工委书记陈肇雄出席仪式。

根据协议，双方将发挥双方自身优势为游客（信众）祭祀炎帝神农氏提供便利服务；加强海峡两岸炎帝神农文化研究交流与合作，实现研究资源整合、成果共享，促进炎帝神农文化交流普及；培育和开发神农文化创意产业，不定期举行炎帝神农主题文化节与相关的文化创意产业活动等。

仪式后，举行了海峡两岸炎帝神农文化论坛，两岸学者共论炎帝文化，两岸嘉宾800余人出席。大家认为，两岸同祖同源一脉相承，应做炎帝神农文化的传承人和传播者。当晚，炎陵县中心广场还举行了隆重的海峡两岸民俗文化展演。

【海峡两岸炎帝神农祭祀大典举行】 2011年10月14日，炎陵县炎帝陵古乐悠悠，馨香袅袅，辛卯年海峡两岸炎帝神农祭祀大典在这里隆重举行，海峡两岸各界人士

5000余人参加盛典。

中共中央台办、国务院台办常务副主任郑立中宣布祭祀大典开始，省委副书记梅克保致辞，省委常委、长株潭试验区工委书记陈肇雄主持祭祀大典开幕式，省长助理袁建尧出席。

“2011年海峡两岸炎帝神农文化祭”活动是国台办重点交流项目，由省人民政府台湾事务办公室、中华神农大帝协进会、株洲市人民政府、全国台湾同胞投资企业联谊会主办，株洲市人民政府台湾事务办公室、炎陵县人民政府承办。祭祀大典是“2011年海峡两岸炎帝神农文化祭”系列活动之一。台湾中华神农大帝协进会组织来自台湾60余家神农宫、庙、寺的信众及岛内各界人士、在湘台商、台生600余人来到炎陵，与大陆民众共同祭祀中华民族的人文始祖炎帝神农氏。

梅克保发表了热情洋溢的致辞。他代表省委、省政府，向出席大典的两岸嘉宾表示诚挚的欢迎。他说，炎帝神农文化是海峡两岸文化的共同源头，希望海峡两岸同胞以海峡两岸炎帝神农祭祀大典为平台，深化交流合作，建立长效机制，增强休戚与共的民族认同感，共享两岸和平发展成果；欢迎更多的台湾同胞来炎帝陵拜谒始祖，寻根祈福；希望大家走进湖南、了解湖南、发展湖南，大力推动湘台经贸文化交流，共同谱写两地合作发展的崭新篇章。

9时9分，祭祀大典正式开始。全国台企联常务副会长叶宏灯主持祭祀大典仪式。在众人的注视中，大陆方圣火手与台湾方圣火手在炎帝陵圣火台点燃圣火，跳跃的火苗象征着两岸民间文化交融之光，温暖两岸儿女心怀。

“巍巍罗霄兮，涛涛洣水……炎帝神农兮，以开农耕……”千人合唱队队员从神农大殿两侧列队进入祭祀大殿前阶，随音乐同声高唱《祭炎帝》，表达对中华民族始祖炎帝神农氏的无限景仰。

《祭炎帝》唱毕，主献者、分献者分别就位，鸣炮奏乐，恭迎中华始祖神农大帝圣驾。其后，锣鼓交鸣，一锣二鼓，共响三十六遍，祈风调雨顺、国泰民安。

祭祀音乐响起，大陆方主祭人与台湾方主祭人依次向中华民族始祖炎帝神农氏敬献高香、供品、花篮。随后，台湾方主祭人行“三献礼”，焚香，奏乐，向神农炎帝金身宝像行三跪九叩大礼，表达对始祖炎帝的追思、景仰之情。

“神农大帝，帝德宏深；创作耒耜，导民农耕……”在“三献礼”仪式间，一名台湾同胞恭读《中华民族始祖炎帝神农氏祝文》，字字句句表达了海峡两岸人民对炎帝神农氏的无限敬仰之情，以及共期和平、永兴中华的肺腑之言。

随后，祭祀人员瞻仰了炎帝雕像和炎帝功绩壁画，举行了盛大的开午门仪式和平安令旗、神农香包致赠仪式及台方回赠木匾仪式，并满怀虔诚地拜谒炎帝陵墓。

【周强会见凤凰卫视董事局主席刘长乐一行】 2011年10月25日，省委书记、省人大常委会主任周强在长沙会见了来湘出席国际道教论坛的凤凰卫视董事局主席兼行政总裁刘长乐一行。

周强感谢凤凰卫视一直以来对湖南的关注和支持，对凤凰卫视不断提升传播能力、扩大品牌影响所取得的成就表示祝贺。他说，在“十一五”时期打下的坚实基础上，当前湖南经济社会继续保持又好又快发展态势。随着交通基础设施的日益完善，湖南的区位优势进一步凸显，经济外向度不断提升，人流、物流、资金流正在向湖南聚集。湖南文化底蕴深厚，生态环境良好，旅游、出版、广电、动漫、演艺等产业不断做大做强。凤凰卫视与湖南有着良好的合作基础，希望双方进一步寻求契机，在更多领域加强合作。

刘长乐说，湖南近年来的发展成就有目共睹，特别是在文化领域涌现了众多领军人物。凤凰卫视一直十分关注湖南的发展，将进一步做好对湖南的宣传推介工作，同时期待双方在更多领域寻求合作。

省委常委、省委宣传部部长路建平，凤凰卫视执行副总裁兼中文台台长王纪言参加会见。

【湘苏携手推动地矿经济发展徐守盛出席相关项目签约仪式】 2011年11月25日，湖南省核工业地质局、湖南省有色地质勘查局与有色金属华东地质勘查局在长沙签署战略合作协议，标志湖南与江苏两省地勘单位携手合作，推动地矿经济大发展。省委副书记、省长徐守盛出席签约仪式。

省委常委、长株潭试验区工委书记陈肇雄在签约仪式上讲话。

省核工业地质局、省有色地勘局均拥有技术雄厚的找矿队伍，分别为我国铀矿地质勘查和有色、黑色、贵金属勘探做出了突出贡献。地处江苏的有色金属华东地质勘查局是我国有色地勘行业历史最悠久的专业资源勘查队伍，海外找矿和矿业权经营优势明显，拥有国内外矿权近200个。根据战略合作协议，合作方将在国内外地质勘查、矿业权收购、资本运作以及人才交流等方面开展广泛合作，建立多层次、全方位的长期战略合作伙伴关系。合作方就对方所拥有的探矿权合作进行风险勘探，享有项目和探矿权的优先合作或优先受让权；将建立国外找矿信息、风险勘查、矿业开发合作新机制，积极推进国外风险勘查合作，共同参与国外项目并购。省有色地质勘查局将把现有的“湖南省临湘市虎形山铍钨矿普查”、“湖南省古丈县岩头寨钒矿详查”作为与有色金属华东地质勘查局合作投资勘查开发的首选项目。

陈肇雄表示，加强地质找矿工作，积极参与国际矿业合作，建立重要矿业资源储备体系，是缓解矿产资源约束、提升支撑经济社会发展资源保障能力的客观需求。三方的战略合作是优势互补、资源共享的具体措施，是落实今年4月湖南与江苏加强两省战略合作框架协议的具体行动，有利于发挥各自优势，统筹利用好国内国际两个市场、两种资源，提升参与全球化资源配置的竞争力，实现共赢发展。希望三方以此次合作为契机，不断拓宽合作领域，深化合作层次，为提高我国矿业资源保障能力、促进经济社会又好又快发展再立新功。

【四川省党政代表团在湖南考察】 2011年11月25日至26日，四川省委书记、省人大常委会主任刘奇葆率四川省党政代表团在湘考察，进一步推动两省深化合作、共赢发展。省委书记、省人大常委会主任周强参加考察。

四川省领导魏宏、钟勉、刘捷，湖南省领导梅克保、陈润儿、李微微等参加考察。

近年来，湖南省以长株潭试验区建设引领带动全省“两型社会”建设，取得了阶段性成果。四川省党政代表团此行来到位于橘子洲头的长株潭两型社会展览馆，详细了解湖南省全面推进“两型社会”建设的思路和举措。

作为湖南省“两型社会”建设的宣传展示窗口、教育基地和交流平台，长株潭两型社会展览馆开馆8个多月来，参观人数已累计达9万余人。走进展馆，代表团一行参观了“国家战略”、“顶层设计”、“阶段成果”、“未来展望”等各个展区。当了解到展馆是在废弃旧厂房基础上改建而成，空调系统运用了江水源空调技术，照明系统采用LED节能照明和太阳能光伏、风电发电等技术时，刘奇葆称赞展馆本身就体现了“两型”的理念和特色。展馆的巨型显示屏上显示的数据引起了大家的关注——“十一五”时期，湖南省GDP年均增14%，单位GDP能耗累计下降20.4%。刘奇葆深有感触地说，湖南“两型社会”建设真正把加快经济社会发展与加强生态环境保护有机结合起来，推动经济社会发展走上了全面协调可持续发展的轨道，真正体现了科学发展，也为四川推进“两型社会”建设作出了示范，提供了经验。

3年前，“5·12”汶川特大地震发生后，中联重科救援队是第一支赶赴北川的机械化救援队，成功抢救了北川中学21个孩子的宝贵生命。带着感恩的心情，代表团一行走进了中联重科厂区，展现在大家眼前的是一排排体积庞大的起重机、挖掘机、铺路机、混凝土泵车等工程机械产品，十分壮观。在企业装配车间，刘奇葆详细了解企业在发动机、液压和操控系统等关键环节的技术创新情况。企业负责人介绍说，通过致力于建筑、能源和交通等领域的重大高新技术装备研发制造，企业每年销售收入的50%来自于开发的新产品，销售收入年均增长60%以上。刘奇葆称赞说，实践证明，加强自主创新，掌握核心技术是企业加快发展、赢得市场的不竭动力，四川装备制造产业基础良好，优势独特，希望中联重科进一步深化与四川装备制造企业的合作，共同做大做强。

考察中，刘奇葆表示，湖南近年来抢抓长株潭城市群“两型社会”建设等一系列重要机遇，在推进科学发展、加快转变经济发展方式上抓得早、抓得准，取得了成果、创造了经验，为四川提供了有益启示。与此同时，湖南坚持繁荣文化事业，发展文化产业，“文化湘军”异军突起，文化对经济社会发展的支撑促进作用越来越强，其做法和经验值得同为文化大省的四川认真学习借鉴。四川与湖南的省情特征相似，经济总量相当，近年来两省大力实施开放合作战略，都迎来了新一轮发展的战略机遇期。作为西部和中部的重要经济体，希望两省共享发展机遇，拓展合作空间，不断提升交流合作的层次和水平，推动两省经济社会共赢发展。

26日上午，四川省党政代表团一行还专程来到韶山，瞻仰了毛泽东同志故居，向毛泽东同志铜像敬献了花篮。

【湖南四川经济社会发展情况交流会在长沙举行】 2011年11月25日，由四川省委书记、省人大常委会主任刘奇葆率领的四川省党政代表团抵湘考察。下午，湘川两省经济社会发展情况交流会在长沙举行，湖南省委书记、省人大常委会主任周强，省委副书记、省长徐守盛出席并讲话。

湖南省领导梅克保、于来山、陈润儿、李微微，四川省领导魏宏、钟勉、刘捷出席交流会。

同处长江经济带，同属泛珠三角区域合作成员，湘川两省经济社会交流合作历来频繁。“十一五”期间，四川企业在湘实施合作项目485个，到位资金119亿元。目前，在川创业经商的湘籍人士已达15万。特别是“5·12”汶川特大地震发生后，湖南省举全省之力对口支援理县灾后重建工作，顺利实现了“三年援建任务两年基本完成”的目标，进一步密切了两省干部群众的联系和友谊，夯实了两省深化交流合作的基础。

周强向四川灾后恢复重建创造的伟大奇迹和科学发展取得的显著成就表示敬意。他说，汶川特大地震以来，在党中央、国务院的坚强领导和全国人民的大力支援下，四川省委、省政府团结带领全省各族人民，深入贯彻落实科学发展观，大力弘扬伟大的抗震救灾精神，加快建设灾后美好新家园，加快建设西部经济发展高地，推动地震灾区发生了脱胎换骨的历史性巨变。湖南将认真学习四川科学发展的好思路、好经验、好做法，把伟大的抗震救灾精神融入到湖南的各项工作中去，推动湖南科学发展、富民强省。同时，湖南将在巩固援建成果的基础上，进一步探索完善各种行之有效的对口合作途径，推动对口支援向长期合作转变。

周强就两省进一步深化和拓展全方位交流合作提出四点建议。一是深化产业合作。着力加强战略性新兴产业发展、传统优势产业转型升级的合作，着重加强农产品生产基地建设、农产品精深加工、产业化经营等方面的合作，促进两省文化旅游深度合作。二是加强在西部大开发、改革试验区建设、扶贫攻坚等国家实施的重大发展战略方面的交流与合作。三是拓展基础设施建设合作。重点加强长江水运、高速公路、铁路、机场等交通基础设施建设的合作，加大“川气入湘”等能源领域的合作。四是加强科教、人文及社会等各领域的合作。推动两省产学研资源共享，交流双方在应对自然灾害等方面的经验，促进防灾减灾能力建设。周强提议，进一步健全完善政府引导、市场运作、企业为主、社会参与的两省交流合作机制，引导和支持企业开展多领域、多方位的经济技术合作，鼓励地区部门、社会团体和民间组织缔结友好关系，共同推进两省经济社会交流合作与发展。

刘奇葆感谢湖南省委、省政府和湖南人民对四川抗震救灾和灾后重建给予的倾力援助和大力支持。他说，近年来，湖南紧紧抓住国家实施中部崛起战略等重大机遇，推进“一化三基”，加快“四化两型”建设，全省各项工作取得了重大进展，经济社会发展呈现出蓬勃生机，特别是在“两型社会”建设、城市群培育、文化产业发展等方面走出了自己的路子，创造了许多鲜活经验，值得四川学习借鉴。

刘奇葆说，作为西部和中部的重要经济体，川湘两省在产业、市场、资源、人才、技术等方面有着密切的联系和很强的互补性，推进合作发展具有良好的基础。在国家实施新一轮西部大开发、深入推进中部崛起的大背景下，希望川湘两省进一步加大合作发展力度，创新合作方式，拓展合作领域，不断提升交流合作的层次和水平。一是巩固和深化对口支援成果，促进灾区发展振兴。二是加强产业合作和企业合作，支持两地企业以多种形式加强合作。三是加强重点生态工程、生态补偿机制、生态环境保护技术等方面的合作。四是加强文化改革发展的合作，共同为传承优秀文化、传播中华文化作出积极贡献。

徐守盛介绍了湖南省经济社会发展情况。他说，今年以来，湖南坚决执行中央宏观调控政策，认真组织实施“十二五”规划，加快推进“四化两型”建设，经济社会继续保持平稳较快发展态势。当前，全省上下正把贯彻落实省第十次党代会精神作为最重要的政治任务，加快建设全面小康，加快建设两型社会，努力在中部崛起中实现新跨越。

徐守盛指出，湘川两省友谊深厚，为双方进一步加强交流合作奠定了坚实基础，特别是“十一五”期间，两省依托长江这一天然纽带，充分利用泛珠三角区域合作等平台，经贸文化交流进一步深化，取得丰硕成果。湘川两省经济互补性强，共赢发展的空间广阔、潜力巨大，建议两省充分发挥泛珠三角区域合作和《关于加强湘川两省经济社会领域合作的框架协议》等平台的作用，加强电子信息、机械制造、钢铁有色、新能源、生物医药等产业的合作，促进两省在综合配套改革试验区建设方面的交流，推动文化、教育、科技、旅游等领域的专项合作，相互支持“湘品入川”和“川品入湘”，促使两省战略合作具体化、项目化、常态化。

【民营经济发展与两型社会建设报告会长沙举行】 2011年11月29日，民营经济发展与两型社会建设报告会在长沙举行。省委常委、省长株潭工委书记陈肇雄出席并致辞。

出席“中国（湖南）民营经济投资洽谈会暨海内外华商湖南行”活动的300多名企业家参加了报告会。会上，省两型办负责人向企业家们介绍了湖南省两型社会建设情况；湘潭市九华示范区管委会、益阳市鱼形山项目筹备组介绍了当地园区的建设情况；湖南省经济学学会理事长、湖南师范大学教授刘茂松作了题为《民营经济是两型社会建设的生力军》的发言。

陈肇雄指出，两型社会建设既是一个全新的时代命题，也是一种开放型的经济社会发展理念，与民营经济发展是密不可分的。欢迎广大民营企业家密切关注、积极支持、广泛参与湖南的两型社会建设，在服务两型社会建设中实现企业综合实力的全面提升。湖南省将不断优化民营经济发展的政策、政务、法制、市场、服务和舆论环境，进一步加大对民营经济发展的扶持力度，进一步促进民营经济科技与制度创新，努力实现民营经济与两型社会建设融合互动发展。

【周强徐守盛会见西藏山南地区党政代表团一行】 2011年12月1日，省委书记、省人大常委会主任周强，省委副书记、省长徐守盛在长沙会见了西藏山南地区党政代表团一行。

周强欢迎代表团一行来湘考察，对山南地区近年来经济社会发展取得的成就表示祝贺。他说，湖南一直以来认真贯彻中央关于西藏工作的一系列方针政策，把对口支援西藏山南地区作为一项重要的政治任务来完成，带着对西藏、山南各族人民的深厚感情，把山南的事情当成湖南自己的事情来办理，一系列基础设施、文化、民生援建项目顺利实施，一大批援藏干部在支援工作中得到锻炼。湖南将认真贯彻落实中央第五次西藏工作座谈会精神，坚持科学规划、民生优先的原则，进一步做好对口支援各项工作，并不断拓宽在农业、文化、旅游等方面的合作，实现共同发展。

山南地委副书记、行署专员赵宪忠代表山南地区各族人民感谢湖南多年来在人才、技术、资金、项目等方面给予的大力支持和帮助。他说，在湖南省委、省政府的高度重视下，湖南援藏干部克服重重困难，创造性地开展援藏工作，为促进山南地区经济社会发展作出了重要贡献。希望湖南在继续加大对口支援力度的同时，不断加强与山南的合作。

省领导郭开朗、杨泰波参加会见。

【梅克保在深圳考察华南城和华大基因】 2011年12月12日至13日，省委副书记梅克保在深圳市走访考察了华南城控股有限公司和深圳华大基因研究院，与企业负责人共商合作事宜，诚邀他们来湖南投资发展，实现互利双赢。

省委常委、长株潭试验区工委书记陈肇雄陪同考察。

华南城控股有限公司是全国知名的综合商贸物流中心开发商和营运商，目前已在深圳、南宁、南昌、西安等地投资并经营着多个工业原料及商品交易中心。其中，公司运营的深圳华南城项目，年交易额达900亿元人民币。梅克保实地考察公司运营情况，并与公司联席主席郑兴松会谈。

梅克保说，近年来，湖南不断加大基础设施建设力度，加快构建具有湖南特色的现代产业体系，开放型经济发展势头强劲，已成为投资兴业的热土。希望华南城加强与湖南的对接，把现代物流业与高端装备制造业、综合配套的服务业、金融业融合起来，积极寻求合作机会，实现双赢的发展前景。郑兴松表示，华南城看好湖南的战略位置和发展前景，将加快在湘投资步伐，争取合作项目早日落地。

华大基因研究院有着国内领先的大规模基因组测序、高性能生物信息处理、基因与健康等技术平台，完成绘制了第一个中国人基因组图谱和第一个亚洲人基因组图谱，目前正致力于发展科技合作与服务产业、医学健康产业和现代农业产业。梅克保参观了农业分子育种平台、测序平台以及蛋白平台实验室，并与华大基因研究院执行院长王俊会谈。

梅克保说，华大有一个把科学、技术、产业结合起来的发展模式，有一支具有世界一流水平、年轻的产学研队伍。湖南的医学条件和农业基础都很好，真诚邀请华大早日进入湖南，把湖南作为华大产学研与区域拓展的基地。王俊表示，华大基因一定会将其科研优势和产业优势带到湖南去，与湖南的优势资源、产业、行业相结合，实现共同发展。

【梅克保在深圳考察富士康并与郭台铭会谈】 2011年12月12日，省委副书记梅克保来到位于深圳市的富士康科技集团考察，并与董事长郭台铭举行会谈，就富士康与湖南的全面合作、深度合作交换了意见，达成了广泛共识。梅克保强调，湖南将更好地把握机会，加强与富士康的全面对接，加速推进项目实施，加快推动产业升级，通过深化合作、深度合作实现双方共赢发展。

省委常委、长株潭试验区工委书记陈肇雄陪同考察并参加会谈。

去年12月8日，富士康与湖南省签订了合作框架协议，标志着富士康正式进入湖南发展。一年来，在双方高层的高度重视和极力推动下，合作务实高效、项目进展顺利。梅克保此次专程赴深圳考察富士康，就是为进一步强化与富士康的全面合作，加快项目建设进度，力争取得更大合作成效。

11日晚，梅克保抵达深圳后，立即召集随行的省直有关部门及衡阳市负责人开会，就如何与富士康加强具体项目对接进行研究部署。12日下午，梅克保来到富士康，深入车间、实验室考察，并听取了富士康负责人的情况介绍。

在与富士康科技集团董事长郭台铭举行会谈时，梅克保代表省委、省政府对郭台铭先生为双方合作付出的努力表示感谢。他说，富士康入湘一年来，湖南省委、省政府和富士康高层对富士康在湖南的发展高度重视，双方领导亲自推动，相关部门大力支持，合作进展顺利。

梅克保说，根据湖南省政府与富士康签订的合作框架协议和有关会议纪要，双方明确了一批合作事项。目前，富士康衡阳项目正式投产运行，长沙项目进展顺利，长株潭两型社会展览馆提质改造项目务实推进，各项目进展速度快、发展好、成效大。要加快推进已签约项目的实施进度，确保合作取得更大成效。要进一步拓展新的合作领域，推动富士康集团与中联重科、湖南卫视、中南传媒等湖南企业，在机械设计制造、互联网终端产品、动漫等领域，利用各自优势，开展深度合作。

梅克保还表示，湖南将按照“特事特办、特事快办、一企一策”的要求，进一步加大支持力度，提供更优更好的环境，支持富士康在湖南加快发展速度，拓宽合作领域。

郭台铭感谢湖南省委、省政府对富士康科技集团的支持。他表示，湖南近年来经济社会发展很快，对富士康在湖南的发展很有信心。他将定期调度项目建设进展情况，全力支持富士康项目在湖南的发展。

13日，郭台铭先生一返回台湾，立即主持召开视频会议，就12日与梅克保会谈的合作项目进行调度，确保合作务实高效。

国际合作

【周强会见益子修、张房有】 2011年1月10日，省委书记、省人大常委会主任周强在长沙会见了日本三菱汽车公司社长益子修、广汽集团董事长张房有一行。益子修、张房有此行来湘进行汽车产业学术交流，并就加快推进合作进程进行考察。

周强说，自去年11月广汽集团与三菱汽车、长丰集团分别签署合作备忘录以来，相关合作事宜顺利推进并在业界引起了广泛关注，这是一个多赢的战略选择。近年来，中国汽车市场尤其是轿车市场高速增长，以湖南为中心的汽车消费市场潜力巨大，湖南的汽车保有量持续增长，这都为三方合作提供了广阔市场前景。湖南将与三菱汽车、广汽集团携手推进合作进程，并不断优化发展环境。益子修、张房有表示，将进一步加强彼此协作，不断细化工作方案，加快推进合作进程。同时期待与湖南在新能源开发、环境保护等方面加强交流与探讨。

省委常委、省委秘书长杨泰波参加会见。

【戴尔落户湖南周强出席签字仪式】 2011年1月17日，省政府与美国戴尔公司合作框架协议签字仪式在长沙隆重举行，随着戴尔正式落户长沙，进入湖南的世界500强企业达到55家。省委书记、省人大常委会主任周强出席签字仪式。

签字仪式由省委常委、副省长陈肇雄主持，省委副书记梅克保致辞，副省长甘霖与戴尔全球财税总监阿·保罗先生（AlPaul）分别代表省政府和戴尔公司在合作框架协议上签字。省直有关部门以及长沙市主要负责人、戴尔公司相关部门负责人出席签字仪式。

根据双方签署的框架协议，戴尔公司将在长沙设立戴尔服务中国运营中心，引入国际相关最先进的技术和经验，在湖南发展面向全球的软件和信息服务业务，主要承接医疗、教育、政府等公共事业相关业务，为湖南医疗信息化、三网融合等省重点项目和工程提供服务。长沙戴尔服务运营中心定位为戴尔在中国的新科技战略布局的核心，5年内打造成在中国最重要的IT服务战略基地和国内外知名的国际服务外包承接地。同时，戴尔将利用其国际知名品牌效应，引入与戴尔有关的上、中、下游企业，在湖南招聘和培训优秀人才，使他们具备国际同行的IT技能，创造高端就业机会。省政府将为戴尔在湖南的发展创造良好的投资运营环境，支持戴尔参与湖南重大信息化项目，给予戴尔相关的优惠政策支持，提供优质服务，吸引戴尔更多的项目以及合作伙伴落户湖南，实现互利共赢。

梅克保在致辞中说，近年来，省委、省政府顺应时势，积极把握新一轮全球性产业转移机遇，充分利用国家促进中部地区崛起、长株潭“两型社会”建设试点等利好政策，以及本省承东启西、连南接北的区位优势，不断优化政务环境，加快完善基础设施和现代立体交通网络，致力打造投资洼地，吸引了大批海内外战略投资者来湘投资兴业。戴尔与湖南省签署合作框架协议，既是我省承接国际产业转移的重大成果，也是戴尔公司推进全球战略布局的重要环节，标志着双方合作进入了机制化、长效化的新阶段，必将为湖南推进信息化进程注入新的动力和活力。

戴尔公司作为世界30强企业、全球首屈一指的硬件制造商，在全球经济一体化的背景下，全面推行服务带动产品的全球转型战略。在周强书记等省领导的亲自推动，及省商务厅、省经信委、省卫生厅、长沙市政府等各级各部门的共同努力下，经过多次友好协商、对接洽谈，双方的合作终于水到渠成。目前，进入湖南的世界500强企业达到55家，世界500强企业在湖南设立企业或分支机构达69家。

在签字仪式上，戴尔公司还与长沙高新区签订了落户麓谷的框架合作协议，同时与省教育厅签订了IT助学合作框架协议，正式启动“知从戴尔惠动湖南”的助学计划。该助学计划选拔湖南省内品学兼优的人才，为其提供奖学金到戴尔服务美国总部接受高端培训，业成后颁发相关证书，戴尔将协助安排其回省就业。

【湖南首所国际学校星沙落成周强出席授牌仪式】 2011年1月15日，湖南首所国际学校——长沙玮希国际学校落成。省委书记、省人大常委会主任周强出席授牌仪式。市领导张剑飞、程水泉、何寄华、杨懿文、李科明等出席。

近年来，长沙经开区外向型经济发展迅速，目前已落户世界500强25家，来自世界各地的外籍人士也逐渐增多，建立一所高水平的国际学校势在必行。去年5月，学校正式奠基，由长沙经开区管委会负责建设，中新苏州工业园区国际服务有限公司负责运营管理，玮希教育咨询公司负责日常教学管理，该学校也是中新苏州工业园区开发集团在湖南的首个合作项目。学校占地面积40亩，总投资达8000万元，建筑面积22000平方米。学校办公楼、教学楼、剧院、食堂、图书馆、风雨操场等一应俱全，无线网络无缝覆盖，是一座标准的智能化建筑。校园可容纳500—800名学生，具备从小学至高中的教育培育功能。以英语为教学语言，学校采用国际文凭组织（IBO）的教学体系，可得到包括哈佛、剑桥、牛津在内的大多数名牌大学的认可。长沙玮希国际学校不但面向长沙的外籍人士招生，还将面向全省，辐射中南地区。

授牌仪式后，周强一行来到教学楼看望慰问师生，询问他们在长沙生活、工作的情况。周强说，长沙环境越来越好，对外开放和国际化程度也越来越高，你们的到来，将为我们办好这座学校，推进教育的国际合作，发挥更好的作用。

上世纪60年代，随着各国间经济和文化交往的日益频繁，出现了大批“流动家庭”，其子女教育问题，要求提供一种跨国的、开放的、标准相对统一的、教学内容国际化的教育。于是，国际文凭组织（IBO）于1967年应运而生，目前正发展成为与TOFEL、GRE齐名的国际考试项目之一。

【周强会见德意志银行董事总经理蔡洪平】 2011年1月26日，省委书记、省人大常委会主任周强在长沙会见了德意志银行董事总经理、亚洲区投资银行部主席蔡洪平一行。

周强说，“十一五”时期，湖南经济实现持续快速增长，基础设施建设、支柱产业发展、“两型社会”建设和扩大对外开放等方面都迈上了大台阶，承接产业转移、国际合作平台搭建、战略投资者进驻和企业“走出去”等工作成效显著，金融支撑全省经济发展的能力不断增强。“十二五”时期，湖南将全面推进“四化两型”建设，积极稳妥扩大金融等服务领域的对外开放，进一步加快国际化进程，真诚欢迎德意志银行等更多境内外金融机构来湘深化合作。

蔡洪平说，湖南近年来经济社会发展取得的成就令人瞩目，德意志银行十分看好湖南的发展环境和企业的发展潜力，希望能发挥自身的全球网络优势，在推动企业上市融资、服务企业“走出去”、引进战略投资者等方面与湖南谋求合作。

【周强会见美国驻华大使洪博培】 2011年2月10日，省委书记、省人大常委会主任周强在长沙会见了美国驻华大使洪博培一行。

周强对洪博培一行来湘访问表示欢迎。他说，湖南与美国交往历史悠久，一直以来，双方在经贸、文化、教育、科技等领域的交流合作不断深化。尤其是近年来，湖南抢抓一系列重大发展机遇，全省经济实现了持续快速增长，这为进一步推动与美国在各领域的交流合作提供了广阔空间。中美省州长交流对话机制的建立，对于促进两国地方政府间的合作，建设中美两国相互尊重、互利共赢的合作伙伴关系具有重要意义。希望通过大使先生这次来湘访问，不断完善中美省州长交流对话机制，进一步推动湖南与美国在各领域的交流合作。

洪博培说，能来到历史灿烂、文化底蕴深厚的湖南访问十分高兴。随着美中两国关系的不断向前发展，两国州省之间的交流合作也将进一步推进。希望通过这次访问，对湖南有更多、更深入的了解，并积极推动美国各州与湖南在更多领域务实合作。

省委常委、副省长郭开朗参加会见。

【三一美国首期工程落成周强出席典礼并揭牌】 2011年2月28日，在风景优美、彩旗飘飘的亚特兰大南郊桃树市，三一美国公司一期工程落成典礼成功举行。湖南省委书记周强、驻休斯敦总领事高燕平共同出席工程落成典礼并揭牌。据介绍，在乔治亚州，三一美国是第一家也是最大的一家华资企业。

三一美国是三一进军海外市场第二站。

落成典礼上，周强对三一重工第一期工程的竣工表示祝贺，他说，三一重工是中国著名的工程机械公司，在中国创造了很多传奇，是湖南的代表企业。三一重工美国公司的成立，在湖南省和佐治亚州之间架起了合作的桥梁，具有重要的标志意义，期待三一重工美国公司早日投产，在美国扩大规模，向北美市场提供更多的适销产品，进而带动创造更多的就业机会。他表示，湖南将进一步深化与佐治亚州在各领域的合作，推动更多的湖南企业到佐治亚州开展贸易和投资合作。

【周强率团访问美国】 2011年2月23日，省委书记、省人大常委会主任周强，赴美国纽约，开始为期6天的友好访问。此次周强率团出访是为了落实国家主席胡锦涛今年1月对美国事访问重要成果之一，配合完成中央总体外交任务，作为我国省级地方政府的唯一代表，出席美国全国州长协会冬季年会和中美省州长论坛交流机制启动仪式，同时紧密结合湖南实际，进一步加强湖南与美国各州在经济、科技、教育、文化、金融保险、汽车制造、工程机械和风电等领域的交流与合作。

这是一次高效务实、富有成果的出访。在6天的出访时间里，周强率领代表团分别在纽约、华盛顿和亚特兰大开展了28场公务活动。仅26日一天，除出席美国全国州长协会全体会议和中美两国省州长论坛协议书签字仪式外，周强连续出席了10场会见、会谈和宴请活动。此次访问把完成中央的外交任务与扩大湖南与美国的交往与合作领域有效而紧密地结合一起，重点突出，目标明确，取得了一系列合作成果，受到美国各界人士和媒体的广泛关注和普遍好评。

启动中美省州长对话交流机制。

2月26日，周强和中国人民对外友好协会副会长李小林率代表团代表中国参加在华盛顿举行的美国全国州长协会冬季会议。成立于1908年的美国全国州长协会，总部位于首都华盛顿，是美国最有影响力的公共政策机构，成员包括美国50州的州长、3个海外属地和2个自治领地的总督。各州州长通过该组织共同研究制定地方和联邦层面的公共政策，就有关问题提出立场或建议。该组织每年召开冬季会议和夏季年会，冬季会议每年2月在华盛顿举行，年会一般每年7月或8月在华盛顿之外的城市举行。

此次美国全国州长协会冬季年会主题为“让各州经济更具竞争力”，各州州长和海外属地及领地总督参加了此次盛会。周强作为中国省委书记省长的代表和特邀嘉宾，在会上作了题为《加强交流合作，共创美好未来》的主旨演讲。这是美国全国州长协会成立百年来首次有外国重要官员应邀在大会上作主题演讲。周强在演讲中首先回顾了湖南省同美国友好交往历史，指出湖南是同美国交往较早的省份之一。周强告诉与会美国各州州长和企业家，中国有很多发展很快的省份，湖南就是中国发展快速、充满活力的省份之一。美国总统奥巴马今年1月25日发表的国情咨文中四次提及中国，其中两次提及的世界上最快的计算机和高铁都与湖南有关。“天河一号”巨型计算机就在湖南长沙制造，中国高铁的机车设计和电控系统就是在湖南的中国南车时代公司负责的。周强的演讲吸引了出席会议的美国州长和近300名政界和商界知名人士，不时引起阵阵掌声。

在谈及中美省州长论坛和中美省州长对话交流机制时，周强说，前不久，中国国家主席胡锦涛应奥巴马总统的邀请，对美国进行了国事访问，取得了丰硕的成果。作为胡锦涛主席访美的重要成果之一，中国外交部与美国国务院签署了关于建立省州长对话交流机制备忘录。中美省州长对话机制的正式启动，为推动中美两国地方政府合作提供了直接、务实、有效的平台，为发展中美相互尊重、互利共赢的合作伙伴关系注入了新的内容，是拓展两国合作的一项创举，其意义重大而深远。湖南愿与美国各州一道，加强合作与交流，建议双方进一步加强对话交流、深化经贸合作、扩大民间往来。

全体会议后，中国人民对外友好协会副会长李小林与美州长协会主席、华盛顿州州长克里斯汀·葛瑞格尔共同签署了中国人民对外友好协会和州长协会《关于建立中美省州长论坛协议书》，周强与美州长协会副主席、内布拉斯加州州长戴夫·海耶曼共同出席了签字仪式。

会议期间，周强出席了中国驻美国大使张业遂在使馆为出席美国全国州长协会冬季年会的各州州长举办的招待会并致辞。招待会结束后，周强和中国人民对外友好协会副会长李小林在中国驻美使馆共同接受了媒体联合采访。周强这次访美受到美国政府和社会各界的高度重视。会前和会议期间，周强先后会见了美国国务卿希拉里·克林顿，副国务卿鲍勃·霍尔迈茨，负责东亚与太平洋事务局的代理副助理国务卿丹尼尔·克里滕布林克和国家安全委员会亚洲事务资深主任杰弗里·贝德，分别就如何利用好中美省州长论坛这一对话机制加强双方各个领域的务实有效的交流与合作等事宜进行了深入探讨。

推进湖南与美国各州的交流合作。

进一步加强和推动湖南与美国各州实质性的交流与合作是代表团出访的重要任务之一。

出访期间，周强先后会见了华盛顿州州长克里斯汀·葛瑞格尔、内布拉斯加州州长戴夫·海耶曼、北卡罗来纳州州长贝弗利·普度、特拉华州州长杰克·马凯尔、犹他州州长盖里·赫伯特、蒙塔那州州长布莱恩施威泽和佐治亚州州长迪尔等7位州长。会见时，周强向对方简要介绍了湖南的经济社会情况和优势，并就发挥各自优势、加强与美各州之间的互利共赢合作与对方进行了广泛探讨并达成了许多重要共识。周强热情邀请各位州长在方便的时候访问湖南，美国各位州长都表示希望加强与湖南省的交流与合作。

华盛顿州州长克里斯汀·葛瑞格尔作为州长协会主席，向周强表示，能代表美方与中方签署《关于建立中美省州长论坛协议书》感到由衷高兴。她把这天比作“这是具有历史意义的一天”，将开启美国州长与中国省级领导人交往的新时代，期盼中美省州长论坛将作为促进双边交流的平台，使两国受益。

北卡罗来纳州州长弗利·普度说，湖南省和北卡州因为飞虎队员罗伯特·厄普丘奇中尉的故事而签署了友好州省关系意向书，要尽快正式建立友好省州关系，希望在能源、新材料、生物制药、制造业、农机和教育等方面加强与湖南的合作。她表示今年秋天访华时将重点访问湖南，探讨开展相关实质性合作。并指派陪同会见的商务厅长克里斯科先生与省商务厅和省外侨办加强沟通联系。

特拉华州州长杰克·马凯尔说，他和特拉华州州务卿均在去年访问过湖南，非常重视与湖南的合作，尤其是在风电和复合材料方面。期盼湘电集团把工厂设到特拉华州并答应给予相应支持。会见后，周强和马凯尔共同签署了《湖南省与特拉华州合作备忘录》，这成为了中美两国省州长论坛正式启动后的第一个合作备忘录，得到了美政府、社会各界及舆论的广泛好评。

犹他州州长盖里·赫伯特介绍，犹他州矿产资源丰富，近年来在全美各州中经济发展速度第二，希望在修建轻轨和高速公路、能源、航天和医疗器械方面加强与湖南的合作。并表示接受周强的邀请于今年4月访华时来湖南考察，进一步探讨相关合作。

在会见内布拉斯加州州长戴夫·海耶曼和蒙塔那州州长布莱恩施威泽时，针对两州的资源和产业特点，周强提出了一系列合作意向，如石化加工、进口原煤、农业机械和农牧业产品深加工等，得到对方的积极回应并达成初步共识。周强表示，在今年秋天，我省商务厅即组织商务和煤炭专业考察团赴上述两州进行专业考察，探讨实质性合作。

佐治亚州州长迪尔在与周强的会谈中，希望更多的湖南企业在三一重工的带动下到佐治亚州投资合作。

加强我省保险业的国际合作。

如何加快我省保险业市场的对外开放步伐，吸引一些顶尖的保险公司来湖南设立分支机构和投资合作，是此次代表团出访的又一主要任务。

近年来，有中英人寿和美国安达保险参股的华泰人寿保险公司2家中外合资的人身保险公司在我省设立省级分公司。为了进一步加快保险市场的国际合作，周强率团分别在纽约拜会了美国大都会人寿保险公司董事长、总裁兼首席执行官罗伯特·汉力克森司，在华盛顿与美国安达保险公司董事长兼首席执行官伊万·格林伯格先生共进早餐并进行交谈。

周强说，美国保险业十分发达。有着150年历史的美国大都会人寿保险作为全球最大的人寿保险公司，在全球业界一直是保持领先地位。湖南省是中国发展最具潜力的省份之一，存在巨大潜力的保险市场。希望大都会人寿多在湖南开展各方面业务，并在条件成熟的时候，在湖南设立分支机构。同时，希望加强保险领域人才培养合作，尤其是全球化人才的培养合作，包括法律人才的培训。周强还与美国安达保险公司就开展农业保险合作达成了初步意向。

推动企业“走出去”“引进来”。

推动湖南企业走出去开展海外发展、吸引更多的世界500强企业来湖南投资办厂是代表团出访美国的另一个主要任务。

出访期间，为了推动克莱斯勒与长沙经开区的合作，代表团在纽约与菲亚特执行副总裁兼克莱斯勒董事艾大伟、克莱斯勒副总裁兼产品规划总经理乔伊先生等高层进行了工作会谈，还参观了克莱斯勒的汽车销售门店。周强说，这次我率代表团来美国访问，很重要的一个目的就是同克莱斯勒高层讨论进一步深化我们之间的合作，尤其是在湖南同菲亚特良好的关系基础上来扩大同克莱斯勒公司的合作。通过介绍和实地考察，我感到克莱斯勒同湖南的合作前景广阔。当前，我们又面临一个新的重大机遇，需要作出重大抉择。把握了这个机遇，我们就能够实现双方共赢。艾大伟代表菲亚特总裁马尔乔内感谢周强率团访问克莱斯勒公司，他说，我们菲亚特—克莱斯勒公司已经作出了一个非常大的决策，就是把我们集团最先进、最新的汽车引进到中国，包括吉普这一个车系，并希望能够迅速推进合资项目的发展。

在亚特兰大，周强率代表团参加了三一美国一期基建主体工程落成典礼。2007 年以来，三一重工投资 6900 万美元在亚特兰大建设制造和研发基地，产品直接销往当地市场。美国时间 2 月 28 日，三一美国一期工程落成。周强、美国佐治亚州州长迪尔、中国驻休斯敦总领事高燕平等先后在落成典礼上致辞，并为三一美国公司揭牌。周强说，三一重工美国公司的成立，在湖南省和佐治亚州之间架起了一座合作的桥梁，具有重要的标志性意义。希望以此为契机全面深化同佐治亚州的合作，在制造业、农业以及服务业领域，全面加强合作；希望以三一重工美国公司为龙头，带动更多的湖南企业到佐治亚州投资。

在亚特兰大，周强一行听取了长沙县松雅湖引进项目汇报。长沙县政府和北大青岛集团联合组松雅湖建设投资公司，借鉴美国娱乐和创意界成功代表——鑫科威尔公司（Thinkwell）在全球主题公园领域独特的创意整合经验，将在松雅湖设计制造一片集餐饮、娱乐、购物、休闲于一体的 RE&D 景区综合体。此外，将引进美国著名公司开心牧场（CanyonRanch）在高端休闲养生领域系统化的服务理念和成熟的业务模型，在松雅湖旁设立中国唯一的顶级养生休闲旗舰店。周强说，在长沙建设环球影视城，将会吸引全国乃至东亚的游客来长沙。他希望把美国文化创意与湖南的文化产业如动漫、广电以及浏阳烟花等湖南元素整合起来进行顶层设计，构建松雅社区健康养生理念和方式，要充分挖掘中医保健方式，做到中西结合。

访美期间，周强还考察了耶鲁大学，会见了莱文校长，出席了副校长林达和耶鲁法律中心主任葛维宝教授共同主持的宴请，并与校方达成了耶鲁大学护理学院与中南大学湘雅医学院开展相关合作，与耶鲁法学院开展食品药品安全法规建设的合作。代表团一行还出席了美中贸易全国委员会和美国全国商会举办的企业界人士见面会，与来自全美近 20 家世界 500 强企业高层进行了座谈，并在亚特兰大参加了美国湖南工商会部分代表座谈会。

在美期间，中国驻美国大使张业遂、驻纽约总领事彭克玉、驻休斯敦总领事高燕平、驻芝加哥总领事杨国强分别参加陪同考察。

此次出访时间短、任务重、收获大，成果丰硕。陪同出访的省外事侨务办公室主任肖祥清介绍说，这次出访既圆满完成了中央交给我们的任务，又积极推动了湖南与美国各州之间的全方位、多领域合作，扩大了湖南在美国的影响，使美国各州对湖南有了全面全新的了解。

【周强出席美全国州长协会全体会议暨中美省州长论坛协议书签字仪式】 2011 年 2 月 27 日，正在美国访问的省委书记、省人大常委会主任周强在华盛顿出席了美国全国州长协会冬季年会全体会议暨中国人民对外友好协会和美国全国州长协会《关于建立中美省州长论坛协议书》签字仪式。

美国全国州长协会成立于 1908 年，总部位于华盛顿，是美国最有影响力的公共政策机构，成员包括美国 50 州的州长、3 个属地和 2 个自治领地的总督。各州州长通过该组织共同研究和制定地方和联邦层面的公共政策，就有关问题提出立场或建议。该组织每年召开冬季会议和夏季年会，冬季会议每年 2 月在华盛顿举行，年会一般每年 7 月或 8 月在华盛顿之外的城市举行。

今年 1 月中国国家主席胡锦涛访美期间，中美两国签署了《关于建立中美省州长论坛以促进地方合作的谅解备忘录》。中美两国在备忘录中表示，支持中国人民对外友好协会和美国全国州长协会建立中美省州长论坛。该论坛旨在为中美两国省州级领导人提供一个重要的交流平台，以促进两国各省州在贸易、投资、能源、环境、人文等广泛领域的务实合作。

此次美国全国州长协会冬季年会于 25 日至 27 日在华盛顿召开，主题为“让各州经济更具竞争力”。周强应邀在会上作了题为《加强交流合作，共创美好未来》的主旨演讲，得到了与会州长及代表的一致好评。周强说，湖南是同美国交往最早的中国省份之一。100 多年前，美国耶鲁大学民间团体雅礼协会在湖南长沙创办了“雅礼大学堂”，现为湖南著名学府湘雅医学院。70 多年前，在二战期间，美国陈纳德将军在湖南芷江率领飞虎队与湖南军民共同抵抗日本侵略者，为中国抗日战争胜利作出了重要贡献。作为胡锦涛主席访美的重要成果之一，中美省州长论坛是拓展两国合作的一项创举。在应对国际金融危机挑战、推动中美经贸合作与交流方面，两国省州政府可以发挥重要作用。周强表示，湖南愿与美国各州一道，进一步加强合作与交流，建议双方加强对话交流、深化经贸合作、扩大民间往来。

全体会议后，周强与美国州长协会主席、华盛顿州州长克里斯汀·葛瑞格尔，美国州长协会副主席、内布拉斯加州州长戴夫·海耶曼，中国人民对外友好协会副会长李小林共同出席了中国人民对外友好协会和美国州长协会《关于建立中美省州长论坛协议书》签字仪式，并接受了中外记者现场采访。

周强此次访美受到美国政府和社会各界的高度重视。会前，周强分别会见了美国务卿希拉里·克林顿、白宫国安会亚洲事务高级主任杰弗里·贝德。会议期间，周强分别与华盛顿州州长克里斯汀·葛瑞格尔、内布拉斯加州州长戴夫·海耶曼、北卡罗来纳州州长贝弗利·普度、特拉华州州长杰克·马凯尔、犹他州州长盖里·赫伯特等 6 位州长举行了高层座谈，就加强湖南与美国地方政府之间在经贸、科技、文化、教育、环境、能源及青少年交流等领域的合作达成了广泛的共识，并与特拉华州州长杰克·马凯尔共同签署了《湖南省与特拉华州合作备忘录》。

期间，周强出席了美中贸易委员会和美国商会举办的企业界人士见面会，与来自全美近 20 家世界 500 强企业高层进行了座谈。当晚，周强在我驻美大使张业遂为美国州长协会年会与会州长举办的招待宴会上，作了推介湖南的演讲，并与李小林共同接受了新华社、人民日报、中央电视台、中国日报、凤凰卫视等十多家媒体专访。

【徐守盛会见意大利驻华大使】 2011年3月28日，省委副书记、省长徐守盛在长沙会见了意大利驻华大使严农祺一行。省委常委、副省长郭开朗参加会见。

徐守盛欢迎严农祺来湘访问。他说，意大利是文明古国，为世界文明发展作出了贡献。湖南高度重视与意大利的合作，双方在经贸领域合作不断加强，中联重科收购意大利CIFA公司后合作进展顺利，广汽菲亚特在湘发展态势良好。当前，湖南正大力推进“四化两型”建设，努力建设创新型湖南、数字湖南、绿色湖南、法治湖南。希望借鉴意大利先进的技术和管理经验，在经贸交流、人才交流、文化旅游、发展清洁能源等方面加强合作，将双方合作提高到一个新的水平，真诚地希望湖南与意大利实现合作共赢。

“湖南是中国最美丽的省份之一。”严农祺说，湖南生态环境优美，经济发展迅速，投资环境良好，是意大利重要的战略合作伙伴。希望在经贸、生态环保、人才交流、旅游等领域进一步深化合作，带动更多意大利企业来到湖南投资。

省政府秘书长盛茂林参加会见。

【周强会见日本三菱综合材料株式会社社长井手明彦一行】 2011年4月11日，省委书记、省人大常委会主任周强在长沙会见了日本三菱综合材料株式会社社长井手明彦一行。

三菱综合材料株式会社是三菱旗下最大的环保节能综合性企业，此行来湘与我省在低碳环保技术方面开展交流。

周强欢迎井手明彦一行来湘考察，并向在“3·11”地震中遭受灾难的日本人民致以诚挚慰问。他说，湖南与三菱集团的合作有着良好基础，在汽车制造等领域实现了互利共赢。近年来，湖南加快调整产业结构，积极培育和发展新材料等战略性新兴产业，不断完善以交通为重点的基础设施建设，在生态建设、环境保护和“两型社会”建设方面进行了积极探索，为湖南未来发展打下了坚实基础，同时也为双方进一步加强交流合作提供了广阔空间。当前，湖南正处于加快发展时期，面临许多重大发展机遇，希望通过加强探讨，推动双方在新材料、节能环保等领域的合作共赢。

井手明彦对湖南人民为日本大地震灾区提供的援助表示感谢。他说，株式会社将发挥在废弃物回收、旧家电处理等节能环保领域的优势，积极寻求与湖南深化交流合作。

省委常委、副省长郭开朗参加会见。

【周强会见美国喜达屋集团高管】 2011年4月18日，省委书记、省人大常委会主任周强在长沙会见了美国喜达屋集团亚太酒店及度假村亚太区投资拓展高级副总裁何国祥、W酒店中国区总经理斯博恩一行。

美国喜达屋集团是全球酒店业的领先企业，旗下拥有喜来登等多个知名酒店品牌。

周强说，湖南近年来经济社会保持又好又快发展，“两型社会”建设取得实质性成效，旅游、文化等特色产业的成长非常可观，湘企的国际化程度越来越高。“十二五”时期，湖南将进一步加强交通等基础设施建设，积极扩大对外开放，区位优势将进一步显现，旅游与文化产业的融合发展也将进一步加速。湖南未来的发展需要世界一流酒店的参与和推动，也必将为酒店业的发展注入活力。欢迎喜达屋集团旗下更多品牌入驻湖南，并在酒店管理等方面加强合作。

何国祥、斯博恩表示，近年来湖南的发展及带来的变化令人赞叹，长沙这个充满活力的文化之都有着越来越大的吸引力，喜达屋集团对与湖南的合作充满信心。

【周强会见世界华商联合促进会考察团】 2011年4月28日，省委书记、省人大常委会主任周强在长沙会见了由全国政协委员、庄士集团董事长庄绍绥，全国工商联副主席、世茂集团董事局主席许荣茂率领的世界华商联合促进会考察团一行。

周强说，“十一五”时期，湖南加快推进以交通为重点的基础设施建设，发展壮大先进制造、信息、物流、文化旅游等传统优势产业和战略性新兴产业，扎实推进长株潭城市群“两型社会”试验区改革建设，不断提升金融、教育、科技、人才对经济社会发展的支撑能力，全省区位优势进一步显现，生态环境不断改善，经济社会实现又好又快发展，为“十二五”发展打下了坚实基础。湖南的科学发展需要广大企业的积极参与，同时也为企业家在湘投资提供了广阔空间。湖南的大门是敞开的，希望世界华商联合促进会考察团以此次访湘为契机，进一步了解、推介和投资湖南。

庄绍绥、许荣茂等表示，湖南近年来的发展变化有目共睹，此次访湘既是一次共叙友谊之旅，也是一次寻找商机之旅。考察团一行对与湖南的深化合作充满信心。

湖南省委常委、省委统战部部长李微微，广东省军区政委蔡多文参加会见。

【周强会见丰田汽车中国总代表】 2011年5月9日，省委书记、省人大常委会主任周强在长沙会见了丰田汽车公司中国总代表服部悦雄一行。

服部悦雄此行来湘出席第五届“中国青年丰田环境保护资助行动”发布仪式。

周强对丰田汽车公司致力于推动中日青年环保合作表示赞赏。他说，“中国青年丰田环境保护资助行动”创立6年来，在整合国际资源、推动国际社会共同关注中国的可持续发展、引领广大青年参与生态环境建设、增进中日两国青年友谊等方面发挥了积极作用。近年来，湖南在保持经济快速发展的同时，高度重视环境保护和生态建设，洞庭湖、湘江流域综合治理等取得明显成效，“两型社会”建设扎实推进。湖南与日本交往历史悠久，在汽车、环保等众多领域有着很好的合作，希望丰田汽车公司更多关注湖南，在电动汽车、汽车零部件、汽车营销服务等方面谋求合作。

服部悦雄说，湖南生态良好，近年来在环保等众多方面取得了巨大成就。希望以“中国青年丰田环境保护资助行动”为平台，在节能环保、汽车产业、人才培养等方面与湖南加强交流合作。

省委常委、省委秘书长杨泰波参加会见。

【省人大常委会与俄罗斯联邦列宁格勒州立法会议签署合作协议】 2011年5月19日，省人大常委会与俄罗斯联邦列宁格勒州立法会议在长沙签署合作协议。省委书记、省人大常委会主任周强与列宁格勒州立法会议主席哈巴罗夫·伊凡·菲利普波维奇分别代表两省州签署合作协议。

签署仪式前，周强会见了俄罗斯联邦列宁格勒州立法会议代表团一行，省人大常委会副主任蔡力峰出席。

周强代表省委、省人大常委会欢迎代表团一行来湘访问。他说，中俄人民有着深厚的感情，两国交往历史悠久。自2005年中俄建立战略协作伙伴关系以来，两国关系不断向前发展，各领域合作不断取得新的突破和进展。作为两国关系发展重要组成部分，两国地方之间的交流与合作也日益频繁。去年，湖南省人大常委会组团到列宁格勒州访问，此次列宁格勒州立法会议代表团来湘访问，翻开了两省州交流合作的新篇章。法律赋予我国地方人民代表大会及其常委会的职权包括地方立法权、监督权、重大事项决定权和人事任免权等，湖南省人大常委会愿意在这些领域加强与列宁格勒州立法会议的交流与合作。

周强说，湖南当前正全面推进“四化两型”建设，大力发展和培育先进制造、信息、物流、文化旅游等传统优势产业和战略性新兴产业，教育、科技、人才对经济社会发展的支撑作用不断增强，生态环境日益改善，区位优势进一步显现，发展后劲不断增强。双方在诸多领域存在广阔的合作空间，希望以代表团此次访问和签署合作协议为契机，在深化立法方面合作的基础上，积极推动双方在经贸、科技、教育、人文、环保等领域的交流与合作。

哈巴罗夫·伊凡·菲利普波维奇说，湖南近年来经济社会发展带来了巨大变化，这为双方进一步深化交流合作创造了良好条件。欢迎湖南企业到列宁格勒州投资兴业，州政府将提供一系列优惠政策和便利，支持企业发展。希望通过此次访问，进一步推动两省州关系不断向前发展。

根据合作协议，双方将在平等、互信、互利的原则下，以两国法律为基础，在立法进程及立法发展状况、行政与管理、经济与商务、资源节约与环境保护、科学与教育及其他方面建立友好合作关系。双方将定期交换信息，并就双方感兴趣的事务和共同关注的领域进行讨论、协商和研究工作，以确保协议落实。

【徐守盛会见德国黑森州客人】 2011年5月25日，省委副书记、省长徐守盛在长沙会见了德国黑森州经济、交通及地区发展部部长第特·伯士率领的黑森州政府和经济代表团一行。

徐守盛欢迎第特·伯士一行来访。他说，湖南高度重视发展与黑森州的友好关系，双方在经贸、教育、旅游、金融、航空等领域的合作不断深入，西门子、博世等德国企业在湘发展态势良好。当前，湖南正积极推进“四化两型”建设，努力实现绿色发展、和谐发展、可持续发展。全面开放的湖南，希望吸收和借鉴黑森州在现代服务业、装备制造业、社会管理、生态环保等方面的成功做法，结合湖南自身的实际，加强水资源保护，加快湘江流域综合治理，打造“东方莱茵河”；加强双方在教育培训、金融、机场航空等领域的对接，开展全方位、多层次、宽领域的合作，实现互利共赢。“湖南与黑森州的友好交往已有20多年，欢迎黑森州的朋友们多到湖南走走看看。”

“我们的友好关系非常坚固。”第特·伯士说，湖南的快速发展给我们留下了深刻印象，黑森州与湖南有很好的合作基础，愿意与湖南在各个领域深化合作，取得实质性进展。

省政协副主席何报翔参加会见。

周强会见马士基集团高级副总裁吴安德。2011年5月25日，省委书记、省人大常委会主任周强在长沙会见了来湘考察访问的马士基集团高级副总裁吴安德一行。

总部设在丹麦的马士基集团，是全球运输业龙头企业、世界500强企业，在物流服务、集装箱航运、集装箱码头经营管理等领域极具影响力。2007年，马士基集团前董事长穆勒捐资在我省桃源县、沅江市修建希望学校，目前捐建项目都已竣工并投入使用。

周强对客人来湘表示欢迎，对马士基集团在湖南捐建希望学校表示感谢。周强说，湖南作为中国中部省份，近年来加大基础设施建设力度，铁路、公路、航空、水运等立体交通网络日趋完善，区位优势进一步显现；工程机械、轨道交通、风力发电、电子信息、数字出版等特色优势产业发展迅速，农产品加工、烟花制造等传统优势产业进一步做大做强；对外开放不断扩大，国际化程度进一步加快。在经济快速发展的同时，湖南保持了良好的生态环境，全省综合实力迈上了新台阶，发展后劲不断增强。湖南作为重要的物流中心，发展现代物流业具有良好基础，与马士基集团合作前景广阔、潜力巨大，希望双方进一步增进了解，在物流服务、港口建设、装备制造等领域谋求互利共赢。

吴安德表示，马士基集团将越来越多地把目光投向中国中部地区，湖南发展前景广阔、市场潜力巨大、生态环境优美，马士基集团对湖南在现代物流业等方面的发展前景十分感兴趣，希望双方进一步深化合作。

省委常委、省委秘书长杨泰波参加会见。

5月26日，吴安德一行前往桃源县青林乡学校参加了青林马士基希望学校揭牌仪式，省委常委、长株潭试验区工委书记陈肇雄出席。

【周强会见美国蒙大拿州州长布赖恩·施韦策一行】 2011年6月15日，省委书记、省人大常委会主任周强在长沙会见了美国州政府理事会会长、蒙大拿州州长布赖恩·施韦策一行。

今年2月，周强在华盛顿出席美国全国州长协会冬季年会和中美省州长论坛交流机制启动仪式，曾与布赖恩·施韦策会晤。

周强欢迎布赖恩·施韦策一行来湘访问。他说，几个月后在长沙再次见到州长先生十分高兴，州长先生此行访湘，是中美省州长对话机制启动后的一个实质性成果，必将揭开湖南与蒙大拿州之间合作的新篇章。湖南作为中国中部省份，具有区位、人文、资源等众多优势，近年来，全省交通等基础设施日益完善，传统优势产业和战略性新兴产业发展壮大，对外开放进一步扩大，在保持经济快速发展的同时，扎实推进生态建设和环境保护，发展的活力与动力不断增强。湖南与美国之间有着良好的合作基础，也十分看好与蒙大拿州的合作前景，蒙大拿州煤炭等矿产资源十分丰富，而湖南未来的发展亟须解决能源瓶颈制约，希望双方加快实质性沟通，在这方面尽快取得合作成果。同时，也希望双方继续保持交流互访，发挥各自优势，不断深化在教育、科技、人才领域以及互联网等新型业态方面的合作。

布赖恩·施韦策表示，湖南的发展态势令人瞩目，通过在湖南的实地考察，更加感受到了这里的魅力。蒙大拿州愿意成为湖南的战略合作伙伴，加强双方在能源等领域的合作，并期待这是一种长久的合作。

省委常委、省委秘书长杨泰波参加会见。

【周强会见花旗集团卓曦文一行】 2011 年 6 月 16 日，花旗银行长沙分行正式开业，成为继汇丰银行之后在湖南设立分行的第二家外资银行，也是花旗银行落户中部地区第一家全方位、全功能的省级分行，将为湖南打造中部区域金融中心，助推经济发展，提升对外开放水平提供强有力支撑。省委书记、省人大常委会主任周强昨天下午会见了花旗集团亚太区首席执行官卓曦文一行。

作为全球领先的金融服务公司，花旗集团在全球 160 多个国家拥有 2 亿客户账户。2007 年 4 月，花旗银行（中国）有限公司成为首批在华注册为本地法人银行的国际银行之一。目前已在北京、上海、广州等地设立 11 家分行、36 家零售银行网点。

为促成花旗银行在湘设立分支机构，周强曾两次访问花旗银行总部，卓曦文等花旗银行高管也先后来湘考察。会见中，双方愉快地回忆起互访时的情景。周强说，湖南一直高度重视与花旗银行的合作，长沙分行的开业，标志着双方合作迈入一个新阶段。当前，湖南的经济正在加快发展，“两型社会”建设扎实推进，对外开放继续扩大，随着交通等基础设施的不断完善，湖南的区位优势越来越明显，产业竞争力进一步提升，国际化进程加快，这都为湖南进一步加强与世界知名企业的合作以及来湘投资企业的发展提供了广阔空间。相信花旗银行入湘，将为广大湘企、来湘投资企业以及个人客户带来高效、便捷的服务，也希望花旗银行充分发挥全球网络、客户优势，不断深化与湖南的合作。湖南欢迎更多的金融机构来湘设立分支机构，并将一如既往为来湘企业发展创造良好的法治环境。

卓曦文表示，中国正日益成为花旗银行发展的重要市场，湖南在众多方面展示出的巨大吸引力，让花旗银行对在湘的未来发展充满信心。长沙分行将致力于为当地企业成长、经济发展提供全方位的智能服务，同时也期待与湖南的深化合作。

据悉，花旗银行长沙分行将与在长沙落户的 26 家省级分行一道，为普通大众、跨国企业和大企业、中小企业提供传统和全面的金融服务。此外，该行最大的亮点是利用自身在全球 160 个国家和地区的网点和网络优势，为湖南以及中部地区个人高端客户和企业提供股票以外的所有外币高端理财金融系列服务。

省领导杨泰波、韩永文，花旗银行（中国）有限公司董事长、首席执行官欧兆伦参加会见或出席开业庆典。

【我国企业在欧洲最大投资项目三一德国产业园建成投产】 2011 年 6 月 20 日，三一重工国际化战略再次迈出坚实一步，三一重工德国贝德堡产业园正式开业。省委副书记、省长徐守盛，中国驻德大使吴红波，德国北威州经济部长福克斯贝格，出席了在德国北威州科隆市举行的开业典礼，共同为产业园按下启动按钮，并参观下线的首台产品。这一被业界视为具有里程碑式意义的海外投资案例，是迄今为止中国企业在欧洲投资的最大项目。徐守盛认为，三一德国工业园，是湖南与北威州交流合作的成功探索，必将开启两地合作共赢新篇章。

徐守盛在开业典礼上称，三一是湖南大型工程机械制造企业之一，拥有较强的技术创新和高品质产品制造能力。近年来，三一大力实施国际化战略，努力推动工程机械产品走向世界，积极在境外建设制造工厂和研发中心。三一重工德国产业园项目的建成投产，必将有力提升三一在欧洲市场的竞争力，为贝德堡市创造新的就业岗位，为当地经济社会发展作出贡献。目前，湖南正大力推进新型工业化、农业现代化、新型城镇化、信息化和资源节约型、环境友好型社会建设，需要充分吸收和借鉴北威州在传统产业改造、现代服务业发展、高新产业培育、生态环境保护等方面的先进技术和成功经验。他希望北威州以及德国、欧盟各国的企业家、投资者，能通过三一德国产业园，更多地了解湖南、认识湖南，来湖南投资兴业，寻求发展壮大的商机。

德国为工程机械强国。机械制造作为德国最具创新能力的行业之一，拥有 6100 家在价值链上的公司和超过 93 万的受过良好培训的技术员工。目前，全球 28% 的机械制造专利由德国公司申请。三一重工董事长梁稳根称，三一在强手如林的德国投资建厂，旨在将三一的成本优势与德国的技术优势结合，通过与强手过招，在这一全球工程技术的心脏地带拥有一席之地。

2009 年 1 月 29 日，国务院总理温家宝访德期间与德国总理默克尔一起见证了三一集团与德方在柏林举行的签字仪式。三一重工董事长梁稳根与德国北威州时任州长约尔根·吕特格斯代表双方签字，三一计划斥资 1 亿欧元在德国设立欧洲研发中心及机械制造基地。作为三一国际化四大海外战略部署之一，三一德国公司随后即在厂房建设、工艺规划和欧洲市场开拓等方面积极开展工作。

签约两年多来，三一重工按计划完成了首期 4000 多万欧元的固定资产投资，雇佣德国员工 100 多人，三一在德国的“家”初步成形。至此，三一在印度、美国、德国的三个海外研发制造基地相继建成投产，针对巴西的投资也正在紧锣密鼓地进行。

据悉，三一德国贝德堡产业园占地 24.8 公顷，建成后包括一家工程设备制造工厂、一个研发中心和一个培训基地，覆盖整个欧洲市场。项目达产后，年产工程机械产品 3000 台，预计将实现年销售收入 3.5 亿欧元。目前，三一德国贝德堡产业园已经完成一期投资 4000 万欧元，建成厂房 10000 平方米，办公楼 3600 平方米，宿舍楼 3800 平方米。第二期投资 3000 万欧元即将启动。

三一德国公司董事长贺东东告诉记者，与强手正面交锋，三一已经积攒了一定的底气。2009 年，三一超越了德国的普茨迈斯特（Putzmeister），成为世界上销量最大的混凝土泵制造商。6 月 30 日前，三一德国贝德堡产业园将完成批量生产的准备，年内将建立起覆盖欧洲全境的销售网络，届时，三一德国公司不但能为欧洲全境的客户提供完善的设备销售、租赁和售后服务，还可向本地区的客户提供操作人员培训和技术支持。

【徐守盛在马德里出席长沙市情推介会】 2011年6月17日，正率团在欧洲招商引资、与合作伙伴洽谈重要事项的省委副书记、省长徐守盛出席在西班牙马德里举行的“中国·长沙市情推介暨长沙国家高新区麓谷投资环境推介说明会”并致辞。在马德里期间，徐守盛还拜访了我国驻西班牙大使朱邦造。

近年来，湖南与西班牙经贸交流日益活跃。湖南的纺织、服装、化工、机电等产品行销西班牙市场，西班牙生产的汽车零部件、加工机床等产品出口到湖南。2010年，湖南对西班牙的进出口总额为1.2亿美元。截至去年年底，西班牙在湖南共投资11个项目，投资总额2323万美元。

当地时间6月17日，在马德里举行的“中国·长沙市情推介暨长沙国家高新区麓谷投资环境推介说明会”上，徐守盛向60多位西班牙知名企业家代表热情推介湖南。他说，湖南与西班牙合作基础良好，合作前景广阔，双方在经贸、文化、旅游等领域的交流合作不断深化。今后5年，湖南将深入贯彻落实科学发展观，大力推进“四化两型”建设，加快建设创新型湖南、数字湖南、绿色湖南和法治湖南。我们将致力于把长沙打造成湖南乃至中国中部地区最具创新力、最具投资效益的城市。真诚希望以此次活动为契机，广交朋友、增进友谊，进一步深化交流合作，开启湖南与西班牙交流合作新篇章。我们将进一步优化发展环境，努力为包括西班牙在内的各国投资者提供高效、便捷、规范、透明的服务。

会上，一批湖南与西班牙的合作项目签约。

当地时间6月16日，徐守盛在马德里拜访了我国驻西班牙大使朱邦造。徐守盛说，湖南历来重视与西班牙的友谊，冀望中国驻西班牙大使馆大力推动西班牙与湖南开展高层交往互访，促进双方了解互信；支持双方组织企业代表团进行访问交流，根据各自特点和优势，推动双方产业合作和项目对接；支持西班牙机械制造业的企业家、研究机构负责人来湘合作考察；支持双方加强旅游景点的宣传和推广，推动务实交流与合作，促进双方旅游业实现更大发展。

朱邦造说，我们为湖南经济社会发展取得的成就感到高兴，将为湖南省与西班牙的友好合作建言献策，全力提供协助，推动双方共赢发展。

省政府秘书长盛茂林，省政府研究室、省外侨办负责人参加上述公务活动。

【徐守盛结束在欧洲招商引资返回长沙】 2011年6月27日，圆满结束了在欧洲招商引资活动的省委副书记、省长徐守盛一行返回长沙。

10多天来，徐守盛率湖南代表团一行马不停蹄，先后前往英国、西班牙、德国、意大利四国，出席“湖南·英国中小企业对接交流会”、“长沙市情推介暨长沙国家高新区麓谷西班牙马德里投资环境说明会”、“三一贝德堡工业园开幕仪式”、“湖南省德国经贸合作洽谈会”、“湖南省意大利经贸合作暨项目推介会”等招商活动，见证了一大批湖南与欧洲合作项目签约；与安塞乐米塔尔、博世、菲亚特、CIFA等重要合作伙伴洽谈；拜会我国驻英国、西班牙、德国、意大利大使和我国驻法兰克福、米兰总领事馆官员等；与湖南在欧洲同乡会座谈。紧张密集的招商推介，取得了积极成果，也展现出湖南开放发展的速度和力量。

一路上，徐守盛反复强调，要以诚招商，诚心诚意、诚恳诚信。要深化政府间交流合作，推动产业互补对接，促进现代服务业、节能环保等产业的合作；要进一步提升创新能力，融汇中西文化智慧，开拓新兴市场，实现互利共赢；要贯彻落实全省扩大开放工作会议精神，适应新形势新变化，不断创新和改进招商引资的方式方法，对这次招商引资取得的成果，要迅速跟进，认真落实，全面提升湖南对外开放水平。

【创新　合作　共赢　徐守盛省长在意大利招商引资】 2011年6月23日到25日，率团在欧洲招商引资的省委副书记、省长徐守盛在意大利出席湖南招商推介活动并接连会晤菲亚特、CIFA公司高层。徐守盛强调，湖南企业要不断提升创新能力、积极开拓新兴市场，融会中西方文化精髓，在实施“走出去”过程中与合作伙伴实现互利共赢。

6月23日，意大利都灵市灵科特会议中心云集近百位当地企业家，“湖南省与意大利经贸合作暨项目推介会”在这里举行。

上午9时30分，徐守盛一行刚来到会议中心，等候在这里的企业家代表们就热情地围上来，徐守盛与大家亲切交流。

交流中，湖南“四化两型”建设的丰硕成果、汽车工业的加速发展，意大利在湘投资项目的加快推进，成为大家热议的话题。2010年，湖南对意大利进出口总额达2.6亿美元，增长37.25%。意大利在湖南投资项目32个，实际到位资金4.4亿美元。

徐守盛说，意大利曾诞生多位世界级文艺巨匠，是充满智慧的地方。湖南也拥有悠久的历史和灿烂的文化。我们相信，中西方文化和智慧的交融以及我们双方的真诚交流，必将产生更加璀璨的合作成果。

推介会上，徐守盛说，湖南充满活力、富有魅力。意大利是湖南重要的合作伙伴。近年来，双方立足良好合作基础，不断加强经贸文化交流，取得积极成效。未来5年，湖南将深入贯彻落实科学发展观，加快推进“四化两型”建设，加快建设“四个湖南”。希望双方进一步推动产业对接、加强旅游合作、促进企业交流。我们将进一步扩大开放、优化发展环境，吸纳国内外一切有利资源要素，促进经济社会更好更快发展。

推介会上，一批意大利与湖南合作项目签约。十几位意大利企业家现场提问，咨询有关投资环境、投资政策等问题，对投资湖南表现出浓厚兴趣。

会议刚结束，徐守盛一行又赶赴菲亚特总部，与菲亚特高层会晤。

2009年，菲亚特汽车落户国家级长沙经济开发区，建设菲亚特在中国最大的汽车制造基地，项目力争今年11月投产。

在与菲亚特董事长约翰·艾尔坎、首席执行官马尔乔内交流中，徐守盛说，湖南汽车产业发展势头良好，前景广阔。湖南将一如既往地加强与意大利菲亚特集团的合作，全力支持广汽菲亚特发展。艾尔坎、马尔乔内感谢湖南省委省政府对菲亚特在湘发展的大力支持，表示愿意与湖南开展更高层次、更宽领域的合作。

会谈后，徐守盛一行参观了菲亚特设计中心，随后赶赴米兰。6月24日上午，徐守盛一行前往CIFA参观。

2008年，中联重科收购CIFA公司后，双方合作密切，相互融合，实现了协同发展。目前，CIFA已成为欧洲第二的混凝土输送泵、混凝土泵车制造商，欧洲第三的混凝土搅拌运输车制造商。CIFA与当地大学开展碳钢技术合作，研发出臂架更轻、伸展性能更好的新产品，成为欧美工程机械市场的拳头产品。

徐守盛参观了CIFA的生产线和产品检测装置，对CIFA公司近年来取得的成就表示祝贺。他说，湖南省委省政府高度重视与CIFA的合作。3年来，中联重科和CIFA顺利实现资源整合与业务融合，产生了巨大的规模效应和协同效应。企业发展要把科技创新放在首位，通过自主研发、联合高校等方式不断提升研发水平，满足客户需求；要有全球视野，牢固树立全球发展战略，在巩固欧洲市场前提下，不断开拓新兴市场，满足市场不同层次的需求；要建立一流的管理团队，融合中西文化，发扬诚信包容、团结敬业、创新拼搏的企业精神，实现更好更快发展。湖南将一如既往地营造公开、公平、公正、可持续的发展环境，支持中联重科与CIFA加快融合发展，不断提升企业国际竞争力。

在意大利期间，徐守盛分别会见了我国驻意大利大使丁伟、政务参赞陈国友，我国驻米兰总领事馆副总领事严华龙、经济参赞李滨。徐守盛感谢他们多年来对湖南改革开放和对湖南企业“走出去”的大力支持，希望他们一如既往支持湖南发展。丁伟、陈国友、严华龙、李滨分别表示，愿意为湖南与欧洲企业扩大合作积极建言献策。

省政府秘书长盛茂林，省政府研究室、省外侨办、省商务厅及长沙市负责人参加上述活动。

【以诚招商：徐守盛省长在德国招商引资忙碌的一天】 2011年6月21日，率团在欧洲招商引资、与合作伙伴洽谈重要事项的省委副书记、省长徐守盛，从法兰克福到斯图加特，从连续会客到省情推介，从拜访博世集团总部到会晤西门子高层，一路马不停蹄的招商推介，处处展现出湖南开放发展的胸怀和以诚招商的态度。徐守盛反复强调，我们这次招商，就是要以诚招商，诚心诚意，诚恳诚信。

上午9时，徐守盛一行赶到法兰克福的湖南“欧洽周”主题招商活动——湖南省德国经贸合作洽谈会的现场。

2010年，湖南对德国进出口总额达8.96亿美元，同比增长15.3%。目前德国企业在湘投资68个项目，实际到位资金2.2亿美元，西门子、梅赛尔、柯赫等企业纷纷在湘落户。湖南则有6家企业在德投资。

湖南的推介会吸引了上百位德国黑森州政府官员和企业家前来参加。会前半小时，徐守盛连续会见了德国梅赛尔公司负责人等三批客商。徐守盛真诚地说，这次来我们是会晤老朋友，结识新朋友。他引用德国文学家歌德的诗说：万物相形以生，众生互惠而成。开放的湖南真诚希望、热忱欢迎各位前来投资兴业，共创人类文明，共享发展成果。

见到徐守盛，客商们都对湖南经济社会发展取得的成绩表示祝贺，他们从德国各大媒体上了解到三一集团贝德堡工业园开工的消息。湖南经济社会的快速发展与“走出去”的稳健步伐，让他们对投资湖南充满了信心。

上午9时30分，洽谈会举行，徐守盛热情推介了湖南。他说，湖南已奠定良好基础、极具发展潜力。今后5年，湖南将认真贯彻落实科学发展观，推进“四化两型”建设，加快建设“四个湖南”、“四个政府”。湖南与德国合作基础好，前景广阔，完全可以实现互利双赢。今后要进一步深化政府间交流合作，推动产业互补对接，促进现代服务业、节能环保等产业的合作。“我们希望借鉴莱茵河治理和管理经验，加强湘江流域的保护、治理，建设‘东方莱茵河’。”

推介会一结束，徐守盛一行驱车5个小时，往返于法兰克福和斯图加特之间，专程会晤德国博世集团高层。

博世集团的300多家分公司遍布全球60个国家，2004年博世落户长沙经开区后，以年均30%以上的增速发展。目前博世正在长沙投资6.7亿元，开展第三期生产车间扩建和研发中心项目建设。

在与博世集团董事、亚太区总裁瑞斯柯座谈时，徐守盛说，我们这次来德国宣传推介湖南，首先想到的就是你们这些老朋友。他说，当前湖南经济社会快速发展，正致力建设汽车产业基地，一大批整车企业和配套厂商接连落户，发展态势良好。湖南正积极申报枢纽型机场，拓展国际航线，争取低空领域开放，与法兰克福机场携手共建长沙航空港，加快推进交通基础设施建设。这都为博世在湘扩大投资创造了条件。我们愿意为博世在湘发展提供更优质服务，在企业研发专项资金申请、上下游产业配套、项目用地、实用型技术人才培养等方面，继续给予支持。

瑞斯柯感谢湖南省委省政府长期以来对博世在湘发展给予的大力支持。他说，几年来，博世深刻感受到湖南蓬勃发展的良好势头，博世将在湖南进一步扩大投资，拓展产业领域，建设研发中心，实现互利共赢。

“企业在湘发展还需要什么样的支持？下一步希望我们怎样配合？”一句句饱含诚意的提问，一次次思维火花的激荡，双方的交流整整持续了两个半小时。

下午6时，徐守盛一行又驱车返回法兰克福，赶赴与西门子高层的会晤。一天的招商活动中，徐守盛反复强调，要以诚招商，以诚心、诚意、诚恳，体现我们的诚信。

省政府秘书长盛茂林，省政府研究室、省外侨办及长沙市负责人参加上述活动。

【周强会见日本日中协会理事长白西绅一郎】 2011年6月26日，省委书记、省人大常委会主任周强在长沙会见了日本日中协会理事长白西绅一郎一行。

周强对白西绅一郎长期以来致力于推动中日友好所作的贡献表示钦佩。他说，湖南与日本交往的历史源远流长，近年来，双方在经贸、文化等领域的合作取得了丰硕成果。湖南近年来保持了良好的发展态势，为加强与日本的进一步交流合作提供了广阔空间，希望日中协会进一步发挥作用，推动湖南与日本在教育、科技、医疗以及养老事业等方面的合作。周强最后祝愿日本地震灾区人民战胜灾难，早日重建家园。

白西绅一郎感谢湖南对日本地震灾区人民提供的支持。他说，湖南是一个令人向往的好地方，近年来保持的良好发展态势令人瞩目，日中协会将继续为发展日中友好关系、推动日本与湖南的深化交流合作作出贡献。

【徐守盛出席首批出口马来西亚城际动车株洲下线仪式】 2011年7月6日，首批出口马来西亚城际动车在南车株洲电力机车有限公司成功下线。马来西亚交通部部长江作汉，省委副书记、省长徐守盛出席下线仪式并致辞。

省委常委、长株潭试验区工委书记陈肇雄，中国南车股份有限公司董事长赵小刚出席下线仪式。

下午，徐守盛还分别会见了江作汉、赵小刚，陈肇雄陪同会见。

2010年7月，南车株机与马来西亚交通部签署228辆城际动车采购大单，是我国迄今数量最大的电动动车出口订单，也是中国自主研制高端城际动车首次批量出口订单。列车按照1米轨距设计，集成了轨道牵引领域低碳节能、电传动、网络控制、轻量降噪等最新技术。

这批动车创造了全球最快订单交货速度，从订单签订到首列列车下线仅一年时间，首批列车本月即将运抵马来西亚投入运营，两年内228辆列车将全部交付。动车最高时速140公里，将投入马来西亚首都吉隆坡最繁忙的南北城际线，使当地动车发车间隔时间由原来的30分钟缩短至7．5分钟，极大改变吉隆坡交通拥堵状况。

江作汉感谢南车株机公司履行诺言，生产了高质量的动车组。他说，今天下线的城际动车组项目是加强中国和马来西亚交通建设合作的重要项目。相信中国高端城际动车组将为吉隆坡及周边城市群带来更快捷、更低碳、更安全的轨道交通，欢迎更多中国企业进入马来西亚发展。

徐守盛在致辞中说，近年来，湖南与马来西亚的合作交流日益增强，马来西亚已成为湖南在全球的第19大贸易伙伴，在东盟地区的第4大贸易伙伴。当前，湖南正大力推进“四化两型”建设，需要进一步扩大对外开放，加强与其他国家和地区的交流与合作。此次湖南制造的城际动车组出口马来西亚，不仅有利于南车株机进一步扩大产业规模，提升国际化水平，也有利于马来西亚加快轨道交通建设步伐，将开启两地合作共赢新篇章。希望马来西亚与湖南在更高层面、更深层次、更广领域开展交流合作，希望中央各部委及中国南车一如既往地给予湖南关心和支持。

在会见江作汉时，徐守盛说，湖南高度重视与马来西亚的友好合作交流。湖南与马来西亚经济互补性强，合作前景广阔。真诚希望与马来西亚在平等互利的基础上，加强产业对接、城市建设、交通旅游等领域的合作，实现共赢发展。

江作汉表示，马来西亚愿与湖南在多个领域加强合作，携手发展。

在会见赵小刚时，徐守盛希望中国南车进一步扩大在湘投资，建设一批重大项目，助推湖南打造千亿轨道交通产业。湖南将一如既往地为中国南车在湘发展提供优质服务。

赵小刚表示，将加强技术创新和管理创新，把南车在湘基地打造成世界轨道交通装备制造业的顶级基地。

省政府秘书长盛茂林出席下线仪式并参加会见。

【周强会见来湘访问的英国驻华大使吴思田】 2011年7月12日，省委书记、省人大常委会主任周强在长沙会见了英国驻华大使吴思田一行。

周强对吴思田一行来湘访问表示欢迎。他说，湖南与英国交往历史悠久，双方的交流合作日益密切。近年来，湖南经济社会实现了又好又快发展，农业基础地位不断得到加强，基础设施建设不断加快，钢铁、有色、工程机械、轨道交通、风力发电、文化旅游等特色优势产业发展迅速，教育、科技、人才对经济社会发展的支撑作用进一步增强。在推动经济快速发展、人民群众收入不断增加的同时，湖南高度重视法治建设，大力推进科学立法、严格执法、公正司法、全民守法，营造公开、公平、公正、可预期的法治环境，为社会和谐稳定、人民群众安居乐业提供有力的法治保障。期待通过大使先生此次来湘访问，进一步推动湖南与英国在经贸、教育、科技、文化、金融等领域的交流合作。

吴思田说，湖南发展前景广阔、市场潜力巨大、生态环境优美。随着英中两国关系的不断向前发展，英国与湖南之间的交流合作也将进一步推进。希望在已有合作基础上，推动双方在更高层次、更广领域深化合作。

省委常委、省委秘书长杨泰波参加会见。

【周强会见渣打银行大中华区主席曾璟璇一行】 2011年7月26日，省委书记、省人大常委会主任周强在长沙会见了渣打银行大中华区主席曾璟璇一行。

周强说，“十一五”时期，湖南坚持科学发展，全省经济迈上了一个大台阶，交通等基础设施建设日益完善，传统优势产业和战略性新兴产业竞争力不断提升，对外开放不断扩大，开放型经济加快发展，承接产业转移势头良好，区位优势进一步显现，法治环境不断优化，发展后劲显著增强。湖南经济社会的又好又快发展，为境外银行、保险、证券等金融机构在湘投资、发展提供了广阔市场和空间。湖南高度重视与国际金融机构的交流合作，湖南未来的发展需要金融和资本市场更有力的支撑。希望渣打银行充分发挥全球网络、客户优势，深化与湖南的交流合作，湖南欢迎渣打银行来湘设立分支机构，并将提供全力支持。

曾璟璇表示，湖南良好的发展态势呈现出巨大吸引力，渣打银行十分重视湖南市场的开拓，目前已与众多湘企建立了良好的合作关系，希望在此基础上进一步拓宽与湖南的合作领域，为湖南未来的发展提供优质金融服务。

省委常委、省委秘书长杨泰波参加会见。

【周强会见澳大利亚贸易部长克莱格·艾默森一行】 2011年8月5日，省委书记、省人大常委会主任周强在长沙会见了澳大利亚贸易部长克莱格·艾默森一行。

克莱格·艾默森此行率领澳大利亚商务代表团来湘考察投资环境，并出席中国（湖南）·澳大利亚环境治理合作签约等活动。

周强说，近年来，湖南与澳大利亚的经贸交往日益频繁，双方在矿产资源产品、机电产品、农产品贸易和工程承包等方面有着良好的合作基础，澳大利亚已成为湖南最大的商品进口来源地。作为中国中部省份，湖南近年来经济保持快速发展，对外开放不断扩大，生态建设和环境保护得到加强，发展环境进一步优化，为双方深化交流合作提供了广阔空间。希望以代表团此次来访为契机，进一步增进彼此了解，推动双方在低碳技术、碳排放交易、文化创意、人才培养、旅游市场开发等领域实现更高层次的交流合作。同时，欢迎澳大利亚的金融机构、律师事务所来湘设立分支机构，为双方的交流合作提供金融、法律服务。

克莱格·艾默森高度称赞湖南的发展态势和良好生态，他说，澳大利亚十分重视与湖南的交流合作，期待通过这次访问，进一步增进共识，在现代服务业等方面深化合作。

澳大利亚议会外交事务次长马立、澳大利亚驻广州总领事杜恪然，省委常委、省委秘书长杨泰波会见时在座。

第十届“汉语桥”总决赛在长沙举行许嘉璐为获奖选手颁奖2011年8月8日，第十届“汉语桥”世界大学生中文比赛总决赛今晚在长沙举行，全国人大常委会原副委员长许嘉璐出席决赛晚会。奥地利籍选手吴家齐从总决赛6名选手中脱颖而出，夺得总冠军。

在湘期间，省委书记、省人大常委会主任周强等到住地看望了许嘉璐一行。

在晚上的决赛现场，许嘉璐和省委副书记、省长徐守盛，国务院参事、国家汉办主任许琳，省委常委、副省长郭开朗，省人大常委会副主任肖雅瑜，省政协副主席王晓琴、国家汉办副主任王永利等为获奖选手颁奖。

许嘉璐说，经过10年的成长，汉语桥已经从一座“独木桥”，变成了“砖石结构”桥梁，但这不是终点，再过10年，汉语桥一定能成长为一座“钢筋混凝土”大桥。希望汉语桥成为沟通中国与世界的友谊之桥、文化之桥、和平之桥。今天的获奖选手是胜利者，是英雄，没有获奖的参赛选手，勇敢地挑战了自己，也一样是胜利者，是英雄。

晚上的总决赛分三轮。第一轮是6位选手分成正反两方，围绕“应否以成败论英雄”进行辩论。辩论场面激烈而精彩。第二轮，选手们分为两组：一组深情演绎孔子不为人知的讲学故事；一组则带来一场融魔术、杂技于一体的魔幻《汉语桥奇妙夜》。最后一轮比赛“巅峰对决”，6强选手按序号即兴回答评委推荐的题目。

最终，董鹏德（英国）、何晓玉（新西兰）、彭文彬（泰国）、列娜（俄罗斯）、康安竹（美国）获得一等奖，其余进入前12强的6位选手获得二等奖。

“汉语桥”世界大学生中文比赛是中国在全世界范围内举办的中文大赛，参赛选手均是年龄30岁以下、具有外国国籍、在国外出生并成长、母语为非汉语的外国高校在校生。自2002年开办以来，每年举办一届，今年的主题是“友谊桥梁、心灵交响”。

省政府秘书长盛茂林出席。

【陈肇雄会见日本中华总商会访华团】 2011年8月15日，省委常委、长株潭试验区工委书记陈肇雄在长沙会见了以日本中华总商会会长、EPS株式会社董事长严浩为团长的日本中华总商会访华团一行。

日本中华总商会成立于1999年，是由在日华侨、华人以及中资背景日企法人为主体的非盈利性公益团体，有会员200多家。访华团一行共14人，8月15日至16日在湘考察。此次访问旨在全面了解湖南经济社会发展情况和投资环境，推动该会与湖南的经贸交流合作。

陈肇雄对客人的到来表示欢迎，并介绍了湖南经济社会发展情况。他说，“十一五”期间，湖南经济社会发生了重大变化，呈现逐年加速的良好发展态势，工业经济总量规模5年增长了3.6倍。这些成绩的取得，得益于承接沿海产业转移、加强央企对接合作、支持非公经济发展、加快科技成果转化等工作的推动。当前，海内外企业往湖南积聚发展的态势明显，戴尔、菲亚特、三菱、住友等一批国际知名企业先后落户湖南，充分展示了湖南投资环境的吸引力。湖南正在大力实施“四化两型”战略，努力扩大对外开放，打造低成本、高效率、强配套、广渠道的营商环境，以吸引更多企业到湖南投资。投资湖南正逢其时，热忱欢迎日本中华总商会的朋友们到湖南投资兴业。

严浩表示，此次来到湖南，充分感受到了“经济湘军”崛起的蓬勃生机，日本中华总商会将充分发挥桥梁和纽带作用，积极为日本企业与湖南的合作牵线搭桥。

【周强会见德国社民党青年政治家代表团一行】 2011年8月18日，省委书记、省人大常委会主任周强在长沙会见了德国社会民主党联邦主席团成员、黑森州主席兼州议会党团主席托斯腾·舍费尔—君贝尔率领的德国社民党青年政治家代表团一行。

近年来，我省与德国及其黑森州之间的经贸合作、友好交流日益频繁、不断拓展。会见中，双方愉快地回忆起互访时的情景。周强说，湖南近年来经济保持快速增长，民生得到持续改善，生态建设和环境保护不断加强。当前，湖南正全面推进“两型社会”建设，让全省人民有一个更好的生活环境，真正让“两型社会”建设成果造福于民。德国黑森州在生态建设、环境保护尤其是治理莱茵河等方面积累了先进经验，值得湖南学习借鉴，希望双方不断加强在这些领域的交流合作。同时，也期待以代表团此次访湘为契机，进一步推动双方在先进制造业、现代服务业、文化创意产业等方面的深化合作，促进青年交流，为推动双方发展注入新的活力和动力。

托斯腾·舍费尔—君贝尔说，湖南的先进发展理念及其呈现出的良好发展态势令人赞赏，这为双方合作提供了广阔空间。相信双方之间的深化交流合作能结出丰硕成果。

省委常委、省委秘书长杨泰波参加会见。

【徐守盛会见老挝外交部副部长本格·桑松萨一行】 2011年8月21日，省委副书记、省长徐守盛在长沙会见了来湘出席“亚欧水资源研究和利用中心”成立仪式暨第一届亚欧水资源合作研讨会的老挝外交部副部长本格·桑松萨一行。

徐守盛欢迎本格·桑松萨一行来访。他说，湖南已进入经济社会又好又快发展新阶段，“十二五”实现良好开局。湖南和老挝等东盟国家具有深厚的传统友谊，合作基础良好，合作前景可观。近年来，我省和东盟各国经济交流合作十分紧密，三一重工、中联重科等一批湖南企业在老挝等东盟国家投资兴业，得到当地政府的大力支持，取得良好业绩。湖南希望与老挝在资源开发、工程机械、现代农业、旅游发展等领域进一步深化合作，实现优势互补，互利共赢，为增进两地传统友谊作出湖南应有的贡献。

本格·桑松萨说，很高兴来到毛泽东主席的家乡，湖南人民的热情好客给我留下了深刻印象。老挝与湖南合作潜力巨大，希望加强采矿、水电投资、航空等领域的合作，欢迎更多湖南企业到老挝发展。

外交部相关负责人及湖南省直有关部门负责人参加会见。

【亚欧水资源研究和利用中心长沙成立】 2011 年 8 月 22 日，亚欧水资源研究和利用中心在长沙举行揭牌仪式。省委书记、省人大常委会主任周强在仪式开始前会见了来自老挝、匈牙利、比利时等 18 个亚欧国家的嘉宾。仪式上，省委副书记、省长徐守盛讲话，老挝外交部副部长本格·桑松萨致辞，并共同为中心成立揭牌。

外交部副部长吕国增、科技部副部长王伟中、水利部副部长胡四一、匈牙利地方发展部副国务秘书克林格·伊什特万出席并致辞。省领导杨泰波、郭开朗出席相关活动。揭牌仪式后，举行了第一届亚欧水资源合作研讨会。

在湖南建立亚欧水资源研究和利用中心，是去年 10 月温家宝总理在第八届亚欧首脑会议上提出的倡议。这是亚欧会议机制运行 16 年来设立的首个实质性科技合作机构、也是首家在华设立的科研机构。亚欧水资源研究和利用中心成立后，将围绕水资源研究与利用，逐步打造成亚欧两大洲水资源的技术研究组织协调中心、涉水政策与技术咨询中心、技术培训与交流中心、新产品研发与测试中心和成果展示与推广中心。

周强在会见中代表省委、省政府对各国嘉宾的到来表示欢迎，对亚欧会议成员以及外交部、科技部、水利部支持亚欧水资源研究和利用中心落户湖南表示感谢。他说，水是生命之源、生产之要、生态之基，保护和利用好水资源，是文明社会发展水平的重要标志，也是人类社会可持续发展的重要保障。作为水资源大省，湖南近年来在保持经济平稳较快增长的同时，十分注重对水资源的保护和利用，把节水型社会建设作为“两型社会”建设的重要内容，大力推进洞庭湖、湘江等流域的综合治理，取得了明显成效。亚欧水资源研究和利用中心的成立，为亚欧各国共同研究、利用和保护水资源、应对气候变化、推进水资源各领域合作，提供了重要平台，也为湖南借鉴亚欧会议各成员国研究、利用、保护水资源的成功经验，进一步推进“两型社会”建设，提供了良好机遇。希望亚欧各国相关政府部门、科研机构和企业大力支持中心建设发展，使中心真正成为具有国际影响力的水资源研究机构。湖南将以更加开放的视野，采取国际化和现代化的举措，积极搭建平台，丰富活动载体，吸引亚欧各国官员、学者尤其是青少年参与水资源的研究和利用，共同推动人类社会可持续发展。

徐守盛说，中华民族是人类系统认识水、利用水和保护水的伟大民族之一。水以其润物无声、无所不在的影响力，锻造了中华民族不屈不挠的民族精神。中华民族对水的深厚感情和深刻体悟，已深深融汇到中华民族的伟大复兴之中。自古以来，湖南人民就十分重视水资源的开发、利用和保护。今后一段时期，湖南将紧紧抓住作为国家水利改革试点省的机遇，以洞庭湖综合治理为重点，深入实施湘江流域重金属污染治理，加强水生态环境保护和水资源管理体制改革，努力实现水利可持续发展、人水和谐相处。亚欧水资源研究和利用中心落户湖南，第一届亚欧水资源合作研讨会在湖南召开，将有利于加深我省与亚欧各国的国际交流与合作，有效提升我省水资源可持续发展科研和技术应用水平。湖南将尽力为“中心”建设、运行提供保障，积极学习和借鉴国内外先进经验，努力探索可持续利用水资源的有效途径。

本格·桑松萨说，亚欧水资源研究和利用中心的成立，为亚欧各方加强水资源交流合作提供重要平台，老挝愿与亚欧各国在水资源研究与利用方面建立起长效合作机制，共同保障亚欧各国水资源安全利用。

克林格·伊什特万说，亚欧水资源研究和利用中心的成立标志亚欧各国共同应对水资源问题走出了成功一步。匈牙利希望与亚欧各国分享水资源管理经验，开展务实的合作。

会上，亚欧水资源研究和利用中心与亚欧会议成员 10 家涉水机构代表共同签订了合作伙伴关系意向书。来自亚欧会议 18 个成员国的政府官员和涉水技术专家，国家相关部委负责人和一批科研院所专家出席。

【我国首个工程机械配套件博览会长沙盛装开幕】 2011 年 8 月 23 日，我国首个以工程机械配套件为主题的国际大型展会——2011 中国（长沙）国际工程机械配套件博览会（简称“配博会”）在湖南国际会展中心盛装开幕，国内外 273 家工程机械知名企业聚集一堂，开展广泛而深入的交流与合作。省委常委、长沙市委书记陈润儿，省委常委、长株潭试验区工委书记陈肇雄出席开幕式。

陈肇雄在开幕式致辞中表示，以长沙为主体的工程机械产业集群是湖南省委、省政府重点扶持的优势产业集群，本次“配博会”为国内外优秀工程机械及零部件企业搭建一座通往成功的友谊之桥，将积极推动湖南工程机械产业持续、健康、快速发展。

由省经信委、长沙市政府、贸促会湖南分会主办，长沙经开区等单位承办的本次“配博会”，展区面积达 6 万平方米。走进“配博会”现场，可以充分感受到展会鲜明的国际性、专业性特色。由博世、卡特彼勒等 7 家世界 500 强企业领衔的外企方队，通过“声、光、电”结合的多媒体，全方位展示工程机械零部件行业最新研发成果，由中联重科、三一重工、山河智能等 20 多家主机企业组成“工程机械军团”，占据了 4 万平方米的室外展区，现场展示了从“巨无霸”履带起重机到臂长近百米的混凝土机械共 300 多种产品的优异性能，尽显长沙工程机械产业超强实力。本次“配博会”还将举行高峰论坛、项目推介等多项主题活动。

以长沙经开区为核心的长沙工程机械产业去年产值突破 1100 亿元，占全国工程机械产业市场总量的 23%，占全球市场总量的 7.2%，长沙一跃成为中国乃至世界重要的工程机械生产基地。依托雄厚的产业基础，长沙近几年致力于打造“世界工程机械之都”，举办“配博会”，旨在拉长配套件产业这条短腿，提升工程机械产业的核心竞争力。

陈肇雄会见安米公司执行副总裁巴维杰 2011年8月31日，省委常委、长株潭试验区工委书记陈肇雄，会见了安赛乐米塔尔公司（以下简称“安米公司”）执行副总裁巴维杰先生，表示将全力支持华菱集团和安米公司合资项目的推进。

2005年，华菱集团与安米公司签署了有关铁矿石采购、营销、物流和技术等内容的战略合作框架协议。目前，双方的技术交流合作、营销合作已初见成效，最能够体现钢铁企业生产技术水平的标志性产品——汽车板、电工钢项目，也已全面开工建设，预计2013年底全部建成投产。

陈肇雄对巴维杰的到来表示热烈欢迎。他说，华菱通过与安米公司的合作，实现了从小到大，从大到强的转变，走出了一条有别于其他钢铁企业的发展路子。当前，我国经济社会发展对钢材的需求越来越旺，随着“转方式、调结构”的深入推进，对钢铁企业节能减排以及产品转型升级的要求越来越高，华菱发展面临着新的考验。他说，高端化、精品化是钢铁企业产品结构调整的重要方向，是华菱未来发展的必由之路，也是安米公司的优势所在。他希望巴维杰的到访，能够进一步加强安米公司与华菱的深度合作，在技术创新、资源供应、企业管理等方面，给予华菱更多的支持。他表示，省委省政府将大力支持安米公司和华菱合作高起点建设汽车板、电工钢两个合资项目，希望双方加快项目建设，尽快达产达效，抢占市场先机。

巴维杰回顾了近些年安米公司与华菱合作的进展情况。他介绍，安米公司近些年在改善环境、节能减排方面做了大量工作，也投入了大量资金，希望政府能够为华菱的节能减排项目提供资金支持；同时，为适应高端产品生产需要，进一步加大对华菱员工的培训力度。

【周强会见罗马诺·普罗迪】 2011年9月8日，省委书记、省人大常委会主任周强在长沙会见了欧盟委员会前主席、意大利前总理罗马诺·普罗迪一行。

周强代表省委、省政府欢迎罗马诺·普罗迪一行来湘考察访问。他说，近年来湖南与意大利在经贸、科技、教育、文化等领域的交流合作不断加强，湖南与意大利马尔凯大区已结为友好省区，意大利菲亚特公司落户长沙，将建成菲亚特乘用车在华最大制造基地，中联重科与意大利CIFA的合作已成为两国企业合作的成功典范。此外，湖南大学建立了罗马法研究中心，中意环保合作项目、中意设计创新中心也先后落户湖南，双方合作发展态势良好。当前，湖南正立足新起点推动经济社会又好又快发展，为促进湖南与意大利的深入交流合作提供了广阔空间，希望以罗马诺·普罗迪先生此次访湘为契机，在巩固原有合作基础上，深化双方在节能环保、工业设计、文化创意、医疗卫生等领域的合作。

罗马诺·普罗迪说，中国的快速发展带来的进步和变化令世人瞩目，首次来到湖南就感受到了这里十足的发展活力。近年来，湖南在推动意中交流合作、促进意中友好关系中发挥着越来越重要的作用，希望能为继续推动意大利与湖南在各个领域的交流合作、促进共同发展而努力。

【周强会见霍尼韦尔全球副总裁沈达理一行】 2011年10月12日，省委书记、省人大常委会主任周强在长沙会见了美国霍尼韦尔公司全球副总裁、中国与印度首席执行官沈达理一行。

霍尼韦尔是世界500强企业，在航空机轮刹车系统研发与制造等领域拥有全球领先技术。沈达理此行来湘，就进一步推进双方合作项目进行洽谈。

周强对沈达理一行来湘表示欢迎。他说，近年来湖南不断扩大对外开放，国际交流与开放型经济加快发展，省内一批优势企业在海外发展态势良好，众多世界知名企业纷纷落户湖南。湖南与美国的经贸交流合作日益频繁，高度重视与霍尼韦尔在大型客机机轮刹车系统研发生产项目的合作，该项目的顺利推进也为双方在更多领域加强合作提供了平台。希望霍尼韦尔充分发挥在技术、产业配套、全球客户网络等方面的优势，以现有良好合作成果为基础，不断拓展双方在节能环保、新材料、新能源以及人才培养等领域的合作，并带动更多世界知名企业来湘投资发展。

沈达理说，湖南近年来加快发展，国际影响力不断扩大，霍尼韦尔将积极推动在湘项目尽快取得实质性进展，并期待与湖南进一步深化合作。

省委常委、省委秘书长杨泰波，中南大学校长黄伯云参加会见。

杨泰波会见南苏丹客人 2011年10月18日，省委常委、省委秘书长杨泰波在长沙会见了以总书记巴甘·阿莫姆为团长的南苏丹共和国苏丹人民解放运动代表团一行。

代表团一行6人，是应中联部的邀请于10月16日至22日访华，其中17日至19日访问湖南。在湘期间，代表团先后赴长沙、韶山等地参观考察。

杨泰波对代表团一行来湘访问表示欢迎。他说，湖南是个农业大省，农产品种类丰富，种植、养殖业发达，农业科研水平特别是粮食科研水平在全国居领先地位。今年9月，袁隆平院士领衔的科研团队刚实现了超级稻亩产900公斤的目标，为中国乃至世界的粮食安全作出了重要贡献。湖南与南苏丹在水稻种植、畜牧养殖等方面有着广阔的合作空间，希望以代表团此次访湘为契机，推动双方友好交往和合作不断向前发展。

巴甘·阿莫姆感谢杨泰波的会见。他说，南苏丹期待加强同湖南在农业特别是水稻种植领域的务实合作，密切与湖南人民的友好交往，为两国关系发展增添新的活力。

湖南与美国佐治亚州缔结友好省州关系 2011年10月20日，湖南省与美国佐治亚州在长沙签署省州友好合作协议。省委副书记、省长徐守盛出席签约仪式并会见佐治亚州州长内森·迪尔一行。

佐治亚州位于美国东南部，是美国人口最多的州之一。2007年，三一重工投资6000万美元在佐治亚州桃树市建设工程机械研发制造基地，成为当地首家华资企业。为进一步推动双方友好交往与合作，我省与佐治亚州达成省州友好合作协议。根据协议，双方高层领导将形成互访机制；彼此将在农业、经贸、科技、旅游、文化、教育等方面开展多种形式的交流与合作。

徐守盛欢迎内森·迪尔到访。他说，湖南与美国的友好交往历史较长。抗日战争时期，陈纳德将军在湖南芷江创办空军航校，参与指挥修建芷江机场，并率领“飞虎队”为中国抗日战争胜利作出了巨大贡献；2007年，“杂交水稻之父”袁隆平当选美国科学院院士。与此同时，湖南与美国在经济、贸易、旅游、人才培训等方面交流合作十分频繁。特别是三一重工在佐治亚州的投资得到当地政府大力支持，一期工程已顺利完工。徐守盛说，佐治亚州已成为湖南重要的合作伙伴，双方在经济发展领域互补性很强。当前，湖南已进入历史上发展最好、最快的时期，正大力推进“四化两型”战略，加快建设“四个湖南”。希望以内森·迪尔先生此次访问为契机，与佐治亚州开展全方位、宽领域、多层次的交流合作，尤其是在现代装备制造、新能源、新材料、生物医药、电子信息、环境工程、文化创意等领域开展深入合作，努力促进两地共同发展。

内森·迪尔说，三一重工在佐治亚州创造了很多就业岗位，已成为佐治亚州的重要投资商。在美国，建立友谊是从做生意开始的。希望进一步增进了解，促进佐治亚州与湖南在经贸、文化、教育等领域的交流合作。

省政府秘书长盛茂林出席。

【周强会见美国北卡州州长贝弗·珀杜一行】 2011年10月19日，省委书记、省人大常委会主任周强在北京会见了出席中美省州长对话的北卡罗来纳州州长贝弗·珀杜一行。

今年2月，周强在华盛顿出席美国全国州长协会冬季年会和中美省州长论坛交流机制启动仪式，曾与贝弗·珀杜会晤。

周强对贝弗·珀杜为推动中美省州长论坛交流机制建立所作出的积极努力表示感谢。他说，中美两国在二战期间携手抗击法西斯，为推动世界和平作出了巨大贡献，湖南人民永远不会忘记，北卡州籍美国飞虎队队员罗伯特中尉就牺牲在湖南桂东县。湖南是中国中部地区的重要省份，具有区位、人文、资源等众多优势，在装备制造业、新能源、新材料、生物医药、文化等领域具有较强竞争力。近年来，湖南的对外开放进一步扩大，发展的活力与动力不断增强，与美国的经贸文化交流日趋频繁。湖南与北卡州在经济发展领域互补性很强，希望双方加快实质性沟通，继续保持交流互访，在装备制造、金融、生物医药、农业、科教、人文等领域全面加强合作。

贝弗·珀杜表示，北卡州十分重视与湖南省的友好交往，在当前全球化的进程中，更加期待与湖南进一步深化合作。希望双方发挥各自优势，重点推进在生物医药、金融、新能源、现代农业等领域的合作。北卡州也将积极抢抓机遇，与湖南建立更加深入、长久的合作关系。

会见中，双方还就建立友好省州关系交换了意见。

【周强出席中美省州长对话并作发言】 2011年10月19日，由中国人民对外友好协会与美国全国州长协会共同举办的中美省州长对话在北京举行，对话主题为“促进中美地方经济与民生发展”。省委书记、省人大常委会主任周强出席并作发言。

建立中美省州长论坛是今年1月国家主席胡锦涛访美的重要成果之一，是中美两国加强地方间交流合作的重要开创性举措，旨在为两国地方政府搭建一个重要交流平台，以促进两国各省州间的务实合作。今年2月，周强应邀出席在华盛顿举行的美国全国州长协会冬季年会，参加了中美省州长对话交流机制启动仪式，并与多位州长举行了高层座谈，为今后湖南与美国各州加强合作交流，打下了坚实的基础。今年7月，首届论坛在美国犹他州盐湖城举办，获得国际社会的广泛关注，取得了丰硕的交流成果。本次中美省州长对话就是首届中美省州长论坛的重要后续活动，对于推动论坛机制化和长期化发展具有重要意义。

周强在中美省州长对话中作了发言，他说，由两国元首共同倡导建立的中美省州长对话交流机制，是拓展两国关系的一项创举，为推动中美地方合作提供了务实有效的平台。对话交流机制正式启动以来，取得了良好的成果。经贸合作是中美地方合作的重要内容，两国地方之间经济发展的差异性大、互补性强，这正是彼此合作的潜力和机会。通过加强合作，在发展地方经济、增加就业等方面，完全可以实现双赢。湖南的三一重工、湘电集团等企业在美国投资办厂，展示了良好的成长性，目前美国已有花旗银行、霍尼韦尔等16家世界500强企业在湖南设立企业或分支机构，也都获得了很好的发展。人文交流是促进中美地方合作的重要纽带，湖南近年来与美国在企业、高校、民间组织等方面开展了广泛交流，有效增进了互信和友谊。湖南愿与美国各州一道，在经贸、科技、文化、教育、医疗、旅游等方面开展更深入的交流合作，共同开创中美省州地方合作新未来。

浙江、湖南、北京、辽宁、安徽、江西、山东、云南8省（市）党政主要负责人与美国华盛顿州、佐治亚州、关岛、夏威夷州、北卡罗来纳州、北马里亚纳群岛的州长、总督出席本次对话，双方还举行了23场对口会见，就加强实质性合作进行了富有成效的交流，达成了众多合作意向。

【国际道教论坛在南岳衡山隆重开幕】 2011年10月23日，由中国道教协会、中华宗教文化交流协会共同主办，湖南组委会承办的国际道教论坛在南岳衡山隆重开幕。中共中央政治局常委、全国政协主席贾庆林专门为论坛发来贺信。中共中央政治局委员、国务院副总理回良玉对办好论坛提出明确要求。全国政协副主席、中共中央统战部部长杜青林出席开幕式并致辞。全国人大常委会原副委员长许嘉璐出席开幕式。

中共中央统战部常务副部长朱维群宣读贺信。中华宗教文化交流协会会长王作安，中央台办、国台办副主任叶克冬，中国道教协会会长任法融等出席开幕式。省委书记、省人大常委会主任周强在开幕式上致辞。省领导和老同志徐守盛、杨泰波、李微微、路建平、郭开朗、刘力伟、魏文彬、王四连等出席开幕式。

贾庆林在贺信中说，道教是中华传统文化的重要组成部分，是人类文明的宝贵财富。道教崇尚道法自然、齐同慈爱、贵生乐生、抱朴守真，体现了人与自然和谐、人与人和谐、身心和谐的理念，对于推动科学发展、促进社会和谐具有积极意义。贾庆林指出，当今世界，国家和地区的联系日益紧密，不同文明相互交融激荡，人类发展面临前所未有的机遇和挑战。只有尊重世界文明多样性，倡导不同文明间的对话与交流，才能实现共同繁荣与发展。本次论坛以“尊道贵德、和谐共生”为主题，体现了推动世界持久和平与共同繁荣的美好愿望。贾庆林强调，举办国际道教论坛，是弘扬道教优秀文化、发挥道教积极作用的重要举措。希望海内外有识之士切磋交流、增进道谊，挖掘道教文化资源，弘扬道教和谐理念，推动中华文化走向世界，为人类社会和平、发展、合作贡献智慧。

回良玉表示，办好国际道教论坛，对于弘扬道教优秀文化，增进海内外宗教界的道谊，促进中华传统文化走向世界，凝聚各方力量共建和谐社会都很有意义。他希望国际道教论坛办出特色和水平，成为国际道教界人士相互学习、共同提高的重要平台。希望道教界以此次论坛为契机，弘扬“尊道贵德、和谐共生”的理念，更好地发挥道教在促进经济社会发展中的积极作用。

周强在致辞中说，湖南是宗教文化大省，道教文化底蕴深厚。近些年来，湖南全面贯彻中共中央和国务院的宗教工作方针政策，尊重宗教信仰自由，依法管理宗教事务，切实维护宗教界合法权益，全省各种宗教和谐共处，信教群众和不信教群众彼此尊重、团结和睦，有力推动了全省经济发展和社会和谐。本次论坛在湖南举办，对于我们深入挖掘道教文化精髓，提升我省宗教整体素质，加快科学发展，建设文化强省，构建和谐湖南，必将提供有益启发和促进。我们愿与海内外人士一道，共同传承经典文化，弘扬和谐理念，推进道教文化的传续和发展。

来自内地、港澳台地区和19个国家的道教界、政界、学界、商界等有关方面人士参加了论坛开幕式。开幕式后，举行了具有浓厚道教文化色彩的大型文艺演出。

本次论坛为期3天，将于25日闭幕。论坛期间，将举行论坛大会发言、4场电视论坛和4场分论坛等活动。本次国际道教论坛是继2007年4月在西安、香港举办的国际道德经论坛之后的又一次大型国际道教文化盛会，是对国际道德经论坛的延续和深化。

【湖南与日本德岛县缔结友好省县关系】 2011年10月24日，我省与日本德岛县在长沙签署友好省县关系协议书。前国务委员、第五届中日友好21世纪委员会中方首席委员唐家璇，第五届中日友好21世纪委员会日方首席委员西室泰三，省委书记、省人大常委会主任周强出席签字仪式，省委副书记、省长徐守盛与德岛县知事饭泉嘉门代表双方签约。

来湘参加第五届中日友好21世纪委员会第三次会议的中日双方委员出席签字仪式。

2010年9月，我省与德岛县签署友好省县关系意向书以来，双方开展了广泛交流合作。今天，两省县正式签署友好省县关系协议，将根据平等互利原则，在经济、旅游、环保、文化、教育、医疗、体育等领域开展多种形式的交流合作。作为合作成果之一，明年春节期间，长沙至德岛县将开通直航包机。

签字仪式前，徐守盛会见了饭泉嘉门一行。徐守盛向客人介绍了湖南基本省情及经济社会发展情况。他说，“十一五”以来，湖南深入贯彻落实科学发展观，经济总量快速提升，基础设施不断改善，民生得到有效保障。“十二五”时期，湖南将大力推进“四化两型”、“四个湖南”和“四个政府”建设，继续朝现代化目标努力。湖南与德岛县合作基础良好，希望以此次签订友好合作协议为契机，进一步完善合作机制，提升合作层次，拓宽合作领域，推动民间交流交往，促进双方在经济、贸易、文化、教育、旅游等领域开展全方位交流合作。湖南将积极学习借鉴日本在经济社会发展方面的先进经验，实现优势互补、互利共赢。

饭泉嘉门介绍了德岛县基本情况。他说，湖南风光迷人，发展潜力无限。去年双方签署友好合作意向书以来，交流合作不断深化，相互间的信任和感情不断加深，希望进一步加强合作，实现共同发展。

省领导杨泰波、郭开朗，日本德岛县议会议长冈本富治，省政府秘书长盛茂林出席签约仪

【周强会见海外华文媒体参访团一行】 2011年10月25日，省委书记、省人大常委会主任周强在长沙会见了“东方莱茵河湖南两型梦”——2011海外华文媒体高层聚焦湖南活动参访团一行。

周强欢迎参访团一行来湘，感谢海外华文媒体聚焦湖南。他说，“十一五”时期，湖南认真贯彻落实科学发展观，坚持改革开放，经济社会实现又好又快发展。当前，湖南正着力转方式、调结构，把湘江治理作为湖南“两型社会”建设的突破口，使湘江真正成为一条流淌文化的河流、流淌哲学的河流、哺育新时期湖湘人才群的河流，推动湖南可持续发展，提升长远竞争力。希望通过海外华文媒体架起桥梁，构筑纽带，让全球更多华人了解湖南，进一步推动湖南的对外交流合作。

参访团团长、香港文汇报董事、副总经理康海峰表示，几天来，参访团一行加深了对湖南的了解，感受到了湖南在建设“两型社会”等方面取得的成效。各大海外华文媒体将一如既往关注、宣传、推介湖南。

省委常委、省委宣传部部长路建平参加会见。

【周强会见欧美同学会·中国留学人员联谊会代表团一行】 2011年11月7日，省委书记、省人大常委会主任周强在长沙会见了来湘出席2011中国（长沙）科技成果转化交易会的欧美同学会·中国留学人员联谊会代表团一行。

周强说，“十一五”时期，是湖南综合实力增长最快、城乡面貌变化最大、人民群众得实惠最多的时期之一，全省交通等基础设施建设实现大跨越，优势产业快速发展，生态建设和环境保护得到加强。实践证明，湖南要实现科学发展，必须依靠科技进步和自主创新，大力实施人才强省战略，不断扩大对外开放。欧美同学会·中国留学人员联谊会是党联系广大留学人员的桥梁和纽带，在中国革命、建设以及改革开放的各个历史时期都作出了突出贡献。希望代表团此行来湘，进一步加深对湖南的了解，推动广大留学人员发挥人才智力优势，积极参与湖南的经济社会建设。

欧美同学会·中国留学人员联谊会副会长、广西壮族自治区副主席陈章良说，湖南近年来加快发展带来的变化日新月异，欧美同学会·中国留学人员联谊会将发挥优势，进一步推动双方的交流合作，为湖南未来发展提供更多智力支持。

省委常委、省委统战部部长李微微参加会见。

【徐守盛会见澳大利亚客人】 2011年11月11日，省委副书记、省长徐守盛在长沙会见了澳大利亚北领地政府资源部部长康·瓦茨卡利斯一行。

北领地是澳大利亚通往亚洲的门户，铁、锰、金等矿产资源丰富，勘探开发条件好。康·瓦茨卡利斯此行访湘，

是寻求与湖南在矿产勘探和开发领域的深度合作。

“湖南是富有活力生机的省份。”徐守盛向客人简要介绍湖南省情。他说，经济社会的又好又快发展需要强大的资源支撑。湖南矿产开发历史悠久，科研力量强大，专业人才众多。湖南与澳大利亚经贸交流频繁，近年来有16家湘企在澳大利亚投资，并在北领地开展了矿产勘探、开发等一系列合作。希望进一步拓展两地友好合作关系，在能源资源开发方面深化合作，实现多赢。湖南将进一步优化政务环境，为双方企业发展提供良好服务平台。

“我们在澳大利亚也过春节和中秋节。”康·瓦茨卡利斯说，北领地与中国的交往源远流长，人口的5%是华裔。北领地拥有丰富的矿产资源和澳大利亚离中国最近的港口。欢迎更多湖南企业到北领地投资兴业，北领地将是湖南诚实、可靠的合作伙伴。

【周强会见日本企业家投资考察团一行】 2011年11月16日讯（记者贺佳）今天晚上，省委书记、省人大常委会主任周强在长沙会见了“中日企业家高峰论坛”日本企业家投资考察团一行。

周强欢迎考察团一行来湘访问。他说，湖南近年来抢抓一系列重大历史机遇，全面推进资源节约型和环境友好型社会建设，发展后劲进一步增强，区位优势日益显现，传统优势产业和战略性新兴产业竞争力进一步提升。湖南与日本交往的历史源远流长，近年来双方在经贸、文化、科技、教育、环保等众多领域的交流合作日益频繁。希望日本企业家此行来湘，加深对湖南的了解，进一步推进和深化双方的交流合作。

考察团团长、日本每日新闻社常务董事常田照雄表示，湖南近年来在推进“两型社会”建设等方面取得了卓著成效，为双方加强交流合作提供了广阔空间。考察团一行将珍惜这次交流、对话机会，积极推动双方在青年交流、投资合作上取得新进展。

省委常委、省委秘书长杨泰波，中国青年报社社长徐文新参加会见。

【全国首次药物基因组学学术大会在长沙召开】 2011年11月17日，来自美、英、法、韩、新加坡、港澳台等国家和地区的400多位国际知名专家学者会集长沙，参加全国第一次药物基因组学学术大会。省委副书记、省长徐守盛出席了今天上午大会开幕式并致辞。

本次大会是我国医学界的一次盛会，主题为“基因组医学的挑战”，由药物基因组学与药物安全性、药物基因组学与个体化治疗、药物基因组学与生物医学转化等三个板块组成，旨在推动我国和国际基因组医学的发展，早日实现个体化医学的宏伟目标。来自全球近10个国家和地区的国际知名专家将围绕主题展开18场大会专题报告。大会由中国工程院医药卫生学部、中国药理学会、国际生物医药与生物技术学会联合主办，中南大学承办。会议同期举行了2011年医学科学前沿论坛——第三届国际药物警戒与药物安全学术会议及国际生物医药与生物技术学会2011秋季论坛。

徐守盛向大会表示祝贺。他说，湖南是医学发展的沃土。进入现代以来，以中南大学湘雅医学院为代表的湖南医药科研院所，秉承优良传统，不懈攀登高峰，在干细胞和治疗性克隆研究等方面取得了世界领先的科技成果。“十一五”以来，我省医药卫生事业获得长足发展，医药卫生体制改革和城乡公共卫生服务体系建设加快推进，有力保障了经济社会发展。此次大会的召开，将有力推动我国和国际“基因组医学”和“转化医学”发展，对实现个体化医学宏伟目标产生积极而深远的影响，也将有力促进我省医疗卫生事业和生物医药产业发展。湖南将以此次大会为契机，积极学习借鉴国内外先进经验，推动医药卫生事业又好又快发展。

中国工程院秘书长白玉良，省政府秘书长盛茂林出席。

【周强会见意大利马尔凯大区主席】 2011年11月28日，省委书记、省人大常委会主任周强在长沙会见了意大利马尔凯大区主席姜·马里奥·斯帕卡一行。

会见中，双方愉快地回忆起去年会面时的情景。周强说，近年来，湖南与意大利在经贸、科技、教育、文化等领域的交流合作不断加强，意大利菲亚特落户长沙，广汽菲亚特项目建设进展顺利；中联重科与意大利CIFA的合作已成为两国企业合作的成功典范；中意环保合作项目、中意设计创新中心先后落户湖南；湖南大学建立了罗马法研究中心。这些合作正呈现出良好的态势和巨大的潜力。当前，湖南经济发展继续保持良好势头和强劲动力，湖南与马尔凯大区已签署《建立友好合作关系意向书》，希望通过企业之间加强对接交流，推动双方在机械制造、轻工业、文化旅游、教育等领域的进一步务实合作。

姜·马里奥·斯帕卡表示，在湖南看到意大利企业有很好的发展，双方交流有稳固的基础，对进一步深化合作充满信心。今天只是一个开始，期待不久的将来能看到双方在机械制造、电子信息、现代农业、时尚创意等领域的合作成果。

【周强会见印度驻华大使苏杰生一行】 2011年12月5日上午，湖南省委书记、省人大常委会主任周强在长沙会见了来湘出席“印度投资机遇”推介会的印度驻华大使苏杰生一行。

周强欢迎苏杰生一行来湘访问，对推介会的召开表示祝贺。他说，湖南与印度近年来在经济、教育、文化等领域交流合作日益频繁，双方企业投资合作不断增加，进出口贸易快速增长。印度安赛乐米塔尔与华菱集团的合作项目正顺利推进，三一重工、远大集团等一批湖南企业在印度投资发展态势良好。当前，湖南经济保持平稳较快发展，交通区位、产业基础、人才资源等方面的优势进一步显现，双方进一步深化合作前景广阔。希望通过大使先生此次访湘，积极推动双方在信息、先进制造、文化创意、旅游等方面的交流合作，湖南热忱欢迎更多印度企业前来投资兴业。

苏杰生说，时隔两年再次访问湖南，很高兴看到双方企业间往来更加密切并结出硕果，这为加强双方未来合作奠定了坚实基础。当前，印度正加快建设基础设施，投资的机遇多、潜力大，愿进一步推动双方在基础设施建设、信息产业等领域的合作。

省委常委、省委组织部部长、副省长郭开朗，印度驻广州总领事馆总领事潘迪会见时在座。

【周强会见日本东芝公司顾问西室泰三一行】 2011

年12月26日，湖南省委书记、省人大常委会主任周强在长沙会见了来湘考察的日本东芝公司顾问西室泰三一行。

今年10月，第五届中日友好21世纪委员会第三次会议期间，西室泰三曾作为日方首席委员访问湖南。

周强对西室泰三再次来访表示欢迎。他说，近年来，湖南经济社会发展呈现良好势头，综合实力不断提升，与日本在各领域的交流合作不断深化，三菱汽车、住友轮胎等一批日企在湘投资发展前景看好。湖南未来发展需要进一步扩大开放，将鼓励支持双方的企业进一步加强合作，同时也希望双方在经贸、文化、教育、科技、环保、金融等领域的交流合作进一步取得丰硕成果。

西室泰三表示，湖南企业的发展成就和前景给他留下了深刻印象，愿意通过更多的交流，推动日本与湖南在企业合作等方面迈出新步伐。

省委常委、省委秘书长易炼红，日本驻上海总领事泉裕泰及东京证券交易所有关代表参加会见。

创建活动篇

关于发布长株潭城市群改革试验区“两型社会”“两型”机关、“两型”学校等第二批试行标准的通知*

湘两型改革〔2011〕11号

长沙、株洲、湘潭、衡阳、岳阳、常德、益阳、娄底市两型办（发改委）及五区十八片管委会：

为贯彻省委省政府《关于加快经济发展方式转变，推进“两型社会”建设的决定》（湘发〔2010〕13号）精神，落实“四化两型”战略，建立科学合理的标准体系，以标准规范、保障和促进“两型社会”建设，我办继发布试行“两型”产业分类、“两型”企业、“两型”园区、“两型”县、“两型”镇、“两型”农村等第一批标准后，又组织专门力量，编制了“两型”机关、“两型”家庭、“两型”学校、“两型”医院、“两型”社区、“两型”村庄等第二批标准，决定先在试验区发布试行。

现将《“两型”机关建设标准（试行）》、《“两型”家庭建设标准（试行）》、《“两型”学校建设标准（试行）》、《“两型”医院标准（试行）》、《“两型”社区建设标准（试行）》、《“两型”村庄建设标准（试行）》等6个文件印发给你们，请遵照试行。试行中出现的问题以及你们的意见和建议请及时反馈给我办。

联系人：唐远　0731－85063990

Eail：cztbggc@163.com

湖南省长株潭“两型社会”建设改革试验区领导协调委员会办公室

二〇一一年六月七日

附件：

1.《“两型”机关建设标准（试行）》
2.《“两型”家庭建设标准（试行）》
3.《“两型”学校建设标准（试行）》
4.《“两型”医院建设标准（试行）》
5.《“两型”社区建设标准（试行）》
6.《“两型”村庄建设标准（试行）》

“两型”机关建设标准（试行）

1. 适用范围

本标准适用于长株潭“两型社会”综合配套改革试验区内“两型”机关的建设、管理、验收。

2. 规范性引用文件

本标准引用了下列文件中的条款。凡是不注日期的引用文件，其有效版本适用于本标准。

《中华人民共和国节约能源法》。

《中华人民共和国人口与计划生育法》。

《公共建筑节能设计标准》（GB50189－2005）。

《室内空气质量标准》（GB/T18883－2002）。

《城市生活垃圾分类及其评价标准》（CJJ/T 102－2004）。

《城市区域环境噪声标准》（GB3096－82）。

《行政机关单位综合能耗、电耗定额及计算方法》（DB43/T613－2011）。

《公共机构节能条例》。

《湖南省用水定额标准》。

《政府投资项目审计规定》。

《湖南省政府服务规定》。

《湖南省行政程序规定》。

《中国共产党党员领导干部廉洁从政若干准则》。

《全面推进依法行政实施纲要》（国办发〔2004〕24号）。

《我国电子政务建设指导意见》（中央办公厅〔2002〕17）号。

《关于加强政府机构节约资源工作的通知》（发改环资〔2006〕284号）。

国家发展改革委《关于批准武汉城市圈和长株潭城市群为全国资源节约型和环境友好型社会建设综合配套改革

* 长株潭城市群“两型”社会建设标准体系第一、二批“两型”标准共12项，其他6项：《“两型”产业分类标准（试行）》、《“两型”企业建设标准（试行）》、《“两型”园区建设标准（试行）》、《“两型”县建设标准（试行）》、《“两型”镇建设标准（试行）》、《“两型”农村建设标准（试行）》已收入《长株潭试验区年鉴（2011）》。

实验区的通知》（发改经体〔2007〕3428号）。

《财政部 国家发展改革委关于印发<节能产品政府采购实施意见的通知》（财库〔2004〕185号）。

《关于进一步加强党政机关公务用车配备和使用管理的规定》（湘纪发〔2007〕19号）。

3. 定义和术语

下列定义和术语适用于本标准。

3.1“两型”机关

“两型”机关是以“崇尚俭约办公、倡导绿色环保”为核心，以“办公资源使用节约、绿色环保争当表率、‘两型’建设当仁不让、机关服务高效便民”为主要目标，实现自身作为单个组织和具有导向性的特殊社会成员都全面落实“资源节约、环境友好”的机关。

3.2 绿色采购

绿色采购是指机关一系列采购政策的制定、实施以及考虑到原料获取过程对环境的影响而建立的各种关系，其中与原料获取过程相关的行为包括供应商的选择评价。

3.3 清洁能源

清洁能源指在生产和使用过程中不产生有害物质排放的能源，是可再生的、消耗后可得到恢复，或非再生的（如风能、水能、天然气等）及经洁净技术处理过的能源（如洁净煤油等）。

3.4 重大决策

重大决策是指机关作出的涉及本地区、本部门发展全局、社会涉及面广、专业性强、与百姓利益密切相关的决策事项。

4. 指标体系

4.1 标准体系框架

依据“两型”社会和“两型”机关的核心内涵，及“两型”机关建设目标，按照标准体系设立的基本原则，“两型”机关建设标准体系由资源节约、环境友好、“两型”文化、机关和谐四个分系统组成。如图1所示。

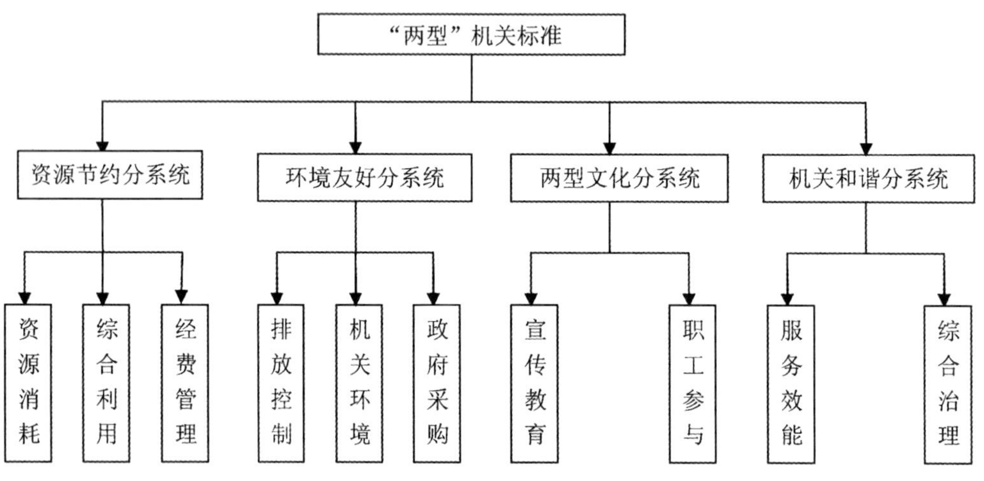

图1 “两型”机关标准框架

4.2 定性指标

“两型”机关标准体系设置定性指标12个，其中资源节约分指标4个，环境友好分指标4个，“两型”文化分指标1个，机关和谐分指标3个。具体定性指标见表1。

4.3 定量指标

“两型”机关标准体系设置定量指标12个，其中资源节约分指标5个，环境友好分指标4个，“两型”文化分指标2个，机关和谐分指标1个。具体定量指标见表2。

表1 “两型”机关建设标准定性指标表

分系统	子系统	指 标	指标值要求	指标来源	备 注
资源节约	资源消耗	1. 节能管理	有年度节能目标、实施方案和考核方案	国务院令第531《公共机构节能条例》	全部通过为合格
			有专职的节能机构和人员		
		2. 节能设施	使用节水器具	《长沙市城市节约用水规划》、GB/T18870－2002《节水型产品技术条件与管理通则》	全部通过为合格
			使用能效2级以上（包括2级）的节能型办公电器	能效标识参见《中华人民共和国实行能源效率标识的产品目录》	
			使用绿色照明设备	高效节能照明设备参见《高效节能照明产品与技术样本选型目录》	
			机关食堂使用节能灶具	GB16410—2007《家用燃气灶具》、HJ/T 311－2006《环境标志产品技术要求燃气灶具》	

分系统	子系统	指 标	指 标 值 要 求	指 标 来 源	备 注
资源节约	资源消耗	3. 建筑节能	新建建筑设计、施工节能完全达标	GB50189－2006《公共建筑节能设计标准》、《湖南省建设事业第“十二”个五年规划》	全部通过为合格
			既有建筑的围护结构节能改造完成		
	综合利用	4. 综合利用机制	有资源综合利用制度		全部通过为合格
			有资源综合利用相关设施，如循环用水设施等		
			废旧办公用品回收利用 非特殊公文用纸双面使用	发改环资〔2006〕285号《关于加强政府机构节约资源工作的通知》	
环境友好	排放控制	5. 垃圾分类处理	有垃圾分类处理的相关设施	GJJ/T 102－2004《城市生活垃圾分类及其评价标准》	全部通过为合格
			使用垃圾分类处理的相关设施		
		6. 废水、气达标排放	有废水、废气达标处理相关设施	GB8978《污水综合排放标准》、GWPB5－2000《饮食业油烟排放标准》、GB13271《锅炉大气污染物排放标准》	全部通过为合格
			使用废水、废气达标处理相关设施		
		7. 使用清洁能源	全部加热设备都使用清洁能源，有条件的机关使用太阳能、风能、生物质能、地热能等新能源	有条件的机关适用	
	机关环境	8. 环境卫生	机关干净整洁	《公共场所卫生管理条例实施细则》，卫生部	全部通过为合格
			食堂卫生达标	《餐饮业和集体用餐配送单位卫生规范》，卫生部	
			空气质量达标	GB/T18883－2002《室内空气质量标准》	
两型文化	宣传教育	9. “两型”机关创建综合方案	有“两型”机关建设领导机制	发改经体〔2007〕3428号《全国资源节约型和环境友好型社会建设综合配套改革试验区体制机制创新研究》	全部通过为合格
			有“两型”知识培训	国务院令第531《公共机构节能条例》	
机关和谐	服务效能	10. 内控机制	重大决策符合相关规定	湖南省人民政府令第222号《湖南省行政程序规定》	全部通过为合格
			公共投资项目决策后期跟踪审计	审计署《政府投资项目审计规定》	
			有决策纠错机制	国办发〔2004〕24号《全面推进依法行政实施纲要》、湖南省人民政府令第222号《湖南省行政程序规定》	
		11. 服务质量	无因行政（服务）不当引起的行政投诉、行政复议和上访		全部通过为合格
	综合治理	12. 违法违纪情况	无刑事违法犯罪	《中华人民共和国宪法》	一票否决
			无违反计划生育事件	《中华人民共和国宪法》、《中华人民共和国人口与计划生育法》	
			无社会治安事件	《湖南省社会治安综合治理条例》	

表2　“两型”机关建设标准定量指标表

分系统	子系统	指　标	指标值要求	指 标 来 源	备　注
资源节约	资源消耗	1. 单位综合电耗	≤41（kwh/m^2）	DB43《湖南省地方标准——行政机关单位综合能耗、电耗定额及计算方法》	机关单位综合电耗修正系数原则上不能超过1.5
		2. 月人均用水量	1350升/人·月	湖南省质量技术监督局《湖南省用水定额标准》	
		3. 人均办公面积及装修合标率	100%	计投资〔1999〕2250号《国家计委关于印发党政机关办公用房建设标准的通知》	
		4. 无纸化办公率	100%	中央办公厅〔2002〕17号《我国电子政务建设指导意见》	
	经费管理	5. 经费预算控制率	≤100%	发改环资〔2006〕284号《关于加强政府机构节约资源工作的通知》	预算经费包括办公经费、会议经费、公务经费、公务接待、公务培训
环境友好	排放控制	6. 噪声控制	55（昼间）45（夜间）LAeq dB	GB3096－82《城市区域环境噪声标准》	
	机关环境	7. 办公场所禁烟率	100%	卫生部《公共场所卫生管理条例实施细则》	
		8. 可绿化场地绿化率	100%	《湖南省国民经济和社会发展第十二个“五年”规划》	
	政府采购	9. 绿色采购率	≥90%	财政部与国家环保总局《节能产品政府采购实施意见》、财政部与国家发展改革委《财政部 国家发展改革委关于印发＜节能产品政府采购实施意见的通知》	绿色采购产品参见《环境标志产品政府采购清单》
两型文化	宣传教育	10. 机关职工“两型”知识普及率	100%		
	职工参与	11. 机关职工“两型”家庭创建率	≥80%		
机关和谐	服务效能	12. 服务满意率	≥90%		

5. *指标说明及计算方法*

5.1 资源节约指标

5.1.1 单位综合电耗

指标解释：指机关在统计期内（一般以1年为一个统计周期），每平方米建筑面积所消耗的电量。

计算公式：

单位综合电耗（kwh/m^2）

$$=\frac{\text{年均机关总用电量（kwh）}}{\text{机关总面积（}m^2\text{）}}$$

5.1.2 月人均用水量

指标解释：指每月机关人均使用水的数量。

计算公式：

月人均用水量（升/人·月）

$$=\frac{\text{月均机关总用水量（L）}}{\text{月均机关在职人数（人）}}$$

5.1.3 人均办公面积及装修合标率

指标解释：指机关人均办公面积及装修符合且没有超出《国家计委关于印发党政机关办公用房建设标准的通知》的办公室占办公室总数量的比重。

计算公式：

人均办公面积及装修合标率（%）=

$$\frac{\text{面积及装修"合标"办公室数量（个）}}{\text{办公室总数（个）}}\times100\%$$

5.1.4 无纸化办公率

指标解释：指机关为推广无纸化办公，入网电子办公内网的机关部门占机关部门总数的比重。

计算公式：

无纸化办公率（%）

$$=\frac{\text{入网电子办公内网的机关部门（个）}}{\text{机关部门总数（个）}}\times100\%$$

5.1.5 经费预算控制率

指标解释：指机关经费的预算执行比率。当此指标值大于1时，说明预算超支；当此指标值小于1时，说明预算控制良好。

$$\text{经费预算控制率（\%）}=\frac{\text{经费实际使用额（元）}}{\text{经费预算额（元）}}\times 100\%$$

5.2 环境友好指标

5.2.1 噪声控制

指标解释：指机关在办公及会议活动中使用固定设备等产生的、干扰周围生产、生活的噪声控制情况。

本值由专用仪器测量。

5.2.2 办公场所禁烟率

指标解释：指机关禁烟的办公场所数量占办公场所总数的比重。

计算公式：

$$\text{办公场所禁烟率（\%）}=\frac{\text{禁烟的办公场所数量（个）}}{\text{办公场所总数（个）}}\times 100\%$$

5.2.3 可绿化场地绿化率

指标解释：指已绿化的可绿化场地占可绿化场地总数的比重。

计算公式：

可绿化场地绿化率（%）

$$=\frac{\text{已绿化的可绿化场地（}m^2\text{）}}{\text{可绿化场地总数（}m^2\text{）}}\times 100\%$$

5.1.4 绿色采购率

指标解释：指政府采购中选用节能环保产品的比率。

计算公式：

绿色采购率（%）

$$=\frac{\text{政府采购中实际选用节能环保产品的采购数量}}{\text{政府采购中可选用节能环保产品目录产品的总数量}}\times 100\%$$

5.3 两型文化指标

5.3.1 机关职工“两型”知识普及率

指标解释：指“两型”知识达标的机关职工数量占机关职工总数的比重。

计算公式：

$$\text{机关职工“两型”知识普及率（\%）}=\frac{\text{“两型”知识达标的机关职工数量（个）}}{\text{机关总人数（个）}}\times 100\%$$

5.3.2 机关工作人员“两型”家庭创建完成率

指标解释：指机关工作人员在实践“两型”机关和“两型”社会创建过程中，落实到其自身家庭的建设情况。

计算公式：

$$\text{机关工作人员“两型”家庭建设完成率（\%）}=\frac{\text{机关工作人员“两型”家庭数（个）}}{\text{机关工作人员家庭总数（个）}}\times 100\%$$

5.4 机关和谐指标

5.4.1 服务满意率

指标解释：指满意机关行政（服务）的人数占获取机关行政服务总人数的比重。

计算公式：

服务满意率（%）

$$=\frac{\text{满意机关行政（服务）的人数（人）}}{\text{获取机关行政（服务）总人数（人）}}\times 100\%$$

“两型”家庭建设标准（试行）

1. 适用范围

本标准适用于长株潭“两型”社会综合配套改革试验区内“两型”家庭的建设、验收。

2. 规范性引用文件

本标准引用了下列文件中的条款。凡是不注日期的引用文件，其有效版本适用于本标准。

《中华人民共和国宪法》。

《中华人民共和国人口与计划生育法》。

《中华人民共和国道路交通管理条例》。

《湖南省社会治安综合治理条例》。

《湖南省农村初级卫生保健条例》。

《公共建筑节能设计标准》（GB50189－2005）。

《城市生活垃圾分类及其评价标准》（GJJ/T102－2004）。

《城市区域环境噪声标准》（GB3096－82）。

《环境标志产品技术要求．燃气灶具》（HJ/T311－2006）。

《乘用车燃料消耗量限值》（GB19578－2004）。

《洗涤用品安全技术规范》。

《湖南省用水定额标准》。

《关于深入持久开展“五好文明家庭”创建活动的联合通知》（全国妇联联合中宣部、民政部等18个部委）。

《国务院办公厅关于限制生产销售使用塑料购物袋的通知》。

《国家发展改革委关于批准武汉城市圈和长株潭城市群为全国资源节约型和环境友好型社会建设综合配套改革实验区的通知》（发改经体〔2007〕3428号）。

《湖南省节约用电实施细则》（湘政办发〔1987〕37号）。

3. 定义和术语

下列定义和术语适用于本标准。

3.1“两型”家庭

“两型”家庭是以“崇尚俭约生活、倡导绿色环保、追求和谐幸福”为核心，以“提高资源效率、降低能耗水平；注重生态环境、践行绿色生活；着眼和谐幸福、坚持文明守法”为主要目标，实现自身作为单个组织和社会成员全面落实“资源节约、环境友好”的家庭。

3.2 不可降解用品

不可降解用品指用品材料不可分解为简单物质。

3.3 清洁能源

清洁能源指在生产和使用过程中不产生有害物质排放的能源，主要是可再生的、消耗后可得到恢复，或非再生的（如风能、水能、天然气等）及经洁净技术处理过的能源（如洁净煤油等）。

3.4 绿色消费

绿色消费是指人们追求美好、洁净环境，既满足生活需要，又不浪费资源和不污染环境的消费模式。

3.5 幸福指数

幸福指数是指衡量幸福感受具体程度的主观指标数值。该指标值可以通过问卷调查或专业的测评机构测算取得。

4. 建设目标

“两型”家庭的美好蓝图是：勤俭节约、绿色环保、幸福美满、遵纪守法。

4.1 勤俭节约

坚持以“俭”为本，拒绝奢侈消费；坚持按需所取，杜绝资源浪费；坚持一物多用，提高资源的使用效率。

4.2 绿色环保

生活方式绿色、环保、低碳，积极抵制高污染、高耗能、高排放产品；养花护绿，生活垃圾分类处理，人与自然环境和谐。

4.3 幸福美满

夫妻之间，互敬互爱；老有所乐、老有所成；幼有所依、幼有所学。家庭和谐，幸福指数高。睦邻友好，团结互助。

4.4 遵纪守法

家庭成员“以遵纪守法为荣、以违法乱纪为耻”，自觉遵守各种法律、法规，不参与迷信、邪教，不沾染黄、赌、毒。

5. 标准体系

5.1 标准体系框架

依据“两型”社会和“两型”家庭的核心内涵及“两型”家庭的建设目标，“两型”家庭标准体系由资源节约、环境友好、“两型”文化、家庭和谐四个分系统组成。如图1所示。

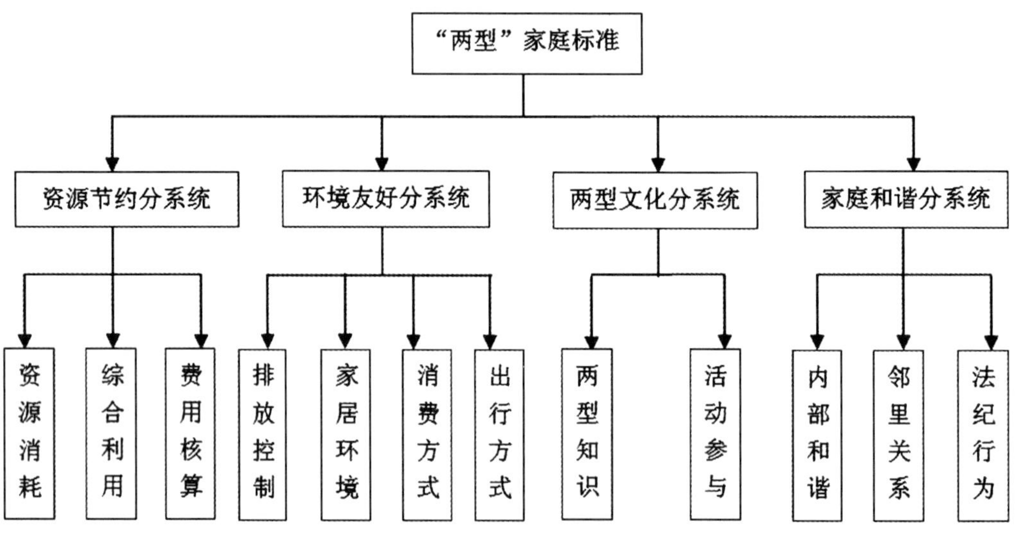

图1 “两型”家庭标准框架

5.2 定性指标

“两型”家庭标准体系设置定性指标13个，其中资源节约分指标3个，环境友好分指标7个，“两型”文化分指标1个，家庭和谐分指标2个。具体定性指标见表1。

5.3 定量指标

“两型”家庭标准体系设置定量指标14个，其中资源节约分指标6个，环境友好分指标3个，“两型”文化分指标2个，家庭和谐分指标3个。具体定量指标见表2。

表1 “两型”家庭建设标准定性指标表

分系统	子系统	指标	指标值要求	指标来源	备注
资源节约	资源消耗	1. 使用节能型器具	使用节水器具	《长沙市城市节约用水规划》、GB/T18870－2002《节水型产品技术条件与管理通则》	
			使用能效2级以上（包括2级）的节能型家用电器	能效标识参见《中华人民共和国实行能源效率标识的产品目录》	
			使用绿色照明设备	高效节能照明设备参见《高效节能照明产品与技术样本选型目录》	

分系统	子系统	指 标	指标值要求	指标来源	备 注
			使用节能灶具	GB16410—2007《家用燃气灶具》、HJ/T 311 - 2006《环境标志产品技术要求燃气灶具》	全部通过为合格
	综合利用	2. 废旧物品回收利用	能修旧利废的物品都修旧利废	国务院《中国21世纪议程》	
		3. 使用循环用水设备	有	《长沙市城市节约用水规划》	循环用水设备可以是自制简单设备
环境友好	排放控制	4. 垃圾分类处理	有垃圾分类处理的相关设施	GJJ/T 102 - 2004《城市生活垃圾分类及其评价标准》	全部通过为合格
			使用垃圾分类处理的相关设施		
		5. 废水排放达标	生活污水排放符合市政排水相关规定		
		6. 使用清洁能源	全部加热设备都使用清洁能源，有条件的家庭使用太阳能、风能、生物质能、地热能等新能源		
	家居环境	7. 户内外卫生	家庭及楼道干净整洁，无卫生死角；厕所无害化处理	全国妇联等19部委《关于深入持久开展“五好文明家庭”创建活动的联合通知》	农村家庭厕所需达到湖南省人大常委会《湖南省农村初级卫生保健条例》、GB7959—87《粪便无害化卫生标准》
	消费方式	8. 绿色家装	家装产品符合《环境标志产品政府采购清单》		
		9. 绿色消费理念	秉持勤俭节约理念，拒绝过度包装和奢侈消费		全部通过为合格
			自觉执行限塑令，自带购物袋或菜篮子等	国务院办公厅《国务院办公厅关于限制生产销售使用塑料购物袋的通知》	
			不使用不可降解和不可回收的一次性生活		
	出行方式	10. 绿色出行	尽量采取步行、自行车、公共交通出行		全部通过为合格
			家用车燃料消耗达标	标准参见国家发改委《乘用车燃料消耗量限值》	
两型文化	两型知识	11. 参与“两型”知识培训	自觉学习“两型”知识，且积极参与有组织的“两型”知识培训		
家庭和谐	内部和谐	12. 夫妻和谐	夫妻互相尊重、互相容忍、和谐美满、无婚外情	全国妇联等19部委《关于深入持久开展“五好文明家庭”创建活动的联合通知》	已婚家庭适用
		13. 尊老爱幼	尊敬长辈，善待老人；爱护孩子，科学培育	全国妇联等19部委《关于深入持久开展“五好文明家庭”创建活动的联合通知》	

表2 “两型”家庭建设标准定量指标表

分系统	子系统	指 标	指 标 值 要 求	指 标 来 源	备 注
资源节约	资源消耗	1. 月人均用水量	4800升/人·月	湖南省质量技术监督局《湖南省用水定额标准》	
		2. 月户均用电量	6～9月分别为80度/户·月，其他月份为60度/户·月	湘政办发〔1987〕37号《湖南省节约用电实施细则》	
		3. 月户均用气量	20立方米	中国城市燃气学会调查小组	全部使用燃气加热设备家庭适用
		4. 室内采暖和制冷温度设置	夏季空调温度设置≥26℃，冬季空调温度设置≤18℃	GB50189－2005《公共建筑节能设计标准》	使用空调家庭适用
	费用核算	5. 家庭支出核算次数	≥1次/户·月	参考国务院令第531号《公共机构节能条例》	
		6. 家庭支出预算控制率	≤100%	参考国务院令第531号《公共机构节能条例》	
环境友好	排放控制	7. 噪声控制	60（昼间）50（夜间）LAeq dB	GB3096－82《城市区域环境噪声标准》	
	家居环境	8. 养花护绿	绿色植物种植≥1盆	全国妇联等19部委《关于深入持久开展“五好文明家庭”创建活动的联合通知》	
	消费方式	9. 无磷洗涤用品使用率	100%	《衣料用洗涤剂耗水量和节水性能评估标准》、《洗涤用品安全技术规范》	
两型文化	两型知识	10. “两型”知识普及率	100%		
	活动参与	11. “两型”建设活动参与率	100%		
家庭和谐	内部和谐	12. 幸福指数	高		评价标准：高、中、低
	邻里关系	13. 邻友争吵次数	0次/人	全国妇联等19部委《关于深入持久开展“五好文明家庭”创建活动的联合通知》	
	法纪行为	14. 违法违纪次数	0次/人	《中华人民共和国宪法》、《中华人民共和国刑法》、《中华人民共和国民法》、《中华人民共和国人口与计划生育法》、《湖南省社会治安综合治理条例》	一票否决

6. 标准说明及计算方法

6.1 资源节约指标

6.1.1 月人均用水量

指标解释：指每月家庭人均使用水的数量。

计算公式：

月人均用水量（升/人·月）

$$=\frac{\text{月均家庭总用水量（L）}}{\text{月均家庭总人数（人）}*12}$$

6.1.2 月户均用电量

指标解释：指每月家庭使用电的数量。

计算公式：

月户均用电量（升/户·月）

$$=\frac{\text{当年家庭总用电量（L）}}{12}$$

6.1.3 月户均用气量

指标解释：指每月家庭使用燃气的数量。

计算公式：

月户均用气量（立方米/户·月）

$$=\frac{\text{当年家庭总用气量（L）}}{12}$$

6.1.4 室内采暖和制冷温度设置

指标解释：指装有空调设备的家庭，冬季采暖和夏季制冷时的温度设置情况。

6.1.5 家庭支出核算次数

指标解释：指每月家庭核算当月支出的次数。

6.1.6 家庭支出预算控制率

指标解释：指家庭月初预算支出的完成情况，当此指标值小于1时，说明预算控制良好，当此指标值大于1时，说明预算超支。

计算公式：

家庭能耗预算控制率（%）

$$=\frac{\text{月家庭实际支出费用（元）}}{\text{月家庭预算支出费用（元）}}\times 100\%$$

6.2 环境友好指标

6.2.1 噪声控制

指标解释：指在居家生活中使用固定设备等产生的、

干扰周围生产、生活的噪声控制情况。

本值由专用仪器测量。

6.2.2 养花护绿

指标解释：指家庭是否养殖绿色植物、花卉等，通过自然生态的方式美化家居环境。

6.2.3 无磷洗涤用品使用率

指标解释：指家庭使用无磷洗涤用品的数量占洗涤用品总数的比重。

计算公式：

无磷洗涤用品使用率（%）

$$=\frac{\text{无磷洗涤用品使用数量（个）}}{\text{洗涤用品总数（个）}}\times 100\%$$

6.3 两型文化指标

6.3.1 “两型”知识普及率

指标解释：指“两型”知识达标的家庭成员数量占家庭成员总数的比重。

计算公式：

“两型”知识普及率（%）

$$=\frac{\text{“两型”知识达标的家庭成员数量（个）}}{\text{家庭总人数（个）}}\times 100\%$$

6.3.2 “两型”创建活动参与率

指标解释：指家庭参与社区组织的“两型”创建活动的次数占社区组织的“两型”创建活动总数的比重。

计算公式：

“两型”创建活动参与率（%）

$$=\frac{\text{家庭参与社区组织的"两型"创建活动次数（次）}}{\text{社区组织的"两型"创建活动总次数（次）}}\times 100\%$$

6.4 家庭幸福指标

6.4.1 幸福指数

指标解释：指衡量幸福感受具体程度的主观指标数值。该指标值可以通过问卷调查或专业的测评机构测算取得。

6.4.2 邻友争吵次数

指标解释：指家庭成员与邻友争吵的次数。

6.4.3 违法违纪次数

指标解释：指家庭成员违反《宪法》、《刑法》、《民法》、《中华人民共和国人口与计划生育法》以及《湖南省社会综合治安管理条例》等相关法规制度的次数。

“两型”学校建设标准（试行）

1. 适用范围

本标准适用于长株潭“两型社会”综合配套改革试验区内大、中、小学的“两型”建设、管理、验收。

2. 规范性引用文件

本标准引用了下列文件中的条款。凡是不注日期的引用文件，其有效版本适用于本标准。

《国家发改委关于批准武汉城市圈和长株潭城市群为全国资源节约型和环境友好型社会建设综合配套改革试验区的通知》（发改经体〔2007〕3428号）。

《长株潭城市群国家综合配套改革试点框架方案》。

《长株潭城市群两型社会建设综合配套改革试验总体框架设想》。

《中共湖南省委、湖南省人民政府关于促进产学研结合增强自主创新能力的意见》（湘发〔2008〕14号）。

《关于加快经济发展方式转变 推进“两型社会”建设的决定》（湘发〔2010〕13号）。

《污水综合排放标准》（GB8978）。

《锅炉大气污染物排放标准》（GB13271）。

《城市区域环境噪声标准》（GB3096－93）。

《室内空气质量标准》（GB/T18883）。

《生活饮用水卫生标准》（GB5749）。

《学校卫生监督综合评价》（GB/T 18205－2000）。

《公共建筑节能设计标准》（GB50189－2005）。

《环境空气质量标准》（GB3095－1996）。

《民用建筑节水设计标准》（GB50555－2010）。

《建筑采光设计标准》（GB/T50033－2001）。

《建筑照明设计标准》（GB/T50034－2001）。

《公共建筑节能设计标准》（DB22/T436－2006）。

《普通高校综合能耗、综合电耗定额及计算方法》（DB43/T611－2011）。

《太原市节水标准》（导则）（DB14/T 501－2008）。

《民用建筑节能条例》。

《节水型产品技术条件与管理通则》。

《高等学校节约型校园建设管理与技术导则（试行）》。

《固体废物污染环境防治法》。

《危险化学品安全管理条例》。

《高等学校人员编制的试行办法》。

《关于制定中小学教职工编制标准的意见》。

《湖南省普通高等学校毕业生就业率统计、监测和公布办法》（湘教发〔2004〕35号）。

3. 术语和定义

3.1 “两型”学校

指遵循资源节约和环境友好理念，以提高学校资源利用效率为核心，以促进学生全面发展与社会的和谐发展为出发点，优化学校资源配置，提升学校办学效益，不断促进自身有效可持续发展；运用生态学的基本原理与方法规划、设计、建设、管理校园，校园布局结构合理，物质、能量、信息高效利用且环境优美的学校。

3.2 “两型”教育

广义地说，“两型”教育是强调全方位的资源节约和环境友好意识，将其渗透到自然科学、社会科学及人文科学等各个领域，用“两型”要求来推动经济发展和社会进步。狭义地说，“两型”教育是以人与自然的关系为着眼点，通过唤起受教育者的“两型”意识，使之掌握和发展解决人与自然关系问题的知识和技能，树立科学发展观。

3.3 公共建筑照明功率密度

指公共建筑内单位面积上的照明安装功率（包括光源、镇流器或变压器），单位：W/m^2。

4. 指标体系

“两型”学校建设标准体系包括：资源节约、环境友好、办学绩效、“两型”管理与教育四个一级指标，23个专项指标，具体定量与定性指标如图1、表1所示。

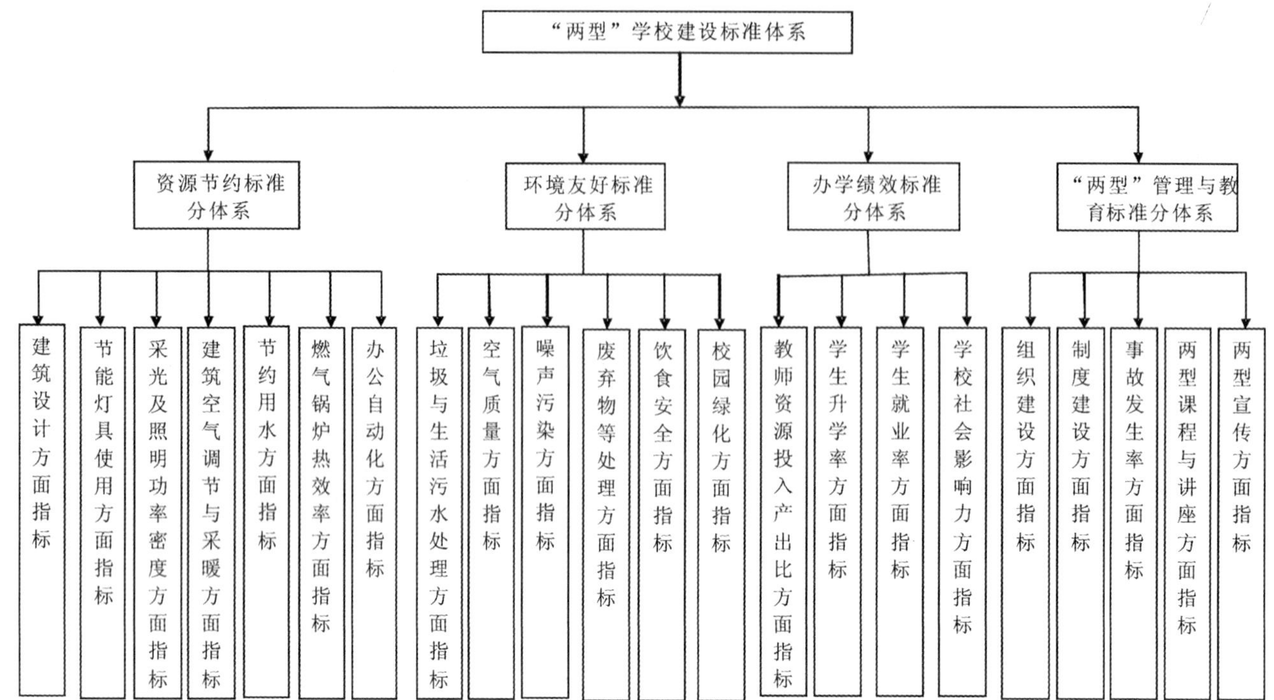

表1 “两型”学校建设标准

项目	序号	指标	单位	指标值或要求	指标来源
资源节约	1	建筑设计		新建学校建筑设计、施工和运营管理应符合《民用建筑节能条例》的有关要求；鼓励对不符合民用建筑节能强制性标准的既有学校建筑进行建筑节能改造。	《民用建筑节能条例》
	2	节能灯具使用率	%	节能灯具普及率达到100%，且照明良好，光线充足，采用节能型照明控制系统，采用智能型照明，采用太阳能、地热能、风能等可再生能源和技术作为学校能源使用的补充。	《民用建筑节能条例》
	3	公共建筑采光	W/m^2	室内采光设计应满足现行国家标准《建筑采光设计标准》的要求；室内采光系数或窗墙比满足当地光气候区要求。 合理采用天窗、反光板、反光镜、光导集光等自然采光强化和调控措施。 照明功率密度值≤11 W/m^2（美术教室为18 W/m^2）	GB/T50033－2001《建筑采光设计标准》 GB/T50034－2001《建筑照明设计标准》 DB22/T436－2006《公共建筑节能设计标准》
	4	公共建筑空气调节与采暖	℃	空气调节与采暖系统的冷、热源宜采用集中设置的冷（热）水机组或供热、换热设备。机组或设备的选择应根据建筑规模、使用特征，结合当地能源结构及其价格政策、环保规定等确定。有条件的学校可结合建筑条件及当地资源条件采用地源、地表水源、污水源热泵及地热技术。 设有中央空调的公共建筑，夏季空调系统温度设置办公室≥26℃，大堂、过厅室内外温差≤10℃；冬季不宜采用空调系统进行冬季采暖，宜设热水集中采暖系统，办公室温度设置≤18℃，大堂、过厅温度设置≤16℃。	GB50189－2005《公共建筑节能设计标准》 DB22/T436－2006《公共建筑节能设计标准》 DB43/T611－2011《普通高校综合能耗、综合电耗定额及计算方法》 《民用建筑节能条例》

项目	序号	指标	单位	指标值或要求	指标来源
资源节约	5	节约用水	L/人·d	学校内公共建筑应尽可能采取日生活用水定额制，中小学为15—35 L/人·d，高等学校为35—40 L/人·d。 感应式节水阀使用率100%；水阀和卫生洁具等用水器具100%达到《节水型产品技术条件与管理通则》所要求的标准；绿化浇灌采用喷灌、微灌等高效方式，合理安排绿化的灌溉次数及用水量；学生宿舍区建筑面积5万平方米以上的，应当建设和使用再生水利用和雨水利用设施；加强用水设备改造和巡查维护，做到无“跑冒滴漏”和长流水等浪费现象。	GB50555－2010《民用建筑节水设计标准》 DB14/T 501 －2008《太原市节水标准》（导则） 《节水型产品技术条件与管理通则》
	6	锅炉热效率	%	燃煤（Ⅱ类烟煤）蒸汽、热水锅炉额定热效率≥78%； 燃油燃气蒸汽、热水锅炉额定热效率≥89%。	《公共建筑节能设计标准》GB50189－2005
	7	办公自动化		推进无纸化办公，推广使用办公自动化系统，尽量使用电子邮件联系工作，推行利用电子媒介备课、修改文稿；利用信息系统进行授课、作业、考试、阅览、宣传等，部分教科书实现循环使用。	
	8	垃圾与生活污水处理	%	实行垃圾分类收集、处置；设置相对固定的收集容器，并建有完善的防渗漏、防流失、防扬散、防雨淋的暂存场所；生活污水集中处置率100%。	GB/T 18205 －2000《学校卫生监督综合评价》 GB8978《污水综合排放标准》
	9	空气质量		室外空气质量符合GB 3095－1996《环境空气质量标准》要求（其中锅炉排放符合GB13271《锅炉大气污染物排放标准》要求）；室内空气质量符合GB/T18883《室内空气质量标准》的要求。	GB 3095－1996《环境空气质量标准》 GB13271《锅炉大气污染物排放标准》 GB/T18883－2002《室内空气质量标准》
	10	噪音标准	dB	白天≤50 dB，夜间≤40 dB。	GB3096－93《城市区域环境噪声标准》
环境友好	11	废弃物及危险化学药品处理		固体废弃物分为危险固体废弃物和一般固体废弃物，其中：危险固体废弃物处理的处置应符合《固体废物污染环境防治法》的相关规定。一般固体废弃物的处置应优先考虑资源的再利用，减少对环境的污染，可回收的废弃物由各单位安排人员整理，再转卖给物资回收部门；不可回收的废弃物与生活垃圾等，由环卫部门或受委托单位统一运送到垃圾场处理。 危险化学药品的管理和处置符合《危险化学品安全管理条例》的规定。	《固体废物污染环境防治法》 《危险化学品安全管理条例》
	12	饮食安全		提供的粮食、素材、水产、肉禽蛋奶等需达到卫生和防疫部门卫生许可要求的采购标准并有相应的证明文件；餐具可循环使用率达100%；生活饮用水质量符合GB5749－2006《生活饮用水卫生标准》。	GB/T 18205 －2000《学校卫生监督综合评价》 GB5749－2006《生活饮用水卫生标准》 《高等学校节约型校园建设管理与技术导则（试行）》
	13	校园绿化	%	校园绿化率100%，绿化覆盖率≥30%；绿化树木生长良好，修剪保护到位；鼓励对办公和教学场所进行室内绿化。	《高等学校节约型校园建设管理与技术导则（试行）》
办学绩效	14	师生人数比	%	小学：城市为1:19，县镇为1:21，农村为1:23； 初中：城市为1:13.5，县镇为1:16，农村为1:18； 高中：城市为1:12.5，县镇为1:13，农村为1:13.5； 高等学校根据学校性质及规模参照《高等学校人员编制的试行办法》执行。	《高等学校人员编制的试行办法》 《关于制定中小学教职工编制标准的意见》
	15	绿色升学率	%	小学：100%；初中：100%；高中：≥80%	
	16	就业率	%	≥85%	《湖南省普通高等学校毕业生就业率统计、监测和公布办法》
	17	社会影响力		为社会培养输送各类优秀人才，享有良好的社会声誉。	

项目	序号	指标	单位	指标值或要求	指标来源
“两型”教育及管理	18	组织建设		成立“两型”学校领导小组，负责全校两型工作的领导、决策。校内各单位也要成立相应的小组，负责本单位方案、措施的制定和落实。	
	19	制度建设		建立自查自纠制度，经常性开展检查活动，及时制止浪费行为； 建立评比奖惩制度，将“两型”学校建设工作纳入绩效考核范围； 建立健全基础设施、公共服务设施的管理和管护制度。	
	20	事故发生率	起/年	特别重大事故、重大事故、较大事故、一般事故发生率为0起/年，轻微事故发生率≤1起/年。	
	21	课程与讲座		将“两型”理念的倡导与教育纳入学生思想政治理论课的范畴，聘请具有专业知识和实践经验的专家、学者及管理人员授课，增加学生的相关专业知识，每学期“两型”教育专题讲座应≥2次。	
	22	科研与实践		组织开展校园资源节约利用和环境保护等促进“两型”学校建设的科学研究，与“两型”相关的研究成果占总成果的比重达到同类学校先进水平；将研究成果应用于“两型”学校建设实践，建设示范项目，总结经验，积极推广。	
	23	媒体宣传		通过校园报刊、广播、影视、网络等媒体，开展形式多样的“两型”学校宣传活动，倡导良好的节约风气，形成建设“两型”学校的舆论氛围，每月“两型”主题宣传活动应≥1次。	

说明：指标15仅适用于中、小学；指标16.22仅适用于高等学校。

5. 指标说明和计算方法

5.1 资源节约指标

5.1.1 建筑设计

指标解释：指新建学校建筑的结构、热工、采暖、通风与空气调节、电气的设计。

5.1.2 节能灯具使用率

指标解释：指学校节能灯具使用数占总灯具数的百分比。

计算公式：

$$节能灯具使用率（\%）=\frac{学校节能灯具数（个）}{学校总灯具数（个）}\times 100\%$$

5.1.3 公共建筑照明功率密度值

指标解释：指公共建筑内单位面积上的照明安装功率（包括光源、镇流器或变压器）。

计算公式：

公共建筑照明功率密度值（瓦/平方米）

$$=\frac{照明安装功率（瓦）}{公共建筑内单位面积（平方米）}\times 100\%$$

5.1.4 公共建筑采暖和制冷温度设置

指标解释：指设有中央空调的公共建筑，冬季采暖和夏季制冷时的温度设置情况。

5.1.5 节约用水

指标解释：指提高用水效率，节约用水的各项措施。包括：感应式节水阀使用情况；水阀和卫生洁具等用水器具是否达到《节水型产品技术条件与管理通则》所要求的标准；绿化浇灌是否采用喷灌、微灌等高效方式，绿化的灌溉次数及用水量是否合理；在大规模学生宿舍区内（建筑面积5万平方米以上）是否建设和使用再生水利用和雨水利用设施；是否做到无“跑冒滴漏”和长流水等浪费现象。

公共建筑选择平均日生活用水定额时，可依据当地气候条件、水资源状况等确定，缺水地区应选择低值；用水人数应以年平均值计算；每年用水天数应根据使用情况确定。

5.1.6 锅炉热效率

指标解释：指单位时间内锅炉有效利用热量占锅炉输入热量的百分比，其值高低直接影响锅炉的运行成本。

计算公式：

$$锅炉热效率（\%）=\frac{锅炉有效利用热量（焦）}{锅炉输入热量（焦）}\times 100\%$$

5.1.7 办公自动化

指标解释：指办公自动化系统的使用、电子媒介备课、修改文稿，利用信息系统进行授课、作业、考试、阅览、宣传，使用电子邮件联系工作以及部分教科书实现循环使用情况。

5.2 环境友好指标

5.2.1 生活污水集中处置率

指经过污水处理厂二级或二级以上处理，或其他处理设施处理（相当于二级处理），且达到排放标准的居民产生的生活污水量占学校建成区居民生活污水排放总量的百分比。

计算公式：

生活污水集中处置率（%）

$$=\frac{二级污水处理厂达标排放污水量（万吨）}{建成区居民生活污水排放量（万吨）}\times 100\%$$

5.2.2 垃圾处理

指标解释：指垃圾进行分类收集、处置；设置相对固定的收集容器，并建立有完善的防渗漏、防流失、防扬散、防雨淋的暂存场所等情况。

5.2.3 室外空气质量

指标解释：指学校的室外空气的物理性指标、化学性指标、生物性指标和放射性指标情况。

本值由测量仪器测量。

5.2.4 锅炉烟尘排放

指标解释：指锅炉烟气中烟尘、二氧化硫和氮氧化物排放浓度和烟气黑度。

本值由测量仪器测量。

5.2.5 噪音标准

指标解释：指在教学及科研活动中使用固定设备等产生的、在校内进行测量和控制的干扰周围生活环境的声音。

本值由测量仪器测量。

5.2.6 废弃物及危险化学药品处理

指标解释：指固体废弃物和危险化学药品的管理和处置情况。

5.2.7 室内空气质量

指标解释：指室内空气的物理性指标、化学性指标、生物性指标和放射性指标情况。

本值由仪器测量。

5.2.8 饮食卫生

指标解释：指提供的粮食、素材、水产、肉禽蛋奶等的采购标准、食品烹制人员的身体健康情况以及食品烹制地点、就餐地点的卫生状况。

5.2.9 生活饮用水质量

指标解释：指生活饮用水的微生物指标、毒理指标、感官性状指标、一般化学指标、放射性指标和消毒剂常规指标情况。

本值由仪器测量。

5.2.10 绿化覆盖率

指标解释：指绿化植物的垂直投影面积占学校用地面积的百分比。

计算公式：

绿化覆盖率（%）

$$=\frac{\text{绿化植物的垂直投影面积（平方米）}}{\text{学校总用地面积（平方米）}}\times 100\%$$

5.3 办学绩效指标

5.3.1 师生人数比

指标解释：在校教职工总数与学生总数的百分比，反映教职工平均负担学生数。

计算公式：

$$\text{师生人数比（%）}=\frac{\text{教职工总数（人）}}{\text{学生总数（人）}}\times 100\%$$

5.3.2 绿色升学率

指标解释：指在合理利用、保护和提高学生、教师、社会健康储备和生命活力前提下所实现的升学率。强调学校要引导学生多样化、特色化、全面和有个性的发展。

计算公式：

$$\text{绿色升学率（%）}=\frac{\text{升学人数（人）}}{\text{应届学生总人数（人）}}\times 100\%$$

5.3.3 就业率

指标解释：学生就业人数占应届学生总人数的百分比。就业人员包括：已就业并办理《报到证》、已签劳动（聘用）合同或就业协议但未办理《报到证》、出国留学或工作、自主创业、继续深造、从事自由职业、参加国家或地方项目的人员。

计算公式：

$$\text{就业率（%）}=\frac{\text{就业人数（人）}}{\text{应届学生总人数（人）}}\times 100\%$$

5.3.4 社会影响力

指标解释：为社会培养输送各类优秀人才，享有良好的社会声誉

5.4“两型”教育及管理

5.4.1 组织建设

指标解释：指学校通过成立“两型”学校领导小组，加强全校两型工作的领导、决策，抓好方案、措施的制定和落实。

5.4.2 制度建设

指标解释：指学校通过建立自查自纠制度、评比奖惩等制度，使“两型”学校建设工作制度化、常态化，并将“两型”学校建设工作纳入绩效考核范围。

5.4.3 事故发生率

指标解释：学校每年发生事故的起数。学校事故是指在学校实施的教育教学活动或学校组织的校外活动中，或在学校负有管理责任的校舍、场地、其他教育教学设施、生活设施内发生的，造成学校人员（含教职员工、学生）伤亡和较大财产损失，以及虽发生在校外，但涉及学生的性质严重、影响较大的因学校过错导致，应由学校承担全部或部分责任的事故。事故按造成的人员伤亡或者直接经济损失分为5个等级：

（1）特别重大事故，是指造成30人以上死亡，或者100人以上重伤（包括急性中毒，下同），或者1亿元以上直接经济损失的事故；

（2）重大事故，是指造成10人以上30人以下死亡，或者50人以上100人以下重伤，或者5000万元以上1亿元以下直接经济损失的事故；

（3）较大事故，是指造成3人以上10人以下死亡，或者10人以上50人以下重伤，或者1000万元以上5000万元以下直接经济损失的事故；

（4）一般事故，是指造成3人以下死亡，或者2人以上10人以下重伤，或者100万元以上1000万元以下直接经济损失的事故。

（5）轻微事故，是指造成5人以上轻伤，或者1人重伤，或者直接经济损失10万元以上100万元以下的事故。

本条所称的“以上”包括本数，所称的“以下”不包括本数。

5.4.4 课程与讲座

指标解释：指通过聘请具有专业知识和实践经验的专家、学者及管理人员授课，将“两型”社会理念的倡导与教育纳入大学生思想政治理论课的范畴，增加学生的相关专业知识；以及开展“两型”教育专题讲座的情况。

5.4.5 科研与实践

指标解释：组织开展校园资源节约利用和环境保护等促进“两型”学校建设的科学研究；将研究成果应用于“两型”学校建设实践，建设示范项目，总结经验，积极推广；科研成果中与“两型”相关的研究成果占总成果的比重情况。

5.4.6 媒体宣传

指标解释：学校通过报刊、广播、影视、网络等媒体，开展形式多样的“两型”社会主题教育活动的情况；以及开展“两型”主题宣传活动的频率。

6. 数据来源

本标准中环境类指标数据按国家环境保护监测标准监测方法执行，由环保部门或统计部门提供。非环境类指标由学校相关部门提供。

“两型”医院建设标准（试行）

1. 适用范围

本标准适用于长株潭“两型社会”建设改革试验区内综合医院及社区卫生中心等医疗机构两型建设。

2. 规范性引用文件

本标准引用了下列文件中的条款。凡是不注日期的引用文件，其有效版本适用于本标准。

《国家发展改革委关于批准武汉城市圈和长株潭城市群为全国资源节约型和环境友好型社会建设综合配套改革试验区的通知》（发改经体［2007］3428 号）。

《关于加快经济发展方式转变 推进“两型社会”建设的决定》（湘发〔2010〕13 号）。

《湖南省长株潭城市群区域规划条例》（湖南省第十一届人民代表大会常务委员会公告〔2009〕23 号）。

《医院分级管理办法（试行）》。

《医院管理评价指南（2008 版）》。

《综合医院评价标准（2009 年修订版）》。

《医疗机构水污染物排放标准》（GB18466－2005）。

《城市区域环境噪声标准》（GB 3096－93）。

《医疗废物管理条例》［中华人民共和国国务院令（第380 号）］。

《医疗卫生机构医疗废物管理办法》［中华人民共和国卫生部令（第 36 号）］。

《三级综合医院评审标准》。

《医疗机构综合能耗、综合电耗定额及计算方法》（DB43/T612—2011）。

3. 定义和术语

下列定义和术语适用于本标准。

3.1 “两型”医院

“两型”医院是坚持以病人为中心，以现代医疗技术和绿色医院人文关怀为基石，以打造良好医疗环境、畅通急救通道、提供优质医疗服务为主要内容，以实现医疗环境“零污染”、医患关系“零距离”、医疗保障“零障碍”为发展模式的现代医院。

4. 指标体系

“两型”医院建设指标体系框架包括：资源节约、环境友好、服务质量与效率、管理素质与发展潜力四个分指标体系，如图 1 所示。具体定量与定性指标如表 1 所示。

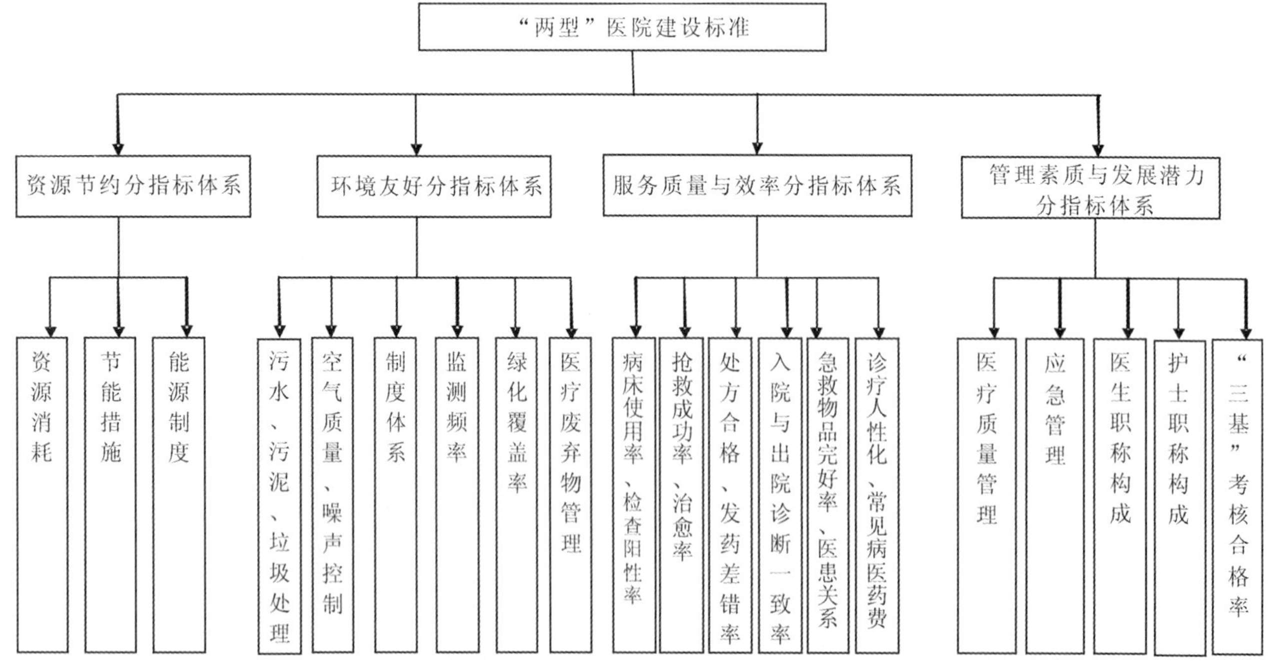

表 1　“两型”医院建设标准指标体系

项目	序号	指标	单位	指标值或要求	指标来源
资源节约	1	单位综合能耗	千克标准煤/平方米	达到同级别医院先进值（三级≤40，二级≤15，一级≤10）	医疗机构综合能耗、综合电耗定额及计算方法
	2	单位综合电耗	千瓦时/平方米	达到同级别医院先进值（三级≤120，二级≤60，一级≤30）	医疗机构综合能耗、综合电耗定额及计算方法
	3	能源制度	——	建立能源统计和分析工作制度、能耗定额考核制度及奖惩办法，有分析报告、考核奖惩记录。按部门（科室）或楼宇、楼层系统安装水、电、汽计量仪表，按耗能设备分类建立计量仪表台账。	
	4	节能措施	——	积极采取节水、节电等节能措施。安装节水装置，采用中水系统并运行良好；灯具总数50%以上采用高效、节能的新光源，且照明良好，光线充足，采用节能型照明控制系统，采用智能型照明，采用太阳能、地热能、风能等可再生能源和技术作为医院的补充。倡无纸化办公，尽量减少纸张使用，落实使用再生纸或纸双面使用等措施。	
环境友好	5	污水排放	——	连续三次各取样500毫升进行检验，不得检出肠道致病菌和结核杆菌；总大肠菌群数每升不得大于500个； 综合医疗结构污水排放执行排放标准时，宜采用二级处理+消毒工艺或深度处理+消毒工艺。	医疗机构水污染物排放标准GB18466－2005
	6	污泥排放	——	蛔虫卵死亡率大于95%；粪大肠菌值不大于10^{-2}；每10克污泥（原检样中），不得检出肠道致病菌和结核杆菌。	医疗机构水污染物排放标准GB18466－2005
	7	空气洁净	——	ICU、CCU空气净化洁净度应达到10万级以上标准	太原市绿色医院考核评定细则
	8	噪音控制	dB	白天不高于50，夜间不高于40	城市区域环境噪声标准（GB 3096－93）
	9	制度建设	——	建立医院废气、废水、废物、噪声、辐射及病原微生物管理制度和污染防治操作规程，并认真组织实施。	太原市绿色医院考核评定细则
	10	监测频率	次	医院污水的监测，应符合下列要求：余氯：连续式消毒，每日至少监测二次，间歇式消毒，每次排放之前监测；总大肠菌群数：每两周至少监测一次；传染病和结核病医院，应根据需要增测致病菌。	医疗机构水污染物排放标准GB18466－2005
	11	垃圾处理	——	实施医疗垃圾、生活垃圾独立管理，实行垃圾分类收集、处置；设置相对固定的收集容器，并建立有完善的防渗漏、防流失、防扬散、防雨淋的暂存场所。	
	12	绿化覆盖率	%	绿化覆盖率达到30%	太原市绿色医院考核评定细则
	13	医疗废弃物管理	——	医疗废弃物与生活垃圾分别独立收集；医疗废弃物的暂存场所必须有完善的防渗透、防流失、防扬散防雨淋的条件；医疗废弃物交由特种垃圾处理部门实行无害化集中处置，并做好交接登记，登记本至少保存三年； 医疗废物、危险废物实行全过程管理并实行无害化处理。（市区送废物处置中心处理）。有专门容器进行包装并设置有危险废物标签。一次性医疗器械使用后应消毒毁形。	国务院令（第380号）《医疗废物管理条例》、中华人民共和国卫生部令（第36号）《医疗卫生机构医疗废物管理办法》、南宁市“绿色环保医院”评估标准）

项目	序号	指标	单位	指标值或要求	指标来源
服务质量与效率	14	病床使用率	%	85%—93%	《三级综合医院评审标准》
	15	病房危重病人抢救成功率	%	综合医院≥84%	四川省综合医院评审标准纲要
	16	医院治愈率	%	高于同级别医院平均值	中国卫生统计年鉴
	17	处方合格率	%	处方合格率三级医院≥95%，二级医院≥90%，社区卫生中心/站≥85%	四川省综合医院评审标准纲要
	18	发药出门差错率	%	三级医院≤1/10000；二级医院≤2/10000，社区卫生中心/站≤2.5/10000	四川省综合医院评审标准纲要
	19	急救物品完好率		100%	
	20	医患关系	——	年医疗纠纷数：三级医院≤15起，二、一级医院≤5例	中华医院管理学会调查数据
	21	入出院诊断符合率	%	综合医院≥95%，社区卫生中心/站≥90%	中国卫生统计年鉴
	22	大型医疗设备检查阳性率	%	三级≤70%，二级及以下≤60%	四川省综合医院评审标准
	23	诊疗服务人性化程度及流程优化程度	——	医务人员在诊疗活动中能坚持以救死扶伤的人道主义精神给予病患人性化服务和人文关怀，医疗机构年患者满意率在90%以上；建立综合医疗信息管理系统和诊疗平台，实行预约、挂号、检查、诊断、用药、反馈的全过程电子信息化，缩短就诊流程的等待时间和复杂程度，积极建设和参与使用远程医疗诊断平台。	中华医院管理学会有关研究
	24	30种常见疾病人均住院医药费用	元	低于同期同级别医院平均值	中国卫生统计年鉴
管理素质与发展潜力	25	医疗质量管理	——	建立院、科两级完善的医疗质量管理组织，医疗质量管理职能部门组织实施全面医疗质量管理，指导、监督、检查、考核和评价医疗质量管理工作，加强医疗技术管理。	医院管理评价指南（2008版）卫医发〔2008〕27号
	26	应急管理	——	有突发事件（突发公共卫生事件、灾害事故等）应急预案并组织演练；承担突发事件紧急医疗救援任务；及时、妥善处理医院突发事件。	医院管理评价指南（2008版）卫医发〔2008〕27号
	27	医生的职称构成	%	高于同级别医院平均值（综合医院：正高≥5.7，副高≥17.4，中级≥33.2，师级/助理≥32.7；社区卫生中心/站：正高≥1.1，副高≥7.4，中级≥33.8，师级/助理≥38.9）	中国卫生统计年鉴
	28	护士的职称构成	%	高于同级别医院平均值（综合医院：副高≥2.1，中级≥27.9，师级/助理≥30.5，士级≥34.1；社区卫生中心/站≥副高≥0.7，中级≥23.7，师级/助理≥34.1，士级≥34.5）	中国卫生统计年鉴
	29	卫生技术人员“三基”考核合格率（基础理论、基本知识、基本技能）	%	100%	

5. 指标说明及计算方法

5.1 资源节约指标

5.1.1 医疗机构单位面积综合能耗

指标解释：指医疗机构在统计期内，每平方米建筑面积的综合能耗。

计算公式：

医疗机构单位面积综合能耗（千克标准煤/平方米）

$$=\frac{\text{医疗机构能耗总量（千克标准煤）}}{\text{医疗机构总建筑面积（平方米）}}$$

5.1.2 医疗机构单位面积综合电耗

指标解释：指医疗机构在统计期内，每平方米建筑面积所消耗的电能。

计算公式：

医疗机构单位综合电耗（千瓦时/平方米）

$$=\frac{\text{医疗机构综合电耗（千瓦时）}}{\text{医疗总建筑面积（万元）}}$$

5.1.3 能源制度

指标解释：定性指标，考核标准包括：建立能源统计分析工作制度、能耗定额考核制度及奖惩办法，有分析报告、考核奖惩记录。按部门（科室）或楼宇、楼层系统安装水、电、汽计量仪表，按耗能设备分类建立计量仪表台账。

5.1.4 节能措施

指标解释：定性指标，考核标准包括：积极采取节水、节电等节能措施。安装节水装置，采用中水系统并运行良好；灯具总数50%以上采用高效、节能的新光源，且照明良好，光线充足，采用节能型照明控制系统，采用智能型照明，采用太阳能、地热能、风能等可再生能源和技术作为医院的补充。倡无纸化办公，尽量减少纸张使用，落实使用再生纸或纸双面使用等措施。

5.2 环境友好指标

5.2.1 污水排放

指标解释：连续三次各取样500毫升进行检验，不得检出肠道致病菌和结核杆菌；总大肠菌群数每升不得大于500个；综合医疗机构污水排放执行排放标准时，宜采用二级处理+消毒工艺或深度处理+消毒工艺。

5.2.2 污泥排放标准

指标解释：蛔虫卵死亡率大于95%；粪大肠菌值不大于10—2；每10克污泥（原检样中），不得检出肠道致病菌和结核杆菌。

评价等级：优秀、良好、中等、合格、不合格

5.2.3 空气洁净

指标解释：ICU、CCU空气净化洁净度应达到10万级以上标准。

5.2.4 噪音控制

指标解释：白天不高于50分贝，夜间不高于40分贝。

5.2.5 制度建设

指标解释：建立医院废气、废水、废物、噪声、辐射及病原微生物管理制度和污染防治操作规程，并认真组织实施。

5.2.6 监测频率

指标解释：医院污水的监测，应符合下列要求：余氯：连续式消毒，每日至少监测二次，间歇式消毒，每次排放之前监测；总大肠菌群数：每两周至少监测一次；传染病和结核病医院，应根据需要增测致病菌。

5.2.7 垃圾处理

指标解释：实施医疗垃圾、生活垃圾独立管理，实行垃圾分类收集、处置；设置相对固定的收集容器，并建立有完善的防渗漏、防流失、防扬散、防雨淋的暂存场所。

5.2.8 绿化覆盖率

指标解释：指绿化植物的垂直投影面积占医院总用地面积的比值。绿化覆盖率达到30%。

5.2.9 医疗废弃物管理

指标解释：要求医疗废弃物与生活垃圾分别独立收集；医疗废弃物的暂存场所必须有完善的防渗透、防流失、防扬散防雨淋的条件；医疗废弃物交由特种垃圾处理部门实行无害化集中处置，并做好交接登记，登记本至少保存三年；医疗废物、危险废物实行全过程管理并实行无害化处理。（市区送废物处置中心处理）。有专门容器进行包装并设置有危险废物标签。一次性医疗器械使用后应消毒毁形。

5.3 服务质量与效率指标

5.3.1 病床使用率

指标解释：指每天使用床位与实有床位的比率，即实际占用的总床日数与实际开放的总床日数之比。病床使用率达到85%—93%。

5.3.2 病房危重病人抢救成功率

指标解释：三级医院病房危重病人抢救成功率应高于84%。

5.3.3 医院治愈率

指标解释：指医院每年的治愈率。

5.3.4 处方合格率

指标解释：要求三级医院处方合格率≥95%，二级医院处方合格率≥90%。

5.3.5 发药出门差错率

指标解释：要求三级医院发药出门差错率≤1/10000；二级医院发药出门差错率≤2/10000。

5.3.6 急救物品完好率

指标解释：要求“两型”医院急救物品完好率达到100%。

5.3.7 医患关系

指标解释：要求“两型”医院近三年无医疗事故与医疗纠纷。

5.3.8 入出院诊断与出院诊断符合率

指标解释：入出院诊断符合率=诊断符合患者数/（出院患者数－疑诊患者数）×100%；要求“两型”医院入出院诊断符合率≥95%。

5.3.9 大型医疗设备检查阳性率

指标解释：指医疗机构使用CT、B超（彩超）、核磁共振、X射线检查、生化全项等大型医疗设备或综合检查手段对病人实施检查的结果阳性率，为避免总诊断中滥用此类大型检查，减轻病人负担，要求三级医院大型医疗设备检查阳性率≤70%，二级医院及以下等级医疗机构≤60%。

5.3.10 诊疗服务人性化程度及流程优化程度

指标解释：医务人员在诊疗活动中能坚持以救死扶伤的人道主义精神给予病患人性化服务和人文关怀，医疗机构年患者满意率在90%以上；建立综合医疗信息管理系统和诊疗平台，实行预约、挂号、检查、诊断、用药、反馈的全过程电子信息化，缩短就诊流程的等待时间和复杂程度，积极建设和参与使用远程医疗诊断平台。

5.3.11 30种常见疾病人均住院医药费用

指标解释：要求医疗机构评价期内治疗出院的病毒性肝炎、浸润性肺结核、急性心肌梗塞、充血性心力衰竭、细菌性肺炎、慢性肺源性心脏病、急性上消化道出血、原发性肾病综合征、甲状腺功能亢进、脑出血、脑梗塞、再生障碍性贫血、急性白血病、结节性甲状腺肿、急性阑尾炎、急性胆囊炎、腹股沟疝、胃恶性肿瘤、肺恶性肿瘤、

食管恶性肿瘤、心肌梗塞冠状动脉搭桥、膀胱恶性肿瘤、前列腺增生、颅内损伤、腰椎间盘突出症、支气管肺炎、感染性腹泻、子宫平滑肌瘤、剖宫产、老年性白内障等30种常见疾病病例的人均住院医药费用低于该同期全国同级别医院平均值。

5.4 管理素质与发展潜力指标

5.4.1 医疗质量管理

指标解释：建立院、科两级完善的医疗质量管理组织，医疗质量管理职能部门组织实施全面医疗质量管理，指导、监督、检查、考核和评价医疗质量管理工作，加强医疗技术管理。

5.4.2 应急管理

指标解释：有突发事件（突发公共卫生事件、灾害事故等）应急预案并组织演练；承担突发事件紧急医疗救援任务；及时、妥善处理医院突发事件。

5.4.3 医生的职称构成

指标解释：要求“两型”医院的医生职称结构保持在合理且优良的范围，中高级职称医生所占比例应高于同期全国同级别医疗机构平均值。

5.4.4 护士的职称构成

指标解释：要求“两型”医院护士职称结构保持合理且优良的范围区间，中高级职称护士所占比例应高于同期全国同级别医疗机构平均值。

5.4.5 卫生技术人员“三基”考核合格率

指标解释：要求“两型”医院卫生技术人员“三基”（基础理论、基本知识、基本技能）考核合格率达到100%。

“两型”社区建设标准（试行）

1. 适用范围

本标准适用于长株潭“两型”社会试验区内所有经过社区体制改革后作了规模调整的居民委员会辖区。

2. 规范性引用文件

本标准内容引用了下列文件中的条款，凡是不注日期的引用文件，其有效版本适用于本标准。

国家发展改革委《关于批准武汉城市圈和长株潭城市群为全国资源节约型和环境友好型社会建设综合配套改革试验区的通知》（发改经体〔2007〕3428号）。

《中华人民共和国环境噪声污染防治法》。

《国务院关于确保实现十一五节能减排目标通知》（国发〔2010〕12号）。

《2008—2010年资源节约与综合利用标准发展规划》。

《社会生活环境噪声排放标准》GB22337 - 2008。

《商务部关于加快我国社区商业发展的指导意见》（商改发〔2005〕223号）。

《生态县、生态市、生态省建设指标（修订稿）》（环发（2007）195号）。

《关于饮食业油烟净化设备检测工作有关事项的通知》（环办〔2001〕104号）。

3. 定义和术语

下列定义和术语适用于本标准。

3.1“两型”社区

指的是社区居民在日常生活中始终贯彻资源节约和环境友好的基本要求，“两型”社区创建重在推动一种新的生活方式形成，提升居民的生活质量、提高居民素质、完善社区服务、实行居民自治，以人为本，实现社区可持续发展。

3.2 低碳生活方式

低碳生活代表着更健康、更自然、更安全的生活，同时也是一种低成本、低代价的生活方式，如随手关灯、每张纸双面打印、拒绝使用一次性不可回收物品、骑自行车上下班等。

3.3 生活污水资源化

污水资源化又称为废水回收，是指把生活废水引到预定的净化系统中，采用物理的、化学的或生物的方法进行处理，使其达到可以重新利用标准的整个过程。

3.4 环保公众参与机制

指社区居民通过一定的程序与途径，参与一切与社区环境利益相关的决策活动，使得该项决策符合居民的切身利益。例如社区可以定期发布环境公报、公告，引导大家来共同关注近期环境问题；也可以专门配置通讯设备，接收居民反映的环境问题，使这些问题得到最快的解决。

3.5 环保激励机制

指“两型”社区创建小组对居民的行为从物质、精神等方面进行激发和鼓励以使其行为符合环境保护要求的机制，比如社区定期组织“环保型组织”、“文明家庭”、“绿色使者”等具有“两型社区”、“两型家庭”特色的评选活动。该机制可增强社区居民责任感和节约环保意识，充分发挥居民在“两型”社区创建中的积极性、主动性和创造性。

3.6 环境整洁

指社区环境优美、整洁有序、空气清新、适合人居，主要体现在垃圾分类回收、分类清运；各类线路划分美观，提倡输电线、通讯线、有线电视信号线地下铺设；车辆有序停放，机动车有环保标志；无焚烧垃圾、树叶、露天烧烤等现象；建筑、拆迁、市政等工程采取防尘措施；各种公共设施保持完好；无粪水、污水满溢等方面。

3.7“两型”意识

居民的“两型”意识主要体现在自觉节约资源、保护环境，使用清洁能源、环保型商品，采用节约能源、减少污染、有益健康的出行方式，使用无磷洗衣粉，尽量避免使用一次性制品、买菜使用布袋子、菜篮子等可重复使用器具。

3.8 社区志愿者队伍

社区志愿者以社区居民为主体，主要帮助社区老弱病残解决生活上的一些困难，经常性地开展志愿服务活动；同时以宣传节能、环保为理念，积极开展活动，推进社区节能、环保运动。

3.9 幸福感

幸福感是一种心理体验，它既是对生活的客观条件和所处状态的一种事实判断，又是对于生活的主观意义和满足程度的一种价值判断。它表现为在生活满意度基础上产生的一种积极心理体验。社区居民的幸福感程度可以通过问卷调查或专业的测评机构测算取得。

3.10 社区治安

它是指在一定地域内对社会治安问题进行治理，是社区治安管理主体依靠社区群众，协调公安、司法机关，对涉及社区的社会秩序和人民群众生命财产安全的问题依法进行治理，促进社区秩序安定有序的过程。从管理对象角度划分，社区治安内容包括打击各种刑事犯罪行为与行政违法行为、防范灾害事故发生、加强社区内的道德风尚与社会风气建设三项内容。

3.11 LED 灯

LED（Light Emitting Diode）灯，标准名称是发光二极管，LED 灯是用 LED 元件作为发光器件的灯，是一种固态的半导体器件，可以直接把电转化为光，其特点是：寿命长、亮度高、节能、不发热灯。包括 led 照明灯、led 灯杯、led 节能灯、led 装饰灯、led 投光灯等。

3.12 节能空调

根据国家发展改革委和国家质检总局颁布的《能源效率标识管理办法》，规定能效标识是按产品耗能的程度由低到高，依次分成 5 级，能效比达 3.4 以上为一级，达 3.2、3.0、2.8、2.6 者分别为二、三、四、五级；低于 2.6 的空调则不准出厂。该办法自 2005 年 3 月 1 日起实施。

3.13 废弃电器电子产品回收处理

是指将废弃电器电子产品进行拆解，从中提取物质作为原材料或者燃料，用改变废弃电器电子产品物理、化学特性的方法减少已产生的废弃电器电子产品数量，减少或者消除其危害成分，以及将其最终置于符合环境保护要求的填埋场的活动。

3.14 清洁能源

指消耗后不产生或很少产生污染物的可再生能源、低污染的化石能源，以及采用清洁能源技术处理后的化石能源。包括水能、太阳能、生物质能、风能、地热能、海洋能、天然气、清洁煤、清洁油等，鉴于统计难度，本标准所提及的清洁能源只包括天然气。

4. 指标体系

“两型”社区标准体系框架包括：资源节约、环境友好、社会和谐、三个标准分体系。

其中资源节约标准分体系包括资源消耗和资源综合利用两个标准子体系；环境友好标准分体系包括生态环境、民生环境和污染控制三个标准子体系；社会和谐包括民生建设、生活状况和生活方式三个标准子体系。

如图 1 所示

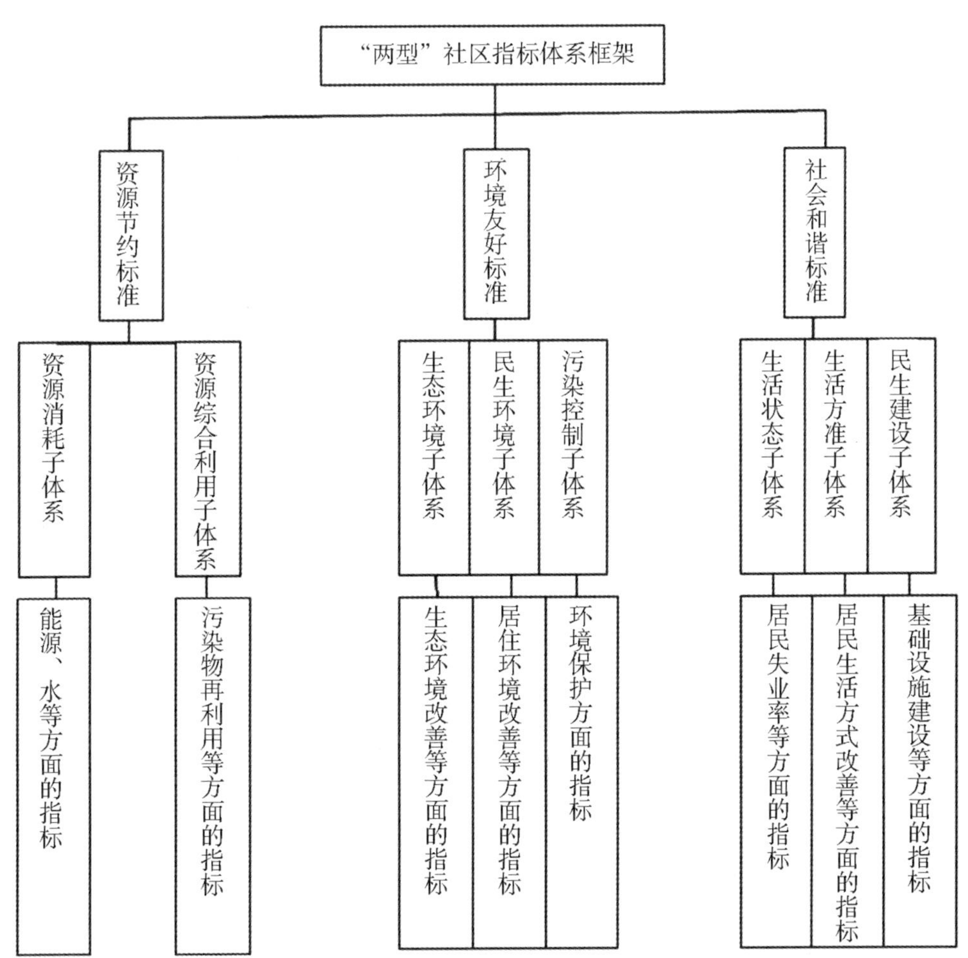

4.1 定性指标

“两型”社区创建以推动一种新的生活方式形成和提高居民的生活质量为最终目的。完善社区服务，倡导低碳技术的引进、低碳生活方式的形成，培养居民“两型”意识，提升居民幸福感，努力打造成适合人居、环境优美、人际关系和谐的现代社区。

具体定性指标见表1。

表1　“两型”社区建设定性指标内容表

指标类型	指标名称	考核依据	衡量标准	备注
资源节约	1. 低碳生活方式推广度＊	宣传节水、节电、节能知识	有	全部达到为合格
		宣传绿色低污染的低碳生活方式		
	2. 新能源技术应用	公共区域采用太阳能供电	是	达到为合格
	3. 节约用水	公共区域全部安装感应式节水阀	是	全部达到为合格
		有生活污水资源化处理设备		
环境友好	4. 社区环境整洁	绿化程度高	是	达到三项（含）以上为合格
		垃圾分类收集处理		
		输电线、通讯线等各线路划分美观		
		无露天烧烤等现象		
	5. 环保公众参与机制	定期发布环境公报、公告	有	全部达到为合格
		专门设备接受居民关于环境问题的反馈		
	6. 环保激励机制	定期组织具有“两型家庭”特色的评选活动	有	达到为合格
	7. 居民“两型”意识	自觉使用清洁能源	是	达到两项（含）以上为合格
		自觉使用环保型日常用品①		
		绿色出行		
社会和谐	8. 社区服务网络	文体类基础设施②	有	达到两项（含）以上为合格
		停车场等利民基础设施		
		便民基础设施③		
	9. 人文关怀＊	有固定的志愿者队伍	是	全部达到为合格
		幸福感较强		
	10. 社区治安	入室盗窃等刑事案件极少发生	是	达到两项（含）以上为合格
		灾害事故极少发生		
		打架斗殴等现象极少出现		

注：加＊号的为原创指标。

①环保型日常用品是指非一次的环保型商品，如可重复使用的菜篮子、布袋子。

②文体类基础设施主要包括图书阅览室、文体活动室、健身活动场所、绿色网吧等。

③便民基础设施主要是指便利店、菜市场、理发店、医疗站等满足居民日常生活需要的设施。

4.2 定量指标

资源、环境、社会是“两型”社区建设的核心要素，缺一不可。基于此，设置资源节约定量指标4个，环境友好定量指标6个，社会和谐定量指标2个。其中核心约束性指标8个。具体定量指标见表2。

表2　“两型”社区建设定量指标数据表

指标类型		指标名称	基准值	备注
资源节约	资源消耗	1. 室温控制	夏天：≥26°C 冬天：≤20°C	约束性指标
		2. LED灯普及率	住户：≥60% 公共区域：100%	参考性指标
	资源综合利用	3. 节能空调使用比例	≥50%	
		4. 废弃电器电子产品回收处理点	≥1个	

指标类型		指标名称	基准值	备注
环境友好	生态环境	5. 绿化率	≥38%	约束性指标
	民生环境	6. 居民对社区环境的满意率	≥90%	
	污染控制	7. 噪声控制	昼间：≤55dB 夜间：≤45dB	约束性指标
		8. 清洁能源普及率	≥95%	
		9. 油烟净化装置安装率	新建餐饮单位：100% 已营业餐饮单位：≥80%	
		10. 保洁员	≥1 个	参考性指标
社会和谐	生活方式	11. “两型家庭”创建率	≥50%	约束性指标
	生活状态	12. 社区登记失业率	≤3.5%	参考性指标

注：约束性指标是政府在公共服务和涉及公共利益领域对有关部门提出的工作要求，而参考性指标是指用来参考但不属于政府文件中的要求。

5. 指标计算方法

5.1 LED 灯饰普及率

LED 节能灯普及率 = LED 节能灯总量/照明灯总量。

5.2 节能空调使用比例

节能空调使用比例 = 在用节能空调数量/在用空调总数量。

5.3 社区绿化率

社区绿化率 = 区内各类绿地总面积/社区用地总面积。

5.4 清洁能源普及率

清洁能源普及率 = 社区天然气使用人口数/总人口数。

5.5 油烟净化装置安装率达

油烟净化装置安装率达 = 装有油烟净化装置的住户数/社区住户总数。

5.6 “两型家庭”创建率

“两型家庭”创建率 = “两型家庭”总数/社区家庭总户数。

5.7 社区登记失业率

社区登记失业率 = 登记失业人数/（从业人数 + 登记失业人数）×100%，在单位从业人员中，不包括使用的农村劳动力、聘用的离退休人员、港澳台及外方人员。登记失业人员是指有非农业户口，在一定的劳动年龄内（16 岁以上及男 50 岁以下、女 45 岁以下），有劳动能力，无业而要求就业，并在当地就业服务机构进行求职登记的。

“两型”村庄建设标准（试行）

1. 适用范围

本标准适用于长株潭“两型”社会建设试验区内由村民经过长时间聚居而自然形成的村落或由小组组成的自然村，一般受行政村村委会和村支部管理和领导的村民集中生活区域。

2. 规范性引用文件

本标准内容引用了下列文件或其中条款。凡是不注明日期的引用文件，其有效版本适应于本标准。

国家发展改革委关于《批准武汉城市圈和长株潭城市群为全国资源节约型和环境友好型社会建设综合配套改革试验区的通知》（发改经体〔2007〕3428 号）。

《国务院关于开展新型农村社会养老保险试点的指导意见》（国发〔2009〕32 号）。

《国务院关于严格规范城乡建设用地增减挂钩试点切实做好农村土地整治工作的通知》（国发〔2010〕47 号）。

《国务院关于加快发展循环经济的若干意见》（国发（2005）22 号）。

《全国水利发展“十一五”规划》（国发〔2006〕29 号）。

节能减排综合性工作方案（2007 年国务院印发）。

《生态县、生态市、生态省建设指标》（环发〔2007〕195 号）。

《农村户厕卫生标准》（GB 19379－2003）。

《生态环境状况评价技术规范》（HJ/T192－2006）。

《化肥使用环境安全技术导则（试行）》（HJ555－2010）。

《畜禽养殖污染防治管理办法》（国家环保总局 9 号）。

《农产品安全质量》（GB 18406－2001）。

《农业部无公害食品系列标准》（NY/T5001－2001）。

《湖南省农村可再生能源条例》（湖南省第十届人民代表大会常务委员会公告第 53 号）。

中共湖南省委、湖南省人民政府关于大力发展循环经济建设资源节约型和环境友好型社会的意见（湘发〔2006〕14 号）。

长沙市人民政府办公厅关于促进节约集约用地的通知（长政办发〔2010〕6 号）。

3. 定义和术语

下列定义和术语适用于本标准。

3.1 “两型”村庄

“两型”村庄指村民的生产、生活、消费中始终贯彻资源节约和环境友好的基本要求，倡导生态农业和低碳生活方式发展，以人居环境改善为核心，有效保护生态环境和人文景观，健全民生基础设施，以人居民生安全、消费环保低碳、村容整洁美观、村风文明高尚、生产科学环保、家庭和谐美满为主要目标，生产、生活、生态高度统一、可持续发展的自然村。

3.2 节水改造与灌水技术应用

根据发改委与水利部、建设部和农业部共同组织制定的《中国节水技术政策大纲》，节水改造是指应用渠道防渗、发展管道输水、发展灌区量测水、发展输水建筑物老化防治等技术以降低农业用水输配水过程中的水量损失。

田间灌水技术指通过改进地面灌水技术、大力推广喷灌管灌微灌技术、浇灌渠道硬化、缺水地区大力发展各种非充分灌溉技术、鼓励应用精准控制灌溉技术等来提高灌溉水的利用程度。

3.3 土地流转集约经营

土地流转集约经营，是为了改善不利于农机化作业的责任田小块经营而通过流转、承包等方式将土地主要集中在少数人手中进行集中作业，对承租的土地全面谋划，科学种植，从而达到节约成本、降低费用、提高效率的效果。

3.4 科学布局

科学布局是指根据有关土地规划政策对村庄进行合理规划和科学建设，积极推动住房向居住区集中，明确划分居住区与复垦区，引导农民向居住区集聚。

3.5 农村土地整治

农村土地整治是依法在农村地区对田、水、路、林、村进行综合整治，目的是提高土地的利用率。

3.6 畜禽养殖三区划分

科学规划禽养殖区即调整村内畜禽养殖业布局，划定畜禽养殖禁养区、限养区、适养区，对禁养区和限养区实施畜禽污染物分区治理。

禁养区标准为畜禽养殖禁养区是指按照法律、法规、行政规章等规定，在指定范围内禁止任何单位和个人养殖畜禽；禁养区范围内的已建成的畜禽养殖，由市人民政府依法责令限期搬迁或关闭。

限养区的标准为畜禽养殖限养区是指禁养区和非禁养区过渡区域，是对禁养区的保护，按照法律、法规、行政规章等规定，在一定区域内限定畜禽养殖数量，禁止新建规模化畜禽养殖场；限养区内现有的畜禽养殖场应限期治理，污染物处理达到排放要求；无法完成限期治理的，应搬迁或关闭

3.7 村容整洁

指村庄布局合理，基础设施完善，服务设施齐全、生态环境良好，村内无残墙断壁、破旧危房，无露天厕所、裸露粪池等现象，是衡量农村村容、村貌等人居环境是否良好的指标。

3.8 安全饮用水

指的是一个人终身饮用，也不会对健康产生明显危害的饮用水。根据世界卫生组织的定义，所谓终身饮用是按人均寿命70岁为基数，以每天每人2升饮水计算。

3.9 组级公路硬化

指组内主要道路是否实现硬化，包括水泥硬化、柏油硬化、渣土硬化等多种形式。

3.10 清洁节能路灯设施

指采用清洁能源发电提供的电力，利用声控等技术为手段而建设成的路灯设施。

3.11 环保宣传

指坚持开展节能、节水、节材等宣传、体验活动；停止砍柴烧柴，控制用煤，鼓励使用清洁能源，控制使用塑料袋，抵制过度包装产品；提倡节俭，反对铺张浪费，减轻人情负担，树立健康向上的村庄风气。

3.12 乡风文明

乡风文明是指农民群众的思想、文化、道德水平不断提高，在农村形成崇尚文明、崇尚科学的社会风气，村庄的教育、文化、卫生、体育等事业发展逐步适应农民生活水平不断提高的需求。

3.13“四提倡”“刹三风”“树三德”

“四提倡”指的是提倡助人为乐、尊老爱幼、遵纪守法、喜事新办和丧事简办；“刹三风”指的是刹赌博风、大操大办风、封建迷信风；“树三德”指的是树社会公德、家庭美德、个人道德。

3.14 文化娱乐活动

指农村居民劳作之余进行的看电影、电视、棋牌娱乐、看书阅报等活动方式，是衡量农村居民精神生活生活的丰富程度的指标。

3.15 幸福感

幸福感是人们对生活的客观条件及所处状态的一种事实判断和对生活的主观意义及满足程度的一种价值判断，是衡量人们对自身生存和发展状况的感受和体验，所量化的是人们的主观心理体验，这种体验会强烈地受到个人差异的影响。本规定可以从收入、家庭、交通、健康、环境是影响幸福感的关键变量来衡量，该指标值可以采用问卷调查的形式取得。

3.16 无公害、绿色、有机农产品

指按照国家相关标准，经有关部门或认证机构认证的无公害、绿色、有机农产品基地面积之和占自然村农业总面积的百分比。

1）有生物、物理防治农业病虫害的措施；

2）主要农产品农药检出率符合国家规定的要求；

3）有经有关部门或认证机构认证的绿色、有机农产品基地，或有经有关部门或认证机构认证的绿色或有机农产品。单纯的工业村、林业村、旅游村和其他没有无公害、绿色、有机农产品生产基地的村不考核此部分。

3.17 秸秆综合利用

指秸秆粉碎还田、过腹还田、用作燃料、秸秆气化、建材加工、食用菌生产、编织等。

3.18 畜禽养殖场粪便综合利用

畜禽粪便综合利用主要包括用作肥料、培养料、生产回收能源（包括沼气）等。

3.19 村庄“三改”

指对村庄厨房、厕所、圈舍进行改造，达到环保美观实用的要求。

改圈的标准为首先由放养改为圈养，圈舍要与沼气池相连，水泥地面，混凝土预制板或木瓦结构圈顶。

改厕的标准为厕所与圈舍一体建设，与沼气池相连，厕所内要安装蹲便器。

改厨的标准为厨房内的沼气灶具、沼气调控净化器、输气管道等安装要符合相关的技术标准和规范。厨房内炉灶、橱柜、水池等布局要合理，室内灶台砖垒，台面贴瓷砖，地面要硬化。

3.20 户用卫生厕所

厕所有墙、有顶，贮粪池不渗、不漏、密闭有盖，厕内清洁，无蝇蛆，基本无臭，及时清除粪便，并进行无害化处理。具有粪便无害化处理设施的卫生厕所称无害化卫生厕所。

3.21 生活垃圾定点存放清运

有固定的收集生活垃圾的垃圾箱、池、桶，生活垃圾定期清运并送镇级、乡级、区县级垃圾处理场并进行无害化处理，有卫生责任制度，并有专人负责全村人生活垃圾

收集与清运、道路清扫、河流清理等日常工作。

3.22 土壤养分、重金属、农残检测

土壤养分检测指的是对具有菜地、果园、稻田、大地代表性的农业土壤点位的有效磷、有机质、全氮、速效氮等养分含量进行检测，来分析区域土壤养分状况，以指导科学施肥。

土壤重金属检测指的是对具有菜地、果园、稻田、大地代表性的农业土壤点位进行汞、砷、铅、镉、铬五项重金属指标检测分析，来掌握区域面源污染控制区的重金属含量。

土壤农残检测指的是对具有菜地、果园、稻田、大地代表性的2农业土壤点位进行敌敌畏、乐果、辛硫磷、对硫磷四项农药有机物的检测分析，来了解农药使用对土壤带来的影响。

3.23 家庭信息化

指建设以电脑网络为基础、以电话为主要接入和发布方式、以电视和电台以及平面媒体等多种介质为展现形式的、复合的多媒体农业信息综合服务平台，是衡量农村家庭信息化设备发展情况的指标。

3.24 文化中心户

能在农村文化建设中的知识传播、信息交流、咨询服务、技术推广、民情收集、文化娱乐等方面起示范带头作用的农户，可以设立像以民间社火活动为主的“传统文化中心户”，以书法、绘画、剪纸为主的“书画中心户”，以舞蹈、小品、快板为主的“文化娱乐中心户”，以太极扇、健身操为主的“体育活动中心户”等。

3.25 民生设施

指确保居民生活方便舒适，丰富居民生活，提高居民生活质量的公共基础设施，包括图书馆、文体娱乐设施、卫生医疗设施、便民服务超市、电话、有线电视现代信息设施、供电设施等，反映居民的生活便利程度和生活质量，具体考核指标如下农家书屋个数≥1个/聚居点，文体活动室个数≥1个/聚居点，医疗保健室个数≥1个/聚居点，便民超市个数≥1个/聚居点，儿童游乐设施≥1个/村庄。

3.26 新型农村合作医疗保险

指由政府组织、引导、支持、农民以家庭为单位参加，个人，集体和政府多方面筹资，以大病统筹为主的农村医疗互助共济制度，它是党中央、国务院解决农民健康问题的重大举措。

3.27 新型农村社会养老保险

新型农村社会养老保险，称为“新农保”，是继取消农业税、农业直补、新型农村合作医疗等政策之后的又一项重大惠农政策。采取个人缴费、集体补助和政府补贴相结合，其中中央财政将对地方进行补助，并且会直接补贴到农民头上。

4. 指标体系

“两型”村庄指标体系框架包括：资源节约、环境友好、社会和谐等三个标准分体系。

其中资源节约标准分体系包括资源利用、资源保护和能源消耗标准子体系；环境友好标准分体系包括生态环境、民生环境和污染控制三个标准子体系；社会和谐包括生活状态、民生建设和文化建设三个标准子体系；经济发展标准分体系包括经济结构标准子体系。

如图1所示。

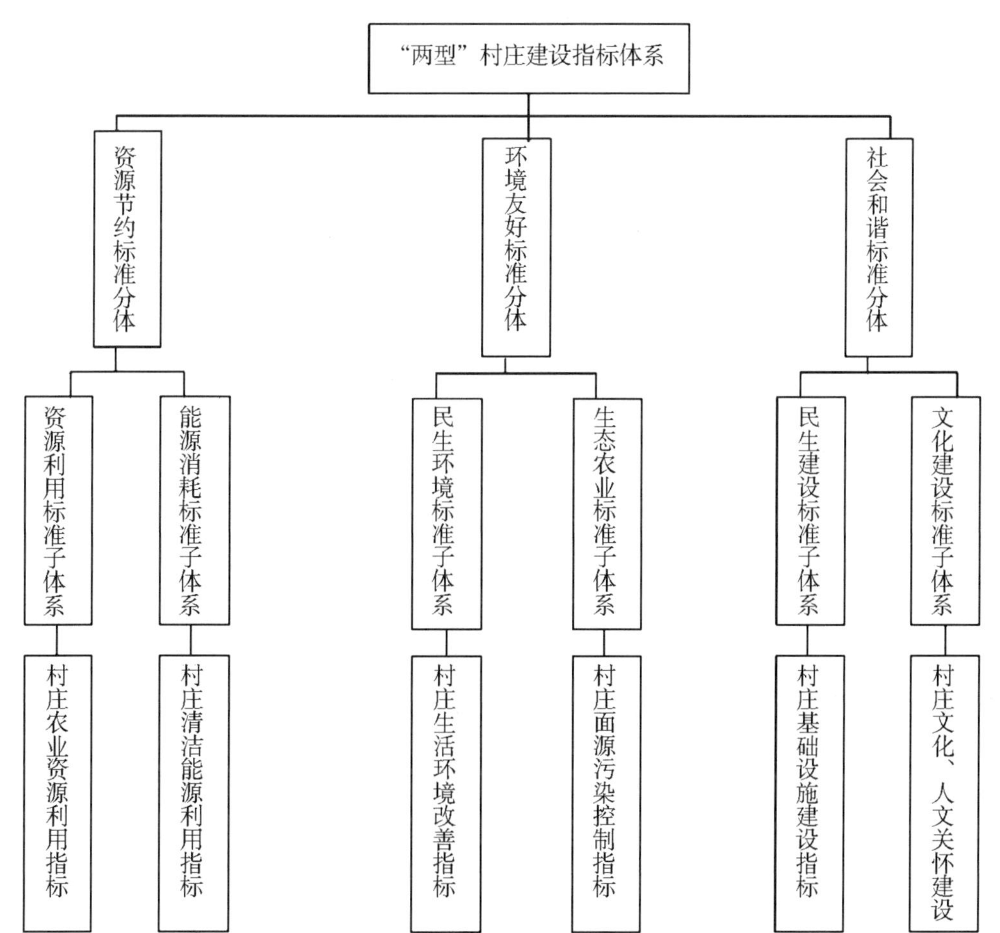

图1 “两型”村庄指标体系框架图

4.1 定性指标

“两型”村庄建设的基本要求是在村庄的生产、生活、消费中始终贯彻资源节约和环境友好的思想，最终形成一种以生态农业、低碳消费为主要经济发展模式，以有利生产、方便生活、改善环境为最终生活目标的村庄。

村庄是人类聚落发展过程中的低级形式，最主要的标志就是以土地为主要生产资源，“两型”村庄的建设就是要求将新兴现代科技元素渗入村庄的生产生活中，如引进生产生态农业、扩大农业信息传播等，使得远离城市的村庄也保持着与时俱进、欣欣向荣的繁荣景象，同时又要求将资源节约、环境友好的科学发展观植入村民的生产生活消费过程中，如增加村民环保意识、发展生态农业与循环经济、增强民生设施建设、提高生态环境质量等，使村庄的发展也维系着科学、可持续的特色。

设资源节约定性指标3个，环境友好定性指标4个，社会和谐定性指标2个，具体定性指标见表1。

表1　“两型”村庄建设定性指标内容表

指标类型	指标名称	考核依据	衡量标准	备注
资源节约	1. 节约用水	支干渠道进行节水改造	是	达到两项（含）以上为合格
		喷灌滴灌技术推广应用		
		供水入户提倡一水多用		
	2. 节约用地	土地整治（整理、开发、复垦）	是	达到两项（含）以上为合格
		村庄科学布局		
	3. 节约用电	家用电器绿色节能	是	达到为合格
环境友好	4. 面源污染控制	测土配方科学施肥①	是	达到两项（含）以上为合格
		指导农民科学使用高效、低毒、低残留农药		
		畜禽养殖三区划分		
	5. 村容整洁	无“脏乱臭”现象	是	达到两项（含）以上为合格
		组级道路全部硬化		
		农户庭院绿化率高		
	6. 民生环境	无假冒伪劣产品	是	达到三项（含）以上为合格
		生产、销售各环节严控食品安全		
		安全饮用水入户		
		节能路灯设施建设		
	7. 环保宣传	印发宣传手册，有宣传栏、标语等设施	是	达到为合格
社会和谐	8. 乡风文明	“四提倡”、“树三德”、“刹三风”＊②	是	达到两项（含）以上为合格
		创建“两型家庭”、“星级文明户”等活动		
		课堂、家庭、社会教育三结合渲染文明之风		
	9. 人文关怀＊	文化娱乐活动丰富	是	全部达到为合格
		幸福感较强		

注：加＊号的为原创指标。

①测土配方是根据仪器测量检测土壤所需矿物质从而因需施肥。

②“四提倡”（提倡助人为乐、尊老爱幼、遵纪守法、喜事新办和丧事简办）、“刹三风”（刹赌博风、大操大办风、封建迷信风）、“树三德”（树社会公德、家庭美德、个人道德）

4.2 定量指标

资源、环境和社会是“两型”村庄建设的核心要素，缺一不可。基于此，设立资源节约定量指标3个，环境友好定量指标5个，社会和谐定量指标4个，其中核心指标7个。

具体定量指标见表2。

5. 指标计算方法

5.1 农业能源综合利用

农作物秸秆综合利用率＝农作物秸秆综合利用量/秸秆产生总量×100%。

5.2 畜禽养殖废弃物综合利用率

畜禽养殖废弃物综合利用率＝综合利用量/产生总量×100%。

5.3 土地流转集约经营率

土地流转集约经营率＝全村土地流转集约经营面积/全村土地总面积×100%。

表 2　“两型”村庄建设定量指标数据表

指标类型		指标名称	标准值	备注
资源节约	资源利用	1. 农业资源综合利用		约束性指标
		农作物秸秆综合利用率	≥95%	
		畜禽养殖废弃物综合利用率	≥95%	
		林业资源综合利用率	≥70%	
		2. 土地流转集约经营率＊	≥50%	
	资源消耗	3. 沼气池、太阳能普及率	≥60%	
环境友好	民生环境	4. “三改”覆盖率	≥95%	
		户用卫生厕所普及率	≥70%	参考性指标
		5. 生活垃圾定点存放清运率	≥90%	
	污染控制	6. 土壤养分、重金属、农药残留合格率＊①	≥90%	约束性指标
		7. 农业废物回收		参考性指标
		农膜回收利用率	≥65%	
		农药瓶、化肥内包装回收率	≥95%	
		8. 无公害、绿色和有机农业总产值占比	≥30%	约束性指标
社会和谐	民生建设	9. 民生设施覆盖	≥1 个组合②	参考性指标
		10. 社会保障覆盖＊		约束性指标
		新型农村社会养老保险参保率	≥95%	
		新型农村合作医疗保险参保率	≥95%	
		11. 有线电视入户率	≥50%	参考性指标
	文化建设	12. 文化中心户＊	≥1 个/村	

注：加＊号的为原创指标，约束性指标是政府在公共服务和涉及公共利益领域对有关部门提出的工作要求，而参考性指标是指用来参考但不属于政府文件中的要求。

①土壤养分、重金属、农残含量均可用仪器快速检测，操作简便。

②农家书屋个数≥1 个/聚居点，文体活动室个数≥1 个/聚居点，医疗保健室个数≥1 个/聚居点，便民超市个数≥1 个/聚居点，儿童游乐设施≥1 个/村庄。

5.4 沼气池、太阳能普及率

沼气池、太阳能普及率＝村域内使用沼气或者太阳能的户数/全村总户数×100%。

5.5“三改”覆盖率

“三改”覆盖率＝“三改”村民户数/村民人口总数×100%

5.6 生活垃圾定点存放清运率

1）有固定的收集生活垃圾的垃圾桶（箱、池）；

2）定期清运并送乡镇或区县垃圾处理场进行了无害化处理；

3）有卫生责任制度，有专人负责全村垃圾收集与清运、道路清扫、河道清理等日常保洁工作。

生活垃圾定点存放清运率＝生活垃圾定点存放并得到及时清运的户数/全村总户数×100%；

5.7 户用卫生厕所普及率

卫生厕所应保证通风、清洁、无污染，包括粪尿分集式生态卫生厕所、栅格化粪池厕所、沼气厕所等多种类型。各地可根据改水改厕要求，选择适宜类型；

户用卫生厕所普及率＝使用卫生厕所的农户数/全村总户数×100%。

5.8 农业废物回收率

指回收农用薄膜、农药瓶、化肥袋回收量占使用薄膜量、农药瓶、化肥内袋量的百分比。

农用薄膜回收率＝农用薄膜回收量/农用薄膜使用量×100%。

农药瓶回收率＝农药瓶回收量/农药瓶使用量×100%。

化肥袋回收率＝化肥袋回收量/化肥袋使用量×100%。

5.9 新型农村合作医疗参保率

新型农村合作医疗参保率＝新型合作医疗参保人数/村庄适龄参保总人口×100%。

5.10 新型农村社会养老保险参保率

新型农村社会养老保险参保率＝新型农村社会养老保险参保人数/农村人口×100%。

5.11 无公害、绿色、有机农产品产值占比

无公害、绿色、有机农产品产值比例＝按照国家相关标准，经有关部门或认证机构认证的无公害、绿色、有机农产品产值之和/自然村农作物总产值×100%。

创建方案

益阳东部新区创建“两型”示范单位实施方案

为建设“资源节约型、环境友好型”机关，助推“两型”社会建设，根据湖南省“两型”办《关于发布长株潭城市群改革试验区“两型社会”“两型”机关、“两型”学校等第二批试行标准的通知》（湘两型改革〔2011〕11号），结合本单位实际，制订本方案。

一、益阳东部新区的基本情况

益阳东部新区位于益阳市赫山区与宁乡县交界处，现状人口15.8万余人，总面积285平方公里。其中高端三产业区规划面积120平方公里，核心区面积50平方公里，2010－2020年规划建设用地20平方公里。益阳东部新区管委会成立于2011年，是益阳市人民政府的派出机构，核定编制50人，现在有工作人员12人。现有多功能办公楼一栋（系省水利厅原水利培训中心），全新装修后于2011年9月投入使用。

二、开展“两型”示范创建工作的必要性和有利条件

益阳东部新区是长株潭城市群“两型”社会建设示范区的重要组成部分，也是省市共建的“两型”社会示范区。“两型”定位决定了益阳东部新区管委会机关必须达到“两型”机关的标准，同时，由于是新成立的单位和全新装修的办公楼，创建“湖南省两型示范机关”具有非常有利的条件，在办公楼装修施工过程中广泛采用“两型”技术、“两型”产品，全面执行“两型”标准，同时，可以在机关建设过程中全面贯彻“两型”理念，建立“两型”机关管理制度。

三、基本思路

（一）指导思想、工作目标及步骤

指导思想：以科学发展观为指导，以“两型”社会建设为指针，以改革创新精神推动“两型”示范机关建设，引导机关工作人员从我做起、从点滴做起、从现在做起，倡导文明、厉行节约、加强环保，为东部新区“两型”社会建设作出应有的贡献，为全省“两型”机关创建提供示范。

工作目标：通过贯彻落实“两型”理念，建立健全“两型”机关管理制度，创建符合湖南省“两型”办发布的“两型”机关标准的“两型”机关。

实施步骤：完成办公楼的装修和机关绿化、美化，初步实现建筑节能目标和设施节能目标。全面推行“两型”文化，建立健全“两型”机关管理制度，初步实现“两型”机关创建目标。

（二）阶段工作计划、创建内容及资金投入

上半年，完成办公楼的设计与装修，完成与之相配套的设施设备安装，完成机关院内的绿化、美化工程，完成水源热泵中央空调的安装与调试，投入资金1000万元。

下半年，全面建立和推广“两型”文化，建立健全“两型”机关管理制度，推行绿色办公，建立内网系统，实现机关无纸化办公；贯彻绿色采购要求，建立绿色采购制度；倡导绿色消费理念，鼓励绿色消费。投入资金500万元。

四、创建内容

（一）强化节能，建设资源节约型机关

1.节约用电。强化照明节电。办公室设计充分考虑自然光照明，科学使用和安装灯管，灯泡全部采用低功率节能灯。用电系统全部采用智能调控装置。走廊等公共区域安装声控或光控自动控制开关。加强用电管理，杜绝白昼灯、长明灯。强化空调节电。办公楼系统统一采用水源热泵式中央空调，各办公室充分利用自然通风，夏季30℃以下、冬季10℃以下不开放空调。严格控制空调温度，做到冬不过20℃、夏不低于26℃。强化关机节电。要求下班前15分钟关闭空调；非工作需要不得开启电脑、打印机、复印机等设备。办公楼不安装电梯，一律步行。

2.节约用水。根据办公需要，科学采用水管，并调至合适水压，使出水量既符合需要，又不造成浪费，从源头上加强控制。机关绿化浇灌没有采用自动喷淋，水管为节能花洒式。

3.用车节能。倡导机关干部职工绿色出行，每周少开一天车或骑自行车、以步代车、搭乘公交车上下班。

（二）着力环保，建设环境友好型机关

1.绿化环境。根据办公楼实际，对院内进行绿化。办公楼院内设立垃圾处理设施，保持机关院内整洁、优美。设立无烟会议室、吸烟区。建立护绿、保绿制度。

2.绿色办公。加强办公自动化建设，推行网络无纸化办公，开通局域网，所有的材料、通知等全部实行网络化。纸张选择再生纸张或重复利用纸张，同时设立定期回收办公废纸制度。

3.绿色行政。认真学习、宣传、执行环保法律、法规，自觉抵制破坏环境保护的行为。在制定政策、编制规划、行政执法、招商引资、审批项目等行政行为中优先考虑环境保护的内容，采取切实可行的、能够引导和规范本系统的节能、减排、降耗的管理措施与技术措施。

4.绿色采购。在采购时全面落实“两型”产品采购政策，优先购买国家认可的、环境标志产品认证机构认证的节能产品，不采购国家明令禁止使用的高消耗、低效率设备和产品。

5. 绿色消费。限制一次性用品，工作人员饮水使用玻璃杯或瓷杯，提倡工作人员使用布袋子、菜篮子，重复使用节能环保购物袋，积极抵制过度包装产品。使用太阳能、天然气等清洁能源。

（三）“两型”特色

1. 全面贯彻“两型”理念。作为湖南省长株潭城市群“两型”社会建设示范区重要的组成部分，管委会所有工作人员将贯彻“两型”作为工作的出发点和落脚点，不断强化“两型”意识，加强“两型”修养，在工作的每一个环节和流程自觉全面贯彻“两型”。

2. 全面采用“两型”技术。办公楼的设计与装修尽量采用两型技术，全面改造通风采光系统，最大可能利用自然光源。大理石全部采用干挂式技术，既节约了材料和成本，又可重复利用，充分体现的“两型”特色。改造大厅采光系统，基本实现自然采光，大大减少了电力照明。

3. 全面采用“两型”产品。办公楼装修所用瓷砖、涂料、木地板、大理石等均使用无污染环保产品，装修释放气体经环保部门测检完全达标。办公楼照明均使用节能灯，全部淘汰单体式空调，统一使用水源热泵式中央空调。

4. 全面实现环境友好和谐。办公楼装修、绿化时尽量减少对周围环境的影响，做到不动山、不砍树、不破坏自然生态，特别是强化了周围水库等水系的保护，装修垃圾实行无害化处理后统一掩埋，真正实现环境的自然友好。

五、推广前景和先进性分析

推广前景：干部是“两型”社会建设的主导力量和生力军，开展“两型”机关创建工作，尤其是是在第一个省市共建的示范区机关大楼开展创建工作，不仅为未来示范区的开发建设树立了样板，打造了标杆，而且能使广大机关干部全面贯彻“两型”理念、执行“两型”规划、采用“两型”技术、使用“两型”产品。为未来带领人民群众建设资源节约、环境友好的社会探索了路径、积累了经验，其示范推广前景广阔，意义深远。在办公楼装修改造过程中注重经济实用，量力而行，依山就势，尽可能采用“两型”技术，使用“两型”产品，符合科学发展观的要求，能得到社会的广泛认可和支持。

先进性分析：益阳东部新区管委会从成立之日起就注重“两型”理念的贯彻与落实，建立“两型”管理制度，提出“两型”目标。在办公楼装修过程中全面贯彻“两型”规划、采用“两型”技术、使用“两型”产品，达到了“两型”机关的标准。

六、保障措施

1. 加强组织领导，成立工作专门工作班子。成立长株潭城市群“两型”社会建设示范区益阳东部新区“两型”机关建设工作领导小组，由管委会主任欧春芳任组长，副主任黄劲、王德元、何自求任副组长，综合管理部、拆迁安置部、工程建设部、社会事务部、经济合作部部长为成员。领导小组下设办公室，由综合管理部部长任办公室主任。领导小组定期召开例会，研究创建“两型”机关的推进措施，解决工作中遇到的困难和问题，采取有力措施，完成“两型”机关建设任务。

2. 加强宣传发动，营造创建氛围。采取召开动员会、开展学习讨论、印发创建工作宣传提纲等宣传教育活动，营造浓厚的创建氛围，使机关工作人员明确节能降耗、创建“两型”机关的目标任务和要求，积极投身到创建活动中，自觉成为节能降耗环保的宣传者、推动者、实践者，以创建“两型”机关为契机促进“两型”社会建设。

3. 强化创建责任，建立工作机制。建立健全创建活动岗位责任制，分解创建任务。综合部要及时了解掌握创建进展情况，积极开展经常性检查开展检查评比活动，总结推广好的做法和经验，落实登记、公示、管理、监督等措施，进行定期分析，推动各项创建工作落实到位。各部门负责人要切实担负起本部门的创建工作责任，细化创建工作责任，检查督促工作落实。

湖南城陵矶临港产业新区创建“两型”示范单位实施方案

为深入推进资源节约型和环境友好型社会建设示范工作，全面探索“两型社会”建设的基本规律、模式和标准，积极创建“湖南省两型示范单位”，特制定本实施方案。

一、基本情况

（一）区位环境与管理体制

湖南城陵矶临港产业新区位于岳阳市东北部，规划控制区面积100平方公里，规划建设区面积69平方公里。

临港产业新区党工委、管委会是岳阳市委、市政府的派出机构，受岳阳市委、市政府委托，对临港产业新区实行统一领导和管理，省人民政府授予其市级综合经济管理权。下设综合管理部、国土规划建设部、财政金融部、招商联络部、开发投资有限公司，均为副县级。

（二）发展历程

2008年8月，岳阳市委、市政府正式启动了临港产业新区开发战略，将临港产业新区作为推进新型工业化和新型城镇化的核心区域，着力打造成岳阳新的经济增长极。

2009年1月18日，城陵矶港区开发投资有限公司正式挂牌成立，临港产业新区临时管理委员会正式成立，由云溪区代管。

2009年2月，城陵矶临港产业新区被成功纳入长株潭城市群“两型社会”建设滨湖示范区。

2009年3月，岳阳市人民政府出台《关于加快湖南城陵矶临港产业新区建设的若干意见》。

2009年12月9日，岳阳市委市政府决定成立市级层面的正式管理委员会，由岳阳市委副书记盛荣华任党工委书记，岳阳市政府副市长宋爱华任管委会主任，实行大部制，人员编制从简，行使岳阳市政府相关部门二号章，从此，临港产业新区进入了一个新篇章。

2010年1月21日，湖南城陵矶临港产业新区党工委、管委会正式成立。

2010年8月6日，湖南省人民政府办公厅出台《关于支持湖南城陵矶临港产业新区加快发展的意见》，授予临港产业新区市级综合经济管理权和23项具体优惠政策。

（三）经济状况

临港产业新区按照建设“产业高地、试验新区、临港新城”的要求，加大项目建设、融资争资、征地拆迁、机制运行等工作力度，已发展成为以港口为依托，以物流仓储、先进装备制造、新材料、光电子等为主导产业的港口经济带。

2010年，临港产业新区实现GDP26.56亿元，同比增长18%。工业总产值45.38亿元，同比增长36%，工业增加值16.92亿元，同比增长34%。集聚了岳阳城陵矶新港有限公司、华能湖南岳阳发电有限责任公司、岳阳纸业股份有限公司、中国水电第八工程局有限公司、硅峰电动汽车有限公司等一大批龙头企业，恒阳化工储运、科恒电气等一批投资过亿元的高科技企业相继落户。

二、开展“两型”示范单位创建工作的必要性和有利条件

（一）必要性

1. 建设“两型”社会示范片区的需要

湖南城陵矶临港产业新区是国家长株潭城市群“两型社会”综合配套改革试验区滨湖示范区核心区域，是全省唯一依托通江达海良港优势的“两型”示范片区，创建“两型”示范单位，与“两型”社会示范片区建设目标和宗旨是统一的。

2. 构建“两型”产业基地与“两型”特色园区的需要

湖南城陵矶临港产业新区是湖南省“十二五”规划建设的重点区域和千亿产业园区，面临加快“两型”产业发展，建设“两型”园区，打造“两型”产业基地的发展任务。创建“湖南省两型示范单位”，是构建“两型”产业基地与“两型”特色园区的需要。

3. 全省外向型经济发展的需要

湖南城陵矶临港产业新区是全省唯一国家批准的对外开放一类口岸和海峡两岸首批货运直航港口，通过创建省“两型”示范单位，进一步提升城陵矶新港区建设水平，打造集“港口、物流、保税、工业”四位一体的全省航运物流公共平台，既为湖南和中部地区企业沟通国际国内市场、参与市场竞争架起便捷的桥梁，更能吸引外商来湖南和中部地区投资，聚集国际资本、技术、信息等要素，降低物流成本、参与国际经贸合作，促进湖南及中部地区外向型经济的发展，从而发挥城陵矶港在全省对外开放、发展外向型经济中的“桥头堡”作用。

4. 全省石油化工等高污染、高消耗行业转型发展的需要

湖南城陵矶临港产业新区地处岳阳，全省石油化工、电力等高污染、高消耗行业的集中发展区，其两型示范创建对高污染、高消耗行业改造升级具有积极促进作用。

（二）有利条件

1. 多级政府支持下的政策优势

城陵矶港地处武汉城市圈和长株潭城市群结合部的岳阳市，岳阳市是实施中部崛起战略的关键支点之一，是国务院批准的长江沿岸首批对外开放城市、全国加工贸易梯度转移重点承接地，是长江流域进出口货物中转换装港之一，全省对外开放中的桥头堡。同时，湖南城陵矶临港产业新区是国家长株潭城市群“两型社会”综合配套改革试验区滨湖示范区核心区域，为湖南省“十二五”规划建设的重点区域和千亿产业园区。其建设与发展，在经济管理权限、行政审批权限、先行先试改革权限，土地、财政、税收、招商引资、对外贸易、区域经济合作等方面享受国家、湖南省及岳阳市多级政策扶持。

2. 区位交通下的物流条件优势

临港产业新区地处湘、鄂、赣三省中心交汇点，依长江、衔洞庭、带四水，是长江流域经济带和京广铁路经济带的投资宝地，是长三角经济带和珠三角经济带西进北上的战略要地，也是长株潭城市群和武汉城市圈的中心腹地。区内有进港路、通港路、支线铁路与上述公路、铁路连通，构成纵横交错的交通网络。城陵矶港口是湖南唯一的出海口岸和国际贸易港口，也是中部地区重要的水运交通枢纽。作为长江八大深水良港之一，深水宜港岸线达60.8公里，占全省80%，岸线资源居全国内河主要港口前列；拥有通航航道1274公里，其中等级航道682公里。2008年11月，岳阳城陵矶港（松阳湖新港）成为首批获准开放的海峡两岸直航港口之一，也是湖南唯一直航港口。2010年7月15日，长江干线武汉至城陵矶河段海轮航道正式开通，标志着长江海轮航线又向内陆延伸了228公里，万吨海轮可直达岳阳城陵矶港，结束了没有海轮航道的历史。

3. 通关便利下的临港特色优势

1996年，城陵矶港经全国人大批准，正式对外开放，成为湖南对外开放的唯一国家一类口岸。经过多年的现代化建设，实现进出口货物“江海联运”，通关迅速便捷。城陵矶新港区建有国内一流的联检大楼，拥有齐全的联检设施。开通了岳阳至日本、韩国、香港、台湾等国家和地区航线，建立了“属地申报，口岸验放”的新型监管模式，实现“一次申报、一次查验、一次放行”。电子网上申报，缩短了通关时间，降低了企业的通关成本。省政府已实施岳阳至上海等江海联运“五定班轮”优惠政策，建立健全商务、海关、检验检疫等部门协调联动机制。港区已设有洪源保税物流仓库，目前正在全力申报国家保税港区，可享受国家相应优惠政策。

4. 众多名片下的融资平台优势

临港产业新区是岳阳市重点打造的金融诚信示范区，金融生态环境良好，各商业银行和政策性银行重点支持新区经济发展，直接融资市场发达，拥有多家上市公司。市财政设立了科技创新基金、重大项目科技攻关基金、重大项目发展专项基金、中小企业发展资金、企业技术改造资金、创业投资发展基金等配套资金，优先支持新区企业发展。2011年8月，临港产业新区开发投资有限公司与江苏湖南商会六家企业签约成立了湖南城陵矶临港产业新区创业投资基金，总规模为人民币5亿元，首期募集资金人民币1.2亿元，不仅可有效解决新区高科技、创新型等成长性好的企业融资难问题，还能够帮助企业提高财务等方面的管理能力，促进企业成长发展。

（三）工作基础

1. 机制体制改革实现重大突破

一是"两型"规划形成体系。临港新区以"资源节约、环境友好"作为开发与建设的首要原则，以建设国家级"两型社会"建设优秀示范区为总体目标，高标准编制了片区两型规划体系。坚持突出"两型"和"临港"特色，编制了临港产业新区80平方公里"两型社会"建设总体规划和片区改革建设实施方案；按照新型产业"集聚、集约、集群"的要求制订了产业发展规划；按照"打造全市乃至全省一流的新农村建设示范片区"的要求制订了城乡统筹规划；按照"低碳化、一体化"的要求制订综合交通规划，按照"协调发展、可持续发展"的要求制定了资源开发与环境保护规划，同时，高起点完成了白杨湖公共服务区的城市设计和芭蕉湖区域概念性规划设计，形成较为完善的城陵矶片区"两型社会"建设规划体系。

二是改革试点工作有序推进。管理机制创新方面，深入开展"优质管理服务年"活动，强化制度建设，积极主动服务项目、服务基层、服务机关，实行"小部门，大服务"，强化内部管理，优化服务环境，提升工作水平。用地保障机制创新方面，推行"先行征收，征转分离"的用地模式，建立了禁违工作村为主、乡连责，拆违工作乡为主、村连责的工作机制和征地拆迁工作乡为主、村连责的工作机制，并实行与乡镇（办事处）、村干部的工作绩效、经济利益、评先评优和提拔任用挂钩的奖惩机制。投融资机制创新方面，启动了发行企业债券、设立创投基金工作，实现了多元化融资。三是运行机制有效提升。在机构设置、人员选聘、财政运转、内部管理等方面积极探索和创新，制订出台了一系列管理制度，形成了多元化的用人机制、精细化的内部管理机制、规范化的投融资机制和人本化的征地拆迁机制，港区班子和干部队伍建设充满生机活力。

2. 园区基础设施基本完备

临港产业新区自开发建设以来，按照市委市政府提出的"三年搭骨架、五年成规模、十年见成效"的发展要求，大力加快基础设施建设，水、电、路、气等基础设施建设方面成效显著。

一是路网建设基本成型。区内有长江大道和云港路为主轴的"三纵三横"道路网络贯通各个产业区，其中主干路红线宽度为35—60米，次干路为25—35米，支路为15米，各条道路美化、绿化和亮化工程均按高标准规划设计。

二是管网设施逐步完备。在供水方面，区内供水设施完备，科学合理的铺设了供水网管，其中生活用水由岳阳市铁山水库供水，市区生活日供水能力100万吨以上，工业用水可从华能水厂接入专供网管，也可从长江取水，日供水能力5万立方米／日。在供热方面，区内企业所用蒸汽由华能岳阳发电有限责任公司提供，其中一期工程提供220吨/小时工业蒸汽。在排水排污方面，区内实施了雨污分流的排水系统，企业所排放的工业污水和生活污水均通过市政公共网管收集，之后统一由港区污水处理厂处理达标后排放，雨水则经过雨水管收集后直接排放；区内还建立了科学合理的防洪排涝系统，设置了两处大型的调节湖，在长江岸堤附件设置了两处防洪排涝电闸。

三是供电供气保障充足。在供电方面，区域内有110KV变电站4座，220KV变电站1座，有湖南省最大火力发电厂华能岳阳发电厂，装机容量253.5万千瓦，可实现双回路不间断供电。此外，区内还铺设了华润燃气管道，企业可直接从管道接入燃气，确保生产和生活用气。

3. 两型产业体系初步建立

临港产业新区紧紧围绕建设"两型"示范片区建设目标，高起点谋划发展思路，大力扶持"两型"产业发展。

一是"两型"服务业彰显特色。临港新区依托港区航运优势，大力发展以现代物流业为特色的"两型"服务业，新加坡恒阳石化物流等第三方物流企业已成功入驻。2010年，港区集装箱吞吐量达到12.37万标箱，进出口货物总量达到1080万吨。随着松阳湖新港一期工程竣工全面投入运营，2011年集装箱吞吐量可望突破16万标箱，同比增长55%，稳居全省首位并占到全省的60%以上。同时，湖南城陵矶临港新区科技孵化中心、光电子产业孵化服务中心、物流公共信息服务平台等服务机构与平台的建设，为临港新区科技中介服务等其他"两型"服务业的发展拉开了序幕。

二是"两型"制造业规模不断壮大。借良好的区位、交通、政策等优势，引入中石化长岭炼化公司、巴陵石化公司、华能湖南岳阳发电有限公司和泰格林纸集团公司等企业，临港产业新区逐渐成为岳阳市乃至湖南省石油加工、炼焦及核燃料加工业等两型"制造业发展的黄金宝地。

三是"两型"高新技术产业起步发展。聚集了岳阳林纸股份有限公司、湖南凯美特气体股份有限公司、岳阳康大科技有限公司、水电八局机电设备制造岳阳分公司等高新技术企业；澳门名嘉、凯达科旺重卡车桥、中国水利水电设备等14个投资5000万元以上的项目正在建设之中，新材料、先进制造、电子信息设备制造、汽车关键零部件和汽车电子等"两型"高新技术产业发展势头强劲。

4. 企业节能减排工作成效显著

加强企业节能减排监管，推行企业节能降耗精细管理，大胆应用新技术，下大力气改造设备，大力推进企业节能减排。新区电力企业华能岳阳电厂投入资金1.65亿元进行电除尘改造，锅炉炉渣排放方式由湿排渣改为干排渣，实现了灰水零排放，每年节省电能及维护费用约300万元、节水510万吨，减少灰场用地，实施给水控制系统改造，年节约费用100万元。华能电厂依靠科技创新、管理创新超额完成了湖南省政府下达的节能减排指标，为湖南省推进"两型"社会建设作出了积极的贡献。

三、基本思路

（一）指导思想、目标

1. 指导思想

以邓小平理论、"三个代表"重要思想为指导，以科学发展观为统领，以生态文明理念为引领，落实"两型"社会综合配套改革试验区的建设要求，大力实施"四化两型"战略，以体制机制创新为动力，努力探索示范片区创新发展的资源节约模式、环境治理模式、产业结构模式和城乡建设管理机制，率先走出一条特色鲜明的新型工业化、城镇化发展新路，为全省乃至全国"两型"社会建设创造经验，提供示范。

2. 创建目标

按照省委、省政府的总体战略部署，全面推进综合配套改革，建立有利于资源节约、环境友好的新机制，建立城乡统筹发展的新模式，建立“两型社会”建设的标准体系，把临港新区建设成为具有代表性的“两型社会”建设特色示范区、区域性航运中心和现代物流基地、湖南省临港产业基地和对外开放示范区。

（二）分阶段工作计划、创建内容和资金投入

1. 2011—2013年

创建内容：完成临港产业新区核心区基础设施建设，初步建立综合性立体交通网络，形成临港产业新区大规模开发格局；以港口物流业为核心的现代服务业取得突破性进展；临港工业初具规模，配套政策、管理体制等制度体系建设逐步完善。

资金投入：到2013年，累计投入60亿元。

2. 2014—2015年

创建内容：完成临港产业新区水路、公路和铁路联运的立体交通网络建设，构建过境、疏港与临港产业新区内交通相对分离的交通体系。建立功能完备、设施齐全、特色鲜明、产业配套的临港工业经济带，形成以物流仓储、新材料、新能源、进出口加工为重点的产业集群，长江中游区域性航运物流中心功能架构基本确定。

资金投入：到2015年，累计投入200亿元。

3. 2016—2020年

完善临港产业新区规划范围内的公共服务设施和市政配套设施，做大做强临港产业集群，培育在全省乃至中南地区有影响力的支柱产业，形成千亿产业集聚的产业高地。

资金投入：到2020年，累计投入500亿元。

（三）本年度创建内容、计划投入经费数额和工作进度安排

按照总体建设目标，2011年新区计划投入24.51亿元，重点完成以下基础项目：

表2　2011年度湖南城陵矶临港新区“湖南省两型示范单位”创建任务

序号	项目名称	工程内容	工程量	资金预算
1	征地拆迁	安居示范小区、标准化厂房、贸易服务区、基础设施工程及储备土地	10034亩	12.505亿元
2	安居示范小区三期	房屋设计、地质勘查、三通一平、施工预算、招投标及房屋建设	12.5万平方米	1.2亿元
3	标准化厂房	标准化厂房设计、地质勘查、三通一平、施工预算、招投标及厂房建设	10万平方米	1.8亿元
4	长江大道中段	路幅宽50米，完成路基路面、杨树港桥施工，完成道路绿化、美化、亮化。	2.4公里	7500万元
5	长江大道一期	路幅宽52米，完成道路绿化、美化、亮化。	4.4公里	1900万元
6	污水处理厂	确定工程项目、规模、投资方式，进行设计、招投标及施工。污水处理能力11万吨/天	占地120亩	2000万元
7	工业供水厂	确定工程项目、规模、投资方式，进行设计、招投标及施工。供水能力23万吨/天	占地82.5亩	3500万元
8	象骨港电排改造	地质勘查、施工设计、招投标、拆除旧电排、涵闸及工程施工	装机容量4＊800KW	5000万元
9	象骨港、杨树港水系改造	联系相关部门对设计进行评审，完成施工设计、招投标及工程施工	总长度2660＋3620米	950万元
10	供水主管线延伸	联系自来水公司洽谈，委托有资质公司测量、设计及施工总长9.6公里。	D600为6公里 D400为3.6公里	1600万元
11	兴港路	规划设计路幅宽45米，确定工程项目、规模、投资方式，委托完成设计、图审及施工预算。按照快速通道标准建设	全长5.4公里	1.6亿元
12	白杨路	规划设计路幅宽35米，确定工程项目、规模、投资方式，委托完成设计、图审及施工预算。	全长0.5公里	1300万元
13	云欣路	规划设计路幅宽35米，确定工程项目、规模、投资方式，委托完成设计、图审及施工预算。	全长5.6公里	2亿元
14	永济大道	规划设计路幅宽25米，委托完成设计、图审及施工预算。	全长3公里	9800万元
15	松杨湖路	规划设计路幅宽35米，委托完成设计、图审及施工预算。	全长3.9公里	1.4亿元
16	云港路拓宽	路宽12米，现拓宽至33.5米，规划路宽52米，完成路基路面和桥梁	全长4.4公里	6500万元
合计				24.51亿元

四、主要内容

（一）创建"两型"示范单位的具体举措

1. 创新体制机制，推进改革试验

一是资源能源节约体制机制改革。以水资源、能源、可再生资源等为重点，探索建立资源差别化定价、高耗水行业节水等资源节约利用机制，公路节能减排与材料循环利用、城市公共汽车节能、水运环保与节能减排、运输装备和运输方式节能与信息化等循环经济发展机制，再生资源回收利用、建筑节能、可再生能源推广等资源能源综合利用机制，全面推进资源能源节约与综合利用，建立相关标准体系与长效机制，以资源能源的可持续利用，支持经济社会可持续发展。

二是环境保护体制机制改革。坚持开发建设和保护环境并重，立足污染预防，着力构建环境准入退出机制、环境保护市场机制、绿色物流发展机制等市场化机制框架，环境保护管理公众参与和社会监督机制框架，环境保护新型行政、监察、监测体制，全面提高企业和公民的环保法律意识，建设生态景观和谐、人居环境优美的生态型园区。

三是产业发展体制机制改革。以构建"两型"产业体系为导向，以创新有利于"两型"产业发展的体制机制为重点，按照产业"集聚、集约、集群"的要求，建立大物流综合发展机制、临港产业发展机制以及面向"两型"产业的激励约束机制，形成以现代物流、科技中介服务为特色、高新技术产业为引领，制造业为基础的产业结构。

四是科技人才创新体制机制改革。以增强自主创新能力为重点，围绕物流产业和临港产业，构筑科技创新和技术推广机制，健全人才创业机制，构筑有利于科技创新和人才成长的良好环境，引领和支撑"两型社会"建设。

五是土地管理体制机制改革。按照"有序开发、科学利用、依法管理、集约高效"的要求，以土地节约集约利用为核心，优化土地利用结构，统筹土地利用与经济社会协调发展，探索新型高效的征地补偿安置模式、土地市场经营模式和土地利用模式。

六是投融资体制机制改革。以加快构建支撑城陵矶片区建设的金融体系为核心，推进投资主体多元化，融资方式多样化，运作方式市场化，充分发挥金融对经济的辐射和推动作用，为城陵矶片区建设提供足够的资金保障和完善的金融服务，形成具有鲜明特色和示范效应的投融资模式。

七是财税体制机制改革。积极拓宽财政参与、支持和服务经济的领域，扩展政府理财空间；综合运用财税政策、充分发挥财政资金的先导和杠杆作用，促进地方经济发展，形成具有示范作用的与经济市场化和社会多元化相适应的发展型财政。

八是对外开放体制机制改革。从国际国内形势相互联系中把握发展方向，从国际国内资源的优势互补中创造发展条件，从国际国内条件相互转化中用好发展机遇，积极争取国家政策支持，探索走出一条外源性与内生性相结合的发展道路，推进港区与保税区一体化建设，突破性发展开放型经济，创新双向投资促进机制，广泛开展区域合作，将城陵矶片区建成长株潭城市群对外开放的重要门户。

2. 加强建设力度，夯实发展基础

坚持基础先行，加快港口、铁路、公路、给排水、污水和垃圾处理、供电、供气、通信、绿化等基础设施和配套设施建设，营造良好的人居环境和投资环境。

一是加强交通基础设施建设。以主导发展方向和布局结构为导向，以城市交通与用地布局整体协调发展为中心，依托区域性航道、铁路、高速公路三大交通枢纽优势，以及未来的航空港建设，集中建设高效港口，引入铁路专用线，构筑港铁联运交通格局，完善城市道路交通网络，形成新区疏港专用通道，优先发展公共交通，实行有效的城市交通管理和交通需求管理，逐步形成功能明确、结构合理、路网完善、换乘方便、运营高效、管理先进的现代交通体系。

二是提升配套设施水平。新建水厂一座，由长江取水，专供工业用水。远期采用双水源，采用工业用水和生活用水两套管网供水。建设城市中水处理系统，在松阳湖污水处理厂配套建设中水厂，沿城市主干道布置中水主干管，污水处理厂设置独立的中水处理设施。实施松杨湖治污工程，新建污水处理厂（15 万吨/日）1 座、污水提升泵站 4 座，改造和配套建设片区排水管网和污水管网。区内新建垃圾转运站 24 座，每个垃圾中转站服务面积约 1.0 平方公里。规划新建 220KV 松杨湖变电站和 110KV 白杨湖变电站，完善供电网络，提升供电能力。采用光纤接入技术，加快片区数字化建设。加快燃气管网设施建设，规划气源将由岳阳中心城区接入新区燃气调压站。

三是改善整体生态和人居环境。切实加强生态环境保护，将规划区域划分禁止建设用地、有条件改造用地、适宜建设用地三类生态功能区，充分利用江、河、湖、山、林等自然景观资源，有序推进开发建设。新建临港产业新区廉租房建设，全面应用综合成套住宅建造技术和节能、节材、节地建筑新技术新工艺。完善安置小区基础设施，改善人居环境。

3. 加快产业发展，创建"两型"园区

一是明确产业导向。根据"两型示范单位"创建的具体要求，坚持产业"集聚、集约、集群"的原则，按照功能整合、区域对接、链状连接、改造升级与培育发展并举的思路，加快"两型"产业体系布局与"两型"产业发展。优先发展现代物流为龙头的"两型"服务业，全力发展高端装备制造、新材料、电子信息等战略性新兴产业为主的"两型"高新技术产业，促进造纸、电力、化工等制造业"两型"化，实现由高投入、高能耗、高污染、土地低效利用的传统产业模式向资源节约型、环境友好型、土地集约利用和高附加值的现代产业模式转变，把城陵矶片区打造成具有优势竞争力的高端产业基地。

二是加强产业政策配套。设立"两型"产业发展专项资金，重点支持符合"两型示范单位"建设要求的产业，并在税收、用地、信贷等方面予以扶持。进一步放宽市场准入条件，鼓励非国有资本及外资进入"两型"产业。综合运用经济、法律、行政等手段，及时淘汰落后产能和技术。对符合产业规划的重点领域、关键技术及产品导向目录，产业用地给予优先供地。将产业政策、投资密度、资源消耗、环境影响等作为项目准入评估的重要依据，提高投资质量和工业生产水平，优化产业结构。

三是构建产业发展平台。开展“两型”企业与“两型”产品认定与培养工作，形成以企业为主体，产品为重点的产业发展支撑体系。推进产业功能区建设，积极培养现代物流、高端装备制造、新材料、电子信息四大产业集群。加快物流、精细化工产业技术创新联盟、孵化器及信息服务等平台建设，提高产业发展质量。

四是突出循环化和低碳化发展模式。推进循环经济建设。促进资源的深度利用、梯级利用和循环利用，推广中水回用，建立利用余热、余压、余气等能源的长效机制。淘汰落后产能、工艺、技术和设备，鼓励企业实行循环式生产，推动产业循环式组合，提高能源资源的利用效率。推进清洁生产。鼓励现有化工、造纸企业开展清洁生产审核，以调整原料结构为抓手，深度推进清洁生产，构建一条从原料到产品的绿色产业链，降低生产过程中的废物和污染物排放，促进工业产品的生产、消耗过程与环境相融，降低工业活动对人类和环境的风险。推进低碳生产。加快推广应用公路节能减排与材料循环利用技术、水运环保与节能减排应用技术，做好港口节能减排联合技术攻关工作。大力推进建筑节能，对现有建筑逐步实施节能技术改造，新建建筑严格执行节能50%的标准。

（二）保障措施

1. 加强组织管理

一是建立省市与新区联动的联席会议制。建立由省直相关部门、岳阳市人民政府以及城陵矶临港产业新区管委会共同组成的联席会议，各级各部门确定专人，定期参加联席会议，指导新区“两型示范单位”建设实施方案等纲领性文件编制，研究解决建设实施过程中出现的具体问题，并及时总结、宣传与推广成功经验。

二是完善专家咨询的科学决策机制。充分发挥好临港产业新区专家委员会的作用，加强与专家的沟通与联系，依托专家的高端智力支撑，广泛吸收高水准、长远眼光的战略考虑，提高决策科学性，开创临港产业新区总体发展与“两型示范单位”建设的新局面。

三是推进市场化的实施机制。以湖南城陵矶临港新区开发投资有限公司为基础，组建滨湖示范区投融资公司，与各种社会资本开展全方位的合作，灵活运用自行投资自行运营、自行投资招标运营、合资（合营）运营、投资—运营—移交等多种模式，全面推进区域内基础设施和示范项目的建设。

2. 加大投入保障

一是保证财政投入。对临港新区实行特殊的财政政策，自2009年起连续10年，片区规划范围内产生的税收和土地收入全部留在片区用于基础设施建设。自2009年起，连续5年，市财政每年安排1000—3000万元资金，用于片区建设融资贴息、担保费用补偿和扶持产业发展。

二是创新市场化运作机制。将临港产业新区优质资产逐步注入湖南城陵矶临港新区开发投资有限公司，组建产权明晰、功能齐全、法人治理结构完善、运作规范的市场化投融资平台，筹集基础设施建设资金。发挥港口枢纽设备资产大、使用周期长的特点，综合设备资产价值以及项目的未来现金流情况，使用直接融资租赁、杠杆租赁、转租赁等方式，拓宽融资来源。针对基础设施建设投入大、回收期长、收益稳定的特点，重点设计和运用BT、BOT、PPP、国际合作等模式，鼓励社会资本以BT、BOT等多种方式参与临港新区基础设施建设。

三是推进金融创新。加强临港新区与银行合作，定期召开临港新区与银行、企业洽谈对接会，通过项目推介，鼓励和引导政策性金融机构和商业银行加大对临港新区建设的信贷支持力度。着力推动省内金融机构建立金融服务联盟，筹集新区建设与产业发展所需大额信贷资金。推动企业债券发行，设立创业投资基金。

3. 营造良好氛围

一是全面动员。加强宣传教育，加强各级政府出台的示范区建设政策的传达，广泛开展“两型社会”建设动员活动，强化“两型”理念的意识引导，强化全民的主人翁意识，把全区人民的思想和行动统一到“两型社会”的目标任务上来，形成人人关心、全民参与的良好氛围。

二是加强媒体宣传。临港产业新区网站开辟专栏，进行集中宣传报道，同时积极向省、市两型办报送建设工作简报，争取上级对本片区建设成效与经验做法的宣传，提高建设工作的显示度。

三是及时总结交流。及时总结片区建设过程中的先进做法，大力宣传本片区建设过程中涌现的先进典型，加强与其他片区的经验交流，通过典型引路，带动“两型社会”建设深入推进、快速发展。

4. 创新目标考核

一是落实建设责任。将示范单位建设的各项指标进行分解，逐项落实到各职能部门、各责任人，以签订目标责任状的形式下达任务，完成情况纳入部门和个人的年度综合目标管理考核。

二是建立“两型”考核指标体系。围绕“两型社会”建设，将资源节约、环境友好、社会和谐等发展指标纳入片区建设目标考核，全面综合考评片区建设成效。同时将各项指标任务落实到具体部门，与部门工作绩效考核挂钩。

三是实行定期考评机制。考评工作由岳阳城陵矶片区改革与建设联席会议组织领导，按照“评建结合，以评促建；全面客观，公平公正；统一标准，透明量化”的原则，定期进行。结合自评、材料审核、现场考评、综合考评等程序，全面开展片区建设成效及有关部门工作绩效考核，并将考评结果在全区公布，及时宣传与适度奖励先进典型，通报批评考评结果不合格的部门。

两型企业

衡阳市公共交通有限公司创建“两型”企业情况介绍

衡阳市公共交通有限公司，坐落于石鼓区环城北路38号，其前身为衡阳市公共交通总公司，始创于1950年，属国有大二型企业，2005年7月改制重组为国有控股、多元参股的有限责任公司，公司现拥有员工2200人、营运线路47条、各类车辆700余台、水上航线1条、轮渡3艘。公司下设五个营运分（子）公司、轮渡公司、弘宇公交出租公司及燃料公司、物业公司、大修厂、广告公司、房地产开发公司、公交技工学校、外修公司等15个分支机构和企业发展、营运、安全、财务、人力资源、技术设备等12个机关管理部门，主要经营城市公共交通客运、车辆出租、轮渡客运、汽车维修、燃料及汽车配件销售供应、房地产开发、广告发布、汽车驾驶修理人员培训等业务。

一、创建“两型单位”的做法与经验

衡阳市公共交通有限公司作为衡阳市城市公交主力军，始终秉承“绿色公交，以人为本”的理念，追求为乘客提供“安全、正点、便捷、舒适、绿色、环保”的乘车环境。近几年积极响应国家“节能减排”、省创建“两型社会”、市委、市政府打造宜居城市的号召，认真落实《衡阳市交通运输发展“十二五”规划》，打造“绿色公交、科技公交、文明公交”，积极争创全省“资源节约型、环境友好型”示范单位。整个活动内容丰富、涵盖面广、时间跨度长，具体分为四个方面：一是呆鹰岭中心公交枢纽总站和停保场的建设；二是“绿色公交、低碳出行”规范操作、节能降耗竞赛活动及公交车“油改气”工程；三是建立智能公交指挥调度系统；四是车辆保洁洗车自动化。四个方面工作根据工作计划和实际情况同步推进。

1. 统一思想，形成共识

根据工作实施方案，公司进行了广泛深入的宣传发动，组织召开好动员大会，做好思想发动和宣传教育，充分利用会议、标语、板报、电视、报纸等多种形式进行广泛宣传，营造浓厚的活动氛围，使全体员工都充分认识到创建“湖南省两型示范单位”活动，对提升员工规范操作、节能降耗意识和技能，降低生产成本，提高驾驶员安全意识和责任，杜绝违法违规行车，减少事故发生率都有着十分重要的作用。同时获得对促进衡阳公交文明服务质量的提高和企业整体形象的提升有着十分重要的意义，影响深远。增强员工规范操作、节能降耗、安全行车、文明服务的意识，各单位、部门都高度重视，认真对待，统一思想，达成共识。

2. 精心组织，狠抓落实

为确保活动顺利开展，实现既定目标，公司制定了具体的创建“省两型示范单位”方案，成立创建工作领导小组。领导小组下设办公室，负责日常工作、材料收集、数据汇总，各单位、部门一把手为办公室成员。公司领导实行分片对口负责，涉及部门、单位精心组织，周密部署，密切配合，步调一致，按照公司活动要求，制作科学可行的活动方案，成立了相应组织机构。各相关人员严格履行职责，严抓落实，每一项活动都要建立相应的台账，有记录，有依据，将工作落实到实处，确保了活动顺利开展，并取得一定实效。

二、活动成绩与进展

1. 公交枢纽总站及中心停保场项目建设

目前公交枢纽总站及中心停保场项目已完成照明、排水、场地、道路硬化工程，200台公交车已迁入中心停保场停放。本年度公司已筹资1813万元，与衡阳市燃气公司合作建设好一座CNG公交车加气站，保障了CNG公交车的正常加气和营运。

2. “绿色公交、低碳出行”规范操作节能降耗活动及公交车油改气工程

①2010年和2011年度公司已投入专项资金300万元，组织技术力量，联合生产厂家加强治理尾气冒黑烟现象，使之得到基本控制。2012年将进一步加大力量和投入，加强公交尾气冒黑烟治理工作，杜绝公交车尾气冒黑烟现象。

②2010年、2011年公司结合创建“湖南省两型示范单位”活动建立长效机制，在全司范围认真组织开展了“绿色公交、低碳出行”驾驶员规范操作、节能降耗竞赛活动，围绕节油降耗目标认真做好技术节油、操作节油、管理节油三篇文章，建立激励机制，进行精心组织和周密的安排，极大地调动了员工的参赛热情。通过组织节能先进现身说法传授经验，开展技术讲座，员工的节能降耗意识、安全意识、节能降耗技能和安全操作技能都明显增强，油材消耗大幅度降低，节约了大量生产成本，提高了经济效益。仅2010年3个月活动期间，全司就节约燃油103842升，节约成本60.23万元，2011年6个月活动期间又节约燃油319687升，节约225.35万元。公司对活动中涌现出的优胜单位和先进标兵进行了隆重的表彰和奖励，大力宣

传典型事迹，在全司形成了良好的氛围，“规范操作，节能降耗”成为每个员工的自觉行动。“绿色公交、低碳出行”的理念也深入人心，在社会上产生了积极影响。也极大地提升了公司形象，促进公司又好又快发展。

③淘汰落后旧车，更换新型环保车，推进“油改气”工程。2011 年在 2010 年投资 5000 万元购置新型环保车 162 台的基础上，再次投入 500 万元购置 16 台节能环保公交车更换 18 路。投资近 3000 万元购置 72 台 CNG 公交车更换 1 路、21 路、30 路、32 路、19 路燃油车。开创了全市公交节能环保新时代。

④建立智能公交指挥调度系统，提高公交管理效能，降低经营管理成本，提升公交服务质量。

2011 年完成了智能公交调度指挥系统的设计方案和前期调研考察工作。目前公司通过公开竞标选择了两家国内比较有实力的单位，分别在 1 路和 K1 路安装了车载设备，建立了系统操作平台，正在进行工作测试。

⑤全自动化洗车工程

2011 年已投资 80 万元引进我市第一台全自动公交车洗车机，建好 1 个自动洗车场并投入使用。提升了公交车车容卫生质量，减少了水资源浪费，节约了人力资本。

三、下一步打算

1. 公交枢纽总站及中心停保场项目建设

2012 年至 2013 年，用两年时间，集中精力、克服困难、争取政策、筹措资金完成公交办公大楼、大修厂车间、物资仓库、驾校训练场等全部建筑物建设，力争竣工并投入使用，完成公司总部整体搬迁。

2. “绿色公交、低碳出行”规范操作节能降耗活动及公交车油改气工程

①2012 年将进一步加大力量和投入，加强公交尾气冒黑烟治理工作，杜绝公交车尾气冒黑烟现象。

②要建立健全长效机制，持续开展好“绿色公交、低碳出行”两项活动，节约能耗，降低碳排放。

③淘汰落后旧车，更换新型环保车，推进“油改气”工程。2012 年首批到期报废 37 台燃油公交车将全部更换为 CNG 公交车。今后旧车报废更换新车将以 CNG 公交车为主，力争到 2014 年用 3 年时间使 CNG 公交车总量达 300 台以上，总投资 1.2 亿元左右，实现节能环保，为建设“两型社会”和打造宜居城市作出贡献。

④建立智能公交指挥调度系统，提高公交管理效能，降低经营管理成本，提升公交服务质量。2012 年在充分论证调研的基础上将四分公司所有车辆和二分公司 43 路的 124 台公交车作为试点，建立智能化调度平台，实现智能化指挥调度管理，根据实际情况逐步改正完善，并在全司逐步推行。此项工程建设初步预算，共需投资 3000 万元左右，已投入 931.5 万元，争取在 2013 年底完成。

⑤全自动化洗车工程。今后三年内使全司的自动洗车场增加到 6 个，逐步淘汰人工洗车，以提升公交车车容卫生质量，减少水资源浪费，节约人力资本。

湖南湘科清洁发展有限责任公司创建“两型”企业情况介绍

温室气体减排、应对气候变化是“两型”社会建设的重要内容。为了减少温室气体排放，《京都议定书》确立了清洁发展机制（CDM），允许发达国家提供资金和技术帮助发展中国家实施具有减少温室气体减排的项目，并购买其减排量冲抵减排义务，同时，发展中国家获得了资金和先进技术，从而达到互利共赢。

湖南省 CDM 项目服务中心是在国家科技部直接扶植下，由湖南省科技厅主管、接受省发改委地区经济和气候变化处、省科技厅社会发展处业务指导的专业咨询服务机构。湖南湘科清洁发展有限公司是中心的下属企业，2006 年 4 月成立，一直致力于温室气体减排、改善人类生存环境，为“两型”社会建设做出了积极贡献。

一、“两型”示范创建目标

1. 开发 CDM 项目，为我省企业引进国外的资金和技术。每年引进资金量 2 亿元人民币以上。

2. 研究和开展碳盘查、碳交易，为我省温室气体管理（包括计量、盘查、分配、考核及交易）提供强有力的科技支撑。

二、建设内容、工作重点和措施

1. 大力开发国际国内 CDM 项目

①为我省企业提供 CDM 项目开发和碳交易服务，包括项目遴选、中英文件编制、国家发改委审批、第三方机构认证、减排量销售、联合国 CDM 执行委员会审核、减排量签发、碳减排款收回等。

②实施“立足湖南，面向全国，走向世界”的地域战略，业务拓展到全国，并积极开拓缅甸等东南亚市场。

2. 着力推动碳盘查和碳计量工作

①编制区域、组织机构、项目、产品四个层次温室气体排放计算方法，并开发相应的温室气体管理软件。

②开展碳计量、碳盘查业务，编制省级温室气体排放清单。

③建设应对气候变化公共网站和温室气体排放数据库。

④提供碳计量在线监测服务。

⑤组建温室气体测量实验室，共享全省温室气体测量仪器，实现室内测量与现场测量相结合。

⑥开展碳足迹、碳中和服务。

⑦配合政府开展国内碳交易试点。

⑧研究湖南省应对气候变化规划等问题，为政府提供决策参考。

三、已开展工作和初步成效

1. CDM 开发业绩

①CDM 项目开发已经实现二氧化碳减排量签发 500 万吨，为项目业主带来碳减排收益 3 亿多元人民币。

②公司先后开发了超过 150 个 CDM 项目，在联合国注册成功的项目 55 个，成功签发项目 30 多个。

③CDM 项目涉及水电、风电、生物质发电、工业节能、甲烷回收、余热余压利用和油改气等领域，涉及全国20 多个省份。

④在国家科技部扶持的全国 28 个 CDM 机构中，业绩遥遥领先。

2. 科研项目

①主笔参与编制《湖南省应对气候变化实施方案》（湖南省政府下文发布），为政府应对气候变化提供决策参考。

②独立开发“组织机构温室气体排放计算方法”，2011 年 11 月由省质量技术监督局作为湖南省地方标准发布，是国内首个碳计量标准。目前正在开发区域级、项目级和产品级碳计量标准及相应软件。

③起草《湖南省碳排放权交易中心组建初步方案》，积极探索湖南省碳交易试点。

④正在开展《湖南省“十二五”应对气候变化规划思路研究》（2011 年国家发改委资助项目）。

3. 国际合作

①先后获得加拿大政府、比利时政府、瑞典碳资产管理有限公司的 CDM 项目开发能力建设资助。

②积极与国外碳买家、国际第三方认证机构合作，包括瑞典碳资产、维多石油、比利时政府、英国瑞阳、ECO ASSET 株式会社、莱茵检测认证服务（中国）有限公司、大韩贸易投资振兴公社等，确保 CDM 项目及时销售和注册。

③正在筹建缅甸碳资产管理公司，开发缅甸境内的 CDM 水电项目，并逐步拓展东南亚和非洲市场。

华菱衡钢创建“两型”企业情况介绍

作为国家节能行动千家企业之一，华菱衡钢地处湘南腹地，缺煤少矿，原燃料资源缺乏优势。面对劣势，华菱衡钢努力建设资源节约型、环境友好型企业，通过加大技术创新力度、加强能源管理、淘汰落后产能、调整产品结构、优化用能结构等措施，“十一五”期间，华菱衡钢节能目标责任考核列全省“千家企业”前列，2007 年以来连续三年节能工作综合排位居全省冶金行业第一名，部分能源消耗指标达到国内同行先进水平。与此同时，企业实现了废物资源化、减量化、无害化的目标，其中污水实现了零排放，废气达到“双控”目标，各项资源被最大限度予以回收利用。

一、技术创新亮点纷呈，节能降耗成效凸显

降低社会能耗指标，企业是关键，而企业节能，技术进步是关键。近年来，通过持之以恒的技术创新，华菱衡钢实现了能源消耗逐年下降。“十一五”期间，华菱衡钢共节约标煤 30.2 万吨，超额完成省政府下达的节能目标。

在技术创新促进企业节能减排的过程中，华菱衡钢出现了不少“亮点”。2011 年 5 月份，华菱衡钢自主研发出全球首套多功能在线水淬装置，该套设备集正火快冷、常化处理和水淬调质这三项功能于一身，不仅减少了钢管生产的中间周转量，省去了钢管正火的加热时间，加快了钢管的周转速度，更重要的一点是节省了钢管淬火加热的能源消耗，有效填补了热轧无缝钢管在线淬火这一项技术“空白”，仅此一项每年就可节约标煤 12000 吨以上。

通过大胆创新，勇于突破，“十一五”以来，华菱衡钢实施的一系列节能降耗技术改造，每年促使企业节能都在 2 万吨标准煤以上。

开展高炉煤气综合利用工程的研究和建设。建设高炉煤气加压站与天然气混合站，建设输送管网，改燃煤锅炉为高炉煤气锅炉。设计新型的能够分别使用天然气和混合煤气的烧嘴，并运用于工业炉燃烧系统改造，解决了单高炉休风时的对轧钢系统燃料供应的影响问题，保障了生产顺利进行。该项目建成后每年可回收高炉煤气 15.9 亿立方米，替代外购水煤气近 9000 万立方米，节约天然气近 1500 万立方米，节约蒸汽生产用煤 30000 吨。

坚持技术改造，淘汰落后产能。高起点、高标准进行技术改造，淘汰能耗高、污染重的设备设施和工艺，提升企业整体技术装备水平，打造硬件优势促进污染减排。一是淘汰∮100 热轧机组，建设∮340 连轧管机组及其原材料配套系统——弧形连铸圆管坯生产线、套管加工生产线等。二是对原有的∮108. ∮89. ∮50 机组进行升级改造，提升产品档次。三是加快淘汰落后步伐，相继淘汰了∮76 冷拔机组、水煤气站、石灰窑和发生炉煤气站等能耗高、污染重的设备设施和工艺，整体生产工艺布局得到优化。

建设余热锅炉，回收余热蒸汽。利用 90 吨电炉四孔高温烟气，建设一座 20 吨余热锅炉，余热锅炉年回收余热产蒸汽 14.91 万吨（折合 19235 吨标煤），吨钢回收余热蒸汽为 193.9 公斤，达到国内电炉余热回收先进水平，通过对原排空的电炉烟气实施回收利用，满足了二炼钢生产所需要的蒸汽，不仅节约了原煤，还大幅降低了烟气对环境的影响。

利用富余氧气，提高煤气利用率。华菱衡钢利用制氧站富余的氧气在轧钢加热上进行富氧燃烧，使高炉煤气和天然气的比值由 4.1：1 提高到了 5.06：1，提高煤气利用率近 14%，这一技术在 219 分厂成功使用，目前，该技术正在全司推广。

加强就地补偿，降低电力消耗。加强高电耗设备的就地补偿，合理布局补偿位置和容量，进一步提高设备功率因数，同时逐步改用新的高效节能型设备替代原有的落后设备。各二级分厂的电气技术人员根据设备的负荷变化及运行状况，利用变频调速的技术特点，对压缩机、风机、泵类等逐一进行了节能技术改造，有效降低电力消耗。企业还全面实施了“绿色照明”工程，将原有的老式生产照明系统的低光效灯具更换成高效节能灯。

二、持续推行清洁生产，构建循环经济体系

发展循环经济是落实科学发展观，实现“百年衡钢”

的本质要求。华菱衡钢制定了循环经济发展规划，以与时俱进的精神风貌和求真务实的工作态度，实现清洁生产、资源循环、环境净化，以建立起更全面、更高层次、更稳固的生态型百年衡钢，为建设资源节约型社会做出新的贡献。

加大环保投入，推行清洁生产。华菱衡钢在保持快速发展的同时，持续推行清洁生产，企业对新改扩建工程严格执行环境影响评价和环保“三同时”制度，积极采用国内外最先进的污染防治技术。企业先后斥资近6亿余元建成69套主要环境污染治理设施。在2009年投产的炼铁项目中，华菱衡钢共投资2.38亿建设了15套主要环境污染治理设施，占项目总投资的19.8%，创同行同比之最。同时，“十一五”期间，企业先后投资近6000万元对3座电炉除尘系统进行改造，确保了炼钢除尘效果。

改变能源品种，减少废气排放。华菱衡钢总投资6480万元的天然气代替燃油技术改造工程于2008年3月全面完成，所有工业炉窑全部使用清洁能源天然气，结束了华菱衡钢50年使用重油为燃料的历史。该项目实施后，每年替代重油4.51万吨，每年可削减二氧化硫排放量635.48吨、烟尘207.4吨，具有良好的环境效益、经济效益和社会效益。

自建污水处理站，实现废水零排放。投资近7000万元，建成两座污水处理站，工业污水实现集中处理，经处理后达到国家工业回用水标准，回用水全面实现内部循环利用，基本实现“零排放”。2010年两座污水处理厂生产回用水500多万吨，回用水占企业总用水量的比例达40%以上。水重复利用率达98.3%。2010年吨钢新水消耗降至4.43吨，较2005年下降10.93吨，处于国内领先水平。

构建循环经济体系，废物回收“吃干榨尽”。在2009年炼铁系统建成的同时，同步上马了高炉煤气利用、TRT发电、余热锅炉、干法除尘、废水处理、废气处理、噪声治理等多项节能环保设施。其中，建成的TRT发电装置，利用煤气余热余压发电，年发电3815万千瓦时，吨铁发电量达40.5千瓦时。炼铁高炉煤气、余压、余热等副产品和废物得到有效利用，炼铁副产品利用折合标准煤达23万吨。节能减排赢得社会各界认可，成为华菱衡钢推动循环经济的典型项目。同时，积极推进废物资源化利用，对各类废弃物想方设法予以“吃干榨尽”，使固体废物综合利用率达到98%。如锅炉炉渣供给周边砖瓦厂用于生产建材制品；对钢渣通过分选等预处理回收废钢；废酸通过冷冻结晶，生产硫酸亚铁副产品及再生酸，硫酸亚铁外售做化工原料，再生酸返回酸洗工序回用等。

通过多个方面的努力，“十一五”期间，华菱衡钢钢管产量增加68%，主要污染物烟粉尘、SO_2、COD吨钢排污量大幅下降，削减率分别达到60%、60%、78%，接近或超过钢铁行业清洁生产国内先进水平和国际先进水平。为持续推进节能减排工作，2011年1月份，企业又启动了清洁生产审核工作，聘请省环境保护科学研究院、省清洁生产中心有关专家来我司讲座，让广大员工深入了解并掌握清洁生产相关知识。

为稳步推进“绿色衡钢”这一战略目标，华菱衡钢还将环境风险纳入市场管理机制，创新环保管理制度。企业首批率先投保绿色保险——环境污染责任险，实现环境管理与社会管理相结合。

通过采用循环经济理念统领企业发展全局，华菱衡钢进行的一系列高起点、高标准技术改造和污染防治取得了突出成效。“十二五”发展蓝图之中，华菱衡钢又确定了高炉煤气提纯、余热余压综合利用改造等多个节能减排项目，确保企业在绿色节能的发展快车道上始终处于领先地位。

万容科技创建“两型”企业情况介绍

湖南万容科技股份有限公司结合本企业战略定位，以“电子废弃物的环保处理与资源回收利用”为主导，面向电子废弃物这一永不衰竭的“城市矿山”，通过运用高科技的治理技术和方法，推进电子废弃物的无害化处置与资源利用价值最大化，为全球面临的因电子废弃物的不断增长、不当处置所带来的环保治理、资源浪费等世界性难题而提供系统的解决方案。

在两型企业建设过程中，万容科技将研发具有自主知识产权的废弃物资源化利用的关键技术，并建立标准体系，打造“万容”循环再造的名牌产品，成为国内“城市矿产”设备制造龙头企业。通过销售的各类设备在全国各地的运营，实现年回收再生铜、铝等有色金属5万吨、金、银等稀贵金属1000吨、非金属材料20万吨，年产值突破50亿元；完善以长沙、汨罗、郴州为中心，辐射全省、影响中南地区的电子废弃物、报废汽车、废旧机电设备、薄皮容器等废旧资源回收网络体系，实现年处理“城市矿产”30万吨，相当于节约44万吨原矿、节能10万吨标准煤，减排二氧化碳27万吨；并通过开展基于厂内和工业园区处置合作项目，实现为全国200家电子电路企业、重金属化工企业、电镀、冶金等高污染行业提供固体废弃物、重金属废液、废水等危险废弃物处置与资源回收系统服务，实现处理5万吨重金属废液、固废。

为实现这一目标，万容科技将从以下几个方面开展工作：

1. 构建资源回收网络、打造产业示范基地

通过建设湖南省电子废弃物处理中心，从而构建遍布全省各县市的废电子产品和报废汽车回收网络，使得这些废弃物资定向流动、定点回收、稳定公司生产原料的供应，缓解社会环境压力。

通过建设“城市矿产”资源开发装备制造基地和“报废汽车与废钢”资源加工基地，助推长沙成为环保装备机械之都，并创造以循环经济为主体的新经济产业模式，为中国的废弃物资成为主流资源树立典范工程。

2. 突破核心技术、开发两型产品

通过开发废弃电子产品、报废汽车拆解处理关键技术、有毒有害物质无害化处理关键技术、废弃物资源化利用关键技术、电子工业废渣处理等关键核心技术，减少回收过程中各种能源消耗，从而最大限度挖掘废弃物中蕴含的再生资源，开发由再生资源直接生产的资源节约、环境友好的高技术、低成本产品。

3. 推进资源环境服务模式

推进环境管理服务模式：基于“清洁生产、节能减排”为目标，通过BOT或BOO的方式向高污染企业投资成套技术设备，为其提供“厂内废弃物回收及环保处置一揽子解决方案”。推进“城市矿产”集成技术服务模式：提供无害化处置、资源回收与深加工的成套设备的销售、租赁、合营服务模式。推进废料资源协作模式：面向国内外回收废料、提供难处理物料的集中处置方案。

通过不断创新商业模式，使得全社会同步共享公司最先进的“两型科技成果”，进一步提高公司在“两型社会”创建中的核心竞争力和影响力。

通过近一年的“两型示范”试点企业建设，推动了公司新装备、新工艺研究开发力度。通过中试、转化和组装，培育了一系列具有高科技含量、可以大规模推广应用的新技术，促进了环保装备的更新换代，扩大了公司技术产品的覆盖率。本年度承担国家部委项目1项，通过1项工信部科技成果鉴定，申报了33项专利，授权15项专利，已产业化的成果1项，获中国专利优秀奖1项。2011年，万容科技在长沙星沙产业基地启动建设了年产我国“城市矿产”资源开发产业急需的电子废弃物、报废汽车处理成套装备100套的生产基地。在汨罗新建了年处理报废汽车2万台，废旧家电240万台，废钢铁20万吨，废旧轮胎2万吨的“城市矿产”资源开发示范基地。在郴州建立了一个再生资源深加工基地，拉长了“绿色产业链”，初步形成了集各类资源为一体的、回收网络遍布全省的城市矿产资源回收处置与综合利用体系。

目前，国家发改委积极倡导以循环经济为指导，贯彻落实科学发展观，建立废旧电子废弃物等废旧物资综合回收利用的体系，规划每个省（市、自治区）批准建设1—2家省级电子废弃物处理中心，以实现电子废弃物回收处理行业的规范化、集约化经营，逐步达到电子废弃物“无害化、减量化、资源化”的目标。在这个政策导向的指引下，国内部分省（市、自治区）“电子废弃物处理中心”的立项、建设工作已经相继起步。湖南省作为承接我国沿海发达地区电子信息产业梯度转移的重要中部内陆省份和“中部崛起”战略的推动者和实施者，近年来电子信息产业发展非常迅速，新批、新建的电子信息工业园区、电子电器生产企业大量增加。一方面，信息产业的快速发展促进了湖南省新型工业化的进程，另一方面，大量的工业电子废弃物也随之产生。同时，随着全省居民人均可支配收入大幅提高、内需强劲增长，湖南省的单位办公和居民家用各类电子电器产品的消费量、保有量、更新换代率等在中部省份中均居于前列，大量废旧电子电器产品正处于淘汰的高峰期且每年的废弃量快速增长，给湖南省的资源综合利用、环境保护等方面带来了巨大的压力。因此，万容科技通过“两型示范企业”创建工作的实施，对解决因电子废弃物大量增长带来的环保压力、资源压力，贯彻落实科学发展观，建设一个资源节约、环境友好的新湖南能起到应有的促进作用。湖南万容科技股份有限公司“两型示范企业”创建，完全契合长株潭城市群“两型社会”建设综合配套改革方案的核心思路和理念，相关项目的建设与长株潭城市群“两型社会”综合配套改革方案提出的新型工业化的新路子、资源节约和环境友好的新路子相适应。

在下一步工作中，万容科技将按照现代企业制度管理运营，组织结构明晰，建立完善的规章管理制度，实行“以人为本”的人力资源政策，尊重人才，任人唯贤，通过企业在行业内的影响力，建立激励机制，广泛吸引行业内精英加盟，确立了“以成果为导向”的绩效管理原则，倡导“创新、协作、责任、和谐”的企业文化。保障“两型”企业创建的最终目标顺利实现。

万容科技坚持将创建“两型”示范企业建设与促进公司内涵发展结合起来，与提高公司整体质量结合起来，与提高各项工作效益结合起来，把节约资源和保护环境观念渗透到企业管理理念，渗透到企业文化建设，渗透到广大公司员工中。通过创建“两型”示范企业的活动，公司全体员工“两型”意识不断增强，节约环保的理念更加深入人心，有效地促进了生产水平的持续发展。

两型园区

长沙经济技术开发区创建“两型”示范园区情况介绍

长沙经济技术开发区创建于1992年8月，2000年2月被国务院批准为国家级经济技术开发区。截至目前，全区共引进和培育企业405家，其中规模以上企业127家，形成了工程机械、汽车及零部件两大主导产业和电子信息、新材料、食品饮料、轻印包装等四大优势产业。在区投资的世界500强企业有25家，上市公司20家，拥有年产值亿元以上企业50家，过10亿元企业10家。2011年实现工业总产值1245亿元，同比增长36.62%；实现工商税收70亿元，同比增长40%，园区经济规模、可用发展空间实现两年内翻番。园区先后被评为“湖南省优化经济发展环境示范区和测评点”、“国家新型工业化产业示范基地”、“国家知识产权试点园区”、“中国最具投资潜力十强开发区”。

一、"两型"示范园区创建工作目标

以长株潭"两型"社会建设为契机，依托长沙经开区产业、区位和市场等比较优势，以循环经济和生态工业理论为指导，以实现区域资源高效利用、最大限度地减少环境污染、改善区域环境质量、提高经济增长质量为目标，以构建基于市场机制的区域工业共生网络为途径，力争用10—15年的时间将国家级长沙经济技术开发区建设成经济高效型、资源节约型、环境友好型的湖南省"两型"示范园区。

二、"两型"示范园区建设内容

大力推行企业清洁生产，加强环境准入和污染控制，积极推进生态文明建设，拓展和优化主要行业内部以及行业间的产品代谢链和废物代谢链，促进工程机械、汽车及零部件制造、电子信息、新材料等优势行业的结构升级与生态化改造。

三、"两型"示范园区创建工作重点和措施

长沙经开区将以创建国家生态工业示范园为依托，有序推进"两型"示范园区创建的各项工作。通过科学规划，节约集约利用土地资源，控制污染物排放总量，改善园区环境质量，实行绿色招商，完善生态工业网，发展循环经济，建设低碳园区，加强生态建设，倡导生态理念，重点提高企业资源利用效率和企业清洁生产水平；努力延伸产业链并促进产业集群的形成。至2015年，初步建成经济高效型、资源节约型、环境友好型的生态工业园区雏形。

2011年4月22日，长沙经开区《生态工业示范园建设规划》和《生态工业示范园技术报告》通过环保部、科技部、商务部三部委联合审查，标志着经开区正式进入创建国家生态工业示范园的行列。为全面有序推进生态园创建工作，年初我局根据创建规划的要求征询相关职能部门，拟定《长沙经济技术开发区创建国家生态工业示范园五年行动计划（2011—2015年）》，经主任会议研究通过，将五年创建任务分解到管委会各相关职能部门，并将完成情况纳入年度绩效考核任务。

四、已开展工作及初步成效

（一）创建领导小组办公室工作有序推进

1. 组织工作推进会。2011年5月，经开区组织召开了园区规模以上企业及管委会相关创建职能部门参加的生态园创建动员大会。

2. 组织相关职能局室负责人外出考察学习。2011年9月经开区管委会各部门工作人员赴已完成验收的国家生态工业示范园（无锡新区）进行学习考察。

3. 负责完成创建办公室日常工作。2011年9月，根据国家环保部《关于报送2011年国家生态业示范园区建设工作会议交流材料的通知》（环科函〔2011〕81号）要求，编写了经开区国家生态工业示范园区创建工作总结和清洁生产典型案例材料，上报环保部。

（二）重点创建任务完成情况

1. 排污口规范化整治工作圆满完成。经开区首开全省排污口规范化整治工作之先河，历时三年，于2011年5月底完成园区现有企业排污口规范化整治收尾工作，并于6月初召开了排污口规范化整治现场验收会。此次排污口规范化整治共完成园区113家企业污水立式提示牌119块，污水立式警告牌8块，废气立式提示牌25块，废气立式警告牌21块，一般固废平面固定提示牌102块，危险废物平面固定警告牌36块，噪声平面固定提示牌9块，共320块排污点标志牌的设立。圆满完成园区运营企业排污口标志牌的设立工作。

2. 污染源在线监控平台建设稳步推进。目前经开区已建污染源自动监控设备的有8家，须安装自动监测设备及配套设施排污单位有19家，为加强污染源监管，提高科学化管理水平，组织了两次专家评审会及内部审查会议，对监控平台建设可行性研究报告进行评审，8月组织招投标、投评、电子政务处等部门工作人员一道，到湖南省污染源在线监控平台建设示范单位湘潭市环保局进行了考察学习。经充分论证，决定采用自建模式建立开发区独立的一套环境在线监控系统系统，该系统将集重点污染源、饮用水源水质、地表水水质、空气质量自动在线监控系统和环境信息管理系统（包括放射源的管理）于一体的系统工程，9月20日项目建设已通过长沙市环保局同意。可行性研究报告已完成立项工作，预算约634万元，待完成招投标工作后可启动监控系统平台建设。

3. 积极鼓励企业进行环境体系认证。加强环境宣传，积极主动服务，协助企业进行ISO14001环境管理体系认证工作，目前已推进耐普泵业、纽曼科技、长丰联成汽车模具、牧泰莱、恒天九五五家企业已通过或正在开展ISO14001环境管理体系认证工作。

4. 开展清洁生产审核工作。2011年初，按照湖南省环保厅要求，将长沙精达印刷制版有限公司纳入今年经开区清洁生产审核计划后，积极协助指导长沙精达印刷制版有限公司进行清洁生产审核工作，通过资料审核与现场查看相结合的方式，督促企业审核报告通过省环保厅审核。

5. 长沙经开区区域环境影响评价报告书2011年于3月23日获得湖南省环境保护厅审批。

6. 2011年初委托长沙县环境监测站对园区大气环境、水环境、声环境进行常规监测，对重点企业污染源进行监督性监测，为单独编制园区环境质量报告书做好前期工作。

7. 开展合同能源管理、节能资金申报以及节能备案与审查。至2011年11月底，共对13个工业项目开展节能评估与审查。13个工业项目的能源消费结构仍以电力和天然气为主，与2010年能耗消费结构相比，电力和天然气占总能耗的比重增加了27个百分点，其中，电力消耗占总能耗的比重增加到87.01%，天然气消耗占总能耗的比重增加到12.79%。已引进三锦节能能源管理公司开展合同能源管理工作。

宁乡经济技术开发区创建“两型”示范园区情况介绍

宁乡经济技术开发区是2002年由湖南省人民政府批准成立，2010年由国务院批准升格的国家级经济技术开发区，地处长株潭“两型社会”建设的核心区域“大河西先导区”范围内，总规划控制面积60平方公里。目前拥有规模企业233家，基本形成了以食品、机电、新材料和现代服务业为主导的“3+1”产业发展格局，2011年，宁乡经开区完成工业总产值350亿元，主体园区实现财政总收入10亿元，各项主要经济指标增幅在50%以上。先后荣获湖南省唯一的“全国模范劳动关系和谐工业园区”、湖南省首批“循环经济试点园区”、全国唯一“中小企业信用体系建设示范园”、“中国食品工业示范园区”、“湖南省十大最具投资价值产业园区”，2011年6月，荣获国家发改委办公厅批准同意开展国家再制造示范基地前期工作。

2011年园区完成工业总产值353.8亿元，同比增长50.2%，完成工业总产值94.2亿元，同比增长41%，实现财政收入10亿元，同比增长49.1%，成功跻身长沙开发区“三驾马车”之列，成为全省首批两型示范园区。

一、坚定一个思路，探索一种模式，明确两型示范园区创建方向

推进“八大生态”建设的发展思路，即探索土地集约节约利用，对热、水、电、气实行集中供应、循环利用，形成开放包容的资源生态；科学规划公共设施，合理设计基建工程，注重全周期成本，形成经济高效的建设生态；培育以龙头企业为核心，中小企业协调发展的产业群落，形成高端新兴的产业生态；建好孵化基地，搭建科技成果转化和公共服务平台，推进产学研一体化，形成创新尖端的科技生态；做实中小企业信用体系建设示范园区，形成活跃多元的金融生态；优化审批流程，创新服务机制，形成廉洁高效的政务生态；与高校及科研院所建立战略合作关系，实现高校与园区之间人才交流的无缝对接，加强职业人才培训，形成精英前沿的人才生态；完善社区公共产品供给，加强失地农民保障，构建和谐劳动关系，形成和谐平安的社区生态。探索生态的产业体系、和谐的人文环境、科学的开发模式和协同的区域合作的建设模式，致力打造“森林里的工业新城、创业者的幸福家园”。

二、突出四条主线，加速四个转变，抓住两型示范园区创建重点

一是突出构建生态的产业体系，推动产业的两型化转变。两型园区需要一种与其发展特性相融合的产业体系来支撑，坚持产业差异化发展一直是该区的战略思路和根本途径。食品产业以打造全国首家安全食品示范基地为切入点，利用高新技术和信息化技术改造和提升食品产业；机电产业以建设国家级再制造示范基地为契机，着力壮大工程机械、医药设备、机床及装备再制造等三大再制造产业集群；新材料产业依托远大住工的技术、标准和品牌优势，创建国家级住宅产业化示范基地。同时大力发展循环经济，构建三大循环经济圈，一是以清洁生产为导向，构建企业小循环；二是以产业链共生互补为特征，构建园区中循环；三是以延伸产品全寿命周期为重点，构建社会大循环。

二是突出营造和谐的人文环境，推动环境的可持续化转变。坚持以人为本，乐居、乐业是两型园区环境友好的集中体现，通过实现资产变资本、农户变商户、农民变工人、村庄变社区等四个转变完善失地农民生活保障机制；以宁乡经开区工会联合会代表、企业代表、企业职工代表等三方建立劳动关系联合协商机制，合理调配园区企业劳力资源，定期举办人才劳务招聘会，切实维护职工劳动权益和经济权益。2010年10月12日，湖南卫视把园区主动为企业开展劳务服务和维权工作作为头条，在《湖南新闻联播》中播出。

三是突出建立科学的开发模式，推动资源的集约化转变。节约集约、科学高效利用土地资源是工业园区实现两型发展的根本途径。园区始终把节约集约用地工作摆到事关园区可持续发展的战略高度，坚持“五个不签”、“四个集中”、“三类指导”的原则，推动土地高效利用，其主要做法及经验得到了国务院李克强副总理的肯定与重视，并作出了“认真总结，予以推广”的重要批示。

四是突出形成协同的区域合作，推动区域的共享化转变。两型园区要站在推动区域经济发展、促进区域与区域间联动互补、形成自身与周边资源共享的战略高度来综合考虑。一是突出产业差异化发展，与全省各兄弟园区错位发展，避免同质化竞争；二是突出资源共建共享，重点建设一大批基础性、关键性、技术性公共平台，实现区域间资源共享；三是突出区域联动互补，逐步形成与长沙、株洲、湘潭、岳阳、益阳、常德等国家级园区共建新型的分工与合作机制，形成区域经济群，集中打造湖南大工业最具实力的发展平台、最具活力的招商载体、最具魅力的形象窗口。

三、强化六个支撑，谋求六个提升，强化两型示范园区创建举措

一是强化基础支撑，提升产业素质。以转变发展方式为主线，抓住技术、管理、形象三个关键，全面实施产业升级工程，按照“龙头型企业、骨干型企业、成长型企业、整改型企业、淘汰型企业”五类指导原则，分别采取技改升级、促改增效、整改盘活等三大硬性措施，目前，已完成技改升级企业34家，初步完成促改增效企业16家，取得了预期效果。

二是强化项目支撑，提升品质效益。以项目品质效益带动经济转型升级，全年动工建设的项目达59个，累计完成投资66亿元，12月17日，园区成功举办了30个重大项目集中开工仪式，总投资过80亿元，得到省市领导和社会各界的高度关注和肯定。

三是强化开放支撑，提升层次水平。注重选商引资，入园企业坚持“五个不签”，即投资规模少于5000万元、亩均投资强度低于150万元的不签；有圈地嫌疑的不签；年度内不能实现固定资产投入的不签；不符合环保要求的不签；缺少科技含量的不签；突出招大引强，全年累计引进固投5000万元以上项目25个，其中亿元以上项目14个，合同引资60亿元，引进了洽洽食品、绝味食品、小洋人乳业、联塑等一批行业龙头企业。

四是强化金融支撑，提升信用服务。以建设全国首家“中小企业信用体系建设示范园区”为契机，探索中小企业融资难题，初步建立起了政府、金融机构、信用服务中介机构、企业四方联动、共生共长的融资平台，目前已对38家企业进行了信用评级，与北京银行、长沙银行、农业银行等多家金融机构开展了战略合作，园区企业的贷款满足率由原来的约20%上升到近60%。

五是强化科技支撑，提升创新能力。全方位加强政学产研合作，与中南大学建立战略合作伙伴，共建产学研合作基地，大规模创办创业孵化器，成功引进湖南妙盛建设湖南妙盛国际孵化港；成功举办2011中国（长沙）科技成果转化交易会宁乡专场——国家级宁乡经济技术开发区产学研合作暨科技顾问聘任仪式，聘请吴金民、刘友金等11个科技领军人才担任园区科技顾问；创建国家级技术中心1家，省级技术中心2家，市级技术中心14家。

六是强化智力支撑，提升人才实力。深入实施“人才强区”战略，建立引才、用才的政策措施，出台《高端领军人才奖励实施办法》；完善育才、留才的良好环境，加快建设蓝月谷高知社区和人才交流服务中心；实施5127人才引进工程，先后引进博士2名、硕士12名。

湘潭九华经开区创建“两型”园区情况介绍

全面贯彻落实科学发展观，按照国家“两型社会”建设综合配套改革试验区的总体要求，进一步解放思想，大胆创新，全面推进两型建设改革，在重点领域和关键环节率先突破，率先探索推进“四化两型”建设的新路子，率先走出一条新型工业化、城市化发展的新路，率先形成有利于能源资源节约和生态环境保护的新体制，率先建立城乡一体和区域协调发展的新模式，为推动全国体制改革和“两型社会”建设积累经验、提供借鉴和示范。

一、建设内容

2010年完成示范区的“两型”顶层规划及改革实施方案，初步推进“两型”产业和“两型”改革工作。

2011年完成“两型”建设示范区工程实施方案，深化“两型”产业和“两型”改革工作。

2012年全面完成示范区详控规划编制，“两型”产业和“两型”改革工作取得阶段性成果。

二、工作重点和措施

（一）“两型”规划

创新规划理念。注重区域协调和错位发展，创新规划体制。实现城市建设、土地利用、环境保护、产业发展等规划的无缝对接。加强规划执法和实施过程的监督。建立规划决策专家咨询制度，增强决策的科学性。

（二）“两型”产业

1. 严格项目准入。一是坚持大项目带动，实施“一号工程”，加快重点项目建设。二是明确产业定位，对不符合产业定位及环保要求的企业，坚决不准入园。三是严格执行环保“三同时”制度，强制实施“两型”给、排水管网体制。

2. 引导集群发展。实施“集群式”发展战略，深入推进汽车及零部件制造、电子信息和先进装备制造三大产业集群式发展。

3. 鼓励自主创新。加快科研成果转化平台建设，大力实施知识产权战略，鼓励企业自主创新和品牌创建，利用高校优势，鼓励与高校建立产学研合作，培育优秀人才。

4. 贯穿“两型”理念。壮大园区两型产业，建立新能源产品推广展示基地，打造两型示范基地，统一使用新能源太阳能路灯、光伏喷淋、热水器等能节产品，通过分布式能源系统实现能源梯级利用，并大力在园区推广国际质量及环境认证，开展“两型”教育。

（三）“两型”改革

1. 创新土地管理机制。一是创新土地集中管理方式。坚持土地管理“五统一”。二是创新土地经营模式。集中储备、集中经营；鼓励集约用地厂房社区建设。三是创新征地模式。探索建立土地预征机制，全面推行推行货币安置。

2. 创新城乡统筹管理体制。一是扩大农民股权信托试点范围，完善共建共享机制。二是推行货币安置，加强征拆群众就业培训及岗位优先安置，鼓励投资创业。三是探索覆盖城乡的社保机制，完善社会保障体系和帮扶救助体系。

3. 创新行政管理机制。一是深化大部制改革，实施竞聘上岗和双向选择人才管理机制。二是进一步精简行政审批流程，开辟重大项目绿色通道，试行非主审要件容缺后补，建立省、市重点项目审批全程跟踪服务制度。三是优化服务环境，全面提高干部服务意识，建立领导干部定点帮扶、联系企业责任制。

三、已开展工作及初步成效

（一）“两型”规划

在规划设计上。实现了三个“创新”：一是创新规划理念。注重区域协调和错位发展，坚持以区域空间的对接促进城市群资源的共享，提出了“对接大长沙”的空间发展战略，坚持以强化比较优势实现区域资源的互惠共赢，提出了“产业新区、滨江新城”的总体战略定位。二是创新规划体制。实施“四规合一”，实现了城市建设、土地利用、环境保护、产业发展等规划的无缝对接，做到了规划全覆盖，构建了复合型、立体型、统筹型的规划体系。三是创新规划布局。总体规划将九华示范区划分为三个组团，即工业新区40平方公里，滨江新城60平方公里，生态环境保育区38平方公里，采用复合功能开发与挖掘绿色空间价值，大疏大密、高容低密的空间开发模式。

（二）“两型”产业

1. 严格项目准入。一是出台了《九华示范区“两型”产业准入目录》，科学选资，着力引进产出高，创税强，耗能底，具有带动性的大项目。二是对符合产业定位的产业，在项目核准、土地供应、资金筹措、技术创新等方面给予支持，对不符合环保要求的企业，坚决不准入园。三是严格执行环保“三同时”制度，强制实施“两型”给、排水管网体制。

2. 引导集群发展。重点推进汽车及零部件制造、电子信息和先进装备制造三大产业集群式发展。汽车及零部件制造产业：依托龙头企业吉利汽车抓好关键零部件企业跟进，拉长壮大产业链，引进了广汽零部件、美国塔奥、法国佛吉亚等配套企业22家，湖南研通等汽车物流企业3家，汽车4S店集群近20家，初步形成了九华汽车产业集群；电子信息产业：引进了全创科技、韩国三星电子、中国兴业太阳能等一批龙头企业，带动了恒信电气、开启时代、万英科技等10余家电子和软件开发企业加快发展；先进装备制造产业：充分发挥湘潭传统装备制造的优势，实施“大企业裂变”战略，培育出中冶京诚、江麓重工为代表的先进装备制造产业集群，引进了中联重科泰富重工年产300亿元港口运输装备的研发生产基地、湖南农机产业园、浙江利欧泵业九华基地等大项目。

3. 鼓励自主创新。产学研合作不断深化，园区多企业与湖南大学、湘潭大学、湖南科技大学等著名高校已展开产学研合作；突出龙头科技优势，发挥大型研发、制造、营销等功能性总部或区域性总部的创新优势。大力实施知识产权战略，园区获批为首批“湖南省知识产权工作试点园区”。中冶京诚、宏大真空被批准为省级企业技术中心。注重人才培养创新。利用高校资源为园区产业培养高素质人才。

（三）“两型”改革

1. 创新土地管理机制，树立节约集约用地典范。一是实行土地管理“五统一”。即统一用地报批、统一征拆市场、统一供地方式、统一交易市场、统一考核监督。二是突出用地的产出率。引进的吉利汽车，总投资30亿元，2011年实现产值67.35亿元，实现税收2.72亿元，而该项目占地仅560亩。三是鼓励建设多层标准厂房。园内韩国三星电子、全创科技，吉利汽车三期涂装线，全部按照三层标准厂房进行建设，节约用地2倍以上。四是建设集中统一的产业社区。规定所有入园企业必须按照“两型社会”建设的要求，统一规划，统一建设生活配套服务区。三星产业社区占地仅30亩，建筑面积4.5万m^2，可容纳1万余工人入住，极大地节约了土地资源。五是全力推行货币安置。对照新老安置办法测算，货币安置可节约安置用地70%以上。

2. 创新城乡统筹管理体制，推动城乡和谐发展。一是探索农民股权信托试点。为实现示范区拆迁群众由“农民变股民”、“村民变市民”的转换，通过公司化运作，对九华示范区范围内征拆农民土地补偿资金实行入股经营，现经营状况良好。二是创新“两型”安置新模式。对征地农民全部实行货币安置，全面实施“万人就业工程”和“零就业家庭就业工程”，借助九华示范人力资源服务中心平台，通过入园企业安置、开发公益性岗位、组织劳务输出等多种渠道，新增劳动力就业2万余名。三是完善社会保障体系。对实施货币安置的征地农民一次性购买社会养老保险，对示范区男性超过60岁、女性超过55岁的拆迁群众每月发放200元生活保障费，累计发放生活保障费过千万元，成立了湘潭市九华慈善会，募集善款近2000万元，更好地帮助救济九华拆迁群众中的弱势群体，确保了九华的和谐稳定发展。

3. 创新行政管理机制，提升改革建设活力。一是实施大部制改革。对管委会内设机构实行职能有机统一的大部门体制改革，对除市管领导干部外的所有工作人员全部实行聘用制，中层干部实行竞聘上岗，职员实行双向选择。二是创新行政审批。以政务服务中心为平台，对下放的审批权限推行集中办理、公开审批事项、再造审批流程，在缩短办理时限、精简办事环节上进行优化，共完成审批事项1500余件，审批时间较以前压缩了60%以上。三是优化服务环境。组建九华人力资源服务中心，每月定期举行人才招聘会，为企业引进高级技术人才及劳务用工提供服务；全面推行ISO9001质量管理体系和ISO14001环境管理体系；建立领导干部定点帮扶、联系企业责任制，对所有入区企业实行服务内容责任到人，服务对象责任到人，服务时限责任到人，公开承诺，保证兑现。

株洲栗雨工业园创建“两型”园区情况介绍

株洲高新区栗雨工业园西临京珠高速公路，北临湘江，东接株洲市城市快速环道，规划面积13.49平方公里。项目总投资约36亿元，由株洲高科集团有限公司进行融资开发建设。株洲高科集团有限公司是株洲高新区管委会1999年出资成立的国有独资企业，主要负责开发河西示范园，现公司注册资本已达4.85亿元，资产规模超过120亿元，下辖全资或控股公司7家，参股公司2家。

目前，栗雨工业园园区基础设施开发完成约80%，产业布局已初具规模，以“三生”协调为主题的园区环境不断完善，实现人口不断聚集。预计到2012年，园区基础设施开发基本到位，园内生产、生活设施可满足产业发展需要，并能以多种形式为产业发展提供各类工业设施与服务；园区企业生产资源消耗低，环境污染少；园区与城区实现融合，生产生活居住环境进一步提升，园内商贸、娱乐等第三产业开始繁荣；逐步健全和完善社会保障体系，不断提高人民生活水平和质量。

一、项目实施“两型”化规划建设的必要性和有利条件

随着经济的发展，资源的约束越来越突出，在这种情况下，为了保证经济“又好又快”的发展，我们国家经济

结构要面临转型，即从过去那种“高投入、高能耗、高污染、低产出”的模式向“低投入、低能耗、低污染、高产出”转变。中部地区作为国家重要的能源产出地区，资源消耗和环境污染问题在全国来说显得更加突出，在这种情况下，国家在中部的改革试验区提出“两型社会”建设目标，是一种具有全局意义的战略考虑。两个中部试验区的获批，将成为“两型社会”的重要示范基地和产业结构调整的一个重要的突破口。

栗雨工业园株洲高新区的科技创新和高新技术产业化区，也是长株潭地区重要的产业、技术核心区之一。西临京港澳高速公路株洲的出入口，是株洲市的西大门。北临湘江，位于湖南省正在建设中的风景走廊“湘江经济风光带”株洲段的西岸。东与株洲市的城市快速环道相接。作为一个生态型的高科技工业园区，在规划设计与功能配套上注重与国际接轨，讲究“三生的协调性”，即生产方便、生活丰富、生态优美。园区内不仅有以先进制造、电子信息、生物医药和健康食品为主导产业的九个工业组团，还有市级标准的基础设施，完善的社会服务，以及35%以上的保留山体和绿地。按“一核、一轴、一环、八果”的结构布局。

二、项目实施“两型”化规划建设的目标和时限

1. 总体目标

深入贯彻科学发展观，以循环经济理念和生态经济学原理为指导，贯彻环境优先方针，倡导生态文明，提高资源利用绩效，减少环境污染产出，实施栗雨工业园生态化改造和建设，促进高新技术产业发展，实现园区经济效益与环境效益的协调发展。

2. 具体目标

围绕建设生态工业园区的要求，坚持发展经济和生态保护相协调的原则，妥善处理好工业园区发展中经济建设和环境保护的关系，在加快经济发展中保护生态环境，在保护生态环境中加快经济发展。采取统一规划和分步实施相结合的办法，稳步开展工业园区循环经济建设和生态化改造，使生态工业园区建设工作不断引向深入，实现工业园区经济效益与环境效益的共同增进，确保园区各项指标达到株洲高新区创建生态工业园区的标准要求。

3. 分阶段的建设期限、建设内容和投资额

开发建设分为两个阶段：2003—2007年为第一阶段，以工业化为中心，投资26亿元，完成工业用地开发和基础设施建设；2008—2012年为第二阶段，以城市化为中心，投资10亿元，完成核心区与商住区的开发。其以交通装备、生物医药和健康食品、先进制造为主导产业，建成后将成为株洲规模最大、档次最高的工业园区，将形成税收超过10亿元，是高新区实现“1030335”目标的骨干园区，也是株洲市未来的现代化生态科技新城和长株潭一体化中株洲的桥头堡。

三、项目实施“两型”化规划建设的主要内容

创新规划理念，高标准设计“两型”园区

早在2002年，株洲高新区围绕城市次中心的发展定位，按照生产、生活、生态“三生”协调发展的原则，根据“土地集约、布局集中、产业集群、配套齐全”的园区发展要求，委托中国城市规划设计院高标准规划设计栗雨工业园，着力打造“一核、一轴、一环、一带、八果”（一核：园区核心服务带；一轴：株洲大道；一环：高科环线；一带：湘江经济风光带；八果：即环绕园区核心服务带的八个工业组团）的园区发展格局。近年来，株洲高新区积极落实“两型”社会建设的要求，创新规划设计理念，分3次组织对原规划方案进行了修改和完善，致力于将栗雨工业园建设成“两型”示范园区。一方面是合理调整园区道路宽度、园区绿化率及容积率，提高园区土地开发利用率。将园区道路宽度由24米以上降至18米左右，园区绿地率由22%降至19%，工业用地平均容积率由1.8升至2.5。另一方面是加强资源有效整合，促进土地节约集约开发。严格控制入园企业生产生活配套设施建设用地，将项目配套用地比例由7%调减到3.5%，有效整合园区项目配套用地，用于集中建设为园区企业提供配套服务的中央商务区，各企业原则上不再单独建设大型办公楼、职工住宅，鼓励企业到中央商务区集中办公、设立公司总部、购买职工住宅。

创新发展方式，高品质培育“两型”产业

栗雨工业园积极转变园区发展方式，大力调整园区产业结构，促进园区产业向“两型”方向发展。一是选取引进“两型”项目。按照“数量服从质量，规模服从创新、效益服从‘两型’”的原则，提高入园项目门槛，变招商引资为选商选资。积极引进符合“两型”要求的项目，重点引进汽车及零部件、先进制造业、电子信息、新能源、新材料等战略性新兴产业项目，推动园区产业向“两型”方向发展。近两年，株洲高新区成功引进了时代电动汽车、时代风电整机、北汽控股南方生产基地等一大批“两型”项目。二是实行环保一票否决制，从源头抓好园区产业发展。建立由项目申请——递交环境可行性研究报告——评审机构及专家出具评审意见的入园项目环保审批程序，根据专家、评估机构出具的评估意见确定项目是否入园，保证入园项目环保审批率达100%。据统计，近3年，因不符合园区产业导向、未能通过环境审批而被拒绝入园的项目达20余项，涉及投资资金15个亿。其中，湘江油漆、炼油催化剂等项目虽已签署项目入园协议，但因担心其可能会对园区造成污染而被高新区最后否决。三是大力扶持“两型”企业发展，特别是前景广、贡献大的重点“两型”企业。加大服务力度，鼓励并支持“两型”企业生产和应用节能减排产品，引导其向“两型”产业方向发展。出台鼓励园区企业自主创新、发展“两型”产业的支持政策，并设立创新奖和创新扶持资金，累计发放奖励资金1300万元。

创新生态建设，高水平营造“两型”环境

加大对园区环境的建设力度，致力于将栗雨工业园建设成为规划科学、功能完善、景观秀美、环境舒适的现代生态工业园区。其中，最为突出的是栗雨休闲谷的建设。从2009年起，高新区规划占地478亩，高标准建设了集观光、休闲、滨水风情于一体的栗雨休闲谷，彻底改变了“园区就是纯工业区”的面貌。按照“节地、节土、节水、节能、节材”的原则，在建设过程中注意保留原有的自然山体，依山就势巧设了草坪、茶吧及各式园林小品，利用地势南高北低的特点，巧妙建设三级人工湖，并以天然雨

水和河西污水处理厂的中水作为人工湖的补水水源，每天为园区节约自来水1万吨。在湖面四周，修建了一条3600米长的自行车道，围绕栗雨休闲谷，设置4个公共自行车站点，为园区营造良好的低碳出行环境。目前，栗雨休闲谷已显花木成荫、鸟语花香的景观特色，成为市民休闲的好去处，大大提升了园区的品质。园区变花园，园区变景区也为园区带来了巨大的经济效益，园区配套用地地价由60万元/亩飙升至150万元/亩，不到半年，美的集团、佳兆业集团、万豪万丽酒店等知名企业前来投资兴业，项目投资达156亿元。

创新政策机制，高效率建立“两型”体制

为加快推进“两型”园区建设进程，有效破解园区发展瓶颈，株洲高新区积极推进园区机制体制创新。一是创新投融资体制。成功组建湖南天易示范区开发建设有限公司，通过银行申贷、信托融资、企业债券、改制上市，不断扩大园区融资规模。积极引进外资、民资、信贷资金参与园区基础设施建设，实现由政府管理园区向经营园区转变，由财政投入为主向以社会资金投入为主的多元化投入转变。设立兆富成长企业创新发展基金，重点投资轨道交通、新能源、新材料、环保企业，引导园区企业向“两型”方向发展。二是创新园区土地利用模式，坚持做到“七个度”：项目投资讲强度。根据实际情况确定项目用地数量，将项目投资密度由180万元/亩提高到250—400万元/亩。配套用地讲限度。项目容积率由原来的1.0提高到1.2—1.5，企业配套用地比例从7%下调到3.5%。地面建筑有高度。鼓励企业用空地、绿化用地建厂房，鼓励企业建高层厂房。土地开发有进度。每年完成工业固定资产投资15亿元以上，完成园区基础设施建设投资20亿元以上。产业发展有集中度。着力引导产业集群发展，建设特色园区；引导规模以下投资商到标准厂房发展，提高土地的集约化程度和单位面积的产出价值。盘活存量有力度。近年来，通过土地执法、土地置换、土地回购等方式，共清理园区闲置土地1000余亩。市场运作有透明度。工业用地按照每亩22.4万元的基准价格实行招拍挂，建立起土地供求的市场机制。三是创新园区开发建设机制。通过建立园区长效偿债机制，有效解决了园区开发建设投入与回报失衡问题，推进了园区的可持续发展。建立园区项目建设监管机制，及时考评并督促项目履行进区合同，兑现了企业进区承诺。

两型城镇

长沙华银园社区创建“两型”示范社区情况介绍

东塘街道华银园社区位于韶山中路南二环新中路立交桥西北角，面积0.23平方公里，共有楼栋29栋，2522户，总人口6800余人。辖5个企事业单位和2个纯居民的开发商住小区，是一个以纯居民小区为主体的综合型社区。

自成立以来，在市、区、街各级领导的高度重视和指导下，社区着力实现“社会资源的社区化、社区服务的社会化”，将加快推进“两型”示范社区的建设贯穿于社区建设管理的全过程，从健全体制、创新机制、强化管理等方面入手，以提高居民素质和生活质量为目标，倡导绿色文明的生活，全力创建以绿色环保为主题的和谐社区。探索创造了“银发先锋”、“三星领航，快乐义工船”、“平安守望区”等基层特色品牌，充分发挥老党员作用，以“银发先锋义工组织”为平台，动员老干部、老职工共同参与，争先创优，为居民办实事，加强社会治安综合治理，创新社会管理新模式。总支先后荣获中央、省、市、区各级“离退休干部先进党支部”称号，社区先后获市级“文明社区”、“人民满意社区”、“计生优质服务模范社区”、区级“节能环保社区”“两型示范社区”等多项荣誉。

一、整合资源，“两型”社区建设的平台“建”起来

社区“两型”建设是一个系统化的工程，需要全面协调、多方支持参与。社区为确保工作开展调度有力，一是强化组织领导。组建了“两型”建设工作领导小组。由社区专职人员、单位专项管理人员、技术人员骨干及社区志愿者组成，分成环保宣传、环境卫生保护、节能推广等多个宣传推广组，从组织层面保障“全民参与”。二是加强队伍建设。社区充分发挥资源优势，与辖区相关单位加强协作，寻求支持，建立“两型”建设的人力支撑和技术支撑。社区整合万怡物业、省计生药具站等驻社区单位的力量，升级换代使用节能设备，增设环保推广宣传栏，培训组建环保宣传骨干队伍。三是构建服务网络。社区根据政治面貌、年龄和技术特长，将112名志愿者分为：银发先锋队、青年服务队，政策宣传队、节能达人等4支志愿者队伍，充分发挥每一个志愿者在“两型”建设工作中的作用。

二、凝心聚力，“两型”建设的形式“活”起来

社区始终坚持把环保节能、绿色生活的观念深入人心作为重要工作来抓，把环保绿色知识的普及作为“两型”管理的基础工作来抓。一是拓宽宣传阵地。充分利用图书阅览室、公益电子阅览室、市民学校、家长学校、老年学校等公益性场地向居民群众普及环保绿色、节能减排知识，依托法律服务援助站、社区活动中心、LCD政策宣传屏、大型户外广告牌等载体，定期组织“两型”环保知识宣传教育活动。二是加大宣传力度。今年，投入10万元在主要路口、醒目位置增设宣传栏14个，每季度进行一次节能、环保知识更新。利用小区广播定期向居民宣传节能环保知识，在社区主题文艺晚会中穿插“两型”建设小知识有奖问答，使居民在轻松愉快的环境中接受“两型”知识。社区给每户家庭送去节能节电冰箱小提示，把温馨送到居民家中，丰富了宣传方式。近年，社区举办各类环保、节能知识宣传活动10余次，发放各种宣传册页、宣传知识手册15000余份。三是经常开展主题活动。利用“6·5”世界环境日等主题活动日，开展一系列如“节能环保从我做起”、“环保小卫士”等多样化、趣味性强，贴近群众、贴近生活的主题活动，通过“社区换购节”、“节能金点子推荐”这样的活动加强节能减排知识宣传教育，开展“绿色家庭”评比、发放购物袋推广资源节约生活方式。通过多种形式的宣传教育，“两型”社会建设理念逐渐变成了居民的自觉行动。四是丰富建设内涵。社区联合厦门通士达照明推广使用节能灯具，比普通家用灯具节能80%。2年来，共推广使用节能灯在5000盏以上、太阳能热水系统900套以上，经过改造，小区公共照明系统全部使用上了节能灯具。小区环境提质改造全部采用环保材料施工，对能废物改造翻新二次使用的材料坚决使用，减少经费开支。

三、管理给力，“两型”建设的长效机制“立”起来

社区“两型”环保建设不是一蹴而就，只能逐步提高加强。要想社区环境好，居民生活绿色，就必须建立制度化、规范化、社会化的管理模式。一是完善制度，强化责任落实。结合实际，社区先后制定了《节能环保社区公约》、《节能环保垃圾管理制度》、《社区办公节能化守则》等规章制度，与驻区单位、门店签订了《市容环境门前五包责任书》和《节能环保共建协议》，从制度层面保证责任到人到单位，强化环保责任落实到位。二是共建共管，发挥自治作用。牢固树立“社区事情社区办”的自治观念，加强宣传发动，努力调动单位、居民参与。建立节能环保公众参与机制，社区现有环保公益志愿者90人，党员志愿者50人，义务监督员15人，青少年环保小卫士20人。根据《节能环保共建协议》与驻区单位共同开展“两型”示范建设活动，单位在人力、物力、财力上对社区给予支持。三是监管防控，加大管理力度。几年来，社区十分重视在监管和防控上下功夫。建立了完善的环境监管体系。从社区到楼栋，从驻区单位到居民群众，都建立了监管机构，涵盖了社区、驻区单位、居民群众、志愿者队伍等方方面面，形成了社区全方位、多层次的环境监督体系。公告了环保投诉热线，公开了社区QQ群、设立“节能环保意见箱”，发挥居民的环保监督作用，保障公民的环境权益。

四、塑造品牌，“两型”建设的影响“广”起来

“专力有限，民力无穷”。在街道的指导下，引导离退休党支部以“银发先锋”为旗帜，充分利用他们“人熟、地熟、情况熟”的优势，组建了一支65人的“银发先锋”团队，队员平均年龄65岁，年龄最大的76岁，全部由社区的老党员、老教师、老工程师等高素质人员组成，并根据队员们的各自的特长和能力，明确分工，成立了“银发先锋义务宣讲团”、“银发先锋义务巡防队”、“银发先锋护绿队”等工作组，合力维护小区的平安和谐。一是监控立体化。建立了24小时巡逻制度。实施“三级巡防”网络，由物业巡防队、银发先锋巡防队和社区专职巡防队组成，实行24小时错时巡逻值勤，加强社区安全保护，提醒居民爱护小区环境卫生、提倡垃圾分类处理、提高群众环保意识，劝诫可能出现的错误的有违绿色环保的生活方式。二是整治多元化。“银发先锋团队”协助社区从停车规划、环境绿化、节能推广、污染协调等多方面推进“两型”建设。如：成功调处的社区幼儿园收费过高问题，每年为小区幼儿入园家庭减少100万元的费用支出；又如小区周边单位水泵厂的环境污染问题，义务调解员引导居民依法依规维权，最终促使水泵厂整体搬迁，既解决了多年的污染顽疾，又维护了社会的和谐稳定。义务巡防队针对小区易现“牛皮癣”的情况，专门组织“牛皮癣大扫除”行动，同时加强对外来牛皮癣张贴者的教育惩罚力度，抓一例，教育一例；抓一例，惩处一例。社区绿化方面，以邹日新同志为首的“银发先锋团队”，几年来为小区种树2000多棵，为小区增添了更多的绿色。并积极争取社会资金，对小区环境提质改造。三是服务智能化。为更加有效提高“两型”小区管理综合水平，在上级部门的支持下共筹资20多万元，添置了社区公共视频监控室，将覆盖社区的72个高清监控探头信号全部接入社区，实现24小时监控社区不环保、不人居行为，实现人技合一，确保了第一时间获得信息，及时纠正纠处。四是影响辐射化。“银发先锋”主动参与社区环保绿化、清洁能源、环境整洁等活动，积极发挥影响示范作用，带动了社区青少年参与社区“爱绿护绿”行动，号召全体社区居民参与社区全方位环境整理工作，给去小区换新颜，使更多的居民走出家中、参与到社区的两型建设中来。

同时老党员的主动作为，在“两型”社区建设、环境整治、社区文化、关心下一代、社区治安等方面发挥积极作用，有效带动了社区居民群众关心、参与到社区各项建设中来。中央综治委副主任、中央政法委副秘书长、中央综治办主任陈冀平，省委书记周强，省委常委、市委书记陈润儿、区委书记周杏武等中央、省、市、区领导多次亲临华银园社区指导工作，对“银发先锋”团队给予了充分的肯定。《法制日报》、《湖南日报》、《湖南卫视》、《湖南经视》、《长沙晚报》、《长视新闻频道》等多家媒体采访30余次。2011年华银社区被定为长沙市社会管理创新综合示范点。

长沙莲花镇创建“两型”示范镇情况介绍

莲花镇地处长沙市岳麓区西南部，镇域总面积113平方公里，辖16个村和1个社区居委会，人口5.1万，森林覆盖率58.4%，是典型的丘陵乡镇。2008年10月被确定为长沙市“两型社会”建设示范镇，2010年2月被确定为长沙市“城乡一体化”示范镇，按照长沙市委、市政府的要求将打造成“中国最美乡村”之一。莲花镇依托良好的区位优势、资源优势和人文优势，通过大力发展“现代农业、都市休闲、生态旅游、农产品深加工和旅游产品开发”等两型产业，现已逐步建设成为具有“山水田园风光，湖湘民居风格，和谐人居环境”的“两型社会”示范镇、生态宜居新家园和城乡统筹样板区。其工作特色现总结汇报如下：

一、“两型”农村建设成绩—“四新”

（一）生态环境有“新面貌”

1. 建立了农村垃圾处理体系。莲花镇按照“户分类、村收集、镇中转、区处理”的模式，率先在龙洞村开展村级垃圾分类处理试点工作，自制了一批美观耐用的竹制垃圾桶分发到农户，在全镇建立垃圾池2000个，添置环保垃圾桶12000个，建成了杨家山垃圾中转站。同时组织17个村，共85名村级保洁员进行培训，竞争上岗。

2. 建立了农村生活污水处理体系。莲花镇对家庭污水进行三格或四格式处理，开展沼气等生物质能源利用等。投资538万元，建设了集镇污水处理厂，占地面积约12亩，设计采用潜流人工湿地工艺进行污水处理，日污水处理能力2000吨。同时，还完成了云盖河流域环境整治工作，启动了莲花河、靳江河流域的环境综合整治和沿河风光带建设。

3. 大力开展农村环境综合整治。在全镇全面展开工业污染治理，停办镇域内所有采矿企业的申报，对正在生产的非煤矿山予以限制或停止开采，对相关污染企业进行了关停。此外还制定了环境卫生整治工作评比细则，积极引导广大党员群众参与环境整治，环境卫生整治工作被评为全市“十佳乡镇”，2011年10月，国家环保部授予我镇“全国环境优美乡镇”称号，授予我镇龙洞村“国家级生态村”称号。

（二）土地整理有“新模式”

莲花万亩土地综合整理项目是湖南省实施城乡建设用地增减挂钩项目试点工程，包括桐木、立马等五个村，涉及农民3533户、13161人，建设总规模1410.12公顷，整理后新增耕地面积72.02公顷、新增建设用地指标置换114.14公顷。目前，基本完成了第一期桐木村片区工程，包括片区内3386亩耕地平整、5.38公里的道路硬化和灌溉沟渠建设。同时启动桐木安置小区建设，实施居住和商业相结合的开发模式，一并解决农民的居住和经济收入来源问题。全镇17个村（社区）全部成立了土地流转合作社，组建理事会、监事会，统一布局、统揽用地、统筹规划土地流转项目，以土地流转作为调整产业结构、优化产业布局的契机，发展现代农业，推进农业产业化经营。目前全镇共计流转耕地10000余亩、林地9000余亩。

（三）生态农业有“新发展”

莲花镇在土地整理和流转的基础上，引进了国内最大的复合无土基质移动式草毯生产企业—湖南天泉科技有限公司，按照“公司＋合作社＋农户”的模式，建设生态草毯区、有机蔬菜区、药用植物区三块以农业生态产业带动为主、农业休闲观光为辅的生态产业园。该企业生产的草毯不施化肥、不打农药、不破坏土壤肥力，生态环保。同时，进一步做大做强南洲湖农业生态休闲山庄、圣峰果业等农业产业项目的基础上，积极扶持莲花湾、东塘湾、小仙窝等一批农庄休闲产业。高标准专题制作形象宣传片，精心包装10大项目，编印了招商宣传册。去年12月9日，由市政府主办，区委、区政府承办的莲花专题投资恳谈会成功举办，这是作为湖南省首次以“两型”建设为主题的乡镇招商会。会上共有8个项目签约，涉及投资总额达60亿人民币，其中包括台湾万钧企业集团的“两岸农业科技博览园”和上海德普置业有限公司的“四季田园”项目。

（四）城镇建设有“新风格”

坚持规划引领，科学谋划。在完成莲花镇总体规划修编的基础上，编制了《莲花“两型社会”示范镇总体规划》。同时，按照“五化”（民房改造景观化、基础设施城市化、配套设施现代化、景观打造生态化、土地开发集约化）的要求，大力推动集镇改造工程，形成了青砖、灰瓦、白墙、木窗统一的湖湘民居风格。集农业产业、污水处理、垃圾收集、节能减排、集约用地、庭院整治、民居风格7个示范于一体，总投入2000余万元的莲花十里生态宜居走廊已初步建成，成为示范镇的新亮点。

二、“两型”农村建设思路——打造中国最美乡村

（一）完善基础设施，建设长沙“两型”新领地

面对大河西先导区千载难逢的发展机遇，社区审时度势，着力凸显“基础设施”这一重点。一是全面推进四大片区。继续推进都市农业观光区、文化生态旅游区、现代农业示范区、农林休闲体验区四大片区建设，以重点投资、重大项目、重要平台为依托，全面夯实莲花的基础设施。二是精心打造三大工程。通过项目的推进实施，紧紧抓住集镇提质、民居改造、景观建设“三大工程”建设，加快融城步伐。推动五丰、莲花、桐木三个新型集镇建设初具雏形；依托生态宜居走廊建设，加大村庄民居改造力度，以宅内三改，改水、改厨和改厕；院内三园，菜园、花园和果园；环境三化，硬化、绿化和净化，打造风格统一，特色鲜明的新型湖湘民居；三是加快建设四大项目。重点实施以农村公路通达、电力扩容、安全用水、环境整治为重点的“四大”项目，全力完成长韶娄、京珠西线互通、黄桥大道和雨莲大道4条公路建设，构成“三横四纵”的公路骨干网络，逐步推进基础设施与城区对接。

（二）发展生态产业，树立城乡统筹新标杆

按照推进城乡一体化、建设两型社会的总体目标，紧紧扭住“产业示范”这一中心，想方设法加强土地的集约利用，大力发展现代农业、都市休闲产业、生态旅游业、农产品深加工业和旅游产品开发等，努力培育镇域经济快速高效发展的增长点。一是加快土地整理流转。今年争取流转土地面积2万亩，争取用2年左右的时间，采取“公司＋合作社＋农户”的模式，实现全镇土地流转起来，农民转移出来，居住集中起来，收入提高上来。二是加大招商工作力度。积极做好项目策划和包装，有针对性地开展项目宣传推介，通过招商选商，切实引进一批投资规模大，带动性、支撑性、影响力强的项目；三是建设四大产业基地。1. 天泉草业生态园：2012年将完成有机肥厂、迷迭香烤房建设；2. 两岸农业科技博览园：总面积8000亩，完成规划设计和土地流转，部分启动建设；3. 四季田园：总

面积3000亩，完成规划设计和土地流转，启动部分项目建设；4. 莲花生态宜居走廊：达到“蓝天、白云、绿树、民房、农田”相互映衬、赏心悦目的效果，成为莲花打造“中国最美乡村”的形象窗口。

（三）建立生态文明，彰显“两型”农村新风貌

巩固省级文明乡镇工作成果，围绕“两型”主题，继续实施环保三年行动计划，加大农村环境卫生综合整治力度，美化乡村环境，打造“中国最美乡村”。一是重点实施“六化”工程。即布局优化，道路硬化，村庄绿化，路灯亮化，卫生洁化，河道净化。二是加大农村环境整治力度。积极开展农业面源污染的综合治理，深入开展农药和化肥减量工作。治理农用薄膜、农资包装物等污染，禁止农作物秸秆焚烧。加强居民生活污水的无害化处理。三是鼓励群众参与环保。完善“户分类、村收集、镇转运、区处理”的生活垃圾处置模式，建立“门前三包”、“联户保洁”制度，大力探索农民环保自治载体和平台，通过开展农民环保培训，制定环保的村规民约，成立农村环保合作社，调动村民参与环保自治的主动性和积极性。

郴州飞机坪社区创建“两型”社区情况介绍

郴州市北湖区人民路街道飞机坪社区是单位型社区，辖区有郴建集团、郴柴集团、人汽公司、印刷包装厂、附属医院等单位，面积0.8平方公里，共5597户，13796人。近年来，飞机坪社区紧紧围绕“两型社会”建设要求，把握促进资源节约和环境友好的主线，把“两型社区”示范创建与“和谐社区”建设相结合，根据社区居民的实际需求和“两型社会”试验的基本要求大胆创新，进一步完善政府公共服务、社会中介服务和社区自助服务“三位一体”的社区服务体系，提升社区居民自治功能，改善社区人居环境，提高社区居民生活质量。不断提高节约资源、保护环境意识和市民文明素质，努力为郴州“两型社会”建设打牢基础。开展“两型”示范创建以来，社区通过“共创共建、共驻共享”，新建社区办公用房2044平方，成为全市条件最好的社区，为郴州的社区建设起到了很好的示范作用。今年，计划投入100万元，在龙泉北路建设“社区之窗”等文化建设项目。同时，继续开展绿化和推广节能照明灯具。目前，垃圾站已建成投入使用，老年人照料中心、社区书屋也对外开放。

一、拓宽创建视野，探索“两型”社区建设思路

飞机坪社区一直坚持以党建工作为核心，以服务居民为宗旨，充分发挥社区、物业公司、业主委员会、辖区单位和辖区居民各自资源优势，形成以社区与企业、社区与居民、企业与居民共驻、共建、共享的社区治理模式。将发挥组织优势、促进两型社会建设作为工作的落脚点，将两型社区创建作为贴近群众、服务群众的有力抓手，将两型社会建设理念化为广大居民的自觉行动，使群众在创建活动中受到启发和教育，切实发挥两型社区创建引领生态节约风尚、丰富文化生活、助推两型社会建设进程，让生态文明建设延伸到社区的家家户户。根据区、街推进此项工作的意见，结合三城同创，长效管理以及和谐社区创建等相关工作的要求，“两型”社区创建目标是要将社区建设成环境优美、设施完善、生活便利、安全有序的宜居家园。建设的主要内容包括“三拆除、三修缮、三整治、三提升”。三拆除，即拆除违法违章建筑、拆除防护窗网、拆除遮雨棚架。三修缮，即修缮园林绿化设施、修缮市政设施、修缮建筑外墙。三整治，即整治户外广告和门店招牌、整治商业经营行为、整治私拉乱接网线和实体围墙。三提升，即提升社区安防水平、提升车辆通行能力、提升物业管理水平。

二、找准工作定位，明确“两型”社区创建重点

按照“两型社区”建设的总体要求，飞机坪社区不断加强和改善社区基础设施建设，普及家庭和社区节能环保知识与技能，提高居民节能环保意识，倡导“两型”生活方式，培育社区“两型”文化，通过家庭影响社区，通过社区带动全民参与，全面推进“两型社区”建设。

1. 提倡绿色环保、加强节能降耗。深入社区每个家庭开展“面对面宣传两型知识、手把手传授金点子”活动，印发了《日常生活科学节能小常识》、《创建节水型社区居民须知》、《节能减排小常识》的宣传册等小传单3000余份，并以横幅标语、黑板报、宣传画等方式，向家庭宣传两型社会建设的内涵、意义、目标，倡导文明健康的生活方式，弘扬节约光荣、浪费可耻的社会风尚。组织开展节能减排家庭知识竞赛、环保知识专题讲座、“巾帼护绿、爱绿、保洁”家庭承诺签名活动。社区对办公室的所有能耗设备建立了档案和台账，如：空调、电脑、打印机等，并根据工作中的实际情况，有针对性地开展节能减排工作。一是制定了办公室节能减排制度。在能耗设备上都张贴了节能的温馨小提示，并严格规定空调使用温度。二是办公设备的节能措施。对于电脑暂不用的接口和设备实行禁用，降低负荷，减少用电量；在打印非正式文稿时，将打印模式设为草稿印模式，省墨30%以上；下班后所有电源插头都拔掉。三是日常工作方面的节能措施。办公人员使用自带水杯，会议室水杯也是通过清洗消毒处理，循环使用，杜绝一次性杯子的使用。

2. 丰富创建载体，营造“两型”氛围。社区成立了环保宣传志愿者队伍，志愿者们带头宣传、带头参加创建，从而带动其他居民参与到创建中。一是充分利用驻区单位、联点单位力量进行环保建设。以文明创建活动为契机，通过街道与区园林局联系，为社区增绿补绿2000平方米。二是大力开展“绿色家庭”的创建活动。广泛宣传绿色环保，提倡节能减排，消灭白色污染。充分利用身边的废旧物品，如旧衣服、米袋等制作环保袋，拒绝使用一次性购物袋、一次性筷子等。以典型推动社区居民学习与效仿，引导每个家庭身体力行，从自家做起，养成节约能源资源的良好习惯。形成了全民参与“两型”社区创建的良好局面。三是与辖区超市共同开展“社区换购节”特色环保活

动，参加人员达1000余人，成功交换物品226件，低价购入110余件，为大家搭建了一个公共平台，鼓励大家将家里闲置的物品拿来以物换物，做到物尽其用。提高物品循环利用率，变废为宝，增强家庭节能意识，提升家庭生活品质；倡导节能环保，营造人人参与环保工作的浓厚氛围，传播绿色生态文明。

3. *加强环境整治，展现“两型”成效*。为尽快改变社区的环境形象、改善居民的生活环境，社区大力开展环境治理、保护活动，组织志愿者清除“城市牛皮癣”3500多张；清理卫生死角23处，新栽植树木200多棵。对辖区内的15家小餐饮店，上门督促检查排油管道做到环保。真正让居民生活在一个和谐、干净、整洁的环境中。社区发动社区党员、积极分子及志愿者开展“美好家园，自己创造”的主题活动，清理社区卫生死角，修整美化绿化带，开展树木、绿地认养活动。活动中社区有60位志愿者主动认养树木，还有很多居民在自家门前、阳台种植花草、盆景，即陶冶了情趣，又美化了居家环境。

三、建立长效机制，推进“两型”社区建设

“两型”社区建设是一个长期的实践过程，在这个过程中，要始终坚持以科学发展观为指导，始终坚持从实际出发，将服务社区居民、改善城市人居环境、提高居民生活质量作为“两型”社区建设创建活动的出发点和落脚点，努力解决好居民群众最关心、最直接、最现实的利益问题。始终将居民满意不满意、赞成不赞成作为衡量创建工作成效的根本标准，努力使创建成果普惠于民。

（一）因地制宜，大力建设一批节约、环保的“两型”生活设施。在居民生活领域，有必要通过对社区及居民家庭的生活设施进行建设和改造，实现资源的充分有效利用。着重实施“五项建设”：推广节能灯具；使用节水器具；改造排油烟道；应用太阳能或节能光源；实行垃圾分类收集。

（二）循序渐进，积极倡导一种文明健康的“两型”生活方式。建设“两型社区”，需要着力倡导和培育节约、文明、适度、合理、环保的消费理念和生活理念，要努力将“两型”的要求内化为居民群众的自觉行动。

（三）以人为本，不断完善便民利民的“两型”社区服务体系。完善的社区服务体系建设，不仅是提高居民生活质量的需要，也是建设“两型社区”的需要。

（四）开拓创新，努力形成有效运转的“两型”社区长效工作机制。推进“两型社区”建设，需要从工作运行机制上加以创新，努力使“两型社区”建设成为一种制度化、经常化的行为。要坚持从可持续发展的原则出发，充分运用市场运作机制、建设激励机制，投入保障机制，努力形成“两型”社区创建的长效工作机制。

益阳沧水铺镇创建“两型”示范镇情况介绍

2011年，益阳市赫山区沧水铺镇对照“两型”镇建设标准，将资源节约和环境友好的“两型”理念贯彻于全镇的生产和生活中，形成以新型工业为龙头，以科技支撑、服务推进、生态环保为特色，持续发展的经济模式。获得“全国文明村镇”、“湖南省文明乡镇”、“湖南省卫生镇”、“湖南省特色旅游名镇”等荣誉称号，是湖南百强镇、小城镇建设重点镇、益阳市的工业重镇。

沧水铺镇位于益阳城郊东南部，古为沧水驿，属于千年古镇。唐代诗人李白在这里留下了“平林漠漠烟如织，寒山一带伤心碧”的千古名句。全镇辖19个行政村，1个社区，总人口5.6万人，总面积99.8平方公里，镇区常住人口15000人。因其独特的地理位置，人们习惯称之为益阳市委、市政府东接东进战略的“桥头堡”，并因此被定为长株潭城市群“两型社会”建设五大示范区之一的大河西示范区的重要组成部分。

完善两型社会建设的规划体系。“两型”镇建设，规划先行。沧水铺先后两次修编镇区规划，边规划边建设，5年前，镇区面积还不到两平方公里，目前，建成区面积已达4.3平方公里。通过进一步加大规划体系建设，到今年年底，将扩大到6平方公里。再过5年，镇区面积要达到10平方公里。目前，“三纵三横两环线”的城镇骨架已成形。以过境的319国道、益宁城际干道和教育路为纵线，以高新大道、沧泉路和云峰路为横线，彩晨路和如舟路往返环镇区，从而使全镇形成了四通八达的道路网络。

夯实“两型”镇的经济基础。“两型”镇的建设需要强大的经济基础作为支撑，做大做强镇区经济既是“两型”镇示范创建的重要内容，也是“两型”镇示范创建必须打下的基础。在“十二五”规划的开局之年，沧水铺镇全年完成生产总值72087.6万元，比上年增长20%；社会固定资产投资78889.95万元，农民人均纯收入8600元。全年完成税收5200万元，较上年增长1600多万元。沧水铺镇将通过发展实体经济，突出地理位置和政策支持优势，继续扩大经济规模。

强化外引内联实现镇区产业升级。加强外引内联工作是加快镇区经济转型，升级“两型”镇经济结构，实现绿色发展的重要途径。为此，一是立足本地企业资源，充分利用浙江等地来沧水铺镇投资客商的人际网络，以商招商。二是引进战略性新型产业，突出“两型”元素。三是优化镇区投资环境。2011年“两型”镇示范创建以来，全镇招商引资签约项目12个，其中在建5个，投产5个，固定资产投入68000万元，比上年增长100%。成功引进了市场前景好、科技含量高、环境污染少的状元园艺有限公司、天翼科技有限公司、晟华混凝土有限公司、长沙威特消防新材料有限公司、建益混凝土有限公司等5家企业，年投资额均在3000万元以上。投资上亿元的城镇开发建设项目“盛世麒麟商业广场”建设已经完工，今年10月全面开业。

大力推进循环经济园区建设。沧水铺循环经济园区建设一直是益阳市园区建设的重点，也是沧水铺“两型”镇示范创建工作的重心。为此，一是制定项目跟踪服务制度和全程服务机制，营造企业良好的生产环境，规范搬运装卸秩序，确保了生产经营的顺利进行。二是坚持“项目立镇、产业兴镇”的经济发展工作思路，依托塑编产业循环经济园，着力推进新型工业化。2011 年“两型”镇示范创建以来，沧水铺镇以循环经济园区基础设施建设、水利建设、公路建设、土地整理、小城镇建设、农网改造等为主要争资项目向国家、省、市、区争取各类项目 15 个、资金 6250 万元，实际完成任务 171%。“世行贷款”项目现已顺利通过专家组的评审，资金可于 2012 年下半年启动使用。再生资源回收利用基地建设项目也通过了省财政厅、发改委、商务厅的审定，正在国家发改委评审当中。全镇 13 家规模企业完成总产值 205008 万元，占全年任务的 113%；完成工业技改投资 26780 万元，占全年任务的 107.3%；并新增了天宇塑业、众和塑业、雄风塑业三家规模工业企业。今年 10 月，园区污水将通过三条大型管道接入东部新区污水处理厂进行处理。

加大城镇功能建设力度。城镇功能建设有利于提高全镇居民生活质量，改善镇区环境，是实现环境友好型城镇的保证。为此，一是建立和完善城镇建设制度体系。严格实施《沧水铺镇城镇建设管理暂行办法》《沧水铺镇户外广告管理办法》《沧水铺镇渣土运输及建筑垃圾处置管理办法》等城镇管理制度。二是加大公共设施硬件建设投入。三是重点实施碾子湖治理工程，将其打造成沧水铺镇“两型社会”建设精品工程。四是完善镇区环保设施。五是优化生态环境，保护好碧云峰生态景区。

2011 年，沧水铺镇投入资金 2200 余万元，对镇区道路进行了升级改造。完成了剧院路、粮油路、朝阳路、新塘街及老街提质改造工程，完成了育才路人行道、鼎新湾老街等便民设施建设，新修了花亭子小区东侧排水管道。投入资金 150 余万元，加强水利工程建设，累计开工 25 处。沧水铺镇财政预算安排 100 万元专项资金，添置保洁手拖 6 台、清运斗车 60 台、垃圾桶 2000 多个，开挖垃圾凼 1000 多个，改造厕所 800 多个。加大镇区保洁投入，投资 300 万元，购置洒水车 1 台，保洁车 45 辆，转运车 4 台，新建封闭垃圾屋 9 个，环保果皮箱 200 个，投资近 100 万元新建垃圾中转站一座，垃圾压缩车间安装了 H S 环保型垂直垃圾压缩机。2012 年开始，沧水铺镇引进 13100 棵樟树及其他花卉苗木，耗资 600 多万元，种植在中心镇区和工业园，并设立了小型栅栏保证新种植的树木不被人为破坏。并且专门在市园林处请专业养护人员进行定期修剪、施肥和维护。

实现和谐建设同步推进。社会和谐是“两型”镇的硬性指标。为此，一是创新社会管理模式，加大转移支付力度，开展就业培训，提高农村医保参保率。二是在全镇开展“两型”家庭创建。三是加大“两型”文化的宣传力度，保护好沧水铺镇的非物质文化遗产。四是沧水铺人民政府开展“两型”机关创建。五是盛世麒麟广场率先在乡镇门店中开展“两型”门店创建。

2011 年，沧水铺镇获得了全国文明村镇的称号。沧水铺镇共发放救灾救济款 90 余万元，发放农村低保金 85.03 万元，发放城镇低保金 139.99 万元，医疗救助金 16.85 万元。投入资金 50 余万元对镇敬老院进行了全面修缮，全镇五保人员共计 386 名，集中供养率达 30%，进入全省先进行列。全年举行就业培训班 3 期，培训剩余劳动力 150 人。完成新增农村劳动力转移就业 700 人，完成城镇居民医疗保险 1100 人，完成新农保缴费人数 21372 人，完成城镇居民养老保险缴费 576 人。农村医保参保率达 100%。非物质文化遗产得到了保护传承，4 处文物和 3 项非遗项目建立了台账。

两型农村

长沙县果园镇古楼新村创建“两型”示范村庄情况介绍

果园镇古楼新村位于长沙县东部，距县城 15 公里，全村共有 22 个村民小组，627 户，2330 人，总面积 8.5 平方公里，耕地面积 2159 亩。2009 年古楼新村被确定为市级环保建设示范村，并被评为市级卫生示范村。2010 年被评为国家级生态村和市级计划生育模范村。古楼新村认真贯彻科学发展观，坚持“建设生态果园”的战略目标，紧紧围绕两型村庄建设目标，认真开展创建工作，取得了明显成效。

一、创建“两型”示范单位的工作目标及建设内容

（一）工作目标

通过创建活动，带动村经济的发展，改变村容村貌，改善农村卫生环境，推动生态农业的发展，使资源得到有效的利用，保证顺利通过两型示范村庄创建活动的考核验收。

（二）建设内容

1. 农村环保合作社管理工作

加强对环保合作社的指导与监督，使合作社的运营进一步规范化、合理化，“户分类、村收集、镇中转、县处理”的农村垃圾处理模式进一步完善和推广。同时对垃圾中转站进行改造和完善，以便更好地执行垃圾分类的职能。环保合作社要做到以下几点：第一，收集的成堆垃圾应安排清运车及时清运；第二，全村的环境卫生督促保洁人员及时清扫；第三、发现污染环境的行为及时上报和制止。最终达到引导村民参与农村环境保护，维护群众环境权益的目的。

2. 大力整治村容村貌

（1）公路建设。村支两委既分工又协作，努力争取公路指标，同时督促村民组长组织好村民对本组路基进行拓宽和修整，为几个组的公路硬化做好充分准备。

（2）水利建设。对全村的几处山塘山坝进行改造和完善，确保山塘山坝的蓄水功能。同时配合政府的山塘清淤工作，对全村尚未清淤的山塘进行清淤扩容。

（3）全面改善农村环境卫生，制止开山、砍树、填塘等破坏自然环境的行为，发动村民参与植树活动，提升全村的绿化率。此外，结合新农村建设，打造黄家屋环保示范组，开展垃圾细分类示范工作，进而以点带面，推动全村环保事业的发展，在全镇乃至全县形成一个亮点。

3. 积极发展生态农业

大力发展无公害农业和绿色农业，争取引进有关项目。开展农药化肥综合治理，引导村民合理使用农药，保护益禽、益虫等，推广利用生物、物理方式杀虫，推广节肥、节药技术。

4. 加强畜禽污染治理工作

积极配合政府开展畜禽污染治理行动，划定畜禽养殖禁养区、限养区、适养区，对畜禽粪便实施无害化处理，推进畜牧业向无公害、标准化方向发展。

5. 推广利用可再生能源

推进农作物秸秆、污水、粪便的资源化利用，大力普及农村沼气，鼓励有条件的村民使用天然气、液化气，积极利用太阳能等新型能源。

6. 做好土地流转工作

为充分利用土地，加强土地的开发力度，积极配合好镇政府做好鹭岛爱晚体育休闲农庄的土地流转工作，村支两委以及组级干部既要做好村民的思想工作，同时也要确保被流转土地能得到合理开发，做到不破坏自然环境，不干扰村民日常生活。

二、创建“两型”示范单位的工作重点和具体举措

（一）工作重点

大力整治村容村貌和加强畜禽污染治理工作。

（二）具体措施

1. 加强组织领导。成立由村党支部书记任组长、第一书记任副组长、村支两委其他成员为成员的两型村庄创建活动领导小组，领导小组下设办公室，负责办公室全面工作。

2. 明确工作责任。村支两委的同志进行具体分工，对环境保护工作、生态农业和能源利用工作、农电和规划工作、宣传发动工作、创建工作进行统筹安排，监督工作的开展与实施。村支两委将两型村庄创建工作纳入村议事议程，根据两型村庄建设示范创建活动验收及评定标准表，明确工作步骤、措施和相关责任人，履行职责，分工协作，确保创建任务落到实处。

3. 广泛宣传动员。村组干部要根据村级创建工作的安排，积极配合做好宣传动员工作，广泛宣传创建两型村庄工作对推动生态建设、改变环境质量、维持生态平衡、保障身体健康、促进经济与环境协调发展的重大意义；要加强生态文明和环境道德教育，增强村民特别是党员干部的环保意识，形成人人行动，自觉参与创建活动的良好社会氛围。

4. 开展督促检查。建设强有力的督查队伍，对两型村庄创建工作全面督查，剖析问题，限期整改，有序推进创建活动、整治行动和重点工程。抓好基础设施建设，改善村容村貌，确保两型村庄创建工作取得满意的成果。

三、已开展工作及初步成效

1. 农村环保合作社建设：制度进一步完善，垃圾中转站功能齐全以及人员配备到位，环保合作社工作更顺利的开展；

2. 农村环境卫生整治：实施垃圾细分类，每月开展环境卫生检查评比活动，全村环境卫生得到提高；

3. 新农村环保示范点建设；示范点工作已基本完成，成为全村环保工作的一个亮点，起到了很好的示范带头作用；

4. 畜禽养殖污染治理：积极配合上级政府开展畜禽污染治理工作，目前畜禽养殖户已退出禁养区；

5. 花园式村部建设：绿化和通透式围墙建设等已完成，村部形象进一步提升。

6. 村庄绿化：道路两旁及农户房前屋后栽种树木，村庄环境得到美化。

四、两型村庄创建示范性、推广性介绍

（一）成立农村环保合作社

由村委会牵头，成立全国首家承担农村垃圾分类处理的民办非企业组织，即长沙县果园镇农村环保合作社，摸索出“分户收集、分类减量、村民自治、政府补贴、合作社运营”的农村垃圾处理新模式，承担政府在垃圾处理的一部分职能，并搭建政府、农户与市场的桥梁，聘请保洁员负责环境卫生管理，负责辖区内通村、通组交通干道、公共区域、沟、塘、渠、坝的环境卫生维护，对全镇6917户的农户产生的可回收垃圾、不可降解垃圾、有毒有害垃圾进行分类并将垃圾减量化、资源化、无害化处理，督促农户将可堆沤垃圾及时回田堆肥处理，可利用垃圾送至废品资源回收公司回收处理，有害不可降解垃圾（电池、灯泡、灯管）集中运送到固体废弃物填埋场填埋。

采用分类处理农村垃圾的模式，农户可自行将煤灰、菜叶等可堆沤垃圾就地处理，（该部分垃圾占垃圾的90%），另10%的垃圾由合作社收购负责收购有害垃圾、不可降解垃圾和可回收垃后将资源化利用，该种办法一是可以将农村大量垃圾进行无害化、资源化、减量化处理，大大改善农村垃圾对生产、生活环境的危害；二是投入少，见效好。计划加大对环保合作社运营的投入，投资20万元，可见推行农村垃圾分类处理实现了经济账与环保账双赢的效果。由此可见，环保合作社既减少了政府处理垃圾的成本，又有良好的社会效益，符合农村实际，具有良好的示范性和推广性。

（二）开展农村环境整治行动

该村自成立全国首家农村环保合作社以来，建立了一支高素质的保洁员队伍，专门负责全村公共区域的卫生保洁以及垃圾分类回收工作，这极大地改善了农村环境卫生，在今年开展的农村环境整治工作中，村环境卫生因此焕然一新。此外，开展了卫生检查评比活动，结合创先争优活动设立了“党员示范户”，并由党员向农户宣传环保小常识，在各组的公共区域划定党员责任区，确定责任党员。

通过这种活动，不仅让村民了解了环境卫生的重要性，让党员发挥了先锋模范带头作用，也对目前全镇正开展的环境整治工作起到了积极的推动作用。

冷水江金连村创建“两型”新农村情况介绍

金连社区是冷水江市岩口镇一个较大的村改社区，位于市区东南20公里处，下辖6个村民小组，现有农户420户，1280人，地域面积2.8平方公里。全社区传统从事采矿业，现境内有年产30万吨的国有煤矿1家，年产6万吨的私有煤矿3家，1000余亩的高标准油茶种植基地和杂果基地各一个，环保型煤矸石砖厂一家。2011年实现工农业总产值1.8亿元，农民人均纯收入达1.5万元。近年来，金连社区先后获得湖南省新农村建设示范村、湖南省生态村、娄底市十大明星村、娄底市民主法治示范村、冷水江市安全文明村、冷水江市村民自治模范村、冷水江市新农村建设示范村、冷水江市计划生育模范村等一系列荣誉。

2011年，金连社区以共创共建为契机，按照将金连打造成“湘中最美乡村”的目标，全面开展“两型社会”示范村庄建设和社会主义新农村建设，取得了可喜的成绩。

一、突出规划引领，绘就社区发展蓝图

金连社区把规划工作放在创建“两型”示范单位的首位，编制了《金连村三年整体规划》，实现了村域总体规划、土地利用规划、土地整理规划、生态环境保护规划“四规合一”。通过制订规划，社区创建目标更加清晰，形成了“一年夯基础、两年见成效、三年出特色”的总体思路，即坚持“规划先行、重点突出、有序推进、分步实施”的原则，依托金连的区域优势、自然资源优势和人文优势，在确保“绿化覆盖工作逐步提高，生态人居环境不断优化”的基础上，通过大力发展“现代农业、休闲产业、生态农家、农产品深加工”等“两型”产业，规范土地的集中利用，努力将金连建设成为“山美水美环境优、民富村富产业兴”，宜居、宜休、宜文的“两型社会”示范社区。

二、加强基础建设，村容村貌焕然一新

按照“五化”（民居改造美观化、基础设施城市化、配套设施现代化、社区打造生态化、土地开发集约化）要求，金连社区对村居环境进行了整体改造，村容村貌实现了新的变化。将靠近集中安置小区的50栋建于70年代至80年代的旧房按照红砖、蓝瓦、白墙、金属窗的模式进行提质改造。拆除已是危旧房屋或严重有碍整体村容的民房15栋。完成农网、通讯、有线电视等网络规范改造。着重打造环村公路、产业公路、通组户公路改扩建工程，同时购置了50盏太阳能路灯对村庄主要路段进行亮化。投入巨资对“莲塘安置小区一期”进行重点打造升级，从居住环境上缩短城乡差距。

三、开展环境整治，文明新风入农家

按照户分类、村收集、镇中转、市处理的模式，金连社区率先开展了对村级垃圾分类处理和污水处理试点工作，初步建立起了垃圾处理体系和污水处理体系。购置500套经济适用的垃圾桶无偿发放给农户，在全村主要路段设置了双桶式垃圾箱。在各集中院落建了8座美观、适用的垃圾回收站。组织党员、村干入户宣传垃圾分类知识，对家庭污水进行三格式处理，开展沼气等生物能源利用等。规范了采矿企业节能减排和环境治理工作，对相关违反环境整治的厂矿予以行政上、经济上的处罚。

四、坚持集约发展，合理利用土地资源

为打破村庄分散居住、村企不分的格局，金连社区按照“耕地向山地集中，平地向坡地集中，散户向小区集中”的原则，将全社区划分为农业产业区、工矿企业区、集中居住区，对土地进行综合开发、合理使用。经过整理后可新增耕地面积2000亩，新增建设用地指标置换100亩。基本完成了“莲塘小区”二期、三期的基础设施工作，实现了三通一平，可安置居民住房50栋，现已建20栋，完成连贯村庄的环村公路1.5公里，并全面升级为6米宽炒砂公路。全面启动金连产业园的开发并完成招商工作，对新增的2000亩耕地进行整体流转，建设生态养殖区、有机蔬菜区、油茶种植区三块以农业生态产业带动为主，农业休闲观光为辅的生态产业园，使金连生活环境和人居环境进一步改善。现已修通硬化长2公里、宽6米的产业园区公路，完成灌溉沟渠1000米，平整土地800亩。

五、加强文化建设，精神文明结硕果

一是通过村支两委引导，村民自愿参与，组建了女子民乐队、管乐队、男女排球队、男子篮球队、女子舞蹈团；二是村委筹资8万余元组建了图书馆和远程教育活动室；三是成立了村治安义务巡逻队；四是为了加大宣传新农村建设风貌，参与以金连村为原型拍摄的《花落花开》花鼓戏，从影视角度反映基层党建工作，此戏在中央党校首映获得圆满成功，得到中央首长得赞许和肯定，同时，还拍摄了电影《爱上油菜花》、《马东的假期》和《北角》；五是成功举办了第一届书画大赛和第一届歌舞器乐大赛；六是在建党九十周年之际成功举办了“唱红歌、颂党恩”的大型文艺汇演。通过村支两委民主领导和这些团队的组建及新闻媒体参与宣传，充实了村民的业余生活，加强了村民之间的沟通，消除了各种矛盾，提高了村民的文化素质，净化了村风民风，改变了治安状况，维护了社会稳定，改善了村民生产生活环境，更好地体现了社会主义新农村建设的优越政策和新时期农村新风貌。

宁乡关山村创建“两型”村庄情况介绍

宁乡县金洲镇关山村，位于长沙“两型社会”建设大河西先导区金玉组团核心区域，东距省会长沙24公里，西距宁乡县城11公里。村域面积4.94平方公里，共辖16个村民小组，626户，2660人。

2007年，关山确立为长沙市推进城乡一体化发展试点村后，关山拉开了大发展的序幕。按照省委常委、市委书记陈润儿提出的“探索一条路子、做好一篇文章、实现一大转变、致富一方百姓”的总体构想，依据资源节约型、环境友好型建设理念，精心编制了《关山社会主义新农村建设规划》、《国土综合整治实施方案》、土地利用及生态保护等九个子规划，统一各类布局、统揽各类用地、统筹各类规划，科学布局“两片区、三产业、五基地”，不断优化关山生态环境，大力倡导文明和谐之风，打造了一个城乡一体化发展示范窗口，塑造了一个“两型社会”试验区新农村建设样本。

一、大力实施土地综合整治，土地潜力不断释放

*一是抓机遇，大力实施土地综合整治。*关山以国土资源部开展城乡建设用地增减挂钩试点为契机，实施村庄、道路、耕地三项整理，推动田、土、路、林、村综合整治，推进人口集中居住、农业规模经营、产业聚集发展。国土整理以后，新增耕地1926亩，节约建设用地近400亩。成立土地专业合作社，目前全村500余户已入社，流转土地3000多亩。

*二是抓重点，突出搞好青年湖集居点建设。*青年湖集居点建设作为土地综合整治的一期工程和关键环节，按照“两个置换”制度和“三奖四补”办法，推动农民住房由平房向楼房、大院向庭院、分散向集中转变，实现宅基地由占耕地向占荒地、占平地向占山地转移。目前，青年湖集居点68户已完成统规统建，户均占地由1.5亩减少到0.7亩，节约建设用地约50亩，促进了土地的节约集约利用。

*三是抓效益，土地潜力不断释放。*将开发和节约出来的用地指标有偿转让，置换到项目区用于开发建设，集体和农民获得收入和股权，进一步释放了农村土地潜力，放大了农村土地价值，实现了资源高效利用。

二、突出两型理念引领，产业结构不断优化

关山以“两型”理念为指导，以市场需求为导向，大力发展生态种养产业和休闲旅游产业，致力实现经济效益和生态效益的有机统一，把美化绿化村庄，实现经济社会的全面发展作为建设新农村的重要目标。

*一是规模打造农业产业基地。*关山葡萄基地。基地面积达到1000亩，加强新技术、新品种的引进，保证良种覆盖率达100%；顺利通过绿色食品认证，2011年投产400多亩，亩平纯收入达15000元。四个一千亩农业产业基地。通过国土综合整治，将荒芜的疏林地加以整理改造，新建设茶叶基地600亩和四季水果采摘园500亩，发展蔬菜和野菜基地500亩，水产养殖基地500亩。既提高了关山村民的收入水平，又开发了关山的宜林荒山荒地，使关山融入到了翠绿之中。

*二是特色发展休闲旅游产业。*关山以经济社会发展和生态环境保护齐推进为目标，大力发展乡村休闲旅游业，现已形成两大乡村旅游点。乡村文化旅游区。以在保留原生态为基础，新建青年湖农民集居点为基地，依托湘女佳家旅游服务有限公司，主要内容为民居观光、民俗博览和新农村建设成就展示。依湖而建设的集居点与周边自然环境融为一体，内部配套建设了绿化带、生态污水处理系统、休闲广场、太阳能路灯等，打造出一个完全属于农民的，兼具田园风情和社区功能的现代化高品质生态宜居小区，成为了市民休闲旅游参观的景点，使关山在整体格局上形成景观化特点。农家乐示范带。以方圆山庄为龙头，以“主题采摘+农事体验+科普教育+绿色餐饮”为基本模式，引导农民实现农家乐特色经营，现已有90户农家乐及农宿旅馆正式营业，这已成为关山乡村旅游业的新增长点。去年以来关山累计接待国内外各级参观考察团队4000余批20余万人次，旅游收入达3000余万元。

三、注重基础设施配套，发展保障不断夯实

*一是完善各项功能配套。*积极抓住村庄处于长沙城市林业生态圈建设项目范围内的机遇，加大道路交通、村居绿化、公共卫生等基础设施的投入力度。关山累计投入3000余万元，共硬化了村级公路32公里，其中柏油路面12公里，实现组组通水泥公路；新修、改造山塘23口，青年湖水库已整修一新，新扩水面1.5万m^2，清理渠道3500米，完成渠道护砌6700米；集居点建立4个生态环保污水处理池，配套安全饮水工程设施投入使用；已建成1300m^2新村部，广场已全部绿化；实施生态圈建设项目，村主干道路边、塘边、宅边、渠边全部实现绿化。

*二是开展专项整治。*为实现村庄的美化绿化，夯实全村的发展基础，对李家岭集镇沿线违章建筑、不规范设置招牌及占道堆放等影响公路畅通和影响村容村貌专项清理。加大美化力度，在村头地角、房前屋后、空坪隙地等地种植适合的树种及花卉。加强综合管理，切实整治村居“脏乱差”行为，清理卫生死角。落实门前“三包”制度，健全卫生保洁队伍，及时收集、清运垃圾，保持道路整洁。对村内的水系进行全面清淤疏浚，加强水系卫生保洁工作，清理山塘内浮莲和垃圾，改善和提高水环境质量。充分发挥已建成的垃圾收集、垃圾中转站的作用，全面实行垃圾集中定点堆放、统一转运处理。通过一系列配套建设和环保整治，关山的村容更加整洁、设施更加健全、环境更加优美、乡村更加文明。

四、积极推动技术创新，环保水平不断提高

关山“两型村庄”的建设注重跟上时代步伐，从本村的现实情况和需要出发，积极引进和推广“两型”技术，保证了“两型村庄”建设的稳步推进。

*一是引进葡萄避雨栽培种植技术。*关山1000亩生态葡萄基地聘请了中国著名葡萄专家、湖南农业大学石雪晖教授进行技术指导，落实避雨栽培技术，已实现标准化建园。

二是推广先进农村清洁生产技术。重点推广葡萄、蔬菜测土配方施肥1500亩；推广频振式杀虫灯物理防虫技术1200亩；推广杂草防除技术和农村科学灭鼠技术；推广畜禽粪便无害化处理与资源利用技术。同时，采用三格式污水处理系统对生活污水进行净化处理，推广生活垃圾分类处理与资源化利用技术，实现农用自来水饮水工程100%入户。

三是建设人工湿地污水处理系统。采用了湖南清之源环保科技有限公司自行研发的整体模块式人工湿地处理系统，通过人工潜流、表流湿地对污水进行深度处理，污水经过厌氧、生化、潜流，湿地表流就可以转化成了清洁水，达标排放。建成4座污水处理站，基本满足了居民生活污水处理的需求，保护了村庄环境。

四是配套环保节能的太阳能路灯。关山按照节能环保可持续发展的要求，一次性投资140多万元，在青年湖沿线安装了200盏太阳能路灯。一天的光照可供路灯连续照明40个小时，不需开挖路沟埋设电缆，不需架设变压器，方便日常管护和维修。

五、引导群众共同创建，宣传力度不断加大

建设“两型村庄”是一个功在当代，利在千秋的大工程，也是一件复杂而艰巨的任务，不仅需要政策的春风，更需要群众的主动参与、密切配合。关山加大宣传力度，引领文明风尚，村民树立了节约资源、美化家园的思想意识。

一是精心组织节能美化活动。注重宣传发动，调动全村村民爱护家园、保护环境、共创和谐的积极性。一方面，定时开展环境卫生整洁活动，分小组召开户主会议，详细传达“两型”工作精神，对村级卫生美化工作的开展作了周密的安排和部署；向各片区、各户主发放《珍爱环境，节约资源》倡议书700余份，制作开展资源节约和环境友好宣传栏，悬挂宣传标语和横幅20余条，营造全村总动员、全民总参与的良好氛围。另一方面，由村干部牵头成立以党、团员为主体的志愿者队伍，每个季度进行一次集中的家园大清扫活动，发动群众共同参与，形成热爱自然、热爱环境、热爱生活的良好氛围。志愿者队伍的成立在全村掀起了建设“两型村庄”的高潮。

二是灵活开展各类文化活动。2011年10月份成立了文化艺术团，居民参与的积极性非常高，目前已组建了男女舞龙队、腰鼓队、小锣鼓队、广场舞队、三句半表演组等，同时培养了几名主持人，遇有红白喜事、大型活动等，群众自筹节目，说唱好人好事，宣传党的政策，在节目中展现了真、善、美，展现了人文关怀和道义力量，使社会主义核心价值体系真正成为党员、群众心灵的寄托和归宿。文艺团成立后，群众文化生活更加丰富、文明意识明显提高，村民思想素质不断提升。打牌赌博、吵架骂街、封建迷信等不良现象逐渐减少，热心公益，尊老爱幼、邻里和睦，互帮互助、团结和谐，遵纪守法、诚实守信的风气普遍盛行。龙年春节村干部带领舞龙队沿户给全体居民拜年，并举办一次春节联欢晚会，广获好评。

现在的关山，环保节能意识不断增强、基础设施不断完善、产业发展不断提质、公共服务不断创新。围绕“资源节约、环境友好”的理念，致力“建设新村庄，发展新产业，培育新农民，创造新生活”，已成了一个具有“湖湘特色、村民富裕、乡风文明、环境优美、文化多元、社会和谐”的湖南省“两型”示范村庄。2011年实现社会总产值3.37亿元，农民人均纯收入达15400元，同时，被确定为湖南省社会主义新农村建设示范村、长沙市推进城乡一体化发展示范村，先后获得全国生态村、全国电气化先进村、湖南省卫生村、湖南特色旅游名村、市文明村、市环境卫生十佳村、市先进基层党组织等荣誉称号。

两型机关

湖南省地税局创建“两型”机关情况介绍

湖南省地税局融入两型理念，坚持厉行节约、规范管理、提高效能，着力把省局机关打造成节约高效机关，有力促进了全省地税事业的科学发展。

突出严把“三关”，强化日常管理措施。资源节约是“两型社会”建设的关键，也是机关管理的重点。湖南省地税局把厉行节约寓于日常管理之中，突出严把“三关”，努力争创资源节约型机关。一是严把节能降耗关。落实节约优先战略，出台一系列制度办法，推行节水节电节气，不断提高节能降耗水平。如使用空调，规定夏季不低于26度、冬季不高于20度的标准。机关办公室、会议中心、食堂、公共通道、卫生间等场所，在自然光线较好的情况下，白天不开灯。严格处室责任制考核，明确“人走灯熄”、“人走水停”，杜绝长明灯、长流水现象。加强对办公用品和低值易耗品的管理，积极使用节能用品，严格落实节约措施。二是严把经费使用关。规范各项经费使用管理，严格控制行政经费支出。在接待费用管理方面，严格定点接待和自带酒水制度，所有接待费用均按“一支笔”审批，所有单据必须合法有效，并有当事人、证明人签字。在车辆费用管理方面，严格公务用车定编定标管理，各级征管用车依照规定从严控制编制、价格和排气量。将年度车辆使用费用按最近三年平均数压减15%以后，分解落实到处室，落实到每一台车，包干使用、节约留用、超支自负。在因公出国（境）经费管理方面，严格控制因公出国（境）经费预算规模。近年来，省局机关“三公经费”支出基本实现了“零增长”。三是严把内部审计关。加强审计内控机制建设，重点抓好基建项目审计、干部离任审计和年度经费使用审计，各级基建项目竣工、专项资金使用、重大项目支出都必须经审计把关，加大县级审计工作力度，促进审计监督关口前移。对审计部门的审计意见，该局在全系统进行通报，并认真抓好整改，确保资金用在刀刃上。

突出制度+科技，规范重要管理行为。严格规范管理是促进机关节约、提高机关效能的必由之路。省地税局坚持走“制度+科技”的管理路子，重点在三方面规范管理行为。一是规范重大事项。严格执行民主集中制原则，进一步完善重大事项的决策规则和程序，全面落实“三重一大”和“四不一末”制度，凡属重大事项决策、重要干部任免、重要项目安排和大额资金使用，一律由集体讨论研究决定。落实一把手不直接分管人事、财务、工程建设、物资采购、集体决策时末位表态。对上年预算执行情况和当年全系统经费预算、基本建设项目、全局重大活动等重要事项，均提交年初第一次局党组会集体研究，并形成会议纪要通报各市州局。推行重大决策票决制，建立健全决策评价、反馈纠偏和责任追究制度。二是规范资产管理。全省地税系统的车辆购置、服装制作、票证印制、大宗物品采购、信息化建设工程等项目，全部纳入了政府采购范围，并由监察部门全程监控。认真组织开展资产清查和公务用车专项清理，对全系统各类资产分门别类登记造册，建立电脑管理台账，明确责任单位、责任领导和保管人员，确保家底清楚、账物相符。出台了闲置资产管理处置办法，规范闲置资产处置的审批程序、收入入账、税款缴纳等工作，坚决防止国有资产流失。三是规范权力运行。去年，该局按照“以电子政务规范权力运行、以电子监察强化权力监督”的思路，开发应用了内部行政权力网上运行系统，对机关内部4大类、17项具体业务，全部设置了电脑固化流程，逐项、逐环节明确用权规则，实行按流程传递、按授权审批、按时限办理，推动内部各项权力运行程序化、规范化和合法化。去年9月份，“全省规范机关内部权力运行现场会”在该局召开。今年，该局将在全系统14个市州局和140个县市区局全面推行。

突出三个重点，全面提高管理效能。建设节约高效机关的最终目的是为了更好地服务好基层和纳税人。湖南省地税局坚持以“两型”理念为指导，大力提高机关效能，追求公共服务效率最大化和行政成本最小化。一是创新服务手段。利用网络覆盖面广、渗透性强的特点，加快建设“网上湖南地税”，全面推行网上报税、刷卡交税、网上减免税，加快推行“同城通办”步伐，最大程度方便纳税人，目前全省账务健全企业网上申报达97.4%。加强地税门户网站建设，深化政务公开，实现税务信息公开全覆盖，全省14个市州局全部开通“12366”纳税服务热线，全天候、全方位为纳税人提供涉税服务，去年共接听咨询电话10万多个。加快推进网上办公，机关办文、办会、办事全部纳入计算机管理，大大提高了办事服务效率。二是减轻基层负担。针对税务工作中人民群众反映强烈的突出问题，明确规定“三个严禁”，即：严禁乱收费，该局除按规定收取发票工本费外，取消了其他各项收费，年减轻纳税人负担1亿多元，同时明文禁止向基层和纳税人推销书籍和报纸杂志，发放的税收法规政策汇编和宣传资料一律免费；严禁乱审批，精简审批项目，下放审批权限，推行审批流程再造，取消行政审批34项，压减率达82.5%，审批时限缩短了1/3以上；严禁乱检查，严格执行检查计划，规定对企业不得重复检查，切实减轻企业和纳税人负担。三是严格督查问责。加强工作督查，每年省局一号文件就是对全年全系统的各项重大工作分解落实到每个单位和部门，年中督查，年底考评。同时不定期对基层的工作纪律、工作作风、办税效率、服务质量等开展明察暗访，并制成片子在全系统大会上播放。建立行政负责人问责制度，健全举报投诉和查处机制，全方位提高机关效能。

通过融入“两型”理念加强机关建设，机关节约氛围更浓了，工作效率更高了，工作作风更实了，有力推动了全省地税事业的科学发展。2011年全省地税累计入库各项收入888.74亿元，同比增长29.7%，收入规模连跨700亿、800亿两个大关。省局机关被评为全国精神文明建设先进单位，连续七届被评为湖南省文明单位，省局连续7年被评为全省党风廉政建设先进单位。

以“两型”理念加强机关建设，是一项全新的尝试。下一步，省地税局将进一步融入两型理念，继续打造节约高效机关，努力把全省地税事业推向一个新台阶。

湘潭市天易示范区管委会创建“两型”机关情况介绍

作为长株潭城市群“两型社会”建设五大先行示范区之一和“两型社会”建设的排头兵，近年来，湘潭天易示范区充分发扬“敢为人先，追求卓越”的工作精神，通过降低行政成本、塑造机关文化、提高行政效率等举措，打造了一个行为规范、公正透明、勤政高效、清正廉洁的人民满意机关，有力地促进了示范区经济社会的又好又快发展。示范区先后被评为省、市“两型机关”先进单位、推进新型工业化先进单位、招商引资工作先进单位、园区服务先进单位等，并连续4年荣膺“湘潭市先进工业园区称号”和“全市加速推进新型工业化先进单位”。

一、围绕两型，打造绿色机关

紧紧围绕“行为规范、运转协调、团结和谐、节约环保”的总体创建目标，制定实施方案，研究具体措施，明确工作要求。

1. 抓制度建设，实现规范运作。一是推行“绿色办公”。在各项办公用品的采购工作中，严格按照《节能产品政府采购清单》规定，对招标的产品作出资格性要求，强制执行节能产品。如在天易示范区创业大厦建设过程中，该单位将环保节能作为突出指标，大量采用最新节能环保技术，大量使用节能环保建筑材料，大厦所用的室内外石材、油漆涂料、复合地板、石膏板吊顶以及其他建筑装饰材料均采用环保产品，饮用水采用直饮水系统，并将其系统由地下室改至屋顶，每年节约电力365千瓦以上，室内所有灯具均采用节能灯具，中央空调系统由电热锅炉改为燃气供给，为“两型”机关创建打下了坚实的基础。二是健全完善制度。根据办公用品管理、车辆管理、水电管理、接待管理、公务出差等各项具体工作，先后建立健全了60余项内部管理制度、完善了近10类工作制度，形成了较为完善的制度体系。三是注重制度落实。严格制度的执行和考核，将“两型机关”建设的制度执行情况与部门、工作人员的年度考核、评优评先紧密挂钩，并先后组织10次制度考试，增强了工作人员执行制度的自觉性、主动性和积极性。

2. 抓细节规范，实现挖潜降耗。严格按照规定开启空调，夏季室内温度不低于26度，冬季温度不高于20度。节假日、夜间关闭电开水器，关闭办公用电器开关。人离开办公室关闭电灯、空调、电脑电源。新购置、更换办公设备必须100%选用低能低耗和环保产品。推行无纸化办公，无特殊要求的文件材料均采用双面印刷，复印、草稿均双面使用。近年来，示范区人均用电、用水量节约在20%以上。同时，在全体人员中广泛开展节约一度电、一滴水、一滴油、一张纸活动，有力促进了“两型机关”建设的深入开展。目前，示范区预算控制率≤100%、绿色采购率≥90%、单位综合电耗≤41（kwh/m^2）。

3. 抓文化培养，增强团队合力。打造了不可复制、具有核心竞争力的天易文化。通过积累，采掘，提炼，目前，湘潭天易示范区文化体系框架已初步形成。天易文化的打造既有效培养了干部职工的归属感，更是极大地鼓舞了干部职工的斗志。同时，积极开展形式多样的机关干部文体活动，倡导健康风尚，丰富文化生活。先后组织机关干部到石燕湖拓展、参加全县湘江国际杯羽毛球比赛、到河口实弹打靶等活动。目前，示范区健康向上，崇尚知识，追求文明的机关文化日益浓厚，社会各界和群众充分肯定，企业和群众服务满意达到100%。

二、注重创新，打造效能机关

注重把服务理念、效率意识贯穿创建活动的全过程，努力实现机关效能的大提升，为实现示范区工作的高效有序运作提供强大内在动力。

1. 推动信息集成，实现办公资源的共通共享。以搭建信息平台为载体，以实现信息互动为导向，以推动网络办公为重点，全力推进机关信息化建设，收到良好效果。一是构建专网，完善工作平台。积极打造无纸化、网络化、信息化的专业平台，建立并推行OA办公系统，大大提高了办事效率。二是优化内网，实现信息共享。充分利用单位QQ群、示范区网站，及时将各科室有关工作信息进行交流，进一步扩大了信息覆盖面和共享面，有力推动了工作进度。三是对接外网，实现互联互通。充分利用全市电子政务内网和示范区网站平台，开通了网上办事、网上咨询、网上接访、领导信箱等有关栏目，利用信息化手段推动工作效率的大提升。

2. 推动流程再造，实现工作环节的有机衔接。全力推动工作流程的优化和再造，力求把行政资源节约的理念贯穿于示范区建设和管理的各个工作环节。一是优化职能配置。以示范区成立为契机，实行大部制改革，内设五个部，形成了开放高效的行政管理和服务体系，有效防止了职能的交叉重叠和行政资源的浪费；用好用活市、县53项行政授权，成立示范区政务服务中心，审批流程大大优化。近两年，已接受行政审批和其他服务事项600余件，办结率达100%，行政效能比原来节省了70%以上。二是推行首问负责制。对于前来机关办事的企业和群众，第一位负责接待的同志，要负责给予必要的指引、介绍或答疑，使之最为迅速、简便地得到满意的服务。近两年来，园区共走访企业1200余次，帮助企业群众解决困难问题328个，受到了企业和群众的一致好评，为两型工作开展创造了外部环境。三是执行限时办结制。凡是属于示范区职责范围内的工作事项，原则上要在5个工作日内办结，列入督办事项的，要在3个工作日内提出处理意见。通过简化流程，提高效率，确保有限的行政资源发挥出最大的效益。

3. 推动能力提升，实现干部素质的整体优化。一是抓学习，提升机关干部的业务素质。要求全体人员“每日必学、每人必学、每事必学”，每月组织一次集中学习，通过从产业政策、建设规划的学习，到执行力、湖湘文化的学习，到组织中层以上管理人员到野外进行拓展拉练，队伍整体素质得到提升。目前，已编发《学习活页》35期。二是抓竞岗，探索公开择优的长效机制。为加强干部队伍建设，激发干部队伍活力，在示范区工作队伍组建中，通过竞争上岗，精心挑选精兵强将充实示范区队伍，进一步在机关上下营造了干事创业、公平公正的良好氛围。三是抓作风，培养机关干部的政治素养。以“争先创优”、“两转一增强”、“干部联点解难题”、“党员示范树形象”、“机关效能提升年”等活动为载体，加强作风建设，打造了一支“严于律己、勇于面对、乐于奉献、敢于担当、善于作为”的工作队伍。

三、围绕实效，打造活力机关

通过“两型”机关创建，园区影响力和美誉度空前高涨，园区经济得到持续、快速、健康的发展。一是实现园区经济的又好又快发展。主导产业总量和质量均有很大提升，2011年示范区完成技工贸总收入186亿元，增长50.24%（同比，下同）；实现工业总产值151亿元，增长50.32%；实现规模以上工业企业总产值122.9亿元，增长65.23%；实现规模以上工业企业增加值38.96亿元，增长66.35%；实现高新技术产值54.84亿元，增长66.78%；完成财税总收入5.5亿元，增长53.31%。二是实现资源的最大节约。2011年，单位生产总值综合能耗比“十一五”期末降低20%左右，达到单位综合电耗≤41（kwh/m^2）、月人均用水量1350升/人/月、人均办公面积及装修合标率为100%、无纸化办公率为99%、经费预算控制率为≤100%。据预测，近两年节约行政办公成本就在2000万以上。三是实现环境的最大友好。机关噪声控制为55（昼夜）45（夜间）LAeq dB、办公场所禁烟率为100%、可绿化场地绿化率为100%、确保绿色采购率≥90%。四是实现“两型”文化的最大推广。机关职工“两型”家庭普及率为100%，机关职工“两型”知识普及率为100%。

益阳市东部新区管委会创建“两型”机关情况介绍

益阳东部新区是我省长株潭“两型社会”示范区的重要组成部分。2010年底，益阳东部新区改革建设实施方案率先经省政府批准；2011年6月，益阳东部新区管理委员会正式成立。

2011年4月，益阳东部新区管委会启动了管委会办公区装修改造工程。工程虽然不大，但它是益阳东部新区的第一个建设项目，肩负着为今后示范区全面推广“两型”建筑，为全市“两型”机关创建树立样板、提供示范的光荣任务。对此，管委会一班人思想高度统一，目标十分明确，从设计到施工的全过程，从办公楼装修到庭院绿化、附属设施，从工程建设到机关管理，都进行了认真的探索，开成了较为完整的思路。总的要求是，“全面贯彻‘两型’理念，充分使用‘两型’产品，大力弘扬‘两型’文化，把建设‘两型’和管理‘两型’结合起来，努力实现创建省级‘两型’示范机关的目标。”2011年11月，管委会办公区装修改造工程全面完成并投入使用，到年底，机关各项管理制度全面建立。经过省有关部门综合评审，益阳东部新区管委会机关顺利进入全省“两型”示范机关行列。

在创建工作中，管委会坚持做到了“三个‘两型’”。

一、理念“两型”

建设“两型社会”，首要的、最关键的是必须牢固树立资源节约、环境友好的思维理念。作为全省的“两型社会”建设示范区，在管委会成立和办公区装修改造工程启动之初，管委会就明确，从上至下、自始至终必须将贯彻“两型”要求作为工作的出发点和落脚点，把“两型”理念贯穿到工作的每一个环节，落实到每一个流程。在工程建设上，要全面采用已有的“两型”技术和“两型”产品，利用自然资源，保护自然环境，突出节能、节水、节料、节材；在机关管理和制度设置上，要充分利用现代技术手段，建设“两型”文化，大力推行绿色办公、绿色采购、绿色出行，倡导和鼓励绿色消费。在具体工作实践中，通过培训教育，制度制约，真正把这种理念落实在行动上。

二、建设“两型”

在规划设计上，对原有房屋进行了较大的改造，特别是具备自然采光条件的部位，改混凝土屋顶为玻璃屋顶，充分利用自然光照明。改造后，主要公共空间都运用了这一技术，达到20%左右的建筑面积白天不要开灯。办公楼外墙大理石采用钢架干挂式技术，既节约了材料和成本，又可重复利用。同时，办公楼不安装电梯，全面使用“两型”产品。空调充分利用鱼形山水库丰富的水资源，采用了水源热泵中央空调系统，这一技术比传统中央空调系统节约用电35—40%。办公区和生活区统一安装了太阳能热水系统、新风系统。科学使用和安装灯具，公共区域一律安装声、光控自动控制开关，灯具全部采用低功率节能灯泡灯管。装修所用瓷砖、涂料、木地板、大理石等均使用无污染环保产品，装修释放气体经环保部门测检完全达标。

在环境建设上，根据办公区的地形地势制定绿化方案，尽量减少对周围环境的影响，做到不动山、不砍树、不破坏自然生态，特别是强化了周围水库等水系的保护，结合周边山体自然森林植被对庭院进行绿化，做到品种交替，布局交错，季象分明，与区域大环境融为一体。同时，为扩大活动场地，优化山水景观，管委会在鱼形山水库岸边新建了长150米、面积1300平方米的临水栈道，成为了办公区的一道新风景，增添了几分自然的色彩。

三、管理“两型”

推动“两型社会”建设，不但要硬件上的“两型”，更要有软件上的“两型”。为此，管委会建立了一整套的“两型”管理制度体系，形成了一种长效机制。一是建立了严格的用电管理制度。办公区坚决杜绝白昼灯、长明灯；夏季30℃以下、冬季10℃以上不开放空调，规定空调温度冬不过20℃、夏不低于26℃，下班前15分钟必须关闭空调；非运行时间必须关闭电脑、打印机、复印机等办公设备。二是培养节约用水的良好习惯。根据办公需要，科学使用水管，并调至合适水压，使出水量既满足需要，又不造成浪费，从源头上加强控制。洗手间使用延时水阀，绿化浇灌采用人工花洒式喷淋。三是鼓励绿色出行，注重用车节能。公务用车实行燃油包干控制，对干部上下班和市内办事搭乘公交车的实行补贴激励。同时，倡导机关干部职工骑自行车、以步代车上下班。四是推行绿色办公。加强办公自动化建设，建立了网络无纸化办公系统，开通了局域网，所有的文字材料基本实现了网络电子化。纸张选择再生纸张或重复利用纸张，同时建立了定期回收办公废纸制度。五是加强环境管理。根据办公楼实际，对院内进行绿化。办公区统一内设置了垃圾处理设施，机关设立了无烟会议室、吸烟区，建立了干部定期大扫除制度，确保了机关庭院的整洁、优美。六是推行绿色采购，鼓励绿色消费。认真落实“两型”产品采购政策，优先购买政府列入“两型”产品目录、国家认可的环境标志产品、认证机构认证的节能产品等，不采购国家明令禁止使用的高消耗、低效率设备和产品。限制一次性用品，工作人员饮水使用玻璃杯或瓷杯，购物使用节能环保袋，积极抵制过度包装产品。

长沙理工大学创建“两型”学校情况介绍

根据教育部、住房和城乡建设部有关文件和省委、省政府，及省两型办有关要求，长沙理工大学提出了“从长远着眼，从制度入手，从小事做起”的两型校园建设工作方针。形成了“以科学发展观为指导，倡导师生节能意识，加强硬件建设，完善管理制度，科学调度运行”的两型校园建设工作指导思想，并在具体工作中加以落实，取得了明显成效。

一、学校“两型”校园建设的工作基础及制度保障

1. 地理位置优越，校园环境优美。长沙理工大学主校区云塘校区位于长株潭城市群“两型”社会建设综合配套改革试验区核心位置，占地2000多亩。校园环境优美，绿地率达到55%以上，曾获得全国绿化先进单位称号。

2. 学校成立了“节约型校园”建设领导机构。学校高度重视两型校园建设工作，成立了以校长为组长、有关职能部门、各学院负责同志参加的“两型”校园建设领导小组，统筹规划“两型”校园工作，领导小组下设能源管理办公室，负责能源管理的日常工作。

3. 制定了“两型”校园建设规划。学校按照湖南省“两型”社会建设的要求，大力推进以节能为重点的“两型”校园建设，力争用五年的时间通过建立和完善节约型校园建设管理、审查评估和监督体系，建立健全建设节约型校园的长效机制，突出重点，分阶段实施校园节能改造项目，实现学校人均水、电能耗量在2010年的基础上下降15%以上的建设目标。

4. 加强了宣传教育。学校非常重视“两型”校园建设的宣传工作，利用报纸、网络、横幅标语开展“两型”校园建设的宣传工作。同时还充分发挥了学校水利工程、能源工程等省级重点学科的优势，开设了节能、环境保护等相关公共课程，增强了广大师生建设“两型”校园的意识。

5. 保证了资金的投入。在学校面临财力紧张，负债较重的情况下，学校对“两型”校园建设的资金还是给予了保证。近两年投入了二千余万元，对校园进行了节能改造和环境建设投资，如金盆岭校区东主配电设备设施的改造，云塘校区电量计量与节能监管平台的建设等，并投入400万元建成了省内高校第一所大型污水处理厂。

6. 制定了“节约型校园建设”管理制度。根据“节约型校园建设”的要求，学校对与其相关的“能源审计”、“定额管理”、“监督条例”、“考核办法”、“处罚标准”进行了进一步修订与完善，将各单位的绩效考核与节约型校园建设的落实情况挂钩。职工的政治荣誉、物质利益与对节约型校园建设的贡献挂钩。

二、学校“两型”校园建设工作取得明显成效

1. 学校投资320万元对金盆岭校区东主变配电设备、设施实施了全面的更新改造。将老式油浸变压器，改为干式变压器，将传统的少油高压开关，改为真空柜，提高了供电的可靠性，减小了事故率。所有低压电缆都进行了重新铺设，调整了负荷分配，减小了线路损耗，仅此项工程每年节约损耗电费达八十余万元。

2. 学校投入70多万元资金，对金盆岭校区的教学楼与图书馆、办公楼安装了厕所自动感应节水装置，共417套。经后勤处实测，每套节水器每月平均节水200吨左右。

3. 治理了供水管道的漏损。学校请专业探查公司探查供水管道的漏水情况，绘制了详细的管网图。每年都探测出多处供水管道暗藏的漏水点，减少了自来水的浪费，节约了用水成本。

4. 对学生宿舍按“定额分配、超额有偿”的原则对水电进行管理，投入了大量资金，对学生宿舍供电计量系统进行了集抄、集控改造，从根本上避免了违章用电与浪费用能的现象。

5. 将老式日光灯具改节能灯具，基本上消灭了高损耗的电感镇流器和电抗调速器，在部分教室、图书馆阅览室、资料室等人流可塑性较大的地方安装新型热释电开关，极大地节约了电能。云塘校区全部使用节能灯具。

6. 从节约用水出发，对金盆岭校区进行了水平衡测试。通过水平衡测试，全面掌握了金盆岭校区管网状况及用水现状，依据测定的水量数据，找出水量平衡关系和合理用水程度，采取相应的措施，挖掘用水潜力，达到加强用水管理，提高合理用水水平的目的。

7. 建设了云塘校区单位电能计量与节能监管平台。该平台侧重于对能源使用的实时远程监管，通过该平台，学校实现了对各院部、处室用电情况的实时监控，能够及时杜绝不合理的用能状况。以该系统为基础，学校逐步推行定额用电管理，各部门按指标用电，促进了教职工的节约用能意识。

8. 加强自然雨水的收集利用。学校自然景观云影湖，占地面积24800平方米，水蒸发量巨大。学校通过雨水收集管道，利用自然雨水补充云影湖用水，节约了水资源。

9. 加强了实验室水循环的利用。学校水利实验室，有大型的水工模型和河工模型实验，用水量相当大，学校对该院的三个实验室都修建了大型的蓄水池，做到实验用水能反复使用，减少了水的浪费。

10. 经省市节水办组织专家组评估验收，长沙理工大学于2011年5月获得湖南省“节水型事业单位”的称号。

11. 2011年6月，长沙理工大学获得中国高等教育学会评选的2010年度全国高校节能管理先进院校。

12. 长沙理工大学荣获“全国高校后勤十年社会化改革先进院校”称号。中国高等教育学会发布《关于表彰全国高校后勤十年社会化改革先进院校的决定》（中高学后〔2011〕20号）。

13. 两型校园文化建设

长沙理工大学充分发挥水利工程、能源工程重点学科的优势，设立了节能相关公共课程，以及环境保护公共课程。在大学生中积极开展节能工作的宣传和教育，并组织各种活动。2009年长沙理工大学学生在第二届全国大学生节能减排社会实践与科技竞赛中荣获三等奖。长沙理工大学“大禹之子”青年志愿者协会2006年被评为“第二届湖南省优秀大学生社团”，2008年被评为全国高校“优秀学生社团”。

14. 环境建设

长沙理工大学金盆岭校区绿地率达到39%，绿化覆盖率超过60%，云塘校区绿地率达到55%以上。2011年学校新增绿地面积33490m^2，共种植乔木1400余株，灌木4万余株。学校人文景观包括云影湖、九云方鼎、校训石碑在内，大小数十处，为广大师生创造了优良的教学环境。学校省级标准化学生公寓率达到100%，省级标准化学生食堂率100%。

15. 污水处理

长沙理工大学云塘校区位于长株潭结合部，市政系统还不完善，校园污水还不能进入市政排污处理系统。学校从两型社会建设出发，投资400万元，专门建立了一个日处理能力4000吨的污水处理站，使校园污水得到了有效的处理，也使得校园周边环境得到了很好的保护。

三．学校“两型”校园建设“十二五”规划目标

长沙理工大学按照省两型办关于“两型”示范单位创建的要求，根据资源节约型和环境友好型校园建设的规划，大力推进以节能为重点的“两型”校园建设，力争用五年的时间通过建立和完善节约型校园建设管理、审查评估和监督体系，建立健全建设节约型校园的长效机制，突出重点，分阶段实施校园节能改造项目，到2015年实现学校人均水、电能耗量在2010年的基础上下降15%以上的建设目标。另外在环境友好型校园建设方面加大投入，重点加强校园文化设施建设，为学校可持续发展、提升和树立品牌、营造深厚的大学校园文化创造有利条件。继续传承学校历史文化，创设布局合理、格调高雅、文化氛围浓厚、自然和谐的校园环境，更有利于陶冶师生员工的情操、塑造学生的美好心灵、激发学生的开拓进取精神。

长沙市实验小学创建“两型”学校情况介绍

长沙市实验小学将“两型”文化的内涵自觉地融入学校以丰富学校文化，实现“两型”文化与校园文化的无缝对接，让受教育者在交往活动中学会与他人和谐相处、与自然和谐相处，从而实现人的全面发展，让学校成为师生共同发展的乐园、温馨和谐的家园。

一、工作目标

1. 建构“两型”校园文化，形成操作性强的“两型”校园创建模式，并不断探索科学化的管理制度和体系。

2. 立足学生终身发展的长远目标，帮助学生树立“两型”的意识，培养“两型”习惯，全面提升学生的素质。

3. 培养具有“两型”理念的专业教师队伍。

4. 通过学生的纽带作用传达“两型”理念，构建健康、和谐的“两型”家庭，发挥家校合力，小手牵大手，带动一家人，辐射全社会。

二、创建内容与措施

长沙市实验小学成立了创建“两型”示范学校领导小组，构建了“两型”管理网络，从“共建机制”、“服务机制”、“课程机制”、“研训机制”、“评价机制”这“五大机制”入手，实现了“谋划、宣传、管理”三到位，做到了“科学谋划在前，活动对接为主、总结提升在后”。

1. 加大宣传力度，营造创建氛围

召开行政会、教职工大会进行层层动员。组织全校教职工认真学习，提高认识，明确目标，争做创“两型社会”的排头兵，做学生示范的表率。

充分发挥升旗仪式、校园广播、班会、宣传栏、黑板报等宣传阵地的作用，向学生大力宣传“两型”理念，使“节约资源、保护环境”等两型文化和理念成为全校师生的文化自觉。

充分利用学生的纽带作用及家长会、告家长书等途径进行宣传，小手牵大手，构建和谐家庭、和谐社区。

2. 建立健全精细化的管理体系

制定《长沙市实验小学创建省级“两型”示范学校实施方案》，各部门、各年级、各班制定计划和实施方案，明确各自的工作职责，层层落实。

实行党政合力、分层管理、责任到岗、重心下移的管理体制，并确立与之相适应的组织机制，成立创建“两型”示范学校领导小组和工作小组。

3. 建立健全制度和评价体系

建立和完善一系列节能减排的规章制度，有效地规范师生的节约行为。

建立“两型”学校奖惩机制，强化师生责任意识。充分发挥少先队组织的作用，设立文明劝导员岗位。每天督察各班卫生、学生个人卫生以及文明行为，并在评比栏中公示，每周进行一次流动红旗评比，其结果纳入每学期“文明中队”、“先进集体”的评比中。

学校制定考核评定标准，并实行组长负责制，班级实行班主任负责制。责任逐级分解，落实到人，纳入绩效考核范围。

4. 具体实施

“两型”教育进入学校德育管理。发挥德育主渠道的作用，对不文明的环保行为加以量化扣分，并作为评定“文明学生”、“文明中队”和“先进班级”的依据，以管理促环保，使学校环境教育走上制度化、科学化的轨道。

“两型”教育进入“三会”。每周一全校的晨会，以

"两型"教育为主题，开展国旗下演讲活动；"两型"教育主题班会，采取多种形式，加强对学生环保知识和技能的教育；队会活动，充分发挥少先队的先锋模范作用，团结和带领广大学生积极开展两型教育活动。

"两型"教育进入课堂教学。动员教师积极搜集和编写相关教材，充分利用课堂教学这一有效载体渗透"两型"教育，要求各科教师在教学中积极寻找"环保眼"。

"两型"教育进入第二课堂活动。以活动为载体，形式多样地开展"两型"教育活动，通过感恩艺术节、读书节、体育节、科技节、英语节等一系列渗透"两型"教育的实践活动，激发广大学生热爱环境的情感。同时，结合重要节庆日、纪念日，开展"两型"教育活动，由此构建活动网络，共同创建"两型"示范学校。

"两型"教育进入班级。32个班"班班创建、各具特色"，各班既有学校的"规定动作"，又有"自选动作"，并根据实际情况开展有班级特色的"两型"教育活动，创建各具特色的"两型"示范班级。

"两型"教育进入家庭、社区。发挥家校合力，小手牵大手，号召广大学生将"两型"理念带入家庭，带入社区，最终达到"教育一个学生，带动一个家庭，影响一片社区，辐射整个社会"的创建效果。

5. 多途径构建"两型"校园文化

继续深入挖掘我校的传统文化，并与时俱进，融入现代气息，形成新的"两型"校园文化，丰富学校的内涵发展。

定期开展全校性的座谈会，开展分年级、分学科、分年龄段的"两型"研讨会，以加强交流、增进共识、改进方法。

发挥环境育人的作用，赋予文化墙的"说话"功能，形成独特的"两型"校园文化。

对外交流、开放办学，增进友谊，加深了解，互相学习，共同发展，兼收并蓄构建和谐的"两型"文化。

6. 公布评比结果，进行成果展示、总结提升

每周颁发流动红旗。每学期各班对"两型"班级创建资料进行整理汇总，总结提升。进行"两型"特色班级的创建评比活动，进行"文明班级"、"文明学生"、"进步学生"各种之星的评比。

收集有关"两型"学校创建方面各项资料，并分类管理，妥善保管。通过活动展、作品展、表彰会等形式大力宣传创建工作中的先进人物和典型事迹。

7. 经费保障

建立专项经费制度。在学校日常经费中安排一定的"两型"示范学校创建经费，保证创建工作的有效开展。

三、初步成效

1. 形成了新的"两型"校园文化和理念，探索实践了实施途径。

2. 建构了新的"两型"教育及管理模式。

3. 编写了可以推广的"两型"校本教材。

4. "两型"教育成果显著，学校、教师、学生共同发展。

（1）学生"两型"行为习惯养成好，各项素质全面发展。

（2）教师、学校获得共同发展，办学成果丰硕。

开展创建活动以来，师生关系更加和谐，家校关系更加和谐，教师的工作热情、教学激情进一步被激发，全心投入教学教研当中，教育科研能力得到加强，学校承担的课题研究成果获得全国一等奖，教师赛课、论文获奖均比以往有大幅度提升，学校也屡次获得表彰和奖励。

2009年，学校被评为长沙市"两型"学校，2010年，学校被评为长沙市首批"两型"示范学校，2011年6月29日，校长刘芳兰代表所有"两型"示范学校在全市的总结表彰大会上做了经验介绍。

（3）社会辐射能力得以增强。

湘潭云龙实验学校创建"两型"学校情况介绍

2007年湘潭云龙实验学校提出"两型社会"建设人人参与，"两型意识"培养从娃娃抓起的思路，并立足实际，创新方式，开始探索创建"两型学校"，至今已有四年时间。在摸索中前进，在前进中发展，在发展中提升，湘潭云龙实验学校目前已形成硬件相配套，教育有课本，实践有活动，科研有课题的比较完整的"两型"教育体系。2009年，该校被评为湘潭市"两型"示范学校，2011年，被评为湖南省"两型"建设示范单位（学校）。

一、课堂渗透　开展教学教研

课堂，是实施素质教育的主渠道，也是开展"两型"教育、培养学生"两型"素养的主阵地。湘潭云龙实验学校充分利用课堂教学这一有效载体渗透"两型"教育，构建"两型课堂"。

1. 开展"两型"课题研究。该校先期的"两型"教育，基本同等于当时的环保教育，但实际上"两型"教育，不但要进行资源节约，环境保护的教育，还要进行资源持续利用，人与环境和谐友好的教育。所以，2008年7月开始，该校把"两型"教育工作作为一项教育科研课题进行深入探讨，"两型"教育课题《小学生资源环境教育研究》也成功申报为湖南省"十二五"教育科研规划课题，从而开始了深入探讨两型教育模式的历程，并积累了大量的经验。

2. 编写"两型"教育教材。2008年，该校自主编写了《小学生"两型社会"教育系列读本》，并在全县发行。2011年上半年，该校又对读本进行了全面修订，并在全市发行。再版读本由三本增至六本，分为《亲亲大自然》、《大自然的悄悄话》、《走进大自然》、《爱护大自然》、《我爱地球母亲》、《绿色自然"两型"家园》，新读本内容更加贴近生活，形式更加丰富多彩，学校依托"两型"教材进行教育教学，使"两型"教育更加规范化、系统化。

3. 开设“两型”教育课堂。该校结合新一轮课程改革，将“两型社会”教育纳入到学校课程建设，使用学校自主编写的教材，开设了“两型”教育课程，并针对不同年级分别设置课时。同时，该校还在语文、科学、品德与生活（社会）等课程中有机渗透“两型”知识。“两型”教育课堂开设三年以来，取得了良好的教育效果，对小学生普及“两型”知识，养成保护环境、节约资源的良好习惯起到了很大的作用。

二、课外延伸　开拓教育途径

为了全面深入地培养学生“两型”意识，体验和感受“两型”的重要性，湘潭云龙实验学校开展了一系列内容丰富、形式多样的宣传教育和社会实践活动。如举行绿色环保“千人签名宣誓”和“种纪念树”活动、“两型社会”知识竞赛、“我为两型社会作贡献”演讲比赛、“义扫县城，环保家园”等活动；举行两型社会主题班会，在雏鹰争章活动中设置环保章，利用世界环境日、植树节、水日等纪念日开展主题活动；校园网、广播站和校园电视台开辟“两型学校”专栏；在校园空地开辟“开心菜园”，体验不一样的校园生活；寒暑假，布置形式多样的实践作业，如调查家庭用水用电情况和周边社区的生态环境情况，并要求学生写出“我为两型社会”作贡献的小论文；编写“两型”社会知识手抄报，要求家长共同参与；该校还和市青少宫科技活动中心联合，组织科技活动小组的学生前往湘江进行水质调查，前往湘乡进行地质勘测，前往湘潭市污水处理中心、湘钢等地进行考察，深入农村、社区、企业，实地了解，访问当地居民，使学生受到了很好的教育。

三、环境熏陶　构建和谐校园

按照“两型社会”要求，该校合理规划校园布局，打造园林式学校，营造“两型”环境。栽种树木，培植草皮，设立标识标牌，使学校绿化率达到40%。实行垃圾分类收集，公共场所垃圾桶改为四排垃圾桶，教室配备专用废纸回收箱，建设专用可回收垃圾池。将燃煤锅炉改为天然气锅炉，将学生公寓热水系统全部改为空气能热水器，对全校的开关、水龙头进行改造，公共场所全部使用声光控开关和感应式水龙头，全面使用节能灯。学校环境优美，师生举止文明，体现了学校“两型”教育的良好效果，被评为“省文明卫生单位”。

四、制度约束　强化节约意识

该校还制订了《“两型”学校建设公约》和《“两型”学校节能管理制度》等，对校园节能指标逐步分解，落实节能目标责任制，狠抓节能降耗和安全操作。在全校倡导“杜绝浪费、节约资源”的理念，组织对用水、用电情况进行每日检查，检查结果列入对相关人员的综合评价考核中。着力打造无烟学校，所有教学场所禁止吸烟。校园局域网实现了班班通，室室通，基本实现无纸化办公。

湘潭云龙实验学校在创建“两型学校”过程中做了大量的工作，也取得了显著成效，现在作为湖南省“两型”示范单位，在今后的工作中将充分发挥示范作用，巩固和推进“两型”建设成果，计划做好以下三个方面的工作：

1. 进一步发挥“两型”教材的教育作用。该校编写的《小学生“两型”教育读本》是全省乃至全国第一套适合小学各年级学习阅读并由出版社正式出版发行的教材，目前只在湘潭县发挥了很好的教育作用，该校希望在全市乃至全省发挥更大的教育作用，并通过举办“两型”教育研讨会等活动，使更多的教育工作者一起来关注小学生“两型”教育，全社会真正实现“两型”意识从娃娃抓起的目标。

2. 进一步完善“两型”学校的创建模式。经过四年的摸索，该校虽然形成了“硬件相配套，教育有课本，实践有活动，科研有课题”的“两型”学校创建模式，并在全市进行推广。但还要进一步进行完善，尤其在教育、活动、评价等方面进行研究，使“两型”教育的实效更加突出。

3. 进一步发挥“两型”学校的辐射作用。“两型”学校的创建和“两型”教育的实施，最终目的是为“两型”社会建设服务，而不是拘泥于学校的小天地。他们将坚持“教育一个孩子，带动一个家庭，影响一个社区”的思路，发挥辐射带动作用。实施“学生——家庭”“学校——社区”“教育——社会”的三级联动，让“两型”意识深入人心，“两型”行为成为习惯，全社会共同行动，为“两型”社会建设作出更大的贡献。

研究宣传篇

推进“四化两型”建设 加快湖南科学发展

周 强

“十二五”时期是湖南加快科学发展的关键时期，也是大有作为的重要战略机遇期。根据党的十七届五中全会精神，紧密结合湖南实际，我们提出全面推进新型工业化、农业现代化、新型城镇化和信息化，着力建设资源节约型、环境友好型社会，努力开创科学发展、富民强省新局面。

一、推进“四化两型”建设是“十二五”时期湖南面临的重大战略任务

“十一五”期间，湖南全省经济社会发展迈上新台阶，发展后劲明显增强。“十二五”时期，综合分析国内外经济发展环境的新变化、新特点，深刻认识和准确把握湖南发展的阶段性特征，我们必须大力推进“四化两型”建设。

推进“四化两型”建设是现阶段湖南现代化建设的根本任务。湖南是传统农业大省，工业化、城镇化发展相对滞后。“十一五”期间，我们大力实施新型工业化带动战略，全省工业化水平提高6.2个百分点，城镇化水平提高7.4个百分点，但到“十一五”末，我省工业化、城镇化水平仍比全国平均水平分别低0.7和5.3个百分点。加速推进工业化，并以此带动城镇化和农业现代化，仍是现阶段湖南现代化建设的首要任务。同时，信息化已成为当今世界发展的大趋势，我们必须抢抓机遇，加快信息化建设步伐，以信息化带动工业化、城镇化和农业现代化。

推进“四化两型”建设是湖南实现转型发展的必然要求。当前我省正处于工业化、城镇化中期，实现工业化、城镇化和农业现代化的任务还十分艰巨。况且，我们推进工业化、城镇化是在全球环境问题已经严重凸显的背景下进行的，先污染后治理的传统发展道路已经行不通。我们既要解决工业化问题，又要解决好资源环境问题。既要加快发展，又不能走老路，必须统筹经济社会和资源环境协调发展，切实走出一条有别于传统工业化、城镇化的新型工业化、新型城镇化道路。

推进“四化两型”建设是湖南的重大优势和重大责任。湖南山青水秀，水资源丰富，生态良好，森林覆盖率达57.01%，建设“两型社会”的条件得天独厚。中央批准长株潭城市群为全国“两型社会”建设综合配套改革试验区，要求我们加快转变经济发展方式，尽快形成有利于能源资源节约和生态环境保护的体制机制，为全国“两型社会”建设发挥示范和带动作用。这既是湖南重大的历史机遇，也是我们肩负的重大历史责任，我们必须大胆探索，勇于实践，为全国“两型社会”建设积累经验。

推进“四化两型”建设是抓住机遇抢占未来发展制高点的必然选择。这次国际金融危机进一步催生了世界范围内经济结构的大调整、产业的大转移和科技创新的大发展，新能源、新材料、信息技术、低碳技术、绿色经济蓬勃兴起，这为欠发达地区发挥后发优势提供了历史性机遇。湖南承接产业转移的条件优越，在绿色产业、低碳产业、信息技术以及一些新兴产业领域，也有很好的基础，完全可以实现跨越式发展，形成新的竞争优势，赢得发展主动权。

二、“四化两型”体现了主题和主线的有机统一，是科学发展观在湖南的具体实践

全面推进“四化两型”建设是“十二五”时期湖南科学发展、富民强省的总体战略。基本思路是：紧紧围绕主题和主线，以建设“两型社会”作为发展方式转变的目标和着力点，以推进“四化”建设为基本途径，着力调整经济结构、加快自主创新、推进节能环保、保障改善民生、深化改革开放，努力实现优化发展、创新发展、绿色发展、人本发展，为率先建成“两型社会”和全面建成小康社会打下具有决定性意义的基础，争做科学发展排头兵。

以“两个坚定不移”总揽“十二五”发展全局。目前湖南正处于负重爬坡、后发赶超的关键时期，发展不足和发展不优的矛盾十分突出，加快发展和加快转变的任务十分繁重。贯彻主题主线，我们把坚定不移加快发展步伐、坚定不移加快发展方式转变作为重大原则，总揽“十二五”改革发展全局，紧紧扭住发展第一要务不放松，加快转变发展方式不动摇，切实做到在发展中促转变、在转变中谋发展，努力实现又好又快、更好更快发展。

以“两型”引领科学发展。“两型社会”是人与自然相和谐、经济社会发展与资源环境相协调的发展状态，体现了科学发展观的内在要求。我们把建设“两型社会”作为引领科学发展的方向和目标，把资源节约、环境友好的要求贯彻落实到经济社会发展的各个领域、各个环节，以建设“两型社会”引领经济发展方式转变，引领产业结构、生产方式、消费模式的深刻变革，引领体制机制创新，引导全社会走上生产发展、生活富裕、生态良好的文明绿色发展道路。

以“四化”带动“两型社会”建设。顺应工业化、农业现代化、城镇化、信息化相互依存加深、相互影响增强的发展趋势，按照科学发展观统筹兼顾的根本方法和全面协调可持续的基本要求，我们把统筹推进“四化”作为基本途径，坚持以新型工业化为主导、农业现代化为基础、新型城镇化为载体、信息化为支撑，努力使“四化”互促共进、相得益彰，带动“两型社会”建设，促进科学发展。

加快推进发展方式转变。针对我省经济发展中存在的突出问题，我们要大力推进结构调整，加快经济结构由低端向高端、由不平衡不协调向统筹协调发展转变，实现优化发展；大力推进制度创新和科技创新，加快经济发展由要素驱动向创新驱动转变，实现创新发展；大力加强节能减排和生态建设，推进资源利用尽快由粗放型向集约型转变，实现绿色发展；大力改善民生，加快由片面追求经济增长向促进人的全面发展转变，实现人本发展。

以建设“四个湖南”抢占新一轮发展制高点。科学发展才能赢得长远竞争力。立足湖南的优势和潜力，把握国内外发展大势，我们把建设绿色湖南、创新湖南、数字湖南、法治湖南作为推动科学发展的实践载体。绿色是发展大势，创新是发展的动力和活力，数字化是重要支撑，法治是制度保障，以绿色、创新、数字、法治的生动实践，抢占新一轮发展的制高点，争创科学发展的新优势。

三、全面推进“四化两型”建设，努力为“十二五”开好局、起好步

“四化两型”既是一个加快发展的战略，又是一个转型发展的战略，是坚持科学发展主题和加快转变经济发展方式主线的有机统一。

加快推进新型工业化，构建具有湖南特色的现代产业体系。加快产业结构调整进程，尽快形成结构优化、技术先进、清洁安全、附加值高、吸纳就业能力强的现代产业体系。大力培育发展先进装备制造、生物、信息等战略性新兴产业。加快改造提升传统产业，着力推进传统优势产业向两型化、高端化、品牌化、集群化发展。抓住国际国内产业转移加快的重大机遇，积极承接产业转移。加快发展现代服务业，提升生产性服务业，推进生活性服务业转型升级，培育新兴服务业。

加快推进农业现代化，促进农业发展方式转变。坚持把解决好“三农”问题作为重中之重，以确保粮食安全、增加农民收入、实现可持续发展为目标，以推进农业规模化、集约化、产业化、生态化为重点，提高农业现代化水平。稳定发展粮食生产，加快实施新增粮食产能工程。加强现代农业基础设施建设，重点推进水利建设，稳步提高农业机械化水平，积极推进农业农村信息化。推进农业结构的战略性调整，大力发展生态农业、特色农业、休闲农业、城市农业和外向型农业。大力发展农产品加工业，推动农业产业化经营，发展壮大县域经济实力。

加快推进新型城镇化，统筹城乡区域协调发展。转变城市发展方式，坚持走资源节约、环境友好、经济高效、社会和谐、城乡一体的新型城镇化道路。做优做强中心城市，加快发展区域中心城市和小城镇，促进大中小城市和小城镇协调发展。统筹城镇化和新农村建设，发挥城市对农村的辐射带动作用。坚持以城镇化带动区域协调发展，把环长株潭城市群建成中部地区经济增长极和现代化生态城市群；扶持开发大湘西，将大湘西纳入国家武陵山经济协作区发展规划，支持湘南建成承接产业转移示范区，实现区域优势互补、共同发展。

加快推进信息化，建设数字湖南。把推进信息化作为覆盖全省现代化建设全局的战略举措，全面提高信息化水平。大力扶持电子信息产业，推动信息化与工业化深度融合，运用信息技术改造提升传统产业。加快长沙国家超算中心建设，加快发展云计算和物联网。以国家移动电子商务试点省为平台，大力发展移动电子商务。抓住国家将长株潭城市群列入“三网融合”试点的机遇，推进“三网融合”步伐，加快信息技术在经济社会发展各个领域的推广应用。

加强生态文明建设，建设绿色湖南。积极发展循环经济和低碳技术，集中力量抓好长株潭城市群改革与发展，带动全省“两型社会”建设。把湘江治理作为“两型社会”建设的突破口，认真实施国务院批准的《湘江流域重金属污染治理实施方案》，把湘江建设成“东方莱茵河”。大力发展低碳产业，科学合理开发利用资源，探索建立生态补偿机制和生态环境共建共享机制。开展“宜居城市”、“宜居城镇”、“宜居村庄”创建活动，建设绿色湖南。

发挥科教和人才的支撑作用，加快建设创新型湖南。加强科技创新平台建设，推进产学研结合，突出关键技术攻关，提高自主创新能力。建设教育强省，合理配置教育资源，统筹推进各类教育科学发展，培植创新潜力。开发人才资源，健全人才激励机制，推进人才队伍建设，激发创新活力，形成适应新形势需要的湖湘人才群。大力繁荣文化事业，加快发展文化产业，推动文化创新，塑造湖湘文化品牌，增强发展软实力。

切实保障和改善民生，建立健全基本公共服务体系。重点实施8大民生工程，推动保障和改善民生工作长效化、常态化、制度化。多渠道开发就业岗位，千方百计扩大就业，完善就业服务体系，实现经济增长与就业增长的良性互动。深化收入分配制度改革，实施居民收入倍增计划，逐步提高最低工资标准，健全职工工资正常增长机制，扩大中等收入者比重，培育“橄榄型”社会结构，构建和谐劳动关系。加快保障性住房建设，完善养老、医疗等各项保障制度。加大投入力度，健全公共服务体系，推进城乡基本公共服务均等化。

加强和创新社会管理，加快建设法治湖南。全面推进社会管理创新，大力转变社会管理方式。坚持科学决策、民主决策，严格依法办事、按政策办事，从源头上预防和减少社会矛盾。注重运用信息化等现代科技手段，提升社会管理效能和质量。创新社会管理体制机制，积极培育发展各类社会组织，健全公共治理结构。完善矛盾调处和利益协调机制，提高社会管理能力和水平，以依法执政为核心、依法行政和公正司法为重点，推进法治湖南建设。

（载于《求是》2011 年 16 期）

更好更快建设文化强省

徐守盛

湖南文化底蕴深厚，特别是各市州都立足各自地域特色，按照省委、省政府的决策部署，积极推进文化强省建设，取得了明显成效。

湖南实施文化强省战略取得重大成就

文化强省战略是省第九次党代会提出的建设经济强省、教育强省、文化强省三大战略之一。近五年来，文化强省与经济强省、教育强省相互促进、相互补充、互为支撑，为富民强省提供了有力的精神支撑和文化保障，呈现实力提升、体系健全、活力增强的良好态势。

湖南特色的文化产业发展之路基本形成。湖南文化的发展，在全国已成为广泛关注的现象，呈现出“井喷”式发展势头，“广电湘军”、“出版湘军”、“演艺湘军”、“动漫湘军”在全国影响深远，无论是发展模式、发展思路，还是体制机制改革，都为其他产业改革发展提供了有益借鉴。“十一五”期间，文化产业增加值年均增长 20%，预计 2010 年达到 780 亿元。产业和企业实力显著提升，中南出版传媒、电广传媒进入全国文化企业 30 强，上市文化企业达到 4 家，13 个动漫产品、6 家动漫企业被认定为国家重点产品和企业，7 家企业、6 个项目被确定为国家文化出口重点项目，文化创意产业列为全省七大战略性新兴产业之一。

城乡公共文化服务能力和水平得到大幅提升。积极适应文化发展的新规律新特点，以健全文化公共服务体系为突破口，既大力发展高雅、高端文化产品，又大力发展人民群众喜闻乐见的文化产品，文化改革发展成果的普及度、便捷度进一步提高。各地普遍加大文化建设投入，着力加强文化基础设施建设，一批标志性文化工程加快推进，广播电视“村村通”、文化信息资源共享、社区和乡镇综合文化站、农村电影放映、农家书屋、“送戏下乡”等文化惠民工程深受人民群众欢迎。

湖湘文化的优良传统得到大力弘扬。坚持以建设社会主义先进文化为导向，发扬湖湘文化“心忧天下，敢为人先”的传统，注重挖掘湖湘文化的先进因素与时代特质，发挥文化在建设精神家园、塑造高尚情操、凝聚民心民智中的关键作用，全省已经形成聚精会神搞建设、一心一意谋发展的良好氛围。

在看到成绩的同时，也要清醒认识湖南文化强省建设面临的新背景、新环境，清醒认识湖南文化建设与国内发达省份存在的差距，清醒认识文化发展与人民群众日益增长的精神文化需求存在的差距，进一步增强责任感和紧迫感，把思想和行动统一到中央对文化改革发展的形势判断和总体要求上来，以只争朝夕、时不我待的精神，加快推进文化强省建设。

充分发挥先进文化在经济社会发展中的重要作用

建设文化强省，增强文化软实力，是“十二五”时期的重要任务之一。我们要按照胡锦涛总书记“三加快，一加强”的总体要求，深刻把握文化发展的内在规律，以文化改革发展成果全民共享为目标，以落实文化强省实施纲要为抓手，充分发挥先进文化的“三个作用”。

发挥文化对全社会的价值引领作用。经济社会发展到一定阶段，人民群众的精神文化需求必然提高。特别是随着收入水平不断提高，保障体系不断健全，人们的温饱等基本需求得到满足后，必然追求文化的熏染、精神的丰富、心灵的塑造。“十二五”时期，人民群众精神文化生活将呈现需求增长、消费升级、结构优化等新趋势。推进文化强省建设，就是要大力加强社会主义核心价值体系和精神文明建设，大力弘扬爱国主义、集体主义、社会主义，大力发展主流文化、和谐文化、诚信文化、廉政文化，努力为人民群众提供更多更好的精神食粮，为经济社会发展提供更有力的文化支撑。

发挥文化对“四化两型”建设的产业先导作用。“四化两型”战略是省委、省政府立足新的发展起点，综合分析国内外发展形势，作出的重大决策部署。人类进入 21 世纪，信息技术的迅猛发展和农业文明的现代转型，文化要素发挥了越来越明显的助推作用，文化创意产业的先导作用进一步凸现。没有文化创意的介入，现代产业发展就没有灵魂。建设文化强省，就是要适应新型工业化、农业现代化、新型城镇化、信息化和“两型社会”建设的新要求，围绕科学发展的主题和转变发展方式的主线，发挥文化产业的引导作用，加快打造文化高地，形成强大的文化凝聚力、文化创新力、文化传播力、文化保障力和文化竞争力，为“四化两型”建设提供强大的思想基础、精神动力、舆论支持和文化条件。

发挥文化在综合竞争中的实力支撑作用。胡锦涛总书记指出，文化是民族凝聚力和创造力的重要源泉，是综合国力竞争的重要因素，是经济社会发展的重要支撑。党的十七届五中全会再次明确了文化大发展大繁荣的总体思路，明确了提高全民族文明素质、推进文化创新、繁荣发展文化事业和文化产业的路径。综合实力的竞争，主要是文化软实力的竞争，文化的发展决定着一个国家、一个地区竞争力的强弱。建设文化强省，就是要大力挖掘历史、传统、民族等文化资源，使传统文化在保护中加强利用，把传统文化资源转化为产业资源，在产业、产品中注入更多、更重的文化因素，促进文化与经济深度融合，以文化软实力的提升促进整体实力提升。

更好更快地推进文化强省建设

“十二五”时期，是文化发展的重要战略机遇期。我们要切实增强责任感和紧迫感，把文化强省建设各项政策措施落到实处，把各项工作抓紧抓好。

正确处理好三个关系。要处理好主流文化和多样文化的关系。既要保证社会主义核心价值理念的主导地位，又要继续贯彻“百花齐放”、“百家争鸣”的方针，让不同地域、群体、阶层都能公平享受公共文化服务。要处理好继承和创新的关系。湖湘文化历史久远，底蕴深厚，孕育了以毛泽东为代表的一批杰出人物，对湖南、对中国乃至对世界都产生了深远影响。我们要认识到文化必须与时俱进，必须吸收先进文化成果，才能永葆活力。要适应时代要求，在深度挖掘的基础上，广泛借鉴和吸收现代商业文化、工业文化和其他地域文化中的创新、法治和注重精细管理等先进因素，弘扬湖湘文化。要处理好发展文化事业与文化产业的关系。各级政府要把发展公益性文化事业、满足广大群众基本文化需求作为义不容辞的职责；同时，尊重文化发展的规律，通过文化产业的发展丰富广大群众的精神文化生活。

大力发展文化创意产业。文化创意产业作为湖南的战略性新兴产业，要不断做大总量，提升质量，提高在国民经济中的比重，为文化产业转方式调结构探索路径、积累经验。主要抓三个方面。一抓产业规划。坚持从“四化两型”建设的需要出发，科学论证、合理定位、发挥优势，走湖南特色的文化产业发展路子；要加强文化产业规划与经济社会“十二五”规划、旅游规划、交通规划、国家专项规划等的配套衔接，增强规划的统一性、协调性和整体性；要坚持差异发展、特色发展、统筹发展，围绕省委、省政府确定的环长株潭、湘南、湘西“三大区域”发展思路，立足各地文化资源，形成各具特色的文化产业发展模式。二抓主体培育。积极推动国有文化企业改革改制，以建立现代企业制度为目标，通过并购、重组、上市等方式，加快培育一批文化龙头企业。着力培育壮大芒果传媒、中南传媒等文化产业集团，尽快打造一批在国内外具有较强竞争力的文化企业；要抓住湖南加快发展非公经济、县域经济、开放型经济的机遇，坚持多元化发展，完善政策支持体系，扩大民间资本参与文化产业发展、公共文化服务的领域，培育一批民营文化企业。三抓提质升级。立足长株潭城市群作为国家“三网融合”试点城市群，发挥国家数字出版基地、国家动漫公共服务技术平台和手机动漫公共服务技术平台等作用，积极拓展文化产业发展新渠道，加大文化与旅游、科技、信息、金融等行业的融合力度，不断催生新的文化业态，拓展文化消费内容和服务形式，重点推进创意设计、数字媒体、数字出版、动漫游戏等文化产业快速发展，积极发展现代演艺、网络文化服务、媒体零售等新兴文化业态。

着力健全文化服务体系。把公共文化服务体系建设作为统筹城乡发展的重要载体和改善民生、扩大消费的重要举措，按照公益性、基本性、均等性、便利性的要求，加大文化事业投入力度，完善公益性文化设施，推进文化惠民工程，促进基本公共文化服务均等化。一是抓好文化项目建设。以项目建设促进文化设施共建共享，为文化产业和事业发展奠定坚实基础。要推进铜官窑遗址、岳阳屈子文化园、潇湘影视综合大厦、湖南文化艺术中心等重点项目建设，尽快启动湖南省国家博物馆、省文档公共服务中心等一批重大文化设施项目，建设一批标志性公共文化设施。二是大力推进文化惠民工程。适应湖南新型城镇化加快发展的趋势，进一步加大国家五大文化惠民工程实施力度，力争“十二五”时期基本实现全省农村广播电视“户户通”，全面建设覆盖城乡的文化信息资源共享服务网络，完成乡镇、街道综合文化站建设，力争全省每个县都配备流动电影放映车、每个行政村都有农家书屋。大力开展丰富多彩的文化活动，加大政府支持力度，抓住重要节假日，促进文化娱乐进社区、进村镇、进企业、进校园，在全社会营造良好风尚。三是积极引导文化消费。抓住国家扩内需的政策机遇，发挥文化引导消费升级的重要作用，以提高公共文化服务质量的形式，促进文化消费的拓展、提质、升级。进一步激发农村文化消费需求，活跃农村文化市场，推动文化服务向农村延伸；总结推广常德鼎城区、株洲攸县繁荣农村文化市场的经验，通过政府引导、市场调节、机制创新等方式，扶持发展一批农村文化产业实体；发挥湖南文化品牌的优势，以广电、出版、动漫、演艺等优势产业为载体，加大文化交流合作力度，加快延伸产业链条，巩固和扩大文化市场规模。四是积极创作文化艺术精品。文化的作用在于它与现实、与经济的结合程度。结合得越紧密，文化的作用就越大。要坚持继承与创新相结合，挖掘与提升相结合，保护与开发相结合，以湖湘文化的现代转型为契机，大力挖掘本土民俗文化，加强文物和非物质文化遗产的抢救和保护，立足本土丰富的文化资源，创作更多更好的文化艺术精品。今年要围绕中国共产党成立90周年、辛亥革命100周年，抓好主旋律文艺作品创作，实现以优秀的作品鼓舞人、教育人、陶冶人。

加快推进文化体制改革。中央明确要求，2012年前要基本完成文化体制改革任务。今年是整体推进，攻坚克难的关键一年，必须深化重点领域和关键环节改革，加快构建充满活力、富有效率、更加开放、有利于文化科学发展的体制机制。重点抓好三项任务。一是加快经营性文化单位转企改制。积极稳妥推进国有文艺院团、广电网络、电影发行放映、非时政类报刊、新闻网站，以及党报党刊发行、电台电视台制播分离等改革。对于文化单位转企改制，中央和省里出台了系列优惠政策，各地各部门要认真领会、准确把握、珍惜机遇，坚持早改早主动、早改早受益，进一步加大力度、加快进度，力争今明两年基本完成国有经营性文化单位转企改制。二是创新服务机制。坚持文化服务的公益性方向，充分发挥政府与市场“两只手”的作用。一方面，加大政府层面的工作力度和投入力度，向人民群众提供更多更好的文化服务；另一方面，要出台和完善政策措施，鼓励各类社会机构和企业兴办公益性文化事业，促进公共文化服务的社会化、多元化。同时，还要注重激发各文化单位的积极性，推广省博物馆、省图书馆的改革经验，鼓励和扶持公益性文化单位面向市场，创新机制，探索建立事业单位法人治理结构，不断提高服务水平。要吸取各地民间博物馆的运作经验，实现文化惠民与文化富民有机结合。三是完善管理体制。各地要认真贯彻落实中央和省里的精神，以组建文化、广电、新闻出版综合行政主体，成立文化市场统一执法机构，合并广播电视台为重点，尽快完成市县（区）两级文化行政管理体制和文化市场综合执法改革任务。

加大文化投入力度。无论是文化事业发展还是文化产业振兴，都需要实打实的投入。各级党委政府要坚持整合资源、综合配套，不断完善文化投入的政策体系和体制机制，确保公共文化设施和公共文化服务工程建设顺利实施。要加大对主流媒体、基层文化单位和社会主义核心价值理念教育等工作的投入力度，稳固主流文化阵地。要创新财政资金运用方式，采取资本金投入、税收优惠、财政贴息、风险补偿和信贷奖励等方式引导金融资本和社会资本投入文化产业。要鼓励探索有利于文化事业发展、灵活多样的融资渠道，积极引进战略投资者，推动有实力的文化企业在境内外上市。

着力完善工作机制。建立健全党委统一领导、政府组织实施、党委宣传部门协调指导、行政主管部门具体落实、有关部门密切配合的领导体制和工作机制，为文化改革发展提供有力的组织保障、政策扶持和人才支撑。各级党委政府要把文化建设纳入重要议事日程，纳入经济社会发展全局，作为“一把手工程”，由主要负责同志亲自抓。宣传文化工作部门要发挥主导作用，积极推进本系统、本领域的改革发展。相关职能部门要按照分工，为文化建设提供有力支持。

（载于《新湘评论》2011 年 5 期）

建设学习型党组织 推进“四化两型”建设

梅克保

建设学习型党组织，是党的十七届四中全会在深刻总结历史经验、科学分析新形势新任务的基础上作出的重大战略部署，是着眼推进党的建设新的伟大工程、开创中国特色社会主义事业新局面的重大举措。一年来，湖南学习型党组织建设工作按照中央要求，全面展开、扎实推进。我们一定要以更强的政治责任、更新的工作思路、更有力的工作措施，推动学习型党组织建设工作不断取得新的进展。

充分认识学习型党组织建设的重大意义

学习是政党巩固之基、民族振兴之需、社会文明之要。重视和善于学习，是我们党在长期实践中形成的优良传统，也是党的一个重要政治优势。每一个重大的历史时期特别是危急关头，我们党都把加强学习作为战胜艰难曲折、夺取新胜利的重要法宝，极大地推动了党的事业蓬勃发展。面对新形势新任务新要求，我们比以往任何时候都更加需要加强学习。全省各级党组织和广大党员一定要不断深化认识，把思想和行动统一到中央和省委关于推进学习型党组织建设的要求上来，切实增强做好这项工作的紧迫感和责任感。

把建设学习型党组织作为建设马克思主义学习型政党的基础工程来抓。学习是马克思主义政党的特质。马克思主义政党只有在实践中不断学习才能体现时代性、把握规律性、富于创造性，才会具有旺盛的生机和活力。建设学习型政党，必须从党的各级组织特别是基层组织抓起。只有把各级党组织建设成为学习型党组织，我们党才能真正成为马克思主义学习型政党。

把建设学习型党组织作为建设学习型社会的示范工程来抓。学习是人类前行的火炬、文明进步的阶梯。人类社会始终是在学习中发展前进的。我们党要永葆先进性，首先就要当学习的先锋、学习的模范。只有把我们党建设成马克思主义学习型政党，把党的各级组织特别是基层组织建设成学习型党组织，才能引领和推动学习型社会建设。

把建设学习型党组织作为推进理论武装战略任务的重点工程来抓。用中国特色社会主义理论体系武装全党，是一项长期的战略任务。切实加强学习型党组织建设，建立健全持续学习的长效机制，才能不断推进党的思想建设、组织建设、作风建设、制度建设和反腐倡廉建设，提高全党的思想理论素养、解决实际问题的才干和拒腐防变的能力，不断为党的执政能力建设和先进性建设注入新的生机和活力。

把建设学习型党组织作为推进“四化两型”建设的先导工程来抓。当前，湖南正处于加快发展的重要战略机遇期，省委、省政府着眼于巩固应对国际金融危机冲击成果、加快转变经济发展方式，提出并大力实施“四化两型”战略。全省各级党组织要以建设学习型党组织为契机，在学习中更新发展理念，创新发展思路，提高发展能力，把学习型党组织建设作为加快“四化两型”建设的强大支撑和动力来源。

准确把握学习型党组织建设的目标要求

建设学习型党组织的主要目标，就是要按照科学理论武装、具有世界眼光、善于把握规律、富有创新精神的要求，把学习作为党的组织建设的主要特征，作为党组织开展活动的重要内容，作为提高党组织战斗力的重要途径，使党员的学习能力不断提升、知识素养不断提高、先锋模范作用充分发挥，使党组织的创造力、凝聚力、战斗力不断增强。

全省各级党组织要按照学习型党组织建设的目标定位，明确要求，凝心聚力，围绕提高各级党组织和党员干部的思想政治素养，把学习当成一种政治责任；立足于培养党员干部的高尚道德情操，把学习当做一种精神追求；紧扣提高党员干部谋划发展、统筹发展、推动发展的本领，把学习当做一种工作要求。特别要注重通过加强学习提升“四种能力”：

通过加强学习提升理性思维能力。方向决定前途命运，思想决定思路出路。加强学习，第一位的是加强思想理论武装，提高理性思维能力。要始终坚持以思想理论建设为根本，坚持不懈地用党的理论创新成果武装头脑，不断提高各级党组织和广大党员干部的思想理论素养和理性思维能力。

通过加强学习提升科学决策能力。“学为用之功，学为策之本”。学习能力决定决策能力。建设学习型党组织，就是要努力掌握和运用一切科学的新思想、新知识和新经验，把学习贯穿于决策的全过程，在学习中开阔视野、打开思路，在学习中把握规律、探求真理，在学习中增强本领、破解难题。

通过加强学习提升创新创造能力。创新创造的基础在于学习，前进的动力源于学习。只有加强学习，才能知不足而奋起，不断有所发明、有所创造、有所提高。必须通过加强学习，让广大党员干部不断积蓄和持续释放创造能量，用创新创造破解发展难题。

通过加强学习提升持续竞争能力。现代社会的竞争是学习能力的竞争。学习能力强，则竞争能力强。发展无止境，竞争便无穷期，学习便不能停歇。正如《第五项修炼》的作者彼得？圣吉所说：“从长远来看，一个组织唯一可持续的竞争优势，就是具有比对手更好更快的学习能力。”建设学习型党组织就是要以持续“学习”实现变革、乘势而上，在激烈的竞争中赢得主动、赢得优势、赢得未来。

始终突出学习型党组织建设的工作重点

建设学习型党组织是一项长期而重大的战略任务，是一项涉及各级党组织和全体党员的宏大系统工程，工作千头万绪，必须坚持突出重点，以点带面。

在内容上，重点抓好新思想、新知识、新经验的学习。学习“新思想”，要突出用中国特色社会主义理论体系武装头脑，深入学习实践科学发展观，学习践行社会主义核心价值体系，用党的创新理论指导当代中国的生动实践。特别是要联系湖南实际，学习研究科学发展观在湖南的认识和实践成果，深刻领会和准确把握省委、省政府作出的“四化两型”、“四个湖南”等重大决策部署。学习“新知识”，要突出学习实现富民强省所需要的经济、政治、文化、科技、社会、法律等方面知识，学习反映当代世界发展趋势的现代市场经济、国际关系、社会管理和信息技术等方面知识。学习“新经验”，要突出向改革发展的生动实践学习，自觉深入基层和工作一线，虚心向群众请教，搞好总结提升，做到集思广益；突出向国内外先进地区的成功实践学习，指导和推动本地区本部门本单位的工作。

在对象上，重点抓好领导干部的学习。要把加强党委（党组）中心组学习作为推动领导干部学习的重要抓手，进一步健全学习制度，严格学习管理，丰富学习内容，增强学习实效，推动中心组学习的规范化、制度化。要把开展领导干部“述学”作为促进领导干部学习的重要手段，将述学情况作为考察考核领导班子的重要依据。要把开展领导干部“讲学”作为推动其学习的重要途径，探索建立领导干部讲学制度，县以上领导干部每年至少要到党校、基层上党课、作形势报告一次，并纳入年度考核范围。在抓好领导干部带头学习的同时，推动学习型党组织建设在机关、企业、农村、社区、学校、部队和“两新”组织中深入开展，把学习型党组织建设工作落实到每一个基层党组织和每一名党员。

在载体上，重点抓好七大主体活动。一是开展学习型党组织知识竞赛。这是湖南庆祝建党90周年的一项重要活动。全省各级党组织和有关部门要高度重视，成立专门工作班子，制定具体方案，认真组织实施。二是召开全省学习型党组织建设经验交流会。按照抓好总结、选好典型、适时推广的思路，及时总结各地各部门和基层单位创造的好做法、好经验。三是抓好湖南省干部教育培训网络学院在线学习。按照“干部脱产培训的补充、岗位自学的平台、开阔视野的窗口、更新知识的课堂、提高能力的途径和交流工作的载体”的定位，进一步建好用好网络学院在线学习平台，力争到2012年全省30多万公务员都在该平台接受学习。四是抓好系列通俗理论读物的编写。按照项目化组织、系列化打造、品牌化培育、本土化发展的思路，继续组织编写出版系列通俗理论读物。五是抓好“五个力量”系列专题片制作。按照湖南制作、全国水准的目标要求，组织优势力量，抓紧制作完成《思想的力量》、《学习的力量》、《诚信的力量》、《文化的力量》、《信仰的力量》系列电视专题片。六是抓好示范点建设。分行业、分类别、分层次全力打造一批叫得响、立得住、推得开的示范品牌，发挥好示范点在全省学习型党组织建设工作中的示范作用。七是抓好向党员干部推荐学习书目的工作。按照突出书目的权威性和认同度，注重导向性、知识性、可读性和反映新思想、新知识、新经验的原则，兼顾处理好党内学习和全民学习、中央要求和湖南特色、热点阅读与基础阅读关系的要求，继续做好向党员干部推荐学习书目的工作，引导党员干部多读书、读好书。

切实加强学习型党组织建设的组织领导

学习型党组织建设工作的进展快慢、成效大小，关键在组织领导。各级党组织一定要不断深化对这项工作重要性的认识，将其摆在突出位置，纳入重要议事日程，全面加强组织领导，确保有力有序有效推进。

加强领导力量。学习型党组织建设与创先争优活动都是抓党建的重要形式，异曲同工、殊途同归。根据中央关于进一步加强学习型党组织建设工作领导小组的要求，省委从统筹推进学习型党组织建设和创先争优活动的工作需要出发，增补了领导小组成员，并调整充实了部分单位负责同志。各市州、县市区也可以根据工作需要，进一步调整充实领导力量。各级党委要为推动学习型党组织建设工作广泛、深入、持久开展创造良好条件，确保领导小组办公室有明确的专职领导、专项的办公经费、专门的办公场所、精干的工作力量。

明确工作责任。要建立健全工作责任制，充分发挥各部门、各单位和社会各方面的作用，形成党委统一领导，宣传部门牵头协调，成员单位分工负责，各级党组织和全体党员积极参与的领导体制和工作机制。领导小组成员单位和主要责任部门要增强使命感、责任感，各司其职、各负其责，相互支持、密切配合，形成推动学习型党组织建设的工作合力。领导小组办公室要强化服务意识，创新服务方式，提高服务水平，切实履行好协调指导和组织服务职责，确保各方面工作高效、有序、顺畅运转，推动各项任务落到实处。

强化督查考核。要按照工作项目化、项目责任化、责任考评化的要求，建立学习型党组织建设工作的考核评估指标体系。要制定和完善党员干部学习的考核评价办法，建立健全述学、评学、考学制度，构建干部学习考核评价的制度体系，把对党员干部的考核从原来的德、能、勤、绩、廉五个方面扩展到德、能、勤、绩、廉、学六个方面。要按照中央要求，把学习情况作为民主评议党员、综合考核评价领导班子和领导干部的重要内容，把理论素养、学习态度和学习能力作为选拔任用干部的重要依据，推动学习型党组织建设步入制度化、规范化和科学化的轨道。

营造良好氛围。要通过领导访谈、专家解读、深度报道、通讯综述、理论文章、典型宣传等多种形式，深入宣传中央和省委关于推进学习型党组织建设的重要精神和决策部署，宣传建设学习型党组织的重大意义和目标要求，宣传各级党组织在建设学习型党组织过程中的工作进展和主要成效，宣传各地在实践中涌现的先进典型和有益经验，推动形成建设学习型党组织的浓厚氛围。

（载于《新湘评论》2011 年 6 期）

“两型农业”：转变经济发展方式的着力点

杨泰波

一、把发展“两型农业”提到转变农业发展方式的战略高度来认识

从“两型社会”建设的全局来看发展“两型农业”的重要性。农业是国民经济的基础产业，跨越区域广、涉及人口多，是一个对资源和环境依赖性很强的产业，不科学的生产方式，会对资源和环境造成重大危害。同时，农业也是一个占用和消耗自然资源较多的产业。可以说，没有农业的“两型”发展，就没有整个经济社会的“两型”。

从世界农业发展的历史潮流来看发展“两型农业”的必然性。20 世纪 30 年代以后，西方发达国家率先采用了以能源、化肥等投入要素为基础的“石油农业”生产方式。这在满足人类食物需求的同时，也带来了环境与生态问题，唤醒了人们的环保意识。70 年代后，“绿色革命”浪潮席卷全球，有机农业、生态农业、生物农业、自然农业等新型业态应运而生。中国人多地少、资源短缺、环境脆弱的基本国情决定了我们不能走发达国家的老路，必须转变农业发展方式，努力实现经济、社会、生态、资源的可持续发展。

从湖南农业发展现状来看发展“两型农业”的紧迫性。近年来，尽管湖南在发展“两型农业”上作了不少探索。但仍有一部分地方发展方式粗放，资源浪费严重。比如，全省农业用水的利用率只有 44.4%，远低于发达国家水平。现实表明，转变农业发展方式，发展“两型农业”迫在眉睫。

二、积极探索发展“两型农业”的路径

发展“两型农业”，涉及农业生产的各个环节及相关领域，必须以节能、降耗、减排、治污以及农业资源的集约利用和保护为方向，用先进生产技术与科学管理方式改造传统农业，使农业生态系统更趋合理。

大力发展节约型农业。面对农业资源日益稀缺、能耗物耗过高、资源浪费严重的现实，必须把节约和集约利用资源放在首位。一是坚持最严格的耕地保护和节约集约用地制度，守住基本农田不减少的“底线”，集中连片推进农村土地综合整治，大力推广绿肥种植、秸秆覆盖、过腹还田等耕地培肥和保护性耕作技术，增强耕地综合生产能力和持续产出能力。二是积极发展节水农业。深入开展以节水为中心的大型灌区续建配套和小型农田水利建设，重点推广以田间工程改造及水稻“控水灌溉”为主的节水技术。三是不断提高农业投入品的利用效率。全面开展测土配方施肥行动，加快推广高效低毒农药和病虫草害生态控制技术，减少化肥、农药的使用量。

大力发展农业循环经济。大力发展循环经济，最大限度地实现农业生产过程资源消耗减量化和生产结果无害化。一要积极探索农业循环经济模式，形成具有地域特色的生态型农业经济体系，实现农业资源的循环利用。近年，全省基本形成了以“稻—菜—鱼（虾）—鸭”为重点的农田内循环模式，以“猪（牛、鸡）—沼—粮（菜、稻、果、茶）”为重点的种养循环模式和“秸秆—牧—沼—粮（果、菜）”、木材废弃物—香菇（木耳）等为重点的生物链循环模式，取得了良好的经济和社会效益。二要大力发展适合农业循环经济的低成本适用技术，加强农业技术推广体系建设，确保技术成果让涉农企业和农户用得起。三要提高农村可再生资源综合循环利用水平，加快太阳能、风能、生物能等可再生能源的开发与利用，推动农村生产生活废弃物资源化处理，将农产品加工后遗留的废弃物转化为环保型农业生产资料，加快推广可降解农膜、生物柴油、生物农药等生物产品。

大力增强农业碳汇能力。作为碳汇产业，农业具有吸收并储存二氧化碳的能力，森林是陆地上最大的储碳库和最经济的吸碳器，全球陆地生态系统中约储存了 2.48 万亿吨碳，其中 1.15 万亿吨碳储存在森林生态系统中。“两型农业”强调农业发展的生态效应，追求的是农业发展与生态平衡的协调以及人与自然的和谐发展。湖南是农业大省，拥有 3815.97 千公顷耕地和 1.46 亿亩林地，森林覆盖率达

55.86%，发展碳汇农业和碳汇林业的潜力很大。要加快退耕还林速度，严禁乱砍滥伐和非法征占林地，防控森林火灾和病虫害，提高森林碳汇库容潜力。

三、完善发展“两型农业”的配套措施

“两型农业”是一项庞大的系统工程，除了自身体系的建设，还需要配套措施跟上去。

牢固树立“两型农业”的发展理念。发展“两型农业”是一次农业发展观念的深刻变革。我们既要兼顾眼前的经济效益，更要考虑长远的生态效益，既要尊重经济规律，又要遵循生态平衡规律，树立节约资源就是发展农业生产力、保护生态环境就是保护农业生产力的理念，推进生产与生态的同步发展。

建立符合科学发展的绩效评价考核体系。在政绩考核时，要克服唯 GDP 论，既要看经济指标，又要看生态指标；既看当前的发展，又看发展的可持续性；既看显绩，又看潜绩。鼓励各级政府在发展中落实保护，在保护中促进发展。

建立发展“两型农业”的法律法规支持体系。目前，我们要抓紧制定相关法律法规：第一，在资源减量化开发、资源的循环利用、生产和生活废弃物的再生利用方面的法律。第二，“两型农业”生产的监督管理、技术标准、技术规范等法规。第三，制定城市垃圾、水污染、大气污染治理的具体办法和操作细则。要从实际出发，借鉴发达国家和地区的立法经验，明确政府、企业、消费者在发展“两型农业”方面的权利和义务。严格控制城镇污染向农村扩散。

强化科技支撑。要加快推广节能节水节地节材等农业生产新技术，开发和推广废弃物利用、绿色肥料、生物农药、生态保护型养殖等环保型农业生产新技术。同时，要建立跨部门、跨区域的科技协作网络，扶持和引导涉农科研、教育、企业、协会等广泛参与的农技推广服务工作；有效提高“两型农业”技术推广和服务水平。

加大对农民培训力度。发展“两型农业”的主体是农民。要充分利用新型农民培训工程、科技进村入户行动等，通过政策引导、信息服务、金融扶持和后援技术支持，培育造就一批适应“两型农业”发展要求的技术骨干、致富能手和农民企业家，充分发挥他们的带头、示范和组织作用。要鼓励外出务工农民带技术、带资金回乡创业，引导他们发展符合“两型”要求的农业产业。

（载于《湖南日报》2011 年 3 月 22 日）

科学发展　率先发展

陈润儿

省委作出推进“四化两型”建设的重大战略部署，对长沙提出了更高要求，赋予了长沙更大责任。长沙将以“四化两型”战略为引领，加快转变发展方式，调整优化经济结构，切实保障改善民生，着力推进产业高端化、城乡一体化、城市国际化、发展“两型”化和管理法制化，续写科学发展、率先发展的新篇章。

加快产业高端化进程。在壮大产业集群中推进产业高端化，继续实施“百亿企业、千亿集群”工程，打造一批具有科技创新力、市场竞争力、区域带动力和产业聚集力的产业集群。在优化产业结构中推进产业高端化，促进低端产业向高端产业提升、产品竞争向品牌竞争提升、长沙制造向长沙创造提升。在促进产业融合中推进产业高端化，促进信息化与工业化的融合互动，加大信息技术产品和传统产品的集成力度；促进现代服务业与先进制造业的融合互动，以现代服务业特别是生产服务业提升制造业。

推进城乡一体化发展。切实加强中心城市建设，按照增强功能、提高品质、展示风貌、支撑发展的总体要求，进一步加大城市建设力度，强化城市综合功能，凸显山水洲城风貌，努力把长沙打造成为环境友好、功能完善、管理先进、生活舒适的宜居城市。坚持跳出农村建设农村、转移农民富裕农民、调整农业发展农业的基本思路，加快推动城乡规划、基础设施、公共服务、产业发展、生态环境和管理体制等六个“一体化”，实现城乡生产要素的高效流动、经济资源的优化配置和不同区域的协调发展。

提高城市国际化水平。着力推进城市功能、经济贸易、政府管理、社会服务、人居环境和制度体系的国际化，充分利用国际国内两个市场、两种资源，把资源、技术、人才等各种要素充分吸纳过来、聚集拢来、激活开来，为长沙率先发展注入新动力、开辟新空间。着力提升开放平台，强化产业配套、功能配套和政策配套，不断提升城市的承载力、吸引力和聚集力。积极发展对外经贸合作，主动参与国际经济竞争，进一步提升经济外向度，着力建设国际文化名城，进一步彰显长沙的人文特色优势。

凸显发展“两型”化特色。坚持以环境为优势推动发展，努力创建全国生态文明示范城市，积极探索一条生产发展、生活富裕、生态文明的资源节约型、环境友好型发展之路。大力推进节能减排，加快形成节约能源资源和保护生态环境的产业结构、增长方式、消费模式。建立健全环保机制，探索建立落后产能淘汰机制、生态环境补偿机制、生产污染治理机制和资源节约奖励机制。

打造法治化城市。建立完善有利于改革发展稳定、民生权益改善的法制体系。健全完善民主制度。深化司法体制和行政执法体制改革，建立行政执法的责任制、行政管理的公示制、行政损害的赔偿制和行政过错的追究制。切实改善社会管理。构建机制互联、功能互补、力量互动的社会管理网络，形成党委领导、政府负责、社会协同、公众参与的社会管理格局。

（载于《新湘评论》2011 年 1 期）

深化体制机制创新　加快“两型社会”建设

陈肇雄

转变经济发展方式是贯彻落实科学发展观，破解资源环境瓶颈、实现经济社会可持续发展，优化美化发展环境、切实改善民生的客观要求。建设“资源节约型、环境友好型社会”本质上是一种发展理念的创新、发展方式的转变，是实现经济社会现代化的重要途径。环长株潭城市群获批国家“两型社会”建设综合配套改革试验区以来，湖南在“两型社会”建设行政管理体制方面进行了一系列创新探索，对湖南经济社会发展产生了积极的促进作用。

一、湖南“两型社会”建设的背景

2006年以来，湖南大力推进“一化三基”战略，加速推进新型工业化，以新型工业化带动新型城市化和农业现代化，着力加强基础工作、基础设施和基础产业，全省经济社会持续快速发展。2008年，全省经济总量首次突破万亿元大关，连续三年跻身全国前十位，引起了各界的广泛关注，为进一步发展打下了良好的基础。

立足新的发展起点，为实现湖南经济社会更好更快发展，2010年4月，新任省委书记周强同志组织领导班子成员进行了专题调研，基于“三个没有根本改变”的基本省情，即，“湖南作为中部省份、后发地区，经济总量人均水平偏低、综合竞争力不强的问题没有根本改变，经济发展方式粗放、经济素质不高的问题没有根本改变，城乡、区域发展不平衡的问题没有根本改变”，提出了“四化两型”战略，即，加快推进新型工业化、新型城镇化、农业现代化和信息化，努力建设“资源节约型、环境友好型社会”。坚持“两型”引领、“四化”带动，以结构调整、自主创新、节能环保、民生改善和制度建设为着力点，努力实现优化发展、创新发展、绿色发展、人本发展，建设创新型湖南、数字湖南、法治湖南、绿色湖南。“四化两型”战略的确立实施，明确了湖南“两型社会”建设的目标和途径，为实现全省经济社会科学跨越发展提供了坚强的保障。

湖南长株潭城市群一体化发展构想源于1997年3月，历经10多年筹划，于2007年12月14日，经国务院同意，国家发改委正式批复长株潭为国家“两型社会”建设综合配套改革试验区。2008年12月，国务院批复了长株潭“3+5”城市群改革总体方案和区域规划。改革试验的总体要求是“三个率先”：率先形成有利于资源节约、环境友好的新机制；率先积累传统工业化成功转型的新经验；率先形成城市群发展的新模式。目标定位是“四个示范”：建设成为全国“两型社会”建设的示范区；中部崛起的重要增长极；全省新型工业化、新型城市化和新农村建设的引领区；具有国际品质的现代化生态型城市群。工作推进分“三个阶段”：第一阶段（2008—2010年），夯实基础，重点突破；第二阶段（2011—2015年），纵深推进，初见成效；第三阶段（2016—2020年），基本完成改革任务，取得较好示范效果。综合配套改革重点是探索“十大体制机制创新”：资源节约、环境保护、产业优化、科技创新、土地管理、投融资、对外开放、财税、城乡统筹、行政管理等体制机制创新。改革任务是探索走出“六条新路子”：新型城镇化规划与发展、新型工业化、资源节约与环境友好、综合基础设施建设、城乡统筹、体制机制创新等新路子。

二、湖南“两型社会”建设第一阶段工作进展情况

为统筹谋划试验区改革建设，湖南省成立了长株潭“两型社会”试验区改革建设领导协调委员会，由省委书记任顾问、省长任组长，省人大常委会副主任、常务副省长、省政协副主席各1人任副组长，环长株潭8市市长、各主要单位负责人为成员。设立省“两型”办为常设办事机构，归口省发改委管理，负责全面统筹、谋划、协调长株潭城市群“两型社会”试验区改革建设中的规划引领、产业发展、资源利用、体系建设、政策支持、体制机制创新等各项工作。

获批三年以来，湖南省委、省政府坚持把“两型社会”建设作为践行科学发展观的重大举措、富民强省的重大机遇和加快转变经济发展方式的重要着力点，精心组织、周密部署，在党中央、国务院的坚强领导和国家各部委的大力支持下，全省各级各部门通力协作、扎实工作，在强化顶层设计，突出规划引领、基础设施支撑、产业结构优化、环境污染整治等方面着力，顺利完成第一阶段改革建设任务。一是完成了顶层设计。构建了高起点、多层次、全覆盖的规划体系，为“两型社会”改革建设创建了系统性好、创新性强的行动路线图。二是基础设施不断完善。长株高速等城际干道建成通车，长株潭城际轨道交通、长沙地铁、湘江长沙综合枢纽等一批重大基础设施建设进展顺利，三市通信实现同号并网升位。三是“两型”产业提速发展。促进传统产业高端化、两型化、高新化，大力发展战略性新兴产业，积极推动产业集群集聚发展。产业规模不断扩大，结构不断优化，效益明显提升，发展后劲显著增强。以先进装备制造、新能源、新材料等为代表的战略性新兴产业保持年均30%以上增速，科技对经济增长的贡献率超过50%。四是重点领域和关键环节改革顺利推进。重点开展了资源节约、环境保护、土地管理等十项改革试点，一些方面取得了实质性突破。初步编制出台了“两型社会”建设评价指标体系，建立了试验区节能环保标准体系。五是污染治理和环境保护成效显著。着眼把湘江打造成“东方莱茵河”，实施湘江流域水污染整治三年行动计划。完成对长株潭城市群“绿心”昭山的地方立法，强调把长株潭城市群“绿心”建设成东方“维也纳森林”。

三年来，长株潭“两型社会”试验区的建设和改革，有力地促进了长株潭三市、环长株潭城市群和全省经济社会又好又快发展，长株潭城市核心增长极的带动作用更加明显。2010年，长株潭3市地区生产总值增长15.5%，环长株潭8市增长15.2%，全省增长14.5%。长株潭3市地区生产总值占全省的42%，环长株潭8市地区生产总值占全省的79%。

三、湖南“两型社会”建设行政管理体制创新探索

“两型社会”建设是系统、复杂的庞大工程，需要统筹协调不同行政区划、职能部门、社会群体的利益和关系，湖南创新政府管理体制机制，按照“整体有序、局部自主”的原则，确立了“省统筹、市为主、市场化”的推进机制，以调动各市州、省直各部门和社会各界合力推进“两型社会”建设的积极性。“省统筹”，就是省里主要抓协调、搞统筹，充分发挥协调指导作用，省直相关部门协同配合、积极支持，及时协调解决改革建设中出现的重大问题；“市为主”，就是各市切实承担起“两型社会”改革建设的主要责任；“市场化”，就是发挥市场在配置资源中的基础性作用，通过市场化运作，加快推进各项建设。“省统筹、市为主、市场化”的推进机制，既有利于形成整体合力，也有利于调动各级各地区的积极性和创造性，为完成第一阶段改革建设任务提供了重要的体制机制保障。

过去三年中，湖南在“两型社会”建设体制机制方面进行了一系列的创新探索，产生了很好的改革发展效果。在“两型社会”建设的实质性推进阶段，我们仍有诸多发展理念和体制机制等深层次瓶颈制约问题亟待解决。一是在发展理念方面，认识还没有完全统一，部分同志对湖南现阶段要不要搞“两型社会”建设、能不能搞“两型社会”建设还有不同看法；二是在政策方面，还没有建立起鼓励支持“两型”、约束限制“非两型”的政策体系，难以充分发挥政策层面引导支持“两型社会”建设的作用；三是在体制机制方面，对是否突破现有体制机制还存在争议，有的同志认为现行推进机制协调力度不够，应该走长株潭三市行政合并的道路，有的同志则认为没必要改，应该按现行体制机制运行；四是在规划方面，省与市规划还没有完全统一，市州之间的规划也往往互不相容，衔接、协调的难度很大；五是建设重点方面，全省有立足全局的重点，各市州基于各自发展需要和现实利益考虑，又有各自的侧重点，步调还难以完全一致；六是资源配置方面，能源资源配置向重化工、高耗能行业倾斜的现象还没有得到根本改变；七是基础设施建设方面，各市州之间发展重点、发展方向不同，基础设施建设的重点、进度要求各有差异，跨地区基础设施建设共建共享协调难度较大；八是社会观念方面，“两型”知识的宣传、“两型”消费方式的普及等工作还有待进一步加强。

四、湖南“两型社会”建设下一阶段改革重点

当前，湖南省“两型社会”建设已经步入纵深推进阶段，对体制机制改革创新提出了新的更高要求。如何针对第一阶段推进过程中遇到的问题，按照第二阶段改革建设的需要，充分利用先行先试的政策优势，推进综合配套改革，加快构建符合“两型社会”建设要求的体制机制，是我省“两型社会”建设必须首先解决的关键问题。

经过多方面协商，根据第二阶段“两型社会”建设对体制机制改革提出的新要求，省委确立了继续坚持“省统筹、市为主、市场化”的工作原则，突出综合配套改革，强化省“统筹、组织、协调、服务”职能，以构建现代产业体系、实现城乡区域协调发展、加强生态和环境保护、创新优化社会管理等为重点，进一步加大体制机制改革创新力度，着力在五个方面下功夫：一是在推进科学决策上下功夫。围绕“四化两型”战略，立足将“两型”要求贯穿到经济社会发展的全过程和各领域，构建科学决策机制，从决策上引领和保障“两型社会”建设的正确方向。二是在实施统筹协调上下功夫。加强组织建设，增强“两型社会”建设推进机构的执行力。三是在支持部门履行职能上下功夫。围绕建设责任、服务、法治、廉洁政府，支持省直各厅局切实履行行政管理职能，创造性地开展工作。四是在发挥市州主体作用上下功夫。立足各级互促共建，支持市州将经济社会发展的总体规划与“两型社会”建设的目标任务结合起来，使市州真正成为“两型社会”建设的责任主体和实施主体。五是在形成合力上下功夫。培育“两型”文化，宣传“两型”理念，营造“两型”氛围，充分调动社会各方参与的积极性。

为进一步加大统筹协调力度，更好地整合资源、凝聚力量，加快推进全省“两型社会”建设，湖南省在原有领导协调委员会的基础上，于2011年4月决定组建试验区工委和管委会。工委和管委会分别作为省委、省政府的派出和工作机构，明确在不取代市州主体责任、不代替厅局行使职能的前提下，站在全局的高度统筹协调市州之间、厅局之间、市州与厅局之间的关系。同时，在人员安排上为加强统筹协调职能，由省委分管领导兼任工委书记，试验区三市以及省直主要综合协调部门、对外联络部门的主要负责同志兼任工委副书记（长沙、株洲、湘潭三市党政主要领导，省发改委主任、省商务厅厅长等），试验区管委会常务副主任任专职副书记。

工委和管委会的职能，主要侧重在八个方面。一是规划体系建设。突出“两型”规划与经济社会发展规划、各市规划与城市群规划、专项规划与总体规划相对接，组织编制跨区域、跨行业规划与各类专项规划、下位规划，形成全覆盖的规划体系，强化规划的管理实施，科学指导和推进试验区及全省“两型社会”建设。二是政策体系建设。坚持先行先试，在对接和落实国家转变经济发展方式、促进区域协调发展、培育战略性新兴产业等政策的基础上，组织开展重大问题研究和重大政策制定，制定完善土地利用、产业发展、投融资、资源环境等方面的配套政策，构建保障有力的政策法规体系。三是重点项目管理。按照试验区改革建设总体方案要求，在“两型”产业发展、基础设施建设、示范片区建设、湘江流域综合治理、节能减排、城乡统筹、三网融合等领域研究确定和组织实施一批重大项目，加强跨区域重大项目的协调和管理，构建试验区重大建设项目的联合工作机制，推动建立高效协调的服务体系。四是示范创建推广。组织实施“两型社会”建设样板工程、“两型”技术产品推广工程、“两型”示范单位创建工程。围绕新型工业化、新型城镇化、新农村建设，深入开展“两型”产业、“两型”园区、“两型”企业，“两型”城市、“两型”城镇、“两型”社区，“两型”村镇、“两型”农业、“两型”生态等示范创建活动，带动形成“两型”生产方式、“两型”消费模式、“两型”生态环境。五是外引内联服务。推进部省合作，加强与国家有关部委政策和项目的全面对接。做好项目申报、资金扶持、平台搭建、标准制定、技术推广等相关服务工作，着力构建市场化的投融资平台以及试验区国际国内交流合作平台，积极引进国内外优强企业、战略投资者和科研院校参与湖南“两型社会”建设，充分利用国际国内两个市场、两种资源推进“两型社会”建设。六是宣传教育普及。促进形成全方位、多层面的宣传教育格局，普及“两型”知识，弘扬“两型”理念，宣传“两型”政策，倡导“两型”消费，培育“两型”文化，在全社会营造“两型社会”共建共享的浓厚氛围。七是专项考核评价。探索研究“两型”指标和评价体系，建立健全“两型社会”建设工作督办和考评机制，组织开展“两型社会”建设重点工作的专项考核评价，通过科学的考核评价推动“两型社会”建设责任和工作的落实。八是建设资金管理。会同相关部门，建立覆盖资金筹集、分配、拨付、使用、评价全过程的监管机制，切实加强对国家项目资金、省财政引导资金以及“两型”发展基金的管理和使用，确保各类资金管理使用的科学性、规范性、安全性和实效性，提高资金使用效率。

试验区工委和管委会的成立，是对构建“两型社会”建设管理体制和推进机制的一次积极尝试。“两型社会”建设是一项长期、复杂、艰巨的任务，面临的问题和困难还很多，有些可以通过湖南自身的实践加以解决，有些还需要国家层面的政策支持才能解决。如：政策体系方面，在运用土地、税收、市场准入等政策杠杆鼓励“两型”产业发展、推进资源税、环境税改革试点等方面，需要国家授予一定的先行先试权力；管理体制方面，现行管理体制还存在一些与“两型社会”综合配套改革要求不相适应的问题，在“两型社会”建设管理体制、推进机制改革创新方面，需要国家相关部委给予更多的支持和帮助；资金支持方面，“两型社会”建设涉及的投资领域广、重点项目多，希望国家层面能安排一定的专项资金用于支持“两型社会”试点工作；同时，在重大项目布局、金融信贷、上市融资、资本运作等方面，也需要国家给予“两型社会”建设试验区适当的政策倾斜。

我们相信，在党中央、国务院的坚强领导下、通过全省上下的共同努力，湖南一定能够通过综合配套改革，走出一条“两型社会”建设的新路，带动全省经济社会科学跨越发展。

（载于《行政管理改革》2011年8期）

把握好形势是做好工作的基本前提

路建平

今年是中国共产党成立90周年，是实施“十二五”规划的开局之年，也是湖南推动科学发展、加快经济发展方式转变的重要一年。关于当前宣传思想工作面临的形势，中央领导同志作了深刻分析，提出抓住和用好重要战略机遇期，对宣传思想文化工作围绕中心、服务大局提出了更高要求；西方敌对势力加紧对我遏制牵制和西化分化，对宣传思想文化工作维护国家意识形态安全提出了更高要求；社会思想多元多样多变更加明显、社会舆论形成和传播渠道更加复杂，对以社会主义核心价值体系引领社会思潮、促进和谐稳定提出了更高要求；人民群众文化消费日趋旺盛，对加快文化发展、不断提高文化产品和服务的供给能力提出了更高要求；文化产业日益成为新的经济增长点，在加快转变经济发展方式、优化经济结构中的作用越来越突出，对深化文化体制改革、推动文化与经济社会协调发展提出了更高要求。指出，把握好形势是做好工作的基本前提。

从经济形势来看，当前世界经济在波动中缓慢回暖复苏。我国经济发展实现预期目标，有效巩固和扩大了应对国际金融危机冲击的成果。湖南经济持续在“快车道”上高速运行，经济实力再上新的台阶。省委反复强调，当前湖南正处在负重爬坡、后发赶超、全面建设小康社会的关键时期，在推进“四化两型”建设中，我们一方面面临国家支持中部崛起、国际和沿海产业转移加速等历史性机遇，另一方面，经济增长与结构调整的压力并存，“两难”问题增多，经济发展中不稳定、不确定的因素增加。在这样的背景下，需要我们特别关注的有四个问题：一是“增速回调”与“保增长”的矛盾，根据中央宏观经济调控的要求，今年的经济增长速度可能进一步回调，但湖南保障就业、改善民生、扩大消费都需要经济保持相当的增速；二是防止通胀和稳定物价的压力，目前的通货膨胀压力已给经济社会发展带来很大影响，有效稳定物价和控制通货膨胀，成为今年经济工作的重中之重；三是产业结构“高低”转换存在较大难度，湖南高能耗行业比重较高，产业转型升级面临着土地、能源、原材料、劳动力等成本提高的制约；四是民生领域的一些矛盾比较突出，特别是教育、卫生、食品药品安全等方面可能会出现社会反映强烈的新情况新问题，对经济发展产生较大抑制作用。这些，既为我们做好宣传思想工作带来了新的空间，也要求我们进一步提高服务大局的能力和水平。

从社会政治生活来看，当前，我国已进入社会转型的加速期和社会矛盾的凸显期，维护社会和谐稳定的任务十分繁重。相对于去年而言，今年大事要事多。今年要庆祝中国共产党成立90周年，这将在党内外、国内外产生广泛影响。要纪念辛亥革命100周年，海峡两岸和全球华人都会关注。省委要召开第十次党代会，全省瞩目，意义重大，影响深远。与此相联系的，还要进行乡、县、市和省委四级换届，涉及面比较广，干部群众普遍关心。这些，既为我们唱响主旋律提供了有利契机，也给我们做好工作、营造良好氛围提出了新的要求。

从意识形态领域来看，当前我国意识形态领域继续保持积极健康向上的良好态势。但也要清醒地看到，意识形态领域并不平静，多元多样多变的思想意识对主流思想的干扰比较突出，特别是西方敌对势力对我分化和遏制，在思想文化上渗透日益加剧。分析当前意识形态领域的形势，今年需要我们重视的很可能是这样几个问题：利用庆祝建党90周年歪曲和否定党的历史，利用政治体制改革和地方党委换届可能出现的个案攻击我国的政治制度，利用社会热点和群体性事件攻击党的路线方针政策，利用互联网等高科技手段内外勾结制造思想混乱。这些，既为我们加强理想信念教育创造了良好条件，也使宣传思想工作统一思想、凝聚力量的任务更加艰巨复杂。

从人们精神文化生活需求来看，随着文化建设的不断发展，特别是文化强省战略的全面实施，广大人民群众的精神文化生活越来越丰富。当前，湖南人均GDP已经突破3000美元。这一时期，人民群众精神文化需求发生明显变化，有了更高期盼。从最近我们组织的一次专题调查情况来看，需要我们特别关注的有四个趋势：一是需求上呈现快速增长的趋势，文化消费将随着全面小康社会建设的推进而出现“井喷”态势；二是结构上呈现转型升级的趋势，文化消费正由单纯的休闲娱乐向休闲娱乐与求知求美并重的高层次转变；三是方式上呈现互动参与的趋势，人们已不满足被动式接受精神文化，参与和互动的愿望越来越强烈；四是主体上呈现拓展延伸的趋势，在城市文化消费继续增长的同时，农村文化消费内生动力强劲并日趋旺盛。这些，既给宣传思想工作提供了更大的发展动力，也带来了更加繁重的文化建设任务。

按照中央关于“着力把发展面临的形势讲清楚、着力把发展的主题主线讲透彻、着力把发展的目标任务和重大举措讲明白”的要求，进一步把这项活动推向深入。

集中开展形势政策宣传教育，这是当前宣传思想战线的首要任务。在“十二五”开局的形势下深入推进形势政策宣传教育，关键是要把握好内容，创新形式，掌握好时间节点。从内容上讲，要重点宣传好党的十七届五中全会和省委九届十次全会的重大意义和主要精神，宣传好中央和省委经济工作会议提出的今年经济工作的总体要求、主要任务、工作重点和政策措施，宣传好全国、全省“两会”精神，宣传好各地转方式调结构、推进“四化两型”建设取得的新进展新成效。从形式上讲，要通过集中宣讲、形势报告会、知识竞赛、演讲征文、文艺表演、座谈交流和网上活动等群众喜闻乐见的形式，广泛开展“回顾‘十一五’、展望‘十二五’”的宣传教育。今年，继续推出《热点话题谈心录》，组织开展专题宣传活动。从时间节点上讲，宣传教育活动分两个阶段展开，从去年底到今年“两会”前为第一阶段，主要集中学习宣传党的十七届五中全会和省委九届十次全会精神；从“两会”召开到“五一”前后为第二阶段，主要集中学习宣传“两会”精神和“十二五”规划。

在集中一段时间做好形势政策宣传教育的基础上，经济宣传还要继续深化和延伸，贯穿全年工作始终。就全年来讲，经济宣传要始终注意把握以下几个重点：第一，要继续宣传好主题主线，牢牢把握科学发展、富民强省这个主题和加快转变经济发展方式这个主线，引导干部群众深刻认识坚持发展是硬道理的本质要求是坚持科学发展，更加自觉地在发展中促转变、在转变中谋发展。第二，要继续宣传好重大战略，即“四化两型”战略，引导人们充分认识到“四化两型”既是加快发展的战略，又是转型发展的战略，是科学发展观在湖南的生动实践和具体体现。第三，要继续宣传好重大目标，即建设“四个湖南”，大力唱响创新型湖南、数字湖南、绿色湖南和法治湖南的新名片。第四，要继续宣传好重点任务，尤其要宣传好“五个着力点”，即着力调整经济结构、着力推进自主创新、着力推进节能环保、着力推进改革开放、着力保障改善民生，把人们的思想进一步统一到中央和省委决策部署上来。

为了使形势政策宣传教育取得更大实效，根据今年形势的特点，我们在工作中，要特别注意围绕谋发展，鼓实劲。当前，发展不足仍然是湖南最大的实际，我们一定要把谋发展的宣传作为重点，既要引导人们着力于加快发展，又要引导人们讲科学、重实际，防止盲目铺摊子、上项目，努力实现又好又快发展。要特别注意围绕调结构，推动创新。今年的经济宣传，还要特别注意针对当前湖南发展不优的问题，突出抓好转方式调结构的宣传，引导人们通过创新来攻坚克难，推动经济结构由低端向高端转变，由单一发展向全面发展转变，由不平衡不协调向统筹协调发展转变，为创新驱动、绿色发展助威出力。要特别注意围绕管通胀，提振信心。今年物价上涨和通胀的压力仍然很大，要把管通胀的宣传摆上重要位置，正确解读宏观调控政策，展示政府多管齐下稳物价、防通胀的措施和行动，积极引导并有效稳定社会心理。

把握好形势是做好工作的基本前提。我们要按照中央关于“着力把发展面临的形势讲清楚、着力把发展的主题主线讲透彻、着力把发展的目标任务和重大举措讲明白”的要求，把形势宣传教育活动进一步推向深入。

（载于《新湘评论》2011年4期）

风雨兼程砥砺进　改革发展谱新篇

——怎样看待改革带来的文化发展新局面

湖南省中国特色社会主义理论体系研究中心

2003年中央召开的全国文化体制改革试点工作会议拉开了我国文化体制改革序幕。至此，改革已走过八年风雨历程。实践证明，哪里有改革，哪里就有发展；哪里有改革，哪里就有新局面。实践同样也证明，哪里有改革，哪里就会有不同的声音；哪里有改革，哪里就会付出相应的改革代价。改革是一个持续发展的过程，文化体制改革不可能一次性解决中国文化发展所有的问题，有问题就会有不同的声音，这是很正常的，不能由此否定改革，放弃改革。如何评判中国文化体制改革的成败得失，应当看方向、看主流、看实效。

文化发展不是偏向了而是对路了。我国在文化体制改革过程中，为适应世界文化相互借鉴、相互融合、多元共存的发展趋势，为满足人民群众多元、多样的文化需求，大力推进了文化对外开放，加强了文化的对外交流、交往、交换，实现文化的多元化发展，有人认为这样把中国人的价值观念搞乱了。果真如此吗？非也。文化在本质上就是一元化与多元化的辩证统一体，只有兼容并蓄的文化才是先进的文化，才能大发展大繁荣。社会主义先进文化必须以海纳百川的胸襟才能确保自己的先进性。事实证明，中国人的文化价值观没有在多元化改革中搞乱，而是在各种文化的相互交流、取长补短、兼收并蓄中更好地保留了现有文化、传承了民族文化、发展了中华文化，在多元化中更理性、更坚定发展社会主义先进文化。同时，我国在文化体制改革中，在部分领域引入了市场机制，有力地促进了文化市场繁荣，但少数文化主体出现了庸俗、低俗、媚俗的“三俗”倾向，有人因此认为市场机制的引入导致了道德底线的下滑和社会风气恶化。此言甚为偏颇。事实上，市场机制只是一种资源配置的手段，能够使我国的文化生产更有效率、文化产品更丰富、文化服务质量更优，能够为促进社会文明风尚起到良好的促进作用。从现实来看，“三俗”不是主流，主流是中国当前的社会风气正在好转，良好的道德风尚正在形成。如改革开放和现代化建设蓬蓬勃勃展示了中国人自强不息、艰苦创业、与时俱进的美德，重大活动展示了讲文明、讲礼仪的公共道德，应对重大自然灾害的过程中呈现了万众一心、共克时艰、无私奉献的精神风貌都证明了这一点，文化发展没有偏向。

文化市场不是搞乱了而是搞好了。我国在文化体制改革中大力发展繁荣文化市场，有一段时期，文化市场出现了一些非秩序化现象，如盗版、制假、贩黄、渲染暴力等产品与文化活动，有人因此否定改革，认为“放得太开”。平心而论，这些现象虽盛行一时，但由于党和政府高度重视，已经逐步得到有效治理，目前文化市场呈现良性发展的大好趋势。一是文化产品的生产监管力度加大了。加强了对文化产品生产主体、生产过程、生产内容的审批、审查，扶持、培育健康、向上的文化产品，以雅反俗，以雅代俗，加大了从源头治理的力度，铲除滋生三俗文化的社会土壤。二是文化流通更加规范有序了。通过对演出、娱乐、网络文化、动漫游戏等市场经营秩序进行监管，开展文化市场知识产权保护专项执法行动，严厉查处违法卡拉OK歌曲、整治互联网和手机媒体淫秽色情及低俗信息，加大了“扫黄打非”力度，对“三俗”等不健康的消费进行限制，有效维护了市场秩序，净化了市场环境，为消费者提供合法、健康的精神文化产品。三是文化消费也日趋理性了。人民群众对急功近利、金钱至上、追逐成名不择手段，恶意炒作和包装的人员；对用低级的噱头和耸人听闻、甚至丧失道德底线的东西吸引眼球的营销方式；对通过暴力色情、陈腐迷信、八卦奇闻来谋利的文化产品已具备越来越强的辨别力、免疫力了，对追求深刻的思想内涵，追求深层心理需要和人文关怀的产品需求高涨，维护主流价值观、“反三俗”已具备强大群众基础。

文化队伍不是松散了而是壮大了。文化事业系统转体改制，一些小报小刊被整顿出局，一些小艺术团、小影院改体消亡，还有一些文化单位改制后，一些人因不适应市场竞争的压力而离开。有的人因此认为文化队伍有削弱和松散之势，这是偏颇的认识。实际上，通过转体改制，从总体上、主流上看，文化队伍被大大激活了。改革中虽然有单位破产，但更多的单位建立；虽然有人离开，但更多的人进来；虽然有人才流失，但更多的人才冒出。一是文化单位增多了。通过改革，截至2010年底，全国文化市场经营单位达到24.47万个，艺术表演团体2515个，注册的民营院团超过6800家，比改革前大大增加，涌现出一批总资产和总收入超过或接近百亿元的大型文化企业和企业集团，文化产品提供能力极大增强。二是文化从业人员增多，总体队伍显著壮大。通过改革，我国文化系统从业人员已达近140万人，群众文化机构从业人员14万余人，文化产业从业人员达到了1200万人。三是文化人才增多。文化队伍的学历层次、工作能力、年龄结构等都得到了整体提升。“四个一批”人才队伍不断壮大，发展和支持国家级非物质文化遗产项目代表性传承人1488名。为保证文化产业人才建设的可持续性，文化部还先后与上海交通大学、北京大学、清华大学等高校合作建设国家文化产业研究中心、研究基地，培养和储备了大批高端后备人才，文化人才群已初步形成。在数量质量显著提升的同时，文化队伍的活力得到了更大的释放，潜力得到更大的激发，收入增加了、境况改善了、信心更足了。

文化产业不是过头了而是激活了。文化体制改革推进文化产业发展，使之成为我国的支柱产业，很多地方都把文化产业发展提到了一个突出的位置，提上了重要议事日程。有人因此担心大力发展文化产业不合乎中国国情，会影响文化事业建设。实际上这种担忧是多余的。文化产业发展的热情高涨、势头迅猛不是过头的表现，而恰恰是激活的表征。发展文化产业是文化繁荣的重要内容，没有文化产业就没有文化繁荣。文化产业怎么发展、以怎样的规模发展都不算过头，都不会过头。发达国家文化产业产值已占到GDP的20%多，中国目前还只有2%多，还有很大差距。另外，文化产业是“绿色产业”、“朝阳产业”，是值得大发展的产业。这些年，我国文化产业的被激活表现在：一是产业规模迅速扩大。“十一五”期间，我国文化产业增加值平均增速较大幅度高于同期国内生产总值的平均增速。2010年我国文化及相关法人单位增加值达到11052亿元，占同期GDP的2.75%，文化产业已上升为国家战略性产业。二是产业竞争力持续增强。电影票房增速连续6年保持30%以上，改变了进口大片主导我国电影市场的格局。影视动画产量从2005年的4.2万分钟增加到2010年的22万分钟，扭转了进口片占主导的局面，国产影片海外销售总额超过35亿元人民币，图书版权输出引进比从2005年的1：7.2缩小至2010年的1：3，国际文化贸易逆差局面明显改观。三是文化的国际影响力不断提升。我国积极推动和加强地区及国际多边文化交流与合作，大力实施对外文化品牌战略，大力推动对外文化贸易，我国在国际文化事务中的话语权不断提高，我国文化的国际竞争力不断抬升，中国文化“走出去”战略取得了显著成效。已有100多个国家和地区设立了孔子学院300多个，孔子学堂400余个，注册学员约50万人，有力地推动了中华文化对外传播和国际化。海外文化年、艺术节精彩纷呈。我国报刊发行已覆盖80多个国家和地区，图书和期刊等出版物已进入193个国家和地区，有力地提升了国家的文化软实力。

“风雨兼程砥砺进，改革发展谱新篇”。可以说，近8年的改革认识是清醒的，方向是正确的，成绩是主要的，成效是显著的。文化体制改革是解放和发展文化生产力的根本途径，是加快文化发展方式转变与改善文化民生的重要抓手，是我国文化大发展大繁荣的源头活水。虽然改革有风险，但如果不改革，就会有危险。以前的问题通过改革成功克服了，未来的发展仍要靠改革来实现。我们坚信，只要我们继续保持干事创业的激情、攻坚克难的闯劲、奋发有为的精神、求真务实的作风，就一定能再创我国文化发展繁荣的新辉煌。

（载于《新湘评论》2011年24期）

善于审时度势　加快转型升级

谢超英

加快工业转型升级，是湖南“十二五”时期的重大任务和推进“四化两型”建设的重点工作。要顺利完成这一任务，必须审时度势，因时制宜，立足大局谋工业，继往开来促发展。这样，才能抓住重大战略机遇，有效应对各种风险和挑战，形成更加浓厚的工作氛围，开创更具活力的发展局面。

加快工业转型升级对当前的发展形势要有准确的判断。总的来看，湖南正处于工业化中期初始阶段。要遵循发展规律，立足现实基础，准确把握工业发展的阶段性特征，清醒认识影响湖南工业发展的潜在因素，科学应对各种困难和挑战。一是国际竞争更趋激烈。后危机时代发达国家提出“再工业化”、“智慧地球”、“低碳经济”等新战略和新思路，抢占世界经济和科技发展的制高点，对我们推进工业和信息化发展形成新的压力。贸易保护主义明显抬头，货币贬值、技术壁垒等手段不断翻新，对扩大省内产品出口，拓展国际市场等方面形成新的压力。二是资源环境约束趋紧。国家针对能源资源环境制约突出、部分行业产能过剩严重、淘汰落后产能任务艰巨等问题，在工业领域确立了工业增加值率、全员劳动生产率、工业固体废物综合利用率、单位工业增加值用水量等新的发展指标或约束目标，对湖南工业发展提出了新的更严更高要求。三是生产要素成本压力加大。近年来，劳动力、原材料、土地、燃料动力等价格持续上涨，对湖南企业生产经营造成较大影响。四是湖南工业做大做强任务艰巨。深刻分析湖南工业发展状况，我们必须清醒认识前进中存在的问题：工业总量规模偏小，工业化水平仍然偏低；结构调整任务艰巨，高耗能行业占规模工业比重依然较大；资源能源保障基础脆弱，煤炭、铁矿石等大宗原材料每年均需大量调进；自主创新能力不强，重点产业关键核心技术受制于人；信息基础设施建设相对滞后，两化融合层次不高，等等。这些问题进一步凸显了湖南转变工业发展方式、调整产业结构的重要性和紧迫性。

加快工业转型升级对面临的发展机遇要有敏锐的把握。我们要看到，湖南工业和信息化发展已经进入转方式、调结构、促升级的战略机遇期。其一，经过近几年的快速发展，湖南工业综合实力稳步提升，抗风险能力明显增强，为“十二五”工业和信息化发展奠定了坚实基础。其二，扩内需战略的实施，促进了城乡居民消费结构升级，对深加工产品消费需求大幅增多，而城镇化进程的加快催生了巨大的市场需求（据测算，湖南城镇化率每提高1个百分点，增加城镇人口约70万，新增消费支出约50亿元），为工业和信息化发展提供了广阔空间。农业现代化的加快推进，设施农业的大力推广，不仅为发展农产品加工业提供了更加丰富优质的原材料，而且为发展装备制造业和信息产业拓展了新的空间。其三，培育发展战略性新兴产业和生产性服务业，长株潭国家级“两型社会”试验区的创建以及三网融合试点的启动，物联网及相关产业的兴起，为工业和信息化发展创造了新的增长点。其四，全球经济格局深刻调整，国际国内产业加速转移，为湖南工业主动参与新一轮国际产业分工提供了契机。我们必须增强机遇意识和忧患意识，化压力为动力，着力解决突出问题，推动工业经济又好又快发展。

加快工业转型升级对未来的发展要求要有深刻的认识。一是始终突出工业主导意识。工业是湖南经济发展的主导力量，是转方式调结构的主战场。必须始终坚持新型工业化第一推动力不动摇，做到唱主角、挑重担，组织领导力量不减弱，政策扶持力度不减弱，促进工业做大做强，提高工业占全省经济总量的比重，提高工业对经济增长的贡献率，勇当“四化”主力军，争做“两型”排头兵，充分发挥工业在富民强省中的主导作用。二是始终突出产业结构调整。结构调整是实现湖南工业转型升级、提高工业发展质量的着力点。既要做到立足比较优势抓好产业调整振兴，促进传统产业优化升级；又要重视培育发展战略性新兴产业，抢占未来发展制高点；还要突出发展生产性服务业，加快构建现代产业体系。三是始终突出集聚配套发展。走集聚配套发展之路，是优化湖南产业布局、增强核心竞争力的必然选择。以发展产业集群为重点，引导各类技术、资源、要素向优势产业集聚，引导企业向优势园区集聚，引导同类产业向优势区域集聚，放大优势特色，形成发展引擎。以提高产业本地配套率为重点，促进龙头企业就地延长产业链，增强本地中小企业的配套能力。四是始终突出创新融合发展。创新是工业加速发展的主动力，融合是工业加速发展的催化剂。必须着力提升企业自主创新能力，加快科技成果转化，推动工业发展由要素驱动向创新驱动转变。在促进信息化与工业化的深度融合上下功夫，在促进生产性服务业与制造业的深度融合上求突破，在促进军工技术与民用产业的深度融合上见成效，在促进新型工业化与新型城市化的有机结合上立新功。五是始终突出绿色低碳发展。大力发展绿色经济，促进工业低碳、清洁、安全发展，是贯彻落实科学发展观、建设“两型社会”的具体体现。深入推进工业生产低碳化，加快低碳技术的推广应用和低碳产业发展，优化能源结构，提高能源利用效率，扎实推进工业领域的节能降耗和淘汰落后产能，大力发展循环经济，推动湖南工业向低能耗、低污染、低排放方向发展。六是始终突出扩大开放合作。牢固树立以开放添活力、靠合作上水平的发展理念，充分利用全球产业结构深刻调整、产业转移加速的有利时机，切实加快“走出去”与“引进来”步伐。坚持对外开放与对内开放并重、进口与出口并重、吸引投资与对外投资并重、“引资”与“引智”并重，大力承接产业和资本转移，切实抓好产业对接，支持企业在更广领域配置聚集资源要素，不断提高开放合作水平，推动湖南工业迈上新台阶。

（载于《新湘评论》2011 年 6 期）

建设法治政府的“湖南样本”

段林毅

近年来，湖南省委、省政府认真贯彻落实党的十七大精神和中央一系列要求部署，紧密联系实际，以行政程序规范化为抓手、以政府服务法治化为重点，将服务型政府建设纳入法治轨道，取得了明显成效，尤其在政府法治建设领域，引起专家学者和媒体热议，被誉为建设法治政府的“湖南样本”。

湖南推进法治政府建设的背景和出发点

依法行政是服务型政府建设的题中应有之义。服务型政府首先应当是法治政府。近年来，湖南推进法治政府建设，既有党中央、国务院高度重视依法治国的大背景，也有湖南省情特点和加强政府自身建设的内在要求。

推进法治政府建设是深入贯彻落实科学发展观的必然要求。科学发展观的核心是以人为本。全心全意为人民服务是党的根本宗旨。作为各级行政机关的政府，贯彻落实科学发展观、坚持以人为本，一是服务人民，二是保障人民合法权益，三是要接受人民监督。只有推进法治政府建设，使政府按照宪法和法律规定的规则行事，政府权力受到监督和制约，才能有效保障每一个公民的权利，才能最大限度地调动人民群众的积极性、创造性，才能推进经济发展和社会全面进步。湖南作为中部省份，改革、发展和维护社会稳定的任务十分繁重。在新的历史时期，如何谋划湖南的经济社会发展，湖南高层决策者敏锐地把握科学发展、富民强省和法治政府的内在联系，牢固树立“推进依法行政就是推进科学发展”的理念，有效促进了科学发展观在湖南的贯彻落实。

推进法治政府建设是落实依法治国方略的重要举措。依法治国是党领导人民治理国家的基本方略。依法治国包括依法立法、依法行政、依法司法、依法监督等方面。依法行政是依法治国的关键环节。如何更好地把依法治国方略落到实处，湖南高层决策者选择了法治政府建设作为突破口，具有标志性意义的是，2008 年 4 月 17 日全国首部系统规范行政程序的地方政府规章《湖南省行政程序规定》正式颁布实施。

推进法治政府建设是加快转变发展方式、争创发展新优势的重要条件。改革开放 30 多年来，湖南经济社会发展同全国一样，发生了翻天覆地的历史巨变。特别是近些年，经济社会发展步入了快车道。经济总量在 2008 年突破万亿元后，连续两年居全国第十位。能取得这样可喜的成绩，原因有多方面，其中重要一点，就是得益于全省上下“抓依法行政也是抓发展”的理念和共识。良好的法治环境，开始成为湖南发展一个新的重要竞争优势。当前，湖南正面临着中央实施中部崛起战略和长株潭城市群“两型社会”建设综合配套改革试验区建设等重大机遇。加快发展和加快转变发展方式，都离不开良好的发展环境尤其是法治环境。因此，省委、省政府在谋划湖南发展的过程中，把建设法治政府，打造公开、透明、可预期的政务环境、法治环境，作为提升竞争力、争创新优势的重要基础性工作来抓。

湖南推进法治政府建设的主要做法

法治政府的核心精髓就是依法行政。近年来，湖南在推进依法行政、建设法治政府方面，进行了一系列积极探索和实践。

探索地方行政立法。突出抓了三个方面省级行政规章的制定。一是规范行政程序。建设法治政府，不仅要有健全的行政组织法、行政行为法、行政救济法和行政监督法，还要有规范公正的行政程序法，行政程序法是法治政府的基本要件。为此，湖南省政府探索从行政程序入手，2008年4月，制定出台并组织实施了我国首部系统规范行政程序的地方政府规章《湖南省行政程序规定》，确定了公开、参与、便民、高效、信赖、保护等基本原则，全面规范了政府工作流程。二是规范行政裁量权。“行政法的精髓在于裁量”。培根说，“一次不公的裁判比多次不平的举动为祸更烈”。针对行政执法中因滥用自由裁量权而导致“合法不合理”、“同案不同罚”、“同事不同办”等问题，进一步压缩行政权力滥用和寻租的空间，2009年湖南又制定出台了《湖南省规范行政裁量权办法》，首次提出和确定了行政裁量权“综合控制模式”，采取控制源头、建立规则、完善程序、制定基准、发布案例“五项基本制度”，对行政裁量权进行全面、系统的规范。三是强化服务型政务。为了进一步转变政府职能，加强社会事业，保障和改善民生，提升公共服务水平，2010年初，湖南在全国率先启动服务型政府立法，形成了全国第一个服务型政府立法的法律蓝本——《湖南省政府服务规定（征求意见稿）》，探索以法治手段推进服务型政府建设，将政府服务固定为法律义务。《行政程序规定》、《规范行政裁量权办法》和《政府服务规定》系统回答政府“正确地做事”、“做正确的事”等问题，而且三者一脉相承、环环相扣，为建设服务型政府提供了法制保障。

健全科学民主决策机制。决策是行政行为的起点。政府绩效评估首先是对决策的评估。依法决策、科学决策、民主决策，是现代行政的基本要求。为推进科学民主决策，减少行政决策特别是重大行政决策失误，《湖南省行政程序规定》明确了重大决策必须经过调查研究、专家论证、公众参与、合法性审查和集体研究五个必经程序。对涉及公众重大利益、公众对决策方案有重大分歧、可能影响社会稳定等重大行政决策，必须举行听证会，根据需要进行成本效益分析和风险评估。据不完全统计，近年来全省各级各部门已举办重大决策听证会280余次，议题涉及物价、规划、交通安全、就业等关系人民群众切身利益的事项。

推进政府职能转变。依法界定和规范经济调节、市场监督、社会管理和公共服务职能，加强薄弱环节、着力解决行政行为“缺位”、“越位”等问题。一是全面清理规范性文件。打破规范性文件“终身制”，规定规范性文件有效期为五年；标注“暂行”、“试行”的，有效期为两年；有效期满后，规范性文件自动失效。2008年以来，全省共清理规范性文件7.7万件，废止1.1万件，宣布失效2.5万件，废止和宣布失效的占总数的46.5%。二是减少行政审批。两年多来，省政府精简行政审批262项，精简幅度达28.3%。精简省级行政事业性收费项目169项，减轻社会负担近50亿元；精简和取消省级年检年审项目32项；全省各级各部门共精简各类评比表彰项目5762项。三是加强公共服务。大力发展科技、教育、文化、卫生等社会事业，全省实现了城乡义务教育制度全覆盖，医药卫生体制改革顺利推进，覆盖城乡的公共文化服务体系基本形成。加大对就业、社保、住房保障等重点民生问题的解决力度。近几年，全省财政每年用于民生项目支出超过千亿元，增幅在20%以上。四是创新社会管理。根据构建社会主义和谐社会要求，探索建立高效、便捷、低成本的社会矛盾化解机制，有力促进了全省社会大局持续稳定。

推进政府工作流程再造。适应新的形势任务要求，突出抓了四个方面。一是推进行政执法体制改革。大力推进相对集中行政处罚权工作，截至目前，全省50多个市和县市区实行了城市管理领域相对集中行政处罚权制度。二是优化行政审批流程。比如，为推进长株潭“两型社会”综合配套改革试验区建设，长沙市大河西先导区整合行政审批流程，创新行政审批方式。目前，省政府已将80多项由省直部门负责的行政审批事项依法下放到市州、区县两级政府部门。三是规定办事时限。自2008年5月起，省市县三级政府普遍建立了机关效能建设领导小组，组建了行政效能投诉中心，对行政不作为、缓作为的，及时进行查处并通报。四是大力推行电子政务。大力推行网上办事和无纸化办公。省政府常务会实行无纸化办公，大力推进网络视频会议，节约行政成本和人力物力。推进在线监控，全面推行水文在线监控，推行环境在线监测，推行城市数字化管理。

强化行政权力制约监督。英国阿克顿勋爵有一句名言：“绝对的权力必然导致绝对的腐败。”规范权力运行，加强权力的制约和监督，是提高机关行政效能、从源头上预防腐败的内在要求。为此，一方面通过规范行政程序和行政裁量权，克服和防止行政机关及其工作人员失职、越权和滥用职权；另一方面大力推行政务公开，让行政权力在阳光下运行，加强人民对政府的监督。“阳光是最好的防腐剂”。湖南省按照国务院《政府信息公开条例》和《规定》的要求，深入推进行政权力公开透明运行。强化政府门户网站建设，建立以省政府门户网站为龙头、各级政府和部门网站相互链接的网站体系。编制政府信息公开目录指南，将政府信息分为21大类、118小项，全部在门户网站公开，并及时更新，确保政府信息全面、有序公开。梳理和公布“权力清单”，组织对省政府各部门执行的1800多部法律法规和规章进行认真梳理，将法定的行政审批、行政处罚、行政强制、行政征收等行政权力通过媒体向社会公开，接受社会监督。建立“网上办事大厅”，目前已有税务、林业、水利、科技等省直部门的办事项目和电信、供电、燃气等单位的便民服务事项可在网上初步进行。提升政务服务中心功能，各市州和县市区依托政务服务中心，推进全程代理、限量审批、并联审批。建立新闻发布会制度。县以上各级政府、省政府各部门普遍建立了新闻发言人制度。加强档案系统的信息公开。省三级档案馆普遍设立了现行文查阅中心，向社会公众开放。探索行政会议公开，如长沙市建立了公众代表列席政府常务会议制度，市长办公会邀请市民代表参与行政决策。

湖南推进法治政府建设的几点启示

推进法治政府建设必须坚定不移地走中国特色社会主义政治发展道路。在推进法治政府建设的过程中，如何把握正确的方向和指导思想，从而积极稳妥地推进政治体制改革和政府管理创新，这对决策者的智慧和执政能力是一个考验，从湖南的实践看，法治政府建设必须坚持走中国特色社会主义政治发展道路，坚持党的领导、人民当家作主、依法治国的有机统一。只有这样，才能牢牢把握法治政府建设的正确方向。

推进法治政府建设必须坚持以国家宪法和法律为依据。下位法必须服从上位法，所有的法律必须服从最高法——宪法。湖南推进法治政府建设，积极探索行政程序、规范行政裁量权、推进服务型政务等领域地方政府立法，这属于行政规章，在法律体系中处于最低的位阶。与上位法衔接，确保出台的行政规章每一则条文都有法可依，是湖南决策者始终坚持的立法原则。在《湖南省行政程序规定》立法过程中，省法制办专门整理出了《湖南省行政程序规定对应法律法规汇编》，在《规定》的每一个条文后面附着对应的法律法规。在符合宪法和法律的前提下，湖南决策者立足湖南实际，充分借鉴国外先进经验，吸收最新理论研究成果，学习吉林省、江苏南京、广东深圳等兄弟省和兄弟城市的成功做法，致力于提高立法的科学性、创造性、实效性。这是湖南法治政府建设能够获得社会各界广泛关注和普遍好评的重要基础。

推进法治政府建设必须充分调动人民群众的积极性和创造性。建设法治政府是一个多方参与、互动的社会过程。人民群众广泛参与，是推进服务型政府建设的内在要求。湖南省在推进依法行政、建设法治政府过程中，十分注重走群众路线，广泛听取群众意见，充分发挥人民群众的积极性。在地方行政立法、行政决策、行政执法、行政监督等环节，通过座谈、调研、举办听证会、媒体公开、网络征求意见等方式，把扩大人民参与、发扬人民民主贯穿始终，落实到法治政府建设全过程，进一步保障和落实人民群众知情权、参与权、表达权和监督权，做到了政府决策充分考虑人民群众切身需求、政策实施接受人民群众监督、施政效果由人民群众来评判。在探索地方立法过程中，湖南决策者特别注重凝聚专家学者的集体智慧。《规定》的起草实行专家和实际工作者相结合的方式。据不完全统计，在《规定》、《办法》和《湖南省政府服务规定（征求意见稿）》等起草过程中，直接付出艰辛、贡献智慧的专家学者达到百余人。湖南推进法治政府建设的实践探索，也表明推行区域法治离不开决策者的法治情怀，需要决策者牢固树立社会主义法治理念。周强书记出任湖南省长不久，即开始着手实施依法治省，以《规定》的出台为起点，湖南开启了一场行政机关“作茧自缚式的革命”，在国内外引起广泛关注，由此形成了推进依法行政、建设法治政府进而打造服务型政府的“湖南模式”。

（载于《新湘评论》2011 年 1 期）

“四化两型”：里程碑式的科学部署

徐晨光

前不久，省委、省政府正式下发了《关于加快经济发展方式转变、推进“两型社会”建设的决定》。省委书记周强指出，要以建设“两型社会”作为加快经济发展方式转变的方向和目标，以新型工业化、新型城镇化、农业现代化、信息化为基本途径，率先建成资源节约型、环境友好型的“四化两型”社会，争做科学发展排头兵。这是关乎湖南发展全局的重大战略部署，对开创湖南科学发展、富民强省新局面具有里程碑式的意义。

“四化两型”是光前裕后的顶层设计。省第九次党代会以来，全省上下认真贯彻落实科学发展观，大力实施“一化三基”战略，在转变经济发展方式、推动又好又快发展上进行了认真有益的探索，成功实现了“弯道超车”。但是，与落实科学发展观的要求相比，与已经发生深刻变化的国内外经济环境相比，差距仍然较大，基础仍然薄弱。面对国际经济环境的重大变化，面对国内区域经济你追我赶的竞争态势，湖南要实现科学跨越，加快富民强省步伐，必须加快经济发展方式转变、推进“两型社会”建设。在认真总结科学发展观在湖南的生动实践的基础上，在继承和发展“一化三基”战略的基础上，湖南省委提出了“四化两型”的构想。可以说，这既是贯彻落实中央转变经济发展方式一系列部署的现实要求，又是立足湖南实际推动又好又快发展的战略需要；既是解决当前经济发展中积累的突出矛盾和问题的迫切要求，又是抢占未来发展制高点、提升湖南长远竞争力的顶层设计。

“四化两型”是蓄势而为的战略决策。近年来，湖南前进的步伐不断加快，每年以两位数的速度递增，2008 年 GDP 总量进入“万亿元俱乐部”；2009 年全省 GDP 再增长 13.6%，全省 GDP 总值和增速均列全国前 10 位，创造了令人惊叹的“湖南速度”；2004年各个行业中主营业务收入最多的也才396亿元，2009年有了机械、食品、文化等7个千亿元“巨无霸”。2010年湖南预计实现生产总值1.5万亿元，人均生产总值达到23100元。这个发展的过程就是蓄势的过程，这些已有的成果就是蓄势的成果。当今湖南，人流、物流、信息流、资金流都在迅速聚集，机遇与挑战并存，凯歌与“楚歌”同在，传统老路与刚启新路杂陈，湖南该怎么发展？该如何挺进？“四化两型”应运而生，为蓄势后的湖南指明了努力的方向与前行的目标。

“四化两型”是集思广益的共识共为。湖南近些年在“一化三基”、“两个转变”、“三个强省”、“四条底线”等符合科学发展观的重大战略决策指导下，发展得到了“量”的飞跃和“质”的提升。特别是基础设施、基础工作、基础产业取得了飞速的发展，人民群众看到了变化，得到了实惠，尝到了甜头。科学发展观在湖南的生动实践已卓有成效，“两型社会”建设正在由“梦想”走向“现实”。经过深入调研和多方论证，“四化两型”集中了智慧、汇聚了民意，源于基层、源与实践，完善和提升于湖南领导层。“四化”是湖南实现“科学发展、富民强省”的康庄大道；“两型社会”建设既是国家交给湖南试验探索的“天大任务”，也是湖南享有的“金字招牌”和“政策红利”，更是湖南调结构、转方式的重要“风向标”。只要我们万众一心，开拓创新，巩固共识，形成共为，就一定能引领潮流，赢得先机，抢占高地，迎来湖南科学发展的美好明天！

（载于《新湘评论》2011年3期）

其它成果介绍

《湖南蓝皮书·2011年湖南两型社会发展报告》 梁志峰主编，社会科学文献出版社2011年6月出版。内容简介：自2007年12月14日国务院批准“长株潭”城市群成为全国资源节约型和环境友好型社会建设综合配套改革试验区以来，湖南省委、省政府全面贯彻中央决策部署，把国家赋予的先行先试权作为最大的政策和机遇，以“两型社会”建设作为加快转变发展方式的方向和目标，以改革促发展，取得明显成效。2010年8月，中共湖南省委、湖南省人民政府做出《关于加快经济发展方式转变推进“两型社会”建设的决定》，“两型社会”建设将以“长株潭”城市群为核心，以衡阳、岳阳、常德、益阳、娄底等环“长株潭”城市群为重点，面向全省纵深推进，标志着全省“两型社会”建设进入了一个新阶段。该书对过去三年湖南“两型社会”建设历程进行了全面系统的回顾与分析，并对未来发展提出了相应的对策建议。其中，主题报告传达了领导对湖南“两型社会”建设的指示与具体要求；总报告综合、多角度地论述了湖南“两型社会”建设所取得的成就，并就未来发展提出相应的建议；部门篇从各个省直部门的视角，详细分析了湖南在产业建设、生态保护、科技创新、财政金融等方面的“两型”发展；区域篇对湖南14个市州的“两型社会”建设进行了具体的阐述分析；综合篇则从某个具体的角度，在某个侧面对湖南“两型社会”建设进行了深入的探讨和分析；案例篇以企业、园区为例子，具体论述了湖南“两型社会”建设所取得的实践成就，并对国际先进经验进行了借鉴。内容提要本书是由湖南省人民政府经济研究信息中心组织编写的年度报告，多角度论述了湖南“两型社会”建设取得的成就，并就未来发展提出了相应建议，详细分析了湖南在产业建设、生态保护、科技创新、财政金融等方面的“两型发展”，对过去三年湖南“两型社会”建设历程进行了全面系统的回顾与分析，并对未来发展提出了对策建议。

《湖南两型社会建设研究》 蔡景庆著，天津科学技术出版社2011年5月出版。内容简介：两型社会是我国经济社会进入深层次改革发展的新标杆，是深入贯彻实施科学发展观的新成果，他与加快经济发展方式的转变、大力发展循环经济和实施节能降耗工程等，具有理论和实践的一脉相承性。在探寻湖南两型社会建设的政策方面，本书详尽分析了我省两型社会建设应把握的基本原则和关键因素；剖析了两型社会在认识和实践中的四个误区；探讨了湖南两型社会建设在全国乃至全世界的战略地位与分工。最后从构建湖南两型社会评价考核指标、建造湖南“两型”产业、发展湖南“两型”技术、创建湖南“两型”法制、培育湖南“两型”素养等方面进行展开论证探析，并绘就了湖南两型社会建设的具体目标和构建路径。

《关于“两型”社会建设中制度创新的思考》 作者马良清，发表于《湖南行政学院学报》2011年1期。内容摘要：建设资源节约型和环境友好型社会，是解决我国资源环境问题、全面推进中国特色社会主义事业的重大战略举措。在刚刚闭幕的党的十七届五中全会上又特别强调：“坚持把建设资源节约型、环境友好型社会作为加快转变经济发展方式的重要着力点”。建设“两型”社会决不能就事论事，而必须从产生资源环境问题的社会制度这个根源上着手，牢牢把握“社会”这个落脚点，按照节约资源和保护环境的要求全面创新社会制度，通过在全社会建立严格的节约资源和保护环境的制度，从而真正建立“两型”社会，从根本上解决人类面临的资源环境问题。

《长株潭城市群“两型社会”建设的现状与问题分析》 作者蔡璇，发表于《广西财经学院学报》2011年1期。内容摘要：2007年12月，长株潭城市群被国家批准为资源节约型和环境友好型社会建设综合配套改革试验区，随着两型社会的建设和湖南省“一点一线”区域发展战略的实施以及全省经济的腾飞，作为省域经济重心，长株潭城市群“两型社会”的建设，为长株潭的发展带来了极好的发展前景。文章认为，长株潭城市群“两型社会”综合配套改革试验区是国家促进我国资源节约型和环境友好型社会建设的重大举措，其建设不仅对当地社会经济发展有极大的影响，且影响到全省社会经济的可持续发展。文章从自然资源、产业发展、科技状况和环境状况四个方面对长株潭城市群“两型社会”建设的现状与问题进行分析探讨。

《文化创意产业：“两型社会”建设的推进器与着力点——以湖南为实证》 作者曹立军、王毅，发表于《湘潭大学学报（哲学社会科学版）》2012 年 2 期。内容摘要：文化创意产业是世界经济进入信息化、全球化时代背景下发展起来的一种新兴产业，蕴涵着巨大的经济潜力。党的十七届六中全会提出了文化大发展、大繁荣的奋斗目标，文化创意产业迎来了跨越发展的春天，也为“两型社会”建设奠定发展基础。本文以湖南为例，论证了文化创意产业在我省逐渐成为了实现“四化两型”、“两个加快”的总战略和“文化强省”建设目标重要的战略性新兴产业和新的支柱产业。

《论建设学习型社会与“农村两种教育”的融合》 作者刘红梅、刘楚魁、朱平华，发表于《湖南人文科技学院学报》2011 年 2 期。内容摘要：《国家中长期教育改革和发展规划纲要（2010—2020）》（以下简称《纲要》）是进入 21 世纪以来我国的第一个国家级教育规划纲要。它的制定既符合中国国情，又体现了时代要求。《纲要》在序言中指出：“教育是民族振兴，社会进步的基石，是提高国民素质，促进人的全面发展的根本途径。”文章认为，建设学习型社会和农村学习型家庭都是为了民族兴旺、国家兴旺、人们幸福安康。农村成人教育学习型家庭教育同属于终身教育，是建设新农村的必要条件。“农村两种教育”的“两张皮”现象影响了二者的发展与结合。正确处理建设学习型社会与“农村两种教育”的关系，使建设学习型社会与“农村两种教育”都迈上健康快速发展的轨道。

《“两型社会”视角下湖南创新人才开发战略分析》 作者刘龙刚，发表于《湖南社会科学》2011 年 3 期。内容摘要：国家和地区经济社会的发展，归根到底要靠人才推动，尤其是创新人才在这一发展过程中起着至关重要的作用。当前，湖南的“两型社会”建设正逐步向纵深推进，创新型湖南和长株潭创新型城市群建设已取得初步成果，与此同时，区域经济发展方式转型与产业结构调整亦面临诸多瓶颈，其中创新人才成为关键因素。基于这一背景，本文分析湖南创新人才开发与“两型社会”建设的有关问题。认为湖南作为我国中部人口大省，人均资源相对不足，这一基本省情决定了湖南的发展必须坚持“以人为本”，走“人才强省”之路，把湖南由人口大省转化为人才资源强省，以提升湖南在中部地区的核心竞争力。湖南的人才战略，一方面要求全面提升全省的人才培养、吸引、使用与发掘的力度，另一方面又要充分认清湖南近年来的经济社会发展形势，结合当前“两型社会”建设的要求，在积极开展创新型湖南和长株潭创新型城市群建设的基础之上，重点实施创新人才开发战略，从某种意义来说，创新人才开发是湖南人才战略的关键。

《基于两型社会建设的环境教育创新研究——来自衡阳师范学院的实践》 作者申秀英、刘沛林等，发表于《衡阳师范学院学报》2011 年 3 期。内容摘要：环境教育是一种为了可持续发展的教育由于人口剧增、资源过度消耗、环境污染、生态破坏等全球性问题的日益突出，对人类生活质量提高和社会长远发展提出了严峻挑战，人类开始关注自身赖以生存的“环境”，提出“环境教育”。本文认为，环境教育是一种为了可持续发展的教育，建设两型社会是实施可持续发展的有效途径，二者具有内在的关联，关注两型社会建设是新时期环境教育创新的重要内容。以衡阳师范学院为例，总结出基于两型社会建设的环境教育实践经验和创新点，并就未来的创新方向进行展望。

《都市农业发展综合评价指标体系构建——基于“两型社会”建设视角》 作者王辉、刘茂松，发表于《经济体制改革》2011 年 3 期。内容摘要：都市农业，是指与都市经济社会发展相适应，在城市或城市群内以城市资源和市场为依托，以农业产业为基础，以现代科学技术为支撑，形成的功能多样、业态丰富、产业融合、可持续发展的农业综合体系。本文认为，都市农业发展综合评价是对都市农业为城市经济社会生态发展目标做出实际贡献的一种评价。构建都市农业发展综合评价指标体系，应当包含 3 个方面：体现“两型社会”建设的要求，体现都市农业的功能，体现都市农业的本质特征。其构建原则是：科学性、系统性、可操作性、可比性。本文从经济功能、生态功能、社会功能、现代化水平 4 个方面共 24 项指标构建了都市农业综合评价指标体系。

《两型社会视野下节约型大学校园文化建设研究》 作者唐立英，发表于《湖南社会科学》2011 年 3 期。内容摘要：随着体制改革的不断深入和经济的持续快速发展，我国高等教育由传统的精英教育向大众化教育转变。高校发展与资源短缺之间的矛盾逐渐显现。文章认为，高校作为人才培养、知识创新和服务社会的重要基地，是经济社会不可或缺的重要组成部分，是引导社会发展的重要力量，更代表了先进文化的前进的方向。高校建立节约型校园文化可以解决高校经费短缺、资源紧张和不同程度的浪费现象，促进学校规模、质量、结构、效益的协调发展。高校必须全面树立校园节约观念，切实提高广大师生员工节约意识。必须加强节约型校园文化的宣传力度，营造大学校园的节约氛围。必须加强对节约型校园文化建设的组织领导，建立科学的监管机制。必须建立健全的节约型文化目标责任机制，将节约型校园文化建设落到实处。

《资源型城市创建“两型社会”的路径探索——湖南省涟源市创建“两型社会”调研》 作者梁特光，发表于《湖南行政学院学报》2011 年 4 期。内容摘要：本文认为，涟源在创建“两型社会”过程中，应强调涟源地方特色，以做优、做强、做精资源文章为重点，延长煤炭产业链，优化产业结构，把“两型社会”与“四化”紧密结合，加大环境保护和节能减排力度，大力推进与此相关的体制机制改革。以煤炭为基础，以项目为保证，优先发展煤电、煤机、煤化工，优化产业结构，加强环境保护，推进体制机制改革与创新，成为涟源资源型城市探索创建“两型社会”的主要方法。

《湖南省农村“两型社会”建设的路径选择及体制机制创新》 作者彭新宇，发表于《湖南社会科学》2011年4期。内容摘要：随着“两型社会”建设的深入推进，我省以长株潭城市群为引擎区的城市“两型社会”建设取得了很大进展，但是农村“两型社会”建设尚处于起步阶段。这种城乡发展的不平衡极有可能导致我省“两型社会”建设整体停滞。目前，长株潭城市群“两型社会”建设综合配套改革试验已进入第二阶段，在广大农村纵深推进“两型社会”建设的时机已经成熟。加快农村“两型社会”建设，既是我省实施“四化两型”战略的必然趋势，也是加快形成我省城乡经济社会发展一体化新格局的客观要求，更是现阶段我省转变农业发展方式、实现农村经济社会可持续发展的现实需要。

《基于两型社会建设的地方政府管理创新研究》 作者肖文涛、熊昌茂，发表于《闽江学院学报》2011年4期。内容摘要：建设资源节约型、环境友好型社会，使人民在良好生态环境中生产生活，是实现经济发展与人口资源环境相协调的一项关系改革与发展全局的战略性课题。文章认为，地方政府管理创新是解决我国国民经济持续快速增长带来的资源供给不足和环境污染严重双重压力、构建生态文明社会的必然要求。对各级地方政府而言，要不断提升对两型社会建设的领导管理能力，就应当因应行政生态环境的变化，正视两型社会对我国管理带来的严峻挑战，认真剖析当前在两型社会建设中面临的种种问题，通过转变管理理念、变革管理方式、调整管理体制以及厘清政府职能等途径，以期建立起一个适应两型社会基本要义，实现人与自然、经济社会与生态环境和谐发展的创新型地方政府。

《两型社会指标评价体系的构建逻辑》作者廖小平、孙欢，发表于《湖南师范大学社会科学学报》2011年4期。内容摘要：“两型社会”具有生态文明的根本属性和内在特征，是我国实现经济、社会、环境可持续发展的理想社会模式。工业文明时代发展起来的社会评价指标体系无法对“两型社会”的建设水平作出科学评价，伴随着工业文明向生态文明的过渡，工业文明时代的社会评价指标也将逐步被改进、被生态化。“两型社会”的生态文明指标体系将成为符合评价“两型社会”的生态文明实质的发展必然性的科学的指标体系。

《“两型社会”建设视野下的再制造与循环经济发展模式探析》 作者刘向阳、吴金明，发表于《湖南社会科学》2011年4期。内容摘要：再制造作为循环经济中“资源化”的一个新手段，是一个“再循环”过程，为循环经济发展模式提供了新的路径选择。它推动循环经济发展模式进入减量化、再利用、再循环、再制造的新型循环经济时代，丰富和发展了循环经济的理论体系与应用技术，是实现“两型社会”建设的新路径。

《资源节约型和环境友好型社会建设标准体系研究》 作者李新平、黄小红，发表于《环渤海经济瞭望》2011年5期。内容摘要：文章认为，标准是某事物区别于其他事物的规则，是为某一范围内的活动及其结果制定规则、导则或特性定义的技术规范或者其他精确准则，其目的是确保材料、产品、过程和服务甚至社会经济发展模式等能够符合人们需要、按照人们要求进行。同样，资源节约型和环境友好型社会建设需要人们严格按照事先制定一定的行为准则和标准来进行。这样才能保证建设的结果符合社会的预期，达到人们认为比较理想的目标，提高资源节约型和环境友好型社会建设的质量和速度，促进社会经济更快更好地发展。

《长株潭三市生态足迹及其对经济增长的影响——兼论“两型社会”试验区生态建设方略》 作者杨友、冯国禄等，发表于《湖南农业大学学报（社会科学版）》2011年5期。内容摘要：本文基于“两型社会”试验区长沙、株洲、湘潭三市1978—2010年度的面板数据，利用生态足迹修正模型，测算其生态足迹的年度变化规律，并将生态资源作为一种社会资本融入到社会生产函数中，利用经典的经济增长模型分析人力资本、实物资本、生态足迹等相关生产要素与经济增长之间的内在影响关系。结果表明：试验区中三个地区的生态足迹值相对较大，都呈现出递增的变化规律，能源生态足迹占生态足迹的比重相对较大，生态足迹和经济增长之间呈现正向关系，但这种变化规律在不同经济发展区域呈现出显著的地区差异性。

《长株潭两型社会建设的意义》 作者廖建勇，发表于《湖南城市学院学报》2011年5期。内容摘要：建设资源节约型和环境友好型社会事关我国经济社会发展全局，事关国家可持续发展，保障经济安全和国家安全的重要举措，是推进生态文明建设和实现我国可持续发展战略的需要，对促进中部崛起和区域协调发展、促进湖南经济发展具有十分重要的意义。

《构建长株潭城市群“两型社会”的金融支持体系研究》 作者熊正德、韩丽君，发表于《湖南大学学报（社会科学版）》2011年6期。内容摘要：两型产业是两型社会建设的核心，改善长株潭城市群传统的金融体系，为两型产业营造一个良好的投融资环境是两型社会建设的首要任务。构建长株潭城市群“两型社会”金融支持体系需要政府、金融机构、资本市场三方共同参与，立足于城市群金融体系发展现状，结合湖南特色和实际，大胆先试先行。

《长株潭城市群“两型社会”建设现状研究——基于西方生态社会主义视角》 作者刘丽君、刘保国，发表于《湖南工业职业技术学院学报》2011年6期。内容摘要：依据《湖南省“十二五”长株潭城市群发展规划纲要》，近五年是长株潭“两型社会”试验区改革建设的第二阶段，也是湖南加快转变发展方式的重要时期，为城市群的发展带来新的机遇和挑战。文章认为，生态社会主义经过半个世纪的发展已逐渐成熟，其理论和实践特别是其生态和谐发展观思想对长株潭城市群“两型社会”建设具有重要的指导作用。文章立足建设“两型社会”的本质要求总结长株潭城市群“两型社会”建设现状，将西方文化背景下的生态社会主义思想本土化，利用生态社会主义的积极因素助力长株潭城市群“两型社会”建设的研究。

《浅议两型社会建设城市文化品牌经营模式研究——以“湘军文化”为例》 作者陈叶君、汪航，发表于《现代营销（学苑版）》2011年9期。内容摘要：全球视野下的城市文化品牌研究背景，如同产品和服务，地理位置或某个空间区域也可以成为品牌。全球视野下的各种城市文化品牌经营模式已成为当前城市商业化竞争中的一大制胜要点。作者认为，当今中国社会已步入重要转型期，建立与经营城市文化品牌对建立两型社会产生着越来越重要的作用。“湘军文化”品牌作为国内较为成功的案例具有极大的研究价值。本文即以此为背景展开探讨，以期通过城市文化品牌模式分析，对地方社会经济的可持续发展带来更多的思考。

《长株潭——武汉地区公共图书馆参与两型社会建设比较研究》 作者李游、刘昆雄，发表于《图书馆理论与实践》2011年9期。内容摘要：长株潭城市群和武汉城市圈作为传统老工业基地，自获批全国资源节约型和环境友好型社会建设综合配套改革试验区以来，在政策、经济、科技、文化等多方面产生了节能环保、创新发展的需求。作者认为，公共图书馆在两型社会建设中应该充分发挥信息保障作用，营造良好的人文信息环境。文章比较了长株潭地区与武汉地区两型社会建设中政府、企业对公共图书馆的信息诉求和两地公共图书馆从认识高度、资源建设、信息服务人员配置、服务内容与方式四方面参与两型社会建设的现状，提出政府应对公共图书馆进行多元定位，公共图书馆应有针对性地建设资源，配置相应人员，加强基础设施和服务平台建设，加快图书馆联盟建设。

《社会责任国际标准与湖南两型社会建设》 作者彭军林、李赛红，发表于《企业家天地》2011年10期。内容摘要：随着科学发展观在湖南的认识和实践，湖南两型社会建设应紧跟发展大势，将社会责任国际标准提到重要议事日程，以学习、研究、推广社会责任国际标准为突破口加强两型社会视域中的企业社会责任建设策略研究，及时把握社会责任发展的世界趋势，提升企业发展质量，提升湖南两型社会建设的内涵。

《“两型社会”建设中湖南竞技体操资源现状的研究》 作者张国清、向运游，发表于《体育科技文献通报》2011年11期。内容摘要：竞技体操是湖南竞技体育品牌项目和全省奥运精品工程的重点项目。其战绩辉煌、硕果累累，是中国体操运动中的一支劲旅，是中国竞技体操和湖南竞技体育发展的顶梁柱。目前来说，湖南长株潭城市群经国务院批准，正式成为全国资源节约型和环境友好型社会建设。本文在湖南省全面建设“两型社会”的背景下，针对湖南省竞技体操的人力资源、物理资源、财力资源现状，进行深入分析并提出相应的建议，营造“两型社会”新极点，促进湖南竞技体操的可持续发展。

《两型社会建设水平评价指标体系研究——基于中部地区两型社会建设的实证分析》 作者游达明、马北玲、胡小清，发表于《科技进步与对策》2012年8期。内容摘要：2007年12月，武汉城市圈和长株潭城市群被国务院批准为资源节约型和环境友好型社会综合配套改革试验区，两型社会建设进入实质性操作层面［1］。随着试验区建设的不断推进，建设两型社会已成为全社会的共识。文章认为，两型社会建设对于中部崛起和我国经济增长方式转具有重大意义。构建了两型社会建设评价指标体系，对武汉城市圈和长株潭城市群两型社会建设综合配套改革试验区的成效进行了评价，并结合相关数据对中部六省两型社会的建设现状进行了实证分析。结果表明，经济发展与资源节约、环境友好是负相关关系，即经济发展是以资源浪费、环境破坏为代价的，要实现经济发展与资源节约和环境友好相协同，政府的积极干预是必要的。

《两型社会建设背景下大学生生态旅游意识培养研究》 作者谭业，发表于《当代教育论坛（管理研究）》2011年12期。内容摘要：关于生态旅游的研究国际旅游界普遍认为生态旅游的思想起源于20世纪60年代，其雏形是“生态性旅游（ecological）”，而将生态旅游（ecotourism）作为一个独立术语是由世界保护同盟（IUCN）生态旅游特别顾问谢贝洛斯·拉斯喀瑞（ceballos－Lascurain）于1983年提出的。生态旅游者是生态旅游活动的重要组成部分，其生态意识对生态旅游具有重要的意义。文章认为，两型社会建设下，社会的生态意识和环保意识增强，在校大学生也有自身的特点，要根据当代大学生的特点及生态旅游的问题进行生态旅游意识的培育。

《基于熵值法的“两型社会”经济建设评价体系的构建》 作者李新平、申益美，发表于《统计与决策》2011年13期。内容摘要：长沙、株洲、湘潭3市与武汉城市圈一起于2007年底被批准为全国资源节约型和环境友好型社会建设综合配套改革试验区，“两型社会”建设，其思想和规划固然重要，但是对其实施的效果进行有效的评价，以便今后进行修正和改进这一环节更为重要。本文对两型社会建设实施评价是为了比较两型社会建设的成绩和差距，更好地促进两型社会建设。而评价指标体系的建立和统计数据的收集是整个评价的关键，评价指标体系的设计必须遵循一定的原则。文章利用熵值法，建立数学模型对长沙、株洲、湘潭和武汉2009年两型社会建设情况进行综合评价。

《基于“两型社会”建设的农产品加工企业绩效评价指标体系研究》 作者王宁宁，发表于《学理论》2011年14期。内容摘要：2007年，国务院批准武汉城市圈和长株潭城市圈为“两型社会”改革试验区，围绕解决资源、环境压力问题，各地进行了积极探索。文章认为，不断完善企业绩效评价机制、改进企业绩效评价指标体系，引导企业实现观念转变、积极把资源节约、环境友好的理念贯穿于企业经济活动，是当前面临的重要课题。

《“两型社会”建设时期农户生产行为目标偏好的调查研究》 作者刘长红、杨君等，发表于《湖南农业科学》2011年17期。内容摘要：抓好“两型社会”建设和发展，是实现“三农”可持续发展的内在要求，是由资源的属性和中国农业发展的形势决定。2007年12月4日，经国务院同意，国家发改委正式下文批准，湖南省长株潭成为“全国资源节约型和环境友好型社会建设综合配套改革试验区”。本文对长株潭“两型社会”改革试验区和非试点区农户的基本情况以及生产行为目标偏好进行调查研究，并对农户生产行为目标偏好进行了分析。结果显示，“两型社会”建设对农户生产行为有积极影响；但由于获得信息途径单一等原因，还有相当一部分农户对两型社会的认识程度不足，其生产行为目标偏好不符合两型社会建设要求，且在生产过程中存在不注重环境的保护与资源的合理利用。应加大宣传力度，加强长株潭农村地区生产领域、技术交流、信息传递等方面的建设。

《“两型社会”建设应当把握的原则——基于湖南“两型社会”建设的实践与思考》 作者蔡景庆，发表于《重庆科技学院学报（社会科学版）》2011 年 21 期。内容摘要：提出于党的十六届五中全会、正式试点于2007 年底的湖南“两型社会”建设，是一项全新而长期的系统工程。坚持和把握好“两型社会”建设的基本原则，是确保“两型社会”正确的行进速度与方向，实现湖南科学跨越的根本指针。本文认为“两型社会”建设应当“五破”、“五立”，坚持在“破”与“立”中行进的整体导向。探析了湖南在“两型社会”建设中应当把握的五大具体原则。

重要成果选载

转方式的重要目标和着力点
——关于长株潭试验区“两型社会”建设的调查与思考

周　强

基层一线是最生动的实践课堂，人民群众是我们真正的老师。只有接通“地气”，决策和工作才有“底气”。通过一段时间的调研，我们对长株潭试验区及全省“两型社会”建设信心更足、方向更明、思路更清了。前不久，省委、省政府召开全省“两型社会”建设推进大会，认真总结前段经验，就抓好长株潭试验区第二阶段改革建设和全省“两型社会”建设进行全面部署，明确了“六个更加注重”的工作要求。我们越来越深刻体会到：建设“两型社会”和转变经济发展方式在本质要求、精神实质上是一致的。两者紧密相关、有机统一于科学发展之中。我们将认真贯彻落实党中央、国务院的要求，扎实推进长株潭试验区建设和全省“两型社会”建设，加快转方式调结构，推动湖南在新的起点上科学发展。

2007 年 12 月，湖南长株潭城市群获批为国家资源节约型、环境友好型社会建设综合配套改革试验区，我们湖南干部群众深受鼓舞，也深感沉甸甸的责任，开始了“两型社会”建设的积极探索。去年 2 月，中央举办省部级主要领导干部深入贯彻落实科学发展观、加快经济发展方式转变专题研讨班，进一步明确了加快经济发展方式转变的指导原则、目标任务和具体要求。在深入调查研究的基础上，省委召开工作会议，明确充分抓住长株潭城市群“两型社会”综合配套改革试验区建设的重大机遇，把建设“两型社会”作为加快经济发展方式转变的目标和着力点，把转变经济发展方式与“两型社会”建设有机结合起来，大力推进新型工业化、农业现代化、新型城镇化和信息化，加快建设创新型湖南、数字湖南、绿色湖南、法治湖南，力争率先建成资源节约型、环境友好型社会，着力走出一条符合湖南实际、具有湖南特色的转型发展路子。

今年是“十二五”开局之年，是长株潭试验区建设第二阶段全面推进之年，也是加快转变经济发展方式的关键一年。在谋划全年的工作时，我思考最多的是如何落实中央要求，立足新起点，顺应新形势，布局和推进试验区第二阶段改革建设，并带动全省“两型社会”建设，推动转变经济发展方式取得实质进展。为此，最近一段时间，我和有关同志采取多种方式，深入到长株潭城市群和环长株潭城市群调研。两个多月时间调研了县市区 31 个，企业近 100 家，村组、社区 50 多个。通过现场走访、召开座谈会，听取干部群众意见和建议，感到受益匪浅、收获很大。特别是基层干部群众的创新创造、真知灼见，让我既感到建设“两型社会”的强烈责任，也对长株潭试验区和全省“两型社会”建设充满了信心。

“‘两型社会’必须要有‘两型’产业作支撑”

湖南获批“两型社会”试验区之初，不少同志对我讲到一些担忧，一个重要方面就是湖南的产业结构与“两型社会”的要求不适应，转型难度大。这种担心是有道理的。湖南是传统的农业大省，工业实力不强，工业结构中重化工业比重偏大。建设“两型社会”，面临的一个突出问题就是推进产业转型升级。

在重化工业占主导地位的产业格局下，推进“两型社会”建设，必须坚持走新型工业化道路，把“两型”理念注入产业发展的每一个环节。近些年来，在“两型社会”理念引领下，全省各地加强政策引导，加大技术改造和自主创新力度，着力推进传统产业“两型化”、“两型”产业规模化、特色优势产业集群化发展。去年全省三次产业结构由 2007 年的 17.6:42.7:39.7 调整为 13.8:46.2:40.0，工业对经济增长贡献率达到 56.1%。“十一五”期间，全省高新技术产业增加值占全省 GDP 比重提高 5.7 个百分点，六大高耗能行业增加值占规模工业的比重下降 7.4 个百分点。全省形成了机械、有色等 10 个年主营业务收入过千亿的产业。先进装备制造、新材料、文化创意、生物、新能源、信息和节能环保等战略性新兴产业初具规模。中联重科、三一重工、湘电集团等一批优势企业通过科技创新迅速做大做强，成为湖南先进制造业的突出代表。长株潭城市群被列为全国新型工业化产业示范基地、工业化和信息化“两化”融合试验区、综合性高技术产业基地和“三网融合”试点地区。

加快传统优势产业升级转型，是发展“两型”产业最快捷、最现实的一条路子。株冶集团是一家老国有大型企业，也是湖南“有色金属之乡”的标志性企业。调研时该企业负责人给我讲，近年来企业通过技术创新和技术改造，成功采用全球成熟、先进的湿法炼锌等技术，大力发展循环经济，铅锌产品深加工率由2005年的54.44%提高到74.24%，有价金属综合回收率由73%提高到83%以上。五年间，企业在铅锌生产规模达到60万吨、营业收入突破100亿元，分别增长42.8%和83.4%的情况下，外排废水总量减少90%、外排重金属污染物减少95%，废气二氧化硫减排约60%。在企业我们看到，经处理的废水可以直接放养金鱼。昔日的能耗大户、排污大户正向“绿色企业”迈进。实践证明，通过技术改造，传统优势产业完全可以实现“两型化”发展。

发展“两型”产业，既要“就地取材”，改造提升传统产业；也要“跳起摘桃”，大力培育发展战略性新兴产业。南车株洲研究所有限公司去年主营业务收入达到140多亿元，比2005年增长近10倍。企业不仅在轨道交通这一核心领域成功研制380A型新一代高速动车组，成为世界运营速度最快、科技含量最高的高速列车，而且自主研发生产的电动汽车占据了全国五分之一的市场份额。中电48所建成拥有完全自主知识产权的太阳能电池示范生产线，在短短三年时间里，创造了湖南光伏产业从无到有、从小到大的奇迹，年销售收入从2007年1亿元上升到去年50亿元。湖南科教人才资源丰富，在发展战略性新兴产业方面具有比较优势，部分领域和行业目前已经走在前列，发展战略性新兴产业的潜力和空间巨大。

通过调研，我更加深刻地体会到，建设“两型社会”，是一场经济发展方式的深刻变革。无论从湖南省情实际和发展阶段性特征看，还是从这些年湖南发展的实践看，建设“两型社会”，必须加快转方式调结构，加快推进新型工业化、农业现代化、新型城镇化和信息化，改造提升传统产业，加快发展战略性新兴产业，大力发展生产性服务业。尽管产业结构的优化调整要有一个过程，不可能一蹴而就，但通过近几年的实践，各地在实践中尝到了甜头，思想认识更加一致了，信心也更加充足了。相信通过几年的坚持不懈努力，完全能够基本构建起科技含量高、环境污染小、资源消耗低、综合效益明显的“两型”产业体系。

“环境污染整治一定要有壮士断腕的气魄”

“两型社会”最直观的感受就是环境好、无污染。污染整治是“两型社会”建设的一项基础性工作，也是在调研中干部群众反映较多的问题之一。

湘江流经湖南14各市州中的8个，是湖南的“母亲河”。近现代以来，随着工业化、城镇化加快发展，湘江水质警报频频拉响。“50年代淘米洗菜，60年代洗衣灌溉，70年代水质变坏”。在与株洲清水塘的居民座谈时，大家用这一顺口溜描述过去的环境污染状况。湘江污染，已成为湖南发展的“沉重翅膀”。不少干部群众曾对我讲，湘江清澈之日，就是湖南“两型社会”建成之时。

“湘江水污染问题，表现在水中，根子在岸上，本质是发展方式粗放”，调研座谈中，基层的同志的这句话让我深受触动。要还湘江一江清水，就必须改变长期以来的粗放发展模式。株洲清水塘地区是国家“一五”、“二五”期间重点投资建设的老工业基地，聚集了152家规模以上冶炼、化工、建材企业，工业结构性污染严重，一度成为湘江流域主要的重金属污染源之一。2008年以来，株洲市不惜牺牲清水塘地区每年30多亿元工业产值、3亿元税收，实施“炸烟囱、吃废渣、净污水、变土壤、美环境”等举措，关停污染企业123家，淘汰落后产能企业79家，工业废水实现100%达标排放，曾经“污名”远播的清水塘开始“变清了”。长沙坪塘镇是一个以水泥、化工为主的老工业区，每年排放大量废水、二氧化硫、氮氧化物及粉尘，严重影响长沙湘江水质和空气质量。过去由于这些企业一直是镇里财税收入主要来源，此前几次整治，效果却不明显。2009年，长沙市痛下决心，彻底关停13家污染企业，关闭整顿26家非煤矿山企业，斩断污染源。

污染整治需要痛下决心，打破行政壁垒，实行上下游同治、干支流同治、城乡同治。2008年起，我们借鉴欧洲莱茵河治理经验，提出把湘江建设成“东方莱茵河”，启动了湘江流域水污染综合整治三年行动计划，彻底打破行政区划和部门的“楚河汉界”，把上游城市的市长对进入下游的水质安全负责作为一条刚性措施，实行目标管理，严格执行“一票否决”。湘江重金属污染初步得到遏制，干流断面水质达标率比2007年提高了20%。调研中，听到很多群众高兴地说，“现在水更清了，天更蓝了，地更绿了，空气更清新了”。

污染治理是一项复杂的系统工程，在利用行政手段的同时，还需要充分借力市场的作用。2007年底，全省城镇生活污水处理率排当时全国倒数第三。如果污水处理率不达标，湖南就可能完不成“十一五”节能减排任务。从2008年起，全省上下背水一战，实施城镇污水处理设施三年行动计划，放开污水处理投资领域，广泛采取BOT、TOT、委托运营等模式建设，三年共新建119个污水处理厂，每个县城都建有一个以上污水处理厂，全省城镇生活污水处理率由19.94%提高到72%。各地还利用先行先试权，探索建立排污权交易制度。长沙市环境资源交易所所长刘中向我介绍：“以前企业污水排多排少一个样，现在排污多了要交费，少排污的话，节省下来的排污指标可以拿到市场上卖钱，企业排污治污的积极性明显提高。”

污染治理是难事。近些年的实践让我体会到，在这件事上必须下决心、动真格。开展长株潭试验区“两型社会”改革建设的这几年，是全省经济发展最好最快的时期之一，也是全省节能环保、污染整治成效最为显著的时期之一。全省“十一五”节能减排指标全面完成，14个市州空气质量全部达到国家二级标准，湘资沅澧“四水”和洞庭湖水质达标率全面提升。长沙社区环境综合整治工程获联合国“人居环境良好范例奖”，株洲由全国十大重污染城市转变为生态宜居城市，湘潭跻身国家园林城市行列。

“没有合理的利益调节机制，生态保护将是一句空话”

良好的生态环境是“两型社会”建设的本质要求和重

要标志。湖南自然生态良好，林地和湿地面积达1.94亿亩，占全省国土面积的61.05%，森林覆盖率达57.01%。这是湖南最大的财富和优势。

昭山位于长株潭三市交汇处，是大自然赋予长株潭城市群的一块“绿宝石”，是长株潭城市群的公共客厅。2007年长株潭获批“两型社会”试验区后，省委、省政府迅速把以昭山为核心的长株潭城市群生态绿心保护提上重要议事日程，省委常委会多次专题研究，并集体到现场调研，提出严格控制绿心地区开发建设。针对过去规划落后、开发秩序混乱、建设层次低等问题，从加强和提升规划入手，把以昭山为核心的长株潭三市结合部522.9平方公里森林绿地规划为长株潭城市群生态绿心，将生态绿心划为禁止开发区、限制开发区、控制建设区，其中禁止开发区和限制开发区占到总面积的89%。省人大为此启动地方立法，出台了关于昭山生态绿心保护的条例。

同许多地方一样，昭山生态绿心保护中也面临着诸多难题。在昭山一带实地调研中，当地干部群众向我反映最多的问题有三个：一个是经济发展与生态保护的问题。在昭山示范区座谈时，乡镇干部说：“一江之隔的九华经济开发区、一山之隔的暮云镇开发建设搞得红红火火，而昭山冷冷清清。长株潭城市呼吸新鲜空气，由我们昭山买单不公平。”另一个是生态保护与农民利益保护的问题。昭山示范区负责同志介绍，所辖的15个村中，有7个村在禁止开发区内，村民人均年收入6000元左右，与全区1.1万元的平均水平差距很大。村民群众向我反映，生态公益林每亩每年只补偿10元，标准太低，“一亩林地还不到一根竹子的价钱”。在禁止开发区的百合村，村干部告诉我，村里有杉木林1100多亩，过去一年伐木收入一般有五六万元，多的时候达二十多万元，这些钱支付山林补栽和维护费用后，还可搞些村里的基础设施建设。划为禁止开发区后，不仅山上的树不能砍，每年还需支付1400元山林管护费。再一个是生态保护与地方干部政绩考核的问题。一边是要加强生态保护，一边是要发展经济、增加GDP。一些干部担心招商引资、工业、GDP等方面的数字不好看，考核起来受到影响。

保护与开发的难题，核心是利益调节问题。“如果保护的不如开发的，那还有谁去保护呢？”老百姓朴素实在的话，让我深刻认识到，建立科学合理的利益补偿机制是解决生态保护与群众利益保护矛盾的“钥匙”，必须完善和落实主体功能区规划，建立健全生态补偿机制，让当地群众切实得到生态保护和建设带来的实惠。同时，完善干部政绩考核办法，把生态环境保护和生态环境质量作为重要考核指标，在禁止开发区实行有区别的干部政绩考核机制，引导各地按照主体功能区定位推进发展。

绿水青山，就是金山银山；金山银山，不如绿水青山。良好的生态环境也是一种竞争力，而且是最大的竞争力。在资源环境约束趋紧的背景下，区域间的竞争已不仅仅是以经济实力为主体的较量，环境正日益成为影响区域竞争力最为重要的因素之一，并广泛地渗透到经济社会发展中。调研中，我一再叮嘱基层同志，一定要像保护眼睛一样，保护生态环境；宁可牺牲一些项目，也不能牺牲我们的青山绿水。

“破解发展中的瓶颈制约，要在改革创新中找出路”

当前，湖南正处于工业化、城镇化加快发展的重要时期，对能源资源等要素的需求日益增大。这就决定了我们在未来较长一段时期内，经济社会发展都将面临较为突出的能源资源和环境瓶颈制约。“破除发展瓶颈制约，根本出路在改革创新”。国家设立长株潭城市群改革试验区，就是希望我们按照“两型社会”建设的要求，大胆先行先试，全面推进各个领域的改革，探索形成有利于能源资源节约和生态环境保护的体制机制。

土地是财富之母、民生之本，是重要的不可再生资源。一方面，在工业化、城镇化快速推进过程中，建设用地需求量越来越大；另一方面，湖南是农业大省，是全国粮食净调出省份之一，承担着为国家粮食安全作贡献的重要任务。创新土地管理机制，提升集约节约用地水平，迫在眉睫。莲花镇立马村是长沙市岳麓区边远乡村，我们去调研时，田间一片忙碌景象。镇上同志告诉我，近年来全镇通过农用地整理、村庄整理、废弃地整理、土地复垦等措施，新增耕地70多公顷，新增建设用地114公顷，通过“公司+合作社+农户”的产业模式，推进土地流转，引进现代农业项目，农民除获得土地租金、劳动酬金，还享受利息和股金收益，年收入大幅增加。

长沙新河三角洲是一片老城区。此次我去调研时，这里已矗立起许多长沙市的地标性建筑。据了解，长沙市在城市化改造过程中，根据其四周高、中间低的特点，实行“人车分流”开发模式，依地形地势在原地面海拔38米平台层建成步行街和非机动车交通系统，在38米以下至32米以上架空两层，在32米标高建成机动车交通系统，配套以立体绿化系统。与平面开发方案比，总建筑面积由原来可利用的300万平方米增加至600万平方米，相当于节约土地58.62公顷，绿地率由30%提高到50%，土地开发强度提高了40%。新河三角洲节地模式，受到了国土资源部和住房与城乡建设部的肯定和推介。

有的同志曾经担心，搞“两型社会”建设需要投入，钱从哪里来？从近几年实践看，“两型社会”建设是一块含金量很高的金字招牌，成为吸引国内外金融机构进驻湖南的强大磁场。近些年来，渤海银行、北京银行、浦发银行及汇丰、花旗、新韩等国内外知名银行纷纷落户湖南。解决钱从哪里来的问题，同样离不开改革创新。长株潭试验区在搭建融资平台、创新融资手段、拓宽融资渠道、丰富融资产品等方面进行了系列创新。2010年10月，通过引进华融资产管理公司作为战略投资者，整合省内5家城市商业银行和信用社，成立了省级区域性股份制商业银行华融湘江银行。到今年9月底，短短一年时间，华融湘江银行总资产达到938亿元，比成立时增加了567亿元，展现了新银行、新机制、新发展的蓬勃活力与良好形象。

推进“两型社会”建设，关键在改革，成败也在改革。近几年，我们把改革创新作为长株潭试验区建设的核心主题，积极先行先试，重点开展了资源节约、环境保护、土地管理、城乡统筹等十项改革，普遍取得显著成效，一些重点领域和关键环节的改革取得了新的突破。当前，长株潭试验区改革建设已进入纵深推进阶段，必须以更大力气推进改革创新，深化重点领域和关键环节改革，着力在资源环境、土地管理、财税、投融资、行政管理改革等方面取得新突破，加快构建符合“两型社会”建设要求的体制机制。

（载于《光明日报》2011年10月25日）

为“十二五”开好局起好步

周　强

前不久召开的中央经济工作会议，科学分析当前国际国内形势，全面总结了2010年及“十一五”时期我国经济社会发展取得的成就和经验，明确提出了2011年经济工作的总体要求、重要原则和主要任务。我们要紧密结合湖南实际，认真抓好贯彻落实，扎扎实实做好2011年经济社会发展工作，为“十二五”时期发展开好局、起好步。

关于国内外经济形势和发展机遇

做好今年的经济工作，必须深入分析、准确把握形势。今年经济工作面临的形势仍然十分复杂，既有不少有利条件，也面临诸多困难和挑战。从国际看，今年世界经济有望继续恢复增长，但增长的动力不足，不稳定不确定因素较多，复苏进程仍将艰难曲折。美国、日本等发达国家经济增长缓慢，失业率居高不下，消费需求不足；欧洲主权债务危机隐患仍未消除；新兴市场国家和发展中国家有望继续较快增长，但资产泡沫和通胀压力较大。特别是美国实施新一轮量化宽松政策，加剧了全球流动性泛滥，引发金融市场动荡，持续推高石油、粮食等大宗商品价格，全球性通货膨胀压力加大。从国内看，今年宏观环境和经济发展继续向好的趋势没有改变。随着收入水平的提高和消费结构的升级，国内市场潜力巨大，经济结构和发展方式加快转变，体制机制不断完善，社会政治大局稳定，为保持经济社会发展良好势头创造了有利条件，提供了有力支撑。同时，也面临着一些突出矛盾和问题，经济发展中不平衡、不协调、不可持续问题依然突出，通胀预期增强，社会矛盾和各种“两难”问题凸现，特别是短期问题与长期问题交织、结构性问题与体制性问题并存、国内问题与国际问题互联，增加了经济形势的不确定性，使今年国内宏观经济平稳运行仍面临着复杂的形势。从省内看，湖南的发展正处在重要的战略机遇期，面临前所未有的机遇，也面临一些新的挑战。从发展规律看，湖南经济已连续7年保持两位数以上的高速增长，工业化、城镇化加速推进，产业结构加快升级，总量扩张呈加速态势，已进入发展的快车道。从发展基础看，经过多年的大规模投入和建设，交通等基础设施明显改善，产业实力明显提升，物质技术基础更加坚实，区位和生态优势凸现，对外影响力和吸引力增强，积蓄的发展能量正在持续稳定释放。从发展的支撑动力看，现阶段湖南经济发展主要依靠工业推动、投资拉动、项目带动、创新驱动，目前工业增长势头强劲，投资需求旺盛，已经和正在建设一批带动力强的大项目，自主创新和科技进步对经济增长的贡献率不断提高，经济增长的支撑动力稳固。从区域发展看，环长株潭城市群发展优势显现，湘南和湘西地区总体进入快速发展阶段，新的经济增长极逐步形成。从外部环境看，国家促进中部崛起政策支持力度加大，国家鼓励和支持长株潭城市群开展“两型社会”试验区改革建设，国际和沿海地区产业转移加速，为湖南加快发展提供了重大历史机遇。从发展潜力看，湖南人口多，人均主要经济指标和工业化、城镇化水平仍低于全国平均水平，与发达地区仍有较大差距，各方面建设发展的任务仍十分艰巨繁重，发展空间和发展潜力十分巨大。从精神层面看，全省干部群众精神状态好，干事创业的热情高，已形成了齐心协力谋发展抓发展的良好氛围，为加快发展提供了持久的精神动力。

综合分析判断，尽管今年经济工作面临的形势仍然复杂，但持续向好的趋势没有改变，外部环境总体对我们有利，湖南经济发展的内生动力、抗风险能力和可持续发展能力在不断增强，只要抢抓机遇，趋利避害，顺势而为，乘势而上，完全可以大有作为，推动经济社会发展再上新台阶。实践证明，机遇极为宝贵，稍纵即逝。能不能抓住机遇、用好机遇，是对我们领导水平和执政能力的重大考验，也是我们能不能赢得主动、赢得优势、赢得未来的关键所在。湖南这些年快速发展的一条十分宝贵的经验，就是我们紧紧抓住了一系列重大机遇，比如我们在遭遇百年罕见的冰冻灾害之后大力加强基础设施建设，抓住应对国际金融危机国家扩内需的机遇加强重大项目建设，抓住长株潭试验区建设机遇与国家部委、央企开展战略合作等，都取得了明显成效。全省各级各部门都要增强机遇意识、忧患意识和责任意识，科学判断和准确把握形势，深刻认识我们面临的历史机遇和挑战。今年要着力从以下几个方面抢抓发展机遇。

抢抓中央宏观经济政策调整的机遇，积极争取国家更多的支持。每一轮宏观经济政策的调整，都蕴含着许多新的机遇。今年国家继续实施积极的财政政策，财政支出重点向“三农”、民生、社会事业、经济结构调整等方面倾斜，特别是加大对“三农”投入，确保用于农业农村的总量、增量、增幅、比重都有提高，全面取消粮食主产区粮食风险基金地方配套，制定出台加快水利改革发展的重大政策，增加中央财政对粮食、油料、生猪调出大省的一般性转移支付；实施稳健的货币政策，仍然保持货币信贷总量合理增长，鼓励信贷资金投向实体经济特别是“三农”和中小企业，重点支持在建、续建项目，加大政策性金融对“三农”的支持力度；注重管理通胀预期，大力支持农产品生产和供给，等等。这对湖南来说都是重大利好。各级各部门要切实加强对中央宏观政策的研究，善于发现和把握政策变化及其蕴含的机遇，争取国家更多的政策支持。

抢抓世界范围内科技创新与产业升级孕育新突破的机遇，努力抢占未来发展的制高点。国际金融危机催生新的科技革命，全球正在进入空前的创新集聚爆发和新兴产业加速成长时期。世界各国和国内各省区市都在加快调整科技和产业发展战略，着力发展新能源、新材料、生物医药、节能环保、低碳技术和绿色经济。谁抢占了制高点，谁就能在未来发展中赢得主动。湖南在传统产业领域许多方面与沿海和国际先进水平比相对落后，但在一些新兴产业，比如清洁能源、环保、信息产业、生物医药、文化产业等领域与全国和国际水平差距不大，有的甚至还处在领先地位。要抓住机遇大力培育战略性新兴产业，抢占先机，赢得优势，努力实现跨越式发展，增强长远竞争力。

抢抓国际国内产业转移加速的机遇，扩大对外开放，大力承接产业转移。国际金融危机导致世界经济结构深度调整，带来了全球范围内的生产要素流动和生产力重新布局，国际和沿海产业转移加速，这为我们进一步扩大开放，加快“引进来”、“走出去”提供了宝贵机遇。要充分利用湖南的区位、资源、劳动力和市场优势，不断改善投资环境，大力承接产业转移，扩大招商引资，引进更多的龙头企业和大项目落户湖南。

抢抓长株潭城市群“两型社会”试验区建设的机遇，加快转型发展、绿色发展。国家鼓励长株潭试验区先行先试，加快“两型社会”建设，是湖南发展的重大机遇，是一块含金量很高的“金字招牌”。试验区改革建设与34个国家部委开展部省合作，带来了很多改革试点、建设项目，如“三网融合”、排污权交易、“两型”交通等试点，湘江流域重金属污染治理、长沙地铁、长株潭城际铁路建设等重大项目，增强了湖南发展动力与项目支撑力。要抓住和用好试验区建设这个重要平台，进一步解放思想，大胆先行先试，探索创新，加快经济发展方式转变、推进“两型社会”建设，走出一条转型发展、科学发展新路。

抢抓国家加快中西部地区发展、实施中部地区崛起战略的机遇，努力发展壮大自己，实现在中部率先崛起。国际金融危机以来，国家更加重视区域协调发展，拓展发展空间，重点支持中西部地区加快发展，形成新的经济增长极。国家出台促进中部地区崛起规划，不断充实和调整“两个比照”政策，明确加大财税、金融、投资、土地等政策支持力度，加快中部地区“三基地一枢纽”建设。在中西部地区，湖南有明显区位优势，有良好的基础，要抓住机遇发展自己，争取国家布局更多的建设项目，给予更多的政策支持，同时要深化区域合作，拓展更大的发展空间，努力走在中部崛起的前列，实现在中部率先崛起。

关于今年经济工作的总体要求和目标任务

今年是“十二五”的开局之年，做好今年经济社会发展工作意义十分重大。根据中央经济工作会议和省委九届十次全会精神，今年全省经济工作的总体要求是：全面贯彻党的十七大、十七届三中、四中、五中全会和中央经济工作会议精神，以邓小平理论和“三个代表”重要思想为指导，深入贯彻落实科学发展观，正确把握国内外形势新变化新特点，以科学发展、富民强省为主题，以加快转变经济发展方式为主线，全面推进“四化两型”建设，着力调整经济结构，着力推进自主创新，着力推进节能环保，着力推进改革开放，着力保障改善民生，保持经济社会又好又快发展，促进社会和谐稳定。

今年全省经济社会发展的主要预期目标是：生产总值增长10%以上；地方财政收入增长12%以上；全社会消费品零售总额增长16%以上；新增城镇就业60万人，城镇登记失业率控制在4.5%以内；城镇居民人均可支配收入和农民人均纯收入均增长10%；居民消费价格总水平涨幅控制在4%左右；经济结构进一步优化，研发投入占生产总值比重继续提高，自主创新能力进一步增强；完成国家核定下达的节能减排约束性指标。

贯彻落实今年经济工作的总体要求，实现各项目标任务，在工作中要突出把握以下几点：

准确把握、全面贯彻中央宏观经济政策。今年中央宏观经济政策的基本取向是积极稳健、审慎灵活，重点是更加积极稳妥地处理好保持经济平稳较快发展、调整经济结构、管理通胀预期的关系，加快推进经济结构战略性调整，把稳定价格总水平放在更加突出的位置，切实增强经济发展的协调性、可持续性和内生动力。我们要全面领会、准确把握中央宏观经济政策的精神实质，把中央对今年经济工作的要求贯穿到经济社会发展的各个方面，确保中央的决策部署和各项政策措施在湖南得到不折不扣的贯彻落实。同时要紧密结合湖南实际，密切跟踪经济形势的变化，及时发现和解决经济运行中出现的新情况新问题。

实现经济又好又快发展。保持又好又快发展，是科学发展观的本质要求，是解决一切问题的基础，也是今年经济工作的重要目标。今年全省经济增长目标定为10%以上，是必要的，也是可能的。从工作导向上讲，主要是要引导各方面切实把经济工作的重点放到加快转变经济发展方式、调整经济结构、提高经济增长的质量和效益上来。

突出主题主线，全面推进“四化两型”建设。坚持科学发展主题和加快转变经济发展方式主线，落实在湖南的具体工作中，就是要全面推进“四化两型”建设。“四化两型”体现了主题和主线的有机统一，体现了加快发展和加快转变的有机统一。“四化两型”是一个有机整体，要统筹推进，坚持“两型”引领、“四化”带动，突出创新驱动、绿色发展；要坚持以新型工业化作为第一推动力，以新型工业化带动农业现代化和新型城镇化，以信息化支撑和促进新型工业化、农业现代化和新型城镇化，促进“四化”融合、互促共进，推动全省经济社会走上科学发展的轨道。

着力改善民生。改善民生是发展的根本目的，事关群众福祉和社会和谐稳定。要努力践行党的根本宗旨，坚持走以人为本、民生为先的发展道路，实现包容性增长和共享式发展。顺应全省人民过上更好生活的新期待，今年要把改善民生放在更加突出的位置，从解决关系人民群众切身利益的问题入手，大力组织实施一批重点民生工程，在改善民生上扎扎实实办几件实事，努力实现发展成果由全省人民共享。

关于今年经济工作的重点任务

着力扩大有效需求，推动投资消费出口协调拉动经济增长。要千方百计保持投资的合理较快增长，增强投资对经济社会发展的重要支撑作用。关键是要在优化投资结构上下功夫，把扩大投资与调整经济结构、转变发展方式、保障改善民生、提高增长质量和效益结合起来。要继续实施重大项目带动战略，充分发挥项目建设扩大投资、优化结构、增强后劲、带动就业、推动发展的强大引擎作用。要加快在建项目进度，抓紧启动实施一批“十二五”规划的重大产业、基础设施、生态环保、民生和社会发展重大项目，争取有更多的项目进入国家的“笼子”。要发挥政府投资的引导作用，全面落实和进一步采取有力的政策措施，扩大民间投资，引导民间投资为优化产业结构和增加就业岗位多作贡献。要进一步推动银企合作，保持信贷规模稳步增长，优化信贷结构，把信贷资金更多投向实体经济特别是“三农”和中小企业。要大力推动资本市场发展，扩大直接融资规模，推动更多的企业上市融资，积极发展产业投资基金、风险投资基金和私募基金，鼓励金融创新，拓展直接融资渠道。要加强社会信用体系建设，不断优化金融发展环境。要建立扩大消费总量和保持消费持续增长的长效机制，提升居民消费能力，改善消费条件，培育新的消费热点，不断增强消费拉动经济增长的能力。

调整优化产业结构，提高产业素质。湖南仍处于工业化中期，要把推进新型工业化作为调整优化产业结构的首要任务，进一步发挥新型工业化的第一推动力作用。要认真组织实施重点产业调整振兴计划，加快改造提升传统制造业，促进传统优势制造业向“两型化”、高端化、品牌化、集群化发展。大力实施战略性新兴产业发展规划，强化政策支持，加快战略性新兴产业规模扩张和集聚集群发展。要引导产业和企业向园区集聚，推动产业集群化发展。大力推进科技创新，突出关键技术攻关，推进产学研结合，加快科技成果转化为现实生产力，提高企业自主创新能力。加大政策扶持力度，支持中小企业发展，推动中小企业结构调整和升级转型。要加强经济运行调节，加强煤电油气等生产要素的科学调度，强化生产要素保障。落实促进服务业发展的各项政策措施，加快壮大服务业规模，全面提高服务业特别是现代服务业的发展水平。

加快发展现代农业，推进新农村建设。围绕保障农产品供应、促进农民增收的中心任务，增加农业投入，认真落实强农惠农政策措施，加快农业发展方式转变，推进农业现代化和新农村建设。突出抓好粮食、生猪、蔬菜、油菜、棉花等大宗农产品生产，促进农业稳产增产，提高农产品供给能力。加快农业结构调整，大力发展特色农业、生态农业、循环农业、休闲农业和外向型农业，建设一批现代农业示范基地和园区。实施农产品加工振兴计划，加强农产品加工龙头企业和农产品品牌建设，提高农产品加工转化能力。抓住国家高度重视水利建设的机遇，以农田水利建设为重点，切实加强农业基础建设，重点抓好洞庭湖综合治理、涔天河水库扩建、中小水库除险加固、山洪地质灾害防治和人畜安全饮水。完善农村体制机制，加快培育发展农民专业合作组织，促进农村土地依法有序流转，继续抓好集体林权制度改革和农村综合改革，增强农村发展活力。落实农业补贴和农产品价格保护制度，拓宽农民增收渠道，千方百计增加农民收入。统筹城乡发展，加强乡村规划布局，推进村庄整治，提高乡村规划建设水平。

加快推进新型城镇化，促进城乡区域协调发展。加快长株潭中心城市建设，大力发展区域中心城市和省际边界地区中心城市，重点支持中小城市特别是县（市）城扩容提质，促进大中小城市和小城镇协调发展。实施区域发展总体战略，推动环长株潭城市群转型升级，提高创新水平和竞争力；支持湘南地区扩大开放，承接产业转移，加速崛起步伐；认真落实全省湘西地区开发会议精神，扶持湘西地区加快发展。加大对革命老区、民族地区、库区水淹区、边远山区、林区的扶持力度，推进武陵山区（湘西）土家族苗族文化生态保护试验区建设。

加强生态文明建设，大力发展绿色经济。集中力量抓好长株潭“两型社会”试验区改革建设，有力有效推进第二阶段各项任务，加快实施“八大重点工程”，创新融资平台，推动改革取得实质性进展。积极发展循环经济和低碳技术，全面推行清洁生产，大力发展绿色新兴产业。大力推广绿色交通、节能建筑，积极倡导绿色消费，推动绿色发展。着力抓好节能减排，完善政府节能减排目标考核评价体系，健全激励约束机制。加强重点流域、区域、行业污染治理，把湘江治理作为“两型社会”建设的突破口，加快推进湘江流域综合治理。加强生态建设，探索建立生态补偿机制和生态环境共建共享机制。

加快建设“数字湖南”，提高经济社会信息化水平。加快信息技术在经济社会各领域的应用，促进信息化与新型工业化、农业现代化和新型城镇化的融合。加强信息基础设施建设，扎实推进长株潭地区“三网融合”试点工作，加快长沙国家超算中心建设，大力发展云计算和物联网，大力推行智慧交通、智能电网、数字教育、数字医疗、数字城管，大力发展电子政务。加快国家农村农业信息化科技示范省建设，构建“三农”综合信息平台。加快发展软件和新型信息服务业、移动电子商务和互联网经济，支持长沙高新技术开发区建设国家级移动电子商务产业基地。深入推进装备制造等传统行业信息化改造。

以改善民生为重点，加强社会建设和社会管理。坚持把就业作为经济社会发展的优先目标，多渠道开发就业岗位，完善城乡公共就业服务体系，重点做好高校毕业生、农村转移劳动力、城镇就业困难人员就业工作。加大收入分配制度改革力度，着力提高城乡低收入群众收入，扩大中等收入群体，强化收入分配调节，规范收入分配秩序。进一步健全社会保障体系，扩大城镇基本养老保险覆盖面，推进新型农村社会养老保险试点工作，提高城乡居民最低生活保障水平。加大保障性安居工程建设力度，加快棚户区和农村危房改造，大力发展公共租赁住房，缓解群众在居住方面遇到的困难。统筹城乡公共资源配置，大力发展教育、文化、卫生、体育等社会事业，推进城乡基本公共服务均等化。

进一步深化改革，努力扩大开放。围绕转变经济发展方式、调整经济结构、改善民生和加强社会建设，着力在财税、金融、投资体制和要素市场、资源性产品价格、环保收费等重点领域和关键环节实现改革新突破。进一步深化国有企业改革，推进国有资本布局结构调整。统筹推进科技、教育、文化、医药卫生体制等各项改革。实施更加积极的开放政策，坚持对外开放和对内开放并重、进口和出口并重、吸引投资和对外投资并重、“引资”与“引智”结合，在更大范围更广领域配置和聚集资源要素，努力拓宽国际经济合作途径，不断提高对外开放水平。优化出口结构，支持优势特色产品出口。加强外资投向引导，优化利用外资结构，大力引进战略投资者，鼓励外资投向高端制造业、高技术产业、现代服务业、节能环保等领域，积极稳妥扩大金融等服务领域对外开放，支持外资以多种形式参与省内企业改组改造和兼并重组，提高利用外资水平。建设一批承接产业转移的基地和园区，积极主动承接产业转移。深入实施“走出去”战略，扩大境外资源合作开发，不断拓展和深化与东亚、东盟和欧盟各国的经贸合作。深化与央企对接和部委共建，加强与泛珠三角、北部湾经济区、长三角和中部地区等区域合作，实现互利共赢、共同发展、共生崛起。

（载于《新湘评论》2011 年 3 期）

贯彻落实科学发展观　大力推进城乡统筹发展

徐守盛

最近，中共中央政治局常委、中央政法委书记周永康同志在湖南视察时，特别强调了城乡统筹发展问题，这对湖南这样的农业大省来说，具有很强的针对性和重要指导意义。从湖南发展的阶段性特征来看，深入贯彻落实科学发展观，目前最紧迫、最现实的任务就是加大统筹城乡发展力度、促进城乡经济社会协调发展。主要取决于三个方面。

首先，城乡差距不断拉大的现状，要求加大统筹城乡发展力度。农民和城市居民都是国家公民，为中国革命、改革、建设作出了巨大贡献，农村长期支撑了工业和城市的发展。但目前农村的整体面貌和农民的生活状况还没有得到充分改善，城乡差距还在继续拉大，必须引起高度重视。湖南作为农业大省、鱼米之乡，稻米、生猪等大宗农产品产量在全国位居前列，在计划经济时期就为国家作出过巨大贡献。改革开放 30 多年来，湖南农业得到长足发展，粮食总产突破 600 亿斤，创历史新高，为国家粮食安全和经济社会发展作出了重要贡献。但由于各种原因，农村发展滞后的问题仍然十分突出。例如，2006—2009 年，湖南城乡收入差距分别为 7115 元、8390 元、9308 元和 10174 元，差距呈逐步拉大的态势。这与科学发展观的要求不相符合，必须加以重视，从制度安排、政策支持等方面加以解决。

其次，持续促进经济发展和民生改善，要求加大统筹城乡发展力度。现阶段影响经济社会发展的许多问题，需要从城乡统筹的角度加以分析。比如，经济增长主要靠投资、消费和出口协调拉动，而湖南仍然属投资拉动型经济，消费拉力虽然有所增强，但总体水平还不高，经济外向度就更低。从投资潜力看，目前全省在建的高速公路有 3000 多公里，在以城市为主的基础设施得到改善后，下一步的投资重点无疑要转向农村。从消费看，现在城市家庭的消费品基本趋于饱和，扩大农村消费的潜力远大于城市。可以说，农村将是宏观经济发展提速的重要引擎，这就要求我们把工作重点放在统筹城乡发展上来。再如，改善民生方面，上学难、看病贵、社会保障等问题在城市解决得相对较好，而农村还没有得到很好解决。回过头来看，我国城镇化和工业化水平的提高，始终伴随着农村的贡献和农民的奉献，城市的宽马路、大广场，都以减少农民的良田为代价，但农民真正得到的却不多，改善农村民生的任务还相当繁重。目前，全国人均 GDP 达到 3700 美元以上，湖南也在 3000 美元左右，城镇化与工业化加快发展，经济社会发展快速推进，已经有能力把工作重心和重点转移到农村和城乡统筹上来。

第三，湖南作为农业大省的基本省情，要求加大统筹城乡发展力度。湖南经济总量已连续两年进入全国前 10 位，跨入了“万亿元俱乐部”，但是人均水平还没有达到全国平均水平。这是由湖南作为农业大省的基本省情决定的。湖南实现从农业大省向经济强省转变，一个重要前提就是要从发展的角度认识农业大省的省情，明确这个“大”主要“大”在哪些方面。一是“大”在农业人口多。全省农村居民达到 3900 多万人，占总人口将近 57%，城镇化水平只有 43%，比全国低 3 个多百分点。二是“大”在第一产业比重高。湖南三次产业结构比是 15.2:43.9:40.9，第一产业比重比全国平均水平高 4.6 个百分点，排全国第 5 位。在中部六省中，湖南第一产业比重最高，第二产业占的比重最低。三是“大”在农村区域广。全省城区建成面积约为 962 平方公里，仅占全省面积的 0.45%。四是“大”在以农为业的农民多。2009 年末全省从业人员 3935 万人，其中 1693 万是农业从业人员，占 43%。五是“大”在农村的发展任务重。特别是要缩小城乡发展差距，需要付出长期的、艰巨的努力。这一基本省情，决定了农业农村的基础地位始终不可动摇，即使将来经济发展了，城市化水平提高了，“三农”工作仍是重中之重，不能有丝毫放松，必须按照统筹城乡发展的要求，逐步消除城乡二元结构，着力构建新型城乡关系形态，努力确保农业农村经济社会稳定发展。

总的来说，我们要按照科学发展观的要求，从五个方

面推进城乡统筹发展。

一是着力促进城乡产业协调发展。统筹城乡发展，就是要改变过去把农村发展资源“统”到城市发展盘子中的做法，努力创造城乡产业协调发展的基本条件。如果信贷、用地、人才、技术等要素资源都往城市走，就谈不上城市支持乡村，也谈不上工业反哺农业。目前的经济发展不论是从布局还是从结果来看，着眼点和落脚点大都放在城市，放在第二、三产业，基本上是以城市和工业的发展为中心，来谋划一个区域或一个时期的发展。这样就使绝大部分资源要素在加速向大中城市集中，县域经济发展滞后也就难以避免。县域不强首在产业，必须少考虑往城市“统”，多考虑向农村“筹”，把资源要素更多地向农村倾斜，以农村产业发展和资源增值为基础，统筹推进新型工业化和农业现代化，推动城市资本、技术力量和农村资源优势相结合，促进生产要素在城乡产业间合理流动，推动城乡产业融合，逐步形成城乡分工合理、产业链对接、联动发展的格局，提高农村产业吸纳就业的能力。要着力扩大农村金融服务，积极发展村镇银行、小额贷款公司和农村资金互助社等新型农村金融机构，为农业农村发展提供金融支撑。

二是着力促进城乡建设同步进行。城乡差距大，最直观的表现之一就在于基础设施。例如，高速公路连接的主要是城市，相对而言乡村就有被割裂的倾向，城际交通越便捷，发展滞后的农村可能越会被城市甩开，资源、人才、资金等可能加剧离农村而去。推进社会主义新农村建设，就是要致力于弥补城乡建设方面的差距，在一个个点上取得成效和经验后，再从面上铺开，为农村、农业、农民的发展带来大效应、大效益。首先，要抓好农村建设的规划。目前在城乡统筹规划上，与科学发展观的要求还很不相符。很多山村的老房子与新房子混杂在一起，又不相对集中，导致公共服务难以覆盖。规划是建设的基础，从大城市、中心城区、中心城镇再到中心村，都要有合理的先期规划。当前要突出抓好村庄建设规划的制定，规划出来以后，要广泛吸纳群众的意见，确保住宅建设位置适当，有利于水、电、气、通讯等设施的集中配套。湖南山地、丘陵多，要想户户通公路很不现实，也浪费资源，要从省情实际出发，大力推行行政村通公路的模式。特别是还有一些农户仍散居在不适宜居住的地方，要通过科学合理的规划，引导农民适当集中，逐步改变目前农村房屋布局散乱的状况。其次，要有利于促进城乡一体化建设。通过抓好新农村建设规划的实施，促进城镇功能向农村、农户延伸和覆盖，让农民过上现代文明的生活。特别要在大力培育中心城市的同时，重点建设好县城和中心城镇，均衡配置城乡公共服务硬件设施，推动周边乡村的道路交通、公共服务设施与县城、中心城镇对接，抓好农田道路建设，改善农业生产条件。最后，要节约利用土地资源。农村的建设必须从农村实际出发，不能动不动就宽马路、大绿化带。湖南是种什么长什么的地方，耕作条件好，更要注意给子孙后代多留些土地，多留些发展的空间。要多利用山丘地和坡地，因地制宜建设新农村，防止城市、乡村同质化，努力建设一个田园风光与城市文明水乳交融的新农村。

三是着力促进城乡劳动力平等就业。2009年湖南农村外出务工人数为1200万左右，还有56%的适龄农村劳力停留在农村，大约超过现阶段农业发展实际需要20个百分点。过量适龄劳动人口被固定在自己的一亩三分地上，说明农业、农村、农民目前最紧迫、最突出、最重大的问题，还是就业问题。要加大农村劳动力培训力度，坚持就近就业和异地转移就业相结合，建立城乡统一的劳动力市场，营造城乡平等的就业环境，引导农民向城镇和非农产业转移，促进农村居民向城镇居民转变。要创造条件引导农民工返乡创业，培育返乡创业的典型，以创业带动就业。要减少农民、富裕农民，还必须大力发展农村二、三产业，尤其要做好做足农业产前、产中、产后的文章，在稳定发展粮食生产的基础上，大力抓好农村产业结构调整，促进农民多渠道增加收入。比如，湖南四季分明，雨量丰富，种瓜得瓜，种豆得豆，但蔬菜不仅没有形成产业，而且保障省内自给也比较困难。要统筹谋划，正确引导蔬菜产业发展，把蔬菜产业做大。这既是产业发展的需要，也是农民就业增收的需要。要围绕粮食、生猪、油料、柑橘、茶叶、蔬菜、棉花、竹木、水产等农业主导产业，重点发展龙头企业、引导“能人大户”、培育经纪人和加强配套服务，加快形成能有效带动农民就业致富的产业链。

四是着力促进城乡基本公共服务均等化。经济快速增长与城乡基本公共服务提供不同步，将直接影响经济的可持续发展。现在，总结成绩时讲总量的多，人均的概念不强。老百姓关心的不是GDP，而是就业、就学、就医等实际问题。我们要处理好先富与共富的关系，把农村、农业、农民的发展完全纳入到总体发展战略、规划、项目，促进全省广大农民共同富裕，真正实现全面协调可持续发展。在社会事业发展方面，要以逐步缩小城乡居民享有的基本公共服务差距为突破口，加大农村教育、卫生、文化、交通、通信等公共服务建设的投入，促进城乡社保、教育、公共卫生和基本医疗服务、文化公共服务等协调发展。

五是着力促进城乡生态环境协同保护。我们追求的GDP，是绿色GDP，是惠民的GDP，是有效益的GDP，是能够实现可持续发展的GDP。现在有的地方存在把城市污染向农村转移的情况，而农业农村自身的面源污染也有加剧的态势，不少地方“污水靠蒸发，垃圾靠风化”，脏乱差问题比较突出。要按照科学发展观的要求，创新生态保护机制，注重发挥市场机制的作用，综合运用各种手段，积极筹措城乡生态环境保护资金，建立健全生态补偿机制，同步加强城乡生态环境建设。要大力发展农村清洁能源和绿色产业，特别要把乡村旅游产业作为统筹城乡发展的切入点，结合新农村建设，在加强农村基础设施建设的同时，夯实发展田园观光、休闲农业和绿色无公害农业的基础，吸引游客从城市向农村扩散，增加游客在农村的体验机会和滞留时间，引导游客扩大在农村的消费，通过拓展农业功能，提高农业比较效益和产品附加值，实现生态效益、经济效益与社会效益相统一。

（载于《新湘评论》2011年3期）

立足先导区突破加快“两型”化发展

陈润儿

2007年12月14日，中央批准长株潭城市群为全国“两型社会”建设综合配套改革试验区。同年12月27日，长沙市委常委会正式决定，立足大河西，打造先导区，探索改革路径，创新发展模式，发挥示范作用，形成带动效应。2008年6月10日，长沙大河西先导区管委会挂牌成立，启动综合配套改革，推动“两型社会”建设。三年来，我们坚持先行先试、敢闯敢试、边干边试，按照基础设施先行、配套改革先试、重点片区先导的思路，组织实施了先导区基础设施项目、生态环境建设、“两型”产业发展和综合配套改革三年行动计划。同时，我们按照以点带面、整体联动的思路，全面推进长沙的“两型社会”建设。市十二次党代会强调指出，要着力实施“两型”引领战略，创新“两型”发展模式，全面加快大河西先导区建设，探索改革新路径，打造区域增长极，构筑战略支撑点，率先建成“两型”城市和实现全面小康，把一个充满活力、开放包容、繁荣发展、和谐幸福的长沙带向未来。

一、三年来先导区发展的探索实践

三年来，在中央和省委、省政府的正确领导和省市各级各部门的大力支持下，先导区立足于“探索改革路径、创新发展模式、发挥示范作用、形成带动效应”，艰苦创业、励精图治，大胆探索、勇于创新，积极实施“三年行动计划”，谱写了崭新的篇章，铸就了不凡的业绩，为科学发展探索了新路径，为经济建设增添了新动力，为长沙城市构建了新格局。发展的实践充分证明：“打造先导区、建设大河西”的战略构想是正确的，建设成效是显著的，发展前景是美好的。

1. 进行了创新观念、锐意改革的积极探索

2007年，国家选择在长株潭进行“两型社会”建设综合配套改革的试点。这标志着长沙被推上改革开放的前沿阵地。三年来，先导区高举科学发展的大旗，承载省委、省政府的期盼，寄托长沙人民的梦想，抢抓机遇、不等不靠，围绕“两型”改革希望探索什么，推进发展需要突破什么，加快建设必须解决什么，强化“功能区概念”，弱化“行政区边界”，强化市场性配置，弱化行政性资源占有，切实转变观念集纳资源，深化配套改革集聚要素，依托政策优势集结人才，着力推进经济增长由粗放经营向集约经营转变，区域结构由城乡分割向城乡统筹转变，经济发展由片面发展向全面发展转变，以土地管理制度改革、行政管理体制改革、投资融资体制改革、环境保护体制改革等为重点，突破了资源的瓶颈、要素的约束。三年的实践充分证明，先导区的建设是我们干大事、克难事、立新事的大胆尝试，许多过去没有条件干、想干干不了的大事，在国家和省委、省政府的大力支持下，不仅干成了，而且干得很漂亮；先导区不仅是我们推进“两型”建设的重要载体，而且是我们改革创新的实践平台。

2. 推动了转变方式、“两型”发展的生动实践

先导区的建设，是全方位的改革发展，其成效不仅体现在完善基础设施、加强配套建设等传统方面，更体现在转变发展方式、探索科学路径等新的领域。三年来，先导区以建设“两型社会”作为转变发展方式的目标，以发展方式转变促进长沙“两型社会”的建设，构建了内生增长的新机制，展示了科学发展的新成效，实现了城市建设与生态优化同步推进、产业提升与环境保护同步落实，成为全国“两型”建设的示范。在产业发展方面，坚持项目集中园区、产业集群发展、资源集约利用、功能集成建设，不断完善产业布局，切实加强政策引导，以先进制造业和现代服务业为方向，以国家级长沙高新区为主体，以宁乡经开区、金洲新区、望城经开区和岳麓科技产业园为依托，深入实施“6211”工程，促进科技含量高、环境污染小、综合效益大的“两型”产业加快发展，全面推进了产业高端化的转型升级。在生态环保方面，坚持保护性开发，在保护中提升，十分珍惜大河西先导区不可多得的自然资源，积极破解制度和技术层面遇到的矛盾和困难，坚持走有别于传统、可持续发展的新路，扎实推进了发展“两型”化的实践进程。在先导区规划范围内，生态涵养用地、城市建设用地和农业农村用地各占三分之一，先导区战略规划环评成为省部共建先行试点项目，坪塘老工业区成为全国传统工业区再生改造、生态修复和环境治理的样板工程，岳麓山景区环境提质改造、生态功能恢复取得了广为称赞的实效。

3. 形成了沿江建设、跨江发展的重要支撑

如何谋划长沙未来的发展，走势在城南还是在城北，重心在河东还是在河西，这是历届市委、市政府思考的重点。2007年，我们抢抓综合试点的宝贵机遇，顺应时代要求，着眼发展全局，继承和提升历届市委和政府的思路，作出了“打造先导区、建设大河西”的战略决策，打破了河东河西畸重畸轻、相对分割的旧模式，拉开了城市发展东西两翼、并驾齐驱的新框架，展现了今日长沙沿江建设、跨江发展的大格局，并争取省委、省政府的支持，经国务院同意，将望城县改为望城区，从而使长沙的城区面积扩大了一倍。目前，无论是先导区的核心区域，还是规划发展的预留空间，都为产业的集群发展、人口的快速集中、城市的扩容提质，提供了广阔空间，展示了美好前景。

4. 取得了改善民生、凝聚人心的丰硕成果

回顾先导区三年的发展历程，是改善民生、惠及民生的过程，是团结拼搏、凝心聚力的结果。三年来，我们始终坚持发展为了人民、发展依靠人民、发展惠及人民，时时刻刻替群众解难，事事处处为发展着想，激发了人民群众活力，凝聚了改革发展合力。我们按照“扩大创业型社会就业、发展普惠型社会事业、建立共享型社会保障、加强服务型社会管理”的思路，以创业富民、住房保障、道路畅通、电力扩容、教育科技、文化艺术、生态修复、公共卫生、社会福利、食品安全为重点，推进十大民生工程建设，切实解决人民群众生活、就业、住房、看病困难的问题。以农村公路通达、电力扩容、饮水安全、环境整治和校舍改造“五大工程”为抓手，切实改善农村生产条件和农民生活环境。广大市民通过多种形式，对先导区建设和“两型”发展提出了很多宝贵的意见和建议，展示了长沙人民同在一方热土、共建美好家园的积极性、主动性和创造性，形成了团结和谐稳定、风正气顺心齐的良好氛围。这些成就的取得，为先导区和长沙市增强了率先发展的自信，形成了和谐发展的氛围，赢得了创新发展的动力，积累了科学发展的经验。2011年，长沙以排名省会、副省级城市第一的优异成绩，获得全国文明城市光荣称号，跨入全国文明城市先进行列，同时第4次获得“中国最具幸福感城市”称号。

二、三年来先导区发展的基本经验

过去的三年，是长沙发展史上很不平凡的三年，也是先导区建设取得辉煌成就的三年。成绩催人奋进，经验弥足珍贵，未来值得期待。进入新时期，面对新形势，我们要认真总结，冷静思考，科学谋划，把先导区建设不断推向前进。

1. 要始终坚持发展方向不动摇

通过三年的实践，我们谋好了篇、开好了局，先导区的战略定位越来越精准，改革思路越来越清晰，发展方向越来越明确。一项事业要干好，要干出成就，决不能朝令夕改，更不能朝三暮四，必须锁定目标、坚持不懈。21世纪是城市的世纪，区域竞争是城市的竞争。当前，长沙无论城市的规模还是建设的品质，都还处于亟待提升的阶段。我们提出的“以大河西先导区建设为重点，推进‘沿江建设、跨江发展……’的城市发展战略”和先导区“四区一极”的战略定位，实践证明是科学理性、切实可行的，我们一定要贯彻落实，并坚持以国际的视野、前瞻的思维、开放的理念，不断创新、完善和提升发展思路。只要发展方向明了、战略思路清了，并坚持咬定青山不放松，未来先导区改革发展必有所成，前景一定会更加美好。

2. 要始终坚持改革创新不停步

先导区作为“两型社会”建设综合配套改革试验区，其最大特色是“两型”，最大优势是创新，承担着先行先试、改革创新的重大使命。改革试验这四个字，给了我们无限的创造空间。过去的三年，我们着眼于快人一步、先人一着、高人一招，坚持把握先机、抓住时机、赢得良机，以先导区建设总体方案和“三年行动计划”为总纲，敢闯敢试、边干边试、先行先试，试出了活力迸发，试出了发展涌流。实践证明，快发展得益于好体制，特别是从实践中探索出的“大部门、小政府”体制，提高了办事效率，节约了行政成本，强化了制度保障，我们必须始终坚持。现在，我们正全力实施“先导区‘十二五’发展规划”、“新三年行动计划”，标志着先导区改革进一步向“深水区”推进、向攻坚期迈进。改革越深入，任务越艰巨，挑战越严峻，越考验我们的智慧与勇气。没有惊心动魄，哪有波澜壮阔？面对改革的“硬任务”，面对各界的新期待，我们既要有一张蓝图绘到底的坚持，又要有实事求是、与时俱进的科学态度，以科学发展理念应对不断出现的新情况新问题。要敢干他人未曾干、敢谋他人未曾谋、敢试他人未曾试，加快推进新一轮更深层次的改革，在“干”中“试”，在“破”中“立”，积极向上争取政策支持，对内深化探索实践，力争实现新的重大突破，取得新的重大进展，加快构建充满活力、富有效率、更加开放、符合“两型”的体制机制，为全省乃至全国提供示范和借鉴。

3. 要始终坚持项目建设不松劲

我们曾经讲过，先导区的改革、建设和发展，一定要先谋势再谋事。所谓“势”，首先是一种气势。“势”从何而来？势来自于建设的项目，来自于推进的力度。从一开始，先导区就坚持项目带动，平均每三天完成1公里的道路建设，每月都有新进展，每季都有新变化，每年都有新亮点。这种大规模建设、高速度推进，创造了一个良好的预期，形成了一个广阔的平台。下一步，我们要坚持规模不能减、力度不能松，要坚持以大项目为载体，以大投入为支撑，重点围绕世界级企业，瞄准世界高端和国际前沿，在引进战略性重大项目上下工夫，抢占产业制高点，赢得竞争主动权。

4. 要始终坚持建设保护不偏废

建设发展与环境保护互相影响、相辅相存。建设先导区，需要强调发展，而且是大力度、大发展，但同时必须高度重视环境保护，而且是硬任务、硬约束。生态环保既是发展的条件，也是发展的要求，是实现“两型”发展、科学发展的重要保证。我们一定要本着对历史负责、对子孙负责和对未来负责的态度，坚决抛弃急功近利、饥不择食的发展心态，坚决摒弃“捡到篮子里都是菜”的思维方式，坚决杜绝以牺牲环境换取经济增长的错误导向，以环境建设提升区域价值。要按照保护优先、开发有序的原则，在保护中开发建设，在开发建设中保护，走出一条经济发展高增长、资源消耗低增长、环境污染负增长的新路子。要强化对湿地、河流、山体、森林等生态资源的保护和修复，着力构建森林、农田、流域、湿地、城市五大生态系统。要大力实行谁开发谁保护、谁破坏谁修复、谁使用谁建设的生态补偿机制，运用法律、经济、行政和技术手段，保护自然生态环境，靠优化环境实践科学发展。要引进先进经营理念、先进技术装备、先进管理经验，转变经济发展方式，提升产业发展水平，加快构筑生态组团，实施生态建设工程，把先导区率先建成“水清、地绿、天蓝、气爽”的山水园林新区和绿色生态新区。

5. 要始终坚持真抓实干不懈怠

先导区的建设，发端于国家的改革实验，离不开上级的大力支持，但要在极短时间内取得如此丰硕的成果，创造令人惊奇的“先导速度”，从根本上还要靠一支能干事、会干事的团队，要靠一批负责任、讲奉献的干部。三年的实践证明，谋事在人，成事也在人，事业是人干出来的，没有各级领导以身作则、率先垂范，没有广大建设者埋头苦干、昼夜奋战，没有广大先导人牢记使命、忘我工作，先导区绝不可能发展到今天的地步，大河西绝不可能呈现出今天的面貌。未来几年将是先导区全面发力、全速推进的关键时期，我们要发扬奋发有为的精神，珍惜先导区这一干事创业的舞台，迎难而上，勇于超越，积极作为；要发扬开拓创新的精神，坚持以新理念、新思维指导新实践，推动新发展；要发扬真抓实干的精神，把所有心思用在干事业上，把全部精力放在抓落实上，扑下身子，深入一线，制定好时间表、绘制好路线图，突出重点，攻克难点，一抓到底，务求实效。

三、新三年先导区发展的美好未来

未来三年，是在新的起点上谋求更大突破、实现更大发展的关键时期。我们要着眼世界发展的趋势，立足全国发展的格局，按照“三年打基础、五年大变样、十年造新城”的要求，继续采取特许的政策、实行特殊的体制、赋予特别的责任，全面实施新三年行动计划，努力把大河西先导区建设成为立足全市、带动全省、辐射全国、对接全球的“两型”发展示范区和核心增长极。

1. 提升承载功能，构筑“两型”发展的广阔平台

按照“起步区发挥效应、核心区基本建成、规划区形成功能”的要求，加快新城区建设，努力打造“未来城市新中心”，为“两型”发展提供大平台。要全面完善基础配套功能。谋求大发展，基础须先行。配套功能越完善，发展承载力和要素聚合力就越强。要加快先导区骨干道路和片区路网建设，加强河西与河东、区域与组团、城内与城际的交通组织对接，构筑更加开放、更加配套的综合交通体系。要加快完善教育、医疗、文化体育、商业网点等公用设施和水、电、气、电信、新能源等基础配套设施，显著增强与现代新城区定位相匹配的产业支撑功能、公共服务功能和生态承载功能。要梯次推进重点片区开发。全面完成滨江新城金融商务区等五大片区建设，积极发挥示范带动效应，充分展现品质领先、产业高端、环境和美、宜居宜业的新形象。加速推进望城滨水新区、雷锋湖综合服务区等三大片区开发，着力打造先导区“第二圈层”，实现轴线式延伸、阶梯式推进、组团式发展，全面拉开核心区城市框架，基本形成具有强大集聚力和辐射力的城市综合新区。要深入实施跨江发展战略。大河西先导区既是推动“沿江建设、跨江发展”的主要战场，也是实现“发展‘两型’化、城市国际化”的重要节点。要坚定不移地推进先导区新型城市化和城市国际化进程，加快交通枢纽中心等五大中心建设，不断提升城市内涵，扩展城市外延，彰显城市品位，高起点、大手笔打造代表长沙21世纪现代化水平的城市新中心，形成“一江两岸”、互动共进的城市新格局。

2. 加快产业培育，强化“两型”发展的产业支撑

城市与城市之间的较量，核心在产业；产业和产业之间的竞争，关键在人才。要把推进产业建设作为调整经济结构、实现跨越发展的重大任务，加快转变发展方式，充分发挥人才作用，按照集约化、循环化、高端化要求，加快建设符合“两型”要求、体现“先导”特色的高新产业集聚区。要始终坚持人才引领。实践证明，谁集聚了更多的人才，谁就赢得了发展的主动权；谁拥有了更好的人才，谁就占据了竞争的制高点。要加快建设一支结构合理、素质优良、支撑发展、引领未来的科技人才队伍，努力为先行先导、率先发展注入持久动力。要切实强化产业支撑。只有经济上去了，才有强大的带动能力；只有产业发展了，才有充沛的发展后劲。要紧紧围绕推进结构调整优化和发展方式转变这一主线，以节能、节地、节水、节材和环保为导向，以产业园区、产业基地和产业集群为载体，加强产业政策引导，完善产业发展规划，优化产业发展布局，进一步推动资金向产业集中，资源向产业集聚，政策向产业倾斜，使先导区成为经济结构最优、带动能力最强的发展龙头。要大力推进自主创新。充分发挥大河西高校资源、科研资源和人才资源优势，以国家创新型园区高新区为载体，充分整合创新资源、大力推进创新工程、强化产学研金合作、加快科技创新步伐、推进科技成果转化，努力在关键环节、重点领域突破一批共性技术、关键技术和核心技术，把科研优势转化为创造力，把科学技术转化为生产力，把科技成果转化为竞争力，努力培育一批拥有自主知识产权、自主名优品牌和国际竞争实力的大企业，整体提升先导区的产业内生动力、发展能力和竞争实力。

3. 深化配套改革，形成“两型”发展的制度优势

发展是一个不断实践、不断创造的历史过程，唯有不为传统模式所限，不为既有经验所累，以更大的胆识、更大的气度、更大的魄力，不断创新观念思路，创新体制机制，创新方式方法，才能在发展中赢得主动、取得优势、赢得未来。要创新观念思路。先导区迈出的每一个步伐，取得的每一点成就，无一不是思想解放的成果，无一不是改革创新的结晶。在新的发展阶段，要担当先行者的使命，展示排头兵的风采，在改革试验中拔得头筹，在先行先导中实现突破，就必须始终保持敢于创新的勇气、善于创新的智慧、勤于创新的境界，不断增强工作的主动性、创造性和开拓性，让事业在改革中焕发盎然生机，在创新中彰显蓬勃活力。要创新体制机制。建设先导区，打造大河西，体制机制的障碍是最大的障碍，体制机制的制约是最大的制约。加快建立更具活力的创新体系、更富效率的制度体系、更加开放的管理体系，是先导区永葆发展生机的关键所在。要围绕要素市场等“六个一体化”，深入推进行政管理等“五大改革”，率先建成共享型的社会事业体系等“五大体系”，让广大人民群众最大限度分享“两型”发展带来的实惠。要创新方式方法。毛主席曾经把工作方法比作过河的桥或船，强调指出，不解决桥或船的问题，过河就是一句空话。随着先导区先行先试步伐的加快，创新活动将在各个领域呈现前所未有的态势，能不能取得突破、收到实效，科学的方式方法越来越重要。我们不但要“敢想”，还要“会想”；不但要有科学筹谋的战略，还要有灵活多变的战术；不但要有勇往直前的勇气，还要有攻坚克难的对策，坚持在改革创新中破解难题、形成优势，在真抓实干中推动工作、创造实绩。

4. 坚持生态环保，凸显“两型”发展的美好前景

要像珍惜生命一样珍惜好先导区的蓝天碧水，像爱护眼睛一样爱护好先导区的一草一木，为经济发展腾出更多的环境容量，为人民群众创造更好的环境质量。要实行最

严格的生态保护。始终把自然环境作为核心资源优先保护，把生态建设作为第一目标优先统筹，不断完善落后产能淘汰机制、生态环境补偿机制、生产污染治理机制和资源节约奖励机制，严格落实“重点开发、适度开发、控制开发、禁止开发”等功能分区规划，在发展定位上，做到有所为有所不为；在发展重点上，做到不作为中有作为；在发展要求上，做到有作为中作大为。要彰显最高端的生态品质。按照城市园林化、城郊森林化、道路林荫化、小区绿地化、水系洁净化的要求，把每一处细节勾勒成精巧、雅致、灵动的生态名片，把每一项工程打造成节能、节地、节材的生态精品，把每一个片区打造成显山、露水、透绿的生态样板，呈现山水相映、洲岛点缀、环境优美、人与自然和谐共存的美景。要发挥最大化的生态效益。全面贯彻资源节约型、环境友好型的规划理念、建设标准和发展要求，加快城市生态系统、农田生态系统、森林生态系统、流域生态系统和湿地生态系统建设，着力发挥其示范带动效应。提升其生态旅游功能，让生态资源更好地服务人、惠及人，充分展现品质高端、环境和美、宜居宜业的“两型”新区的新形象。

（载于《2012年湖南两型社会发展报告》）

立足新起点　纵深推进湖南“两型社会”建设

陈肇雄

加快推进“两型社会”建设，是科学发展观在湖南的具体实践，是湖南转变发展方式的重要目标和着力点。目前，湖南“两型社会”建设已经进入纵深推进的新阶段，改革的形势更加紧迫，改革的任务更加艰巨。立足新的起点，全面推进“两型社会”建设，要坚持以综合配套改革为突破口，努力实现“两型社会”建设与经济社会融合互动发展，走出一条综合试验、统筹推进的新路子。

一、试验区第一阶段改革建设取得的成绩

长株潭“两型社会”试验区改革建设第一阶段，湖南省各级各部门认真贯彻落实中央决策部署，按照国家批复的试验区改革总体方案和城市群区域规划要求，扎实推进试验区改革建设工作，试验区第一阶段改革建设工作取得了明显成绩，为第二阶段改革发展打下了良好的基础。

*一是建设规划体系基本形成。*突出规划引领，加强顶层设计，高起点编制了长株潭城市群“两型”社会综合配套改革总体方案和区域规划，构建了全方位、多层次的试验区改革方案和建设规划体系，为“两型社会”建设明确了系统性好、创新性强的行动路线图。出台了“一条例一决定”，加强了区域编制、实施和监督管理，初步建立了试验区空间动态管理系统。探索实现经济社会发展规划、城市总体规划、土地利用总体规划和融资规划“四规合一”的有效途径，编制了一批市、县改革建设实施方案和各类下位规划，将“两型”社会建设目标任务细化成具体可操作的实施方案、政策措施和建设项目。

*二是重大工程建设顺利推进。*全面启动了示范片区建设，大河西、云龙、昭山、天易、滨湖五大示范区18个示范片区建设进展顺利。武广高铁建成通车，黄花机场扩建工程竣工投入使用，芙蓉大道、红易大道、长株高速等一批跨区域重大项目顺利建成，长株潭三市通信并网升位、统一区号成功实现，城际铁路长株潭线开工建设，三网融合试点有序推进。湘江流域综合治理取得实质性进展，湘江水污染整治三年行动计划和全省城镇污水治理三年行动计划取得重大成效，湘江风光带建设世行项目顺利推进。

*三是重点领域改革取得实质进展。*建立了资源节约价格杠杆调节机制，实行绿色电价，试行分质供水和阶梯式水价，出台了民用建筑节能条例，实施了大型公共建筑节能监控和改造。建立了土地管理考核评价体系，将园区土地使用效率纳入新型工业化考核指标体系，制定市州政府土地管理和耕地保护责任目标考核办法，建立了城乡统一的土地流转交易市场。积极探索环境保护的市场化运作机制。实施环境污染责任强制性保险试点，对流域内51个市县实行省级财政生态补偿，创造了农村环保自治模式和“户分类、村收集、乡中转、县处理”的垃圾分类处理模式。

*四是产业“两型化”发展成效显现。*加速推进新型工业化，大力推进传统产业高新化、“两型”产业规模化、特色优势产业集群化发展，“两型”产业发展步伐不断加快。大产业、大企业、大园区、大集群战略成效明显，工程机械、轨道交通、新能源等优势产业规模迅速壮大，中联重科、南车时代、湘电集团等优势企业实力不断增强。大力引进战略投资者，大飞机起落架、千亿轨道交通设备等重大产业项目相继开工建设，试验区要素集聚效应日益显现。突出提升自主创新能力，突破了新能源汽车、轨道交通高速机车交流技术、大型盾构设备研制及产业化、5兆瓦海上风力发电机组等一批关键核心技术，推广了一批示范效应明显的“两型”技术和产品，科技进步对经济增长的贡献率进一步提升。

*五是“两型社会”建设氛围日益浓厚。*部省共建合作机制初步形成，与39个部委、74户中央企业建立了合作关系，在试验区布局实施了50多项改革试点，形成了国家部委聚焦试验区改革的新局面，试验区先后被列为全国新型工业化产业示范基地、“两化”融合试验区、综合性高新技术产业基地和三网融合试点地区等，搭建了试验区改革发展的重要平台。全省上下对“两型社会”建设的思想认识进一步统一，“两型”知识进一步普及，“两型”理念进一步深入人心，为全省“两型社会”建设的全面深入推进奠定了良好思想基础和强大支撑。

二、坚持“六个结合”，实现“两型社会”建设与经

济社会融合互动发展

“两型社会”建设是一项探索性很强的复杂工程，涉及经济社会发展的各个方面，需要全省各级各相关方面从不同的工作领域、不同的工作层次共同努力、合力推进。

要把建设“两型社会”与构建现代产业体系结合起来。一是推进传统产业高新化发展。大力促进信息化与工业化深度融合，广泛应用先进适用技术、信息技术和“两型”技术改造提升传统产业，增强新产品开发能力和品牌创建能力，促进传统产业的“两型”化发展。以推进农业现代化为目标，大力发展节约型农业、生态型农业、效益型农业和科技型农业，加快转变农业发展方式。二是推进战略性新兴产业规模化发展。围绕先进装备制造、节能环保、电子信息等战略性新兴产业，突破一批先进适用新技术、新产品、新工艺；培育一批成长性好、科技含量高、竞争能力强的“两型”产业龙头企业；建设一批创新能力强、创业环境优、特色突出、集聚发展的“两型”产业基地；加快形成先导性、支柱性“两型”产业，使之成为带动经济结构调整和发展方式转变的先导力量。三是推进现代服务业集约化发展。坚持生产性服务业和生活性服务业发展并重，拓展新领域、发展新业态。

要把建设“两型社会”与统筹城乡区域发展结合起来。一是突出区域协调发展。加快推进长株潭“两型社会”建设核心试验区的步伐，高度重视环长株潭5个城市的“两型社会”建设工作，统筹兼顾湘南、湘西“两型社会”建设工作。二是突出城乡统筹发展。以建设“两型”城镇为载体，把新农村建设纳入“两型社会”建设总体规划，促进资源在城乡之间优化配置、人才在城乡之间合理流动、产业在城乡之间有序转移，完善农村基础设施建设，提高农村公共服务水平，加快形成城乡一体发展的长效机制。三是优化“两型”产业布局结构。立足发挥区位交通、特色资源、产业基础、科教人才等比较优势，实施差异化发展战略，科学规划和确定区域“两型”产业发展方向，培育区域特色优势，以发展特色“两型”产业培植区域竞争优势，以优化“两型”产业布局结构带动区域经济互动发展。

要把建设“两型社会”与加强生态文明建设结合起来。一是突出生态资源保护。继续实施重大生态修复工程和生态林工程，加大对生态风景名胜区、饮用水源、生态敏感区的保护力度，统筹推进城乡绿化，提高森林碳汇功能，实现生态资源的永续利用。二是加强生态环境治理。全面加强节能减排工作，积极推广节能减排新技术新产品，抓好工业、建筑、交通运输等重点领域节能。强化固定资产投资项目节能评估审查和影响评价，探索排污权、碳排放权有偿使用和交易试点。重点抓好湘江流域重金属污染治理。加大落后产能淘汰工作力度，坚决关闭影响生态文明建设的严重排污设施和落后生产工艺设备。三是提升生态文明水平。宣传普及“两型”发展理念，加快形成“两型”消费模式，大力培育“两型”文化，积极倡导健康、文明、科学的现代生活方式，提升全社会的生态保护意识和文明素养。

要把建设“两型社会”与推进改革创新结合起来。突出创新驱动，激活“两型社会”建设的内生动力。一是进一步加大体制机制创新力度。支持先行先试，纵深推进各项改革试验，率先在体制机制上实现突破、创造经验，发挥示范效应，带动整体推进。以推进“十大领域”改革为重点，突出解决资源节约、环境保护、城乡统筹、产业发展、基础设施建设、行政管理等方面的问题，加快健全土地、资本、劳动力、技术、信息等要素市场，着力构建有利于“两型社会”建设的体制机制。二是进一步加快自主创新步伐。坚持把增强自主创新能力作为“两型社会”建设的中心环节，以企业为主体、以市场为导向，加强产学研合作，大力推进自主创新、集成创新和引进消化吸收再创新，努力在重点领域、关键环节和核心技术上取得突破，掌握一批重要的自主知识产权和核心技术。加快完善技术创新体系、知识创新体系、区域创新体系和创新服务体系，多渠道、多层次搭建公共技术服务平台，支持建设一批高水平的科技创业、创新示范和高新技术产业发展基地。三是进一步加强创新型人才培养。进一步完善人才政策措施，加强创新团队建设，切实加大对创新型人才的引进、培养和使用力度，为“两型社会”建设提供有力的人才保障和智力支持。四是进一步创新优化社会管理。加快社会管理体制机制改革，完善公共治理结构，健全矛盾调处和利益协调机制，建立重大工程项目建设和重大政策制定的社会稳定风险评估机制，加强社会信用体系建设，创新优化社会管理，在维护社会稳定、促进社会和谐前提下加快推进“两型社会”建设。

要把建设“两型社会”与扩大对外开放结合起来。一是拓展开放空间。加强国际经贸交流与合作，统筹对内对外开放，深化央企对接，强化部省共建，加强与泛珠三角、长三角和中部地区等的区域合作，构建全方位多层次的对外开放新格局。二是提升开放水平。创新招商引资模式，加强外资投向引导，扩大“两型社会”建设利用外资规模。加强与国内外大公司、大集团和高等院校、科研机构的对接合作，吸引国内外资金、技术、人才等资源要素和先进经验，在更广范围、更宽领域、更高层次上加快“两型社会”建设。三是打造开放合作平台。加快长株潭试验区全国新型工业化产业示范基地、“两化”融合试验区、综合性高技术产业基地和三网融合试点地区建设，推动各类产业园区的绿色化、集约化、“两型”化发展。

要把建设“两型社会”与切实改善民生结合起来。一是加快推进以改善民生为重点的社会建设，大力推进扩大就业、医疗卫生和社会保障等民生工程。二是加快构建城乡居民收入增长、劳动报酬增长与经济增长相协调的长效机制。三是建立完善体现特色、比较完整、覆盖城乡、可持续的基本公共服务体系，确保“两型社会”建设为民、富民、惠民目标的实现，让广大人民群众最大限度地享受改革发展成果。

三、强化“六项措施”，加快推进“两型社会”建设

在纵深推进“两型社会”建设的新阶段，必须创新发展理念，强化推进措施，关键是要做好“六项重点工作”。

一是强化规划体系建设。按照试验区改革建设总体要求，积极借鉴国内外先进经验，加快完成环长株潭城市群

跨区域、跨行业和重点地区等规划的编制，积极推进市、县改革实施方案和各类专项规划、下位规划的编制，逐步形成全覆盖的规划体系。突出抓好城市群规划与各市规划、总体规划与专项规划的对接，科学指导和统筹推进“两型社会”建设。抓好“一条例一决定”的贯彻落实，严格长株潭生态绿心等重点地区及区域性项目的规划管理，协调推动相关规划的实施，增强规划的约束力。

二是强化体制机制创新。以法治湖南建设为契机，结合试验区改革实际，瞄准现实问题加强研究，制定完善土地利用、产业发展、投融资、资源环境等方面的配套政策，加快形成保障有力的政策法规体系。加快研究制定长株潭“两型社会”试验区促进条例等相关地方性法规，从法制层面为“两型社会”建设提供更加有力的保障。

三是强化重点项目管理。实施重大项目带动战略，以大项目带动大发展。在“两型”产业发展、基础设施建设、示范片区建设、湘江流域综合治理、节能减排、城乡统筹、三网融合等领域加快组织实施一批重点项目。根据“两型”要求，实行“招商选资”，对已经建成的和正在实施的项目要切实评估项目实施效果。提高准入门槛、投资强度和投入产出比。协调推进“两型”重大项目特别是跨区域“两型”重大项目的实施。

四是强化典型示范创建。科学确定重点示范创建领域，集中支持建设一批“两型”示范工程，在生产、生活、消费等领域全面发挥示范效应和带动作用。实施“两型社会”建设样板工程、“两型”技术产品推广工程、“两型”示范单位创建工程，围绕新型工业化、新型城镇化、新农村建设，开展“两型”示范创建活动，带动形成“两型”生产方式、“两型”消费方式、“两型”生态环境。

五是强化外引内联服务。着力落实与国家部委和中央企业的已签协议，推动签署一批新的省部、央企合作共建协议，完善和细化合作内容，将合作共建任务落实到具体的项目和资金上。进一步扩大与央企、国际金融机构、外国政府、跨国公司和国际财团的合作。加快组建长株潭“两型”产业投资基金及其管理公司，搭建市场化融资平台以及试验区国际国内交流合作平台，充分利用国际国内两个市场、两种资源推进“两型社会”建设。

六是强化宣传教育普及。将“两型”宣传教育纳入宣教工作整体部署，发挥湖南作为传媒大省媒体资源丰富的优势，采取媒体报道、课题研究、专题活动等多种形式，加大对“两型社会”建设理念、决策部署、重大意义、中心任务、重点工作等多方面的宣传报道，形成全方位、多层面的宣传教育格局，营造共建共享的浓厚氛围

四、实施“八大工程”，开创“两型社会”建设新局面

“八大工程”是试验区改革建设的重点工程，要进一步明确责任、扎实工作，确保各项建设任务真正落到实处，开创湖南“两型社会”建设的新局面。

实施“两型”产业振兴工程。把实施“两型”产业振兴工程作为构建现代产业体系的重要抓手，加快用高新技术、先进设备和现代工艺改造优化传统产业，加快发展新能源、新材料、生物医药、节能环保、文化创意等战略性新兴产业，重点提升长沙、株洲、湘潭、益阳高新区和岳阳、常德、宁乡经开区等国家级园区发展水平，带动产业结构优化升级和发展方式加快转变。

实施基础设施建设工程。按照“一体规划、突出两型、统筹协调、适度超前”的要求，加强交通、水利、能源、生态、信息和城市设施建设，构建布局合理、功能完备、安全高效、集约利用、统筹协调的现代化基础设施体系。加快推进核心区城际干道网、高速公路网和城际铁路网，以及高铁、机场、港口、河道建设，着力构建便捷、安全、高效的综合交通体系。加大城镇基础设施建设力度，增强城镇产业和要素承载功能，形成“布局合理、功能完备、特色鲜明、承载力强”的城市基础设施体系。

实施节能减排全覆盖工程。以节能减排在线管理为突破口，深入开展“万家企业节能行动”，逐步推广合同能源管理，促进建筑、交通、商业、民用等领域的节能推广，在全国率先形成节能减排考核评价、行业标准、用能标准和设计规范等系统管理的体制机制。积极探索排污权、碳排放权有偿使用和交易试点，着力推动节能减排的标准化、信息化、市场化。

实施湘江流域综合治理工程。积极构建湘江、洞庭湖为主体的区域生态环境安全体系，建立区域协调统一的环境保护联动机制、洞庭湖区和湘江生物入侵预警预防机制、湘江治理问责机制。坚持以保护饮用水源安全为主要目标，实施湘江流域水污染综合整治新的行动计划，推进重金属污染治理、流域截污治污、城市洁净、农村环境污染治理、生态建设等工程建设，加大生态补偿力度和环保执法力度，促进两岸生态修复。

实施示范区建设推进工程。坚持以体制机制创新、基础设施建设、产业布局优化和发展为重点，推行部省共建、省市共建、省企共建、中外共建等模式，进一步加快五大示范区和十八个示范片区建设步伐，努力把示范区打造成为加快经济发展方式转变的示范区、引领区和新的核心增长极。

实施城乡统筹示范工程。加快实现城乡规划全覆盖，协调城乡产业布局，统筹城乡建设用地，推动城市道路、供水、污水和垃圾处理、园林绿化等基础设施向农村延伸，统筹城乡就业、养老、医疗、最低生活保障制度和社会救助体系，加快土地流转和户籍制度改革，促进农民向市民转变，以“两型”村镇建设带动新农村建设。

实施综合交通运输一体化工程。加快长株潭三市城际公交一体化运营、公共交通资源共享、城乡公交一体化、同城公用事业缴费一卡通及干道站场等建设，实现三市公交出行同城同享。加快长株潭城际铁路、核心区城际干道等重大项目建设，建设完善的公共交通枢纽。

实施三网融合和数字湖南建设工程。抢抓长株潭城市群入列国家首批三网融合试点地区的机遇，大力发展新型通信信息产业，形成初具规模的“三网融合”全业务产业链，加快智能电网、物联网、云计算应用、“两化融合”、地理信息系统、智慧城市发展步伐，推动湖南进入发展智慧经济的前沿高地。

（载于人民网 2011 年 12 月 21 日）

全面推进农业标准化　加速农业现代化进程

徐明华

农业标准化，是指以农业为对象的标准化活动。是对农业生产的产前、产中和产后进行全过程规范的总和。其内涵就是指农业生产经营活动要以市场为导向，建立健全规范化的工艺流程和衡量标准。具体说就是以建立完善标准体系为技术基础，应用现代管理和质量控制技术，建立完善工作制度和管理制度，将标准要求落实到农产品产销的每个环节，在确保农产品质量和产业可持续发展的前提下，获得最大的综合效益的活动。农业标准化是农业现代化的重要标志，是确保农产品质量安全的基础保障，是影响农业综合竞争力的主要因素。当前，全球农业经济一体化发展，农产品市场竞争日趋激烈，大力推进农业标准化，已成为我省农业发展的紧迫任务，对促进我省农业发展有极重要的战略意义。

农业标准化是现代农业的重要标志。农业标准化是现代农业的技术基础。现代农业不仅要求农产品品种标准化、农业生产技术标准化，还要求农业生产管理标准化、农产品流通标准化、农业信息标准化。农业标准化是现代农业的重要组成部分。

农业标准化是保障质量安全的重要基础。农产品质量安全问题是影响我省农业发展的重大战略问题。要解决这个问题，必须以农业标准化为抓手，全面规范农产品基地生产、加工、市场过程，建立完善质量安全监管制度，把好各个环节的质量安全关。

农业标准化是农业国际化的重要保障。我国进入“WTO后过渡期”后，受国际技术壁垒的限制，每年给我国的农产品造成的直接和间接损失达90亿美元。因此，要打破这种技术壁垒，提升我国农产品国际竞争力，建立与国际标准相适应的标准体系，必须全面推行农业标准化生产，使农产品质量与国际市场需求对接，促进我国农产品出口。

农业标准化是农业产业升级的重要依托。我省是传统农业占主导地位的农业大省，农业生产结构分散、产业化水平低、综合效益不高。实施农业标准化，可以把分散的农户组织起来，与企业联合起来，将农产品生产、加工、销售统一衔接起来，按照统一标准进行规模生产，实行产业化经营，促进农业向标准化、规模化、产业化、品牌化、国际化发展，不断提升湖南农业整体竞争能力和综合效益，实现农业提质增效、农民增产增收，农业可持续发展。

当前，我省农业正处于传统农业向现代农业转变的关键时期，必须坚持以农业标准化助推农业现代化。推进农业标准化，要坚持以保障消费农产品质量安全为重点，积极开展无公害农产品产地认定和认证，推行农产品标识化流通，严格基地准出和市场准入，确保上市农产品符合无公害农产品标准的要求；要坚持以品牌带动为重点，建立完善绿色和有机食品生产标准体系和质量控制体系，大力发展绿色和有机食品，创建农产品知名品牌；要坚持以扩大农产品出口为重点，建立和完善与出口国标准相适应的标准体系，严格按照出口农产品标准体系组织农产品生产加工，发展出口农产品基地，扩大我省农产品出口。

具体要抓好以下八个方面的工作。

一要构建农业标准体系。以水稻、蔬菜、水果、生猪、家禽、水产品等主导产业为重点，根据产业发展市场定位，在推广国家及出口国标准的基础上，按照产销全程质量有效保障的要求和“查漏补缺”原则，加强农产品质量安全标准、技术规程和管理规范的制修订，健全企业标准，形成适应我省农业产业发展的现代农业标准体系，做到农产品产销全程各环节有标准可依。

二要强化产销全程监管。要加强农业投入品的经营规范，严禁经营使用高毒禁用农药，确保产地环境符合无公害农产品或绿色食品产地环境质量要求；指导和督促农产品生产者、加工企业严格按照标准组织生产加工；抓好农产品基地准出和市场准入，没有标识和检测不合格的农产品不得流出产地和进入市场销售。

三要打造优势品牌产业。要突出1—3个优势主导产业，以绿色食品企业为龙头，大力发展农村经济合作组织和产业协会，加强同行企业间的品牌整合，创建国内外知名品牌，促进农业产业集中规模发展，形成具有地域特色优势产业。

四要抓好标准化示范带动。各地要以抓好水稻、蔬菜、生猪等主导产业农业标准化示范县、示范区、养殖小区建设为突破口，大力推进农业标准化，通过示范、引导和带动，不断扩大农业标准化生产规模。

五要广泛开展宣传培训。加强农业标准化宣传，增强各级领导、政府和部门、农技人员和农产品生产经营者农业标准化意识，形成全社会大力推进农业标准化的浓厚氛围。切实加大培训工作力度，提高各级农业部门、企业组织及广大农民推进实施农业标准化的水平和能力。

六要全面提升监管能力。首先要建立健全省市县乡四级农产品质量安全监管机制，形成延伸到村组的农产品质量安全监管体系。其次建立健全省市县农产品质量安全检测机构，充实基地检测能力，加强农产品质量安全监督检测。再次建立健全农业执法体系，加强农产品质量安全执法，依法加强农业标准化的监督管理。

七要不断推进科技创新。加强农业标准化科技研究，充分利用国内外农业科技最新成果，广泛收集农业标准化和市场发展动态信息，根据市场的发展要求，不断完善标准体系，健全管理制度，增强产业技术竞争优势，提高产业综合竞争能力，不断提升农产品的国际竞争水平。

八要建立健全工作机制。各级要按照“政府推动、市场引导、各级参与”的原则，成立政府领导、农业部门牵头，各有关单位参加的农业标准化领导小组，统筹部署调度农业标准化工作。要建立健全质量安全承诺诚信、生产档案、追溯与责任追究、监督检测与执法等监管制度，建立农业标准化评价考核制度，形成“政府监督、企业自律、农业自为”的质量控制长效机制，推动农业标准化不断深入开展。

（载于《湖南日报》2011 年 3 月 11 日）

加快长株潭试验区改革建设　全面推进全省“两型社会”建设

徐湘平

一、贯彻“四化两型”，“两型”建设取得新的突破

2011 年，湖南全力实施“四化两型”战略，加快推进试验区改革建没和全省“两型社会”建设。推进工作有新的举措，“两型”产业有新的发展，“两型”理念普及有新的拓展，示范创建催生一批新模式，城乡环境面貌有新的改善，核心带动作用有新的显现。

1. 突出第一阶段总结提升

编辑出版了《“两型社会”建设在湖南》丛书，系统总结试验区第一阶段改革建设的思路、做法、成果。总结提升 26 个改革建设模式，编辑形成《“两型社会”建设模式》。国家发改委对试验区做法及经验给予充分肯定，以 2011 年第 9 号《经济情况与建议》上报中央，提出要从国家层面进行总结提升。

2. 确定第二阶段推进思路

第十次党代会确立了“四化两型”的总体战略，“两个加快”、“两个率先”的总任务。全省“两型社会”建设推进大会确定了第二阶段的总体思路，湘发〔2011〕15 号文件提出试验区及全省“两型社会”建设的实施意见，并将第二阶段改革建设任务分解落实到各市、各部门，明确了加快“两型社会”建设的行动路线图。

3. 强化推进体系建设

成立长株潭试验区工委、管委会，试验区工作推进机制进一步完善。加强政策、法规、标准、规划工作，省人大开展“一条例一决定”执法检查，研究形成需要国家有关部委支持突破的重要体制机制改革事项 21 条，得到国家发改委肯定。省政府批准下发的“两型”产业发展政策文件，“两型”农业、“两型”城市等文件正在抓紧起草；颁布实施 12 个“两型”标准和 9 项地方节能减排标准，编制完成了 46 个专项规划、综合规划；出台《长株潭城市群生态绿心地区总体规划》。

4. 实施“两型”示范创建工程

根据“两型”性、示范性、推广性的总体要求，在全省遴选 201 个创建项目和单位，涵盖园区、企业、城乡、学校等多个领域，省市予以重点指导和支持，形成了一批经验模式和技术，为第二阶段全面推进全社会生产、生活、消费方式的转型升级奠定了基础，树立了样板。

5. 大力推进示范区建设

编制完成《环长株潭城市群“两型社会”示范区建设工程实施方案（2011—2015 年）》，支持郴资桂一体化示范带建设“两型社会”省级示范点。鱼形山示范区改革建设实施方案、片区规划和土地利用规划获省政府批准，初步确立了一批进行合作的战略投资者。推动“两型”园区建设，召开“两型”工业园区建设现场交流会。示范区“两型”产业发展提速、改革创新亮点纷呈，试验区核心增长极作用逐步显现。

6. 强化宣传教育引导

建成全国第一个“两型社会”展览馆，接待人数突破 12 万，成为联合国工发组织授牌与湖南省共建的全球首个“两型展示基地”，得到了各方面的高度评价和充分肯定。配合中央媒体推出一批力作，在《湖南日报》开办《“两型湖南”》专栏，湖南卫视推出湘江治理专题节目，创办《长株潭报》，“两型试验区”网站再次荣获全国优秀政府网站，开展“唱响四个湖南”等活动，“两型”理念进一步深入人心。

总的来看，试验区获批四年，在省委、省政府的坚强领导下，改革建设取得了实质性进展，集中体现为“四个重大”。

一是实现了重大突破。“两型社会”改革试验从高层理念变成全省共识，从顶层设计变成全省行动，走出了一条“四化两型”的新路子。这是湖南践行科学发展观探索总结的经验，经检验行之有效的发展战略，是立足湖南发展的阶段性特征、顺应国内外发展大势，抢占未来发展制高点的必然选择，是湖南未来的希望之路。

二是取得了重大成就。高标准进行顶层设计，“两型”建设重大项目工程顺利推进，重点领域改革取得阶段性成果，产业“两型”化发展成效显现，科学有效的推进机制基本确立，阶段性目标任务圆满完成。“两型社会”建设越来越成为带动全省科学发展的重要引擎，成为全面建设小康社会的重要支撑。

三是产生了重大影响。湖南“两型社会”建设成为国内外广泛关注的焦点，先后有 13 位党和国家领导人视察“两型”展览馆，对试验区改革发展取得的成绩给予充分肯定，寄予厚望。长沙、株洲的“两型”城市建设经验登上国家级和国际讲坛。国内外媒体、政要、企业界高度关注试验区建设，形成了各方聚焦长株潭的可喜局面。

四是收获了重大效益。“两型社会”建设金字招牌的含金量越来越高，试验区已成为争取国家政策的重要平台、吸引人才的重要载体、聚集高新技术产业的重要区域、吸引外资的强大磁场，为全省改革、发展作出了重要贡献。

二、着眼率先走出“两型”新路，大力深化改革试验

2012年是长株潭试验区改革建设的攻坚之年，是全省“两个加快、两个率先”的深入推进之年。工作的总体要求是：深入贯彻落实省第十次党代会精神，围绕扎实推进“四化两型”总战略，按照“两个加快”总要求，在推进机制、改革创新、专项立法、重大项目建设等方面取得突破，努力形成长株潭试验区和全省“两型社会”建设的促进机制和保障体系，形成资源节约和保护环境的产业结构、增长方式和消费模式，形成“两型社会”建设的强大合力，当好省委、省政府抓“两型社会”建设的参谋部、协调部、服务部，以优异成绩迎接党的十八大胜利召开。

重点把握好以下几个原则。

①全面推进。充分发挥各市州、省直各部门、企业、社会的作用，形成上下协同、左右联动的整体合力，构建全省以3为核心、5为重点、6为拓展的推进格局。②创新落实。用好先行先试权这个试验区最大的政策，抓住重点领域和关键环节，大胆采用新观念、新体制、新思路和新方法，确保各项工作达到预期目标。③项目管理。将“两型社会”改革建设的任务落实到一个个项目，明确目标任务、明确实施主体、明确时间要求，以项目化推进“两型社会”建设。④重点突破。统筹协调各级各部门，集中力量在各自领域完成1—2个具有“两型”示范意义和全局性影响的改革建设项目，形成整体突破的集群效应。

突出抓好以下六方面的工作。

（一）推进“两型”产业发展

“两型”产业是经济发展的基础和支撑，是加快发展转型的主要载体和依托。要坚持以科技含量高、环境污染小、资源消耗低、综合效益明显为发展目标，着力推动“两型”产业发展。

一是推进新型工业化。以“两型”为方向和目标，加快传统优势产业升级转型，推动三一重工、中联重科、南车时代、山河智能等装备制造企业向研发、设计、品牌、服务等增值环节延伸，支持湘钢、涟钢、冷钢、长炼石化等一批原材料企业向高新化、集约化、清洁化和循环化方向发展。支持精品薄板深加工、石油炼化一体化等一批重点技改项目建设。推进比亚迪新能源汽车、兴业太阳能光伏、中国水电风力发电、富士康、华磊LED产业工程等一批战略性新兴产业项目建设，创建长株潭国家级物联网新型工业化产业示范基地。

二是推进农业现代化。以提高农业规模化、集约化、产业化水平为方向，大力支持长沙县、浏阳现代农业科技产业园、屈原管理区建设国家现代农业示范区。

三是推进信息化建设。运用现代信息技术和科技手段推动现代服务业发展，着力做大做强文化、旅游等优势产业，加快发展物流、金融、信息服务等生产性服务业，加快建设青竹湖服务外包省级示范区、中电软件园、青苹果数据城等重点服务外包示范发展园区，打造长株潭创意产业园、科技创业园、现代物流园和中央商务区、文化聚集区、特色产业区服务产业集群，抓好“三网融合”工作，推进株洲华强二期工程建设。

四是推进自主创新。以建设创新型湖南为目标，加大自主创新投入和技术创新体系、创新源头建设。推动组建混合动力汽车、光伏、风电等产业技术创新联盟，集中力量进行重大技术攻关。实施现代装备制造、新材料、生物医药、基础软件等一批创新发展工程和应用示范工程。突出亚欧水资源研究和利用中心、中科院湖南技术转移中心、国家超级计算长沙中心、湖南杂交水稻研究中心等一批重大科技平台建设。突出知识产权保护，形成一批中国驰名商标和名牌产品的企业群体，实现由“湖南制造”向“湖南创造”迈进。

（二）促进体制机制创新

体制机制创新是转变发展方式、建设“两型社会”的有效保障，在试验区改革建设纵深推进的第二阶段，要实现重点领域和关键环节改革的新拓展、新突破。

一是创新资源环境管理。推进节约水、电、煤、油、气等资源性产品价格激励机制改革。加快节能减排在线监测向重点领域、单位推广，重点推广合同能源管理模式。推进水利综合改革，建设节水型社会。推行循环型生产方式，促进资源循环利用、再生利用产业化。探索建立湘江流域水环境保护的合作机制和重点区域生态补偿机制，推广环境责任强制保险机制。探索开展排污权交易、节能交易、碳排放和碳汇交易。重点支持环境资源交易、无形资产交易、公共资源和资产管理等平台建设。

二是创新土地管理。建立工业园区和工业用地预申请制度，强化土地使用投入产出的门槛约束机制和检查机制，实施差别化供用地政策。深化农村土地管理改革，探索建立农村土地整理多元化投入机制，推进农村土地流转交易，逐步建立城乡统一的土地市场。实行耕地和基本农田保护有偿调剂、跨区域统筹制度，创新新增耕地指标的交易方式和平台。

三是创新财税管理与投融资方式。开展环保税试点，改革资源税制度。壮大“两型社会”建设投融资平台，加快组建OTC市场，争取国家级高新技术产业园区进入“新三板”扩大试点范围。研究发行湘江治理债券。争取股份制商业银行和保险公司等金融机构在长株潭布局区域性中心。推进知识产权质押贷款试点，创新中小微型企业融资渠道。

四是创新行政管理。贯彻实施《湖南省政府服务规定》，进一步规范精简行政审批事项，优化审批流程，提高行政效率。推进示范区行政区划及管理体制改革，探索行政托管等模式，比照大河西、云龙、九华，赋予其他示范区行使部分市级经济管理职能的权限。

五是深化对外开放。大力支持湘南地区国家级承接产业转移示范区建设，继续引进一批世界500强、国内500强等战略投资者和高端产业入驻湖南，支持申报建设岳阳综合保税港区、长株潭综合保税区、永州保税物流中心等海关特殊监管区域。争取国家批复同意设立永州海关、湘西海关机构和衡阳出口加工区。探索建立“两型社会”统一招商平台和协商机制。

（三）加强生态环境建设

良好的生态环境是“两型社会”建设的本质要求和重要标志，要把生态环境建设摆在更加突出的重要位置，优先考虑、加快推进。

一是加大环境保护。按环境容量调整工业布局，严格新建项目的环境准入制度，切实加大落后产能淘汰力度。建设主要水域纳污能力核准体系，强化对入河排污口的审批和监管，严格取水和退水水质管理。针对长沙湘江综合枢纽蓄水带来的环境影响，重点加强排污口的监测和治理。打造清洁节能交通体系，推广新能源公交。全面推广长沙县、攸县等地农村环保的经验，推进养殖场污染综合治理和生活垃圾收集处理等工程建设。

二是推进生态建设。实施《湘江流域重金属污染治理实施方案》，着力推进株洲清水塘、湘潭竹埠港地区战略化改造，城镇污水垃圾处理等一批重大工程。落实《洞庭湖国家级生态功能保护区建设规划》，加快洞庭湖保护立法步伐。按照分工抓好昭山生态绿心地区保护建设，启动专项保护条例工作，按照规划做好禁止开发区、限制开发区等的埋桩工作。抓好在建和新批的6个省级林业产业园项目建设，新建一批国家森林公园和国家湿地公园。重点推进以南岭、雪峰、武陵、罗霄山脉为主体的自然生态屏障带建设。

三是抓好节能减排。大力实施节能减排全覆盖工程，全面推广节能减排在线监测，率先形成节能减排市场化、信息化、标准化的体制机制。坚持通过结构调整推动节能降耗，加强对引进工业项目的筛选，严控高能耗、高污染、高排放、低技术含量项目，继续淘汰落后产能。着力抓好工业、建材、建筑、交通运输、造纸等重点领域、重点行业的节能降耗。积极推广应用新型节能技术，切实抓好重点节能工程和节能项目建设，提高节能工作的技术装备水平。争取出台合同环境服务管理等一批标准和政策，逐步搭建全省统一的节能量交易平台，力争纳入国家节能量交易和碳交易试点范围。

（四）推进城乡统筹发展

城乡统筹发展是“两型社会”建设的重要内容，是实现城乡一体化发展的重要途径。

一是推进新型城镇发展。坚持统筹城乡、集约发展、以大带小、均衡布局，促进环长株潭、湘南、大湘西三大区域协调发展，培育壮大环长株潭城市群，着力提升岳阳、常德、怀化、永州、郴州等省际边界经济重镇的地位，有重点地发展中小城市、城关镇和中心城镇，建设一批高品质、功能型、特色精品小城镇，高起点、高标准完成14个市州城市规划修编工作。

二是加快基础设施建设。推进综合交通体系建设，重点推进杭长、长昆客运专线项目建设，加快湘桂、石长、娄邵、衡茶吉、长株潭城际铁路建设，启动长沙、益阳、常德、张家界城际铁路前期工作。加快长沙轨道交通1号、2号线建设，争取3号、4号线开工。加快一批城际干线和公路项目建设，重点启动长株潭公交一体化工程建设。重点推进湘江高等级航道、长沙湘江综合枢纽建设，启动湘江土谷塘航电枢纽建设及岳阳城陵矶综合枢纽前期工作。加快实施长沙机场飞行区东扩项目、综合配套服务区项目及支线机场改扩建项目等。加快长沙大托机场搬迁项目建设。加快湘江风光带建设，着力打造东方莱茵河。推进能源、水利、通信等设施建设，依托岳阳、长株潭管道枢纽，加快构建覆盖城市群中等规模以上城市的油气运输管道网络体系，重点推进潭娄邵天然气管线建设投产，加快长郴娄成品油管线建设；加快推进大唐株洲煤电一体化、主网输电网架及县城电网改造，力争邵阳宝庆电厂2号机组、白市电站及一批生物质发电、风电项目投产，力争荆门—长沙特高压、桃花江核电项目开工建设；加快智能电网建设，以长沙特高压交流枢纽站和湘潭直流枢纽站为依托，打造500千伏双环网；推进户用沼气建设，推广太阳能、地源热能建筑一体化应用。加强农村安全饮水、病险水库和水闸除险加固等民生工程建设，重点推进洞庭湖治理、涔天河水库扩建等工程建设。加快建立数字湖南地理信息空间系统。

三是推进城乡统筹发展。加快新农村建设，制订科学合理的乡镇村庄规划方案，实施“团、水、路、林、村”综合整治，加强农村公路、安全饮水、电网、通信、信息、沼气等基础设施建设、改造、维护和管理，继续改造农村危房。有重点、有区别地推进城乡统筹，促进城乡规划、产业发展、基础设施、劳动就业、公共服务、环境保护、社会管理一体化的有效对接，推动城市资本、技术与农村资源相结合，广泛开展“万企联村”活动，促进城乡互动互补、一体化发展。重点支持攸县、韶山市、冷水江市、汉寿县、嘉禾县等城乡一体化示范县建设。

（五）促进民本民生发展

为人民谋福祉是“两型社会”建设的最终目的。推进“两型社会。建设，要把以人为本最终落实到具体实践中，更加注重社会建设，更加倾力改善民生，让人民共享改革发展的成果。

一是发展社会事业。加快国家教育综合改革示范区建设，健全完善覆盖城乡的职业教育培训制度和“9 +2”免费教育培训制度，建设学习型湖南。推动创业就业，建立就业援助制度，实施促进就业的财政、税收、金融、外贸等政策，动态消除零就业家庭，推进创业型城市建设。加大廉租住房等保障性住房建设，建立健全多层次住房保障体系，改善农村特困群众住房条件。实现“大医保”信息系统全省联网，重点推进城镇职工基本医疗保险异地就医及时结算，省内异地就医及时结算率达到100%。加快县级公立医院改革试点步伐。推进以养老保险为重点的社会保障体系建设，继续实施与物价上涨挂钩的社保联动机制。重点推进省博物馆扩建、湖南文化艺术中心等6大文化建设工程。深化公益性文化事业单位改革，基本完成全省国有文艺院团体制改革。深化户籍制度改革，有序放宽户籍限制。

二是创新社会管理。加快社会管理体制机制改革，完善公共治理结构，健全矛盾调处、诉求表达、权益保障和利益协调机制，建立重大工程项目建设和重大政策制定的社会稳定风险评估机制。加强基层社会管理和服务体系建设，健全新型社区管理和服务体制，探索“社区管理社会化”，推行村（居）事务准入制度，构建社区资源共享机制和社区综合治理机制，积极稳妥推进村改社区工作。推进食品药品监管城乡一体化建设，力争乡镇建站率达到90%以上。推进长株潭城市群食品药品安全诚信示范区建设。支持长沙建设全国社会管理示范城市。

（六）加强示范区改革建设

“两型”示范区是区域经济发展的核心增长极、生产要素的主要聚集地、新型工业化和新型城镇化的有机结合点。抓“两型”示范区建设发展，就等于抓住了“两型社会”改革建设的“牛鼻子”。

1. 抓产业

产业是立园之本。要立足示范区现有的产业基础和发展优势，做强主导产业，培育新兴产业，集聚配套产业，以“两型”园区建设为主攻方向，以打造1—2个“两型”主导产业为目标，着力推进大河西先导区梅溪湖高端商务区、株洲云龙文化创意、湘潭九华重型机械等一批重大产业集群项目建设，强化示范区产业竞争力。

2. 抓项目

项目是立园之基。要加快项目推进，按照年度目标计划，加强调度协调和落实，提高签约项目开工率、在建项目投产率、投产项目达效率，重点加快提升长沙岳麓山和常德柳叶湖等景区的生态旅游和服务功能，建设天易示范区株洲湘潭两市的绿色空间隔离廊道，实施滨湖示范区松洋湖生态治理工程。

3. 抓解困

着力破除发展要素的瓶颈制约，进一步挖掘土地潜力，盘活存量土地，提高土地利用效率，妥善解决土地供给问题；按照市场化运作，搭建好融资平台，拓宽融资渠道，创新融资模式。

4. 抓机制

机制是示范园区建设的保障。重点建立益阳鱼形山等“两型”特色区域中心建设的综合协调机制，建立示范区统计、总体统筹调度、目标任务和风险评估、工作纠偏和年度考评等机制。推动政策向示范园区倾斜、产业向示范园区集聚，优化示范园区布局，着力解决示范园区同质化发展趋向，防止无序竞争，形成错位发展格局，攒足发展后劲，预留发展空间。

三、强化保障措施，务实高效推进“两型”工作

（一）加快完善推进机制

努力形成“‘省统筹’主服务，‘市为主’主责任，‘市场化’主动力”的工作格局，最大限度地发挥各个方面的积极性、主动性和创造性。完善领导体制，完成试验区工委、管委会机构组建工作，做好“两型社会”建设的统筹、组织、协调、督查、服务等各项工作，成为省委、省政府抓“两型社会”建设的参谋部、协调部、服务部，在规划指引、政策法规、政务环境、标准规范、典型示范等方面为各市州特别是长株潭三市做好服务。强化督查评价体系建设，探索建立“两型社会”建设省直各部门主要负责人述职制度和资源环境离任审计制度。建立科学的考评机制，强化“两型”法律法规执法检查。推进部省合作，加快部省合作协议落地。搭建“两型社会”建设招商引资统一平台，加快组建两支“两型”基金。

（二）切实抓好示范创建

实施“两型”示范创建工程，是培育“两型”文化、引导形成“两型”增长方式和消费模式的重要载体。2012年重点加强培育，各市各部门作好指导、支持、服务，突出以“两型”示范创建工程为抓手，着力打造和推广一批模式亮点，发挥好示范带动作用。省市合力重点推广农村环保、养殖业污染、城市污泥、餐厨垃圾处理、园区热电联产和远大集群式住宅、流域水质保护叶地源热泵能源、瓦斯综合利用、行业节能减排典范等一批“两型”先进技术（模式）。加大“两型”技术产品推广力度。编制“两型”技术产品推广目录，开展“两型”产品政府采购，组织“两型”技术产品进万家等活动。

（三）全力建设标志性项目

采取领导挂帅、部门协调、省市合作、市场化运作的方式，全力推进项目实施，在较短时间内，打造出一批“两型社会”建设标杆，引领全省，示范全国。突出抓好湘江风光带、示范区、节能减排工程、株洲清水塘污染地区整体搬迁、昭山绿心地区建设保护、鱼形山高端三产区等重大标志项目建设。

（四）着力推进规划、政策、标准对接落实

推进规划对接和落地实施，重点实施长株潭绿心地区总体规划、综合交通体系规划等一批专项规划，加强规划执法，启动“绿心”埋桩工作。强化政策法规支持，争取国家和省出台一批支持政策措施，实施“绿心”立法等工作。突出抓好“两型”标准执行情况的监督检查，全面将“两型”标准纳入省地方标准系列，完善出台一批新的“两型”标准，开展“两型”标准认证工作。

（五）大力强化宣传教育

建立宣教协调机制。出台“两型社会”建设宣传教育纲要，统筹协调指导、全面强化全省“两型”宣教工作。牵头整合各方资源，加大对“两型社会”建设理念、决策部署、重点工作和重大成果的宣传，扩大试验区的海内外影响。加强舆论宣传引导。完成“两型”展览馆数字化改造提升，进一步发挥好展示窗口、教育基地、宣传和招商引资平台作用。举办大型宣传推介活动，推出系列“两型”宣传品，完善新闻发布会制度，及时发布“两型社会”建设有关信息。

（载于《2012年湖南两型社会发展报告》）

深化林权改革　建设绿色湖南

邓三龙

我省于2007年4月开始启动集体林权制度改革（以下简称“林改”）试点工作，2008年11月在全省全面启动。

自启动以来，省委、省政府高度重视林改工作，省委书记、省人大常委会主任周强、省委副书记、省长徐守盛分别深入怀化、郴州等重点林区调研、指导；各级一把手亲自抓、分管领导具体抓，为“林改”顺利完成提供了强劲的组织保障。

3年多以来，全省各级林业部门全力推进明晰产权、勘界发证等主体改革，加快完善林权流转、森林资源抵押贷款等配套改革，圆满完成了“林改”各项任务，全省林区已呈现出“造林起高潮，产业大发展，林农鼓腰包”的好势头。

林权制度改革是一项长期而艰巨的任务。全省各级林业部门要按照省委、省政府战略部署，在巩固提高确权发证主体改革成果的基础上，继续深化各项配套改革，以“林改”为契机，推动绿色湖南建设。

林权改革成效显著

过去3年，全省各级党委、政府精心组织，强化措施，切实推进“林改”。至今，全省“林改”的各项目标、任务全面完成。

在主体改革方面，截至今年11月底，全省累计完成集体林地确权面积1.79亿亩，占总任务的99.6%；发证面积1.78亿亩，占总任务的99.1%；调处山林权属纠纷12.6万多起578.35万亩，占总任务的91.8%。这三项指标，均超过了省委、省政府提出的目标。全省共完成林权登记宗地2821万宗，发放林权证1054万本，集体林地产权到户率达93.6%，其中家庭承包占78.3%，农民对林改工作的满意率达99.3%。

在配套改革方面，我省在全国率先实施林木采伐指标“入村到户”，基本解决了林农对林木的采伐难问题。绝大多数县市都成立了林权交易机构和森林资源资产评估机构，林权流转逐步规范、顺畅；林业、财政、金融、保险等部门相继出台森林资源资产抵押贷款管理办法，制定政策性森林保险试点方案，扭转了林业融资难、抗风险能力弱的问题；全省基层林业站、木材检查站人员经费基本纳入了财政预算，较好地解决了林业基层单位的后顾之忧，服务效能明显提高。

“林改”激发了林农和社会发展林业生产的积极性。近3年，全省每年造林都在300万亩以上，本年度达到394.5万亩，为全省完成造林任务最多的一年；全省每年吸引社会资金投入林业20亿元以上，“上山致富”已成为人们增收的重要途径。据调查统计，近两年，全省林改地区农民从林业中获得的人均纯收入达到900元，较之改革前增长一倍。

“林改”以来，林农爱林护林意识增强，自我管理水平提高，全省森林火灾次数、受害面积、林木损失三项指标明显下降。全省森林覆盖率达到57.13%，森林蓄积量达到4.16亿立方米，我省森林资源增长进入最快时期。

林权改革经验宝贵

回顾“林改”进程，有许多弥足珍贵的经验值得我们总结和发扬。其中最重要的就是做到“六个坚持”和“六个强化”。

一是坚持高位推动，强化组织保障。2009年，省委省政府召开集体林权制度改革工作会议，总结怀化试点经验，全面部署集体林权制度改革工作。2010年，省委、省政府将“完成林权发证率80%以上”纳入为民办实事工程。各级党委政府坚持党政一把手亲自抓、分管领导具体抓。全省共投入各项工作经费7.07亿元，投入工作人员77.24万人，有效地保障了改革的顺利推进。

二是坚持依靠群众，强化工作基础。在改革过程中，凡涉及群众整体利益的重大问题，全部交给群众集体讨论决策，确保了农民的知情权、参与权、监督权和决策权。各地严格执行工作规章，充分发挥民主决策，始终注重发挥林农的积极性和主体作用。

三是坚持质量第一，强化考核验收。严把方案质量关、发证程序关，逐级开展检查验收和年度考核，实行发证质量终身责任追究制。从省林改办去年底组织对51个县市区的林改质量抽查情况看，全省集体林地现场核实率达98.9%、群众满意率达99.3%。

四是坚持部门协作，强化合力形成。作为“林改”的职能部门，全省各级林业行政主管部门投入了大量的人力、物力和财力，尤其是乡镇林业站在确权发证工作中，充分发挥了基层主力军作用。各级发改、财政、人事、编制、档案、金融、保险等部门及社会各界全力支持，形成了推进“林改”的强大合力。

五是坚持督促检查，强化工作进程。省政府先后7次召开工作会议和领导小组成员会议，专题部署林改工作；省林改办每月对各市县改革进度和质量情况进行排队通报，先后6次召开全省调度会，督促工作进展，抓好责任落实；省政府下发了《林改工作督查考核办法》，省人大把林改作为重点监督内容，省政协通过政协委员直接反映林农诉求；各市州、县市区党委、政府也加强了督查，确保了改革的顺利推进。

六是坚持统筹兼顾，强化机制创新。通盘考虑，统筹谋划，将主体改革与林业要素市场建设、林业投融资体制、林业管理体制、林木采伐管理制度、林业社会化服务体系建设等配套改革协同推进，着力破解产权制度、经营方式、管理体制、金融支持等长期制约林业发展的难题，为林权改革的顺利推进创造了良好条件。

林权改革任重道远

眼下，我省“林改”虽已完成了明晰产权、勘界发证的主体改革，但这仅仅是第一步。“林改”要实现“国家得绿，农民得利”的根本目标，各级政府及其林业主管部门还要进一步深化改革，开拓创新，全面建立起林业发展的新机制。

具体来说，下一步各地要规范健全林权交易市场体系，增强林业资源变现能力，鼓励和吸引社会资本向林业集聚，优化林业资源配置，不断提高林地产出效益；创新金融支持林业机制，进一步完善林权抵押贷款政策，简化贷款程序，优化银贷产品，并继续完善政策性森林保险，让林业经营主体、投资主体没有后顾之忧；完善林业社会服务体系，扶持发展农民林业专业合作组织，切实解决分山到户后经营分散化问题，不断提高林业生产组织化程度；加大林业科技服务力度，继续完善林地测土配方等直接面向林农的服务平台，帮助农民解决好种什么、怎么种、怎么管等实际问题；创新林业政策扶持机制，进一步完善林木采伐管理制度、公益林补偿制度、公共财政支持制度，加快林区水、电、路、通讯、危旧房改造等基础设施建设，提升林区综合发展能力。

兴林致富，离不开林业产业的壮大。全省要大力发展油茶、南竹、家具、森林旅游等支柱产业，提升产业富民功能；大力发展林下经济，实现“一片林子、两张存折”，即林木收入是“定期存折”，林下种养收入是“活期存折”，两方面收入“以短补长，长中短结合”，最终实现“生态得保护、农民得实惠”。

[先进典型]

怀化：四大平台让生产要素动起来

怀化是我省首个集体林权制度改革试点市。截至目前，全市已完成外业面积核实2922万亩、发证2883万亩，分别占应换发证面积的98.9%和97.5%，各项指标名列全省前茅。

在林改过程中，怀化着力搭建四大政策平台，让生产要素动起来。一是建立林权服务平台。每个县都设立了林权管理和森林资产评估机构、林权交易中心，全市已规范流转森林资源103万多亩，实现交易6亿多元。二是建立林木处置平台。对林木采伐计划分配，由过去的自上而下，改为“自下而上、上下结合、现场核实、逐级公示”，最大限度地帮助林业投资者落实林木处置权，全市每年有1.5万农民获得采伐计划，林木采伐计划到户率、公示率均达100%。三是建立信贷投入平台。市政府出台《关于全面推进森林资源资产抵押贷款的指导性意见》，鼓励和支持银信单位开展林权抵押贷款业务。全市已有农业银行、农业发展银行、农村信用社等金融机构，累计发放林权抵押贷款2.2亿元。四是建立林业风险防范平台。按照“低保费、低保额、保成本”的原则，开展商业性森林保险试点。于2009年4月怀化纳入全国政策性森林保险试点，当年全市投保总面积达2586万亩，涉及103万农户。

四大政策平台的建立，有效激活了林业生产要素的优化配置。近3年，全市每年吸引民间资本、工商资本、金融资本投入林业开发达5亿多元，占总投资的80%以上。

（载于《湖南日报》2011年12月27日）

作示范　探路子　出经验

陈君文

作为国家“一五”、“二五”时期重点布局建设的老工业城市，株洲曾经一度沿袭“高投入、高消耗、高排放”的粗放式发展模式，长期被资源浪费、环境污染、生态恶化等诸多问题所困扰。省委、省政府加快推进“四化两型”建设的一系列战略部署，为株洲突破资源、环境等瓶颈制约，实现经济社会科学发展提供了重大机遇，也赋予株洲新的历史使命，就是为全省加快发展“作示范、探路子、出经验”。

在“转”上加快。突出“三转”：转观念，就是始终坚持在加快发展中转变，在创新发展中转变，在统筹发展中转变，走又好又快的发展道路。转重心，就是把城市化和城市现代化作为区域发展的重心，把优化结构作为提升产业的重心，把自主创新作为增强竞争能力的重心，全面提升发展水平。转机制，就是注重发挥市场调节的基础作用，发挥政绩考评的导向作用，引领广大干部积极投身转方式、促“两型”的新实践中去。通过加快转方式，实现从“高碳”向“低碳”转变、从“制造”向“创造”转变、从“黑色”向“绿色”转变，从“物本”向“人本”转变。

在“促”上加劲。突出“三促”：促发展、促开放、促民生。株洲总的经济形态还是“自行车”经济，一旦速度减慢或者停滞不前，就会带来就业、保障、稳定等一系列社会问题。因此，强调转变发展方式，并不是降低发展速度，关键是提升发展质量。在促发展上，我们坚持提速、提质、提劲，全力打好城市提质、园区攻坚、旅游升温“三大战役”，努力把株洲的“蛋糕”做大做强。在促开放上，我们深入研究全球产业加快转移、央企战略性扩张以及“湘粤鄂3小时经济圈”等重大机遇，加快承接产业转移，吸引更多人流、物流、资金流。在促民生上，我们坚持GDP增长与群众收入、财政收入、社会事业“四个同步增长”，创新社会管理，提高社保水平，突出解决就业、就学、就医等民生难题。

在“试”上加力。突出“三试”：敢闯敢试、先行先试、边干边试，走科学发展的新路子。加大改革力度，积极探讨政府机构改革、土地经营制度改革、城区建设体制改革、投融资体制改革、集体林权制度改革、农村土地流转集约经营等改革，为“四化两型”建设注入生机和活力。

（载于《新湘评论》2011年1期）

“两型”引领 “四化”带动

陈三新

湘潭认真贯彻落实省委、省政府推进“四化两型”建设的一系列决策部署，立足于从全局和长远来谋划新一轮发展，结合自身实际，确立“推动大开放、建设新湘潭”这一主题，以“两型社会”建设为战略平台，积极探索“四化”带“两型”、“两新”促“两型”的实践路径，先行先试、敢闯敢试，争做科学发展排头兵。

以实施“22335工程”为重点，加快构建现代产业体系。始终坚持把新型工业化作为富民强市的第一推动力，立足现有基础，发挥科教优势，改造提升传统产业，培育发展战略性新兴产业，着力构建具有湘潭特色和竞争优势的现代产业体系。重点是大力实施“22335工程”：到2015年，建成九华示范区、高新开发区2个年主营业务收入过千亿元的园区；建成精品钢材及深加工、现代商贸物流2个年销售收入过千亿元的产业；建成湘钢、湘机、吉利3个年销售收入过300亿元的企业；建成江南、江麓、步步高3个年销售收入过100亿元的企业；建成50个以上年销售收入过10亿元的企业。

以实施“2146工程”为重点，加快推进新型城市化。通过提升发展理念、完善交通网络、拓展城市空间、创新城市管理、打造城市品牌，把湘潭建设成为布局合理、产业发达、设施完善、生态宜居、可持续发展的开放新城。中心城市建设的重点是大力实施“2146工程”，即到2015年，城市建设总投资达到2000亿元，重点打造湘江风光带，全力推进九华滨江新城、昭山生态新城、万楼新城、河西旧城改造4大片区建设，加快推进沪昆高铁、长株潭城际铁路、潭衡西线高速、长湘高速、长韶娄高速、城市二环线6条主要交通干线的建设。同时，以主城区建设带动次中心城市和中小城镇发展，促进大中小城市和小城镇的协同发展。

以推进城乡统筹为重点，加快农业现代化进程。打造107国道、320国道两条百里现代农业走廊，加快推进农业示范片和农业示范园建设；做大做强生猪、都市农业两大支柱产业，加快构筑较为完整的集生猪养殖、深加工及相关产业一体发展的生猪产业链，加快发展以服务长株潭城市群为重点的蔬菜、花木、休闲及其他特色农业一体发展的都市农业。完善强农惠农政策，加强农业基础设施建设。力争到2015年农民收入翻一番，人均纯收入达到15000元。充分发挥湘潭市区域面积较小，工业化、城市化程度较高的特点和优势，全面推进城乡统筹发展，大力实施城乡建设同规、环境同治、服务同享、管理同体，努力使湘潭率先成为全省实现城乡统筹的示范城市。

以打造“智慧湘潭”为重点，加快提升信息化水平。加强信息化基础设施和基本服务建设，推动信息技术在经济社会发展中的广泛应用，打造“智慧湘潭”。特别是加快推进工业化与信息化的深度融合，实现设计研发信息化、生产过程智能化、生产装备数字化、经营管理网络化，改造提升冶金、建材等传统产业，加快发展电子信息等战略性新兴产业，全面谋划物联网产业基地建设，提高湘潭市的经济竞争能力。

（载于《新湘评论》2011年1期）

推进四大战略 建设绿色益阳

马 勇

落实“四化两型”战略，加快推进益阳科学跨越发展，在发展路径上，重点是实施好四大发展战略：

大力实施工业强市战略。益阳发展滞后主要是工业滞后，益阳后发赶超主要是工业赶超。我们将始终把推进新型工业化作为经济工作的重中之重，努力实现工业发展新突破。大力培育优势主导产业，突出发展装备制造、电子信息、食品、新能源新材料等重点产业，加快推进桃花江核电站等重大项目建设，打造核心企业，培育产业集群，抢抓发展制高点；加大园区建设力度，重点推进益阳高新区东部新区建设，力争益阳高新区升格为国家级高新区；支持区县（市）工业园和重点乡镇工业小区建设，提升其承载功能；努力增强自主创新能力，鼓励原始创新，注重引进消化吸收再创新，支持企业创建国家工程中心、技术中心，推进产学研结合，加快科技创业服务中心和孵化器建设；加速推进信息化与工业化的融合，抓住三网融合的契机，加快发展电子商务、信息服务外包、三网融合增值服务、数字内容、物流信息服务等新型信息服务业，以信息化带动工业化，以工业化促进信息化；大力发展生产性服务业，推进传统服务业向现代服务业提升。

大力实施绿色发展战略。2008年，我们制定并实施了《建设绿色益阳行动纲要》。建设绿色益阳，就是建设绿色生态、发展绿色生产、倡导绿色消费、创建绿色文明。为此，我们大力发展“两型产业”。加快改造提升传统产业，促进产业升级。着力培育新能源、新材料、电子信息、先进装备制造、节能环保、生物工程等新兴产业。做实做强益阳造船高技术产业园。加快发展旅游业和文化产业，重点培育新兴文化业态。加大节能减排力度。严守节能环保准入门槛，坚决杜绝高耗能、高污染、低效益项目。积极发展循环经济和低碳技术，完善污染减排监察、检测、考核三大体系，确保实现节能降耗和主要污染物减排目标。同时，大力推进生态文明建设，真正让青山绿水成为储蓄的GDP，让蓝天沃土成为永恒的不动产，让能源资源得到永续利用，实现环境保护与经济发展“双赢”的目标。研究建立生态补偿标准体系和生态环境共建共享的长效机制，推动绿色发展。

大力实施开放带动战略。强化开放理念，全方位扩大开放，着力发展开放型经济，以大开放促大发展。我们将努力打破市域行政壁垒，整合市域资源，推动市域内生产要素自由流动和优化配置，进一步释放发展潜能；深化与长沙、娄底、怀化、常德、岳阳的经济合作与互动，积极签订合作框架协议，提升合作层次和水平；加强与珠三角、长三角、北部湾经济区以及中部地区等区域合作，高起点承接产业转移，促进共生发展。适应经济全球化趋势，利用国际国内“两种资源”、“两个市场”，积极参与国际经济合作和竞争，拓宽对外开放的广度和深度，着力提高外向型经济能级。

大力实施统筹城乡发展战略。坚持把推进城镇化和新农村建设放在全面建设小康社会的整体战略布局中统筹考虑。坚定不移地走注重产业支撑、注重集约精细、注重生态宜居的具有益阳特色的新型城镇化路子。坚持以现代农业的加快发展和农民收入的加速增长为主线来推动社会主义新农村建设，大力开展农村土地信托流转，加快大通湖和益阳高新区东部新区统筹城乡发展试验区建设，努力形成资源优化配置、产业协同发展、基础设施一体、公共服务共享的城乡经济社会发展新格局。

（载于《新湘评论》2011年3期）

实现包容性增长　创造更美好生活

张剑飞

胡锦涛总书记在第五届亚太经合组织人力资源开发部长级会议上提出了关于“包容性增长”的主张，并阐述了包容性增长的涵义。所谓包容性增长，就是寻求社会和经济协调发展、可持续发展，与单独追求经济增长相对立，强调发展过程的“权力公平、机会公平、规则公平、分配公平”。这是适应国内外形势新变化，顺应各族人民过上更好生活新期待，促进科学发展、建设和谐社会的新命题和新举措。近年来，长沙市坚持经济与社会协调发展，促进包容性增长，人民生活水平不断提高，市民更感公平，更觉幸福，更有尊严。

促进创业就业更加充分是实现包容性增长的优先目标

以创业带动就业，促进充分就业是确保经济社会又好又快发展的基础，是实现包容性增长的优先目标。长沙市坚持让更多的人平等参与经济社会发展，提高市民的收入水平，共享发展成果。

——着力提高就业能力。突出发展职业教育，加强职业培训，帮助就业者掌握新的生产技能，逐步提高劳动者尤其是弱势群体就业能力，是充分就业的基本前提。长沙市投资14亿元建成长沙职业教育基地，能同时为2.8万人提供职业教育和技能培训。2009年职业培训达20.64万人。

——广泛拓宽就业渠道。多层面、多途径、多方式增加就业岗位，提高全社会就业承载能力。近年来，长沙市在大力发展高新技术产业的同时，重视劳动密集型产业发展，并通过“政府买岗”积极开发公益性岗位，公益性岗位保持在8000个左右，城镇零就业家庭动态清零率连续三年达100%。

——大力推进创业富民。通过创业带动就业，有效破解就业难题，最大程度地激发创业活力。长沙市以建设创业之都为目标，实施一系列创业扶持措施，每年安排创业富民专项资金5.5亿元以上，鼓励各类人员大胆创业。构建市、区（县）、社区三级创业基地布局体系，开辟大学生创业绿色通道，健全创业失败包容机制，被评为全国十大创业之城。

加强社会保障体系建设是实现包容性增长的基本要求

完善的社会保障体系是社会和谐稳定的安全网，是实现包容性增长的基石。长沙市坚持广覆盖、保基本、多层次、可持续，加强社会保险、社会救助、社会福利的衔接和协调，建立与经济发展水平相适应的覆盖城乡居民的社会保障体系，确保人们能得到最基本的经济和社会福利。

——加强社会保险制度建设。不断完善以基本养老保险为核心，以基本医疗、失业、工伤、生育保险为重点，以其他形式为补充的社会保险制度，统筹城乡社会保险，逐步实现地区间和制度间的无障碍转移接续，是发展所需，民心所向。长沙市通过创新社会保险关系转移接续办法，目前已实现省内流动人口基本养老、基本医疗等关系的转移接续。

——扩大社会保障的覆盖面。坚持基本社会保障的普惠性，做到“应保尽保”，是包容性增长的直接体现。长沙市率先在全省实现养老保险全覆盖，对城乡所有符合条件的老年居民每月发放不少于60元的基础养老金；将所有农民工全部纳入医疗保险和工伤保险，将全部在校大学生纳入医疗保险。

——积极推行益贫式社会保障。以社会救助为关键环节，采用定向性的现金救助、实物救助和服务救助等多种社会救助形式，让困难群众在发展中更多地受益。近3年来，长沙市两次上调居民最低生活保障标准，从去年10月1日起城乡居民最低生活保障标准分别调至320元、270元，惠及28.6万城乡低保对象。

解决热点难点问题是实现包容性增长的关键环节

有效解决社会广泛关注、群众反映强烈、关乎百姓切身利益的热点难点问题，是发展的必然要求、民心的迫切期待，更是实现包容性增长的关键所在。长沙市坚持把解决群众最关注、最需要、最迫切的现实问题作为政府工作的重点。

——努力解决棚户区居住环境状况较差的问题。我们带着感情，带着责任，坚持政府主导，制定切实可行的城市棚户区和工矿棚户区改造方案，积极有序地推进棚户区改造，让群众在城市发展中直接受益。2009 年以来，搬迁棚户区 300 多万平方米，建设（筹集）廉租房 7117 套，发放经济适用房货币补贴 2 万余户 11.57 亿元，完成城镇廉租住房保障 2.5 万户，2 万余户低收入居民搬进了新家，居住条件得到有效改善。

——努力解决城市交通拥堵日益严重的问题。长沙市连续三年实施交通疏导工程，全面启动城市地铁Ⅰ、Ⅱ号线和 4 条过江通道建设，打通微循环，推行公交优先战略，有效改善了道路通行能力。据调查，长沙市上班人均时耗为 27 分钟，低于全国 50 个大城市平均水平 31 分钟。地铁全面通车后，交通拥堵将得到有效缓解。

——努力解决物价上涨群众生活压力不断凸显的问题。针对物价上涨给群众生活特别是低收入困难家庭带来的压力，去年 10 月，长沙市对在册的城乡低保对象发放一次性物价补贴，其中城市低保对象每人补贴 150 元，农村低保对象、五保对象每人补贴 50 元，全市共计发放补贴达 2447 万元。在天然气价格调整中，长沙市天然气价格每立方米仅上调 0.09 元，比株洲和湘潭的上涨幅度分别少 0.24 元和 0.21 元，并将特困户和低保户免费用气由每月每户 2 立方米增至 4 立方米。

推进基本公共服务均等化是实现包容性增长的重要途径

包容性增长强调增长过程中的机会平等、权利平等。长沙市千方百计为社会的所有群体提供更多更好的、均等的公共服务，提高经济增长和社会发展的“包容度”。

——让弱势群体和强势群体享受均等的公共服务。发展能力差、发展机会少是弱势群体存在的普遍性原因。强者可以通过市场找到自己的位置，而改善弱势群体的处境，则需要政府更多的关怀，充分保障他们的发展权利。尤其要提供均等化的安居、就业、教育、卫生等公共服务，不仅改善他们的生活水平，更为他们畅通改变命运、提升社会地位的发展渠道，看到发展的希望。

——努力推进城乡一体化发展。城乡一体化的落脚点是通过发展政策向新农村建设倾斜、公共财政投入向农村基础设施倾斜、公共服务向农民倾斜，使农村和城市具备同等的发展基础，让农村居民和城市居民获得均等的公共服务，使农民和城市居民享受同质的幸福。被誉为“最美乡村”的长沙光明村、莲花镇基础设施完备，面貌整洁素雅、农民生活富有品质，是推进城乡一体化的成功典范。

——推动流动人口公共服务均等化。确保流动人口在城市安居乐业，感受温暖，是城市包容性的主要体现。长沙市作为湖南省唯一的“创新流动人口服务管理体制，推进流动人口计划生育基本公共服务均等化”试点城市，始终致力于让流动人口和城市常住人口享受均等的公共服务。从 2010 年秋季开始，长沙市对进城务工人员子女义务教育实施“一费制”全免，保障农民工子女 100% 入学，确保实现平等接受教育的权益。

（*载于《新湘评论》2011 年 2 期*）

以现代城市规划引领环长株潭城市群建设

郑昌华

加快环长株潭城市群建设，以环长株潭城市群为主体形态，带动我省区域经济的协调发展，形成以特大城市为依托、大中小城市和小城镇协调发展的湖南新型城市体系，这是我省区域发展布局上的重大战略，也是推进新型城市化的重要举措。根据现代城市发展的规律和国内外城市发展的经验，在环长株潭城市群建设的过程中，必须充分发挥现代城市规划的引领作用。

一、强化顶层设计理念

西方有一句谚语：“罗马不是一天建成的。”建设一个城市需要若干代人的坚持，但是一个城市的定位、面貌和风格，却是可以科学规划设计的。如果一个城市规划得不好，就如先天不足的婴儿，难以健康成长。所以一个城市的发展，规划是龙头。目前，我们城市建设一般都有城市总体规划、分区规划和控制性详规。但是，如何在对历史、现实及未来研究的基础上确定城市长远综合发展的宏观框架和引导策略，提出城市发展不同层次目标及可供选择的多个方案等，目前这些规划还显得不够。而对于快速发展又定位不明确、特色不明显的城市来讲，尤其对于若干个不同区划中不同规模的城镇形成的城市群来讲，这方面又是十分重要的。因此，环长株潭城市群建设应该更加强化顶层设计理念。根据现代城市规划的成功经验，在环长株潭城市群规划的顶层设计上应该广泛进行概念规划。作为探讨和研究创新性、前瞻性和指导性的宏观发展思路的概念规划，国外早在 20 世纪 60 年代已被普遍采用，如新加坡 1968 年即联合国协助下以概念规划逐步取代了原有的总体规划，成为城市规划体系的重要组成部分。近些年，国内一些城市也开始重视概念规划。而且，现在的概念规划已不仅仅是在城市总体规划层面上的城市发展观念规划，而是发展到任何一个层次、任何一类规划都可根据实际需要而进行的有关思路、理念方面的规划。所以，要在环长株潭城市群规划的总体设计和专项设计上，都首先在顶层进行概念规划，通过概念规划，确定区域的定位、发展方向和发展战略；分析和预测规划区域的经济、人口、产业发展趋势；明确城市建设的开发方向、特色和主要内容；提出区域发展的创新、个性和特色；提出相关要素发展的原则和方法等。使规划成为纲领性、战略性的文件，发挥其指导和协调区域发展与建设的根本和长远作用。区域内各级城镇要在环长株潭城市群规划的总体设计和专项设计的概念规划基础之上进行城市发展大纲编制，之后再进行城市总体规划、分区规划和控制性详规的编制，把一些城市发展的理念、设想落实到有法律意义的层面，出台可操作性的城市总体发展规划、分区规划和控制性详规。

二、树立长远系统思维

现代城市规划理论告诉我们，城市规划就是要规划未来。城市的规划、尤其是城市群的规划是一个巨大的系统工程，必须运用长远系统思维，才能做百年工程、建千年城市。所谓长远系统思维，就是城市规划应该体现城市未来发展的预见性和城市各种要素的整合性。近年来，城市规划中出现两种偏向：一种是对未来的发展缺乏预测，没看到将来发展会这么快，新城市也出现早熟老化现象，陷入建了又拆、拆了又建的怪圈。另一种好大喜功，盲目超前，大而不当，有些地方的城市建的广场比天安门广场都大，多少年以后都可能是空空荡荡的。出现这两种偏向的根本原因，就是规划城市建设时没有长远系统的思维。城市规划中的长远系统思维是通过一系列具体内容体现的，在环长株潭城市群规划中树立长远系统思维，要综合考虑国内外以及经济、政治、文化等各方面因素，考虑世界城市群发展的规律和中国城镇化发展的趋势，考虑环长株潭城市群地区在湖南经济发展和城镇化过程中的定位和责任，考虑环长株潭城市群地区环境、能源、资源、交通、土地利用、历史遗产等诸多因素，考虑整个城市群整体的空间形态、基础网络设施、产业体系分工、人文居住环境、城市景观体系、城市公共的人文活动系统、城市文化品位，等等，把城市规划的主要对象——城镇、区域乃至整个地域环境作为一个大系统，通过系统方法来对其进行分析和处理，强调整体性、相关性、结构性、动态性和目的性，充分预见城市发展的趋势，最大限度地增强规划的超前性，实现规划的整合化。

三、适应主体功能区定位

主体功能区规划是科学开发国土空间的行动纲领和远景蓝图。全国主体功能区规划，就是要根据不同区域的资源环境承载能力、现有开发密度和发展潜力，统筹谋划未来人口分布、经济布局、国土利用和城镇化格局，将国土空间划分为优化开发、重点开发、限制开发和禁止开发四类，确定主体功能定位，明确开发方向，控制开发强度，规范开发秩序，完善开发政策，逐步形成人口、经济、资源环境相协调的空间开发格局。按照国家有关规定，主体功能区规划在所有规划中具有统领地位，毫无疑问，一个城市的规划、尤其是一个城市群的规划，必须适应国家和省内主体功能区规划。目前，包括环长株潭城市群地区的长江中游地区已列为国家级重点开发区、即支撑全国经济持续增长的重要区域之一，这为规划环长株潭城市群提供了重要的保障。但实际上我省长株潭地区的开发强度超过了20%，大大高于日本的8.3%，德国的12%，荷兰的13%。所以在环长株潭城市群区域，也有一个该发展的地方得到很好发展，该保护的地方得到有效保护的问题。在国家主体功能区确定的基础上，湖南省也制定了《主体功能区规划》，其主体功能区明确到了市县一级，因此规划环长株潭城市群还必须符合《湖南省主体功能区规划》的要求。要在湖南省主体功能区划分的基础上综合考虑环境承载能力、现有开发密度、未来人口分布等因素，进行地理空间统筹。如在在环长株潭城市群区域内的洞庭湖等重要生态功能区、农业生产区、重要绿化区等区域，就要通过限制开发或禁止开发，以利于促进环境保护、农产品供给安全和社会进步，也可以使环长株潭城市群更加宜居。

四、体现以人为本要求

任何城市规划和建设最终的主体和目标是这个城市生活的市民，城市规划的核心就是“以人为本”。城市规划与城市建设要做到真正体现“以人为本”，就必须要在着力满足人的需求上下功夫，仔细研究人的不同层次需要，尊重、体谅与关怀人的各种需要，不仅要保证人基本物质需要的满足，如拥有安全的住房、清洁的水源、有必要的交通工具和公共设施、有健康的生活环境等等，还要在此基础上，进一步提高和改善生活质量，不断满足市民过舒适和美好生活的需求，满足市民的精神和文化需求。而且，城市规划还应当尊重不同阶层、不同群体的需求，尤其是充分关注低收入人群、残疾人、老人、儿童等弱势和特殊群体的需要，为低收入阶层提供住房救济、在公共场所采用无障碍设计等等，促进城市和谐发展。美国著名城市规划专家约翰·M·利维在《现代城市规划》一书中曾提出过好的城市设计的一些标准，这些标准有助于我们认识以人为本的城市规划的一些具体要求。这些标准有：行人与车辆的冲突最小；避免雨水、风等对行人的影响；使用者易于识别方向；具有休息、观察和社交的空间；创造安全和愉悦的感觉；等等。总之，在环长株潭城市群规划与建设中，以人的需要的全面满足来引导和规范城市规划与建设的发展方向，时时处处体现出对市民生活的关怀，时时处处关注市民的全面发展并为之提供应有的发展条件和机会，应当成为一切规划设计手段的追求目标。此外，还要在城市规划中充分倾听老百姓的呼声，以市民的要求为出发点，实现有效的公众参与，使普通市民参与到关系自己利益的各种规划决策的制定过程中，让市民由衷感觉到这个城市是关心所有人的、没有歧视的城市；是全体居民的基本需要得到满足的城市；是所有人在社区或城市内感到安全的城市；是尊重文化和社会多样性的城市；是每个人有机会表达自己意愿，参与规划、建设和管理的城市。

五、遵循核心极化规律

城市群的驱导动力在于核心城市的强大引领作用和区域辐射功能，核心极化既是城市群的起点与动源，也是区域极化的基础和先导。纽约、东京、伦敦、巴黎等城市群都经历了“核心城市壮大”、“单核心城市圈建成”、“多核心城市圈域合作发展”、“大城市群协调发展”四个阶段，共同特征是：首先由中心城市产生聚集效应，然后由聚集效应发挥扩散效应，聚集是先导，扩散是结果，集聚为了扩散，而扩散则进一步增强集聚能力，使大都市圈最终形成，显示了由小到大，由中心到外围的一致性，这种一致性成为都市圈发展的一般规律，即核心极化。核心极化规律的第一要求是城市综合性承载功能的自域应力强大，其次才能要求城市输出性或辐射带动性聚类张力的整合效应强大。在环长株潭城市群的规划思路中，已经明确了要打造长株潭核心极，长株潭三市的经济总量占全省的比重已经从2005年的40．6%提高到43%。但是，打造长株潭核心极的力度还应该加强。如有的同志提出长株潭三市的经济总量占全省的比重2015年达到45%，2020年达到50%，这个目标可能就太低，不利于着眼于打造长株潭核心极规划城市发展。另外，究竟是按照直接“融城”的思路规划打造长株潭核心极比较好，还是按照先建设“单核心城市圈”、再到“多核心城市圈域合作发展”、“大城市群协调发展”的思路规划打造长株潭核心极比较好，看来后一种思路可能更加符合核心极化规律。即环长株潭城市群中的长株潭核心极不是要建成像传统城市那样完全联起来的一个特大城市，而是要通过自身的不断强大，并形成一批卫星城镇，最终形成长株潭区域“多核心城市圈”。其他5市也应该通过“核心城市壮大”形成各自区域的“单核心城市圈”，最终与长株潭核心极一起形成环长株潭城市群。

六、符合组团发展原则

从城市发展的总体空间结构来讲，有以集聚效应为主导的“点状”发展、即0维的城市，有以通达效应为主导的“线状”发展、即1维的城市带，有以结构效应为主导的“面状”发展、即2维的城市群，有以区域一体化为主导的“体状”发展、即3维的组团式城市群。组团式城市群是大中小城市与区域基面（乡村）之间“结构有序、功能互补、整体优化、共建共享”的等级镶嵌体系，组团式城市群要求从各大城市开始，大城市、中等城市、小城镇一直到乡村，成为一个体系，这个体系之间要形成互补，体现出以城乡互动、区域一体为特征的高级演替形态。组团式城市群是当今世界城市群发展的趋势，也完全符合环长株潭城市群的特点。因此，规划建设环长株潭城市群，必须符合组团发展的原则。已经出炉的《湖南3+5城市群城镇体系规划（纲要）》，规划了环长株潭城市群城镇体系总体空间结构要朝着“一区三圈一带四轴”目标发展，这种组团式规划发展环长株潭城市群的思路，将既充分发挥区域内各地方的积极性，又引导整个区域朝着城市群的方向发展。在这一过程中，我们要有重点有步骤地推进一定规模新城的建设。因为由于我国大城市一般向心力函数较大，中心城区的吸引力非常大，如果新城规模过小，难以形成对中心城市的反磁力，形成组团城市群中的单元。因此，应将有限的资金用在最有发展基础和前景的地区，并结合重大产业和基础设施的布局，有重点有步骤地建设有一定规模的新城。

七、发挥功能优化效应

组团式城市群更注重区域重整和跨区域合作，发挥区域内各种要素的功能优化效应。在城市群发展的基础上，城市之间在水平意义上的区域整合和等级性的有序联系越来越强。城市群甚至可以跨区域的更大范围内实现资源优化配置，体现出越来越明显的经济一体化特性。如果说城市发展的低级阶段体现了区域的集聚效应为主，并且制造了区域的空间不平衡、财富不平衡、社会不平衡，加大了二元结构的差距；那么城市发展的高级阶段，则通过城市的辐射与带动反哺作用，在区域经济一体化的过程中逐步达到区域相对的空间平衡、相对的财富平衡、相对的社会平衡，在高水平下缩小二元结构的差距，从而为实现统筹城乡协调发展提供了新的动力。所以，环长株潭城市群规划建设组团式城市群，不是几个城市的简单相加，而是要实现不同类型和不同规模城市之间和城乡之间由资源共享，优势互补所产生的社会经济现象。在环长株潭城市群中，应该使地理位置、生产要素和产业结构不同的各等级城市承担不同的经济功能，都市圈内各城市通过密切的社会经济联系构成了一个有机整体，在与外界不断进行能量交换的过程中，不断进行自身结构的调整优化以适应外部环境的变化，使得不同层面的产业链、知识链等复合成一个立体的具有较强生命力的社会经济存在，从而培育起具有全球经济竞争力的产业簇群，在湖南乃至全国范围内实现单个城市无法达到的规模、集聚和联动效益，创造出更多的发展机会，使环长株潭城市群全国甚至世界经济中占有举足轻重的地位。

八、打造“两型”山水城市群名片

在现代城市规划中，凡是成功的典范都确定了一定的规划理念。如新加坡的城市规划理念一直是建设花园城市国家；2008年开始进行的新巴黎市规划中，法国总统萨科齐则希望2030年时能把法国首都改造成“后京都议定书时代全球最绿色和设计最大胆的城市”。在国内，成都提出了建设“世界现代田园城市”的理念；一些城市提出了建设“生态城市”的理念。提出城市规划建设的理念，既是一种整体形象定位，可以确定城市规划的总体原则和整体风格；也是一张城市形象名片，可以宣传一个城市的突出特点和独特魅力。我认为，环长株潭城市群的规划建设理念可以确定为“建设‘两型’山水城市群”。为什么不用“国际化生态城市群”的提法呢？因为关于生态城市一直没有明确的概念界定，世界上还没有真正意义上的生态城市。目前在国外，生态城市建设一般都还是在规模不大的城市或城区开展的实验。而且“生态城市”实验的标准和指标是很高很严格的，如中国与新加坡合作拟在天津滨海新区建设的生态城，面积仅30平方公里，要求规划范围内全都是绿色建筑，采用智能化技术对房屋进行整体设计，区域内90%以上出行都靠轨道交通、电动汽车等绿色出行方式，最大限度减少了碳排放，另外建设中还整理废弃盐田，净化海水，综合利用风能、太阳能、地热能、生物质能等绿色能源。而“山水城市”的概念则既符合生态、低碳、宜居等现代城市发展理念，在环长株潭城市群地区又具备这样的基础和优势，而且不受地域范围的限制，不会因过高的标准让人望而却步。“山水城市”的概念是钱学森首先提出来的，他是解释是：“我设想的山水城市是把微观传统园林思想与整个城市结合起来，同整个城市的自然山水结合起来。要让每个市民生活在园林之中，而不是要市民去找园林绿地、风景名胜。所以我不用‘山水园林城市'，而用'山水城市'。""建山水城市就要运用城市科学、建筑学、传统园林建筑的理论和经验，运用高新技术（包括生物技术）以及群众的创造。"按照钱学森提出的"山水城市"的思路，前面加上"两型"，更加富有建设资源节约型社会和环境友好型社会的时代特色，更加符合长株潭城市群"两型"社会改革开放试验区的内在要求。在打造环长株潭城市群"两型"山水城市名片的基础上，可以继续提出在长株潭核心极打造国际化生态城市，同时在环长株潭城市群区域内打造一批生态城镇。以"建设'两型'山水城市群"的理念统领这样三个层次的概念，并以此规划、建设和宣传环长株潭城市群，一定能够使环长株潭城市群建设得更加宜居、更有特色、更有影响。

（载于2011年第21期《送阅件》）

"两型社会"建设改革试验区实施云计算工程的研究

张　萍

2007年，云计算作为一种新概念在业界引起热议。2009年步入应用阶段。从2011年到2015年，也就是"十二五"期间，它仍然处于起步或初级阶段，但会是一个快速的发展阶段。到2020年才能实现标准化、规范化、社会化，也就是趋于成熟的阶段。其最终目标是由SAAS（软件即服务）过渡到IT即服务。

2010年10月10日，《国务院关于加快培育和发展战略性新兴产业的决定》中将加快推进三网融合，促进物联网、云计算的研发和示范应用，作为新一代信息技术产业发展的核心内容提了出来。2010年10月25日，国家发改委和工业信息化部下发了《关于做好云计算服务创新发展试点示范工作的通知》，提出加强我国云计算创新发展的顶层设计和科学布局，推进云计算中心（平台）建设，并布局在北京、上海、深圳、杭州、无锡等五个城市先进行开展云计算创新发展试点示范工作。这显示了云计算发展在我国信息化和新一代信息技术发展中的战略性和紧迫性。从目前来看，云计算的研发应用和发展的区域性特征明显。我国东部地区由于经济较发达，对云计算需求量较大，技术创新优势明显，因而云计算应用的进展较快。不仅试点城市、非试点城市如广州、南京、济南等20个城市也都把云计算作为重点产业和战略性应用工程。中西部的武汉和成都也建立了云产业联盟或云计算中心，重庆建立了"两江新区国际云计算中心"并在两江新区实施云端计划，西安启动了双云工程。

湖南属于中部，但长株潭是中部的"东部"。2010年，GDP已达到6716亿元，长沙市人均GDP超过6万元，高于江苏的人均52949元、浙江的52039元和广东的47181元。长株潭国家"两型社会"建设综合配套改革试区，也是信息化和工业化融合试验区、三网融合试验区。湖南正在推进以长株潭为核心的"四化两型"建设，提出建设数字湖南，并已启动国家移动电子商务示范省的建设。

同时，长株潭也拥有中部唯一的国家软件产业基地、国家服务外包基地，国家超级计算长沙中心建设第一期工程已完成并投入应用，开始发挥"云计算服务"的重要作用。长株潭已具备云计算服务创新发展难得的良好基础和突出优势。为了抢抓先机，做到统筹谋划有序发展，建议制定一个《数字湖南建设云计算工程实施规划纲要》（或《方案》）。具体建议如下：

一、把云计算应用和产业化发展提升到重要的战略位置

1. 云计算是IT产业第四次革命。云计算服务是由三个层次即SAAS（软件即服务）、PAAS（平台即服务）、IAAS（基础设施即服务）构成的，其三个层次的核心就形成云计算的操作系统。这个系统通过网络以动态的、可扩展且被虚拟化的方式，类似供电、供水那样提供按需使用、按量付费的服务。这是IT产业继上个世纪60年的大型计算机时代、70年代个人计算机时代、90年代初开始的互联网商业化普及时代之后的第四次变革、创新和发展，是新一代信息产业的重要组成部分和新型的商业模式。

2. 云计算是"两型"绿色发展的客观要求和必然趋势。第一、从资源利用率来说它是节约计算。在传统的互联网条件下，各个部门、各个企业[①]，都建立自己的IT系统，都由自己来运行和维护管理、更新软件和设备，其实平均利用率只有15%，却耗费了大量的设备，付出了大量的成本，占用了大量的空间。在云计算里，如谷歌设施有90万台服务器，300万家企业共享谷歌的同一个设施，资源率可以达到80%，利用率比传统模式可以提高5—7倍，投资成本可以减少5—7倍。云计算对企业来说，其精髓是能够较大幅度降低成本。第二，从电能利用率来说，它是绿色节能减排的计算。部门和企业自建的相对封闭的IT系统，资源闲置率达80%以上，却消耗了大量的电能，据有关部门计算，2010年，我国互联网的能耗占全国能耗的5%，相当于葛洲坝电站一年的发电量，并具有急剧增加趋势。IT服务通过向云计算的升级转型，可以实现能源的大量节约，污染排放量的大幅度降低。第三，从时速效率来说，云服务在分钟内就可以满足用户的所需。大型企业可以在一个极短的时间，调配它分布在全国、全球的各类资源，及时抓住机遇和规避风险。同时方便社会、方便民众。第四，从我国现状来说，云计算是有利于社会和谐的计算。加速云计算的应用和产业化发展，有利于缩小城乡之间的"数字鸿沟"。由于农村的收入水平和软硬件设施布局的限制，城乡之间存在严重的"数字鸿沟"。云计算改变了单一的PC终端，只要有一个能上网的手机，就能从"云"中获得你所需要的各种信息，这既有助于农业现代化的发

展，也可以使城乡居民平等的共享云计算提供的丰富信息，从而缩小“数字鸿沟”，有利于社会和谐。

3. 云计算是信息化升级的引领者和推动社会经济发展的新引擎。

云计算具有极大的产业带动力量，包括从芯片、服务器、PC、网络设备、存储等硬件设备，到平台软件、中间件、应用软件、信息安全厂商，到IT服务运营商，外包服务商，再到电信运营商以及政府、企业、个人用户，都将成为云大规模生态系统中的一员。在云计算的驱动下新的业态和新的商业模式将层出不穷，各种融合创新不断涌现，从而推动我国信息化进程向更高的层级跃升和经济持续较快发展。

从上述来说，云计算是调整经济结构、转变经济发展方式，推进“四化两型”建设，走科学发展之路的一条新路径。云计算的发展不仅会带来信息技术革命、商业服务模式革命，也会改变人们的思维方式，改变社会经济结构，因而也是推动社会经济发展的新引擎。目前各国都在认真研究云计算将为社会和经济发展模式带来的变革，并积极部署国家战略。因此，建议把云计算的应用与产业化发展，置于数字湖南建设的重要战略位置，制定和实施《数字湖南建设云计算工程规划纲要》或《方案》。

二、需要坚持的几项原则

1. 坚持需求导向、应用为先。虽然云服务立足于云硬件和云软件之上的，但云计算能不能落地，关键在于用户的直接感受和享有，有了种类众多、运用方便的云服务，云计算才能够落地，进而实现产业化发展。一个地区云服务的水平越高，产业发展也就越快，知名度就越高。因此云计算的发展，要紧紧抓住市场需求，以应用为动力，不断实现服务模式和服务种类的创新。

2. 立足资源整合、注重资源节约。经过十几年的建设，我国的各部门、行业大中型企业都具有完备的信息化基础。因此，我们必须立足于对基础资源的整合。在充分利用和整合已有的软硬件资源的基础上，适当增加必要的云计算软硬件，按着云的架构，以改造的方式为主完成云计算基础设施建设，提升IT资源的整合、效能与效率，避免不必要的重复建设和盲目投入。

3. 既要有全球视野，又要注重和找准本土特色。对于云计算来说，做好之后，不只是为本区域而是为全国乃至全球范围服务的。找准地方特色，也就是结合本土的产业优势，选择基础条件最好最有能力的地方发展云计算服务。我们也需要引进国内外知名企业众家之长来我省作云计算的应用项目，但同时也要把本土企业纳入进来，形成具有本土特色的云的生态产业链。这既可以提高云计算的应用水平，又能带动本土IT企业的发展和形成云的产业集群。

4. 突出重点示点示范。云计算在我国的推进也只有两年，如果一哄而起全面推进，既不现实，又易导致盲目投入。应选择重点区域、重点行业、重点领域，试点示范，由点到面循序发展。

三、《纲要》或《方案》的主要内容

1. 长株潭试验区确立为湖南云计算创新发展的试点示范区

建议长株潭“两型社会”建设综合改革配套试验区再增加一项新的试点示范任务，就是数字湖南建设云计算服务创新发展的试点示范区，并将云计算同“两化”融合试验、三网融合试验、物联网和下一代IPV6网络发展紧密结合，相互促进、融合发展，从而形成新一代信息技术发展的整体优势，推动长株潭并引领湖南信息化向更高层级跃升，加快智慧长株潭的建设。

规划“十二五”期间长株潭“两型社会”改革建设要推进八大工程。建议在信息化推进工程中，制定一个《长株潭云计算试点示范规划纲要》或《方案》，作好顶层设计。

2. 重点选择

（1）发展模式选择。长株潭“两型社会”建设试验区，由“两型”、“三化”拓展到“两型四化”，提出建设数字湖南具有重要战略意义。虽然新型工业化是信息化和工业化叠加和融合的工业化，但信息化是涵盖了经济社会的各个领域，全面提高信息化水平是“十二五”的一项主要任务。

数字湖南或数字长株潭这个数字化建设，其内涵应是由现代互联网向下一代互联网升级过渡阶段的数字化。下一代互联网应是智能化或“智慧化”的。“智慧地球”，简单说就是物联网与互联网的结合。随着信息化的发展，移动通信与互联网的结合产生了移动互联网、“三网融合”和物联网试点示范。这使我们步入一个数字数据爆炸式海量增长的时代，到2020年互联网数据量将是2009年的44倍。海量的数据必须有海量的储存和海量的分析处理。这只有云的资源池才能提供海量储存，并进行快速动态、可伸缩的海量数据的分析和处理。所以，云计算是物联网的基石。任何智能化、智慧化如智能交通、智能电网、智慧园区、智慧城市等都体现了物联网与云计算的结合。整个IT行业十分明显地出现了云化、泛化、计算化，云计算及其相关技术推动了数据中心、终端以及计算化应用的变革和发展。云计算正式推进虽只有两年，但已快速地走在整个战略性新兴信息产业的前列，具有巨大的发展空间。目前，几乎所有的国内外知名的硬件软件企业都在向云计算转型。如全球最大软件企业之一的微软，2009年在芝加哥新建的面向全球服务的第三代数据中心，就是云的操作系统。这个新平台作到了88%的电能都用在计算上，只有12%用在空调和照明上。这个占有15个足球场大的数据中心，只有三个全职员工来维护。它是硬件软件打包集装箱的方式租赁部署在运营商或大型企业的机房里。所有微软生产和销售的软件都要重新写到这个平台的云中运行。我们如何抢抓这个先机，有序但加快推进我省云计算的应用和产业发展，推动已有的软件硬件产业基地向云计算转型升级，是一个十分紧迫又具重要战略意义的任务。选择和确定适合省情特点的云产业发展模式又是首先要解决的问题。从几个试点城市和非试点已启动云计算的天津滨海新区、广州、南京、济南等东部城市，中部的武汉，西部的重庆、成都和西安等，已制定的《方案》或行动计划，都具有体现各自区情的特点。从长株潭的产业基础和结构特点出发，带动数字湖南建设和促进IT产业的转型升级，建议长株潭试验区启动“两型”云工程。以长沙国家软件园产业基地和国家超级计算长沙中心为核心，建设国内外有重要影响的云计算产业基地。并建议由核心单位发起，联合产业链各个不同环节的知名企业和骨干企业（包括国内外知名企业在湖南的分公司）、湖南大学软件学院、中南大学软件学院等院校、科研机构组成麓谷云产业联盟，采取“企业协作”方式联合建设一个麓谷云计算中心，依靠集体创新构建全价值链的云计算服务平台。

2. 重点工程选择。要以商业模式创新优先，选择基础最好最有条件的行业、领域和区域进行重点突破和升级发展。

第一，超算中心云算应用工程。超算中心不同于云算中心。超算中心是针对复杂的科学计算，是一种新型的计算模式，这种计算模式是利用互联网把分散在不同地理位置的电脑组成一个虚拟的超级计算机，其中每一台参与计算的计算机就是一个“节点”，而整个计算是由成千上万个“节点”组成一张网络，所以这种计算方式是网络计算。它是面向科技发展、面向高端提供高层次服务，商业模型不明显。云计算从诞生起就是面向服务、面向产业的一种新型商业模式。但二者有许多相同点：二者都将各种IT资源看成一个虚拟的资源地，然后向外提供相应的服务；两者都具有可伸数性；两者都涉及到多承租和多任务，即很多用户可以执行不同的任务，访问一个或多个应用程序实例。从根本上说，从应对互联网的应用特征和特点来说，二者是一致的，可以并行合作融合应用。

两者的差异性也是明显的。超级计算是聚合分散的资源，支持大型集中应用（一个大的应用分别到多处执行），基本环节是计算机。云计算是相对的集中资源，运行分散应用（大量的分散应用在若干个大的数据中心执行），其终端有计算机、手机、掌上电脑、瘦客户机、智能电视、车载、电子书等等，因而更具有普适性，可以普及应用到每一个企业、每一个家庭、每一个人，做到社会化、民众化。

由于超级计算机在一个国家发展中，特别是一些尖端科技的发展中，发挥着不可替代的作用，如生物科技、石油勘探、气象预报、国防技术，在工业设计、城市规划等经济社会发展的关键领域都需要超级计算，因此，我们必须把超级计算纳入和作为云计算中一个重要的部分，对互联网用户提供便捷的服务，从这个角度说，超级计算可以作为云计算数据中心一个部分，更加适应普遍的信息化应用。但需要解决两个问题：一是要作为一个独立的云服务区。由于超级计算是一种“聚合”业务，是一种特殊的服务器集群应用，要求服务器自成系统。如集群服务系统不能出现异构现象，服务质量要求非常高不能与其他业务共享业务通道，安全性能要求高要求与其他系统保持物理或逻辑隔离等。因此，要将超级计算服务作为云计算的一个独立的服务区[②]，以保证超级计算端到端的安全隔离，在超算区内实施统一系统架构。二是需要摸索出一套云计算的商业模式[③]。超算中心可以作为云计算的重要平台，云计算可以促进超算中心产业化。

第二，建设长株潭云计算产业聚集区。除长沙高新区的国家软件产业基地、信息产业园和移动电子商务产业园，还有长沙经开区电子产业园，湘潭九华经济区的台湾电子工业园、株洲田心电子工业园。各个电子产业园区都可以根据自己的特色，吸引国内外知名IT企业入园，开发云计算基础设施产品、云软件服务和云终端产品的生产，形成一个长株潭云产业聚集区，共同打造具有国内外重要影响的云计算产业基地。

第三，实施企业云发展工程。适应“两化融合”试验区的大量需求，需要发展企业云。在这一领域我省于2011年4月引入北京用友公司的企业云战略，力争两三年时间让我省规模以上企业享受云计算服务。2011年7月省经信委又与中国电信湖南分公司共同启动“数字企业”建设，融合下一代互联网、云计算、物联网等前沿技术，在三年内建成万家“数字企业”走在了全国的前列。下一步，一是要推进产业集群“两化”融合。支持一批面向产业集群的市场化运作云服务平台，降低中小企业使用信息化服务平台的门槛。二是提高产品的网络化、智能化水平，提高产品附加值。如发展智能家电，智能化生产设备、机械装备[④]、智能化交通工具等。

第四，实施云外包服务工程。2007年，商务部、工信部、科技部联合授予长沙市“中国外包基地”称号。2009年9月长沙软件园荣获中国软件行业协会授予的“中国软件和服务外包杰出园区”称号。这说明服务外包已取得很好的业绩和良好的发展基础。完全可以把长沙的“中国外包基地”，转型升级为国内外知名的“云外包服务基地”，极大的提升长株潭服务外包的吸引力和竞争力。

第五，发展媒体云和出版云。我省已启动“云电视”，也就是将“三网融合”与云计算技术融合，这自然会带动媒体云和创意产业云的发展。同时，文化创意产业园区内的中南国家数字出版基地，也需要向国家重要的云出版基地方向发展。目前，云计算正席卷IT，我国数字出版也开始进入云出版时代。2011年4月，方正正式推出“阿帕云出版服务平台”；6月，国家数字出版基地云计算中心落户天津。把超大规模的云服务中心的计算能力以降低成本、高效能、高可用的方式，提供给全球的集团和个人消费者，以实现数据的分享与交换。这种通过将海量数据与超大规模数据中心进行关联交易及服务的“云经济”，将成为数字出版的重要商业模式之一。可在我省中南出版产业基地设立一个国家出版基地云计算中心的节点——湖南基地数据中心（平台），并成立基地云出版产业联盟，以形成利益共享的商业模式，进一步发展和提升我省文化创意产业、出版产业的优势，抢占先机，并形成新的文化业态。

第六，实施政通云工程。2011年7月，省政府经济信息中心启动“湖南省网上政务服务和电子监察系统”，依托电子政务外网，建设全省统一的数据中心（平台），到2011年底湖南所有市（州）和县（市）区将全部上网运行。

第七，实施民生云工程。国家“十二五”规划把改善民生放在很重要的位置。就生活方面来说，群众最关心的是两件事：一是医疗；二是食品安全。建议首先启动医疗云。从目前来看，有三种解决方案可供选择：一是着眼于医疗机构面临的三大难题，即成本、管理、安全问题，融合行业实现无线查房护理等临床应用，然后进一步向社区延伸的总体解决方案（腾讯方案）；二是，综合运用云计算技术、物联网技术、IPTV多种技术，着眼于家庭、社区医院综合型的解决方案，为大众健康医疗、卫生保健提供全新的健康保证，并创新商业模式（中兴解决方案）；三是选择一个行政区（上海闸北区云产业发展的基地区）建立卫生云计算服务平台。以云计算SAAS软件即服务的方式，向区下属医院和相关医疗机构提供医疗管理和居民健康档案等管理服务，以帮助医疗机构提高其整体系统建设水平和管理水平（微软方案）。还有面向一个区域的卫生云解决方案（浪潮方案）。湖南长城医疗公司研发的“医院自主综合服务系统”、“电子病历医院系统”等软件，是一个云产品的创新，在三甲医院得到广泛应用。建议提升到行业的整体层面发展医疗云或卫生云。同时，可以探索食品安全追溯系统的建设。成都从猪肉的质量追溯启动。2010年5月，建了一条猪肉质量安全的追溯系统，市民只凭小票就可以查到猪肉的来源，运营近一年，私杀滥宰量下降了36%。

第八，构建一条完整的云计算产业生态链，建设智慧长株潭。启动应由此着眼进行统筹规划，争取到2020年能形成一条几乎囊括全部IT企业的云计算产业生态链。同时智慧长株潭建设取得较大进展。

四、保障措施

建议我省对加快云计算产业发展和实际应用创造良好环境，解决难题和给以政策支持。

一是资金问题。云计算创新服务发展，必须同既有数据中心等资源整合利用相结合。但在初期阶段，在资源整合的基础上也需要添加一些必要的设施，需要有一定的资金支持。建议将云计算的项目建设和产业发展列入《湖南省信息产业发展专项基金》的重点支持范围。

二是监管问题。不论是“基金”支持的项目，还是政府直接支持和投入的项目，都需要加强监管，避免重复建设造成的资源损失。

三是安全问题。安全能不能得到保障是关系云计算产业发展和应用的关键性问题。因此，要发展云安全企业提供安全保障。同时对登录用户实施认证制度。

四是招商问题。要打造优质的软硬环境，采取有力措施吸引“国家队”的龙头企业和国外知名企业的分支机构进入基地园区。加强基地建设、加快产业发展、提升服务能力、增多服务品种、创新商业模式。以应用拉动能力提升，以产业实践拉动技术创新，带动数字湖南建设向新一代信息技术转型升级，在优长领域提升面向全国乃至全球的服务能力、创新能力和竞争能力。

五是体制问题。探索多项新一代信息技术融合应用所需要的体制机制和环境。在云的应用实践中研究和参与云计算标准的制定。

① 大中型企业、小企业的一部分。

② 参考H3C解决方案。

③ 2011年6月1日，曙光发布的命名为“星云”的超级计算机，在超算中心云化应用上迈出新的步子。

④ 三一集团自主研发的远程监控系统，对分布在全球近10万台机械设备实施远程监测、数据采集分析和故障诊断，就是一个云智能产品的创新。

（载于《长株潭城市群发展报告（2011)》）

科学构建“两型社会”标准体系

陈晓红

建设资源节约型、环境友好型社会（以下简称“两型社会”），需要明确什么是“两型社会”、怎样建设“两型社会”、如何评价“两型社会”建设成效等问题。这些问题归结起来，就是“两型社会”建设应以什么为标准。最近，湖南省长株潭城市群在全国率先探索构建“两型社会”标准体系，积累了一些有益经验。以湖南省的实践和经验为案例，不断深化构建“两型社会”标准体系的规律性认识，对于推进“两型社会”建设具有积极意义。

“两型社会”标准体系的理论基础

建设“两型社会”，要求我们坚持走物质文明、政治文明、精神文明、生态文明共同发展的道路，统筹城乡发展、区域发展、经济社会发展、人与自然和谐发展、国内发展和对外开放；实现速度和结构质量效益相统一、经济发展与人口资源环境相协调，实现经济社会和谐发展。建设“两型社会”融合了可持续发展、绿色经济、循环经济、低碳经济等理念，是科学发展观在经济社会发展中的具体体现。

目前，关于“两型社会”的评价指标体系主要有三类，即考核评价型、目标导向型和标准约束型。考核评价型重在评估建设水平，能够对现状进行较好的描述；目标导向型将建设指标分为资源节约、环境友好两大类，可以提出相应目标值，在宏观上具有良好的调控作用；标准约束型则根据细分领域差异设定不同的指标约束值，特点是内容全面且带有强制性。构建“两型社会”标准体系，不仅需要描述现状、提出目标值，还应考虑主体功能差别导致的“两型社会”建设重点的差异，需要在借鉴这三类指标体系优点的基础上，确立更加科学、合理、全面的标准体系。

长株潭“两型社会”标准体系的总体框架与主要内容

近年来，长株潭城市群按照湖南省委、省政府“四化两型”的总体要求，把建设“两型社会”与转方式、调结构结合起来，与促进城乡区域协调发展结合起来，与建设创新型湖南结合起来，与优化社会管理、转变发展理念结合起来，初步形成了长株潭“两型社会”标准体系。这一体系主要包括四个方面内容。

“两型”经济发展模式。以构建“两型”产业体系为重点，积极推进传统产业的“两型化”改造和“两型”产业的规模化发展，积极发展清洁生产和循环经济，特别重视引导和扶持“两型化”战略性新兴产业，促进经济结构由低端向高端转型、发展方式由粗放向集约转变，形成低投入、低消耗、低排放、高效率的节约型增长方式。

“两型”城乡建设。以推进新型城镇化带动区域协调发展，优化城镇空间布局。积极发展城镇现代产业体系，推动城乡互补，促进城乡一体化建设。统筹城乡建设，加快推进“两型”社区、城镇、乡村建设，构建布局合理、土地节约、功能完善的城乡规划体系。

“两型”科技创新体系。以加快创新型湖南建设为落脚点，注重提升自主创新能力，大力发展高新技术，推进科技进步；优化生产方式，提高生产要素利用率和科技进步对经济增长的贡献率。

“两型”公共服务。注重改善民生，推进基本公共服务均等化、优质化。积极推进交通等基础设施建设，优化教育、文化、卫生等各项社会事业。加快社会管理创新，积极打造服务型政府，让广大人民群众充分享受“两型社会”建设带来的实惠。

长株潭“两型社会”标准体系的构建方式和流程

长株潭“两型社会”标准体系的构建，力争做到定性指标与定量指标相结合，在标准值上体现现实性和前瞻性的统一。以下以“两型”企业建设标准为例来分析其具体构建方式和流程。

明确概念特征。明确“两型”企业应遵循可持续发展理念，以清洁生产、循环经济为基础，以先进的生产技术和经营管理方式为手段，以资源清洁循环、废弃物安全处理、产品优质节能、生产平稳高效、研发创新出色、绩效稳步增长、管理制度完善为主要目标，在追求持续创新与绩效增长的同时，促进资源节约与生态环境保护。

搭建标准框架。以国务院批复的《长株潭城市群资源节约型和环境友好型社会建设综合配套改革试验总体方案》为指导，参照《创建“国家环境友好企业”实施方案》等，按照“两型”企业建设的实际要求，确定了资源节约、环境友好、企业绩效、创新能力等四个基本指标。

挑选指标内容。一是与国家要求对接，参考《节能减排综合性工作方案》等政策文件以及《工业企业厂界环境噪声排放标准》等环境标准来搜集指标。二是将归类后的指标制作成问卷进行调查。三是以国家要求为基准，根据分析结果，提取具有共性的指标，拟出初步的指标框架。

试行选定指标。实地考察不同行业中具有代表性的企业，对企业的管理者、一线生产者与企业周边居民等进行问卷调查。一是检测指标体系的全面性与可行性；二是对指标标准值进行检测，要求部分标准值达到行业前十位的水平，保证标准值的合理性与前瞻性。综合试行结果，最终确定“两型”企业建设标准主要包括20项指标。

论证发布标准。2009年12月，湖南省两型办邀请中国标准化研究院、湖南标准化研究院等科研机构和政府部门的专家对“两型”企业建设标准进行了初次评审，随后将修改后的标准在宁乡等地试行。2010年4月，经试行完善后的“两型”企业标准通过了第二次专家论证评审会。2010年7月，该标准由湖南省两型办正式发布并在试验区试行。

实施推广标准。2011年6月，湖南省政府举行新闻发布会，正式对外发布12项“两型社会”建设标准，长株潭城市群在全国率先实现“两型社会”建设标准化。湖南省经信委、长沙市等设立专项经费，以标准体系为依据，开展“两型”企业、园区等创建与评选活动，加快推进“两型”标准实施。

几点启示

长株潭城市群积极构建“两型社会”标准体系的实践与经验，为我们带来一些有益启示。

利用先行先试的政策机遇。长株潭城市群虽然是全国第三批试验区，却积极探索、大胆创新，抓住政策机遇、努力先行先试，在全国率先开展建设标准体系的试验。同时面向未来，不断加快步伐，扩展标准体系涵盖的社会主体，完善标准体系的内容，努力形成更强的示范带动效应。

发挥顶层设计的引领作用。建设“两型社会”，关键在于加强顶层设计，既明确什么是“两型社会”，也明确“两型社会”建设的方向和路径。在此基础上，做好“两型社会”标准的跟踪修订和完善升级，努力将已经成熟的“两型社会”标准向更多领域推广，为“两型社会”建设提供有力的制度保障。

形成各方协作的整体合力。“两型社会”建设不单是政府的事，也需要企事业单位和社会公众的大力支持；不单是经济领域相关部门的事，也涉及社会生活领域的各个方面。应加强对“两型社会”标准体系的宣传，加强部门联动，围绕标准体系出台一系列支持政策，推动各行各业积极向标准要求靠拢，进一步提高社会各界对标准体系的认知度、认可度、执行度。

（载于《人民日报·理论版》2011年9月1日）

把“两型社会”建设作为转变经济发展方式的方向和目标

——在“两型社会”建设上的认识与实践

省委宣传部理论处

党的十七届五中全会强调，要把建设资源节约型、环境友好型社会作为加快转变经济发展方式的重要着力点。为认真贯彻中央精神，湖南从正在进行的“两型社会”试验区建设的实践出发，坚持以“两型社会”建设引领经济发展方式的转变，把资源节约、环境友好的要求贯彻落实到经济社会发展的各个方面和各个环节。随着“两型社会”建设的深入推进，全省经济社会发展的全面性、协调性和可持续性明显增强，呈现出发展速度加快，发展质量提升，经济结构优化，经济效益改善的良好势头。

“两型社会”建设是转方式的重要着力点

长株潭城市群获批全国“两型社会”建设综合配套改革试验区以来，“两型社会”建设成为推动湖南科学发展的强大引擎。在近年建设“两型社会”的实践中，省委、省政府深刻认识到，转变经济发展方式与建设“两型社会”在本质要求上是一致的，转变经济发展方式是建设“两型社会”的必然要求，“两型社会”是转变经济发展方式的重要方向，两者有机统一于湖南科学发展的实践中。省委书记周强指出，只有以背水一战的勇气尽早抢占建设“两型社会”的制高点，才能为湖南长远发展谋求真正的出路。

——解决发展不足、发展不优的“两难”问题，需要推进“两型社会”建设。近年来，湖南经济社会建设取得了显著成效，在“弯道超车”中推动经济发展进入了快车道，在政通人和中形成了“聚精会神搞建设、一心一意谋发展”的良好局面。但是，发展不足、发展不优的问题依然比较突出。发展不足主要表现在：发展基础比较薄弱、产业规模不够大、城乡区域发展不平衡。发展不优主要表现在：产业结构不太合理、发展方式比较粗放、社会建设相对滞后。省委、省政府分析认为，“两型社会”建设本质上是转变经济方式、抢占新的发展制高点的一次革命。解决发展不足和发展不优的问题，就要切实改变过去那种粗放发展模式，加快转变经济发展方式，而建设“两型社会”，是完成加快发展和加快转变双重任务的突破口，是破解发展不足和发展不优“两难”问题的“金钥匙”。

——面对负重爬坡、后发赶超的紧迫形势，需要推进“两型社会”建设。经过“十一五”的发展，我省已进入工业化、城镇化加速发展的中期。在这一时期，一方面，虽然发展势头强劲，但资源环境约束十分明显，特别是人均耕地、煤、气、油等主要资源大大低于全国平均水平，而万元GDP能耗却高出全国平均水平。这“一低一高”，是长期制约湖南发展的一个“瓶颈”。另一方面，虽然发展实力增强，但全省城镇居民人均可支配收入、农村居民人均纯收入均低于全国平均值，截至“十一五”末，全省农村贫困人口仍有168万人之多。这“一少一多”，是长期压在湖南肩上的一副“重担”。省委、省政府分析认为，湖南目前正处在负重爬坡、后发赶超的关键时期，只有建设“两型社会”，才能激发内在潜能，发挥后发优势，给爬坡“减负”，为赶超“给力”。因此，必须下决心转变发展方式，坚定不移地走资源节约、环境友好的新路，坚定不移地走新型工业化、新型城镇化的新路。

——实现既解近忧、又强后劲的发展目标，需要推进“两型社会”建设。近年来，湖南经济社会发展取得了很大成就，但制约发展的矛盾和困难还比较多。从当前看，主要是工业化水平偏低，城市化建设滞后，市场化运行效率不高，要素瓶颈制约突出，经济增长内生动力不强；从长远看，主要是体制机制难题还有待进一步破解，长期形成的结构性矛盾和粗放型增长方式有待进一步改变。省委、省政府分析认为，湖南要在新一轮发展竞争中抢先机、争上游，必须立足当前“解近忧”，着眼长远“强后劲”，而推进“两型社会”建设，不仅能扫除当前发展障碍，在区域竞争中抢占制高点，打好“十二五”的“开局战”，还能根除许多深层痼疾，培育后劲，提高可持续发展能力，取得“持久战”的胜利，最终实现“十二五”宏伟目标。

坚持以“两型社会”引领经济发展方式转变

推进“两型社会”建设持续健康发展，必须把建“两型”与转方式有机结合起来，把“两型社会”建设作为转变经济发展方式的重要方向和目标。省长徐守盛指出，“两型社会”绝不仅仅是个生态目标，它必将引起思维方式、发展方式、生产方式、生活方式和政府管理方式的巨变。为此，省委、省政府明确要求，坚持“两型”引领，把资源节约、环境友好的要求贯彻到生产、建设、流通和消费各个领域，落实到经济社会发展的各个方面，努力形成节约能源资源和保护生态环境的思想观念、产业结构、生产方式、生活方式和体制机制，走出一条生产发展、生活富裕、资源高效利用、生态环境良好的“两型”发展之路。

——充分发挥“两型”产业的引领作用。“两型”产业是以资源节约、环境友好为发展目标，以清洁、低碳、循环、高效为主要特征的产业。发展“两型”产业是实现经济发展方式转变的迫切需要，是建设“两型社会”的有力支撑。为此，湖南在“两型”社会建设中，坚持把发展和壮大“两型”产业作为产业发展的重中之重，立足长株潭的产业基础，加快产业结构调整步伐，不断培育和发展战略性新兴产业，切实加快传统产业的“两型”化改造，加大“两型”技术产品推广应用力度，做大做强“两型”产业。近年来，新材料、新能源、节能环保、生物医药、信息网络、电动汽车、文化创意等“两型”产业，纷纷落户长株潭城市群，并引领全省形成了机械、食品、文化创意等9个千亿元级产业集群。随着“两型”产业的逐步壮大，到2015年，湖南三次产业结构比重将调整为9.5∶48.5∶42，战略性新兴产业增加值占地区生产总值的比重将提高到20%，“两型”产业的引领作用更为突出。

——充分发挥“两型”生产方式的引领作用。建设“两型”生产方式，意味着生产方式从“低端”转向“高端”、从“单一”转向“全面”、从“粗放”转向“集约”。实现这三个转变，是转方式、调结构的题中之意，是建设“两型社会”的关键所在。为此，湖南在“两型社会”建设中，坚持把“两型社会”的理念、目标、方法全面融入发展方式转变、城乡区域统筹发展、社会管理优化、对外开放、“四个湖南”建设等各个方面，尤其注重保护好昭山生态绿心、湘江、洞庭湖这“一心”、“一脉”、“一肾”，努力走优化发展之路、创新发展之路、绿色发展之路、人本发展之路。目前，全省正在实施产业、统筹城乡、环境、信息化等领域的“八大工程”，以构建“生态环境安全体系”为目标的湘江流域水污染整治新的行动计划已正式启动。

——充分发挥“两型”生活方式的引领作用。“两型”生活方式是人与自然、人与人和谐相处的生活方式。建“两型”就是转方式、惠民生。为了在全社会倡导“两型”生活方式，湖南提出“全员参与、全面建设”的原则，着力抓了两个方面的工作。一方面，加大“两型”宣传，增强全社会的“两型”意识，营造“人人知晓、人人支持、人人参与”的良好氛围。另一方面，加大“两型”生活方式创建，在全省开展“宜居城市”、“宜居城镇”、“宜居村庄”创建活动，开展“两型机关”、“两型学校”、“两型社区”、“两型家庭”评选。在城市，宾馆房间不提供一次性用品；在农村，创新环保自治模式，推广“户分类、村收集、乡中转、县处理”的垃圾分类处理，努力把湖南建设成为中部乃至全国最适宜居住的地区。

——充分发挥“两型”体制机制的引领作用。建设“两型社会”的过程，是利益调整的过程，也是体制机制变革的过程。因此，建设“两型社会”，必须以体制机制建设为突破口，撬动体制机制之变。近年来，我省确立了“省统筹、市为主、市场化”的长株潭“两型社会”建设试验区推进机制，进一步凝聚各方力量，发挥各方优势，使合力变得更强；扎实推进行政体制改革，在示范区实行“大部制”，下放行政管理权限，简化审批程序，提高行政效率，使工作变得更顺；建立市场准入和退出机制，优化生产要素和资源价格机制，使环境变得更好；进一步扩大开放，构建“走出去、引进来”的合作机制，加强与央企对接，加强与中央部委、兄弟省市共建，加强与泛珠三角、长三角和中部地区等区域交流，使合作变得更广。

推进“两型社会”建设全面深入发展

长株潭“两型社会”试验区建设的逐步推进，为我省经济社会发展带来了良好机遇。为了推动“两型社会”建设在全省全面深入发展，省委、省政府于去年8月作出了加快经济发展方式转变、推进“两型社会”建设的决定，提出了全省建设“两型社会”的总体思路、基本原则和主要目标。今年8月，省委又召开“两型社会”建设推进大会，在总结试验区第一阶段工作的基础上，对第二阶段改革建设作出新的部署，要求充分发挥试验区的示范带动作用，统筹推进长株潭城市群、大湘南承接产业转移示范区和大湘西武陵山经济协作区的发展，促进全省协调同步推进“两型社会”建设。为推动工作落实，着重抓了四个方面的工作。

——深化“两型”顶层设计。做好顶层设计，有助于整合资源、强化统筹、有序发展。我省在充分借鉴国内外先进经验，特别是上海、天津等先行试验区成功做法的基础上，顺利完成了长株潭“两型社会”试验区总体改革方案编制。与此同时，省直有关部门开展了10个专项改革方案、14个区域专项规划的编制提升工作；长、株、潭三市编制了总体改革及专项改革实施方案、87个市域专项规划；省里颁布了“两型”标准，率先建立“两型社会”建设标准化体系，绿色电价、环境污染责任强制性保险、财政生态补偿等一系列制度设计纷纷出台。这些顶层设计，突出了高端定位和全盘规划，保证了“两型社会”建设的正确方向。

——完善“两型”考评标准。考评标准是“两型社会”建设的“指南针”和“度量仪”。省委、省政府特别重视构建“两型社会”建设指标体系，加大资源、生态等“两型”指标在政绩考核中的分量，强调一旦造成污染，企业摘牌子，老板戴铐子，官员也要摘帽子。在实践中，一方面，完善考评内容，既注重考评速度和规模，更注重考评质量效益、结构优化、自主创新、资源节约和环境保护、就业和民生改善等指标；另一方面，改善考评方法，实行分类指导，探索建立分区域、分类型不同层次考核对象的差别化绩效考核评价体系。同时，科学运用考评结果，坚持把考评结果运用到干部选拔使用、培养教育、管理监督等各个环节。

——健全“两型”政策体系。有了科学完备的政策体系，“两型社会”建设才有保障。为此，我省进一步强化制度创新，完善政策法规，在资源节约、环境保护、土地管理、投融资、产业发展、对外开放、行政管理等各个领域大胆改革，围绕“两型”目标要求，构建有利于产业、市场、人才发展的政策体系。近年来，一系列开全国先河的政策法规在我省陆续出台：《湖南省行政程序规定》，让权力在阳光下运行；《湖南省规范行政裁量权办法》，给行政裁量权具体的“标尺”；《长株潭城市群区域规划条例》，为“两型”建设量身立法；“两型”系列标准和规范，使“两型”建设有规可循；《关于开展环境污染责任保险试点工作的指导意见》，明确环境污染责任强制性保险试点的范围和步骤。政策法规的逐步完善，有力推进了重点领域和关键环节的改革。

——搭建“两型”组织平台。建立组织工作平台，是推动“两型社会”建设的“跳板”和保障。为加大组织协调工作力度，我省成立了高规格的长株潭试验区工委和管委会，分别作为省委、省政府的派出工作机构，省委常委兼任工委书记。工委和管委会统筹协调各方关系，扎实做好政策引导、项目申报、标准制定、示范创建、宣传教育等相关服务工作，形成了推动工作的联动机制。同时注重建立国际国内交流平台，在更大范围内聚集海内外资金、人才、技术、管理等要素。组织工作平台的搭建，有效调动了全社会参与支持“两型社会”建设的积极性和主动性，形成了强大工作合力。

“两型”巨轮出湘江。湖南近年来的实践证明，建设“两型社会”，是坚持科学发展的内在要求，是加快转变经济发展方式的重要抓手，也是湖南未来发展的希望所在。只要坚持不懈地沿着“两型”之路走下去，三湘大地一定会更加秀美、更加充满发展活力。

（载于《湖南日报》2011年8月25日）

建设两型社会 推动科学发展

胡湘之

建设“两型”社会是中央站在发展大局作出的重大决策，是省委、省政府加快转变经济发展方式的战略部署。攸县作为“两型”社会的前沿腹地，积极抢抓机遇，创新实践，大力推进“两型”社会建设，实现了经济社会的又好又快发展。

突出转型升级，发展“两型”产业

发展“两型”产业是建设“两型”社会的主体内容，只有实现产业结构的升级、发展模式的转变，走出一条新型产业化道路，才能为“两型”社会建设打下坚实基础。攸县始终坚持把发展“两型”产业作为带动经济结构调整、促进发展方式转变的先导力量，努力打造“两型”产业体系。

致力“提”，就是提质传统产业。传统产业提质是县域经济发展的支柱，是产业发展提速、县域经济发展提力的关键。攸县作为农业大县、资源大县，产业结构偏重、产业水平偏低的积垢十分严重，已经影响到县域经济社会的发展。当前的形势，用先进适用技术改造提升传统产业是形势所逼、当务之急。发展现代农业。按照“以土地流转推动规模化开发、以特色农业推动品牌化营销、以龙头企业推动产业化经营”的思路，发展加工农业、观光农业、休闲农业等新型农业，建成60万亩优质稻、60万亩油茶、3万亩蔬菜、20万亩楠竹、500万羽麻鸭、120万头生猪精养等一批高效农业基地，培育造林大户300户、种粮大户300户、土地流转大户200户，发展湘龙竹木、好棒美等农产品加工龙头企业10家。做强煤炭产业。攸县作为全省重要煤炭生产基地，近年来，投入10亿元全面完成了煤矿企业技改扩能，推进煤矿安全质量标准化建设，实施煤矿企业兼并联合，煤炭产能超过700万吨，煤炭产业逐步走向“科学办矿、安全办矿、规模办矿”的道路，办矿水平明显提升。加强科技创新。支持企业进行科技创新，三星电线电缆和湘化机成功获得国家驰名商标。鼓励企业技术改造，全县150家企业启动技术改造项目，累计投入技改资金30亿元。采取行政的手段，强制淘汰一批耗能较高、污染严重的小企业，关闭“五小”企业60余家。

大力“引”，就是招引优质项目。按照“招商选资、选优引强”的要求，坚持有所侧重、有所取舍，积极引进一批高投资强度、高技术含量、高关联度、高附加值、高成长性的旗舰项目和优质项目，以大项目、好项目推动经济转型。依托园区引项目。每年投入2亿元完善园区基础建设，重点抓好了水、电、路、讯等基础设施配套建设，建成了标准化厂房2万平方米，初步形成了园区“五纵五横”道路骨架，基本建成了3平方公里核心区，园区承载力和吸引力明显增强，益力盛电子、明珠选矿药剂、安特新材料等项目相继落户园区，入园企业达到51家。优惠政策引项目。出台了招商引资“八个零”和《优化环境十条规定》等政策，对入攸企业实行领导联系企业制度和手续全程代办制等制度，吸引企业落户攸县。2011年引进项目85个，利用外资3931万美元，到位资金25亿元。加强对接引项目。抢抓珠三角、长株潭产业升级转移的机遇，积极对接五星级酒店、东城新区生态园等项目，重点引进投资规模大、科技含量高、带动能力强、资源消耗低，环境污染少的项目。

全力“扶”，就是扶持骨干企业。按照“扶大扶强、扶新扶高、扶优扶特”的思路，着力巩固存量抓增量，优化质量调结构，加大骨干企业扶持力度，促进企业做大做强。大力度投入。加大扶持力度，在政策上优先支持，在项目上优先倾斜，在要素上优先供给，在服务上优先保障，努力让企业做强做大。先后出台了《攸县产业发展奖励扶助办法》、《中小企业扶持奖励办法》等政策措施，2011年兑现工业发展奖励450万元。全方位服务。积极开展“进企业、解难题、促生产”和“进企招商大服务”活动，实行领导联系企业制度，采取“一个企业、一个领导、一个班子、一个解决问题的办法”，切实为企业解决实际困难，扶持企业发展壮大。加大中小企业融资服务力度，帮助烟花企业融资1900万元。成功组织银企对接活动，为企业融资7.13亿元，发放贷款贴息115.31万元。多举措扶强。采取特殊政策、特殊奖励、特殊服务、特殊管理的办法，培育“51151”工程，煤电一体化、桐坝电站等重大产业项目建设进展顺利，千法水泥项目正式投产，湘化机重组全面完成。全县产值过亿元的企业达到17家，规模以上工业企业达到265家。

着力“培”，就是培育新兴产业。新兴产业是未来产业的主导，是未来经济社会的核心竞争力。为此，攸县立足现实产业基础，加快培育新兴产业。做优高新产业。瞄准“高新”发展方向，按照政府引导、市场主导、重点突破的要求，重点培育和引进新能源、新材料、生物制药、电子信息等低耗能、环保型的新兴产业，抢占发展制高点。当前，重点培育益力盛电子、大豪药业等项目。引进华盛集团，发展烟药产业，全县烟花企业达到61家，加快打造烟花产业集群。做精旅游产业。挖掘酒仙湖、禹王洞优质资源，推进景区品质建设，开发旅游精品线路；开展服务质量提升和景区创建活动，加强旅游营销推介，转变旅游发展方式，酒仙湖成功创建为国家4A景区，攸县被评为全国最具投资价值旅游县。做旺商贸物流业。实施“商贸活县”战略，累计投入超过10亿元，完成了湘东大市场和7个农村集贸市场的提质改造，建成了步行商业街、湘东农机大市场、强远建材市场、星都物流等一批特色专业市场，启动了湘东家居城、湘东汽贸城专业市场建设，推动了服务业产业结构优化升级。

突出基层基础，夯实“两型”平台

基础建设、基层工作，是“两型”社会建设的根基所在。推进“两型”社会建设，重在抓基层、打基础。

加大投入强基础。基础设施建设在经济社会发展中具有支撑保障功能。攸县始终坚持“统筹协调、适度超前”的思路，加大投入力度，加强交通、水利、能源和城市设施建设，加快构建布局合理、功能完善的基础设施体系。交通网络日趋完善。五年累计完成交通投入40多亿元，修建县乡级以上道路240公里，衡炎高速、网朱公路、攸安连接线建成通车，S315、宁排公路、黄兰公路提质改造全面完成，衡茶吉铁路、醴茶高速有序推进，通乡、通畅和通达工程顺利实施，交通瓶颈得到有效破解。农村设施继续改善。五年累计投入近5亿元，建成高标准农田2.21万亩，改造中低产田5万亩，完成各类水利工程3.26万处，除险加固病险水库34座，治理攸河和沙河8.09公里，解决农村安全饮水12.4万人，建成农村沼气池6000多口，完成农村电网改造580个村。城市建设步伐加快。累计投入资金60亿元，洣江风光带、文化广场、规划展示馆、污水处理厂、无害化垃圾处理厂建成并投入使用；东城新区启动建设，攸县发展中心、迎宾大道、内环路、攸水大桥等项目加快推进；改造街巷140公里，“刚改柔”街面85万平方米，新建广场7万平方米。

深化改革增后劲。“两型”社会建设是个全新的课题，没有现成的模式，必须抛开以往的做法，在经济社会的各个方面大胆改革、寻找突破。攸县在“两型”社会建设的过程中，先行先试，积极探索，力争在全省树立标杆、打造样板。推进土地流转制度改革。按照依法、自愿、有偿的原则，抓好引导、管理、服务等环节，促进土地有序、高效、健康流转，全县土地流转面积达到24万亩，占耕地总面积的36%。推进投融资体制改革。做大做强城建投、腾龙投、旅游投、盛园投等投融资平台，拓宽资金筹集渠道，着力破解城市建设、旅游开发和园区开发的资金难题，融资总额达15亿元。推进涉农项目整合。按照“四统四分四不变”原则，全面实施涉农项目资金整合，并制定农村基础设施项目年度实施规划，努力提高资金使用效益。推进财政体制改革。实行财政精细化管理，出台13项财政管理新制度、新办法，确保了惠民政策全面落实、财政资金安全高效运行。同时，纵深推进绿色资源、循环经济、城乡同治和生态补偿等领域改革，力争在资源节约、环境保护、城乡统筹等方面取得大突破、创造新经验。

创新管理激活力。“两型”社会建设必然要求和带动社会管理方式的转变和创新，创新社会管理不仅是“两型”社会建设的重要内容，更是推进“两型”社会建设的内生动力。攸县坚持创新社会管理，主动服务“两型”建设，激发了全县广大干群参与“两型”建设的活力和动力。推行预安销号，强化工作落实。严格按照“自下而上预、自上而下安、上下结合销”的办法，建立县、乡、村和党员干部四级的主要工作预安销号制度，通过按月或按季预安承诺、集中述评、逐级销号、绩酬挂钩等规定程序，促使党员干部主动想事、做事、成事。推行联合办公，强化服务群众。坚持“县指导、乡实施、村为主”原则，全面推行村级定期联合办公制度，每月20—25日由村干部、县乡办点干部和相关的县直部门单位联合到村现场办公两天，共同研究处理村级重要事务，解决基层突出问题，搭建起县乡村服务群众的综合性平台。推行结对共建，强化城乡同治。围绕深入开展“基层组织建设年”和“走访群众听民声、深入基层解难题”作风建设主题活动，全面开展“城乡同治、结对共建”活动，组织35名县级领导、99个县直正科级单位、150个二级单位、3500余名机关事业党员干部与304个村全面结对，重点联系指导礼仪教化、洁净家园、济困维安、联合办公和五基规则五项工作。

突出城乡同治，打造“两型”环境

环境友好是“两型”社会的内在要求。建设“两型”社会，和谐的人与自然关系是前提，良好的生态环境是基础。生态环境好不好，直接关系到广大群众的身体健康和生活质量。为此，我县把环境治理作为推进“四化两型”的战略举措，深入推进城乡环境同治工作，开创了环境治理的“新模式”，走出了一条统筹城乡发展、共创共享环境的新路子。

开展三创四化，打造精致宜居的城市环境。城市是一个地方发展、进步、文明的标志，城市环境则是一座城市赖以生存和发展的重要支撑。优越的城市环境是城市竞争力的强劲“引擎”，直接决定着城市发展空间与前景。完备的设施、考究的品位、舒适的氛围应是良好城市环境的应有之义。近年来，攸县以“三创四化”为抓手，通过创建全国平安畅通县、省级卫生县城、省级园林县城和县级文明县城，实施绿化、亮化、美化、净化活动，致力打造精致宜居的现代城市。投入3000多万元，高起点完成了中心城区、东城新区、工业园区、城南片区和酒埠江风景区的规划编制工作，并力争实现镇区、村庄规划全覆盖。3年累计投入城建资金近20亿元，用于市政设施、城区改造、休闲广场、廉租房、棚户区改造和绿化亮化等项目建设，新增绿化面积近100万平方米，城市绿化率达到近34%。着力做好城市经营文章，引进社会资金20余亿元，建设了云升山庄、同乐湖、中心嘉园等一批生态住宅小区，城市品位在开发与建设中不断提升。大力提升城市管理水平，探索建立了城市、市场、社区等各个环节的精细管理制度，走上了城市长效管理的轨道。

开展洁净行动，打造优美整洁的农村环境。城乡同治的重点在农村、难点也在农村。建设“两型”社会，必须统筹城乡，让农村为美丽洁净的宁静乐土，让农民享受生态良好的生存权益。为此，我县按照“以县带镇、辐射村庄”的理念，深入开展镇区创建和洁净乡村大行动，将基础建设和卫生管理全面覆盖至镇村，加快城乡一体进程。积极探索了以分区包干、分散处理、分级投入、分期考核为主要内容的农村环境卫生治理“四分”工作模式，逐步完善了考核、督查、奖惩等工作机制。目前，全县92%以上的农户建立了“一氹两池三桶四筐”垃圾分类回收装置，所有村都普及了有毒有害垃圾回收池和可回收垃圾回收点，基本实现了农村垃圾资源化、减量化、无害化处理，农村卫生面貌得到大幅改观，生态得到持续改善。2011年1月，《人民日报》以“攸县村庄变身大花园”为题，对我县新农村建设和洁净行动进行专题报道。2011年10月，国务院总理温家宝作出专门批示，高度肯定攸县城乡同治工作，并要求在全国予以推介，攸县经验已作为工作模式被广泛借鉴。

开展综合治理，打造和谐共融的生态环境。随着人类社会步入生态文明时代，两型社会和生态环境之间相互依存、相互制约的密切关系日益显现。如何理顺二者关系，实现和谐统一，已成为“两型”社会建设的重要课题之一。近年来，攸县通过实施综合治理，实现了生态环境的持续改善。推进矿区生态治理。把矿区环境综合治理作为改善民生的重要举措来抓，计划用8年时间基本完成矿区环境污染治理任务。2005年以来，通过争取项目支持和财政资金配套，累计投入资金近2.1亿元，共组织实施农田水系保护、废水废渣处理、植被恢复等矿综项目242个，切实解决了矿区居民饮水灌溉、地面塌陷、水土流失等突出问题，矿区重现了青山绿水。推进农村水源治理。开展以“改水、改厕、改圈、改厨”为主要内容的“三清四改”活动，推广农村沼气工程，实施了农村饮用水源保护工程，启动了新市片区4个乡镇15个村的污水处理工程建设，解决了农村10万余人饮水安全问题、20余万人的生活污水处理问题。推进畜禽污染防治。对所有存栏500头以上的规模养殖场加强了重点监管，实施技术推广与专项整治相结合的“标本兼治”办法，通过限期整改、项目促进和典型示范，基本实现了规模养殖场达标排放。同时，全面推进了“五小”行业、景区、主干道路户外广告等整治和106国道沿线“穿衣戴帽”行动，实现了重点部位、重要区域综合秩序的大改善。

突出民生改善，共享“两型”成果

社会发展和民生改善是“两型”社会建设的出发点和落脚点。近年来，攸县坚定不移地关注民生、保障民生、改善民生，不遗余力地为群众办实事、谋福祉，努力让“两型”社会建设的成果普及民众、惠及民生。

努力提高事业发展满意度。“两型”社会是一个经济社会的同步协调发展的社会。在“两型”社会建设过程中，必须大力发展科技、教育、文化、卫生等各项社会事业，推进基本公共服务均等化，努力提高群众满意度。加大科技创新力度，攸县麻鸭、攸县豆腐成功注册为国家地理商标，“洣水河”牌电线电缆获国家驰名商标。努力办人民满意教育，启动实施教育布局调整和农村寄宿制学校三年全覆盖计划，建成合格学校58所、农村寄宿制学校21所，高考万人上线率连续7年居全市第一。扎实推进医药卫生体制改革，全面推行国家基本药物制度，完成乡镇卫生院改造，不断完善城乡医疗卫生服务体系，新农合参保率保持在98%以上。建成乡村大舞台117个、乡镇综合文化站14所，有线数字电视整体平移全部完成，成为湖南省第一个农村数字电视县。

努力扩大社会保障覆盖面。建立覆盖城乡的社会保障体系，关乎人民群众的切身利益，关乎经济社会的发展全局，是建设“两型”社会必须着力解决的重要任务。工作中，我县强化“全员保障”理念，努力构筑“广覆盖、多层次、可持续”的社会保障体系。积极扩大社会就业，大力开发公益性岗位，重点解决“4050”人员、“零就业”家庭、失地农民等群体就业问题，2011年，新增城镇就业近3785人，农村劳动力转移就业达17万人，城镇登记失业率控制在4%以内。“五大保险”新增31752人，全面实施新型农村社会养老保险，参保率达100%，10万农村老人领取社会养老金。城乡低保扩面提标，落实城乡低保对象15.3万人，城镇居民最低生活保障标准提高到360元/月。启动新一轮敬老院改扩建，集中供养率达到35%，分散供养标准提高到2300元/人年。加快住房保障建设，扩大廉租房保障范围和住房公积金制度覆盖面，着力解决城乡低收入家庭住房困难问题，新建廉租房2228套、面积14万平方米，实施棚户区改造1200户、面积16万平方米，建成农村安居房3100栋。发展社会福利和慈善事业，募集慈善捐款1000余万元，加强灾民、孤老、残疾人等困难群众救助，救助对象达到4000多人。2011年，城镇居民人均可支配性收入和农民人均纯收入分别达到19886元和11180元，年均分别增长14.4%和17.6%。

努力增强人民群众安全感。社会和谐稳定是民生之本，社会平安是社会和谐稳定的基石，是极为重要的民生问题。为此，我县坚持一手抓发展，一手抓稳定，不断加强社会综合治理工作，努力提高人民群众的安全感和满意度，把社会管理工作的成效更多、更直接地体现在惠及人民群众、促进社会和谐上来。深入开展“信访积案化解攻坚”和“进村入户大走访”活动，认真落实“一把手”接访、信访包案、陪访下访等制度，致力化解社会矛盾，着力化解信访积案。建立科学有效的利益协调机制、矛盾调处机制、权益保障机制，着力解决土地征收征用、城市建设拆迁、环境保护、涉法涉诉中群众反映强烈的问题。深化社会治安综合治理，完善治安防控体系，加强流动人口和出租屋管理，开展严打整治专项行动，有效预防和严厉打击各类违法犯罪，公众安全感测评全省排名由114位提升到第4位。深入开展“安全隐患大排查”、打非治违专项行动和食品药品专项治理，严格安全生产措施，坚决预防和减少安全生产事故的发生。

其他成果索引

《湖南“两型社会”建设的法制创新路径探索》 作者周湘伟，发表于《湖南行政学院学报》2011年1期。内容摘要：法制是“两型社会”建设的制度安排和保障，是所有制度中最为重要、稳定且权威的制度。法制创新是实现可持续发展法制化的重要路径，也是“两型社会”建设过程中的应有之义。文章针对湖南当前所面临的立法供应不足、行政执法乏力、司法保护软弱以及法制文化落后等主要法制问题，明确了在“两型社会”建设背景下法制创新的基本路径，即：以现代法治理念为思想武装，发挥地方党委、人大和政府的主观能动性，强化和完善政府行政执法职能，加大司法改革力度，以期有效应对和解决这些问题，最终实现法制创新对“两型社会”的切实保障和积极促进。

《两型社会建设下的社会纠纷解决机制》 作者荣蒙，发表于《经济研究导刊》2011年1期。内容摘要：两型社会是指建设资源节约型和环境友好型社会，其核心在于可持续发展，这既包括经济和环境的可持续，也包括社会的可持续性。文章认为，两型社会建设要求建设资源节约型和环境友好型社会，但是随着社会转型加速期的到来，中国社会分化加剧，社会矛盾突出，资源和环境方面的纠纷也逐步涌现，解决这些纠纷也成为两型社会建设必不可少的内容。要进行两型社会建设，实现经济社会的可持续发展，就必须将纠纷解决方式由现有的强政府—弱社会的政府主导型纠纷解决方式转变为强政府—强社会的二元纠纷解决方式，结合政府和社会两方面的力量解决资源和环境方面的纠纷，促进两型社会建设。

《两型社会建设下株洲工业旅游发展前景探讨》 作者朱凡瑾，发表于《内蒙古农业科技》2011年2期。内容摘要：2007年12月，国家发改委批准在长株潭城市群设立全国资源节约型和环境友好型社会建设综合配套改革试验区。文章认为，长株潭地区作为全国资源节约型和环境友好型社会建设综合改革试验区，给株洲社会经济的发展带来了难得的机会。株洲拥有丰富的工业旅游资源，在两型社会建设的背景下，将面临重大的机遇和挑战。文章从株洲市工业旅游发展基础、现状、存在的问题及发展策略等方面，探讨怎样调整株洲的旅游业，使其符合两型社会建设要求，同时对提升城市竞争力、转换产业结构有所裨益。

《与“两型社会”建设要求不相适应的生活方式成因探析——长株潭三市居民生活方式调查报告》 作者马宾涛、许东波等，发表于《当代教育理论与实践》2011年2期。内容摘要：建设“两型社会”不仅是政府、企业和其他单位的责任，它也关涉到建设“两型社会”中的每个人。温家宝总理在政府工作报告中提出，“要在全社会大力倡导节约、环保、文明的生产方式和消费模式，让节约资源、保护环境成为每个企业、村庄、单位和每个社会成员的自觉行动，努力建设‘两型社会’”。本文认为，“两型社会”的建设，离不开与之相适应的生活方式。文章研究选取长株潭三市部分城镇居民，对其生活方式进行问卷调查，分析当前长株潭居民不良生活方式的现状，并对其不良生活方式形成的原因进行探析。

《如何尽快形成与“两型社会”建设要求相适应的文明健康生活方式——长株潭三市居民生活方式调查报告》 作者马宾涛、刘建武等，发表于《中国城市经济》2011年2期。内容摘要：2007年12月，国家批准长株潭城市群为全国两型社会建设综合配套改革试验区，在生产和生活上都以建设成资源节约型和环境友好型社会为目标。文章本着从大处着眼，从小处入手的态度，我们对长株潭的居民区进行了抽样调查，从居民个人生活方式中，发现与两型社会建设不适应的问题，本文将针对发现的原因，提出使居民尽快形成与两型社会建设要求相适应的文明健康生活方式的建议。

《两型社会建设背景下我国生态公路建设综合研究》 作者孙艳华，发表于《湖南交通科技》2012年2期。内容摘要：本文针对我国高速公路建设面临的环境问题，在充分理解两型社会建设要求的基础上，结合生态公路的基本内涵，论述了两型社会建设与生态公路建设的内涵和关系，指出了建设生态公路的意义，对高速公路建设项目生态性进行综合评价研究，提出了两型社会建设背景下我国生态公路建设的综合评价体系，阐述了生态公路建设的工程措施和途径，为我国生态公路建设提供借鉴。

《以“两型社会”建设为突破口加快经济发展方式转变——长株潭“两型社会”试验区建设的经验与启示》 作者中央文献研究室第一编研部课题组，发表于《毛泽东邓小平理论研究》2011年2期。内容摘要：湖南省以长株潭“两型社会”建设为突破口，为加快经济发展方式转变采取了一系列重大举措。经过3年来的艰辛探索，取得了初步成效：经济发展好中见快；“两型”产业快速发展；生态环境有所改善；一体化效应开始显现；体制机制不断创新。从2011年开始，随着纵深推进、突显成效的第二阶段的到来，湖南省“两型社会”建设将迎来难得的机遇，同时也面临着巨大的挑战。湖南省在开展“两型社会”试验区建设过程中，形成的一些做法和经验，如注重思想引领、坚持科学发展、坚持以人为本和倡导示范先行对推动全国经济发展方式的转变，不无借鉴意义和启示作用。

《论两型社会建设中新型社区警务模式的构建——以株洲市月塘派出所为例》 作者张小川、杨辉解、谢斌燕，发表于《湖南警察学院学报》2011年第2期。内容摘要：和谐警民关系的构建是促进社会稳定发展的重要内容，创建新型社区警务模式对构建和谐警民关系有重大的影响。现行的社区警务运行模式存在警察服务意识不强，执法过程不够透明，警民互动不够等问题。创建新型社区警务模式应在警务公开机制、警务工作前移、提升警察服务理念、建立警民互动模式等方面开展工作。

《衡阳“两型”社会建设的新思路探析》 作者胡海，发表于《湖南财政经济学院学报》2011年3期。内容摘要：湖南省委在第九次党代会上提出了“3+5”城市群“两型”社会建设的战略构想，即以长株潭3个城市为中心，衡阳、岳阳、常德、益阳、娄底等5个城市协同推进资源节约型和环境友好型社会建设。为了构建促进“两型”社会建设的制度框架，结合衡阳实际，发挥衡阳优势，围绕“富民强市、振兴衡阳”的宏伟目标，到2020年使全市发展方式实现转变，产业结构得到优化，资源节约、环境友好的指标进入全国先进行列，基本建成经济发展、社会进步、生态文明的“两型”社会，努力把衡阳建设成为中国历史文化名城、湖南先进制造业基地、富有鲜明特色的湘南重镇和衡阳人民引以为自豪的现代宜居城市，使衡阳成为湖南省次中心城市和新生态经济之都，衡阳专门成立了“两型”社会建设综合配套改革实验领导协调委员会办公室，制定了“两型”社会建设实施方案，采取了综合配套改革保障措施，展现了资源节约、环境友好的美好前景。

《湖南“两型社会”建设纵深推进的低碳经济发展战略》 作者刘茂松，发表于《湖南社会科学》2011年3期。内容摘要：“两型社会”建设，是我国国民经济又好又快发展的根本目标，也是湖南进入工业化中后期经济社会发展的基本要求。目前世界经济已进入后金融危机时代，经济发展的主要矛盾是需求创造，即由以往的资本制导转化为消费制导。需求创造的基本取向就是立足于技术创新打造“两型产业”及其产品，全面形成“两型社会”的生产方式。在这个新的历史条件下，整个世界经济将出现以低碳化为代表的新一轮科技革命，产业、产品、消费向高新、多元、低碳的方向发展，以满足消费者高质化和个性化的需求。基于此，湖南“两型社会”建设纵深推进必须抓住新一轮科技革命的时机，坚持自主创新和科学跨越，打造具有低碳竞争优势的资源节约型和环境友好型经济体系，实现湖南经济社会又好又快地发展。

《税源建设与产业结构调整——源自湖南省统计数据的实证研究》 作者周艳，发表于《税务与经济》2011年4期。内容摘要：文章认为，税收作为国家制度性工具，在长期时间序列分析中，税率变化幅度较小，征管作用趋于弱化，仅有经济与税收呈现长期稳定的关系。文章选取湖南省税收增长率和第二、三产业中的六大主要行业进行多元线性回归分析，实证结果显示：第二产业与税收收入相关度较高，贡献率较大；传统服务业与税收收入相关度较低，贡献率较小；房地产行业对税收收入贡献为负数。

《湖南省长株潭大学生手机阅读状况调查报告》 作者刘灿姣，发表于《科技与出版》2011年4期。内容摘要：现在的大学校园里，手机已经逐渐成为大学生日常生活必不可少的一部分，随着现在手机功能的逐渐完善，手机已不再简单地仅仅用于发短信，接打电话。手机的阅读功能在逐渐凸显出来，手机阅读的方式也向多元化的方向发展，如手机报、电子书、网页浏览等等。本调查报告对大学生手机阅读进行全方位的统计分析，共进行了七个方面的研究分析，共分为手机阅读市场规模、手机网民读书时间状态、手机阅读客户端、手机阅读用户期望手机阅读模、手机阅读网民消费行为习惯、手机阅读付费模式、手机网民期望的手机图书定价七个方面进行分析研究，并根据相关的分析数据做出了相应的分析总结和建议。

《长株潭“3+5”城市群“两型社会”民生建设现状分析及对策探究》 作者张敏，发表于《湖南大众传媒职业技术学院学报》2011年6期。内容摘要：加强民生建设是构建长株潭“3+5”城市群“两型社会”的重要内容。文章认为，在长株潭“两型社会”建设中，要切实加强民生建设。在指导原则上，要以人为本，突出重点，统筹兼顾，努力促进社会公平；在管理机制上，要创新社会管理，畅通社情民意表达渠道；在评价机制上，要转变政府传统的政绩理念，建立新型的绩效评价机制。

《湘江激荡　两型畅想——长株潭两型社会展览馆设计与实践》 作者胡国梁，发表于《家具与室内装饰》2011年7期。内容摘要：节约资源、保护环境，实现可持续发展，是当前世界各国面临的共同课题。作为我国九大综合配套改革试验区之一，长株潭“两型社会”建设已经在此方面取得了阶段性不菲成果。为了宣传“两型”理念，展示“两型”成果，描绘“两型”未来，激发全社会参与“两型社会”建设的热情，湖南省委省政府决定建设国内首个“两型社会”主题展览馆。文章的作者是该项目的主设计师，文章从怎样用专业的空间艺术语言和数字媒体手段生动形象展现“两型”主题，给观众带来审美享受，进行了深入研究。

《论“两型社会”背景下建设常德工业走廊的对策》 作者胡开炽，发表于《中国城市经济》2011年8期。内容摘要：2007年底，国务院批准“长株潭”城市群为资源节约型和环境友好型社会建设综合配套改革试验区，获得推进新型城镇化和新型工业化综合配套改革先行先试的历史机遇。为对接长株潭“两型社会”的建设，2008年常德市提出了建设工业走廊，打造成为湘西北最大的工业核心增长极，承接产业转移。文章认为，实施产业集群是当代促进区域经济迅速发展的重要模式，常德市打造“工业走廊”实质上就是在湘西北地区建立产业集群和重要的工业乡镇，成为带动湘西北地区经济发展的增长极。本文对常德建设工业走廊的现状、资源、社会环境等进行了分析，提出在“两型社会”背景下加快常德工业走廊建设的策略。

《为“两型社会”锻造优秀现代公民——长沙市雨花区雨花学校创建“两型学校”印象记》 作者李旭林、李茂林、马新中，发表于《湖南教育（下）》2011年10期。内容摘要：国庆长假过后，雨花区雨花学校校长高志彪特意邀约记者来到校园里做了一次摄影参观，只见一排排立在学校教学楼前的展示板，贴满了扩大了的照片，这道别致的风景线不仅吸引了记者的眼光，也牵引了许多送孩子返校家长的眼球。文章从雨花区雨花学校创建“两型学校”入手，阐述了学校在“两型社会”建设中地位和作用。认为在国家倡导构建两型社会的背景下，面对资源短缺的严峻挑战，坚持科学发展观，加强管理，创新机制，着力建设两型校园，已成为高校持续健康快速发展的必然选择。

《长株潭新型农村社会养老保险制度优化分析》 组织罗湖平、李巧，发表于《安徽农业科学》2011 年 14 期。内容摘要：2009 年 9 月 1 日，国务院发布《国务院关于开展新型农村社会养老保险试点的指导意见》，决定 2009 年在全国选择 10% 的县（市、区、旗）开展新型农村社会养老保险（简称新农保）试点，以后逐步扩大试点，计划于 2020 年之前基本实现对农村适龄居民的全覆盖。文章基于长株潭城市群新农保试点区的现状，从农民参考意愿逐年增强和农民参保能力稳步提升 2 方面阐述了新农保试点中农民参保需求现状，剖析了农民参保需求日益增长的客观需要与新农保供给中日渐滞后的制度建设之间的矛盾，即经费投入不足，保障水平较低；筹资机制不完善，缺位现象严重；基金管理和运营层次低，保值增值能力差；专项立法滞后，制度稳定性不足。在此基础上，通过创新复合筹资机制，构建“G－C－F”三支柱模型，创设“BSI”第三方托管机构，加快新农保立法进程，以期推动长株潭新农保制度的优化设计。

《“两型社会”视角下的城乡统筹规划研究——以长株潭生态绿心地区为例》 作者吕贤军、江丽，发表于《转型与重构——2011 中国城市规划年会论文集》。内容摘要：2007 年 12 月，国家批准武汉城市圈和长株潭城市群为“两型”社会试验区。这是贯彻落实科学发展观、实现“五个统筹”的重大战略部署。城乡二元发展的现状，《城乡规划法》的颁布实施，以及“两型社会”建设的要求下，如何进行城乡统筹规划，使之达到城乡经济、社会、资源与环境的协调可持续发展，都促使城乡统筹规划成为规划领域一个重要的命题。本文以长株潭城市群生态绿心地区，一个典型的以丘陵山地为主的城乡结合部地区为例，探索了统筹城乡空间、产业的发展模式，创新了城乡统筹的交通、基础设施、公共服务设施、机制体制等支撑系统。以期对全国其他地区的城乡统筹规划起到示范、借鉴作用。

《基于“两型”要求的城市规划实践——以长株潭两型社会示范区汨罗市新市片区规划为例》 作者李朝芬、肖勇，发表于《转型与重构——2011 中国城市规划年会论文集》。内容摘要：建设资源节约型、环境友好型“两型社会”，是贯彻落实科学发展观的重大实践。城市规划作为城市发展和建设的指导依据，必须严格贯彻“节约资源、保护环境”的可持续的发展原则，适时转变发展理念、规划思路，在规划的内容和技术上，应拓宽视野，积极创新，符合两型社会建设的要求并着力体现两型特色。本规划重点研究了新型产业发展、城市空间引导、用地布局、资源利用、运营效能、设施共享等方面，对规划中如何抓住主题，突出两型特色做出了有益探索，以期能引导地方经济社会发展真正朝“两型”目标有序迈进。

媒体宣传报道

中央媒体报道

湖南省委书记展望“十二五”“四化两型”推科学发展

“十一五”期间：

●生产总值从2008年起突破万亿元，年均增长14%左右；GDP总量、财政收入、规模工业增加值翻了一番

●新型工业化取得重大进展，形成了机械、石化、食品、有色等九大千亿元级产业

●发展后劲与协调性显著增强，“两型社会”综合配套改革全面启动并取得实质性进展

在多重考验中迈上新台阶

记者：“十一五”期间，湖南经济实力迅速提升。盘点过去5年，您有什么感触？

周强：对湖南来说，“十一五”非同寻常，湖南经济社会发展在多重考验中迈上了新台阶。

经济总量进入“万亿俱乐部”。5年间，湖南生产总值年均增长14%左右。2008年，GDP总量首次突破万亿大关，达到11555亿元；2009年，全省GDP再增13.7%。GDP总量、财政收入、规模工业增加值4年翻了一番。

产业结构调整取得重大突破。“十一五”期间，湖南诞生了机械、石化、食品、有色等9个千亿元级产业；高新技术产业增加值占生产总值的比重较2005年提高8.5个百分点。农业基础地位进一步巩固，粮食总产保持稳定。

发展后劲大为增强。“十一五”期间，湖南累计完成投资3万亿元；基础设施建设取得全方位突破，新建成高速公路1130公里，总里程达到2525公里，完成国省干线公路改造2893公里，完成农村公路新改建13.6万公里，综合交通运输体系基本形成。

人民生活大幅改善。城乡居民收入显著提高，率先实现县以上城镇零就业家庭动态清零，社会保障体系不断完善。

回望“十一五”，我们坚持紧紧抓住发展这个第一要务不动摇，坚持打基础、增后劲、上水平，坚持以人为本、民生为先，坚持依法治省，坚持发挥党的政治优势和精神文化作用。这些经验值得珍惜和坚持，并在实践中不断丰富发展。

记者：湖南在全国率先出台并实施《湖南省行政程序规定》，此举对规范政府行为产生了哪些效应？

周强：《湖南省行政程序规定》的核心，就是对政府行政行为进行全面、系统的规范，有人把它比作行政机关“作茧自缚”式的革命。过去5年，湖南大力推进服务政府、法治政府、责任政府、廉洁政府建设，依法行政水平不断提升，其中全省取消了131项审批权，省级下放74项审批权、精简了36项年检项目，清理规范性文件11.7万件，废止1.5万件，宣布失效3.2万件。

事实证明，将服务型政府建设纳入法治轨道，将政府服务固定为法律上的义务，使政府服务成为一种硬约束，是加快服务型政府建设的有效途径，对于推进依法行政、推动经济社会科学发展，意义重大。

“两型社会”建设向纵深推进

记者：“十一五”期间，湖南在“两型社会”建设配套改革中取得了哪些突破？

周强：“十一五”期间，湖南“两型社会”建设配套改革全面启动。第一个编制“两型社会”建设统计评价指标体系，第一个为“两型社会”试验进行地方立法——《长株潭城市群区域规划条例》，第一个编制区域系统性融资规划——《长株潭城市群系统性融资规划》；完成长株潭城市群试验区顶层设计，总体改革方案和规划获国务院批复实施；成立全国第一家碳交易市场，开展债券融资、排污权交易、集体建设用地流转等试点……

与此同时，“两型社会”建设向纵深推进。湖南以长沙、株洲、湘潭为中心，带动岳阳、常德、益阳、衡阳、娄底5市组成的环长株潭城市群的“两型”建设，并向全省辐射。全面完成节能减排任务，关闭小水电、小钢铁，治理重金属污染取得实质性进展；对洞庭湖实施污染整治和结构调整，局部水质由Ⅴ类、劣Ⅴ类上升至Ⅲ类；全省城镇污水处理设施建设3年行动计划全面完成，城镇污水处理率由2007年的19.4%上升到2010年的72%；实施湘江流域水污染综合整治，完成整治项目2019个。

“两型社会”建设成效初显。长株潭三市通信并网升位、同城收费，开国内先河。2009年三市经济总量占全省42.2%，对全省经济增长的贡献率达到44%。

建设“两型社会”试验区，是中央交给湖南的重大任务，也是湖南的重大机遇，我们将全力打好这场大硬仗。

创新驱动　绿色发展

记者：未来5年，湖南面临的是中部崛起的重任和“两型社会”的担当，湖南靠什么加快转型，推动科学发展？

周强：作为中部省份和后发地区，湖南发展不足与发展不优的矛盾十分突出。我们只有加快转变，才能科学发展。“十二五”期间，我们将紧紧抓住“两型社会”试验区改革建设的重大机遇，全面推进“四化两型”建设，以新型工业化、农业现代化、新型城镇化、信息化为基本途径，坚持“两型”引领、“四化”带动，突出创新驱动、绿色发展，努力推动全省经济社会又好又快发展。

第一推动力还是新型工业化，要加快构建具有湖南特色的现代产业体系，大力培育发展战略性新兴产业，加快改造提升传统产业；要以新型工业化推动新型城镇化和农业现代化，把加快发展中小城市和小城镇作为推进城镇化工作的重点来抓，促进大中小城市和小城镇协同发展；要大力推进农业现代化，加快推进新农村建设。同时，还要加快推进信息化，加快推进“三网融合”步伐，建设“数字湖南”。

记者：湖南会不会因为加快发展而失去青山绿水和良好环境？

周强：上海世博会湖南活动周期间，黄浦江畔矗立着一块石碑，写着“绿水青山是湖南最大的优势，最大的竞争力，也是最大的吸引力”。湖南的发展决不会以浪费资源、污染环境、破坏生态为代价，我们既要金山银山，更要保住绿水青山，实现又好又快发展。我们相信，只要坚持科学发展，湖南有信心建设成为中部乃至全国最适宜居住的地区之一。

（载于《人民日报》2011年2月25日）

“两型”社会探索变三湘

3月1日开始，一份为了保护长沙、株潭、湘潭三市交界地带生态“绿心”的规划亮相，面向湖南省内外公众征求意见。与此同时，湖南正在三市建立城市生活用水阶梯水价制度，辅之以政绩考核，促进节约用水。重在“两型”探索宣传教育的场馆也正在湘江橘子洲上建设……兔年新春以来，一系列“两型”社会探索措施在湖南紧锣密鼓付诸实践。

三年前，长株潭城市群获批全国两个“两型试验区”之一。湖南省委、省政府将这一科学发展的重任视为富民强省的重大机遇，不辱国家使命，勇于改革担当，探索三年以来，湖南的发展路径正发生“惊人一跃”。

制度设计敢为人先

长株潭城市群获批“全国资源节约型和环境友好型社会建设综合配套改革试验区”，一方面缘于湖南位于中部地区，经济发展在全国有一定代表性，地理接近的三市有致力于“一体化发展”的历史。另一方面则因为这一地带在计划经济年代建设的工厂，和全国很多地方一样，一度带来粉尘、酸雨、重金属、烟霾等严重污染，威胁湘江、洞庭湖和长江中下游流域生态，治理迫在眉睫。

“改革是国家对长株潭最大期待。不能重项目、轻改革，庸俗地把试验等同于装几盏太阳能路灯，应该首先直面统筹协调体制和机制。”

湖南省“两型办”主任徐湘平接受记者采访时开门见山。

国家要求长株潭承担资源节约、环境友好责任，没有特殊政策，没有大笔专项资金，但赋予改革“先行先试”之权。湖南吸取长期以来诸多“区域经济体”发展中不同行政区划不协调、统筹手段太乏力的教训，“两型”探索先从“顶层”－－即政策规范与制度设计入手。

三年间，湖南在确立“省统筹、市为主、市场化”原则基础上，先后出台70多个法律法规、条例等文件，以及12个改革方案、17个专项规划。包括绿色电价、分质和阶梯水价、环境污染责任强制性保险、财政生态补偿、规范行政程序和裁量权等一系列“两型试验区”的制度设计，都已出炉，实验区规划得到了国家批准。

成交中国场内“二氧化硫排放权”交易第一单，第一个试点环境污染责任强制性保险，率先为“两型”试验出台地方法规《长株潭城市群区域规划条例》，在全国首先起草首个省级政府服务规定……湖南在探索“两型”过程中，敢为人先，新招频出。

湖南省委、省政府不仅给予“两型办”参谋策划权，还有政绩考核权。试验区一些市、区县“两型办”，也具横向协调、纵向调度权力，每年安排调研和检查，一年两次组织讲评，甚至有权对不合格单位和干部的政绩“一票否决”。

探索“两型”反而促进了发展

获批“两型社会”之初，很多人担心作为中部欠发达地区的湖南，会抓了环保却丢了发展。湖南省决策者认为，拼消耗、牺牲环境为代价的经济发展难以为继，找到增长与环境保护的结合点，排放、消耗做“减法”，发展可以同步做“乘法”。

在长株潭，近3年关停污染企业实行“官员摘帽子、老板戴铐子、企业摘牌子、账户冻票子”问责制度。依靠雷霆手段，株洲市3年关掉了120多家污染企业，炸掉了200多根大烟囱。

记者在曾被环保部挂牌督办治污的中国五矿湖南有色株洲冶炼集团看到，投资亿元新建成的中国第一套冶炼废水“超滤－反渗透膜”系统竟能将混杂着各种污染物质的铅锌冶炼废水泥浆，处理成清澈透明、能养鲫鱼的工业自来水。3年环保大投入，“株冶”去年产值过百亿创历史新高，但废水排放却从过去每年600多万吨缩减了九成，未来将力争实现“零排放”。

湖南省“两型办”副主任陈晓红算了一笔试验区“环

保账”：关停污染企业1017家，重金属削减率达50%以上，二氧化硫减排提前一年完成了“十一五”任务，带动湖南省万元工业增加值用水量下降24%，空气质量优良天数占全年九成以上。

株洲市委书记陈君文则算了一笔“经济账”：株洲关掉污染企业影响GDP近30亿元、税收3亿多元。但随着株洲空气质量优良率达到97.7%，从“全国十大污染城市”转变成国家级“卫生城市”、“园林城市”，百业兴旺，地方财政也从2007年69亿元增至去年的140多亿元。以中国南车株洲电力机车研究所、株洲电力机车有限公司和电机公司“三驾马车”为代表的资源节约、环境友好战略新兴产业，最高年增长速度高达62%，未来将构成株洲新的五百亿乃至千亿元产业。

实验区探索表明，一旦生态环境改观，高附加值、环境友好的产业自然纷至沓来。在长沙，

小水泥扎堆、乌烟瘴气的坪塘等重污染工业区被坚决关闭。“虹猫蓝兔”、“拓维信息”、“青苹果数据”等文化企业快速发展，文化产业增加值已经占到GDP比重的5.3%，位居全国前列。近两年来，长沙大河西“两型”社会先导区的规模工业增加值、固定资产投资、地方财政收入增长这三项经济指标均接近或超过30%，多项数据高于全市平均水平。

在湘潭，湘潭电机集团风力发电部门2年来建设起了国家级直驱技术重点实验室和生产基地，依靠世界领先水平的5兆瓦永磁直驱海上风力发电机等产品，去年年产值27亿元，土地每亩产出强度达2200万元，这样的经济效益，过去办成百上千个“小水泥”、“小冶炼”都换不来。

据统计，3年来长株潭三市高新技术产业增加值从469亿元增至812亿元、规模工业增加值从1001亿元增至1919亿元，试验区2009年以占湖南约六分之一的土地，对湖南经济贡献增长率达55%。而湖南以这3个城市为中心，以一个半小时交通为半径吸收岳阳、常德、益阳、娄底、衡阳5个城市合组的“3+5”城市群，经济总量已占全省80%。

千好万好群众受益才真好

“千好万好，群众受益才真好！”长株潭三市很多干部认为，试水“两型”社会的真谛，在于找到符合老百姓切身利益的发展方式。

工业城市株洲市已由“黑乎乎、灰蒙蒙”变得“绿油油、水灵灵”。街道整洁、绿荫如盖。栗雨谷公园巨大的人工湖中鱼翔浅底，竟然引来了野鸭觅食。公园工程师李勇奇“揭秘”说：“公园人工湖、瀑布的‘景观水’，都是污水处理厂处理后达到排放标准的‘中水’，既美化环境，又循环利用水资源。”

试验区居民得到的实惠不仅仅是环保。长株潭成为全国唯一成功实施了同号并网的城市群，1200多万固定电话用户受益。被纳入国家首批“三网融合”试点，未来城镇和90%以上农村将“宽带通”。1000多台电动、油电混合动力大巴上了公交线路。尽管建设用地非常紧张，但湖南规划把长株潭城市群中心地带120多平方公里“绿心”还原生态，建6大湿地、20个森林公园，开辟一个湖南的现代“桃花源”。

试验区改革实践，体现设计者为普惠民生敢想敢干的作风。如长沙在全国城市中率先成立住房保障工作局、食品安全委员会、食品安全警察大队。从2009年开始，长沙市财政买单，暑假游泳馆对中小学生免费。九大城区公园、景区一律对市民免费开放；动物园、植物园对中小学生免费。2010年，在长沙游园的市民、游客超2000万人次，为免费前的五倍。

“两型”探索对“水更清、天更蓝、路更畅、城更美”的追求，赢得了民众广泛认同。徐湘平说，三市的民众近年积极参加社区碳排放达标试点、编写“两型”童谣、出版“两型”课本，万人联动“洗”湘江、地球熄灯一小时等活动，社会参与度一年比一年高。

长株潭城市群三年探索，引领湖南，启示全国，在世界范围内受到关注。全国各地乃至联合国工业发展组织以及美国、新加坡等国使领馆都纷纷前来调研。有34个国家部委、71户央企在试验区实施60多项改革试点，形成了系统资源滚滚汇聚的“洼地效应”。

2011年，长株潭“两型试验区”转入第二阶段，将逐渐步入“深水区”。湖南省委已经明确最新的发展战略是，要以建设“两型社会”作为加快经济发展方式转变的方向和目标，以新型工业化、新型城镇化、农业现代化、信息化为基本途径，率先建成“四化两型”社会，争做科学发展的“排头兵”。

三湘四水发展转型，正在“两型”社会探索中向纵深迈进。

（新华网长沙2011年3月4日电）

绿水青山是发展的竞争力：周强代表谈“两型社会”建设

国家鼓励长株潭试验区先行先试，加快资源节约型、环境友好型“两型社会”建设，是湖南发展的重大机遇。作为内陆省份的湖南，如何抓住和用好试验区建设这个重要平台，加快经济发展方式转变，走出一条转型发展、科学发展新路？全国人大代表、湖南省委书记周强日前接受了本报记者的采访。

经济总量进入“万亿俱乐部”

记者：“十一五”期间，湖南经济实力迅速提升。盘点过去五年，您有什么感触？

周强：对湖南来说，“十一五”非同寻常。百年不遇的特大冰灾，国际金融危机的汹涌寒流，频繁的暴雨洪涝灾害，作为后发地区的湖南面临多重考验。在党中央、国务院的坚强领导下，6900万三湘儿女众志成城，克难攻坚，既收获了又好又快发展的累累硕果，更深化了对科学

发展观要求的认识，湖南经济社会发展迈上了新台阶。

经济总量进入“万亿俱乐部”。五年间，湖南生产总值年均增长14%左右，步入发展快车道。产业结构调整取得重大突破。“十一五”期间，湖南诞生了机械、石化、食品、有色等9个千亿级产业，高新技术产业增加值占生产总值的比重较2005年提高8.5个百分点。农业基础地位进一步巩固，粮食总产量保持稳定。

发展后劲大为增强。“十一五”期间，湖南累计完成投资3万亿元，基础设施建设取得突破，综合交通运输体系基本形成。人民生活大幅改善。城乡居民收入显著提高，社会就业大幅增加，率先实现县以上城镇零就业家庭动态清零，社会保障体系不断完善，为民办实事工程持续推进，人民生活质量和生活环境明显改善。

抢占新一轮发展制高点

记者：获批“两型社会”试验区，是国家赋予湖南的最大政策和机遇。“十一五”期间，湖南在“两型社会”建设配套改革中取得了哪些突破？

周强：有人曾担心，湖南作为中部省份、后发地区，发展刚起步就去搞“两型”是不是超前。事实上，推进资源节约型、环境友好型社会建设，既是加快转变经济发展方式的必然，也是湖南抢占新一轮发展制高点、提升长远竞争力的关键。

“十一五”期间，湖南“两型社会”建设配套改革全面启动。第一个编制“两型社会”建设统计评价指标体系，第一个为“两型”试验进行地方立法——《长株潭城市群区域规划条例》，第一个编制区域系统性融资规划——《长株潭城市群系统性融资规划》；完成长株潭城市群试验区顶层设计，总体改革方案和规划获国务院批复实施；成立全国第一家碳交易市场，开展债券融资、排污权交易、集体建设用地流转等试点……

与此同时，“两型社会”建设向纵深推进。湖南以长沙、株洲、湘潭为中心，带动岳阳、常德、益阳、衡阳、娄底5市组成环长株潭城市群的“两型”建设，并向全省辐射。全面完成节能减排任务，关闭小水电、小钢铁，治理重金属污染取得实质性进展；对洞庭湖实施污染整治和结构调整，关闭234家小造纸企业，洞庭湖局部水质由Ⅴ类、劣Ⅴ类上升至Ⅲ类；全省城镇污水处理设施建设三年行动计划全面完成，城镇污水处理率由2007年的19.4%上升到2010年的72%；实施湘江流域水污染综合整治，完成整治项目2019个，力争把湘江流域建成经济繁荣、环境优美的生态经济带。

建设“两型社会”试验区，是中央交给湖南的重大任务，也是湖南的重大机遇，我们将全力打好这场大硬仗。

创新驱动，绿色发展

记者：未来五年，湖南面临的是中部崛起的重任和“两型社会”的担当，湖南靠什么加快转型、加快转变，推动科学发展？

周强：作为中部省份和后发地区，湖南发展不足与发展不优的矛盾十分突出。我们越来越深刻地体会到，只有加快转变，才能科学发展。“十二五”期间，我们将全面推进“四化两型”建设，以新型工业化、农业现代化、新型城镇化、信息化为基本途径，突出创新驱动、绿色发展，努力推动全省经济社会又好又快发展。

第一推动力还是新型工业化，要加快构建具有湖南特色的现代产业体系，大力培育发展战略性新兴产业，加快改造提升传统产业。要以新型工业化推动新型城镇化和农业现代化，促进大中小城市和小城镇协同发展。要大力推进农业现代化，加快农业发展方式转变，以确保粮食安全、增加农民收入为目标，加快推进新农村建设。同时，还要加快推进信息化，加快推进“三网融合”步伐，建设“数字湖南”。

记者：湖南山清水秀，生态良好，森林覆盖率达57%。有人担忧，湖南会不会因为加快发展而失去青山绿水和良好环境？您认为这是多虑吗？

周强：这是值得我们思考的问题。上海世博会湖南活动周期间，黄浦江畔矗立着一块石碑，写着“绿水青山是湖南最大的优势，最大的竞争力，也是最大的吸引力”。湖南的发展决不会以浪费资源、污染环境、破坏生态为代价，我们既要金山银山，更要保住绿水青山，实现又好又快发展。我们相信，只要坚持科学发展，一个天更蓝、水更清、空气更清新的生态湖南就会向我们阔步走来，我们有信心把湖南建设成为中部乃至全国最适宜居住的地区之一。

（载于2011年3月6日《光明日报》）

周强接受新华社记者专访　谈湘江污染治理问题

把湘江打造成“东方的莱茵河”、把长株潭城市群“绿心”建设成东方的“维也纳森林”！这是湖南省委书记、省人大常委会主任周强对未来湘江和长株潭城市群“绿心”的形象描述。不久前，周强作为唯一的省委书记代表，赴美国出席中美省州长论坛启动仪式并参加美国州长大会，备受关注。提起湖南的经济社会发展，周强认为，只有尽早抢占建设“两型社会”的制高点，才能为湖南长远发展谋求真正的出路。

“十一五”时期是湖南历史上经济社会发展最快的五年，综合实力增长幅度最大的五年，人民群众生活改善最好的五年。湖南战胜了历史罕见的雨雪冰冻灾害，有效应对国际金融危机冲击，办成了一系列大事，办好了一系列喜事，办妥了一系列难事。全省经济实现持续快速增长，主要经济指标实现翻番，经济总量进入全国前10强，综合实力迈上一个新的台阶，城乡面貌发生了历史性变化，人民生活大幅改善，社会主义经济建设、政治建设、文化建设、社会建设以及生态文明建设和党的建设取得历史性进展。

但是，周强并没有对这些成绩侃侃而谈。颇有忧患意识的他对湖南省情的判断是三个“没有根本改变”：作为中部省份、后发地区，人均水平偏低、综合竞争力不强的问题没有根本改变；经济发展方式粗放、经济素质不高的问题没有根本改变；城乡、区域发展不平衡的问题没有根本改变。

“当前，湖南正处在负重爬坡、后发赶超、全面建设小康社会的关键时刻，加快发展始终是第一要务，是解决湖南一切问题的‘总钥匙’。”周强说：“可是选择什么样的发展路径呢？传统的资源高消耗、环境严重污染的发展方式已经难以为继了，我们必须紧紧抓住中央提出的转变经济发展方式这根主线，下决心打好建设‘两型社会’这场硬仗。”

2007年12月，国家批准长株潭城市群为全国资源节约型和环境友好型社会建设综合配套改革试验区。周强认为：“这对湖南来讲是重大的历史机遇。”

周强接受采访时说，经过3年多的努力，长株潭试验区第一阶段任务已完成，取得阶段性的成果。完成了长株潭城市群试验区顶层设计，总体改革方案和规划获国务院批复实施。逐步形成了环境保护、资源节约的体制机制。在基础设施建设方面，长株潭城市群在交通通信一体化也已取得积极进展，目前长株潭城市群已经实现了通讯同城化，去年国务院批准的三网融合试点城市中，长株潭是唯一以城市群入围的。长株潭地区还成立全国第一家碳交易市场，开展债券融资、排污权交易、集体建设用地流转等试点取得了一定成效。

湘江污染治理是长株潭“两型社会”实验区建设的重中之重。周强说：“衡量‘两型社会’建设得好不好，湘江的水清澈了没有，水质变好了没有是一个重要的标准。”湘江是湖南的“母亲河”，全省超过4000万的人口择湘江流域而居，流域GDP占湖南全省七成，由于历史遗留的种种问题，重金属污染治理任务艰巨。

“我们提出要把湘江打造成东方莱茵河，这是一个形象的说法。”为了治理好湘江，湖南省党政领导考察了国内外多地治理江湖污染的经验做法。2010年9月，周强率领湖南代表团访问欧洲期间，还专门到德国考察学习莱茵河治理保护与综合开发利用方面的先进做法和经验。“我们在访问日本时，就认真了解了琵琶湖治理、建设管理东京都市圈等方面的成功经验，湖南还多次与日本滋贺县在河流污染治理方面进行深入交流，分享治理保护经验。”

在积极推进长株潭“两型社会”实验区建设的同时，2010年湖南省委通过调研决策，又制定了在全省范围内推进调整经济结构、转变发展方式的“四化两型”战略，即推进新型工业化、农业现代化、新型城镇化、信息化，建设资源节约型和环境友好型社会。这一战略为湖南“十二五”期间的发展明确了路径。

周强解释说：“‘四化’是实践途径，‘两型’是发展目标。新型工业化是龙头，农业现代化是基础，新型城镇化是主平台，信息化是支撑其他‘三化’及‘两型’的手段。‘两型’不仅是节能减排，也不仅是‘两型’经济，而是符合‘两型’要求的经济、社会、生态等的综合体，是一种以人与自然和谐共生为特征的发展方式与文明形态。”

周强很有感触地说：“上海世博会湖南活动周期间，黄浦江畔矗立着一块石碑，写着‘绿水青山是湖南最大的优势，最大的竞争力，也是最大的吸引力’。湖南的发展决不会以浪费资源、污染环境、破坏生态为代价，我们既要金山银山，更要保住绿水青山，实现又好又快发展。建设‘两型社会’是湖南抢占新一轮发展制高点、提升长远竞争力的关键。”

（据新华网北京2011年3月8日电）

“长株潭”为中国城市群打开“两型发展”之门

地处华中、人口高度密集的湖南省3个大型城市长沙、株洲和湘潭之间的核心区，是大搞工业和房地产开发捞实惠，还是保留森林守护绿色？3月初，一份为了保护三市交界地带生态“绿心”的规划悄然亮相，面向公众征求意见。

与此同时，长株潭三市还在探索建立城市生活用水阶梯水价制度，辅之以政绩考核，促进节约用水。兔年新春以来，一系列“两型”社会探索措施在长株潭城市群密集地付诸实践。

长株潭城市群是华中最大的工业聚集区之一，同时也是环境污染相对严重的区域。3座相互之间只有半个多小时车程的大城市沿长江支流湘江呈“品”字分布。2007年，这个特殊的城市群获国务院批准成为“资源节约型和环境友好型社会试验区”。

之所以在这里进行“两型社会”建设的试验，湖南省发改委副主任徐湘平认为，一方面因为3市有致力于“一体化发展”的历史；另一方面则因为这一地带在计划经济时代建设的工厂，和全国很多地方一样，一度带来粉尘、酸雨、重金属等严重污染，威胁湘江、洞庭湖和长江中下游流域生态，治理迫在眉睫。

徐湘平告诉记者，在这一重大机遇面前，长期以重工业为主的长株潭城市群发展路径正发生“惊人一跃”，为中国各地的城市群建设做出了有益探索。

在中国，城市“两型发展”没有先例可循。湖南“两型”探索先从“顶层”——即政策规范与制度设计入手。

几年间，湖南先后出台70多个法律法规、条例等文件，以及12个改革方案、17个专项规划。包括绿色电价、分质和阶梯水价、环境污染责任强制性保险、财政生态补偿、规范行政程序和裁量权等一系列“两型试验区”的制度设计，都已出炉，试验区规划得到国家批准。

成交中国场内“二氧化硫排放权”交易第一单，第一个试点环境污染责任强制性保险，率先为“两型”试验出台地方法规《长株潭城市群区域规划条例》，在全国首先起草首个省级政府服务规定……湖南长株潭城市群在探索“两型社会”建设过程中，敢为人先，新招频出。

在长株潭，近3年关停污染企业实行“官员摘帽子、老板戴铐子、企业摘牌子、账户冻票子”问责制度。

记者在曾被环保部挂牌督办治污的中国五矿湖南有色株洲冶炼集团看到，投资亿元新建成的中国第一套冶炼废水“超滤-反渗透膜”系统竟能将混杂着各种污染物质的铅锌冶炼废水泥浆，处理成清澈透明的工业自来水。几年环保大投入，“株冶”去年产值过百亿创历史新高，废水排放却从过去每年600多万吨缩减九成，未来将力争实现“零排放”。

中南大学博士生导师、湖南省“两型办”副主任陈晓红算了一笔试验区“环保账”：关停污染企业1017家，重金属削减率达50%以上，二氧化硫减排提前一年完成“十一五”任务，带动湖南省万元工业增加值用水量下降24%，空气质量优良天数占全年九成以上。

湖南省环保局提供的资料显示，在建设“两型社会”的探索下，近年来随着株洲冶炼厂铅烟气治理、株洲霞湾污水处理厂、湘钢高炉废水治理、湘潭电化废水治理、长沙第一污水处理厂扩建、长沙垃圾卫生填埋场等一批环保项目的相继建成，长株潭3市“环境同治”已经迈出坚实步伐。

生态环境一旦改观，高附加值、环境友好的产业自然纷至沓来。在长沙，小水泥扎堆、乌烟瘴气的坪塘镇等重污染工业区被坚决关闭。“虹猫蓝兔”、“拓维信息”等文化企业快速发展。

在湘潭，湘潭电机集团风力发电部门近年来建设起国家级直驱技术重点实验室和生产基地，依靠世界领先水平的5兆瓦永磁直驱海上风力发电机等产品，2010年产值27亿元。

长株潭“两型试验区”成立以来，3市高新技术产业增加值从469亿元增至1000多亿元、规模工业增加值从1001亿元增至2000多亿元。而湖南以这3个城市为中心，以一个半小时交通为半径吸收岳阳、常德、益阳、娄底、衡阳5个城市合组的“3+5”城市群，经济总量占全省80%。

世界自然基金会长沙办公室项目负责人韦宝玉认为，建设“两型社会”的真谛，在于找到符合老百姓切身利益的发展方式，还湘江自然河流的状态，恢复流域内的植被和生物多样性。

目前，重工业城市株洲空气质量优良率达到97.7%，从“全国十大污染城市”转变成国家级“卫生城市”、“园林城市”。“黑乎乎、灰蒙蒙”的株洲市变得“绿油油、水灵灵”。栗雨谷公园巨大的人工湖中鱼翔浅底，竟然引来野鸭觅食。

“两型社会”试验区居民得到的实惠不仅仅是环境改善。长株潭成为中国唯一成功实施同号并网的城市群，1200多万固定电话用户受益。

一些致力于城市群发展的专家感慨，长株潭“两型探索”让当地人有了自豪感和幸福感，让沿海发达地区城市有了危机感，也让那些因循守旧的城市产生了发展转型的紧迫感。“长株潭”的探索和实践，为中国城市群打开了“两型发展”之门。

（新华网长沙2011年3月15日电）

长株潭试验区成为湖南金字招牌

湖南依托“两型社会”建设，在体制机制改革上实现了多项突破。第一个为“两型社会”建设进行地方立法，第一个试点环境污染责任强制性保险，第一个出台地方性行政程序规定，政府服务规定也即将出台……这些为“两型社会”建设加快推进提供了强大的法律与制度保障。目前，长株潭试验区基本完成第一阶段改革任务，长株潭城市群核心增长极作用进一步显现。

加强国际合作，推进“两型社会”建设

3年前，中央批准湖南长株潭城市群为“两型社会”综合配套改革试验区，将长株潭发展规划提升到国家战略层面。自此，“两型社会”成为湖南转方式的契机和持续发展的“金字招牌”。3年来，湖南深入贯彻落实科学发展观，大力推进“一化三基”战略，“两型社会”建设试验大步向前，从长株潭城市群，辐射周边衡阳、岳阳、常德、益阳和娄底5市；从“3+5”城市群，扩展至湖南全省，呈现出发展速度加快、发展质量提升、经济结构优化、经济效益改善的良好势头，发展的科学性、协调性、可持续性明显增强，经过3年多的努力，长株潭试验区“两型社会”建设第一阶段任务已完成，取得阶段性成果。目前已逐步形成了环境保护、资源节约的体制机制，在推进政府机关转变职能、精简行政审批、提高行政效能等方面取得了积极成效；在推动环长株潭城市群环境同治、交通同城、金融通信同网等方面取得突破。

在“两型社会”建设中，湖南十分注重借鉴国内外先进经验，湖南省代表团在访问日本时，就认真了解了琵琶湖治理、建设管理东京都市圈等方面的成功经验，湖南还多次与日本滋贺县在河流污染治理方面进行深入交流，分享治理保护经验，并与日本企业就节能减排、保护环境进行过深入探讨与合作。世界银行在调研报告中指出：“长株潭城市群是全球范围内的优质城市群，要将这种优势充分发挥出来。当前，长株潭试验区改革与发展进入第二阶段，我们愿意进一步加强国际交流合作，也将积极引进世界知名企业参与长株潭试验区建设，携手推进‘两型社会’建设。”

坚持走“四化两型”路子，培育新的经济增长点

湖南省长徐守盛说，“十二五”时期，湖南坚持走“四化两型”的路子，努力建设创新型湖南、绿色湖南、数字湖南、法治湖南。“四化两型”的本质是坚持科学发展，关键在于转变经济发展方式和调整经济结构，实现绿色发展、可持续发展。湖南将大力发展“两符三有产业”，即符合国家产业政策、符合国家节能减排要求，有市场、有规模、有效益，人民群众能从中得到实惠的传统产业，着力培育发展战略性新兴产业，尽快培育形成新的经济增长点。

去年湖南出台了“两型”考核指标，徐守盛提出，湖南出台“两型”考核指标，就是要特别注重资源节约，注重能耗、物耗的降低，把发展速度和效益统一起来。

“绿色湖南”是发展之本。无论是转方式，还是建“两型”，都离不开人与自然的和谐，都要守住绿色这条底线。细心的人们注意到，在财力并不充裕的情况下，湖南拿出174亿元用3年时间根治湘江污染，优化生态环境，打造“落霞与孤鹜齐飞，秋水共长天一色”的莱茵河式美景，其手笔之大、气魄之巨、态度之坚，在全国绝无仅有。通过对湘江的一体化治理、保护，理想愿景离现实越来越近。在干部政绩考核中，不再盯紧GDP，而是更加注重弘扬生态文明理念，发展绿色产业，倡导绿色消费，推动绿色发展。湖南省委书记周强多次强调，要像爱惜眼睛一样保护好湖南的生态环境。

加大湘江综合治理力度，建设绿色经济走廊

“我们提出要把湘江打造成东方莱茵河，这是一个形象的说法。湘江是湖南的母亲河，哺育三湘儿女，孕育湖湘文化。在几十年的工业化发展过程中，湘江环境压力越来越大。‘十一五’期间，在国家的大力支持下，湖南加大了湘江综合治理力度，2007年启动的湘江全流域治理目前已取得阶段性成果。”

“我们要把湘江流域建设成为湖南的经济发达地区、文化繁荣地区、生活宜居地区，使湘江真正成为一条流淌文化的河流、流淌哲学的河流、哺育新时期湖湘人才群的河流。”周强表示，湖南将抓住契机，将湘江综合治理、两岸景观建设与新型城镇化建设紧密结合起来，建设集生态、文化、防洪、观光于一体的绿色经济走廊。

“要把湘江的水质保护得更好，把湘江流域的生态环境建设得更美，让湘江成为一颗璀璨的明珠，成为湖南人民的美好生活家园。”徐守盛说，“十二五”期间，湘江流域综合污染治理和株洲重金属污染治理已经纳入国家规划。湖南将加大投入力度，加强重点行业、重点区域专项治理，以长株潭试验区建设为平台推进污染治理，严格落实环保工作成绩同转移支付、绩效考核、土地指标三挂钩的政策，加大环保执法，让老百姓呼吸上新鲜的空气、喝上干净的水、吃上安全的食品。

（载于2011年3月15日《中国环境报》）

周强详解湖南“四化两型”战略

把湘江打造成“东方的莱茵河”、把长株潭城市群“绿心”建设成东方的“维也纳森林”！这是湖南省委书记、省人大常委会主任周强对未来湘江和长株潭城市群“绿心”的形象描述。提起湖南的经济社会发展，周强认为，只有尽早抢占建设“两型社会”的制高点，才能为湖南长远发展谋求真正的出路。

颇有忧患意识的周强对湖南省情的判断是三个“没有根本改变”：作为中部省份、后发地区，人均水平偏低、综合竞争力不强的问题没有根本改变；经济发展方式粗放、经济素质不高的问题没有根本改变；城乡、区域发展不平衡的问题没有根本改变。

“当前，湖南正处在负重爬坡、后发赶超、全面建设小康社会的关键时刻，加快发展始终是第一要务，是解决湖南一切问题的‘总钥匙’。”周强说：“可是选择什么样的发展路径呢？传统的资源高消耗、环境严重污染的发展方式已经难以为继了，我们必须紧紧抓住中央提出的转变经济发展方式这根主线，下决心打好建设‘两型社会’这场硬仗。”

2007年12月，国家批准长株潭城市群为全国资源节约型和环境友好型社会建设综合配套改革试验区。周强认为：“这对湖南来讲是重大的历史机遇。”

周强接受采访时说，经过3年多的努力，长株潭试验区第一阶段任务已完成，取得阶段性的成果。完成了长株潭城市群试验区顶层设计，总体改革方案和规划获国务院批复实施。逐步形成了环境保护、资源节约的体制机制。在基础设施建设方面，长株潭城市群在交通通信一体化也已取得积极进展，目前长株潭城市群已经实现了通讯同城化，去年国务院批准的三网融合试点城市中，长株潭是唯一以城市群入围的。长株潭地区还成立全国第一家碳交易市场，开展债券融资、排污权交易、集体建设用地流转等试点取得了一定成效。

湘江污染治理是长株潭“两型社会”实验区建设的重中之重。周强说：“衡量‘两型社会’建设得好不好，湘江的水清澈了没有，水质变好了没有是一个重要的标准。”湘江是湖南的“母亲河”，全省超过4000万的人口择湘江流域而居，流域GDP占湖南全省七成，由于历史遗留的种种问题，重金属污染治理任务艰巨。

“我们提出要把湘江打造成东方莱茵河，这是一个形象的说法。”为了治理好湘江，湖南省党政领导考察了国内外多地治理江湖污染的经验做法。2010年9月，周强率领湖南代表团访问欧洲期间，还专门到德国考察学习莱茵河治理保护与综合开发利用方面的先进做法和经验。“我们在访问日本时，就认真了解了琵琶湖治理、建设管理东京都市圈等方面的成功经验，湖南还多次与日本滋贺县在

河流污染治理方面进行深入交流，分享治理保护经验。”

在积极推进长株潭“两型社会”实验区建设的同时，2010年湖南省委通过调研决策，又制定了在全省范围内推进调整经济结构、转变发展方式的“四化两型”战略，即推进新型工业化、农业现代化、新型城镇化、信息化，建设资源节约型和环境友好型社会。这一战略为湖南“十二五”期间的发展明确了路径。

周强解释说：“‘四化’是实践途径，‘两型’是发展目标。新型工业化是龙头，农业现代化是基础，新型城镇化是主平台，信息化是支撑其他‘三化’及‘两型’的手段。‘两型’不仅是节能减排，也不仅是‘两型’经济，而是符合‘两型’要求的经济、社会、生态等的综合体，是一种以人与自然和谐共生为特征的发展方式与文明形态。”

周强很有感触地说：“上海世博会湖南活动周期间，黄浦江畔矗立着一块石碑，写着‘绿水青山是湖南最大的优势，最大的竞争力，也是最大的吸引力’。湖南的发展决不会以浪费资源、污染环境、破坏生态为代价，我们既要金山银山，更要保住绿水青山，实现又好又快发展。建设‘两型社会’是湖南抢占新一轮发展制高点、提升长远竞争力的关键。”

（载于2011年4月12日中华工商时报）

“两型”巨轮出湘江

千里湘江逶迤北去。

在湖南，近60%人口依湘江而居，70%以上大中型企业沿湘江而立，其流域GDP占全省七成。湘江的波澜起伏，映射了湖南发展走向。

今天，这条见证过近现代中国史的先驱之河，正见证着一场新的深刻变革。

湖南省委书记周强表示，“未来五年，湖南将以建设资源节约、环境友好的‘两型社会’作为加快经济发展方式转变的方向和目标，以新型工业化、农业现代化、新型城镇化、信息化为基本途径，争当科学发展排头兵。”

两型社会，意味着经济社会发展与资源环境承载能力相适应、人与自然相和谐，是一种更高级的文明形态。

至美湘江，思变，谋变，嬗变。

既要解“不足”，又要解“不优”

——“两型”撬动发展方式之变

长沙、株洲、湘潭，是湘江串起的三颗明珠。三市结合部有一座昭山，方圆522平方公里，因“山市晴岚”名列潇湘八景。

在长株潭一体化历史进程中，有关部门曾多次酝酿，将昭山开发成工业园。然而，今年3月出炉的新规划最终将昭山定格为长株潭城市群的生态“绿心”，89%的面积禁止和限制开发。湖南要将这个国内外独一无二的城市群“绿心”建成长株潭的“生态客厅”、湖南人民的“现代桃花源”。

“工业园”和“绿心”，代表着两种截然不同的发展观。

转变发展方式是一场硬仗，不转不行，慢转也不行。

江流激荡，湖南往哪儿转？怎么转？如何吃透中央精神，结合湖南实际，找准转方式的着力点？

湘江西岸，岳麓书院，讲堂檐下高悬“实事求是”一匾。这四字精髓被青年毛泽东汲取，对中国的命运影响深远。

湖南的决策者清醒而果决：“转方式既有共性的规律，又有个性的差别。湖南转方式要实事求是。”

湖南选择了建设“两型社会”。

2007年底，长株潭城市群被国务院批准为全国“两型社会”建设综合配套改革试验区。3年多来，借力“两型”先行先试，长株潭快速崛起。

“十二五”，湖南要用同一个支点，撬动整个湘江流域崛起。

三湘大地，翠峦林立，河湖密布，是个“会呼吸的地方”，森林覆盖率57%，超出全国平均水平36个百分点。生态就是生产力，湖南有这个条件。以建“两型”引领转方式，为全国闯出一条新路，这是湖南的机会，也是湖南的担当。

省长徐守盛说：“‘两型’绝不仅仅是一个生态目标，随着资源节约、环境友好的要求落实到经济社会发展各个环节，它必将引起思维方式、发展方式、生产方式、生活方式和政府管理方式的巨变。”

建“两型”，是落实科学发展观和加快转方式在湖南的具体化。

然而，有人担心：“沿海发达地区搞‘两型’都很难，像湖南这样的中部省份、后发地区，建‘两型’是不是超越了发展阶段？会不会制约经济发展？”

近年来，湖南GDP跻身“万亿俱乐部”，跃升全国前十，但农业大省、工业弱省、财政穷省的基本省情没有根本改变，人均水平低，综合竞争力不强，还处在负重爬坡、后发赶超的节点。

“两型”也是两难，发展不足和发展不优的纠结是否无解？

对发展的认识，往往在发展中廓清——

以前，浏阳人要托关系才能挤进花炮厂打工；而今，花炮厂招不满工人，有的岗位月薪涨到5000元，还得开通班车接送工人。

湖南是全国五大劳务输出省之一，最不缺劳动力资源，却也开始面临“用工荒”。

在湖南，经济增长与资源环境的天平已严重倾斜。一边是资源消耗偏多，湖南65%以上是重化工业，万元GDP能耗高出全国平均水平；一边是资源禀赋偏少，湖南缺煤、少气、无油，人均耕地仅0.9亩。如果走“先污染后治理、先破坏再修复”的老路，资源承受不起，环境容纳不下，发展不可持续，群众也不答应。

多位省领导表示：“现在不转，总量越大，转的难度越大，付出的代价越大。建‘两型’，我们比东部更紧迫。”

辩证地看，建“两型”与谋发展并不矛盾。

怀化号称湘西翡翠，森林覆盖率近68%，但经济实力常排“省尾”。正当怀化发力追赶，出现了“速度论”与“无为论”。前者认为，搞“两型”会捆住发展手脚，为了大步向前，牺牲点环境也值得；后者却说：“怀化的环境经不起折腾，还不如守着青山绿水自在。”

几番碰撞，怀化人心里亮堂了：“两型”不是说不要发展，更不能停下来搞“两型”；发展不以青山绿水为代价，才是真正的发展。

动态地看，建“两型”恰恰可以促进发展。

长沙市委书记陈润儿最看重三个100%：“两型”试点以来，长沙空气质量优良率100%，河流断面三类水率100%，垃圾和污水无害化处理率100%。

“金字招牌，政策红利！”陈润儿这样形容“两型”，他掰着指头算账：“建‘两型’可能会暂时减少一点GDP，但长沙环境美了，加上房价稳、物价相对低，已连续3年被评为‘中国最具幸福感城市’，资金、技术、人才源源涌入，不仅速度没降下来，而且发展得更快更好。”去年，长株潭GDP占全省的42%以上，经济发展与资源环境取得双赢，并带动“3+5”环长株潭城市群和湘南、湘西加速发展。

战略地看，建“两型”有利于后发者超越。

省委政研室主任贺安杰说：“湖南在传统领域较落后，要赶上去很难，但在绿色领域，湖南跟沿海省份基本在同一起跑线，青山秀水正是湖南最大的优势和财富、最大的竞争力和吸引力，世界500强企业对湖南的‘四化两型’很向往。一个‘绿色湖南’，完全可以实现反超。”

湘江流金溢银，湖南豁然开朗：“两型社会”建设，是完成加快发展和加快转变双重任务的突破口，是破解发展不足和发展不优矛盾的金钥匙。

是约束，更是对创新的倒逼

——“两型”撬动生产方式之变

湘江众多支流中，清水塘不起眼却很出名。

清水塘附近曾汇聚株洲210家排污企业。由于排污段不同，2公里长的河流初呈灰绿色，接着变黄色、黑色，最后化成红色流入湘江，一度被称为“鸡尾酒”。

“衡量‘四化两型’搞得好不好，就看湘江的水清澈了没有。”株洲毅然将这210家企业关停或搬迁。如今，工业企业废水100%达标排放，清水塘里金鱼嬉戏，野鸭觅食，水如其名。

建“两型”，是由工业文明转向生态文明，必须在生产方式的根上动土，彻底从“黑”变“绿”。

湖南以壮士断腕的魄力做“减法”：

工业重镇株洲掀起“绿色风暴”，拆除257根烟囱，一举摘掉“全国十大重污染城市”的“黑帽”，换来“国家园林城市”、“国家卫生城市”等8项国字号荣誉，一座“以现代工业文明为特征的生态宜居城”轮廓初现。市委书记陈君文说：“没有铁的决心，怕得罪人，两型就搞不好。”

目前，全省县级以上城镇污水处理实现全覆盖。

以前瞻开阔的视野做“加法”：

上海世博会中国馆观景平台铺着2736块绿、蓝、红三色“玻璃”。它们，是高效彩色太阳能发电组件，为中国馆提供20%的清洁电力。这一杰作来自湖南神州光电能源公司，成立不到3年，其彩色太阳能电池转换效率已超过世界先进水平40%以上。

湖南把新型工业化作为第一推动力，用战略性新兴产业补“短板”、促“两型”，新能源、新材料等产业风生水起，“文化湘军现象”令全国瞩目。湖南擘划的愿景是：到2015年，全省七大战略性新兴产业增加值占GDP比重超过20%。

工业化离不开信息化支撑。湖南是全国唯一的移动电子商务建设示范省，长株潭是全国唯一成功实施同号并网的城市群，“数字湖南”前景无限。

以务实睿智的态度做“乘法”：

湖南省两型办副主任陈晓红认为，“两型”产业不等于都是新兴产业，建“两型”也不等于另起炉灶。传统产业经过“两型”化改造也能升级为“两型”产业。这么做，成本低、效益高，具有乘数效应。

湖南攥紧拳头发展工程机械、汽车及零部件、石油化工等千亿集群，凝聚成传统产业“气旋”。规模的节节壮大带来资源节约，园区化的“集结”模式也有利于环境治理。

传统产业变“两型”，要翻好技改的“高低杠”：能耗从高向低“翻”，附加值从低往高“翻”。

在巴陵石化公司环氧树脂厂区，茵茵绿草令人惬意。作为三线老企业，这片绿色来之不易。总经理朱建民说，先前建的装置环保不过关，空气中氯碱废气含量高，草都黄了，新买的自行车骑不了多久钢圈会生锈。“我们咬牙关掉这套装置，新上马的装置仅环保技术投资就达1.6亿元，污染排放将比欧盟标准还低。”

“两型”是约束，更是对创新的倒逼。

企业是绿色生产体系的细胞，湖南企业的“绿金”在哪里？

三一重工生产的62米臂长泵车，在日本福岛核危机中大显身手。臂长增1米，如同登高山，臂架技术是混凝土泵车的关键技术，过去一直掌握在德国、美国手里。现在，三一硬是将臂架从37米做到72米，并把生产基地建到了德国、美国。

三一奇迹，背后是研发投入高出行业平均水准3至5倍，是6000多人的研发团队，是居国内同行之首的1400项专利。一句话，是自主创新。

“惟楚有材，于斯为盛”。湖南是催生创新要素的沃壤，获国家科技奖励数长期居全国前列，发明专利授权量连续3年列中西部第一，高新技术产业年均增速30%。

从世界上运算速度最快的“天河一号”巨型计算机，到国内首台5兆瓦永磁直驱海上风力发电机，从中国南车为过半高铁动车组装上“湖南心”，到中电48所杀入全球光伏装备十强、中联重科平均1.5个工作日就有一种新产品问世……“湖南智造”，正随着滔滔江水汇入大洋，走向世界。“创新型湖南”，是最给力的发展引擎。

“两型”建设是最大的民生

——“两型”撬动生活方式之变

湘江之畔，飘动着一条长达160公里的玉带，那是沿岸城市共建的湘江风光带。

漫步风光带株洲段，春花绚烂，绿木葱茏，诗意盎然，人们或在江边玩沙滩排球，或在草地上野餐放歌。当地人说：“湘江边处处都能拍婚纱照。”

“把湘江打造成东方莱茵河”，实际打造的是老百姓的幸福感。

结构优化、产业升级……“两型”的这些关键词，似乎离居民生活有点远。建“两型”，会不会见物不见人？

湖南的回答正好相反：“两型”社会是以人为本的社会，要把建“两型”的成效写在老百姓笑脸上。“湖南决不搞‘两型’的牛市、民生的熊市。”

“两型”是最大的民生，建“两型”就是惠民生。

从温饱步入小康，人民群众越来越渴望喝上干净的水、呼吸清新空气、吃到放心食品、生活在优美环境，这与“两型社会”的题中之意高度契合。

沿着湘江风光带北上，一个个民生故事令人感奋：

——在建“两型”中，衡阳市经济大步攀升，财政增幅全省第一。衡阳将财政的60%用于民生投入，大胆创新社会管理。

雁峰区黄茶岭居民许金兰，没想到这辈子能搬进白沙廉租房住宅小区，住上漂亮舒适的新居。2010年，衡阳拿出1600套廉租房，按均价1000元/平方米，由低收入家庭自愿出资共建，实行共有产权，百姓一片叫好。市委书记张文雄说：“搞建设的钱怎么比都是‘大钱’，花起来要小气；惠民生的钱怎么比都是‘小钱’，花起来要大气。”

——土地是最宝贵的资源。在长沙宁乡县金洲镇关山社区，一栋栋青瓦白墙的别墅特色鲜明。这个曾经“40%房屋漏雨”的贫困村，得益于长株潭“两型”试验，在统筹城乡发展中利用土地综合整治，新增耕地1926亩，节约建设用地392亩。

关山将“省”出来的土地开发成新住宅和度假中心，让农民当股东，享受股本红利，同时按“两型”标准引导农民搞休闲旅游和现代农业。土地节约了，农民富裕了。在“好吃斋”农家乐，主人向霞光说：“我住的这套别墅297平方米。以前种一年地也赚不到2500元，农家乐刚开张8个月，纯利就近8万元。”

——洞庭湖边的岳阳人告诉我们，“两型”建设不是为了“两型”，而是为了人，要把“两型”与改善民生对接起来。

在汨罗循环经济工业园一间厂房，工人们正将一台台废旧电视机依次拆解，从线路板提取金和锡，从偏转线圈提取铜。在废品中，汨罗人发现了两型建设与解决民生问题的结合点，通过做大做强循环经济来创造“饭碗”、培育新型“破烂王”。汨罗成为国家首批“城市矿产”示范基地，200多家再生资源回收公司吸纳近2万名下岗人员和农民工就业。

“两型”阳光温暖着民生，也更新着生活方式。

初到长沙的人可能有点“不习惯”：所有宾馆的房间均不免费提供一次性牙具、洗发水、拖鞋等“七小件”。但长沙人觉得很自然：“这么做每月减掉一次性日用品消耗20万套件，全年可节约资金上千万元，固体垃圾也少了，有什么不好？”

长沙市发放过《两型生活市民手册》，十分抢手。上班不“挂QQ”，下班拔电脑插头，每天至少可节电1度；冰箱及时除霜，一年能节电184度……《手册》成了很多湖南人的生活和消费指南。

绿色制度护航绿色发展

——“两型”撬动管理方式之变

湘江曾是全国重金属污染最严重的河流，湖南近年斥资595亿元力推湘江流域综合治理，关、退、停、限1000多家污染企业，使“母亲河”走出梦魇，重现“漫江碧透”。

治污减排，怎样从被动转为主动？

在长沙环境资源交易所，拍卖师一声槌响，起价800元/吨的52吨化学需氧量排污权以2240元/吨的高价拍出。这里，环境资源像股票一样被买卖：企业想争取更多的排污量，就要从别人手里买指标，也可以将自家省下的排污量卖给其他企业。

“多排污就得多花钱”，湖南用市场的巨手引导节能减排。

建“两型”，没有先例可循，考量着政府的管理方式和执政水平。当两型建设渐行渐深，从市场的自发到改革的自觉，顶层设计至关重要。

建“两型”的过程，也是利益调整的过程。绿色发展需要绿色制度体系，只有转变管理思维，创新体制机制，才能从根本上消解“久推难转”、“转而不快”的障碍，使地方和企业要转、真转、持续转。

湖南探索出三大机制——

建立市场准入和退出机制，挡住污染的，淘汰落后的，奖励先进的，让资源环境更“佳”；

形成生产要素和资源价格机制，既讲供求关系，更讲资源稀缺程度和环境损害成本，让资源环境更“贵”；

完善干部考核评价与问责机制，一旦造成污染，“企业摘牌子、老板戴铐子”，官员也要“摘帽子”；资源、生态等“两型”指标在政绩考核中的分量不断加码，让资源环境更“重”。

立足“两型”，湖南先后出台12个改革方案、10个两型标准，一项项首开先河的法规制度精彩亮相：第一个为“两型”进行地方立法；第一个试点环境污染责任强制性保险；第一个出台地方性行政程序规定；第一个规范行政裁量权办法……推动“两型管理”，建设“法治湖南”，让政府正确地做事、做正确的事。

“不到潇湘岂有诗”。乘坐武广高铁行进在湖南，沿线的蓝天、绿野、峰峦、湖泊、层林、花丛，延绵成一幅撩人心弦的斑斓画卷。

湘江两岸，“四化两型”的号角声声清越。绿色湖南、创新型湖南、数字湖南、法治湖南，亮出四张新名片。

率先建设好“两型社会”，实现经济发展可持续、社会和谐可持续、人民幸福可持续，成为中部崛起的重要增长极，湖南在“十二五”重任压肩。

湖南人天生流淌着敢为人先的血液。岳阳楼上，“先忧后乐”情怀依然；橘子洲头，“中流击水”更显豪迈；韶山冲下，“湖湘精神”迸发出时代的光彩。在科学发展的征程上，湖南只争朝夕。

又一次，历史的目光注视着湘江。

（载于《人民日报》2011 年 5 月 4 日）

湖南：“两型”建设推动三湘巨变

长沙、株洲、湘潭三市通过在排放和能耗上做“减法”，在科学发展上做“乘法”，成功地将一些“黑乎乎、灰蒙蒙”的区域改造得“绿油油、水灵灵”

3 年前，湖南长株潭城市群获批全国两个“两型试验区”之一。湖南省委、省政府将这一科学发展的重任视为富民强省的重大机遇，不辱使命，勇于担当，围绕“资源节约、环境友好”，在重点领域和关键环节取得重要进展。三湘大地发生了巨大变化，“湖湘精神”迸发出时代的光彩。

近日，湖南省召开“两型社会”建设推进大会，在总结试验区经验基础上，启动了推进“两型社会”新阶段探索实践。人们的目光再次聚焦三湘。

四个示范作用显现

2007 年 12 月 14 日，经国务院同意，国家发展改革委正式批复长株潭为国家“两型社会”建设综合配套改革试验区。2008 年 12 月，国务院批复了长株潭“3 + 5”城市群改革总体方案和区域规划。改革试验的总体要求是“三个率先”：率先形成有利于资源节约、环境友好的新机制；率先积累传统工业化成功转型的新经验；率先形成城市群发展的新模式。目标定位是“四个示范”：建设成为全国“两型社会”建设的示范区；中部崛起的重要增长极；湖南省新型工业化、新型城市化和新农村建设的引领区；具有国际品质的现代化生态型城市群。

然而，在湖南长株潭城市群获批“两型”社会建设综合配套改革试验区的初期，湖南省委书记周强就屡被媒体问及：“作为中部省份的湖南，能否实现经济与生态建设的同步发展?”也有分析认为，从历史上来看，长株潭城市群并不是一个符合环境友好型要求的地区。湘江由南而北穿越株洲、湘潭、长沙三市市区，长沙是主要的服务业和装备制造业的聚集中心，而重化工业则主要分布在上游的湘潭、株洲两市。上游的污染对下游影响很大。对此，湖南人表达了自己的看法：“正是因为典型，才具有试验的价值。长株潭城市群必须面对我国工业化进程中最典型的挑战，不同的城市携手治理流域污染，同时在治理污染的过程中实现重化工业的升级。”

把脉中部崛起大势，敢为人先的湖南人果敢中流击水，跨越湘江。为“两型社会”第一阶段改革建设画上了圆满句号。

在“两型社会”建设推进大会上，湖南省委常委、长株潭试验区工委书记陈肇雄总结了长株潭试验区第一阶段改革建设取得的五大突出成绩：一是建设规划体系基本形成。突出规划引领，湖南高起点编制了长株潭城市群“两型社会”综合配套改革总体方案和区域规划，以及 10 个专项改革方案、14 个专项规划、18 个示范片区规划、87 个市域规划，构建了全方位、多层次的建设规划体系，明确了“两型社会”建设的行动路线图。二是重大工程建设顺利推进。大河西、云龙、昭山、天易、滨湖五大示范区 18 个示范片区建设进展顺利，正成为环长株潭地区新的经济增长点；武广高铁建成通车、黄花机场扩建工程竣工投用，长株潭三市通信并网升位、统一区号成功实现，三网融合试点有序推进，试验区改革发展基础进一步夯实；湘江流域综合治理取得实质性进展。三是重点领域改革取得实质性进展。以项目化管理方式全面推进十大体制机制创新，在重点领域和关键环节的改革上取得了实质性进展，如建立了资源节约价格杠杆调节机制，实行绿色电价，试行分质供水和阶梯式水价；积极探索环境保护的市场化运作机制，实施环境污染责任强制性保险试点，对流域内 51 个市县实行省级财政生态补偿等。四是产业“两型化”发展成效显现。加速推进新型工业化，着力推进传统产业高新化、“两型”产业规模化、特色优势产业集群化发展，相继开工建设大飞机起落架、千亿轨道交通设备等一批重大产业项目，突破了新能源汽车、轨道交通高速机车交流技术等一批关键核心技术，“两型”产业发展步伐不断加快，工业经济呈现“规模扩大、效益提升、结构优化、后劲增强”的良好发展态势。五是科学有效推进机制初步建立。确立了“省统筹、市为主、市场化”的推进机制，加强了部省共建合作关系，与 39 个部委、74 户中央企业建立了合作关系，在试验区布局实施了 50 多项改革试点，试验区先后被列为全国新型工业化产业示范基地、“两化”融合试验区等，搭建了试验区改革发展的重要平台。

数据显示：2010 年，长株潭三市实现地区生产总值 6715.9 亿元，占全省的 42.2%；今年上半年长株潭三市实现地区生产总值 3565 亿元，同比增长 14.9%；完成地方财政投入 523 亿元，同比增长 30%，试验区改革建设有力地促进了湖南省经济社会又好又快发展，核心增长极的示范带动作用更加突出。

纵深推进改革创新

按照规划，长株潭“两型”建设工作推进分“三个阶段”：第一阶段（2008 年 ~ 2010 年），夯实基础，重点突破；第二阶段（2011 年 ~ 2015 年），纵深推进，初见成效；第三阶段（2016 年～2020 年），基本完成改革任务，取得较好示范效果。综合配套改革重点是探索“十大体制机制创新”：资源节约、环境保护、产业优化、科技创新、土地管理、投融资、对外开放、财税、城乡统筹、行政管理等体制机制创新。改革任务是探索走出“六条新路子”：新型城镇化规划与发展、新型工业化、资源节约与环境友好、综合基础设施建设、城乡统筹、体制机制创新等新路子。

“两型社会”建设推进大会的召开，标志着长株潭试验区建设已进入第二阶段。

长株潭试验区工委在会上介绍，试验区第二阶段的主要任务是纵深推进各项改革，形成较完善的“两型社会”建设制度保障体系和新型工业化、农业现代化、新型城镇化、信息化促进机制，全面增强城市群基础设施保障水平，大幅提升科技进步对经济发展的贡献率，初步形成节约资源和保护环境的产业结构、增长方式和消费模式。

为此，湖南将通过“八大工程”，大力推进长株潭“两型社会”建设。

一是实施“两型”产业振兴工程，实现传统产业“两型”化改造，构建特色突出、结构优化的“两型”产业体系；二是实施基础设施建设工程，构建布局合理、功能完备、安全高效、集约利用、统筹协调的现代化基础设施体系；三是实施节能减排全覆盖工程，建立健全节能减排的行业标准、政策法规、考核评价、技术服务、融资服务、监督管理六大体系，打造全覆盖的在线管理平台；四是实施湘江流域综合治理工程，努力将湘江打造成东方莱茵河；五是实施示范区建设推进工程，将“五区十八片”示范区打造成为试验区的核心增长极，成为湖南“四化两型”的示范引领区；六是实施城乡统筹示范工程，以土地流转、农村环保、现代农业和中心集镇建设管理为重点，打造一批“两型”示范村镇；七是实施长株潭综合交通一体化工程，突出长株潭三市综合交通一体化运营、交通资源共享，实现三市公交出行同城同享；八是实施三网融合为重点的数字湖南工程，形成初具规模的“三网融合”全业务产业链，推动湖南进入发展智慧经济的前沿高地。

湖南省长株潭两型办主任徐湘平表示，通过对经济和基础设施的一体化建设，最终目的是为了适时启动行政一体化。以核心和特大的城市，带动环长株潭城市群周边5个城市的发展。

悉心守护绿色家园

湘江曾是我国重金属污染最严重的河流。近年来，湖南力推湘江流域综合治理，关、退、停、限千家以上污染企业，使这条“母亲河”走出梦魇，重现“本色”。

实际上，湖南省委、省政府历来高度重视绿色发展。早在2006 年年初，湖南就提出了建设“生态湖南”的奋斗目标。同年底召开的湖南省第九次党代会，提出了把保护生态环境作为科学发展必须坚守的一条重要底线。2010 年 8 月，湖南省委、省政府根据转方式、促“两型”的新形势，作出了打造“绿色湖南”新名片的重大决策。2011 年 1 月，湖南省“十二五”规划纲要对建设“绿色湖南”作出了具体部署。

为了推进“绿色湖南”建设，湖南省委、省政府还提出了“绿色湖南”建设总的目标，这就是：以生态文明建设为导向，以环境保护、生态建设和发展绿色经济为核心，依靠科技创新推进绿色产业发展，有效保护和合理利用自然资源，使湖南成为绿色经济发展、自然环境优美、生态文化繁荣的绿色家园。

据了解，3 年多来，长沙、株洲、湘潭三市通过在排放和能耗上做“减法”，在科学发展上做“乘法”，成功地将一些“黑乎乎、灰蒙蒙”的区域改造得“绿油油、水灵灵”。如在长沙，由于注重用两型理念指导各项建设，提出城市建设中一定要尊重自然，最低程度的影响，最大程度的修复，不挖山、不填水、不砍树。在土地利用上提出一定要节约、集约用地；提出了环保优先理念，不能现在拼命创造 GDP，然后用积累的财富去治理污染的环境，一定要提高工程的质量和耐久性，耐久性提高一倍，资源消耗下降一半。坚持以改革创新增强试验区建设的持续动力，长沙大力推进综合配套改革。目前，随着环境治理、城市绿化美化、森林和湖泊湿地生态修复、完善民生保障等项目的启动和深化，长株潭三市1000 多万群众，从“两型发展”中收获了实惠。

绿色是湖南先天形成的“本色”，也是湖南科学发展的“本钱”。随着“绿色湖南”建设的推进，经济社会发展将越来越充满生机和活力，山更青、水更秀、天更蓝的绿色愿景，必将走进人们的现实生活。

（载于2011 年9 月21 日《中国改革报》）

长株潭“两型社会”挺进“深水区”

湖南长株潭城市群综改试验在全国率先开展资源节约、环境保护、土地管理等重点领域改革，探索“两型社会”建设的体制机制、发展模式，为转变经济发展方式强力“试水蹚路”。

湘江北去，潮涌两岸。它张起长株潭城市群“两型社会”建设综合配套改革试验区的飞翼，展开了湖南全省“两型社会”建设新局。

敢为人先的湖南人，迸发具有时代光彩的“湖湘精神”，立足本土，放眼国际，在全国率先谋划出“两型社会”建设“行动路线图”，率先绘制出“两型社会”建设标准“建筑施工图”，呈现出了一个科技创新、生态环保、低碳示范、环境宜人、能源可循环利用、可持续发展的具有国际品质的“都市桃花源”美景。

一种更高层次的经济社会发展与资源环境承载能力相适应、人与自然相和谐的文明形态，亮相至美湘江。

对此，不久前在湖南省召开的“两型社会”建设推进大会上，湖南省委书记、省人大常委会主任周强评价说，通过3年多的改革建设，长株潭试验区越来越成为湖南一张亮丽的名片，越来越成为国内外广泛关注的焦点，越来越成为全省科学发展的引擎，越来越成为全省争取国家政策支持、吸引人才和资金的重要平台，也为全省转方式调结构积累了宝贵经验，提供了重要示范。

芙蓉国里尽朝晖。湖南长株潭试验区中流击水，开展资源节约、环境友好"两型社会"建设试点，探索"两型社会"建设的体制机制、发展模式，积累经验，已跨越湘江，示范全国，对于全面推进我国"两型社会"建设具有重要现实意义和历史意义。

强力"试水蹚路"

湘江向来不乏激情。这条曾经见证过近现代中国史的先驱之河，一直执著地涌动着对社会发展的思辨、对自然生态的敬畏和对美好未来的期待。

因此，在这里，现实的深刻变革便不停脚步地"试水蹚路"。

从1982年12月首次提出"长株潭经济区"构想，到1997年制订"长株潭经济一体化"战略，再到2005年颁布实施国内首个城市群规划，湖南历届省委、省政府推进长株潭一体化、打造区域性经济中心的探索从未停歇。

探索与梦想，一步一步变成现实。国家版的"两型社会"试验区，波澜起伏，强力前行，在起了个大早赶了个晚集之后，长株潭25年圆梦。

2007年12月14日，经国务院同意，国家发展改革委正式批复长株潭为国家"两型社会"建设综合配套改革试验区。

2008年12月，国务院批复了长株潭"3+5"城市群改革总体方案和区域规划。

改革试验的总体要求是"三个率先"：率先形成有利于资源节约、环境友好的新机制；率先积累传统工业化成功转型的新经验；率先形成城市群发展的新模式。

改革试验的目标定位是"四个示范"：建设成为全国"两型社会"建设的示范区，中部崛起的重要增长极，湖南省新型工业化、新型城市化和新农村建设的引领区，具有国际品质的现代化生态型城市群。

改革试验的重点是探索"十大体制机制创新"：资源节约、环境保护、产业优化、科技创新、土地管理、投融资、对外开放、财税、城乡统筹、行政管理等体制机制创新。

改革试验的任务是探索走出"六条新路子"：新型城镇化规划与发展、新型工业化、资源节约与环境友好、综合基础设施建设、城乡统筹、体制机制创新等新路子。

由此，长株潭城市群建设翻开了新的一页。

而质疑声同时鹊起。

在湖南长株潭城市群获批"两型社会"建设综合配套改革试验区的初期，周强就屡被媒体问及："作为中部省份的湖南，能否实现经济与生态建设及社会的同步发展?"

对此，湖南省委书记周强认为，建设"资源节约型、环境友好型"社会本质上是一种发展理念的创新、发展方式的转变，是实现经济社会现代化的重要途径。"两型"不仅是节能减排，也不仅是"两型"经济，而是符合"两型"要求的经济、社会、生态等的综合体，是一种以人与自然和谐共生为特征的发展方式与文明形态。推进"两型社会"建设意义重大，是科学发展观在湖南的具体实践；是破解湖南发展资源环境瓶颈，实现可持续发展的客观需要；是优化美化生存环境，切实改善民生的客观需要。

把湘江打造成"东方的莱茵河"、把长株潭城市群"绿心"建设成"东方的维也纳森林"！这是周强对未来湘江和长株潭城市群"绿心"的形象描述。周强对湖南的经济社会发展有深刻的认识，"只有尽早抢占建设'两型社会'的制高点，才能为湖南长远发展谋求真正的出路"。

在湖南省长徐守盛看来，长株潭要真正成为全省'两型社会'建设的龙头，就必须在资源节约、环境友好、社会管理、城市建设、市场运作等方面出经验、出模式，率先推动产学研联合创新，率先建立现代产业体系，率先探索建立有利于城乡居民增收的利益分配机制，为全省"两型社会"建设探路子；推动城市文明、现代理念向农村扩展，加快体制机制创新，为城乡统筹发展做样板；建设良好的软、硬环境，更加注重城市品格的培育，为全省城市建设和管理作示范。

这一切，已成为湖南的共识和共为。

湖南全省各级各部门加强组织领导，强化区域协同和能源等要素保障，营造全社会参与"两型社会"建设的良好氛围。

自此，长株潭城市群综改试验在全国率先推进资源节约、环境保护、土地管理、城乡统筹等重点领域改革，实施了湘江流域财政生态补偿、二氧化硫排放权交易、环境污染责任强制性保险以及水、电价及土地流转等一系列改革，为进一步发展打下了良好的基础，为转变经济发展方式强力"试水蹚路"。

挺进"深水区"

仅仅3年多，湖南"两型社会"的试验已挺进"深水区"。

这3年多，跨越"十一五"和"十二五"。"十一五"，是湖南历史上经济社会发展最快的5年，综合实力迈上一个新台阶；"十二五"，湖南要用这个支点，撬动整个湘江流域崛起。

而现实的矛盾不停顿地困扰着湖南。

湖南正处于工业化、城镇化加速发展中期，发展不足与发展不优的"两难"问题交织，经济社会发展在较长时期都将要面临严重的能源、资源和环境等瓶颈制约。

面对发展瓶颈制约，如何破解?

"湖南正处在负重爬坡、后发赶超、全面建设小康社会的关键时刻，加快科学发展始终是第一要务，是解决湖南一切问题的'总钥匙'。"周强说，"选择什么样的发展路径呢? 传统的资源高消耗、环境严重污染的发展方式已经难以为继了，我们必须紧紧抓住中央提出的转变经济发展方式这根主线，下决心打好建设'两型社会'这场硬仗。"

当前，我国已经进入了"加快发展方式转变，调整经济结构"才能促进又好又快发展的新阶段，对于湖南来说，就是要紧紧抓住建设长株潭“两型社会”试验区这个重大的历史机遇，把建设“两型社会”作为加快经济发展方式转变的方向和目标，以经济发展方式的转变推进“两型社会”建设，实现湖南经济社会又好又快的发展。

因此，加快推进“两型社会”建设是贯彻中央决策部署和中央领导重要指示精神的具体体现，是顺应当今国内外发展趋势、抢占新一轮发展制高点的必然选择，是全面推进“四化两型”建设的重大举措，是全面完成试验区改革建设目标任务的迫切需要。一定要以背水一战的勇气攻坚克难，一项一项地推进各项改革建设任务，真正为全省及全国“两型社会”建设探索路子、积累经验、作出示范。

“两型社会”建设是一项探索性很强的复杂工程，是湖南经济社会发展的全局性工作。

按照党中央国务院提出的要求，就是先行先试、改革创新。唯有改革创新，勇于摆脱传统体制机制的束缚，才是破解发展瓶颈制约的唯一出路。

基于这种思考和认识，湖南突出综合配套改革，把“两型社会”建设要求贯穿于经济社会发展的全过程和各领域，实现“两型社会”建设与经济社会融合互动发展。

按照这个思路，这些年湖南进行了一些积极探索，围绕先行先试出思路、想对策，注重选准突破口，在重大项目、重大改革方面大胆实践、大胆创新、大胆突破，迈出了实质性步伐，形成示范带动效应。

通过“两型社会”建设，湖南在“守地”，解决建设用地缺口大问题，坚守耕地“红线”。

通过“两型社会”建设，湖南在“节能”，克服缺煤少电、无油少气的“先天不足”，抽掉制约经济社会发展的“短板”。

通过“两型社会”建设，湖南在“融资”，玩转融资“魔方”，力保试验区建设旺盛的资金需求。

通过“两型社会”建设，湖南在“保绿”，保护好青山绿水，保持“生态客厅”良好的优势。

……

“两型社会”建设正在湖南“铿锵行”，促进了发展，凸显了后发者的超越。

通过3年多的努力，试验区建设规划体系基本形成，重大工程建设顺利推进并启动了五大示范区和18个示范片区的建设，也加快了基础设施的建设，武广高铁和黄花机场扩建工程都已竣工投用，芙蓉大道、红易大道、长株高速等一批跨区域重大项目顺利建成，三市通信并网升位，统一区号成功实现，使三网融合试点有序推进，实验区改革发展的基础进一步夯实。切实加强生态环境建设，使湘江流域的治理取得了实际性进展，湘江风光带的建设取得了明显成就；实施了环境污染责任强制型保险、“三同时”保证金制度等环境经济政策改革试点，启动了排污权交易试点，探索创造了农村环保自治模式和“户分类、村收集、乡中转、县处理”的垃圾分类处理模式，成立了全国首家农村环保合作社。而在重点领域的改革也取得了实质进展，采取以项目管理方法，推进体制机制创新，坚持把规划引导、示范带动和重点突破有机结合，坚持“省统筹、市为主、市场化”的工作推进机制，成立了长株潭试验区工委和管委会。实施建立了资源节约价格杠杆调节机制，实行了绿色电价，分质供水和阶梯水价。产业两型化发展成效显现，并引进了一批重大产业项目和战略投资者。

数据显示，2010年，长株潭三市实现地区生产总值6716亿元，比2007年增加了93.6%。长株潭三市占全省地区生产总值的比重达到42.2%，比2007年提高4.5个百分点；环长株潭城市群八市实现地区生产总值12560亿元，比2007年增加了81.2%，环长株潭城市群八市占全省地区生产总值的比重达到79%，比2007年提高3.6个百分点，试验区改革建设有力地促进了湖南省经济社会又好又快发展，核心增长极的示范带动作用更加突出。

按照规划，长株潭“两型社会”建设工作推进分“三个阶段”：第一阶段（2008年—2010年），夯实基础，重点突破；第二阶段（2011年—2015年），纵深推进，初见成效；第三阶段（2016年—2020年），基本完成改革任务，取得较好示范效果。

湖南“两型社会”建设推进大会的召开，为“两型社会”第一阶段改革建设画上了圆满句号，标志着长株潭试验区建设已进入第二阶段。

试验区第二阶段的主要任务是纵深推进各项改革，形成较完善的“两型社会”建设制度保障体系和新型工业化、农业现代化、新型城镇化、信息化促进机制，全面增强城市群基础设施保障水平，大幅提升科技进步对经济发展的贡献率，初步形成节约资源和保护环境的产业结构、增长方式和消费模式。

长株潭城市群作为全国的试验区，理所当然的要在转方式、促两型上做出表率，创造经验。

发力3年多，给力长株潭，湖南综改试验已挺进“深水区”表明，“两型社会”建设理念日益深入人心，撬动了思想观念之变；“两型社会”建设既解“不足”，又解“不优”，撬动了发展方式之变；“两型社会”建设是约束，更是对创新的倒逼，撬动了生产方式之变；“两型社会”建设是最大的民生，撬动了生活方式之变；“两型社会”建设促进绿色制度护航绿色发展，撬动了管理方式之变。

“两型社会”建设渐行渐深，在科学发展的征程上，湖南只争朝夕。

打好“金字招牌”

“当前，全国各地你追我赶，竞相发展，我们的制高点、新优势、核心竞争力在哪里?”在“两型社会”建设推进大会上，周强接连几个发问，引起了与会人员的共鸣。

周强说，对湖南来讲，长株潭试验区建设及全省“两型社会”建设，就是参与新一轮竞争的重要抓手，把这张牌打好了，打造成“金字招牌”，才能抢占制高点，把握主动权。

省会长沙率先举起了“打造先导区，建设大河西”的“招牌”，在加快新城建设、生态建设、产业发展步伐、体制改革进程和谋求集聚效应等方面，使这一“招牌”的“含金量”大为可观。

先导区按照“两型社会”建设理念和要求，以可持续城市和紧凑城市、生态城市、网络城市为支撑理念，建立了复合型、立体型、统筹型规划体系，形成了环保、产业、土地、空间“四规合一”，市、区县、乡镇、村“四级覆盖”的“两型”规划体系。

3年多来，长沙先导区取得的成就、形成的影响和创造的经验，得到了省部委的高度肯定，受到了市场的认可。其金霞示范片区致力建设物流之都和加工贸易中心，长沙新港年货物吞吐量持续加大，金霞保税物流中心运行良好，沙坪工业组团积极引进“两型”产业项目；铜丁示范片区致力培育优势特色产业，精心打造循环经济工业基地，提升发展陶瓷、石材等传统特色产业；安青片区以土地规模化流转和现代农庄项目建设为抓手，发展大型农庄、休闲旅游农业和订单农业。

看万山红遍，层林尽染。

不只是长沙。株洲，湘潭，湖南全省，无不在打造“两型社会”建设的“金字招牌”。

湖南如何立足新的起点，进一步打造、擦亮这块“金字招牌”？

周强给出的答案是，要着力抓重点、抓关键，一要更加注重转方式调结构，大力推进新型工业化、农业现代化和信息化，构建起科技含量高、环境污染少、综合效益高的“两型”产业体系；二要更加注重改革开放，大力推进体制机制创新；三要更加注重节能环保，大力推进生态环境建设；四要更加注重统筹兼顾，大力推进城乡区域协调发展；五要更加注重改善民生，让“两型社会”建设成果惠及全省人民，把以人为本、执政为民的要求贯穿于“两型社会”建设全过程；六要更加注重示范引领，以试验区建设带动全省“两型社会”建设。

“两型社会”建设的关键在改革，成败也在改革，就是要坚持以综合配套改革为突破口，努力实现“两型社会”与经济社会融合互动发展，走出一条综合试验、统筹推进的新路子。

为此，湖南在突出强化“六项措施”，强化规划体系建设，抓好“一条例一决定”的贯彻落实，严格长株潭生态绿心等重点地区及区域性项目的规划管理；强化体制机制创新，加强对国家战略新兴产业、区域发展等政策措施的研究和对接，争取更多政策支持；强化重点项目管理，在“两型”产业发展、基础设施建设、示范片区建设、节能减排“三网融合”等领域加快组织实施一批重点项目；强化典型示范创建、外引内联服务和宣传教育普及。

为此，湖南在加快实施“两型”产业振兴、基础设施建设、节能减排全覆盖、湘江流域综合治理、示范区建设推进、城乡统筹示范、综合交通运输一体化以及“三网融合”和“数字湖南”建设等“八大工程”。

与之相呼应，湖南在切实做好“四项基础工作”，即编制工程实施方案，把“八大工程”建设的有关内容，作为部省合作的重点，加强与中央对口部委信息对接，政策对接，项目对接和资金对接；突出工程项目化管理，把“八大工程”细化分解，全面落实到具体项目；加强工程市场化运作，面向国内外市场，开发、策划、包装一批起点高、成长性好的“两型”项目；加大工程组织实施力度，坚持把“八大工程”作为“两型社会”建设的工作重点，实施严格的目标责任管理。

长株潭“两型社会”建设是一项全新的事业，没有固定的模式，需要在实践中集中智慧，全力探索。

湖南重任压肩。率先建设好“两型社会”，实现经济发展可持续、社会和谐可持续、人民幸福可持续，成为中部崛起的重要增长极，“十二五”让湖南雄心勃勃，充满期待。

未来5年，湖南将以建设资源节约、环境友好的‘两型社会’作为加快经济发展方式转变的方向和目标，以新型工业化、农业现代化、新型城镇化、信息化为基本途径，争当科学发展排头兵。

湘江两岸，“两型社会”建设的号角声声清越。

潮涌湘江，处处展新颜。而最让人耳目一新的，还是那种思想解放、永不满足、砥砺奋进的“湖湘精神”迸发出的时代光彩。

（载于《中国改革报》2011年11月14日）

对话赵文彬：期待长沙大河西成国家战略新区

提示：春秋战国时期，秦国从一个偏僻的并不发达的诸侯国强大起来，最后统一六国，就是因为改革推进得彻底。现在中部地区的几个城市都认识到，在取得经济优势的同时，关键还要看谁能最终创造体制优势，这个方面也给了我们一个紧迫感，我们一定要策划和谋划一些大的动作，争取中央的支持。

新华网湖南频道12月21日电（记者 段羡菊苏晓洲）国家战略新区不断现身问世，区域竞争更加如火如荼。前不久，长沙市大河西先导区运行三周年之际，新华社记者专访了长沙市市委常委、副市长、大河西先导区党工委书记赵文彬。就大河西先导区面临的未来战略规划、产业定位、竞争压力、改革动力，以及如何看待国家战略新区的推出、安徽拆分巢湖有何启示等问题，谙熟经济、思维敏捷的赵文彬坦诚表达了自己的诸多见解。

新华社记者：我国在国内确定多个类似长株潭“两型”探索这样的国家级试验区同时，又先后确定天津滨海、重庆两江等四个战略性新区。战略新区中不少为副省级框架，投入很大，起点很高，必将成为中国未来发展的重要板块。长沙大河西先导区最近总结了前三年的成就，开始新三年的步伐。请问，长沙是否有争取将大河西先导区发展成战略新区的未来设想？

赵文彬：不谋全局者难以谋一时。先导区发展一定要放在全国发展的大背景下来思考、来谋划。我理解先导区三年来的发展自始至终是围绕着两个大的战略来推进的。

第一个大的战略是“为科学发展探索新路径”。第二个大的战略是“为中部崛起开辟新空间”。一个地区的崛起必须有一个支点。过去讲中部塌陷，为什么中部塌陷？是因为中部没有一个支撑点。珠三角有香港、广州、深圳这些发达城市作支撑点，华东地区有上海、长三角等诸多城市作支撑点，华北地区有京津冀等城市作支撑点，而中部地区却没有，武汉虽然比周边其他城市稍强，但也没有构成中部地区真正意义上的中心。另一方面，国家在中部地区同时批准武汉城市圈、长株潭城市群为综改试验区，而为什么不单独批准武汉城市圈，或单独批准长株潭城市群？我认为，中央的意图就是把武汉城市圈和长株潭城市群作为拉动中部崛起的“双核”，就如同北京与天津、广州与深圳的关系一样。把长株潭打造成为千万级人口的超级城市，那么建设大河西先导区就是一个重要的载体和促进因素，它对于提高长沙地区人口的承载能力、拓展长沙城市的发展空间具有重要的战略意义。

今后五年，我们要继续坚持这两个战略思想，在推进科学发展上要力争在全国创造示范经验和示范效应，在推进中部崛起中要力争把大河西先导区进一步打造成类似重庆两江新区这样的战略新区。这将成为实施这两个战略目标的有力措施。事实上重庆两江新区行政体制现与我们类似，面积也惊人地与我们相似。

新华社记者：您提到中部崛起，我们想问一下一个相关的问题，安徽是中部地区的一个重要省份，合肥是长沙在中部竞争的有力挑战者，前不久，安徽将巢湖分拆，这一消息你是否注意到，是否从中感觉到区域竞争的压力？

赵文彬：这个消息我第一时间就注意到了。我的第一感受，就是觉得安徽手笔很大，思路很对头，他们的目的是把合肥做大做强。第二个感受，就是安徽在体制创新方面开始推出大的动作，目的是要在中部崛起中取得较大的竞争优势。目前，包括合肥、西安、郑州等在内的中部地区各大城市都在争夺龙头和制高点，但这个竞争最近五年内都没见成效，原因是大家的改革都不彻底。如果谁的改革最彻底，谁就能占得竞争的优势；改革不彻底，就将丧失竞争的优势。春秋战国时期，秦国从一个偏僻的并不发达的诸侯国强大起来，最后统一六国，就是因为改革推进得彻底。现在中部地区的几个城市都认识到，在取得经济优势的同时，关键还要看谁能最终创造体制优势，这个方面也给了我们一个紧迫感，我们一定要策划和谋划一些大的动作，争取中央的支持。比如长株潭的融合，就有很多大胆的设想和思路。上个世纪，湖南行政区划的拆分也不少见，搞了几次行政资源重组，一是娄底邵阳的区划调整，二是张家界从湘西自治州划分出来。实践证明，这是对的。湖南已二十年没进行行政区划的调整了，现在或许是时候了。

新华社记者：您刚才说到，实践两型社会，是想探索走科学发展的路。其实，也有一些地方承担了类似使命。如山西现在成了国家资源型经济转化为节约性经济的国家试验区，天津滨海新区的中新生态城，发展目标三句话：资源节约，环境友好，社会和谐。换句话说，长沙作为长株潭城市群的核心，在实践“两型”这一国家使命过程中，是“先行先试”，并不是“独行独试”，你们是否感觉到这项改革也面临国内其他地区的竞争与压力？

赵文彬：第一个压力，来自改革的压力。改革首先是对一些规则、理念和利益的触动，当改革触动一些利益的时候，无形中都会碰到困难和压力。第二个压力，来自竞争的压力。改革也是在竞争。春秋战国时期，各诸侯国都在改革。两型社会建设并不仅仅是局限于长株潭这个试验区，武汉也是改革试验区，中国的其他地区也都在探索改革路径。国家近年来推出了许多试验区，虽然帽子不同，但实质和核心是一样的，都是探索科学发展路径。谁能取得先机，谁先试出经验，谁就能够率先示范，谁就能够及早享受改革开放的成果。第三个压力，来自内部的压力。先导区下一步改革的大突破、大推进必须要有顶层设计了，这个顶层设计确实需要中央、国务院的支持。中央、国务院支持成立国家战略新区，不仅是一个行政区划的调整，而且本身也是对改革的支持。

新华社记者：先导区是在一穷二白的基础上发展起来，三年在来解决土地、资金等方面取得了惊人的成绩。人们很容易联想到，这是否就是曾经很受关注、后来有不同看法的“经营城市”操作手法？如何看待你们的“两型”探索与经营城市的关系？

赵文彬：我们现在这样做，政府一定要防止一个倾向：即政府不能企业化，不能利益集团化。我们不能简单地批判土地城市运行，而要防止城市运行过程中的政府企业化、政府利益集团化。在经营城市的过程中，我们要搞清根本的目标：就是要为老百姓创造一个良好的生活环境，使老百姓的生活更加幸福。我们就是为了这个目标来经营城市的。经营城市没有什么不对，经营城市不是为了政府赚更多的钱，而是为了使老百姓过得更加幸福，这个方向要搞对、搞清楚。但是在这个过程中我们不能唱空口号，要切实把土地的级差效益最大限度地发挥出来，效益发挥出来了，我们就把它用之于老百姓。这两条在先导区的建设实践中都体现出来了：第一，在征地过程中切实保障了老百姓的利益，使失地的农民能够安居、乐业。第二，这里面有一个观点是很不对的，有人说我们从老百姓那里七、八十万把地征过来，卖出去却是五、六百万一亩，赚到钱了。这是违背经济学常识才会这么说的。就如从老百姓手中收一头毛猪十元一斤，卖出就要几十元一斤，这是一个很简单的经济学道理。其实我们征收的地，并不是所有的都能卖，政府能够作为商业用地出让的，先导区不到 30%，100 亩地最多能出让 25 亩。同时在征收的土地变成可出让地的过程中，我们还要投入很多钱搞基础设施配套，所以这个观点是站不住脚的。长沙对农民的安置，在整个中部地区算是高的。政府出让土地的钱，我们是用来营造和改善外部环境，并不是政府自己来发奖金、发工资、发福利，政府的财政收入，用在政府自身运行的只占到千分之零点九。我们拿来用得最多的是道路、湿地公园、地铁、梅溪湖公园、桃花岭公园等建设，用来改善老百姓的居住环境，如岳麓山景区整治就花了 20 多个亿元，免费向公众开放。

新华社记者：湖南人近年来对强省有两个情结，一是“工业情结”，总想摆脱农业省的形象；二是“大项目情结”，总盼望有重大项目能够布局湖南。说到大项目，我们去过北部湾等沿海地带，那边引进石化等大项目的条件是长沙无可比拟的。重庆推出两江新区后，引入云计算机中心，手笔也很大，但重庆在西部得天独厚的大都市地位也是难得的。请问，长沙大河西是否有容纳大项目的能力？

赵文彬：首先，从交通环境、自然禀赋，以及地理区位优势来看，传统意义上的大项目，如重化工等，未来不可能落在长沙或者说大河西。在大河西主要应该还是高新技术企业为主，而且我认为长沙大河西今后也有可能成为全国甚至是全球某一个高新技术的产业中心、创新中心，但这个难度比较大，挑战性也是很大的。因为三产或者说高新技术产业的发展对社会软硬环境的要求很高，甚至比对重工业要求还高。我们致力于打造梅溪湖，目的是把梅溪湖打造成国际服务区，打造一个国际交流平台、国际服务平台，为全球产业竞争培育和打造基地。我们盼望这里能走江浙路径，特别寄期望于在文化旅游等产业领域，为民营企业打造创新创业的活力中心和平台。当然，不是摆地摊，而是创业。创业者将大量包含留学生、大学生等。通过要素的聚合，包括文化的、技术的，然后发生裂变，从而产生新的经济能量，这是我们的期望。换句话是，我们希望制造一个大的“场”，使这里发生大的变化。美国人写的《大城市的生和死》，提倡的正是这种发展模式。

新华社记者：我们知道先导区与辖内各区互有分工，你们主要负责国际高端服务业，园区主要发展工业。大河西这三年发展过程中，城市化和工业化的拉力谁最大？未来理想的一、二、三产业分工状态如何？

赵文彬：大河西两个优势：一是工业有一定基础，二是科教有一定优势，一个劣势：就是河西三产业很不发达，消费很不旺。我们曾到企业调查，企业有反映留不住人。企业要向高端化发展，要发展高新技术，关键要引进人才，不可能再像原来一样依靠劳动力密集来创业。人才要高端化，必须要有好的人才环境，包括良好的生活环境、创业环境等。所以我们一开始就提出，要拉长短腿，即通过三产业的发展和生活配套服务的完善，来促进和带动工业及科教产业的发展、提升，这是我们的一个总体思路，三年来的发展已经证明了这个思路越来越富有成效了。现在高新区的招商来势比经开区要好，其中生活配套服务的提高和完善是一个重要的原因。

在众多城市的成长过程中，没有哪个工业城市能成为中心城市的。武汉工业发达，但为什么没有成为中心城市，就是因为服务产业发展不够；香港工业不发达，但三产业发达，所以能够成为亚洲的中心城市；上海、北京三产业发达，所以也能成为区域中心城市。没有三产业的发达，就没有区域中心的形成。只有长沙的三产业发达了，才能成为中部地区的中心，这是一个很重要的竞争战略。我历来有个观点：城市是水，产业是鱼；有多大的水面，才能养多大的鱼；有多大的城市，才能有多大的市场，才能容纳多大的产业。长沙的产业做大，促进了城市的做大，反过来亦然。我在长沙县工作时，感觉很明显，娃哈哈在星沙投资，不能把所有的饮料都放在杭州生产，因为运输成本高。城市大，市场容量就大，对于内需型企业，不需招商也会来，所以做大城市才能做大产业。长沙有600万人口，如再做到1000万城市人口的规模，不愁不好招商。反之，如果是一个小城市，市场小，政策再优惠，也不好招商。所以，我认为长沙工业的做大、经济的发展必须依赖于长沙城市的做大和三产业的提升。我们的产业培植规划，只要坚持下去，必定会有好的效果。

新华社记者：今年是辛亥革命一百周年，湖南人是辛亥革命的主力，埋葬大批辛亥革命先烈的岳麓山就在大河西。请问，大河西的探索，是否也能从这些革命者中吸取了改革动力？

赵文彬：湖南人的特性究竟是什么？我想一是经世致用。二是“霸得蛮”，即明知不可为而为之。三是对天下敢于担当。这是湖南人的三个很重要的性格特质，这三个特质融入了湖南人的血液。三年前，在1200平方公里范围内推进先导区的建设，很多人对是成是败看法不一，在省委、省政府大力支持下，长沙市作出这个决策是冒了很大的风险。在我看来，先导区的探索与湖湘文化特质就有一种内在的逻辑联系。

（据2011年12月21日新华网湖南频道）

湖南媒体报道

“两型”湖南建设系列报道：共奏融城交响曲

长沙的胡振伟轻松一按电视遥控器，就能收看当晚的湘潭新闻；湘潭李琼娭毑与在株洲读书的宝贝孙女高兴地煲“电话粥”，再也不用担心长途费；株洲的邓非凡在家门口搭上公交车，半小时内就到达长沙东塘商圈购物……

长株潭一体化建设，将原本独立的三座城市紧紧融合、交织在一起。

从1982年首次提出“长株潭经济区”构想，到1997年制订“长株潭经济一体化”战略，再到2005年颁布实施国内首个城市群区域规划，历届省委、省政府推进长株潭一体化、打造区域性经济中心的探索从未停歇。

2007年，长株潭获批“两型社会”建设试验区，站在新的历史起点上，省委、省政府高瞻远瞩做好顶层设计，推动长株潭一体化朝着“资源节约、环境友好”的方向阔步向前。

绿色低碳、“两型”发展，长株潭城市群奏响了波澜壮阔、共生崛起的“融城”交响曲；20多年的探索与梦想，正一步步变成美好现实。

交通一体化，畅行无阻

手捧老伴刚做好的早点，每天清晨7时，家住湘潭市株易路口附近的罗忠伟，都会准时搭上去往长沙汽车南站的长株潭101路公交车。半个小时后，老罗已开始在长沙的搬运工作。

“过去，我只能每个周末回来一次。”回忆起过去的乘车经历，老罗说，“长株潭公交车未开通以前，我要先坐车到暮云镇，再换乘去长沙汽车南站的中巴车，路上要折腾近2个小时。而如果乘坐城际快巴，票价太贵，我们坐不起。”

日出而作，日落而归。3年来，和老罗一样，常年往返于长株潭三市的居民，早已习惯在三市快捷而自由地穿梭。

公交一体化的实施，只是长株潭交通一体化的一个缩影。在区域经济学专家、湖南师范大学教授朱翔看来，长株潭三市扼守在湖南南北和东西相连的必经关卡上，要真正实现长株潭一体化，交通一体化是先决条件。

长沙率先发力。

2004年，省政府南迁，拉开了长沙城南扩的大幕。随着而来的，是长沙芙蓉南路、韶山南路、火星大道等城市主干道的迅速向南延伸。

湘潭、株洲加入到“大合唱”阵容，株洲相继开工建设天易路、铜霞路、红楠路，积极北上；湘潭改造昭山大道、板潭大道，奋力东进。

2008年，进入长株潭“两型社会”全面建设阶段，三市重点推进交通基础设施建设，高起点规划、高质量建设、高效率推进，短短两年，一个个令人惊叹的“湖南样板”在长株潭开花结果——

2010年，长株潭“两型社会”试验区启动建设的首批重大基础设施工程——芙蓉大道（长潭段）和红易大道建成通车，长株潭“人”字形快速城际干道骨架路网构建完成；

这一年，连接长永、莲易、上瑞、黄花机场四条高速的长株高速竣工通车，株洲人20分钟即可抵达黄花机场，长株高速与长永、沪昆、长潭西线以及长沙绕城高速一道，画“圆”了长株潭高速交通网络；

这一年，长株潭城际铁路、长沙地铁1号线相继开工建设，加上正在建设中的长沙地铁2号线，长株潭的空间连接开始由地面深入地下。

此外，正在建设中的湘江长沙综合枢纽工程，将使今后湘江长株潭段2000吨级的船舶畅行无阻。

……

一张以轨道交通为主轴、以公路和其他交通方式为支撑的“两型”立体综合交通网正从规划变成现实。

金融一体化，玩转资本“魔方”

如果说，交通基础设施的无缝对接是长株潭一体化建设的切入点，那金融无疑是长株潭加速“融城”的坚强“后盾”。

翻开20世纪90年代的南中国经济版图，环视湖南，上海、广州、成都、武汉，4大区域经济中心分坐东西南北，此时的长沙，经济总量在全国的座次一直徘徊30名开外，株洲、湘潭更是难寻踪迹。

作为传统农业大省、人口大省，在建设经济大省的进程中，却始终缺乏有力的金融支撑。

“资本市场就是一个魔方，你对它的认识有多深，它的作用就有多大。”20年后，省委书记、省人大常委会主任周强用这样一席话，诠释了资本市场的无穷魅力。

打造长株潭城市群区域性金融中心，为打造区域性经济中心提供强大资本，迅速成为全省上下的共识。

合则共生。从长株潭抱团打造区域性金融中心入手，我省开始逐步完善金融发展政策措施，健全金融机构体系，培养金融专业人才，改善金融发展环境，并专门成立长株潭城市群金融协调服务领导小组，统一规划跨区域的金融资源开发、设施配套和市场开拓，推动金融同城建设。

一项项规划加速制定，一条条措施逐一落实，为长株潭金融一体化建设提供涓涓动力。长株潭开始玩转资本“魔方”：

——交通、兴业、花旗、新韩、浦发、华夏、湛江、渤海、东莞等境内外多家银行业金融机构纷纷抢滩进驻；16家小额贷款公司批准开业，注册资本金总额达6.81亿元；

——全省首家省级区域性银行——华融湘江银行挂牌开业，韶山、湘乡村镇银行试点稳步推进，浏阳、炎陵及长沙先导区农村商业银行顺利组建；

——总规模达49亿元的旅游文化、电子信息、生物医药、新能源等5支创业投资基金相继组建；

——拓维信息、爱尔眼科、澳优乳业等一大批企业，通过境内外资本市场上市融资；

——省联合产权交易所和股权交易所成立，本土OTC市场建设取得实质性进展，园区企业启动代办股权转让系统，推动高新技术快速实现产业化。

金融一体化为长株潭“两型社会”建设提供了充足的资金保障，一批大项目得以快速启动建设。据悉，从2008年长株潭启动“两型社会”建设，长株潭城市群货币、资本市场已实现融资4787.27亿元，而在5年前，全省在资本市场的直接融资只有区区96.3亿元；截至2010年11月底，长株潭城市群各项存、贷款余额分别为8266.24亿元、7385.35亿元，分别占全省存、贷款余额的50.13%、64.42%。

对于企业和老百姓来说，看得见、摸得着的是金融服务一体化：融资、贷款越来越方便了，三市间人民币储蓄实现通存通兑，票据清算变异地为同城，电子联行异地转账实现当日通，银行卡实现异地跨行联网通用，异地存取款不再收取手续费了……

而在省政府金融办主任张志军看来，长株潭金融改革一体化发展所产生的效应远不止这些。

“经济发展离不开金融支持，未来10年，试验区建设还需投入22万亿元资金，这需要通过发挥金融引导作用，进一步优化资源配置，促进产业升级发展，加速长株潭城市群的资本积累，这样，全面推进长株潭‘两型社会’建设，打造区域性经济中心才有足够底气。”张志军如是说。

信息一体化，城融心融

“你不是说在家吗？怎么显示的却是长沙的区号？”远在西藏某部服役的张建诚接到株洲老家的电话时，一阵疑问。

“现在长株潭一体化了！区号当然都是0731！”电话这头，弟弟张建仁乐呵地打趣道。

这一幕，发生在长株潭通信一体化成功升位并网的第二天。

2009年6月28日零点，国家工信部和省委、省政府直接推动，长株潭三市在全国率先实现通信一体化，三市通信同费同网，统一区号为0731，固定电话由7位升为8位。

通信一体化，长株潭三市450多万户固定电话用户、800多万户移动电话用户直接受惠。监测显示，升位并网后仅仅5个月时间，长株潭三市固话话务量增长近3成，其中从株洲拨往长沙和湘潭的话务量更是大幅增长40%以上。通信管理部门预计，长株潭通信一体化实现升位并网，一年可为三市市民节省通话费用1.5亿元以上。

方便、快捷的信息通道，让三市城融，心更融。

“0731”、“长株潭”，4个简单的阿拉伯数字和3个平常的汉字，让三市市民内心深处洋溢着自豪。

“3个城市升位并网并非简单的数位升级，当它们以统一的区号与世界沟通时，也将向全球展示一个充满吸引力的全新经济体。”国际电信联盟副秘书长赵厚麟这样评价。

仅仅一年后，长株潭再次吸引了全世界的目光。长株潭城市群成为全国首批12个三网融合试点中唯一的城市群。

三网融合是指电信网、广播电视网和互联网三大网络实现互联互通、资源共享，这意味着用户可以通过三网中的任何一个网络，用手机、电脑、电视机等任一终端，就享受到语音、视频、上网等多媒体综合通信和信息服务。

试点伊始，一张到2012年的工作推进表便已绘制完毕：

——力争基本建成承载三网融合业务的新一代宽带网络基础设施，推动广播电视、新媒体、通信业与其他现代服务业融合发展；

——培育10家左右重点研发中心和100家左右具有自主知识产权的重点创新型企业，使长株潭城市群成为我省乃至全国电信、广电技术和业务发展的先导区，成为相关产业链的创新基地、示范基地，网络信息经济发展进入全国先进行列；

——实现城市光纤到楼到户，农村光纤到村，3G移动通信覆盖长株潭所有县城、乡镇，各种形式的宽带接入用户达到200万户，手机电视用户达到200万户，交互电视用户达到150万户，IPTV用户达到50万户。

信息一体化，不仅拉近了长株潭三市的空间距离，更拉近了三市市民的心灵距离。

生态一体化，共享蓝天

长株潭三市沿湘江依次而建，不断生长、扩张。作为传统重化工业基地，如何实现产业转型升级和环境友好？合力治理，提上了三市决策者的议事日程。

湘江，毫无悬念的成为三市环境治理的主战场，也成为三市生态环境一体化建设的“试验田”。

为了让湘潭、长沙市民喝上干净好水，株洲壮士断腕般整治46个工业污染源，关闭28家冶炼、化工等污染企业，损失GDP20多亿元。

从长株潭三市共同签署《长株潭环保合作协议》，到《长株潭环境同治规划》出台，再到“千里湘江碧水行动”启动，三市逐步改变过去各自为战的局面，在三市湘江交界面实行水质在线监测，建立上下游水环境管理、污染应急处置等联动机制。

治理愈深入，协作观念愈显现。

尝到了生态环境一体化的甜头，三市开始在污染防治、生态环境保护、环境管理、环境科技与环保产业等领域全方位开展合作。

初冬时节，漫步在长株潭三市的江滨大道，一条条璀璨的景观“项链”在两岸延伸；一座座江滨新城在两岸崛起；碧水蓝天正在成为三市现实的风景。

越来越多的蓝天白云，带来的不仅是健康身心，更是长株潭合力打造区域经济中心、建设“两型社会”的坚强信念……

长株潭一体化概念的首倡人，省长株潭城市群研究会会长张萍感慨地说：“长株潭一体化建设已经赢来高速发展的春天，三市融城、共生崛起，合力打造区域性经济中心的梦想不再遥远。”

（载于2011年1月7日《湖南日报》）

“两型”湖南建设系列报道：“两型”湖南如何率先崛起

长株潭城市群“两型社会”建设综合配套改革试验区是湖南的一块金字招牌。

这几年，长株潭3市成功实现通信同号升位，长沙地铁、城际铁路长株潭线和湘江长沙综合枢纽工程开工建设，湘江风光带建设加快，“三网融合”试点启动，国家超级计算长沙中心、航天科技城开工建设，五大示范区建设全面启动。长株潭城市群核心增长极作用进一步显现。正如徐守盛省长在政府工作报告中所说：“长株潭试验区建设基本完成第一阶段任务，全省形成的‘两型’共识、推进试验区建设的力度以及长株潭的辐射带动效应前所未有。”

当我们跨进新世纪第二个10年，湖南迎来了科学发展、富民强省的重大历史机遇期。“两型”建设如何从长株潭3市，拓展到“3+5”8市，进而向全省、全国推进，率先崛起？本报特邀请6位省人大代表、政协委员就此进行对话。

“两型”湖南　成就辉煌

记者：长株潭城市群“两型社会”建设综合配套改革试验区获批3年来，湖南“两型社会”建设取得了哪些辉煌成就，具体体现哪些方面？

刘正光：长株潭城市群“两型社会”试验区建设3年来，交出了一份份漂亮的成绩单。尤为突出的是，长株潭3市的经济社会发展明显加快了，对全省的带动辐射作用明显增强了。省长徐守盛在政府工作报告中提到，随着试验区建设第一阶段任务的完成，长株潭经济总量占全省的比重由2005年的40.6%提高到43%。试验区快速发展带动全省经济逆势而上，成功跨入“万亿俱乐部”行列，跻身全国十强。我们相信，未来的长株潭城市群一定会变得更美更富。

王会龙：环境保护力度持续加大，湖南的水变清了，天更蓝了。“十一五”期间，我省共组织实施785个重点节能项目，县城以上城镇污水和生活垃圾无害化处理率分别达72%和50.66%。循环经济加快发展，一批国家和省级循环经济试点取得初步成效。洞庭湖综合整治、湘江流域重金属污染治理等一批重大污染防治项目实施。全省节能减排目标全面完成。与此同时，我省地质灾害防灾减灾体系不断完善，矿山地质环境恢复治理得到加强。生态建设取得积极进展，森林覆盖率达到57.01%，森林蓄积量达到4.02亿立方米。

向清予：随着“两型社会”试验区的建设，老百姓得到了更多实惠，幸福指数越来越高。据省长株潭“两型”办发布的数据，2009年，长株潭3市城镇居民人均可支配收入和农民人均纯收入分别是2007年的1.24倍和1.28倍。人民幸福指数不断提高，长沙市连续两年被评为“中国最具幸福感城市”。长株潭社会保障加速覆盖，形成了以五大社会保险为基础，社会救助、社会优抚和商业保险为补充的社会保障体系。

柳秀导：感受较深的是新型工业化取得新突破，“两型”产业发展为“两型社会”建设提供了坚强支撑，绿色、低碳发展理念深入人心。仅以我们江麓为例，通过淘汰落后技术、设备和生产线，应用先进技术、设备和生产线，2010年万元工业增加值能耗、工业废水排放总量、二氧化硫排放总量、原煤消耗总量与“十五”末相比，分别降低了51%、34%、89%、98%；同时，企业利润较“十五”末增长了50多倍，净资产收益率较“十五”末提高了15个百分点。“越绿色越赚钱”已成为新的商业思维。

大胆探索　积累经验

记者：湖南“两型社会”建设能够取得可喜的成绩，有哪些有益的经验和启示？

赵文彬：湖南“两型社会”建设成就给我们的经验和启示，就是要充分利用先行先试政策，率先发展，在重点领域和关键环节实现突破。2008年6月10日，长沙大河西先导区管委会挂牌成立，正式启动综合配套改革，推动“两型社会”建设。两年来，先导区坚持先行先试、敢闯敢试、边干边试，按照以点带面、整体联动的思路，推出了“大部门制”的机构设置，有力体现了精简、统一、高效的原则；进行了两轮行政审批制度改革，再造行政许可流程，最大限度地减少审批环节和自由裁量空间，审批总时限缩短65%以上。另外，在建设管理领域全面推行了项目法人制、代建制、考评制、三审制、回购制，有效规范了政府公共投资管理。

刘正光：高起点、大手笔进行具有国际视野的顶层设计，是主要经验之一。关于长株潭城市群“两型社会”试验区建设，省里先后编制了1个改革总体方案和10个专项改革方案、1个区域规划和16个专项规划，以及5区18片总体规划，为“四化两型”建设明确了系统性好、创新性强、层次很高的行动路线图；各市、县编制了实施方案和下位规划，将“两型”蓝图具体化为可操作的实施方案、政策措施和重大项目。

陈红日：湖南“两型社会”建设中还有一条重要经验，那就是做好“加减乘除”的大文章。所谓“加法”就是大力发展“两型”产业，特别是培育和发展战略性新兴产业；“减法”就是对落后与过剩产能坚决关、停、并、转；“乘法”就是实现现代服务业与工业的良性互动、信息化与工业化的融合；“除法”就是大力推动节能减排，降低单位GDP的能耗与排放。通过“加减乘除”，全省培育了一大批“两型”企业、“两型”产业和“两型”园区。

优势明显　尚有不足

记者：在全国区域经济竞相发展、经济全球化的大背景下，湖南“两型社会”建设有哪些优势与不足？

柳秀导：与北京、上海、广州等大城市相比，虽然长株潭城市群在城市规模、经济基础、区位优势等方面稍逊一筹，但历史包袱也轻，发展空间更大，后发优势明显。特别是在未来的城市建设中，在发展好现代交通枢纽和打造信息化城市的基础上，我认为长株潭城市群更具发展潜力和优势，更能代表发展方向。只要我们把“四化两型”战略落到实处，大胆地“闯”和“试”，完全可以走出一条“两型”现代化城市群建设的新路子，使“改革试验区”成为全国“改革示范区”，成为中国经济新的增长极。

陈红日：生态环境优势是湖南最大的优势。这一点在张家界体现得更充分。去年，来武陵源旅游的游客达到1523万人次，创历史新高，收入也达到53亿元，同比增长13%。湖南是旅游资源大省，这同时就是湖南“两型社会”建设的优势。但这个优势当中也还存在不足，总体看来，湖南旅游仍然停留于资源型、观光型的传统旅游产业阶段，很难满足游客娱乐性、体验性和享受性的多重需求。清楚优势，正视不足，才能找到解决之道。湖南完全有条件让旅游产业走在全国的前面，作为未来十年“两型”湖南领先全国的一个突破口。

刘正光：按照传统的发展模式，我省与沿海发达地区相比差距较大，不在同一起跑线上；按照新的发展模式，我省的差距相对较小，大家基本上在同一起跑线上。因此，我们在“两型社会”建设方面同样具有比较优势。在实现经济发展方式转型时，机会成本较小，转换的阵痛相对较少。"两型社会"建设是一条新的发展道路，一种新的发展模式，需要大胆创新。湖南人"敢为人先"、富有创新精神，这也是优势之一。"两型社会"建设主要靠人才，湖南教育比较发达，人才济济。不足之处主要体现在：湖南要素市场尤其是资本市场不够发达，这是主要的短腿；体制机制约束是"两型社会"建设的主要障碍；精细化不足，商业精神较为欠缺。

突破瓶颈　纵深推进

记者：进入新世纪第二个10年，"两型"湖南要引领示范、率先崛起，主要要在哪些方面突破？

陈红日：目前，湖南"两型社会"建设已全面展开、向纵深推进，应充分利用长株潭城市群试验区先行先试政策，在资源节约、环境友好、产业优化等体制机制改革方面取得显著成效和重大突破，进而向全省推广。我觉得未来十年，"两型"湖南建设，关键是要按照政府工作报告提出的，以湘江流域综合治理和保护为突破口，探索建立"两型社会"建设制度框架、产业体系和新型工业化、新型城镇化的促进机制。突出抓项目建设，促进项目化管理与机制性建设相结合，重点实施"两型"产业振兴、基础设施建设、节能减排全覆盖、湘江流域综合治理、示范区建设推进、城乡统筹示范、综合运输一体化、"三网融合"等八大工程，在全省形成扎实推进"两型社会"建设的浓厚氛围和强大合力。

向清予：作为一名来自基层电力企业的人大代表，我深深感到，在我省的"两型社会"建设中，一方面，要做好节约资源、节约能源的文章，继续推进节能减排；另一方面，要加快发展核电、太阳能、风能、生物质能等新能源产业，不断改善我省的能源结构，确保我省的能源供应。

赵文彬："两型"湖南要率先崛起，必须在继续抓好建设的同时，进一步加大改革的力度。第一是要在市场化改革上加大力度，主要是围绕着要素市场的建立，探索资金、土地这两个生产基本要素的市场化的问题。只有把资金、土地这两个生产要素市场化了，才能最大限度地发挥其效益，才能最大限度地解决我们在发展过程中面临的土地资源和资金的瓶颈。第二是要加大城市化的改革。我们在注重基础设施建设的同时一定要注意促进农民向市民转移的改革。借鉴天津滨海新区和重庆两江新区的做法，长株潭也可以探索行政体制的改革。

王会龙："两型"湖南要率先崛起，应进一步加大环境保护和生态建设力度，加快构建生态安全屏障。抓住我省作为水利改革试点省的机遇，加快水利改革发展，实行最严格的水资源管理制度；以清水塘、竹埠港、水口山等工矿区为重点，全面治理湘江重金属污染；统筹规划实施重大生态修复和建设工程，实施地质灾害防治与地质环境保护工程，分期分批处理大型和特大型地质灾害隐患点，加强重点矿区地质环境恢复和尾矿库整治。加快水土流失治理，巩固退耕还林成果，继续加大封山育林和植树造林力度，建设一批"宜居城市"、"宜居城镇"和"宜居村庄"。

（载于2011年1月23日《湖南日报》）

"两型"湖南建设系列报道："两型"标准开先河

如果把"两型社会"建设规划比喻成"行动路线图"，那么，"两型社会"建设标准就是"建筑施工图"。依据标准施工，才能构筑起"两型社会"的玉宇琼楼。

敢为人先的湖南人，放眼全球、立足本土，在全国率先展开"两型社会"建设标准体系研究与制订，率先给出一幅幅清晰的"施工图"："两型"企业标准、"两型"产业标准、"两型"县标准……

如今，这些"施工图"，已从专家学者的案头、政府官员的会议桌，飞向环长株潭城市群、飞向三湘四水，参与指导一场波澜壮阔的改革试验。

一、书记点题众人解

建设"两型社会"，首先要解决"两型社会"的标准问题，使"两型社会"从抽象到具体，要让大家明白什么是"两型社会"，研究制订好"两型社会"建设标准体系，则能较好地回答以上问题。

标准制订从一开始就被纳入顶层设计的范畴，和规划一道，站在各自角度对"两型社会"建设进行谋划。

省委、省政府主要领导要求通过制定标准体系，将"两型社会"建设具体到技术、管理等细节上，从法规、政策、制度、措施等各个方面明确"两型社会"建设的目标和要求，确保各行各业以标准为引导，将"两型社会"建设落到实处。

2008年4月的一天，省委书记、省人大常委会主任周强（时任省委副书记、省长）到湖南大学视察，提出研究制订"两型社会"建设标准。湖南大学立即成立两型社会研究院，着手展开研究。

省委书记亲自出题，足见"两型"标准受重视规格之高。半点没有耽误，省长株潭两型办牵头，组织中南大学、湖南大学、中国标准化研究院、湖南标准化研究院等高校和科研院所开展大规模的研究，省统计局则承担"两型"评价指标体系研究。中国社会科学院、国家统计局、国家环境保护部、中国人民银行的专家和中国人民大学、中央财经大学、武汉大学、台湾辅仁大学、英国朴茨茅斯大学的教授获邀组成"两型"标准课题专家咨询团。

凝聚各方智慧，结合湖南实践，探索标准化体系建设。

湖南大学两型社会研究院常务副院长、博士生导师乔海曙教授回忆说，刚开始大家的思路和做长株潭城市群区域规划一样，希望先做一个整体的、全面的标准体系出来，先总后分。但经过一年多的摸索和实践，发现做标准和做规划有所不同，不能按这种模式做。"两型社会"涉及方方面面，一个整体的、全面的标准体系无所不包，却又难免挂一漏万。“两型”标准最关键要来自实践、得到公众认可和应用，目前还没有一个大家都能接受的整体的、全面的标准体系。

2009年7月，省长株潭两型办当机立断，提出分块研究制订的办法，一个一个突破，分解任务，分块推进。

湖南大学两型研究院承担“两型”县、镇、农村标准的制订，中南大学商学院副院长、博士生导师游达明教授牵头的团队承担了“两型”产业、企业、园区等三大类标准的制订。整个工作犹如隧道施工的两头掘进，收到事半功倍之效。

借鉴国际成功经验，为我所用。

承担课题的专家们进行大量文本检索，借鉴欧洲、日本等发达国家提出“循环经济、可持续发展理念”等成果，并把发达国家已经实现的“资源节约、环境友好”现状刻画出来成为湖南“两型”标准制定的重要参考。

反复吸纳湖南“两型”实践的成果，让标准变得科学、可操作。

中南大学教授游达明介绍说，在做“两型”企业标准时，我们既参照国家行业先进水平、参照国际相关领域先进水平，又深入到湖南企业进行调研。企业都很欢迎我们，带领我们看企业废水排放污染现场，还指出我们某些指标定得低了，企业家认为标准制定较高，可促使企业提高创新能力，对企业长远发展有好处。

二、率先探索新标准

2010年5月，“两型社会”建设标准体系基本框架确立，共包括《“两型”产业分类标准》、《产业“两型”化发展水平评价标准》、《“两型”技术与产品认定标准》、《“两型”企业建设标准》、《“两型”园区建设标准》、《“两型”县建设标准》、《“两型”镇建设标准》和《“两型”农村建设标准》八项。同时包含30个指标的“两型社会”评价指标体系确定。

目前，“两型”社会系列指数、“两型”城市标准、“两型”社区标准、“两型”学校等标准正在制订中。

“长株潭试验区承担着先行先试的重大职责，我们希望在标准引领上，为国家作贡献。希望湖南‘两型社会’建设标准成为国家标准。”

牵头负责标准制定的湖南省长株潭两型办副主任陈晓红，拿着厚厚几本标准，有些自豪。她的自豪，基于湖南“两型社会”建设的创新与实践，基于湖南“两型标准”体系建设遵循了科学性、可操作性、可量化性、针对性原则。

标准体系的创新，充分借鉴吸收了日本北九洲、德国鲁尔区以及新加坡等国家的先进经验，体现了国际视野，跟湖南“两型社会”建设及转变经济发展方式相吻合，符合湖南实际。同时，它从一个社会大系统着眼，不只考虑经济指标，还包括民生、社会发展指标等等。

专家评价说，“两型社会”标准体系建设，突出体现资源节约和环境保护，强调节能高效、绿色发展，对于转变经济发展方式具有重要意义。

如《“两型”县建设标准》中就明确提出，形成以绿色经济增长为核心，提高居民生活质量为目标，资源节约和发展循环经济为手段，保护环境和发展低碳经济为宗旨的经济发展模式，实现经济与社会可持续发展，人与自然和谐相处的生态县。提出约束性定量指标，促进资源集约节约、环境保护，促进可持续发展：如工业固体废物综合利用率为90%以上，“两型”产业产值占比高于50%以上；规模化畜禽养殖场粪便综合利用率90%以上，城镇建成区绿化率60%以上，县域森林覆盖率60%以上等等。

“两型社会”建设标准体系易于推广，便于实施操作。

标准体系针对农村、城市的环境改善工作做了不同设计。农村环境改善重点在于农业生态和居住环境改善，标准体系中特别采用了森林覆盖率、化肥施用强度、清洁能源普及率、垃圾集中回收站个数等指标。城镇环境改善的重点则是市容市貌改善，相应选用了污水处理率、噪声污染指数、空气污染指数、建筑环保材料使用用率、绿化覆盖率等相关指标。

在《两型“企业”建设标准》中，提出企业资源节约、环境友好、企业绩效、创新能力四个标准分体系，每个分体系有若干个指标，如资源节约标准分体系中，就包括“万元工业增加值能耗、工业固体废物综合利用率，实施节能技术进步和节能技改”等8项指标。创新能力标准体系包括“研发经费占销售收入的比重，新产品销售收入占总销售收入比重”等4项指标。并将“两型”企业的标准定性描述为：生产平稳高效、资源清洁循环、废弃安全处理、产品优质节能、厂容整洁有序、研发创新出色、绩效稳步增长、管理制度完善，标准一目了然，企业实施简便易行。

三、未来“桃花源”可期

2010年7月，“两型”标准体系开始试行，成为指导、规范全省“两型社会”建设的指南和标准。

一条条标准发挥作用，将人们期待的人与自然和谐相处“现代桃花源”景象逐渐变成现实。

“农作物秸秆综合利用率大于等于90%。”短短的16个字，让湖南秋冬的天空更加明净。

原来每到秋收季节，收割机收割完金黄的稻浪后，村民就开始焚烧稻草，不少乡村田野上空浓烟蔽日，烟雾呛人眼鼻。既污染环境，也浪费资源，甚至影响交通，长沙黄花机场还因为周边农田焚烧稻草，浓烟密布多次导致飞机无法起飞和降落。

这样的农村能算“两型”农村吗?《“两型”农村建设标准》将其作为一个定量指标，给出了明确的否定答案。

按照定量指标的指引，秸秆可以粉碎还田、过腹还田（即秸秆经饲喂家畜后变为粪肥还田）、秸秆气化、建材加工、食用菌生产、编织等，而不是一烧了之。

“把它作为一个定量指标非常有必要。以后村里往‘两型’农村这个方向努力，心里就有了谱。”获知“两型”农村建设标准的详情后，浏阳市沿溪镇建设居委会主任肖远根深表赞同。他说，当稻草不再焚烧、养殖畜禽粪便综合利用率达到90%以上时，将带动一系列农村资源综合利用和环境保护及村容村貌的美化。

还有诸如“规模化畜禽养殖废弃物综合利用率”、“化肥施用每公顷不超过2千克”、“无公害、绿色、有机农产品基地比例”等21个定量指标，分别从资源、环境、经济和社会等四方面对“两型”农村进行设定。

在《“两型”农村建设标准》引领之下，乡村经济转型发展，充满生机。

宁乡县关山村按照“两型”标准，积极发展生态休闲农业，发展农家乐，年接待游客10万人左右；发展葡萄种植大户65户，年收入310万元左右。

《“两型”企业建设标准》促进更多企业在生产、销售每一个环节体现资源节约、环境友好。

雨水回收利用、太阳能应用、企业中水处理、小区垃圾分类回收、地源热泵等绿色示范技术，目前正在长沙保利麓谷林语、太阳星城等几个试点项目上应用，这些都是房地产企业率先在长沙按绿色建筑评价标准推进的。

远大空调有限公司多年来坚持使用环保材料、清洁能源，通过研究先进技术，提高节能特性，真正做到节能环保制造，在全球树立了可持续发展的典范。

农村、城市、乡镇、企业、园区……一样的理念之花，自然结一样的“两型”之果；湖南的未来，“桃花源”可期。

（载于2011年2月8日《湖南日报》）

湖南“两型社会”建设扎实推进

“十一五”期间，我省“两型社会”建设扎实推进，节能减排目标全面完成，万元GDP能耗累计下降20%；长株潭“两型社会”试验区建设第一阶段任务全面完成，“三网融合”试点取得阶段性成果；长株潭城市群对全省经济增长贡献率达55%，核心增长极作用显现；全省城镇污水处理设施建设3年行动计划实施，县城以上城镇污水处理设施实现全覆盖。

3年前，长株潭城市群获批“两型社会”试验区。3年来，省委、省政府紧抓这一重大历史机遇，大胆“先行先试”，勇于改革创新，在全国率先编制“两型社会”建设评价指标体系，先后出台70多个法律法规、条例等文件，包括绿色电价、分质和阶梯水价、环境污染责任强制性保险、财政生态补偿等一系列“两型”试验区的制度设计。资源节约、环境保护、土地管理、城乡统筹等十项重点改革取得突破。长株潭一体化融城的速度加快，芙蓉大道、长株高速等城际干道建成通车，长株潭城际铁路、长沙地铁、湘江长沙综合枢纽等一批重大基础设施进展顺利。长株潭通信一体化成功实现并网升位，并成为全国唯一的三网融合试点城市群，公交一体化也正在组织实施。随着长株潭试验区建设第一阶段任务的完成，长株潭城市群核心增长极作用进一步凸显，3市经济总量占全省的比重由2005年的40.6%提高到2010年的43%。

立足科学发展，绿色成湖南发展关键词。针对产业结构偏“重”的现状，省委、省政府对落后与过剩产能坚决关、停、并、转。洞庭湖综合整治、“千里湘江碧水行动”等一批重大污染防治项目实施。洞庭湖区关闭234家小造纸企业，局部水质由Ⅴ类、劣Ⅴ类上升至Ⅲ类；湘江沿岸八市关停污染企业1017家，重金属削减率达50%以上。实施城镇污水处理设施3年行动计划，县城以上城镇污水处理设施实现全覆盖，城镇污水处理率由2007年的19.4%提高到去年的72%。此外，湘西“锰三角”、株洲清水塘等地区的污染治理也取得明显成效。“十一五”期间，我省共组织实施785个重点节能项目，全省节能减排目标全面完成，万元GDP能耗累计下降20%，万元规模工业增加值能耗下降11%以上。全省二氧化硫、化学需氧量累计分别下降12.81%和10.72%，完成目标任务的142%和106%。

积极改善生态环境。为保护长株潭城市群生态“绿心”，对525平方公里生态绿心实行保护利用，其中120平方公里核心区域实行禁止开发。着眼于把湘江打造成“东方莱茵河”，将湘江综合治理、两岸景观建设同新型城镇化建设紧密结合，沿江61公里防洪堤和72公里沿江景观带建设已初具规模。此外，全省地质灾害防灾减灾体系不断完善，矿山地质环境恢复治理得到加强。生态建设取得积极进展，森林覆盖率达到57.01%，森林蓄积量达到4.02亿立方米。

培育和发展战略性新兴产业，“两型”产业加快发展。2008年，长株潭城市群获批全国综合性高技术产业基地，信息、生物医药、航空航天、新材料、新能源等一大批高新技术产业纷纷落户。3年来，长株潭3市的高新技术产业增加值从469亿元增至812亿元，规模工业增加值从1001亿元增至1919亿元。大河西、云龙、昭山、天易、滨湖五大示范区建设成效显著。

随着“两型社会”试验区的建设，老百姓得到了更多实惠，人民幸福指数不断提高。数据显示，2009年，长株潭3市城镇居民人均可支配收入和农民人均纯收入分别是2007年的1.24倍和1.28倍。长沙市连续两年被评为“中国最具幸福感城市”。

（载于《湖南日报》2011年3月11日）

碧水青山满目娇

——湖南以“四化两型”战略推动科学发展的生动实践

初春时节，柳枝摇绿，茶花吐芳。

漫步在长沙湘江大道，只见远处青山，近处城郭，七彩纸鸢，在蓝天下飘舞，在碧水中摇曳……串起长株潭3市的这一条滨江风光带，别有一番情致和风韵。

更远处，治理后的洞庭湖水变清，鱼儿湖中戏水，野鸭湖畔觅食；百年老矿水口山厂区花木依依，高耸的烟囱看不到一丝烟尘……一幅幅“四化两型”建设的生动画卷，正在三湘大地徐徐展开。

推进新型工业化、农业现代化、新型城镇化、信息化，建设资源节约型、环境友好型社会，是省委省政府立足湖南实际，集中全省人民智慧作出的战略抉择，是处于转方式、调结构关键时期的湖南科学发展的新引擎。省委省政府明确提出，要以建设“两型社会”作为加快经济发展方式转变的方向和目标，以“四化”作为基本途径，坚持“两型”引领、“四化”带动，努力推动全省经济社会又好又快发展。

如今，“四化两型”战略正在三湘大地加速推进，科学发展观在湖南的生动实践已成效初显。

先行先试探索“两型”路径

3年前，长株潭城市群获批“两型社会”建设综合配套改革试验区，被推向资源节约和环境友好的最前端。

坚持“两型”优先、“又好又快”，省委、省政府紧抓“先行先试”的重大历史机遇，从政策规范与制度设计入手。3年间，湖南先后出台70多个法律法规和条例以及12个改革方案、17个专项规划。一个个开启全国先河的创举在这里诞生：第一个为“两型”试验进行地方立法——《长株潭城市群区域规划条例》；成交国内“二氧化硫排放权”交易第一单，第一个试点环境污染责任强制性保险；此外，绿色电价、分质和阶梯水价、财政生态补偿等一系列制度设计也纷纷出炉……

围绕“两型社会”建设这一主题，长株潭开始发力。产业发展上高起点规划，高标准建设，高门槛准入，高、精、清产业备受欢迎，能耗大、污染重的企业被拒之门外。背倚雄厚的科研实力，长株潭3市高新技术产业勃兴。随着一项项核心技术的问世，一大批依托高新技术的新型企业汇聚于此，一个个绿色的产业集群抱团而生。长沙的工程机械全国闻名，动漫、创意产业领跑全国，太阳能光伏产业风生水起，杂交水稻广播世界；株洲在新型电力机车研制、超硬材料、新型金属基材、结构陶瓷等高科技领域居国内领先水平或先进行列；而有名的“电工城”——湘潭，其节能技术、精细化工材料、机电智能化、高分子有机材料、风电装备等在国内占有重要一席。

善待环境，生态优先。长株潭3市扛起建设生态文明的大旗。湘江生态经济带，成为一条绵延70多公里的巨型绿色飘带，扮靓了湘江母亲河，也让长株潭“三兄弟”挽起坚实的臂膀。

短短3年时间，长株潭城市群核心增长极作用显现，3市GDP占全省的43%，对全省经济增长贡献率达55%。

湖南在长株潭地区探索出一条人与自然和谐相处的可持续发展之路。“两型”已成为湖南的一张闪亮名片、“金字招牌”，也成为我省科学发展、富民强省的重要引擎。

“两型社会”建设向纵深推进。以长沙、株洲、湘潭为中心，带动岳阳、常德、益阳、衡阳、娄底5市组成的环长株潭城市群的“两型”建设，向全省辐射。

又好又快发展转型升级

从长株潭试验区出发，立足把经济发展的“湖南速度”化作经济发展的“湖南质量”，湖南抢占新一轮发展制高点，“四化两型”实践精彩纷呈。

“四化两型”战略下，“绿色”号角声声激越，生态文明理念得以弘扬。

以绿色为标志，经济发展不再盯紧GDP。着重发展绿色产业，建设绿色城市，打造秀美山村，倡导绿色消费。以良好的生态为子孙留下财富，赢得未来。

关闭小水泥、小水电、小冶炼，“绿色风暴”壮士断腕。洞庭湖区关闭234家小造纸企业，洞庭湖水域水质稳定达标；长株潭关停污染企业1017家，重金属削减率达50%以上，四水和洞庭湖水域水质稳定达标。湘江沿江61公里防洪堤和72公里沿江景观带建设已初具规模，“东方莱茵河”美景轮廓初显。

实施城镇污水处理设施建设3年行动计划，全省县城以上城镇污水处理设施实现“全覆盖”，城镇污水处理率居全国第8。

在《“两型”农村建设标准》引领下，乡村经济加速转型发展，太阳能应用、小区垃圾分类回收等绿色示范技术得到推广，新农村建设充满生机。23个乡镇、8个村被评为国家级生态乡镇和生态村，106个乡镇、260个村获得省级生态乡镇和生态村称号。

湖南的森林覆盖率达57.01%，森林蓄积量已达4.02亿立方米，均超额完成省政府“十一五”发展目标。

“四化两型”战略下，自主创新迈开大步，湖南发展的内在动力持续增强。

把自主创新当作核心动力，用它撬动发展提速前行。去年，湖南专利申请量、授权量，双双位居中西部省份首位；获得国家科技成果奖居全国第3。南车时代、中联重科、博云新材、中电48所等，一批创新型企业风生水起。

长株潭城市群获批全国综合性高技术产业基地，信息、生物医药、航空航天、新材料、新能源等一大批高新技术产业纷纷落户。3年来，长株潭3市的高新技术产业增加值从469亿元增至812亿元，规模工业增加值从1001亿元增至1919亿元。

国防科技大学成功研制出刷新国际超级计算机运算性能最高纪录的“天河一号”超级计算机；国内首台5兆瓦永磁直驱海上风力发电机在湘潭下线、48所进入全球光伏装备十强……“湖南创造”，正以前所未有的力度走向世界。

“四化两型”战略下，人本发展成为价值取向，人们幸福指数持续提升。

漫步青山绿水，享受快捷出行，“四化两型”战略的实施，促进湖南发展从“量”的飞跃发展到“质”的提升，直接提升了老百姓的幸福指数。

长沙实施环境综合整治工程和背街小巷提质改造工程，荣获联合国“人居环境良好范例奖”，连续两年被评为“中国最具幸福感城市”。株洲由曾经的全国十大重污染城市蝶变为国家级卫生城市和园林城市。湘潭开展“三整四化”，建设“城在绿中，绿在城中”的生态宜居城市。

长株潭一体化融城的速度加快，原本独立的3座城市紧紧融合、交织。连接长永、莲易、上瑞、黄花机场4条高速的长株高速竣工通车，并与长永、沪昆、长潭西线以及长沙绕城高速一道，画“圆”了长株潭高速交通网络，3市间畅行无阻。

作为全国唯一成功实施同号并网的城市群，长株潭的1200多万固定电话用户从中受益。

新的起点续写新的辉煌

“四化两型”，既是过去几年湖南科学发展的成功实践，也是新一轮发展的战略抉择。

步入发展快车道的湖南，面临新的形势新的任务。加快经济发展方式转变，湖南需要立足自身经济社会发展现实，谋划长远发展。

未来5年，是长株潭试验区改革建设的第二阶段，也是湖南加快转变发展方式的重要时期，“两型”湖南建设将逐渐步入“深水区”。在新的接力赛中，湖南又将创造怎样新的辉煌？

目前，我省已形成了第二阶段试验区改革建设的初步思路，将以建设“两型社会”统揽全省经济社会发展大局，以发展方式转变推进“两型社会”建设，坚持“两型”引领，“两新”主导，全力实施“八大工程”，推进“十个一体化”。

“八大工程”已作为试验区建设第二阶段的工作重点写进了省委、省政府《关于加快经济发展方式转变推进“两型社会”建设的决定》，主要包括：“两型”产业振兴工程、基础设施建设工程、节能减排全覆盖工程、湘江流域综合治理工程、示范区建设推进工程、城乡统筹示范工程、长株潭公交一体化工程和三网融合工程。

据省长株潭两型办负责人介绍，“两型”产业振兴工程将着力实施大项目、大企业、大产业战略，推动传统产业改造升级，加快以高新技术和现代服务业为主体的“两型”产业发展；充分发挥长株潭国家高技术产业基地优势，培育信息、生物、新材料、航空航天、新能源等5大产业群；着重发展物流、文化、旅游产业，建设中部具有区域优势的现代物流中心、具有全国影响力的综合性文化娱乐中心，打造全国乃至世界旅游目的地。

长株潭城市群生态绿心地区总体规划也值得期待，规划对522平方公里生态区域实行保护利用，其中在长株潭城市群中心地带的120多平方公里“绿心”，原生态实行禁止开发，建设6大湿地、20个森林公园，国内外独一无二的城市群“绿心”，将成湖南的现代“桃花源”。

可以期待，未来的这片土地，必是碧水青山满目娇，万里尽妖娆。

（载于《湖南日报》2011年3月21日）

“两型湖南”探路生态法治

我省“两型社会”建设已圆满完成第一阶段任务迈入第二阶段。

站在这一关键节点上，徐湘平说：“正当此时，把推进‘两型社会’和生态文明法治建设纳入《纲要》，标志着我省‘两型社会’和生态文明建设在全国率先进入法制化轨道，意义非常重大，必将有力推动第二阶段建设。”

他认为，《纲要》提出“探索建立环境公益诉讼制度，探索设立长株潭资源环境保护专门法庭，强化对资源环境的司法监督，有效保护生态环境，维护公民的环境权益”，这是落实“两型社会”法治建设极具针对性的必要之举。

让环境公益诉讼找到“原告”

2008年5月，望城县（现望城区）人民检察院以原告的身份为该县坪塘镇花扎街村村民向附近污染企业讨要“灰尘费”。当年底，通过望城县人民法院的调解，望城县人民检察院和污染企业达成和解协议，该企业每年补偿村民62538元。这是湖南首例以检察机关为原告的环境公益诉讼案。

对于望城检察院的环境公益诉讼举措，徐湘平表示赞赏。

“一方面，环境污染现象和事件受到社会广泛关注；另一方面，虽然社会公共利益受到严重损害，却很少有人去起诉追究，致使环境违法者逃脱了应有的法律制裁。之所以存在这种现象，根本原因在我国目前缺少完善的环境公益诉讼制度，存在着起诉主体缺位的尴尬。”徐湘平说，所谓环境公益诉讼，是指由于自然人、法人、或其他组织的违法行为或不作为，使环境公共利益遭受侵害或即将遭受侵害时，法律允许其他的法人、自然人或社会团体为维护公共利益而向人民法院提起的诉讼。而我国现行的民事诉讼制度规定，只有与案件有直接利害关系的公民、法人或者相关组织才能成为原告。一些公民出于保护环境的公益目的，对影响和破坏环境的行为提起公益诉讼，但由于这个原因以败诉告终。此外，环境公益诉讼面临庞大的经费和技术瓶颈，一旦败诉，谁负担成本也是一个问题。

“在‘两型社会’建设过程中建立环境公益诉讼制度，找到环境公益诉讼‘原告’，由法定的合格主体代表国家和公众利益对破坏环境者提起公益诉讼，是‘两型社会’建设的重要保障。”徐湘平认为，作为试验区，可以先行先试，进行法制创新。

启动资源环保法庭设立工作

2010年4月7日，“环境保护案件审理合议庭”在宜章县人民法院正式成立。这个合议庭专职审理、审查涉及环境保护的民事、行政诉讼案件及非诉环境保护行政处理、处罚案件，并负责抓好此类非诉行政案件的强制执行。

环保法庭的设立，较好地破解了环保执法“瓶颈”，有力地化解了环保部门执法“腰杆不硬”的现象。这种环保执法领域的创新举措，在徐湘平看来也是先行先试的直接体现，使人眼前一亮。

“‘两型社会’建设甚至可以说是一场‘变法’生产之法和生活之法的改变，它不可能依靠市场规律自然演化，而需要法治不断创新和推进，设立专门的资源环境保护法庭就是环境法律制度一大创新，并将有助于推动资源环境执法体制改革。”徐湘平说，设立资源环保法庭是落实《纲要》的重要措施，是建设“两型社会”的有效途径，既有利于方便公民行使环境侵害请求权，又有利于环境公益诉讼的进一步落实。

徐湘平认为，资源环保法庭和环境公益诉讼相辅相成，可以有机地结合起来，这样能发挥更大的作用。建立健全“公益诉讼+环境法庭”式的公益司法机制，有利于加大对环境污染案件的管控和受害人的司法救济力度。他表示，近期将与司法部门进行衔接沟通，着手启动长株潭资源环境保护专门法庭设立的相关前期工作。

多方维护公民环境权益

新起草的《湖南省湘江管理条例（草案）》，就进一步加强湘江水资源管理、水污染防治等问题给予立法明确，力求重现湘江“漫江碧透”、“鱼翔浅底”的优美画卷。“一心”（昭山生态绿心）、“一脉”（湘江）、“一肾”（洞庭湖）生态环境的保护与建设，正在为“两型湖南”增添新的魅力。

“探索建立环境公益诉讼制度和探索设立长株潭资源环境保护专门法庭，都是强化对资源环境的司法监督，最终都指向一个目标，即有效保护生态环境，维护公民的环境权益。”徐湘平说，“两型社会”建设终极目的是改善人的生存状态和促进人的全面发展。维护公民在良好环境中生存的权益，当然成了其中应有之义。

徐湘平介绍，我国法律规定了大量与环境相关的公民权益，主要包括环境资源利用权、环境状况知情权、环境侵害请求权、对国家环境管理的监督权及环境保护参与权等。

在“两型社会”建设过程中维护公民环境权益，徐湘平认为还有许多工作可做：比如，加大保护和改善环境质量的力度，保障公民对环境资源合法利用的权利；建立区域和企业环境资源审计及报告制度；利用各种可利用的渠道公布“两型社会”建设中的环境管理状况，以方便公民行使环境知情权；可设立专门的民间环境资源监督组织，监督依法管理环境资源。

（载于2011年8月20日《湖南日报》）

呵护“长江之肾”

洞庭湖，容纳四水，吞吐长江，被称为“长江之肾”，洞庭湖区被称为“天下粮仓”。

经历过排污、治污的阵痛、承受过干旱的煎熬，如今的洞庭，究竟是一幅怎样的容颜？生于斯长于斯的湖区儿女，怎样保护母亲湖？

前不久，记者来到洞庭湖区，感受洞庭的丰盈或萧瑟，探访洞庭的今天和明天。

高层声音

要保护好湖南的“一心一脉一肾”，这“一肾”就是洞庭湖。环洞庭湖区环境优美，区位优势明显，自古是天下粮仓。要巩固洞庭湖污染治理成果，调整环湖产业结构，加强生态修复，保洞庭湖一湖清水。——省委书记、省人大常委会主任周强

第一章：大湖之美

经过“十一五”时期5年努力，洞庭湖的水变清了，变好了，渔民可直接用湖水做饭了。

10月中旬的一个早晨，薄雾蒙蒙，曙光初现。

南洞庭湖滨的湘阴县青潭乡，渔民吴胜保收拾好渔网，驾船驶向宽阔的湖面，开始一天的劳作。

“下湖捕鱼，中饭都在船上做，原来烧饭还得从家里带水，现在直接用湖水了。”吴胜保望着一湖清水，满脸灿烂的笑。

洞庭湖的水变清了

吴胜保感受到的变化，在位于岳阳市的洞庭湖生态环境监测中心得到印证，该中心向记者提供了一组数据——

洞庭湖6个国控断面和8个省控断面中，II类水质断面占监测断面总数的64.3%，14个断面全部达到国家地表水功能标准。

“原来洞庭湖的局部水质是劣V类。”该中心副主任李利强称，经过“十一五”时期5年努力，洞庭湖的水变清了，变好了。

生态保护治理启动

凭着对历史和子孙后代高度负责的态度，省委、省政府果断启动洞庭湖生态保护治理，努力建设一个生态文明的洞庭湖——

启动环洞庭湖区域造纸企业污染综合整治，共关闭234家企业，停产整治60家企业，整治后，受造纸企业废水污染的洞庭湖局部水域水质已由原来的V类、劣V类上

升到Ⅲ类；

“十一五”期间，湖区新建20余座城镇生活污水处理厂，新增污水处理能力68.5万吨/日以上，有效缓解了城镇生活污水对洞庭湖的环境压力；

实施“洞庭湖生态造林项目”、“野生动植物保护与自然保护区建设工程”及湿地恢复和湿地保护工程项目，改善了洞庭湖区的生态质量，保护了多种野生动植物的栖息地和种质资源；

保护洞庭，已成绝大多数湖区人民的高度自觉。岳阳市君山区六门闸猪场建起了湘北地区最大的生态能源沼气池，将万头猪排出的粪便变成清洁能源沼气和有机肥料，不让污水排入洞庭湖；采桑湖镇、柳林洲镇成立了爱鸟护鸟协会，昔日的猎人放下猎枪，行走在爱鸟护鸟第一线……

鸟儿恋上了洞庭

经过多年努力，洞庭湖生态得到了迅速恢复。在汉寿县青山垸，记者见到了鹭飞鹤舞、沙鸥翔集的景象。

“2008年，我们观察到的候鸟是2万5千多只，2010年有3万5千多只，足足增加了1万余只。”西洞庭湖自然保护区管理处主任张纪祥说，黑鹳、灰鹤、小天鹅、白琵鹭等国家珍稀保护鸟类年年都到这里栖息、觅食。

而在东洞庭，“冬季到岳阳来看鸟”，已经成为一种时尚。

鸟儿恋上了洞庭。岳阳市对东洞庭湖6.54万公顷的大小西湖及壕沟正式实行封闭管理后，“失踪”10年的白鹤再次回归。

第二章：护湖之忧

大自然的变化，让洞庭湖遭遇了近年来少有的生态危机

“春自生，冬自槁，须知湖亦如人老。”结合在洞庭湖行走的一些见闻，再读清代诗人袁枚的诗句，不免心忧思远。

洞庭湖“瘦”了

今年以来，受降雨偏少和长江上游来水减少的影响，洞庭湖水域遭受了前所未见的持续干旱，水面面积较丰水期大幅缩减，洞庭湖“瘦”了。

“瘦”到什么程度？以湖南省气象科学研究所7月21日13时的卫星遥感监测为例：2011年7月2日11时卫星遥感监测洞庭湖水体面积1499平方公里；7月21日，洞庭湖水体面积为1120平方公里，20天时间减少约379平方公里。而在去年的8月2日，洞庭湖水体面积达2060平方公里。

干旱，凸显并放大了湖区百姓的生态安全问题。

由于地质、水质和季节的原因，北靠长江、东临洞庭的华容县原来是“水窝子”，近几年年年喊缺水，但今年喊得格外“凶”。华容河连接洞庭湖和长江，是华容县县城的主要供水水源。但从2006年开始，长江水和洞庭水位下降，华容河淤积厉害，加之遭遇干旱，华容河成了“死水”。

华容县连续几年成为全国典型缺水区域。今年1月到5月，华容县境内降雨仅为155毫米，比多年同期平均减少65%，该县大面积春夏连旱，早稻近30%因缺水枯萎，棉花等作物无水移栽，县城13万人出现饮水困难。

华容县水利部门一工作人员称，唯有实施长江引水才能从根本上解决缺水矛盾，所需资金约1亿余元。国家水利部已于去年将长江引水工程列入《洞庭湖区治理近期实施方案》中华容河治理工程的组成部分，但一直未获正式开工建设。

最干旱的日子，湖泊干涸见底

大自然的变化，让洞庭湖遭遇了近年来少有的生态危机。

在最干旱的日子里，原本烟波浩渺，气吞长江的洞庭湖见底了。今年6月，记者曾来到东洞庭保护区内的大小西湖，这片巨大天然湖泊突然不见了，湖底长满青草，有的地方干裂开，拳头大的缝隙里，有干死的鱼苗和蚌壳。记者站在湖底巨大的裂缝前，忆起儿时在这里乘船航行洞庭湖中，如同在大海中行驶，水天一色。这沧海桑田的变化，让每一个洞庭湖边长大的人感慨万千。

据西洞庭湖自然保护区监测，与去年同期相比，今年西洞庭湖水面仅为去年的三分之一左右。

这其中，影响最大的是鱼类。由于连续干旱，西洞庭湖1.2万亩草滩等鱼类天然产卵场，3.5万亩浸水芦苇地等鱼类索饵、育肥场消失，鱼类水产品天然捕捞量锐减。

“今年湖里面的鱼比往年少了很多。”汉寿县岩汪湖镇渔民陈后秋告诉记者，今年最多的一天也只捕100多公斤鱼，大多是鲫鱼、刁子、黄牯鱼等，平均每天收入仅50元左右。

岳阳县鹿角镇位于东洞庭湖，和陈后秋一样，镇上的渔民也在抱怨，“今年的鲶鱼都比往年少，鱼也不大。去年打鱼，做得好能赚三四十万，今年能够赚十一二万就很不错了。”

东洞庭湖国家级自然保护区管理局总工程师张鸿说出了他的担忧：连续干旱，使洞庭湖的浅水植被破坏、底栖生物死亡，洞庭湖生态链受到严重威胁。“底栖生物是候鸟的食物，我们现在很担心来洞庭湖越冬的候鸟没东西吃。”张鸿说。

对生物资源的掠杀仍时有发生

电网捕鱼、迷魂阵捕鸟……对生物资源的掠杀，在湖区依旧时有发生。

10月21日上午，湘北地区秋阳高照。8只小黄胸鹀却再也见不到太阳了。记者见到它们的时候，这种全身色彩鲜明的小鸟，正安静地躺在东洞庭湖国家级自然保护区管理局林业派出所的院内。

它们是被不法分子猎杀的——

就在这天早上，派出所民警破获了一起非法拉网捕鸟案件，收缴了一批捕鸟的丝网和10余台诱鸟的收音机。民警们说，黄胸鹀是一种候鸟，从北往南迁，这批非法捕鸟人一直跟着鸟儿迁徙的路线进行捕杀。

第三章：治湖之策

进一步整合各方力量，加大对洞庭湖综合治理，实现人水和谐

行走在洞庭湖区，无论是百姓，还是官员，大家的意

见惊人一致——

为了保护母亲湖，为了湖南的可持续发展，我们有责任直面难题，做好当前的事，打好今后的基础。

今后5到10年，湖南将以全面完成总投资128.8亿元的洞庭湖近期实施方案项目为重点，加快推进洞庭湖防洪蓄洪及排涝工程建设；以四口河系综合整治为重点，加强洞庭湖水资源配置工程建设；以河湖水域管理为重点，加强洞庭湖水生态保护。

——省洞庭湖水利工程管理局局长　沈新平

环保部门下一步的工作重点就是巩固现有成果，防止污染反弹。“十二五”期间，湖南将“量化”洞庭湖环境承载力，并在此基础上将污染整治重点由工业治污延伸扩展至城镇生活污染和农村面源污染治理，使洞庭湖的湿地生态功能得以逐步恢复和优化。

——省环保厅副厅长　谢立

有关研究表明，洞庭湖湿地的生态服务功能总价值量高达289.6亿元/年。国家已在2010年在全国范围内启动了湿地生态效益补偿试点，我省有两块湿地纳入了试点范围，“湖南应尽快启动洞庭湖湿地生态效益补偿机制。”发挥政府在解决生态效益“外溢”问题的主导作用，促进不同地区间、不同主体间经济发展权的平衡，缓解湿地保护资金匮乏等问题。

——省政协人口资源环境委员会主任　胡伟林

生态的修复是个艰辛而漫长的过程。现在，洞庭湖修复渔业资源，最好的方式就是休渔。采用放鱼苗等方式，可以暂时解决一些问题，但于大局无补。目前整个东洞庭湖国家级自然保护区内，已划定4万亩左右的水域完全禁止捕鱼。

——东洞庭湖国家级自然保护区管理局总工程师　张鸿

湿地及其资源的管理涉及林业、环保、农业、国土、水利、渔政等多个部门。一个湖，管的部门多，都在管，有时候也会有冲突。建议成立统一协调的洞庭湖流域管理机构，充分协调各市、县和各部门的行动，实现湖区生态保护工作的有序和有为。

——岳阳市环保局副局长　卿漪

两型人物

张建设：洞庭湖上回收800吨废油

［人物素描］

年过半百，两鬓飞霜，肤色黝黑。岳阳县鹿角镇的张建设是一位普普通通的渔民。2003年以来，他在洞庭湖上回收了800多吨废油，被称为洞庭湖上“清洁工”，曾获“全国十大绿色卫士”称号。记者11月中旬采访了张建设。

［现场访谈］

记者：您是怎么想到要回收洞庭湖上的废油？

张建设：我1989年开始捕鱼，发现很多船把废机油直接倒在湖里，鱼活不下去，渔民也跟着遭殃，这样我才起了收废油的念头。

记者：船只产生的废机油有多少？

张建设：一条1000吨的船，开三四百小时就要换一次机油，换下来的废油有400多公升。倒进湖里，污染好大一片湖面。

记者：怎么回收废油？您到过哪些地方收？

张建设：我花8000元买了两台高压自吸泵，贷款5万元买了一艘机动船，做了一个简单的回收船，然后开着船下湖，看到停着的船只，就一艘艘船去问，进船舱内回收废机油，洞庭湖区基本跑遍了。

记者：船老板配合您吗？

张建设：最开始那两年比较配合，后面别人认为我回收废油赚了钱，就开始找我要东西了，烟啊，洗衣粉啊，米啊，总要给他们一些。没东西的话，宁愿把废油倒到湖里，也不给我。我只有每次都“意思”一下，宁愿亏自己，也要把废油收到手。

记者：您能赚点钱吗？

张建设：我一年回收废油100多吨，可以卖10多万元。但是船只全年的油费开支超过2万元，还要付帮工的工资、维修费、给船老板的“意思费”，还有前期投入的本钱，算下来一年到头剩不了多少，比打鱼的效益要差多了！我只能顺带着捕捕鱼，捞捞湖里的废铁，补贴生活。

记者：家里人对您回收废油是什么态度？还继续干吗？

张建设：老婆吵过，说“搞环保总要吃饭，不能饿着肚子去搞”。不过说归说，还是支持我。我是一个普通的渔民，政府给了我这么多荣誉，还给我配备了一条40多万的现代化废油收集船，只要洞庭湖上还有废油，这件事无论有多难，我都干下去！我把两个儿子都发动起来了，还在湘阴县联系了一个渔民，准备把收集废油的规模搞大。不过，单靠我一家做这个事还真不够，盼着有更多的人来关心洞庭湖，爱护洞庭湖。

他山之石　日本琵琶湖治理之道

琵琶湖是日本最大的淡水湖，面积约674平方公里，流域面积3174平方公里，是滋贺县1400万人的水源地。1930年，琵琶湖还清澈见底，能直接饮用。

从1950年开始，随着经济快速增长，排放到湖体的污染物大量增加，赤潮、绿藻时有发生，浅水区堆满了漂浮的各种生活垃圾。1977年，琵琶湖发生了大规模赤潮，震惊日本社会。

为治好琵琶湖，日本政府提出污染物排放总量控制，很多污染物严禁向琵琶湖排放。

控制污染的措施也非常有效。农民家中厨房里洗碗池的下水道口用塑料网兜扎起来，不让食物残渣进入下水道污染琵琶湖。农田灌溉不是大水漫灌，而是采取浸润灌溉、喷灌、滴灌等节水措施，并且合理施用化肥、农药。

在给湖泊休养生息的同时，通过底泥疏浚工程，用芦苇丛净化水质，清理湖内青草，促进琵琶湖生态修复。

经过数十年坚持不懈的治理，琵琶湖水质好转，透明度达到6米以上，重新恢复了美丽容颜，成为著名的旅游胜地。本报记者 李勇 整理

■链接

洞庭湖，古称云梦泽，系雪峰山脉的陷落部分的盆地，经河流长期冲积变化而成，是我国第二大淡水湖泊，它跨湘鄂两省，丰水期面积约为2000多平方公里，是承纳湘、

资、沅、澧四水和吞吐长江洪峰的湖泊，在调节江河径流、沟通船运、繁衍水产和改善生态环境等方面都起着巨大作用。

（载于2011年12月1日《湖南日报》）

2011湖南经济社会发展素描：两型建设新探索

在宁乡经开区，60平方公里的工业园区内，看不到林立的烟囱，也没有刺鼻的异味。这个纯粹的工业园区，竟如公园一般，花香袭人，鸟声啁啾。

这里，天宁热电厂开全省先河，为整个园区企业集中供热，每年为园区企业降低20%—30%的能源成本；这里，崇尚变废为宝，循环利用，已形成了四个区域循环经济圈；这里，远大住工住宅工业园用流水线上生产出PC预制楼板，建成功能完备、节能环保、价廉物美的第五代集成住宅……

2011年11月14日，参加全省建设两型工业园区、推动两型经济发展现场交流会的代表，在宁乡经开区一路参观，一路惊叹，领略了宁乡经开区作为全省两型建设试点园区的风采。

两型园区建设，是我省"两型社会"建设新阶段上演的重头戏。除宁乡经开区外，长沙大河西、湘潭九华、株洲云龙、益阳东部新区、岳阳城陵矶等一批"两型社会"建设示范区也精彩纷呈，部分示范区主要经济指标预计年均增幅45%以上，强劲的发展势头令人振奋。

从2007年年底起，敢为人先的湖南人，出台《长株潭城市群区域规划条例》，在全国率先为"两型"试验进行地方立法。经历了三年的经验积累，谋划出"两型社会"建设"行动路线图"。

2011年，我省"两型社会"建设步入了"扎实推进"的第二阶段。"以背水一战的勇气攻坚克难，一项一项地推进试验区第二阶段改革建设各项任务。"省委书记周强在全省"两型社会"建设推进大会上的铿锵话语，是誓言，更是决心。

湖南"两型社会"建设，湘江流域重金属污染治理，中央关注，全国瞩目。

湘江是湖南的母亲河，湘江流域是湖南的工业密集区。人们说，湘江清澈之日，就是湖南"两型社会"建成之时。

2011年3月，国务院批准了《湘江流域重金属污染治理实施方案》，这是全国第一个获国务院批准的重金属污染治理试点方案。株洲清水塘、湘潭竹埠港、衡阳水口山、长沙七宝山、郴州三十六湾、娄底锡矿山、岳阳原桃林铅锌矿等七大重点区域被列为重点。

这一年的8月5日，省委书记、省人大常委会主任周强，省委副书记、省长徐守盛和国家环保部副部长张力军专程来到株洲市清水塘，共同开启清水塘重金属污水处理厂"启动开关"。总投资达595亿元的湘江重金属治理正式启动。包括重金属污染治理在内的湘江流域水污染整治新的行动计划，也由此正式实施。

株洲市政府宣布，要用10年时间，在清水塘兴起一座生态工业新城。到2020年，基本完成清水塘工业区产业结构转型升级，形成"一心三园"格局，建成以现代工业文明为特征的生态工业新城。按照规划要求，凡是在被规划为清水塘生态工业新城区域内，此前所有的冶炼、化工、建材、钢铁等企业均要搬迁。为着这一目标，株洲已启动了23家中小企业的关停并转工作，中盐株化等企业搬迁工程也开始启动。

作为长株潭"两型社会"试验区唯一两化融合试点企业，华菱湘钢于2011的11月25日迎来了一批业内同行精英。就在这一天，钢铁企业能源管理中心示范项目建设研讨会在湘潭召开。湘钢的煤气回收利用、废水处理与循环利用、废物资源化等发展循环经济的做法，得到了工信部以及同行的充分肯定。根据湘钢的《"十二五"两型企业创建规划》，未来五年，湘钢将投资20多亿元，建设包括水资源综合防治与水资源利用方面的20多项重点节能减排工程，进一步提升湘钢节能减排技术与装备水平，主要环保指标力争达到国内行业先进水平。

两型建设逐渐从重点产业领域渗透到生活的方方面面。11月17日，在长沙市东塘街道枫树山社区，一场精彩的低碳环保现场表演，吸引了过往行人。社区居民自制的30余件创意低碳生活手工艺品以及旧衣改造DIY、陶艺拉坯、纸艺手工制作等等，引来无数参观者。节约每一度电、节约每一滴水、节约每一张纸，"快乐做个低碳达人"，是今年长沙市积极推行的一项活动。在枫树山社区，"巧手会说话"、"我是环保小卫士"一系列主题活动的展开，营造出良好的"两型社会"建设氛围。这里，节能灯使用率高达100%，环保购物袋使用率100%，"两型"科学观念普及率100%，下水道通畅率100%，环境保洁率100%。"两型"社区的绿色种子已在这里生根发芽。

两型机关、两型学校、两型家庭……目前，我省已遴选出105个"两型"示范创建项目和94个"两型"示范创建单位。形成全省你追我赶向"两型"、争先恐后谋幸福的建设热潮。

街道干净了，空气好转了，城市更漂亮了。这是株洲本地市民的直观感受。这座老工业城市的"两型"城市建设经验，成为全国各地争相学习的榜样。今年8月，湖北荆州市组织市民考察团专程前来株洲取经。当大巴驶进株洲这座美丽的城市时，荆州市民代表被车窗外的街景吸引了，纷纷称赞：'真是一座干净的城市！'"

株洲曾经因决定申报"创建全国环保模范城市"，而被人戏称为"开国际玩笑"。最近，省卫生厅公布的两年一度的29个城市卫生检查结果显示，在29个受检的城市中，株洲排名榜首，成为全省最干净的城市。这样的结果，无疑让这个老工业城市有了挺直腰板的底气。

两型建设，让我省要素聚集能力大为增强，一批重大“两型”项目相继在三湘大地落户。目前，我省与国家39个部委和75家央企达成战略合作框架协议，争取国家在试验区布局实施50多项改革试点，形成了各方携手推进试验区改革建设的新局面。

在两型建设步入第二阶段的起步之年，试验区发展速度和质量实现了“双提升”。今年前三季度，长株潭“两型社会”试验区实现地区生产总值5651.4亿元，同比增长14.0%，高出全省平均水平1.1个百分点；完成高新技术产业增加值1151亿元，同比增长33.4%，高出全省平均水平3.7个百分点；长株潭三市单位规模工业增加值能耗分别下降11.0%、12.37%和11.58%，分别快于全省平均水平1.87、3.24和2.45个百分点。

“十二五”开局，“两型社会”建设加速推进，成果丰硕；任重道远，“两型社会”建设当持续发力，在体制机制、发展模式的不断探索中，积累更多经验，从而造福三湘，示范全国。

（载于2011年12月31日《湖南日报》）

主要学术活动

【保护生态是两型，湖南建设的着力点】 为深入学习贯彻党的十七届六中全会和省第十次党代会精神，由中共湖南省委主办、省社科联承办的2011年湖南省社会科学普及宣传活动——“发展创新与两型湖南”主题报告会于2011年11月30日在长沙召开。

会上，北京大学中国持续发展中心主任叶文虎教授围绕“生态文明建设的理论与实践”主题，从生态文明的根本含意与基本属性，人类文明演替的历史足迹及走势，新一轮的文明转折给中国发展带来机遇与挑战，中国建设生态文明社会的途径选择与行为设计，以及湖南两型社会建设等六个方面作了阐述。他指出，在湖南两型社会建设过程中，保护生态环境、发展绿色经济是加快转变经济发展方式的重要着力点，是建设资源节约型和环境友好型社会的有效途径。

省委各部委、省直机关各单位、各人民团体、在长各本科高等院校、科研院所、省属企业的负责人及省社科联全体干部职工约280人与会。

【中央财经大学法学院郭锋院长赴衡阳市调研考察“两型社会”建设情况】 2011年3月25日至28日，中央财经大学法学院院长、中国证券法学研究会会长郭锋教授等7人组成的调研组赴湖南省衡阳白沙洲工业园区进行了关于“湖南省‘两型社会’实验区金融发展与创新”的调研考察，并分别同衡阳市相关领导和政府部门、公司企业进行座谈。

调研期间，衡阳市市委书记张文雄为调研组举行了座谈会，与调研组成员进行了交流。张文雄书记指出，衡阳市正在大力发展金融资本市场，努力建设中部地区的金融强市，并期待调研组在进行调研后出谋划策，共同推进衡阳市经济金融发展。郭锋教授表示，将把衡阳的发展情况和成功经验带回去，认真研究，从专业的领域探寻湖南省‘两型社会’”建设的金融发展之路，为打造湖南“两型”区域金融中心出谋划策，提供智力支持。

衡阳市市市长张自银在调研组参加的、衡阳市人民政府承办的“湖南省‘两型社会’试验区金融发展与创新”课题成果讨论会举办期间会见了郭锋教授。郭锋教授向张市长介绍了湖南省“两型社会”试验区金融发展与创新课题的进展情况。张市长对课题组已取得的初步成果表示肯定和赞许，并指出课题组应充分了解衡阳，在调研、吸收衡阳市“两型社会”经济、金融发展情况的基础上进一步推进课题成果的尽快完成。

调研组在衡阳市委常委、副市长段志刚等领导的陪同下，前往衡阳白沙洲工业园区，分别参观、走访了特变电工衡阳变压器有限公司和亚新科（南岳）衡阳有限公司，并聆听了白沙洲工业园区管委会关于引入富士康集团的项目进展情况和工业区的发展规划情况，实地感受了衡阳市“两型社会”建设与改革所取得的成果。

【第五届高校商学院院长论坛聚焦长株潭“两型社会”建设】 2011年10月22日，湖南省第五届商学院院长论坛在湖南工业大学举行。湖南省10余所高校商学院院长以及国内外相关专家共200余人参加了本次论坛。

论坛上，与会专家依次作了主题发言，并进行了自由讨论。专家们建议，商学院应继续围绕“两型社会”建设中的重大理论和实践问题开展研究，并加强国际学术交流，不断整合资源，为长株潭“两型社会”建设提供智力支撑。同时，要加强省内商学院间的交流、发挥各自特色和优势，实现学科齐头并进，从而更好地服务区域经济和社会的发展。

【加快推进“绿色湖南”建设座谈会在长沙召开】 2011年1月10日，省社科联召集相关专家，在长沙举行加快推进“绿色湖南”建设座谈会。专家们一致认为，湖南要可持续发展，建设“绿色湖南”是必由之路。

青山绿水是湖南的一大优势，省委省政府提出建设“四个湖南”的理念，“绿色湖南”排在第一位，也表明“绿色”是湖南发展的关键热词。

湖南城市学院党委书记、教授、博士生导师赵运林分析，“我省在绿色资源上有一定的优势，但目前水体、土壤的污染，森林等资源的破坏，也引发了一系列生态问题。”他引用了一组数据说明不容乐观的形势，有统计显示，目前全省人均耕地仅为0.84亩，逼近联合国划定的0.8亩警戒线。

赵运林提醒，对农作物生长和人体健康产生了重大威胁的工业“三废”，也必须引起进一步的重视。

湖南大学政治与公共管理学院副院长陈晓春认为，建设“绿色湖南”，就是要以低碳理念推动新型工业化，首先，企业要实现低碳技术由跟踪到跨越的升级。其次，工业园区要以协同进化模式推行。第三，产业也要向低碳技术密集型转变。

还有专家建议，建设“绿色湖南”应优先发展绿色产业，必须抓住新材料产业、文化创意产业、新能源产业、节能环保产业等战略性新兴产业，通过推进绿色产业的崛起来优化经济结构，闯出一条绿色经济之路。

【长株潭地区大气重金属污染特征及控制研究项目启动】 2011年10月21日，环保公益性行业科研专项——《长株潭地区大气重金属污染特征及控制研究》项目在长沙正式启动。本项目的实施将为今后重金属污染防治法规的制定和大气污染防治法的修订提供科学依据，为我国其他城市大气环境重金属控制提供科学依据和技术支持。

项目由中国环科院主持，长沙环保职院作为本项目的第一协作单位，主要负责承担其中子课题《长株潭地区大气重金属历史演变分析研究》，长沙环保职院院长李倦生介绍，科研专项旨在明确长株潭地区大气环境颗粒物中重金属的主要工业来源，阐明大气中重金属的浓度水平、时空分布、沉降特征，以及对土壤沉降引致的累积效应，并提出科学可靠的、有针对性的大气重金属污染的控制措施与治理方案。

【民营经济发展与两型社会建设报告会在长沙召开】
2011年11月29日，民营经济发展与“两型社会”建设报告会在长沙召开，省委常委、省长株潭试验区工委书记陈肇雄出席并作重要讲话，长株潭试验区工委副书记、省两型办主任徐湘平主持报告会。

本次报告会是2011中国（湖南）民营经济投资洽谈会暨海内外华商湖南行系列活动之一，由全国工商联、湖南省人民政府、香港中华总商会主办，湖南省长株潭两型办承办。300位中国500强民营企业代表和省内知名民营企业代表参加，围绕“民营经济发展与‘两型社会’建设”这一主题，积极探讨如何依托民营经济发展、助推“两型社会”建设的思路和对策。

会上，省两型办介绍了我省两型社会建设情况；湘潭市九华示范区管委会、益阳市鱼形山项目筹备组、远大集团分别介绍了园区、企业的两型规划建设和发展情况；湖南省经济学学会理事长刘茂松教授作了题为《民营经济是“两型社会”建设的生力军》的演讲。会场气氛热烈，体现了民营企业家们对湖南“两型社会”建设的高度关注和参与热情。

【湖南举办“两型”社会建设及环保新技术论坛】
2011年3月30日，由湖南省循环经济研究会等学会组织的长株潭“两型”社会建设、城镇污水污泥处理新技术与泵阀产业论坛在长沙举行。参加论坛的有政府部门领导、省循环经济研究会理事会成员、专家学者、会员代表、企业代表、长沙环保职院师生代表以及相关学会的代表总计120多人。论坛由长沙支点展览策划有限公司承办，由省循环经济研究会副理事长、湖南农大副校长陈岳堂教授主持。

会上，湖南师大朱翔教授就全国城市群建设，特别是长株潭城市群“两型”社会建设的现状、做法和走势，作了全面的、系统的、具体的、生动的阐述。湖南农大李志光教授介绍了他和何纯莲博士共同研发的“可控湿法氧化聚沉法”处理城镇污水污泥新技术。长沙理工大学教授李志鹏对高端泵阀的应用现状与发展趋势、湖南农大斐毅教授对排灌机械的现状与发展趋势分别进行了讲座。

【驻晋全国政协委员考察团一行考察湖南“两型社会”建设】　2011年9月21日，以全国政协委员、山西省政协主席薛延忠为团长的驻晋全国政协委员考察团一行来到长沙，实地考察“两型社会”建设情况。省政协主席胡彪陪同考察，省委常委、市委书记陈润儿向考察团介绍了长沙“两型社会”建设情况。省政协秘书长欧阳斌，市政协主席谢树林，副市长赵文彬，市政协副主席龙建强、谢明德，秘书长朱建人一同考察。

驻晋全国政协委员考察团一行首先来到位于橘子洲上的长株潭两型社会展览馆。在“农村面源污染治理”展示板块前，薛延忠了解到长沙已建立起“户收集、村分类、镇转运、县处理”的农村垃圾处理系统，非常感兴趣。他说：“农村垃圾处理能做到这样，很不容易！”随后，考察团来到长沙大河西先导区规划展示馆、洋湖湿地公园及梅溪湖工地现场。大河西先导区在1200平方公里的规划范围内，保证了城市建设用地、农业农村用地和生态涵养地各占三分之一。薛延忠对驻晋全国政协委员们说，城市、农村、绿地各占三分之一，这样的区域规划值得学习！

薛延忠说，长株潭“两型社会”试验区建设成就巨大，有力促进了长株潭地区、环长株潭城市群和湖南省优化发展、创新发展和绿色发展，为湖南率先建成“两型社会”和全面建成小康社会打下了良好基础，经验值得借鉴。

【2011年环长株潭城市群七市上半年对外经济形势分析座谈会在娄底市召开】　2011年6月22日，2011年环长株潭城市群七市上半年对外经济形势分析座谈会在娄底市隆重召开，座谈会传达了全省扩大开放工作会议精神，研究分析今年上半年全省对外经济运行基本态势、存在的主要问题以及下半年拟采取的主要措施。省发改委有关出席会议。参加会议的还有长沙、株洲、湘潭、岳阳、常德、益阳六市发改委分管外经工作的副主任和参会各市州的开发区代表。

座谈会就我省如何保障实施“十二五”利用外资和境外投资规划进行讨论，并提出，一是要突出企业主体，创新招商引资方式；二是要认真研究产业链招商；三是要高度重视重大项目策划，项目包装深度要达到可研的水平；四是要拓宽利用外资的区域和领域；五是要开拓进出口新兴市场；六是要加强对外经形势的分析。

【亚欧水资源研究和利用中心成立仪式暨第一届亚欧水资源合作研讨在长沙举行】　为促进亚欧各国水资源的可持续利用，共同应对水资源领域面临的多重挑战，温家宝总理在第八届亚欧首脑会议上提出，在湖南建立“亚欧水资源研究和利用中心”的倡议，得到了亚欧各国的积极响应。经过各方努力，筹备工作圆满完成，2011年8月22日，中国外交部、科技部和湖南省人民政府共同在长沙举行“亚欧水资源研究和利用中心”成立仪式暨第一届亚欧水资源合作研讨会。

省委书记、省人大常委会主任周强，省委常委、省委秘书长杨泰波，省委常委、省人民政府副省长郭开朗在会前会见了与会的国外嘉宾，陪同会见的还有外交部副部长吕国增、科技部副部长王伟中、水利部副部长胡四一及省政府有关厅局负责人。

出席“亚欧水资源研究和利用中心”成立仪式暨第一届亚欧水资源合作研讨会的领导和嘉宾有外交部副部长吕国增、科技部副部长王伟中、水利部副部长胡四一、湖南省人民政府省长徐守盛、老挝外交部副部长、老挝亚欧首脑会议高官本格·桑松萨（H. E. Mr. Bounkeut SANGSOMSAK）、匈牙利城市地方发展部副国务秘书克林格．伊斯特万（Dr. István Kling），出席成立仪式和研讨会的还有水利部国际合作与科技司副司长刘志广及澳大利亚、比利时、柬埔寨、法国、德国、匈牙利、印度、印度尼西亚、意大利、韩国、老挝、马来西亚、波兰、罗马尼亚、俄罗斯、新加坡、泰国、越南等18个国家的嘉宾和专家以及中国有关部委、大学、科研院所、企业的嘉宾和专家。郭开朗主持成立仪式和研讨会。湖南省水利厅是“亚欧水资源研究和利用中心”成立仪式暨第一届亚欧水资源合作研讨会的协办单位之一，省厅戴军勇厅长、甘明辉总工程师及厅有关处室负责人出席了会议。

徐守盛、吕国增、王伟中、胡四一、本格·桑松萨、克林格．伊斯特万先后致辞，并共同启动“亚欧水资源研究和利用中心”网站并为中心揭牌。“亚欧水资源研究和利用中心”与亚欧会议成员10家涉水机构代表共同签订合作伙伴关系意向书。

【徐匡迪院士与周济院士率调研组来湘调研】 2011年12月15日至17日，全国政协原副主席、中国工程院主席团名誉主席徐匡迪院士与中国工程院院长周济院士率调研组来湘，就“中国特色城市化道路发展战略研究”项目及长江中游城市群发展情况进行调研。徐匡迪指出，湖南提出走经济高效、功能完善、“两型”带动、城乡统筹、社会和谐、大中小城市和小城镇协调发展的新型城镇化道路，希望湖南在这方面创造出更多丰富经验。

在湘期间，省委书记、省人大常委会主任周强看望了徐匡迪一行并陪同到长沙、株洲考察。省委副书记、省长徐守盛，省政协主席胡彪看望了徐匡迪一行。

15日，我省召开推进新型城镇化工作情况座谈会。当前，我省城镇化建设主要呈现出城镇化水平快速提升、城镇体系结构日趋完善、城市群示范作用更加明显、两型社会建设进展顺利、城镇综合承载能力不断提高5个特点，全省初步形成了以城市群为主体形态，长株潭城市群为核心，区域中心城市为依托，县城和中心镇为基础的大中小城市和小城镇协调发展的城镇体系。“十一五”期间，我省城镇化水平从2005年的37%增长至2010年的43.3%，年均增长1.26个百分点。

徐匡迪对湖南取得的成绩给予肯定。他说，湖南是长江中游地带非常重要的地区，为我国现代化建设发挥了重要作用。中国的城市化要多依靠中等城市、小城市和中心城镇的带动，像长株潭城市群这样中心大城市周边聚拢很多小城市就比较好。承接产业转移或新建产业可放到县级或县以下城镇，中心城市多发展第三产业、科教文卫和高科技产业等，工业等其他产业有序向中小城市转移。另外，还要多鼓励外出务工人员回乡创办产业。

16日至17日，徐匡迪先后赴湘潭、长沙、株洲实地考察城市规划和产业发展、布局等，并为九华示范区升级为国家级经济技术开发区授牌，参观了江麓科技、吉利汽车、南车集团、中联重科等企业。

傅志寰、朱高峰、周干峙、邹德慈、钱易、唐孝炎、何继善等院士随同调研，并就有关情况提出了意见和建议。

省领导陈肇雄、易炼红看望了徐匡迪一行。省领导李友志出席座谈会并介绍情况。省领导魏文彬、武吉海先后陪同考察。

数据统计篇

一、2011年全省四大区域主要经济指标

指标名称	长株潭城市群	环长株潭城市群	湘南地区	湘西地区
土地面积（平方公里）	28070	97803	57470	78279
常住人口（万人）	1373.60	4022.75	1725.09	1655.69
生产总值（亿元）	8307.74	15483.61	4026.07	2505.51
第一产业增加值（亿元）	479.25	1639.95	668.86	484.21
第二产业增加值（亿元）	4765.69	8425.56	1981.32	979.56
第三产业增加值（亿元）	3062.80	5418.10	1375.89	1043.74
人均地区生产总值（元）	60671	38555	23745	15165
固定资产投资（亿元）	4932.55	8150.20	2185.28	
地方一般预算财政收入（亿元）	599.69	1039.75	244.74	135.80
地方一般预算财政支出（亿元）	846.48	2029.34	661.20	591.52
城镇居民人均可支配收入（元）	24490.66	22179	17551.82	13794.25
农村居民人均纯收入（元）	11207	8115.05	7092.12	4143.25
农林牧渔业总产值（亿元）	751.33	2828.00	1128.78	743.74
规模以上工业企业单位数（个）	4271	10066	2892	1802
规模以上工业总产值（亿元）	9802.95	22604.67	5899.34	2588.14
规模以上工业企业利润总额（亿元）	701.02	1654.18	511.31	202.27
社会消费品零售总额（亿元）	2547.96	4476.51	1122.95	736.46
进出口总额（万美元）	1183017	1656152.10	301009.48	
出口额（万美元）	598104	830518.13	202075.51	
实际利用外资（万美元）	357653	484911	158506	
金融机构人民币存款余额（亿元）	9568.94	15807.03	3480.96	2753.44
城乡居民本外币储蓄存款余额（亿元）	3864.85	8112.86	2494.43	1903.85
金融机构人民币贷款余额（亿元）	8575.12	11503.90	1468.54	1288.94

二、2011年全省四大区域主要经济指标增长速度

指标名称	长株潭城市群(%)	环长株潭城市群(%)	湘南地区(%)	湘西地区(%)
土地面积（平方公里）	—	—	—	—
常住人口（万人）	0.6	0.4	1.9	0.4
生产总值（亿元）	14.4	14.2	14.0	13.1
第一产业增加值（亿元）	4.0	4.0	4.1	4.1
第二产业增加值（亿元）	18.0	18.2	18.7	17.2
第三产业增加值（亿元）	11.0	11.7	12.7	13.4
人均地区生产总值（元）	12.0	12.2	11.8	11.6
固定资产投资（亿元）	25.5	29.3	35.4	
地方一般预算财政收入（亿元）	36.4	50.2	42.6	33.1
地方一般预算财政支出（亿元）	26.9	40.7	28.4	24.9
城镇居民人均可支配收入（元）	15.3	14.3	14.0	13.2
农村居民人均纯收入（元）	20.6	19.2	18.8	17.1
农林牧渔业总产值（亿元）	12.5	24.3	15.3	7.2
规模以上工业企业单位数（个）				
规模以上工业总产值（亿元）	32.9	49.2	50.6	40.1
规模以上工业企业利润总额（亿元）	9.9	51.2	45.8	28.8
社会消费品零售总额（亿元）	18.0	17.9	17.9	18.1
进出口总额（万美元）	21.7	27.7	59.8	
出口额（万美元）	19.1	24.3	41.3	
实际利用外资（万美元）	17.5	18.9	19.3	
金融机构人民币存款余额（亿元）	15.6	25.6	17.4	20.0
城乡居民本外币储蓄存款余额（亿元）	16.2	29.1	17.1	19.0
金融机构人民币贷款余额（亿元）	17.9	22.2	16.4	18.7

三、2011年全省四大区域主要经济指标占全省比重

指标名称	长株潭城市群（%）	环长株潭城市群（%）	湘南地区（%）	湘西地区（%）
土地面积（平方公里）	13.3	46.2	27.1	37.0
常住人口（万人）	20.8	61.0	26.2	25.1
生产总值（亿元）	42.3	78.9	20.5	12.8
第一产业增加值（亿元）	17.5	60.0	24.5	17.7
第二产业增加值（亿元）	51.1	90.4	21.2	10.5
第三产业增加值（亿元）	40.4	71.5	18.2	13.8
人均地区生产总值（元）				
固定资产投资（亿元）	43.1	71.3	19.1	
地方一般预算财政收入（亿元）	39.5	68.5	16.1	9.0
地方一般预算财政支出（亿元）	24.0	57.6	18.8	16.8
城镇居民人均可支配收入（元）				
农村居民人均纯收入（元）				
农林牧渔业总产值（亿元）	16.7	62.7	25.0	16.5
规模以上工业企业单位数（个）	34.2	80.7	23.2	14.4
规模以上工业总产值（亿元）	37.2	85.9	22.4	9.8
规模以上工业企业利润总额（亿元）	38.1	90.0	27.8	11.0
社会消费品零售总额（亿元）	43.7	76.7	19.2	12.6
进出口总额（万美元）	62.3	87.2	15.8	
出口额（万美元）	60.4	83.9	20.4	
实际利用外资（万美元）	58.2	78.8	25.8	
金融机构人民币存款余额（亿元）	49.5	81.8	18.0	14.2
城乡居民本外币储蓄存款余额（亿元）	36.5	76.6	23.6	18.0
金融机构人民币贷款余额（亿元）	65.0	87.2	11.1	9.8

四、2011 年“环长株潭城市群”主要经济指标完成情况及占全省比重

指标名称	绝对值	比上年增长（%）	占全省比重（%）
土地面积（平方公里）	97803		46.2
常住人口（万人）	4022.75	0.4	61.0
生产总值（亿元）	15483.61	14.2	78.9
第一产业增加值（亿元）	1639.95	4.0	60.0
第二产业增加值（亿元）	8425.56	18.2	90.4
第三产业增加值（亿元）	5418.10	11.7	71.5
人均地区生产总值（元）	38555	12.2	
固定资产投资（亿元）	8150.20	29.3	71.3
地方一般预算财政收入（亿元）	1039.75	50.2	68.5
地方一般预算财政支出（亿元）	2029.34	40.7	57.6
城镇居民人均可支配收入（元）	22179	14.3	
农村居民人均纯收入（元）	8115.05	19.2	
农林牧渔业总产值（亿元）	2828.00	24.3	62.7
规模以上工业企业单位数（个）	10066		80.7
规模以上工业总产值（亿元）	22604.67	49.2	85.9
规模以上工业企业利润总额（亿元）	1654.18	51.2	90.0
社会消费品零售总额（亿元）	4476.51	17.9	76.7
进出口总额（万美元）	1656152.10	27.7	87.2
出口额（万美元）	830518.13	24.3	83.9
实际利用外资（万美元）	484911	18.9	78.8
金融机构人民币存款余额（亿元）	15807.03	25.6	81.8
城乡居民本外币储蓄存款余额（亿元）	8112.86	29.1	76.6
金融机构人民币贷款余额（亿元）	11503.90	22.2	87.2

五、2011年“长株潭城市群”主要经济指标完成情况及占全省比重

指标名称	绝对值	比上年增长(%)	占全省比重(%)
土地面积（平方公里）	28070		13.3
常住人口（万人）	1373.60	0.6	20.8
生产总值（亿元）	8307.74	14.4	42.3
第一产业增加值（亿元）	479.25	4.0	17.5
第二产业增加值（亿元）	4765.69	18.0	51.1
第三产业增加值（亿元）	3062.80	11.0	40.4
人均地区生产总值（元）	60671	12.0	
固定资产投资（亿元）	4932.55	25.5	43.1
地方一般预算财政收入（亿元）	599.69	36.4	39.5
地方一般预算财政支出（亿元）	846.48	26.9	24.0
城镇居民人均可支配收入（元）	24490.66	15.3	
农村居民人均纯收入（元）	11207	20.6	
农林牧渔业总产值（亿元）	751.33	12.5	16.7
规模以上工业企业单位数（个）	4271		34.2
规模以上工业总产值（亿元）	9802.95	32.9	37.2
规模以上工业企业利润总额（亿元）	701.02	9.9	38.1
社会消费品零售总额（亿元）	2547.96	18.0	43.7
进出口总额（万美元）	1183017	21.7	62.3
出口额（万美元）	598104	19.1	60.4
实际利用外资（万美元）	357653	17.5	58.2
金融机构人民币存款余额（亿元）	9568.94	15.6	49.5
城乡居民本外币储蓄存款余额（亿元）	3864.85	16.2	36.5
金融机构人民币贷款余额（亿元）	8575.12	17.9	65.0

六、2011年各市州能源消耗指标

市　州	单位GDP能耗		单位规模工业增加值能耗		单位GDP电耗	
	指标值（吨标准煤/万元）	上升或下降（±%）	指标值（吨标准煤/万元）	上升或下降（±%）	指标值（千瓦时/万元）	上升或下降（±%）
全 省			0.95	-8.61		
长沙市	0.640	-3.96	0.41	-11.60	383.1	0.22
株洲市	0.964	-4.28	0.67	-11.37	718.6	-5.83
湘潭市	1.301	-4.10	1.36	-11.37	1018.1	-4.16
衡阳市	0.887	-3.87	0.97	-11.48	702.0	-3.43
邵阳市	0.935	-3.73	0.93	-10.91	719.2	-0.23
岳阳市	1.006	-3.94	1.04	-11.05	577.9	-3.14
常德市	0.727	-3.88	0.83	-10.10	709.5	-3.90
张家界市	0.700	-3.21	0.79	-5.43	549.7	-0.88
益阳市	0.828	-3.58	1.28	-8.99	687.3	-2.66
郴州市	1.017	-4.30	0.96	-11.43	807.2	-5.86
永州市	0.943	-3.51	0.97	-7.93	798.6	5.37
怀化市	0.884	-3.89	0.92	-9.65	1071.2	1.11
娄底市	1.821	-3.83	3.00	-7.10	1517.1	-5.29
湘西州	0.873	-3.65	0.99	-6.45	1641.5	-8.66

七、各市州规模以上工业企业综合能源消费量

单位：万吨标准煤　　(10 000 ton of SCE)

市　州	2006	2007	2008	2009	2010	2011
全　省	5481.47	5992.36	6063.87	6279.82	6754.37	7162.93
长沙市	518.39	563.89	506.43	510.42	523.18	538.28
株洲市	542.16	542.00	465.20	477.54	497.11	459.61
湘潭市	633.51	656.34	681.46	693.10	753.80	799.53
衡阳市	500.30	560.53	581.59	634.02	669.45	720.21
邵阳市	168.44	208.08	221.17	235.59	255.42	255.51
岳阳市	808.34	881.08	917.00	925.08	946.29	1035.75
常德市	356.51	381.94	418.83	452.01	520.01	558.19
张家界市	26.22	31.30	32.23	36.77	41.15	46.79
益阳市	240.42	280.56	311.82	334.54	366.55	397.55
郴州市	442.31	522.69	522.26	546.15	585.33	611.67
永州市	168.43	180.85	184.26	196.76	219.62	234.65
怀化市	193.00	191.42	238.10	255.14	282.08	308.21
娄底市	804.01	898.52	888.24	891.75	969.25	1064.72
湘西州	79.42	93.17	95.27	90.94	97.80	96.57

注：表一至表七数据由湖南省统计局提供。

2011年湖南省环境质量状况月度报告

一月

1月份，湖南全省86.5%的监测断面达到所在功能区标准。

资江和澧水总体水质为优，湘江流域水质为良，沅水流域水质为轻度污染。长江湖南段所设3个监测断面均达到Ⅲ类水质标准。北江武水的梅田镇断面砷不达标，属Ⅳ类水质。藕池河西支官垱断面达到Ⅲ类水质标准。

洞庭湖所设10个监测断面均达到或优于Ⅲ类水质标准。富营养化评价结果表明，洞庭湖为中营养。

永州、株洲、郴州、娄底、邵阳、益阳、常德、怀化、吉首、张家界和岳阳11个城市的饮用水水源地水质全部达标；衡阳、湘潭和长沙的饮用水水源地粪大肠菌群超标。

全省14个市（州）人民政府所在城市的日空气质量达标率为94.7%，较2010年12月上升2.1%，较2010年同期上升3.5%。与2010年12月相比，长沙、株洲、湘潭、岳阳和吉首5个城市日空气质量达标率有所上升，常德和益阳日空气质量达标率有所下降，其他7个城市的日空气质量达标率保持稳定，并有7个城市日空气质量达标率达到100%。

全省14个市（州）人民政府所在城市采集降水样品82个。监测结果表明，张家界无降水，益阳、永州、娄底3个城市无酸雨，株洲、衡阳、岳阳、怀化4个城市酸雨频率100%，长沙、邵阳、湘潭、常德、吉首和郴州6个城市酸雨频率分别为60.0%、50.0%、33.3%、33.3%、33.3%、16.7%。与2010年12月相比，株洲、湘潭、常德、益阳、怀化、娄底、吉首7个城市的降水pH月均值有所上升，长沙、衡阳、邵阳、岳阳、郴州和永州6个城市的降水pH月均值则有不同程度下降。

二月

2月份，湖南全省85.6%的监测断面达到所在功能区标准。

资江和澧水总体水质为优，湘江流域水质为良，沅水流域水质为轻度污染。长江湖南段所设3个监测断面均达到Ⅲ类水质标准。北江武水的梅田镇断面和藕池河西支官垱断面均达到或优于Ⅲ类水质标准。

洞庭湖所设10个监测断面均达到或优于Ⅲ类水质标准。富营养化评价结果表明，洞庭湖为中营养。

永州、衡阳、株洲、郴州、娄底、邵阳、益阳、常德、怀化、吉首、张家界和岳阳12个城市的饮用水水源地水质全部达标；湘潭和长沙的饮用水水源地粪大肠菌群超标。

全省14个市（州）人民政府所在城市的日空气质量达标率为88.8%，较1月下降5.9%，较2010年同期下降8.4%。与1月相比，长沙、株洲、湘潭、衡阳、岳阳、常德、张家界、益阳和吉首9个城市日空气质量达标率有所下降，其他5个城市的日空气质量达标率继续保持100%。

全省14个市（州）人民政府所在城市采集降水样品77个。监测结果表明，怀化无降水，张家界、郴州、永州、娄底4个城市无酸雨，株洲、湘潭、衡阳、常德4个城市酸雨频率100%，邵阳、长沙、益阳、吉首和岳阳5个城市酸雨频率分别为90.0%、50.0%、50.0%、33.3%、25.0%。与1月相比，长沙、衡阳、郴州和吉首4个城市的降水pH月均值有所上升，株洲、湘潭、邵阳、岳阳、常德、益阳、娄底和永州8个城市的降水pH月均值则有不同程度下降。

三月

3月份，湖南全省86.6%的监测断面达到所在功能区标准。

湘江、资江和澧水总体水质为优，沅水流域水质为轻度污染。长江湖南段所设3个监测断面和藕池河西支官垱断面均达到Ⅲ类水质标准。北江武水的梅田镇断面属Ⅳ类水质，不达标项目为氨氮、砷和石油类。

洞庭湖所设10个监测断面均达到或优于Ⅲ类水质标准。富营养化评价结果表明，洞庭湖为轻度富营养。

永州、衡阳、株洲、郴州、娄底、邵阳、益阳、怀化、吉首、张家界和岳阳11个城市的饮用水水源地水质全部达标；湘潭和长沙的饮用水水源地粪大肠菌群超标；常德的饮用水水源地总磷超标。

全省14个市（州）人民政府所在城市的日空气质量达标率为98.8%，较2月上升10.0%，较2010年同期上升3.2%。与2月相比，长沙、株洲、湘潭、衡阳、岳阳、常德、张家界、益阳和吉首9个城市日空气质量达标率有所上升，永州市日空气质量达标率略有下降，其他4个城市的日空气质量达标率继续保持100%。

全省14个市（州）人民政府所在城市采集降水样品161个。监测结果表明，张家界、永州、怀化、娄底4个城市无酸雨，株洲、衡阳、常德、益阳4个城市酸雨频率100%，湘潭、长沙、邵阳、岳阳、吉首和郴州6个城市酸雨频率分别为83.3%、76.9%、61.5%、37.5%、16.7%、7.1%。与2月相比，湘潭、岳阳、张家界、永州、娄底和吉首6个城市的pH月均值有所上升；长沙、株洲、衡阳、常德、益阳和郴州6个城市的降水pH月均值有不同程度下降，邵阳市的降水pH月均值较2月持平。

四月

4月份，湖南全省91.8%的监测断面达到所在功能区标准。

湘江、资江和澧水总体水质为优，沅水流域水质为良。长江湖南段所设3个监测断面达到Ⅲ类水质标准。北江武水的梅田镇断面属Ⅳ类水质，不达标项目为砷。藕池河西支官垱断面属Ⅳ类水质，不达标项目为化学需氧量。

洞庭湖所设10个监测断面均达到或优于Ⅲ类水质标准。富营养化评价结果表明，洞庭湖为中营养。

永州、衡阳、株洲、郴州、娄底、邵阳、益阳、常德、怀化、吉首、张家界和岳阳12个城市的饮用水水源地水质全部达标；湘潭的饮用水水源地五日生化需氧量和粪大肠菌群超标；长沙的饮用水水源地粪大肠菌群超标。

全省14个市（州）人民政府所在城市的日空气质量达标率为99.0%，较3月上升0.2%，较2010年同期上升0.2%。与3月相比，株洲、岳阳和永州3个城市日空气质量达标率有所上升，长沙、湘潭和吉首3个城市日空气质量达标率有所下降，其他8个城市的日空气质量达标率继续保持100%。

全省14个市（州）人民政府所在城市采集降水样品137个。监测结果表明，张家界、永州、怀化、娄底4个城市无酸雨，株洲市酸雨频率为100%，常德、衡阳、益阳、郴州、湘潭、邵阳、岳阳、长沙和吉首9个城市酸雨频率分别为83.3%、75.0%、75.0%、75.0%、66.7%、66.7%、66.7%、57.7%、22.2%。与3月相比，长沙、株洲、湘潭、常德和怀化5个城市的pH月均值有所上升；衡阳、邵阳、岳阳、张家界、益阳、郴州、永州、娄底和吉首9个城市的降水pH月均值有不同程度下降。

五月

5月份，湖南全省88.7%的监测断面达到所在功能区标准。

湘、资、沅、澧四水流域总体水质为优。长江湖南段所设3个监测断面、北江武水的梅田镇断面和藕池河西支官垱断面均达到Ⅲ类水质标准。洞庭湖所设10个监测断面中有3个符合Ⅲ类水质标准，其余7个断面符合Ⅳ类水质标准，超标项目为总磷。富营养化评价结果表明，洞庭湖为中营养。

全省14个市（州）人民政府所在城市的饮用水水源地水质全部达标。

全省14个市（州）人民政府所在城市的日空气质量达标率为96.5%，较4月下降2.5%，较2010年同期下降1.2%。与4月相比，长沙、株洲和湘潭3个城市日空气质量达标率均有上升，岳阳和常德2个城市日空气质量达标率有所下降，吉首日空气质量达标率持平，其他8个城市的日空气质量达标率继续保持100%。

全省14个市（州）人民政府所在城市采集降水样品101个。监测结果表明，张家界、永州、怀化、娄底4个城市无酸雨，株洲和衡阳酸雨频率为100%，长沙、邵阳、常德、益阳、郴州、岳阳、吉首和湘潭8个城市酸雨频率分别为71.4%、69.2%、50.0%、50.0%、37.5%、33.3%、33.3%和12.5%。与4月相比，11个城市的降水pH月均值均有不同程度上升；株洲、永州和吉首3个城市的降水pH月均值略有下降。

六月

6月份，湖南全省92.7%的监测断面达到所在功能区标准。

湘江、资江和沅水总体水质为优，澧水流域水质为良。长江湖南段所设3个监测断面和藕池河西支官垱断面均达到Ⅲ类水质标准。北江武水的梅田镇断面属Ⅳ类水质，不达标项目为氨氮和砷。洞庭湖所设10个监测断面中，Ⅰ～Ⅲ类水质占70.0%，Ⅳ类水质占30.0%，功能区达标率为70.0%，不达标项目为溶解氧。富营养化评价结果表明，洞庭湖为中营养。

全省14个市（州）人民政府所在城市的饮用水水源地水质全部达标。

全省14个市（州）人民政府所在城市的日空气质量达标率为99.5%，较5月上升3.0%，较2010年同期上升1.2%。与5月相比，岳阳和常德2个城市日空气质量达标率有所上升，吉首市日空气质量达标率持平，其他11个城市的日空气质量达标率继续保持100%。

全省14个市（州）人民政府所在城市采集降水样品216个，监测结果表明，衡阳、郴州、永州、娄底4个城市无酸雨，株洲市酸雨频率为100%，常德、长沙、益阳、湘潭、岳阳、邵阳、吉首、怀化和张家界9个城市酸雨频率分别为90.0%、72.7%、71.4%、71.0%、70.0%、57.9%、50.0%、14.3%、14.3%。与5月相比，衡阳、邵阳、郴州、永州和吉首5个城市的pH月均值均有不同程度上升；其他9个城市的降水pH月均值略有下降。

七月

7月份，湖南全省93.8%的监测断面达到所在功能区标准。

湘江流域水质为良，资江、沅水和澧水总体水质为优。长江湖南段所设3个监测断面和藕池河西支官垱断面均达到Ⅲ类水质标准。北江武水的梅田镇断面属Ⅴ类水质，不达标项目为氨氮和砷。洞庭湖所设10个监测断面中，Ⅰ～Ⅲ类水质占90.0%，Ⅳ类水质占10.0%；功能区达标率为90.0%，不达标项目为溶解氧。富营养化评价结果表明，洞庭湖为中营养。

全省14个市（州）人民政府所在城市饮用水水源地水质全部达标。

全省14个市（州）人民政府所在城市日空气质量达标率为98.6%，较6月下降0.9%，较2010年同期下降1.4%。与6月相比，吉首市日空气质量达标率有所上升，常德市日空气质量达标率基本持平，长沙、株洲、湘潭、岳阳和张家界5个城市日空气质量达标率有所下降，其他7个城市的日空气质量达标率继续保持100%。

全省14个市（州）人民政府所在城市降水监测结果表明，衡阳、邵阳2个城市无降水，张家界、郴州、永州、娄底4个城市无酸雨，株洲、常德、益阳和吉首4个城市酸雨频率为100%，怀化、长沙、湘潭和岳阳4个城市酸雨频率分别为66.7%、57.1%、50.0%、50.0%。与6月相比，8个城市的降水pH月均值均有不同程度上升；长沙、郴州、怀化和吉首4个城市的降水pH月均值略有下降。

八月

8月份，湖南全省91.8%的监测断面达到所在功能区标准。

沅水和澧水总体水质为优，湘江、资江流域水质为良。长江湖南段所设3个断面和藕池河西支官垱断面均达到Ⅲ类水质标准。北江武水的梅田镇断面属Ⅴ类水质，不达标项目为氨氮和砷。洞庭湖所设10个断面均达到或优于Ⅲ类水质标准，功能区达标率为100%。富营养化评价结果表明，洞庭湖为中营养。

全省14个市（州）人民政府所在城市共计30个饮用水水源地断面中，邵阳市饮用水水源地水质存在溶解氧不达标现象；其余13个城市的饮用水水源地水质全部达标。

全省14个市（州）人民政府所在城市日空气质量达标率为100%，较7月上升1.4%，与2010年同期持平。与7月相比，长沙、株洲、湘潭、岳阳、常德和张家界6个城市日空气质量达标率有所上升。

全省14个市（州）人民政府所在城市共采集降水样品92个。监测结果表明，湘潭、张家界、永州、娄底、吉首5个城市无酸雨，常德和邵阳2个城市酸雨频率为100%，岳阳、株洲、益阳、长沙、郴州、衡阳和怀化7个城市酸雨频率分别为91.7%、66.7%、60.0%、58.3%、50.0%、37.5%、33.3%。与7月相比，长沙、株洲、湘潭、张家界、益阳、怀化、娄底和吉首8个城市的pH月均值均有不同程度上升；岳阳、常德、郴州和永州4个城市的降水pH月均值略有下降。

九月

9月份，湖南全省109个省控断面中有104个断面水质符合所在功能区标准，达标率为95.4%。

资江、沅水和澧水总体水质为优，湘江流域水质为良。长江湖南段所设3个断面和环洞庭湖河流所设4个断面均优于或达到Ⅲ类水质标准。北江武水的梅田镇断面属Ⅴ类水质，不达标项目为氨氮和砷。洞庭湖所设11个断面均达到或优于Ⅲ类水质标准，功能区达标率为100%。富营养化评价结果表明，洞庭湖为中营养。

全省14个市（州）人民政府所在城市共计31个饮用水水源地断面水质全部达标。

全省14个市（州）人民政府所在城市日空气质量达标率为97.6%，较8月下降2.4%，较2010年同期下降1.0%。与8月相比，岳阳、常德和永州3个城市日空气质量达标率有所下降，其他11个城市的日空气质量达标率均达到100%。

全省14个市（州）人民政府所在城市共采集降水样品44个。监测结果表明，本月怀化市无降雨，张家界、永州、娄底3个城市无酸雨，衡阳、岳阳、常德、益阳、郴州和吉首6个城市酸雨频率为100%，长沙、株洲、邵阳和湘潭4个城市酸雨频率分别为66.7%、66.7%、50.0%、40.0%。与8月相比，长沙、邵阳、常德和张家界4个城市的pH月均值均有不同程度上升；株洲、湘潭、衡阳、岳阳、益阳、郴州、永州、娄底和吉首9个城市的降水pH月均值略有下降。

十月

10月份，湖南全省109个省控断面中有106个断面水质符合所在功能区标准，达标率为97.2%。

资江、沅水和澧水总体水质为优，湘江流域水质为良。长江湖南段所设3个断面和环洞庭湖河流所设4个断面均优于或达到Ⅲ类水质标准。北江武水的梅田镇断面属Ⅳ类水质，不达标项目为砷。洞庭湖所设11个断面均达到或优于Ⅲ类水质标准，功能区达标率为100%。富营养化评价结果表明，洞庭湖为中营养。

全省14个市（州）人民政府所在城市共计31个饮用水水源地断面水质全部达标。

全省14个市（州）人民政府所在城市日空气质量达标率为93.8%，较9月下降3.8%，较2010年同期下降1.1%。与9月相比，永州市日空气质量达标率持平，长沙、株洲、湘潭、衡阳、岳阳、常德、张家界、益阳、娄底、怀化和吉首11个城市日空气质量达标率有不同程度下降，其他2个城市的日空气质量达标率均保持100%。

全省14个市（州）人民政府所在城市共采集降水样品122个。监测结果表明，本月张家界、怀化、娄底3个城市无酸雨，株洲、衡阳、岳阳、益阳、郴州和吉首6个城市酸雨频率为100%，长沙、湘潭、邵阳永州和常德5个城市酸雨频率分别为88.9%、66.7%、62.5%、42.8%、25.0%。与9月相比，邵阳、岳阳、常德和娄底4个城市的pH月均值略有上升；长沙、株洲、湘潭、衡阳、张家界、益阳、郴州、永州和吉首9个城市的降水pH月均值有所下降。

十一月

11月份，湖南全省实际监测109个省控断面中，104个断面水质符合所在功能区标准，达标率为95.4%。

资江、沅水和澧水总体水质为优，湘江流域水质为良。长江湖南段所设3个断面和环洞庭湖河流所设4个断面均优于或达到Ⅲ类水质标准。北江武水的梅田镇断面属Ⅳ类水质，不达标项目为砷。洞庭湖所设11个断面均达到或优于Ⅲ类水质标准。富营养化评价结果表明，洞庭湖为中营养。

全省14个市（州）人民政府所在城市共计31个饮用水水源地断面水质全部达标。

全省14个市（州）人民政府所在城市日空气质量达标率为87.4%，较10月下降6.4%，较2010年同期上升了2.5%。与10月相比，衡阳和益阳2个城市日空气质量达标率有所上升，长沙、株洲、湘潭、岳阳、常德、张家界、永州、娄底和吉首9个城市日空气质量达标率有不同程度下降，怀化市日空气质量达标率基本持平，邵阳和郴州2个城市的日空气质量达标率继续保持100%。

全省14个市（州）人民政府所在城市共采集降水样品61个。监测结果表明，本月张家界、娄底2个城市无酸雨，株洲、湘潭、衡阳、益阳、郴州和吉首6个城市酸雨频率为100%，岳阳、长沙、邵阳、永州、常德和怀化6个城市酸雨频率分别为75.0%、66.7%、62.5%、50.0%、40.0%、33.3%。与10月相比，郴州和娄底2个城市的pH月均值基本持平，株洲、衡阳、岳阳、张家界、益阳和吉首6个城市的pH月均值有所上升；其他6个城市的降水pH月均值有所下降。

十二月

12 月份，湖南全省实际监测 109 个省控断面中，105 个断面水质符合所在功能区标准，达标率为 96.3%。

资江、沅水和澧水总体水质为优，湘江流域水质为良。长江湖南段所设 3 个断面和环洞庭湖河流所设 4 个断面均优于或达到Ⅲ类水质标准。北江武水的梅田镇断面属劣Ⅴ类水质，超标项目为氨氮。洞庭湖所设 11 个断面均达到或优于Ⅲ类水质标准，功能区达标率为 100%。富营养化评价结果表明，洞庭湖为中营养。

全省 14 个市（州）人民政府所在城市共计 31 个饮用水水源地断面水质全部达标。

全省 14 个市（州）人民政府所在城市日空气质量达标率为 92.6%，较 11 月上升 5.2%，与 2010 年持平。与 11 月相比，长沙、株洲、湘潭、岳阳、张家界、娄底、怀化和吉首 8 个城市日空气质量达标率有所上升，其中岳阳和怀化市日空气质量达标率上升到 100%；常德和永州 2 个城市日空气质量达标率有所下降，衡阳、邵阳、益阳和郴州 4 个城市的日空气质量达标率继续保持 100%。

全省 14 个市（州）人民政府所在城市共采集降水样品 39 个。监测结果表明，本月岳阳和怀化 2 个城市无降水，张家界、永州和娄底 3 个城市无酸雨，株洲、衡阳、益阳、常德、郴州和吉首 6 个城市酸雨频率为 100%，湘潭、长沙和邵阳 3 个城市酸雨频率分别为 83.3%、77.8%、66.7%。与 11 月相比，郴州市的 pH 月均值基本持平，株洲、湘潭、益阳、永州和娄底 5 个城市的 pH 月均值有所上升；其他 6 个城市的降水 pH 月均值有所下降。

（注：报告引自湖南省环境保护厅官方网站）

形象彩页篇
XING XIANG CAI YE PIAN

做大做强做优基金 促进湖南文化旅游产业发展

——热烈庆祝湖南文化旅游产业投资基金成立两周年

为贯彻落实国务院《文化产业振兴规划》、《关于加快发展旅游业的意见》（国发[2009]41号）以及中共湖南省委、省政府关于深化文化体制改革等相关政策，加快实施文化和旅游强省发展战略，2010年12月22日，由湖南省财政厅、省文改文产办、省文化厅、省旅游局、长沙市人民政府、湖南高新创业投资有限公司和达晨创投等单位共同发起设立湖南文化旅游产业投资基金（以下简称“基金”）。省委、省政府、省人大、省政协领导出席了基金成立大会。

一、基金设立的意义

基金的设立是应对文化旅游产业发展中面临的市场活力不足，企业融资困难，投资渠道不畅等问题的一项重要举措；是湖南财政创新支持方式，提高资金使用效益，推进湖南财政科学发展的一种新的尝试；对充分发挥政府性资金的放大作用，发挥财政资金的引导示范功能，完善文化旅游产业投融资机制，推动文化旅游资源的整合和结构的调整，促进文化旅游产业更好更快地发展，助推“两型社会”建设具有十分重要的意义。

▲ 2010年12月22日，湖南文化旅游产业投资基金成立。省委常委、省人民政府常务副省长于来山，省委常委、省委宣传部部长路建平，省人民政府副省长、基金理事会理事长李友志，省人大常委会副主任肖雅瑜，省政协副主席谭仲池出席基金成立仪式

二、基金简介

基金采取定向募集的私募方式，主要面向相关政府机构管辖的国有控股企业及具有长期股权投资能力的境内机构投资者，主要用于通过参股方式吸引社会资本共同投资文化旅游企业。基金为封闭式基金，存续期限为10年，总规模为人民币31亿元左右，共分为三期：第一期9亿元，第二期13亿元，第三期9亿元。基金采取有限合伙制，成立了湖南文化旅游投资基金企业（有限合伙）。

▲ 基金成立大会上，省委常委、省人民政府常务副省长于来山，省委常委、省委宣传部部长路建平，省人大常委会副主任肖雅瑜，省政协副主席谭仲池为基金理事会、管理中心和管理公司授牌。

理事会为基金的最高管理和决策机构，湖南省人民政府副省长李友志出任理事

▲ 省人民政府副省长、基金理事会理事长李友志在第三次理事会上作重要讲话

长。理事会下设湖南省文化旅游产业投资基金管理中心，在理事会和省财政厅的领导下，具体履行出资人职责，并作为理事会的常设办事机构。基金委托专业投资机构湖南达晨文化旅游创业投资管理有限责任公司进行具体运营。

▲ 第一届基金理事会成员及管理机构负责人合影

▲ 财政部副部长张少春与省人民政府副省长、基金理事会理事长李友志，省财政厅巡视员、基金理事会副理事长王新国亲切交谈

▲ 中央文资办常务副主任王家新增选为基金理事会副理事长

▲ 基金投资湖南琴岛文化娱乐传播有限公司新闻发布会暨签约仪式

三、基金运营情况

基金成立两年来，在理事会成员单位和社会各界的关心和支持下，在基金管理团队的共同努力下，基金发展逐步步入正轨，基金管理规范有序，基金投资顺利推进，基金运营富有成效，取得了阶段性的成果。目前，基金已基本完成第一期9亿元的筹资任务，启动了第二期约13亿元的筹资工作。截至2012年12月21日，第二期基金共收到出资款7.02亿元，完成计划任务的57%。第二期基金还新增了财政部、中联重科、湘煤集团3个单位为新的出资人和新的理事会成员单位。财政部向基金注资是对湖南财政工作的充分肯定，也是对基金管理机构的充分信任和支持，更是基金发展历程中的一件大事和喜事。在财政部的大力支持下，基金不仅扩大了融资渠道，充实了资本实力，还密切了与中央部门的协作关系，提升了基金的形象和品牌价值，扩大了基金在全国的影响力。

基金始终坚持按照市场化和专业化两个原则进行运作，为实现支持湖南文化旅游产业的发展和把基金做大做优做强两个目标做出不懈的努力。基金坚持立足湖南、面向全国，目前已投资了琴岛演艺、华声在线、电视剧《菊花醉》、集友艺术、北青网、吉比特、体育之窗、粤广电、喀纳斯旅游等9个项目，已签订投资总额约7.33亿元。已投项目目前发展态势良好，达到或超过经营预期。为进一步加大对基金的宣传力度，方便企业自主申报项目，基金还建成了专门的网站，即湖南文化旅游产业投资基金网，并从2013年1月1日起正式上线运行（网址：www.hnctf.com）。

下一步，基金将以十七届六中全会关于社会主义文化大发展大繁荣的方针政策和党的十八大提出的社会主义文化强国建设宏伟目标为引领，积极挖掘、培养、扶植本省包括文化、旅游、体育在内的大文化产业及两型产业的发展，进一步发挥文化旅游基金支持产业发展的杠杆作用，为促进湖南文化强省、富民强省战略的实施，推进“两型社会”的建设作出新的更大的贡献。

湖南省经济和信息化委员会

省经信委以长株潭城市群两型社会建设试验区综合配套改革为契机，积极推动长株潭城市群产业发展体制改革，突出推进新型工业化，大力发展两型产业。2011年，环长株潭城市群实现规模工业增加值5997.67亿元，比上年增长19.9%，占全省的74%，成为实现中部崛起、构建“多点支撑”产业发展格局的空间战略支点。

一、强化政策指导。一是组织编制《长株潭城市群产业发展体制改革专项方案》；二是联合编制《关于加快工业转型升级促进环长株潭城市群“两型社会”建设的意见》；三是牵头编制《环长株潭城市群“两型”产业振兴工程实施方案（2011－2015年）》。

二、加强规划引导。围绕推动产业结构升级优化，制定发布一系列产业发展规划：《湖南省新型工业化“十二五”发展规划》、《环长株潭城市群工业布局规划》、《数字湖南规划（2011-2015年）》、《湖南省汽车工业“十二五”发展规划》、《湖南省医药行业“十二五”发展规划》等，为环长株潭城市群试验区和全省产业的部门结构和空间结构优化升级指引了方向和路径。

三、加强机制创新。建立完善准入机制、提升机制，不断加强机制创新，推进两型产业快速发展：一是开展工业固定资产投资项目节能评估和审查工作；二是推行合同能源管理合作模式，搭建合同能源管理项目供需合作平台；三是大力推行企业清洁生产，以湘江流域工业污染防治为重点，全面推进重点行业和重点企业实施清洁生产；四是持续推进资源综合利用认定工作。

四、推进技术创新。推进技术创新体

▲ 省委常委、省长徐守盛指出新型工业化始终是第一推动力，工业和信息化是事关全局、事关长远的工作

▲ 省委常委、副书记梅克保指出新型工业化工作在湖南发展史上写下了浓墨重彩的一笔

▲ 省委常委、副省长陈肇雄指出从2007年到2011年四年全省规模工业主营业务收入翻了三倍多，工业发展取得了巨大成绩

▲ 省委常委、长株潭两型社会试验区工委书记张文雄到我委视察调研，指出两型社会建设工矿企业是主体、经信部门是主力

▲ 谢超英主任陪同省人大副主任蔡立峰同志调研

▲ 全省加速推进新型工业化工作会议在长沙召开

▲ “数字湖南”建设新闻发布会在长沙举行

系建设，加快科技成果转化，推动工业发展由要素驱动向创新驱动转变。2011年新增国家级企业技术中心5家，省级企业技术中心24家。中联重科获批国家首批技术创新示范企业。湘计海盾获国家级创新平台授牌，中低速磁浮核心模块等一批行业关键技术攻关实现突破，三一重工SCC86000TM履带起重机、湘电集团300吨交流传动电动轮自卸车等一批具有行业领先水平的新产品成功投产。

五、优化产业布局。组织编制《环长株潭城市群工业布局规划》，针对长株潭城市群的城市功能分区，进行产业定位，整合资源和经济要素，发展和培育关联产业，推动形成“3+5”城市产业功能区。其中：“3”包括长沙、株洲、湘潭三个城市组团，打造城市群的核心增长极，打造形成先进装备及高技术产业基地为主的功能区；“5”包括环洞庭湖的岳阳、常德、益阳和湘中的娄底、湘南的衡阳，打造城市群次级城市中心和经济发展腹地，打造形成能源原材料基地、先进装备及高技术产业配套基地。

六、促进两化融合。2011年4月，长株潭城市群被工业和信息化部正式列为第二批国家级两化融合试验区。2011年7月22日，长株潭国家级两化融合试验区授牌仪式在湖南长沙举行。工业和信息化部副部长杨学山出席会议并做信息化专题报告。湖南省委常委、时任长株潭“两型社会”综合配套改革试验区工委书记陈肇雄出席会议并讲话。

▲ 湖南省企业合同能源管理项目对接会在长沙召开

▲ 《湖南省工业企业主要产品能耗控制指南（第一批）》听证会在长沙召开

服务“两型社会”建设

湖南省

▲ 吴爱英部长、周强书记深入基层调研司法行政工作

▲ 省委书记、省人大常委会主任周强亲切接见湖南省法律顾问团成员

近年来，全省司法行政系统认真落实省委、省政府和长株潭试验区工委关于两型社会建设的决策部署，以服务两型社会建设为己任，围绕两型社会立法、两型产业发展、示范园区建设等充分发挥职能，为两型社会建设铺路垫石、尽职尽责，得到了社会各界的充分肯定。

周强书记在省第十次党代会上强调，“加快建设两型社会，在全国率先走出一条两型社会建设的路子。”两型社会的核心是资源节约和环境友好，涉及司法行政工作的方方面面。全省司法行政系统将进一步发挥法制宣传优势，注重宣传普及两型社会建设方面的法律法规，为两型社会建设营造浓厚法治氛围，不断推动法律法规落实，切实保障社会各界的环境权益、生态利益；进一

◀ 律师行业开展法律服务进社区活动

◀ 人民调解员深入田间地头巡回调解矛盾纠纷

司法行政大有可为

司法厅

步整合法律人才资源，通过立法调研、课题研究、法律咨询、文本起草等方式为两型社会建设提供法律支持、智力支持，强化两型社会建设的法制保障；进一步引导律师、公证、司法鉴定、基层法律服务等运用诉讼和非诉讼手段，为两型社会建设的项目、产业、经济园区等提供高质量法律服务，防范、化解两型社会建设过程中出现的各种法律问题、风险，促进两型经济又好又快发展；进一步加强人民调解网络建设，健全矛盾排查化解机制，切实将矛盾纠纷化解在内部、萌芽和基层，最大限度化解社会矛盾，增加和谐因素，为两型社会建设创造良好社会环境。同时，将进一步加强组织领导，立足抓早、抓小、抓实，广泛创建“两型”家庭、“两型”单位，积极争当两型社会建设的排头兵。

▲ 全国司法厅（局）长座谈会在我省召开

▲ 法律工作者上街开展法律援助咨询活动

▲ 省司法厅深入开展送法下乡活动

▲ 监狱劳教（戒毒）警察苦练内功

湖南省广电局

湖南省广播电影电视局是省政府直属机构，主要对全省广播影视工作行使行政管理职能，拟订新闻宣传、创作政策，把握正确舆论导向和创作导向；协助省委宣传部管理湖南广播电视台重要干部；组织推进全省广播影视公共服务；组织实施全省广播影视重大工程；制定全省广播影视事业、产业发展规划并指导、协调其发展；负责全省各级广播影视、信息网络视听节目服务机构的监管并实施准入和退出管理；负责监管全省广播影视节目传输、监测和安全播出等等。局机关共有10个职能处室，下辖6个事业单位。局机关干部65人，机关及直属单位干部职工合计463人。

▲ 局党组书记、局长杨金鸢考察邵阳高山台

2011年以来，在省委、省政府的坚强领导下，湖南省广播电影电视局用科学发展观统领工作全局，按照“围绕一条主线、实现两个确保、抓好三大工程、突出四项重点”的工作思路，服务省委、省政府工作大局，狠抓舆论导向、安全播出、事业建设、行业管理，大力加强队伍建设，各方面工作取得了明显的成效：通过不断实践，探索了宣传管理新路径，搭建了宣传管理平台，监听监看工作走在全国前列,确保了导向正确。“走转改”工作开展不折不扣，全局所有干部职工分组轮流到基层蹲点调研，切实为基层解决实际问题；扎实推进了事业发展，落实了国家和省两级村村通建设资金，并通过争取，将广播电视村村通工程列为省委省政府2012年为民办实事项目，无线覆盖提质工程写入了省第十次党代会报告；电影专项资金管理工作荣获国家一等奖，农村电影放映在全国首创了监管平台，按照每个行政村每月放映一场电影的总体部署，为全省43592个行政村放映公益电影52.28万场，年观影人数近1亿人次；积极推进三网融合工作，全省有线电视网络实施了97家股权重组，完成了全省有线网络整合。全面推进了有线电视网络数字化和双向化升级改造，IPTV播控平台与中央集成播控平台顺利对接，同时实现与省电信对接测试；行业管理不断加强，创新了广告监管模式，并在全国传媒机构和网络视听节目管理会议上作了经验介绍。节目生产和管理取得新成绩，精品力作层出不穷，《风华正茂》、《我的青春在延安》等电视剧以及电影《湘江北去》获得广泛好评。

▲ “村村通”设备发放

▲ 工作人员为少数民族地区调试村村通设备

湖南省广播电影电视局全局上下正以积极进取的精神风貌，只争朝夕的优良作风，加强管理和服务工作，已经形成全局一盘棋、上下一条心、干事一股劲的良好局面。以高度的使命感和责任感，不断努力适应新形势新任务，创新发展思路，转变发展方式，促进全省广播影视健康、有序和可持续发展，为我省的“四化两型”建设作出积极贡献。

▲ 广场电影成为居民文化休闲新方式

▲ 湖南经视大型政论片《东方莱茵河》

▲ 湖南卫视大型政论片《湘江激荡》

湖南省科学技术厅

▲ 2012年2月9日，湖南省委书记、省人大常委会主任周强，省委常委、副省长陈肇雄，省委常委、秘书长易炼红视察省工业设计创新平台

▲ 2012年10月28日，2012中国（长沙）科技成果转化交易会在长沙高新区麓谷会展中心隆重开幕

▲ 2012年4月9日，国家重金属污染防治工程技术研究中心组建启动仪式暨重金属污染防治产业技术创新战略联盟成立大会在长沙举行

2012年，在省委、省政府的坚强领导下，在省“两型”办的指导和支持下，全省科技系统着力提升自主创新和科技服务水平，为经济发展方式转变、“两型”社会建设作出了应有的贡献。

一、加大“两型科技”研发和推广力度

实施节能减排科技支撑行动，大力支持循环经济与绿色能源发展。针对高能耗、高污染行业节能减排关键技术问题，实施了一批节能减排科技专项，取得了显著成效。针对重金属污染问题，实施了一批重大科技项目，突破了一批重大关键技术，推动建设了株洲清水塘重金属污水深度处理工程、冶化固废制备凝胶材料工程等，有效解决了重点污染区域的废水废渣处理问题。国家重金属污染防治工程技术研究中心布局湖南，这是全国在重金属污染治理方面的首个国家级科技平台。

二、加快推进“两型产业”发展

积极发展战略性新兴产业，为加快科技成果的转化和产业化，围绕“两型产业”的发展需求，新设立了科技成果转化与产业化专项和承接国家科技重大专项成果转化专项，加快两型技术产业化。发展壮大高新园区，长沙高新区建设国家自主创新示范园区稳步推进，株洲高新区积极推进国家生态园区建设试点。2012年，衡阳高新区升级为国家高新区，全省国家级高新区总数达5个，居中部六省第1位；新建了岳阳、郴州、韶山3个省级高新区。大力推进清洁产业发展，目前，我省CDM（清洁发展机制）项目在联合国CDM执行理事会注册的项目72个，注册项目每年减排量达到820万吨二氧化碳当量，已经签发500多万吨，为项目业主带来4亿元以上的减排收入。

三、加强“两型社会”支撑和引领保障

创新环境不断优化，创新体系进一步完善。省委、省政府颁布实施了《创新型湖南纲要》，新出台了《关于促进科技和金融结合加快创新型湖南建设的实施意见》、《长株潭国家高新技术产业开发区企业股权和分红激励试点实施办法》等政策措施。2012年，新建了省级重点实验室7家，省级工程技术研究中心20家，省级以上创新平台总数达233家，其中国家级22家。新增“千人计划”专家18人，“千人计划”专家已达到59人，居中部地区前列。获批成为国家科技与金融结合试点、国家科技与文化融合示范基地，并在全国率先在全省科技系统全面推行绩效评估，科技管理服务科学化、规范化、精细化水平不断提高。

构建和谐交通 服务发展大局
——省公安厅交警总队（省公安厅交通管理局）

▲ 依托农村公交解决农民和学生出行难、出行不安全问题，培育了“怀化模式”和“望城模式”，得到中央和省领导充分肯定

▲ 邀请湖南师范大学、湖南大学、长沙理工大学和湖南警察学院专家教授 召开文明交通指数测评工作专家论证会

湖南省公安厅交警总队（湖南省公安厅交通管理局）成立于1987年，为省公安厅副厅级二级机构，机关编制为80人，内设10个处级单位，直管高速公路管理支队。近年来，交警总队以改革创新、与时俱进的精神，全面推进道路交通安全综合治理，为全省经济社会发展努力打造平安交通、畅通交通、文明交通、和谐交通。

我们始终坚持“城市保畅通、农村保安全”的基本思路，不断提升交通事故预防社会化水平。在车辆、驾驶人高速增长的情况下，实现了全省交通安全形势的总体平稳，培育了解决农民和农村学生出行的“怀化模式”，得到了周永康、孟建柱等中央领导的充分肯定。以“法治湖南”建设为载体，按照信息主导、精细管理的要求，充分整合各种资源和力量，不断提升服务群众、服务实战、服务一线的能力和水平。深入开展驾考整治与改革，大力推动车驾管阵地前移，积极完善了交管服务网络；全面建立交通事故社会救助、交通违法异地罚缴等新机制，扎实推进交通事故人民调解机制、仲裁机制以及交通法庭的建设，搭建了服务民生的平台，从制度和机制上推动了民生问题的解决。我们始终坚持从严治警、政治建警、文化育警，以正规化为目标追求，以开展创先争优为载体，全力打造人民满意公安交警队伍。加强队伍形象建设，先后开展“十大人民满意交通民警”、“十大人民满意交警基层单位”评选活动，相继推出爱民模范常德交警沈国初，以及全国我最喜爱的人民警察吴浩和矮寨交警，不断提升了交警队伍的知名度、美誉度；加快推进全系统经费保障体制改革，彻底解决全省交警吃“皇粮”的问题，以强有力的执法保障进一步改善了队伍执法形象。

我们将进一步坚定信心、振奋精神，在省委“四化两型”的号召和引领下，凝聚全省一万两千交警的智慧和力量，开启湖南公安交通管理事业的新征程！

▲ 落实便民利民措施措施，“流动车管所”上门服务

▲ 部署“百千万生命防护工程”，联合安监、交通等部门，共同排查治理道路交通安全隐患

▲ 组织道路交通安全宣传进学校、进机关、进企业、进社区、进村镇“五进”活动

湖南省公路建设投资有限公司

▲ 公司总经理、法定代表人 蒋德云

▲ 公司党委书记 王武亮

湖南省公路建设投资有限公司是经中共湖南省委、省人民政府批准成立并授权经营的大型国有独资企业。公司成立于2009年8月，注册资本50亿元，接受省财政厅、省交通运输厅、省国土资源厅共同管理，列为省财政厅二级单位，主要任务是筹集省级交通建设资金，同时依法依规对公路沿线土地进行开发，获得政府投资公路建设所带来的土地增值收益，开展公路建设相关产业的投资、经营及资产管理。

▲ 省人民政府副省长韩永文视察长韶娄高速

当前，公司拥有湖南长韶娄高速公路有限公司、湖南财润投资有限公司、湖南公路投财盛物资有限公司3个全资子公司和湖南韶峰高速石化发展有限公司1个控股子公司。

自成立以来，公司坚持“一体两翼”的发展战略，紧紧围绕湖南交通基础设施建设这个主体，一方面切实做好省级交通建设投融资工作，另一方面大力拓展公路建设相关产业经营，积极参与地方基础设施建设，在完成政策性任务的基础上增强造血功能，实现可持续发展。

▲ 公司举行30亿元保险资金放款仪式

2012年是公司攻坚克难、积蓄力量、谋求跨越发展的承上启下之年。面对不利的融资形势，公司统筹规划，积极应对，一手抓传统银行贷款，一手抓融资创新，在融资工作上不断取得新突破。5月，公司与湖南省信托有限责任公司合作发行信托产品，成功筹集资金20亿元。10月，公司首开保险资金入湘用于交通基础设施建设先河，通过“泰康-湖南国省干线公路债权投资计划”成功筹集资金30亿元。除财政拨入资金外，全年公司共筹集资金119.18亿元，拨付各类交通建设资金80.11亿元，既确保了省级交通债务安全，也保障了省内交通建设资金需求。

▲ 省财政厅厅长史耀斌、副厅长石建辉莅临公司调研指导工作

公司积极参与“四化两型”建设，与地方政府开展政企合作，实现发展共赢。公司先后与郴州、张家界、衡阳、常德、湘潭、怀化等市人民政府签订战略合作框架协议，已在衡阳、常德、怀化、张家界、望城、宁乡等地启动公路建设、土地开发等合作项目，投资总额达42亿元。另外，公司还积极推进公路建设材料、工程油品供应和公路服务区建设等业务，经营规模稳步扩大，发展能力日益增强。

▲ 公司召开党员大会

▲ 公司党员赴延安进行红色教育主题活动

▲ 省交通运输厅厅长贺仁雨调研长韶娄高速

湖南发展投资

▲ 2009年9月，发展集团授牌暨长株潭城市群“两型社会”建设战略合作签约

▲ 与国开金融公司签约组建国开城市发展（湖南）两型基金

▲ 金果实业股份有限公司资产交割仪式

2009年9月，为加快推进长株潭城市群“两型社会”建设，省委、省政府将湖南省土地资本经营公司增资更名为湖南发展投资集团有限公司（以下简称发展集团），作为长株潭城市群“两型社会”建设重大项目投融资的主平台。公司注册资本金100亿元，由省政府授权省财政厅、省国土资源厅共同管理。

3年来，发展集团紧紧围绕省委、省政府战略发展目标，积极参与长株潭试验区改革建设，大力推进以长株潭“两型社会”建设重大项目投资为主体，以土地、矿业资源开发经营和资本运作为两翼的“一主两翼”发展战略，并将“一主两翼”发展战略和“两型社会”建设使命融合在一起，抓项目、谋融资，累计完成投资45亿元，凸显了公司作为了长株潭“两型社会”建设投融资主平台的职能。

一是在2009年作为湖南省方代表与广州铁路集团合资组建了湖南城际铁路有限公司，筹资建设长株潭城际铁路这一我省“两型社会”建设的标志性工程，现已投资7亿元，开展了征地拆迁和工程建设。二是按照省政府的要求，在湖南本土上市公司金果实业股份有限公司连续三年亏损，临退市风险的情况下，临危受命对其进行重组，于2010年11月成功重组了金果实业，2012年6月15日实现了股票恢复上市（股票代码000722，全称为湖南发展集团股份有限公司），并由此构建了湖南省“两型社会”建设的资本市场融资平台。三是拓宽融资渠道，和国开金融公司合作募集设立了总规模200亿元，首期资金40亿元的国开城市发展（湖南）两型基金，并积极筹备设立已获国家

集团有限公司

发改委批准的长株潭两型产业投资基金。国开基金于2011年7月登记注册以来先后在浏阳、株洲、湘潭等地开展了项目投资，通过以小投入撬动大资金，助推了“两型”社会建设。四是组建了湖南发展集团两型投资管理有限公司，致力于两型政策示范项目、两型小城镇建设，培育服务“两型社会”建设的示范企业。五是以创新节约集约用地为原则开展土地收储，参与湘潭九华示范区内湘江风光带沿线土地的整理开发和湘江流域防洪、道路、景观工程建设及沪昆高铁、兴隆湖区域整体开发，支持了湘潭九华“两型”示范园区建设；六是积极参与地质勘查和矿权收储，介入了71个省级矿产勘查项目的找矿和科研，探获了2000万吨以上铅锌矿、500万吨以上煤矿等大型矿床7个，整合了株洲攸县黄兰矿区探矿权，组织探获了2.3亿吨煤炭资源，与大唐华银电力公司合作组建了大唐华银攸县能源公司（第二大股东），推进了株洲攸县煤电一体化项目，2013年底可望发电，将有效缓解“两型社会”建设能源瓶颈制约。七是按照“政府引导、市场化运作”的原则，先后与湘潭、株洲、衡阳等地政府就共同推进“两型社会”建设开展战略合作，探索政企合作开展“两型社会”建设新模式。八是先后投资参股了财富证券、资兴浦发村镇银行、汨罗国开村镇银行、湖南文化旅游产业基金、吉祥人寿保险公司、湖南担保有限公司等，通过与金融企业的多方合作，积极构建多元信贷融资格局，服务“两型社会”建设。

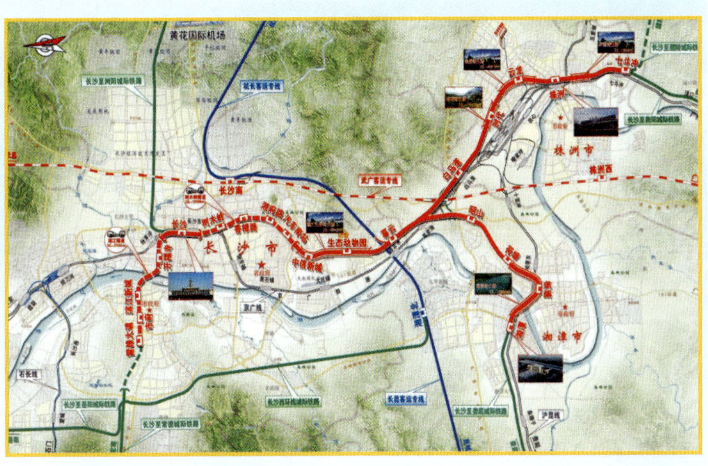

▲ 长株潭城际铁路规划图II

▲ 湘潭九华沪昆高铁、兴隆湖区域整体开发签约

▲ 大唐华银攸县能源有限公司成立

加强企业文化建设 推动湘潭烟草和谐发展

——湘潭市烟草专卖局（公司）『莲品』企业文化介绍

“莲品”文化概述

清莲是自然水生植物，莲品升华“莲”之高度，蕴含着湘潭烟草的美好品质。

莲之圣洁高雅。“出淤泥而不染，濯清涟而不妖”，佛教奉莲花为圣花，以莲花比喻菩萨修行，圣洁高雅。处劫浊、众生浊、烦恼浊、见浊、命浊而不为所染。故佛祖释迦牟尼称之为“人中好花”。

莲之刚正不阿。“中通外直，不蔓不枝，香远益清，亭亭净植，可远观而不可亵玩焉”，以形其刚正不阿的独立人格。故有“花中君子”和“君子之花”的美称。

莲之奋斗不止。莲根藏于地下，虽泥水所覆，而不停地向上成长。有诗云：“小荷才露尖尖角”，形其初长时头是尖尖的，努力穿透泥水和杂草，向上奋发，最后长出五色花瓣，美不胜收。

莲之团结和谐。藕节相连，藕断丝连，藕上长荷，荷中生蓬，蓬里结实，环环相连，层层相扣，谓之团结亲爱之极。湘莲其根白，其叶绿，其花红，有语云：“红花尚要绿叶扶”。藕、叶、花互不争位，莲藕甘居地下，莲叶宁盖丛中，莲花玉立在上，分工协作，各司其职，可谓和谐。

莲之甘愿奉献。清代李渔在《芙蕖》中说：“是芙蕖也者，无一时一刻不适耳目之观，无一物一丝不备家常之用者也。有五谷之实而不有其名，兼百花之长而各去其短，种植之利有大于此者乎？”所说的是，莲样样中用，全在奉献。

让莲品沁入员工心田、沁入客户心田，让干部员工心手相“连”，与客户心手相“连”，共同描绘烟草事业的美好明天。

“莲品”文化基本架构

以“莲品沁心，心手相连”为主题的“莲品”文化通过5个层面13条思想理念将文化内涵辐射到企业组织、管理、经营、员工的层层面面，其内容涵盖：

核心层面（“根”之实）：以“国家利益至上，消费者利益至上”的烟草行业价值观为核心理念，把维护国家利益、消费者利益摆在高于一切的位置，保证国家利益的实现，努力满足消费者多方面的正当需求。

组织层面（“茎”之直）：包括“潜心强企，报国为民”的企业使命，“科学发展，和谐烟草”的企业愿景，“解放思想，创新求进”的企业精神，“风正、心齐、奉公、感恩”的企业风尚。

管理层面（“叶”之清）：包含“晓之以理，行之以规”的管理理念，“德为先、能为基、责为重、绩为实”的人才理念，“知变、顺变、求变”的创新理念。

经营层面（“花”之雅）：“互信互利，共生共荣”的经营理念，“客户满意，我的追求”的服务理念，

员工层面（“蓬”之和）：“自强不息，乐求奉献”的员工信条，“正派、敬业、勤奋、简朴”的员工作风，“明理、谦和、优雅、干练”的员工形象。

近年来，湘潭市烟草专卖局（公司）高度重视企业文化建设，积极完善“莲品”文化体系，加大理念宣贯力度，丰富活动载体，深入挖掘“莲品”文化的价值和内涵，积极筹建了“企业文化中心”、“党团活动中心”、“服务中心”、“荣誉室”建设，给干部职工营造了践行文化理念的良好氛围。

▲ 企业文化中心

▲ 党团活动中心

▲ 服务中心

▲ 荣誉室

▲ “庆国庆·莲颂”歌咏比赛

湘阴县城市建设投资

湘阴县城市建设投资有限责任公司创建于2000年，是湘阴县最大的国有独资企业。主管部门是湘阴县人民政府，总经理由县政府副主任或党组成员担任。公司以项目建设为核心、以资产经营为纽带、以融资为重点，背靠政府，面向市场，不断改革创新，积极探索城市建设新模式，实现了跨越式发展。目前，拥有固定资产34.8亿元，控制土地存量1.5万亩，市场价值200亿元以上。公司下设办公室、财务室、纪检监察室、拆迁办、工程办和经营办，现有员工49人。主要职责是城建投资，招商引资，土地储备、经营，地产开发和农业投资开发。公司与湘阴县城市建设投资管理中心合署办公、两块牌子一套人马。

在县委、县政府的领导下，公司全体员工精诚团结、砥砺奋进，以城市规划范围内土地资源为依托，有序储备开发土地，建立多元化融资机制，为城市建设提供坚实的资金保障，促进了县城市规模的迅速发展。2011年实现融资10亿元，2012年将突破15亿元。自成立以来，公司共筹集注入城建资金40亿元，承担和参与建设项目200多个，为湘阴县经济社会发展作出了巨大的贡献。

南移白水江，打造南岸新城

白水江改道工程，将现白水江河段向南推移600—800米后重新挖掘一条新白水江，东自板桥龙大水库泄洪闸，西至瓦窑湾装饰板厂入湘江。全长

▲ 湘阴东湖生态公园-娱乐区

▲ 湘阴东湖生态公园-白水江

有限责任公司简介

5683米，宽231米。项目投资约13亿元。科学规划，高标准、分步骤对白水江河段进行综合治理，开发建设白水江南岸片区，即南岸新城，将县城向南拓展，县城扩容4平方公里。项目投资约18亿元。即将建设的南岸新城，必将托起湘阴县一个新的未来的生态宜居、和谐新城。

东湖生态新城项目简介

东湖生态公园，是湘阴县委县政府为全面提升湘阴城市品位，改善湘阴人居环境，推进县域经济发展，构建“双江拥湖，一城三组团”生态新城格局的城市建设重点公益项目。项目由湖南金湖房地产投资开发有阴公司承担建设，主要建设规划是：整合四水（白水江、西湖、东湖、大屋围），将现有总面积3100亩的东湖渔池，整治扩展至7700亩（其中水面面积4500亩）的新东湖生态公园。本工程总投资约7亿元，建设期3年。项目建设主要内容为：废除原鱼池堤干和湖底清淤，整治水利基础设施、配套和完善公共设施、建设环湖风光带及休闲娱乐设施，为未来的现代化滨湖生态新城建设打好基础。建成后的东湖生态公园，将成为人民休闲、娱乐、旅游度假的圣地，成为湘阴县域经济发展新兴产业带新的引擎，成为湘阴县城新的标志和湖南滨湖示范区的靓丽名片。

▲ 湘阴东湖生态公园–中心区

▲ 湘阴东湖生态公园–都市农庄

南岸新城鸟瞰日景

中国水利水电第八工程局有限公司

▲ 法人代表、执行董事、总经理朱素华

中国水利水电第八工程局有限公司组建于1952年，是一家集设计、施工、科研、制造、安装于一体，具有水利水电工程施工总承包特级资质的国有大型综合施工企业。先后荣获全国先进施工企业、工业交通基本建设战线先进企业、全国优秀施工企业、全国建筑业科技领先百强企业、全国最佳施工企业、全国用户满意施工企业、电建湘军等数十项荣誉称号。

中国水利水电第八工程局有限公司在碾压混凝土坝、混凝土双曲拱坝、混凝土重力坝、高边坡处理、基础处理、机械制造、大型人工砂石料生产、大型金属结构制安、大型水轮机与开关站安装等方面技术水平居国内领先或前列，多项专业领域技术水平为世界领先。当前，公司一如既往地以主力军身份活跃在“西电东送”、“南水北调”等水电建设主战场，三峡、溪洛渡、向家坝、构皮滩等大型水电工程都留下了八局人的重要一笔；在中东、非洲、拉美、南美和东南亚承建了10多个国家20多个大型工程项目；在高速公路、铁路、核电、市政等非水电建筑领域取得了良好业绩，参与了京沪高速铁路、咸宁核电站和深圳地铁建设。多次获得鲁班奖、詹天佑奖、国家科技进步一等奖、金质奖、银质奖、优质工程奖。

目前，公司已进入改革发展的新阶段，正昂首阔步朝着“将公司建设成为行业具有持续成长性、较强自主创新能力的质量效益型现代企业”的发展目标迈进。

▲ 京沪高速铁路建设

▲ 委瑞内拉新中心电厂

中国第二大水电站——溪洛渡水电站大坝

领军中国电工装备制造业
——湘电集团基本情况介绍

▲ 湘电集团办公大楼

湘电集团创建于1936年7月，“一五”期间被列为我国156项重点建设项目之一。经过76年风雨历程，湘电集团现已发展成为我国电工行业的大型骨干企业和国务院确立的重大技术装备国产化基地。公司主导产品包括船舶综合电力系统、大型风电成套装备、太阳能热发电成套装备、大型工业泵和核泵、城轨交通电机电控与轻轨整车、新能源汽车、大型电动轮自卸车、大中型高效节能电机等，均属于国家重点发展和扶持的16个关键技术装备领域，是为各行业提供技术装备和“工作母机”的基础和战略性产业，是实施节能减排和发展“两型产业”的引领和示范性产业。

▲ 湘电高效高压电机具有国际先进水平，能有效降低电机损耗20%以上

“十一五”期间，湘电集团产销规模年均增幅达38%以上，公司综合竞争实力显著增强。公司技术中心在全国排名第18位，建立了海上风力发电技术与检测国家重点实验室、国家能源风力发电机研发（实验）中心、国家工矿电传动车辆质量监督检验中心。公司是中国牵引电机行业协会理事长单位、中国工业风电发电设备协会理事长单位,中国城市轨道交通协会副会长单位。

▲ 湘电制造的中国首台5兆瓦永磁直驱海上风力发电机组在世界风车王国荷兰和中国福建并网发电

湘电集团前进的步伐从未停止。“十二五”期间将按照“集中优势资源，调整产业结构，优化主营业务”的发展策略，做大做强核心主业，推动产业优化升级，巩固和提升市场领先地位，打造行业龙头；壮大太阳能热发电成套装备、新能源汽车、新型城市轻轨整车等3大新兴产业，开拓国内国外两个市场，着力打造新的经济增长极，为我国构建以低碳排放为特征的工业、交通体系提供技术、装备与服务，向发展成为“我国电工装备制造业的领军者”阔步前进。

▲ 2012年5月，我国首批230吨电动轮自卸车自湘电出口澳大利亚

▲ 湘电第3代具有完全自主知识产权的38kW碟式太阳能热发电系统

中国太平洋财产保险股份有限公司湖南分公司

▲ 全国现场管理星级评价2012年星级服务门店授牌仪式在钓鱼台国宾馆举行，总经理刘大明做代表发言

中国太平洋保险1991年5月13日诞生于上海，具有雄厚的实力和良好的品牌形象，先后在上海证交所和香港联交所成功上市，旗下拥有太平洋产险、太平洋寿险、太平洋资产管理公司和长江养老保险等专业子公司。自上市以来，中国太平洋保险受到广大客户群体的青睐，2011年中国太平洋保险入选美国《财富》、《福布斯》和英国《金融时报》世界500强企业，2012年再度蝉联。

▲ 湖南分公司总经理刘大明参与体验活动

▲ 太平洋财险湖南分公司受邀参加第二届金博会

中国太平洋保险专注保险主业，坚持“推动和实现可持续价值增长”的经营理念，不断为客户、股东、员工、社会和利益相关者创造价值，为社会和谐做出贡献。1991年8月，中国太平洋财产保险股份有限公司湖南分公司落地长沙，服务三湘四水。公司承保人民币和外币的各种财产保险、短期健康保险和意外伤害保险业务。公司承保业务涉及电力、汽车、机械、化工、电子、水利、建筑、桥梁、公路、航天航空、船舶以及高科技产业等各行各业、各个领域。

▲ 湖南保监局副局长程健荣与太平洋产险湖南分公司总经理刘大明为新办公大楼揭牌

近两年来，公司先后自主研发、运用“车险理赔信息外网查询系统”、“LOGO数码相机照片验证识别系统”、“车险远程拆检核损系统”和“移动视频查勘系统”等新技术手段，为客户提供阳光、快捷、便利、周到的服务，着力打造太平洋保险的服务品牌，充分践行了太平洋保险“用心承诺 用爱负责”的服务宗旨。截止至2006年，中国太平洋财产保险股份有限公司湖南分公司完成了全省十四个地州市的服务网点铺设，未来我们将继续以“做一家负责任的保险公司”为使命，更好地服务每一位客户。

▲ 中国保监会保险消费者权益保护局局长李世玲参观湖南五星级示范门

公司地址： 湖南长沙市芙蓉中路二段106号湘豪大厦北楼24至27楼

公司网址： www.cpic.com.cn

太平洋电话车险： 10108888

全国客户服务电话： 95500

▲ 湖南分公司20周年司庆暨新大楼乔迁庆典文艺演出

三一物流有限公司

三一物流有限公司（简称三一物流）成立于2010年9月，注册资金6000万元，是三一重工旗下专业的第三方物流服务公司。2012年，公司设立了华东、华中、华北、东北及国际分公司，员工达300余人，营业收入超过10亿元。

三一物流始终坚持“一切为了客户”、“物畅其流、提速三一”的理念，致力于整合优势资源、优化运营模式、加强成本控制，为客户提供“更安全、更快捷、更经济”的服务体验。

业务范围：为客户提供公路（铁路）运输、仓储配送、国际货运代理、物流金融服务，并致力于提供供应链一体化解决方案。

服务网络：已建设1个全球配送中心、14个区域配送中心（国内6个、海外8个）及700余个终端网点，总仓储面积超过35万平米，服务网络遍及全球170多个国家和地区。

信息系统：已建成以SAP/WMS/TMS为基础的物流信息平台，实现了对物流全过程的全方位监控。

一直以来，三一物流致力于“创建一流企业，造就一流人才，做出一流贡献”的愿景，竭力为客户提供一流服务，努力创造更多社会效益，为发展国民经济、创建和谐社会做出积极贡献。

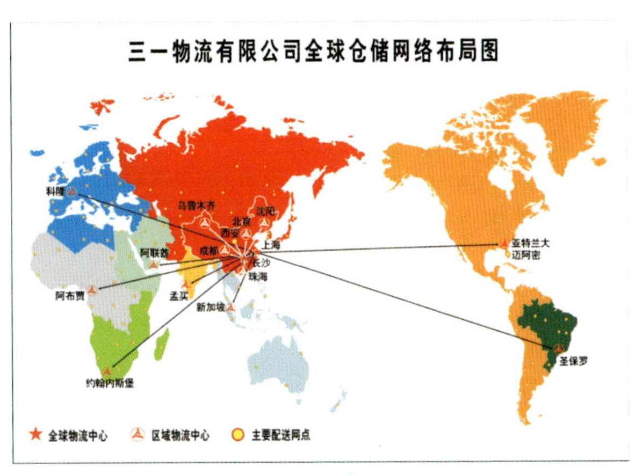

招商湘江产业投资管理有限公司

招商湘江产业投资管理有限公司成立于2008年3月13日，注册资本1亿元，其中湘投控股集团公司占40%，招商证券占40%，长沙厚水投资占20%。公司现有部门9个、员工44人，80%以上的员工拥有硕士以上学历。公司受托管理湘江产业投资两期基金，资金总规模31.57亿元，是我省乃至中西部地区最大的股权投资管理机构。

▲ 省国资委向曙光书记一行莅临我司检查工作

公司依照国家产业扶持政策，遵照四化两型的指导思想，重点关注战略新兴产业，主要投资于拟上市高成长性企业的股权、参与上市公司的定向增发、布局省内优势产业并购等；先后向我省先进装备制造、新材料、航空航天、文化创意、现代农业等产业进行投资。已投项目包括中联重科、中南传媒、红宇耐磨、东莞宜安、中航通发等；累计投资项目达41个，累计投资金额约25亿元，带动其他项目投资近120亿元；连续两年被国内著名咨询机构清科集团评选为“中国私募股权投资机构30强”，并于2011年跻身“中国私募股权投资机构12强”行列。

未来3-5年，我公司计划按每年8-10亿元的规模开展资金募集工作，并适时设立并购基金、区域基金和行业基金，到2015年左右，湘江产业基金规模有望达到80-100亿元，成为中部区域金融中心的一颗闪亮明珠。

▲ 团结奋进的领导班子

▲ 招商湘江产业投资管理有限公司暨第二期基金成立仪式

长沙市轨道交通集团有限公司

为长沙经济社会发展提供坚强有力的轨道交通支撑

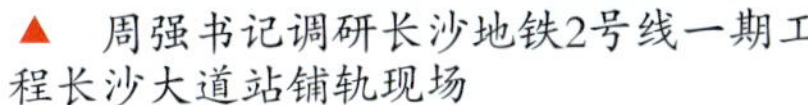

▲ 周强书记调研长沙地铁2号线一期工程长沙大道站铺轨现场

▲ 徐守盛省长视察长沙地铁2号线一期工程五一广场站

▲ 长沙地铁2号线一期工程首条湘江隧道双线贯通

近年来，长沙市轨道交通紧贴长沙市经济社会发展，抓住契机，苦练内功，坚持“安全地铁、精品地铁、绿色地铁、经营地铁”理念，又好又快推进轨道交通建设。长沙市轨道交通线网规划12条线路，总长度456公里。目前，2号线和1号线一期工程分别于2009年9月28日和2010年12月26日开工建设，总长45.92公里，投资概算262亿元。两条线路分别预计将于2013年底和2014年底通车试运行。“十二五”期间，还将计划开工建设3、4、5号线一期工程和2号线西延线，长约96.3公里，投资636.95亿元。实现经营开发反哺建设。推动地铁可持续发展，为经济社会提供有力支撑。

以信为本、以和为贵

中国建筑第五工程局有限公司

300多米的广西第一高楼——柳州地王大厦

▲ 石武高铁客运专线

▲ 重庆中梁山隧道

投资60亿建设的株洲神农城项目

ecological 石燕湖

石燕湖——长

▲ 龙舟赛

石燕湖旅游风景区，位于长沙、株洲、湘潭三市交汇处，景区占地面积5平方公里，规划15平方公里。距长株潭三市10—20公里，年接待游客50万人。它是国家旅游局首批评定的AAA级旅游景区、湖南省首家野生动物园、湖南百景、湖南省十大水体旅游景区、国内专业的拓展训练基地、群众赛龙舟基地，是长沙市民最受欢迎的十佳旅游景区之一。景区群山环抱，碧水如玉，峰峦秀削，芳草鲜美，古干虬枝，绿荫匝地。湖水颜色清幽纯净，且富于变化。景区四周环绕着郁郁葱葱的原始次森林，除水面以外森林覆盖率达98%以上，空气中负氧离子含量每立方厘米达八万个以上，被誉为“湖南九寨、人间瑶池”，“都市人绿蓝色的梦幻”、“长株潭三市绿色中心公园”。

景区现已开发了篝火晚会、放烛心愿、跑马、飞索、游湖、赛龙舟、垂钓、生态潜水、生态科考、野生动物园、拓展训练等数十个独具生态特色的游乐项目。已建成的石燕湖山庄、融景

株潭绿心上的明珠

宾馆等星级酒店，功能齐全，可同时接待2000人会议和就餐。

石燕湖旅游管理股份有限公司依托石燕湖旅游风景区建立的拓展训练基地，是我们是中南大学MBA、EMBA学员拓展训练基地、清华大学MBA湖南代表处拓展训练基地、北美弗吉尼亚MBA拓展训练基地，已纳入中南大学MBA学员学分计划。

石燕湖景区联系方式
电话：
4000-0731-77　0731-86969114
传真：
0731-82806887

▲ 飞龟

▲ 跑马场

▲ 石燕湖拓展

石燕湖美景

湖南嘉泰医疗

董事长：胡谦明，1989年湖南中医药大学研究生毕业，在湖南中医药大学担任讲师、教授、主任医师、院办公室主任一职；2000年至2007年担任湖南长沙195医院院长；2007至2010年担任湖南泰和湘雅医院管理有限公司总经理；2010年担任湖南嘉泰医疗科技有限公司董事长。

湖南嘉泰医疗科技有限公司是经湖南省工商行政管理局批准成立的省级公司。目前涵盖业务有：现代化医院管理及咨询、医院投资、医院托管经营、医院发展战略、市场营销、资本运营策划、医疗器械、耗材等。公司一直以“诚信经营，创新发展、关爱社会、造福人类”为宗旨，“创新”和“超越”是公司发展的核心价值观。公司现有员工99人。其中专业技术人员76名，在专业技术人员中，具有副高以上职称26名，中级职称30名，初级职称20名，后勤管理人员8名，经营销售人员15名。

公司以医院投资、经营管理为主要运营，运作了一批省市级医院医疗设备的经营企业，公司拥有雄厚的资金和技术力量，致力于医疗卫生事业及人类健康产业的投资建设和经营管理，集研发、生产及医院咨询管理于一体；董事长成功地发起策划投资建设了湖南泰和湘雅医院，为该院的创始人。

湖南泰和湘雅医院总投资6.78亿元，按国家三级医院标准建设的集医疗、科研、疗养、康复于一体的股份制、营利性综合医院；为居民提供1000张医疗床位，医院地处长沙市经济开发区，位于芙蓉北路以西，鹅羊路以南，西靠规划中的鹅羊山公园，交通便利，环境优美。

科技有限公司

公司目前正规划投资建设“湖南湘雅梅溪湖医院”项目，该项目为长沙市大河西先导区“十二五”发展规划中重要的基础配套项目，长沙市大河西先导区是湖南省、国务院批准的长沙市城市总体规划中近期重点开发地区。“湖南湘雅梅溪湖医院”项目规划以长沙市大河西先导区为核心服务区域，并辐射长沙市区及市区以外的地区，有效地缓解长沙市医疗服务供需压力，促进整个长沙市医疗服务整体水平的提高。

湖南湘雅梅溪湖医院是以专科为特色的综合性现代化医院，以高品牌、高品位、高规格建筑；高科技医疗、高尖医疗管理团队的高端医院为目标，总投资10亿元，建设规模按三级甲等医院标准，按照长沙国际新城的要求，充分体现功能适应、布局协调、造型艺术的高端医院设计和建设，共设病床1000张，总建筑面积为200000m^2。

医院建成后将成为一流的医疗环境、一流的医疗技术、一流的管理、低碳环保型的花园式医院，计划2014年底竣工营业。

▲ 湖南泰和医院

▲ 湖南湘雅梅溪湖医院

湖南湘雅梅溪湖医院

百年职教学府科学发展铸辉煌

▲ 袁隆平院士及院领导合影

湖南生物机电职业技术学院是一所具有百余年办学历史的全日制公办普通高等院校，是拥有单独招生资质的省级示范性高职学院。民主革命先驱黄兴、教育家徐特立、开国领袖毛泽东是学院早期教师的杰出代表，培养了革命先烈毛泽覃、国家领导人王首道等一大批国家栋梁之才，世界著名杂交水稻专家袁隆平院士为学院名誉院长。

学院占地面积2070亩，分两区一场即东湖校区、马坡岭校区、产学研示范场。现有教职工935人，其中教授27名，副教授162名，“双师型”教师占75%以上。拥有湖南省新世纪121人才工程人选2名、省级专业带头人8名，省级优秀教学团队4个。

学院设植物科技学院、动物科技学院、食品科技学院、机电工程学院、车辆工程学院、电子电气工程系、现代管理工程学院、信息技术学院、人文科学学院、体育与艺术课教学部、思想政治理论课教学部、继续教育学院等十院两部，现有全日制在校学生1万余人。开设涉及农林、制造、车辆、财经、商贸、食品、人文、电子信息八大类共40个专业。

▲ 图书馆

学院扎根于深厚的文化底蕴之上，发扬“爱国爱校，创业创新”精神，励练“务本崇实，修德精业”校训，遵循“为时养器，器为时用”办学宗旨，办学特色和示范作用日益凸现。被授予“国家级语言文字规范化示范校”、“国家示范职业技能鉴定所”、“全国普通高等学校毕业生预征工作先进集体”、“全国青少年农业科普示范基地”、“全国教科研先进单位”、“全国十佳优秀农民创业培训基地”、“湖南省示范性高职学院”、“湖南省园林式单位”、“湖南省文明高校”、“湖南省职业教育先进单位”、“湖南省普通高等学校招生就业工作先进集体”、“湖南省心理健康教育先进单位”等荣誉称号。国内多家权威媒体对学院的改革发展均进行了深度报道。

▲ 体育中心

当前，学院正在努力建设一流职院，打造一流队伍，培育一流作风，建立一流机制，争创一流业绩，朝着全国一流高职院校的目标稳步迈进！

凝心聚力谋“两型” 集智共创结硕果

——湖南商学院“两型社会”建设成效

▲ 湖南商学院欧阳峣教授主持“两型社会”建设课题的成果推介会

▲ 湖南商学院唐未兵教授主持“两型社会”建设课题的开题报告会

▲ 湖南省市场学会会长、湖南商学院柳思维教授开展“两型社会”学术研讨

益阳东部新区

2011年6月，长株潭城市群两型社会示范区益阳东部新区（以下简称益阳东部新区）正式成立，为全省两型社会建设5区18片中大河西先导区的重要组成部分，是全省唯一的省市共建的两型社会示范区。至2020年，规划区域120平方公里，其中核心区建设用地面积20平方公里。产业定位为高端三产业，重点发展文化创意、生态旅游、体育休闲、特色教育、社会化养老、商业居住等，区域规划了生态宜居度假区、保健康体“银发”产业区、文化传媒产业区、新媒研发产业区、影视互动体验区、职业教育培训区、特色商贸娱乐区等7大产业组团。总体目标是，新建一个常住人口30万人以上、年旅游客流量1000万人次以上，具有国际水准、可持续发展能力的生态宜居新城，使之成为全省乃至全国知名的文化体育产业新基地。

办公楼全景

▲ 陈肇雄视察益阳东部新区

长株潭城市群“两型社会”示范区益阳东部新区·产业布局规划图

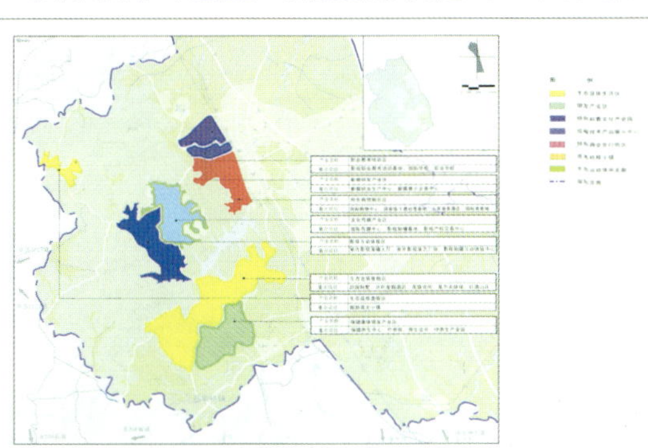

——国家级长沙经济技术开发区

长沙经济技术开发区创建于1992年8月，2000年2月被国务院批准为国家级经济技术开发区。园区规划面积100平方公里，下辖星沙、榔梨、黄花三个工业园。建区以来，园区坚持“工业立区、产业兴区、招商活区、科技强区、建设扩区、和谐安区”的发展思路，初步走出了一条高速度、高科技、高效益的科学发展之路。截至2011年底，全区拥有企业482家，上市公司20家，世界500强企业25家。形成了以工程机械、汽车及零部件为主导，电子信息、新材料、食品饮料、轻印包装等为补充的产业发展格局。长沙经开区已经成为长沙乃至湖南工业发展的重要增长极和核心驱动力。

长沙经开区先后被评为“国家新型工业化产业示范基地”、“国家知识产权试点园区”、“中国最具投资潜力十强开发区”、“湖南加速推进新型工业化千亿园区”、“湖南省优化经济发展环境示范区”“湖南省发展开放型经济先进单位”。

一是综合实力显著增强。我区自2000年晋升国家级开发区以来，工业总产值、税收收入年均增长分别为37%、34%，呈现出超常规、跨越式发展的态势。在国家商务部2010年国家级经开区投资环境综合评价指数排

▲ 长沙经开区致力于打造“中国工程机械之都”

▲ 中国铁建轨道系统集团

名中名列第16位。

二是产业集聚优势突出。三一重工、山河智能、中联起重机、中铁重工等一批工程机械企业先后落户园区，并迅速发展壮大。目前，长沙经开区工程机械产值占全省的3/5，占全国同行业市场总量的23%，占全球市场份额已达7.2%。区内拥有汽车及零部件企业100余家，其中包括广汽三菱、北汽福田、众泰汽车、广汽菲亚特、住友轮胎、博世汽车、广汽零部件企业等多家知名汽车及零部件生产厂商，整车产能超过100万辆，产业集聚能力不断提高。

三是招商引资成效显著。近年来，三一集团、中联起重机、山河智能、恒天九五、远大集团、广汽菲亚特、广汽三菱、北汽福田、众泰汽车、德国博世、日本住友、蓝思科技等重大项目落户经开区。三一重工、中联重工等企业先后跨出国门，在欧洲、美洲、非洲、南亚等地区建立研发中心及生产基地。

四是经济环境不断优化。在全省率先实施“宁静日”制度、“无费区”制度、公开承诺制度、限期交办制度和全程代办制度等，实行“封闭管理，独立运行”，推行“一次告知、全程服务、并联审批、限时办结、效能问责”，不断完善公共服务平台，深入开展“两帮两促”活动，行政服务效能位居全省前列。

到“十二五”期末，长沙经开区将实现工业总产值3000亿元以上，力争达到3500亿元，形成工程机械和汽车及零部件两个1000亿产业集群，培育十大100亿元企业，着力打造“世界工程机械之都”、“中国汽车产业集群新板块”。

▲ 2012年6月，广汽菲亚特工厂竣工暨菲翔下线仪式

▶ 园区鸟瞰

▲ 污水处理厂一角

长沙市天心区

天心区地处长沙的南大门，是长株潭两型社会建设的前沿阵地，全区总面积72平方公里，人口50万，下辖12街道66个社区。自2007年两型社会建设综合配套改革实施以来，天心区迅速成立工作领导小组，组建了两型社会建设协调管理办公室，全力推进两型社会建设，并取得了良好成效。

一、力抓两型产业，不断推动结构调整。坚持资源节约、环境友好理念贯穿到经济发展过程中，加速构建了国家级文化产业示范园、长沙广告产业园和中南数字出版基地三大文化产业发展平台，加快传统工业升级改造步伐，积极引入先进理念和技术促推新型工业发展。

二、狠抓两型建管，不断强化基础保障。紧紧围绕“对接长株潭、打造核心区”的总体要求，全力拉通了书院路、湘江大道、木莲冲路等26条市政道路，为两型社会建设提供了强有力支撑。特别是围绕资源的节约，全面规范了从项目立项、概算审查、招标投标、代建管理等方面的全套流程，近五年共核减资金5.6亿元，我区的投资管理经验做法被长沙晚报曾以头版头条予以报道，并作为内五区唯一单位被湖南省政府评为“优秀投资管理区县”。

三、紧抓两型环境，不断推进节能减排。始终贯彻落实两型社会建设要求，推动生产领域开展节能降耗和科技创新成果转化，经济和生态效益稳步提升。以示范创建为契机，全面开展“两型社区”和“两型学校”等创建活动，通过举办“绿色环保银行”、“我为社区添光彩，家为社区添绿化”等形式多样的主题实践和志愿者活动，充分发挥两型创建示范作用。

四、勤抓两型宣传，不断浓厚工作氛围。注重以宣传教育为抓手，积极开展覆盖全区的各类宣传活动，号召广大居民群众积极参与节能活动。举办了多场以“低碳环保”等为主题的两型知识普及和专题讲座，两型理念进一步深入人心。

▲ 长沙天心广告创意产业园被授予首批“国家广告产业园区”，预计到2014年，将全面建成湖南广告创意创业中心和湖南广告产品公共服务中心

▲ 长沙天心文化产业园被文化部授予“国家级文化产业试验园区”，成为中南地区湘、鄂、皖、黔、赣五省唯一的国家级文化产业园

▲ 中南国家数字出版基地揭牌仪式，这是国家新闻出版总署批准建设的第四个，也是中部地区唯一一个国家级数字出版基地项目

▲ 天心区建设两型社会节能环保发明制作大赛现场

▶ 天心区建设两型社会汽车节油达人挑战赛现场

宁乡经济技术开发区

▲ 省委书记周强视察加加集团

▲ 省委常委、长沙市委书记陈润儿考察园区企业青岛啤酒

宁乡经济技术开发区2002年成为省级开发区，2010年经国务院批准升格成为中部地区第一家由县级政府创建的国家级经济技术开发区。十年来，通过全力优化空间布局，科学制定发展规划，明确产业功能定位，形成了以食品、机电、新材料和现代服务业为主导的“3+1”产业体系。园区规划面积60平方公里，入园企业260家，其中规模企业233家，华润饮料、青岛啤酒、台湾宏全、洽洽食品、湘电集团、杉杉股份、加加集团、远大住工、飞翼股份、日本东洋铝业、法国乐福来食品、意大利马克菲尔、小洋人乳业、绝味食品、皇室食品等知名企业纷纷落户园区，成为园区跨越发展的坚实基础。2011年完成工业总产值353亿元，实现财政总收入10亿元，各项经济指标持续五年保持50%以上增速。2012年完成工业总产值560亿元，财政总收入突破15亿元。

自建区以来，园区先后获得了多项殊荣，2003年成为原国家经贸委设立的“国家中小企业科技工业园”（全国仅两家）；2004年跻身“湖南省首届十大投资环境诚信安全区”；2007年成为湖南省唯一“全国模范劳动关系和谐工业园区”；2008年成为湖南省首批“循环经济试点园区”；2009年成为全国唯一“中小企业信用体系建设示范园”、全省唯一“两型”试点园区、长沙市“绿化工作先进单位”；2010年成为全国唯一“中国食品工业示范园区”、“湖南十大最具投资价值产业园区”；2011年成为长沙市首家“平安园区”，并被评为“湖南省文明单位”、“长沙市文明卫生单位”；2012年成为湖南省首批“两型”示范园区，并被国家发改委和财政部确定为国家循环化改造示范试点单位，长沙（宁乡·浏阳）再制造示范基地通过国家发改委评审。

▲ “两型”示范企业——天宁热电

▲ 2011年全省“两型”工业园区现场交流会在宁乡经开区召开

两型示范企业-远大住工

建设大园区 打造新中心

——国家级湘潭九华经济技术开发区

▲ 2011年12月16日，第十届全国政协副主席、中国工程院名誉主席、院士徐匡迪(前排左一)为国家级湘潭经济技术开发区授牌

国家级湘潭九华经济技术开发区始建于2003年底，是长株潭城市群国家资源节约型、环境友好型社会建设综合配套改革试验区的示范区，也是省政府批准的台商投资区，2011年9月25日获批为国家级经济技术开发区。国家级湘潭九华经济技术开发区地处长株潭核心区域，总面积138平方公里，总人口13.2万人；境内上瑞高速贯穿东西，长潭西线高速连接南北，湘江黄金水道通江达海，还有湘黔铁路、湘江生态经济风光带和建设中的沪昆高铁，区位优势得天独厚。

国家级湘潭九华经济技术开发区由具有国际一流水准的新加坡裕廊国际工程有限公司，编制138平方公里的总体规划和产业发展规划。总体规划将湘潭经开区划分为三个组团，即工业新区40平方公里，滨江新城60平方公里，生态环境保育区38平方公里；确定了汽车及零部件制造、电子信息、装备和制造为三大主导产业。目

前，经开区已开发建成面积20平方公里，入园企业230家，总投资1000亿元，已投产企业113家，其中有美国塔奥、法国佛吉亚、韩国三星、日本美达王、台湾联电等世界500强企业和吉利控股集团、中冶京诚等国内500强企业。2011年，园区实现技工贸总收入424亿元，工业总产值276亿元，财税收入13.2亿元。

国家级湘潭九华经济技术开发区的建设与发展得到了各级领导和社会各界的高度关注。温家宝、贾庆林、李长春、李克强、王岐山等党和国家领导人亲临九华视察；宋楚瑜、江丙坤、郁慕明、林益世等台湾重要人士先后考察园区。

国家级湘潭九华经济技术开发区发展定位为“工业新区、滨江新城”。到2015年，国家级湘潭九华经济技术开发区将打造成为全省新型工业化、新型城市化、国际化的引领区。到2015年实现工业总产值1000亿元，财税收入60亿元，成为长株潭城市群重要的经济增长极，全省领先的“千亿园区”之一；实现建成区30平方公里，人口规模达到25万人，全面实现与长沙的快速对接，成为湘潭的新城区、长株潭的新都心。

▲ 吉利汽车九华生产基地——年产30万台发动机、30万台自动变速箱、30万辆整车

▲ 九华德文化公园（局部）

▲ 国内最大吨级的矿用自卸车——中冶京诚公司HMTK 400吨大型电动轮矿用自卸车

▲ 创新创业服务中心

▲ 大型商业综合体——新都汇

九华俯瞰图

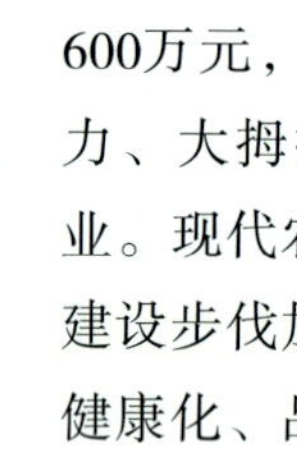

屈原管理区

2011年，屈原营田片区以构建经济高效、社会和谐、资源节约、环境友好的生态示范窗口为目标，加快基础设施建设，加快两型产业发展，加快体制机制创新，“两型社会”建设成效显著。

传统产业转型升级。支持企业加大技术改造、加快管理创新、加强产业联合，其中：正虹科技、昕祺科技等规模企业申请技改资金600万元，并通过技改不断提质增效；凯迪电力、大拇指制药成功申报国家级高新技术企业。现代农业强势推进。国家现代农业示范区建设步伐加快：生猪养殖“规模化、标准化、健康化、品牌化、信息化”水平稳居全国领先地位，荣获“全国生猪养殖标准化示范区”称号；水稻工厂化育秧、机械化插秧工作实现了历史性突破；湖南唐人神、隆平种业等国内知名企业落户屈原。体制机制不断创新。国有农用土地管理和流转工作迈出新步伐，全区95%的村完成责任田权证管理、经营田合同管理和机动田拍包管理；城镇居民医疗保险和新型农村合作医疗保险在全省率先实现城乡一体化；创建湖南省唯一的统筹城乡就业示范区成功启动。基础建设得到夯实。加大基础设施投入，其中农田水利基础设施1.6亿元、道路交通设施1500万元。总投资3.02亿元的屈原垸堤防建设、2.7亿元的环洞庭湖基本农田综合治理以及2.07亿元的农垦危房改造等项目顺利实施。生态建设扎实推进。以打造“洞庭湖畔的生态明珠”为目标，加快推进生态环境建设。节能工程上，凯迪电力对燃料燃烧后的灰渣进行综合利用，形成“生物质—电—化工”的循环经济产业链；减排工作上，淘汰了高耗能的9个落后产能项目，关停了区域内的5处土法炼铅项目、4家塑料加工厂和1家小型电镀企业。

▲ 省人力资源和社会保障厅厅长彭崇谷、岳阳市委书记黄兰香来屈原考察统筹城乡就业工作。（从左至右许平亚、孙福建、彭崇谷、黄兰香、吴奋发）

▲ 屈原惠众粮油农民专业合作社以“公司+协会+农户”合作模式运作实现双赢。2011年，公司总经理阳岳球被国务院授予“全国种粮大户”

▲ 2011年10月15日，屈原管理区创建湖南省统筹城乡就业示范区正式启动

▲ 沼气发电01——「美神」「变废为宝」的神奇术，大部分猪粪经过脱水后，进入无害化处理设施处理；污水和部分猪粪进入沼气池。产出的沼气，利用沼气发的电，每天可以保证猪场8小时的生产、生活用电。

▲ 两型农业——工厂化育秧

湖南醴陵经济开发区

湖南醴陵经济开发区原名湖南醴陵陶瓷产业园区（2012年3月经湖南省人民政府批准更名），是2003年获批的省级开发区，已纳入长株潭“两型社会”改革试验区核心区。开发区处于醴陵市“北大门”位置，控规面积14平方公里，详规面积5.24平方公里，自2003年底启动建设，累计完成投资69亿元，建成面积近6000亩，构建出了方便快捷的交通网络，距株洲40公里，长沙70公里，紧临沪昆高速、320国道和在建的岳汝高速并互通，水、电、气、通讯等配套基础设施完善。

▲ 党工委书记 江曙明

▲ 管委会主任 郭向晖

2012年5月，在醴陵市委、市政府的高度重视和关心下，开发区开始实行“两制一权一司”的全新运行体制。所谓“两制一权一司”就是赋予开发区独立的行政体制和财政体制，行使醴陵市级行政经济管理权限，将市高新技术产业发展有限公司作为开发区的全资子公司，全面承担开发区的融资和开发建设任务。新体制的明确理顺了运行机制，激发了发展活力。

2012年，醴陵经开区紧扣“工业新区、城市新城”的发展定位，坚持产业跨越发展和商业适度开发二个基本方向，树立突出集群抓产业、敢于负债搞建设、企业为本强服务三个工作理念，突出规划引领、招商引资、项目建设、融资开发四个工作重点，全面启动了旗滨玻璃、釉下五彩艺术城、汽车零配件产业园、生产性配套服务区、标准厂房、国瓷路延伸段等六大重点项目建设，并通过加快调整产业结构，加速推进新型工业化，产业发展和经济运行态势良好。目前，入驻企业达到90家，投产73家。一批日用陶瓷、电瓷、艺术陶瓷、特种陶瓷项目和陶瓷新材料、能源、机械、色釉、箱包等项目，形成了开发区陶瓷产业的集约、配套发展格局。一批轨道交通配件、汽车配件、新能源、新材料等新型产业项目相继落户并得到长足发展。2012年，全区共完成技工贸总收入110亿元，增长30.43%；工业增加值32亿元，增长42.96%；高新技术产值25.02亿元，增长19.28%；固定资产投资45亿元，增长40.70%；税金总额5.2亿元，增长33.27%。预计到2015年，全区技工贸总收入将达到300亿元。

▲ 常务副省长于来山视察元创机械

▲ 旗滨集团签约落户经开区

釉下五彩艺术城

西洞庭：崛起的工业新城 城市新区

洞庭浩瀚，沅澧逶迤，水路千里，其点睛之作便是洞庭湖西畔的西洞庭管理区，既是国家现代农业示范区，又是湖南省工业集中区。全区总面积110平方公里，人口6.8万，下辖1个镇3个办事处，26个行政村。

▲ 省委副书记梅克保（右一）来园区视察

短短几年，西洞庭人不断演绎着传奇，迅速实现了园区从无到有，企业由少到多的转变。2009年8月，常德市委市政府批准成立西洞庭食品工业园，规划面积33平方公里，从战略上明确了“常德未来经济增长极、食品工业集聚地、城乡统筹试验区”的发展定位。筑巢引凤，西洞庭先后投资7亿多元实施基础设施建设，园区面貌发生了翻天覆地的巨变，项目落户“七通一平”条件全部具备，2012年 10月西洞庭食品工业园正式跻身省级工业集中区，区内现有各类企业67家，预计2012年可创工业产值35亿元。

为鼓励和吸引广大投资者前来投资兴业，西洞庭对入园项目实行“全托式”的“一站式”服务机制，园区承载能力日益成熟，一座现代化的城市新区加速形成。市级示范性中小学、省级示范性幼儿园、公立县级甲等医院、四星级酒店、商业步行街、高标准文化演艺中心及文化广场、高品质商住楼、财税金融机构、消防站、二级客运站、管道燃气……省道S205纵穿南北，S206擦肩而过，常岳高速横穿全区并在区内留有互通口，形成了“一城两区、一区两片、三纵五横”的城市新布局。徜徉西洞庭，道路宽阔，绿草茵茵，熙熙攘攘的人流、物流、信息

建设中的商住小区

流……诠释着生态园区的盎然生机。

这些年，西洞庭人民的幸福感与日俱增。走进乡间，平畴似锦，水泥路穿村入组，一排排小洋楼随处可见，关停化工厂、修建污水处理厂、开展环境整治……，西洞庭的天蓝、水清，区内祝丰镇被评为全国优美乡镇、省市级重点镇。围绕工业办农业，全区形成了甘蔗、粮油棉、果蔬、高效水产养殖四大主导产业，田间连车间产业化格局已然成型，农产品加工转化率达90%。2011年西洞庭被省农业厅确定为援外培训基地，2012年被农业部批准为国家级现代农业示范区。城乡居民收入呈两位数增长，社会保障体系实现了无缝覆盖，科教文卫事业有了长足进步，人民群众在亲身感受日新月异的发展变化中凝心聚力。

数载磨砺，奋斗未已。站在新起点的西洞庭，将以党的十八大精神为指引，抢抓国家实施中部崛起战略，常德纳入湖南“3+5”城市群重点城市建设计划等重大机遇，全力营造开放开明的政策环境、高效快捷的政务环境、舒适优美的人居环境，力争在2015年前实现“两型园区、百亿产值”发展目标，着力打造国内一流的食品工业园区。

西洞庭明天更美好。

▲ 雨润食品产业园落户奠基

▲ 建设中的园区道路

▲ 区内企业（汇美食品生产车间）

▲ 区内企业（麒月香食品）

▲ 文教事业蓬勃发展

▲ 文艺活动一瞥

▲ 外籍学员来现代农业基地学习

▶ 明珠文化广场夜景

盛世襄壮举

▲ 省领导视察

▲ 省市县领导

▲ 省市县领导

俯瞰衡南县新城云集，高楼林立，绿荫簇拥，道路宽敞，车水马龙，除去了昔日的穷乡僻壤，脱掉了旧时的苍黄面罩，换上了干净整洁、时尚漂亮的崭新外套……自2007年以来的短短几年间，云集新城从小到大，正在变身为一座“发展之城”、“幸福之城”、“文明之城”、“和谐之城”。

衡南县治于2003年12月25日由衡阳市中山北路乔迁至新县城云集镇，距衡阳市区18公里，交通便利，具有全方位的立体交通网络优势。京广铁路、107国道贯穿南北，G322、S214、S316、S315以及京珠、衡昆高速公路环绕县城，目前南岳机场、土谷塘水电站等重点项目落户云集并已开工建设。县城地理位置极为优越，湘江东岸群岭逶迤，生态环境幽雅；湘江西岸地势平坦开阔，三面环水，是城市建设的绝佳之地。

新县城总控制面积70平方公里，规划面积15.8平方公里，整个县城总体规划布局分为河东、河西两大片，设置行政办公区、商业贸易区、文化教育区、生态工业园和商住区五个建设区域。新县城采取政府引导，市场运作的手段，进行县城建设。目前建成区9.8平方公里，常住人口6万余人。已完成各项投资近60亿元，建成各类房屋建筑面积500余万平方米，河西片已形成“四横五纵”的路网骨架格局，河东片道路正在逐步建设。中心区的基础设施全部建成，沿江风光带三期工程、县城污水处理厂、生活垃圾填埋场、天然气项目一期工程等已投入使用。“做山水文章，留自然风光，建生态城市”这是衡南县在吸取其它城市建设的经验之上的一大规划成果，并坚持这一建设理念，即充分彰显每个建筑群的个性，又让其与县城整体规划协调一致，通过文化广场和绿化带的点缀和衔接，任意建筑主体都令人赏心悦目，心旷神怡，县城绿

云集大桥

明珠耀湘南

▲ 县城全貌

化率达到了35%以上。在县城建设过程中，衡南县委、县政府以文化基础设施建设为切入点，以满足人民群众日益增长的精神文化需要为落脚点，大力提升县城文化品位。县会展中心、广电中心、宣传文化中心、文化馆、图书馆、云集广场、洛夫文学艺术馆等文化设施相继落成，成为建设精神文明、传播先进文化的重要阵地。正在规划建设的民俗文化街、生态公园、上台寺、福兴塔等一批风格独特的文化设施，使云集这个名字更加令人神往。

“衡南云集，古老而新生。望着脚下这片我热爱的土地，总有一种热血沸腾的感觉，因为它的成长壮大承载着我们这一代拓荒者太多的汗水与艰辛、光荣与梦想。”衡阳市人大常委副主任、衡南县委书记周千山曾这样抒发自己对这座新造之城的感情。

“县城是衡南的最大的项目、最好的项目！抓科学发展就是要把衡南县城继续做大、做强、做旺、做美！”这是衡南县委副书记、县长徐友灼到衡南工作不久提出的要求。

云集经过近10年的建设，已由投入期逐渐向受益期转型。今后，随着县城的进一步发展，每年将新增税收4千万元至8千万元，新县城将成为县域经济发展的新的增长极。

地脉衡南，流金之地，商机云集，财富之源。随着工业化步伐的明显加快，城镇化水平的不断提升，一个激情四射的衡南新县城正阔步迈向光辉灿烂的未来。

▲ 商业步行街

▲ 风光带

▲ 云集汽车站

绿化轴

娄底水府示范片万宝新区

娄底水府示范片万宝新区于2011年1月6日正式挂牌运行，是长株潭城市群“两型社会”建设“五区十八片”之一的娄底水府示范片区的核心区和主要承载区。新区规划范围北至涟水河，东至娄星区行政边界，南到娄怀高速，西至涟源市水洞底镇，总用地面积约110平方公里。

总体定位：区域性商贸物流中心、文化旅游休闲中心、“两型”新材料产业基地，即“两中心一基地”。

空间布局：空间上分为四个组团：万宝新城组团以高铁南站4平方公里的商业核心区为中心，重点发展商贸物流、金融地产、总部经济等产业。百亩组团主要建设两个园区，一是主要发展以文昌科技、红太阳为基础，建设新材料产业园区；二是依托洛湛铁路火车西站为基础，发展以铁路运输为主的物流园区。仙女寨生态核心组团主要依托仙女寨、孙水河、水府庙水库等自然景观，秉承“山载（湖湘）文化、水承休闲”的开发理念，打造仙女寨生态公园。农业示范和休闲体验组团主要是在新区南面乡镇，大力发展绿色生态农业、休闲观光农业等现代农业。

建设目标：围绕城市建设和产业培育两大目标，按照“一年启动，三年见效，五年成型，十年基本建成”发展思路，到2013年，完成起步区4平方公里的基础设施建设，基本完成以火车南站为中心2平方公里的城市建设；到2015年，全面完成起步区4平方公里的城市建设，基本完成核心区内的主要路网建设，初现城市规模；到2020年，基本完成核心区建设，与老城区融为一体。

▲ 2011年1月6日，万宝新区挂牌

▲ 2011年12月23日，娄底市委书记龚武生（右二）一行到万宝新区调研。万宝新区党委书记罗孝贵（左二），党委副书记、管委会主任向乾勇（右一）陪同考察

▲ 2011年5月24日，法国AAUPC建筑规划事务所总裁帕特里克·夏瓦纳为搞好万宝新城的控制性详细规划，上仙女寨、沪昆高铁南站进行实地察看

▲ 2011年12月19日，娄底市委副书记、市长易鹏飞（右四）一行到万宝新区调研。万宝新区党委书记罗孝贵（左三），党委副书记、管委会主任向乾勇（左一）陪同考察

湖南双峰经济开发区

——中国农机机械之乡 全省农机机电制造特色产业园区

▲ 2012年7月，省常委、长株潭试验区党工委书记张文雄在市县主要领导的陪同下来双峰开发区调研考察

▲ 党委书记李增名

▲ 主任曹科识

地处湖南几何中心的双峰经济开发区，纳入长株潭城市群两型社会建设综合改革试验区，属于环长株潭工业布局区域，规划面积17平方公里，按照“工业立区、项目兴区、环境活区”发展理念，以招商引资、项目建设、产业培育、环境优化为主抓手，建区十年来，先后落户企业55家，其中规模以上企业23家，初步形成农机机电制造为龙头、农副产品加工、制鞋、新型材料产业为主导的特色产业。

近几年来，园区工业经济总量、效益、投资等主要指标每年增幅均超过40%。2012年工业总产值55亿元，社会固定资产投资20亿元，税收8000万元。相继被授予“湖南省农机机电制造基地”、“湖南省承接沿海产业转移基地”、“湖南双峰台资工业园”、“湖南省新型工业化示范基地”，连续3年在娄底市园区绩效考核中名列前茅。

▲ 双峰县委副书记、开发区党委第一书记李铁雄、县委常委、常务副县长邹学耀在不锈钢产业园督战

招商电话：0738-6881699 网 址：www.sfjkq.com

沧水铺镇城镇建设转型模式

近年来，沧水铺镇全力打造“两型”示范镇，通过基础设施的不断完善提高，城镇化的水平迈上了一个新的台阶，也吸引了大批外来客商来沧水铺镇投资兴业落地生根，带动了镇域经济的发展，到目前为止，包装工业城已落户并投产企业21个，年实现利税7500万元，解决农村富余劳动力4000人，镇区多个商住开发项目也开始陆续进行三通一平，实现经济效益和社会效益齐头并进。集休闲、购物、金融、农副产品交易于一体的一站式产业航母——盛世麒麟商业广场主体工程已竣工，现正进入工程扫尾和装修阶段。生态旅游蓬勃发展，历史悠久的碧云峰佛教旅游圣地、林芳生态旅游村、鱼形山风景区都是人们旅游、休闲、娱乐的好去处。

▲ 碾子铺上游治理工程

砂子岭土地平整项目

▲ 土地流转项目中的林芳公园

安化最美小城建设

青山簇拥、绿水澄碧，长桥卧波、南北相映，街道纵横交错、新楼鳞次栉比，推窗见绿览湖光山色、怡然而居享天伦之乐……这就是今天的安化县城，一座飞速发展的绿色、宜居山城。

▲ 鑫源小区

近年来，不断加快的城镇化建设，让这座山城向宜居、节能、生态、高效的现代化城镇大步迈进。解放路、竹林路、民兴路、沿江路、柳溪西路、柳溪东路、望江路相继改造，新铺的沥青路、如茵的绿草地，让市民在出行畅通无阻的同时，享受大自然的清新与宁静；县城污水处理、垃圾无害化处理项目陆续投入使用，提升了城市的环保功能；安化二中整体搬迁、县人民医院扩建、县中医院新建等公益项目，解决了县城及周边市民上学、就医的难题；步步高、好润佳、罗马商业广场、羽星广场、湾竹塘休闲广场、滨江绿化带、体育馆相继建成，为市民购物、休闲、运动提供了好去处；资江大桥、东坪大桥、东坪电站梯次横跨南北，不仅让县城南北融为一体，而且增添了一道休闲、观光的靓丽风景线；鑫源小区、嘉和小区、中伟·滨江名都、盛世第壹城、荣达·水韵山城等房地产项目成功开发,使城市居住环境产生了质的飞跃……。

▲ 改造后的沿江路

县城在发展，古老的山城焕发新姿。立足县情，展望未来，建设者们将严格按照《安化县城总体规划》的要求，不断扩大县城规划区面积和范围，增加人口用地规模，拓宽城市发展空间，逐步完善农贸场、汽车站、停车场、供水、供气管网、垃圾处理、供电、通讯、绿化、亮化、地下管线等配套设施建设，健全城市功能，优化、亮化、美化城区生活环境。

▲ 县城污水处理厂

山水花园，是县城正在建造并不断变为现实的美好蓝图。

安化概况： 安化位于资水中游，湘中偏北，雪峰山北段，东与桃江、宁乡接壤，南与涟源，新化毗邻，西与溆浦、沅陵交界，北与常德、桃源相连。总面积4950平方公里，是湖南省第三个面积最大的县。辖5个乡、18个镇，总人口102万。居民主要系汉族，有少数民族近1000人。

▲ 罗马商业广场

东坪电厂

回龙圩管理区

回龙圩管理区是全国农垦现代农业（柑桔业）示范区，也是农业部绿色食品生产基地和外贸出口基地、水利部自压喷灌基地，由原省十三大国营农场之一的回龙圩农场改制而成。农场成立于1958年。2001年，省委、省政府决定，撤销湖南省国营回龙圩农场，正式设立正县级回龙圩管理区，比照县级政府行使职能职权,全面负责管理区域内的行政、经济和社会事务，同等享受县区体制待遇，同时继续享受原农垦场的优惠政策。

近年来，回龙圩管理区党委、管委牢牢把握科学发展主题，坚持“两型”引领，大力发展绿色经济，生态回龙圩建设取得明显成效。全区山清水秀、碧水蓝天，森林覆盖率达51.47%；现代生态农业欣欣向荣，生态休闲旅游业朝气蓬勃。一是大力实施绿色工程。区管委每年从紧张的财政中挤出三百多万元用于植树造林和“三边绿化”。同时全面实行封山育林，全额负担回龙圩国有林场，改变以往“以树养人”状况，切实做到只栽树，不砍树。二是大力发展绿色产业。依托独特的自然环境资源，以工业理念经营农业，以基地建设和湖南省著名商标“回峰”品牌的扶持培育为抓手，大打“绿色食品”牌，狠抓质量追溯体系建设，着力构建“猪-沼-果”和“公司（收购商）+基地（品牌）+合作组织+农户”的生态农业产业化生产经营模式，推动全区农业优化升级。目前，管理区已形成了以“两园两湖”为主抓手，大力发展生态休闲旅游业，已累计完成投资7000多万元，并成功引进了1个总投资超亿元的现代生态农业旅游开发项目。三是坚持绿色招商。始终坚持绿色引领，让“两型项目”唱主角。近年管理区新承接项目均以质量高、效益好、污染少的新能源、农产品深加工、旅游等产业为主。

▲ 致力于打造团结务实、廉洁高效、贴心爱民的领导集体的管理区党政领导班子

▲ 道贺高速公路回龙圩互通口

▲ “回峰”柑桔品牌多次荣获湖南省著名商标称号

新农村建设示范点—回龙圩管理区永济亭办事处岩口塘村

今日高塘

高塘社区地处望城城区，是一个城乡结合社区，2005年因区域调整，由农村改为社区，村民身份转变为城市居民。近年来，先后被市委、市政府授予“红旗村”、“文明村”、“市级基层党建示范点”、“市禁毒先进单位”、“市级平安社区”，省委省政府授予“文明村、亿元村”。中央精神文明建设指导委员会授予“文明村”。2011年全社区实现社会总产值2.8亿，利税3080万元，人均纯收入16270元。

一、党建工作，全面履行管党责任。

总支建立健全了党建工作、党员管理的一些列制度，高标准建立总支、支部、党小组活动阵地，建立党员管理台账，特别是对流动党员实行动态及网格管理。党建工作重心下移，抓学习，提素质。坚持科学发展观的学习，以“创先争优”活动为载体，发放资料自学，上门送学（对老弱病残、行动不便人员），寄学（外出党员寄资料），使党员整治、文化、技能、法律知识得到了提高。

二、社区各项工作全面实行网格化管理。

年初与各居民组、组长、会计、计生指导员签订目标管理责任书，年底实行绩效考核，工资与绩效考核成绩直接挂钩。城市环境卫生工作、安全生产工作、食品安全工作、综治维稳工作，计划生育等工作全面实行网格化管理，16个居民组划分为16个网格区，支居两委成员、居民组长为16个网格责任区的第一责任人，对各项工作层层抓落实。明确职责，网格管理效果明显。

三、突出抓好民主管理，“四议两公开”工作。

社区率先在全区推出政务公开工作，建设了组级事务政务公开，工作阳光、透明，给广大居民群众一个放心，给居民组干部一个舒心。组级的财务工作，社区制定“四个一”全面推行，达到“帐

▲ 社区书记易国利同志

▲ 社区书记、主任易国利同志主持学雷锋教育基地开幕式

▲ 社区书记易国利同志为社区第一届“和谐杯”台球赛开幕致辞

永创辉煌

帐、帐款、帐表、帐实、帐据”五相符。

按照“四议”、“两公开”的程序决策实施，由党总支委员会提议、“两委”会商议、党员大会审议、居民代表大会决议；决议公开、实施结果公开。通过“4+2”工作法的实践和完善，社区基层民主工作深入人心，社区党建扎实推进，乡风、民风文明日新月异，集体经济快速发展，社会主义新农村建设呈现出一派勃勃生机。

四、重民生工程，促和谐社会。

近年来社区精心、认真组织，积极向上级和周边单位争取资金，陆续完成了16个居民组的道路硬化、绿化、亮化和美化，建设了高标准的四、六组居民健身、休闲广场。个个居民组呈现一派和谐、团结、友善的氛围。

五、狠抓城乡环境卫生建设，创生态、宜居社区。

城市卫生管理工作，社区全年对辖区范围内月月进行大检查、大清扫、大清运、大评比。通过狠抓环境卫生建设，居民群众的卫生环保意识提高了，社区范围内天更蓝、地更美、水更绿了，居民群众笑了。

高塘社区的各项工作的开展和成绩的取得，主要得益于上级的正确领导，得益于支居两委的共同努力与支持，得益于社会各界的支持，得益于全社区广大党员、干部、居民群众的支持配合，今后的工作，全社区的工作人员将团结一条心，加倍努力，扎实工作，为社区新一轮的发展，为广大居民群众的生产、生活环境与水平的提高而不懈努力。

▲ 社区书记易国利同志参加居民组植树活动

▲ 社区书记易国利同志春节慰问社区特困户

▲ 团结务实的支居两委

▲ 社区书记易国利同志主持召开社区资产量化改革会议

泸溪县红山柑桔专业合作社简介

泸溪县红山柑桔专业合作社成立于2008年，种植面积8600余亩。通过几年的发展，合作社始终坚持“为果农解难，为社员服务，为政府分忧”的宗旨，以引导农民科技致富，大力实施“科技兴社、产业富社、服务强社”战略，在带领广大社员科学种植、增收致富的同时，实现了合作社自身的发展壮大，综合实力日益增强。

2009年通过省级示范社建设工作，被省委省政府定为“为民办实事省级示范企业”；湖南省科学技术协会授予“湖南省先进农村科普示范基地”；湘西州人民政府授予“农业产业化龙头企业”、“椪柑品评会金奖”。合作社理事长谭永峰连续被评为“湖南省十大杰出青年农民”、“湘西自治州劳动模范”等。

近年来，我社积极于客商联手开辟了韩国、朝鲜、俄罗斯和东南亚市场。同时，我社积极与浙江衢州果品加工厂联系，引进设备和他们的生产经验，投资椪柑粒粒橙的生产线。解决了5000吨的椪柑等外果的销售难题，同时也可以促进泸溪椪柑产业的发展的长足发展。

2012年合作社制定了新的五年发展规划。采用以椪柑为主导,以家禽养殖为辅,兼营山塘养鱼的立体开发方式，形成以椪柑桔园青草饲养山鸡,以生态饲料养猪,以家禽粪便作为椪柑桔园有机肥料的立体循环式综合农业开发。

湖南金昊铝业股份有限公司概况

湖南金昊铝业有限公司创办于2011年8月，是一家专业从事特细球形铝粉、新型铝热焊接材料、太阳能光伏电池背场铝导电浆料等产品生产、销售及相关有色金属产品研究开发的高新技术企业。

公司位于风景秀丽的湖南湘西泸溪，紧靠长、常、杭、瑞高速公路，距长沙3小时路程，距张家界国家森林公园110公里，距凤凰自然风景区40分钟车程。公司房总占地面积30000平方米，主要从事特细球形铝粉、新型铝热焊接材料、太阳能光伏电池背场铝导电浆料等产品生产、销售及相关有色金属产品研究开发。拥有年产10000吨的特细球铝粉生产线、年产20万套新型铝热焊接材料和年产2000吨太阳能光伏电池背场铝导电浆料生产线，引进氮气雾化法微细球形铝粉生产新工艺，国内最先进氮气雾化制粉技术，产品严格执行GJB1738-93国家军用标准或美国军用标准MLL-A-23950A（AS）的要求，产品粒径范围可在0-45μm之间调节，中位径D50小于17um以下的铝粉占总产量的90%，并可根据市场需求，生产出各种特殊规格的产品，各项技术指标均已达到国际先进水平。